नलिन रचनावली

खंड-1

साहित्य का इतिहास-दर्शन

आचार्य नलिन विलोचन शर्मा
की सम्पूर्ण रचनाएँ

नलिन रचनावली

1

साहित्य का इतिहास-दर्शन

प्रधान सम्पादक
विनोद तिवारी

सम्पादक
अजय आनन्द

राजकमल प्रकाशन

ISBN : 978-93-90971-03-9

मूल्य : ₹5000
(सेट का मूल्य)

पहला संस्करण : 2021

प्रकाशक : राजकमल प्रकाशन प्रा. लि.
1-बी, नेताजी सुभाष मार्ग, दरियागंज
नई दिल्ली-110 002

शाखाएँ : अशोक राजपथ, साइंस कॉलेज के सामने, पटना-800 006
पहली मंजिल, दरबारी बिल्डिंग, महात्मा गांधी मार्ग, प्रयागराज-211 001
1, अनमोल सोराबजी संतुक लेन, धोबी तलाव, मरीन लाइंस, मुम्बई-400 002
वेबसाइट : www.rajkamalprakashan.com
ई-मेल : info@rajkamalprakashan.com

मुद्रक : राजकमल प्रेस
नई दिल्ली-110 002

NALIN RACHANAWALI-1
Edited by Vinod Tiwari & Ajay Anand

आचार्य नलिन विलोचन शर्मा

पत्नी कुमुद शर्मा के साथ नलिन जी

अनुक्रम

आमुख

नलिन विलोचन शर्मा उस पांडित्य परम्परा के आचार्य थे जो भारतीय और पाश्चात्य, दोनों परम्पराओं की उपलब्ध ज्ञान-राशि से संवाद करते हुए समृद्ध हुई थी। वे कवि, कथाकार, आलोचक, सम्पादक, जीवनीकार के साथ-साथ एक कुशल चित्रकार भी थे। परन्तु इन सबसे पहले और सबसे ऊपर नलिन जी बहुत अच्छे अध्यापक थे। उनके अध्यापकीय व्यक्तित्व और प्रतिष्ठा के सम्बन्ध में रमेश कुंतल मेघ ने एक प्रसंग का जिक्र किया है : पंजाब विश्वविद्यालय, चंडीगढ़ में डॉ. नगेन्द्र आए हुए थे। शाम को टहलते हुए बात-बात में नलिन जी के बारे में बात छिड़ी तो डॉ. नगेन्द्र ने नलिन जी के साथ-साथ डॉ. धीरेन्द्र वर्मा के बारे में सम्मान के साथ जो अभिमत दिया, वह देखने लायक है : 'कुंतल, हिन्दी के दो प्रोफेसर हैं, जिन्होंने अपने पद की 'डिग्निटी' कायम रखी है—डॉ. धीरेन्द्र जी और नलिन जी।... न तो नलिन जी ने कभी अपनी किताब पुरस्कार के लिए भेजी, न ही धीरेन्द्र जी ने कभी अपनी सिफारिश की। न ही उन्होंने कभी परीक्षक बनने के लिए पत्र लिखे और न ही कभी किसी इंटरव्यू के लिए आए। वे गम्भीर अध्येता और उदात्त व्यक्तित्व हैं। वे कभी एक स्तर से नीचे नहीं उतरे।'

यह सच है, हिन्दी में अध्ययन, अध्यापन और शोध के स्तर को ऊँचा उठाने और उसकी प्रतिष्ठा और गरिमा को समृद्ध करने में नलिन जी जीवन भर प्रयासरत रहे। उनकी पुस्तक 'साहित्य का इतिहास-दर्शन' हिन्दी के शोधार्थियों के लिए इकलौती पुस्तक है। हिन्दी में साहित्य-शोध, उसकी हिस्टोरियोग्राफी और शोध-सैद्धान्तिकी के क्षेत्र में इस पुस्तक का महत्त्व आई.ए. रिचर्ड्स की पुस्तक 'प्रिंसिपल ऑफ लिटरेरी क्रिटिसिज्म' के समान है।

नलिन जी समय के नये-से-नये साहित्यिक प्रश्नों और परिवर्तनों से परिचित ही नहीं हैं बल्कि उसमें उन्होंने विश्व के समूचे ज्ञान-विज्ञान की अपनी पढ़त के साथ जरूरी हस्तक्षेप भी किया है। नलिन विलोचन शर्मा का सर्जक व्यक्तित्व और बहुआयामी कृतित्व अपने समकालीनों में किसी से कमतर नहीं है बल्कि अपनी बुनियाद के निर्माण और स्थापत्य में वह बहुत ही मजबूत और समृद्ध है। परम्परा

और आधुनिकता-सम्बन्धी उनके वैदुष्य और विचार, साहित्य-सम्बन्धी उनके चिन्तन, मनन और दृष्टिकोण के चलते उचित ही उन्हें 'हिन्दी का इलियट' कहा गया है। नलिन जी ने बहुत कम लिखा। उनका अधिकांश लेखन 'कच्चे माल' के रूप में उपलब्ध है। इस दृष्टि से यह कहा जा सकता है कि उनका अधिकांश लेखन 'तैयारी का लेखन' है, पर वह अपने कंटेंट में बहुत ही समृद्ध है। यहाँ मुझे शेक्सपियर के सम्बन्ध में किसी की कही हुई एक बात याद आ रही है : 'ही इज रिच इन कंटेंट'। नलिन जी की तैयारी अपने कंटेंट में बहुत ही रिच है। 'रचनावली' में संकलित उपलब्ध आलोचनात्मक लेखों, आधी-अधूरी टिप्पणियों, डायरी के अंशों, नोटबुक के नोट्स आदि को पढ़ने के बाद पता चलता है कि नलिन जी का अपने समय में उपलब्ध हर तरह की ज्ञान-राशि से बहुत ही सार्थक संवाद था। पाश्चात्य साहित्य की आधुनिक प्रस्तावना और संस्कृत के पारम्परिक वैदुष्य तथा ज्ञान-परम्परा के साथ उनका बहुत ही सहज और विवेकी रिश्ता कायम था। इन सबके बीच नये दृष्टिकोण के साथ वे संवाद और मंथन करते हुए हिन्दी साहित्य का एक पांडित्यपूर्ण सेतु विकसित करने के प्रयास में जुटे हुए ही थे कि दुर्भाग्य से बहुत ही कम उम्र में (46 साल से भी कम उम्र में) उनका देहान्त हो गया, और सारी योजनाएँ धरी की धरी रह गईं।

ईस्वी सन् 2015 में नलिन विलोचन शर्मा की शताब्दी शुरू हुई और बिना किसी चर्चा-परिचर्चा के 2016 में यूँ ही बीत गई। 2015 में ही मेरे साथ श्री अजय आनंद ने नलिन विलोचन शर्मा पर एम.फिल. की उपाधि के लिए शोध-कार्य पूरा किया। अपने शोध के दौरान जितनी कड़ी मेहनत और लगन से अजय ने नलिन जी की मूल सामग्री तक पहुँचकर अपना लघु-शोध प्रबन्ध पूरा किया, उससे मैं दंग रह गया। क्योंकि, आजकल मूल सामग्री तक पहुँचने, अथक श्रम और अटूट धैर्य के साथ एक-एक चीज को सँजोकर संकलित करने का चलन शोधार्थियों में धीरे-धीरे खत्म होता जा रहा है। अजय के अन्दर इस श्रम और धैर्य के अतिरिक्त एक जो सबसे महत्त्वपूर्ण बात मैंने शोध-कार्य के दौरान देखी, वह थी नलिन जी के प्रति उसके मन में आदर और श्रद्धा के साथ अगाध समर्पण। पागलपन की हद तक नलिन जी की अप्रकाशित एवं विस्मृत होती रचनाओं को प्रस्तुत करने का जुनून। एक शोध-निर्देशक के नाते मुझे लगा कि इस नवयुवक को शोध-कार्य से आगे किसी और बड़े उद्देश्य की ओर प्रेरित करना चाहिए। फिर क्या था, अजय आनंद ने पूरी तन्मयता और जिम्मेदारी के साथ सात-आठ सालों की अपनी अथक मेहनत से वह कर दिखाया जिसका मुझे भरोसा था। पाँच खंडों में संकलित नलिन विलोचन शर्मा की यह 'रचनावली' मेरे भरोसे और अजय की मेहनत का ही नतीजा है।

जब सारी सामग्री एकत्र हो गई और उसकी एक विस्तृत सूची बन गई तो इसके प्रकाशन को लेकर अजय के कुछ हितैषियों ने सुझाव दिया कि किसी बड़े प्रकाशक

के यहाँ जाएँगे तो वह बहुत अधिक समय लेगा, इसलिए किसी नये प्रकाशक के यहाँ से प्रकाशित कराएँ, एक साल में 'रचनावली' प्रकाशित होकर आ जाएगी। हिन्दी विश्वविद्यालय, वर्धा में रहते हुए मैंने सुन रखा था कि नलिन जी की 'रचनावली' नलिन जी की पत्नी श्रीमती कुमुद शर्मा राजकमल से प्रकाशित करवाना चाहती थीं, परन्तु, किन्हीं कारणों से 'रचनावली' का प्रकाशन तब नहीं हो सका। इस बीच कुमुद जी ने भी संसार से विदा ले ली। उनके मन की साध उनके जीते-जी पूरी न हो सकी। अजय आनंद को मैंने राजकमल के प्रबंध निदेशक श्री अशोक महेश्वरी से मिलवाया। सहमति बनी। तत्पश्चात नलिन जी की बहू—उनके परिवार की एकमात्र उत्तराधिकारी—श्रीमती तरुलता शर्मा के साथ, 2018 में तपती जेठ की गर्मी में, उनके दिल्ली के सरकारी आवास पर हमारी दो बैठकें हुईं। तरुलता जी 'रचनावली' के प्रकाशन में विलम्ब को लेकर दुखी थीं किन्तु दूसरी बैठक में वे प्रकाशन के लिए राजी हो गईं।

'रचनावली' अब आपके सामने है। इसमें किसी-न-किसी रूप में मैं भी शामिल रहा हूँ, इसलिए जो कमियाँ और त्रुटियाँ 'रचनावली' में रह गई होंगी, अजय आनंद के साथ-साथ उसकी जिम्मेदारी मेरी भी है।

—विनोद तिवारी

प्रस्तावना

नलिन जी की सर्वाधिक महत्त्वपूर्ण आलोचनात्मक कृति है : 'साहित्य का इतिहास-दर्शन'। किसी भी भारतीय भाषा में इस विषय पर लिखी गई यह सम्भवतः पहली पुस्तक है। इस किताब के छपने की एक कहानी है। हुआ यों कि पुस्तकाकार में सामग्री दो सौ पृष्ठों से कम हुई, तब आचार्य शिवपूजन सहाय ने उन्हें स्मरण दिलाते हुए पुनराग्रह किया कि बिहार राष्ट्रभाषा परिषद् की भाषण-माला-योजना के अन्तर्गत छपनेवाली पुस्तकों की पृष्ठ-संख्या दो सौ से कम नहीं होनी चाहिए। अतएव, आप और सामग्री जोड़कर दो सौ पृष्ठ पूरा कर दें। लेकिन नलिन जी ने पृष्ठपूर्ति के लिए कुछ लिखने से विनम्रतापूर्वक स्पष्ट इनकार कर दिया और आचार्य शिवपूजन सहाय के ही सुझाव के अनुसार विभिन्न भाषाओं के शोध-महत्त्व के ग्रंथों की सूची जोड़कर यथानियमित पुस्तकों की पृष्ठपूर्ति की गई।

इस पुस्तक में कुल सोलह अध्याय हैं। शुरू के दो अध्यायों में भारतीय और पाश्चात्य दृष्टिकोण से इतिहास-दर्शन की व्याख्या की गई है। तीसरे अध्याय में संस्कृत, चौथे में पालि और अपभ्रंश भाषाओं में साहित्येतिहास की परम्परा बताई गई है। पाँचवें में पाश्चात्य साहित्येतिहास पर रोशनी डाली गई है। छठे अध्याय में साहित्येतिहास लेखन में विधेयवादी दृष्टिकोण की विवेचना की गई है। सातवें अध्याय में साहित्येतिहास के युग-विभाजन-सम्बन्धी समस्या पर फोकस किया गया है। शेष अध्यायों में पाश्चात्य भाषाओं के साहित्येतिहास और हिन्दी साहित्य के इतिहास-दर्शन को समझाया गया है।

साहित्येतिहास को परिभाषित करते हुए नलिन जी लिखते हैं : 'साहित्येतिहास भी, अन्य प्रकार के इतिहासों की तरह कुछ विशिष्ट लेखकों और उनकी कृतियों का इतिहास न होकर, युग-विशेष के लेखक-समूह की कृति-समष्टि का इतिहास ही हो सकता है। सिद्धान्त और व्यवहार, इन दोनों पर ही ध्यान न देने के कारण साहित्यिक इतिहास ढीले सूत्र में गुँथी आलोचनाओं का रूप ग्रहण करता रहा है।'

नलिन जी के इस कथन से स्पष्ट होता है कि साहित्येतिहास अन्य प्रकार के इतिहासों की तरह कुछ विशिष्ट लेखकों और उनकी कृतियों का इतिहास नहीं होता,

बल्कि वे साहित्येतिहास को युग-विशेष के लेखक-समूह की कृति-समष्टि का इतिहास समझते हैं।

साहित्य की दुनिया में गौण लेखकों की बात करनेवाले पहले इतिहासकार नलिन जी ही हैं। वे लिखते हैं : 'साहित्यिक इतिहास का विषय यदि विस्तार है, तो महान लेखकों से अधिक महत्त्व उन गौणों (Minors) का है, जिनसे विस्तार निर्मित होता है। हिन्दी साहित्य के इतिहासों में इन महान गौणों की उपेक्षा हुई है और इसका कारण यह है कि शोध ने अपने वास्तविक कर्तव्य का पालन नहीं किया है : वह उन पथ-चिह्नों तक ही सीमित रहा है, जो वस्तुतः आलोचना के विषय हैं।'

अपने प्रबन्ध की स्थापना के प्रतिपादन के लिए उन्होंने गौण लेखकों की विस्तृत तालिकाएँ भी किताब में दी हैं।

हिन्दी के साहित्येतिहासों का आलोचनात्मक विवरण प्रस्तुत करते हुए वे 'तासी' से लेकर 'आचार्य हजारीप्रसाद द्विवेदी' तक की इतिहास-दृष्टि पर विचार करते हैं। उनके अनुसार : हिन्दी का प्रथम सुव्यवस्थित साहित्यिक इतिहास आचार्य शुक्ल द्वारा लिखा गया। आचार्य शुक्ल के 'इतिहास' पर चर्चा करते हुए वे कहते हैं कि शुक्ल जी का इतिहास विधेयवादी है, लेकिन 'हिन्दी के विधेयवादी साहित्येतिहास के आद्य प्रवर्तक शुक्ल जी नहीं, प्रत्युत ग्रियर्सन हैं।' शुक्ल जी विधेयवादी हैं या नहीं, इस पर हिन्दी आलोचना में बहुत बहसें हुई हैं। यहाँ हमें उस ओर जाने की जरूरत नहीं है। अपनी सीमाओं के बावजूद इस किताब का महत्त्व इस अर्थ में है कि पहली बार इसमें साहित्य के इतिहास-दर्शन के अछूते अंग की क्षतिपूर्ति की गई है। निःसंदेह हिन्दी साहित्य में साहित्य के इतिहास-दर्शन का प्रवर्तन इस ग्रंथ से होता है।

—सम्पादक

नलिन विलोचन शर्मा : व्यक्तित्व और कृतित्व

आचार्य नलिन विलोचन शर्मा का जन्म 18 फरवरी, 1916 को बदरघाट, पटना सिटी में हुआ। उन्हें विद्वत्ता, धीरता और गम्भीरता विरासत में मिली थी। जर्मन विद्वान विंटरनित्स ने जिस भारतीय मनीषी को 'आधुनिक बृहस्पति' कहा था, वे उसी दर्शन और संस्कृत के प्रख्यात मनीषी महामहोपाध्याय पं. रामावतार शर्मा के ज्येष्ठ पुत्र थे। उनकी माता का नाम श्रीमती रत्नावती शर्मा था। माँ के निधन के बाद, उनके नाम पर उन्होंने एक स्कूल खोला था जिसमें कुमुद जी पढ़ाती थीं। बचपन में इन्हें प्यार से 'बबुआ' पुकारा जाता था। नलिन जी की आरम्भिक शिक्षा-दीक्षा पिता की देख-रेख में हुई।

पिता के निधन के बाद वे पहली बार स्कूल (पटना कॉलेजिएट) में दाखिल हुए। उस समय उनकी उम्र तेरह वर्ष थी। 1931 में यहीं से उन्होंने मैट्रिक परीक्षा पास की, और उच्च शिक्षा पटना विश्वविद्यालय से। 1938 में उन्होंने संस्कृत से एम.ए. किया। एम.ए. करने के बाद प्रो. अनंत प्रसाद बनर्जी के निर्देशन में 'कौटिल्य के अर्थशास्त्र में दंड-विधान' विषय पर शोध-कार्य शुरू किया लेकिन यह शोध-कार्य पूरा नहीं हो सका।

नलिन जी आई.सी.एस. की परीक्षा में भी शामिल हुए थे। उनका ध्येय अधिकारी बनना नहीं, व्यापक अध्ययन करना भर था। डॉ. नगेन्द्र ने अपने संस्मरण में लिखा है : 'आई.सी.एस. के योग्य व्यक्तित्व-सम्पत्ति उन्हें सहज ही प्राप्त थी। किन्तु उनके पास और कुछ ऐसा भी था, जो आई.सी.एस. के लिए अपेक्षित योग्यता की परिधि में नहीं समा पाता था—पंडित का आत्मगौरव और स्वाधीनचेता कलाकार के मन की मस्ती। थोड़े-से ही परिचय के बाद परीक्षा के प्रति उनका उपेक्षा-भाव मुझ पर अनायास ही व्यक्त हो गया—परीक्षा केवल व्यापक अध्ययन के लिए व्याज-मात्र थी।'

उनका व्यक्तित्व भी उनके लेखन की तरह आकर्षक था। भारी भरकम शरीर। गोरा रंग। उन्नत ललाट। भव्य व्यक्तित्व था उनका। डॉ. कुमार विमल ने उनका कैरिकेचर खींचा है : 'सफेद धोती, ब्रैसलेट के स्तर से कम की नहीं। बगुले के

पंख-सा कुरता, अद्धी या मलमल का, चुननदार बाँहोंवाला, जिसे लोमश शरीर के रोयें अपने पर टाँगे रहते थे। और, पाँवों में चप्पल, 'पम्प शू' या 'फुल शू' तो कभी नहीं। उनकी पोशाक पर ऋतुओं का प्रभाव कम पड़ता था। बहुत जाड़ा पड़ने पर कभी-कभी लौंग कोट और मोजा। किन्तु, धोती-कुरते में ही एक अव्वल दरजे की नफासत थी, आभिजात्य था।...विशुद्ध आर्यों जैसी प्रशस्त, लम्बी और नुकीली नाक पर चश्मा रहता था, जिसके अन्दर बड़ी-बड़ी अतंद्र मेदुर आँखें नाम (नलिन विलोचन) की अन्वर्थता को सिद्ध करती दिखाई पड़ती थीं।'

1942 ई. में नलिन जी की नियुक्ति आरा (बिहार) के हरप्रसाद जैन कॉलेज के संस्कृत विभाग में हुई। यहाँ अध्यापन-कार्य करते हुए उन्होंने एम.ए. किया। एक बार फिर उन्होंने 'रंगमंच तथा नाटक' विषय पर शोध-कार्य शुरू किया, लेकिन यह शोध-प्रबन्ध भी पूरा नहीं हुआ।

24 सितम्बर, 1946 को पटना कॉलेज में इनकी नियुक्ति एक अध्यापक के रूप में हुई। अक्टूबर, 1947 को इनका ट्रांसफर राँची कॉलेज में हो गया। अप्रैल, 1948 में पुन: पटना कॉलेज आ गए। 1959 में पटना विश्वविद्यालय के अध्यक्ष नियुक्त हुए और ताउम्र यहीं रहे। पटना के साहित्य-प्रेमियों और विद्यार्थियों के लिए वे बेकन लाइट थे। साहित्य-चर्चा में उन्हें बड़ा रस मिलता था। यहाँ तक कि खाना-पीना-सोना तक भूल जाते थे। हिन्दी साहित्य के विकास हेतु अनेक क्षेत्रों में अपना योगदान दिया। इसके लिए उन्होंने अपनी सेहत तक की भी परवाह नहीं की। यही कारण था कि वे व्यक्ति नहीं, एक संस्था हो गए थे। विश्वविद्यालय में भी प्रत्येक सत्र में छात्रों को शोध-कार्य के लिए उत्साहित-प्रेरित करते रहे। उनके निर्देशन में दर्जनों शोध-प्रबन्ध लिखे जा रहे थे। उन्होंने साहित्य के विकास में अपनी सारी ऊर्जा लगा रखी थी। अपने संक्षिप्त सेवाकाल और अध्यापन में उन्होंने योग्य शोधार्थियों की एक पलटन ही तैयार कर दी, जिनमें से कई आगे चलकर हिन्दी साहित्य के लब्धप्रतिष्ठ लेखक और आलोचक हुए।

साहित्य के साथ उनकी दिलचस्पी चित्रकला में भी थी। कई पत्रिकाओं में उनके व्यंग्य-चित्र प्रकाशित हुए थे। उन्होंने अपना एक आत्मचित्र भी बनाया था। चित्रकला के साथ नलिन जी की रुचि संगीत में भी थी। बचपन में उन्हें संगीत की शिक्षा मिली थी। ड्राइविंग के वे बेहद शौकीन थे और तेज ड्राइविंग उन्हें पसन्द थी। वे पॉपुलर साइंस के नियमित पाठक थे, जिसकी सहायता से अपनी कार की छोटी-मोटी मरम्मत भी वे खुद कर लेते थे।

राजनीति और साहित्य से उनका गहरा सम्बन्ध था। समाजवाद की ओर उनका झुकाव था। राममनोहर लोहिया उनके मित्र थे। वे गांधी, नेहरू, आचार्य नरेन्द्रदेव, जयप्रकाश नारायण के प्रति आदर भाव रखते थे। एम.एन. राय के सिद्धान्त 'रेडिकल ह्यूमैनिज्म' को वे ज्यादा अहमियत देते थे कि मनुष्य ही मानव

का मौलिक आदर्श है। जहाँ तक उनके चिन्तन और सृजन में प्रभावों की बात है, तो यह बात निर्विवाद रूप से कही जा सकती है कि अंग्रेजी साहित्य या यों कहें, पाश्चात्य साहित्य का प्रभाव उनकी कृतियों में देखा जा सकता है। कविता के क्षेत्र में वे वाद्लेयर, रिम्बो, रिल्के प्रभृति बुद्धिवादी कवियों के चिन्तन-रस से प्रभावित थे। साथ ही एजरा पाउंड और टी.एस. इलियट की काव्य-सम्बन्धी धारणाओं से भी प्रभावित जान पड़ते हैं। अंग्रेजी कहानी लेखिका कैथरीन मैंसफील्ड की कहानी-कला के वे कायल थे। इसके अलावा प्रेम-साहित्य के प्रसिद्ध कथाकार मोपासां से काफी प्रभावित थे। चित्रकला के क्षेत्र में वे पाब्लो नेरुदा, पिकासो, वैन गाग और सेजान की कोण-कुशलता तथा सरल रेखाओं के कलात्मक विनियोग के प्रति आकृष्ट थे।

1941 के जून महीने में उन्होंने पंडित अमरनाथ शर्मा की ज्येष्ठ पुत्री श्रीमती कुमुद शर्मा के साथ प्रेम-विवाह किया, जो मूलत: पंजाबी थे और नलिन जी के यहाँ किरायेदार भी। कहते हैं, कुमुद जी जितनी रूपवती थीं, उतनी ही सुरुचि-सम्पन्न भी। वह बिहार की चित्रकार थीं। बिहार सरकार आपके नाम पर चित्रकला के लिए पुरस्कार देती है। नलिन जी उनके लिए 'गृहिणी-सचिव-सखी' जैसे सम्बोधन प्रयुक्त करते थे। नलिन जी के असमय निधन (12 सितम्बर, 1961) के पश्चात उन्होंने पूरी तन्मयता से ताउम्र नलिन साहित्य को सहेजा। आज जो सामग्री उपलब्ध है, उसका श्रेय उन्हीं को जाता है, इसलिए मैं यह रचनावली 'ललिते कलाविधौ' कुमुद शर्मा को समर्पित करता हूँ, जिनका पूरा जीवन इस कार्य में लगा रहा। काश, यह कार्य उनके जीवन-काल में सम्पन्न हो गया होता!

पंडित रामावतार शर्मा काशी के एक शास्त्रार्थ में बैठे थे, जिसमें उनके गुरु भाग ले रहे थे। गुरु को परास्त होता देख, उन्होंने गुरु की आज्ञा लिये बगैर जवाब दे दिया। सभा में उनकी बहुत वाहवाही हुई, लेकिन गुरु उनसे नाराज हो गए। सभा विसर्जन के बाद, उन्होंने गुस्से में कहा : 'तुमने मेरा अपमान किया है। मैं तुम्हें बद्दुआ देता हूँ कि तुम्हारे वंश में किसी का काम पूरा नहीं होगा।' नलिन जी के परिवार में पुरुष अल्पायु हुआ। उनके पिता भी कम उम्र में चले गए। वे खुद साढ़े पैंतालीस साल की आयु में चले गए। उनके एक मात्र पुत्र राजीव शर्मा (कुग्गू) भी अल्पायु हुए। उनका पोता महज 23 वर्ष में दुनिया को अलविदा कह गया। लगता है, खुद उनको भी आभास था। उन्होंने अपने आत्मकथ्य में इसकी ओर इशारा किया है : 'लिखने का गलत प्रारम्भ मैंने एक बार से ज्यादा किया है। स्कूल के बाद कॉलेज में आते ही नये ढंग से लिखना शुरू किया। अब छायावादी कविताएँ पढ़ता था और उनकी नकल करता था। निराला के एक गीत के अनुकरण पर लिखी मेरी एक कविता 'सुधा' में प्रकाशित हुई थी; दो-चार और कविताएँ भी इधर-उधर; कुछ आलोचनात्मक

निबन्ध भी। मुझे इस प्रारम्भ से संतोष नहीं हुआ और एम.ए. तक पहुँचते-पहुँचते फिर नया आरम्भ। वह आरम्भ आज के प्रयासों और प्रयोगों से सम्बद्ध है। कम-से-कम एक बार और आरम्भ करना पड़ेगा, ऐसा साफ देखता हूँ। आरम्भ तो फिर-फिर करता, लेकिन मैं अल्पायु-परिवार में जनमा हूँ। भविष्य में एक नये और अंतिम आरम्भ के लिए अवसर मिले तो मैं जीवन के प्रति कृतज्ञ हूँगा।'

दुर्भाग्य से अन्तिम आरम्भ करने का अवसर उन्हें नहीं मिल पाया। उनके पारिवारिक चिकित्सक डॉक्टर श्रीनिवास ने जो भारत के पहले कार्डियोलॉजिस्ट थे, समय रहते यह पता लगा लिया था कि उनको हृदयरोग है। एक-डेढ़ महीने के भीतर वे इलाज के लिए लंदन जानेवाले थे, सारी तैयारियाँ भी हो चुकी थीं, लेकिन नियति को तो कुछ और ही मंजूर था।

'अयोध्याप्रसाद खत्री स्मारक ग्रंथ' की भूमिका में नलिन जी लिखते हैं : 'अयोध्याप्रसाद खत्री ने खड़ी बोली, यानी आधुनिक हिन्दी के साहित्य के प्रमुख अंग (काव्य) को उसका उचित स्थान दिलाने में—उनसे, जो इसके विरोध के लिए कटिबद्ध थे—जो कार्य किया था, वह अब जब हम सारी चीज को सही परिप्रेक्ष्य में देखने की स्थिति में हैं, इतना महत्त्वपूर्ण सिद्ध होता है कि हम समझ नहीं पाते कि उनके समसामयिकों ने, या उनके तुरंत बाद के लोगों ने, उनकी दूरदर्शिता, निष्ठा एवं प्रचेष्टा की उपेक्षा क्यों की! सच कहा जाए, तो खत्री जी के समसामयिक उतने दोषी नहीं हैं, जितने तुरंत बाद की पीढ़ी के वे विद्वान, जिन पर यह दायित्व था कि वे आधुनिक युग के आविर्भाव-काल की अन्तर्धाराओं का सम्यक् विश्लेषण करते। खत्री जी के समसामयिकों ने उनका विरोध करके उन्हें निषेधमूलक ही सही, एक प्रकार की मान्यता तो दी, किन्तु हिन्दी के आधुनिक साहित्येतिहास-लेखकों ने अवश्य ही सतह पर सहज ही दिख पड़ने वाली तरंगें ही देखीं, गहराई में चलने और एक दूसरे को काटनेवाली धाराओं को डुबकी लगाकर देखने-समझने की कोशिश नहीं की। जो पाठक मात्र होता है, वह उसे पढ़ता है जो सामने आता है, लेकिन जो उसका इतिहास लिखता है, उसका कर्तव्य होता है कि वह प्रत्यक्ष के पीछे जो परोक्ष शक्तियाँ काम कर चुकी हैं, या कर रही हैं, उन्हें भी समझे और समझाए। हिन्दी साहित्य के इतिहास-लेखकों ने ऐसी जानकारी हासिल करने की जरूरत ही नहीं समझी, और इसी के अनेक परिणामों में खत्री जी की उपेक्षा भी है।'

अयोध्याप्रसाद खत्री के सन्दर्भ में नलिन जी द्वारा पूछे गए सवाल नलिन जी के समकालीन और परवर्ती आलोचकों से पूछे जा सकते हैं। नलिन जी की उपेक्षा का आलम यह है कि उनकी आलोचना पर केन्द्रित कुछेक पुस्तकों को छोड़कर लगभग अन्य सभी महत्त्वपूर्ण पुस्तकों का 'आलोचना के इतिहास' में जिक्र तक नहीं है। 'मैला आँचल' का महत्त्व रेखांकित करनेवाले आलोचक और 'साहित्य का

इतिहास-दर्शन' के लेखक और 'प्रपद्यवाद' के प्रवर्तक के रूप में उनका प्रसंगोल्लेख भर किया जाता है।

बिहार हिन्दी साहित्य सम्मेलन के त्रैमासिक पत्र 'साहित्य' (सम्पादक : शिवपूजन सहाय, केसरीकुमार, अक्टूबर, 1961) के 'नलिन स्मृति-अंक' में नलिन विलोचन शर्मा की रचना-विवरणी प्रकाशित है जो कुमुद जी के निर्देशन में श्री चन्द्रकिशोर पांडेय 'निशान्तकेतु' ने तैयार किया था। इससे पता चलता है कि हिन्दी के अतिरिक्त उन्होंने अंग्रेजी और संस्कृत में भी बहुत कुछ लिखा था, किन्तु अंग्रेजी की कुछेक रचनाएँ ही उपलब्ध हो सकी हैं। अगर समय रहते उनके समस्त लेखन का संग्रह करने का प्रयास किया जाता तो 'रचनावली' के 10 खंड होते। आज स्थिति यह है कि उनके दोनों अपूर्ण शोध-ग्रंथों के साथ अधिकांश अप्रकाशित सामग्री गायब हो गईं या उन्हें दीमक चट कर गए। पुस्तकालयों की अव्यवस्था के कारण लघु पत्रिकाओं में प्रकाशित कई रचनाएँ नष्ट हो गई हैं। इन आठ सालों में मुझे जो उपलब्ध हो पाया, उसी से संतोष करना पड़ा। खैर। उनकी प्रकाशित पुस्तकों की सूची इस प्रकार है :

मौलिक पुस्तकें

1. दृष्टिकोण (साहित्य-कला-मनोविज्ञान सम्बन्धी आलोचना), 1947, पृ. सं. 128
2. विष के दाँत (कहानी संकलन), 1951, पृ. सं. 72
3. जगजीवन राम (जीवनी, अंग्रेजी में), 1954, पृ. सं. 161
4. नकेन के प्रपद्य (प्रपद्य संग्रह), 1956, पृ. सं. 148
5. साहित्य का इतिहास-दर्शन (साहित्येतिहास का दर्शनालोचन), 1960, पृ. सं. 331
6. सत्रह असंगृहीत पूर्व छोटी कहानियाँ (कहानी संकलन), 1960, पृ. सं. 100

सम्पादित पुस्तकें

1. लोककथा कोश, 1959, पृ. सं. 32
2. लोक साहित्य : आकर-साहित्य-सूची, 1959, पृ. सं. 38
3. लोकगाथा परिचय, 1959, पृ. सं. 24
4. प्राचीन हस्तलिखित पोथियों का विवरण (खंड-3), 1959, पृ. सं. 84
5. प्राचीन हस्तलिखित पोथियों का विवरण (खंड-4), 1959, पृ. सं. 84
6. प्राचीन हस्तलिखित पोथियों का विवरण (खंड-5), 1959, पृ. सं. 84
7. सदल मिश्र ग्रंथावली, 1960, पृ. सं. 206

8. लालचदास-कृत हरि-चरित्र (अपूर्ण), साहित्य (वर्ष-9 : अंक-3, वर्ष-10 : अंक-3, वर्ष-11 : अंक-1) और परिषद् पत्रिका (वर्ष-1 : अंक-1) में प्रकाशित
9. गोस्वामी तुलसीदास (लेखक : स्व. शिवनन्दन सहाय), 1961, पृ. सं. 351
10. भारत की प्रतिनिधि कहानियाँ, पृ. सं. 161
11. हिन्दी की उत्तम कहानियाँ, पृ. सं. 165
12. उपन्यास-कथाकुंज, पृ. सं. 94
13. निबन्ध मानस, पृ. सं. 181

सह-सम्पादित पुस्तकें

1. सन्त परम्परा और साहित्य, सं.—नलिन विलोचन शर्मा और रामखेलावन राय, 1960, पृ. सं. 377
2. अयोध्याप्रसाद खत्री स्मारक ग्रंथ, सं.—शिवपूजन सहाय और नलिन विलोचन शर्मा, 1960, पृ. सं. 320
3. हिन्दी के प्रतिनिधि कथाकार, सं.—नलिन विलोचन शर्मा और शिवचन्द्र शर्मा, पृ. सं. 202
4. पढ़ो और सीखो, सं.—नलिन विलोचन शर्मा और केसरी कुमार, पृ. सं. 106
5. रूपक-कथाकुंज, सं.—नलिन विलोचन शर्मा और केसरी कुमार, पृ. सं. 69
6. भारत के महापुरुष, सं.—नलिन विलोचन शर्मा और केसरी कुमार, 1958, पृ. सं. 168
7. राष्ट्रभाषा साहित्य संग्रह, सं.—नलिन विलोचन शर्मा और केसरी कुमार, 1956, पृ. सं. 260
8. राष्ट्रभाषा साहित्य-सरिता, सं.—नलिन विलोचन शर्मा और केसरी कुमार, 1956, पृ. सं. 288
9. पद्माभरण, सं.—नलिन विलोचन शर्मा और केसरी कुमार, 1959, पृ. सं. 75
10. स्वर्ण-मंजूषा, सं.—नलिन विलोचन शर्मा और केसरी कुमार, 1955, पृ. सं 506
11. हिन्दी रचनाकोश, सं.—नलिन विलोचन शर्मा और केसरी कुमार, 1959 पृ. सं. 370
12. दि वर्किंग मैन (ए प्रेजेंटेशन वॉल्यूम टू श्री जगजीवन राम), सं.—नलिन विलोचन शर्मा, श्री मदन विहारी सहाय, श्री रामबली दुबे, श्री विश्वनाथ वर्मा, श्री ज्ञानेश्वर प्रसाद, 1954, पृ. सं. 709

13. भारतीय साहित्य : परिशीलन तथा अन्वेषण, सं.—नलिन विलोचन शर्मा, डॉ. शिवनन्दन प्रसाद और डॉ. राजाराम रस्तोगी, 1960, पृ. सं. 1091
14. हिन्दी साहित्य : परिशीलन तथा अन्वेषण, सं.—नलिन विलोचन शर्मा, डॉ. शिवनंदन प्रसाद और डॉ. राजाराम रस्तोगी, 1960

सम्पादित पत्रिकाएँ

1. साहित्य (त्रैमासिक), सं.—शिवपूजन सहाय और नलिन विलोचन शर्मा, (1950 ई. के प्रथमांक से 1962 ई. के द्वितीयांक तक)
2. दृष्टिकोण (मासिक), सं.—नलिन विलोचन शर्मा और शिवचन्द्र शर्मा, (फरवरी 1948 ई. के प्रथमांक से अगस्त 1961 ई. के अंक तक)
3. कविता (द्वैमासिक), सं.—नलिन विलोचन शर्मा, (जुलाई, 1954 ई. के अंक-1 से अगस्त, 1957 के अंक-3 तक)
4. नवनीत (मासिक), सं.—कुमुद शर्मा, पद्मराग (नलिन जी का छद्म नाम)
5. पटना कॉलेज-पत्रिका, हिन्दी विभाग के सम्पादक नलिन विलोचन शर्मा

निधनोपरांत प्रकाशित मौलिक पुस्तकें

1. मानदंड (आलोचना और अनुसंधान), 1963, पृ. सं. 142
2. हिन्दी उपन्यास—विशेषत: प्रेमचन्द (इतिहास और आलोचना), 1968, पृ. सं. 128
3. नकेन-2 (कविता संग्रह), 1981, पृ. सं. 96
4. साहित्य : तत्त्व और आलोचना (इतिहास, आलोचना और शोध), 1995, पृ. सं. 215
5. नलिन विलोचन शर्मा : संकलित निबन्ध (इतिहास, आलोचना और शोध), 2010, पृ. सं. 250
6. नलिन विलोचन शर्मा रचना-संचयन, चयन : राव, सम्पादन : गोपेश्वर सिंह, 2016, पृ. सं. 616

[ये सभी पुस्तकें अलग-अलग लोगों द्वारा संकलित-सम्पादित हैं। इन पुस्तकों में कई रचनाओं की एक-दूसरे में कहीं-कहीं आवृति है।]

अब तक उपलब्ध सामग्री के आधार पर पाँच खंडों में 'नलिन रचनावली' को व्यवस्थित रूप देने का प्रयास किया गया है। सम्पूर्ण सामग्री को विषयानुसार महत्त्व की दृष्टि से वर्गीकृत किया गया है :

1. साहित्य का इतिहास-दर्शन
2. आलोचनात्मक निबन्ध

3. सम्पादकीय, आलोचनात्मक आलेख और कुछ नोट्स, भूमिकाएँ और पुस्तक समीक्षाएँ
4. कहानियाँ, कविताएँ, आत्मपरक निबन्ध, डायरी, पत्र, अनुवाद और साक्षात्कार
5. अंग्रेजी की सामग्री

बहुमुखी प्रतिभा के धनी आचार्य नलिन जी का हिन्दी साहित्य में महत्त्वपूर्ण योगदान है। आलोचना, कविता, कहानी, निबन्ध, अनुवाद, पुस्तक-समीक्षा जैसी हिन्दी की प्रायः सभी विधाओं पर इनकी लेखनी अबाध गति से चली है। प्राध्यापक के रूप में उनकी विद्वता का ऐसा दबदबा था कि आज तक बिहार में दूसरी मिसाल नहीं बन सकी।

'नकेन' के कवि प्रो. केसरी कुमार के शब्दों में : 'नलिन जी की वर्तमान पीढ़ी के वे सर्वतोमुखी (All-rounder) लेखक थे। विज्ञान और दर्शन के मिलनबिन्दु के विरल कवि थे। दुर्लभ मनोवैज्ञानिक उपलब्धि के कहानीकार भी। प्रत्येक रचना के भीतर से ही उसके मूल्यांकन का निष्कर्ष निकालने वाले और इस प्रकार अपनी उद्भावनाओं से रचनात्मक सम्भावनाओं के विकसित स्तर को उपजीव्य बनाते हुए आलोचना को सर्जनात्मक स्थापत्य देनेवाले समीक्षा-शिल्पी थे। वेशमनाट्य के व्याख्याता और सर्वतोभावेन गीतिनाट्य के एक मात्र अधिकारी प्रणेता, व्यंजक गद्य के निर्माता और एक ऐसे सुधी साहित्यिक सम्पादक थे, जिन्हें विषय से लेकर लतीफे एवं आवरण-सज्जा पर कुछ-न-कुछ बिलकुल नया और बहुत महत्त्वपूर्ण कहना था। पर, बहुत कम लोग जानते हैं कि वे कुशल चित्रकार भी थे।'

नलिन जी के कृतित्व पर उनके सहयोगी केसरी कुमार की टिप्पणी कहीं से अतियुक्ति नहीं है। उन्होंने कुल 46 वर्ष और 6 माह खर्च करके विपुल साहित्य लिखा है। उनके व्यक्तित्व पर यदि ध्यान दें तो आश्चर्य होता है कि एक व्यक्ति जो सफल अध्यापक, बिहार साहित्य सम्मेलन का प्रधानमन्त्री, बिहार राष्ट्र भाषा परिषद् का शोध-निर्देशक, 'साहित्य', 'दृष्टिकोण', 'कविता' और 'नवनीत' का यशस्वी सम्पादक हो—एक साथ इतना काम वह कैसे करता था! 19वीं शती के अन्तिम दशक और 20वीं शती के आरम्भिक तीन दशकों में काशी नागरी प्रचारिणी सभा में जैसा योगदान श्यामसुन्दर दास और आचार्य रामचन्द्र शुक्ल का रहा है, वही योग पाँचवें और छठे दशक में बिहार राष्ट्रभाषा परिषद्, पटना में आचार्य शिवपूजन सहाय और आचार्य नलिन विलोचन शर्मा का है, कहना असंगत नहीं होगा।

भारतीय सन्दर्भ में देखें तो, नेहरू और नलिन—दोनों आधुनिकता के प्रबल प्रवक्ता थे, लेकिन परम्परा के उतने ही गहरे जानकार भी। पहले ने भारतीय राजनीति में आधुनिकता का सफल प्रयोग किया, तो दूसरे ने साहित्य में। पूरी दुनिया सोवियत

संघ और अमेरिका—दो खेमों में बँटी हुई थी। गुटनिरपेक्ष आन्दोलन, इस शिविरबद्धता के विरुद्ध, जिस तरह तीसरे विकल्प की खोज था, उसी तरह नलिन जी की आलोचना प्रगतिवाद बनाम आधुनिकता के विवाद से अलग आलोचना के तीसरे धरातल की खोज है। शिविरबद्धता के विरुद्ध उनका आलोचनात्मक संघर्ष था। वे हिन्दी साहित्य में गुटनिरपेक्ष थे, जो प्रगतिवादी और प्रयोगवादी, दोनों शिविरों के प्रति समान रूप से कठोर था। नलिन जी एक ओर जहाँ मार्क्सवादी रूढ़ि में फँस जाने के लिए प्रगतिवादियों की कड़ी आलोचना कर रहे थे, तो दूसरी ओर अज्ञेय और उनकी मंडली को वास्तविक प्रयोगवादी मानने से इनकार कर रहे थे। अज्ञेय जी के समानान्तर उन्होंने प्रयोगवाद की एक नई धारा का सूत्रपात किया था और उनकी स्पर्धा में उभरकर सामने आए थे। दिलचस्प संयोग है कि नलिन जी के मकान का नाम 'त्रिशंकु' था और अज्ञेय के प्रसिद्ध निबंध संग्रह का नाम भी 'त्रिशंकु' है। अज्ञेय जी के साथ उनकी मौन मुलाकात के संस्मरण तो लोग किंवदंतियों की तरह सुनाते हैं। अज्ञेय जी उनसे मिलने गए तो देर तक दोनों के बीच चुप्पी रही। अज्ञेय जी ने पूछा : 'कैसे हैं?' लम्बी चुप्पी के बाद नलिन जी ने कहा : 'ठीक हूँ।' फिर देर तक चुप्पी रही। अज्ञेय जी ने कहा : 'चलता हूँ।' नलिन जी ने उन्हें ससम्मान विदा कर दिया।

नलिन जी ने संस्कृत की शास्त्रीय आलोचना और पश्चिम की आलोचना-पद्धति का गहन अध्ययन किया था, लेकिन उन्होंने अनुसरण करने के बजाय अपने लिए नई आलोचनात्मक पद्धति की खोज की। वे हिन्दी के पहले आधुनिक आलोचक थे। उनमें परम्परा के नाम पर जड़ विचारों का त्याग करने और नये आधुनिक विचारों को ग्रहण करने की अद्भुत क्षमता थी। भावयित्री और कारयित्री, दोनों प्रतिभाओं का एक ही व्यक्ति में होना विरल होता है। पंडितराज जगन्नाथ, टी.एस. इलियट, मुक्तिबोध और नलिन जी इसके अपवाद हैं। वे ऐसे आलोचक हैं जिनके सिद्धान्त उनकी रचनाओं के बिना और रचना आलोचना के बिना—दोनों अपूर्ण रह जाते हैं।

'आलोचना' शीर्षक आलेख में वे लिखते हैं : 'अपने संश्लेषणात्मक रूप में आलोचना उतना ही सृजन है, जितना किसी कृति का निर्माण। आलोचना और साहित्य-सृजन में अंतर शायद इसलिए मान लिया गया है कि आलोचना मात्र कला ही नहीं, वह विज्ञान भी है। साहित्यालोचन जहाँ तक विज्ञान है, वह कृति-विशेष का परीक्षण करता है, उसका गुणदोष-निरूपण करता है और आवश्यकतानुसार नवीन सिद्धान्त की उद्भावना भी। इसके साथ ही साथ कला के रूप में भी संलग्न रहता है।'

जीवन और साहित्य में आधुनिकता के समर्थक होने के कारण नलिन जी को परम्परा-विरोधी भी समझा गया, लेकिन इसमें सच्चाई नहीं है। वे परम्परा के नाम पर सड़ी-गली मान्यताएँ स्वीकार करने के पक्ष में नहीं थे। प्राचीन साहित्य के गहरे अध्येता होने के कारण वे भारतीय साहित्य की महान विरासत को छोड़ना नहीं चाहते

थे। साथ ही विश्व साहित्य की उपलब्धियों से हिन्दी को दूर भी नहीं रख सकते थे। उनकी दृष्टि में हिन्दी के आलोचकों की उपलब्धि यह होगी कि 'वे अंग्रेजी या फ्रेंच साहित्य का इतिहास रसालंकार के दृष्टिकोण से लिखें, जैसे कभी अपने दृष्टिकोण से मैकडानेल, कीथ, विंटरनित्ज ने संस्कृत साहित्य के इतिहास लिखे थे; जैसे फ्रांसीसी लुगोई और कजामिया के इतिहास से बढ़िया, उस आकार-प्रकार का, किसी अंग्रेज का अंग्रेजी साहित्य का इतिहास नहीं है; जैसे पाश्चात्यों के लिखे संस्कृत साहित्य के इतिहासों-से स्वयं भारतीयों के लिखे नहीं हैं। उन्हें भारतीय परम्परा और पश्चिम की आधुनिकता एक साथ चाहिए। वे सिर्फ हिन्दी आलोचना-शास्त्र के हिमायती नहीं थे, बल्कि पूर्व और पश्चिम के श्रेष्ठ चिन्तन को पचाकर हिन्दी के नये आलोचनाशास्त्र को विकसित करना चाहते थे। रामचन्द्र शुक्ल की आलोचना उन्हें इसलिए भी महत्त्वपूर्ण लगती थी कि तुलसी के 'मानस' को कसौटी मानने वाला विद्वान क्यूमिंग्ज का उल्लेख करता है।

इलियट की परम्परा से प्रेरणा लेकर उन्होंने 'हिन्दी साहित्य की महान परम्पराएँ' शीर्षक से आलेख लिखा, जिसमें हिन्दी की पाँच महान परम्पराओं को माना। अन्य आलेखों में उनका संदर्भोल्लेख भी किया। आध्यात्मिकता या धार्मिकता को भारतीय संस्कृति और साहित्य की पहली विशेषता के रूप में माना जाता रहा है। नलिन जी ने इस स्थापना को खंडित करते हुए, 'भौतिकता' को हिन्दी साहित्य की प्रमुख परम्परा के रूप में स्थापित किया। यथार्थता, मानवता, मानवतावाद और धार्मिकता, उनके अनुसार, क्रमशः दूसरी, तीसरी, चौथी और पाँचवीं परम्परा है।

नलिन जी की रुचि जिस विधा के मूल्यांकन में अधिक रही, वह है—उपन्यास। वे 'पाताल' शीर्षक से बृहत्काय उपन्यास लिख रहे थे। धीरेन की सीरीज वाली कहानियाँ भी उनके दूसरे प्रयोगवादी उपन्यास का हिस्सा थीं—दोनों उपन्यास पूरे नहीं हो सके। खैर। उपन्यास-सम्बन्धी उनके सिद्धान्त एवं स्थापनाएँ निबन्ध, सम्पादकीय टिप्पणियों और पुस्तक समीक्षाओं में अभिव्यक्त हुए हैं। वे इस विधा के गहन अध्येता एवं व्याख्याता थे।

उनकी उपन्यास-सम्बन्धी दृष्टि के बारे में रामधारी सिंह 'दिनकर' कहते हैं : 'उपन्यास के सम्बन्ध में वह सब कुछ जानते थे, जो ज्ञातव्य हो सकता है।' और उनकी व्याख्या कैसी थी ? इस सन्दर्भ में शिवपूजन सहाय ने लिखा है : 'उपन्यास की नाड़ी-परीक्षा में वे ऐसे परिपक्व, अनुभवी हो गए थे कि कोई नया प्रसिद्ध उपन्यास पढ़ लेने के बाद, उनसे उसकी चर्चा चलाने पर उनके तत्सम्बन्धी विचार सुनकर दृष्टिकोण ही बदल जाता था, उसका जौहर भी खुल जाता था और उसकी वास्तविकता भी प्रकट हो जाती थी।'

हिन्दी उपन्यास की परम्परा वे संस्कृत साहित्य के आख्यानपरक गल्प से जोड़कर देखते हैं : 'संस्कृत और हिन्दी के आधुनिक काल के बीच गल्प की

परम्परा खंडित हो गई थी, एक भ्रांत धारणा है। किस्सा-कहानी या उपन्यास की परम्परा के सदैव दो रूप रहे हैं : एक, लिखित तथा साहित्यिक और दूसरा, मौखिक।' आगे वे लिखते हैं : 'बात ऐसी है कि भारतेन्दु के समय से ही हिन्दी साहित्य का लिखित, मुद्रित और साहित्यिक रूप शुरू हुआ किन्तु हिन्दी उपन्यास की परम्परा उतनी पुरानी नहीं है जितनी हिन्दी काव्य की। अन्तर इतना ही है कि हिन्दी के प्राचीन काव्य का पर्याप्त अंश हस्तलिखित पोथियों में सुरक्षित रह गया जबकि उसका गल्प साहित्य मौखिक बना रहा।' उनकी यह भी मान्यता है कि 'उपन्यास का मौखिक रूप अविच्छिन्न था।' हिन्दी की यदि अपनी समृद्ध परम्पराएँ न होतीं तो सत्तर-अस्सी वर्षों की अल्प अवधि में उसके साहित्य का वैसा विकास कदापि सम्भव न होता, जैसा हम आज पा रहे हैं।

उन्नीसवीं शती के उत्तरार्द्ध का साहित्यिक जागरण पश्चिम के सम्पर्क का परिणाम था। प्राच्य एवं पाश्चात्य साहित्य का सम्बन्ध जैसे-जैसे प्रगाढ़ हुआ, वैसे-वैसे साहित्य के क्षेत्र में, विशेष रूप से गल्प के स्वरूप में, परिवर्तन होता गया।

आधुनिक उपन्यास के सम्बन्ध में उनकी स्थापना है कि इसे सुबन्धु, दंडी, बाणभट्ट की लुप्त परम्परा में पुनरुज्जीवित नहीं किया गया, बल्कि यह 'हिन्दी उपन्यास साहित्य का वह पौधा था, जिसे अगर सीधे पश्चिम से नहीं लिया गया हो तो उसका बँगला कलम तो लिया ही गया था।'

उपन्यास साहित्य का उपेक्षित अंग रहा है। इसका प्रमुख कारण यह है कि आरम्भिक अवस्था में इस विधा को मात्र मनोरंजन का साधन माना गया और जीवन के यथार्थ से दूर रखा गया। किन्तु, जैसे ही इस विधा का सम्पर्क जीवन के यथार्थ से हुआ, इसने अपनी सशक्त उपस्थिति दर्ज की। 'शताब्दियों की प्रतीक्षा के बाद साहित्य का अंत्यज अपनी छिपी भावनाओं को लेकर अपनी सामर्थ्य का परिचय दे सका है और अब तो आभिजात्य का भी दावा कर सकता है। देवकीनन्दन खत्री से लेकर अज्ञेय तक के हिन्दी उपन्यास का इतिहास इस सामान्य तथ्य का दृष्टांत है।'

महाकाव्य आधुनिक युग की विसंगतियों एवं जटिलताओं के कारण जीवन के यथार्थ को अभिव्यक्त करने में असक्षम सिद्ध होने लगा, इसलिए धीरे-धीरे उपन्यास ने महाकाव्य को उच्च सिंहासन से अपदस्थ कर दिया। विनोद शंकर व्यास ने लिखा है : 'उपन्यास ही साहित्य का ऐसा अंग है, जिसके द्वारा सब बातों की पूर्ण अभिव्यक्ति हो सकती है।' इस सन्दर्भ में नलिन विलोचन शर्मा का मत है : 'समृद्धि और ऐश्वर्य की सभ्यता महाकाव्य में अभिव्यंजना पाती है; जटिलता, वैषम्य और संघर्ष की सभ्यता उपन्यास में। हिन्दी उपन्यास के लिए जैसे-जैसे कच्चा माल तैयार होता गया, वैसे-वैसे पश्चिम की तथाकथित भौतिक सभ्यता हमारी वाणी और वेशभूषा को ही नहीं, प्रत्युत्, हमारी दृष्टि और चेतना को भी

आक्रांत करने में सफल होती गई।' महाकाव्य के अलोकप्रिय होने का प्रमुख कारण है : उसका जीवन के यथार्थ से दूर होना। रैल्फ फाक्स ने भी इसी ओर इशारा किया है : 'महाकाव्य के पात्रों तथा उस समाज के बीच, जिसमें कि वे रहते थे, एक संतुलन था, जो अब विलुप्त हो चुका है।'

साहित्य समाज का संचित प्रतिबिम्ब होता है। जैसा समाज होगा, वैसा ही साहित्य होगा। पश्चिम की तुलना में भारतीय सभ्यता एवं संस्कृति कम जटिल है और 'हमारे उपन्यास यदि आज पश्चिम उपन्यासों के समकक्ष सिद्ध नहीं होते तो मुख्यतः इसलिए कि हमारी वर्तमान सभ्यता अपेक्षतया आज भी कम जटिल, कम उलझी हुई और कहीं ज्यादा सीधी-सादी है।'

नलिन विलोचन शर्मा उपन्यास के वर्गीकरण के सम्बन्ध में उत्थान और महान उपन्यासकारों के नाम के अनुसार 'स्कूल' बनाने के पक्ष में नहीं थे। उनका मानना है : 'हिन्दी उपन्यास के स्वरूप-परिसर इतिहास के अध्ययन के लिए विभाजनों को, जिन्हें साहित्यिक इतिहासकारों ने 'उत्थान' की संज्ञा दी है, मैं निष्प्रयोजन पाता हूँ। इसी प्रकार उपन्यासकारों के नामानुसार विभिन्न 'स्कूलों' और साहित्यिक व्यक्तित्व के आधार पर पुकारे जानेवाले 'युगों' को भी, अपने उद्देश्य के लिए मैं महत्त्वरहित विभाजक चिह्न-मात्र मानता हूँ।'

नलिन जी विषयवस्तु और कथ्य को आधार बनाकर वर्गीकरण करने के पक्षधर हैं। 'जासूसी उपन्यास' (अपूर्ण), 'ऐतिहासिक उपन्यास' सरीखी टिप्पणियाँ इसी बात की पुष्टि करती हैं। बहुत सम्भव है कि भविष्य में वे अन्य भेदों पर भी लिखते।

एक आलोचक के रूप में नलिन जी की उपलब्धि क्या है? जिन कार्यों को आचार्य रामचन्द्र शुक्ल और उनके स्कूल के आलोचकों ने अनावश्यक जानकर छोड़ दिया था, उसकी क्षतिपूर्ति नलिन जी की आलोचना में मिलती है, यह कहना असंगत न होगा। मसलन, गौण कवियों के महत्त्व को स्थापित करना, तात्त्विक शोध, उपन्यास की सैद्धान्तिक और व्यावहारिक आलोचना का विकास करना, प्रेमचन्द को कलात्मक रूप से तथा परम्परा को आधुनिकता की दृष्टि से आँकना और तत्पश्चात निष्कर्ष देना उनकी आलोचनात्मक उपलब्धि है।

'आलोचना' के इतिहास-अंक में उपन्यास का इतिहास लिखते हुए प्रेमचन्द के प्रसंग में जो मौलिक स्थापना वे प्रस्तुत करते हैं, वह 'गोदान' के स्थापत्य को लेकर है। उनके समकालीन आलोचकों ने 'गोदान' को कलात्मक रूप से कमजोर कृति माना था। रामविलास जी की धारणा नकारात्मक ही थी। नलिन जी लिखते हैं : 'हिन्दी के आलोचकों ने एक स्वर में 'गोदान' की आलोचना की है कि उसकी कथावस्तु असम्बद्ध है। वस्तुतः यही 'गोदान' के स्थापत्य की वह विशेषता है, जिसके कारण उसमें महाकाव्यात्मक गरिमा आ जाती है। नदी के तट असम्बद्ध

दीखते हैं, पर वस्तुतः असम्बद्ध के बीच से ही भारतीय जीवन की विशाल धारा बहती चली जाती है। भारतीय जनजीवन का, जो एक ओर तो नागरिक है और दूसरी ओर ग्रामीण, और जो एक साथ प्राचीन भी है और जागरण के लिए छटपटा रहा है, इतने बड़े पैमाने पर इतना यथार्थ चित्रण हिन्दी ही क्या, भारतीय भाषाओं में भी नहीं मिलता है।'

यहाँ प्रश्न केवल 'गोदान' के स्थापत्य का नहीं है, वरन यह कि स्थापत्य जैसी अवधारणा का भी हिन्दी में उन्होंने ही पहला प्रयोग किया है। नलिन जी हिन्दी उपन्यास साहित्य को प्रेमचन्द की देन मानते हैं। 'गोदान' के स्थापत्य को समानान्तर स्थापत्य शैली कहते हैं।

नलिन जी को संस्कृत-साहित्य का गंभीर ज्ञान था और विश्व-साहित्य के व्यापक अध्ययन से उनकी आलोचना प्रामाणिक और संयत हुई थी। जिस व्यक्ति का अध्ययन इतना विस्तृत और गहन होगा, वह परम्परा को अस्वीकार नहीं करता है, लेकिन परम्परा के नाम पर जड़ चीजों को भी स्वीकार नहीं करता। यही बात उनकी आलोचना में देखने को मिलती है। तभी तो 'जीवित कविराश्य न वर्णनीय' को नकार कर वे अपने समकालीनों पर निर्भीकतापूर्वक लिखते हैं।

समकालीनता के मूल्यांकन का अपना सुख है तो संकट भी। उन्होंने जिन रचनाकारों को विश्लेषण के लिए चुना था, उन सभी की गिनी-चुनी कृतियाँ आई थीं इसलिए किसी रचनाकर के बारे में वे मुकम्मल राय नहीं बना पाए। असमय मृत्यु ने उनसे यह अधिकार छीन लिया। इसलिए उनकी समीक्षा का स्वर संशयात्मक है, निर्णयात्मक नहीं है यह अधूरापन उनकी आलोचना में एक हद तक है, इसे स्वीकार कर हमें उनकी आलोचना में प्रवेश करना चाहिए। समकालीन रचनाकारों के इतर प्रेमचन्द, शुक्ल और निराला पर उनकी प्रभावशाली आलोचना मिलती है; क्योंकि तब तक इन लोगों के सृजन का अधिकांश हिस्सा सामने आ चुका था। हम देखते हैं, जिस निष्कर्ष पर समाजशास्त्रीय पद्धति से रामविलास जी पहुँचते हैं, सूत्रात्मक पद्धति से उन्हीं निष्कर्षों पर नलिन जी भी पहुँचते हैं। 'निराला की साहित्य-साधना' में रामविलास जी ने लिखा है : 'नलिन विलोचन शर्मा ने निराला की प्रशंसा में एक लेख लिखा है, जैसा अब तक किसी ने न लिखा था।'

शोध के अन्तर्गत पाठानुसंधान और भाषाविज्ञान, विशेष कर भाषित बोलियों के अध्ययन में उनकी गहरी अभिरुचि थी तथा इस दिशा में सूफी कवि किफायत की रचना, पोथी विद्याधर या लालचदास-कृत 'हरि-चरित्र' के पाठ का सम्पादन किया। भाषित बोलियों के भाषा-वैज्ञानिक महत्त्व पर भी उन्होंने प्रकाश डाला। समय-समय पर वे 'साहित्य' में सम्पादकीय टिप्पणी के रूप में इस पर अपना विश्लेषण प्रस्तुत करते रहे। 'बिहार की बोलियाँ' शीर्षक सम्पादकीय टिप्पणी में भाषावैज्ञानिक महत्त्व का निरूपण देखा जा सकता है। सम्पादित ग्रंथ मूलतः उनके

अनुसन्धान का परिणाम हैं। हिन्दी में तात्त्विक-शोध का बहुत ही अभाव है और इस दिशा में लोगों का ध्यान कम गया है। इस कमी को दूर करने के लिए, हिन्दी के विद्वानों का ध्यान आकृष्ट करते हुए खुद इसमें प्रवृत्त हुए। वे लिखते हैं : 'हिन्दी शोध की मुख्य समस्या, मेरी समझ से तात्त्विक-शोध को लेकर ही है। इस दिशा में बहुत थोड़ा कार्य हुआ है और बहुत अधिक आवश्यकता बनी हुई है।' उनके इस वाक्य के आलोक में देखा जाए तो उनकी हिन्दी आलोचना की दीर्घ यात्रा एक समस्यापूर्ति की तरह थी। कैसी विडम्बना है, आज वे खुद तात्त्विक-शोध का विषय बन गए। सूफी कवि किफायत की रचना, लालचदास-कृत 'हरि-चरित्र', 'गोस्वामी', 'लोककथा कोश' (1959), 'लोककथा परिचय' (1959), 'प्राचीन हस्तलिखित पोथियों का विवरण' छह खंडों में (1959), 'सदल मिश्र ग्रंथावली' (1960), 'तुलसीदास' (1961), 'सन्त-परम्परा और साहित्य' (1960), 'अयोध्याप्रसाद खत्री स्मारक ग्रंथ' 1960), 'भारतीय साहित्य परिशीलन तथा अन्वेषण', 'साहित्य परिशीलन तथा अन्वेषण'—आदि ग्रंथों का सम्पादन, जो तात्त्विक-शोध ही है, अपने-आपमें उपलब्धि है। इस कार्य के फलस्वरूप बिहार के कई प्राचीन और गुमनाम साहित्यकार प्रकाश में आए।

अनेक दुर्लभ और लुप्तप्राय ग्रंथों का जीर्णोद्धार किया। इस सम्बन्ध में एक-दो उदाहरण उल्लेखनीय हैं। अयोध्याप्रसाद खत्री, जिनका कि आचार्य रामचन्द्र शुक्ल ने अपने इतिहास में उल्लेख भर ही किया, और उसी खत्री जी के बारे में नलिन जी की खोजी दृष्टि ने 'खत्री स्मारक ग्रंथ' प्रस्तुत कर दिया। खत्री जी की सम्पूर्ण कृतियों को सामने रखकर शुक्ल जी की इस टिप्पणी—'खड़ी बोली पद्य'—का झंडा लेकर घूमनेवाले बाबू अयोध्या प्रसाद खत्री चारों ओर घूम-घूमकर कहा करते थे कि 'अभी हिन्दी में कविता हुई कहाँ! सूर, तुलसी, बिहारी आदि ने जिसमें कविता की, वह तो भाषा है, हिन्दी नहीं' को अपर्याप्त मानते हुए, इनके पुनर्मूल्यांकन पर जोर देते हैं। उनका मानना है कि आधुनिक युग के आविर्भावकाल की अंतर्धाराओं के सम्यक् विश्लेषण के बिना खत्री जी का उचित मूल्यांकन नहीं हो सकता है। 'सदल मिश्र ग्रंथावली'—सदल मिश्र की सम्पूर्ण रचनाओं का संग्रह कर उनके रचनात्मक व्यक्तित्व को सामने लेकर आए। इसके पहले सदल मिश्र नासिकेतो-पाख्यान के रचनाकार और हिन्दी गद्य के आद्य निर्माताओं में से एक तक ही सीमित थे।

नलिन जी ने इन ग्रंथावलियों का न केवल सम्पादन और संकलन किया, वरन प्रारम्भ में इन साहित्यकारों के व्यक्तित्व और कृतित्व पर विद्वत्तापूर्ण भूमिकाएँ भी लिखीं। साहित्यिक पत्रिका के सम्पादक के रूप में भी इनका महत्त्वपूर्ण योगदान है। आपने 'साहित्य', 'दृष्टिकोण', 'कविता' और 'नवनीत' प्रभृति साहित्यिक पत्रिकाओं का सफलतापूर्वक सम्पादन किया। ये सारी पत्रिकाएँ अपने समय की श्रेष्ठ पत्रिकाएँ

थीं। पटना से निकलती थीं। 'साहित्य' के सम्पादकीय का रेंज बहुत व्यापक था। साहित्य, भाषा, संस्कृति और राजनीति के विविध मुद्दों पर वे लिखा करते थे। उन्होंने कुछ टिप्पणियाँ 'पद्मराग' छद्म नाम से भी लिखी हैं। साहित्य में प्रकाशित इनकी पुस्तक-समीक्षाएँ भी आधुनिक दृष्टि से लैश होती थीं। अपनी आधुनिक दृष्टि और प्रयोगशीलता के कारण ही वे 'मैला आँचल', 'बाणभट्ट की आत्मकथा', 'सुनीता' और 'घेरे के बाहर' जैसे उपन्यासों के पक्ष में डटे रहे, जो कथ्य और शिल्प, दोनों में लीक से अलग थे। फणीश्वरनाथ 'रेणु' के ऐतिहासिक उपन्यास 'मैला आँचल' पर पहली समीक्षा इन्होंने ही लिखी, जिसके कारण साहित्य-जगत का ध्यान 'मैला आँचल' की तरफ गया।

'प्रपद्यवाद' के मेनिफेस्टो 'पस्पशा' में, हिन्दी कविता में नये वाद के प्रवर्तक नलिन जी की देन की ओर संकेत करते हुए केसरी कुमार ने लिखा है : 'प्रयोगवाद का वास्तविक आरम्भ सन् 1936-1938 ई. में लिखी गई नलिन जी की कविताओं से होता है, जिनमें से कुछ ही पत्र-सम्पादकों के हलक के नीचे उतर सकी थीं। बाद में, कतिपय प्रयोगशील कवियों ने अपना एक वर्ग बनाया, जिसका नेतृत्व अज्ञेय जी ने किया। नलिन जी की कविताओं और इन प्रयोगशील कवियों की कविताओं में सैद्धान्तिक भिन्नता थी। नलिन जी 'प्रयोग' को साध्य मानकर लिख रहे थे, किन्तु प्रयोगशील कवि 'प्रयोग' को साधन मानते थे। इसी कारण, इस वर्ग के प्रजापति अज्ञेय को कहना पड़ा था कि 'प्रयोग का कोई वाद नहीं है; प्रयोग अपने-आपमें इष्ट व साध्य नहीं है, वह साधन है।' किन्तु, हिन्दी के आलोचकों ने बिना समझे-बूझे, यहाँ तक कि अज्ञेय की घोषणा की भी उपेक्षा करते हुए, अकारण इन प्रयोगशील कवियों को प्रयोगवादी कहना आरम्भ कर दिया। परिणामतः उन कवियों को भी प्रयोगवादी कहलाने का मोह व्याप गया और वे नितान्त धैर्य से अपना प्रयोगवादी कहा जाना सुनते रहे; किसी ने प्रतिवाद तक नहीं किया। इस प्रकार, 'प्रगति' और 'प्रयोग' के द्विविध मोह से बने प्रयोगशील काव्य को प्रयोगवादी मान लेने के कारण हिन्दी काव्य और आलोचना में एक जघन्य स्थिति आ गई। इसलिए नलिन जी (जो सिद्धान्ततः प्रयोगवाद के प्रवर्तक थे) तथा उनके समान सिद्धान्तधर्माओं को 'प्रयोग-दशसूत्री' का प्रकाशन करना पड़ा, जो 'नकेनवादी द्वादश सूत्री' के नाम से अन्य आलोचकों के द्वारा अभिहित की गई। 'नकेन-2' में 6 सूत्र और जोड़े गए। इसमें पहली बार 'प्रयोगवाद' को 'प्रयोगशीलता' से भिन्न करके देखा गया। प्रगति या प्रयोग शब्द के प्रति मोह की आवृत्ति न हो और नये काव्य के सम्पूर्ण दायित्व को स्वीकार किया जाए, इसलिए इन कवियों ने अपने वाद के लिए 'प्रपद्यवाद' का और नाम-संकेत के लिए 'नकेन' का अभिधेय स्वीकार किया और इस प्रकार हिन्दी कविता की वह धारा आगे बढ़ी, जो निःसंकोच प्रयोग को ही अपना साध्य मानती है।

प्रपद्यवाद भाषा और व्यंजना का स्थापत्य है। प्रपद्य के निम्नलिखित सूत्र हैं :

1. प्रपद्यवाद सर्वतन्त्र-स्वतन्त्र है। उसके लिए शाख या दल-निर्धारित अनुपयुक्त है।
2. प्रपद्यवाद महान पूर्ववर्तियों की परिपाटियों को भी निष्प्राण मानता है।
3. प्रपद्यवाद दूसरों के अनुकरण की तरह अपना अनुकरण भी वर्जित समझता है।
4. प्रपद्यवाद को मुक्त काव्य नहीं, स्वच्छन्द काव्य की स्थिति अभीष्ट है।
5. प्रयोगशील प्रयोग को साधन मानता है, प्रपद्यवादी साध्य।
6. प्रपद्यवाद की दृक्वाक्यपदीय प्रणाली है।
7. प्रपद्यवाद के लिए जीवन और कोष कच्चे माल की खान है।
8. प्रपद्यवादी प्रयुक्त प्रत्येक शब्द और छन्द का स्वयं निर्माता है।
9. प्रपद्यवाद दृष्टिकोण का अनुसन्धान है।
10. प्रपद्यवाद मानता है कि पद्य में उत्कृष्ट केन्द्रण होता है और यही गद्य और पद्य में अन्तर है।
11. प्रपद्यवाद मानता है कि चीजों का एकमात्र सही नाम होता है।

'नकेन-1' के इन सूत्रों के साथ 'नकेन-2' में छह और सूत्र जोड़े गए। इसे प्रपद्य अष्टादश-सूत्री कहा गया। 'नकेन-2' में जो छह सूत्र जोड़े गए, वे ये हैं :

(क) प्रपद्यवाद आयाम की खोज है और अभिनिष्क्रमण भी, ठीक वैसे, जैसे वह भाव और व्यंजना का स्थापत्य है और उससे अभिनिष्क्रमण भी।

(ख) प्रपद्यवाद चित्रेतना है।

(ग) प्रपद्यवाद मिथक का संयोजक नहीं, स्रष्टा है।

(घ) प्रपद्यवाद बिम्ब का काव्य नहीं, काव्य का बिम्ब है।

(ङ) प्रपद्यवाद सम्पूर्ण अनुभव है।

(च) प्रपद्यवाद अविभक्त काव्य-रुचि है।

रामस्वरूप चतुर्वेदी ने इन सिद्धान्तों को अतियथार्थवाद (Sur-realism) के सिद्धान्तों से प्रभावापन्न माना है। जब हम दोनों में तुलना करते हैं तो पाते हैं कि दोनों में समानता है। किन्तु, इसका अर्थ यह कतई नहीं है कि दोनों में असमानता नहीं है। समानता के तथ्यों में स्वच्छन्दता का विशिष्ट आग्रह (बर्सलिब्रे : वर्स लिबेरे), दृक्वाक्यप्रदीय प्रणाली (वर्बि-वोको-विजुअल-मेथड) या स्वत:चालित लेखन (ऑटोमेटिक राइटिंग), पूर्ववर्ती परिपाटियों, रूढ़ियों तथा व्यवस्थाओं के प्रति अवज्ञा और तिरस्कार का भाव, आधुनिक नैतिकता पर अविश्वास, व्यक्तित्व के अन्तर्विरोधों का चित्रण, अव्यवस्था के प्रति आकर्षण आदि मुख्य हैं। दूसरी ओर दोनों में भिन्नता भी बहुत है। अतियथार्थवाद जहाँ कला को अत्यधिक बौद्धिक बना देने का विरोध करता है, वहाँ प्रपद्यवाद का बौद्धिकता के प्रति प्रबल आग्रह है।

अतियथार्थवाद को जीवन का एकान्त काल्पनिक पक्ष अधिक प्रिय है; किन्तु प्रपद्यवाद को जीवन के सभी पक्ष। अस्तु।

1956 में 'नकेन' का पहला भाग निकल चुका था। नलिन जी ने उसकी एक प्रति आचार्य शिवपूजन सहाय को भेंट की थी। कुछ दिनों के बाद नलिन जी कई साहित्यकारों के साथ हिन्दी साहित्य सम्मेलन भवन, पटना के एक कक्ष में बैठे हुए थे। शाम का वक्त था। आचार्य शिवपूजन सहाय चूँकि अस्वस्थ रहते थे, इसलिए सामने के एक ऊँचे तख्त पर लेटे हुए थे। नलिन जी ने 'नकेन' पर उनका अभिमत जानना चाहा। उन्होंने पूछा : 'मास्टर साहब, 'नकेन' देखा गया?'

शिवपूजन बाबू ने इस पर भयानक प्रतिक्रिया की। उन्होंने कहा : 'यह मेरा जूता है और यह मेरी चाँदी है। आप मेरी चाँदी पर दस जूते मारें।'

नलिन जी सभी साहित्यकारों के साथ स्तब्ध रह गए।

'जुही की कली' आचार्य महावीर प्रसाद द्विवेदी द्वारा लौटा दिये जाने के बाद शिवपूजन बाबू ने उसे अपनी पत्रिका 'आदर्श' (मासिक, कलकत्ता) में ससम्मान छापा था। इससे नलिन जी ने समझा था कि उनकी काव्य-रुचि गद्यात्मक होगी; लेकिन अभी उन्हें मालूम हुआ कि वह छायावाद से आगे नहीं बढ़े थे। दिनकर जी ने भी कहा था कि 'नकेनवादी' कवि पत्थर से दूध निकालने की कोशिश कर रहे हैं। लेकिन नलिन जी के लिए कविता मनुष्यता है : 'हम मनुष्य और मनुष्यता में विश्वास रखते हैं। इसलिए कविता में भी हमारी आस्था बनी हुई है। हम मानते हैं कि मनुष्यता के दो-चार पर्यायों में एक कविता भी है।'

उनका कविकर्म लगभग तीन दशकों का है। अपनी कविता के बारे में उन्होंने विनोद भाव से लिखा है :

दिल हुआ बेकार है, जो कुछ है सो ब्रेन,
गाय हुई बकेन है, कविता हुई नकेन।

बकेन गाय उस गाय को कहते हैं जो बहुत दिनों से दूध दे रही हो और अब दूध देना बंद करने वाली हो। आखिरी वक्त में दूध गाढ़ा हो जाता है। उनकी कविता छायावादी कविता की अतिशय भावुकता और कल्पनाशीलता तथा प्रगतिवादी के सपाट नारेबाजी के प्रतिक्रिया में लिखी गई हैं जिसमें हृदय से ज्यादा बुद्धि हावी है। पहले और दूसरे विश्वयुद्ध के कारण पूरी दुनिया में पुरानी मान्यताएँ और संवेदनाएँ दरक गई थीं। रोमांटिक सौन्दर्य का उल्लास जिसके मूल में काल्पनिक दुनिया थी, वह विच्छिन्न हो गई। ऐसे जटिल समय में टी.एस. इलियट, एजरा पाउंड, वाद्लेयर, रिम्बो, रिल्के प्रभृति बुद्धिवादी कवियों और चिंतकों ने 'इंटेलेक्चुअल एप्रोच' को काव्य में स्थापित किया। नलिन जी पर इसका प्रभाव

है। उनकी कविताओं में वैज्ञानिकता और बौद्धिकता की प्रधानता उन्हें कवि के रूप में अपने समय से आगे की ओर ले जाती है। 'बिम्बों का बिम्बोक' एक लम्बा व्यंग्य काव्य है। 'गीत', 'पहली अजंता', 'दूसरी अजंता', 'रामगिरि', 'किंकिरीट मिश्र', 'आषाढ़ का एक दिन' और 'धुलप' इनकी प्रतिनधि कविताएँ हैं। कम शब्द खर्च करके कैसे बड़ी लिखी जा सकती है, इसका उदाहरण 'अली अकबर खान' कविता है :

सरोद पर तुमने था बजाया,
मैं समझा नहीं। मैंने देखा,
पीतल और लोहे से
तुमने मधु निचोड़ा :
सारा कड़वापन दूर हो गया
मधु विदुंत होकर बँट गया।

नलिन जी प्रेमचन्दोत्तर हिन्दी कहानी के कथाकार हैं। प्रेमचन्द की तरह वे कहानी विधा के रचनाकार और सिद्धान्तकार, दोनों हैं। प्रेमचन्द का निधन 1936 में हुआ और नलिन जी का कहानी में प्रवेश 1937 में। उनकी पहली कहानी कलकत्ते से निकलने वाली मासिक पत्रिका 'विश्वमित्र' में 'नारी की त्रिविधा' नाम से प्रकाशित हुई। ढाई दशक की इस कथा-यात्रा में उन्होंने लगभग 55 कहानियाँ लिखी हैं। कहानी-लेखन उनके लिए तलवार के धार पर धावन है। वे इसे कृच्छ्र-साधना मानते हैं : 'कहानीकार बिन्दु में केन्द्रित विराट और पूर्ण सत्य का उद्घाटन करता है। कहानीकारों के दो काम होते हैं—बिन्दु फैले नहीं और बिन्दु पर से निगाह विचले नहीं। पिंड में ब्रह्मांड का सत्य देख लेना कृच्छ्र-साधना है, यह सन्त ही नहीं, ईमानदार कहानी-लेखक भी जानते हैं।...मुझे अपनी सभी नहीं तो कुछ कहानियों पर तो जरूर ही उतना समय लगाना पड़ा है जितने में, मेरे मित्रों का दावा है, वे प्रशंसित उपन्यास लिख गए थे। मुझ जैसा कहानी लिखने वाला कहानी को शोधना समझता है तो इसमें आश्चर्य ही क्या!'

लेखन-काल की दृष्टि से देखें तो उनका कहानी-लेखन ढाई दशकों का है। इस दरमियान कई कहानी आन्दोलन चले, उन आन्दोलनों से उन्होंने अपने को अलग रखा। हालाँकि उनकी प्रसिद्ध प्रेम-कहानी 'बरसाने की राधा' का प्रकाशन 'नई कहानियाँ' के प्रवेशांक में हुआ था। उनकी कहानियों में सामाजिक समस्याएँ, मनुष्य की मनोग्रंथि, यौन-मनोविज्ञान और प्रेम-जैसे विषय प्रमुख हैं। 'विष के दाँत' और 'लल्लू की आजादी' उनकी प्रसिद्ध सामाजिक कहानी हैं। मुख्यधारा में 'विष के दाँत' कहानी की चर्चा कम हुई है। कथ्य और शिल्प, दोनों दृष्टियों से यह एक कालजयी कहानी है। इसमें बहुत सहजता से कुलीन वर्ग की हिप्पोक्रेसी और

शोषण को उजागर किया गया है। बिहार हिन्दी साहित्य सम्मेलन के एक कार्यक्रम में तत्कालीन मुख्यमंत्री लालू प्रसाद यादव ने इस कहानी को सामाजिक न्याय की पहली कहानी कहा था।

'एक चाबुक पीछे' और 'पीढ़ियाँ' बाल-मनोविज्ञान की कहानी हैं। स्त्री मनोग्रंथि को चित्रित करनेवाली कहानियों में 'अली और कली', 'फूल का बदला', 'अजया', 'काले सपने', 'जैगुअर' और 'रोने की कला' प्रमुख हैं। 'प्रकृति और पाप', 'बन्दर का खेल', 'बाँध और धारा' और 'जरूरतें' पुरुष-मनोविज्ञान की कहानियाँ हैं। 'किरण : धीरेन की ममी', 'ये बीमार लोग', 'समय और आदमी', 'जानी हुई चीजें', 'पराजित' और 'नि:संगता' धीरेन सीरीज की कहनियाँ हैं। इन कहानियों का नायक धीरेन है। नगर के आभिजात्य वर्ग की बीभत्स-लीला, एकल नारियों के मनोवैज्ञानिक संघर्ष और गिरा हुआ कुलीन पुरुष का चरित्र इन कहानियों में अभिव्यक्त हुआ है।

मौलिक लेखन के साथ-साथ नलिन जी अनुवाद करने में भी बहुत दक्ष थे, विशेष कर अंग्रेजी का हिन्दी अनुवाद। उनकी अनुवाद-कला के बारे में कुमार विमल लिखते हैं : 'अंग्रेजी के विविध विषयक पारिभाषिक शब्दों के हिन्दी अनुवाद जो अन्य के लिए प्राय: खट्टे अंगूर या अच्छे से अच्छे भाषाविद् के शब्दज्ञान पर प्रश्नवाचक थे, नलिन जी के लिए सर्वदा हस्तामलक थे।' यही राय श्री जगदीश चन्द्र माथुर की भी है।

एक बार माथुर जी ने गेटे के 'फाउस्ट' नामक प्रवेशक को अंग्रेजी से हिन्दी में रूपान्तर करने का उनसे अनुरोध किया। और जब नलिन जी ने इसका रूपान्तर थमाया तो वे दंग रह गए। वे लिखते हैं : 'कागज खोलने पर मेरे आश्चर्य का ठिकाना न रहा। न सिर्फ रूपान्तर तैयार हो गया था बल्कि वह गद्य में नहीं, पद्य में था और पद्य में भी तुकांत, जिस तरह गेटे ने स्वयं प्रवेशक में लिखा था।' ...'बिहार थियेटर' के तीसरे अंक में 'रंगमंच और दर्शक-समाज' शीर्षक से वह प्रकाशित हुआ।

नलिन जी पर शोध करने के दरमियान मैंने सोचा भी नहीं था कि मैं उनकी 'रचनावली' तैयार करूँगा। अपने शोध से सम्बन्धित मूल सामग्री तक पहुँचने की धुन में खोज करता गया, सामग्री मिलती गई। इस खोज में आठ वर्ष खर्च करने के बाद भी मैं उनकी प्रकाशित पूरी सामग्री नहीं खोज पाया। इसमें कोई संदेह नहीं कि आचार्य नलिन विलोचन शर्मा जैसे रचनाकार के सम्पूर्ण लेखन के संकलन और सम्पादन में बहुत-सी मुश्किलें और जोखिम हैं। विश्वविद्यालय, पत्रिकाओं के सम्पादन, साहित्य के कई मंचों पर एक साथ सक्रियता के कारण वे अपनी रचनाओं को बहुत व्यवस्थित करके न तो रख सके और न ही लिख सके। उनके लेखन का अच्छा

खासा हिस्सा नोट्स के रूप में आधा-अधूरा है, जिससे उनकी रचनात्मक और आलोचनात्मक तैयारी का पता चलता है। आज जितनी भी सामग्री उपलब्ध है, वह उनकी पत्नी कुमुद जी के जतन से ही। कुमुद जी की अनुपस्थिति में उन्हें व्यवस्थित रूप से प्रस्तुत कर सकना चुनौती-भरा काम था। मेरे जैसे विद्यार्थी के लिए तो यह असम्भव ही था। केवल मेरे ही नहीं, नलिन जी से जुड़े सभी लोगों के सामूहिक प्रयास का फल है यह 'रचनावली'। श्री रंजन सूरिदेव, निशांतकेतु, डॉ. गीता लाल, प्रो. सियाराम तिवारी, प्रो. गोपाल राय, प्रो. नंदकिशोर नवल ने कई सामग्री और सूचनाओं से अवगत कराया, जिससे मेरी खोज सही दिशा में गई। अगर इन मनीषियों का आशीर्वाद और मार्गदर्शन नहीं होता तो मैं सही दिशा में काम नहीं कर पाता। इनके प्रति आभार व्यक्त करना छोटी बात होगी। इनमें से कुछ हमें अलविदा कह गए हैं, उनकी स्मृति को नमन करते हुए शेष से आशीर्वाद की आकांक्षा रखता हूँ।

नलिन जी पर काम करने के बारे में मैंने सबसे पहले अपने प्रिय शिक्षकों—प्रो. अमर कुमार सिंह और प्रो. भूपेन्द्र कलसी—से बात की थी। दोनों ने मुझे शोध करने के लिए उत्साहित किया। एम.फिल. के बाद जब इस 'रचनावली' की योजना बनी तो कलसी मैम ने तरुलता मैम से मिलवाया। श्रीमती तरुलता शर्मा नलिन जी की पुत्रवधू हैं। यह नलिन जी से सम्बन्धित मेरी सबसे बड़ी खोज थी जिसका श्रेय कलसी मैम को है। 'नलिन रचनावली' मेरे लिए ड्रीम प्रोजेक्ट था। उन्होंने मुझे इस प्रोजेक्ट का हिस्सा बनने दिया। तरु मैम ने मेरे जैसे अल्पज्ञ पर भरोसा जताया, यह मेरे लिए बड़ी बात है। आप तीनों के सहयोग के बगैर यह 'रचनावली' सम्भव नहीं हो पाती। आभार इसके लिए छोटा शब्द है।

हिन्दी नवजागरण के अधिकारी विद्वान् कर्मेंदु शिशिर, प्रो. तरुण कुमार, प्रो. गोपेश्वर सिंह मुझे प्रेरित करते रहे हैं। एम.फिल. के आखिरी दौर से कर्मेंदु सर ने मेरी कई स्तरों पर मदद की है। उन्होंने ही नलिन जी द्वारा अंग्रेजी में लिखित बाबू जगजीवन राम की जीवनी की एक प्रति मुझे दी। सर के प्रति मैं हार्दिक कृतज्ञता व्यक्त करता हूँ।

नलिन जी पर शोध-कार्य मैंने विनोद तिवारी सर के निर्देशन में किया है। उन्होंने आत्मीयतापूर्वक समय-समय पर अत्यन्त ही आवश्यक सुझाव दिये और स्वतन्त्र रूप से सोचने-समझने की पूरी आजादी दी। उनका इस बात पर बहुत जोर रहा है कि शोध के लिए मूल सामग्री तक यथाशक्ति पहुँचने का प्रयत्न किया जाना चाहिए। उनके इस सुझाव और दबाव के कारण मैं मूल सामग्री तक पहुँच पाया। जब इस 'रचनावली' की योजना बनी तो मेरे आग्रह पर उन्होंने इस दुरूह कार्य का मार्गदर्शन भी अपने हाथों में ले लिया।

डॉ. ब्रजभूषण शर्मा जी ने बड़ी उदारतापूर्वक मुझे 'साहित्य' की फाइलें उपलब्ध करवाईं, धर्मराज ने अंग्रेजी खंड के प्रूफ बड़े मनोयोग से देखे, भारती ने हैदराबाद

विश्वविद्यालय की लाइब्रेरी से अत्यन्त दुर्लभ सामग्री संचयन में मेरी मदद की। इन सबके प्रति आभार व्यक्त करता हूँ।

राजकमल प्रकाशन, नई दिल्ली के स्वत्वाधिकारी श्री अशोक महेश्वरी जी के प्रति मैं विशेष रूप से आभारी हूँ। उन्होंने मुझ पर भरोसा कर 'रचनावली' के सम्पादन का दायित्व सौंपा और तत्सम्बन्धित कुछ दुर्लभ सामग्री उपलब्ध करवाई, जिससे 'रचनावली' मुकम्मल हुई। नलिन प्रेमियों, अध्यापकों, शोधार्थियों और छात्रों के लिए 'रचनावली' उपयोगी संदर्भ बन सकेगी, ऐसी उम्मीद करता हूँ।

—अजय आनन्द

साहित्य का इतिहास दर्शन

गृहिणी-सचिव-सखी कुमुद
को

भूमिका

प्रबन्ध (Thesis) में जो प्रतिज्ञा है, उसे निर्भ्रान्त रूप में उपन्यस्त करने के बाद ही कुछ और आवश्यक बातों का उल्लेख कर रहा हूँ। प्रतिज्ञा यह है कि साहित्येतिहास भी, अन्य प्रकार के इतिहासों की तरह कुछ विशिष्ट लेखकों और उनकी कृतियों का इतिहास न होकर, युग-विशेष के लेखक-समूह की कृति-समष्टि का इतिहास ही हो सकता है। इस पर, सिद्धान्त और व्यवहार, दोनों में ही ध्यान न देने के कारण साहित्यिक इतिहास ढीले सूत्र में गुँथी आलोचनाओं का रूप ग्रहण करता रहा है।

प्रबन्ध के सिद्धान्त-भाग में, इसी कारण, प्रतिज्ञा-विशेष के पूर्वपक्ष का निरसन और उत्तर पक्ष का पुंखानुपुंख प्रतिपादन है। प्रबन्ध में गौण लेखकों की जो विस्तृत तालिकाएँ हैं, उनका भी यही कारण है, यह बताना अनावश्यक है।

भोज-प्रबन्ध जैसी किसी पुस्तक को ले लीजिए, या प्राचीन कवियों के सम्बन्ध में पंडितों के बीच प्रचलित कथाएँ और किंवदन्तियाँ, काल की दृष्टि से गति और परिवर्तन के विभावन अनुपस्थित हैं : पाणिनि, कालिदास, वररुचि आदि समसामयिक, और उत्तर तथा दक्षिण भारत के दूरतम राज्य और उनके नरेश पड़ोसी माने जाकर वर्णित मिलेंगे। ऐसा नहीं कि प्राचीन भारत में ही साहित्येतिहास के क्षेत्र में ऐसी स्थिति है। सत्रहवीं शताब्दी के पहले यूरोप में भी फ्रांस और इंग्लैंड, ग्रीस और रोम की चर्चा एक साथ ही होती थी, और वर्जिल और ओविड तथा होरेस और होमर समसामयिक की तरह विवेचित होते थे। भारत में हो या यूरोप में, पौर्वापर्य का निश्चित या अनिश्चित ज्ञान रहते हुए भी, विभिन्न युगों के बीच के अन्तरालों के प्रति विद्वानों में चेतना न थी। प्राचीन काल में यहाँ या पश्चिम में, विकास-सम्बन्धी विकास-वृत्त का जो सिद्धान्त था—अर्थात्, अनिवार्यत: अग्रगमन और फिर ह्रास होता है—वह ऐतिहासिक प्रगति के वास्तविक वैविध्य की व्याख्या नहीं कर सकता था;[1] किन्तु विकास-रेखा के आधुनिक अध्ययन से भी साहित्येतिहास

1. J. B. Bury. The Idea of Progress, London, 1920

का निर्माण सम्भव नहीं हो सकता था; क्योंकि इसमें यह अनिर्निहित है कि परिपूर्णता के एक आदर्श की ओर विकास उन्मुख होता है।[1] इस परवर्ती सिद्धान्त का परिणाम तो मुख्यत: यही होता है कि अतीत हमारी दृष्टि में अधिकाधिक उपेक्षणीय बन जाता है और एकरूप उन्नति के अतिरिक्त जो भिन्नताएँ होती हैं, वे मिट जाती हैं।

विकास का आधुनिक विभावन, जैसा वह पश्चिम में मिलता है, तभी सम्भव हुआ, जब स्वतंत्र, विशिष्ट, राष्ट्रीय साहित्यों का सिद्धान्त स्थापित और स्वीकृत हुआ। पृथक् राष्ट्रीय परम्पराओं और उनकी विकास-सरणियों की विविधता का अभिज्ञान तब हो पाया, जब अतीत का साहित्य पुनरुद्घाटित और आमूल पुनर्मूल्यांकित हुआ। मध्ययुगीन साहित्य के भांडार और लोक-साहित्य का जैसे-जैसे परिचय प्राप्त होता गया, वैसे-वैसे साहित्यिक क्षितिज का विस्तार उस परम्परा-परिधि के बाहर होता गया, जो श्रेण्य प्राचीनता से निर्धारित हुई थी। फलत: निकट अतीत का उपेक्षित और इस कारण अनाविष्कृत साहित्य परिशंसित होने लगा—पहले तो आंशिक रूप में, किन्तु फिर ऐसे अत्यधिक उत्साह के साथ कि श्रेण्य साहित्य की उपेक्षा होने लगी।

सामान्यत: भारतीय भाषाओं में और विशेषत: हिन्दी में हम इसी स्थिति से सम्प्रति गुजर रहे हैं। निकट अतीत का साहित्य-भांडागार तो उद्घाटित हो रहा है और लोक-साहित्य भी संकलित और विवेचित होने लगा है, किन्तु बहुत दूर तक यह संस्कृत के श्रेण्य साहित्य की कीमत पर हो रहा है। कुछ दिनों पहले मराठी के विशाल चरित-कोश की अत्यधिक प्रशंसा मेरे एक मित्र ने की और उसे मेरे सामने लाकर रख दिया तो मैंने उसकी एक बड़ी साधारण परीक्षा की—उसमें मैंने बीसवीं शताब्दी के प्रथम दशकों तक जीवित महामहोपाध्याय गंगाधर शास्त्री का नाम ढूँढ़ा और मुझे खेदजनक सन्तोष हुआ कि भारतीय मनीषा के प्राय: अन्तिम प्रतीकों में भी अद्वितीय, पंच परमगुरुओं में एक, तत्रभवान् आचार्य का नाम कोश में नहीं था; सन्तोष की बात यह इसलिए कि मुझे पूरी आशंका थी कि नाम मिलेगा नहीं और मेरी आशंका ठीक निकली; यहाँ यह भी उल्लेख्य है कि जीवन-पर्यन्त काशी में रहनेवाले आचार्यप्रवर महाराष्ट्री ही थे। इसी प्रकार हिन्दी-साहित्येतिहास में भारतेन्दु-युग के बौद्धिक वायुमंडल और रुचि-स्तर का निर्धारण काशी की श्रेण्य परम्पराओं की पृष्ठभूमि के पुनर्निर्माण के अभाव में सम्भव ही नहीं है। किन्तु भारतीय साहित्यों के पृथक् व्यक्तित्वों के अभिज्ञान के बाद ही उनके भी साहित्येतिहास का निर्माण सम्भव हुआ है, यह भी सत्य ही है।

---

1. Eduard Spranger, "Die Kultur zyklenth eorie und des problem des Kultutverfalls", Sitzlingsberichte der Preussischen Akademie der Wissenschaften, Berlin, 1926, में तथा Hubert Gillot, La Querelle des anciens Et des modernes in France, Paris, 1994.

पश्चिम में जिस प्रकार साहित्येतिहास राष्ट्रीय साहित्य तक ही सीमित रहा, वैसे ही भारत में भी विभिन्न भारतीय भाषाओं के साहित्यों के अपने-अपने इतिहास मात्र हैं। अठारहवीं शताब्दी के प्रारम्भ में जब फ्रेंच विद्वानों ने यह उद्‌घाटन किया कि पड़ोसी इंग्लैंड का भी अपना साहित्य है, तो उन्होंने उसे अपनी ही रुचि के चश्मे से देखा और अंग्रेजी-साहित्य को हीन पाया;[1] ला फाँतें की तुलना में प्रायर, बोइलो की तुलना में राचेस्टर और ड्राइडेन और फेनेलों की तुलना में मिल्टन नगण्य सिद्ध हुए। किन्तु धीरे-धीरे पश्चिम के विभिन्न राष्ट्रों ने एक-दूसरे के साहित्यों के प्रति अधिकाधिक जागरूकता का परिचय दिया है, और अब पश्चिम में यूरोपीय साहित्य के अन्तस्सम्पृक्त इतिहास के निर्माण का प्रयास होने लगा है।[2]

भारतीय भाषाओं के साहित्यकारों में भी, मुंशी के शब्दों में, प्रांतिक अस्मिता का अभाव नहीं रहा है—हिन्दी के साहित्यकारों में इसके अभाव को उनकी हीनता का प्रमाण तक माना गया है—किन्तु अब हम भी 'भारतीय साहित्यों' की बात करने लगे हैं, यद्यपि जो थोड़ा-बहुत काम हुआ है, वह अधिकांश में केन्द्रीय सरकार द्वारा और परिचयात्मक तथा विवरणात्मक ढंग का ही। अभी भारतीय साहित्यों की अपनी प्रामाणिक और विस्तृत तिथिक्रम-तालिकाएँ तक नहीं हैं,[3] फिर भारतीय साहित्यों के वैसे अन्तस्सम्पृक्त इतिहास के निर्माण का प्रयास ही कैसे सम्भव है, जैसे इतिहास की सम्भाव्यता और वांछनीयता का निर्देश प्रस्तुत पुस्तक में यथास्थान किया गया है?

ऐतिहासिक बोध, राष्ट्रीय अथवा भाषागत विशेषताओं का विचार, फिर पार्थक्य में अन्तर्निहित सम्पृक्तता का अभिज्ञान तथा युग की प्रवृत्तियों और विकास की चेतना जब प्रत्नतत्त्वानुसन्धान-वृत्ति से समन्वित होते हैं, और शताब्दियों से एकत्र होती हुई सामग्री का वे अपने युग की इदानन्तता की दृष्टि से उपयोग करते हैं, तब साहित्येतिहास का निर्माण होता है। पहले सर्वत्र ही सभी साहित्यिक इतिहास जीवनीमूलक तथा इतिवृत्तात्मक सूचनाएँ तथा परिष्कार-सापेक्ष सामग्री के आगार ही रहे हैं। आचार्य शुक्ल ने 'मिश्रबन्धु-विनोद' की सर्वथा युक्ति-रहित आलोचना की है—इटली के Muratori तथा Tiroboschi जैसे विद्वानों के विशाल ग्रंथ, और Histoire litteraire de la France जैसी पुस्तक इतिवृत्त-संग्रह के अतिरिक्त और कुछ थोड़े ही थे। क्रमशः साहित्य के ऐसे विवरणात्मक इतिहास का आविर्भाव

1. उदाहरणार्थ : Journal litteraire (1717) में 'Dissertation Sur La oesie anglaise'; Rivarol की प्रसिद्ध उक्ति, 'what is not clear is not French.'
2. उदाहरणार्थ : Ford Madox Ford का March of Litrature, George. Allen and Unwin, 1947; Rene wellek का A History of Modern, Criticism, लन्दन, 1955
3. 'साहित्य' के अंकों में हम ऐसी तालिकाएँ क्रमशः तैयार कराके प्रकाशित कर रहे हैं। —ले.

हुआ; जिसके पीछे आलोचनात्मक योजना और अतीत के पुनर्मूल्यांकन की चेष्टा थी, यद्यपि प्रारम्भ में इनमें भी वैसे पाद्धतिक असामंजस्य थे जैसे, सुपरिचित उदाहरण लें तो, स्वयं शुक्ल जी के इतिहास में पाए जाते हैं। Gian Mario creesimbeni की Istoria della valgar poesia (1698) और Thomes Warton की History of English Poetry (1774-'81) ऐसे ही प्राचीनतम साहित्येतिहास हैं। पश्चिम में भी उन्नीसवीं शताब्दी के पूर्वार्द्ध में ही जाकर वास्तविक साहित्येतिहास के लेखन का आरम्भ होता है, जिसका श्रेय है Bouterwek, Schlegel, Villemain, Sismondi, Emiliani Guidici आदि विद्वानों को। फिर भी यह उल्लेखनीय है कि इसके लिए तैयारियाँ 17वीं-18वीं शताब्दियों में हुई थीं, जब साहित्येतिहास के लिए सामग्री-संकलन होने लगा था एवं विकास के सिद्धान्त तथा आलोचना के नवीन विभावनों के आधार स्थापित हुए थे।

साहित्यिक इतिहास के उद्‌भव और विकास से सम्बद्ध समस्याओं तथा समाधानों के जो विवेचन प्रस्तुत पुस्तक में निबद्ध हैं, वे बहुलांश में Sigmund Von Lempicki की 'Geschichte der deutschen Literateur Wissenschaft biszum Ende des 18. Jahrhunderts', Göttingen, 1920, Rene Wellek की 'The Rise of English Litearary History', Chapel Hill, N.C., 1941 तथा Giovanni Gelto की 'Storia delle Storie letterarie', Miton, 1942 पर अवलंबित हैं। इनमें भी मैं Rene Wellek की पुस्तक का विशेष रूप से ऋणी हूँ। औरों का आभार-उल्लेख पाद-टिप्पणियों में है।

पुस्तक जिन्हें समर्पित है उन्हें, वह जैसी है, समर्पित है : मेरी कविता के सम्बन्ध में प्रतिकूल विचार रखने पर भी, वे मेरी कहानी, आलोचना, गवेषणा आदि को उपेक्षणीय नहीं मानतीं, यह उनकी गुणज्ञता ही है।

यह पुस्तक परिषद् के आद्य संचालक आचार्य शिवपूजन सहाय जी तथा जननांतर- सुहृद् श्री उमानाथ जी की कृपा और प्रेरणा का परिणाम है। उन्हें इसे प्रकाशित देख उतनी प्रसन्नता होगी, जितनी मुझे भी नहीं हो सकती।

परिषद् के वर्तमान संचालक श्री वैद्यनाथ पांडेय जी का भी मैं अनुगृहीत हूँ, जिन्होंने परिषद् में सदैव मेरी सुविधाओं का ध्यान रखा है। परिषद् के प्रकाशनाधिकारी आदरणीय श्रीअनूपलाल मंडल जी तथा उनके सहायक और मेरे मित्र श्री हवलदार त्रिपाठी 'सहृदय' के मीठे तकाजे न होते रहते तो पुस्तक की प्रेस-कॉपी प्रस्तुत करने में मैं अभी कितना समय लेता, कह नहीं सकता। परिषद् के प्राचीन हस्तलिखित ग्रंथानुसन्धान-विभाग के योग्य शोध-सहायक श्री रामनारायण शास्त्री ने पुस्तक में समाविष्ट अनेक तालिकाओं के संकलन-लेखन में मेरी सहायता की है। मैं उनका भी कृतज्ञ हूँ। 'साहित्य' के सहकारी सम्पादक विद्यावृद्ध श्रीरंजन सूरिदेव जी और उनके सुयोग्य सहयोगी श्रीरामकिशोर ठाकुर

ने, वेणीमाधव मुद्रणालय, राँची, के तत्परतापूर्ण सहयोग से, जैसा प्रकाशन-मुद्रण सम्भव कर दिखाया है, उसकी अच्छाइयों का समस्त श्रेय उनका और दोषों का भागी एकमात्र मैं।

—न. वि. श.

अध्याय 1

इतिहास-दर्शन : भारतीय दृष्टिकोण

प्राच्यविद्या-विशारद पाश्चात्यों के अनुसार प्राचीन भारतीयों ने अपने अतीत का इतिहास प्रस्तुत नहीं किया, उनमें ऐतिहासिक विवेक था ही नहीं।[1] हम जब आज के इतिहास-ग्रंथ देखते हैं, तो हमारे मन में भी क्या कुछ ऐसा सन्देह उत्पन्न नहीं होता?

किन्तु इतिहास से तात्पर्य क्या है? कार्लाइल का इतिहास-विषयक जीवनीमूलक विभावन (Conception); या रोशर, एवेनेल, मेकॉले का सार्वभौम; फ्रीमैन, सीली का राजनीतिक; लॉर्ड ऐक्टन का राजनीतिक; मार्क्स का भौतिकवादी; लैंप्रेख्त का मनोवैज्ञानिक; अथवा डॉलिंगर का धार्मिक विभावन—ये सभी इतिहासकार आधुनिक युग के हैं। इतिहास के सम्बन्ध में इनके विभावनों में तात्त्विक अन्तर हैं। इनमें से हम किसे वह कसौटी मानें जिस पर प्राचीन भारतीयों के वैसे प्रयासों को परखा जाए, जिन्हें अपने यहाँ अत्यन्त प्राचीन काल से 'इतिहास' कहने की परम्परा चली आई है?

इतिहास-विषयक विभावन से भिन्न, इतिहास-सम्बन्धी आधारभूत सामग्री का भी प्रश्न है। क्या उस पर प्राचीन भारतीयों ने ध्यान दिया था? इस सम्बन्ध में भी हमारी ऐसी धारणा हो चली है कि प्राचीन भारतीयों के प्रयत्न अव्यवस्थित, अपूर्ण और सदोष हैं।

पहले हम भारतीय इतिहास की आधारभूत सामग्री पर ही विचार करें, भारतीयों के इतिहास-विषयक विभावन और दृष्टिकोण का विश्लेषण बाद में ही उचित होगा। तिथि-क्रम और भूगोल, इन दोनों को इतिहास की दो आँखें माना गया है। इनमें से जहाँ तक प्रथम, तिथि-क्रम, का प्रश्न है, पुराणों में राज-वंशों, उनके समय और राजत्व-काल के स्पष्ट और निश्चित उल्लेख मिलते हैं। जिसे आधुनिक विद्वान् प्रागैतिहासिक कहते हैं, उस काल से लेकर ऐतिहासिक युग तक की विस्तीर्ण अवधि के समस्त राज-वंशों की तिथि-क्रमानुसारी जो तालिकाएँ पुराणों में सुलभ हैं, उनके अभाव में, प्रत्नतात्त्विक तथा मुद्राशास्त्रीय साक्ष्य की प्रचुरता के बावजूद,

प्राचीन भारतीय इतिहास का पुनर्निर्माण असम्भव सिद्ध होता। भारतीय इतिहास के पाश्चात्य इतिहासकारों ने, पुराणों को अविश्वास्य घोषित करते हुए भी, इन्हीं के आधार पर राजाओं के नाम और उनका राजत्व-काल निर्धारित किया है। पार्जिटर के द्वारा पुराणों से संकलित ऐसी सामग्री का महत्त्व निर्विवाद है, यद्यपि इस विद्वान् ने भी सामान्य रूप से यह कह डाला है कि प्राचीन भारत ने हमें इतिहास-ग्रंथ नहीं दिये हैं।[2]

फिर भी पार्जिटर यह स्वीकार करता है कि पुराण आदिग्रंथों में परम्परा-प्राप्त विपुल ऐतिहासिक सामग्री संकलित है। वस्तुतः अपनी पुस्तक में पार्जिटर ने इसी सामग्री का पुनस्संकलन किया है और पुस्तक के आरम्भ में ही ये श्लोक उद्धृत किये हैं :

यो विद्याच्चतुरो वेदान्साङ्गोपनिषदो द्विजः।
न चेत्पुराणं संविद्यान्नैव स स्याद्विचक्षणः॥
इतिहास पुराणाभ्यां वेदं समुपबृहयेत्।
बिभेत्यल्पश्रुताद्वेदो मामयं प्रहरिष्यति॥[3]

पार्जिटर पुराणों की ऐतिहासिकता स्वीकार नहीं करता, यह एक दृष्टि से ठीक ही है : पुराणमात्र इतिहास-ग्रंथ हैं ही कहाँ? हाँ, उनमें इतिहास के अंश अवश्य ही सन्निविष्ट हैं। ये पुराण पहले क्षत्रियों द्वारा प्राकृत में लिखे गए, बाद में ब्राह्मणों ने इन्हें संस्कृत में रूपान्तरित किया। क्षत्रिय-परम्परा और ब्राह्मण-परम्परा परस्पर-विरोधी हैं, ये इस विद्वान् के अनुमान पर आश्रित सिद्धान्त हैं और इनसे परम्परा-प्राप्त ऐतिहासिक सामग्री का महत्त्व कम नहीं होता। भारतीय परम्परा का महत्त्व पार्जिटर मुक्त कंठ से स्वीकार करता भी है।[4] यद्यपि मैकडॉनेल और पार्जिटर-प्रभृति के सिद्धान्त—कि भारतीयों ने इतिहास-ग्रंथ नहीं लिखे हैं—के खंडन के लिए कल्हण की 'राजतरंगिणी' पर्याप्त है, किन्तु इससे बहुत पहले के पुराणों में निबद्ध ऐतिहासिक परम्परा इतिहास ही क्यों नहीं है, यह इन विद्वानों के द्वारा नहीं बताया गया है। और इस सामग्री में, पुनः पार्जिटर के अनुसार ही, प्राचीन राजनीतिक विकास, आचार्यों और राजाओं की नामावली आदि का सुव्यवस्थित रूप प्राप्य है।[5]

वस्तुतः प्राचीन भारतीयों के द्वारा प्रस्तुत ऐतिहासिक सामग्री का अभाव नहीं है। इस सम्बन्ध में पाश्चात्यों की भ्रान्ति का कारण है भारतीयों का इतिहास-विषयक विभावन। 19वीं शताब्दी में इतिहास-लेखन की जो प्रणाली पश्चिम में प्रचलित थी, उससे भारतीय प्रणाली सर्वथा भिन्न थी। पश्चिम के तत्कालीन स्वीकृत प्रतिमानों के सहारे पाश्चात्य विद्वान् न तो भारतीय साहित्य और कलाओं के साथ न्याय कर सके, न यहाँ की प्राचीन इतिहास-लेखन-प्रणाली की विशेषता ही समझ पाए।

'इतिहास' शब्द का सर्वप्रथम उल्लेख अथर्ववेद में प्राप्त होता है।[6] शतपथ ब्राह्मण,[7] जैमिनीय बृहदारण्यक[8] तथा छान्दोग्योपनिषद्[9] में भी यह शब्द प्रयुक्त हुआ है। वैदिक साहित्य में अन्वाख्यान और इतिहास का भिन्न प्रकार की कृतियों के रूप में स्फुट निर्देश है। आगे चलकर इतिहास, पुराण और आख्यान—ये स्पष्ट भेद कथित हैं।

इतिहास का विषय है :

आर्ष्यादि बहुव्याख्यानं देवर्षिचरिताश्रयम्।
इतिहासमिति प्रोक्तं भविष्याद्भुतधर्मयुक्॥[10]

और उसका आदर्श, महाभारतकार के अनुसार, है :

धर्मार्थकाममोक्षाणामुपदेशसमन्वितम्।
पूर्ववृत्तकथायुक्तमितिहासं प्रचक्षते॥

कठिनाई, सच बात यह है, इतिहास-विषयक इसी विलक्षण दृष्टिकोण के कारण रही है। धर्म, अर्थ, काम, मोक्ष—इस पुरुषार्थ-चतुष्ट्य में मानव-सभ्यता का प्रत्येक क्षेत्र अन्तर्भुक्त हो जाता है। इतिहास का, इस आदर्श तक पहुँचने के लिए, राजाओं के युद्धों और विवाहों तक सीमित रहना, उसकी एकांगिता का परिचायक है। मनुष्य के सम्पूर्ण जीवन की कथा कहनेवाला इतिहास आधुनिक काल में अब जाकर प्रचेष्टित हो रहा है। 19वीं शताब्दी के पाश्चात्य विद्वानों का ऐसे इतिहास से अपने यहाँ परिचय नहीं था, यद्यपि सिद्धान्त रूप में कार्लाइल कह चुका था कि 'इतिहास वैसा दर्शन है जो दृष्टांतों के माध्यम से शिक्षा देता है।'

संदर्भ और टिप्पणियाँ

1. (क) 'History is the one weak point in Indian literature. It is in fact non-existent. The total lack of historical sense is so characteristic that the whole course of Sanskrit literature is darkened by the shadow of this defect, suffering as it does from an entire absence of chronology.'

—Macdonell : *Sanskrit Literature,* पृ. 10

(ख) 'Ancient India has bequeathed to us no historical works.'

—Pargiter : *Ancient Indian Historical Tradition.,* पृ. 2

(ग) यही भूल अरबी यात्री अलबेरूनी ने की थी। 1030 ई. में भारत पर लिखित अपनी पुस्तक में वह कहता है :

'Unfortunately the Hindus do not pay much attention to the historical order of things, they are very careless in relating the chronological succession of their kings and when they are pressed for information and are at a loss, not knowing what to say, they invariably take to romancing.'

—E. C. Sachau : *Alberuni's India,* पृ. 10

2. देखें : 1 (ख)

3. वायु-पुराण : 1, 200-1; पद्म पुराण : 5, 2, 50-2; शिव पुराण : 5, 1, 35; महाभारत : 1, 2, 645 तथा 1, 1, 260। पार्जिटर ने उपर्युक्त पुस्तक के प्रथम पृष्ठ पर ये श्लोक उद्धृत किये हैं और सन्दर्भ-संकेत पाद-टिप्पणी में दिये हैं।

4. (क) 'Tradition....is the only resource, since historical works are wanting, and is not an untrustworthy guide. In ancient times men knew perfectly well the difference between truth and falsehood, as abundant proverbs and sayings show. It was natural therefore that they should discriminate what was true and preserve it; and historical tradition must be considered in this light.'

उपरिवत्, पृ. 3

(ख) 'The general trustworthiness of tradition is the fact demonstrated, wherever it has been possible to test tradition by the results of discoveries and excavations, and we should distrust scepticism born of ignorance. The position now is this–there is a strong presumtion in favour of tradition; if any one contrasts tradition, the burden lies on him to show that it is wrong; and, till he does that, tradition holds the field.'

उपरिवत्, पृ. 6

5. उपरिवत्, पृ. 11
6. 15, 6, 4
7. 13, 4, 3, 12, 13
8. 2, 4, 16; 4, 12; 5, 11
9. 3, 4, 1, 2
10. श्रीधर स्वामी द्वारा विष्णु-पुराण के श्लोक 3,4,10 की टीका में उद्धृत।

अध्याय 2

इतिहास-दर्शन : पाश्चात्य आदर्श

इस शताब्दी के आरम्भ में—1903 में—जे.बी. बेरी नामक विद्वान् ने अपने एक भाषण में बड़ी दृढ़ता के साथ यह सिद्धान्त प्रतिपादित किया था : 'इतिहास एक विज्ञान है—उससे न कुछ कम, न कुछ ज्यादा।' इसका तीव्र विरोध तुरन्त ही दो दिशाओं से हुआ : भूत जगत् के अध्येता प्राकृतिक दार्शनिकों[1] का उत्तर था कि इतिहास विज्ञान से बहुत कम है, और साहित्यिकों का कहना था कि वह विज्ञान से बहुत अधिक है।

आलोचकों के पहले वर्ग का तर्क था कि विज्ञान की आधारभूत सामग्री के विपरीत इतिहास की सामग्री अनिश्चित और अनिर्धारणीय होती है; इतिहास के तथाकथित तथ्य का प्रत्यक्ष निरीक्षण नहीं हो सकता; प्रयोग सम्भव नहीं है; प्रत्येक ऐतिहासिक घटना अपने ढंग की एक अकेली होती है और किसी भी स्थिति में उसको पुनरावृत्त नहीं कराया जा सकता; अतः, इसके परिणामस्वरूप, घटनाओं का न तो निश्चित वर्गीकरण किया जा सकता है, न इतिहास के सामान्य सिद्धान्तों या नियमों का ही उद्‌भावन किया जा सकता है; इतिहास की सामग्री अपेक्षया जटिलतर होती है; इतिहासकारों में इस बात को लेकर ऐकमत्य नहीं है कि क्या महत्त्वपूर्ण है और क्या गौण; इतिहास में आकस्मिकता का तत्त्व ऐसा है, जो सारे हिसाब-किताब को झूठ सिद्ध कर देता है और भविष्य-कथन असम्भव हो जाता है; और सर्वोपरि है व्यक्ति का अस्तित्व और उसके स्वेच्छाकृत प्रयास, जिनके कारण इतिहास को वैज्ञानिक भित्ति पर स्थापित करने की चेष्टा विफल ही क्यों, हास्यास्पद सिद्ध होती है।

इसके प्रतिकूल साहित्यकारों का कहना था कि इतिहास विज्ञान हो या न हो, वह कला जरूर है। विज्ञान अधिक-से-अधिक इतिहास का कंकाल ही प्रस्तुत कर सकता है; उसमें प्राण-प्रतिष्ठा करने के लिए कवि की कल्पना आवश्यक है; और जब कंकाल एक बार सजीव हो जाता है तो उसे सुरुचिपूर्ण परिधान देने और प्रभावशाली बनाने के लिए कुशल लेखक की निपुणता की जरूरत होती है। वैज्ञानिक

की मनोराग-रहित निस्पृहता इतिहास के लिए अपर्याप्त और अवांछनीय है, क्योंकि उसका विषय है चैतन्य मनुष्यों का क्रिया-कलाप। प्रसिद्ध इतिहासकार जी.एम. ट्रेवेल्यन के अनुसार : 'जो आदमी खुद ही मनोराग और उत्साह से रहित है, वह दूसरे के मनोरागों पर शायद ही कभी विश्वास कर सकेगा, उन्हें समझ तो वह कभी नहीं सकेगा।'

इस तरह जो त्रिकोणात्मक गत्यवरोध उत्पन्न हो गया, वह आज भी दूर नहीं हुआ है। किन्तु इस विवाद से एक तथ्य उत्थित हुआ है और वह यह कि इस गत्यावरोध के कारण 'इतिहास' तथा 'विज्ञान' स्वयं वाचक ही हैं, जिनके वाच्य अनिश्चित हैं और यह देखा गया है कि उससे पूर्व-पक्ष जो समझ रहा है, उससे भिन्न ही कुछ उत्तर-पक्ष को ग्रहण करना अभीष्ट है। 'क्या इतिहास का भी विज्ञान हो सकता है ?'—इस प्रश्न का दो-टूक निषेधात्मक उत्तर दिया गया है; किन्तु इसके पहले 'विज्ञान' को यों परिभाषित भी करते हैं : 'विज्ञान ऐसे सामान्यकरण-सिद्धान्त या नियम की अन्विति में समान तथ्यों के एक बृहत् समूह के संघटित होने का नाम है, जो सिद्धान्त या नियमादि से निर्धारित परिस्थितियों में घटनाओं की पुनरावृत्ति के निश्चित पूर्व-कथन का आधार प्रस्तुत करते हैं।' किन्तु, सत्य यह है कि विज्ञान का भले ही यह लक्ष्य हो कि तथ्यों का सामान्यकरण हो, नियम उद्‌भावित किये जाएँ और पूर्व-कथन के लिए आधार प्राप्त किये जा सकें, फिर भी यदि वह लक्ष्य की पूरी तरह प्राप्ति नहीं भी करता तो वह अपने काम या प्रकृति से वंचित नहीं होता। ऋतुकी[2] को हम विज्ञान ही मानते हैं, हालाँकि मौसम के सम्बन्ध में इस विज्ञान के विशेषज्ञ जो अग्र-सूचनाएँ देते हैं वे, ऐसा कहा जाता है, उतनी ही संख्या में ठीक साबित होती हैं जितनी में गलत! इसीलिए आज विज्ञान की सामान्य परिभाषाएँ इससे अधिक उसके लिए दावा करती ही नहीं कि वह, 'संघटित, व्यवस्थित और परिभाषित ज्ञान है।' उदाहरण के लिए, टी.एच. हक्स्ले के अनुसार : विज्ञान 'वह समस्त ज्ञान है जो साक्ष्य पर अवलंबित और युक्तियुक्त होता है।' एलेक्स हिल (Alex Hill) का कथन है : 'समस्त बौद्धिक ज्ञान विज्ञान ही है।' कार्ल पियर्सन का मत है : 'तथ्यों का वर्गीकरण, उनका पौर्वापर्य और आपेक्षिक महत्त्व—ये ही विज्ञान के कार्य हैं।' और अमेरिकन वैज्ञानिक एफ.जे. टेगार्ट तो विज्ञान की यह परिभाषा मात्र देकर सन्तुष्ट हो जाते हैं : 'वह गोचर वस्तुओं में प्रकटित प्रक्रियाओं का संघटित अनुसन्धान है।' यदि एकमात्र लक्ष्य सत्य-निर्धारण है, सम्बद्ध समस्त तथ्यों का अवधानपूर्वक अन्वेषण होता है, पूर्वग्रहों और पूर्व-धारणाओं से मुक्त विवेचनात्मक निर्णय पर निर्माण किया जाता है और गवेषणीय वस्तु के अनुरूप सामान्यकरण, कोटीकरण और नियमकरण होता है, तो अध्ययन के विषय को विज्ञान का गुण प्रदान करने के लिए ये पर्याप्त हैं। इसलिए इतिहास को ही क्यों, किसी भी विषय को, इन कसौटियों पर परखने के बाद ही, विज्ञान की सीमा के

अन्तर्गत या बहिर्गत मानना उचित है। विज्ञान की परिधि के बाहर वे ही विषय होंगे, जिनका वस्तु-तत्त्व, इन कसौटियों पर परखे जाने के बाद, लुप्त हो जाता है। क्या इतिहास के वस्तु-तत्त्व के साथ ऐसा होता है? ऐसा प्रतीत तो नहीं होता। इतिहास को मनुष्य के स्थायी गुणों और उसके सफल परिवेश के नियमनों में कम-से-कम उतने ठोस आधार तो मिल ही जाते हैं जितने रासायनिकों के अणुकण या पदार्थशास्त्रियों के विद्युत्कण हैं। तब इतिहास का वस्तु-तत्त्व क्या है? यहाँ 'इतिहास' शब्द के वाच्य पर विचार कर लेना समीचीन होगा। इस शब्द का अनेक परस्पर-भिन्न अर्थों में प्रयोग होता है, यह कहना अनावश्यक है। सूक्ष्म अन्तरों को छोड़ भी दें, तो तीन अर्थ तो स्पष्टत: निर्धारणीय हैं।

प्रथम, घटनाओं के वास्तविक क्रम को द्योतित करने के लिए 'इतिहास' शब्द का प्रयोग होता है। यह सुविधाजनक होते हुए भी युक्तिसंगत नहीं है। जब हम अशोक या नेपोलियन को 'इतिहास का निर्माता' कहते हैं तो हमारा तात्पर्य यह नहीं होता कि वे इतिहास के लेखक हैं, बल्कि यह कि उन्होंने संसार के घटना-प्रवाह को मोड़ा है। इसी प्रकार जब हम 'इतिहास के प्रभाव' की बात करते हैं तो हमारा आशय इतिहास-ग्रंथों का प्रभाव न होकर परिस्थितियों का प्राबल्य होता है। यह तो स्पष्ट ही शाब्दिक अपप्रयोग है, किन्तु संसार की घटनाओं के संक्रमण के लिए दूसरा कोई एक उत्तम शब्द न होने के कारण इसका व्यवहार करना ही पड़ता है।

जिस दूसरे महत्त्वपूर्ण अर्थ में 'इतिहास' शब्द का व्यवहार होता है, वह है संसार की घटनाओं या उनके कुछ अंशों के प्रवाह का आलेखन। यह उचित और सर्वाधिक प्रचलित प्रयोग है। इसी अर्थ में हम भारत, इंग्लैंड आदि के, या विज्ञान, कला, साहित्य प्रभृति के, किंबहुना किसी भी ऐसी वस्तु के इतिहास की बात कहते हैं, जो कालक्रम में विकसित हुई है और अपने पीछे विकास के चिह्न छोड़ती चली आई है। इस अर्थ में 'इतिहास' शब्द का व्यवहार उचित और अत्यधिक प्रचलित होने पर भी एक उलझन पैदा करता है और वह उलझन इस विवाद की तह में है कि इतिहास विज्ञान है या कला? यदि इतिहास विवरणों का आलेखन, वर्णन है तो वह साहित्यिक रचना की कृति है, और साहित्यिक रचना अवश्य एक कला है। किन्तु, यदि साहित्यिक रचना की कला इतिहास के लिए व्यवहृत होती है तो इसके लिए उपयुक्त शब्द है इतिवृत्त—'हिस्टोरियोग्राफी'। यह शब्द व्यवहृत होता है तो विवाद समाप्त हो जाता है। इतिवृत्त कला है या विज्ञान?—ऐसा प्रश्न उठता है तो उत्तर यही हो सकता है कि वह निस्संदिग्ध कला है।

'इतिहास' (हिस्ट्री) शब्द का तीसरा अर्थ, लौकिक और व्युत्पत्तिलभ्य अर्थ, है 'गवेषणा', या 'गवेषणा से प्राप्त जानकारी', या 'गवेषणा की किसी प्रक्रिया से उपलब्ध ज्ञान'। इसका अन्तर्निहित भाव है सत्य का अन्वेषण, अनुसन्धान, अनवरत अनुसरण। इस अर्थ में इतिहास विज्ञान के अतिरिक्त और कुछ नहीं है।

अब क्रमतः अनेक प्रश्न उठते हैं। इतिहास यदि विज्ञान है तो किस प्रकार का विज्ञान है ? यह पहला प्रश्न है। उत्तर यह है कि इतिहास खगोल-विद्या के समान प्रत्यक्ष निरीक्षण पर अवलंबित विज्ञान नहीं है, न वह रसायनशास्त्र की तरह प्रयोग का विज्ञान है। वह विवेचन का विज्ञान है और प्राकृतिक विज्ञानों में भूगर्भविद्या के समीपतम है। भूगर्भ विद्या-विशारद आज जैसी पृथ्वी है, उसका निरीक्षण इसलिए करते हैं कि सम्भव हो तो पता लगाया जाए कि वह जैसी है, वैसी कैसे हुई; इतिहासकार अतीत के विद्यमान अवशेषों का इस उद्देश्य से अध्ययन करता है कि वर्तमान का जो रूप है, उसकी व्याख्या की जा सके, उनमें छिपे कर्म के उत्स का, आध्यात्मिक और शाश्वत वास्तविकता का उद्घाटन हो सके।

दूसरा प्रश्न है, इतिहास किन वस्तुओं का अन्वेषण करता है ? संक्षिप्त उत्तर है कि वह अतीत के ऐसे सभी अवशेषों और आलेखनों का अन्वेषण करता है, जिनसे वर्तमान के समाधान और व्याख्या में सहायता मिल सके।

तीसरा प्रश्न यह है कि इतिहास की विषयवस्तु क्या है ? वैज्ञानिक अर्थ में इतिहास की विषयवस्तु कुछ नहीं है। यह अन्वेषण की एक प्रणाली मात्र है। विषयवस्तु गृहीत करने के लिए यह किसी विशेषण के सम्बन्ध की अपेक्षा करता है। उदाहरणार्थ, राजनीतिक इतिहास में राज्य की अतीत घटनाओं का विवेचन रहता है; धार्मिक इतिहास में धर्म-सम्बन्धी अतीत घटनाओं का। इस अर्थ में मनुष्य जो भी कार्य करते हैं, दुःख भोगते हैं, निर्माण और ध्वंस करते हैं, वे सभी ऐतिहासिक अन्वेषण के अन्तर्गत हैं।

चतुर्थ प्रश्न है, ऐतिहासिक अन्वेषण का लक्ष्य क्या है ? उत्तर संकेतित हो चुका है—वर्तमान का समाधान और व्याख्या। जिस सामग्री का भी विवेचन इतिहास में होता है, वह वर्तमान सामग्री ही होती है। जो नितांत गत और अतीत है, वह इतिहास के लिए विचारणीय नहीं हो सकता। इसके अतिरिक्त यह भी है कि ऐतिहासिक अन्वेषण जिस युग में होता है, उसके भाव और रुचि के अनुरूप ही यह हो सकता है : कोई इतिहासकार अपने को अपने वातावरण से अलग नहीं कर सकता। ऐसा करने का प्रयास उचित भी नहीं है। अपना तथा अपने वातावरण का ज्ञान प्राप्त करना ही तो उसका ध्येय होता है। जैसाकि क्रोचे ने कहा है, समस्त इतिहास समकालीन इतिहास होता है, और सभी सच्चे इतिहासकार, वे चाहें या न चाहें, दार्शनिक होते हैं।

अन्तिम प्रश्न यह है कि विज्ञान के रूप में इतिहास की प्रक्रियाएँ क्या हैं ? इसका प्रथम कार्य है प्रामाणिक तथ्यों का संकलन। किन्तु चूँकि तथ्य असंख्य होते हैं और सभी का कुछ-न-कुछ महत्त्व होने पर भी उनमें से अधिकांश अत्यल्प महत्त्व के होते हैं, इसलिए उन्हें चुनने का कोई सिद्धान्त आवश्यक है। इस सिद्धान्त के सम्बन्ध में मतैक्य नहीं है। पुराने इतिहासकारों को वे तथ्य अधिक आकृष्ट करते

थे, जो असाधारण, नाटकीय और उदात्त होते थे। आधुनिक वैज्ञानिक इतिहासकार अपरिसीम तथ्यों में से उन्हें ही चुनता है जो, उसकी दृष्टि में, वर्तमान मानव-समाज के विकास के समाधान और परिज्ञान के लिए सहायक सिद्ध हो सकते हैं। अवशेषों से तथ्य-संकलन कर सकने के लिए यह आवश्यक है कि इतिहासकार भाषाविज्ञान, लिपि-विज्ञान आदि का प्रशिक्षण प्राप्त किया हो।

जब इतिहास के लिए तथ्यों का—कच्चे माल का—संकलन हो जाता है तो विवेचन की प्रक्रिया शुरू होती है। अब अतीत के अवशेषों के साक्ष्य की समीक्षा इसलिए आवश्यक होती है कि उनकी प्रामाणिकता और विश्वसनीयता निर्धारित की जा सके।

इतिवृत्त के समन्वयात्मक निर्माण के पूर्व जो तीसरी और अन्तिम प्रक्रिया है, वह है अवबोधन की, जो कठिनतम होती है। इसमें ऐसी वैज्ञानिक कल्पना की आवश्यकता पड़ती है, जो ऊँची-से-ऊँची उड़ान ले सके और फिर भी सत्य की सीमा में नियंत्रित रहे। भारतीय इतिहास के ही नहीं, यूरोपीय इतिहास के ही अनेक युगों के लिए (विशेषतः ईसाई धर्मावलम्बी यूरोप के प्रारम्भिक मध्यकाल के लिए) लिखित तथा अन्य प्रकार के अवशेष इतने कम हैं, लेखकों का अन्धविश्वास और कपोल-कल्पना ऐसी है, आधुनिक काल की तुलना में लोगों के विचार और जीवन की प्रणालियाँ इतनी भिन्न थीं कि सहानुभूतिशील कल्पनाशक्ति—बुद्धि और हृदय, दोनों के गुण-अवबोधन के लिए आवश्यक है।

संदर्भ और टिप्पणियाँ

1. सामान्यतः द्रष्टव्य :

E. Fueter, Gesch. d. neuren Historiographie, म्यूनिख, 1911; E. Bernheim, Lebruch d. historischen Methode, लाइपजिग, 1908; W. Dilthey, Einleit. in d. Geisteswissenschaften, लाइपजिग, 1883; W. Wundt, Logik, स्तुतगार्त्त, 1903-04; H. Rickert, Grenzen d. naturwissenschaftlichen Begriffsbildung, त्यूबिंगेन, 1902; R. Eucken, Die Einheit d. Geisteslebens, लाइपजिग, 1883; G. Simmel, Die Probleme d. Geschichtsphilosophie, लाइपजिग, 1907; Schleiermacher, Entwurf Eines Systems der Sittenlehre, सं., A. Schweizer, Gotha, 1835; W. Windelband, Geschichte u. Naturwissenschaft, स्त्रास बर्ग, 1894; E. Troeltsch, Die Absolutheit d. Christentums u. d. Religionsgeschichte त्यूबिंगेन, 1912; H. Munsterberg, Philosophie der Werte, लाइपजिग, 1908; Ernest Bernheim, Lehrbuch der historischen Methode und der Geschichtphilosophie (षष्ठ संस्करण, 1914); C.V. Langlois Manuel de bibliographie historique (द्वितीय संस्करण, 1901-1914); James T. Shotwell, Introduction to the History of History, 1922; J. H. Robinson, The New History, 1912; Harry E. Barnes,

The New History and the Social Studies, 1925; G.P. Gooch, History and Historians in the Nineteenth Century, 1913; वही, Theory and History of Historiography, 1921; R. Flint, History of the Philosophy of History, Historical Philosophy in France and French Belgium and Switzerland, 1894; F.J. Teggart, The Theory of History, 1925; A.J. Toynbee, A study of History, Abridgement of Vols. I-IV by D.C. Somervell, 1954.

2. **पत्र-पत्रिकाएँ :** The English Historical Review; The American Historical Review; La Revue historique; Jahresberichte der Geschichtswissenschaft.

अध्याय 3

साहित्यिक इतिहास की प्राचीन भारतीय परम्परा : संस्कृत में

प्राचीन भारतीयों द्वारा लिखित साहित्येतर इतिहास में कालानुक्रम का कोई अभाव नहीं है, भले ही वह आज अनेक कारणों से यत्र-तत्र अस्पष्ट तथा संदिग्ध प्रतीत होता हो। इस सम्बन्ध में पाश्चात्यों की आलोचना निराधार है। कालानुक्रम का वास्तविक अभाव तो साहित्यिक इतिहास में है। डब्ल्यू.डी. ह्विटनी ने कहा है :

'All dates given in Indian literary history are pins set up to be bowled down again.'[1]

वेद, रामायण, महाभारत, पुराण तथा भास, कालिदासादि के समय के सम्बन्ध में जो मतभेद और अनिश्चय है, वह सर्वविदित है। विंतरनित्ज का निष्कर्ष है कि :

'It is much better to recognise clearly the fact that for the oldest period of Indian literary history, we can give no certain dates, and for the later periods only a few...Even to-day the views of the most important investigators with regard to the age of the most important literary works, differ, not indeed by years and decades, but by whole centuries, if not even by one or two thousand years.'[2]

विंतरनित्ज तथा अन्य पाश्चात्य लेखकों की दृष्टि में इस अनिश्चय के कारणों में ये बातें उल्लेख्य हैं : जो अत्यन्त प्राचीन साहित्य है, वह लेखक-विशेष की रचना के रूप में ज्ञात न होकर वंश, सम्प्रदाय अथवा किसी प्राचीन ऋषि के नाम से प्रसिद्ध है, बाद में, जब रचनाएँ लेखक-विशेष की पाई जाने लगती हैं, तब भी लेखक का वंश-नाम ही निर्दिष्ट रहता है; व्यक्ति-नाम के बदले वंश-नाम से यह कहना कठिन हो जाता है कि, उदाहरणार्थ, कालिदास महाकवि कालिदास हैं या अन्य कोई कालिदास; एक ही लेखक-नाम के विभिन्न रूप भी पाए जाते हैं; यदि किसी लेखक को अपनी कृति का व्यापक प्रचार और प्रामाण्य अभीष्ट है, तो यह अपना नाम न देकर किसी प्राचीन ऋषि का नाम अपनी कृति के साथ जोड़ देता है— एकाधिक परवर्ती उपनिषदें और पुराण इसके उदाहरण हैं; और कृति-स्वामित्व या 'स्वत्वाधिकार' के प्रति अतिशय उदासीनता तथा निर्लिप्तता।

प्राचीन भारतीय ग्रंथों तथा लेखकों के कालानुक्रम की अनिश्चयता कुछ अंशों में ही वास्तविक अनिश्चयता है, और जिस साहित्य का इतिहास अनेक सहस्र-वर्ष-व्यापी है और जिसकी रचना-भूमि पर अगणित बर्बर आक्रमण होते रहे, उसके कालानुक्रम की अनिश्चयता अस्वाभाविक नहीं कही जा सकती।

इससे अधिक कठोर सत्य तो यह है कि भारतीय साहित्येतिहास के तिथि-क्रम को उन पाश्चात्य विद्वानों ने जाने-अनजाने अनिश्चित तथा संदिग्ध बनाने में योग दिया, जिनके प्रति हम इसलिए सदा कृतज्ञ रहेंगे कि उन्होंने अपने से पहले के विदेशी शासकों की तरह यहाँ के साहित्यिक अवशेषों को नष्ट करने के बदले उनका अध्ययन, संरक्षण और मुद्रण किया—और अधिक-से-अधिक जो अनुचित किया, वह यह कि उनसे अपने देशों के संग्रहालय समृद्ध बनाये। जब विंतरनित्ज कहते हैं कि '...the safest dates of Indian history are those which we do not get from the Indians themselves,[3] और विश्वसनीय तिथियों के लिए हमें यूनानी और चीनी यात्रियों का भरोसा करना चाहिए, तो वे वस्तुतः उस कारण का उद्‌घाटन कर देते हैं, जिससे भारतीय साहित्येतिहास के कालानुक्रम की जटिलता जटिलतर हो गई है। साहित्येतर इतिहास के विषय में पूर्व के अध्याय-विशेष में परम्परा से प्राप्त ऐतिहासिक सामग्री के महत्त्व का निर्देश किया गया है, जिसे पार्जिटर ने भी मुक्त कंठ से स्वीकार किया है। यूनानी स्रोतों के आधार पर 'सैंड्राकोटस' को, चन्द्रगुप्त मौर्य को, सिकंदर का समकालीन मानकर साहित्येतर तथा अनिवार्यतः साहित्यिक भी, भारतीय इतिहास को 315 ई.-पू. के पहले और बाद में बिठाने का जो प्रयास पाश्चात्य विद्वानों ने किया है, वह विलक्षणतापूर्ण होते हुए भी, पुनः-पुनः परीक्षणीय है, यह मेरा सन्देह विश्वास में परिणत हो चला है, यद्यपि इसके लिए आधार ढूँढ़ना इतिहासज्ञों का काम है।[4]

परम्परा की उपेक्षा पाश्चात्यों ने एक दूसरे प्रकार से भी की है। वे आज तक कालिदास का समय निश्चित नहीं कर पाए हैं, तो इसका कारण यह है कि वे उन्हें 57 ई.-पू. के विक्रम का समकालीन मानने से इनकार करते रहे हैं, यद्यपि निश्चित परम्परा यही है। भाषा और शैली जैसे तथाकथित अन्तस्साक्ष्यों और अनेक बहिस्साक्ष्यों के चक्कर में पड़कर कालिदास का समय यदि सदा के लिए असमाधेय-सा हो गया है, तो इसमें आश्चर्य ही क्या! वेदों, रामायण, महाभारत, पुराणों तथा बाद के लेखकों और कृतियों के बारे में जो निस्संदिग्ध परम्परा-प्राप्त तिथि-क्रम मान्य होना चाहिए था, उसे एकबारगी अविश्वसनीय और निराधार घोषित कर पाश्चात्यों ने हमारे लिए जो समस्या उत्पन्न कर दी है, उसका समाधान हमें नये सिरे से ढूँढ़ना है।

तिथि-क्रम का यह अनिश्चय भी सामान्यतः छठी शताब्दी के पहले के ही साहित्येतिहास में पाया जाता है। बाद के लेखक, जैसा स्वयं विंतरनित्ज ने ठीक ही कहा है,[5] बहुधा अपना और पिता तथा गुरु का नाम, अपने वंश तथा प्रतिपालक

आदि का विवरण अपनी कृतियों में देते हैं। लेखक कभी-कभी रचनाकाल का भी निर्देश करते हैं, यद्यपि साधारणतः वह प्रतिपालक नरेश के काल से ही निर्धारणीय होता है—यदि वही अज्ञात हो तो कठिनाई बनी रह जाती है, यद्यपि यह साहित्येतर इतिहास की अपूर्णता का परिणाम होता है।

किन्तु परम्परा की उपेक्षा से भी अधिक असेवा तो प्राचीन कवियों के विषय में प्रचलित किंवदंतियों की उपेक्षा के कारण हुई है। प्राचीन साहित्य के इतिहास के अध्ययन के लिए आधुनिक विद्वानों का एक वर्ग किंवदंतियों को कितना महत्त्व देता है, यह आगे यथास्थान निर्दिष्ट है। इन किंवदंतियों में कवि-विशेष के समय आदि की सूचना न भी मिले—बहुधा नहीं मिलती है—किन्तु उसकी प्रतिभा, विशेषताओं और समसामयिकप्राय आलोचकों के विचारों का विवरण रोचक रीति से सुरक्षित मिल जाता है। संस्कृत के प्राचीन विद्वानों और कवियों आदि के सम्बन्ध में असंख्य किंवदंतियाँ प्रचलित रही हैं, किन्तु किसी ने उन्हें सावधानी से संगृहीत करने की आवश्यकता नहीं समझी है और अब हम उन्हें भूल चले हैं। यदि आज भी पुराने ढंग के संस्कृतज्ञों की सहायता से ऐसी किंवदंतियों का संकलन कराया जा सके, तो वह अत्यन्त महत्त्वपूर्ण कार्य सिद्ध होगा।

इन सभी के अतिरिक्त संस्कृत-साहित्य के इतिहास की विपुल सामग्री प्राचीन सुभाषित संग्रहों में वर्तमान है, जिनका मूल्य, इस दृष्टि से आँका ही नहीं गया है। ये संग्रह, आचार्य रामचन्द्र शुक्ल के द्वारा प्रयुक्त अर्थ में, 'कवि-वृत्त-संग्रह' ही हैं। जब प्राचीन परम्परा तथा गौण प्राचीन कवियों की कृतियों के नष्ट हो जाने की आशंका यहाँ के विद्वानों को हुई, तब उन्होंने सुभाषितों के ऐसे संग्रह तैयार किये, जिनमें मुख्यतः गौण कवियों की रचनाओं के दृष्टांत-स्वरूप छंद विभिन्न शीर्षकों के अन्तर्गत सुरक्षित हो गए। यह दुर्भाग्य का विषय है कि ऐसे 'सरोजों' को, हिन्दी की तरह, इतिहास का रूप प्रदान करनेवाले आचार्य संस्कृत को नहीं मिले!

बारहवीं शताब्दी के पूर्व का कवीन्द्रवचनमसमुच्चय,[6] जिसमें संकलित 500 से अधिक छंदों के रचयिताओं में से कोई भी 1000 ई. के बाद का नहीं है;[7] 13वीं शताब्दी के प्रारम्भ में श्रीधरदास द्वारा संकलित सदुक्तिकर्णामृत,[8] जिसमें 485 कवियों के विभिन्न-विषयक छंद हैं; इसी शताब्दी के मध्य के जल्हण की सुभाषितमुक्तावली[9] अथवा सूक्तिमुक्तावली;[10] 14वीं शताब्दी के मध्य की शार्ङ्गधरपद्धति;[11] 15वीं की सुभाषितावली,[12] जिसमें 350 से अधिक कवियों के 3000 से ऊपर छंद हैं—सुभाषित ग्रंथों में, संस्कृत-साहित्येतिहास की दृष्टि से, विशेषतः महत्त्वपूर्ण हैं।

इन सुभाषित ग्रंथों में जिन गौण कवियों के छंद संकलित हैं, उनका अपने समय में, और स्पष्ट ही बाद तक, सादर स्मरण किया जाता था, किन्तु असाधारण वैशिष्ट्य और महत्त्व तथा मुद्रण के अभास में इसकी सम्भावना नहीं थी कि वे बहुत बाद तक, कालिदासादि प्रमुख कवियों की तरह, अवशिष्ट रहते। अतः उनके कृतित्व

की रक्षा स्फुट सुभाषितों के रूप में ही सम्भाव्य थी, और प्राचीन विद्वानों ने इस दिशा में श्लाघ्य प्रयास किये।

यहाँ ऐसे गौण कवियों की तालिका प्रस्तुत की जा रही है, जिनके छंद उपर्युक्त सदुक्ति-कर्णामृत में संकलित हैं। तालिका में यह भी निर्दिष्ट है कि इनमें से किस कवि का समान छंद किस अन्य सुभाषित संग्रह में भी संकलित है और यह भी कि आज अन्य स्रोतों से इनमें से किन गौण कवियों के समय तथा जीवनी आदि सम्बन्धी सूचनाएँ प्राप्य हैं :

1. अचल—कवींद्रसमुच्चय (आगे क. से संकेतित); कोई सूचना नहीं (आगे न. से संकेतित)।
2. अचलदास—क.; न.।
3. अचलनृसिंह—क. (बिना नामोल्लेख के); न.।
4. अचलसिंह—क.; न.।
5. अज्ञोक या अज्जोक—न.।
6. अनङ्ग—न.।
7. अनुरागदेव—न.।
8. अपराजितरक्षित—क.; न.।
9. अपिदेव—न.।
10. अभिनन्द—क.; न.।
11. अभिमन्यु—न.।
12. अमरसिंह—क.; न.।
13. अमरु या अमरुक—क.; प्रसिद्ध।
14. अमृतदत्त—सुभाषितावली (आगे सु. से संकेतित); न.।
15. अमोघ—न.।
16. अरविन्द—क.; न.।
17. अवन्तिवर्मा—सु.; कश्मीर-नरेश, 855-884 ई.।
18. अंशुधर—न.।
19. आनन्दवर्धन—प्रसिद्ध।
20. आपदेव या अपिदेव—न.।
21. आर्याविलास—न.।
22. आवन्यकृष्ण—न.।
23. इन्द्रज्योति—न.।
24. इन्द्रदेव—न.।
25. इन्द्रशिव—न.।
26. ईश्वरभद्र—न.।

27. उत्पलराज—क., 930 ई.।
28. उदयादित्य—न.।
29. उद्भट—क.; न.।
30. उमापति या उमापतिधर—शार्ङ्गधरपद्धति (आगे शा. से संकेतित); गीतगोविन्द में उद्धृत; सम्भवतः श्रीधरदास के समसामयिक।
31. ऋक्षपालित—न.।
32. ओंकण्ठ—न.।
33. कक्कोल—न.।
34. कङ्कण—सु.; न.।
35. कपालेश्वर—न.।
36. कमलायुध—सु.; सूक्तिमुक्तावली (आगे सू. से संकेतित)।
37. कमलगुप्त—न.।
38. करञ्जधनञ्जय—न.।
39. करञ्जमहादेव—न.।
40. करञ्जयोगेश्वर-क.; न.।
41. कर्करज या कर्कराज—शा.।
42. कर्णाटदेव—न.।
43. कर्णोत्पल—शा.; न.।
44. कल्पदत्त—न.।
45. कविकुसुम—न.।
46. कविचक्रवर्त्ती—न.।
47. कविरत्न—शा.; सू.; सु.; न.।
48. कविराज—राजशेखर के पूर्वज।
49. कविराजसोम—न.।
50. कापालिक—न.।
51. कामदेव—न.।
52. कालिदास—क.; न.।
53. कालिदासनन्दी—न.।
54. कुञ्ज—न.।
55. कुञ्जराज—न.।
56. कुमारदास—क; जानकीहरण के रचयिता।
57. कुलदेव—न.।
58. (श्री) कुलशेखर—सू.; न.।
59. कृष्ण—शा.; सु.।

60. कृष्णमिश्र—सु.; प्रबोधचन्द्रोदय के रचयिता।
61. केन्द्रनीलनारायण—न.।
62. केवट्टपीप—न.।
63. केशट या केशटाचार्य—न.।
64. केशर—न.।
65. केशरकोलीयनाथोक—न.।
66. केशव या केशवसेन या केशवसेनदेव—सेन-राज-वंश का।
67. कोक—न.।
68. कोङ्क—न.।
69. कोलाहल—न.।
70. क्षितीश—क.; न.।
71. क्षियंक—न.।
72. क्षेमेश्वर—सु.; न.।
73. गङ्गाधर—सु.; न.।
74. गणपति—सु. में पीटरसन ने (पृ. 33) लिखा है कि जल्हण की सू. में राजशेखर का एक श्लोक है जिसमें गणपति नामक एक कवि और उसकी कृति 'महामोह' का उल्लेख है।
75. गणाध्यक्ष—न.।
76. गदाधर—न.।
77. गदाधरवैद्य या वैद्यगदाधर या वैद्य—इनके पुत्र वङ्गसेन ने 11वीं या 12वीं शताब्दी में 'चिकित्सासार' संग्रह लिखा।
78. गदाधरनाथ—न.।
79. गदाधरनारायण—न.।
80. गाङ्गोक—न.।
81. गुणाकरभद्र—न.।
82. गुरु—न.।
83. गोतिथीयदिवाकर—न.।
84. गोपीक या आचार्यगोपीक—न.।
85. गोपीचन्द्र—न.।
86. गोपोक—न.।
87. गोभट—सू.; न.।
88. गोवर्धन या आचार्य गोवर्धन—सू. 'आर्यासप्तशती' के रचयिता।
89. गोविन्द—न.।
90. गोविन्दस्वामी—सु.; शा.; न.।

91. गोशरण—न.।
92. गोसोक या गोशोक—न.।
93. ग्रहेश्वर—न.।
94. ग्लोब्द, सम्भवतः शुद्ध नाम उलोक या दुलोक—न.।
95. चक्रपाणि—न.।
96. चण्डमाधव—सु.; न.।
97. चण्डालचन्द्र—न.।
98. चन्द्रचन्द्र—न.।
99. चन्द्रज्योति—न.।
100. चन्द्रयोगी—न.।
101. चन्द्रस्वामी—न.।
102. चपलदेव—न.।
103. चित्तप या छित्तप या क्षित्तप—दसवीं शताब्दी के भोज के समसामयिक।
104. चूड़ामणि—सम्भवतः 'आनन्दराघव' काव्य या नाटक, 'कमलिनीकलहंस' नाटक और 'रुक्मिणीकल्याण' नाटक के रचयिता।
105. छित्तोक—न.।
106. जनक—न.।
107. जयदेव—प्रसिद्ध।
108. जयनन्दी—न.।
109. जयमाधव—सु.; न.।
110. जयवर्धन—सु; काश्मीरवासी; समय के बारे में न.।
111. जयङ्कर—न.।
112. जयादित्य-पीटरसन (सु.) के अनुसार 'वामन की काशिकावृत्ति' के सह-लेखक।
113. जयोक—न.।
114. जियोक, सम्भवतः 113 ही—न.।
115. जलचन्द्र—न.।
116. जह्नु—न.।
117. (आवन्तिक) जह् नु—न.।
118. जितारि—न.।
119. (वैद्य) जीवदास—न.।
120. जीवबोध—न.।
121. ज्ञानशिव—न.।
122. ज्ञानाङ्कुर—न.।

123. डिम्बोक या डिम्भोक या बिम्बोक—न.।
124. तथागतदास—न.।
125. तपस्वी—न.।
126. तरणिक या तरलिक—न.।
127. तरणिनन्दी—सु.; न.।
128. तालहडीयरङ्क, शुद्ध रूप कदाचित् तालहडीयदङ्क या तानहडीयदङ्क।
129. तिलचन्द्र—न.।
130. तुङ्गोक—न.।
131. तुतातित, ऑफ्रेख्त (कैटेलगस कैटेलेगोरम) के अनुसार सातवीं शताब्दी के प्रसिद्ध मीमांसक कुमारिलस्वामी का नाम।
132. तैलपाटीयगाङ्गोक—न.।
133. त्रिपुरारि—न.।
134. त्रिपुरारिपाल—न.।
135. त्रिभुवनसरस्वती—न.।
136. (वैद्य) त्रिविक्रम—न.।
137. दक्ष—क.; शा.; न.।
138. दङ्क—न.।
139. दण्डी—क.; सू.; काव्यादर्श के रचयिता।
140. दत्त—न.।
141. दनोक—न.।
142. दशरथ—न.।
143. दाक्षिणात्य—न.।
144. दामोदर—क.; सु.; शा.; न.।
145. (युवराज) दिवाकर—न.।
146. दिवाकरदत्त—न.।
147. दुर्गत—न.।
148. दूनोक—141 संख्याक दनोक।
149. देवबोध—सू.; शा.; ऑफ्रेख्त के अनुसार सम्भवतः ज्ञानदीपिका, 'महाभारततात्पर्य टीका' और 'याज्ञवल्क्यस्मृति टीका' के रचयिता।
150. (आवन्तिक) द्रव्य—न.।
151. द्वैपायन—न.।
152. धज्जोक, शुद्ध रूप धञ्जोक—न.।
153. धनञ्जय—सम्भवतः 'ब्राह्मणसर्वस्व' के रचयिता और लक्ष्मणसेन के प्रधान मंत्री हलायुध के पिता।

154. धनपति—न.।
155. धनपाल—न.।
156. धरणीधर—क.; शा.; सू.; न.।
157. धर्मकीर्त्ति—क.; सू; छठी या सातवीं शताब्दी के बौद्ध।
158. धर्मपाल—न.।
159. धर्मयोगेश्वर—सम्भवत: गौड देश के (वंगीय) कवि।
160. धर्माशोक—सू.; न.।
161. धर्माशोकदत्त, कदाचित् उपरिवत्—न.।
162. धर्माकर—न.।
163. धीतोक—न.।
164. (भदन्त) धीरनाग—सु.; न.।
165. धूर्जटि—न.।
166. धूर्जटिराज, सम्भवत: उपरिवत्—न.।
167. धोयीक-सू.; शा.; लक्ष्मणसेन के सभा-कवि; 'पवनदूत' के रचयिता।
168. नग्न—न.।
169. नग्नाचार्य, सम्भवत: उपरिवत्,—न.।
170. नटगाङ्गोक—न.।
171. नरसिंह—न.।
172. नवकर—न.।
173. नाकोक—न.।
174. नाचोक—न.।
175. नान्यदेव—न.।
176. नारायण, एकाधिक नारायण, सम्भवत: 177 और 178 एक ही।
177. (काश्मीर नारायण)—न.।
178. नारायणदास—न.।
179. नारायणाब्धि, शुद्ध रूप नारायणलब्धि—न.।
180. नाल—न.।
181. नील—क.; न.।
182. नीलपट्ट—न.।
183. नीलाङ्ग—न.।
184. नीलाम्बर—न.।
185. नीलोक—न.।
186. नौलिक, सम्भवत: लौलिक—न.।
187. पजोक—न.।

188. पञ्चतंत्रकृत्, विष्णुशर्मा—सु.।

189. पञ्चमेश्वर, शुद्ध रूप परमेश्वर—न.।

190. पञ्चाक्षर—न.।

191. पण्डितशशी—न.।

192. परमेश्वर—क.; न.।

193. परशुराम, अनेक कवियों का नाम—न.।

194. (क) परिमल—परमारराज मुंज (974-995 ई.) के 'पद्मगुप्तोपनामधारी सभा-कवि' और 'नवसाहसाङ्कचरित' के रचयिता।
(ख) पशुपतिधर—'दशकर्मपद्धति', 'श्राद्धपद्धति' आदि के रचयिता।

195. पाणिनि—क.; सू.; वैयाकरण पाणिनि ही अथवा उनसे भिन्न, इसमें मतभेद।

196. पादुक या पादूक—न.।

197. पापाक—न.।

198. पाम्पाक—न.।

199. पायीक—न.।

200. पालित—न.।

201. पिकनिकर—न.।

202. पियाक—न.।

203. पीताम्बर—न.।

204. पुंसोक—न.।

205. पुण्डरीक—न.।

206. रत्नमालीय (पुण्ड्रोक)—न.।

207. पुरुषोत्तम—सु.; न.।

208. पुरुषोत्तमदेव—क.; न.।

209. पुरुसेन—न.।

210. पुरोक—न.।

211. प्रजापति—न.।

212. प्रद्युम्न—क.; शा.; पीटरसन (सु.) के अनुसार नौवीं शताब्दी के बाद के नहीं।

213. प्रभाकर—न.।

214. प्रभाकरदत्त—न.।

215. प्रभाकरमित्र—न.।

216. प्रवरसेन—पाँचवीं शताब्दी के।

217. प्रशस्त—सु.; न.।

218. प्राज्ञभूतनाथ—न.।

219. प्रियाक—न.।
220. प्रियंवद—न.।
221. बन्धसेन—न।
222. बलदेव—न.।
223. बलभद्र—न.।
224. बा.—क.; सू.; सु.; शा.; प्रसिद्ध।
225. वाह लीक—न.।
226. बिन्दुशर्मा—न.।
227. बिल्हण—सु.; सू.; शा.; ग्यारहवीं शताब्दी के प्रसिद्ध काश्मीरी कवि, 'विक्रमाङ्क-देवचरित' के रचयिता।
228. बीजक—न.।
229. ब्रह्मनाग—न.।
230. ब्रह्महरि—न.।
231. भगवद्गोविन्द—न.।
232. भगीरथ—क.; सू.; न.।
233. भगीरथदत्त—न.।
234. भङ्गुर—न.।
235. भट्ट—सु.; सू.; न.।
236. भट्टचूलितक—सु.; न.।
237. भट्टनारायण—नौवीं शताब्दी के; 'वेणीसंहार' के रचयिता; प्रसिद्ध।
238. भट्टवेताल या वेतालभट्ट—परंपरया विक्रम के नवरत्नों में से एक।
239. भट्टशालीय पीताम्बर—न.।
240. भट्टश्रीनिवास—न.।
241. भर्तृमेण्ठ—शा.; सु.; सम्भवतः छठी शताब्दी के उत्तरार्द्ध के; काश्मीर-नरेश मातृगुप्त के समसामयिक।
242. भर्तृहरि—सू.; सु.; सम्भवतः सातवीं शताब्दी के, 'शतदत्रय' और 'वाक्यपदीय' के रचयिता।
243. भर्वु—सु; सू; कदाचित् बाण के गुरु—'नमामि भर्वोश्चरणाम्बुजद्वयम्' (कादम्बरी)।
244. भवग्रामीणवाथोक—न.।
245. भवभीत—न.।
246. भवभूति—क.; सु.; आठवीं शताब्दी के प्रसिद्ध।
247. भवानन्द—न.।
248. भव्य—न.।

249. भानु—न.।
250. भामह—सातवीं शताब्दी के; 'काव्यालंकार' के रचयिता।
251. भारवि—छठी शताब्दी के; 'किरातार्जुनीय' के रचयिता; प्रसिद्ध।
252. भावदेवी—क.; सू.; सु.; न.।
253. भाष्यकार—सू.; शा.; न.।
254. भास—सु; शा; सू; कालिदास के पूर्ववर्ती, 'स्वप्नवासवदत्ता' आदि के रचयिता; यद्यपि समय तथा कृतियों के सम्बन्ध में बहुत मतभेद।
255. भासोक—सु.; न.।
256. भास्करदेव—न.।
257. भिक्षु—शा.; न.।
258. भूषण—न.।
259. भृङ्गस्वामी—न.।
260. भेरीभूमक—क.; न.।
261. भोगकर्मा—सु. (सु. के भोगिवर्मा); न.।
262. भोजदेव—शा.; ग्यारहवीं शताब्दी के।
263. भ्रमरदेव—क.; सु.; न.।
264. मकरन्द—सू.; न.।
265. मङ्गल—शा.; न.।
266. मङ्गलार्जुन—सू.; न.।
267. मधु या धर्माधिकरणमधु—श्रीधरदास के समसामयिक, जैसा नाम से सूचित; न्यायाधीश; सू. श्रीधरदास के पिता बटुदास की प्रशंसा करते हैं।
268. मधुकूट—क.; सु.; न.
269. मधुकण्ठ—न.।
270. मधुरशील—क.; सू.; न.।
271. मनोक—क.; शा.; सु.; न.।
272. मनोविनोद—क.; न.।
273. मन्मोक—न.।
274. मयूर—सू.; सातवीं शताब्दी के, 'सूर्यशतक' के रचयिता।
275. मलयज—न.।
276. मलयराज—न.।
277. महादेव—न.।
278. महानिधि—न.।
279. महानिधिकुमार—न.।
280. महाकवि—क.; न.।

281. महामनुष्य—सु.; सू.; न.।
282. महाव्रत—क.; न.।
283. महाशक्ति—न.।
284. महिम्न—न.।
285. महीधर—न.।
286. महोदधि—क.; न.,।
287. माघ—650-700 ई. के बीच के; शिशुपालवध के रचयिता; प्रसिद्ध।
288. मातङ्गराज—न.।
289. माधव—सु.; सू.; माधव नामधारी अनेक कवि; न.।
290. मान्दोक—न.।
291. मार्जार—क; न.।
292. मालोक—न.।
293. (श्री) मित्र—न.।
294. मुञ्ज—क.; शा.; सु.; सू.; दसवीं शताब्दी के अन्त के; धारा-नरेश भोज के पूर्वाधिकारी।
295. मुद्राङ्क—न.।
296. मुरारि—क.; सू.; नौवीं शताब्दी के आरम्भ के; बालवाल्मीकि उपनामधारी; 'अनर्घराघव' के रचयिता।
297. मुष्टिक—न.।
298. मृगराज—क.; न.।
299. मेधारुद्र—कालिदास का ही अन्य नाम माना जाता है, पर संदिग्ध।
300. यज्ञघोष—न.।
301. यशोधर्मा—सु.; आठवीं शताब्दी के; 'रामाभ्युदय' नाटक के रचयिता।
302. युवतीसम्भोगकार—न.।
303. युवराज—सू.; युवराज प्रह्लादन और ये एक ही माने गए हैं। गायकवाड़ ओरियंटल सीरीज में प्रकाशित पार्थपराक्रम व्यायोग के रचयिता।
304. युवराजदिवाकर—न.।
305. युवसेन—शा.; सू.; न.।
306. योगेश्वर—भवानंद और वसुकल्प के द्वारा प्रशंसित; न.।
307. योगोक—न.।
308. रघुनन्दन—न.।
309. रजकसरस्वती—कवयित्री, न.।
310. रत्नाकर—शा.; सु.; राजानकरत्नाकरवागीश्वर काश्मीर-नरेश अवन्तिवर्मा (855-884 ई.) के समकालीन, 'हरविजय' काव्य तथा 'वक्रोक्तिपञ्चाशिका' के रचयिता।

311. रथाङ्ग—क.; न.।
312. रन्तिदेव—काव्यशास्त्र और कोष के रचयिता के रूप में इनके उल्लेख मिलते हैं; न.।
313. रविगुप्त—सु.; सू.; 'चन्द्रप्रभाविजय' काव्य के रचयिता; 'वात्स्यायन कामसूत्र' की 'जयमङ्गला' टीका में इनका तथा इनके काव्य का उल्लेख।
314. रविनाग—न.।
315. राक्षस—शा.; न.।
316. राजकुब्जदेव—दे. कुञ्जराज।
317. राजशेखर—समय प्रायः 880-920 ई.; 'काव्यमीमांसा', 'कर्पूरमञ्जरी' आदि के रचयिता; प्रसिद्ध।
318. राजोक—क.; शा.; न.;।
319. राम—न.।
320. रामदास—शा.; न.।
321. रुद्रट या रुद्र—'शृंगारतिलक' के रचयिता; पीटरसन के अनुसार 'काव्यालंकार' के रचयिता; कृतियों के सम्बन्ध में विद्वानों में मतभेद।
322. रुद्रनन्दी—न.।
323. रूपदेव—न.।
324. लक्ष्मणसेन—शा.; सेनवंश के वंगनरेश; श्रीधरदास के प्रतिपालक; प्रसिद्ध।
325. लक्ष्मीधर—कदाचित् शार्ङ्गधर के भाई।
326. (वाणीकुटिल) लक्ष्मीधर—न.।
327. लङ्गदत्त—न.।
328. लडहचन्द्र—न.।
329. लड्डूक—सु.; शा.; न,।
330. ललितोक—क.; न.।
331. लोपामुद्राकवि—न.।
332. लोष्टसर्वज्ञ—न.।
333. लोलिक—न.।
334. वङ्गाल—न.।
335. वटेश्वर—न.।
336. वनमाली—न.।
337. वररुचि—सु.; शा.; सू.; पीटरसन के अनुसार वार्त्तिककार, किन्तु मतभेद।
338. वराह—ऑफ्रेख्त के अनुसार वराहमिहिर।
339. वराहमिहिर—क.; छठी शताब्दी।
340. वर्द्धमान—सू.; न.।

341. वल्लन या वल्लण—न.।
342. वल्ल—सु.; सू; शा.; उत्प्रेक्षावल्लभ या भट्टवल्लभ से भिन्न; न.।
343. वल्लाल सेन—शा. लक्ष्मणसेन के पिता, दानसागर और अद्‌भुतसागर के रचयिता।
344. वसन्तदेव—न.।
345. वसुकल्प—क.; न.।
346. वसुकल्पदत्त—न.।
347. वसुन्धर—शा.; सू.; न.।
348. वसुभाग—न.।
349. वसुरथ—न.।
350. वसुसेन—न.।
351. वाक्कूट—क.; सू.; न.।
352. वाक्कोक—न.।
353. वाक्पति—क.; सु.; शा.; सम्भवतः वाक्पतिराज।
354. वाक्पतिराज—क; 7वीं-8वीं शताब्दी के, 'गौडवह' के रचयिता हर्षदेव के पुत्र, यशोवर्मा के समकालीन।
355. वागुर—क.; न.।
356. वाग्वीण—न.।
357. वाचस्पति—क.; न.।
358. वाच्छोक या वाछोक या वाञ्छोक—न.।
359. वाञ्छाक—उपरिवत्; न.।
360. वातोक—क.; न.।
361. वापीक—न.।
362. वामदेव—न.।
363. वामन—सू.; काश्मीरनरेश जयापीड (779-813 ई.) के मंत्रियों में से एक, 'काव्यालंकारसूत्रवृत्ति' के रचयिता के रूप में प्रमाणित करने का भी प्रयत्न किया गया है।
364. वार्त्तिककार—पीटरसन के अनुसार वररुचि, ऑफ्रेख्त के मत में कुमारिलभट्ट।
365. वासुदेव—न.।
366. वासुदेव सेन—न.।
367. वासुदेव ज्योति—न.।
368. वाहूट—न.।
369. विकटनितम्बा—क.; राजशेखर द्वारा उल्लेख।
370. विक्रमादित्य—कुछ विद्वानों के अनुसार छठी शताब्दी के।

371. विज्ञातात्मा—सु.; शा.; न.।
372. वित्तपाल—सं.; न.।
373. वित्तोक—क.; न.।
374. विद्या, विद्याका, विज्जा या विज्जाका—क.; शा.; सु.; न.।
375. विद्यापति—सु., शा.; कर्ण नामक राजा के समकालीन।
376. विधूक—न.।
377. विनयदेव—क.; न.।
378. विभाकर या विभाकर शर्मा—सु.; सू.; न.।
379. विभोक—शा.; न.।
380. विरिञ्च—न.।
381. विशाखदत्त—सु., सू.; 'मुद्राराक्षस' के रचयिता, प्रसिद्ध।
382. विश्वेश्वर—न.।
383. विष्णुहरि—न.।
384. वीर—न.।
385. वीरदत्त—न.।
386. वीरभद्र—न.।
387. वीरसरस्वती—न.।
388. वीर्यमित्र—क.; सु.; सू, न.।
389. वेताल—वेतालभट्ट से भिन्न, वंगीय कवि; क्योंकि श्रीधरदास के पिता बटुदास की स्तुति करते हैं।
390. वेतोक—न.।
391. वेशोक—न.।
392. वैद्यधन्य—क.; न.।
393. वैनतेय—न.।
394. व्याडि—ऑफ्रेख्त चार व्याडियों का उल्लेख करते हैं; न.।
395. (कविराज) व्यास—श्रीधरदास के पिता बटुदास की स्तुति करते हैं, अतः सेनवंश के समय के कवि।
396. (श्री) व्यासपाद—सू.; न.।
397. शकटीयशबर—न.।
398. शङ्कर—न.।
399. शङ्करदेव—न.।
400. शङ्करधर—न.।
401. शङ्कार्णव—न.।
402. शधोक—न.।

403. शतानद—क.; सु.; सू.; शा., न.।

404. शब्दार्णव—क.; कदाचित् पूरा नाम शब्दार्णव वाचस्पति।

405. शरण, शरणदेव या चिरन्तनशरण—जयदेव समकालीन के रूप में उल्लेख करते हैं।

406. शर्व—न.।

407. शाक्यरक्षित—न.।

408. शाटोक—न.।

409. शाडिल्य—सु.; शा.; न.।

410. शान्त्याकर—न.।

411. शालवाहन—कुछ विद्वानों के अनुसार शकाब्द-संस्थापक; न.।

412. शालिकनाथ—न.।

413. शालूक—न.।

414. शिल्हण—सु.; शा.; काश्मीरनिवासी; 'शान्तिशतक' के रचयिता।

415. शिवस्वामी—क; काश्मीरनरेश अवन्तिवर्मा (855-884 ई.) के समकालीन।

416. शिशोक—न.।

417. शीलाभट्टारिका—सु.; सू.; शा.; सम्भवत 11वीं शताब्दी के भोज की समसामयिक।

418. शुक्षोक—सम्भवतः शुङ्गोक; न.।

419. शङ्गोक—न.।

420. शुभाङ्क—न.।

421. शूद्रक—सु.; 'मृच्छकटिक' के रचयिता; प्रसिद्ध; कुछ विद्वान् इनके अस्तित्व में संदेह करते हैं और मानते हैं कि 'मृच्छकटिक' भास के 'चारुदत्त' का रूपांतर मात्र है और शूद्रक का नाम कल्पित है।

422. शूल—न.।

423. शूलपालि—न.।

424. श्रृंगार—क.; न.।

425. शैलसर्वज्ञ—न.।

426. शोभाङ्क—न.।

427. श्यामज—सू.; सु.; क्षेमेन्द्र के द्वारा उल्लिखित।

428. श्रीकण्ठ—क.; शा.; न.।

429. श्रीधर—न.।

430. श्रीधरनन्दी—क.; न.।

431. श्रीपति—न.।

432. संकेत—न.।

433. संग्रामचन्द्र—न.।
434. संग्रामदत्त—न.।
435. संघमित्र—न.।
436. संघश्री—क.; नर।
437. संघश्रीमित्र—न.।
438. सत्यबोध—न.।
439. समन्तभद्र—न.।
440. सरसीरुह—न.।
441. सरस्वती—कवयित्री; न.।
442. सरोरुह—न.।
443. तीरभुक्तीय (सर्वेश्वर)—स्पष्टतः तिरहुतनिवासी; न.।
444. साकोक—न.।
445. सागर—न.।
446. सागरधर—न.।
447. साजोक—न.।
448. साञ्चाधर या सञ्चाधर—सम्भवतः वंग-कवि; क्योंकि बटुदास की स्तुति करते हैं।
449. साञ्ज्ञाननन्दी या साञ्झाननन्दी—न.।
450. साम्पीक—न.।
451. साहसांक—न.।
452. सिद्धोक—न.।
453. सिन्दूय—न.।
454. सिल्हण—दे. शिल्हण।
455. सुधाकर—न.।
456. सुबन्धु—कीथ (संस्कृत सा. का. इ.) सातवीं शताब्दी का मानते हैं; 'वासवदत्ता' के रचयिता; प्रसिद्ध।
457. सुभट—'दूताङ्गदछाया' नाटक के रचयिता; न.।
458. सुरभि—क.; न.।
459. सुरमूल—काश्मीरक; न.।
460. सुवर्ण—न.।
461. सुवर्णरेख—क.; न.।
462. सुविमोक—न.।
463. सुव्रत—न.।
464. सुव्रतदत्त—न.।
465. सूरि—न.।

466. सूर्यधर—न.।
467. सेन्तुत—न.।
468. सेन्दुक या सेन्दूक—न.।
469. सोढगोविन्द—न.।
470. सोल्लोक—क.; सेल्हूक, सेल्होक, सोलूक, सोल्होक—इन्हीं के भिन्न नाम-रूप प्रतीत होते हैं; न.।
471. (श्री) हनुमत्—सू.; सु., 'खंडप्रशस्ति' और 'हनुमन्नाटक' के रचयिता; न.।
472. हरि—न.।
473. हरिश्चन्द्र—सदुक्तिकर्णामृत (5, 26, 5) के एक अज्ञात कवि के श्लोक में सुबन्धु और कालिदास के साथ उल्लेख।
474. हरिदत्त—न.।
475. हरिवंश—न.।
476. श्रीहर्ष या कविपण्डित श्रीहर्ष—सू.; 12वीं शताब्दी के उत्तरार्द्ध के; कन्नौज-नरेश जयचन्द्र के समकालीन; 'नैषधीयचरित' और 'खंड-नखंडखाद्य' के रचयिता।
477. श्रीहर्षदेव—क.; सू.; सातवीं शताब्दी के; 'रत्नावली' आदि के रचयिता और बाण, मयूर आदि के प्रतिपालक।
478. हलायुध—सू.; लक्ष्मणसेन के महामात्य और फिर महाधर्माध्यक्ष; अनेक पुस्तकों के रचयिता, सम्प्रति केवल ब्राह्मणसर्वस्व प्राप्य।
479. हृषीकेश—न.।
480. हीरोक—न.।

सदुक्तिकर्णामृत में जिन कवियों के छंद संगृहीत हैं, उनकी ऊपर प्रस्तुत तालिका[13] से संस्कृत के ज्ञात-गौण कवियों की संख्या का अनुमान मात्र किया जा सकता है। अन्य समस्त सुलभ स्रोतों से ऐसे नाम संकलित किये जाएँ, तो संख्या सहस्राधिक होगी और, यदि और कुछ नहीं, तो उनके एक और बहुधा एकाधिक छंद तो मिल ही जाएँगे। यह भी उल्लेखनीय है कि इनमें से अधिकांश का निश्चित समय ज्ञात न रहने पर भी उन्हें युग-विशेष में सहज ही रखा जा सकता है। तब संस्कृत साहित्य का वास्तविक इतिहास लिखा जा सकेगा, जिसमें समय-निर्धारण पर ही सारी शक्ति लगा देने के बदले प्रवृत्ति, शैली आदि की दृष्टि से अध्ययन की चेष्टा होगी।

अब तक, निश्चय ही, संस्कृत साहित्य का परिपूर्ण इतिहास नहीं लिखा गया है; जो इतिहास-ग्रंथ हैं, वे एकांगी और आंशिक हैं। ऑफ्रेख्त, टामस, पीटरसन आदि ने गौण कवियों की तुलनात्मक तालिकाएँ तैयार की हैं, किन्तु उनका ध्यान भी समय-निर्धारण पर ही केन्द्रित रहा है। इन कवियों का, युग-विशेष का प्रतिनिधित्व करनेवाले कवियों के रूप में, अध्ययन और मूल्यांकन नहीं किया गया है।

संस्कृत के सुभाषित अपने-आप में, आधुनिक अर्थ में साहित्येतिहास भले न हों, 'कवि-वृत्त-संग्रह' अवश्य हैं। यह जो हमारी स्थापना है, उसके अतिरिक्त इनमें और मौखिक परम्परा से प्राप्त असंख्य श्लोकों में तथा अन्य प्रकार के प्राचीन ग्रंथों में भी अनेकानेक कवियों के सम्बन्ध में बहुमूल्य विवरण विकीर्ण हैं। कुछ उदाहरण यहाँ दिये जाते हैं :

(क) सूक्तिमुक्तावली में, राजशेखरविषयक उल्लेख :

अकालजलदेन्दोः सा हृद्या वदनचन्द्रिका।
नित्यं कविचकोरैर्या पीयते न च हीयते॥
अकालजलदश्लोकैश्चित्रमात्मकृतैरिव।
जातः कादम्बरीरामो नाटके प्रवरः कविः॥
नदीनां मेकलसुता नृपाणां रणविग्रहः।
कवीनां च सुरानन्दश्चेदिमंडलमण्डनम्॥
यायावरकुलश्रेणेर्हरियष्टेश्च मण्डनम्।
सुवर्णवर्णरुचिरस्तरलस्तरलो यथा॥

(ख) सुभाषितावली (126) में प्राचीन अनेक कवियों के अतिरिक्त विद्यापति-विषयक :

वाल्मीकप्रभवेण रामनृपतिर्व्यासेन धर्मात्मजः
व्याख्यातः किल कालिदासकविना श्रीविक्रमाङ्कोनृपः।
भोजश्चित्तपबिल्हणप्रभृतिभिः कर्णोपि विद्यापतेः
ख्वातिं यान्ति नरेश्वराः कविवरै स्फारैर्न भेरीरवैः॥

(ग) शार्ङ्गधरपद्धति में कवयित्रियों के विषय में (धनदेव-रचित छंद में) :

शीलाविज्जामारुलामोरिकाद्याः काव्यं कर्तुं सन्ति विज्ञाः स्त्रियोपि।
विद्यां वेत्तुं वादिनो निर्विजेतुं विश्वं वक्तुं यः प्रवीणः स वन्द्यः॥

(घ) 'राजतरंगिणी' में, शिवस्वामी, आनन्दवर्द्धन, रत्नाकर प्रभृति-विषयक (5, 34) :

मुक्ताकणः शिवस्वामी कविरानन्दवर्द्धनः।
प्रथां रत्नाकरश्चागात्सा म्राज्येऽवन्तिवर्मणः॥

तथा

वाक्पतिराज और भवभूति-विषयक (4, 144) :

कविवाक्पतिराजश्री भवभूत्यादिसेवितः।
जितो ययौ यशोवर्मा तद्‌गुणस्तुतिवन्दिताम्॥

किंबहुना, संस्कृत की तरह पालि, प्राकृत और अपभ्रंश में भी इस प्रकार की साहित्येतिहास-सम्बन्धी प्रभूत सामग्री तो है ही, साथ ही साथ एक प्रकार का साहित्येतिहास भी वर्तमान है।

संदर्भ और टिप्पणियाँ

1. Sanskrit Grammar, Introduction, Leipzig, 1879 (दूसरा संस्करण, 1889)
2. A History of Indian Literature, Introduction, पृ. 25–26 (कलकत्ता, 1927)
3. उपरिवत्, पृ. 27
4. इस दिशा में डा. देवसहाय त्रिवेद ने महत्त्वपूर्ण कार्य किया है, दे. उनका 'भारतीय तिथि क्रम' जिसके कुछ अंश साहित्य में और कुछ दृष्टिकोण में प्रकाशित हुए हैं।
5. उपरिवत्, पृ. 30
6. Bibliotheca Indica, कलकत्ता, 1912, में F.W. Thomas द्वारा सम्पादित
7. A History of Sanskrit Literature, A.B. Keith, Oxford, 1928, पृ. 222
8. सं. रामावतार शर्मा, लाहौर, 1933
9. कीथ, पृ. 222
10. सदुक्तिकर्णामृत, भूमिका, पृ. 36
11. सं. P. Peterson, Bombay Sanskrit Series–37, 1888
12. सं. Peterson तथा Durgaprasad, Bombay Sanskrit Series, 1886
13. ऑफ्रेख्त, टामस, पीटरसन ने जो तालिकाएँ प्रस्तुत की हैं, सामान्यत: उनकी और विशेषत: हरदत्त शर्मा की तालिका (सदुक्तिकर्णामृत की अंग्रेजी भूमिका) के आधार पर।

अध्याय 4

साहित्यिक इतिहास की प्राचीन भारतीय परम्परा पालि, प्राकृत तथा अपभ्रंश में

पालि भाषा में रचित 'दीपवंस', 'महावंस' आदि पुस्तकों में भारत तथा लंका के राजनीतिक तथा धार्मिक इतिहास-सम्बन्धी महत्त्वपूर्ण विवरण हैं और इन देशों के इतिहास के तिथि-क्रम के निर्धारण के लिए भी प्रचुर सामग्री है। रिज डेविड्स ने ठीक ही कहा है कि इन ग्रंथों में दिया गया तिथि-क्रम उनसे किसी दृष्टि से कम महत्त्वपूर्ण नहीं, जो सैकड़ों वर्षों बाद तक इंग्लैंड और फ्रांस में लिखी गई पुस्तकों में पाया जाता है।[1]

जहाँ तक साहित्यिक इतिहास के विवरण का प्रश्न है, पालि-ग्रंथों में यह प्रचुर परिमाण में विकीर्ण है। उदाहरणार्थ, चौदहवीं शताब्दी के उत्तरार्द्ध के धम्मकित्ति महासामी के सद्धर्म संग्रह के नवम् अध्याय में एकाधिक पूर्ववर्ती लेखकों और उनकी कृतियों का उल्लेख मिलता है। इसी प्रकार पालि के 'दीपवंस', 'महावंस' आदि अन्य दशाधिक वंश-ग्रंथों में बौद्ध साहित्य की दृष्टि से विशेष महत्त्वपूर्ण आचार्यों के नाम और उनकी कृतियों के विवरण प्राप्त होते हैं।

प्राकृत के सुभाषित संग्रहों में भी प्राकृत के अगणित गौण और विस्मृतप्राय कवियों की रचनाओं के उदाहरण प्राप्य हैं। हाल[2] की 'सत्तसई' के एक टीकाकार ने, 'सत्तसई' में जिन कवियों के उदाहरण संगृहीत हैं, उनकी संख्या 112 बताई है और दूसरे, भुवनपाल, ने 384।

हाल के अतिरिक्त अन्य स्रोतों से भी प्राकृत के ऐसे अनेक कवियों के नाम प्राप्त होते हैं, जिनकी कोई रचना आज प्राप्य नहीं है। राजशेखर के 'सट्टक कर्पूरमंजरी' में हरिउड्ढ (हरिवृद्ध), णन्दिउड्ढ (नन्दिवृद्ध) तथा पोट्टिस का उल्लेख विदूषक के द्वारा इस प्रकार हुआ है :

'ता उज्जुअ जेव किं ण भणीअदि अम्हाणं चेडिआ हरिउड्ढणन्दिउड्ढपोट्टि सहालप्पहुदीणं पि पुरदो सुकईत्ति।'[3]

जयवल्लभ का 'जअवल्लहं' अथवा 'वज्जालग्ग' भी ऐसा ही प्राकृत संग्रह है। इसमें प्रायः 700 प्राकृत छंद संगृहीत हैं। इनमें से अनेक हाल के संग्रह में भी हैं।

इसी प्रकार अपभ्रंश में भी साहित्यिक इतिहास की, या उसके लिए उपयोगी, प्रचुर सामग्री सुलभ है। कुछ उदाहरण प्रस्तुत हैं।

धवल कवि ने अपने महाकाव्य 'हरिवंश पुराण'[4] के आरम्भ में अनेकानेक प्रागभावी कवियों तथा उनकी कृतियों का उल्लेख किया है :

कवि चक्कवइ पुण्वि गुणवंतउ धीर सेणु! हुंतउ णयवंतउ।
पुणु सम्मत्तहं धम्म सुरंगउ जेण पमाण गंथु किउ चंगउ।
देवणंदि बहुगुण जसभूसिउ जें वायुरणु जिणिदु पयासिउ।
वज्जसूउ सुपसिद्धउ मुणिवरु जें णयमाणुगथु किउ सुदरु।
मुणि महेसणु सुलोयणु जेणवि पउमचरिउ मुणि रविसेणेण वि।
जिणसेणे हरिवंसु पवित्तुवि जडिल मुणीण रंगचरित्तु वि।
दिणयरसेणें चरिउ अणंगहु पउमसेण आयरियड पसंगहु।
अधसेणु जें अमियाराहणु विरइय दोस विवज्जिय सोहणु।
जिण चन्दप्पह चरिउ मनोहरु पावरहिउ धणमत्तु ससुंदरु।
अण्णमि किय इमाइ तुह पुत्तइ विण्हसेण रिसहेण चरित्तइ।
सीहणंदि गुरवें अणुपेहा णरदेवेवेणवकांतु सुणेहा।
दिद्वसेवु जें गेए आगउ भविय विणोउ पयासिउ चंगउ।
रामणंदि जे विविह पहाणा जिणसासणि बहु रहय कहाणा।
असगु महाकइ जेंसुमणोहरु वीर जिणिंदु चरिउ किउ सुंदरु।
कित्तिय कहमि सुकइ गुण आयर गेय कव्व जहि विरइय सुंदरु।
सणकुमारु जें विरयउ मणहरु कय गोविंद पवरु सेयवरु।
तह वक्खइ जिणरक्खिय सावउ जें जय धवलु मुवणि विक्खाइउ।
सालिहद्दु कि कइ जीय उदेंदउ लोयइ चहुमुहुँ दोणु पसिद्धउ।

नयनन्दी के 'सकलविधिनिधान'[5] नामक खंड-काव्य में संस्कृत, प्राकृत तथा अपभ्रंश के अनेक प्राचीन और समसामयिक कवियों की नामावली प्राप्य है :

मणु जण्ण वक्कु वम्मीउ वासु वररूइ वामणु कवि कालियासु।
कोऊहलु वाणु मऊरु सूरु जिणसेण जिणागम कमल सूरु।
वारायणवरणाउ विवियददु सिरि हरिसु राय सेहरू गुणददु।
जसइंधु जए जयराम णामु जय देउ जणमणाणंद कामु।
पालित्तउ पाणिणि पवरसेणु पायंजलि पिंगलु वीरसेणु।
सिरि सिंहणंदि गुणसिंह भद्दु गुणभद्दु गुणिल्लु समंतभद्दु।
अकलंकु विसम वाईय विहंडि कामद्दु रुद्दु गोविंद दंडि।
भम्मुइ भारहि भरहुवि महंतु चउमुहु सयंभु कइ पुप्फयंतु।
सिरि चदु पहाचन्दु वि विवुह गुण गण णंदि मणोहरु।
कइ सिरि कुमारु सरसइ कुमरु कित्ति विलासिणि सेहरु।

देवसेनगणि ने भी अपने खंड-काव्य 'सुलोचना चरिउ'[6] में प्रसिद्ध पूर्ववर्ती कवियों का उल्लेख किया है :

जहिं वम्मिय वास सिरि हरिसहिं।
कालयास पमहइ कय हरिसहिं।
त्राण मयूर हलिय गोविंददिहिं।
चउमुह अवर सयंभु कयंदहिं।
पुप्फयंत भूवाल पहाणहिं।
अवरेहि मि वहु सत्थ वियाणहिं।
विरइयाइ कव्वइ णिसुणेप्पिणु।
अम्हारिसह न रंजइ बुह यणु।
हउ तहावि धिट्ठ पयासमि।
सत्थ रहिउ अप्पउ आयासमि।

बहुधा अपेक्षाकृत बाद के कवि पहले के कवियों की बहुत बड़ी नामावली प्रस्तुत करने की स्थिति में पाए जाते हैं। उदाहरणार्थ, अपभ्रंश के उत्तरकाल के कवि धनपाल के 'बाहुबलि-चरित'[7] खंड-काव्य की यह सूची है, जिसमें 'कवि ने अपने से पूर्वकाल के अनेक दर्शन, व्याकरणादि के विद्वानों का और कवियों का उल्लेख किया है। विद्वानों और कवियों के नामोल्लेख के साथ-साथ उनमें से अनेक के ग्रंथों का भी संकेत किया है' :

वाएसरि कीला सरय वास, हुअ आसि महाकइ झुणि पयास।
सुअ पवणु, इ्डाविय कुमयरेणु कइ चक्कवट्टि सिरि धीरसेणु।
महिमंडलि वण्णिउ विवुह विंदि, वायरण कारि सिरि देवणदि।
जइणेंद णामु जउ यण दुलक्खु, किउ जेण पसिद्धु सवाय लक्खु।
सम्मत्तारु बुसु राय भव्वु, दंसण पमाणु वरु रयउ कव्वु।
सिरि वज्ज सूरि गणि गुण णिहाणु, विरइउ मह छद्दसण पमाणु।
महसेण महामइ विउ समहिउ घण णाय सुलोयण चरिउ कहिउ।
रविसेणे पउम चरित्तु वुत्तु, जिणसेणे हरिवंसु वि पवित्तु।
मुणि जडिलि जडत्तणि वारणत्थु, णवरंग चरिउ खंडणु पयत्थु।
दिणयरसेणें कंदप्प चरिउ, वित्थरिउ महिहिं णवरसहं भरिउ।
जिण पास चरिउ अइसय वसेण, विरइउ मुणि पुंगव पउमसेण।
अमियाराहण विरइय विचित्त, गणि अंवरसेण भवदोस चत्त।
चन्दप्पह चरिउ मणोहि रामु, मुणि विल्हुसेण किउ धम्म धामु।
धणयत्त चरिउ चउवग्गसारु, अवरेहिं विहिउ णाणा पयारु।
मुणि सीहणंदि सद्दत्थ वासु, अणुपेहा कय संकप्प णासु।
णव यारणेहु णरदेववुत्तु, कइ असग विहिउ वीरहो चरित्तु।

सिरि सिद्धि सेण पवयण विणोउ, जिणसेणें विरइउ आरिसेउ।
गोविंदु कइदे सणकुमारु, कह रयण समुद्दहो लद्धयारु।
जय धवल सिद्ध गुण मुणिउंमेउ, सुय सालिहत्थु कइ जीवदेउ।
वर पउम चरिउ किउ सुकई सोढि, इय अवर जाए धरवलय पीढे।
चउमुहुँ दोणु सयंभु कइ, पुप्फयंतु पुणु वीरु भणु।
तेणाण दुमणि उज्जोय कर, हउ दीवो वमु हीणु गुणु॥

कथा-विशेष के स्त्रोतों के अध्ययन की नवीन परिपाटी प्राचीन काल में किस प्रकार पूर्वाशित हुई है, इसका अपभ्रंश साहित्य में बहुत ही अच्छा उदाहरण मिलता है। देवसेन गणि ने जिस 'सुलोचना चरिउ' खंड-काव्य की रचना की है[8], उसकी कथा 'जैन कवियों का प्रिय विषय रही है। आचार्य जिणसेन ने अपने 'हरिवंश पुराण' में महासेन की सुलोचना-कथा की प्रशंसा की है। कुवलयमाला के कर्ता उद्योतन सूरि ने भी सुलोचना-कथा का निर्देश किया है। पुष्पदंत ने अपने महापुराण की 28वीं संधि में इसी कथा का विस्तार से सुन्दर वर्णन किया है। धवल कवि ने अपने 'हरिवंश पुराण' में रविषेण के पद्मचरित्र के साथ महासेन की सुलोचना-कथा का उल्लेख किया है। कवि ने अपने इस काव्य में कुंदकुंद के सुलोचना-चरित्र का उल्लेख किया है और कहा है कि कुंदकुंद के गाथाबद्ध सुलोचना-चरित्र का मैंने पद्धडिया आदि छंदों में अनुवाद किया है। न महासेन की सुलोचना-कथा और न कुंदकुंद का सुलोचना-चरित आजकल उपलब्ध है।'[9]

संदर्भ और टिप्पणियाँ

1. T.W. Rhys Davids, Buddhist India, पृ. 274
2. हाल का समय वेबर के अनुसार, ईसा की तीसरी शताब्दी के पहले नहीं और सातवीं के बाद भी नहीं है, यद्यपि मैकडॉनेल के अनुसार 100 ई. है। यदि हाल आंध्र वंश के 17वें राजा, हाल-सातवाहन हों, तो उनका समय 68 ई. होगा। याकोबी कवि हाल और प्रतिष्ठान-नरेश सातवाहन को एक मानता है, जो 467 ई. में वर्तमान था। कीथ इनका समय 200-450 ई. के बीच मानता है।
3. प्रथम अंक
4. अप्रकाशित; दे. इलाहाबाद यूनिवर्सिटी स्टडीज, भा. 1, 1925; कैटलॉग ऑव संस्कृत एंड प्राकृत मैनस्क्रिप्ट्स इन द सी.पी. एंड बरार, नागपुर, 1926; हस्तलिखित प्रति श्री दिगंबर जैन मन्दिर बड़ा तेरह पंथियों का, जयपुर, में, जिसके आधार पर हरिवंश कोछड़ ने अपभ्रंश साहित्य में इसका सविस्तर विवरण दिया है, पृ. 103
5. अप्रकाशित; हस्तलिखित प्रति आमेर शास्त्र-भंडार, जयपुर, में; कोछड़ ने विवरण दिया है, पृ. 175
6. उपरिवृत्, पृ. 216।
7. उपरिवृत्, पृ., 234
8. अपभ्रंश साहित्य, पृ. 216-17
9. उपरिवृत्, पृ. 217

अध्याय 5

पाश्चात्य साहित्यिक इतिहास-दर्शन
प्राचीन और आधुनिक

साहित्यिक इतिहास क्या है? इतिहास नामों की तालिका मात्र नहीं है। वह केवल घटनाओं और तिथियों की भी सूची नहीं है। और, साहित्यिक इतिहास भी लेखकों की ऐसी तिथिमूलक तालिका नहीं है, जिसमें उनकी कृतियों का विवरण और सारांश मात्र हो। साहित्यिक इतिहासकार के लिए यह तो आवश्यक है ही कि उसे प्राग्भावी साहित्य का पाठ सुलभ हो, क्योंकि साहित्यिक इतिहास तब तक लिखा ही नहीं जा सकता, जब तक समृद्ध पुस्तकालय और सुव्यस्थित सूचीपत्र न हों; किन्तु यदि साहित्यिक इतिहासकार चाहता है कि स्वयं उसकी कृति तिथिमूलक सूचीपत्र से कुछ अधिक और भिन्न हो, तो उसे कार्यकारण-सम्बन्ध और सातत्य का ज्ञान, सांस्कृतिक परिवेश का कुछ बोध और उस व्यवस्था में यत्किंचित् प्रवेश होना ही चाहिए, जिसमें अंशभूत कलाएँ अंशीभूत सभ्यता से सम्बद्ध रहती हैं। उसके साधन में स्थिति-स्थापकता आवश्यक है। मनोवैज्ञानिक या समाजशास्त्रीय कारणत्व के बने-बनाये सिद्धान्तों का परिणाम केवल यही होता है कि समस्त सुलभ सामग्री कार्यकारण की पहले से ही बनी धारणाओं के अनुरूप तोड़ी-मरोड़ी जाए। किन्तु, दूसरी ओर साहित्यिक इतिहासकार के साधन इतने लचीले भी नहीं होने चाहिए कि प्रत्येक नवीन तथ्य के लिए एक सर्वथा भिन्न प्रकार का कारण प्रस्तुत हो जाए—एक लेखक की रचनाओं का समाधान तो उसे प्रभावित करनेवाली परम्परा से हो, दूसरे का उसकी व्यक्तिगत कुंठा से, तीसरे का उसके रचना-प्रदेश से और चौथे का युग-प्रवृत्ति से। जो इतिहासकार प्राप्य सामग्री को नवीन अवबोध और प्रकाश के साथ उपस्थित करना चाहते हैं, उनमें अनेकानेक परस्पर-भिन्न तत्त्वों के, अवधान और विवेक के साथ, उपयोग की क्षमता होनी चाहिए : विकास की अपनी परम्पराओं और नियमों के साथ कलाएँ होती हैं; सामाजिक, आर्थिक, राजनीतिक, धार्मिक और मनोवैज्ञानिक तत्त्व होते हैं; काल और स्थान से सम्बद्ध आकस्मिकताएँ रहती हैं; और ऐसी क्रियाएँ तथा प्रतिक्रियाएँ होती हैं, जो सामान्यतः

संस्कृति-मात्र और विशेषतः किसी लेखक की किसी रचना के निर्माण को निर्धारित करती हैं।

साहित्यिक इतिहासकार के पास पर्याप्त रूप से समृद्ध आन्वीक्षिकी रहनी चाहिए। तभी वह इन विभिन्न कारणभूत तत्त्वों का, विचारणीय प्रत्येक प्रवृत्ति और लेखक के प्रसंग में, उपयोग कर सकता है, और कभी एक प्रकार के कारण और कभी दूसरे पर बल दे सकता है, पर यह भूले बिना कि सरलतम सांस्कृतिक तथ्यों में भी कारणत्व की जटिलता वर्तमान रहती है। यदि साहित्यिक इतिहासकार कल्पना के उस जीवन की आढ्यता और विविधता के प्रति अन्याय करने से बचना चाहता है, जिससे साहित्य का उद्‌भव होता है, तो उदाहरण के लिए निर्देश किया जा सकता है। उसे प्रेम और ज्ञान, श्रेण्य और रूमानी आदि परस्पर व्यावर्तक विभावन-युग्मों के बीच कठोर विरोध मानकर साहित्यिक प्रवृत्तियों को, इन युग्मों के बीच सरल परिवृत्ति के रूप में, निरूपित करने की चेष्टा नहीं करनी चाहिए।

साहित्य का इतिहास, अधिक व्यंजक रूप होगा साहित्यिक इतिहास, जरूरी है कि साहित्यिक भी हो और इतिहास भी। किन्तु क्या यह सम्भव है? क्या ऐसा होता है? कुछेक ही आधुनिक विद्वानों ने इन समस्याओं पर विशद रूप से विचार किया है।[1]

होता तो यही है कि साहित्य का इतिहास सामाजिक इतिहास, अथवा साहित्य में व्यक्त तथा उदाहृत विचारों का इतिहास, अथवा कालक्रम से उल्लिखित विशिष्ट कृतियों के सम्बन्ध में भावनाओं तथा निर्णयों का इतिहास मात्र होता है। पश्चिम के उन्नीसवीं शताब्दी के और हिन्दी के वर्तमान साहित्यिक इतिहासशास्त्र को सरसरी निगाह से देखने पर भी इस कथन का पूर्ण समर्थन हो जाता है। पश्चिम के विभिन्न साहित्यों के इतिहासों तथा हिन्दी साहित्य के इतिहास का विवेचन करते हुए हमने इस पर पूरा प्रकाश डाला है।

इसके विपरीत विद्वानों का एक वर्ग है जो मानता है कि साहित्य प्रथमतः और प्रधानतः एक कला है, किन्तु उनकी कठिनाई यह है कि वे इतिहास नहीं लिख पाते। वे अलग-अलग लेखकों पर परस्पर असम्बद्ध निबन्ध प्रस्तुत करते हैं, और उनकी चेष्टा होती है कि विवेचित लेखकों को प्रभावित करनेवाले स्रोतों से निबन्धों को शृंखलित कर दें, किन्तु यह स्पष्ट है कि उनमें वास्तविक ऐतिहासिक विकास के विभावन का अभाव रहता है। अंग्रेजी के इधर के साहित्यिक इतिहासकारों में अतिशय महत्त्व के अधिकारी, ओलिवर एल्टन, ने स्पष्ट ही कहा है कि उनकी कृति 'वस्तुतः एक समीक्षा है, एक प्रत्यक्ष आलोचना', न कि एक इतिहास।[2] जार्ज सेंट्सबेरी ने भी यद्यपि कहने को लिखा है इतिहास[3] ही, तथापि वह उस अर्थ में 'परिशंसा'[4] ही है जिस अर्थ में वाल्टर पेटर ने उसका उद्‌भावन और प्रयोग किया है। जिन कुछेक विद्वानों ने सिद्धान्त-रूप में स्पष्टतः यह प्रतिज्ञा की

भी है कि वे साहित्य को एक कला मानकर उसका इतिहास प्रस्तुत कर रहे हैं, वे भी व्यवहार में उन्हीं सरणियों में से किसी एक पर चले हैं, जिन पर सामान्यत: साहित्यिक इतिहासकार चलते आए थे। उदाहरणार्थ, एडमंड गॉस[5] कहते तो हैं कि वे 'अंग्रेजी साहित्य की गति' निरूपित करेंगे और 'अंग्रेजी साहित्य के विकास की भावना' प्रदर्शित करने की चेष्टा करेंगे, किन्तु व्यवहारत: उनकी पुस्तकों में विभिन्न लेखकों और तिथिक्रमानुसार निर्दिष्ट इनकी कुछ कृतियों पर व्यक्त विचार ही मिलते हैं। गॉस ने बाद में स्वीकार भी किया था कि वे सेंट बूव से बहुत ही प्रभावित हुए थे, जो जीवनीमूलक शब्दांकन में परम निपुण थे।[6] अस्तु, तात्पर्य यह है कि अधिकतर साहित्य के इतिहास या तो सभ्यता के इतिहास हैं या आलोचनात्मक निबन्धों के संग्रह।

कला के रूप में साहित्य के विकास के निर्धारण का, बड़े पैमाने पर, नहीं के बराबर प्रयास हुआ है, तो इसके अनेक समझ में आ सकनेवाले कारण हैं। एक तो यह है कि कलात्मक कृतियों का प्रारम्भिक विश्लेषण क्रमिक तथा सुशृंखल रूप से नहीं हुआ है। साहित्यशास्त्र ने अभी ऐसी पद्धतियों का आविष्कार नहीं किया है, जिनके सहारे हम किसी कलाकृति को संकेतों की प्रणाली के रूप में वर्णित कर सकें। हम या तो परम्परागत साहित्यशास्त्रीय निकष से ही सन्तुष्ट हो जाते हैं, जो बाहरी और ऊपरी कौशल पर ही अधिक ध्यान देने के कारण सर्वथा अपर्याप्त है, या पाठक पर कला-कृति-विशेष के प्रभावों के वर्णन के लिए हम ऐसी भाषा का इस रूप में व्यवहार करते हैं, जो कृति से अन्तस्सम्बद्ध होने में असमर्थ है।

दूसरा कारण यह पूर्वग्रह है कि साहित्यिक इतिहास सम्भव ही नहीं है, यदि किसी अवांतर मानवीय क्रिया के माध्यम से हैतुकी व्याख्या न की जाए। तीसरी कठिनाई है साहित्य-कला के विकास के सम्पूर्ण आधान को लेकर। पश्चिम में, जहाँ इतिहासशास्त्र का स्वतंत्र विकास हुआ है, चित्रकला या संगीतकला के आभ्यंतर इतिहास की सम्भावना में शायद ही किसी को सन्देह हो। उदाहरण के लिए, यदि हम किसी चित्र-दीर्घा में जाएँ तो हमें चित्र कालक्रमानुसार या वादों की दृष्टि से टँगे हुए मिलते हैं और यह स्पष्ट हो जाता है कि चित्र कला का एक ऐसा इतिहास है जो चित्रकारों के इतिहास या पृथक्-पृथक् चित्रों के परिशंसन या मूल्यांकन से सर्वथा भिन्न है। यह स्थिति, अवश्य पश्चिम में ही, संगीतकला की भी है। जब संगीत-लेख कालक्रमानुसार प्रस्तुत किये जाते हैं, तब संगीत का ऐसा इतिहास स्पष्ट हो जाता है, जिसका कोई सम्बन्ध न तो संगीतकारों की जीवनियों से रहता है, न उन सामाजिक परिस्थितियों से, जिनमें संगीत-कृतियाँ तैयार हुईं, न अलग-अलग कृतियों के परिशंसन से। चित्रकला, मूर्तिकला और संगीतकला के ऐसे इतिहास बहुत दिनों पहले से ही पश्चिम में लिखे जाते रहे हैं और पश्चिमी विद्वानों के द्वारा

भारतीय चित्र और मूर्तिकला के भी ऐसे कुछ इतिहास लिखे गए हैं, और कुछ उनके दिखाए रास्ते पर चलनेवाले बाद के भारतीय विद्वानों के द्वारा भी।

साहित्यिक इतिहास की समस्या है कि साहित्य का एक कला के रूप में ऐसा इतिहास लिखा जाए, जो यथासम्भव सामाजिक इतिहास, लेखकों की जीवनियों, या अलग-अलग कृतियों के परिशंसन से अलग हो। इस सीमित अर्थ में साहित्यिक इतिहासकार की अपनी कठिनाइयाँ हैं। एक चित्रकृति की तुलना में, जिसे एक नजर में देखा जा सकता है, साहित्य की कोई कलाकृति कालानुक्रम द्वारा ही प्राप्य है। फलतः उसे अखंड इकाई के रूप में ग्रहण करना कठिन हो जाता है, हालाँकि संगीत-कृति के साम्य के आधार पर यह भी मानना पड़ेगा कि कालानुक्रम में ही अवधारणीय होने पर भी एक परिरूप (पैटर्न) सम्भव तो है ही।

खास तरह की कठिनाइयाँ और भी हैं। चूँकि साहित्य का माध्यम भाषा, दैनंदिन भाव-प्रेषण का भी माध्यम है, और विशेष रूप से विभिन्न शास्त्रों और विज्ञानों का भी, इसलिए उसमें सामान्य कथनों से होते हुए अतिशय संघटित कलाकृति तक क्रमिक रूप से परिणति होती है। परिणामतः एक साहित्यिक कृति के कलात्मक संस्थान को अलग करना अपेक्षया कठिनतर कार्य है। किन्तु यहाँ भी उत्तर यह हो सकता है कि किसी चिकित्साशास्त्र-विषयक पुस्तक में भी तो चित्र रहता है और प्रयाण-गीत जैसी चीज भी तो होती है, जिनसे प्रमाणित होता है कि अन्य कलाओं के भी सीमा-रेखीय पक्ष होते हैं और कि शब्दाश्रित कृति में कला और अ-कला का भेद करने की कठिनता केवल परिमाणतः ही अधिक है।

और कुछ ऐसे विचारक भी हैं, जो मानते ही नहीं कि साहित्य का भी कोई इतिहास होता है या हो सकता है। शोपेनहार का कहना था कि कला सदैव अपने लक्ष्य तक पहुँची है, इसकी कभी उन्नति नहीं होती, यह पीछे नहीं छोड़ी जा सकती और न इसकी पुनरावृत्ति ही सम्भव है। डब्ल्यू.पी. कर के मतानुसार साहित्यिक इतिहास की कोई आवश्यकता ही नहीं है, क्योंकि इसके विषय सदैव विद्यमान हैं, 'सार्वकालिक' हैं, जिसके कारण उनका कोई इतिहास हो ही नहीं सकता।[7] टी.एस. इलियट तो कलाकृति की 'अतीनता' ही अस्वीकृत कर देते हैं। उनका कहना है कि 'होमर से लेकर समस्त यूरोपीय साहित्य का यौगपदिक अस्तित्व है और वह एक यौगपदिक क्रम का निर्माण करता है।'[8] इस दृष्टिकोण के विद्वानों के मत का निष्कर्ष है कि साहित्यिक इतिहास सही अर्थ में इतिहास है ही नहीं, क्योंकि यह वर्तमान का, सार्वभौम का, शाश्वत का ज्ञान है। यह ठीक है भी कि राजनीतिक इतिहास और कला के इतिहास में थोड़ा वास्तविक अन्तर है। जो ऐतिहासिक है और अतीत है तथा जो ऐतिहासिक होने के बावजूद किसी-न-किसी तरह वर्तमान है, उनमें भेद तो है ही।

वस्तुस्थिति यह है कि कोई भी कलाकृति इतिहास के अनुक्रम में अपरिवर्तित नहीं रहती। यह ठीक है कि उसके रचन का बहुलांश विभिन्न युगों में अक्षुण्ण रह जाता है, किन्तु यह रचन गत्यात्मक होता है; पाठकों, आलोचकों और अन्य कलाकारों की प्रज्ञा से पारित होता हुआ, इतिहास की प्रक्रिया के बीच, परिवर्तित होता रहता है। व्याख्या, आलोचना और परिशंसन की प्रक्रिया कभी पूर्णत: रुद्ध नहीं हुई है और भविष्य में भी अनंत काल तक चलती रहेगी—तब तक तो अवश्य ही, जब तक सांस्कृतिक परम्परा का ही पूर्णत: अवरोध नहीं हो जाता। हम मानते हैं कि साहित्यिक इतिहासकार के कर्तव्यों में से एक यह है कि वह इस प्रक्रिया का वर्णन प्रस्तुत करे। एक ही लेखक की कृति होने अथवा एक ही प्रकार, या समान शैलीगत कोटि, या एक ही भाषागत परम्परा के होने के कारण बड़े या छोटे वर्गों में, और अन्तत: सार्वभौम साहित्य की योजना के अभ्यंतर, व्यूहित कलाकृतियों के परिणमन का निर्धारण करना साहित्यिक इतिहासकार का दूसरा कर्तव्य है।

किन्तु कलाकृतियों की किसी श्रेणी के विकास का अध्ययन परम दुष्कर कार्य है। ऊपर से देखने पर, अर्थ-विशेष में, प्रत्येक कलाकृति प्रतिवेशी कलाकृति से असम्बद्ध रचन है। यह कहा जा सकता है कि एक से दूसरे में परिणमन होता ही नहीं। तभी तो यहाँ तक कहा गया है कि साहित्य का इतिहास नहीं होता, केवल साहित्य के रचयिताओं का होता है।[9] लेकिन तब तो, इसी तर्क के अनुसार, हम भाषा का इतिहास नहीं लिख सकते, क्योंकि मनुष्य शब्द बोलते भर हैं, और दर्शन का इतिहास इसलिए नहीं लिख सकते, क्योंकि मनुष्य सोचते भर हैं। इस प्रकार की ऐकांतिक व्यक्तिवादिता का परिणाम यह होगा कि प्रत्येक कलाकृति को सर्वथा निरपेक्ष मानना पड़ेगा, जिसका व्यावहारिक अर्थ इसके सिवा क्या हो सकता है कि प्रत्येक कलाकृति असंवेद्य और अनवबोध्य हो जाएगी। अत: हमें साहित्य की कृतियों को ऐसी सम्पूर्ण प्रणाली के रूप में विभावित करना होगा, जो नवीन कृतियों के संचयन के कारण अपने सम्बन्धों को निरन्तर परिवर्तित करती रहती है, और परिवर्तमान सम्पूर्णता के रूप में विकसित होती चलती है।

किन्तु एक वास्तविक ऐतिहासिक विकास की प्रकिया स्थापित करने के लिए यह तथ्य ही पर्याप्त नहीं कि एक दशाब्दी या शताब्दी पहले की तुलना में काल-विशेष की साहित्यिक परिस्थिति परिवर्तित हो गई है। ऐसा इसलिए क्योंकि परिवर्तन की विभावना किसी भी प्राकृतिक गोचरवस्तु की श्रेणी पर लागू है। इसका अर्थ-मात्र निरन्तर नवीन किन्तु निरर्थक एवं अनधिगम्य पुनर्व्यूहन भी हो सकता है। एफ़.जी. टेगार्ट ने अपनी पुस्तक 'इतिहास का सिद्धान्त'[10] में परिवर्तन के अध्ययन का समर्थन किया है किन्तु उसका अर्थ होगा कि ऐतिहासिक और प्राकृतिक प्रक्रियाओं के सारे अन्तर विस्मृत कर दिये जाएँ, और इतिहासकार को प्राकृतिक

विज्ञान का अधमर्ण मान लिया जाए। अगर ये परिवर्तन पूर्णतः नियत रूप से घटित होते, तब हम पदार्थशास्त्री के समान नियम की विभावना कर पाते, किन्तु स्पेंग्लर और टोयबी जैसे महामतिमान् इतिहासकारों की चमत्कारक्षम उद्भावनाओं के बावजूद सत्य यह है कि किसी ऐतिहासिक प्रक्रिया में एवंविध अग्रनिरूप्य परिवर्तन आज तक आविष्कृत हुए नहीं हैं।

परिणमन का अर्थ परिवर्तन या नियत तथा अग्रनिरूप्य परिवर्तन से भी कुछ भिन्न और कुछ अधिक होता है। जैविकी में विकास की एक दूसरे से सर्वथा भिन्न विभावनाएँ हैं : पहली है वह प्रक्रिया, जो अंडे के चिड़िए के रूप में वर्धन के द्वारा उदाहृत होती है, और दूसरी है वह विकास, जिसका दृष्टांत है मछली के मस्तिष्क का मनुष्य के मस्तिष्क के रूप में बदलना।

यहाँ दूसरे दृष्टांत में, यह स्पष्ट ही है कि वस्तुतः मस्तिष्क की किसी श्रेणी का कभी परणमन नहीं होता, बल्कि 'मस्तिष्क' इस विभावनिक प्रणिधान का ही होता है, जिसकी परिभाषा उसके व्यापार की दृष्टि से की जा सकती है।

प्रश्न यह है कि क्या इन दोनों में से किसी अर्थ में साहित्यिक विकास की बात कही जा सकती है। फर्डिनैंड ब्रुनेतिएर[11] और जान एडिंगटन सिमंड्स[12] के मतानुसार दोनों अर्थों में साहित्यिक विकास की बात कही जा सकती है। दोनों की मान्यता थी कि प्रकृति में पाई जानेवाली प्राणि-जातियों के साम्य पर साहित्यिक रूपों की भी बात की जा सकती है। ब्रुनेतिएर का कहना था कि साहित्य के रूप जब एक बार परिपूर्णता की एक विशेष सीमा तक पहुँच जाते हैं, तो वे सूखने और कुम्हलाने लगते हैं और अन्त में लुप्त हो जाते हैं। इसके अतिरिक्त साहित्यिक रूप उच्चतर तथा और अधिक पृथग्भूत रूपों में उसी प्रकार परिवर्तित हो जाते हैं जिस प्रकार डार्विनीय विकास के विभावन में प्राणि-जातियाँ। पहले अर्थ में 'विकास' शब्द का व्यवहार एक कौतूहलवर्द्धक रूपक से अधिक कुछ नहीं है। ब्रुनेतिएर के अनुसार, उसके सिद्धान्त का दृष्टांत फ्रांसीसी त्रासदी (ट्रेजेडी) में मिलता है—वह जनमी, बढ़ी, बिगड़ी और मर गई। लेकिन फ्रांसीसी त्रासदी के जनमने-मरने की कल्पना का आधार वस्तुतः इतना भर है कि फ्रांसीसी भाषा में योदेले (Jodelle) के पूर्व त्रासदियाँ नहीं पाई जातीं और वाल्तेयर के बाद, ब्रुनेतिएर के आदर्श के अनुरूप, वे लिखी न गईं। किन्तु इसकी तो सम्भावना है ही कि भविष्य में फ्रांसीसी भाषा में कोई महान् त्रासदी लिखी जा सकती है। ब्रुनेतिएर के अनुसार, रेसीन (Racine) की त्रासदी, फेद्रे, उस फ्रांसीसी त्रासदी के ह्रास की पहली कड़ी है, जो वार्धक्य को प्राप्त हो चुकी थी, किन्तु आज के युग में तो, पुनर्जागरण-युग की उन पंडिताऊ त्रासदियों की तुलना में, ये नई और ताजा ही मालूम पड़ती हैं, जिन्हें ब्रुनेतिएर ने फ्रांसीसी त्रासदी के 'यौवन' का प्रतिनिधि माना है। और यह उद्भावना कि साहित्यिक रूप दूसरे साहित्यिक रूपों में बदल जाते हैं, और भी अयौक्तिक है। उदाहरण के लिए,

ब्रुनेतिएर का यह कहना कि श्रेण्य युगों की धार्मिक वक्तृता का ही रूमानी गीति-काव्य में विपर्यास हो गया, वास्तविक परिवृत्ति का प्रमाण नहीं है, हम ज्यादा-से-ज्यादा यही कह सकते हैं कि वे ही या समान मनोराग पहले वक्तृता और फिर गीति-कविता में अभिव्यक्त हुए थे, या कि दोनों के द्वारा एक ही या समान सामाजिक उद्‌देश्य की पूर्ति हुई।

इस प्रकार साहित्य के परिणमन और जन्म से मृत्यु तक की विकासमूलक प्रक्रिया के जैविक साम्य को, जिसे स्पेंग्लर और टायनबी ने इधर पुनरुज्जीवित किया है, अस्वीकार्य मानते हुए भी, ऐसा दीख पड़ता है कि दूसरे अर्थ में 'विकास' ऐतिहासिक विकास के यथार्थ विभावन के निकट है। वह मानता है कि परिवर्तनों की श्रेणी मात्र का नहीं, अपितु इस श्रेणी के किसी लक्ष्य का निरूपण आवश्यक है। श्रेणी के विभिन्न अंश लक्ष्य की उपलब्धि के लिए आवश्यक साधन होते हैं। किसी निश्चित लक्ष्य (उदाहरणार्थ, मनुष्य का मस्तिष्क) के प्रति विकास का विभावन परिवर्तनों के श्रेणी-विशेष को आरम्भ और अंत से युक्त एक यथार्थ सातत्य में परिणत कर देता है। फिर भी यह स्मरण रखना आवश्यक है कि जैविक विकास के दूसरे अर्थ और वास्तविक अर्थ में 'ऐतिहासिक विकास' के बीच एक महत्त्वपूर्ण अंतर है। जैविक से पृथक् ऐतिहासिक विकास को समझने के लिए हमें, जैसे भी हो, इस बात में सफलता प्राप्त करनी होगी कि ऐतिहासिक घटना की विशिष्टता सुरक्षित रहे और साथ ही ऐतिहासिक प्रक्रिया क्रमिक किन्तु असम्बद्ध घटनाओं का संग्रह-मात्र न बन जाए।

इसका समाधान इस बात में है कि ऐतिहासिक प्रक्रिया को किसी मूल्य या आदर्श (Norm) से सम्बद्ध किया जाए। केवल तभी घटनाओं की ऊपर से निरर्थक लगनेवाली श्रेणी अपने तत्त्वभूत उपकरणों में विभक्त हो सकती है। ऐसी स्थिति में ही हम एक ऐसे ऐतिहासिक विकास की बात कर सकते हैं, जो घटना-विशेष की वैयक्तिकता को अक्षुण्ण रहने दे। एक विशिष्ट यथार्थता को सामान्य मूल्य से सम्बद्ध कर, हम विशिष्ट को सामान्य विभावन के दृष्टांत के स्तर पर उतार नहीं लाते, बल्कि विशिष्ट को महत्त्व प्रदान करते हैं। इतिहास केवल सामान्य मूल्यों का विशेषीकरण नहीं करता, इसका तात्पर्य यह नहीं कि वह असम्बद्ध, निरर्थक विपर्यस्तता है—इसके विपरीत ऐतिहासिक प्रक्रिया मूल्य के निरन्तर नये रूपों को उत्पन्न करती है, जो पहले ज्ञात और अग्रनिरूप्य नहीं थे। इस प्रकार मूल्यों के शिक्य के साथ विशिष्ट कृति की जो सापेक्षता है, वह इसके आवश्यक अन्तस्सम्बन्ध के अतिरिक्त और कुछ नहीं है। परिणमनों की श्रेणी का निर्माण मूल्यों या रूपों की योजना के प्रसंग में निर्मित करना आवश्यक है, किन्तु ये मूल्य स्वयं इस प्रक्रिया के चिन्तन से ही आविर्भूत होते हैं। यहाँ स्वीकार करना पड़ेगा कि एक तर्क-वृत्त बन गया है : ऐतिहासिक प्रक्रिया का निर्णय मूल्यों से करना पड़ेगा, जबकि मूल्यों का शिक्य ही

इतिहास से प्राप्त होता है! किन्तु इससे बचना सम्भव नहीं है, अन्यथा हमें या तो परिवर्तन की निरर्थक विपर्यस्तता के भाव से सन्तोष कर लेना पड़ेगा, या फिर साहित्येतर प्रतिमानों को व्यवहृत करना पड़ेगा—ऐसे प्रतिमानों का, जो साहित्य की प्रक्रिया के बाहर के हैं।

साहित्यिक विकास की समस्या का यह विवेचन अनिवार्यत: प्रणिधानात्मक हो गया है। हमारा प्रयास यह सिद्ध करना रहा है कि साहित्य का विकास जैविक से भिन्न है, और कि किसी एक शाश्वत आदर्श की ओर समान रूप से अग्रसर होने के भाव से इसका कोई सम्बन्ध नहीं है। इतिहास मूल्यों की परिवर्तमान योजनाओं के प्रसंग में ही लिखा जा सकता है, और इन योजनाओं को स्वयं इतिहास से प्राप्त किया जा सकता है। हम इसके उदाहरण के रूप में उन समस्याओं में से कुछेक को ले सकते हैं, जो साहित्यिक इतिहास की समस्याएँ हैं।

कलाकृतियों के अतिशय स्पष्ट सम्बन्ध—उनके स्रोत और प्रभाव—बहुधा निरूपित होते हैं और ये ही परम्परागत वैदुष्य के आधार बने रहे हैं। इस प्रकार के साहित्यिक इतिहास के लेखन में विभिन्न कृतियों के रचयिताओं के बीच साहित्यिक सम्बन्ध स्थापित करना आवश्यक होता है, उससे चाहे सीमित अर्थ में साहित्यिक इतिहास लिखा जा सके या नहीं। रेमांड हैवेन्ज की एक पुस्तक है : 'Milton's Influence On English Poetry।'[13] इसमें उसने मिल्टन के प्रभाव को प्रदर्शित करने के लिए विशद प्रमाण एकत्र किये हैं। उसने न केवल मिल्टन के उन विचारों का ही निर्देश किया है जो अठारहवीं शताब्दी के अंग्रेजी के कवियों में पाए जाते हैं, बल्कि इस युग की कृतियों के सावधान अध्ययन के बाद समानताओं का भी विश्लेषण किया है। इसके बाद से समानताओं के अन्वेषण की प्रणाली विद्वानों के बीच खूब ही प्रचलित हुई, यद्यपि इधर उसका व्यापक विरोध हुआ है। इस प्रणाली में तब तो खतरे बहुत ही बढ़ जाते हैं, जब अनुभव-रहित अध्येता इसका उपयोग करने लगते हैं। पहली बात है कि समानताएँ सचमुच समानताएँ हों, निरी अस्पष्ट सदृशताएँ न हों, जिन्हें गुणित करके प्रमाण-सिद्ध कर दिया गया हो। शून्य की संख्या कुछ भी हो, वह शून्य ही रहेगा। दूसरी बात यह है कि समानताएँ पृथक् रूप से समानताएँ हों, अर्थात् इसका प्राय: निश्चय हो जाना चाहिए कि उनका समाधान यह नहीं है कि उनका स्रोत एक ही है, किन्तु इसके लिए यह आवश्यक है कि शोधक का साहित्यिक ज्ञान बहुत व्यापक हो; फिर यह भी देखना आवश्यक है कि समानताओं में अपना जटिल संस्थान है या कि दो-एक शब्दों या कथानक-रूढ़ियों का सादृश्य-मात्र है। समानताओं के अध्ययन-विषयक कार्य बहुसंख्यक हैं और साधारणत: सर्वथा अनुपादेय हैं। यह देखकर तो बहुत आश्चर्य होता है कि ऐसे विद्वान् भी इस प्रकार का प्रयास करते हैं, जिनसे यह आशा की जा सकती है कि वे युग-विशेष की सामान्य विशेषताएँ—

प्रचलित उक्तियाँ, रूढ़ उपमाएँ, समान वर्ण्य-वस्तु के कारण उत्पन्न समानताएँ— आसानी से पहचान लेंगे।

इस प्रणाली में दोष जो हों, यह संगत प्रणाली जरूर है और इसे पूर्णतः अस्वीकृत नहीं किया जा सकता। स्रोतों के सावधान अध्ययन से साहित्यिक सम्बन्धों की स्थापना सम्भव होती है।[14] इन सम्बन्धों में उद्धरण या चोरी और मात्र प्रतिध्वनियाँ बहुत ही कम महत्त्व की होती हैं—ये अधिक-से-अधिक सम्बन्ध के तथ्य की स्थापना भर करती हैं, किन्तु साहित्यिक सम्बन्धों की समस्याएँ स्पष्टतः अपेक्षया बहुत जटिल होती हैं और उनके समाधान के लिए ऐसे आलोचनात्मक विश्लेषण की आवश्यकता होती है, जिसके लिए समानताओं का अन्वेषण एक गौण साधन-मात्र है। इस प्रकार के अधिकांश अध्ययनों में इस बात का ध्यान नहीं रखा जाता। साहित्य की दो या उससे अधिक कृतियों के सम्बन्धों का लाभदायक विवेचन तभी सम्भव है, जब हम साहित्यिक विकास की योजना के भीतर उन्हें उचित प्रसंग में देखें। कलाकृतियों के सम्बन्धों की अतीव कठिन समस्या यह है कि दो पूर्णताओं का अध्ययन आवश्यक होता है, जिन्हें प्रारम्भिक अध्ययन के लिए ही खंड-खंड कर देखा जा सकता है, बाद में नहीं।[15]

जब तुलना सचमुच ही दो पूर्णताओं पर केन्द्रित रहती है, तो हम साहित्यिक इतिहास की एक तात्त्विक समस्या के सम्बन्ध में किसी निष्कर्ष पर पहुँच पाते हैं—वह समस्या है मौलिकता की। मौलिकता के विषय में साधारणतः हमारी साम्प्रतिक धारणा यह है कि वह परम्परा के विरुद्ध विद्रोह है, या फिर हम उसे वहाँ ढूँढ़ते हैं जहाँ वह होती नहीं। उदाहरणार्थ कलाकृति के उपकरण मात्र में या उसके ढाँचे में। साहित्यिक सृजन के सम्बन्ध में पहले के युगों में ज्यादा समझदारी पाई जाती है—मात्र मौलिक कथावस्तु या वर्ण-विषय का कलात्मक महत्त्व बहुत कम होता है, यह पहले के विद्वानों की सहज मान्यता थी। जिस अर्थ में पोप ने होरेस के या डा. जॉनसन ने ज्यूवेनाल के व्यंग्य का अनुकरण किया था, या संस्कृत के प्रायः सभी महाकाव्य कथावस्तु की दृष्टि से महाभारत पर आश्रित हैं, या कालिदास[16] और तुलसीदास प्रारम्भ में ही पूर्ववर्ती कवियों का आभार स्वीकार करते हैं, उस अर्थ में अनुकरण, प्रभाव या आभार का महत्त्व प्राचीन विद्वान् मानते थे। इस प्रकार के अनेक अध्ययनों में हम साहित्यिक प्रक्रिया-विषयक गलत धारणाओं को देखते हैं। उदाहरण के लिए एलिजाबेथ-युग के सानेटों पर सर सिडनी ली के जो अध्ययन[17] हैं, उनमें उन्होंने उनकी परंपरानसारिता तो ठीक ही प्रमाणित की है, किन्तु इससे उनकी कृत्रिमता और निकृष्टता नहीं सिद्ध होती, जैसा वे सिद्ध करते हैं। इसी प्रकार रीतिकाल के कवियों ने, रामचन्द्र शुक्ल के शब्दों में, भले ही 'संस्कृत-साहित्य-शास्त्र के इतिहास की एक संक्षिप्त उद्धरणी'[18] प्रस्तुत कर दी हो, किन्तु इससे रीतिकालीन कवियों के कवित्व का अपकर्ष नहीं प्रमाणित होता, जैसा हम मान बैठे

हैं। परम्परा-विशेष की सीमाओं में सृजन करना और उसकी शिल्प-विधि को अपनाना मनोरागों की शक्तिमत्ता तथा कलात्मक मूल्य के विरुद्ध नहीं पड़ते। इस प्रकार के अध्ययन में वास्तविक विवेचनात्मक समस्याएँ उठ खड़ी होती हैं, जब हम तौलने और तुलना करने की स्थिति में पहुँचते हैं और हमें यह दिखाना पड़ता है कि एक कलाकार दूसरे की उपलब्धि का किस तरह उपयोग करता है। परम्परा-विशेष में प्रत्येक कृति का सही-सही स्थान-निर्धारण साहित्यिक इतिहास का प्रथम कर्तव्य है।

दो या उनसे अधिक कलाकृतियों के सम्बन्धों में अध्ययन से गुजरने पर हमारे सामने साहित्यिक इतिहास के विकास की अनेक दूसरी समस्याएँ आती हैं। कलाकृतियों की सर्वप्रथम और सुस्पष्ट श्रेणी तो वे कृतियाँ हैं, जो किसी एक लेखक की हैं। इस श्रेणी के क्षेत्र में मूल्यों की योजना, एक लक्ष्य को स्थापित करना बहुत अधिक कठिन नहीं होता : हम किसी लेखक की किसी एक कृति को उसकी प्रौढ़तम कृति के रूप में निर्धारित कर ले सकते हैं, और तब इसी प्रकार-विशेष की आसन्नता के दृष्टिकोण से अन्य सभी कृतियों का विश्लेषण कर सकते हैं। ऐसे अनेक प्रयत्न किये गए तो हैं, यद्यपि इनमें वास्तविक समस्या के प्रति स्पष्ट जागरूकता का अभाव ही दिखाई पड़ता है, और बहुधा इनमें लेखक के व्यक्तिगत जीवन से सम्बद्ध समस्याओं से उलझे रह जाने की प्रवृत्ति भी पाई जाती है।

विकासात्मक श्रेणी का एक दूसरा प्रकार भी निर्मित हो सकता है। कलाकृतियों के गुण-विशेष को पृथक् करके और किसी आदर्श (वह अस्थायी ही क्यों न हो) की ओर उसकी उन्मुखता को प्रदर्शित कर ऐसा प्रयास किया जा सकता है। यह एक ही लेखक की विभिन्न कृतियों को विषय बनाकर किया जा सकता है, जैसे क्लेमेन[19] ने शेक्सपियर के काव्य-चित्रों के सम्बन्ध में किया है, या यह एक युग या किसी देश के समस्त साहित्य को लेकर किया जा सकता है। अंग्रेजी छन्दःशास्त्र और गद्य-लय पर सेंट्सबेरी[20] की जो पुस्तकें हैं, उनमें इसी प्रकार तत्त्व-विशेष को पृथक् कर उसका इतिहास प्रलिखित किया गया है—यह दूसरी बात है कि ये बृहत् पुस्तकें छंद और लय के सम्बन्ध में लेखक के अस्पष्ट और लुप्तप्रयोग-विभावन पर अवलंबित हैं और इससे यह निष्कर्ष निकलता है कि समुचित इतिहास तब तक नहीं लिखा जा सकता जब तक प्रकरण की पर्याप्त योजना विद्यमान न हो। अगर आज कोई हिन्दी की काव्य-भाषा का इतिहास लिखना चाहे, तो उसे इसी कठिनाई का सामना करना पड़ेगा, क्योंकि इस विषय पर छोटे-मोटे निबन्धों के अतिरिक्त कुछ है ही नहीं, और कोई हिन्दी काव्य-चित्र का इतिहास लिखने बैठे, तब तो उसे शायद पूर्व-निर्दिष्ट थोड़ा भी विवरण नहीं मिलेगा। वस्तुतः पाश्चात्य भाषाओं में भी इन पर विशेष कार्य नहीं हुआ है।

इसी प्रकार के अन्तर्गत वर्ण्य-वस्तु तथा कथानक-रूढ़ियों के अध्ययनों को भी वर्गीकृत करना उचित समझा जा सकता है, किन्तु वस्तुतः ये भिन्न समस्याएँ हैं।

किसी कथा के विभिन्न रूप उस तरह अनिवार्यतः सम्बद्ध या अविच्छिन्न नहीं होते, जिस तरह छंद या काव्य-भाषा। उदाहरण के लिए, हिन्दी साहित्य में पद्मावती की कथा के समस्त रूपों का प्रलेखन भारतीय इतिहास की दृष्टि से एक उपादेय समस्या हो सकती है, और प्रसंगतः साहित्यिक रुचि के इतिहास—काव्य-रूप में परिवर्तन के इतिहास—को भी उदाहृत कर सकती है। किन्तु इसकी अपनी कोई योजना या संगति नहीं हो सकती। यह एक कोई समस्या उपस्थित नहीं करती—विवेचनात्मक समस्या तो अवश्य नहीं।[21] वस्तु-विवरण[22] न्यूनतम साहित्यिक इतिहास होता है।

साहित्यिक स्वरूपों और प्रकारों का इतिहास एक दूसरी ही कोटि की समस्याएँ उपस्थित करता है। किन्तु ये समस्याएँ असमाधेय नहीं हैं। यद्यपि क्रोचे ने इस सम्पूर्ण विभावन को ही निरर्थक सिद्ध करने का प्रयत्न किया है, तथापि इस सिद्धान्त के आधार प्रस्तुत करनेवाले अनेक अध्ययन सुलभ हैं, जो स्वयं ही उस सैद्धान्तिक अन्तर्दृष्टि को संकेतित करते हैं, जो विशद इतिहास के प्रलेखन के लिए आवश्यक है। स्वरूप की समस्या इतिहास मात्र की समस्या है : प्रकरण (यहाँ स्वरूप) की योजना के उद्घाटन के लिए इतिहास का अध्ययन आवश्यक है, किन्तु हम इतिहास का अध्ययन कर ही नहीं सकते, यदि हमारे मन में पृथक्करण की कोई योजना वर्तमान नहीं है। फिर भी यह तर्क-वृत्त, व्यवहार में, दुस्तर नहीं है। उदाहरण के लिए, अनुष्टुप् या दोहा-चौपाई में वर्गीकरण की स्पष्ट बाह्य योजना (चरणों की संख्या तथा निश्चित अंत्यानुप्रास) प्रारम्भ-स्थल को सुलभ कर देती है; जहाँ तक महाकाव्य-जैसे उदाहरण का प्रश्न है, एक सामान्य भाषामूलक आधार के अतिरिक्त इस स्वरूप के इतिहास को एक साथ बाँध रखनेवाला शायद दूसरा कोई तत्त्व नहीं है। भारवि का 'किरातार्जुनीय' और माघ का 'शिशुपाल वध' एक दूसरे से अप्रभावित महाकाव्य हो सकते हैं, किन्तु उनका सामान्य वंशागम रामायण-महाभारत-रघुवंशादि में देखा जा सकता है और बीच की जोड़नेवाली कड़ियों का, ऊपर से भिन्न लगनेवाली परम्पराओं और युगों के बीच के सातत्य का निर्देश हो सकता है। अतः साहित्यिक इतिहास के लिए स्वरूपों का इतिहास अतिशय सम्भावनापूर्ण क्षेत्र सिद्ध हो सकता है।

इस आकृतिमूलक पद्धति का प्रयोग लोकवार्ता के अध्ययन के लिए विशेष उपयोगी सिद्ध हो सकता है, जिसमें कलात्मक साहित्य की अपेक्षा स्वरूप बहुधा अधिक स्पष्टता से प्रत्यभिज्ञेय होते हैं। यह पद्धति इस क्षेत्र में उतनी महत्त्वपूर्ण तो अवश्य ही होगी, जितनी कथानक-रूढ़ियों या कथावस्तु के बहिर्गमन के अध्ययन की प्रचलित पद्धति है। जहाँ तक इस पद्धति से लोकवार्ता के अध्ययन का प्रश्न है, रूसी विद्वानों ने अनुकरणीय आदर्श उपस्थित किया है।[23]

आधुनिकतम कलात्मक साहित्य में भी स्वरूप का विभावन कम महत्त्वपूर्ण नहीं है। इस क्षेत्र में जो प्रारम्भिक कार्य हुए हैं, उनका एक बहुत बड़ा दोष है

जैविक समानांतरता पर अत्यधिक निर्भर होना, उदाहरणार्थ—ब्रुनतियेर[24] या सिमांड्स[25] के स्वरूप-विषयक इतिहास। इधर अधिक सतर्कता के साथ लिखे गए अध्ययन प्रस्तुत किये गए हैं, किन्तु इनमें खतरा इस बात का रहता है कि ये प्रकार-विशेष के वर्णन होकर, या पृथक् विवेचनों से असम्बद्ध श्रेणी होकर रह जाते हैं—नाटकों या उपन्यासों के तथाकथित अनेक इतिहासों में यह बात देखी जा सकती है। हाँ, कुछ पुस्तकें अवश्य ऐसी हैं, जो प्रकार-विशेष के परिणमन की समस्या पर ही केन्द्रित रही हैं। ग्रेग की पुस्तक 'पैस्टोरल पोएट्री एंड पैस्टोरल ड्रामा'[26] स्वरूप-विषयक इतिहास की प्रारम्भिक पुस्तकों में उल्लेख्य है, और लेविस की 'ऐलेगरी ऑव लव'[27] परिणमन की योजना के स्पष्ट विभावन का उत्कृष्ट उदाहरण है। जर्मन भाषा में कार्ल वाइटर का 'जर्मन ओड का इतिहास'[28] और गुंथर मुलर का 'जर्मन गीत का इतिहास'[29]—ये दो पुस्तकें अत्युत्तम हैं। इन दोनों जर्मन विद्वानों ने उन समस्याओं पर सूक्ष्मतापूर्वक विचार किया है, जिन्हें उन्होंने अपने सामने रखा है। वाइटर ने उस तर्क-वृत्त को ठीक-ठीक समझा है, जो ऐसे विवेचन में अनिवार्यतः उपस्थित हो जाता है, पर उसने उससे बचने की चेष्टा नहीं की है : उसने समझा है कि इतिहासकार के लिए यह बोध होना आवश्यक है कि स्वरूप-विशेष का आवश्यक तत्त्व क्या है, और तब उसे उस स्वरूप के स्रोत तक जाना पड़ता है, जिससे उसकी परिकल्पना की युक्तियुक्तता की परख हो सके। इतिहास के लिए यह आवश्यक नहीं कि वह इस अर्थ में किसी निश्चित लक्ष्य तक पहुँच जाए कि स्वरूप-विशेष का आगे नैरंतर्य रहेगा ही नहीं, अथवा पृथक्करण होगा ही नहीं। सम्यक् इतिहास-निर्माण के लिए किसी सामयिक लक्ष्य अथवा प्रकार को ध्यान में रखना ही आवश्यक है।

युग-विशेष या प्रवृत्ति-विशेष के इतिहास के सामने भी ऐसी ही समस्याएँ उपस्थित होती हैं। इस सम्बन्ध में दो अतिवादी दृष्टिकोण हैं, जिनसे सहमत होना कठिन है। एक तो तत्त्ववादी दृष्टिकोण है, जिसके अनुसार युग ऐसी इकाई है जिसकी प्रकृति का उद्‌भावन करना आवश्यक है; और दूसरा है सर्वथा भिन्न नामवादी दृष्टिकोण, जो मानता है कि कोई भी विचारणीय कालखंड, विवरण देने के निमित्त, शाब्दिक व्यपदेश मात्र है। नामवादी दृष्टिकोण मान लेता है कि युग ऐसी वस्तु पर स्वेच्छाकृत बाह्यारोपण है, जो वस्तुतः अविच्छिन्न, दिशारहित विपर्यस्तता है। इसका अर्थ है कि हमारे सामने एक तरफ तो निश्चित घटनाओं की असम्बद्ध शृंखला रहती है और दूसरी तरफ विशुद्ध रूप से अन्तर्निष्ठ व्यपदेश रहते हैं। यह मान लेने पर इसका कोई महत्त्व नहीं रह जाता कि हम किसी अन्तःखंड का, अपनी नानाविध बहुरूपता में तत्त्वतः समान वास्तविकता के माध्यम से, किस सीमा पर परीक्षण करते हैं। ऐसी दशा में इसका कुछ भी महत्त्व नहीं रह जाता कि युगों की जो योजना हम स्वीकृत करते हैं, वह कितनी स्वेच्छाकृत तथा कृत्रिम है। तब तो

हम पत्रा के अनुसार निर्धारित शताब्दियों, दशाब्दियों या वर्षों का इतिहास, काल-विवरणात्मक प्रणाली से, लिखने लगेंगे। इसका उदाहरण आर्थर साइमंज का ग्रंथ, 'द रोमांटिक मूवमेंट इन इंग्लिश पोएट्री'[30] है, जिसमें गृहीत आदर्श के अनुसार, सन् 1800 ई. के पहले जन्म लेनेवाले और सन् 1800 ई. के बाद मृत लेखकों का ही विवेचन किया गया है। ऐसी स्थिति में युग मात्र सुविधाजनक शब्द है, वह किसी पुस्तक के उप-विभाजन या विषय के चुनाव के लिए ही जरूरी है। यह दृष्टिकोण, बहुधा अनजाने ही सही, वैसी पुस्तकों में अन्तर्निहित रहता है, जो शताब्दियों की तिथि-रेखाओं का चेष्टापूर्वक ध्यान रखती हैं, या जो विषय विशेष पर तिथि की निश्चित सीमाएँ आरोपित करती हैं (उदाहरण के लिए 1850-1900 आदि), जिनकी यौक्तिकता इसके अतिरिक्त कुछ नहीं है कि किसी- न-किसी प्रकार की सीमाओं की व्यावहारिक आवश्यकता तो होती ही है। पत्रा-तिथि के प्रति ऐसी निष्ठा आकर-सूची-निर्माण में निस्सन्देह आवश्यक और उपादेय है। किन्तु एतादृश युग-विभाजन का वास्तविक साहित्यिक इतिहास की दृष्टि से कोई महत्त्व नहीं है।

प्रारम्भ में, सामान्यतः, साहित्यिक इतिहास राजनीतिक परिवर्तनों के अनुसार ही विभिन्न युगों में विभक्त होते थे। इस प्रकार साहित्य को राजनीतिक या सामाजिक क्रांतियों से पूर्णतः निर्धारित मान लिया जाता था, और युग-विभाजन की समस्या राजनीतिक या सामाजिक इतिहासकारों के लिए छोड़ दी जाती थी। और, उनके द्वारा निर्दिष्ट काल-सीमाएँ आँख मूँदकर मान ली जाती थीं। यदि हम अंग्रेजी साहित्य के पुराने इतिहासों को देखें, तो हम पाएँगे कि वे या तो संख्यात्मक खंडों में, या एक सरल राजनीतिक आधार पर—यानी अंग्रेज राजाओं के राजत्व-काल के अनुसार—लिखे गए हैं। किन्तु जरा ऐसे अंग्रेजी साहित्य के इतिहास की कल्पना कीजिए, जो पूर्ववर्ती राजाओं की मृत्यु-तिथियों के अनुसार विभिन्न युगों में विभाजित हो। फिर कुछ पहले के अंग्रेजी साहित्य में भी, उदाहरण के लिए उन्नीसवीं शताब्दी के आरम्भ के साहित्य में, जहाँ जार्ज तृतीय, जार्ज चतुर्थ और विलियम चतुर्थ के राजत्व-कालों के अनुसार विभाजन अनावश्यक समझा जाता है, वहीं एलिजाबेथ, जेम्स प्रथम तथा चार्ल्स प्रथम के राजत्व-कालों में कृत्रिम भेद मानने की परम्परा आज भी एक हद तक बनी हुई है।

इसके विपरीत यदि हम अपेक्षाकृत इधर के अंग्रेजी साहित्य के इतिहासों पर विचार करें तो पाएँगे कि पत्रानुसारी शताब्दियों या राजाओं के राजत्व-कालों पर निर्भर पुराने विभाजन लुप्तप्राय हैं, और उनका स्थान ले लिया है युगों की श्रेणियों ने, जिनके नाम मानव-मस्तिष्क के परस्पर नितान्त भिन्न क्रिया-कलापों से गृहीत हैं। इन साहित्यिक इतिहासों में अब भी 'एलिजाबेथन', 'विक्टोरियन' आदि ऐसे युग-नाम व्यवहृत होते हैं, जो विभिन्न राजत्व-कालों के पुराने परिचायक संकेत हैं, किन्तु अब बौद्धिक इतिहास की योजना के अन्तर्गत उन्होंने नवीन अर्थ ग्रहण कर

लिये हैं। अब इन नामों का व्यवहार बहुत कुछ इसलिए किया जाता है कि एलिजाबेथ और विक्टोरिया अपने युगों को प्रतीकित करती मानी जाती हैं। सम्प्रति तिथि-क्रमानुसारी युग-सीमाएँ, जो सिंहासनारोहण और मृत्यु की तिथियों से निर्धारित होती हैं, साहित्यिक इतिहासकार के द्वारा पूर्णत: ध्यान में नहीं रखी जातीं। उदाहरण के लिए, एलिजाबेथ-युग में वे लेखक भी सम्मिलित कर लिये जाते हैं, जिनका रचनाकाल एलिजाबेथ की मृत्यु के चालीस-पचास साल बाद तक है; इसके विपरीत ऑस्कर वाइल्ड यद्यपि कालक्रमानुसार विक्टोरिया-युग का लेखक था, फिर भी शायद ही कोई साहित्यिक इतिहासकार उसे 'विक्टोरियन' लेखक कहता है। इस प्रकार इन नामों ने बौद्धिक और साहित्यिक इतिहासों के प्रसंग में एक ऐसा निश्चित अर्थ ग्रहण कर लिया है, जो उनके राजनीतिक स्रोत से भिन्न है।

इसका अर्थ यह नहीं कि अंग्रेजी के साहित्यिक इतिहासों के व्यवहृत साम्प्रतिक युग-नाम सन्तोषजनक है। 'रिफार्मेशन' जैसे नाम धार्मिक इतिहास से, 'ह्यूमैनिज्म' दार्शनिक इतिहास से, 'रिनासाँ' कला के इतिहास से, 'कामनवेल्थ' तथा 'रिस्टोरेशन' निश्चित राजनीतिक घटनाओं से लिये गए हैं। तिथि-क्रम का आभास देनेवाला पद 'एट्टींथ सेंचुरी' साहित्यिक संज्ञाओं, 'आगस्टन' तथा 'निओ-क्लासिक', के संकेत से युक्त हो चुका है। 'प्रि-रोमांटिसिज्म' और 'रोमांटिसिज्म' प्रधानत: साहित्यिक पद हैं, और 'एडवर्डियन', 'जार्जियन' आदि, राजाओं के राजत्व-काल से लिये गए हैं। अन्य देशों के साहित्यिक इतिहास के युग-नामों की भी यही स्थिति है। उदाहरणार्थ, अमरीकी साहित्यिक इतिहास में 'कोलोनियल पीरियड' तो राजनीतिक नाम है, जबकि 'रोमांटिसिज्म' या 'यथार्थवाद' साहित्यिक पद है।

ऐसे युग-नामों के पक्ष में कहा जा सकता है, ये इतिहास की ही अपनी अस्त-व्यस्तता के परिणाम हैं, हमें स्वयं लेखकों के विचारों और विभावनों, कार्यों और नामकरणों पर तो ध्यान देना ही पड़ेगा और उनके अपने विभाजनों को मान्यता प्रदान करनी ही होगी। सचेष्ट रूप से विहित कार्यों और वर्गों और स्वकृत व्याख्याओं का साहित्यिक इतिहास में बहुत महत्त्व है अवश्य, किन्तु उन्हें हम युग-विशेष के अध्ययन के लिए उपादेय उपकरण के रूप में ही ले सकते हैं। उनसे साहित्यिक इतिहासकार को सुझाव और संकेत तो मिल सकते हैं, किन्तु वे उसके लिए प्रणालियाँ और वर्गीकरण निर्धारित नहीं कर सकते—कुछ इसलिए नहीं कि साहित्यिक इतिहासकार की दृष्टि अपेक्षया अधिक गहराई तक जाने की क्षमता अवश्यमेव रखती है, बल्कि इस कारण कि वह अतीत को वर्तमान के प्रकाश में देख सकती है।

फिर यह भी कहना कठिन है कि विभिन्न स्रोतों से प्राप्त युग-नाम तत्तत् युगों में प्रतिष्ठित हो ही चुके रहते हैं, छायावादियों ने प्रारम्भ में अपने को छायावादी नहीं कहा था, गोकि बाद में प्रतिकूल आलोचना में प्रयुक्त इस नाम को उन्होंने स्वीकार कर लिया था; एजरा पाउंड आदि कुछ कवियों ने 'इमैजिज्म' और 'वोर्टिज्म' के

स्वयं-प्रदत्त नाम के साथ-साथ शैली-विशेष की कविता लिखी थी; किन्तु न तो वीरगाथा-काल के कवि इस नाम से परिचित थे, न रीतिकाल के ही, हालाँकि खोज-ढूँढ़कर रीति शब्द के इस प्रसंग के अनुकूल उल्लेख का निर्देश भी किया गया है। इसी प्रकार इंग्लैंड के रोमांटिक कवियों ने अपने को शायद ही कभी रोमांटिक कवि कहा हो। अंग्रेजी साहित्य के इतिहासों में जिसे साधारणतः रोमांटिक आन्दोलन कहा जाता है, उससे कालरिज और वर्ड्सवर्थ को 1849 के लगभग सम्बद्ध किया गया, और वे शेली, कीट्स और बायरन के साथ वर्गीकृत हुए। साधारण रूप से काफी बाद तक यह वर्गीकरण बहुत प्रचलित नहीं हुआ था; उदाहरण के लिए, 1882 में प्रकाशित 'लिट्रेरी हिस्ट्री ऑव इंग्लैंड बिट्वीन द एंड ऑव द एट्टींथ एंड बिगिनिंग ऑव द नाइंटींथ सेंचुरी' नामक अपनी पुस्तक में मिसेज ओलिफैंट ने इस नाम का प्रयोग नहीं किया है और वे 'लेक पोएट्स', 'काकनी स्कूल' और बायरन को तो सर्वथा पृथक् वर्ग में, 'सैटेनिक' बायरन का नाम देकर, रखती हैं। कहने का तात्पर्य यह है कि साहित्यिक इतिहास के ग्रंथों में साधारणतः प्रचलित युग-नामों में विशेष युक्तियुक्तता नहीं है। वास्तव में वे राजनीतिक और साहित्यिक और, यदि अंग्रेजी आदि साहित्य के इतिहासों को ले लिया जाए, तो कलात्मक नामों की खिचड़ी ही है।

यदि मानव-संस्कृति—राजनीति, दर्शन, कलाएँ, आदि—के इतिहास को उपवर्गों में विभक्त करनेवाली कोई युग-श्रेणी सुलभ हो भी, तो साहित्यिक इतिहास के लिए कोई ऐसी योजना अग्राह्य होगी, जो नाना उद्देश्यों वाली विविध सामग्रियों पर अवलम्बित हो। साहित्य किसी दशा में मनुष्य जाति के राजनीतिक, सामाजिक या बौद्धिक परिणमन का भी निश्चेष्ट प्रतिबिम्ब या अनुकरण नहीं माना जा सकता। फलतः साहित्यिक युग तो साहित्यिक प्रतिमान के आधार पर ही स्थापित हो सकता है।

यदि साहित्यिक इतिहासकार के निष्कर्ष राजनीतिक, सामाजिक, कला तथा शास्त्र-विषयक निष्कर्षों से मेल खाते हों, तो कोई आपत्ति नहीं हो सकती। किन्तु साहित्यिक इतिहासकार का प्रारम्भ-स्थल तो साहित्य का साहित्य के रूप में परिणमन ही हो सकता है। अतः युग सार्वभौम परिणमन का उप-खंड मात्र है। उसका इतिहास मूल्यों की परिवर्तनीय योजना के प्रसंग में ही लिखा जा सकता है, और यह भी सत्य है कि मूल्यों की ऐसी योजना को इतिहास से ही पाया जा सकता है। इस प्रकार युग कालखंड है, जिसमें साहित्यिक स्वरूपों, प्रतिमानों और रूढ़ियों के ऐसे पद्धति-विशेष का प्राधान्य हो, जिसके आविर्भाव, विस्तार, वैविध्य, समन्वय और तिरोभाव निर्धारित किये जा सकें।

इसका अवश्य यह अर्थ नहीं है कि स्वरूपों की इस पद्धति को स्वीकार करने के लिए साहित्यिक इतिहासकार बाध्य है। इसे इतिहास से ही प्राप्त करना

आवश्यक है : इसे वास्तव रूप में वहीं आविष्कृत करना वांछनीय है। उदाहरणार्थ, रोमांटिसिज्म कोई ऐसी केन्द्रित विशेषता नहीं है, जो संक्रामक रोग की तरह फैलती हो, न वह शाब्दिक नाम मात्र है। वह एक ऐतिहासिक कोटि है, विचारों की एक सम्पूर्ण प्रणाली, जिसके सहारे ऐतिहासिक प्रक्रिया की व्याख्या की जा सकती है। किन्तु विचारों की यह योजना मिली है ऐतिहासिक प्रक्रिया में ही। 'युग' शब्द का यह विभावन प्रचलित धारणा से भिन्न है, जो उसे ऐतिहासिक प्रसंग से पृथक्करणीय एक मनोवैज्ञानिक प्रकार में विस्तीर्ण कर देती है। प्रचलित ऐतिहासिक व्यपदेशों का, मनोवैज्ञानिक या कलात्मक प्रकारों के लिए, व्यवहार न हो, ऐसा तो नहीं कहा जा सकता, किन्तु यह भी स्मरण रखना आवश्यक है कि साहित्य का ऐसा प्रकार-विज्ञान सीमित अर्थ में साहित्यिक इतिहास के लिए विशेष उपयोगी नहीं है।

अतः युग प्रकार या वर्ग नहीं है, बल्कि ऐसे स्वरूपों की एक विशेष प्रणाली से परिभाषित कालखंड है, जो ऐतिहासिक प्रक्रिया में कीलित होते हैं और उससे अलग नहीं किये जा सकते। छायावाद या 'रोमांटिसिज्म'[31] को परिभाषित करने के जो अनेक विफल प्रयत्न हुए हैं, उनसे प्रमाणित होता है कि युग ऐसा विभावन नहीं है, जिसकी तुलना तर्कशास्त्र के किसी 'वर्ग' से की जा सके। ऐसा होता तो प्रत्येक अलग-अलग कृति इसके अन्तर्गत परिगणनीय हो जाती। किन्तु यह तो स्पष्ट ही असम्भव है। कोई खास कलाकृति वर्ग-विशेष में एक दृष्टांत नहीं है बल्कि ऐसा अंश है, जो अन्य समस्त कृतियों के साथ, युग-विशेष का विभावन पूरा करती है। छायावाद या 'रोमांटिसिज्म' में अनेकरूपता दिखलाना या उनकी बहुविध परिभाषाएँ प्रस्तुत करना, इनकी जटिलता द्योतित करने के कारण जितने भी महत्त्वपूर्ण माने जाएँ, सैद्धान्तिक दृष्टि में भ्रांतिपूर्ण प्रतीत होते हैं। यह स्पष्ट रूप से समझ लेना आवश्यक है कि कोई युग आदर्श प्रकार, अथवा अमूर्त संस्थान, अथवा वर्ग-विभावन की श्रेणी नहीं है, बल्कि एक ऐसा कालखंड है, जिसमें स्वरूपों की एक पूरी पद्धति की प्रधानता रहती है, जिसे कोई भी कलाकृति उसकी सम्पूर्णता में प्राप्त नहीं कर सकती। युग-विशेष के इतिहास में स्वरूपों की एक पद्धति के, दूसरी पद्धति में, परिवर्तनों का प्रलेखन ही वांछनीय है। इस रूप में जहाँ युग-विशेष एक ऐसा कालखंड है जिसे किसी-न-किसी प्रकार की अन्विति प्रदान की जाती है, वहीं यह भी स्पष्ट है कि यह अन्विति सापेक्ष ही हो सकती है। इसका आशय केवल इतना ही है कि युग-विशेष में स्वरूपों की एक खास योजना अधिक-से-अधिक पूर्णता के साथ उपलब्ध हुई है। यदि किसी युग की अन्विति स्वयं पूर्ण होती, तो विभिन्न युग एक दूसरे से सटे पत्थर के टुकड़ों की तरह होते और उनमें सातत्य या परिणमन का सर्वथा अभाव रहता। फलतः एक प्राग्भावी स्वरूप-योजना का अस्तित्व और एक परवर्ती योजना की पूर्वाशा अनिवार्य है, क्योंकि कोई युग ऐतिहासिक तभी

हो सकता है जब प्रत्येक घटना समस्त पूर्ववर्त्ती अतीत की परिणति मानी जाए और उसके प्रभाव समस्त भविष्य में प्रलेखित हो सकें।

किसी युग के इतिहास-लेखन की समस्या सबसे पहले वर्णन की समस्या है : एक रूढ़ि के ह्रास और दूसरी नई रूढ़ि के आविर्भाव को समझना आवश्यक होता है। काल-विशेष में ही क्यों किसी रूढ़ि में परिवर्तन हुआ है, यह एक ऐसी ऐतिहासिक समस्या है जो सामान्य रूप से असमाधेय है। एक प्रस्तावित समाधान यह है कि साहित्यिक परिणमन के अन्तर्गत क्लांति की ऐसी स्थिति आ जाती है कि एक नवीन रूढ़ि का आविर्भाव आवश्यक हो जाता है। रूसी स्वरूपवादियों ने इस प्रक्रिया को 'स्वचालन'[32] की प्रक्रिया कहा है, अर्थात् काव्य-शिल्प के कौशल, जो अपने समय में प्रभावपूर्ण रहते हैं, आगे चलकर इतने साधारण और पिष्ट-पेषित हो जाते हैं कि नवीन पाठकों पर उनकी कोई प्रतिक्रिया नहीं होती, और वे नये कुछ के लिए अधीर हो उठते हैं जो, ऐसा कहा जा सकता है, पहले जैसा था, उसके विपरीत हो। परिणमन की योजना दोला-परिवर्तन है, विद्रोहों की ऐसी श्रेणी है जो भाषा, वस्तु और अन्य कौशलों की नई स्थितियों की ओर सदैव अग्रसर होती रहती है। किन्तु इस सिद्धान्त से यह स्पष्ट नहीं होता कि परिणमन दिशा-विशेष में ही क्यों हुआ : प्रक्रिया की सम्पूर्ण जटिलता की व्याख्या के लिए मात्र दोला-योजनाएँ अपर्याप्त हैं।

दिशा-परिवर्तन का एक दूसरा समाधान है, जो सारा भार बाह्य हस्तक्षेप और सामाजिक वस्तुस्थिति के दबाव पर डालता है। इसके अनुसार साहित्यिक रूढ़ि का प्रत्येक परिवर्तन किसी नये सामाजिक वर्ग या ऐसे जनसमूह के उद्भव के कारण होता है जो अपनी कला का स्वयमेव सृजन करते हैं : यह सत्य है भी कि जहाँ वर्ग के विभेद और सम्बन्ध बहुत स्पष्ट होते हैं, वहाँ सामाजिक और साहित्यिक परिवर्तन के बीच बहुधा घनिष्ठ अन्तस्सम्बन्ध स्थापित किया जा सकता है।

इसके अतिरिक्त एक और समाधान है जो नई पीढ़ी के उद्भव पर आश्रित है। कोर्नो[33] के इस सिद्धान्त के अनेक अनुयायी पाए जाते हैं। कुछ जर्मन विद्वानों ने इसे विशेष रूप से पल्लवित किया है।[34] किन्तु इसके विरुद्ध यह कहा जा सकता है कि पीढ़ी को जैवी इकाई मानने से समस्या का समाधान नहीं होता। हम एक शताब्दी में तीन पीढ़ियों की कल्पना करें, उदाहरणार्थ 1800-1833, 1834-1869 और 1800-1900, तो यह भी सत्य है कि 1801-1834, 1835-1870, 1871-1901 की श्रेणी भी उद्भावित की जा सकती है।

जैवी दृष्टिकोण से विचार करने पर ये दोनों ही श्रेणियाँ पूर्णतः समान हैं; और 1800 के लगभग उत्पन्न एक जनसमूह ने साहित्यिक परिवर्तन को उतना प्रभावित किया है, जितना 1815 के लगभग उत्पन्न समूह नहीं कर सका है, यह तथ्य विशुद्ध जैवी कारणों से भिन्न कारणों पर आश्रित है। यह सत्य है कि साहित्यिक इतिहास के समय-विशेष में प्रायः समान वय के युवकों का समूह साहित्यिक परिवर्तन लाने

में समर्थ हो जाया करता है, उदाहरण के लिए अंग्रेजी में रोमांटिसिज्म या हिन्दी में छायावाद। किन्तु, दूसरी ओर, यह भी सत्य है कि अधिक वय के लेखकों की प्रौढ़ कृतियों ने साहित्यिक परिवर्तनों को अत्यधिक प्रभावित किया है। कहने का तात्पर्य यह कि पीढ़ियों या सामाजिक वर्गों के परिवर्तन मात्र से साहित्यिक परिवर्तन का समाधान नहीं हो सकता। यह भिन्न-भिन्न परिस्थितियों में भिन्न रूपोंवाली एक जटिल प्रक्रिया है। यह अंशतः आंतरिक प्रक्रिया है जो क्लांति से और परिवर्तन की कामना से उद्‌भूत होती है, किन्तु यह अंशतः बाह्य भी है, जो सामाजिक, बौद्धिक और अन्य सांस्कृतिक परिवर्तनों पर निर्भर रहती है।

अंग्रेजी के आधुनिक साहित्यिक इतिहास में व्यवहृत होनेवाले युग-नामों को लेकर बहुत वाद-विवाद होता रहा है। रिनासाँ, क्लासिसिज्म, रोमांटिसिज्म, सिंबालिज्म और, इधर, बैरोक की अनेकानेक परिभाषाएँ हुई हैं और उनका खंडन-मंडन भी हुआ है। किन्तु मतैक्य तब तक असम्भव है जब तक उन सैद्धान्तिक प्रश्नों का समाधान नहीं होता जिनका उल्लेख किया जा चुका है, और जब तक इस क्षेत्र में काम करनेवाले विद्वान् तर्कशास्त्रीय परिभाषाओं के लिए आग्रह करते रहेंगे, या युग-नामों और प्रकार-नामों का अन्तर विस्मृत करते रहेंगे, या नामों के आकृतिमूलक इतिहास के साथ शैली के वास्तविक परिवर्तनों को उलझाते रहेंगे। इसीलिए लवज्वाय और अन्य विद्वानों ने 'रोमांटिसिज्म' जैसे नामों का परित्याग ही उचित बताया है। किन्तु जहाँ यह ठीक है कि मात्र युग-नामों से बहुत अधिक की आशा नहीं की जा सकती, वहीं युग का विभावन ऐतिहासिक ज्ञान के प्रमुख साधनों में से एक है और उसके बिना काम चल नहीं सकता। और जब युग पर विचार होगा, तो साहित्यिक इतिहास के तरह-तरह के प्रश्न उठेंगे ही : उदाहरण के लिए, युग-नाम का इतिहास, विचारधारा, वास्तविक शैलीगत परिवर्तन, मनुष्य के विभिन्न क्रिया-कलाप के साथ युग का सम्बन्ध और अन्य देशों के समान युगों के साथ सम्बन्ध। अगर हम छायावाद को लें तो 'निराला' या पंत की नवीन विचारधारा को ध्यान में रखते हुए उनकी तथा अन्य छायावादियों की काव्यात्मक उपलब्धि पर विचार करना आवश्यक होगा। फिर यह एक ऐसी नई शैली है, जिसके पूर्वाभास को प्राचीन साहित्य में निर्दिष्ट किया जा सकता है। फिर बंगला आदि की समान प्रवृत्तियों के साथ तथा चित्रकला प्रभृति की समानांतर विशेषताओं के साथ उसकी तुलना की जा सकती है। सारांश यह कि प्रत्येक समय और स्थान में समस्याएँ भिन्न होंगी और सामान्य नियमों की उद्‌भावना असम्भव प्रतीत होती है।

साहित्यिक इतिहास में कभी-कभी समवेत रूप से एक राष्ट्रीय साहित्य की समस्या पर भी विचार किया गया है। किन्तु कला के रूप में राष्ट्रीय साहित्य का प्रलेखन कठिन इसलिए है कि मूलतः असाहित्यिक प्रकरणों पर विचार करना आवश्यक हो जाता है और राष्ट्रीय आदर्शों और विशेषताओं का विवेचन करना

पड़ता है, जिनका साहित्य-कला से बहुत कम ही सम्बन्ध है। यदि समवेत रूप से आधुनिक भारतीय साहित्य का इतिहास लिखा जाए, तो कठिनाई इसलिए बढ़ जाएगी, क्योंकि वह संस्कृत की प्राचीनतर और सबलतर परम्परा पर अवलंबित है। फिर भी साहित्य-कला के राष्ट्रीय विकास की समस्या ऐसी है, जिसकी उपेक्षा इतिहासकार कर नहीं सकता, यद्यपि अब तक इस क्षेत्र में व्यवस्थित रूप से कार्य हुआ नहीं है।

साहित्य के समूहों का इतिहास तो और भी कठिन कार्य है। इस तरह के प्रयासों में जान मैकल का 'स्लोवानिक लिटरेचर्स' और समस्त मध्ययुगीन रोमांस साहित्यों का इतिहास लिखने का लिओनार्ड ओल्स्की का प्रयत्न उल्लेख्य है, किन्तु उन्हें बहुत सफल नहीं कहा जा सकता।[35]

विश्व-साहित्य के जो भी इतिहास लिखे गए हैं, वे सब-के-सब यूरोपीय साहित्य की उस मुख्य परम्परा के प्रलेखन के यत्न हैं, जो ग्रीस और रोम से समान रूप से निःसृत होने के कारण एक हैं। ऐसे इतिहासों में आदर्श-विषयक सामान्यताओं या ऊपरी विवरणों से अधिक कुछ नहीं है। स्क्लेगेल बन्धुओं की पुस्तकें[36] अवश्य अपवाद हैं, किन्तु उनसे भी आज की आवश्यकताओं की पूर्ति नहीं होती।[37]

साहित्यिक इतिहास के भावी रूप में प्राचीनतर पद्धतियों के द्वारा आविष्कृत योजनाओं के रिक्त अंशों की पूर्ति मात्र नहीं होगी। यह आवश्यक है कि साहित्यिक इतिहास के एक नये आदर्श की उद्‌भावना हो और ऐसी नई पद्धतियाँ विकसित की जाएँ, जिनसे इस आदर्श की प्राप्ति हो सके। कला के रूप में साहित्य के इतिहास के नवीन आदर्श की जो रूप-रेखा ऊपर उपस्थित की गई है, वह एकांगी प्रतीत हो सकती है, किन्तु हमने अन्य पद्धतियों को सर्वथा व्यर्थ नहीं माना है। इधर साहित्यिक इतिहास में स्फीति की जो प्रवृत्ति देखी जा रही है उसका निवारण एकाग्रता से ही सम्भव है। साहित्य का कोई इतिहास-लेखक चाहे तो एकाधिक पद्धतियों का मिश्रण कर सकता है, किन्तु पद्धतियों के परस्पर-सम्बन्ध की योजना की स्पष्ट चेतना से दिमागी उलझनों से बचा जा सकता है।

संदर्भ और टिप्पणियाँ

1. उदाहरणार्थ, Renè Wellek, Rise of English Literary History, Chapel Hill
2. 1941, तथा Austin Warren & Renè wellek, Theory of Literature, लन्दन, 1954, जिन पर यह अध्याय मुख्यत: अवलंबित है। Oliver Elton : Survey of English Literature, 1780-1830, छह भाग, लन्दन, 1912, भाग 1, पृ. VII
3. George Saintsbury : History of Criticism and Literary Taste in Europe, तीन भाग
4. सेंट्सबेरी पर ओलिवर एल्टन का भाषण, Proceedings of the British. Academy, XIX, 1933 तथा Dorothy Richardson : 'Saintsbury and Art for Art's Sake'

Publications of the Modern Language Association of America, LIX (1944), पृ. 243-60
5. Edmund Gosse, A Short History of Modern English Literature, लन्दन, 1897, भूमिका
6. Evan Charteris, The Life and Letters of Sir Edmund Gosse, लन्दन, 1913, Edmund Gosse का F.C. Roe के नाम, 19 मार्च, 1924 को लिखा पत्र, पृ. 477
7. डब्ल्यू.पी. कर, Essays, लन्दन, 1922, प्र.भा., पृ. 100
8. टी.एस. इलियट, Tradition and Individual Talent, The Sacred Wood, लन्दन, 1920, पृ. 42
9. आर.एस. क्रेन, 'History versus Criticism in the University Study of Literature', The English Journal, College Edition, XXIV. (1935), पृ. 645-67
10. F.J. Teggart, Theory of History, New Haven, 1925
11. Ferdinand Brunetière, L'Evolution des genres dans l'histoire de la literature, Paris, 1920
12. John Addington Symonds, 'On the Application of Evolutionary Principles to Art and Literature', Essays Speculative and Suggestive, लन्दन, 1890, प्र.भा., पृ. 42-48
13. R. D. Havens, Milton's Influence on English Poetry, Cambridge, Massachusettes, 1922
14. (क) R.N.E. Dodge, 'A Sermon on Source-hunting', Modern Philology, IX (1911-12), पृ. 211-23
 (ख) Hardin Craig : 'Shakespeare and Wilson's Arte of Rhetrique : An Inquiry into the Criteria for Determining Sources', Studies in Philology, XXVIII (1931), पृ. 86-98
 (ग) George C. Taylor : 'Montaigne-Shakespeare and the Deadly Parallel', Philological Quarterly, XXII (1943), पृ. 330-37; इसमें लेखक ने इस प्रकार के अध्ययनों में व्यवहृत होनेवाले 75 प्रमाण-रूपों की एक कौतूहलप्रद तालिका प्रस्तुत की है।
 (घ) David Lee Clark, 'What was Shelley's Indebtedness to Keats ?' Publications of the Modern Language Association of America, LVI (1941), पृ. 479-97; इसमें J.L. Lowes के द्वारा निर्दिष्ट समानताओं का खंडन युक्तियुक्त किया गया है।
 (ङ) हिन्दी में 'निराला' जी का, 'माधुरी' में प्रकाशित, सम्प्रति पुस्तिका के रूप में सुलभ, 'पंत और पल्लव' उदाहरणीय है।
15. (क) H.O. White, Plagiarism and Imitation during the English Renaissance, Cambridge, Masachusettes, 1935
 (ख) Elizabeth M. Mann, 'The Problem of Originality in English Literary Criticism', 1750-1850, Philological Quarterly, XVIII, पृ. 97-118
16. 'अथवा कृतावाग्द्वारे वंशेस्मिन्पूर्वसूरिभिः।
मणौ वज्रसमुत्कीर्णे सूत्रस्येवास्ति मे गतिः ॥ —रघुवंश, प्र. सं., श्लोक 4

17. Sidney Lee, Elizabethan Sonnets, दो भाग, लन्दन, 1904
18. रामचन्द्र शुक्ल, 'हिन्दी साहित्य का इतिहास', संवत् 1997 का संस्करण, पृ. 281
19. Wolfgang Clemen, Shakespeare Bilder, ihre Entwicklung and ihre Funktionen in dramatischen Werk, Bonn, 1936
20. (क) George Saintsbury, A History of English Prosody, तीन भाग, 1906-10
    (ख) A History of English Prose Rhythm, Edinburgh, 1912
21. Benedetto Croce, 'Storia di temi e storia letteraria', Problemi di Estetica, Bari, 1910, पृ. 80-83
22. इसके लिए जर्मन-भाषा में पारिभाषिक शब्द हैं : Stoffgeschichte।
23. देखिए, क्रम-संख्या 21 में उल्लेख।
    कदाचित् सबसे पहले Thomas Shaw ने Outlines of English Literature, लन्दन, 1849 में इस प्रकार का वर्गीकरण किया था :
    (क) Andre Jolles, Einfache Formen, Halle, 1930
    (ख) A.N. Veselosvsky, Istoricheskaya Poetika, V.M. Zhirmunsky द्वारा सम्पादित, Leningrad, 1940 (1870 तक के पुराने लेखों का संकलन)।
    (ग) J. Jarcho, 'Organiche Struktur des russischen Schnaderhüpfels (Castuska)', Germano-Slovica, III (1937), पृ. 31-64 (शैली और कथा-वस्तु के अतस्सम्बन्ध को आँकड़ों की सहायता से विवृत करने का विशद प्रयत्न, जिसके लिए साक्ष्य लोक-साहित्य के स्वरूप-विशेष से एकत्र किया गया है।
24. Ferdinand Brunetiëre, L'Evolution des genres dans I'histoire de la literature Paris, 1898
25. John Addington Symonds, 'On the Application of Evolutionary Principles to Art and Literature,' Essays Speculative and Suggestive, लन्दन, 1890, प्र. भा., पृ. 42-84
26. W.W. Greg, Pastoral Poetry and Pastoral Drama, लन्दन, 1906
27. C.S. Lewis, The Allegory of Love, Oxford, 1936
28. Karl Viëtor, Geschichte der deutschen Ode, Munich, 1923
29. Günther Müller, Geschichte des deutschen Liedes, Munich, 1925
30. Arthur Symons, The Romantic Movement in English Poetry, लन्दन, 1909
31. उदाहरणार्थ, A.O. Lovejoy, On the Discrimination of Romanticisms, PMLA, XXXIX (1924), पृ. 229-53
32. Automatization.
33. बिहार राष्ट्रभाषा परिषद् 1997 (द्वितीय संस्करण)
34. (क) Wilhelm Pinder, Das Problem der Generation, Berlin, 1926
    (ख) Julius Petersen, 'Die Literarischen Generationen, Philosophie der Literaturwissen. schaft, Berlin, 1930, पृ. 130-87
    (ग) Eduard Wechssler, Die Generation als Jugendreihe und ihr Kampf um die Denkform, Leipzig, 1930
    (घ) Detlev W. Schumann, 'The Problem of Cultural Age-Groups in German Thought : A Critical Review PMLA, L, 1936, पृ. 1180-1207, तथा 'The Problem of Age-Groups : A Statistical Approach', PMLA, LII, 1937, पृ. 596-608
    (ङ) H. Peyre, Les Générations littéraires, Paris, 1948

35. (क) Jan Māchal, Slovanske Literatury, तीन भाग, Prague, 1922-29
(ख) Leonardo Olschki, Die romanischen Literaturen des Mittelalters, Wildpark-Potsdam, 1928
36. (क) August Wilhelm Schlegel, ü berdramatische Kunst and Literatur, तीन भाग, Heidelberg, 1809-11
(ख) Friedrich Schlegel, Geschichte der alten and neuen Litteratur, Vienna, 1815
37. Ford Madox Ford, The March of Literature, 1947, लन्दन, 1947, इस दिशा में उल्लेख्य प्रयत्न है।

अध्याय 6

साहित्येतिहास और विधेयवाद

प्रथम विश्वयुद्ध के बाद यूरोप में साहित्यिक अध्ययन की उस विधेयवादी प्रणाली[1] के विरुद्ध विद्रोह हुआ, जो उन्नीसवीं शताब्दी के उत्तरार्द्ध में बहुशः व्यवहृत होती थी। विधेयवादी प्रणाली में असम्बद्ध तथ्य एकत्रित किये जाते हैं। उसमें अन्तर्व्याप्त मान्यता यह रहती है कि साहित्य की व्याख्या भौतिक विज्ञानों की प्रणालियों से, कार्यकारण-मीमांसा के द्वारा, और बहिर्भूत निर्धारक शक्तियों को ध्यान में रखते हुए, होनी चाहिए।

विधेयवादी प्रणाली ताइने (Taine) की इस प्रसिद्ध घोषणा[2] में सूत्रबद्ध है— 'race, milieu, moment'। बीसवीं शताब्दी के आरम्भ में यूरोपीय साहित्यालोचन की जो प्रवृत्ति थी, उसके विश्लेषण से यह स्पष्ट हो जाता है कि आधुनिक प्रतिक्रिया परम्परागत साहित्यिक अध्ययन के कतिपय स्फुट लक्षणों के विरुद्ध केन्द्रित है। पहला है, उथली प्रत्नान्वेषणवादिता[3]—लेखकों की जीवनियों और विवादों के सूक्ष्मतम विवरणों का 'शोध', तुलनात्मक स्थलों का अन्वेषण, और उद्‌गम-खनन। दूसरे शब्दों में, असम्बद्ध तथ्य इस स्पष्ट विश्वास से एकत्रित किये जाते थे कि कभी-न-कभी ये ईंटें वैदुष्य के विशाल भवन के निर्माण में उपादेय सिद्ध होंगी। परम्परागत विद्वत्ता के इस लक्षण का सबसे अधिक उपहास किया गया है, किन्तु अपने में यह हानिकारक नहीं है। सभी युगों में प्रत्नान्वेषी होते हैं, और उनकी सेवाएँ सावधानी से ली जाएँ तो काम की भी साबित होती हैं। फिर भी, यह स्मरण रखना आवश्यक है कि बहुधा इस तथ्यात्मकता[4] के साथ-साथ मिथ्या और विकृत ऐतिह्यता[5] लगी रहती है। ऐतिह्यता अतीत के अध्ययन के लिए किसी सिद्धान्त या मानदंड की आवश्यकता नहीं मानती। इसमें यह धारणा भी रहती है कि वर्तमान युग शास्त्रीय प्रणालियों के द्वारा अध्ययन के योग्य नहीं है, या उसका अध्ययन सम्भव ही नहीं है। ऐसी निरपेक्ष 'ऐतिह्यता' साहित्य के विश्लेषण और आलोचना की सार्थकता को भी स्वीकार नहीं करती। इसका परिणाम होता है नन्दतिक समस्याओं[6] का सामना होने पर निरस्त हो जाना, आत्यंतिक निष्ठा-राहित्य और फलतः मूल्यों की अराजकता।

इस ऐतिह्य-मूलक प्रत्नान्वेषिता का विकल्प था उन्नीसवीं शताब्दी के उत्तरार्द्ध की नन्दतिकता।[7] यह कलाकृति के वैयक्तिक अनुभव पर जोर देती है। इसकी परिणति चरम अन्तर्निष्ठा में होती है। यह ज्ञान के वैसे सुव्यवस्थित संघटन को सम्भव नहीं बना सकती, जो साहित्यिक विद्वत्ता का लक्ष्य होता है।

उन्नीसवीं शताब्दी की 'विज्ञानवादिता'[8] ने भौतिक विज्ञान की प्रणालियों को साहित्यिक अध्ययन के क्षेत्र में स्थानांतरित करने की बहुविध चेष्टाओं के द्वारा उपर्युक्त लक्ष्य का संधान किया था। बौद्धिक दृष्टि से यही उन्नीसवीं शताब्दी की मनीषा का सर्वाधिक युक्तियुक्त और अभिजात आन्दोलन था। किन्तु इसके भी जो अनेक उद्देश्य हैं, वे विचारणीय हैं—पहला है वस्तुनिष्ठता, निर्वैयक्तिकता और निश्चयात्मकता-जैसे सामान्य वैज्ञानिक आदर्शों के अनुकरण का प्रयास। इसके साथ ही कार्यकारण सम्बन्ध और उद्गम के अध्ययन के द्वारा भौतिक विज्ञान की प्रणालियों के अनुकरण की चेष्टा भी थी, जो किसी भी पारस्परिक सम्बन्ध के निर्देश को युक्तिसंगत ठहराती थी, बशर्ते कि वह तिथि-क्रम के आधार पर हो। अधिक संकीर्णता से व्यवहृत होने पर वैज्ञानिक कार्यकारण-पद्धति आर्थिक, सामाजिक और राजनीतिक परिस्थितियों के कारण निर्धारित कर किसी साहित्यिक विशेषता की व्याख्या करती थी। कुछ विद्वानों ने साहित्यिक अध्ययन में विज्ञान की परिमाणमूलक प्रणालियों को भी समाविष्ट करने की चेष्टा की थी। वे आँकड़ों और तालिकाओं की सहायता से साहित्यिक अध्ययन को शास्त्रीय बनाना चाहते थे। विद्वानों का एक ऐसा भी दल था जिसने साहित्य के विकास के सूत्रों के निर्धारण के लिए, बड़े पैमाने पर, प्राणिशास्त्रीय सिद्धान्तों का व्यवहार किया था।[9]

इस प्रकार साहित्य के अध्येता वैज्ञानिक या वैज्ञानिकम्मन्य बन गए थे। चूँकि उन्हें एक अनिर्धारणीय पदार्थ का अध्ययन करना था, इसलिए वे निकृष्ट और अयोग्य वैज्ञानिक सिद्ध हुए। वे अपने विषय और अपनी प्रणालियों के विषय में सशंक बने रहते थे।

इस विधेयवाद के विरुद्ध यूरोप में बहुपथीन विद्रोह हुआ। इसका कुछ श्रेय परिवर्तित दार्शनिक वातावरण को भी है। बर्गसाँ ने फ्रांस में और इटली में क्रोचे ने, तथा अनेक दार्शनिकों ने जर्मनी में, और कुछ ने इंग्लैंड में भी, जब अनेकविध आदर्शवादी या कम-से-कम निर्भीक अनुमानात्मक प्रणालियों के पक्ष में, प्राचीन विधेयवादी दर्शनों का परित्याग कर दिया, तब पुरानी प्रकृतवादिता[10] नगण्य हो गई। इसी तरह भौतिक विज्ञानों के क्षेत्र में भी महत्त्वपूर्ण परिवर्तन हुए : पदार्थ की प्रकृति के नियम, कार्यकारण-पद्धति आदि के सम्बन्ध में पूर्वग्रहों की पुरानी निश्चयात्मकता नष्ट हो चली। ललित कलाओं और साहित्य की कला में भी, वस्तुवाद और प्रकृतवाद के विरुद्ध, तथा प्रतीकवाद और अन्य आधुनिक वादों की दिशा में,

प्रतिक्रिया हुई। इन प्रवृत्तियों के उत्कर्ष ने, धीरे-धीरे और परोक्ष रूप से ही सही, विद्वत्ता के स्वर और दृष्टिकोण को निस्सन्देह ही प्रभावित किया।

इससे भी महत्त्वपूर्ण बात यह हुई कि दार्शनिकों के वर्ग ने ऐतिहासिक विज्ञानों की प्रणालियों का समर्थन प्रस्तुत किया और भौतिक विज्ञानों की प्रणालियों से उनकी तीक्ष्ण भिन्नता प्रतिपादित की। जर्मनी के एक दार्शनिक विलहेल्म डिल्फे[11] ने 1883 में ही यह स्थापना की थी कि एक वैज्ञानिक एक घटना की व्याख्या उसकी कारणभूत पूर्व-घटनाओं के द्वारा करता है जबकि इतिहासकार उसका अर्थ संकेतों या प्रतीकों के रूप में समझने की चेष्टा करता है। समझने की यह प्रक्रिया अनिवार्यत: वैयक्तिक और आत्मनिष्ठ भी होती है। प्राय: इसी समय, दर्शन के प्रसिद्ध इतिहासकार विलहेल्म विंदेंलबाँद ने इस मान्यता की तीव्र आलोचना की कि ऐतिहासिक विज्ञानों को भौतिक विज्ञानों की प्रणालियों का अनुकरण करना चाहिए।[12] उसके अनुसार भौतिक वैज्ञानिक सामान्य नियमों की स्थापना करने का प्रयास करते हैं, जबकि इतिहासकार ऐसा तथ्य निर्दिष्ट करने की चेष्टा करते हैं, जो अद्वितीय होते हैं। और जिनकी पुनरावृत्ति नहीं होती। हेनरिख रिकर्त[13] ने विंदेंलबाँद के मत को पल्लवित और कुछ परिवर्तित भी किया। उसने सामान्यकरण की पद्धतियों के बीच विभाजक रेखा खींचने से ज्यादा जोर प्रकृति के विज्ञानों और संस्कृति के विज्ञानों के बीच विभाजक रेखा खींचने पर दिया। उसका तर्क था कि नैतिक विज्ञानों का विषय मूर्त और वैयक्तिक है। किन्तु व्यक्तियों का उद्‌घाटन और पहचान मूल्यों की ही किसी योजना के प्रसंग में सम्भव है। फ्रांसीसी दार्शनिक ई.डी. जेनोपोल ने प्रतिपादित किया[14] कि भौतिक विज्ञानों के विषय हैं 'पुनरावृत्त होनेवाले तथ्य'[15] जबकि इतिहास ध्यान देता है 'एक-दूसरे के बाद आनेवाले तथ्यों पर'[16]। और, अन्तत:, इटली में, बेनोदेतो क्रोचे[17] ने इतिहास की प्रणाली के लिए और भी अधिक व्यापक दावे किये। उसकी दृष्टि में समस्त इतिहास समसामयिक है, आत्मा का कार्य-व्यापार और ज्ञेय है, क्योंकि वह मनुष्य के द्वारा निर्मित हुआ है, और इसी कारण वह प्रकृति के तथ्यों से अधिक निश्चयात्मकता के साथ परिज्ञात भी होता है।

ऐसे अनेक दूसरे सिद्धान्त भी हैं जिनकी एक सामान्य विशेषता है : ये सभी भौतिक विज्ञानों की प्रणालियों की दासता से इतिहास और नैतिक विज्ञानों की स्वतत्रता की घोषणा करते हैं। ये सभी प्रतिपादित करते हैं कि इन विज्ञानों की भी अपनी प्रणालियाँ हैं या अपनी प्रणालियाँ हो सकती हैं, और वे उतनी ही सुव्यवस्थित और सुनिर्धारित होंगी जितनी भौतिक विज्ञानों की। किन्तु इनका लक्ष्य भिन्न है, और प्रणालियाँ स्पष्टत: दूसरे ढंग की हैं, और इसलिए कोई कारण नहीं कि ये भौतिक विज्ञानों की नकल करें या उनसे ईर्ष्या करें।

ये सभी सिद्धान्त यह मानने से भी इनकार करते हैं कि इतिहास या साहित्य का अध्ययन मात्र एक कला है, अर्थात् मुक्त सृजन का एक अबौद्धिक, असैद्धान्तिक

प्रयास। ऐतिहासिक तथा साहित्यिक विद्वत्ता भौतिक विज्ञान नहीं है, वे संघटित ज्ञान की ऐसी पद्धतियाँ हैं, जिनकी अपनी प्रणालियाँ, अपने लक्ष्य होते हैं, और जो केवल सृजनात्मक क्रियाओं के पुंज या वैयक्तिक संवेदनाओं का लेखा नहीं हैं।

संदर्भ और टिप्पणियाँ

1. Positivism
2. 'जाति, वातावरण, क्षण'—इस फ्रांसीसी विद्वान् के अनुसार कला के सृजन में निर्णयात्मक तत्त्व हैं।
3. Antiquarianism
4. Factualism
5. Historicism
6. Aesthetic problems
7. Aestheticism
8. Scientifism
9. उदाहरण के लिए Ferdinand Brunctiere और John Addington Symonds ने साहित्यिक रूपों के विकास को प्राणिशास्त्रीय जाति-भेदों (Biological species) के समानांतर सिद्ध करने की उद्भावना की थी।
10. Naturalism
11. Einleitung in die Geisteswissenschaften
12. Geschichte und Naturwissenschaft
13. Die Grenzen der Naturwissenschaftlichen Begriffsbildung
14. La Theori de l'histoire
15. Facts of Repetition
16. Facts of Succession
17. History : Its Theory and Practice. (मूल पुस्तक इतालियन में सन् 1917 ई. में प्रकाशित हुई थी, अंग्रेजी-अनुवाद 1923 ई. में प्रकाशित हुआ था।)

अध्याय 7

साहित्यिक इतिहास के युग

साहित्य के इतिहास में 'युग-विशेष' की परिकल्पना इस आधार पर ही संगत सिद्ध होती है कि उसमें साहित्यिक आदर्श की कोई परिपाटी सर्वातिशायी हो। इस परिभाषा से ऐसी धारणाओं का निराकरण होता है कि युग का केवल तत्त्वशास्त्रीय अस्तित्व होता है या कि युग एक शाब्दिक बिल्ला-भर है। साहित्यिक प्रक्रिया दिशाहीन आवर्त्त में निरन्तर भ्रमित होती रहती है—यह एक ऐसी मान्यता है जिसके फलस्वरूप हमें एक ओर तो असम्बद्ध घटनाओं की अस्त-व्यस्तता-भर हाथ लगती है, और दूसरी ओर हमें आरोपित बिल्लों से काम लेने के लिए विवश होना पड़ता है।

व्यवहार में साहित्य के प्राय: सभी इतिहास यह मानते हैं कि युग निर्धारित किये जा सकते हैं; किन्तु साधारणत: साहित्यिक इतिहास का युग-विभाजन मानवीय कार्य-व्यापार के दूसरे ही क्षेत्रों पर अवलंबित रहता है। उदाहरण के लिए, अंग्रेजी-साहित्य का सम्प्रति प्रचलित विभाजन ऐसे युगों की खिचड़ी है, जो साहित्य से सर्वथा भिन्न क्षेत्रों से गृहीत हुए हैं। कुछ सुनिश्चित राजनीतिक घटनाओं का संकेत करते हैं (रेस्टोरेशन), कुछ शासकों के राजत्व-काल से सम्बद्ध हैं (एलिजाबेथन, विक्टोरियन), और कुछ कला के इतिहास से लिये गए हैं (गोथिक, बैरोक)। इस अव्यवस्था के लिए सामान्यत: सफाई यह दी जाती है कि युग-विशेष के लोग अपने समय के बारे में इन्हीं नामों का उपयोग करते थे, जो तर्क सर्वथा निराधार है। अंग्रेजी साहित्य के इतिहासकारों ने अधिक व्यवस्थित प्रयत्न किया है, तो युग-शृंखला कला के इतिहास से ले ली है—गोथिक, रिनासाँ, बैरोक, रोकोको। इसके अतिरिक्त राष्ट्रीय चेतना के मनोवैज्ञानिक विकास के निर्धारण की भी चेष्टाएँ की गई हैं; उदाहरणार्थ L, Evolution psychologique de la lit. en Anglettre में कैजामियाँ[1] ने यह उद्भावना की है कि अंग्रेजी साहित्य विचार और भावना के ध्रुवांतों के बीच दोलित होती रहनेवाली परम्परा है।

ऐसे सिद्धान्त साहित्य को किसी अन्य सांस्कृतिक क्षेत्र पर अवलम्बित बना देते हैं, या राष्ट्रीय चेतना अथवा काल-प्रवृत्ति जैसी धारणाओं के विकास से सम्बद्ध करने का प्रयत्न करते हैं। पहले वर्ग पर आर. वेलेक ने अपने एक निबन्ध Periods and Movements in Literary History,[2] में सविस्तार प्रकाश डाला है, दूसरे का विशद विवेचन एम. फोर्स्टर ने अपने एक लेख 'The Psychological Basis of Literary Periods'[3] में किया है, कैजामियाँ का उल्लेख तो हो ही चुका है। सामान्य रूप से इस समस्या का महत्त्वपूर्ण विश्लेषण आर.एम. मेयर ने 'Prinzipien der wiss. Periodenbildung'[4] और एच. साइजर्स ने 'Das Periodenprinzip in der Literature'[5] शीर्षक अपने निबन्धों में किया है।

अस्तु, प्रश्न यह है कि आदर्श युग-विभाजन का आधार और रूप क्या हो सकता है ? यदि हम मानते हैं कि मनुष्य के राजनीतिक, सामाजिक, बौद्धिक या भाषावैज्ञानिक विकास से सम्पृक्त रहते हुए साहित्य का स्वतंत्र विकास होता है, और दूसरा पहले का निष्क्रिय प्रतिबिम्ब नहीं है, तो हम अनिवार्यतः इस निष्कर्ष पर पहुँचते हैं कि साहित्यिक युग विशुद्ध साहित्यिक मानदंड के सहारे निर्धारित होने चाहिए। जब हम साहित्यिक युगों की ऐसी शृंखला निर्णीत कर लेते हैं तभी यह प्रश्न उठ सकता है कि ये युग दूसरे मानदंडों से निर्धारित युगों से किस हद तक मेल खाते हैं।

साहित्य के इतिहास का प्रत्येक युग स्पष्ट साहित्यिक आदर्शों की प्रधानता से अभिज्ञात होगा। साहित्यिक युग न्यायशास्त्रीय वर्ग के समान नहीं होता। कोई साहित्यिक कृति ऐसे किसी वर्ग का दृष्टान्त न होकर, वह अंश है, जो दूसरी कृतियों के साथ-साथ युग की धारणा का आधार बनती है। इस प्रकार युग-विशेष के इतिहास में साहित्यिक आदर्शों की एक प्रणाली के दूसरे में परिवर्तन-क्रम का रूपांकन ही प्रधान होगा।

किसी युग की अन्विति सापेक्ष तथ्य है। युग-विशेष में आदर्शों की एक खास प्रणाली अधिकतम पूर्णता प्राप्त कर लेती है। पूर्ववर्ती आदर्शों के अवशेष और आगामियों के पूर्वाभास अपरिहार्य होते हैं। आदर्शों की खास प्रणाली के अस्तित्व की निश्चित तिथि निर्धारित करने में जो स्पष्ट कठिनाइयाँ होती हैं, और अन्तर्धाराओं की जो अनिवार्यता रहती है, उन्हीं के परिणामस्वरूप युग की सीमाओं के सम्बन्ध में इतने मतभेद दिखाई पड़ते हैं। महत्त्वपूर्ण ग्रंथों का आविर्भाव-काल भी पथ-चिह्न ही होता है, विभाजक रेखा नहीं। फिर भी साहित्य के इतिहास में, उसके सातत्य की असंदिग्ध वास्तविकता के कारण, आदर्शों की प्रणालियों के आविर्भाव, प्राधान्य और अन्ततः ह्रास के अंकन की महता घटती नहीं।

संदर्भ और टिप्पणियाँ

1. Louis Cazamian, L' Evolution psychologique de la literature en Angleterre, Paris, 1920
2. Renè Wellek, 'Periods and Movements in Literary History', English Institute Annual; 1940, New York, 1941, पृ. 73-93
3. (क) Max Foerster, 'The Psychological Basis of Literary Periods', Studies for William A. Read, Louisiana, 1940, पृ. 254-68
   (ख) Friedrich, 'Der Epochebegrift im Lichte der französischen Préromantismeforschung', Neue Jahrbücher für wissenschaft und Jugendbildung, X (1934), पृ. 124-40
4. Richard Moritz Meyer, 'Prinzipien der wissenschaftlichen Periodenbildung', Euphorion VIII (1901), पृ. 1-42
5. Herbert Cysarz, 'Das Periodenprinzip in der Litteratur wissenschaft', Philosophie der Litteratur wissenschaft (सं. E. Ermatinger), Berlin, 1930, पृ. 92-129

सामान्यतः द्रष्टव्य

1. (क) Louis Cazamian, 'La Notion de rctours pèriodiques dans l'histoire literaire', Essais en deux langues, Paris, 1938, पृ. 3-10
   (ख) उपरिवत्, 'Les Periodes dans l'histoire de la littèrature anglaise modern', Essais en deux langues, Paris, पृ. 11-12
2. 'Le Second Congrès International d'históire littèraire, Amsterdam 1935 : Les Periodes dans l'histoire litteraire depuis la Renaissance', Bulletin of the International Committee of the Historical Sciences, IX (1937), पृ. 255-398
3. Benno von Wiese, 'Zur Kritik des geisteswissenschaftlichen Periodenbegriffes', Deutsche Vierteliahrschrift für Literatur wissenschaft und Geistesgeschichte, XI (1933), पृ. 130-44

अध्याय 8

पाश्चात्य साहित्यिक इतिहास : जर्मन

जर्मनी शास्त्र का ही नहीं, शास्त्रीयता का भी देश है—था। वहाँ शताब्दी के प्रारम्भ में ही विचारों के इतिहास के दर्शन के विषय में विषम मतभेद उत्पन्न हो गया था। जर्मनी को भाषाविज्ञान की मातृभूमि कहा जाता है। यह देश उन्नीसवीं शताब्दी में भाषाशास्त्रीय साहित्यिक इतिहास का भी गढ़ था। किन्तु बीसवीं शताब्दी के प्रारम्भ में प्रचलित पद्धतियों के विरुद्ध वहाँ तीव्र और सशक्त प्रतिक्रिया हुई जो, जैसाकि जर्मनी में बहुधा होता है, अतिवाद की सीमा तक पहुँच गई।

कवि स्टेफन जार्ज और उनके अनुयायियों के दल ने, परम्परागत वैदुष्य की उपेक्षा में सबसे आगे बढ़कर, अतीत के कुछ गिने-चुने व्यक्तित्वों की वीर-पूजा को अपना लक्ष्य बनाया और श्रम-साम्य शोध की पूर्ण अवहेलना की। विद्वानों के इस वर्ग में फ्रेडरिक गुडोल्फ[1] मुख्य है। उसने 'शेक्सपियर एंड द जर्मन स्पिरिट' नामक अपनी पुस्तक में जर्मन साहित्य पर शेक्सपियर के प्रभाव का विश्लेषण करते हुए चमत्कारिता के साथ सिद्ध किया कि यह नाटक और आध्यात्मिक शक्तियों के तनाव का इतिहास है। गेटे आदि अन्य साहित्यिकों पर लिखी अपनी उत्तरवर्त्ती पुस्तकों में उसने आध्यात्मिक जीवनी की प्रणाली विकसित की और उसे तक्षणात्मक और स्थापत्यात्मक पद्धति का नाम दिया। इस पद्धति में मस्तिष्क और रचना की व्याख्या द्वन्द्वात्मक विरोधों की योजना में रखकर की गई है और इसका उद्‌देश्य है सजीव मनुष्य के बदले कल्पनात्मक और दन्तकथात्मक व्यक्तियों का निर्माण। गुंडोल्फ के अनुयायी अर्न्स्ट बर्ट्रम[2] ने तो नीत्शे पर लिखी अपनी पुस्तक के बारे में स्वयं कहा है कि उसमें दन्तकथा प्रस्तुत करने का प्रयास है।

इस वर्ग के प्रतिकूल, वे जर्मन विद्वान् कहीं-कहीं कम अन्तर्निष्ठ और स्वेच्छालु हैं, जो प्राचीन साहित्यिक उपलब्धि के पुनर्निर्माण-कार्य में शैली की समस्या के प्रति ही अपनी अभिरुचि केन्द्रित रखते हैं। इस पद्धति में शैली का विशुद्ध वर्णनात्मक रूप में विभावन नहीं किया गया है, उसे विचार की अभिव्यंजना या निरन्तर पुनरावृत्त होनेवाले कलात्मक या विलक्षण ऐतिहासिक रूप की वृष्टि से ही गृहीत किया गया

है। इन विद्वानों ने अंशतः क्रोचे से प्रभावित होकर, एक ऐसी भाषाशास्त्रीय सरणि का विकास किया है, जिसे वे आदर्शवादात्मक[3] कहते हैं। इसमें भाषाशास्त्रीय और साहित्यिक सृजन के सामंजस्य का निरूपण अभीष्ट रहता है। कार्ल वोस्लर[4] ने इस प्रकार के अध्ययन का उल्लेखनीय दृष्टान्त उपस्थित करते हुए सम्पूर्ण फ्रांसीसी सभ्यता की परिणति की, भाषाशास्त्रीय और कलात्मक अन्विति के रूप में, व्याख्या की है। इसी प्रकार 'लिओ स्पित्सर'[5] ने अनेक फ्रांसीसी लेखकों की शैलियों का अध्ययन कर मनोवैज्ञानिक और रूपात्मक निर्णयों पर पहुँचने का प्रयास किया है। जर्मन साहित्य के अध्येताओं ने भी इसी तरह ऐतिहासिक और शैलीक रूपों को स्थूल रीति से परिभाषित करने की चेष्टा की है। हाइनरिख वुल्फलिन[6] ने कला के क्षेत्र में जिस शैलीक मानदंड को उद्भावित किया था, उसे सर्वप्रथम ओस्कार वाल्त्सेल[7] ने साहित्य के इतिहास पर घटित किया था। उसके, और अन्य विद्वानों के, विवेचनों के परिणामस्वरूप ही साहित्य के इतिहास में 'बरोक' शब्द व्यवहृत होने लगा, और कालान्तर में कला के इतिहास के अन्य विभिन्न युगों के नामों को भी साहित्यिक इतिहास में प्रयुक्त किया जाने लगा। फ्रित्स स्त्राइख[8] ने अपनी पुस्तक 'जर्मन क्लासिसिज्म एंड रोमांटिसिज्म' में इस प्रणाली का सफलतापूर्वक प्रयोग किया है। स्त्राइख के अनुसार 'रोमांटिसिज्म' में 'बरोक' कला की, और 'क्लासिसिज्म' में 'रिनासाँ' कला की विशेषताएँ परिलक्षित होती हैं। वुल्फिन ने कला के इतिहास में रुद्ध और मुक्त, इन दो रूपों की उद्भावना की है। स्त्राइख रुद्ध और मुक्त रूपों के विरोधों को साहित्यिक इतिहास में चरितार्थ सिद्ध करते हुए दिखाता है कि पूर्णतः शास्त्रीय रूप में तथा रूमानी कविता के मुक्त, अपूर्ण, खंडित और धूमिल रूप में भी ये ही विरोध हैं। स्त्राइख का विवेचन सूक्ष्म उक्तियों और मन्तव्यों से पूर्ण है, किन्तु उसकी पद्धति सर्वथा निर्दोष नहीं है।

इसकी तुलना में विभिन्न रूपों के अनेक बहुशैलीक इतिहास अधिक स्थायी महत्त्व के हैं। कार्ल वाइतोर[9] का 'हिस्ट्री ऑव द जर्मन ओड', ग्वेंथर म्वेलर का 'हिस्ट्री ऑव जर्मन साँग'[10] और हर्मन पाँग का 'पोएटिक इमेजरी,[11] या इस प्रकार के अन्य साहित्यिक शिल्प सम्बन्धी अध्ययन, रूपों के शैलीक इतिहास के उल्लेखनीय दृष्टान्त हैं। जहाँ तक वास्लर और स्त्राइख के शैली-विषयक विश्लेषण का प्रश्न है, वह सामान्य बौद्धिक इतिहास के क्षेत्र की वस्तु बन जाता है।

जर्मन चिन्तन के क्षेत्र में यह सामान्य बौद्धिक इतिहास अत्यन्त विविधतापूर्ण और उर्वर आन्दोलन सिद्ध हुआ है। यह अंशतः साहित्य में प्रतिबिंबित दर्शन का इतिहास मात्र है। इस दिशा में विलहेल्म डिल्दे[12] ने पथ-प्रदर्शक का काम किया है। अर्न्स्ट केसिरर,[13] रुडोल्फ अंगर[14] और बर्नर जेगर[15] ने साहित्यिक विद्वत्ता के क्षेत्र में असाधारण महत्त्व के कार्य किये हैं। इनमें रुडोल्फ अंगर[16] के प्रयासों के फलस्वरूप मृत्यु, प्रेम, नियति जैसी शाश्वत समस्याओं से सम्बद्ध मनोवृत्तियों के इतिहास के

प्रति एक अपेक्षाकृत स्वल्प बुद्धिवादी दृष्टिकोण का विकास सम्भव हुआ। अंगर में सशक्त धार्मिक भावना है। इसका प्रभाव भी उसकी प्रणाली पर पड़ा है। उसने हर्डर, नोवालिस और क्लाइस्त जैसे लेखकों की मृत्यु–सम्बन्धी मनोवृत्ति में परिवर्तन और सातत्य के सूत्रों का अन्वेषण कर इस पद्धति से एक छोटी–सी पुस्तिका लिखी है। पाल क्लुकोन[17] और वाल्टर रेह्म[18] आदि अंगर के अनुयायियों ने मृत्यु और प्रेम की भावना के विभावन के अध्ययनों में इस प्रणाली को बड़े पैमाने पर प्रयुक्त और विकसित किया है। किन्तु, इन विद्वानों ने साहित्य में प्रतिबिंबित संवेदना और भावना का इतिहास लिखा है, न कि स्वयं साहित्य का ही इतिहास।

जर्मनी के साहित्यिक इतिहासकार अधिकांशतः प्रवृत्ति का इतिहास (हिस्ट्री ऑव द स्पिरिट[19]) निर्मित करने में प्रवृत्त रहे हैं। जैसाकि इस सिद्धान्त के एक प्रवर्त्तक ने स्वयं कहा है। 'वे बाह्य वस्तुओं के अंदर छिपी हुई सम्पूर्णता को ढूँढ़ते हैं और सभी तथ्यों की व्याख्या समय की प्रवृत्ति के आधार पर करते हैं।'[20] इस प्रणाली के अनुसार सभी मानवीय व्यापारों में एक सार्वभौम समानता रहती है। व्यापकतर क्षेत्र में ओस्वाल्ड स्पेंगलर का 'डिक्लाइन ऑव द वेस्ट' इस प्रणाली का सुप्रसिद्ध उदाहरण है। जर्मनी के साहित्यिक इतिहास में ए.एच. कॉर्फ[21] का 'द स्पिरिट ऑव द एज ऑव गेटे' इस दृष्टि से उल्लेखनीय है, क्योंकि उसमें ग्रंथ–सामग्री और साहित्यिक इतिहास के तथ्यों के आधार पर साहस के साथ उद्भावनाएँ की गई हैं। इस प्रणाली का दुरुपयोग भी किया जाता है और किया गया भी है। उदाहरण के लिए, पाल माइसनर[22] के अंग्रेजी साहित्य के बरोक–विषयक ग्रंथ में क्रिया–प्रतिक्रिया और तनाव के सरल सिद्धान्त का सर्वथा विवेक–रहित उपयोग किया गया है। उसमें यात्रा से लेकर धर्म तक, संस्मरण लिखने से लेकर संगीत तक, समस्त सामग्री को अस्वाभाविक रूप से सुविधाजनक श्रेणियों में नियोजित कर दिया गया है। ये श्रेणियाँ निस्तार और संकोच, पिंड और ब्रह्मांड, पाप और पुण्य, विश्वास और तर्क की हैं; और माइसनर इस बात पर ध्यान नहीं देता कि किसी भी युग में इन विरोधों को ढूँढ़ निकाला जा सकता है, या इसके विपरीत, एक ही सामग्री को सर्वथा विभिन्न श्रेणियों में व्यवस्थित किया जा सकता है। इसी प्रकार की पुस्तकें हैं मैक्स ह्युत्सवाइन[23] तथा जॉर्ज स्टेफांस्की[24] की, जिनमें रोमांटिसिज्म की आत्मा पर विचार किया गया है। इन पुस्तकों में विद्वत्ता और अन्तर्दृष्टि का अभाव नहीं है, फिर भी ये बालू के घरौंदों से ज्यादा मजबूत नहीं हैं। ऐसी ही पुस्तकों में हर्बर्ट साइसार्त्स[25] की कृतियाँ भी परिगणनीय हैं, जिनमें जर्मन साहित्य में अनुभव और विचार, जर्मन बरोक काव्य और शिलर पर विचार करते हुए पांडित्य का अनावश्यक प्रदर्शन किया गया है और सिद्धान्तों के बाल की खाल निकाली गई है।

इन आध्यात्मिक प्रातिभ ज्ञानवादियों के दूसरे छोर पर जर्मन विद्वानों का एक ऐसा दल भी है जिसने जर्मन साहित्य के इतिहास को, उसके प्राणिशास्त्रीय और

जातीय सम्बन्धों की दृष्टि से लिखने की चेष्टा की है। यदि जर्मन जाति के विषय में उनका विभाव सारतः आदर्शात्मक और, ततोधिक, रहस्यात्मक नहीं होता, तब तो हम उन्हें शताब्दी के पहले के विधेयवादियों और छद्म-विज्ञानवादियों की भी कोटि में रख सकते थे। इसी दल के एक विद्वान्, जोजेफ नैडलर,[26] ने जर्मन साहित्य का एक नया इतिहास लिखा है। उसके कथनानुसार यह इतिहास 'नीचे से' (फ्रॉम बिलो) तथा जातियों, प्रदेशों और जनपदों के अनुसार, लिखा गया है, और इसमें जर्मनी के विभिन्न प्रदेशों की उपजातियों की प्रवृत्तियों को अभिव्यक्त किया गया है। वस्तुतः नैडलर का मूलभूत सिद्धान्त जर्मन इतिहास का एक विलक्षण दर्शन है। इस दर्शन का सार यह है कि जर्मनी का परिचमी भाग, जो जूलियस सीजर के समय में ही व्यवस्थित रहा है, जर्मन शास्त्रीयता में अन्तर्निहित प्राचीनता को पुनरायत्त करने का प्रयास करता रहा है। इसके विपरीत, जर्मनी का पूर्वीय भाग, जाति की दृष्टि से स्लाव प्रदेश है, जो अठारहवीं शताब्दी के बाद ही सम्यक् रूप से जर्मन प्रदेश बना था। यही कारण है कि इस प्रदेश ने रोमांटिक युग के माध्यम से मध्ययुगीन जर्मनी की संस्कृति को पुनः प्राप्त करने के लिए उत्सुकता दिखाई है। नैडलर का कहना है कि सभी रोमांटिक साहित्यकार पूर्वीय जर्मनी के ही हैं, और यदि वे नहीं हैं, तो उन्हें सही मानी में रोमांटिक कहा ही नहीं जा सकता। नैडलर के सिद्धान्त के दुर्भाग्य से, सत्य यह है कि अनेक रोमांटिक इस प्रदेश के नहीं हैं, और उसके इस कथन को नहीं माना जा सकता कि वे वास्तविक रोमांटिक नहीं हैं। किन्तु नैडलर के कुछ गुणों को भी स्वीकार करना ही पड़ेगा। पहले तो उसमें चरित्र-निरूपण की प्रभावोत्पादक क्षमता है, और दूसरे यह कि उसमें स्थानिकता की ऐसी चेतना है जो प्राचीन, और बहुधा स्थानिक, जर्मन साहित्य के अध्ययन के लिए आवश्यक सिद्ध होती है।[27] इसके साथ यह भी उल्लेखनीय है कि बहुत कुछ उसके विभावनों के परिणामस्वरूप ही नात्सी साहित्यिक इतिहास का पथ प्रशस्त बन सका था।

नात्सियों के द्वारा साहित्यिक इतिहास का जो पुनर्मूल्यांकन हुआ उसकी विशेषताओं का विस्तृत विवेचन अनावश्यक है। यहूदियों की उपेक्षा और अवमानना, अतीत में नात्सी सिद्धान्तों के पूर्वाभास पर जोर देना, गेटे जैसे असुविधाजनक किन्तु अनुपेक्षणीय व्यक्तित्वों को अपनी योजना में सन्निविष्ट करने के लिए द्रविड़-प्राणायाम करना, इत्यादि, नात्सी साहित्यिक इतिहास की ऐसी प्रवृत्तियाँ हैं जिनसे साधारणतः सभी परिचित ही हैं। साहित्यिक इतिहास के क्षेत्र में जर्मनी के वैदुष्य का धरातल 1933 ई. के बाद तेजी से गिरता चला गया है। वहाँ के अधिकांश शास्त्रीय ग्रंथों में भी तथ्यरहित प्रचार, जातीय रहस्यवाद और रूमानी आत्मश्लाघा की खिचड़ी भर ही पाई जा सकती है।

और फिर भी, साहित्य के इतिहास-दर्शन के क्षेत्र में जर्मन विद्वानों की, सम्पूर्ण उपलब्धि पर विचार करने के बाद, यह स्वीकार करना पड़ता है कि जर्मनी में वादों

और प्रणालियों की आश्चर्यजनक विविधता थी। हम उसकी तुलना उस प्रयोग-शाला से कर सकते हैं जिसमें निर्दिष्ट दार्शनिक समस्याओं के सम्बन्ध में सभी जागरूक थे और साहित्यिक वैदुष्य के बारे में विश्वास और स्वाभिमान से पूर्ण।

संदर्भ और टिप्पणियाँ

1. Shakespeare und der deutsc he Geist, बर्लिन, 1911; Goethe, बर्लिन, 1916; George, बर्लिन, 1920; Heinrich von Kleist, बर्लिन, 1922
2. Nietzche, Versuch einer Mythologie, बर्लिन, 1920
3. Idealistic
4. Frankriechs Kultur im Spiegel seiner Sprachentwicklung, हाइडेलबर्ग, 1913; Positivismus und Idealismus in der Sprachenwisscnschaft, हाइडेलबर्ग, 1904
5. Stilstudien, मुंशेन, 1928 (दो भाग); Rominische stil-und Literatur-studien, मारबुर्ग, 1931 (दो भाग)
6. Kunstgeschichtliche Grundbregriffe, मुंशेन, 1915, Principles of Art History (एम.डी. हाटिंगर द्वारा अनूदित), लन्दन, 1932
7. Wechselseitige Erhellung der Kilnste, बर्लिन, Gehalt and Gestalt im Kunstwerk des Dichters, बर्लिन, 1923; Das Wortkunstwerk, लाइपजिंग, 1926
8. Deutche Klassik und Romantik, oder Vollendung und Unendlichkeit, मुंशेन, 1922
9. Geschichte der deutschen Ode, मुंशेन, 1923
10. Geschichte der deutschen Leides, मुंशेन, 1925
11. Das Bild in der Dichtung, मारबुर्ग, 1927-34, (दो भाग)
12. Gessamere Schiiften, बर्लिन, 1923-36 (बारह भाग)
13. Idee and Gestalt, बर्लिन, 1921, Freiheit und Form, बर्लिन, 1922
14. Hamann und die deutsche Aufklarüng, Hall, 1911, (दो भाग)
15. Paideia : Die Formung des greichischen Menschen, बर्लिन, 1934 (प्रथम भाग), G. Highet द्वारा 'Paideia : The Ideals of Greek Culture' के नाम से अनूदित, न्यूयॉर्क, 1939-44, (तीन भाग)
16. Herder, Novalis, Kleist, फ्रैंकफर्त्त, 1922; Literaturgeschichte als Problem-geschichte, बर्लिन, 1924
17. Die Auffassung der Liebe in der Literatur des achtzehnten Jahrhunderts und in der Romantik, हाल, 1922
18. Der Todsgedanke in der deutschen Dichtung, हाल, 1928
19. Geistesgeschichte
20. M. W. Eppelsheimer, 'Das Renaissanceproblem'—Deutsche Vierteljahrs-chrift fur Geistesgeschichte und Litteraturwissenschaft, XI (1933), पृ. 497
21. Geist der Goethezeit, Versuch einar ideellen Entwicklung der Klassisch-romentischen Literaturgestichte, लाइपजिग, 1923, 1930, 1940 (तीन भाग)
22. Die Geisteswissenschaftlichen Grundlagen des englischen Literatur-barocks, बर्लिन, 1934
23. Das wesen des Romantischen, कोथेन, 1921

24. Das wesen der deutschen Romantik, स्तुतगार्त्त, 1923
25. Erfahrung und Idee, वाइन, 1921; Deutsche Barockdichtung, लाइपजिंग, 1924, Lilteratur-geschichte als Geisteswissenschaft, हाल, Schiller, 1926; हाल, 1934
26. Literaturgeschichte der deutschen Stämme ynd Landschaften, रेजेनस्बुर्ग, 1912–28 (चार भाग); नात्सीकृत संस्करण—Literatur-gestichte des deutschen Volkes का प्रकाशन 1938 में आरम्भ हुआ था।
27. H.G. Atkins, German Literature through Nazi Eyes, लन्दन, 1941।

अध्याय 9

पाश्चात्य साहित्यिक इतिहास : फ्रेंच

पश्चिम में उन्नीसवीं शताब्दी के साहित्यिक वैदुष्य की प्रणालियों के जो विकल्प वर्तमान शताब्दी में उपस्थित किये गए, वे पूर्वागत विधेयवाद के विरुद्ध विद्रोह के आधार हैं। हमने आगे अंग्रेजी और जर्मन-साहित्य के इतिहास-दर्शन पर विचार करते हुए तत्तत् साहित्यों के इतिहासों एवं ऐतिहासिक विवेचनों में इस विद्रोह के आधार निर्दिष्ट किये हैं। जहाँ तक फ्रेंच साहित्य के इतिहास-दर्शन का प्रश्न है, वह उपर्युक्त साहित्यों के इतिहास-दर्शन की तुलना में अधिक नियंत्रित रहा है, और उन्नीसवीं शताब्दी के विधेयवाद के विरुद्ध होने वाले विद्रोह से भी वह प्राय: अछूता रहा है।

फ्रेंच साहित्य के इतिहासकारों की यह गतानुगतिकता आश्चर्यजनक तो है, किन्तु इसके कारण आसानी से ढूँढ़ निकाले जा सकते हैं। फ्रांस कभी जर्मनी के संघटित साहित्यिक तथ्यवाद से आक्रांत नहीं हुआ। फ्रांस के साहित्यिक इतिहासकारों ने, अधिक-से-अधिक प्रकृतिवादी दृष्टिकोण अपनाने पर भी, सदैव स्पृहणीय नन्दतिक और आलोचनात्मक विवेक का परिचय दिया है। फर्दिनें ब्रुनेतिएर प्राणिशास्त्रीय विकासवाद से अत्यधिक प्रभावित था, किन्तु वह श्रेण्यवादी बना रहा, इसी प्रकार गुस्ताव लासों ने वैज्ञानिक आदर्श के साथ राष्ट्रीय चेतना और उसकी आध्यात्मिक एषणा के विभावनों का समन्वयन किया।

फिर भी, प्रथम विश्वयुद्ध के तुरत बाद फ्रांस में भी तथ्यवाद की विजय होती-सी दीख पड़ती है। भारी-भरकम महानिबन्ध (the'se)[1] फेरनाँद बालदेनस्पर्जेर के द्वारा अनुप्रेरित तुलनात्मक साहित्य के सुसंघटित सम्प्रदाय का व्यापक प्रभाव फ्रेंच भाषा के श्रेण्य ग्रंथों के अतिशय विशद संस्करण[2] प्रस्तुत करनेवाले विद्वानों की सफलता, डैनिएल मार्ने के सिद्धान्त, जिसकी माँग थी कि गौणतम लेखकों का भी विशद साहित्यिक इतिहास लिखा जाए; ये सभी इस बात के लक्षण हैं कि फ्रांस ने उन्नीसवीं शताब्दी के विशुद्ध ऐतिहासिक वैदुष्य को आयत्त करने की चेष्टा की थी।

किन्तु इसके साथ-ही-साथ फ्रांस में परिवर्तन के भी चिह्न लक्षित होते हैं और वह, जैसा सर्वत्र होता है, दो दिशाओं में प्रसरित होता है—नवीन संश्लेषण और नवीन विश्लेषण की ओर। फ्रांस के साहित्यिक इतिहासकार निर्भीक भाव से चित्रित बौद्धिक इतिहासों के क्षेत्र में विशेष रूप से सफल सिद्ध हुए हैं। उदाहरण के लिए, पाल हैजर्ड का 'Crise de la Conscience Europeenne' उस परिवर्तन का कुशल प्रतिपादन है, जो सत्रहवीं शताब्दी के अन्त में यूरोप में दिखाई पड़ा था। हैजर्ड ने अपने इस विस्तृत ग्रंथ में उस यूरोपीय चेतना के विभावन को अपनाया है जो प्राचीन विधेयवादी प्रणालियों को सर्वथा अग्राह्य था। एतिएँ गाइलसों[3] जैसा कैथलिक-मतानुयायी लेखक भी साहित्य पर धार्मिकता के प्रभाव की मीमांसा करता हुआ, या ऐबेब्रेमों अपने विशाल 'Literary History of the Religious Sentiment in France'[4] में प्रकृतवाद की उपेक्षा करते हैं।

अपेक्षाकृत अधिक सीमित परिधि वाले लुई कजामियाँ ने तो साहित्यिक विवेचनों में अंग्रेजी साहित्य के इतिहास के मनोवैज्ञानिक विकास की एक कल्पित योजना निर्मित करने का भी प्रयत्न किया है[5], जिसमें यह प्रमाणित किया गया है कि अंग्रेजों की मानसिक चेतना भावना और बुद्धि के ध्रुवांतों के बीच क्रमशः तीव्रतर होता जानेवाला दोलन है। यह योजना अपने इस निर्दिष्ट व्यवहृत रूप में कहाँ तक सफल है, विवाद हो सकता है। साहित्यिक परिवर्तनों की जटिल वास्तविकता का इससे कहाँ तक समाधान होता है, यह अवश्य ही विचारणीय है। फिर भी अस्वीकार नहीं किया जा सकता कि यह योजना साहित्य के लिए व्यवहृत इतिहास के प्रायः तात्त्विक दर्शन को प्रस्तुत कर देने का प्रयास था।

साहित्य के इन इतिहासकारों के अतिरिक्त पाल वान टाइगेम[6] ने 'सामान्य साहित्य' का ऐसा विभावन भी उद्‌भावित किया है जो तुलनावादियों के द्वारा प्रयुक्त प्रभावों के पृथक्कृत और पृथक्कारी अध्ययन के नितांत प्रतिकूल है, और जो पाश्चात्य यूरोपीय साहित्यिक परम्परा की अन्विति मान लेता है। जहाँ तक इस विद्वान् के सिद्धान्त के स्वतः व्यवहृत रूप का प्रश्न है, वह बहुत निराशाजनक और रूढ़ है, क्योंकि वह साहित्यिक प्रचलनों को समस्त यूरोपीय देशों में निरूपित मानकर सन्तोष कर लेता है।

फ्रेंच विद्वानों के अपेक्षाकृत अधिक विश्लेषणात्मक विवेचनों में भी दृष्टिकोण के आमूल परिवर्तन का अभाव ही है। 'Explication de txtes' की प्रणाली अत्यधिक भाषा-विज्ञानमूलक और निरुक्तशास्त्रीय है और इस कारण वह साहित्यिक अध्ययन की एक उपयोगी पद्धति भर ही मानी जा सकती है। फिर भी यह उल्लेखनीय है कि अधुनातन साहित्यिक विवेचनों में पाठ की ओर लौट चलने का जो स्पृहणीय आन्दोलन शुरू हुआ था, उसका प्रारम्भ इसी प्रणाली में पाया जाता है।

संदर्भ और टिप्पणियाँ

1. उदाहरणार्थ, Abel Le Franc का Rabelais; Pierre Villey का Montaigne के Essais का संस्करण; Daniel Mornet का Ronsseau के Nouvelle Heloise का संस्करण।
2. तीन भाग, पेरिस, 1934
3. Les id'ees et les lettres, पेरिस, 1932
4. L'Histoire du Sentiment religieux en France, पेरिस, 1923-33—फ्रेंच में ग्यारह भागों में, अंग्रेजी में उल्लिखित आंशिक अनुवाद तीन भागों में, न्यूयॉर्क, 1928-36
5. L'Evolution Psychologique de la litterature en Angleterre, पेरिस, 1920, E. Legouis तथा L. Cazamian, Histoire de la littèrature anglaise का उत्तरार्द्ध, पेरिस, 1924; H.D. Irvine का दो भागों में अंग्रेजी अनुवाद, लन्दन, 1926-27
6. 'La synthèse en histoire littèraire : Littèrature comparèe et littèrature gènèrale' शीर्षक निबन्ध Revue de synthèse historique, XXXI, 1921, में; Le Prètomantisme, पेरिस, 1924-30, (दो भाग)।

अध्याय 10

पाश्चात्य साहित्यिक इतिहास : अंग्रेजी

अंग्रेजी साहित्य के एतिहासिक नियोजन का आरम्भ अठारहवीं शताब्दी में हुआ। यह देखना उपयोगी सिद्ध होगा कि इसके आविर्भाव के पूर्व क्या तैयारियाँ जरूरी थीं। सर्वप्रथम आकर साहित्य-विषयक तथा जीवनीमूलक सामग्री देखने को मिलती है। सोलहवीं शताब्दी में ही जान लेलैंड और जान बेल ने उन समस्त अंग्रेज लेखकों के नामों और कृतियों के शीर्षकों का संकलन किया जिनका पता वे लगा सके। सत्रहवीं शताब्दी में एक आलोचनात्मक परम्परा का उद्‌भव हुआ, जिससे लेखक अच्छे और कम अच्छे में भेद करने में समर्थ हुए। इसी शताब्दी में 'कवि-वृत्त' ('Lives of the Poets') लेखन की परम्परा का भी आरम्भ हुआ, जिसका परिणमन, एक शताब्दी बाद, डा. जानसन के 'लाइज ऑव द पोएट्स' में हुआ। इस काल में पुस्तकालयों का संघटन भी हुआ, जिसके फलस्वरूप प्राचीन ग्रंथ सुलभ हो सके। सन् 1600 के लगभग बोडलियन पुस्तकालय की स्थापना हुई और इसका प्रथम सूची-पत्र 1605 में प्रकाशित हुआ। ऑक्सफोर्ड और कैम्ब्रिज के महाविद्यालयों के हस्तलिखित ग्रंथों के संग्रह सन् 1697 एडवर्ड बर्नार्ड के द्वारा सूचीबद्ध हुए। सर राबर्ट काटन का विशाल संग्रह (जो अब ब्रिटिश म्यूजियम का अंग है) सत्रहवीं शताब्दी में उनके तथा उनके वंशजों का व्यक्तिगत संग्रह बना रहा, किन्तु अठारहवीं शताब्दी के आरम्भ में वह राष्ट्र की सम्पत्ति बन गया। हार्लियन संग्रह (Harleian Collection) का सूची-पत्र ब्रिटिश म्यूजियम के संरक्षकों की आज्ञा से, सन् 1759 में, प्रकाशित हुआ। इसके तीन-चार वर्षों बाद ही टामस बार्टन ने अंग्रेजी काव्य के इतिहास लेखन की योजना बनाई, जिसका प्रथम भाग सन् 1774 में प्रकाशित हुआ। इस कालावधि में आदियुगीन काव्य की प्रकृति तथा काव्य और सभ्यता के परस्पर सम्बन्ध के विषय में बहुसंख्य आलोचकों और दार्शनिकों के द्वारा सिद्धान्त प्रवर्तित किये जा चुके थे। सत्रहवीं शताब्दी के अन्त में, जार्ज हिक्स (George Hickes) के अनवरत परिश्रम के फलस्वरूप, पर्याप्त भाषा-तत्त्व सम्बन्धी ज्ञान भी सुलभ हो चुका था।

साहित्यिक इतिहास के पूर्वावश्यक तत्त्वों में प्रमुख हैं पुस्तकालय, सूची-पत्र, आकर-साहित्य-सूची, जीवनियाँ, कारणत्व और विकास का बोध, तथा भाषाशास्त्रीय ज्ञान। इनके अनिवार्यतः मंद विकास के कारण ही हम देखते हैं कि सर्वत्र, अन्य विषयों के इतिहास की तुलना में, साहित्य के इतिहास का प्रणयन बाद में शुरू हुआ।

साहित्य के ऐतिहासिक अध्ययन की, इंग्लैंड में, दो ही प्राचीन परम्पराएँ पाई जाती हैं। एक विशुद्ध रूप से प्रत्नतात्त्विक[1] है। इसी परम्परा के अन्तर्गत डब्ल्यू. डब्लू. ग्रेग और डोवर विलसन जैसे आधुनिकों के अध्ययन आते हैं, जिनका सम्बन्ध प्रधानतः शेक्सपियर के पाठ की मीमांसा पर अवलंबित 'उच्चतर' आलोचना से है। प्रथम महायुद्ध के बाद यह नवीकृत प्राचीन परम्परा बहुत प्रभावशाली बन गई थी।

दूसरी परम्परा है व्यक्तिगत आलोचनात्मक निबन्ध की, जिसमें बहुधा रुचि-वैचित्र्य का दायित्वशून्य प्रदर्शन ही देखने को मिलता है। इंग्लैंड में, कम-से-कम शास्त्रीय विद्वत्ता के क्षेत्र में, सुनियोजित चिन्तन और ज्ञान के विषय में एक ऐसा अविश्वास का भाव देखा जाता है जो, दूसरे देशों की तुलना में, उसकी एक विशेषता ही है। वहाँ के शास्त्रज्ञ सूक्ष्म और जटिल समस्याओं को भरसक टाल जाना पसन्द करते हैं। काव्य के सम्बन्ध में बौद्धिक मीमांसन को वे एक प्रकार का असम्भवप्राय कार्य मान लेते हैं। यह बात विशेष रूप से पुरानी पीढ़ी के विद्वानों के बारे में सच है। यही कारण है कि प्रणाली-विषयक (Methodology) तात्त्विक समस्याओं के सम्बन्ध में इंग्लैंड में अत्यल्प खंडन-मंडन हुआ है। इस तथ्य के स्पष्टीकरण के लिए यह एक उदाहरण पर्याप्त होगा—एच.डब्ल्यू. गैरड[2] ने निस्संकोच स्वीकार किया है कि 'कविता कुछ सूक्ष्म-सी चीज है या कुछ नहीं है।'[3] इसी तरह उसका यह कथन उदाहरणीय है कि वही आलोचना उत्तम है जो 'तात्त्विक प्रश्नों को लेकर कम-से-कम सर-दर्द मोल लिये बिना' लिखी जाती है। जिन विद्वानों ने साहित्यिक कृतियों की सार्थकता पर गम्भीर चिन्तन किया भी है, वे या तो आर्थर क्विलर क्वूश[4] की तरह अस्पष्ट धार्मिक रहस्यवाद के, या फिर एफ.एल. ल्यूकस[5] की तरह नन्दतिक प्रभाववाद के शिकार बन जाते हैं।

किन्तु इनके विरुद्ध एक प्रतिक्रिया भी हुई है, जो द्विधा-विभक्त हो गई है। इनमें पहली प्रणाली है आइ.ए. रिचर्ड्स की, जो उनकी पुस्तक 'Principles of Literary Criticism' में निरूपित और 'Practical Criticism'[6] में सम्यक् रूप से व्यवहृत हुई है। रिचर्ड्स मूलतः मनोवैज्ञानिक और अर्थवैज्ञानिक हैं। वे कविता के उपचारात्मक प्रभावों और पाठकों की प्रतिक्रियाओं और उनके मनोवेगों के रूप-ग्रहण में अभिरुचि रखते हैं। उनके सिद्धान्त के तात्पर्य पूर्णतः प्रकृतवादात्मक और विधेयवादात्मक है; कभी-कभी तो वे स्नायु-विज्ञान के प्रच्छन्न कांतार की ओर हमारा ध्यान आकृष्ट कराकर ही सन्तुष्ट हो जाते हैं। यह समझ पाना कठिन है कि

पाठक के ज्ञान का यह कल्पित सन्तुलन साहित्य के अध्ययन के लिए किस प्रकार उपयोगी सिद्ध हो सकता है, क्योंकि स्वयं रिचर्ड्स को यह स्वीकार करना पड़ा है कि ऐसी मनोदशा एककालीन हो सकती है, या किसी के अंग-संचालन से, एक चमत्कारपूर्ण उक्ति, या एक गीत से भी, उत्पन्न हो सकती है। दिक्कत यह है कि ऐसा कोई भी सिद्धान्त, जो सारा भार पाठक के अपने मन के प्रभावों पर छोड़ देता है, मूल्यों की अराजकता और वंध्य अविश्वास तक ही हमें पहुँचा सकता है। रिचर्ड्स ने स्वयं ही इस निष्कर्ष पर पहुँचने के बाद कहा है कि 'अच्छी कविता को पसन्द और बुरी को नापसन्द करना उतना जरूरी नहीं है, जितना इसके लिए समर्थ हो सकना कि हम उसके द्वारा अपने मन को सुव्यवस्थित कर सकें।' इसका तात्पर्य तो यह होता है कि कोई कविता हमारी क्षणिक मानसिक आवश्यकताओं के अनुसार ही अच्छी है या बुरी। ऐसी स्थिति में यह स्पष्ट है कि किसी कलाकृति के बाह्य संघटन पर ध्यान न देने से अनिवार्यतः अराजकता ही हाथ लगेगी। यह सौभाग्य की बात है कि अपनी व्यावहारिक आलोचना में रिचर्ड्स प्रायः अपने सिद्धान्त को भूल जाते हैं। जहाँ तक उनकी आलोचना के व्यावहारिक पक्ष का प्रश्न है, सच तो यह है कि उन्होंने कलाकृतियों की सम्पूर्ण अर्थ-विविधता को समझा है, और दूसरों को भी प्रेरित किया है कि वे अर्थ-विश्लेषण के उनके कौशल का प्रयोग नई दिशाओं में करें।

रिचर्ड्स के अनुयायियों में विलियन एम्पसन[7] सर्वाधिक उल्लेखनीय हैं। काव्य की भाषा और आशयों के सूक्ष्म और कभी-कभी अति-विचक्षण विश्लेषणों के प्रचलन का सूत्रपात इन्होंने ही अपनी पुस्तक 'Seven Types of Ambiguities' में किया था। एफ. आर. लेविस[8] ने रिचर्ड्स की पद्धतियों का समझदारी के साथ व्यवहार किया है और उन्हें अंग्रेजी काव्य के इतिहास के उस पुनर्मूल्यांकन के साथ समन्वित कर दिया है, जिसका आरम्भ टी.एस. इलियट के निबन्धों में हुआ था। लेविस ने रिचर्ड्स की काव्य की व्याख्या की पद्धतियाँ तो अपनाई हैं, किन्तु उसके छद्म-वैज्ञानिक साधनों का सहारा नहीं लिया है। इसी तरह, लेविस ने आधुनिक सभ्यता के प्रति इलियट का आलोचनात्मक दृष्टिकोण तो अपना लिया है, किन्तु वह उसके आँग्ल-कैथोलिकवाद का पिछलगुआ नहीं है। कलाकृति की अन्विति पर उसका जोर देना, परम्परा-सम्बन्धी उसका विभावन, साहित्यिक इतिहास और आलोचना के कृत्रिम पार्थक्य की उसकी पूर्ण अस्वीकृति—ये सभी विधेयवाद-विरोधी उस आन्दोलन के प्रमुख लक्षण हैं, जो पाश्चात्य साहित्यिक इतिहास-दर्शन की समकालीन विशेषता है। जाफ्रे टिलोट्स ने 'The Poetry of Pope'[9] में, पोप की कविता के विषय में, रिचर्ड्स के द्वारा उद्‌भावित कविता की भाषा के सतर्क निरीक्षण की पद्धति कुशलतापूर्वक व्यवहृत की थी। बाद में अपने 'Essay in Criticism and Research'[10] में उसने ऐतिहासिक पुनर्निर्माण के अस्पष्ट सिद्धान्त

का भी समर्थन किया है और उसकी व्यावहारिक आलोचना असम्बद्ध मंतव्यों के धरातल पर ही रह गई है।

इंग्लैंड में साहित्यिक अध्ययन की एक दूसरी धारा भी लक्षित होती है, जो नव-हेगेलीयवाद के पुनरुज्जीवन और उसके द्वंद्वात्मक विकास के विभावन से सम्बद्ध है। सी.एस. लेविस अपनी पुस्तक 'Allegory of Love'[11] में शैली के इतिहास की विकासात्मक प्रणाली के साथ प्रेम और विवाह के सम्बन्ध में मनुष्य की मनोवृत्ति के इतिहास का निपुणतापूर्वक समन्वय कर दिखाते हैं। इसके साथ ही साथ लेविस ने साहित्य के जीवनी प्रधान और मनोवैज्ञानिक अनुबन्ध को आवश्यकता से अधिक महत्त्व देनेवाले सिद्धान्त का भी योग्यता के साथ खंडन किया है। इधर लेविस ने साहित्य की अभिजात रूढ़ियों का समर्थन और आधुनिक साहित्य के प्राय: सभी प्राणवान् तत्त्वों का विरोध किया है।

डब्ल्यू.पी. कर[12] ने अंग्रेजी में सबसे पहले इस सिद्धान्त का प्रतिपादन किया था कि शैली का विकास एक निश्चित योजना के अनुसार होता है। मध्ययुगीन साहित्य की विशेषज्ञता उनके इस सिद्धान्त की आधार-शिला है। इस सिलसिले में बहुत महत्त्वपूर्ण देन हैं—एफ. डब्ल्यू. बेटसन की। एक ऐसे साहित्य के इतिहास के विषय में, जो मात्र सामाजिक परिवर्तन का दर्पण न हो, इन्होंने ही स्पष्ट जागरूकता दिखाई है। 'Cambridge Bibliography of English Literature' में उन्होंने अन्य विद्वानों के लिए पथ-निर्देश किया है। 'The English Language and Poetry' में बेटसन ने उन्नीसवीं शताब्दी के इतिहासकारों की इसलिए आलोचना की है कि उन्होंने साहित्य को मात्र सामाजिक शक्तियों का उत्पादन मान बैठने की भूल की थी, किन्तु उनकी यह भी शिकायत है कि आधुनिक विद्वानों में विवेक का एकांत अभाव है, और सन्तुलन का भाव तो रह ही नहीं गया है। किन्तु अंग्रेजी काव्य के आदर्श इतिहास के सम्बन्ध में स्वयं उनका यह मंतव्य कि वह भाषा-वैज्ञानिक परिवर्तन के घनिष्ठ सम्बन्ध के साथ ही लिखा जा सकता है, बहुत युक्तिसंगत नहीं कहा जा सकता, क्योंकि इसके मानी हैं कि साहित्यिक विकास के एकांगी आधार के रूप में किसी एक बाहरी शक्ति को स्वीकृत कर लिया जाए। फिर भी इतना तो निर्विवाद है कि बेटसन ने विधेयवादात्मक पूर्वग्रहों को अमान्य सिद्ध किया है और वास्तविक साहित्यिक इतिहास की केन्द्रगत समस्या निर्दिष्ट कर दी है।

साहित्यिक इतिहास से घनिष्ठ सम्बन्ध रखनेवाले विचारों के इतिहास में भी नये दृष्टिकोण और प्रणालियाँ दिखाई पड़ने लगी हैं। बेसिल विली का 'Seventeenth Century Background'[13] तो जैसे इलियट के सत्रहवीं शताब्दी की अन्वित चेतना और उसी शताब्दी के उत्तरार्द्ध में उसके विघटन के सिद्धान्त को उदाहृत करने के लिए ही लिखा गया है। विली की पुस्तक निस्संदिग्ध रूप से मानवीय इतिहास और काव्य के प्रकृतवाद-विरोधी विभावन को प्रस्तुत करती है। समग्र रूप से देखने पर

निष्कर्ष यही निकलता है कि आज भी इंग्लैंड में विधेयवाद का विरोध अव्यवस्थित और छिटफुट है, और जहाँ तक उसके दार्शनिक तात्पर्यों और आधारों का प्रश्न है, अस्पष्ट भी है। सिद्धान्त पर यदि कोई चीज छा-सी गई है तो वह है स्नायविक मनोविज्ञान का एक धूमिल रूप। फिर भी यह सत्य है कि इंग्लैंड में भी पुरानी विद्वत्ता के विरुद्ध असन्तोष की भावना प्रखर हो उठी है।

संदर्भ और टिप्पणियाँ

1. Antiquarianism
2. The Profession of Poetry, ऑक्सफोर्ड, 1929, पृ. 47; Poetry and the Criticism of Life, ऑक्सफोर्ड, 1931, पृ. 156-57
3. The Poet as Citizen and other Papers, कैम्ब्रिज, 1934, पृ. 134
4. Life and Letters II, 1929, में 'Criticism' शीर्षक निबन्ध; The Criticism of Poetry, लन्दन, 1933
5. 1924
6. 1929
7. लन्दन, 1930, Some Versions of Pastoral भी द्रष्टव्य, लन्दन, 1935
8. How to Teach Reading, लन्दन, 1932; New Bearings in English Poetry, लन्दन, 1932; Revoluation : Tradition and Development in English Poetry, लन्दन, 1936
9. ऑक्सफोर्ड, 1936
10. कैम्ब्रिज, 1942
11. ऑक्सफोर्ड, 1936; C.S. Lewis तथा E.M. Tillyard, The Personal Heresy : A Controversy, ऑक्सफोर्ड, 1934; Rehabilitations, लन्दन, 1939
12. From and Style in Poetry, R.W. Chambers द्वारा सम्पादित, लन्दन, 1938
13. लन्दन, 1934; The Eighteenth Century Background, लन्दन, 1940 भी द्रष्टव्य, यद्यपि अपेक्षया कम महत्त्वपूर्ण।

अध्याय 11

पाश्चात्य साहित्यिक इतिहास : रूसी

उन्नीसवीं शताब्दी में एकाधिक रूसी विद्वानों ने तुलनात्मक साहित्येतिहास के क्षेत्र में उल्लेखनीय कार्य किया। इनमें प्रमुख थे अलेग्जांडर वेसेलोव्स्की,[1] जिन्होंने स्लाव-प्रदेशीय लोककथा-साहित्य का आश्रयण कर साहित्यिक रूपों का प्रकृतवादी इतिहास लिखने का प्रयास किया था। इसके अतिरिक्त तदानीतन रूस में एक अध्यात्मवादी अथवा आदर्शवादी आलोचना-पद्धति भी प्रचलित हुई, जिसका निदर्शन निकोले बर्देयेव की दोस्तोएव्स्की-विषयक[2] पुस्तक में होता है। साहित्यानुशीलन की इस प्रकृतिवादी-जैवी, अथवा धार्मिक-आध्यात्मिक प्रणाली की प्रतिक्रिया में, 1916 के आस-पास, रूस में एक ऐसे साहित्यिक आन्दोलन का आरम्भ हुआ जो 'रूपवाद' (Formalism) की संज्ञा से अभिहित किया गया था। यह आन्दोलन रूस में प्रचलित उपदेश पर साहित्यालोचन का विरोधी था; कम-से-कम साम्यवादी दल द्वारा निर्धारित मार्क्सवादी ऐतिहासिक भौतिकवाद से पलायन तो था ही। रूपवादियों का सम्प्रदाय प्रायः 1930 में निषिद्ध घोषित कर दिया गया और अब इसके रूसी अनुयायी नहीं रह गए हैं।

रूपवाद रूसी भविष्यवाद से सम्बन्ध रखता था और जहाँ तक प्राविधिक पक्षों का प्रश्न है, नवीन आदर्शवादी भाषिकी (Linguistics) से। कलाकृति-विशेष 'उसमें व्यवहृत उपायों की समग्रता है'—यही रूपवादी विभावन था : न केवल छंद:विधान, शैली, रचना, तथा वे सभी तत्त्व जो साधारणतः रूप कहे जाते हैं, अपितु वस्तु-चयन, चरित्र-चित्रण, परिवेश, कथानक, जिन्हें साधारणतः विषय कहते हैं, प्रभाव-विशेष की उपलब्धि के लिए कलात्मक साधन माने जाते हैं। इन उपायों की द्विविध विशेषता हैं—संघटनात्मक (Organizing) और विरूपणात्मक (Deforming)। उदाहरणार्थ, यदि कोई भाषिक तत्त्व (ध्वनि, वाक्य-रचना, आदि) उसी प्रकार प्रयुक्त होता है, जिस प्रकार सामान्य भाषा में, तो वह ध्यान आकृष्ट करने में असमर्थ सिद्ध होगा, किन्तु जब एक कवि उसे संघटन-विशेष में आबद्ध कर उसे विरूप करता है, तब वह ध्यान आकृष्ट करता है और इस प्रकार नन्दतिक

अवगमन का निश्चित आधार बन जाता है। रूपवादी कृति तथा उसकी निश्चित साहित्यिकता को साहित्यिक अध्ययन का केन्द्र बनाते हैं और उसके जीवनीमूलक एवं सामाजिक सम्बन्धों को सर्वथा बाह्य मानकर छोड़ देते हैं। रूपवादियों ने ध्वनि-प्रतिरूपों (Sound patterns), विभिन्न भाषाओं की छंद-पद्धतियों, रचना-सिद्धान्तों, काव्य की वाक्-सरणियों (diction), आदि, के विश्लेषण के लिए विलक्षण पद्धतियों का प्रवर्त्तन किया है। इनके लिए उन्होंने उस नवीन प्रकार्य भाषिकी (Functional linguistics) से निकट सम्बन्ध रखा, जिसने स्वनग्रामिकी (Phonemics) को विकसित किया और जो अब अमरीका में प्रश्रय पा रही है। रोमन जैकोब्सन[3] ने मात्र श्रौत (Acoustic) या संगीतात्मक पद्धतियों को अस्वीकृत कर, तथा विभिन्न भाषाओं के अर्थ और उनकी ध्वनिशास्त्रीय प्रणाली के निकट सम्बन्ध में अध्ययन करते हुए, छांदिकी (Metrics) को एक नया आधार दिया है। विक्तर श्क्लोव्स्की[4] ने गल्प के प्रकारों तथा उनके प्राविधिक साधनों को साधारण समय-क्रम का विरूपण, कार्य के विलंबन के लिए बाधाओं का संकलन, आदि, वाक्यों की सहायता से विश्लिष्ट किया है। ओसिप ब्रिक[5] ने बड़ी विचक्षणता के साथ ध्वनि-प्रतिरूपों का अध्ययन किया है। उसके अनुसार ध्वनि-प्रतिरूप वाक्-सरणि और छंद से प्रभावित होते हैं और उन्हें प्रभावित करते हैं। विक्तर झिरमुंस्की[6] तथा बोरिस तोमाशेव्स्की[7] ने रूसी पद्य-रचना के सिद्धान्त और इतिहास का अध्ययन किया है। एखेनबाम[8] और टिनयान्योव[9] ने रूसी साहित्यिक कृतियों के अनुशीलन में इन प्रविधियों का व्यवहार किया है और रूसी साहित्य के इतिहास पर नया प्रकाश डाला है। रूसी रूपवादियों ने बड़ी दृढ़ता और स्पष्टता के साथ यह विभावित किया है कि साहित्येतिहास साहित्य में प्रतिबिंबित आचार-व्यवहार और सभ्यता का इतिहास मात्र नहीं है। हेगेल और मार्क्स की द्वांद्विकी (Dialectic) से उन्होंने लाभ उठाया है, किन्तु इसके साधारणीकृत पूर्वग्रह का परित्याग करते हुए, उन्होंने साहित्यिक रूपों और साधनों के इतिहास विशुद्ध साहित्यिक दृष्टि से लिखे हैं। उनके लिए साहित्येतिहास, साहित्यिक परम्परा और साहित्यिक साधनों का इतिहास है। वे प्रत्येक कलाकृति का, उसे प्राग्भावी कलाकृतियों की पृष्ठभूमि के समक्ष रखकर या उनकी प्रतिक्रिया के रूप में, अध्ययन करते हैं, क्योंकि रूपवादियों की मान्यता है कि साहित्येतिहास के विकास की प्रक्रिया स्वतः विकासमान होती है और समाज के इतिहास या लेखकों के वैयक्तिक अनुभवों से उसका मात्र बाह्य सम्बन्ध ही रहता है। उनकी दृष्टि में साहित्य के नवीन रूप निकृष्ट रूपों के चरम उत्कर्ष होते हैं। उदाहरणार्थ, दोस्तोएव्स्की के उपन्यास मात्र उदात्त अपराध-कथाएँ (Crime-stories) हैं और पुश्किन की गीतियाँ गरिमा-मंडित कैशोर पद्य।

अपेक्षया संयत रूपवादियों ने 'पुश्किन पर बायरन का प्रभाव' जैसी परम्परागत समस्याओं पर श्लाघ्य कार्य किये हैं। उदाहरणार्थ झिरमुंस्की इन दोनों कवियों के

समानांतर अंशों में पहले पर दूसरे का प्रभाव न मानकर, यह विभावित किया है कि यह दो समग्रताओं का सम्बन्ध है। जो अतिवादी रूपवादी हैं, उन्होंने अत्युक्ति और संकीर्ण पूर्वग्रह से भी काम लिया है। जो भी हो, रूपवादियों को यह श्रेय तो है ही कि उन्होंने साहित्य के शासकीय मान्यता-प्राप्त मार्क्सवादी दृष्टिकोण को कियदंश में सन्तुलित बनाये रखा।

साधारणत: मार्क्सवादी साहित्यालोचक एक प्रकार का नव-विधेयवादी ही होता है। वह विचक्षणता के साथ साहित्यिक कृति-विशेष को आर्थिक प्रगति के स्तर-विशेष से संलग्न सिद्ध करता है। वह बड़े सतही विधेयवादी ढंग से समाज और साहित्य के कार्यकारण सम्बन्ध को प्रस्तुत करता है। अवश्य इसके अपवाद भी हैं। सैक्युलिन अपने 'History of Russian Literature'[10] में, उदाहरण के लिए, सामाजिकी (Sociology) में ही रुचि रखने के बावजूद, साहित्यिक बना रहता है। जिस पाठक समुदाय और वर्ग पर प्रभाव पड़ा और जिस सामाजिक स्तर से साहित्यकारों का आविर्भाव हुआ, उनके निकटतम सम्बन्ध में रूसी साहित्य को रखकर, सैक्यूलिन ने उसके इतिहास का निर्धारण किया है। सैक्यूलिन ने रूसी साहित्येतिहास की प्रक्रिया को साहित्य और समाज के द्वंद्वात्मक तनाव के रूप में देखा है, और यह प्रमाणित किया है कि समाज का निम्नतर वर्ग रूसी साहित्य के उत्पादन में क्रमशः अधिकाधिक हिस्सा लेता चला गया।

संदर्भ और टिप्पणियाँ

1. Alexander Veselovsky : Iztoricheskaya Poetika (Historical Poetics), सं. V. Zhirmunski, लेनिनग्राद, 1940
2. Nikolay Berdayev : Dostoyevsky; फ्रांसीसी से Donald Attwater द्वारा अंग्रेजी में अनूदित; न्यूयॉर्क, 1934
3. विशेषत: द्रष्टव्य—O Cheshskom stiche (चेक पद्य के विषय में) बर्लिन, 1923; Halle, Morris, आदि द्वारा सम्पादित, For Roman Jakobson : Essays on the Occasion of his Sixtieth Birthday, The Hague, 1956
4. Teoriyi prozy (गद्य का सिद्धान्त), मास्को, 1925
5. Opoyaz : Sbornik pro teoriyi poeticheskogo jazyka (काव्य की भाषा के सिद्धान्त पर विचार-संकलन) में निबन्ध, लेनिनग्राद, 1916, 1917 और 1919
6. Viktor Zhirmunsky, Rifma, yeye istoria iteoriya (पद्य-रचना : उसका इतिहास तथा सिद्धान्त), लेनिनग्राद, 1923; Byron Pushkin, लेनिनग्राद, 1924
7. Boris Tomashevsky, Ruskoye stikhoslozhenye (रूसी छांदिकी), लेनिनग्राद, 1923; Teoriya literatury, लेनिनग्राद, 1925
8. Boris Aikhenbaum, Molodoy Tolstoy (युवक टॉल्स्टॉय), लेनिनग्राद, 1922; Literatura : teyoriya, kritika, polemika, लेनिनग्राद, 1926; Lev Tolstoy, दो भाग, लेनिनग्राद, 1931
9. Yuryi Tinyanyov, Problema stikhotvornogo jazyka (काव्य-भाषा की समस्या), लेनिनग्राद, 1924

10. Oskar Walzel के Handbuch der Literaturwissenschaft में, Geschichte der russischen Literatur, बर्लिन, 1927

सामान्यतः द्रष्टव्य

B. Arbatov, Art and Class, 1922; N. Beridaev, The Crisis for Art, 1917; A. Bogdanov, Elements Proletarski kulturi (सर्वहारा-संस्कृति के तत्त्व), 1920; Brucksohn, Problema teatral'nostü, (रंगमंच की समस्या), 1923; A. Cicagovka, Constructivism, 1923; A. Efros, The Spirit of Classicism, 1922; J. Ehrensburg, Poesiia revolutsionnoi (क्रांतिवादी काव्य),1921; वही, Poesiia bolshevistkikh dnei (बोलशेविक काव्य), 1921; The Charter of Expressionism, 1919; W. Evgenev Maximov, From Symbolism to October, 1923; Imagism, 1919; P.M. Kershentsev, The Creative Theatre, 1922; Lvov Rogachevski, Sketches for the History of Recent Russian Literature, 1923; वही, The Poetry of the New Russia, 1919; वही, The Imagists and the Ikon Bearers; R.L. Mandelstamm, Khudozhestvennaia Literatura v tsenke russoi-marxistkoi Kritiki (रूसी—मार्क्सवादी आलोचना के निर्णय के सम्बन्ध में निबन्ध), 1923; Neoclassicism (नवश्रेण्यवादियों की घोषणा, अठारह हस्ताक्षर), 1923; The Manifesto of the Nichevoists, 1923; A. Sviatogov, Biocosmic Poetry, 1921; L. Trotski, Literature and Revolution, 1924।

अध्याय 12

पाश्चात्य साहित्यिक इतिहास : पोलिश और चेक

रूसी रूपवाद ने प्रतिवेशी देशों के वैदुष्य को भी पर्याप्त मात्रा में प्रभावित किया। पोलैंड के रोमन इंगार्डेन[1] ने काव्य-कला का सूक्ष्म विश्लेषण किया है। उसके अनुसार कोई भी काव्य-कृति स्तरों की पद्धति है—वह ध्वनि-प्रतिरूप से उन दार्शनिक गुणों की ओर उठती है, जो अन्ततः उसकी समग्रता से आविर्भूत होते हैं। इंगार्डेन की अभिरुचि साहित्येतिहास से अधिक दर्शन में है; किन्तु उसके विपरीत जो प्रचलित प्राविधिक साहित्येतिहास था, वह आदर्शात्मक और राष्ट्रीयतावादी था। इनसे भिन्न मैनफ्रेड क्रिड्ल[2] ने रूसी पद्धतियों को अपनाते हुए अनेक रूपवादी अध्ययन प्रस्तुत और प्रेरित किये। उसने साहित्येतर पद्धतियों से विहित साहित्यानुशीलन का तीव्र विरोध किया है। उसकी 'सांग साहित्यिक' ('Integrally literary') पद्धति साहित्य के सामाजिक सन्दर्भ को गौण मानती है और सामान्य साहित्येतिहास में पाए जानेवाले पद्धति-विषयक मिश्रण की कटु आलोचना करती है।

चेकोस्लोवाकिया को तो सर्वाधिक मौलिक रूसी रूपवादी, रोमन जैकोबसन, की सेवाएँ ही प्राप्त हुई थीं। जैकोबसन ने चेक विद्वानों के एक ऐसे वर्ग का नेतृत्व प्राप्त किया, जिसने उसके आगमन के पूर्व ही साहित्यानुशीलन की ऐतिहासिक, आदर्शात्मक अथवा मनोवैज्ञानिक पद्धतियों का विरोध आरम्भ कर दिया था।

वाइलेम मैथेसियस (Vilèm Mathasius) की अध्यक्षता में, 1926 में, संगठित प्राहा भाषिकी केन्द्र (Prague Linguistic Circle) के सदस्यों ने रूसी रूपवादियों की अध्ययन-पद्धतियों को नई सामग्रियों के अनुशीलन के लिए तो व्यवहृत किया ही, इसके अतिरिक्त उन्हें अधिक दार्शनिकोचित रीति से विकसित करने का भी प्रयास किया। उन्होंने 'रूपवाद' शब्द के स्थान पर 'संस्थानवाद' (Structuralism) को अपनाया, और विशुद्ध रूपवादी पद्धति के साथ समाजशास्त्रीय एवं आदर्शवादी पद्धतियों का समन्वय किया। जान मुकारोव्स्की[3] इनमें सर्वाधिक उल्लेख्य है। उसने अनेक काव्य-कृतियों के मौलिक अध्ययन, और चेक छांदिकी तथा वाक्सरणि का इतिहास तो प्रस्तुत किया ही है, साथ ही साथ उसने प्रतीकात्मक रूपों के समग्र

दर्शन के साथ रूपवादी सिद्धान्त को समन्वित करने का प्रयास किया है, तथा उसे एक ऐसे सामाजिक दृष्टिकोण से सम्बद्ध करने का विभावन किया है, जो सामाजिक और साहित्यिक विकास को एक द्वंद्वात्मक तनाव के रूप में देख सके। साहित्यिक अनुशीलन की नई दिशा आधुनिक भाषिकी तथा दर्शन के ऐसे सहयोग से ही कदाचित् उद्घाटित हो सकती है।

संदर्भ और टिप्पणियाँ

1. Das dichterische Kunstwerk, Halle, 1931; O. Poznawaniu dziela literackiego (साहित्यिक कलाकृति के जानने के बारे में), Lwòw, 1937
2. Wstep do badan nad dzielem literackiem (साहित्यिक कलाकृति के अनुशीलन की भूमिका), Wilno, 1936; A Survey of Polish Literature and Culture, 1956
3. Máchuv Mái Extetická studie, Prague, 1928; Esteticka funkce, norma a hodnota jako sociàlnè fakty (सामाजिक तथ्यों के रूप में नन्दतिक प्रकार्य, रूप तथा मूल्य), Prague, 1936; 'L' Art comme fair sèmiologique' (दशम अन्तरराष्ट्रीय दर्शन-कांग्रेस के लिए निबन्ध, प्राहा, 1934)।

अध्याय 8-12 : सामान्यतः द्रष्टव्य

Phillipe van Tieghem, Novvelles tendances en histoire litteraire, Paris, 1930; J. Peter en, Die Wessen bestimmung der deutschen Romantik, Leipzig, 1926; Werner Mahrholz, Literaturgeschichte und Literaturwissenschaft, दि.सं., Leipzig, 1932; Martin Schütze, Academic II usions, Chicago, 1933; H. Rossner, Georgekreis und Literaturwissenschaft, Frankfurt, 1938; Horst Oppel, Die Literaturwisenschaft in der Gegenwart Stuttgart, 1939; V. Zhirmunsky, 'Form problems in der russischen Literaturwissenschaft (Zeitschrift fiir slavische Philology I, 1925 में); Nina Gourfinkel, 'Nouvelles methodes d' histoire littèraire en Russie' (Le Monde Slave, VI, 1929 में); Manfred Kridl, 'Russian Formalism', (American Bookman, I, 1944 में)।

अध्याय 13

हिन्दी साहित्य का इतिहास-दर्शन

[1]

हिन्दी साहित्य का पहला इतिहास-लेखक गार्सां द तासी था, यह निर्विवाद है। उसका ग्रंथ ('Historie de la Literature Hindoui Hindustanee') फ्रेंच भाषा में लिखा गया था और इसमें मुख्यत: हिन्दू-उर्दू कवियों के विवरण हैं, यद्यपि इनसे इतर भाषाओं के कवियों का भी यत्र-तत्र उल्लेख मिलता है। इसके प्रथम संस्करण का प्रथम भाग 1839 में प्रकाशित हुआ था और दूसरा 1847 में। पुस्तक का दूसरा और परिवर्द्धित संस्करण 1870-71 में प्रकाशित हुआ था। दोनों संस्करणों की भूमिकाओं आदि के साथ इस पुस्तक के 'हिन्दुई' वाले अंश का हिन्दी अनुवाद लक्ष्मीसागर वार्ष्णेय[1] ने किया है।

अनुवादक की धारणा है कि 'प्रस्तुत अनुवाद उनके (तासी के) ग्रंथ में से हिन्दुई से संबंधित अंश का सर्वप्रथम अनुवाद है। उनके इस ग्रंथ का पूर्ण या आंशिक अनुवाद न तो अंग्रेजी में है और न अन्य किसी भारतीय भाषा में।' इस धारणा का खंडन करते हुए महादेव साहा और श्रीनारायण पांडेय[2] ने अपने एक लेख में इस नवीन तथ्य का उद्घाटन किया है कि फैलन और करीमुद्दीन ने 1848 में ही तासी की पुस्तक के प्रथम संस्करण का उर्दू में अनुवाद किया था, और वस्तुत: तासी ने अपनी पुस्तक के दूसरे संस्करण में इस अनुवाद से अपना परिचय भी प्रकट किया है। फैलन और करीमुद्दीन ने ग्रंथ के मुखपृष्ठ पर के वक्तव्य में पुस्तक को 'A History of Urdu Poets' तो कहा है, पर उन्होंने अनेक हिन्दी कवियों के भी विवरण दिये हैं और अपनी ओर से नई बातें जोड़ी हैं।

तासी की पुस्तक का महत्त्व बहुत कुछ इसी कारण है कि वह हिन्दी का सर्वप्रथम साहित्यिक इतिहास है। तासी का कवि-वृत्त कालक्रमानुसारी न होकर वर्णक्रमानुसारी है और लेखक ने साहित्यिक प्रवृत्तियों आदि का निरूपण नहीं किया है, 'यद्यपि जैसाकि उनकी भूमिका से ज्ञात होता है, वे इस क्रम से

अपरिचित नहीं थे और कुछ व्यावहारिक कठिनाइयों के कारण ही वे ऐसा करने में असमर्थ रहे।'[3] वास्तविकता यह है कि परवर्ती शिवसिंह सरोज की तरह तासी की पुस्तक में विवरण की प्रधानता तो है, किन्तु एकाधिक दृष्टियों से साहित्य के विभिन्न रूपों के वर्गीकरण का भी यत्किंचित् प्रयास अवश्य है। उदाहरणार्थ, तासी कहता है : 'हिन्दी रचनाएँ चार भागों में विभाजित की जा सकती हैं—(1) आख्यान, (2) आदि काव्य, (3) इतिहास, (4) काव्य।'[4] इसी प्रकार पद्य-प्रकारों का यह वर्गीकरण भी महत्त्व का अधिकारी है, जिसमें इनका उल्लेख है—अभंग, आल्हा, कड़खा, कवित्त या कविता, कहरवा, मलार, कीर्तन, कंडल्या या कुंडर्या, गान, गाली, गीत, गुजरी, चतुरंग, चरण, चरणाकुल-छंद, चुटकुला, चौपाई, इत्यादि।[5]

इस प्रकार के वर्गीकरण के प्रयत्न के पीछे फ्रेंच वैदुष्य स्पष्ट ही अनुमेय है। यह दूसरी बात है कि हिन्दी कृतियों के कामचलाऊ विवरण तक के अभाव में वर्गीकरण का कोई सम्यक् प्रयास सम्भव ही नहीं था और तासी को वर्णानुक्रमानुसारी विवरण से ही सन्तुष्ट रहना पड़ा।

[2]

साहित्येतिहास के क्षेत्र में हिन्दी में पहला प्रयास शिवसिंह कृत 'सरोज' नामक वृत्त-संग्रह माना जाता रहा है। उसका प्रकाशन 1883[6] में हुआ और उसमें एक सहस्र कवियों का संक्षिप्त परिचय तथा उनकी रचनाओं के उदाहरण हैं। भक्तमाल आदि प्राचीन भक्त-चरितों तथा काव्य-संग्रहों के अतिरिक्त, माताप्रसाद गुप्त, शिवसिंह सेंगर के पूर्व की प्रायः दस कृतियों का उल्लेख 'साहित्य का इतिहास—तत्कालीन' के अन्तर्गत करते हैं।[7] रामकुमार वर्मा ने 'सरोज' के पूर्व की और दो कृतियों का उल्लेख किया है—महेश दत्त का काव्य-संग्रह तथा मातादीन मिश्र का कवित्त-रत्नाकर।[8] वस्तुतः 'सरोज' के अतिरिक्त अन्य ग्रंथों में प्रायः उदाहरण ही मिलते हैं, यद्यपि कुछ में कवियों के जीवन-चरित भी प्राप्य हैं। 'सरोज' का महत्त्व प्राचीनता तथा परिमाण, दोनों दृष्टियों से है।

जहाँ तक साहित्येतिहास के रूप में सरोज के महत्त्व का प्रश्न है, यह ग्रंथ सही अर्थ में कवि-वृत्त-संग्रह भी नहीं कहा जा सकता, साहित्यिक इतिहास तो दूर की बात है, क्योंकि कवियों का जन्म-काल आदि के सम्बन्ध में जो विवरण हैं, वे भी अत्यन्त संक्षिप्त और बहुधा अनुमान पर आश्रित हैं। फिर भी इससे इनकार नहीं किया जा सकता कि ग्रियर्सन ने 'Modern Vernaculer Literature of Northern Hindustan'[9] में 'सरोज' को ही आधार बनाया है, और इसके अभाव में मिश्रबन्धुओं को 'विनोद' तैयार करने में काफी कठिनाई होती।

[3]

तासी और शिवसिंह के बाद ग्रियर्सन ने 'द मॉडर्न वर्नाक्युलर लिट्रेचर ऑव हिन्दुस्तान'[10] नामक हिन्दी साहित्य का इतिहास अंग्रेजी में प्रस्तुत किया। वह विवरणों की दृष्टि से मुख्यतः 'सरोज' पर, और अंशतः तासी के ग्रंथ पर भी, अवलंबित होने के बावजूद, पर्याप्त नई सामग्री से लाभान्वित हुआ। ग्रियर्सन ने अपने प्राग्भावी इन दोनों इतिहासकारों के प्रति अपना आभार प्रकट किया है : 'गार्साँ द तासी की विभिन्न कृतियाँ, मुख्यतया 'हिन्दुई और हिन्दुस्तानी साहित्य का इतिहास' जाँच के लिए प्रायः देखे गए हैं और जब मेरे द्वारा संकलित सूचना उनकी सूचना से भिन्न हुई है, तब मैंने ठीक तथ्य का निश्चय करने के लिए कोई भी श्रम बाकी नहीं उठा रखा है'[11] तथा 'एक देशी ग्रंथ जिस पर मैं अधिकांश में निर्भर रहा हूँ और प्रायः सभी छोटे कवियों और अनेक प्रसिद्ध कवियों के भी सम्बन्ध में प्राप्त सूचनाओं के लिए जिसका मैं ऋणी हूँ, शिवसिंह सेंगर द्वारा विरचित और मुंशी नवलकिशोर, लखनऊ, द्वारा प्रकाशित (द्वितीय संस्करण, 1883) अत्यन्त लाभदायक 'शिवसिंह सरोज' है।... निम्नांकित में से अधिकांश 'सरोज' के आधार रहे हैं।...जब सभी उपाय असफल सिद्ध हुए, अनेक बार 'सरोज' ही मेरा पथ-प्रदर्शक रहा है।'[12]

सच तो यह है कि विवरणों के लिए ग्रियर्सन ने प्रायशः 'सरोज' का अनुसरण किया है और बहुधा इस ग्रंथ का शाब्दिक अनुवाद कर दिया है—ठीक आशय समझे बिना भी। ग्रियर्सन की पुस्तक के हिन्दी अनुवादकर्ता ने इसके अनेक उदाहरण दिये हैं :

'गुमान मिश्र ने प्रसिद्ध 'नैषधचरित' का हिन्दी पद्यानुवाद 'काव्य-कलानिधि' नाम से प्रस्तुत किया था। इस अनुवाद की प्रशंसा करते हुए सरोजकार लिखता है— पंचनली, जो नैषध में एक कठिन स्थान है, उसको भी सलिल कर दिया।—इसका जो अनुवाद ग्रियर्सन ने किया है, उसका हिन्दी रूपांतर यह है—इन्होंने पंचनलीय पर, जो नैषध का एक अत्यन्त कठिन अंश है, सलिल नाम की एक विशेष टीका लिखी।—ग्रियर्सन को इस सम्बन्ध में सन्देह था। अतः उन्होंने इस सलिल पर यह पाद-टिप्पणी दे दी है—अथवा शिवसिंह का, जिनसे मैंने यह लिया है, यह अभिप्राय है कि उन्होंने पंचनलीय को बिलकुल पानी की तरह स्पष्ट कर दिया है।

चतुरसिंह राजा के सम्बन्ध में शिवसिंह ने लिखा है—सीधी बोली में कवित्त हैं।—उदाहरण से स्पष्ट शिवसिंह का अभिप्राय खड़ी बोली से है। ग्रियर्सन ने 'सीधी बोली' का अनुवाद 'सिंपुल स्टाइल' किया है।

इसी प्रकार शिवसिंह ने नृप शंभु कवि के सम्बन्ध में लिखा है—इनकी काव्य निराली है।—सरोज में काव्य सर्वत्र स्त्रीलिंग में प्रयुक्त हुआ है। ग्रियर्सन ने निराली को ग्रंथ समझ लिया है।'[13]

तिथियों के सम्बन्ध में भी, अन्य प्रामाणिक सामग्री के अभाव में, ग्रियर्सन को सामान्यतः 'सरोज' का ही आश्रयण करना पड़ा है। फिर, जैसा किशोरीलाल गुप्त ने 'सरोज' सम्बन्धी अपने अनुसन्धान-कार्य के सिलसिले में पाया है : 'ग्रियर्सन ने सरोज के 'उ.' का अर्थ 'उत्पन्न' करके 'सरोज' में दिये संवतों को जन्म-काल माना है। सर्वेक्षण से जिन संयतों की जाँच सम्भव हो सकी है, उनमें से अधिकांश उपस्थिति-संवत् सिद्ध हुए हैं।'[14] किन्तु ग्रियर्सन ने स्वयं भी यह संकेतित किया है : 'शिवसिंह बराबर तिथियाँ देते गए हैं और मैंने उनको सामान्यतया पर्याप्त ठीक पाया है। हाँ, वे नियमतः प्रसंग-प्राप्त कवि की जन्म-तिथि ही सर्वत्र देते हैं, जब कि अनेक बार ये तिथियाँ उक्त कवियों के प्रमुख ग्रंथों के वस्तुतः रचनाकाल हैं। फिर भी सरोज की तिथियों का कम-से-कम इतना मूल्य तो है कि किसी अन्य प्रमाण के अभाव में हम पर्याप्त निश्चित रहें कि प्रसंग-प्राप्त कवि उस तिथि को, जिसको शिवसिंह ने जन्म-काल के रूप में दिया है, जीवित था।'[15]

विवरणों तथा तिथियों के सम्बन्ध में 'सरोज' का अवमर्ण होने पर भी, ग्रियर्सन की पुस्तक, कियदंश में ही सही, युग-विभाजन, पृष्ठभूमि-निर्देश, सामान्य-प्रवृत्ति-निरूपण तथा तुलनात्मक आलोचना एवं मूल्यांकन विषयक प्रयासों, तथा विवेचन की साहित्यिकता के कारण, यदि 'हिन्दी का प्रथम साहित्यिक इतिहास'[16] माना जाए, तो यह उचित ही है।

हिन्दी अनुवादकर्ता ने पुस्तक के महत्त्व की ईषत् अतिरंजित श्लाघा करते हुए कहा है : 'यह हिन्दी साहित्य की नींव का वह पत्थर है, जिस पर आचार्य शुक्ल ने अपने सुप्रसिद्ध इतिहास का भव्य भवन निर्मित किया। इस इतिहास-ग्रंथ का ऐतिहासिक महत्त्व है। इसने प्रारम्भिक खोज-रिपोर्टों एवं मिश्रबन्धु-विनोद को पूर्णतः प्रभावित किया है। शुक्ल जी के इतिहास के प्रकाश में आने के पूर्व एक युग था, जब यह ग्रंथ अत्यन्त महत्त्वपूर्ण समझा जाता था।'[17]

अनुवादक ने 'ग्रियर्सन के ग्रंथ का महत्त्व' प्रतिपादित करते हुए पुनः इस बात पर जोर दिया है :

'इस ग्रंथ में हिन्दी साहित्य के इतिहास के विभिन्न काल-विभाग भी दिये गए हैं। विनोद में बहुत कुछ इन्हीं काल को स्वीकार कर लिया गया है।

प्रत्येक काल की तो नहीं, कुछ कालों की सामान्य प्रवृत्तियाँ भी दी गई हैं, यद्यपि यह विवरण अत्यन्त संक्षिप्त है।'[18]

जहाँ तक मिश्रबन्धुओं का प्रश्न है, उन्होंने 'संवतों एवं ग्रंथों के नाम' के लिए जिन पूर्ववर्ती कृतियों को अपना आधार माना है, उनमें ग्रियर्सन के इतिहास[19] का भी उल्लेख किया है। मिश्रबन्धुओं ने अपने काल-विभाजन के लिए ग्रियर्सन के प्रति आभार प्रदर्शित करने की आवश्यकता नहीं समझी है, और कोई कारण नहीं

है कि उनके लिए ऐसा करना उचित होता। मिश्रबन्धुओं का काल-विभाग इस प्रकार है :

पूर्वारम्भिक काल (सं. 700-1343)
उत्तरारम्भिक काल (सं. 1344-1444)
पूर्वमाध्यमिक काल (सं. 1445-1560)
प्रौढ़ माध्यमिक काल (सं. 1561-1680)
पूर्वालंकृत काल (सं. 1681-1790)
उत्तरालंकृत काल (सं. 1791-1889)
अज्ञात काल ('प्रायः उत्तरालंकृत एवं परिवर्तन काल के'[20])
परिवर्तन काल (सं. 1890-1925)
वर्तमान काल (सं. 1926—)।

ग्रियर्सन का, इसमें भिन्न काल-विभाजन, एवंविध है :

चारण काल
पंद्रहवीं शती का धार्मिक पुनर्जागरण
मलिक मुहम्मद जायसी की प्रेम-कविता
ब्रज का कृष्ण-सम्प्रदाय
मुगल-दरबार
तुलसीदास
रीति-काव्य
तुलसीदास के अन्य परवर्ती
अठारहवीं शताब्दी
कम्पनी के शासन में हिन्दुस्तान
महारानी विक्टोरिया के शासन में हिन्दुस्तान।

इस प्रकार यह स्पष्ट है कि ग्रियर्सन तथा मिश्रबन्धुओं के काल-विभाजन में विशेष साम्य नहीं है। किन्तु यह सत्य है कि ग्रियर्सन की योजना शुक्ल जी के द्वारा, अवश्य अधिक व्यवस्थित बनाकर, अपनाई गई है। शुक्ल जी का सुपरिचित काल-विभाजन इस प्रकार है :

वीरगाथा-काल
पूर्व-मध्यकाल (भक्तिकाल)
    निर्गुणधारा (ज्ञानाश्रयी शाखा)
    निर्गुणधारा (प्रेममार्गी सूफी शाखा)
    सगुणधारा (रामभक्ति-शाखा)
    सगुणधारा (कृष्णभक्ति-शाखा)
उत्तर-मध्यकाल (रीतिकाल)

आधुनिक काल
गद्य
काव्य-रचना।

काल-विभाग की इस योजना पर स्पष्टतः न केवल ग्रियर्सन, बल्कि मिश्रबन्धुओं की योजना की भी छाप है, यद्यपि शुक्ल जी ने प्रथम का तो केवल नामोल्लेख किया है और दूसरे की अनावश्यक कटुता के साथ आलोचना ही की है।[21] शुक्ल जी ने प्रायः सभी मुख्य कालों के अन्त में 'फुटकल रचनाएँ', 'अन्य कवि' के अन्तर्गत काल-विशेष की मुख्य प्रवृत्ति से भिन्न धाराओं के कवियों का विवरण दिया है; ग्रियर्सन ने इसके लिए अपने विभिन्न कालों से सबद्ध परिच्छेदों के अन्त में 'परिशिष्ट' दे दिये हैं।

वस्तुतः इससे कहीं अधिक महत्त्वपूर्ण बात यह है कि हिन्दी के विधेयवादी साहित्येतिहास के आद्य प्रवर्तक शुक्ल जी नहीं, प्रत्युत ग्रियर्सन हैं। मिश्रबन्धु-विनोद की प्रत्यक्ष-अप्रत्यक्ष रीति से आलोचना करते हुए भी शुक्ल जी ने स्वीकार किया है कि 'कवियों के परिचयात्मक विवरण मैंने प्रायः मिश्रबन्धु-विनोद से ही लिये हैं'[22]; 'किन्तु आभ्यंतर साहित्यिक प्रवृत्तियों और बाह्य परिस्थितियों के बीच कार्यकारण-सम्बन्ध निरूपित करने के प्रयास के श्रेय का अधिकारी उन्होंने अपने से पूर्व के किसी विद्वान् को नहीं माना है। इस सम्बन्ध में उनकी घोषणा है :

'इधर जब से विश्वविद्यालयों में हिन्दी की उच्च शिक्षा का विधान हुआ, तब से उसके साहित्य के विचार-शृंखलाबद्ध इतिहास की आवश्यकता का अनुभव छात्र और अध्यापक, दोनों कर रहे थे। शिक्षित जनता की जिन-जिन प्रवृत्तियों के अनुसार हमारे साहित्य के स्वरूप में जो-जो परिवर्तन होते आए हैं, जिन-जिन प्रभावों की प्रेरणा से काव्यधारा की भिन्न-भिन्न शाखाएँ फूटती रही हैं, उन सबके सम्यक् निरूपण तथा उनकी दृष्टि से किये हुए सुसंगत काल-विभाग के बिना साहित्य के इतिहास का सच्चा अध्ययन कठिन दिखाई पड़ता था। सात-आठ सौ वर्षों की संचित ग्रंथ-राशि सामने लगी हुई थी; पर ऐसी निर्दिष्ट सरणियों की उद्भावना नहीं हुई थी, जिनके अनुसार सुगमता से इस प्रभूत सामग्री का वर्गीकरण होता। भिन्न-भिन्न शाखाओं के हजारों कवियों की केवल कालक्रम से गुँथी उपर्युक्त वृत्त-मालाएँ (ग्रियर्सन और मिश्रबधु की) साहित्य के इतिहास के अध्ययन में कहाँ तक सहायता पहुँचा सकती थी; सारे रचनाकाल को केवल आदि, मध्य, पूर्व, उत्तर इत्यादि खंडों में आँख मूँदकर बाँट देना—यह भी न देखना कि किस खंड के भीतर क्या आता है, क्या नहीं—किसी वृत्त-सग्रह को इतिहास नहीं बना सकता।'[23] इसमें मिश्रबन्धुओं पर निक्षिप्त व्यंग्य स्पष्ट ही है, और यह भी कहा जा सकता है कि ग्रियर्सन के प्रयास की जान-बूझकर उपेक्षा की गई है।

ग्रियर्सन को हिन्दी के विधेयवादी साहित्येतिहास के सूत्रपात का श्रेय मिलना क्यों उचित है, यह इन उद्धरणों से स्फुट हो जाएगा :

(क) 'ग्रंथ अध्यायों में विभक्त है। प्रत्येक अध्याय सामान्यतया एक काल का सूचक है। भारतीय भाषा-काव्य के स्वर्ण-युग, 16वीं एवं 17वीं शती, पर मलिक मुहम्मद की प्रेम-कविता से प्रारम्भ करके, ब्रज के कृष्णभक्त कवियों, तुलसीदास के ग्रंथों (जिन पर अलग से एक विशेष अध्याय ही लिखा गया है) और केशवदास द्वारा स्थापित कवियों के रीति-सम्प्रदाय को सम्मिलित करके कुल 6 अध्याय हैं, जो पूर्णतया समय की दृष्टि से नहीं विभक्त हैं, बल्कि कवियों के विशेष वर्गों की दृष्टि से बँटे हैं।'[24]

(ख) 'मलिक मुहम्मद के साथ हिन्दुस्तान के भाषा-साहित्य का शैशव-काल समाप्त समझा जा सकता है। विशाल देव के इस बच्चे में अब स्पंदन हुआ और इसे विदित हुआ कि अब यह दृढ़ और सबल हो गया है और गृद्ध के समान अपनी उड़ान लेने के लिए उसने अपने तरुण स्फूर्तिमान पंख पसार दिये। प्रारम्भिक राजपूत चारणों ने संक्रमण-काल में एक ऐसी भाषा में रचना की थी, जिसको ठीक-ठीक या तो उत्तरकालीन प्राकृत अथवा राजपूताना की आधुनिक भाषा का प्राचीन रूप कहना सर्वथा कठिन है। यह शैशवावस्था थी। फिर तरुणाई आई, जब बौद्ध धर्म द्वारा गृहीत स्थान को ग्रहण करने के लिए एक जनप्रिय धर्म का प्रादुर्भाव हो रहा था और अभिनव सिद्धान्तों के प्रवर्त्तक महात्माओं को उस बोली में लिखना आवश्यक हो गया, जिसे सर्वसाधारण समझता था। मलिक मुहम्मद और दोनों वैष्णव सप्रदायों के गुरुओं को अपना पथ निर्मित करना था और वे अनिश्चय के साथ इस दिशा में अग्रसर हो रहे थे। जब वे लोग रचना कर रहे थे, उस समय बोली जानेवाली भाषा प्रकृत्या वही थी, जो आज भी ग्रामीण क्षेत्रों में बोली जाती है, और उन्हें वही हिचक हुई होगी, जो स्पेंसर और मिल्टन को अपनी भाषा में लिखने में हुई थी।...प्रारम्भिक भाषा-कवियों ने बड़ा साहस किया और उन्हें सफलता मिली।'[25]

(ग) 'सोलहवीं तथा सत्रहवीं शती हिन्दुस्तानी भाषा-साहित्य का श्रेष्ठ युग है। इस देश का प्राय: प्रत्येक महान् साहित्यकार इसी युग में हुआ। इसके महान् लेखक एलिजाबेथयुगीन हमारे महान् लेखकों के समकालीन थे। हम अंग्रेजों को यह जानना बड़ा मनोरंजक होगा कि जब हमारा देश राजदूतों के द्वारा प्रथम बार मुगल-दरबार से सम्बद्ध हुआ, जब ईस्ट इंडिया की स्थापना हुई और दोनों जातियाँ अब जल और स्थल के कारण इतनी पृथक् और दूरस्थ थीं, उस समय दोनों राष्ट्र अपने साहित्यिक गौरव के चरम शिखर पर पहुँच गए थे।'[26]

(घ) 'जिस समय वल्लभाचार्य के अनुयायी ब्रज को स्वसंगीत से मुखरित कर रहे थे, अनतिदूर पर स्थित दिल्ली के मुगल-दरबार ने राज-कवियों का एक मंडल ही एकत्र कर लिया था जिसमें से कुछ साधारण प्रसिद्धि के ही कवि नहीं थे। टोडरमल, जो महान् अर्थ-मंत्री होने के अतिरिक्त उर्दू भाषा के तात्कालिक स्वीकरण

के कारण थे, बीरबल, जो अकबर के मित्र और अनेक चमत्कारपूर्ण आशु-कविताओं के रचयिता थे, अब्दुर्रहीम खानखाना और आमेर के मानसिंह—ये सब स्वयं भाषा के लेखक होने की अपेक्षा भाषा-कवियों के आश्रयदाता होने की दृष्टि से अधिक प्रख्यात हैं, किन्तु नरहरि, हरिनाथ, करना और गंग अत्यन्त उच्च कोटि के कवि समझे जाते हैं, जो उचित ही है।'[27]

(ङ) 'राम का गुणानुवाद करनेवाले सर्वश्रेष्ठ कवि तुलसीदास (उपस्थित 1600 ई., मृत 1624 ई.) इन कवियों के मध्य में एक ऐसे स्थान को सुशोभित करते हैं, जो सर्वथा उनके ही योग्य है। चारों ओर से शिष्यों और अनुयायियों से घिरे रहनेवाले ब्रज के वैष्णव सम्प्रदाय के प्रवर्तकों से कहीं भिन्न वे बनारस में अपने यशो-मन्दिर में अकेले ही इतने उच्चासीन थे, जहाँ कोई पहुँच ही नहीं सकता... शतियों के तरु-राजि-वेष्टित आंतर पथ से पीछे दृश्यावलोकन करने पर हमें अपने उज्ज्वल प्रकाश में खड़ी हुई उनकी उदात्त प्रतिभा हिन्दुस्तान के रक्षक और पथ-प्रदर्शक के रूप में दिखाई देती है। जब हम तंत्रारोहित बंगाल के भाग्य के सम्बन्ध में, अथवा रात्रि के उत्सव के रूप में मनाई जानेवाली उन चंचल यात्राओं के सम्बन्ध में सोचते हैं, जो कृष्ण-भक्ति के नाम पर निकाली जाती हैं, तब हम निश्चय ही और उचित रूप में इस महापुरुष की प्रशंसा करते हैं, जिसने बुद्ध के अनंतर पहली बार मनुष्य को अपने पड़ोसियों के प्रति स्व-कर्तव्य सिखाया और अपने उपदेश को ग्रहण कराने में पूर्ण सफल भी हुआ।'[28]

(च) 'यह महान् काल सूर की शृंगारी कविताओं और तुलसी की प्रकृति-सम्बन्धी कविताओं का ही युग नहीं था। यह काव्य-कला को सुव्यवस्थित करनेवाले प्रथम प्रयास के कारण भी यश:प्राप्त है।...सूरदास और तुलसीदास में तो देवों की-सी शक्ति थी और अपने समसामयिकों से वे परिष्कार और अनुपात-ज्ञान में बहुत आगे थे, लेकिन अन्य प्रारम्भिक रचयिताओं की कृतियाँ उन विद्वानों के कानों में खटकती हैं, जो पूर्णरूपेण संस्कृत-पदावली के अभ्यस्त हैं। इसलिए केशवदास आगे आये और उन्होंने काव्यशास्त्र के सिद्धान्तों को सदा के लिए स्थिर कर दिया। सत्रह वर्ष पश्चात्, सत्रहवीं शती के मध्य में, चिन्तामणि त्रिपाठी और उनके भाइयों ने इनके द्वारा स्थापित नियमों को विकसित और पल्लवित किया। इस वर्ग के आचार्य कवियों की समाप्ति अत्यन्त उचित रूप में, सत्रहवीं शती के अन्त में, कालिदास त्रिवेदी से होती है, जो 'हजारा' के रचयिता हैं, जो कि हिन्दुस्तान के इस स्वर्ण-काल की रचनाओं के चयन का सर्वश्रेष्ठ और प्रथम विशाल संग्रह है।'[29]

(छ) 'इस गौरवपूर्ण कवि (बिहारी) के साथ-साथ हमारा हिन्दुस्तानी भाषा-साहित्य के स्वर्णकाल का सर्वेक्षण समाप्त होता है। अठारहवीं शती के प्रारम्भ से ही एक अपेक्षाकृत अनुर्वर युग प्रारम्भ होता है। यह मुगल-साम्राज्य के पतन और ह्रास तथा मराठा शक्ति के आधिपत्य और पतन का युग था।'[30]

(ज) 'उन्नीसवीं शती का पूर्वार्द्ध मराठा शक्ति के पतन से प्रारम्भ होता है और गदर से समाप्त होता है। यह विशेषताओं से युक्त एक अन्य युग है। पिछली शती के अभावों के पश्चात् यह पुनर्जागरण-काल है। मुद्रण-यंत्रों का प्रवेश उत्तर-भारत में पहली बार हुआ, और तुलसीदास से प्रेरणा प्राप्त कर, एक स्वस्थ ढंग का साहित्य शीघ्रता से सम्पूर्ण देश में ओर-छोर फैल गया।'[31]

इन कतिपय उद्धरणों से स्पष्ट है कि हिन्दी साहित्य के इतिहास-लेखन के लिए विधेयवादी प्रणाली के विनियोग के प्रवर्तन के जिस श्रेय का अधिकारी पं. रामचन्द्र शुक्ल अपने को मानते हैं, वह वस्तुतः ग्रियर्सन का प्राप्य है। ग्रियर्सन के इतिहास की कुछेक अन्य विशेषताएँ भी हैं, जिनकी झलक निम्न उद्धरणों में मिलती हैं :

(क) हिन्दी साहित्य की अंग्रेजी, संस्कृत तथा बंगला के साहित्यों से तुलना।

(ख) मुगल दरबार तथा साहित्य-रचना के अन्य केन्द्रों का निर्देश।

(ग) प्राचीन कवियों के विवरणों के अतिरिक्त, सूक्ष्म दृष्टि से साहित्यिक शैली में, उनका महत्त्व-निर्धारण, जो शुक्ल जी की भी उल्लेख्य विशेषता है।

(घ) कवियों के व्यक्तित्व तथा प्रभाव का वर्णन।

[4]

साहित्यिक इतिहास के आरम्भ की क्या कठिनाइयाँ हो सकती हैं, इसका अनुमान हिन्दी के एतद्विषयक प्रारम्भिक ग्रंथों से सहज ही किया जा सकता है। मिश्रबन्धुओं ने 'विनोद' के निर्माण के पहले ही लिखा था : 'हमने भाषा के उत्तमोत्तम शत नवीन और प्राचीन कवियों की कविता पर समालोचना लिखने का निश्चय किया है और उन आलोचनात्मक लेखों के आधार पर हिन्दी का जन्म और गौरव या अन्य किसी ऐसे ही नाम की पुस्तक निर्माण करने का भी विचार है। इसमें हिन्दी में उसके जन्म से अद्यावधि क्या-क्या उन्नति तथा अवनति हुई है और उसके स्वरूप में क्या-क्या हेर-फेर हुए हैं, इनका वर्णन किया चाहते हैं। यह कार्य समालोचना सम्बन्धी ग्रंथों के बहुतायत के प्रस्तुत हुए बिना और किसी प्रकार नहीं हो सकता। इसी हेतु हमने समालोचना करने का प्रारम्भ किया है और जब शंकर की कृपा से एक सौ उत्तमोत्तम कवियों की समालोचना लिख जाएगी, तब उक्त ग्रंथ के बनाने का यत्न करेंगे।[32] वे दो अन्य प्रसगों में पुनः कहते हैं : 'पहले तो हमारा विचार था कि प्रायः 100 कवियों की रचनाओं पर समालोचना लिखकर उन्हीं के सहारे इतिहास-ग्रथ लिखें'[33] तथा 'यदि वर्तमान लेखकों में से कतिपय विद्वान् दस-दस, पाँच-पाँच कवियों को लेकर उनके ग्रंथों का पूरा अध्ययन करके उन पर समालोचनाएँ प्रकाशित करें, तो अच्छे समालोचना-सम्बन्धी लेख भी निकल सकते हैं और उनके आधार पर बढ़िया

ग्रंथ भी बन सकते हैं। यदि उन्नत भाषाओं के साहित्य-इतिहास वाले ग्रंथ देखे जाएँ, तो प्रकट होगा कि उनके लेखक साधारण कवियों के विषय में भी दो-चार विशेषण ऐसे चुस्त कर देते हैं, जो उन्हीं रचयिताओं के विषय में लिखे जा सकते हैं, औरों के लिए नहीं। हमारे यहाँ अभी कुछ दिन तक ऐसे उन्नत इतिहास-ग्रंथों का बनना कठिन है। एक तो वहाँ के उत्कृष्ट गद्य-लेखकों की बराबरी हम लोग नहीं कर सकते और दूसरे, उनको मसाला बहुत अच्छा मिलता है। वहाँ समालोचना-सम्बन्धी हजारों बढ़िया लेख वर्तमान हैं और प्रत्येक कवि के गुण-दोषों का पूरा विवरण उस कवि-कृत ग्रंथ का एक पृष्ठ पढ़े बिना भी ज्ञात हो सकता है। ऐसी दशा में अच्छा साहित्य-इतिहास-लेखक थोड़े परिश्रम से भी उत्कृष्ट ग्रंथ लिख सकता है। हमारे यहाँ यह दोष है कि कपड़ा बनाने के लिए उसी व्यक्ति को खेत जोतने, बोने, सींचने, रखवाली करने, काटने, रूई निकालने, ओटने, कातने, अच्छा सूत बनाने और कपड़ा बीनने के काम करने पड़ते हैं।'[34] मिश्रबन्धुओं की ये उक्तियाँ उनकी 'हिन्दी-साहित्य-इतिहास-विषयक एक ग्रंथ बनाने की इच्छा'[35] की पूर्व-कल्पना हैं। उन्होंने ठीक ही अनुभव किया था कि अलग-अलग कवियों की आलोचना सामने नहीं रहेगी तो इतिहास नहीं लिखा जा सकेगा, यह दूसरी बात है कि इस प्रकार की आलोचनाओं को परस्पर-सम्बद्ध कर देने मात्र से ही इतिहास नहीं तैयार हो सकता था।

मिश्रबन्धुओं ने कवियों की आलोचनाओं तथा जीवनी आदि विवरणों के उपकरण इकट्ठे किये, किन्तु हिन्दी का साहित्यिक इतिहास लिखने की महत्त्वाकांक्षा रखनेवाले इन विद्वानों ने इन उपकरणों से इतिहास का स्थापत्य नहीं तैयार किया। इन उपकरणों का असम्बद्ध, वास्तविक रूप मिश्रबन्धुओं के 'हिदी-नवरत्न' में दीख पड़ता है, जो 'विनोद' के पूर्व ही प्रकाशित हुआ था और जिसमें साहित्यिक इतिहास का, अप्रत्यक्ष रूप से भी, वैसा संकेत नहीं है, जैसा 'विनोद' में है।

मिश्रबन्धुओं को श्रेय यह है कि 'हिन्दी साहित्य का इतिहास', इस नाम के लिए प्रच्छन्न मोह रखते हुए भी,[36] उन्होंने इसका प्रत्यक्ष व्यवहार उस विशाल ग्रंथ के लिए भी नहीं किया, जिसे उन्होंने 'मिश्रबन्धु-विनोद' कहकर ही सन्तोष कर लिया। यदि वे 'विनोद' को 'हिन्दी साहित्य का इतिहास' कहते तो, हिन्दी के साहित्यिक इतिहास का अभाव देखते हुए, वह क्षम्य ही माना जाता, उन्होंने ऐसा नहीं किया। यह उनके विवेक, अन्तर्दृष्टि और अपनी सीमाएँ समझने की शक्ति का परिचायक है। मिश्रबन्धुओं ने भले ही साहित्यिक इतिहास न लिखा हो, किन्तु साहित्यिक इतिहास-विषयक उनके विचार इस सम्बन्ध में उनकी सजगता के प्रमाण हैं। वे लिखते हैं : '...इतिहास-ग्रंथ में छोटे-बड़े सभी कवियों एवं लेखकों को स्थान नहीं मिल सकता। उसमें भाषा-सम्बन्धी गुणों एवं परिवर्तनों पर तो मुख्य रूप से ध्यान देना पड़ेगा, कवियों पर गौण रूप से; किन्तु हमने कवियों पर भी पूरा ध्यान रखा है।

इस कारण यह ग्रंथ इतिहास से इतर बातों का भी कथन करता है। हमने इसमें इतिहास-सम्बन्धी सभी विषयों एवं गुणों को लाने का यथासाध्य पूर्ण प्रयत्न किया, परन्तु जिन बातों का इतिहास में होना आवश्यक है, उन्हें भी ग्रंथ से नहीं हटाया।'[37]

मिश्रबन्धुओं ने साहित्यिक इतिहास-दर्शन के परिणत रूप को पूर्वाशित कर लिया हो, ऐसी बात नहीं है। वस्तुतः वे साहित्यिक इतिहास-दर्शन पर गंभीरतापूर्वक विचार कर भी नहीं रहे थे। किन्तु अनजाने ही उन्हें जैसे उसकी एक झलक मिल गई हो। साहित्यिक इतिहास क्या हो सकता है, इसके विषय में उनका कथन विशेष महत्त्वपूर्ण नहीं है, किन्तु 'विनोद' साहित्यिक इतिहास क्यों नहीं है, यह वे समझ पा सके हैं। उन्होंने जो नहीं लिखा, वह नहीं, बल्कि उनका यह विवेक विचारणीय है कि वे क्या नहीं कर पा रहे थे।

मिश्रबन्धुओं में से कम-से-कम दो पाश्चात्य साहित्य से परिचित थे[38] और उन्होंने अंग्रेजी साहित्य के एक इतिहास का, अन्य प्रसंग में, उल्लेख भी किया है : 'विद्वद्वर शॉ महाशय ने अंग्रेजी साहित्य का एक अच्छा इतिहास लिखा है'[39], किन्तु उन्होंने अपने समकालीन अंग्रेजी साहित्य के इतिहासों का अनुकरण नहीं किया है और इसे वे समझते भी हैं। स्पष्टतः यही कारण है कि वे 'विनोद' को साहित्यिक इतिहास घोषित नहीं करते, यद्यपि यह भी सत्य है कि वे निश्चयपूर्वक समझ नहीं पाए थे कि 'विनोद' और उन साहित्यिक इतिहासों में वास्तविक अन्तर क्या था; उदाहरण के लिए, उनके द्वारा निर्दिष्ट यह अन्तर कि 'अंग्रेजी साहित्य-इतिहासकार वर्तमान लेखकों का हाल नहीं लिखते हैं पर हम बहुत विचार के बाद वर्तमान लेखकों का कथन भी आवश्यक समझते हैं[40], न तो उस समय के लिए भी पूर्णतः सत्य था, न अंशतः सत्य होते हुए भी विशेष महत्त्वपूर्ण ही है। वास्तविक अन्तर तो यह था कि मिश्रबन्धुओं ने उन्नीसवीं शताब्दी के पश्चिमीय साहित्यिक इतिहास की उस प्रचलित प्रणाली पर ध्यान ही नहीं दिया, जिसे विधेयवादी प्रणाली कहते हैं, और जिसे अपनाने का सर्वप्रथम श्रेय शुक्ल जी को दिया जाता है, जिन्हें इसका थोड़ा गर्व भी था।

मिश्रबन्धुओं ने इसका संकेत एक अन्य प्रसंग में किया है : 'कहा जा सकता है कि सनों में ही इतिहास जानने के कारण अकबर, औरंगजेब, एलिजाबेथ आदि राजा-रानियों के समयों पर ध्यान रखकर तत्सामयिक हिन्दी इतिहास की घटनाओं पर विचार करने में अड़चन पड़ेगी।'[41] किन्तु उन्होंने 'तत्सामयिक हिन्दी इतिहास की घटनाओं' का उल्लेख कर, उनकी सावधानी से निर्मित पृष्ठभूमि में, हिन्दी साहित्य का इतिहास लिखने का स्वयं प्रयास नहीं किया है। 'विनोद' के आरम्भ में उन्होंने 'संक्षिप्त इतिहास-प्रकरण' शीर्षक खंड भी रखा है, किन्तु उसमें भी पारिपार्श्विक परिस्थितियों की कहीं कुछ चर्चा है, तो अतिशय संक्षिप्त रूप में ही और कार्यकारण-सम्बन्ध के निर्देश के लक्ष्य से नहीं।

[5]

हिन्दी का सर्वप्रथम सुव्यवस्थित साहित्यिक इतिहास आचार्य रामचन्द्र शुक्ल ने 'हिन्दी शब्दसागर' की विशद भूमिका के रूप में प्रस्तुत किया। साहित्यिक इतिहास का उनका विभावन इन पंक्तियों में बड़ी निश्चयात्मकता के साथ व्यक्त हुआ है : 'जबकि प्रत्येक देश का साहित्य वहाँ की जनता की चित्तवृत्ति का स्थायी प्रतिबिंब होता है, तब यह निश्चित है कि जनता की चित्तवृत्ति के परिवर्तन के साथ-साथ साहित्य के स्वरूप में भी परिवर्तन होता चला जाता है। आदि से अन्त तक इन्हीं चित्तवृत्तियों की परम्परा को परखते हुए साहित्य-परम्परा के साथ उनका सामंजस्य दिखाना ही 'साहित्य का इतिहास' कहलाता है। जनता की चित्तवृत्ति बहुत कुछ राजनीतिक, सामाजिक, साम्प्रदायिक तथा धार्मिक परिस्थिति के अनुसार होती है। अत: कारण-स्वरूप इन परिस्थितियों का किंचित् दिग्दर्शन भी साथ ही साथ आवश्यक होता है। इस दृष्टि से हिन्दी साहित्य का विवेचन करने में यह बात ध्यान में रखनी होगी कि किसी विशेष समय में लोगों में रुचि-विशेष का संचार और पोषण किधर से और किस प्रकार हुआ। उपर्युक्त व्यवस्था के अनुसार हम हिन्दी साहित्य के 900 वर्षों के इतिहास को चार कालों में विभक्त कर सकते हैं :

आदिकाल (वीरगाथा-काल, सं. 1050-1375)
पूर्व-मध्यकाल (भक्तिकाल, सं. 1375-1700)
उत्तर-मध्यकाल (रीतिकाल, सं. 1700-1900)
आधुनिक काल (गद्यकाल, सं. 1900-1954)।[42]

'शब्दसागर' में लिखित 'हिन्दी साहित्य का विकास' को, परिवर्तित तथा परिमार्जित कर, उन्होंने 1927 में 'हिन्दी साहित्य का इतिहास' के रूप में प्रकाशित किया। उसके 'काल-विभाग'[43] शीर्षक प्रारम्भिक परिच्छेद में उन्होंने उपर्युक्त सिद्धान्त और पद्धति की ही पुनरावृत्ति की है, जिनका निर्वाह करने की क्षमता का भी परिचय देने में वे समर्थ सिद्ध होते हैं। शुक्ल जी ने स्वकालीन पाश्चात्य वैदुष्य की उपलब्धि को, विलक्षण सजगता का परिचय देते हुए, हिन्दी साहित्येतिहास के निर्माण के लिए, अपना लिया है—कदाचित् किसी भी भारतीय भाषा के साहित्य के इतिहास-लेखक के पूर्व। उन्नीसवीं शताब्दी में पश्चिम में साहित्येतिहास के क्षेत्र में जो विधेयवाद प्रचलित था, उसका सविस्तार विवरण हम दे चुके हैं। शुक्ल जी ने इसी विधेयवाद को, उस समय के लिए आश्चर्यजनक नव्यवादिता के साथ, अधिकृत और व्यवहृत किया—उन्हीं शुक्ल जी ने, जो काफी पुराने पड़ गए रोमांटिक कवियों के हिन्दी अनुयायियों, छायावादियों, से कम ही सहानुभूति दिखाते हैं और, 'किमाश्चर्यमत: परं', उनमें से कुछ पर तो क्युमिंग्ज जैसे अंग्रेजी के उन कवियों के प्रभाव का भी सन्देह करते हैं, जिनका नाम भी उन कवियों ने जाने कितने दिनों

बाद सुना होगा! किन्तु शुक्ल जी रचनात्मक साहित्य में जिस नवीनता के विरोधी हैं—उनके साथ न्याय किया जाए, तो कहना पड़ेगा कि उनका अपना रचनात्मक साहित्य भी उनके आदर्श के अनुरूप अवश्य है!—उसे साहित्येतिहास तथा साहित्यालोचन के क्षेत्र में उनकी जैसी तत्परता के साथ अपनानेवाले आज भी हिन्दी के कुछेक विद्वान् ही मिलेंगे। रिचड्र्स और क्रोचे के सिद्धान्तों का उल्लेख ही नहीं, उनका खंडन भी करनेवाला यह व्यक्ति भारत तो क्या, पश्चिम के भी समकालीन दो-चार ही विद्वानों में एक रहा होगा!

शुक्ल जी के वैदुष्य की यह भी एक विचित्रता है कि उन्हें जैसी मान्यता मार्क्सवादी-प्रगतिवादियों से मिली है,[44] वैसी शायद ही किसी दूसरे हिन्दी के आचार्य को मिली होगी, यद्यपि इसका रहस्य स्पष्ट ही है। वह यह कि विधेयवाद अपने ढंग से मार्क्सवादियों को उतना ही ग्राह्य है, जितना शुक्ल जी के समान विद्वानों को! दोनों ही साहित्य तथा पारिपार्श्विक परिस्थितियों में कार्यकारण सम्बन्ध मानते हैं, अन्तर है तो दृष्टिकोण-मात्र का।

पं. रामचन्द्र शुक्ल के साहित्येतिहास की, इन विशेषताओं के बावजूद, जो त्रुटि है, वह यह कि अनुपात की दृष्टि से, उसका स्वल्पांश ही प्रवृत्ति-निरूपण-परक है, अधिकांश विवरण-प्रधान ही है, और वे स्वयं स्वीकार करते हैं कि इसके लिए उनका मुख्य आधार वह 'विनोद' है,[45] जिसके लेखक मिश्रबन्धुओं पर उन्होंने अनावश्यक रूप से कटु व्यंग्य भी किये हैं।[46] शुक्ल जी के इतिहास का जो अकल्याणकारी प्रभाव बाद के हिन्दी साहित्येतिहासकारों पर पड़ा है, अवश्य इसके लिए वे दोषी नहीं हैं, इससे तो उनकी सशक्तता ही प्रमाणित होती है। शुक्लोत्तर साहित्येतिहासों का सुविधाजनक विवरण रामकुमार वर्मा ने अपनी पुस्तक के प्रारम्भ में दिया है—अब वह तालिका और भी बड़ी हो जाएगी—किन्तु उन पर विचार करना इसलिए अनावश्यक है कि उनमें चाहे जितनी भी अधिक या नई सामग्री हो, उनका साँचा वही है, जो शुक्ल जी का था। यही कारण है कि आचार्य शुक्ल के बाद के कुछ ही साहित्येतिहासों का विश्लेषण हमने किया है।

[6]

मिश्रबन्धुओं ने साहित्य के इतिहास के पूर्व साहित्य के अध्ययन को आवश्यक माना था। रामशंकर शुक्ल 'रसाल' ने अपने 'हिन्दी साहित्य का इतिहास' में, उनके विपरीत, यह कहना युक्ति-संगत समझा कि 'साहित्य के अध्ययन से पूर्व, उसके ऐतिहासिक विकास से परिचित होना तथा उसकी विचारधाराओं, रीतियों आदि का यथोचित रूप से जानना अनिवार्य ही है। इसी विचार से साहित्य का इतिहास विशेष महत्त्वपूर्ण माना जाता है।'[47] साहित्यिक इतिहास के महत्त्व को

स्वीकार करते हुए भी इस विचार से सहमत होना असम्भव है। साहित्यिक इतिहास के उपकरणों के रूप में साहित्य के नानाविध तथा सम्यक् अध्ययन की अपेक्षा तो रहती ही है।

'रसाल' जी ने अपनी इस पुस्तक के प्रारम्भ में 'साहित्य का इतिहास' शीर्षक के अन्तर्गत इस विषय पर अपने विचार सविस्तार व्यक्त किये हैं। साहित्यिक इतिहास के विषय में इतने विस्तार से पूर्ववर्ती विद्वानों ने विचार नहीं किया है।

'रसाल' जी के अनुसार : '...जिसमें साहित्य की भिन्न-समय से सम्बन्ध रखनेवाली दशाओं या अवस्थाओं का सुव्यवस्थित वर्णन हो, उसे साहित्य का इतिहास समझना चाहिए। किसी भाषा के साहित्य के इतिहास से हमें उस साहित्य से सम्बन्ध रखनेवाले भिन्न-भिन्न विषयों की दशाओं, उनके कारणों एवं परिणामों आदि का, उनकी महत्त्वपूर्ण परिस्थितियों और प्रगतियों के साथ, ज्ञान प्राप्त होता है।'[48] इस अतिव्याप्त परिभाषा को सीमित और स्पष्ट करते हुए वे आगे लिखते हैं : 'साहित्य का इतिहास हमें बताता है कि उस साहित्य में कब-कब, कितनी-कितनी और किस-किस प्रकार से उन्नति या अवनति होती आई है, किस रूप से उसका प्रारम्भ हुआ है और किन-किन रूपांतरों के साथ वह इस वर्तमान रूप में विकसित होता हुआ पहुँच गया है।... साहित्य के इतिहास का यथार्थ उद्देश्य यही है कि वह साहित्य के भूतकाल से प्रारम्भ करके यौक्तिक क्रम से वर्तमान काल तक, जो कुछ भी उसमें विकास हुआ है, उसका एक सच्चा चित्र चित्रित करके पाठकों के सम्मुख उपस्थित कर दे।...जनता पर कवियों एवं लेखकों के काव्यों और रचनाओं का जैसा प्रभाव पड़ा हो तथा जिन-जिन प्रभावों से प्रभावित होकर उन्होंने अपनी वे रचनाएँ की हों, उन सब पर भी पूर्ण प्रकाश डाला जाना चाहिए।...निष्कर्ष रूप में हम कह सकते हैं कि साहित्य के इतिहास से हमें साहित्य का पूर्ण परिचय प्राप्त हो जाना चाहिए। उससे सम्बन्ध रखनेवाले समस्त विषयों का यथाक्रम परिवर्तनशील विकास भी हमें अवगत हो जाना चाहिए, इसके साथ-ही-साथ भाषा और उसकी शैलियों का ज्ञान तथा उनमें समय-समय पर होनेवाले परिवर्तनों आदि का प्रस्फुटन होना भी प्रकट हो जाना चाहिए। साहित्य के इतिहास से यही मुख्य लाभ है और यही उसका तथा उसके लेखक का कर्तव्य तथा उद्देश्य भी है।'[49]

'रसाल' जी ने अपनी पुस्तक की भूमिका में अपने पूर्ववर्ती साहित्यिक इतिहासकारों के ग्रंथों का त्वरित सर्वेक्षण भी किया है। इस प्रसंग में व्यक्त उनके विचारों से साहित्यिक इतिहास-विषयक, उनकी मान्यताएँ ऊहनीय हैं। उनके अनुसार शिवसिंह सेंगर के 'सरोज'[50] के कारण हिन्दी साहित्य के क्रमिक विकास और ऐतिहासिक जीवन पर प्रकाश पड़ा है, किन्तु 'सरोज' वास्तव में साहित्य के इतिहास का ग्रंथ नहीं कहा जा सकता क्योंकि उसमें वह सामग्री नहीं, जिसका होना साहित्य

के इतिहास में अनिवार्य है। उसमें न तो साहित्य की परम्परागत विचारधाराओं, उनकी शैलियों आदि का ही विवेचन है और न उसमें देश, समाज, समय आदि की संस्कृतियों की ही—जिनके प्रभाव से भाषा और साहित्य प्रभावित होकर प्रगतिशील होते हैं—आलोचना है।'[51]

'रसाल' जी ने मिश्रबन्धु-विनोद को 'साहित्य के इतिहास का सच्चा मार्ग'[52] दिखानेवाला ग्रंथ तो माना है, किन्तु उसकी वास्तविक विशेषता के सम्बन्ध में निश्चित रूप से कुछ न कहकर उसकी कुछ गौण बातों का इन शब्दों में निर्देश किया है : 'इस ग्रंथ में साहित्य की परम्पराओं, विचारधाराओं और रचना-शैलियों आदि पर भी सांकेतिक प्रकाश डाला गया है।[53] रामचन्द्र शुक्ल की इतिहास पुस्तक के सम्बन्ध में भी वे इन्हीं शब्दों को दुहराते हैं।

संक्षेप में 'रसाल' जी की मान्यता है कि साहित्यिक इतिहास में परम्पराओं, विचारधाराओं तथा रचना-शैलियों का विवेचन अपेक्षित है, जो उनके अनुसार मिश्रबन्धु-विनोद और शुक्ल जी के इतिहास-ग्रंथ में है। उन्होंने 'सरोज' में इस विवेचन के अभाव और देश, समाज, समय आदि की संस्कृतियों की आलोचना के न रहने की भी बात कही है। इसका अभाव 'विनोद' में भी है किन्तु शुक्ल जी के ग्रंथ में अवश्य नहीं है, पर 'रसाल' जी इसका श्रेय शुक्ल जी को भी नहीं देते।

स्वयं 'रसाल' जी शुक्ल जी का अनुसरण करते हुए सभी कालों की राजनीतिक, धार्मिक, सामाजिक दशा को, पृष्ठभूमि के रूप में, प्रस्तुत करने की चेष्टा करते हैं, यद्यपि शुक्ल जी की तरह वे, अपेक्षया अधिक विस्तृत विवरणों के बावजूद, पृष्ठभूमि तथा उस पर उभरे चित्र के अन्तस्सम्बन्ध का निर्देश नहीं कर पाए हैं। सिद्धान्त रूप में तो वे यहाँ तक मानते हैं : 'यदि कहा जावे कि साहित्य का इतिहास पूर्णतया इतिहास पर ही निर्भर है तो भी कोई विशेष अत्युक्ति न होगी। ...यदि वास्तविक दृष्टि से देखा जावे तो प्रत्येक देश एवं समाज की राजनीतिक एवं आर्थिक दशा पर ही उसकी साहित्यिक दशा एवं प्रगति समाधारित रहती है। ...साहित्य में (जो समस्त समाज पर जनता के विचारादि का एक व्यवस्थित समूह है) उसी प्रकार की अवस्थाएँ, दशाएँ, प्रणालियों एवं परिवर्तन की प्रगतियाँ पाई जाती हैं, जिस प्रकार की देश के इतिहास में। इससे स्पष्ट है कि साहित्य का इतिहास पूर्णतया इतिहास का एक मुख्य अंग होकर उसी पर समाधारित-सा रहता है।'[54]

अपने ग्रंथ के इन प्रारम्भिक उप-परिच्छेदों में आगे रसाल जी 'साहित्य और धर्मशास्त्र' शीर्षक के अन्तर्गत साहित्य का धर्मशास्त्र, समाजशास्त्र, किंबहुना भूगोल-शास्त्र से 'गाढ़ी मैत्री', 'घनिष्ठ सम्बन्ध' या 'गहरा सम्बन्ध' प्रतिपादित करते हैं। साहित्य और धर्म के परस्पर सम्बन्ध के विषय में उनका निष्कर्ष है : '...साहित्य हमारे धर्म के आधार पर स्थिर होता हुआ उसी के साथ-साथ उससे प्रभावित हो

विकसित एवं परिष्कृत होता आया है।'[55] साहित्य और समाजशास्त्र के अन्योन्याश्रय सम्बन्ध का विवेचन करते हुए वे लिखते हैं : 'जिस सामाजिक सभ्यता की विवेचना समाजशास्त्र करता है, उसी का चित्र चित्रित करके साहित्य अपने पाठकों के सामने रखता है।'[56] और अंत में साहित्यिक इतिहास की सीमा का अधिकाधिक विस्तार करते हुए वे साहित्य और भौगोलिक परिस्थितियों के बीच आधाराधेय-सम्बन्ध-सा मानकर निर्णय देते हैं कि 'प्राकृतिक दृश्यों के आलेख्य से जिस प्रकार मुख्य या मूल चित्र प्रभावित होता है, उसी प्रकार भौगोलिक परिस्थितियों से साहित्य का चित्र भी, जिसे हम इतिहास कह सकते हैं, प्रभावित होता है। जैसे-जैसे परिवर्तन उसमें होते हैं, वैसे ही वैसे परिवर्तन इसमें भी दिखलाई पड़ते हैं।'[57]

इन सैद्धान्तिक स्थापनाओं के बाद 'रसाल' जी ने हिन्दी साहित्य के स्व-कृत काल-विभाग की रूप-रेखा उपस्थित की है तथा उसकी युक्तियुक्तता प्रतिपादित की है। उनके अनुसार हिन्दी साहित्य का काल-विभाजन यह है :

1.	आदिकाल :	1000 संवत् से 1400 सं. तक
	बाल्यावस्था	(क)—पूर्वार्द्ध—सं. 1000 से 1200 सं. तक (ख)—उत्तरार्द्ध—सं. 1200 से 1400 सं. तक
2.	मध्यकाल :	1400 सं. से 1800 सं. तक
	किशोरावस्था	(क)—पूर्वार्द्ध—सं. 1400 से 1600 सं. तक (ख)—उत्तरार्द्ध—सं. 1600 से 1800 सं. तक
3.	आधुनिक काल :	1800 सं. से आज तक
	युवावस्था	(क)—परिवर्तन काल—सं. 1800 से 1900 सं. तक (ख)—वर्तमान—सं. 1900 से अब तक[58]

काल-विभाजन की इस योजना के सम्बन्ध में 'रसाल' जी का कथन है : 'उक्त काल-विभाग यहाँ उन भिन्न-भिन्न कालों की व्यापक विशेषताओं एवं साहित्यिक विशिष्ट परम्परा, प्रवृत्तियों एवं प्रगतियों के आधार पर ही किया गया है। जिस समय में जो विचारधारा व्यापकता एवं विशेषता के साथ प्रवाहित रही है, उसी की प्रधानता का ध्यान रखकर उसी के समय के अनुसार उसकी अवधि ठहरा ली गई है। इससे यह तात्पर्य कदापि नहीं है कि किसी अमुक समय की किसी अमुक विशेष प्रगति एवं परम्परा के अतिरिक्त उस समय में और किसी भी प्रकार की अन्य प्रगतियाँ एवं विचारधाराएँ उपस्थित ही न थीं, वरन् यहाँ तात्पर्य केवल यही है कि उस विशेष काल में व्यापकता के साथ अमुक विचारधारा का ही पूर्ण प्राधान्य था, अन्य धाराएँ गौण एवं शिथिल रूप में चल रही थीं। प्रत्येक पूर्ववर्ती धारा की प्रगति उत्तरकाल में भी रही, किन्तु अपने उस पूर्ववाले वेग के साथ नहीं।'[59]

'रसाल' जी के साहित्यिक इतिहास-विषयक उपर्युक्त विचार जितने समन्वयात्मक नहीं हैं, उतने निश्चित योजना के अभाव के परिचायक हैं। साहित्यिक

इतिहास में जिन-जिन सरणियों की झलक लेखक को मिली है, या जिन-जिनकी कल्पना वह कर सका है, सभी को उसने अपनी परिभाषा में समाविष्ट कर दिया है। व्यवहार में इसका परिणाम यह हुआ है कि उसका विवेचन विशीर्ण तथा योजना-रहित हो गया है। उदाहरणार्थ, पुस्तक के प्रशंसात्मक प्राक्कथन-लेखक, श्रीश्यामविहारी मिश्र, को कहना पड़ा है कि 'शुक्ल जी ने हिन्दी साहित्य का काल-विभाग इस प्रकार किया है कि आदिकाल संवत् 1000 से 1400 तक, मध्यकाल संवत् 1400 से 1800 तक और आधुनिक काल 1800 से आज तक। हमारी अनुमति में यह काल-विभाग बहुत युक्ति-युक्त प्रतीत नहीं होता क्योंकि ऐसा विभाग किसी भी भाषा के इतिहास का किया जा सकता है।'[60]

हिन्दी साहित्य के 'आदिकाल' के साहित्य को पं. रामचन्द्र शुक्ल के समान वीरगाथा के बदले 'जय-काव्य' कहने या रीतिकाल को 'कला-काल' के नाम से अभिहित कर देने मात्र से प्रस्तुत पुस्तक के लेखक का यह दावा सत्य नहीं प्रमाणित हो जाता कि '...जो ऐतिहासिक काल-विभाजन मैंने दिया है, उसका आधार, उस काल की उस प्रधान विचारधारा के ही रूप में है, जो उस समय हिन्दी-संसार की जनता में पूर्ण प्राधान्य, प्राबल्य और प्रभाव-प्रवेग के साथ प्रवाहित रही है।'[61]

[7]

आचार्य हजारीप्रसाद द्विवेदी ने अपने 'हिन्दी साहित्य' (उसका उद्‌भव और विकास) के संकेतात्मक उपशीर्षक से अपने द्वारा व्यवहृत प्रणाली का निर्देश किया है। उन्होंने स्पष्ट शब्दों में लिखा भी है : 'प्रयत्न किया गया है कि यथासम्भव सुबोध भाषा में साहित्य की विभिन्न प्रवृत्तियों और उसके मूल और वास्तविक स्वरूप का स्पष्ट परिचय दे दिया जाए। परन्तु पुस्तक को संक्षिप्त रूप देते समय ध्यान रखा गया है कि मुख्य प्रवृत्तियों का विवेचन छूटने न पाए और विद्यार्थी अद्यावधिक शोध-कार्यों के परिणाम से अपरिचित न रह जाएँ। उन अनावश्यक अटकलबाजियों और अप्रासंगिक विवेचनाओं को छोड़ दिया गया है, जिनसे इतिहास-नामधारी पुस्तकें प्राय: भरी रहती हैं। आधुनिक काल को समझने का प्रयत्न तो किया गया है, पर बहुत अधिक नाम गिनाने की प्रवृत्ति से बचने का भी प्रयास है। इससे बहुत-से लेखकों के नाम छूट गए हैं, पर यथासम्भव साहित्य की मुख्य प्रवृत्तियाँ नहीं छूटी हैं।'[62]

द्विवेदी जी ने स्पष्टत: विधेयवादी शुक्ल-परम्परा से भिन्न प्रतिज्ञा की है : वे 'साहित्य की विभिन्न प्रवृत्तियों और उसके मूल और वास्तविक स्वरूप का स्पष्ट परिचय' देना ही अपना लक्ष्य घोषित करते हैं। वे 'अटकलबाजियों और अप्रासंगिक विवेचनाओं' तथा 'नाम गिनाने की प्रवृत्ति' से बचने की भी कोशिश करते हैं, यद्यपि

'अद्यावधिक शोध-कार्यों के परिणाम' समाविष्ट करने की आवश्यकता मानते हैं। इस प्रकार द्विवेदी जी अनेकानेक शुक्लोत्तर साहित्येतिहासकारों की तुलना में, हिन्दी में पहली बार, कदाचित् समस्त भारतीय भाषाओं में सबसे पहले आचार्य शुक्ल के द्वारा प्रवर्तित, विधेयवादी साहित्येतिहास से भिन्न, साहित्यिक साहित्येतिहास लिखने के श्रेय के अधिकारी सिद्ध होते हैं। साहित्यिक प्रवृत्तियों और परम्पराओं की उद्गम-मीमांसा उनकी इसके पहले से गृहीत प्रणाली रही है। 'हिन्दी साहित्य की भूमिका' के निवेदन में उन्होंने लिखा है : 'ऐसा प्रयत्न किया गया है कि हिन्दी साहित्य को सम्पूर्ण भारतीय साहित्य से विच्छिन्न करके न देखा जाए। मूल पुस्तक में बार-बार संस्कृत, पालि, प्राकृत और अपभ्रंश के साहित्य की चर्चा आई है।'[63]

'हिन्दी साहित्य' की विषय-सूची से, उदाहरणार्थ, रीति-काव्य की रूप-रेखा नीचे उद्धृत की जा रही है। इससे द्विवेदी जी की पद्धति का स्पष्ट निदर्शन हो सकेगा :

रीतिकाव्य : (1) *रीति-ग्रंथों का सामान्य विवेचन*

भक्तिकाव्य के व्यापक प्रभाव काल—भक्ति और शृंगार भावना—उज्ज्वल—नीलमणि—रीति-काव्य—नायिका-भेद के भक्त कवि—कृपाराम की हिततरंगिणी-केशवदास के रीतिग्रंथ—रुग्ण मनोभाव का काल—जाति-पाँति व्यवस्था का नया रूप—कवियों के प्रेरणास्रोत—मूल स्वर मस्ती नहीं—नारी का चित्रण—अलंकारशास्त्र का हिन्दी में प्रवेश—रीति-कवि की मनोवृत्तिसंस्कृत के अलंकारशास्त्र का प्रभावमौलिकता का अभाव—अलंकार-ग्रंथों की संकुचित वृत्ति—अन्य आकर्षक विषय।

(2) *प्रमुख रीति-ग्रंथकार*

भक्ति-प्रेरणा का शैथिल्य-चिन्तामणि—भूषण—मतिराम—जसवंतसिंह और भिखारीदास—रीतिग्रंथ कवियों का आवश्यक कर्तव्य-सा हो गया था—देव कविगद्य का प्रयोग—कुछ प्रसिद्ध आलंकारिक कवि—सब समय प्रसिद्धि का कारण रीतिग्रंथ ही नहीं थे—पद्माकर—ग्वाल कवि और प्रताप साही।

(3) *रीतिकाल के लोकप्रिय कवियों की विशेषता*

बिहारीलाल-शतक और सतसई-परम्परा—गाथा-सप्तशती और बिहारी सतसई में अन्तर—परम्परा की विरासत—बिहारी के साथ अन्य कवियों की तुलना का साहित्य—बिहारी सजग कलाकार थे—शब्दालंकारों की योजना—अर्थालंकारों की योजना—बिहारी की असफलता यहाँ है—बिहारी के

अनुकर्ता—बिहारी और मतिराम—बिहारी और देव और पद्माकर—स्वच्छद प्रेमधारा रीतिकाव्य मादक कविता का साहित्य है।

(4) *रीतिमुक्त काव्य-धारा*

रीतिमुक्त साहित्य—रीतिमुक्त शृंगारी कवि—बेनी—फारसी साहित्य के परिचय का फल—सेनापति—बनवारी—द्विजदेव—फारसी—प्रभावापन्न कवि मुबारक—आलम—रसनिधि—बोधा—ठाकुर—नीतिकाव्य : वृंद और बैताल—गिरिधर कविराय—प्रबन्ध काव्य : पुहकर—लालकवि—जोधराज—सूदन—गोकुलनाथ, गोपीनाथ और मणिदेव—महाराज विश्वनाथसिंह—क्षीयमाण दीप्ति की कविता।

उद्धृत रूप-रेखा से यह स्पष्ट है कि द्विवेदी जी अपनी प्रतिज्ञा का दृढ़तापूर्वक पालन नहीं कर सके हैं। सभी प्रमुख कवियों के विषय में आवश्यक विवरण और नव्यतम अनुसन्धानों के परिणाम देने के प्रयास के कारण, बहुत अंशों में, हिन्दी साहित्य का यह इतिहास भी, अपनी पूर्वोक्त विशेषता के बावजूद, विवरण-प्रधान बन गया है। यह ठीक है कि आचार्य शुक्ल की तरह द्विवेदी जी ने साहित्य को अपने द्वारा बनाये गए साँचे में जकड़बन्द करने की चेष्टा नहीं की है, न उसे किसी अति-सरलीकृत पारिपार्श्विक योजना में बिठाने की आवश्यकता समझी है; किन्तु, जैसे अपने ढंग से प्रवृत्ति-निरूपण का प्रयास करते हुए भी शुक्ल जी मिश्र-बधुओं की विवरणात्मकता—जो उनका स्पष्ट उद्देश्य ही है, पर जिसकी आलोचना शुक्ल जी करते हैं—से अपने को कियदंश ही बचा पाते हैं, वैसे ही द्विवेदी जी भी, तत्त्वत: शुक्लेतर पद्धति अपनाते हुए भी, बहुधा बनी-बनाई गहरी लीक पर चल पड़े हैं। 'पुस्तक विद्यार्थियों को दृष्टि में रखकर लिखी गई है'—'निवेदन' के इस प्रारम्भिक स्पष्टीकरण के बाद इसकी अपेक्षा की भी नहीं जा सकती थी कि लेखक सर्वथा अभिनव पद्धति अपनाएगा, किन्तु वह हिन्दी के भावी साहित्येतिहासकारों को यह सुझाने में अवश्य सफल हुआ है कि साहित्येतिहास-लेखन की वह एक ही प्रणाली नहीं है, जिसे शुक्ल जी ने इतनी प्रभावोत्पादक, और अपने ढंग से परिपूर्ण, रीति से अपनाया था। यह दूसरी बात है कि इस सुझाव की सम्भावनाओं को हम आज भी देख, समझ न पाएँ।

[8]

हमारी उपर्युक्त आशंका का आधार हिन्दी के असंख्य छोटे-बड़े साहित्येतिहास हैं, और इसकी पुष्टि होती है नागरी-प्रचारिणी सभा की 'हिन्दी साहित्य के बृहत्

इतिहास' की योजना से। उन ग्रंथों का उल्लेख यहाँ अनावश्यक है, जो विवरण की दृष्टि से महत्त्वपूर्ण होते हुए भी—विशेषत: अनेक शोध-ग्रंथ-पद्धति में शुक्ल जी के इतिहास से भिन्न नहीं है। किन्तु यहाँ हम कुछ विस्तार से बृहत् इतिहास पर विचार कर सकते हैं।

एक परिपत्र में, जो सम्पादकों तथा उपसम्पादकों के मार्ग-निर्देश के लिए प्रचारित हुआ है, कहा गया है : 'करूपता के उद्‌देश्य से ही सम्पादक-मंडल ने कुछ 'सामान्य सिद्धान्त' और 'पद्धति' का निर्धारण किया है।'

सामान्य सिद्धान्त ये हैं :

(1) हिन्दी साहित्य के विभिन्न कालों का विभाजन युग की मुख्य सामाजिक और साहित्यिक प्रवृत्तियों के आधार पर किया गया है।

(2) *व्यापक सर्वांगीण दृष्टि :* साहित्यिक प्रवृत्तियों, आन्दोलनों तथा प्रमुख कवियों और लेखकों का समावेश इतिहास में होगा और जीवन की सभी दृष्टियों से उन पर विचार किया जाएगा।

(3) साहित्य के उदय और विकास, उत्कर्ष तथा अपकर्ष का वर्णन और विवेचन करते समय ऐतिहासिक दृष्टिकोण का पूरा ध्यान रखा जाए। अर्थात् तिथि-क्रम, पूर्वापर तथा कार्यकारण-सम्बन्ध, पारस्परिक सम्पर्क, संघर्ष, समन्वय, प्रभाव, ग्रहण, आरोप, त्याग, प्रादुर्भाव, अन्तर्भाव, तिरोभाव आदि प्रक्रियाओं पर पूरा ध्यान दिया जाए।

(4) *सन्तुलन और समन्वय :* ऐसा ध्यान रखा जाए कि साहित्य के सभी पक्षों का समुचित विचार हो सके। ऐसा न हो कि किसी पक्ष की उपेक्षा हो जाए और किसी का अतिरंजन। साथ-ही-साथ साहित्य के सभी भागों का एक दूसरे से सम्बन्ध और सामंजस्य किस प्रकार से विकसित हुआ, इसे स्पष्ट किया जाए। उनके पारस्परिक सघर्षों का उल्लेख और प्रतिपादन उसी अंश और सीमा तक किया जाए, जहाँ तक वे साहित्य के विकास में सहायक सिद्ध हुए हों।

(5) हिन्दी साहित्य के इतिहास के निर्माण में मुख्य दृष्टिकोण साहित्यशास्त्रीय होगा। इसके अन्तर्गत ही विभिन्न साहित्यिक दृष्टियों की समीक्षा और समन्वय किया जाएगा। विभिन्न साहित्यिक दृष्टियों में निम्नलिखित की मुख्यता होगी :

(क) शुद्ध साहित्यिक दृष्टि-अलंकार, रीति, रस, ध्वनि, व्यंजना, आदि।
(ख) दार्शनिक,
(ग) सांस्कृतिक,
(घ) समाजशास्त्रीय,
(ङ) मानववादी, आदि।

(च) विभिन्न राजनीतिक मतवादों और प्रचारात्मक प्रभावों से बचना होगा। जीवन में साहित्य के मूल स्थान का संरक्षण आवश्यक होगा।

(छ) साहित्य के विभिन्न कालों में उसके विविध रूपों में परिवर्तन और विकास के आधारभूत तत्त्वों का संकलन और समीकरण होना चाहिए।

(ज) विभिन्न मतों की समीक्षा करते समय उपलब्ध प्रमाणों पर सम्यक् विचार किया जाएगा। सबसे अधिक सन्तुलित और बहुमान्य सिद्धान्त की ओर संकेत करते हुए भी नवीन तथ्यों और सिद्धान्तों का निर्माण सम्भव होगा।

(झ) उपर्युक्त सामान्य सिद्धान्तों को दृष्टि में रखते हुए प्रत्येक भाग के सम्पादक अपने भाग की विस्तृत रूपरेखा प्रस्तुत करेंगे। पर सम्पादक-मंडल इतिहास की व्यापक एकरूपता और आन्तरिक सामंजस्य बनाये रखने का प्रयास करता रहेगा।

और 'पद्धति' इस प्रकार निरूपित है :

(1) 'प्रत्येक लेखक और कवि की सभी उपलब्ध कृतियों का पूरा संकलन किया जाएगा, और उसके आधार पर ही उनके साहित्य-क्षेत्र का निर्वाचन और निर्धारण होगा तथा उनकी जीवन और कृतियों के विकास में विभिन्न अवस्थाओं का विवेचन और निदर्शन किया जाएगा।

(2) तथ्यों के आधार पर ही सिद्धान्तों का निर्धारण होगा। केवल कल्पना और सम्मतियों पर ही किसी कवि अथवा लेखक की आलोचना अथवा समीक्षा नहीं होगी।

(3) प्रत्येक निष्कर्ष के लिए प्रमाण तथा उद्धरण आवश्यक होंगे।

(4) लेखन में वैज्ञानिक पद्धति का उपयोग किया जाएगा। संकलन, वर्गीकरण, समीकरण, सन्तुलन, आगमन आदि।

(5) भाषा और शैली सुबोध तथा सुरुचिपूर्ण होनी चाहिए।

इतिहास के सम्पादकों के नाम उसके प्रधान सम्पादक पं. अमरनाथ झा, जो दुर्भाग्यवश कार्यारंभ के पूर्व ही दिवंगत हो गए, और जिनका स्थान अद्यावधि रिक्त है, के एक पत्र का यह अंश सपादक के दृष्टिकोण का स्पष्टीकरण करता है : 'हमें प्रयत्न करना चाहिए कि इतिहास का प्रत्येक खंड अपने-आप पूर्ण होकर भी परस्पर सम्बद्ध हो और साहित्य की प्राणधारा का प्रवाह अखंडित तथा अविच्छिन्न रूप से प्रवाहित होता रहे...।

यथासम्भव यह इतिहास पूर्ण और त्रुटिरहित हो तथा इसमें हमारे सहस्र वर्षव्यापी साहित्य की मूल प्रेरणाओं, समाज की विभिन्न संस्थाओं की क्रिया-प्रतिक्रियाओं

और साहित्यकारों द्वारा गृहीत और प्रचारित मानव-मूल्यों का अविच्छिन्न प्रवाह सुस्पष्ट हो।'

सम्पादक-मंडल की ओर से सभा के प्रधानमंत्री द्वारा, प्रचारित उपयुक्त 'सामान्य सिद्धान्त' और 'पद्धति' के द्रुत अवेक्षण से भी स्पष्ट हो जाता है कि इतने बड़े पैमाने पर आयोजित कार्य को अन्तस्सम्बद्ध बनानेवाला कोई सुनिश्चित सिद्धान्त और सुचिन्तित पद्धति नहीं है, बल्कि अनेक अस्पष्ट और अव्यवहार्य सिद्धान्त और पद्धतियाँ गिना भर दी गई हैं। अवश्य ही आयोजित इतिहास के दिवंगत सम्पादक ने अधिक स्पष्टता के साथ मार्ग-निर्धारण का प्रयास किया है।

सैद्धान्तिक दृष्टि से विचार करने पर इतना तो निर्विवाद है कि सावधानी से लिखित और सम्पादित होने पर भी यह इतिहास प्राचीन और सम्प्रति उज्झित पद्धति का ही हो सकता है। यदि विवरणों के प्राचुर्य से इतना बड़ा ग्रंथ बन पाता, तो यह अच्छा ही होता; क्योंकि हिन्दी साहित्य विषयक प्रामाणिक तथा विस्तृत विवरणों का अभाव आज भी बना हुआ है, किन्तु विभिन्न भागों की जो रूप-रेखा सुलभ है और अब तो पहला भाग ही देखा जा सकता है, उससे इस निष्कर्ष पर बाध्यत: पहुँचना पड़ता है कि स्फीति का कारण वे अनावश्यक अटकलबाजियाँ और अप्रासंगिक विवेचनाएँ हैं, जिनकी ओर, सिद्धान्त रूप में, आचार्य हजारी प्रसाद द्विवेदी ने अपने हिन्दी साहित्य में इंगित किया है।

यहाँ हम पहले अपनी ओर से विशेष कुछ न कहकर कुछ भागों की स्वीकृत रूप-रेखा उद्धृत करना चाहेंगे। वे स्वयं ही बहुत दूर तक अपनी आलोचना के लिए पर्याप्त हैं :

(क)

प्रथम भाग : **हिन्दी साहित्य की ऐतिहासिक पीठिका**

प्रथम खंड

भौगोलिक, राजनीतिक तथा सामाजिक स्थिति

अध्याय 1

भौगोलिक आधार और उसका भाषा तथा साहित्य पर प्रभाव :

(1) हिन्दी क्षेत्र का विस्तार,
(2) प्राकृतिक विभाजन,
(3) पर्वत,
(4) नदी,
(5) जलवायु,

(6) वनस्पति,
(7) जीवजन्तु,
(8) मानव जातियाँ,
(9) बोलियाँ।

अध्याय 2

मध्ययुग की राजनीतिक प्रवृत्तियाँ :

(1) विघटन तथा विभाजन,
(2) निरंकुश एकतंत्र,
(3) सामन्तवाद,
(4) समष्टि ओझल, स्थनीयता, व्यक्तिवादिता,
(5) राजनीति के प्रति सामूहिक उदासीनता,
(6) राष्ट्रीयता तथा देशभक्ति का ह्रास,
(7) राजभक्ति : प्रशस्ति, चाटुकारिता, दासवृत्ति,
(8) व्यक्तिगत शूरता एवं वीरता,
(9) संघर्ष तथा पुनरुत्थान का प्रयत्न।

अध्याय 3

राजनीतिक स्थिति :

(1) राज्य-विविध राज्य,
(2) संस्थाएँ—राजा, मंत्रिपरिषद्, केन्द्रीय शासन, विभाग आदि,
(3) परस्पर सम्बन्ध-सम्पर्क, संघर्ष, युद्ध, संधि, उदासीनता,
(4) परराष्ट्र नीति—असंघटित, अदूरदर्शी, दुर्बल,

अध्याय 4

सामाजिक स्थिति :

(1) समाज का संघटन,
(2) मानव जातियाँ,
(3) वर्ण,
(4) आश्रम,
(5) जाति, वर्ग, व्यवसाय, आदि।

अध्याय 5

परिवार और विवाह :

(अ) परिवार

(1) परिवार की कल्पना,
(2) परिवार के सदस्य,

(3) पारस्परिक सम्बन्ध,
(4) पद, अधिकार, दायित्व।

(आ) विवाह

(1) संस्था,
(2) प्रकार—ब्राह्म, देव, आर्ष, प्राजापत्य, आसुर, गान्धर्व, राक्षस, पैशाच, स्वयंवर,
(3) निर्धारण—वर्ण, गोत्र, पिंड, कुल, परिवार, आदि,
(4) निर्वाचन—वर-कन्या के गुण-दोष,
(5) विवाह के भेद—एक विवाह, बहु विवाह, आदि,
(6) विवाहित जीवन,
(7) विवाहेत्तर स्त्री-पुरुष के सम्बन्ध।

अध्याय 6

समाज में स्त्री का स्थान :

(क) कन्या,
(ख) पत्नी,
(ग) माता,
(घ) स्वतंत्रता,
(ङ) सामान्य दृष्टिकोण,
(च) सामाजिक, धार्मिक, राजनीतिक, आर्थिक अधिकार एवं दायित्व।

अध्याय 7

विविध :

(1) वस्त्राभूषण,
(2) भोजन, पेय,
(3) आमोद-विनोद,
(4) आचार, शिष्टाचार, प्रथाएँ, आदि।

अध्याय 8

जीवन का आर्थिक ढाँचा और उसका साहित्य पर प्रभाव

द्वितीय खंड

साहित्यिक आधार तथा परम्परा

अध्याय 1

संस्कृत :

(1) भाषा—इसकी प्रवृत्ति, स्वरूप, ढाँचा, और हिन्दी से सम्बन्ध,

(2) साहित्य के प्रकार,
(3) साहित्यशास्त्र और रीतिशास्त्र,
(4) कथावस्तु, विवेच्य विषय आदि,
(5) व्यापक प्रभाव,
(6) परम्परा।

अध्याय 2

प्राकृत

अध्याय 3

भिन्न संस्कृत :

(1) बौद्ध,
(2) जैन।

अध्याय 4

अपभ्रंश

अध्याय 5

प्रारम्भिक हिन्दी :

टि. 25 के वे ही उपांग रहेंगे, जो 1 के हैं।

तृतीय खंड

धार्मिक तथा दार्शनिक आधार और परम्परा

अध्याय 1

वैदिक :

(1) देव-मंडल,
(2) पूजा-पद्धति,
(3) धर्म-विज्ञान,
(4) नीति,
(5) सौंदर्य-शास्त्र।

अध्याय 2

जैन तथा बौद्ध

अध्याय 3

पांचरात्र तथा भागवत

अध्याय 4

शैव, शाक्त एवं पाशुपत

अध्याय 5

पौराणिक

अध्याय 6

तांत्रिक

अध्याय 7

वेदान्त

अध्याय 8

अन्य दार्शनिक सम्प्रदाय :

टि. 28 के वे ही उपांग होंगे, जो 1 के हैं।

चतुर्थ खंड

कला

अध्याय 1

स्थापत्य :

विविध शैलियाँ—

(1) नागर,

(2) पर्वतीय,

(3) बेसर तथा द्रविड़ शैली का प्रभाव।

विविध प्रकार :

(अ) धार्मिक—

(1) मन्दिर,

(2) स्तूप,

(3) चैत्य,

(4) विहार,

(5) स्तम्भ।

(आ) राजप्रासाद : विविध प्रकार,

(1) दुर्ग-विविध प्रकार,

(2) सार्वजनिक आवास,

(3) पुष्करिणी, वापी, तड़ाग, कूप, आदि।

(4) यांत्रिक आधार तथा रचना,

(5) अलंकरण तथा सौंदर्यशास्त्रीय समीक्षा
(6) प्रतीकात्मक समीक्षा।

अध्याय 2

मूर्तिकला :

(1) विविध शैलियाँ,
(2) विविध प्रकार,
(3) मूर्ति विज्ञान,
(4) यांत्रिक आधार तथा निर्माण,
(5) अलंकरण तथा सौंदर्यशास्त्रीय समीक्षा,
(6) प्रतीकात्मक समीक्षा।

अध्याय 3

चित्रकला :

(1) विविध शैलियाँ,
(2) विविध प्रकार,
(3) अलंकरण तथा सौंदर्यशास्त्र,
(4) प्रतीकात्मक समीक्षा।

अध्याय 4

संगीत :

(1) गीत,
(2) वाद्य,
(3) नृत्य,
(4) संगीत की शैलियाँ,
(5) संगीत के प्रकार,
(6) संगीत और साहित्य।

अध्याय 5

रंगमंच :

(1) रूपक,
(2) अभिनय,
(3) रंगमंच,
(4) निर्माण,
(5) अभिनयशास्त्र,
(6) साहित्य पर प्रभाव।

पंचम खंड

बाह्य सम्पर्क तथा प्रभाव

अध्याय 1

यवन :

(1) राजनीति,

(2) समाज,

(3) कला,

(4) भाषा,

(5) साहित्य।

अध्याय 2

शक

अध्याय 3

हूण

अध्याय 4

चीन, भोट

अध्याय 5

ईरान, अरब, तुर्क :

टि. 25 के वे ही उपांग होंगे, जो 1 के हैं।

(ख)

द्वितीय भाग : **शृंगार-काल (रीतिबद्ध)—1700-1900 वि.**

अध्याय 1—**(भूमिका)**

(क) परिस्थितियाँ :

(1) राजनीतिक परिस्थिति

(मुगल-साम्राज्य का चरमोत्कर्ष के उपरान्त पतन)—दारा (संस्कृति और सहिष्णुता) की पराजय—औरंगजेब का अत्याचार—व्यक्तिवादी राजतंत्र—हिन्दुओं-सिक्खों का विरोध और दमन—मुगल-साम्राज्य का पतन—औरंगजेब के उत्तराधिकारी—मराठों का प्रभुत्व—नादिरशाह (संवत् 1795)—सूबेदारों का गृह-कलह (अवध, दक्षिण-भारत)—अहमदशाह अब्दाली (सं. 1818)—रीति-काव्य के सृजन-क्षेत्र—राजस्थान (अम्बेर, मेवाड़, मारवाड़, कोटा, बूंदी)—बुंदेलखंड और अवध की राजनीतिक दशा—

सामन्तीय शासन—परस्पर कलह—चारित्रिक पतन—राजनीतिक स्थिति का सिंहावलोकन—युद्ध और विप्लव से आक्रांत देश—शाहजहाँ-औरंगजेब के बाद निर्बल केन्द्रीय शासन—औरंगजेब के बाद प्रभविष्णु व्यक्तित्व का अभाव—भयंकर बाह्य आक्रमण—स्वेच्छाचारी राजतंत्र—धार्मिक असहिष्णुता—पदाक्रांत हिन्दू—विलास-जर्जर मुसलमान।

(2) सामाजिक परिस्थिति

(अ) शासक और शोषक वर्ग—मुगल-परिवार तथा दरबार—विलास और शृंगारिकता,

(आ) शासित या शोषित वर्ग—श्रमिक समाज और कृषक—आर्थिक दुर्दशा—शासकों के अत्याचार,

(इ) कवि और कलावन्तों की विचित्र स्थिति,

(ई) हिन्दू-मुसलमानों की जातीय स्थिति—अभेद और भेद—सूफियों और निर्गुणियों द्वारा नगण्य समन्वय,

(उ) नैतिक अवस्था—काम-विलास—रिश्वत—षड्यंत्र आदि—आत्मबल का ह्रास-अधोगति।

(3) धार्मिक परिस्थिति

(अ) पंडित और मौलवी—कट्टरता—स्वस्थ धर्म-दर्शन का लोप—साम्प्रदायिकता—मठ-मन्दिर-गद्दियाँ—काम-विलास—देवदासियाँ—भक्तों में शृंगार भावना—रतिरक्ता राधा—लोक-जीवन से दूर,

(आ) अशिक्षित जनसमुदाय—अन्धविश्वास—बाह्याडंबर—रामलीला और रास-लीला—मुसलमानों के उर्स,

(इ) संतों के पंथ—सतनामी, लालदासी, नारायणी आदि—समन्वयवादी प्रयत्न—हिन्दुओं का योग—सूफियों की प्रेम-भावना—मुसलमानों में भी सिलसिले—चिश्तिया, निजा-मिया, कादिरिया आदि।

(4) बौद्धिक स्तर

साहित्य, दर्शन, आदि सभी क्षेत्रों में ह्रास।

(5) सौन्दर्य-भावना

(अ) काव्य-तुलसी, सूर आदि की प्रतिभा का अभाव—स्थूल ऐन्द्रियता—निष्प्राण अलंकरण—संस्कृत—काव्य इतिश्री—अरब, फारस से प्रेरणा ग्रहण करनेवाले मुसलमानों की फारसी कविता।

(आ) स्थापत्य—औरंगजेब द्वारा कला का निरादर—मन्दिरों का ध्वंस—हिन्दू-स्थापत्यकला की दुर्गति—नवाबों का कलाप्रेम—राजस्थान के राजमहल—उत्कृष्ट कलाभाव का अभाव—निकृष्ट अनुकरण—निर्जीवता।

(इ) चित्रकला—जहाँगीर और शाहजहाँ—विदेशी चित्रकला पर भारतीय प्रभाव—चित्रकला की विभिन्न शैलियाँ—क्रमिक अध:पतन—नारी-सौन्दर्य का चारुचित्रण—चित्रकला की दो धाराएँ—ह्रासोन्मुखी राजसी धारा—सचेत जनप्रिय धारा।

(ई) संगीत—असन्तोषजनक स्थिति—मौलिकता का अभाव—औरंगजेब—संगीत का चरम अपकर्ष—कलावन्त राजाओं और नवाबों की शरण—मुहम्मदशाह—संगीतकला के पुनरुज्जीवन का प्रयत्न—संगीतशास्त्र के कुछ ग्रंथ-संगीतकला—विलास का उपकरण मात्र।

(ख) रीतिकाव्य का शास्त्रीय पृष्ठाधार :

(1) रीतिशास्त्र का आरम्भ

(2) रस-सम्प्रदाय

'रस' का अर्थ और इतिहास—'रस' की परिभाषा—रस की स्थिति—भारतीय रससूत्र के प्रमुख व्याख्याकार—भट्टलोल्लट—श्रीशंकुक—भट्टनायक—अभिनव गुप्त—साधारणीकरण—रस का स्वरूप—भाव का विवेचन—मूल प्रवृत्तियाँ और प्रवृत्तिगत भाव—भावों का वर्गीकरण—रीतिकालीन आचार्यों पर रस-सम्प्रदाय का प्रभाव।

(3) अलंकार-सम्प्रदाय

अलंकार-सम्प्रदाय का आरम्भ और विकास—भामह और दंडी—सर्वप्रमुख आचार्य रुद्रट—बाद के आचार्य—अलंकार की परिभाषा और धर्म—अलंकार और अलंकार्य—अलंकारों का मनोवैज्ञानिक आधार—रसानुभूति में अलंकार का योग—रीतिकालीन आचार्यों पर अलंकार—सम्प्रदाय का प्रभाव।

(4) रीति-सम्प्रदाय

रीति-सम्प्रदाय के प्रतिष्ठापक वामन—परवर्ती आचार्य—रीति की परिभाषा और स्वरूप—पाश्चात्य साहित्य-शास्त्रियों की 'शैली'—रीति और गुण—गुणों की मनो-

वैज्ञानिक स्थिति—रीति और दोष—रीति—गुण-दोष का रस से सम्बन्ध—संस्कृत का रीति-सम्प्रदाय और हिन्दी के रीतिकालीन आचार्य।

(5) वक्रोक्ति-सम्प्रदाय

वक्रोक्ति के प्रवर्तक कुन्तक—क्या यह सम्प्रदाय है?—वक्रोक्ति का स्वरूप—कुन्तक की वक्रोक्ति और क्रोचे का अभिव्यंजनावाद—रीतिकालीन आचार्यों पर वक्रोक्तिवाद का प्रत्यक्ष-अप्रत्यक्ष प्रभाव—प्रभाव की नगण्यता के कारण।

(6) ध्वनि-सम्प्रदाय

ध्वनि-सम्प्रदाय का आरम्भ—प्रतिष्ठापक ध्वन्यालोक-कार—ध्वनि का आधार और स्वरूप—ध्वनि के विरोधी आचार्य—ध्वनि के समर्थक आचार्य—व्यंजनाशक्ति की पूर्ण प्रतिष्ठा—ध्वनि और रस—ध्वनि और अलंकार—ध्वनि में अन्य सिद्धान्तों का समाहार—रीतिकालीन आचार्यों पर प्रभाव।

(7) नायिका-भेद

नायिका-भेद का पूर्ववृत्त—इस विषय के प्रमुख आचार्य—नायिका-भेद का मनोवैज्ञानिक आधार—नायिका-भेद—परम्परा का रीतिकालीन आचार्यों पर प्रभाव।

(ग) रीतिकाव्य का साहित्यिक आधार :

(1) प्राकृत-संस्कृत साहित्य में रीतिकाव्य का विकास—गाथा सप्तशती—आर्या सप्तशती—अमरुशतक आदि—मुक्तक काव्य-परम्परा।

(2) भक्ति-शृंगार की मुक्तक परिपाटी—देवी-देवताओं का शृंगार-निरूपण—इस धारा का नैसर्गिक विकास—जयदेव और विद्यापति।

(3) कामशास्त्रीय रचनाओं की परम्परा—शृंगार-काव्य पर प्रभाव।

(4) हिन्दी साहित्य में रीतिकाव्य का आरम्भ और परम्परा—आदिकाल में रीतिकाव्य की विशेषताएँ—भक्तिकाल में रीतिकाव्यधारा—रीतिकाव्य की भूमिका का निर्माण।

अध्याय 2

(क) नामकरण

साहित्य का कालविभाग—नामकरण का दुहरा प्रयोजन—नामकरण का आधार—कृति, कर्ता, पद्धति, व्यक्ति-तारतम्यिक विवेचन—सर्वोत्कृष्ट प्रणाली—रीतिबद्ध

शास्त्र—कवियों की व्यापक प्रवृत्ति—उनका प्रधान रस शृंगार—शृंगारसंवलित भक्ति—रीतिबद्ध काव्य-कवियों की व्यापक प्रवृत्ति—रीतिमुक्त काव्य-प्रवाह—शृंगारकाल नाम की उपयुक्तता—अनुपयुक्तता—'अलंकृतकाल' की यथार्थता पर विचार—'शृंगारकाल' अथवा 'रीतिकाल' नाम की समीचीनता।

(ख) सीमा-निर्धारण

साहित्यिक इतिहास में सीमा का अर्थ—काल-विभाजन का यथातथ्य—कृपाराम की 'हिततरंगिणी' (सं 1598)—कृपाराम से सेनापति (सं 1700) तक रीतिकाव्य-प्रवाह—सत्रहवीं शती की शृंगारकाव्य-धारा—उस काल का भक्तिकाव्य—प्रभावशाली व्यापक साहित्य—सामान्य प्रवृत्ति का प्रतिनिधि—'रीति-शृंगार' की सापेक्ष नगण्यता—सत्रहवीं शती 'रीति-शृंगार' की प्रस्तावना मात्र है—रीतिकाल का वास्तविक आरम्भ 1700 सं. से—रीतिकाल की उर्वर सीमा—भारतेन्दु-युग की शृंगारिकता—उस युग के व्यावर्तक धर्म—शृंगार की उपसन्तति—सं. 1900-14 का ऐतिहासिक महत्त्व—साहित्य और समाज की नई चेतना—नूतन प्रवृत्तियों द्वारा युग-परिवर्तन—रीतिकाल सं. 1700 से सं. 1900 तक।

(ग) उपलब्ध सामग्री के मूल स्रोत

(घ) रीति की व्युत्पत्ति, लक्षण और इतिहास

(ङ) हिन्दी रीतिकाव्य की आत्मा

(च) रीतिकवियों की सामान्य विशेषताएँ :

वातावरण—

(1) प्रायः सभी कवि दरबारी—बादशाह, राजा, ताल्लुकेदार, दीवान—उनकी रुचि की तुष्टि—शृंगार-रस का प्रवाह—दरबार से दूर भक्तिरचना।

(2) दरबारों के संस्कृत कवियों और उर्दू-फारसी-शायरों से प्रतिद्वंद्विता।

प्रतिपाद्य विषय :

(3) मुख्य विषय शृंगार—संयोग—भोगवाद का वैशिष्ट्य—वियोगपक्ष—प्रयास का क्रम—निरूपण—नायक-नायिका भेद की ओर विशेष झुकाव—ईर्ष्या की अधिकता—खंडिता और विप्रलब्धा।

(4) रसिकता पर आधारित शृंगार, प्रेम पर नहीं—वासना—पार्थिव और ऐन्द्रिय सौन्दर्य—बाह्य पक्ष की प्रधानता—शरीर-सम्बन्ध की अधिक चाह-प्रेम-मार्ग की वक्रताएँ।

(5) शृंगार पर भक्ति का अवगुण्ठन—राधा-कृष्ण का नायक-नायिका रूप—'मधुर रस'—भक्ति शृंगारिकता का अंग—सामाजिक कवच और मानसिक शरणभूमि।

(6) परकीया प्रेम—कारण-प्रेम का विस्तृत क्षेत्र—भक्तिभाव का आरोप करने में सुविधा—प्रतिद्वन्द्वी उर्दू-फारसी कवियों द्वारा निरूपित परकीया प्रेम की स्पर्द्धा—प्रेम का गार्हस्थिक स्वरूप—स्वच्छन्दतावादी प्रवृत्ति की गौणता।

(7) जीवन-दर्शन—जीवन के मूलगत प्रश्नों की उपेक्षा—सामंतवाद के भग्नावशेष की छाया में बँधा लोक—राजाश्रित कवियों का अवैयक्तिक दृष्टिकोण।

काव्य-रूप :

(8) मुक्तक रचना-प्रबन्ध का अभाव-सा—कारण, शृंगार का सीमित क्षेत्र—घटनाचक्र की कमी—भक्ति-सम्प्रदायों का प्रभाव—गोष्ठी-पाठ के अनुकूल मुक्तक—अधिक तात्कालिक प्रभाव—लक्षण-ग्रंथों में उदाहरण की उपयुक्तता—दरबारी कवियों में चमत्कार—प्रदर्शन का अधिक अवकाश—सुसंबद्ध जीवन-दर्शन के आधार का अभाव।

शैली :

(9) चमत्कार-प्रदर्शन की बलवती प्रवृत्ति—कहीं कम-कहीं अधिक ऊहात्मक उक्तियाँ—बुद्धि-क्रीड़ा।

(10) मौलिक उद्भावना-प्रतिभाशाली कवियों में वक्ता और वाग्विदग्धता-सामान्य कवियों की रूढ़िबद्ध अभिव्यंजना।

(11) शास्त्र-ज्ञान और कवि-कल्पना का सम्बन्ध।

(12) भाषा का अलंकृत-काल—तुलसी, सूर आदि द्वारा विकसित भाषा—प्रत्यक्ष अलंकार-प्रयोग—अर्थालंकारों की ओर विशेष झुकाव—विलास के संकुचित क्षेत्र के गृहीत उपमान—लक्षणा-व्यंजना की अपेक्षाकृत गौणता—माधुर्यगुणोचित शब्द-विन्यास (कोमला वृत्ति) —शब्दों की कीड़ा—रीतिमुक्त कवियों की भाषा के साथ तुलनात्मक अध्ययन।

(छ) रीतिबद्ध कवियों का वर्गीकरण—दो प्रधान वर्ग—वर्गीकरण का आधार।

रीतिकवि

शास्त्रकवि (रीतिशास्त्र निरूपक काव्यकता)

काव्यकवि (लक्षणरहित रीतिबद्ध-काव्यकता)

अध्याय 3

(क) लक्षणबद्ध काव्य की सामान्य विशेषताएँ :

(1) रीति-आचार्यों का शास्त्रीय विवेच्य-विषय—सर्वांग-निरूपण—तीन सम्प्रदायों (ध्वनि, रस और अलंकार) की ओर विशेष ध्यान—शृंगार-निरूपण की अधिकता—उसमें भी नायिका-नायक भेद—संक्षेप में अलंकार-निरूपण—पिंगलशास्त्र—अन्य काव्यांगों की उपेक्षा—भाषाकाव्य की विकासशील प्रवृत्तियों की अवहेलना।

(2) प्रतिपाद्य शैली—संस्कृत के उत्तरकालीन आचार्य—हिन्दी में आचार्यत्व और कवित्व का सम्मिलन—काव्य-रचना-सम्बन्धी नियमों का विवेचन और उदाहरण—संस्कृत का गहरा प्रभाव—रीति-आचार्यों की दृष्टि में चित्रकाव्य की महत्त्वहीनता—बहिरंग की ओर विशेष ध्यान।

(3) रीतिबद्ध शास्त्र-कवियों की सफलता—मौलिक सिद्धान्त-विवेचन की क्षीणता—संस्कृत आचार्यों का स्पष्टीकरण मात्र—विफलता के कारण :

(अ) संस्कृत का काव्यशास्त्र विषयक विज्ञान साहित्य—उसके सूक्ष्म सिद्धान्त विवेचन से आगे बढ़ना कठिन।

(आ) भेद-अभेद की जटिलता—उलझनमयी निरूपण-शैली।

(इ) गद्य का अभाव—अपवाद स्वरूप गद्य-प्रयोग।

(ख) वर्गीकरण-रीतिकालीन शास्त्रकवियों के अनेक वर्ग :

(अ) सर्वांग-निरूपक,

(आ) रस-निरूपक—सर्व रसनिरूपक-शृंगारभाव-निरूपक। (नायक-नायिका-भेद),

(इ) अलंकार-निरूपक,

(ई) पिंगल-निरूपक,

(उ) फुटकर।

(ग) शास्त्र-कवियों की ऐतिहासिक समीक्षा :

(अ) सर्वांग-निरूपक—काल-क्रमानुमार कवि-परिचय—कृतियाँ-सिद्धान्त विवेचन।

(आ) रस-निरूपक—कवि-परिचय—कृतियाँ—शास्त्रीय-विवेचन

(इ) अलंकार-निरूपक ” ” ” ”

(ई) पिगंल-निरूपक ” ” ” ”

(उ) फुटकर ” ” ” ”

(घ) भारतीय काव्यशास्त्र के विकास में रीति-आचार्यों का योगदान।

अध्याय 4

काव्य-कवि :

(क) रीतिबद्ध काव्य-कवियों की विशेषताएँ—

(1) कवि शिक्षक की अपेक्षा कवि के गौरव के अभिलाषी—अतएव लक्षण के बन्धन से मुक्त।

(2) संस्कृत के काव्यशास्त्र की अपेक्षा संस्कृत की शृंगार-मुक्तक-परम्परा से घनिष्ठतर (!)—सम्बन्ध-कारण रीतिबद्ध वातावरण का गहरा प्रभाव।

(3) काव्य-कवियों और शास्त्र-कवियों की रचनाओं का तुलनात्मक अध्ययन।

(4) काव्य-कवियों की भावुकता और कला।

(5) शास्त्र-कवियों की भावुकता और कला।

(6) काव्यविषयक वर्गीकरण :

(अ) नखसिख-वर्णन,

(आ) ऋतु-वर्णन-षट्ऋतु, बारहमासा,

(इ) शृंगारिक जीवन की विविध परिस्थितियाँ, आदि।

(7) काव्यकवियों की ऐतिहासिक समीक्षा—कालक्रमानुसार कवि—परिचय-कृतियाँ—शास्त्रीय समीक्षा—साथ-गुण का विवेचन।

(8) रीतिबद्ध काव्य का मूल्यांकन।

(ख) उपसंहार : रीतिकवियों के साथ अन्याय—उदार—निष्पक्ष दृष्टि की आवश्यकता—विवेचय काव्य से ही विवेचक दृष्टि प्राप्त करना उचित है—रीतिबद्ध काव्य का योगदान :

(अ) शास्त्र-परम्परा की विच्छिन्न परम्परा का पुनरुज्जीवन।

(आ) तत्कालीन नीरस जीवन में सरसता का संचार।

(ग)

तृतीय भाग : **शृंगारकाल (रीतिमुक्त)—1700-1900 वि.**

प्रथम खंड

भूमिका-परिस्थितियाँ
लोक-जीवन और साहित्य
लोक-जीवन की विविध भूमियाँ

1. राजनीतिक :

(क) ह्रासोन्मुखी मुगलशक्ति,
(ख) राष्ट्रीय शक्तियों का उन्मेष,
(ग) वर्धिष्णु बाह्य शक्तियों का प्रवेश और प्रसार,
(घ) प्रभाव।

2. सामाजिक :

(क) जातियाँ, अन्तरजातियाँ एवं पारस्परिक सम्बन्ध,
(ख) स्त्रियों की स्थिति,
(ग) निम्नजातियों की स्थिति,
(घ) संस्कार,
(ङ) लोक-जीवन।

3. आर्थिक :

(क) साहित्यिकों की आर्थिक स्थिति,
(ख) साहित्यिकों द्वारा निरूपित आर्थिक स्थिति।

4. सांस्कृतिक :

(क) धार्मिक (देवतामंडल, देवस्वरूप, आचार) :
(1) श्रौतस्मृति-परम्परा,
(2) वैष्णव सम्प्रदाय,
(3) जैन धर्म,
(4) मोहम्मदी पंथ एवं मत-मतांतर।

(ख) बौद्धिक :
(1) दर्शन,
(2) इतर शास्त्र।

(ग) कलात्मक-सामान्य पर्यालोचन,
(घ) नैतिक।

5. उपसंहार।

द्वितीय खंड

वीर-रसात्मक काव्य

अध्याय 1

प्राचीन परम्परा :

(क) संस्कृत, प्राकृत और आदिकाल के वीर काव्य—

(1) दृश्य और श्रव्य,

(2) प्रबन्ध और मुक्तक।

(ख) कथावस्तु—

(1) पौराणिक और ऐतिहासिक,

(2) पात्र-योजना, उनके रूप, गुण और कर्म।

(ग) वर्ण्य वस्तु—

(1) विषय और प्रकार,

(2) युद्ध-विधान,

(3) रणनीति-रणक्षेत्र, प्रस्थान, व्यूह-रचना, सैन्य-संचालन, आदि,

(4) युद्ध-सामग्री—शस्त्रास्त्र, उनके नाम, प्रकार और प्रयोग।

(घ) रस-व्यंजना—

(1) वीररस और उसके भेद,

(2) विभाव-चित्रण,

(3) स्थायी भाव उत्साह की योजना,

(4) संचारियों का प्रयोग,

(5) उद्दीपन के विविध रूप—

(अ) आलंबनगत और तदितर,

(आ) ऐश्वर्य, राजसभा, मंत्रणा आदि का वर्णन।

अध्याय 2

सामान्य प्रवृत्तियाँ :

(क) केवल युद्धों का वर्णन,

(ख) प्रशंसा की प्रवृत्ति,

(ग) नायक के उत्कर्ष मात्र का वर्णन,

(घ) धर्म-बुद्धि,

(ङ) इतिहास-कथन,

(च) प्रबन्ध-योजना,

(छ) लोकमंगल की भावना,

(ज) शृंगार और वीर का योग।

अध्याय 3

रचनाओं के विविध प्रकार :

(क) ऐतिहासिक वीर काव्य—

(1) राजनीतिक घटनाओं की प्रधानता—प्रमुख रूप से युद्धों की,
(2) आश्रयदाता का उत्कर्ष-चित्रण,
(3) सामूहिक युद्धों का वर्णन,
(4) वस्तु-वर्णन की प्रधानता,
(5) सर्गबद्धता-युद्धों के अनुसार,
(6) शृंगार का पुट,
(7) कवित्त, छप्पय, दोहा, रोला, पद्धरी आदि छंदों की प्रधानता,
(8) परुष शब्दावली का प्रयोग—संयुक्ताक्षरों की बहुलता,
(9) संवाद,
(10) कवि-परिचय।

(ख) प्रशस्ति-काव्य—

(1) आश्रयदाता की प्रशंसा—विशेषतया शौर्य और दान की,
(2) संवाद की योजना—पौराणिक रूप देने का प्रयास,
(3) ऐश्वर्य, धाक, सैन्य-प्रस्थान, राजसभा आदि के वर्णनों की प्रधानता,
(4) अलंकारों का चमत्कार—अतिशयोक्ति, रूपक, उपमा आदि की प्रधानता,
(5) शत्रु-पक्ष के भय, त्रास आदि का विशेष वर्णन,
(6) प्रबन्ध का अभाव, मुक्तकों की प्रचुरता,
(7) प्रसंगोद्‌भावना,
(8) कवित्त, सवैयों, छप्पयों की बहुलता,
(9) भाषा में प्रवाह,
(10) छंदानुसार शब्द-निर्माण,
(11) कवि-परिचय।

(ग) धार्मिक वीरकाव्य—

(1) लोकरक्षक देवी-देवताओं की कथाएँ,
(2) अत्याचारियों का विनाश और मानवता की रक्षा,
(3) प्रबन्ध और मुक्तक—दोनों प्रकार की रचनाएँ,
(4) कथा-प्रवाह,

(5) व्यक्ति-विशेष के युद्धों का वर्णन,
(6) युद्धों का सांगोपांग चित्रण,
(7) उक्ति और रण-कौशल का चमत्कार,
(8) सत्य, दान, दया आदि धार्मिक भावनाओं की पोषक पौराणिक कथाएँ,
(9) उपदेश की प्रधानता,
(10) भाव-व्यंजना की प्रधानता,
(11) चलते छंदों का विधान,
(12) भाषा, सीधी-सादी, प्रवाहपूर्ण,
(13) चमत्कार-प्रदर्शन का अभाव,
(14) कवि-परिचय।

(घ) अनूदित वीर काव्य—

(1) दुर्गा सप्तशती और महाभारत के अनुवाद,
(2) अनुवाद की विशेषताएँ—दो प्रकार के अनुवाद,
(3) केवल अनुवाद के लिए—भावों के चित्रण के लिए,
(4) भावों को नये ढंग से रखना,
(5) सरलता की प्रवृत्ति,
(6) संवादों की न्यूनता,
(7) वर्णनों की प्रचुरता,
(8) युद्धवीरता का विशेष वर्णन,
(9) कथाओं का संक्षेप में कथन,
(10) भाषा प्रवाहयुक्त,
(11) सहज एवं सरल अलंकारों का प्रयोग,
(12) छंद-विधान—दोहा, चौपाई, कवित्त, सवैया, छप्पय, रोला, पद्धरी की प्रमुखता,
(13) कवि-परिचय।

(ङ) अन्य रचनाओं में वीररस की कविता—

(1) प्रेमकथा—काव्यों में नायक की धीरता के प्रदर्शन में,
(2) आत्मरक्षा एवं नायिका की रक्षा के निमित्त,
(3) नायक के धैर्य, दृढ़ता और साहस के प्रसंग,
(4) भक्ति की रचनाओं में भगवान् का लोकपालक रूप।

अध्याय 4

काव्यवर्णित सामाजिक अवस्था :

(1) रहन-सहन,
(2) आचार-विचार,
(3) रणनीति,
(4) नर-नारी सम्बन्धी-धारणाएँ,
(5) वेशभूषा,
(6) आभूषण,
(7) शस्त्रास्त्र,
(8) ऐतिहासिक और राजनीतिक अवस्थाएँ,
(9) धार्मिक और आध्यात्मिक अवस्थाएँ,
(10) ऐहिक और आर्थिक अवस्थाएँ।

अध्याय 5

उपसंहार—वीरकाव्यों की इतिहास को देन

तृतीय खंड

रीतिमुक्त श्रृंगारी काव्य

सामान्य परिचय

अध्याय 1

(1) रीतिमुक्त रचनाओं के लक्षण :

(क) मनोवेग तथा प्रेम की स्वच्छंदता,
(ख) कृत्रिम प्रेम-व्यापारों का त्याग,
(ग) भावप्रधानता,
(घ) आत्मनिवेदन,
(ङ) प्रेम का लौकिक पक्ष,
(च) विरह-प्रेम का विषय तथा ऐकांतिक स्वरूप,
(छ) प्रबन्धपटुता,
(ज) लोकजीवन का ग्रहण,
(झ) मुक्तक का रूप।

(2) साहित्य में उनकी स्थिति

(3) प्राचीन परम्परा :

संस्कृत, प्राकृत, अपभ्रंश आदि प्राचीन भाषाओं के साहित्य में उनके रूप और हिन्दी पर उनका प्रभाव।

(4) हिन्दी में संवत् 1700 के पूर्व उनकी स्थिति और स्वरूप।

अध्याय 2

भाग-चित्रण :

(1) काव्यवर्णित प्रेम-रति का रूप—
   (क) आस्तिक-प्रधान,
   (ख) साधना-प्रधान,
   (ग) भावात्मक,
   (घ) अभिलाष-प्रधान,
   (ङ) स्वच्छंद,
   (च) निर्भीक,
   (छ) सहज,
   (ज) उदात्त,
   (झ) अनुभूतिमय।

(2) प्रेम का वैषम्य—श्रीमद्‌भगवत और फारसी काव्य का प्रभाव,
(3) नाना मन:स्थितियों का चित्रण,
(4) परस्परविरोधी भावों की योजना—जैसे दैन्य, उत्साह, आशा-निराशा, उन्माद-चेतना,
(5) भावों की अन्तर्दशाएँ,
(6) भावों की सूक्ष्मता,
(7) अनुभाव-चित्रण—नाना चेष्टाओं और शारीरिक अवस्थाओं की योजना,
(8) वियोग की प्रधानता और उसका कारण,
(9) प्रकृति-वर्णन—वियोगोत्तेजक,
(10) अभिलाष का महत्त्व और रूप,
(11) लौकिक प्रेम का अलौकिक प्रेम की ओर झुकाव—विभिन्न दार्शनिक सम्प्रदायों का प्रभाव।

अध्याय 3

भारतीय प्रेम-प्रबन्ध :

(1) प्रेमकथाओं की भारतीय परम्परा,
(2) नायक-नायिका का रूप,
(3) नायिका में प्रेम की प्रधानता,
(4) नायक में प्रेम की पुष्टि में कर्तव्य की प्रमुखता,
(5) समाज का रूप,
(6) सर्गबद्धता का अभाव,
(7) स्वच्छंदता की प्रमुखता,

(8) काव्य का रूप,
(9) भाषा और शैली।

अध्याय 4

सूफी प्रेम-प्रबन्ध :

(1) सूफी प्रेम-प्रबन्धों की विशेषताएँ,
(2) प्रेम का स्वरूप,
(3) प्रेम का प्रत्यक्ष स्फुरण नायक में,
(4) नायक में प्रेम व्यक्तिगत हित तक ही परिमित,
(5) लौकिक प्रेम की ईश्वरीय प्रेम में परिणति,
(6) काव्य का रूप,
(7) वियोग की प्रधानता,
(8) वस्तु-विभाजन का प्रकार,
(9) भाषा और शैली।

अध्याय 5

मुक्तक रचनाकार :

(1) व्यक्तिगत प्रेम और भक्ति का समन्वय,
(2) प्रेम की गहराई,
(3) वियोग का चरमोत्कर्ष,
(4) प्रेम की नाना अवस्थाओं की अनुभूति,
(5) अभिलाष और वेदना की गम्भीरता,
(6) भाषा पर अधिकार।

अध्याय 6

भाषा और शैली :

(1) भाषा—

(क) नागर और साहित्यिक एवं पूर्णतः परिष्कृत,
(ख) मुहावरों और लोकोक्तियों की सजीवता,
(ग) लाक्षणिक विशुद्ध ब्रजभाषा,
(घ) नवीन शब्दों का निर्माण,
(ङ) ध्वन्यात्मक शब्दों का प्रयोग,
(च) नामधातु तथा क्रियात्मक संज्ञाओं का प्रयोग,
(छ) शृंगार रसानुकूल कोमल-कांत ब्रजभाषा, अर्थगर्भ तथा प्रवाहशील,

(ज) लक्षणा और व्यंजना का चमत्कार,
(झ) व्याकरण-व्यवस्था।

(2) शैली—

(क) भावों का साक्षात् वर्णन,
(ख) अतिरंजना की प्रवृत्ति,
(ग) रहस्य-भावना के दर्शन,
(घ) उक्ति की वक्रता, उसका स्वरूप,
(ङ) अचेतन में चेतनत्वारोप,
(च) नाम का प्रयोग,
(छ) आत्मनिवेदन की प्रवृत्ति।

अध्याय 7

छंद और अलंकार :

(क) छंद-विधान—

(1) रसानुकूल छंदों का प्रयोग,
(2) घनाक्षरी और सवैयों की प्रधानता,
(3) उनके रूप और भेद,
(4) उनके इतिहास,
(5) अरिल्ल, ताटंक, त्रिभंगी आदि छंदों का प्रयोग।

(ख) अलंकार-विधान—

(1) प्रयोगों की कल्पना,
(2) उपमान-योजना में व्यक्तित्व की झलक,
(3) प्रभाव का साम्य तथा मनोवैज्ञानिकता,
(4) कल्पना-प्रसूत अलंकार,
(5) दोष-उदाहरण।

अध्याय 8

कवि-परिचय

चतुर्थ खंड

सगुण भक्ति-काव्य

(1) प्रस्तावना :

(अ) भक्तिकालीन सगुण काव्यधारा का एतत्कालीन काव्य-रचना पर प्रभाव,
(आ) एतत्कालीन सगुण भक्ति काव्यधारा का भेदक वैशिष्ट्य।

(2) एतत्कालीन रामाश्रित काव्यधारा तथा उसके प्रमुख कवि :
  (क) मर्यादाश्रित रामभक्ति-काव्य,
  (ख) मधुरभावाश्रित रामभक्ति-काव्य तथा उसके अन्तर्भेद :
    (1) स्वसुखी साधनाश्रित,
    (2) तत्सुखी साधनाश्रित,
  (ग) हनुमत्-काव्य,
  (घ) फुटकल रचनाएँ।
(3) एतत्कालीन कृष्णाश्रित काव्य-परम्परा और उसके कवि :
  (क) पुष्टिमार्गीय कृष्णोपासनाश्रित,
  (ख) निंबार्कमार्गीय,
  (ग) चैतन्यमार्गीय,
  (घ) राधावल्लभीय टट्टी-सम्प्रदाय आदि के आश्रित।
(4) शिवाश्रित कविता और कवि,
(5) शक्ति-देवीविषयक भक्ति-भाव की कविता तथा उसके कवि,
(6) सूये, गणेश, गंगा आदि के भक्तिभाव-विषयक काव्य और उनके रचयिता,
(7) जैन साम्प्रदायिक काव्य और कवि,
(8) हिन्दीतर-भाषाभाषी कवियों का हिन्दी-भक्ति-प्रवाह,
(9) उपसंहार : सगुणोपासना—तत्कालीन और काव्य पर प्रभाव।

पंचम खंड

निर्गुण पंथ-प्रवाह

(1) पूर्ववर्ती निर्गुण-प्रवाह की गतिविधि और विकास का सिंहावलोकन,
(2) निर्गुण-पंथ का तत्कालीन स्वरूप-सम्प्रदाय, पंथ आदि के भेद-प्रभेद का निरूपण,
(3) हिन्दू-निर्गुण-पंथ और उसके विविध रूप, पंथ के प्रवर्तक संतों और उनकी हिन्दी-कृतियों का परिचय।
(4) जैन अध्यात्ममार्गी संत :
  विचारधारा—हिन्दी-कवियों का परिचय।
(5) मुसलमानी प्रवाह के सन्त :
  सिद्धान्त-पक्ष,
  आधार-पक्ष,
  परिचय।
(6) भाषा और अभिव्यक्ति-पद्धति का निरूपण,
(7) उपसंहार : समाज और साहित्य पर प्रभाव।

षष्ठ खंड
सुभाषित काव्य

(1) मुक्तक-रचना के प्रकार और उसमें सुभाषित का स्थान,
(2) सुभाषित का लक्षण और उसके भेदों की कल्पना,
(3) सूक्तियों के प्रयोग-प्रसार के विविध क्षेत्र और प्रयोजन,
(4) भाषा, प्रयोग, शैली आदि का विवेचन,
(5) सुभाषित कवियों और उनकी कृतियों का परिचय।

सप्तम खंड
अनूदित काव्य

1. सामान्य परिचय :
   (क) अनूदित काव्य से तात्पर्य,
   (ख) अनुवाद-कवियों की प्रवृत्तियाँ :
      (1) धार्मिक,
      (2) साहित्यिक।
2. अनूदित ग्रंथों का परिचय :
   (क) प्रकार :
      (1) साहित्यिक-प्रबन्ध-काव्य, विकसित एवं अलंकृत मुक्तक-काव्य—शृंगारिक (नैतिक तथा धार्मिक),
      (2) धार्मिक स्तोत्र,
      पुराण,
      प्रकीर्ण।
      (3) विशेष परिचय,
      (4) उपसंहार।

अष्टम खंड
शास्त्रीय समीक्षण और वार्त्तिक

(1) वीर-काव्य का विश्लेषण,
(2) प्रेम-काव्य का निरूपण,
(3) निर्गुण-सगुण कृतियों का विवेचन,
(4) सुभाषित और अनुवाद का विचार,
(5) हास्यरस का काव्य,
(6) रूपक-रचना और लीला, रास आदि का वाङ्मय,

(7) गद्य-विचार—गद्य का प्रयोग, प्रयोजन, और स्वरूप,

(8) अन्य वाङ्मय (काव्येतर) का सामान्य परिचय,

(9) व्याकरण-विचार—उपभाषाओं के भेदक तत्त्व, पदावली आदि का विचार, परम्परा और काव्य-रूढ़ियाँ,

(10) रीति-काव्य एवं रीतिमुक्त काव्य का तुलनात्मक विचार।

प्रथम भाग के अध्याय 1 को ही देखें। साहित्य के इस इतिहास में पर्वत, नदी, जलवायु, वनस्पति के साथ ही साथ जीव-जन्तुओं का भी विवरण है, इसके बाद भारत के राजनीतिक तथा सामाजिक इतिहास का सर्वेक्षण है; फिर वेशभूषा; तब कहीं संस्कृति आदि साहित्यों का उल्लेख है; और तब आता है भारतीय धर्मों, दर्शनों तथा कलाओं का ऐतिह्य। यह साहित्येतिहास की नहीं, विश्वकोष की रूपरेखा हो सकती थी। यह ठीक है कि साहित्य में जीव-जन्तुओं के भी वर्णन होते हैं, किन्तु इसका यह अर्थ नहीं कि देश के जीव-जन्तुओं का विस्तृत इतिहास साहित्य के इतिहास का अनिवार्य अंग बने। विश्व की किसी भी भाषा के नये-पुराने साहित्येतिहास विषयक ग्रंथ में यदि ऐसी 'ऐतिहासिक पीठिका' हो, तो उसे देखने का सौभाग्य हमें प्राप्त नहीं हुआ है।

हमने सुविधा के लिए, प्रथम भाग के अतिरिक्त, बीच से दो और भाग ले लिये हैं—षष्ठ और सप्तम। सात-आठ सौ पृष्ठों की 'ऐतिहासिक पीठिका' को भी जैसे अपर्याप्त मानते हुए, इन दोनों भागों में भी अलग-अलग राजनीतिक, सामाजिक, धार्मिक तथा कलाविषयक पृष्ठभूमि है, और पहले में सम्पूर्ण संस्कृत-साहित्यशास्त्र का इतिहास भी, जो अब हिन्दी के भी एकाधिक ग्रंथों में सहज ही सुलभ है। इस बृहत् इतिहास की 'योजना' में दावा किया गया है कि 'इस सम्बन्ध में अंग्रेजी तथा अन्य समृद्ध भाषाओं में प्रकाशित मालाओं का अवलोकन किया गया है। इनकी योजना और पद्धति यथासम्भव अपनाई गई है।' ऐसी स्थिति में हम यही कह सकते हैं कि हिन्दी के बृहत् इतिहास के सम्पादक-मंडल ने अंग्रेजी साहित्य के नवीनतम इतिहास, जो अभी अपूर्ण ही हैं, के सम्पादकों के इस कथन को अवश्य ही विचार के योग्य नहीं माना होगा :

'विचारों का साहित्य पर ऐसा प्रभाव पड़ता है, जिसे अन्विष्ट किया जा सकता है, बहुधा पर्याप्त सम्भाव्यता के साथ, और कभी-कभी निश्चयपूर्वक। जब हम सामाजिक, राजनीतिक और आर्थिक परिस्थितियों की ओर मुड़ते हैं, तब हम अपने को सर्वथा भिन्न स्थिति में पाते हैं। इसमें कोई सन्देह नहीं करता कि ये वस्तुएँ किसी लेखक की कृति को कम-से-कम उतना तो प्रभावित करती ही हैं, जितना विचार कर सकते हैं; किन्तु यह प्रभाव सहज प्रत्यभिज्ञेय नहीं होता। मनुष्यों की परिस्थितियों को उनके साहित्यिक उत्पादनों के साथ अतिशय निकटता के साथ संबद्ध करने के प्रयास, मैं मानता हूँ, साधारणतः असफल सिद्ध होते हैं।'

हिन्दी के इस प्रस्तूयमान इतिहास में युग-विभाग के नाम पर जैसी बाल की खाल निकाली गई है, वह भारतीय मनीषा के ह्रासकालीन वर्गीकरण—प्रेम के सर्वथा अनुरूप है, और आज के विकसित वैदुष्य से अप्रभावित। गुण-विभाजन पर पूर्वोक्त अंग्रेजी साहित्येतिहास के सम्पादकों के इस कथन की क्या सहज ही उपेक्षा की जा सकती है ?—'किसी युग, सप्ताह या दिवस में जो जीवन वस्तुतः जिया जाता है, वह ऐसे सूक्ष्म तत्त्वों और असम्प्रेषित, असम्प्रेष्य तक, अनुभवों से बना होता है, जो समस्त आलेखों को चकमा दे जाते हैं। जो कुछ भी बचता है, संयोग से ही बचता है। ऐसे आधार पर, मैं समझता हूँ, वैसे ज्ञान तक पहुँचना असम्भव है, जो इतिहास के 'दर्शन' के विचार में अन्तर्निहित है। ऐतिहासिक युगों पर आरोपित प्रवृत्तियों, 'अर्थों' और 'गुणों' के बारे में यह भी कहना रह जाता है, वे उन्हीं युगों में सर्वाधिक परिलक्षित होते हैं, जिनका हमने न्यूनतम अध्ययन किया है।[64]

किन्तु यद्यपि 'युग' सदोष विभावन है, फिर भी वे पद्धतिक अनिवार्यता हैं।'[65] वस्तुतः उद्धृत रूप-रेखा को देखते हुए बृहत् इतिहास के बारे में सूक्ष्मतापूर्वक विचार करना ही अनावश्यक है।

अद्यावधि हिन्दी साहित्य का ही क्यों, भारत का सांस्कृतिक इतिहास मात्र प्रत्नान्वेषकों का, न कि इतिहासकारों का, क्षेत्र रहा है। यदि पूर्णतः नहीं, तो आंशिक रूप में इसका कारण यह अवश्य है कि इसके लिए आवश्यक आधारभूत सामग्री का बहुलांश पुस्तकालयों, भांडारों तथा व्यक्तिगत संग्रहों में दबा और छिपा पड़ा रहा है और आज भी वह सन्तोषजनक रूप से सूची-बद्ध नहीं हुआ है। राज-पुस्तकालयों, धार्मिक सम्प्रदायों के भंडारों, मठों तथा साहित्यानुरागियों के संग्रहों में आज भी हिन्दी साहित्य के विभिन्न युगों की प्रभूत सामग्री बिखरी हुई है और उसका एक बड़ा अंश तो नष्ट हो गया है या नष्टप्राय है। जो सामग्री बची होगी, वह भी कम नहीं है, और यह जैन-भांडारों के प्रकाशित होनेवाले सूची-पत्रों से सहज अनुमेय है, तो यह भी सत्य है कि देशी नरेशों तथा जमींदारों के उन्मूलन के साथ ही साथ सांस्कृतिक महत्त्व की विपुल और महार्घ सामग्री नष्ट होने के लिए छोड़ दी गई है। कभी आततायियों ने ऐसी अपार सामग्री अग्निसात् कर अपनी पाशविकता का परिचय दिया था; हमने एक ही वैधानिक हस्तावलेप से सामंतों के अधिकार और धन, कोठियों और बाग-बगीचों का समाजीकरण तो कर दिया, किन्तु घोर अदूरदर्शिता का प्रदर्शन करते हुए उनके दुर्लभ संग्रहों को उन्हीं के भरोसे छोड़ दिया! किन्तु आज भी इधर-उधर पर्याप्त सामग्री बिखरी पड़ी है। अलग-अलग अनुसन्धानकर्ताओं द्वारा इसकी खोज और जाँच-पड़ताल होती रहती है। फिर भी, इस सामग्री के विवरणों के अभाव के कारण, इतिहास अवरुद्ध हुआ है, और कभी-कभी विकलांग भी।

पुस्तकालयों के सूची-पत्रों का महत्त्व हमने आज भी नहीं समझा है। विश्वविद्यालयों और शोध-संस्थाओं के तथा सार्वजनिक पुस्तकालयों के सूची-

पत्रों को देखकर इस तथ्य का सहज ही अनुमान किया जा सकता है। यह नहीं कि भारत में भी इस दृष्टि से अपवादस्वरूप पुस्तकालय नहीं हैं, किन्तु यह भी सत्य है कि हिन्दी के ऐसे अपवादस्वरूप पुस्तकालय बहुत कम हैं : हाल-हाल तक राष्ट्रीय पुस्तकालय तक का हिन्दी विभाग नितांत अव्यवस्थित था और नागरी प्रचारिणी सभा, अखिल भारतीय हिन्दी साहित्य सम्मेलन आदि के पुस्तकालयों तक के सूची-पत्र सन्तोषजनक नहीं हैं। पुस्तकालयों के सूची-पत्र साहित्यिक इतिहासकार के बहुत मामूली औजार लग सकते हैं, पर यह भी ठीक है कि इनके बिना काम चल ही नहीं सकता। जिन पुस्तकालयों के सूची-पत्र नहीं होते, या होते हैं तो अपूर्ण और अप्रामाणिक, वे प्रत्नान्वेषकों के लिए ही महत्त्वपूर्ण होते हैं, इतिहासकार उनका लाभ नहीं उठा सकते। हमने अन्यत्र उल्लेख किया है कि टामस वार्टन ने अंग्रेजी काव्य का इतिहास लिखने का तब निश्चय किया था जब अंग्रेजी साहित्य का अतिशय समृद्ध हार्लियन संग्रह सूची-बद्ध हो चुका था।

इसके बिना कदाचित् वार्टन को यह इतिहास लिखने का साहस ही नहीं होता। ठीक ही कहा गया है कि :

'To adjust minute events of literary history is tedius and troublesome. It requires indeed no great force of understanding but often depends upon enquiries which there is no opportunity of making or to be fetched from books and pamphlets not always at hand.'[66]

हिन्दी के जैसे-तैसे पुस्तकालय हैं भी और उसके भाषावैज्ञानिक तथा पाठमूलक वैदुष्य का यत्किंचित् विकास भी हुआ है, तो हमें एक दूसरी कठिनाई का सामना करना पड़ता है। साहित्यिक इतिहास की परिधि और पर्यवस्थिति परिभाषित करने के लिए आलोचनात्मक परम्परा आवश्यक है। हमारे यहाँ इसका अभाव है। पिछले दो-तीन दशकों में हिन्दी की साहित्यिक परम्परा के मूल्यांकन पर विभिन्न लेखकों ने निबन्धादि लिखे हैं, किन्तु उनके आधार पर हम यह नहीं कह सकते कि हमारे पास सन्तोषजनक आलोचनात्मक परम्परा है।

[9]
हिन्दी के गौण कवियों का इतिहास

इतिहास संपूर्ण विस्तार का सर्वेक्षण, अनुशीलन और मूल्यांकन है, शोध विस्तार के खंड-खंड का उद्घाटन और विश्लेषण करता है; और आलोचना पथ-चिह्नों पर प्रकाश केन्द्रित करती है। तीनों एक दूसरे के लिए आवश्यक और पूरक होते हुए भी स्वतंत्र महत्त्व के अधिकारी हैं।

साहित्यिक इतिहास का विषय भी यदि विस्तार है, तो महान् लेखकों से अधिक महत्त्व उन गौणों (Minors) का है, जिनसे विस्तार निर्मित होता है। हिन्दी साहित्य के इतिहासों में इन महान् गौणों की उपेक्षा हुई है और इसका कारण यह है कि शोध ने अपने वास्तविक कर्तव्य का पालन नहीं किया है : वह उन पथ-चिह्नों तक ही सीमित रहा है, जो वस्तुतः आलोचना के विषय हैं। यदि इसका उत्तर यह है—और नहीं है, ऐसा नहीं कहा जा सकता—कि अभी तो पथ-चिह्न ही पूर्णतः उद्घाटित नहीं हैं, तो इतिहास को तब तक प्रतीक्षा करनी पड़ेगी, जब तक शोध को अपना कार्य पूरा कर लेने का अवकाश नहीं मिलता।

अधिक पीछे तक जानेवाले विस्तार को छोड़ दें, आज से सौ, दो सौ वर्षों पूर्व के हिन्दी के सहस्राधिक गौण लेखक इस प्रकार नाम-शेष हो गए हैं कि हिन्दी के शोधकर्ता को पुस्तकालयों के अनुसन्धान-कक्षों से निकलकर क्षेत्र-कार्य में कुशल गुप्तचरों की तरह लगना होगा। आगे के पृष्ठों में हिन्दी के कुछ गौण लेखकों तथा उनकी कृतियों की तालिकाएँ प्रस्तुत हैं।

विश्वविद्यालयों या संस्थाओं को तब तक बृहत् और विशाल साहित्येतिहासों की योजनाएँ स्थगित कर देनी चाहिए, जब तक इन लेखकों और कृतियों के प्रामाणिक विवरण और सम्पादित पाठ सामने नहीं आ जाते। केन्द्रीय सरकार के शिक्षा विभाग का ध्यान इस आवश्यकता की ओर गया है और, जहाँ तक हमें मालूम है, गौण कृष्ण-भक्त कवियों तथा रीतिवादियों की कृतियों के संकलन और प्रकाशन की योजना विचाराधीन है। जब तक यह, या ऐसी अन्य योजनाएँ, पूरी नहीं हो जातीं, तब तक व्यक्तियों द्वारा लिखित साहित्येतिहासों से ही हमें सन्तुष्ट रहना पड़ेगा, अन्यथा पिष्ट-पोषण और मंडूक-स्फीति को ही हम बृहत् बनाकर आत्म-प्रवंचना के शिकार होंगे।

आगे प्रस्तुत तालिका में अधिकतर ऐसे ही कवि हैं, जिन्होंने मुक्तकों की रचना की है। इनमें अनेक ऐसे होंगे, जिनके मुक्तक कभी पुस्तकाकार संगृहीत नहीं हुए होंगे। इसी कारण संस्कृत में सूक्ति-संग्रह और हिन्दी में 'हजारा' साहित्य[67] की आवश्यकता समझी गई थी।

'हजारा' साहित्य का महत्त्व अब तक हमारे शोध-कर्ता समझ नहीं पाए हैं। आज तो हिन्दी के सैंकड़ों कवियों के मुक्तक केवल 'हजारा' साहित्य में ही प्राप्य रह गए हैं, और उन्हीं से इनका संकलन किया जा सकता है।

हमने अपनी पृथक् अध्ययन-सरणि के निर्देशनार्थ परमानन्द सुहाने के नखशिख-हजारा[68] से ऐसे गौण कवियों के नाम और उनके मुक्तक छंदों की प्रथम पंक्तियाँ उद्धृत की हैं, जिन्हें अन्य 'हजारा' पुस्तकों तथा संग्रहों में प्राप्य नामों और छंदों से मिलाकर यथासम्भव बृहत् संग्रह तैयार किया जा सकता है और इतिहास के परिच्छेद-विशेष के रिक्त कोष्ठ पूरे किये जा सकते हैं।

'नखशिख-हजारा' के कवियों का सूचीपत्र

कवियों के नाम व विषय	पृष्ठ	पंक्ति	नम्बर (जैसे 'हजारा' में है)
1. श्रीधर कवि			
कोहर औं बिन्दु इन्दु बधू के वरण जीते	3	17	10
			[टोटल 1]
2. श्रीपति कवि			
आगिराति ललित बनत चहुँ ओर लागी	50	15	4
कैसे रति रानी के सिधोरा कवि श्रीपतिजू	51	9	7
कंचन की पाटी पर काजर की धार मानो	213	9	4
फूले पारिजात में लखात है मधुप कैधौं	141	16	6
पलके अमोल तापै बरुनी झबा लसत	162	6	28
खंजन के प्राणपिय बिरह तिमिर भान	166	5	45
सुखमा मलिंद के अलिंद अरविंद है	168	11	55
सारी घनघोर बारी जरजरी कोरवारी	243	5	96
झूमत झुकत उझकत फेर झूमत है	169	2	58
बादर रसाल पर दामिनी को ख्याल कैधौं	205	10	5
वारिजात वारिजात पारिजात पारिजात	254	12	144
चन्दकला की कला कलधौत की	232	17	157
रोहिनी रमण की मरीची सी सुखद सीरी	257	17	157
गोरी महाभोरी तेरे गातकी गुराई देखि	262	19	179
			[टोटल 14]
3. आलम कवि			
मौनीबिबि गंगाकूल करत तपस्या कैधौं	55	4	23
सम्पुट कमल तापै राजत प्रभात द्युति	56	18	29
सजनी मिलि द्वै अवलोकिक है	69	10	9
सुधा को समूह तामें दुरे हैं नक्षत्र कैधौं	113	3	18
सौरभ सकेलि मेलि केलिन्ह की बेलि कीन्हीं	245	23	107
रजनीमधि प्यारी ने गौन कियो	69	5	8
रगभरी रसभरी सुन्दर सुगन्ध भरी	258	4	159
फूलि फुलवारी रही उपमा न जात कही,	111	16	11
प्यारीतन भूमि तामें रूप जलसागर है	153	9	22
प्रेम रंगपगे जगमगे जागे यामिनी के	162	12	29

कवियों के नाम व विषय	पृष्ठ	पंक्ति	नम्बर
लांबी लहकारी बहुँ पेचन की भारी	217	17	22
अँगनई ज्योतिलै बरंगना विचित्र एक	222	25	13
हारही के भार उरभार ना सँभारै नारि	259	18	166
देह में बनकसी है नूपुर झनकसी है	266	8	194
			[टोटल 14]
4. अमेरश कवि			
किंधौ रूप सरोवर में ते कढ्यो	91	14	8
हमही में रहै पै न कहेमें है दहै देह	161	14	25
			[टोटल 2]
5. अम्बुज कवि			
क्षीरधि की क्षीर कैधौं नीरसर आपको	122	3	8
			[टोटल 1]
6. औध कवि			
उड़िगे चकोर मोर खंज शिलीमुख्य जोर	276	4	88
			[टोटल 1]
7. ईश्वर कवि			
पीठि तन ताकतही दीठि डसिलेत	216	11	17
			[टोटल 1]
8. उदैनाथ कवि			
अरुण कमल अरुणोदय परम मित्र	8	5	29
			[टोटल 1]
9. ऊधव कवि			
कजुल कवच किये बरुनी के शर लिये	158	14	12
			[टोटल 1]
10. ऊधवराम कवि			
यौवन प्रवाह तामें छविकी तरंग उठै	172	20	74
			[टोटल 1]
11. केशो कवि			
काम की दुहाई की सुहाई सखी माधुरी की	117	11	4
			[टोटल 1]
12. केशव कवि			
चम्पकली दलहूते भली	12	7	3
चहूँ ओर चित्तचोर चाक चक चक्रमणि	25	18	4

कवियों के नाम व विषय	पृष्ठ	पंक्ति	नम्बर
कोमल कमलमुखी तेरे ये युगल जान्हु	23	15	10
केशवकुँवर देखी राधिकाकुँवरि आजु	88	18	12
केशव सुगन्ध श्वास सिद्धिन की गुफा कैधौं	148	6	1
केशव वाची चितौनकी कौन	177	4	2
केशव अशोक कैधौं सुन्दर शृंगार लोक	188	20	1
केशव कसाई कैधौं अनंग की सुरंग भूमि	197	18	18
कैधौं भयो उदित अनंगजू को अंगउर	104	5	1
कैधौं मुख कमल में कमला की ज्योति होति	124	16	19
कैधौं लागी पंकज के अंक पंक लीक	188	5	13
कैधौं कुहू युग आय मिली	199	8	4
कैसी छबीली की छाय रही छबि	206	22	2
अधर अरुण अति सुबुधि सुधा के घर	129	14	18
पहिरे करणफूल देखी है कुमारी एक	147	11	18
पियमन इत कैधौं प्रेमरथ सूत कैधौं	175	11	85
राधे के अंग गोराई सी और	258	16	161
			[टोटल 17]

13. केशवदास कवि (प्रसिद्ध)

कैधौं यह कोमल अमलता की रंगभूमि	3	11	9
कैधौं काम बागबान बोई या शृंगार बेलि	41	23	5
कैधौं मनोहर मनिहार दिति सुत	53	4	15
केशवदास गोरे गोरे गोलकाम शूलहर	75	16	15
केशवदास रागरागिनीन को कि अंगराग	107	23	3
कैधौं कली बेला कि चमेली की चमक परै	109	7	1
किधौं सातौ मंडल के मंडन मयंक मधि	113	15	20
कैधौं हरि मनोरथ रथकी सुपथ भूमि	138	4	14
केशवदास सकल सुवास को निवास सखि	154	2	25
कैधौं रसराज रस रसित असित	184	12	4
कोमल अमल चल चीकने अमर चारु	211	19	23
गंगाजू के जलमध्य कंठ के प्रमाण बैठि	8	17	31
गोरी गोरी आँगुरीन राते से रुचिर नख	82	5	5
गजरा बिराजै गजमोतिन के अतिनीके	85	10	4
ग्रहनि में कीनो गेह सुरनिदै देख्यौ देह	102	11	33
भूत की मिठाई जैसी साधु की झुठाई जैसी	29	10	1

कवियों के नाम व विषय	पृष्ठ	पंक्ति	नम्बर
आली ऐड़दार बैठी ज्वानी के तखत पर	62	4	53
सुर नर प्राकृत कबित्तरीज आर भरी	92	11	12
शोभन शृंगार रसकीसी छीटिसोहै फोंक*	134	9	14
शोभन शृंगार रसकीसी छीटिसोहै फोंक*	141	2	4
लेति मोल लाल को अमोल चित्त गोल ग्रीव	92	18	13
देखत ही आधा पल बाधी जाति बाधा सब	116	7	10
रागनि के आगर विराग के विभाग कर	146	24	16
खुटिला खचित मणि सोहत बनिक बनि	147	5	17
चन्दन चढ़ाय चारु कुम्कुम लगाय पीछे	210	5	20

[टोटल 25]

14. कालिदास कवि

राजत गँभीर रोमावली वनतीर मनतीर	34	23	6
रसना ललित कल वानी को आसन है	123	19	15
राते सेत फूलन की उलही ललित पाँति	199	25	7
योवन नृपति जाके परस पुनीत भये	61	12	50
लाल करताल कर गहिके नवेली के	78	12	9
हाथ हँसि दीन्हो भीति अन्तर परसि प्यारी	79	19	1
देखे अनदेखे हरि तजत न अंक तेरो	83	25	5
दाबि दाबि दशननि रस के सबाद कै कै	128	5	12
खरी खंड तीसरे रँगीलीरंग रावटी में	98	6	16
सहज झरोखा माँझ बोलत रसीली तेरे	118	21	10
चपला के ऐसे चारु चमकै है छबि पुंज	135	20	4
चन्दमई चम्पक जराव जरकस मई	234	23	62
कानन में कुन्दन के नगन जटित सोहै	144	12	5
करत उचाट पाट मंत्रन को मंत्र मानो	189	3	2
नजर परेते उलहत उर आनन्द है	181	8	2
पहिलेही ललन नबेली अलबेली रची	203	0	8

[टोटल 16]

15. काशीराम कवि

मन्दही चपत इन्दबधू के बरण होत	4	22	15
कारे सटकारे फटकारे चटकारे नेकु	207	3	3
गरकि गुलाब नीर चीर सों लपटि करै	211	8	21

[टोटल 3]

कवियों के नाम व विषय	पृष्ठ	पंक्ति	नम्बर
16. कमलापति कवि			
जिनसोहै कहा चली पंकज की	6	22	24
बरगोल सुडौल बनेहैं अमोल ढरे	19	12	3
लखिकै वहि प्राण पियारे के कण्ठ को	92	6	11
लखी आज अचानक इन्दुमुखी	142	14	10
नहिं जानिए कौने विरञ्चि रचे	136	1	5
मदमाती मनोज के आसवन सों	153	22	24
			[टोटल 6]
17. कान्ह कवि			
सोने के सितून ब्रजराज मन मन्दिर के	9	10	34
अवनि अकाश के प्रकाशित बनाये पला	103	6	36
काननलौं अँखिया हैं तिहारी	158	3	10
पीके प्राणप्यारे प्रेम परम सुजान जी के	162	18	30
			[टोटल 4]
18. कोविद कवि			
वे धरै अंग भुजंग के भूषण	59	8	40
कैधौं मित्र मित्र में बसाई है किरण	110	23	8
			[टोटल 2]
19. कविराज कवि			
हूजे न आतुर हू अबही	61	2	48
			[टोटल 1]
20. किशोर कवि			
आई जल केलिकै नवेली रति रंग भरी	68	8	4
लगी जब आश तब उतर्‌यौ अकाश ही ते	151	24	16
			[टोटल 2]
21. कुशलसिंह कवि			
कञ्चन की पाटी तामें सोहन कर्‌यो है कैधों	86	22	4
कैधौं कली बेला की चमेली की चमक चोका	110	1	4
शारदा की सेज कैधौं सुख की सहेली सोहै	114	25	5
अरुण से अमल कमल की सी कोमलाई	125	15	1
गाड़ पर्‌यो कैधौं यह मदन मतंग मात्यो	133	22	12
मोहर ज्यों मुक्ता की युगल बिकारी दई	194	11	4
			[टोटल 6]

कवियों के नाम व विषय	पृष्ठ	पंक्ति	नम्बर
29. गोकुल कवि			
मानो मनोज की पाटी लिखी	87	15	7
भृकुटी कुटिल राजै मूठिसी बिराजै बैर	167	9	50
वारिज सो मुख मीनसे नयन	256	18	153
			[टोटल 3]
30. गुलाब कवि			
राख्यो मयंक के पीछे फनीफन	215	25	15
			[टोटल 1]
31. ग्वाल कवि			
सोहत सजीले सित असित सुरंग रंग	168	17	56
को रति है अरु कौन रमा उमा	220	11	31
जोपै मुख प्यारी को बताऊँ चारु चन्दसो	239	8	80
			[टोटल 3]
32. गुपाल कवि			
ज्ञानभयो जबते तबते	132	8	5
			[टोटल 1]
33. गुंधर कवि			
नेकजो हँसो तो लालमाल होत हीरन की	261	7	173
			[टोटल 1]
34. गदाधर कवि			
राधिका के चरण बिराजैं चारु माणिक से	259	6	164
			[टोटल 1]
35. गोकुलचन्द कवि			
रंगभरे बहु बिद्रुम के बिच	123	25	16
			[टोटल 1]
36. घासीराम कवि			
सुख की नदी में कैधौं परत गँभीर भौर	34	4	3
कारे कजरारे सटकारे घुँघवारे प्यारे	207	9	4
			[टोटल 2]
37. घनआनन्द कवि			
शोभा सुमेरु की संधितटी	88	6	10
अंगुरीन लौ जाइ भुलाइतही	223	7	14

कवियों के नाम व विषय	पृष्ठ	पंक्ति	नम्बर
हाटक समान रम्भ खम्भसी लसत जानु	22	21	7
कैधौं खरी खीन कटि निकसी नितम्ब पीन	26	5	6
कारे सुकुमारे पन्नगी के रूप धारे बीर	45	8	2
कैधौं जग जीति मार दुन्दुभी उलटि दीन्हे	51	3	6
कैधौं अरबिन्द प्रात वापी में प्रकाश भयो	96	2	7
कैधौं ख्वेद अहर बिचारिकै बनायो बिधि	106	18	6
कैधौं दाने दाड़िम के पांति पांति राजत है	109	13	2
केकी पिक कोकिला अवाजन पै गाज परै	117	5	3
कीरकैसे ठौर पेख परमप्रकाशमान	148	12	2
कारे कजरारे रतनारे अरबिन्दसम	160	21	22
कैधौं अली पक्षको पसारि बैठो दर्पण में	185	17	2
कारे सटकारे केश मृदुताभरी है वेश	206	16	1
कोठरी अँधेरी प्यारी बरति मशाल कैसी	225	18	24
कंचनकी बेलीसी नवेली को शरीरलागे	225	24	25
सारी जरतारी बूटी मोतिन किनारीदार	31	15	10
सोनाकी कली पै कैधौं भौंरा लपटि गयो	81	24	4
शंख जडे मणिमाणिक सों	90	24	5
सीप के समान कानरंचक लखात प्यारी	144	24	7
सूर सुरमा के सैन कामजंग जीतहेतु	181	21	4
शीशफूल शीशपै रतीश के निशान कैधौं	204	23	3
जंघयुग डोरि धरि लहरी सुरोम झोरि	18	13	4
जोशनबाजू बिजायठ भूषित	75	4	13
जूराशीश ऊपर कँगूरा कामबीर कैसो	219	18	5
मदनमहीप कुचगुम्बज उठाय उर	54	23	22
मदनके कूपकैधौं रूपके तलाब मंजु	133	4	9
मदनमहीपके मुकुर द्वै सोहात गोल	135	2	1
मेचक अलकलट छूटि कै कपोल आयो	194	5	3
बेनीछूटि शीशते लटकि झूमिझूमिकर	87	4	5
बोलत बाल प्रसून झरै	122	23	11
बारगुहि रेसम से दीन्हीलटकायपीठ	215	12	13
लालेमृदु उथले सुथलफेल कुंदुरू से	126	21	6
भाल में विशेषबास अधर बुझावै प्यास	249	3	121
भानु से अधरबिम्ब कृष्ण से चिकुर प्यारी	253	8	139

[टोटल 36]

कवियों के नाम व विषय	पृष्ठ	पंक्ति	नम्बर
49. देवकीनन्दन कवि			
मोतिन की माल तोरि चीर सब चोर डार्यो	250	13	127
			[टोटल 1]
50. देवकवि			
भोरहि भोरहि श्री वृषभानके	73	15	6
भृकुटी तनी को लटनागिनी फनी को देव	90	24	15
भागभरे आनन अनूप दाग शीतला के	106	12	5
भोजन कै भामिनि भवनबीच ठाढी भई	248	16	119
मृगनैनी के पीठि पै बेनी लसै यों	80	10	6
माँग सिन्दुरारीतन तरुण अरुण ज्योति	251	10	131
घूँघट खुलत अवै उलट ह्वै जैहै देव	100	9	25
घाँघरो घनेरो लांबी लटै लचकीलो लंक	266	25	197
गोरोमुख गोल हरे हँसत कपोल बड़े*	100	15	26
गोरी गरबीली उठी ऊँघत उघारे गात	261	20	175
गोरेमुख गोल हरे हँसत कपोल बड़े*	262	1	176
सोने में सुरंग सब बैसई लसत अंग*	104	24	4
सौतिन को होत दुख सखिन को सुखसुने	119	2	11
सोने सो सुरंग सब बैसई लसत अंग*	242	23	95
सूझत न गात बीति आई अधरात	245	17	106
क्षरि कीसी लहरि छहर गई क्षिति माँह	236	18	69
देखी ना परति देव देखिबे की परी बानि	116	1	9
बसि वर्ष हजार पयोनिधि में	145	11	9
वरुणी बघम्बर में गूदरी पलक दोऊ	104	10	82
नीचे को निहारत नगोचै नैन अधर	152	6	17
नासिका ऊपर भौंहन के मधि	180	15	10
आई हुती अन्हबावन नाइन	222	14	11
कुन्दन के अंग लव यौवन सुरंग उठै	223	17	16
कंज से चरण देव गढ़ीसी गुलफ शुभ	220	21	33
चोवा सों चुपरि केश केसरि सुरंग अंग	233	15	57
जोनितके जूहनि दुरासद दुरूहनि	239	15	81
उज्ज्वल अखंड खंड सातये महल महा	267	19	200
			[टोटल 17]

कवियों के नाम व विषय	पृष्ठ	पंक्ति	नम्बर
51. देवमणि कवि			
जग मगै यौवन जराऊ तरवन कान	238	5	75
लगत समीर लंक लहकै समूल अंग	240	20	86
			[टोटल 2]
52. दयादेव कवि			
केसरिको रंग अंग संग में न जान्यो जात	228	15	36
			(टोटल 1)
53. दयानिधि कवि			
कोमल अमल कोश कमला बसत ताके	120	22	3
सुथरें सवाँरे बार सेंदुर सो माँगभरे	242	10	93
			[टोटल 2]
54. दयाल कवि			
गोरेगात गेंदसे गसे हैं गदकारे गोल	62	16	55
			[टोटल 1]
55. दामोदर कवि			
धारे लालसारी प्यारी हीरन किनारीवारी	267	12	199
			[टोटल 1]
56. दास कवि			
अलकपै अलिवृन्द भालपै अरधचन्द्र	15	16	1
कंजसे सम्पुट है पेखरे	52	6	11
कंज सकोच गडे रहै कचिनि	159	25	18
दासप्रदीप शिखा उलटीकि	88	1	9
दास मनोहर आनन बाल को	146	8	13
दास लला नवला छवि देखिकै	266	14	195
			[टोटल 6]
57. दत्त कवि			
कंचुकीमाँह कसे उकसे परै	52	1	10
साँवरे रसिकरसवश विपरीत रची	194	17	5
मृगनैनीकी पीठपै बेनी लसै	217	23	23
चोपकरि बिरची बिरंचि रूपराशि कैसी	230	9	43
हीरन के मुक्तान के भूषण	259	24	167
			[टोटल 5]

कवियों के नाम व विषय	पृष्ठ	पंक्ति	नम्बर
58. दिनेश कवि			
गोरी गोरी आँगुरीन ऊपर अनूप छवि	11	18	1
चरण कमल कर हाटक की शोभा देत	18	23	1
मोहन के मन के अवलम्ब ये आली लखि	21	20	3
मुखरुख सुखही के सुखमा सरोवर सों	201	11	29
सकुच समेत ह्वै कै सुन्दर समेटि शुण्ड	23	3	8
सुन्दर सुवेष रुचि राजत त्रिवेष युत	90	18	4
सरस शृंगार रस सारही को धार यह	195	4	7
रागिनी की मंडली रची है कामदेव कैधौं	20	21	1
रूप की नदी ते निकसत मन्द मन्द कैधौं	48	10	36
यौवन सरोवर में अलक झलक कैधौं	41	2	3
कैधौं बिधु ऊपर बधूक के कुसुम धरे	126	3	3
कैधौं बेनी पन्नगी के फण दुहूँ ओर	198	14	1
कोमल कुटिल नीलमणि की शिखा से चल	207	21	6
कच अभिराम ज्योति यमुनाकी जीते लेत	214	1	7
प्यारी कि ठोढी को बिन्दु दिनेश	132	13	6
पहिरे बनाय सितभूषण दिनेश सब	264	11	186
हरी अच्छ लच्छ करतलनि समान स्वच्छ	135	14	3
अंग अंग भूषण जड़ाऊ के जगमगात	204	9	1
भूषण जरायन के पाँयन अनोट ओट	248	10	118
			[टोटल 19]
59. द्विज कवि (मन्नालालशर्म्मा, काशी)			
कोऊ कहै जपा जावक रंगकी	2	20	6
कैधौं मानसर के विमल कमल दोऊ	3	5	8
कै बिधि कंचन गार सिंगार कै	24	6	13
कम्बु बिलोकतही जिहिको	91	9	7
मीठी अनूठी कढ़ै बतियाँ	117	23	6
मज्जन कै तिय बैठी अगार	209	7	12
बैठी शृंगार शृंगार कै बाल	200	12	9
छूटे छए छवालों छबीले घुँघवारे बार	236	5	67
दन्तन की दमक दवाकै घुति हीरन की	268	6	202
			[टोटल 9]

कवियों के नाम व विषय	पृष्ठ	पंक्ति	नम्बर
60. द्विजनन्द कवि			
गौन को नवेली तू भवन ते न बाहर हो	58	21	38
			[टोटल 1]
61. द्विजराज कवि			
रूप की राशि में कै रसराज को	142	9	9
बाजी चपलाई तामें मैन अमवार गाढ़ो	175	5	84
चन्दन की खौर गोरै गात ज्यों झलमलात	231	9	47
			[टोटल 3]
62. द्विज बलदेव कवि			
जानै भेद कविताहि गौरव गहे रहत	239	21	82
सहज बिलोकि फँसि जात मन कैसी होइ	247	5	113
			[टोटल 2]
63. धुरन्धर कवि			
सुधा के पयोधि करि मज्जन अरुण अंग	99	4	20
			[टोटल 1]
64. नूर कवि			
पियरति समता के थमिवे की ठौर कीधौं	26	23	9
नूर रस छलकै सुनाभी भोर झलकै	36	5	2
निपट नवेली बाल सुघर सहेली लाल	202	9	4
प्यारी नैन नटन के नाट को अखारो नूर	36	23	5
योवन छत्र पती के मनोसर	63	25	1
मानो काम लतासी सवाँरी कामिनी है नूर	69	25	12
कैधौं है ये कमल की ललित मृडाल नाल	72	15	2
कमल की शोभा सी समाइ रही प्यारी सुनि	76	11	1
कोककला पढ़िबे की पोथी सी बनाई काम	114	14	3
कारी नीकी निपट सँवारि नेह चिकनाई	199	2	3
सुन्दर सुडौल आछी भांतिसो सुधारि करी	90	6	2
सप्तस्वर सागर की नौकासी बनाई विधि	115	7	6
शीश शीश फूल सोहै त्रिभुवन मन मोहै	205	4	4
दाड़िम देखि तपोबन सेवत	112	7	14
ओठन के बीच छबि दन्तन की झलकत	120	11	1
तामरस सोहै तरुणी के बरनैन बीर	109	3	5
तामसी तमोगुण को जानिकै सतोगुणधौ	201	16	1

कवियों के नाम व विषय	पृष्ठ	पंक्ति	नम्बर
भागको भौन सुहागको चौतरो	190	14	8
			[टोटल 18]
65. नाथ कवि			
सरल सुखमा के सुखमा के जाके सेवन ते	8	23	32
कीरति पताके काम देवता के पात्रता के	175	17	86
पीन हेतु दीनता के क्षीनता के हीनता के	175	23	87
मदन तुकासी किधौं राधे कुन्दकासी	251	4	130
सारी जरतारी शीशभारी छबि वारी प्यारी	242	16	94
सोहत अंग सुभाय के भूषण	190	19	9
सुन्दर सीधापना के बिधु बदनाके	154	8	26
एकही छमाके में छमाके मन मोहि लेत	9	4	33
गुणजो कपोत ताके उपमा के पोत गए	92	25	14
पूरण मयंक कैधौं मेटिकै कलंक कियो	106	6	4
पटियाके पारे कौन पारे तासु उपमा के	200	22	11
चन्द्र प्रतिबिम्ब ऐसो जानि परै जाके आगे	229	22	41
आधे चन्द्रमा के रूप ढाँके केश घटा कैधों	191	4	11
ताकी एक दठिताकी समता की छाया परे	188	12	14
झूमत झुकत भरे मदके अरुण नैन	169	8	59
रूप सिन्धुता के युग सीप गड़हाके युत	140	17	19
			[टोटल 16]
66. नेही कवि			
गोरी गोरी गोल गोल भामिनी की बाहु नेही	74	13	10
पाटिन में माँग सोहै उपमा कहै सो कोहै	203	1	7
			[टोटल 2]
67. नवी कवि			
मृग कैसे मीन कैसे खंजन प्रवीण कैसे	169	20	61
			[टोटल 1]
68. नवीन कवि			
अचरज कला कलाधर धरि राखी पीछे	218	17	1
			[टोटल 1]
69. नेसुक कवि			
बिम्ब में प्रबाल में न इंगुर गुलाब में	6	11	22
			[टोटल 1]

कवियों के नाम व विषय	पृष्ठ	पंक्ति	नम्बर
78. परसराम कवि			
जपाके कुसमता की छविके चतुरमणि	128	11	13
कैधौं रूप धरणी में राजत युगल खंड	137	23	13
कैधौं रसनायक बिहंगम के युग पच्छ	198	20	2
		[टोटल 3]	
79. प्रसाद कवि			
दृगमीन बाझिबे की बंशी ये सची है कैधौं	197	12	17
		[टोटल 1]	
80. पारस कवि			
कीधौं शृंगार के बारिज को दल	189	9	3
		[टोटल 1]	
81. परमेश कवि			
कोयन की कुरसी में करिकै कुमाच बैठी	176	15	90
		[टोटल 1]	
82. परम कवि			
राजत अमी के मदछाके कालकूट किधौं	165	12	42
		[टोटल 1]	
83. पूखो कवि			
मंजन कै तिय बैठी अवास में	200	17	10
शरद के घन में ज्यों अरुण उदोत द्युति	64	5	2
		[टोटल 2]	
84. ब्रह्म कवि			
एक समय बृषभानसुता	192	5	1
ऐन सुरा बिंदुली विधु भाल में	192	10	2
बाल चलै अलबेली सी चाल	214	20	10
सेज ते ठाढ़ी भई उठि बाल	216	25	19
		[टोटल 4]	
85. बेनीकवि			
कैधौं ये त्रिगुण रूप कनक की पाटी लिख्यो	86	9	2
		[टोटल 1]	
86. बेनी प्रवीण कवि			
छहरति छबि क्षिति छोरन लों छूटि छटा	30	22	7

कवियों के नाम व विषय	पृष्ठ	पंक्ति	नम्बर
मोतिनसों भरी माँग शीशफूल टीको दिये	253	1	138
			[टोटल 10]
100. मधुपति कवि			
देखो शुभबाला पद सुन्दर विशाला	5	3	16
			[टोटल 1]
101. मनीराम कवि			
राधे के चरण युग अरुण अरुणरूप	7	16	27
वह चितवन वह सुन्दर कपोल द्युति	156	5	151
			[टोटल 2]
102. मोतीराम कवि			
बिन लाये अंजन नचत नैन खंजन से	253	20	141
			[टोटल 1]
103. मारकंडे कवि			
वृषभानु षष्ठम की सुखमा कहाँलो कहौ	254	6	143
			[टोटल 1]
104. महाकवि			
मृगन की मीनन की चंचलाई चखन में	250	7	126
ललना मुख इन्दुते दूनो लसै	241	13	89
			[टोटल 2]
105. माखन कवि			
खंजन नवीन मीन मानके उमाहे देत	165	18	43
			[टोटल 1]
106. मान कवि			
कहा कजरारे मृगशावक ते न्यारे	100	12	64
कंकन खनक पग नूपुर ठनक	147	23	20
			[टोटल 2]
107. मनसा कवि			
लाल रंगवारे घेरदार घाँघरे सों	25	24	5
लालची लजीले लोल ललित रसीले लखें	174	5	80
			[टोटल 2]
108. मंडन कवि			
तेरे मुख गावत गोपालजूके गुणगणि	91	19	9
			[टोटल 1]

कवियों के नाम व विषय	पृष्ठ	पंक्ति	नम्बर
109. मीरन कवि			
सुमन में बास जैसे सुमन में आवै कैसे	30	4	4
		[टोटल 1]	
110. मीर कवि			
इन्दिरा के मन्दिर अमन्द द्युति कन्दुक रो	60	15	46
		[टोटल 1]	
111. मुरली कवि			
अरुणता एंड़िनकी रवि छवि छाजत है	8	11	30
		[टोटल 1]	
112. मनोहर कवि			
दूरिते दीपति देखतही	74	24	12
		[टोटल 1]	
113. मोहन कवि			
शीतला के दाग साधि शुभलगन मुहूरत	105	11	1
		[टोटल 1]	
114. मकरन्द कवि			
घनकी घटासी नील कंचुकी चहकि रही	48	9	1
काजरसी रँगी रैन कारी सारी अंग ऐन	229	3	38
		[टोटल 2]	
115. मतिजू कवि			
कारे कजरारे दोऊ काजरसों लाल डोरे	167	3	49
		[टोटल 1]	
116. मतिराम कवि			
गहि हाथसों हाथ सहेली के	123	8	13
कुन्दनको रँग फीको लगै	228	3	34
चरण धरै न भूमि बिहरै जहाँही तहाँ	230	3	42
श्वेत सारी सोहत उज्यारी मुखचन्द कैसी	244	5	100
सारी जरतारीकी झलक झलकत तैसी	245	5	104
		[टोटल 5]	
117. मुबारक कवि			
बैठी मथे दधि राधा उतै	79	3	12
पानिय के पानिय सुघर ताईके सदन	163	5	32
चंचल चोखे से चीकने से चटकारे से	171	16	69

कवियों के नाम व विषय	पृष्ठ	पंक्ति	नम्बर
चार कैसो अङ्ग लङ्ग लचकत कुच भार	230	22	45
जालकी चूनरी चीकनो गात	240	15	85
लांबे लहकारे सटकारे सुकुमारे कारे	210	11	17
			[टोटल 6]
118. मदनगुपाल कवि			
हारी हार भार उर भार त्यों उरोजभार	31	9	1
			[टोटल 1]
119. मनिकंठ कवि			
रतिहूकी मति पतिहूकी ललचात अति	22	15	6
रूप अनूप बनी सखी आजु	58	16	37
कैधौं यह परम अनूप रूप सरिताको	33	13	1
कैधौं अरविन्द मकरन्द रस पानमाते	131	15	2
कै मधुपावली मंजुलसै	113	4	3
अमल अनंग के अनन्दकी उदित भूमि*	221	20	8
अमल कमल पर गुँजत भँवर युग	185	11	1
अमल अरुण अरविन्द बिम्ब आभा देत	125	21	2
अमल अनग के अनन्द की उदित भूमि*	38	20	5
सुख को सदन देखि मदन मुदित होत	90	12	3
सुन्दर सहज सुमनन की सुगंधन की	150	17	11
तीय नदी जल सुन्दरता कुच	196	8	12
निकसी सशंकित कलक रेखछीन ह्वैके	196	25	15
लांबे सुललित लहकारे सटकारे कारे	210	5	16
			[टोटल 14]
120. युगलकिशोर कवि			
राधाठकुरानी पासबानी लिये पानी खरी	259	12	165
			[टोटल 1]
121. यशवन्त कवि			
नयनन की गति कोरनीलौ	123	3	12
			[टोटल 1]
122. रसरंग कवि			
सुखमा के सिन्धु को शिंगार मन मन्दिर ते*	246	3	24
सुखमा के सिन्धु को शिंगार के सुमंदिर ते*	246	24	112
			[टोटल 2]

कवियों के नाम व विषय	पृष्ठ	पंक्ति	नम्बर
123. रसीले कवि			
दीठि परी नंदलालैक हूँ	84	22	2
			[टोटल 1]
124. रसिक बिहारी			
काम के तुशीरबिच पल्लव कुटीर कैधौं	3	23	11
सरस सुगंध घालि शीशते अन्हाय बाल	195	10	8
			[टोटल 2]
125. रसराज कवि			
मेरुमध्य मदन मलंग को बसननील	40	18	1
मोहनी के अजिर में परी कैधौं खेलिबे की	218	3	24
कीधौ शशि मन्दिर पै श्याम घन कलश सोहै	218	23	2
कैधो रूप सागर के रतन युगल	159	1	14
कीधो है अतिथि पिय बचन के रसराज	143	25	3
लालन के मन ते जिनको	127	8	8
लिख्यो मननायक बनाय रसराज मसी	181	14	3
			[टोटल 7]
126. रतन कवि			
जगर मगर होत यमुना के जल कैधौं	205	22	7
सोहत सुरंग मुख रंग में दुरंग सोहै	56	12	28
			[टोटल 2]
127. राम कवि			
वह जो प्रकाश मान लागत विभावरी में	102	5	32
कंचन के खाने में जटित नीलमणि कैधौं	132	2	4
चोंथती चकोरे चहुँ ओरे जानि चन्दमुखी	233	8	56
			[टोटल 3]
128. रिझवार कवि			
अरुणकमल नखचन्द्रहैं समीप ताते	7	23	28
			[टोटल 1]
129. रतिनाथ कवि			
कोमल फूल मनो अरबिन्द	10	17	4
			[टोटल 1]
130. रघुराज कवि (श्रीमन्महाराज बाँधवे सरीवाँ)			
बरषा अरु शीतहु आतपको	6	1	20

कवियों के नाम व विषय	पृष्ठ	पंक्ति	नम्बर
काम बिरंचि के वेष बनाय	14	9	4
कैधो सुधा के सरोवर के ढिग	72	22	3
कै किशलय में लगी फली मूँगकी	81	12	2
कोकिल कंठकी त्योंही कमोज की	91	4	76
कै सुखमा के सरोवर को	95	3	3
काम के बाणन की कलकांति	110	13	6
की सुखमा के समुद्र के सोहि रहे	160	10	20
भृंगि की सूक्षमता को कहै	32	2	12
प्रेम के कूप को हेत कलोल	47	10	12
प्रेम कथा रस पीवन को	145	22	11
धुनि कैधौं बिराजि रही मन मोहनि	117	18	5
शारद की कैधौं पारद सी	124	11	18
शोभा की साँच में मैनकी ढारी	136	18	8
सोहत कञ्चन पत्र किधौ	190	24	10
नील मणिन के सूत किधौ	211	14	22
खेलहि खेल शशी में किधौ	187	20	11
तीनहूँ लोक का दोपति साँचि	151	12	24
मैन के मञ्जुल ऐन के बाग की	132	25	8
दाडिम फूल के द्वै दलकी	127	25	11

[टोटल 1]

131. रघुनाथ कवि

सहज रसीली गरवीली छनकीली अति	12	1	2
शोभा के निवासु कै प्रकाश के निकेत मञ्जु	15	22	2
शोभावान परम प्रकाशित लखेहौ बने	19	6	2
शोभा के निवास को लगेहैं किधौं स्वर्णखम्भ	22	8	5
सुमति सुशील अम्बु सरवर शोभावान	47	17	1
श्यामताई जटा जाल सुरसरी मोती माल	56	5	27
सप्तस्वर तीन ग्राम रागनको धाम धन्य	89	22	1
सूरसों माँगि प्रभा प्रति पून्यो कि	98	24	19
शोभा सिन्धु निरखि चकोर उठे चौक चहूँ	103	12	37
सुरभ सुवर्ण जासु पुहुप गुलाब कंज	136	6	6
सुरपति तीकी द्युति फीकी होत जाहि देखि	151	5	13
सुन्दरि के सुन्दर पुरन्दर पियाले अति	183	2	1

कवियों के नाम व विषय	पृष्ठ	पंक्ति	नम्बर
पतिब्रता के मंजु मन्दिर मजाक किधौ	163	22	35
प्रीतम प्रबीण के खिलौना है अनोखे किधौ	205	16	6
अंग गोरे गोरे भांति देखि झिलिमिली कांति	39	1	6
अमित लजीली शोल सुमति सजीली	116	18	1
आईहौं देखि सराहे न जात है	156	12	3
अतर फुलेल मेल हेम ककइसों ओंछ	214	14	9
आवतिहो देखे आज बलि गई चलि देखो	220	14	3
आजु एक ललना अन्हात में निहारी लाल	220	20	4
गवनि गयंद गूजरेटी गुरु गुनन की	43	7	10
झूमि झूमि आये घूमि घने घनश्याम आली	71	12	3
राजत रँगीली रंग भौन रसमाती तहाँ*	101	4	28
रसभरे जसभरे कहै कबि रघुनाथ	164	25	40
रात पिय चाँदनी बिलोकिबे को रनिवास	257	23	158
राजत रंगीली रंग भौन रसमाती तहाँ	258	10	160
रूप अनूप लख्यो कितनो	258	21	162
चोटी देख सपा लजे चंपा अंगरंगदेख	267	25	201
चन्दसो आनन चाँदनी सो पट	232	13	52
चंचल बिशाल मीन खंजन मृगाते बेश	177	20	5
चन्दमुखी चपला सी लली लखि	138	23	2
फटिक शिलामें नीलमणि इक मुद्रित है	141	9	5
खंजन चकोरमीन मृगशिशु सारमयो	165	24	44
तेरे युग्म नैनन की बरुणीयों बनीथनी	182	2	5

[टोटल 67]

132. लाल कवि

कैधौं मुख कमल चली है अलिमाल मिलि	212	15	1
मन्द मुसक्यान में अनन्द छबि छलकत	249	20	124

[टोटल 2]

133. लालमन कवि

कैधौं रतिनायक को कुटिल कृपाण	186	10	5
आनन्द के मन्दिर में कैधौं रुचिमाणिक की	157	4	6
शिव शिर गंग जैसे जल की तरंग जैसे	124	5	17

[टोटल 3]

कवियों के नाम व विषय	पृष्ठ	पंक्ति	नम्बर
134. लाल मुकुन्द कवि			
कनका चल कन्दर अन्दर ते	46	15	8
			[टोटल 1]
135. लीलाधर कवि			
ललित बलित लोटै परी जाके बीच कैधौं	36	11	3
पावै जो परस ताको होत है सरस भाग	77	25	7
			[टोटल 2]
136. शम्भु कवि			
बिंब प्रवाल बँधकजपा	6	6	21
बैठी मलीन अली अवली कि	46	10	7
बिम्ब औ प्रबालहू बँधूक कवि बरणत	128	23	15
कैधौं क्षुद्रघंटिका रतनकी ललित शम्भु	28	11	3
कैधौं तेरे कुचन पै श्यामता सुहाई प्यारी	65	14	7
आज गुपाल लखी वह बाल	71	2	1
दाने मनोहर सान धरे वहुँ	71	7	2
लाडिली के कर की मेहँदी	78	18	10
लाडिली के कुच देखतहा	61	24	52
हारे करी कुम्भ तो लपेटे छार वन बसे	60	21	47
हठि माँगत बाट किधौ लछिनी को	210	17	18
जनु इन्दु उदो अवनीतल में	211	3	20
जीति रति कामहिं करति रस रीति तहाँ	216	5	16
जंग करिबे को ठान ठानी है अनंग	42	11	7
सोगी करे योगी औ बियोगी सब भोगी करे	42	4	6
सिंह भ्रमै वन भाँवरी देत	32	17	15
सोवै लोग घरके बगरके किवाँर खुले	244	23	103
श्रीफल सरोज कैधौं कोमल करारे कुच	58	4	35
श्रीफल कंज कली से बिराजत	57	24	34
छूटत लपट लपटत फिरि छूट छूट	236	24	70
मन्दमन्द चली नंदनन्दनपै अनन्दभरी	250	1	125
राधिका रूप विरंचि रच्यो	259	1	163
			[टोटल 22]
137. शम्भुराज कवि			
तेरे पगबाल कैधौं जावक दयोहैलाल	7	9	26

कवियों के नाम व विषय	पृष्ठ	पंक्ति	नम्बर
तिलको कुसुम ताकी समकहा कीजियत	151	17	15
राधिका के नाथकी अकथ कथासुनि जाहि	153	15	23
राधिका के भुजन की भूरि द्युत्ति लखो लाल	75	9	14
नूतन हू के नूतन सरस सुकुमार पात	78	6	8
इंगुर गुलालहू की हारी प्रभुताई	115	20	8
प्यारी रूप देखि विधि हिय में सरेखि कछु	187	3	8
बेंदी भालु तखत के रूप को बखत यह	190	1	6
कोऊ कहै लाजन ते कंचुकी में कुच मूँदे	68	2	3
कैधौं गिरिराज के सुहाये बिचि शृंग	65	7	6
कैसे करि कुम्भ जैसे कञ्जन के कुम्भ	54	10	20
कैधौं नाभि सर के निकटही सुधा के हेतु	28	5	2
सोन जुही चम्पक कनक की बनक रंग	44	2	13
			[टोटल 13]
138. शोभ कवि			
कैधौं बिधि जावक के रंगसों रंगीन करि	10	6	2
कैधौं रतिजंग के सुभट युवराज सोहै	53	10	16
कंजन खंजन गंजन है	160	5	19
ऊबी सी रहत अरबिन्दन की आभा	173	13	77
नाइन नबेली लाई पाइन को जावक त्यों	260	14	170
			[टोटल 5]
139. शोभनाथ कवि			
कुन्दन से अंग नवजोबन तरंग राजै	227	5	30
			[टोटल 1]
140. शिवनाथ कवि			
कैधौं मैन मंजिनी मतंगिनी की सकुच छीनि	23	9	9
कैधौं शिवनाथ उदयाचल उदित भयो	96	15	9
कैधौं गुलाब की पाँखुरी है यह	130	10	2
कंचन के पत्र कैधौं मुक्ता जडाय दीन्हे	143	14	1
करन करी है जैसी करनी करनदोऊ	146	18	15
कैधौं खंजरीटन की चपलताई छीनी है	160	15	21
कुटिल अनूप सोहै मानी की सी गति जामें	186	4	4
कंगही करत राय बेला को फुलेल लाय	212	22	2
अञ्जन कोर दृगंचल राजत	184	2	2

कवियों के नाम व विषय	पृष्ठ	पंक्ति	नम्बर
अधरानहिं में मुसको वह बाल	120	17	2
अमल कठोरे गोरे चीकने उतंग भोरे	50	3	2
पान सो उदर तामें त्रिबली बिराजमान	39	8	7
सूक्षकलंक बिलोकत बाल की	32	7	13
शालत है नटसाल हियो	149	24	8
मुकुर से मञ्जुल झलकि रहे माणिक ज्यों	135	8	2
लुरि लुरि ढुरि ढुरि झुकि झुकि रीझि रीझि	122	17	10
लचकै जिमि चारु कबूतर कंठहि	92	1	10
हलत चलत कैधौं क्षीरनिधि की लहरि	74	7	9
हँसि हँसि व्याल ख्याल करत सखीन हू सों	122	10	9
दाड़िम के दाने आनि भुलाने	112	2	13
चन्द्रकी मरीची कान तोरि बिथराय दीन्ही	105	17	2
चिबुक प्रकाश कैधों इन्दिरा को मन्दिर है	133	10	10
			[टोटल 22]
141. शिवदीन कवि			
पियमन कामना को शंकर बिराजमान	70	12	14
			[टोटल 1]
142. शिव कवि			
गोरी के हथोरी शिव कवि मेहँदी को बिन्दु	80	1	16
गोरे तन श्वेत सारी शोभित सुगन्ध वारी	261	13	174
			[टोटल 2]
143. शेष कवि			
अलि कामकला करि काहुके संगते	111	22	12
सुनि चित्तचहै जाके कंकण की झनकार	150	4	9
			[टोटल 2]
144. सेख कवि			
राति के उनींदे अलसाते मदमाते राते	164	19	39
			[टोटल 1]
145. सन्तन कवि			
यमुना के आगमन मारग में मारुतन	237	17	73
तनकी सुबास आस पास रास मंडल में	264	24	188
			[टोटल 2]

कवियों के नाम व विषय	पृष्ठ	पंक्ति	नम्बर
146. सदानन्द कवि			
केसरि कलित पच तोरिया ललित लाल	226	18	28
सोहै श्वेत सारी ढिग कञ्चन किनारी भारी	243	11	97
नखत से मोती नथ नासिका बनक चोती	260	20	171
			[टोटल 3]
147. सोमनाथ कवि			
सोने सों शरीर तापै आसमानी रंग चीर	194	23	6
			[टोटल 1]
148. सुमेरुहरी कवि			
बैठि बिचारि बिरंचि कियो	129	9	17
			[टोटल 1]
149. साहबराम कवि			
असराफ असील खुमानी खरे	68	14	5
			[टोटल 1]
150. सूरज कवि			
सोने के सिधौरा कैधौं श्रीफल सरोज	56	25	30
			[टोटल 1]
151. सरदार कवि (काशिराज के कवि)			
सूखसो नारिन नारिन जान	246	19	111
			[टोटल 1]
152. सूरत कवि			
कैधौं रतिरानी उरहार पीत फूलन को	4	4	12
कैधौं रतिपति रचिगति गजराज पैये	4	10	13
कैधौं यह पानपै वशीकरण मंत्र लिख्यो	43	14	11
कैधौं यह देशभेश रसको नरेश	86	16	3
कैधौं बिधि रसना की रची है कसौटी यह	114	8	2
कैधौं पियनेह मई कीरति हसन लैकै	149	5	5
कैधौं दृगसागर के आसपास श्यामताई	182	13	7
भृकुटी निहारि को सँभारि सकै कीर गहि	186	16	6
भूपतिहै, प्रेमलाल डोरे है निशान तेई	166	22	48
जाकी मधुराई लै सुधाई सुरलोक छपी	128	17	14
जाके एक अंश हंसबाहिनी प्रशंसति है	118	8	8
			[टोटल 11]

कवियों के नाम व विषय	पृष्ठ	पंक्ति	नम्बर
सारी जरतारी लगी मणिन किनारी त्योंही	247	23	16
			[टोटल 28]
157. हरिसेवक कवि			
त्रिबली तरिनी तटकी पुलि नाई	27	10	11
चुरियान हूँ में चपि चूर भयो	84	17	1
दिन रैनि में भावन के रचे गीत	97	19	14
			[टोटल 3]
158. हरिकेश कवि			
लरकी लरक पर भौंह की फरक पर	30	10	5
			[टोटल 1]
159. हरीराम कवि			
लागै लाल चौकी में बिराजे हरीराम कहै	45	1	1
			[टोटल 1]
160. हरिऔध कवि			
सुन्दर सूधी सुगोल रची बिधि	85	5	3
वर विद्रुम में कहाँ लाली इती	129	4	16
			[टोटल 2]
[नीचे लिखे हुए कवित्तों में कवियों के नाम नहीं मालूम पड़ते हैं]			
कोमल विमल मंजु कंजसे अरुण सोहै	1	13	2
करकंजन जावक दै रुचि सों	2	15	5
कैसी सुढ़ार गढ़ी है सुनार	10	12	3
करैजी कहा तू दृग अंजन दै राधे	19	17	4
कदली दल है सुऊषम सहित इतो	21	14	2
कंचन के कमनीय किधौ	23	21	11
कीन्हों कमलासन कलानिधि बदन तेरो	29	16	2
क्यों मनमूढ़ छबीली के अंगनि	35	9	8
कोमल अमल दल कमल नवल कैधौं	35	22	1
कैधौं मैन भूपति के रथ के सुचक चले	38	7	3
कोऊ हेम सागै चढ़ी वानि सकसीसे कहै	42	25	9
कोऊ कहै कुच कज्जन कुम्भ	51	21	9
कैंधौ उर आनँद के मन्दिर शिखर बिन्द	52	17	13

[इतिश्री 'नखशिख हजारा' के कवियों का सूचीपत्र परमानन्द सुहाने संगृहीत सम्पूर्णम्॥]

परमानंद सुहाने-कृत नखशिख् हजारा

भूमिका

विदित हो कि इस पुस्तक के रचने का यह कारण है कि एक दिवस मैं कुछ कवित्त अवलोकन कर रहा था, उसी समय हमारे पिता बंगालीलाल सुहाने जोकि इस काव्य के कहने में प्रसिद्ध थे, मुझसे कहा कि एक पुस्तक तुम ऐसी संग्रह करो कि जिसमें नख से शिख तक के कवित्त एक सहस्र अनेकानेक कवियों के रहें।

हे प्रिय पाठकगणो! यह आज्ञा पिता की पाते ही उसी दिन से इस पुस्तक के रचने का उत्साह हुआ, परन्तु दैवगति से पिता का देहान्त जेठ सुदी 11 संवत् 1947 तारीख 30 मई, सन् 1890 को हो जाने के सबब से फिर यह कार्य वर्ष भर तक न हो सका। इसके पश्चात् पुतलीघर की नौकरी छूट जाने के सबब से फिर मुझको राजनादगाँवदी सेंट्रल प्राविंसेज मिल्स लिमिटेड के सेक्रेटरी वा एजेंट पंडित गदाधर शुक्ल के पास जाना पड़ा वा उनके आश्रित वहाँ रहा लेकिन वहाँ भी यह ग्रंथ संग्रह न हो सका। तदनन्तर तारीख 9 अक्टूबर, सन् 1892 को उनकी मृत्यु हो जाने के सबब से वहाँ से नौकरी छोड़कर घर आया वा दो-तीन महीना का अवकाश मिलने से फिर यह कार्य पूर्णरूप से हो सका। अब मैं सब विद्यानुरागियों से प्रार्थना करता

हूँ कि इस विषय का यह प्रथम ही संग्रह है। इससे जैसा हो सका, संग्रह किया। जहाँ कहीं इसमें अशुद्ध वा अनुचित देखें, क्षमा करेंगे।

आपका शुभचिन्तक

—श्रीवल्लभकुलसेवक परमानन्द सुहाने

जिला जबलपुर, मध्यप्रदेश

इश्तिहार

मैं सर्व काव्यानुरागियों के अवलोकनार्थ और भी तीन ग्रंथ संग्रह कर रहा हूँ। उनके नाम नीचे लिखे हैं, वा उक्त महाशय की कृपादृष्टि रहने से इसी प्रेस में प्रकाशित किये जाएँगे :

(1) *षट्ऋतु हजारा*—इसमें एक हजार कवित्त-सवैया हर एक कवि के अलग अलग रहेंगे और ऋतु भी अलग-अलग रहेंगी। सूचीपत्र में देखकर जिस कवि का कवित्त चाहो, तुरन्त देख लो (इसकी एक जीर्ण-शीर्ण प्रति मेरे व्यक्तिगत संग्रह में है)।

(2) *परमानन्द संगृहीत कवित्त हजारा*—इसमें भी एक हजार कवित्त-सवैया प्राचीन कवियों के जुदे-जुदे हरएक कवि के रहेंगे।

(3) *नायका सर्वसंग्रह*—इसमें नायकाभेद के प्रायः दो हजार कवित्त सवैया रहेंगे॥

नीचे लिखे हुए ग्रंथ प्राचीन कवियों के बनाये हुए जिन महाशयों के पास हस्तलिखित वा छपे हुए होवैं और मुझे कृपापूर्वक देवैं तो मैं उनको उनकी इच्छानुसार पारितोषिक दे सकता हूँ। मिहरबानगी करके नीचे लिखे पते से पत्र भेजें॥

ग्रंथों के नाम

कालिदास हजारा (कालिदास कविकृत); भूषणहजारा (भूषण कविकृत); किशोरसंग्रह (किशोर विकृत); सत्कवि गिराबिलास (बलदेव कविकृत); हनुमान नखशिख (खुमान कविकृत); रागसागरोद्भवरागकल्पद्रुम (कृष्णनन्द व्यासदेव—कविकृत यह कलकत्ता का छपा हुआ है); रहीम कवि के दोहा वा बिहारी कवि की सतसई के ऊपर करीब बीस टीका हुए हैं, वह भी हमको चाहिए।

—बाबू परमानन्द सुहाने

बम्बई बीडी मर्चेंट कोतवाली के पास,
जबलपुर सिटी, मध्यप्रदेश

'नखशिख हजारा' का सूची-पत्र

नम्बर	विषय	पृष्ठ	तादाद	दोहा तादाद
				क. व. स.
62.	अथ शीशफूल ब.	204	3	0
63.	अथ केश ब.	206	5	23
64.	अथ बेनी ब.	212	6	25
65.	अथ जूरा ब.	218	0	5
66.	अथ सर्वदेह उपमा व छवि ब.	220	0	202
		मीजान—	230	1000

2. परमानन्द सुहाने का 'नखशिख हजारा' मुझे अपने छात्र, और अब सहयोगी, प्रो. अनंतलाल चौधरी, पटना कॉलेज, से अवलोकनार्थ प्राप्त हुआ है, जिसके लिए मैं उनका कृतज्ञ हूँ।

इस हजारा के प्रारम्भ में निम्नोद्धृत पुस्तक-परिमाण आदि हैं :

नखशिख हजारा

परमानन्द सुहाने संगृहीत

जिसमें

श्री जगजुननी राधिकाजी महारानी के नखशिख का वर्णन पद्माकर, पजनेस, परताप, प्रवीन, वेनी, बलदेव, बलभद्र, ब्रह्म, भूषण, भगवन्त, मतिराम, मुबारक, रघुराज, रघुनाथ, रसखानि, शम्भु, हठीदिवाकर, सेनापति, दूलहद्विजराज, ठाकुर, चिन्तामणि, शिवनाथ, गिरिधारी, ग्वाल, केशवदास, किशोर, कालिदास, कविन्द, श्रीपति इत्यादि कवियों के बनाये हुए 237 दोहा व 1000 सवैया कवित्तों में वर्णित हैं

जिसको

श्री बल्लभ कुलसेवक वैश्यकुलोत्पन्न बंगालीलाल सुहाने के पुत्र परमानन्द सुहाने ने सर्वकाव्यानुरागियों के अवलोकनार्थ अतिपरिश्रम करके अनेकानेक मुद्रित व हस्तलिखित ग्रंथों से चुनकर संग्रह किया।

प्रथम बार

लखनऊ

मुंशी नवलकिशोर (सी.आई. ई.) के छापेखाने में छपा—दिसम्बर, सन् 1893 ई. में

'नखशिख हजारा' के कवियों का सूचीपत्र।

हे प्रिय काव्यरसिको!

आपने आज तक अनेकानेक इस विषय के ग्रंथ अवलोकन किये होवेंगे परन्तु ऐसा सूचीपत्र दृष्टिगोचर न हुआ होगा। इस सूची-पत्र में यह गुण है कि कवियों के कवित्त-सवैया बहुत सरलता से देखने में आते हैं। इस ग्रंथ में एक सौ साठ कवियों की कविता है वा जिन कवित्तों में कवियों के नाम ठीक-ठीक नहीं मालूम होते, वे जुदे लिखे गए हैं। इस ग्रंथ को देखकर कोई-कोई महाशय यह भी कहेंगे कि उक्त कवियों के जीवन-चरित्र क्यों नहीं दिए? सो जीवन न देने का यह कारण है कि एक-एक नाम के कई कवि हो गए हैं। इससे उनकी काव्य अलग-अलग लिखना वर्तमान समय के संग्रहकर्ताओं से नहीं हो सकता वा एक ग्रंथ महान् परिश्रम से शिवसिंह जी ने (शिव सिंहसरोज) नाम संग्रह करके छपाया है। इसमें एक हजार कवियों के जीवन चरित्रमय सन् संवत् के दिये हैं और इसी प्रेस में छपा है। अगर देखने की इच्छा होवे तो मँगाकर देखिए। मेरी भूल से पाँच कवियों के कवित्त इस ग्रंथ में नहीं दिये गए, जिनके नाम ग्रंथ के आदि में हैं वा कई ऐसे कवित्त भी हैं कि जो दो दफे लिख गए हैं। उन कवित्तों के ऊपर ऐसा* चिह्न है, आप सब महाशय कृपा करके इस मेरी भूल को क्षमा करेंगे।

आपका कृपाभिलाषी
पुस्तक संग्रहकर्ता
—परमानन्द सुहाने
बम्बई बीडी मर्चेंट
जबलपुर सिटी

[10]

परमानन्द सुहाने तथा इनसे भिन्न बहुसंख्यक कवियों की स्फुट रचनाएँ 'शिवसिंह सरोज' में भी संगृहीत हैं। यह दुर्भाग्य का विषय है कि सरोजकार द्वारा उल्लिखित आकर-ग्रंथों में से प्रायः सभी आज अप्राप्य हैं। परमानन्द सुहाने के 'हजारा' में जिन कवियों के छंद संगृहीत हैं, उनके नाम और समय आदि को, सरोज पर अवलंबित आगे दी गई तालिका से मिलाकर हिन्दी के गौण कवियों के अध्ययन के निमित्त आधार भूमि तैयार की जा सकती है। इस तालिका में सरोजकार द्वारा दिये गए नामों तथा समय के विषय में ग्रियर्सन[69] तथा किशोरीलाल गोस्वामी[70] की टिप्पणियों का भी उल्लेख है।

[1]

अकबर बादशाह

स., दिल्ली; 1584 वि.; ग्रि., कि., 1556-1605।

[2]

अजबेस (प्राचीन)

स., 1570 वि.; ग्रि., कि., इस नाम का कवि कोरी कल्पना।

[3]

अजबेस (नवीन भाट)

स., 1892 वि.; कि., 1868।

[4]

अयोध्याप्रसाद वाजपेयी

स., सातनपुर वा रायबरेली, औध छाप; छंदानन्द साहित्यसुधासागर, रामकवितावली वि.; कि., 1883 ई. में जीवित।

[5]

अवधेश ब्राह्मण

स., चरखारी बुंदेलखंडी, 1901 वि.; ग्रि., 1840 ई. में उप.।

[6]

अवधेश ब्राह्मण

स., भूपा के बुंदेलखंडी, 1835 वि.; ग्रि.; जन्म 1832 ई.। कि. के अनुसार दोनों अवधेश ब्राह्मण एक ही हैं; रचनाकाल 1886–1917 है; 1838 ई. जन्मकाल नहीं है।

[7]

अवध बकस

स., 1904 वि.; ग्रि., 1847 ई.; कि., नाम संदिग्ध।

[8]

औध कवि

स. 1896 वि., 'शायद जो कवित्त हमने इनके नाम लिखा है, वह वाजपेयी अयोध्या प्रसाद का न होवै।'

[9]

अयोध्या प्रसाद शुक्ल

स., गोलागोकरननाथ, खीरी, 1902 वि.; कि., 1845 ई.।

[10]

अनन्द सिंह

स., नाम दुर्गासिंह, अहवन दिकोलिया, सीतापुर, विद्य.।

[11]

अमरेश कवि

स., 1635 वि.; ग्रि., 1578 ई.; कि., 1750 सं.।

[12]

अंबुज कवि

स., 1875 वि.; ग्रि., 1818 ई.; कि., महाकवि पद्माकर के पुत्र, 1818 ई. (सं. 1875 वि.)।

[13]

आजम कवि

स., 1866 वि., नखशिख, षट्ऋतु; कि., 1786 सं., शृंगारदर्पण।

[14]

अहमद कवि

स., 1670 वि.; कि., उपनाम 'ताहिर', आगरा के रहनेवाले, उप. 1618–1678 वि., सामुद्रिक, कोकसार।

[15]

अनन्द कवि

स., 1790 वि.।

[16]

आलम कवि

स., 1712 वि.; कि., 1640–1680 वि.।

[17]

असकन्द गिरि

स., बाँदा, बुंदेलखंडी, 1916 वि., अस्कद बिनोद।

[18]

अनुपदास कवि

स., 1801 वि.।

[19]

ओलीराम कवि

स., 1621 वि.; कि., 1750 वि. के पूर्व।

[20]

अभयराम कवि

स., वृंदाबनी, 1602 वि.।

[21]

अमृत कवि

स., 1602 वि.।

[22]

आनन्दघन कवि

स., दिल्लीवाले, 1715 वि.; ग्रि., सुजानसागर।

[23]

अभिमन्य कवि

स., 1680 वि.।

[24]

अनन्त कवि

स., 1692 वि., अनन्तानन्द।

[25]

आदिल कवि

स., 1762 वि.।

[26]

अलीमन कवि

स., 1933 वि.।

[27]

अनीश कवि

स., 1911 वि.; कि., 1798 वि.।

[28]

अननैन कवि

स., 1896 वि.; ग्रि., नखशिख।

[29]

अनाथदास

स., 1716 वि.; विचारमाला; कि., 1726 वि. में विचारमाला और 1720 वि. में 'प्रबोधचन्द्रोदय' का अनुवाद।

[30]

अक्षर अनन्य कवि

स., 1710 वि.।

[31]

अनन्य कवि

कि., 1733 ई.।

[32]

अब्दुल रहिमान

स., दिल्लीवाले, 1738 वि.; यमक-शतक; कि., 1763-76 वि.।

[33]

अमरदास कवि

स., 1712 वि.।

[34]

अगर कवि

स., 1626 वि.।

[35]

अग्रदास

स., गलता जयपुर-राज्य, 1995 वि.; ग्रि. 1575 ई.।

[36]

अनन्यदास

स., चकेदवा, गोंडा, 1525 वि., अनन्ययोग।

[37]

आशकरनदास

स., नखदगढ़वाले, 1615 वि.; ग्रि., उप. प्रायः 1550 ई.।

[38]

अमरसिंह हाड़ा

स., जोधपुर के राजा, 1621 वि.; ग्रि., उप. 1634 ई.।

[39]

आनन्द कवि

स., 1711 वि., कोकसार, सामुद्रिक।

[40]

अंबर भाट

स., चौजीतपुर, बुंदेलखंडी, 1910 वि.।

[41]

अनूप कवि

स., 1798 वि.।

[42]

आकूब खाँ

स., 1775 वि., रसिकप्रिया का तिलक।

[43]

अनवर खाँ

स., 1780 वि., अनवर चंद्रिका-सतसई टीका; कि., बिहारी सतसई की टीका का काम अनवरचंद्रिका।

[44]

आसिफ खाँ

स., 1738 वि.।

[45]

आछेलाल बाट

स., कन्नौज, 1889 वि.।

[46]

अमरजी कवि

स., राजपूतानावाले।

[47]

अजीतसिंह राठौर

स., उदयपुर के राजा, 1787 वि., राजरूप का ख्यात; ग्रि., ज. 1682 ई., मृ. 1724 ई.; कि., ज. 1735 वि., मृ. 1781 वि.।

[48]

इच्छाराम अवस्थी

स., पचरुवा, हैदरगढ़, 1855 वि., ब्रह्मविलास।

[49]

ईश्वर कवि

स., 1730 वि.।

[50]

इन्द कवि

स., 1776 वि.; ग्रि., ज. 1719 ई.।

[51]

ईश्वरीप्रसाद त्रिपाठी

स., विद्य., पीरनगर, सीतापुर, रामविलास; ग्रि., 1883 ई. में जीवित, रामविलास (वाल्मीकि रामायण का भाषानुवाद)।

[52]

ईश कवि

स., 1796 वि.।

[53]

इंद्रजीत त्रिपाठी

स., वनपुरा, अन्तरबेदवाले, 1739 वि.।

[54]

ईसुफ खाँ

स., 1791 वि., सतसई और रसिकप्रिया की टीका।

[55]

उदयसिंह

स., महाराजै मारवार, 1512 वि.; ग्रि., उप. 1584।

[56]

उदयनाथ बन्दीजन

स., काशीवासी, 1512 वि.; ग्रि., उप. 1584 ई.।

[57]

उदश भाट

स., बुंदेलखंडी, 1815 वि.।

[58]

ऊधोराम कवि

स., 1610 वि., कि., उप. 1750 वि. के पूर्व।

[59]

ऊधो कवि

स., 1853 वि.।

[60]

उमेद कवि

स., 1853 वि., अन्तरबेद या शाहजहाँपुर के निकट के (?), ग्रि., 1795 ई., नखशिख।

[61]

उमराव सिंह

स., सैदगाँव, सीतापुर, विद्य.; ग्रि., 1883 ई. में जीवित।

[62]

उनियारे के राजा कछवाहे

स., 'नाम हमारी किताब से जाता रहा। उनियारा एक रियासत का नाम है जो जयपुर में है', भाषाभूषण और बलभद्र के नखशिख का तिलक।

[63]

केशवदास

स., सनाढ्य मिश्र, बुंदेलखंडी, 1624 वि., विज्ञानगीता, कविप्रिया, रामचन्द्रिका, रसिकप्रिया, राम अलंकृत मंजरी और पिंगल।

[64]

केशवदास

ग्रि., 1541 ई. में उपस्थित कि., सं. 1584 वि. से पूर्व जीवित।

[65]

केशवराइ बाबू

स., बुंदेलखंडी, 1739 वि. कि., 1753 वि. में जैमुन की कथा की रचना।

[66]

केशवराम

स., भ्रमरगीत; कि. गार्सां द तासी के अनुसार कृष्णदास के द्वारा लिखा गया।

[67]

कुमार मनिभट्ट

स., 1803 वि., रसिकरसाल, कि. 1776 वि.।

[68]

करनेस कवि

स., बन्दीजन, असनीवाले 1611 ई. कर्णाभरण, श्रुतिभूषण और भूपभूषण।

[69]

कर्ण ब्राह्मण

स., पन्नानिवासी, 1794 वि., साहित्य-चन्द्रिका—बिहारी सतसई की टीका।

[70]

कर्ण भट्ट

सं., बुन्देलखंडी, 1857 वि.; साहित्य-रस और रसकल्लोल, कि., 1788 वि.।

[71]

करन कवि

स., बन्दीजन, जोधपुरवाले ग्रि.—1730 ई., सूर्यप्रकाश की रचना; कि., 1787 वि.।

[72]

कुमारपाल महाराज

स., अनहलवाले, 1220 वि.; ग्रि., 1150 ई. में उपस्थित; कि., 1199—1230 वि.।

[73]

कालिदास त्रिवेदी

स., वनपुरानिवासी, 1749 वि.; ग्रि., 1700 ई. के लगभग उपस्थित, 'वधू विनोद' और 'कालिदास हजारा' प्रसिद्ध कृतियाँ; 'जंजीराबाद' नामक एक अन्य रचना का उल्लेख, पुत्र उदयनाथ कवीन्द्र और पौत्र दूलह भी कवि।

[74]

कवीन्द्र उदयनाथ त्रिवेदी

स., कालिदास के पुत्र, 1804 वि.।

[75]

कवीन्द्र 2 सखीसुख

स., ब्राह्मण, 1854 वि.।

[76]

कवीन्द्र 3 सरस्वती

स., ब्राह्मण काशीनिवासी, 1622 वि., भाषाकाव्य, कवीन्द्र कल्पलता; ग्रि., 1650 ई. में उपस्थित।

[77]

युगलकिशोर (किशोर)

स., बन्दीजन, दिल्लीवाले, 1801 वि. किशोर संग्रह।

[78]

कादिरबख्श (कादिर)

स., मुसलमान, 1635 वि.।

[79]

कृष्ण कवि

स., 1740 वि.।

[80]

कृष्णलाल कवि

स., 1814 वि.।

[81]

कृष्ण कवि 2

स. जयपुरवाले, 1675 वि., बिहारी सतसई का तिलक; ग्रि., 1720 ई. में उपस्थित; कि., 1782 वि.।

[82]

कृष्ण कवि 3

स., 1888 वि.।

[83]

कुंजलाल कवि

स. बन्दीजन, मऊ, रानीपुरा, 1912 वि.।

[84]

कुंदन कवि

स., बुंदेलखंडी, 1752 वि., नायिका-भेद।

[85]

कमलेश कवि

स., 1870 वि., नायिका-भेद।

[86]

कान्ह कवि

स., प्राचीन 2, 1852 वि., नायिकाभेद; कि., 1804 वि., 'रसरंग' नामक ग्रंथ की रचना।

[87]

कान्ह कवि 2

स., कन्हईलाल कायस्थ, राजनगर, बुंदेलखंडी, 1914 वि., नखशिख; कि., 1898।

[88]

कन्हैया बख्श (कान्ह)

स., बैस, बैसवारे के।

[89]

कमलनयन

स., बुंदेलखंडी, 1784 वि.; कि., 1784 वि.।

[90]

कविराज कवि

स., बन्दीजन, 1881 वि.; ग्रि., 1824 ई., कि., सुन्दरीतिलक में सुखदेव मिश्र उपनाम कविराज की ही रचनाएँ हैं।

[91]

कविराय कवि

स., 1875 वि.; कि. 1760 वि. में उपस्थित।

[92]

कविराम कवि

स., 1898 वि.।

[93]

कविराम 2

स., रामनाथ कायस्थ; ग्रि., 1940 वि.; कि., कविराम कवि और

कविराम 2—

दोनों एक ही।

[94]

कविदत्त

स., 1836 वि.।

[95]

काशीनाथ कवि

स., 1752 वि.; कि., काशीनाथ त्रिपाठी; बलभद्र त्रिपाठी के पुत्र।

[96]

काशीराम कवि

स., 1715 वि.।

[97]

कामताप्रसाद

स., 1911 वि., नखशिख।

[98]

कबीर

स., 1610 वि.।

[99]

किंकरगोविन्द

स., 1810 वि.।

[100]

कालीराम

स., 1826 वि.।

[101]

कल्यान कवि

स., 1726 वि.; ग्रि., 1575 ई. में उपस्थित।

[102]

कमाल कवि

स., 1622 वि.।

[103]

कलानिधि कवि

स., 1807 वि., नखशिख।

[104]

कलानिधि कवि 2

स., प्राचीन, 1672 वि.।

[105]

कुलपति मिश्र

स., 1714 वि.; कि., 1727 वि. में रसरहस्य की रचना।

[106]

कारेबग फकीर

स., 1756 वि.; कि., 1717 वि. रचनाकाल।

[107]

केहरी कवि

स., 1610 वि.।

[108]

कृष्ण सिंह बिसेन

स., राजा भिनगे, बहराइच, 1909 वि.।

[109]

कालिका कवि

स., बंदीजन, काशीवासी।

[110]

काशीराज कवि

स., श्री महान कुमार बलवान सिंहजू काशी-नरेश चेतसिंह महाराज के पुत्र, 1879 वि., चित्रचंद्रिका।

[111]

कोविद श्री पं. उमापति त्रिपाठी

स., अयोध्यानिवासी, 1932 वि., दोहावली, रत्नावली।

[112]

कृपाराम कवि

स., जयपुरनिवासी 1772 वि.; ग्रि., 1720 ई. में उपस्थित; ज्योतिष-सम्बन्धी एक ग्रंथ 'समयबोध' (समय ओघ?) भाषा में लिखा; कि., ग्रंथ का नाम 'समयबोध' ही है, जिसकी रचना 1772 वि. में हुई थी।

[113]

कृपाराम 2

स., बाह्मण, नरैनपुर, जिला गोंडा।

[114]

कमंच कवि

स., राजपूतानेवाले, 1710 वि.; ग्रि. शिवसिंह का कथन है कि इन्होंने इनकी कुछ कविताएँ 1710 वि. के लिखे हुए मारवाड़-देश के किसी काव्य-संग्रह में पाई थीं; कि. कवि का नाम 'कमच' है, कमंच नहीं।

[115]

किशोर सूर

स., 1761 वि.।

[116]

कुंभनदास

स., व्रजवासी, वल्लभाचार्य के शिष्य, 1601 वि.।

[117]

कृष्णानन्द व्यासदेव

स., व्रजवासी, 1876 वि., 'रागसागरोद्भव'।

[118]

कल्यानदास

स., व्रजवासी, कृष्णदास पयअहारी के शिष्य, 1607 वि.।

[119]

कालीचरण वाजपेयी

स., बिगहपुर, उन्नाव।

[120]

कृष्णदास

स., गोकुलस्थ वल्लभाचार्य के शिष्य, 1601 वि., प्रेम रसरास।

[121]

केशवदास

स., व्रजवासी, कश्मीर के रहनेवाले, 1608 वि.।

[122]

केवलराम कवि

स., व्रजवासी, 1767 वि.; ग्रि., 1575 ई. में उपस्थित।

[123]

कान्हदास कवि

स., व्रजवासी, बिट्ठलदास चौबे, मथुरावासी के पुत्र; 1608 वि.।

[124]

केदार कवि

स., बन्दीजन, 1280 वि.; ग्रि., 1150 ई. में उपस्थित।

[125]

कृपाराम कवि 3

स., माधव सुलोचना।

[126]

कृपाराम कवि 4

स., हिततरंगिणी।

[127]

कुंजगोपी

स., गौड़ ब्राह्मण, जयपुर राज्य के वासी।

[128]

कृपाल कवि

[129]

कनक कवि

स., 1740 वि.।

[130]

कुंभकर्ण राजा

स., चित्तौड़, मीराबाई के पति, 1357 वि., गीतगोविन्द का तिलक।

[131]

कल्याण सिंह भट्ट

[132]

कामताप्रसाद 2

स., ब्राह्मण, लखपुरा, जिला फतेपुर, 1911 वि.।

[133]

कृष्ण कवि

स., प्राचीन।

[134]

खुमान

स., बन्दीजन, चरखारी, बुंदेलखंड, 1840 वि., लक्ष्मणशतक, हनुमन, नखशिख; कि., रचनाकाल 1830–1880 वि.।

[135]

खुमान कवि

स., एक कांड अमरकोश।

[136]

खुमान सिंह

स., महाराजै खुमान राउत, गुहलौत, सिसोत या चित्तौरगढ़ के प्राचीन राजा, 1812 वि. खुमानरायसा।

[137]

खानखाना नवाब अब्दुल रहीम

स., खानखाना बैरम खाँ के पुत्र, 1580 वि., शृंगारसोरठा भाषा।

[138]

खूबचन्द कवि

स., मारवाड़-देशवासी।

[139]

खान कवि

[140]

खानसुलतान कवि

[141]

खंडन कवि

स., बुंदेल खंडी, 1884 वि., भूषणदास; कि., रचनाकाल—1781-1819 वि. है। इनके अलंकार-ग्रंथ 'भूषणदास' का रचनाकाल 1787 वि. है।

[142]

खेतल कवि

[143]

खुसाल पाठक

स., रायबरेलीवाले।

[144]

खेम कवि

स., बुंदेलखंडी।

[145]

खेम कवि 2

स., व्रजवासी, 1630 वि.; ग्रि., नायिकाभेद।

[146]

खड्गसेन

स., कायस्थ, ग्वालियर-निवासी, 1660 वि., दानलीला, दीपमालिका।

[147]

गंग कवि

स., गंगाप्रसाद ब्राह्मण, एकनौर, जिला इटावाँ अथवा बंदीजन दिल्लीवाले, 1595 वि.।

[148]

गंग कवि 2

स., गंगाप्रसाद ब्राह्मण, सपौली, जिले सीतापुर, 1890 वि., दूनीविलास।

[149]

गंगाधर कवि

स., बुंदेलखंडी।

[150]

गंगाधर कवि 2

स., उपसतसैया (सतसई का तिलक)

[151]

गंगापति कवि

स., 1844 वि., ग्रि.; 1719 ई. में उपस्थित, 1775 वि. में 'विज्ञानविलास' की रचना।

[152]

गंगादयाल दुबे

स., निसगर, जिला रायबरेली।

[153]

गंगाराम कवि

स., बुंदेलखंडी, 1894 वि.।

[154]

गदाधर भट्ट

स., बाँदावाले कवि, पद्माकर के पौत्र, 1912 वि.; कि., जन्म 1860 वि. के लगभग, मत्यु 1955 वि. के लगभग।

[155]

गदाधर कवि

[156]

गदाधर राम

[157]

गदाधर मिश्र

स., व्रजवासी 4, 1580 वि.; कि., मिश्र नहीं, भट्ट; दाक्षिणात्य ब्राह्मण; मृत्यु 1670 वि. के लगभग।

[158]

गिरधारी

स., ब्राह्मण, बैसवारा गाँव, सातनपुरवाले, 1904 वि.।

[159]

गिरिधारी कवि

ग्रि., ब्राह्मण, सातनपुर के एक वैसवाड़ा, जन्म 1847 ई.।

[160]

गिरिधर कवि

स., बन्दीजन, होलपुरवाले, 1844 वि.।

[161]

गिरिधर कबिराइ

स., अन्तरबदवाले, 1770 वि.।

[162]

गिरधर बनारसी

स., बाबू गोपालचन्द्र साह, बाबू काले हर्षचन्द्र के पुत्र, 1896 वि. दशावतार, भारती-भूषण।

[163]

गोपाल कवि 2

स., प्राचीन, 1715 वि.; ग्रि., मित्रजित सिंह के पुत्र और कल्याणसिंह के आश्रित।

[164]

गोपाल कवि

स., कायस्थ, रीवाँ, बघेलखंडवासी, 1901 वि., गोपालपचीसी।

[165]

गोपाल बन्दीजन

स., चरखारी, बुंदेलखंडी, 1884 वि.।

[166]

गोपाललाल कवि

स., 1852 वि.।

[167]

गोपालराय कवि

कि., रचनाकाल 1885-1907 वि.।

[168]

गोपालशरन राजा

स., 1748 वि., विमबंध घटना नामक सतसई की टीका।

[169]

गोपालदास

स., व्रजवासी, ग्रि., जन्म 1679 ई.; कि., 1755 वि., रासपंचाध्यायी की रचना।

[170]

गोपा कवि

स., 1590 वि., रागभूषण, अलंकारचन्द्रिका; कि., कवि का नाम गोप है, गोपा नहीं; पूरा नाम सम्भवत: गोपालभट्ट; ओरछा के राजा पृथ्वीसिंह के दरबारी कवि (1793-1809 वि.।)

[171]

गोकुलनाथ

स., बन्दीजन, बनारसी कवि रघुनाथ के पुत्र, 1834 वि., चेतचन्द्रिका, गोविन्द सुखद विहार, भारत अष्टादश पर्व-हरिवंश पर्यन्त।

[172]

गोपीनाथ

स., बन्दीजन, बनारसी गोकुलनाथ के पुत्र, 1850 वि.; ग्रि., 1820 ई. के लगभग उपस्थित।

[173]

गोकुल बिहारी

स., 1660 वि.; कि., अस्तित्व संदिग्ध।

[174]

गोपनाथ कवि

स., 1670 वि.।

[175]

गुरुगोविन्द सिंह

स., 1738 वि.; ग्रि., जन्म—1666-1723 वि.।

[176]

गोविन्द अटल कवि

स., 1670 वि.; कि., अस्तित्व संदिग्ध।

[177]

गोविन्दजी कवि

स., 1750 वि.।

[178]

गोविन्ददास

स., व्रजवासी, 1615 वि.; ग्रि., 1567 ई. में उपस्थित।

[179]

गोविन्द कवि

स., 1791 वि., करणाभरण।

[180]

गुरदीन पांडे

स., 1891 वि., वाक् मनोहर पिंगल; कि., रचनाकाल 1803 ई.।

[181]

गुरुदीन राइ

स., बन्दीजन, पैंतेया, जिला सीतापुर; ग्रि., 1883 ई. में जीवित, कि., पैंतेया नहीं, पैंतेपुर, यह जाँगेर के शाह या राजा थे।

[182]

गुरुदत्त शुक्ल

स., मकरन्दपुर, अन्तरबेदवाले, 1864 वि., पक्षीविलास।

[183]

गुरुदत्त कवि

स., प्राचीन, 1887 वि.; कि., मकरन्दपुर वाले गुरुदत्त शुक्ल से अभिन्न प्रतीत होते हैं।

[184]

गुमानजी मिश्र

स., साँडीवाले, 1805 वि., काव्यकलानिधि; ग्रि., 1740 ई. में उपस्थित।

[185]

गुमान कवि 2

स., 1788 वि., कृष्णचन्द्रिका।

[186]

गुलाल कवि

स., 1875 वि., शालिहोत्र।

[187]

ग्वाल कवि

स., बन्दीजन, मथुरानिवासी, 1879 वि., नखशिख, गोपीपचीसी, यमुनालहरी, साहित्य-दूषन, साहित्यदर्पण, भक्तिभाव, शृंगारदोहा और शृंगारकवित्त। ग्रि., 1815 ई. में उपस्थित, कि., जन्म 1848 वि., मृत्यु 1928 वि.।

[188]

गुणदेव

स., बुंदेलखंडी, 1852 वि.।

[189]

गुणाकर त्रिपाठी

स. काँथो, जिला उन्नाव।

[190]

गजराज उपाध्याय

स., काशीवासी, 1874 वि., वृत्तहार रामायण।

[191]

गुलामराम कवि

कि., सम्भवतः मिरजापुर के प्रसिद्ध रामायणी रामगुलाम द्विवेदी और 1874 वि. में विद्यमान।

[192]

गुलामी कवि

कि., उपरिवर्णित गुलामराम कवि से भिन्न नहीं।

[193]

गुणसिन्धु कवि

स., बुंदेलखंडी, 1882 वि.।

[194]

गोसाईं कवि

स., राजपूतानेवाले; कि., 1882 वि. में उपस्थित।

[195]

गणेश कवि

स., बन्दीजन, बनारसी।

[196]

गीध कवि

[197]

गड्डु कवि

स., राजपूतानेवाले, 1770 वि.।

[198]

गिरिधारी भाट

स., मऊरानीपुरा, बुंदेलखंडी।

[199]

गुलाब सिंह

स., पंजाबी, 1846 वि., चन्द्रप्रबोधनाटक, मोक्षपंथ, भाँवर साँवर।

[200]

गोधू कवि

स., 1755 वि., ग्रि., गोध कवि।

[201]

गणेशजी मिश्र

स., 1615 वि.।

[202]

गुलाल सिंह

स., 1780 वि.।

[203]

गज सिंह

स., गजसिंहविलास; कि., विनोद के अनुसार गजसिंह का रचनाकाल 1808–44 वि.।

[204]

ज्ञानचन्द्र यती

स., राजपूतानेवाले, 1870 वि.।

[205]

गोविन्दराम

स., बन्दीजन, राजपूतानेवाले, हारावती।

[206]

गोपाल सिंह

स., व्रजवासी, तुलसी–शब्दार्थप्रकाश; कि., 1874 वि.।

[207]

गदाधर कवि

[208]

घनश्याम शुक्ल

स., असनीवाले, 1635 वि.; कि., 1737 वि. के लगभग उत्पन्न, 1835 वि. तक वर्तमान।

[209]

घनआनन्द कवि

स., 1615 वि.।

[210]

घासीराम कवि

स., 1680 वि.।

[211]

घनराय कवि

स., 1692 वि.।

[212]

घाघ

स., कान्यकुब्ज, अंतरबेदवाले, 1753 वि., ग्रि., जन्म—1633 ई.।

[213]

घासी भट्ट

[214]

चन्द्र कवि

स., प्राचीन, बन्दीजन, सम्भलनिवासी, 1198 वि.।

[215]

चन्द्र कवि 2

स., 1749 वि.।

[216]

चन्द्र कवि 3

[217]

चन्द्र कवि 4

[218]

चिन्तामणि त्रिपाठी

स., टिकमापुर, जिला कानपुरवाले, 1729 वि., छन्दविचार, काव्यविवेक, कविकुलकल्प-तरु, काव्यप्रकाश, रामायण; ग्रि., 1650 ई. में उपस्थित।

[219]

चिन्तामणि 2

[220]

चूड़ामणि कवि

स., 1861 वि.।

[221]

चन्दनराय कवि

स., बन्दीजन, नाहिल पुवांवा, जिल शाहजहाँपुरवाले, 1830 वि., केशरीप्रकाश, शृंगार-रस, कल्लोल-तरंगिणी, काव्याभरण, चन्दन सतसई, पथिकबोध।

[222]

चोखे कवि

[223]

चतुर बिहारी कवि

स., सबक, व्रजवासी, 1605 वि.।

[224]

चतुर सिंह राना

स., 1701 वि.।

[225]

चतुर कवि

[226]

चतुरबिहारी

ग्रि., व्रजवासी, जन्मकाल—1548 ई.।

[227]

चतुर्भुज

[228]

चतुर्भुजदास

स., 1601 वि., ग्रि., 1567 ई. में उपस्थित।

[229]

चैन कवि

[230]

चैनसिंह खत्री

स., लखनऊवाले, 1910 वि., भारतदीपिका, शृंगारसारावली।

[231]

चंडीदत्त कवि

स., 1898 वि.।

[232]

चरणदास

स., ब्राह्मण, पंडितपुर, जिला फैजाबाद, 1537 वि., कि., अलवर राज्यान्तर्गत दहरा ग्रामनिवासी, 1760 वि. में उत्पन्न।

[233]

चेतनचन्द्र कवि

स., 1616 वि.; कि., 1616 वि. में अश्वविनोद की रचना।

[234]

चिरंजीव

स., ब्राह्मण, बैसवारे के, 1870 वि.; ग्रि., कहा जाता हैकि इन्होंने महाभारत का भाषानुवाद किया था।

[235]

चन्द्रसखी

स., व्रजवासी, 1638 वि.।

[236]

चोब कवि

स., हरिप्रसाद, बन्दीजन, डलमऊवाले।

[237]

छत्रसाल बुन्देला

स., महाराज पन्ना, बुंदेलखंड, 1690 वि.; ग्रि., 1658 ई. में मारे गए; कि., जन्मकाल 1705 वि., मृत्युकाल 1782 वि. मारे नहीं गए।

[238]

क्षितिपाल

स., राजा माधवसिंह, बंधलगोत्री, अमेठी, जिला सुल्तानपुर।

[239]

क्षेमकरण

स., ब्राह्मण कवि, धनौली, जिला बाराबाँकी, 1875 वि., रामरत्नाकर, रामास्पद, गुरु-कथा, आह्निक, रामगीतमाला, कृष्णचरितामृत, पदविलास, वृत्तभास्कर, रघुराजघनाक्षरी।

[240]

क्षेमकरन

स., अन्तरबेदवाले।

[241]

छत्तन कवि

[242]

छत्रपति कवि

[243]

क्षेम कवि

स. 1755 वि.; ग्रि. सम्भवत: शिवसिंह द्वारा उल्लिखित दोआब के क्षेमकरन; कि., छेम या क्षे विधि पद्माकर के चाचा, अन्तरबेदी क्षेमकरन छेम से भिन्न।

[244]

छबील कवि

स. ब्रजवासी।

[245]

छैल कवि

स., 1755 वि.।

[246]

छीत कवि

स., 1705 वि.।

[247]

छीतस्वामी

स., 1601 वि.; ग्रि., 1567 ई. में उपस्थित; कि., अष्टछापी से भिन्न।

[248]

छदीराम कवि

स., 1894 वि., कविनेहनाम।

[249]

छत्र कवि

स., 1625 वि., विजय मुक्तावली; कि., 1757 वि.।

[250]

क्षेम कवि 2

स., बन्दीजन, डलमऊ के, 1582 वि.।

[251]

जगत सिंह बिसेन

स., राजा गोंडा के भाईबन्द, 1798 वि., छन्द शृंगारग्रंथ, साहित्य सुधानिधि, अलंकार-निधि; ग्रि., 1770 ई. के आसपास उपस्थित।

[252]

युगलकिशोर भट्ट

स., कैथलवासी, 1795 वि.,

[253]

युगलकिशोर कवि

[254]

युगराज कवि

[255]

युगलप्रसाद चौबे

[256]

युगल कवि

स., 1755 वि.; ग्रि., बिना तिथि दिये हुए 'जुगुलदास कवि' नाम से शिवसिंह द्वारा उल्लिखित कवि भी सम्भवत: ये ही; कि., इन्होंने 1821 वि. में 'हितचौरासी' की टीका की थी।

[257]

जानकीप्रसाद

स., पंवार, जोहवेनकटी, जिले रायबरेली, रघुवीरध्यानावली, राम नवरत्न, भगवती विनय, रामनिवास रामायण, रामानन्द बिहार, नीतिविलास; ग्रि., 1883 ई. में जीवित।

[258]

जानकीप्रसाद 2

[259]

जानकीप्रसाद कवि

स., बनारसी 3, 1860 वि., रामचंद्रिका-टीका, युक्ति रामायण; ग्रि., 1814 ई. में उपस्थित।

[260]

जनकेश

स., बन्दीजन, मऊ, बुंदेलखंडी, 1912 वि.।

[261]

यशवन्त सिंह

स., बघेले, राजा तिखा, जिला कन्नौज, 1855 वि., श्रृंगार शिरोमणि भाषाभूषण, शालिहोत्र।

[262]

यशवन्त कवि

स., 1762 वि.।

[263]

जवाहिर कवि

स. बन्दीजन, विलग्रामी, 1845 वि., जवाहिर रत्नाकर।

[264]

जवाहिर कवि 2

स., बन्दीजन, श्रीनगर, बुंदेलखंडी, 1914 वि.।

[265]

जैनदीन अहमद

स., 1736 वि.; चिन्तामणि त्रिपाठी इनके आश्रित।

[266]

जयदेव कवि

स., कपिलावासी, 1728 वि.; ग्रि., 1700 ई. के आसपास उपस्थित।

[267]

जयदेव कवि 2

स., 1815 वि.।

[268]

जतराम कवि

कि., 1795 वि.।

[269]

जैत कवि

स., 1601 वि.; कि., जैतराम से भिन्न।

[270]

जयकृष्ण कवि

स., भवानीदास कवि के पुत्र, छन्दसार।

[271]

जय कवि

स., बन्दीजन, लखनऊवाले, 1902 वि.।

[272]

जयसिंह कवि

[273]

जगन कवि

स., 1652 वि.।

[274]

जनार्दन कवि

ग्रि., जन्म 1661 ई., श्रृंगारी कवि; कि., जनार्दन पद्माकर के पितामह और मोहनलाल के पिता, 1743 वि. में उपस्थित, इसी वर्ष मोहनलाल का जन्म हुआ, 1661 ई. इनका प्रारम्भिक रचनाकाल।

[275]

जनार्दन भट्ट

[276]

जमाल कवि

स., 1602 वि.।

[277]

जीवनाथ

स., बन्दीजन, नवलगंज, जिला उन्नाव के, 1872 वि. वसन्तपचीसी।

[278]

जीवन कवि

[279]

जगदेव कवि

[280]

जगन्नाथ कवि

स., प्राचीन।

[281]

जगन्नाथ कवि अवस्थी

स., सुमेसपुर, जिला उन्नाव; ग्रि., 1883 ई. में जीवित।

[282]

जगन्नाथदास

[283]

जलालुद्दीन कवि

स., 1615 वि.; कि., 1750 वि. के पहल।

[284]

यशोदानन्द कवि

स., 1828 वि., वरबै नायिकाभेद।

[285]

जगनन्द कवि

स., वृन्दावनवासी 1658 वि.।

[286]

जोयसी कवि

स., 1658 वि.।

[287]

जीवन कवि

स., 1608 वि.।

[288]

जगजीवन कवि

स., 1705 वि.।

[289]

यदुनाथ कवि

स., 1681 वि.।

[290]

जगदीश कवि

स., 1588 वि.।

[291]

जयसिंह

स., कछवाहे, महाराज आमेर, 1755 वि., जयसिंह कल्पदुम; ग्रि., शासनकाल 1699-1743 ई.।

[292]

जयसिंह राठौर

स., महाराजा उदयपुर, 1681 वि., जयदेव विलास।

[293]

जलील—अब्दुल जलील

स., बिलग्रामी, 1739 वि.।

[294]

जमालुद्दीन

स., पिहानीवाले, 1625 वि.; कि., यह उपस्थिति-काल है, जमाल और जमालुद्दीन ग्रियर्सन के मतानुसार सम्भवतः भिन्न नहीं।

[295]

जगनेश कवि

[296]

जोधकवि

स., 1590 वि.।

[297]

जगन्नज

ग्रि., (?) 1575 ई. में उपस्थित; कि., अकबरी दरबार के कवि, उपस्थिति काल—1556-1605 वि. के बीच।

[298]

जगामग

ग्रि., (?) 1575 ई. में उपस्थित; कि., अकबरी दरबार के कवि, उपस्थिति-काल—1556-1605 वि. के बीच।

[299]

युगलदास कवि

[300]

जगजीवनदास

स., चंदेल कोटवा, जिला बाराबंकी, 1841 वि.; ग्रि., 1761 ई. (1818 वि.) में उपस्थित; ज्ञानप्रकाश महापल्लै, और परम ग्रंथ; कि., जन्मकाल सं. 1727 वि.; मृत्युकाल 1817 वि.

[301]

जुल्फेकार कवि

स., 1782 वि., बिहारी सतसई का तिलक।

[302]

जगनिक

स., बन्दीजन, महोबा, बुंदेलखंडी, 1124 वि.; ग्रि., 1191 ई. में उपस्थित।

[303]

जबरेश

स., बन्दीजन, बुंदेलखंडी।

[304]

टोडर—राजा टोडरमल

स., खत्री, पंजाबी, 1580 वि.।

[305]

टेर कवि

स., मैनपुरी जिला के वासी, 1882 वि.।

[306]

टहकन कवि

स., पंजाबी।

[307]

ठाकुर कवि

स., प्राचीन, 1700 वि.।

[308]

ठाकुरप्रसाद त्रिपाठी

स., किशुनदासपुर, जिला रायबरेली, 1882 वि.; ग्रि., 1883 ई. में उपस्थित; कि., मृत्यु 1867 ई. (1924 वि.) में हुई थी।

[309]

ठाकुरराम कवि

[310]

ठाकुरप्रसाद त्रिवेदी

स., अलीगंज, जिला खीरी; ग्रि., 1883 ई. में जीवित।

[311]

ढाकन कवि

[312]

श्रीगोस्वामी तुलसीदास 2

स., 1601 वि.; ग्रि., 1600 ई. में उपस्थित, मृत्यु 1624 ई.।

[313]

तुलसी 3

स., श्रीओझाजी, जोधपुरवाले।

[314]

तुलसी 4

स., कवि यदुराय के पुत्र, 1712 वि.; ग्रि., 'कविमाला' नामक काव्य-संग्रह, जिसमें 750 कवियों की रचनाएँ संकलित हैं, जो 1500 वि. (1442 ई.) और 1700 वि. (1643 ई.) के बीच हुए।

[315]

तुलसी 5

[316]

तानसेन कवि

स., ग्वालियर-निवासी, 1588 वि.; ग्रि., 1560 ई. में उपस्थित; कि., जन्म 1578 वि., मृत्यु 1646 वि.।

[317]

तारापति कवि

स., 1790 वि.।

[318]

तारा कवि

स., 1836 वि.।

[319]

तत्त्ववेत्ता कवि

स., 1680 वि.; कि., 1550 वि. के लगभग। राजस्थान-निवासी, ब्राह्मण।

[320]

तेगयानि कवि

स., 1708 वि.।

[321]

ताज कवि

स., 1652 वि.।

[322]

तालिब शाह

स., 1668 वि.।

[323]

तीर्थराज

स., ब्राह्मण, बैसवारे के, 1800 वि., समरसारभाषा।

[324]

तीखी कवि

[325]

तैही कवि

[326]

तोष कवि

ग्रि., 1648 ई.; कि., सुधानिधि का रचनाकाल 1691 वि. में।

[327]

तोषनिधि

स., ब्राह्मण, कपिला नगरवासी; 1798 वि., सुधानिधि, व्यंग्यशतक, नखशिख।

[328]

राजा दलसिंह

स., बुंदेलखंडी, 1781 वि., प्रेमपयोनिधि।

[329]

दलपतिराय

स., वंशीधर ब्राह्मण, अमदाबादवासी, 1885 वि.,
'भाषा-भूषण' का तिलक।

[330]

दयाराम कवि

[331]

दयाराम कवि त्रिपाठी

[332]

दयानिधि कवि

स., 1769 वि.।

[333]

दयानिधि 2

स., ब्राह्मण, पटना-निवासी।

[334]

दयानिधि कवि

स., बैसवारे के 3, 1811 वि.।

[335]

दयानाथ दुबे

स., 1889 वि., आनन्द रस।

[336]

दयादेव कवि

[337]

दत्तप्राचीन कवि

स., देवदत्त ब्राह्मण, कुसमड़ा, जिला कन्नौज, 1703 वि.।

[338]

दत्त 2 देवदत्त

स., ब्राह्मण, साढ़, जिला कानपुर, 1836 वि.।

[339]

दास—भिखारीदास

स., कायस्थ, अरवल बुंदेलखंडी, 1780 वि., छन्दोर्णव, काव्यनिर्णय, श्रृंगारनिर्णय, बाग-बहार।

[340]

दास 2 वेणीमाधव दास

स., पसका, जिला गोंडा, 1655 वि.।

[341]

दान कवि

[342]

दामोदर दास

स., ब्रजवासी, 1622 वि.।

[343]

दामोदर कवि

[344]

द्विजदेव

स., महाराज मानसिंह, शाकद्वीपी, अवध-नरेश, शृंगारलतिका।

[345]

द्विकवि

स., पंडित मन्नाल बनारसी।

[346]

द्विजनन्द कवि

[347]

द्विजचन्द कवि

स., 1755 वि.।

[348]

दिलदार कवि

स., 1650 वि., कि., 1750 वि. के पूर्व उपस्थित।

[349]

द्विजराम कवि

[350]

दिलाराम कवि

[351]

दिनेश कवि

स., नखशिख; ग्रि., टिकारी जिला गया के, 1807 ई. में उपस्थित, रस-रहस्य, कि., रस-रहस्य का रचनाकाल 1883 वि., काव्य कदंब की रचना 1891 वि. में।

[352]

दीनदयाल गिरि

स., बनारसी, 1912 वि., अन्योक्तिकल्पद्रुम, अनुरागबाग, बाग बहार; कि. 'बाग-बहार' नामक ग्रंथ नहीं लिखा।

[353]

दीनानाथ कवि

स., बुंदेलखंडी, 1911 वि., कि., अस्तित्व संदिग्ध, है भी तो 1854 ई. (1911 वि.) जन्मकाल न होकर उपस्थिति-काल।

[354]

दुर्गाकवि

स., 1860 वि.।

[355]

दुलह त्रिवेदी

स., बनपुरावाले कवीन्द्र जी के पुत्र, 1803 वि., कविकुलकंठाभरण।

[356]

देव कवि

स., देवदत्त, ब्राह्मण, समान गाँव, जिला मैनपुरी के, 1661 वि., प्रेम तरंग, भाव-विलास, रस-विलास, रसानन्द लहरी, सुजान-विनोद, काव्य रसायनपिंगल, अष्टयाम, देवमाया-प्रपंचनाटक, प्रेमदीपिका, सुमिलविनोद, राधिका-विलास;

कि., जन्म 1730 वि., 1746 वि. में भाव-विलास की रचना, जन्म—इटावा, घोसरिहा में।

[357]

देव 2

स., काष्ठजिह्वा स्वामी, काशीस्थ, ग्रि., 1850 ई. के लगभग उपस्थित।

[358]

देवदत्त कवि

स. 1705 वि.।

[359]

देवीदास कवि

स., बुंदेलखंडी, 1712 वि., ग्रि., 1685 ई. में उपस्थित, रचना प्रेमरत्नाकर।

[360]

देवकीनन्दन शुक्ल

स., मकरन्दपुर, जिला कानपुर, 1870 वि.; कि., ज्ञात रचनाकाल सं. 1840-56 वि.।

[361]

देवदत्त कवि 2

[362]

देवीदत्त कवि

स., 1752 वि.।

[363]

देवी कवि

[364]

देवी बन्दीजन

स., 1750 वि.; ग्रि., हास्यरस का एक ग्रंथ 'सूरसागर' लिखा है;
कि., ग्रंथ का नाम 'सूमसागर', रचना 1794 वि. (1751 ई.) में हुई।

[365]

देवीराम कवि

स., 1750 वि.।

[366]

देवा कवि

स., राजपूतानेवाले, 1855 वि.; ग्रि., 1575 ई. में उपस्थित।

[367]

दौलत कवि

स., 1651 वि.।

[368]

दील्हकवि

स., 1625 वि.।

[369]

देवनाथ कवि

[370]

देवमणि कवि

[371]

दास ब्रजवासी

[372]

दिलीप कवि

[373]

दीनानाथ

स., अध्वर्यु, मोहार, जिला फतेहपुर, 1876 वि.।

[374]

देवीदीन

स., बन्दीजन, बिलग्रामी, ग्रि., 1883 ई. में जीवित,
नखशिख और रस-दर्पण।

[375]

देवीसिंह कवि

[376]

धनासिंह कवि

स., 1791 वि.।

[377]

धनीराम कवि

स., बनारसी, 1888 वि., काव्य-प्रकाश और रामचद्रिका का तिलक।

[378]

धीर कवि

स., 1822 वि.।

[379]

धुरंधर कवि

[380]

धीरज नरिन्द

स., महाराज इन्द्रजीतसिंह, बुंदेला, उड़छावाले, 1615 वि.।

[381]

धोंधेदास

स., ब्रजवासी।

[382]

धौकल सिंह

स., बैसन्यावाँ, जिला रायबरेली, 1860 वि., ग्रि., कई छोटे ग्रंथ लिखे, सबसे अधिक प्रसिद्ध 'रमल प्रश्न', कि., 1864 वि. में 'रमन प्रश्न' की रचना।

[383]

नरहरि सहाय

स., बन्दीजन, असमीवाले 1898 वि.; ग्रि., 1550 ई. में उपस्थित, कि., रागकल्प द्रुमवाले नरहरि से भिन्न।

[384]

निपटनिरंजन स्वामी

स., 1650 वि., शांतसरसा, निरंजन-संग्रह; कि., 1715-64 वि.।

[385]

निहाल ब्राह्मण

स., निगोहाँ, जिला कानपुर, 1820 वि.

[386]

नानकजी वेदी

स., खत्री, निलवड़ी गाँव, पंजाब-वासी, 1526 वि.।

[387]

नेही कवि

[388]

नैन कवि

[389]

नोने कवि

स., बन्दीजन बाँदा, बुंदेलखंडवासी, कवि हरिलालजू के पुत्र 1901 वि.; कि. इनके पिता हरिदास का रचनाकल सं. 1811 वि. है, अत: 1844 ई. (1901 वि.) इनका जन्मकाल नहीं हो सकता।

[390]

नैसुक कवि

स., बुंदेलखंडी, 1904 वि.।

[391]

नायक कवि

[392]

नवी कवि

स., नखशिख।

[393]

नागर कवि

[394]

नरेश कवि

स., नायिकाभेद

[395]

नवीन कवि

[396]

नवनिधि कवि

[397]

नाभादास कवि

स., नाम नारायणदास महाराज, दक्षिणी, 1540 वि.; ग्रि., 1600 ई. में उपस्थित; कि., रचनाकाल 1700 वि. के आसपास।

[398]

नरवाहनजी कवि

स., भौगाँव-निवासी, 1600 वि.; ग्रि. 1560 ई. में उपस्थित।

[399]

नरसिया कवि

स., नरसी, जूनागढ़-निवासी, 1590; कि., नरसिया नहीं, नरमिया।

[400]

नवखान कवि

स., बुंदेलखंडी, 1792 वि.।

[401]

नारायणभट्ट कवि

स., गोकुलस्थ ऊँच गाँव, बरसाने के समीप के निवामी, 1620 वि.; ग्रि., 1563 ई.।

[402]

नन्दाराम कवि

[403]

नन्ददास

स., ब्राह्मण, रामपुरनिवासी, 1585 वि.।

[404]

नन्दकिशोर कवि

स., रामकृष्ण गुणमाल।

[405]

नाथ कवि

ग्रि., जन्मकाल 1584 ई., गोपालभट्ट के पुत्र।

[406]

नाथ 2

स., 1730 वि.।

[407]

नाथ 3

स., 1803 वि.।

[408]

नाथ 4

स., 1811 वि.।

[409]

नाथ 5

स., हरिनाथ गुजराती, काशीवासी, 1826 वि.।

[410]

नाथ 6

[411]

नाथ कवि

स., ब्रजवासी, गोपाल भट्ट ऊँच गाँव वाले के पुत्र, 1641 वि.।

[412]

नवलकिशोर कवि

[413]

नवलकवि

[414]

नवलसिंह

स., कायस्थ, झाँसी के निवासी, राजा संथर के नौकर, 1908 वि., 'नामरामायण' और 'हरिनामावली' के रचयिता।

[415]

नवलदास

स., क्षत्रिय, गुड़गाँव, जिला बाराबंकी, 1319 वि., ज्ञानसरोवर; कि., रचनाकाल 1873-1926 वि.।

[416]

नीलाधर कवि

स., 1705 वि.; कि., वस्तुतः लीलाधर।

[417]

निधि कवि

स., 1751 वि.।

[418]

निहाल प्राचीन

स., 1635 वि.।

[419]

नारायण

स., बन्दीजन, काकूपुर, जिला कानपुर, 1809 वि.।

[420]

परसाद कवि

स., 1680 वि.; कि., पूरा नाम बेनीप्रपाद, 1795 वि. में नायिकाभेद ग्रंथ 'रस-समुद्र' की रचना।

[421]

पद्माकर भट्ट

स., बाँदावाले, मोहनभट्ट के पुत्र, 1838 वि., ग्रि., 1815 ई. में उपस्थित; कि., जन्म 1810 वि., मृत्यु 1890 वि.।

[422]

पजनेश कवि

स., बुंदेलखंडी, 1872 वि., मधुप्रिया, नखशिख; ग्रि., जन्म 1816 ई.।

[423]

परताप साहि

स., बन्दीजन, बुंदेलखंडी, रत्नेश कवि के पुत्र, 1760 वि., काव्य-विलास, भाषा-भूषण, नख-शिख, विज्ञार्थ कौमुदी; ग्रि., 1633 (?) में उपस्थित; कि., रचनाकाल 1882-96 वि. भाषा-भूषण, जिसकी इन्होंने टीका की थी, जोधपुर नरेश जसवंत सिंह की कृति है, 'विज्ञार्थ कौमुदी' का शुद्ध नाम 'व्यंग्यार्थ कौमुदी' है।

[424]

प्रवीणराय पातुरी

स., उड़छा, बुंदेलखंड-वासिनी, 1640 वि.।

[425]

प्रवीण कविराय 2

स., 1692 वि.।

[426]

परमेश कवि (प्राचीन)

स., 1668 वि.।

[427]

परमेश

स., बन्दीजन, सतावाँ, जिल रायबरेली, 1896 वि.।

[428]

प्रेमसखी

स., 1791 वि.।

[429]

परम कवि

स., बन्दीजन, महोबे के बुंदेलखंडी, 1871 वि., नखशिख।

[430]

प्रेमी यमन

स. मुसलमान, दिल्लीवाले, 1798 वि., अनेकार्थ नाममालाकोष।

[431]

परमानन्द

स., लल्लापुराणिक, अजयगढ़, बुंदेलखंडी, 1894 वि., नखशिख।

[432]

प्राणनाथ कवि

स., ब्राह्मण, बैसवारे के, 1851 वि., चक्रव्यूह इतिहास।

[433]

परमानन्ददास

स., ब्रजवासी, बल्लभाचार्य के शिष्य, 1601 वि.; ग्रि., 1550 ई. में उपस्थित, रचना 'रागकल्पद्रुम'।

[434]

प्रसिद्ध कवि

स., प्राचीन, 1590 वि.; कि., 1590 ई. उपस्थिति-काल।

[435]

प्रधान केशवराय कवि

स., शालहोत्र-भाषा।

[436]

प्रधान कवि

स. 1775 वि.।

[437]

पंचम कवि

स., प्राचीन, बन्दीजन, बुंदेलखंडी, 1735 वि., ग्रि., 1650 ई. में उपस्थित; कि., 1722-88 वि.।

[438]

पंचम कवि 2

स., नवीन, बन्दीजन अजयगढ़-निवासी, 1911 वि.; ग्रि., अजयगढ़ के राजा गुमानसिंह के दरबारी कवि; कि. गुमानसिंह का शासनकाल 1822-35 वि.।

[439]

प्रियदास स्वामी

स., बृन्दावनवासा, 1819 वि.; ग्रि., 1712 ई. में उपस्थित।

[440]

पुरुषोत्तम कवि

स., बन्दीजन, बुंदेलखंडी, 1730 वि.; ग्रि. 1650 ई. में उपस्थित; कि. 1730 वि.।

[441]

प्रह्लाद कवि

स., 1701 वि.; कि., 1661 वि. के आसपास 'बैताल-पचीसी' नामक ग्रंथ अकबर के राज्यकाल (1613-62 वि.) में लिखा।

[442]

पंडित प्रवीण ठाकुरप्रसाद

स., पयासी मिश्र, अवधवाले, 1924 वि.।

[443]

पतिराम कवि

स., 1701 वि.।

[444]

पृथ्वीराज कवि

स., 1624 वि.।

[445]

परबत कवि

स., 1624 वि.; कि., जन्मकाल 1684 वि. और रचनाकाल 1710 वि.।

[446]

परशुराम कवि

[447]

परशुराम 2

स., ब्रजवासी, 1660 वि.; कि., विप्रमती का रचनाकाल 1677 वि.।

[448]

पुंडरीक कवि

सं., बुंदेलखंडी, 1769 वि.।

[449]

पद्मेश कवि

स., 1803 वि.।

[450]

पुषी कवि

स., ब्राह्मण, मैनपुरी के समीप के निवासी, 1803 वि.।

[451]

पद्मनाभजी

स. ब्रजवासी, कृष्णदास पयअहारी, गलताजी के शिष्य, 1560 ई.; ग्रि., 1575 ई. में उपस्थित।

[452]

पारस कवि

[453]

प्रेमकवि

[454]

पुरान कवि

[455]

परवाने कवि

[456]

पुष्कर कवि

स.. रसरत्न।

[457]

पराग कवि

स., बनारसी, 1883 वि., तीनों कांड अमरकोश; ग्रि., 1829 ई. के आसपास उपस्थित।

[458]

पहलाद

स., बन्दीजन, चरखारीवाले; ग्रि. 1810 ई. में उपस्थित, चरखारी के राजा जगतसिंह के दरबारी कवि थे; कि., रचनाकाल 1788–1815 वि.।

[459]

पंचम कवि

स. बन्दीजन, डालमऊ, जिले रायबरेली, 1924 वि.।

[460]

प्रेमनाथ

स., ब्राह्मण, कलुवा, जिला खीरी के, 1835 वि.।

[461]

प्रेमपरोहित कवि

[462]

पूथपूरनचन्द

स., रामरहस्यरामायण।

[463]

पुण्ड कवि

स., उज्जैन के निवासी, 770 वि.।

[464]

फेरन कवि

[465]

फुलचन्द कवि

[466]

फुलचन्द

स., ब्राह्मण, बैसवारेवाले, 1928 वि.; ग्रि., जन्म (? उपस्थिति) 1877 ई.; कि., 1930 वि. में 'अनिरुद्ध स्वयंवर' नामक ग्रंथ लिखा।

[467]

फालका राव

स., अनोबा, मरहरा, ग्वालियर-निवासी, 1901 वि., कविप्रिया का तिलक।

[468]

फैजीशेख

स., अबुल फैज, नागौरी, शेख मुबारक के पुत्र, 1580 वि.; ग्रि. 1147 ई.।

[469]

फहीम

स., शेख अबुल फजल फैजी के कनिष्ठ सहोदर, 1580 वि.; ग्रि., 1550 ई.।

[470]

ब्रह्म कवि

स., राजा बीरबर, ब्राह्मण, अन्तरबेदवाले, 1585 वि.।

[471]

बुद्धराव

स., रावबुद्ध, हाड़ा, बूँदीवाले, 1755 वि.; ग्रि. 1710-1740 ई. में उपस्थित; कि., जन्म 1742 वि. देहावसान 1796 वि.।

[472]

बलदेव कवि

स., बघेलखंडी, 1809 वि. सतकविगिराविलास, इसमें 17 कवियों की रचनाएँ संकलित।

[473]

बलदेव कवि

सर, चरखारीवाले, 1896 वि.; ग्रि., 1820 ई. में उपस्थित; कि., चरखारीवाले बलदेव जयसिंह (शासनकाल 1917-37) के दरबारी कवि।

[474]

बलदेव क्षत्रि

स., अवध के निवासी, 1911 वि.।

[475]

बलदेव कवि

स., प्राचीन 4, 1704 वि.।

[476]

बलदेव कवि 5

स., अवस्थी, दासापुर, जिला सीतापुर, शृंगारसुधाकर; ग्रि., 1883 ई. में जीवित; कि., शृंगार सुधाकर की रचना 1930 वि. में।

[477]

बलदेवदास कवि 6

स., जौहरी, हाथरसवाले, 1903 वि.; कि., विचित्र रामायण की रचना की।

[478]

बिजय

स., राजा बिजय बहादुर, बुंदेला, टेहरीवाले, 1878 वि.।

[479]

बिक्रम

स., राजा बिजय बहादुर, बुंदेला, चरखारीवाले, 1880 वि., बिक्रम विरुदावली, बिक्रम-सतसई।

[480]

बेनी कवि

स., प्राचीन, असनी जिला, फतेपुरवाले, 1690 वि., नायिकाभेद; कि., 1817 वि. में 'रसमय' नामक नायिकाभेद का ग्रंथ रचा।

[481]

बेनी कवि 2

स., बन्दीजन, वेंती, जिला रायबरेली के निवासी, 1874 वि.।

[482]

बेनीप्रवीन 3

स., वाजपेयी, लखनऊ के निवासी, 1871 वि., नायिकाभेद; कि., जन्म 1819 ई.; कि., बेनी प्रवीण के नायिकाभेद के ग्रंथ 'नवरसतरंग' का रचनाकाल 1874 वि.।

[483]

बेनीप्रगट 4

स., ब्राह्मण, कबिन्दकवि, नरवलनिवासी, के पुत्र, 1880 वि.।

[484]

बीर कवि

स., दाऊदादा बाजपेयी, मंडिलानिवासी, 1891 वि., प्रेमदीपिका; ग्रि., 1820 ई. में उपस्थित।

[485]

बीर 2

स., बीरवर कायस्थ, दिल्ली निवासी, 1777 वि., कृष्णचन्द्रिका।

[486]

बलिभद्र

स. सनाढ्य, टेहरीवाले, केशवदास कवि के भाई, 1642 वि., भागवतपुराण टीका, नखशिख।

[487]

ब्यासजी कवि

स., 1685 वि.; कि., 1628 ई. अशुद्ध है, ब्यासजी कवि, प्रसिद्ध हरीराम ब्यास (ग्रियर्सन, 54) हैं।

[488]

ब्यास स्वामी

स., हरीराम शुक्ल, उड़छावाले, 1590 वि.।

[489]

बल्लभरसिक कवि

स., 1681 वि.; कि., बल्लभ कवि बल्लभरसिक से भिन्न हैं।

[490]

बल्लभ कवि 2

स., 1689 वि.।

[491]

बल्लभाचार्य 3

स., ब्रजवासी, गोकुलस्थ, 1601 वि.; ग्रि., जन्म 1478 ई.।

[492]

बिट्ठलनाथ

स., गोकुलस्थ, गोस्वामी बल्लभाचार्य के पुत्र, 1624 वि.; ग्रि., 1550 ई. में उपस्थित; कि., जन्म 1572 वि., मृत्यु 1642 वि.।

[493]

बिपुलबिट्ठल

स., गोकुलस्थ, श्रीस्वामी हरिदास के शिष्य, 1580 वि.।

[494]

बीठल कवि

[495]

बलि कवि

[496]

बलरामदास ब्रजवासी

[497]

बंशीधर

[498]

बंशीधर मिश्र

स., संदीलेवाले, 1672 वि.।

[499]

विष्णुदास

[500]

विष्णुदास

[501]

बंशीधर कवि

[502]

ब्रजेश कवि

स., बुंदेलखंडी।

[503]

ब्रजचन्द कवि

स., 1760 वि.।

[504]

ब्रजनाथ कवि

स., 1780 वि., रागमाला।

[505]

ब्रजमोहन कवि

[506]

ब्रज

स., लाला गोकुलप्रसाद कायस्थ, बलिरामपुरी, दिग्विजय-भूषण, अष्टयाम, चित्रकलाधर, दूतीदर्पण।

[507]

ब्रजवासीदास कवि

स., 'प्रबोधचंद्रोदय' नाटक।

[508]

ब्रजवासीदास

स., प्राचीन, 1755 वि.।

[509]

ब्रजलाल कवि

[510]

ब्रजवासीदास 2

स., वृन्दावन-निवासी, 1810 वि., ब्रजविलास।

[511]

ब्रजराज कवि

स., बुंदेलखंडी, 1775 वि.।

[512]

ब्रजपति कवि

स., 1680 वि.।

[513]

विजयाभिनन्दन

स., बुंदेलखंडी, 1740 वि., ग्रि., 1650 ई. में उपस्थित; कि., 1740 वि.।

[514]

बंशरूप कवि

स., बनारसी, 1901 वि.।

[515]

बंशगोपाल कवि

स., बन्दीजन।

[516]

बोधा कवि

स., 1804 वि.।

[517]

बोध कवि

स., बुंदेलखंडी, 1855 वि.।

[518]

बलभद्र

स., कायस्थ, पन्ना-निवासी, 1901 वि.।

[519]

बिश्वनाथ कवि 1

स., 1901 वि.।

[520]

बिश्वनाथ 2

स., बन्दीजन, टिकई, जिला रायबरेली; ग्रि., 1883 ई. में जीवित।

[521]

बिश्वनाथ 3

स., महाराज बिश्वनाथसिंह बघेले, बांधवनरेश, 1891 वि., कबीर के बीजक और विनय-पत्रिका के तिलक तथा रामचन्द्र की सवारी।

[522]

बिश्वनाथ अताई 4

स., बघेलखंडनिवासी, 1787 वि.।

[523]

बिश्वनाथ कवि 5

स., प्राचीन, 1655 वि.।

[524]

बिहारीलाल चौबे

स., ब्रजवासी, 1602 वि.; ग्रि., 1650 ई. में उपस्थित।

[525]

बिहारी कवि 2

स., 1738 वि.।

[526]

बिहारी कवि 3

स., बुंदेलखंडी, 1786 वि.।

[527]

बिहारीदास कवि 4

स., ब्रजवासी, 1670 वि.।

[528]

बालकृष्ण त्रिपाठी

स., बलभद्र जू के पुत्र और काशिनाथ कवि के भाई,
1788 वि., रसचन्द्रिका;
ग्रि., 1600 ई. में उपस्थित।

[529]

बालकृष्ण कवि

[530]

बोधीराम कवि

[531]

बुधसेन कवि

[532]

बिन्दादत्त कवि

[533]

बन्दन कवि

[534]

बंदन पाठक

स., काशीवासी, मानसशंकावली; ग्रि., 1883 ई. में जीवित।

[535]

बृन्दावन कवि

[536]

बिशेश्वर कवि

[537]

बिदुष कवि

[538]

बारन कवि

स., भोपालवाले, 1740 वि., रसिकविलास; कि., रसिकविलास की रचना 1737 वि. में और एक अन्य ग्रंथ-रत्नाकर की 1712 वि.।

[539]

बृन्दा कवि

[540]

बजीदा कवि

स., 1708 वि.; कि., दादूजी के शिष्य।

[541]

बुधराम कवि

स., 1722 वि.।

[542]

बलिजू कवि

स., 1722 वि.।

[543]

बनवारी कवि

स., 1722 वि.।

[544]

बिश्वंभर कवि

[545]

बैताल कवि

स., बन्दीजन, 1734 वि.।

[546]

बचू कवि

स., 1780 वि.।

[547]

बजरंग कवि

[548]

बकसी कवि

[549]

बाजेश कवि

स., बुंदेलखंडी, 1831 वि.।

[550]

बालनदास कवि

स., 1850 वि., रमलभाषा।

[551]

बृन्दावन दास 2

स., ब्रजवासी, 1670 वि.।

[552]

विद्यादास

स., ब्रजवासी, 1650 वि.।

[553]

बारक कवि

स., 1655 वि.।

[554]

बनमालीदास गोसाईं

स., 1716 वि.; ग्रि., वेदान्त-सम्बन्धी दोहे प्रसिद्ध हैं; कि., दारा के मुंशी, दारा और औरंगजेब में उत्तराधिकार के लिए 1715 वि. में युद्ध हुआ था।

[555]

बंशीधर वाजपेयी

स., चिन्ताखेरा, जिला रायबरेली, 1901 वि.।

[556]

बंशीधर कवि

स., बनारसी, गणेश बन्दीजन कवीन्द्र के पुत्र, 1901 वि., साहित्य बंशीधर, भाषा राजनीति, विदुरप्रजागर, मित्रमनोहर; कि., 1907 वि. में 'साहित्य-तरंगिणी' नामक ग्रंथ लिखा।

[557]

बंश गोपाल

स., बन्दीजन, जालवननिवासी, 1902 वि.।

[558]

बृन्दावन

स., ब्राह्मण, सेमरौता, जिला रायबरेली; ग्रि., 1883 ई. में जीवित।

[559]

बुधसिंह

स., पंजाबी, माधवानल की कथा।

[560]

बाबूभट्ट कवि

[561]

ब्रह्म

स., श्रीराजा बीरबर।

[562]

बिद्यानाथ कवि

स., अन्तरबेदवाले, 1730 वि.।

[563]

बैन कवि

[564]

बिजयसिंह

स., उदयपुर के राना, 1787 वि., विजयविलास।

[565]

बरबै सीता कवि

स., राठौर, कन्नौज के राजा, 1249 वि.।

[566]

बारदर बेणा कवि

स., बन्दीजन, राठौरों का प्राचीन कवि, 1142 वि.।

[567]

बेनीदास कवि

स., बन्दीजन, मेवाड़-देश के निवासी, 1892 वि.; ग्रि., मेवाड़ के इतिहास-लेखकों में थे।

[568]

बाबेराय कवि

स. बन्दीजन, डलमऊवाले, 1842 वि.।

[569]

भूषण त्रिपाठी

स., टिकमापुर, जिला कानपुर, 1738 वि., शिवराजभूषण, भूषणहजारा, भूषण-उल्लास, दूषण-उल्लास।

[570]

भगवतरसिक

स. वृन्दावन-निवासी, माधवदासजी के पुत्र, हरिदासजी के शिष्य, कि., 1730-50 वि.।

[571]

भगवन्तराय कवि

स., सातों कांड रामायण कवित्तों में; ग्रि., 1750 ई. में उपस्थित; कि. भगवन्त राय खीचीं और भगवन्त कवि एक ही कवि, भगवन्त कवि इनसे भिन्न हैं।

[572]

भगवन्त कवि

[573]

भगवान कवि

[574]

भगवतीदास

स., ब्राह्मण, 1682 वि., नासिकेतोपाख्यान, भर्तृहरिशतक कवित्तों में।

[575]

भगवानदास निरंजनी

[576]

भगवानहित रामराय

[577]

भगवानदास

स., मथुरानिवासी 1590 वि.;

[578]

भोज कवि

स., प्राचीन, 1872 वि.।

[579]

भोज कवि मिश्र

स., प्राचीन, 1781 वि., मिश्रश्रृंगार; ग्रि., 1720 ई. में उपस्थित।

[580]

भोज कवि 3

स., बिहारीलाल बन्दीजन, चरखारी वाले, 1901 वि., भोजभूषण, रसविलास।

[581]

भौन कवि

स., प्राचीन, बुंदेलखंडी, 1760 वि.।

[582]

भौन कवि 2

स., नरहरिबंशी, बन्दीजन, बेती, जिला रायबरेली, 1881 वि., श्रृंगार-रत्नाकर।

[583]

भावन कवि

स., भवानीप्रसाद पाठक, मौरावाँ, जिला उन्नाव, 1891 वि., काव्यशिरोमणि, काव्य-कल्पद्रुम।

[584]

भीषम कवि

[585]

भीषमदास

[586]

भंजन कवि

स., 1831 वि.।

[587]

भूमिदेव कवि

स., 1911 वि.।

[588]

भवानीदास कवि

स., 1902 वि.।

[589]

भानदास कवि

स., बन्दीजन, चरखारी वाले, 1855 वि., रूपविलास।

[590]

भूधर कवि

स., काशीवासी, 1700 वि.।

[591]

भूसुर कवि

स., 1911 वि.।

[592]

भोलासिंह कवि

स., पन्ना, बुंदेलखंडी, 1896 वि.।

[593]

भूपति कवि

स., राजा गुरुदत्तसिंह, बंधलगोती, अमेठी, 1803 वि.।

[594]

भृंगकवि

स., 1708 वि.; कि., भंग नामक कोई कवि नहीं हुआ।

[595]

भरमी कवि

स. 1708 वि.।

[596]

भीषम कवि 2

स., 1708 वि.।

[597]

भूपनारायण

स., बन्दीजन, काकूपुर, जिला कानपुर, 1859 वि.; ग्रि., शिवराजपुर के चन्देल क्षत्रिय राजाओं की पद्यबद्ध वंशावली लिखी है।

[598]

भोलानाथ

स., ब्राह्मण, कन्नौजनिवासी, वैतालपच्चीसी।

[599]

भूधर कवि

स., असोथरवाले, 1803 वि.; ग्रि., 1750 ई. के आसपास उपस्थित, असोथर, फतहपुर के भगवन्तराय खींची (मृत्यु 1760 ई.) के दरबार में थे; कि., रचनाकाल 1817-63 वि., ग्रंथ का नाम- 'रामकूटबिस्तार'।

[600]

मानदास कवि 2

स., ब्रजवासी, 1680 वि., वाल्मीकि रामायण, हनुमान नाटक।

[601]

मान कवि 1

[602]

मान कवि 2

स., ब्राह्मण, बैसवारे के, 1818 वि., कृष्णकल्लोल।

[603]

मोहनभट्ट

स., बाँदानिवासी, कवि पद्माकर के पिता, 1803 वि.; ग्रि., 1800 ई. के आसपास उपस्थित; कि., जन्म 1743 वि., 1840 वि. के लगभग जयपुर गए थे।

[604]

मोहन कवि 2

स., 1875 वि.।

[605]

मोहन कवि 3

स., 1715 वि.।

[606]

मुकुन्दलाल कवि

स., बनारसी, रघुनाथ कवीश्वर के गुरु के शिष्य, 1803 वि.।

[607]

मुकुन्दसिंह

स., हाड़ा महाराज, कोटा, 1635 वि.; कि., जन्मकाल 1625 ई., रचनाकाल—1658 ई. के आसपास।

[608]

मुकुन्द कवि

स., प्राचीन 1705, वि.; कि. मुकुन्द ने रहीम की प्रशस्ति लिखी है, अतः यह सं. 1684 वि. के आसपास उपस्थित थे।

[609]

माखन कवि

स., 1870 वि.।

[610]

माखन

स., लखेरा, पन्नावाले, 1911 वि.; कि., कवि का नाम माखन है, लखेरा स्थान सूचक है।

[611]

मनसा कवि

[612]

मनसाराम कवि

स., नायिकाभेद।

[613]

मून

स., ब्राह्मण, असोथर, गाजीपुर के निवासी, 1860 वि., राम-रावण का युद्ध।

[614]

मणिदेव

स., बन्दीजन, बनारसी, 1896 वि., ग्रि., 1820 ई. के आसपास उपस्थित।

[615]

मकरन्द कवि

[616]

मकरन्द राय

स., बन्दीजन, पुवाँवाँ, जिला शाहजहाँपुर, 1880 वि.; कि., सं. 1821 वि. में 'हंसाभरण' नामक ग्रंथ की रचना।

[617]

मंचित कवि

स., 1785 वि.।

[618]

मुबारक

स., सय्यद मुबारक अली बिलग्रामी, 1640 वि.; कि., मुबारक नाम से प्रसिद्ध।

[619]

मातादीन शुक्ल

स., अजगरा, जिला परतापगढ़; ग्रि., 1883 ई. में जीवित, 'ज्ञान-दोहावली' नाम से इनके कुछ छन्द साहिबप्रसादसिंह के 'भाषा-सार' में।

[620]

मानिकदास कवि

स., मथुरानिवासी, मानिकबोध।

[621]

मुरारिदास

स., ब्रजवासी।

[622]

मन्य कवि

[623]

मननिधि कवि

[624]

मणिकंठ कवि

[625]

मोतीलाल कवि

ग्रि., बाँसी-राज्यवासी, जन्म 1533 ई.; कि., नौबस्ता, नागनगर परगना, जिला इलाहाबाद-निवासी, सं. 1862 वि. के पूर्व विद्यमान।

[626]

मुरली कवि

[627]

मोतीराम कवि

स., 1740 वि.; ग्रि., माधोनल की आख्यायिका का ब्रजभाषा में अनुवाद करनेवाले।

[628]

मनसुख कवि

स., 1740 वि.।

[629]

मिश्र कवि

स., 1740 वि.।

[630]

मुरलीधर कवि

स., 1740 वि.; कि., श्रीधर इनसे भिन्न नहीं, 1769 वि. में 'जगनामा' की रचना की थी।

[631]

मलुकदास

स., ब्राह्मण, कड़ामनिपुर, 1685 वि.; कि., ब्राह्मण नहीं, खत्री, ज. 1631 वि., मृ. 1739 वि.।

[632]

मीररुस्तम कवि

स., 1735 वि.।

[633]

महम्मद कवि

स., 1735 वि.; ग्रि., जन्म 1704 ई.।

[634]

मीरीमाधव कवि

स., 1735 वि.।

[635]

मदनकिशोर कवि

स., 1807 वि.।

[636]

मखजातक

स., वाजपेयी जालियाप्रसाद, तारगाँव, जिला उन्नाव।

[637]

महाराज कवि

[638]

मुरलीधर कवि

[639]

मोतीलाल कवि 2

स., बाँसी-राज्य के निवासी, 1597 वि., गणेश-पुराण-भाषा।

[640]

महेशदत्त

स., ब्राह्मण, धनौली, बाराबंकी; ग्रि., 1883 ई. में जीवित, 'काव्यसंग्रह'।

[641]

मनभावन

स., ब्राह्मण, मुंडिया, जिला शाहजहाँपुर, 1830 वि., श्रृंगार-रत्नावली।

[642]

मनियार सिंह

स., क्षत्रिय, काशीनिवासी, 1861 वि., हनुमत् छब्बीसी, भाषा सौन्दर्य-लहरी; कि., सं. 1849 वि. में 'महिम्नकवित्त' की रचना।

[643]

मधसूदन कवि

स., 1691 वि.; कि., 'अस्तित्वहीन'।

[644]

मधसूदन दास

स., माथुर ब्राह्मण, इष्टकापुरी के, 1839 वि., रामाश्वमेध।

[645]

मनीराम कवि

स., मिश्र, कन्नौजवाले, 1839 वि., छंदछप्पनी।

[646]

मनोराय कवि

[647]

मदनगोपाल शुक्ल

स., फतूहाबादवाले, 1876 वि., अर्जुनविलास, वैद्यरत्न।

[648]

मदनगोपाल 2

[649]

मदनगोपाल कवि 3

स., चरखारीवाले।

[650]

मदनमोहन कवि

स., चरखारीवाले, बुंदेलखंडी 3, 1882 वि.; ग्रि., जन्म 1823 ई.।

[651]

मनोहर कवि

स., राजा मनोहरदास कछवाहा, 1592 वि.; ग्रि., 1577 ई. में उपस्थित।

[652]

मनोहर 2

स., काशीराम, रिसालदार, भरतपुरवाले, मनोहरशतक।

[653]

मनोहर कवि 3

स., 1780 वि.।

[654]

माधवानन्द भारती

स., काशीस्थ, 1902 वि., शंकरदिग्विजय-भाषा; कि., सं. 1926 वि. में कैलाश-मार्ग की रचना।

[655]

महेश कवि

स., 1860 वि.।

[656]

मदनमोहन

स., 1692 वि.; कि., सम्भवत: सूरदास मदनमोहन, अत: 1635 ई. (1692 वि.) जन्मकाल नहीं, अधिक-से-अधिक अन्तिम जीवनकाल हो सकता है।

[657]

मंगद कवि

[658]

माधवदास

स., ब्राह्मण, 1580 वि.; कि. 1523 ई. उपस्थिति-काल।

[659]

महाकवि

स., 1780 वि.।

[660]

महताब कवि

स., नखशिख।

[661]

मीरन कवि

[662]

मल्ल कवि

स., 1803 वि.; ग्रि., असोथर, जिला फतहपुर के, 1750 ई. के आसपास उपस्थित।

[663]

मानिकचन्द्र कवि

स., 1608 वि.।

[664]

मानिकचन्द

स., कायस्थ, 1930 वि.।

[665]

मुनिलाल कवि

[666]

मतिराम त्रिपाठी

स., टिकमापुर, जिला कानपुर, 1738 वि., ललितललाम, छन्दसारपिंगल, रसराज।

[667]

मंडन कवि

स., जैतपुर, बुन्देलखंडी, 1716 वि., रसरत्नावली, रसविलास, नयनपचासा; कि., सं. 1682 वि. के आसपास उपस्थित।

[668]

मेधा कवि

[669]

महबूब कवि

स., 1867 वि., चित्रभूषण।

[670]

महानन्द वाजपेयी

स., बैसवारे के, 1901 वि., बृहच्छिवपुराण-भाषा।

[671]

मीराबाई

स., 1475 वि.।

[672]

मनीराम मिश्र

स., साढ़, जिला कानपुर, 1896 वि.।

[673]

मान कवि

स., बन्दीजन, चरखारीवाले; ग्रि., 1820 ई. में उपस्थित; कि., ये मानकवि खुमान और ज्ञानरस के मान से भिन्न नहीं।

[674]

मधुनाथ कवि

स., 1780 वि.।

[675]

मानराय

स., बन्दीजन, असनीवाले, 1580 वि.।

[676]

मीतूदास

स., गौतम, हरधौरपुर, जिला फतेपुर, 1901 वि.; ग्रि., वेदान्त-सम्बन्धी ग्रंथ।

[677]

मदनकिशोर कवि

स., 1708 वि.।

[678]

मीरामदनायक

स., मीर अहमद बिलग्रामी, 1800 वि.।

[679]

मलिक मोहम्मद जायसी

स., 1680 वि.; ग्रि., 1540 ई. में उपस्थित; कि., 1600 वि. के कुछ पूर्व।

[680]

मलिन्द

स., मिहींलाल बन्दीजन, डलमऊवाले, 1902 वि.।

[681]

मुसाहेब

स., राजा बिजाउर, विनयपत्रिका, रसराज-टीका।

[682]

मनोहरदास निरंजनी

[683]

मातादीन मिश्र

स., सरायमीरा, कवित्तरत्नाकर।

[684]

मूकजी कवि

स., बन्दीजन, राजपुतानेवाले, 1750 वि.।

[685]

मानसिंह

स., महाराजा कछवाहा, आमेरवाले, 1592 वि., मानचरित्र।

[686]

रामकवि

स., रामबख्श, रससागर।

[687]

रामसिंह कवि

स., बुंदेलखंडी, 1834 वि.।

[688]

रामजी कवि

स., 1692 वि.।

[689]

रामदास कवि

स., 1839 वि.।

[690]

रामसहाय

स., कायस्थ, बनारसी, 1901 वि., वृत्ततरंगिनी; ग्रि., 1820 ई. के आसपास उपस्थित।

[691]

रामदीन त्रिपाठी

स., टिकमापुर, जिला कानपुर, 1901 वि.।

[692]

रामदीन

स., बन्दीजन, अलीगंजवाले, 1890 वि.।

[693]

रामलाल कवि

[694]

रामनाथ प्रधान

स., अवध-निवासी, 1902 वि., रामकलेवा।

[695]

रामदेव सिंह

स., सूर्यवंशी क्षत्रिय, खंडासावाले।

[696]

रामनारायण

स., कायस्थ, मुंशी महाराजा मानसिंह; ग्रि., 1883 ई. में जीवित।

[697]

रामकृष्ण चौबे

स., कालिंजर-निवासी, 1886 वि. विनयपचीसी।

[698]

रामसखे कवि

स. ब्राह्मण, नृत्यराघवनमिलन।

[699]

रामकिशुन कवि

ग्रि. रामकिशुन चौबे, कालिंजर, जिला बाँदा के, जन्म 1829 ई., विनयपचीसी नामक शांतरस के ग्रंथ के रचयिता; कि., रचनाकाल—स., 1817-60 वि.।

[700]

रामदया कवि

स., रागमाला।

[701]

रामराई राठौर

स., राजा खेत्रपाल के पुत्र।

[702]

रामचरण

स. ब्राह्मण, गणेशपुर, जिला बाराबंकी।

[703]

रामदास बाबा

स., सूरजी के पिता, 1788 वि.; ग्रि., 1550 ई. में उपस्थित; कि., सूर के पिता से भिन्न।

[704]

रघुराई कवि

स., बुंदेलखंडी भाट, 1790 वि., यमुनाशतक।

[705]

रघुराई कवि 2

स., 1830 वि.।

[706]

रघुलाल कवि

[707]

रघुराज कवि

स., श्री बांधवनरेश बवेले, राजा रघुराजसिंह बहादुर, आनन्दाम्बुनिधि, सुन्दरशतक, रसिकमोहन, जगमोहन, काव्यकलाधर, इश्क-महोत्सव, सतसई की टीका; ग्रि.; जन्म 1824 ई., सिंहासनारोहणकाल 1834 ई., 1883 ई. में जीवित; कि., जन्मकाल 1880 वि., सिंहासनारोहणकाल 1911 वि., मृत्युकाल 1936 वि.।

[708]

रघुनाथ कवि

स., अरसेला, बन्दीजन, बनारसी, 1802 वि.।

[709]

रघुनाथ 2

स., पंडित शिवदीन ब्राह्मण, रसूलावादी, भाषामहिम्न।

[710]

रघुनाथ प्राचीन

स., 1710 वि.।

[711]

रघुनाथराय कवि

स., 1635 वि.।

[712]

रघुनाथदास महंत

स., अयोध्यावासी; ग्रि., 1883 ई. में जीवित।

[713]

रघुनाथ उपाध्याय

स., जौनपुर-निवासी, 1921 वि., निर्णयमंजरी; ग्रि., जन्म 1844 ई.।

[714]

रसराज कवि

स., 1780 ग्रि., नखशिख।

[715]

रसखान कवि

स., सय्यद इब्राहीम, पिहाँनीवाले, 1630 वि.।

[716]

रसाल कवि

स., अंगनलाल, बन्दीजन, बिलग्रामी, 1880 वि., बरवै अलंकार।

[717]

रसिक दास

स., ब्रजवासी।

[718]

रसिया कवि

स., नजीब खाँ, सभासद, महाराज पटियाला।

[719]

रसिकशिरोमणि कवि

स., 1715 वि., ग्रि.; जन्म 1648 ई.; कि., गोस्वामी हरिराय का नाम रसिक-शिरोमणि भी, ज. सं. 1647 वि.; मृ. सं. 1772 वि.।

[720]

रसराज कवि

स., 1715 वि.।

[721]

रसरूप कवि

[722]

रसरंग कवि

स., लखनऊवाले, 1901 वि.।

[723]

रसिकलाल कवि

स., बाँदावाले, 1880 वि.।

[724]

रसपुंजदास

स., दादूपंथी, प्रस्तारप्रभाकर, वृत्तविनोद।

[725]

रसलीन कवि

स., सय्यद गुलाम नबी, बिलग्रामी, 1798 वि., रसप्रबोध, पाँच-सौ जिल्द भाषा-काव्य।

[726]

रसलाल कवि

स., बुंदेलखंडी, 1793 वि.।

[727]

ऋषिजू कवि

स., 1872 वि.।

[728]

ऋषिराम मिश्र

स., पट्टीवाले 1901 वि., वंशीकल्पलता; ग्रि., यह अवध के दीवान बालकृष्ण के दरबारी कवि और 'वंशीकल्पलता' नामक ग्रंथ के रचयिता थे; कि., बालकृष्ण अवध के नवाब आसफुद्दौला के दीवान, जिनका शासनकाल 1834-54 वि. है।

[729]

ऋषिनाथ कवि

[730]

रविनाथ कवि

स., बुंदेलखंडी, 1791 वि.।

[731]

रविदत्त कवि

स., 1742 वि.।

[732]

रत्नेश कवि

स., बन्दीजन, बुंदेलखंडी, प्रताप कवि के पिता, 1788 वि.; ग्रि., (?) 1620 ई. में उपस्थित; कि., सं. 1850-80 वि. के आसपास।

[733]

रत्नकुँवरि

स., बाबू शिवप्रसाद सितारेहिन्द की प्रपितामही, बनारसी, 1808 वि., प्रेमरत्न।

[734]

रतन कवि

स., ब्राह्मण, बनारसी, 1905 वि., प्रेमरत्न।

[735]

रतन कवि 1

स., श्रीनगर, बुंदेलखंडवासी, 1798 वि., फत्तेशाहभूषण, फतेहप्रकाश; ग्रि., 1681 ई., कि., रचनाकाल 1817 वि.।

[736]

रतन कवि 2

[737]

रतनपाल कवि

स., 1738 वि.।

[738]

रावराना कवि

स., बन्दीजन, चरखारी के निवासी, 1891 वि.।

[739]

रनछोर कवि

स., 1750 वि.; ग्रि., 1680 ई. में, उपस्थित, 'राजपट्टन' के रचयिता।

[740]

रूप कवि

[741]

रूपनारायण कवि

स., 1705 वि.; ग्रि. शिवसिंह द्वारा बिना किसी विवरण के 'रूप कवि' नाम से उल्लिखित कवि भी सम्भवतः ये ही; कि., रूपनारायण ने बीरबल की प्रशस्ति की है, अतः यह सं. 1645 वि. के आसपास उपस्थित रहे होंगे, रूप कवि से भिन्न।

[742]

रूपसाहि

स., कायस्थ, बागमहल, परनासमीप के निवासी, 1813 वि., रूपविलास; ग्रि., 1800 ई., के आसपास उपस्थित; कि., रूपविलास की रचना, स. 1813 वि. में।

[743]

राजाराम कवि

स., 1680 वि.।

[744]

राजाराम कवि 2

स., 1788 वि.।

[745]

राजा रणधीरसिंह

स., शिरमौर, सिंगरामउवाले, भूषणकौमुदी, काव्यरत्नाकर।

[746]

रज्जब कवि

[747]

राय कवि

[748]

रायजू कवि

[749]

रामचन्द्र कवि

स., नागर, गुजरात-निवासी, गतिगोविन्दादर्श, लीलावती।

[750]

रंगलाल कवि

स., 1705 वि.।

[751]

रामशरण

स., ब्राह्मण, हमीरपुर, जिला इटावावाले, 1832 वि.।

[752]

रामभट्ट

स., फर्रूखाबादी, 1803 वि., शृंगारसौरभ, बरवै नायिका-भेद।

[753]

रामसेवक कवि

स., ध्यानचिन्तामणि।

[754]

रामदत्त कवि

[755]

रामप्रसाद

स., बन्दीजन, बिलग्रामी, 1803 वि.।

[756]

रघुराम

स., गुजराती, अहमदाबादवासी, माधव-विलास।

[757]

रामनाथ मिश्र

स., आजमगढ़वाले।

[758]

रुद्रमणि

स. ब्राह्मण, 1803 वि.।

[759]

रुद्रमणि चौहान

स., 1780 नि.।

[760]

राजा रणजीतसिंह

स., जाँगरे, ईसानगर, जिला खीरी,
हरिवंशपुराण-भाषा।

[761]

रसरूप कवि

स., 1788 वि.।

[762]

राधेलाल

स., कायस्थ, राजगढ़, बुंदेलखंडी, 1911 वि.।

[763]

रसधाम कवि

स. 1825 वि., अलंकारचन्द्रिका।

[764]

रसिकबिहारी

स., 1780 वि.।

[765]

रावरतन राठौर

स., प्रपौत्र, राजा उदयसिंह, रतलामवाले, रायसरावरतन; ग्रि., 1650 ई. में उपस्थित।

[766]

राना राजसिंह

स., राजकुमार भीमपुत्र, 1737 वि. राजविलास।

[767]

रहीम कवि

[768]

रामप्रसाद अगरवाल

स., मीरापुरवाले तुलसीदास के पिता, 1901 वि.।

[769]

लाल कवि

स., प्राचीन, 1738 वि., विष्णुविलास; ग्रि., 1658 ई. में उपस्थित;

कि., 1764 वि. में 'छत्रप्रकाश' की रचना।

[770]

लाल कवि 2

स., बन्दीजन, बनारसी, 1847 वि., आनन्दरस, लालचन्द्रिका (सतसई टीका); ग्रि., 1775 ई. के आसपास उपस्थित।

[771]

लाल कवि 3

स., बिहारीलाल त्रिपाठी, टिकमापुरवाले, 1885 वि.।

[772]

लाल कवि 4

[773]

(लाल कवि) लल्लूलालजी

स., गुजराती, आगरेवाले, 1892 वि., सभा-विलास, माधव-विलास, वार्तिक-राजनाति।

[774]

लालगिरधर

स., बैसवारेवाले, 1807 वि., नायिकाभेद।

[775]

लालमुकुन्द कवि

[776]

लालचन्द कवि

स., 1744 वि.।

[777]

लालनदास

स., ब्राह्मण, डलमऊवाले, 1652 वि.; कि., 1585, 1587 या 1595 वि.।

[778]

लालपाठक कवि

स. रुकुमनगरवाले, 1831 वि., शालिहोत्र।

[779]

लोनेकवि

स., बन्दीजन, बुंदेलखंडी, 1876 वि.।

[780]

लोनेसिंह

स., बाछिल मितौली, जिला खीरीवाले, 1892 वि., भागवत दशमस्कन्ध-भाषा।

[781]

लीलाधर कवि

स., 1615 वि.; ग्रि., 1620 ई. में उपस्थित।

[782]

लक्ष्मणदास कवि

[783]

लक्ष्मण सिंह

स. 1810 वि.।

[784]

लच्छू कवि

स., 1828 वि.।

[785]

लछिराम कवि

स., होलपुर के बन्दीजन; ग्रि., होलपुर जिला बाराबंकी के भाट और कवि, 1883 ई. में जीवित, शिवसिंह 'सरोज के रचयिता' के नाम पर नायिकाभेद का एक ग्रंथ रचा।

[786]

लछिराम कवि 2

[787]

लक्ष्मणशरणदास

कि., इस कवि का अस्तित्व ही नहीं है, 'सरोज' में उद्धृत पद में 'दास सरन लछिमन सुत भूप' का अर्थ है—यह दास लछिमन सुत अर्थात्, बल्लभाचार्य की शरण में है।

[788]

लोधे कवि

स., 1770 वि.; कि., 'सरोज में इस कवि को सं. 1770 में उ. कहा गया है, 'हजारा' में इनकी कविता होने का भी उल्लेख है।

[789]

लोकनाथ कवि

स., 1780 वि.; ग्रि., रागकल्पद्रुम में भी; कि., 'सरोज' में लोकनाथजी को 'सं. 1780 में उ.' कहा गया है, इसी के लगभग मृत्यु।

[790]

लतीफ कवि

स., 1834 वि.; ग्रि., जन्म 1777 ई., शृंगारी कवि।

[791]

लेखराज कवि

स., नन्दकिशोर मिश्र, गंधौली, जिला सीतापुर, रसरत्नाकर, लघुभूषण अलंकार, गङ्गाभूषण।

[792]

लोकनाथ कवि 2

स., बनारसीनाथ भोग।

[793]

ललितराम कवि

[794]

लक्ष्मीनारायण

स., मैथिल, 1580 वि.; ग्रि., 1600 ई. में उपस्थित।

[795]

लक्ष्मण कवि

स., शालिहोत्र; ग्रि., लछुमनकवि, शालिहोत्र नामक ग्रंथ लिखा; कि., रचनाकाल 1900-07 वि. है।

[796]

लाजब कवि

[797]

लोकमणि कवि

ग्रि., शिवसिंह का कहना है कि सूदन ने इनका उल्लेख किया है; कि., समय सम्भवतः सं. 1810 वि. के पूर्व या आसपास।

[798]

लक्ष्मी कवि

ग्रि., शिवसिंह के अनुसार इनका नामोल्लेख सूदन ने किया है; कि., 'अतः लक्ष्मी कवि सं. 1810 वि. के आसपास या उसके कुछ पूर्व उपस्थित थे'।

[799]

लालबिहारी कवि

स., 1730 वि., ग्रि., जन्म 1673 ई.।

[800]

वाहिद कवि

ग्रि., शृंगारी कवि।

[801]

वजहन

ग्रि., शांत-रस के वेदांत-सम्बन्धी दोहों के रचयिता।

[802]

वहाब

स., बारामासा।

[803]

सुखदेव मिश्र

स., कम्पिलावासी, 1728 वि. वृत्तविचार, छंदविचार, फाजिलअलीप्रकाश, अध्यात्मप्रकाश और दशरथराय; ग्रि., कविराज, कम्पिला के, 1700 ई. के आसपास उपस्थित; काव्य-निर्णय, सत्कविगिराविलास, सुन्दरीतिलक।

[804]

सुखदेव मिश्र कवि 2

स., दौलतपुर, जिला रायबरेलीवाले, 1803 वि., रसार्णव; ग्रि., दौलतपुर जिला रायबरेली के, 1740 वि. में उपस्थित; कि., ग्रियर्सन के 160, 335 और 356 संख्यक तीनों सुखदेव एक ही।

[805]

सुखदेव कवि 3

स., अन्तरबेदवाले, 1791 वि.; ग्रि., दोआब के, 1750 ई. में उपस्थित, ये ही सम्भवतः दौलतपुर के सुखदेव मिसर अथवा इसी नाम के कम्पिला के दूसरे कवि भी हैं; कि., ग्रि. के 160, 335, 356 संख्यक सुखदेव एक ही हैं।

[806]

शम्भु कवि

स., राजा शम्भुनाथसिंह सुलंकी, सितारागढ़वाले 1,1738 वि., नायिकाभेद; ग्रि., सितारा के राजा शंभुनाथसिंह सुलंकी, उर्फ शंभुकवि, उर्फ नाथकवि, उर्फ नृपशंभु, 1650 ई. के आसपास उपस्थित, सुन्दरीतिलक, सत्कविगिराविलास, कवियों के आश्रयदाता ही नहीं, स्वयं एक प्रसिद्ध ग्रंथ के रचयिता, यह श्रृंगार-रस में है और इसका नाम 'काव्य निराली' (?), कि., शंभुनाथ सोलंकी क्षत्रिय नहीं, मराठे, 'सरोज' में इस कवि के सम्बन्ध में लिखा है : 'श्रृंगार की इनकी काव्य निराली है। नायिकाभेद का इनका ग्रंथ सर्वोपरि है।' इसी का भ्रष्ट अंग्रेजी अनुवाद ग्रियर्सन ने किया है और इनके काव्य-ग्रंथ का नाम 'काव्य निराली', दूँढ़ निकाला है। इनका 'नखशिख' रत्नाकर जी द्वारा सम्पादित होकर भारतजीवन प्रेस, काशी से प्रकाशित हो चुका है।'

[807]

शम्भुनाथ मिश्र कवि 2

स., 1803 वि., रसकल्लोल, रसतरंगिणी, अलंकारदीपक, ग्रि., असोथर, जिला फतहपुर के, 1750 ई. के आसपास उपस्थित; सत्कविगिराविलास, यह असोथर, फतहपुर के भगवन्तराय खींची (मृत्यु 1760 ई.) के दरबार में थे। रसकल्लोल, रसतरंगिणी और अलंकारदीपक के रचयिता।

[808]

शम्भुनाथ कवि 3

स., बन्दीजन, 1798 वि., रामविलास; ग्रि., कवि और बन्दीजन, 1750 ई. में उपस्थित।

[809]

शम्भुनाथ कवि 4

स., त्रिपाठी, डोंड़ियावाले, 1809 वि., बैतालपचीसी, मुहूर्तचिन्तामणि-भाषा; ग्रि., 1752 ई. में उपस्थित; रागकल्पद्रुम, यह सम्भवतः रामविलास के रचयिता शभुनाथ ही हैं, कि., 1752 ई. (सं. 1809 वि.) बैतालपचीसी ही का रचनाकाल है।

[810]

शम्भुनाथ मिश्र कवि 5

स. बैसवाड़वाले, 1901 वि.; ग्रि., सम्भुनाथ मिसर कवि—बैसवाड़ा के, जन्म 1844 ई., शिवपुराण के चतुर्थ खंड का भाषानुवाद; कि., 1844 ई. (सं. 1901 वि.) में शिव-पुराण चतुर्थ खंड का अनुवाद, इसी कारण यही उनका जन्मकाल भी नहीं हो सकता, यह उपस्थिति-काल है।

[811]

शम्भुप्रसाद कवि

ग्रि., शृंगारी कवि।

[812]

शिव कवि

स., अरसेला, बन्दीजन, देउतहाँ, जिला गोंडा के निवासी, 1796 वि., रसिकविलास, अलंकारभूषण, पिंगल; ग्रि., सिव अरसेला कवि, देउतहाँ जिला गोंडा के भाट और कवि, 1770 ई. के आसपास उपस्थित, रसिकविलास नामक साहित्य-ग्रंथ के रचयिता, अलंकारभूषण और एक पिंगल भी लिखा; कि., इनके पिंगल का नाम 'पिंगल छन्दोबोध' है।

[813]

शिव कवि 2

स., बन्दीजन, बिलग्रामी, 1795 वि., रसनिधि; ग्रि., सिवकवि, बिलग्राम, जिला हरदोई के कवि और भाट, ज. 1739 ई., सुन्दरीतिलक, रसनिधि।

[814]

शिवप्रसाद सितारेहिन्द

स., बनारसी; ग्रि., राजा शिवप्रसाद, सी.एस्.आई., बनारसवाले, जन्म 1823 ई., 1887 ई. में जीवित, वर्णमाला, बालबोध, विद्यांकुर,

वामामनरंजन, हिन्दी व्याकरण, भूगोलहस्तामलक भाग 1, एशिया, छोटा भूगोलहस्तामलक, इतिहासतिमिरनाशक (तीनों भागों में), गुटका, मानवधर्मसार 1, मानवधर्मसार 2, सैंडफर्ड और मर्टन की कहानी, सिक्खों का उदय-अस्त, स्वयंबोध उर्दू, अंग्रेजी अक्षरों के सीखने का उपाय, बच्चों का इनाम, राजा भोज का सपना, वीरसिंह का वृतान्त; उर्दू—सर्फ-व-नह्व-ए उर्दू, जाम-ए-जहाननुमा, मजामीन, कुछ बयान अपनी जुबान का, दिलबहलाव (तीन भागों में), किस्साए सैंडफर्ड-व-मर्टन, दुन्नलन, गुलाब और चमेली का किस्सा, सच्ची बहादुरी, मिक्राबुल काहिलीन, शहादतें कुरानी बर कुतुबेख्वानी, तारीखे कली-सा, फारसी सर्फ-व-नह्व, छोटा जाम-ए-जहाननुमा।

[815]

शिवनाथ कवि

स. बुंदेलखंडी, 1760 वि. रसरंजन; ग्रि., 1660 ई. में उपस्थित, परना (पन्ना) के राजा छत्रसाल (संख्या 197) के पुत्र राजा जगतसिंह बुन्देला के दरबार में थे, रसरंजन नाम का एक काव्यग्रंथ लिखा था, टाड के अनुसार छत्रसाल बुन्देला के जगत नाम का कोई पुत्र नहीं था।

[816]

शिवराम कवि

ग्रि., सिवरामकवि, जन्म 1731 ई.; सूदन शृंगारी कवि; कि., 1731 ई. (सं. 1788 वि.) कवि का प्रारम्भिक रचनाकाल।

[817]

शिवदास कवि

स., 1788 वि.; ग्रि., सिवदास कवि गार्सां द तासी ने (भाग 1, पृ. 474)। इस नाम के एक कवि का उल्लेख किया है, जो जयपुर का निवासी था, जिसका एक ग्रंथ 'शिव चौपाई' है। वार्ड ने अपने 'हिस्ट्री ऑफ द हिन्दूज' (भाग 2, पृ. 481) में इससे एक उद्धरण दिया है। ये एक और भी ग्रंथ के रचयिता, जिसका नाम गार्सां द तासी ने 'पोथी लोक उक्ति रस जुक्ति' दिया है; कि., 'लोक उक्ति रस जुक्ति' का दूसरा नाम 'लोकोक्ति रस-कौमुदी' है, यह लोकोक्तियों में नायिका-भेद है; रचना सं. 1809 वि. में।

[818]

शिवदत्त कवि

ग्रि., ब्राह्मण, बनारसी, जन्म 1854 ई.; सम्भवतः वे ही, जिनका उल्लेख 'शिवसिंह' ने बिना विवरण दिये 'शिवदत्त कवि' नाम से किया है; कि.,

इन्होंने सं. 1926 वि. में उत्पला-रण्य-माहात्म्य और 1923 वि. में ज्ञानप्राप्ति-बारहमासी की रचना की।

[819]

शिवलाल दुबे

स., डौंड़ियाखेरेवाले, 1839 वि.; ग्रि., सिवलाल दूबे डौंड़ियाखेरा, जिला उन्नाव के, जन्म 1782 ई., अनेक ग्रंथों के रचयिता, जिनमें 'नखशिख' और 'षट्ऋतु' (रागकल्पद्रुम) उल्लेख्य।

[820]

शिवराज कवि

ग्रि., सिवराज, जयपुर के।

[821]

शिवदीन कवि

[822]

शिवसिंह

स., प्राचीन 1788 वि.; ग्रि., सिवसिङ्ग, जन्म 1731 ई.; कि., शिवसिंह का रचनाकाल सं. 1850-75 है, 1731 ई. (सं. 1788) के बाद, सम्भवतः 1825 के आसपास इनका जन्म हुआ होगा।

[823]

शिवसिंह सेंगर

स., कांथा, जिला उन्नाव के निवासी, 1878 वि.; ग्रि., जन्म 1821 ई., 'शिवसिंह- सरोज' के रचयिता, बृहच्छिवपुराण का भाषा और उर्दू, दोनों में तथा ब्रह्मोत्तर खंड का केवल भाषा में अनुवाद किया था; कि; 'सरोज' में इन्होंने अपने को 'स. 1878 में उ.' लिखा है। यह 1878 ई. सन् है। इसी वर्ष इनका देहान्त भी हो गया था। यह 45 वर्ष पूर्व 1833 ई. में पैदा हुए थे। बृहच्छिवपुराण का भाषानुवाद इन्होंने नहीं किया था। अनुवाद करनेवाले महानंद वाजपेयी थे, शिवसिंह को सम्पादक कहा जा सकता है।

[824]

शिवनाथ शुक्ल

स., मकरन्दपुरवाले देवकीनन्दन कवि के भाई,1870 वि; ग्रि., सिवनाथ सुकल उपनाम संभोगनाथ, मकरन्दपुर जिला कान्हपुर के, जन्म 1813 ई.; कि. 'शिवनाथ का उपनाम 'नाथ' था, न कि 'संभोगनाथ'। 1813 ई., (सं. 1870 वि.) न तो इनका जन्मकाल है और न इस संवत तक इनके जीवित रहने की ही सम्भावना है। इनका रचनाकाल सं. 1840 वि. के पूर्व होना चाहिए, अतः ग्रियर्सन का समय भ्रांत है।'

[825]

शिवप्रकाश सिंह

स., बाबू डुमराँव के, 1901 वि., रामतत्त्वबोधिनी; ग्रि., सिवपरकाससिंह, डुमराँव जिला शाहाबाद के बाबू, जन्म 1844 ई., तुलसीकृत 'विनयपत्रिका' की 'रामतत्त्वबोधिनी' नामक टीका के रचयिता।

[826]

शिवदीन कवि

स., भिनगा, जिला बहरायचवाले, 1915 वि., कृष्णदत्तभूषण; ग्रि., सिवदीन कवि-भिनगा, जिला बहराइच के, जन्म 1858 ई.। ये भिनगा के राजा कृष्णदत्तसिंह के दरबारी कवि थे और उनके नाम पर एक ग्रंथ 'कृष्णदत्तभूषण' नामक लिखा था; कि., 1858 ई. (सं. 1915 वि.), शिवदीन का उपस्थिति-काल, जन्मकाल नहीं, ये बिलग्रामी थे, इनके लिखे 'कृष्ण-दत्तरासा' में, सं. 1901 के एक युद्ध का वर्णन है।

[827]

शिवप्रसन्न कवि

स. ब्राह्मण, शाकद्वीपी, रामनगर जिला बाराबंकीवाले; ग्रि., 1883 ई. में जीवित।

[828]

शंकर कवि

[829]

शंकर कवि 2

[830]

शंकर कवि 3

स., त्रिपाठी, बिसवाँवाले, 1891 वि., ग्रि. संकरकवि त्रिपाठी, बिसवाँ, जिला सीतापुर के, जन्म 1834 ई., अपने पुत्र कवि सालिक के साथ मिलकर इन्होंने कवित्त छंद में एक रामायण लिखी थी। ये सम्भवतः वे ही शृंगारी शंकर हैं, जिनका उल्लेख शिवसिंह ने बिना तिथि दिये हुए किया है; कि., इस सम्भावना का कोई प्रमाण नहीं है।

[831]

शंकरसिंह कवि 4

स., चंडरा, जिला सीतापुर के तालुकेदार।

[832]

श्रीगोविन्द कवि

स., 1730; ग्रि. जन्म (? उपस्थिति देखिए सं. 145) 1673 ई., ये सितारा के शिवराज सुलंकी के दरबार में थे; कि. 1673 ई. उपस्थिति-काल है, जन्मकाल नहीं।

[833]

श्रीभट्ट कवि

स., 1601 वि.; ग्रि., जन्म 1544 ई.; रागकल्पद्रुम, सम्भवत: नीमादित्य के शिष्य केशवभट्ट ही हैं; कि. श्रीभट्ट और केशवभट्ट एक ही व्यक्ति नहीं हैं, श्रीभट्ट केशवभट्ट के शिष्य हैं। 1544 ई. जन्मकाल नहीं है, उपस्थिति-काल है।

[834]

श्रीपति कवि

स., पयागपुर, जिला बहरायच-निवासी, 1700 वि. काव्यकल्पद्रुम, काव्यसरोज, श्रीपतिसरोज; ग्रि., जन्म 1643 ई., काव्यकल्पतरु, काव्यसरोज, श्रीपतिसरोज; कि., 'श्रीपति कालपी के रहनेवाले थे, श्रीपतिसरोज और काव्यसरोज एक ही ग्रंथ के दो विभिन्न नाम हैं। इस ग्रंथ का रचनाकाल सं. 1777 वि. है, अत: ग्रियर्सन का दिया समय भ्रष्ट है। 'सरोज' में इनके ग्रंथ का नाम 'काव्यकल्पद्रुम' दिया गया है, न कि काव्यकल्पतरु।'

[835]

श्रीधर कवि

स., प्राचीन, 1769, वि.; ग्रि., (?) 1683 ई. में उपस्थित; सुंदरीतिलक; कवि-विनोद नामक पिंगल ग्रंथ के, मुरलीधर के साथ मिलकर, लिखनेवाले; कि. श्रीधर और मुरलीधर एक ही, 1683 ई. उपस्थिति-काल।

[836]

श्रीधर कवि 2

स. राजा सुब्बासिंह चौहान, ओयल जिला खोरावाल, 1874 वि., विद्वन्मोदतरंगिणी।

[837]

श्रीधरमुरलीधर कवि 3

स., कविविनोद।

[838]

श्रीधर कवि 4

स., राजपुतानेवाले, 1680 वि., भवानी छन्द; ग्रि., जन्म 1623 ई.; कि., सं. 1457 में 'रणमल्ल छन्द' की रचना की, सरोज और ग्रियर्सन, दोनों के संवत् अशुद्ध, कवि दो सौ वर्ष और पुराना।

[839]

सन्तन कवि

स., बिन्दुकी, जिला फतेहपुर के ब्राह्मण, 1834 वि.; ग्रि., बिन्दुकी,

जिला फतेहपुर के ब्राह्मण, जन्म 1777 ई., शृंगार-संग्रह; कि., 1777 ई. अशुद्ध, रचनाकाल सं. 1760 वि. के आसपास।

[840]

सन्तन कवि 2

स., ब्राह्मण, जाजमऊ, जिला कानपुर के, 1834 वि.; ग्रि. जाजमऊ, जिला उन्नाव के ब्राह्मण, जन्म 1777 ई.; कि., 1777 ई. अशुद्ध, इनका रचनाकाल भी सं. 1760 वि., दोनों सन्तन समकालीन।

[841]

सन्तबकस

स., बन्दीजन, होलपुरवाले; ग्रि., होलपुर, जिला बाराबंकी के भाट, 1883 ई. में जीवित।

[842]

सन्तकवि

[843]

सन्तदास कवि

स., निवरी, बिमलानन्दवाले, 1680 वि.; ग्रि., ब्रजवासी, 1623 ई. में उपस्थित; रागकल्पद्रुम, 'इनके नाम पर दी हुई सारी कविताएँ सूरदास की कविताओं से शब्दशः मेल खाती हैं।'

[844]

सन्त कवि 2

स., प्राचीन, 1759 वि.; ग्रि., जन्म 1702 ई., शृंगारी कवि; कि., 'सन्त ने रहीम की प्रशंसा की है, अतः यह सं. 1683 वि. के आस-पास उपस्थित थे और 1702 ई. अधिक-से-अधिक इनके जीवन का अन्तिम समय हो सकता है।'

[845]

सुन्दर कवि

स., ब्राह्मण, ग्वालियर-निवासी, 1688 वि.; ग्रि. ग्वालियर के बाह्मण 1631ई. में उपस्थित, काव्यनिर्णय, सुन्दरीतिलक, बादशाह शाहजहाँ के दरबार में थे। प्रमुख ग्रंथ सुन्दर-शृंगार, सिंहासनबत्तीसी (रागकल्पद्रुम) का ब्रजभाषा अनुवाद भी, ज्ञानसमुद्र नामक एक दार्शनिक ग्रंथ भी, गार्साँ द तासी (भाग 1, पुष्ठ 482) के अनुसार 'सुन्दरविद्या' नामक एक और ग्रंथ के भी रचयिता हो सकते हैं; कि., 'सिंहासनबत्तीसी का वह ब्रजभाषानुवाद,जिसका सहारा लल्लूजी लाल ने लिया है, सम्भवतः इन्हीं सुन्दरदास का किया हुआ है। 'ज्ञानसमुद्र' दादू के शिष्य सन्त सुन्दरदास की रचना है। तासी द्वारा उल्लिखित 'सुंदरविद्या' के सम्बन्ध में कुछ कहना सम्भव नहीं।'

[846]

सुन्दर कवि 2

स., दादूजी के शिष्य, मेवाड़ देश के निवासी; ग्रि., 1620 ई. के आसपास उपस्थित, ये दादू के शिष्य थे और 'सुन्दर सांख्य' नामक शांतरस का ग्रंथ लिखा; कि., 'इनका सम्बन्ध जयपुर से है, न कि मेवाड़ से, जयपुर-राज्य के अन्तर्गत धौसा नगरी में इनका जन्म सं. 1653 वि. और मृत्यु स. 1746 वि. में, 'सुदर सांख्य' नाम का इनका कोई ग्रंथ नहीं।'

[847]

सखीसुख

स., ब्राह्मण, नखरिवाले कविंद के पिता, 1807 वि.।

[848]

सुखराम कवि

स., 1901 वि.; ग्रि., चौहत्तरी जिला उन्नाव के बाह्मण, 1883 ई. में जीवित, सम्भवतः वे ही 'सुखराम कवि', जिन्हें शिवसिंह ने शृंगार कवि कहा है और जिन्हें 1844 ई. में उत्पन्न (? उपस्थित) माना है; कि., चौहत्तरी नहीं, चहोत्तर।

[849]

सुखदीन कवि

ग्रि., जन्म 1844 ई., शृंगारी कवि।

[850]

सुखन कवि

स., 1901 वि.; ग्रि., जन्म 1844 ई., शृंगारी कवि।

[851]

सेख कवि

स., 1680 वि.; ग्रि., जन्म 1623 ई. हजारा, सूदन।

[852]

सेवक कवि

स., 1897 वि.; ग्रि. 1840 ई. में उपस्थित।

[853]

सेवक कवि

स., बन्दीजन, बनारसी; ग्रि. 1883 ई. में जीवित; कि., 'सेवक 1883 ई. (सं. 1940 वि.) में जीवित नहीं थे, इनकी मृत्यु दो साल पहले सं. 1938 में ही हो गई थी, दोनों सेवक एक ही हैं।'

[854]

शीतल त्रिपाठी

स., टिकमापुरवाले, लाल कवि के पिता, 1891 वि.; ग्रि., 1840 ई. में उपस्थित।

[855]

शीतलराय

स., बन्दीजन, बौंड़ी, जिला बहरायच, 1894 वि.; ग्रि., जन्म 1837 ई., यह एकौना जिला बहराइच के राजा गुमानसिंह जनवार के दरबार में थे।

[856]

सुलतान पठान

स., नब्बाब सुलतान मोहम्मद खाँ, राजगढ़ भूपालवाले, 1761 वि., सतसई की टीका; ग्रि., जन्म 1704 ई., कवियों के आश्रयदाता, कविचंद ने इनके नाम पर बिहारी की सतसई पर कुंडलिया छंदों में एक टीका लिखी; कि., 1704 ई. उपस्थिति-काल है।

[857]

सुलतान कवि

ग्रि., शृंगारी कवि।

[858]

सहजराम

स. बनिया, पैंतेपुर, जिला सीतापुर, 1861 वि., रामायण सातों कांड, हनुमन्नाटक, रघुवंश भाषा; ग्रि., पैंतेपुर, जिला सीतापुर के बनिया, जन्म 1804 ई., इन्होंने एक रामायण लिखी है, जो रघुवंश और हनुमन्नाटक का अनुवाद है; कि., सहजराम की रामायण का नाम रघुवंशदीपक है, रचनाकाल सं. 1789 वि. है, अतः 1804 ई. (सं. 1861 वि.) इनका जन्मकाल नहीं।

[859]

सहजराम 2

स., सनाका, बँधुवावाले, 1905 वि., प्रहलाद-चरित्र; ग्रि., सहजराम सनाढ्य-बँधुआ के, जन्म 1848 ई., प्रहलाद-चरित्र के रचयिता; कि., सहजराम बनिया से अभिन्न।

[860]

श्यामदास कवि

स., 1755 वि.; ग्रि., जन्म 1698 ई.।

[861]

श्याममनोहर कवि

कि., 'इस कवि का भी अस्तित्व नहीं, 'सरोज' में उद्धृत पद में 'श्याममनोहर' शब्द कृष्ण का सूचक है।'

[862]

श्यामशरण कवि

स., 1753 वि., भाषा-स्वरोदय; ग्रि., जन्म 1696 ई., स्वरोदय (रागकल्पद्रुम) नामक ग्रंथ के रचयिता, कि., 'श्यामशरणजी चरणदास (सं. 1760-1838 वि.) के शिष्य थे, इनका रचनाकाल सं. 1800 वि. के आसपास होना चाहिए, ग्रियर्सन में दिया गया संवत् अशुद्ध है, इनका जन्म सं. 1760 वि. के पश्चात् होना चाहिए।'

[863]

श्यामलाल कवि

स., 1775 वि.; ग्रि., जन्म 1648 ई.; सूदन, सम्भवतः 'हजारा' के 'श्यामकवि' भी ये ही हैं कि., 'सरोज' में इन्हें 'सं. 1775 में उ.' कहा गया है, न कि सं. 1705 वि. में, सं. 1705 वि. में श्यामकवि को 'उ.' कहा गया है। दोनों की अभिन्नता के कोई प्रमाण सुलभ नहीं।'

[864]

सबल श्यामकवि

कि., इनका जन्म सं. 1688 वि. में।

[865]

श्यामकवि

स., 1705 वि.; ग्रि., जहानाबाद के, 1750 ई. के आसपास उपस्थित।

[866]

शोभकवि

ग्रि., शृंगारी कवि; कि., 'इस कवि का अस्तित्व नहीं सिद्ध होता।'

[867]

शोभनाथ कवि

ग्रि., ये प्रसिद्ध सोमनाथ चतुर्वेदी ही हैं, रचनाकाल सं. 1794-1812 वि., इन्हीं का उल्लेख पीछे ससिनाथ नाम से भी।

[868]

शिरोमणि कवि

स., 1703 वि.; ग्रि., जन्म 1646 ई., कि., 'शिरोमणि ने सं. 1680 वि. में 'उर्वशी' नामक कोश-ग्रंथ बनाया था, अतः 1646 ई. से

बहुत पहले इनका जन्म हुआ होगा। यह उनका उपस्थिति-काल है। ये शाहजहाँ (शासनकाल सं. 1685-1715 वि.) के आश्रित थे।'

[869]

सिंह कवि

स., 1835 वि., ग्रि.; जन्म 1778 ई., 'सिंह' नामान्त सम्भवतः कोई अन्य कवि है; कि., कवि का पूरा नाम महासिंह है। इन्होंने सं. 1853 वि. में 'छन्दशृंगार' नामक पिंगलग्रंथ लिखा था। अतः 1778 ई. (सं. 1835 वि.) इनका उपस्थिति-काल है, न कि जन्मकाल।'

[870]

संगम कवि

स., 1840 वि.; ग्रि., जन्म 1783 ई.; कि., संगम का रचनाकाल सं. 1900 वि. के आसपास।

[871]

सम्मन कवि

स., ब्राह्मण, मलावाँ, जिला हरदोई, 1834 वि.; ग्रि., जन्म 1777 ई., नीति-सम्बन्धी प्रसिद्ध दोहों के रचयिता; कि., 'सम्मन का रचनाकाल सं. 1720 वि. है, अतः 1777 ई. (सं. 1834 वि.) इनका जन्मकाल नहीं हो सकता और अशुद्ध है।'

[872]

सवितादत्त बाबू

स., 1803 वि.।

[873]

साधर कवि

सं., 1855 वि.; ग्रि., जन्म 1798 ई.।

[874]

संपति कवि

ग्रि., जन्म 1813 ई.।

[875]

सिरताज कवि

स., बरसानेवाले, 1825 वि.; ग्रि., बरधाना के, जन्म 1768 ई.; कि., बरसाना के, न कि बरधाना के।

[876]

सुमेर कवि

[877]

सुमेरसिंह साहबजादे

ग्रि., सुन्दरीतिलक में भी; कि., 'सूदन ने 'सुमेर' कवि का उल्लेख किया है, न कि सुमेर सिंह साहेबजादे का। सुमेरसिंह साहबजादे भारतेन्दुयुगीन कवि हैं। इनकी रचना सुन्दरीतिलक में है। ये निजामाबाद, जिला आजमगढ़ के रहनेवाले थे और हरिऔधजी को काव्य और साहित्य की प्रेरणा देनेवाले थे।'

[878]

सागर कवि

स., ब्राह्मण, 1843 वि., बामामनरंजन; ग्रि. जन्म 1786 ई. 'बामामनरंजन' नामक शृंगारी ग्रंथ के रचयिता, कि., 'नवाब आसफुद्दौला का शासनकाल सं. 1832-54 वि. है। इन्हीं के मंत्री ठिकैतराय थे। यही समय सागर का भी हुआ। अत: 1786 ई. (सं. 1843 वि.) इनका जन्मकाल नहीं है, उपस्थिति-काल है।'

[879]

सुखलाल कवि

स., 1855 वि.; ग्रि., 1740 ई. में उपस्थित, जुगलकिशोर भट्ट के दरबार में।

[880]

सुजान कवि

ग्रि., शृंगारी कवि; कि. घनानन्द-प्रिया सुजानराय, सं. 1800 के आसपास उपस्थित।

[881]

सबलसिंह कवि

स., 1727 वि.; ग्रि., जन्म 1670 ई., महाभारत के 24000 श्लोकों का संक्षिप्त पद्यबद्ध अनुवाद, षट्ऋतु और भाषा-ऋतुसंहार के रचयिता सबलसिंह कवि भी सम्भवत: ये ही; कि., 'सबलसिंह का रचनाकाल सं. 1712 वि. से 1781 वि. तक है, षट्ऋतु और भाषा-ऋतुसंहार दोनों एक ही ग्रंथ हैं, ग्रियर्सन का दोनों सबल सिंहों के अभिन्न होने का अनुमान ठीक है।'

[882]

शेखर कवि

ग्रि., शृंगारी कवि कि.; इनका पूरा नाम चन्द्रशेखर वाजपेयी, जन्म 1855 वि., मृत्यु. 1932 वि.।

[883]

शशिशेखर कवि

स., 1705 वि.; ग्रि., जन्म 1642 ई.।

[884]

सोमनाथ कवि

स., 1080 वि.; ग्रि., भोग, साँड़ी, जिला हरदोई के, जन्म (? उपस्थिति) 1746 ई.; सूदन; शिवसिंह द्वारा ब्राह्मणनाथ (सं. 443) के प्रसंग में उल्लिखित; कि., इनका विवरण निम्नांकित शब्दों में सरोज में दिया गया है : 'सोमनाथ ब्राह्मण, नाथ उपनाम, साँड़ीवाले। सं. 1803 में उ.। इस एक कवि सोमनाथ से ही ग्रियर्सन ने एक ओर कवि ब्राह्मणनाथ की कल्पना कर ली है। ब्राह्मण के बाद अर्द्ध-विराम है। सोमनाथ जाति के ब्राह्मण हैं और इनका उपनाम नाथ है। ब्राह्मणनाथ (ग्रियर्सन 443) नाम का कोई कवि नहीं हुआ। यह साँड़ी के रहनेवाले थे। साँड़ी के पहले भोग न जाने कहाँ से लग गया। सम्भवत: 'उपनाम' का अर्थ किसी पंडित ने 'भोग' बता दिया होगा अथवा 'सरोज' के दूसरे संस्करण में उपनाम के स्थान पर 'भोग' ही छपा रहा होगा और इसे ग्रियर्सन ने साँड़ी के साथ जोड़ लिया। विनोद के अनुसार (836) सं. 1809 वि. इनका रचनाकाल है, अत: सं. 1803 वि. इनका उपस्थिति-काल है, न कि जन्मकाल।'

[885]

शशिनाथ कवि

ग्रि., ससिनाथ कवि—शृंगारी कवि; कि., प्रसिद्ध सोमनाथ चतुर्वेदी, रचनाकाल सं. 1794-1812 वि.।

[886]

सहीराम कवि

स., 1708 वि.; ग्रि., जन्म 1651 ई.।

[887]

सदानन्द कवि

स., 1680 वि.; ग्रि., जन्म 1623 ई.।

[888]

सकल कवि

स., 1690 वि.; ग्रि., जन्म 1633 ई.।

[889]

सामन्त कवि

स., 1738 वि.; ग्रि., जन्म 1681 ई.; औरंगजेब (1658-1707 वि.) के दरबार में थे; कि., 1681 ई. उपस्थिति-काल।

[890]

सेनकवि

स., नापित बान्धवगढ़ के, 1560 वि.; ग्रि., बान्धववाले, 1400 ई. के आसपास उपस्थित।

[891]

सीताराम दास

स., बनिया, बीरापुर, जिला बाराबंकी; ग्रि., 1883 ई. में जीवित।

[892]

सुकवि कवि

स., 1855 वि.; ग्रि. जन्म 1798 ई., शृंगारी कवि।

[893]

सगुणदास कवि

कि., बल्लभाचार्य के शिष्य, रचनाकाल सं. 1600 वि. के आसपास।

[894]

सुवंश शुक्ल

स., बिगहपुर, जिला उन्नाववाले, 1834 वि. अमरकोश, रसतरंगिणी, रसमंजरी, विद्वन्मोदतरङ्गिणी; ग्रि., बिगहपुर, जिला उन्नाव के, जन्म 1777 ई., कि. : 'सुवंश शुक्ल का रचनाकाल सं. 1861-84 है, 1777 ई. (सं. 1834 वि.) इनका जन्मकाल हो सकता है। रसतरंगिणी का रचनाकाल सं. 1861 वि., अमरकोश का सं. 1862 वि. और रसमंजरी का सं. 1865 वि. है। अमेठी सुलतानपुर जिले में है, न कि फर्रूखाबाद जिले में। साथ ही उमरावसिंह अमेठी के नहीं थे, यह बिसवाँ, जिला सीतापुर के कायस्थ थे।'

[895]

सरदार कवि

स., बन्दीजन, बनारसी, साहित्यसरसी, हनुमत्भूषण, तुलसीभूषण, मानसभूषण, कविप्रिया को तिलक, रसिकप्रिया को तिलक, सतसई को तिलक शृंगारसंग्रह, सूरदास के तीन सौ अस्सी कूटों का संग्रह; ग्रि., 1883 ई. में जीवित; कि., 1883 ई. (सं. 1940 वि.) सरदार का मृत्युकाल।

[896]

सूरदास

स., ब्राह्मण, ब्रजवासी, बाबा रामदास के पुत्र, बल्लभाचार्य के शिष्य, 1640 वि.; ग्रि., ब्रजवासी भाट, 1550 ई. में उपस्थित, परम्परा के अनुसार संवत् 1540 वि. (1483 ई.) में उत्पन्न; कि. : 'सूरदास न तो अकबरी दरबार के गवैये थे और न अकबरी दरबार के गायक रामदास इनके पिता ही थे।'

[897]

सूदन कवि

स., 1810 वि.; ग्रि., जन्म 1753 ई.; कि. : 'सूदन ने सुजानचरित की रचना सं. 1810 वि. के आसपास की थी, अत: यह इनका जन्मकाल नहीं है।'

[898]

सेनापति कवि

स., वृन्दावन-निवासी, 1680 वि., काव्य-कल्पद्रुम; ग्रि., जन्म 1623 ई.; कि. : '1623 ई. (सं. 1680) सेनापति का उपस्थिति-काल है, न कि उत्पत्ति-काल। इनके उपलब्ध ग्रंथ का नाम 'कवित्त रत्नाकर' है। सम्भवत: काव्यकल्पद्रुम भी इसी का एक अन्य नाम है। इसकी रचना सं. 1706 में हुई थी।'

[899]

सूरति मिश्र

स., आगरेवाले, 1766 वि., सतसई की टीका, सरस-रस, नखशिख, रसिकप्रिया का तिलक अलंकारमाला, ग्रि., 1720 ई. में उपस्थित; कि., सूरति मिश्र का रचनाकाल सं. 1766-1800 वि.।

[900]

शारंगधर कवि

स., बन्दीजन, चन्द्रकवीश्वरवंशी, 1330 वि., हम्मीररायसा, हम्मीरकाव्य; ग्रि., रणथंभौर-निवासी, 1363 ई. में उपस्थित, कि. : 'बीसलदेव चन्द के पूर्वज नहीं थे, बीसलदेव के दरबारी कवि चन्द के पूर्वज थे, सारंगधर चन्द के वंशज थे, इसका कोई प्रमाण सुलभ नहीं, सारंगधर के पिता का नाम दामोदर और पितामह का राघवदेव (रघुनाथ नहीं, जैसा कि ग्रियर्सन में कहा गया है) था, जो हम्मीर के दरबारी थे।'

[901]

सदाशिव कवि

स., बन्दीजन, 1734 वि., राजरत्नगढ़; ग्रि., चारण और कवि 1660 ई. में उपस्थित।

[902]

शिवकवि

स., प्राचीन, 1631 वि.; ग्रि., जन्म 1574 ई.; हजारा; सुन्दरीतिलक; कि. : 'इनको सं. 1750 वि. के पूर्व उपस्थित माना जा सकता है। इससे अधिक इनके विषय में कुछ नहीं कहा जा सकता।'

[903]

सुखलाल कवि

स., 1803 वि.; ग्रि., 1740 ई. में उपस्थित।

[904]

सन्तजीव कवि

स., 1803 वि.; ग्रि., 1740 ई. में उपस्थित।

[905]

सुदर्शनसिंह

स., राजकुमार, राजा चन्दापुर, 1930 वि.; ग्रि., चन्दापुर के राजा जन्म (? उपस्थिति) 1873 ई.; कि. : '1873 ई. (सं. 1930 वि.) निश्चय ही कवि का उपस्थिति-काल है; क्योंकि इसके 4 ही वर्ष बाद सरोज की रचना हुई।'

[906]

शंख कवि

ग्रि., 1625 ई. के पहले उपस्थित।

[907]

साहब कवि

ग्रि., 1625 ई. के पहले उपस्थित।

[908]

सुबुद्धि कवि

ग्रि., 1625 ई. के पहले उपस्थित।

[909]

सुन्दर कवि

स., बन्दीजन, असनीवाले, रसप्रबोध; ग्रि., असनी, जिला फतेहपुर के भाट और कवि, रसप्रबोध नामक ग्रंथ के रचयिता।

[910]

सोमनाथ

स., ब्राह्मणनाथ, भोग साँड़ीवाले, 1803 वि.।

[911]

सुखराम

स., ब्राह्मण, चौहत्तरि, जिला उन्नाव के; ग्रि., 1883 ई. में जीवित; सम्भवतः वे ही सुखराम कवि, जिन्हें शिवसिंह ने 1844 ई. में उत्पन्न (? उपस्थित) माना है; कि., चौहत्तरी नहीं, चहोत्तरः, सरोज के दोनों सुखराम एक हो सकते हैं।

[912]

समनेश कवि

स., कायस्थ, रीवाँ, बघेलखंडवासी, 1881 वि., काव्यभूषण; ग्रि., बाँधो के कायस्थ, 1810 ई. में उपस्थित। ये रीवाँ-नरेश महाराज विश्वनाथसिंह के पिता महाराज जयसिंह (सिंहासनारोहण-काल

1809 ई., सिंहासन-परित्याग-काल 1813 ई.) के दरबारी कवि थे, काव्यभूषण नामक ग्रंथ के रचयिता; कि. : 'बख्शी समनसिंह उपनाम समनेश ने सं. 1847 में रसिकविलास और सं. 1879 में पिंगलकाव्यविभूषण की रचना की थी। महाराज जयसिंह ने सं. 1892 (1835 ई.) वि. में सिंहासन-त्याग किया था, न कि 1870 वि. में।'

[913]

शत्रुजीतसिंह

स., बुंदेला, दतिया के राजा, रसराज-टीका; ग्रि., बुंदेलखंड के अन्तर्गत दतिया के बुन्देला राजा, रसराज की टीका के रूप में एक अलंकार-ग्रंथ के रचयिता; कि., रसराज की टीका शत्रुजीतसिंह के दरबारी कवि बखतेस ने सं. 1822 वि. में बनाई थी।

[914]

शिवदत्त

स., ब्राह्मण, काशीस्थ, 1911 वि.; ग्रि., जन्म 1854 ई., शृंगार-संग्रह, सम्भवतः वह भी, जिनका उल्लेख शिवसिंह ने बिना विवरण दिये 'शिवदत्त कवि' नाम से किया है; कि. : '1854 ई. (सं. 1911 वि.) इनका जन्मकाल न होकर, उपस्थिति-काल है। इन्होंने सं. 1926 ई. में उत्पलारण्य-माहात्म्य और 1923 में ज्ञानप्राप्ति-बारहमासी की रचना की थी।'

[915]

श्रीकर कवि

ग्रि., 1625 ई. के पहले उपस्थित।

[916]

सनेही कवि

ग्रि., कवि सूदन द्वारा उल्लिखित, अतः 1753 ई. के पूर्व उपस्थित।

[917]

सूरज कवि

ग्रि., कवि सूदन द्वारा उल्लिखित, अतः 1753 ई. के पूर्व उपस्थित।

[918]

सुखानन्द कवि

स., बन्दीजन, चचेड़ीवाले, 1803 वि.; ग्रि., चचेरी के कवि और भाट, जन्म 1746 ई.।

[919]

सर्वसुख लाल

स., 1791 वि.; ग्रि., जन्म 1734 ई.; सूदन।

[920]

श्रीलाल

स., गुजराती, भाँड़ेर, राजपूतानेवाले, 1850 वि., भाषा–चन्द्रोदय; ग्रि., जन्म 1793 ई., भाषा–चंद्रोदय और अन्य ग्रंथों के रचयिता।

[921]

शंभुनाथ मिश्र

स., गंजमुरादाबादवाले; ग्रि., संभुनाथ मिसर, मुरादाबाद, जिला उन्नाव के; कि., 'सरोज' में इन्हें गंजमुरादाबादवाले कहा गया है। विनोद (1197) के अनुसार इनका रचनाकाल सं. 1867 है।

[922]

समरसिंह

स., क्षत्री, हड़हा, जिला बाराबंकी; ग्रि., 1883 ई. में जीवित, एक रामायण के रचयिता।

[923]

श्यामलाल कवि

स., कोड़ा, जहानाबादवाले, 1804 वि.; ग्रि., 1750 ई. के आसपास उपस्थित; सूदन; (?) यह असोथर, फतेहपुर के भगवंतराय खींची (सं. 333) (मृत्यु 1760 ई.) के दरबार में।

[924]

श्रीहठ कवि

स., 1760 वि.; ग्रि., तुलसी की कविमाला में उद्धृत, अत: 1625 ई. के पहले उपस्थित।

[925]

सिद्धकवि

स. 1785 वि.; ग्रि., तुलसी की कविमाला में उद्धृत, अत: 1625 ई. के पहले उपस्थित।

[926]

शारंग कवि

स., असोथरवाले, 1793 वि.; ग्रि., असोथर, जिला फतेहपुर के, 1750 ई. के आसपास उपस्थित, ये असोथर, फतेहपुर के भगवंतराय खींची (मृत्यु 1760 ई.) के भतीजे भवानी सिंह खींची के दरबार में थे।

[927]

हरिनाथ कवि

स., महापात्र, बन्दीजन, असनीवाले, 1644 वि., ग्रि., 1587 ई. में उपस्थित; कि., 1587 ई. हरिनाथ का जन्मकाल है।

[928]

हरिदास कवि

स., कायस्थ, परना के निवासी, 1901 वि., रसकौमुदी; ग्रि., परना, बुंदेलखंड के कायस्थ, जन्म 1844 ई., भाषा-साहित्य के 'रसकौमुदी' नामक ग्रंथ के रचयिता, इन्होंने इसी ढंग के और भी 12 ग्रंथ लिखे हैं; कि. : 'हरिदास (मूलनाम हरिप्रसाद) का जन्म सं. 1876 वि. में एवं देहान्त 24 वर्ष की अल्प आयु में सं. 1900 वि. में हुआ। अत: 1844 ई. (सं. 1901 वि.) इनका न तो जन्मकाल है, न उपस्थिति-काल ही, रसकौमुदी की रचना सं. 1897 वि. में हुई थी।'

[929]

हरिदास कवि 2

स., बन्दीजन, बाँदावाले, नोनेकवि के पिता, 1891 वि.; राधाभूषण; ग्रि., बुंदेलखंडी, जन्म 1834 ई., नोने कवि के पिता, राधाभूषण नामक शृंगारी काव्य लिखा; कि. : 'हरिदास ने सं. 1811 में ज्ञान सतसई और सं. 1813 वि. में भाषा भागवत एकादश स्कंध की रचना की। अत: 1834 ई. (सं. 1891 वि.) न तो इनका जन्मकाल है और न उपस्थिति काल ही।'

[930]

हरिदास स्वामी

स., वृन्दावननिवासी, 1640 वि.; ग्रि., 1560 ई. में उपस्थित।

[931]

हरिदेव कवि

स., बनिया, वृन्दावन-निवासी, छन्दपयोनिधि; ग्रि., छंदपयोनिधि नामक पिंगल-ग्रंथ के रचयिता; कि., इनका रचनाकाल सं. 1892-1914 वि. है।

[932]

हरीराम कवि

ग्रि., जन्म 1623 ई., नखशिख के रचयिता, सम्भवत: पिंगल (रागकल्पद्रुम) के भी रचयिता, ये वे ही हरीराम कवि, जिनका उल्लेख करते हुए शिवसिंह ने इन्हें 1651 ई. में उत्पन्न (? उपस्थित) कहा है।

[933]

हरदयाल कवि

ग्रि., शृंगारी कवि।

[934]

हिरदेश कवि

स., बन्दीजन, झाँसीवाले, 1901 वि., शृंगार-नवरस; ग्रि., जन्म 1844 ई.।

[935]

हरिहर कवि

स., 1794 वि.; ग्रि., 1737 ई.; सूदन।

[936]

हरिकेश कवि

स., जहाँगीराबाद, सेहुडाँ, बुंदेलखंडवासी, 1760 वि.; ग्रि., जहाँगीराबाद सेनुढ़ा, बुंदेलखंड के, 1650 ई. में उपस्थित, सुन्दरीतिलक; कि. 'हरिकेश का सम्बन्ध महाराज छत्रसाल (शासनकाल सं. 1722–88 वि.) और उनके दो पुत्रों जगतराज (शासनकाल सं. 1788–1815 वि.) और हृदयसाहि (शासनकाल सं. 1788–96 वि.) से था, इनका रचनाकाल सं. 1776 वि. के इधर-उधर है।'

[937]

हरिवंश मिश्र

स., बिलग्रामी, 1729 वि.; ग्रि., 1662 ई. में उपस्थित; इनके हाथ की लिखी पद्मावत की एक पोथी के अनुसार ये अमेठी के राजा हनुमंतसिंह के दरबार में थे। ये सुप्रसिद्ध कवि हैं और अब्दुल जलील बिलग्रामी के भाषा-शिक्षक; कि. : 'सरोज के लिखे अनुसार इनकी लिखी पद्मावत की पोथी से इनका अब्दुल जलील का भाषा-काव्यशिक्षक होना सिद्ध होता है, न कि इनका अमेठी-नरेश हनुमंतसिंह का दरबारी कवि होना। सरोज में इन्हें सं. 1729 वि. में उ. कहा गया है।'

[938]

हितहरिवंश स्वामी

स., गोसाईं, वृन्दावन-निवासी, व्यासस्वामी के पुत्र, 1559 वि., राधासुधानिधि, हित-चौरासीधाम; ग्रि., 1560 ई. में उपस्थित; कि., जन्म सं. 1559 वि. वैशाख शुक्ल 11 को और देहावसान आश्विन शुक्ल पूर्णिमा सं. 1609 वि.।

[939]

हरिकवि

स., चमत्कारचन्द्रिका, भाषाभूषण-टीका, कविप्रियाभरण, तीनों कांड अमरकोश-भाषा; ग्रि., भाषा-भूषण की चमत्कार-चन्द्रिका नामक टीका और कविप्रिया की 'कविप्रियाभरण' नामक छंदोबद्ध टीका के रचयिता। इन्होंने अमरकोश का भी भाषानुवाद किया है; कि. : 'यह वस्तुतः बिहारनिवासी प्रसिद्ध टीकाकार हरिचरणदास हैं। इन्होंने कविप्रियाभरण की रचना सं. 1835 वि. और चमत्कारचन्द्रिका की सं. 1834 में की।

सूदन ने इनका उल्लेख नहीं किया है। अमरकोश की टीका आजमगढ़ी हरजू ने सं. 1792 वि. में की थी।'

[940]

हरिवल्लभ कवि

ग्रि., शांतरस के कवि; कि., हरिवल्लभजी ने सं. 1701 वि. माघ 11 को श्रीमद्भगवतगीता की टीका प्रस्तुत की।

[941]

हरिलाल कवि

[942]

हठी कवि

स., ब्रजवासी, 1887 वि., राधाशतक; ग्रि., जन्म 1830 ई., राधाशतक की तिथि सं. 1847 वि. (1790 ई.) दी गई है।

[943]

हनुमान कवि

स., बन्दीजन, बनारसी; कि., ज. सं. 1898 वि., मृत्यु सं. 1936 वि.।

[944]

हनुमन्त कवि

ग्रि., राजा भानुप्रताप के दरबारी कवि; कि., भानुप्रताप बिजावर के राजा (शासनकाल 1904-56 वि.) थे, यही हनुमंत का भी समय।

[945]

होलराय कवि

स., बन्दीजन, होलपुर, जिला बाराबंकी, 1640 वि.; ग्रि., 1583 ई. में उपस्थित।

[946]

हितनन्द कवि

ग्रि., सम्भवतः वे ही, जिनका उल्लेख रागकल्पद्रुम की भूमिका में हितआनन्द नाम से है।

[947]

हरिभानु कवि

स., नरिन्द भूषण; ग्रि., नरिन्द्र भूखन नामक भाषा-साहित्य के एक ग्रंथ के रचयिता।

[948]

हुसैन कवि

स., 1708 वि.; ग्रि., जन्म 1651 ई.।

[949]

हेमगोपाल कवि

स., 1880 वि., ग्रि., एक कूट छन्द के रचयिता।

[950]

हेमनाथ कवि

स., केहरी कल्यानसिंह के यहाँ; ग्रि., केहरी कल्यानसिंह के दरबारी कवि थे; कि. : 'केहरी स्थान का सूचक नहीं है। हेमनाथ सं. 1875 वि. पूर्व किसी समय वर्तमान थे।'

[951]

हेमकवि

ग्रि., शृंगार-संग्रह में भी, शृंगारी कवि।

[952]

हरिश्चन्द्र बाबू

स., बनारसी, गोपालचन्द्र शाह के पुत्र; ग्रि., बाबू हरिश्चन्द्र बनारसी, जन्म 9 सितंबर, 1850 ई.।

[953]

हरजीवन कवि

कि. : '1938 वि. के आसपास उपस्थित गुजराती कवि।'

[954]

हरिजन कवि

स., 1690 वि.; ग्रि., जन्म 1633 ई.।

[955]

हरजू कवि

स., 1705 वि.; ग्रि., जन्म 1648 ई.।

[956]

हीरामणि कवि

स., 1680 वि.; ग्रि., जन्म 1623 ई.; कि., 1623 ई., उपस्थिति-काल है।

[957]

हरदेव कवि

स., 1830 वि.; ग्रि., 1800 ई., रघुनाथराव (1816-1818) के दरबारी कवि थे।

[958]

हरिलाल कवि

[959]

हीराराम

स., प्राचीन, 1680 वि., नखशिख; ग्रि., सम्भवतः पिंगल के भी रचयिता।

[960]

हिमाचलराम कवि

स., ब्राह्मण, भटौली, जिला फैजाबाद, ग्रि., 1847 ई.; कि., 1915 वि. में मृत्यु।

[961]

हीरालाल कवि

कि., सं. 1839 में राधाशतक नामक ग्रंथ रचा।

[962]

हुलास कवि

कि., अस्तित्वहीन कवि।

[963]

हरचरणदास कवि

स., बृहत्कविवल्लभ; ग्रि., बृहत्कविवल्लभ नामक भाषा-साहित्य के एक ग्रंथ के रचयिता; कि., बृहत्कविवल्लभ का रचनाकाल सं. 1839 वि.।

[964]

हरिचन्द कवि

स., बरसानेवाले, छन्दस्वरूपिणी; ग्रि., ब्रज के अन्तर्गत बरसाना के निवासी, छद-स्वरूपिणी पिंगल-ग्रंथ के रचयिता।

[965]

हजारीलाल तिरवेदी

स., अलीगंज, जिला खीरी; ग्रि., 1883 ई. में जीवित, नीति और शांत-रस के कवि।

[966]

हरिनाथ

स., ब्राह्मण, काशीनिवासी, 1826 वि., अलंकारदर्पण।

[967]

हिम्मतबहादुर नवाब

स., 1765 वि.; ग्रि., गोसाईं, नवाब हिम्मतबहादुर, 1800 ई. में उपस्थित; सत्कविगिराविलास, इनके दरबार में अनेक कवि, जिनमें ठाकुर और रामसरन भी; कि., हिम्मतबहादुर की मृत्यु सं. 1861 वि. में।

[968]

हितराम कवि

कि. : 'हितराम ने सं. 1722 वि. में सिद्धान्तसमुद्र या श्रीकृष्ण श्रुतिविरदावली की रचना की थी।'

[969]

हरिजन कवि

स., ललितपुर-निवासी, 1911 वि., रसिकप्रिया टीका; ग्रि., जन्म (? उपस्थिति) 1851 ई., रसिकप्रिया की टीका बनारस के महाराज ईश्वरीनारायणसिंह के नाम पर की। ये कवि सरदार के पिता थे; कि. : '1851 ई. (सं. 1908) इनका उपस्थिति-काल है; क्योंकि इसके तीन वर्ष पूर्व सं. 1905 में इनके पुत्र सरदार ने शृंगार-संग्रह नामक काव्य-संग्रह संकलित किया था। रसिकप्रिया की टीका सरदार की बनाई हुई है, न कि इनके बाप हरिजन की। 'सरोज' में यह उल्लेख प्रमाद से ही हो गया है।'

[970]

हरिचन्द कवि

स., बन्दीजन, चरखारीवाले; ग्रि., 1650 ई. में उपस्थित; कि. : 'हरिचन्द छत्रसाल (शासनकाल सं. 1722-88 वि.) के आश्रय में थे। ग्रियर्सन का दिया हुआ समय 1650 ई. एकांत भ्रष्ट है।'

[971]

हुलासराम कवि

स., शालिहोत्र; ग्रि., शालिहोत्र (रागकल्पद्रुम) नामक पशुचिकित्सा-सम्बन्धी ग्रंथ के लेखक।

संदर्भ और टिप्पणियाँ

1. हिन्दुस्तानी एकेडेमी, इलाहाबाद, 1953
2. 'हिन्दी साहित्य का एक प्राचीन इतिहास', कल्पना, अक्टूबर, 1956
3. वार्ष्णेय, 'अनुवादक की ओर से', पृ. ख
4. उपरिवत्, भूमिका, पृ. 20,63
5. उपरिवत्, पृ. 22-28, 64-71
6. शुक्ल जी के अनुसार, माताप्रसाद गुप्त, हिन्दी पुस्तक साहित्य में, 1878 बताते हैं।
7. 'हिन्दी पुस्तक साहित्य', हिन्दुस्तान एकेडेमी, इलाहाबाद, 1945
8. 'हिन्दी साहित्य का आलोचनात्मक इतिहास', पृ. 19, तृ. सं., 1954
9. 1889

10. 'द मॉडर्न वर्नाक्युलर लिट्रेचर ऑव हिन्दुस्तान' पहले 'द जर्नल ऑव द रायल एशियाटिक सोसायटी ऑव बंगाल', भाग 1, 1888 के विशेषांक के रूप में प्रकाशित; 1889 में सोसायटी के द्वारा ही कलकत्ता से पुस्तकाकार प्रकाशित; किशोरी लाल गुप्त द्वारा 'हिन्दी साहित्य का प्रथम इतिहास' के नाम से हिन्दी में 'स-टिप्पण अनुवाद', हिन्दी प्रचारक, वाराणसी, 1957; इसी से उद्धरण आदि दिये गए हैं।
11. उपर्युक्त हिन्दी अनुवाद, पृ. 46
12. उपरिवत्, पृ. 46–47
13. उपरिवत्, पृ. 20–10
14. उपरिवत्, पृ. 5
15. उपरिवत्, पृ. 46
16. उपरिवत्, पृ. 5
17. उपरिवत्
18. उपरिवत्, पृ. 36
19. विनोद, भूमिका, पृ. 7
20. उपरिवत्, पृ. 13
21. 'हिन्दी साहित्य का इतिहास', प्र. सं. का वक्तव्य, पृ. 1
22. उपरिवत्, पृ. 7
23. उपरिवत्, पृ. 2
24. ग्रियर्सन के इतिहास का उपर्युक्त अनुवाद, पृ. 48
25. उपरिवत्, पृ. 12
26. उपरिवत्
27. उपरिवत्, पृ. 53–54
28. उपरिवत्, पृ. 53
29. उपरिवत्, पृ. 54–55 तुलना कीजिए : '...हिन्दी में रीति-ग्रंथों की अविरल और अखंडित परम्परा का प्रवाह केशव की 'कविप्रिया' के प्राय: पचास वर्ष पीछे चला।...हिन्दी रीति-ग्रंथों की अखंड परम्परा चिन्तामणि त्रिपाठी से चली, अत: रीतिकाल का आरम्भ उन्हीं से मानना चाहिए।' रामचन्द्र शुक्ल, हिन्दी साहित्य का इतिहास, सं. 1996 का संस्करण, पृ. 280 और 28
30. उपरिवत्, पृ. 55–56
31. उपरिवत्, पृ. 56
32. 'सरस्वती', दिसंबर, 1901; मि. बं. वि., प्र. सं. की भूमिका, पृ. 1 पर उद्धृत (द्वि.सं. में दी हुई प्र. सं. की भूमिका के अनुसार पृष्ठ-संख्या का निर्देश है और मि. बं. वि. के सम्बन्ध में सर्वत्र ऐसा ही समझें)।
33. मि. ब. वि., प्रं. सं., भूमिका, पृ. 4
34. उपरिवत्, पृ. 21
35. उपरिवत्, पृ. 1
36. 'इसमें इतिहास ही का क्रम रखने एवं इतिहास सम्बन्धी सामग्री सन्निविष्ट रहने के कारण हमने इसका उपनाम 'हिन्दी साहित्य का इतिहास' तथा 'कवि-कीर्तन' भी रखा है।' उपरिवत्, पृ. 4

37. उपरिवत्, पृ. 3
38. श्यामबिहारी मिश्र, एम.ए., और शुकदेवविहारी मिश्र, बी.ए. थे।
39. मि. बं. वि., प्र. सं., भूमिका, पृ. 27
40. उपरिवत्, पृ. 12
41. उपरिवत्, पृ. 16
42. 'हिन्दी साहित्य का विकास', हिन्दी शब्दसागर, काशी, 1916, पृ. 57
43. 'हिन्दी साहित्य का इतिहास', सं. 1997 का संस्करण, पृ. 1
44. उदाहरणार्थ, साहित्य की गम्भीर समस्याओं पर गम्भीरतापूर्वक लिखनेवाले एकमात्र प्रगतिवादी विद्वान् रामविलास शर्मा की शुक्ल जी पर पुस्तक
45. सं. 1997 के संस्करण में प्रथम संस्करण का वक्तव्य, पृ. 9
46. उपरिवत्, पृ. 5
47. रामशंकर शुक्ल 'रसाल', 'हिन्दी साहित्य का इतिहास', इलाहाबाद, 1931, भूमिका, पृ. 1
48. उपरिवत्, पृ. 8
49. उपरिवत्, पृ. 8–11
50. शिवसिंह सेंगर, शिवसिंह सरोज, 1833
51. रामशंकर शुक्ल, 'हिन्दी साहित्य का इतिहास', भूमिका, पृ. 1–2
52. उपरिवत्, पृ. 3
53. उपरिवत्
54. उपरिवत्, 'इतिहास का अर्थ', पृ. 2–3
55. उपरिवत्, पृ. 15
56. उपरिवत्, पृ. 16
57. उपरिवत्, पृ. 19
58. उपरिवत्, पृ. 22
59. उपरिवत् पृ. 23
60. प्राक्कथन, पृ. 5
61. भूमिका, पृ. 5
62. निवेदन, पृ. 1, प्र. सं., 1952
63. पृ. 7, प्र. सं., 1640
64. 'ऑक्सफोर्ड हिस्ट्री ऑफ इंग्लिश लिटरेचर', सं. एफ.पी. विल्सन तथा बोनामी डोब्री, ऑक्सफोर्ड, 1954, पृ. 56
65. उपरिवत्, पृ. 64
66. 'Edmund Gosse', The Virginia Quarterly, खंड 32, शिशिर, 1956 में, पृ. 74 पर Alec Waugh के एक निबन्ध में उद्धृत।
67. 'कालिदास कवि का हजारा' (प्र. सं. 1755); 'भूषण हजारा'; हफीजुल्ला खाँ के नवीन संग्रह (सन् 1882); 'हजारा' (सन् 1886) : 'षट्ऋतु काव्य-संग्रह' (सन् 1889); परमानन्द सुहाने का 'नखशिख हजारा' (सन् 1892) तथा 'षट्ऋतु हजारा' (सन् 1849)।
68. 'किशोर संग्रह'—किशोरकवि-कृत; 'सतकविगिराविलास'—बलदेवकवि-कृत; 'हनूम्मान नखशिख'—खुम्मानकवि-कृत; कृष्णानंद व्यास-कृत—'रागसागरोद्भवरागकल्पद्रुम'

(इन पुस्तकों का उल्लेख सुहाने ने अपने संग्रह के 'इश्तिहार' में किया है, जो आगे उद्धृत है।) लाला गोकुलप्रसाद कवि सलिलापुरी-कृत 'दिग्विजय भूषण' (स. 1925); तुलसीकवि-कृत 'कविमाला-नामसंग्रह' (सं. 1712), आदि मुक्तक-संग्रह ग्रंथ।

69. 'हिन्दी साहित्य का प्रथम इतिहास', उपर्युक्त का अनुवाद, किशोरीलाल गुप्त, वाराणसी, 1957 ई.।

सं.—शिवसिंह सरोज; सरोज में निर्दिष्ट विवरण तथा तिथियाँ जन्म की हैं।

विद्य.—विद्यमान (सरोजकार के समय में)।

ग्रि.—ग्रियर्सन।

कि.—किशोरीलाल गुप्त।

70. Modern Vernacular Literature of Hindustan. अब्राहम जॉर्ज ग्रियर्सन, 'द एशियाटिक सोसायटी', कलकत्ता, 1888 ई.।

अध्याय 14

पाश्चात्य साहित्य का समानांतर विकास

सम्पूर्ण यूरोपीय साहित्य के समानांतर विकास के अध्ययन के लिए ऐसी तालिका आवश्यक है। पश्चिम के विद्वानों ने अपनी-अपनी भाषाओं के साहित्यों की तिथि-क्रम-तालिकाएँ तो बनाई हैं, किन्तु उन्होंने भी इस प्रकार की पूर्ण समानांतर तालिका नहीं बनाई है। इस दिशा में फोर्ड मैडाक्स फोर्ड ने अपनी पुस्तक 'द मार्च ऑव लिटरेचर' में कुछ कार्य किया है। उसकी पुस्तक से इस अध्याय में एक तालिका यथास्थान उद्धृत है। प्रस्तुत तालिका में अंग्रेजी साहित्य का तिथि-क्रम, जो सहज प्राप्य है, छोड़ दिया गया है।

Francis Patrarch
इ
1304-1374

Giovanni Boccaccio
इ
1313-1375

Luigi Pubi
इ
1432-1484

Matteo Maria Boiardo
इ
1434-1494

Lacopa Sannazaro
इ
1458-1530

Desiderius Erasmus
ज
प्रा. 1466-1536

Juan del Emina
स्पे
1469-1529

Nicolo Machiavelli
इ
1469-1527

Gil Vicente
स्पे
1470-1536

Ludovico Ariosto
इ
1474-1533

Baldassare Castiglione
इ
1478-1529

Martin Luther
ज
1483-1546

Francois Rabelais
फ्रे
प्रा. 1494-1553

Hans Sachas
ज
1494-1576

Banvenuto Cellini
इ
1500-1571

Garcilaso de la Vega

स्पे

1503-1536

John Calvin (या Jean Calvin)

फ्रे

1509-1564

Lope De Rueda

स्पे

प्रा. 1510-1565

Santa Teresa de Jesús

स्पे

1515-1582

Luis Vaz de Camoèns

स्पे

प्रा. 1524-1579

Pierre De Ronsord

फ्रे

1524-1585

Joachim Du Bellay

फ्रे

1525-1560

Fray Luis de León

स्पे

1527-1591

Bartolomè de Torres Naharro

स्पे

मृ. प्रा. 1531

Michel Eyquem, Signeur de Montaigne

फ्रे

1533-1592

Aloneo de Ercilla y Zuñiga

स्पे

1533-1594

Juan Boscàn Almogàver

स्पे

मृ. 1542

San Juan de la Cruz

स्पे

1542-1591

Torquato Tasso

इ

1544-1595

Mateo Alèmán

स्पे

1547-1610

Miguel De Cervantes Saavedra

स्पे

1547-1616

Juan De La Cucva

स्पे

1550-1620

Lope Fèlix De Vega Carpio

स्पे

1562-1635

Giovanni Battista Marino

इ

1569-1625

Tirso De Molina

स्पे

प्रा. 1501-1648

Giovanni Battista Andreini

इ

1578–1650

Luis Vèlez de Guevara

स्पे

1579–1644

Juan Ruiz De Alarcón Y Meudoza

स्पे

प्रा. 1580–1639

Alonso Jerónimo de Salas Barbadillo

स्पे

1581–1635

Francisco De Quevedo Y Villegas

स्पे

1580–1645

Martin Qpitz

ज

1597–1639

Pedro Calderón De La Barca

स्पे

1600–1681

Baltasar Gracián

स्पे

1601–1658

Pierre Corneille

फ्रे

1606–1684

Andreas Gryphius

ज

1616–1664

Jean De La Fontaine
फ्रे
1621-1695

Moliere (Jean Baptiste Poquelin)
फ्रे
1622-1673

Hans Jacob Von Grimmnel Shausea
ज
प्रा. 1625-1676

Jean Racine
फ्रे
1639-1699

Voltaire
फ्रे
1694-1778

Vasily Gradiakovsky
र
1703-1769

Josè Francisco de Isla Y Rojo
स्पे
1703-1781

Carlo Goldoni
इ
1707-1793

Prince Antioch Cantemir
र
1708-1744

Mikhail Lomonosov
र
प्रा. 1711-1765

Jean Jacques Rousseau

फ्रे

1712-1778

Alexander Sumarokov

र

1718-1777

Friedrich Gottlieb Klopstock

ज

1724-1803

Gotthold Ephraim Lessing

ज

1729-1781

Ramón De La Cruz Cano Y Olmedilla

स्पे

1731-1794

Christoph Martin Wieland

ज

1733-1813

Gavriil Derzhavin

र

1743-1816

Gaspar Melchor De Jovellarros

स्पे

1744-1811

Johann Gottfried Herder

ज

1744-1803

Denis Fonvizin

र

1745-1792

Vittorio Alfieri
इ
1749-1803

Johann Wolfgang Von Goethe
ज
1749-1832

Tomàs De Iriarte
स्पे
1750-1791

Juan Melè ndez Valdès
स्पे
1754-1817

Johann Cristoph Friedrich Von Schiller
ज
1759-1805

Leandro Fernández De Moratin
स्पे
1760-1828

Johann Gottlieb Fichte
ज
1762-1814

Jean Paul (Friedrich Richter)
ज
1763-1825

Madame De Staël
फ्रे
1766-1817

Nikolay Karamzin
र
1766-1826

August Wilhelm Schlegel

ज

1767-1845

Ivan Krylov

र

1768-1844

Francois-Rene De Chateanbriand

फ्रे

1768-1848

Georgè Wilhelm Friedrich Hegel

ज

1770-1831

Friedrich Hlöderlin

ज

1770-1843

Novalis (Friedrich Von Hardenberg)

ज

1772-1801

Friedrich Schlegel

ज

1772-1829

Manuel Jose Quintana

स्पे

1772-1857

Johann Ludwig Tieck

ज

1773-1853

William Heirich Wackenroder

ज

1773-1798

Friedrich Wilhelm Joseph Von Schelling

ज

1775-1854

Ernst Theodor Amadeus Hoffmann

ज

1776-1822

Friedrich de La Motte-Fouquè

ज

1777-1743

Clemens Brentano

ज

1778-1842

Achim Von Arnim

ज

1781-1831

Vasily Zhukovsky

र

1783-1852

Jakob Grimm Wilhelm Grimm

ज

1785-1863 और 1786-1895

Heinrich Von Kleist

ज

1777-1811

Adalbert Von Chamisso

ज

1781-1838

Stendhal

फ्रे

1783-1842

Allessandro Manzoni

इ

1785-1873

Joseph Von Eichendorff

ज

1788-1857

Arthur Schopenhauer

ज

1788-186

Francisco Martinèz De La Rosa

स्पे

1789-1868

Alphonse Louis-Marie De Lamartine

फ्रे

1791-1869

Sergey Aksakov

र

1791-1859

Engene Scribe

फ्रे

1791-1861

Angel De Saavaedra

स्पे

1791-1865

Franz Grillparzer

ज

1791-1872

Wilhelm Müller

ज

1794-1827

Alexander Griboedov

र

1795–1829

Karl Lebrecht Immermann

ज

1796–1840

Heinrich Heine

ज

1797–1856

Breton De Los Herreroz

स्पे

1796–1873

Cecilia Böhlvon Taber

स्पे

1796–1877

Johann Ludwig Uhland

ज

1787–1862

Alfred Victor, Comte De Vigny

फ्रे

1797–1863

Giacomo Leopardi

इ

1798–1837

Alexander Pushkin

र

1799–1837

Honorè De Balzac

फ्रे

1799–1850

Nikolaus Lenau

ज

1802-1850

Alexander Dumas, The Elder

फ्रे

1802-1870

Victor-Marie Hugo

फ्रे

1802-1885

Prosper Marimèe

फ्रे

1803-1870

Fyodor Tyutchev

र

1803-1873

Sainte-Benve

फ्रे

1804-1869

Eduard Mörike

ज

1804-1875

George Sand

फ्रे

1804-1876

Alexey Koltsov

र

1808-1842

Jose De Espronceda Y Delgado

स्पे

1808-1842

Nikolay Gogol
र
1809-1852

Alfred De Musset
फ्रे
1810-1857

Fritz Reuter
ज
1810-1874

Theophile Gautier
फ्रे
1811-1872

Alexander Gonchorov
र
1812-1891

Christian Friedrich Hebbel
ज
1813-1863

Friedrich Hebbel
ज
1813-1863

Otto Ludwig
ज
1813-1865

Mikhail Lermontov
र
1814-1841

Gustav Freytag
ज
1816-1895

Alexey K. Tolstoy
र
1817-1875

Theodor Storm
ज
1817-1888

Ramón De Campoamor
स्पे
1817-1901

Josè Zorilla Y Moral
स्पे
1817-1913

Karl Marx
ज
1818-1883

Ivan Turgenev
र
1818-1883

Charles Mary Renè Leconte de Lisle
फ्रे
1818-1894

Gottfried Keller
ज
1819-1890

Alexy Pisemsky
र
1820-1881

Émile Augier
फ्रे
1820-1889

Afanasy Fet

र

1820–1892

Nikolay Nekrasov

र

1821–1877

Gutave Flaubert

फ्रे

1821–1880

Charles Baudelaire

फ्रे

1821–1867

Fyodor Dostoevsky

र

1821–1881

Alexander Ostrovsky

र

1823–1886

Ernest Renan

फ्रे

1823–1892

Alexander Dumas the Younger

फ्रे

1824–1895

Juan Valera Y Alcalá Galianc

स्पे

1824–1905

Konrad Ferdinand Mayer

ज

1825–1898

Mikhail Salfykov Shchedrin
र
1826-1889

Herik Ibsen
ज (स्कैंडिनेविया-नार्वे)
1828-1906

Lev (Leo) Tolstoy
र
1828-1910

Nikolay Leskov
र
1831-1895

Victorien Sardou
फ्रे
1831-1908

Caspar Nùnez De Arce
स्पे
1832-1903

Björnstjerne Björnson
ज (स्कैंडिनेविया-नार्वे)
1832-1910

Antonio De Alarión Y Ariza
स्पे
1833-1891

Josè Mariá De Pereda
स्पे
1833-1906

Giosuè Carducci
इ
1835-1907

Gustavo Adolfo Bècquer
स्पे
1836-1870

Sully Prudhomme
फ्रे
1839-1907

Alphonse Daudet
फ्रे
1840-1897

Emile Zola
फ्रे
1840-1902

Stèphane Mallarmè
फ्रे
1842-1898

Josè-Maria de Hèrèdia
फ्रे
1842-1905

Benito Pèrez Galdós
स्पे
1843-1920

Anatole France
फ्रे
1844-1924

Georges Duhamel
फ्रे
1844-1966

Paul Verlaine
फ्रे
1844-1896

Friedrich Wilhelm Nietzsche
ज
1844-1900

Jorius-Karl Huysman
फ्रे
1848-1907

August Strindberg
ज (स्कैंडिनेविया-स्वेडेन)
1849-1912

Guy De Maupassant
फ्रे
1850-1893

Pierre Loti
फ्रे
1850-1823

La Condesa Emilia Pardo Bazán
स्पे
1852-1921

Paul Bourget
फ्रे
1852-1935

Vladimir Korolenko
र
1853-1921

Armando Palacio Valdes
स्पे
1853-1938

Arthur Rimband
फ्रे
1854-1891

Jean Morèas
फ्रे
1856–1910

Rainer Maria Rilke
ज
1857–1926

Hermann Sudermann
ज
1857–1928

Jules Laforgue
फ्रे
1860–1887

Anton Chekov
र
1860–1904

Arthur Schnitzler
ज
1862–1931

Gerhart Johana Hanptmann
ज
1862–1946

Maurice Maeterlinck
फ्रे
1862–1949

Loaquèn Dicenta
स्पे
1863–1917

Richard Dehmel
ज
1863–1920

Gabriale d' Annunzio
इ
1863-1938

Frank Wedekind
ज
1864-1918

Henri De Règuier
फ्रे
1864-1936

Francois Vielè Griffin
फ्रे
1864-1937

Hermann Stehr
ज
1864-1940

Ricarda Huch
ज
1864-1947

Romain Rolland
फ्रे
1866-1944

Vyacheslav Ivanov
र
1866-1945

Jaeinto Benavente Y Martènez
स्पे
1866-1954

Vicente Blasco Ibanez
स्पे
1867-1928

Ruben Darìo
स्पे
1867-1916

Luigi Pirandello
इ
1867-1936

Stefan George
ज
1868-1933

Maxim Gorky
र
1868-1936

Francois Jammes
फ्रे
1868-1938

Edmond Rostand
फ्रे
1868-1918

Paul Clendel
फ्रे
1868-1955

Andre Paul Guillame Gide
फ्रे
1869-1951

Marcel Boust
फ्रे
1871-1922

Ramón Maria Del Valle-Inclán
स्पे
1870-1936

Ivan Bunin
र
1870-1953

Paul Valèry
फ्रे
1871-1945

Heinrich Mann
ज
1871-1950

Erwin Guido Kalbenheyer
ज
1878-1962

Paul Fort
फ्रे
1872-1960

Charles Pèguy
फ्रे
1873-1914

Valery Bryusov
र
1873-1924

Jakob Wassermann
ज
1873-1934

Hugovon Hofmannethal
ज
1874-1929

Manuel Machado
स्पे
1874-1947

Thomas Mann
ज
1875–1955

Antonio Machado
स्पे
1875–1939

Hans Grimm
ज
1875–1959

Maximilian Voloshin
र
1877–1932

Hermann Hesse
ज
1877–1962

Georg Kaiser
ज
1878–1945

Eduardo Marquina
स्पे
1879–1946

Alexander Blok
र
1880–1921

Ramon Pèrez De Ayala
स्पे
1880–1962

Juan Ramón Jimèrez
स्पे
1881–1958

Alexey N. Tolstoy

र

1882-1945

Alexey Yastev

र

1882-1939

Franz Kafka

ज

1883-1924

Yevgeny Zamyatin

र

1884-1937

Panteleimon Romanov

र

1884-1938

Emil Verhaeren

फ्रे

1885-1916

Jules Romains

फ्रे

1885-1972

Andrè Maurois

फ्रे

1885-1967

Ernst Weichert

ज

1887-1950

Franz Werfel

ज

1890-1945

Boris Pasternak
र
1890–1960

Vladimir Mayakovsky
र
1893–1930

Ernst Toller
ज
1893–1939

Isaak Babel
र
1894–1940

Sergey Yesenin
र
1895–1925

Mikhail Zoschenko
र
1894–1958

Ilya Ilf
र
1897–1937

Erich Maria Remarque
ज
1898–1970

Louis Aragon
फ्रे
1897–1982

Valentin Kafayev
र
1897–1986

Alexander Bezymensky

र

1898-1973

Federico Garcea Lorca

स्पे

1899-1936

Leonid Leonov

र

1899-1994

Yurv Olesha

र

1899-1960

Andre Malraux

फ्रे

1901-1976

Yevgeny Petrov

र

1902-1944

Veniamin Kaverin

र

1902-1989

Mikhail Sholokov

र

1905-1984

Mikhail Matusoysky

र

1915-1990

Yevgeny Dolmatovsky

र

1915-1994

अध्याय 15

हिन्दी साहित्य की महान् परम्पराएँ

कवि देश–कालनिरपेक्ष होकर काव्य–रचना नहीं करता। उस अतीत से, जो कभी मरता नहीं और उस वर्तमान से, जो प्रतिपल हमारे साथ है, कवि का सुनिश्चित संघर्ष रहता है। इस प्रसंग में टी.एस. इलियट का यह महावाक्य उल्लेखनीय है : 'कवि को अपनी हड्डियों में सिर्फ अपने युग को ही लेकर नहीं लिखना चाहिए। उसे तो इस अनुभूति से प्रेरित होना चाहिए कि होमर से लेकर यूरोप का समस्त साहित्य, जिसके अन्तर्गत उसके अपने देश का सम्पूर्ण साहित्य भी आ जाता है; उसके लिए आपातत: महत्त्व रखता है और एक साथ ही एक योजना प्रस्तुत करता है।'

टी.एस. इलियट आधुनिक अंग्रेजी साहित्य में एक युगान्तकारी कवि और महान् आलोचक के रूप में प्रसिद्ध हैं। उन्हें प्रदत्त होकर 'नोबेल' पुरस्कार सम्मानित हो चुका है। उनका यह सिद्धान्त हिन्दी–साहित्य के अध्येताओं के लिए विशेष महत्त्व रखता है। हिन्दी–साहित्य प्रकृत्या, और कभी–कभी अस्पृहणीय अर्थ में भी परम्परा–प्रेमी रहा है। आधुनिक युग में दूसरे प्रकार के परम्परा–प्रेम के विरुद्ध स्वस्थ और सर्वथा आवश्यक विद्रोह तो हुआ, पर साथ–ही–साथ परम्परा की जीवित शाखाओं पर भी कुठाराघात किया गया। हम अपनी विवेक–शून्य भूल समझ रहे हैं—शायद समझ चुके हैं। फलत: उस सम्बन्ध में सविस्तार विवेचन समीचीन समझा जा सकता है।

हम किसी लेखक की प्रशंसा में कहते हैं : 'अमुक एक महान् परम्परा का प्रतिनिधित्व करते हैं। ठीक इसके विपरीत, इसके खंडन में नहीं, किसी साधारण लेखक की महत्त्वशून्यता दिखलाने के लिए उसे न केवल किसी अवांछनीय परम्परा से सम्बद्ध ही बताया जाता है, बल्कि यह भी कहा जाता है कि उसने 'केवल परम्परा का निर्वाह किया है।'

हमने अभी–अभी देखा, किस तरह अलोचक भिन्न ध्वनियों के साथ इस शब्द का प्रयोग करते हैं। इसलिए यह आवश्यक है कि हम अतीत के साथ

लेखक के सम्बन्ध का पुनर्विवेचन करें। यह सम्बन्ध सूक्ष्म और जटिल है तथा दो भिन्न लेखकों में समान रूप से नहीं पाया जाता। फिर भी दो बातें स्पष्ट हैं—कोई भी लेखक, वह शास्त्रज्ञ विद्वान् होकर कबीर-सूर की तरह अनपढ़ संत ही क्यों न हो, बर्न्स या 'भिखरिया' के समान अशिक्षित जनकवि ही क्यों न हो, परम्परा से अछूता नहीं रहता। भाषा को वह रिक्त के रूप में पाता है। ऐसी दशा में यह सम्भव ही नहीं कि वह अतीत से सर्वथा असम्पृक्त हो। उसकी रचनाओं में, वे लिखित हों या मौखिक, उन बातों की प्रतिध्वनि रहेगी ही, जिन्हें पढ़ी या सुनी हैं। इसका दूसरा पहलू यह है कि कोई भी लेखक, चाहे वह कितना भी अनुकृतिप्रिय क्यों न हो, परम्परा के दलदल में सम्पूर्णत: फँसा नहीं रह सकता। वह अनिवार्य रूप से उसमें कुछ-न-कुछ परिवर्तन करेगा ही। इसका कारण भी भाषा ही है। भाषा की प्रकृति गतिमूलक और परिवर्तनशील है। फलत: भाषा के उपयोग में ही परम्परा का पालन भी और उसका न्यूनाधिक परिवर्तन भी निहित है।

परम्परा का व्यापकतम अर्थ है—वे सारी संस्कारगत रूढ़ियाँ, साहित्यिक मान्यताएँ, और अभिव्यंजना की प्रणालियाँ जो एक लेखक को अतीत से प्राप्त होती हैं। हम किसी विशिष्ट साहित्यिक मान्यता की परम्परा की चर्चा कर सकते हैं, उदाहरणार्थ 'दु:खान्तं न नाटकम्', जो संस्कृत नाटक-साहित्य में निरपवाद रूप से तथा हिन्दी नाटक-साहित्य में भी बहुत अधिक मात्रा में एवं हिन्दी रंगमंच और चित्रपट में भी, जाने-अनजाने व्याप्त था और है। हम किसी साहित्यिक रूप (Form) की परम्परा पर विचार करते हैं, यथा—महाकाव्य का रूप, जो संस्कृत के महाकाव्य-रचयिताओं से लेकर, तुलसीदास-मैथिलीशरण तक एक अव्याहत प्रवाह है। हम रीति-काल जैसी युग-सम्बन्धी परम्परा की बात करते हैं, जो भारतेंदु-रत्नाकर तक प्रलंबित होकर ऊर्ध्व-श्वास लेती रही। और, किसी भाषा या शैली की परम्परा भी हो सकती है, जैसे ब्रजभाषा में अभिव्यक्त वैष्णव-भावना 'ब्रजबुलि' के रूप में सुदूर बंगाल में भी गृहीत हुई।

इस तरह, विशद और स्पृहणीय रूप में, परम्परा से हमारा तात्पर्य है—अतीत में से हमारी और प्रवहमान विकास की वह मुख्य और मूल धारा जो आकस्मिक नहीं होती, काल या स्थान में बँधती नहीं। कल्याणप्रद परम्परा कुत्ते की तरह अपनी दुम के चारों ओर चक्कर नहीं काटती; वह निम्नाभिमुख जलधारा के समान सदैव गतिशील रहती है।

किसी लेखक का परम्पराविशेष से क्या सम्बन्ध है। इसे समझने के लिए इन दोनों बातों को ध्यान में रखना आवश्यक है। अतीत की अपरिहार्य अनुभूति और अतीत को वर्तमान से सम्बद्ध करने की आवश्यकता—इन दोनों सिद्धांतों के तनाव में ही उपर्युक्त सम्बन्ध का आधार निहित है।

परम्परा के सम्बन्ध में इन धारणाओं के सहारे विचार करने पर हम यह कहने में संकोच नहीं करेंगे कि भौतिकता हिन्दी साहित्य की मुख्य परम्पराओं में से एक है। आप चौंकें मत, सामान्य रूप से यह समस्त भारतीय साहित्य और संस्कृति की ही प्रमुखतम परम्परा है। हमारी हीन भावना का रूप-विपर्यय कुछ इस प्रकार हुआ, और बाहरवालों ने हमारी अपेक्षाकृत गौण विशेषताओं को कुछ इतना बढ़ा-चढ़ाकर हमारे सामने रखा कि अपने साहित्य को इस परम्परा से सतत अनुप्राणित होते हुए देखने पर भी हम इसे सिद्धान्ततः अस्वीकार करते हैं। अपनी संस्कृति और साहित्य के सम्बन्ध में यह हमारी नितान्त भ्रामक धारणा है।

वेदों के भाषाशास्त्र-सम्मत तथा सहज-बुद्धि-स्वीकार्य अर्थ के आधार पर हम दृढ़ता के साथ कह सकते हैं कि वैदिक साहित्य का एक बड़ा अंश मनुष्य के जीवन से ही, अर्थात् 'अर्थ' और 'काम' से ही सम्बन्ध रखता है। प्रायः समस्त पुराणेतर संस्कृत साहित्य और प्राकृत साहित्य इस परम्परा से ओतप्रोत है।

इसके परिणामस्वरूप हिन्दी साहित्य में यह परम्परा प्रारम्भ से ही, और अनिवार्य रूप से दिखाई पड़ती है। वीरगाथा-काल और रीतिकाल का तो कहना ही क्या! भक्तिकाल भी अपने ढंग से इस परम्परा से प्रेरित और प्रभावित हुआ है—निर्गुण-शाखा को छोड़कर।

विस्तार सम्भव नहीं। इतना भर समझ लें कि प्राचीन काल से ही भौतिकता के दो रूप दिखाई पड़ते हैं—मर्यादित और अतिवादी। उदाहरण के लिए वैदिक दृष्टिकोण (मर्यादित रूप) के साथ हमें लोकायत मत (अतिवादी रूप) की भी चर्चा करनी ही पड़ती है; लब्धप्रतिष्ठ संस्कृत कवियों और नाटककारों (मर्यादित रूप) के समय में ही भाण, डिम और प्रहसन भी (अतिवादी रूप) लिखे ही गए।

जहाँ तक हिन्दी साहित्य का प्रश्न है, वीरगाथा-काल और भक्तिकाल में भौतिकता की परम्परा की पहली धारा, उसका मर्यादित रूप, और रीतिकाल में दूसरी धारा अतिवादी रूप पाया जाता है। यहीं, प्रसंगवश, यह भी स्पष्ट कर दें कि निर्गुणवादी संतों की परम्परा भिन्न थी। वह भी वेदों से उद्भूत मानी जा सकती है, यद्यपि उपनिषदों से ही उसका विशेष सम्बन्ध है। स्पष्टतः यह परम्परा अपेक्षाकृत दुर्बल थी, क्योंकि जैसे ही संतों के पंथ फलने-फूलने लगे, वैसे ही इस परम्परा की प्राणवत्ता नष्ट हो गई। पंथों में परम्परा का 'पालन' और 'निर्वाह' मात्र ही तो होता है।

इसके विपरीत भौतिकता की परम्परा सम्पूर्ण प्राचीन हिन्दी साहित्य को प्रेरित करती हुई और उसके द्वारा नवीकृत होती हुई आधुनिक काल की प्रमुख प्रवृत्ति ही बन गई है। रहस्यवादियों ने अपनी प्राचीन परम्परा का 'पालन' किया और समाप्त हो गए। किन्तु बहुतेरे रहस्यवादी छायावादी भी थे। उन्होंने भौतिकता की

परम्परा को नवीन रूप दिया। रहस्यवाद आगे नहीं बढ़ सका; पर छायावाद का रूप-विपर्यय प्रगतिवाद में हुआ। 'निराला' और पंत से बड़े छायावादी नहीं हुए, न उनसे बड़े प्रगतिवादी ही। पंत ने एक बार फिर पीछे मुड़ने का उद्योग किया है, किन्तु वह परम्परा का पुनरुज्जीवन न होकर अनुकरण मात्र है।

मेरी समझ में यह कहना एक बहुत बड़ी भूल है कि आधुनिक हिन्दी साहित्य में ही भौतिकता का तत्त्व पहले-पहल देखा जा रहा है और कि वह पश्चिम से आया है।

हिन्दी साहित्य की दूसरी प्रमुख परम्परा यथार्थता है। भारतीय साहित्य के सम्बन्ध में विद्वानों की जो बद्धमूल धारणाएँ हैं, उनसे प्रतिकूल होने पर भी, मेरा ऐसा व्यक्तिगत विचार है, निर्मम विश्लेषण के फलस्वरूप इसी परिणाम पर पहुँचा जा सकता है। वेदों में यम-यमी-संवाद जैसे यथार्थतापूर्ण साहित्यिक वर्णन उपलब्ध हैं। संस्कृत साहित्य में भी आदर्शवादिता से कहीं अधिक परिणाम में यथार्थता का तत्त्व है। इसका सबसे बड़ा प्रमाण है कामशास्त्र का अनिवार्य अध्ययन, अध्यापन तथा साहित्य में उसका निर्भीक और निर्विकार समावेश। पाश्चात्य साहित्य में यथार्थता का जो तत्त्व उन्नीसवीं शताब्दी के अन्त में और बीसवीं के प्रारम्भ में संघटित आन्दोलन के बाद ग्राह्य हुआ, वह सैकड़ों वर्ष पूर्व हमारे साहित्य के लिए साधारण बात थी।

प्राकृत और अपभ्रंश साहित्य से प्रवाहित होती हुई यह धारा हिन्दी साहित्य को भी प्रभावित करती रही। सिद्धों की वाणी में इसकी प्रचुरता है। डिंगल के काव्यों के युद्ध और प्रेम-वर्णनों में इसका स्पष्ट रूप देखने को मिलता है। भक्तिकाल में तुलसीदास को छोड़कर, निर्गुण और सगुण, दोनों ही शाखाओं के संत-साहित्यिकों की रचनाओं में, दर्शन के अतिरिक्त जो साहित्यिकता है, वह इसी यथार्थता के तत्त्व के कारण। रीतिकाल के सम्बन्ध में, इस दृष्टि से, यहाँ अधिक विस्तार से विचार करना तो अनावश्यक ही है। आधुनिककाल में भारतेन्दु-युग तथा द्विवेदी-युग की तथा समकालीन रचनाओं की यह प्रमुखतम धारा है। छायावाद-रहस्यवाद युग निस्सन्देह इस परम्परा के प्रति उग्र विरोध था, लेकिन यह विशेष रूप से स्मरणीय है कि उसके दो सूत्रधारों ने, अर्थात् 'निराला' और पंत ने, आगे चलकर अपनी व्यक्तिगत प्रतिभा को उक्त परम्परा के साथ सम्बद्ध किया। इनमें भी 'निराला' तो छायावाद-रहस्यवाद में भी इस परम्परा से अंशतः ही उदासीन थे।

इस तरह हम देखते हैं कि भिन्न-भिन्न युगों में आदर्श का ऊपरी आवरण तो बदलता रहा है, किन्तु यथार्थता का भीतरी ढाँचा बना रहा है।

हिन्दी साहित्य की तीसरी महान् परम्परा मानववाद (Humanism) है और चौथी मानवतावाद (Humanitarianism)। मानवतावाद किसी प्रकार के अतिवाद (Extremism) को प्रश्रय नहीं देता। मानवतावाद के अनुसार मनुष्य अपने अतीत

के ज्ञान और संस्कार की सहायता से अपने वर्तमान को मर्यादित कर सकता है। मनुष्य अपनी विवेकशक्ति के आधार पर अपने अतीत और वर्तमान का सदुपयोग कर सकता है। संक्षेप में मनुष्य मनुष्य है; मनुष्य-जीवन की अपनी सार्थकता होती है।

साहित्य के क्षेत्र में मानवतावाद के फलस्वरूप जहाँ एक ओर दृष्टिकोण में उदारता आ पाती है, वही प्राचीनता और शास्त्रीयता के प्रति थोड़ी-बहुत पक्षपात की प्रवृति भी। कहना न होगा कि प्राचीन भारतीय साहित्य अतिवाद से सर्वथा मुक्त रहा है। दर्शन के क्षेत्र में जो थोड़ी-बहुत कटुता थी भी, वह साहित्य में अधिक-से-अधिक तो उपालंभ बनकर रह गई। कबीर यदि केवल दार्शनिक या संत ही रहते, तो उनकी कटुता कितनी चोट पहुँचानेवाली होती! किन्तु अभिव्यंजना-विधि में उनकी कटुता बहुत कुछ मृदु हो जाती है और उनकी मानवता ही सतह पर आ पाती है; हिन्दू-मुसलमान एक हैं, परमात्मा ही तो 'राम' है! सगुण भक्ति का कबीर के द्वारा खंडन कुछ तीखा अवश्य है, किन्तु तुलसी और सूर जब निर्गुण का खंडन करते हैं, तब उनकी सहिष्णुता देखने ही लायक होती है। मानवता की यह परम्परा हिन्दू जीवन और भारतीय साहित्य की, विशेषत: हिन्दी साहित्य की, एक प्रत्यभिज्ञेय परम्परा रही है।

आधुनिक युग में महात्मा गांधी ने इस परम्परा का बड़ी मौलिकता और व्यावहारिकता के साथ प्रतिनिधित्व किया। हिन्दी साहित्य को भी उनसे बहुत कुछ मिला। बहुत कुछ क्या, आधुनिक युग के गद्य और पद्य के दो सर्वाधिक प्रसिद्ध, लोकप्रिय और श्रेष्ठ लेखक, प्रेमचन्द और मैथिलीशरण गुप्त, उन्हीं के द्वारा परिवर्तित और परिवर्तित मानवतावाद से अपनी कला को इतना उत्कर्ष प्रदान कर सके। इन लेखकों की कृतियों में मानवता की पूर्वोक्त दूसरी विशेषताएँ स्पष्ट ही हैं।

इधर यह देखकर विचारक चौकन्ने हो रहे थे कि राष्ट्रीय और सामाजिक जीवन के साथ-ही-साथ साहित्य से भी मानवतावाद धीरे-धीरे अपदस्थ होता जा रहा था और अतिवाद की मनहूस छाया चारों ओर फैलती जा रही थी। महात्मा गांधी की हत्या के द्वारा हिन्दू संस्कृति और परम्परा के दावेदारों ने तो समूची जाति की प्राण-शिरा ही काट डाली है।

हिन्दी साहित्य की चौथी परम्परा मानववाद का उल्लेख तीसरी परम्परा के साथ ही हो चुका है। मानववाद जीवमात्र के कष्ट मिटाना चाहता है। मानववादी के हृदय में सहानुभूति तो रहती ही है, किन्तु इससे भी अधिक रहती है पीड़ित के साथ समव्यथा की भावना। फलत: वह सुखी को और अधिक सुखी बनाने के लिए उतना व्यग्र नहीं रहता, जितना दुखी को सुखी बनाने के लिए। मानववादी यह विश्वास करता है कि मनुष्य स्वभावत: अच्छा या बुरा नहीं होता, वस्तुत:

वातावरण ही उसके स्वभाव का निर्माण करता है। इसलिए मानववादी मानव-जाति की सामाजिक या आर्थिक व्यवस्था को उन्नत करना चाहता है।

प्राचीनकाल में मानववादी धर्म की कट्टरता से विद्रोह कर फिर किसी-न-किसी प्रकार के धर्म का ही आश्रय लेता था; जैसे—महावीर, बुद्ध, कबीर इत्यादि। आधुनिक मानववादी वैज्ञानिकों और स्वतंत्र चिन्तकों की सहायता लेता है। इसी दृष्टि से पंडित जवाहरलाल नेहरू का मानववाद महात्मा गांधी के मानवतावाद से भिन्न है।

मानववाद से प्रेरित कृतियाँ, पर्चे आदि प्रचार-पुस्तिकाएँ बनकर रह जाती हैं—उनका साहित्यिक रूप स्थायी महत्त्व का नहीं माना जा सकता। किन्तु हमें यह भी नहीं भूलना चाहिए कि मानववादी विचारधारा स्थायी महत्त्व के साहित्यिक रूपों में अनिवार्य रूप से अनुस्यूत हो जाती है और इस तरह साहित्य और जीवन एक दूसरे के बहुत निकट चले जाते हैं। सच बात तो यह है कि स्तिमित होते हुए साहित्य को इसी मानववाद से प्रगति का प्राणवंत विस्फूर्जन प्राप्त होता है।

पालि, अर्द्ध-मागधी, प्राकृत और अपभ्रंश में अभिव्यक्त मानववाद की विद्रोही विचारधाराओं ने कई बार म्रियमाण संस्कृत साहित्य को पुनरुज्जीवित किया था। मार्क्सवाद से अनुप्राणित यही प्राचीन परम्परा आज के प्रगतिवादी हिन्दी साहित्य की रीढ़ बनी हुई है। पंतजी ने यही विचारधारा युगांत और युगवाणी में अपनाई थी। यह विचारधारा जिस साहित्यिक रूप में इन कृतियों में अभिव्यक्त हुई थी, वह ग्राह्य नहीं हुई। किन्तु स्वर्ण-धूलि और स्वर्ण-किरण में यही परम्परा उत्कृष्ट साहित्यिक रूप धारण कर अवतरित हुई है। प्रगतिवाद की कहिए, या इस परम्परा की, यही श्रेयस्कर परिणति है। नरेन्द्र शर्मा की कविताएँ, रामविलास शर्मा की आलोचनाएँ, अमृत राय की कहानियाँ, और दूसरे प्रगतिवादियों के सन्तुलित प्रयत्न इस परम्परा में प्रखरता लाने में समर्थ हुए थे। प्रगतिवाद के कर्णधार जब अपनी परिधि को सीमित करने लगे, तब उनकी यह संकीर्णता उनकी स्पृहणीय विशिष्टता के लिए घातक सिद्ध हुई।

हमारे साहित्य की पाँचवीं और अन्तिम उल्लेखनीय परम्परा है धार्मिकता—जिसे, शायद कुछ लोग प्रथम और प्रधान स्थान देना चाहेंगे।

प्राचीन भारतीय या हिन्दी साहित्य के सम्बन्ध में धार्मिकता की दृष्टि से यहाँ कुछ कहने की विशेष आवश्यकता नहीं। धार्मिकता की परम्परा की सबलता का सबसे बड़ा प्रमाण तो यही है कि रीतिकाल की घोर शृंगारिकता पर भी मुलम्मा इसी का चढ़ा हुआ है और मार्क्सवाद के रास्ते पर काफी आगे बढ़ चुकने के बाद भी पंतजी अकस्मात् फिर इधर ही मुड़ गए हैं।

आधुनिक साहित्य में, स्पष्ट या अस्पष्ट रूप से, यह परम्परा अविच्छिन्न है। पंतजी के सम्बन्ध में कहा जा चुका है; 'प्रसाद' ने रहस्यवादी के रूप में और

शैव सिद्धान्तों के समर्थक की हैसियत से इसे स्वीकृत किया; 'निराला' ने रहस्यवादी और अद्वैतवादी के रूप में, और मैथिलीशरण गुप्त ने सम्पूर्णतः और स्पष्टतः। इस परम्परा का अतीत और वर्तमान चाहे जैसा भी रहा हो, भविष्य बहुत सम्भावनापूर्ण नहीं है।

आधुनिक हिन्दी साहित्य को ये पाँच सदानीरा धाराएँ सिंचित कर रही हैं। उसके विकास और संवर्धन के लिए पोषण-तत्त्व स्वतः सुलभ है।

टी. एस. इलियट के जिस निबन्ध का प्रारम्भ में उद्धरण दिया गया था, उसी में उन्होंने यह भी कहा है कि परम्परा 'क्रमागत नहीं हो सकती; यदि कोई इसकी आवश्यकता अनुभव करता है, तो उसे इसकी प्राप्ति के लिए बहुत परिश्रम करना पड़ता है।' नवीन अनुभूतियों की सान पर चढ़कर परिवर्तित हुए बिना क्रमागत परम्पराओं की मौलिक प्रखरता नष्ट हो जाती है; वे मात्र चर्वित-चर्वण और नियम-पालन रह जाती हैं।

आरम्भ में कहा गया था कि परम्परा अप्रतिहत गतिवाली निम्नाभिमुख जलधारा के समान होती है। यह बिलकुल ठीक भी है; परम्परा कारण और कार्य का सातत्य है ही। किन्तु यह कहना गलत होगा कि एक नवीन लेखक इस जलधारा में तिनके की तरह असहाय बहता रहता है। लेखक की सफलता इसमें है कि वह इस धारा को, अपनी 'व्यक्तिगत प्रतिभा' के अनुरूप, और समय की आवश्यकता के अनुसार नई दिशा में मोड़ दे। अतीत को स्वायत्त करने का प्रयत्न उसे वर्तमान के प्रकाश में देखने की सूक्ष्मता—ये ही बातें किसी लेखक को, अच्छे अर्थ में परम्परा से सम्बद्ध करती हैं। अतीत की विवेकशून्य अनुकृति के परिणामस्वरूप ऐसे ऐतिहासिक नाटकों या उपन्यासों की रचना हो सकती है, जिनका वर्तमान से कोई सजीव सम्बन्ध न हो—और सच पूछिए तो, जिनका, इसी कारण, अतीत से भी कोई वास्तविक सम्बन्ध नहीं माना जा सकता।

परम्परा का एक दूसरा विचारणीय रूप है, जिसकी ओर इशारा भी किया जा चुका है। जैसा कुछ विद्वानों का मत है, यदि एक बार परम्परा को अपने शिविर में घुसने का मौका दिया जाए, तो खतरा यह रहता है कि वह कहावत के ऊँट की तरह धीरे-धीरे समूचे शिविर पर ही कब्जा कर ले सकती है। कभी-कभी लता आधार-वृक्ष को ही जकड़कर सुखा डालती है। इसीलिए परम्परा के सम्बन्ध में विस्तृत विवेचन की आवश्यकता समझी गई है। हमें उसके बारे में किसी तरह की गलतफहमी नहीं रखनी चाहिए।

अब तक हिन्दी साहित्य के विद्वान् बहुत कम पर बहुत अधिक विचार करते रहे हैं; अब उन्हें बहुत अधिक पर बहुत अधिक विचार करना आवश्यक हो गया है।[1]

टिप्पणी :

1. इस उप-परिच्छेद का मुख्यांश ओरिएंटल कॉन्फरेंस के अधिवेशन विशेष के लिए लिखा गया था, और उसके लिए स्वीकृत हुआ था। फिर यह बिहार सरकार के जन-सम्पर्क विभाग के साहित्यिक मासिक पत्र 'बिहार' में प्रकाशित हुआ था। इसके सैद्धान्तिक अंशों का उपयोग डा. त्रिलोकीनारायण दीक्षित ने बिना आधार स्वीकार किये अपनी एक पुस्तक में कर लिया है। प्रसिद्ध त्रैमासिक 'दृष्टिकोण' के अंक-विशेष में इस कृत्य की आलोचना द्रष्टव्य है।

अध्याय 16

साहित्यिक इतिहास के शेष पक्ष

(क) साहित्यिक इतिहास और जन-रुचि

साहित्य के इतिहास में, और सामान्यत: कलाओं के इतिहास में भी, कलाकार तथा कलाकृति पर ही विचार केन्द्रित रखा जाता है। जन-रुचि के विकास की समस्या की उपेक्षा ही होती चली आई है। इसी का परिणाम है कि अतीत या वर्तमान के अनेक कला-विषयक परिवर्तन असमाधेय प्रतीत होते हैं। ऐसे परिवर्तनों के कारणभूत रुचि-परिवर्तनों पर विचार करने पर हम बहुधा पाते हैं कि रहस्य सहज ही समझ में आ जाता है। इसके लिए आवश्यक केवल यह है कि साहित्यिक परिवर्तनों को उनके ऐतिहासिक तथा समाजशास्त्रीय परिवेश में रखकर समझने की कोशिश करें।

इस दिशा में अपवादस्वरूप जो प्रयत्न हुए हैं, वे अतिसरलीकरण के दोष से ग्रस्त हैं। उदाहरण के लिए 1890 में Feodinard Brunetièrs का Evolution des genres dans I' Histoire de la Littèrature प्रकाशित हुआ था, जिसमें फ्रांस के इस प्रकांड आलोचक और इतिहासकार ने ललित कलाओं और साहित्य के विकास पर Charles Warwin के 'जीवों के उद्‌भव' के आधारभूत सिद्धान्तों को पूर्णत: घटित कर दिखाया था। उसने यह सिद्ध करने का प्रयत्न किया था कि ललित कलाओं और साहित्य में भी पहले सरल रूप देखने को मिलते हैं; वे ही बाद में जटिल-जटिलतर बनते चले जाते हैं, और शाखा-प्रशाखाओं में विकसित होते हैं। नाटक के इतिहास में तो उसने यौवन, परिपूर्णता, परिपक्वता, क्लांति, ह्रास तथा विशीर्णता के क्रम निर्दिष्ट करने का भी प्रयास किया था। इस प्रकार इस फ्रांसीसी विद्वान् ने कला को सजीव जाति मात्रों में विभक्त कर, उन पर डार्विन के 'चयन के सिद्धान्त' आरोपित करने का विचक्षणतापूर्ण, किन्तु दूरानीत प्रयत्न किया था।

वास्तविकता यह है कि जीवन और कलाओं के बीच बाह्य और आंशिक सादृश्य भर है। जीवन अपने को प्रजनन अथवा बीजारोपण द्वारा स्वतंत्र रूप से

प्रसारित करता है, जबकि कला-सृजन मानवीय विचार-व्यापार पर अवलंबित है। प्रकृति में अस्तित्व के लिए जो संघर्ष देखा जाता है, उसे कला में भी दिखाया जा सकता है; किन्तु हमें यह स्मरण रखना होगा कि कला के क्षेत्र में विभिन्न रूप या कृतियाँ नहीं, बल्कि प्रवृत्तियाँ संघर्ष करती हैं। ब्रुनेतिएर सिद्ध करना चाहता है कि कभी-कभी साहित्य का रूप-विशेष, उदाहरणार्थ नाटक, युग-विशेष में आन्तरिक शक्ति से रहित होने के कारण, नष्ट हो जाता है, किन्तु तथ्य यह है कि इसके लिए रूप-विशेष नहीं, प्रत्युत कृतिकार उत्तरदायी होते हैं। मनुष्य के जीवन में न केवल कलाओं का, बल्कि व्यवहार में आनेवाली अनेकानेक वस्तुओं का, उदाहरणार्थ परिधान आदि का, रूप-परिवर्तन देखने को मिलता है; उनकी तुलना सजीव प्रकृति के जाति-विशेष से थोड़े ही की जा सकती है!

अस्तु, यह ठीक है कि कलाओं का साहित्य का ऐकांतिक अध्ययन सम्भव नहीं है; किन्तु यह भी सत्य है कि इन्हीं क्षेत्रों में ऐसे परिवर्तन भी देखने को मिलते हैं, जिनके कारणों का निर्देश कठिनतम सिद्ध होता है। L.L. Shücking ने इस प्रसंग में ये उदाहरण दिये हैं—शिलर ने फील्डिंग को श्रेष्ठ प्राचीनों में परिगणनीय माना था, बायरन के इतिवृत्तात्मक पद्य प्रकाशित होने के तुरन्त बाद हजारों की संख्या में बिकते थे, किन्तु आज उन्हें शायद ही कोई पढ़ता है। ग्येते के समय में ज्याँ पाल का एक केश-गुच्छ किसी को मिल जाता था, तो उसे वह मूल्यवान् निधि समझता था। हम अपने साहित्येतिहास से भी ऐसे अनेकानेक उदाहरण अनायास प्रस्तुत कर सकते हैं : 'किं रघुवंशमपि काव्यम्? तस्यापि टीका? सापि संस्कृतमयी?' 'माधे सन्ति त्रयो गुणाः'; 'सूर सूर तुलसी ससी', आदि में संकेतित रुचि स्पष्ट है। आज हम जन-रुचि के ऐसे उदाहरणों का समाधान कृतिकारों या उनकी रचनाओं के दोषों के निर्देश द्वारा कर देते हैं—उनका मनोविज्ञान अपरिणत था, उनमें ईमानदारी की कमी थी, उनमें विचारों की गम्भीरता का अभाव था, अथवा उनमें रचना-कौशल भर था। किन्तु हम पाठकों की रुचि की दृष्टि से इस समस्या पर विचार करें! क्या उन दिनों का पाठक आज की कृतियों को अपने युग की कृतियों से उच्चतर मानने को तैयार होगा? पिछले युग का आदमी बैलगाड़ी की तुलना में रेलगाड़ी को, या तेल के दीये के मुकाबले बिजली-बत्ती को निश्चित प्रगति का प्रमाण मानने को बाध्य होगा, किन्तु वह स्वसामयिक कला की अपेक्षा वर्तमान-युगीन कला को शायद ही प्रगति या विकास माने। इस प्रकार हम देखते हैं कि अतीत तथा वर्तमान की कलात्मक रुचि में स्पष्ट भेद मिलते हैं।

महान् कलाकारों के विषय में भी रुचि-भेद के परिणाम देखने को मिलते हैं। उदाहरणार्थ, शेक्सपियर को शताब्दियों तक मान्यता प्राप्त नहीं हुई थी। Shücking ने इस उदाहरण के साथ ही लॉर्ड चेस्टरफील्ड जैसे परिष्कृत रुचि-सम्पन्न अभिजात व्यक्ति के कला-विषयक दृष्टिकोण का उल्लेख किया है। पुत्र के नाम लिखे

अपने प्रसिद्ध पत्रों में से एक में, पुत्र द्वारा यह पूछने पर कि वह Rembrandt के कुछ चित्र सस्ते खरीद ले, चेस्टरफील्ड सलाह देता है : 'नहीं, यह समझदारी का काम नहीं होगा।' और, आज Rembrandt संसार के श्रेष्ठ चित्रकारों में परिगणित होता है!

इसी प्रकार निश्चित रूप से मान्यता-प्राप्त कलाकारों के बारे में भी बहुविध रुचि-भेद बना रहता है। एक तो हम यह देखते हैं कि चन्द्रमा की घटती-बढ़ती कलाओं की तरह उनकी लोकप्रियता भी घटती-बढ़ती है, ग्येते या बाणभट्ट जैसे लेखकों तक के बारे में यह सत्य है! दूसरे यदि लोकप्रियता घटने-बढ़ने के बदले एक समान ही बनी रहती है, तो भी यह देखा जाता है कि इसका कारण जो कल माना या बताया जाता था, वह आज नहीं माना-बताया जाता। एलिजाबेथ-युगीन दर्शक शेक्सपियर के नाटकों की महत्ता जिन कारणों से स्वीकार करते थे, उन कारणों को आज के उनके पाठक विचारणीय भी नहीं मानते। यही बात तुलसीदास के सम्बन्ध में भी कही जा सकती है।

Shücking ने इन्हीं आधारों पर यह निष्कर्ष उपस्थित किया है कि युग-विशेष में रुचि-विशेष का प्राधान्य रहता है। ललित कलाओं के विषय में यह अपेक्षया अधिक सत्य है। यही कारण है कि जिन देशों में ललित कलाओं का सामान्य जीवन पर विशेष प्रभाव पड़ता है, वहाँ सांस्कृतिक युगों के नाम कलात्मक प्रवृत्तियों पर चल पड़ते हैं। उदाहरणार्थ, पश्चिम में पुनर्जागरण-युग की चर्चा बहुश: होती है, किन्तु यह तो किसी जमाने में स्थापत्य के प्रवृत्ति-विशेष का अभिधेय था। इधर पश्चिम में ही 'अभिव्यंजनावादी युग' की भी चर्चा होने लगी है।

हमारे यहाँ क्यों इसके दृष्टांत नहीं मिलते, इसका कारण स्पष्ट है। हमारे यहाँ सामान्य जीवन पर ललित कलाओं का थोड़ा प्रभाव भी नहीं है।

(ख) प्राचीन काव्यों की प्रामाणिकता

हिन्दी के आधुनिक विद्वानों में यह प्रवृत्ति बढ़ती पर है कि प्राचीन काव्यों में पाई जानेवाली इतिहास-विरुद्ध बातों या अपेक्षाकृत नई भाषा के कारण उन्हें अप्रामाणिक घोषित कर दिया जाए। हिन्दी साहित्य के एक नवीन इतिहास-ग्रंथ में शुक्ल जी के द्वारा उद्भावित वीरगाथा-काल के प्राय: सभी ग्रंथ अप्रामाणिक सिद्ध कर दिये गए हैं, और इस काल को ही बेबुनियाद ठहरा दिया गया है।

एक वह भी समय था जब हमारे यहाँ के इतिहास-ग्रंथ, वे चाहे राजनीतिक इतिहास से सम्बन्ध रखते हों या साहित्यिक इतिहास से, मात्र दंतकथाओं और किंवदंतियों के संकलन होते थे। अवश्य यह सर्वथा अवांछनीय वस्तुस्थिति थी। आज इसके विपरीत हिन्दी साहित्य के विद्वान् वैज्ञानिक दृष्टिकोण के ऐसे समर्थक

हो गए हैं कि वे तारीख और नाम को ही साहित्य की प्रामाणिकता की एकमात्र कसौटी मान बैठे हैं। यह स्थिति भी खतरों से खाली नहीं है।

एक विदेशी विद्वान् (बुलर) ने वीरगाथा-काल के सबसे महत्त्वपूर्ण काव्य 'पृथ्वीराज रासो' का प्रकाशन कुछ ऐसे ही कारणों से स्थगित करा दिया था। उसके बाद तो हिन्दी के विद्वान् दो दलों में बँट गए और उनके बीच खूब तर्क-वितर्क हुआ कि रासो प्रामाणिक है या जाली।

वस्तुतः यह सैद्धान्तिक प्रश्न है, और बहुत दूर तक जो बात एक प्राचीन काव्य पर लागू होगी, वही सामान्य रूप से सभी देशों के ऐसे काव्यों के लिए सच होगी। इस तथ्य की अवहेलना करने के कारण साहित्यिक इतिहासों में भी ऐसे काव्यों की प्रामाणिकता का ही विरेचन होता रह जाता है और इनका साहित्यिक मूल्यांकन उपेक्षित रह जाता है।

क्या हिन्दी के विद्वानों को मालूम नहीं कि 'पृथ्वीराज रासो' या वीर-गाथा-काल की अन्य रचनाओं की तरह होमर के काव्य भी प्रामाणिकता की दृष्टि से विशेषज्ञों के लिए आज भी विशप बने हुए हैं, और 'Homeric Problem'—होमरीय समस्या—कभी न सुलझनेवाली गुत्थी मान ली गई है? और तो और, क्या शेक्सपियर नामक नाटककार सचमुच कभी था? इस विषय पर 'Baconian theory'—बेकन-सिद्धान्त—के समर्थकों ने तो इतना लिखा है कि छोटा-मोटा पुस्तकालय बन जाए! और क्या व्यास या वाल्मीकि का अस्तित्व भी था? और पुराण? और क्या भास के नाम पर स्वीकृत नाटक वस्तुतः भास के थे? विशेषज्ञ इन प्रश्नों को लेकर निरन्तर अनुसंधान कर रहे हैं। उनके परिणामों और निष्कर्षों से, यदि वे वहाँ तक पहुँच सके, तो साहित्यिक इतिहासों के विवरणों में थोड़े-बहुत परिवर्तन आवश्यक हो जा सकते हैं, किन्तु अधिकांश में, इस प्रकार के शोध और साहित्यिक इतिहास के क्षेत्र और कार्य भिन्न हैं और उन्हें अपनी सीमाओं का ध्यान रखना उचित है।

इस समस्या का गवेषणात्मक से भिन्न, साहित्यिक समाधान यह है कि प्राचीन काव्यों के सम्प्रति निश्चित रूप और उनके सम्बन्ध में बद्धमूल परम्परा उनकी प्रामाणिकता के लिए पर्याप्त है। यदि कर्नल टॉड ने 'पृथ्वीराज रासो' के आधार पर राजस्थान का इतिहास पुनर्निर्मित करने का प्रयास किया था, तो विशुद्ध इतिहास-विज्ञान की दृष्टि से उन्होंने अपने निष्कर्षों के लिए गलत आधार चुना था, किन्तु यदि बुलर के निश्चय की अवहेलना कर नागरी प्रचारिणी सभा ने यह निश्चय किया था कि रॉयल एशियाटिक सोसायटी के द्वारा स्थगित रासो के प्रकाशन-कार्य को वह पूरा करेगी, तो, एक साहित्यिक संस्था होने के नाते, उसने स्तुत्य निर्णय करने का साहस दिखाया था, और इसी प्रकार, शुक्ल जी ने 'पृथ्वीराज रासो' या वैसी अन्य छोटी-बड़ी रचनाओं के आधार पर वीरगाथा-

काल की उद्भावना की थी, उसका विवरण दिया था, साहित्यिक विवेचन प्रस्तुत किया था, तो उन्होंने भी साहित्यिक इतिहासकार के सर्वथा अनुरूप दृष्टिकोण स्वीकार किया था। बुलर ने 'पृथ्वीराज रासो' का प्रकाशन तो स्थगित करा दिया था; क्या वे 'एलियड' और 'ओडेसी' के बारे में भी, यदि उन्हें ऐसा अधिकार होता भी, यह रुख अख्तियार करते, और यदि करते तो उन्हें अन्य साहित्यिकों का समर्थन भी प्राप्त होता?

इसी समस्या को ध्यान में रखकर सिद्धान्ततः महाकाव्यों के दो वर्ग माने जाते हैं : एक तो परम्परागत (Traditional) महाकाव्यों का वर्ग होता है, और दूसरा साहित्यिक महाकाव्यों का। पहले वर्ग के महाकाव्यों को विकास के महाकाव्य (Epics of Growth) भी कहते हैं, जिससे उनके वास्तविक रूप का स्पष्टीकरण हो जाता है। 'रघुवंश' या 'रामचरित मानस' या 'पैरेडाइज लास्ट' साहित्यिक महाकाव्य हैं। 'वाल्मीकि रामायण' और 'महाभारत' और 'एलियड' और 'ओडेसी' और 'पृथ्वीराज रासो' विकास के महाकाव्य हैं।

विकास के ये महाकाव्य एक व्यक्ति या किसी निश्चित अवधि के अंदर नहीं लिखे गए थे। यदि किसी व्यक्ति का नाम किसी ऐसी रचना के साथ जुड़ा हुआ है, तो इसलिए कि उसकी कल्पना उसने की थी, कुछ इसलिए नहीं कि उसने अपनी कृति को शुरू कर खत्म भी कर लिया होगा। यह सम्भव भी नहीं है; क्योंकि रचनाएँ बहुत कुछ पुराणों की प्रकृति की होती हैं, जिनका रचनाकाल एक नहीं, अनेक गुणों में विस्तीर्ण रहता है; क्योंकि उनमें एक प्रतिपालक का चरितांकन तो मुख्य रूप से होता है, पर उसके वंशधरों का भी गौण रूप से, मूल कवि के वंशजों के द्वारा होता चला जाता है। कभी-कभी कुछ विद्वान्, भाषा-शैली के आत्मनिर्धारित निकषों के सहारे, ऐसे काव्यों के मूल अंश को छाँट निकालने का प्रयत्न करते हैं, पर यह तो बहुत बड़ी बात है, स्पष्टतः प्रक्षिप्त अंशों के अतिरिक्त दूसरे छोटे अंशों को भी अस्वीकृत करना अवांछनीय माना गया है। पूना से 'महाभारत' का जो संस्करण प्रकाशित हो रहा है, उसके सम्पादकों को प्राच्य-विद्या-विशारद विंटरनित्स ने यही सलाह दी थी और उन्हें सावधान किया था कि वैज्ञानिक सम्पादन के नाम पर कहीं वे अर्थ का अनर्थ न कर डालें।

विकास के महाकाव्यों की रचना होती नहीं, होती चलती है; उसकी रचनावधि भी निश्चित नहीं होती, जैसाकि ऊपर कहा जा चुका है। अनेक रचयिताओं और विस्तीर्ण अवधि के फलस्वरूप धीरे-धीरे ऐतिहासिक तथ्य धूमिल पड़ते जाते हैं और उनकी बहुत अधिक उपयोगिता नहीं रह जाती। फिर भी, नाम और तिथि की दृष्टि से अनुपयोगी होने पर भी, न केवल साहित्यिक इतिहास के लिए, प्रत्युत सांस्कृतिक इतिहास के लिए भी, ऐसे काव्य महत्त्वपूर्ण सिद्ध होते हैं, और अगर पार्जिटर जैसा परिश्रमी विद्वान् हो, तो जैसे उसने पुराणों से भारतीय इतिहास की

आधारभूत सामग्री संकलित कर ली थी, उसी तरह वह इन काव्यों से भी राजनीतिक इतिहास के लिए पर्याप्त तथ्य इकट्ठे कर ले सकता है।

जहाँ तक साहित्यिक मूल्यांकन, प्रवृत्ति-निरूपण तथा परम्परा-निर्धारण का प्रश्न है जो साहित्यिक इतिहासकार के लक्ष्य होते हैं, ये काव्य उतने ही महत्त्वपूर्ण होते हैं, जितने साहित्यिक महाकाव्य। वीरगाथा-काल की वीर या प्रेम-गाथाओं का इसी दृष्टिकोण से अध्ययन होना चाहिए। जिन्होंने ऐसा किया है, उन्होंने साहित्यिक इतिहासकार के दायित्व का पालन किया है।

(ग) लोकवार्ता

हिन्दी में हम ढीले-ढाले ढंग से लोक-साहित्य शब्द का व्यवहार करते हैं। अंग्रेजी में लोकवार्ता (Folk Lore) शब्द का व्यवहार होता है, हालाँकि उससे थोड़े भ्रम की भी गुंजाइश रहती है। उदाहरण के लिए, फ्रांसीसी और स्कैंडेनेवीय भाषाओं में लोकवार्ता के अन्तर्गत परम्परागत गृह-रूप, कृषि सम्बन्धी रूढ़ियाँ, कपड़ा बिनने के तरीके—ये सभी तथा अन्य नृशास्त्रीय विषय भी आते हैं। इसके विपरीत अंग्रेजी में यह शब्द, साधारणतः, सामान्य जनता की मौखिक या लिखित परम्पराओं को ही व्यक्त करता है—यह दूसरी बात है कि इस परिभाषा की परिधि भी, विषय और शैली की दृष्टि से, अनेक बिन्दुओं पर नृशास्त्र की सीमाओं के सम्पर्क में आ ही जाती है।

लोकवार्ता के अन्तर्गत सभी प्रकार के लोकगीत, लोककथाएँ, अन्धविश्वास, स्थानिक जनश्रुतियाँ, कहावतें, बुझौवल आ जाते हैं। लोकवार्ता की तात्त्विक विशेषता यह है कि वह परम्परागत होती है। वह जनसमुदाय, जिससे लोकवार्ता सम्पृक्त रहती है, मौलिकता के महत्त्व को अस्वीकार कर देती है। उसके लिए तो वही प्रामाणिक है, जो पुराना है। मौसम के बारे में कहावतों में भविष्यवाणी रहती है, बीमारियों के नुस्खे बड़े-बूढ़े बना जाते हैं! यह समुदाय नवीन जीवन-प्रणालियों से दूर ही रहता है।

अठारहवीं शताब्दी के अन्त से लोकवार्ता के विषय में विद्वानों की अभिरुचि बढ़ी और उसके अध्ययन को पर्सी की पुस्तक Reliques of Ancient English Poetry से विशेष प्रेरणा मिली, जो 1765 में प्रकाशित हुई थी। इसके बाद तो समूचे यूरोप में, और तदनन्तर अमेरिका में लोकगीतों के संग्रह का कार्य शुरू हो गया। इसके साथ ही साथ लोकगीतों के उद्‌भव और महत्त्व के सम्बन्ध में सैद्धान्तिक विवेचन का आरम्भ हुआ।

लोकगीतों के आकर्षण के दो कारण हैं : पहले तो यह कि उससे मनोविनोद होता है और उसका सम्बन्ध उत्सवों के साथ रहता है। दूसरे, रूमानी रुझान के

विद्वानों की दृष्टि में लोकगीत विशुद्ध रूप से मिट्टी की उपज है, और इसलिए सर्वसाधारण को भी और सुसंस्कृत व्यक्तियों को भी वह समान रूप से प्रभावित और आकृष्ट करता है, और दोनों के बीच सम्बन्ध स्थापित करने में समर्थ होता है। उनकी दृष्टि में लोकगीतों के अध्ययन से यह लाभ होता है कि हम सफल पारम्परिक व्यवहार की शताब्दियों की कालावधि में बद्धमूल विचारों और काव्यात्मक प्रणालियों को प्रत्यक्ष रूप से पहचान और समझ सकते हैं। बाद के विद्वानों ने इस रूमानी दृष्टिकोण का तो परित्याग कर दिया, किन्तु वे लोकगीतों का संग्रह करते रहे और संगृहीत सामग्री के वैज्ञानिक मूल्यांकन की प्रणालियाँ उद्‌भावित करने में सचेष्ट रहे।

विद्वानों के एक अपेक्षाकृत छोटे वर्ग ने लोककथा को अपने अध्ययन का विषय बनाया है। चूँकि लोककथा विस्तार में सार्वभौम है, इसलिए इसके संग्रह का कार्य भी तीव्रता से बढ़ता चला गया है और पिछली शताब्दी में इसके संघटन की पद्धतियों का सतर्कता से विकास किया गया है। इस विकास में शायद सबसे महत्त्वपूर्ण स्थान है ऐतिहासिक भौगोलिक पद्धति का।

यह एक विवादास्पद विषय है कि पारस्परिक साहित्यिक कथाओं को लोककथा माना जाए या नहीं। व्यवहार में अवश्य ही मौखिक परम्परा को लिखित परम्परा से अलग कर सकना कठिन है, किन्तु दोनों के अध्ययन की प्रणालियाँ मूलतः भिन्न हैं। मौखिक परम्परा, जिस रूप में ही साधारणतः लोककथा स्वीकृत होती है, स्मरणशक्ति की अनिश्चयता के खतरे से गुजरती है, और उसकी समस्याएँ उस लिखित परम्परा से भिन्न होती हैं, जो पांडुलिपियों, मुद्रित संस्करणों और ज्ञात लेखकों पर आश्रित रहती हैं। जब दो परम्पराएँ एक दूसरे को प्रभावित करती हैं, तब विद्वानों के द्वारा विचारणीय समस्या अत्यधिक जटिल हो जाती है।

चूँकि लोकवार्ता मूलतः जनता की वाणी से संकलित की जाती है, इसलिए, यदि उसके संग्रह और सुरक्षा पर पूरा ध्यान न दिया गया, तो उसके नष्ट हो जाने की आशंका बनी रहती है। यूरोपीय देशों में, विशेष रूप से उनमें जहाँ समृद्ध मौखिक परम्परा वर्तमान है, सरकारी देख-रेख में काम करनेवाले संग्रहालय हैं, जहाँ संग्रह-कार्य की सम्यक् योजना बनाई जाती है और उसे कार्यान्वित किया जाता है, तथा लोकवार्ता सम्बन्धी संगृहीत सामग्री रक्षित, अधीत और सूचीबद्ध होती है।

लोकवार्ता आकर्षक विषय है। बहुतेरे लोग जो अपने कार्यवश लोक-सम्पर्क में आते रहते हैं, जैसे—छात्र, चिकित्सक, वकील आदि पारम्परिक सामग्री के संकलन का शौक रखते हैं। इनका दृष्टिकोण समाजशास्त्रीय होता है और ये इस तथ्य में विशेष अभिरुचि नहीं रखते कि ये परम्पराएँ संसार भर में समान रूप में विस्तीर्ण पाई जाती हैं। इसके विपरीत लोकवार्ता का विशेषज्ञ कभी-कभी मौखिक

परम्पराओं की सार्वदेशिक समानताओं में रस तर
वह परम्परा के वाहक व्यक्ति पर ध्यान ही नही
दृष्टिकोण रखनेवाले लोकवार्ता-विशारदों की नई प
को सुव्यवस्थित, सन्तुलित और वैज्ञानिक बनाने का

(घ) उपसंहार

इस तनिक विस्तृत अध्ययन से इसका अनुमान किया जा सक
के क्षेत्र में पाश्चात्य देशों में कितनी अधिक पद्धतियाँ व्यवह
इनमें केवल भिन्नताएँ ही नहीं हैं, कुछ समानताएँ भी हैं। ये
नहीं हैं। इनमें समन्वय, वैचारिक साहस और दार्शनिक सूक्ष्मता
के, उसकी समग्रता और अन्विति में, अधिकाधिक गहन विश्ल
है। विस्तार और संकोचन, दोनों ही स्वास्थ्य के लक्षण हैं, कि
रूपों के अपने खतरे भी हैं। साहसिक विचारण, विस्तृत क्षेत्र, सूक्ष
विवेकपूर्ण निर्णयों के सामने हम यह भूल जा सकते हैं कि प्रा
अध्ययन का उत्कृष्ट रूप हमें प्रासंगिक तथ्यों का ठोस अन्तस्संस्थ
था। हमें आज ऐसे वैदुष्य की अपेक्षा है, जो साहित्य—कला के
हमारी सभ्यता की अभिव्यक्ति के रूप में भी—के अनुशीलन की मु
की परिधि में केन्द्रित हो।

आकर-साहित्य-विवरण

) साहित्य तथा समाज

stotle. The Rhetoric of Aristotle. Edited by Lane Cooper, New York, 1932

- Nicomachean Ethics

- Aristotle's Theory of Poetry and Fine Arts Edited by S.H. Bucher. Cambridge : At the University Press, 1875.

acon, F. Advancement of Learning. Book II

aldensperger, Ferdinand, La Littèrature : Crèation, Succes durèe. Paris, 1913

Balet, Leo. Die Verburgerlichung der deutschen Kunst, Literature, und Musik in 18. Jahrhundert. Leipzig, 1936

Bentham, J. Tables of Springs of Action. London, 1817

— Books of Fallacies. London, 1824

Benthem's Theory of Fictions. Edited with an Introduction by C.K. Ogden. London, 1932

Burckhardt, J. The Civilization of the Renaissance in Italy. Several editions

— Force and Freedom: Reflections on History. Edited by J.H. Nichols. New York, 1943

Burke, Kenneth. Counter-Statement. New York, 1931

— Permanence and Change : An Anatomy of Purpose. New York, 1935

— Attitudes toward History. 2 Vols. New York, 1937

— The Philosophy of Literary Form : Studies in Symbolic Action. Baton Rough La : Louisiana State University Press, 1941

— A Grammar of Motives. New York, 1945

— A Rhetoric of Motives. New York, 1950

— Review of A Rhetoric of Motives by Hugh Dalziel Duncan in American Journal of Sociology Vol. LVI, No. 6 (May, 1951)

Caillois, Roger. Sociology a de la novela. Buenos Aires, 1942

Carlyle, Thomas. Sartor resartus. Book III

Cassagne, Albert. La Thèories de l'art pour l'art en France chez les derniers romantiques e.t les premiers-realistes. Paris, 1906

Cassirer, Ernst. Language and Myth. Translated by S.K. Langer. New York, 1946

— Philosophic der symbolischen Formen. Book I : Die Sprache. Berlin, 1923

Book II : Das mysthische Denken. Berlin, 1925

Book III : Phänomenologic der Erkenntnis. Berlin, 1929

Caudwell, Christopher. Illusion and Reality. London, 1937

Chadwick, H. Munro and N. Kershaw. The Growth of Literature. 3 Vols. Cambridge, 1932, 1936, 1940

Coleridge, S.T. Biographia literaria. Several editions

Collingwood, R.G. The Principles of Art. Oxford, 1938

Croce, Benedetto. La Critica letteraria: Qestioni teoriche. Rome, 1894. Reprinted in Primi saggi (2nd ed. Bari, 1927), p. 77-199

Daiches, David. Literature and Society. London, 1938

— The Novel and the Modern World. Chicago, 1939

— Poetry and the Modern World. Chicago, 1940

Dewey, John. Art as Experience. New York, 1934

Ditthey, W. Der Aufban der geschichtlichen Welt in den Geisteswissenschaften. Leipzig and Berlin, 1943. Vol. VII of Gesammelte Schriften (II Vols.; Leipzig and Berlin: B.G. Teubner, 1921-1936)

— Die geistige Welt. Leipzig and Berlin, 1924. Vols. V and VI of Gesemmelte Schriften. See esp. 'Dichterische Einbil- dungskraft und Wahnsinn.' 'Die Einbildungskraft des Dichters : Bausteine für eine Poetik'; 'die drei Epochen der moderenen Ästhetik und ihre heutige Aufgabe' (in Vol. VI of Gesammelte Schriften)

— Das Erlebnis und die Dichtung. 3d enl. ed. Leipzig, 1910

Wilhem Dilthey : An Introduction. By H.A. Hodges. New York, 1944

'Wilhelm Diltiiey's Application of His 'Erlebnis' Theory to English Literature'. Dissertation by Adolphe Zech. Stanford University, 1938

Empson, William. English Pastoral Poetry. New York, 1938

— Seven Types of Ambiguity. London, 1947

— The Structure of Complex Words. London, 1951

Fergusson, F. The Idea of Theatre. Princeton: Princeton University Press, 1949

Finklestein, S. Art and Society. New York, 1947

Fos, Martin. Symbol and Metaphor in Human Experience. Princeton : Princeton University Press, 1948

Freud, S. Wit and its Relation to the Unconscious, London, 1916

— The Interpretation of Dream. London, 1913
Fréville, Jean. Sur la litt'erature et l'art, 2 Vols. Paris, 1936
Guerard, Albert L. Literature and Society. New York, 1935
Guyau, J. L'Art an point de vue sociologique. Paris, 1889
Handworterbuch der Soziologie. Edited by A. Vierkandt. Stuttgar, 1931
Henderson, P. Literature and a changing Civilization. London, 1935
— The Novel of To-day: Studies in Contemporary Attitudes. Oxford, 1936
Huizinga, J. The Waning of the Middle Ages : A Study of the Form of Life, Thought, and Art in France and the Netherlands in the XIVth and XVth Centuries. Leiden, 1924
Kant, Immanuel. Kant's Critique of Aesthetic Judgment. Translated, with seven introductory essays, notes, and analytic index, by James Creed Meredith Oxford, 1911
Kern, Alexander C. 'The Sociology of Knowledge in the study of Literature', Sewance Review, L (1942), p. 505-14
Klingender, F.D. Marxism and Modern Art, London, 1943
Knights, L.C. Drama and Society in the Age of Jonson, London, 1937
Konig, René. 'Literarische Geschmacksbildung', Das dentsche Wort, XIII (1937), p. 71-82
Kohn-Branstedt, E. Aristocracy and the Middle Classes in Germany : Social Types in German Literature, 1830-1900. London, 1937. (Contains Introduction, 'The Sociological Approach to Literature')
Lalo, Charles. L'Art et la vie sociale. Paris, 1921
Langer, Susanne K. Philosophy in a New Key : A Study in the Symbolism of Reason, Rite and Art. London and New York, 1948
Lanson, Gustave, ''L' Histoire litt'eraire et la sociologie', Revue de mètaphysique et morale, XII (1904), (p. 621-42)
Lasswell, H.; Smith, B.L. and Cosey, R.D. Propoganda, Communication and Public Opinion : A Comprehensive Reference Guide Princeton : Princeton University Press, 1946
Leavis, O.D. Fiction and the Reading Public. London, 1932
Lerner, Max and Mims, Edwin. 'Literature, Encyclopaedia of the Social Sciences', IX (1933), p. 523-41
Levin, Harry. 'Literature as an Institution', Accent, VI (1946), p. 159-68
Lifshitz, M. The Philosophy of Art of Karl Marx. Translated by R.B. Winn. New York, 1938
Löwenthal, L. 'Zur gesellschaftlichen Lage der Literatur', Zeitschrift für Sozialforschung, Vol. 1 (1932)

Lukacs, Georg. Die Thearie des Romans : Ein geschichts-philosopher Versuch lüber die Formen der grossen Epik. Berlin, 1920, 'Zur Soziologie des modernen Dramas', Part I and II, Arch iv für Sozial-wissenschaft und Sozial politik, XXXVIII (1914), p. 303-45, 662-706

Mckeon, Richard. 'The Philosophic Bases of Art and Criticism, Modern Philology, XLI, Nos 2-3. (November-February, 1943- 44), p. 65-171. 'Literary Criticism and the Concept of Imitation in Anti-quity,' ibid., XXXIV (1936), p. 1-34

Malinowski, B. Coral Garden and Their Magic : A Study of the Methods of Tilling the Soil and of the Agricultural Rites in the Trobri- and Islands. 2 Vols. London, 1935

Myth in Primitive Psychology. New York, 1926

Martin, Alfred Von. Soziologie der Renaissane. Suttgart, 1932

Marx, Karl, and Engels, Friedrich. The German Ideology, Edited with an Introduction by R. Pascal, New York, 1947

Mead, G.H. 'The Nature of Aesthetic Experience', International Journal, of Ethics, XXXVI (1926), 384-87. Reprinted with further notes as Chap. XXIII of the Philosophy of the Act (Chicago : University of Chicago Press, 1938)

Morris, William. On Art and Socialism : Essays and Lectures, Selected, with an Introduction, by Holbrook Jackson. London, 1947

Needham, H.A. Le Dèvelopement de l'esthetiquè sociologique en France. et en Angleterre an XIXe siécle Paris, 1926

Sidney : An Apology for Poetry—Shelley : A Defense of Poetry. Edited, with Introduction and Notes, by H.A. Needham. London, n.d

Nietzsche, F. The Birth of Tragedy. Several editions

Ogden, C.K.; and Richards, I. A. The Meaning of Meaning. A Study of the Influence of Language upon Thought and of the Science of Symbolism, with Supplementary Essays by B. Malinowski and F.G. Crookshank. 7th ed. New York, 1945

Park, Robert E. 'Reflections on Communication and Culture', American Journal of Sociology, XLIV (1938), p. 187-205

Plato. Republic

Plekhancv, George V. Art and Society. Translated from the Russian by Paul S. Leitner, Alfred Goldstein, and C.H. Crout. New York : Critics Group, 1937

Pollock, T.C. The Nature of Literature : Its Relation to Science, Language, and Human Experience. Princeton : Princeton University Press, 1942

Read, Herbert. Art and Society. London, 1937

Ribot, T. L'lmagination creatrice. Paris, 1900

Richards, I.A. Mencius on the mind : Experiments in Multiple Definition. London, 1932
— The Philosophy of Rhetoric. London, 1936
— Principles of Literary Criticism. New York, 1925
Sapir, Edward. Language. New York, 1921
— 'Communication,' Encyclopaedia of the Social Sciences. Vol. IV
Sartre, Jean P. L'Imagination. Paris, 1936
Schopenhauer, A. The Art of Controversy, and Other Posthumous Papers. Selected and Translated by T. Bailey Saunders. London, 1886
Schucking, L.L. The Sociology of Literary Taste. Translated from the German by E.W. Dicks. London, 1944
'Literarische Fehlurteile : Ein Beitrag zur Lehre vom Geschmacksträgertyp, Dentsche Vierteljahrsschrift für Lit. wiss und Geistesgesch,' X(1932), p. 371-86
Sewter, A.C. 'The Possibilities of a Sociology of Art,' Sociological Review (London), XXVII (1935), p. 441-53
Sorokin. P. Fluctuations of Forms of Art. Vol. I of Social and Cultural Dynamics. Cincinnati : American Book Co., 1937
Spitzer, L. Linguistics and Literary History : Essay in Stylistics. Princeton: Princeton University Press, 1948
Strauss, Walter. Vorfragen einer Soziologie der literarischen Wirkung. Diss., Cologne, 1934
Tate, Allen. On the Limits of Poetry. New York, 1948
Thomson, G. Aeschylus and Athens : A Study in the Social Origin of the Drama. London, 1941
Tomars, A.S. Introduction to the Sociology of Art. Mexico City, 1940
Tolstoi, L. What Is Art and Essays on Art. Translated by A. Maude. Oxford, 1930
Trilling, Lionel. 'Art and Fortune', Partisan Review, December, 1948 p. 1271
— The Liberal Imagination. New York, 1950
Trotsky, L. Literature and Revolution. Translated from the Russian by Rose Streensky. New York, 1925
Urban, Wilbur M. Language and Reality : The Philosophy of Language and the Principles of Symbolism. London, 1939
Vico, Giambattista. The New Science of Giambattista Vico. Translated from the 3rd. ed. by Thomas Goddard Bergin and Max Harold Fisch. Ithaca, N. Y. : Cornell University Press, 1948
Viëtor, K. 'Programme einer Literature soziologie,' Volk im Werden, 11 (1934), p. 35-44

Weber, Max. Gesammelte Aufsätza zur Religions soziologie. 3 Vols. Tübingen, 1920. See esp. 'The Chinese Literati' from Konfuszianisnms und Taoisnms, as translated by H. H. Gerth and C. Wright Mils in from Max Weber : Essays in Sociology (Oxford, 1946)

Wellek, René, and Warren, Austin. Theory of Literature. New York, 1949

Winters, Yvor. In Defense of Reason. New York, 1947

Witte, W. 'The Sociological Approach to Literature', Modern Language Review, XXXVI (1941), p. 86-94

Ziegenfuss, W. 'Keenst' Handworterbuch der Soziologie. Edited by Alfred Vierkandt. Stuttgart, 1931

(ख) साहित्य का सामाजिक महत्त्व

Anon. 'Whither the American Writer ?' (questionnaire), Modern Quarterly, VI (Summer, 1932), p. II-9

Arago, E. 'La Rèpublique et les artistes,' Revue Republicaine, II (1834), p. 14

Aranold, Matthew. Culture and Anarchy. Several Editions

Arvin, Newton. 'Literature and Social Change', Modern Quarterly, VI (Summer, 1932), p. 20-25

Benda, J. Belpregor, Essai sur l'esthètique de la prèsente Sociètè francaise Paris : Emile-Paul, 1919

Bersot, E. Litt'erature et morale (articles extraits pour la plupart du 'Journal des Debats'). Paris : Charpentier. 1861

Blackmur, R. P. The Expense of Greatness. New York, 1940

Blanc, L. 'De L' influence de la sociéte sur la litterature,' Revue 'Rèpublicaine, I (1834), p. 276

— 'Avenir littèraire,' Revue du Progrès, I (1839), p. 126

Bonald, L. De. Des progès ou de la dècadence des letters. In his Œuvres, Vol. XI (1810)

Bonaparte, M. 'A Defense of Biography', International Journal of Psychoanalysis, XX (1939), p. 231-40

Bonuy, Harold V. Reading : An Historical and Psychological Study. Gravesend : A.J. Philip, 1939

Brunetiére, F. L' Art et la morale. 2d. ed. Paris : Hetzel, 1898

Bukharin, N. 'Poetry, Poetics and the Problems of Poetry in the U.S.S.R', In Scott, H. G. (ed.), Problems of Soviet Literature. New York, n. d

Bulloz, J. E. ' 'L' Education populaire et les chefs-d' oeuvre de l'art. Paris : Braun, 1896

Burke, Kenneth. 'Acceptance and Rejection', Southern Review, II, No.3 (1936-37), p. 600

— 'Symbolic War,' ibid., No. 1, p. 134

Caird, E. Essays on Literature and Philosophy, I 54, 'Goethe and Philosophy.' 2 Vols. Glasgow : Madehose, 1892

Calverton, V.F. 'Art and Social Change : A controversy, the Radical Approach,' Modern Quarterly, VI (Winter, 1931), p. 16-27

Carpenter, F. Angel's Wings—a series of Essays on Art and Its Relations to Life. London : Allen & Unwin, 1898. 6th ed., 1920

Cassagne, Albert, La Thèorie de l'art pour l'art en France chez les derniers romantiques el les premiers rèalistes. Paris, 1906

Chase, Richard. 'Art, Nature, Polities', Kenyon Review, (Winter, 1950), p. 580

Chenier, A. 'Sur les causes et les effects de la dècadence des letters' (fragment). In his Œuvres en prose. Paris : Gosselin, 1840; 1st ed., 1819

Couyba, CH. M. L'Art et la dèmocratic. Paris : Flammarion, 1902

Descamps, A. 'Les Arts et l'industrie an XIX^C siécde,' Révue républicaine III (1834), 27; IV (1835), p. 175

Doutrépont, Georges. Les Types populaires de la ittérature francaise ('Publication of the Acadèmic royale de Belgique des Sciences, des letters et des beaux-arts de Belgique', 2d. ser., Vol. XXII, Part 1.) Brussels, 1926

Dussieux, L. L'Art considèrè comme le symbole de l'ètat social, on tablean historique et synoptique du développement des beaux arts en France. Paris : Derand, 1839

Eliot, T.S. 'Poetry and Propaganda', Book, LXX (February, 1930), p. 595-602

Eliot, T.S. The Use of Poetry and The Use of Criticism. London, 1933

Farrell, JAMES T. Literature and Morality. New York, 1947

Fellows in American Letters of the Library of Congress (eds.) The Case against the Saturday Review of Literature. Chicago, 1949

Fergusson, Francis. 'Action as Passion,' Kenyon Review, autumn, 1947, p. 201

— 'Action as Rational : Racince's Bèrènice,' Hudson Review, Summer, 1948, p. 188

Flores, Angel (ed.). Literature and Marxism. New York, 1938. Fox, Ralph. The Novel and the People. New York, 1937

Frye, Northrop. 'Levels of Meaning in Literature', Kenyon Review, Spring, 1950, p. 246

Galabert, E. Les Fondements de t'esthèlique scientifique. Paris : Giard & Brière. Reprinted from Revue international de sociologie, January, 1898

— Le Rôle social de l'art. Paris : Giard & Brière. Reprinted from Revue internationale de sociologie, January, 1898

— Le Rôle social de l'art. Paris : Giard & Brière. Reprinted from Revue internationale de sociologie, August-September, 1898

— L' Evolution esthètique. Paris : Giard & Brière. Reprinted from Revue internationale de sociologie. October, 1898

Galsworthy, John. 'The Creation of character in Literature,' Bookman, LXXIII, No. 6 (1931), p. 561-69

Gaultier, P. 'Le Role social de l'art'. Revue de philologie, LXI (1906), p. 391-409

Gotshalk, D.W. Art and the Social Order. Chicago : University of Chicago Press, 1947

Gorky, Maxim. Culture and the People. New York, 1939

Grasserie, R. Ee La. 'Des rapports de la sociologie et de l'esthètique'. Paris : Imprimerie nationale, 1906

Gúerard, Albert. Art for Art's Sake. Boston : Lothrop, Lee & Shephard, 1936.

Guyan, Marie J. Les Problemes de l'estl étique contemporaine. 4th ed. Paris, 1897

Hazlett, Henry. 'Art and Social Change : A Controversy. The Eclectic Approach,' Modern Quarterly, VI (Winter, 1931), p. 10-15

Highest, Gilbert. The Classical Tradition. New York, 1949

Hirgel, Rudolph. Der Dialog : Ein literar-historischer versuch. Leipzig, 1895

The Importance of Literature to Men of Business. (Series of addresses delivered at various popular institutions, revised and corrected by the authors.) London and Glasgow, 1852

Jackson, Holbrook. The Fear of Books. London and New York, 1932

Kenton, Edna. 'The Beginnings of the 'Problem Novel,' Bookman, XLIII (June, 1916), p. 434-49

Knights, L.C. Drama and Society in the Age of Jonson. London, 1937

Krutch, J.W. 'Literature and Propaganda', English Journal, XXII (December, 1933), p. 793-802

Lalo, Charles. L'Expression de la vie dans l'art. Paris, 1933

— L'Art et la morale. Paris : Alcan, 1922

Lasswell, Harold D. 'The Person : Subject and Object of Propaganda,' Annals of the American Academy of Political and Social Science, CLXXIX (May, 1935), p. 187-93

Lee, Alfred McClung, & Lee, E. B. (Ed.) The Fine Art of Propaganda : A Study of Father Coughlin's Speeches. New York : Har-court, Brace & Co., 1939

Letourneau, CH. L'Evolution littèraire dans les diverses races humaines. Paris : Battaille, 1894
Lewes, G.H. 'The Principles of Success in Literature', six articles in the Fortnightly Review, Vol. I and II (1865)
Lewis, Wyndham. 'Detachment and the Fictionist', English Review, LIX (October, 1934), 441-52; (November, 1934), p. 564-73
— Men without Art. London, 1934
Lowes, John L. Convention and Revolt in Poetry. Boston, 1928
Maigron, L. Le Romantisme et ìa mode. Paris, 1910
— Le Romantisme et les moeurs : essai d'etude historique et sociale, d'après des documents inédits. Paris, 1910
Mock, James P., and Larsen, Cedric. Words that Won the War : The Story of the Committee on Public Information 1917-19. Princeton : Princeton University Press, 1939
Montenagh, G. Propaganda esthètique et sociale : la formation du goütdans L'art et dans la vie. Fribourg, Switzerland, 1914
Muller, Herbert J. The Modern Conception of Tragedy. Ithaca N.Y. 1932
— Modern Fiction : A Study of Values. New York and London : Funk & Wagnalls, 1937
Orwell, Geòrge. 'Politics and the English Language.' In Shooting an Elephant, p. 84-101, London, 1950
Owen, Carroll H. 'The treatment of History in Gerhart Hauptmann's Dramas.' Ph. D. diss., Cornell University, 1938
Planche, G. 'Histoire et philosophie de L'art. VI Moralitè de la poésie', Revue des deux mondes, February, 1835, p. 241
Ponsinet, L. Des rapports de la sociologie et de l' esthètique. Paris : Imprimerie nationale, 1906
Pound, Ezra, Culture. Norfolk, Conn; New Directions Press, 1938
Proudhon, P.J. Les Majorats littéraires. 2d ed. Paris : Dentu, 1863
— Du principe de l'art et de sa destination sociale. In his Œuvres posthumes. Paris : Gamier, 1865
Ransom, John Crowe. 'The Pragmatics of Art.' Kenyon Review, winter, 1940, p. 76
Read, Herbert. Poetry and Anarchism. New York, 1939
Remusat, CH. DE. 'De la mission des ècrivains', Revue des deux mondes, XLIII (January 1, 1863), p. 57
Roellinger, Francis X., Jr. 'Two Theories of Poetry as Knowledge,' Southern Review, VII, No. 4 (1941-42), p. 690
Le Role intellectual de la presse. Paris : Societe des nations, Institute international de coopèration intellectuelle, 1933

Rose, L. La. L'Art et l'èpoque. Paris : Grosset, 1914
Runes, D.D. 'The Twilight of Literature', Modern Thinker, I (August, 1932), p. 323-24
Saisset, E. L'Ame et la vie : suivie d'un examen critique de l' esthéctique francaise. Paris : Bailliére, 1864
Scanlan, Ross. 'Drama as a Form of Persuasive Communication'. Ph. D. diss., Cornell University, 1937
Slochower, Harry. 'Thomas Mann and Universal Culture', Southern Review, IV, No. 4 (1938-39), p. 726
Smith, Bruce L.; Lasswell, Harold D.; and casey, ralph. d. Propaganda, Communication, and Public Opinion. Princeton : Princeton University Press, 1946
Sorel, G. La Valcur sociale de l 'art (Conference) Paris : Jacques, 1901
Strachey, John. Literature and Dialectical Materialism. New York, 1934
Strich, Fritz. Dichtung and Zivilisation. Munich, 1928
Tate, Allen. 'Literature as Knowledge : Comment and Comparison', Southern Review, VI (1940-41), p. 629-57
— 'Mr. Bruke and the Historical Environment', ibid., II, No.2 (1936-37), p. 363
Thomson, George. Marxism and Poetry. New York, 1946
Trilling, Lionel. 'Manners, Morals, and the Novel', Kenyon Review Winter, 1948, p. 11
Vandervelde, E. Essais Socialisters : 'alcoolisme, la religion, l'art. Paris : Alcan, 1906
Veblen, Thorstein. The Theory of the Leisure Class. New York, 1918
Walbridge, E.F. 'Do Novelists Use Real People?' Golden Book, VII (February, 1928), p. 765-75
Walsh, D. 'The Cognitive Content of Art', Philosophical Reivew, LII (1943), p. 443-51
Walzel, Oskar. Das Prometheussymbol von Shaftesbury zo Goethe. Munich 1932
Wilson, Edmund. The Triple Thinkers. Nfew York, 1938
Winters, Yvor. Primitivism and Decadence. New York, 1937

(ग) भाषा-सम्पत्ति

Armstrong, Edward A. Shakespeare's Imagination : A Study of the Psychology of Association and Inspiration. London: Lindsay Drummond, Ltd., 1946
Barfield, Owen. Poetic Diction : A Study in Meaning. London, 1925

Bloomfield, L. Language. New York, 1933
Bowra, C.M. The Heritage of Symbolism. London, 1943
Brooks, Cleanth. The Well Wrought Urn. New York, 1947
Brown, S.J. The World of Imagery : Metaphor and kindred Imagery. London, 1927
Buchanan, Scott. Symbolic Distance. London, 1932
Burke, Kenneth. 'Four Master Tropes'. In his A Grammar of Motives, New York, 1946
Cassirer, Ernst. 'Le Langage et la construction du monde des objects'. In his Psychologie du langage. Paris, 1933
— Language and Myth. Translated by Susanne K. Langer. New York : Harper & Bros., 1946
Clemen, Coolfgang. Shakespears Bilder : Ihre Entwicklung und ihre Funktionen in dramatischen werk. Bonn, 1936
Coomara Swamy, A. K. Figures of Speech or Figures of Thought. London, 1946
Daiches, David. The place of meaning in Poetry, London : Oliver & Boyd, 1935
Day, Lewis C. The Poetic Image. London, 1947
Empson, William. 'The Need for 'Translation' theory in Linguistics', Psyche, XV (1935), p. 188-97
— Seven Types of Ambiguity. London : Chatto & Windus, 1930
— The Structure of Complex Words. London, 1951
Firth, R. 'Proverbs in Native Life, with Special Reference to those of the Maori', Parts I and II, Folk-Lore, XXXVII (London, 1926), p. 134-53, 245-70
Hatzfeld, Helmut. 'The Language of the Poet', Studies in Philology, XLII (1946), p. 93-120
Herschberger, Ruth. 'The Structure of Metaphore', Kenyon Review, V (1943), p. 433-43
Holmes, Elezabeth. Aspects of Elezabethan Imagery : A Critique of Literary Method, Publications of the Modern Language Association, LVII (1942), p. 638-53
Hulme, T. E. Notes on Language and Style. Seattle, Wash, 1929
Jesperson, Otto. Language : Its Nature, Development, and Origin, New York, 1922
Konrad, H. Etude sur la mètaphore. Paris, 1939
Levy-Bruhl, L. L'Âme primitive. Paris, 1922
Mead, Margret. 'Natives Languages as Fields-Work Tools', American Anthropologist, XLI (1939), p. 189-206

Mencken, H.L (ed.). A New cÆUictionary of Quotations on Historical Principles from Ancient and Modern Sources. New York, 1942
— The American Language. Several eds.; latest revised, 1946. NewYork, 1946
Miles, Josephine. The Vocabulary of Poetry : Three Studies. (University of California Publications in English, Vol. XII, Nos.l, 2 and 3) Berkeley and Los Angeles, 1942-46
Morris, Charles. Signs, Languages, and Behavior. New York, 1946
Morton, A.L. Language of Men. London, 1945
Ogden, C.K., and Richards, I. A. The Meaning of Meaning : A Study of the Influence of Language upon Thought and of the Science of Symbolism, with Supplementary Essays by B. Malinowski and F.G. Crookshank. 7th ed. New York, 1945
Pongs, Hermann. Das Bild in der Dichtung, Vol. I Versuch einer Morphologie der metaphorischen Formen. Marburg, 1927. Vol. II. Voruntursuchungen zum Symbol. Marburg, 1939
Piaget, J. The Language and thought of the Child, London, 1926
Read, A.W. 'Words Indicating Social Status in America in the Eighteenth Century', American Speech, IX (October, 1934), p. 204-8
Reinecke, John E. 'Marginal Languages : A Sociological Survey of the Creole Languages and Trade jargons.' Ph. D. diss., Yale University, 1937
Richards, I.A. Science and Poetry. New York, 1926
— Coleridge on Imagination. New York, 1935
— The Philosophy of Rhetoric. London, 1936
Rieser, Max. 'Analysis of the Poetic Simile', Journal of Philosophy, XXXVII (1940), p. 209-17
Roback, A. A. A Dictionary of International Slurs (Ethnophanlisms), with a Supplementary Essays on Aspects of Ethnic Prejudice. Cambridge Mass., 1944
Sapir, Edward. 'Language and Environment', American Anthropologist, XIV (1912), p. 226-42
— 'Language as a Form of Human Behavior', 'English Journal, XVI (1927), p. 421-23
— 'Speech as a Personality Trait', American Journal of Sociology, XXXII (1927), p. 892-905
— 'Symbolism', Encyclopaedia of the Social Sciences, XIV (1934), p. 492-95
Sechrist, Frank K. The Psychology of Unconventional Language. Worchester, Mass,. 1913

Smith, Logan Pearsall. Words and Idioms. London, 1925
Stern, Gustav. Meaning and Change of Meaning. Göteborg, 1931
Tate, Allen (ed). The Language of Poetry. Princeton : Princeton University Press, 1942
Tuve, Rosamund. Elizabethan and Metaphysical Imagery. Chicago : University of Chicago Press, 1947
— A Reading of George Herbert. Chicago : University of Chicago Press, 1952
Vailinger, H. The Philosophy of 'As If'. Translated by C. K. Ogden. New York, 1935
Venable, Vernon. 'Poetic Reason in Thomas Mann', Virginia Quarterly Review, XIV (1938), p. 61-76
Wall, Bernard. 'Question of Language', Partisan Review, September, 1948, p. 997
Walsh, Dorothy. 'The Poetic Use of Language', Journal of Philosophy, XXXV (1938), p. 73-81
Westermarck, Edward. Wit and Wisdom in Morocco (Morocco). A Study of Native Proverbs. London, 1930
Wheelun, Philip. 'On the Semantics of Poetry', Kenoy Review, II (Spring, 1940), p. 263-83
Whitehall, Harold. 'America's Language : A to Dew', Kenyon Review, II (Spring, 1940), p. 212
Wyld, H. C. A History of Modern Colloquial English. London, 1920.
— Dictionary of Underworld Lingo. New York, 1950
Young, K. 'Language, Thoughts, and Social Reality', In Young, K. (ed.), Social Attitudes. New York, 1931

✪✪✪

नलिन रचनावली

खंड-2

आलोचनात्मक लेखन

आचार्य नलिन विलोचन शर्मा
की सम्पूर्ण रचनाएँ

नलिन रचनावली

2

आलोचनात्मक लेखन

प्रधान सम्पादक
विनोद तिवारी

सम्पादक
अजय आनन्द

राजकमल प्रकाशन

ISBN : 978-93-90971-03-9

मूल्य : ₹5000
(सेट का मूल्य)

पहला संस्करण : 2021

प्रकाशक : राजकमल प्रकाशन प्रा. लि.
1-बी, नेताजी सुभाष मार्ग, दरियागंज
नई दिल्ली-110 002

शाखाएँ : अशोक राजपथ, साइंस कॉलेज के सामने, पटना-800 006
पहली मंजिल, दरबारी बिल्डिंग, महात्मा गांधी मार्ग, प्रयागराज-211 001
1, अनमोल सोराबजी संतुक लेन, धोबी तलाव, मरीन लाइंस, मुम्बई-400 002
वेबसाइट : www.rajkamalprakashan.com
ई-मेल : info@rajkamalprakashan.com

मुद्रक : राजकमल प्रेस
नई दिल्ली-110 002

NALIN RACHANAWALI-2
Edited by Vinod Tiwari & Ajay Anand

नलिन जी और कुमुद शर्मा

पत्नी कुमुद शर्मा और सरोज सेठी

परिवार के साथ नलिन जी

कुमुद शर्मा

पौत्र अनुभव शर्मा

पुत्रवधू तरुलता शर्मा, पुत्र राजीव शर्मा, पौत्री अनामिका शर्मा, पौत्र अनुभव शर्मा

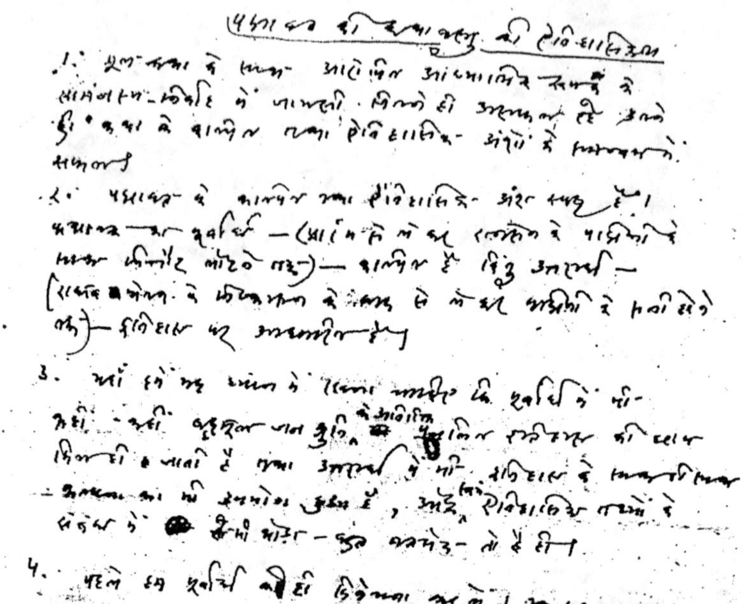
पद्मावत की कथावस्तु की ऐतिहासिकता

नलिन जी की हस्तलिपि

अनुक्रम

आलोचनात्मक लेखन

भूमिका

रचनावली के इस दूसरे खंड में नलिन जी के आलोचनात्मक लेख संकलित हैं। हिन्दी आलोचना में आचार्य नलिन विलोचन शर्मा (1916-61) का प्रवेश आचार्य रामचन्द्र शुक्ल के अवसान के बाद होता है। आचार्य शुक्ल की समीक्षा चौथे दशक में पूर्ण होती है और आचार्य नलिन विलोचन शर्मा की शुरुआत इसी दशक से होती है। यह दशक अनेक दृष्टियों से देश और दुनिया में महत्त्वपूर्ण था। द्वितीय विश्वयुद्ध की विभीषिका और स्वतंत्रता-आन्दोलन का जो स्वस्थ-अस्वस्थ प्रभाव पड़ रहा था, उससे हिन्दी साहित्य भी अछूता नहीं था। मार्क्सवाद, फ्रायडवाद, अस्तित्ववाद, गांधीवाद और समाजवाद आदि देश-दुनिया के ज्ञान और दर्शन की प्रमुख धाराएँ थीं जिसका प्रभाव बुद्धिजीवियों पर पड़ना स्वाभाविक है। नलिन जी पर भी इन विचारों का प्रभाव पड़ा।

इसी प्रभाव को लक्षित करते हुए आचार्य शिवपूजन सहाय लिखते हैं : 'प्राच्य और पाश्चात्य का गहन तुलनात्मक अध्ययन उन्होंने बड़ी सूक्ष्मदर्शिता से किया था। इसलिए उनके विचार बड़े ठोस होते थे।...उनके सुचिन्तित विचार एक नई दृष्टि देते और अपने आलोक से चमत्कृत भी करते थे।'

जीवन और साहित्य में आधुनिकता के समर्थक होने के कारण नलिन जी को परम्परा-विरोधी भी समझा गया, लेकिन इसमें सच्चाई नहीं है। वे परम्परा के नाम पर सड़ी-गली मान्यताएँ स्वीकार करने के पक्षधर नहीं थे। प्राचीन साहित्य के गहरे अध्येता होने के कारण वे भारतीय साहित्य की महान विरासत को छोड़ना नहीं चाहते, साथ ही विश्व साहित्य की उपलब्धियों से हिन्दी को संवलित और समृद्ध करने का प्रयास करते हैं।

भावयित्री और कारयित्री, दोनों प्रतिभाओं का एक ही व्यक्ति में होना विरल होता है। पंडितराज जगन्नाथ, टी.एस. इलियट, मुक्तिबोध और नलिन जी इसके अपवाद हैं। वे ऐसे आलोचक हैं जिनके सिद्धान्त उनकी रचनाओं के बिना और रचना, आलोचना के बिना अपूर्ण रह जाते हैं।

'आलोचना' शीर्षक निबन्ध में वे लिखते हैं : 'अपने संश्लेषणात्मक रूप से आलोचना उतना ही सृजन है, जितना किसी कृति का निर्माण। आलोचना और साहित्य-

सृजन में अन्तर शायद इसलिए मान लिया गया है कि आलोचना मात्र कला ही नहीं, वह विज्ञान भी है। साहित्यालोचन जहाँ तक विज्ञान है, वह कृति-विशेष का परीक्षण करता है, उसका गुणदोष-निरूपण करता है और आवश्यकतानुसार नवीन सिद्धान्तों की उद्‌भावना भी करता है। इसके साथ ही साथ कला के रूप में भी संलग्न रहता है।'

नलिन जी की रुचि जिस विधा के मूल्यांकन में सबसे अधिक रही, वह है—उपन्यास। इस खंड में अधिकांश लेख उपन्यास-आलोचना से सम्बन्धित हैं। शुरू-शुरू में उपन्यास साहित्य और आलोचना का उपेक्षित अंग रहा है। इसका प्रमुख कारण यह है कि आरम्भिक अवस्था में इस विधा को मात्र मनोरंजन का साधन माना गया और जीवन के यथार्थ से दूर रखा गया। किन्तु, जैसे ही इस विधा का सम्पर्क जीवन के यथार्थ से हुआ, इसने अपनी सशक्त उपस्थिति दर्ज की। नलिन जी से पहले कविता के टूल्स से ही उपन्यास को परखा जाता था। उपन्यास-सम्बन्धी उनके सिद्धान्त एवं स्थापनाएँ निबन्ध, सम्पादकीय टिप्पणियों और पुस्तक समीक्षाओं में अभिव्यक्त हुए हैं। वे इस विधा के गहन अध्येता एवं व्याख्याता थे।

नलिन विलोचन शर्मा उपन्यास के वर्गीकरण के सम्बन्ध में 'उत्थान' और महान उपन्यासकारों के नाम के अनुसार 'स्कूल' बनाने के पक्ष में नहीं हैं। उनका मानना है : 'हिन्दी उपन्यास के स्वरूप-परिसर इतिहास के अध्ययन के लिए विभाजनों को, जिन्हें साहित्यिक इतिहासकारों ने 'उत्थान' की संज्ञा दी है, मैं निष्प्रयोजन पाता हूँ। इसी प्रकार उपन्यासकारों के नामानुसार विभिन्न 'स्कूलों' और साहित्यिक व्यक्तित्व के आधार पर पुकारे जाने वाले 'युगों' को भी, अपने उद्‌देश्य के लिए मैं महत्त्वरहित विभाजक चिह्न-मात्र मानता हूँ।'

नलिन जी विषयवस्तु और कथ्य को आधार बनाकर वर्गीकरण करने के पक्षधर हैं। 'जासूसी उपन्यास' (अपूर्ण), 'ऐतिहासिक उपन्यास' सरीखी टिप्पणियाँ इसी बात की पुष्टि करती हैं। बहुत सम्भव है कि भविष्य में वे अन्य भेदों पर लिखते।

यहाँ यह भी ध्यान दिलाना आवश्यक है कि उपन्यास-सम्बन्धी उनकी पुस्तक 'हिन्दी उपन्यास : विशेषतः प्रेमचन्द' उनके जीवनकाल में प्रकाशित नहीं हुई थी, उनकी मृत्यु के आठ वर्ष बाद श्रीमती कुमुद शर्मा के प्रयास से सम्पादकीय टिप्पणियों और class notes को सम्पादित करके पुस्तक रूप दिया गया है।

यह भी मानना उचित होगा कि वे स्वयं जो सामग्री इस पुस्तक के रूप में लाना चाहते थे, सौ फीसदी नहीं आई है। यह सामग्री तो महज कच्चा माल है। यदि वे जीवित होते तो इसका उपयोग किस तरह करते, यह कह सकना असम्भव है। अस्तु।

—सम्पादक

आलोचनात्मक लेखन

हिन्दी भाषा और उसका साहित्य

हिन्दी भाषा और उसका साहित्य किसी एक विभाषा और उसके साहित्य के विकसित रूप नहीं हैं; वे अनेक विभाषाओं और उनके साहित्यों की समष्टि का प्रतिनिधित्व करते हैं। वस्तुत: हिन्दी भाषा उस मध्यदेश की एकाधिक साहित्यिक बोलियों की नदियों का समुद्र है, जिसमें अनेकता ने एकता उपलब्ध कर ली है। एक बहुत बड़े प्रदेश—जिसे चिरकाल से मध्यदेश कहा जाता रहा है—की अनेक बोलियों के ताने-बाने से बुनी हुई यही एक ऐसी आधुनिक भारतीय भाषा है, जिसने अनजाने और अनौपचारिक रीति से, देश की ऐसी व्यापक भाषा बनने का प्रयास किया था, जैसी संस्कृत रहती चली आई थी, किन्तु जिसे किसी नवीन भारतीय भाषा के लिए अपना स्थान तो रिक्त करना ही था।

'षड्भाषा पुराणं न कुराणं कथितं मया' का दावा करनेवाले कवि चन्द ने संस्कृत तथा इस्लाम से सम्बद्ध भाषाओं के अतिरिक्त किन छह भाषाओं का संकेत किया है, यह निश्चित नहीं है, किन्तु यह सहज अनुमेय है कि वे डिंगल या पिंगल में लिखने के बदले एक ऐसी भाषा में लिखने का प्रयत्न कर रहे थे, जो अधिक-से-अधिक भारतीय भाषा-क्षेत्रों का प्रतिनिधित्व कर सके। जिन अन्य विभाषाओं के कवियों ने अपने सामने यह आदर्श रखा, वे ही हिन्दी के कवि माने गए; जिन्होंने विभाषा-विशेष की सीमा का अतिक्रमण नहीं किया, वे लोकभाषा-मात्र के कवि रह गए। उदाहरणार्थ, अवधी में लिखनेवाले जायसी और तुलसी, भोजपुरी क्षेत्र के कबीर, ब्रजभाषा के कवि सूर या मैथिली के विद्यापति हिन्दी के कवि इसलिए हैं कि इनकी अवधी, भोजपुरी, ब्रजभाषा या मैथिली भाषाविज्ञान की दृष्टि से ही तत्-तत् भाषाएँ हैं, साहित्यिक भाषाओं की कसौटी पर वे एक श्रेणी की सिद्ध होती हैं। ये और इन्हीं जैसी अन्य अनेक बोलियाँ ही वे धाराएँ हैं, जिनसे हिन्दी का सागर निर्मित हुआ है—उसमें खड़ी बोली उससे अधिक नहीं, जितनी उपर्युक्त कवियों की अवधी में अवधी, भोजपुरी में भोजपुरी, ब्रजभाषा में ब्रजभाषा या मैथिली में मैथिली।

अनेकता में एकता की विशिष्टता के लिए उल्लेख्य भारतीय संस्कृति के अनुरूप ही उसकी अभिव्यक्ति का व्यापक नवीन माध्यम वह भाषा है, जिसे हिन्दी कहते हैं। शौरसेनी-प्राकृत तथा उससे सम्बद्ध अपभ्रंशों से विकसित यह हिन्दी

तत्सम और अर्द्धतत्सम के अधिकाधिक प्रयोग से अपनी भाषावैज्ञानिक सीमा का अतिक्रमण करती गई है; अनेक भाषा-वैज्ञानिकों के मतानुसार मैथिली क्या, भोजपुरी और मगही आदि विभाषाएँ भी हिन्दी के अन्तर्गत नहीं आतीं, किन्तु साहित्यिक तथा परिनिष्ठित हिन्दी की परिधि से ये बाहर नहीं हैं, यह सर्वथा स्पष्ट है।

यही कारण है कि आठवीं-नौवीं शताब्दियों के अनेक बौद्ध सिद्ध आधुनिक मगही के क्षेत्र में रहते हुए भी उस साहित्यिक अपभ्रंश का प्रयोग करते हैं, जिसका राहुल सांकृत्यायन के मतानुसार, हिन्दी के निकटतम सम्बन्ध है। इसी प्रकार, विद्यापति की मैथिली तत्सम के बाहुल्य के कारण और कबीर की भोजपुरी अन्य अनेक विभाषाओं के सम्मिश्रण के फलस्वरूप मैथिली या भोजपुरी-मात्र न रहकर हिन्दी में मिल जानेवाली धाराएँ बन जाती हैं। और, इस साहित्यिक सम्बन्ध के अतिरिक्त यह भी विचारणीय है कि यदि इन विभाषाओं में एक-दो कुछ दृष्टियों से बंगला के समीप हों भी, तो यह आंशिक भाषावैज्ञानिक सत्य-मात्र है। यदि बंगला और इन बोलियों को क्रियापदों की समानता के आधार पर एक वर्ग में रखा जाता है, तो सत्य का यह भी अंश है कि कुछ बातों में इन बोलियों का हिन्दी की बोलियों के वर्ग के साथ स्पष्ट साम्य है; उदाहरणार्थ, सम्बन्ध कारक के चिह्न का निर्देश पर्याप्त है; यदि बंगला में 'रामेर' होता है तो मैथिली, भोजपुरी आदि में 'रामक', 'राम के', और यह महत्त्वपूर्ण वैषम्य है।

हिन्दी साहित्य उद्‌भव : इस विविधतापूर्ण भाषा का साहित्य भी अतिशय विविधतापूर्ण है, यद्यपि दोनों में ही अन्तर्व्याप्त अविच्छिन्नता भी है। इस साहित्य का आरम्भ 1000 ई. से होता है, किन्तु प्रायः दो शताब्दी पूर्व से ही इसका प्रारम्भ माना जा सकता है, जब अपभ्रंश भाषाएँ द्रव-स्थिति में थीं और आधुनिक भारतीय भाषाओं में नवीन रूप ग्रहण करने लग गई थीं। इस संधिकाल में अपभ्रंश भाषा में रचित साहित्य परवर्ती वृक्ष का बीज-रूप है।

जैन साहित्य : अपभ्रंश भाषा में रचित जैनधर्म से सम्बद्ध साहित्य सबसे पहले उल्लेख्य है। इस वर्ग के काव्यों में ऐसे भी अनेक कवियों का उल्लेख है, जिनकी रचनाएँ आज प्राप्य नहीं हैं, किन्तु जिनको सुलभ हैं, उनसे इसका महत्त्व सहज अनुमेय है। अनुमानतः, आठवीं शताब्दी के स्वयंभू की चार कृतियाँ—पउमचरिउ, रिट्ठरणेमिचरिउ, पंचमीचरिउ तथा स्वयंभूछन्द सम्प्रति प्राप्य हैं। अन्तिम कृति में अनेक अन्य कवियों के छन्द, उदाहरण-रूप हैं, संगृहीत हैं। इस प्रसंग में दूसरे उल्लेखनीय कवि हैं पुष्पदन्त, जिनकी तीन कृतियाँ प्रकाशित हो चुकी हैं। हिन्दी के साहित्यिक इतिहासकारों ने जिन पुष्प या पुष्प कवि का, इस भाषा के प्रथम कवि के रूप में स्मरण किया है, वे पुष्पदंत हो सकते हैं, ऐसी कुछ विद्वानों की मान्यता है। इस वर्ग के अनेक अन्य चरित-काव्य अब प्रकाश में आ गए हैं, उदाहरणार्थ, दसवीं शती की भविसयतकहा, ग्यारहवीं का सुदर्शनचरिउ, बारहवीं का करकुंडचरिउ

तथा और भी बाद के पंजुण्णचरिउ, सुकुमालचरिउ आदि। इन चरितकाव्यों का प्रभावी हिन्दी चरितकाव्यों पर स्पष्ट प्रभाव है। इनके अतिरिक्त आठवीं अथवा नौवीं शती के जोइन्दु और दसवीं के रामसिंह के प्राप्त दोहे परवर्ती नाथ और संत-साहित्य के अनेक स्रोतों में एक हैं, और ग्यारहवीं शती के हेमचन्द्र तथा बारहवीं के मेरुतुंग के द्वारा संगृहीत छन्दों में बाद की शृंगारिक, नीति-विषयक और वीर-रस की रचनाओं के बीज मिलते हैं।

बौद्ध साहित्य : सन्धिकाल की यह पहली साहित्यिक धारा है। दूसरी वह है, जिसका श्रेय वज्रयानी बौद्ध सिद्धों को है, जिनकी संख्या परम्परया चौरासी मानी जाती है और जिनमें प्रमुख हैं : सरहपा, शबरपा, भूसुकपा, लुइपा, विरूपा, डोम्बिपा, दारिकपा, गुंडरिपा और कण्हपा। इनका समय आठवीं-नौवीं शती है और इन तथा कुछ अन्य सिद्धों की ही रचनाएँ आज प्राप्य हैं।

यदि प्राचीन हिन्दी में निबद्ध जैन साहित्य प्रायश: मध्यदेश की पश्चिमी सीमा पर रचित हुआ था, तो यह बौद्ध साहित्य उसकी पूर्वीय सीमा पर। यदि दोनों में प्रादेशिक भाषा-तत्त्व लक्षित होते हैं, तो यह भी सत्य है कि उनमें विस्मयजनक साम्य भी हैं। इसका सन्तोषजनक समाधान राहुलजी ने हाल में ही प्रस्तुत किया है। उनके मतानुसार कन्नौज के आसपास की अपभ्रंश भाषा ही, हिन्दी क्षेत्र में, इस युग की परिनिष्ठित साहित्यिक भाषा थी; इसी के फलस्वरूप हिन्दी क्षेत्र की दूरवर्ती सीमाओं के साहित्य में भी भाषा-साम्य वर्तमान है।

नाथ साहित्य : नौवीं-दसवीं शताब्दियों में मत्स्येन्द्रनाथ और गोरखनाथ के द्वारा प्रवर्तित नाथ-सम्प्रदाय का बौद्ध सिद्धों के सम्प्रदाय से बड़ा ही घनिष्ठ सम्बन्ध था, जैसा दोनों सम्प्रदायों की गुरु-परम्पराओं की अंशत: मिलती-जुलती तालिकाओं से सिद्ध है। दोनों के सिद्धान्तों और उनकी अभिव्यंजना-पद्धति में भी गुरु के महत्त्व, योग, सहज-साधना तथा उलटबाँसियों और प्रतीकों की दृष्टि से, स्पष्ट समानताएँ हैं। किन्तु नाथ-पंथ की अपनी विशिष्टता भी है। उसमें सिद्ध-सम्प्रदाय के विपरीत आचार की शुद्धता, संयम, वैराग्य, मद्य-मांसादि के निषेध पर जोर दिया गया है, जो प्रभावी संत-सम्प्रदाय को इसी स्रोत से प्राप्त हुए। संस्कृत तथा हिन्दी में जो नाथपंथी साहित्य आज उपलब्ध है, उसका लिखित रूप बहुत प्राचीन नहीं है; उसके प्रामाणिक अंशों का निर्धारण विशेष अवधान की अपेक्षा रखता है।

आदिकाल : दसवीं शताब्दी के अन्त तक अपभ्रंश की नवीन भाषा-रूप ग्रहण करने की प्रक्रिया प्राय: पूरी हो चुकी थी और ग्यारहवीं शताब्दी के प्रारम्भ के साथ हिन्दी साहित्य के उस आदिकाल का प्रारम्भ माना जा सकता है, जिसकी समाप्ति चौदहवीं शताब्दी के अन्त के साथ होती है। इस अवधि में एक तो जैन, बौद्ध तथा नाथ-सम्प्रदायों से सम्बद्ध साहित्य है, जिसकी परवर्ती कृतियों का भी उल्लेख पहले ही किया जा चुका है, और दूसरा वह है, जिसकी प्राप्त कृतियों को, हिन्दी

साहित्येतिहास के प्रारम्भिक लेखकों ने 'वीरगाथा' के नाम से अभिहित किया था। सम्प्रदायेतर कृतियों तथा वीरगाथाओं के अतिरिक्त अन्य प्रकार की रचनाएँ भी इस काल में मिलती हैं।

वीरगाथाएँ : वीरगाथाओं में उल्लेख्य हैं दलपति विजय का 'खुमान रासो', नरपति नाल्ह का 'वीसलदेव रासो', भट्टकेदार का 'जयचन्दप्रकाश', मधुकर कवि-रचित 'जयमयंक जसचन्द्रिका', शार्गंधर का 'हम्मीर रासो', नल्लसिंह का 'विजयपाल रासो', चन्द बरदाई का 'पृथ्वीराज रासो', जगनिक का 'परमाल रासो' तथा श्रीधर का 'रणमल्ल छन्द' आदि। इन वीरगाथाओं—विशेषतः सर्वाधिक महत्त्वपूर्ण कृति 'पृथ्वीराज रासो'—के प्राप्य वर्तमान रूप की प्रामाणिकता विवादास्पद है। किन्तु, इनके साहित्यिक महत्त्व पर विचार करने के बदले इनकी प्रामाणिकता पर विचार करते रहे जानेवाले भूल जाते हैं कि इस प्रकार की 'परम्परागत वीरगाथाएँ' 'साहित्यिक प्रबन्ध-काव्यों' के विपरीत, लिखित रूप में सर्वत्र केवल अंशतः प्रामाणिक पाई जाती हैं। उदाहरणार्थ, 'होमारिक समस्या' भी ऐसी ही और कम जटिल समस्या नहीं है, किन्तु इससे होमर की वीरगाथाओं का साहित्यिक महत्त्व कदापि उपेक्षित नहीं हुआ है। जहाँ तक वीरगाथाओं के साहित्यिक वैशिष्ट्य का प्रश्न है, आधुनिक चारणों से उनका श्रवण कर रवीन्द्रनाथ ठाकुर ने ठीक ही कहा था कि भारतीय भाषाओं में, हिन्दी की तरह, भक्ति आदि का तो प्रचुर साहित्य वर्तमान है, किन्तु वीरगाथा हिन्दी की महनीय विशेषता है।

इस युग में अमीर खुसरो की पहेलियाँ-मुकरियाँ, अब्दुल रहमान का प्रेमकाव्य, सन्देश-रासक, विद्यापति की आध्यात्मिक-शृंगारिक पदावली—वीरगाथाओं से भिन्न श्रेणियों की रचनाओं में—महत्त्वपूर्ण हैं। इनके बावजूद हिन्दी का यह आदिकाल, युद्धों के वातावरण के सर्वथा अनुरूप, मुख्यतः वीर-शृंगार-रसप्रधान वीरगाथा का ही युग है।

भक्तिकाल : पन्द्रहवीं शताब्दी के प्रारम्भ से हिन्दी का साहित्यिक वायुमंडल बदलने लगा और परिवर्तित स्थिति प्रायः सोलहवीं शताब्दी के मध्य तक बनी रही। इस अवधि में वीर-शृंगार का स्थान लिया भक्ति-शृंगार ने; क्योंकि हिन्दी-प्रदेश में, प्रतिकूल राजनीतिक परिस्थिति के कारण राज्याश्रय के अभाव में हिन्दी का साहित्यिक विकास अवरुद्ध हो गया था और वह कवियों के बदले भक्तों की अभिव्यक्ति का माध्यम बनी रही। यदि राज्याश्रय का अभाव साहित्यिक विकास में बाधक हुआ, तो परिस्थिति की माँग थी कि धर्म और दर्शन के प्लावन-कपाट खोल दिये जाएँ, ताकि जनजीवन को बंजर हो जाने से बचाया जा सके। अब तक जो सांस्कृतिक प्राणधारा संस्कृत की कुल्याओं से प्रवाहित होती थी, वह अकूल लोकभाषाओं के माध्यम से हिन्दी क्षेत्र को सींचने लगी। युद्धों में पराजित जाति के सदस्य कहीं व्यक्तिगत जीवन में अपने को निस्सहाय न अनुभव करें, इसलिए वेदान्त और

भक्तिशास्त्र, रामायण और भागवत को कबीर, तुलसी और सूर तथा उनके असंख्य अनुयायियों ने सबके लिए सुलभ बना दिया। विदेशियों के बीच ऐसे कुछ सूफी थे, जो खड्ग के बदले प्रेम से विजय प्राप्त करने में विश्वास रखते थे; उन्होंने भी अपना धर्म और दर्शन हिन्दुओं तक उन्हीं की कहानी और भाषा के द्वारा पहुँचाने का प्रयास किया। चूँकि, इस युग में धर्म और दर्शन को जनसाधारण तक पहुँचाना अभीष्ट था, इसलिए उन्हें शास्त्रीय भाषा और रूपों के बदले लोकभाषाएँ अपनानी पड़ीं और गीत एवं कथा के रूप ग्रहण करने पड़े। रस रहा तो शृंगार ही, किन्तु उसे पुष्ट वीरत्व ने नहीं, अध्यात्म ने किया।

अध्यात्म भारत के लिए कोई नवीन तत्त्व नहीं था, किन्तु पहले जहाँ वह पारिभाषिक संस्कृत में व्यक्त दार्शनिक खंडन-मंडन का विषय था, वहाँ वह अब लोकभाषाओं के छन्दों, गीतों तथा रूपों से स्निग्ध-मधुर होकर सहज प्रेषणीय और सद्यःग्राह्य बन गया। दर्शन के इस सामान्यीकरण का विरोध निहित स्वार्थों के कारण विशेषज्ञों ने किया होगा, किन्तु इसके लिए सुदृढ़ बौद्धिक आधार शास्त्रज्ञ आचार्यों ने पहले से ही प्राप्त कर रखा था। यदि कबीर और तुलसी को यह रामानन्द से मिला, तो सूर को वल्लभ से, तसव्वुफ की भारतीयकरण की परम्परा भी जायसी के पूर्व ही प्रवर्तित हो चुकी थी।

निर्गुण मार्ग : रामानन्द की प्रत्यक्ष प्रेरणा से, किन्तु साथ-ही-साथ बौद्धों, नाथों, वैष्णवों, अद्वैतवादियों और सूफियों की परस्पर विरोधी-सी प्रतीत होनेवाली परम्पराओं एवं मान्यताओं के समन्वय के फलस्वरूप भी, कबीर ने ऊँच-नीच, जात-पाँत, विधि-निषेध के बन्धनों से मुक्त एक ऐसा मानववाद उद्भावित किया, जो समय से बहुत पहले होने के बावजूद, विस्मयजनक रूप से अमोघ सिद्ध हुआ। रैदास, सधना, पीपा, धना आदि अपेक्षया प्राग्भावी तथा दादू, सुन्दर, सिख गुरु, मलूक, अक्षर अनन्य, धरनी, गुलाल, गरीब, दरिया, चरण, शिवनारायण, दयाबाई, सहजोबाई आदि प्राग्भावी संत, अपनी न्यूनाधिक भिन्नताओं के बावजूद, उस निर्गुण मार्ग के उल्लेखनीय प्रतिनिधि हैं, जिसके शीर्ष स्थान के अधिकारी कबीर हैं। पंथों के रूप में इनमें से अधिकांश की परम्परा अद्यावधि अविच्छिन्न है।

कृष्णभक्ति : 'म्लेच्छाक्रान्तेषु देशेषु' और 'गंगादितीर्थवर्येषु दुष्टैरेवावृतेषु', 'कृष्ण एवं गतिर्मम' में विश्वास रखनेवाले वल्लभाचार्य और उनके पुत्र विट्ठलनाथ के आठ प्रधान शिष्यों—'अष्टछाप'—ने मुख्यतः जयदेव, विद्यापति, चंडीदास आदि की गीत-शैली में विषयानुरूप मधुर ब्रजभाषा में कृष्णलीलाओं का वर्णन किया है। सूरदास, कृष्णदास, परमानन्ददास और कुम्भनदास तो स्वयं वल्लभ के शिष्य थे और नन्ददास, चतुर्भुजदास, छीतस्वामी और गोविन्दस्वामी विट्ठलनाथ के। ये ही 'अष्टछाप' में परिगणित होनेवाले भक्त कवि हैं। इसके अतिरिक्त मीराबाई, हितहरिवंश, सूरदास, मदनमोहन, नरोत्तमदास, स्वामी हरिदास, निपट निरंजन, बलभद्र मिश्र,

मुबारक, रहीम, गंग, रसखान, ध्रुवदास, आनन्दवन, नागरीदास, अलबेली अलि, चाचा वृन्दावनदास, भागवत रसिक, हठी, सहचरिशरण, गुणमंजरीदास आदि कृष्ण-भक्ति की विभिन्न धाराओं के असंख्य कवियों में उल्लेख्य हैं।

रामभक्ति : यदि रामानन्द का मानववाद कबीर में मुखरित हुआ था, तो उन्हीं की शिष्य-परम्परा में परिगणित होनेवाले तुलसीदास ने उनके शास्त्र तथा साहित्य-बोध को भक्ति और कवित्व के योग से उदात्त रूप प्रदान किया। उनका अवधी में रचित प्रबन्ध 'रामचरितमानस' उनकी श्रेष्ठ कृति है, किन्तु उन्होंने युग-प्रचलित अन्य काव्य-रूपों और भाषाओं में राम के अतिरिक्त कृष्ण पर भी काव्य लिखकर, अपनी समन्वयवादिता और प्रतिभा का परिचय दिया है। तुलसी के वैदुष्य और कवित्व का अनुकरण सम्भव नहीं था, अत: रामावत वैष्णव कवि हुए तो अनेकानेक, किन्तु विशेष यश या महत्त्व नहीं प्राप्त कर सके। इनमें अग्रदास, नाभादास, प्रियादास, केशवदास, उदयराम, प्राणचन्द चौहान, लालदास, विश्वनाथ सिंह, रामचरणदास, जीवाराम, बाल अली जू आदि का उल्लेख किया जा सकता है। इनके बीच एकमात्र केशवदास ही ऐसे कवि थे, जो तुलसी की तुलना में हीनतर होते हुए भी वे हिन्दी साहित्येतिहास के अगले युग के आचार्य-कवियों के बीच, जिन्हें समय की दृष्टि से उन्होंने पूर्वाशित किया था, किसी से कम महत्त्व के नहीं हैं।

प्रेमाश्रयी धारा : भक्ति की इस त्रिवेणी में एक और धारा आ मिली थी, जिसमें इस्लाम से भिन्न होते हुए भी उसका अंगभूत सूफी-मत प्रधान तत्त्व था, यद्यपि आख्यान, छन्द, भाषा आदि के अन्य तत्त्व सर्वथा भारतीय थे। प्रेमाख्यान के ब्याज से तसव्वुफ के सिद्धान्तों को लोकप्रिय बनाने का यह प्रयास बड़ा ही व्यापक था। इस धारा के सर्वाधिक महत्त्वपूर्ण कवि, 'पद्मावत' के प्रणेता जायसी के पूर्ववर्तियों में मुल्ला दाऊद, कुतबन, मंझन और परवर्तियों में उस्मान, जानकवि, कासिम शाह, शेख निसार प्रभृति उल्लेख के योग्य हैं। धरणीदास और दुखहरन-जैसे संतों ने भी कुछेक प्रेमाख्यानमूलक काव्यों की रचना की है। इस युग में एक और प्रकार के प्रेमाख्यान की भी परम्परा प्रचलित थी, जिसमें मौलिक प्रेम का ही वर्णन पाया जाता है। इस श्रेणी के प्रतिनिधि कवि हैं : कुशललाभ, छीहल कवि, सुमति हंस, निगम कायस्थ, मुरली, हरसेवक मिश्र, भद्रसेन, प्रताप कुँवर, काशीराम आदि।

रीतिकाल : यों तो, भक्ति की विभिन्न धाराओं से प्रभावित साहित्य का निर्माण बाद में भी होता रहा, किन्तु सोलहवीं शताब्दी के मध्य में हम हिन्दी को धर्म, दर्शन, भक्ति या वीर-चरित के वर्णन के अतिरिक्त शुद्ध साहित्य का माध्यम बनने के लिए सचेष्ट पाते हैं। इस युग के कवि भी 'राधिका-गोविन्द' का 'सुमिरन' करके ही काव्य की रचना में प्रवृत्त होते हैं—वस्तुत: साधारणतया ये ही उनके काव्य के आलम्बन हैं—किन्तु उनकी महत्त्वाकांक्षा यह अवश्य है कि 'आगे के सुकवि' उनकी 'कविताई' पर रीझें। हिन्दी अब इतनी समृद्ध हो चुकी थी कि 'शिवेतरक्षति'

के अतिरिक्त यश और अर्थ की भी कामना उसके कवि कर सकते थे। इस युग में हिन्दी के कवियों ने संस्कृत के विशाल साहित्य शास्त्र का सारसर्वस्व तो प्रस्तुत किया ही, साथ–ही–साथ, उदाहरणों के रूप में, असंख्य चमत्कारपूर्ण पद्य भी रचे। एक साथ ही आचार्य और कवि के कर्तव्यों के सफल निर्वाह के लिए सचेष्ट इन कवियों के सम्बन्ध में यह स्मरण रखना चाहिए कि इसकी परम्परा संस्कृत में भी थी और इस युग के आरम्भ के कुछ पूर्व कविराज जगन्नाथ के द्वारा वह पराकाष्ठा को पहुँचाई जा चुकी थी, जिनका दावा था कि 'कस्तूरिका जनन–शक्ति से सम्पन्न मृग सुमनों की सुगंध का सेवन मन से नहीं कर सकता' और इसीलिए जिन्होंने 'रसगंगाधर' में स्व–रचित उदाहरण ही दिये थे। अन्य भारतीय भाषाओं में भी, इस युग में, या कुछ पहले, कुछ बाद, साहित्य–शास्त्रविषयक कृतियाँ पाई जाती हैं, किन्तु साहित्य क्षेत्र में हिन्दी को संस्कृत का समकक्ष तथा स्वयं पूर्ण बनाने का यह प्रयास प्रकारत: एवं परिमाणत: विलक्षण था।

यों तो भक्तिकाल में ही केशवदास, रहीम, नन्ददास, सेनापति, कृपाराम प्रभृति ने साहित्य–रीतिविषयक काव्य के प्रणयन का आरम्भ कर दिया था, किन्तु समय तथा प्रवृत्ति, दोनों ही दृष्टियों से रीतिकाल के प्रतिनिधि कवि हैं : चिन्तामणि, भूषण, मतिराम, जसवन्त सिंह, बिहारी, मंडन, भिखारीदास, कुलपति, कालिदास, नेवाज, सुखदेव, श्रीधर, सुरति मिश्र, कवीन्द्र उदयनाथ; श्रीपति, देव, मणिलाल, गुंजन, सोमनाथ, रूपसाहि, रतन कवि, जनराज, थान कवि, गुरुदीन 'रसलीन', दूलह, बन्दीजन, द्विजदेव, बेनी प्रवीण, पद्माकर, ग्वाल, बोधा, ठाकुर, प्रतापसाहि आदि। इन कवियों ने साहित्यांगों के संक्षिप्त लक्षण देते हुए—बिहारी प्रमुख अपवाद हैं—उनके स्व–रचित उदाहरण प्रस्तुत किये हैं। चूँकि प्राय: सभी कवियों ने रस में शृंगार को ही विशेष महत्त्व दिया है—भूषण प्रसिद्ध अपवाद हैं—अत: हिन्दी के कुछ साहित्येतिहासकार इस युग को शृंगारकाल कहना पसन्द करते हैं। रीतिकाल में, युग की प्रधान प्रवृत्तियों से अप्रभावित रहकर वृन्द, बैताल, गिरिधर कविराय आदि ने नीति और उपदेश की लोकप्रिय रचनाएँ कीं तथा पुहकर, लालकवि, जोधराज, सूदन, गोकुलनाथ, गोपीनाथ, मणिदेव, महाराज विश्वनाथ सिंह आदि ने प्रबन्ध-काव्यों का निर्माण किया।

आधुनिक काल प्राग्भारतेन्दु–युग : ब्रजभाषा में साहित्य–रीतिविषयक तथा शृंगार–रसप्रधान काव्य की रचना बीसवीं शताब्दी के आरम्भ तक होती रही, किन्तु उसका उत्कर्ष–काल अठारवीं शताब्दी के अन्त तक ही माना जा सकता है। उन्नीसवीं शताब्दी के प्रारम्भ के कुछ पूर्व से ही हिन्दी, पद्य की भाषा के रूप में पुष्ट और विकसित हो लेने के बाद, गद्य की भाषा के रूप में भी समृद्ध होने को सचेष्ट दीख पड़ती है। मैथिली, राजस्थानी, गोरखपंथी, ब्रजभाषा तथा खड़ी बोली गद्य की जो अपरिणत गद्य–परम्पराएँ वर्तमान थीं, उनमें से अन्तिम ही सर्वाधिक व्यापक और

सक्षम सिद्ध हुईं और स्वतंत्र रूप से तथा विदेशी शासन का प्रश्रय पाकर वह शीघ्र ही सर्वांगपूर्ण बन गईं। खड़ी बोली के प्रारम्भिक गद्य-लेखकों में अठारहवीं शताब्दी के रामप्रसाद निरंजनी और दौलतराम तथा उन्नीसवीं शताब्दी के आरम्भ में इंशाअल्ला खाँ, सदासुख लाल, लल्लूलाल तथा सदल मिश्र और राजा राममोहन राय महत्त्वपूर्ण हैं। विदेशी शासकों ने फोर्ट विलियम कॉलेज, आगरा कॉलेज, कलकत्ता बुक-सोसायटी तथा पादरियों के माध्यम से हिन्दी के विकास में योगदान किया तो अवश्य, किन्तु बाद में हिन्दी-उर्दू का जो विवाद इतना जटिल बन गया, उसका सूत्रपात भी इन्होंने ही किया। उन्नीसवीं शताब्दी के पूर्वार्द्ध में ही उदंत मार्तंड, बंगदूत, प्रजामित्र, बनारस, मार्तंड आदि समाचार-पत्र प्रकाशित होने लगे थे, जिनके कारण हिन्दी गद्य का द्रुत विकास सम्भव हो सका। सन् 1857 ई. के भारतीय विद्रोह के बाद शिक्षालयों तथा न्यायालयों के माध्यम के रूप में हिन्दी को अपेक्षित स्थान नहीं मिला और उसे बहुत दिनों तक राज्याश्रय से वंचित रहकर अपनी प्राणवत्ता और उपादेयता बढ़ानी पड़ी।

उन्नीसवीं शताब्दी के उत्तरार्द्ध के प्रारम्भ में राजा शिवप्रसाद सितारे-हिन्द और राजा लक्ष्मण सिंह ने हिन्दी गद्य के क्षेत्र में महत्त्वपूर्ण कार्य किया। इनमें प्रथम ने हिन्दी गद्य को उर्दू से अभिन्न सिद्ध करने के प्रयत्न में उसे कृत्रिम और विकलांग बना डाला, किन्तु दूसरे ने उसका प्रकृत और शोभन रूप प्रदर्शित किया। इनके साथ-ही-साथ ब्राह्मसमाजी नवीनचन्द्र राय, श्रद्धाराम फुल्लौरी, आर्यसमाज के संस्थापक स्वामी दयानन्द आदि तथा अनेक समाचार-पत्रों ने हिन्दी के प्रचार तथा उसके गद्य में परिमार्जन में योग दिया। उन्नीसवीं शताब्दी के उत्तरार्द्ध में हिन्दी गद्य को भारतेन्दु ने अपने नाटकों, निबन्धों, टिप्पणियों आदि के लिए प्रयुक्त कर उसे उच्च साहित्यिक स्तर पर उन्नीत किया।

भारतेन्दु-युग : यह युग हिन्दी गद्य की विकास-प्रक्रिया के अध्ययन की दृष्टि से ही महत्त्वपूर्ण है; काव्य के क्षेत्र में रीतिकाल प्रलम्बित था। ऐसा काव्य अमर्यादित शृंगार, सस्ती चमत्कारिता, विषय के पिष्टपेषण और कृत्रिम शताब्दी के कारण प्राचीनता-प्रेमियों का प्रश्रय पाकर भी आखिरी साँस ले रही थी।

भारतेन्दु ने अपनी बहुपथीन मतिमत्ता और असाधारण व्यक्तित्व से अनेक मेधावी साहित्यकारों का अनौपचारिक संघटन किया और रोचक तथा ज्ञानवर्द्धक साहित्यिक पत्रिकाओं एवं सामाजिक चेतना से युक्त काव्य, नाटक, उपन्यास, लघु-कथा, निबन्ध आदि के प्रकाशन की प्रेरणा देकर हिन्दी के आधुनिक साहित्य को सर्वांगपूर्ण बनाया। प्रतापनारायण मिश्र, बालकृष्ण भट्ट, जगमोहन सिंह, बद्रीनारायण चौधरी, श्रीनिवासदास, अम्बिकादत्त व्यास, सुधाकर द्विवेदी, राधाचरण गोस्वामी, राधाकृष्ण दास, बाबू सीताराम, मोहनलाल विष्णुलाल पंड्या आदि भारतेन्दु-युग के प्रसिद्ध लेखक हैं।

द्विवेदी-युग : भारतेन्दु-युग में हिन्दी का विकास तो हुआ ही, प्रसार भी अत्यधिक हुआ। फलतः, भाषा में अव्यवस्था आ गई और पद्य के लिए ब्रजभाषा तथा गद्य के लिए खड़ी बोली के प्रयोग से जो समस्या बनी हुई थी, उसका समाधान भी न हो सका। आचार्य महावीरप्रसाद द्विवेदी ने सन् 1903 ई. में 'सरस्वती' के सम्पादन के आरम्भ से ही दृढ़तापूर्वक हिन्दी की इन त्रुटियों का मार्जन शुरू किया और उन्हें इस कार्य में पूरी सफलता भी मिली। इस युग में खड़ी बोली में काव्य-रचना करनेवालों में अग्रगण्य थे श्रीधर पाठक, अयोध्यासिंह उपाध्याय 'हरिऔध', स्वयं द्विवेदीजी, मैथिलीशरण गुप्त, रामचरित उपाध्याय, लोचन प्रसाद पांडेय, रामनरेश त्रिपाठी, मुकटधर पांडेय आदि। राय देवीप्रसाद 'पूर्ण', नाथूराम शर्मा 'शंकर', गंगाप्रसाद शुक्ल 'सनेही', सत्यनारायण 'कविरत्न', लाला भगवान दीन, जगन्नाथदास रत्नाकर, रघुवीर नारायण प्रभृति कवि भी इस युग में वर्तमान थे, यद्यपि इनमें से कम-से-कम दो—'रत्नाकर' और सत्यनारायण—भक्ति तथा रीति-काव्य की काव्य-शैलियों के अन्तिम उल्लेखनीय कवि माने जा सकते हैं, और शेष प्राचीन तथा नवीन शैलियों के प्रति द्विधा-विभक्त आस्था रखनेवाले कवि।

इस युग में नाटकों का विशेष विकास नहीं हुआ। अधिकतर संस्कृत, बंगला और अंग्रेजी के प्रसिद्ध नाटक ही अनूदित हुए। चन्द्रधर शर्मा गुलेरी, जयशंकर प्रसाद, प्रेमचन्द, सुदर्शन और कौशिक ने इन्हीं दिनों उत्कृष्ट मौलिक कहानियाँ लिखीं और प्रेमचन्द के कुछ उपन्यास भी प्रकाशित हुए।

द्विवेदी-युग साहित्य तथा साहित्येतर विषयों पर लिखनेवाले विद्वानों की कृतियों के कारण विशेष महत्त्व का अधिकारी है, उनमें मुख्य हैं : रामावतार शर्मा, काशीप्रसाद जायसवाल, बालमुकुन्द गुप्त, राय देवीप्रसाद 'पूर्ण', जगन्नाथ प्रसाद चतुर्वेदी, पद्मसिंह शर्मा, रामचन्द्र शुक्ल, लाला भगवान दीन, मिश्रबन्धु आदि।

वर्तमान काल : हिन्दी साहित्य के वर्तमान काल का आरम्भ द्विवेदीजी के प्रभाव की समाप्ति के साथ माना जा सकता है। इस काल में हिन्दी का विस्मयजनक विकास हुआ है। बंगला के रवीन्द्रनाथ तथा अंग्रेजी के रोमानी कवियों एवं भारतीय दर्शन तथा संस्कृत-हिन्दी के प्राचीन काव्यों से प्रेरणा पाकर जयशंकर प्रसाद, सूर्यकान्त त्रिपाठी निराला, महादेवी वर्मा, मोहनलाल महतो 'वियोगी', केदारनाथ मिश्र 'प्रभात', जानकीवल्लभ शास्त्री ने ऐसा काव्य लिखा, जिसे छायावादी-रहस्यवादी काव्य के नाम से अभिहित किया गया। इसी अवधि में माखनलाल चतुर्वेदी, बालकृष्ण शर्मा 'नवीन', रामधारी सिंह दिनकर प्रभृति ने राष्ट्रीय भावना से अनुप्राणित ओजपूर्ण कविताएँ भी लिखीं। हिन्दी में प्रगतिवाद के नाम से मार्क्सवाद से प्रभावित काव्य भी रचा गया है और प्रयोगवाद तथा प्रपद्यवाद के अभिधान से ख्यापित उसकी आधुनिक कविता-मात्र की आधुनिक प्रवृत्तियाँ हैं।

इस अवधि में प्रसाद से प्रारम्भ होनेवाली हिन्दी की आधुनिक नाट्य-परम्परा कृपानाथ मिश्र, लक्ष्मीनारायण मिश्र, रामकुमार वर्मा, उपेन्द्रनाथ 'अश्क', रामवृक्ष बेनीपुरी और जगदीशचन्द्र माथुर के नाटकों में परिपूर्णता प्राप्त कर रही है। प्रेमचन्द, प्रसाद, व्रजनन्दन सहाय, 'उग्र', शिवपूजन सहाय, राधिकारमण प्रसाद सिंह, जैनेन्द्र, वृन्दावनलाल वर्मा, अज्ञेय, यशपाल प्रभृति हिन्दी के वर्तमान युग के महनीय उपन्यासकार और कथाकार हैं।

मध्य-शताब्दी के हिन्दी साहित्य ने साहित्यालोचक तथा शोध के क्षेत्रों में इयत्तया और इदृक्तया विलक्षण प्रगति की है। बड़थ्वाल, हजारीप्रसाद द्विवेदी, विश्वनाथ प्रसाद मिश्र, माता प्रसाद गुप्त, नगेन्द्र आदि ने शोधकर्ताओं के रूप में और लक्ष्मीनारायण 'सुधांशु', नन्ददुलारे वाजपेयी, रामविलास शर्मा, प्रभाकर माचवे, केसरीकुमार, जानकीवल्लभ शास्त्री, नरेश तथा जगदीश पांडेय ने सैद्धान्तिक तथा व्यावहारिक आलोचना के क्षेत्र में यश अर्जित किया है।

हिन्दी साहित्य जहाँ स्वतंत्र सरणियों पर अग्रसर हो रहा है, वहीं उसने भारतीय तथा विदेशी भाषाओं की उत्कृष्ट साहित्यिक कृतियों के अनुवादों से अपना भंडार समृद्ध किया है और इस दिशा में अधिकाधिक कार्य हो रहा है। इस दृष्टि से वह अंग्रेजी से तुलनीय है, जिसमें जहाँ से, जो भी अच्छा मिल जाता है, उसे आदर के साथ ग्रहण करने की असाधारण रुचि पाई जाती है।

साहित्य में आदर्श और यथार्थ

साहित्य में आदर्शवाद अनेक रूपों में गृहीत हुआ है। और, इस दृष्टि से उसका अनेकविध निरूपण भी किया जाता है। यदि किसी साहित्यिक कृति में नैतिक और सौन्दर्यशास्त्रीय मूल्यों की बहिर्निष्ठता और अनिवार्यता पर जोर दिया जाता है, तो वह स्पष्टतः आदर्शवादी कृति बन जाती है।

किन्तु साहित्य में आदर्शवाद का समावेश उस स्थिति में भी हो जाता है, जब लेखक मनुष्य के आध्यात्मिक को अपना विषय बनाता है और उसके पार्थिव जीवन अथवा मृत्यु के ऊपर उसके अतिप्राकृत और सार्वभौम महत्त्व का निर्देश करता है। इस अर्थ में आदर्शवाद प्रकृतवाद का विपरीत रूप है।

साहित्यिक आदर्शवाद का एक सूक्ष्मतर रूप भी है, और वह यह कि लेखक अपने पात्रों की उदात्त और कोमल चारित्रिक विशेषताओं का तो उद्घाटन करता है, किन्तु साधारण, विकृत और अवांछनीय तत्त्वों की ओर दृष्टि तक नहीं डालता। इसी अर्थ में यही हम समझ लें, आदर्शवाद का, साहित्य में एक दूसरा रूप भी बहुधा दृष्टिगोचर होता है। यदि किसी काव्य, नाटक या उपन्यास की कथावस्तु ऐसी है, जिसका पर्यवसान ऐसे अन्त में होता है, जिसमें भविष्य के प्रति विश्वास और आशा का भाव हो, तो यह भी आदर्शात्मक दृष्टिकोण ही है। इस अर्थ में आदर्शवाद और आशावाद की सीमाएँ एक हो जाती हैं।

किसी आलोचक या आलोचना-पद्धति को हम उस दिशा में आदर्शात्मक कहते हैं, जब आलोच्य साहित्यिक कृति के विचारों को ध्यान में रखते हुए उसका मूल्य निर्धारण किया जाता है।

इसके विपरीत यथार्थवाद, जो कि आदर्शवाद और स्वच्छन्दतावाद का विरोधी है, उस प्रकार की साहित्यिक रचनाओं में पाया जाता है, जिनका निर्माण यथार्थ अथवा वास्तविक जीवन के अनुकरण पर किया गया रहता है और जिनकी वस्तु वास्तविक जगत से ली गई रहती है। यथार्थवादी लेखक वह है, जो अपनी सामग्री के उपयोग में फोटोग्राफर की तरह यथातत्त्व चित्रण और पत्रकार की तरह ब्यौरों का उल्लेख करने का प्रयास करता है। वह अपने चित्रण और उल्लेख में सर्वथा तटस्थ दृष्टिकोण रखने की भी चेष्टा करता है और अपनी शैली को सजाने-सँवारने

या कलात्मक बनाने की आवश्यकता नहीं मानता। वह इस बात में भी बहुत सावधान रहता है कि कहीं अपनी कृति में वह अपने विचारों और शब्दों को समाविष्ट न कर दे। संक्षेप में, कहा जा सकता है कि यथार्थवादी दार्शनिक और साहित्यिक, दोनों का ही विश्वास है कि सत्य की उपलब्धि के लिए विशुद्ध बहिर्निष्ठ दृष्टिकोण अपनाना सम्भव है।

यथार्थवाद की इस सामान्य परिभाषा को ध्यान में रखकर जब हम साहित्य पर विचार करते हैं, तो पाते हैं, इस प्रकार के साहित्य में बहुधा ये विशेषताएँ मिलती हैं : 1. उसमें स्थानीय दृश्यों और प्रवृत्तियों का चित्रण-वर्णन रहता है; 2. उसमें समसामयिक घटनाओं और आचार-व्यवहार का निर्देश रहता है; 3. उसमें, कथा या विषय के लिए अत्यन्त गौण होने पर भी, स्थानों और व्यक्तियों का सूक्ष्म वर्णन रहता है; 4. उसमें निस्संकोच भाव से बोलचाल की भाषा, शब्दों और ग्राम्यता का समावेश किया जाता है; 5. उसमें व्यापार और विज्ञान के पारिभाषिक शब्दों का व्यवहार किया जाता है और 6. उसमें पुराने कागजात, चिट्ठी-पत्री, संस्मरण आदि का पूर्ण उपयोग किया जाता है। यथार्थवादी साहित्य की इन विशेषताओं के पीछे उद्देश्य यह रहता है कि वर्णित घटनाओं में वास्तविकता का पूर्ण आभास मिल सके।

यथार्थवाद और प्रकृतवाद दो ऐसी प्रवृत्तियाँ हैं, जो कभी-कभी पर्यायवाची भी मान ली जाती हैं। किन्तु इनके सूक्ष्म भेद को स्पष्ट समझ लेने का प्रयत्न करना चाहिए। साहित्य में यथार्थवाद का प्रयोग उन लेखकों के बारे में होना चाहिए, जो तटस्थता और बहिर्निष्ठता की उपलब्धि के लिए ईमानदारी से कोशिश करते हैं और एक हद तक सफल भी होते हैं। इसके विपरीत, प्रकृतवादी लेखक उन मानवीय विशेषताओं को, जो प्रकृत सीमाओं और स्तरों का अतिक्रमण कर सकती हैं, अस्वीकृत करते हैं और उनमें कोई दिलचस्पी नहीं लेते, जबकि अपने दृष्टिकोण की बहिर्निष्ठता के बावजूद यथार्थवादी लेखक मानव-स्वभाव की ऐसी सम्भावनाओं का उद्घाटन करते हैं।

जो लोग आदर्शवाद और यथार्थवाद का कृत्रिम समन्वय कर आत्मसन्तोष का साधन ढूँढ़ते हैं और 'आदर्शोन्मुख यथार्थवाद' जैसी निरर्थक उक्तियों का पिष्टपेषण करते रहते हैं, वे साहित्य और यथार्थवाद के सम्बन्ध में उठनेवाली अनेक जटिल समस्याओं की उपेक्षा कर देते हैं। हम इस समय इन समस्याओं में से कुछ पर विचार करें।

जब परिवार का होनहार लड़का प्रवेशिका परीक्षा में सफल होता है, तब उसके दूरदर्शी अभिभावक गम्भीरतापूर्वक निर्णय देते हैं : आगे साहित्य पढ़कर क्या करना है, विज्ञान लो!

स्वयं एक साहित्यिक ने भी—'मैक्स ईस्टमैन, द लिटरेरी माइंड' में—बहुत पहले कहा था कि विज्ञान जैसे-जैसे साहित्य के लिए सुरक्षित क्षेत्रों पर आक्रमण करेगा, वैसे-वैसे साहित्य को अपनी सीमाएँ संकुचित करनी पड़ेगी।

और बात कुछ ऐसी है कि आशंकित विपत्ति इससे भी भयंकर है। साहित्य का भविष्य कैसा होगा, इस पर पीछे विचार किया जा सकता है। आज तो मनुष्यता ही खतरे में है। मनुष्य सदैव ही सान्त्वना तथा सौन्दर्य-सृष्टि के लिए सक्रिय बना रहेगा और इस तरह साहित्य का प्रवाह अविच्छिन्न रह जाएगा। किन्तु साहित्य का आधार मनुष्य बना रहे, तब न! मेरी दृष्टि में आदर्शवाद और यथार्थवाद के संघर्ष का आधुनिक रूप यही है।

मनुष्य के सामने आज अपने सम्बन्ध में भ्रामक धारणाएँ नहीं रह गई हैं। कोपर्निकस ने मनुष्य का भौगोलिक महत्त्व, लॉक ने सांस्कृतिक गरिमा, डार्विन ने विकास-सम्बन्धी मिथ्याभिमान, फ्रॉयड ने मनोवैज्ञानिक उत्कर्ष तथा मार्क्स ने राजनीतिक-आर्थिक रूढ़ियाँ ध्वस्त कर उसकी आँखों के सामने से रंगीन पर्दा हटा दिया है। आज तो डर यह है कि यथार्थ के रूप में देखकर मनुष्य अपने से घृणा न करने लगे। आज उसके पास पारलौकिक विश्वासों का सम्बल नहीं है और भय यह है कि कहीं वह अपने को कमजोर न मान बैठे।

आज वह झूठी बातों में विश्वास नहीं करता, उसका अभ्यस्त आधार छूट गया है। यह स्पृहणीय होने के साथ-ही-साथ घातक हो सकता है। इस विपत्ति से उसे साहित्य ही बचा सकता है। साहित्य उसका सुदृढ़ आधार बन सकता है। साहित्य उसे अपने में विश्वास करना सिखा सकता है। साहित्य का आज पहले से कहीं ज्यादा महत्त्व है। आज साहित्य मनुष्य का आधेय न रहकर, आधार बन रहा है।

किन्तु साहित्य अपने इस गम्भीर उत्तरदायित्व को यथार्थ और उसके साधन, विज्ञान का बहिष्कार, सँभाल नहीं सकता। कीट्स ने एक बार बड़ी कटुता के साथ कहा था : धिक्कार है सर आइजक न्यूटन को, जिन्होंने इन्द्रधनुष का विश्लेषण कर उसकी कविता को नष्ट कर दिया था। एडगर-ऐलन पो ने 'विज्ञान के प्रति' शीर्षक एक कविता ही लिख डाली थी। इसी तरह उन्नीसवीं शताब्दी के इंग्लैंड के प्रतीकवादियों और आधुनिक अतियथार्थवादियों ने तथा अपने यहाँ के छायावादियों ने कविता को 'विशुद्ध' बनाये रखने के लिए उसे ज्ञात या अज्ञात रूप से यथार्थ या वास्तविक जीवन और विज्ञान एवं समाजशास्त्र से दूर ही रखा।

आज भी कवियों के बारे में स्वयं उनकी और दूसरों की यह धारणा बनी हुई है कि वे दृश्य और अनुभूत जगत के विषय में नहीं लिखते, प्रत्युत किसी अगोचर तथा अज्ञात लोक की गहराइयों का ही उद्घाटन करते हैं।

जो लोग यह विचार रखते हैं, वे भूल जाते हैं कि कोई भी आधुनिक कवि अपने को ऐसे प्रभावों से बचा नहीं सकता, ठीक उसी तरह, जिस तरह कोई लेखक अपने युग की संस्कृति से अपने को अलग नहीं रख सकता।

हम स्वीकार करते हैं कि विज्ञान और कविता की भाषा सर्वथा भिन्न प्रकार की होती है। दोनों की प्रणालियाँ भी अलग-अलग और अपने ढंग की हैं। जैसाकि बहुत पहले अरस्तू ने कहा था कि एक गणितज्ञ से सम्भावनात्मक तर्कों की आशा करना और साहित्यिक से वैज्ञानिक प्रमाणों की माँग करना, दोनों ही मूर्खतापूर्ण बातें हैं। लेकिन यह चाहता ही कौन है कि कवि विज्ञान की भाषा और प्रणाली को अपनाए? कविता पर वैज्ञानिक शब्दावली का नहीं, अपितु वैज्ञानिक दृष्टिकोण का प्रभाव अपेक्षित है। जरूरत इस बात की नहीं है कि कवि विज्ञान की भाषा अपना लें, बल्कि इसकी है कि वे विज्ञान-सम्मत दर्शन स्वीकार करें।

यदि कविता का लक्ष्य सत्य है, और यह कीट्स जैसे कवि भी मानते हैं, तो कविता के विकास में विज्ञान बहुत बड़ी सहायता पहुँचा सकता है। यह कुछ आवश्यक नहीं कि कवि द्वंद्वात्मक भौतिकवाद, मनोविश्लेषण, सापेक्षवाद, या परमाणु-बम की चर्चा ही करें। वास्तविक महत्त्व की बात तो यह है कि विज्ञान के द्वारा कवि के मानव-स्वभाव के पर्यवेक्षण और अध्ययन में उदारता आ जाती है तथा सृष्टि-सम्बन्धी उसका ज्ञान नवीकृत, विस्तृत एवं विश्वसनीय हो जाता है। जीवन के अनुभवों के संश्लेषण के लिए कविता तथा विज्ञान, दोनों की आवश्यकता होती है। फलतः, दोनों को परस्पर-विरोधी दिशाओं या एक-दूसरे से अलग रहकर काम नहीं करने देना चाहिए।

पीकाक और मैकाले जैसे विद्वानों ने कविता के सम्बन्ध में कुछ के भ्रामक सिद्धान्तों की उद्भावना की थी। इनका कहना था कि कविता अज्ञान और अन्धकार में ही फलती-फूलती है, कि वह आदिम मनुष्य की असंस्कृत कल्पना का नैसर्गिक उच्छ्वास है। ऐसे विचार सर्वथा इतिहास-विरुद्ध तथा भ्रामक हैं। काव्य विज्ञान का, अर्थात् यथार्थ का, वांछनीय पूरक है। विज्ञान जहाँ समाप्त होता है, वहाँ कविता का प्रारम्भ होता है। कविता ही विज्ञान के आविष्कारों और अनुसन्धानों को मानवीय, मूर्त तथा हृदयग्राह्य बना देती है।

राजनीति और साहित्य*

सूक्ष्म राजनीतिक विवादों के विचार से साहित्य का मूल्यांकन आलोचक की सबसे बड़ी भूल है। वह ट्रामगाड़ी नहीं, जो लोहे की निश्चित लकीरों पर ही चलती है। कठोर राजनीतिज्ञ इसे ट्रामगाड़ी बनाने की कोशिश करते हैं, लेकिन ऐसे राजनीतिज्ञ, जो इनसे कठोरतर हैं, पर साथ-ही-साथ वास्तविक कलात्मक विवेक रखते हैं, कला से कभी ऐसी माँग नहीं करते।

रूस के प्रारम्भिक साम्यवादी अधिकारियों ने क्रान्ति के पूर्व के युग के महान रूसी कलाकारों की कृतियों को भी अग्निसात् करने में गौरव का अनुभव किया था। टॉल्स्टॉय, चेखव, दोस्तोव्स्की, पुश्किन आदि की अमर कृतियों को आग में होम करनेवाले इस बालखिल्य साम्यवादियों को लेनिन ने स्पष्ट शब्दों में फटकारा था। लेकिन वह इन्हें बुर्जुआ या प्रतिक्रियावादी मानने के लिए कतई तैयार न था। उसने निश्चित रूप से यह घोषणा की थी कि किसी कलाकृति को उसके राजनीतिक आदर्शों के लिए सदोष करार देना सर्वथा अक्षम्य है। यह सन्तोष की बात है कि उपर्युक्त रूसी साहित्यिकों की रचनाएँ आज फिर उचित सम्मान के साथ रूस में पढ़ी जाती हैं और विकासोन्मुख रूसी आलोचकों को उनके खिलाफ कोई शिकायत नहीं रह गई है, हालाँकि रूस के तत्कालीन अधिकारियों ने दोस्तोव्स्की को फिर प्रतिक्रियावादी कहना शुरू कर दिया।

हमें यह भी नहीं भूलना चाहिए कि मार्क्स की दृष्टि में शेक्सपियर संसार का सर्वश्रेष्ठ नाटककार था और बाल्जक तो उसे इतना प्रिय था कि वह 'लकमेडी ह्यूमैन' पर एक स्वतंत्र आलोचनात्मक ग्रंथ ही लिखने का विचार रखता था। शेक्सपियर या बाल्जक के राजनीतिक आदर्श किसी से छिपे नहीं हैं; यह सभी जानते हैं कि साम्यवादी आदर्शों में तथा इन लेखकों के आदर्शों में जमीन-आसमान का फर्क था। किन्तु जैसाकि समाजवाद के दूसरे महर्षि एंगेल्स ने कहा है, लेखक के राजनीतिक विचार जितने अधिक प्रच्छन्न रहेंगे, वह उतनी ही अधिक उच्चकोटि

* प्रस्तुत निबन्ध आचार्य नलिन जी के सारन जिला हिन्दी साहित्य सम्मेलन के अध्यक्ष-पद से किये गए भाषण से आकलित है। निबन्ध का शीर्षक सम्पादन के क्रम में लगाया गया है। —सं.

की कृतियों की सृष्टि करने में समर्थ होगा। महान कलाकारों की सफलता, सार्वजनीनता तथा सार्वभौमिकता का यही रहस्य है।

आज दूसरे देशों की तरह ही, शायद उनसे अधिक ही, हमारा देश राजनीतिक से आच्छन्न है। जहाँ एक ओर यह हमारी सामूहिक चेतना का परिचायक हो सकता है, वहीं दूसरी ओर यह उस खतरे का भी द्योतक है, जिसमें कर्णकटु कोलाहल तो रहता है, किन्तु श्रोत्र-सुभग संगीत नहीं; आन्दोलन तो रहता है, किन्तु गति नहीं।

पहले महायुद्ध के समय की एक कहानी है: इंग्लैंड में देश-प्रेम कुछ इस तरह उभार पर था कि यदि कोई स्वस्थ युवक नागरिक वस्त्रों में देख लिया जाता, तो सैनिक-वेशधारी दूसरे युवक उसकी भर्त्सना करने लगते और युवतियाँ उसकी कायरता पर अपनी घृणा प्रकट करने के लिए, उसे चिड़िया के पर देतीं। एक दिन देशभक्ति से मत्त कुछ सैनिक-वेशधारी युवकों ने एक ऐसे ही व्यक्ति को देखा—बाल बिखरे हुए, बेतरतीब कपड़े, सड़क पर निरुद्देश्य घूमते हुए। उन्होंने बड़े दर्प तथा व्यंग्य से कलाकार से पूछा : 'तुम अपने देश की सभ्यता की रक्षा के लिए युद्धभूमि में जाने के बदले यहाँ क्या कर रहे हो?' कलाकार का उपेक्षापूर्ण उत्तर था : 'जनाब, मैं ही आपके देश की वह सभ्यता हूँ, जिसके लिए आप युद्ध कर रहे हैं, और अगर नहीं कर रहे तो करना चाहिए।'

मैं कलाकार के इस अतिवादी दृष्टिकोण का समर्थन नहीं करता, किन्तु उसका यह दावा तो मानना ही पड़ेगा कि किसी देश की सभ्यता का प्रतीक वही है और यदि इतिहास में किसी देश का अस्तित्व कुछ महत्त्व रखता है, तो उसी के कारण।

लेकिन आज की सर्वग्रासी राजनीति में जैसे कलाकार और दार्शनिक के लिए, कवि और वैज्ञानिक के लिए कोई स्थान ही न हो। यदि वे राजनीति के अनुचर हैं तो वह उनका प्रतिपालन करती है, उनकी पीठ ठोंक देती है। किन्तु उसके नियंत्रण में इनका कुछ भी तो हाथ नहीं रहता। यह आज की ही बात नहीं, आगे भी ऐसा ही होता रहेगा, इसका मुझे भय है। हमारा जो विधान बन रहा है, उसमें कहीं इस दृष्टि से विचार नहीं किया गया है।

आप पूछेंगे—कलाकार और दार्शनिक, कवि या वैज्ञानिक राजनीति को सक्रिय रूप से किस प्रकार नियंत्रित या प्रभावित कर सकते हैं? यदि वे राजनीति के चक्कर में पड़े तो क्या उनकी कला और कविता एक ओर धरी न रह जाएगी? मैं ऐसा नहीं मानता। मैंने एक दार्शनिक राजनीतिज्ञ की भारतीय विधान की प्रस्तावित रूपरेखा में देखा था कि किस तरह उन्होंने केन्द्रीय धारा-सभा की कल्पना की थी, जिसके दो भाग होंगे—जैसे पहले रहा करते थे। एक भाग का तो शासन से सम्बन्ध होगा और दूसरे का विचारों से। शासन-सम्बन्धी बातों पर भी दूसरा भाग विचार करेगा, किन्तु हस्तक्षेप नहीं। और पहला भाग दूसरे भाग के द्वारा प्रस्तुत विचारों और योजनाओं को कार्यान्वित करेगा।

हमारा जो विधान बन रहा है, वह बहुत कुछ पश्चिम के देशों के अनुकरण पर। भारत के राजनीतिज्ञों से दूसरे देशों को भी प्रेरणा मिलती तथा उनके मौलिक प्रयोग अन्यत्र भी अस्वीकृत होते, ऐसी हमारी आशा थी, किन्तु क्या वह पूर्ण होने को है?

यदि मैंने राजनीति के बारे में अप्रिय सत्य कहना आवश्यक समझा है तो साहित्य के बारे में, आवश्यक होने पर, कहना मेरा कर्तव्य ही है।

कल तक कुछ कवि यह जानते थे कि भावुकता पुस्तक के प्रकाशन और बिक्री के लिए आवश्यक गुण हैं। उनके टूटे हुए दिल अनेक संस्करणों में छपने का सौभाग्य प्राप्त करते थे। आज वे जिधर राजनीतिक बयार बहती है, उधर पीठ करने की बुद्धिमानी दिखला रहे हैं। छायावादी कवि, सब तरह से शारीरिक तथा भौतिक सुविधाओं से घिरे रहने पर भी, व्यक्तिगत वेदना की आयासजनित अभिव्यंजना करते थे; आज के कवि विश्वविद्यालयों में लम्बी तनख्वाह पर अध्यापन करते हुए या फिल्मों के लिए सस्ते गीतों की रचना करते हुए किसानों और मजदूरों पर, अकाल और शरणार्थी-समस्या पर, सुभाष और गांधी पर आवेशपूर्ण कविताएँ लिखकर समय के कंधे से कंधा मिलाकर चल सकने का दावा करते हैं। यह अपने को धोखे में रखना है और ऐसी रचनाएँ साहित्य की विडम्बना-मात्र हैं।

जिन लोगों को यह देखकर आश्चर्य होता है कि कल के प्याले में तूफान उठाने वाले, अन्तरराष्ट्रीयतावादी साहित्यिक आज राष्ट्रीयतावादी या अध्यात्मवादी बन गए हैं, उन्हें उनकी मनोवृत्ति के उपर्युक्त विश्लेषण पर ध्यान देना चाहिए—तब शायद उन्हें आश्चर्यान्वित होने का कोई कारण नहीं रहेगा। यहाँ अल्डस हक्सले और क्रिस्टोफर इशरवुड की तरह हिन्दी के थके-माँदे, अपने से ऊबे हुए परसों छायावादी, कल अन्तरराष्ट्रीयतावादी और आज अध्यात्मवादी कवियों की बच्चों-जैसी ढुलमुल-यकीनी के साथ हमारी हमदर्दी है, वहीं राजनीति दलों के उत्थान-पतन के अनुरूप अपने को भी साँचे में ढालते रहनेवाले साहित्यिक वक्र कृकलासकों के प्रति हमारे मन में क्षोभ ही उत्पन्न होता है।

साहित्य दर्पण नहीं, सृजन है। साहित्य ग्रामोफोन का रिकॉर्ड नहीं, शास्त्रीय और मौलिक संगीत है। साहित्य कीच की भी उपेक्षा नहीं करता किन्तु वह उसमें सनता भी नहीं, उसके ऊपर उठकर कमल बन सकने में ही उसकी सार्थकता और धन्यता है। साहित्य मिट्टी से पोषक तत्त्व प्राप्त करता है किन्तु अगर उसे मिट्टी से ज्यादा कुछ बनना है तो उसे आकाश की ओर, ऊपर, उठना ही पड़ता है। वृक्ष धरती से प्राणरस पाता है, तो वही धरती को उर्वर भी बनाये रहता है। साहित्य जीवन पर आश्रित रहता है तो वही उसको जीने लायक भी बनाता है।

तो, आखिर साहित्यकार किस मार्ग का अनुसरण करे? उसका पथ राजपथ की तरह प्रशस्त है और उस पर चलकर युगों से साहित्यकार गन्तव्य-स्थल पर पहुँचने में समर्थ भी हुए हैं।

साहित्यकार की सामाजिक चेतना

कलाकार को पूरा अधिकार है, अगर वह ऐसा चाहता है, कि वह अपने समय की सामाजिक या राजनीतिक क्रान्तियों की उपेक्षा करे, और अगर वह महान कलाकार है, तो वह ऐसा करके अपने अमर बन जाने की सम्भावनाओं में वृद्धि कर सकता है। जैसाकि एक विदेशी विद्वान ने कहा है : 'संसार सदा ही अन्यायपूर्ण और अनिश्चित रहा है।...यह कितनी बुरी बात है, जब न्यूटन अपने सिद्धान्त का प्रतिपादन कर रहा था और गिबन रोम के अध:पतन का इतिहास लिख रहा था, उसी क्षण जाने कितने पुरुष भूख से तड़प रहे होंगे और स्त्रियाँ मर रही होंगी। सचमुच ही, कैसी बुरी बात है कि इन चीजों को उसी समय होना था, लेकिन ये कभी न होतीं, इससे तो बेहतर था ही कि ये उसी समय होतीं।'

तब, सिद्धान्त के रूप में कहा सिर्फ यही जा सकता है कि किसी लेखक को लिखना उसी के बारे में चाहिए जिससे उसकी ज्यादा से ज्यादा दिलचस्पी है। उत्कृष्ट साहित्य वह कोई भी साहित्य है, जिसमें पढ़नेवाले की गहरी दिलचस्पी जग सके और सम्भावना इसी बात की है कि ऐसा वही कुछ हो सकता है, जिसमें स्वयं लेखक की गहरी-से-गहरी दिलचस्पी है। तात्कालिक कारणों से प्रेरित साहित्य में तब ज्यादा लोगों की रुचि हो सकती है पर बाद में उनकी संख्या घटती चली जाएगी। इसके विपरीत ऐसा साहित्य, जिसकी प्रेरणा अधिक सार्वभौम और सार्वकालिक है, आज उपेक्षित हो सकता है, लेकिन आनेवाली पीढ़ी की बहुत बड़ी संख्या उसे पढ़ सकती है। किसी हालत में एक साहित्यिक कृति को बचाये और पढ़ने योग्य बनाये रखनेवाली जो एक चीज होती है, वह उसे निर्मित करनेवाले विचार के प्रकार तथा संयोजन और कल्पना का परिपूर्ण समन्वय ही है।

हम ऐसे अनेक लेखकों का उल्लेख कर सकते हैं, जिन्होंने समसामयिक सामाजिक का अन्य प्रकार के परिवर्तनों से अपने को प्रभावित नहीं होने दिया है, और ऐसे लेखकों में से कुछ की कृतियाँ संसार की सर्वोत्तम कृतियों में परिगणित होती हैं, जबकि यह भी झूठ नहीं कि उनमें ऐसे भी हैं जिनकी कृतियों का कोई मूल्य नहीं। सूरदास या कीट्स की कृतियों का तथ्य-प्रतिमान या मत-प्रतिमान की दृष्टियों से क्या महत्त्व है ? और कालिदास या शेक्सपियर यदि सामाजिक प्रवृत्ति का परिचय

देते भी हैं, तो अधिकतर इसी रूप में कि वे प्रमुख सामाजिक मूल्यों और संस्थाओं को या तो स्वीकार करते हैं या उनके प्रति उदासीन बने रहते हैं। उनके परिवर्तन से इनकी तनिक भी दिलचस्पी नहीं है। शेक्सपियर के बारे में इस दृष्टि से विचार करते हुए एक लेखक ने यहाँ तक कहा है कि जहाँ तक सामाजिक परिवर्तन से दिलचस्पी रखने का सवाल है, उसकी कृतियों और आज के औसत जासूसी उपन्यासों में कोई अन्तर नहीं है। कालिदास के बारे में भी यह पूर्णतः सत्य है, ऐसा मानने में अगर हम झिझकते हैं, तो इसलिए कि हमने सुनते-सुनते यही सीखा है कि किसी कलाकृति में सामाजिक परिवर्तनों या क्रान्तियों की परछाईं पड़ती ही है और अगर नहीं पड़ती तो कृति महत्त्वपूर्ण नहीं होती। यह अंश सत्य को पूर्ण सत्य मानने के कारण उपलब्ध गलत निष्कर्ष है। उदाहरण के लिए, हिन्दी के छायावादियों के सामाजिक रुख के विश्लेषण की चेष्टा इसीलिए आवश्यक मानी गई है, और आलोचक अपने को बड़ी कठिनाई में डाल देते हैं। यदि साहित्य की प्रेरणा-भूमि सामाजिक क्रान्ति है, तो छायावाद किस सामाजिक क्रान्ति से अनुप्राणित हुआ था—वह छायावाद, जिसमें मानवीय और प्राकृतिक सौन्दर्य, स्वप्न और कल्पना के मधुर गीत गाए गए हैं ? यह कहना छायावादियों के प्रति अन्याय होगा कि वे बीन बजा रहे थे, जब भारत विदेशी शासन की आग में जल रहा था। छायावादी अवश्य ही साहित्यिक चार्वाक नहीं थे।

ऐसी स्थिति में एक विलक्षण समाधान यह भी प्रस्तुत किया गया है कि छायावादियों में हम प्रतिबिम्ब नहीं, प्रतिक्रिया पाते हैं—वास्तविकता के विरुद्ध कल्पना की, कुरूप के विरुद्ध सौन्दर्य की, अभाव के विरुद्ध स्वप्न, वैभव और पलायन की। लेकिन ऐसा समाधान तो किसी युग के साहित्य में कोई भी प्रवृत्ति ढूँढ़ ले सकता है। समस्या तो यह है कि इसी युग में प्रेमचन्द ने क्यों वैसा साहित्य लिखा था, जो साहित्य की सामाजिक व्याख्या के सिद्धान्त को बहुत दूर तक उदाहृत करता है। इस समस्या का समाधान हमारी प्रारम्भिक स्थापना में ही मिले, तो शायद मिले।

यों तो आधुनिक काल में काव्य को अपदस्थ कर अधिकाधिक महत्त्व पाने वाले उपन्यास के विकास में ही सामाजिक प्रेरणा निर्दिष्ट करने की चेष्टा की गई है। समाजशास्त्रीय दृष्टिकोणवाले साहित्य-चिन्तकों का कहना है कि आधुनिक युग में कवि का समाज से सम्पर्क नहीं रह गया। औद्योगिक समाज की नीरसता ने एक ओर तो कलाकार को समाज से दूर हटाया, दूसरी ओर काव्य के श्रोताओं की सौन्दर्य-चेतना कुंठित कर दी, जिन्हें गद्य-कथा के माध्यम से सहज आनन्द की उपलब्धि होने लगी। इसका परिणाम यह हुआ कि काव्य के श्रोता तो धीरे-धीरे लुप्त होने लगे और उपन्यास ने पाठक-समाज पर पूर्ण विजय प्राप्त कर ली—कम- से-कम कुछ दिनों के लिए तो अवश्य ही।

इसके आधार पर कहा जा सकता है कि आधुनिक युग में उपन्यास का जो विकास हुआ है, वह सामाजिक उत्पादन के रूप में, स्वतः विकासशील

शिल्प-विधान के रूप में नहीं। इसी प्रकार, नाटक आदि के विभिन्न रूपों के विकास की भी व्याख्या की गई है और अन्य ललित कलाओं के विकास को समझने-समझाने की चेष्टा हुई है। उदाहरण के लिए, पश्चिम की नाट्य-कला के कुछ विद्वानों का कहना है कि पुनर्जागरण-काल के समाज के वर्ग-विभेद नाट्यकला-सम्बन्धी अरस्तू के सिद्धान्तों की नई और कठोरतर व्याख्या में प्रतिबिम्ब देखे जा सकते हैं। अरस्तू ने त्रासदी और कामदी—ट्रेजेडी तथा कामेडी—का विभाजन वर्ग-भेद के आधार पर नहीं, अपितु मानवीय गुणों के आधार पर किया था, किन्तु इस युग में दोनों का भेद विशुद्ध रूप से वर्ग-भेद के आधार पर किया गया। सोलहवीं शताब्दी के एक फ्रांसीसी आलोचक का यह कथन इस विचारधारा का स्पष्ट उदाहरण उपस्थित करता है : 'कामद—कामिक—चरित्रों के बदले, जो निम्न स्तर के होते हैं, राजा, राजकुमार और सामन्त त्रासदी में समाविष्ट किये गए।' इसके विपरीत त्रासदी के उद्‌भावक अरस्तू ने कहा था : 'त्रासदी के लिए आवश्यक साधुता हर तरह के इनसान में मिल सकती है—एक औरत या एक गुलाब में भी।' कहने का तात्पर्य यह है कि समाज में जो परिवर्तन होते हैं, जिन्हें हम क्रान्ति भी कहते हैं, अगर वे आकस्मिक, तीव्र और जड़ें हिला देनेवाले परिवर्तन होते हैं, तो उनकी प्रक्रियाओं से साहित्यकार की दिलचस्पी हो सकती है और होती भी है, किन्तु इन परिवर्तनों से प्रेरित साहित्य सामयिक महत्त्व का ही होता है।

साहित्यकार से इस बात की माँग करना कि उसकी रचनाओं में ऐसे परिवर्तनों का चित्रण रहे ही, यानी यह कि उसके पाठकों पर ऐसा प्रभाव पड़े कि उसके साहित्य को किसी सामाजिक परिवर्तन से ही प्रेरणा मिली है, साहित्यकार को नियंत्रित उत्पादन का माध्यम बनाने की चेष्टा है। ऐसी चेष्टाएँ हुई हैं। यदि अधिनायकवादी सरकार शासन-व्यवस्था करती है, तो यह आश्चर्य की बात नहीं, किन्तु हम जब कुछ विचारकों को इसलिए क्षुब्ध होते पाते हैं कि इस आन्दोलन और उस घटना से साहित्य क्यों अछूता रह गया तो हमें आश्चर्य होता ही है, हम डर भी जाते हैं। हम डरते इसलिए हैं कि जो ऐसी माँग करते हैं, स्वयं उनसे भी और उनके जैसे दूसरों से भी खतरा यह रहेगा कि वे यह भी चाहें कि किसी सामाजिक क्रान्ति का प्रतिफलन किसी रचना में उस रूप में हुआ है या नहीं, जिस रूप में वे उसे समझ पाए हैं या समझना चाहते हैं। पड़ोस में आग लगने पर बाल्टी में पानी लेकर दौड़ पड़ने वाले कवि का हम आदर करेंगे—किन्तु आग बुझते ही उस पर छन्द रचनेवाले को हम क्या कहेंगे!

['साहित्य' : 1959]

साहित्य में ग्राम्यता और अश्लीलता

कला में ग्राम्यता चिन्तनीय है। कला में अश्लीलता नासमझ आलोचकों का भ्रम है। ग्राम्यता सूक्ष्मातिसूक्ष्म रूप में किसी कलाकृति में अनिवार्य है। शैली की पूर्णता (पर्फेक्शन) के साधक साहित्यिक फ्लाबेयर का कहना था कि साधारणता (कॉमनप्लेस) सर्वव्याप्त गुण है और इस कारण कोई कलाकार उससे सर्वथा मुक्त नहीं रह सकता। 'साहित्य में ग्राम्यता' (वल्गरिटी इन लिट्रेचर) नामक पुस्तिका में आल्डसन हक्स्ले ने भी कहा है कि सिद्धान्त रूप से मनोभावों की अभिव्यंजना-मात्र ग्राम्य है। इसीलिए कलाकार को यथासम्भव निर्वैयक्तिक रहने की चेष्टा करनी चाहिए। यों तो सूक्ष्म रूप में जिस क्षण कलाकार ने आत्मभिव्यंजन किया, ग्राम्यता आ ही गई।

कलाकार ग्राम्यता से बिलकुल बच नहीं सकता। आलोचक का काम है, वह देखे कि कलाकार इससे कहाँ तक अपने को बचाये रख सका है। लेकिन आलोचक ने अपने को नियुक्त कर रखा है कला में अश्लीलता ढूँढ़ निकालने के लिए। और वह जिस चीज को अश्लीलता का नाम देता है, उससे किसी महान कलाकार की कृति मुक्त नहीं पाई जा सकती। कहने का मतलब यह नहीं कि यह चीज ही कला को महान बना देती है लेकिन यह चीज रहती जरूर है सभी महान कला के रूप में स्वीकृत कृतियों, रचनाओं में। किसी देश का साहित्य, चित्रकला, मूर्तिकला पढ़िए-देखिए, आपको सहमत होना पड़ेगा।

मैं अपना आशय उदाहरण से स्पष्ट करूँ। उग्र जी का 'चाकलेट' कलाकृति नहीं, मैं खुद भी मानता हूँ। लेकिन इसलिए नहीं कि वह अश्लील है वरन् इसलिए कि वह ग्राम्य है। उग्र की अभिव्यंजना में निर्वैयक्तिकता नहीं, वह स्वयं कहते हैं कि उनकी पुस्तक का उद्‌देश्य है समाज का पर्दाफाश कर उसका सुधार करना। लेकिन इस सदुद्देश्य के लिए उन्हें समाजशास्त्रोचित गम्भीर शैली के निबन्ध लिखना उचित था, सस्ते आकर्षणवाली कहानियाँ नहीं।

लेकिन आप जानते हैं कि उनके किसी आलोचक ने उन पर यह अभियोग कभी नहीं लगाया कि उनकी कला में ग्राम्यता है और इसलिए वह सदोष है। उनकी आलोचना जिसने भी की, वह इसीलिए कि उन्होंने अश्लील विषय को अपनी रचनाओं में स्थान दिया है। और आलोचक समझदारी की पटरी से यहीं उतर जाता है।

अगर उग्र जी की यह रचना 'घासलेटी' है, तो उसका अर्थ यही माना जा सकता है कि वह ग्राम्य है। और 'घासलेट' इस अर्थ में उग्र जी की रचना के लिए जितना उपयुक्त है, उतना ही पंडित बनारसीदास चतुर्वेदी की 'तन्कीदी जिहाद' के लिए भी सच है।

मैंने कहा, यौन सम्बन्ध अपने में अश्लील नहीं। आज के समस्त मनःसमीक्षण-प्रधान पाश्चात्य गल्प को प्रभावित करनेवाले मार्सेल प्रू की अमर फ्रेंच औपन्यासिक रचनाओं में इस विषय का पर्याप्त उल्लेख मिलता है, लेकिन उन पर लिखी गई प्रतिकूल आलोचनाओं में भी इस बात की शिकायत नहीं की गई है—इसके लिए विरोध नहीं किया गया है। साहित्यालोचन में विषय की अश्लीलता का प्रश्न उठाना ही असंगत है।

रैडक्लिफ हाल के 'द वेल ऑफ लोनलीनेस' को लेकर अंग्रेजी के आलोचकों ने अपनी घासलेटी तथा ग्राम्य मनोवृत्ति का परिचय दिया था। इसमें स्त्रियों के यौन सम्बन्धों का विश्लेषण किया गया है और इस दृष्टि से यह और भी आपत्तिजनक बताया गया था। लेकिन इस उपन्यास में वह निर्वैयक्तिकता है, जिसका 'चाकलेट' में सर्वथा अभाव है। इसीलिए विवेकशील आलोचकों को 'द वेल ऑफ लोनलीनेस' के महत्त्व के विषय में भ्रम नहीं रहा।

कला और आलोचना की बात जाने दीजिए। सामाजिक और वैज्ञानिक दृष्टि से भी ऐसा सम्बन्ध गर्हित है, इस पर सभी देश एकमत नहीं पाए जाते। इंग्लिश चैनेल के इस पार, इंग्लैंड में, यह सम्बन्ध कानून से दंडनीय है, लेकिन उस पार, फ्रांस में, कानून ऐसे स्वेच्छा-सम्बन्ध में हस्तक्षेप करना अनावश्यक मानता है। फिर कला में ऐसे निर्णयात्मक संकुचित दृष्टिकोण का क्या स्थान हो सकता है?

यहाँ अब यह स्पष्ट कर देना आवश्यक है कि इस विषय में हिन्दुस्तान की स्थिति पश्चिम के देशों की अपेक्षा अच्छी ही है। यहाँ कला को नासमझ आलोचकों का ही सामना करना पड़ता है, इसे गनीमत समझिए। वहाँ नासमझ आलोचकों के साथ, और कभी-कभी स्वतंत्र रूप से, अन्धा कानून भी चोट कर बैठता है।

इस बीसवीं शताब्दी में, आचार-व्यवहार की स्वतंत्रता के लिए मशहूर और बदनाम इंग्लैंड और अमेरिका में, कला के क्षेत्र में नैतिकता के नाम पर दस्तन्दाजी सचमुच बहुत ही हास्यास्पद बात है। उग्र जी की उपर्युक्त पुस्तक सरकार द्वारा कभी सचमुच जब्त हुई थी या नहीं, मुझे नहीं मालूम। इस पुस्तक को लेकर उग्र जी की मुठभेड़ कानून से हुई हो—ऐसा कभी सुना या पढ़ा नहीं। अगर ऐसा हुआ भी हो, तो यह शायद हिन्दी साहित्य के इतिहास में अपने ढंग की पहली और आखिरी घटना हो! हिन्दुस्तान की पुलिस की प्रशंसा में कोई एक शब्द भी कहने के लिए तैयार नहीं मिलता। लेकिन एक इस बात में वह इंग्लैंड और अमेरिका की पुलिस से कहीं अधिक उदार है, प्रशंसनीय है। कारण भले यह हो कि यहाँ की पुलिस के लिए यह सब काला अक्षर भैंस बराबर है। उसे कांग्रेस, रेल उलटने के सन्देह और

ऊपरी आमदनी के जरिये की खोज से छुट्टी ही कहाँ ऐसी वाहियात बातों के लिए? कारण जो कुछ भी हो, परिणाम तो अच्छा ही है।

इस देश में कानून कला के क्षेत्र में हस्तक्षेप नहीं करता, इसे बहुत बड़ी बात समझनी चाहिए। सांस्कृतिक स्वतंत्रता के लिए पश्चिम के देशों के कलाकार और वैज्ञानिक बहुत दिनों से आन्दोलन कर रहे हैं और उन्हें अब तक पूर्ण सफलता नहीं मिली है। जिस देश में राजनीतिक स्वतंत्रता का अभाव हो, वहाँ ऐसी दिमागी आजादी न्यामत है।

लेकिन मुझे यह देखकर आश्चर्य होता है कि इस स्वतंत्रता का महत्त्व हमारे बुद्धिजीवी साहित्यिक, समालोचक और पत्रकार नहीं समझ पाए हैं। आपने ऐसी बहुत आलोचनाएँ पढ़ी होंगी, जिनमें अपने क्रोध की निष्फलता पर खीजकर लेखक अपनी यह अभिलाषा प्रकट करता है कि ऐसी पुस्तकों के प्रकाशन और प्रचार पर सरकारी नियंत्रण लगाना आवश्यक है। हाल में ही कराची की पुलिस, कई स्टालों पर छापा मारकर, सैकड़ों अश्लील पुस्तकें उठा ले गई थी और बम्बई के एक अंग्रेजी मासिक पत्र ने बड़े गर्व से इसे अपने अश्लील साहित्य-विरोधी प्रचार का फल घोषित किया था। इसमें कोई सन्देह नहीं कि ये साहित्य-सुधारक सदुद्देश्य से प्रेरित होकर ही ऐसा कर रहे हैं। लेकिन जिस सरकारी नियंत्रण की माँग पेश की जा रही है, अगर वह बदकिस्मती से लागू हो जाए तो भारतीय भाषाओं में पनपते हुए साहित्य का कितना बड़ा अपकार होगा, इसका अनुमान करना भी कठिन है।

हिन्दुस्तान में ज्यों-ज्यों शिक्षा का अधिकाधिक प्रचार होता जाएगा, पुस्तकों की माँग अधिकाधिक बढ़ती ही जाएगी। इसका लाभ नीच मनोवृत्तिवाले लेखक या प्रकाशक अवश्य ही उठाना चाहेंगे। लेकिन इसका उपाय यह नहीं कि साहित्य की सुरुचि और कल्याणकारिता का निर्णय और निर्धारण सरकार करे। जिस दिन ऐसा होगा, साहित्य का बहुत बड़ा अहित हो जाएगा।

कराची की उल्लिखित साहित्यिक झाड़ू-बुहारू (क्लीन-अप) के क्या कुपरिणाम हो सकते हैं, इस पर विचार करना आवश्यक है। आजकल किसी बुक-स्टॉल पर चले जाइए, सैकड़ों-हजारों सस्ती, कुरुचिपूर्ण पुस्तकें सजाई मिलेंगी, जिनसे, मैं मानता हूँ, किसी को लाभ नहीं पहुँच सकता। कामशास्त्र पर सैकड़ों ऐसी पुस्तकें मिलेंगी जो नाममात्र के लिए ही वैज्ञानिक हैं। कहानी-उपन्यास के नाम पर कागज के कूड़े का अम्बार ही लगा मिलेगा। लेकिन यदि आप ध्यान से देखेंगे, तो कामशास्त्र की पुस्तकों में, बहुत सम्भव है, यदि कोई उच्च कोटि की प्रामाणिक पुस्तक नहीं मिले, तो मेरी स्टोप्स की किताबें तो जरूर ही दिखाई पड़ेंगी। कथा-कहानियों के बीच से बोकैचियो की 'डिकामेरन' या बाल्जक की 'ड्रॉल स्टोरीज' झाँकती मिल ही जाएँगी। और सच तो यह है कि एक साधारण पाठक जिस लोभ से कॉलेज गर्ल की आत्मकथा या कोई ऐसी पुस्तक पढ़ता है, उसकी पूर्ति इस पुस्तक से कहीं ज्यादा विश्व-साहित्य के इन महान कलाकारों की रचनाओं को पढ़ने से हो सकती

है। लेकिन फिर भी वे कौन-से ऐसे गुण हैं, जिनके कारण बोकैचियो और बाल्जक की रचनाओं के साथ उल्लिखित प्रकार की पुस्तकों की कोई तुलना नहीं हो सकती? इन गुणों का निर्णय एक पुलिस का दारोगा या कोई बड़ा अफसर भी कर लेगा, क्या यह सम्भव है, स्वीकार्य है?

जिस खतरे की ओर मेरा संकेत है, उसका अनुमान पश्चिम के देशों के उदाहरण से स्पष्ट हो जाएगा। इंग्लैंड और अमेरिका में मनोविज्ञान और कामशास्त्र की हैवलॉक एलिस, मेरी स्टोप्स, क्राफ्ट एबिंग प्रभृति उच्च कोटि के विद्वानों की लिखी पुस्तकें जब्त हो चुकी हैं, यद्यपि प्रसिद्ध वैज्ञानिकों के संघटित विरोध के बाद नियंत्रण की आज्ञा वापस ले ली गई है। बर्नार्ड शॉ जैसे सुधारवादी के एकाधिक नाटकों का अभिनय, नैतिकता के नाम पर, सेंसर के द्वारा रोका जा चुका है। वाल्ट ह्विटमैन के 'लीव्ज ऑफ ग्रास', स्विनबर्न के 'पोएम्स एंड बैलड्स', बोकैचियो के 'डिकामेरन', 'अरेबियन नाइट्स', 'पेप्स की डायरी', डी.एच. लारेंस के 'पैंसीज', 'रेन बो', 'लेडी चैटर्लीज लवर', जेम्स ज्वायस के 'युलिसीज', फ्रैंक हैरिस के 'माइ लाइफ एंड लव्ज', रैडल्किफ के 'द वेल ऑफ लोनलीनेस' आदि पचासों उच्च कोटि के कलापूर्ण ग्रंथों पर प्रतिबन्ध लगाकर अंग्रेजी और अमेरिकन सरकारों ने अपनी घोर संकीर्णता और अगुणग्राहकता का परिचय दिया है। उपर्युक्त पुस्तकों में आधे से अधिक ऐसे नाम हैं, जो विश्व-साहित्य में अमर हैं।

आधुनिक यूरोप के गल्प का इतिहास मुख्यतः डी.एच. लारेंस और जेम्स ज्वायस का ही इतिहास है। जिन कलाकारों की चर्चा के बिना आधुनिक कथा-साहित्य का अध्ययन-अध्यापन असम्भव था, उनकी रचनाओं पर बहुत दिनों तक इंग्लैंड और अमेरिका में कानूनी रोक लगी हुई थी। अपनी प्रसिद्ध पुस्तक 'पोर्नोग्राफी' और 'आब्सिनिटी' में लारेंस ने बड़ी कटुता के साथ उन अधिकारियों की आलोचना की है, जिन्होंने उनकी एक चित्र-प्रदर्शनी पर छापा मारकर, उनके कई चित्र जब्त कर लिये थे।

इन देशों में कई बार कलाकारों और वैज्ञानिकों को बौद्धिक स्वतंत्रता के लिए कानून के विरोध में मोर्चा लेना पड़ा है; असुविधाएँ, अपमान और आर्थिक हानि का सामना करना पड़ा है। नियंत्रण का कार्य विवेकशील व्यक्तियों के हाथ भी पूर्णतः सन्तोषजनक नहीं हो सकता। कला के क्षेत्र में दो और दो चार वाला निर्णय सम्भव नहीं। इसलिए कल्याण इसी में है कि सरकार इस क्षेत्र में हस्तक्षेप न करे।

भारतीय भाषाओं के साहित्य अत्यन्त तीव्रता के साथ प्रगति कर रहे हैं। उन पर जो नियंत्रण आलोचकों तथा स्वयं पाठकों के ही द्वारा लगा रहता है, वही पर्याप्त है। यह तो किसी हालत में स्पृहणीय नहीं कहा जा सकता कि उनकी प्रगति में सरकारी नियंत्रण के रूप में रोड़ा अटकाया जाए।

['दृष्टिकोण' : 1947]

आलोचना

आज आलोचना दिङ्नागों का स्थूल हस्तावलेप नहीं है, लेकिन वह जीवित कवियों के आशय के वर्णन में भी भागती नहीं। आधुनिक आलोचना का क्षेत्र नीर-क्षीर-विवेचन भी नहीं रह गया है; कृति अच्छी है या बुरी, आलोचना का यही क्षेत्र है। आज विक्टर ह्यूगो की यह धारणा आलोचक को मान्य नहीं हो सकती, जैसाकि आई.ए. रिचर्ड्स ने कहा है : 'आलोचक के आसन पर बैठना क्या है कि मूल्यों के निर्णायक के आसन पर बैठना है।' क्रोचे का अनुसरण करते हुए जे.ई. स्पिंगार्न ने आलोचना का मुख्य लक्ष्य इन बातों का उत्तर देना माना है : (क) कलाकार ने क्या अभिव्यक्त करने की चेष्टा की है ? (ख) उसने किस प्रकार अपनी अभिव्यक्ति को सफल बनाया है ?—इन दोनों प्रश्नों के अतिरिक्त आलोचना से इसके उत्तर की भी अपेक्षा की जाती है।

क्या जो अभिव्यक्त किया गया है, वह इसके योग्य था ?

अपने विश्लेषणात्मक रूप में आलोचना सृजन की प्रक्रिया का अपरिहार्य अंग है और यह कीट्स जैसे रूमानी कवियों को भी मान्य रहा है। अपने संश्लेषणात्मक रूप में आलोचना उतना ही सृजन है जितना किसी कृति का निर्माण। आलोचना और साहित्य-सृजन में अन्तर शायद इसलिए मान लिया गया है कि आलोचना मात्र कला ही नहीं है, वह विज्ञान भी है। साहित्यालोचन जहाँ तक विज्ञान है, वह कृति-विशेष का परीक्षण करता है, उसका गुण-दोष-निरूपण करता है और आवश्यकतानुसार नवीन सिद्धान्तों की उद्‌भावना भी करता है। इसके साथ-ही-साथ कला के रूप में वह उत्प्रेरक कृतियों के निर्माण में भी संलग्न रहता है।

लेकिन यह भी ठीक है कि आलोचना की कला और साहित्य-सृजन की कला एक ही व्यक्ति में एक ही साथ मुश्किल से पाई जाती है। अपने यहाँ रसगंगाधरकार जगन्नाथ और अंग्रेजी में कालरिज पुरानों में इसके दुर्लभ उदाहरण हैं। आधुनिक लेखक ज्यादा से ज्यादा अपने में दोनों कलाओं के समन्वय का प्रयत्न कर रहे हैं, गोकि बहुधा उनकी स्थिति रीतिकालीनों की तरह यह हो जाती है कि वे न तो आचार्य ही बन पाते हैं, न कवि ही। लेकिन आदर्श स्थिति अवश्य यह है कि आलोचना कला का शेषांश हो, जैसाकि इन पंक्तियों का लेखक दुहराते थकता नहीं।

बात एकदम नई नहीं है, यद्यपि जोर नये सिरे से दिया गया है। 'काव्यं कुर्वन्ति कवय:' लेकिन 'रसं जानन्ति पंडिता:'—यह कोई नवीन सिद्धान्त नहीं है। पश्चिम में भी बहुत पहले से, होमर के बाद से ही, माना जाता था कि आलोचक साहित्य और उसके पाठक के बीच खड़ा होता है और लेखक और उसकी कृति की व्याख्या करता है। आलोचना का उद्देश्य है—जानना और जताना। उन्नीसवीं शताब्दी में कार्लाइल, हेगेल आदि के द्वारा यह सिद्धान्त पल्लवित किया गया था। आधुनिकों में स्पिंगार्न, जे.एम. मुरे, कजामिया, एडमंड विल्सन आदि ने इस पर विशेष बल दिया है। इनमें से कजामिया ने आलोचना को समृद्ध सर्जनात्मक कार्य मानते हुए कहा है : 'किसी कृति की आलोचना करने के मानी है—उस शक्ति की प्रेरणा को यथासम्भव पूर्ण रूप से समझना और व्याख्यात करना जिसने उसे निर्मित किया है; उसके विकास के स्तरों पर फिर से जीना, और उन आवेगों और उद्देश्यों में भाग लेना जिनसे वह अब भी स्पन्दित हो रही है।' और टी.एस. एलियट, जो कवि होने के अतिरिक्त सैद्धान्तिक और व्याख्यात्मक आलोचक भी हैं, कहते हैं कि आलोचना संवेदनशीलता का एक विकास है।

हिन्दी में शुक्ल जी से शुरू होनेवाली आलोचना बहुत आगे नहीं बढ़ी है। वास्तविकता यह है कि हिन्दी में शुक्ल जी के पाये के आलोचक उनके बाद दुर्लभ ही बने रहे, वैसे आलोचक जिनकी विद्वत्ता चिन्तन और शैली के वैशिष्ट्य के कारण कला के उस धरातल पर उन्नीत हो जाती है जिस पर, सैद्धान्तिक रूप से, प्रारम्भ में काफी जोर दिया जा चुका है।

शुक्ल जी वैसे आलोचक हैं जिसके विवरण तो पुराने पड़ सकते हैं किन्तु सिद्धान्त और मीमांसा महार्घ बनी रहती हैं। यह देखकर आश्चर्य होता है कि अधिकारी विद्वान आज के जमाने में यह कह सकते हैं कि हिन्दी आलोचना को संस्कृत और पाश्चात्य साहित्यालोचन से मुक्त कर वास्तविक हिन्दी आलोचना का रूप देना पड़ेगा। किन्तु जरा आज से काफी दिन पहले के आलोचक शुक्ल जी के सम्बन्ध में आप विचार करें। वह हिन्दी आलोचना का आरम्भ-काल था, पर तभी शुक्ल जी एक तरफ तुलसी की महत्ता सिद्ध करते थकते नहीं तो दूसरी ओर क्यूमिंग्ज जैसे अत्याधुनिक पाश्चात्य कवि की रचनाओं का विश्लेषण करते हैं और उसके प्रकाश में हिन्दी के आधुनिक कवियों को समझने-समझाने का प्रयत्न करते हैं। यदि एक ओर वे संस्कृत प्राचीन आचार्यों के सिद्धान्तों पर साधिकार लिखते हैं तो साथ-ही-साथ रिचर्ड्स और क्रोचे का उल्लेख और खंडन भी करते चलते हैं। हिन्दी के विद्वानों ने शुक्ल जी की आलोचना उन दिनों इसलिए की थी कि वे पाश्चात्य साहित्य या साहित्यकारों का हवाला देते थे, पर शुक्ल जी ने उनकी परवाह नहीं की और साहित्यालोचन के सैद्धान्तिक पक्ष को हिन्दी साहित्यालोचन नहीं बनने दिया और व्यावहारिक क्षेत्र में भी आधुनिक प्रवृत्तियों के प्रकाश में हिन्दी साहित्य को परखने की चेष्टा की।

यह विस्तृत ज्ञान शुक्ल जी की वास्तविक विशेषता नहीं है। तुलसी के मानस के काव्य की कसौटी माननेवाला विद्वान क्यूमिंग्ज का उल्लेख करता है, अवश्य यह काम बड़ी बात नहीं है, किन्तु यह शुक्ल जी की एकमात्र या सर्वाधिक उल्लेखनीय विशेषता नहीं है। अनियंत्रित रूप से विकसित होनेवाले सम्पूर्ण हिन्दी साहित्य को अपने हिन्दी साहित्य के इतिहास में स्थापत्य प्रदान करनेवाला, मनोवैज्ञानिक विषयों को चिन्तामणि साहित्य के धरातल पर रख सकनेवाला और जिस रस का संस्कृत में भी चर्वित-चर्वण होता चला आ रहा था, उसे रस-मीमांसा में नवीन प्रतिपादन के योग्य बना सकनेवाला आलोचक शास्त्र का विद्वान ही नहीं, बल्कि एक महान कलाकार भी था। यही शुक्ल जी की उपलब्धि है।

['साहित्य' : 1953]

वर्तमान हिन्दी आलोचना : उपलब्धि और अभाव

आचार्य रामचन्द्र शुक्ल और बाबू गुलाबराय के द्वारा स्थापित दो ध्रुवान्तों के बीच हिन्दी आलोचना के विस्तार की लम्बाई–चौड़ाई विस्मयजनक है। इयत्तया ही नहीं, ईदृक्तया भी; इसकी समता किसी भी भारतीय भाषा का आलोचना–साहित्य नहीं कर सकता। फिर भी, यह सत्य है कि परिणाम की तुलना में प्रकार हीनतर है; शुक्ल जी की 'मीमांसा' की ओर अग्रसर होने के बदले बाबू गुलाबराय के 'सन्देश' की ओर निम्नाभिमुख होने की ही प्रवृत्ति परिलक्षित होती है।

उक्त ध्रुवान्तों के बीच हिन्दी आलोचना के लिए मुझ–जैसे 'खतरे' हैं,[1] विश्वविद्यालय की उपाधियों के लिए प्रस्तुत महानिबन्धों के बोझ हैं, परीक्षाओं के 'ओपेन सीसेम' ऐसे इतिहासकार हैं जो युग–विशेष के साहित्य पर साधिकार लिख चुके हैं, पर तीन पग में साहित्य के त्रिलोक को नाप लेने को भी उद्यत हैं और ऐसे विद्वान भी हैं जिनके बारे में दूसरे विद्वानों का अभियोग है कि उन्हें 'नञ्' तत्पुरुष का भी इल्म नहीं है और आस्फालन करते हैं रस और अभिव्यंजना पर![2]

कदाचित् अतिशय विस्तार के बीच ऐसी जिह्नताएँ, अवरोध, खतरे, साधारणताएँ, अनधिकार चेष्टाएँ, चर्वित–चर्वण अनिवार्य हैं, उत्कर्ष के लिए आधारस्वरूप हैं। कभी–कभी इन प्रवृत्तियों के प्रतिनिधियों के बीच मनोरंजक ही नहीं, ज्ञानवर्द्धक भी, शास्त्रार्थ छिड़ते हैं[3] और कृति की आलोचना का व्यक्तिगत आक्षेप में उत्तर दिया जाता है। किन्तु इनकी चिन्ता व्यर्थ है। इसी प्रकार यह प्रस्ताव करना कि कोई ऐसी चीज, जिसे हम हिन्दी आलोचना का नाम देंगे, बननी चाहिए और इस–इस तरह बन सकती है।[4] तनिक आकर्षक होने पर भी कुछ ऐसी ही बात है, जैसे हम कहें कि भारतीय पदार्थ–विज्ञान या रसायन–शास्त्र की उद्‌भावना का प्रयत्न करना चाहिए—यह दूसरी बात है, जैसा डा. अमरनाथ झा ने एक बार कहा था कि पाश्चात्य साहित्य

1. डा. देवराज का निबन्ध : 'आलोचना', सातवाँ अंक।
2. श्री जानकीवल्लभ शास्त्री का निबन्ध : 'कल्पना और वास्तविकता', 'अवन्तिका' : ग्यारहवाँ अंक।
3. उदाहरणार्थ, डा. माताप्रसाद गुप्त के समर्थकों और पं. चन्द्रबली पांडेय : डा. गुप्त को यह श्रेय है कि वे स्वयं इस शास्त्रार्थ से विरत हैं।
4. प्रयाग विश्वविद्यालय की पत्रिका 'कौमुदी' में प्रकाशित निबन्ध।

की समीक्षा के लिए हम प्राचीन भारतीय आलोचना के रसालंकारादि के निकष का व्यवहार कर सकते हैं।[1] वस्तुतः हिन्दी का यही तो सौभाग्य है कि उसमें समस्त भारतीय तथा पाश्चात्य साहित्यालोचन समाविष्ट हो गए हैं और अब इसकी आशा की जा सकती है कि जैसे इस समन्वय के फलस्वरूप शुक्ल जी जैसा आलोचक सम्भव हो सका था, वैसे बहुसंख्य आलोचक मिल सकेंगे। आज यदि भाषाधार राष्ट्रीयता के पूरोत्पीड में बंगला, गुजराती, मराठी, तमिल, तेलगू आदि के भी हिन्दी आलोचना के प्रस्तावित सिद्धान्तों की तरह ही अपने-अपने साहित्य-शास्त्र बन जाएँ, तो वे, प्रादेशिक संस्कृतियों का जो आन्दोलन चल रहा है, उसके तार्किक परिणाम होंगे, किन्तु क्या वे साम्प्रतिक भारतीय राजनीति की तरह ही आवृत्ति और पुनरावृत्ति की श्रृंखला के अतिरिक्त और कुछ भी होंगे?

हिन्दी के आलोचक ने, जिसके पीछे संस्कृत साहित्य का वैभव है और सामने पाश्चात्य साहित्य की नवोन्मेषशालिता, बड़ी उदारता के साथ अपने साहित्य के इतिहास का तीन-चौथाई अंश सिद्धों, भक्तों के लिए सुरक्षित कर दिया है; अब यदि उसके सामने यह प्रस्ताव रखा जाए कि वह इनकी वाणियों पर अपने स्वतंत्र शास्त्र का निर्माण करे, तो यह एक ऐसी बात होगी जिसे वह गम्भीरता के साथ लेने को तैयार नहीं हो सकता। फिर भी यह ठीक है कि नवीन आलोचना को, वह हिन्दी में हो या अंग्रेजी में, आगे बढ़ते चलना है और अवश्य। जहाँ तक पहली का प्रश्न है, गति अतिशय मन्द है। इसका उपाय यह नहीं है कि संस्कृत के आलवाल से जीवन-रस ग्रहण करनेवाली और पाश्चात्य आलोचना के मुक्ताकाश में साँस लेती हुई हिन्दी आलोचना अपने में ही सिमटकर रह जाए। हिन्दी के नवीन आलोचक की सबसे बड़ी उपलब्धि यह होगी कि वह अंग्रेजी या फ्रेंच साहित्य का इतिहास रसालंकार के दृष्टिकोण से लिखे, जैसे कभी अपने दृष्टिकोण से मैकडानेल, कीथ या विंतरनित्ज ने संस्कृत साहित्य के इतिहास लिखे थे। जैसे फ्रांसीसी लुगोई और कजामिया के इतिहास से बढ़िया, उस आकार-प्रकार का, किसी अंग्रेज लेखक का अंग्रेजी साहित्य का इतिहास नहीं है, जैसे पाश्चात्यों के लिखे संस्कृत साहित्य के इतिहासों-से स्वयं भारतीयों के नहीं हैं, उसी तरह कौन जानता है कि हिन्दी के किसी आलोचक के द्वारा लिखित पाश्चात्य साहित्यों का इतिहास उनका अभिनव मूल्यांकन करने में समर्थ नहीं होगा? हिन्दी में लिखनेवाले कम-से-कम एक दर्जन ऐसे आलोचक हैं जो यह कर सकते हैं, किन्तु जो आलोचना को ऐसी मौलिक कलात्मकता के स्तर पर उठाने के महत्त्वपूर्ण कार्य से विरत बने हुए हैं।

सच तो यही है कि हिन्दी में शुक्ल जी के पाये के आलोचक उनके बाद दुर्लभ ही बने रहे—वैसे आलोचक, जिनकी विद्वत्ता, चिन्तन और शैली के वैशिष्ट्य के कारण कला के धरातल पर उन्नीत हो पाती है और जिनके विवरण तो पुराने पड़

1. डा. धीरेन्द्र वर्मा का निबन्ध—हिन्दी का अपना 'साहित्य-शास्त्र' : 'आलोचना', आठवाँ अंक।

सकते हैं किन्तु सिद्धान्त महार्घ बने रहते हैं। आज जब बीसवीं शताब्दी के मध्य में यह कहा जा रहा है कि केवल तुलसी और सूर की कृतियों के आधार पर हिन्दी आलोचना के सिद्धान्त निर्णीत और स्थिर किये जाएँ तो यह स्मरण करके आश्चर्य होता है कि हिन्दी आलोचना के प्रारम्भ में ही शुक्ल जी, तुलसी और क्यूमिंग्ज के कुलाबे मिलाते हैं। (क्यूमिंग्ज उस समय तो नितान्त ही और अब भी प्रायः हिन्दी के विद्वानों के लिए अपरिचित ही होंगे और हैं।) मम्मट और रिचर्ड्स और क्रोचे पर समान अधिकार से अपने विचार व्यक्त करते हैं और जब हिन्दी के विद्वान इसके लिए उनकी आलोचना करते हैं—आज की बात होती तो शायद उन्हें 'खतरा' भी साबित किया जाता—तो वे संयत क्षोभ से उनकी मंडूकता पर हँसकर रह जाते हैं।[1]

किन्तु यह विस्तृत ज्ञान शुक्ल जी की वास्तविक विशेषता नहीं है। तुलसी के 'मानस' को काव्य की कसौटी माननेवाला विद्वान क्यूमिंग्ज का उल्लेख करता है तो अवश्य यह कम बड़ी बात नहीं है, किन्तु यह शुक्ल जी की एकमात्र या सर्वाधिक उल्लेखनीय उपलब्धि नहीं है। अनियंत्रित रूप से पनपने और विकसित होते आनेवाले सम्पूर्ण हिन्दी साहित्य को अपने 'इतिहास' में स्थापत्य प्रदान करनेवाला, 'चिन्तामणि' में मनोवैज्ञानिक विषयों को साहित्य के धरातल पर रख सकनेवाला और जिस 'रस' का संस्कृत में भी पिष्टपेषण-मात्र होता चला आ रहा था, उसे 'रस-मीमांसा' में नव्य-प्रतिपादन-क्षम बनानेवाला आलोचक शास्त्रज्ञ विद्वान नहीं, बल्कि एक महान कलाकार था। इसी दृष्टि से शुक्ल जी की आलोचना गहनीय है।

शुक्ल जी की कारयित्री प्रतिभा उनके पद्यों में अभिव्यक्ति नहीं पा सकी; साहित्य का यह रूप उनकी प्रतिभा के अनुरूप नहीं था। आलोचना ही वह साहित्यिक रूप था जिसमें उनकी भावयित्री और कारयित्री प्रतिभाएँ विलक्षण समन्वय घटित करती हुई, विद्वत्ता को क्रान्तदर्शिता से प्रेरित कला के स्तर पर उठाती हुई, अभिव्यंजना पा सकीं। हिन्दी में सम्प्रति ऐसी ही आलोचना का अभाव है, जिसके लिए कविता, नाटक या अन्य कलात्मक साहित्यिक रूपों की समकक्षता का दावा किया जा सके।

एक वह भी युग था, जब आलोचक साहित्य के प्रभुत्व-सम्पन्न नियामक हुआ करते थे। तब पितृव्य मम्मट भ्रातृष्पुत्र हर्ष से—जिनका 'नैषधीयचरित' पद-लालित्य के लिए सदैव समादृत रहा है—अवज्ञा के साथ कह सकते थे : 'यदि तुम अपना महाकाव्य 'काव्यप्रकाश' की रचना के पूर्व लाए होते तो दोष-प्रकरण के उदाहरण ढूँढ़ने में मुझे इतनी कठिनता न होती!'

आचार्य महावीरप्रसाद द्विवेदी और पं. पद्मसिंह शर्मा और निकट अतीत में, पं. बनारसीदास चतुर्वेदी ने—जिन्होंने निराला के 'वर्तमान धर्म' को 'साहित्यिक सन्निपात' और 'उग्र' की अभिनव यथार्थवादिता को 'घासलेटी साहित्य' घोषित किया और इससे सन्तुष्ट न होकर, साहित्य के महारथियों की सहायता से इनके

1. 'रस-मीमांसा'

विरुद्ध व्यूह-रचना की थी।[1]—ऐसे ही निरंकुश अधिनायकत्व की परम्परा हिन्दी आलोचना के क्षेत्र में कायम रखी, यद्यपि इनमें मम्मट या रामचन्द्र शुक्ल का वह उत्कर्ष नहीं था जिसके कारण निर्ममता भी महत्ता बन जाती है।

ऐसे निरंकुश आलोचकों के निर्घृण लौह-शासन के विरुद्ध साहित्य ने सफल विद्रोह किया और आज आलोचना की यह दशा है कि वह अपने अस्तित्व की रक्षा के लिए नतमस्तक होकर, बड़ी विनम्रता के साथ, अपने को उपयोगी बनाये रखने की कदर्य चेष्टा कर रही है। आज उसका एकमात्र उद्देश्य यह रह गया है कि वह साहित्य के अपने से भिन्न रूपों की व्याख्या करके उन्हें विद्यार्थियों और साधारण पाठकों के लिए ग्राह्य बनाती रहे। हिन्दी साहित्य के नवीनतम इतिहास में, जिससे यह आशा की जाती थी कि वह आधुनिकतम शोध-तथ्यों का संकलन और लेखकों और कृतियों की अपूर्ण नामावली-मात्र न होकर, हिन्दी साहित्य की सर्वांगीण आलोचना का, शुक्ल जी के इतिहास के बाद, दूसरा पथ-चिह्न होगा। 'जीवितकवेराशयो न वर्णनीयः'—इस निषेधात्मक सिद्धान्त का विधेयात्मक परिवर्तित रूप अपनाया गया है : 'जीवितकवेराशंसा कार्या'।[2] हिन्दी आलोचना कितनी निष्प्रभ हो गई है, इसका यह ग्रंथ एकमात्र प्रमाण नहीं है।

वास्तविकता यह है कि आज हिन्दी आलोचना में 'जीवितकवेराशयो न वर्णनीयः' और 'जीवितकवेराशंसा कार्या'—इन्हीं दोनों सिद्धान्तों का पालन, कुछ अपवादों को छोड़कर,[3] किया जा रहा है और वस्तुतः दोनों में अन्तर कुछ विशेष नहीं है। 'त्रिशंकु' जैसी उत्कृष्ट सैद्धान्तिक आलोचना-पुस्तक के लेखक और हिन्दी के दो उत्कृष्टतम पत्रों के सम्पादक 'अज्ञेय' ने समसामयिक लेखकों और कृतियों के विषय में अपने विचारों को जिस तरह अव्यक्त रखने में सफलता पाई है, वह प्रथम सिद्धान्त के पालन का मनोरंजक उदाहरण है। प्रभूत विवरण देकर भी कुछ न कर सकनेवाली आलोचना के शैली-विशेष के उदाहरण हैं वे उपाधि-ग्रंथ,[4] जो वास्तविक आलोचना की परिधि में आते तो नहीं हैं, किन्तु जिन्होंने हिन्दी आलोचना को उस तरह आच्छादित कर रखा है जिस तरह शायद ही किसी अन्य भाषा में हुआ या हो रहा है।

मैंने ऊपर तनिक विस्तार से जो कुछ कहना चाहा है, वह उबलकर इतना भर है कि समसामयिक हिन्दी आलोचना में उन तत्त्वों का नितान्त अभाव है जिनके रहने पर ही वह कला के स्तर पर ऊर्ध्वपातित होती है, 'कला का शेषांश' बनती है।

['आलोचना' : अक्टूबर, 1953]

---

1. चतुर्वेदीजी के 'विशाल-भारत' के सम्पादकत्व-काल में।
2. पं. हजारीप्रसाद द्विवेदी का 'हिन्दी साहित्य : उद्‌भव और विकास'।
3. ऐसे अपवादों में साम्यवादी आलोचकों को नहीं रखा जा सकता; माचवे, केसरी, नरेश और शिवचन्द्र उल्लेख्य हैं। **—ले.**
4. इनकी सार-शून्यता के सम्बन्ध में रामविलास शर्मा और प्रभाकर माचवे जैसे विद्वानों ने दो टूक बातें कही हैं; मैंने भी अन्यत्र इनके प्रकाशन की विचारणीयता के विषय में लिखा है। **—ले.**

विधेयवाद और नव्यालोचन

प्रथम विश्वयुद्ध के बाद यूरोप में साहित्यिक अध्ययन की उस विधेयवादी प्रणाली[1] के विरुद्ध विद्रोह हुआ, जो उन्नीसवीं शताब्दी के उत्तरार्द्ध में बहुश: व्यवहृत होती थी। विधेयवादी प्रणाली में असम्बद्ध तथ्य एकत्रित किये जाते हैं। उसमें अन्तर्व्याप्त मान्यता यह रहती है कि साहित्य की व्याख्या भौतिक विज्ञानों की प्रणालियों से, कार्य-कारण-मीमांसा के द्वारा, और बहिर्भूत निर्धारक शक्तियों को ध्यान में रखते हुए, होनी चाहिए।

विधेयवादी प्रणाली टेन (Taine) की इस प्रसिद्ध घोषणा में सूत्रबद्ध है : 'race, milien, moment.'[2]

बीसवीं शताब्दी के प्रारम्भ में यूरोपीय साहित्यालोचन की जो प्रवृत्ति थी, उसके विश्लेषण से यह स्पष्ट हो जाता है कि आधुनिक प्रतिक्रिया परम्परागत साहित्यिक अध्ययन के कतिपय स्फुट लक्षणों के विरुद्ध केन्द्रित है। पहला है, उथली प्रत्लान्वेषणवादिता[3]—लेखकों की जीवनियों और विवादों के सूक्ष्मतम विवरणों का 'शोध', तुलनात्मक स्थलों का अन्वेषण, और उद्‌गम-खनन। दूसरे शब्दों में, असम्बद्ध तथ्य इस स्पष्ट विश्वास से एकत्रित किये जाते थे कि कभी-न-कभी ये ईंटें वैदुष्य के विशाल भवन के निर्माण में उपादेय सिद्ध होंगी। परम्परागत विद्वत्ता के इस लक्षण का सबसे अधिक उपहास किया गया है, किन्तु अपने में यह हानिकारक नहीं है। सभी युगों में प्रत्लान्वेषी होते हैं, और उनकी सेवाएँ सावधानी से ली जाएँ तो काम की भी साबित होती हैं। फिर भी यह स्मरण रखना आवश्यक है कि बहुधा इस तथ्यात्मकता[4] के साथ-साथ मिथ्या और विकृत ऐतिह्यता[5] लगी रहती है। 'ऐतिह्यता' अतीत के अध्ययन के लिए किसी सिद्धान्त या मानदंड की आवश्यकता नहीं मानती। इसमें यह धारणा भी रहती है कि वर्तमान युग शास्त्रीय प्रणालियों के द्वारा

---

1. Positivism
2. 'जाति, वातावरण, क्षण',—इस फ्रांसीसी विद्वान के अनुसार कला के सृजन में निर्णयात्मक तत्त्व है।
3. Antiquarianism
4. Factualism
5. Historicism

अध्ययन के योग्य नहीं है या उसका अध्ययन सम्भव ही नहीं है। ऐसी निरपेक्ष 'ऐतिह्यता' साहित्य के विश्लेषण और आलोचना की सार्थकता को भी स्वीकार नहीं करती। इसका परिणाम होता है नन्दतिक समस्याओं[1] का सामना होने पर निरस्त हो जाना, आत्यन्तिक निष्ठा-राहित्य, और फलतः मूल्यों की अराजकता।

इस ऐतिह्यमूलक प्रत्नान्वेषिता का विकल्प था, उन्नीसवीं शताब्दी के उत्तरार्द्ध की नन्दतिकता।[2] यह कलाकृति के वैयक्तिक अनुभव पर जोर देती है। यह ज्ञान के वैसे सुव्यवस्थित संघटन को सम्भव नहीं बना सकती, जो साहित्यिक विद्वत्ता का लक्ष्य होता है।

उन्नीसवीं शताब्दी की 'विज्ञानवादिता'[3] ने भौतिक विज्ञान की प्रणालियों को साहित्यिक अध्ययन के क्षेत्र में स्थानांतरित करने की बहुविध चेष्टाओं के द्वारा उपर्युक्त लक्ष्य का सन्धान किया था। बौद्धिक दृष्टि से यही उन्नीसवीं शताब्दी की मनीषा का सर्वाधिक युक्तियुक्त और अभिजात आन्दोलन था। किन्तु इसके भी जो अनेक उद्देश्य हैं, वे विचारणीय हैं : पहला है वस्तुनिष्ठता, निर्वैयक्तिकता और निश्चयात्मकता जैसे सामान्य वैज्ञानिक आदर्शों के अनुकरण का प्रयास। इसके साथ ही कार्य-कारण-सम्बन्ध और उद्‌गम के अध्ययन के द्वारा भौतिक विज्ञान की प्रणालियों के अनुकरण की चेष्टा भी थी जो किसी भी पारस्परिक सम्बन्ध के निर्देश को युक्तिसंगत ठहराती थी, बशर्ते कि वह तिथिक्रम के आधार पर हो। अधिक संकीर्णता से व्यवहृत होने पर वैज्ञानिक कार्य-कारण-पद्धति आर्थिक, सामाजिक और राजनीतिक परिस्थितियों में कारण निर्धारित कर किसी साहित्यिक विशेषता की व्याख्या करती थी। कुछ विद्वानों ने साहित्यिक अध्ययन में विज्ञान की परिमाणमूलक प्रणालियों को भी समाविष्ट करने की चेष्टा की थी। वे आँकड़ों और तालिकाओं की सहायता से साहित्यिक अध्ययन को शास्त्रीय बनाना चाहते थे। विद्वानों का एक ऐसा भी दल था जिसने साहित्य के विकास के सूत्रों के निर्धारण के लिए, बड़े पैमाने पर, प्राणिशास्त्रीय सिद्धान्तों का व्यवहार किया था।[4]

इस प्रकार साहित्य के अध्येता वैज्ञानिक या वैज्ञानिकम्मन्य बन गए थे। चूँकि उन्हें एक अनिर्धारणीय पदार्थ का अध्ययन करना था, इसलिए वे निकृष्ट और अयोग्य वैज्ञानिक सिद्ध हुए। वे अपने विषय और अपनी प्रणालियों के विषय में सशंक बने रहते थे।

---

1. Aesthetic problems
2. उपरिवत्
3. Scientifism
4. उदाहरण के लिए Ferdinand Brunetiere और John Addington Symonds ने साहित्यिक रूपों के लिए विकास को प्राणिशास्त्रीय जाति (Biological species) के समानान्तर सिद्ध करने की उद्‌भावना की थी।

इस विधेयवाद के विरुद्ध यूरोप में बहुपथीन विद्रोह हुआ। इसका कुछ श्रेय परिवर्तित दार्शनिक वातावरण को भी है। बर्गसां ने फ्रांस में और इटली में क्रोचे ने, तथा अनेक दार्शनिकों ने जर्मनी में, और कुछ ने इंग्लैंड में भी, जब अनेकविध आदर्शवादी, या कम-से-कम प्राचीन विधेयवादी दर्शनों का परित्याग कर दिया, तब पुरानी प्रकृतवादिता[1] नगण्य हो गई। इसी तरह भौतिक विज्ञानों के क्षेत्र में भी महत्त्वपूर्ण परिवर्तन हुए : पदार्थ की प्रकृति के नियम, कार्य-कारण-पद्धति आदि के सम्बन्ध में पूर्वग्रहों की पुरानी निश्चयात्मकता नष्ट हो चली। ललित कलाओं और साहित्य की कला में भी, वस्तुवाद और प्रकृतवाद के विरुद्ध, तथा प्रतीकवाद और अन्य आधुनिक वादों की दिशा में प्रतिक्रिया हुई। इन प्रवृत्तियों के उत्कर्ष ने, धीरे-धीरे और परोक्ष रूप से ही सही, विद्वत्ता और दृष्टिकोण को निस्सन्देह ही प्रभावित किया।

इससे भी महत्त्वपूर्ण बात यह हुई कि दार्शनिकों के वर्ग ने ऐतिहासिक विज्ञानों की प्रणालियों का समर्थन प्रस्तुत किया और भौतिक विज्ञानों की प्रणालियों से उनकी तीक्ष्ण भिन्नता प्रतिपादित की। जर्मनी के एक दार्शनिक Wilhelicn Dilthey[2] ने 1883 में ही यह स्थापना की थी कि एक वैज्ञानिक एक घटना की व्याख्या उसकी कारणभूत पूर्व घटनाओं के द्वारा करता है, जबकि इतिहासकार उसका अर्थ संकेतों या प्रतीकों के रूप में समझने की चेष्टा करता है। समझने की यह प्रक्रिया अनिवार्यत: वैयक्तिक और आत्मनिष्ठ भी होती है। प्राय: इसी समय, दर्शन के प्रसिद्ध इतिहासकार Wilhelinc Windelbond ने इस मान्यता की तीव्र आलोचना की कि ऐतिहासिक विद्वानों को भौतिक विज्ञानों की प्रणालियों का अनुकरण करना चाहिए।[3] उसके अनुसार भौतिक वैज्ञानिक सामान्य नियमों की स्थापना करने का प्रयास करते हैं, जबकि इतिहासकार ऐसा तथ्य निर्दिष्ट करने की चेष्टा करते हैं जो अद्वितीय होते हैं और जिनकी पुनरावृत्ति नहीं होती। Heinrich Rickert[4] ने Windelbond के मत को पल्लवित और कुछ परिवर्तित भी किया। उसने सामान्यीकरण की पद्धतियों के बीच विभाजक रेखा खींचने से ज्यादा जोर प्रकृति के विज्ञानों और संस्कृति के विज्ञानों के बीच विभाजक रेखा खींचने पर दिया। उसका तर्क था कि नैतिक विज्ञानों का विषय मूर्त और वैयक्तिक है। किन्तु व्यक्तियों का उद्घाटन और पहचान मूल्यों की ही किसी योजना के प्रसंग में सम्भव है। फ्रांसीसी दार्शनिक A. Dxenopol ने प्रतिपादित किया[5] कि भौतिक विज्ञानों के विषय हैं 'पुनरावृत्त होने वाले तथ्य'[6]

---

1. Naturalism
2. Einleitung in dic Geistes wissenschaften
3. Geschichte und Naturwissenschaft
4. Die Grenzen der Naturwissenschaftlichen Begriffsbildung
5. 'La Theoric Lhistoire'
6. Facts of Repetition

जबकि इतिहास ध्यान देता है 'एक दूसरे के बाद आने वाले तथ्यों पर।'[1] और, अन्ततः इटली में Benedetto Crose[2] ने इतिहास की प्रणाली के लिए और भी अधिक व्यापक दावे किये। उसकी दृष्टि में समस्त इतिहास समसामयिक है, आत्मा का कार्य-व्यापार, ज्ञेय इसलिए कि मनुष्य के द्वारा निर्मित हुआ है। और, इसी कारण प्रकृति के तथ्यों से अधिक निश्चयात्मकता के साथ परिज्ञात भी।

ऐसे अनेक दूसरे सिद्धान्त भी हैं जिनकी एक सामान्य विशेषता है : ये सभी भौतिक विज्ञानों की प्रणालियों की दासता से इतिहास और नैतिक विज्ञानों की स्वतंत्रता की घोषणा करते हैं। ये सभी प्रतिपादित करते हैं कि इन विज्ञानों की भी अपनी प्रणालियाँ हो सकती हैं, और वे उतनी ही सुव्यवस्थित और सुनिर्धारित होंगी जितनी भौतिक विज्ञानों की। किन्तु इनका लक्ष्य भिन्न है, और, प्रणालियाँ स्पष्टतः दूसरे ढंग की हैं; और इसलिए कोई कारण नहीं कि ये भौतिक विज्ञानों की नकल करें या उनसे ईर्ष्या करें।

ये सभी सिद्धान्त यह मानने से भी इनकार करते हैं कि इतिहास या साहित्य का अध्ययनमात्र एक कला है, अर्थात्, मुक्त सृजन का एक अबौद्धिक असैद्धान्तिक प्रयास। ऐतिहासिक तथा साहित्यिक विद्वत्ता भौतिक विज्ञान नहीं है, वे संघटित ज्ञान की ऐसी पद्धति हैं, जिसकी अपनी प्रणालियाँ, अपने लक्ष्य होते हैं, और जो केवल सृजनात्मक क्रियाओं का पुंज या वैयक्तिक संवेदनाओं का लेखा नहीं है।

['कल्पना' : अगस्त, 1955]

---

1. Facts of Succession
2. History : Its Theory and Practice (मूल पुस्तक इटालियन में 1917 में प्रकाशित हुई थी; अंग्रेजी अनुवाद 1923 में प्रकाशित हुआ था)।

हिन्दी में नव्यालोचन

हिन्दी आलोचना ने सफर की कुछ मंजिलें तय कर ली हैं। वह आगे बढ़ते चलने के लिए पाथेय और निर्देश की प्रतीक्षा में है। उसे अनुसन्धानकर्ताओं के महाप्रबन्धों के रूप में पाथेय मिल रहा है, जो बहुधा दुर्वह भार सिद्ध होने पर भी आवश्यक है; वह निर्देश के लिए कभी संस्कृत के साहित्य-शास्त्र की ओर पीछे मुड़कर देखती है, कभी सुदूर पश्चिम की उपलब्धि को निहारती है और कभी लीक छोड़कर चलने की हिम्मत कर सकनेवाले आलोचकों के अभियान से झटके खाकर ऐसे रास्तों पर थोड़ी दूर बढ़ चलती है, जो उसके देखे नहीं हैं।

नई दिशा में अग्रसर होने के लिए हिन्दी आलोचना को जिन पाथेय रूप महाप्रबन्धों की आवश्यकता है, वे संख्या में बहुल और प्रकारत: हीन हैं। अगर रास्ते की पूरी तैयारी कर लेने के बाद ही आलोचना को आगे बढ़ना है तो अनुसन्धानकर्ता जितनी जल्दी अपना काम पहचान सकें, उतना ही अच्छा। वह काम है, मेहनत और ईमानदारी के साथ स्थपति की निर्माण-कला के लिए, ईंट, चूना, गारा आदि उपकरण जुटाकर, उसके सहायतार्थ खड़े रहना और अपने को कृतार्थ समझना। यह काम मिश्रबंधुओं ने शुक्ल जी के लिए किया था। और, दोनों को एक-दूसरे के प्रति कृतज्ञ होना उचित था। हिन्दी के नव्यालोचक के लिए यह काम शिवपूजन सहाय, राहुल सांकृत्यायन, बड़थ्वाल, हजारीप्रसाद द्विवेदी, विश्वनाथ प्रसाद मिश्र, चन्द्रबली पांडेय, माताप्रसाद गुप्त, राजपति दीक्षित, धर्मवीर भारती आदि शोधकर्ताओं ने किया है या कर रहे हैं। इनमें से किसी ने भी जब आलोचक कलाकार के औजार उठा लिये, तब उनकी योग्यता के अनुकूल कार्य में बाधा हुई, और प्रचेष्टित कलाकृति क्या हो गई, गोया 'विनायकं प्रकुर्वाणो रचयामास वानरम्'।

वस्तुत: हिन्दी के नव्यालोचन के लिए आवश्यक सामग्री जुटानेवाले शोधकर्ताओं का तात्कालिक लक्ष्य यह होना चाहिए कि वे, फिलहाल, हिन्दी के प्राचीन ग्रंथों के वैज्ञानिक दृष्टि से सम्पादित संस्करण प्रस्तुत करें और उनके साहित्यिक मूल्यांकन का दायित्व नये आलोचक पर छोड़ दें। अनुसन्धानकर्ता चन्दबरदाई और कबीर, सूर और देव आदि की आलोचनाएँ लिखते रहें और आधारभूत ग्रंथों के सुसम्पादित संस्करण क्या, कभी-कभी तो किसी प्रकार के संस्करण सुलभ न हों तो यह शश-

विषाण का अनुसन्धान मात्र ही कहा जाएगा। हिन्दी के प्राचीन साहित्य की नवीन आलोचना , इस दृष्टि से राहुल सांकृत्यायन, विश्वनाथ प्रसाद मिश्र और माताप्रसाद गुप्त के प्रति विशेष रूप से कृतज्ञ रहेगी।

हिन्दी की नई आलोचना को एक दूसरे क्षेत्र से भी आवश्यक उपादान अनिवार्यतः लेने हैं : वह है—संस्कृत का वैभवशाली साहित्यशास्त्र, जिसमें बहुधा नवीनतम पाश्चात्य आलोचनात्मक उद्‌भावनाओं को पूर्वाशित देखकर विस्मित हो जाना पड़ता है। शास्त्र के स्तर पर उन्नीत होने के लिए आधुनिक हिन्दी आलोचना को इस दुर्लभ रिक्थ के योग्य अपने को बनाना आवश्यक है, तभी उसकी अपनी उपलब्धि मौलिक और महत्त्वपूर्ण होगी। इसके लिए संस्कृत के साहित्यशास्त्र के ग्रंथों के अनुवाद और भाष्य ही नहीं, पुनःस्थापन भी आवश्यक हैं। जो विद्वान संस्कृत साहित्यशास्त्र के इतिहासों और अनुवादों के सहारे उनके भाष्य अथवा पुनःस्थापन का प्रयत्न करते हैं, उनका श्रम व्यर्थ है; किन्तु बलदेव उपाध्याय, जानकी वल्लभ शास्त्री, केदारनाथ शर्मा 'सारस्वत' आदि विद्वानों ने इस क्षेत्र में जो कार्य किया है, उससे हिन्दी की नई आलोचना को अत्यन्त आवश्यक साधन प्राप्त हुए हैं।

हिन्दी की नई दिशा की ओर वस्तुतः उन्मुख आलोचना-धारा का तनिक विस्तार से परिचय देने के पहले दो-तीन धाराओं का उल्लेख भी आवश्यक है, क्योंकि लीक से हटकर चलने का प्रयास इनमें भी है। इनमें सर्वप्रथम विचारणीय है मानवतावादी मूल्यों से प्रेरित हिन्दी आलोचना, जो कभी राष्ट्रीयता, कभी समाजवाद, कभी गांधीवाद की सीमाओं में प्रवेश कर जाती है और वाग्मिता और कवित्व से युक्त अभिव्यंजना का मोह बनाये रखती है। इसका स्रोत हमें प्रसाद, निराला, पंत और महादेवी में ही मिलता है, इसे 'दिनकर', 'नवीन', शान्तिप्रिय द्विवेदी और जैनेन्द्र ने अधिकाधिक सार्थक बनाया है। इनमे जैनेन्द्र, अपवादस्वरूप, दार्शनिकोचित विश्लेषणात्मक और सजग गद्यकारोचित वाग्वैदग्ध्य का परिचय देते हैं; शान्तिप्रिय द्विवेदी ने गांधीवाद को साहित्य-दर्शन में अनुस्यूत करने का दुष्कर कार्य सम्पन्न किया है और स्वयं गांधी जी की आत्यन्तिक परिष्कृति और सरलता को अपनी अभिव्यंजना में सन्निविष्ट कर दिखाया है; 'नवीन' ने बुद्धिसर्वस्व साम्यवादी आदर्श के विरुद्ध ओजपूर्ण भाषा में आध्यात्मिकता को प्रतिष्ठित किया है; और 'दिनकर' ने संस्कृति और साहित्य का क्षेत्र-बीज-सम्बन्ध निरूपित किया है—उसी वाग्मिता के साथ, जो उन्हें अपने काव्य में भी सदैव प्रिय रही है। इनके सर्वथा विपरीत, किन्तु फिर भी इन्हीं की तरह साहित्येतर मूल्यों को साहित्यालोचन के लिए अनिवार्य माननेवाले शिवदान सिंह चौहान और रामविलास शर्मा जैसे आलोचकों ने मार्क्सवाद की शपथ दुहराते हुए भी हिन्दी आलोचना को नई पटरियों पर आगे बढ़ाने की सफल चेष्टा की है, जिनका आयात बाहर से यहाँ की राजनीति के लिए

भले हुआ हो, किन्तु जिन्हें यहाँ के साहित्य के पहियों में बिठाने का प्रयास इन्होंने किया है, पहियों को ही इनमें बिठाने के लिए बहुत तोड़ा-मरोड़ा नहीं है, जैसा अपने को प्रगतिवादी कहनेवाले अन्य आलोचकों ने किया है। श्रेण्य हिन्दी आलोचना अपने ही बिल्लों और अपनी ही शब्दावली की वागुरा में आबद्ध है, किन्तु सुधांशु, नन्ददुलारे वाजपेयी, शचीरानी गुर्टू, सुधाकर पांडेय, शिवबालक राय आदि ने इसे आगे बढ़ाने में सफलता प्राप्त की है। रामेश्वरनाथ तिवारी, विश्वनाथ सिंह, सिद्धेश्वर प्रसाद, सत्यदेव, दीनानाथ जैसे आलोचक हिन्दी आलोचना की वास्तविक नवीन दिशा से परिचित तो हैं, किन्तु वे अनावश्यक सम्भ्रम से ग्रस्त हैं।

आलोचना के नवीन दृष्टिकोण, सिद्धान्त और शब्दावली के लिए प्रस्तुत लेखक ने दो दशाब्द पूर्व ही कदम उठाया था। यह स्वाभाविक था कि 'दृष्टिकोण' के रूप में उसकी संगृहीत आलोचना बहुतों के लिए अग्राह्य सिद्ध हुई। उसने संस्कृत के साथ ही पाश्चात्य साहित्यालोचन की नवीनतम प्रवृत्तियों के समन्वय में जिस नव्यालोचन का प्रवर्त्तन किया, उसकी ओर शुक्ल जी संकेत कर चुके थे, और 'दृष्टिकोण' की परवर्ती समस्त नवीन और सार्थक हिन्दी आलोचना इसी पथ पर चली। अन्तर इतना ही है कि वात्स्यायन, माचवे, केसरी, शिवचन्द्र, नरेश, जगदीश पांडेय प्रभृति में से जहाँ कुछ ने प्राचीन-अर्वाचीन के समन्वय का प्रयास जारी रखा, वहाँ कुछ में 'दृष्टिकोण' में पहली बार हिन्दी के लिए सुपरिचित बनाये गए पाश्चात्य आलोचकों की अत्यधिक स्पष्ट प्रतिध्वनि है।

हिन्दी के जिस नव्यालोचन का अस्तित्व ऊपर की पंक्तियों में कटाक्षित हुआ है, वह अपने लघु या विशद, दोनों रूपों में, हिन्दी के लिए उसी तरह कठिन प्रतीत हो रहा है, जिस तरह उसकी आधुनिकतम कविता। किन्तु साहित्य के इन दोनों रूपों ने निस्सन्देह नवीन दिशा की ओर अभियान किया है और तत्क्षण मान्यता न प्राप्त कर सकना ही इस तथ्य का स्पष्ट प्रमाण है।

स्वयं मैंने हिन्दी आलोचना को सृजनात्मक साहित्य की शेषांशता प्रदान करने के उद्देश्य से जिस शैली को परिपूर्ण बनाने की चेष्टा की है, वह 'अर्द्ध-मात्रा-लाघव' तक को बड़ी उपलब्धि बनानेवाली सूत्र-शैली है। दृष्टान्त स्वयं प्रस्तुत पंक्तियाँ ही हैं।

हिन्दी नव्यालोचन की शैली की इस विशेषता को अभी पहचाना तक नहीं गया है। एक छोटा-सा प्रसंग प्रो. केसरी कुमार के एक प्रबन्ध से भी उद्धृत है, जिससे हिन्दी की नई आलोचना की शैली पर पर्याप्त प्रकाश पड़ता है :

'उपचेतन की समस्या कविता की सनातन समस्या है। पहले का कवि अपने व्यक्तित्व का आरोप कर उपचेतन की जटिलता पर खड़ा होता था। ...नया कवि मुक्त आसंग के सहारे, यानी उपचेतन की ही शक्ति से, उसकी जटिलता को परास्त करके मार्ग निकालना चाहता है। उसकी दृष्टि में व्यक्तित्व का आरोप, वस्तु और

काव्य, और इस प्रकार काव्य और पाठक के बीच का व्यवधान है। वह पाठक को बौद्धिक नहीं, ऐन्द्रिक आघात देना चाहता है। भाषा की सम्भावनाओं की खोज करना तक धर्म हो जाता है।[1]

इस वर्ग के आलोचक जगदीश पांडेय की पुस्तक 'हास्य के सिद्धान्त और मानस में हास्य' तथा उनका ही धारावाहिक रूप से प्रकाशित, 'शील-निरूपण के सिद्धान्त तथा गोदान', 'सुनीता' और 'शेखर : एक जीवनी' नई आलोचना की नवीनतम प्रतिनिधि कृतियाँ हैं।

'हास्य के सिद्धान्त और मानस में हास्य' के प्रारम्भिक अंश में लेखक ने हास्य के मनोविज्ञान पर मौलिक उद्‌भावनाएँ प्रस्तुत की हैं। एक तरफ आज तक इस विषय पर पूर्वीय और पाश्चात्य विद्वानों ने जो मन्तव्य प्रकट किये हैं, उनका आलोचनात्मक निरूपण है, तो दूसरी तरफ स्वयं लेखक के जो एतद्विषयक सर्वथा मौलिक और नवीन विचार हैं, उनका विशद प्रतिपादन है।

रस के रूप में भारतीय आचार्यों ने हास्य का सम्यक् निरूपण और विस्तृत वर्गीकरण किया है।

इनके आधार पर हम उनके मनोवैज्ञानिक दृष्टिकोण का अनुमान तो कर सकते हैं, किन्तु यह एक तथ्य है कि हमारे आचार्यों ने हास्य का मनोवैज्ञानिक विवेचन किया नहीं है। इस दृष्टि से प्लेटो से लेकर स्पाइनोजा तक, पाश्चात्य दार्शनिकों ने, सूक्ष्मता के साथ विचार करने का प्रयास किया है, और 'हास्य को गम्भीर' बनाया है—जिसका श्रेय विचारणीय पुस्तक के लेखक को भी दिया जा सकता है।

हास्य के सिद्धान्त और मानस में हास्य के लेखक ने अपने विषय को वहाँ से बढ़ाया है जहाँ तक भारतीय तथा पाश्चात्य विचारक उसे पहुँचाकर छोड़ चुके थे। गम्भीर चिन्तन के फलस्वरूप मौलिक परिणामों में समृद्ध पुस्तक में पूर्ववर्ती विवेचनों का नूतन मूल्यांकन तो है ही, साथ-ही-साथ अभिनव सिद्धान्तों की उद्‌भावना और उनका व्यावहारिक निदर्शन भी है।

पुस्तक विवरण-प्रधान नहीं है, वह सूक्ष्म और गहन मीमांसा प्रस्तुत करने के उद्‌देश्य से लिखी गई है। इसका अनिवार्य परिणाम यह हुआ कि लेखक को एक प्रकार की सूत्रवार्त्तिक शैली अपनानी पड़ी है। इसकी नवीनता, जो हिन्दी के पाठकों के लिए और विद्वानों के लिए भी, अपरिचित अवश्य सिद्ध होगी, इस बात में है कि इसमें शास्त्रीय अर्थ-गौरव के साथ-ही-साथ विषयोचित सूक्ष्म विदग्धता भी है। पांडेय जी ने विषय का सर्वथा मौलिक निरूपण किया है, इसलिए उन्हें नवीन शब्दों का भी निर्माण करना पड़ा है, जिनसे हिन्दी के साहित्यिक शब्दकोश का परिवर्द्धन हुआ है।

1. 'अवन्तिका', काव्यालोचनांक

लेखक के शब्दों में ही, पुस्तक के पूर्वार्द्ध में उसने हास्य के स्मित (Suove), हसित (Ludicrous), विहसित (Humorous), अवहँसित (Boisterous), अपहसित (Rough Tumble) तथा अतिहसित (Antithetical या Mataludicrous) भेदों को विषय-धर्म के दृष्टिकोण से देखने की कोशिश की है। पुस्तक के उत्तरार्द्ध 'व्यावहारिक अध्ययन' में तुलसी के मानस में आए हुए 'दुष्ट-वन्दना', 'पार्वती-परीक्षा', 'शिव-विवाह', 'नारद-मोह', 'कपटी मुनि', 'धनुष-यज्ञ', 'परशुराम-लक्ष्मण संवाद', 'कैकेयी-मन्थरा', 'केवट' आदि प्रसंगों और पात्रों तथा भारतेन्दु के 'अंधेर नगरी चौपट राजा' की हास्य की दृष्टि से, व्यावहारिक आलोचना है। इन विषयों की आलोचना सर्वथा अभिनव और नितान्त मौलिक है। संक्षेप में मेरा विश्वास है कि 'हास्य के सिद्धान्त' अपने विषय में हिन्दी के लिए ही नहीं, न केवल अन्य भारतीय भाषाओं के लिए ही, प्रत्युत पाश्चात्य भाषाओं के लिए भी अतिशय महत्त्वपूर्ण ग्रंथ सिद्ध होगा।

पूर्वार्द्ध के द्वितीय परिच्छेद का विषय है : 'हास्य के शास्त्रीय भेदों का विश्लेषण'। इस सम्बन्ध में लेखक का विवेचन उसी के शब्दों में पढ़ें :

'मैंने हास्य का यह वर्गीकरण हास के स्वरूप की दृष्टि से किया है।

स्मित हास : होंठों पर मुस्कान मात्र का परिस्फुटित होना। हास्य के मुकुल का यह पुष्प-प्रभात है। इसके लिए आश्रय के शील में औदार्य और संयम अपेक्षित है। यह आलम्बन से सम्बद्ध-शिष्टता या मर्यादा की अपेक्षा करता है। यह सबसे अधिक संस्कृत हास्य है। इसलिए व्यंग्य या व्याजस्तुति, व्याजनिन्दा की प्रधानता रहती है। यह कूटनीतिज्ञों का हास है।

हसित : दृश्य तथा साधारणतः श्रव्य भी। पूरा मुँह नहीं खुलता। हसित में घटना, उक्ति या शील के औचित्य का आधार कुछ छूटा तथा कुछ लगा रहता है।

विहँसित : इसमें ठठाकर भी हँस सकते हैं तथा मन में भी विहँस सकते हैं। विरोधाभास, ध्रुवव्यर्थसाधना, विपरीत भाग्य का व्यंग्य, मूर्ख-बन्धुत्व, सापेक्षाद्वैत, द्विविधा आदि पर हम हँसते नहीं, विहँसते हैं। स्मित यदि संस्कृत है, हसित यदि प्राकृत है, तो यह कभी-कभी भावसिक्त करुण या सजल हास होकर सबसे अधिक मार्मिक हास होता है। ऐसी परिस्थिति में शील या उक्ति में वैयक्तिक सजीवता आ जाने से नवीनता और मौलिकता का चमत्कार भी रहता है। जब ऐसा विरोधाभास अनायास होता है तब एक सजल मोह पैदा करता है। हास के क्षेत्र की यह सबसे उत्कृष्ट अनुभूति है। इसमें व्यंग्य नहीं, मात्र प्राकृत जड़ता नहीं, भावनाओं या विचारों की असंगति या हल्के द्वंद्व से अनुभूति अधिक काव्यात्मक हो जाती है। यह मुक्तक हास है। यह कभी-कभी स्नेहन हास भी हो जाता है।

विरोधाभास : जैसे किसी अध्यापक का 'विद्यार्थी' उनका 'काका' हो तो ('Yes, Sir') और 'प्रणाम काका' का, या 'प्रणाभाशीः' सम्बन्ध प्राकृतिक चाचा और सांस्कृतिक भतीजा का वह भेदाभेद, विहसित हास का उदाहरण होगा।

ध्रुवव्यर्थसाधना : नेत्रविहीन दर्पण देखता पकड़ा जाए। मजा तो और आ जाए जब अन्धा धूप-छाँह का चश्मा लगाकर चले—और सिनेमा देखनेवाला कोई छोकरा गा दे :

धूप-छाँही रंग है, नाचश्म की तस्वीर का।

...कोई फोटो खिंचवाने के पहले चुपके से इत्र लगा ले, जिसमें मित्रों को याद न पड़े, नहीं तो शायद उनकी तसवीर भी सुगन्धित हो जाए, तो ऐसा बुद्धिमान विहँसाएगा।

विपरीत भाग्य का व्यंग्य : बारहसिंगा को जिन सींगों पर नाज था, उन्हीं के कारण उसे झाड़ी में फँस जाना पड़ा तथा वधिक के बाण का शिकार होना पड़ा। 'तेलि बोरि पट बाँधि पुनि, पावक देहु लगाय' का एक ही द्रष्टा विहँस उठेगा।

मूर्खबन्धुत्व : जो मूर्ख हमारे सखा, सन्तान या अनुज-सा दीख पड़े। केवट अर्थ के कीट, पेट की भूख, की बात करता है और खिवाई नहीं लेता। लक्ष्मण के बाण के प्रति उपेक्षा भी दिखाता है...राम से बड़ी चीज उनके चरणों की धूलि को मानता है—अंशी से अंश को ही महान।...विचित्र अटपटी बातें हैं—प्रेम भी, हठ भी, ज्ञान भी, अज्ञान भी, घर की भी चिन्ता, वैकुंठ की भी—ऐसी वाणी पर करुणा-अयन विहँस ही सकते थे।

हास के स्वरूप की दृष्टि से हास्य के षड्विध वर्गीकरण का प्रारम्भिक अंश आपने सुना। अब उत्तरार्द्ध के 'परशुराम-लक्ष्मण-संवाद' का व्यावहारिक आलोचना-विषयक यह अंश भी पढ़ें :

'कायरों के कोलाहल से लोग अभी घबराए ही हैं और औरतें गाली दे रही हैं कि रौद्र तथा वीर के अवतार परशुराम आ धमकते हैं। कुटिल भृकुटि, रौद्ररक्त नेत्र, हाथ में धनुष, कंधे पर कुठार और संत का वेश। जब बुद्धि इस असंगति पर हँसती है, (लक्ष्मण आगे चलकर हँसते हैं) तब हृदय, विशेषतः कायरों का हृदय, भय से काँप उठता है।'

...भाव की इस गत्यात्मक सूक्ष्मता की सहानुभूति गोस्वामीजी की निराली चीज है। परशुराम बाज की तरह आते हैं, कायर 'लवा' की तरह छिप जाते हैं।

रामायण की कुछ चौपाइयाँ ऐसी हैं जो शील के किसी स्वरूप की अन्तिम अभिव्यक्ति-सी दीखती हैं।

परशुराम को देख :

पितु समेत कहि-कहि निज नामा,
करने लगे सब दंड-प्रणामा।

यह है कायरों की हालत।

अब परशुराम हास्य के तथा भाग्य के व्यंग्य के पंजे में पड़ते हैं। कायरों ने डींग हाँकी, शेर से गीदड़ बने। अब इस सिंह की भाग्य-दशा देखिए :

बहुरि बिलोकि विदेह सन, कहहु काह अतिभीर।
पूछत जान अजान जिमि, ब्यापेउ कोप सरीर।

परशुराम सभा पर यह जताना चाहते हैं कि यदि पहले ही मैं जानता तो न मालूम कितना (रक्तपात) होता। दर्शकों को आशंका से पूरी तरह भरकर उनके विरोध की रही-सही शक्ति का भी क्षय कर देना चाहते हैं। जानकर अनजान बनना कूट-परिहास का लक्ष्य बनना है। हम द्वेष भरकर विष की हँसी मन-ही-मन हँसते हैं। तिरस्कार की उँगलियाँ और भी गुदगुदाती हैं, क्योंकि पाठक हँसकर मन-ही-मन पशुराम को चिढ़ाता है।'

हिन्दी की इस नई आलोचना के सम्बन्ध में एक अनुसन्धानकर्ता का निर्णय है : 'कभी-कभी अर्थ समझने में पाठक को आयास होता है।' यह ठीक ही है। पुस्तक हास्य-विषयक है, कुछ हास्य-रसात्मक नहीं।

हिन्दी के इस नव्यालोचन के समर्थ उपस्कर्ता प्रो. जगदीश पांडेय की आलोचना का एक दृष्टान्त नीचे दिया जा रहा है। 'कविता' के प्रथम अंक में प्रकाशित प्रसाद की 'लहर' की 'अपलक जगती हो एक रात' की प्रारम्भिक पंक्ति वाली कविता की विस्तृत आलोचना अवश्य ही हिन्दी की पहली ऐसी आलोचना है जिसमें किसी एक छोटी-सी गीति का ऐसा सूक्ष्म विश्लेषण किया गया हो। भावार्थ, विषय-धर्म की मूल्य-समीक्षा, अभिव्यक्ति और विषय की परस्परता, भाव-रसायन की समीक्षा, उपकरणों की अभीष्ट साधना—इन विभिन्न दृष्टियों से गीति-विशेष का विश्लेषण और परिशासन किया गया है। उपकरणों की अभीष्ट-साधना के अन्तर्गत जो विवेचन किया गया है, उसका एक लघु अंश यहाँ उद्धृत किया जा रहा है :

' 'अपलक जगती हो एक रात' में दृष्टि का दीर्घ प्रसार तथा स्थिर संकल्प है। रात और जगने में साहचर्य-विरोध नहीं तो झटके की बात अवश्य है। स्वयं रात के जगने में तो करुणा की बलात् रमणीयता है। लेकिन साथ ही एकान्त की व्याप्ति और सद्भाव के 'अतिभौतिक स्रोत' के दर्शन होते हैं। पहली पंक्ति के स्तर का यदि आद्योपान्त निर्वाह हो पाता तो कविता उदात्त की भूमि छूती, और कल्पना की रीतिकालीन बौद्धिकता उतनी खटकती नहीं। रात के जगने में तब किसी शरीरी नहीं, आत्मतत्त्व के जागरण की उदात्त कल्पना होती। लेकिन आगे चलकर सुमन और मलयवात आदि की सुकुमारता तथा मदिर मोहकता से तन्द्रा का वातावरण हो जाता है। उदात्त में जो जाग्रत शक्ति-विभोरता चाहिए, वह यहाँ उपलब्ध नहीं। मात्र सूक्ष्मता और प्रसार ही हाथ लगकर रह जाते हैं। दूसरी पंक्ति के 'सब सोए हों' में मात्र तन्द्रिल अनुप्रास ही नहीं, नीरवता के अखिल एकान्त की भंग-सृष्टि हो जाती है।'

यूरोप में, प्रथम विश्वयुद्ध के बाद, उन्नीसवीं शताब्दी का विधेयवादी (Positivist) अस्वीकृत हो गया। शुक्ल जी ने इसे उन्हीं दिनों हिन्दी में—किसी

भी भारतीय साहित्य में पहली बार—प्रवर्तित किया था। उनके बाद का भी समस्त हिन्दी साहित्यालोचन विधेयवादी है। नागरी प्रचारिणी सभा के द्वारा आयोजित 'हिन्दी साहित्य का बृहत इतिहास' अवश्य ऊँट की पीठ पर आखिरी तिनका साबित होगा!

ऊपर की पंक्तियों में हिन्दी के नव्यालोचन का यत्किंचित् निर्देश किया गया है। इस पर अधिक विशद रूप से लिखने की भी योजना है।

['दृष्टिकोण' : 1955]

रामचन्द्र शुक्ल : समालोचक और निबन्धकार

पं. अमरनाथ झा ने साहसपूर्ण स्पष्टवादिता के साथ, बहुत दिन नहीं हुए, कहा था कि हमें न केवल भारतीय अंग्रेजी की अपरिहार्य वास्तविकता को ही अकुंठित भाव से स्वीकार कर लेना चाहिए, प्रत्युत् समालोचना के भारतीय आदर्शों का भी सम्यक् उपयोग करना चाहिए। कोनराड को, पोलिश होते हुए भी, अंग्रेजी का उल्लेखनीय गल्प-लेखक माना जाता है तथापि उसके उदार अंग्रेज समालोचकों को भी अन्त में यह कहना आवश्यक प्रतीत होता है कि उसकी प्राणपूर्ण, स्वाभाविक और उत्तम गद्य-शैली कहीं-कहीं खटक ही जाती है, यद्यपि, सम्भव है, यही अपूर्णता भी उसके आकर्षण के कारणों में एक हो! इसलिए स्वीकार किया जाए या नहीं, हमारी अंग्रेजी तो भारतीय होने के सिवा और कुछ होने से रही। पर समालोचना के सिद्धान्त एकदम इतनी सूक्ष्म वस्तु नहीं; विदेशीय होने पर भी उसका अनुसरण बहुत कठिन नहीं होता है।

यों तो प्रारम्भ में लक्षण ग्रंथों की जड़ीभूत आलोचना के युग से हिन्दी के आलोचक मुक्त हुए, तो इन्होंने एक बारगी अपना सन्तुलन ही खो दिया, और उनमें अब भी बहुत से लड़खड़ाते दीख पड़ेंगे, क्योंकि साहित्यालोचन के पाश्चात्य आदर्शों का उनका ज्ञान सर्वथा संदिग्ध था और है। ऐसी हालत में झा साहब का समालोचना के आदर्शों में समन्वय की ओर इशारा करना समीचीन था। शुक्ल जी की यह विशिष्टता है कि उन्होंने कुशलतापूर्वक बहुत पहले इस समन्वय को अपना लिया था। जब और समालोचकों के पैर हिल गए थे, तब इसी के स्वतः विकसित बल पर, सबसे अलग और ऊपर शुक्ल जी की प्रज्ञा की तुला सँभली थी। अध्ययन और अध्यवसाय के लिए मिश्रबन्धु अकृपण प्रशंसा के पात्र हैं, पर उनके समालोचना के आदर्श परम्परा की जड़ता से मूल्यहीन थे; इसलिए वे हिन्दी साहित्य के इतिहास-लेखक भर ही हो सके। दूसरी ओर ऐसे बालखिल्य पत्रकारों की भी कमी नहीं थी, जिन्हें न तो अपने साहित्य-ग्रंथों का ही ज्ञान था, न पाश्चात्य आलोचना-पद्धति से परिचय। समालोचक की पदवी के लिए शुक्ल जी का कोई प्रतियोगी नहीं हो सकता था। विकासोन्मुख हिन्दी में कालोपरान्त और भी योग्य समालोचक हुए, पर जिस उच्च आसन पर शुक्ल जी का अधिकार था, वह उनकी मृत्यु के बाद ही खाली हुआ।

समकालीन साहित्य को प्राचीन आदर्शों से निर्णीत कर मूल्यहीन घोषित करना संकीर्णता का द्योतक था; प्राचीन साहित्य को समकालीन आदर्शों की दृष्टि से हास्यास्पद समझ लेना छिछले विवेक का काम। जिनका परिचय केवल भारतीय साहित्य से ही नहीं था—और फिर भी, व्यापक होने के बावजूद, जिनकी रुचि इधर से मुड़ी नहीं थी। ऐसे लोगों को इन आदर्शों में किसी एक से ही तृप्ति नहीं हो सकती थी। उत्साह में पद्‌माकर को कवि मानने से भी कम लोगों ने युग के प्रारम्भ में अस्वीकार नहीं किया होगा। पर कला को देशकाल से अनियंत्रित माननेवाले, उस समय भी अंग्रेजी के रोमांटिक कवियों की दुनिया के दृश्य के उद्‌घाटन से मुग्ध होकर भी पद्‌माकर को सुकवि मानने में हीनता नहीं अनुभव करते होंगे, ऐसा हमारा विश्वास है। इसके एक उदाहरण, और शायद एक ही ज्ञात उदाहरण शुक्ल जी हैं, जिन्होंने रीतिकाल के कलाकारों के विषय में अपनी नई पहुँच दिखलाई थी। इसमें आज कोई विशिष्टता नहीं दीख पड़ती तो केवल इसलिए कि उनकी व्याख्या सिद्धान्त रूप में सर्वमान्य हो गई है। टैगोर की तरह उनकी प्रतिभा अपने क्षेत्र में अनायास खतरा बन गई थी, यद्यपि इसमें उनका कोई दोष नहीं था। जैसे बंगला काव्य नई शाखा में प्रसार पाने के लिए छटपटाकर रह जाता है, उसी तरह हिन्दी का समालोचना-क्षेत्र शुक्ल जी के व्यक्तित्व से आच्छादित था। ऐसे व्यक्तित्वों का युग में एक-दो बार ही आविर्भाव हुआ करता है; साहित्य ऐसे दुर्लभ खतरों का स्वागत करता है क्योंकि उनकी शाखाएँ भले ही नहीं पनपें, किन्तु उनका तना पुष्टतर हो जाता है।

पर जब हिन्दी समालोचना के मूल्यों में एक बार फिर परिवर्तन होंगे, और नहीं होंगे, ऐसा कौन कह सकता है, तो क्या शुक्ल जी का महत्त्व युग-विशेष के प्रारम्भकर्ता के रूप में ही उल्लेखनीय रह जाएगा? ऐसा होता अवश्य यदि कभी-कभी शुक्ल जी की समालोचना में ऐसे गुण नहीं स्फुटित हो उठते, जिनसे उसका स्थायी साहित्य में ऊर्ध्वपातन हो जाता है; और शुक्ल जी की समालोचना की शैली में पेटर की तरह ऐसे साहित्यिक गुण पर्याप्त मात्रा में हैं।

फिर भी, समालोचक होने के बावजूद, आदमी अपूर्ण रह ही जाता है। समन्वय व्यवहार में उतना सरल नहीं होता जितना सिद्धान्त में। साहित्य के प्राचीन रूप के मूल्यांकन में नवीन आदर्शों की स्वीकृति से शुक्ल जी ने विशेषता प्राप्त की थी। पर उन्होंने जहाँ उसके अभिनव रूप के विषय में प्राचीन दृष्टिकोण की उपेक्षा नहीं की, वहाँ नवीन आदर्शों के साथ आवश्यक सहानुभूति भी नहीं दिखलाई। फलतः केवल अभिनेय गुण की अपेक्षाकृत अधिकता से हरिकृष्ण 'प्रेमी', प्रसाद से भी अधिक प्रशंसनीय नाटककार माने गए। अभिनेय गुण के महत्त्व के पक्ष और विपक्ष के समान रूप से प्रबल मत-परम्पराएँ चलती रही हैं और इस आधार पर नाट्यकारों की तुलना नहीं की जा सकती। कुल मिलाकर प्रसाद यद्यपि उत्कृष्ट नाट्यकार नहीं

थे, लेकिन 'प्रेमी' क्या साहित्य के इतिहास में उल्लेखनीय नाट्यकार भी कहे जा सकते हैं? एतत्-सम्बन्धी किसी पुस्तक में निराला पर एक पृष्ठ भी पर्याप्त से अधिक माना जा सकता है। पर उस दशा में पंत पर बीस पृष्ठ आनुपातिक नहीं जँचेंगे। स्थितप्रज्ञ आचार्य अतीत के अध्ययन के लिए अधिकारी होते हैं: लड़खड़ाते वर्तमान की गति को दौड़ने और गिरने वाले ही जान सकते हैं, समझ सकते हैं।

एक निबन्धकार के रूप में उनकी अपूर्णता तो हिन्दी की एक एतद्विषयक अपूर्णता है और इसलिए यहाँ उसका उल्लेख अनावश्यक नहीं प्रतीत होता है। कहना नहीं होगा कि यहाँ हमारा तात्पर्य उनके समालोचनात्मक निबन्धों से न होकर साहित्यिक निबन्धों से है। जहाँ तक हिन्दी का सवाल है, उनके ऐसे निबन्ध भी उच्चकोटि के माने जा सकते हैं। किन्तु व्यापक दृष्टि से उन्हें निबन्ध मानना ही कठिन है। आधुनिक निबन्ध (सैमुएल स्माइल्स के लेख नहीं) को लेखक के व्यक्तित्व की दुर्बलताओं का मधुर हास्योत्पादक संयत चित्रण (Elegant nonsense) माना गया है। दुर्भाग्यवश हिन्दी में साहित्य के इस रूप की ओर जरा भी ध्यान नहीं दिया गया, यद्यपि हमारे यहाँ एकाध लेखक चाहें तो उत्तम निबन्ध लिख सकते हैं। अंग्रेजी में जो परम्परा लैम्ब से चली, वह आधुनिक काल में ल्यूकस, बेलॉक, बिअरह्वाम प्रभृति के हाथों में साहित्य का प्रशंसनीय, स्थायी और विशिष्ट रूप धारण कर चुकी है। हमारे यहाँ भी जैनेन्द्र, प्रकाशचन्द्र गुप्त, माचवे, भुवनेश्वर प्रभृति यदि अपनी कुछ बौद्धिक जिह्मताओं को छोड़ सकें, तो वे इस दिशा में यथेष्ट सफलता प्राप्त कर सकते हैं। कविता की तरह ही शुक्ल जी का स्पष्टत: यह क्षेत्र नहीं था! हिन्दी के पेटर का हिन्दी का स्माइल्स भी होना विशेषता नहीं रखता। शुक्ल जी समालोचक के रूप में ही सदैव धुरिकीर्तनीय रहेंगे।

['साहित्य संदेश' : 1941]

हिन्दी उपन्यास : उद्भव और विकास

'सोता संसार, जागता परवरदिगार, कहानी ऐसी झूठी, बातें ऐसी मीठी, कहनेवाला झूठा, सुननेवाला सच्चा, भाई, कान की सुनी कहते हैं, आँख की देखी नहीं कहते, मुल्क-मुल्क के बीच में एक....।'

कालिदास के शब्दों में, किन्तु उनके बहुत-बहुत बाद और हिन्दी के लिखित उपन्यासों के पहले, हिन्दी के 'कथा-कोविद ग्राम-वृद्ध' इसी प्रकार अपने मौखिक उपन्यासों का प्रारम्भ करते थे। शाम के वक्त, दिन के थके-माँदे लोग, खाने-पीने के बाद, किस्सागो को घेरकर बैठ जाते और उस जमाने का धारावाहिक उपन्यास शुरू होता, जो पत्रिकाओं में 'क्रमशः' छपने के बदले, दिन के बाद दिन, क्रमशः, चलता रहता। कालिदास ने लिखा है : 'उज्जयिनी के गाँवों के बड़े-बूढ़े लोग उदयन की प्रेम-कथाएँ सुनाने में दक्ष होते थे।' उज्जयिनी ही क्यों, देश के प्रत्येक ग्राम और नगर में 'कथा-कोविद' होते थे—उनके चरित-नायक उदयन के बदले गोपीचन्द या हीर ही क्यों न हों। जिस युग में छापेखाने नहीं खुले थे और बहुत मूल्यवान साहित्यिक ग्रंथ ही बड़े परिश्रम से हाथ से लिखे जाते थे, उस युग में भी उपन्यासों का अस्तित्व था, किन्तु इसी मौखिक रूप में। जहाँ और जब संस्कृत का प्रभाव था, वहाँ संस्कृत की 'वेतालपंचविंशति' और 'सिंहासनद्वात्रिंशिका' जैसे यथार्थवादी उपन्यास 'बैताल पच्चीसी' और 'सिंहासन बत्तीसी' के रूप में बोलचाल की हिन्दी में प्रचलित थे; जब मुसलमानों से सम्पर्क बढ़ा तो 'तिलस्म-इ-होश-रुबा' और 'दास्तान-इ-अमीर हम्जा' भी जनप्रिय बने।

बात ऐसी है कि भारतेन्दु के समय से तो हिन्दी उपन्यास का लिखित, मुद्रित और साहित्यिक रूप शुरू हुआ किन्तु हिन्दी उपन्यास की परम्परा उतनी पुरानी है जितनी हिन्दी काव्य की। अन्तर इतना ही है कि हिन्दी के प्राचीन काव्य का पर्याप्त अंश हस्तलिखित पोथियों में सुरक्षित रह गया जबकि उसका गल्प-साहित्य मौखिक ही बना रहा।

हिन्दी उपन्यास की इस परम्परा का कोई निश्चित प्रमाण नहीं दिया जा सकता, क्योंकि यह मौखिक परम्परा थी। ऐसी हालत में, पूछा जा सकता है कि हमने इसको इतने विस्तार से क्यों चर्चा की? इसके सम्बन्ध में हमें कहना यह है कि

हिन्दी के नाटक और उपन्यास की परम्परा पर विचार करते समय एक विकट प्रश्न उठ खड़ा होता है। उसका उत्तर हिन्दी के विद्वानों ने नहीं दिया है, पर इस समस्या के समाधान के बिना हिन्दी के इन साहित्यिक रूपों का अध्ययन शुरू भी कैसे किया जाए? प्रश्न है, वासवदत्ताकार सुबन्धु, दशकुमार-चरितकार दंडी, हर्षचरित और कादम्बरीकार बाणभट्ट जैसे संस्कृत के महान उपन्यासकारों का उत्तराधिकार शताब्दियों के अन्तराल के बाद भारतेन्दु-युग को ही क्यों, उसके पूर्व के युगों को क्यों नहीं मिला?

नाट्य-परम्परा के विच्छिन्न होने के जो कारण विद्वानों ने बतलाए हैं, उनसे दूसरों को तो क्या, स्वयं उन्हें ही सन्तोष नहीं होता। फिर भी इसके सम्बन्ध में कुछ चलते कारण तो बता ही दिये जाते हैं; किन्तु गल्प की खंडित परम्परा के विषय में विद्वान मूक रह जाते हैं।

इस सम्बन्ध में मेरा निवेदन मान लेना कि संस्कृत और हिन्दी के आधुनिक काल के बीच गल्प की परम्परा खंडित हो गई थी, एक भ्रान्त धारणा है। किस्सा-कहानी या उपन्यास की परम्परा के सदैव दो रूप रहे हैं : एक, लिखित तथा साहित्यिक और दूसरा, मौखिक। दूसरे रूप की अविच्छिन्नता हम दिखा चुके हैं। हम यहाँ पहले रूप की सत्यता पर भी विचार कर लें। असल में संस्कृत साहित्य का विकास हिन्दी के आविर्भाव के साथ तो बन्द नहीं हो गया कि हमें मानना पड़ता कि भारत की साहित्यिक गल्प की धारा कुछ समय के लिए लुप्त हो गई। पं. रामचन्द्र शुक्ल ने हिन्दी साहित्य को तत्कालीन परिस्थितियों के प्रकाश में देखने की चेष्टा की, किन्तु हिन्दी के समानान्तर रचित होनेवाले संस्कृत साहित्य को वे पूर्णतः भूल गए। इसी का परिणाम है कि हम हिन्दी के आविर्भाव-काल में जब काव्य के अतिरिक्त दूसरे साहित्यिक रूप ढूँढ़ने लगते हैं और हमें निराश होना पड़ता है तो हम यह समझ लेते हैं कि संस्कृत साहित्य की ये धाराएँ हिन्दी में रूपान्तरित और स्वीकृत होने के पहले ही लुप्त हो गईं। किन्तु बात कुछ दूसरी ही है। हिन्दी में प्रारम्भिक युगों में पद्य के अतिरिक्त साहित्य का कोई दूसरा रूप स्वतंत्र रीति से अपना विकास नहीं कर सका। यह स्वाभाविक ही था, क्योंकि किसी भी नई भाषा में पहले पद्य की ही रचना होती है और बाद में गद्य तथा साहित्य के दूसरों रूपों का प्रादुर्भाव होता है। हिन्दी जैसे-जैसे परिपुष्ट और परिपक्व होती गई, वैसे-वैसे वह संस्कृत से, काव्य से भिन्न, अन्य साहित्यिक रूपों को पाती गई और आज जाकर शायद वह भी समय आया है जब संस्कृत निश्चिन्त होकर अपने सारे अधिकार हिन्दी को सौंप दे। अब हिन्दी में बड़े परिमाण में काव्य-रचना हो रही थी तब संस्कृत में नाटक, उपन्यास, आलोचना आदि के सैकड़ों नये-नये ग्रंथों का निर्माण हो रहा था। हाँ, भारतेन्दु के समय से हिन्दी का सर्वांगीण विकास होने लगा और संस्कृत के सर्जनात्मक साहित्य की व्यर्थता सिद्ध होती गई। इसे संस्कृत और

संस्कृत-प्रेमियों ने समझा है और उन्होंने हिन्दी को, उसकी वय:प्राप्ति के बाद, इसका उत्तराधिकार सहर्ष सौंप दिया है। माता बहू को तिजोरी की ताली देती है, पर तभी जब बहू को वह अपने परिवार के संस्कारों में पगी हुई देख लेती है।

हिन्दी की यदि अपनी समृद्ध परम्पराएँ न होतीं तो सत्तर-अस्सी वर्षों की अल्प अवधि में उसके साहित्य का वैसा विकास कदापि सम्भव न होता, जैसा हम आज पा रहे हैं। उन्नीसवीं शताब्दी के उत्तरार्द्ध का साहित्यिक जागरण पश्चिम के सम्पर्क का परिणाम था। यह सम्पर्क जैसे-जैसे प्रगाढ़ होता गया, वैसे-वैसे साहित्य के क्षेत्र में, विशेष रूप से गल्प के स्वरूप में, परिवर्तन होता गया। भारतेन्दु-युग के लेखक पूरी तरह संस्कृत उपन्यास की भाषा और शैली का मोह कभी नहीं छोड़ सके। हाँ, उन्होंने स्वरूप-विधान के सम्बन्ध में अवश्य आधुनिकता अपनाई।

हम जैसे साहित्यिक उपन्यासों को आधुनिक हिन्दी के प्रारम्भकाल से ही पाने लगते हैं, वे सुबन्धु, बाण या दंडी की रचनाओं के स्वरूप-विधान और उद्देश्य से दूर हो चुके हैं और पाश्चात्य उपन्यासों के स्वरूप-विधान के निकट—निकटतर आने के लिए सचेष्ट हैं।

['साहित्य' : 1951]

हिन्दी उपन्यास

हिन्दी उपन्यास का इतिहास, किसी भी देश के उपन्यास के इतिहास की तरह, हिन्दी-भाषी क्षेत्र की सभ्यता और संस्कृति के नवीन रूप के विकास का साहित्यिक प्रतिफलन है। समृद्धि और ऐश्वर्य की सभ्यता महाकाव्य में अभिव्यंजना पाती है; जटिलता, वैषम्य और संघर्ष की सभ्यता उपन्यास में। हिन्दी उपन्यास के लिए जैसे-जैसे कच्चा माल तैयार होता गया, वैसे-वैसे पश्चिम की तथाकथित भौतिक सभ्यता हमारी वाणी और वेशभूषा को ही नहीं, प्रत्युत हमारी दृष्टि और चेतना को भी आक्रान्त करने में सफल होती गई। हमारे उपन्यास यदि आज पश्चिमी उपन्यासों के समकक्ष सिद्ध नहीं होते तो मुख्यतः इसलिए कि हमारी वर्तमान सभ्यता अपेक्षया आज भी कम जटिल, कम उलझी हुई और कहीं ज्यादा सीधी-सादी है।

उपन्यास सर्वत्र ही साहित्य का उपेक्षित अंग रहा है। उद्‌देश्य की दृष्टि से वह मात्र मनोरंजन का साधन बनकर रह जाता था। साहित्यिक उत्कर्ष के लिए उसे 'गद्य-काव्य' बनकर उन गुणों से मंडित होना पड़ता था जो वस्तुतः काव्य के हैं। 'कथा सरित्सागर', 'अलिफ लैला', डिका-मेरन' मनोरंजन के साधन-मात्र थे; 'हर्षचरित' या 'कादम्बरी' की विशेषता यह है कि उनमें वे गुण हैं जो संस्कृत-काव्य के लिए शोभाकर होते हैं। शताब्दियों की प्रतीक्षा के बाद साहित्य का यह अन्त्यज अपनी छिपी सम्भावनाओं को लेकर अपनी सामर्थ्य का परिचय दे सका है और अब तो आभिजात्य का भी दावा कर सकता है। देवनीनन्दन खत्री से लेकर अज्ञेय तक के हिन्दी उपन्यास का इतिहास इस सामान्य तथ्य का दृष्टान्त है।

उपन्यास आज भी गल्प (Fiction) की व्यापक श्रेणी में रखा जाता है, किन्तु आज वह नाम को ही गल्प रह गया है। जब तक उपन्यास गल्प-मात्र था, तब तक उसका मुख्य उद्‌देश्य मनोरंजन और गौण उपदेश रहता था। आज गल्प, गल्प नाम के बावजूद, सत्य और केवल सत्य की, नाना दृष्टियों से गृहीत और अनेकानेक पद्धतियों से अंकित चित्र-शृंखला बन चुकी है। आज भी गल्प की एक शाखा गल्प बनी हुई है और मनोरंजन का लोकप्रिय साधन है—उदाहरण के लिए जासूसी उपन्यास, किन्तु इस विवेचन में उसे ध्यान में नहीं रखा गया है। हिन्दी उपन्यास की छोटी अवधि में भी अंग्रेजी या फ्रेंच भाषा के उपन्यास के विस्तीर्ण इतिहास की

विकास-प्रक्रियाओं की संक्षिप्त परन्तु पूर्ण रूपरेखा वर्तमान है। गल्प किस तरह सत्य बन गया, यह हिन्दी में थोड़े में ही देखने को मिल जाता है।

हिन्दी उपन्यास के स्वल्प-परिसर इतिहास के अध्ययन के लिए काल-विभाजनों को, जिन्हें साहित्यिक इतिहासकारों ने 'उत्थान'[1] की संज्ञा दी है, मैं निष्प्रयोजन पाता हूँ। इसी प्रकार उपन्यासकारों के नामानुसार विभिन्न 'स्कूलों' और साहित्यिक व्यक्तित्व के आधार पर पुकारे जानेवाले युगों को भी, अपने उद्देश्य के लिए, मैं महत्त्व-रहित विभाजक चिह्न-मात्र मानता हूँ। हिन्दी उपन्यास के विकास की सीमा-रेखाएँ उसके भीतर ही मिलती हैं, हालाँकि उन्हें सावधानी के साथ पहचानने और साफ करने की चेष्टा नहीं हुई है।

ये सीमा-रेखाएँ अधिक नहीं हैं, मुख्यतया केवल दो ही हैं, और दोनों ही केवल एक ही उपन्यासकार में निहित हैं। अवश्य वह उपन्यासकार प्रेमचन्द हैं। 'गोदान' के पहले तक के प्रेमचन्द हिन्दी उपन्यास के अतीत की चरम परिणति के पथ-चिह्न हैं। 'गोदान' के रचयिता प्रेमचन्द ही हिन्दी के वर्तमान और भविष्य के निर्देशक हैं। प्रेमचन्द उस शिखर के समान हैं जिसके दोनों ओर पर्वत के दो भागों के उतार-चढ़ाव हैं। हमें पर्वत के दोनों भागों और उसके शिखर को, दूर से और समीप से, अवलोकन का प्रयास करना है।

हिन्दी में उपन्यास-रचना का प्रारम्भ हुआ तो उसका सम्बन्ध प्राचीन औपन्यासिक परम्परा से नाम-मात्र का भी नहीं था। इस दृष्टि से हिन्दी उपन्यास की स्थिति हिन्दी काव्य से सर्वथा भिन्न है। संस्कृत के प्राचीनतम काव्य से लेकर अधुनातन हिन्दी काव्य की परम्परा अविच्छिन्न है; किन्तु हिन्दी का उपन्यास साहित्य का वह पौधा था, जिसे अगर सीधे पच्छिम से नहीं लिया गया हो तो उसका बंगला कलम तो लिया ही गया था, न कि सुबन्धु, दंडी और बाण की लुप्त परम्परा पुनरुज्जीवित की गई थी।

इसका स्वाभाविक परिणाम यह हुआ कि हिन्दी उपन्यास अपने पैरों पर खड़ा होने के पहले घुटनों के बल भी काफी दिनों तक चलता रहा था। अपने इन आरम्भिक दिनों में उपन्यास मुख्यतः मनोरंजन का साधन था, यद्यपि वह नीति और उपदेश का स्वाँग भी भरता था। जिस जमाने में हिन्दी का उपन्यास ही नहीं, हिन्दी का पाठक भी शैशवावस्था में था तो देवकीनन्दन खत्री के औपन्यासिक खिलौने मनोरंजन के परम लोकप्रिय साधन थे, किन्तु उनके निर्माता ने नीतिवादी आलोचकों का मुँह बन्द करने के लिए, उपदेशप्रद भी सिद्ध कर दिखाया था।[2] उपन्यास के उद्देश्य के सम्बन्ध में इस दृष्टिकोण का वास्तविक रूप कुछ बाद के एक उपन्यास के विज्ञापन की इन पंक्तियों में देखा जा सकता है : ''इसमें मनोरंजन के अलावा

1. शुक्ल जी
2. देवकीनन्दन खत्री के पत्र का एक लम्बा अंश डा. वार्ष्णेय की पुस्तक में उद्धृत है।

उत्तम शिक्षा की भी पूर्ण मात्रा है। कोई परिच्छेद ऐसा नहीं जिसके पढ़ने से कोई-न-कोई उत्तम शिक्षा न मिलती हो...।"[1] समासतः देवकीनन्दन खत्री के ऐयारी या तिलिस्म वाले उपन्यास[2] हों या किशोरीलाल गोस्वामी के एतादृश अथवा ऐतिहासिक-रूमानी उपन्यास[3] या गोपालराम गहमरी के जासूसी उपन्यास,[4]—सभी उपन्यास का गल्प नाम सार्थक करते थे।

किन्तु साहित्य का यह रूप जन्मना निम्न श्रेणी का होने पर भी कितना महत्त्वाकांक्षी था, यह इसी से पता चलता है कि जब वह मनोरंजन का साधन बनकर लोकप्रिय हो रहा था, तभी वह सामाजिक जीवन के सत्य का वाहक बन सकने के लिए भी प्रयास कर रहा था, यद्यपि उसे पूर्णतः कृतकार्य होने के लिए तब तक प्रतीक्षा करनी पड़ी जब तक प्रेमचन्द ने उसका अछूतोद्धार नहीं कर दिया। प्रेमचन्द के पूर्व श्रीनिवासदास, बालकृष्ण भट्ट और राधाकृष्णदास ने उपन्यास को मनोरंजन के स्तर से ऊपर जरूर उठाया था, किन्तु उन्होंने प्रेमचन्द को प्रत्याशित या प्रभावित किया था,[5] यह उद्भावन निराधार है।

प्रेमचन्द के उपन्यासों में हिन्दी उपन्यास की ये दोनों धाराएँ सहसा एक होकर अतिशय महत्त्वपूर्ण बन जाती हैं। प्रेमचन्द के उपन्यास आपाततः मनोरंजन के साधन भी हैं और सत्य के वाहक भी। स्वयं प्रेमचन्द के उपन्यासों में भी 'गोदान' इसका अपवाद है—वह मात्र सत्य का वाहक है।

प्रेमचन्द में हिन्दी उपन्यास की क्षीण और लक्ष्यहीन धाराएँ सम्मिलित होकर महानद बनीं और उनके जीवनकाल में ही वे अनेक मन्द-तीव्र धाराओं में विभक्त भी हो गईं। मुख्य धारा से हटकर स्वयं प्रेमचन्द भी एक सर्वथा नवीन दिशा की ओर मुड़े थे। यह उनका सबसे महत्त्वपूर्ण, मौलिक और महान प्रयास था, लेकिन इसके लिए ऐसे व्यापक अनुभव, मानवीयता और स्थापत्य-कौशल की जरूरत थी कि इसमें प्रेमचन्द अकेले ही रह गए; उनके इस प्रयोग का अनुकरण उस तरह अनगिनत उपन्यासकारों ने नहीं किया जिस तरह उनके पूर्ववर्ती उपन्यासों का किया था। 'गोदान' हिन्दी की ही नहीं, स्वयं प्रेमचन्द की भी एक अकेली औपन्यासिक कृति है, जिसके उच्चावच, विराट विस्तार, निर्मम, तटस्थ यथार्थता और सरलता

---

1. गया (बिहार) से प्रकाशित होनेवाली 'लक्ष्मी' नामक मासिक पत्रिका के जनवरी, 1917 के अंक में लाला भगवानदीन के उपन्यास 'अघट घटना' के विज्ञापन से। 'हिन्दी पुस्तक साहित्य' में इस उपन्यास का उल्लेख नहीं है।
2. उपन्यासों के नाम 'हिन्दी पुस्तक साहित्य' में देखे जा सकते हैं। वार्ष्णेय की पुस्तक में तथा उपन्यास-सम्बन्धी दूसरी पुस्तकों में, कुछ ब्यौरे मिलते हैं, आलोचना नगण्य है।
3. उपरिवत्
4. उपरिवत्
5. रामविलास शर्मा, 'भारतेन्दु-युग' में।

की पराकाष्ठा तक पहुँचकर अत्यन्त विशिष्ट बन गई शैली किसी एक भारतीय उपन्यास में एकत्र नहीं मिलती।

हिन्दी के आलोचकों ने एक स्वर से[1] 'गोदान' की यह आलोचना की है कि उसकी कथावस्तु असम्बद्ध है। वस्तुतः यही 'गोदान' के स्थापत्य की वह विशेषता है जिसके कारण उसमें महाकाव्यात्मक गरिमा आ जाती है। नदी के दो तट असम्बद्ध दीखते हैं, पर वे वस्तुतः असम्बद्ध नहीं रहते—उन्हीं के बीच से जल-धारा बहती है।

इसी तरह 'गोदान' की असम्बद्ध-सी दीख पड़नेवाली दोनों कहानियों के बीच से भारतीय जीवन की विशाल धारा बहती चली जाती है। भारतीय जनजीवन का—जो एक ओर तो नागरिक है और दूसरी ओर ग्रामीण, और जो एक साथ ही अत्यन्त प्राचीन भी है और जागरण के लिए छटपटा भी रहा है—इतने बड़े पैमाने पर इतना यथार्थ चित्रण हिन्दी में ही क्यों, किसी भी भारतीय भाषा के किसी उपन्यास में नहीं हुआ है। यदि 'गोदान' का स्थापत्य कृत्रिम रूप से सुसंघटित रहता तो अवश्य ही वह भारतीय जीवन के वैविध्य और आँखों के सामने चलनेवाली, परिवर्तन की अस्पष्ट प्रतिक्रियाओं की व्यस्तता का चित्रागार नहीं बन पाता। बहुत पहले 'प्रेमाश्रम' में, फिर 'रंगभूमि' में, प्रेमचंन्द ने इन प्रक्रियाओं को पकड़ने की कोशिश की थी किन्तु तब वे पात्रों के विलक्षण व्यक्तित्व के चित्रण और स्थापत्य के कृत्रिम बन्धन के अतिक्रमण की सामर्थ्य अपने में विकसित नहीं कर सके थे। 'गोदान' में अपने 'प्रौढ़ि-प्रकर्ष' के कारण प्रेमचन्द ने 'पुराण-रीति' का 'व्यतिक्रम' किया और हमें आश्चर्य नहीं करना चाहिए, यदि हिन्दी के रूढ़िवादी विद्वान इसे उनकी असफलता मान बैठे।

---

1. (क) 'केवल निर्माण की दृष्टि से स्वयं प्रेमचन्द 'सेवासदन' को फिर न पा सके।'

—रामविलास शर्मा

(ख) ''गोदान' का कथानक किसान-महाजन-संघर्ष को लेकर रचा गया है, उच्च वर्ग केवल चरित्र की पूर्णता के लिए है।'

—उपरिवत्

(ग) ''गोदान' ग्रामीण जीवन का चित्र है।'

—प्रकाशचन्द्र गुप्त

(घ) ''इस उपन्यास का बृहत् शरीर जिस देहाती जीवन के मेरुदंड पर खड़ा है, उसकी प्रचुरता और विदग्धता को देखते हुए इतर प्रसंग 'क्षेपक'-से लगते हैं; इन क्षेपकों के कारण ही उपन्यास स्थूलकाय हो गया है।'

—शान्तिप्रिय द्विवेदी

(ङ) ''गोदान' में गाँव के चित्र अधिकारी (आधिकारिक) रूप से तथा शहर के चित्र प्रासंगिक रूप से आए हैं।'

—गुलाब राय

प्रेमचन्द के पूर्ववर्ती और समसामयिक उपन्यासकारों के लिए ही नहीं, स्वयं प्रेमचन्द के लिए भी, भाषा दुर्लंघ्य विघ्न-पाषाण सिद्ध होती रही। इस सम्पूर्ण अवधि के हिन्दी उपन्यासकार अंग्रेजी गद्य की बारीकियों को समझ सकने में असमर्थ थे, क्योंकि उनका अंग्रेजी का ज्ञान अत्यन्त और अधिकतर नहीं के बराबर था। जिस प्रतिवेशी भाषा, बंगला, के उपन्यासों से हिन्दी के लेखक उपन्यास-रचना की प्रत्यक्ष प्रेरणा पाते रहे, और ज्यादा तो उसके उपन्यासों के अनुवाद ही कर जाते थे, स्वयं उसका गद्य भी अनुकरणीय आदर्श नहीं उपस्थित करता था। उस पर भी संस्कृत गद्य का वह प्रभाव था जिसका मोह हिन्दी के लेखकों को छोड़ देना आवश्यक भी था, पर जिसकी ओर उनकी ललचाई आँखें दौड़ ही पड़ती थीं। श्रीनिवासदास प्रभृति, लेखक, जो उपन्यास को साहित्य के सार्थक और गम्भीर रूप की दृष्टि से ग्रहण करते थे, नाटक के कल्याणकार प्रभाव के परिणामस्वरूप उपन्यासों में भी स्वाभाविक भाषा में कथोपकथन प्रस्तुत करते थे, किन्तु अपनी ओर से वर्णन करने का अवसर मिला नहीं कि उनका गद्य संस्कृत के गद्य-काव्य की विडम्बना करने लग जाता था। किशोरीलाल गोस्वामी-जैसे पाठकों के मनोरंजनार्थ लिखनेवाले उपन्यासकार में भी हम भाषा-सम्बन्धी यह भ्रान्त दृष्टिकोण पाते हैं।[1] यदि अपवाद हैं तो देवकीनन्दन खत्री, जो निष्प्राण पर निराडम्बर गद्य लिखते थे और निस्सन्देह इसीलिए हर-दिल-अजीज बन सके थे। बाद के बहुतेरे ऐयारी और तिलस्म वाले उपन्यासों में भी लच्छेदार भाषा मिलती है। देवकीनन्दन खत्री की लोकप्रियता और सफलता की चाह रखनेवाले लेखक यह नहीं समझते थे कि खत्री जी का रहस्य सुरंग और लखलखा नहीं था बल्कि भाषा की वह सादगी थी जो अमोघ सिद्ध होती थी। प्रेमचन्द ने, जिन्होंने अपने समय के असंख्य युवकों की तरह देवकीनन्दन खत्री की पुस्तकें चाव से पढ़ी थीं, भाषा की इसी सादगी को शैली की विशिष्टता में रूपान्तरित और उन्नत किया था। यह प्रेमचन्द के लिए तब सम्भव हुआ जब उन्होंने उर्दू-गद्य का आकर्षक दोष, जबानदराजी का मोह, कठिनता से, पर कठोरतापूर्वक, धीरे-धीरे बिलकुल छोड़ दिया। 'गोदान' में प्रेमचन्द की शैली उर्दू-गद्य की आलंकारिकता के निर्मोक से सर्वथा मुक्त हो गई है। 'गोदान' की महानता का, स्थापत्य-कौशल के अतिरिक्त, शैली मुख्य कारण है—वह शैली, जिसकी ओर ध्यान भी नहीं जाता। यहाँ तक कि विद्वानों ने उसका उल्लेख भी अनावश्यक समझा है—यों भाषा की सादगी के नाम पर चलते-चलाते प्रशंसा के कुछ शब्द भले कह दिये हों।

प्रेमचन्द के समसामयिक सुदर्शन भी प्रेमचन्द की तरह उर्दू से हिन्दी में आए थे। उन्हें और 'कौशिक' को निरपवाद रूप से 'प्रेमचन्द-स्कूल' के लेखकों के रूप

1. बाद तक हिन्दी उपन्यास में गद्य का यह रूप देखने को मिलता रहता है—प्रसाद और निराला में अपने प्रकृष्ट रूप में और चंडीप्रसाद 'हृदयेश' एवं नन्दकिशोर तिवारी में अन्तिम साँस लेता हुआ।

में स्मरण किया जाता है।[1] ये वस्तुतः प्रेमचन्द की तरह मुहावरेदार, चलती, सरल और टकसाली भाषा लिखते थे, पर इनकी भाषा के ये गुण विशिष्ट शैली स्तर पर कभी नहीं पहुँच सके। फलतः प्रेमचन्द के साथ इन गल्पकारों की तुलना ऊपर से दीख पड़नेवाली समानता के आधार पर ही की जा सकती है।

प्रेमचन्द के समकालीनों में इनसे कहीं अधिक उल्लेखनीय हैं जयशंकर प्रसाद[2] और बेचन शर्मा 'उग्र', जिनके 'स्कूलों' की भी चर्चा हिन्दी के साहित्यिक इतिहास की पाठ्य-पुस्तकों में अवश्य कर दी जाती है। ये दोनों ही उपन्यासकार विरोधाभास के विलक्ष्ण दृष्टान्त हैं: काव्य और नाटक में परम आदर्शवादी बने रहने वाले प्रसाद 'कंकाल' में घोर प्रकृतवादी का रूप ग्रहण कर लेते हैं और सुधार की भावना से लिखने की प्रतिज्ञा करने वाले 'उग्र' वर्जित विषयों पर लिखकर 'घासलेटी'[3] अर्थात् तथाकथित अश्लील साहित्य के रचयिता के रूप में पाठकों के प्रिय और सम्पादकों के कोप-भाजन बनते हैं। इन दोनों उपन्यासकारों ने जीवन के सत्यों को उद्‌घाटित करने का निर्भीक साहस दिखाया था—प्रथम ने सत्य का श्वासावरोध करनेवाली फीलपाँवी भाषा में और दूसरे ने पर्चेबाज के 'जोश'[4] के साथ। इनके विषय की यथार्थता इनकी भाषा की अयथार्थता के कारण मारी जाती है और उपन्यासकार के रूप में ये उस महत्त्व के अधिकारी नहीं बन सके जिसके आसानी से बन सकते थे।

प्रसाद अपनी अलंकृत शैली के कारण बाद की पीढ़ी के उपन्यासकारों के द्वारा अनुकृत नहीं हुए, यद्यपि यथार्थवाद—मनोवैज्ञानिक यथार्थवाद और साम्यवादी यथार्थवाद की द्विविध धाराओं में विकसित हुआ। 'उग्र' की नाटकीय शैली का असफल अनुकरण कोक-साहित्य के कुछ लेखकों ने किया, किन्तु उनमें न तो उनके आदर्श लेखक की सोद्‌देश्यता थी, न मर्मभेदी दृष्टि, जिनसे शैली की कृत्रिमता या विषय की तथाकथित अश्लीलता अंशतः क्षम्य हो जाती है।

---

1. सुदर्शन ने केवल कहानियाँ लिखी थीं; कौशिक भी कहानीकार के रूप में ही प्रसिद्ध थे यद्यपि 'माँ' तथा 'भिखारिणी' नामक उनके दो उपन्यास भी हैं। 'भिखारिणी' 'हिन्दी पुस्तक साहित्य' में कहानी के अन्तर्गत निर्दिष्ट है किन्तु यह गलत है। वह उपन्यास है, न कि कहानी संग्रह।
2. प्रसाद के 'तितली' और 'इरावती' नामक उपन्यास सर्वथा महत्त्व-रहित हैं। उन्हें केवल 'कंकाल' के कारण ही उपन्यासकार के रूप में स्मरण किया जा सकता है।
3. 'घासलेटी साहित्य' का प्रयोग अश्लील साहित्य के अर्थ में, कदाचित् 'उग्र' के बारे में ही सर्वप्रथम किया गया था। इस शब्द के निर्माण का श्रेय, जहाँ तक मेरा अनुमान है, बनारसीदास चतुर्वेदी को है। शब्द भोंडा और ग्राम्य है पर थोड़े दिनों तक उसने सनसनी खूब फैलाई थी। प्रस्तुत लेखक के निबन्ध-संग्रह 'दृष्टिकोण' में साहित्य में अश्लीलता और ग्राम्यता पर सामान्य रूप से और 'उग्र' पर विशेष रूप से विचेचन किया गया है।
4. 'उग्र' ने अपने बहुत बाद के एक निबन्ध में, जो प्रयाग से प्रकाशित होने वाले 'कर्मयोगी' में छपा था, 'जोश' को साहित्य का बहुत बड़ा गुण सिद्ध किया था। 'जोश' इस प्रसंग में उन्हीं का शब्द है, उसकी महिमा अवश्य नहीं मानी गई है।

प्रेमचन्द के 'गोदान' का अनुकरण असम्भवप्राय कार्य था और वह हुआ भी नहीं। किन्तु उसके पूर्व के प्रेमचन्द का खूब ही अनुकरण हुआ। हिन्दी के कुछ महत्त्वपूर्ण और अधिकतर साधारण उपन्यासकारों के लिए प्रेमचन्द ने एक सुगम मार्ग उद्‌घाटित कर दिया था। 'देहाती दुनिया' के लेखक शिवपूजन सहाय ऐसे उपन्यासकारों में श्रेष्ठ हैं। राधिकारमण प्रसाद सिंह, चतुरसेन शास्त्री, प्रफुल्लचन्द्र ओझा 'मुक्त', अनूपलाल मंडल और भगवतीचरण वर्मा भी इस श्रेणी में परिगणनीय हैं।

हमने हिन्दी उपन्यास-साहित्य को चढ़ाव के पार कर लिया है और उसके शिखर 'गोदान' को तनिक ठहरकर, ध्यान के साथ, देखने में समय लगाया है। शिखर के इस पार का देश हमारे लिए इतना परिचित, इतना समीप है कि हम उसकी बहुत-सी बातों को देख भी लेते हैं तो सम्यक् पर्यवस्थिति के अभाव में समझ नहीं पाते। पर इतना तो है ही कि यहाँ रेत है तो हरियाली की भी कमी नहीं है; गड्ढे और दलदल हैं तो छोटी-मोटी चोटियाँ भी जरूर हैं।

1936 में प्रेमचन्द का 'गोदान' प्रकाशित हुआ था;[1] 1936 में ही जैनेन्द्र की 'सुनीता' प्रकाशित हुई थी। प्रेमचन्द ने अपने दशाधिक उपन्यासों की उपलब्धि को एक ओर रखकर 'गोदान' में व्यापक से व्यापकतम भारतीय जीवन को विषय के रूप में आकलित किया। जैनेन्द्र ने प्रेमचन्द की, और अगर प्रेमचन्द की नहीं तो समस्त हिन्दी उपन्यास-साहित्य की, उपलब्धि का प्रत्याख्यान करने का मौलिकतापूर्ण साहस दिखाया और 'गोदान' के रचयिता प्रेमचन्द से उन्हें सबसे अधिक प्रश्रय और प्रोत्साहन मिला। जैनेन्द्र ने गाँव, खेत, खुली हवा और सामाजिक जीवन के विस्तारों को छोड़कर शहर की गली और कोठरी की सभ्यता को व्यक्ति के आभ्यन्तर जीवन की गुत्थियों और गहराइयों को, और भी पहले से अपने उपन्यासों का विषय बनाना शुरू कर दिया था। 'सुनीता' में उपन्यासकार मरजीवा ने सबसे गहरी डुबकी लगाई थी। पश्चिम के मनोविश्लेषणात्मक उपन्यासों की किंवदन्ती सुन रखनेवाले हिन्दी के आलोचकों ने जैनेन्द्र के उपन्यासों पर फ्रायड का प्रभाव घोषित कर अपनी पंडितम्मन्यता को सन्तुष्ट किया; स्वयं जैनेन्द्र ने ईमानदारी का परिचय देते हुए सदैव इस आरोपित प्रभाव को अस्वीकार किया। सत्य भी यही है कि व्यक्ति-केन्द्रित होने पर भी जैनेन्द्र के उपन्यासों में मनोविश्लेषण की प्रणाली की छाया भी नहीं है। जैनेन्द्र में, वस्तुतः, हिन्दी ने एक शरत्चन्द्र के अभाव की पूर्ति पा ली। हिन्दी-भाषी क्षेत्र के पिपठित्सु पाठक उन दिनों राजनीतिक और आर्थिक परिस्थितियों के कारण और अपनी सांस्कृतिक एवं बौद्धिक वयःसन्धि के फलस्वरूप, अपरिणत, कुंठाग्रस्त और भावुकता के शिकार

1. प्रकाशन-काल-सम्बन्धी ऐसी समस्त सूचनाओं के लिए मेरे पास सुलभ आकर-ग्रंथ है : 'हिन्दी पुस्तक साहित्य'। यदि उसमें छोटी-मोटी भूलें भी हों तो उनसे वैसी कोई हानि नहीं होगी, क्योंकि मैं अपने इस प्रबन्ध में प्रवृत्तियों के निरूपण के लिए ही प्रयास कर रहा हूँ, विवरण तो बहुत कम ही दे पाया हूँ। —ले.

थे। प्रेमचन्द ने शरत्चन्द्र की तरह स्त्रैण भाव को अपनाने में अपनी अरुचि कबूल की थी।[1] कुछ छायावादियों ने, विशेष रूप से गौण छायावादियों ने, काव्य के माध्यम से शरत्चन्द्र की अश्रु-पंकिल भावुकता का समावेश हिन्दी में किया था, पर वह अपर्याप्त सिद्ध हुआ था। उनकी अव्याख्येय पीड़ा की तुलना में जैनेन्द्र के आत्म-पीड़न सुख के लोभी पात्रों की कारुणिकता खूब ही लोकप्रिय हुई। फिर भी यह उल्लेखनीय है कि इस फन के उस्ताद शरत्चन्द्र की अनूदित पुस्तकें इस जमाने में जितनी संख्या में बिकीं, उसकी तुलना में जैनेन्द्र की भी लोकप्रियता नगण्य थी।

यदि जैनेन्द्र ने 'परख' या 'त्यागपत्र' आदि उपन्यास ही लिखे होते, और 'सुनीता' नहीं लिखी होती, तो वे शरत्चन्द्र की छाया-मात्र बनकर रह जाते। किन्तु जिस तरह 'गोदान' लिखकर प्रेमचन्द अपने दूसरे उपन्यासों की औसत से अच्छी साधारणता से बहुत ऊपर उठ सके थे, उसी तरह जैनेन्द्र 'सुनीता' के लेखक के रूप में शरत्चन्द्र की छाया से अधिक महत्त्व के अधिकारी बन जाते हैं। सुनीता की नग्नता को कम मानकर यशपाल ने 'दादा कामरेड' लिखा था और शायद उसे ही चुनौती मानकर द्वारिकाप्रसाद ने, हाल में, 'घेरे के बाहर' लिख डाला है, किन्तु नग्न सुनीता की प्रतिमा गढ़ने में जैनेन्द्र ने जैसा तरुण-कौशल प्रदर्शित किया है, वह महान उपन्यासों में भी क्वचित् कुत्रचित् ही देखने को मिल पाता है।

जैनेन्द्र की भाषा की बहुत बड़ी विशेषता है उसकी सादगी, किन्तु वह न तो देवकीनन्दन खत्री, सुदर्शन और कौशिक की भाषा की सादगी है, न प्रेमचन्द की ही। पहले वर्ग के उपन्यासकारों की तुलना में जैनेन्द्र की भाषा की सादगी में प्रत्यभिज्ञेय वैशिष्ट्य है; प्रेमचन्द की सहज सरलता के विपरीत जैनेन्द्र में सचेष्ट असचेष्टता है। जैनेन्द्र के गद्य की शैली उनकी भाषा के इसी गुण से रूप ग्रहण करती है, किन्तु असचेष्टता की। अतिशयता के कारण बार-बार पाठक का ध्यान आकृष्ट करती है और लेखक के गुर, ढंग के रूप में पहचान में आ जाती है। जैनेन्द्र सत्य को स्वयं बोलने के लिए छोड़कर सन्तुष्ट नहीं रह जाते, जैसा प्रेमचन्द अपनी बाद की रचनाओं में सहज भाव से करते थे, बल्कि सत्य पर अपनी धार चढ़ाकर सामने रखते हैं। फलतः विषय के सत्य की तीक्ष्णता शैली की तीक्ष्णता के कारण गौण पड़ जाती है और समूची कृति क्षतिग्रस्त हो जाती है।

1919 में 'सौन्दर्योपासक' लिखकर ब्रजनन्दन सहाय ने उल्लेखनीय व्यक्तिपरक उपन्यास प्रस्तुत किया था। 1923 में अवधनारायण का भावुकता-प्रधान उपन्यास 'विमाता' प्रकाशित हुआ था। जैनेन्द्र के भावुकता-प्रधान व्यक्तिपरक उपन्यासों में ये धाराएँ समन्वित हो गई हैं। बाद के कुछ उपन्यासकारों ने जैनेन्द्र की भावुकता और शैली का अनुकरण किया पर वे हिन्दी के अत्यन्त गौण उपन्यासकार हैं।[2]

---

1. प्रेमचन्द ने अपने एक निबन्ध में इसका स्पष्टता के साथ निर्देश किया है। द्रष्टव्य—'प्रेमचन्द : कुछ विचार'।
2. उदाहरणार्थ, भगवतीप्रसाद वाजपेयी, सियारामशरण गुप्त आदि।

जैनेन्द्र पर न तो फ्रायड का ही प्रभाव था, न अन्य पाश्चात्य साहित्यिक धाराओं का ही। जैनेन्द्र के साथ और बाद में ऐसे प्रभावों का आधिक्य दीख पड़ता है।

1932 में कृपानाथ मिश्र का 'प्यास' शीर्षक उपन्यास प्रकाशित हुआ था, जिसमें आधुनिक अंग्रेजी उपन्यासकारों और अंग्रेजी गद्य की प्रमुख विशेषताएँ सफलतापूर्वक सन्निविष्ट थीं। जेम्स ज्वायस और वर्जीनिया वुल्फ के युगान्तरकारी प्रयोगों का इस उपन्यास में बड़े अधिकार के साथ समावेश किया गया था। फिर 'अज्ञेय' ने 'शेखर : एक जीवनी' में कुछ फ्रायड, क्राफ्ट-एबिंग, हैवेलाक एलिस और कुछ लारेंस से अनेक उपादान लेकर कोनराड की प्रत्यग्दर्शन-प्रणाली का उदाहरण उपस्थित किया। 'अज्ञेय' इस उपन्यास में न तो प्रत्यग्दर्शन-प्रणाली के कठिन स्थापत्य का निर्वाह कर पाते हैं, न उपन्यास के मुख्य पात्र के प्रति निर्लिप्तता का। उनके सद्यःप्रकाशित उपन्यास का नाम 'नदी के द्वीप', 'चेतना के प्रवाह' का रूपान्तर है। 'नदी के द्वीप' हिन्दी का एक उल्लेख्य मनोविश्लेषणात्मक उपन्यास है। जिस डी.एच. लारेंस की कविताएँ कंठस्थ और समय-असमय उद्धृत करते 'नदी के द्वीप' के पात्र थकते नहीं। यदि उसकी स्पष्टवादिता का शतांश भी 'अज्ञेय' में होता तो वे हिन्दी के लारेंस कहलाने के अधिकारी होते—और यह कम गौरव की बात न होती।[1] इलाचन्द्र जोशी ने 'प्रेत और छाया' में मनोविश्लेषण-विज्ञान के कुछ प्रचलित पारिभाषिक शब्दों का चर्वित-चर्वण किया है किन्तु इस विज्ञान की प्रणाली का लाभ उपन्यास के लिए वे उठा नहीं पाए हैं। 'अज्ञेय' और इलाचन्द्र जोशी की तुलना में द्वारिकाप्रसाद ने 'घेरे के बाहर' में मनोविश्लेषण की शास्त्रीय प्रणाली अपनाई है और 'रोगी का इतिहास' (Casebook) ही तैयार कर दिया है। द्वारिकाप्रसाद ने 'अज्ञेय' की तरह मौन जीवन के तथ्यों पर कवित्वपूर्ण शैली और वर्णनों का रेशमी आवरण नहीं रखा है, न ताली की सूराख से शयनागार की झाँकी-भर दिखाकर निर्भीकता का श्रेय लेने की कोशिश की है। किन्तु, दूसरी ओर, खल्वाट् शैली के कारण उनका उपन्यास अधिकतर 'रोगी का इतिहास' मात्र बनकर रह जाता है। यह निःसंदिग्ध है कि इन सभी कृतियों में केवल 'नदी के द्वीप' में ही यत्र-तत्र हिन्दी का ऐसा दृढ़बन्ध, प्रौढ़ और परिष्कृत गद्य मिलता है जिसमें अंग्रेजी गद्य का उत्कर्ष आत्मसात् हो गया है।

विदेशी साहित्य की साम्यवादी धारा ने भी हिन्दी के समसामयिक उपन्यासकारों को प्रभावित किया है। साम्यवादी विचारधारा को यशपाल ने अपने बहुसंख्यक उपन्यासों में अन्तर्भुक्त करने का प्रयास किया है, किन्तु वे घूम-फिरकर व्यक्ति की उस वर्जित परिधि में बँध जाते हैं, जिससे बचकर सामूहिक जीवन का चित्रण करने का सिद्धान्त साम्यवादी लेखक दुहराते रहते हैं। साम्यवादी दृष्टिकोण से लिखे गए

1. 'शेखर : एक जीवनी' और 'नदी के द्वीप' पर मैंने तनिक विस्तार से त्रैमासिक 'साहित्य' : जनवरी, 1952, में विचार किया है।

राहुल सांकृत्यायन के ऐतिहासिक उपन्यास भी उपन्यास कम और नवीन दृष्टि से पुनर्निर्मित इतिहास अधिक हो गए हैं। हिन्दी के साम्यवादी साहित्यिक किसान-मजदूर के लेखक के रूप में प्रेमचन्द की वीर-पूजा करते हैं। इस वर्ग के सम्बन्ध में प्रेमचन्द ने सचमुच ही आश्चर्यजनक ज्ञान और अनुभव के साथ लिखा भी है। उनके बाद किसी उपन्यासकार ने किसान-मजदूर-वर्ग से सम्बद्ध उल्लेख्य उपन्यास नहीं लिखा है—घोर साम्यवादी उपन्यासकारों ने भी नहीं।

हिन्दी उपन्यास की एक ही अन्य ऐसी धारा है जो क्षीण होने पर भी विचार के योग्य है। वृन्दावनलाल वर्मा, सूर्यकान्त त्रिपाठी 'निराला', राहुल सांकृत्यायन और हजारीप्रसाद द्विवेदी ने ऐसे ऐतिहासिक उपन्यास लिखे हैं जिनमें हिन्दी में स्काट, राखालदास वंद्योपाध्याय या मुंशी के अभाव की पूर्णतः पूर्ति हो जाती है। किन्तु उपन्यास के लिए इतिहास का एकमात्र महत्त्व यह है कि वह विषय को बहुत दूर पर रखकर अवलोकनीय बना सकता है। अब जब तक इस दृष्टिकोण से ऐतिहासिक उपन्यास नहीं लिखे जाते तब तक उनका विशेष महत्त्व नहीं माना जा सकता।

शिवचन्द्र, उपेन्द्रनाथ 'अश्क', रामचन्द्र तिवारी, विष्णु प्रभाकर, देवराज—और ऐसे तो अनेक दूसरे नाम हैं—हिन्दी उपन्यास को बना-बिगाड़ रहे हैं। यह नव-निर्माण की अनिवार्य प्रक्रिया है।

['आलोचना' : अक्टूबर, 1952]

हिन्दी उपन्यास : प्रारम्भिक काल

हिन्दी उपन्यास की मौलिक धारा तो इस तरह, उतनी पुरानी है जितनी हिन्दी काव्य-धारा; किन्तु उपन्यास की लिखित परम्परा भी उतनी बाद की नहीं है जितनी समझ ली जाती है। साधारणतः भारतेन्दु-युग को; अर्थात् उन्नीसवीं शताब्दी के उत्तरार्द्ध को हिन्दी उपन्यास का आविर्भाव-काल माना जाता है, किन्तु वास्तविकता यह है कि उन्नीसवीं शताब्दी के आरम्भ के साथ-ही-साथ हिन्दी उपन्यास का भी आरम्भ हो जाता है—भारतेन्दु-युग को तो हिन्दी उपन्यास के विकास-काल का प्रथम सोपान मानना उचित है।

ऐसा मानने का कारण यह है कि उन्नीसवीं सदी के ठीक प्रारम्भ में ही 'रानी केतकी की कहानी' लिखी गई थी। और 'रानी केतकी की कहानी' निश्चय ही हिन्दी उपन्यास का प्रारम्भ-बिन्दु है। इंशा उल्ला खाँ की वह अनतिबृहत् रचना आज के उपन्यास की दृष्टि से उपन्यास नहीं भी मानी जा सकती, लेकिन यह स्मरण रखना उचित है कि सभी भाषाओं में उपन्यास का ऐसा ही प्रारम्भिक रूप देखने को मिलता है।

उन्नीसवीं शताब्दी के प्रथम दशक में ही इंशा के ठीक बाद, लल्लूलाल ने 'सिंहासन बत्तीसी', 'बैताल पच्चीसी', 'माधवानल-कामकंदला', 'शकुंतला' और 'प्रेमसागर' की रचना की, जिनमें कुछ तो वस्तुतः अज्ञात काल से चली आती हुई मौखिक उपन्यास-परम्परा का ही लिखित रूप है।

लल्लूलाल के समकालीन सदल मिश्र ने 'नासिकेतोपाख्यान' की रचना प्रायः इन्हीं दिनों की थी और इसमें सुनी-सुनाई जानेवाली पौराणिक कथा है।

इस युग में और भारतेन्दु-युग के प्रारम्भ के पूर्व तक हिन्दी में 'शुकबहत्तरी', 'सारंगा सदाबृज', 'किस्सा तोता-मैना', 'किस्सा साढ़े तीन यार' आदि तद्देशीय स्रोत की और 'बहार दरवेश', 'बामो बहार', 'किस्सा हातिमताई', 'दास्तान-इ-अमीरहमजा', 'तिलस्म-इ-होशरुबा' आदि फारसी-उर्दू परम्परा की उपन्यास-प्राय रचनाएँ लिखित-मुद्रित रूप में उपलब्ध होने लग गई थीं। इनके रचयिता प्रायः अपना नाम नहीं देते; क्योंकि उन्होंने जो कहानियाँ लिखित रूप में कही हैं, वे बहुत पहले से मौखिक रूप में प्रचलित थीं।

हिन्दी के इन वास्तविक प्रारम्भकालीन उपन्यासों में वस्तु के जटिल विन्यास, मनोवैज्ञानिक तत्त्व, नाटकीय पेचीदगियों और विश्वासोत्पादक चित्रांकन का अभाव है, किन्तु रूमानियत और दुस्साहसिकता के वृत्तान्तों से भरे उपन्यासों में भी एक वास्तविकता की ऐसी बुनियाद पाई जाती है, जो आगे चलकर उपन्यास की मुख्य विशेषता बन पाती है। आज के सामान्य उपन्यासों की विभिन्न धाराओं का उत्स इन कृतियों में ढूँढ़ निकालना अनुसंधित्सु विद्वान के लिए कठिन नहीं होगा, किन्तु दुर्भाग्यवश अभी हमने इस दिशा में बहुत कम ही प्रयत्न किया है। यहाँ मैं संक्षेप में इतना भर संकेतित कर सन्तोष करूँगा कि परवर्ती हिन्दी उपन्यास की कम-से-कम तीन धाराएँ तो स्पष्ट ही प्रारम्भिक उपन्यासों में अपनी जड़ें रखती हैं। आधुनिक उपन्यास के वे तीन प्रकार हैं—साहसिक कृत्योंवाले उपन्यास, बाह्य व्यापार-प्रधान ऐसे उपन्यास, जिनमें परस्पर स्वतंत्र घटनाएँ सामान्य पात्रों के कारण ग्रथित रहती हैं और रूमानी प्रेम के उपन्यास।

मैं यह स्पष्ट कर देना उचित समझता हूँ कि मैंने जहाँ से हिन्दी उपन्यास का प्रारम्भ माना है, उसके कम-से-कम पचास वर्ष बाद से ही हिन्दी उपन्यास का प्रारम्भ माना जाता रहा है, अर्थात् भारतेन्दु-युग से। हमने प्राक्-भारतेन्दु उपन्यासों पर काफी विस्तार से विचार कर लिया है। अब हम भारतेन्दु-युगीन उपन्यासों पर भी संक्षेप में विचार कर सकते हैं, और ऐसा करना जरूरी भी है। क्योंकि हिन्दी के विद्वान इन्हें ही प्रारम्भकालीन उपन्यास मानते रहे हैं—यद्यपि, जैसा मैं कह चुका हूँ, इस सम्बन्ध में मेरा दृष्टिकोण उनसे सर्वथा भिन्न है।

यह सत्य है कि हिन्दी के साहित्यिक उपन्यासों का प्रारम्भिक काल भारतेन्दु-युग ही है। जैसाकि मैंने अन्यत्र स्पष्ट किया है, हिन्दी उपन्यास का इतिहास किसी भी देश के उपन्यास की तरह, हिन्दीभाषी क्षेत्र की सभ्यता और संस्कृति के नवीन रूप के विकास का साहित्यिक प्रतिफलन है। समृद्धि और ऐश्वर्य की सभ्यता महाकाव्य में अभिव्यंजना पाती है; जटिलता, वैषम्य और संघर्ष की सभ्यता उपन्यास में। हिन्दी उपन्यास के लिए जैसे-जैसे कच्चा माल तैयार होता गया, वैसे-वैसे पश्चिम की तथाकथित भौतिक सभ्यता हमारी वाणी और वेशभूषा को ही नहीं, प्रत्युत हमारी दृष्टि और चेतना को भी आक्रान्त करने में सफल होती गई। हमारे उपन्यास यदि आज भी पश्चिमी उपन्यासों के समकक्ष सिद्ध नहीं होते, तो मुख्यत: इसलिए कि हमारी वर्तमान सभ्यता अपेक्षया आज भी कम जटिल, कम उलझी हुई और कहीं ज्यादा सीधी-सादी है।

भारतेन्दु-युग में, जब मुद्रण-यंत्र का हमारे देश में समावेश हुआ, और जब जीवन की जटिलता भी अनेक कारणों से बढ़ चली, पहली बार ऐसे साहित्यिक उपन्यासों की रचना शुरू हुई, जिनका सम्बन्ध संस्कृत की प्राचीन औपन्यासिक परम्परा से नाम-मात्र का भी नहीं था—जिस परम्परा से सम्बन्ध था, उसका निर्देश

हम कर चुके हैं। इस दृष्टि से हिन्दी उपन्यास की स्थिति हिन्दी-काव्य से सर्वथा भिन्न है। संस्कृत के प्राचीनतम काव्य से लेकर अधुनातन हिन्दी-काव्य की परम्परा अविच्छिन्न है; किन्तु हिन्दी का उपन्यास-साहित्य का वह पौधा था, जिसे सीधे पश्चिम से नहीं लिया गया हो तो उसका बंगला कलम तो लिया ही गया था, न कि सुबन्धु, दंडी और बाण की लुप्त परम्परा पुनर्जीवित की गई थी।

इसका स्वाभाविक परिणाम यह हुआ कि हिन्दी उपन्यास अपने पैरों पर खड़ा होने के पहले घुटनों के बल भी काफी दिनों तक चलता रहा था। अपने इन आरम्भिक दिनों में उपन्यास मुख्यतः मनोरंजन का साधन था, यद्यपि वह नीति और उपदेश का स्वाँग भी भरता था। जिस जमाने में हिन्दी का उपन्यास ही नहीं, हिन्दी का पाठक भी, शैशवावस्था में था, तब देवकीनन्दन खत्री के औपन्यासिक खिलौने मनोरंजन के परम लोकप्रिय साधन थे, किन्तु उनके निर्माता ने नीतिवादी आलोचकों का मुँह बन्द करने के लिए, उन्हें उपदेशप्रद भी सिद्ध कर दिखाया था। उपन्यास के उद्देश्य के सम्बन्ध में इस दृष्टिकोण का वास्तविक रूप कुछ बाद के एक उपन्यास के विज्ञापन की इन पंक्तियों में देखा जा सकता है : 'इसमें मनोरंजन के अलावा उत्तम शिक्षा की भी पूर्ण मात्रा है। कोई परिच्छेद ऐसा नहीं, जिसके पढ़ने से कोई न कोई उत्तम शिक्षा न मिलती हो...' संक्षेप में देवकीनन्दन खत्री के ऐयारी या तिलिस्मवाले उपन्यास हों या किशोरीलाल गोस्वामी के इसी ढंग के या ऐतिहासिक रूमानी उपन्यास या गोपालराम गहमरी के जासूसी उपन्यास—सभी उपन्यास गल्प नाम सार्थक करते थे।

किन्तु साहित्य का यह रूप, अर्थात् उपन्यास, जन्मना निम्न श्रेणी का होने पर भी कितना महत्त्वाकांक्षी था, यह इसी से पता चलता है कि जब वह मनोरंजन का सामान बनकर लोकप्रिय हो रहा था, तभी वह सामाजिक जीवन के सत्य का वाहक बन सकने के लिए भी प्रयास कर रहा था, यद्यपि उसे पूर्णतः कृतकर्मा होने के लिए तब तक प्रतीक्षा करनी पड़ी, जब तक प्रेमचन्द ने उसका अछूतोद्धार न कर दिया। प्रेमचन्द के पूर्व, उस कालावधि में जिसे हम भारतेन्दु-युग कहते हैं, श्रीनिवासदास, बालकृष्ण भट्ट और राधाकृष्णदास ने उपन्यास को मनोरंजन के स्तर से ऊपर जरूर उठाया था, किन्तु यह कहना निराधार है कि उन्होंने प्रेमचन्द को पूर्वाशित या प्रभावित किया था।

भारतेन्दु-युग के इन उपन्यासकारों ने एक ओर तो बंगला और संस्कृत से अनेकानेक औपन्यासिक कृतियों का अनुवाद किया और दूसरी ओर अनेक प्रकार के मौलिक उपन्यास भी लिखे। भारतेन्दु के तत्त्वावधान में और प्रेरणा से संस्कृत, बंगला आदि भाषाओं के 'कादम्बरी', 'दुर्गेशनन्दिनी', 'राधारानी', 'स्वर्णलता', 'चन्द्रप्रभा', 'पूर्णप्रकाश', 'राजा राजसिंह' आदि हिन्दी में अनूदित हुए। कालान्तर में भारतेन्दु ने स्वयं मौलिक उपन्यास भी लिखना प्रारम्भ किया था। उनके

आत्मचरितात्मक उपन्यास 'कुछ आप बीती, कुछ जग बीती' के कुछ अंश 'कवि-वचन-सुधा' में प्रकाशित भी हुए थे। उन्होंने एक दूसरा उपन्यास 'हम्मीर हठ' भी शुरू किया था, पर इनमें से किसी को वे पूरा न कर सके।

इस युग में किशोरीलाल गोस्वामी ने 'त्रिवेणी', 'स्वर्गीय कुसुम', 'हृदय-हारिणी', 'लवंगलता' आदि ऐतिहासिक-रूमानी उपन्यास लिखे और उन्हें काफी लोकप्रियता भी प्राप्त हुई, किन्तु केवल लोकप्रियता की दृष्टि से 'चन्द्रकान्ता' और 'चन्द्रकान्ता-सन्तति' के लेखक देवकीनन्दन खत्री बेजोड़ थे। बाद में गोपालराम गहमरी ने जासूसी उपन्यास भी लिखे, किन्तु वे अंग्रेजी की नकल या अस्वीकृत अनुवाद-मात्र थे।

साहित्यिक गुणों की दृष्टि से इस युग के उपन्यासकारों में श्रीनिवासदास ने 'परीक्षागुरु', बालकृष्ण भट्ट ने 'सौ अजान, एक सुजान' और राधाकृष्णदास ने 'निस्सहाय हिन्दू' की रचना कर हिन्दी उपन्यास को राजपथ पर ला खड़ा किया। प्रेमचन्द उसे बहुत दूर आगे तक ले जाने में समर्थ हुए थे।

जासूसी उपन्यास

हिन्दी साहित्य की अपूर्णताओं और अभावों की तालिका काफी लम्बी-चौड़ी है। आप चाहें तो इस तालिका के बिलकुल नीचे ही सही, जासूसी उपन्यासों और कहानियों को भी स्थान दे सकते हैं, लेकिन स्थान देना जरूरी पड़ेगा।

हिन्दी के विद्वान और गम्भीर पाठक निस्सन्देह इस शीर्षक को देखकर नाक-भौं सिकोड़ेंगे। जब हिन्दी साहित्य के सामने इतनी बड़ी-बड़ी समस्याएँ हैं तो यह बेवक्त की शहनाई कैसी ?

मेरा नम्र निवेदन है कि हिन्दी के साहित्यिकों की विद्वत्ता और गम्भीरता गौरव की वस्तु है और उनका प्रदर्शन आवश्यकता से अधिक हो चुका है और हो रहा है। हिन्दी के बालखिल्य कवि भी क्रान्तप्रज्ञ दार्शनिक के रूप में अवतीर्ण होते हैं, नवसिखुए औपन्यासिक भी संसार को कोई अभिनव सन्देश देना ही अपना कर्तव्य समझते हैं। अब गीतों और कहानियों के 'पहले संग्रह' भी दूसरों की या अपनी लिखी हुई भूमिकाओं से भारी बनकर ही प्रकाशित होते हैं।

साहित्य के बहुत सारे रूप हिन्दी में अछूते पड़े हुए हैं—चूँकि, शायद, हम उन्हें साहित्य का हल्का भाग समझते हैं। लेकिन साहित्यिक यदि समर्थ हैं तो न कोई विषय हल्का हो सकता है, न साहित्य का रूप ही। हिन्दी में व्यक्तिगत निबन्ध, पर्सनल एस्से, नहीं के बराबर हैं। अंग्रेजी साहित्य से जानकारी रखनेवालों को मालूम है, वहाँ इसका क्या महत्त्व है। व्यक्तिगत निबन्धों के कारण ही वहाँ के कितने लेखक साहित्य के महारथी माने जाते हैं। और व्यक्तिगत निबन्ध हैं क्या ? संक्षेप में उनकी परिभाषा दी जाती है—एलेगैंट नानसेंस। उनमें 'क्या' का कोई महत्त्व नहीं, 'कैसा' ही खास बात है। हिन्दी में सियारामशरण जी ने एक हद तक 'सच-झूठ' में इस अभाव की पूर्ति की है, इधर काशी के साप्ताहिकों में भी इस ओर कभी-कभी कोई प्रयत्न दीख पड़ जाता है। यह आश्चर्य की बात है कि ऐसे निबन्ध भारतेन्दु-युग में काफी लिखे गए, लेकिन विकास के विपरीत परिमाण में विविधता का ह्रास होता गया; विद्वत्ता ने मौलिकता को, गम्भीरता ने हास्यप्रियता को साहित्य से अपदस्थ-सा कर दिया।

जासूसी गल्प का प्रारम्भ भी विविधता-प्रधान भारतेन्दु-युग में ही हुआ, लेकिन साहित्य के दूसरे अंगों के साथ-साथ उसका विकास नहीं हो सका। वह कला की

पदवी पाने के बदले चार आना-सीरीज की चीज बन गई। जासूसी गल्प के नाम पर प्रधानतः अंग्रेजी की सस्ती पुस्तकों के अनुवाद या रूपान्तर ही मिलते हैं। ह्वीलर कम्पनी की परम उदार नीति का भरोसा नहीं रहता तो शायद इनका प्रकाशन भी बन्द हो चुका रहता—जिसके लिए किसी को भी अफसोस नहीं होता।

लेकिन जासूसी गल्प कोई हेय चीज नहीं, न हिन्दी के पाठकों में इसकी माँग की ही कमी है। हिन्दी के पाठक ही कुछ नहीं तो प्रतिवर्ष लाखों रुपये के अंग्रेजी जासूसी उपन्यास पढ़ डालते होंगे।

अंग्रेजी में इसी बेहद माँग के कारण जासूसी गल्प, साहित्य का सम्मान्य नहीं तो उल्लेखनीय अंग बन ही चुका है। चेस्टरटन जैसे शरीर और बुद्धि से दिग्गज लेखकों ने जासूसी उपन्यास लिखे और कैनन डायल तो इस अंग के क्लासिकल राइटर हो चुके, आचार्य ही मान लिये गए हैं। साहित्य के इस अंग ने अंग्रेजी में इतनी उन्नति कर ली है कि साधारणतः कॉलेज की कहानियों की पाठ्य-पुस्तकों में एक-दो जासूसी कहानियाँ अवश्यमेव संगृहीत रहती हैं और उनकी विशेषताओं की आलोचना अध्यापक और आलोचक उसी प्रकार करते मिलेंगे, जिस प्रकार कविता, नाटक या उपन्यास-कहानी की।[1]

1. मूल पांडुलिपि से संकेत मिलता है कि लेखक को जासूसी गल्प की कला के विषय में और कुछ लिखना अभिप्रेत था। **—सं.**

ऐतिहासिक उपन्यास

ऐतिहासिक उपन्यास की सरल परिभाषा यह है कि उसके पात्र, पृष्ठाधार और घटनाएँ अतीत से ली जाती हैं। लेकिन यह परिभाषा तब तक अपर्याप्त बनी रहती है जब तक हम ऐसे कुछ प्रश्नों के उत्थापन से उसे शाणित नहीं करते, जैसे—पात्रों में से कितने ऐतिहासिक हैं? वे मुख्य पात्र हैं या गौण? पृष्ठाधार का क्या महत्त्व है? उसमें युग-विशेष के विवरणों पर जोर दिया गया है अथवा राष्ट्रीय जीवन के स्थायी तत्त्वों पर? अतीत से क्या तात्पर्य है? कागजात में बँधा हुआ सुदूर अतीत या सजीव परम्पराओं का निकट अतीत?

ये प्रश्न ऐतिहासिक उपन्यासों को, सामान्य रूप से, तीन श्रेणियों में विभक्त कर देते हैं : पहली श्रेणी है युगीय उपन्यास (The Period Novel) की, जो ऐतिहासिक गवेषणा और प्रत्नतात्त्विक भावना से प्रेरित होकर लिखा जाता है और जिसमें किसी अतीत युग या समाज का सांगोपांग निर्माण किया जाता है। इसमें साधारणत: पात्र सजीव मनुष्य होने के बदले युग-विशेष के व्याख्यात्मक उदाहरण मात्र बन जाते हैं। दूसरी श्रेणी में ऐतिहासिक आख्यान (The Historical Romance) परिगणनीय है, जिसमें वर्तमान की एकरसता और जटिलता से पलायन कर सुदूर अतीत के राजाओं और वीरों के इतिहास-प्रसिद्ध कार्यों की कथा रहती है। तीसरी श्रेणी में वास्तविक ऐतिहासिक उपन्यास आता है। इस प्रकार का उपन्यास यथार्थ से बचने का प्रयास नहीं करता, अपितु उसे तीक्ष्ण और परिवर्द्धित ही करता है। अतीत की घटनाएँ, कम या अधिक स्पष्टता के साथ, वर्तमान से सम्बद्ध हो सकती हैं। ऐसा उपन्यास समकालीन परिस्थितियों की वास्तविकता मात्र से मूलभूत और चिरंतन समस्याओं और उद्‌देश्यों को अलग कर देता है। चूँकि सच्ची ऐतिहासिक दृष्टि रखनेवाला लेखक वर्तमान की अपेक्षा अतीत को अधिक महत्त्वपूर्ण नहीं मान सकता, इसलिए वह सुदूर अतीत से बचता है और ऐतिहासिक व्यक्तियों और इतिहास-प्रसिद्ध घटनाओं का कम-से-कम उपयोग करता है। यही कारण है कि प्राय: ऐसे उपन्यास में लेखक की एक पीढ़ी भर पहले का पृष्ठाधार रहता है। इससे लाभ यह होता है कि लेखक ने अपने शैशव में जो कहानियाँ सुनी हैं, उनकी स्मृति सशक्त सर्जनात्मक प्रेरणा बन जाती है।

ऐतिहासिक उपन्यास की एक चौथी श्रेणी भी है, जो अंग्रेजी के अनधिक प्रसिद्ध आधुनिक ऐतिहासिक उपन्यासकार एल.एच. मेयर्स की कृतियों से बन गई है, और जिसका निरूपण उन्होंने अपने उपन्यास 'द रूट एंड द फ्लावर' की भूमिका में कुछ विस्तार से किया है। हम यहाँ उसका एक काफी बड़ा अंश प्रस्तुत करना उपादेय समझते हैं :

'यह (ए रूट एंड द फ्लावर) ऐतिहासिक उपन्यास नहीं है, यद्यपि इसका कार्य (action) अकबर (जो एलिजाबेथ का समसामयिक था) के काल में स्थापित किया गया है। इस उपन्यास में जीवन और चिन्तन की पूर्वीय प्रणालियों के सुनिश्चित चित्रण का भी प्रयास नहीं किया गया है। स्थानिक रीति-रिवाज, इतिहास और भूगोल के साथ भी मैंने यथेच्छ छूट ली है; जो तथ्य उपयोगी थे, उनसे काम लिया है और जो असुविधाजनक सिद्ध होते थे, उन्हें तोड़ा-मरोड़ा भी है या उपेक्षित कर दिया है। इस उपन्यास के केवल चार पात्र ही वास्तविक व्यक्तियों के नाम से अभिहित हैं : सम्राट् अकबर; उसके पुत्र, सलीम और दानियल; और अकबर के आध्यात्मिक सलाहकार शेख मुबारक। यह भी उल्लेखनीय है कि इन पात्रों में से भी जो एक पात्र सत्य को ध्यान में रखते हुए चित्रित किया गया है, वह है अकबर।

और अब मैं इस बात का खुलासा करना चाहता हूँ कि मैंने क्यों सोलहवीं शताब्दी के अवसानयुगीन भारत को अपने उपन्यास के चित्रपट के लिए चुना है। मेरा उद्देश्य रहा है कि मैं पाठक को जीवन के उस यंत्र से दूर हटा ले चलूँ जो उसके लिए सुपरिचित है; उन नामों और स्थानों के उल्लेख से बचूँ जो ऐसे साहचर्य के आधार हैं, जो मेरे लक्ष्य के लिए अनावश्यक हैं; पाठकों का ध्यान इस प्रकार आकृष्ट करूँ कि आज की सामाजिक और आर्थिक समस्याएँ व्यवधान न बन पाएँ। यह होते हुए भी, मैं जानता हूँ कि बहुत ऊँची उड़ान भरना खतरे से खाली नहीं है। वह कथाकार जो इतिहास और भूगोल की परिधि के बिलकुल बाहर उड़ जाता है, प्रारम्भ में ही अपने सामने निस्सीम शून्यता पाता है। ऐसी स्थिति में उसे सभी कुछ प्रारम्भ से ही कहना पड़ता है; यह तो मान नहीं लिया जा सकता कि उसके अतिप्राकृत लोक में भी आकाश नीला ही है और घास हरी। फलतः इस प्रकार की आत्यन्तिक स्वतंत्रता लेखक और पाठक, दोनों के लिए समान रूप से दूभर हो जाती है।

किन्तु अकबरकालीन भारतवर्ष का उदाहरण लीजिए—चित्रपट पर तत्काल पर्याप्त, पर अत्यधिक नहीं, रेखाएँ उभर आती हैं। राजाओं और हाथियों, सफेद संगमरमर के महलों, खजूर के कुंजों इत्यादि के एक अस्पष्ट चित्र की मैं कल्पना करता हूँ—वह सुनिर्धारित तो नहीं है, किन्तु उसमें पृष्ठभूमि के लिए उपयुक्त, सुन्दर और घुले-मिले रंगों की प्रचुरता है। और यही वह चीज है जिसे मैं चाहता हूँ। आपका जो सुविधाजनक सहज अज्ञात है, उसका मुझे भरोसा है। उससे मुझे

आवश्यक सभी चीजें मिल जाती हैं; बाकी तो मेरा काम है। हाँ, लेकिन जो क्षेत्र मैंने चुना है, उसमें वह कौन-सी बात है जिसे करने का मेरा इरादा है? पाठक के मन में यह सन्देह उत्पन्न हो सकता है कि उसके सम्मुख जो है, वह एक दार्शनिक उपन्यास है—एक ऐसा उपन्यास, जिसमें विभिन्न पात्र विचारों के मानवीकरण मात्र हैं। 'और अगर यह बात है', पाठक कहेगा, तो 'पुस्तक न तो उपन्यास के रूप में और न दर्शन के रूप में ही पढ़ने के योग्य हो सकती है।' मैं उससे सहमत हूँ, और आशा करता हूँ कि यह उपन्यास दार्शनिक है तो एक दूसरे ही अर्थ में। ऐसे तो शायद ही कुछ प्राणी होंगे जो सृष्टि के साथ उनका क्या सम्बन्ध है, जब वे इस पर विचार करते हैं तो जिज्ञासा, विस्मय, यहाँ तक कि आतंक की भावना से बचे रहते हों। फलतः जो लेखक दार्शनिक तत्त्व से बिलकुल ही बचे रहने को दृढ़प्रतिज्ञ है, उसे जिस तरह भी हो सके, मानव-प्रकृति के इस पक्ष की पूर्ण अवज्ञा करनी पड़ेगी। बहुतेरे उपन्यासकार किसी-न-किसी कारण, ऐसा करते ही हैं; और, मैं यहाँ यह भी जोड़ दूँ, सृष्टि की व्याख्या करते हुए अनेक पेशेवर दार्शनिक भी ऐसा कर गुजरते हैं। लेकिन मेरी दृष्टि में ऐसा करना खतरे से खाली नहीं है, क्योंकि जिसकी हम अवज्ञा करते हैं, उसे हम भूल भी जा सकते हैं। और निश्चय ही वे प्रश्न, जो प्रत्येक शिशु के मन में उठा करते हैं, याद रखे जाने चाहिए—और कुछ नहीं तो कम-से-कम इसलिए याद रखे जाने चाहिए कि वे मानवीय आवश्यकताओं में गम्भीरतम हैं। आवश्यकताओं की उपेक्षा कर दीजिए, इन प्रश्नों को भूल जाइए, और होगा यह कि आप सन्तुष्ट हो जाएँगे ऐसी कला से, जो क्षुद्र है। ऐसे तर्क से, जो पंडिताऊ है। ऐसे ज्ञान से, जो रोटी की तरह तृप्तिकर होने के बदले पत्थर की तरह अग्राह्य है।

व्यक्तियों का वर्णन करनेवाले उपन्यास और सृष्टि का वर्णन करनेवाले दर्शन में, मैं समझता हूँ, एक नैसर्गिक सम्बन्ध है। जब एक उपन्यासकार मनुष्यता की साधारण नैतिक और दार्शनिक समस्याओं के प्रति कलात्मक तटस्थता प्रदर्शित करता है, तो हममें कुछ है जो विरोध में उठ खड़ा होता है—हम उस पर आत्मकेन्द्रित वाग्जाल, या कलात्मक पाखंड का अभियोग लगाते हैं। उदाहरण के लिए—प्रू, सभी भावनाओं को समान रूप से महत्त्वपूर्ण, और चरित्र के सभी प्रकट रूपों का सार्थकता के एक स्तर पर, मान लेने के कारण अपनी उपलब्धि में कुछ भी जोड़ नहीं सके हैं, वे केवल अपनी ओर हमारा ध्यान आकृष्ट करते हैं, क्योंकि हम समझते हैं कि वे कलात्मकता के एक क्षुद्र रूप का उन्नयन करना चाह रहे हैं।

जहाँ तक मेरा सवाल है, मेरा विश्वास है कि जिस मनुष्य में जैसी नैतिक रुचि है, उसके प्रति अगर वह आदर दिखाता है तो वह अपना हित करता है। इसके लिए, जैसा मैं देखता हूँ, यह जरूरी नहीं है कि बौद्धिक अखंडता का बलिदान किया जाए; जरूरी सिर्फ यह है कि विचारण का प्रयोग अधिक कल्पनात्मक—वस्तुतः अधिक तटस्थ—हो। इसमें शायद ही सन्देह का अवकाश हो कि सम्प्रति विचार का यह

सबसे आवश्यक कर्तव्य है कि वह सम्पूर्ण मानस में अपनी स्थिति की परीक्षा करे। यह सोचे कि किस प्रेरणा से वह काम करता है? किन क्षेत्रों में वह नियमों की स्थापना कर सकता है? अपने को छोड़कर वह किन दूसरी मानसिक प्रक्रियाओं को कितने अधिकार दे सकता है? और अन्ततः नैतिक और सौन्दर्यात्मक बोध की प्रतियोगी माँगों—यदि वे सचमुच प्रतियोगी हैं—के सम्बन्ध में क्या निर्णय दे सकता है? जहाँ कलात्मक बोध और उसके परिष्कारों को बहुत महत्त्व दिया जाता है, वहीं हम नैतिक बोध के बारे में बहुत कम सुनते हैं। इसकी उपेक्षा की जाती है और उस बद्धमूल आध्यात्मिक ग्राम्यता की ओर, जो हमारी सभ्यता की आत्मा में व्याप्त है, साधारणतः हमारा ध्यान तक नहीं जाता। कलाओं के पारखी होते हैं, किन्तु क्या चारित्र्य के भी पारखी होते हैं? ऐसा साधारण विश्वास है कि नैतिक और आध्यात्मिक विवेक का गुण सार्वभौम है, और कम या अधिक सभी मनुष्यों में वर्तमान रहता है। लेकिन क्या यह वस्तुतः सत्य है? और क्या चरित्र की सभी बातें सतह पर रहती हैं कि जो चाहे एक नजर में उनका पता पा जाए? क्या चरित्र में कम परिष्कार होते हैं, या उन्हें परख सकना कठिन है? क्या व्यक्तित्वों में कलाकृतियों से कम गुण-विस्तार रहता है? और, अन्त में, क्या यह सचमुच ठीक है कि जहाँ कला में गुण का मूल्यांकन किया जा सकता है, वहाँ व्यक्तित्व में सुन्दर-असुन्दर का भेद केवल व्यक्तिगत पसन्द और नापसन्द का है? मुझे आशा है, ऐसा नहीं है।

ऐतिहासिक उपन्यास, जैसा हिन्दी या गुजराती में लिखा गया है, गहन, दर्शनोत्क और सार्थक नहीं है, वह 'Big Bow-wow stories' से ज्यादा कुछ नहीं है। स्कॉट ने इन शब्दों में अपने वैसे ऐतिहासिक उपन्यासों का उल्लेख किया था जिनमें जीवन के उल्लास और अतीत के गौरव की भावना से पूर्ण साहस, रूमानियत और प्रकृति-वर्णन तो थे, किन्तु जिनमें 'वह ऐन्द्रजालिक स्पर्श नहीं था जो वर्णन और मनोवेगों की सत्यता से अतिशय साधारण वस्तुओं और चरित्रों को महत्त्वपूर्ण बना देता है।'

हिन्दी या गुजराती के ऐतिहासिक उपन्यासकार क्या स्कॉट की तरह अपना वास्तविक मूल्य समझते हैं?

['साहित्य' : 1953]

भारतेन्दु-युग के उपन्यासों का वर्गीकरण

1. **अनूदित उपन्यास**
2. **तिलिस्मी और जासूसी उपन्यास—** किशोरीलाल गोस्वामी :
   देवकीनन्दन खत्री
3. **ऐतिहासिक उपन्यास**—वि. गो., गुजराती से अनुवाद
4. **आदर्शवादी या सुधारवादी या नीतिवादी सामाजिक उपन्यास**
   किशोरीलाल गोस्वामी— त्रिवेणी, स्वर्गीय पुरुष,
   हृदयहारिणी, लवंगलता

   देवीप्रसाद शर्मा
   हनुमन्त सिंह
   गोपालराम गहमरी आदि

5. **आदर्शोन्मुख यथार्थवादी (प्रेमचन्द के शब्द) उपन्यास :**
   प्रेमचन्द के समानधर्मा पूर्ववर्ती

अनूदित उपन्यास :

बंगला से—सबसे अधिक बंगला से अनुवाद, क्योंकि पाश्चात्य शिक्षा और साहित्य का सबसे पहले प्रभाव बंगला पर पड़ा और वहाँ गल्प-साहित्य कुछ पहले पनपा।

भारतेन्दु— राजसिंह ? (वार्ष्णेय[1] के अनुसार); 'पूर्णप्रकाश चन्द्रप्रभा' किसका अनुवाद किया हुआ, यह विवादग्रस्त (द्र. प्राक्कथन)[2]

गदाधर सिंह—दुर्गेशनन्दिनी और वंगविजेता

किशोरीलाल गोस्वामी—प्रेममयी और लावण्यमयी

---

1. पृ. 102, वार्ष्णेय, प्रथम संस्करण, अप्रैल, 1941 ई.।
2. मूल पांडुलिपि में पेंसिल से लेखक द्वारा प्रस्तुत नोट को पूरा करने की अभीप्सा का संकेत मात्र उल्लिखित है। —**सं.**

राधाचरण गोस्वामी—दीप-निर्वाण, बिरजा
बालमुकुन्द गुप्त—मडेल भगिनी (4 भाग)
रामशंकर व्यास—मधुमालती और मधुमी
प्रतापनारायण मिश्र—युगलांगुरीय, कपालकुंडला

Main Characteristics—
1. कल्पना और इतिहास का मिश्रण, घटना-वैचित्र्य
2. उच्च कुल की नायक-नायिकाएँ, उनका प्रेम, वीरता आदि
3. मानवीय भावनाओं का चित्रण
4. कवित्वपूर्ण कथोपकथन
5. अलंकृत वर्णन शैली

संस्कृत से—

गदाधर सिंह—बंगला से कादम्बरी का अनुवाद
विविध लेखक—सावित्री-सत्यवान, दुष्यन्त और शकुन्तला, ध्रुव की तपस्या (अनूदित रूप में)

अंग्रेजी से—

काशीनाथ खत्री—Lambs Tales from Shakespeare का अनुवाद 'शेक्सपियर के परम मनोहर नाटकों के आशय' (दो भाग)
गदाधर सिंह—ओथेलो का अनुवाद

गुजराती से—

आगे चलकर, 19वीं शताब्दी के अन्तिम वर्षों में।

आदर्शोन्मुख यथार्थवाद की परम्परा

श्रीनिवास दास

हिन्दी उपन्यासकारों में पहला उल्लेखनीय व्यक्ति श्रीनिवास दास; उपन्यास का नाम 'परीक्षागुरु'; यद्यपि यह लेखक भी अपने नाटकों—'आत्म-सँवरण', 'संयोगिता-स्वयंवर', 'रणधीर-प्रेममोहिनी'—में अधिक सफल रहा। कथा—एक अमीर का बिगड़ना और उसके सच्चे मित्र द्वारा उसका सुधार। अमीर का नाम लाला मदनमोहन। सेठ के मुसाहबों का यथार्थपूर्ण चित्रण। वर्णन, वार्तालाप स्वाभाविक पुराने ढर्रे का, आलंकारिकता नहीं—यह उनकी नई देन है—लेकिन कथा-सौष्ठव पर ध्यान नहीं। उपन्यास को उपदेशात्मक उद्धरणों से भरना from महाभारत, speciation etc. —यह बंगला में रिवाज था।

फिर भी उपन्यास की यह यथार्थवादी शैली इन्होंने चलाई।

बालकृष्ण भट्ट

'सौ अजान, एक सुजान'—कथा बहुत कुछ 'परीक्षागुरु' की तरह। बालकृष्ण भट्ट की रचना 'हितोपदेश' की तरह—बीच-बीच में नीतिपूर्ण श्लोक-दोहे इत्यादि, फिर भी अस्वाभाविक और नीरस आदर्शवादिता नहीं। बीच-बीच में ऐसे विनोदपूर्ण शे'र भी उद्धृत करते हैं :

> *क्या खूब फँसा कफस में यह पुराना चंडूल।*
> *लगी गुलशन की हवा दुम को हिलाना गया भूल॥* आदि।

जहाँ-तहाँ संस्कृत की आलंकारिक शैली भी, विशेषत: प्रकृति-वर्णन में। फिर भी भाषा संस्कृत-गर्भित नहीं और इसलिए कृत्रिम वर्णन में पठनीय है।

उपन्यास-कला के विकास में इनका महत्त्व का स्थान। यथार्थ चित्रण की ओर झुकाव—यह नाटकों का भी प्रभाव है। भाषा पात्रों के अनुकूल—नौकर वगैरह अवधी में बोलते हैं—पुलिस वाले उर्दू में—पढ़े-लिखे वालों की भाषा में अंग्रेजी का पुट ('मैं आप लोगों के प्रोपोजल को सेकेंड करता हूँ।')। पात्र, नाटकों की तरह स्वत: और प्रकट, दोनों ढंग से बोलते हैं।

भट्ट जी के उपन्यास में देश-काल का सम्यक् ध्यान—पृष्ठभूमि के लिए अवध का भौगोलिक वर्णन—यह उस समय के लिए नई बात। प्रकृति-वर्णन आन्तरिक, पर यथार्थता की ओर रुझान—e.g. गर्मी की दोपहरी में सारा संसार मौन है किन्तु खँडहरों पर चील का किकियाना कभी-कभी सुनाई देता है; दोपहर के समय स्त्रियों और बच्चों का घरेलू कार्यक्रम—बँगलों पर साहब तथा पंखा-कुली etc. 'बँगलों पर साहब लोगों के पदाघात का रसिक पंखा-कुली अपने प्रभु के पादपद्म को मानो बारम्बार झुक-झुककर प्रणाम करता-सा ऊँघ रहा है, पर पंखे की डोरी हाथ से नहीं छोड़ता।' दिखता है कि भट्ट जी संस्कृत-हिन्दी के विद्वान ही नहीं, अनुभवी भी थे—पंखा-कुली का सहानुभूतिपूर्ण चित्र उनकी सहृदयता का परिचायक—अपने वातावरण के प्रति सजग भी।

'यथार्थ चित्रण की यह वही भूमि है जिस पर बाद में प्रेमचन्द ने कथा-साहित्य के विशाल प्रासाद का निर्माण किया था।' (डा. रा.वि. शर्मा)

(क) चरित्र-चित्रण में आकृति-निदान, वेशभूषा-वर्णन और ध्यान—बुद्धदास जैन का वर्णन है : 'उमर उसकी 40 के ऊपर हो गई थी; दाँत मुँह में एक भी बाकी न बचे थे, तो भी पोपले और खोड़हे मुँह में पान की बीड़ियाँ जमाए, सुरमे की धज्जियों से आँख रँग, केसरिया चन्दन का एक छोटा-सा बेंदा माथे पर लगाए, चुननदार बालाबर अंगा पहन, लखनऊ के बारीक काम की टोपी या कभी-कभी लट्टूदार पगड़ी बाँध जब बाहर निकलता था, तो मानो ब्रज का कँधैया ही अपने को समझता था।'

इस प्रकार के वर्णन उनकी निरीक्षण-शक्ति और सजगता के द्योतक हैं। हमें उस समय की वेशभूषा की साफ झलक मिल जाती है।

(ख) यहाँ तक कि सामुद्रिक हवाला भी।

व्यंग्यपूर्ण चित्र प्रेमचन्द की याद दिलाते हैं—e.g. बुद्धदास जैन का ही यह भी चित्र है : 'पानी चार बार छानकर पीता था, पर दूसरे की थाली समूची निगल गया था। डकार तक न आती थी।'

निबन्धों की तरह भाषा में कटुता-सहित व्यंग्य e.g. सेठ हीराचन्द मर जाते हैं, उनके लड़के दुर्व्यसनों में फँसते हैं : 'अब उन्हें बबुआ से बाबू साहब बनने का शौक बढ़ा।' (बाबू साहब और बबुआ पर Pun)[1]

प्रभावोत्पादक भावाभिव्यक्ति—कुल मिलाकर, एक स्वस्थ सांसारिक आदर्श रखा गया है।

राधाकृष्ण दास

'निःसहाय हिन्दू'—दूसरे उपन्यासों के अतिरिक्त, इसमें यथार्थवाद का रंग उपर्युक्त उपन्यासों की तुलना में सबसे ज्यादा गहरा। अभिजात वर्ग के युवकों के अधःपतन

1. लेखक ने अपनी मूल पांडुलिपि के हाशिए पर संकेतित सन्दर्भ के लिए अंग्रेजी में एक टिप्पणी दी है : 'Humour is the anality which rain-bows the tears of the world'। —सं.

और सुधार जैसा चित्रित विषय नहीं—समूचे हिन्दू-समाज से सम्बन्ध रखनेवाली एक समस्या।

दो मित्र गोवध बन्द करने का आन्दोलन करते हैं; उनका साथ एक मुसलमान भी देता है। कट्टर मुसलमान इन्हें मारने का षड्यंत्र करते हैं। अन्त में दोनों ओर के कुछ लोग मारे जाते हैं।

हिन्दू-समाज के चित्रण के साथ-साथ देशभक्त और कट्टर मुसलमानों का भी वर्णन।

पृष्ठभूमि का यथार्थ वर्णन (यथार्थवादी लेखक की तरह विस्तृत चित्रण)—आरम्भ में बनारस की गर्मी का वर्णन; गंगा के किनारे दो बनारसी गुंडों का वार्तालाप (नाटकों का प्रभाव); उन गंदी गालियों का वर्णन जहाँ गर्मी में भी धूप नहीं पहुँचती (हिन्दी उपन्यासों में पहला प्रयत्न)।

हाजी अताउल्लाह, अब्दुल अजीज आदि मुसलमानों के घरों का भी जीता-जागता वर्णन। कथानक सुगठित नहीं, पर अविश्वसनीय भी नहीं—क्योंकि वातावरण में यथार्थता; पात्रों की संख्या आवश्यकता से अधिक, यद्यपि सभी का सजीव वार्तालाप—स्वाभाविक (नाटकों का प्रभाव)।

भारतेन्दु-युग के उपन्यास (Summing up)

In General

1. आलंकारिक शैली;	2. बंगला शैली;	3. नाटकों, निबन्धों से प्रभावित उपन्यास
कादम्बरी आदि संस्कृत के गद्य-ग्रंथों का प्रभाव	कृत्रिम, कवित्वपूर्ण गद्य	(क) यथार्थ चित्रण (ख) सामयिक समस्याओं का विवेचन

'उपन्यास का पूर्ण विकास प्रेमचन्द के समय में हुआ परन्तु बालकृष्ण भट्ट, राधाकृष्ण दास आदि की रचनाएँ पढ़ने से मालूम हो जाता है कि प्रेमचन्द की सुधारात्मक यथार्थवादी परम्परा का हिन्दी के उपन्यास-साहित्य में पहले ही बीजारोपण हो चुका था। उसी परम्परा का 'सेवासदन' और 'रंगभूमि' में विकास हुआ।'

—डा. रा.वि. शर्मा

प्राक्-प्रेमचन्द हिन्दी उपन्यास

भारतेन्दुकाल : उपन्यास की अवस्था असन्तोषजनक। साहित्य के दूसरे रूपों की तरह भारतेन्दु का ध्यान इधर भी गया। भारतेन्दु ने अपने एक मित्र सन्तोष सिंह को इस सम्बन्ध में एक पत्र लिखा था जिसका उद्धरण उल्लेखनीय है : 'जैसे भाषा में कुछ नाटक बन गए हैं, अब तक उपन्यास नहीं बने हैं। आप या हमारे पत्र के योग्य सहकारी सम्पादक जैसे बाबू काशीनाथ व गोस्वामी राधाचरणजी कोई भी उपन्यास लिखें तो उत्तम हो।'

भारतेन्दु दूसरों के सामने आदर्श रखते थे, पर इसके पहले उन्हें स्वयं कार्यान्वित करने का प्रयास करते थे। यद्यपि उपन्यास के क्षेत्र में वे ज्यादा कुछ न कर सके। खड्गविलास प्रेस से प्रकाशित 'पूर्णप्रकाश चन्द्रप्रभा' पर उनका नाम है किन्तु यह अनूदित उपन्यास, शिवनन्दन सहाय के अनुसार, वस्तुत: किसी दूसरे लेखक का है—भारतेन्दु ने उसका संशोधन भर किया था। ब्रजरत्नदास के कथनानुसार, 'पूर्णप्रकाश चन्द्रप्रभा' उपन्यास भारतेन्दु की बंगालिन रक्षिता, मल्लिका, के द्वारा अनुवादित हुआ था। दूसरी बंग महिला ने 'राधारानी' और 'सौन्दर्यमयी'—इन दो दूसरे उपन्यासों का भी अनुवाद हिन्दी में किया था।

भारतेन्दु ने अपनी पत्रिका 'कवि-वचन-सुधा' में 'कुछ आपबीती, कुछ जगबीती' शीर्षक एक गल्प लिखना शुरू किया था किन्तु वह अपूर्ण रह गई।

राधाचरण गोस्वामी ने भी कुछ अनुवाद ही किये, मौलिक उपन्यासों की रचना नहीं की।

भारतेन्दु-युग में निबन्ध-कला के विकास के कारण छोटी कहानी या उपन्यास का बहुत विकास नहीं हो सका। जो उपन्यास छपते भी थे, वे प्राय: पत्र-पत्रिकाओं में ही :

'हरिश्चन्द्रचन्द्रिका' में—*मालती*
'सार-सुधानिधि' में—*तपस्विनी*

इस प्रकार के छोटे-बड़े, पूरे-अधूरे कुछ उपन्यास उस समय की पत्र-पत्रिकाओं में मिलते हैं। इनमें कुछ पुरानी और कृत्रिम, अलंकार-बोझिल भाषा में लिखे गए हैं, पर कुछ में आधुनिक उपन्यास के तत्त्व भी हैं।

1. भारतेन्दु के बाद प्रथम उल्लेखनीय उपन्यासकार हैं श्रीनिवास दास। उनके उपन्यास 'परीक्षागुरु' को यद्यपि उनके नाटकों की तरह सफल नहीं कहा जा सकता, फिर भी एक तरह से यह कहना पड़ेगा कि हिन्दी उपन्यास का सूत्रपात उनकी इस रचना से होता है।

कथा—एक अमीर का बिगड़ना—मित्र की सहायता से सुधरना।

चरित्र-चित्रण—सेठों के जीवन से परिचित होने के कारण लाला मदनमोहन और उनके खुशामदी मुसाहिबों का वास्तविकतापूर्ण चित्रण।

वर्णन और भाषा—स्वाभाविक, पुरानी आलंकारिक भाषा का त्याग।

दोष—आवश्यकता से अधिक उपदेशात्मकता—quotations from महाभारत, spectatorete.

2. बालकृष्ण भट्ट का 'सौ अजान, एक सुजान' भी उल्लेखनीय उपन्यास है, किन्तु बीच-बीच में 'पंचतंत्र' की तरह नीतिश्लोक, दोहों, कहावतों इत्यादि की भरमार है।

प्रकृति-वर्णन आलंकारिक, पर संस्कृत-बहुल नहीं, अतः रोचक। दूसरी ओर पृष्ठभूमि से—'यथार्थपूर्ण', प्रदेश का सच्चा हू-ब-हू चित्रण। एक उदाहरण :

'घर-घर सब लोग भोजन के उपरान्त विश्राम-सुख का अनुभव कर रहे हैं, नींद आने पर पंखा हाथ से छूट गया है, खुर्राटे भरने लगे हैं। स्त्रियाँ गृहस्थी के काम-काज से छुटकारा पाए दुधमुँहे बालकों को खेला रही हैं।...कोई-कोई बड़ी जँगरैतिन गृहस्थी का सब काम शेष होते देख जेठ के दीर्घ दोपहर की ऊब दूर करने को सूप की फटकार से अपने पड़ोसी के विश्राम में विक्षेप डाल रही है।...बँगलों पर साहब लोगों के पदाघात का रसिक पंखा-कुली अपने प्रभु के पादपद्म को मानो बारम्बार झुक-झुककर प्रणाम करता-सा ऊँघ रहा है; पर पंखे की डोरी हाथ से नहीं छोड़ता।'

यथार्थ चित्रण की यह परम्परा प्रेमचन्द में पूर्णता प्राप्त करती है। जीवन का वास्तविक, सहानुभूतिपूर्ण परिचय, जो भारतेन्दु-युग की विशेषता थी।

स्वभाव-चित्रण—यथार्थ, नाटकों का प्रभाव, आकृति और वेशभूषा के वर्णन में सजीवता और सतर्कता।

भाषा—पात्रों के अनुकूल; जैसे पढ़े-लिखे बाबू की भाषा : 'मैं आप लोगों के प्रोपोजल को सेकेंड करता हूँ।'

हास्य के छींटे—सेठ हीराचन्द के लड़के दुर्व्यसन में फँसते हैं तो उन्हें 'बबुआ से बाबू साहब बनने का शौक बढ़ा।'

बुद्धदास जैन का वर्णन—'उमर उसकी 40 के ऊपर हो गई थी; दाँत मुँह में एक भी बाकी न बचे थे, तो भी पोपले और खोड़हे मुँह में पान की बीड़ियाँ जमाए, सुरमे की धजियों से आँख रँग, केसरिया चन्दन का एक छोटा-सा बेंदा माथे पर लगाए, चुननदार बालाबर अंगा पहन...'

इसी प्रकार 'व्यंग्यपूर्ण चित्रण' भी है जो प्रेमचन्द की भी विशेषता रही है—बुद्धदास जैन का वर्णन—'पानी चार बार छानकर पीता था, पर दूसरे की थाली समूची निगल गया था। डकार तक न आती थी।'

उन्नीसवीं सदी के पाश्चात्य उपन्यासकारों की तरह वे सीधे पाठकों से बातें करने लगते हैं—इसका रहस्य जानने को पाठक उकताता होगा, किन्तु सहसा किसी रहस्य का उद्घाटन उपन्यास-लेखकों की रीति के विरुद्ध है। इससे इस पुस्तक को यहीं समाप्त करते हैं।

Sense of humour—उपदेश तो देते ही हैं, पर कभी-कभी हास्य का पुट भी—by quoting मनोरंजक दोहे या शे'र, जैसे :

क्या खूब फँसा कफस में यह पुराना चंडूल।
लगी गुलशन की हवा दुम को हिलाना गया भूल॥

यह शे'र पंचानन नामक एक पात्र के वार्तालाप में आया है।

प्रेमचन्द पर उर्दू उपन्यासकारों का प्रभाव

[कुछ टिप्पणियाँ]

'जिन हिन्दी लेखकों ने प्रेमचन्द की पृष्ठभूमि को 'प्राक्-प्रेमचन्द हिन्दी उपन्यास' से समझने की चेष्टा की है, वे बहुत कुछ गलत रास्ते पर हैं। केवल कला की दृष्टि से ही नहीं, भाषा की दृष्टि से भी प्रेमचन्द, प्राक्-प्रेमचन्द उर्दू-उपन्यासों के अधिक नजदीक हैं।'

विशद विवेचन का प्रयास :

1. (क) प्रेमचन्द पहले उर्दू के लेखक, बाद में हिन्दी के—the anecdote of यह आपका आधिक्य (ज्यादती है)।

   (ख) स्वयं उन्होंने 'मेरी पहली रचना' में बताया है कि किस प्रकार उन्होंने सबसे पहले उर्दू के दो-तीन उपन्यास लिखे—फिर उर्दू में ही पहली कहानी 'संसार का सबसे अनमोल रतन', जो 'जमाने' में प्रकाशित हुआ था—फिर तीन-चार और कहानियाँ जिनका संग्रह 'सोजेवतन' शीर्षक से हुआ।
2. प्रेमचन्द ने 'मेरी पहली रचना' में ही लिखा है : 'उस समय मेरी उम्र कोई तेरह साल की रही होगी। हिन्दी बिलकुल न जानता था। उर्दू के उपन्यास पढ़ने का उन्माद था। मौलाना शरर, पंडित रतननाथ सरशार, मिर्जा रुसबा, मौलवी मुहम्मद अली (हरदोई-निवासी)—उस वक्त के सर्वप्रिय उपन्यासकार थे। इनकी रचनाएँ जहाँ मिल जाती थीं, स्कूल की याद भूल जाती थी, और पुस्तक समाप्त करके ही दम लेता था।'
3. उर्दू के उपन्यासकार जिनका उल्लेख प्रेमचन्द ने किया है और जिनसे वे प्रभावित हुए थे :

   (क) रतननाथ सरशार—'फिसाने आजाद', 'सैरे कोहसार', 'कामिनी', 'जामे सरशार', 'खुदाई फौजादार', 'बिछड़ी दुलहन' आदि पुस्तकें।

   'फिसाने आजाद' सबसे महत्त्वपूर्ण—Regarded as 'संगे-बुनियाद' of Urdu fiction (लखनऊ के नव्वाबी समाज का सच्चा चित्रण, Humour discarded the miraculous)।

As popular as देवकीनन्दन in Hindi—but better artist—कल्पना की उड़ान तो लेते थे पर पैर ठोस जमीन पर ही रखते थे। कथा-वैचित्र्य, घटना-विस्तार, मनोरंजकता, टकसाली भाषा इत्यादि गुण।

(ख) अब्दुल हलीम, शरर—मलकुल-अजीज (Both deal with crusades and glorify Islam Sort of reply to Scott's 'Talisman.') वोर्जिनिया, मंसूर-मोहना etc.

Mostly ऐतिहासिक उपन्यास (of course Muslim History), धार्मिकता का पुट, सरशार की विविधता—सरसता नहीं किन्तु उनसे अधिक संयम।

प्रेमचन्द पर इनका भी काफी प्रभाव :

(ग) मुहम्मद हादी रुसवा—आधुनिक दृष्टिकोण वाला उपन्यासकार। अपनी रचनाओं के बारे में कहता है : 'हमारे नावेल न ट्रेजेडी हैं, न कॉमेडी, न हमारे हीरो तलवार से कत्ल होते हैं, और न उनमें से किसी ने खुदकशी की है, न हिज्र हुआ है, न बग्ल। हमारे नावेलों को मौजूद जमाने की तवारीख समझना चाहिए।'

(यथार्थवाद) यथासाध्य इस आदर्श का व्यवहार में पालन। उनके उपन्यासों में लखनऊ या आस-पास की पृष्ठभूमि। रोजमर्रे की जीवन की घटनाओं का वर्णन।

'तारीखे अदब उर्दू' ने ठीक ही लिखा है कि शरर के उपन्यास रुसवा से ज्यादा चलते थे किन्तु वे फीके जरूर पड़ गए थे।

रुसवा की कृतियाँ :

1. 'उमराव जान 'अदा' [एक पढ़ी-लिखी लखनऊ की वेश्या की कहानी, जिसका तखल्लुस 'अदा' था।]
2. 'नौबहार',
3. 'खूनी आशिक'।

प्रेमचन्द पर हिन्दी या बंगला का प्रभाव

[कुछ टिप्पणियाँ]

1. श्रीनिवास दास, बालकृष्ण भट्ट और राधाकृष्ण में 'आदर्शोन्मुख यथार्थवाद की परम्परा', if डा. शर्मा's quotation on the end of the preceding page, किन्तु इनका प्रभाव नहीं माना जा सकता।
2. भटनागर ने प्रेमचन्द के पहले की तीन धाराएँ मानी हैं :
   (1) देवकीनन्दन खत्री की उद्भावित तिलिस्म और ऐयारी की धारा।
   (2) गोपालराम गहमरी की जासूसी और साहसिक धारा।
   (3) किशोरीलाल गोस्वामी की सामाजिक-ऐतिहासिक रोमांस की धारा।

   भटनागर के अनुसार : प्रेमचन्द ने 'सेवासदन' लिखकर गोस्वामी जी के क्षेत्र में ही पदार्पण किया। बेमानी और निराधार बात। यदि वह किसी के क्षेत्र में, जाने-अनजाने उतर रहे थे तो श्रीनिवास दास, भट्ट जी तथा राधाकृष्ण दास के ही। किशोरीलाल गोस्वामी 'कुसुमकुमारी', 'तारा', 'अँगूठी का नगीना' आदि उपन्यासों में संस्कृत का अनुकरण करते हैं और उनके कुछ उपन्यास पाश्चात्य ढंग पर इतिहास के आधार पर लिखे गए हैं।
3. प्रभाव पड़ने की दृष्टि से देवकीनन्दन खत्री वाली धारा का इससे ज्यादा माना जा सकता है। उन्होंने स्वयं लिखा है कि उन्होंने बड़े चाव से तिलस्मी उपन्यास पढ़े थे।
   (क) उनके कई उपन्यासों में तिलिस्मी और ऐयारी का रुझान स्पष्ट दिखाई पड़ेगा ('कथाकार प्रेमचन्द', पृ. 37)।
   (ख) भाषा पर प्रभाव—सरल, मुहावरेदार भाषा—गोस्वामी जी की भाषा नहीं।
4. हिन्दी साहित्य पर भारतेन्दु-काल से ही बंगला का पर्याप्त प्रभाव अनुवादों के द्वारा पड़ रहा था। प्रेमचन्द ने भी स्वीकार किया है कि उन्हें टैगोर की गल्पों के अंग्रेजी अनुवाद से काफी प्रेरणा मिली। उन्होंने उनमें से कुछ का उर्दू में तर्जुमा भी किया था।

   किन्तु बंगला-साहित्य का प्रेमचन्द पर कोई उल्लेखनीय प्रभाव नहीं।

प्रेमचन्द की भाषा

[कुछ टिप्पणियाँ]

1. जनभाषा के ज्ञाता, अतः जनभाषाओं की विशेषताएँ, e.g. उपमाएँ, उदाहरण, मुहावरे, स्थिर वाक्यांश etc.
2. तद्भव शब्दों के साथ तत्सम शब्द भी।

तद्भव—(क) संज्ञा—बेटी, लकड़ी, भावज, घर, गाय, तालाब, हाथी, बकरी, भैंस, सिर, जीभ, पान, दूध, ब्याह etc.

(ख) विशेषण—दब्बू।

(ग) क्रिया वि.—अब, बहुत।

(घ) संख्यावाचक वि.—सात, ड्योढ़ा।

तत्सम—(क) संज्ञा—स्त्री, देवर, जाति, पितामह, प्रसव, परिवार, कुल, उपासक, निन्दक, शत्रु, पानी, शरीर, ओषधि, पात्र, अंग, भवन, देश, पदार्थ, ध्वनि, दशा, प्रेम, निन्दा, तिरस्कार, सम्मान, उत्साह, सभ्यता, मार्मिकता, अरुचि, कारण, विचार etc.

(ख) विशेषण—प्रधान, उत्तम, योग्य, विशेष, निर्बल, सम्मिलित, प्राचीन, विद्यमान, विशाल, प्रतिष्ठित।

(ग) क्रिया वि.—दैवयोग, दुर्भाग्यवश, प्रायः, बहुधा।

(घ) सर्वनाम—स्वयं

3. फारसी-अरबी के शब्द भी जो साधारण जनता की बोलचाल की भाषा में प्रचलित, e.g. नौकर, जमींदार, दरवाजा, जगह, दिल, जमीन, दीवार, चन्दा, दंगल, होश, जमा, गुमान, जोर, चपरासीगीरी।
4. इस प्रकार अपनी अभिव्यक्ति को वे सरल बनाते हैं, पर साथ-ही-साथ एक नई भाषा का प्रवर्तन भी करते हैं।

(क) तत्सम वही जो बहुप्रचलित।

(ख) संज्ञा के रूप में प्रयुक्त तत्सम शब्द अधिकांशतः आवश्यक।

(ग) विशेषण विशेष गुणों को प्रकट करने के लिए।

ऐसे प्रसंधर शब्द जो अलग-अलग भाषाओं के होने पर भी संयुक्त होकर एक हैं—बे (फारसी)—समझ (हिन्दी); झाड़ (हिन्दी)—फानूस (फारसी); नम्बर (अंग्रेजी)—हार (फारसी)।

प्रसंधर संज्ञाओं के साथ प्रसंधर क्रियाएँ भी—गरमाना (गरम—फा. + आना प्रत्यक्ष—हिं.)।

अंग्रेजी शब्द जो न केवल शिक्षितों, बल्कि जनसाधारण की भाषा में भी प्रविष्ट—बी.ए., ऑनरेरी मजिस्ट्रेट, ग्रेजुएट, डिबेटिंग क्लब।

निष्कर्ष—
1. अरबी-फारसी के प्रचलित तथा तद्भव शब्द प्राय: ऐसे पात्रों के कथोपकथन में, जो जीवन के साधारण स्तर का प्रतिनिधित्व करते हैं।
2. (क) जब पात्र विशेष रूप से शिक्षित और गम्भीर विचार प्रकट करता है तब उसके कथोपकथन में तत्सम शब्दों की बहुतायत, e.g. मान-प्रतिष्ठा, व्यवहार, अन्याय, असह्य।
   (ख) लेखक के वर्णन में भी तत्सम शब्द, e.g. निर्बल, कान्तिहीन, शरीर etc.
3. भाषा में सजीवता तथा एक ही शब्द को बार-बार प्रयुक्त करने से बचने के लिए पर्यायों का प्रयोग, e.g. विवाह, ब्याह; चर्चा, वार्तालाप, बातचीत; बेटा, लड़का; सम्मुख, सामने; तरफ, ओर etc.

× × ×

Bad in साहित्यिक भाषा—फूल-किनारा!

हिन्दी भाषा की, विशेषत: बोलचाल की हिन्दी की, यह विशेषता है जिसका सार्थक प्रयोग प्रेमचन्द ने किया है, कि उसमें एकाधिक प्रकार की पुनरावृत्ति मिलती है :

पर्यायी पुनरावृत्ति— आदर-सम्मान
हुक्का-चिलम
मिल-जुल कर रहना

शब्द-पुनरावृत्ति— फूट-फूटकर रोया
जरा-जरा-सी बात

बोलचाल की हिन्दी की एक और विशेषता—साधारणत: प्रचलित पद-विन्यास में परिवर्तन—(शब्द अपने स्थान से आगे) 'लेकिन यह स्वीकार नहीं करना चाहते थे।'

'यदि आपको वह अधिक प्यारा है।'

बोलचाल की भाषा के अनुरूप पात्रों के कथोपकथन या स्वयं लेखक के वर्णन में कोई शब्द लुप्त :

(क) '(जब) वह अपने घर में आई'—तो यहाँ उपवाक्य के आरम्भ से समुच्चय-बोधक का लोप है।

(ख) 'दाल में घी (तुमने) क्यों नहीं छोड़ा?'—यहाँ उद्‌देश्य का लोप।

(ग) 'जब वहाँ से आते (थे) तो' या 'बुद्धिमान मूर्खों की बातों पर ध्यान नहीं देते (हैं)'—यहाँ विधेयक के अन्तिम अंश का लोप।

प्रेमचन्द भाषा के संस्कार और अलंकरण के लिए अनेक साधनों का प्रयोग करते, e.g. तुलनात्मक वाक्यांशों का प्रयोग, जिनमें व्यक्तियों के कार्य और परिस्थितियों की प्रकृति से तुलना की गई है : 'क्रोध के मारे हवा से हिलते हुए पत्ते की भाँति' etc.

but not too much as सियारामशरण गुप्त in नारी etc.

ऐसे मुहावरों का प्रयोग जो किसी वस्तु या कार्य को सही रूप में प्रस्तुत करते हैं :

जूतों की बौछारें।
कर्ण सिर पर हो गया।
हृदय पिघला।

ऐसे अलंकार जिनमें शब्द-विशेष के बदले उससे सम्बद्ध दूसरे शब्द का प्रयोग, e.g. 'इन दो अक्षरों (बी.ए. डिग्री) ने इसके शरीर को निर्बल बना दिया।'

ऐसा उपलक्ष्य अलंकार, जिसमें बहुवचन के स्थान पर एकवचन रूप का प्रयोग—

'पंचायत उठी' (for पंचायत के सदस्य उठे)। [पंचायत—भाववाचक संज्ञा का एकवचन रूप।]

विषय को स्थान देने के लिए अत्युक्ति भी—'घी की नदी बहती थी।'

स्थिर विशेषण—मधुर वाणी, कर्णमधुर ध्वनि etc.

ऐसे वाक्य जिनमें सर्वसाधारण और लेखक के अनुभव के परिणाम—'दूसरों को उपदेश देना कितना सहज है।'

'बुद्धिमान लोग मूर्खों की बात पर ध्यान नहीं देते।'

इनके अतिरिक्त बोलचाल की भाषा की अन्य विशेषताएँ—लोकोक्तियाँ, मुहावरे, स्थिर वाक्यांश etc. जिनसे सजीवता आती है : 'अपनी खिचड़ी अलग पकाना, किताबों का कीड़ा, लोहू का घूँट पीना, राह देखना, बाट देखना, पिंड छुड़ाना, सिर चढ़ा' etc.

प्रेमचन्द का भाषा-सम्बन्धी सिद्धान्त : 'कौम की जबान वह है, जिसे कौम समझे; जिसमें कौम की आस्था है, जिसमें कौम के जज्बात हों।'

In the above discussion attempt made to identify literature of Premchand 'with its linguistic substance' (as shown to be difficult in Literature and Language in Essays in Criticism by R.A. Sayee. Here are quotations.

'Desponsible'

Homo Sapience : Homo Fiction

का अन्तर

Character of manners × Character of Nature

Dialplate × inner working

Flat-round.

प्रेमचन्द के कथा-प्रयोग*

प्रेमचन्द ने भारतेन्दु-युग और प्रलम्बित भारतेन्दु-युग से भिन्न नवीन युग का कैसे और कब प्रवर्तन किया था, यह समय की कुछ दूरी से देखने वाले हम तो समझ पाते हैं, किन्तु इस महत्त्वपूर्ण घटना को प्रत्यक्षदर्शियों ने शायद ही समझा था। हम राजनीति की दृष्टि से 'अहिंसक क्रान्तियों' की बात कभी-कभी सुनते हैं। प्रेमचन्द ने हिन्दी कथा-साहित्य के क्षेत्र में अहिंसक क्रान्ति की थी। साहित्य के इस क्षेत्र में उनकी कृतियों ने युगान्तर उपस्थित कर दिया और किसी ने पुराने को ढहते और नये को उठते देखा तक नहीं। हिन्दी कथा-साहित्य में ही औरों ने, प्रेमचन्द के जीवन-काल में ही, नये प्रयोग किये। जैनेन्द्र ने किया, 'अज्ञेय' ने किया, और इनकी खूब धूम रही। साहित्यिक भूकम्प और प्रलय के दृश्य सामने आ गए थे, आलोचकों के बीच महाभारत ही छिड़ गया था। किन्तु, प्रेमचन्द सबल समर्थन या तीव्र विरोध में से किसी को अभियंत्रित नहीं कर सके थे। और फिर भी, उन्होंने ऐसे प्रयोग किये कि आज कथा-साहित्य के भारतेन्दु-युग को हममें से बहुतेरे प्राक्-प्रेमचन्द-युग कहना अधिक युक्तिसंगत मानते हैं, और जैनेन्द्र-युग या अज्ञेय-युग के बदले भी प्रेमचन्दोत्तर युग का ही प्रचलन आधुनिक हिन्दी साहित्येतिहास में दिखेगा।

प्रेमचन्द ने पूर्ववर्ती युग की पाक-रुचि को आघात पहुँचाए बिना उसका परिष्कार किया। उन्होंने आलोचना के प्रतिमानों को चुनौती न देकर नये मूल्य स्थापित किये। हंगामा जरा भी न हुआ और परिवर्तन बहुत बड़ा हो गया। खून की एक बूँद गिरे बिना क्रान्ति हो गई।

ऐसी राजनीतिक क्रान्तियाँ भी कभी-कभी ही होती हैं। साहित्यिक क्रान्तियाँ तो बहुत कम इस तरह की होती हैं। प्रेमचन्द ने जो युगान्तर कथा-साहित्य में किया, उसके कुछ ही बाद छायावादियों ने काव्य के क्षेत्र में युगान्तर उपस्थित किया था, लेकिन कैसे डिम-डिम नाद के साथ और नगाड़े बजाते हुए और उत्कट विरोध के बीच!

प्रेमचन्द की क्रान्ति और इस या ऐसी अन्य क्रान्तियों में अन्तर यह देखने को मिलता है कि पहली आगे बढ़ती है, जबकि दूसरी नये मोड़ लेती है। आगे बढ़ना बहुधा मन्द और स्वल्प-विस्तार होता है। अक्सर वह दिखाई नहीं पड़ता और

* त्रैमासिक 'साहित्य', अप्रैल, 1959 ई. (वर्ष 10, अंक 1) की सम्पादकीय टिप्पणी से।

ज्यादातर महत्त्वशून्य होता है। नई या विपरीत दिशा में मुड़ना झटके के साथ होता है और सदैव ध्यान आकृष्ट करता और बहुधा न्यूनाधिक महत्त्व का अधिकारी भी होता है। किन्तु कभी ऐसा भी होता है कि आगे बढ़ना, नजदीक रहनेवालों के लिए अस्पष्ट होने पर भी, इतनी दूर तक पहुँचा देता है कि जब हम देख पाते हैं तब चकित हो जाते हैं। प्रेमचन्द ने बहुत दूर आगे बढ़कर युगान्तर उपस्थित किया था, नया मोड़ नहीं लिया था।

प्रेमचन्द ने कुछ भी ऐसा नहीं किया, जो उनके पहले हो नहीं चुका था, या हो नहीं रहा था। प्रेमचन्द के पहले देवकीनन्दन खत्री ऐसे उपन्यास लिख चुके थे, जो रोचकता में उन किस्सों से होड़ लेते थे, जो और पहले सुने-सुनाए जाते थे। प्रेमचन्द ने खत्री जी की तरह तिलिस्म और ऐयारी के सहारे, अपने उपन्यासों या कहानियों को रोचक नहीं बनाया। वे इनके बिना ही रोचक हैं। यही रोचकता के गुण को आगे बढ़ाना है।

किशोरीलाल गोस्वामी ने, बंगला से प्रभावित होकर, रूमानी प्रेम-वर्णन और कवित्वपूर्ण भाषा के योग से कथा को रोचक बनाने का प्रयास किया था। प्रेमचन्द ने यथार्थ और आदर्श का समन्वय करते हुए ऐसी रोचकता बनाये रखी, जैसी गोस्वामीजी के कथा-साहित्य में शायद ही मिलती हो।

यथार्थ और आदर्श के समन्वय का प्रयास भी, अपने ढंग से, प्रेमचन्द के पहले के हिन्दी कथा-साहित्य में हुआ था। श्रीनिवास दास, राधाकृष्ण दास और बालकृष्ट भट्ट के उपन्यासों में और कुछ हो या न हो, इस समन्वय की एक हद तक सफल चेष्टा तो है ही। किन्तु, प्रेमचन्द ने आदर्शोन्मुख यथार्थवाद के साथ कथानक की रोचकता बनाए रखी, जबकि दोनों प्राय: परस्पर-विरोधी सिद्ध होते हैं। यह आगे बढ़ना ही नहीं, काफी दूर तक आगे बढ़ना है। इसे ही आगे चलकर बाद के लोग युगान्तर करना कहते हैं।

इस सूक्ष्म बाह्य प्रयोग के अतिरिक्त एक दूसरे प्रकार का भी प्रयोग प्रेमचन्द ने उपस्थित किया। यह आभ्यन्तर, अत: सूक्ष्मतर, था। यह बढ़ना अपने से ही आगे, और अप्रत्याशित रूप से आगे, बढ़ना था। प्रेमचन्द का यह प्रयोग साहित्य की गति पर सावधान दृष्टि रखनेवाले आलोचकों को भी नहीं दीख पड़ा था। जिन्हें कुछ परिवर्तन-सा दीख पड़ता था, वे भी उसे समझ नहीं पाए थे।

प्रेमचन्द ने 'सेवासदन', 'निर्मला', 'गबन' लिखकर, पूर्ववर्ती युग से भिन्न प्रेमचन्द-युग का प्रवर्तन किया था। प्रेमचन्द-युग से भिन्न युग की स्थापना के लिए भी वे प्राय: इसी समय से प्रयोग करने लग गए थे। 'प्रेमाश्रम', 'रंगभूमि' और 'कर्मभूमि' उस प्रयोग के सोपान हैं, जिसका शिखर 'गोदान' है। इस शिखर-मंडित प्रयोग को हाल-हाल तक प्रेमचन्द का अपकर्ष समझा जाता रहा है।

'गोदान' में जीवन के दृश्यमान सरल यथार्थ को इस तरह आबद्ध किया गया है कि उसकी गहराइयाँ और जटिलताएँ प्रदर्शित न होती हुई भी, निर्भ्रान्त रूप से

नीचे, अन्दर झलकती रहती हैं। इस अभेद-भेद को वहन करनेवाला शिल्प-विधान, अनिवार्यतः प्रेमचन्द के ही पहले से प्रशंसित शिल्प-विधान से भिन्न हो गया है, यद्यपि इसका अभ्यास प्रेमचन्द पहले से ही कर रहे थे। 'गोदान' में आरोपित आदर्श नहीं है, फलतः कथा में रूढ़ि-सम्मत संघटन भी नहीं रह गया है। 'गोदान' में शुद्ध यथार्थ है, इस कारण कथा सारे भारतीय जीवन को उसके विशृंखल रूप में उपस्थित करती है। यह बहुत आगे बढ़ जाना है; क्योंकि यह अपने को पीछे छोड़ना है।

प्रेमचन्द ने भारतीय उपन्यासकारों में सबसे पहले औद्योगिकीकरण-जनित समस्याओं का चित्रण किया, अश्रुवर्षी पात्रों के बदले औसत सामाजिक मनुष्यों का सुख-दुःख लिखा, शोषित किसान-मजदूर की गाथा प्रस्तुत की, किन्तु ये उनके द्वारा किये गए सर्वाधिक महत्त्वपूर्ण कथा-प्रयोग के साध्य नहीं हैं, गौण साधन मात्र हैं। उनके प्रयोग का साध्य था भारतीय जीवन का पूर्ण चित्रण। प्रेमचन्द ने सफलतापूर्वक ऐसा प्रयोग किया था।

ग्रामीण जीवन के चित्रकार प्रेमचन्द*

प्रेमचन्द एक ऐसे चित्रकार थे, जो बहुत ही कम रंगों और हल्की से हल्की रेखाओं से अपना काम चलाते थे। रंगों-रेखाओं की यह किफायत-शिआरी इस हद तक है कि चित्र आँखों को मोहित करने के बदले हमारी बुद्धि की शिथिलता दूर करते हैं।

उच्छ्वसित राष्ट्रीयता के युग में प्रेमचन्द का कठोर आत्मसंयम उन्हें आकर्षक नहीं बनने देता। वे सुजला, सुफला, शस्य-श्यामला भारतभूमि के चित्रकार नहीं हैं। वे किसी से कम उससे प्रेम नहीं करते, किन्तु अपनी ग्रामवासिनी भारतमाता का धूलि-भरा मैला आँचल उनके लिए कभी इन्द्रधनुषी नहीं बन सकता था—उन दिनों भी नहीं, जब उनके समसामयिक हिन्दी के छायावादी कवि पश्चिम की रूमानी कविता से प्रकृति की सुन्दरता पहचानने की प्रेरणा पा रहे थे।

प्रेमचन्द ग्रामीण जीवन को नजदीक से जानते थे, उसकी कल्पना उन्हें नहीं करनी थी। ग्रामीण जीवन की आकर्षक प्राकृतिक पृष्ठभूमि उन्हें धोखे में नहीं रख सकी थी। उसके इन्द्रजाल को दूर करने के लिए उन्हें तब तक प्रतीक्षा नहीं करनी पड़ी थी, जब तक मार्क्स के सिद्धान्तों से हमारे बुद्धिजीवी और साहित्यिक परिचित हुए। पहाड़ों, झरनों, पेड़-पौधों और फूलों के बीच रहनेवाले ग्रामीणों की प्रणय-लीला में भी प्रेमचन्द की दिलचस्पी नहीं थी। वे भारत के ग्रामीण जीवन के सामूहिक आर्थिक दैन्य का चित्रण उस समय करते थे, जब गाँव के भोले-भाले युवक-युवतियों के व्यक्तिगत प्रेमजन्य सुख-दुःख की कथा कहना बड़ी बात समझी जाती थी।

प्रेमचन्द भारतीय ग्रामीण जीवन के जो चित्र अंकित करते हैं, उनके लिए वे या तो सीधे-सादे फ्रेम तैयार करते हैं, या कभी-कभी उन्हें फ्रेम में जड़ते ही नहीं। जिसका ध्यान चित्र पर ही केन्द्रित रहता है, वह फ्रेम की चिन्ता करता भी नहीं। ठीक इसके विपरीत, हमारे प्राचीन साहित्य में, और सर्वथा आधुनिक गद्य-कथा में भी, मूल्यवान और मोहक फ्रेम की भरमार है, लेकिन अक्सर तसवीर की कीमत पर।

प्रभात और रात्रि के विस्तृत कवित्वपूर्ण वर्णन बाणभट्ट जैसे पुराने कथाकारों ने ही नहीं किये हैं, आज की प्रथा भी है कि जो नागरिक जीवन है, उसे ही ग्रामोचित

* त्रैमासिक 'साहित्य', जुलाई, 1957 ई. (वर्ष 8, अंक 2) की सम्पादकीय टिप्पणी से।

प्राकृतिक फ्रेम में जड़ दिया जाता है, तसवीर के लिए वह अनिवार्य नहीं होती। और, कभी-कभी जो ग्रामीण पृष्ठभूमि के चित्र होते हैं, उन्हें बड़ी आसानी से नागरिक बना लिया जाता है—प्रेम की कहानी कश्मीर की तलहट्टी में हुई तो क्या! और शहर की किसी गली में हुई तो क्या!

इसके विपरीत प्रेमचन्द फ्रेम और पृष्ठभूमि के जड़िया चित्रकार नहीं हैं। वे जीवन के चित्रकार हैं, जिसका पृष्ठाधार उससे अलग, अपने-आपमें महत्त्व रखनेवाला उपकरण हो ही नहीं सकता, फ्रेम की तो उसे कम-से-कम अपेक्षा रहती है।

अगर प्रेमचन्द रूमानी दृष्टि, कल्पना या भावुक प्रकृति-प्रेम से प्रेरित होकर ग्रामीण जीवन के चित्र अंकित नहीं करते, तो इस सम्बन्ध में उनका दृष्टिकोण दार्शनिक का भी नहीं है। वे न तो प्रकृति या गाँव को वापस चलो—जैसा नारा लगाते हैं, न हार्डी की तरह प्रकृति की निर्मम भुजाओं में आबद्ध मानव-जीवन का वर्णन ही करते हैं। ग्रामीण जीवन के चित्र उपस्थित करनेवाले उनके किसी उपन्यास को क्षेत्रीय या आंचलिक भी नहीं कहा जा सकता।

किन्तु, इन बातों का आशय यह नहीं कि ग्रामीण जीवन के चित्रण में प्रेमचन्द की दृष्टि उन स्थलों पर गई ही नहीं है, जहाँ सौन्दर्य, पवित्रता, भोलापन, प्रेम और त्याग हैं। ये मानव-जीवन के वैसे ही पहल हैं जैसे स्वार्थ, संकीर्णता, द्वेष, क्रूरता आदि। और, प्रेमचन्द के ग्रामीण जीवन के चित्रों में, अगर छोटी कहानियाँ हैं, तो इनमें से किसी एक पहल की, और उपन्यास हैं, तो एक से ज्यादा पहलों की, चमक है। इसी कारण प्रेमचन्द के चित्र रत्न जैसे मूल्यवान बन जाते हैं, गरचे उन्हें पहचानने के लिए पारखी की नजर और योग्यता जरूरी है।

प्रेमचन्द भी ग्रामीण जीवन को आवेष्टित करनेवाले प्राकृतिक परिवेश का चित्रण वहाँ करते हैं, जहाँ वह आलम्बन के लिए उद्दीपन होने के बदले उसका अनिवार्य अंग रहता है। ऐसे पृष्ठभूमि-स्वरूप अंकनों के बारे में भी यह उल्लेखनीय है कि प्रेमचन्द सदा अनुपात का ध्यान रखते हैं—पृष्ठभूमि, मूल चित्र, मानव-जीवन की तुलना में गौण ही बनी रहती है। दूसरी महत्त्वपूर्ण बात यह है कि प्रेमचन्द पाठकों के अपरिचय की सम्भावना के कारण विलक्षण लग सकनेवाले दृश्यों के, काव्य के स्तर तक पहुँचनेवाले, चमत्कारी चित्र कभी प्रस्तुत नहीं करते। वे सुपरिचित जीवन का, उसके सुपरिचित पृष्ठाधार के साथ, चित्रण करने में असफलता के खतरे से आशंकित नहीं होते। उनके ग्रामीण जीवन के चित्रों में होरी और झुनिया की जो आकृतियाँ हैं, वे जिस तरह सुपरिचित हैं, उन्हीं की तरह उनके वे प्राकृतिक परिवेश हैं, जिनमें वे जन्म लेते हैं, जीते हैं, सुख-दुःख का अनुभव करते हुए मर भी जाते हैं।

प्रेमचन्द के ग्रामीण जीवन के चित्रण की सबसे अधिक महत्त्वपूर्ण कलात्मक विशेषता यह है कि उनकी सार्थकता और उपयोगिता प्राय: सदैव वैषम्य का प्रभाव उत्पन्न करने के निमित्त है। एक ओर नागरिक सभ्यता है, तो दूसरी ओर है ग्रामीण

संस्कृति। नागरिक सभ्यता में बहुतेरी त्रुटियाँ, कमियाँ दीख पड़ती हैं और वे ग्राम-सुलभ गुणों की कसौटी पर परखी गई हैं। पर तुरत, दूसरी ओर, ग्राम-जीवन भी कसौटी पर कसा जाता है और उसमें भी त्रुटियाँ निकलती हैं, जो नगर के जीवन में नहीं हैं। पृष्ठभूमि के इसी आरोहावरोह-युक्त सातत्य के सहारे प्रेमचन्द के उपन्यास मनुष्य की दुर्बलता और असफलता के महाकाव्य बन जाते हैं।

प्रेमचन्द के ऐसे महाकाव्यात्मक उपन्यासों में 'गोदान' का विशेष महत्त्व है—न केवल प्रेमचन्द के उपन्यासों में ही, श्रेष्ठ उपन्यास-मात्र में। 'गोदान' में चित्रित ग्रामीण जीवन इसी में चित्रित नागरिक जीवन का शेषपूरक है। वह नहीं होता, तो भारतीय जीवन का जो विराट चित्र प्रेमचन्द प्रस्तुत करना चाहते थे, वह अधूरा रह जाता। दोनों चित्रों को कृत्रिम रूप से सम्बद्ध दिखाने के बदले प्रेमचन्द ने उन्हें आमने-सामने रख दिया है।

प्रेमचन्द और मध्यवर्ग

प्रेमचन्द समाज के उस वर्ग में ही जनमे थे जिसे मध्यवर्ग कहा जाता है। इस वर्ग की भी दो श्रेणियाँ समाजशास्त्र में मानी गई हैं : उच्च मध्यवर्ग और निम्न मध्यवर्ग। प्रेमचन्द मध्यवर्ग की इसी दूसरी श्रेणी के सदस्य थे; और अगर उन्होंने जीवनपर्यन्त' इसकी कठिनाइयाँ झेलीं, तो यह लाभ भी उठाया कि जरा से फासले पर से किसानों को देखा, तनिक ऊपर रहनेवाले सम्पन्न और अभिजात स्तर का पूरा परिचय पाया और जमींदारों और राजाओं और नवाबों की झलक भी पाई।

इस मध्यवर्ग की स्थिति जरूर ही ईर्ष्या करने लायक नहीं होती, लेकिन इसकी विशेषता है कि यह जनसाधारण के जीवन से असंयुक्त नहीं होता, जो, और किसी दृष्टि से भले ही विशेष महत्त्वपूर्ण न हो, उपन्यासकार के लिए तो खूब ही उर्वर सिद्ध होता है। यही कारण है कि जहाँ आज के अनेक लेखक सिद्धान्ततः यह चाहते हैं कि वे जनसामान्य के जीवन पर उपन्यास लिखें, वहीं वे अकाल और वर्गभेद को विषय बनाकर भी व्यक्ति के इर्द-गिर्द ही चक्कर काटते रह जाते हैं; समूह, हम कह सकते हैं, उनकी पकड़ में नहीं आता। इनके विपरीत प्रेमचन्द में निम्न-मध्यवर्ग-सुलभ ऐसी सहज सामाजिक सहानुभूति थी, जिसे उन्होंने किसी सिद्धान्त या वाद के आग्रह के कारण स्वीकार नहीं किया था, बल्कि जो उन्हें अपने वर्ग के एकमात्र वरदान के रूप में मिला था और जिसे वरदान समझकर ही ग्रहण किया था।

यही कारण है कि प्रेमचन्द के कथा-साहित्य में न तो पुराने दृष्टिकोण से ही, न आधुनिक मनोवैज्ञानिक पद्धति के अनुसार ही, कहीं भी, व्यक्ति प्राधान्य पाने में समर्थ हो पाता है। उनकी छोटी कहानियों में, और कुछ नहीं तो वातावरण के ताने-बाने के रूप में, और बड़े उपन्यासों में तो सजीव अस्तित्व से युक्त होकर समूचा भारतीय समाज की 'पात्रता' ग्रहण कर लेता है। यह 'सामाजिक सहानुभूति' के कारण ही तो सम्भव होता है कि सुमन या सोफिया, सूरदास या होरी जैसे व्यक्तियों पर भी उनका स्रष्टा अपनी पूरी निर्माण-शक्ति नहीं लगाता, असंख्य गौण और विविध पात्रों तथा उनसे बने समाज के लिए भी, उनके पास वही एकाग्रता और कुशलता बची रहती है।

ऐसा कुछ लगता है कि जहाँ निम्न-मध्यवर्ग का कोई वैसा प्रतिभाशाली लेखक, जैसे प्रेमचन्द थे, स्वयं अपने समाज से ही घृणा करने लगता, उससे निकल भागने के अवसरों का लाभ उठाता, वहीं प्रेमचन्द उस जीवन-स्थिति के प्रति कृतज्ञ थे, उसकी कठिनाइयों से जूझना पसन्द करते थे, क्योंकि उसमें उन्होंने वह न चुकने वाली कच्चे माल की खान पाई थी, जिसके अभाव में, असाधारण साहित्य-शिल्प के बावजूद, कहानी या उपन्यास महान नहीं बन पाते। प्रेमचन्द को जीवन में ऐसे अनेक अवसर मिले थे, लेकिन जान-बूझकर अभाव और संघर्ष की उस स्थिति का बार-बार वरण कर लेते थे, जिसमें रहकर ही, शायद, ऐसी पुस्तकें लिखी जा सकती हैं जिन्हें छूने पर, एक कवि के शब्दों में, हम पुस्तक नहीं, मनुष्य को ही छूते होते हैं। प्रेमचन्द ने सरकार की और रजवाड़े की और सिनेमा की मिली हुई नौकरियों को भी छोड़कर और अस्वीकार कर, पत्रकार और लेखक का जीवन ही आकर्षक पाया और बिताया। हम नहीं जानते, हालाँकि उनके कुछ भावुक प्रशंसक यह सिद्ध करते पाए जाते हैं, कि प्रेमचन्द ने किसानों और मजदूरों के लिए लिखा था, किन्तु यह तो सत्य है ही कि उनकी रचनाएँ उस वर्ग में बहुत ही लोकप्रिय हुईं, जिसके एक सदस्य स्वयं प्रेमचन्द थे और जिसमें ही हिन्दी के अधिकांश पाठक थे और आज भी हैं। जहाँ तक सम्भावित पठनीयता का प्रश्न है, यह भी सत्य है कि थोड़ी शिक्षा पाने पर भी किसान-मजदूर उनकी पुस्तकों को उसी चाव से पढ़ेंगे जिस दिलचस्पी के साथ वह वर्ग भी अब उन्हें पढ़ता है, जो कल तक हिन्दी में विशेष रुचि नहीं रखता था।

प्रेमचन्द के पहले ही उपन्यास 'सेवासदन' की शिक्षित और हिन्दी-प्रेमी मध्यवर्ग में अप्रत्याशित लोकप्रियता इस बात का प्रमाण है कि इस वर्ग को उस उपन्यास में अपना जो प्रतिबिम्ब देखने को मिला था, वह इसके लिए अपने को निरखने-परखने का आवश्यक साधन-सा प्रतीत हुआ था। 'सेवासदन' के प्रकाशन के पूर्व यही मध्यवर्ग ऐयारी और तिलिस्म के उपन्यासों को तो पढ़ना पसन्द करता था, किन्तु इसे यथार्थ जीवन पर केवल अंशतः अवलम्बित सामाजिक उपन्यास बहुत कम प्रभावित कर पाते थे। कुछ विद्वानों ने यह प्रमाणित करने का युक्तिसंगत प्रयत्न किया है कि प्रेमचन्द के द्वारा उत्कर्ष-प्राप्त 'आदर्शोन्मुख यथार्थवाद' का सूत्रपात उनके पहले राधाकृष्ण दास, बालकृष्ण भट्ट और श्रीनिवास दास जैसे उपन्यासकार कर चुके थे। फिर भी इन उपन्यासकारों की कृतियों में पाठकों के अपने अनुभूत या दृष्ट जीवन की झाँकी बहुत कम ही मिल पाती होगी, जिसके परिणामस्वरूप ये विशेष सफलता न पा सकीं, किन्तु 'सेवासदन' के दर्पण में अपनी प्रतिच्छवि देखकर मध्यवर्ग सचेत हुआ और उसने पाया कि उपन्यास मात्र मनोरंजन का साधन न होकर, हमसे हमारा वास्तविक परिचय करानेवाला एक महत्त्वपूर्ण साधन है। हम अपने बारे में ही जो मिथ्या धारणाएँ रखते हैं, अकल्याणकर सन्तोष किये बैठे रहते हैं, उन्हें दूर करने का मूल्यवान माध्यम है।

प्रेमचन्द ने 'सेवासदन' के रूप में अपने समाज, विशेष रूप से मध्यवर्ग के सामने सदा सच कहनेवाला दर्पण रख दिया था। यह ठीक है कि दर्पण में जो दीख पड़ा, वह ऐसा कुछ नहीं था जिस पर प्रतिबिम्बित समाज अभिमान करने का कोई कारण पा सकता था। किन्तु यदि दर्पण में विकृत प्रतिबिम्ब न पड़े तो दर्पण का आकर्षण अमोघ सिद्ध होता है, क्योंकि हम उसमें अपनी आकृति के दोष देखते हैं तो साथ-ही-साथ गुणों को निहारने का सन्तोष भी पा लेते हैं। 'सेवासदन' की सुमन वेश्या हो जाती है, यह एक ऐसी कठोर वास्तविकता है कि, हम सोच सकते हैं, हम इसे भूले ही रहना पसन्द करेंगे। किन्तु हतभाग्य स्त्रियों की तरह जहाँ यह सुमन भी है, वहीं वह भिन्न भी है। यही अनुभव कर लज्जित पाठक अज्ञात रूप से गर्व और आशा का अनुभव भी करता है। सुमन का पति गजाधर अकारण ही उसके चरित्र पर सन्देह करता है और उसे गालियाँ देते हुए घर से निकल जाने को कहता है। सुमन इसका कोई प्रतिकार नहीं कर सकती, उसे अपना घर छोड़ जाने को बाध्य होना पड़ता है, किन्तु इस विवशता के बीच भी वह यह कहने की चारित्रिक दृढ़ता रखती है : 'हाँ, यों कहो कि मुझे रखना नहीं चाहते। मेरे सर पर पाप क्यों लगाते हो? क्या तुम्हीं मेरे अन्नदाता हो? जहाँ मजूरी करूँगी, वहीं पेट पाल लूँगी।' पति के द्वारा लांछिता और परित्यक्ता सुमन हमारे समाज के लिए ग्लानिजनक और सामान्य बात है, पर सीता की तरह 'ममैव जन्मान्तरपातकानां विपाकविस्फूर्जथुरप्रसह्य' कहने से इनकार करनेवाली सुमन वह नारी है, जिसे भारत का मध्यवर्ग अपने में न पाते हुए भी पाना तो चाहने लगा ही था।

'सेवासदन' के बाद प्रेमचन्द का दूसरा उपन्यास है 'प्रेमाश्रम'। इसमें जमींदारों और किसानों का तो यथार्थतापूर्ण वर्णन है, किन्तु मध्यवर्ग का प्राय: नहीं, जो नगर के वातावरण में जीता है, कम या थोड़ा-बहुत जो भी उपार्जित करता है, वह नौकरी करके और अपनी बुद्धि के सहारे।

लेकिन इसके बाद के उपन्यास 'निर्मला' में प्रेमचन्द ने मध्यवर्ग की एक सुपरिचित समस्या, वृद्ध-विवाह, उसके कारणों और विभीषिकाओं का मर्मस्पर्शी वर्णन किया है और यथार्थता का इतना ध्यान रखा है कि 'सेवासदन' के जैसा सुविधाजनक उपसंहार न जोड़कर उपन्यास को दु:खांत रहने दिया है।

'निर्मला' उपन्यास की स्वयं निर्मला और उसके पति तोताराम, उदयभानु लाल और कल्याणी, मतिचन्द्र और रंगीलीबाई, डाक्टर और सुधा—सभी उस मध्यवर्ग या बुर्जुआ के सदस्य और प्रतिनिधि हैं, जिसके बारे में एक फ्रांसीसी लेखक ने ठीक ही कहा था कि उसकी एकमात्र सार्थकता यह है कि उस गोबर के ढेर पर गुलाब खिल उठते हैं। इस उपन्यास में निर्मला, कल्याणी और सुधा और निर्मला का सौतेला लड़का मनसाराम ऐसे ही गुलाब हैं जो क्षण-भर के लिए ही सही, किन्तु अपने पंकिल आधार पर ऊपर उठकर अपना सौरभ चारों ओर फैला जाते हैं।

प्रेमचन्द ने सामाजिक आधार की पंकिलता का भी चित्रण किया है और प्रकृतिवादी उपन्यासकारों के सर्वथा विपरीत इससे अप्रत्याशित रूप से अंकुरित होनेवाले पुष्पों की भी उपेक्षा नहीं की है। प्रेमचन्द का वास्तविक 'आदर्शोन्मुख यथार्थवाद' यदि कुछ है तो यही।

'गबन' भी एक ऐसा ही उपन्यास है, जिसकी परिधि प्रधानत: मध्यवर्ग तक ही सीमित है। 'गबन' की मुख्य पात्री जालपा सुघड़ गृहिणी है और उसे अपने पति रमानाथ का प्रेम भी उसी तरह प्राप्त है, जिस तरह न तो सुमन को और न निर्मला को ही प्राप्त था। किन्तु जिस वातावरण में वह पली है, उसके फलस्वरूप उसके मन में 'आभूषण-ग्रंथि' पड़ गई है, हालाँकि पश्चिम के आधुनिक मनोविश्लेषण शास्त्रियों ने ऐसी किसी 'मैनिया' या 'कॉम्प्लेक्स' की उद्‌भावना नहीं की है। हाँ, खुद प्रेमचन्द ने, जिन्होंने कभी मनोविश्लेषण-प्रक्रिया का अनुसरण नहीं किया, इस ग्रंथि, 'कॉम्प्लेक्स' की गहराई का पता जरूर दिया है जब वे कहते हैं : 'जालपा को गहनों से जितना प्रेम था, उतना कदाचित् संसार की और किसी वस्तु से न था, और उसमें आश्चर्य की कौन-सी बात थी ? जब वह तीन वर्ष की अबोध बालिका थी, उस वक्त उसके लिए सोने के चूड़े बनवाये गए थे। दादी जब उसे गोद में खिलाने लगती, तो गहनों की ही चर्चा करती : तेरा दूल्हा तेरे लिए बड़े सुन्दर गहने लाएगा। ठुमक-ठुमकर चलेगी।'

मध्यवर्ग का वातावरण कहाँ तक और कैसे अपने सदस्यों के व्यक्तित्व को निर्धारित करता है, यह प्रेमचन्द ने मनोविज्ञान और समाजशास्त्र की पाठ्य-पुस्तकों से नहीं, बल्कि प्रत्यक्ष अनुभव से जाना-सीखा था और वे विश्वास के साथ, सहज भाव से नब्ज पर उँगली रख देते थे।

पाश्चात्य समाजशास्त्रियों ने ठीक ही कहा है कि मध्यवर्ग या बुर्जुआ ऊपर और नीचे के दो 'पाटों' के बीच दबा रहता है और 'साबित' नहीं बच पाता। इस सिद्धान्त का हम बहुत अच्छा उदाहरण 'कायाकल्प' में प्रसंगवश पाते हैं जहाँ एक ओर तो, ऊपर, रानी देवप्रिया और विशाल सिंह जैसे सामन्तवर्ग के प्रतिनिधि हैं और दूसरी ओर, नीचे, जगदीशपुर के किसान हैं। चक्रधर उनके बीच में क्या पिसता है, वह मध्यवर्ग ही पिस जाता है जिसका प्रतिनिधित्व वह करता है। 'नशा' जैसी छोटी कहानियों में भी इस तथ्य के प्रभावोत्पादक दृष्टान्त मिलते हैं।

'रंगभूमि' का चित्रपट बहुत विस्तृत है और हम पहली बार प्रेमचन्द को महाकाव्य के पैमाने पर उपन्यास की रचना करते पाते हैं। 'कायाकल्प' में जिस सामाजिक चित्रण की सम्पूर्णता की झलक-भर मिलती है, यहाँ वह प्रेमचन्द का मुख्य लक्ष्य है। यदि इस उपन्यास में सूरदास के रूप में समाज का निम्नतम वर्ग, जिसे सर्वहारा कहा जाता है, सर्वोच्च स्तर पर उठा दिया जाता है, तो दूसरी तरफ रानी जाह्नवी और राजा साहब, विनय और उसके बहनोई महेन्द्र प्रताप भी 'रंगभूमि'

में आते हैं। इनके बीच का मध्यवर्ग ही हमें जान सेवक और सोफिया के रूप में देखने को मिलता है; हालाँकि जान सेवक मध्यवर्ग से उठकर पूँजीपतियों की उस नवीन श्रेणी में सम्मिलित होने का प्रयास कर रहा है, जो श्रेणी उद्योगीकरण के साथ-साथ ही पनपती है। हम पहले कह चुके हैं कि प्रेमचन्द सदैव मध्यवर्ग के ही सदस्य बने रहे, किन्तु मध्यवर्ग के स्तर पर रहकर उन्होंने नीचे और ऊपर, नजदीक से देखा था। यही कारण है कि 'रंगभूमि' में समाज के तीनों स्तरों और नये बन रहे एक चौथे स्तर के चित्रण में भी उन्हें वही सफलता मिली जो मध्यवर्ग के चित्रण में उन्हें मिल चुकी थी।

'कर्मभूमि' की परिधि अपेक्षाकृत छोटी है और उसमें हम फिर एक बार मध्यवर्ग की प्रधानता पाते हैं, जैसे 'गोदान' के बाद के और प्रेमचन्द के अन्तिम अपूर्ण उपन्यास 'मंगलसूत्र' में। अमरकान्त और उसके मध्यवर्गीय छात्र साथी एक तरफ तो सकीना और उसकी माँ, पठानिन, जैसी कुटीर-शिल्प से जीवन-यापन करनेवाली स्त्रियों के सम्पर्क में आते हैं और उनके हृदय की विशालता से परिचित होते हैं और दूसरी तरफ गाँव के किसानों और हरिजनों का भी नेतृत्व करते हैं। स्वाधीनता-संग्राम में मध्यवर्ग ने, छात्रों के माध्यम से, देश का जो नेतृत्व किया था, उसका पूरा निदर्शन हमें इस उपन्यास में मिलता है।

'गोदान' में तो सम्पूर्ण भारतीय जीवन ही पात्र बनाया गया है और स्वभावत: उसमें मध्यवर्ग को अनुपात के अनुसार ही स्थान मिला है। फिर भी मेहता और मालती, तन्खा और ओंकारनाथ जैसे पात्र मध्यवर्ग के सभी स्तरों और पहलुओं का प्रतिनिधित्व करते हैं।

प्रेमचन्द की छोटी कहानियों की ओर, प्रस्तुत विषय के प्रसंग में, हमने अभी ऊपर संकेत किया है। यद्यपि प्रेमचन्द ने 'रानी सारन्धा' और 'कफन' जैसी उत्कृष्ट कहानियाँ भी लिखी हैं, फिर भी निर्विवाद है कि उन्होंने अधिकतर मध्यवर्ग को ही अपनी कहानियों का आधार बनाया है और उनकी कहानियाँ आसानी से 'जीवन के खंड' बन गई हैं।

['योगी' : नवंबर, 1953]

प्रेमचन्द का लक्ष्य-भेदन

प्रेमचन्द विषय पर विभिन्न प्रकार से आक्रमण करते हैं। हर उपन्यास एक भिन्न प्रकार के आक्रमण का उदाहरण है, ऐसा न होकर सत्य यह है कि सभी उपन्यासों में वे आक्रमण की प्राय: सभी प्रणालियों का प्रयोग करते हैं। उनसे जैनेन्द्र का, उदाहरणार्थ, वैषम्य स्पष्ट है : जैनेन्द्र के प्रत्येक उपन्यास में आक्रमण का एक ही ढंग है, जो विश्लेषक का न होकर, जैसा हिन्दी के आलोचक दुहराते थकते नहीं, अधकचरे मसीहा का है। चूँकि प्रेमचन्द के विभिन्न उपन्यासों में विषय तथा लक्ष्य-बिन्दु के अनुसार शिल्प-विधान निर्धारित होता है, अत: उसमें आभ्यन्तर वैविध्य का प्राचुर्य है; उसका बाह्य आरोप इतना कम है कि प्रेमचन्द के शिल्प-विधान पर कुछ लिखना अनावश्यक मान लिया गया है, जबकि, वैषम्य के उदाहरण से बात साफ करने के लिए, 'अज्ञेय' के शिल्प-विधान की बाह्य विलक्षणता से विस्मय-विमूढ़ आलोचक हास्यास्पद स्थिति उत्पन्न कर डालता है।

विषय के प्रति प्रेमचन्द के दृष्टिकोण एकाधिक हैं, जैसा अभी कहा ही जा रहा है, किन्तु, और प्रारम्भ में ही कह लिया जाए, उनका दृष्टिकोण कभी व्यक्ति की भावनाओं और आवेगों के विश्लेषक का नहीं है। इस सम्बन्ध में डा. देवराज उपाध्याय आदि जैसे विद्वान, जो इस पूर्व-प्रतिज्ञा के साथ लिखते हैं कि हिन्दी उपन्यास में मनोविश्लेषण के उदाहरण निर्दिष्ट करने ही हैं, जो भी कहते हैं, उसका कोई वास्तविक आधार नहीं है; यों मानव-मनोविज्ञान में तो आदि साहित्यकार की भी रुचि रही होगी ही। सत्य तो यह है, प्रेमचन्द की बात दूर, और हिन्दी की इधर की दो-एक अप्रसिद्ध औपन्यासिक कृतियों को छोड़कर, पहले की किसी भी कृति में मनोविश्लेषण के प्रमाण ढूँढ़ना शशविषाण ढूँढ़ना है।

प्रेमचन्द के उपन्यासों में व्यक्ति तो हैं, किन्तु वे 'लिलिपुटी' के बीच 'गुलिवर' नहीं हैं; इतना भर है कि अपने जैसे ही मनुष्यों के बीच, उन्हें एक हद तक प्रतिनिधित्व और प्रतीकित करते हुए, वे अलग पहचान में आ सकते हैं। यही कारण है कि प्रेमचन्द 'परिग्राही' (Inclusive) लेखक हैं; 'वर्जक' (Exclusive) लेखक नहीं । दूसरे शब्दों में, प्रेमचन्द, सबको तो नहीं, किन्तु अधिक से अधिक को अपने व्यूह में लेते हैं, कुछ को चुनकर वे सन्तुष्ट नहीं होते।

और अब प्रेमचन्द की आक्रमण-शैलियों पर।

प्रेमचन्द की 'परिग्राहिता' इसमें है कि वे अपने युग और समाज के टिप्पणीकार के रूप में दीख पड़ते हैं। वे उपन्यास के संस्थान के प्रति सचेष्टता बनाये रखने अथवा व्यक्तित्व की तिमिराच्छन्न गुहा में प्रवेश करने के बदले सतह की अवस्थितियों का भ्राजमान चित्रण करते हैं और निरवच्छिन्नता तथा कल्पना-प्रवणता के साथ कहानी कहते हैं। प्रेमचन्द का पाठक कथा की धारा में अपने को बहने दे सकता है और आगे या पीछे की चिन्ता किये बिना जो घटनाएँ घट रही हैं, उनके समाधान प्रस्तुत हो रहे हैं, उन्हीं में रह सकता है। इस दृष्टि से प्रेमचन्द भी ल्डिंग या डिकेंस जैसे उपन्यासकारों से तुलनीय हैं—केवल इसी दृष्टि से।

प्रेमचन्द में ऋषि और मसीहा की भी वीक्षण-शक्ति है, गोकि वे दोनों में से किसी का स्वाँग नहीं रचते, स्तुतिवादी और प्रगतिवादी अपने-अपने ढंग से भले ही उनके ऋषित्व और उनकी मसीहाई की घोषणा करते हों। प्रेमचन्द ऋषि और मसीहा इस कारण कहे जा सकते हैं कि उनमें 'परिग्राही' लेखक की खर्राची भी है और साथ-ही-साथ 'वर्जक' लेखक की प्राविधिक निपुणता भी है। ऋषिकोटिक उपन्यासकारों में टॉल्स्टॉय तथा जॉर्ज इलियट की गणना होती है। उनकी और उनकी तरह प्रेमचन्द की भी अपनी बौद्धिक आन्वीक्षिकी है, जो उनकी कृति के शिल्प को रूपित करती है। तीनों के बारे में कहा जा सकता है कि उनके 'पात्रों के कार्य उन्हें उस हद तक प्रभावित करते हैं, जिस हद तक वे अपने कार्यों को।'

प्रेमचन्द दोस्तोव्स्की या डी.एच. लारेंस की तरह सिर्फ मसीहा नहीं हैं। इस कोटि के उपन्यासकारों में बौद्धिकी आन्वीक्षिकी के बदले जो कवि-सुलभ कल्पना होती है, वह प्रेमचन्द में नहीं है। ऐसे लेखकों की तरह प्रेमचन्द प्रतीकों और अन्योक्तियों के माध्यम से अपने को व्यक्त भी नहीं करते। यही कारण है कि प्रेमचन्द के उपन्यासों में अति लौकिक की व्याप्ति देखने को नहीं मिलती—'कायाकल्प' का अति लौकिक कथा-भाग या अन्यत्र निर्देश्य छिट-पुट घटनाएँ और ही चीजें हैं।

['योगी' : जुलाई, 1960]

प्रेमचन्द की देन*

ज्यादातर ऐसा होता है कि जब हमें किसी से कोई बहुत बड़ी चीज मिलती है तो हम न तो देनेवाले की, न उस पाई हुई चीज की ही कद्र कर पाते हैं। लेकिन कभी-कभी ऐसा भी होता है कि हम यह महसूस करते हैं कि हमें कोई बड़ी चीज हासिल हुई है और हम उसके प्रति कृतज्ञता से भर जाते हैं जिससे हमें बहुत कुछ मिलता-सा प्रतीत होता है, हम भले ही ठीक-ठीक यह समझ न पाए कि वह है क्या, जो हमें मिला है। प्रेमचन्द के सम्बन्ध में हिन्दी के विद्वानों की जो कृतज्ञता की भावना है, वह बहुत कुछ इसी तरह की है : वह अबोध कृतज्ञता है।

प्रेमचन्द ने उपन्यास या कहानी के माध्यम से वह किया, जो महात्मा गांधी अपने आन्दोलनों से करते थे। यह अच्छी बात हो सकती है, राष्ट्रीयता और देश-प्रेम की दृष्टि से महत्त्वपूर्ण भी। किन्तु यह साहित्यकार की देन नहीं मानी जा सकती। कहते हैं, सामन्तवादी युग के कवि शान्ति के समय जिन उँगलियों से लेखनी पकड़ते थे, उन्हीं से युद्ध में तलवार भी उठाते थे। हम मानते हैं कि यदि कोई साहित्यकार किसी आन्दोलन में विश्वास करता है तो उसे सीधे उसमें शामिल होना चाहिए, साहित्य की बीरबली खिचड़ी पकाने की कोशिश से होता ही क्या है! तो, गांधीवाद हो या आर्यसमाज के सिद्धान्त, मार्क्सवाद हो या मानवतावाद, प्रेमचन्द की उनके अनुरूप कोई देन हो, तो वह संयोग की बात है और उसके लिए वे वाद और सिद्धान्त चाहे जितने कृतज्ञ हों, साहित्य नहीं हो सकता। प्रेमचन्द किसी भी सामाजिक या राजनीतिक दल के पिछलगुआ नहीं थे, यह तो इसी से सिद्ध हो जाता है कि 'सेवासदन' की स्थापना की कल्पना करनेवाला आर्यसमाजी 'कायाकल्प' की बातें भी करता है, सूरदास का स्रष्टा होरी की मूरत भी गढ़ता है और वह गांधीवादी और साम्यवादी, दोनों के द्वारा एक साथ ही प्रशंसित और आलोचित होता है कि यह है तो हमारा ही आदमी, लेकिन हमारा पूरा साथ नहीं देता। इन तथ्यों के आधार पर इतना ही कहा जा सकता है कि प्रेमचन्द में प्रचुर सामाजिक सहानुभूति थी। किन्तु यह तो उनकी प्राप्ति है, साहित्य को उनकी देन नहीं।

विशुद्ध रूप से साहित्य को उनकी क्या देन है, इस पर भी जो विद्वान विचार करते हैं, वे भी यह ठीक-ठीक समझ नहीं पाते कि निश्चित रूप से वे क्या चीजें

* त्रैमासिक 'साहित्य', जुलाई, 1954 ई. (वर्ष 5, अंक 2) की सम्पादकीय टिप्पणी से।

हैं जो हमें केवल प्रेमचन्द से ही मिली हैं और, इसलिए, जिनके कारण हमें प्रेमचन्द का आभार मानना है। सरल, मुहावरेदार भाषा ? अवश्य ! यह प्रेमचन्द का एक बहुत बड़ा गुण था, किन्तु उन्हीं के समकालीन सुदर्शन और कौशिक उनसे उन्नीस भले पड़ते हों, किन्तु इस दृष्टि से प्रेमचन्द से कम महत्त्व के अधिकारी नहीं हैं। केवल सरलता की बात ली जाए, तो देवकीनन्दन खत्री, आज की प्रचलित शब्दावली में, जनता के लेखक थे और उनकी बराबरी प्रेमचन्द भी नहीं कर सकते। एक प्रश्न भी अनुत्तरित रह जाता है : वह यह कि क्या एक पत्रकार की भाषागत सरलता और उपन्यासकार की भाषागत सरलता में कोई अन्तर नहीं है ? यदि नहीं है, तब तो प्रेमचन्द के समकालीन अनेक प्रसिद्ध हिन्दी पत्रकारों की भी वही देन है जो प्रेमचन्द की मानी जाती है।

एक दूसरी बात गोलमटोल ढंग से प्रेमचन्द की देन मान ली जाती है, गरचे वह है उनकी सन्देहात्मक सफलता-मात्र। वह बात यह है कि प्रेमचन्द हिन्दी के बहुत लोकप्रिय लेखक थे। देन के रूप में विचार किया जाए, तो यह बात शायद यों रखी जाएगी कि प्रेमचन्द ने उपन्यास-कहानी को और हिन्दी भाषा को लोकप्रिय बनाया। लेकिन इस दृष्टि से भी देवकीनन्दन खत्री की देन प्रेमचन्द से कहीं ज्यादा है : यह खत्री जी के लिए ही कहा गया है कि हजारों अहिन्दीभाषी किसी जमाने में हिन्दी इसलिए पढ़ते थे कि 'चन्द्रकान्ता सन्तति' पढ़ सकें। और, जहाँ तक इस प्रकार की लोकप्रियता का प्रश्न है, मेरा ऐसा विश्वास है कि शरत्चन्द के उपन्यास अनूदित होकर जितनी संख्या में हिन्दी-क्षेत्र में बिके, उतने प्रेमचन्द के हिन्दी के उपन्यास नहीं और बाद के भी आँकड़े लिये जाएँ, तो हिन्दी के ही कुछ साधारण उपन्यासकार प्रेमचन्द से बाजी मार ले जाएँगे। लेकिन मैं नहीं मानता कि किसी की यह कोई साहित्यिक देन है कि वह किसी साहित्यिक रूप को या किसी भाषा को कहाँ तक लोकप्रिय बनाता है।

यदि ये बातें प्रेमचन्द की देन नहीं हैं, तो हैं क्या ? उनकी देन है और महत्त्वपूर्ण देन है, यह तो सभी मानते ही हैं।

मेरी दृष्टि में प्रेमचन्द की जो देन है, वह साहित्यिक है, समाजशास्त्रीय या राजनीतिक नहीं। उनकी यह महत्त्वपूर्ण देन उपन्यास के स्थापत्य से सम्बद्ध है। प्रेमचन्द ने उन्नीसवीं शताब्दी के पिछले खेवे के अंग्रेजी उपन्यासकारों के द्वारा विकसित उपन्यास-स्थापत्य को उतना अधिकृत किया था, जितना उनके समकालीन हिन्दी के दूसरे उपन्यासकार नहीं कर पाते थे। उपन्यास में घटनाओं के यौगपदिक संक्रमण (साइमल्टेमियस प्राग्रेशन) का कौशल आज औसत सफल उपन्यासकार के बाएँ हाथ का खेल है, किन्तु प्रेमचन्द ने उसे तब सिद्ध कर लिया था, जब न केवल हिन्दी के, बल्कि बंगला के उपन्यासकार भी, पाठकों से आत्मीयता स्थापित कर, उन्हें कभी आगे बढ़ने और कभी पीछे मुड़ने के लिए लाचार करते थे। दूसरी

तरफ, प्रेमचन्द ने बीसवीं शताब्दी के अग्रसर पाश्चात्य उपन्यासकारों के चेतना के प्रवाह, कैमरा की आँखें, अन्तरालाप (इंटीरियर मोनोलॉग) वाले स्थापत्य-कौशल से अपने को दूर ही रखा और अवश्य ही न तो पहले प्रकार की कुशलता ही देन है, न दूसरे प्रकार का प्रतिषेध ही। देन तो वह स्थापत्य है, जिसे प्रेमचन्द ने 'गोदान' में परिपूर्ण कर दिखाया है और जिसकी ओर मैंने एकाधिक प्रबन्धों में विद्वानों का ध्यान आकृष्ट कराया है। इस स्थापत्य को मैं पूर्णतः समानान्तर स्थापत्य-शैली के नाम से अभिहित करता हूँ, जो स्वयं प्रेमचन्द के ही 'सेवासदन' की सुसंघटित स्थापत्य-शैली और 'प्रेमाश्रम' या 'रंगभूमि' की अंशतः समानान्तर स्थापत्य शैली से भिन्न है; उपन्यास में चित्रणीय जीवन की तरह शिथिलबन्ध-सी दीख पड़ने पर भी अनिर्देशनीय योजना में निबद्ध है और महाकाव्य जैसी उदात्तता, 'ग्रैंडनेस', का प्रभाव उत्पन्न करती है।

मैं अभी-अभी कह चुका हूँ कि प्रेमचन्द की वास्तविक देन को हिन्दी के विद्वान समझ नहीं सके हैं। उनकी इस स्थापत्यात्मक देन के विषय में प्रेमचन्द पर लिखी किसी पुस्तक में प्रतिकूल आलोचना या, कम-से-कम, उदारतापूर्वक क्षमा-दान की भावना मिल सकती है।

स्थापत्य-विषयक इस देन की मौलिकता इस बात में है कि वह चित्रणीय जीवन के लिए अनिवार्य आविष्कार है। जैसाकि अंग्रेजी कहावत में कहा गया है, इस आविष्कार की भी जननी एक बहुत बड़ी आवश्यकता ही है। वह यह है कि प्रेमचन्द को भारतीय जीवन को उसकी समग्रता में चित्रित करना अभीष्ट था और इसके लिए वे प्रचलित स्थापत्य-शैलियों के माध्यम से प्रयत्न कर भी चुके थे, जैसे 'प्रेमाश्रम', 'रंगभूमि', 'कर्मभूमि' आदि में, किन्तु 'गोदान' के इन पूर्व प्रारूपों की अपूर्णता देखकर, मानो कई बार प्रयोग करने के बाद, वह उसे पा लेते हैं, जिसके लिए वे भटक रहे थे। उनकी यह उपलब्धि 'गोदान' का स्थापत्य है, जिसमें एक साथ ही एक दूसरे से विच्छिन्न से लगने वाले ग्राम-भारत और नगर-भारत बलात् ग्रथित भी हो जाते हैं और विकलांग भी नहीं होते।

स्थापत्य का वास्तविक महत्त्व तभी है, जब वह चित्रणीय वस्तु के लिए अनिवार्य परिणाम हो, किन्तु साथ-ही-साथ विशिष्ट दृष्टिकोण का कारण भी बन सके। अनिवार्य परिणाम और आविष्कार के रूप में 'गोदान' के स्थापत्य का महत्त्व समझने की कोशिश हम कर चुके हैं। इस स्थापत्य के कारण ही 'गोदान' में प्रेमचन्द का दृष्टिकोण भी बदल जाता है।

दृष्टिकोण, जो स्थापत्य का अनिवार्य अंग है, प्रेमचन्द के उपन्यासों में, धीरे-धीरे, स्थापत्य के परिवर्तन के साथ-साथ, एकदम बदल जाता है। आधुनिक युग में, महाकाव्य या प्राचीन आख्यायिकाओं की तुलना में, उपन्यास-मात्र में सामान्यतः दृष्टिकोण-सम्बन्धी यह उल्लेखनीय परिवर्तन हुआ था कि राजा-रानी या अभिजात

मनुष्यों के बदले सामान्य स्तर के लोगों का चित्रण-वर्णन शुरू हो गया था। यह हम प्रेमचन्द में भी देखते हैं, जो बड़ी सूक्ष्मता के साथ मध्य-वित्त परिवारों या किसानों और मजदूरों के सुख-दु:ख के बारे में लिखते हैं। किन्तु यह परिवर्तन स्तर-सम्बन्धी परिवर्तन था, दृष्टिकोण-सम्बन्धी नहीं, हालाँकि ऊपर से देखने पर लगता ऐसा ही है और मान भी लिया गया है। हम प्रेमचन्द को ही लें, तो पाएँगे कि समाज के निम्नतम स्तर के पात्रों को भी जब वे अपने पात्रों के रूप में चुनते हैं, तो उनके व्यक्तित्व की विलक्षणता और असाधारणता के लिए। 'रंगभूमि' का सूरदास भिखमंगा तो है, लेकिन साथ-ही-साथ उसी उपन्यास की रानी जाह्नवी या उनके अभिजात वर्ग के अन्य सदस्यों से भी कहीं अधिक विलक्षण व्यक्तित्व से सम्पन्न है। कहने का मतलब यह कि जीवन का चित्रकार, अर्थात् आधुनिक उपन्यासकार, साधारण मनुष्य की उपेक्षा करता है। वह अब भी मानता है कि पद से कोई महान हो या न हो, चरित्र और व्यक्तित्व से उसे होना पड़ेगा, अन्यथा वह औपन्यासिक पात्र नहीं बन सकता। किन्तु, 'गोदान' में हम पहली बार देखते हैं कि राय साहब जैसे अभिजात वर्ग के मनुष्य से ही नहीं, बल्कि मेहता और मालती जैसे असाधारण व्यक्तित्व वाले लोगों से भी, नितान्त साधारण ग्रामीण किसान होरी, उपन्यासकार की दृष्टि से, कम महत्त्व का अधिकारी नहीं है, जिसका परिणाम होता है कि पाठक की दृष्टि में भी वह वैसा ही हो जाता है और पाठक समझ भी नहीं पाता कि होरी से उसकी यह आत्मीयता हो कैसे गई।

इस आत्मीयता के स्थापन के लिए प्रेमचन्द होरी की वकालत नहीं करते, पाठक की अश्रु-ग्रंथियों का संवाहन नहीं करते, उसकी आँखों में उँगलियाँ डालकर उसे राजनीतिक पाठ नहीं पढ़ाते, वक्तृता नहीं देते, जैसा प्रेमचन्द के समय के अनेक प्रसिद्ध हिन्दीतर उपन्यासकार करते थे और आज हिन्दी के उपन्यासकार भी करते हैं। प्रेमचन्द ने किसानों-मजदूरों के बारे में लिखा है, यह समाजशास्त्रीय विवेचन और महत्त्व का विषय हो सकता है। उन्होंने, अपने ढंग से, फ्लावेया, चेखव और तुर्गनेव की तरह, साधारणता (कॉमनप्लेस) को अपने उपन्यासों और कहानियों का उपकरण बनाने का साहस दिखाया है, यह उनकी एक विशिष्ट देन है।

प्रेमचन्द की भाषा की जो सरलता है, उसके पीछे उसके अंगभूत दृष्टिकोण की यही अनिवार्यता काम करती है। शैली की यह सरलता पत्रकारिता की सरलता नहीं है, जीवन की साधारणता को व्यक्त करने की मौलिक और वैशिष्ट्यपूर्ण प्रचेष्टा है। इसीलिए प्रेमचन्द के समकालीनों में से कुछ-एक ने और बाद के अनेक उपन्यासकारों ने, सरल शैली में लिखा तो अवश्य, किन्तु उनकी सरलता प्रेमचन्द की सरलता नहीं है।

प्रेमचन्द की ये ही तीन देनें हैं। वे अनुकरणीय हैं, पर अनुकरण के लिए अत्यन्त कठिन।

प्रेमचन्द और जैनेन्द्र

[कहानीकार के रूप में]

प्रेमचन्द और जैनेन्द्र पैदाइशी किस्सागो थे—एक गुणाढ्य, सोमदेव, अलिफ लैलाकार की गहराई और विस्तार लिये हुए, तो दूसरे बोकैचियो, चासर, बाल्जक की अशेष उर्वर प्रतिभावाले गल्पकार। मध्ययुग में कला के अच्छे-बुरे, अज्ञ-विज्ञ प्रतिपालक नवाबों और सामन्तों के यहाँ भी उनकी वैसी ही शोहरत और माँग रहती, जैसी इस युग में उच्च और निम्न कोटि के भारतीय—केवल हिन्दी के ही नहीं—पाठकों में थी। जैनेन्द्र की पहुँच पाठकों के वर्ग-विशेष तक ही सीमित है। मध्ययुग में उन्होंने किस्सागोई का पेशा अख्तियार किया होता, तो उनके भाग्य से ईर्ष्या करने का कारण किसी को होता—यह खयाल के बाहर की बात है।

प्रेमचन्द की कहानियों की जड़ें किस्सागोई की धरती में मजबूती से गड़ी हुई हैं, इन्हें सींचने के लिए पानी कहीं से आया हो, इन्हें पल्लवित-पुष्पित करनेवाली हवा तो दूर-दूर से आई होगी ही। जैनेन्द्र की गल्पें भी 'हॉट हाउस प्लांट' नहीं हैं; वे दरख्त की शाख से लटककर धरती में जगह करनेवाली जड़ें हैं। प्रेमचन्द के लिए सब कुछ अपना ही है; जैनेन्द्र का जो कुछ है, अपना है। एक बहिर्निष्ठ (Extrovert) हैं और दूसरे अन्तर्निष्ठ (Introvert)।

प्रेमचन्द की महत्ता इस एक बात में निहित है कि उन्होंने दिलचस्प और लोकप्रिय किस्सा-कहानी एवं साहित्यिक तथा कलापूर्ण गल्प के बीच की झूठी खाई को मिटा दिया था। तथाकथित उच्चकोटि की साहित्यिक गल्पों में शैली की विशिष्टता और चरित्र तथा भाव (Mood) के कुशल अंकन के बावजूद, साहित्यिकता की दृष्टि से, हमें किस्से-कहानियों के घटना-वैचित्र्य, प्रवाह, नाटकीयता और मनुष्यता के अभाव खटकते हैं। प्रेमचन्द ने साहित्य के इस उच्च और निम्न वर्ग के वैषम्य को अपनी कृतियों से दूर कर दिया था। उनकी रचनाओं में दोनों वर्गों की विशेषताओं का सफल समन्वय हुआ है।

आलोचक पाठकों से जो भी उम्मीद रखते हों, लेकिन हकीकत तो यही है कि बहुत-से पाठक कहानियाँ कहानी पढ़ने के लिए ही पढ़ते हैं, उनकी दिलचस्पी कथावस्तु तक ही सीमित रहती है; ऐसे पाठकों को प्रेमचन्द से पूरी तशफ्फी हासिल

होती है। दूसरी ओर, जो लोग कहानियों में साहित्यिक गहराई और मनोवैज्ञानिक बारीकियों की अपेक्षा रखते हैं, उन्हें भी प्रेमचन्द से कोई शिकायत नहीं हो सकती। यह एक बहुत बड़ी बात है, जो बहुत कम लोगों के बारे में कही जा सकती है।

लेकिन प्रसिद्धि और लोकप्रियता से या उनके अभाव से ही गुणों का अन्तिम मूल्यांकन नहीं हो सकता। हर एक प्रसिद्ध और लोकप्रिय रचना, तुलसी-कृत रामायण के न्याय से, उत्कृष्ट ही नहीं होती, होती तो एडगर वैलेस, ओपेनहिम, देवकीनन्दन खत्री, राधेश्याम कथावाचक की कृतियों के बारे में हम क्या कहेंगे? दुर्बोध या अस्पष्ट रचनाएँ भी उच्च कलाकृतियाँ नहीं होती हैं, नहीं तो हर कोई टेढ़ी-मेढ़ी लकीरें खींचकर पिकासो (Picasso) या गगनेन्द्रनाथ टैगोर बन जाता है, दुरूह पद्य लिखकर एज़रा पाउंड, टी.एस. इलियट या निराला की पंक्ति में जा बैठता। प्रेमचन्द महान थे, इसलिए नहीं कि इतने लोकप्रिय थे; लोकप्रिय थे, इसलिए, शायद, महान नहीं थे, यह कहना और भी असंगत है। उसी तरह जैनेन्द्र अपेक्षाकृत कम लोकप्रिय हैं, इसलिए इसी अनुपात में कम बड़े, यह कहना गलत है; कम लोकप्रिय हैं, इसलिए उच्चतर गल्पकार हैं, यह कहना तो बिलकुल बेमानी होगा, गरचे यह तर्क कुछ कलाकारों के बारे में उपस्थित किया ही जाता है, जैनेन्द्र के बारे में किया जाता हो या नहीं।

प्रेमचन्द और जैनेन्द्र, दोनों ही हिन्दी के ऐसे कथाकार हैं, जैसे हुए नहीं, हैं भी नहीं, होंगे तो जरूर ही, होने ही चाहिए। पद्धति में, प्रभाव में इनका अन्तर हमने देखा। इनके पीछे काम करनेवाले कारण क्या हो सकते हैं?

प्रेमचन्द ने सभी तरह की कहानियाँ लिखी हैं—वातावरण-प्रधान, चरित्र-प्रधान, मनोविज्ञान-प्रधान, सबसे अधिक घटना-प्रधान। जैसाकि हम कह आए हैं, हर हालत में वे मूलतः सीधी-सादी कहानी कहने वाले किस्सागो ही हैं और यह उनकी सबसे बड़ी विशेषता है। किस्सागो की कहानी जब कला से सँवर जाती है, तो उससे अधिक सजीव, सर्वांगपूर्ण रचना की कल्पना नहीं की जा सकती।

प्रेमचन्द मोपासाँ की तरह, घटना के सहारे ही मनःस्थिति का उद्घाटन करते हैं। हिन्दी के पाठकों-आलोचकों की यह भ्रान्त धारणा-सी है कि मोपासाँ मनोवैज्ञानिक गल्पकार था। 'ग्रेट शॉर्ट स्टोरीज ऑफ मोपासाँ' (न्यूयॉर्क) की भूमिका में बैलेस ब्राकवे ने मोपासाँ के बारे में जो बातें कही हैं, प्रेमचन्द के बारे में भी अक्षरशः सत्य हैं : 'Compared with the complex psychological studies that often pass as short stories to-day Maupassant's tales are almost naive. They do not explore the psyche, which, indeed, had scarcely been born when he was uriting his best things.... They are plot-stories primarily, transparently simple in architeclure... the story is always the thing.'

अनावश्यक होते हुए भी, यहाँ हम कह दें कि प्रेमचन्द और मोपासाँ की यह तुलना दोनों के गल्प-कौशल (technique) तक ही सीमित है। गल्प-कौशल के

सिलसिले में भी, जहाँ तक कहानियों की परिणति का प्रश्न है, प्रेमचन्द और मोपासाँ में महत्त्वपूर्ण अन्तर है। प्रेमचन्द अपनी कहानियों के अन्त को प्रभावोत्पादक बनाने के लिए, उन्हें कृत्रिम रीति से शायद ही कभी मोड़ते थे। इसके विपरीत, मोपासाँ की कहानियों के बारे में ब्राकवे कहता है : 'They are stories with a condid work-up to what is sometimes nothing more than a trick-ending.' इन दोनों कलाकारों में जो सैद्धान्तिक विभेद है, वह तो स्पष्ट ही है। मोपासाँ की कहानियाँ आदर्शों से कोई सरोकार नहीं रखती हैं, जबकि प्रेमचन्द की कहानियों में उन्हीं की अन्तर्धारा रहती है। लेकिन इसकी चर्चा हमें आगे करनी है।

मोपासाँ या प्रेमचन्द की तुलना में जैनेन्द्र घटना को बहुत कम महत्त्व देते हैं। उनकी कहानियाँ बहुधा उलझनपूर्ण मनोवैज्ञानिक अध्ययन (Complex psychological studies) मात्र होती हैं। वे चेखव या कैथेराइन मैंसफील्ड की तरह घटनाओं का उपयोग इसीलिए करते हैं कि कब, कहाँ मौका मिले और पात्रों के मन के किसी कोने का वातायन खोल दें।

प्रेमचन्द जीवन या मनुष्यता के किसी दूरवर्ती, अदृश्य अंश को, जैसे दूरबीन से साफ–साफ देखकर, हमारे लिए भी प्रत्यभिज्ञेय बना देते हैं। जैनेन्द्र 'जिन्दगी की कतरन' (स्लाइस ऑफ लाइफ) को खुर्दबीन के नीचे रखकर, वैज्ञानिक की तरह, उसके अणुओं को परमाणुओं में विश्लिष्ट कर, तह तक पहुँच जाना चाहते हैं। प्रेमचन्द की पद्धति पाठकों के लिए हर बार सुलझी, सुगम और इसलिए आकर्षक होती है। जैनेन्द्र की अक्सर पेचीली, उलझन पैदा करनेवाली और फिर भी आकर्षक होती है।

छोटी कहानी के बारे में किसी ने कहा है, शायद ड्राइडेन ने, कि यह कविता और चित्रकला का समन्वय है। प्रेमचन्द और जैनेन्द्र की कला के तारतम्य को समझने के लिए हमें चित्रालोचन की भाषा से सहायता मिल सकती है। हाल में 'टाइम्स' के 'लिटरेरी सप्लिमेंट' में एक चिट्ठी छपी थी, इस शिकायत को लेकर कि साहित्यालोचन के बहुत से पारिभाषिक शब्द चित्रकला के सम्बन्ध में प्रयुक्त होने लगे हैं और चित्रकला–सम्बन्धी शब्द साहित्यालोचन में। बात सही है, शिकायत गलत, बेवजह। कम–से–कम हम इसके लायक नहीं।

अस्तु, प्रेमचन्द के चरित्रों में, कथावस्तु में, वर्णनों में गति रहती है। वे सैकड़ों खंड–चित्रों की सहायता से एक ऐसा चलचित्रात्मक प्रभाव उत्पन्न कर देते हैं, जो जैनेन्द्र के कौशल से सर्वथा भिन्न है। जैनेन्द्र एक शिलीभूत क्षण (Frozen moment) को उसके बारीक से बारीक पहलू के साथ चित्रित कर देने में अपना सानी नहीं रखते। प्रेमचन्द के चित्र सर्वांगपूर्ण होते हैं। उनमें सादे, पर गहरे, रंगों का यथेष्ट समावेश रहता है और उनका अंकन सधी और निर्भीक उँगलियों से परिचालित तूलिका के द्वारा होता है। जैनेन्द्र के चित्रों में अतिशय सरलीकरण का प्रयास रहता

है। वे कम-से-कम रेखाओं से काम चलाना चाहते हैं। उनके अधिकांश चित्र छाया-चित्र (Silhoutte) होते हैं। उनके चित्र बेडौल हो सकते हैं, पर उनमें छाया-प्रकाश (Chiaroscuro) का सामंजस्य रहता है कि जैसे उनका बाहर-भीतर कुछ भी आवृत्त नहीं रह गया हो! जैनेन्द्र प्रभाव वाले कलाकार हैं, प्रेमचन्द यथार्थवादी।

अपनी उत्कृष्ट रचनाओं में एकाधिक दृष्टियों से प्रेमचन्द और जैनेन्द्र एक-दूसरे के बहुत पास तक चले आते हैं। प्रेमचन्द की उत्कृष्ट कलाकृतियों में जीवन-दर्शन का समावेश आप ही हो जाता है। उनकी साधारण कहानियों में कोई आदर्श जैसे ऊपर से चिपका दिया गया रहता है। जैनेन्द्र विचारक हैं—बड़े सुलझे हुए विचारक हैं, इसलिए गल्प भी लिख गए हैं। उनके विचार ही गल्प का रूप धारण कर लेते हैं, कभी-कभी इस खूबी के साथ कि मालूम नहीं होता कि वे प्रधानतः विचारक ही हैं। लेकिन कभी-कभी विचार अधिक विचार रह जाते हैं, अपना विपर्यय चाहते हुए भी गल्प कम।

समासतः प्रेमचन्द की कहानियाँ, प्रारम्भिक कहानियों को छोड़कर और जैनेन्द्र की कहानियाँ, बाद की कहानियों को छोड़कर, किसी नीति का निर्देश नहीं करतीं, न किसी आदर्श की अवतारणा। वे तो अपनी सम्पूर्णता में नीति, उपदेश, आदर्श हैं ही, जैसाकि चेस्टर्टन एक निबन्ध में टॉल्स्टॉय की रचनाओं के बारे में कहता है और जो कि सभी उत्कृष्ट कलाकृतियों के बारे में सच है भी : 'The bad fable has a moral, while the good fable is a moral.'

गोदान की कथावस्तु

[कतिपय स्फुट प्रसंग]

होरी—साधारण किसान, चार-पाँच बीघे जमीन।

होरी की पत्नी—धनिया; तीन सन्तान जीवित—गोबर, पुत्र सोलह साल का; रूपा बारह साल की और सोना आठ साल की पुत्रियाँ। तीन सन्तान मर चुकी है।

शोभा और हीरा, होरी के दो सगे भाई, जिनसे न केवल अलगौझा हो चुका है किन्तु जिनसे पारिवारिक कलह के कारण बोल-चाल तक बन्द है।

उनकी दरिद्रता—'चाहे कितनी ही कतर-ब्योंत करो, कितना ही पेट-तन काटो, चाहे एक-एक कौड़ी को दाँत से पकड़ो, मगर लगान बेबाक होना मुश्किल है। तीन लड़के बचपन में मर गए। उनका मन आज भी कहता था, मगर उनकी दवा-दारू होती तो वे बच जाते, पर वह (धनिया) एक धेले की भी दवा नहीं कर सकी थी।'

होरी व्यावहारिकता और अलौकिकता का विचित्र सम्मिश्रण-व्यावहारिकता की बातें देखिए :

1. रायसाहब—उसके गाँव के जमींदार हैं। होरी उनके यहाँ जाता तो है, खुशामद की बातें करके लगान माफ करवाने, किन्तु लोगों पर यह दिखाना चाहता है कि उसकी जमींदार साहब से रब्त-जब्त है। उसे सफलता भी मिलती है—क्योंकि जमींदार के यहाँ से लौटने के समय 'दोनों ओर खेतों में काम करनेवाले किसान उसे देखकर राम-राम करते और सम्मान-भाव से चिलम पीने का निमंत्रण देते।'
2. एक दिन रायसाहब के यहाँ से लौटते हुए भोला नामक पड़ोस के एक ग्वाले से मुलाकात हो जाती है। गो-सेवा और गाय का लोभ होरी में भी ग्रामीणों की तरह वर्तमान है ही : 'गऊ से ही तो द्वार की सोभा है, सबेरे-सबेरे गऊ के दर्शन हो जाएँ तो क्या कहना! न जाने कब यह साध पूरी होगी!'

लेकिन उसकी प्राप्ति के लिए वह भोला से उसकी शादी करा देने का वादा कर देता है—जो विधुर है और विवाह करना चाहता है। बदले में भोला उसे एक गाय उधार देने के लिए तैयार हो जाता है, जो होरी चाहता ही है।

(क) यह Peasant Craftiness का दृष्टान्त है।

(ख) होरी अपने मन में इस बात पर तर्क-वितर्क करता है, इसका वर्णन लेखक करता है :

'सगाई न भी हुई, तो होरी का क्या बिगड़ता है! यही तो होगा, भोला बराबर तगादा करने आएगा, बिगड़ेगा, गालियाँ देगा, लेकिन होरी को इसकी ज्यादा शर्म नहीं थी, इस व्यवहार का वह आदी था। इस तरह का छल तो वह दिन-रात करता था। पर यह छल उसकी नीति में छल न था। यह केवल स्वार्थ-सिद्धि थी, और यह कोई बुरी बात नहीं थी। घर में दो-चार रुपये पड़े रहने पर भी महाजन के सामने कसमें खा जाता था कि एक पाई भी नहीं है। 'सन को कुछ गीला कर देना', 'और कई में कुछ बिनौले भर देना' उसकी नीति में जायज था।'

(ग) इसके साथ-साथ वृद्ध होते हुए भी होरी एक Practical although to us rather cruel—Joke (But above all his sense of humour) भी कर रहा है : 'बुड्ढों का बुढ़भस हास्यास्पद वस्तु है, और ऐसे बुड्ढों से अगर कुछ ऐंठ भी लिया जाए तो कुछ दोष नहीं है।'

होरी की उदारता—असांसारिकता का दृष्टान्त

और, यही होरी है कि जब वह यह सुनता है कि भोला के यहाँ गायों के लिए भूसा नहीं है तो वह भूसा देने का वादा कर उठता है—और एक बार वादा कर लेने पर गोबर और धनिया की इच्छा के विरुद्ध भी भूसा देने पर अड़ा रहता है। वह कहता है : 'क्या हुआ, दस-पाँच मन भूसा चला जाएगा! बेचारे को संकट में पड़कर अपनी गाय तो बेचनी न पड़ेगी।'

गाय का आना

साधारण घटनाओं का मानव-जीवन पर प्रभाव

(Freaks of cause effect Concatenation)

तो गाय होरी के घर में आ गई—'उसके जीवन का चरम उद्देश्य पूरा हो गया'—'आज भगवान ने यह दिन दिखाया कि उसका घर गऊ के चरणों से पवित्र हो गया। यह सौभाग्य न जाने किसके पुण्य-प्रताप से!'

बच्चे गाय को पाकर फूले नहीं समाते, खास कर सोना और रूपा। होरी सन्तुष्ट है इसलिए उदारता के साथ अपने हर्ष को अपने भाइयों के साथ बाँटना चाहता है। होरी अपने छोटे भाइयों को बुलाने के लिए रूपा को भेज रहा है कि हृदय से उदार और निश्छल, पर वाणी से कर्कश उसकी पत्नी धनिया देख लेती है

और गरज उठती है : 'बड़ा परेम है तो आप क्यों नहीं जाते? अभी पेट नहीं भरा जान पड़ता है!'

धनिया जिस घटना की ओर इशारा करती है, उसमें होरी का ही दोष था—incident of trying to cheat his brother हीरा by selling bamboos for 20 + declaring the price to be only 15—then quarrel of हीरा's wife पुनिया with बन्सोरा। Hori beats बन्सोरा thinking that he has insulted his sister-in-law—lot of trouble!

होरी भाइयों के घर जाता है (इस घटना को भूलकर) किन्तु इन्हें आपस में यह कहते हुए सुनकर कि सम्मिलित परिवार के रुपये हड़पकर ही होरी ने आज गाय खरीदी है—वह उलटे पाँव लौट आता है। उसका एक भाई तो यहाँ तक कह रहा था : 'बेईमानी का धन जैसे आता है, वैसे ही जाता है। भगवान चाहेंगे तो बहुत दिन गाय घर में न रहेगी।'

होरी को अपने भाइयों की मनोवृत्ति से बहुत कष्ट—वह तो गाय को भोला के पास वापिस रख आने को तैयार हो जाता है—किन्तु धनिया को यह स्वीकार नहीं—धनिया इसके बाद अपने देवरों से जाकर लड़-भिड़ भी आती है। होरी के घर में गाय का आना एक मिश्रित वरदान है—होरी का परिवार प्रसन्न है लेकिन उसके भाई ईर्ष्या की आग में जल रहे हैं। एक अज्ञात आशंका की छाया होरी की झोपड़ी के वातावरण पर छा जाती है।

परिवार के बारे में इस देश के लोगों का विचित्र संस्कार। आदर्श सम्मिलित परिवार का—व्यावहारिकता का यह तकाजा कि पुत्र और पिता नहीं तो भाई-भाई अलग रहें, फलतः आदर्श और व्यावहारिकता का संघर्ष चलता रहता है। गाय को लेकर जो पारिवारिक कलह हुआ है, उसे भूलकर होरी अपने छोटे भाई सोभा के घर जाता है क्योंकि वह बीमार पड़ा हुआ है। देर गए रात में घर लौटने पर उसे यह देखकर प्रसन्नता होती है कि आज न जाने कैसे हीरा भी उसके दरवाजे पर खड़ा है। पूछने पर मालूम होता है कि वह आग लेने चला आया था। बहुत दिनों के बाद दोनों साथ-साथ चिलम पीते हैं और हीरा चला जाता है।

होरी झोपड़ी के अन्दर जाकर भोजन पर बैठा ही है कि गोबर दौड़ा हुआ आता है और बतलाता है कि 'सुन्दरिया' (उनकी गाय) को जाने क्या हो गया है। होरी आदि ने बाहर आकर देखा, सुन्दरिया के मुँह से फेन निकल रहा है। साफ है, उसे किसी ने जहर खिला दिया है। गाँव के पशुरोग-विशेषज्ञ पं. दातादीन आते हैं और जो हो सकता है, किया जाता है किन्तु गाय मर जाती है।

गाँव वालों को किसी आदमी पर सन्देह करने का कोई कारण नहीं। यदि इसके बारे में कोई निश्चयपूर्वक कुछ जानता है तो वह होरी है जिसे सबसे अधिक हानि पहुँची है—आर्थिक भी, मानसिक भी और जिसका इस मामले से

सीधा सम्बन्ध भी है। लेकिन वह जानकर ही क्या करे? वह जानता है तो यही कि उसका भाई ही अपराधी है—जो उस दिन छिपकर रात में आया था और देख लिये जाने पर कह दिया था कि आग लेने आया था। सो वह चुप लगा जाता है, गाँव वालों से कुछ नहीं कहता। (यह उसके भ्रातृस्नेह, पारिवारिक कलह से बचने की प्रवृत्ति—दोनों का ही फल है।) लेकिन अपनी पत्नी से यह वादा कराकर कि वह भी किसी से कुछ नहीं कहेगी, होरी सारी बात कह देता है। धनिया अपना वादा भूलकर बावेला खड़ा कर देती है। सोभा भी यह कह देता है कि हीरा उससे कोई जड़ी खोदने के लिए खुरपी माँगने उसी दिन आया था। इस तरह हीरा का अपराध प्रमाणित।

नतीजा यह होता है कि पुलिस आती है। होरी तो कुछ कहने से इनकार करता है लेकिन धनिया दारोगा के सामने हीरा पर अभियोग लगाती है। हीरा लापता है। दारोगा उसके घर की तलाशी लेने को उद्यत होता है। इसे होरी अपनी ही बेइज्जती समझता है (not only false sense of dignity but also brotherly love specially when the brother has left home and only his wife is there to face the music), लेकिन दारोगा आए हैं तो खाली हाथ वापस जाने को नहीं।

होरी के पास रुपये नहीं हैं। पर गाँव के पंच (जिनको भी ऐसे मामलों में दारोगा के साथ-ही-साथ कुछ रुपये मिल जाते हैं) उसे तीस रुपये उधार दे देते हैं। बीस रुपये तो दारोगा के होते हैं और दस उन्हीं की जेब में जाएँगे।

होरी रुपये देने चलता है तो धनिया का धैर्य टूट जाता है और वह उग्र रूप धारण कर होरी के हाथ के रुपये झटके से बिखेर देती है। वह इस बात के लिए एकदम तैयार नहीं कि हीरा की इज्जत बचाने के लिए कर्ज लेकर उसका भाई दारोगा को घूस दे—जबकि उसी भाई ने उसकी गाय की जान ली है।

उसकी इस हरकत से जब दारोगा नाराज होकर उसे धमकाने के लिए उसी को गिरफ्तार करने की बात कहता है तो वह दारोगा को भी भला-बुरा कहती है और गिरफ्तार होने के लिए तैयार भी हो जाती है। होरी उसे मारने भी दौड़ता है लेकिन धनिया शान्त नहीं होती और ठीक ही कहती है कि अपने घर की इज्जत का तो खयाल नहीं और भाई के घर की इज्जत के लिए कर्ज लेकर घूस देने चला है होरी!

धनिया पंचों की भी पोल दारोगा के सामने खोल देती है। विरोध करने पर शोषण नहीं हो सकता। दारोगा ऐसी औरत से मुँह लगाना होशियारी का काम न समझकर पंचों से ही अपने लिए रुपये वसूलकर लौट जाता है।

यहाँ पर यह प्रश्न प्रसंगवश उठाया गया है कि क्या होरी का यह आचरण स्वाभाविक है या प्रेमचन्द केवल आदर्शवाद से प्रेरित हैं?

उसका संक्षिप्त विवेचन : कोरा आदर्शवाद इसलिए नहीं कि जैसा हम आगे देखते हैं, हीरा के लापता हो जाने के बाद होरी उसकी घर-गिरस्थी का अपने से भी ज्यादा खयाल रखता है। अपने खेत में वह धान नहीं बो सकता है, किन्तु हीरा की पत्नी की विवशता देखकर उसके खेत में धान बोता ही है। यहाँ तक कि पुत्र और पत्नी उसका एक तरह से बहिष्कार कर देते हैं। संयोगवश इसी समय वह बीमार पड़ता है और धनिया फिर उसके निकट चली आती है।

होरी बीमार पड़ता है—धनिया और होरी का झगड़ा समाप्त।

गोबर-झुनिया

झुनिया धनिया से डरती है, पर उसके पैरों पर गिरकर शरण माँगने पर वह उसे अभयदान देती है—होरी भी पहले तो उसे अस्वीकार करने की बात कहता है, पर जब वह सामने आती है तो 'ना' नहीं कह पाता।

होरी का प्रायश्चित्त

प्रायश्चित्त पहले तो एक सामाजिक दंड-व्यवस्था थी, अब उसका घातक रूप। समाज झुनिया को निकालने के लिए कहता है, यहाँ तक कि झुनिया का पिता भी—किन्तु जब होरी नहीं निकालता तो समाज के पंच उसे सौ रुपये का प्रायश्चित्त करने के लिए बाध्य करते हैं।

होरी किसान से मजदूर बनता है—विवशता-जनित भाग्यवाद! वह कहता है—मजूरी करना कोई पाप नहीं है। मजूर बन जाए तो किसान हो जाता है, किसान बिगड़ जाए तो मजूर हो जाता है। मजूरी करना भाग्य में न होता तो यह सब बिपत क्यों आती? क्यों गाय मरती? क्यों लड़का नालायक निकल जाता?

भाग्यवाद और दार्शनिकता

The Descenty होरी from the padestal of a peasant to the status of a labourer—the great tragedy in the life of a peasant—मानो कोई महर्षि अपनी तपस्या से च्यूत हो गया हो!

गोबर का शहरू जीवन : his small success urbanisation etc.—his coming home to find his father bankrupt and a labourer on his account.

गोबर लौट जाता है—माता-पिता से झगड़ा कर झुनिया को साथ ले जाता है—इस बार शहर में दिक्कतें उठानी पड़ती हैं—वह hawker से मजदूर बनता है—मिल में स्ट्राइक—उसका slum life.

इधर सोना का विवाह—सोना का भावी पति रुपये नहीं लेता—किन्तु रूपा का विवाह एक अधेड़ आदमी से करना पड़ता है, यद्यपि धनी परिवार में जाकर वह सुखी है।

रूपा के विवाह में गोबर आता है और फिर चला जाता है।

होरी बीमार पड़ता है—उसकी आँखों के सामने जीवन के दृश्य नाच जाते हैं—अन्त काल में हीरा लौट आता है—होरी मरता है—उसी दिन सुतली बीस आने में धनिया ने बेची है—उसी से उसका 'गोदान' होता है।

Frustration, व्यर्थता, उजाड़, शुष्क ग्रामीण जीवन!

× × ×

'गोदान' की कथा-वस्तु के निर्माण-कौशल के सम्बन्ध में आलोचकों के भ्रामक विचार :

1. (क) केवल निर्माण की दृष्टि से स्वयं प्रेमचन्द 'सेवासदन' को फिर न पा सके।
   (ख) 'गोदान' का कथानक किसान-महाजन-संघर्ष को लेकर रचा गया है, उच्च वर्ग केवल चरित्र की पूर्णता के लिए है।
2. 'गोदान' ग्रामीण जीवन का चित्र है।
3. ...इस उपन्यास का बृहत् शरीर जिस देहाती जीवन के मेरुदंड पर खड़ा है, उसकी प्रचुरता और विदग्धता को देखते इतर प्रसंग 'क्षेपक'-से लगते हैं; इन क्षेपकों के कारण ही उपन्यास स्थूलकाय हो गया है।
4. ...'गोदान' की कहानी भी एक किसान की जीवनी को लेकर चली है जिसके चारों ओर मध्यवर्ग का जीवन भी घूमता है।
5. 'गोदान' में गाँव के चित्र अधिकारी (आधिकारिक) रूप से और शहर के चित्र प्रासंगिक रूप से आए हैं।
6. यदि प्रेमचन्द कथावस्तु को होरी के जीवन-चरित्र तक ही सीमित रखते तो वह अत्यन्त श्रेष्ठ कलाविज्ञता का परिचय देते।

कथानक में समाज के उच्च वर्ग तथा निम्न वर्ग की खाई पाट दी गई है।

Percy Lubbock का कहना है कि उपन्यास-कला की जो सबसे महत्त्वपूर्ण बात है, वह यह कि उपन्यासकार के वर्णन का, कथावस्तु का ढंग ऐसा है, या कि कथनीय कथावस्तु का अधिक से अधिक उपयोग हुआ है।

(whether the way chosen by the novelist is that by which the most is made of the story to be told.)

1. (क + ख) रामविलास शर्मा
2. प्रकाशचन्द्र
3. शान्तिप्रिय द्विवेदी
4. प्रो. विश्वम्भर
5. गुलाब राय
6. डा. भटनागर

कहने का तात्पर्य यह कि लेखक ने कथावस्तु का किस ढंग[1] से विकास किया है :

1. चित्रात्मक ढंग से यानी (Pictorial) अपनी ओर से कहानी कहकर,
2. उपन्यास के किसी पात्र द्वारा कहला कर,
3. अपने को तटस्थ रखकर, नाटकीय ढंग से स्वयं घटनाओं को ही अपने सम्बन्ध में कहने के लिए छोड़कर,
4. पात्रों के मन की आन्तरिक प्रवृत्तियों की सूचना देकर और अपने को तटस्थ रखकर,
5. किसी पात्र की आँखों से देखकर, उसी के साथ सहयोग कर।

---

1. गोदान में 1, 3 और 5 का प्रयोग।

प्रेमचन्द की शैली : 'गोदान' के परिप्रेक्ष्य में

[एक संक्षिप्त प्रसंग]

प्रेमचन्द की शैली में आत्यन्तिक निश्चयात्मकता है, आत्यन्तिक लचीलापन है, आत्यन्तिक स्वाभाविकता है और अनिवार्य औचित्य है। उनका शब्दकोश सीमित है, किन्तु उस पर उनका अखंड प्रभुत्व है। सरलतम शब्दों के सहारे वे नये प्रभाव उत्पन्न कर सकते हैं और कठिनतम विचारों को संवेद्य बनाने में सफल होते हैं। बिना एकरस हुए प्रवहमान, उनके वाक्य असीम परिवर्तनों (Inflections) को उपलब्ध करते हैं और केवल दो ही साधनों के द्वारा—वाक्यांशों तथा उन्हें निर्मित करनेवाले शब्दों की स्थापना में एक अनिवार्य कौशल की सहायता से। हम शायद ही ऐसे किसी लेखक का नाम ले सकें जो शब्द-विशेष के, गाणितिक दृष्टि से, शुद्ध स्थापन के द्वारा उतनी शक्ति और अर्थ प्राप्त करता हो जितना प्रेमचन्द कर लेते हैं। फिर भी प्रेमचन्द शायद ही कभी किसी शब्द को अस्वाभाविक रूप से या प्रदर्शित करते हुए स्थापित करते हैं। उनके वाक्य इतने सहज भाव से निर्मित होते हैं और फिर भी इतने निश्चयात्मक रूप से सन्तुलित होते हैं कि यदि वे बहुत लम्बे होते हैं तो भी, उन्हें अर्द्धविराम या सेमीकोलन की जरूरत शायद ही कभी पड़ती है, और केवल कॉमा से ही आवश्यक प्रभाव की प्राप्ति हो जाती है।

सच यह है कि प्रेमचन्द कॉमा को, उसके लचीलेपन के लिए, विशेष रूप से व्यवहार में लाते हैं; क्योंकि उन्हें Sinuous पंक्तियाँ प्रिय हैं, वैसे वाक्य, जो आगे बह चलते हैं, अपने ही विपरीत मुड़कर बहते हैं, और पुनः आगे बह चलते हैं और तब अपने निर्धारित अन्त में समाप्त होते हैं।

हिन्दी के प्राक्-प्रेमचन्द लेखकों और प्रेमचन्द के समकालीन लेखकों को संस्कृत के गद्य के मुँह से मुक्ति पाने का प्रयास करना था (उदाहरण—बालकृष्ण भट्ट : प्रसाद)।

विकासमान बंगला गद्य स्वयं इस प्रभाव से मुक्त नहीं हो सका था, अनुकरण लाभदायक नहीं था (उदाहरण—बंकिम)।

अंग्रेजी के साहित्यिक रूपों को बंगला के माध्यम से हिन्दी के लेखक अपना रहे थे—उपन्यास, कहानी, निबन्ध आदि को। अंग्रेजी गद्य की खूबियों और बारीकियों

को वे ग्रहण नहीं कर पा रहे थे (उदाहरण—इस युग की ज्यादातर रचनाएँ बंगला से अनूदित; भट्ट, श्रीनिवास दास, देवकीनन्दन खत्री, किशोरीलाल गोस्वामी—कोई भी अंग्रेजी का विद्वान नहीं; इसके विपरीत बंकिम को)।

प्रेमचन्द के सामने समस्या थी उर्दू के अलंकृत तुकवाले, जरूरत से ज्यादा मुहावरेदार गद्य से मुक्त होने की। इसमें उन्हें समय लगा (उदाहरण—पहले की रचनाओं के साथ बाद की रचनाओं की तुलना)।

प्रेमचन्द ने हिन्दी गद्य की उस परम्परा को अपनाया था जो उनके अनुकूल पड़ती थी। देवकीनन्दन खत्री का गद्य जैसा था, वैसा उनके पूर्ववर्तियों में और किसी का नहीं था। बोलचाल की अनलंकृत, कवित्व के प्रभाव को उत्पन्न करने के प्रयास से रहित भाषा का प्रयोग।

गोदान : चरित्र-चित्रण

चरित्र-चित्रण-सम्बन्धी सामान्य बातें—Aristotle से लेकर कुछ दिनों पहले तक यह धारणा थी कि (नाटक में) कथा ही मुख्य वस्तु है। ड्राइडेन ने इसका खंडन करते हुए कहा था : 'The story is the least part.' Arnold Bennet ने कहा है : 'The foundation of good fiction is character creating and nothing else.'

अब यह एक तरह से सर्वाख्यात बात हो गई है कि उत्कृष्ट उपन्यासों में घटनाएँ पात्रों के स्वभाव अथवा चरित्र से अपने-आप स्वाभाविक रूप से फूट निकलती हैं।

चरित्र-चित्रण-पद्धतियाँ

1. पात्र के क्रिया-कलापों से पात्र के स्वभाव का उद्घाटन।
2. लेखक का वक्तव्य—लेखक प्रत्यक्ष रूप से पाठकों को पात्र की विशेषताओं से अवगत कराता है।
3. उसकी अपनी बातचीत।
4. दूसरे पात्रों की उसके सम्बन्ध में बातें।

साधारण पात्रों के स्वभाव-चिन्तन के लिए साधारणत: उसी पद्धति का व्यवहार। मुख्य पात्रों के लिए 1 + 4, दोनों का ही उपयोग। 3 + 4 तो दोनों प्रकार के चरित्रों के चित्रण के लिए व्यवहृत। 1 + 2—इनका उपयोग क्रमिक रूप से, एक पूर्ण चित्र बनाकर, किया जाता है।

1 के लाभ :

(क) पाठक स्वयं अपनी धारणाएँ बना पाता है।
(ख) उसे अपनी धारणाएँ अधिक विश्वासोत्पादक प्रतीत होती हैं as compared to the second method.
(ग) उसे अपनी धारणाएँ अधिक सत्य मालूम होती हैं।
(घ) अपनी सचेष्टता से पाठक की दिलचस्पी बढ़ती है।

1 + 2 लेकिन दोनों पद्धतियाँ इसलिए आवश्यक हैं कि इनकी सहायता से किसी चरित्र के परस्पर-विरोधी चित्र तैयार किये जाते हैं—और यह पाठक पर निर्भर करता है कि वह इनमें से किसे ठीक समझता है—कर्म वचन से

अधिक स्पष्टता के साथ बोलता है या नहीं—Whether actions speak louder than words !

गौण और मुख्य पात्रों के चित्रण

(क) गौण पात्र—क्षीण, समतल (flat), स्थिर (static) (शुरू से अन्त तक एक समान) चित्रित होते हैं; मुख्य पात्र—भरे-पूरे, मांसल, विकासशील (developing) और गतिशील (dynamic) चित्रित होते हैं।

(ख) पूर्वचित्रित में सूक्ष्मता और विस्तार—किसी एक प्रबल चारित्रिक विशेषता पर जोर देना।

(ग) पूर्ण चित्रण किसी पात्र में व्यक्तिगत, वर्गगत (typical) और सार्वभौम विशेषताओं का संश्लेषण करता है।

(घ) परिस्थितियों के द्वंद्वों और अन्तर्द्वन्द्वों का प्रभाव चरित्र के विकास पर पड़ता है—चाहे वह बुरे के लिए हो या भले के लिए e.g. Anatole France की 'ताया' में Paphnutins और ताया के चरित्रों का बुरे और अच्छे के लिए विकास—साधु पतित हो जाता है, वेश्या तपस्विनी बन जाती है।

(ङ) इस प्रकार का परिवर्तन उल्लिखित सम्भावनाओं के अनुरूप अवश्य होना चाहिए, प्रतिकूल नहीं।

चरित्र-चित्रण की परम्परागत परिपाटी

इसमें दो उपकरण आवश्यक थे—1. घटनाएँ, और 2. उनसे उद्‌भूत प्रतिक्रियाएँ।

पात्रों की घटनाओं के प्रवाह में डूबने-उतराने के लिए छोड़ दिया जाता था और इन घटनाओं के सम्बन्ध में उनकी प्रतिक्रियाओं की सहायता से उनके व्यक्तित्व का निर्माण किया जाता था। कहने का तात्पर्य यह कि घटनाओं और चरित्र का पारस्परिक सम्बन्ध ही पुराने जमाने में किसी पात्र के स्वभाव या व्यक्तित्व के मूल्यांकन का आधार था।

चरित्र-चित्रण की आधुनिक पद्धतियाँ

लेकिन आज का उपन्यासकार, जो मनोविश्लेषण-शास्त्र से प्रभावित है, यह नहीं मानता कि व्यक्तित्व का वास्तविक ज्ञान उस बाहरी सम्बन्ध से प्राप्त किया जा सकता है। इसके लिए वह चेतन या उपचेतन एवं अचेतन मन की गतिविधि—'चेतना के प्रवाह' का विश्लेषण आवश्यक समझता है।

'गोदान' में यह पद्धति प्राय: नहीं के बराबर है, यद्यपि मनोवैज्ञानिक सूझ का अभाव भी नहीं। यह पद्धति Andre Gide, Marcel Pronst, James Goyce इत्यादि में स्पष्ट रूप से पाई जाती है।

चरित्र-चित्रण की एक दूसरी आधुनिक पद्धति

एक ही चरित्र को भिन्न-भिन्न परिस्थितियों में रखकर उसकी प्रतिक्रियाओं का विश्लेषण।

भिन्न-भिन्न चरित्रों को समान परिस्थितियों में रखकर उनकी प्रतिक्रियाओं का विश्लेषण और उनके व्यक्तित्व का विश्लेषण।

Huxley में विशेष रूप से पाया जाता है। इसी को वह Musicalization of fiction, Contrapuntal fiction कहते हैं।

पहली बात प्रेमचन्द में काफी मात्रा में, दूसरी नहीं।

× × ×

आदमी होरी

1. विनोदप्रिय, पर क्रोधी।
2. रसिक, नैतिक चरित्र की शुद्धता भी।
3. कर्मठ—अथक परिश्रमी, पर अपव्यय भी करता है।
4. अपने बारे में दृढ़ निश्चय का अभाव, पर दूसरों के लिए दृढ़ता के साथ काम करता है : even in case of धनिया।
5. also sense of dignity, पर विनय भी।
6. लोभ, स्वार्थ से खाली नहीं, पर can rise.
7. क्षमा।
8. करुणा।
9. उदारता।
10. सन्तोष।
11. झूठी कातर आशावादिता।
12. पुराने जमाने का आदमी—नवयुग का नहीं—उसे मिटना ही है।
13. बहुत कुछ Type, पर not lacking in individuality.

हिन्दू होरी

1. ब्राह्मण का एक पैसा नहीं रख सकता।
2. प्रायश्चित्त, जो वस्तुत: हिन्दू होरी और मनुष्य होरी का झगड़ा है। झुनिया को पुत्रवधू के रूप में स्वीकार के लिए सर्वस्व का होम—किसान से मजदूर तक हो जाना पड़ता है।
3. भाग्यवादी।
4. आस्तिकता, भगवान का डर ही नहीं, सहज विश्वास भी।

किसान होरी

1. 'खेती में जो मरजाद है, वह नौकरी में नहीं है' (पुत्र गोबर को समझाता है)।
2. उसके जीवन की सबसे बड़ी ट्रेजेडी कि उसे किसान से मजदूर बनना पड़ता है—तब वह Rationalise करता है : 'मजदूरी करना पाप नहीं है।'
3. पर्लबक के Wang Lung और Olan की तरह होरी और धनिया : 'मिट्टी की मजदूरी होगी तो सब दुःख दूर हो जाएँगे।'
4. भारतीय कृषकों के सामान्य सभी गुण-दुर्गुण।

भाई होरी

स्नेह; भाइयों को गाय दिखाना चाहता है—घमंड से नहीं, विश्वास; जब हीरा कहता है कि 'तुम्हारे कौड़े से आग लेने आया हूँ' तो विश्वास कर लेता है। पितृ-स्थानीयता—भाई के परिवार की देख-रेख परिवार की इज्जत :

(क) दमड़ी बँसोर पुनिया को धक्का देता है, इस पर होरी उसे मार बैठता है।
(ख) Search नहीं होने देता etc.

जीवन-रण में परास्त होरी

1. होरी की tragedy उसकी मृत्यु नहीं—A great soul suffering quality यह है! होरी साधारण वर्ग में great नहीं, इसलिए 'गोदान' की ट्रेजेडी Greek नाटकों की ट्रेजेडी नहीं है। पर क्या एक साधारण मनुष्य की यातना ट्रेजेडी नहीं है?
2. Not only 'all struggle'—but also 'areas of peace'.

बिहारी गाँव का महतो; 4-5 बीघे जमीन जोतने वाला किसान

होरी की जीवनी

होरी = धनिया — सोना, हीरा (भाई) (पुनिया wife)

(होरी = धनिया की संतान:) सोना — रूपा — गोबर = झुनिया (भोला अहीर की विधवा बेटी)

रायसाहब (होरी के गाँव के जमींदार)
मालती, सरोज (बहनें)
मेहता
खन्ना = गोविन्दी
मिर्जा
तन्खा (जमींदारों के पैरवीकार, दलाल)
ओंकारनाथ (सम्पादक)

नगर पात्र नं. 2

रायसाहब

कांग्रेसी जमींदार

1. रायसाहब राष्ट्रवादी होने पर भी हुक्काम से मेल-जोल बनाये रखते थे।
2. हमारा दान और धर्म कोरा अहंकार है, विशुद्ध अहंकार।
3. कन्या का विवाह होने जा रहा है।
4. Election भी।
5. Service of रायसाहब in those matters.
6. लड़की विवाहित, पर सुखी नहीं।

मालती

नारी-आन्दोलन की नेत्री

चतुर

मेहता

ग्रंथकीट

दार्शनिक

मालती पर प्रभाव, अविश्वासी, नास्तिक। वे दोनों होरी के गाँव पहुँचते हैं—मेहता मर्दों से, मालती स्त्रियों से बातें करती है।

'काश, ये आदमी ज्यादा, देवता कम होते तो यों न ठुकराए जाते!

अस्वाभाविक प्रेम-चित्रण।

खन्ना, मिर्जा

गोविन्दी

मिल-मालिक हड़ताल, जेल भी हो आए हैं। मिल में आग लगने पर निर्धन।

ओंकारनाथ

दैनिक 'बिजली' के सम्पादक

Black mailing Rai Sahib

तन्खा

- Election विशेषज्ञ

'गोदान' के गौण पात्र और परिस्थितियाँ

गाँव

होरी

धनिया

गोबर—sisters—1. सोना, 2. रूपा—अधेड़ रामसेवक से विवाह होता है।

(brothers of होरी) शोभा-हीरा—गाय को विष देता है।

wife पुनिया—जिसका झगड़ा बाँस काटने वाले चौधरी से होता है।

भोला—जिसकी पुत्री झुनिया से गोबर का प्रेम-विवाह होता है।

दुलारी सहुवाइन—जो गाँव के रिश्ते से होरी की भाभी।

दातादीन—(ब्राह्मण) जिसने होरी को रुपये दिये थे।

मातादीन—दातादीन का पुत्र लेकिन सिलिया चमारिन को रख लेता है—उसे जब मातादीन निकाल देता है तो उसे भी होरी के यहाँ आश्रय मिलता है—यद्यपि फिर मातादीन उसे रख लेता है।

नोखेराम—जमींदार का कारिन्दा जिसके यहाँ वृद्ध भोला की तरुणी पत्नी रहने लगती है।

नगर

होरी के जमींदार—रायसाहब अमरपाल सिंह।

ओंकारनाथ—'बिजली' के सम्पादक।

खन्ना—मिल-मालिक।

गोविन्दी—खन्ना की पत्नी, जो एक दिन घर छोड़...।

मालती—जिससे खन्ना भी प्रेम करता है।

मेहता—ग्रंथकीट दार्शनिक।

तन्खा—इलेक्शन-विशेषज्ञ—रायसाहब के council election में सामने आते हैं।

रुद्रप्रताप—मेहता के खिलाफ election लड़ने वाले राजा साहब जो election हारने पर रायसाहब के लड़के से अपनी लड़की के विवाह का प्रस्ताव करते हैं, पर रुद्रपाल (रायसाहब का लड़का) कहता है कि वह मालती की बहन सरोज से विवाह कर चुका है।

दिग्विजय सिंह—रायसाहब के ऐयाश दामाद।

पात्रों के प्रकार

मालती, मेहता—Individual—विशिष्टतापूर्ण व्यक्ति होरी। (Specially गौणपात्र)
e.g. Shylock Type—वर्ग-प्रतीक।

गाँव, शहर—व्यक्ति के बदले समूह—(e.g. in Russian novel village)।
N.B. (समूह और टाइप एक ही चीज नहीं)।

मालती

1. बाहर से तितली, भीतर से मधुमक्खी। 'गोदान' के अनेक पात्र उसके इशारे पर नाचते हैं।
2. मेहता (ग्रंथकीट, दार्शनिक, cynic) के सम्पर्क में आने पर मालती में परिवर्तन। अब तक पुरुष उसकी विलासवृत्ति को जगाते रहे थे, अब उसकी त्याग-भावना सजग हो उठी।
3. एक दिन दोनों होरी के गाँव आते हैं। मेहता मर्दों से, मालती स्त्रियों से बातें करती है।

Idealism—bookishness

मालती-धनिया की बातें :

(क) मालती सफाई आदि की बातें करती है। धनिया कहती है—खाने का तो ठिकाना ही नहीं।

(ख) मालती क्रोध से कहती है—क्या तुम्हारा जन्म इसीलिए हुआ है कि तुम मर-मरकर कमाओ और जो पैदा हो, उसे खा न सको?

(ग) यदि पुरुष निर्दय है तो इसलिए, क्योंकि नारी—माता के रूप में—उसे ठीक शिक्षा नहीं देती।

आदर्शवादी प्रेम-चित्रण :

(क) मालती के प्रति मेहता का आकर्षण—रूप का नहीं, गुण का।

(ख) होरी के गाँव में नदी की ओर सैर के लिए जाने पर प्रेम-दृश्य का stage के लायक चित्रण। (भाऊ की टहनियों की बनी नाव पर) आलिंगन होता है, पर वे सँभल जाते हैं।

होरी का जीवन : एक ट्रेजेडी

(क) Tragedy in the suffering of a great soul who suffers greatly. होरी की ट्रेजेडी ऐसी ट्रेजेडी नहीं। वह साधारण अर्थ में महान आत्मा नहीं, उसका कष्ट भी महान नहीं। सीता और शकुन्तला, राम और

दुष्यन्त, रोमियो और जूलियट की ट्रेजेडी ही इस परिभाषा के अनुसार ट्रेजेडी; ग्रीस के नाटकीय पात्रों की ट्रेजेडी ही ट्रेजेडी।

(ख) धारणा बदली—साधारण मनुष्य के जीवन की भी हृदयद्रावक महान घटनाएँ ट्रेजेडी मानी गईं e.g. Les Miserable, Crime and Punishment etc.

(ग) और इसके बाद साधारण से साधारण मनुष्य के जीवन की साधारण से साधारण घटनाओं में छुपी ट्रेजेडी का उद्घाटन—विशेषत: लड़ाई के बाद—प्रारम्भकर्ता Turgnev, Chekov, Sinclain Lewis, Ernest Hemingway, Steinback, Pears, Bush etc. होरी का जीवन एक अपार मर्मभेदी ट्रेजेडी, सूरदास की ट्रेजेडी की तरह नाटकीय नहीं, अतिमानव चारित्रिक विशेषता नहीं, अनहोनी घटनाएँ नहीं, दैनिक जीवन की ट्रेजेडी—नीरस, अलोमहर्षक, अत: और भी भयंकर।

(घ) ट्रेजेडी इस बात में निहित कि मनुष्य परिस्थितियों के ऊपर उठना चाहता है और वह उठ-उठकर गिर जाता है। यही होरी के जीवन की ट्रेजेडी है।

होरी एक स्वाभिमानी पर साथ-ही-साथ धर्मभीरु; आदर्शवादी, पर साथ-ही-साथ रूढ़िग्रस्त किसान है। उसने जीवन-पर्यन्त प्रयत्न किया कि वह एक भरे-पूरे किसान की तरह रहे। जैसे—गाय खरीदने की इच्छा, घर की इज्जत की भावना इत्यादि पर परिस्थितियाँ उसे नीचे की ओर ठेलती गईं—किसान से वह खेतिहार मजदूर होता है—झुनिया को पुत्रवधू के रूप में स्वीकार कर लेने के कारण प्रायश्चित्त के लिए उसे बैल, घर आदि बेच देने पड़े। बैल बिक जाने के बाद अन्त में एक साधारण मजदूर मात्र।

(ङ) Pearl Buck के Good Earth में Wang Hung & Olan की तरह होरी और धनिया।

होरी के जीवन में केवल संघर्ष ही नहीं, जैसाकि Crime and Punishment में, शेखर में पाते हैं! Areas of Peace भी, जिसकी इतनी प्रशंसा Tolstoy ने Turgnev के सम्बन्ध में की है। टॉल्स्टॉय के कथनानुसार, जो चरित्र निरा संघर्षमय होता है, 'All Struggle' होता है, वह खंडित चित्र होता, अर्द्धसत्य ही रह जाता है। यह दोष होरी में नहीं पाया जाता। उसके चरित्र में द्वंद्व, संघर्ष और प्रशान्त तत्त्व (Areas of Peace) का आनुपातिक विश्लेषण है। होरी का चरित्र द्वंद्व और तनाव से उद्भासित होता है, स्पन्दित होता है लेकिन Areas of Peace के कारण ही वह पूर्णत्व प्राप्त करता है।

(च) विद्रोही—झुनिया को आश्रय देता है।
(ख) सीधा-सादा।
(ज) साधारणतः छल-कपट से दूर।
(झ) इष्ट-मित्रों के प्रति विश्वास।
(ञ) सहनशीलता।
(ट) परनिन्दा से भागना।

(जब भाई कहते हैं कि गाय बँटवारे के रुपये से खरीदी गई है तो वह गाय लौटाने को तैयार।)

'जिन लोगों के पिछले रुपये मुझ पर बाकी हैं, उनके पास कौन मुँह लेकर जाऊँ?' (अपने सम्बन्ध में)

स्वाभिमान

होरी के मन में कपट नहीं रहता; वह गुस्सैल है लेकिन दिल का साफ।

—जब उसका इर्ष्यालु भाई हीरा यह स्वीकार कर लेता है कि कौड़े में आग लगाने आया हूँ।

भाई के प्रति प्रेम

(क) और भी, गाय आने पर भाइयों को बुलाता है, नहीं आते तो रूपा को भेजता है, खुद जाता है।
(ख) जब दमड़ी बँसोर पुनिया को धक्का दे देता है तो उसे लात लगाते हुए होरी : 'रुपये की गर्मी है तो वह निकाल दी जाएगी। अलग है तो क्या हुआ, है तो एक खून! कोई तिरछी आँख से देखे तो आँख निकाल लें।'

लेखक की विवेचना

होरी की खरीफ की फसल में बहुत थोड़ा अनाज मिला और पुनिया के बखार में धान रखने की जगह न रही। हालाँकि नतीजा केवल : 'सब यही समझते हैं कि वह झुनिया को लूटे लेता है, उसकी सारी उपज अपने घर में भर लेता है। एहसान तो दूर, उलटा कलंक लग रहा है।

(ग) हीरा के घर की तलाशी की बात सुनकर : 'हीरा अलग सही, पर दुनिया जानती है कि वह उसका भाई है।'
(घ) इस पर धनिया विरोध करती है तो होरी कहता है : 'धनिया से अब मेरा कोई सम्बन्ध नहीं, जहाँ चाहे, जाए। जब वह इज्जत बिगाड़ने पर आ गई है तो इस घर में वह कैसे रह सकती है?'

'चार बातें सुनकर गम खा जाना, इससे कहीं अच्छा है कि आपस में तनाजा हो।' लेखक की उक्ति पर वस्तुत: होरी के मनोभाव का ही विवरण कि वह—झगड़े से भागता है।

खेती की महत्ता उसकी दृष्टि में, पुत्र को समझाते हुए : 'खेती में जो मरजाद है, वह नौकरी में नहीं है।'

'पंच में परमेसर रहते हैं। उनका जो न्याय है, सिर और आँखों पर।' —पंचों का डर।

धर्मभीरुता

जब गोबर दातादीन को रुपये नहीं लौटाना चाहता और दातादीन बिगड़कर शाप देने लगते हैं तो होरी आ करके पैर पकड़कर कहता है : 'महाराज, जब तक जीता हूँ, मैं तुम्हारी एक-एक पाई चुकाऊँगा।'

लेखक की विवेचना

होरी के पेट में धर्म की क्रान्ति मची हुई थी। अगर ठाकुर या बनिये के रुपये होते तो ज्यादा चिन्ता न होती; लेकिन ब्राह्मण के रुपये? उसकी एक पाई भी दब गई तो हड्डी तोड़कर निकलेगी।

(इसी तरह जब भोला उसके दोनों बैल खोल ले जाता है तो यद्यपि गाँववाले उसकी मदद करने को तैयार हैं पर वह अपनी धर्मभीरुता के कारण विरोध करने से अस्वीकार कर देता है।)

'हमारे जमींदारों ने पूर्वजन्म में जैसे काम किये थे, उसका आनन्द भोग रहे हैं। हमने कुछ नहीं किया तो भोगें क्या?'

—पूर्वजन्म पर विश्वास और कर्मवाद, नियतिवाद का समर्थन।

दुर्बलताएँ

'जब दूसरों के पाँवों तले अपनी गर्दन दबी हुई है तो उन पाँवों को सहलाने में ही कुशल है।'

'होरी को आसन मिल गया। उसकी व्यवहारकुशल बुद्धि सजग हो गई।'

—व्यवहारकुशलता, थोड़े में खुश होना, खुशामद करने की प्रवृत्ति।

दरिद्रता के कारण बेईमानी

(क) बाँस बेचकर भाइयों के कुछ पैसे रख लेने की बदनीयत।

(ख) उधार के सम्बन्ध में मनोवृत्ति :

‘यही होगा कि भोला बार-बार तगादा करने आएगा, बिगड़ेगा, गालियाँ देगा। पर इससे अपना क्या बिगड़ता है!’

मिथ्या गर्व

मालिक की कृपा से वह दूसरों पर अपना रौब जमाता है—उससे बड़े किसान भी उसके सामने दबते हैं तो उसे बड़ी प्रसन्नता होती है।

लेखक की विवेचना

उन्हें जब अपने सामने सर झुकाते देखता है तब उसके अन्दर बैठी हुई सम्मान-लालसा सूखे मुँह पर गर्व की झलक पैदा कर देती है। मालिक को प्रसन्न देख वह इतना खुश, जैसे यह सारा उत्सव उसी के पुरुषार्थ से हो रहा है!

दातादीन से कहता है : ‘गाय मैंने भोला से नकद मोल ली है’—असत्य भाषण, थोड़े में बेपर की उड़ान लगाना।

सन को कुछ गीला कर देना और रूई में बिनौले भर देना उसकी नीति में जायज है।

परिस्थितियों से समझौता

(क) मजूरी करना पाप नहीं है। मजदूर बन जाए तो किसान हो जाता है। किसान दिनों के फेर से बिगड़ जाए, तो मजदूर हो जाता है।

(ख) रूपा का दो सौ रुपये लेकर विवाह।

गोदान का स्थापत्य

'गोदान' की कथावस्तु असम्बद्ध है—कुछ आलोचकों का विचार; उनके अनुसार गोदान में दो कथाएँ हैं : 1. होरी की, 2. रायसाहब और उनके मित्रों की। (दोनों के बीच जो छोटी-सी कड़ी है, वह यह कि गोबर मिर्जा के यहाँ नौकर है और होरी का गाँव रायसाहब की जमींदारी में है।)

ये भ्रामक कारण हैं : 'गोदान' की सबसे बड़ी विशेषता यही है—Contrapuntal fiction, musicalization of fiction. नदी के दो तट असम्बद्ध दीखते हैं पर वस्तुत: असम्बद्ध नहीं—उन्हीं के बीच से जलधारा बहती है; इन्हीं दोनों कहानियों के बीच से भारतीय जीवन की धारा बहती चली जाती है।

1. Coincidences का अभाव।
2. अतिनाटकीय घटनाओं का अभाव।

× × ×

Percy Lubbock अपनी पुस्तक The Craft of Fiction में टॉल्स्टॉय के War and Peace का विश्लेषण करते हुए, इसी तरह, उसके असंगठित, स्थापत्य-रहित निर्माण-कौशल के प्रति असन्तोष प्रकट करते हैं, क्योंकि उनकी दृष्टि में इस महान उपन्यास की सबसे बड़ी कमजोरी है।

जैसाकि उन्होंने कहा है, इस उपन्यास का पाठक स्वभावत: पूछता है, इस पुस्तक का उद्‌देश्य क्या है ? हमें ऐसा प्रतीत होता है कि इसका विषय 'यौवन और वार्धक्य' है। लेकिन हम आगे बढ़ते हैं और विषय जैसे बदल जाता है, अब विषय हो जाता है : 'युद्ध और शान्ति'। लुबक का कहना है कि टॉल्स्टॉय अनजाने 'एक साथ ही दो उपन्यास लिख रहा है'।

'गोदान' का स्थापत्य, कथावस्तु का विकास, निर्माण-कौशल

बनावट के खयाल से उपन्यासों के दो भेद माने जाते हैं : विवरणात्मक (Panoramic) या महाकाव्यात्मक (Epic) और नाटकीय (Dramatic) या दृश्यात्मक (Scenic) या सुसंगठित (Well made)।

पहले प्रकार के उपन्यास में कथानक असंगठित रहता है। उसका कोई एक केन्द्र नहीं रहता जिसके चारों ओर वह घूमे। इसमें घटनाएँ अंशतः ही एक दूसरे से बँधी रहती हैं। इस प्रकार के उपन्यास का अन्त धीरे-धीरे होता है; उपन्यास का क्रम अभी चल सकता था पर वह बीच ही में खंडित हो जाता है। इस प्रकार के उपन्यास का अन्त उतना युक्तिसंगत या नाटकीय नहीं होता।

नाटकीय उपन्यास एक ही प्रश्न पर केन्द्रित रहता है जो घटनाओं से अपने-आप उद्‌भूत होता है। इस प्रकार के कथानक के तनाव को दूर करने के लिए एक निश्चयात्मक उपसंहार की आवश्यकता पड़ती है।

इस तरह नाटकीय उपन्यास विस्तृत क्षेत्रों को छोड़कर जीवन के एक सीमित खंड के पर्यवेक्षण में ही लगा रह जाता है। इसके विपरीत महाकाव्यात्मक उपन्यास में जीवन के अनुभवों के विराट विस्तार का आवेष्टन रहता है।

प्रेमचन्द के द्वारा व्यवहृत तीन प्रकार की औपन्यासिक स्थापत्य-शैलियाँ

1. संगठित शैली।
2. समानान्तर शैली—जिसमें अन्ततः स्वतंत्र-सी लगनेवाली कथा की धाराएँ घुल-मिल जाती हैं।
3. पूर्णतः समानान्तर शैली—नदी के दो तटों की तरह कभी न मिलने वाली दो स्वतंत्र कथाएँ जो अपने बीच जीवन के सम्पूर्ण प्रवाह को आवेष्टित कर लेती हैं और इस तरह अपनी विलक्षण सार्थकता प्रमाणित करती हैं।

संगठित शैली वाले उपन्यासों का वस्तु-विश्लेषण

'सेवासदन'—एक समस्या—वेश्यावृत्ति।
'निर्मला'—एक समस्या—बेमेल विवाह।
'प्रतिज्ञा'—एक समस्या—विधवा-विवाह।
'गबन'—एक समस्या—आभूषण-मोह।

इन उपन्यासों की समस्याएँ एक वर्ग या परिवार की हैं। एक सुगठित कथा-सूत्र सम्भव है।

दूसरे प्रकार के उपन्यास

बड़े उपन्यास, जिसमें दो या अधिक कथाएँ साथ-साथ चलती हैं :

'रंगभूमि'—कथा-केन्द्र—1. सूर, 2. विनय।
एक समस्या में अनुस्यूत—औद्योगिकीकरण की समस्या।

'कायाकल्प'—कथा-केन्द्र : 1. चक्रधर की कहानी।
2. रानी देवप्रिया की कहानी।
अपार्थिव जीवन की समस्या।

'प्रेमाश्रम'—कथा-केन्द्र : 1. ज्ञानशंकर आदि जमींदार-वर्ग।
2. गौसवाँ के किसान।
जमींदार-कृषकों का सम्बन्ध।

'कर्मभूमि'—कथा-केन्द्र : 1. चमारों के गाँव की कथा।
2. नगर की कथा।

दोनों अमरकान्त के व्यक्तित्व से अछूत-समस्या लेकर जुड़ी हुईं।

'गोदान' में बहुत कुछ 'प्रेमाश्रम' की तरह दो कथाएँ—'प्रेमाश्रम' 'गोदान' का अपरिपक्व रूप—लेकिन जहाँ 'प्रेमाश्रम' में दोनों कथाएँ जमींदार-किसान-संघर्ष तथा उनके एक प्रकार के समझौते के रूप में मिल जाती हैं, वहाँ 'गोदान' की कथाएँ अन्त में भी मिलतीं नहीं।

विस्तृत कथानक

इतने विस्तार[1] की क्या सार्थकता है? क्या उसमें भरती की बातें हैं? नहीं। बड़े उपन्यासों में समाज के बड़े-बड़े परिवर्तन-क्रम, बड़ी-बड़ी वर्ग-शक्तियों के पारस्परिक संघर्ष, व्यक्ति के स्थान पर समूह का ही पात्र-रूप में चित्रण बड़े पैमाने पर दिया जाता है—अत: विस्तार आवश्यक है।

संक्षेप में

1. 'गोदान' की कथावस्तु के सम्बन्ध में भ्रामक धारणा।
   [आलोचनाओं के उद्धरण]
2. कथावस्तु असम्बद्ध (Loose) किन्तु यही उसकी सबसे बड़ी विशेषता है।
3. दो समानान्तर कथाओं में समस्त भारतीय जीवन आवेष्टित है। प्रेमचन्द के दूसरे उपन्यासों से तुलना कीजिए। विश्व-विख्यात उपन्यासों से भी तुलना; उनकी भी आलोचना इस बात के लिए की गई है किन्तु वह निराधार है।
4. महाकाव्यात्मक (Epic) उपन्यासों की यही विशेषता है (नाटकीय उपन्यासों के विपरीत)।
5. घटनाएँ चरित्रों के स्वभाव से स्वत: उद्‌भूत होती हैं।
6. घटनाओं में आकस्मिकता (Coincidence) का अभाव।

1. डा. रा.वि. शर्मा का मत।

7. घटनाएँ अतिनाटकीय (Melodramatic) नहीं।
8. कथानक विस्तृत किन्तु सार्थक (बड़े पैमाने पर वर्ग और समूह के चित्र)।
9. प्रेमचन्द जन्मजात कथाकार, अतः 'गोदान' में भी पठनीयता का अभाव नहीं।
10. कथानक में समाज के उच्च और निम्न वर्ग की खाई पट गई है।
11. कथावस्तु के उद्घाटन के प्रकार :
    (क) चित्रात्मक (लेखक अपनी ओर से कहानी कहता है)।
    (ख) नाटकीय (घटनाएँ स्वयं अपने सम्बन्ध में कहती हैं—लेखक तटस्थ)।
    (ग) पात्र-विशेष के साथ सहयोग करते हुए—उसी की आँखों देखकर (होरी, मेहता इत्यादि की आँखों से लेखक देखने का प्रयत्न करता है)।
12. विश्वसनीयता (जैसाकि Forster कहते हैं, प्रेमचन्द में वह शक्ति है कि वह पाठक को विश्वासोत्पादक परिस्थिति में उछाल दें) 'to' bounce the reader into asceptive what he says.

'गोदान' अपने में पूर्ण ताजमहल नहीं है जिसका हरेक इंच पहले से ही सोच लिया गया हो; वह शायद आगरे के बेतरतीब किले की तरह है जिसमें बड़े-बड़े हवादार प्रकोष्ठ भी हैं और गन्दे तहखाने भी; या इससे भी अच्छा तो यह कहना होगा कि वह समूचा आगरा है—गाँव और शहर कुल मिलाकर।

'गोदान' : मेरी दृष्टि में

सामान्य रूप से मेरे लिए यह कहना भी कठिन है कि मेरे सर्वप्रिय उपन्यास कौन-कौन से हैं। किन्तु हिन्दी में मेरा सर्वप्रिय उपन्यास कौन-सा है, यह भी कहना मैं आसान ही पाता हूँ। हिन्दी के दस सर्वश्रेष्ठ उपन्यासों की अपनी तालिका में मैंने 'गोदान' को शीर्ष स्थान दिया है। वही मेरा सर्वप्रिय उपन्यास भी है।

'गोदान' उस चित्र की तरह नहीं है जो प्रदर्शनी में टँगी तसवीरों के झाड़-झंखाड़ के बीच से इन्द्रजाल-सा कुछ कर देता है और हम घूम-फिर कर वहाँ आ खड़े होते हैं। वह ताजमहल जैसे स्वयंपूर्ण स्थापत्य के समान भी नहीं है, जो भवन होने पर भी रहने के मकान-सा आत्मीयतापूर्ण और प्रिय अवश्य नहीं होता। 'गोदान', इसके विपरीत, वैसे विशाल चित्रपटों का प्रदर्शन है जो अनगढ़ होने के कारण प्रभावोत्पादक सिद्ध होते हैं और जिन पर कूची चला लेना महाप्राण कलाकार के ही बूते की बात होती है; वह वैसे स्थपति की उपलब्धि है जो सर एडवर्ड ल्यूतें की तरह नई दिल्ली का अलादीनी चिराग से निर्माण नहीं करता, बल्कि जो नगर, समाज, परिवार, व्यक्ति—सभी की आवश्यकताओं और विशेषताओं के अनुरूप भवन बनाता है, जिसके बन जाने पर रहने वालों के व्यक्तित्व कुंठित नहीं, विकसित ही होते हैं।

'गोदान' हिन्दी का वैसा उपन्यास है जिसमें उस भारत का चित्रण किया गया है, जो गाँवों और शहरों, प्राचीन और नवीन सभ्यताओं में द्विधाविभक्त व्यक्तित्व रखनेवाला (Shitzophrenic) विचित्र देश है। यदि धनिया और झुनिया और गोविन्दी स्त्रियाँ ऐसी हैं जिन्हें असंख्य वैसी स्त्रियों के बीच से प्रत्यभिज्ञेय बनाकर उपस्थित करना असम्भवप्राय है और इसके लिए कम ही प्रयत्न हुए हैं; और-और भी कम सफल प्रयत्न हुए हैं, तो दूसरी ओर मालती भारतीय नारीत्व के उस रूप का पूर्वाभास है जो आज भी अपना कोई बड़ा वर्ग नहीं बना पाया है। प्रेमचन्द के समय में तो शायद ही कहीं हिन्दी प्रदेश में दीख पड़ती हो, किन्तु जो अब अवश्य ही अकेली नहीं, वर्ग के रूप में दीख पड़ने लगी है। इस देश के व्यक्तित्व के अलग-अलग पहलू ही तो हैं—होरी, गोबर और मातादीन और मेहता, तन्खा, ओंकारनाथ आदि 'गोदान' के प्रमुख और गौण पात्र! वे एक ही देश में रहते हैं। वे कम या ज्यादा आस्था के साथ एक ही धर्म के अवलम्बी हैं। उनमें से कुछ का पारस्परिक जीवन प्रत्यक्ष रूप से एक दूसरे से उलझा हुआ है, कुछ का अप्रत्यक्ष सम्बन्ध और इस तरह वे 'गोदान' के एक ही रंगमंच पर आते हैं पर जैसे मंच के दो खंड हैं जो एक साथ ही दर्शकों को दीख पड़ते हैं पर अपने-आपके लिए मानो नजदीक होकर भी दूर हैं, पृथक् हैं।

देश के जीवन की यह विचित्र किन्तु नितान्त सत्य वास्तविकता है। जो इसे जीते हैं, वे भी इसे अनुभूत नहीं कर पाते हैं : जो देखते भी हैं, अपनी दृष्टि में इसे जैसे अँटा नहीं पाते। और इसलिए हिन्दी के आलोचक कहते हैं कि 'गोदान' के स्पष्टतः दो खंड उसके रचयिता के द्वारा गूँथे नहीं जा सके हैं, वे एक उपन्यास न होकर दो उपन्यास हैं! इस तरह प्रेमचन्द का वस्तुतः महान उपन्यास, जिसका विधान-शिल्प नवीनतम औपन्यासिक प्रयोगों में परिगणनीय है, आज भी उसी तरह अगृहीत बना हुआ है जिस तरह कभी निराला का मुक्त छन्द। उपन्यास-कथा की यह मुक्तता कुछ इतनी सूक्ष्म है कि वह आज भी परिशंसित नहीं होती जबकि मुक्त छन्द की स्पष्टता ने आलोचना आमंत्रित की तो तुरन्त बाद श्लाघा भी पा ली। 'गोदान' मुझे यदि बहुत प्रिय है तो इसलिए विशेष रूप से कि बहुत बड़ा प्रयोग होने पर भी उसे विविक्त करने का प्रयास मैंने ही किया और आज भी मेरे विश्लेषण के बाद भी कम ही लोग स्वीकार करते हैं और इस तरह मुझे अपने सिद्धान्त की नवीनता के आनन्द से वंचित नहीं होना पड़ा।

1. प्रेमचन्द के उपन्यास मनोरंजन के समाधान भी, सत्य के वाहक भी—'गोदान' अपवाद, वह केवल सत्य का वाहक।
2. गाँव की कथा पर शहर थोपा हुआ-सा—जैनेन्द्र (on 'गोदान' कई छोटी कहानियों का समुच्चय)।
3. प्रेमचन्द के उपन्यासों का रचनात्मक प्रभाव, क्योंकि उनमें मानवता के प्रति आसक्ति।

4. भाव-भाषा की दृष्टियों से प्रसाद और प्रेमचन्द एक दूसरे के पूरक। ये एक साहित्यिक काल-खंड के दो पक्षों के प्रतिनिधि।
5. शील-निरूपण की दृष्टि से प्रसाद और प्रेमचन्द की तुलना।
6. कला-नैपुण्य, स्वरूप-विधान एवं वस्तु-योजना—सभी दृष्टियों से 'गोदान' प्रेमचन्द की अन्य कृतियों से विलक्षण।
7. मालती बाहर से तितली, भीतर से मधुमक्खी।
8. प्रेमचन्द की गद्य-शैली सरल, पर वैशिष्ट्यपूर्ण।
9. होरी अत्यन्त साधारण मनुष्य, किन्तु उसके जीवन की विफलता में ट्रेजेडी की मर्मस्पर्शिता है।
10. 'गोदान' के गौण पात्र।
11. झुनिया बेलारी की मालती है—(झुनिया-मालती का तुलनात्मक चित्रण)।
12. 'गोदान' उपन्यास के नामकरण में रस-सिद्धि तथा शील-प्रकाश का बड़ा ही मर्म-व्यंग्य संयोग है।
13. कथोपकथन और भाषा।
14. 'गोदान' में निरूपित सामाजिक समस्याएँ।
15. 'गोदान' में प्रकृति की पृष्ठभूमि।[1]

---

1. लेखक प्रायः इन्हीं विषय-बिन्दुओं के आधार पर स्नातकोत्तर वर्ग में अपना व्याख्यान देते थे। **—सं.**

समकालीन हिन्दी साहित्य

आजकल हिन्दी में बहुत ज्यादा लिखा जा रहा है, लेकिन बहुत कम, जिसे अच्छा कहा जा सके। एक अंग्रेज आलोचक की अंग्रेजी साहित्य से शिकायत अभी पढ़ी है। समकालीन अंग्रेजी गल्पकारों के बारे में उनकी राय है, और ठीक राय है, कि आज का औसत उपन्यास, कहानी आदि लिखने वाला रचना-कौशल, टेक्निक की दृष्टि से पहले के इने-गिने उत्कृष्ट कलाकारों से भी अधिक कुशल प्रमाणित होता है, पर साथ-ही-साथ आज के उत्कृष्ट गल्पकार भी रचना-वस्तु के विचार से उनके समकक्ष नहीं ठहरते। अंग्रेजी साहित्य के आधुनिक युग से, जिसमें डी.एच. लारेंस, जेम्स ज्वायस, वर्जिनिया वुल्फ प्रभृति की गणना की जा सकती है पर जिन सभी की मृत्यु प्राय: गत दशाब्द में हो चुकी है, यह शिकायत नहीं की जा सकती। शिकायत, ध्यान में रखना चाहिए, समकालीन युग से है जिसमें एल्डस हक्स्ले का ही व्यक्तित्व निश्चित महत्ता का दावा रखता है और वह भी वस्तुत: पूर्वोक्त लेखकों के युग में ही परिगणित होते हैं। क्रिस्टोफर इशरउड आदि समसामयिक कलाकारों ने अपने साहित्य को अभी अपनी कोई महान चीज नहीं दी है। हिन्दी साहित्य से अभी तक दोनों बातों की शिकायत की जा सकती है, विशेष रूप से गल्प-क्षेत्र में।

आधुनिक उपन्यास की परिभाषा कठिन है, क्योंकि काव्य या नाटक की तरह उसका पाठ या सार्वजनिक अभिनय नहीं होता और उसमें रूढ़ियों का अभाव है। साहित्य के इस रूप में अनुभव की प्रेषणीयता की बहुत अधिक सम्भावनाएँ हैं। इस प्रकार लेखक और पाठक के बीच सीधा और व्यक्तिगत सम्बन्ध स्थापित हो जाता है।

इसका अर्थ यह नहीं समझ लेना चाहिए, जैसा अक्सर पाठक या आलोचक भी समझ ही बैठते हैं कि उपन्यासों की रूप-रेखा होती ही नहीं, उनमें निर्माण-कौशल (Technique) रहता ही नहीं। इसके विपरीत उपन्यास-कला में एक ऐसा निर्माण-कौशल विकसित हुआ है जो उल्लेखनीय रूप से लचीला बना रहा है और जो अधिकाधिक जटिल और सूक्ष्म होता चला गया है।

Fiction is constantly disclaiming the fictions—उपन्यास-साहित्य औपन्यासिक अर्थात् वास्तविकता से रहित कल्पिक बातों का प्रत्याख्यान करता

आया है। बदलते जमाने के साथ जब नये अनुभव और तथ्य अभिव्यक्त होने के लिए छटपटाने लगते हैं तब पूर्ववर्ती उपन्यासों के द्वारा स्थापित रूढ़ और कल्पित संसार को चुनौती देना, अस्वीकार कर देना एक उपन्यासकार का काम हो जाता है। प्रेमचन्द Repudiated by जैनेन्द्र—जैनेन्द्र by अज्ञेय etc.

उपन्यास-साहित्य ने महाकाव्य को अपदस्थ किया है। उसने यथार्थता (Realism) के सातत्य (Continuity) का बीड़ा उठाया और उसका निर्वाह किया। एक पीढ़ी से दूसरी पीढ़ी में अपने को बदलकर यथार्थता को बनाये रखना उपन्यास की अनवरत चेष्टा है। महाकाव्य निर्जीव आदर्शों और खोखले सिद्धान्तों का निर्वाह करता जाता है; उसे अपदस्थ करनेवाला साहित्य का रूप समाज, जीवन और आदर्शों की आलोचना करना ही अपना कर्तव्य समझता है। यही उसकी विशेषता है।

आधुनिक उपन्यासकार विस्मयोत्पादक घटनाओं तथा नाटकीय वृत्तान्तों में बहुत कम दिलचस्पी रखते हैं। उनका विषय जीवन का सुपरिचित कार्यक्रम रहता है, मनुष्य-जीवन की दैनिक घटनाएँ रहती हैं। उनकी रचनाएँ प्रायः घटना-शून्य होती हैं। आज के उपन्यास बाह्य घटनाओं पर कम और आन्तरिक गति पर अधिक निर्भर होते हैं। इसलिए आधुनिक उपन्यासों में अस्वाभाविक आकस्मिकता (Coincidence) और अति नाटकीय (Melodramatic) वृत्तान्त बहुत कम मिलते हैं। घटनाओं से ध्यान हटने का अर्थ है कि वह चरित्र-चित्रण पर अधिकाधिक केन्द्रित होता जाता है। असल में आज कथानक या घटना और चरित्र, दो तत्त्व रह ही नहीं गए। Henrg James ने कहा है 'What is character but the determination of incident? What is incident but the illustration of character?'

यदि चरित्र से घटना का निर्धारण होता है तो घटना से पृष्ठभूमि का निर्धारण होता है। यथार्थता को ध्यान में रखते हुए कभी-कभी पृष्ठभूमि को अग्रभूमि (fore ground), प्रधान तत्त्व भी बना दिया जाता है—उपन्यास के चरित्र वातावरण के प्रतिफलन के रूप में ही चित्रित किये जाते हैं—Hardy के characters और 'गोदान' की।

यथार्थता के अधिकाधिक समावेश का परिणाम यह होता है कि उपन्यास सामाजिक आलोचना से आगे बढ़कर 'चेतना के प्रवाह' का चित्रण हो जाता है। Pronst Ioyce, अज्ञेय etc. ! उपन्यास autobiographical होता जाता रहा है। कलाकार की व्यक्तिगत समस्याएँ दुरूह technique में अभिव्यंजना पाने लगी हैं। Industrial literature के mass production के युग में वह बहुत लोकप्रिय नहीं।

(क) जीवन के सामीप्य, गहरी और व्यापक दृष्टि;

(ख) जीवन का संश्लेषण (व्यक्तिगत जीवन सामूहिक जीवन पर आश्रित), अनुभवों का नियोजित रूप उपन्यास के दो मानदंड, जिन पर 'गोदान' खरा उतरता है।

उपसंहार

उपन्यास-कला 'ह्यूमन हजबैंड्री' का नाम करे, यह हिन्दी के आलोचक की अनोखी सूझ है। मेरे मित्र श्री द्वारका प्रसाद ने हास्य रस का एक उपन्यास लिखा है जिसमें 'ह्यूमन हजबैंड्री' की कल्पना उन्होंने की है। इस उपन्यास में एक संस्था 'बेटर ब्रीडिंग कोलोनी' अर्थात् 'बी.बी.सी. !' की कहानी लिखी गई है। श्री धर्मवीर भारती जैसे आलोचकों को विश्व के अभाव की पूर्ति की नेक सलाह देने के बदले, ऐसी संस्था की स्थापना का ही प्रयत्न करना चाहिए, जिसमें सबल और पुष्ट मनुष्यों का उसी तरह प्रजनन हो, जिस तरह गाय, भैंस, सुअर, मुर्गी, घोड़ा वगैरह का, इस उद्देश्य से बने 'स्टड' में होता है। उपन्यासकार 'स्टड-बुल' बने, ऐसी उस बेचारे से क्यों माँग करता है कोई ?

कवित्व-पूर्ण भाषा में लिखित एवं धारावाहिक रूप से प्रकाशित अपने लेख में श्री धर्मवीर भारती ने मंत्रोपयोगी वाग्मिता के साथ अपनी स्थापना (Thesis) को उपस्थित किया है। उन्होंने उसे मौलिकता और नवीनता के प्रभाव से वेष्टित किया है। वे कदाचित् भूल जाते हैं कि उसे हजारों वर्ष पूर्व के संस्कृत आलोचक नाटककार, कवि, उपन्यासकार आदि से 'धीरोदात्त पात्रों' की अपेक्षा रखते थे। हाँ, इसके लिए अवश्य कोई दुराग्रह नहीं था, क्योंकि उन्होंने इस सम्बन्ध में काफी छूट भी दे रखी थी।

यानी, भारती जी ने एक बहुत पुरानी और घिसी-पिटी बात को पैगम्बरी ढंग से कहा है। वह मौलिक नहीं। उसमें कोई युक्ति नहीं।

मुझे कहना है, लारेंस के प्रसिद्ध उपन्यास 'लेडी चैटर्लीज (शैटर्लीज) लवर' के उच्चारण की तरह ही लारेंस के सम्बन्ध में भी भारती जी का अध्ययन और ज्ञान सर्वथा विलक्षण नहीं है।

मुंशी जी के बारे में किसी राजनीतिज्ञ ने कहा था कि वे यदि Culture के बारे में कम और Agriculture के बारे में ज्यादा ध्यान देते तो देश का कल्याण होता। यह बात राजनीतिक दृष्टि से ही सही नहीं है, साहित्यिक दृष्टि से भी है। मुंशी जी ने बहुत लिखा है : अब उन्हें एक ऐसा आलोचक भी मिल गया है जो विश्व के श्रेष्ठ औपन्यासिकों में उन्हें मानता है, यदि वे अब Agriculture पर ही ध्यान देते। गुजराती के वृन्दावनलाल वर्मा को मैं उससे ज्यादा महत्त्व देने को कतई तैयार नहीं जितना हिन्दी के वृन्दावनलाल वर्मा को।

शरत् बाबू के सव्यसाची से बाद के औपन्यासिक क्रान्तिकारी पात्रों की तुलना की गई है। शरत् के पहले के बंकिमचन्द्र तक को इससे अधिक 'Grand' पात्रों की सृष्टि की क्षमता थी। धर्मवीर जी के विचारार्थ मैं 'आनन्दमठ' की सिफारिश करता हूँ। हर वेश्या को सही और हर प्रेमी को शराबी सिद्ध कर और अपने भावुक पाठकों से राशि-राशि अश्रु वसूल कर शरत् ने बंगला की खाड़ी में नमक के अंश को जो

बढ़ाया हो, उपन्यासकार के रूप में उनकी उपलब्धि नगण्य है। उनके[1]...तो विकसित हो ही गया है कि वह शरत् की भावुकता पर मुस्करा सकें! क्रान्तिकारी भी हम-आप-सा मनुष्य है, यह दिखाने की क्रान्तप्रज्ञता जिसमें थी, इसकी तमीज रखनेवाले बंकिम के कृतित्व को आलोचक नहीं जानते—समझते तो यह बंकिम की भूल नहीं है।

जैनेन्द्र

1. मनोवैज्ञानिकता उनकी विशेषता नहीं।
2. शरत्चन्द्र जैसी भावुकता, जिससे अपने को दूर रखने में प्रेमचन्द को गर्व था, जैनेन्द्र की वास्तविक विशेषता। व्यक्ति, समाज नहीं।
3. जैनेन्द्र में चिन्तन की शुरू से झलक, अतः यह भावुकता दबी रही।
4. उनकी शैली में बंगला-कवित्व नहीं, बल्कि अपनी खास टकसाल की मुहर—प्रेमचन्द की टकसाली भाषा प्रचलित बोलचाल की भाषा का प्रतिनिधित्व करती है; जैनेन्द्र अपनी भाषा अपनी अभिव्यंजना के लिए उपयुक्त बनाने के लिए गढ़ते तो हैं किन्तु उसे शब्द-जाल नहीं बनाते। उनकी भाषा उनकी अपनी तो है, फिर भी दुर्बोध या बोझिल नहीं।

मनोवैज्ञानिक लेखकों में :

1. कृपानाथ मिश्र की 'प्यास'।
2. इलाचंद्र जोशी : 'निर्वासित', 'प्रेत और छाया'।

अज्ञेय

जैनेन्द्र के बाद के सबसे महत्त्वपूर्ण उपन्यासकार अज्ञेय, जिनकी 'शेखर : एक जीवनी' दो खंडों में प्रकाशित हुई है।

'शेखर : एक जीवनी' उपन्यास भी है और जीवनी भी। इस कारण न तो वह उत्कृष्ट उपन्यास ही हो सका है, न ईमानदारी के साथ लिखी गई जीवनी।

अज्ञेय ने जीवनी के कुत्ते के साथ शिकार खेला है और उपन्यास के खरगोश के साथ पलायन किया है। वे चाहते हैं, मिठाई खाएँ भी और वह उनके पास बनी भी रहे।

अज्ञेय एक Paranoiac (अत्याचार-भाव से ग्रस्त व्यक्ति) हैं और इस उपन्यास में उसका चित्रण किया गया है। चित्रण भर की बात रहती तो मुझे कोई आपत्ति नहीं होती; किन्तु इस उपन्यास में तो इस अत्याचार-भाव से ग्रस्त मनुष्य की वकालत की गई है, उसे बहुत ऊँचा उठाने का प्रयत्न किया गया है और यही इस उपन्यास की ऐसी कमजोरी है जिसने हिन्दी का सर्वश्रेष्ठ उपन्यास नहीं बनने दिया है।

शेखर बच्चा था तो उसे उसके माता-पिता नहीं समझ पाते थे। वह युवक हो जाता है तो समाज उसकी उपेक्षा करता है; वह लेखक बनता है तो सम्पादक और

1. इस स्थल पर, लेखक की मूल पांडुलिपि में ही, कुछ अंश खंडित हैं। —सं.

सुधारक बनता है तो उससे लाभ उठाने वाले ही उसे निरुत्साहित करते हैं। अज्ञेय 'शेखर' हैं या नहीं, इस पर पाठक शायद कभी दो बार सोचता भी नहीं किन्तु पहले तो वे खुद ही 'शेखर : एक जीवनी' शीर्षक से पाठकों की जिज्ञासा इस सम्बन्ध में जाग्रत कर देते हैं, फिर शेखर के अतिरिक्त सभी दूसरे पात्रों के प्रति निर्मम तटस्थता अपना कर भी वे पाठक के सन्देह को पुष्ट कर देते हैं। शशि के प्रति लेखक थोड़ा उदार है पर उसकी दुर्बलताओं का भी वह प्रशंसनीय निर्लिप्तता के साथ विवरण देता है। पर जब शेखर की बात आती है तो लेखक उसकी दृष्टि से देखता है, उसे अपने विषय में दूसरों की दृष्टि से विचार करते नहीं दिखाता।

'शेखर : एक जीवनी' हिन्दी का सर्वश्रेष्ठ उपन्यास हो सकता था, यह मैंने ऊपर कहा है। नहीं हो सका तो इसके कारण का भी निर्देश किया है। लेकिन उसकी यह विशिष्टता क्या है जिसके आधार पर उसके लिए यह दावा किया जा सकता है? उत्तर है, 'शेखर : एक जीवनी' की शैली में गरिमा है, जो हिन्दी के किसी उपन्यास-लेखक की रचना में नहीं पाई जाती। शब्दों के सम्बन्ध में Haubert के Mot Juste (एक भाव को एक ही शब्द में व्यक्त करता है) वाले कठोर प्रतिमान का निर्वाह हिन्दी गद्य में यदि कहीं पाया जाता है तो इसी उपन्यास में।

एक उदाहरण : 'शेखर के पिता लम्बे कद के, गौरवर्ण, गठे हुए और उद्यमी शरीर के थे। उनकी तीखी आँखें, बंकिम नाक, मोटा किन्तु दबा हुआ अधरोष्ठ उस अभिमानी और गुस्सैल आर्यत्व का परिचय देते थे जिसे लेकर किसी प्रागैतिहासिक काल में एक लोलुप, लुटेरी बर्बर जाति भारत में घुसी थी और यहाँ प्रभुत्व जमाकर बैठ गई थी।'

अमेरिका के आधुनिक उपन्यासकारों में सर्वाधिक प्रसिद्ध, अर्नेस्ट हेमिंग्वे ने शैली के सम्बन्ध में कहीं कहा है: 'Good writing is architecture, not interior decoration.' शैली की इस कसौटी पर हिन्दी में 'शेखर : एक जीवनी' के अतिरिक्त कोई दूसरी पुस्तक खरी उतर सकती है तो मैं उसके बारे में नहीं जानता।

मैंने अक्सर कहा है कि हिन्दी साहित्य का समसामयिक युग उपलब्धियों का युग नहीं है। लेकिन मैं महसूस करता हूँ कि यह युग सम्भावना और आशा का युग है। किसी प्राचीन विचारक ने कहा है, जिस युग में कम-से-कम एक उत्कृष्ट महाकाव्य नहीं लिखा जाता, वह युग निष्फल होता है। आज हम तनिक और उदार होकर उत्कृष्ट महाकाव्य की ही नहीं, महान उपन्यास की प्रतीक्षा कर रहे हैं। मुझे अपने द्रुतगामी युग से आशा है। मैं भी दूसरों की तरह प्रतीक्षा करता हूँ।

इधर एक बार से अधिक अवसर आए जब मैंने उर्दू शायरी के सुपरिचित आशिक की तरह आशा से थरथराते हाथों से उपन्यास खोले। कुछ उपन्यास पूरे के पूरे पढ़ गया, किन्तु भ्रम तो दो-चार अध्यायों के बाद ही मिट गया था। 'अज्ञेय' का हाल में प्रकाशित 'नदी के द्वीप' ऐसे उपन्यासों में से एक है। ऐसे उपन्यासों में वह सर्वोत्तम है, इसलिए उसे पढ़ लेने के बाद उस पर कुछ कहना भी चाहता हूँ।

जब 'नदी के द्वीप' का प्रकाशन नहीं हुआ था, या कम-से-कम मैंने उसे देखा-पढ़ा नहीं था, तभी, कई महीने पहले, मैंने एक साहित्यिक पत्रिका के अग्रलेख के रूप में लिखा था : 'अज्ञेय के 'नदी के द्वीप' के बारे में हम आशान्वित भी हैं और सशंक भी।' यह नहीं कि मुझे साहित्यिक भविष्यवाणी करते रहने में कोई दिलचस्पी हो। आशा और शंका का आधार था उपन्यास का एक अंश, जो एक मासिक पत्रिका में, शायद बतौर बानगी, मुद्रित हुआ था। हाँडी के उस एक चावल को देखकर मैंने जो कहा था, वह सच साबित हुआ, इसकी मुझे खुशी नहीं है।

प्रकाशित होते ही 'नदी के द्वीप' ने गहरी प्रतिक्रियाएँ उत्पन्न की हैं। उपन्यास लोकप्रिय सिद्ध हुआ है। उसके सम्बन्ध में आलोचकों के प्रतिकूल मत भी प्रकाशित हुए हैं। एक ख्यातनामा उपन्यासकार को शिकायत है कि इस उपन्यास को 'पढ़ते हुए मैं भींगा क्यों नहीं, डूबा क्यों नहीं!' उन्हें शिकायत हो सकती है, पर मैं तो उसके भींगने और डूबने से बच जाने पर उन्हें बधाई देना ही अपना कर्तव्य मानता हूँ। एक साहित्यिक पत्रिका के अग्रलेख में उपन्यास की प्राय: नहीं, पर उसके एक पात्र की कुछ उक्तियों के आधार पर, शिकायत है कि इस उपन्यास में राजनीति की एक विशेष प्रणाली पर व्यंग्य है और व्यंग्य गलत है, वह राजनीतिक प्रणाली ही और उसके साहित्यिक सिद्धान्त ही ठीक हैं। चूँकि इन सभी आलोचनाओं में उपन्यास की, उपन्यास के रूप में, वास्तविक आलोचना नहीं है, इसलिए इनके सम्बन्ध में मुझे कुछ भी नहीं कहना है। लेकिन इन आलोचनाओं से यह तो साफ जाहिर होता है कि इस उपन्यास से आशाएँ बहुत थीं और वे पूर्ण न हुईं।

मैं अपनी निराशा का कारण बताना चाहूँगा। शेखर की तरह भुवन के बारे में अज्ञेय ने यह बताना जरूरी नहीं समझा है कि आप मानें कि वह अज्ञेय नहीं है। मुझे इससे यहाँ बहस भी नहीं कि शेखर 'अज्ञेय' है या नहीं। लेकिन मुझे भुवन को, जो 'नदी के द्वीप' का मुख्य नायक है, पहचान लेने के बाद जरूर निराशा हुई। भुवन और कोई नहीं, शेखर ही है। वह अपनी समझ में पूरी तरह वेश-परिवर्तन कर हमारे सामने आता है। उसे अपने वेश-परिवर्तन पर भरोसा होगा, पर उसे पहचान लेने में जरा भी दिक्कत होती नहीं। अवश्य वेश-परिवर्तन की असफलता के लिए उपन्यासकार ही उत्तरदायी है। शेखर का वेश ही क्या कम बनावटी है कि उसका फिर वेश-परिवर्तन किया जाए और यह विश्वास भी पाला जाए कि नये वेश में वह पहचान नहीं लिया जाएगा?

'नदी के द्वीप' में निर्ममता और निर्लिप्तता के साथ चित्रित पुरुष पात्र, चन्द्रमाधव, अपनी एक चिट्ठी में एक बार और बहुत कुछ लिखते हुए भुवन को कहता है : 'बुद्धू हो तो क्या हुआ!' मैं नहीं समझता, शेखर के रूप में भुवन से परिचित होने पर चन्द्रमाधव अपनी यह राय बदलता ही।

शेखर और भुवन, या कहूँ, शेखर या भुवन, अपने बारे में अगर अदना-सी यह बात समझ सकते तो वे चिरकाल तक वय:सन्धि की अवस्था में ही बँधे रहने को अभिशप्त नहीं होते, न आत्मदया और आत्मप्रवंचना के शिकार ही बने रहते। मैं मानता हूँ कि शेखर या भुवन वस्तुत: जैसे हैं, उसी रूप में उन्हें औपन्यासिक पात्र बनाने में कोई सैद्धान्तिक अड़चन नहीं है, लेकिन बात बिगड़ती इसलिए है कि उन्हें लेखक अपनी सहानुभूति देता रहता है, उन पर आवश्यकता से अधिक दया दिखाता है और, इसके फलस्वरूप, उनके प्रति उस तटस्थता का निर्वाह नहीं कर पाता, जिसे वह बड़ी सिद्धता के साथ अपने दूसरे पुरुष या स्त्री-पात्रों के साथ बरतता है।

चन्द्रमाधव और रेखा को लेकर एक महान उपन्यास की रचना हो सकती थी। दुर्भाग्य यह है कि लेखक का ध्यान भुवन और गौरा पर ही लगा रहता है, जो उसके हाथ की कठपुतली बनकर रह जाते हैं। कहना अनावश्यक है कि ठीक इसी कारण 'शेखर : एक जीवनी' भी एक महान उपन्यास बनते-बनते नहीं बन पाया है।

स्थापत्य की दृष्टि से 'नदी के द्वीप' 'शेखर : एक जीवनी' की अपेक्षा अधिक सन्तुलित है, क्योंकि इसमें दूसरे उपन्यास की तरह स्थापत्य-सम्बन्धी विलक्षणता समाविष्ट करने की महत्त्वाकांक्षा नहीं है। 'शेखर : एक जीवनी' में प्रत्यग्दर्शन-प्रणाली का प्रारम्भ में समावेश तो किया गया है, किन्तु बाद में जैसे लेखक भूल ही जाता है कि कथा-प्रवाह को प्रत्यग्दर्शन के अनुरूप खंडित और असम्बद्ध दिखाना आवश्यक है। 'नदी के द्वीप' के प्रारम्भिक अंश में भी यह दोष है किन्तु उससे समूचे उपन्यास का स्थापत्य नहीं बिगड़ता, क्योंकि सभी अंश अपने-आप में पूरे हो जाते हैं और दूसरे अंशों से केवल ग्रथित कर दिये जाते हैं। भुवन रेल के डिब्बे के हैंडल के सहारे बाहर लटका हुआ है, और प्रत्यग्दर्शन-प्रणाली से, लखनऊ में रेखा के साथ उसके परिचय, बातचीत आदि का ऐसा ब्यौरेवार विवरण उपस्थित कर दिया जाता है कि हमें भुवन की लोकोत्तर मनस्विता पर तो विश्वास नहीं हो पाता; हाँ, उसके संकट का खयाल बार-बार होने लगता है।

'नदी के द्वीप' का अत्यन्तम शक्त-स्थल है अस्पताल में रेखा के जीवन को बदल देनेवाली घटना का वर्णन। इस वर्णन की तुलना हेमिंग्वे के 'ए फेयरवेल टु आर्म्स' के एक ऐसे ही वर्णन से की जा सकती है, जो अनेक दृष्टियों से उपादेय सिद्ध होगी।

'नदी के द्वीप' में हिन्दी का वैसा दृढ़बन्ध, प्रौढ़ और परिष्कृत गद्य मिलता है जिस पर हम गर्व कर सकते हैं। यहाँ एक छोटा-सा उद्धरण देकर सन्तोष करना पड़ेगा, जिसमें उपन्यास के शीर्षक की कुंजी भी मिल जाती है : 'हाँ, मगर सचमुच सेतु बन सकें तो दोनों ओर से रौंदे जाने में भी सुख है, और रौंदे जाकर टूटकर प्रवाह में गिर

पड़ने पर भी सिद्धि। पर मैं तो कह रही हूँ कि मैं तो उतनी कल्पना भी नहीं कर पाती, मैं तो समझती हूँ, हम अधिक से अधिक इस प्रवाह में छोटे-छोटे द्वीप हैं, उस प्रवाह से घिरे हुए भी, उससे कटे हुए भी, भूमि से बँधे और स्थिर भी, पर प्रवाह में सर्वदा असहाय भी, न जाने कब, प्रवाह की एक स्वैरिणी लहर आकर मिटा दे, वहाँ ले जाए, फिर चाहे द्वीप का फूल-पत्ते का आच्छादन कितना सुन्दर क्यों न रहा हो!'

'नदी के द्वीप' के कथोपकथन भी 'शेखर : एक जीवनी' की तुलना में अधिक चमत्कृत करनेवाले और विदग्धतापूर्ण है। एक दृष्टान्त : चन्द्रमाधव कुछ राजनीतिज्ञों से मिलकर अभी लौटा है। भुवन पूछता है : 'चन्द्र, तुम्हारा इंटरव्यू कैसा रहा? भेंट हुई तो?' चन्द्र जवाब देता है : 'बताता हूँ, जरा कॉफी आने दो, उनकी बातचीत का जायका धो लूँ।' इसके विपरीत उपन्यास में कुछ-एक ऐसे स्थल भी हैं, जिनमें गद्य काव्य का अवांछनीय उच्छ्‌वास और सजावट है।

समासतः 'नदी के द्वीप' हिन्दी उपन्यास-धारा के बीच एक ऐसा द्वीप अवश्य है जो ध्यान आकृष्ट करता है।

'अश्क'

नदी में बाढ़ आती है। पानी तटों के ऊपर से बहने लगता है। नदी की आकृति मिट जाती है, उसकी धारा अनिश्चित, अनियंत्रित हो जाती है। ऐसी नदी के ढंग के उपन्यास भी होते हैं। ऐसे उपन्यास या तो बहुत पहले लिखे जाते थे या बहुत आधुनिक काल में। पहले 'आजाद-कथा' जैसे उपन्यास लिखे जाते थे। इधर रोम्याँ रोलाँ ने कुछ-कुछ इसी प्रकार के उपन्यास की उद्‌भावना की थी, जिसे फ्रेंच में 'रोमन फ्लूव' (Roman fleuve) कहते हैं, और जो अनेकानेक जिल्दों में छपता चला जाता है—स्वयं रोलाँ ने एक उपन्यास के दस भाग प्रकाशित किये थे और योजना सत्ताइस भागों की थी।

हिन्दी में, आधुनिक काल में, अज्ञेय ने इस प्रवहमान औपन्यासिक रूप का दुर्लभ आदर्श प्रस्तुत किया। 'शेखर : एक जीवनी' की धारा को अज्ञेय प्रवाहित होते रहने दें, इसी में इस उपन्यास की सार्थकता है—अपने में उसे इसकी योग्यता और शक्ति पर्याप्त मात्रा में है। 'गिरती दीवारें' भी वस्तुतः इसी प्रकार का उपन्यास है। उसका प्रवाह कुछ दूर तक जाकर ही रुक जाता है, यानी दूसरे शब्दों में, पुस्तक एक भाग में ही समाप्त हो गई है। इस विवेकशीलता के लिए 'अश्क' जी निस्सन्देह पाठकों की दृष्टि में धन्यवाद के पात्र होंगे।

बात ऐसी है कि 'गिरती दीवारें' बाह्यतः 'रोमन फ्लूव' जैसी होने पर भी अन्ततः 'आजाद-कथा' की परम्परा के ही निकट हैं। 'अश्क' जी पर 'सरशार' का प्रभाव आसानी से समझा जा सकता है। यह उर्दू के सफल लेखक रह चुके हैं। उन्होंने अवश्य ही उर्दू के हर एक विद्यार्थी की तरह इस आचार्य का अध्ययन किया

होगा। लेकिन 'सरशार' का प्रभाव और अधिक लाभदायक हो सकता था। 'अश्क' जी ने अपने उपन्यास के स्थापत्य को विशृंखल तो अवश्य रहने दिया है लेकिन क्या उसमें वह 'आजाद-कथा' की किस्सागोई और विविधता ला पाए हैं?

और आधुनिक 'रोमन-फ्लूव' में तो स्थापत्य की विशृंखलता की तह में ऐसा चारित्रिक या बौद्धिक प्रवाह बना रहता है जो व्यस्तता को भी एक परिवर्तनशील योजना प्रदान करने में समर्थ हो जाता है। इस प्रकार के उपन्यासों में एक व्यक्ति या ऐसे व्यक्तियों के समूह का चित्र रहता है जिनका एक दूसरे के साथ पारिवारिक या बौद्धिक सम्बन्ध रहता है। इस क्षीण आधार को लेकर जिस उपन्यास की रचना होगी, उसमें वह सुसंगठित स्थापत्य नहीं पाया जा सकता जो साधारणत: उपन्यासों में अपेक्षित होता है। किन्तु लेखक की बौद्धिक अन्विति तथा सत्य के लिए आग्रहशीलता 'प्रवहमान उपन्यास' में भी कलात्मक योजना अनुस्यूत कर देती है। यदि लेखक में इन दोनों बातों का अभाव है तो ऐसा स्थापत्य-रहित उपन्यास सर्वथा निरर्थक प्रमाणित होता है। 'गिरती दीवारें' से हमें निराशा होती है। यह स्थापत्य-रहित उपन्यास तो है किन्तु सफल 'प्रवहमान उपन्यास' नहीं।

जिस एक व्यक्ति की जीवनधारा का विस्तृत वर्णन इस उपन्यास में है, वह एक रीढ़-रहित, ढुलमुल यकीन, कमजोर और अत्यन्त साधारण मनुष्य है। इस आदमी में कहीं कोई द्वंद्व या तनाव नहीं है। वह समाज की 'गिरती दीवारों' का, टूटते और बदलते हुए ढाँचे का, प्रतिनिधि न बनकर उसमें दुबका रहनेवाला दयनीय जीव भर है। वह चोटें सहता ही है, करता नहीं, वह खुद टूट-टूट जाता है, तोड़ कभी नहीं पाता। 'दीवारें' गिर रही हैं, यह सच है, लेकिन उनके गिरने न गिरने से इस आदमी का कोई वास्ता नहीं। कहा जा सकता है कि 'गिरती दीवारें' इस शीर्षक का और इस शीर्षक वाले उपन्यास का एक दूसरे के साथ कोई सम्बन्ध नहीं। मुख्य पात्र ही नहीं, उपन्यास का वातावरण भी ढहती हुई प्राचीनता और उस पर उठती हुई नवीनता का आभास देने में असमर्थ है। शीर्षक सुन्दर जितना भी हो, सार्थक एकदम नहीं। यदि भगवतीचरण वर्मा के नवीनतम उपन्यास और 'अश्क' जी की इस रचना का नामकरण मुझे करना होता और मेरे सामने दो नाम भी होते—'टेढ़े-मेढ़े रास्ते' और 'गिरती दीवारें', तो मैं पहले के लिए दूसरा, और दूसरे के लिए पहला शीर्षक चुनना ही पसन्द करता।

मैं उपन्यासकार से अतिमानव असाधारण या सबल पात्रों की सृष्टि करने की माँग नहीं करता, जैसाकि कुछ आलोचकों ने इलाचन्द्र जोशी से किया है, और जिससे वह क्षुब्ध भी हैं। मैंने अन्यत्र फ्लावेयर के इस मत का उल्लेख किया है कि साधारणता इतनी सार्वजनीन और सर्वव्यापक है कि कलाकार उसके चित्रण-वर्णन से बच नहीं सकता, न यही आवश्यक है कि उससे बचने के लिए वह प्रयत्न ही करे।

स्वयं फ्लावेयर ने 'बूवार्द पेक्यूशे' (Bouvard et pecuchet) लिखकर अपने इस सिद्धान्त को व्यवहार में परिणत भी कर दिखाया था। अगर 'अश्क' जी ने इस दृष्टिकोण से 'गिरती दीवारें' की रचना की होती तो उनके प्रयत्न की मौलिकता का अभिनन्दन करनेवाला कम-से-कम एक आलोचक तो उन्हें अवश्य प्राप्त होता जो इन पंक्तियों का लेखक भी है। किन्तु इसके विपरीत 'अश्क' जी अपने उपन्यास के आकर्षक शीर्षक में जो प्रतिज्ञा करते हैं, उसमें उनके जिस उद्देश्य का इंगित है, जिस सामाजिक आलोचना का दावा है, उससे असाधारण हलचल, विराट परिवर्तन, ध्वंस और निर्माण की युगपत प्रक्रिया और जीवन के चरित्रों के दर्शन की ही उम्मीद बँधती है। और, सैकड़ों पृष्ठों के इस बृहत्काय उपन्यास के अध्यवसायपूर्ण अध्ययन के बाद हम पाते हैं सिर्फ एक उपेक्षित किशोर, ग्रामीण और ग्राम्य युवक, असफल सहकारी सम्पादक और लेखक-कवि के कुंठित व्यक्तित्व का दयनीय इतिहास; जिसका सबसे बड़ा कृतित्व शायद यह है कि वह अपनी पत्नी की छोटी और सुन्दर बहन से लुक-छिपकर प्रेम करता है और बुरी तरह फटकार खाता है।

और, मेरी दृष्टि में यह सब कुछ क्षम्य होता, यदि और कुछ नहीं तो पाँच-छह सौ पृष्ठों को पढ़ने में जितना समय लगता है उतनी देर तक मुझे इस पुस्तक के उच्च कोटि का गद्य ही पढ़ने को मिला होता। लेकिन इसके लिए शायद लेखक दोषी नहीं कहा जा सकता। हिन्दी में उपन्यासों की बहुत ज्यादा खपत है! बड़े उपन्यासों के लिए प्रकाशक अच्छे पैसे देने को तैयार है। अभावग्रस्त लेखक अवसर का फायदा उठा रहे हैं, यह अस्वाभाविक नहीं। लेकिन इससे भी इनकार नहीं किया जा सकता कि हिन्दी का धरातल आज निम्नाभिमुख है, जिसका एक प्रमाण यह उपन्यास भी है।

'गिरती दीवारें' की शैली की हीनता के लिए यह अर्थशास्त्रीय कारण ही एकमात्र उत्तरदायी नहीं है। विषय और दर्शन की हीनता साधारणत: शैली को भी हीन बनाकर छोड़ती है—साधारणत: इसलिए कि ऐसे भी अपवाद हैं जिनमें असाधारण प्रतिभावाले कलाकार; शैली को ही साध्य मानकर विषय और दर्शन की हीनता से ऊपर उठ सकने के असम्भव व्यापार को भी सम्भव कर दिखाते हैं।

यह सब कह देने के बाद, अपनी उदारता पर बिना दबाव दिये, मैं यह भी अवश्य कह देना चाहूँगा कि इस उपन्यास को हिन्दी के औसत गल्प-प्रेमी सरल, मनोरंजक और समय को अतिवाहित करने के लिए सर्वथा उपयुक्त पाएँगे, हालाँकि इसके लिए उन्हें काफी कीमत भी देनी पड़ेगी।

डा. हजारीप्रसाद द्विवेदी

'मिस कैथराइन नामक एक आस्ट्रियन महिला को 'बाणभट्ट की आत्मकथा' पर एक स्वतंत्र ग्रंथ की पांडुलिपि सोन नदी के किनारे उपलब्ध हुई है

('विशाल भारत', जनवरी, 1943 ई.)। बाण के अन्य ग्रंथों की भाँति यह आत्मकथा भी अपूर्ण है। इसका हजारीप्रसाद द्विवेदी कृत हिन्दी अनुवाद 'विशाल भारत' में प्रकाशित हो रहा है। मूल संस्कृत आत्मकथा का प्रकाशन संस्कृत साहित्य की एक अपूर्व वस्तु होगी।'

हिन्दी में लिखे गए जिस मामूली तरह से कामचलाऊ संस्कृत साहित्य के इतिहास से ये पंक्तियाँ उद्धृत की गई हैं, उसका पता-ठिकाना नहीं देना उसके साथ अन्याय करना नहीं होगा। द्विवेदी जी की लेखनी का जादू उल्लिखित पुस्तक के लेखकों के सर पर चढ़कर बोल गया है। मैं एक तरफ द्विवेदी जी की मूक खिलखिलाहट की बात सोचता हूँ और दूसरी तरफ उद्धृत पंक्तियों के लेखकों की विनोद-भावना के नितान्त अभाव की और आज फिर इस आलोचना को लिखते समय मन-ही-मन उस तरह खिलखिला रहा हूँ जिस तरह पहली बार इस वक्तव्य को पढ़ने पर खिलखिला पड़ा था।

लेकिन गम्भीरतापूर्वक विचार करने पर इस भ्रान्ति के लिए आत्मकथा का लेखक ही उत्तरदायी ठहरता है! उसने अपनी विनोदपूर्ण भूमिका से जितना भ्रम नहीं फैलाया है, उतना तो अपनी लेखन-शैली से, जो पुस्तक को इस प्रकार विश्वासोत्पादक बना देती है! द्विवेदी जी ने यह प्रगल्भ परिहास न भी किया होता तो शोधप्रेमी यह सन्देह कर सकते थे कि इन महाशय को कदाचित् कोई प्राचीन पांडुलिपि मिल गई हो? 'बाणभट्ट की आत्मकथा' साहित्यिक 'परकाय-प्रवेश' का उत्कृष्ट उदाहरण है : द्विवेदी जी को बाणभट्ट बन जाने में पूरी सफलता मिली है।

द्विवेदी जी की सफलता का रहस्य आसानी से समझ में आ जाने की बात है। उनके और बाणभट्ट के व्यक्तित्व में एक से अधिक समान तत्त्व हैं। दोनों में ही शास्त्र के ज्ञान और जीवन के अनुभव, पांडित्य और विनोद, संयम और सहृदयता, गाम्भीर्य और परिहास-प्रेम का दुर्लभ संयोग है। कोई आश्चर्य नहीं, द्विवेदी जी की लिखी बाणभट्ट की जीवनी बाणभट्ट की आत्मकथा ही बन गई है।

आत्मकथा लिखना सबके बूते की बात नहीं; पर कुछ लोगों को दूसरों की जीवनी लिखने में ऐसी सफलता मिल सकती है कि वह आत्मकथा ही मालूम पड़े। दूसरी कोटि के लेखकों के लिए इतिहास के सूक्ष्म अध्ययन के साथ कवि की शक्ति और उपन्यासकार की स्थापत्य-कुशलता भी आवश्यक है। लेखक और उसके चरितनायक के व्यक्तित्व की समानता तो जीवनी-लेखक के लिए अनिवार्य है। और, जहाँ तक इस अन्तिम तत्त्व का प्रश्न है, मैंने तुरत पहले इसका निर्देश किया है।

बाणभट्ट के इतिहास के विषय में भी, सौभाग्य से लेखक को पर्याप्त सामग्री सुलभ थी। सौभाग्य से इसलिए कहा, क्योंकि संस्कृत के प्राचीन लेखकों का इतिहास, इतिहास नहीं, अनुमान मात्र है। बाणभट्ट उन अपवादों में से हैं जिनके विस्तृत और प्रमाणित जीवन-वृत्त उपलब्ध हैं। इससे भी ज्यादा तो यह कि बाण का

जीवन-वृत्त उन्हीं के द्वारा लिखा गया है। 'कादम्बरी' और 'हर्षचरित' में बाण ने अपने बारे में जितना और जो कुछ लिखा है, वह क्या कम है ? बाणभट्ट के काल-निर्णय जैसे नीरस शास्त्रीय प्रश्नों पर भले ही उसकी आत्मकथा से प्रकाश नहीं पड़ता हो किन्तु उससे उनके व्यक्तित्व का अन्तर्दर्शन सम्भव हो जाता है जो उनकी जीवनी लिखने के प्रयास को काफी सरल बना देता है।

आत्मकथा लिखनेवाला अपनी केंचुली से बाहर निकलकर अपना विश्लेषण करता है; इसलिए ईमानदारी से लिखी गई आत्मकथा जीवनी-सी लगती है। इसके विपरीत जीवनी-लेखक वर्ण्य व्यक्ति से अभिन्न होकर उसके व्यक्तित्व का संश्लेषण करता है; फलतः सफल जीवनी आत्मकथा बन जाती है। बाणभट्ट ने बिना भावुक हुए और निर्मम तटस्थता के साथ लिखा है कि एक अभिजात ब्राह्मण-वंश में जन्म लेने के बावजूद वे, यौवन में, सन्देहास्पद चरित्रवाले समवयस्कों के साथ आवारागर्दी करते रहे; फिर सँभले और घर-गिरस्ती की ओर ध्यान दिया और साहित्य-रचना में जुटे। राजा के यहाँ पहुँचने पर पहले तो उपेक्षा ही हुई, क्योंकि जवानी के कारनामों की 'प्रसिद्धि' राजा के पास तक पहुँच चुकी थी, पर बाद में उनकी प्रतिभा के कारण यथोचित आदर भी हुआ। इतनी-सी बात, लेकिन बाणभट्ट की लिखी हुई; कवित्वपूर्ण होने पर भी कहीं असत्य नहीं, अपने बारे में होते हुए भी कहीं लीपा-पोती नहीं। व्यक्ति के जीवन के इतिहास के लिए इतनी सामग्री है तो काफी है। द्विवेदी जी ने इस सामग्री की सम्भावनाओं को देखा और उनका सफाई के साथ उपयोग किया। बाण ने आत्मकथा लिखते हुए भी वस्तुतः जीवनी लिखी। द्विवेदी ने जीवनी लिखी और उसे आत्मकथा कहा और हमने उसे ऐसा पाया भी—कुछ लोगों ने तो शब्दशः।

परिमाण में सीमित इतिहास के आधार पर परिपूर्ण जीवनी—जैसे बाणभट्ट की आत्मकथा है—लिखने के लिए कवित्व-शक्ति बहुत आवश्यक है। एक कवि ही, मैं ऐसा मानता हूँ, जीवनी लिख सकता है। बाण ने 'कादम्बरी' और 'हर्षचरित', दो उपन्यास लिखे हैं। 'हर्षचरित' एक ऐतिहासिक उपन्यास है। वह इतिहास कम और ज्यादा उपन्यास ही है और उससे भी ज्यादा जीवनी। बाण का कवित्व तब देखने को मिलता है जब वे गहरे रंगों की विविध पृष्ठभूमियों के सहारे हर्ष के व्यक्तित्व और स्वभाव को, उनके संघर्ष तथा सरलता, कोमलता और कठोरता के साथ अभिव्यक्त करते चले जाते हैं। द्विवेदी जी ने बाण की तरह बहुत गहरे रंगों का तो प्रयोग नहीं किया है, फिर भी गहरे रंगों का प्रयोग उन्होंने भी अवश्य ही किया है। गहरे रंगों की पृष्ठभूमि में यह खतरा बना रहता है कि कहीं तसवीर ओछी न पड़ जाए। बाण कहीं-कहीं अपने चित्रों को, उनकी पृष्ठभूमि के फलस्वरूप, हलका ही छोड़ देने को बाध्य हो गए हैं। द्विवेदी जी ने अपने चरितनायक की कुशलता और असफलता, दोनों से ही सीख ली है। 'बाणभट्ट की आत्मकथा' में

शायद ऐसा कहीं हुआ हो कि पृष्ठभूमि प्रधान और चित्र गौण हो गया हो। लेकिन द्विवेदी जी की तसवीरें भी सार्थक पृष्ठभूमि पर ही उभरी हैं। और, सार्थक पृष्ठभूमि के लिए कवित्व-शक्ति की ही अपेक्षा रहती है। पुस्तक के आरम्भ में ही बाणभट्ट के जो विशद चित्र उपस्थित किये गए हैं, उनकी परिपूर्णता के पीछे लेखक की कवित्व-शक्ति ही काम करती है। ऐसे दूसरे चित्र पुस्तक में भरे पड़े हैं। 'बाणभट्ट की आत्मकथा' निस्सन्देह एक कवि-चित्रकार की रचना है।

बाणभट्ट के उपन्यासों के समान ही उनकी इस जीवनी में भी कवित्वपूर्ण वर्णनों का, एक विशेष प्रभाव को उत्पन्न करने के लिए, विन्यास पाया जाता है। विस्तृत एवं सजीव वर्णनों की सहायता से, कुल मिलाकर वह वातावरण तैयार कर दिया गया है जो चरित्र-निर्माण को विश्वास्य बना पाता है। बाण के पर्यटन-काल से सम्बद्ध देश, तत्कालीन आचार-व्यवहार आदि के जो वर्णन आए हैं, वे अपने में ही महत्त्वपूर्ण नहीं हैं, किन्तु बाण के अमर्यादित जीवन के अनिवार्य वातावरण की सृष्टि करते हैं। बाणभट्ट की आत्मकथा पढ़ते हुए हम सम्राट् हर्षवर्द्धन के भारतवर्ष में पहुँच जाते हैं। इतिहास की पुस्तक पढ़ने पर भी पाठक को ऐसा अनुभव करना चाहिए। लेकिन इतिहासकार कवि नहीं होते हुए भी इतिहास लिख सकता है जबकि जीवनी-लेखक कवि हुए बिना इतिहास ही लिख सकता है, जीवनी नहीं।

आत्मकथा के स्थापत्य में ये सभी तत्त्व आनुषंगिक और आनुपातिक रूप में नियोजित हैं। 'कादम्बरी'कार का स्थापत्य-कौशल अपने समय की दृष्टि से अद्वितीय और आज भी असाधारण है! जीवनी-लेखक अवश्य ही स्थापत्य-सम्बन्धी ऐसे जटिल प्रयोग नहीं कर सकता। लेकिन स्थापत्य की सरलता उसकी कम महत्त्वपूर्ण विशेषता नहीं। घटना-वैचित्र्य, स्वतंत्र कल्पना आदि के अभाव में भी 'बाणभट्ट की आत्मकथा' एक महान ऐतिहासिक उपन्यास बन पड़ा है। आत्मकथा जैसी लगनेवाली यह जीवनी वस्तुतः एक उपन्यास ही है और द्विवेदी जी यहीं एक कुशल कलाकार के रूप में प्रकट भी होते हैं। उन्होंने केवल ऐतिहासिक पृष्ठभूमि या ऐतिहासिक पात्र को ही नहीं चुना है, बल्कि दोनों की संकीर्ण परिधि में अपने को आबद्ध रखा है। फिर भी आत्मकथा में आद्यंत औपन्यासिकता का अकृत्रिम निर्वाह हुआ है। द्विवेदी जी ने ऐतिहासिक यथातथ्य और सूक्ष्म बाह्य वर्णन के साथ बाणभट्ट के आभ्यन्तर द्वंद्व और संघर्ष के विश्लेषण को जिस विलक्षणता के साथ गुंफित किया है, वह उनके निर्माण-कौशल का परिचायक है।

आधुनिक और प्राचीन प्रणालियों का यही समन्वय आत्मकथा की शैली और भाषा में भी दीख पड़ता है। बाण की अत्यन्त कृत्रिम और आलंकारिक गद्य-शैली के बदले आधुनिक आदर्श के अनुरूप गद्य के सहारे ही लेखक बराबर बाण की याद दिलाते रहने में सफल हुआ है। स्वयं बाण, अपने सारे पांडित्य-प्रदर्शन के रहते हुए भी, भावानुरूप परिवर्तनक्षम तथा लयपूर्ण गद्य लिख सकते थे। कई-कई पृष्ठों तक

फैले हुए वाक्यों के बदले जब दो-दो, चार-चार शब्दों के लघु, सरल वाक्य आने लगते हैं और फिर कुछ दूर बाद पहले का क्रम चल निकलता है, तो पाठक इस शैलीगत विस्तार और संकोच की लय में बह चलता है। गद्य की यह लयपूर्णता, अपने आडम्बर तथा आभास-रहित रूप में, द्विवेदी जी की शैली की बाण-प्रेरित विशेषता है।

प्राचीनता के उपयुक्त वातावरण की सृष्टि के लिए द्विवेदी जी ने जिन अप्रचलित शब्दों का प्रयोग किया है, वे बड़ी सावधानी के साथ, हिन्दी की प्रकृति के अनुकूल वाक्यों में पिरोये गए हैं। यह बहुत कठिन कार्य है और बहुधा साधारणतः सफल लेखक भी इसका निर्वाह नहीं कर पाते। यों भी, गवेषण और अध्यापन जैसे निर्जीव कामों में लगे रहने पर भी, द्विवेदी जी स्पन्दनशील गद्य लिखते हैं और उनकी यह सामान्य विशेषता तो आत्मकथा में है ही।

अगर मुझसे हिन्दी के दो-तीन उत्कृष्ट ऐतिहासिक उपन्यासों के नाम लेने को कहा जाए तो 'बाणभट्ट की आत्मकथा' उनमें से एक जरूर होगी।

'उग्र'

इस युग के उपन्यासकारों में 'उग्र' का विशेष महत्त्व इसलिए है कि उनकी रचनाओं के कारण गल्प-साहित्य-सम्बन्धी कुछ बातों को लेकर बड़ा बावेला मचा था :

1. 'उग्र' की निन्दा अश्लीलता के लिए की गई। यह सर्वथा युक्तिसंगत आलोचना थी।
2. 'उग्र' की प्रशंसा उनकी शैली के लिए हुई। यह प्रशंसा सर्वथा भ्रामक थी।

कतिपय भारतीयेतर उपन्यास*

जिस विशद गल्पात्मक गद्य आख्यान को आज उपन्यास की संज्ञा दी जाती है, उसके अनगढ़ पूर्व रूप अत्यन्त प्राचीन साहित्य में मिल जाते हैं। पश्चिम के इस प्राचीन साहित्य में परिगणनीय हैं—वे मध्यकालीन रोमांस, जिनमें अपनी प्रेमिकाओं के लिए राक्षसों और दैत्यों से लोहा लेनेवाले वीरों के वृत्तान्त मिलते हैं; इटली के नवजागरण-युगीन वे गोचारण-रोमांस, जिनमें कृत्रिम बाह्य दृश्यों के वातावरण में ढोर चरानेवाले युवक-युवतियों की कहानियाँ मिलती हैं; और स्पेन के नवजागरण के समय की वे Picaresque कहानियाँ, जिनमें खलों के दुस्साहसिक कृत्यों के वर्णन गुंफित पाए जाते हैं।

आधुनिक उपन्यास का पहला महत्त्वपूर्ण उदाहरण है Rabelais[1] का Gargantua and Pantagruel। इस ग्रंथ में भाषा नया जन्म ग्रहण करती दीख पड़ती है। इसमें जीवन और ज्ञान के एक नवीन प्रवाह की बहुलता है और मानव-स्वभाव के परिपुष्ट तथ्यों से प्राप्त उल्लास है। दूसरी पुस्तक है Cervantes[2] का Don Quixote। इसमें भी, समृद्धिशाली और समर्थ भाषा में, तेजस्वी वीरों में आरोपित आदर्शवादिता और साधारण मनुष्य की सुपरिचित यथार्थता के बीच क्रिया-प्रतिक्रिया दिखाकर ऐसे मनुष्य की आपाततः हास्यजनक और करुण चेतना चित्रित की गई है जो उठने की कोशिश तो करता है लेकिन धरती पर अपने पैर टिकाये रखकर। आगे चलकर गम्भीर उपन्यास का जो विकास हुआ, वह तथ्य और आकांक्षा के सन्तुलन के प्रयत्न के परिणामस्वरूप।

सत्रहवीं शताब्दी के फ्रांस में Scarron[3] का Roman Comique प्रहसनात्मक (burlesque) साहित्यिक स्वरूप (genre) का प्रतिनिधि ग्रंथ है और यथार्थवाद का महत्त्वपूर्ण पूर्वज। Mmn de La Fayette[4] का La Princosse de Cleves चिरस्थायी महत्त्व की कृति है। इससे उद्भूत मनोवैज्ञानिक गल्प की धारा Stendhal[5] के

* लेखक के प्रस्तुत निबन्ध की मूल प्रति में शीर्षक नहीं है। यह शीर्षक हमने अपनी ओर से लगा दिया है। —कु.श.

1. 1495-1553
2. 1610-1660
3. 1634-1693
4. 1783-1842
5. 1628-1688

La Chartreuse de Parme और Le Rouge at le Noir; तथा Proust और Guide जैसे आधुनिक लेखकों की रचनाओं में विस्तीर्ण और गम्भीर हो जाती है।

इस युग के इंग्लैंड में घटनाओं की गम्भीरता और उत्तेजना और यह भावना सुपरिचित वस्तुओं में भी एक भीतरी अर्थ व्याप्त रहता है—John Bueenyan[1] के Pilgrim's Progress की रूपकात्मक कथा में व्यक्त हुई।

Defoe[2] ने ऐसी गल्प-रचना की कोशिश जारी रखी जो जीवन का संवर्धन तो करे पर ऐसा न मालूम पड़े कि यह तथ्य से दूर हट गई हो। इसके लिए उसने पत्रकारिता की सादगी के साथ रोजनामचे की आत्मीयता का व्यवहार किया।

Defoe ने रूपक का परित्याग कर मध्ययुगीन पृष्ठभूमि से अपनी विस्मय-भावना को मुक्त किया और समसामयिक जीवन की प्रसंगानुरूप picaresque घटनाओं में अभिरुचि दिखाई, जिसका उदाहरण है Moll Flanders। अपनी प्रसिद्ध गल्प-कृति Robinson Crusoe में उसने प्रकृति को परास्त कर उसे अपने अनुकूल बनानेवाली मनुष्य की सामर्थ्य की महिमा का निदर्शन कराया है।

इस आत्मविश्वास से अज्ञात देशों के अनुसन्धान के लिए यात्रा और नवीन वैज्ञानिक आविष्कार करने के लिए आवश्यक प्रोत्साहन मिला, जिनके फलस्वरूप समाज में मध्यवर्ग को अधिकाधिक प्रमुखता प्राप्त होने लगी। Richardson[3] ने Clarissa Harlowe में इस वर्ग को पूर्ण स्वीकृति दी। उसने इस उपन्यास में पारिवारिक जीवन और आचार-व्यवहार का चित्रण किया और नैतिक उद्देश्य को लेकर मध्य-वर्ग की मान्यताओं का भावुकतापूर्ण रूप उपस्थित किया। Defoe की तरह, Richardson ने भी रोजनामचे की शैली अपनाकर आत्मीयता का प्रभाव उत्पन्न करने में सफलता पाई और, दृष्टिकोण को भिन्न बिन्दुओं पर केन्द्रित करते हुए भी, कल्पित चिट्ठियों के समावेश से, इस प्रभाव का निर्वाह किया। Richardson ने वैसे भावनाशील मनुष्य के अन्तर्जीवन की कथा लिखी है जो आधुनिक वस्तुस्थिति के कारण आत्म-पूर्ण, सभ्य जगत में एकाकी, परिवार के बीच भी निःसंग बने रहने के लिए बाध्य होता है। Richardson के द्वारा चित्रित मनुष्य Defoe के Robinson Crusoe का प्रतिभाग है जो प्रकृति के बीच एकाकी है। Robinson समस्या के कुशल समाधान के उद्योग का प्रतीक है, वह वैज्ञानिक हो अथवा व्यापारिक; Clarissa उस अन्तर्निष्ट निःसंगता का प्रतीकीकरण (Symbolisation) है जो मध्यकालीन साम्प्रदायिक जगत के लोकोत्तर मूल्यों के आत्म-केन्द्रित पुनर्जागरण (Renaissance) में परिणत होने से उद्भूत हुई थी। यद्यपि Richardson ने अपने लिए भावना का क्षेत्र चुना था, फिर भी वह तर्कसंगत क्रम का निर्वाह किया था। उसके विपरीत Sterne[4] ने, एक सावधान

1. 1628-1688
2. 1659-1631
3. 1689-1761
4. 1713-1768

लेखक होने के बावजूद, अपने व्यक्तित्व की निर्बंध अभिव्यक्ति के निमित्त, कला और जीवन की रूढ़ियों की अवहेलना की। Fielding[1] ने वैयक्तिक भावना को व्यक्त और अनुमित होने के अवसर तो दिये, किन्तु Sterne की तरह वह उसमें ही सिकुड़ा नहीं रह गया। Richardson की तरह उसने व्यक्तिगत साधुता पर जोर देकर वंशगत नैतिकता का ही समर्थन किया, बल्कि अपने पात्रों के बहिर्निष्ठ और यथार्थ वर्णन द्वारा पूँजीवाद की पाशविकता का विरोध किया। Fielding ने Picaresque आख्यान की एक कतार में आनेवाली घटनाओं के बदले ऐसी घटना-श्रेणियों का आयोजन किया जो नियंत्रित परिणामों की ओर कई दिशाओं में एक साथ बढ़ती चलती हैं। इस प्रकार उसे उपन्यास के स्थापत्य-कौशल के विकास का भी श्रेय है।

अठारहवीं शताब्दी के उत्तरार्द्ध के फ्रेंच और अंग्रेजी उपन्यास अतिशय भावुकतापूर्ण, रूमानी और कृत्रिम थे, और अपने-आपमें गम्भीर विवेचन के योग्य नहीं हैं। उनका महत्त्व इस बात में है कि वे न्यूटन के सृष्टि-यंत्र के तथा बुद्धिवादिता और अनुभववाद के फैलते हुए उन सिद्धान्तों और मान्यताओं के विरुद्ध उठनेवाली प्रतिक्रिया के अंग थे जो व्यक्ति की आकांक्षाओं की महत्ता अस्वीकार करते थे। उस युग की एक विचित्रतापूर्ण कृति के रूप में Horace Walpole[2] के रूमानी उपन्यास The Castle of Otranto का उल्लेख किया जा सकता है। इस उपन्यास ने काव्य और स्थापत्य की उस तत्कालीन प्रवृत्ति का साथ दिया जो ठोस वर्तमान से एक कल्पित प्राचीनता की ओर पलायन की चेष्टा करती थी। अठारहवीं शताब्दी में फ्रांस और इंग्लैंड में पूर्वीय देशों के गल्प-साहित्य को जो लोकप्रियता प्राप्त हुई और उसके जो अनुकरण हुए, उनका समाधान इसी पलायन-भावना में मिलता है। Ronssean[3] की कृतियों में यह रूमानी मनोदशा प्रकृति के आदर्शीकरण और समसामयिक जीवन की कृत्रिमता के विरोध में परिणत हुई। उसने अपने उपन्यासों में उन सामाजिक परिस्थितियों का चित्रण किया जो पूँजीवाद के विकास की विशेषताओं, यांत्रिक और आर्थिक परिवर्तनों और रूढ़ि-जर्जर संस्थाओं और सत्ता के कारण बदतर होती चली जा रही थीं। Nowvelle H'eloise और E'mila जैसे उसके उपन्यास 'भावना के उपन्यास' अथवा 'उद्देश्य के उपन्यास' कहे जाते हैं—इस बात को ध्यान में रखते हुए कि उनमें संवेदनशीलता पर जोर दिया गया है या सुधार की आवश्यकता पर। इन उपन्यासों का विशेष महत्त्व इसलिए है कि उनका लेखक फ्रेंच-क्रान्ति का दार्शनिक था। भावनात्मक और सामाजिक चित्रण की दृष्टियों से इन उपन्यासों की तुलना George Sand[4] की कृतियों से की जा सकती है।

1. 1707-1754
2. 1717-1797
3. 1712-1718
4. 1803-1876

जर्मन उपन्यासों ने जर्मनी के बाहर अठारहवीं शताब्दी के उत्तरार्द्ध में पहले-पहल लोगों का ध्यान आकृष्ट किया। ऐसे उपन्यासों में सर्वप्रथम उल्लेखनीय हैं Goethe के उपन्यास—The Sorrows of Young Werther[1]। यह Richardson से प्रभावित पत्रात्मक रूमानी उपन्यास है; Withelm Meister's Apprenticeship,[2] जो अपेक्षाकृत अधिक यथार्थतापूर्ण कृति है; और Elective Affinities,[3] जो वैवाहिक सम्बन्ध पर लिखा गया एक समस्यामूलक उपन्यास है। इसी युग में Jean Paul Friedrich Richter ने Titan और Years of Indiseretion जैसे Sterne की शैली के उन स्थापत्य-रहित और कल्पना-प्रधान उपन्यासों की रचना की, जिनमें 'कवियों और चिन्तकों' की दुनिया के जीवन का चित्रण है। इन्हीं दिनों 'रूमानी सम्प्रदाय' (Romantic School) के कुछ सदस्यों ने अनेक 'शिक्षाप्रद उपन्यास' लिखे जिन्हें जर्मन भाषा में Bildungsromane कहा जाता है। Tieck का Fronz Sternbald's Wanderings, F. Schlegel का Lucinde और Novalis का Henry of Ofterdingen ऐसे ही उपन्यास हैं। ये Goethe के Withelm Meister's Apprenticeship के ढर्रे पर लिखे गए हैं किन्तु इनमें वैसी यथार्थता नहीं है। उपन्यास का यह रूप जो दर्शनप्रधान, बहुधा आत्मकथात्मक और समसामयिक वातावरण से नहीं बल्कि व्यक्ति से सम्बद्ध रहता है, जर्मन उपन्यास की प्रमुख विशेषता है। ऐसे उपन्यासों में नायक की क्रमिक परिपक्वता के चित्रण का जो प्रयास है, उसका स्रोत न केवल Goethe में बल्कि उसके भी पूर्ववर्ती Grimmelshausen के Simplicissimus में ढूँढ़ा जा सकता है। 1830 के बाद के यथार्थवाद के युग में जर्मन उपन्यास का विकास क्षिप्रता के साथ हुआ। Gottfried Keller का Green Flenry और Eduard More का Painter Nolten इस युग के महत्त्वपूर्ण उपन्यास हैं। हम आज के युग में भी Wassermann के The wold's Illusion और Mann के Magic Mountain जैसे इसी धारा के जर्मन उपन्यास पाते हैं।*

1. 1774
2. 1796
3. 1809

* लेखक का यह निबन्ध अधूरा ही रह गया था। यहाँ उसे यथावत् ही रखा गया है। —सं.

हिन्दी साहित्य और लोकमत

साहित्यालोचन विशेषज्ञों का विषय तो है किन्तु साहित्य के पाठकों की रुचि और मति के अन्तर्भागों (Cross-sections) का भी महत्त्व है। हम 'दृष्टिकोण' के इस स्तम्भ में साहित्य के विभिन्न रूपों के सम्बन्ध में 'गेलप पॉल'—लोकमत—संगृहीत करने का प्रयास आरम्भ कर रहे हैं। साहित्य-प्रेमियों ने हमारे आयोजन का स्वागत किया है। हमें आशा है, वह उत्प्रेरक और उपादेय सिद्ध होगा।

'दृष्टिकोण' के प्रस्तुत अंक में हमने हिन्दी के दस सर्वश्रेष्ठ उपन्यासों के सम्बन्ध में लोकमत संगृहीत किया है। मुद्रित मत-तालिकाओं में नामों का पौर्वापर्य उपन्यासों की श्रेष्ठता के अनुसार है। 'दृष्टिकोण' के पाठकों से भी हमारा अनुरोध है कि वे अपनी मत-तालिकाएँ भेजकर इस आयोजन में हाथ बटाएँ। हम प्राप्त मत-तालिकाएँ अगले किसी अंक में प्रकाशित करेंगे। इस प्रकार उपलब्ध मतदान का विश्लेषण भी सुविधानुसार प्रस्तुत किया जाएगा।

पाठकों को उपन्यासों की अपेक्षित उत्कृष्टता के अनुसार मत-तालिका में उनका क्रम निर्दिष्ट करना चाहिए। हम इसी प्रकार काव्य, नाटक आदि विषयों पर भी लोकमत प्रस्तुत करेंगे। **—न.व.श.**

मेरे अनुसार हिन्दी के दस सर्वश्रेष्ठ उपन्यास ये हैं :

गोदान : प्रेमचन्द
देहाती दुनिया : शिवपूजन सहाय
बुधुआ की बेटी : 'उग्र'
प्यास : कृपानाथ मिश्र
सौन्दर्योपासक : ब्रजनन्दन सहाय
घेरे के बाहर : द्वारका प्रसाद
विमाता : अवधनारायण
सुनीता : जैनेन्द्र
नया आदमी : शिवचन्द्र शर्मा
मीमांसा : अनूपलाल मंडल।

['दृष्टिकोण' : अगस्त, 1953]

उपन्यास सम्बन्धी नोट्स

1. भारतेन्दु ने अमृतसर के सन्तोष सिंह को एक पत्र में लिखा था : 'जैसे भाषा में अब कुछ नाटक बन गए हैं, अब तक, उपन्यास नहीं बने हैं। आप या हमारे पत्र के योग्य सहकारी सम्पादक, जैसे बाबू काशीनाथ व गोस्वामी राधाचरणजी, कोई भी उपन्यास लिखें तो उत्तम हो।'
2. राधाकृष्ण दास ने अपने 'निस्सहाय हिन्दू' नामक उपन्यास के 'निवेदन' में लिखा है : 'यह ग्रंथ पूज्यपाद भाई साहब बाबू हरिश्चन्द्रजी के आज्ञानुसार बना था, किन्तु कई कारणों से बिना छपे ही इतने दिनों तक पड़ा रहा।'[1]
3. भारतेन्दु ने स्वयं भी उपन्यास जैसी एक रचना शुरू की थी : 'एक कहानी 'कुछ आपबीती, कुछ जगबीती'। इसका 'प्रथम खेल' 'कवि-वचन-सुधा' में प्रकाशित हुआ था। यह अपूर्ण ही रह गया।

उपन्यास-शब्द

1. बंगला से—नृ (गृ) हीत रहीत (?)—संस्कृत में अर्थ है : वर्णन करना या सूक्ष्म रूप से वर्णन करना।
2. भारतेन्दु-युग में उपन्यास शब्द प्रचलित, किन्तु कुछ लोग प्रबन्ध-कल्पना या कल्पना शब्द का भी प्रयोग करते हैं :

   उदाहरणार्थ ठाकुर जगमोहन सिंह ने 'श्यामा-स्वप्न' नामक अपने उपन्यास-शीर्षक की व्याख्या करते हुए लिखा है : 'अर्थात् गद्यप्रधान, चार खंडों में एक कल्पना।'
3. बालकृष्ण भट्ट ने 'सौ अजान, एक सुजान' की भूमिका लिखी है : 'तिलिस्म और ऐयारी जिसके लिए हिन्दी उपन्यास बदनाम है, उसकी कोई बात इसमें नहीं रखी गई, इसलिए उपन्यास न कह एक प्रबन्ध-कल्पना मात्र हम इसे कहेंगे।'
4. किशोरीलाल गोस्वामी ने 'प्रणयिनी-परिणय' को कल्पना कहा है।
5. ब्रजनन्दन सहाय ने 'सौन्दर्योपासक प्रबन्ध तथा निबन्ध' का नाम दिया है।

1. 1890 में प्रकाशित, किन्तु 1880 में लिखा गया प्रतीत होता है। **—सं.**

इन्होंने अपने 'अद्भुत प्रायश्चित्त' को उपाख्यान भी कहा है।

6. पर उपन्यास शब्द ही Novel के लिए प्रचलित हुआ।

× × ×

लाला श्रीनिवास दास—लेखक ने स्वयं 'निवेदन' में कहा है : 'अब तक नागरी और उर्दू भाषा में अनेक तरह की अच्छी पुस्तकें तैयार हो चुकी हैं; पर मेरे जानते इस रीति से कोई नहीं लिखी गई, इसलिए अपनी भाषा में यह नई तरह की पुस्तक होगी।'

Influence of english dialogues in inverted commas with the speaker named in the middle.

भारतेन्दु-युग के मौलिक साहित्यिक उपन्यासकार लाला श्रीनिवास दास—'परीक्षागुरु'—may be called the first original Hindi novel in Hindi—वस्तु यथार्थ-जीवन से सम्बद्ध।

ठाकुर जगमोहन सिंह—'श्यामा-स्वप्न'[1]—मानव और मानवेतर प्रकृति का 'कादम्बरी' वगैरह की तरह समन्वय। स्वप्न और कल्पनाप्रधान—अलंकृत भाषा, आगे के ऐयारी-तिलिस्मी उपन्यासों की भूमिका।

इसे लेखक ने An original move in Hindi prose कहा है। इसके 'समर्थन' में लिखा है लेखक ने : 'रात्रि के चार पहर होते हैं—इस स्वप्न में भी चार पहर के चार स्वप्न हैं।'

श्री अम्बिकादत्त व्यास—'आश्चर्य वृत्तान्त'।

बालकृष्ण भट्ट—'सौ अजान, एक सुजान'[2]।

Similarety as in 'परीक्षागुरु' पर भट्ट depicts not only the life of धनिक-वर्ग but also common people and ladies. Influence of शरत्चन्द्र, but tries to make dialouges realistic —पुलिस उर्दू में बोलती है, पर चौकीदार नौकर अवधी में बोलते हैं।

राधाकृष्ण दास—'निस्सहाय हिन्दू'—व्यक्ति के साथ समाज की समस्या कथावस्तु का अंग बनती है—समस्या गोवध।

भूमिका में : 'यह लेख अवश्यमेव उपदेशात्मक है।'

In general all the novels.

1. Faulty in consiruction. 2. Didactic quotations.

e.g. 'एक कहानी : कुछ आपबीती, कुछ जगबीती' में प्रथम खेल begins with :

---

1. 1888 में प्रकाशित।
2. 1906 में प्रकाशित, किन्तु 'हिन्दी प्रदीप' में धारावाहिक रूप से। —सं.

'जमीने-चमन गुल खिलाती है क्या-क्या,
बदलता है रंग आसमाँ कैसे-कैसे।'

× × ×

'It is difficult to believe that there was actually a time when England produced no novels and the reading publications has to subsist almost entirely on imported fiction. Such high sounding titles as 'Astreas, a Romance' and 'Ortamanes or the Grand Cyrus' would bear the description'—Written by eminent with and englished by persons of quality.

So also does the Hindi novel begin.

आज की छोटी कहानी

आधुनिक युग को बहुधा, और अकारण ही नहीं, छिछलापन और शीघ्रता की वर्णसंकर सन्तान कहकर पुकारा गया है। साहित्य का आश्चर्यजनक प्रसार अनेक दोषों का कारण हो गया है। शिक्षित जनता की संख्या में वृद्धि के अनुपात से ही बुद्धि का विकास भी सम्भव नहीं था, फलतः साहित्य स्खलित हुआ। इसका तात्पर्य यही है कि साहित्य के व्यापारियों को खुलकर खेलने का मौका मिल गया। यह समझना कि आज उत्कृष्ट कलाकार मुर्दे हो गए हैं, अक्षम्य धृष्ठता होगी। उच्च श्रेणी की कला का उत्पादन निरन्तर होता रहा है। उसकी आकृति में महत्त्वपूर्ण विपर्यय हो सकते हैं : किन्तु उसके सृजन का सातत्य अविच्छिन्न रह जाता है।

आज लम्बे और धीरे-धीरे विकास पानेवाले, ठोस और विस्तृत आकार-प्रकार के उपन्यासों की सफलता की आशा नहीं की जा सकती[1]; इस युग को महाकाव्यों की चाह नहीं दीख पड़ती। यह झटके का युग है, छोटे कद के आदमियों का, छोटे वाक्यों का, छोटे गीतों का और छोटी कहानियों का!

इसमें निराश होने की कोई बात नहीं; यद्यपि इसके कई पहलुओं से आदमी उद्विग्न जरूर होता है। साहित्य की शक्ति ऐसे खतरों का सामना करने के लिए पर्याप्त होती है; हम प्रत्यय के साथ यहाँ तक कह सकते हैं कि साहित्य ऐसे खतरों से लाभ ही उठाता है। कलाकार के कंठ में हलाहल विश्व के लिए कल्याणकर हो सकता है; साधारण मनुष्य के लिए जो अभिशाप होता है, उसे वह वरदान की तरह सर-आँखों पर ले लेने की क्षमता रखता है। जिस तरह सुकवि छन्द इत्यादि के प्रतिबन्धों को अपनी कला के उत्कर्ष-हेतु में परिणत कर लेता है, उसी तरह आज का गल्पकार जनता की छोटी चीजों की माँग को पूरा करने के रास्ते को तै करते-करते बहुत ऊँची मंजिल तक पहुँच सकता है। सिनेमा का आविष्कार शुरू में बौद्धिक नाबालिगों के मनोरंजन का ही साधन था; किन्तु कम-से-कम फ्रांस में वह एक प्रशंसनीय और स्वतंत्र कला का वाहन हो चला था; छोटी कहानियों का उद्भव अपेक्षाकृत साधु ही था, यद्यपि इसकी भी व्यापारिक सफलता समान कारणों से ही हुई है और इसलिए पूर्ण विश्वास के साथ

1. अपवादस्वरूप कुछ बृहत्काय उपन्यास आज भी छपते ही हैं। अभी-अभी संवाद-पत्रों में हमने पढ़ा है कि इस शताब्दी का सबसे बड़ा अंग्रेजी उपन्यास कई जिल्दों में छपकर बाजार में आ गया है। **—ले.**

यह आशा की जा सकती है कि सिनेमा की ही तरह यह भी; नवीनता और स्थायित्व प्राप्त करने में समर्थ होगी। हम चाहें या न चाहें, छोटी कहानियाँ साहित्य में टिक गई हैं; आज का आदमी रेल और मोटर से भी सन्तुष्ट नहीं है; उसे हवाई जहाजों की दर में सस्तेपन की प्रतीक्षा है। यदि जनता को कहानियों की सस्ती मासिक पत्रिकाओं के निकृष्ट साहित्य से दूर रखना है, उसकी रुचि को दूषित न होने देना अभिप्रेत है तो कला के इस लघु, पर असुन्दर नहीं, रूप को स्वीकार करना ही होगा। इसके लिए केवल पाठकों का ही नहीं, कलाकारों और समालोचकों का भी आन्तरिक सहयोग अपेक्षित है; यह नौसिखियों का ही प्रधान-क्षेत्र नहीं बना रह सकता।

यह परिभाषाओं का युग नहीं रह गया। परिभाषाओं का मध्य युग में सर्वत्र ही ऐसा अतिशय प्रयोग हुआ, कि उसके विरुद्ध प्रतिक्रिया स्वाभाविक ही है। यों भी कला को शब्दों के हरम में संकुचित करना श्लाघ्य नहीं। संस्कृत और ब्रजभाषा के साहित्य-लक्षण के ग्रंथों के कारण भारतीय आलोचना-पद्धति कैसी जड़ता को प्राप्त हो गई थी, यह कहना व्यर्थ मालूम होता है, यद्यपि बहुत लोगों ने इस पर इस दृष्टिकोण से शायद ही विचार किया है। यूरोपीय साहित्य में भी परिभाषाओं की यातना के अनेक उदाहरण मिलेंगे। नाटक सम्बन्धी अरस्तू के 'यूनिटीज' के सिद्धान्तों के अन्धानुसरण से साहित्य के इस अंग की कितनी क्षति हुई थी, यह पाश्चात्य साहित्य का साधारण विद्यार्थी भी जानता है। किन्तु ऐसे परिभाषा-प्रेम के विरुद्ध होनेवाली प्रतिक्रिया का अन्त अनिश्चय में हो, यह भी स्पृहणीय नहीं है। अधिक प्रकाश से आँखों में चकाचौंध आ जाती है; इससे बचने के लिए प्रकाश की अवहेलना नहीं की जा सकती। छोटी कहानियों के आकार का सम्यक् विश्लेषण अभी तक हुआ नहीं दीख पड़ता। कुछ लोगों का तो यहाँ तक कहना है कि कहानियों का कोई विशेष आकार होता ही नहीं। वेल्स ने 'द कंट्री ऑफ द ब्लाइंड' नामक अपनी पुस्तक की भूमिका में लिखा है : 'हम लोगों को अपने समालोचकों से कहानियों के बारे में बहुत कुछ सुनने को मिलता था। गल्प-लेखक की हैसियत से हम लोगों पर स्वेच्छया निश्चित आदर्शों से निर्णय देने की कोशिश की जाती थी। ऐसा मालूम होता था, जैसे समालोचकों की समझ में कहानी की भी सॉनेट की तरह परिभाषा हो सकती थी। वे यह नहीं समझते थे कि कहानी तो बस वही है, जो तकरीबन बीस मिनटों में साहस और कल्पना के साथ कही जाए।'

वेल्स के तत्कालीन समालोचकों ने जो कुछ भी समझा और कहा हो, उनकी कोई निश्चित रूप से निर्णीत परिभाषा उपलब्ध नहीं; खुद वेल्स की परिभाषा के सहारे भी हम कहीं नहीं पहुँच सकते। उसी प्रबन्ध में अन्यत्र वेल्स कहता है : 'छोटी कहानी एक गल्प है, जिसे एक घंटे से कम में ही पढ़ा जा सके।' उसी में आगे चलकर फिर वह कहता है : 'कहानी भयंकर या करुण; सुन्दर या चमत्कारपूर्ण हो सकती है—आवश्यक केवल इतना ही है कि उसके पढ़ने में पन्द्रह से पचास

मिनट लगें।' वेल्स की बात मान लें, तो सेक्स्टन ब्लेक सीरीज का हिन्दी संस्करण और शान्तिप्रिय द्विवेदी की आलोचनाएँ, प्रकाशचन्द्र गुप्त के शब्द-चित्र और दिनेश नन्दिनी चोरड्या के गद्यकाव्य सभी कहानियाँ ही कहलाएँगे। फलतः परिभाषा की जड़ता में बाँधने के प्रयत्न से दूर रहकर भी इस सम्बन्ध में कुछ निश्चयपूर्वक कह सकना असमीचीन नहीं होगा। जैनेन्द्र और कैथराइन मैंसफील्ड, मोपासाँ और शरत्, पिरांदेलो और चेखव (नामों के पूर्वापरत्व में कोई महत्त्व नहीं) को पढ़कर यह कहना कि छोटी कहानियाँ, लघु उपन्यासों, शब्द-चित्रों आदि से आकार-प्रकार में पृथक् अस्तित्व नहीं रखतीं, अनुचित मालूम पड़ता है।

यह जो कहानियों और उपन्यासों के सम्बन्ध की बात का उल्लेख किया गया है, बहुत महत्त्वपूर्ण है। छोटी कहानियों और उपन्यासों में कोई भी सम्बन्ध है, यह सर्वथा संशयात्मक है। ऐतिहासिक दृष्टि से तो कोई भी सम्बन्ध मानने का कारण नहीं दीखता। जिस तरह आजकल का मुक्तक (गीत) काव्य प्राचीन महाकाव्य की शाखा नहीं है, उसी तरह आज की छोटी कहानी भी अपेक्षाकृत पुराने उपन्यास की शाखा नहीं कही जा सकती।

हाँ, जहाँ तक दोनों के शिल्प (Technique) का सम्बन्ध है, उनमें कई समान बातें मिल सकती हैं, यद्यपि कहानी की एक स्थितिस्थापकतापूर्ण रूपरेखा के आधान के लिए, इन दोनों के भेदों का ही अध्ययन लाभप्रद होगा।

अस्तु, स्कॉट ने एक-दो अच्छी छोटी कहानियाँ जरूर लिखी थीं; किन्तु इन प्रारम्भिक काल के औपन्यासिकों का छोटी कहानियों के उद्‌भव में कोई उल्लेखनीय हाथ नहीं था; उनके युग में इसका विशिष्ट रूप था ही नहीं। वस्तुतः इसका इतिहास अमेरिका में पो और हाथर्न के साथ शुरू होता है। पो को उत्कट भयानक रस से प्रेम था, यहाँ तक कि अपनी अतिशयता के कारण वह ग्राम्य हो जाता था; उसके बारे में यह भी कहा जा सकता है कि उसकी गल्प का अधिकांश जितना कल्पनापूर्ण नहीं था, उतना स्नायु-विकारपूर्ण था; फिर उसकी शैली भी अनेक दृष्टियों से सदोष थी। ये बातें मान ली जाने पर भी यह अस्वीकार नहीं किया जा सकता था कि अंग्रेजी भाषा का वही पहला उल्लेखनीय लेखक था, जिसने गद्य में गल्प उसी भाव से लिखा, जिससे कवि गीत या प्रबन्ध-लेखक प्रबन्ध लिखता है, अर्थात् अपनी मनोवृत्ति और भावनाओं के अभिव्यक्तीकरण के उद्‌देश्य से। अच्छा या बुरा, वह हृदय से कवि था; वह अन्तर्दर्शन की प्रेरणा से लिखता था; चरित्र-चित्रण की शक्ति उसमें उल्लेखनीय मात्रा में नहीं थी; उसकी सभी अच्छी गल्पें भावनात्मक विचार-विशेष की प्रतीक हैं, वे एक प्रभावोत्पादक मनोवैज्ञानिक वातावरण की सृष्टि करती हैं—रस, जैसा कहा जा चुका है, मुख्यतः भयानक या बीभत्स रहता है। यह बात इस तरह हमारे विषय के लिए प्रासंगिक है, कि यद्यपि साहित्य के इस रूप के बहुत-से दूसरे निर्माता पुरुषों और नारियों के चरित्र-चित्रण में पो से कहीं अधिक उत्कर्ष प्राप्त कर

सके, फिर भी पो में पाया जानेवाला विकास और वातावरण की अन्विति छोटी कहानी की एक-एक प्रत्यभिज्ञेय विशेषता है। यह अपरिहार्य अन्विति कथावस्तु की प्रकृति में ही निहित हो सकती है, या इसे माध्यम-द्वारा वर्णन की रीति से आरोपित किया जा सकता है, जिसका महत्त्व इसमें है कि इसकी सहायता से स्थान और काल में अविच्छिन्नता होने पर भी सुगठित अन्विति सम्भव हो सकती है, और साथ-ही-साथ एक नवीन व्यक्तित्व के अस्तित्व से घटनाओं में रंगीनी भी आ जाती है।

तो, चरित्र-निर्माण, जिसका उपन्यास में सर्वाधिक महत्त्व है, (अर्वाचीन प्रयोगात्मक कृतियों को छोड़कर कोई बीस साल पहले तक की सब औपन्यासिक रचनाओं के बारे में यह सत्य है; जेम्स ज्वॉयस, वर्जीनिया बुल्फ प्रभृति प्रयोगवादियों ने 'चेतना के प्रवाह' को चरित्र-चित्रण की गद्दी पर आसीन कर दिखाया है) कहानी में भी अपना महत्त्व रखता ही है, लेकिन उसका स्थान पहला नहीं है। इसीलिए कहानी के छोटे दायरे में पर्याप्त कुशलतापूर्वक भी किया गया चरित्र-निर्माण पाठकों को सन्तोष नहीं दे पाता। यदि पाठक चरित्रों में दिलचस्पी रखते हैं, और यदि कहानी केवल चरित्रों पर ही निर्भर है,तो उनसे इतना शीघ्र सम्बन्ध-विच्छेद होना अप्रीतिकर होता है। अतः कहानी में हम इससे कुछ और अधिक चाहते हैं; हम एक ऐसी विशिष्टता की अपेक्षा रखते हैं, जो इसमें आमूल परिव्याप्त हो, जिसका साधारणतः विश्लेषण न किया जा सके, जो केवल इसी रूप में पाठकों के प्रति प्रेषणीय हो। हम ठीक यही माँग उपन्यास से नहीं करते। उसमें तो यही पर्याप्त है, कि वर्णन में प्राण हो, उसके चरित्र जीवन से पूर्ण हों, और उनका संसार अपने प्रति सच्चा हो। आज के प्रयोगात्मक पाश्चात्य उपन्यास में (पाश्चात्य जान-बूझकर कहा गया है, क्योंकि कला के जिन रूपों को हिन्दी ने पश्चिम से ही लिया है, उनमें, खेद है, वह बहुत पिछड़ी हुई दीख पड़ती है; उपन्यास-क्षेत्र में शायद सबसे अधिक), जैसा हम पहले उल्लेख कर चुके हैं, केवल 'चेतना के प्रवाह' का यथातथातः उद्घाटन भी पर्याप्त समझा गया है, पर ठीक यही बात प्रयोगात्मक कहानी में भी सम्भव नहीं दीखती। इस युग के महान प्रयोगशील कलाकार जेम्स ज्वॉयस ने (जिनकी हाल में ही मृत्यु हुई है) अपने उपन्यासों, विशेषतः 'यूलिसिस' और 'फिनिगन्स वेक' में इसका युगान्तरकारी दृष्टान्त उपस्थित किया है; पर इन उपन्यासों के चरित्रों से अन्तर्बद्ध 'डब्लिनर्स' की छोटी कहानियों में वह इसका तादृश महत्त्वपूर्ण उपयोग नहीं कर सके हैं। इसका व्यापक कारण यही मालूम होता है कि कहानी प्रवाह नहीं, बुलबुला है; वह एक प्रकाशपूर्ण क्षण है; वह समष्टि से नहीं, व्यष्टि से सम्बन्ध रखती है। यदि हम वस्तुतः खरी कहानियों की समीक्षा करें तो हम देखेंगे कि उनका अस्तित्व प्रकाशपूर्ण और प्रकाशकारी क्षण पर निर्भर रहता है—चाहे यह क्षण शृंगार का हो या बीभत्स का, रौद्र का हो या करुण का। इस सारभूत क्षण के पूर्व जो कुछ भी होता है, वह भूमिका और बाद में जो कुछ होता

है, वह उपसंहार—भूमिका तैयारी होती है, उपसंहार विराम। यह क्षण बहुधा अनुद्घाटित भी रहकर अपना काम करता है; यही पाठकों के प्रति कलाकार की देन है; इसे ही हम याद रखते हैं। कहानी के चरित्र भी कभी-कभी हमारी स्मृति में खटकते रह सकते हैं, और रहते ही हैं; लेकिन स्मृति के लिए उनका अपना मूल्य नहीं है, है तो इसलिए कि उन्होंने 'क्षण' के निर्माण में सहायता दी है।

इन दृष्टियों से विचार करने के बाद हम कह सकते हैं कि वर्णन, चरित्र-चित्रण या चेतना के प्रवाह के उद्घाटन में कहानी उपन्यास की प्रतिद्वन्द्विता नहीं कर सकती। कहानी की दुनिया छोटी-सी होती है, उसके प्राणी छोटे-छोटे। हीरे की कनी की तरह, हम प्रत्येक कहानी में लेखक के जीवन के विषय में अध्ययन के किसी एक पहलू का आभास पाते हैं; रस-विशेष का, किसी कवित्वपूर्ण भावना का, किसी एकांकी नाटिका का, सूक्ष्म, निर्दोष प्रतिबिम्ब-दर्शन करते हैं। उपन्यास एक ऐसा वातायन है, जिससे हम रास्ते पर बहते हुए जीवन के, या मस्तिष्क में बहती हुई चेतना के प्रवाह का अवलोकन करते हैं; छोटी कहानी एक सूक्ष्म-दर्शक-यंत्र है, जिसके नीचे मानवीय अस्तित्व के रूपक के दृश्य खुलते हैं।

साहित्य के जिस रूप को पो और हाथर्न ने सिरजा—गुणाढ्य और सोमदेव की देन ऐतिहासिकों का विषय है, क्योंकि यह निर्विवाद है कि छोटी कहानी को हमने आधुनिक युग में सीधे पश्चिम से ग्रहण किया है—और जिसे रूसी साहित्य में चेखव, फ्रेंच में मोपासाँ और अंग्रेजी में कैथेराइन मैंसफील्ड ने सँवारकर उत्कृष्ट, स्वतंत्र कला का गौरव प्रदान किया, वह आज सभी श्रेणियों के गल्प-लेखकों और पाठकों में लोकप्रिय है। जैसाकि हम प्रारम्भ में ही कह आए हैं, छोटी कहानी की यह लोकप्रियता घंटे में सौ माइल और उससे भी अधिक तेज रफ्तार से भागनेवाली आधुनिक सभ्यता की साहित्यिक प्रतिक्रिया है।

युग की माँग साधारण कोटि की रचनाओं से ही पूरी होती रही है। लेकिन इस माँग की ओर ध्यान देने के लिए, कलाकार भी बाध्य हुए हैं। इसका श्रेयस्कर परिणाम यह हुआ है कि छोटी कहानी केवल पूर्ति ही नहीं रह गई है, वह अब कलाकृति होने का भी दावा कर सकती है।

छोटी कहानी की सूक्ष्म कला के बारे में इससे अधिक कहना व्यर्थ है, जिसे अपने अनुभव से चेखव ने यों व्यक्त किया है : 'लेखक को मामूली चीजों के बारे में ही लिखना चाहिए, किस तरह पीटर सेमिओनोविश ने मेरी इवानोव्ना के साथ विवाह किया। सिर्फ इतना ही।' एक कहानीकार को, चेखव और मैंसफील्ड की तरह, आए दिन की बातों, अनुभवों और घटनाओं को छोटे पैमाने पर, 'मिनिएचर' में झलकाकर ऊँचे दर्जे की कारीगरी दिखलाने का प्रयत्न करना चाहिए। पाठक के दिमाग पर ऐसे खंड-चित्रण की वह वांछनीय प्रतिक्रिया होती है, जिसे पो ने 'पूर्णता का प्रभाव' कहा है। वह महसूस करता है कि उसका अनुभव पूरा हो गया।

['दृष्टिकोण' : 1947]

हिन्दी का रंगमंच

हिन्दी में नाटकों का लिखा जाना प्रयोगशाला के न रहते हुए भी विज्ञान की पढ़ाई की तरह बेमानी है। इन पंक्तियों के लेखक ने जैनेन्द्र जी से एक बार पूछा था : 'आपने आज तक सिर्फ एक ही एकांकी लिखा है ('हंस' के एकांकी-अंक में, 'टकराहट'), वही इस बात का प्रमाण है कि आप उच्चकोटि के नाटक लिख सकते हैं। फिर भी आपने इस ओर ध्यान नहीं दिया, इसके क्या कारण हैं ?' जैनेन्द्र जी ने उस समय कुछ इस तरह का उत्तर दिया था : ' 'हंस' के लिए जो एकांकी लिखा, वह तो इसीलिए कि उसे, समझ लीजिए, लिखना ही था। मैं नहीं जानता, 'हिन्दी में नाटक' क्यों लिखे जाएँ। हिन्दी का अपना रंगमंच नहीं। फिर हिन्दी के नाटक के क्या मानी ? अगर हिन्दी में नाटक लिखे जाते हैं तो शायद इसलिए कि नाटक भी साहित्य का एक प्रमुख रूप है और हिन्दी को भी साहित्य के इस रूप को पाना चाहिए ही। लेकिन नाटक की सार्थकता यह नहीं। इसलिए, 'टकराहट' में देखिएगा, एक कहानी है जिसे कथोपकथन के सहारे ही अभिव्यक्त किया गया है। नाटकीय निर्देश नाममात्र के लिए समाविष्ट कर दिये गए हैं। नाटकीय निर्देश कैसा, जब नाटक का अभिनय, स्कूल-कॉलेज के अमेचर्स को छोड़ दें तो, होता ही नहीं!'

आधुनिक अंग्रेजी के दार्शनिक औपन्यासिक, अन्तरराष्ट्रीय महत्त्व के साहित्यिक पुस्कारों के विजेता चार्ल्स मार्गन ने भी अपने प्रख्यात नाटक 'द फ्लैशिंग स्ट्रीम' की भूमिका में सूत्ररूप से कहा है :

'A play is useless that does not reach its audience'.

हिन्दी भाषा-भाषियों का अपना रंग-मंच नहीं है, इस बात की ओर इधर लोगों का ध्यान आकृष्ट हुआ है। यों तो चलचित्रों के घातक प्रभाव के कारण रंगमंच की दशा, हिन्दी प्रदेश या हिन्दुस्तान में ही क्यों, रूस को छोड़कर किसी भी देश में सन्तोषजनक नहीं कही जा सकती। फिर भी पाश्चात्य देशों में चलचित्रों के आकस्मिक आघात से मृतप्राय रंगमंच पुनरुज्जीवित हो चुका है। हमारे यहाँ भी, महाराष्ट्र और बंगाल में, रंगमंच की विशिष्टता को समझनेवाली जनता के एक सुसंस्कृत वर्ग के बल पर, फिर से रंगमंच का आविर्भाव हुआ है और उसका विकास भी हो रहा है। हिन्दी में, आँसू पोंछने के लिए, अब तो पारसी मंच भी नहीं रह गया।

इस अभाव पर आठ-आठ आँसू बहानेवाले हिन्दी के भावुक हितैषी भी विषय के साहित्यिक महत्त्व को शायद ही समझ सके हैं। ऐसे लोग समस्या की गम्भीरता नहीं समझ सके हैं; इतना ही नहीं, इन्होंने अपनी भावुक सहानुभूति को व्यावहारिक रूप देने का भी कोई प्रयत्न नहीं किया है। बम्बई और कलकत्ता में समाजवादोन्मुख प्रगतिशील साहित्यिकों ने स्थानीय रंगमंच को, बाईं ओर मोड़कर, जीवन और वास्तविकता के निकट ले आने का, सचेत और प्रबुद्ध बनाने का, स्तुत्य प्रयास किया है। हिन्दी भाषा-भाषी प्रान्तों में इस नवजागरण की प्रतिक्रिया नहीं के बराबर हुई है। सिर्फ आगरा में कुछ युवकों ने इस दिशा में थोड़ा कार्य किया है, जिसका विवरण भी 'हंस' की एक सम्पादकीय टिप्पणी से ही मिला। जिस कारण से भी हो, उसकी यथेष्ट विज्ञप्ति नहीं हुई है। लेकिन प्रगतिशील साहित्यिक भी रंगमंच के अमोघ प्रचारात्मक महत्त्व के कारण ही, इसकी उपयोगिता के कायल होकर ही, इसके विकास के लिए सचेष्ट हुए हैं। हमारे लिए यह जान लेना जरूरी है कि रंगमंच के अभाव में हिन्दी साहित्य का एक समूचा आवश्यक अंग पक्षाघात का शिकार बना हुआ है। यह नहीं कि हिन्दी में सशक्त नाटककार नहीं हैं, लेकिन यह कि इसके बावजूद हिन्दी के सभी नाटक निष्फल हैं, चूँकि उनका अभिनय न तो होता है, न होने की सम्भावना है। कम या ज्यादा, अगर तैरना आता है, तो उसकी सार्थकता पानी रहने पर ही है। उससे भी ज्यादा सच यह है कि पानी न हो तो तैरना किसी को क्या खाक आएगा!

इधर हिन्दी में, शायद बर्नार्ड शॉ के विषय में अधकचरे ज्ञान के कारण, ऐसी धारणा-सी हो गई थी कि रंगमंच पर अभिनय नहीं होता है तो न सही, नाटक पुस्तक के रूप में, पढ़ने की चीज तो है। सत्य यह है कि नाटक पढ़ने की चीज भी है, पर वस्तुतः वह देखने की ही चीज है। नाटक पहले और मुख्यतः देखने के लिए ही है, बाद में पढ़ने के लिए भी। भारतीय साहित्यशास्त्र में नाटक निर्विवाद रूप से दृश्य-काव्य माना गया है। यह निरा सिद्धान्त ही नहीं है। यदि यह व्यावहारिक वास्तविकता न होती, तो सामाजिकों की रसानुभूति की सूक्ष्म समस्या उठती ही नहीं। कालिदास और भवभूति ने, या संस्कृत के और दूसरे नाटककारों ने भी, अपने कथनानुसार ही, अपने नाटक अभिनय के लिए ही लिखे थे। यह दूसरी बात है कि संस्कृत के पिछले नाटककार कभी-कभी केवल रूढ़ि-पालन के लिए ही, नाटकों की प्रस्तावना में, अभिनय का दावा करते जान पड़ते हैं। ऐसे नाटककार वे ही हैं, जिनके नाटकों को नाटक कहना इस शब्द के साथ अन्याय करना है; उदाहरण के लिए दामोदर मिश्र का 'हनुमन्नाटक' या 'महानाटक' कहने के लिए ही नाटक है, वस्तुतः यह एक साधारण श्रव्य-काव्य है।

तो, हिन्दी में रंगमंच क्यों न पनप सका, हमें इस पर यहाँ विचार करना अभीष्ट नहीं है; विचारणीय यह है कि हमने क्यों मान-सा लिया है कि रंगमंच के अभाव में भी नाटकों की साहित्यिक सार्थकता तो है ही?

हिन्दी के वस्तुतः पहले और सच्चे मानी में अन्तिम नाटककार भारतेन्दु ने नाटक के लिए अभिनय तथा रंगमंच के महत्त्व को समझा था। छाया-रहस्यवादी प्रसाद के नाटकों में पद्य तो काव्य है ही; गद्य भी गद्य काव्य है, न कि नाटक का प्राणभूत कथोपकथन। उनके लिए अभिनय, रंगमंच आदि शायद ऐसी स्थूल बातें रही हों, जिनके विरुद्ध उनका सूक्ष्म-दर्शन एक विद्रोह ही था। लक्ष्मीनारायण मिश्र के समय तक नाटककार तथा आलोचक नाटक को पाठ्य, दृश्य नहीं, मानने का कारण भी, अपनी समझ से, पा चुके थे। हिन्दी के नाटककार तथा आलोचक बर्नार्ड शॉ के नाटकों से परिचित हुए। उन्होंने पाया कि शॉ के समस्यामूलक, विचारप्रधान 'ब्राडकास्ट' नाटकों में, पाठकों के लिए, विस्तृत भूमिकाएँ दी हुई थीं। शॉ के नाटक, निस्सन्देह, गम्भीर अध्ययन के योग्य साहित्यिक रचनाएँ थीं। ठीक इसीलिए, पूर्ण आत्मविश्वास के साथ, शॉ ने अपने नाटकों के प्रारम्भ में भूमिकाएँ दे रखी थीं। लेकिन लोग यह तो भूल ही गए थे कि नाट्य-रचना के पहले शॉ ने, वर्षों तक, एक पत्रकार की हैसियत से नाट्यालोचन करने के सिलसिले में, रंगमंच की बारीकियों का व्यावहारिक ज्ञान प्राप्त किया था। इस अनुभव के बल पर ही, उन्होंने नाटक लिखे और उनके प्रायः सभी नाटक अभिनीत हुए। शॉ अपने सिद्धान्तों का प्रचार चाहते थे। इसके लिए नाटक से अधिक प्रभावशाली माध्यम नहीं हो सकता। उन्होंने इसीलिए नाटक लिखे। शेक्सपियर के नाटक तो मूलतः रंगमंच की फरमाइश पूरी करने के लिए ही लिखे गए थे। रंगमंच के लिए तैयार किये गए 'स्क्रिप्ट' अपनी उत्कृष्टता के कारण नाटक के रूप में पढ़े भी जाते हैं, लेकिन आज भी उनका पूरा आनन्द उनके अभिनय से ही उठाया जाता है। इसके विपरीत हिन्दी में नाटक की गौण उपयोगिता को ही उनकी वास्तविक सार्थकता के रूप में स्वीकार कर लिया गया। हिन्दी के नाटककार पढ़े जाकर ही सन्तुष्ट हो गए।

इस प्रकार हिन्दी के नाटककार और नाटक आज अपनी पूर्णता प्राप्त करने में असमर्थ हैं। एक दूसरे ढंग से भी नाट्य-साहित्य की क्षति हो रही है। यदि नाटकों का अभिनय हो, तो एक ओर रंगमंच की कसौटी पर ऐसे कितने ही नाटककार खोटे साबित हो जाएँगे, जो आज खुद धोखे में हैं और नाट्य-साहित्य के नाम पर पुस्तक के लिए पुस्तक लिखते चले जा रहे हैं; दूसरी ओर रंगमंच की माँग से भुवनेश्वर जैसे कितने प्रतिभाशाली नाटककारों को प्रोत्साहन मिल सकता है, जो धीरे-धीरे नाट्य-साहित्य से विमुख हो रहे हैं।

समस्या आपके सामने है, यथामति उसका विश्लेषण भी। किन्तु सर्वापेक्षा आवश्यक है उसका समाधान।

हिन्दी का अभिनय रंगमंच दूसरे देशों के नव-जाग्रत रंगमंच के उद्भव और विकास के इतिहास से बहुत लाभ उठा सकता है। हम यहाँ रूस के रंगमंच का उदाहरण देना अनावश्यक समझते हैं, चूँकि वहाँ की नाट्यशालाएँ या रंगमंच, दूसरे

देशों की तुलना में, श्रेष्ठ और सर्वाधिक विकसित होने पर भी, असामान्य रूप से अनुकूल परिस्थितियों का लाभ उठाकर पनप रहे हैं। रूस के दूरद्रष्टा अधिकारियों ने रंगमंच के शिक्षणात्मक तथा सांस्कृतिक महत्त्व को पूरी तरह से समझकर उसे सब तरह का सहयोग एवं प्रोत्साहन दिया है। यह तो उसी देश में सम्भव है, जहाँ राष्ट्र के सभी उपयोगी साधनों पर राष्ट्र का ही अधिकार हो।

ऐसी स्थिति में हमें पथ-प्रदर्शन के लिए, प्रकाश के लिए, ब्रिटेन और अमेरिका की जागरूक जन-नाट्यशालाओं की ओर भी देखना होगा।

इधर एक अरसे से इंग्लैंड के रंगमंच पर मुनाफाखोर व्यवसायियों का एकाधिकार हो गया था। इसके परिणामस्वरूप इंग्लैंड के गौरवशाली रंगमंच में जड़ता व्याप्त हो गई थी। अभिनय के लिए नाटक एकमात्र आर्थिक लाभ की दृष्टि से ही चुने जाते थे। यदि पर्याप्त लाभ न हुआ, लगी हुई पूँजी से सन्तोषजनक आय न हुई, तो नाटकों का अभिनय भी स्थगित कर दिया जाता था।

इसके लिए सर्वसाधारण की रुचि या उपेक्षा उत्तरदायी नहीं मानी जा सकती। रंगमंच का सम्पर्क जनता से तो रह ही नहीं गया था। वह अमीरों और मध्य श्रेणी के लोगों का विलास-साधन बन गया था और उन्हीं की अस्वस्थ रुचि पर उसकी सफलता-विफलता निर्भर रहती थी। शेक्सपियर के युग में रंगमंच प्रधानतः जनता की चीज थी। इधर साधारण जनता के लिए, उत्सव और त्योहारों के अवसरों को छोड़कर, नाट्यशालाओं में जाना तक अनावश्यक रूप से व्ययसाध्य हो गया था। फलतः उन्हें सस्ती फिल्मों या नाचघरों के मनोरंजन से ही सन्तोष करना पड़ता था।

गत महायुद्ध के पहले, इंग्लैंड में साधारणतः ऐसे नाटकों का ही अभिनय होता था, जिनमें अमीरों की जिन्दगी की कहानी रहती थी, चमत्कारिक कथोपकथन रहता था, यथार्थवादी वेशभूषा और हृदय-विधान होता था और हास्य के नाम पर सामान्य मनुष्य की खिल्ली उड़ाई जाती थी। इन नाटकों में गम्भीर समस्या यही रहती थी कि किसी अमीरजादे के लिए मध्यम श्रेणी की युवती को अपनी पत्नी के रूप में स्वीकार करना उचित है या नहीं। रंगमंच के प्रतिपालक उच्च और मध्य वर्ग के लोग थे। यदि रंगमंच पर उनका प्रभाव नहीं पड़ता तो यही आश्चर्य की बात होती। इस जड़ता पर बर्नार्ड शॉ ने सफलतापूर्वक कुठाराघात किया था। शेरिफ जैसे इने-गिने कुछ और नाटककारों ने भी प्रथम महायुद्ध के बाद रंगमंच को अनुप्राणित किया था। लेकिन जैसाकि ऊपर बताया गया है, स्थिति फिर से असन्तोषजनक हो गई थी। इस स्थिति के विरोध में ही आज से दस-बारह साल पहले कुछ उत्साही नाटक-प्रेमियों ने 'यूनिटी थियेटर' की नींव डाली और अपने हाथों ही उसके छोटे-से भवन का निर्माण किया। 'यूनिटी थियेटर' ने इंग्लैंड रंगमंचों में अपना विशिष्ट स्थान बना लिया है। उसका स्पष्ट और स्वस्थ प्रभाव व्यवसायी रंगमंच पर भी पड़ा है।

लन्दन के 'वेस्ट-एंड' (नगर का समृद्ध भाग) के व्यवसायी रंगमंच की तरह न्यूयॉर्क के 'ब्राडवे' (नगर का समृद्ध भाग) के मंच की स्थिति भी सर्वथा असन्तोषजनक थी। अपनी प्रतिभा की अभिव्यक्ति का कोई उपाय न देख न्यूयॉर्क के 'ईस्ट-एंड' (लन्दन का दरिद्र भाग), 'हालेम' (दरिद्र भाग) के हब्शियों ने सिर्फ छह सेंट, यानी तीन आने की पूँजी से 'अमेरिकन निग्रो-थियेटर' की स्थापना की थी। इस संस्था के सदस्यों को बिना भेदभाव के थियेटर के सभी कामों में, झाड़ू-बुहारू करने तक में, हाथ बँटाना पड़ता था। उनकी कठोर साधना का परिणाम हुआ कि उनके अभिनय, कला की दृष्टि से ही नहीं, आर्थिक लाभ की दृष्टि से भी आशातीत सफलता प्राप्त कर सके। उनके अभिनय की ख्याति 'ब्राडवे' में भी पहुँची और अमेरिका के प्रथम श्रेणी के नाट्यालोचकों ने 'अमेरिकन निग्रो थियेटर' की कला की तुलना संसार-प्रसिद्ध 'मास्को थियेटर' से करके उसका अभिनन्दन किया। अब तो उनके एकाधिक अभिनय 'ब्राडवे' के रंगमंचों पर भी हुए हैं और उनसे रूढ़िग्रस्त अमेरिकन थियेटर में नई जान आई है। हिन्दी भाषी-भाषियों का अपना रंगमंच नहीं है—यह खेद की बात तो है, लेकिन इससे एक लाभ भी हो सकता है। हमें रूढ़ियों के विरुद्ध लड़ने में अपनी शक्ति का अपव्यय नहीं करना पड़ेगा। 'यूनिटी थियेटर' और 'अमेरिकन निग्रो थियेटर' से प्रेरणा लेकर हम प्रत्येक हिन्दी भाषा-भाषी नगर में ऐसे रंगमंच की स्थापना कर सकते हैं, जिसके लिए व्यवसायी रंगमंच की प्रतियोगिता का सामना करने का प्रश्न उठता ही नहीं। इस दृष्टि से इंग्लैंड और अमेरिका की अपेक्षा या महाराष्ट्र और बंगाल की तुलना में भी, हमारी स्थिति बिलकुल बुरी होने के कारण ही, कहीं अधिक उत्साहवर्धक है। हमें, संक्षेप में, सिर्फ इन बातों पर ध्यान देना होगा; बड़ी पूँजी के लिए इन्तजार करना एकदम जरूरी नहीं है; ऑफिस, नौकर-चाकर, पिऊन आदि पर एक पैसा भी खर्च करना फिजूल खर्च है; पर्दे प्रसाधन-सामग्री और तड़क-भड़क पर कम-से-कम खर्च करना; प्रवेश-शुल्क सिनेमा-भवनों के बराबर ही रखना; जनता के द्वारा जनता के लिए जनता के नाटकों का कम-खर्च-बालानशीं अभिनय प्रस्तुत करना।

['दृष्टिकोण' : 1947]

वेश्म-नाट्य

पद्य-रूपक मंच पर सफल हो सकते हैं, यह बहुत कुछ टी.एस. इलियट की 'द कॉकटेल पार्टी' की उस सफलता से मान्य हुआ, जो उसे ब्राडवे (न्यूयॉर्क) में प्राप्त हुई थी। लेकिन इलियट का ही 'द कन्फिडेंशियल कुर्क' मंच पर विशेष सफल नहीं हुआ, और उसका सद्य:प्रकाशित 'द एल्डर स्टेट्समैन' मंच पर सफल हो सकेगा, इसकी सम्भावना, नाट्य-समीक्षकों के अनुसार, कम ही है। बात ऐसी है कि लम्बे पद्य-रूपक शायद ही कभी सफलतापूर्वक मंच पर प्रस्तुत हो पाते हैं—मंच किसी देश का भी क्यों न हो! सुन्दर कविता, लेकिन दर्शक उबासी ले रहे हैं : दर्शक फिर कभी पद्य-रूपक देखना पसन्द नहीं करेंगे। परिणाम : नाट्यशाला का ह्रास होने लगता है—जहाँ ऐसी नाट्यशालाएँ हों भी, जिनमें ऐसे नाटक खेले जाएँ—कवि नाटककार नहीं बन पाता, कवि के लिए नाट्यशाला नहीं रह जाती—यह दूसरी बात है कि हमारे यहाँ तो नाटककार के लिए भी नाट्यशाला नहीं है।

ऐसी हालत में अमेरिका जैसे देश में भी, जहाँ कम-से-कम ब्राडवे में कुछेक नाट्यशालाएँ हैं ही, जिनमें पद्य-रूपक खेले जाते हैं। एक विशिष्ट प्रयोग इस उद्‌देश्य से किया गया है कि पद्य-रूपक का व्यापक प्रचार हो सके। यह रंग-प्रयोग वेश्म-रूपक के माध्यम से हुआ है : वेश्म-रूपक, अर्थात् नाटक घर के अन्दर, घेरे के बीचोबीच (ऐरेना स्टाइल), इकमिनटी पद्य-रूपक (One-minute Drama, The petit drame), घर के अन्दर रंग-प्रयोग। वेश्म-रूपक का विधान सर्कस का होता है—अर्थात्, उसका मध्य-स्थित मंच-विधान होता है। वेश्म-रूपम बैठकखाने या गोल कमरे के बीचोबीच खेला जा सकता है। यह रंगमंच का विकेन्द्रीकरण है। यह सार्वभौम रंगमंच किसी भी घर में सम्भव हो सकता है। वस्तुतः यूरोप के वेश्म-संगीत (चेम्बर म्यूजिक) का इसी प्रकार आविर्भाव हुआ था। इकमिनटी पद्य-रूपक के मानी यह नहीं कि उसके अभिनय में समय एक मिनट से ज्यादा लगे ही नहीं। यों इसकी सीमा निर्धारित की गई है—1 से 7 पृष्ठों का, आठ पृष्ठों से कम का, नाटक हो, और टंकन दुगुनी जगह छोड़कर किया गया हो! यह रंग-प्रयोग घर में, या घर जैसे वातावरण में हो सकता है। अपने और अपने मित्रों के द्वारा प्रस्तुत, अपने और अपने मित्रों के लिए अभिनीत, यह निजी नाट्यशाला है, घरेलू नाटक है।

इतना लघु नाटक काव्य बना रह सकता है और फिर भी नाटक हो सकता है, खेला जा सकता है। ऐसे नाटक के अभिनय में क्या होने जा रहा है कि उत्कंठा अक्षुण्ण रहती है; सघनता, गति बनी रह सकती है! दर्शक जानता है कि मिनट में, मिनटों में नाटक समाप्त हो जाएगा, वह पंजों के बल खड़ा हो जाता है, उद्ग्रीव होकर अभिनय देखता है। ऐसे घरेलू नाटक बड़े सफल सिद्ध हुए हैं, जबकि लम्बे पद्य-रूपक उबानेवाले होते हैं। अमेरिका में इधर तीन-चार वर्षों से तरुण कवि, 'आहत युग के कवि'—'पोएट्स ऑव द बेट एज'—ऐसे सर्वथा मौलिक नाटक लिखने लगे हैं।

आत्मीयतापूर्ण वातावरण में ऐसे पद्य-रूपक खेले जाएँ तो सम्भावना है कि काव्य का एक नया रूप अन्ततः विकसित हो जाए। यहाँ की बात छोड़ दीजिए, पश्चिम में भी कवि रंगमंच के लिए नहीं लिख रहा है, क्योंकि उपयुक्त दर्शक उसे नहीं मिलते। किन्तु घर के अन्दर के रंग-प्रयोग के लिए उपयुक्त दर्शक सुलभ रहते हैं : मित्रों के समूह की आत्मीयता रहती है, दर्शक अभिनेताओं के चारों ओर तीन फीट की दूरी पर रहते हैं। दर्शकों की उपस्थिति की उष्णता में अभिनेता निमज्जित रहते हैं। प्रकाश, कुछ क्षण अन्धकार, यही इकमिनटी पद्य-रूपक है। चेम्बर-ड्रामा वेश्म-रूपक है। ऐसे नाटक के नये लेखक के सामने समस्याएँ उठती हैं। एक से सात पृष्ठों में दुहरा स्थान देकर टंकित नाटक में चरित्र-विकास, वस्तु-विश्लेषण सम्भव कैसे होंगे? भय यह रहा है कि अभिव्यंजना की इस सीमा—आठ पृष्ठों से कम ही विस्तार—के फलस्वरूप अभिप्रेरणा (मोटिवेशन) का शिथिलतम कथन हो सकेगा—एक दृश्य का एक दृश्य मात्र उपस्थित किया जा सकेगा। लेकिन नहीं, एक दृश्य का एक दृश्य वेश्म-रूपक में नहीं रहता। वेश्म-रूपक पूरा नाटक होता है।

वेश्म-रूपक लिखना रोचक काम है। यह लिखनेवाला आगे चलकर उत्कृष्टतर तथा स्पष्टतर काव्य लिख सकता है। पुराने खेवे के कवि ऐसे वेश्म-नाटक नहीं लिख पाते, तरुण कवि ही लिखते हैं। ऐसे सार्वभौम मंच के लिए अवसर का अभाव नहीं है।

इकमिनटी पद्य-रूपक का नुस्खा कुछ ऐसा ही बताया गया है : 'वस्तुतः अपनी कोई कविता ले लीजिए—असफल कविता जिसे आप समझते हैं—यदि आप अपनी किसी कविता को असफल समझते हों—या कोई भी कविता अपनी ले लीजिए। इस कविता को कोई किसी से कह रहा होगा—जो कह रहा है, उसे प्रधान नायक हो जाने दीजिए। कविता में जो द्वंद्व अंतर्निहित है, उसे ही नाटक का द्वंद्व बन जाने दीजिए। हर कविता में द्वंद्व रहता है, द्वंद्व चाहे जितना आच्छादित और नियंत्रित हो। जो कविता लिखता है, उसे कुछ है जो परेशान किये रहता है—नहीं तो कविता लिखी नहीं जाती—यही कुछ कविता का द्वंद्व होता है। इस प्रधान नायक के विरोध में प्रतिनायक को खड़ा कर दीजिए। दोनों चरित्रों के दो-चार विशेषण लिख डालिए।

हर पात्र के कार्य-व्यापार की जो एकमात्र गति है, उसका कारण भी लिख लें। अब रही द्वंद्व की चरम परिणति—क्लाइमेक्स। चरम परिणति प्रत्यावर्तन (रिवर्सल) है, यानी वह बिन्दु जहाँ मुख्य नाटक या वस्तु-स्थिति में परिवर्तन होता है। अब संक्षेप में रंग-निर्देश लिख डालिए—चरित्रों की गति और भावों के सम्बन्ध में। और फिर लिख डालिए 'अन्धकार'। आपका इकमिनटी नाटक तैयार हो गया। द्वंद्व के बारे में ध्यान रखना चाहिए कि वह वास्तविक हो, जिसे अभिनेताओं को घेरकर बैठे दर्शक ग्रहण कर सकें—समीप से देख, सूँघ, सुन, चख सकें। इकमिनटी नाटक अकेले या सार्वजनिक रूप से पढ़े जाने के लिए नहीं होते। ये खेले जाने के लिए होते हैं। अगर ये खेले नहीं जा सकते तो ये रंग-प्रयोग नहीं हैं।

कथोपकथन और द्वंद्व का सम्बन्ध यों समझें कि कविता तो इकाई है। इकाई द्वैत का योग है। कविता में गड़े हुए द्वैत को दो संघर्षी प्रकाश-बिन्दुओं में बाहर आ जाने दीजिए। परिणाम : कथोपकथन में द्वंद्व की चरम परिणति द्वंद्व की समाप्ति है। इस तरह कोई भी कविता एक इकमिनटी पद्य-रूपक में परिवर्तित की जा सकती है।

इकमिनटी नाटक काव्य-रूपक ही हो सकते हैं, गद्य में लिखे नाटक नहीं। पद्य भी कैसा? यह आवश्यक नहीं कि वह अन्त्यानुप्रास-युक्त हो, किन्तु अप्रत्याशित शब्द-योजना आवश्यक है। प्रकाश से शुरू कीजिए और अन्धकार से समाप्त। बीच-बीच में, जरूरी हो तो, क्षणिक अन्धकार हो सकता है। दृश्य जैसा चाहे रखिए। पर्दे की जरूरत नहीं। दर्शक दीवारों और सेट्स—दृश्यों—की कल्पना कर लेगा। रंग-साधन के रूप में जो कुछ सहज-सुलभ हो, उसे इस्तेमाल कीजिए, बाकी के बारे में दर्शक को बता दीजिए। प्रारम्भ में चरित्रों, दृश्यों और समय आदि के बारे में उसी तरह विवरण दें जिस तरह लम्बे नाटक में देते हैं। सबसे बड़ी बात : वेश्म-नाटक को वेश्म-मध्य-अभिनय के लिए लिखिए, पढ़ने के लिए नहीं। महान कवि-नाटककारों तथा महान काव्य-रूपकों के लिए आवश्यक है कि ऐसे कवियों की एक नहीं, अनेक पीढ़ियाँ हों, जो नाटक लिखती हों। इकमिनटी नाटक ही इसका समाधान है।

['साहित्य' : 1959]

बच्चों का रंगमंच

मुझे भय था, मैं इन पंक्तियों में अनुदार हो गया हूँ। मुझे अब अपनी इन पंक्तियों पर पश्चात्ताप नहीं होगा।

बच्चों के लिए लिखते तो बड़े ही हैं, लेकिन बच्चों के लिए सफलतापूर्वक वे बड़े ही लिख पाते हैं, जो एक साथ बड़े और बच्चे बने रह सकें। बड़े बने रहने से काम नहीं चलने का, यह तो स्पष्ट है। बच्चा लिख नहीं सकता और बड़ा बच्चा लिख तो सकता है, किन्तु अच्छा नहीं लिख पाता। इसीलिए बड़े भी बने रहें और बच्चे भी, शिशु–साहित्य के लेखकों के लिए जरूरी यह है।

हिन्दी के शिशु–साहित्य–निर्माताओं में इस श्रेणी के लेखक प्रायः नहीं हैं, नाटककार तो शायद ही कोई हो। श्री भालचन्द्र ओझा ने बच्चों का रंगमंच लिखकर इस अभाव की पूर्ति की है।

'बच्चों का रंगमंच' में संगृहीत लघु नाटकों को विद्यालयों के अल्पवयस्क छात्र बड़ी आसानी से तख्त, मेज, कुर्सी और धोती, कुर्ते, पाजामे, चादर तथा चूना, मामूली रंग आदि उपकरणों के सहारे खेल सकते हैं। इसके लिए लेखक ने सहज ग्राह्य रंग निर्देश दिये हैं और बच्चे खुद भी संचालन–निर्देशन कर सकते हैं—यदि उनके अध्यापकों को घुट्टी या इससे दिलचस्पी न भी हो।

ये लघुनाटक सहज अभिनेय हैं। इनकी यह विशेषता नहीं है। इन नाटकों में संयत हास्य से भरी सीख मिलेगी और सरल भाषा के सहारे शैली की सूक्ष्मताओं की चेतना उद्‌बुद्ध होगी। यह दूसरी बात है कि दुर्भाग्य से आज के शिक्षा–शास्त्री, शिक्षाधिकारी और शिक्षक ही इन बातों का विवेक नहीं रखते और अगर रखते हैं तो इसका प्रमाण हमें नहीं मिलता।

सप्ताह की पुस्तक

हिन्दी के हास्य तथा गल्प लेखक भी टेक्निक और जीवन–दर्शन से कम की बातें नहीं करना चाहते। हिन्दी गल्प बहुत कम उत्कृष्ट और अधिकतर निकृष्ट कोटि का होता है। सामान्य रूप से पठनीय गल्प की कमी स्वाभाविक ही है।

अमृतलाल नागर का 'सुहाग के नूपुर' एक पठनीय उपन्यास है। इसमें बूँद को समुद्र नहीं बनाया गया है; समुद्र बनाने की कोशिश में बूँद ही बिला जाए, ऐसा नहीं हुआ है। थोड़े ही पात्र हैं, मुख्य रूप से तीन-चार, और उनकी कहानी तने, सधे, रोचक ढंग से कह दी गई है। 'पॉकेट बुक' के रूप में पुस्तकों के प्रकाशन से और जो लाभ होते हों, लेखक को मंडूक-स्फीति करने का अवसर अवश्य नहीं रहता। काट-छाँट कुशल सम्पादक ही कर सकता है। वह सीमित पृष्ठ-संख्या के कारण स्वतः हो जाती है। 'बूँद और समुद' के लेखक की इस कृति को इसी दृष्टि से 'बूँद' कहा जा सकता है।

उपन्यास का घटना-स्थल दक्षिण है—लखनऊ—आगरा नहीं। इस कारण लेखक उपन्यास के ब्याज से भाषा विज्ञानोचित क्षेत्रीय प्रयोगों के उदाहरण प्रस्तुत करने में असमर्थ रहा है। इस असमर्थता से भी लाभ ही हुआ है—उपन्यास की भाषा, भाषा की विडम्बना नहीं है।

मेरे घर में रहनेवाले आई.ए. के एक छात्र ने पुस्तक की भाषा उस निर्ममता से परीक्षण कर डाला है, जिस निर्ममता से मैं उसकी कॉपी रंग देता हूँ—अगर वह कभी मुझे अपनी कॉपी दिखाने की जरूरत समझता है। कुछ उदाहरण, जिन्हें अंकित करने के श्रम से मैं बच गया हूँ। प्रस्तुत है : श्वसुर। (सर्वत्र यही रूप है; अर्थ क्या होगा—श्वान देवता!); रूप के हार (सर्वत्र—यानी प्रेस की भूल नहीं, साहित्य के देवता ही उत्तरदायी हैं; रूप की हार शुद्ध है); मर्यादा के भेदभेद से (या भेदोपभेद! बड़ी घबड़ा रही थी; भविष्य की भविष्यवाणियाँ (गुलरोगन का तेल इसे ही कहते हैं!); आ (अ) मात्य कलेजे में ठंड पड़ रही है (केलेजा ठंडा हो रहा है); मंत्रणा देने के कारण (के लिए); गुँजाइश, चिह्न, गद्‌गद् (गद्‌गद) इत्यादि।

हम पुस्तक के प्रतिष्ठित प्रकाशकों से उम्मीद करें कि भविष्य में स्वीकृत पुस्तकों की पांडुलिपियों का सम्पादन करा लेना अपना कर्तव्य समझेंगे। तीन रंग के बदले दो ही रंगों में आवरण हो तो कोई हानि नहीं, किन्तु किसी बहुप्रचारित पुस्तक में ऐसी अशुद्धियाँ अतिशय अकल्याणकर सिद्ध हो सकती हैं।

['योगी' : 4 जून, 1960]

इतिहास पर भूगोल का प्रभाव

[1]

किसी भी देश के इतिहास के वैज्ञानिक अध्ययन के लिए उसके भूगोल का सम्यक् ज्ञान आवश्यक है। इतिहास के घटना-प्रवाह की दिशाओं के निरूपण के लिए यह जरूरी है कि हम महत्त्वपूर्ण स्थानों तथा प्रदेशों की निश्चित जानकारी रखें। इसके साथ-ही-साथ हमें यह भी स्मरण रखना पड़ेगा कि विभिन्न देशों की भौगोलिक विशेषताओं का उनके निवासियों की प्रकृति पर अनिवार्य प्रभाव पड़ता है तथा उनके राजनीतिक भाग्य से उसका अविच्छेद सम्बन्ध रहता है।

यदि यह सब आधुनिक इतिहास के लिए सच है तो प्राचीन इतिहास के लिए और भी ज्यादा सच है। भारतवर्ष जैसे देश के प्राचीन इतिहास के लिए तो भूगोल का अध्ययन बहुत ही महत्त्व रखता है; क्योंकि इसमें अनेकानेक जातियों, प्रदेशों, नदियों, पर्वतों तथा नगरों के ऐसे नामों का उल्लेख रहता है जो हमारे लिए आज प्रायः अपरिचित हो गए हैं।

भूगोल का अध्ययन केवल राजनीतिक इतिहास के लिए ही उपयोगी नहीं है। हमने ऊपर प्राचीन भारतीय इतिहास की चर्चा की है; यदि उसे ध्यान में रखते हुए विचार किया जाए तो हम पाएँगे कि राजनीतिक इतिहासकार के अतिरिक्त सामाजिक इतिहासकार भी भूगोल के अध्ययन से समान रूप से लाभावित्त हो सकता है। जब वह धर्मसूत्रों में उदीच्य, शिष्टदेश, दक्षिणा-पथ आदि के विशिष्ट प्रयोग पाता है तो उसके लिए यह जानना सर्वथा आवश्यक हो जाता है कि उनकी अवस्थिति कहाँ मानी जाती थी। इसी प्रकार साहित्य के इतिहासकार को भी उदीच्य, विदर्भ, महाराष्ट्, शूरसेन आदि स्थानों की अवस्थिति का निश्चित ज्ञान रखना आवश्यक है; क्योंकि विभिन्न 'रीतियाँ' तथा प्राकृत अपभ्रंश भाषाओं का नामकरण उन्हीं के आधार पर हुआ है। धार्मिक-पौराणिक इतिहासकार के लिए तो यह नितान्त आवश्यक है कि वह देश की पवित्र नदियों, पर्वतों तथा तीर्थस्थानों और धर्मक्षेत्रों का विस्तृत ज्ञान रखे।

[2]

भूगोल देश-विदेश के इतिहास को अनेक प्रकार से प्रभावित करता है; फलत: इतिहास को समझने के लिए भूगोल के अध्ययन की सहायता अपेक्षित होती है। इस सम्बन्ध में हम पाते हैं कि जहाँ देश की भौगोलिक विशेषताएँ स्थायी होती हैं, वहीं उसकी राजनीतिक सीमाएँ बदलती रहती हैं; भौगोलिक विशेषताएँ इतिहास के प्रारम्भिक रूप के निर्माण में बहुत बड़ा हाथ रखती हैं; राष्ट्र के निर्माण के बाद भी वे उनके भाग्य का नियंत्रण करती हैं; तथा इतिहास के नवीन युग में ही, एक हद तक, भूगोल से स्वतंत्र रहकर किया गया मानव-प्रयास उस पर विजय प्राप्त कर अपना प्रभाव प्रदर्शित कर पा रहा है।

[3]

आधुनिक भूगोल के अध्ययन की उपयोगिता, दूसरे विज्ञानों के अध्ययन की तरह, विश्व की राजनीति और अर्थनीति के क्षेत्र में ही विशेष रूप से देखी जाती है; इसके विपरीत प्राचीन भूगोल के अध्ययन का महत्त्व, साहित्य तथा विज्ञान की शाखाओं के अध्ययन के समान ही प्राचीन विश्व के इतिहास के विश्लेषण के प्रयासों में प्रमाणित होता है। भूगोल से विरहित इतिहास एक दिग्भ्रान्त पथिक के समान है। जैसाकि एक विद्वान ने कहा है : 'तिथिक्रम तथा भूगोल इतिहास के सूर्य और चन्द्र हैं, उसकी दो आँखें हैं।'

इस दृष्टिकोण से प्राचीन भूगोल का अध्ययन निम्नलिखित विभाजन के आधार पर किया जा सकता है :

गणितिक भूगोल : पृथ्वी के आकार, जलवायु इत्यादि के सम्बन्ध में।

राजनीतिक भूगोल : राज्यों के विस्तार को ध्यान में रखते हुए प्रदेशों के सम्बन्ध में।

व्यापारिक भूगोल : विभिन्न देशों के व्यापार, व्यापार-केन्द्रों तथा व्यापार-सरणियों के सम्बन्ध में।

नैतिक भूगोल : भिन्न-भिन्न स्थानों के निवासियों के स्वभाव, आचार-व्यवहार के सम्बन्ध में।

धार्मिक भूगोल : विभिन्न धर्मों की प्रादेशिक अवस्थिति के सम्बन्ध में।

अब हम समवेत् रूप से इस अध्ययन की प्रक्रिया पर विचार करें। प्राचीन भूगोल के अध्ययन से हमें उन जलवायु सम्बन्धी परिवर्तनों का ज्ञान होता है जो प्रागैतिहासिक काल में हुए थे। जलवायु उपज को नियंत्रित करता है और चूँकि किसी प्रदेश की उपज से वहाँ के निवासियों का अटूट सम्बन्ध रहता है, अत: हम विभिन्न सभ्यताओं के स्थानांतरित होने के रहस्य को इस प्रकार के अध्ययन से बहुत

दूर तक समझ पाते हैं। हम प्राचीन भूगोल के अध्ययन से ही इस बात का समाधान पा सकते हैं कि क्यों आज से हजारों वर्ष पूर्व सहारा, मिस्र, अरब और सिन्ध समृद्ध सभ्यताओं के केन्द्र थे। सहारा को ही ले लें। आज वह एक अपार सैकत-सागर के सिवा कुछ नहीं किन्तु जब नाइगर नदी सहारा की समतल भूमि से होकर गेबीज की खाड़ी में और कांगो नदी सिप्रा की खाड़ी में गिरती थी तथा नील नदी सीधे पश्चिमाभिमुख प्रवाहित होती थी तो इसी रेगिस्तान में मनुष्यों की एक सतरंगी सभ्यता कायम थी।

हम अपने से प्रश्न करते हैं कि क्यों कल के महत्त्वपूर्ण स्थान आज उपेक्षित या विस्मृत हो गए हैं ? मध्य एशिया का खोटान या सीरिया का पालमिरा कभी भरे-पूरे नगर थे, किन्तु आज उनका कोई महत्त्व नहीं रह गया है। इसी तरह हम ऐसे कृषि-प्रधान प्रदेशों के बारे में अवगत होते हैं जहाँ अब कृषि होती ही नहीं; ऐसी जातियों के बारे में जानकारी हासिल करते हैं जो अनावृष्टि के कारण एक देश से दूसरे में जा बसीं; तथा ऐसी संस्कृतियों और सभ्यताओं की कथा पढ़ते हैं जो एक केन्द्र से उन्मूलित होकर दूसरे में विकसित हुईं।

प्राचीन भूगोल के अध्ययन से हम यह भी जान पाते हैं कि मानव-जीवन तथा पुरानी जातियों के सामाजिक संघटन पर वातावरण का क्या प्रभाव पड़ता है; विभिन्न देशों के बीच जल तथा स्थल के कौन-से व्यापारिक मार्ग थे; तथा यातायात के साधनों के अभाव में भी संसार के दूरस्थ प्रदेश किस तरह परस्पर गुंफित थे।

[4]

इतिहास के लिए इतने महत्त्वपूर्ण विषय के अध्ययन की ओर बहुत दिनों तक लोगों का ध्यान गया ही नहीं; किन्तु जैसे-जैसे इसकी उपयोगिता स्पष्ट होती गई, वैसे-वैसे विद्वानों की दृष्टि इधर आकृष्ट हुई। उन्नीसवीं शताब्दी के उत्तरार्द्ध में, जबकि विकास के सिद्धान्त की स्थापना के लिए प्रारम्भिक प्रयास हो रहे थे, विद्वानों का एक ऐसा वर्ग तैयार हुआ जो इतिहास के प्रत्येक स्तर और पहलू को भौगोलिक वातावरण तथा परिस्थिति की दृष्टि से परखने तथा समझने की कोशिश करता था। इसने यहाँ तक सिद्ध करने का प्रयत्न किया कि मानव-इतिहास का विकास प्राकृतिक अथवा भौगोलिक परिस्थितियों के विकास का ही अनुसरण करता है और वस्तुत: ये ही मानव-इतिहास की प्रेरक शक्तियाँ हैं। उदाहरण के लिए मानव-सभ्यता के प्रथम स्तर में, भ्रमणशील अवस्था में, भिन्न-भिन्न मानव-जातियाँ तीन भिन्न परिस्थितियों में पाई जाती हैं—समुद्र-तट पर, घने जंगलों में, या उपजाऊ प्रदेशों में। जो जाति समुद्र-तट पर रहती थी, वह स्वभावत: मछुओं तथा समुद्री लोगों की जननी हुई और घने जंगलों में रहनेवाले बहुत दिनों तक शिकारी ही बने रहे, किन्तु

उपजाऊ प्रदेशों के निवासी बहुत शीघ्र ही पशुपालन भी करने लगे। इतिहास का भौगोलिक व्याख्याता इन्हीं मछुओं, शिकारियों तथा पशु-पालकों के संघटनों के आधार पर आज की सभी राजनीतिक और सामाजिक संस्थाओं तथा विधानों की मीमांसा करने का प्रयास करता है।

मानव-इतिहास के अध्ययन के लिए विवेचन की यह भौगोलिक प्रणाली बहुत उपादेय सिद्ध हो सकती है; किन्तु इसके प्रारम्भिक प्रतिपादक बहुधा अतिरंजना के दोषी दीख पड़ते हैं। इंग्लैंड के बक्ल[1] तथा जर्मनी के रैजल ऐसे दो विद्वान हैं जिन्होंने अपने अतिशयोक्तिपूर्ण सिद्धान्तों के फलस्वरूप आधुनिक भूगोलशास्त्र को ही विरोध का विषय बना दिया था। रैजल का सिद्धान्त था कि मानवीय कार्य प्राकृतिक परिस्थितियों से निर्धारित होते हैं। ये परिस्थितियाँ स्थायी होती हैं और उनका प्रभाव दुर्दम होता है। कहने का तात्पर्य यह है कि मनुष्य का विकास कुछ विशिष्ट सरणियों से ही होगा—यदि इसके चारों ओर की प्राकृतिक परिस्थितियाँ एक निश्चित प्रकार की हों। रैजल के कुछ अनुयायी तो इतने अतिवादी थे कि उनका विश्वास था कि यदि इतिहास का नवीन प्रारम्भ हो और परिस्थितियाँ पहले जैसी ही हों तो इतिहास मूलतः पहले जैसे क्रम से ही विकसित होगा। 'निर्धारणवाद' (Determinism) का यह सम्प्रदाय पूर्ण 'भौगोलिक नियंत्रण' (Geographical Control) पर जोर देता था। बक्ल ने भी, अपने ढंग से, आँकड़ों का विशेष रूप से सहायता लेकर 'निर्धारणवाद' का प्रतिपादन किया है।

बक्ल ने 'हिस्टरी ऑफ सिवलाइजेशन' नामक एक विराट ग्रंथमाला लिखने की योजना बनाई थी और इसके लिए उसने लगातार बीस वर्षों तक अध्ययन और परिश्रम भी किया था; किन्तु सौभाग्य या दुर्भाग्य से इसके कुछ ही अंश वह लिख सका। और बातों के अतिरिक्त उसने अपनी पुस्तक में यह प्रमाणित करने का प्रयत्न किया है कि भौगोलिक परिस्थितियों के कारण पूर्व सदैव पिछड़ा ही बना रहेगा और पश्चिम ही सभ्यता का केन्द्र हो सकता है। उदाहरण के लिए भारत का उष्ण जलवायु तथा उर्वरता यहाँ की वर्ण-व्यवस्था के लिए उत्तरदायी है जो कि उसके पिछड़े होने का सबसे बड़ा प्रमाण है।

बक्ल तथा उनके अनुयायी इस स्थापना की मीमांसा करते हुए कहते हैं कि भारत जैसे देशों में जहाँ एक ओर प्रकृति का उदार रूप प्रकट होता है और वहाँ के निवासी स्वल्प परिश्रम से अपना निर्वाह कर ले सकते हैं, वहीं, दूसरी ओर, इसका बुरा प्रभाव भी पड़ता है और जब प्रकृति अपना भयंकर रूप दिखलाती है तो लोग सर्वथा विवश तथा पराजित हो जाते हैं। इसी का परिणाम होता है भाग्यवाद। भाग्यवादी तथा अदूरदर्शी होने के कारण ऐसे लोग बाढ़ या अकाल के समय निस्सहाय और निरुपाय होकर हाथ पर हाथ धरे बैठे रह जाने के सिवा और कुछ

1. History of Civilization

नहीं कर सकते। फिर ऐसी संकटपूर्ण परिस्थितियों का लाभ उठाकर समाज का वह बुद्धिमान वर्ग, जिसने पहले से आवश्यक सामग्रियाँ इकट्ठी कर रखी थीं, अधिकार प्राप्त कर लेता है और साधारण लोगों का शोषण शुरू कर देता है। इसलिए ऐसे जलवायु में वर्गवैषम्य का उद्‌भव स्वाभाविक है और इसी के परिणामस्वरूप हम भारत में अर्थव्यवस्था जैसी सामाजिक कुरीतियाँ पाते हैं। भाग्यवाद तथा वर्गवैषम्य के ऐसे वातावरण में प्रजातंत्रवाद भला कैसे पनप सकता है?

इसी प्रकार चावल के रासायनिक तत्त्वों के परीक्षण के आधार पर बक्ल इसका भी समाधान करना चाहता है कि क्यों भारतीय स्वभावत: दर्शनोन्मुख तथा वास्तविकता से विमुख होते हैं? बक्ल का रसायनशास्त्र तो गलत है ही, उनका इतिहास भी उस समय एकदम खोखला प्रमाणित हो गया जब चावल और मछली खानेवाले जापानियों ने गेहूँ और मांस खानेवाले रूसियों को प्रथम महायुद्ध में पराजित कर दिया!

[5]

बक्ल या रैजल के सिद्धान्तों का दूसरे विद्वानों ने किन आधारों पर खंडन किया है, इसके विवेचन के पहले हम यह कह लेना आवश्यक समझते हैं कि शास्त्रीय दृष्टि से इनके मतों के खंडन के उपरान्त भी भारतीय इतिहास के विदेशी विशेषज्ञ इन अस्वीकृत सिद्धान्तों के आधार पर यहाँ के इतिहास का निर्णय करते रहे। इनमें डा. विसेंट स्मिथ महोदय अग्रगण्य हैं। उन्होंने राजपूतों की पराजय के कारणों के सम्बन्ध में जो विचार उपस्थित किये हैं, उनकी आलोचना करते हुए डाक्टर भांडारकर कहते हैं: 'उनका (स्मिथ का) कहना है कि हिन्दुओं की अपेक्षा मुस्लिम आक्रमणकारी कहीं अधिक शक्तिशाली थे, क्योंकि वे शीत प्रदेशों से आते थे। वे शरीर से ज्यादा तगड़े और मजबूत होते थे क्योंकि वे आमिषभोजी थे जबकि हिन्दू साधारणत: निरामिषभोजी होते थे। ...एल्फिस्टन इनसे अधिक उदार दृष्टि रखते थे और उन्होंने इस बात पर आश्चर्य प्रकट किया है कि अरबों ने फारस की तरह भारत पर भी विजय प्राप्त करने में क्यों सफलता नहीं पाई! स्मिथ ने स्वयं स्वीकार किया है कि मुहम्मद की मृत्यु के अस्सी वर्षों के भीतर ही अरबों ने फारस, सीरिया, पश्चिमी तुर्किस्तान, सिन्ध, मिस्र और दक्षिण स्पेन पर विजय प्राप्त कर ली थी। किन्तु वे भारत को अपने अधीनस्थ नहीं कर सके। भारतवर्ष में इस्लाम के पैर इसके साढ़े चार सौ वर्षों के बाद ही जम पाए। यह एक विचित्र-सी बात है कि स्मिथ कैसे इतने बड़े काल-खंड की उपेक्षा कर देते हैं जो किसी दशा में महत्त्वशून्य नहीं माना जा सकता। स्मिथ यह नहीं समझ सके कि अरब आक्रमणकारी क्यों सिन्ध और मुल्तान के आगे अपना राज-विस्तार करने में असमर्थ हुए, यद्यपि उन्होंने एशिया, यूरोप तथा अफ्रीका के बहुत बड़े हिस्सों पर अपना प्रभुत्व स्थापित कर लिया था और

उनका धार्मिक उत्साह भी ठंडा नहीं पड़ा था। इस तथ्य की ओर एल्फिंस्टन का ध्यान तो गया था, किन्तु स्मिथ ने इसकी उपेक्षा की है।"[1]

हमारी पाठ्य-पुस्तकों में यह परम्परा बहुत दिनों तक चलती रही और अभी तक इससे पूरा छुटकारा नहीं मिला है। जिस भ्रामक धारणा का बीजारोपण विदेशी विद्वानों ने किया, उसे हमारे देश के अधकचरे इतिहासज्ञों ने ब्रह्म-वाक्य मानकर हृदयंगम किया और छात्रों की न जाने कितनी पीढ़ियाँ उनकी रचनाओं के अध्ययन के फलस्वरूप अन्धकार में पड़ी रहीं। हमारे स्वदेशी इतिहासकारों ने जिस बौद्धिक दासता और दिवालियापन का परिचय दिया है, वह कितना दयनीय है, यह किसी से छिपा नहीं। इन विद्वानों ने स्कूली किताबों से लेकर उच्च कक्षा के योग्य ग्रंथों में बार-बार लिखा है कि भारतवर्ष की उष्ण जलवायु यहाँ के निवासियों को आलसी और आरामतलब बना देती है। जहाँ समुद्रतट के समीप रहनेवाले उद्यमी और उत्साही होते हैं, वहीं देश के भीतरी हिस्सों में रहनेवाले निष्क्रिय, निश्चेष्ट तथा निरुद्यमी पाए जाते हैं। लेकिन इसे कौन अस्वीकार कर सकता है कि पंजाब जैसे उष्ण प्रदेश में रहनेवाले सिक्ख घुड़सवारों का अगर कोई मुकाबला है तो रूसी कोसक घुड़सवारों में ही! इसी तरह कुरुक्षेत्र तथा राजपूताना के जाट और राजपूत एवं पूर्वी प्रदेश के भोजपुरी संसार के किसी देश के श्रेष्ठ सैनिकों की बराबरी कर सकते हैं। भारत के उष्ण प्रदेशों के इन्हीं सैनिकों ने अफगानिस्तान, फारस, चीन, तिब्बत, जर्मनी, अरब, तुर्की, अफ्रीका आदि देशों में अनेकानेक युद्धों में भाग लिया है तथा उल्लेखनीय सफलता भी प्राप्त की है।

ठीक इसी प्रकार जो विद्वान चीनियों को आलसी और निरुद्यमी कहते हैं, वे चीन के इतिहास से अपनी अनभिज्ञता का ही परिचय देते हैं। वे इस बात से अवगत नहीं कि ईसा की प्रथम शताब्दी में चीनी साम्राज्य पीत सागर तथा दक्षिण चीनी सागर से लेकर कैस्पियन सागर तक फैला हुआ था और सातवीं और आठवीं शताब्दियों में चीनियों ने तुर्किस्तान और काश्मीर के सुदूर और दुर्गम भागों में अपना प्रभाव स्थापित किया था।

अब हम एक प्रतिकूल पक्ष का उदाहरण देखें। क्या शीत देश में रहनेवाले निवासियों से भी अधिक आलसी तथा निष्क्रिय जाति का अन्यत्र दृष्टान्त मिल सकता है?

'भौगोलिक नियंत्रण' के इस सिद्धान्त का प्रतिष्ठित विद्वानों ने भी किस तरह दुरुपयोग किया है, इसके दो-एक उदाहरण ही पर्याप्त होंगे। भारतीय इतिहास के शीर्ष-स्थानीय विद्वान श्री यदुनाथ सरकार ने महाराष्ट्रियों की प्रत्येक विशेषताओं के कारण को महाराष्ट्र की भौगोलिक विचित्रताओं में ढूँढ़ निकालने की कोशिश की है। उनका कहना है कि महाराष्ट्री भाषा में हिन्दी के आदरसूचक 'आप' जैसा कोई

1. Annals of the Bhandarkar Oriental Research Institute, Vol X, P. 26-28

शब्द नहीं और इसका कारण इस भाषा के प्रदेश का पहाड़ी होना ही है। हम जहाँ यह स्वीकार करने में किसी तरह की द्विविधा का अनुभव नहीं करते कि महाराष्ट्र के इतिहास पर इसके भूगोल का पर्याप्त प्रभाव है, वहीं इस प्रकार की उद्भावनाओं की महत्त्वशून्यता की ओर भी विवेकशील पाठकों का ध्यान आकृष्ट करना अपना कर्तव्य समझते हैं। गुजरात प्रदेश पहाड़ी नहीं है; किन्तु वहाँ की भाषा में भी इस प्रकार के शब्दों का अभाव है और पश्चिम के हिन्दी भाषा-भाषी भी 'आप' का अपेक्षाकृत बहुत कम ही प्रयोग करते हैं और स्वयं बंगला में भी 'आप' का अस्तित्व होने पर भी 'तुम' की ही प्रधानता है। फलतः भूगोल का भाषा पर थोड़ा-बहुत प्रभाव माना तो जाएगा, किन्तु इस रूप में अवश्य नहीं।

डा. ए.सी. दास ने भी कुछ भ्रामक भौगोलिक आधारों पर वैदिककाल की अतिशय प्राचीनता प्रमाणित करने की चेष्टा की है। उनके अनुसार वेदों का युग वह था, जब उत्तर भारत का पश्चिमी हिस्सा समुद्र था। उनके इस मन्तव्य की पुष्टि इतिहास के किसी दूसरे स्रोत से नहीं होती, इसलिए इस पर विद्वानों ने काफी गम्भीरतापूर्वक विचार करना भी अनावश्यक समझा है। हाँ, दूसरे स्रोतों को ध्यान में रखते हुए नक्षत्र-विद्या के आधार या इसी विषय के सम्बन्ध में याकोबी और तिलक ने भी शोध किये हैं और उनके मत बहुत दूर तक स्वीकृत भी हो चुके हैं।

[6]

शास्त्रीय चिन्तन के क्षेत्र में बक्ल और रैजल के सिद्धान्त बहुत पहले ही अस्वीकृत हो गए थे। चार्ल्स किंग्स्ले ने 1860 में ही उनके सिद्धान्त का खंडन किया था।[1] फिर 1864 में जेम्स एंटोनी फ्रायड ने भी बड़ी सफलता से बक्ल के 'नियंत्रणवाद' की आलोचना की।[2] बक्ल के सबसे कटु आलोचक थे जे.जी. ड्रायसन,[3] जिन्होंने 'नियंत्रणवाद' के सिलसिले में यहाँ तक कह डाला है कि इस प्रकार के दर्जनों सिद्धान्त रोज ही उद्भावित किये जा सकते हैं। इन आलोचनाओं के सिद्धान्तों का सारांश यह है कि नियंत्रणवाद में जिन निश्चित विज्ञान-सुलभ नियमों की चर्चा की जाती है, उनके सर्वथा विपरीत इतिहास (1) जहाँ तक उसकी पद्धति का सवाल है, निरीक्षण और प्रयोग का विज्ञान नहीं है, अपितु आलोचना का विज्ञान है; तथा (2) जहाँ तक उसकी मान्यताओं का प्रश्न है, वे वैज्ञानिक 'नियम' की तरह कदापि निश्चित या सार्वभौम नहीं हो सकते।

1. The Limits of Exact Science as applied to History
2. The Science of History
3. Erhebung der Geschichte zum Rang Eiver Wissenschatt और Grundriss der Historik

रैजल के मन्तव्य के भी विपरीत महान फ्रांसीसी भूगोलशास्त्री Vidal de la Blache ने इस सिद्धान्त का प्रतिपादन किया कि मनुष्यों की सर्जनात्मक शक्ति वातावरण पर पारस्परिक नियंत्रण या प्रभाव स्थापित करने में समर्थ होती है। मनुष्य जहाँ अपने को प्राकृतिक परिस्थितियों के अनुरूप बना लेता है, वहीं वह अपने वातावरण को बदलने या नवीन रूप से गढ़ने में भी सफल होता है। इस तरह 'भौगोलिक नियंत्रण' के बदले पारस्परिक नियंत्रण या 'भौगोलिक' प्रभाव का सिद्धान्त ही अधिक मान्य प्रमाणित होता है।

[7]

बहुत संक्षेप में, आधुनिक विचारकों के निष्कर्षों को ध्यान में रखते हुए कहा जा सकता है कि मनुष्य के इतिहास की जो दो प्रेरक शक्तियाँ हैं, वे हैं : मनुष्य तथा प्रकृति। उन्हीं की क्रिया-प्रतिक्रिया से मनुष्य का इतिहास निर्मित होता है। मनुष्य स्वतंत्र भाव से काम करता है, वह अपनी संस्कृति को अपनी इच्छाओं तथा विचारों के अनुसार विकसित करने का प्रयत्न करता है। किन्तु, दूसरी ओर मनुष्य की उपलब्धि प्रकृति के द्वारा नियमित तथा प्रभावित भी अवश्य ही होती है। किसी भूखंड की बनावट, जलवायु, उपज—ये सभी मिलकर जंगली जानवरों की स्थिति को अवश्य ही नियंत्रित करती हैं। किन्तु हम जब मनुष्य की बात करते हैं तो जैसाकि ऊपर कहा जा चुका है, यह अधिक युक्तिसंगत है कि हम 'प्रभाव' का व्यवहार करें, न कि 'नियंत्रण' का, क्योंकि मनुष्य और प्रकृति के बीच पारस्परिक नियंत्रण ही देखा जाता है। कुछ बातों में प्रकृति का मनुष्य पर पूर्ण अधिकार रहता है। उदाहरण के लिए मनुष्य कोयले की खानों को उस प्रदेश में किसी प्रकार स्थानान्तरित नहीं कर सकता, जिसमें प्रकृति ने उन्हें अवस्थित नहीं किया है। किन्तु अनेक क्षेत्रों में मनुष्य प्रकृति को परास्त तथा नियंत्रित करने में समर्थ भी हो सकता है। जो प्रदेश बंजर और बेकार है, उसे मनुष्य कृत्रिम उपायों के द्वारा हरे-भरे खेतों में परिणत कर सकता है और यह आज एक मामूली बात हो गई है। इस तरह के दूसरे उदाहरणों का भी अभाव नहीं है।

[8]

तो इतिहास की दृष्टि से भूगोल दो प्रकार से सहायक सिद्ध हो सकता है। वैज्ञानिक भूगोल पहले तो विश्व के अन्वेषण को पूर्ण कर तथ्यों का संग्रह करता है और उनके विश्लेषण का प्रयास करता है। इसके बाद ही वह वातावरण के उन तत्त्वों का सांगोपांग अध्ययन करता है, जिन्होंने किसी भूभाग या उसके निवासियों के विकास को उल्लेखनीय रूप से प्रभावित किया है।

भूगोल विश्व का अध्ययन करता है तो उसे मनुष्य का निवास-स्थान मानकर ही। उसका उद्देश्य केवल यही रहता है कि वह मनुष्य जाति के प्राकृतिक वातावरण की जानकारी प्राप्त करे। कोई भी दूसरा विज्ञान मानव-वातावरण से इस प्रकार से सम्बद्ध नहीं है : भूगर्भवेत्ता प्रसार-खंडों के अध्ययन तक ही अपने को सीमित रखता है; खगोलशास्त्री की दृष्टि जलवायु और मौसम तक ही जाती है; वनस्पतिशास्त्रवेत्ता वनस्पति-जीवन से आगे नहीं बढ़ता और प्राणि-विद्या-विशारद पशु-जीवन को ही अपना विषय मानता है। इसके विपरीत एक भूगोल-विशारद इन विद्वानों में से प्रत्येक के परिणामों में से केवल उतना ही लेता है जितने से वह उस सजीव और सम्पूर्ण रंगमंच की विशेषताओं को समझ सके जिस पर मनुष्य को जीवन-नाटक के अपने भाग का अभिनय करना पड़ता है।

भारत के प्राचीन इतिहास में बिहार का राजनीतिक महत्त्व

[1]

भारतवर्ष के प्राचीन राजनीतिक ऐतिह्य में बिहार का स्थान एकाधिक दृष्टिकोणों से असामान्य महत्त्व का है। चूँकि ऐतिहासिक युग के प्रारम्भिक काल में दक्षिण-बिहार और उत्तर-बिहार का एक दूसरे से अलग राजनीतिक विकास हुआ है, इसलिए इस विषय का अध्ययन तदनुसार ही सुविधापूर्ण होगा।

दक्षिण-बिहार में जिस मगध साम्राज्यवाद का उत्थान और पतन हुआ, उसके पराक्रम और विस्तार का, वैभव और आदर्शवाद का, दूसरा उदाहरण भारतीय इतिहास में तो निश्चय नहीं मिल सकता। दक्षिण-बिहार (मगध) को नन्दों की अजयवाहिनी का स्रोतस्थल होने का गौरव है जिसके पराक्रम के श्रवणमात्र से विश्वविजयी सिकन्दर की सेना के हौसले पस्त हो गए और उसने भारत के सीमा-प्रान्तों के आगे बढ़ने से कतई इनकार कर दिया। इसे चाणक्य, राक्षस, कामन्दक जैसे महामतिमान नीतिज्ञों को और 'प्रतिज्ञा-दुर्बल' होने पर राजा तक को मृत्यु-दंड देने की हिम्मत रखनेवाले पुष्यमित्र जैसे सेनापतियों को प्रसूत करने का श्रेय है। इसे महापद्मनन्द जैसे 'एकराट्' एवं 'एकच्छत्र', सेल्यूकस-विजयी चन्द्रगुप्त जैसे भारत की उत्तर-पश्चिमीय वैज्ञानिक सीमा के एकमात्र सफल निर्धारक अशोक जैसे सफल आदर्शवादी और समुद्रगुप्त जैसे दिग्विजयी सम्राटों की राजधानी का प्रदेश होने का अभिमान है।

समासत: प्राचीन भारतवर्ष के मुख्यतम साम्राज्यों का दक्षिण-बिहार ही केन्द्र रहा है। नन्द, मौर्य, शुंग, कण्व, गुप्त[1] प्रभृति साम्राज्यों की दिल्ली यही था। श्री हेमचन्द्रराय चौधरी[2] ने ठीक ही कहा है : 'भारत के प्राचीन इतिहास में मगध ने वही काम कर दिखाया है जो नार्मनों से पहले के इंग्लैंड में बेस्सेक्स ने और आधुनिक जर्मनी में प्रशा ने किया है।'

1. स्कन्दगुप्त को पीछे चलकर हूणों का सामना करने के लिए अपनी राजधानी मगध बनानी पड़ी।
2. Political History of India, p. 97

इस छोटे से प्रदेश के राजन्य आसमुद्र-क्षितीश किस प्रकार हुए, मगध साम्राज्यवाद की नींव कब और कैसे पड़ी, इनका संक्षेप में दिग्दर्शन करा देना असमीचीन न होगा। एक बार प्रतिष्ठापित हो जाने पर, चाहे वह मौर्यों के हाथ में हो या शुंगों के, कण्वों के या गुप्तों के—इसका सातत्य बहुत दिनों तक बना रहा; अतः विकास के प्रारम्भिक क्रम का ही निर्देश यहाँ पर्याप्त होगा।

[2]

दक्षिण-बिहार का वास्तविक इतिहास बुद्ध के समय से ही आरम्भ होता है। ऋग्वेद[1] का कीकट सम्भवतः मगध ही था। यास्क[2] कीकट को अनार्यों का देश कहता है; और भागवतपुराण जैसे अपेक्षाकृत परवर्ती ग्रंथ कीकट को मगध का पर्याय मानते हैं। जैसे : 'बुद्धोनाम्नाञ्जनसुतः कीकटेषु भविष्यति।'[3]

वैदिक साहित्य में मगध का नाम पहले-पहल अथर्ववेद[4] में आया है। उस समय तो निस्सन्देह मगध का महत्त्व उल्लेखनीय नहीं था। अस्तु, मगध पर शासन करनेवाले प्रथम राजवंश की स्थापना कुख्यात जरासन्ध के पिता वृहद्रथ ने की थी।[5] इस वंश का अन्त कदाचित् छठी शताब्दी ईसवी-पूर्व में हुआ होगा।

इस शताब्दी के प्रारम्भ में वर्तमान राजनीतिक वस्तुस्थिति पर बौद्ध साहित्य द्वारा पर्याप्त प्रकाश पड़ता है। उस समय भारत में छोटे-छोटे कई गणतंत्र अवशिष्ट थे; कई लघु राष्ट्र भी स्वतंत्र सत्ता रखते थे और अनेक अनार्य राज्यों का भी उल्लेख मिलता है। परन्तु तत्कालीन राजनीतिक होड़ में केवल चार शक्तियाँ ही वस्तुतः महत्त्वपूर्ण थीं : कोसल, वत्स, अवन्ति और मगध। इन चारों के बुद्ध-समकालीन शासकों के नाम क्रमशः इस प्रकार हैं : प्रसेनजित, उदयन, प्रद्योत, बिम्बिसार और अजातशत्रु। इन चारों महत्त्वाकांक्षी शासकों में परस्पर संघर्ष होना अनिवार्य था। इसमें मगध को असाधारण सफलता प्राप्त हुई।

मगध की साम्राज्यवादी लिप्सा को बिम्बिसार के द्वारा ही सक्रिय साथ मिला। बिम्बिसार स्पष्टतः एक कर्मकुशल राजनीतिज्ञ था। उसे अपने राज्य से अयोध्या हटानी पड़ी थी, जैसा बौद्धों द्वारा दी गई उसकी उपाधि 'अयोध्या का विक्रमादित्य' से प्रतीत होता है।

---

1. 3, 53, 14
2. निकाय 6, 32
3. भागवत पुराण 1, 3, 24
4. 5, 22, 14
5. महाभारत 1, 63/23

उसने मगध के विस्तार के लिए साम और दंड-नीति का सफल उपयोग किया। उसने गान्धार, अवन्ति आदि शक्तिशाली राष्ट्रों से मित्रतापूर्ण सम्बन्ध स्थापित किये; मद्द,[1] कोसल और वैशाली की राजकन्याओं से विवाह कर इन राष्ट्रों को भी अपने पक्ष में बनाये रखा। इस प्रकार उसने मगध के विस्तार के लिए पश्चिम और उत्तर, दोनों ओर मार्ग साफ कर दिया। परन्तु इससे लाभ उठाने का काम उसके उत्तराधिकारी का था। स्वयं बिम्बिसार के राजत्वकाल में तो मगध का बहुत विस्तार नहीं हुआ यद्यपि आगे के लिए उसी ने मार्ग को निर्दिष्ट और प्रशस्त किया था। प्रसेनजित के पिता महाकोसल ने अपने मागध जामाता को दहेज के रूप में काशी ग्राम का राजस्व दिया था।[2] साथ-ही-साथ पश्चिम और उत्तर के पार्श्ववर्ती राष्ट्रों को उपर्युक्त रीति से मिलाये रखने के कारण वह पूर्व में स्थित अंग देश के विरुद्ध भी सफलतापूर्वक दंड-नीति का व्यवहार कर सका। बिम्बिसार ने अंग को सशस्त्र आक्रमण द्वारा अधीनस्थ किया, इसका प्रमाण 'दीघनिकाय' के 'सोणदंडसुत' में मिलता है, जिसमें बिम्बिसार द्वारा सोणदंड नामक ब्राह्मण को चम्पानगरी का राजस्व दिये जाने का उल्लेख है; अंग की अधीनस्थता का प्रमाण स्थविरावली, भगवतीसूत्र और निरयावलीसूत्र में भी पाया जाता है। अंग की यह विजय एकदम हेय नहीं है। एक समय था जब मगध ही अंग का अधीनस्थ था। पश्चिम में, विधुरपंडित ज्ञातक और महाभारत के शान्तिपर्व[3] के अनुसार, राजगृह और गया (अर्थात् मगध) अंग के अंग थे; और पूर्व में, महाभारत के सभापर्व[4] के अनुसार, वंग भी अंग में ही सम्मिलित था; अंग और वंग एक ही 'विषय' या राज्य थे, और 'चम्पा' भारत की छह महानगरियों में एक थी। अस्तु।

बिम्बिसार का पुत्र अजातशत्रु अपने पिता की हत्या के बाद सिंहासनारूढ़ हुआ। कहा जाता है कि बिम्बिसार की हत्या के उपरान्त प्रसेनजित की भगिनी कोसल देवी भी शोकातिशय से अपने पति की अनुगामिनी हुई।[5] मगध के तत्कालीन इतिहास से यह घटना असम्बद्ध नहीं। प्रसेनजित ने अपने पितृहन्ता भागिनेय को काशी का राजस्व देने से इनकार कर दिया। इस पर अजातशत्रु ने काशी पर आक्रमण किया। किन्तु वस्तुतः यह केवल मागध-साम्राज्य-लिप्सा को खुल खेलने के लिए बहाना भर था। 'संयुक्तनिकाय'[6] में इस युद्ध का विस्तृत वर्णन है। पहली चढ़ाई में तो अजातशत्रु के ही हाथ दिन रहा; किन्तु दूसरी बार वृद्ध प्रसेनजित ने अपने बुद्धिबल से अजातशत्रु को ससैन्य कब्जे में कर लिया। बाद में, चाहे जिस कारण

1. पंजाब में
2. जातक नं. 239, 283, 492
3. 29, 35
4. 44, 9
5. जातक 4, 342
6. 1, 84, 86

हो, अजातशत्रु को उसके मातुल ने सबहुमान मुक्त ही नहीं किया, किन्तु उसके साथ अपनी एक पुत्री का विवाह भी कर दिया। इस प्रकार अजातशत्रु ने काशी और कोसल तक अपने प्रभाव का विस्तार किया।

इसके अलावा अजातशत्रु ने वैशाली पर भी अपना आधिपत्य स्थापित किया। 'महापरिनिब्बान सुत्तन्त' के आदि में हम अजातशत्रु के वज्जियों के गण पर भी आक्रमण करने की तैयारी का उल्लेख पाते हैं। सबसे पहली तैयारी तो गंगा के दक्षिण तट पर पाटलिपुत्र के दुर्ग का निर्माण ही थी, क्योंकि उस समय गंगा ही उभय प्रदेशों की विभाजक रेखा थी। यह काम 'वस्सकार' नामक एक ब्राह्मण को सौंपा गया था, जो भेदनीति-पटुता के कारण कौटिल्य का पुरखा कहा जाने का योग्य अधिकारी है। एक दिन अकस्मात् वह वज्जियों की राजधानी 'वैशाली' में भागा-भागा जा पहुँचा और वहाँ यह घोषणा कर दी कि वह किसी तरह अजातशत्रु के हाथ से निकल सका था, नहीं तो उसकी जान की खैरियत नहीं थी। वज्जियों ने उसका स्वागत किया और वह उनकी शरण में रहने लगा। इस प्रकार वह तीन वर्षों तक जिस पत्तल में खाता था, उसी में छेद करता रहा। जब उसने देखा कि उसके गुप्त रूप से किये गए निरन्तर मिथ्या-प्रचार से पारस्परिक विद्वेष की आग सुलग उठी है और गण की एकता का सूत्र जर्जर हो चला है, तब उसने अजातशत्रु को खबर कर दी। अजातशत्रु ने वैशाली पर धावा बोल दिया और उसने बड़ी आसानी से विजय-लाभ किया। कहते हैं, इसके बाद उसने वैशाली के अपने सम्बन्धियों पर नृशंस अत्याचार किये, यद्यपि सम्भव है कि यह वर्णन कुछ अतिरंजित हो!

यहाँ पर यह बात ध्यान देने योग्य है कि मगध की इस बढ़ती हुई शक्ति का सामना करने के लिए एक संगठित प्रयत्न हुआ था, यद्यपि उसे कोई उल्लेखनीय सफलता नहीं मिली। 'निरयावलीसुत्त' के अनुसार जब अजातशत्रु ने वैशाली पर चढ़ाई की थी, तब उसके गणपति ने काशी और कोसल के अष्टादश गणराजों को इस अन्याय के विरुद्ध सम्मिलित मोर्चा लेने के लिए आमंत्रित किया था। परन्तु जिस सरलता से अजातशत्रु ने वज्जियों को परास्त किया, उससे यही निष्कर्ष निकल सकता है कि या तो काशी-कोसल-वैशाली-धुरी कभी कार्य-रूप में परिणत ही नहीं हुई, या हुई भी तो मगध-शक्ति के सामने टिक न सकी।

अवन्तिराज प्रद्योत भी कम महत्त्वाकांक्षी नहीं था। 'मंझिमनिकाय' में तो मगध और अवन्ति के बीच युद्ध की तैयारियाँ होने का भी उल्लेख है। किन्तु सम्भवत: यह युद्ध हुआ नहीं, और अवन्ति को स्वायत्त करने का काम अजातशत्रु के वंशजों के लिए रह गया।

अजातशत्रु के पहले दो वंशजों—दर्शक और उदायिभद्द[1]—ने कोई उल्लेखनीय काम नहीं किया। जिस प्रकार इनके पूर्ववर्तियों के समय मगध मत्स्यन्याय से इतनी

1. हम यहाँ वंश-क्रम-विषयक विवाद में नहीं पड़ेंगे। —ले.

वृद्धि को प्राप्त हुआ था, उसी तरह अवन्ति भी आसपास के राज्यों को आत्मसात् कर अपने प्रतिद्वंद्वी मगध से लोहा लेने के लिए उत्सुक था। इसका आभास तो अजातशत्रु के समय ही मिल चुका था, पर निर्णयात्मक संघर्ष उदायिभद्द के उत्तराधिकारी शिशुनाग के ही समय हुआ, जब निश्चित रूप से मगध का प्राधान्य स्थापित हुआ।

इसमें कोई सन्देह नहीं कि इस समय तक विन्ध्य के ऊपर समस्त उत्तर-भारतवर्ष में केवल एक ही प्रधान शक्ति रह गई थी, और वह मगध की थी।

इसके बाद वंशक्रम अत्यन्त अस्पष्ट हो गया है; पर इतना कहा जा सकता है कि राजनीतिक दृष्टिकोण से इस बीच कोई महत्त्वपूर्ण घटना नहीं घटी थी।

अब नन्दों और मौर्यों का काल आता है। इनके पूर्ववर्ती शासकों के समय ही उत्तर-भारत में मगध का प्रभुत्व व्याप्त हो चुका था। निश्चय ही इन्होंने यत्र-तत्र, और विशेषत: सीमान्तों में, अपनी शक्ति का विस्तार दृढ़ किया; किन्तु हम इस प्रसंग में इनके द्वारा दक्षिण में मगध-साम्राज्य का जो पहली बार विस्तार हुआ, उसी का उल्लेख कर सन्तोष करेंगे।

दक्षिण में मगध का आधिपत्य स्थापित करने का श्रेय किसे है, यह विषय विवाद से खाली नहीं है। हेमचन्द्रराय चौधरी[1] और कृष्णस्वामी अयंगर[2] चन्द्रगुप्त मौर्य के पक्ष में अपना मत देते हैं। विन्सेंट स्मिथ[3] और जायसवाल[4] के मतानुसार चन्द्रगुप्त नन्दों के उत्पाटन, यूनानियों के शमन और अपने साम्राज्य के पुन:संघटन में इतना व्यस्त रहा होगा कि उसे विन्ध्य के दक्षिण की ओर विजय-यात्रा करने का अवसर नहीं था; और अशोक के बारे में यह सर्वविदित है कि उसने कलिंग के सिवा और किसी प्रदेश को युद्ध में विजित नहीं किया; इन कारणों से वे बिन्दुसार को ही दक्षिण का विजेता मानते हैं। परन्तु हमारी सम्मति में इस नये सिद्धान्त के लिए पर्याप्त प्रमाण हैं, जिनके अनुसार दक्षिण-विजय का श्रेय नन्दों को ही मिलना चाहिए। वाल्श[5] ने मुद्राशास्त्रीय तर्कों के आधार पर और डाक्टर शास्त्री[6] ने पुराणों, हिन्दू, बौद्ध और जैन-साहित्य तथा पुरातत्त्व के साथ साक्ष्य पर इस सिद्धान्त का अभिनव प्रतिपादन किया है।

जहाँ तक साम्राज्य-विस्तार के सातत्य का प्रश्न है, इसके बाद इसकी तुलना का कोई सफल प्रयत्न भविष्य में मगध में ही क्यों, भारतवर्ष में नहीं हुआ। नन्दों

1. Political History of India
2. The Mauryan Invasion of South India
3. History of India
4. The Empire of Bindusar's in Journal of the Bihar & Orissa Research Society, और आर्यमंजुश्रीमूलकल्पम् की प्रस्तावना।
5. Journal of the Royal Asiatic Society, 1937
6. Journal of the Bihar & Orissa Research Society, 1937

और मौर्यों का राजत्व-काल मागध साम्राज्यवाद की ही नहीं, अपितु प्राचीन भारतीय साम्राज्यवाद की पराकाष्ठा है, जिसका अतिक्रमण तो कभी नहीं हुआ, पर उसकी समता भी नहीं दीख पड़ती। मगध में शुंग और कण्व-वंशों का स्थान इस प्रसंग में तुच्छ है। गुप्तों का प्रयत्न उल्लेखनीय है; किन्तु आखिर वह नन्दों और मौर्यों की सफलता की संक्षिप्त पुनरावृत्ति मात्र है। स्कन्दगुप्त को जिस दिन प्राचीन भारत की राजधानी पाटिलपुत्र का त्याग करना पड़ा था, उसके बाद मगध का राजनीतिक प्राधान्य तो लुप्त हुआ ही, साथ-ही-साथ समस्त भारत की राजनीति के दुर्दिन भी आसन्न थे।

[3]

भारतीय साम्राज्यवाद में मगध के अतुलनीय प्राधान्य का निर्देश मात्र कर हम उत्तर-बिहार के सर्वथा भिन्न प्रकार के राजनीतिक महत्त्व का आभास देने का यत्न करेंगे।

उत्तर-बिहार का इतिहास बहुत पुराना है। कुरुक्षेत्र के महायुद्ध के अनन्तर ही भारतीय राजनीति में उत्तर-पश्चिम भारत का प्राधान्य जाता रहा। फिर भी कौरवों के विशाल साम्राज्य का काफी बड़ा हिस्सा पांडु-वंशज परीक्षित और जनमेजय के अधीन अवश्य रहा होगा। परन्तु जनमेजय के परवर्ती शासक[1] स्पष्ट ही क्रमशः अधिकाधिक दुर्बल होते गए और अन्ततः 'क्षते क्षार' की तरह बाढ़, अकाल आदि प्राकृतिक उपद्रवों के कारण निचाक्षु को हस्तिनापुर से हटकर कौशाम्बी चला आना पड़ा था।[2] इसके बाद तो उत्तर-पश्चिम के गौरवपूर्ण परिच्छेद का अन्त ही समझना चाहिए। आगामी युग में सबसे महत्त्वपूर्ण व्यक्तित्व हुआ विदेह के सुप्रसिद्ध राजा जनक का।

जातकों में—और, कहना नहीं होगा, रामायण में भी—विदेह की राजधानी मिथिला का वर्णन बहुधा मिलता है। 'सुरुचि' जातक के अनुसार : मिथिला का विस्तार सात योजनों में था और महाजनक-जातक में इस नगरी के वैभव का आकर्षक वर्णन है। जनक के अधीन 'विदेह'—आधिभौतिक और आध्यात्मिक, उभय दृष्टिकोणों से—असाधारण महत्त्वपूर्ण स्थान हो गया था। वृहदारण्यक उपनिषद् में जनक 'सम्राट्' की उपाधि से विभूषित किये गए हैं। यद्यपि वैदिक वाङ्मय में सम्राट का महत्त्व उसके यज्ञों की संख्या और उत्कर्ष पर ही निर्भर दिखलाया गया है, फिर भी यह अस्वीकृत नहीं किया जा सकता कि इस शब्द से राजनीतिक प्रभुत्व की भी स्पष्ट ध्वनि आती है। उदाहरणार्थ—वृहदारण्यक उपनिषद् और महाभारत में उल्लिखित वैदेह जनक और काशिराज प्रतर्दन के युद्ध।

1. जनमेजय—शतानीक—अश्वमेधदत्त—अधिसीमकृष्ण—निचाक्षु—कौशाम्बी का राजवंश।
2. वृहदारण्यक उपनिषद् 3, 49; Pargiter, Dynasties of the Kali age, p. 5

इस गौरवान्वित वंश का अन्त कराल जनक के साथ हुआ जिसने कौटिल्य अर्थशास्त्र के अनुसार एक ब्राह्मणी पर कुदृष्टि डाली थी।

हमने उत्तर-बिहार के विषय में पहले ही कहा है कि भारत के इतिहास में उसका भी राजनीतिक महत्त्व है; परन्तु वह मगध के महत्त्व की तुलना में सर्वथा भिन्न प्रकार का है। इसमें कोई सन्देह नहीं कि विदेह के राजा जनक, एक राजा की हैसियत से भी, नगण्य नहीं कहे जा सकते। फिर भी यह मानना पड़ेगा कि साम्राज्यवादी शक्तियों के इतिहास में उत्तर-बिहार का बहुत महत्त्वपूर्ण स्थान नहीं है, विशेषत: पार्श्ववर्ती मगध के इतिहास के सामने यह एकदम फीका पड़ जाता है।

परन्तु राजनीतिक महत्त्व का विवेचन किसी राष्ट्र की साम्राज्यवादी सफलता को ही दृष्टि में रखकर नहीं किया जा सकता। राजनीति के विद्यार्थी की आँखों में नार्वे और स्वीडन जैसे लघु राष्ट्रों का भी अपना विशिष्ट स्थान है, और वह इसलिए कि अमेरिका और ब्रिटेन, रूस और जर्मन जैसे पराक्रमी बृहत् राष्ट्रों की तुलना में वहाँ राजनीति-सम्बन्धी असाधारण मनुष्यतापूर्ण प्रयोग हुए हैं।

इसी कारण, उत्तर-बिहार का भी भारत के राजनीतिक इतिहास में एक विशिष्ट स्थान स्वीकृत होगा। अपने सारे वैभव और व्यापकता के बावजूद मागध साम्राज्यवाद एक दिन उसी प्रकार विनष्ट हो गया, जिस प्रकार उसी के कारण उत्तर-बिहार में सफलतापूर्वक शासन-संचालन करनेवाली बज्जियों की प्रयोगात्मक गणतंत्र-प्रणाली। इसकी स्थापना कराल जनक के कुशासन की प्रतिक्रिया के रूप में हुई थी। उनकी शासन-प्रणाली में प्रजा के बीच समानता, स्वतंत्रता और भ्रातृत्व की जो भावना प्रारम्भ में वर्तमान थी, वह यदि अक्षुण्ण बनी रहती तो, जैसा बुद्ध ने 'दीघनिकाय' और 'महापरिनिब्बान सुत्तन्त' के अनुसार कहा था, उसे शत्रु कदापि पराजित नहीं कर सकते। किन्तु दुर्भाग्यवश, जैसा हम ऊपर कह आए हैं, पारस्परिक विद्वेष के कारण उनके इस स्तुत्य राजनीतिक प्रयोग का मागध साम्राज्यवाद द्वारा विनाश सम्भव हुआ।

अल्पकालीन और छोटे पैमाने पर होने पर भी गतानुगतिकता के सर्वथा विरुद्ध किये जानेवाले एक प्रयोग को यहाँ आश्रय मिला, केवल इसी नाते भारत के राजनीतिक इतिहास में उत्तर-बिहार का स्थान उल्लेखनीय रहेगा।

['जयंती स्मारक ग्रंथ' : संवत् 1999]

अंग्रेजी गल्प और भारत

कई जिल्दों में प्रकाशित और प्रामाणिक 'कैम्ब्रिज हिस्टरी ऑव इंग्लिश लिट्रेचर' में एंग्लो-इंडियन लिट्रेचर शीर्षक एक अलग अध्याय ही है। अभी हाल में एक भारतीय लेखक द्वारा इसी शीर्षक की एक पुस्तिका भी प्रकाशित हुई है, जो स्पष्टत: पूर्वोक्त ग्रंथ के अध्याय विशेष पर ही निर्भर है, यद्यपि अन्त में कुछ नई सामग्री देने की कोशिश की गई है।

'एंग्लो-इंडियन लिट्रेचर' का अर्थ कैम्ब्रिज हिस्टरी में अंग्रेजों द्वारा अंग्रेजी में लिखा हुआ भारत से किसी न किसी प्रकार सम्बद्ध साहित्य माना गया है। सुविधा के लिए भारतीयों द्वारा अंग्रेजी में लिखित ऐसे साहित्य को भी इस वर्ग के अन्दर ले लिया जाता है।

यह विषय बहुत मनोरंजक तथा ज्ञानवर्द्धक है। सामग्री भी प्रचुर है। भारत में अंग्रेजों के राज्य की स्थापना होने के पहले से ही यात्रा और जीवनी इत्यादि के रूप में ऐसे साहित्य का निर्माण होने लगा था। अंग्रेजी राज्य की स्थापना हो जाने के बाद अंग्रेजी कविता और गल्प में भी भारत की पृष्ठभूमि बहुलता से उपयोग में लाई गई।

इस छोटे से निबन्ध का उद्देश्य सीमित है। इसमें भारतीय पृष्ठभूमि पर निर्मित अंग्रेजों और भारतीयों के प्रसिद्ध और आधुनिक अंग्रेजी उपन्यासों की संक्षिप्त समीक्षा या परिचय ही मिलेगा।

ऐसे उपन्यासों की कमी नहीं, जिनमें भारतीय पृष्ठभूमि केवल विचित्रता, नवीनता तथा पश्चिम के पाठकों के लिए रहस्यपूर्णता की दृष्टि से अपनाई गई है। कुछ ऐसे उपन्यास भी लिखे गए हैं, जिनका उद्देश्य ब्रिटिश साम्राज्यवाद की उदारता तथा भारतीयों की राजनीतिक तथा सांस्कृतिक अयोग्यता और असभ्यता प्रमाणित करना है। ऐसे उपन्यासों की फिल्में भी बनी हैं जिनसे भारतीयों पर अक्षम्य आघात पहुँचा है। पर इन उपन्यासों का, कला की दृष्टि से, कोई महत्त्व नहीं है और उनका यहाँ उल्लेख अनावश्यक है।

यहाँ, सबसे पहले, पौर्वापर्य की दृष्टि से नहीं, कला की दृष्टि से, हम ई.एम. फोर्स्टर के श्रेष्ठ उपन्यास 'ए पैसेज टु इंडिया' के बारे में कहना समीचीन समझते

हैं। यह उपन्यास केवल इसी वर्ग के गल्प-साहित्य में ही नहीं, किन्तु आधुनिक अंग्रेजी उपन्यासों में भी महत्त्वपूर्ण स्थान का अधिकारी माना जाता है।

फोर्स्टर इधर बहुत दिनों से प्राय: मौन हैं। यों भी उन्होंने बहुत अधिक नहीं लिखा है। यह एक उच्च-शिक्षा-प्राप्त अधिकारी विद्वान हैं। इन्होंने उपन्यास-कला पर ट्रिनिटी कॉलेज, कैम्ब्रिज, में विद्वत्तापूर्ण व्याख्यान-माला दी थी, जो 'एस्पेक्ट्स ऑव द नॉवेल' के रूप में पुस्तकाकार प्रकाशित हुई है और इस विषय की प्रामाणिक पुस्तक मानी जाती है। उपर्युक्त उपन्यास के प्रकाशित होने के पहले इनके तीन-चार और उपन्यास प्रकाशित हुए थे। इसके बाद इनकी केवल एक महत्त्वपूर्ण आलोचना-सम्बन्धी पुस्तक छपी, जिसका उल्लेख ऊपर किया गया है।

इस उपन्यास के लिए फोर्स्टर को जेम्स टेट ब्लैक और फेमिना-वी हूरे जैसे गौरवपूर्ण पुरस्कार मिले थे। ये पुरस्कार साहित्यिक महत्त्व में नोबेल-पुरस्कार से किसी तरह कम नहीं हैं। इन पुरस्कारों का निर्णय विशुद्ध कला की दृष्टि से किया जाता है और जिस लेखक को इन्हें पाने का सौभाग्य प्राप्त होता है, उसके स्थायित्व को प्राय: नि:संशय ही समझना चाहिए।

इस उपन्यास के लिखने के पहले फोर्स्टर इस देश में दो वर्ष का प्रवास कर चुके थे। यों तो हम लोगों को इस पुस्तक में भी रीति-रिवाज, चरित्रों के नाम आदि की भूलें मिल जा सकती हैं, किन्तु ये बातें उपन्यास में गौण वस्तु हैं और ये त्रुटियाँ किसी प्रकार आपत्तिजनक नहीं कही जा सकतीं।

इस उपन्यास के सूक्ष्म मनोवैज्ञानिक पर्यवेक्षण को साधारण पाठक भले ही ग्रहण न कर सकें, पर उपन्यास कला के गम्भीर आलोचक से यह असाधारण सामर्थ्य छिपी नहीं रह सकती। जीवन की ग्राम्यता और आडम्बरप्रियता के प्रति अपनी घृणा की भावना को जिस संयत शैली में फोर्स्टर ने व्यक्त किया है, वह वस्तुत: प्रशंसनीय है। इसके लिए उपन्यास की पृष्ठभूमि, चाहे वह इटली हो या कैम्ब्रिज या भारत, आध्यात्मिक महत्त्व रखती है, भौगोलिक नहीं। उपन्यास के आकार-प्रकार के सम्बन्ध में इनका स्वतंत्र दृष्टिकोण है। संघर्षशील संसार में कोमल भावनाओं वाले व्यक्ति की स्थिति का चित्रण जिस क्षमता के साथ इन्होंने किया है, उससे इनकी असाधारण प्रतिभा का परिचय मिलता है। हाँ, वर्जीनिया वुल्क की तरह, इनके चरित्रों में भी वास्तविकता का अभाव-सा दीखता है—लेखक के मस्तिष्क के बाहर उसके चरित्रों का अस्तित्व होगा, इसका सहज विश्वास नहीं होता। वर्जीनिया वुल्फ के 'द वॉयेज आउट' के चरित्रों की तरह फोर्स्टर के चरित्र भी विचारों और भावनाओं में इस तरह परिष्कृत और सन्तुलित हैं कि साधारण जीवन की हवा के झोंके से उनकी 'संस्कृति की इमारत ही ढह पड़ेगी।'

फोर्स्टर यद्यपि आज भी जीवित हैं, फिर भी उनकी गणना एडवर्डियन युग में ही की जाती है; क्योंकि उनकी महत्त्वपूर्ण रचनाएँ जाजियन युग के पहले की हैं।

फोर्स्टर के इस उपन्यास के बारे में यह ध्यान रखना चाहिए कि यद्यपि इस उपन्यास में इस देश के स्थान-विशेष के, जातिविशेष के पात्रों के सबल और सूक्ष्म वर्णन-चित्रण हैं, फिर भी इनका अपने में कोई महत्त्व नहीं, लेखक का उनके प्रति कोई आकर्षण नहीं—उसकी कला की पूर्णता के लिए, ये सब सामग्री के सिवा और कुछ नहीं।

अंग्रेजी साहित्य में आदर के साथ उल्लेख किये जानेवाले दूसरे औपन्यासिक, जिन्होंने भारतीय पृष्ठभूमि को अपनाया है, एल.एच. मायर्स हैं। पश्चिम के साधारण पाठकों में भारत से सम्बद्ध कौतूहल का लाभ उठाना इनका भी उद्देश्य नहीं। हकीकत तो यह है कि पृष्ठभूमि के प्रति ये फोर्स्टर से भी अधिक निर्लिप्त हैं।

इनका पृष्ठभूमि के सम्बन्ध में अपना एक विशेष उद्देश्य है। 'फ्लैशिंग स्ट्रीम' (नाटक), 'पोट्रेट इन ए मिरर' और 'स्पार्केनब्रोक' के प्रसिद्ध लेखक चार्ल्स मार्गन की तरह, इनकी भी गणना बुद्धिवादी औपन्यासिकों में की जाती है। इनका कहना है कि अपने जीवन-दर्शन, दृष्टिकोण को उपन्यास में सफलतापूर्वक व्यक्त करने के लिए यह आवश्यक है कि उनके उपन्यासों की पृष्ठभूमि अंग्रेजी पाठकों के लिए परिचित न हो। लेकिन यह भी जरूरी है कि पृष्ठभूमि सर्वथा कल्पित भी नहीं हो, पाठकों को घटनाएँ निराधार भी मालूम न हों। इसलिए इन्होंने भारत के मध्ययुग, मुगल-काल, को अपने कुछ उपन्यासों का पृष्ठाधार बनाया है। उनके ऐसे उपन्यास हैं : 'द रूट ऐंट द फ्लावर', 'पूल ऑव विष्णु'। ये उपन्यास फोर्स्टर की तरह अपनी विशेषता का दावा नहीं कर सकते, फिर भी, जिस वर्ग-विशेष में रखकर इन रचनाओं की समीक्षा की जा रही है, कम-से-कम उसमें इन्हें बहुत ऊँचा स्थान मिलेगा।

यहाँ एडवर्ड टामसन के 'ए डे इन इंडिया' का भी उल्लेख कर देना आवश्यक है। यद्यपि टामस अंग्रेजी साहित्य के आधुनिक लेखकों में विशिष्ट स्थान के अधिकारी नहीं हैं, न इनका यह उपन्यास ही साहित्यिक दृष्टि से उच्चकोटि की रचना है, फिर भी, यह मानना पड़ेगा कि पूर्वोक्त औपन्यासिकों की अपेक्षा इन्होंने अपने उपन्यास की पृष्ठभूमि के साथ सीधा सम्पर्क निभाया है। पृष्ठभूमि इनके लिए गौण विषय नहीं है। साथ-ही-साथ यह भी नहीं कि इन्होंने अंग्रेज पाठकों की कौतूहल-वृत्ति से लाभ उठाने की चेष्टा की हो। इन्होंने, जहाँ तक हो सका है, ईमानदारी के साथ अंग्रेजों और भारतीयों के पारस्परिक सम्पर्क से अनिवार्यत: उद्भूत प्रतिक्रियाओं और समस्याओं की तह में पैठकर, उन्हें समझने की चेष्टा की है। कोई स्पष्ट समाधान उन्होंने नहीं सुझाया है। औपन्यासिक से इसकी अपेक्षा भी नहीं की जाती। लेकिन समस्या को समझ लेना भी एक तरह से समाधान ही है। इस दृष्टि से उपन्यास का निर्वाह अच्छा हुआ है। इस रचना को महान नहीं कहा जा सकता, लेकिन यह निर्भ्रान्त है कि जिस प्रकार के उपन्यासों की चर्चा यहाँ की जा रही है, उनमें इसका भी विशिष्ट स्थान है।

यहाँ कुछ विस्तार से केवल एक और लेखक का परिचय दे देना पर्याप्त होगा। लुई ब्रामफील्ड के नाम से अंग्रेजी गल्प से थोड़ी-बहुत दिलचस्पी रखनेवाले पाठक भी अवश्य परिचित होंगे। आधुनिक अंग्रेजी साहित्य में इस औपन्यासिक को कोई स्थान मिलेगा, इसका कोई कारण तो नहीं दीखता; लेकिन इनका उपन्यास 'रेन्स केम' 'बेस्ट सेलर्स' की गिनती में तो आ ही गया था। लोकप्रिय तो यह इतना हुआ कि इटली, जर्मनी, चेकोस्लोवाकिया, हंगरी, नार्वे, स्वीडेन, डेनमार्क में इसका अनुवाद धड़ाधड़ प्रकाशित हुआ और फिल्म भी तुरत ही बन गई।

ब्रामफील्ड के बारे में यह उल्लेखनीय है कि उन्होंने अपने उपन्यास की पृष्ठभूमि को यथासाध्य समीप से जानने की कोशिश की है। उन्होंने हिन्दुस्तान की दो बार यात्रा की है और कुल मिलाकर यहाँ प्रायः तीन वर्ष काश्मीर से लेकर ट्रावनकोर तक भ्रमण करने में बिता चुके हैं। इनके भ्रमण में दूसरे अमेरिकी यात्रियों की-सी भागाभागी नहीं थी। कहा जाता है कि बड़ौदा के किसी हिन्दुस्तानी मुहल्ले में एक भाड़े के मकान में वे कई महीने तक रहे थे और इस दरमियान, यूरोपियन लोगों से अलग रहकर, हिन्दुस्तानी तौर-तरीके, रहन-सहन आदि की सूक्ष्म जानकारी हासिल की थी। 'रेन्स केम' में जिस राँचीपुर को घटनास्थल बनाया गया है, उसकी कल्पना का आधार बड़ौदा ही था।

इसमें कोई सन्देह नहीं कि 'रेन्स केम' की पृष्ठभूमि विश्वासोत्पादक है। दारुण निदाघ का, वर्षा के लिए आकुल प्रतीक्षा का, स्वाभाविक वर्णन हुआ है। भूकम्प के बाद काले-गोरे के भेद के मिटने और फलस्वरूप वासना के नग्न नृत्य में सबके लिप्त होने के जो चित्र मिलते हैं, उनकी स्वाभाविकता में भारतीय पाठकों को सन्देह होगा जरूर, पर कथा-प्रसंग में एकाग्रता बनी रहती है।

ब्रामफील्ड ने एक दूसरा उपन्यास भी लिखा है, जिसकी घटनाएँ बम्बई में घटित होती हैं, लेकिन यह एक साधारण कोटि की रचना है, जो प्रसिद्ध भी नहीं हुई।

अन्तरराष्ट्रीय ख्यातिप्राप्त जर्मन साहित्यिक टामस मान ने भी, जर्मन में, प्राचीन भारत की एक पौराणिक कथा के आधार पर 'ट्रांस्पोज्ड हेड्स' लिखा है, जिसका अनुवाद हो चुका है।

इधर इस प्रकार के साधारण उपन्यास बहुत बड़ी संख्या में लिखे गए हैं। एडिसन मार्शल के 'जेवेल ऑव मलाबार', लारेंस ब्लाकमैन के 'बेंगाल फायर', टी.एफ. ओडोनल के 'द व्हील्स ऑव रिवोल्यूशन', वैलेंटाइन क्लीमोन के 'ब्रदर ऑव द डार्क', लुई डिवोल के 'द लास्ट ठग', रिचार्ड फिशर के 'इंडियन पुलिस', माइकेल बर्ट के 'कैच', एम एलाइव और लेमुएल सेडो के 'जरीना' में रहस्य, जासूसी कारनामे या आतंकवाद आदि की रोमांचक घटनाओं का, साधारण रुचि की दृष्टि से, वर्णन मिलता है। इनका साहित्यिक महत्त्व नगण्य है।

एडविन रसेल के 'द डॉटर ऑव द डल' और मार्गरेट फर्ग्यूसन के 'फॉर ऐज द ब्रिज' में साधारण रूमानियत से भरे कथानक मिलते हैं। रेनर के 'द पगोडा ट्री' तथा जिआफ्रे ट्रीन के 'इन द लैंड ऑव द मोगल' में अठारहवीं शताब्दी के कलकत्ता और मुगलकालीन भारत का अंशत: ऐतिहासिक चित्रण है।

कुछ भारतीय लेखक भी अंग्रेजी में उपन्यास लिखकर प्रसिद्धि प्राप्त कर चुके हैं। मुल्कराज आनन्द के 'कुली', 'अनटचेबुल', 'टू लीव्ज एंड ए बर्ड', 'द विलेज', 'लैमेन्टस् ऑव ऐन एम.ए.', साधारणत: अच्छे उपन्यास हैं। फैजी रहमान के 'गिल्डेड इंडिया' का भी आदर हुआ है। प्रसिद्ध पत्रकार डी.एफ. कराका ने भी एक उपन्यास 'देयर ले द सिटी' लिखा है।

विदेशी भाषा के लेखकों को जो सुविधाएँ प्राप्त हैं, उनका वे पूरा-पूरा लाभ उठाते हैं तथा अपने साहित्य में विविधता और नूतनता के समावेश का सफल प्रयत्न करते हैं। भारतीय लेखकों को एक तो विदेश यात्रा का सौभाग्य प्राप्त होना ही कठिन है, यदि उनमें से किसी को ऐसा सुअवसर मिलता भी है तो वे शायद ही अपने अनुभव का पूरा उपयोग कर पाते हैं। डा. धनीराम प्रेम ने दो-चार कहानियों में विदेशी पृष्ठभूमि और चरित्रों का समावेश किया है, किन्तु उन्होंने इस दिशा में कोई उल्लेखनीय और स्थायी महत्त्व का कार्य किया है, ऐसा नहीं कहा जा सकता। डा. सत्यनारायण ने कई रोचक पुस्तकें लिखी हैं, किन्तु वे उपन्यास न होकर भ्रमण-वृत्तान्त हैं। यों तो प्रगतिशील रांगेय राघव जी ने बैठे-बैठे स्तालिनग्राद की लड़ाई पर 'अजेय खँडहर' खंडकाव्य लिख दिया है, किन्तु हिन्दी में रूस या किसी दूसरे देश के पृष्ठाधार पर उपन्यास लिख सकने के लिए आवश्यक अनुभव शायद राहुल जी को ही है, और यदि वे चाहें तो सुन्दर गल्प लिख सकते हैं, इसके लिए प्रमाण का अभाव नहीं है।

['दृष्टिकोण' : 1947]

तुर्गनेव तथा दोस्तोव्स्की

तुर्गनेव महान औपन्यासिक था, दोस्तोव्स्की क्रान्तिकारी कलाकार। तुर्गनेव क्रान्ति का सन्देशवाहक भी था, दोस्तोव्स्की में कलाकार के गुण भी थे। दोस्तोव्स्की के उपन्यासों से सभी देशों के, सभी भाषाओं के साधारण और विवेकशील पाठक प्रभावित हुए हैं और तुर्गनेव की गणना संसार के इने-गिने कलाकारों में की जाती है। जहाँ तुर्गनेव ने, अनुभूतिप्रवण उँगलियों से, समाज-शरीर में भिड़ों के छत्ते की तरह अन्दर ही अन्दर फैलनेवाले फोड़े को सावधानी से पहचानते हुए, नश्तर लगाया है, वहीं दोस्तोव्स्की ने घुने हुए दरख्त पर मजबूत हाथों से कुल्हाड़ी चलाई है।

दोस्तोव्स्की रूस का सच्चा प्रतिनिधि है, तुर्गनेव समकालीन यूरोपीय संस्कृति से प्रभावित कलाकार। दोस्तोव्स्की अपने देश की जनता को चित्रित कर सार्वभौम, सार्वजनीन चित्र उपस्थित कर सका है; तुर्गनेव कला में बहिर्निष्ठता (objectiveness) के अनन्य उपासक फ्लाबेयर के सैलों (Salon) में साँस लेते हुए भी, अपने देश का चित्र खींचने में कम सफल नहीं हुआ है। दोस्तोव्स्की ने अपने को फैलाया है, तुर्गनेव ने अपने को केन्द्रित किया है। तुर्गनेव मुस्कराकर सन्तुष्ट हो जाता है, दोस्तोव्स्की का अट्टहास आसमान को फाड़े डालता है। एक वैज्ञानिक की तरह अन्दाज से हथौड़ी की चोट करता है, दूसरा मजदूर की तरह घन चलाकर चकनाचूर कर देता है; पहला समतल भूमि की गतिमती नदी है, तो दूसरा बरसात का कूलंकष महानद।

आप इन दोनों औपन्यासिकों की रचनाओं को पहली बार पढ़िए, तो आपकी धारणा कुछ ऐसी ही होगी। शैली की भिन्नता ऐसी ही—आसमान और खाई की—है भी। लेकिन यदि आप एक बार और इन्हीं रचनाओं को पढ़ें, तो आप अपने प्रति अन्यास नहीं करेंगे, या कम-से-कम आप अपनी तात्कालिक धारणाओं को अन्तिम निर्णय तो जरूर ही न मान बैठेंगे।

इन दोनों कलाकारों में समानताएँ क्या हैं ही नहीं ? दोनों ही ने प्रथम महायुद्ध के पूर्व के यूरोपीय गल्प-साहित्य को प्रभावित किया और बहुत कुछ इसलिए भी कि वे समानधर्मा थे।

इन दोनों औपन्यासिकों ने संकीर्ण राष्ट्रीयता की भावना के ऊपर विजय पाई थी और समस्त यूरोप की बृहत्तर मानवता और, कैथेराइन मैंसफील्ड के शब्द में, 'togetherness' की उद्भावना की थी। एक गम्भीरता और दृढ़ता के साथ चलने में विश्वास करता था, दूसरा तीव्रता और दृढ़ता के साथ दौड़ने में।

उन्होंने ऐसे चरित्रों की सृष्टि की जो काफी सबल होते थे या बहुत दुर्बल, जो अपने आवेगों के अनुकूल ही, कानून के मुताबिक नहीं, जीना जानते थे। करने का ढंग भले ही अलग हो, नुक्ते-निगाह एक ही है।

और अन्ततः यह, यद्यपि सबसे महत्त्व की बात यही है, कि वे अपूर्ण चरित्रों की आदमकद, पूरी-पूरी तसवीर खींच देते हैं—ऐसे चरित्रों की जो अपनी ही वासनाओं और आवेगों से प्रतिहत होकर अपने ही खिलाफ लड़ रहे हों; ऐसे अन्तर्निष्ठ पात्रों की, जो समुचित आत्म-निर्देश की अनुपस्थिति के कारण जीवन के लक्ष्य को खो देते हों, या जो अपराध के माध्यम से ही परिवाह कर पाते हों।

और यह तो कहना ही व्यर्थ है कि अपने समय में असन्तुलित मूल्यांकन के कारण दोनों के बारे में काफी गलतफहमी भी बनी रही, गरचे बाद में दोस्तोव्स्की की बहुत अधिक और तुर्गनेव की भी एक हद तक प्रसिद्धि हुई।

और सच पूछिए तो महत्त्वपूर्ण प्रश्न यही है कि दोस्तोव्स्की तुर्गनेव की अपेक्षा अधिक लोकप्रिय क्यों हुआ? हुआ तो क्या यह उचित और युक्तिसंगत है?

हम इन दोनों औपन्यासिकों पर तीसरी बार, नये सिरे से, विचार करते हैं। हमें अपनी पहली धारणा पर फिर लौटना पड़ता है। प्रसिद्ध उपन्यास-नाटककार चार्ल्स मार्गन के कथनानुसार, क्या बहुत लोग तुर्गनेव को इसलिए नापसन्द नहीं करते चूँकि उसकी वाणी निस्तेज और निःस्पृह है? क्या उसे पढ़कर हमें किसी नवाबजादे की फिटन के ऐसे घोड़े की याद नहीं आ जाती, जो आराम से रखा जाता है और जो लगाम के इशारे पर चलने का आदी होता है? वह दोस्तोव्स्की की तुलना में कितना हेय है—दोस्तोव्स्की, जो ऐसा विद्रोही, इतना दुर्दम है। या टॉल्स्टॉय को ही ले लीजिए, जिसके उपन्यास 'युद्ध और शान्ति' (War and Peace) के बारे में कुछ आधुनिक आलोचकों का कहना है कि उसमें रूस की सांप्रतिक विजय का पूर्वाभास है और यह उसकी असाधारण विशिष्टता है।

तब क्या ताज्जुब, अगर कथा-साहित्य में 'जोश' (Dynamism) की तलाश रखनेवाले 'उग्र' और उनके जैसे जोशीले पश्चिमी आलोचक भी दोस्तोव्स्की की तुलना में तुर्गनेव को हीन मानते हैं? जैसाकि मार्गन कहते हैं, बहुत काफी लोग तुर्गनेव को गद्यकाव्यों और उच्चवर्ग की नारियों की प्रेम-कहानियों का एक कुशल लेखकमात्र मानते हैं। इसके विपरीत, टॉल्स्टॉय और दोस्तोव्स्की की रचनाओं से कोई भी आधुनिक पुस्तकालय खाली नहीं रहता।

और इतने पर भी अगर कोई कहे कि 'मैं जैसे-जैसे वयस्क होता जा रहा हूँ, मैं उन घोड़ों का प्रशंसक बनता जा रहा हूँ जो बेचैन नहीं रहते तो आप उसके बारे में क्या कहेंगे ? आप कह सकते हैं कि यह कथन प्रतिगामिता की भावना से प्रेरित हुआ है; लेकिन यह स्वयं टॉल्स्टॉय की उक्ति है जिस पर प्रतिक्रियावादी होने का अभियोग नहीं लगाया जा सकता।

मॉड की 'टॉल्स्टॉय की जीवनी' में इस विषय पर टॉल्स्टॉय के विचार विस्तार के साथ दिये गए हैं। टॉल्स्टॉय ने दोस्तोव्स्की के जीवनी-लेखक स्त्राखोव के पास बड़ी स्पष्टता के साथ लिखा था :

'वह (दोस्तोव्स्की) मर्मस्पर्शी और हृदयग्राहक तो है किन्तु अपने वंशजों के सामने आदर्श के रूप में रखने के लिए, हम एक ऐसे व्यक्ति को उच्च आसन पर स्थापित नहीं कर सकते, जो सदैव संघर्षमय ही बना रहा। तुम्हारी पुस्तक को पढ़ने के बाद ही मुझे आज पहली बार उसके मस्तिष्क की इयत्ता का अनुमान हुआ। मैंने प्रेस्सेंस की पुस्तक पढ़ी है, लेकिन उसकी सारी विद्वत्ता एक दोष से विकृत हो जाती है। मान लो कि कई सुन्दर घोड़े हैं : लेकिन उनमें से एक कीमती घोड़ा अचानक ही बेचैन हो उठता है—तो ऐसी हालत में खूबसूरत और ताकतवर होने के बावजूद उसकी कुछ भी कीमत नहीं रह जाती। मैं जैसे-जैसे वयस्क होता जा रहा हूँ, मैं उन घोड़ों का प्रशंसक बनता जा रहा हूँ, जो बेचैन नहीं रहते। तुम कहते हो कि तुम्हें आज भी तुर्गनेव पसन्द नहीं। और मैं धीरे-धीरे उसका बहुत बड़ा प्रशंसक बन गया हूँ। और इसका एकमात्र कारण यही है कि वह बेचैन नहीं होता, बल्कि मंजिल पर पहुँचकर ही दम लेता है। उसकी हालत उस घोड़े की तरह नहीं है जो सवार को मंजिल तक ले जाने की बात तो दूर रहे, बीच ही में खाई में गिरा भी दे सकता है। प्रेस्सेंस और दोस्तोव्स्की, दोनों ही बेचैन हो उठते हैं, इसलिए एक की सारी विद्वत्ता और दूसरे की अनुभूति तथा सहृदयता व्यर्थ सिद्ध होती है। तुर्गनेव को लोग तब भी स्मरण करेंगे जब दोस्तोव्स्की विस्मृत हो जाएगा—इसलिए नहीं कि उसमें कलाकार के गुण थे, प्रत्युत इसलिए कि वह बेचैन नहीं होता था।'

मार्गन ने जोसफ कोनराड (Joseph Conrad) से कुछ प्रासंगिक उद्धरण दिये हैं, जिनका उल्लेख तुर्गनेव के सम्बन्ध में बद्धमूल भ्रामक धारणा के प्रामाणिक निराकरण के लिए समीचीन है :

'उसकी रचनाओं के प्रत्येक पृष्ठ में इसके लिए प्रमाण मौजूद हैं कि उसमें निर्घृणता का हानिकारक अभाव था। बस, यही समझ लो कि उसमें समस्त गुण वर्तमान हैं। आत्यन्तिक विवेक और गम्भीरता, अनुभूतिप्रवणता, निर्मल दृष्टि और क्षिप्रतम संवेदनशीलता, जो कुछ भी पुरुष और नारी के जीवन में महत्त्वपूर्ण है, अनिवार्य है, उसे परखने की अचूक प्रतिभा, विमल मस्तिष्क, सहानुभूतिपूर्ण हृदय, उदारता। ...अब तुम्हीं कहो, किसी भी लेखक के सर्वनाश के लिए और चाहिए ही

क्या! प्रिय एडवर्ड, तुम अच्छी तरह जानते हो कि अगर कोई नुमाइश लगी हुई हो और तुम चिल्लाकर भी लोगों से कहो कि यहाँ पवित्र शरीर और आत्मा वाला एंटिनस खड़ा है, तो उधर कोई झाँकने भी न जाएगा और भीड़ वहीं लगेगी जहाँ किसी दोमुँही चिड़िया का प्रदर्शन किया जा रहा हो।'

कहने की जरूरत नहीं कि कोनराड का यह कथन केवल अंशतः सत्य है। पहली बात तो यही गलत है कि भीड़ हमेशा उधर ही आकृष्ट होती है, जिधर कोई अजीबोगरीब चीज दिखाई पड़ती है और वह एंटिनस जैसों की उपेक्षा ही करती है। दूसरी यह कि जनता गुमराह हो भी जाए तो बाद की पीढ़ियाँ ठिकाने आ ही जाती हैं। फिर दोस्तोव्स्की या टॉल्स्टॉय या ऐसे दूसरे लेखक, जो कोनराड के ध्यान में रहे हों, केवल कौतूहल के योग्य हैं, यह कहना सरासर अन्याय होगा।

जब कोनराड दोस्तोव्स्की को 'विक्षुब्ध, त्रास से आतंकित दोस्तोव्स्की' कहकर बर्खास्त कर देता है, तो इससे भी हम सहमत नहीं हो सकते। लारेन्स इविंग का यह कहना अतिशयोक्तिपूर्ण नहीं कि विषाद के गम्भीरतम तत्त्वों की दृष्टि से, करुणा और त्रास की प्रगाढ़ भावनाओं के उद्‌बोधन की तुलना में, जिससे पाठकों के हृदय का रेचन (Katharsis) हो जाता है, कोई भी औपन्यासिक कृति दोस्तोव्स्की के 'अपराध और दंड' (Crime and punishment) की बराबरी नहीं कर सकती। इविंग के शब्दों में ही, इस पुस्तक के सामने पो की कहानियाँ खींचातानी मालूम देती हैं; हाफमैन कृत्रिम लगता है; और स्टीवेन्सन तो दोस्तोव्स्की की कल्पना की भयंकर कौंध के सामने दीये की टिमटिमाहट की तरह फीका पड़ जाता है।

और कोनराड ने तुर्गनेव को 'Serene Turgenev' कहा है। तुर्गनेव के लिए यह विशेषण सर्वथा संगत है। तुर्गनेव 'Serene' (स्थितप्रज्ञ) इस माने में नहीं कि उसने परम सुख-सन्तोष की उपलब्धि कर ली हो; उसने जीवनपर्यन्त शान्ति-सन्तोष के लिए उद्योग ही किया, वह रुका कभी नहीं। उसकी स्थितप्रज्ञता उसकी बुद्धि की पारदर्शिता में निहित थी, जो उसकी गल्प-रचना की विशेषता थी। उसकी उदार अनुकम्पा की भावना ने इस पारदर्शिता को सम्भव बनाया था। इसके फलस्वरूप उसकी शैली में कभी जोशीली वाग्मिता का पुट न आने पाया। लेकिन यह श्लाघ्य अभाव दूसरों के दुःख-सुख के सम्बन्ध में निःस्पृह मनोवृत्ति का परिचायक कदापि नहीं था।

यहाँ अब हम तुर्गनेव की शैली के प्रश्न को स्थगित नहीं कर सकते; शैली दवा की तरह कड़वी हो तभी उसमें ईमानदारी मुमकिन हो सकती है। यह एक ऐसी धारणा है जिसकी कसौटी पर तुर्गनेव खरा नहीं उतर सकता। उसकी शैली की ऋतुजा, सरलता, आकर्षण और सौन्दर्य को सन्देह की दृष्टि से देखा ही जाता है। लेकिन हमें भूलना न चाहिए कि जहाँ शैली कृत्रिमता और नक्काशी का पर्याय नहीं मानी जा सकती, वहीं उसके अनिवार्य महत्त्व की उपेक्षा भी अनुचित है।

शैली सत्य का साधन है और तुर्गनेव की बारीकियाँ उपेक्षणीय नहीं, प्रत्युत सर्वथा स्पृहणीय हैं।

जहाँ तक तुर्गनेव की, कलाकार के रूप में, ईमानदारी का प्रश्न है, एकाधिक रूसी तथा दूसरे पश्चिमी आलोचकों ने इस विषय में सन्देह प्रकट किया है। एडवर्ड गार्नेट ने, जो तुर्गनेव के प्रशंसक हैं, 'On The Eve' आदि रचनाओं में सामाजिक या राजनीतिक प्रतीकों को प्रमाणित कर, प्रतिकूल आलोचनाओं का उत्तर प्रस्तुत करने का प्रयत्न किया है। व्यक्तिगत रूप से हम ऐसे समाधान के कायल नहीं; यह मानना ही पड़ेगा कि तुर्गनेव इसके लिए कभी सचेष्ट नहीं रहा। तुर्गनेव ने प्रवासी होकर अपने देशवासियों के साथ सम्पर्क रखने का प्रयत्न किया और उसका प्रभाव उसकी रचनाओं में प्रतिबिम्बित हुआ ही।

उसकी विशेषता थी चरित्रों के द्वंद्व-संघर्ष और प्रशान्त तत्त्वों के आनुपातिक विश्लेषण में। कोई भी चरित्र द्वंद्व और तनाव से ही उद्भासित, स्पंदित हो पाता है, लेकिन साथ-ही-साथ अपनी सम्पूर्णता में, मार्गन के शब्दों में, वह अपने प्रशान्त अंश, 'Areas of Peace' भी रखता है। जो चरित्र 'निरा संघर्षमय', टॉल्स्टॉय के कथनानुसार, 'All Struggle' है, वह खंडित चित्र होता है, अर्द्ध-सत्य ही रह जाता है। तुर्गनेव में ऐसी सूक्ष्मता थी कि वह अपने चरित्रों को पूर्णता के साथ चित्रित कर सके।

ठीक इन्हीं प्रतिमानों के सहारे दोस्तोव्स्की की कला को परखना उसके साथ अन्याय करना होगा और अपने कर्तव्य से च्युत होना। दोस्तोव्स्की की शैली, हमें कबूल करने में जरा भी झिझक नहीं, भारी-भरकम, ढीली-ढाली है; उसके कथानक उलझे हुए होते हैं और उन्हें धक्के के साथ वह आगे बढ़ाता है जिसके लिए वह नाटकीय आकस्मिकताओं का उपयोग करने में भी संकोच नहीं करता। लेकिन ये दोष ह्यूगो, थैकरे, डिकेन्स आदि में भी न्यूनाधिक मात्रा में पाए ही जाते हैं। फिर भी दोस्तोव्स्की इनसे कहीं बड़ा कलाकार क्यों है? फ्रायड के मन:समीक्षण सम्बन्धी अनुसन्धानों के साथ 'चेतना के प्रवाह' (Stream of Consciousness) के विश्लेषण का प्रचलन गल्प-साहित्य में धड़ल्ले के साथ हुआ और इसके लिए जेम्स ज्वायस प्रभृति औपन्यासिकों को असाधारण श्रेय मिला। किन्तु दोस्तोव्स्की ने वैज्ञानिक मन:समीक्षण के आधार के बिना ही असामान्य मनोवैज्ञानिकता का परिचय दिया है; उसकी अन्तर्दृष्टि की गहराई फ्रायड से प्रभावित औपन्यासिकों में भी यदा-कदा ही पाई जाती है।

और भी, मनोविश्लेषणात्मक औपन्यासिकों की तरह, दोस्तोव्स्की चरित्रों के मनोवैज्ञानिक विश्लेषण को ही अपना साध्य नहीं मान लेता। उसमें पाठकों को उद्बुद्ध कर अपने साथ दौड़ा ले चलने की विलक्षण क्षमता है। उसकी भावनाओं के आवर्त्त में पाठकों के पैर टिके रह ही नहीं सकते। ऐसी गतिशीलता (Dynamism)

किसी भी कलाकार के लिए गर्व की बात हो सकती है। पर इसमें एक खतरा भी होता है। कलाकार इस गतिशीलता को ही अपना परम लक्ष्य समझने की भूल बहुत आसानी से कर बैठता है और तब उसकी गतिशीलता 'जोश' भर रह जाती है, जो साहित्य का गुण नहीं है। दोस्तोव्स्की की गतिशीलता के प्रेरणा-केन्द्र हैं उसके रूढ़िमुक्त, अभिनव तथा मौलिक विचार, जो कभी लक्ष्य-भ्रष्ट नहीं होते।

इन सभी बातों के ऊपर दोस्तोव्स्की की, शरीर में रक्त की तरह सर्वत्र व्याप्त, परिहास-भावना (Sense of Humour) है, जो जले पर नमक छिड़कने के बदले आँसुओं को भी इन्द्रधनुष की सप्तवर्णता उधार देने की सामर्थ्य रखती है। तुर्गनेव में भी यह गुण है। प्रायः सभी रूसी लेखकों में यह पाया जाता है, पर उतना किसी में नहीं, जितना दोस्तोव्स्की में।

['दृष्टिकोण' : 1947]

इलियट की आलोचना-प्रणाली

इलियट ने अपने एक साहित्येतर निबन्ध में कहा है कि 'उनमें सूक्ष्म चिन्तन की शक्ति का सर्वथा अभाव है।' उनके प्रशंसकों के मन में भी कभी ऐसा सन्देह उनकी काव्यालोचन-शक्ति के सम्बन्ध में उत्पन्न होता हो तो यह आश्चर्य की बात नहीं है। वस्तुतः इलियट ने कारयित्री और भावयित्री शक्तियों को एक दूसरे का शेष-पूरक बनाया है और वे ऐसे आलोचक हैं जिनके सिद्धान्त उनकी कविताओं के बिना और कविताएँ सिद्धान्त की पृष्ठभूमि से रहित अपूर्ण रह जाते हैं।

इसी दृष्टि से विचार करने पर इन विद्वानों के इस निष्कर्ष से सहमत हो सकते हैं कि इलियट ने साहित्य के सिद्धान्त तथा 'कवि के पुनरुज्जीवन' के लिए जो प्रतिमान स्थापित किये हैं और पद्धति उद्भावित की है, उनका स्थायी महत्त्व है। आलोचना के इस द्विविध कर्तव्य को परिभाषित करते हुए इलियट ने अपने उद्देश्य-द्वय के सम्बन्ध में स्पष्टता के साथ स्वयं ही कहा है : आलोचना की ये दो सैद्धान्तिक सीमाएँ हैं—इनमें एक पर तो हम इसका उत्तर देने का प्रयत्न करते हैं कि 'कविता क्या है ?' और दूसरे पर 'क्या यह एक उत्कृष्ट कविता है ?'—कोई भी सैद्धान्तिक कौशल दूसरे प्रश्न का उत्तर देने के लिए पर्याप्त नहीं होगा, क्योंकि किसी भी ऐसे सिद्धान्त का कोई विशेष महत्त्व नहीं हो सकता जो उत्कृष्ट कविता के प्रत्यक्ष अनुभव पर अवलम्बित न हो। लेकिन दूसरी ओर, कविता का हमारा प्रत्यक्ष अनुभव बहुत दूर तक विवेचन के सामान्यीकरण पर आश्रित रहता है।

किंबहुना, इलियट की आलोचना काव्य की कला और सृष्टि की समस्याओं की मीमांसा तो है ही, साथ-ही-साथ उनकी उन प्रवृत्तियों की परिचायिका भी है जिन्होंने स्वयं उसके काव्य-तंत्र को रूपान्वित किया है। इनका स्वाभाविक परिणाम यह है कि इलियट की प्राथमिक व्यस्तता है स्वानुभव के तत्त्व-निरूपण को लेकर, और तब इस विषय में कि कलाकार के व्यक्तित्व को निर्मित करनेवाले इस अनुभव का कलाकार की कृति से क्या सम्बन्ध है। इलियट की यह अत्यन्त स्पष्ट मान्यता है कि कवि परिस्थिति-निरपेक्ष होकर सृजन नहीं करता, प्रत्युत उसका निश्चित सम्बन्ध उस अतीत से रहता है जो कभी मरता नहीं और उस वर्तमान से जो सदैव, हमारे साथ है। इलियट के शब्दों में, किसी कवि को काव्य-रचना करनी चाहिए 'तो

न केवल अपनी पीढ़ी को ही अपनी हड्डियों में लेकर, बल्कि इस भावना के साथ कि होमर से लेकर यूरोप का समस्त साहित्य और तदंतर्गत उसके अपने देश का सम्पूर्ण साहित्य एककालिक अस्तित्व रखता है और अभिन्न व्यवस्था का निर्माण करता है।' इलियट का यह कथन मात्र ऐतिहासिक आलोचना का सिद्धान्त नहीं है, यह उसकी साहित्यशास्त्र-विषयक मूलभूत मान्यता है।

इस प्रकार यद्यपि इलियट की अभिरुचि कलात्मक, समाजशास्त्रीय और तत्त्ववादीय समस्याओं में है, तथापि यह स्मरण रखना चाहिए कि वे पृथक्-पृथक् न रहकर एक ही समस्या में भिन्न पार्श्वमात्र हैं—और वह एक समस्या है कलाकृति की अखंडता। इलियट के अनुसार : कवि की समस्या अपने व्यक्तित्व की 'अभिव्यंजना' नहीं है, बल्कि यह कि उससे कैसे 'पलायन' किया जा सके। इस सम्बन्ध में स्वयं इलियट का कथन है : 'कविता भावना का परिवाह नहीं है, प्रत्युत भावना से पलायन है। वह व्यक्तित्व की अभिव्यंजना नहीं है, बल्कि व्यक्तित्व से पलायन है।' कला अपनी पराकाष्ठा पर तब पहुँचती है जब यह निर्व्यक्तिगत तत्त्व साधारणीकृत हो जाता है। यह प्रचेष्टा ही, इलियट के अनुसार : 'कवि के लिए जीवन है—अपनी व्यक्तिगत और स्वकीय वेदनाओं को ऐसे कुछ में उत्तोलित करना जो समृद्ध और विलक्षण हो, जो सार्वभौम और निर्व्यक्तिगत हो।' अनुभव का यही रूपांतरण सभी महान कलाओं का लक्ष्य होता है। यह सच है कि कला-विषयक ऐसे दृष्टिकोण में अनुभव के यथातथ्य, अखंडता और एकतानता पर ही जोर दिया जाता है, फिर भी संवेदन की समस्या भी विचारणीय रहती है।

इस प्रकार काव्य-तंत्र की समस्या काव्यात्मक सृष्टि की समस्या बन जाती है, यह ऐसी कोई वस्तु नहीं रह जाती जो बाहर से आरोपित की जाती है। इलियट ने काव्यात्मक सृष्टि के सम्बन्ध में अपने सिद्धान्त का स्पष्ट और निश्चित विवरण दिया है। उन्होंने कवि-मानस की तुलना प्लैटिनम के खंड से की है जिसके सहारे वह नाना अनुभवों, भिन्नकालीन अध्ययनों और विस्मृतप्राय उक्तियों को एक नवीन और सजीव पूर्णता में मिलित कर देता है। 'कवि-मानस वह पात्र है जिसमें असंख्य भाव, उक्तियाँ और चित्र गृहीत और संचित होते हैं और उसमें वे तब तक बने रहते हैं जब तक ऐसे समस्त तत्त्व एक साथ ही इकट्ठे नहीं हो जाते जो मिलकर एक नवीन पदार्थ का निर्माण कर सकें।'

कवि-मानस, इस दृष्टि से, सूक्ष्म परिपूर्णता को प्राप्त एक ऐसा माध्यम है जिसमें भाव और अनुभव घुल-मिलकर काव्यात्मक चित्रों में ढल जाते हैं; महत्त्व की बात यह है कि जब कवि-मानस नवीन तत्त्वों की सृष्टि करता है तब प्लैटिनम के खंड की तरह, वह स्वयं 'निःस्पन्द, निरपेक्ष और अपरिवर्तित बना रहता है।' अतः 'कला' में और उस 'घटना' में, जो रूपान्तरित होती है, पूर्व अन्तर बना रहता है। यही कारण है कि भावनाओं की तीव्रता का उतना महत्त्व नहीं है जितना

'कलात्मक प्रक्रिया की तीव्रता का, अर्थात् उस दबाव का, जिसके फलस्वरूप मिश्रण होता है।'

कलात्मक प्रक्रिया संवेदन की भी प्रक्रिया है और सृष्टि की भी और दोनों में द्वैत नहीं है। इलियट के लिए यह 'वर्ण और लय का ऐसा परिज्ञान है जो विचार और भावना के चेतन स्तरों को भेद कर दूर गहराई में पैठता है और प्रत्येक शब्द को नये जीवन से भर देता है; वह वहाँ तक उतरता है जो अत्यधिक पुरातन और विस्मृतप्राय है। वह स्रोत-स्थल तक लौटता है और कुछ लिये हुए वापस आता है; वह आरम्भ और अन्त, दोनों का ही अनुसन्धान करता है।'

काव्य-विधान-सम्बन्धी समस्या है : 'मन और भावना की स्थितियों के शब्द-पर्याय ढूँढ़ना'। Donne के सम्बन्ध में लिखते हुए इलियट ने कहा है : 'शैली या लय-विशेष के सार्थक होने के लिए यह जरूरी है कि वे सार्थक कवि-मानस से उद्भूत हों, एक नये रूह और नई विषयवस्तु की अनिवार्यता के फलस्वरूप उत्पन्न हों।' इलियट ने स्पष्टता के साथ कहा है कि कवि के आवेग और भाव अपने में महत्त्वपूर्ण नहीं होते। Valery के बारे में इलियट के ये शब्द हैं : 'हमारे आवेग नहीं, बल्कि आवेगों का रूप मूल केन्द्र होता है।'

'आवेगों का यह रूप' ही जब भावना की तीव्रता की अपेक्षित सीमा पर और कलात्मक प्रक्रिया के मुआफिक दबाव के नीचे सन्तोषजनक रीति से अभिव्यक्त होता है, तब कविता असाधारण और सार्थक बनती है। इसे ही इलियट ने अपने स्मरणीय शब्दों में उपसापेक्ष आधार का नाम दिया है, क्योंकि उनका मत है कि कला के रूप में भावना को अभिव्यक्त करने का एकमात्र उपाय यही है कि 'किसी उपसापेक्ष आधार को ढूँढ़ा जा सके; दूसरे शब्दों में, वस्तुओं की एक श्रेणी, एक परिस्थिति, घटनाओं की एक शृंखला, जो उस भावना-विशेष का आधार रहेगी; इस तरह कि जब बाह्य तथ्य, जिनका अन्त ऐन्द्रिय अनुभवों में होना ही है, दे दिये जाएँ, तब तत्क्षण वह भावना उद्बुद्ध हो जाए।' यह 'भावना' और 'विचार' के मिलित होने पर ही उपलब्ध होता है। हाँ, कभी-कभी महान काव्य बिना किसी प्रत्यक्ष काव्यात्मक भावना के भी लिखा जा सकता है; किन्तु ऐसी स्थिति में वर्ण्य वस्तु में ही भाव समाहित रहते हैं।

इलियट ने कवि के उपर्युक्त उपेय के लिए उपायभूत भाषा को अर्थ प्रदान करने के लिए यंत्रणा का पात्र माना है। इष्टार्थ की प्राप्ति के लिए कवि को सांकेतिक और अप्रत्यक्ष शैली का सहारा लेना भी आवश्यक हो जाता है—कवि को, 'आवश्यकता होने पर, अपने अर्थ में भाषा को बलात् और तोड़-मरोड़कर भी, बिठाना पड़ता है।'

संक्षेप में इलियट के ये ही आधार-सिद्धान्त हैं जो उसके अन्य कवियों के मूल्यांकन के लिए ही नहीं, स्वयं अपनी रचनाओं के लिए भी परिपालनीय आदर्श रहे हैं।

['अवंतिका' : जनवरी, 1954]

बर्नार्ड शॉ : पृष्ठभूमि, उपलब्धि और पराजय

कुछ आलोचक दृढ़तापूर्वक कहते हैं कि आर्थर विंग पिनेरो (जिसका पहला नाटक 1876 में अभिनीत हुआ था) से लेकर 1940 तक का युग, अंग्रेजी नाटक के लिए, एलिजाबेथ के युग से भी महान था। इस मत से पूर्णतः सहमत न होने पर भी इतना तो मानना ही पड़ेगा कि यह युग एलिजाबेथ के युग के समान ही समृद्ध था और इसमें अपेक्षाकृत अधिक विकास हुआ।

लेकिन दोनों युगों में एक ऐसा अन्तर भी है जिसका उल्लेख आवश्यक है। एलिजाबेथ के युग में एक ऐसा नाटककार हुआ जो उस युग की ही नहीं, सभी युगों की ओर अपने देश की ही नहीं, सभी देशों की सीमाओं का अतिक्रमण कर विश्व के अमर नाटककारों में भी धुरिकीर्तनीय हो गया; उन्नीसवीं शताब्दी के अन्त और बीसवीं के पूर्वार्द्ध के बीच की अवधि में, विशेषतः बीसवीं के पूर्वार्द्ध में इंग्लैंड में कुछ ऐसे नाटककार हुए जिन्होंने अपने देश की नाटक-कला में युगान्तर उपस्थित कर दिया। उनमें से कुछ ने बहुत प्रसिद्धि भी पाई। शॉ तो अन्तरराष्ट्रीय ख्यातिप्राप्त नाटककार हुए। किन्तु अकेले इनमें से कोई भी उस ऊँचाई का अधिकारी नहीं, जिसका शेक्सपियर है—शॉ भी नहीं।

शॉ का अपने युग में महत्त्वपूर्ण स्थान है; अंग्रेजी नाटक के इतिहास में कदाचित् शेक्सपियर के बाद उनका ही स्थान मानना पड़े। किन्तु यह तो अंग्रेजी नाटक की उत्कृष्टता का नहीं, हीनता का ही परिचायक है कि शेक्सपियर के बाद सर्वोत्तम नाटककार के रूप में वह शॉ से महान किसी नाटककार को सामने नहीं ला सकता। इसका उत्तर अवश्य यह हो सकता है कि शेक्सपियर ऐसी अलोकसामान्य प्रतिभा के सामने दूसरी महान प्रतिभाएँ भी फीकी ही लगेंगी।

असल में तो शेक्सपियर और शॉ की यह तुलना यों ही, प्रसंगवश, हुई तो हो गई। इस प्रकार की तुलनाएँ कोई खास मानी नहीं रखतीं, तुलना करना उद्देश्य है भी नहीं। दो युगों की अवश्य तुलना करनी थी। उसी सिलसिले में इन दोनों नाटककारों के विषय में भी ऐसा कुछ कहना आवश्यक हो गया जो तुलना मालूम पड़े तो अस्वाभाविक नहीं होगा।

जो भी हो, ऊपर के विवेचन को तुलना भी मान लें तो उससे शॉ का कृतित्व अस्वीकृत नहीं होता! इंग्लैंड के रंगमंच और नाटक-कला के उन्नयन के लिए

पिनेरो और आर्थर जोन्स ने जो प्रयास आरम्भ किया था, उसे शॉ ने ही पूर्णता प्रदान की, यह निर्विवाद है। वस्तुतः इसी प्रयास और उसकी पूर्णता की नाटकीय कहानी इस निबन्ध का विषय है।

शेरिडन (जिसका अन्तिम महत्त्वपूर्ण नाटक 1779 में अभिनीत हुआ था) और पिनेरो के बीच का युग नाटक-कला की दृष्टि से बिलकुल बंजर था। उसका उल्लेख किया जा सकता है तो केवल इसलिए कि उस काल में अभिनय-कला अपनी पराकाष्ठा पर पहुँच गई थी। यदि इसके बाद के युग के रंगमंच के लेखकों का रंगमंच कहना उचित है तो इस युग को अभिनेताओं का रंगमंच कहना पड़ेगा। दर्शक नाटक देखने इसलिए जाते थे कि वे एडमंड कीन को हैमलेट का और मैकरेडी को मैकबेथ का अभिनय करते देखने को उत्सुक रहा करते थे। रंगमंच की व्यवस्था और संचालन में इन्हीं अभिनेताओं की प्रधानता रहती थी। नाटककारों की कोई हस्ती ही नहीं थी, न ही उन्हें आगे बढ़ने को प्रोत्साहन दिया जाता था।

यह दशा इंग्लैंड की ही नहीं, फ्रांस के रंगमंच की भी थी। फ्रांस के विख्यात तत्कालीन नाटककार स्क्राइब ने फ्रेंच एकेडमी में भाषण देते हुए कहा था :

'आप नाटकशाला में शिक्षा ग्रहण करने या सुधार के लिए नहीं जाते, बल्कि राहत पाने और मनोरंजन के लिए जाते हैं। आपका मनोरंजन सबसे अधिक उससे नहीं होता जो सत्य है, प्रत्युत उससे, जो गल्प है। जो प्रतिदिन आपकी आँखों के सामने रहता है, उसका प्रदर्शन आपके मनोरंजन का साधन नहीं बन सकता; आपका मनोरंजन तो उसी से हो सकता है जो आपके दैनिक जीवन में आपको नहीं मिलता; जो असाधारण है, रूमानियत से भरा है, वही आपको आकृष्ट कर सकता है, वही आपको देने को हम उत्सुक हैं।'

इंग्लैंड में यही आदर्श सर्वमान्य था जिसका पद्य-बद्ध प्रतिपादन प्रसिद्ध ही है :

The drama's laws the drama's patrons give.
And he who writes to please must please to live.

चार्ल्स डिकेन्स ने इस आदर्श की खिल्ली उड़ाते हुए अपने उपन्यास में क्रमल्स और निकोलस नामक दो चरित्रों का व्यंग्यपूर्ण चित्रण किया है। क्रमल्स नाटक-मंडली का मालिक है और निकोलस प्रति सप्ताह एक पाउंड पानेवाला नाटककार। एक नया नाटक तैयार किया जा रहा है। कौन अभिनेता क्या काम करेगा, इसका निर्णय पहले ही कर लिया जाता है। फिर क्रमल्स कहता है : 'सोमवार को सुबह ही आप लोगों को नाटक के अपने अंश मिल जाएँगे।' इस पर निकोलस कहता है : 'लेकिन इतनी जल्दी मैं नाटक लिख जो नहीं पाऊँगा।' इस पर क्रमल्स पूछता है : 'तुम फ्रेंच जानते हो न?' निकोलस उत्तर देता है : 'बखूबी।'...'फिर घबराने की क्या जरूरत?' कहते हुए क्रमल्स दराज से कागज का एक पुलिन्दा निकालकर निकोलस को देता है और निर्देश करता है : 'इसे अंग्रेजी में बदल डालो और प्रथम पृष्ठ पर अपना नाम लिख दो, बस!'

ऐसी दशा थी रंगमंच की, जब पिनेरो और आर्थर जोन्स ने इस क्षेत्र में प्रवेश किया। इन्हीं दोनों नाटककारों के प्रयासों के फलस्वरूप यथार्थवादी नाटक का प्रणयन सम्भव हुआ। यद्यपि दोनों ने ही, पिनेरो ने तो विशेष रूप से, परिस्थिति तथा लोकरुचि से समझौते भी किये। जहाँ तक सिद्धान्त का प्रश्न था, आर्थर जोन्स ने 'सेंट्स एंड सिनर्स' की भूमिका में स्पष्टतापूर्वक कहा : 'नाटक तो केवल सनसनी और चमत्कार पैदा करनेवाली कला ही नहीं होनी चाहिए अपितु प्रधानत: और विशेषत: इंग्लैंड के (देश के!) जघ्नि का प्रदर्शन करनेवाली कला होनी चाहिए।'

सच तो यह है कि इन नाटककारों के किये भी उतना नहीं हो पाता जितना हो सका, यदि परिस्थितियाँ भी साथ देतीं। आर्थिक, यांत्रिक, मनोवैज्ञानिक आदि दूसरी बाहरी परिस्थितियों के कारण ही नाटक कभी नवीन विचारों के अग्रभाग में अपना स्थान नहीं बना पाता। पहले परिस्थितियाँ तैयार होती हैं तब कहीं नाटक अग्रसर होता है। यह काम औपन्यासिकों और वैज्ञानिकों ने बहुत दूर तक पूरा कर लिया था। नया युग मनुष्य तथा समाज-सम्बन्धी समस्याओं के प्रति जागरूक हो गया था; नई पीढ़ी अकस्मात् ही अपने पूर्वजों की मान्यताओं का विश्लेषण, समीक्षा और परिहास करने लग गई थी। कम-से-कम मध्यवर्ग तक तो यह बौद्धिक जागरूकता पहुँच ही गई थी।

ऐसे ही वातावरण में एक तरफ तो पिनेरो और आर्थर जोन्स के प्रयास सफल हो रहे थे और दूसरी तरफ जे.टी. ग्राइन तथा विलियम आर्चर के द्वारा इंग्लैंड के रंगमंच पर नार्वे के उस नाटककार को लोकप्रिय बनाया जा रहा था, जिसका बर्नार्ड शॉ पर इतना अधिक प्रभाव पड़ा था। हेनरिक इब्सन सर्वप्रथम ऐसा आधुनिक नाटककार था जिसके पास देने को कोई सन्देश था और साथ ही ऐसा मौलिक नाट्य-कौशल भी, जो विश्वासोत्पादक रूप से यथार्थपूर्ण था।

इस प्रकार बीसवीं शताब्दी ने उन्नीसवीं से ये चार-पाँच विशेषताएँ रिक्थ के रूप में पाईं। यथार्थवाद—व्यक्तिसामान्य (Type) के बदले व्यक्तिविशेष (Individual); कथोपकथन की स्वाभाविकता; कथानक के स्थान पर चरित्र विकास की प्रधानता; रूढ़ियों और अभिनेताओं की मुख्यता से मुक्त रंगमंच; और बौद्धिकता—ने इस बात की माँग की कि नाटक केवल मनोरंजन का ही साधन न हो, विचारों का वाहक भी हो।

शॉ के आगमन के पूर्व ही विचार-प्रधान नाटक ने लोकप्रियता प्राप्त कर ली थी। नाटककारों ने उत्सुकता जगाते रहनेवाली कहानी गढ़ने के बदले विषय या विचार-विशेष के आधार पर नाटक की रचना का आरम्भ कर दिया था। इस तरह के नाटकों को ही समस्या-नाटकों की संज्ञा मिली। और, इस प्रकार के नाटकों को देखने के लिए लोग इसलिए उत्कंठित नहीं रहते थे कि उनमें अमुक अभिनेता अभिनय करेंगे बल्कि इसलिए कि उनके लेखक अमुक नाटककार हैं, यानी रंगमंच अभिनेता-प्रधान न होकर लेखक-प्रधान बन चुका था।

फिर भी पूर्णत: बौद्धिक नाटक का लक्ष्य अभी दूर ही था। इसके लिए नाट्यालोचन संघर्ष कर रहे थे। इस लक्ष्य-प्राप्ति में नाट्यलोचकों का बहुत बड़ा हाथ था। एक ओर तो विलियम आर्चर नाटक-प्रेमियों के बीच इब्सन को लोकप्रिय बनाने का प्रयत्न कर रहे थे और दूसरी ओर एक निर्भीक, व्यंग्य-पटु युवक 'सैटर्डे रिव्यू' नामक पत्रिका में प्रति सप्ताह पुराने ढंग के अभिनय और नाटकों पर अपनी आलोचना की तेजाब की शीशियाँ खाली कर रहा था। यही थे बर्नार्ड शॉ।

तीन-चार वर्षों तक समसामयिक पुराण-पंथी नाटककारों की भावुकता और अवास्तविक चित्रण की धज्जियाँ उड़ाते रहे, फिर भी जब शॉ ने देखा कि स्पृहणीय परिवर्तन नहीं हो पा रहे तो पेशे के खयाल से नहीं, बल्कि अपना कर्तव्य समझकर, उन्होंने यह कर दिखाने का निश्चय किया जिसे न करने के कारण वे, आलोचक के रूप में, पिनेरो तथा इसके अनुयायियों को फटकारते रहे थे। 1896 में नये विचारों के सम्बन्ध में नाटक की असहिष्णुता के विषय में शॉ ने झल्लाहट के साथ कहा था : 'नाटक तो गिरजाघर से भी पिछड़ा हुआ है।'

शॉ और कुछ होने के पहले एक वक्ता थे। नाटक के क्षेत्र में प्रवेश करने के पहले ही वे समाजवादी मंच के सुपरिचित वक्ता के रूप में प्रसिद्ध हो चुके थे। उन्होंने बहुत पहले ही अनुभव कर लिया था कि उनमें सभी चीजों को औरों से भिन्न दृष्टिकोण से देखने की क्षमता प्राप्त थी। इस अनुभव के आधार पर वे इस निर्णय पर पहुँचे थे कि उनका दृष्टिकोण तो स्वस्थ और सही था जबकि दूसरे अंशत: या पूर्णत: अन्धे थे। अपने इस निष्कर्ष को प्रमाणित करने के लिए उन्होंने अब तक चार उपन्यास लिख डाले थे। पहले उपन्यास में उन्होंने विवाह को गलत ठहराया था, दूसरे में परम्परागत कला-सम्बन्धी आलोचना को, तीसरे में 'बॉक्सिंग' और चौथे में सभी कुछ को!

शॉ के प्रारम्भिक नाटकों को पहले तो 'सेंसर' के विरोध का सामना करना पड़ा। फिर 'सेंसर' ने जिस रूप में उन्हें रंगमंच पर आने दिया, उस रूप में भी वे दर्शकों के लिए असह्य प्रमाणित हुआ। शॉ ने इन नाटकों को 'कटु नाटकों' के शीर्षक के साथ प्रकाशित किया और उनके साथ लम्बी भूमिकाएँ जोड़कर पाठकों को अपनी दृष्टि से समस्याओं पर विचार करने की शिक्षा दी। शॉ ने व्यंग्य के कशाघात से लोगों को सही ढंग से विचार करने के लिए बाध्य करने का निश्चय कर लिया था। उन्होंने यह काम भाषणों के द्वारा किया था, और उन्हें थोड़ी सफलता भी मिली थी। अब उन्होंने नाटक को अपना साधन बनाया और अन्तत: उन्हें जो सफलता मिली, उसकी शायद उन्हें ही आशा रही होगी।

शॉ के सभी विषयों पर अपने ही विचार थे—और विचार भी ऐसे, जिन्हें रंगमंच पर व्यक्त करने की किसी ने कल्पना भी न की होगी। विवाह-पद्धति, राजनीति, धर्म, वेश्या-जघ्नि, डाक्टरी आदि पेशों के सम्बन्ध में शॉ के विचार इतने

क्रान्तिकारी थे कि नाटकों के माध्यम से उनका प्रचार कठिन था। किन्तु जे.टी. ग्राइन ने 1891 में विडोवर्स हाउस को रंगमंच पर लाकर शॉ को वह अवसर दिया जिसकी तलाश में थे—बस, सामाजिक प्रथाओं से संघर्ष शुरू हुआ।

रंगमंच के उद्देश्य के सम्बन्ध में शॉ का जो सिद्धान्त था, उसने एक सर्वथा नवीन प्रकार के नाटक की उद्भावना की। शॉ के अनुसार एक उत्कृष्ट नाटक 'उस धार्मिक प्रवचन के समान होता है जिसमें कलापूर्ण कर्मकांड, विश्वास की अभिव्यक्ति और उपदेश का समन्वय रहता है।' उन्होंने अपने नाटकों के बारे में स्पष्टता के साथ और प्रारम्भ में ही स्वीकार किया था : 'मैं सदैव उपदेश दिया करता हूँ। मेरे सभी नाटकों में उद्देश्य रहता है। संक्षेप में शॉ ने माँग की कि नाटकों में दर्शन का होना अनिवार्य है।'

समाजवादियों को छोड़कर सामान्यत: सभी वर्गों के दर्शकों ने शॉ के इन 'नाटकीय' उपदेशों का विरोध या उपेक्षा ही की। फलत: शॉ को आर्थिक लाभ तो नहीं हुआ किन्तु वे हतोत्साह भी नहीं हुए। हाँ, शॉ को यह लाभ अवश्य हुआ कि वे प्रसिद्ध हो गए, बदनाम होकर ही सही। उन्होंने यह अनुभव भी प्राप्त किया कि उन्हें नाटक ही नहीं लिखने होंगे, उनके नये दर्शक भी तैयार करने होंगे। शॉ रूढ़िग्रस्त विचारों की धज्जियाँ उड़ाने के कारण और अपनी उलटबाँसियों के लिए व्यंग्य-विशारद के रूप में, ख्याति प्राप्त करने में सफल हो गए थे। और कुछ हो या नहीं, उन्होंने पाया था, लोगों को वे आसानी से हँसा सकते थे। उन्होंने दर्शकों का विश्वासभाजन बनने के लिए इस गुण से लाभ उठाया। जैसाकि स्वयं कहा है उन्होंने : 'परिहास को साधन बनाया' और इस प्रकार अपने आगामी नाटकों के कड़वे घूँट में परिहास का मीठा शरबत काफी मात्रा में मिला दिया। उन्होंने लोक-रुचि के साथ कुछ और बातों में भी समझौता किया। 'यू नेवर कैन टेल' की भूमिका में शॉ कहते हैं कि उन्होंने परिहास, भड़कीले वस्त्रों, दो-एक आकर्षक दृश्यों, थोड़े-बहुत संगीत आदि की दर्शकों की माँगें मान लीं। किन्तु सबसे बड़ी दिक्कत तो यह थी कि अभिनेता शॉ के विचारों और कौशल को ठीक-ठीक समझ नहीं पाते थे—यहाँ तक कि उनके पहले नाटक का अभिनय कुछ दिनों के बाद ही बन्द कर दिया गया!

लेकिन, देर से ही सही, शॉ को सफलता मिली और खूब मिली। 1903 में न्यूयॉर्क में उनके चार-चार नाटक—'कैन्डिडा', 'द मैन ऑफ डेस्टिनी', 'यू नेवर कैन टेल' और 'आर्म्स एंड द मैन'—एक साथ अभिनीत होते रहे। दूसरे देशों में भी शॉ की प्रतिभा प्रशंसित हो चुकी थी। जैसाकि अक्सर असाधारण प्रतिभा-सम्पन्न व्यक्तियों के साथ होता है, शॉ को भी पहले दूसरे देशों में स्वीकृति मिली और सबसे अन्त में स्वदेश में। किन्तु जब 1904 में इंग्लैंड में उनके नाटकों के अभिनय प्रारम्भ हुए तो लगातार तीन वर्षों तक कोर्ट थियेटर में सात सौ बार अभिनय हुए।

अब शॉ ऐसी स्थिति में कि वे अपने आदर्श के अनुरूप नाटक लिखें; अब दर्शकों की रुचि के साथ समझौता करना जरूरी नहीं रह गया था। उन्होंने गम्भीर नाटक लिखने चाहे थे पर प्रारम्भ में उन्हें हास्यपूर्ण बनना पड़ा था क्योंकि इसके बिना दर्शकों का ध्यान आकृष्ट करना कठिन था, किन्तु अब वे अपने मन की कर सकते थे—वे रंगमंच पर से दर्शकों को यथेष्ट उपदेश देने को स्वतंत्र थे। और, उन्होंने यही किया भी। प्रसिद्धि प्राप्त कर लेने के बाद उन्होंने जो नाटक लिखे, उनमें कथानक तथा गति का प्राय: सर्वथा अभाव है। 'गेटिंग मैरेड' या 'मिसेलियंस' जैसे नाटकों में बातचीत के सिवा दूसरा कुछ नहीं के बराबर है। जब आलोचकों ने शिकायत की कि ये नाटक तो नाटक हैं ही नहीं, बल्कि नाटकीय ढंग से लिखे वार्तालाप ही हैं, तो शॉ ने उत्तर दिया—कोई भी चीज नाटक है अगर वह रंगमंच पर खेली जाकर दर्शकों का ध्यान ढाई घंटे तक आकृष्ट किये रह सके।

शॉ सुधारक होने के साथ-ही-साथ विदूषक भी थे। उनके नाटकों में तर्क और परिहास का विचित्र सम्बन्ध रहता था। शायद इसीलिए वे अपनी पीढ़ी के विचारों को बहुत अधिक प्रभावित कर सके थे, पर साथ-ही-साथ यह भी स्मरणीय है कि शैली कुछ इस तरह उनकी अपनी चीज थी कि नाटक के रूप के विकास के लिए उसे श्रेय नहीं दिया जा सकता।

शॉ की उपलब्धियाँ यहीं समाप्त नहीं हो जातीं। उन्होंने रंगमंच के रूमानियत भरे आडम्बरों और संकीर्णताओं को अपने हास्य-व्यंग्य के द्वारा खदेड़ भगाया, नाटककार की परिधि को विस्तीर्ण किया, विचार-प्रधान रंगमंच का प्रवर्तन किया, लेखक को अभिनेता से ऊँचे आसन पर बिठाया और सबसे बड़ी बात तो यह कि एक जागरूक श्रेणी की सृष्टि कर दी।

किन्तु शॉ की उपलब्धि से कम शिक्षाप्रद उनकी पराजय की वार्ता नहीं है। शॉ ने अपने विचारों को ही सबसे अधिक महत्त्व दिया किन्तु आज यदि उनका उल्लेख होगा तो जैसाकि एक अमेरिकन आलोचक ने उनकी मृत्यु पर कहा था, उन्होंने क्या कहा था, इसके लिए नहीं बल्कि उन्होंने कैसे कहा था, इसी कारण। यदि लेखक विचारों की नवीनता को ही अपनी रचना में प्रधानता देता है तो वह इसी तरह दंडित होता ही है। नवीन विचार स्वीकृत हो जाने पर उबानेवाले साधारण तथ्य हो जाते हैं, अस्वीकृत होने पर वे खीज पैदा करनेवाले पुराने और संकीर्ण विरोधाभास बन जाते हैं। इब्सन बीसवीं शताब्दी के आरम्भ में ही पुराना पड़ गया था; शॉ अपने जीवनकाल में ही स्वीकृत होकर महत्त्वशून्य बन गए।

['नई धारा' : जनवरी, 1951]

आन्द्रे ज़ीद

मार्सेल प्रू, आन्द्रे ज़ीद और जेम्स ज्वायस उपन्यास-कला में युगान्तर उपस्थित करनेवाले लेखक हैं। साधारणत: आज का मौलिक प्रयोग दो दिनों के बाद सुपरिचित परिपाटी बनकर रह जाता है। ये उपन्यासकार, इसके विपरीत, अपने समय से कदम-दो कदम नहीं, लग्गियों आगे थे; आज का भी उपन्यासकार उनके बराबर नहीं आ पाया है। आज भी उनकी मौलिकता परिपाटी नहीं बनी है, न उनके प्रयोग पिटी-पिटाई लीक।

इन तीनों उपन्यासकारों में पहले दो फ्रांस के हैं, तीसरा इंग्लैंड का। कलागत प्रयोगों के सम्बन्ध में फ्रांस जितना ही ग्रहणशील और सहिष्णु है, इंग्लैंड उतना ही संकीर्ण और अपरिवर्तनवादी। इसका एक प्रमाण तो यही है कि इंग्लैंड का, और अंग्रेजी में लिखनेवाला, जेम्स ज्वायस पेरिस में रहकर लिखता था और वहीं अपनी रचनाएँ प्रकाशित कराता था।

पर प्रू और ज़ीद फ्रांस के लिए भी समय से बहुत आगे थे। ज़ीद अपने उपन्यास Les Faux-monnayeurs को अपनी सर्वोत्तम रचना मानता है, पर फ्रेंच में भी यह सहज ग्राह्य न हो सका। यदि पुस्तक को पाठक ग्रहण न कर सकें तो शायद वे पुस्तक-लेखन की विस्तृत कहानी को पसन्द करें। इसलिए ज़ीद ने Le Journal des faux-monnayeurs की रचना की।

इस दृष्टि से यह पुस्तक भी असफल ही रही। ज़ीद की असफलता पर एक आलोचक का यह मनोरंजक कथन बहुत दूर तक ठीक है। एक बार एक फ्रेंच सेनापति ने अपने अधीनस्थ सैनिक को शत्रु की व्यूह-रचना दिखाकर पूछा : 'क्या तुमने कोई युद्ध देखा है ?'...'नहीं,' सैनिक ने कहा। इस पर सेनापति ने कहा : 'तो तुम कल देखोगे, युद्ध में हारा कैसे जाता है।' दूसरे दिन सेनापति के द्वारा संचालित सेना हार गई। ज़ीद भी अपनी दूसरी पुस्तक में प्रमाणित करता है कि हारा कैसे जाता है। पर यह भी निर्विवाद है कि ज़ीद उसी तरह एक महान लेखक है जिस तरह सेनापति महान सैनिक था।

उपर्युक्त उपन्यास के कई वर्ष पूर्व ज़ीद ने Les caves du Vatican लिखा था। इस पर बिना गम्भीरता के साथ विचार किया जा सकता तो इसे एक महान औपन्यासिक कृति माना जा सकता था। किन्तु यह सम्भव नहीं था; क्योंकि उपन्यास का एक

नैतिक उद्देश्य था, या यों कहें, एक अनैतिक सिद्धान्त था—अस्तित्व का अभाव कितना सुन्दर है, बिना समझे-बूझे कोई काम करना कितना अच्छा है! यह उपन्यास Les Faux-monnayeurs का पूर्वाभास था और इसका सन्देश था—मिथ्यावादी बनो, यही सबसे बड़ा काम है। अगर चाहते हो तो अपराध भी कर सकते हो—लेकिन अपने अपराध के लिए कोई कारण मत ढूँढ़ो।

Les caves के पूर्व के उपन्यास Les Nourritures torrestres में ज़ीद की शैली का विकास नहीं हुआ था, पर विचार और भाव में आत्मीयता थी। Les Caves में भाव ऊटपटाँग हैं पर शैली सर्वथा परिष्कृत हो गई है।

इस उपन्यास के बाद ज़ीद ने जो आत्मचरितात्मक रचना Si le grain ne Meurt प्रस्तुत की, वह शैली की दृष्टि से बहुत महत्त्वपूर्ण है। इस पुस्तक में ज़ीद की कला स्पष्टता के साथ घोषित होती है और उसका प्रभाव अमोघ सिद्ध होता है।

तब यह लेखक ऐसी दो यात्रा-पुस्तकें लिखता है जिनकी उम्मीद उससे नहीं की जा सकती थी। अपनी अफ्रीका की यात्रा के बाद उसने अपने संस्मरण और प्रतिक्रियाएँ Vayage an Congo और Ratour du Tehad में लिपिबद्ध किये। इन मनोरंजक यात्रा-पुस्तकों को पढ़कर यह कहना कठिन हो जाता है कि वे ज़ीद की लिखी हो सकती हैं। वही लेखक जो अकारण किये गए किसी कार्य—अपराध और मिथ्या-भाषण तक को—वांछनीय समझता और सिद्ध करता था, हब्शियों की दुर्दशा देख व्याकुल हो जाता है और मगर और गैंडे के साथ आत्मीयता का अनुभव करता है। डेनिस सौरेट ज़ीद पर लिखे गए अपने एक निबन्ध में विनोद के साथ प्रश्न करते हैं : 'वह अफ्रीका से लौटा ही क्यों? उसे तो सदा के लिए कांगो नदी पर बस जाना चाहिए था!'

ज़ीद रूस भी गया था। रूस के सम्बन्ध में उसने कोई पुस्तक नहीं लिखी, पर दो परस्पर विरोधी वक्तव्य दिये थे, जिनको लेकर फ्रांस में काफी विवाद चला था। सौरेट ने अपने पूर्वोल्लिखित निबन्ध में व्यंग्य किया है : 'हम मान लें, ये वक्तव्य ज़ीद के 'अकारण कार्य' (aetes gratuits) थे—एक साम्यवाद के पक्ष में, दूसरा विपक्ष में!'

ज़ीद की सभी रचनाओं का विषय उसका अपना व्यक्तित्व है। यह व्यक्तित्व विशृंखल है, पर उसी को सबका व्यक्तित्व बनाकर हमारे सामने रखा जाता है। लेकिन यह बिलकुल अत्युक्ति-संगत भी तो नहीं। इस प्रकार चिन्तित व्यक्तित्व में सभी ढंग का पाठक अपने व्यक्तित्व के ऐसे खंडों का दर्शन करता है जिन्हें उसने कुचल डाला था और भूल जाना चाहा था।

ज़ीद युवावस्था की आभ्यन्तर अराजकता को आवश्यकता से अधिक महत्त्व देता है। सच होते हुए भी मानव-चरित्र का यह एक ऐसा पहलू है जो स्थायी नहीं होता। यौवन में जिस प्रकार हमारे सामने कई प्रकार के व्यवसाय सामने आते हैं और

उनमें से हम एक अपने लिए चुन लेते हैं उसी प्रकार हम अपनी प्रवृत्तियों में से भी उस एक को चुन लेते हैं जिसे हम विकसित करना चाहते हैं। हम हर महीने अपना पेशा नहीं बदलते; इसी तरह हम अपना भीतरी पेशा, आन्तरिक प्रवृत्ति भी रोज-रोज नहीं बदलते रहते। अपवाद हो सकते हैं, पर साधारणतः यही होता है। वय प्राप्त होते-होते हम निश्चय करते हैं कि हम अपनी कुछ प्रवृत्तियों पर, उदाहरण के लिए अपराध करने की प्रवृत्ति पर, नियंत्रण रखेंगे और साधारणतः रखते भी हैं। ज़ीद उन प्रवृत्तियों की घटनाओं का उद्घाटन करते हैं जिन्हें हम अस्वीकार कर चुके होते हैं। अपने यात्रा-विवरणों में ज़ीद स्वयं ऐसा ही कुछ करता पाया जाता है। उसने बौद्धिक अनैतिकता को अपना आदर्श बनाया था, पर हब्शियों की दुर्दशा से वह इस तरह चिन्तित हो जाता है, जैसे सत्रह साल की उम्र में हो सकता था और रूस के बारे में वह ऐसा अनुभव करता है, जैसा बीस साल की उम्र में कर सकता था!

ज़ीद का साहित्यिक सिद्धान्त उसके एक निबन्ध में यों सूत्रबद्ध है : 'भगवान सामने रखता है। आदमी अस्वीकार करता है।' प्रचलित कहावत है : 'आदमी सामने रखता है, भगवान अस्वीकार करता है।' ज़ीद ने इसे उलट दिया है। ज़ीद के अनुसार आदमी, कलाकार के रूप में, भगवान की सृष्टि में से वह चीज चुन लेता है जिसे वह कला में परिवर्तित करेगा।

लेकिन विचारों की मौलिकता और विचित्रता के लिए ज़ीद का वह महत्त्व नहीं जिसका दावा उसके लिए किया जाता है। उसे आधुनिक काल का सर्वश्रेष्ठ फ्रेंच लेखक माना गया है। इस कथन का आधार बहुत दूर तक उसकी शैली है। उसकी शैली की सरलता, स्निग्धता और गम्भीर शक्ति उसे फ्रांस के महान लेखकों के समकक्ष बना देती है। ज़ीद की शैली और उसके विचार एक दूसरे के अनुरूप नहीं। ज़ीद का यह कृतित्व है कि उसने इसका सफलतापूर्वक संयोग कराया है।

आर्थर कोयस्लर
[कलाकार या प्रचारक]

दुनिया भौगोलिक दृष्टि से छोटी हो गई है : उसका ओर-छोर कुछ घंटों में आदमी नाप सकता है। नहीं चाहने पर भी उसके हिस्से प्राण-तन्तुओं से अनुस्यूत हो गए हैं : लंदन और न्यूयॉर्क में राजनीति करवट बदलती है तो दिल्ली में लोग आँखें मलने लगते हैं; वहाँ के गौरांग सेठ तार खींचना शुरू करते हैं तो कलकत्ता-बम्बई के भूरे सेठ चहलकदमी करने लग जाते हैं। एक तीसरी तरह से भी संसार के दूरस्थ भाग एक दूसरे के समीपवर्ती बन गए हैं : हजारों मील दूर पश्चिम में कोई ऐसी किताब छपती है, जिसकी ओर लोगों का ध्यान जाता है, तो मुझ जैसे हिन्दी के साहित्यिक अपने शहरों की दुकानों के दरवाजे खटखटाने लगते हैं।

इस तीसरे क्षेत्र में आयात ही होता है, निर्यात नहीं। अभी हमारा सांस्कृतिक साहित्यिक व्यापार-सन्तुलन प्राय: सर्वथा प्रतिकूल है। फिर भी इस क्षेत्र में स्वयं-पूर्णता का प्रश्न नहीं उठता, आत्म-विकास होने पर आयात बढ़ेगा ही, थोड़ा निर्यात भी होने लगे तो क्या कहने! कहने का मतलब, अगर लिखने के लिए पढ़ना जरूरी है तो, हिन्दी के लेखकों को, अपने पुराने साहित्य के अतिरिक्त, पाश्चात्य साहित्य से खूब परिचय बढ़ाना ही पड़ेगा।

सौभाग्य से हिन्दीभाषियों में इसके लिए पर्याप्त उत्सुकता है। लेकिन हमारे यहाँ अक्सर गलत किताबों के ही अनुवाद प्रस्तुत हैं और हम पढ़ते भी हैं ज्यादातर ऐसी ही किताबों को, लेखकों को। दोनों के उदाहरण देता हूँ। जहाँ सैकड़ों उत्कृष्ट पुस्तकें पड़ी हैं, जिनका अनुवाद हो जाना चाहिए, वहाँ 'रेनबो' का हिन्दी संस्करण तैयार करना क्यों आवश्यक समझा गया? इसी प्रकार, जहाँ मुझे इतनी सारी अच्छी किताबें पढ़नी थीं, वहाँ मैंने कोयस्लर की पुस्तकों पर जो वक्त बर्बाद किया, वह क्या सिर्फ इसलिए नहीं कि इन महाशय की चर्चा चल पड़ी थी?

लेकिन जरा ठहरकर, सोचकर कहें तो इन दोनों घटनाओं में कोई ऐसी खास बुराई नहीं दीख पड़ती। 'रेनबो' स्तालिन-पुस्कार प्राप्त उपन्यास है; कोयस्लर ने अंग्रेजी के आलोचकों-पाठकों से प्रशंसा प्राप्त की थी। मैं दोनों के बारे में मन

में खीज रख सकता हूँ किन्तु इनमें कहीं थोड़ा तो ऐसा कुछ होगा ही, जो अच्छा हो। जो थोड़ा अच्छा है, उससे परिचित होना भी बुरा नहीं।

कोयस्लर को आपने जरूर पढ़ा होगा। खतरा यह है कि आपने उसे पसन्द किया होगा। एक तो उसकी काफी तारीफें हुई हैं, और, दूसरे, वह झोंके के साथ पाठक पर हावी हो जाने का गुण जानता है। दूसरा गुण, जो कि असल में गुण ही है, हिन्दी में खास तौर पर कारगर होता है। कोयस्लर ही नहीं, उनके जैसे दूसरे लेखकों के रौब में भी पाठक को क्यों नहीं आना चाहिए, वस्तुतः यही दिखाने के उद्देश्य से यह निबन्ध लिख रहा हूँ। जिन्होंने कोयस्लर को नहीं पढ़ा हो, उन्हें भी, इस निबन्ध के बावजूद, उसे पढ़ना चाहिए और तभी उन्हें मेरी तरह, खीज अनुभव करने का अधिकार होगा।

कोयस्लर ने पिछले विश्वयुद्ध के समय काफी लोकप्रियता प्राप्त की थी, विशेष रूप से अपने उपन्यास 'डार्कनेस एट नून' के कारण। चूँकि उन्होंने तात्कालिक महत्त्व के विषयों पर ही सामान्यतः लिखा है, इसलिए उनकी लोकप्रियता स्वाभाविक भी थी। उनकी तीक्ष्णता और साहित्यिक प्रतिभा भी निर्विवाद है। इनके अतिरिक्त कोयस्लर के अनुभव की विविधता भी उन्हें सहायता पहुँचाती है। कोयस्लर का जन्म हंगरी में हुआ था और वे आज इंग्लैंड में रहकर अंग्रेजी में लिखते हैं। उन्होंने इंजीनियरिंग के साथ-साथ मनोविज्ञान का अध्ययन किया था और इक्कीस साल के होने के पहले पैलेस्टाइन में खेती, मिस्र में पत्र-सम्पादन और अरब में भवन-निर्माण का काम किया था। इसके बाद भी उनके जीवन की विविधता समाप्त नहीं होती—वे कभी मध्यपूर्व में अखबारनवीसी करते थे तो कभी ध्रुव-यात्रा करनेवाले संगठन के सदस्य बन बैठे और फिर 1931 में साम्यवादी दल में सम्मिलित हो गए। एक वर्ष रूस में रहे और 1936 में स्पेन के गृह-युद्ध में संवाददाता के रूप में गिरफ्तार होकर तीन महीने तक जेल में मृत्यु-दंड की प्रतीक्षा करते रहे। कुछ दिनों बाद उन्होंने साम्यवादी दल से त्याग-पत्र ही नहीं दिया बल्कि पेरिस के साम्यवाद-विरोधी पत्र का सम्पादन भी किया। वहीं जर्मनी ने उन्हें बन्दी बनाया पर वे इंग्लैंड भाग गए और वे सेना में भर्ती हो गए। आज वे चालीस साल से कुछ ही ऊपर हैं किन्तु उनके अनुभवों की अनेकरूपता असाधारण है।

इसी के फलस्वरूप, उनके बारे में दावा किया जाता है; उनके शब्दों के पीछे एक दबाव रहता है, एक ऐसा दबाव जो अनुभव से ही प्रसूत हो सकता है। कोयस्लर की एक दूसरी विशेषता की भी अक्सर चर्चा की जाती है और वह है उनकी तीव्रता, जिसके पीछे भी उनके अनुभव का ही दर्शन आलोचक करते हैं। 'डार्कनेस एट नून' की प्रारम्भिक पंक्तियाँ हैं : 'रूबोशोव के पीछे कालकोठरी का दरवाजा धमाके के साथ बन्द हो गया'; 'थीव्स एट नाइट' का आरम्भ होता है : 'अगर आज मैं मर भी गया तो एक ट्रक पर से गिरकर तो जरूर नहीं।' इन पंक्तियों

की तीव्रता को अस्वीकार नहीं किया जा सकता किन्तु इन वर्णनों में जो धक्का और आनन्दोपलब्धि है, उससे साफ जाहिर है कि जो तीव्रता उत्पन्न होती है, वह जान-बूझकर कोशिश से पैदा की गई है। कोयस्लर जिन घटनाओं का वर्णन करते हैं, उनमें तात्कालिकता और असाधारणता रहती है और स्पष्टता, आवृत्ति और संशय के कारण उनमें तीव्रता का भी विकास होता है। किन्तु यह तीव्रता कुछ ऐसी निरविच्छिन्न होती है कि वह उपन्यास की घटना से प्रोद्भूत होती न मालूम देकर लेखक के किसी अभाव की पूर्ति करती-सी लगती है। लेखक जैसे हमें अपनी सफाई दे रहा हो, अपने भीतर की भावनाओं का समाधान कर रहा हो! लेखक को इस बात का आवश्यकता से अधिक खयाल बना रहता है कि वह पाठकों पर क्या प्रभाव डाल रहा है। यह पाठक की भावनाओं के साथ जबरदस्ती करना है और इस बात का द्योतक है कि लेखक अपने अनुभव के बल पर अपना अधिकार समझता है कि वह दूसरों की यंत्रणाओं का वर्णन करे। इसका परिणाम होता है कि कोयस्लर 'डार्कनेस एट नून' के प्रधान पात्र रूबोशोव में अपने को आरोपित कर देता है और इस औपन्यासिक पात्र में लेखक की तीव्रता आ जाती है। रूबोशोव अपने जीवन के अन्तिम क्षणों में इस प्रकार विचार करते हुए चित्रित किया गया है : 'लेकिन यह प्रतिश्रुत देश कहाँ है ? क्या मारी-मारी फिरनेवाली इस मनुष्य-जाति के लिए सचमुच कहीं था भी ऐसा लक्ष्य ? वह चाहता था कि बहुत देर हो जाने के पूर्व इस प्रश्न का उत्तर पा लेता।' यह रूबोशोव नहीं बोल सकता, उसके बदले बोल रहा है लेखक का वह विश्वास, जो रूबोशोव की मृत्यु में व्यापक सत्य पाना चाहता है।

'डार्कनेस एट नून' प्रधानतः उन अभियोगों की व्याख्या है जो स्तालिन के अनुयायियों द्वारा अपने ही साथियों पर लगाए गए थे और जिन्हें, किसी-न-किसी तरह प्रमाणित कर, अभी तक क्रान्तिकारी कहे जानेवालों को मृत्यु-दंड दिया गया था। यह एक ऐसी घटना है जिस पर लिखते समय तटस्थता का निर्वाह बहुत ही कठिन है। इसलिए बहुत महत्त्वपूर्ण होने पर भी इस पर गल्प-लेखकों ने कलम नहीं चलाई थी। ऐसे विषय के साथ खतरा यह होता है कि हम संघर्ष को अन्यायी और उसके शिकार, इन दो पक्षों में बाँट देते हैं। तब स्वभावतः हमारी सहानुभूति दूसरे पक्ष की ओर ढल जाती है और वैसी हालत में वह न्याय करने के अधिकारी नहीं रह जाते। जिस तरह 'रेनबो' साम्यवादी रूस की गुण-गाथा होने के कारण ही उच्च कलाकृति नहीं मान ली जा सकती, उसी तरह 'डार्कनेस एट नून' साम्यवादियों के विरुद्ध होने के कारण ही श्रेष्ठ उपन्यास नहीं माना जा सकता। इन दोनों उपन्यासों में हम पाते हैं कि जो शत्रु मान लिया गया है, उसमें मनुष्यत्व की कल्पना तक नहीं की जा सकती। फिर भी कोयस्लर के बारे में इतना स्वीकार किया जा सकता है कि उन्होंने निर्वैयक्तिकता के साथ लिखना शुरू तो किया होगा, पर शीघ्र ही वे पक्ष ग्रहण कर लेते हैं।

जिस, निर्वैयक्तिकता का अभाव 'डार्कनेस एट नून' में इतना खटकता है, उसका निर्वाह कोनराड के 'अंडर वेस्टर्न आइज' नामक उपन्यास में पूर्ण मात्रा में हुआ है, जिसका विषय भी बहुत कुछ पहले उपन्यास के समान ही है। कोनराड में निर्वैयक्तिकता ही नहीं है, दया भी है। वे अपने ऊपर नियंत्रण रखते हैं, अपने को अपने पात्रों पर आरोपित नहीं करते। 'अंडर वेस्टर्न आइज' का प्रधान पात्र, भाषाओं का अध्यापक, किसी दृष्टि से कोनराड नहीं कहा जा सकता। स्वयं कोनराड ने कहा है : 'इसके पूर्व मुझे कभी ऐसी तटस्थता के लिए प्रयास नहीं करना पड़ा था।'—सभी प्रकार की रुचि, इच्छा, विश्वास से तटस्थ रहने का प्रयास! 'अंडर वेस्टर्न आइज' प्रकाशित होने पर अंग्रेजीभाषी जनता में विफल हो गया था और उसकी विफलता का कारण था यही निर्वैयक्तिकता, यही तटस्थता! इसके विपरीत कोयस्लर को जो लोकप्रियता प्राप्त हुई, वह तात्कालिक महत्त्व को ध्यान में रखने के पत्रकारोचित गुण के फलस्वरूप।

कोयस्लर 'डार्कनेस एट नून' के प्रतिनायक, ग्लेटकिन, को एक दानव के रूप में चित्रित करता है। वह आधुनिक रूस का प्रतिनिधि और प्रतीक बन जाता है। इसके प्रतिकूल कोनराड स्वयं ही कहते हैं : 'मेरे उपन्यास में किसी का दानव के रूप में प्रदर्शन नहीं किया गया है।' कोयस्लर ने ग्लेटकिन या जेल के डाक्टर का जिस काले रंग में वर्णन किया है, और बार-बार किया है, वह तीव्र होने पर भी राजनीति से अनुप्राणित है और लगता है, जैसे लेखक चाहता है कि रूबोशोव कारागार का अध्यक्ष होता और ग्लेटकिन उसका बन्दी! कोनराड के उपन्यास में जो जीवन-दर्शन, अनुभव की व्यापकता, भावना की लय प्राप्त होती है, उसका कोयस्लर की पुस्तक में सर्वथा अभाव ही है। ये कुल मिलाकर हमारे मन में कोनराड की साधना, उद्देश्य, योग्यता एवं विवेक के प्रति आस्था उत्पन्न कर देते हैं जबकि 'डार्कनेस एट नून' में हमें ऐसे आधार नहीं मिलते! इसके अतिरिक्त यह भी विचारणीय है कि रूबोशोव और ग्लेटकिन के रूप में जो दो विकल्प हमारे सामने रखे जाते हैं, उनमें कोई भी तो वांछनीय नहीं है। हालाँकि पहले के सम्बन्ध में कोयस्लर ने स्पष्ट ही अपना पक्षपात दिखाया है। कोयस्लर में जेल के वातावरण के वर्णन के लिए जो कमजोरी है, वह भी स्वस्थ रुचि का द्योतक नहीं कही जा सकती—वे उसमें भी रस लेते हैं जो कुरुचिपूर्ण तक कहा जा सकता है।

रूबोशोव के लिए कोयस्लर की जो सहानुभूति है, वह स्पष्ट है किन्तु उसके स्वभाव-चित्रण को लेखक विश्वासोत्पादक नहीं बना सकता है। उसके पूर्वग्रहों को हम ठीक-ठाक समझ नहीं पाते। वह अन्तरराष्ट्रीय क्रान्ति का हामी है और उस वर्धमान रूसी राष्ट्रीयता का विरोधी जिसके समर्थक हैं ग्लेटकिन जैसे लोग। यह दो मान्यताओं का संघर्ष है जिनके प्रतीक, जानबूझकर विभिन्न पात्रों के रूप में प्रस्तुत कर दिये गए हैं। पात्र केवल प्रतीक हैं, अतः समूची पुस्तक में प्रयास और

अवास्तविकता की छाया उपस्थित रहती है, जैसे जो कुछ महत्त्वपूर्ण है, उसकी तो उपेक्षा की जा रही है और गौण बातों को प्रधानता दी जा रही है।

उदाहरण के लिए समष्टि के सम्बन्ध में रूबोशोव से जो कुछ कहलाया गया है, उसी को ले लिया जाए। रूबोशोव समष्टि 'हम' के बारे में ग्लेटकिन के सामने एक लम्बा-चौड़ा वक्तव्य दे डालता है जिसके अन्त में वह कहता है : 'तुमने उस समष्टि को, 'हम' को, मार डाला, नष्ट कर दिया।'

अपने वक्तव्य के अन्त में रूबोशोव उस कठपुतली के समान हो जाता है जिसे पर्दे में छिपकर उपन्यासकार नचा रहा है। कोयस्लर रूबोशोव का इस सीमा तक पक्षपाती है कि वह उसके साथ ईसा मसीह का वातावरण संयुक्त कर देता है। पर वह यह भूल ही जाता है कि जहाँ तक राजनीतिक आन्वीक्षिकी का प्रश्न है, ग्लेटकिन बहुधा उपेक्षाकृत अधिक विश्वास्य मालूम देने लगता है और वह भी लेखक के सभी प्रयास पक्षपात के बावजूद। कोयस्लर ने घटनाओं को जितना सरल बना दिया है, उतनी वे हैं नहीं और उनसे जो भावुकता उन्होंने निचोड़ी है, वह तो बिलकुल सस्ती और पूर्वापेक्षित है।

'डार्कनेस एट नून' की दुर्बलता कोयस्लर के निबन्ध-संग्रह 'दि योगी एंड दि कमिसार' में एकदम स्पष्ट हो जाती है। जिस रागात्मक प्रांजलता का अभाव, उपन्यास में, एक बहुत विवेकशील पाठक को ही खटकता है, वह लेखक के निबन्धों में प्रत्यक्ष हो जाता है। कोयस्लर का सारा तीव्र अन्तर्दर्शन सतह पर ही रह जानेवाले ऐसे भावों में सिमट जाता है—(क्रान्ति के) पहले कुछ वर्षों में सोवियत कल्पना और रूसी वास्तविकता बहुत दूर तक घुली-मिली हुई थी। यह रूस का वीरकाल था जिसमें वीरता की कहानियों का जन्म होता है। तब धुआँ के पीछे सच्ची आग भी थी। रूबोशोव इसी आदर्श का प्रतीक है, जिसे लेखक मानता है, और चाहता है कि दूसरे मानें।

1944 में कोयस्लर ने अपने एक पुराने और अप्रकाशित नाटक 'ट्विलाइट बार' को प्रकाशित किया। इसमें उन्होंने एक ऐसे कल्पित द्वीप का वर्णन किया है जिसके निवासियों के बीच एक ग्रह के यात्री आते हैं और उन्हें धमकियाँ देकर खुशियाँ मनाने के लिए बाध्य करते हैं। किन्तु इनके लौटते ही द्वीप के निवासी फिर से अपने दुःख में निमग्न हो जाते हैं :

'जब उन्हें धमकाकर प्रसन्न रखनेवाले आगंतुक नहीं रह गए तो उन्होंने सोचा, चलो, अब खतरा टल गया है, हम पुनः दुखी बन जाएँ।—और एक आराम की साँस लेकर वे अपनी तकलीफों में फिर रम गए। ...इसी तरह के तो हम इनसान हैं—हर अभागा अपनी बदकिस्मती में आनन्द उठाता है!'

'प्रतीक' में प्रकाशित कोयस्लर (केस्टलर?) पर अपने एक लेख में श्रीमती मुरियल वसी ने आलोच्य लेखक के दुःख-सुख-सम्बन्धी दृष्टिकोण की जो चर्चा

की है, उसका आधार मुख्यतः यह नाटक ही है, यद्यपि विदुषी लेखिका ने इसका उल्लेख नहीं किया है। मनुष्य के सम्बन्ध में ऐसी धारणा व्यक्त कर लेखक ने स्वयं अपनी ही अस्वस्थ मनोवृत्ति का परिचय दिया है, जिसकी प्रसंगवश ऊपर भी थोड़ी चर्चा की जा चुकी है।

कोयस्लर ने अपनी आधुनिकतम पुस्तक 'थीव्स इन दि नाइट' में अपनी तीव्रताओं का विश्लेषण करने का प्रयत्न किया है। इस इतिवृत्ति में 'थीव्स इन दि नाइट' उपन्यास नहीं है—एक ऐसी आत्मीयता और मानवीय अनुभव की छाप है कि वह सजीव तो बन गई है किन्तु जिसके प्रचारात्मक उद्देश्य को भी भुलाया नहीं जा सकता। इस बार विषय है पैलेस्टाइन-सम्बन्धी अरब-यहूदी संघर्ष। इस पुस्तक में भी अरब जाति को दानव-रूप में चित्रित करने के लिए लेखक मुख्तार नामक पात्र का निर्माण करता है। मुख्तार का कुछ उसी प्रकार चित्रण किया गया है जिस प्रकार 'डार्कनेस एट नून' में जेल के डाक्टर का—कुरूप, भोंडा, घृणोत्पादक, दानव का प्रतीक! इस पुस्तक में कोयस्लर अपनी अन्तरराष्ट्रीयता ताक पर रख देते हैं और यहूदियों का पक्ष लेकर अरबों के विरुद्ध विष-वमन करते हैं और इस तरह उनकी वास्तविक संकीर्णता उद्घाटित हो जाती है। दानवीय चरित्रों का सृजन कर तो लेखक जैसे स्वीकार कर लेता है कि वह मानवीय परिस्थितियाँ प्रस्तुत नहीं कर सकता।

कोयस्लर प्रतिभा-सम्पन्न सफल प्रचारक हैं और उनके कुछ अनुभवों में तीव्रता भी है किन्तु उनमें उस निर्लिप्तता और निर्वैयक्तिकता का अभाव है जिसके बिना कलाकृति में उत्कर्ष असम्भव है। ये यंत्रणा भोग चुकनेवाले मनुष्य के स्वर में बोलकर अहंभाव का ही प्रदर्शन करते हैं...!

हिन्दी का उपन्यास-लेखक कोयस्लर की कृतियों से इतना भर तो सीख ही सकता है कि किस प्रकार सम्भावनाओं से पूर्ण रचनाएँ भी कठोर आत्म-नियंत्रण की परिस्थिति में कलाकृति के बदले प्रचार मात्र बन जाती हैं।

मार्गन : अंग्रेजी के शरत्चन्द्र

समकालीन अंग्रेजी गल्प उद्योग-पर्व से गुजर रहा है; उसके उत्कर्ष का युग अभी कुछ दिन हुए, धीरे-धीरे ढल गया। उसमें सक्रियता का अभाव नहीं, पर वह सिद्धि का दावा कर नहीं सकता। अंग्रेजी गल्प का क्षेत्र बंजर नहीं हो गया है; नये-नये पौधे अंकुरित-पल्लवित हो रहे हैं—भविष्य में उनमें रंग-बिरंग के फूल खिलेंगे, अभिनव आकार-प्रकार और स्वादवाले फल लगेंगे, पर पुराने और नामी दरख्त या तो उन्मूलित हो गए हैं या सूख गए हैं या सड़ रहे हैं।

डी.एच. लारेंस, जेम्स ज्वायस और वर्जिनिया वुल्फ का यश:काय ही अब रह गया है; चौथे, पाये के गल्पकार, एल्डन हक्सले, अपने यहाँ के असाधारण मौलिकता रखनेवाले जैनेन्द्र की तरह, साहित्य की जमीन छोड़कर अध्यात्म के आकाश में विचरण कर रहे हैं। हक्सले, साहित्य को वे जो कुछ दे सकते थे, शायद दे चुके हैं; उनका वैराग्य खटकता नहीं। लेकिन उनके साथ ही नई पीढ़ी के सबसे समर्थ वामपक्षी गल्पकार क्रिस्टोफर इशरवुड भी रामकृष्ण परमहंस मिशन की किसी अमेरीकी शाखा की छाया में बैठकर गीता का अध्ययन-अनुवाद कर रहे हैं, यह एक विचित्र और चिन्त्य घटना है। समकालीन प्रगतिशील युवक गल्प-लेखकों में एडवर्ड अप्वर्ड, रेक्स वार्नर और स्टेफन स्पेंडर से अंग्रेजी साहित्य बहुत कुछ आशा कर सकता है। इनकी विकासोन्मुख कला का अध्ययन हिन्दी के हमराह युवकों के लिए काम की चीज है, पर वह कभी और।

इन दोनों युगों के वर्तमान, पर इन दोनों की ही विशेषताओं को अस्वीकार करनेवाले चार्ल्स मार्गन[1] का अध्ययन अपना महत्त्व रखता है। विक्टोरिया-युग की

1. चार्ल्स मार्गन—1894 में एक सम्भ्रान्त परिवार में जन्म; पहले नौसेना में काम करते रहे; गत महायुद्ध के बाद ऑक्सफोर्ड में अध्ययन किया; 1922 में 'लंदन-टाइम्स' के सम्पादन विभाग में आए; पहला उपन्यास 'गन्रूम' प्रकाशित हो जाने के बाद प्रकाशक द्वारा बिक्री बन्द कर दी गई चूँकि उसमें नौ-सेना की असन्तोषजनक वस्तुस्थिति का भंडाफोड़ था; दूसरे उपन्यास 'पोट्रेट इन द मिरर' के लिए महत्त्वपूर्ण साहित्यिक पुरस्कार 'फेमिला वी हूरे प्राइज' मिला; तीसरे उपन्यास 'द फाउंटेन' के लिए 'हाथार्नडन प्राइज' भी मिला; चौथे उपन्यास 'स्पार्केन ब्रोक'; प्रसिद्ध नाटक : 'द फ्लैशिंग स्ट्रीम'; जार्ज मूर की छोटी-सी जीवनी; सद्य:प्रकाशित निबन्धों का संग्रह : 'रिफ्लेक्शंस इन ए मिरर'।

संकीर्णता और बी जमालो (Mrs. Grundy) वाली प्रवृत्ति का विरोध जॉर्ज मूर, वेल्स, गाल्सवर्दी और वेनेट आदि एडवर्डियन यथार्थवादियों और वस्तुवादियों ने किया। जार्जियन युग के लारेंस, ज्वायस और हक्सले का मार्ग उनके पूर्ववर्तियों ने साफ कर दिया था। यौन-समस्या के बारे में विशेष रूप से लारेंस ने जिस स्वस्थ मनोवृत्ति की वकालत की है, उसके लिए पाठकों को कुछ हद तक तैयार कर लेने का श्रेय एडवर्डियन युग के वस्तुवादियों को मिलेगा ही। लेकिन जार्जियन युग की उपन्यास-कला में पिछले युग के स्थूल वस्तुवाद के विरुद्ध विद्रोह हुआ। साथ-ही-साथ उपन्यास-कौशल (टेक्निक) में ऐसे क्रान्तिकारी प्रयोग हुए जिनका श्रेय काफी दूर तक फ्रांस के मार्शेल प्रू और वायना के मनोविश्लेषण के आदिगुरु फ्रायड को है और जिनका सम्बन्ध अंग्रेजी गल्प की समृद्ध परम्परा से नहीं के बराबर है। 'चेतना के प्रवाह' (Stream of consciousness) की पद्धति इस युग में, विशेषत: ज्वायस की रचनाओं में, पराकाष्ठा का भी अतिक्रमण कर गई; उन्होंने चेतन (Conscious) को कौन कहे, उपचेतन (Sub-conscious) और अचेतन (Unconscious) के प्रवाह को भी अपनी अन्तिम दो बृहत्काय रचनाओं में चित्रित करने का विलक्षण प्रयास किया।

गल्प-साहित्य की यह ऐकान्तिक बौद्धिकता वर्तमान जीवन की विषमता के प्रति जागरूक नवयुग के साहित्यिकों द्वारा नामंजूर हुई है। एक हद तक नवीन कौशल अपनाने के बावजूद आज के गल्पकार का लक्ष्य यथार्थता की नींव पर सर्वहितकारी आदर्श को प्रतिष्ठित करना ही है। आज के साहित्य में समाज प्रतिबिम्बित हो जाता, वह अपनी ओर से, अपने साहित्य के द्वारा, समाज को आलोकित करने का बीड़ा भी उठा चुका है।

चार्ल्स मार्गन जिन दो युगों में, कालक्रमानुसार रखे जा सकते हैं, उनकी बदलती पृष्ठभूमि का, संक्षेप में, परिचय देने का प्रयत्न ऊपर किया गया है। यह आश्चर्य की बात है कि मार्गन इन दोनों युगों के आदर्शों से सर्वथा अप्रभावित ही रहे हैं।

विशुद्ध कला की दृष्टि से मार्गन का आधुनिक अंग्रेजी साहित्य में विशिष्ट स्थान है। उन्हें यूरोप के दो श्रेष्ठ साहित्यिक पुरस्कार मिल चुके हैं। अपने युग से तादात्म्य नहीं रखने के कारण वे उपेक्षणीय नहीं माने जा सकते। यहाँ पर इस बात का उल्लेख अनावश्यक नहीं प्रतीत होता कि जनता के लिए कला का नारा लगानेवाले आवश्यकता से अधिक उत्साही नवयुवक साहित्यिकों की दृष्टि में उनकी कला महत्त्व-शून्य हो सकती है, पर यह दृष्टिकोण परिणत मस्तिष्कवाले वामपक्षी प्रगतिवादी आलोचकों को कदापि मान्य नहीं।

भारतीय भाषाएँ और विदेशी विद्वान

[प्रारम्भिक काल]

अठारहवीं शताब्दी के पूर्वार्द्ध में ही यूरोप में भारतीय भाषाओं के उदाहरण और उनके व्याकरण की रूप-रेखाएँ प्रकाशित हो चुकी थीं। 1772 में हिन्दी का प्रथम अंग्रेजी में लिखित व्याकरण प्रकाशित हुआ। इसका लेखक था जॉर्ज हेड्ले (George Hadley)। उसने बंगाल की सेवा में काम किया था। उसके व्याकरण के एकाधिक संस्करण मुद्रित हुए।

हिन्दी (इस प्रारम्भिक युग में भी विदेशी विद्वान 'हिन्दोस्तानी' शब्द का ही अधिकतर व्यवहार करते थे) का प्रथम कोश जे. फर्गुसन (J. Fergusson) ने तैयार किया और वह उपर्युक्त ग्रंथ के एक वर्ष बाद प्रकाशित हुआ। जे.बी. गिलक्राइस्ट (J.B. Gilchrist) ने व्याकरण और कोश, दोनों ही क्षेत्रों में अनेक सुधार किये। वह स्कॉटलैंड का निवासी था और उसने ईस्ट इंडिया कम्पनी के चिकित्सा-विभाग में 1794 में प्रवेश किया था। अपनी नौकरी की अवधि में ही उसने हिन्दी का गम्भीर ज्ञान उपार्जित किया था। उसकी अनेक रचनाएँ प्रकाशित हुई थीं। वह अपने सभी सामयिक विदेशी विद्वानों के भाषा-सम्बन्धी ज्ञान की उपेक्षा के साथ चर्चा करता है—यहाँ तक कि हेड्ले की पुस्तक A... Grammar of...the Jargon of Hindoostan को लक्ष्य कर उसने अपनी एक व्याकरण पुस्तक का नामकरण ही कर दिया है : The Anti-Jargonist!

1776 में नेथानिमल हालहेड ने एक बंगला व्याकरण प्रकाशित किया। इसका मुद्रण उत्तर भारत के सर्वप्रथम मुद्रणालय में हुआ था। इसी ने हेस्टिंग्ज की फारसी में लिखित Code of Gentoo Laws का अंग्रेजी में अनुवाद किया था। इसकी शिक्षा हैरो और क्राइस्ट चर्च जैसी प्रसिद्ध शिक्षण-संस्थाओं में हुई थी। अपने बंगला व्याकरण में इसने संस्कृत और यूरोपीय भाषाओं की समानता की ओर विद्वानों का ध्यान आकृष्ट किया था। इसने ही सबसे पहले विल्किन्स के हृदय में संस्कृत और फारसी के लिए अभिरुचि उत्पन्न की थी। सर्वप्रथम बंगला-अंग्रेजी और अंग्रेजी-बंगला कोश Calcutta Chronicle के कार्यालय से मुद्रित हुआ था। इसके लेखक का नाम अज्ञात है।

अब वह स्थिति आ गई थी जब ईसाई पादरी प्रचार-कार्य के निमित्त विभिन्न भारतीय भाषाओं की कामचलाऊ जानकारी हासिल करने के लिए ही उनका अध्ययन नहीं करते थे। उन पादरियों में जिन्होंने भाषा-सम्बन्धी प्रारम्भिक अध्ययन से आगे बढ़कर गम्भीर अध्ययन की ओर प्रवृत्ति दिखाई, विलियम केरी (William Carey) विशेष रूप से उल्लेखनीय है। केरी ने एक साधारण चर्मकार के रूप में अपने जीवन का आरम्भ किया था। फिर वह पादरी बना और विदेशी भाषाओं तथा जीवन-प्रणालियों के अध्ययन में प्रवृत्त हुआ। उसने 1792 में बैप्टिस्ट मिशनरी सोसायटी की स्थापना की। इसी संस्था की ओर से 1792 में दो पादरी भारत भेजे गए और उनमें एक स्वयं केरी था। उसका साथी था जॉन टामस, जो पहले ईस्ट इंडिया कम्पनी के एक जहाज का शल्य-चिकित्सक था, पर बाद में पादरी बन गया था। उसने बंगला में न्यू टेस्टमेंट का अनुवाद प्रारम्भ किया था किन्तु इस कार्य में उसे सफलता नहीं मिल पाई। केरी ने भारत आते समय इसी टामस से बँगला का प्रारम्भिक ज्ञान प्राप्त किया था। भारत आने पर इन दोनों व्यक्तियों ने सीमित साधनों तथा अधिकारियों की पादरियों के प्रति प्रतिकूल मनोवृत्ति से बाध्य होकर एक निलहे साहब के यहाँ नौकरी कर ली। इस अवधि में केरी ने अपने अवकाश का सारा समय बंगला और संस्कृत के अध्ययन में लगाया और 1796 तक तो वह महाभारत पढ़ने के लायक संस्कृत का ज्ञान अर्जित कर चुका था। 1796 में उसने संस्कृत का एक व्याकरण पूरा किया और एक कोश के लिए शब्द-संग्रह भी करता रहा।

जिस व्यापार में केरी और टामस सहयोग दे रहे थे, उसमें तो घाटा लगता ही रहा, अपने धर्म-प्रचार में भी उन्हें यह सफलता नहीं मिली कि वे बहुसंख्य लोगों को धर्म-परिवर्तन के लिए तैयार कर पाते। 1799 में केरी जिस नील-कोठी में कार्य करता था, वह बन्द हो गई और अब उसके पास आजीविका का कोई साधन नहीं रह गया, क्योंकि जो रकम इंग्लैंड से उसे भेजी जाती थी, वह बहुत कम थी। इन्हीं दिनों उपर्युक्त मिशन ने अपने चार अन्य सदस्यों को भारत रवाना किया। केरी ने अंग्रेजी सरकार की पादरी-विरोधी नीति देखकर कलकत्ता के बदले सिरामपुर को अपना कार्य-क्षेत्र बनाया। सिरामपुर डेनिश प्रदेश था और वहाँ के डेनिश राज्यपाल से उसे सहयोग प्राप्त हुआ। केरी को यहाँ अपनी लगन, अध्यवसाय और धैर्य के फलस्वरूप यथेष्ट सफलता मिली। उसके नये सहयोगियों में एक, जिनका नाम था वार्ड, मुद्रण-कला का ज्ञाता था। उसकी सहायता से केरी ने एक मुद्रणालय स्थापित कर लिया और उसकी स्थिति अब बहुत सुविधापूर्ण हो गई।

1790 में लॉर्ड कार्नवालिस ने कम्पनी के अंग्रेज कर्मचारियों को भारतीय भाषाओं की विशेषज्ञता प्राप्त करने के लिए पुरस्कार और अन्य सुविधाएँ देने की घोषणा की थी। 1799 में डा. गिलक्राइस्ट, जिनका उल्लेख ऊपर हो चुका है,

कम्पनी के निम्न कार्यकर्ताओं को फारसी और हिन्दी सिखाने के लिए नियुक्त हुए। अठारह महीने बाद इन कार्यकर्ताओं की परीक्षा लेने के लिए पाँच उच्च पदाधिकारी मनोनीत हुए। उन्होंने पाया कि जिन कर्मचारियों ने गिलक्राइस्ट से शिक्षा पाई थी, उनकी प्रगति उनसे अधिक हुई थी जिन्होंने अपने लिए अलग अध्यापक रखकर फारसी-हिन्दी सीखी थी। लॉर्ड बेलेजली ने गिलक्राइस्ट के प्रयोग में बहुत दिलचस्पी ली थी। प्रयोग की सफलता से उत्साहित होकर उन्होंने कलकत्ता के फोर्ट विलियम में एक कॉलेज स्थापित करने का निर्णय किया। अपनी पुस्तक में उन्होंने स्पष्ट लिखा था : 'ईस्ट इंडिया कम्पनी के शासनाधिकारी अब एक व्यापारिक संस्था के कर्मचारी मात्र नहीं रह गए हैं, अब तो वे एक शक्तिशाली राजा के सचिव और पदाधिकारी हो गए हैं।' कॉलेज की स्थापना का उद्देश्य यह बनाया गया कि सोलह से अठारह के जो अनुभवहीन युवा पदाधिकारी इंग्लैंड से आएँ, वे उन प्रदेशों की भाषाओं तथा रस्मों-रिवाज के बारे में पर्याप्त ज्ञान प्राप्त कर लें जिनकी शासक के रूप में नियुक्ति हो। लॉर्ड बेलेजली की योजना को कार्यान्वित करने के लिए यह आवश्यक था कि काफी खर्च करके कॉलेज के लिए इमारत बनाई जाए। कम्पनी के निर्देशकों ने इसके लिए स्वीकृति नहीं दी। उन्होंने इसके बदले हेलेबरी (Haileybury) में ईस्ट इंडिया कॉलेज की स्थापना की योजना बनाई और यह निर्णय किया कि इस संस्था में प्रारम्भिक शिक्षा प्राप्त करने के बाद जो व्यक्ति पदाधिकारियों के रूप में भारत जाएँगे, वे फोर्ट विलियम कॉलेज में अपनी शिक्षा पूरी कर लेंगे। हेलेबरी में 1806 तक कॉलेज की स्थापना नहीं हुई और इस बीच छह साल तक फोर्ट विलियम कॉलेज ही एकमात्र ऐसी संस्था थी जहाँ नवागत अंग्रेज पदाधिकारियों को शासन के लिए आवश्यक शिक्षा दी जाती रही। 1800 में जब इसकी स्थापना हुई थी तब कोलब्रुक (Colebrooke) संस्कृत और 'हिन्दू लॉ' की शिक्षा के संचालक थे। वे स्वयं अध्ययन न कर केवल इन विषयों के शिक्षण का निर्देशन करते थे और शिक्षा प्राप्त कर लेने के बाद पदाधिकारियों की परीक्षा ले लेते थे। गिलक्राइस्ट हिन्दी के अध्यापक थे और फ्रांसीसी ग्लैड्वीन (Francis Gladwin) फारसी के। इन सभी विभागों में भारतीय सहाध्यापक भी नियुक्त किये गए थे। 1801 में लॉर्ड बेलेजली ने बंगला और संस्कृत के अध्यापक के रूप में केरी की नियुक्ति के लिए स्वीकृति प्रदान की। बाद में वह मराठी भी पढ़ता था। वह 1831 तक अपने पद पर कार्य करता रहा।

इस प्रकार के शिक्षा-कार्य में सबसे बड़ी दिक्कत यह थी कि विभिन्न भारतीय भाषाओं में उस समय गद्य की पुस्तकें सुलभ नहीं थीं। केरी के व्यक्तित्व और गिलक्राइस्ट के अध्यवसाय से कॉलेज के भारतीय सहाध्यापकों ने अपनी-अपनी भाषाओं में पहले तो अनुवाद और फिर मौलिक गद्य-ग्रंथ प्रस्तुत किये। स्वयं केरी के द्वारा किया गया न्यू टेस्टमेंट का बंगानुवाद 1801 में, और ओल्ड टेस्टमेंट का

1802 में, प्रकाशित हुआ। उसके द्वारा रचित बंगला व्याकरण भी, जो हालहेड की पुस्तक से अच्छा था और जिसमें बंगला-संस्कृत का भी निर्देश था, 1801 में ही प्रकाशित हुआ। उसमें उदाहरण के रूप में ऐसे कथोपकथन किये गए थे जो बोलचाल की बंगला में लिखे गए थे। 1799-1802 में एक अन्य बंगला-कोश भी प्रकाशित हुआ। इसका लेखक था एक शासनाधिकारी, एच.पी. फोर्स्टर (H.P. Forster)। उसका कोश दो खंडों में था—अंग्रेजी-बंगला और बंगला-अंग्रेजी। अपनी कविता में फोर्स्टर ने लिखा है कि चूँकि बंगला विद्वान ने बंगला का व्याकरण तब तक तैयार नहीं किया था इसलिए वर्ण-योजना अव्यवस्थित थी। उसने हालहेड (Halhed) की इस पुस्तक का भी समर्थन किया। ब्रिटिश सरकार को फारसी के बदले बंगला को कचहरी की भाषा के रूप में स्वीकार करना उचित था। चूँकि बंगला का कोई दूसरा कोश नहीं था—बंगला में भी नहीं था—इसलिए इसी के सहारे उन अनुवादों और गद्य-पुस्तकों की भाषा की प्रतिमिति की जाती थी जिन्हें केरी के भारतीय सहाध्यापक तैयार करते थे। 1815-25 में स्वयं केरी ने एक बृहत् कोश तैयार किया जिसमें 80,000 शब्द थे।

केरी स्वयं भी बंगला गद्य लिखता था, जो सरल और बोलचाल की भाषा के निकट था। उससे प्रेरणा पाकर जो बंगाली विद्वान गद्य-रचना करते थे, उनके सामने संस्कृत और फारसी के अलंकृत गद्य का आदर्श रहता था और वे उसी का अनुकरण करते थे। राम बसु, जो बंगला गद्य के प्रथम लेखक माने जाते हैं, संस्कृत के अतिरिक्त अरबी और फारसी के भी ज्ञाता थे। उनकी प्रारम्भिक रचनाओं में फारसी के शब्दों की प्रचुरता पाई जाती है। इसी तरह की गद्य-रचना कुछ वर्ष पूर्व जोनाथन डंकन (Jonathan Duncan), एच.पी. फोर्स्टर (H.P. Forster) और एन.बी. एडमंस्टन (N.B. Edmonstone) ने कानूनी नियमों के अपने अनुवादों में प्रस्तुत की थी। मृत्युंजय, जो हेड पंडित थे, केरी से भिन्न और परिमाणित गद्य की परम्परा का प्रवर्तन किया किन्तु वह भी अत्यन्त संस्कृत-गर्भित थी। केरी का बंगला गद्य साहित्यिकता की दृष्टि से नहीं अपितु सरलता, निश्चयात्मकता और ऋजुता के गुणों के कारण उल्लेख्य है।

हिन्दी के अध्यापकों ने फारसी, अरबी और संस्कृत से ऐसे अनुवाद किये जिनकी भाषा दिल्ली-बरेली के बीच बोली जानेवाली खड़ी बोली नामक विभाषा थी। प्रारम्भिक पुस्तकों में, यदि मूल अरबी का फारसी में था, तो अरबी में फारसी शब्दों की प्रचुरता रहती थी और इस प्रकार की भाषा उर्दू के नाम से अभिहित होती थी। दूसरे प्रकार की भाषा में मूल संस्कृत के तत्सम शब्दों की बहुलता रहती थी और वह संस्कृत कही जाती थी।

ये सभी पुस्तकें सिरामपुर के मिशन प्रेस में मुद्रित हुई थीं। यहाँ से 1816 तक 33 भाषाओं की पुस्तकें प्रकाशित हो चुकी थीं। 1832 तक भी संख्या 40 तक पहुँच

गई थी। यहाँ से 1818 में 'दिग्दर्शन' नामक मासिक और 'समाचार दर्पण' नामक साप्ताहिक पत्र प्रकाशित हुए। इन्होंने ही बंगला पत्रकारिता का सूत्रपात किया। इनसे प्रभावित होकर शिक्षित बंगाली स्वयं ही इस प्रकार की पत्र-पत्रिकाओं के प्रकाशन में प्रवृत्त हुए।

1792 में केरी ने जिस बैप्टिस्ट मिशनरी सोसायटी की स्थापना की थी, उसकी ओर से स्वयं केरी तो भारत आया ही था, कालान्तर में चार और पादरी आए थे, जैसाकि ऊपर उल्लेख हो चुका है। इनमें से एक, जोशुआ मार्शमैन (Joshua Marshman) और फिर उसका पुत्र जे.एल. मार्शमैन (J.L. Marshman) पत्रकारिता में बहुत दिलचस्पी रखते थे। जोशुआ मार्शमैन ने केरी के बृहत् कोश का संक्षिप्त संस्करण प्रस्तुत किया और उसके पुत्र ने इतिहास और कानून की पुस्तकों के रचयिता के रूप में प्रसिद्धि पाई। उसने एक अंग्रेजी-बंगला-कोश भी बनाया था, जिससे केरी के बृहत् और संक्षिप्त कोशों के अभावों और त्रुटियों की पूर्ति हो जाती थी।

बंगला भाषा के अध्ययन की इस प्रगति की समानता मराठी भाषा के क्षेत्र में भी दीख पड़ती है। केरी ने 1805 में मराठी भाषा का एक व्याकरण प्रस्तुत किया। तदनन्तर उसने सेंट मैथ्यू के गास्पेल और दो उपदेशात्मक कथाओं के संग्रहों के मराठी अनुवाद भी प्रकाशित किये। इसके साथ ही स्कॉटिश मिशनरी सोसायटी के तत्त्वावधान में बाइबल का भी मराठी अनुवाद सम्पन्न हुआ। इन कार्यों के फलस्वरूप मराठी भाषा के अध्ययन की ओर विद्वान प्रवृत्त हुए। गवर्नर माउंट स्टुअर्ट एल्फिन्सटन ने 1820 में एक स्कूली पुस्तकों और स्कूल की समिति की स्थापना की।

सुदूर-दक्षिण भारत में कैथोलिक पादरियों ने 1677 में ही तमिल भाषा में पुस्तकें मुद्रित की थीं। अंग्रेजों ने द्रविड़ भाषाओं का अध्ययन बहुत बाद में प्रारम्भ किया।

1806 में इंग्लैंड में हर्टफोर्ड (Hartford) इंग्लिश कॉलेज खोला गया था। 1809 में वह हेलेबरी में नये भवन में स्थानान्तरित किया गया। 1858 के पहले तक, जब यह संस्था बन्द हो गई, यहाँ से विज्ञान, साहित्य, इतिहास, राजनीति और कानून के छात्र उच्च शिक्षा प्राप्त करते थे। इसके अतिरिक्त इस संस्था में प्राच्य अध्ययन के विभाग भी थे, जिनमें एशिया, अरेबिया, फारस के इतिहास तथा हिन्दुस्तानी, संस्कृत, बंगला, तेलगू और मराठी के शिक्षण की व्यवस्था थी। यहाँ के अध्यापक क्रमशः उन भाषाओं के विशेषज्ञ बन गए जिन्हें वे पढ़ाते थे और उन्होंने इनके वैज्ञानिक अध्ययन के क्षेत्र में उल्लेखनीय योग दिया। ईस्ट इंडिया कम्पनी ने भी दो सैनिक कॉलेज खोल रखे थे जिनमें सेना में नियुक्त होनेवाले पदाधिकारी शिक्षा पाते थे—एक तो इंग्लैंड के Addiscombe स्थान में, जो 1809 से 1862 तक बना रहा, और दूसरा अपेक्षाकृत कम दिनों के लिए कलकत्ता के पास Baraset में। इनमें भारतीय भाषाओं की, विशेषतः हिन्दुस्तानी की शिक्षा की

व्यवस्था थी। उन्नीसवीं शताब्दी के प्रारम्भ में केवल ये ही ऐसी संस्थाएँ थीं जिनमें भारत से सम्बद्ध विषयों की शिक्षा दी जाती थी।

यहाँ यह स्मरण रखना चाहिए कि अंग्रेज विद्वानों ने इस अवधि में जो कुछ किया, उसमें उन्हें भारतीय विद्वानों का भरपूर सहयोग मिला। उदाहरण के लिए जगन्नाथ पंचानन ने, जिनकी मृत्यु 1806 में हुई थी, सर विलियम जोन्स और जे.एच. हैरिंग्टन, जो फोर्ट विलियम कॉलेज में कानून के अध्यापक थे, को यथेष्ट सहायता दी थी।

इसी प्रकार गिलक्राइस्ट के तत्त्वावधान में इसी कॉलेज में लल्लू लाल ने 1803 में 'प्रेमसागर' की रचना की थी। और, मीर अम्मन ने फारसी से उर्दू में 'बागो-बहार' को अनूदित किया था। इन साहित्यिक कार्यों में ही नहीं, बल्कि मुद्रण के यंत्र-सम्बन्धी कार्यों में भी स्थानीय शिल्पियों ने विल्किन्स केरी और मार्शमैन को बहुत सहायता पहुँचाई थी जिसे इन्होंने साभार स्वीकार किया।

एशियाटिक सोसायटी अब बंगाल के प्रारम्भिक सदस्यों में विलियम चेम्बर्स नामक विद्वान भी थे जिनका उल्लेख तेलगू भाषा के ज्ञाता के रूप में किया गया है। किन्तु द्रविड़ कुल की भाषाओं के सर्वप्रथम उल्लेखनीय अंग्रेज विद्वान Francis Whyte Ellis थे जो 1796 में कम्पनी के कर्मचारी नियुक्त हुए थे और जिनकी मृत्यु 1819 में हुई थी। वे तमिल भाषा और साहित्य के निष्णात विद्वान थे। उनके बाद C.P. Brown (1798-1884) का उल्लेख उचित है। इन्होंने मद्रास सिविल सर्विस में 1817 में नियुक्ति पाई और फिर फारसी और तेलगू भाषा के सरकारी अनुवादक हुए। इन्होंने 1840 में एक व्याकरण प्रस्तुत किया। 1845-53 में तेलगू-अंग्रेजी और अंग्रेजी-तेलगू कोश बनाए। G.U. Pope ने 1820-1908 में इस प्रकार के कार्य तमिल के सम्बन्ध में किये। ये पादरी थे और इन्होंने 1842 में तमिल भाषा में ही तमिल व्याकरण की रचना की और 1894 में इसे अंग्रेजी अनुवाद के साथ पुनः प्रकाशित कराया। इन्होंने एकाधिक प्राचीन तमिल ग्रंथों का सम्पादन भी किया और ब्रिटिश म्यूजियम में संगृहीत तमिल पुस्तकों की सूची बनाने का काम भी शुरू किया था।

दक्षिण भारत की भाषाओं का नवीन दृष्टिकोण से अध्ययन का आरम्भ किया पादरी R. Caldwell (1814-19) ने जिसकी पुस्तक Comparative Grammer of South Indian Language में कन्नड़ और मलयालम तथा तमिल और तेलगू—इन सभी भाषाओं पर विचार किया गया है। लेकिन, यहाँ पर यह स्मरण रखना चाहिए कि बहुत सारा प्रारम्भिक कार्य और अन्य देशों के ईसाई पादरियों द्वारा सोलहवीं, सत्रहवीं और अठारहवीं शताब्दियों में ही सम्पन्न हो चुका था।

Carey ने भारत की उत्तरी भाषाओं के तुलनात्मक अध्ययन की एक योजना बनाई थी और इस विषय पर एक प्रबन्ध तैयार किया था, किन्तु वह 1812 में

सिरामपुर प्रेस में आग लग जाने के कारण नष्ट हो गया और फिर आगे नहीं लिखा गया। इसके पहले और बाद में Journal of the Asiatic Society of Bengal में भारत की अनेक आधुनिक उत्तरी और पश्चिमी भाषाओं के विषय में निबन्ध प्रकाशित हुए थे।

James Prinsep ने इस तथ्य का सर्वप्रथम निर्देश किया था कि इनका आविर्भाव पालि भाषा से भी पहले की पुरानी प्राकृत भाषाओं में हुआ था।

आधुनिक भारतीय भाषाओं से सम्बन्ध रखनेवाली संक्षिप्त टिप्पणियों के अतिरिक्त बारहवीं और बाद की शताब्दियों में रचित पुस्तकों के विवरण भी इस पत्र में प्रकाशित होते थे। उदाहरण के लिए 'पृथ्वीराज रासो' का उल्लेख किया जा सकता है।

A.F.R. Hoernle (1841–1918) ने जो 'कलकत्ता मदरसा' (Calcutta Madrasa) के अध्यक्ष नियुक्त हुए थे और जो Asiatic Society of Bengal के भाषाविज्ञान–विभाग के मंत्री और बाद में अध्यक्ष भी हुए, उत्तरी भारत की भाषाओं पर अनेक निबन्ध लिखे थे। वे Comparative Grammar of the North Indian Vernaculars (1878) के नाम से संगृहीत और प्रकाशित हुए। प्रायः इसी समय John Beames (1836–1902) का Comparative Grammar of the Aryan Languages (1872–1879) भी प्रकाशित हुआ था। ये दोनों ग्रंथ एक दूसरे के पूरक सिद्ध हुए।

किन्तु इस क्षेत्र में सबसे महत्त्वपूर्ण उपलब्धि है Sir G.A. Grierson (1851–1941) की जो भारत में 1873 में और जिन्होंने चार वर्षों के बाद भारतीय भाषाओं पर लिखना शुरू किया। और फिर, बाद में प्रायः आठ वर्षों तक इस दिशा में निरन्तर अत्यन्त महत्त्वपूर्ण कार्य किया। उन्होंने अधिकतर बिहार में ही Indian Civil Service की नौकरी की। उनकी विद्वत्ता का प्रमाण हमें सबसे पहले Seven Grammar of the Bihari Dialects (1883–87) में मिलता है। Bihar Peasant Life (1885) नामक पुस्तक में इन्होंने कृषकों, व्यापारियों और शिल्पियों तथा सामान्यरूप से साधारण जनता के जीवन से सम्बद्ध 12,000 शब्दों का विवरणात्मक कोश प्रस्तुत किया। 1989 में इनकी The Modern Vernacular Literature of Hindustan पुस्तक प्रकाशित हुई। इसमें राजपुताना से लेकर बंगाल की पश्चिमी सीमा तक बोली जानेवाली हिन्दी तथा उसकी विभाषाओं के, प्रायः 1150 ई. के बाद के 952 लेखकों तथा उनकी कृतियों का विवरण है। 1898 में भारत सरकार ने ग्रियर्सन को भारत के व्यापक Linguistic Survey का कार्य सम्पादित करने के लिए नियुक्त किया। इस कार्य के बारे में ठीक ही कहा गया है कि यह, : 'the biggest thing of the kind that had ever been attempted in any part of the world', पहले तो भारत तथा देशी राज्यों के जिलाधीशों के द्वारा प्रत्येक अंचल में बोली जानेवाली विभाषाओं की सूची मँगाई गई, फिर इसी अध्ययन से प्रत्येक

विभाग के विश्वसनीय और सुपरीक्षित उदाहरण भी प्राप्त किये गए। प्रत्येक उदाहरण का निरीक्षण स्वयं ग्रियर्सन करते थे और जहाँ कहीं भी शंका होती थी, वहाँ आवश्यक पूछताछ की जाती थी।

इस सामग्री की प्रारम्भिक समीक्षा के आधार पर ग्रियर्सन ने 1901 की जन-गणना की रिपोर्ट के लिए ऐसा एक विस्तृत परिच्छेद तैयार किया, जैसा पहले की किसी रिपोर्ट में नहीं दिया गया था। इसमें विस्तार के अतिरिक्त सुव्यवस्थित वर्गीकरण भी था जिसकी तुलना पहले के अस्पष्ट और असन्तोषजनक विवरणों से नहीं की जा सकती।

लिंग्विस्टिक सर्वे के कार्य के आरम्भ के तीन वर्षों के बाद इस महत्त्वपूर्ण ग्रंथ का अन्तिम खंड प्रकाशित हुआ। सम्पूर्ण ग्रंथ बीस खंडों में है, जिनमें कुल मिलाकर प्राय: 8,000 पृष्ठ हैं। प्रारम्भ के कुछ खंडों का संकलन नार्वे निवासी Dr. Sten Konow ने किया था, किन्तु शेष खंडों का श्रेय अकेले ग्रियर्सन को है। इस 'सर्वे' में चार भाषा के परिवारों का उल्लेख है—The Austro-Asiatic, The Sino Tibetan, The Dravidian और The Aryan। इनके अन्तर्गत 179 भाषाएँ हैं और 544 विभाषाएँ। ग्रियर्सन को इस कठिन कार्य को सम्पन्न करने के लिए Order of Merit प्रदान कर ब्रिटिश सरकार ने सम्मानित किया तथा अनेक देशों के विश्वविद्यालयों और संस्थाओं ने भी उनका असामयिक सम्मान किया।

['साहित्य' : 1953]

उन्नीसवीं शताब्दी में हिन्दी पुस्तकों की समीक्षा : अंग्रेजी में

सन् 1933 ई. में, खड्गविलास प्रेस, बाँकीपुर द्वारा प्रकाशित तथा श्री नरेन्द्रनारायण सिंह एवं पं. रामकृष्ण पांडेय द्वारा सम्पादित एक पाठ्य-पुस्तक 'भाषासार' की एक प्रति मुझे पटना विश्वविद्यालय के स्नातकोत्तर छात्र श्री कामेश्वर चौधरी से अवलोकनार्थ प्राप्त हुई है। यह पाठ्य-पुस्तक मूल रूप में, 1885 ई. में या कुछ पहले प्रकाशित हो चुकी थी। प्राय: 260 पृष्ठों की इस पाठ्य-पुस्तक का मूल्य छह आने है। पुस्तक में गद्य और पद्य की कुछ ऐसी भी रचनाएँ हैं, जो आज सहज प्राप्य नहीं हैं। ऐसी प्राचीन पाठ्य-पुस्तकों का भी सावधानी से संग्रह और अध्ययन होना चाहिए। यह दुर्भाग्य का विषय है कि सरकार के पदाधिकारी ऐसी पुस्तकों का महत्त्व नहीं समझते। कुछ ही दिनों पहले की बात है कि एक शोध-संस्थान के संचालक महोदय ने जब ऐसी पाठ्य-पुस्तकें, मुद्रित मूल्य से कुछ ही अधिक देकर संग्रहार्थ खरीदी थीं, तो उच्चतर अधिकारियों ने इसे न केवल अनावश्यक, बल्कि आपत्तिजनक भी कहा था!

सम्प्रति 'भाषासार' में प्राप्य एक दूसरे प्रकार की बहुमूल्य सामग्री को यहाँ प्रस्तुत किया जा रहा है। पुस्तक के उपर्युक्त संस्करण के प्रारम्भ में पुस्तक के सम्बन्ध में ग्रियर्सन साहब की अंग्रेजी में लिखित सम्मति तथा लंदन से प्रकाशित होनेवाले दो पत्रों की समीक्षाएँ उद्धृत हैं। पत्रों में प्रकाशित समीक्षाओं का अनुवाद, जो आगे दिया जा रहा है, इस दृष्टि से अत्यधिक महत्त्वपूर्ण है कि इनमें सामान्यत: हिन्दी भाषा और साहित्य और विशेषत: हिन्दी की एक पुस्तक के विषय में विदेशियों के दृष्टिकोण से हम परिचित होते हैं।

'द होमवर्ड मेल', लंदन, 6 जुलाई, 1885 ने बाबू साहबप्रसाद सिंह द्वारा संगृहीत और पटना के खड्गविलास प्रेस द्वारा प्रकाशित 'भाषासार' की समीक्षा प्रस्तुत शीर्षक के अन्तर्गत इस प्रकार की है :

हाल की हिन्दी पुस्तक : 'भाषासार', खंड 1;
हिन्दी की एक पाठ्य-पुस्तक। हिन्दी की श्रेष्ठ कृतियों से
साहिबप्रसाद सिंह द्वारा संकलित।

भारत में साहित्यिक गतिविधि की माँग पूरब से पश्चिम की तरफ पर्याप्त वेग से पहुँचती मालूम पड़ रही है। अंग्रेजों के प्रभाव से भारतीय पांडित्य सर्वप्रथम बंगाल में ही पुनर्जीवित हुआ था, और वहीं पाश्चात्य वैदुष्य ने भी सबसे पहले अपनी जड़ें जमाईं। यह आश्चर्य का विषय है कि यद्यपि अंग्रेजी भाषा और साहित्य को सभी प्रकार से प्रोत्साहित किया गया, फिर भी बंगला भाषा ने पश्चिम के अपने प्रतिद्वंद्वी से होड़ लेने में देर न की, और पिछले चालीस वर्षों में एक महत्त्वपूर्ण साहित्य का विकास सम्भव हुआ है। बौद्धिक प्रकाश की तरंगें अब पश्चिम की ओर बढ़ रही हैं, और हम पाते हैं कि पड़ोसी प्रान्त बिहार के मुद्रणालय प्रतिवर्ष अधिकाधिक सक्रिय होते जा रहे हैं और साहित्यिक कृतियों के प्रकाशन से अपने गौरव की वृद्धि कर रहे हैं। प्रगति के अग्रदूतों में शीर्षस्थानीय है बाँकीपुर का खड्गविलास प्रेस, जो आश्चर्यजनक त्वरा के साथ हिन्दी की पुस्तकें प्रस्तुत कर रहा है, और उन्नति के उच्च स्तर तक पहुँच रहा है।

सन् 1884 ई. के अन्त में 'भाषासार' प्रस्तुत हुआ था। यह दो भागों में प्रकाशित एक ऐसी पुस्तक है, जिसमें हिन्दी के श्रेष्ठ लेखकों की रचनाओं के अंश संकलित हैं। प्रथम भाग में लल्लूलाल, राजा शिवप्रसाद, बाबू हरिश्चन्द्र, श्री गिरधर दास, श्री छोटूराम तिवारी और बाबू गदाधर की कृतियों से उदाहरण संकलित हैं। उत्तर भारत की महत्तर भाषा के लेखकों के रूप में ये सभी प्रसिद्धि प्राप्त कर चुके हैं। वस्तुतः इस अच्छी पुस्तक में, यह सन्तोष की बात है, गद्य का बहुत बड़ा अंश है, और इससे प्रमाणित होता है कि अब भारतवासी बुद्धिमत्ता का परिचय देते हुए, स्त्रैण कविता के बदले पौरुषपूर्ण गद्य पर अधिक ध्यान दे रहे हैं। कुछ ही वर्षों में हिन्दी रुग्ण काव्य के शैशव से निकलकर अनुवाद की युवावस्था से गुजरती हुई, मौलिक सृजन के पौरुष को प्राप्त कर सकेगी।'

[2]

'द ओवरलैंड मेल', लंदन, 9 फरवरी, 1885, ने बाबू साहबप्रसाद सिंह द्वारा संगृहीत और पटना के खड्गविलास प्रेस से प्रकाशित 'भाषासार' की समीक्षा, प्रस्तुत शीर्षक के अन्तर्गत इस प्रकार की है :

'हमारा पुस्तक-परिचय

हिन्दी भाषा : 'भाषासार', खंड 1; हिन्दी की एक पाठ्य-पुस्तक।

हिन्दी की श्रेष्ठ कृतियों से साहिबप्रसाद सिंह द्वारा संकलित।

हमें हाल में ही 'भाषासार' की एक प्रति मिली है, जिसके बारे में यह परिचय दिया गया है कि वह 'हिन्दी की श्रेष्ठ कृतियों से संकलित है।' स्वदेश-प्रेमी भारतीयों के लिए यह वस्तुतः श्लाघ्य प्रयास है कि वे अपने देश की महान भाषा के ऐसे विविध उदाहरण प्रस्तुत कर रहे हैं, जिनसे यह प्रमाणित हो कि इस भाषा

को वह मान्यता मिलनी चाहिए, जिसके लिए माँग की जा रही है। आज जब सामाजिक और राजनीतिक स्वतंत्रता का उद्घोष किया जाता है, तब यह अवश्य ही आश्चर्य का विषय है कि अंग्रेजी शासन के अधीन रहनेवाले छह-सात करोड़ मनुष्यों को अब भी इसके लिए निष्फल प्रार्थना करनी पड़ती हो कि उन्हें सार्वजनिक कार्यों, सरकारी सूचनाओं और न्यायालयों की कार्रवाइयों के सम्पादन के लिए अपनी मातृभाषा के व्यवहार की अनुमति दी जाए।

संग्रहकर्ता ने प्रारम्भ में 'प्रेमसागर' के एक अंश का संकलन किया है, जिससे लल्लूलाल का विचित्र छन्दोयुक्त गद्य उदाहृत होता है। इसके बाद आता है बाबू हरिश्चंद्र का, उनकी श्रेष्ठ शैली में लिखा गया, कश्मीर और महाराष्ट्र का ऐतिहासिक विवरण। ये दोनों निबन्ध हिन्दी गद्य की अच्छी व्यावहारिक शैली में लिखे गए हैं। तुलसीदास के प्रसिद्ध काव्य से संकलन, और पिछली शताब्दी के एक कवि वैताल के कुछ छन्दों के बाद आते हैं किसान-कवि कबीर की कृति के उदाहरण। बाबू हरिश्चंद्र के आनन्ददायक छन्दों के कुछ पृष्ठों के बाद आते हैं उन्हीं के 'नीलदेवी' शीर्षक नाटक के दो दृश्य। इसके बाद आती है एक लम्बी कहानी, जो तथाकथित ठेठ हिन्दी में है, और जो लोग हिन्दी के बारे में हलके ढंग से बात करते हैं, वे परिष्कृत भाषा के इस उदाहरण को पढ़कर चकित हो जाएँगे। छोटूराम तिवारी के, चलती शैली में लिखे गए, एक गद्य-काव्य के बाद हिन्दी के 'साहित्यिक' रूप के कुछ पृष्ठ आते हैं—पूर्णप्रकाश चन्द्रप्रभा, और तब हमें पढ़ने को मिलता है एक निबन्ध, जिसमें इस भाषा की विभिन्न बोलियों का विवरण, प्रत्येक के उदाहरण के साथ, दिया गया है। इसे बाबू हरिश्चंद्र ने लिखा है, और यह उनकी गौरव-वृद्धि करता है, और विशेष रूप से ध्यातव्य है। विभिन्न स्थानों में हिन्दी के लिखने की जो बारह पद्धतियाँ प्रचलित हैं, वे ध्यान देने योग्य हैं। इसके बाद आते हैं ऐसे अंग्रेजों की हिन्दी के उदाहरण, जो इस भाषा के आदर्श लेखक माने जाते हैं। इस आदर के लिए जो सज्जन चुने गए हैं, वे हैं श्री जॉन क्रिश्चियन (चार पृष्ठ), ऑक्सफोर्ड के प्रोफेसर निकाल (सात पृष्ठ) और फ्रेडरिक पिंकाट (बीस पृष्ठ)। श्री ग्रियर्सन की महत्त्वपूर्ण कृतियों से संकलित अंशों के साथ, जिनमें हिन्दी की पूर्वीय बोलियों के दृष्टान्त लिये गए हैं, वस्तुतः इस अच्छी पुस्तक की समाप्ति होती है।

यह देखकर प्रसन्नता होती है कि भारत के निवासी अपनी भाषा के महत्त्व तथा उसके विकास की उचित पद्धति के सम्बन्ध में इस तरह की सूझबूझ का परिचय दे रहे हैं। बोलियों के सावधान अध्ययन से ही भाषा का वह व्यापक रूप विकसित हो सकेगा, जिसे अधिकाधिक लोगों की स्वीकृति प्राप्त होगी, और इसी से हिन्दी को वह उच्च स्थान भी मिलेगा, जो उसकी समृद्धि और लचीलेपन के सर्वथा अनुरूप ही है।'

मुक्त छन्द और निराला

आज जब वाजपेयी जी कहते हैं कि निराला आधुनिक हिन्दी कविता का प्रतिनिधित्व नहीं करते तो वे कई तात्त्विक बातों की उपेक्षा करते हुए एक सच बात ही कहते हैं। निराला ने आज क्या, कभी हिन्दी कविता का प्रतिनिधित्व नहीं किया, जब किया, नेतृत्व ही किया। और भी, किसी देश, साहित्य में जो वस्तुत: महाकवि कहे जाने के अधिकारी होते हैं, वे अपने युग के साहित्य का नेतृत्व ही करते हैं, प्रतिनिधित्व नहीं। नेता और प्रतिनिधि राजनीति में परिचित-प्रचलित शब्द हैं; उनके आपेक्षिक महत्त्व को आप इस दृष्टि से देखें, हमारा आशय सर्वथा स्पष्ट हो जाएगा।

हम अपनी बात को दुहराते हुए यह कहना चाहते हैं कि निराला ने अपने साहित्यिक जीवन के प्रारम्भ से ही हिन्दी कविता का नेतृत्व किया है। उन्होंने हिन्दी कविता की आकृति और प्रकृति, दोनों में ही ऐसे महान परिवर्तन किये हैं, जो आधुनिक हिन्दी कविता के लिए भी सामान्य गुण नहीं हो सकते हैं।

हमें यहाँ उनकी एक नवीनता से ही मतलब है। विश्व-साहित्य में मुक्त छन्द के सम्बन्ध में यदा-कदा कुछ महत्त्वपूर्ण प्रयोग हुए हैं और न्याय का तकाजा है कि इन प्रयोगों की चर्चा के समय हिन्दी की एतद्विषयक देन का सम्मानपूर्वक उल्लेख और विवेचन किया जाए, हालाँकि ऐसा होता नहीं है। यहाँ यह कहना व्यर्थ है कि हिन्दी कविता के इस महत्त्व का सारा श्रेय निराला को ही है।

यहाँ हम विदेशी साहित्यों के मुक्त छन्द सम्बन्धी प्रयोग का संक्षिप्त विवेचन कर यह दिखाना चाहेंगे कि उनकी तुलना में निराला के प्रयोगों का क्या महत्त्व है।

पाश्चात्य साहित्य के रूमानी युग में परम्परागत तथा रूढ़िग्रस्त आदर्शों और विचारों के साथ-ही-साथ काव्य के छन्दोविधान की निष्प्राण यांत्रिकता का भी विरोध हुआ। सभी भाषाओं और विशेषत: अंग्रेजी और इटालियन में, छन्दों को अधिकाधिक लचीला बनाने का प्रयास किया जाने लगा और काव्य का अन्तरंग ही नहीं, बहिरंग भी एक हद तक अशास्त्रीय एवं स्वाधीन-सा हो उठा। पर हमें यह भी स्मरण रखना चाहिए कि इस युग में पद्य का महत्त्व कम हो गया हो, ऐसी बात नहीं; छन्दों का रूप-विपर्यय अवश्य हुआ, इस क्षेत्र में अभिनव प्रयोग जरूर किये गए, किन्तु कविता छन्छोमुक्त फिर भी न हो सकी। हाँ, अठारहवीं शताब्दी के प्रारम्भ में नोवालिस तथा

मैकफर्सन ने ऐसे लय-युक्त गद्य की रचना भी की, जिसमें हमें भावी मुक्त पद्य का अयत्नज पूर्वाभास मिलता है, यद्यपि हम इसे उसका अग्रदूत नहीं कह सकते।

एक अरसे तक ऐसे प्रयोगों का भी अभाव ही रहा। फिर एलोयसियस बर्ट्रेंड की कुछ गद्य-कविताएँ प्रकाशित हुईं, गरचे उनकी ओर बहुत कम लोगों का ध्यान आकृष्ट हुआ। बर्ट्रेंड की काव्य-रचना के महत्त्व को प्रसिद्ध फ्रांसीसी कवि बादलेयर ने समझा और उसने इससे प्रेरणा पाकर सफल गद्य-कविताएँ लिखीं।

स्वच्छन्दतावाद या रूमानी आन्दोलन के बाद, फ्रेंच काव्य में जितने भी सम्प्रदायों का आविर्भाव हुआ, उनमें छन्दों की आवश्यकता पर ही जोर दिया गया। फ्रेंच काव्य के उत्तर-स्वच्छन्दतावादी युग में अनेक काव्य-सम्प्रदाय पनपे : कला कला के लिए, 'पार्नासे', प्रतीकवाद इत्यादि। इनके प्रयास से फ्रेंच कविता का छन्दोविधान तो अवश्य ही व्यापक बना, किन्तु इसके साथ ही यह भी उल्लेखनीय है कि इन्होंने बहुत सारी रूमानी स्वच्छन्दताओं का भी परित्याग-सा कर दिया। इस प्रवृत्ति के परिणामस्वरूप फ्रेंच कविता समृद्ध तो अवश्य हुई, किन्तु अनावश्यक रूप से निगड़ित भी हो गई।

कुछ लोगों का कहना है कि मुक्त-काव्य के सर्वप्रथम प्रणयन का श्रेय 'डेलारोक्का द बर्गालो' तथा 'मेरी क्राइसिस्का' को मिलना चाहिए, जिन्होंने उन्नीसवीं शताब्दी के उत्तरार्द्ध में, विदेशीय होते हुए भी फ्रेंच भाषा में काव्य-रचना की थी।

सच बात तो यह है कि नोवालिस हों या फेकफर्सन, बर्ट्रेंड हों या बादलेयर, हम इनमें से किसी के प्रयोगों को वस्तुतः मुक्त काव्य नहीं कह सकते। उनकी रचनाएँ गद्य कविता की श्रेणी के अन्तर्गत ही आ सकती हैं। फिर भी यह मानना पड़ेगा कि उनके प्रयोगों ने मुक्त काव्य-सम्बन्धी भावी प्रयत्नों को प्रभावित और प्रेरित अवश्य किया।

मुक्त-काव्य के इतिहास का प्रारम्भ फ्रांस में, Gustave Kahn के नाम से सम्बद्ध है। जिस प्रतीकवादी पत्र 'ला बोग' का सम्पादन वे करते थे, उससे सन् 1886 ई. में, पहले-पहले कुछ ऐसी रचनाएँ छपीं, जिन्हें मुक्त काव्य कहा जा सकता है। इन कविताओं के रचयिता थे Rimbaud, जिन्होंने कोई दस साल पहले ही इनका प्रणयन किया था, पर जो अब तक प्रकाश में न आ सकी थीं। Rimbaud की कविताओं के शीर्षक प्रतीकवाद के अनुरूप ही हैं : Marine and Movement इत्यादि; उनका विषय-प्रतिपादन भी सम्प्रदाय-विशेष से प्रभावित है; किन्तु उनका रूप एक ऐसी दिशा की ओर संकेत करता है, जिसकी ओर अग्रसर होने का साहस बहुत कम कवियों ने दिखाया है।

Kahn में भी विशिष्ट निर्मातृ-प्रतिभा थी। उनकी लिखी हुई कतिपय मुक्त कविताएँ भी 'ला बोग' में प्रकाशित हुईं। फिर Laforgue ने इसी पत्र में अपनी मौलिक मुक्त कविताएँ प्रकाशित कराईं। उन्होंने वाल्ट ह्विटमैन के Leaves of Grass

की कुछ कविताओं का अनुवाद भी किया। इसके बाद Kahn तथा Laforgue के मुक्त काव्य पुस्तकाकार भी प्रकाशित हुए।

प्राय: इसी समय Viele-grittin की मुक्त कविताओं का संग्रह Joies भी प्रकाशित हुआ। इस संग्रह की भूमिका में Grittin ने यह घोषणा की थी—Le vers est libre।

इस दरमियान, जैसी आशंका की जा सकती है, मुक्त काव्य के प्रचलन का पर्याप्त विरोध भी होता रहा था। पर अब मुक्त काव्य के रचयिताओं ने फ्रेंच साहित्य में अपना स्थान बना लिया था। Verhareen तथा De Reqnior जैसे कवियों ने तो काव्य के इस अभिनव रूप को अपनाया ही, Mallarme ने भी, अपने अब तक के विरोध को छोड़कर Un Coup de ge's के प्रणयन द्वारा इस आन्दोलन की सफलता को असंदिग्ध बना दिया।

पौर्वापर्य की दृष्टि से शायद उचित यह होता कि सबसे पहले हम वाल्ट ह्विटमैन का ही उल्लेख करते; क्योंकि उनके Leaves of Grass का प्रथम संस्करण सन् 1885 ई. में ही प्रकाशित हो चुका था, यद्यपि दूसरे संस्करणों में संगृहीत कविताओं का परिमार्जन होता रहा। इस अमेरिकन कवि का व्यक्तित्व निराला था, और इसमें कोई सन्देह नहीं कि मुक्त काव्य के क्षेत्र में उसने ज्ञात अथवा अज्ञात रूप से समस्त यूरोपीय साहित्य को प्रभावित किया था। बाइबल के कवित्वपूर्ण गद्य, शेक्सपियर के ब्लैक वर्स तथा होमर के अनुवाद—इन भिन्न तत्त्वों से प्रेरित होकर ह्विटमैन ने जिस काव्य-शैली को जन्म दिया था, वह एक नवीन राष्ट्र के आविर्भाव की ओजस्वी अभिव्यक्ति थी। ह्विटमैन के पद्य-कौशल की विशेषताओं के सम्बन्ध में चाहते हुए भी, हम यहाँ और अधिक नहीं लिखेंगे।

जर्मनी में मुक्त काव्य का प्रचलन काफी बाद में हुआ। यद्यपि नोवालिस की रचनाओं में तथा नीत्शे के जरथ्रुस्ट के लय-युक्त गद्य में काव्य के इस अभिनव रूप के बीज बहुत पहले ही मिल जाते हैं, फिर भी रिल्के तथा जॉर्ज जैसे प्रतीकवादी और प्रयोगशील कवि भी परम्परागत छन्दोविधान की चहारदीवारी से बाहर न जा सके। एक अरसे के बाद Verhareen के प्रभाव से जर्मन भाषा में भी मुक्त काव्य की रचना होने लगी और वह जर्मन अभिव्यंजनावाद का माध्यम बना।

इटली में इस शताब्दी के प्रारम्भिक वर्षों में दा अनाजियो (D'annunzio) ने पहले-पहल मुक्त काव्य की रचना की है। गतिवाद (Futurism) के प्रवर्तक marinetti ने भी प्राय: इसी समय कविता के इस रूप का अपने ढंग से विकास किया और उसे स्वच्छन्द-शब्दता (Paroliberismo) की संज्ञा दी।

रूस में भी मुक्त काव्य का प्रचलन विलम्ब से ही हुआ। गतिवादी रुलेबिनकोव तथा मायकोव्स्की ने इस रूप को अपनी आध्यात्मिक बौद्धिक काव्य रचनाओं के लिए बहुत सफलता के साथ व्यवहृत किया और सामूहिक चेतना के अभिव्यंजन के लिए एक नवीन काव्य-शैली की उद्भावना की।

पाश्चात्य साहित्य में मुक्त काव्य के उद्भव और विकास के इतिहास की जो रूपरेखा ऊपर की पंक्तियों में प्रस्तुत की गई है, वह अनिवार्यत: संक्षिप्त है। हम उसकी विशेषताओं की संक्षिप्ततर विवेचना ही यहाँ दे सकेंगे।

मुक्त काव्य को जहाँ असाधारण व्यक्तित्वों से भी प्रेरणा मिली है, वहीं सामान्यत: हम देखते हैं कि उसे विद्रोहात्मक साहित्यिक प्रवृत्तियों और सम्प्रदायों ने ही अभिव्यक्ति के माध्यम के रूप में अपनाया है। जनतावाद (Polymlisme), समूहवाद (Unanimism), आवर्तवाद (Vorticism), अतिस्वच्छन्दता (Dadaism), गतिवाद (Futurism) तथा अतियथार्थवाद (Surrealism) से सम्बद्ध कवियों ने मुक्त काव्य को बड़ी आतुरता के साथ अपनाया। इन वादों में एक तरफ तो नियम-राहित्य तथा स्वच्छन्दता की प्रवृत्ति काम करती हुई पाई जाती है और दूसरी ओर सामाजिक तथा सामूहिक शक्तियों की अभिव्यक्ति। इन तत्त्वों का प्रभाव इन वादों के द्वारा स्वीकृत तथा व्यवहृत मुक्त काव्य में भी परिलक्षित होता है। यह भी उल्लेखनीय है कि इधर मुक्त काव्य का एक सर्वथा नवीन दिशा में विकास हो रहा है, जो उसकी सम्भावनाओं का स्पष्ट द्योतक है। इधर के पाश्चात्य साहित्य के मुक्त काव्य में एक अभिनव प्रगीतात्मक विशुद्धता का आश्चर्यजनक समन्वय हो रहा है। अत्याधुनिक युग के मुक्त काव्य में हम पुराने ढंग की बेरीढ़, बेडौल लम्बी पंक्तियों के बदले मुक्त पर छोटी तथा सन्तुलित पंक्तियाँ ही पा रहे हैं, जिनसे वृत्ति-मुक्ति के अतिरिक्त शब्दों की प्रच्छन्न शक्तियों का उद्घाटन हो पा रहा है।

हिन्दी साहित्य में नवीनता तथा परिवर्तन के विरुद्ध जो आन्दोलन होते हैं, उनमें कोई वैसी विलक्षणता नहीं। पाश्चात्य साहित्य में उपर्युक्त कवियों की रचनाओं के बावजूद मुक्त काव्य बहुत दिनों तक साहित्यिक मताधिकार से वंचित ही बना रहा। उल्लिखित कवियों के अतिरिक्त भी अनेकानेक उच्च कोटि के कविगण, जिनमें हम थोरियो, मारग्रेट फुलर, एमिली डिकिन्सन, स्टेफेन क्रेन आदि का नाम ले सकते हैं, मुक्त काव्य की सफलतापूर्वक रचना करते रहे, पर उन्हें श्मश्रु-जटिल आचार्यों से स्वीकृति नहीं ही मिली।

आधुनिक हिन्दी साहित्य के विद्यार्थी के लिए यह ध्यान देने की बात है कि पाश्चात्य देशों में भी मुक्त काव्य सन् 1912 ई. में पांक्तेय बन पाया, जब चित्रवाद (imagism) के प्रवर्तक-द्वय एज़रा पाउंड तथा एभी लोवेल ने, अपने अनुयायियों के साथ, इस माध्यम को अपनाया तथा इसका संगठित प्रसार और प्रचार किया। उसके बाद तो शायद ही ऐसा कोई उल्लेखनीय कवि बचा हो, जिसने न्यूनाधिक मात्रा में इसका उपयोग नहीं किया हो, गोकि सन् 1940 ई. के बाद से कुछ कवि फिर पीछे की ओर लौट चलना चाहते हुए भी दीख पड़ रहे हैं, और नियमित वृत्तों का, व्यक्तिगत प्रयोगों के साथ, अधिकाधिक व्यवहार करते पाए जा रहे हैं।

जो भी हो, भिन्न-भिन्न देशों के समानान्तर साहित्यिक विकास की दृष्टि से यह बात महत्त्वपूर्ण है कि आधुनिक युग में जब इंग्लैंड और अमेरिका में मुक्त काव्य प्रवर्तित और प्रतिष्ठित हुआ तो उसके कुछ ही बाद हिन्दी में निराला का आविर्भाव हुआ।

हम एक बात यहीं स्पष्ट कर दें। निराला की छन्द-सम्बन्धी विशेषता, उनकी दूसरी विशेषताओं की तरह ही, सर्वथा नवीन और आश्चर्यजनक रूप से आधुनिक युग के अनुकूल होने पर भी, पाश्चात्य साहित्य की देन नहीं है। हमने पाश्चात्य साहित्य के मुक्त काव्य का इतिहास इसलिए नहीं प्रस्तुत किया है कि उसने निराला के मुक्त काव्य को किसी प्रकार से भी प्रभावित किया, प्रत्युत यह दिखाने के लिए कि किस प्रकार आधुनिक युग में हमारे यहाँ इसका स्वतंत्र रूप से, पर समानान्तर विकास हुआ।

निराला पाश्चात्य साहित्य से अपरिचित नहीं। लेकिन यह आज की बात है। जिन दिनों वे मुक्त काव्य की रचना कर रहे थे, उस समय निराला ही क्यों, भारत के नामी-गिरामी अंग्रेजी के अध्यापक भी समकालीन साहित्यिक प्रवृत्तियों तथा व्यक्तित्वों से अपरिचित ही रहते थे। ऐसी हालत में यह सचमुच ही बड़े आश्चर्य का विषय माना जा सकता है कि अपने यहाँ मुक्त काव्य की क्षीणातिक्षीण परम्परा के न रहते हुए भी, तथा पाश्चात्य साहित्य की समकालीन प्रवृत्तियों से अपरिचित होने पर भी, निराला ने मुक्त छन्द का प्रारम्भ ही नहीं किया, स्वयं ही उसे विकसित पूर्णता भी प्रदान कर दी। लेकिन जिसने निराला की असाधारण शक्तियों को समझने की कोशिश की है, उसे इस पर विस्मित होने का कोई कारण नहीं।

निराला ने पाश्चात्य प्रेरणा की बैसाखी के बिना ही रूढ़ि-जर्जर हिन्दी कविता की आत्मा तथा शरीर का जो परिष्कार किया, वह असाधारण अवश्य है, पर उनके जैसे व्यक्तित्व के लिए कठिन कदापि नहीं।

निराला ने भारतीय राजनीति में साम्यवाद तथा हिन्दी साहित्य में प्रगतिवाद के आविर्भाव के काफी पहले हमारी कविता के दृष्टिकोण का ऐसा विस्तार किया था, जो आज भी शायद ही नापा जा सका हो। इसी तरह उन्होंने हिन्दी पद्य-कौशल को भी ऐसी पूर्णता दी, जो पाश्चात्य साहित्य में शताब्दियों के प्रयास और प्रयोग के बाद सम्भव हो सकी थी।

निराला के बहुत पहले ही खड़ी बोली के छन्दों के स्पष्ट-संघटन का प्रयत्न हो रहा था। किन्तु जो हो सका था, वह बहुत मन्थर गति से, बहुत कम मात्रा में। मुक्त छन्द में रचना कर निराला ने स्वल्प-परिसर हिन्दी कविता को अपनी कृत्रिम सीमाओं से मुक्त किया।

['साहित्य' : 1954]

आलोचक निराला

रीतिकाल में कवि, कवि होने के साथ ही आचार्य का दायित्व स्वीकार करना भी आवश्यक पाते थे। इसकी परम्परा संस्कृत में पाई जाती है : कविराज जगन्नाथ में इसकी पराकाष्ठा देखने को मिलती है। कवि का आचार्य भी बनना उसकी महत्त्वाकांक्षा का परिचायक हो सकता है। 'रसगंगाधर' में जगन्नाथ ऐसा स्पष्ट कहते भी हैं। लेकिन इसकी अनिवार्य आवश्यकता भी हो सकती है, इससे भी इनकार नहीं किया जा सकता।

श्रोता या पाठक सामान्य रूप से क्वचित्-कदाचित् उतने सुशिक्षित नहीं होते हों कि उनकी रसज्ञता के सम्बन्ध में कवि पूर्णतः आश्वस्त रह सके। बौद्धिक ह्रास के युग में तो ऐसे श्रोता या पाठक कम होते ही जाते हैं, और तब, जैसा रीति-कवियों को करना पड़ा, कवि का ही यह कर्तव्य हो जाता है कि वह अपने प्रतिपालक या श्रोता या पाठक को साहित्यशास्त्र में प्रशिक्षित भी करता चले, अन्यथा क्षति तो उसी की होगी।

छायावाद-युग में कवि आलोचक बनने को भी बाध्य होता है। ऐसे कवियों में निराला बहुधा आचार्य का स्वर भी अपनाते हैं। दूसरे शब्दों में, निराला रीति-कवियों की तरह अपने श्रोताओं या पाठकों को प्रशिक्षित ही नहीं करना चाहते, 'रसगंगाधर'कार की तरह खंडन-मंडन तथा सिद्धान्तोद्‌भावन की महत्त्वाकांक्षा से भी प्रेरित होकर आलोचना लिखते हैं और इसके लिए जैसे श्रेण्य पृष्ठाधार की अपेक्षा होती है, वह उनके पास है, इसका वह प्रमाण देते हैं।

प्रसाद ने साहित्यशास्त्रीय समस्याओं पर सैद्धान्तिक दृष्टि से थोड़ा-बहुत लिखा है। पंत जी ने भूमिकाओं और निबन्धों के रूप में हिन्दी कविता पर बहुधा अपने विचार प्रस्तुत किये हैं। महादेवीजी ने भी अपनी पुस्तकों में ऐसी भूमिकाएँ जोड़ी हैं जो छायावाद मात्र की भूमिकाएँ मानी जा सकती हैं। पंत और महादेवी वस्तुतः आलोचक न होकर छायावाद के समर्थ प्रवक्ता मात्र हैं, छायावाद की वकालत करते हुए पंत जी ने पुरानी कविता पर जो आक्षेप किये थे, उनके लिए वे अपने समसामयिक और समानधर्मा निराला से ही समर्थन पाने में असफल रहे, किन्तु इसमें कोई सन्देह नहीं कि पंत या महादेवी की भूमिकाओं को यदि पुरानी कविता के अनुरागी और

छायावाद के विरोधी आलोचकों ने पढ़ने के योग्य समझा होता और यदि उन्होंने पाठकों से भी इन भूमिकाओं की ताईद की होती तो वे स्वयं भी छायावाद के रहस्य को यत्किंचित् समझ सके होते और पाठक भी इतने प्रशिक्षित हो जाते कि दोनों छायावाद को क्लिष्ट घोषित और मान करके उसकी वास्तविक विशेषताओं और त्रुटियों के परीक्षण एवं रसज्ञता के अभाव का ऐसा परिचय नहीं देते कि कुछ दिनों बाद उनकी स्थिति हास्यास्पद हो जाती—आज रत्नाकर और पद्मसिंह शर्मा, लाला भगवानदीन और जगन्नाथ प्रसाद चतुर्वेदी और रामचन्द्र शुक्ल और उनके युग की नई पीढ़ी हमारी दृष्टि में, इस कारण ही, हास्यास्पद तो हैं।

छायावाद पर भयंकर प्रहार व्यूह रचकर ये और इन जैसे दूसरे महारथी करते थे। छायावाद के अभिमन्यु थे निराला, लेकिन इस अन्तर के साथ कि चक्रव्यूह-भेदन करने के बाद वे पराजित नहीं हुए। छायावादियों और उनके विदेशी पूर्ववर्ती रोमांटिक कवियों में कोमलता और मधुरता के लिए जो आग्रह पाया जाता है, वह केवल भाषा तक ही सीमित नहीं है। इन गुणों की तलाश में रहनेवाले कवि शरीर और वेशभूषा और केश-विन्यास-प्रणाली में भी कोमल मधुर होने का अभिनय करते थे और कुछ हद तक होते भी थे। कहते हैं, 'ब्लैकउड' मैगजीन में प्रतिकूल आलोचनाएँ होने के कारण कीट्स क्षय-ग्रस्त हो गया था। कीट्स और पंत में अनेक दृष्टियों से उल्लेखनीय समानताएँ हैं, शायद इस बात में भी सादृश्य ढूँढ़ा जा सकता है कि वे भी छायावाद-काल में बहुत दिनों तक बीमार रहे थे।

निराला अपने छायावादी काव्य में भी अंशतः ही छायावादी हैं और 1920 के अपने एक लेख में आत्मविश्वासपूर्वक यह कह सकते थे कि उस बंगला भाषा में आवश्यकता से अधिक कोमलता थी, और गाम्भीर्य का अभाव था, जिस बंगला भाषा की कोमलता ने और उसमें रचित काव्य ने हिन्दी के कवियों के लिए मृग-मरीचिका उत्पन्न कर दी थी। निराला छायावादियों में बंगला सबसे अधिक जानते थे, बंगालियों की तरह जानते थे। इसलिए इस भाषा की त्रुटियों से वे पूर्णतः परिचित थे। इसके काव्य का भी उन्हें निकट परिचय था—हिन्दी में रवीन्द्रनाथ के काव्य पर अवश्य उनकी पुस्तक पहली पुस्तक थी—इसलिए बंगला काव्य के सम्बन्ध में भी उनके मन में कोई दुर्बलता न थी। निराला ने 'पल्लव' को अपनी प्रसिद्ध आलोचना में, बंगला के लिए, विशेषतः रवीन्द्रनाथ के लिए, दूर का परिचय रहने के कारण, पंत में जो मोह था, उसका बड़ा निर्मम विश्लेषण किया है, और यह प्रदर्शित किया है कि बंगला के मधुर वाग्जाल को लाने से पंत की कविता की अर्थ-सम्पत्ति में तनिक भी वृद्धि नहीं हुई है। इसी आलोचक-दृष्टि ने निराला की रक्षा बंगला काव्य से की है। ऐसा नहीं है कि उन पर पंत से कम प्रभाव रवीन्द्रनाथ का हो, किन्तु कवि निराला का जो आलोचक शेषांश था, उसने सदैव इस प्रभाव में डूब जाने से उन्हें बचाया, और उन्होंने इसे सन्तुलित करने के लिए, अनजाने ही सही, शेक्सपियर और

इकबाल से अपने को उसी आयु में सिक्त किया जिसमें साधारणतः मनुष्य पाता है कि वह सीख तो बहुत कुछ सकता है, किन्तु जज्ब बहुत ही कम कर पाता है।

निराला पर हुए सुपरिचित तथ्य का हमने अभी ऊपर उल्लेख किया है, बड़े सधे प्रहार हुए थे। लेकिन निराला को उस तरह हमारी सहानुभूति की अपेक्षा नहीं जिस प्रकार पंत को हो सकती है और यहाँ तक कि प्रसाद को भी हो सकती है। निराला निर्दय प्रहारों का निर्दयतर उत्तर देने के योग्य साधनों से लैस रहे हैं और कभी-कभी तो, आलोचक के रूप में, वे मक्खी को मारने के लिए भी तलवार चला देते हैं, जैसे भुवनेश्वर पर लिखे उनके आलोचनात्मक संस्मरण के मूल में एक नवयुवक की उत्तरदायित्व-शून्य और उपेक्षणीय हिमाकत का प्रतिशोध लेने की भावना ही तो थी। लेकिन उन्होंने पंडित बनारसीदास चतुर्वेदी जैसे सम्पादक के नेतृत्व में अपने विरुद्ध होनेवाले आन्दोलन का जो सामना किया था, वह अपना बचाव भर ही नहीं था, छायावाद-रहस्यवाद और इससे भी बढ़कर साहित्यगत 'क्लिष्टता' के समर्थन में एक बड़ा ही सशक्त प्रत्याक्रमण था।

निराला ने कविता में भी अपने आलोचक रूप के इन पक्षों का परिचय दिया है। एक तरफ 'वन-बेला' है, जिसमें वे आत्म-दया से ग्रस्त हैं और एक प्रसिद्ध भारतीय नेता पर बड़े ही अनुदार और व्यक्तिगत आक्षेप तक करते हैं, लेकिन दूसरी तरफ 'सरोज-स्मृति' जैसी कविता है जिसमें साहित्य और समाज की सर्वथा निस्संग आलोचना करने में वे समर्थ हुए हैं और तब, जबकि विषय पुत्री की स्मृति है और आत्मदया यदि किसी स्थिति में क्षम्य हो सकती है तो शायद ऐसी ही स्थिति में।

निराला ने अपनी, गद्य और कभी-कभी पद्य में भी, लिखी आलोचनाओं में ऐसे कँटीले शब्दों का भी व्यवहार किया है जो पर्चेबाजों को ही शोभा दे सकते हैं, किन्तु बहुधा पर्चेबाजी अदम्य आलोचना में परिणत हो गई है। इसका कारण यह है कि निराला के पास न तो पुरानी कसौटी का अभाव है, न जरूरत के मुताबिक नई कसौटी गढ़ लेने की उस शक्ति का, जिसके बिना आलोचक शास्त्रज्ञ आचार्य मात्र बनकर रह जाता है।

['भारती' : बी.एन. कॉलेज, पटना की पत्रिका, 1960]

निराला जी की एक कविता के अंग्रेजी अनुवाद का विश्लेषण

अमेरिका से प्रकाशित होनेवाली मासिक पत्रिका 'पोएट्री' का जनवरी, 1959 का अंक भारतीय अंक है। उसमें एक प्रसाद की और एक निराला की कविता अनूदित है। दोनों का अनुवाद किया है—रोमिला थापर ने, जिनकी इस कार्य की योग्यता के सम्बन्ध में, हमारा दुर्भाग्य, हमें कुछ भी मालूम नहीं, और ऐसा भी नहीं कहा जा सकता कि हाथ कंगन को आरसी क्या!

'पोएट्री' के अंक-विशेष में निराला की जो कविता अनूदित हुई है, वह है उनकी प्रसिद्ध कविता 'वह तोड़ती पत्थर'। इस कविता का एक दूसरा अंग्रेजी अनुवाद भी हमारे सामने है। यह अनुवाद प्रकाशित हुआ है नागरी प्रचारिणी सभा के अंग्रेजी मासिक 'हिन्दी रिव्यू' में। 'हिन्दी रिव्यू' के इस अंक के आवरण पर जनवरी, 1960 मुद्रित है गोकि '60' जाने क्यों बहुत धुँधला है प्रथम पृष्ठ पर, जिस पर अनुवाद शुरू होता है—जनवरी, 1960 के बदले बजाप्ता जनवरी, 1959 ही छपा है। पत्रिका मुझे 19 जनवरी, 1960 की संध्या में डाक से मिली है। यह जनवरी का ही अंक होगा। लेकिन संयोग से हो जानेवाली यह गलती इसलिए भली लगी कि पहला अनुवाद भी जनवरी, 1959 में ही छपा था।

इस अनुवाद का श्रेय है श्री बी.एल. साहनी को जो, जहाँ तक हमें मालूम है, अंग्रेजी के अनुभवी प्राध्यापक रहे हैं, और इधर 'हिन्दी रिव्यू' में ही 'कामायनी' आदि हिन्दी के काव्यों के अंग्रेजी अनुवाद प्रस्तुत कर चुके हैं, और इस तरह क्षेत्र-विशेष के अग्रदूतों में परगणनीय हैं।

हम यह कहने को बाध्य हैं कि इन दोनों की अनुवादों से जो कई बातें सामने आती हैं, वे ये हैं कि या तो अनुवादक कविता नहीं समझ सके हैं और सारांश लिखकर सन्तुष्ट हो गए हैं। अंग्रेजी के माध्यम से वे मूल कवियों के भाव व्यक्त नहीं कर पाए हैं, या इतना ही क्यों, अंग्रेजी में इतनी शक्ति नहीं कि निराला की कविताओं का अनुवाद किया जा सके। कारण जो भी हो, अनुवाद सर्वथा असन्तोषजनक है।

कविता की प्रारम्भिक पंक्ति है : 'वह तोड़ती पत्थर'। रोमिला थापर का अनुवाद है : 'शी ए स्टोन ब्रेकर'। यहाँ 'वह' में जो एक साथ ही निश्चयात्मकता और अनिश्चयात्मकता, परिचय और अपरिचय है, संकेतित नहीं हो सका है।

आगे चलकर पंक्तियाँ हैं :

कोई न छायादार
पेड़ वह जिसके तले बैठी हुई स्वीकार।

'बैठी हुई स्वीकार' कुछ लोगों के लिए दुर्बोध भी हो सकती है, अनुवाद तो है ही :

नाट द स्टाइटेस्ट शैडो,
द कूल ऑव ह्विच शी माइट हैव ग्रीटेड

में उसका तीस प्रतिशत से अधिक नहीं कहा जा सकता है, जो कवि की मूल पंक्तियों में है।

फिर एक पंक्ति-खंड है : 'प्रिय कर्मरत मन'। इसका अनुवाद 'थाट्स बेरिड इन द स्टोन्स शो ब्रेक्स', तो इस बात का स्पष्ट प्रमाण है कि अनुवादक को इस कविता के अनुवाद का दायित्व स्वीकार नहीं करना चाहिए था। 'कर्म' के विशेषण 'प्रिय' का अनुवाद तो करना ही पड़ेगा, या फिर अनुवाद किया ही न जाए। इस कविता की कुंजी ही है : 'प्रिय कर्म'। यही हाथ न लगी तो आश्चर्य ही क्या, यदि ताला खुल नहीं पाता।

कविता के बीच में है : 'प्रायः हुई दुपहर'। यह मध्याह्न कविता का भी मध्य है—वर्णन का उत्पीड़न थम चला है। दुपहर हो चली, इसके मानी यह नहीं कि कवि जवान पत्थर तोड़नेवाली मजदूरनी को सुबह से ही घूर रहा था। शायद यही समझकर अनुवादक ने ऐसा बचाव अनुवाद में कर लिया है :

येट ऐनदर आफ्टरनून सॉ
हर, ए स्टोन ब्रेकर।

लेकिन तो क्या कवि रोज-रोज इस दृश्य को देखने पहुँच जाता रहा? है यह कि मध्याह्न से जरा पहले कवि जो इत्तफाक से उधर से गुजर रहा था, पत्थर तोड़नेवाली को देखता है और ठिठक जाता है, और देखने में थोड़ा समय बीतता है कि दुपहर हो जाती है।

देखते देखा मुझे तो एक बार
उस भवन की ओर देखा,
छिन्न तार
देख कर कोई नहीं,
देखा मुझे उस दृष्टि से
जो मार खा रोई नहीं,

सजा सहज सितार,
सुनी मैंने वह नहीं जो थी सुनी झंकार

का इस अनुवाद में :

लुकिंग अप शी सॉ मी,
सॉ द हाउजेज,
बट सॉ देम अनसीइंग आइज
सॉ मी
थ्रू अनडिफिटेड आइज
आई न्यू देन
ह्वाट आई हैड नेवर नोन बिफोर।

देखते देखा मुझे तो एक बार,
छिन्न तार,
देख कर कोई नहीं,
जो मार खा रोई नहीं,
सजा सहज सितार

आदि अतिशय महत्त्वपूर्ण पंक्तियों का यहाँ मात्र संक्षेपीकरण भर है।

अन्तिम पंक्तियों :

लीन होते कर्म में फिर ज्यों कहा—
मैं तोड़ती पत्थर

का अनुवाद है :

टनिंग वन्स मोर टु द, स्टोन्स, शी सेड,
आई—द स्टोन-ब्रेकर।

उपर्युक्त 'प्रिय कर्म' इसी 'लीन होते कर्म में ज्यों' के ताले की कुंजी है। किन्तु अनुवादक को कुंजी तो मिली थी नहीं, जो वह ताला खुलता—या कहीं कुंजी ताला है, यह अनुवादक ने सोचा भी है?

'हिन्दी रिव्यू' में प्रकाशित अनुवाद पर भी हम विचार करना चाहते थे, लेकिन वह फिर कभी, यह अनुवाद सुलभतर है और आप चाहें तो खुद भी मूल से इसे मिलाकर देखें।

['आर्यावर्त' : 27 मार्च, 1960]

संस्कृत-साहित्येतिहास : एक टिप्पणी

संस्कृत का साहित्यिक इतिहास अब जो लिखा जाएगा, तो लेखक को सर्वप्रथम यह देखना आवश्यक होगा कि संस्कृत के लेखकों ने जैसा लिखा, वैसा ही क्यों लिखा, और तभी उसे यह देखना होगा कि उन्होंने कैसे लिखा और, अन्ततः यह कि क्या लिखा।

संस्कृत साहित्य के इतिहास के लेखक को इस साहित्य के सम्बन्ध में अपने ही एक सन्देह का सर्वप्रथम निराकरण कर देना भी आवश्यक है : क्या संस्कृत साहित्य भारतीय जीवन से सम्बद्ध था? संस्कृत साहित्य की बहुप्रशंसित विशेषता है उसकी सार्वभौमता। उसके विषय में बहुधा यह कहा जाता है कि वह देश-काल की सीमाओं के परे है। यदि यह सत्य है तो इस साहित्य को स्थानिक और परिवर्तनशील वातावरण से सम्बद्ध कैसे माना जा सकता है?

इसका उत्तर वस्तुतः स्वीकारात्मक तथा निषेधात्मक, दोनों प्रकार का है। उत्तर है—सम्बन्ध था, किन्तु वैसा नहीं, जैसा आज के साहित्य का जीवन से होता है। संस्कृत साहित्य में कभी तात्कालिक विषय पर कुछ लिखा गया हो, ऐसा प्रायः नहीं दीख पड़ता; वह प्रचारात्मक नहीं है, उसमें पत्रकारिता या पर्चेबाजी नहीं है; स्थिति-विशेष या आवश्यकता-विशेष से उसका सचेष्ट और प्रत्यक्ष सम्बन्ध नहीं है। तब, यदि इस साहित्य में समसामयिक जीवन के प्रति जागरूकता नहीं है, तो इसके साथ उसका सम्पर्क कैसे माना जा सकता है? बात ऐसी है कि संस्कृत साहित्य के युग में वर्णाश्रम-व्यवस्था के बावजूद समाज का आज-जैसा विशेषज्ञता पर अवलम्बित वर्गीकरण नहीं हुआ था। कवि भी पहले सामाजिक प्राणी ही होता था, नागरिक या कृषक होता था, तभी कवि। अतः, अन्य मनुष्यों से भिन्न न होने के कारण कवि अनिवार्यतः युग को वाणी देनेवाला भी सिद्ध होता था। इसलिए, संस्कृत-काव्य आत्माभिव्यंजन नहीं करता, वह व्यक्ति के वर्णन-विश्लेषण को अपना लक्ष्य नहीं मानता। यही कारण है कि संस्कृत साहित्य में सामाजिक विकास का प्रत्येक पक्ष प्रतिबिम्बित है और युगीन पृष्ठभूमि के अध्ययन के लिए संस्कृत-साहित्य परम उपयोगी आधार प्रमाणित होता है।

संस्कृत के लेखकों के आदर्शों का निरूपण-निर्धारण शास्त्रज्ञ आचार्यों—आज के शब्द का प्रयोग करें, तो आलोचकों—द्वारा हुआ था। वे 'कला के लिए कला'

के सिद्धान्त को समझने में असमर्थ रहते। उनके लिए शिवेतरक्षति का आदर्श था, अर्थात् साहित्य समाज के लिए था।

इसी के परिणाम थे पंडित-परीक्षा, पंडित-सभा, शास्त्रार्थ इत्यादि; दूसरे शब्दों में युग की रुचि और परम्पराओं का ध्यान रखना आवश्यक था तथा अपने समाज के अन्य मनुष्यों द्वारा परीक्षित होना और उनकी मान्यता प्राप्त करना अनिवार्य। किन्तु, संस्कृत साहित्य तथा भारतीय समाज के बीच पारस्परिक सम्बन्ध पर जोर देने का तात्पर्य यह नहीं कि प्रत्येक लेखक या प्रत्येक कृति का उसके परिवेश के साथ सम्बन्ध दिखाकर उसकी पूरी व्याख्या की जा सकती है। वस्तुतः, किसी भी युग के लेखक और उसके परिवेश के बीच की कड़ियाँ ऐसी सूक्ष्म और जटिल होती हैं कि साहित्येतिहासकार उन्हें पूरी तरह सुलझा नहीं पाता। इतना भर अवश्य होता है कि शिल्प और स्वरूप के विधान के उद्भव, विकास और ह्रास की कथा कहने में कठिनाई कम होती है। लेखक कैसे लिखते हैं, यह ऐतिहासिक पृष्ठभूमि के साथ आसानी से जोड़ा जा सकता है—क्या लिखते हैं, यह नहीं। संस्कृत के अभिनव साहित्येतिहास के लेखक को यह स्मरण रखना आवश्यक है—वह प्रतीक्षित लेखक जब सामने आए।

['साहित्य' : 1960]

संस्कृत की वर्तमान स्थिति

सहयोगी 'विक्रम' की एक सम्पादकीय टिप्पणी में 'संस्कृत की उपेक्षा' के बारे में कुछ अनावश्यक कटुता के साथ खेद प्रकट किया गया है। 'साहित्य' के प्रस्तुत अंक में यथास्थान[1] इस सम्पादकीय टिप्पणी के आवश्यक अंश संकलित हैं। हम भी एक संस्कृत प्रेमी के नाते संस्कृत की उपेक्षा से क्लेश का अनुभव करते हैं और इस चिन्तनीय वास्तविकता की ओर विद्वत्समाज और अधिकारी-वर्ग का ध्यान आकृष्ट करना उचित और आवश्यक समझते हैं।

किन्तु हम स्पष्टतापूर्वक कह दें कि हम 'विक्रम' के विद्वान सम्पादक के विश्लेषण और अभियोग-स्थापन से सर्वथा असहमत हैं। पहले तो इनका यह कहना कि अंग्रेजों ने संस्कृत को 'मृत-भाषा' घोषित कर उसकी उपेक्षा की, सरासर निराधार बात है। कुछ अंग्रेजों ने संस्कृत को मृत-भाषा घोषित किया होगा पर उनसे ज्यादा संख्या में ऐसे अंग्रेजों के नाम गिनाए जा सकते हैं जिन्होंने निष्काम विद्या-प्रेम से प्रेरित होकर इस भाषा को हमारे लिए सुरक्षित रखा और इसके साहित्य को पुनरुज्जीवित किया। यह कहा जा सकता है कि अंग्रेजी के इस कार्य के पीछे उनकी शासन-सम्बन्धी-प्रवीणता छिपी हुई थी। ऐसा कहना उस समय क्षम्य हो सकता था जब अंग्रेज हमारी इच्छा के विरुद्ध हम पर शासन करते थे। आज हम उदारतापूर्वक विचार करने की स्थिति में होकर भी ऐसा कहें तो यह हमारी संकीर्णता का ही परिचायक होगा।

अब रही वर्तमान शिक्षा के अधिकारियों की बात। तो उन पर भी अभियोग लगाना व्यर्थ है। काशी विश्वविद्यालय में संस्कृत की शिक्षा के लिए एक विशाल भवन बनवाया गया है। यदि हमारी सूचना ठीक है तो अब वहाँ दूसरे विषयों की भी शिक्षा दी जाती है, क्योंकि संस्कृत पढ़नेवाले छात्रों की संख्या घटते-घटते नगण्य हो चुकी है। संस्कृत की ग्राम-पाठशालाओं की बात छोड़िए, इतना तो सभी मानेंगे ही कि देश के प्रायः सभी विश्वविद्यालयों में अनिवार्यतः संस्कृत-विभाग हैं और दूसरे विभागों के अध्यापकों के समान ही वेतन पानेवाले संस्कृताध्यापक भी हैं। पर इन विश्वविद्यालयों में जाकर देखिए कि छात्रों की संख्या कितनी रह गई है!

1. वर्ष 3, अंक 1 (अप्रैल, 1952 ई.), पृ. 82 (संकलन)

इस सम्बन्ध में सरकार का शिक्षा-विभाग क्या कर सकता है भला? जिस विषय को छात्र पढ़ना नहीं चाहते, उसे पढ़ने के लिए उन्हें बाध्य या प्रेरित कैसे किया जा सकता है? जहाँ तक सरकारी दृष्टिकोण का प्रश्न है, जैसाकि 'विक्रम' के सम्पादक महोदय ने स्वीकार किया है, उत्तर प्रदेश में संस्कृत विश्वविद्यालय की स्थापना होने जा रही है। उन्हें यह जानकर प्रसन्नता होनी चाहिए कि बिहार में भी, विश्वविद्यालय के अतिरिक्त, स्नातकोत्तर संस्कृत-शिक्षा के लिए एक स्वतंत्र सरकारी संस्था संघटित हुई है। इसी प्रकार पालि भाषा के लिए भी एक बृहत् संस्था की स्थापना की गई है। यदि दूसरे प्रान्त इस क्षेत्र में सचेष्ट नहीं हैं तो वे भी हों, इसके लिए उद्योग किया जा सकता है। किन्तु जैसा हमने कहा, प्रश्न तो यह है कि कहीं ऐसा न हो कि सारी सुविधाओं और संस्थाओं के बावजूद संस्कृत के पढ़नेवाले छात्र ही न रह जाएँ!

असल में विचार तो यह करना है कि वस्तुस्थिति के लिए कौन उत्तरदायी है और इसका समाधान क्या हो सकता है। तो पहली बात का दो-टूक उत्तर है कि दोषी संस्कृत के विद्वान और प्रेमी ही सबसे अधिक हैं। बात कड़वी है पर असत्य नहीं। यदि संस्कृत के प्रेमी संस्कृत को राष्ट्रभाषा बनाने के मधुर दिवास्वप्न का मोह छोड़कर संस्कृत में सुरक्षित नाना शास्त्रों को, प्रामाणिक रूप में, हिन्दी के माध्यम से, सबके लिए सुलभ बना सकते, तो वह हिन्दी के साथ-ही-साथ संस्कृत का भी श्लाघ्य उपकार करते हैं। किन्तु संस्कृत के बहुत कम विद्वानों के बारे में यह कहा जा सकता है कि वे समय की माँग और आवश्यकता के अनुरूप अपने ज्ञान का उपयोग करने को तैयार हैं। हम अपने अनुभव की बात कहें। 'साहित्य' के लिए हमें विभिन्न विषयों के अधिकारी विद्वानों से, शोध-विषयक प्रबन्ध के रूप में, अयाचित सहयोग प्राप्त होता रहा है, पर हमें अपने उन संस्कृतज्ञ मित्रों से सदैव निराशा हुई जो छात्रों की घटती संख्या का रोना रोते हैं, हिन्दी के अशुद्ध प्रयोगों की चर्चा करते थकते नहीं, पर जिनसे किसी विषय पर दो-चार पृष्ठ लिखने को कहा जाता है, तो बगल झाँकने लगते हैं। अस्तु, संस्कृतज्ञों की संकीर्णता और अकर्मण्यता के कारण, जैसा ऊपर के दृष्टान्त से स्पष्ट है, संस्कृत की जितनी क्षति हुई है, उतनी संस्कृत के देशी-विदेशी विरोधियों के कार्यों से कदापि नहीं हुई है।

संस्कृत मृत-भाषा है या नहीं, यह विषय कुछ विशेष महत्त्व का नहीं है पर उठाया तो जाता ही है। संस्कृत के जर्मन आचार्य विंटरनिज ने ठीक ही कहा है कि संस्कृत उस अर्थ में मृत-भाषा नहीं कही जा सकती जिस अर्थ में लैटिन या ग्रीक है। आज भी असंख्य भारतवासी जन्म से मृत्यु तक के संस्कारों के लिए संस्कृत भाषा के मंत्रों का ही सहारा लेते हैं और आज भी ऐसे हजारों व्यक्ति मिलते हैं जो मातृभाषा की तरह संस्कृत बोल सकते हैं।

यदि इन बातों से हमें सन्तोष होता है तो बहुत अच्छा है, कूप-मंडूकता इस देश के लिए कुछ नई चीज तो है नहीं! किन्तु वास्तविकता यह है कि संस्कृत मृत-भाषा है या नहीं, इस व्यर्थ के विवाद से दूर रहकर हमें यह करना चाहिए जो आज सम्भव है और उचित है। संस्कृत के पुरानी प्रणाली से पढ़े हुए विद्वान नामशेष रह गए हैं। संस्कृत में अनेक ऐसे दुर्लभ ग्रंथ हैं, जिन्हें अंग्रेजों ने भी अनूदित नहीं किया है कि हम अंग्रेजों को गाली भी देते रहते और अपना काम भी चलाते रहते। ऐसे ग्रंथ अनूदित करना, संस्कृत साहित्य का विशद इतिहास तैयार करना, परवर्ती संस्कृत साहित्य का विस्तृत विवरण एकत्र करना—ये ऐसे महत्त्वपूर्ण कार्य हैं जो संस्कृतज्ञों और संस्कृत-प्रेमियों की कर्मठता से ही प्रतिपन्न हो सकते हैं। स्वल्प अध्यापन-कार्य करनेवाले विश्वविद्यालयों के संस्कृताध्यापकों को ऐसे कामों में लगकर अपने समय और ज्ञान का समुचित उपयोग अविलम्ब करना चाहिए।

['साहित्य' : 1952]

प्राचीन संस्कृत नाटकों में सामाजिक तत्त्व

संस्कृत नाटकों का, उनके उत्कृष्टतर रूपों में, प्रधान उद्देश्य रहता है : रस-परिपाक। इसके लिए यथार्थ से अधिक आदर्श पर जोर देना स्वाभाविक ही है। इस प्रकार संस्कृत के उत्कृष्ट नाटकों में कथा, चरित्र, परिवेश, यहाँ तक कि कथोपकथन, और उसमें प्रयुक्त भाषा-रूप भी, आदर्शीकृत ही पाए जाते हैं। और तो और, ऐसे नाटकों का विदूषक भी साँचे में ढला पात्र ही होता है। फलत: स्वलक्षणशील के बदले सामान्य-लक्षणशील पात्र, नाटकीय तनाव से रहित कथानक और रूढ़ भाषा-शैली अनिवार्य हो जाती है। इसका परिणाम यह है कि इन नाटकों में सीमित मात्रा में ही सामाजिक तत्त्व प्राप्त होता है।

यह सब होते हुए भी नाटक अनिवार्यत: मानव-जीवन से सम्बन्ध रखता है, अत: जीवन की समष्टि, समाज, का चित्रण उसमें आ ही जाता है। जैसाकि नाट्य-शास्त्र के रचयिता भरत ने कहा है :

त्रैलोक्यस्य च सर्वस्य नाट्यं भावानुकीर्त्तनम्।
क्वचिद्धर्म: क्वचित्क्रीड़ा क्वचिदर्थ: क्वचिच्छ्रम:॥
क्वचिद्दास्यं क्वचिद् युद्धं क्वचित्काम: क्वचिद्वध:।
धर्मोऽधर्मप्रवृत्तानां काम: कामोपसेविनाम्॥

क्रीडा, श्रम, हास्य, युद्ध, काम, वध, धर्म, अधर्म—सबको अपने में समेटनेवाले इस साहित्यिक रूप के सिद्धान्त में, समाज का कौन-सा तत्त्व बचा रह जाता है? भरत के नाट्यशास्त्र की भित्ति पर ही संस्कृत नाटक का विशाल भवन खड़ा है और उसमें सामाजिक तत्त्व पर ध्यान देने की आवश्यकता का स्पष्ट संकेत है।

संस्कृत के सबसे प्राचीन ज्ञात नाटककार अश्वघोष माने जाते हैं। इनके जो नाटक खंडित रूप में प्राप्य हुए हैं—'सारिपुत्र-प्रकरण', एक गीतिनाट्य और एक 'मृच्छकटिक' जैसा नाटक; उनमें अन्तिम में तो विशेष रूप से सामाजिक यथार्थ का चित्रण है। इनके बाद के नाटककार भास के जो तेरह नाटक मिले हैं, उनका सामाजिक तत्त्व भी स्पष्टत: निर्धारणीय है।

भास के वर्णित समाज में विशेष जटिलता नहीं है। परिवार समाज की इकाई है और उसके संघटन के सम्बन्ध में सभी सचेत हैं। उनके 'अभिषेक' नाटक में

बालि मृत्यु-शय्या पर से सुग्रीव को कहता है : 'विमुञ्च्यतां रोषं, परिगृह्यतां धर्मकुल-प्रवाहं'; अर्थात्, क्रोध को त्याग करो, धर्मानुसार कुल-परम्परा का पालन करो।

इसी नाटक में अन्यत्र सीता का कथन है :

'ईश्वरा आत्मनः कुलसदृशेन चारित्र्येण यदि अहमनुसरामि आर्यपुत्रं। आर्यपुत्रस्य विजयो भवतु।'

भास के नाटकों से यह स्पष्ट है कि बहुत पहले से ही हमारे देश में साधारण मान्यता यही थी कि 'न स्त्री स्वातन्त्र्यमर्हति'।

'अभिषेक' नाटक में ही एक स्थान पर कहा गया है कि नारी की दुश्चरित्रता दोनों कुलों को ले डूबती है : 'कुलद्वयं मदेन नारी।' उन दिनों भी एक हद तक पर्दे की प्रथा प्रचलित थी और नारी पति की सम्पत्ति मानी जाती थी। 'प्रतिमा' नाटक में लक्ष्मण कहते हैं : 'भर्तृनाथा ही नार्यः।' हाँ, जननी के रूप में नारी की महिमा बहुत ही थी। घटोत्कच 'मध्यमव्यायोग' में कहता है : 'माता हि मनुष्याणां देवतानां च देवता।'

वर्णाश्रम-व्यवस्था, ब्राह्मणों के महत्त्व, कर्मकांड, फलित ज्योतिष के प्रभाव भी पद-पद मिलते हैं। कर्ण कहता है : 'ब्राह्मणवचन इति न मया अतिक्रान्तपूर्वम्।' 'स्वप्नवासवदत्ता' में लावणक नामक शिक्षा-केन्द्र का भी उल्लेख है।

देश छोटे-छोटे राज्यों में विभक्त था और पृथ्वी वीरभोग्या समझी जाती थी। पांडवों की ओर से सन्धि-प्रस्ताव के रखे जाने पर दुर्योधन कहता है :

राज्यं नाम नृपात्मजैः सहृदयैर्जित्वा रिपुर्भज्यते।
तल्लोके न तु याच्यते न तु पुनः दीनाय वा दीयते॥

भास के बाद के संस्कृत के अमर नाटककार कालिदास की नाट्य-कृतियों में अत्यन्त समृद्ध समाज का चित्रण है। उनके द्वारा चित्रित समाज चार वर्णों में विभक्त है। राजा का कर्तव्य है : प्रजा की रक्षा। राजा युद्धप्रेमी भी होता है और विलासी भी। राजाओं के अनेक उपपत्नियाँ भी होती थीं। और, उनमें बहुतों का जीवन दुःखमय होता था। उदाहरणार्थ, दुष्यन्त प्रतिज्ञा करता है कि उनकी अनेक रानियों में दो का ही आदर होता—पृथ्वी का और शकुन्तला का।

कालिदास के नाटक में वर्णित समाज बहुत दूर तक भास-वर्णित समाज के साथ ही है, किन्तु इस समाज का निम्न वर्ग जागरूकता का परिचय देता है, जैसे धीवर के पास दुष्यन्त की अँगूठी पकड़ी जाती है और राजकर्मचारी उसे डाँटते-फटकारते हैं, तो धीवर अपने कर्म की निन्दा का जवाब देते हुए कहता है कि श्रोत्रिय ब्राह्मण भी तो पशुवध करते हैं :

शहये किल ये विणिन्दिके णहु शे कम्म विवज्जणीयके।
पशुमालणकम्मदालुणे अणुकम्पामिदुले वि शोत्तिके॥

और, दुष्यन्त के द्वारा प्रत्याख्यान होने पर शकुन्तला कालिदास की सीता की तरह 'ममैव जन्मान्तरपातकानां विपाकविस्फूर्जथुरप्रसह्य' न कहकर स्वाभिमानपूर्वक

कहती है : 'अणच्छा अत्तणो हिअ अणुमाणेण किल एव्वं पेक्खसि। को दाणिं अण्णो धम्मकंचुअपवेसिणो निण्णच्छण्ण दूवोवमस्स तुह अणुकिदिं पडिवज्जिस्सदि।' कहने का तात्पर्य कि तुम सभी को अपनी ही तरह वंचक समझते हो।

माघ के युग में देश छोटे राज्यों में विभक्त था। किन्तु कालिदास के भारत में राजनीतिक एकता पाई जाती है और देश में आसमुद्रक्षितीश सम्राट् का प्रभुत्व पाया जाता है।

यदि माघ में सामाजिक यथार्थ की बहुलता और कालिदास में सामाजिक तत्त्व से अधिक कला-तत्त्व है तो इनके बाद के महत्त्वपूर्ण नाटककार शूद्रक में दोनों का सफल समन्वय है। शूद्रक के 10 अंकों के नाटक, जिसे प्रकरण कहते हैं, 'मृच्छकटिक' में समाज का सर्वांगपूर्ण चित्रण मिलता है, क्योंकि इसमें समाज की सभी श्रेणियों के पुरुषों और स्त्रियों का वर्णन है। दरबारी, घूसखोर सिपाही, चोर, जुआरी आदि कुल मिलाकर प्राय: 30 पात्र हैं। ब्राह्मणों के प्रति सदैव सम्मान का भाव ही व्यक्त किया जाता हो, इसके बदले हम देखते हैं कि शार्विलक नामक पात्र उनका मखौल करते हुए कहता है :

एतेन मापयति भित्तिषु कर्ममार्गं
एतेन मोचयति भूषणसम्प्रयोगान्।
उद्घाटनं भवति यत्र दृढे कपाटे
दष्टस्य कीटभुजगैः परिवेष्टनं च॥

यानी ब्राह्मण का यज्ञोपवीत बड़े काम का होता है, सेंध मारने के समय नाप-जोख में, किवाड़ जकड़ जाए तो उसे खोलने में, साँप काट ले तो बाँधने में वह कितना उपयोगी सिद्ध होता है!

किन्तु गुणी ब्राह्मण का आदर होता था और वह अन्तरजातीय विवाह कर सकता था। चारुदत्त वसन्तसेना से विवाह कर लेता है। एक तरफ धनी लोग भोग-विलास में लिप्त रहते थे तो दूसरी ओर दरिद्र भी थे; गुंडे, जुआरी आदि की भी कमी नहीं थी।

शूद्रक के बाद विशाखदत्त और भवभूति के नाटक उल्लेखनीय हैं। इनमें विशाखदत्त का 'मुद्राराक्षस' एक राजनीतिक नाटक है। और, भवभूति के 'उत्तर-रामचरित', 'मालतीमाधव' आदि में काव्यत्व ही अधिक है। इनके बाद के नाटककार अधिक से अधिक भाषा में बने-बनाये साँचों में अपने नाटक ढालते हैं, जिनमें सामाजिक तत्त्व ढूँढ़ना व्यर्थ है।

संस्कृत के नये-पुराने चित्रों, प्रहसनों और भाषणों में, जो नाटक के अपेक्षाकृत निकृष्ट रूप हैं, वह सामाजिक तत्त्व भी मिलता है, जो आज यथार्थवाद और प्रकृतवाद के नाम पर उत्कृष्ट नाटककारों द्वारा भी प्रश्रय पाता है। इन नाट्य-रूपों में विटों, वेश्याओं, कुलटियों आदि के ऐसे वर्णन मिलते हैं जिनसे इतना तो स्पष्ट हो ही जाता है कि समाज में, समस्त आदर्शवाद के बावजूद, एक ऐसा स्तर भी था जो गलित-घृणित था। यद्यपि अनुपात में वह स्वल्प, अत: उपेक्षणीय भी था।

भारतीय संस्कृति के कवि कालिदास

भारतीय सभ्यता के इतिहास के जिस युग में इस देश की विशिष्ट संस्कृति सबसे अधिक अभिव्यक्त हुई थी, उसी में कालिदास वर्तमान थे। वे विक्रम के समसामयिक थे या गुप्तों के, यह इसलिए विशेष महत्त्वपूर्ण विवाद नहीं है; क्योंकि विक्रम से लेकर गुप्तों तक का जो समय है, न कि केवल गुप्तों का, जैसा साधारणत: इतिहासकार कहते हैं, वह भारतीय इतिहास का स्वर्ण-युग था। और, इस युग की सभ्यता में, जैसा हम अभी लिख चुके हैं, भारतीय संस्कृति और साहित्य में, चित्रों, मूर्तियों तथा स्थापत्य में, परिपूर्णता के साथ व्यक्त हुई है। कालिदास इस युग के श्रेष्ठ कवि हैं और उन्होंने समय की बाह्य वास्तविकता, अर्थात् सभ्यता का चित्रण तो किया ही है, साथ-ही-साथ उसकी आभ्यन्तर चेतना, जिसे ही तो हम संस्कृति कह सकते हैं, का भी समाहार प्रस्तुत किया है।

भारत की इस आभ्यन्तर चेतना की विशेषता है कि उसमें प्रवृत्तियों का समन्वय अभीष्ट रहा है और किसी दशा में वह निषेधमूलक नहीं है। भारतीय संस्कृति इसी अर्थ में समन्वयात्मक है, न कि नाना जातियों के सम्मिश्रण आदि के कारण, जो किसी देश की सभ्यता का अनिवार्य तथ्य होता है। कालिदास ने रघुवंशियों को इस सांस्कृतिक आदर्श के प्रतीक के रूप में देखा है : 'तद्‌गुण: कर्ममागत्य चापलाय प्रणोदित:'—इन रघुवंशियों के गुण उनके कानों में पड़ते हैं, तभी उन्हें रघुवंश की रचना की प्रेरणा मिलती है।

रघुवंशियों की ये विशेषाएँ भारतीय संस्कृति को प्रतीकात्मकता प्रदान करतीं : वे शैशव में विद्याभ्यास करते हैं, यौवन में विषयोपभोग और बुढ़ापे में मुनिवृत्ति स्वीकार करते हैं तथा अन्त में स्वेच्छापूर्वक शरीर-त्याग :

शैशवेऽभ्यस्तविद्यानां यौवने विषयैषिणाम्।
वार्द्धके मुनिवृत्तीनां योगेनान्ते तनुत्यजाम्॥

भारतीय संस्कृति के आदर्श रूप पर इससे सरलतर वक्तव्य हमने नहीं पाया। जीवन के मूल्यों के विषय में यह भारत का विशिष्ट दृष्टिकोण है। महाकाव्य 'रघुवंश' में इसकी चरम परिणति राम में दिखाई गई है और घोर विकृति उन्हीं के अन्तिम वंशधर अग्निवर्ण में। कालिदास की अन्य कृतियों में भारतीय संस्कृति के

खंड-चित्र मिलते हैं, 'रघुवंश' में विराट पट पर पूरा चित्र खींचा गया है। व्यक्ति का स्वस्थ निर्माण होता है तो वह सामाजिक प्राणी बनता है और फिर अन्तर्मुख होकर चिन्तन-मनन करता है और निर्भय भाव से शरीर का परित्याग करता है। मानवीय संस्कृति की यह उदात्त कथा है, जिसे भारत ने स्पृहणीय माना है। धर्मशास्त्रों में बार-बार कहे गए धर्मार्थ-काममोक्ष के चतुर्विध पुरुषार्थ का कालिदास के द्वारा पुनर्वक्तव्य और उसके उदाहरणार्थ कही गई रघुकुल की कथा इसी कारण प्रतीकात्मक बन गई है।

प्रवृत्तियों के इस समन्वय में जब असन्तुलन आ जाता है तब सांस्कृतिक ह्रास का आरम्भ होता है और इसका प्रतिफलन सभ्यता के व्यक्त-रूपों में दीख पड़ता है, कलाओं तथा व्यक्ति और समाज में प्रतिबिम्बित होता है। 'रघुवंश' के अन्तिम राजा अग्निवर्ण का उल्लेख हम कर चुके हैं। वह ऐसे ही सांस्कृतिक ह्रास का प्रतीक है। उसकी विषयैषणा का बड़ा ही दयनीय परिणाम होता है। अग्निवर्ण को अपने पिता से पाई पृथ्वी के पालन में कोई कठिनाई नहीं होती; क्योंकि उसके पिता ने पहले ही शत्रुओं को परास्त कर दिया था। उसे तो केवल भोग करने के लिए राज्य मिला था, राज्य के शत्रुओं के दमन के लिए नहीं :

लब्धपालनविधौ न तत्सुतः खेदमाप गुरुणा हि मेदिनी।
भोक्तुमेव भुजनिर्जितद्विषा न प्रसाधयितुमस्य कल्पिता॥

अग्निवर्ण ने कुछ दिनों तक रामकुलोचित रीति से राज्य का संचालन किया, फिर मंत्रियों पर सारा राज-काज छोड़कर वह यौवन का आनन्द लूटने लगा :

सोऽधिकारमभितः कुलोचितं काश्चन स्वयमवर्त्तयत्समाः।
सन्निवेश्य सचिवेष्वतः परं स्त्रीविधेयनवयौवनोऽभवत्॥

फिर तो, उसे ऐसा चसका लगा कि वह क्षण भर भी भोग-विकास के बिना नहीं रह पाता था। वह सदा अन्तःपुर में विहार करता था। प्रजा उसके दर्शनों के लिए उत्सुक रहती थी, पर इसके लिए अवकाश कहाँ! यदि मंत्रियों के आग्रह से वह प्रजा को दर्शन देता भी, तो झरोखे से एक पैर बाहर लटकाकर :

इन्द्रियार्थपरिशून्यमक्षमः सोढुमेकमपि स क्षणान्तरम्।
अन्तरेव विहरन्दिवानिशं न व्यपैक्षत समुत्सुकाः प्रजाः॥
गौरवाद्यदपि जातु मंत्रिणां दर्शनं प्रकृतिकांक्षितं ददौ।
तद्गवाक्षविवरावलम्बिना केवलेन चरणेन कल्पितम्॥

अग्निवर्ण शीघ्र ही राजयक्ष्मा से ग्रस्त हो जाता है और तब सूर्यकुल ऐसा हो जाता है, जैसा एक कला-भर बचा हुआ कृष्ण-पक्ष की चतुर्दशी का चन्द्र, अथवा ग्रीष्म-पंकशेष सरोवर या दीपक की क्षीण लौ :

व्योमपश्चिमकलास्थितेन्दुना पंकशेषमिव धर्मपल्वलम्।
राज्ञि तत्कुलमभूत्क्षयातुरे वामनार्चिरिव दीपभाजनम्॥

अग्निवर्ण सांस्कृतिक ह्रास का प्रतीक तो है, किन्तु यह कहना कालिदास के संस्कृति-सम्बन्धी दृष्टिकोण को ठीक न समझने का दृष्टांत है। जैसा कुछ विद्वानों का मत है कि जिस दिन त्याग का महत्त्व कम हो जाएगा तथा तपोवन के प्रति हमारी आस्था नष्ट हो जाएगी, उसी दिन न हम भारतीय रहेंगे और न हमारी सभ्यता भारतीय रहेगी। आर्य-संस्कृति की मूल प्रतिष्ठा इन्हीं दो पीठों पर है। भारतीय राष्ट्र के संरक्षक रघु के जन्म का कारण नगर से बहुत दूर वसिष्ठ के पावन आश्रम में निवास तथा गो-चारण है। रघु का उदय गोमाता के वरदान का उज्ज्वल प्रभाव है। इसी प्रकार, दुष्यन्त-पुत्र भरत का जन्म और पोषण हेमकूट पर्वत पर मारीचाश्रम में होता है। भारतीय राष्ट्र के संचालक पावन तपोवन और पवित्र त्याग के वायुमंडल में पले और बड़े हुए हैं। हमारे राजाओं ने जिस दिन कालिदास के इस सन्देश को भुला दिया, उसी दिन उनका अध:पतन आरम्भ हो गया। संस्कृति का भारतीय आदर्श त्याग और तपोवन पर आश्रित है और यही कालिदास का सन्देश है, यह एक सर्वथा भ्रान्त दृष्टिकोण है। यह भी संस्कृति के एक तत्त्व पर आवश्यक से अधिक जोर देना-भर है। त्याग और तपस्या की स्थिति वृद्धावस्था में मुनिवृत्ति ग्रहण करने पर आती है। यौवन में विषयैषणा ही अभीष्ट है—अवश्य अग्निवर्ण की तरह अन्त:पुर में ही नहीं, युद्ध-क्षेत्र में भी।

वस्तुत: भारतीय संस्कृति जब-जब असन्तुलित हुई है, तो दोनों ही कारणों से—अस्वस्थ विषयैषणा से भी, किन्तु उससे कम नहीं, त्याग-तपस्या पर आवश्यकता से अधिक बल देने के फलस्वरूप भी। कालिदास ने सांस्कृतिक उत्कर्ष का जो आदर्श चित्र प्रस्तुत किया है, उसमें ऐसी एकांगिता कहीं नहीं है। 'रघुवंश' में राम के पहले संस्कृति के शिखर पर पहुँचने का प्रयास है, बाद में क्रमश: ढलाव से नीचे गिरते जाने की प्रक्रिया। स्वयं राम चढ़ाव और ढलाव के बीच उत्तुंग शिखर हैं।

कालिदास की प्रारम्भिक कृतियों—'ऋतुसंसार', 'मालविकाग्निमित्र' और 'विक्रमोर्वशीय'—में तत्कालीन भारतीय सभ्यता के यथार्थ और लघुवर्ण चित्र मिलते हैं। 'मेघदूत', 'कुमारसम्भव', 'अभिज्ञानशाकुन्तल' में वैसी भारतीय सभ्यता चित्रित हुई है, जिसके तल में वर्तमान आभ्यन्तर चेतना, संस्कृति भी परिलक्षित होती रहती है। 'रघवुंश', जैसा हम देख चुके हैं, भारतीय संस्कृति का प्रतीक-काव्य है।

'अभिज्ञानशाकुन्तल' का मंगल-श्लोक है :

या सृष्टि: स्रष्टुराद्या वहति विधिहुतं या हविर्या च होत्री
ये द्वे कालं विधत्त: श्रुतिविषयगुणा या स्थिता व्याप्य विश्वम्।
यामाहु: सर्वबीजप्रकृतिरिति यथा प्राणिन: प्राणवन्त:
प्रत्यक्षाभि: प्रपन्नस्तनुभिरवतु वस्ताभिरष्टाभिरीश:॥

अर्थात्, संक्षेप में, जल, अग्नि, होता, सूर्य, चन्द्र, आशा, पृथ्वी और वायु के आठ प्रत्यक्ष रूपों में जो शिव सबको दिखाई देते हैं, वे सबका कल्याण करें।

और इस नाटक के अन्त में दुष्यन्त ऋषि मारीच से यह वर माँगते हैं :

प्रवर्त्ततां प्रकृतिहिताय पार्थिवः सरस्वती श्रुतिमहती महीयताम्।
ममापि च क्षपयतु नीललोहितः पुनर्भवं परिगतशक्तिरात्मभूः॥

अर्थात्, राजा सदा प्रजा की भलाई में तत्पर रहे, महाकवियों की वाणी का सर्वत्र आदर हो, और अपने से उत्पन्न होने वाले तथा चारों ओर अपनी शक्ति फैलाने वाले भगवान शिव ऐसी कृपा करें कि मुझे पुनः जन्म ग्रहण न करना पड़े।

'रघुवंश' में इस मंगल-कामना और वर-याचना की पूर्ण परिणति देखने को मिलती है—भारतीय संस्कृति का उदात्ततम रूप मूर्त हो उठता है।

['साहित्य' : 1957]

सौन्दर्य के कवि कालिदास

जब 1791 ई. में 'अभिज्ञानशाकुन्तल' के अंग्रेजी-अनुवाद का जर्मन-अनुवाद जॉर्ज फारेस्टर ने प्रस्तुत किया, तो मूल की इस छाया-मात्र से जर्मन भाषा के महाकवि ग्येटे इस प्रकार चमत्कृत और अभिभूत हुए कि उन्होंने कालिदास की प्रशंसा वैसे शब्दों में की, जैसे देश, काल, भाषा के इतने बड़े अन्तराल को लाँघकर शायद ही किसी परवर्ती कवि के द्वारा किसी पूर्ववर्ती कवि के बारे में कहे गए हों। ग्येटे के कथन का सारांश यही है कि पृथ्वी और स्वर्ग में जो कुछ भी सुन्दर है, उसे एकत्र देखना हो, तो मैं कहूँगा, शकुन्तला को देखो। यह उचित ही है कि ग्येटे की उक्ति को संस्कृत में अनूदित कर लिया गया है :

वासन्तं कुसुमं फलं च युगपद् ग्रीष्मस्य सर्व च यत्
यच्चान्यन्मनसो रसायनमतः सन्तर्पणं मोहनम्।
एकीभूतमभूतपूर्वमथवा स्वर्लोकभूलोकयो-
रैश्वर्यं यदि वाञ्छसि प्रिय सखे शाकुन्तलं सेव्यताम्॥

'यदि वसन्त में पुष्पों और ग्रीष्म के सरस फलों और उन समस्त वस्तुओं को, जिससे आत्मा मुग्ध, अभिभूत और परितृप्त होती है, तुम एक साथ ही पाना चाहते हो, यदि तुम एक नाम में ही पृथ्वी और स्वर्ग के समस्त ऐश्वर्य को चाहते हो, तो मैं शकुन्तला का नाम लेता हूँ, और फिर कुछ कहने को नहीं रह जाता।' यह है मूल का निकटतर सारांश।

कालिदास की अनेक विशेषताओं का उल्लेख उनके पुराने और नये आलोचकों ने किया है, किन्तु यह सत्य है कि ग्येटे ने ही उनकी उस विशेषता का, जो सर्वोपरि है, रहस्य समझा है, और वह यह है कि कालिदास ने सौन्दर्य का जैसा वर्णन किया है, वैसा अन्यत्र दुर्लभ है। 'सौन्दर्य ही सत्य है और सत्य सौन्दर्य-सत्य'—कीट्स के इस सिद्धान्त की यत्परो नास्ति व्यावहारिक परिणति कीट्स की नहीं, बल्कि कालिदास की कविता में ही मिलती है। कालिदास ने सचराचर सृष्टि में जहाँ कहीं सौन्दर्य देखा है, उसका ऐसा परिपूर्ण वर्णन अपनी रचनाओं में किया है जो उसी के किये सम्भव था, जो जाने-अनजाने सौन्दर्य के माध्यम से ही सत्य तक पहुँचने में विश्वास करता है, किंबहुना, दोनों को अभिन्न मानता है। कालिदास

ने मालविका और उर्वशी के शारीरिक सौन्दर्य के वर्णनों को शकुन्तला और यक्षिणी के चित्रों में पराकाष्ठा पर पहुँचा दिया है, जहाँ मालविका का यह चित्र अंकित किया गया है :

वामं सन्धिस्तिमितवलयं न्यस्य हस्तं नितम्बे
कृत्वा श्यामाविटपसदृशं स्रस्तमुक्तं द्वितीयम्।
पादाङ्‌ गुष्ठाललितकुसुमे कुट्टिमे पातिताक्षं
नृत्तादस्याः स्थितमतितरां कान्तमृज्वायतार्धम्॥

और उर्वशी को यह कहकर संकेतित किया गया है :

अस्याः सर्गविधौ प्रजापतिरभूच्चन्द्रो नु कान्तिप्रदः
शृंङ्गारैकरसः स्वयं नु मदनो मासो नु पुष्पाकरः।
वेदाभ्यासजडः कथं नु विषयव्यावृत्तकौतूहलो
निर्मातुं प्रभवेन्मनोहरमिदं रूपं पुराणो मुनिः॥

वहीं शकुन्तला के अनिंद्य सौन्दर्य का यह शब्द-चित्र है :

अनाघ्रातं पुष्पं किसलयमलूनं कररुहै-
रनाविद्धं रत्नं मधु नवमनास्वादितरसम्।
अखण्डं पुण्यानां फलमिव च तद्रूपमनघं
न जाने भोक्तारं कमिह समुपस्थास्यति विधिः॥

किन्तु, कालिदास सौन्दर्य का वर्णन ही नहीं करते, उनका अपना सौन्दर्य-दर्शन भी है, जो यों तो उनकी सभी वृतियों में अन्तर्व्याप्त है, किन्तु 'कुमारसम्भव' और 'मेघदूत' में चरमोत्कर्ष पर पहुँचता हुआ, 'रघुवंश' में ऐसा उदात्त हो गया है कि कहीं एक जगह केन्द्रित न होकर समस्त कृति का ही सौन्दर्य बन गया है।

कालिदास का सौन्दर्य-दर्शन है : 'प्रियेषु सौभाग्यफला हि चारुता', जिसकी बड़ी व्यापक वंजना है। तभी तो पार्वती :

इयेष सा कर्त्तुमबन्ध्यरूपतां समाधिमास्थाय तपोभिरात्मनः।
अवाप्यते या कथमन्यथा द्वयं तथाविधं प्रेम पतिश्च तादृशः॥

सौन्दर्य व्यर्थ है, निष्फल है, यदि शिवत्व की प्राप्ति न हो, लेकिन यह भी सत्य है कि यदि ऐसा सौन्दर्य है जो अन्तःकरण की ज्योति से आलोकित है, तो उसकी शक्ति के प्रति शंकालु आलोचक को भी स्वीकार करना पड़ता है :

यदुच्यते पार्वति पापवृत्तये न रूपमित्यव्यभिचारि तद्वचः।

रूप की वृत्ति पाप की वृत्ति कदापि हो नहीं सकती। शरीर और आत्मा की समन्वित सुन्दरता की विजय का यह अपूर्व चित्र है, जब शिव पार्वती को चिर-संगिनी स्वीकार करने को विवश हो जाते हैं :

तंवीक्ष्य वेपथुमती सरसाङ्गयष्टि.-
र्निक्षेपणाय पदमुद्‌धृतमुद्वहन्ती।

और :

मार्गाचलव्यतिकराकुलितेव सिन्धुः
शैलाधिराजतनया न ययौ न तस्थौ॥
अद्य प्रभृत्यवनताङ्गि तवास्मि दासः
क्रीतस्तपोभिरिति वादिनि चन्द्रमौलौ।
अह्नाय सा नियमजं क्लममुत्ससर्ज
क्लेशः फलेन हि पुनर्नवतां विधत्ते॥

तप से पवित्र पार्वती की सुन्दरता के सामने शिव को भी झुकना पड़ता है और झुक जाने पर 'आज से मैं तुम्हारा दास हूँ', यह उसे कहना पड़ता है, जिसने अपनी तीसरी आँख के उन्मेषमात्र से कामदेव को भस्म कर डाला था। 'मेघदूत' में विरहिणी यक्षिणी का यह वर्णन तो जैसे जान-बूझकर अपनी शक्ति के प्रति आश्वस्त कवि कर रहा है :

तन्वी श्यामा शिखरिदशना पक्वबिम्बाधरोष्ठी
मध्ये क्षामा चकितहरिणी प्रेक्षणा निम्ननाभिः।
श्रोणीभारादलसगमना स्तोकनम्रा स्तनाभ्यां
या तत्र स्याद्युवतिविषये सृष्टिराद्येव धातुः॥

ब्रह्मा की सबसे बड़ी कारीगरी की दशा यह है :

तां जानीथाः परिमितकथां जीवितं मे द्वितीयम्
दूरीभूते मयि सहचरे चक्रावाकीमिवैकाम्॥
गाढोत्कण्ठां गुरुषु दिवसेष्वेषु गच्छस्तु बालां
जातां मन्ये शिशिरमथितां पद्मिनीं वान्यरूपाम्॥

'रघुवंश' में इन्दुमती और सीता के वर्णन आए हैं तो इन्दुमती का, स्वयंवर के अवसर पर, वर्णन भी है, किन्तु जगज्जननी न बनाई जाकर भी कुछ ऐसे व्यक्तित्व के साथ चित्रित हैं, जिसकी सुन्दरता उसकी सम्पूर्णता में होती है और जो उसकी ऐसी उक्तियों में ही संवेदित है :

साहं तपः सूर्यनिविष्टदृष्टिरूर्ध्वं प्रसूतेश्चरितं यतिष्ये।
भूयो यथा मे जननान्तरेऽपि त्वमेव भर्त्ता न च विप्रयोगः॥

कालिदास ने पुरुष के उस सौन्दर्य का वर्णन किया है, जो भारतीय मूर्तिकला में दृष्टिगोचर है। बच्चों की सुन्दरता का वर्णन यत्र-तत्र किया है, पर इस मानव-जगत के तदनुरूप सुन्दर परिवेश का तो ऐसा वर्णन किया है, जिसके बिना सौन्दर्य का चित्रण अधूरा ही रह जाता। 'रघुवंश' में प्रयाग के संगम के चित्र तो कवि-कल्पना के सुपरिचित उदाहरण हैं। हम यहाँ पर स्वर्ग के हेमकूट पर्वत पर उतरते हुए दुष्यन्त के मुख से कहलाया गया पृथ्वी का वर्णन प्रस्तुत कर रहे हैं :

शैलानामवरोहतीव शिखरादुन्मज्जतां मेदिनी
पर्णाभ्यन्तरलीनतां विजहति स्कन्धोदयात्पादपाः।
सन्तानात्तनुभावनष्टसलिला व्यक्तिं भजन्त्यापगाः
केनाप्युत्क्षिपतेव पश्य भुवनं मत्पार्श्वमानीयते॥

मानना पड़ता है कि इतनी सम्पूर्णता में सृष्टि के सौन्दर्य को देख सकनेवाला कवि हमारे यहाँ या और कहीं फिर उत्पन्न नहीं हुआ।

['प्रसारिका' : सितम्बर-अक्टूबर, 1956]

वेद में विष्णु

मनुष्य दैवाधीन होता है या नहीं, कुछ कहना कठिन है; स्वाभिमानी मनुष्य कहता है :

दैवायत्तं कुले जन्म मदायत्तं तु पौरुषम्।

लेकिन बेचारा देवता अवश्य ही मनुष्याधीन होता है। उदयनाचार्य ने जब बड़े दर्प के साथ परमात्मा को ही फटकारते हुए कहा था :

ऐश्वर्यमदमत्तोऽसि मामवज्ञाय तिष्ठसि।
उपस्थितेषु बौद्धेषु ममाधीना तव स्थितिः॥

तो उन्होंने गलत नहीं कहा था।

कल्पना के धनी मनुष्य ने पहले विष्णु का निर्माण किया। इससे वह बहुत दिनों तक सन्तुष्ट नहीं रहा। देखते-देखते विष्णु कृष्ण बना डाले गए और विष्णु विस्मृतप्राय हो गए। विष्णु कृष्ण कैसे बन गए? इस रूप-विपर्यय के लिए विष्णु में कौन-से आधार वर्तमान हैं?—यहाँ इन्हीं प्रश्नों के समाधान उपस्थित करने का प्रयास है।

इन प्रश्नों का उत्तर महाभारत के प्रसिद्ध टीकाकार नीलकंठ ने 'मंत्र-भागवत' लिखकर दिया है—(उन्होंने 'मंत्र-रामायण' भी लिखी है)। नीलकंठ ने वैदिक मंत्रों का मनमाना अर्थ कर यह सिद्ध करने का प्रयास किया है कि सारी भागवती कथा बीज-रूप में वैदिक मंत्रों में मिल जाती है। उदाहरण के लिए नीलकंठ ने इस मंत्र में :

अजोनक्षां दाधार पृथिवीं तस्तम्भद्यां मंत्रेभिः सत्यैः।
प्रियापदानि पश्वो निपाहि विश्वायुरग्ने गुहागुहं गाः॥

अघासुर के द्वारा ग्रस्त गोपजनों का निवेदन निर्दिष्ट किया है : 'अथाघासुरग्रस्तमात्मानं गोपजनो निवेदयति।'

और, उन्हीं के अनुसार :

गौरीर्मिमाय सलिलानि तक्षत्येकपदी द्विपदी सा चतुष्पदी।
अष्टापदी नवपदी बभूवुषी सहस्राक्षरा परमे व्योमन्॥

में 'सम्प्रति वयःसन्धिगतस्य भगवतो गोपीविनोदादिरनुग्रह उच्यते'—अर्थात्, वयःसन्धि-प्राप्त कृष्ण के गोपी-विनोद आदि का वर्णन है।

नीलकंठ ने अपनी व्याख्या में खींच-तान तो बहुत की है, किन्तु कहीं-कहीं सचमुच ही लगता है, मंत्रों में विष्णु के परवर्ती कृष्ण-रूप की ऐसी झलक मिल जाती है जो पाश्चात्य विद्वानों को दीख नहीं पड़ी है, यद्यपि इस विषय में उनके अपने अनुसन्धान बहुत ही गम्भीर और सूक्ष्म हैं।

यहाँ ऋग्वेद के मंत्रों के आधार पर विष्णु के प्राचीनतम रूप का निर्धारण कर उसमें कृष्ण के रूप के आभास को स्पष्ट करने का प्रयत्न किया गया है। इस दिशा में पाश्चात्य विद्वानों ने जो अनुसन्धान किये हैं, उनका यथावसर उल्लेख किया गया है और कुछ निश्चित निष्कर्षों पर पहुँचने का प्रयत्न किया गया है।

वैदिक मंत्रों के अध्ययन से इतना तो निर्भ्रांत रूप से स्पष्ट हो जाता है कि परवर्ती हिन्दू दैवत-शास्त्र में त्रिदेवों की जो कल्पना है, और उनके बीच भी विष्णु का जो महत्त्व है, वह बाद की उद्‌भावना है। विष्णु वैदिक काल में इन्द्र या वरुण के समान महत्त्वपूर्ण देवता नहीं थे। ऋग्वेद में विष्णु का नाम सिर्फ सौ बार आता है, और केवल पाँच ही ऐसे पूरे मंत्र हैं, जिनमें मात्र उन्हीं की स्तुति है।

राय चौधरी आदि कुछ विद्वानों का यह कथन कि विष्णु प्राचीनतम वैदिक काल में भी एक महान देवता थे, युक्तिसंगत नहीं है। आँकड़े लिये जाएँ तो वे चतुर्थ श्रेणी के देवता सिद्ध होते हैं! किन्तु, यह भी कहना निराधार है कि परवर्ती काल में एक अति साधारण देवता सहसा असाधारण महिमा का अधिकारी हो गया। मैक्निकोल (Macnicol) ने अपनी पुस्तक Indian Mythology में प्रतिपादित किया है कि हमें ब्राह्मण-ग्रंथों में विष्णु के वर्धमान महत्त्व की प्रक्रिया के प्रमाण उपलब्ध होते हैं। किन्तु, प्रश्न तो यह है कि विष्णु के प्राचीनतम व्यक्तित्व में ही क्या ऐसे तत्त्व नहीं हैं, जो कृष्ण-रूप में परिवर्तित हो गए? और क्या यह भी सम्भव नहीं है कि वैदिक युग से पहले विष्णु का ऐसा महत्त्व था, जिसे मंत्रद्रष्टा ऋषियों ने, कुछ कारणों से, पूर्णतः स्वीकृत नहीं किया, यद्यपि कालान्तर में उसने अपना खोया गौरव कृष्ण के रूप में प्राप्त कर लिया? हम वैदिक उल्लेखों में ही इस दृष्टिकोण के प्रमाण के अन्वेषण का प्रयत्न करें।

ऋग्वेद में विष्णु के देव-रूप की दो ही प्रधान विशेषताएँ हैं—तीन पदों में त्रिभुवन की परिक्रमा कर लेना, जो उनकी सबसे बड़ी उपलब्धि प्रतीत होती है; और इन्द्र-वृत्र-युद्ध में इन्द्र को सहायता देना। ऋग्वेद में इन दोनों का परस्पर स्वतंत्र घटनाओं के रूप में भी (प्रथम मंडल, 154, सूत्र 2-3; प्रथम मंडल., 155, सू. 4-5; सप्तम मंडल, 100, सू. 3-5; अष्टम मंडल, 29, सू. 7) वर्णन मिलता है और परस्पर सम्बद्ध घटनाओं के रूप में भी (प्रथम मंडल, 154, सू. 1-2; पष्ठ मंडल, 69, सू. 5; सप्तम मंडल, 99, सू. 2-3)। कुछ दूसरे मंत्रों में विष्णु को और भी अधिक महत्त्व के कार्यों के सम्पादन का श्रेय दिया गया है (प्रथम मंडल,154, सू. 1-20; पष्ठ मंडल, 99, सू. 5; सप्तम मंडल, 99, सू. 2-3), किन्तु इसके कारण विष्णु

के व्यक्तित्व में कोई विशेषता नहीं आती। ये ही कार्य अन्य देवता भी करते हैं। अतः हम स्वयं विष्णु की ही विशेषताओं पर विचार कर यह देखें कि क्या वे उनके आरम्भिक रूप पर कुछ प्रकाश डालती हैं।

दैवत-शास्त्र की दृष्टि से विचार करने पर यह स्पष्ट है कि विष्णु और इन्द्र का सम्बन्ध बहुत ऊपर-ऊपर का है। वृत्र-वध के समय विष्णु इन्द्र को जो सहायता देते हैं, वह इन्द्र के लिए बहुत आवश्यक नहीं सिद्ध होता। इसी प्रकार जिन ऋचाओं में विष्णु और इन्द्र की एक साथ स्तुति है, वे बहुत सारगर्भ नहीं हैं। यहीं तक नहीं, कहीं-कहीं तो हम पाते हैं कि विष्णु की सबसे बड़ी विशेषता—तीन पदों में त्रिभुवन की परिक्रमा—इन्द्र में ही दिखला दी जाती है (6.69.5), और विष्णु का कोई स्थान ही नहीं रह जाता। इससे स्वभावतः निष्कर्ष यह निकलता है और इन्द्र-वृत्र-युद्ध के समय विष्णु की सहायता की कहानी बाद में गढ़ी गई थी। इससे यह भी प्रमाणित होता है, जो Hillebrandt (Vidische Mythologie) का मत है, कि विष्णु और इन्द्र की मित्रता में किन्हीं दो प्राकृतिक वास्तविकताओं का समन्वय नहीं है। तो फिर, इन तत्त्वतः असम्बद्ध देवताओं के गठबन्धन का रहस्य क्या है ? इन्द्र आर्यों के युद्ध-देवता थे। किसी दूसरे देवता के किसी महत्त्वपूर्ण कार्य को इन्द्र के वृत्र-वध के साथ सम्बन्ध कर देना वैदिक मंत्रद्रष्टाओं के लिए मामूली बात थी। यही वरुण के साथ होता है—'वृत्राण्यन्यः समिथेशु जिघ्नते व्रतान्यन्यः अभिरक्षते सदा।' ऐसा करने से ही इन्द्रेतर देवता वैदिक देव-समूह में पांक्तेय बन पाता था। विष्णु और इन्द्र के कार्यों को समन्वित करने का भी यही उद्देश्य प्रतीत होता है।

वैदिक मंत्रों में हम विष्णु-सम्बन्ध के तीन स्तर देखते हैं। पहले तो विष्णु और इन्द्र, दोनों ही एक महान कार्य को मिलकर सम्पन्न करते दिखाए गए हैं; दूसरा प्रयास विष्णु की महिमा गानेवालों ने यह कर दिखाया है कि इन्द्र के द्वारा अधिकृत गौरवपूर्ण आसन पर विष्णु स्थापित हो गए हैं—अब इन्द्र हो जाते हैं 'विष्णोः सचाभुवः'; और अन्ततः विष्णु को इन्द्र पर अवलम्बित दिखाया गया है—विष्णु त्रिभुवन नापने के लिए इन्द्र से ही शक्ति पाते हैं, और वे इन्द्र की स्तुति करते हैं, तभी तो बाद में भी विष्णु 'उपेन्द्र' कहलाते हैं।

इस सम्भावना का पहले ही निर्देश हो चुका है कि वैदिक ऋषियों से भिन्न कोई अन्य वर्ग विष्णु को उपास्य देवता मानता रहा होगा। इन्द्र-विष्णु की मित्रता इन्हीं दोनों वर्गों की सन्धि का सूचक हो सकता है। जिनके देवता विष्णु रहे होंगे, वे अपने उपास्य को आर्यों के देवता इन्द्र के साथ सम्बद्ध दिखाकर उन्हें धार्मिक महिमा से मंडित करना चाहते होंगे। वे कौन हो सकते हैं, जिनके देवता विष्णु थे ? पहली सम्भावना है कि विष्णु आर्यों के पहले से भारत में रहनेवाली जातियों के महिमावान देवता थे और उन्हें आर्य अपने देवताओं के बीच स्थान देने को तैयार न थे; दूसरी सम्भावना है कि विष्णु आर्य-जाति की ही साधारण श्रेणी की टुकड़ियों के देवता

थे, जिन्हें अभिजात मंत्रद्रष्टा ऋषि नापसन्द करते थे—शायद इसलिए, कि उनकी दृष्टि में विष्णु के आरम्भिक रूप में अवांछनीय तत्त्व मिश्रित थे। इस प्रकार इन्द्र और विष्णु का सम्पर्क वह आधार है, जिसके सावधान और आलोचनात्मक परीक्षण से हमें विष्णु के वास्तविक व्यक्तित्व का पता चल सकता है।

पहले विष्णु के तीन पदों में त्रिभुवन नापने की बात ली जाए। ये तीन पद संकेतित क्या करते हैं? निरुक्तकार ने अपने पूर्ववर्ती विद्वानों के विचार संक्षेप में यों प्रस्तुत किये हैं :

'यदिदं किञ्च तद् विचक्रमे विष्णुः। त्रिधा निधत्ते पदं त्रेधाभावाय पृथिव्यां अन्तरिक्षे दिवि इति शाकपूणिः। समारोहणे विष्णुपदे गयशिरसि इति और्णवाभः।' (12.2)

इस उद्धृत सन्दर्भ के दूसरे मत को ही विल्सन, रोठ, मैक्समूलर तथा केगी जैसे प्रारम्भिक विदेशी प्राच्य-विद्या-विशारदों ने मान्य समझा था। उनका भी यही विश्वास था कि विष्णु के तीन पदों का संकेत सूर्य के उदित, पूर्ण तथा अस्त होने की वास्तविकता की ओर है। विष्णु का सूर्यत्व ऋग्वेद के अन्यान्य उल्लेखों से भी सिद्ध होता है :

'त्रिर्देवः पृथिवीमेष एतां विचक्रमे शतर्चसं महित्वा'। (7.100.3)

'स्वर्दृश्'। (1.155.5)

'विभूतद्युम्न'। (1.56.1)

इन उल्लेखों से स्पष्ट है कि विष्णु प्रकाश और तेज के देवता हैं।

ऋग्वेद में विष्णु के सामान्य विशेषण हैं 'उरुगाय' (लम्बे पग लेनेवाला); 'एष' या 'एवयावन्' (गति से पूर्ण); धर्माणि धारयन्, ऋतस्य गर्भ; वेधाः (नियमों के पालक), पूर्व्य और नव्य। इनमें जो चार मुख्य बातें हैं—लम्बे पग लेना, तीव्र गति, नियमित संक्रमण, और एक ही दिन पुराना और नया होना—ये एक साथ सूर्य में ही पाए जाते हैं। ऋग्वेद में ही बड़ा चित्रात्मक वर्णन यह है कि विष्णु चलने को तैयार हैं—एक घूमते हुए चक्र की भाँति, अपने नब्बे अश्वों के साथ, जिनके चार-चार नाम हैं। स्पष्टतः अश्व दिन के प्रतीक हैं और नाम ऋतुओं के। अथर्ववेद में भी कुछ स्थलों पर (7.26.4 और 5.26.7) विष्णु का सूर्यत्व संकेतित है और शतपथ-ब्राह्मण में (1.1.10) कहा गया है कि विष्णु का गला कट जाने पर सूर्य हो गया।

विष्णु के वेदोत्तर रूप में भी उनका यह सूर्यत्व अक्षुण्ण है। सुदर्शन-चक्र सूर्यमंडल का प्रतीक है, पद्म सूर्य-किरणों की जीवनदायिनी शक्ति का द्योतक है, और पीताम्बर सूर्य-किरणों का समूह का संकेत करता है। विष्णु के इन उत्तरवर्ती चिह्नों में उनका वेदकालीन सूर्यत्व स्पष्टतः परिलक्षित होता है।

श्रेडर (Schroder) नामक विद्वान ने 'विष्णोः परमे पदे मध्य उत्सः' की समानता लेटिश भाषा के एक गीत की इन पंक्तियों में निर्दिष्ट की है :

'Der Ushsing Bereitet Bier Inder Fussspur des Rossleins।' गीत की इस कड़ी में Ushsing सूर्य-देवता माना गया है। श्रेडर के अनुसार यह इस बात का प्रमाण है कि विष्णु और Ushsing एक ही प्राचीन दैवत-कल्पना के दो रूप हैं। श्रेडर इसी आधार पर इस निष्कर्ष पर पहुँचते हैं कि त्रिदेवों की कल्पना में मूलत: यह प्रयास है कि भारतीय चिन्तन की तीन प्रमुख धारणाओं का समन्वय किया जा सके—ब्रह्मा तत्त्व-चिन्तन के दृष्टिकोण का प्रतिनिधित्व करते हैं, विष्णु वैदिक धर्म के प्रकृतिवाद का प्रतिनिधित्व करते हैं और शिव जनसाधारण के द्वारा भूत-पिशाचादि की पूजा के द्योतक हैं।

विष्णु के केशों से सम्बद्ध चित्र भी, जो सूर्य की किरणों के प्रतीक हैं, विष्णु के पौराणिक नामों में स्पष्ट हैं। उदाहरणार्थ, केशव और हृषीकेश। महाभारत में विष्णु के ये नाम मिलते हैं—हयशिरा:, हयमुख: (शान्तिपर्व, 339, 5-60)। इनमें अश्व-सूर्य की चित्र-योजना सुरक्षित है। विष्णु को रविलोचन और सहस्रार्चि: भी कहा गया है। कालान्तर में पुराणों में विष्णु को श्याम-वर्ण माना गया है, किन्तु यह स्पष्टत: कृष्ण-कल्पना के प्रभाव का परिणाम है।

जहाँ तक पुराणों में विष्णु के सूर्यत्व के सातत्य का प्रश्न है, हम पाते हैं कि उनका पुराण-वर्णित वाहन गरुड़ भी वैदिक सुपर्ण का ही रूपान्तर है। सुपर्ण वेद में स्वयं सूर्य-पक्षी है। गरुड़ और सर्पों का संग्राम अन्धकार के दैत्यों के साथ प्रकाश के संघर्ष का प्रतीक है।

इन प्रमाणों के आधार पर यह निश्चयपूर्वक कहा जा सकता है कि वेद के अभिजात मंत्रद्रष्टाओं को विष्णु को देव-रूप में स्वीकार करना पड़ा, तो उन्होंने विष्णु को मुख्यत: सूर्य-देवता के रूप में और इन्द्र के वशवर्ती सहायक के रूप में ही अपनाया।

इस दृष्टिकोण का कुछ विद्वानों ने खंडन भी किया है। उदाहरण के लिए Oldenberg ने अपनी पुस्तक (Religion des Veda) में दृढ़ता के साथ विष्णु के सूर्यरूप को अस्वीकृत किया है। वे विष्णु में सूर्य की एक भी विशेषता नहीं पाते। उनके मतानुसार तीन पदों की कल्पना का कोई प्रकृति-सम्बद्ध आधार नहीं। तीन मात्र एक रहस्यात्मक संख्या हो सकती है। Bergaigne का भी यही मत है। और, यह ठीक भी है कि तीन एक रहस्यात्मक संख्या है। उदाहरण के लिए अवेस्ता में Amesa Spenta सूर्य-लोक की ओर तीन पद उठाते हैं। अवेस्ता में ही Anra Mainyus के त्रिविध विस्तार का उल्लेख है।

ओल्डेनबर्ग के मतानुसार विष्णु के सम्बन्ध में ऐसे उल्लेख—उरुगाय, उरुक्षिति, उरुषु विक्रमणेषु, विगामन् इत्यादि इस तथ्य के द्योतक हैं कि वे दिग्देश के देवता हैं। वे दिग्देश का भ्रमण करते हैं, उसे व्यवस्थित करते हैं, और उसे मनुष्य के आवास के योग्य बनाते हैं।

ओल्डेनबर्ग ने उरुगाय का अनुवाद किया है : the lord of awide space's. अर्थ वस्तुतः है : 'लम्बे पग लेनेवाला'। ओल्डेनबर्ग, और गेल्डनर भी, यह बिलकुल नजरअंदाज कर देते हैं कि विष्णु-सम्बन्धी वर्णन, अपनी समग्रता में, सूर्यत्व के स्पष्ट द्योतक हैं। मानियर विलियम्स पहले इसी दृष्टिकोण के समर्थक थे और 'विश्' धातु का निर्देश कर उन्हें दिग्देश का देवता सिद्ध करते थे। किन्तु, मानियर विलियम्स ने, और उन्हीं की तरह पहले विष्णु को दिग्देश का देवता माननेवाले Hillebrandt ने, पीछे विष्णु के सूर्यत्व को स्वीकार किया। हापकिंस ने इन सभी मतों का विशद विवेचन करते हुए (J.A.O.S.XVI) यह सिद्ध किया है कि विष्णु सूर्य-देवता कुछ इसलिए नहीं थे कि वेदों में सूर्य-देवताओं के विषय में विशेष अभिरुचि थी, प्रत्युत इसलिए कि ऋग्वेद में उनके विषय में जो थोड़ा-बहुत कहा गया है, उससे यही बात प्रमाणित होती है।

विष्णु के मौलिक रूप के सम्बन्ध में अन्य मत भी है : Johansson का मत है कि वे मुख्यतः पितरों की भावना के द्योतक हैं; Rudolf atto के अनुसार, एकाधिक विष्णु थे; N.N. Ghose का कथन है कि विष्णु विद्युत् के देवता थे और मरुत् उनके अधीनस्थ थे; A.C. Das ने विष्णु और मिस्री देवता Bas में समानता पाई है—दोनों संसार के रक्षक हैं; याकोबी का विचार है कि विष्णु प्रारम्भ से ही चिन्तन के देवता थे; तिलक शामशास्त्री ने ज्योतिर्विद्या के आधार पर भी सूर्य के तीन पदों की व्याख्या की है। कुछ दूसरे विद्वान विष्णु को 'गोपालक-देवता' भी मानते हैं—विष्णु को अनेक स्थलों में 'गोपाः' कहा भी गया है।

अस्तु, हम मानते हैं कि विष्णु सूर्य-देवता हैं। किन्तु हमारा यह भी विचार है कि Roth, Kaegi और Max Muller का, और्णवाभ के अनुसार ही, यह कहना युक्तिसंगत नहीं है कि विष्णु के तीन पद सूर्य के उदय, पूर्ण और अस्त होने के द्योतक हैं। विष्णु का तीसरा पद उच्चतम दिव्य-लोक की ओर उठता बतलाया गया है। उसका सूर्य के अस्त होने से क्या सम्बन्ध?

विष्णु के तीनों पदों के सम्बन्ध में अन्य उल्लेख भी हमारे दृष्टिकोण का समर्थन करते हैं। सभी जीव उनमें रहते हैं। विष्णु ने उनके द्वारा त्रिभुवन को नाप लिया, उनका प्रारम्भ पृथ्वी पर होता है और अन्त उच्चतम दिव्यलोक में—ये ऐसे उल्लेख हैं।

हम शाकपूणि के मत को ही युक्तिसंगत समझते हैं, जिसके यास्क द्वारा उल्लेख का विवरण पहले ही दिया जा चुका है। विष्णु की कल्पना के माध्यम से वैदिक ऋषियों ने ऐसे सूर्य का चित्र उपस्थित किया है जो लम्बे पग भरता, पृथ्वी, अन्तरिक्ष और दिव्य-लोक में त्रिधा-विभक्त विश्व का भ्रमण करता है। Gunter के अनुसार विष्णु ही वे देवता थे, जो ज्योति के दिव्य-लोक के लघुतम पथ से परिचित थे। यह विद्वान 'विष्णु-पद' के रहस्यात्मक महत्त्व पर बहुत जोर देता है और अपने

इस प्रतिपादन के द्वारा विष्णु के अवतार के बीज का निर्देश करता-सा प्रतीत होता है। किन्तु, जहाँ तक वैदिक दैवत-कल्पना का प्रश्न है, उसमें विष्णु के पद-चिह्नों का कोई स्पष्ट उल्लेख है नहीं।

किन्तु, विष्णु के अवतार की प्रक्रिया पर हमें विचार तो करना ही है। जैसाकि मैकडोनेल ने अपने एक लेख में बताया है, (JRAS, 1895), अवतार-भावना का मूल हमें एक देवता के पुनः-पुनः दूसरे देवता के रूप में परिज्ञात होने में मिलता है। ब्राह्मण-ग्रंथों में देवता विभिन्न तत्त्वों के रूप में भी परिलक्षित होते हैं। जहाँ तक विष्णु के अवतार का प्रश्न है, उनकी दो विशेषताएँ इसमें सहायक हुई हैं। ऋग्वेद के मंत्र-विशेष में (7.100.6) विष्णु के बारे में कहा गया है कि वे अपने सामान्य रूप से भिन्न रूप को ग्रहण करने में समर्थ हैं—जो देवताओं की सामान्य विशेषता भी है। दूसरी, और अपेक्षाकृत अधिक महत्त्वपूर्ण, बात यह है कि विष्णु विपत्तिग्रस्त मनुष्य के उद्धार के लिए तीन पद चलते हैं—'यो रजांसि विममे पार्थिवानि त्रिश्चिद्विष्णुर्मनवे बाधिताय' (6.49.13)।

मैकडोनेल ने अपनी पुस्तक Vedic Mythology में विष्णु के पौराणिक 'पालक' रूप का भी पूर्वाभास वेद में निर्दिष्ट किया है।

विष्णु के तीन पद पौराणिक वामनावतार की कल्पना के भी आधार हैं। शतपथ-ब्राह्मण में हमें विष्णु के लघु आकार का उल्लेख मिलता भी है। विष्णु के बराहावतार का भी पूर्वाभास हमें ऋग्वेद तथा बाद के वैदिक साहित्य में मिलता है (ऋग्वेद 1.61.7, 8.77.10; तैत्तिरीय आरण्यक 10.1.8; तै.ब्रा. 1.3.5; शतपथ-ब्रा. 1.2.11)।

संहिता-साहित्य में तो विष्णु की यह स्थिति है। ब्राह्मण-ग्रंथों में (शतपथ, ऐतरेय आदि में) उनका महत्त्व काफी बढ़ गया है। ऐतरेय ब्राह्मण में स्पष्ट ही कह दिया गया है : 'अग्निर्वै देवानां अधमः विष्णु परमः तदन्तरेण सर्वाः देवताः।' यह अभी विष्णु के बढ़ते हुए और इन्द्र के घटते हुए महत्त्व की प्रारम्भिक स्थिति-मात्र है। इसकी पराकाष्ठा महाभारत में मिलती है, जब भयाकुल इन्द्र विष्णु की शरण में आते हैं और विष्णु उन्हें अपनी शक्ति देते हैं। हम यहीं देखते हैं कि इन्द्र-प्रधान वैदिक धर्म को विष्णु-भावना अपदस्थ कर देती है।

विष्णु की व्युत्पत्ति से भी विष्णु-समस्या पर प्रकाश पड़ सकता है। पौराणिक प्रयत्न है 'विश्' धातु के प्रवेश करने, व्याप्त होने के अर्थ में उसकी व्याख्या करना। विष्णुपुराण में कहा गया है : 'तमेव सृष्ट्या तमनुप्राविशत्।' विष्णुसहस्त्रनाम में कहा गया है : 'चराचरेष भूतेषु वेशनाद् विष्णुरुच्यते', और व्युत्पत्ति यों दिखाई गई है : 'विशतेर्वा नुक्प्रत्ययस्य रूपं विष्णुरिति।'

मैकडोनेल, केगी, श्रेडर, ओटो आदि 'विश्' का अर्थ 'सक्रिय होना' करते हैं, पर वे यह नहीं निर्देश करते कि किस प्रत्यय से विष्णु बनता है। ब्लूमफील्ड की अभिनव कल्पना है कि विष्णु में दो तत्त्व हैं—'वि' और 'स्नु' या 'सानु' (पीठ के अर्थ में)।

विष्णु की नवीनतम प्रस्तावित निरुक्ति है, 'स्नु' प्रत्यय के साथ 'वि' का योग—जैसे विष्णु, अलंकरिष्णु आदि में। तुलनात्मक भाषाविज्ञान की दृष्टि से 'वि' का अर्थ माना गया है उड़नेवाला, और विष्णु के पक्षिरूप को Johansson (Solfagelni Indien) और Charpentier (Die Suparna-sage) ने वैदिक मंत्रों में निर्दिष्ट भी किया है। Johansson का यह भी मत है कि विष्णु के श्रीवत्स, कौस्तुभ, उनकी चार भुजाएँ, नाभि-कमल आदि उनके पक्षिरूप के ही द्योतक हैं। गरुड़ पक्षी विष्णु का वाहन माना जाता है—विद्वानों का एक वर्ग स्वयं वाहक को ही पक्षी सिद्ध कर दिखाता है।

लेकिन, हमने जो सन्देह प्रारम्भ में ही निर्दिष्ट किया था कि विष्णु के प्रारम्भिक रूप में कुछ है जिसके कारण वैदिक ऋषि उन्हें प्रसन्नता से मान्यता नहीं देते, उसका उत्तर बाकी है। विष्णु के इस गोपनीय रूप का संकेत उनके एक स्वल्प परिचित वैदिक उल्लेख, शिपिविष्ट, में है। यहाँ यास्क के शब्दों में शिपिविष्ट के सम्बन्ध में इतना कहना पर्याप्त है : 'कुत्सितार्थोऽयं पूर्व भवति।' विष्णु के इस शस्यवर्द्धक, प्रजननात्मक एवं यौन-प्रधान रूप का विशद विवेचन पुनः किया जाएगा। इसी का उदात्त रूप कृष्ण की कल्पना में मिलता है। अथर्ववेद में विष्णु का घनिष्ठ सम्बन्ध 'सिनीवाली' नाम्नी देवी से बताया गया है। परवर्ती वैदिक साहित्य में ऐसे अनेक महत्त्वपूर्ण उल्लेख हैं। ऋग्वेद में 'विष्णु' के सम्बन्ध में 'पौंस्य' की चर्चा और समूचा वृषाकपि-मंत्र द्रष्टव्य है। पक्षी अनेक धर्मों में शस्य-वर्धन का प्रतीक है। विष्णु के पक्षिरूप से भी उनके इस रूप की संगति बैठती है।

['साहित्य' : 1958]

बाणभट्ट : जीवनी और कला

जो भूमिखंड आधुनिक काल में जिला शाहाबाद (बिहार) की सीमाओं से वलयित है, उसकी शूर-वीरता तथा विद्या-सम्पन्नता की परम्परा बहुत ही उज्ज्वल तथा अतुलनीय है। बाणभट्ट की चर्चा करते हुए—जो भारतवर्ष के प्रमुख गद्यकारों में से एक हैं—हमें अनायास स्मरण हो आता है कि यह शाहाबाद ही है, जिसे आधुनिक हिन्दी गद्य के जन्मदाता पं. सदल मिश्र को उत्पन्न करने का श्रेय प्राप्त है। यहाँ यह कहना भी अप्रासंगिक न होगा कि समकालीन हिन्दी के तीन[1] उच्चकोटि के गद्य-लेखक पं. नन्दकिशोर तिवारी, बाबू शिवपूजन सहाय तथा राजा राधिकारमणप्रसाद सिंह—जो अपने उत्कृष्ट एवं प्राणपूर्ण अलंकृत गद्य के लिए प्रसिद्ध हैं, और संयोग की बात देखिए, इसी स्थान की विभूतियाँ हैं। इस प्रकार शाहाबाद एक सर्वगुण-सम्पन्न गद्य-शैली के रिक्थ का सगर्व दावा कर सकता है, जिसकी परम्परा कभी विच्छिन्न नहीं हुई।

बाणभट्ट का, जो इस परम्परा के सुदूरवर्ती आध्यात्मिक उद्गम-स्थल थे, जन्म वात्स्यायन ब्राह्मण-वंश में हुआ था, जिसका परम्परागत स्थान हिरण्यबाहु नदी[2] के—जो आज शोणभद्र अथवा 'सोन' नदी के नाम से विख्यात है—पश्चिम में स्थित 'प्रीतिकूट'[3] नामक ग्राम में हुआ था। प्रीतिकूट ग्राम के पास ही 'नल्लकूट' और 'यष्टि-गृह' नामक दूसरे दो ग्राम थे, जिनके बाद के प्रदेश पर राजा हर्ष[4] का आधिपत्य था।

यह हम लोगों का सौभाग्य है कि संस्कृत के अन्य लेखकों के प्रतिकूल बाणभट्ट अपने 'हर्षचरित' के प्रारम्भिक परिच्छेदों में और 'कादम्बरी' के प्रस्तावना-छन्दों में यथेष्ट तथा स्पष्टोक्तिपूर्ण आत्मचरितात्मक सामग्री छोड़ गए हैं। इस उपलब्ध सामग्री द्वारा हम सरलतापूर्वक उनकी अभिजात वंशावली तथा उनके

1. वहाँ के तीन विशिष्ट गद्यकार और भी स्मरणीय हैं; —महामहोपाध्याय सकलनारायण शर्मा, बाबू व्रजनन्दन सहाय 'व्रजवल्लभ' और स्वर्गीय पं. ईश्वरीप्रसाद शर्मा।
2. 'हर्षचरित', प्रथम उच्छ्वास
3. उपरिवत्
4. उपरिवत्

विविधतापूर्ण जीवन की घटनाओं का—जो बहुत सरस, उच्छृंखल एवं साहसिक रहीं; किन्तु दिन बीतने पर गम्भीरता, विद्वत्ता तथा मनस्विता से स्निग्ध हो गईं—पुनर्निर्माण कर सकते हैं।

यद्यपि उनके पूर्वजों का विवरण सहज सुलभ है तथा उनका वर्णन उन्होंने अतिशय प्रशंसात्मक शब्दों में किया है तथापि स्थानाभाव के कारण हमें निम्नांकित संक्षिप्त वंशवृक्ष[1] से ही इस प्रबन्ध में सन्तोष करना पड़ेगा :

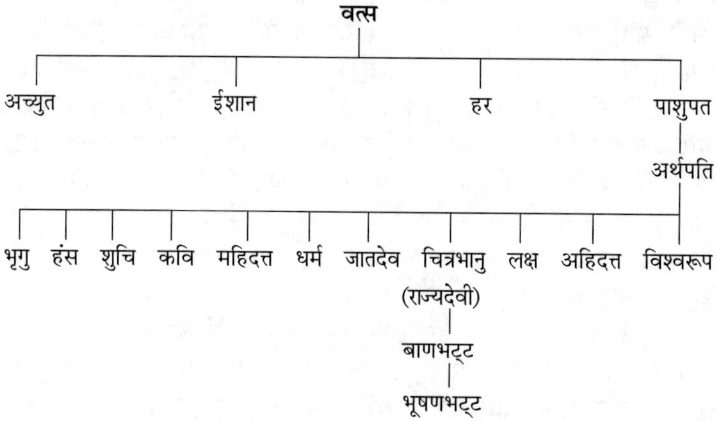

उनके बाल्यकाल का विवरण इतना आकर्षक है कि उसके वर्णन का लोभ-सँवरण नहीं किया जा सकता। उनकी माता का देहान्त बहुत अल्प वय में हो गया और उनके पिता का, जो उन्हीं के शब्दों में, उन पर मातृवत् स्नेह रखते थे, स्वर्गवास तभी हो गया जब वे कोई चौदह साल के किशोर थे। उनके कोमल मस्तिष्क पर शायद इसी घटना के शोक की छाप थी, जिसकी प्रेरणा से उन्होंने 'कादम्बरी' में शुक-शावक का इतना करुण तथा हृदय-द्रावक चित्रण किया है।[2]

ऐसी परिस्थिति में यह कोई आश्चर्यजनक बात नहीं कि अनिवार्य चारित्रिक उच्छृंखलता का, जो प्राय: सभी काल तथा सभी देश के विचक्षण पुरुषों में पाई जाती है, उनके जीवन में भी अपनी एक झलक दिखा जाने का अवसर मिला। उनके हृदय में देशाटन की कामना प्रबल हो उठी, और वे नये तथा अपरिचित देशों के भ्रमण के लिए आराम की घरेलू जिन्दगी छोड़, कलाकार—किन्तु संदिग्ध—साथियों के साथ बाहर निकल गए। उनके साथियों में कवि, चित्रकार, गायक संगीतज्ञ, अभिनेता, जैन तथा ब्राह्मण साधु, वैद्य तथा शब्दशास्त्र के ज्ञाता एवं विविध प्रकार की कलाओं तथा शास्त्रों के जानने वाले थे। वे उन्हीं के साथ बहुत दिनों तक देश-

1. 'हर्षचरित', प्रथम उच्छ्वास
2. 'कादम्बरी'—श्रीयुत् काले द्वारा सम्पादित, पृ. 49-64

विदेश घूमते रहे। अपने इस कार्य से उन्होंने अपने-आपको अपने सगे-सम्बन्धियों के उपहास का पात्र तो अवश्य बना डाला; किन्तु अनुभव तथा बुद्धि के भांडार को समृद्ध बनाकर जब वे घर लौटे, तब अपनी सुख्याति[1] को पुनः उपार्जित कर लेने में उन्हें किसी कठिनाई का सामना नहीं करना पड़ा।

अपनी आवारा-गश्ती से घर लौट आने के बाद वे अपने पूर्वजों के पद-चिह्नों पर अग्रसर हुए। वे बिना किसी अड़चन के वात्स्यान ब्राह्मण-समुदाय में शीर्ष-स्थानीय बन गए। तदुपरान्त विविध ललित-कलाओं के साथ अपना सम्पर्क बनाये रखने के साथ-ही-साथ[2] वे धर्मशास्त्रों के आदेशों के अनुसार अनेक यज्ञादि करते हुए कुछ काल तक अपने घर पर ही रहे।

उन्हीं दिनों अपने हितैषी प्रधान अमात्य कृष्णगुप्त द्वारा वे राजा हर्षवर्धन के दरबार में बुलाए गए। किन्तु उस अवसर पर राजा का बर्ताव उनके साथ बहुत रूखा हुआ। यहाँ तक कि उनके मुँह पर ही राजा ने उनको दम्भी एवं पाखंडी तक कह डाला।[3] किन्तु प्रधान अमात्य के प्रयत्न से कुछ ही काल में बाणभट्ट, राजा की कृपा प्राप्त करने में सफल हुए और अपनी विद्वत्ता के योग्य सम्मान पाकर वे राजदरबार में बहुत दिनों तक रहे।

किन्तु अन्त में घर की याद उन्हें सताने लगी और उन्होंने अपने सगे-सम्बन्धियों से मिलने जाने के लिए राजा से अनुमति ली। उनके परिवारवालों ने उन्हें एक बार फिर अपने बीच पाकर, राजा हर्ष का वृत्तान्त सुनाने के लिए, उनसे साग्रह अनुरोध किया; क्योंकि राजा हर्ष केवल एक पराक्रमी वीर होने के नाते ही नहीं, वरन् अपनी धार्मिकता तथा अन्य गुणों के लिए भी चतुर्दिक विख्यात् थे।[4]

अस्तु, यह बाणभट्ट के परिवारवालों के अनुरोध का ही फल था कि उन्होंने 'हर्षचरित' के निर्माण में हाथ लगाया। बाणभट्ट की दूसरी कृति, जिसकी प्रामाणिकता के बारे में मतभेद नहीं है, 'कादम्बरी' है। यह कहना कठिन है कि इन दोनों रचनाओं में कौन-सी पहले लिखी गई; क्योंकि दुर्भाग्यवश दोनों-की-दोनों रचनाएँ अधूरी हैं। फिर भी यह कुछ कम सन्तोष की बात नहीं कि 'बाण' के योग्य पुत्र 'भूषणभट्ट'[5] अथवा 'भट्टपुलिन'[6] ने अपने पिता की अपूर्ण, किन्तु अमर कृति 'कादम्बरी' को, 'उत्तर-कादम्बरी' की रचना करके, पूर्ण करने का प्रयत्न किया है।

1. 'हर्षचरित', प्रथम उच्छ्वास
2. 'हर्षचरित', द्वितीय उच्छ्वास
3. 'हर्षचरित', द्वितीय उच्छ्वास—'महानयं भुजंगतः।'
4. 'हर्षचरित', तृतीय उच्छ्वास
5. उपरिवत्
6. धनपाल की 'तिलकमंजरी' :

   'केवलोऽपि स्फुरन् बाणः करोति विमदान् कवीन्।
   किं पुनः क्लृप्तसन्धानः पुलिन्दकृतसन्निधिः॥'

कुछेक अन्य ग्रंथ, 'चंडीशतक' तथा 'पार्वती-परिणय' एवं 'मुकुटताडिका'[1] नाटक भी बाणभट्ट के बनाये हुए कहे जाते हैं। किन्तु इसका कारण शायद रचयिताओं का नाम-सादृश्य ही है, जिस गलत आधार पर प्रत्यक्षतः परवर्ती निम्न श्रेणी की बहुत-सी रचनाओं को कुछ लोग कालिदास-जैसे प्रख्यात कवि की बनाई हुई कहते हैं।

जर्मन विद्वान आर. स्मिड (R. Schmidt) ने ठीक ही कहा है कि इन ग्रंथों के अन्तःसाक्ष्य पर एक नजर डालने से ही यह साफ-साफ पता लग जाता है कि ऐसी निर्जीव एवं निम्नकोटि की रचनाएँ बाणभट्ट जैसे विद्वान की लेखनी से नहीं निकल सकतीं। स्मिड ने आगे चलकर यह सिद्ध कर दिया है[2] कि वस्तुतः 'चंडीशतक' और 'पार्वती-परिणय' एक दूसरे एवं परवर्ती 'बाण' की रचनाएँ हैं, जिसका पूरा नाम 'वामनभट्ट बाण' था तथा जिसका समय पन्द्रहवीं शताब्दी है। यह वही 'बाण' था, जिसने 'नलाभ्युदय' और 'वेमभूपालचरित' की रचना की थी।

'हर्षचरित' संस्कृत में जीवनचरितात्मक पहली ऐसी कृति है, जिसका नायक एक ऐतिहासिक व्यक्ति है—यद्यपि संस्कृत में इतिहास की कोई कमी नहीं, क्योंकि भारतवासियों को इस शास्त्र का बहुत प्राचीन काल से यथेष्ट ज्ञान था।[3] 'हर्षचरित' को जब हम एक ऐतिहासिक कृति कहते हैं तब हमारा तात्पर्य यह है कि इसमें वर्णित घटनाओं का सम्बन्ध किसी ऐतिहासिक व्यक्ति से है—किसी कल्पित नायक से नहीं। वस्तुतः 'हर्षचरित' कोई ऐतिहासिक कृति है भी नहीं। इसके लिए यदि हम एक आधुनिक एवं प्रचलित शब्द का व्यवहार करें तो हम इसे एक ऐतिहासिक अथवा युग-विशेष का उपन्यास (Preiod Novel) कहेंगे। अतः इसका मूल्यांकन करते समय हमें इस बात को भी ध्यान में रखना आवश्यक है। कीथ (Keith)[4] जब इस ग्रंथ को ऐतिहासिक दृष्टि से सर्वथा 'मूल्यहीन' करार देता है तब वह यह भूल-सा जाता है कि एक ऐतिहासिक उपन्यास होने के कारण 'हर्षचरित' के लिए यह आवश्यक नहीं कि उसमें ऐतिहासिक व्यक्तियों अथवा घटनाओं का ही विवरण रहे। एक ऐतिहासिक उपन्यास का लेखक किसी एक कथानक की कल्पना करके, कल्पित पात्रों के सहारे उसका विस्तारमात्र करके भी रह सकता है—यदि उसकी पृष्ठभूमि वास्तविक हो तथा उसके साथ कथानक और चरित्रों का वास्तविक एवं निर्णयात्मक सम्बन्ध हो। ऐतिहासिक उपन्यास की सीमा के सम्बन्ध में यह बहुत ही उदार भावना

1. भट्ट मथुरानाथ शास्त्री—सम्पादित 'कादम्बरी' की भूमिका में (निर्णयसागर प्रेस, बम्बई से प्रकाशित)।
2. Abhandiunger fur die Kunde des Mor-genlandres, XIII, 4, 1917
3. इतिहास का भारतीय आदर्श है :

   'धर्मार्थकाममोक्षाणामुपदेशसमन्वितम्।
   पूर्ववृत्तं कथायुक्तमितिहासं प्रचक्षते॥'
4. 'द हिस्ट्री ऑफ संस्कृत लिट्रेचर', पृ. 318

है। 'हर्षचरित' में यह बात प्रशंसनीय है कि उसमें वास्तविक घटनाओं के साथ यदा-कदा की कल्पित घटनाओं का मिश्रण किया गया है और ये भी युक्तिसंगत तथा परस्पर-सम्बद्ध हैं। उसके कल्पित पात्रों के साथ-ही-साथ हम ऐसे व्यक्तित्वों का भी चित्रण पाते हैं जो सर्वथा वास्तविक हैं। ऐसे उपायों का अवलम्ब लिये बिना ऐतिहासिक कृतियाँ घटनाओं की प्राणहीन तालिका मात्र रह जाती हैं, और हमें यह स्मरण रखना चाहिए कि साधारणत: आलोचक 'हर्षचरित' को आख्यायिका ही कहते हैं, जिसका प्रयोग आधुनिक 'ऐतिहासिक उपन्यास' के लिए किया जा सकता है।

'हर्षचरित' यदि जीवनी मात्र भी हो तो, हर्षकालीन भारत के इतिहास के पुनर्निर्माण के लिए यह अतिशय उपयोगी ग्रंथ है। वास्तविक घटनाओं के यथातथ्य विवरण का गुण इसमें नहीं है। हो सकता है, इसमें और भी ऐसे ही अन्य दोष हों; किन्तु तत्कालीन सामाजिक, धार्मिक एवं सांस्कृतिक इतिहास के पुनर्निर्माण के लिए इसमें प्रचुर सामग्री मिलती है। 'हर्षचरित' के सचेत अध्ययन द्वारा हमें तत्कालीन आचार-व्यवहार और रीति-रिवाज की साफ झलक मिलती है। अफसोस तो इस बात का है कि भारतवर्ष के इतिहास के अन्य युगों के लिए भी—हर्ष के पहले या बाद के युग के लिए—इसी तरह की सामग्री नहीं मिलती।

सच्ची बात यह है कि एक जीवन-चरित के लेखक की हैसियत से भी 'बाण' में साहित्यिक कलाकार के गुणों का अभाव नहीं पाया जाता। साहित्यिक जीवन-चरित के कुशल लेखक के अनुरूप ही वे केन्द्र से चलकर परिधि तक पहुँचते हैं। वे चरितनायक को कहीं भी नहीं भूलते, और हमारे लाभ के लिए केवल उन्हीं दृश्यों का नाटकीय चित्रण करते हैं, जिनमें नायक खूबी के साथ अपना कार्य करता दिखाई पड़ता है। यही उनका लक्ष्य है और इससे अधिक वे नहीं करते, इसके लिए उन्हें दोषी नहीं ठहराया जा सकता।

विशुद्ध राजनीतिक इतिहास उस सामग्री की माँग कर सकता है जिसका सम्बन्ध 'हर्ष' की उन लड़ाइयों से हो जिनमें उसे जय-पराजय मिली—और उसकी विजय से अधिक उसकी पराजय का ही महत्त्व है।[1] इस दृष्टि से 'बाण' पर यह दोष भी लगाया जा सकता है कि उन्होंने मालव-नरेश तथा गौडाधिपति का पूर्ण विवरण नहीं दिया है।[2] किन्तु हम तो यही पर्याप्त समझते हैं कि बाण, हर्ष के जीवन की नाटकीय

1. (क) 'हर्ष' को अपने दक्षिण के अभियान में चालुक्य-नरेश 'पुलकेशि द्वितीय' के हाथों हार खानी पड़ी थी ('विगलितहर्ष हर्ष चकार'—एहिओले-शिलालेख)।
(ख) यह भी स्पष्ट है कि गौडाधिपति शशांक को उन्मूलित करने में हर्ष को पूरी सफलता नहीं मिली थी—यद्यपि 'हर्ष' की भगिनी 'राज्यश्री' के पति की हत्या के लिए वही उत्तरदायी था। इस बात के लिए शशांक के पुरातत्त्वात्मक अवशेषों में पर्याप्त प्रमाण उपलब्ध है; वह 'हर्ष' के साथ-ही-साथ सुदूरपूर्व में राज करता रहा—पर इसका उल्लेख 'हर्षचरित' में नहीं मिलता।
2. 'बाण' के सम्बन्ध में 'कीथ' की आलोचना—'ए हिस्ट्री ऑफ संस्कृत-लिटरेचर'।

घटनाओं को चित्रित करने में पूर्णतया सफल हुए हैं। 'हर्ष' के जीवन का वस्तुतः नाटकीय तत्त्व न तो उसकी विजय या पराजय में हैं—न उसके विराट् धार्मिक समारोहों में ही, जो उसने बौद्धधर्म ग्रहण करने के उपरान्त किये। उन्हें तो हम 'राज्यश्री' के उस दुःखद वृत्तान्त में पाते हैं जिसके प्रतिशोध के लिए प्रतापी 'हर्ष' भी कुछ नहीं कर सका। 'बाण' ने महान कलाकारों की सहज अनुभूति के सहारे अपने कथानक की नींव इसी घटना पर खड़ी की है। उन्होंने जिस बात का बीड़ा उठाया, उसे कर दिखाया है : उसे नहीं करने का दोष हम उन पर नहीं मढ़ सकते।

पाश्चात्य विद्वानों ने 'बाण' की शैली को साधारण रूप से एवं 'कादम्बरी' की विशेष रूप से, बहुत बड़ी आलोचना की है। जर्मन विद्वान 'वेबर' ने 'कादम्बरी' की जो आलोचना की है, हम उसे उदाहरण-स्वरूप यहाँ उद्धृत करते हैं। उन्होंने कहा है : 'बाण का गद्य एक भारतीय वन की तरह है जिसमें धरती पर फैली हुई झाड़ियों के कारण आगे बढ़ना तब तक असम्भव है जब तक कोई उन्हें काट-छाँटकर रास्ता न निकाले और जहाँ, इसके बाद भी, उसे अप्रचलित शब्दों के रूप में हिंस्र पशुओं का सामना करना पड़ता है, जो उसे भयाक्रान्त कर देते हैं।'[1]

परिहास की बात नहीं, पर इस बात की कल्पना काफी मनोरंजक है कि उपर्युक्त आलोचक की क्या प्रतिक्रिया होती, यदि वह इस बीसवीं शताब्दी में होता और उसके हाथों में अंग्रेजी उपन्यासकार 'जेम्स ज्वायस' की 'यूलिसिस' अथवा 'फिनेगन्स वेक' की एक प्रति पड़ जाती, जिनके गद्य के बारे में इससे भी अधिक बुरी बातें कही जा सकती हैं एवं सहानुभूति-रहित विद्वानों ने कही भी है—यद्यपि ऐसे आलोचकों का भी अभाव नहीं, जिन्होंने उक्त लेखक के साहित्यिक प्रयोगों एवं नूतन पद्धति का पूर्णतः समर्थन किया है।

इस सम्बन्ध में यह स्मरण रखना आवश्यक है कि एक ही देश में भिन्न-भिन्न काल की कला एवं साहित्य के आदर्श में मौलिक विभेद होता है—दो भिन्न देशों की बात का तो कुछ कहना ही नहीं है, जिनकी संस्कृति एक दूसरे से सर्वथा भिन्न एवं स्वतंत्र होती है। प्राच्यविद्या के अध्ययन में जिन विदेशियों ने पहले-पहल हाथ लगाया, वे इसी मुख्य बात को याद न रख सकने के कारण भारतीय चित्रकला और मूर्तिकला के अन्तर्निहित अभिव्यंजनावाद को नहीं समझ सके और उनकी प्रतिकूल आलोचना की। भारतीय विद्वानों ने भी पश्चिमी कला के यथार्थवाद की चुभनेवाली आलोचना की है। समय एवं एक दूसरे को समझने के प्रयत्न के अन्त में दिखा दिया है कि गलती दोनों ओर से हुई है। पुनर्जाग्रत भारतीय कला ने पश्चिमी यथार्थवाद से यथेष्ट बल ग्रहण किया है और इसी तरह 'मातिस्से' (Matisse) आदि आधुनिक फ्रांसीसी कलाकारों ने अपनी कला पर भारतीय अभिव्यंजनावाद के प्रभाव को स्वीकार किया है।

1. 'पीटर्सन' द्वारा सम्पादित 'कादम्बरी' की भूमिका से उद्धृत।

अब समय आ गया है कि इस बात को ध्यान में रखकर ही वे विदेशी विद्वान भारतीय साहित्य की एक बार फिर से समीक्षा करें, जिनके प्रति भारतीय साहित्य अपने आलोचनात्मक सम्पादन, अनुवाद आदि के लिए ही नहीं, वरन्—यदि सच्ची बात कही जाए तो—अपनी रक्षा तथा पुनर्जीवन तक के लिए आभारी हैं।

प्रकृत विशेष के सम्बन्ध में हमें कहना यही है कि 'बाण' की शैली के अध्ययन के लिए यह आवश्यक है कि उत्कृष्ट रचना के सम्बन्ध में जो आधुनिक आदर्श हैं, उनमें कुछ आवश्यक परिवर्तन कर लिया जाए। अरनेस्ट हेमिंग्वे ने, जो आधुनिक गल्पकारों में प्रमुख स्थान के अधिकारी माने जाते हैं, इस आदर्श को बहुत ही सुन्दर ढंग से व्यक्त किया है : 'अच्छी रचना वास्तुकला है, भीतरी सजावट नहीं (Good writing is architecture—not interior decoration)।' 'बाण' के लिए इसमें इतना भर परिवर्तन करना होगा : 'अच्छी रचना वास्तुकला और भीतरी सजावट, दोनों ही है।'

'कादम्बरी' की रचना में वैसी ही गूढ़ताएँ, बारीकियाँ एवं चमत्कारिक सम्पूर्णता है जिसके लिए भारतीय वास्तुकला प्रसिद्ध है। साथ-ही-साथ इसमें जगह-जगह भीतरी सजावट के लिए सचेष्ट एवं सहज कारीगरी भी मिलेगी, जिसमें भारतीय चित्रकला का आनन्द मिलता है; किन्तु जिसका प्रभाव वैसे लोगों पर नहीं भी पड़ सकता है, जिन्हें इसके अन्तर्निहित आदर्शों का ज्ञान नहीं। 'कादम्बरी' के अनोखे वर्णनों की तुलना सुनहले फ्रेम में मढ़े एक सुन्दर चित्र के साथ करते हुए स्व. रवीन्द्रनाथ ठाकुर ने इसी विशेषता को अपने अनूठे ढंग से कहा है। वे कहते हैं कि 'जो पाठक चित्रों का आनन्द लेना चाहते हैं, उन्हें 'फ्रेम'[1] (भाषा) पर भी ध्यान देना आवश्यक है, अन्यथा प्रभाव-संक्रमण की तीव्रता में अवरोध अवश्यम्भावी है।'

['साहित्य' : 1950]

---

1. 'प्राचीन साहित्य' : रवीन्द्रनाथ ठाकुर : कादम्बरी-चरित—अन्त की पंक्तियाँ।

पालि भाषा

पालि से हमें उस भाषा का बोध होता है जिसमें बौद्धों के मूल ग्रंथ लिखे गए हैं। आज उसका यही प्रचलित और स्वीकृत अर्थ है। लेकिन इस शब्द के ऐतिहासिक अध्ययन से इस अर्थ की ठीक-ठीक पुष्टि नहीं हो पाती। बौद्धों के मूल तथा प्राचीन ग्रंथों में इस शब्द का दूसरे ही अर्थ में व्यवहार पाया जाता है। पालि का साम्प्रतिक अर्थ किस प्रकार रूढ़ हो गया है, इसकी गवेषणा उपादेय एवं मनोरंजक प्रमाणित हो सकती है।

इस शब्द को इस अर्थ में प्रयुक्त करने का श्रेय किसे मिलना चाहिए, इस विषय पर निश्चयपूर्वक कुछ कहना कठिन है। फिर भी इसमें सन्देह नहीं कि इस अर्थ को प्राच्य-विद्या के पाश्चात्य विद्वानों ने ही इतना लोकप्रिय बना दिया है। सीलोन, बर्मा और स्याम के पिछले खेवे के 'थेराओं' का भी इस अर्थ-परिवर्तन के पीछे कुछ हाथ हो सकता है। जहाँ तक परम्परागत प्रयोग का प्रश्न है, छठी-सातवीं शताब्दी तक भी पालि-शब्द भाषा-विशेष के नाम के रूप में प्रयुक्त होता नहीं पाया जाता। महावंश की तो बात ही छोड़ दें, उसके परवर्ती परिशिष्ट चूलवंश में भी पालि का प्रयोग मूल बौद्ध ग्रंथों के द्योतन के लिए ही होता है। मूल ग्रंथों और उनकी टीकाओं के भेद को स्पष्टतः निरूपित करने के लिए ही पहले प्रकार के ग्रंथ पालि कहे गए हैं।

उदाहरण के लिए, 'पालिमात्रं इधानीतं नात्थि अट्ठाकथा इधा' में यह साफ-साफ कहा गया है कि सीलोन से केवल पालि ही लाई गई है, टीकाएँ नहीं। टीकाओं में भी पालि इस अर्थ में व्यवहृत हुई है। 'विसुद्धिमग्ग' में कहा गया है : 'इदं सब्बाकारेन नेव पालियं न अठ्ठाकथा यं आगतं केवलं आचरियमतानुसारेन वुत्तं तस्मा न सारतो पच्चेतब्बम्।' अतः यह स्पष्ट है कि टीकाओं में भी पालि का प्रयोग मूल तथा प्रामाणिक बौद्ध ग्रंथों के लिए ही हुआ है।

इसी प्रकार, एक ओर पालि और अठ्ठाकथा में तथा दूसरी ओर अठ्ठाकथा और आचरियमत में जो विभेद है, उसका स्पष्टीकरण बुद्धघोष ने अपनी 'पुग्गल-पण्णाति' नामक टीका में किया है। यह भी उल्लेखनीय है कि 'पालि' शब्द का सर्वप्रथम व्यवहार बुद्धघोष ने ही किया है। बुद्धघोष की टीकाओं तथा उनके बाद

दूसरों की टीकाओं में भी 'पालि' शब्द बुद्धवचन, त्रिपिटक, तन्ति और परियत्ति के पर्याय के रूप में गृहीत हुआ।

पालि ग्रंथ-विशेष का पर्याय न रहकर भाषा-विशेष का बोधक हो गया, यह बहुत अस्वाभाविक नहीं कहा जा सकता। टीकाकारों ने तो स्पष्टतः इसके लिए चेष्टा की है कि ऐसी गड़बड़ी पैदा न हो सके; किन्तु अनेक कारणों से और अनिवार्यतः यह अर्थ-परिवर्तन होकर ही रहा। जहाँ तक टीकाकारों का सवाल है, उन्होंने पालि-ग्रंथों की भाषा को तन्तिभाषा ही कहा है और उसे सदैव सिंहलभासा या सिंहल की भाषा से अलग माना है, जिसमें परवर्ती बौद्ध साहित्य निर्मित होता रहा। आज पालि-भाषा से जो समझा जाता है, उसके लिए टीकाकारों के पास 'तन्तिभासा' शब्द ही था। पालि-ग्रंथों की भाषा की विशेषता का सूचक मागधी या मागधि-निरुत्ति शब्द भी व्यवहृत होता था। जैसा काच्चायन ने अपने पालि-व्याकरण में कहा है : 'सा मागधी मूल भाषा नराय आदि कप्पिका'—मनुष्यों की मूल भाषा मागधी है, ऐसा बौद्धों का मत है। इस प्रकार पालि-ग्रंथों की भाषा को दिव्यता सिद्ध करने के लिए उसे मागधिनिरुत्ति भी कहते थे।

पालि-साहित्य की भाषा को मागधिनिरुत्ति की संज्ञा देकर बुद्धघोष और 'थेराओं' ने एक और समस्या खड़ी कर दी है जिस पर कुछ विचार कर लेना आवश्यक है। मागधिनिरुत्ति के पीछे जो यह भाव है कि केवल मागधी ही बुद्ध की भाषा थी, इसके लिए प्राचीन बौद्ध साहित्य में कोई निश्चित प्रमाण नहीं मिलता। इसमें कोई सन्देह नहीं कि कुछ प्राचीन ग्रंथों में यह कहा गया है कि बुद्ध बिम्बिसार के द्वारा शासित अंग-मगध के आध्यात्मिक उन्नायक थे; किन्तु इसका यह तात्पर्य तो कदापि नहीं कि बुद्ध अपने विचारों को अभिव्यक्त करने के लिए केवल मागधी को ही काम में लाते थे या कि सभी मूल बौद्ध ग्रंथों की भाषा मागधी ही है?

इसी प्रकार, 'विनयपिटक' में प्रयुक्त 'सकानिरुत्ति' की भी इस सम्बन्ध में खींचतान की जाती है। विनयपिटक में भिक्खुओं को यह कहा गया है कि उन्हें बुद्ध के वचनों का प्रचार सकानिरुत्ति के माध्यम से करना चाहिए और उनका अनुवाद छन्दस में नहीं करना चाहिए। बुद्धघोष के अनुसार 'छन्दस' का अर्थ है : संस्कृत और 'सकानिरुत्ति' का तात्पर्य है : वह मागधी भाषा, जिसका व्यवहार स्वयं बुद्ध करते थे। इस सम्बन्ध में हमें स्मरण रखना चाहिए कि 'संस्कृत' शब्द का प्रचलन बुद्ध और पाणिनि के बाद हुआ। पाणिनि भाषा का दो प्रकार से वर्गीकरण करते हैं : वैदिक या छन्दस और लौकिक। लौकिक से भिन्न छन्दस भाषा वह भाषा है जो प्राचीन तथा अप्रयुक्त हो। बुद्ध ने भी, यदि उन्होंने छन्दस शब्द का प्रयोग कभी किया होगा तो, इसी अर्थ में किया होगा।

छन्दस के झमेले में पड़ने से यहाँ कोई लाभ नहीं। यहाँ तो विचार 'सकानिरुत्ति' पर करना है। यह समझना कठिन है कि बुद्धघोष क्यों इस शब्द का अर्थ मागधक

या मागधी भाषा करते हैं! इस अर्थ के साथ 'विनयपिटक' के उल्लिखित आदेश का स्मरण करने पर हम पाते हैं कि बुद्ध न अस्वाभाविक संकीर्णता का परिचय देते हुए अपने वचनों के प्रचार को भाषा-विशेष में ही सीमित कर दिया था। लेकिन यह एक ऐसी बात है जो बुद्ध की दूरदृष्टि तथा उदारता, दोनों के ही विरुद्ध पड़ती है। बुद्ध 'सम्मादित्थिक' तथा 'विभज्जवादी' थे और उनका यह आदेश उन्हीं के आदर्शों की कसौटी पर और उन्हीं के शब्द में 'मिच्छादित्थि' होता। फलतः हमें कहना पड़ेगा कि बुद्धघोष की सकानिरुत्ति की व्याख्या सर्वथा भ्रामक है। यदि 'विनयपिटक' के विचाराधीन आदेश को उसके प्रसंग में देखा जाए तो यह स्पष्ट हो जाता है कि सकानिरुत्ति का अर्थ है : 'अभिव्यक्ति का वह माध्यम', जिससे भिक्खु परिचित थे। वह माध्यम बुद्ध की भाषा से भिन्न भी हो सकता था; शर्त सिर्फ यह थी कि भिक्खु को पूर्ण अधिकृत तथा परिचित भाषा का ही उपयोग करना चाहिए और प्राचीन तथा अप्रचलित भाषाओं के मोह में नहीं पड़ना चाहिए। एक ऐसे धर्म का प्रवर्तक, जो विरोध और आलोचना के बावजूद अपने मार्ग को दूर-दूर तक फैलते देखना चाहता हो, इसी प्रकार का आदेश दे सकता है; यदि वह ऐसा नहीं करता और प्रारम्भ में ही संकीर्ण तथा अनुदार मनोवृत्ति का प्रदर्शन करता है, तो उसे कदापि वह सफलता नहीं प्राप्त हो सकती जो बुद्ध को प्राप्त हुई थी। इन बातों को ध्यान में रखते हुए, 'सकानिरुत्ति' की वह व्याख्या, जिसकी उद्‌भावना बुद्धघोष ने की है, हम स्वीकार नहीं कर सकते।

पालि का प्राचीन अर्थ क्या था और मागधी से उसका क्या सम्बन्ध हो सकता है, इन दो प्रश्नों पर हम संक्षेप में विवेचन कर चुके हैं। पालि का उद्‌गम-स्थल कहाँ था, इस तीसरे प्रश्न पर भी, इस सिलसिले में, थोड़ा विचार असमीचीन न होगा। यह प्रश्न इतना विवादास्पद है और इस पर इतने विद्वानों ने अपने विचार प्रकट किये हैं कि यहाँ पर उनका उल्लेख और अध्ययन करके ही हम किसी निष्कर्ष पर पहुँच सकते हैं।

मैक्स वैलेसर के विचारानुसार, पालि 'पाटलि' या 'पाडलि' का ही संक्षिप्त रूप है और यह भी मान लिया जा सकता है कि यह पाटलिपुत्र की भाषा थी। इस मत की आलोचना करते हुए डाक्टर ई.जे. टामस ने ठीक ही कहा है कि वैलेसर ने यह नहीं प्रमाणित किया है कि पालि किसी भाषा के नाम के रूप में व्यवहृत हुई है। टामस के द्वारा उठाये हुए प्रश्न पर हम विचार कर चुके हैं और वस्तुतः हम भी उनसे सहमत हैं; किन्तु यहाँ तो हम यह मानकर विचार कर रहे हैं कि 'पालि' भाषा-विशेष का नाम है और उस भाषा के उद्‌गम-स्थल के सम्बन्ध में हमें किसी निश्चित निष्कर्ष पर पहुँचना है। अस्तु।

आर.सी. चाइल्डर्स का यह कहना है कि अन्तर्साक्ष्य के आधार पर हमें मानना पड़ेगा कि 'पालि' जनता की भाषा थी। जेम्स एल्विस, चाइल्डर्स से सहमत हैं और उनसे आगे जाकर यह भी कहते हैं कि पालि निश्चित रूप से मगध की भाषा थी।

संक्षेप में, उनका तो यह भी कहना है कि पालि का शुद्ध और मौलिक नाम मागधी ही था। इसके अतिरिक्त, पालि के पैंतीस व्याकरणों का अस्तित्व उसके महत्त्व को प्रमाणित करता है। और भी, उसकी परिष्कृत शैली, व्याकरण-सम्बन्धी सरलता और ब्राह्मणों की प्राचीनतम भाषा से उसका सामीप्य उसकी प्राचीनता को प्रमाणित करता है। बौद्ध शिलालेखों और ग्रंथों की भाषा-सम्बन्धी भिन्नता का समाधान, एल्विस के अनुसार, यह है कि पहले की भाषा बोलचाल की और फलतः परिवर्तनशील थी जबकि दूसरे की भाषा सीलोन में जाकर रूढ़ हो गई।

जियार्ज ग्रियर्सन और ई. विंडिश का भी यही विचार है कि साहित्यिक 'पालि' मागधी ही है। विंटर्निज इस मत के पक्ष में यह कहते हैं कि पालि केवल बौद्धों के द्वारा ही प्रयुक्त साहित्यिक भाषा है, जो कई विभाषाओं के मिश्रण से बनी होगी। किन्तु कोई भी साहित्यिक भाषा अन्ततः एक निश्चित विभाषा से ही निकली होती है और पालि की आधारभूत भाषा मागधी ही होगी। पालि का साहित्यिक रूप क्रमशः विकसित होता रहा होगा जब तक कि वह सीलोन में जाकर रूढ़ न हो गई हो।

इसके विपरीत ओल्डेनवर्ग की धारणा यह है कि पालि के उद्गम-स्थल की सम्भावना विन्ध्य पर्वतमाला के दक्षिण की ओर है, न कि उत्तर की ओर। ओटो फ्रैंके भी मागधी-सिद्धान्त का खंडन करते हुए कहते हैं कि पालि का उद्गम-स्थल उत्तर-भारत के पूर्वीय भाग में नहीं हो सकता था; क्योंकि पालि और उत्तर-पश्चिम भारत के खरोष्ट्री अवशेषों में विभिन्नताओं के साथ-ही-साथ उल्लेखनीय समानताएँ भी वर्तमान हैं।

'कुन' पालि का उज्जैन की विभाषा से सम्बन्ध जोड़ते हैं। उनके तर्क के दो कारण हैं। पहला तो यह कि अशोक के गिरनारवाले शिलालेख की विभाषा से पालि की समानता है और दूसरा यह कि यही महिन्द की मातृभाषा भी थी जिसने, प्रचलित धारणा के अनुसार, सीलोन में पालि का प्रचार किया था। ओडेनवर्ग ने इस प्रचलित धारणा को अस्वीकार करते हुए पालि के प्रचार के पीछे कलिंग का प्रभाव माना है। पालि के उद्गम-स्थल के सम्बन्ध में उनके विचार का उल्लेख ऊपर हो ही चुका है।

डब्ल्यू. गीगर का विश्वास है कि पालि अर्द्धमागधी पर आधारित साहित्यिक भाषा है। किन्तु पी.वी. बापट ने ध्वनि-शास्त्री, व्याकरण तथा शब्दों के आधार पर इस मत का योग्यतापूर्वक खंडन किया है। एच. लूडर्स भी अर्द्धमागधी-सिद्धान्त के पोषक हैं। उनका कथन है कि प्राचीन बौद्ध ग्रंथ पूर्णतः नहीं तो अंशतः अर्द्धमागधी में ही लिखे गए थे और वर्तमान बौद्ध ग्रंथ अर्द्धमागधी से पालि में अनूदित हुए हैं।

स्टेन कोनरे, आल्डेनवर्ग की तरह, कहते हैं कि विन्ध्य-प्रदेश ही पालि का उद्गम-स्थल है; क्योंकि उनके मतानुसार, पालि और पैशाची में समानताएँ हैं। किन्तु इस मत के विपक्ष में सबसे बड़ी बात तो यही है कि आज तक पैशाची भाषा के प्रदेश के सम्बन्ध में विद्वान एकमत नहीं हो सके हैं।

रीज डेविड्स का यह मन्तव्य है कि पालि एक साहित्यिक भाषा थी जिसका आधार कोसल की बोलचाल की भाषा रही होगी। इनके अनुसार छठी–सातवीं शताब्दी ईसवी–पूर्व में एक परिष्कृत कोसल–भाषा का अस्तित्व था और यही बुद्ध की भी भाषा थी। लेकिन, जैसा कीथ ने कहा है, इस प्रकार के अनुमान के लिए कोई पुष्ट आधार रीज डेविड्स उपस्थित नहीं कर सके हैं।

श्रीमती रीज डेविड्स, जो अपने पति के समान ही प्राच्य–विद्या–विशारदा थीं, कहती हैं कि पालि वस्तुतः किसी भाषा की रूढ़ संज्ञा नहीं है; पालि का अर्थ होता है : 'श्रेणी', उदाहरणार्थ : 'अम्बपाली'; जब बौद्ध प्रवचन, लेख इत्यादि की एक श्रेणी या कतार बन गई तो उसे पालि कहा जाने लगा। यह विचार भी, विचक्षण चाहे जितना हो, विशेष मान्य नहीं प्रतीत होता।

इस प्रकार, विद्वानों के परस्पर–विरोधी मतों को देखते हुए, हम यही कह सकते हैं कि निबन्ध के प्रारम्भ में, प्राचीन साक्ष्य के आधार पर, पालि का जो अर्थ प्रतिपादित किया गया है, वही स्वीकार्य है। पालि के उद्‌गम–स्थल के बारे में निश्चयपूर्वक कुछ कहना भी इसीलिए कठिन है कि भाषा के रूप में उसका कोई मौलिक अस्तित्व था ही नहीं। हाँ, जिस भाषा को पालि भाषा कहते हैं, वह अवश्य बहुत दूर तक मागधी पर आधारित और उससे प्रभावित रही होगी—हालाँकि यह मागधी ही थी, ऐसा कहना असंगत होगा।

['श्री राजेन्द्र अभिनंदन ग्रंथ' : 1950]

बाबू शिवनन्दन सहाय

बाबू शिवनन्दन सहाय का जन्म बिहार राज्य के शाहाबाद जिले के अख्तियारपुर नामक ग्राम के एक कायस्थ-परिवार में 1890 ई. में हुआ था। जिस आरा नगर को आपने एक अभूतपूर्व साहित्यिक वातावरण दिया, वहीं 15 मई, 1932 ई. को आपका देहान्त हुआ।

आपकी प्रकाशित पुस्तकें हैं : 1. स्वामी दयानन्द-मत-मूलोच्छेद (दो भाग), 2. भारतेन्दु की जीवनी, 3. सुदामा (नाटक), 4. कविता-कुसुम (काव्य), 5. वंग-इतिहास, 6. गो-संकट (अनुवाद), 7. गोस्वामी तुलसी-चरित, 8. श्रीगौरांग (जीवनी), 9. साहित्य-वातायन, 10. डाली, 11. हरिश्चन्द्र, 12. कैलास-दर्शन (यात्रा) और 13. श्रीसीतारामशरण भगवान प्रसाद 'रूपकला' की जीवनी।

आप सन् 1921 ई. (14-10-1921) में होनेवाले बिहार हिन्दी साहित्य-सम्मेलन के तृतीय अधिवेशन (सीतामढ़ी) के सभापति निर्वाचित हुए थे। आप ही के सुपुत्र थे 'सौन्दर्योपासक', 'लालचीन', 'विस्मृत सम्राट्' एवं 'विश्वदर्शन'-जैसे उपन्यासों के सिद्धहस्त लेखक विद्यावाचस्पति श्री व्रजनन्दन सहाय 'व्रजवल्लभ' जो आप ही की तरह हिन्दी के सुप्रसिद्ध विद्वान हुए तथा सन् 1936 ई. में बिहार हिन्दी साहित्य-सम्मेलन के चौदहवें अधिवेशन (बेगूसराय) के अध्यक्ष बनाए गए।

यह गौरव बिहार के किसी दूसरे परिवार को आज तक नहीं मिला। वस्तुतः शाहाबाद का सहाय-परिवार एक ऐसा विरल परिवार है, जिसने लगभग एक शताब्दी की अनवरत साधना और सेवा से हिन्दी को कृतकृत्य किया।

बाबू शिवनन्दन सहाय भारतेन्दु-युग की परम्परा के एक सर्वतोमुखी प्रतिभा-सम्पन्न साहित्यकार, खड़ीबोली के शिलान्यासक, सुकवि, नाटककार, इतिहास-लेखक, अनुसन्धानकर्ता और अपने काल के एक मूर्धन्य हिन्दी विद्वान थे।

आपने अपने लेखों एवं अभिभाषणों में गवेषणा के अनेकानेक गवाक्ष खोले, हिन्दी की स्थिति सुदृढ़ की तथा बिहार के अनेक प्राचीन साहित्यकारों को विस्मृति के अन्धकार से निकाला और इसी प्रकार 'बिहार में गत पचास वर्षों में हिन्दी की दशा' नामक पोथी आदि लिखकर बिहार के साहित्येतिहास-लेखन का समारम्भ किया।

बिहार हिन्दी साहित्य-सम्मेलन के 18वें अधिवेशन के सभापति-पद से दिये गए अभिभाषण में साहित्य-मनीषी श्रीशिवपूजन सहाय ने स्व. शिवनन्दन सहाय की स्मृति में कहा था :

'भला कहिए तो, इसी सम्मेलन के मंच से जिन्होंने बिहार के हिन्दी साहित्य के लुप्तप्राय इतिहास का उद्धार किया था, उन स्वर्गीय बाबू शिवनन्दन सहाय के लिए भी हमने अब तक क्या किया है ? उनके महत्त्वपूर्ण ग्रंथों के सुन्दर संस्करण भी आज तक न निकले। ...उन्होंने अपने जीवनकाल में ही बिहार के हिन्दी साहित्य के इतिहास पर पर्याप्त प्रकाश डालनेवाली सारी बातें लिपिबद्ध कर डाली थीं। इसमें अतिरंजना नहीं कि वे बिहार का जीता-जागता साहित्यिक इतिहास कहे जाने योग्य थे।'

प्रामाणिक जीवनी लिखने की तो जैसे परम्परा ही आपसे शुरू होती है।

सुकवि तो आप थे ही, एक सहृदय अनुवादक भी थे। आपने शेक्सपियर की एक कविता का ब्रजभाषा में जो पद्यानुवाद किया था, उसकी पंक्तियों में, छन्द और भाषा की सीमा में, होनेवाला भाव-रक्षण प्रमाण है :

मूल :

The poet's eye, in a fine frenzy rolling,
Doth glance from heaven to earth,
from earth to heaven,
And, as imagination bodies forth
The forms of things unknown, the poet's pen
Turns them to shapes and gives to airy nothihng
A locak habitation and a name.

अनुवाद :

अँखिया सुकबीन की घूमि भले, उनमत्त समान लखै कबहीं।
नभमंडल सों भुव ओर कबौं, भुव सों निरखै नभ की दिसहीं॥
सिव ज्यों-ज्यों अपूरब वस्तु अजान सुबुद्धि बढ़ै छिनहीं-छिनहीं।
कवि लेखनि ताकर चित्र खिंचै, अरु ठाम औ नाम कहै सबहीं॥

शेली, टेनिसन आदि कवियों के अनेक पद्यों का हिन्दी रूपान्तर आपने सफलतापूर्वक किया था।

साहित्य-सेवा की प्रेरणा आपको पं. अम्बिकादास व्यास की संगति से मिली। आपकी आरम्भिक कविताएँ काशी-कवि-मंडल, काशी कवि-समाज तथा पटना कवि-समाज में जाती थीं और 'समस्या-पूर्ति' नामक पत्रिका में प्रकाशित होती थीं।

हिन्दी साहित्य के आधुनिक काल के, जिसमें खड़ीबोली का आन्दोलन हुआ था, लेखक होकर भी आप ब्रजभाषा में कविता क्यों लिखते थे और कविता के

सम्बन्ध में आपकी क्या मान्यता थी, इन बातों का स्पष्टीकरण करते हुए आपने लिखा था :

'पहले ब्रजभाषा में कविता होती थी। सन् 1885 ई. में मुजफ्फरपुर के श्रीअयोध्याप्रसाद खत्री ने बिहार में खड़ीबोली का आन्दोलन आरम्भ किया। 'खड़ीबोली' नाम की पुस्तक के द्वितीय भाग में भारतेन्दु पर कुछ कटाक्ष करने से कई एक पत्रों ने उनकी कड़ी समालोचना की। ये हिन्दी के प्रेमी थे। इन्होंने कई पुस्तकों की रचना की थी। इसी समय मानपुर के बाबू लक्ष्मीप्रसाद ने गोल्डस्मिथ-कृत 'हर्मिट' का खड़ीबोली में अनुवाद किया था।

हम खड़ीबोली व किसी भाषा की कविता के विरोधी नहीं। यह हिन्दी भाषा के गौरव की बात है कि इसमें ब्रजबोली, खड़ीबोली और उर्दूबोली (यदि उसकी रचना सरल हो)—तीन बोलियों में कविता की जा सकती है। संसार-भर की किसी भाषा के भाग्य में यह बात नहीं, परन्तु ब्रजभाषा की कविता के सम्बन्ध में इतना कहने की इच्छा होती है कि जब लोग यह बात स्वीकार करते हैं कि हिन्दी साहित्य ब्रजभाषा की नींव पर है और ब्रजभाषा के ग्रंथों को उसमें से निकाल लेने से हिन्दी भाषा हिन्दी भाषा नहीं रहेगी और उसमें काव्य का सर्वथा अभाव हो जाएगा, और जब आप हिन्दी भाषा के अंग-प्रत्यंग की उन्नति करना चाहते हैं, तब ब्रजभाषा की कविता से एकदम उदासीन होना उचित नहीं। इस तरह उसका विस्मरण करने से कालान्तर में, रासो के समान, उसके समझने में कठिनाई होने लगेगी और सम्भव है कि यह रत्न हिन्दी साहित्य भांडार से बाहर निकल जाए। इससे हिन्दी की निश्चय क्षति होगी।

लोग कहते हैं कि ब्रजभाषा का मकान बन-बनाकर तैयार हो गया और खड़ी की नींव वैसे ही पड़ी है; अतएव इसकी ओर ध्यान देना उचित है, पर नया भवन बनाने की धुन में, पूर्वपुरुषों के बनाये मकान को गिरने-पड़ने देना क्या सराहनीय होगा? नये के साथ पुराने की भी रक्षा करना हमारा धर्म और कर्तव्य है। उसकी सर्वदा सफाई और मरम्मत आवश्यक है। आप पूर्व-काल की चौकी, दरी, टाट के बदले उसमें मेज-कुर्सी ही लगाइए; मणिदीप न रखकर गैसलैंप ही लटकाइए; उसके सहन में हिंडोर न डालकर फुटबॉल और टेनिस का ही मजा लूटिए, अष्टयाम और नायिका-भेद की रचना का कष्ट न उठाइए। यह आज की रुचि के विरुद्ध होगा और इसमें परिश्रम करने पर भी आप प्राचीन कवियों के चरणों तक पहुँचने में भी समर्थ न होंगे; उनसे आगे डग बढ़ाना तो सर्वथा असम्भव है। आप नये खयाल और रुचि के अनुसार ब्रजभाषा में भी कविता किया कीजिए, पर ब्रजबोली और खड़ीबोली की खिचड़ी मत पकाइए। क्या इस प्रकार की कविता ब्रजभाषा में हो ही नहीं सकती? क्या इस ढंग का काव्य उसमें नीरस होगा? यह मानने को हम तैयार नहीं हैं। जो लोग ब्रजभाषा में कविता करने की शक्ति नहीं रखते, वे खड़ीबोली ही में करें। जो लोग

दोनों में रचना करने की शक्ति रखते हैं, वे नये ढंग की रचनाओं से ब्रजभाषा की कविता को भी अलंकृत करने का यत्न करें, जो आज भी हिन्दी साहित्य की सहज शोभा-वर्द्धन कर रही है।

हम अपने मित्रवर पं. अयोध्यासिंह से पूछेंगे कि ब्रजभाषा की कविता लिखने में अब आपकी लेखनी कुंठित हो गई है? मित्रवर! आप लोगों को दिखा दीजिए, और सिखा दीजिए कि आज की रुचि के अनुसार भी ब्रजभाषा में ललित कविता हो सकती है। देश में अनन्त आदर्श नरेश, देशभक्त, वीरशिरोमणि तथा महात्मा हुए हैं। उन पर काव्य लिखना लाभदायक होगा। और, उन पर खड़ीबोली और ब्रजबोली दोनों में ही कविता की जा सकती है।

वर्तमान काल की कविता के सम्बन्ध में हाल ही में 'शिक्षा' के सुप्रख्यात सम्पादक ने यह लिखा था कि आज की कविता भावशून्य होती है। चरखे पर कई कविताएँ बन गईं, उनके रचयिता को पुरस्कार भी प्राप्त होता गया है, पर उत्तम भाव किसी में नहीं देखा जाता। जब तक पुराने कवि लेखनी न उठाएँगे, कविताओं में सुन्दर भाव का होना दुष्कर है।'

इनकी कविताओं से भारतेन्दु के बाद की काव्य-स्थिति की सूचना मिलती है, साथ ही इस बात की भी कि तत्कालीन बिहारी कवियों की ब्रजभाषा एक विशेष स्थानीय रंग की क्रान्ति रखती थी। इस दृष्टि से भी इनकी रचनाएँ यहाँ संगृहीत हैं।

['स्वर्णमंजूषा' : 1955]

आधुनिक हिन्दी काव्य की धाराएँ और आवश्यकताएँ

आधुनिक हिन्दी काव्य की कुछेक ऐसी विशेषताएँ हैं जो आलोचकों द्वारा व्यर्थ निन्दित होतीं; अनेक ऐसी दुर्बलताएँ हैं जो लोकप्रिय हो रहीं; और बहुत-सी ऐसी आवश्यकताएँ हैं जिन पर अभी तक किसी की दृष्टि नहीं गई।

इनके क्रमिक निर्देशन में जो पहली विशेषता हमें आकृष्ट करती है, वह है : हिन्दी काव्य की अगम्यता। किसी हरि, राम, श्याम से पूछो, वह हमारे आज के काव्य को इस मजे से उपेक्षणीय साबित कर देगा। लेकिन यह चिन्तनीय नहीं। काव्य इनके लिए है, यह हम नहीं मानते; हाँ, जब वे जिनका समालोचनाधिकार है, जिनके विचार सम्बद्ध व्यक्तियों को प्रभावित कर सकने में योग्य मान लिये गए हैं, इस तर्क पर वैसे ही नतीजे पर पहुँचते तो हमें दुःख होना चाहिए था, होता है आश्चर्य। इन्हीं के लिए आज के हमारे काव्य का पर्याय 'छायावाद' या 'रहस्यवाद' है जिसका अर्थ, इनके लिए 'अगम्य' है। ऐसे तर्कों के फलस्वरूप संकुचित विचारोंवाले पाठकों को काव्य में अगम्यता का पृष्टपेषण करने के कारण, मौलिकता के पीछे अनभीष्ट सिद्धान्त का प्रतिपादन करता लग सकता है; लेकिन मैं यहाँ कह लूँ कि इससे दूर कर मेरे विचार में और कुछ है ही नहीं। यह दावे के साथ कहा जा सकता कि शायद ही किसी प्रथम श्रेणी के कवि ने आज तक इस गुण से पूर्णतः दूरता निबाहने की इच्छा की। दुर्बोधता से भिन्न अगम्यता तो ऐसी विशेषता है जो महाकवियों की सरल कविताओं तक में पाई जाएगी। हाँ, जैसा अभी कहा, अगम्यता और दुर्बोधता की भिन्नता बुद्धि से कभी ओझल न हो। और इसे हम इस उदाहरण से एकदम स्पष्ट समझ लेंगे कि ईश्वर अगम्य है, दुर्बोध नहीं। दूसरी बात कि जरूरी नहीं कि यह निश्चयतः और सर्वदा के लिए अगम्य रहे। यह आवश्यक वह 'कुछ' है जो मस्तिष्क और हृदय में सूक्ष्म परिवर्द्धमान आकुलता की प्रेरणा तो जरूर करे।

इस सिद्धान्त को सीधे इसी रूप में ग्रहण करने में कुछ नवीनता हो सकती है। यों दूसरे शब्दों में आवरण में यह बीज रूप से सार्वभौमिक और सार्वकालिक तथ्य है। उदाहरणार्थ मम्मट या आनन्दवर्धन के ध्वनि-काव्य की साधारण वाच्य काव्य से भिन्न, आखिर और दूसरी क्या महत्ता है ? ध्वनि, मैं नहीं कहता, अगम्यता का

पर्याय है। लेकिन इसमें क्या सन्देह कि ध्वनि न्यूनाधिक अगम्य होती जरूर है काव्य में। ध्वनि-काव्य जितना ही अधिक उत्कृष्ट होगा, उसके पाठकों और टीकाकारों को उतना ही उसकी अगम्यता के अवगाहन में आनन्द मिलेगा। यहाँ यह ध्यान रखना चाहिए कि आदर्श सूक्ष्मतावाला ध्वनि-काव्य सबका काम नहीं। अत्यन्त विस्तृत काव्य-साहित्य वाली संस्कृत भाषा तक में एक कालिदास ही शायद पूर्णांक पा सके। माघ इत्यादिक इस सिद्धान्त को समझने में और समझकर व्यवहृत करने में पूरी तरह असफल रहे। और इसका रहस्य यह है कि काव्य में ऐसे सिद्धान्तों का प्रतिपादन अनायास होना चाहिए।

सिद्धान्त, सिद्धान्त के लिए जहाँ काव्य में अपनाया गया कि कृत्रिम अगम्यता —दुर्बोधता—का आगमन हुआ।

ब्रजभाषा के काव्य का ऊपर भाग तो इस गुण से दयनीय रूप में वंचित रहा। इनके भावों में अगम्यता रहने की जरूरत ही नहीं रह गई। दुर्बोधता जो रही हो—वह भी शब्दों में ही। और नायक-नायिका के सुगम्य सम्बन्धों के बाद कुछ की ध्वनि रखनेवाली कविता को रचने की शक्ति की अनुपस्थिति ब्रजभाषा-काव्य का मारक दोष था, क्योंकि अनुभूति में विस्तार का द्वार ही बन्द हो गया इसके कारण।

हिन्दी, आज की हिन्दी कविता की उत्कृष्टता का सबसे जबरदस्त प्रमाण उसकी ऊपर परिभाषित अगम्यता ही है। और इस सहजता और दुर्बोधता से नितान्त भिन्न अस्तित्ववाले इस गुण के ज्ञान और समादर में अधिक विलम्ब हमारी विवेचना-शक्ति पर अवश्य छाया डालेगा।

यद्यपि आजकल इस आदर्श अगम्यता एकाधिक कवियों में पाई जा रही, फिर भी यह भूलें नहीं कि साधारणत: जो स्पष्टता मिलती, वह कृत्रिम अगम्यता ही होती। इसका चरमोत्कर्ष प्रसाद और पंत में मिलता। प्रथम में ऊपर से भी अधिक। 'आँसू' के कितने छन्द और—'मुझको न मिला है कभी प्यार' शीर्षक कविता की अगम्यता बहुतों को खटकती होगी लेकिन उनके ऐन्द्रजालिक आकर्षण का वस्तुत: यही रहस्य है, यह क्या जानें वे! अगम्य होने पर भी ये प्रिय तो सभी को लगतीं लेकिन यही हमारे खयाल में गुण, औरों के अनुसार दोष हटा तो और इनमें रह ही क्या जाता?

मैथिलीशरण गुप्त की कविता

हिन्दी काव्य के इतिहास-लेखक को मैथिलीशरण गुप्त के लिए पर्याप्त स्थान सुरक्षित रखना पड़ेगा। हिन्दी कविता के आलोचक का नितान्त भिन्न दृष्टिकोण भी हो सकता है। गुप्त जी उन कवियों में नहीं हैं कि उन पर लिखते हुए इतिहासकार आलोचक बन जाने और आलोचक इतिहासकार हो जाने की खतरनाक स्थिति में अपने को पाए।

मैथिलीशरण गुप्त की काव्य-कृतियाँ इसके लिए प्रमाण-स्वरूप हैं कि संख्या और परिमाण का आधिक्य साहित्येतिहास में व्यर्थ नहीं जाता।

मैथिलीशरण गुप्त ने प्रायः शताब्दी के आरम्भ के साथ काव्य-रचना आरम्भ की और शताब्दि-मध्य तक, और उसके बाद के वर्षों में, चालीस से ऊपर मौलिक काव्य-कृतियाँ प्रस्तुत कीं। इनके अतिरिक्त नौ-दस काव्यों का अनुवाद भी गुप्त जी ने किया है।

जिस द्विवेदी-युग के अवशेष गुप्त जी माने जाते हैं, उसी की मुख्य सामान्य विशेषता है इतिवृत्तात्मकता, अर्थात् कविता आकार में छोटी हो या बड़ी, उसमें कोई कथा होगी, साधारणतः पौराणिक कथा। गुप्त जी की सर्वथा प्रारम्भिक और प्रायः अन्तिम तथा बीच की अधिकांश काव्य-कृतियाँ इतिवृत्तात्मक हैं, अपवाद-स्वरूप ही कुछ भिन्न कोटि में परिगणनीय हैं।

शताब्दी के प्रथम दशक के अन्तिम वर्षों की 'सरस्वती' के विभिन्न अंकों में 'महाराज दशरथ का आखेट', 'कुरुक्षेत्र के संग्राम का परिणाम' आदि जो प्रारम्भिक लघु पद्य-आख्यान प्रकाशित हुए थे, उनका केवल इस दृष्टि से महत्त्व है कि हमें कवि के पद्य-रचनाभ्यास की झाँकी इनमें मिलती है। उन दिनों पत्रिकाओं में प्रकाशित चित्रों के नीचे 'सरस्वती' में मुख्यतः राजा रविवर्मा के चित्र छपते थे और वे भी अधिकतर इतिवृत्तात्मक होते थे—पद्य-कथाएँ प्रकाशित होती थीं। उनका एक संग्रह 'कविता-कलाप' शीर्षक के साथ मुद्रित हुआ था। 'रत्नावली' चित्र से सम्बद्ध कविता का एक उदाहरण यह है :

हे इन्दीवर नेत्र, चन्द्र मुख है, हैं कंज दोनों कर,
हे रंभोरु, मृणाल बाहु तब हैं, हैं दिव्य द्राक्षाधर।
सौ आलिंगन, हर्षदायिनि, मुझे निःशंक तू देकर,
अंगों को सुख दे अनंग-कृत त्यों सन्ताप मेरा हर।

इसी प्रकार और इसी समय की कुछ रचनाएँ 'पद्य-प्रबन्ध' और 'मंगल-घट' में भी संगृहीत हैं, यद्यपि दूसरे संग्रह में सर्वथा भिन्न प्रकार और समय की भी कविताएँ हैं। 'विकट भट' इस प्रकार की अपेक्षया पहले की, तथा 'अर्जन और विसर्जन' बाद की कृतियाँ हैं। 'विसर्जन' नामक लघु पद्य-आख्यान में अरबों को पराजित करने के बाद विजयोत्सव मनानेवाले मूरों की रानी, भावी आक्रमण की आशंका के प्रति मूरों को सचेत करती हुई कहती है :

नहीं चाहते हम धन-वैभव, नहीं चाहते हम अधिकार।
बस स्वतंत्र रहने दो हमको और स्वतंत्र रहे संसार॥

गुप्त जी ने आख्यान-रहित पद्यबद्ध लघु निबन्ध भी लिखे हैं, जैसे—'प्राचीन भारत', 'ब्राह्मणों से विनय', 'ब्रह्मचर्य का अभाव', 'रामनवमी', 'जन्माष्टमी', 'ग्रीष्मागमन', 'हेमन्त', 'सन्ध्या-वर्णन', 'बुद्ध भगवान', 'तुलसीदास', 'नागरी और हिन्दी', 'हिन्दी साहित्य-सम्मेलन', 'कुकवि-कीर्तन', 'हिन्दी की वर्तमान दशा', 'हिन्दू विश्वविद्यालय', 'राज्याभिषेक', 'भारतमाता का मन्दिर' आदि। वस्तुतः 'भारत-भारती' में यही पद्यबद्ध निबन्ध अनतिलघु रूप प्राप्त करता है।

गुप्त जी का अपेक्षया बृहत् पद्यबद्ध आख्यान है 'गुरुकुल', जिसमें नानक से वर्तमान युग तक के सिक्ख-इतिहास का विवरण है। गुरु तेगबहादुर की प्रशस्ति करते हुए गुप्त जी कहते हैं :

तेग बहादुर, हाँ वे ही थे, गुरु पदवी के पात्र समर्थ,
तेग बहादुर, हाँ वे ही थे, गुरु पदवी थी जिनके अर्थ।
तेग बहादुर, हाँ वे ही थे, पंचामृत-सर के अरविन्द,
तेग बहादुर, हाँ वे ही थे, जिनसे जन्मे गुरु गोविन्द।

किन्तु 'गुरुकुल' की तुलना में गुप्त जी की 'भारत-भारती', जो एक आख्यान-रहित अनतिलघु पद्यबद्ध निबन्ध है, न केवल उनकी सर्वाधिक लोकप्रिय काव्य-कृति है, बल्कि खड़ीबोली पद्य के प्रसार की दृष्टि से ऐतिहासिक महत्त्व की अधिकारिणी भी है। यह विद्वान की यह उक्ति सर्वथा सत्य है कि 'नगर ही नहीं, गाँव-गाँव में गुप्त जी की यह शैली छा गई थी और बहुत दिनों तक छाई रही।' अभिप्राय उस हरिगीतिका छन्द से है जो मात्रिक होते हुए भी संस्कृत के वर्णवृत्त के संस्कार के अनुकूल होने के कारण सबकी जुबान पर चढ़ गया था।

'भारत-भारती' पर हाली के मुसद्दस का और उससे भी अधिक उर्दू के ही एक दूसरे मुसद्दस, मुसद्दसे कैफी, यानी दत्तात्रेय कैफी के 'भारत-दर्पण', का प्रभाव था। 'भारत-भारती' की प्रस्तावना में स्वयं गुप्त जी का कहना है : 'हाली और कैफी के मुसद्दसों से भी मैंने लाभ उठाया है।' 'भारत-भारती' में अतीत के वैषम्य में वर्तमान को रखकर पाठकों को उद्बुद्ध करने का ऐसा प्रयास है, जो उसी युग के सुधारवाद की सामान्य प्रवृत्ति के सर्वथा अनुरूप है :

हा! लेखनी हृत्पत्र पर लिखनी तुझे है यह कथा,
दृक्कालिमा में डूबकर तैयार होकर सर्वथा।
स्वच्छन्दता से कर, तुझे करने पड़े प्रस्ताव जो,
जग जायँ तेरी नोक से सोये हुए हों भाव जो।

यह और अन्य अनेक छन्द पिछली पीढ़ी के पाठकों के लिए सुपरिचित होंगे। 'हिन्दू' और 'राजा-प्रजा' को भी 'भारत-भारती' के वर्ग में रखा जा सकता है।

'काबा और कर्बला' और 'प्रदक्षिणा' पद्यबद्ध आख्यान तो हैं, किन्तु पहले में स्फुट पद्यों के संकलन के साथ आख्यान भी है और दूसरे का मुख्यांश 'साकेत' और 'पंचवटी' से संकलित है।

'भारत-भारती' जितना तो नहीं, किन्तु उसी की तरह लोकप्रिय प्रमाणित होने वाला गुप्त जी का दूसरा काव्य है 'जयद्रथ-वध' नामक खंड-काव्य, और यह सद्यः-उल्लेखनीय है कि इसमें भी वही हरिगीतिका छन्द प्रयुक्त हुआ है, जिसे 'भारत-भारती' को जनप्रिय बनाने का बहुत-कुछ श्रेय है। कौरवों के साथ युद्ध में सन्नद्ध अर्जुन का यह चित्र और ऐसे अन्य चित्र खड़ीबोली पद्य के प्रारम्भिक पाठकों को सहज ही प्रभावित करते थे :

टंकार ही निर्घोष था, शरवृष्टि ही जलवृष्टि थी,
जलती हुई रोषाग्नि ही उद्दीप्त विद्युत-दृष्टि थी।
गांडीव रोहित रूप था, रथ ही सशक्त समीर था,
उस काल अर्जुन वीरवर अद्भुत जलद गम्भीर था।

रचना-काल की दृष्टि से 'रंग में भंग' 'जयद्रथ-वध' से पहले का खंड-काव्य है। 'जयद्रथ-वध' के बाद के खंड-काव्य हैं : 'शकुन्तला', 'किसान', 'शक्ति', 'सैरन्ध्री', 'वकसंहार', 'वनवैभव', 'पंचवटी', 'यशोधरा', 'सिद्धराज', 'नहुष', 'अजित', 'हिडिम्बा' और 'विष्णुप्रिया'। इन पन्द्रह खंड-काव्यों में अन्तिम गुप्त जी की नवीन कृतियों में से एक है। इन सभी खंड-काव्यों के आख्यान प्राचीन हैं, केवल 'किसान' और 'अजित' आधुनिक युग की काल्पनिक कथा पर अवलम्बित हैं।

इन खंड-काव्यों में जो अपेक्षया पहले के हैं, उनके अन्तर्गत 'पंचवटी' का, प्रकृति-चित्रण की दृष्टि से, गुप्त जी के काव्य का अध्येता आज भी स्मरण करता है। एक उदाहरण है :

हँसने लगे कुसुम कानन के देख चित्र-सा एक महान,
विकस उठीं कलियाँ डालों में निरख मैथिली की मुस्कान।
कौन-कौन-से फूल खिले हैं, उन्हें गिनाने लगा समीर,
एक-एक कर गुन-गुन करके जुड़ आई भौंरों की भीर।

इन काव्यों में रचना-काल की दृष्टि से प्रायः मध्य-स्थित 'यशोधरा' न केवल खंड-काव्यों में ही, बल्कि मैं समझता हूँ, गुप्त जी के सभी प्रकार के नये-पुराने

काव्यों में उत्कृष्टतम है। 'यशोधरा' को वस्तुतः खंड-काव्य कहा भी जा सकता है या नहीं, यह बहुधा पूछा जानेवाला प्रश्न है, और उसका काव्य के आरम्भ में कवि द्वारा निबद्ध उत्तर भी सुपरिचित है : 'लो कविता, लो गीत, लो नाटक और लो गद्य-पद्य, तुकान्त-अतुकान्त—सभी कुछ, परन्तु वास्तव में कुछ नहीं।' मिश्रित विधाओं वाला यह काव्य, उसके रचयिता के रुचि-वैविध्य या बहुमुखीन प्रतिभा के प्रदर्शन से अधिक विषय के अनुरूप स्वतः आविष्कृत होनेवाले अभिनव शिल्प-विधान का दृष्टान्त है।

'यशोधरा' में श्रेण्य काव्यानुरूप प्रशांतता के साथ बीच-बीच में जो आधुनिक नाट्यानुकूल तनाव से भरे स्थल हैं, उनके कारण भी यह काव्य, ऊबड़-खाबड़ होने के बदले, प्रभाव उत्पन्न करने में अमोघ सिद्ध होता है। अपने-आपमें अपरिष्कृत यह मुक्तक, प्रसंगप्राप्त नाटकीयता के कारण, सम्भावना से अधिक प्रभावोत्पादक है, इसमें शायद ही दो मत हों। सिद्धार्थ के महाभिनिष्क्रमण के बाद यशोधरा के भाव हैं :

सखि, वे मुझसे कहकर जाते,
कह, तो क्या मुझको वे अपनी पथ-बाधा ही पाते?
मुझको बहुत उन्होंने माना,
फिर भी क्या पूरा पहचाना?
मैंने मुख्य उसी को जाना,
जो वे मन में लाते।
सखि...
स्वयं सुसज्जित करके क्षण में
प्रियतम को, प्राणों के पण में,
हमीं भेज देती हैं रण में,—
क्षात्र धर्म के नाते।
सखि...
हुआ न यह भी भाग्य अभागा,
किस पर विफल गर्व अब जागा?
जिसने अपनाया था त्यागा,
रहें स्मरण ही आते।
सखि...।

एक ही स्थल और। बुद्धदेव अपने घर, कपिलवस्तु, आते हैं; वे राजप्रासाद में भी पहुँचते हैं। यहाँ अकस्मात् नहीं, विशिष्ट व्यक्तित्व की पूर्ण परिणति के रूप में, यशोधरा को हम भारतीय नारीत्व को प्रतीकित करते पाते हैं, ऐसी असाधारण भारतीय नारी के रूप में उसे देखते हैं, जैसी यशोधरा ही है। वह स्वागत-समारोह

में सम्मिलित नहीं होती। 'अब कठोर ही वज्रादपि और सुकुमारी' कहकर आत्म-प्रबोध करनेवाली यशोधरा वस्तुतः वज्रादपि कठोर बनकर अपने मन को सम्बोधित करती है :

रे मन, आज परीक्षा तेरी।
विनती करती हूँ मैं तुझसे, बात न बिगड़े मेरी।
अब तक जो तेरा निग्रह था,
बस अभाव के कारण वह था,
लोभ न था यह, लाभ न था;
सुन अब स्वागत-भेरी!
रे मन...
दो पग आगे ही वह धन है,
अवलम्बित जिस पर जीवन है,
पर क्या पथ पाता यह जन है?
मैं हूँ और अँधेरी।
रे मन...
यदि वे चल आए हैं इतना,
तो दो पद हैं उनको कितना?
क्या भारी वह मुझको जितना?
पीठ उन्होंने फेरी।
रे मन...
सब अपना सौभाग्य मनावें,
दरस-परस निःश्रेयस पावें।
उद्धारक चाहें तो आवें,
यहीं रहे यह चेरी।
रे मन...

और, 'यशोधरा' की ये पंक्तियाँ परिनिष्ठित साहित्य से प्राप्त लोकोक्ति-सी बन गई हैं, यह सुपरिचित तथ्य होते हुए भी अनुल्लेख्य नहीं है :

अबला-जीवन, हाय! तुम्हारी यही कहानी—
आँचल में है दूध और आँखों में पानी!

परिमाण की दृष्टि से 'साकेत' और 'जय भारत' गुप्त जी के दो महाकाव्य हैं, यद्यपि इन्हें प्रकारतः महाकाव्य नहीं माना जा सकता। इनमें महाकाव्य के शास्त्र-समस्त लक्षणों में से अनेक निर्दिष्ट किये जा सकते हैं, किन्तु इनमें वस्तु, चरित्र एवं शैली की उस गरिमा का एकान्त अभाव है, और इस अभाव के कारण बृहत् प्रबन्ध भी महाकाव्य कहलाने का अधिकारी नहीं होता। 'जय भारत' महाभारत के अनेक

ख्यात वृत्तों का शिथिल गुंफन-मात्र है। 'साकेत' में सुपरिचित रामायणी कथा है, जिसके एक गौण पात्र, उर्मिला, को सायास प्रमुखता देकर कथा-संस्थान को असन्तुलित और अनुपात-रहित बना दिया गया है। उर्मिला का नाना छन्दों में निबद्ध रोदन विश्वासोत्पादक नहीं है—और इसे ही सम्पूर्ण काव्य का केन्द्र बनाया गया है! उर्मिला के रोदन से तो कैकेयी की आत्म-ग्लानि ही प्रभावोत्पादक है :

कहते आते थे यही अभी नर-देही,
'माता न कुमाता, पुत्र कुपुत्र भले ही।'
अब कहें सभी यह, हाय, विरुद्ध विधाता—
'है पुत्र पुत्र ही, रहे कुमाता माता।'
बस मैंने इसका बाह्य मात्र ही देखा
दृढ़ हृदय न देखा, मृदुल गात्र ही देखा।

गुप्त जी के काव्य के ऐसे भी अनेक रूप मिलते हैं, जिनका विशेष महत्त्व नहीं है। 'स्वदेश-संगीत', 'मंगल-घट' तथा 'झंकार' में गीतियाँ हैं। 'वैतालिक' और 'विश्व-वेदना' उद्‌बोध-गीतियाँ हैं, और 'पत्रावली' में पद्यबद्ध पत्र हैं। 'द्वापर' अन्तरालाप-मूलक काव्य है और 'कुणाल-गीत' गीति-गुंफित आख्यान है। 'अंजलि और अर्घ्य' गांधी जी पर रचित शोक-गीत है और 'भूमि-भाग' में भूदान-विषयक पद हैं। 'साकेत', 'यशोधरा' और 'विष्णुप्रिया' में भी गीतियाँ बिखरी हुई हैं। पद्य-रूपकों में 'लीला', 'तिलोत्तमा', 'चन्द्रहास', 'अनघ', 'जयिनी', 'दिवोदास' और 'पृथिवी-पुत्र' का उल्लेख किया जा सकता है।

मैथिलीशरण गुप्त की कविता नैतिक उपदेश के क्षेत्र में सहजतापूर्वक निकलकर जीवन के किसी धार्मिक स्तर का स्पर्श कर पाती, तो वह अत्युच्च कोटि की कविता होती। गुप्त जी की कविता में नैतिकता के तत्त्व हैं। वे समन्वित होकर धर्म की व्याप्ति नहीं पाते।

['साहित्य' : 1959]

पं. गयाप्रसाद शुक्ल 'सनेही'

'तू है गगन विस्तीर्ण तो मैं एक तारा क्षुद्र हूँ' वाली पंक्ति से आरम्भ होनेवाली 'भक्त की अभिलाषा' शीर्षक अतिशय लोकप्रिय कविता के रचयिता, 'त्रिशूल' उपनाम से राष्ट्रीय-कविताओं के लेखक, 'सुकवि' पत्रिका के सम्पादक तथा ब्रजभाषा, खड़ीबोली एवं उर्दू के द्विवेदी-युग के सम्मानित कवि श्री गयाप्रसाद शुक्ल 'सनेही' हिन्दी के लब्धकीर्ति वयोवृद्ध जीवित साहित्यकारों में अग्रगण्य हैं। 'सनेही' जी के वरिष्ठ समसामयिक स्व. पं. नाथूराम शर्मा 'शंकर' ने प्रसंग-विशेष में ठीक ही लिखा था : 'सनेहीजी भारत-रत्न, कवीन्द्र, साहित्य-दिवाकर और भारत-सर्वस्व आदि सबसे अच्छा लिखते हैं।'

'सनेही' जी का जन्म श्रावण-शुक्ल 13, सम्वत् 1940 वि. में, एक कान्यकुब्ज ब्राह्मण-परिवार में हुआ था। इनकी जन्मभूमि उन्नाव जिले में स्थित हड़हा नामक स्थान है, जहाँ अब ये अधिकतर रहते हैं। जब ये लघु वय के थे तभी इनके पिता पं. अधसेरीलाल शुक्ल का देहान्त हो गया था, अतः इनका पालन-पोषण इनके चचेरे भाई पं. लालप्रसाद शुक्ल ने किया था।

इन्होंने सन् 1897 ई. में वर्नाक्यूलर फाइनल परीक्षा प्रथम श्रेणी में उत्तीर्ण की। प्रारम्भ में इन्होंने उर्दू-फारसी का ही अध्ययन किया था, किन्तु उपर्युक्त परीक्षा में उत्तीर्ण होने के बाद ये लाला गिरधारीलाल श्रीवास्तव के सम्पर्क में आए, जो फारसी तथा हिन्दी के विद्वान एवं कवि भी थे। इन्हीं से 'सनेही' जी ने हिन्दी की शिक्षा तथा काव्य-रचना की प्रेरणा प्राप्त की। 'सनेही' जी पन्द्रह-सोलह वर्ष की अवस्था में ही स्कूल के अध्यापक-पद पर नियुक्त हुए, और प्रधानाध्यापक के पद पर पहुँचने के बाद अवकाश ग्रहण कर सारा समय काव्याराधन में लगाते रहे हैं।

'सनेही' जी प्रारम्भ में उर्दू में शायरी करते थे और उन्हें शायर के रूप में सम्मान भी पर्याप्त मिला था। इसके साथ-ही-साथ 'रसिक मित्र', 'काव्य-सुधानिधि' और 'साहित्य-सरोवर' आदि समसामयिक कविता-पत्रिकाओं में ब्रजभाषा की कविताएँ भी प्रकाशित करते थे। उर्दू तथा राष्ट्रीयतावादी कविताएँ इन्होंने 'त्रिशूल' उपनाम से तथा हिन्दी कविताएँ 'सनेही' उपनाम से लिखी हैं।

इनकी 'कृषक-क्रन्दन' शीर्षक खड़ीबोली की कविता ने, 'प्रताप' में प्रकाशित होने पर, बड़ी लोकप्रियता अर्जित की थी। इसके बाद सन् 1914 ई. से 'सरस्वती' में भी इनकी कविताएँ नियमित रूप से प्रकाशित होती रहीं।

इन्होंने वर्षों तक अपने योग्य सम्पादकत्व में 'सुकवि' नामक कविता-विषयक पत्रिका का प्रकाशन भी किया, जिसमें ब्रजभाषा की समस्या-पूर्ति की परम्परा का निर्वाह तो होता ही था, साथ-ही-साथ हिन्दी कविता की नवीन प्रवृत्तियों को भी प्रोत्साहन मिलता था, और काव्य तथा कवि-सम्बन्धी उपयोगी लेख भी प्रस्तुत होते थे।

'सनेही' जी की असंख्य कविताओं में से कुछ ही पुस्तकाकार प्रकाशित हुई हैं। उनके नाम हैं : 'कृषक-क्रन्दन या आर्त्त कृषक' (1916), 'कुसुमांजलि' (1916) आदि।

'त्रिशूल' उपनाम से लिखित इनकी कविताओं के प्रकाशित संग्रहों के नाम हैं : 'त्रिशूल-तरंग' (1921), 'राष्ट्रीय मंत्र' (1921) तथा 'राष्ट्रीय वीणा' : 1-2 (1922)।

'सनेही' जी कवि-सम्मेलनों में बड़े ही प्रभावशाली ढंग से कविता-पाठ करते थे और आज भी, वार्धक्य के बावजूद, इनका कविता-पाठ सुनकर, इसका सहज ही अनुमान किया जा सकता है।

'सनेही' जी ने आधुनिक काल के अनेक ब्रजभाषा-कवियों की तरह युग की प्रवृत्तियों तथा हिन्दी की नवीन काव्य-भाषा की उपेक्षा करने के बदले, उन्हें प्रोत्साहित ही नहीं किया, बल्कि सिद्धान्त और व्यवहार में इनका साथ दिया। जहाँ तक ब्रजभाषा-काव्य का प्रश्न है, सत्यनारायण 'रत्नाकर', शिवनन्दन सहाय आदि की परम्परा में इन्होंने हाल-हाल तक उसे सजीव बनाये रखने का सफल प्रयास किया है।

'सनेही' जी, आचार्य रामचन्द्र शुक्ल के शब्दों में : 'हिन्दी के एक बड़े ही भावुक और सरस-हृदय कवि हैं।'

प्रेरणा और रचना

प्रेरणा से साधारणत: समझा जाता है कि एक कवि तभी महान काव्य सर्जन करता है, जब वह किसी अज्ञात शक्ति से अभिभूत हो जाता है। प्रेरणा के वश में होकर काव्य-रचना करनेवाला कवि उस तरह कार्य नहीं करता, जिस तरह दूसरे क्षेत्रों के लोग करते हैं। ऐसा कवि अपनी बौद्धिक शक्तियों पर ही निर्भर नहीं रहता, उस पर कोई बड़ी शक्ति हावी हो जाती है और वही उसकी कृति का रूप निर्धारित करती है। इसके लिए भारतीय साहित्य में चिरपरिचित उदाहरण है ही :

मा निषाद प्रतिष्ठां त्वमगम: शाश्वती: समा:।
यत्क्रौञ्चमिथुनादेकमवधी: काममोहितम्॥

'कविर्मनीषी परिभू: स्वयम्भू:' में वैदिक काल में ही, हमारे विचारकों की यह मान्यता दीख पड़ती है। वाणी-वन्दना की परम्परा के पीछे भी क्या यही विश्वास नहीं है? पश्चिम में दार्शनिकों और चिन्तकों की भी कुछ ऐसी ही धारणा रही है। प्लेटो ने अपनी कृति 'आयन' में कहा है कि बढ़िया कवि यदि प्रेरणाभिभूत हो जाता है तो उत्कृष्ट काव्य की रचना कर सकता है, जबकि एक समर्थ कवि भी, यदि वह बिना प्रेरणा के लिखता है, महत्त्वपूर्ण रचना करने में सफल नहीं होता।

'सरस्वती' की वन्दना से प्रेरणा प्राप्ति की जो कामना है, वह भी पाश्चात्यों में वर्तमान है। होमर बार-बार कविता की देवियों, 'म्यूजेज' से प्रार्थना करता है कि वे उसकी सहायता करें। अन्य कवियों ने भी उसका अनुकरण किया है।

कुछ अंशों में यह अनुकरण परम्परा-पालन मात्र भी हो सकता है, किन्तु यह वस्तुत: कवियों के विश्वास को ही अभिव्यक्त करता है। 'पेरेडाइज' के प्रथम सर्ग में दांते 'अपोलो' में विश्वास नहीं करता होगा, किन्तु यह भी सत्य है कि उसकी वन्दना खोखली नहीं है। इसी प्रकार, अपने महाकाव्य 'पेरेडाइज लास्ट' में मिल्टन के लिए 'यूरेनिया' की कम सार्थकता नहीं है।

'प्रेरणा' शब्द का बहुधा भ्रमपूर्ण प्रयोग भी होता है। यदि कोई कवि किसी बाहरी वस्तु या व्यक्ति-विशेष, प्रेमी या प्रेमिका से प्रभावित होकर कविता लिखता है, तो हम इतना ही कह सकते हैं कि उसकी अनुभूति को उत्तेजना मिली है। जहाँ तक प्रेरणा का प्रश्न है, वह एक आभ्यन्तर स्थिति है।

पश्चिम के साहित्य-चिन्तकों ने प्रेरणा के सम्बन्ध में अनेक दृष्टियों से विचार किया है। पहला दृष्टिकोण प्लेटो का है, जिसका उल्लेख हो चुका है। 'आयन' में उसने कहा है : 'महाकाव्य लेखकों में जो उत्कृष्ट कोटि के होते हैं, वे अपनी सुन्दर कृतियों का निर्माण कला के सहारे नहीं, प्रत्युत भावाभिभूत होकर करते हैं, और यह उत्तम गीति-कवियों के बारे में भी सच है। जो कवि हैं, उनका कहना है, जैसाकि मैं भी समझता हूँ कि उन्हें कविता उन मधुधार स्रोतों से मिलती है, जो कविता की देवियों के उपवनों और तलेटियों में पाए जाते हैं, और वे कविता को वहाँ से ठीक उसी तरह लाते हैं जिस तरह मधुमक्खियाँ। और वे कवि इन्हीं जैसे पंखों वाले भी होते हैं। और उनका कहना ठीक ही है; क्योंकि कवि का लघु-भार पंखों वाला और दिव्य होता है, और कवि तब तक कविता कर ही नहीं सकता, जब तक देवता उसे प्रेरणा से भर न दें और जब तक वह विक्षित न हो जाए और अपना विवेक न खो दे। जो शब्द वे बोलते हैं, वे कला पर नहीं, बल्कि स्वर्गिक शक्ति पर निर्भर रहते हैं।' प्लेटो की 'बातचीत' के इस अंश में जो विनोद का भाव है; वह स्पष्ट है, किन्तु उसने एक प्रचलित मान्यता का तो उल्लेख किया ही है।

दृष्टिकोण को अरस्तू ने अपने ग्रंथ 'पोएटिक्स' में प्रस्तुत किया है। उसके शब्द हैं : 'काव्य-कला प्रतिभाशाली या पागल आदमी की चीज है।' ड्राइडेन आदि बाद के कवियों की यह मान्यता रही है कि अरस्तू का कहना यह नहीं था, बल्कि यह कि 'काव्य-कला प्रतिभाशाली की चीज है, न कि पागल की।' अरस्तू के आधुनिक अध्येता अब इसी व्यवस्था को अधिक युक्तिसंगत मानते भी हैं। मिल्टन का भी कुछ ऐसा ही कहना था। वह निपुणता और प्रयास में विश्वास करता था; किन्तु उस शाश्वत शक्ति के बिना वह उन्हें व्यर्थ समझता था जो वाणी और ज्ञान को समृद्ध बनाती है। और जो अपनी वेदी की पवित्र अग्नि के साथ उस देवदूत को भेजती है, जो उनके अधरों को चूमता और पवित्र कर देता है, जो उसे प्रिय होते हैं। यह हुई ईसाई धर्मानुरूप प्रेरणा की कल्पना, जो प्लेटो, अरस्तू आदि के गैर-ईसाई 'काव्यात्मक आवेश' (फ्यूरर पोएटिक्स) से एक हद तक भिन्न है।

तीसरा दृष्टिकोण शेली ने 'काव्य के पक्ष' (इन डिफेंस ऑफ पोएट्री) शीर्षक अपने प्रसिद्ध निबन्ध में उपस्थित किया है। उसका कहना है कि 'कविता विचार करने के समान नहीं है, वह ऐसी शक्ति नहीं है जिसका इच्छानुसार उपयोग किया जा सके। कोई यह नहीं कह सकता, 'मैं कविता करूँगा।' बड़े-से-बड़ा कवि भी ऐसा नहीं कह सकता; क्योंकि जब मस्तिष्क सर्जन कर रहा होता है, तो वह एक बुझते हुए अंगारे के समान हो जाता है, जिसे कोई अदृश्य प्रभाव, अनिश्चित वायु की तरह क्षणिक ज्योति प्रदान कर देता है;यह शक्ति अन्दर से उत्पन्न होती है, फूल के उस रंग की तरह, जो जैसे-जैसे उड़ता और बदलता जाता है, वैसे-वैसे उसे विकसित करने की कोशिश की जाती है। हमारे स्वभाव के चेतन अंश जानते तक

नहीं कि कब यह शक्ति उन्हें मिली और कब वह विदा हो गई। यदि इसका प्रभाव अपनी मौलिक पवित्रता और दिव्यता के साथ स्थायी बन पाता, तो यह कहना कठिन होता कि परिणाम कितने महान होते। किन्तु, जब रचना शुरू होती है, तो प्रेरणा ह्रासोन्मुख हो चुकी रहती है, और वह उत्कृष्टतम कविता भी, जो संसार को मिली है कदाचित् कवि की मौलिक कल्पना की हल्की छाया है। मैं आज के बड़े-बड़े कविता से पूछता हूँ कि क्या यह कहना गलत नहीं है कि कविता के उत्तम अंश परिश्रम और अध्ययन से रचित होते हैं? आलोचक जिस आयास और धैर्य की बात कहते हैं, उनका इससे अधिक कुछ अर्थ नहीं हो सकता कि प्रेरणा के क्षणों का सावधान पर्यवेक्षण किया जाए और उनके संकेतों के बीच के व्यवधान को कृत्रिम रूप से रूढ़िसम्मत अभिव्यंजना से सम्बद्ध किया जाए।' चौथा दृष्टिकोण क्रोचे द्वारा उपस्थित किया गया है। उसने 'ला-पोजिया' में कहा है : 'कवि का व्यक्तित्व वह वायु-वाद्य है, जिसे विश्व-समीर झंकृत कर देता है।' यहाँ 'विश्व' से तात्पर्य प्रतीत होता है मनुष्यत्व, जो अपने अन्दर अक्षम्य रचनात्मक शक्ति छिपाए रहता है।

हम इतना तो निष्कर्ष के रूप में अवश्य ही कह सकते हैं कि प्रेरणा के किसी-न-किसी प्रकार की आस्था सदा से ही पाई जाती है, यद्यपि समाज के प्रचलित सिद्धान्तों के अनुसार उसके रूप में परिवर्तन होते हैं। 'प्रेरणा' शब्द का प्रयोग बुद्धिवादी नहीं करते; क्योंकि इसके लिए एक ऐसी मान्यता अनिवार्य है, जिसमें उसका विश्वास नहीं रहता। फ्रायड के बाद, जिसके अनुसार प्रेरणा अचेतन से उद्भूत होती है, अतियथार्थवादी कवियों ने चेतन या बौद्धिक नियन्त्रण को स्थगित करते हुए रचना करने का प्रयास किया है। जो भी हो, यह स्मरणीय है कि प्रेरणा के क्षणों में महत्त्वपूर्ण प्रतीत होता है, वह महत्त्वपूर्ण हो ही, यह जरूरी नहीं। प्रेरणा कह सकते हैं तो उसे ही, जिसे ग्रहण करनेवाला भी कृति के भीतर अनुभूत करता है।

ब्रूयुस्टर गिसेलिन के द्वारा संकलित-सम्पादित पुस्तक 'द क्रियेटिव प्रोसेस' में विश्वविख्यात गणितज्ञों, चित्रकारों, मूर्तिकारों, लेखकों, मनोवैज्ञानिकों तथा दार्शनिकों के प्रेरणा-विषयक स्वानुभाव पर व्यक्त विचार संकलित है। गिसेलिन की विशद् भूमिका में उद्धृत चेकफ का वह कथन कि 'यह अस्वीकार करना कि कलात्मक-सर्जन अनेक समस्याओं और उद्देश्यों से युक्त होता है, यह मान लेना होगा कि कलाकार बिना पूर्ण चिन्तन और योजना के और यंत्राभिभूत-सा होकर सर्जन करता है। अत:, अगर कोई कलाकार मेरे सामने दावा करे कि उसने बिना किसी पूर्व निश्चित योजना के और मात्र प्रेरणा से एक कहानी लिख डाली है, तो मैं उसे पागल कह कर पुकारूँगा।' व्यक्तिगत रूप से मेरी भी यही मान्यता है। मैं तो शायद इससे भी एक कदम आगे जाकर यह कबूल करूँगा कि मैं तब कभी नहीं लिखता तब प्रेरणा की पीनक लेता रहता हूँ। प्रेरणा के धुँधलके में सत्य-खंडों की जो झलक

मिलती है, उसका मैं सीधे उपयोग नहीं करता; वह आवश्यकतानुसार काम दे जाती है। मेरी रचना-साधना यदि कुछ है तो यह कि मैं प्रेरणाभिभूत होकर कभी कुछ लिख भी गया होऊँ तो उसे मैंने प्रकाश्य कभी नहीं माना। मैं उसी स्थिति में लिखे को लिखना मानता हूँ, जब मनीषा पूर्णतः सजग हो।

['दृष्टिकोण' : अगस्त, 1956]

मुक्त काव्य और स्वच्छन्द काव्य

मुक्त काव्य और स्वच्छन्द काव्य प्रयोगकालीन कविता के महत्त्वपूर्ण भेद हैं, जिनके सम्बन्ध में हमारे यहाँ स्पष्टतापूर्वक विचार और विवेक नहीं हुआ है। फ्रेंच में Vers Libre और Vers Libere—ये दो समानप्राय ध्वनि वाले पद इस सम्बन्ध में प्रयुक्त होते हैं। Vers Libre को ही अंग्रेजी में Free Verse कहते हैं और हिन्दी में मुक्त काव्य या मुक्त छन्द। Verse Libere को हम स्वच्छन्द काव्य कह सकते हैं।

काव्य मुक्त होने पर भी स्वच्छन्द नहीं हो सकता। इसी तरह स्वच्छन्द होने पर भी वह मुक्त न हो तो कोई आश्चर्य नहीं। मुक्त काव्य का अर्थ पद्य-यंत्र (Verse Mechanism) से मुक्ति मात्र है। यदि कविता का रूप-विन्यास नियमानुमोदित नहीं है, तो वह मुक्त मानी जाएगी। लेकिन हम अक्सर देखते हैं कि पद्यकौशल-सम्बन्धी मुक्ति के बावजूद कविता में विषयगत स्वच्छन्दता नहीं आने पाती, कविता की आकृति तो बदल जाती है किन्तु उसकी प्रकृति में कोई परिवर्तन नहीं हो पाता।

एक अवान्तर उदाहरण से हम यहीं पर अपना आशय स्पष्ट कर लें। आपने ऐसे लोगों को देखा होगा, जो वस्त्र-सम्बन्धी नवीनता, मुक्ति तो खैर क्या!—अख्तियार कर लेने पर भी भीतर से वैसे ही पुराणपंथी बने रहते हैं, जैसे उनके पूर्वज। इसके प्रतिकूल कुछ ऐसे लोग भी देखने में आते हैं जो पूर्वजों के समान ही वस्त्र धारण करते हैं, गो कि उनका जीवन के प्रति दृष्टिकोण आश्चर्यजनक रूप से मौलिक और परिवर्तित रहता है। सच बात यह है कि ऐसी मुक्ति या स्वच्छन्दता, नवीनता या परिवर्तन का अपने में बहुत कम ही महत्त्व है। जब तक बाहर-भीतर के परिवर्तन में व्यक्तित्व की ऐसी विशिष्टता नहीं हो, जो सामूहिक चेतना से अनुस्यूत भी हो और स्वतंत्र भी। कुल मिलाकर जब तक वह एक प्रकार से पूर्णता न प्राप्त कर ले, तब तक उसका क्या महत्त्व हो सकता है?

सामान्य रूप से साहित्य में तथा विशेष रूप से कविता में यह बात पूरी तरह से लागू है। सन्तोष और जड़ता को झकझोर देने के लिए काव्य के बहिरंग या अन्तरंग के सम्बन्ध में प्रयोगों और परिवर्तनों का जो महत्त्व मान्य हो, किन्तु यदि उनका प्रवर्तन किसी विशिष्ट व्यक्तित्व द्वारा नहीं किया जा रहा हो, तो वह क्षणिक भी होगा।

तो साहित्य में हम बहुधा देखते हैं कि रूढ़ियों से मुक्ति पाने की प्रक्रिया द्विविध होती है : रूपगत और विषयगत। एक उदाहरण लीजिए, बर्नार्ड शॉ ने विक्टोरियन-युग की अलस, ऊँघती हुई चेतना को ढोकर मारकर तीव्र किया था। उनके चरित्र, उनके व्यंग्य, उनके कथानक—सभी स्वच्छन्द कहे जा सकते हैं। उन्होंने जानबूझकर प्राचीन संस्कारों और संस्थानों, आदर्शों तथा विचारों पर आघात किया है। उनका यह कहना है कि आखिर एक औरत में धरा ही क्या हुआ है—उसके बाहुमूल के स्वेद से पाला पड़े तो देखो, किस तरह सारा आकर्षण समाप्त हो जाता है—इत्यादि बातें विक्टोरियन-युग के सुसंस्कृत पुरुषों की नारी के प्रति विचारों को कोड़े लगाने से कम नहीं। यह वही विषयगत स्वच्छन्दता है, जो आप डी.एच. लारेंस या अपने यहाँ 'उग्र' में पर्याप्त मात्रा में पाते हैं।

लेकिन विषयगत स्वच्छन्दता के बारे में यह स्मरण रखना चाहिए कि महदुद्देश्य के लिए उपाय-रूप में गृहीत होने पर उसका ऊर्ध्वपातन हो जाता है। यदि ऐसा न हो तो वह साहित्यिक स्वच्छन्दता हो या किसी और प्रकार की, उसका कुछ भी महत्त्व नहीं रह जाता। डी.एच. लारेंस ने मनुष्य की यौन-समस्याओं का मुक्त तथा स्वच्छन्द विवेचन कुछ ऐसी गहराई और तलस्पर्शिता के साथ किया है कि वह अपनी पूर्णता में आश्चर्यजनक रूप से उदात्त हो गया है। यह बात इस समस्या पर लिखनेवाले दूसरे गल्पकारों में साधारणतः स्वल्प मात्रा में भी नहीं पाई जाती।

परन्तु यहाँ हमें इस विषय के नैतिक महत्त्व पर कुछ अधिक नहीं कहना है। हमने अभी-अभी कहा है कि डी.एच. लारेंस की रचनाएँ मुक्त तथा स्वच्छन्द दोनों ही हैं, शॉ की केवल स्वच्छन्द ही। इस कथन का तात्पर्य यही है कि शॉ ने नाट्य-कौशल के बहिरंग में कोई वैसी क्रान्ति नहीं की। इस क्षेत्र में तो उन्होंने परम्परागत नियमों का आवश्यकतानुसार सदैव पालन ही किया है। किन्तु लारेंस के उपन्यासों को देखिए—न केवल विषय किन्तु भाषा भी रूढ़िमुक्त हो जाती है। लारेंस ने सभ्य समाज से वर्जित शब्दों या वर्णनों का निर्भीकता के साथ उपयोग किया है और उन्होंने अपाततः कला-सम्बन्धी मुक्ति तथा स्वछन्दता प्राप्त कर ली है, यद्यपि जहाँ तक पहले का सवाल है, गल्प-साहित्य में जेम्स ज्वायस आदि दूसरे कलाकार उनसे कहीं आगे बढ़ गए थे।

अंग्रेजी में अमेरिकन आंग्ल कवि एज़रा पाउंड ने न केवल मुक्त-छन्द को पांक्तेय बनाया किन्तु विषय की दृष्टि से भी उसे सर्वथा स्वच्छन्द बना दिया—उदाहरणतः Heart Beats के बदले Arse beats जैसे प्रयोग।

हमारे यहाँ निराला के पहले मुक्त काव्य में स्वच्छन्दता नहीं; इधर की कविताओं में स्वच्छन्दता अधिक है, पर मुक्तता उतनी नहीं। पंत की 'ग्राम्या' की कविताओं में भी स्वच्छन्दता ही अधिक है, मुक्तता नहीं।

स्वयं निराला की प्रारम्भिक मुक्त कविताओं में भी हम मुक्तता और स्वच्छन्दता के समन्वय का अभाव ही पाते हैं। 'परिमल' की मुक्त कविताओं में रूपगत निर्बंधता चाहे जितनी मात्रा में हो, किन्तु उनमें विषयगत स्वच्छन्दता नहीं के बराबर पाई जाती है। 'जुही की कली' छन्द की दृष्टि से अवश्य ही मुक्त हो गई है, किन्तु सच पूछा जाए तो, उसमें विषय की कोई वैसी स्वच्छन्दता नहीं, हालाँकि उस कविता से समकालीन कट्टरतावादियों को काफी धक्का पहुँचा था। कली का नायिका के रूप में चित्रण सर्वथा मौलिक होते हुए भी पूर्णतः शास्त्रीय (classical) है। फलतः, हम इस कविता को स्वच्छन्द कविता नहीं कह सकते।

निराला जी के इधर के संग्रहों में अवश्य ऐसी कविताएँ पाई जाती हैं जो मुक्त भी हैं और स्वच्छन्द भी। लेकिन इसके साथ-ही-साथ यह भी स्पष्ट है कि बढ़ती हुई स्वच्छन्दता के उलटे अनुपात में मुक्तता घटती जा रही है।

'तारसप्तक' के प्रतीकवादियों में भी यही प्रवृत्ति पाई जाती है। उनमें स्वच्छन्दता तो प्रचुर मात्रा में है, किन्तु मुक्तता बहुत कम। इसका कारण भी है। छन्द की पाबन्दियाँ और अध्ययन तथा विचारों की रूढ़ियाँ कलाकार के लिए अमोघ आधार हैं। दोनों आधारों का त्याग कर देना सहज साध्य नहीं है। यह एक वाल्ट व्हिटमैन या निराला जैसे विराट् व्यक्तियों से ही सम्भव है।

['दृष्टिकोण' : फरवरी, 1948]

काव्य-रूपक : स्थिति और समस्याएँ

हिन्दी के काव्य-रूपक व्यावसायिक मंच पर कब अभिनीत होंगे, इस सम्बन्ध में भविष्यवाणी सम्भव नहीं है—वह दिन अभी बहुत दूर है। लेकिन व्यावसायिक या अर्द्ध-व्यावसायिक लघु मंचों पर उन्हें क्यों नहीं खेला जाता? इसका उत्तर हिन्दी-क्षेत्र के लेखकों, अभिनय-प्रेमियों या दर्शकों में से किसी के लिए गौरववर्द्धक नहीं होगा। इसमें भी वास्तविक दोष प्रथम वर्ग का है, इसके विरुद्ध दूसरे-तीसरे की परीक्षा हुई ही नहीं है।

नाटक का यह रूप हाल-हाल में असाधारण महत्त्व का अधिकारी सिद्ध हुआ है। इसकी बड़ी पुरानी परम्परा हमारे साहित्य में है। विदेशों में न केवल पठनीय साहित्य के रूप में, अपितु मंच पर भी इसे अप्रत्याशित सफलता मिली है। हम इसे मंच पर नहीं ला सके हैं। जहाँ तक मैं जानता हूँ, हिन्दी का एक भी काव्य-रूपक अभिनीत नहीं हुआ है। अपवाद-स्वरूप भी कोई उदाहरण हो, तो जानकर मुझे और नाटक के विकास में रुचि रखनेवाले कुछ जैसे असंख्य लोगों को प्रसन्नता होगी।

ऐसा नहीं है कि काव्य-रूपक पठनीय बने रहने के बदले अंशतः श्रव्य या दृश्य नहीं बन रहा है। आकाशवाणी से काव्य-रूपक बहुधा गीत-रूपक प्रसारित होते रहते हैं। इससे भी अधिक उल्लेख्य यह कि हिन्दी के किसी भी चित्रपट को देखें, तो उसमें, न सही काव्य-रूपक, गीत-रूपक का तत्त्व अवश्य समाविष्ट रहता है। चित्रपटों में यह तत्त्व थोड़ा विकृत, ग्राम्य, होता है, यह दूसरी बात है। विचारणीय यह है कि गीतों और पद्य-बद्ध कथोपकथनों की अव्यर्थता को बहुत बड़े श्रोतृ-समूह या दर्शक-वर्ग के मनोरंजन के साधन जुटाने का व्यवसाय करनेवाले बखूबी समझते हैं।

संस्कृत के नाटक में गीत-तत्त्व से अधिक यह काव्य-तत्त्व निरपवाद रूप से वर्तमान रहना था और पहले तो रस-परिपाक को नाटक का ही लक्ष्य माना गया था, जो आगे चलकर काव्य-मात्र का लक्ष्य स्वीकृत हुआ। संस्कृत-नाटकों में निबद्ध श्लोक नाटकों को अंशतः काव्य-रूपक बना देते हैं। वस्तुतः उनका काव्यात्मक अंश ही साध्य होना था, गद्य-भाग तो साधन-भर होता था। यह परम्परा बद्धमूल होने के कारण पारसी रंगमंच, और क्रमशः न्यूनतर मात्रा में भारतेन्दु और प्रसाद में

बनी रही। पाश्चात्य नाट्य-शिल्प को हिन्दी में प्रतिष्ठित करनेवाले लक्ष्मीनारायण मिश्र प्रभृति नाटककारों ने जब तक काव्य-तत्त्वरहित यथार्थवादी नाटक को हिन्दी में सफल बनाया, तब तक उसके विरुद्ध पश्चिम में ही प्रतिक्रिया शुरू हो गई। हिन्दी के चित्रपट, फिर दुहरा दूँ, ताकि मुझे गलत न समझ लिया जाए, इस परम्परा से चिमटे हुए हैं, यद्यपि जब-तब काव्य या गीत-रहित चित्रपट भी इधर देखने को मिलने लगे हैं।

विदेशों में इब्सन, शॉ आदि ने जोर लगाकर, शेक्सपियर आदि की काव्य-रूपक-परम्परा को अपदस्थ किया था; अब आश्चर्यों का आश्चर्य, विदेशों में भी नाटक को, चित्रपट के बावजूद, अनिवार्य बने रहना है, तो उसे अधिकाधिक मात्रा में काव्य-रूपक बनना पड़ेगा, लगता कुछ ऐसा ही है। इलियट, फ्राइ आदि के काव्य-रूपक लंदन और न्यूयॉर्क में, जो चित्रपट के गढ़ ही ठहरे, असाधारण लोकप्रियता प्राप्त कर इस अनुमान को आधारयुक्त बनाते हैं।

लेकिन हिन्दी में काव्य-रूपक खेले भी जाएँ, तो कैसे? अभिनेताओं और दर्शक-वर्ग की, उनके साथ न्याय किया जाए तो, परीक्षा नहीं हुई है। बहुत सम्भव है, परीक्षा में वे अनुत्तीर्ण नहीं होंगे। किन्तु लेखक परीक्षा दे चुके हैं। 'प्रभात', पंत, उदयशंकर भट्ट आदि ने काव्य-रूपक लिखे तो हैं, परन्तु वे कहने-भर को ही काव्य-रूपक हैं, वे असल में खंड-काव्य हैं। उनमें रूपकत्व अनिवार्य रूप से नहीं है। उनमें जो रंग-संकेत या कथोपकथन है, उनसे ही वे रूपक मान लिए जाएँ तो भले ही मान लिए जाएँ।

इनमें कुछेक का विषय समसामयिक है, तो शैली छायावादी, अधिक तो मात्र पद्य-बद्ध पौराणिक आख्यान भर हैं। काव्य-रूपक वही अनिवार्य सिद्ध होगा, जो युगीन चेतना के तल को प्रभावित कर सके। इसके लिए गद्यप्राय पद्य की जो आवश्यकता है, उसे आधुनिक कवियों में से कुछेक ने तो समझा है, पर काव्य-रूपक के लेखकों में से शायद किसी ने नहीं। इलियट के 'मर्डर इन द कैथेड्रल' का विषय पुराना है, उसका मुहावरा नहीं। प्रस्तुत लेखक ने 'बिब्बो का बिब्बोक' कुछ वर्ष पहले एक नवीनतावादी पत्रिका ('पाटल' का प्रारम्भिक वर्ष) में प्रकाशित कराया था। उसमें संकेतित दिशा की ओर बढ़ने का प्रयास किया गया था। कहते हैं, पत्रिका के, अपने प्रकृत रूप में, बन्द कर लिये जाने के कारणों में उस काव्य-रूपक का प्रकाशन भी था। वह जैसा भी था, समक्ष के बहुत पहले था और 'कालो ह्ययं...' आदि कहकर सन्तोष कर लेना पर्याप्त नहीं है। हम साहस के साथ सचमुच के काव्य-रूपक लिखें, तो उन्हें मान्यता दिलाने की बात उठेगी ही देर-सवेर।

हिन्दी काव्य में व्यंग्य

नहि पराग नहि मधुर मधु,
नहि विकास एहि काल।
अली कली ही सौं बंध्यो,
आगे कौन हवाल॥

बिहारी की इन पंक्तियों में छिपे व्यंग्य ने कर्तव्यविमुख राजा को बिना आघात पहुँचाए झकझोर कर जगा दिया था। व्यंग्य उस चाबुक की तरह है, जो अगर चोट पहुँचाता है, तो इसलिए कि वह हमें सचेत करना चाहता है। व्यंग्य सचेत न करे, जगाए नहीं, सिर्फ चोट ही पहुँचाए, आघात ही करे तो वह व्यंग्य नहीं है, व्यंग्य-सी लगने वाली वह चीज गाली है।

व्यंग्यात्मक रचनाओं की यह मुख्य विशेषता है कि उनमें मनुष्य के स्वभाव की दुर्बलताओं की कटु आलोचना निहित रहती है। उनका प्रधान उद्‌देश्य रहता है नैतिक दृष्टि से गलत को सही, बुरे को अच्छा और दुष्ट को साधु बनाना।

व्यंग्य-लेखक औचक में धावा बोलने की फिक्र में तो लगा रहता है, लेकिन वह आत्मरक्षा की चिन्ता से कभी व्याकुल नहीं होता। वह जब मनुष्य की किसी स्वभावगत दुर्बलता पर चोट करता है, तो उसे विजय इसलिए मिलती है कि वह आलोच्य व्यक्ति की तुलना दूसरे व्यक्ति के साथ करता है और व्यंग्य का शिकार बननेवाले व्यक्ति की हीनता स्वयं उसकी आँखों में खटकने लग जाती है।

व्यंग्य-लेखन पद्य, गल्प और नाटक के माध्यम से होता रहा है, किन्तु आधुनिक काल में अधिकांशत: व्यंग्यात्मक पद्य का स्थान ले लिया है पत्रकारिता ने और व्यंग्यात्मक चित्र का रूप हो गया है व्यंग्य-चित्र या कार्टून।

प्राचीन हिन्दी साहित्य में मानव-स्वभाव की दुर्बलताओं पर मुक्तक रूप में, भिन्न-भिन्न कवियों के असंख्य छन्द मिलते हैं। यहाँ हम कुछ उदाहरण प्रस्तुत करते हैं।

गर्व मानव-स्वभाव की ऐसी छिपी हुई दुर्बलता है, जो अधिकार-प्राप्ति के साथ उत्कट हो जाती है। वे कहते हैं, अकबर ने जब भक्त कवि कुम्भनदास को पहली बार अपने यहाँ बुलवाया, तो वे खुशी के साथ चले गए, पर जब दूसरी बार फिर बुलाहट आई, तो खुद जाने के बदले ये पंक्तियाँ भिजवा दीं :

सन्तन कौ सीकरो सों का काम।
आवत जात पनहियाँ टूटीं,
बिसरि गयो हरिनाम।
जिनके मुख देखत दुःख उपजत,
तिनकौ करिबे परा सलाम।
कुम्भनदास लाल गिरिधर बिनु
और सबै बेकाम॥

कृपणता एक ऐसी दुर्बलता है, जो धनी-मानी व्यक्तियों में भी पाई जाती है। किसी कवि ने औरंगजेब की कृपणता पर कैसा व्यंग्य किया है यह :

तिमिरलंग लई मोल,
चली बाबर के हलके,
रही हुमायूँ संग फेरि
अकबर के दलके,
जहाँगीर जस लियो,
पीठिको भार हटायो,
शाहजहाँ करि न्याय
तहिको माँड़ पिलायो।
बलरहित भई, पौरुष थक्यो,
भगी फिरत बन स्यार डर,
औरंगजेब करिनी सोई,
लै दीन्ही कविराज कर।

औरंगजेब ने कवि जी को हथिनी तो दी, पर मरियल और बूढ़ी। इस अपमान का प्रतिशोध लिया कवि जी ने उन पंक्तियों को लिखकर, जिन्हें आपने अभी सुना।

किसी अन्य कृपण राजा ने किसी कवि को एक मरियल टट्टू देने की हिमाकत की, तो कवि ने भरे दरबार में यह छन्द पढ़ सुनाया :

घोड़ गिर्‌यो घर बाहर ही,
महाराज कछू उठवावन पाऊँ।
ऐड़ों परौ बिच पैंड़ोई माँझ
चलै पग एक न कैसे चलाऊँ?

होय कहारन कौ जु पै आयसु,
डोली चढ़ाय यहाँ तक लाऊँ।
जीन धरौं कि धरौं तुलसी,
मुख देउँ लगाम कि राम कहाऊँ॥

कवि बेनी बन्दीजन को जब किसी कृपण धनी ने छोटे आम उपहार के रूप में भिजवाए, तो उन्होंने अप्रसन्न होकर, व्यंग्य के साथ, उन आमों के बारे में कह डाला :

ऐसे आम दीन्हें दयाराम
मन मोद करि,
जाके आगे सरसों
सुमेरु-सी लगति है।

कवयित्री प्रवीण राय ने, यह तो सुप्रसिद्ध किंवदन्ती है, इस एक ही व्यंग्य से अकबर के उचित-अनुचित के विवेक को जाग्रत कर दिया था :

विनती राय प्रवीन की,
सुनिये साह सुजान,
जूठो पातर भखत हैं,
बारी, बायस, स्वान।

इस दृष्टान्त में, आपने ध्यान दिया होगा, किस प्रकार आलोच्य की तुलना दूसरी वस्तुओं से की गई है और इस तरह उसकी हीनता उसके सम्मुख स्पष्ट प्रकट हो गई है।

कभी-कभी अपमान का अनुभव करने पर भी मनुष्य व्यंग्य करता है, किन्तु वहाँ भी उद्देश्य यही रहता है कि अपमान करनेवाला सचेत हो जाए :

सेवक सिपाही हम उन राजपूतन के,
दानयुद्ध जुरिबे में नेकु जो न मुरके।
नीति देनवारे हैं महीके महिपालन को,
हिये के विशुद्ध हैं सनेही साँचे उरके।
ठाकुर कहत हम बैरी बेवकूफन के,
जालिम दमाद है अदानिया ससुर के।
चोजन के चोजी, महामौजिन के महाराज,
हम कविराज हैं पै चाकर चतुर के॥

पूरे पैसे लेकर खराब चीज ग्राहक को देना, यह कोई नई बात नहीं है। आज हमें जब ऐसी परिस्थिति का सामना करना पड़ता है, तो हम दैनिक पत्र के सम्पादक के नाम चिट्ठी रवाना कर तसल्ली पा लेते हैं, किन्तु पुरानी और न गलनेवाली दाल बेचनेवाले बनिये पर कुपित कवि ने यह छन्द ही रच डाला :

खोय दियो मुजरा दरबार को,
दाल दधीचि की हाड़ भई है।

हम आजकल अक्सर ही चिकित्सकों और चिकित्सालयों की अयोग्यता और अव्यवस्था के संवाद पढ़ते-सुनते हैं। अयोग्य चिकित्सक दुर्भाग्य से हर देश और हर समय में लोगों की विवशता का लाभ उठाते ही हैं। संस्कृत में तो कहावत ही है : 'शतमारी भवेद् वैद्यः'। प्रधान नामक हिन्दी के इधर के एक कवि ने एक अयोग्य और लोभी वैद्य के बारे में व्यंग्य करते हुए एक सार्वकालिक और सार्वदेशिक वास्तविकता पर ही व्यंग्य किया है :

बीस रुपैया करे कर फीस,
न देत जवाब न त्यागत द्वारहिं।
भाखैं 'प्रधान' ये वैद्य कसाई है
देव न मारै तो आपुहि मारहिं॥

इनके अतिरिक्त ऐसी व्यापक दुर्बलताओं पर लक्ष्य करके भी व्यंग्य लिखे गए हैं, जिनका सीधा सम्बन्ध व्यक्ति-विशेष से नहीं है। उदाहरण के लिए, मनुष्य बड़े प्रयत्न से गृहस्थी और सुख के साधन जुटाते हैं, किन्तु वे ही उसकी चिन्ता के कारण बन जाते हैं। इस पर व्यंग्य करने के लिए 'चैत' कवि ने भगवान शिव को व्यंग्य का लक्ष्य बनाया है :

आपुको वाहन बैल बली,
बनिताई को वाहन सिंहनि पेखिके।
मूसेके वाहन है सुत एक, सु
दूजो मयूर के पच्छ विसेखिके।
भूषण है कवि 'चैत' फर्निद के,
बैर परे सबते सब लेखिके।
तीनिहुँ लोक के ईस गिरीसु सु
जोगी भये घर की गति देखिके॥

प्राचीन हिन्दी साहित्य में व्यंग्य का सामान्यतः जो रूप था, उसकी एक झलक आपको मिली। आपने देखा कि उसकी मुख्य प्रेरणा थी व्यक्तिगत क्षोभ और प्रधान उद्देश्य था कवियों के द्वारा अपने अस्त्र के सहारे अपमान का निराकरण।

आधुनिक काल में उनका व्यंग्य व्यक्तिगत न रहकर सामाजिक रूप पा जाता है और किसी एक मनुष्य की नहीं, बल्कि समूचे समाज या वर्ग की दुर्बलताओं पर आघात किया जाता है, अवश्य, सुधार की कामना से प्रेरित होकर ही इस प्रकार के व्यंग्य के आरम्भ का श्रेय भारतेन्दु को है :

सीखत कोउ न कला
उदर भरि जीवत केवल।

पशु समान सब अन्न खात
पीवत गंगाजल॥
धन बिदेस चलि जात
तऊ जिय होत न चंचल।
जड़ समान है रहत
अकल हल रचित सकल बल।
जीवत विदेश की वस्तु लै
ता बिनु कछु नहिं करि सकत।
जागो-जागो अब साँवरे
सब कोउ रुख तुमको तकत।

भारतेन्दु ने ही नहीं, उनके युग के और उनसे प्रभावित अन्य साहित्यिकों ने भी सामाजिक बुराइयों पर मार्मिक व्यंग्य किये हैं। बदरीनारायण चौधरी ने पाश्चात्य वेश-भूषा की नकल करनेवालों पर देखिए, कैसी चोट की है :

सोहै न तोके पतलून साँवर गोरवा
कोट बूट जाकेट कमीज क्यों
पहिनि बनै बैबून,
साँवर गोरवा।
काली सूरति पर काला कपड़ा
देत किये रंग दून,
साँवर गोरवा।
चलत चाल बिगरैल छोड़ सम
बोलत जैसे मजनून,
साँवर गोरवा।
चन्दन चुरुट लाख, पर लागत
पान बिना मुँह सून,
साँवर गोरवा।
अच्छर चारि पढ़इ अँगरेजी
बनि गये अफलातून,
साँवर गोरवा।

इस तरह के सामाजिक सुधार की दृष्टि से लिखे गए व्यंग्य की परिपाटी द्विवेदीयुगीन कवियों द्वारा अपनाई गई। नाथूराम शर्मा 'शंकर' ने तो इसके लिए विशेष प्रसिद्धि पाई है। कृष्ण के बहाने वे भी पाश्चात्य वेशभूषा के अनुकरण पर व्यंग्य करते हैं :

पटकि पादुका पहिनो प्यारे,
बूट इटाली का लुफदार।

डालो डबल वाच पाकिट में,
चमके चेन कंचनी चार॥
रख दो गाँठ-गठीली लकुटी,
छाता बेत बगल में मार।
मुरली तोरि मरोरि, बजाओ
बाँकी बिगुल सुने संसार॥

आचार्य महावीरप्रसाद द्विवेदी ने भी कुछ व्यंग्यात्मक पद्य लिखे हैं, किन्तु वे अधिकतर व्यंग्य के लिए गद्य का ही प्रयोग करते थे। इस दृष्टि से 'सरस्वती' के सम्पादकीय लेख तो अपना सानी रखते ही नहीं और उनकी चोट की तुलना चाबुक की मार से ठीक ही की गई है। पद्य में उनके व्यंग्य की तीव्रता मन्द-सी पड़ जाती है। गाँव छोड़कर शहर में आए हुए एक युवक के मुँह से कराये गए इस व्यंग्य की तीव्रता देखिए :

सारगौ नरक ठिकाना नाहिं,
साफ कहति है हम ऐसेनका,
सरगौ नरक ठिकाना नाहिं।
बूड़ि मरी जा हम गंगा माँ,
तौ हत्या लागे हम काहिं।
हे भगवान उबारौ हमका,
दीनदयाल धरम के नाथ।
तुम्हरे पायन माँ हम आपन
पटकत है यह फुटहा माथ।

छायावाद-युग के आलोचकों ने भी छायावादी कवियों पर कठोर व्यंग्य किये थे। इनमें आचार्य शुक्ल, पद्मसिंह शर्मा आदि प्रमुख थे, किन्तु कम-से-कम एक प्रमुख छायावादी कवियों में व्यंग्य का उत्तर व्यंग्य से देने की असाधारण क्षमता थी। वे हैं निराला जी, जिन्होंने दूसरे विषयों पर भी गद्य-पद्य में बड़े पैने व्यंग्य किये हैं। यहाँ हम एक छोटा-सा उदाहरण उपस्थित करते हैं :

फिर लगा सोचने
यथासूत्र मैं भी होता—
यदि राजपुत्र, मैं क्यों न
सदा कलंक ढोता
ये होते—जितने विद्याधर—
मेरे अनुचर,
मेरे प्रसन्न के लिए विनत
सर उद्यत कर;

मैं देता कुछ, रख अधिक
किन्तु जितने पेपर
सम्मिलित कंठ से गाते
मेरी कीर्ति अमर,
जीवन-चरित्र लिख अग्रलेख
अथवा छापते
विशाल चित्र।

यथार्थवाद और आधुनिक हिन्दी कविता *

'साहित्य-दर्शन'[1] के असाधारण विद्वान लेखक की प्रतिभा उनकी विद्वत्ता को 'गाथा' में बहुत पीछे छोड़ गई है, यह बहुत कम लोगों के बारे में कहा जा सकता है। विद्वत्ता और प्रतिभा का संयोग साधारणत: नहीं देखा जाता। ऐसा हुआ भी तो विद्वत्ता आसानी से प्रतिभा को जकड़ लेती है।

प्रतिभा अकेली भी बड़ी चीज है। विद्वत्ता गलकर भी जले नहीं और निखर आए तो वह बहुत बड़ी चीज है।

रवीन्द्रनाथ में रेखाएँ खींचने की प्रतिभा थी। केवल प्रतिभा ही थी, उन्होंने और उनके आलोचकों ने भी यही कहा और माना है। इस दिशा में उनके प्रयोग निस्सन्देह प्रशंसनीय हैं। पर यह मानना पड़ेगा कि उनके प्रयोग पिकासो के प्रयोगों की महत्ता का दावा नहीं कर सकते। रवीन्द्र की चित्रकला के विरुद्ध यहाँ के या विदेश के आलोचकों ने कुछ नहीं कहा। पर उनके पहले और उनसे कहीं अधिक महत्त्वपूर्ण प्रयोगों के लिए, पिकासो को अधिकारी आलोचकों की उपेक्षा और कटूक्तियाँ सहनी पड़ी थीं। उनके रेखांकनों के 'अतिशय सचेष्ट सरलीकरण' से क्षुब्ध होकर, एक कला-विशेषज्ञ ने लिखा था कि उनसे अधिक सार्थक लकीरें तो स्कूल का छात्र भी खींच ले सकता था। पर जब उन्हें वह बतलाया गया कि पिकासो प्रारम्भ में वर्षों तक नियमित रूप से एक प्रसिद्ध और परिपाटी के अनुसार चित्र बनानेवाले उस्ताद के तत्त्वावधान में रेखांकन सीख चुका था, तो उनके आश्चर्य की सीमा न रही।

पिकासो ने चित्रकला का व्याकरण सीखकर उसका अतिक्रमण किया था। रवीन्द्र को चित्रकला की कभी नियमित शिक्षा नहीं मिली थी; इसलिए उनकी चित्रकला मीठी तुतलाहट-भर रह गई। जानकीवल्लभ जी की प्रतिभा शास्त्रीय रूढ़ियों का यथेष्ट उपयोग कर लेने के बाद मानवता की ओर आकृष्ट हुई है।

पर 'गाथा' की चित्रकलात्मकता की पिकासो की कला से कोई तुलना नहीं है। इसमें साहित्य का अभिव्यंजनामूलक त्रिकोणवाद नहीं मिलेगा। 'गाथा' के काव्य-चित्रों में प्रभाववाद के परवर्ती (Post-impressionist) वॉन गाग के चित्रों की-सी

* जानकीवल्लभ जी की 'गाथा' की भूमिका।

1. जानकीवल्लभ जी के साहित्यालोचन-विषयक निबन्धों का संग्रह।

यथार्थता और मनुष्यता की प्रेरणा है। 'गाथा' का कवि 'The Prison Yard' के चित्रकार की तरह कहता सुनाई पड़ता है : 'I want to paint humanity, humanity and again humanity'—मैं मानवता को चित्रित करना चाहता हूँ, मानवता को, और फिर-फिर मानवता को ही।

काव्य में इस मानवीय यथार्थता को पहले के महाप्राण कलाकारों ने भी निर्भीकता के साथ अपनाया है। आधुनिक काल के कुछ उदाहरणों को छोड़कर, समस्त हिन्दी साहित्य को और संस्कृत के भी एक दीर्घ काल को पार कर, पैशाची प्राकृत में लिखी और आज सदा के लिए खो गई 'वृहत्कथा' में इसका विस्मयजनक विकास हुआ था। यह तो उसके संस्कृत के संक्षिप्त संस्करण सोमदेव-रचित 'कथासरित्सागर' को देखकर भी कहा जा सकता है।

यह आश्चर्य का विषय है कि अंग्रेजी-काव्य में भी इस प्रकार की यथार्थता का दर्शन उसके आदि महाकवि चासर में ही होता है। 'कैंटरबरी टेल्स' के अनेक निरावरण वर्णन केवल अपनी मनुष्यता के कारण ही अश्लील होने के बदले विराट् हो गए हैं। फिर, युगों के बाद, ऑस्कर वाइल्ड का 'द बैलड ऑफ रीडिंग जेल' इस दृष्टि से एक सर्वथा अप्रत्याशित, पर श्रेष्ठ रचना है। इस चमत्कार-परिष्कारवादी साहित्यिक के जीवन में यदि एक अमार्जनीय प्रभाववाली दुर्घटना न घटती, तो उसकी यह सर्वोत्तम काव्यकृति लिखी ही न जाती। वॉन गाग ने जो काम रंगों और रेखाओं के माध्यम से किया है, वही वाइल्ड ने शब्दों के सहारे।

विक्टोरियन युग की अवास्तविकता की प्रतिक्रिया के रूप में किप्लिग ने, जहाँ तक विषय का प्रश्न है, बहुत ही स्वस्थ दृष्टिकोण अपनाया था। जैसाकि हाल ही में प्रकाशित अपनी पुस्तक में एक अमेरिकन आलोचक ने दिखलाया है, किप्लिग की सबसे महत्त्वपूर्ण देन है अद्यावधि त्याज्य विषयों को काव्य के योग्य समझना। बैरकों में रहनेवाले सिपाही, जहाज और एंजि—ये सभी किप्लिग की कविता के विषय हुए। उसने केवल यही नहीं प्रमाणित किया कि विषय की साधारणता के बावजूद कविता उत्कृष्ट हो सकती है, इससे ज्यादा यह भी कि सिपाही पर लिखी गई कविता में उसकी असंस्कृत बोली के शब्द और मुहावरे भी त्याज्य नहीं हैं। किलिंपग अंग्रेजी का बहुत उत्कृष्ट कवि नहीं है, इसका कारण कुछ और ही है।

आधुनिक युग के कवियों ने इस बात का प्रश्न किया है कि वे उदात्त को ही नहीं, साधारण को भी अपनी कविता में ग्रहण करें। इसके पहले के कवियों ने भी कठिन पाया था, आज के भी पाते हैं। पारस लोहे को छूता है और स्वयं भी लोहा हो जाता है!

'न्यू सिग्नेचर्स' के सम्प्रति प्रसिद्ध कवि डब्ल्यू.एच. ऑडेन, सेलिल डे लेविस, स्टेफन स्पेंडर आदि साधारण को अपनी कविता के विषय के लिए लेते हैं और

अपनी समाजवादी दार्शनिकता से उसका ऊर्ध्वपातन करते हैं, जैसे ऑडेन 'स्पेन' में, डे लेविस 'द नबारा' में। 'कथासरित्सागर', 'कैंटरबरी टेल्स' और 'द बैलड ऑफ रीडिंग जेल' में भी साधारण का ऊर्ध्वपातन हुआ है, पर उनके कवियों को प्रेरणा मिली है मनुष्य की सनातन दुर्बलताओं के प्रति सजग सहानुभूति से ही।

जानकीवल्लभ जी को भी मनुष्य के किसी वर्ग-विशेष के ही नहीं, प्रत्युत मनुष्य मात्र के अभाव, पीड़ा या दुर्बलता से सजग और संयत सहानुभूति है।

यह सहानुभूति उस नासमझ माँ की नहीं, जो बीमार बच्चे की तकलीफ कम करने के लिए कुपथ्य दे देती है, न आँसू बहाने वाले स्त्रैण भावुक की है। इस सहानुभूति में, जरूरत पड़ने पर, कड़वी दवा और नश्तर का भी उपयोग हुआ है; 'गाथा' के व्यंग्य जिन्हें ऐसे मालूम हों, उन्हें यह भी ध्यान रखना चाहिए कि उनका सदुद्देश्य भी है।

हिन्दी की 'स्ट्राबेरी और क्रीम' कविता की चलती परम्परा में ऐसे प्रयोगों का स्वागत होना चाहिए। आज हिन्दी के पाठकों और आलोचकों का एक उल्लेखनीय वर्ग उस बौद्धिक धरातल को पहुँच गया है, जहाँ वह सस्ती शोहरत पाने के लिए चित्रित अश्लीलता और मर्मज्ञ कलाकार की स्पष्टोक्ति और यथार्थता के विभेद को ग्रहण कर सकता है।

अश्लीलता विषय में नहीं, अभिव्यंजना-पद्धति में छिपी रहती है। शारीरिक नग्नता को साधारणत: अश्लील माना जाता है—इसलिए स्वभावत: उसके चित्रण-वर्णन को भी—पर शारीरिक नग्नता की, विश्व की दो श्रेष्ठ प्राचीन सभ्यताओं—भारतवर्ष और ग्रीस—की कलाओं में, सर्वजनप्रशंसित अभिव्यंजना पाई जाती है। इसका यह अर्थ नहीं कि दुनिया के तमाम अखबारों में विज्ञापित 'फ्रेंच तसवीरें' ऊपर के न्याय से अश्लील होने के सिवा और कुछ हैं।

'उग्र' के नीतिवादी आलोचकों द्वारा परम निन्दित और शायद इसीलिए परम लोकप्रिय पुस्तक-विशेष का विषय अश्लील नहीं। वाइल्ड के 'द पिक्चर ऑव डोरियन ग्रे' की बात छोड़िए, विश्व के श्रेष्ठ गल्प-लेखकों में अग्रगण्य मार्सेल प्रू ने इस विषय का सांगोपांग विश्लेषण किया है और किसी भी विवेकशील आलोचक ने उस पर अश्लीलता का दोषारोपण नहीं किया। पर यह ठीक ही है कि विषय के अश्लील न होने पर भी 'उग्र' की पुस्तक निस्सन्देह अश्लील हो गई है। कारण दो हैं, जिनका उल्लेख आलोचकों ने नहीं किया है। उन्होंने जिनका उल्लेख किया है, वे सब कारण गलत हैं। जैसाकि मैंने अन्यत्र भी कहा है, 'उग्र' का उद्देश्य कला की सृष्टि नहीं, एक नैतिक विकृति के खिलाफ जिहाद करना है। यह उद्देश्य तो स्तुत्य है, पर इसका साधन गलत नहीं होना चाहिए, और फिर इतनी जायकेदार शैली की गल्प! आलोचक गलत हैं कि 'उग्र' का विषय अश्लील है। 'उग्र' भी सही नहीं हैं, क्योंकि उन्होंने नैतिक उन्नयन के लिए गल्प का अनुपयुक्त

उपाय चुना है। उन्हें समाजविज्ञान के योग्य गम्भीर शैली के निबन्धों का आश्रय लेना चाहिए था, जैसाकि हैवलॉक एलिस, मेरी स्टोप्स आदि ने किया है।

अगर कलाकार और डाक्टर अपनी ओर से निर्लिप्त हैं, तो अपने-अपने ढंग से मनुष्य के शरीर या मन का चित्रण-परीक्षण करने का उन्हें पूरा अधिकार है। पाठकों को तो होना ही चाहिए। जैनेन्द्र ने कहीं अपने बारे में लिखा था कि किशोरावस्था में थोड़े दिनों तक स्त्रीमात्र के चित्र को देखकर उनका चित्त अन्यथावृत्ति हो जाया करता था। लंदन के एक सार्वजनिक स्थान में रखी गई एप्स्टाइन-निर्मित एक मूर्ति पर नैतिकता के हिमायतियों द्वारा सड़े अंडे और पुराने जूते फेंके जाते रहे—और कहने वाले कहते हैं कि अपना रोष प्रकट करने के इस तरीके की मदद से उन लोगों को फायदा यह होता था कि वे काफी नजदीक से उस मूर्ति की बारीकियों को देख पाते थे। सो पाठक चाहे तो ग्रीक या भारतीय मूर्तियों में, महान कलाकारों के चित्रों में, कालिदास, हर्ष, तुलसी, सूर, ़चासर प्रभृति की रचनाओं में अश्लीलता ढूँढ़े, उसे कौन रोकेगा? रोकेगा कोई नहीं, पर इन कृतियों की तह तक पहुँचकर कूड़ा-करकट बटोरने के सिलसिले में वह अनिवार्य रूप से इतना संस्कृत हो जाएगा, उसकी दृष्टि इतनी निर्मल हो जाएगी, कि उसे रत्न ही हाथ लगेंगे। इसीलिए उत्कृष्ट साहित्य को इस प्रेरणा से, ऐसे अनधिकारी पाठक पढ़ेंगे, इसका डर नहीं है। रेलवे बुक-स्टाल से 'कनफेशन सीरीज' की पुस्तकों को खरीदकर पढ़नेवाले पाठक जेम्स ज्वायस की 'यूलिसिस' और लारेंस की 'लेडी चैटर्लीज लवर' मुफ्त पाकर भी पढ़ने की क्षमता नहीं रखते, यह निर्विवाद है। यदि उनमें से विरला कोई इन पुस्तकों को पढ़ सके तो उसकी इतनी शिक्षा अनायास ही हो जाएगी कि वह सभी बातों को, योजना में, अपनी सही जगह पर ही देखे।

मैं अपने अनुभव से कह सकता हूँ कि हिन्दी का एक पाठकवर्ग पर्याप्त चैतन्य है। पाश्चात्य साहित्य से परिचित तथा हिन्दी के प्रचलित काव्य से अप्रभावित इस वर्ग के पाठकों को निराला की 'कुकुरमुत्ता' और अज्ञेय की 'चिन्ता' जैसी दो-चार रचनाओं को दिखलाने के बाद उनकी बहुत हद तक बदली राय को देखने का मुझे सन्तोष प्राप्त हुआ है। उनमें से जिन्होंने 'गाथा' को पढ़ा या सुना, उन्हें हिन्दी कविता की शक्ति और विकास पर आश्चर्य हुआ।

जानकीवल्लभ जी की लेखनी के स्पर्श से कविता के लिए त्याज्य विषय ही नहीं, कितने ही अभिशप्त शब्द भी उद्धार पा गए हैं। जेम्स ज्वायस, डी.एच. लारेंस और जॉन डॉस पैसस ने इस सम्बन्ध में जो अपने गद्य में किया, वह जानकीवल्लभ जी ने अपने पद्य में किया। बहुत पहले भी ऐसी शक्ति स्तुत्य मानी जाती थी :

प्रौढि-प्रकर्षेण पुराणरीति-व्यतिक्रमः श्लाघ्यतमः पदानाम्।
अत्युन्नतिस्फोटितकञ्चुकानि वन्द्यानि नारोकुचमण्डलानि॥

भाषा चरित्रों के अनुकूल परिष्कृत, चलती हुई या अनगढ़ है, पर सर्वत्र स्वाभाविक है। जहाँ कवि को अपनी ओर से कहना है, वहाँ पांडित्य और लालित्य पर उसके समान अधिकार के स्पष्ट प्रमाण है।

पद्य-कौशल की, हिन्दी के लिए, एक उल्लेखनीय विशेषता है। आज से बहुत पहले निराला ने 'सरोज' में प्रकाशित अपने एक लेख में प्रसाद को हिन्दी में पहले-पहले पंक्ति के मध्य पूर्ण विराम को उपयोग में ले आने का श्रेय दिया था। आज भी हिन्दी के दो-एक ही कवि सामान्य रूप से इसका उपयोग करते हैं। स्वयं प्रसाद भी पीछे इस पर ध्यान नहीं देते थे। 'कामायनी' जैसे प्रबन्ध-काव्य में इसकी अनुपस्थिति इसका पर्याप्त प्रमाण है। वस्तुतः निराला ने ही इसका महत्त्व समझा है। (पंक्ति की समाप्ति के साथ ही अनिवार्य रूप से भाव-विशेष की समाप्ति कर देना छन्द के 'चरणों' में आत्मसमर्पण कर देना है।) इस 'एंड स्टाप्ड' पद्य को अंग्रेजी में युगविशेष के कवियों द्वारा प्रश्रय मिला था, आलोचकों द्वारा प्रशंसा कभी नहीं। उन्होंने इसकी संकीर्णता और कृत्रिमता का अविलम्ब अनुभव कर लिया था। पर हिन्दी का बहुत दोष भी नहीं है। उसकी समृद्ध परम्परा की यह एक नियमित और अवांछनीय विशेषता रही है। संस्कृत के छन्दों में, भाव समाप्त हों या नहीं, द्वितीय चरण के बाद विराम रहता था और प्राचीन हिन्दी के दोहा, चौपाई, घनाक्षरी, सवैया आदि में तो संस्कृत के अन्वय की कठिनता के न रह जाने से नियमित विराम के साथ भाव-समाप्ति अनिवार्य थी ही। यही बात बगल में पनपनेवाली उर्दू के बारे में भी थी और है। और दूसरी नवीनताओं को ग्रहण करने पर भी उसकी नज्म अभी तक इस बन्धन से छुटकारा नहीं पा सकी है। बंगला-पद्य ने बहुत पहले इस कृत्रिमता का त्याग कर दिया था। हिन्दी में निराला के बाद जानकीवल्लभ जी ने ही इसकी निःसंदिग्ध आवश्यकता समझी है। यह हिन्दी के पद्य-कौशल की प्रौढ़ता का द्योतक है।

समासतः 'गाथा' हिन्दी काव्य के सर्वांगीण और अविच्छिन्न विकास का प्रतीक है।

['दृष्टिकोण' : 1947]

छायावाद और प्रगतिवाद

छायावाद एक प्रवृत्ति थी जो आलोचकों की कृपा से बाद में परिणत हो गया। प्रगतिवाद एक वाद के रूप में आविर्भूत होकर अपने अनुयायियों की उदार-दृष्टि के फलस्वरूप व्यापक प्रवृत्ति बन गया है। इम्प्रेशनिस्ट या प्रभाववादी चित्रकारों की कृतियों को कुछ लोगों ने 'पिस्टल-पेंटिंग' कहकर खिल्ली उड़ानी शुरू की, कुछ लोगों ने 'इम्प्रेशनिस्ट' कहकर उसका मजाक उड़ाया, और कालान्तर में इस प्रकार के चित्रकारों ने अपने को सचमुच ही 'इम्प्रेशनिस्ट' कहना और समझना शुरू कर दिया। आलोचकों का आक्रोश उनके लिए वरदान हो गया। आलोचकों ने तो उन्हें प्रभाववादी इसलिए कहना शुरू किया था; क्योंकि उनकी कृतियों में यथार्थता का ठोस आधार नहीं था, जो उनकी दृष्टि में एक बहुत बड़ा दोष था। किन्तु प्रभाववादियों का यह उद्देश्य ही था। अतः, उन्हें अपनी यह उपाधि कुछ आपत्तिजनक नहीं मालूम हुई और उन्होंने इसे अपने लिए सहर्ष स्वीकार कर लिया। छायावाद के साथ भी कुछ ऐसा ही किस्सा हुआ। लोगों ने उत्तर-द्विवेदी-काल की प्रकार-विशेष की कविताओं को छायावादी कहना शुरू किया—बतौर मजाक, परिहास की भावना से प्रेरित होकर; क्योंकि उनकी दृष्टि में, वैसी रचनाओं में सार कुछ नहीं था, थी केवल छाया। किन्तु सूक्ष्म के हिमायती और ठोस से अधिक छाया, मस्तिष्क से ज्यादा हृदय को तरजीह देनेवाले ऐसे कवियों ने देखा कि उनके लिए इससे अच्छी उपाधि हो ही क्या सकती थी—सो उन्होंने शिकायत को तारीफ मानते हुए स्वयं ही अपने को छायावादी कहना शुरू कर दिया और आज हिन्दी साहित्य की एक धारा ही इस संज्ञा से अभिहित होती है।

प्रगतिवाद का रूपान्तर सर्वथा भिन्न प्रकार से हुआ। छायावाद व्यापक प्रवृत्ति का रूप छोड़कर वाद की परिधि में बँधा, किन्तु प्रगतिवाद वाद की परिधि को तोड़कर आज व्यापक प्रवृत्ति के रूप में फैलाव पा रहा है।

प्रथम महायुद्ध के बाद वामपंथी राजनीति से प्रभावित, और उससे ज्यादा अधिनायकवाद से क्षुब्ध, पाश्चात्य लेखक 'न्यू राइटिंग' के नाम से रचनाएँ करने लगे थे। हिन्दुस्तान के लेखक भी पाश्चात्य साहित्य की इस प्रवृत्ति से प्रभावित हुए। कुछ ऐसे युवक जिन्होंने मार्क्सवाद का गहरा अध्ययन किया था और जो साहित्य

में दिलचस्पी रखते थे, इस बात के लिए सन्नद्ध हुए कि भारतीय भाषाओं के लेखकों का भी एक ऐसा वर्ग बने, जो राजनीति में खुलेआम वामपंथी न होने पर भी अपनी रचनाओं में शोषित-पीड़ित श्रमिक-किसानों के मूक निर्यातन को अभिव्यक्ति प्रदान करे। प्रेमचन्द जैसे लेखक जाने-अनजाने इस प्रकार की रचनाएँ कर भी रहे थे। सो, यहाँ भी 'न्यू राइटिंग' के बदले प्रगतिशील लेखक संघ के नाम से उत्साही युवकों ने अपना एक संगठन कायम किया। छिछली राष्ट्रीयता तथा अपरिणत क्रान्ति-भावना का जमाना खत्म हो चुका था और एक ऐसी साहित्यिक राजनीतिक धारा की आवश्यकता थी, जो भारतीय लेखकों की जागरूकता को समुचित दिशा में प्रेरित करे। राजनीति में जो धारा कट्टर साम्यवाद की थी, वह तो बहुत लोकप्रिय न हो सकी किन्तु वही धारा साहित्य में इतना काफी विशद और उदार थी कि उसे पिछले खेवे के साहित्यिकों की सहानुभूति और प्रोत्साहन आसानी से मिल गया और समकालीन कलाकारों ने तो उसे बड़े आग्रह के साथ अपना लिया।

प्रारम्भ में, पनपते हुए कलाकार-राजनीतिज्ञों के सैद्धान्तिक आग्रह तथा अविवेक के कारण प्रगतिवादी साहित्य में कुछ ऐसे अनावश्यक तत्त्व भी समाविष्ट हो गए, जिनके कारण उसका प्रचार रुद्ध हो गया तथा उसे प्रतिष्ठित आलोचकों का कोप-भाजन भी बनना पड़ा। किन्तु जैसे-जैसे प्रगतिवादियों ने अपना विकास किया, वैसे-वैसे उनके सैद्धान्तिक आग्रह की कटुता कम होती गई और उन्होंने अपनी रचनाओं में कलात्मकता की ओर ज्यादा ध्यान देना प्रारम्भ किया। इसी के फलस्वरूप प्रगतिशील रचनाएँ आज इतनी लोकप्रिय हैं। और इससे भी महत्त्वपूर्ण बात तो यह है कि आलोचकों की दृष्टि में सम्मानार्ह भी।

जब पंत जी ने 'पल्लव'-'गुंजन' का बाना फेंककर 'युगवाणी' लिखी, तो वह कुछ इतनी अस्वाभाविक और अनुभूति-रहित उतरी कि निराला जी ने उन्हें सावधान करते हुए बड़ी स्पष्टवादिता के साथ कहा था कि वे अपनी 'कल्पना की उड़ान' और 'अपराजिता' भाषा के कारण ही आधुनिक हिन्दी के प्रतिनिधि कवि माने जाते थे और यदि उन्होंने अपनी इन दोनों विशेषताओं को तिलांजलि दे दी, तो इससे उनका और हिन्दी का भी अकल्याण होगा।

सचमुच ही, इस बात की आशंका कुछ दिनों तक बनी रही कि कहीं प्रगतिवाद साम्यवादी राजनीति का साहित्यिक अनुचर-मात्र बनकर न रह जाए, कला-प्रवृत्ति होने के बदले सिर्फ पर्चेबाजी न बन जाए।

किन्तु प्रगतिवाद का नेतृत्व दूरदर्शी मनस्वी कर रहे थे और उन्होंने इस धारा को मरुभूमि में जाकर अपने को खत्म करने से बचा लिया। प्रगतिवाद की परम्परा हिन्दी के प्राचीन साहित्य से जोड़ी गई। तुलसीदास भक्तों के या पुराणपंथी आलोचकों के ही कंठहार नहीं रह गए, आज के बुद्धिवादी प्रगतिशील समालोचकों ने भी उनकी महत्ता सादर, साभार स्वीकृत की और छायावाद की भी, अपने समय की दृष्टि से

सार्थकता मान ली। जो साहित्यिक अपने को आधुनिक कहते थे किन्तु जिनके पास कोई विशिष्ट ध्येय नहीं था, कला की कोई खास कसौटी नहीं थी, उन्हें यह देखकर आश्चर्य हुआ कि प्रगतिवादियों ने यह कौन-सा रुख अख्तियार किया; जो लोग प्रगतिवाद से बहुत आशा रखते थे, किन्तु उसके वर्तमान रूप से क्षुब्ध हो गए थे, उन्हें इस रुख से सन्तोष हुआ और प्रगतिवाद को प्रतिष्ठित क्षेत्रों में भी प्रश्रय मिला।

इसमें कोई सन्देह नहीं कि प्रगतिशील साहित्य हिन्दी की जागरूकता का सन्देशवाहक है और वह अपने इस उत्तरदायित्व का निर्वाह कर रहा है।

प्रसाद की काव्य-कला*

पंत जी की कविता उन्मुक्त—किन्तु उच्छृंखल नहीं; मनुष्य-निर्मित परिसर से जकड़ी तो नहीं, फिर भी प्राकृतिक, पत्थर आदि के टुकड़ों के बाँध से एक पथ-विशेष में नियंत्रित जरूर—वन्य निर्झर के नैसर्गिक संगीत से ध्वनित-सी होती हुई; मसृण, मन्थर गति से पाठकों के हृदय प्रदेश पर मधुर प्रवाहित होती हुई उनके विरस प्राण-पुलिनों की सिकता में अपवाद बिना, अपनी सरसता, मधुरिमा भर, उनकी सच्ची, अयाचित कृतज्ञता पाती रहती है; आला, निराला निराला की निराली कविता का 'निरालापन आभूषण' है, जिसमें कुछ ऐसा 'मेस्मेरिक' आकर्षण है कि वह हमारी प्रशंसा, चतुर माली से पालित उपवन के सदाबहार पुष्पों के मध्य की रंगीन फुहारे की तरह, पा जाती है। पंत जी की सचेष्टता के लिए निश्चेष्टता और निराला की निश्चेष्टता के लिए सचेष्टता, दोनों में एक अद्‌भुत खिंचाव है, जैसाकि चुम्बक में लोहे के लिए रहता है। प्रसाद की कविता में भी यदि इनसे अधिक नहीं—यह सम्भव है—तो इनसे कम आकर्षण तो कदापि नहीं; हाँ, यह आकर्षण एक दूसरे प्रकार का है, यह तो स्पष्ट है। माँ जाह्नवी के प्रति जो एक अव्याख्येय श्रद्धा का उद्वेग उनके दर्शनमात्र से हमारे हृदय में—विदेशियों के भी हृदय में, आश्चर्य है—होता है, कुछ वैसा ही प्रसाद की कविता पढ़ने पर भी उसके प्रति होने लगता है। पंत जी की और निराला की कवित्व-प्रतिभा से हम उस प्रकार प्रभावान्वित होते हैं, जिस प्रकार विद्यार्थी अपने प्रत्यक्ष प्रोफेसर की विद्वत्ता से, परन्तु प्रसाद की कवित्व-प्रतिभा हमें अप्रत्यक्ष आचार्यों का श्रद्धेय विद्वत्ता-सी प्रभावान्वित करती है—उदाहरणार्थ हम अंग्रेजी-साहित्य के अध्यक्ष मिस्टर... से उतना कभी नहीं प्रभावान्वित हो सकते, जितना अप्रत्यक्ष शेली की कृतियों से। इसे और स्पष्ट रूप से कहूँ : पंत जी लक्ष-लक्ष ताराओं के बीच उन्हें अपनी रश्मियों से प्रेम के साथ मन्द करते हुए चन्द्र हैं; निराला में इससे अधिक उग्रता है—वे ताराओं को प्रेम के साथ पराजित कर ही सन्तुष्ट हो रहनेवाले चन्द्र नहीं, वे उन्हें समूल नष्ट कर देनेवाले सूर्य हैं; इनसे एकदम विभिन्न प्रसाद संध्या के धूसर आकाश के एक-अकेले ज्योतिर्मय तारक हैं—अपनी ही दुनिया में मगन।

* आचार्य नलिन जी जब 'फर्स्ट ईयर' में थे, उस समय की लिखी उनकी यह रचना है। **—सं.**

चन्द्र, सूर्य में आकर्षण है, सान्ध्य-तारक में भी एक विशेष प्रकार का, और इनसे कम नहीं, आकर्षण रहता ही है।

लेकिन कितने अरसिक होते हैं, जिनकी मोटी निगाह में वराक-सान्ध्य-तारक कभी-कभी स्थान नहीं पाता—सूर्य और चन्द्र तो चाहो या न चाहो, अपने को दिखाकर ही छोड़ेंगे, लेकिन सन्ध्या के उस एक तारक को भावुक ही देख सकते हैं। यदि अभावुक देख भी लें तो उसे वे समझ नहीं पाते, उसके करुण सौन्दर्य का वे उपभोग नहीं कर सकते, फिर प्रशंसा करें तो क्योंकर?

कितने तो कुटिलता और ईर्ष्या से 'मिश्रित' हृदय की असरसता के कारण इसे समझने में असमर्थ हो इसकी खिल्ली भी उड़ाने का दुस्साहस कर बैठते हैं। इनके विषय में इतना ही कहना पर्याप्त है कि 'यूरिपाइडीज' की तरह :

> My Spirit loathes
> Those mockers whose unbridled mockery
> Invades graver viewers.

और, और सभी निष्पक्ष आत्माओं की दशा मेरी ही तरह इन छिद्रान्वेषियों के प्रति होगी ही।

× × ×

लेकिन हमें प्रसाद की कविता का रसप्रवाह, रसिकों को एक सुस्वादु वस्तु को चखने का मौका देने के लिए बहने देना चाहिए—कुत्ते भौंकते रहते हैं, फिर भी 'करावन' अपने पथ पर चलता ही जाता है।

मैं प्रसाद की कविता-हाला पीनेवालों में से एक धत्तेड़ पियक्कड़ हूँ। शराबी दूसरों को भी शराब पीते देखना चाहता है; मैं भी चाहता हूँ, हिन्दी साहित्य के रसिक इसे चखें—इसी से मेरी प्रशंसा के ये दो शब्द।

कुछेक वर्ष हो गए। सदा के अनुसार हिन्दी कविता के बाजार में, दालमंडी में पारदर्शी आँखों को खोले, चक्कर काटते बाबुओं की तरह मैं घूम रहा था। जाने सभी कोठों पर हो आया, लेकिन उनकी कृत्रिमता से तो मैं ऊब गया था, मुझे कोई भी पसन्द नहीं हुई। हताश हो, व्यापार-विज्ञान के अनुसार अत्यावश्यक बाहरी सजावट से एकदम विरहित, एक जगह आँखें लगीं। दूर से देखा, बहुत सुन्दर नहीं प्रतीत हुई—फिर भी उसमें जाने क्या आकर्षण था कि मैं उसकी तरफ खिंचता चला गया; नजदीक से जैसे-जैसे मैं उसे बार-बार गौर से निहारने लगा, वैसे-वैसे मैं अधिक मोहित हो गया। वर्षों तक खानों की खाक छानते रहने पर रत्नजीवी को एक साधारण खान में 'कोहेनूर' मिल गया—मुझे हिन्दी साहित्य के इस सच्चे कवि का दर्शन इसी प्रकार हुआ था।

× × ×

खड़ी बोली में, यदि मैं भूलता नहीं, तो महाकवि मैथिलीशरण जी की 'भारत-भारती' की ही पंक्तियाँ सबसे पहले, रामायणादि की तरह भारतीय स्वदेश-

प्रेमी युवकों द्वारा कंठाग्र की गई थीं। लेकिन उससे देश-प्रेमी युवकों की ही तृप्ति होती थी। कविता के प्रेमी भावुकों को वह विरुदावली कभी appeal नहीं कर सकी—यद्यपि सच पूछा जाए तो 'भारत-भारती' में भी कवित्वपूर्ण पंक्तियाँ, न्यून मात्रा ही में सही, वर्तमान हैं जरूर। इस कविता की पिपासा को प्रसाद की 'आँसू' ने दूर किया। चोट खाए हुए, तड़पते युवकों को :

जो घनीभूत पीड़ा थी
मस्तक में स्मृति-सी छाई;
दुर्दिन में आँसू बनकर
वह आज बरसने आई!

रसिकों को :

बाँधा है विधु को किसने
इन काली जंजीरों से;
मणि वाले फणियों का मुख
क्यों भरा आज हीरों से।

तन्मय होकर गुनगुनाते हुए मैंने हजारों बार सुना है।

इसमें उत्कृष्ट कोटि की कला सर्वत्र ही कूट-कूटकर भरी है। मैंने, कुछ दिन हुए, कविता की कवित्वमयी परिभाषा ढूँढ़ना प्रारम्भ किया—हिन्दी और अंग्रेजी, इन दोनों साहित्यों में। सबसे पहले श्री सुमित्रानन्दन पंत की :

वियोगी होगा पहला कवि,
आह से उपजा होगा गान,
उमड़ कर आँखों से चुपचाप
बही होगी कविता अनजान।...
आह, यह मेरा गीला गान
वर्ण-वर्ण है उर का कम्पन
शब्द-शब्द है सुधि का दंशन,
चरण चरण है आह;
कथा है करुण अथाह,
बूँद में है बाड़व की दाह।

इन पंक्तियों पर नजर पड़ी, परन्तु इन पंक्तियों से मेरी पूर्ण सन्तुष्टि नहीं हुई। कविता वियोगजा ही है, यह बात कभी नहीं मानी जा सकती—क्या हँसना, मुसकाना, मिलन—ये कविता का उद्रेक नहीं कर सकते? और, कविता की ऐसी परिभाषा पंत जी के द्वारा!—मेरा तो यह दृढ़ सिद्धान्त है कि पंत जी वस्तुतः एक आशावादी कवि हैं—उनकी आशा-भरी हँसी में जितना आकर्षण है, उतना दिखलावे के निराशा-भरे रुदन में नहीं। अतः उनके मुख से कविता की यह परिभाषा कृत्रिम-

सी जँची—उन्हीं की कविता में वियोग की, आह की, अथाह करुणा की, बाड़व की दाह की सच्ची झलक मुझे तो कहीं नहीं मिली। (और शायद यही कारण है कि पंत जी रोने के कृत्रिम प्रयत्न को छोड़ अब अकृत्रिम हँसी ही को अपना रहे हैं!) इसके अनन्तर अंग्रेजी की :

Love made me poet
And this I writt,
My harte did doe yt,
And not my witt.

ये पंक्तियाँ नजरों से गुजरीं। इनकी सरलता, अकृत्रिमता, सर्वव्यापकता आदि ने मुझे सचमुच मोह लिया, फिर भी यद्यपि इन पंक्तियों में इसकी 'कवयित्री की वास्तविक अनुभूति मुझे मिली तथापि कहने का ढंग कुछ रुखड़ा, बहुत सीधा-सादा जँचा। इसमें पालिश की, कलापूर्ण ढंग से व्यक्त करने की गुंजाइश दीख पड़ी। कहने का ढंग भी कुछ ज्यादा खुला-सा प्रतीत हुआ और सच बात तो यह है कि 'अरध ढके छवि देत अति; कवि—अक्षर, कुच, केश।' लेकिन मुझे इसकी आशा नहीं थी कि सब गुणों से तो युक्त, परन्तु इसके दोषों से बची कोई इससे भी अच्छी परिभाषा मिलेगी; और यदि मिलेगी भी तो हिन्दी साहित्य में यह तो मुझसे हिन्दी के अभिमानी को भी, स्वप्न में भी, आशा नहीं थी। लेकिन हुआ ऐसा ही। 'आँसू' की इन पंक्तियों पर एक दिन दृष्टि जा ही तो पड़ी :

मैं अपलक इन नयनों से
निरखा करता उस छवि को;
प्रतिभा डाली भर लाता
कर देता दान सुकवि को।[1]

मेरा मस्तक गर्व-स्फीत हो गया—तथाकथित गए-गुजरे हिन्दी साहित्य में मुझे अंग्रेजी की इन प्रख्यात पंक्तियों को भी नीचा दिखाने वाली कोई चीज मिलेगी, यह हिन्दी की उन्नति के बारे में बहुत आशावादी होते हुए भी मुझे आश्चर्यजनक बात प्रतीत हुई! संक्षेप ही में, कितनी परिष्कृत, कवित्वपूर्ण ढंग में कही गई है यह उक्ति—प्रिय की या प्रिय वस्तु की सुषमा को निर्निमेष-नयनों से देखना! 'निरखा'—इस शब्द-विशेष की कोमलता पर ध्यान दीजिए—और उन सुषमा-रूपी पुष्पों से दो-चार उठा, उनसे अपनी प्रतिभा की डलिया भर, उसे अन्दर विराजमान कवि-माली—भावुक हृदय—को समर्पण कर देना—जो सुषमा-सुमनों को बड़े प्रेम के साथ सजाता है!—कैसी कवित्वमयी, अकृत्रिम और व्यापक उक्ति है! अन्तिम दो पंक्तियों में जो चमत्कार है, वह अंग्रेजी कविता में कहाँ? कहने का ढंग भी नग्न नहीं, परन्तु कला की महीन साड़ी से परिवेष्टित : 'है

1. इसकी अंग्रेजी पुरानी है। —ले.

श्लाघ्य अर्थ वह, जो कि छिपा हुआ हो; मर्हट्टिनी—कुच यथा कुछ ही खुला हो'—इस वांछनीय उक्ति को चरितार्थ करता हुआ। इधर जब पंत जी का 'गुंजन' प्रकाशित हुआ तो उसमें मुझे पंत जी की कविता की बड़ी सच्ची और सुन्दर परिभाषा पढ़ने को मिली :

आज शिशु के कवि को अनजान
मिल गया अपना गान!
खोल कलियों ने उर के द्वार
दे दिया उसको छवि का देश;
बजा भौंरों ने मधु के तार
कह दिये भेद भरे सन्देश;
आज सोए खग को अज्ञात
स्वप्न में चौंका गई प्रभात;
गूढ़ संकेतों में हिल पात
कह रहे अस्फुट बात;
आज कवि के चिर चंचल प्राण
पा गए अपना गान!''
दूर, उन खेतों के उस पार,
जहाँ तक गई नील-झंकार,
छिपा छाया-वन में सुकुमार
स्वर्ग की परियों का संसार;
वहीं उन पेड़ों में अज्ञात
चाँद का है चाँदी का वास
वहीं से खद्योतों के साथ
स्वप्न आते उड़-उड़ कर पास।
इन्हीं में छिपा कहीं अनजान
मिला कवि को निज गान!

कविता की दृष्टि से ये पंक्तियाँ वड्र्सवर्थ की कविताओं की तरह, बड़ी ही श्रुति-मधुर सम्मोहन-शक्तिपूर्ण और हिन्दी में बेजोड़ हैं। यीट्स की कविताओं की तरह साकारवाद और छायावाद का बड़ा ही मोहक सम्मिश्रण है। लेकिन यद्यपि यह पंत जी की 'एक तारा' और 'नौका-विहार' जैसी कविताओं की सच्ची परिभाषा है, फिर भी यह सर्वांगीण नहीं, व्यापक नहीं। भले ही वड्र्सवर्थ जैसे कुछेक और कवियों की कविताओं पर भी यह परिभाषा लागू हो, फिर भी शेक्सपियर, शेली, कीट्स जैसे कवियों की कृतियों के लिए यह सत्य नहीं—और कवियों का अधिकांश—हिन्दी साहित्य में भी—इन्हीं के 'स्कूल' का है। इसलिए हम देखते हैं कि उनकी

यह परिभाषा भी बहुत संकुचित है—यद्यपि उनकी पहली परिभाषा की तरह यह कृत्रिम कदापि नहीं। लेकिन इसकी तुलना में प्रसाद की परिभाषा बहुत ही व्यापक—उसमें जहाँ पंत जी की परिभाषा का निचोड़ पूर्ण रूप से है, वहीं उसमें इससे बहुत कुछ अधिक भी है। 'निरखा करता उस छवि को'—इसमें प्राकृतिक सौन्दर्य का भी अवलोकन आ जाता है और अपने प्रिय का भी—कवि को तो केवल सौन्दर्य से मतलब है। अत: यह वर्ड्सवर्थ, शेक्सपियर, शेली, कीट्स—इन सभी के स्कूल की कविताओं की गागर में सागर-सी संक्षिप्त परिभाषा है—पूर्णता सच्ची और अकृत्रिम। और भी महाकवि मैथिलीशरण जी की :

राम तुम्हारा चरित स्वयं ही काव्य है
कोई कवि बन जाय सहज सम्भाव्य है।

यह एकांगी परिभाषा जहाँ सच हो सकती है, वहाँ प्रसाद की भी परिभाषा बखूबी काम चला देगी, लेकिन प्रसाद की परिभाषा की व्यापकता गुप्त जी वाली में कहाँ?

'आँसू' के एक और वृत्त का मुलाहजा फरमावें :

लिपटे सोते थे मन में
सुख-दु:ख दोनों ही ऐसे—
चन्द्रिका अँधेरी मिलती
मालती कुंज में जैसे।

इसकी तुलना पंत जी की इन पंक्तियों से कीजिए :

अतिशय दु:ख है उत्पीड़न,
अतिशय सुख है उत्पीड़न;
दु:ख-सुख की निशा-दिवा में
सोता-जगता जग-जीवन।
यह साँझ-उषा का आँगन,
आलिंगन विरह-मिलन का;
चिर हास-अश्रुमय आनन
रे इस मानव-जीवन का!

ऐसे विरले ही दृष्टान्त मिलेंगे, जहाँ प्रसाद और पंत जी के विचार एक मार्ग में प्रधावित दीख पड़ें—मेरी तो, इन दोनों के अध्ययन के बाद की, यही धारणा है। खैर, उन चन्द दृष्टान्तों से, जहाँ उनके विचारों में साम्य दीख पड़ता है, यह एक है। जीवन में हमें दो मुख्य प्रसाद मिला करते हैं—सुख और दु:ख। यदि हम निष्पक्षतापूर्ण हो मानव-जीवन को पढ़ें, तो यही निष्कर्ष निकलता है कि हमारे अधिकांश में सुख-दु:ख समान रूप से बँटे हैं। हो सकता है, किसी व्यक्ति-विशेष के बारे में यह लागू न हो, लेकिन ऐसे लोग इने-गिने ही होते

हैं। विशाल दृष्टिकोण-सम्पन्न कवियों का यही विचार रहा है। प्रसाद के पूर्व ब्लेक :

Joy and we are woven fine,
A clothing for the soul divine,
Under every grief and fine,
Runs a joy with silky twine.

इन पंक्तियों में अपनी शैली में इस सनातन सत्य को गा चुका है। अब जब हमारे साहित्यिक भी जीवन के गम्भीर विषयों का मनन करने लगे हैं, तो यह स्वाभाविक ही है, वे भी सुख-दुःख पर अपना मन्तव्य—जो कि गाम्भीर्य और मौलिकता में तत्त्वतः आकंठ डूबे हुए हैं—प्रकट करें।

प्रसाद और पंत जी के विचारों की विभिन्नता अतिशयोक्ति नहीं। यह देखिए—यद्यपि दैवात्...यहाँ उनके विचारों में समानता वर्तमान है, फिर भी दोनों की अभिव्यंजना-शैली देखिए, एकदम भिन्न है या नहीं! प्रसाद सच्चे छायावादी की तरह इनकी—'चन्द्रिका-अँधेरी मिलती मालती-कुंज में जैसे'—इस छायामयी पंक्ति से उपमा देते हैं, परन्तु पंत जी, जिन्हें छायावाद से कोई वैसा स्नेह नहीं, 'हास-अश्रु', 'दिवा-दिशा' आदि ठोस-ठोस ही उपमा देते हैं। सम-द्रव्यों के ही निर्मित पहाड़ और समतल भू-भाग की विभिन्नता छिपी थोड़े रहती है। अस्तु।

'आँसू' के एक-एक वृत्त को 'We are all poets when we read a poem well'—'कार्लाइल' की इस उक्ति को चरितार्थ करते हुए पढ़ने के लिए मेरा पाठकों से अनुरोध है—प्रसाद की काव्य-कला का परिचय प्राप्त करना तब सरल हो जाएगा।

× × ×

अमित्राक्षर मात्रिक वृत्तों में सर्वप्रथम लिखे जाने वाले प्रसाद के 'करुणालय' के बारे में अब कुछ कहूँगा। मैं यहाँ स्पष्ट कर देना चाहता हूँ कि इस आलोचना का क्रम मेरे अध्ययनानुसार है, पुस्तकों के प्रकाशन-समयानुसार नहीं। उपर्युक्त पुस्तक की भूमिका में एक साहित्यिक सत्य का उद्‌घाटन करते हुए रायकृष्णदास जी ने लिखा है : 'प्रसाद जी हिन्दी में छायावाद के विधाता तो हैं ही, अतुकान्त कविता के भी आरम्भकर्ता वे ही हैं। निस्सन्देह हिन्दी में उनके लिखने के पहले भी अमित्राक्षर कविता लिखी गई हैं, किन्तु मात्रिक वृत्तों में उसका प्रयोग तथा भावों और वाक्यों की—चरणों के बन्धन में न पड़कर—स्वतंत्र गति का आरम्भ और अवसान प्रसाद जी की ही सृष्टि है। वृत्तों में ऐसी स्वतंत्रता पाकर भाषा में एक विलक्षण प्रवाह और रस आ जाता है जो बहुत ही आनन्ददायक होता है।' राय महोदय के विचारों के प्रथम अंश से हम सहमत हैं—निस्सन्देह प्रसाद हिन्दी में छायावाद के विधाता हैं और मात्रिक वृत्तों में अतुकान्त कविता के आरम्भकर्ता भी वे ही हैं; परन्तु यद्यपि वे हिन्दी के छायावादी कवियों में अपना सानी नहीं रखते,

फिर भी उनकी अतुकान्त कविता बहुत सफल नहीं कही जा सकती—हाँ, हिन्दी साहित्य में उन्होंने ही इसे सर्वप्रथम प्रविष्ट कराया, इसलिए हम उनके कृतज्ञ जरूर हैं। इसका कारण यह है कि अतुकान्त होते हुए भी उनके वृत्त पूर्णरूपेण मुक्त नहीं—अरिल्ल छन्द की अतुकान्त रचना में बहुत विशेषता नहीं। इसका श्रेय तो निराला को ही मिलेगा।

लेकिन यदि प्रसाद अतुकान्त अरिल्ल छन्द में 'करुणालय' की रचना कर उसका महत्त्व, उसकी मधुरिमा बढ़ा नहीं सके, तो उससे उसकी कोई हानि भी नहीं हुई है। उनकी सफल कवित्व-कला का यह एक उदाहरण पाठकों के सम्मुख रहता हूँ :

[कानन में रोहित—
आकाश की ओर देखकर :]
अरे! कौन यह? छाया-सी है इन्दु की!
कायरता का अरि, प्रतिभा पुरुषार्थ की।
बड़ी कृपा आकाश-विहारी देव की—
हुई, दीन करता प्रणाम है भक्ति से।
देव! आप यदि हैं प्रसन्न, तो भाग्य है;
प्रभो! सदा आदेश आपका ध्यान से
पालन करता रहे दास, वर दीजिए—
रुके कर्म-पथ में न कभी यह भीत हो।

इस पौराणिक गीति-नाट्य की प्रसाद-गुण-पूर्णता प्रशंसनीय है और हिन्दी में इक्कीस वर्ष पहले भी ऐसी परिमार्जित, विशुद्ध कलामयी रचनाएँ निकल चुकी हैं, यह हमारे साहित्य के लिए गौरव का विषय है।

× × ×

उनके ऐतिहासिक काव्य 'महाराणा का महत्त्व' के विषय में, 'सरोज' में प्रकाशित निराला की निम्नोद्धृत पंक्तियों को पढ़ने के लिए आपसे कहूँगा : 'जिस समय द्विवेदी-काल का साहित्य-सरोज अन्तःपूत-सलिला 'सरस्वती' के वक्षस्थल पर प्रभात-किरणों को पूर्व-मार्ग की ओर अर्द्ध-निमीलित ध्यान-नयनों से निरीक्षण कर रहा था, मुझे आश्चर्य है, निस्संग, निस्सहाय, हिन्दी के इस नवीन युग के तपस्वी कवि का उस समय काशी में प्रभाती द्वारा स्वागत-गीतियों का रचनाक्रम आरम्भ हो चुका था।'... देखिए प्रसाद जी की उसी समय की एक मनोहर रचना :

विस्तृत तरु-शाखाओं के ही बीच में
छोटी-सी सरिता थी, जल भी स्वच्छ था;
कल-कल ध्वनि भी निकल रही संगीत-सी;
व्याकुल को आश्वास-वचन-सी कर रही।
ठहरा फिर वह दल उसके ही पुलिन में

प्रखर ग्रीष्म का ताप मिटाता था, वही
छोटा-सा शुचि-स्रोत, हटाता क्रोध को
जैसे छोटा मधुर शब्द, हो एक ही।
अभी देर भी हुई नहीं उस भूमि में
उन दर्पोद्धत यवनों के उस वृन्द को,
कानन घोषित हुआ अश्व-पद-शब्द से
लू-समान कुछ राजपूत भी आ गए।

जब तक मैंने प्रसाद जी का पूरा संग्रह नहीं देखा था, मैं कल्पना भी नहीं कर सका था कि दस-बारह वर्ष पहले भी हिन्दी के हृदय पर इतनी कोमल रेखाएँ खींची जा चुकी हैं। एक बात और—मैं समझता था—लड़ी के बीच में वाक्य को विराम देने का कायदा शायद मुझे ही मालूम है, दूसरों का अभी यह ज्ञान नहीं हुआ; परन्तु मेरे क्षुद्र अहंकार को प्रसाद जी की इन पंक्तियों ने बड़ी आसानी से नष्ट कर दिया। वाह, कैसी संस्कृत से मिली, बिलकुल खिली हुई हिन्दी है। इस श्रेणी में इनके सिवा और दूसरा नहीं। सबसे बड़ा आश्चर्य तो यह है कि जिस समय खड़ी बोली के लिए विशेष साधन उपलब्ध न थे, उस समय प्रसाद जी ने कैसे इतने मार्जित और मनोहर शब्दों के आभूषणों से अपनी कविता को अलंकृत कर दिया! उद्धृत पंक्तियों में जाह्नवी को ग्रीष्मकालीन निर्मल वारि-धारा की तरह प्रसाद-गुण से पूर्ण, चंचलता-रहित, सौन्दर्य धीरे-धीरे प्रवाहित हो रहा है। न कोई दर्प है, न कोई दुर्बलता! वड्र्सवर्थ की तरह कवि अपनी रचना से किसी दूसरे को मुग्ध करना नहीं चाहता। जो दृश्य आँखों के सामने पड़ता है, धीर लेखनी से धीर चित्रण करता चला जा रहा है। लड़ियों में इन्द्रजाल नहीं, जैसे पच्चीस वर्ष का अचंचल युवा अपनी शक्ति के विश्वास में स्थिर हो!

इस निष्पक्ष और उपयुक्त आलोचना से अधिक हम नहीं कहना चाहते।

× × ×

उनके प्रख्यात खंड-काव्य 'प्रेम-पथिक' के बारे में कुछ कहना यद्यपि सूर्य को दीपक दिखाने के समान है, फिर भी यह विचार कर कि सूर्य को दीपक दिखाने से उसका महत्त्व बढ़ ही जाता है, घटता नहीं—विश्वास न हो तो छठ के दिन जरा गंगा के धार पर चले जाने का कष्ट उठावें—मैं उसकी कुछ विशेषताओं का दिग्दर्शन कराने का प्रयत्न करूँगा।

कवि और साधारण मनुष्य में मूल भेद क्या है ?—यही कि कवि साधारण मनुष्य से अधिक सहृदय होता है, औरों की तरह उसे भी साधारण कार्यों को सम्पन्न करने के लिए बाह्य दृष्टि रहती है, परन्तु विश्व के अन्तस् को वह अपनी अन्तर्दृष्टि से देखता है और उसका यह अवलोकन, गृध्रों की दृष्टि को भी धता बतानेवाली बाह्य दृष्टि से युक्त 'डिटेक्टिवों' के अवलोकन से भी कहीं अधिक सूक्ष्म होता है। मिल्टन बाह्यतः

तो अन्धा था, किन्तु मुझे विश्वास है, यदि उसकी अन्तर्दृष्टि की आधी सूक्ष्मता भी पिंकर्टन[1] की बाह्य दृष्टि में रहती तो न जाने वह क्या कर डालता! सच्चे कवि को वहाँ भी सौन्दर्य बिखरा-सा मालूम होगा, जहाँ हमें उसका एक कण भी दृष्टिगोचर न हो रहा हो। उसे वैभव से लदे प्रासादों में जितना सौन्दर्य मिलेगा, उससे अधिक ही सौन्दर्य उसे 'Bleak without and bare within' ऐसी झोंपड़ियों में मिलेगा; मखमल-मढ़े पालनों पर झूलते किसी ऐश्वर्यशाली के सुन्दर शिशु में वह जितना सौन्दर्य पावेगा, उतना ही एक शीत से ठिठुरते, अपने चमड़े के ही गुलगुले कम्बल को ओढ़े खर-शावक में पावेगा। क्या जाने, चमेली के कितने फूल हमने शोभन माला के रूप में पहन थोड़ी ही देर बाद, मुरझा जाने पर, फेंक दिये होंगे धूल में—किन्तु ऐसे कितने हैं, जिनके हृदय में इस घटना ने भावोद्रेक कराया? 'प्रेम-पथिक' के प्रारम्भ में, देखिए, प्रसाद ने हमारी आँखों में नगण्य, रोज घटने वाली इस घटना को कितना महत्त्व दिया है—हृदय की सच्ची अनुभूति की गहराई चमेली के फूल के दुर्भाग्य के वर्णन की एक-एक पंक्ति में कितनी करुणा और दार्शनिकता से भरी है :

किसी स्वार्थी माली से तोड़ी जाकर, गूँथी जाकर—
अन्य कुसुम-कलियों के साथ बनावेगी सुन्दर माला
टके मोल बिक जावेगी। जब सुन्दर सौरभ ले लेगा,
दूर करेगा उसको, अपने गले कभी न लगावेगा
कौन जानता है या, यों ही पड़ी रहेगी डाली में
तारा-सा टक लगा रखेगी फूलेगी मन-ही-मन में
शून्य मार्ग में विचरणकारी पवन कभी, हाँ, छू लेगा।
अभिलाषा-मकरन्द सूख जावेगा, मुरझा जावेगी,
जिस धरणी से उठी हुई थी उस पर ही गिर जावेगी।

ब्लेक ने एक बार कहा था कि उसकी बाह्य दृष्टि ने तो एक गोक्षुर (thistte) देखा, परन्तु उसकी अन्तर्दृष्टि ने एक वृद्ध मनुष्य को देखा। और भी जिस तरह वाल्टर डिला मेयर की आँखों में Nod ही शान्ति, स्वप्न, सुषुप्ति की प्रतिमूर्ति है, उसी तरह प्रसाद की भी अन्तर्दृष्टि में उपेक्षित चमेली का फूल विश्व की स्वार्थपरता, कामुकता और स्वर्गीय सौन्दर्य को वासना को बुझाने का एक साधन समझने की प्रवृत्ति का परिचायक है। कवि की सहृदयता को बधाई!

फिर :

...कानन कोने में जो बना हुआ
द्रुम-दल आच्छादित कुटीर है, जिस पर लतिका चढ़ी हुई
ईश-दया-सी छाई है, उसमें सामग्री एक नहीं
सब अभाव के रहते भी क्यों कोई वस्तु नहीं घटती?

1. अमेरिका का विश्व-विख्यात जासूस।

इसका दार्शनिक-सत्य से भरा यह कैसा सुन्दर जवाब है :

हाँ, अभाव का अभाव होकर आवश्यकता पूरी है।

'अभाव का अभाव'—इसकी मौलिकता, दार्शनिकता और सुन्दरता की ओर तनिक ध्यान दें।

शेक्सपियर ने तो मध्यरात्रि की भयंकरता पर इतना कह सन्तोष कर लिया था कि उस समय केवल भेड़िए और खूनी ही विचरण करते हैं, प्रसाद उससे भी दो कदम आगे बढ़ जाते हैं—उनकी दृष्टि में रात्रि की भयंकरता खलों के कलुषित विचारों की भयंकरता के सामने कुछ नहीं :

प्राय: लोग कहा करते हैं—'रात भयानक होती है—
घोर कर्म भीभा रजनी के आश्रय में सब होते हैं।'
किन्तु नहीं; दुर्जन का मन इससे भी तममय होता है
जहाँ सरल के लिए अनेक अनिष्ट विचारे जाते हैं
जिसकी संकीर्णता निरख, अंधकार भी घबराता हो
उस खल हृदय से कहीं अच्छी होती है श्यामा रजनी।

कैसी सच्ची उक्ति है!

प्रसाद को अच्छी तरह मालूम है कि :

Friendship, peculiar boon of heaven,
The noble minds' delight and pride,
To men and angels given,
To all the lowar world devied.

—Johnson

दुनिया में दुर्लभ ही है :

कहाँ मित्रता कैसी बातें? अरे कल्पना सब हैं ये।
सच्चा मित्र कहाँ मिलता है?—दुखी हृदय की छाया-सा।
जिसे मित्र समझ रहे हो, क्या वह शिष्टाचार नहीं?
मुँह देखे की मीठी बातें चिकनी-चुपड़ी ही सुन लो!
जिसे समझते हो तुम अपना मित्र भूलकर, वही अभी
जब तुम हट जाते हो, तुमको पूरा मूर्ख बनाता है।
क्षण भर में ही बने मित्रवर अन्तरंग या सखा-समान
'प्रिय' हो 'प्रियवर' हो, सब तुम हो, काम पड़े पर परिचित हो,
कहीं तुम्हारा स्वार्थ लगा है, कहीं 'लोभ' है मित्र बना,
कहीं 'प्रतिष्ठा', कहीं 'रूप' है—मित्र-रूप में रँगा हुआ,
हृदय खोलकर मिलने वाले बड़े भाग्य से मिलते हैं
मिल जाता है जिस प्राणी को सत्य-प्रेममय मित्र कहीं

निराधार भव-सिन्धु वह कर्णधार को पाता है
प्रेम-नाव खे कर जो उसको सचमुच पार लगाता है।

कौड़ियों के मोल बिकनेवाली तथाकथित मित्रता पर कितनी ओजस्वी उक्ति है! प्रसाद की इन पंक्तियों की एक और विशेषता की ओर आपके ध्यान को आकर्षित करूँगा। गोल्डस्मिथ और एडिसन के बारे में कहा गया है कि :

'Addison and Goldsmith both display satire, but it is very noticeable that Addison's method leans to satire's side and Goldsmith's to that of pure humours.'

पाठकों को मालूम होना चाहिए कि 'Humour is that quality which rainbows the tears of the world.' 'ह्यूमर' में मनुष्य किसी बात पर हँसता तो है जरूर, पर वह हँसी सहानुभूति-भरी होती है, 'सटायर' की तरह किसी बात की असहृदयता के साथ खिल्ली नहीं उड़ाई जाती उसमें। प्रसाद की इन पंक्तियों में हम गोल्डस्मिथ का ही 'ह्यूमर' पाते हैं। 'Citizen of the world' में जहाँ उसने कई जगह 'Bean Jibbs' की बेवकूफी का बड़ा ही हास्य-रसपूर्ण चित्रण किया है, वहीं वह उसके घृणित अन्त की कल्पना कर सहानुभूति के शब्द भी कहना नहीं भूला है; प्रसाद की भी इन पंक्तियों में हम मित्रता पर 'ह्यूमर' ही पाते हैं, 'सटायर' नहीं—और यह एक बड़ी प्रशंसनीय विशेषता है उनकी!

प्रसाद की करुण अनुभूतियाँ हार्दिक होती हैं :

रूखा शीशा जो टूटे तो सब कोई सुनता है
कुचला जाना हृदय-कुसुम का किसे सुनाई पड़ता है।

इस उनकी निजी अनुभूति में कितना करुण सौन्दर्य है!

प्रेम पर प्रसाद-गुण से पूर्ण, मधुर, दार्शनिक, इतनी हृदय-हारिणी पंक्तियाँ तो मैंने अन्यत्र नहीं पढ़ीं :

पथिक? प्रेम की राह अनोखी भूल-भूल कर चलना है
घनी छाँह जो ऊपर तो नीचे काँटे बिछे हुए,
प्रेम यज्ञ में स्वार्थ और कामना हवन करना होगा
तब तुम प्रियतम स्वर्ग-विहारी होने का फल पावोगे...
प्रेम पवित्र पदार्थ, न इनमें कहीं कपट की छाया हो,
इसका परिमित रूप नहीं जो व्यक्तिमात्र में बना रहे
क्योंकि यही प्रभु का स्वरूप है, जहाँ कि सबको समता है।
इस पथ का उद्देश्य नहीं है श्रांत भवन में टिक रहना
किन्तु पहुँचना उस सीमा पर जिसके आगे राह नहीं।...
प्रेम जगत का चालक है, इसके आकर्षण में खिंच के
मिट्टी व जल-पिंड सभी दिन-रात किया करते फेरा

इसकी गर्मी मरु, धरणी, गिरि, सिन्धु, सभी निज अन्तर में
रखते हैं आनन्द सहित, है इसका अमित प्रवाह महा।
इसके बल से तरुवर पतझड़ कर वसन्त को पाते हैं
इसका है सिद्धान्त—मिटा देना अस्तित्व सभी अपना
प्रियतममय यह विश्व निरखना फिर उसको है विरह कहाँ?
फिर तो वही रहा मन में, नयनों में प्रत्युत जग भर में,
कहाँ रहा तब द्वेष किसी से क्योंकि विश्व ही प्रियतम है;
हो जब ऐसा वियोग तो संयोग वही हो जाता है
यह संज्ञाएँ उड़ जाती हैं, सत्य तत्त्व रह जाता है।

अथच :

न्योछावर कर दो उस पर तन, मन, जीवन, सर्वस्व; नहीं—
एक कामना रहे हृदय में, सब उत्सर्ग करो उस पर।
उस सौन्दर्य-सुधासागर के कण हैं हम-तुम दोनों ही
मिलो उस आनन्द-अम्बुनिधि में मन में प्रमुदित होकर
यह जो क्षणिक वियोग, वहाँ पर नहीं फटकने पावेगा
एक सिन्धु में मिलकर अक्षय सम्मेलन होगा सुन्दर
फिर न बिछुड़ने का भय तुमको-मुझको होगा कहीं कभी।
आओ, गले नहीं, प्रत्युत हम हृदय से मिल जाएँ
जीवन-पथ में सरिता होकर उस सागर तक दौड़ चलें!

अपने इस सफल खंड-काव्य का अन्त करते हुए प्रसाद कला के सर्वोच्च शिखर पर पहुँच जाते हैं :

लगी बनाने सोने का संसार तपन की पीत विभा
स्थिर हो लगे देखने दोनों के दृग-तारा,—अरुणोदय।

चिर वियोग की निशा-कालिमा के अनन्तर नायक-नायिका का पुनर्मिलन होता है—और जीवन के ज्योतिर्मय प्रभात को उनके दृग-तारा देखने लग जाते हैं, ज्यों संसार के प्रभात को नभस्थित तारक देखते हैं! कितना मोहक वर्णन है! कैसा स्वतः प्रवाह है! और अन्त करने की कैसी मधुर और कलामयी शैली है! अस्तु।

सफल खंड-काव्य के रचयिताओं में हम प्रसाद की कुर्सी महाकवि मैथिलीशरण जी की ही कुर्सी के बराबर रखेंगे—यह दूसरी बात है कि उन दोनों की कुर्सियों का रंग विभिन्न हो—एक का लाल तो एक का पीला!—क्योंकि जहाँ प्रसाद के खंड-काव्य कहीं-कहीं ऐतिहासिक और पौराणिक होते हुए भी पूर्ण मौलिक हैं, वहीं गुप्त जी के खंड-काव्य शैली में बहुत कुछ मौलिक होते हुए भी सदैव ही ऐतिहासिक या पौराणिक घटनाओं के ही आधार पर लिखे गए हैं।

× × ×

प्रसाद की ख्याति कहानी, उपन्यास या नाटक लिखने से जितनी नहीं, उतनी उपर्युक्त खंड-काव्यों की रचना से है; और जितनी इन खंड-काव्यों की रचना से नहीं, उतनी स्फुट मधुर कविताओं के लिखने से—(यह दूसरी बात है कि उनकी इन फुटकल कविताओं का अधिकांश उनके नाटकों में स्थान-स्थान पर आवश्यकतानुसार पीछे से प्रविष्ट करा दिया गया है)। अत: उनकी स्फुट कविताओं में ही पाई जानेवाली सबसे अधिक उल्लेखनीय विशेषताओं का दिग्दर्शन कराना प्रासंगिक ही है :

'He that climbs a ladder must begin at the first round'—सोपान की उच्चतम शलाका पर जा पहुँचने के लिए यह नितान्त आवश्यक है कि चढ़नेवाला क्रमश: प्रथम, द्वितीय, तृतीय, आदि निम्नतम शलाकाओं पर पैर रखता हुआ बढ़े, अन्यथा यदि वह उछलकर प्रथम बार ही शिखर पर पहुँच जाने का प्रयास करेगा तो उसका पतन अवश्यम्भावी ही समझना चाहिए। उदाहरणार्थ—हिन्दी को ही लीजिए—'हरिऔध' जी ने 'प्रिय-प्रवास' और प्रेमचन्द ने 'सेवासदन', 'रंगभूमि' और स्फुट कहानियाँ लिखकर अपने साहित्यिक जीवन की प्राथमिक अवस्था में ही आफत की तरह कीर्ति-लाभ किया—'हरिऔध' जी तो कवि-सम्राट् ही हुए, परन्तु प्रेमचन्द तो उनको भी लाँघ गए—कहानी और उपन्यास, दोनों के एक साथ ही डबल सम्राट्! इसका परिणाम क्या हुआ? शाह अमानुल्ला की तरह, अत्यधिक नवोत्थितत्त्व के कारण, पतन ही तो उनके हाथों लगा। इन दोनों में भी प्रेमचन्द ही में ज्यादा नवोत्थितत्त्व था और इसीलिए उनका पतन 'हरिऔध' जी के पतन से भी बदतर है—गिरे हुए भी अमानुल्ला में अभी तक कुछ पहले का ठाठ, आकर्षक व्यक्तित्व अवशेष है, 'हरिऔध' जी में भी, किन्तु प्रेमचन्द का साहित्यिक अध:पतन पूर्णरूपेण हुआ है, अमानुल्ला से भी बढ़कर। इन दृष्टान्तों से यह स्पष्ट है कि साहित्यिक जीवन का भी—भौतिक और आध्यात्मिक जीवन की ही तरह—क्रमिक विकास ही श्रेयस्कर है, यही स्थिर और चिरकालीन—अमर ही क्यों नहीं कहूँ?—होता है! प्रसाद के साहित्यिक जीवन से इस सत्य का पूर्ण परिपोषण होता है। प्रसाद की आजकल की परिमार्जित, हृदय-विमोहिनी लेखन-शैली देखकर यह नहीं समझ लेना चाहिए कि जब पहले-पहल साहित्य संसार में उन्होंने पैर रखा था, तब भी उनकी यही दशा थी; और न यही समझ लेना चाहिए कि साहित्यिक जीवन की प्राथमिक अवस्था में ही उन्होंने इतना यशोपार्जन कर लिया था। यदि ऐसी बात होती तो उनकी आज की सफलता असम्भव ही थी। उस दिन पिताजी के पुस्तकालय के हिन्दी विभाग में पहुँच, पुरानी पत्रिकाओं को मैं उलटने-पलटने लगा। 'नागरी प्रचारिणी पत्रिका' की एक पुरानी कॉपी हाथों में आ गई। सहसा बीच में 'राणा अमर सिंह' या कुछ ऐसे ही शीर्षक वाली एक कविता प्रसाद की लिखी दीख पड़ी। यद्यपि उनके इस पद्य में भी कला अप्रस्फुटित ढंग से वर्तमान दिखलाई जरूर पड़ती थी, फिर भी आज की इन कला से कूट-कूटकर भरी कविताओं और उस प्राय: कलाहीन कविता के एक

ही लेखक में आकाश और पाताल का अन्तर है। लेकिन प्राथमिक इन प्रयत्नों की यह कला–न्यूनता ही तो आज की उनकी इस कला की जननी है। —तब कदाचित् लोग कहें कि प्रसाद की कविता अभ्यास द्वारा सफल और कलामयी हुई है, और 'Poets are born, not made', अत: वे अकृत्रिम कवि नहीं। ऐसे लोगों से मैं प्रसाद की, साहित्यिक बालिग होने पर लिखी गई, कविताओं में अभ्यास की कृत्रिमता के अस्तित्व को एक जगह भी दिखा देने को 'चैलेंज' करता हूँ। इसके विषय में मैं उन्हें Dante की इन पंक्तियों को भी याद रखने के लिए कहूँगा :

'But the bast Conceptions cannot be, save where Science and genius are.'—जिस तरह बीजारोपण हो जाने पर भी फल–पुष्प–समन्वित वृक्ष के लिए परिश्रम और समय की आवश्यकता होती है, उसी तरह कवित्व–शक्ति हृदय में वर्तमान रहने पर भी परिमार्जित और कलापूर्ण रूप में अभिव्यक्त होने के लिए अभ्यास और समय चाहती है। विज्ञान के द्वारा घंटे–भर में पकाया फल अपने–आप पके फल के समान कदापि सुस्वादु और स्वास्थ्यकर नहीं हो सकता, कला भी पूर्ण और अकृत्रिम विकास पाने में समय लेती है। हाँ, बीज का रहना नितान्त आवश्यक है—और कविता का बीज, जैसाकि मैं पहले भी कह चुका हूँ, प्रसाद के हृदय में सदा रहा है। यदि समय लेकर वह अंकुरित, पल्लवित, पुष्पित हुआ तो उसकी अकृत्रिमता और सफलता अधिक ही हुई !

उनकी स्फुट कविताओं की संख्या बहुत अधिक है, अत: यह सम्भव नहीं कि उनकी एक–एक कविता की विशेषता दिखलाई जाए। केवल उनमें से कुछ चुने, सर्वोत्तम—(मेरी दृष्टि में)—कविताओं की समीक्षा कर पाठकों को उनकी काव्य–कला का रसास्वादन कराने का यहाँ प्रयास करूँगा।

प्रसाद की—उनके 'चन्द्रगुप्त'–जैसे अतीत भारतवर्ष की उत्कर्षावस्था से सम्बन्ध रखने वाले नाटकों में पाई जानेवाली कुछ कविताओं को छोड़—प्राय: सभी कविताएँ सच्ची छायावादी शैली में व्यक्त दु:ख और निराशा की होती हैं। पूर्व–प्रकार की कविताओं के विषय में कुछ कह, उनकी असली विभूति—दु:खवाद—की विस्तृत विवेचना करूँगा।

हिन्दी भाषा–भाषियों में गुण–ग्राहकता और आत्मसम्मान की बड़ी कमी है। उनमें अधिकांश का यह विश्वास रहता है कि हिन्दी साहित्य में कुछ है ही नहीं। और इस विश्वास के कारण वे हिन्दी साहित्य में ढूँढ़े बिना ही झटपट बंगला आदि से आवश्यक वस्तु ले लेते हैं। उदाहरणार्थ, हिन्दी साहित्य से सम्बन्ध रखनेवाली तो कोई संस्था है, लेकिन उनकी सभा में मंगलाचरण होता है रवीन्द्र की :

अयि भुवन–मनोमोहिनी !
नील–सिन्धु–जल–धौत चरणतल,
अनिल विकम्पित श्यामल अंचल,

अम्बर-चुम्बित भाल हिमाचल,
शुभ्र-तुषार-किरीटिनी!

या 'मातरं वन्दे'...आदि इन पंक्तियों से। मैं मानता हूँ—और भला कौन नहीं मानेगा कि रवीन्द्र की ये पंक्तियाँ विश्व-साहित्य की अनमोल वस्तु हैं? फिर भी क्या हिन्दी में ऐसी विशुद्ध कलामयी कविताओं का एकदम अस्तित्व ही नहीं? क्या प्रसाद के इन पद्यों को पढ़ लेने पर भी आपका यही विचार रह जाता है? :

हिमाद्रि तुंग शृंग से
प्रबुद्ध, शुद्ध भारती
स्वयंप्रभा, समुज्ज्वला
स्वतंत्रता पुकारती।
अमर्त्य वीर पुत्र हो, दृढ़-प्रतिज्ञा सोच लो
प्रशस्त पुण्य-पंथ है, बढ़े चलो, बढ़े चलो।
असंख्य कीर्ति-रश्मियाँ
विकीर्ण दिव्य दाह-सी
सपूत मातृभूमि के
रुको न शूर साहसी।
अराति-सैन्य-सिन्धु में सुवाड्वाग्नि-से जलो
प्रवीर हो जयी बनो, बढ़े चलो, बढ़े चलो।

शीतल, शुद्ध प्रपात की क्षिप्रगति-सा कैसा ओजस्वी, साहसप्रद, प्राणद स्वतः-प्रवाह है इसमें। इसका सम्मोहक संगीत कादरों के जड़प्राय प्राणों को भी अनायास ही पुनर्जीवित कर देगा!

उनकी यह एक दूसरी कविता 'भारत-महिमा' शीर्षक देखिए (कविता कुछ बड़ी जरूर है, परन्तु इसे यहाँ उद्धृत करने का लोभ मैं सँवरण नहीं कर सका) :

हिमालय के आँगन में उसे प्रथम किरणों का दे उपहार।
उषा ने हँस अभिनन्दन किया और पहनाया हीरक-हार॥
जगे हम लगे जगाने, विश्व लोक में फैला फिर आलोक।
व्योमतम-पुंज हुआ तब नाश, अखिल संसृति हो उठी अशोक॥
विमल वाणी ने वीणा ली कमल-कोमल-कर में सप्रीत।
सप्तस्वर सप्तसिन्धु में उठे छिड़ा तब मधुर साम-संगीत॥
बचाकर बीजरूप से सृष्टि नाव पर झेल प्रलय का शीत।
अरुण-केतन लेकर निज हाथ वरुण पथ में हम बढ़े अभीत॥
सुना है दधीचि का वह त्याग, हमारी जातीयता विकास।
पुरन्दर ने पवि से है लिखा अस्थि-युग का मेरा इतिहास॥

सिन्धु-सा विस्तृत और अथाह एक निर्वासित का उत्साह।
दे रही अभी दिखाई भग्न, मग्न रत्नाकर में वह राह॥
धर्म का ले-लेकर जो नाम हुई करती बलि, कर दी बन्द।
हमीं ने दिया शान्ति-सन्देश, सुखी होते दे कर आनन्द॥
विजय केवल लोहे की नहीं, धर्म की रही धरा पर धूम।
भिक्षु होकर रहते सम्राट्, दया दिखलाते घर-घर घूम॥
यवन को दिया दया का दान, चीन को मिली धर्म की दृष्टि।
मिला था स्वर्ण भूमि को रत्न, शील की सिंहल को भी सृष्टि॥
किसी का हमने छीना नहीं, प्रकृति का पालना रहा यही।
हमारी जन्मभूमि थी यहीं, कहीं से हम आए थे नहीं॥
जातियों का उत्थान-पतन आँधियाँ, झड़ी प्रचंड समीर।
खड़े देखा, झेला हँसते प्रलय में पले हुए हम वीर॥
चरित थे पूत, भुजा में शक्ति, नम्रता रही सदा सम्पन्न।
हृदय के गौरव में था गर्व, किसी को देख न सके विपन्न॥
हमारे संचय में था दान, अतिथि थे सदा हमारे देव।
वचन में सत्य, हृदय में तेज, प्रतिज्ञा में रहती थी टेव॥
वही है रक्त, वही है देश, वही साहस है, वैसा ज्ञान।
वही है शान्ति, वही है शक्ति, वही हम दिव्य आर्य सन्तान॥
जिएँ तो सदा इसी के लिए, यही अभिमान रहे, यह हर्ष।
निछावर कर दें हम सर्वस्व हमारा प्यारा भारतवर्ष॥

नहीं-नहीं तो पचासों कविता भारत महिमा पर पढ़ी होंगी मैंने, लेकिन कला से परिवेष्टित, इतनी मार्जित और विद्युन्मयी पंक्तियाँ मैंने आज तक कभी नहीं देखीं। 'त्रिशूल' और 'सनेही' की राजनीतिक बवंडर से उच्छृंखलप्राय, लौह-शृंखलाओं के समान झन-झन, पट-पट करती, और अतः कलाहीन, कविताएँ जो काम नहीं कर सकतीं, वही प्रसाद की धीर, शीतल, प्राणद, श्रीखंडशैलानिलकल्प पंक्तियाँ अपनी प्राणोन्मेषिनी कला की सहायता से अनायास ही कर देती हैं!

× × ×

लेकिन, शेली के अनुसार ही प्रसाद के :

'...Sweetest songs are those that
tell of saddest thought.'

और उनकी ख्याति का श्रेय बहुत कुछ ऐसी ही करुण कविताओं को है।

'जर्जर तरी', आप स्वयं देखें, मनुष्य के 'जग-जीवन' की कठिनाइयों, असफलताओं के प्रति कैसी कलापूर्ण, नैराश्यमयी जिज्ञासा है :

माँझी! साहस है? खेलोगे
जर्जर तरी भरी पथिकों से?

झड़ में क्या खोलोगे?
अलस नील घन की छाया में,
जल-जालों की छल-माया में,
अपना बल तोलोगे?
अनजाने तट की मदमाती
लहरें क्षितिज चूमती आतीं
ये झिटके झेलोगे?

कवि नाविक से उसकी पथिकों से लदी जर्जर तरी के पार जाने की सम्भावना में शंका कर दुर्बल मानव-जीवन के संसार-सागर के पार पहुँच जाने की सफलता में किस हार्दिक, अकृत्रिम नैराशय से अविश्वास प्रकट करता है! भाषा कितनी मँजी! भाव कितना मौलिक और प्रासादिक!

यहीं पर प्रसाद और पंत जी की विभूतियों की विभिन्नता स्पष्ट देखने को मिलेगी। एक सच्चे निराशावादी की तरह प्रसाद का हृदय नौका को देखकर उसके दुर्भाग्य की आशंका से काँप उठता है—यहाँ तक कि उसे अपने बारे में भी यही भय होने लगता है, वह जीवन-तरी के विषय में भी यों ही शंकित हो उठता है। और पंत जी? वह एक सच्चे आशावादी की तरह नौका को देख, 'नौका-विहार' के सुखों को विचार, पुलकित हो, जीवन को भी उसी प्रकार सुखमय समझने लगते हैं। प्रसाद की दुर्भाग्य और निराशासूचक नौका के विपरीत, देखिए, पंत जी की नौका सौभाग्य और आशा की कैसी शिक्षा देती है :

ज्यों-ज्यों लगती है नाव पार,
उर में आलोकित शत विचार!
इस धारा-सा ही जग का क्रम, शाश्वत इस जीवन का उद्‌गम,
शाश्वत है गति, शाश्वत संगम।
शाश्वत नभ का नीला विकास, शाश्वत शशि का यह रजत-हास,
शाश्वत लघु-लहरों का विलास।
हे जग-जीवन के कर्णधार! चिरजन्म-मरण के आर-पार,
शाश्वत जीवन-नौका-विहार!
मैं भूल गया अस्तित्व-ज्ञान, जीवन का यह शाश्वत प्रमाण
करता मुझको अमरत्व-दान।

दोनों ही अपने-अपने प्रयास में, अपने ढंग से, निस्सन्देह ही पूर्ण सफल हुए हैं।

× × ×

प्रसाद की यह निम्नोद्धृत, उसी तरह की, कविता स्फुट रूप में 'माधुरी' में छप, उनके 'स्कन्दगुप्त' में छपी है। देखिए, इससे प्रभावान्वित निराला इसके विषय में कहते हैं : 'इधर प्रसाद जी का एक पद्य 'माधुरी' में मैंने देखा। पूरा पद्य मुझे याद नहीं है। कुछ आकर्षक पंक्तियाँ मुझे याद हैं, वे ये हैं :

आह ! वेदना मिली बिदाई !

--   --   --

चढ़कर मेरे जीवन-रथ में
प्रलय चल रहा अपने पथ में
मैंने निज दुर्बल पद-बल पर
उससे हारी-होड़ लगाई।
आह ! वेदना मिली बिदाई।

इसकी प्रथम पंक्ति में कितना निर्मल सत्य है ! भग्न-हृदय की कवि-प्रतिभा से मिली हुई कितनी सजीव भाषा है ! प्रिय को अपने प्रिय से बिदाई में वेदना मिली, जो बड़ी ही करुण तथा सहृदय-द्राविणी होती है, फिर एक दार्शनिक सत्य का दर्शन कीजिए। जीवन-रथ पर बैठा हुआ प्रलय अपने पथ पर अबाध गति से चला जा रहा है। द्रष्टा या कवि कहता है—मैंने अपने दुर्बल पदों के बल का भरोसा रखकर उसके साथ बाजी बद दी !—उसे पराजित करने का प्रयत्न—यह कितना हास्यास्पद है ! अभी कुछ दिन हुए, कहीं मैंने पढ़ा था, किसी यूरोपीय विद्वान ने लिखा है, मनुष्य की शक्ति के अन्तरतम प्रदेश में एक विराट शक्ति वर्तमान है। वास्तव में वही अपना काम करती है। मनुष्य के क्षुद्र अहंकार से कोई कार्य नहीं होता। प्रसाद जी की इन पंक्तियों में यही सत्य किस खूबी से विकास प्राप्त कर रहा है !

अब इससे अधिक इन पंक्तियों के विषय में कहना फिजूल है।

×   ×   ×

यों तो आजकल हिन्दी की अधिकांश कविताएँ निराशा, उपेक्षा, अवहेलना आदि से उत्पीड़ित, तड़पती हुई आत्माओं की ही करुण अभिव्यक्तियाँ होती हैं—कम-से-कम ऐसी कविताओं के कवियों का तो यही दावा रहता है, वास्तविकता चाहे जो कुछ भी हो ! और किसी आधुनिक हिन्दी कविता के विद्यार्थी से यह बात छिपी नहीं है कि ऐसे सौ कवियों में शायद ही दस-पाँच का रोना अकृत्रिम और हार्दिक होता है ! ऐसे कवियों को कठिनता यह पड़ती है : 'अधिक रोने से जैसे गला बैठ जाता है, उस ध्वनि से एक असह्य दबाव पड़ने के सिवा, करुणाश्रित रस का उद्रेक नहीं होता', वैसे ही उनकी कविताओं की भी दशा थोड़े दिनों के पश्चात् हो जाती है। केवल वे ही, जो या तो कभी-कभी ही रो लेते हैं, या जो बीच-बीच में हँस-खेल भी लेते हैं, इस मार्ग में निरन्तर सफल बने रह सकते हैं। नहीं तो, यदि उसी पुराने राग की पुनरावृत्ति की जाती रही, तब तो परिवर्तन-प्रेमी पाठक ऊब ही उठेंगे! उदाहरणार्थ, श्रीमती महादेवी वर्मा को ही लीजिए! उधर थोड़े दिनों तक आपका रुदन कुछ इतना न सच्चा और अत: 'अपीलिंग' हुआ करता था कि आप बड़ी शीघ्रता से यशस्विनी बन चलीं। लेकिन अब आपकी 'पापुलैरिटी' के साथ-साथ आपकी करुण कविताओं की बहुत माँग बढ़ गई। और वे अब अपनी ही इच्छा से

नहीं, दूसरों की भी इच्छा से रोने लगीं—यह अप्रिय सत्य है। परिणामस्वरूप, आपकी कविताओं में वह पहले-सी रुला-रुला देनेवाली विभूति बहुत कुछ घट गई है। जब आप-सी करुण रस की कविताओं को लिखने की वास्तविक अधिकारिणी को यहाँ ऐसी असफलता हो रही है, तो औरों की क्या बात! एक प्रसाद ही ऐसे हैं, जो पहले भी और आज भी सफलतापूर्वक करुण रस की कविताएँ कर सके हैं—यही क्यों, नाटक, कहानी आदि के क्षेत्रों की तरह इसमें भी वह अधिकाधिक सफल हो रहे हैं! कारण, जैसा कह चुका हूँ, यह है कि वे सदैव ही नहीं रोते रहते और अत: उनका गला भी अवरुद्ध नहीं हो जाता। दु:ख तो सभी पर पड़ता है, लेकिन क्या हम और सभी काम छोड़ सदैव मातम ही मनाते रहते हैं ? नहीं; हाँ, यदि हमारे दु:ख का विषय बहुत महत्त्व का रहा तो हम कभी-कभी सुप्त स्मृति की जागृति पर बीच-बीच में, थोड़ी देर को हँसी-खुशी को स्थगित कर, रो लेते हैं और फिर कुछ समय के लिए साथ-ही-साथ शान्त भी हो जाते हैं—वैसे ही प्रसाद भी धड़ाधड़ करुण कविताओं का सृजन नहीं करते चले जाते—कभी कहानियाँ लिख रहे हैं, कभी नाटक या उपन्यास, बीच में हुआ तो भावावेश में कभी कहीं रो भी लिया—तभी तो उनकी सभी कृतियाँ सदैव ताजी, पुनरावृत्ति और बासीपन के दोषों से विरहित बनी रहती हैं और पाठकों को अपने लिए समुत्सुक बनाये रहती हैं।

पुरानी ऐसी कविताओं के दो दृष्टान्त तो दे ही चुका हूँ। देखिए हाल की 'सरस्वती' में छपी उनकी 'मुझको न मिला है कभी प्यार' शीर्षक कविता उनसे भी बढ़ी-चढ़ी है या नहीं :

वह कौन अकिंचन अति आतुर,
चिर तृषित कंठ से तृप्ति-विधुर
अत्यन्त तिरस्कृत अर्थ-सदृश—
ध्वनि कम्पित करता बार-बार।
धीरे से वह उठता पुकार—
मुझको न मिला है कभी प्यार।
सागर लहरों का आलिंगन
निष्फल उठकर गिरता प्रतिदिन।
जल-वैभव है सीमा-विहीन
वह रहा एक कन को निहार।
धीरे से वह उठता पुकार
मुझको न मिला है कभी प्यार।
दल विरल डालियाँ भरी मुकुल
झुकतीं सौरभ रस लिये अतुल
अपने विषाद-विष में मूर्च्छित

काँटों से बिंधकर बार-बार
धीरे से वह उठता पुकार—
मुझको न मिला है कभी प्यार।
× × ×
पागल रे! वह मिलता है कब?
उसको तो देते ही हैं सब।
आँसू के कन-कन से गिनकर—
यह विश्व लिये हैं ऋण उधार
तू क्यों फिर उठता है पुकार?
मुझको न मिला है कभी प्यार।

प्रसाद यदि मौलिक नहीं तो कुछ नहीं। भाषा, भाव, अभिव्यंजना-शैली—सभी पर उनके व्यक्तित्व की सुस्पष्ट छाप उनकी मौलिकता की मानो घोषणा कर रही हो! 'अकिंचन, अति आतुर तृप्ति विधुर' के अवरुद्ध अरण्यरुदन की उपमा तिरस्कार से जमीन पर फेंके गए सिक्के की निर्बल खनखन-ध्वनि से कितनी सुन्दर, कितनी मौलिक और कितनी निर्दोष उतरी है! किसी यूरोपीय समालोचक का विचार है कि पद्य में साधारण और परिचित चित्रों का अंकन जितना कठिन है, उतना असाधारण, अपरिचित चित्रों का नहीं। जैसे नायिका की उपमा हम जिस सरलता के साथ 'हेलेन' या 'उर्वशी' के साथ कर लेंगे, उतनी सरलता के साथ 'ग्रेरागार्बो' या 'सुलोचना' के साथ नहीं, यद्यपि अपर ही अधिक स्वाभाविक होगा। लेकिन देखिए, प्रसाद किस खूबी और सरलता के साथ इस असम्भवप्राय बात को कर दिखाते हैं—विधुरों के विरहोद्गार की उपमा कोयल की कूक आदि से ही आज तक की जाती थी; खोटे सिक्के की खनखनाहट से करने का अद्यावधि किसी को—यदि सूझा भी होगा—तो साहस नहीं हुआ। होता भी कैसे, कवित्व से विरहित हो जाने का जो भय था, इस पूर्ण परिचित घटना की उपमा की भौतिकता से। लेकिन अकृत्रिम कवि-हृदय इससे नहीं डरने को—पारस लोहे से छू उसी को सोना कर देता है, अपने थोड़े ही लोहा बन जाता है! कवि भी अकवित्वपूर्ण वस्तु को भी कवितामयी कर दे सकता है। खोटे सिक्के को पा आप जब क्रोध के मारे उसे जमीन पर पटक देते हैं, उस समय जो शनैः-शनैः धीमी पड़ती जानेवाली ध्वनि उससे निकलती है, वह क्या विरही के करुण दुर्बल उच्छ्वासों से किसी दशा में कम होती है? कितनी सहृदयता के साथ कवि ने एक ऐसी घटना में भी कविता ढूँढ़ निकाली, जिसमें दुनिया की आँखों में आधिभौतिकता का ही उत्कट परिचय दीख पड़ता है। अब वह व्यक्ति, जो मुद्रा की मीठी, संगीतमयी ध्वनि के साथ रुँधे कंठ से धीरे-धीरे 'मुझको न मिला है कभी प्यार, मुझको न मिला है कभी प्यार' रट रहा हो, सचमुच कवि के द्वारा स्वजीवन इस रोने ही में बिताते हुए नहीं देखा

जा सकता—देखिए, इसी से करुणाविगलित वह किस सहानुभूति के साथ उसे प्रेम का पाठ पढ़ावेगा!

और, सागर की लहरों के उठ-उठकर गिर जाने को कवि की कल्पना क्या समझ बैठती है?—परिणाम का निष्फल प्रयास! सागर लहरों की भुजाएँ बार-बार फैलाता है और अपनी प्रेयसी को आलिंगित कर लेना चाहता है—लेकिन सीमाविहीन अपार जलराशि में वह एक कण-सी कहीं छिपी पड़ी है, उसे नहीं पा निराशा से वह भुजाएँ समेट लेता है, लहरें गिर जाती हैं—उस अंग्रेजी कहावत के अनुसार यह भूसे की ढेरी में सुई ढूँढ़ना है—मूर्खतापूर्ण, व्यर्थ। विश्व-वेदना को शमन करनेवाले कवि को इसे भी समझना पड़ेगा, नहीं तो यह यों ही अपना समय व्यतीत करता रहेगा—वामन हो चाँद छूने का निष्फल प्रयत्न करता रहेगा।

ये महाशय भी कुछ कम मूढ़ नहीं—प्रेम का रास्ता ठहरा। यहाँ विद्वान भी मूर्ख बन जाते हैं!—अपने 'विषाद-विष में मूर्च्छितप्राय आप बेचैनी के साथ, आँखें मूँद—खुली भी हों तो इस मूर्च्छा में कुछ सूझेगी थोड़े—बाग में घूम रहे हैं। वसन्त का समय है। मुकुल, मधु, सौरभ से लदी डालियाँ एकदम नीचे तक झुकी पड़ती हैं, लेकिन आपको इनकी सुध कहाँ, आप तो काँटों से बिछी पृथ्वी—वृक्ष के नीचे काँटे रहेंगे ही—पर विलुंठित हो रहे हैं। फिर जब कंटक गड़ते हैं तो आपकी पीड़ा द्विगुणित हो जाती है—प्रेयसी का विरह तो सता ही रहा है, ऊपर से प्रकृति देवी भी दुःख ही दे रही हैं! आप पुकार उठते हैं : 'मुझको न मिला है कभी प्यार'। अरे भाई, इसमें दूसरे का क्या दोष? आपकी ही तो गलती है। तो इन्हें भी सहानुभूतिपूर्ण कवि प्रेम की सीख दे रास्ते पर लावेगा ही।

...अब जरा नौसिखिए इन निराश, असफल प्रेमियों को, प्रेम का विश्लेषण कर, इसके मायिक रहस्यों का उद्घाटन कर अनुभवी कवि किस तरह नैराश्य के दलदल से निकालना चाहता है, वह भी देख लें : कवि को भी कभी जीवन में इस तरह निराश होकर 'मुझको न मिला है कभी प्यार' कहना पड़ चुका है, वह भी प्रेम की गली में ठोकरें खा चुका है, इसलिए और नहीं तो प्रेम के रहस्यों का ज्ञान तो उसे हो ही चुका है, दूसरों से प्रेम पाने की व्यर्थ आशा से परिचित हो ही गया है। अब जब वह विश्व भर को इस मरीचिका समान प्रेम को पाने के लिए आतुर, और इसे पाने में असफल देखता है तो वह स्वभावतः अनुभव-जन्य अधिकार के स्वरों से डाँट बता रहा है, समझा रहा है। और, 'पागल रे!'—यह सम्बोधन भी उपयुक्त ही है इन उद्भ्रांतों के लिए। फिर कितनी जानकारी के साथ कवि कह उठता है कि प्यार कोई ऐसी वस्तु नहीं, जिसका विनियम हो सके, आदान भी हो, प्रदान भी हो—इसका तो हमें केवल देने भर का अधिकार है—अपनी चीज है, रखें या लुटा दें!—लेकिन इसके बदले में किसी दूसरे द्वारा भी हमें यही वस्तु मिले, इसकी आशा तो मूर्खता ही है। हाँ,

हाँ, और सभी चीजों की तरह इसका भी अपवाद है, जरूर है, लेकिन यदि किसी को यह मिल भी गया हो तो हमें यह न समझ लेना चाहिए कि इसे पा लेना क्या है कि फूलों की सेज पर चलना—जवाब, जाने कितनी निराशाएँ, असफलताएँ और ठोकरें खाने के बाद यह मिला है। आँसू के अनमोल कण-कण दे देने पर कहीं यह मिला, वह भी उधार—जरा-सी कोई खता आपने की और महाजन रूठे : 'लाइए साहब, आपको जो वह प्रेम उधार दिया था, लौटा दीजिए।' चलिए, आपके 'जिगर के टुकड़े' छायले में गए! ...'ऐसी बात होने पर भी पागल!' कवि खीजकर कह उठता है : 'मुझको न मिला है कभी प्यार, मुझको न मिला है कभी प्यार' की क्या रट लगाए हुए है!

इतने आत्मविश्वास के साथ, इतनी छिपी पीड़ा के साथ भुक्तभोगी ही लिख सकते हैं। इस कविता में प्रसाद अपने ही को टप गए हैं। जिस किसी के भी हृदय होगा, वह इन पंक्तियों के लेखक में एक महान कलाकार की आत्मा का शुभ-दर्शन जरूर ही करेगा।

× × ×

प्रसाद की इन्द्रधनुषी कवित्व-प्रतिभा के कई वर्णों की छवि हम निरख चुके—अब एक ही दो की ओर। कवि को पाखंड से घृणा है। मानव-दुर्बलता का वह जीता-जागता उदाहरण है। वह प्रेम का प्रकांड पंडित तो है; वह जानता तो है कि यह निस्सार है, वंचकतामय है। फिर भी जिससे उससे भी कहीं बड़े-बड़े पहुँचे हुए महात्मा पराभूत हो गए, उससे यह क्या लोहा लेगा! इस बात से वह वाकिफ है और अकृत्रिमता का प्रेमी वह नहीं चाहता कि दुनिया से यह कमजोरी किसी प्रकार छिपा ली जाए। प्रेम पर भले ही वह, उससे दूर रह 'लेक्चर' झाड़ ले, उसकी धोखेबाजी से भले ही वह पूर्णतया परिचित हो, लेकिन लोहा-चुम्बक के सामने आते ही क्या अपनी हेकड़ी नहीं भूल जाता, पक्षी सर्प की 'मेस्मेरिक' आँखों से आँख मिला क्या अपना उड़ना नहीं भूल जाता? अपनी बारी आई, तो कवि महाशय भी, यह जानते हुए भी कि 'वह मिलता है कब? उसको तो देते ही हैं सब', उसको पाने के लिए लालायित हो उठते हैं—और लगते हैं प्रेम के देने वाले महाजन—अपने प्रिय की खुशामद—'मनुहार' करने ('माधुरी' के किसी विगत अंक में चाहें तो आपको यह कविता समूची मिलेगी; मैं यहाँ कुछ आकर्षक पंक्तियाँ ही उद्धृत करूँगा)।

क्या जाने कितने कवियों ने 'मनुहार' की होगी, लेकिन मुझे विश्वास है, वे उनके प्रिय को मनुहार के बदले मनुभार ही साबित हुई होंगी। परन्तु इस 'मनुहार' की बात दूसरी है। निर्दय से निर्दय भी प्रियतम इसके आत्मसमर्पण, आवेश और पीड़ा को कह ही नहीं, समझा भी देनेवाले गुण से पल भर में पिघल जावेंगे—(विश्वास है, प्रसाद मेरी इस धारणा का खंडन नहीं करेंगे)।

सच्चे प्रेमी होने के कारण कवि 'उनकी' व्रीड़ा से खीजकर 'उन्हें' डाँट नहीं बताने लगता। बड़े स्नेह के साथ पहले उन्हें उनके अवगुंठन की व्यर्थता दिखाता है :

निज अलकों के अंधकार में तुम कैसे छिप आवोगे?

सचमुच, यह प्रयत्न हास्यास्पद है—(लेकिन लटकती अलकें अवगुंठन के काम में लाई जाती हैं, इस भेद को प्रसाद ही भाँप सके!), पर वे अब तो और शरमा गए—और इधर कवि का कौतूहल बढ़ चला। तो वह कुछ रोष के साथ कहता है :

इतना सजग कुतूहल! यह न कभी बन पावोगे।

...अरर्! लेकिन यह क्या अनर्थ हो रहा है :

आह! चूम लूँ जिन चरणों को चाँप-चाँप कर उन्हें नहीं—
दुःख तो इतना, अरे अरुणिमा उषा-सी वह उधर बही।

कवि का सूक्ष्मावलोकन बधाई के योग्य है—स्वस्थ गौर व्यक्ति के हाथ या पैर को दबा दिया जाए तो रक्त दबे स्थान से दूसरी तरफ बह चलता है; और यह गीत प्रभात में रवि की लालिमा का पूर्व में बहना आँखों के सामने नचा-सी देती है। अन्तिम कुछ शब्दों का रुक-रुककर पढ़ना तो इसका एक शब्द-चित्र ही बना देता है। हिन्दी में शब्दों पर ऐसा विलक्षण अधिकार विरलों को होगा। चरण-तल की ललाई पर की, इसके बाद की अन्योक्ति भी बड़ी सुन्दर है। फिर प्रेमी-युगल के मिलन का कैसा मनोहर चित्र है :

देख न लूँ, इतनी ही तो है इच्छा, लो सिर झुका हुआ,
कोमल किरन उँगलियों से ढाँकोगे यह दृग खुला हुआ।
फिर कह दोगे, पहचानो तो मैं हूँ कौन? बताओ तो—
किन्तु उन्हीं अधरों से उनकी हँसी दबाओ तो।

मेरा तो अनुभव है, पीछे से आ आँख मूँदने वालों को अपने से पहचानने के लिए शायद ही कभी समय मिलता है—हँसी तो बिचारे आँख मूँदनेवाले की रुकेगी नहीं और तब फिर पहचानने में क्या विलम्ब? लेकिन यदि 'उन्हें' इच्छा हो तो कवि अपनी आँखें मुँदवाने के लिए तैयार है—परन्तु यह फिजूल की ही न बात है? आखिर तो 'वे' अपनी हँसी रोक नहीं सकेंगे। और जब इतने समीप आ ही गए, स्पर्श तक हो गया, 'वे' भी कवि को प्यार करते हैं यह प्रकट हो ही गया—प्यार नहीं करते तो आँख मूँदने क्यों आते?—तो अब कवि भी उच्छ्वसित हृदय के और अधिक दबाने के विचार को त्यागकर ही उठता है :

सिहर-भरे निज शिथिल, मृदुल अंचल को अधरों से पकड़ो,
बेला बीत चली है चंचल! बाहु-लता से आ जकड़ो।

और इस चिर-वांछित मिलन में, कवि स्पष्ट कह देता है, उच्च-नीच, धनी-दरिद्र, सुन्दर-असुन्दर की और अधिक चर्चा नहीं होनी चाहिए, न तो वह स्वयं ऐसा करेगा और न तो उसके प्रिय ही ऐसा करें :

तुम हो कौन और मैं क्या हूँ—इसमें क्या है धरा, सुनो
मानस-जलधि रहे चिर-चुम्बित मेरे क्षितिज! उदार बनो।

कितनी मोहन, कितनी सरल, कितनी अकृत्रिम, कितनी कलात्मक 'मनुहार' है!

अब उनकी एक और कविता—'लहर' का तुलनात्मक विवेचन और बस! यह कविता यों है :

उठ-उठ री लघु-लघु लोल लहर,
करुणा की नव अँगड़ाई-सी,
मलयानिल की परछाईं-सी,
इस सूखे तट पर छिटक छहर।
शीतल, कोमल चिर कम्पन-सी,
दुर्गलित हठीले बचपन-सी
तू लौट कहाँ जाती है री
यह खेल, खेल ले ठहर-ठहर।
उठ-उठ गिर-गिर फिर-फिर आती
नर्तित पद-चिह्न बना जाती
सिकता की रेखाएँ उभार
भर जाती अपनी तरल सिहर।
तू भूल न री, पंकज-वन में
जीवन के इस सूनेपन में
अरे प्यार-पुलक से भरी ढुलक
आ चूम पुलिन के विरस अधर।

इसकी तुलना पंत जी के निम्नोद्धृत 'लहरों का गीत' से करेंगे :

अपने ही सुख से चिर-चंचल
हम खिल-खिल पड़ती हैं अविरल,
जीवन के फेनिल मोती को
ले-ले चल करतल में टलमल।
जाने किस मधु का मलय-परस
करता प्राणों को पुलकाकुल,
जीवन की लहलह लतिका में
विकसा इच्छा के नव-नव दल। अपने...
सुन-सुन मधु-मुरली की मृदु ध्वनि
गृह पुलिन नाँघ, सुख से विह्वल,
हम हुलस नृत्य करतीं हिलमिल,

खस-खस पड़ता उर से अंचल। अपने...
चिरजन्म-मरण को हँस-हँस कर,
हम आलिंगन करती पल-पल,
फिर-फिर निस्तल से उठकर
फिर-फिर उसमें हो-हो ओझल। अपने...

जहाँ प्रसाद विश्व के प्रत्येक पदार्थ में निराशा और वेदना की ही अभिव्यक्ति पाते हैं, वहीं पंत जी आशा और सुख की—'जाकी रही भावना जैसी'। दोनों ने नौकावलोकन किया, लेकिन उनके हृदय के भाव, वैयक्तिक झुकाव के भिन्न प्रकार के साँचों में ढल, एकदम विभिन्नाकृति निकले—एक को जीवन-नौका की भी सफल-यात्रा में सन्देह हो गया, परन्तु दूसरे को जीवन-नौका-विहार के सुख भी शाश्वत मालूम पड़ने लगे, अमरत्व-दान मिल गया। लहरों को भी देख उनकी यही दशा हो रही है—प्रसाद को लहरों में 'करुणा की नव अँगड़ाई, मलयानिल की परछाईं, दुर्गलित हठीले बचपन की झलक-सी उनके लिए दुर्लभ विभूतियाँ छिपी दीख पड़ रही हैं और इनके लिए चिर-आतुर वह इनका आह्वान करने लगते हैं; किन्तु पंत जी को इन्हीं लहरों से सुख, ऐश्वर्य, नृत्य-गीत का समारोह, और जीवन-मरण का रहस्योद्घाटन मिलता है। प्रसाद के हृदय की तड़प और ललक, पंत जी के हृदय की सुख-सन्तुष्टि अब स्पष्ट प्रदर्शित है।

यह भावों की भीतरी विभिन्नता हुई; बाह्य भिन्नता प्रतिपादन-प्रणाली की, शब्दों के उपयोग की भी इनमें वर्तमान है। लहरों के संगीत को शब्दों के द्वारा दोनों ने व्यक्त करने का प्रयत्न किया है। लेकिन दोनों के शब्द-संगीत, उनकी भिन्न स्वर वाली हृदय-वाद्य-यंत्रिका से निकल दो तरह के हो गए हैं। जहाँ प्रसाद की ये पंक्तियाँ—'उठ-उठ री लघु-लघु लोल लहर', 'इस सूखे तट पर छिटक छहर', 'भर जाती अपनी तरल सिहर', 'आ चूम पुलिन के विरस अधर'—यीट्स की '...lake water lapping with law sound by the shore'—इस पंक्ति के संगीत की प्रतिध्वनि-सी कर रही है; वहीं पंत जी का 'कल-कल', 'टलमल', टेनिसन की इस पंक्ति 'I babble on the Pebbles' का बहुत सफल अनुकरण है। प्रसाद और यीट्स—इन दोनों की लहरों का संगीत व्यथित प्राणों की आतुर-वीणा का करुणालाप है; और, पंत जी और टेनिसन की लहरों का संगीत सुखी प्राणों के जलतरंग की खिलखिलाती हुई मीठी झंकार!

पंत जी के 'लहरों का गीत' में टेनिसन के 'The Brook' कविता का स्पष्ट अनुकरण है। 'The Brook' में निर्झर अपने विषय में आप गाता हुआ चित्रित किया गया है, 'लहरों का गीत' में भी लहरें अपने विषय में आप ही गाती हुई चित्रित की गई हैं; और भी उपरि-कथित अंग्रेजी कविता के शब्दों की ध्वनि का भी पंत जी ने अनुकरण किया है—तथापि पंत जी अपनी कविता की अन्तिम चार पंक्तियाँ

लिख, प्रसाद और टेनिसन—इन दोनों से निस्सन्देह ऊँचे उठ गए हैं। टेनिसन निर्झर की गति का ही कवित्वपूर्ण चित्रण कर चुप हो जाता है, प्रसाद मीठी स्मृतियों को जगानेवाली लहरों का आह्वान कर ही अपनी कविता समाप्त कर देते हैं, लेकिन पंत जी लहरों के उठने-गिरने में जीवन-मरण का रहस्योद्घाटन करा, अपने विस्तृत दृष्टिकोण का परिचय दे, अपनी कवित्व-प्रतिभा का हमें कायल कर देते हैं ! अस्तु।

× × ×

मैं प्रसाद के गुणों के समष्टीकरण करने का, उनकी सम्प्रधारणा करने का प्रयत्न नहीं करूँगा। यह एक ऐसा कार्य है, जो अच्छी तरह किया जा चुका है, बुरी तरह किया जा चुका है और सर्वोपरि बहुत अधिक किया जा चुका है ! वह एक महान नाटककार हैं, एक महान कवि हैं—इतने महान कवि कि हम सभी उनकी कृतियों में अपनी-अपनी वांछा की तृप्ति, यदि अन्वेषण करें तो, पा सकते हैं। और यह अन्वेषण—यदि हम उनकी भाषा और कला का थोड़ा भी अध्ययन कर लें तो—बहुत सरल हो जाएगा। उनकी पुस्तकें खोलिए और कविता उनके पृष्ठों पर जीवित हो नाचने लगती है !

अन्त में, इस लेख की समाप्ति करते हुए, हम प्रसाद को विश्वास दिलाते हैं कि ईर्ष्यालु छिद्रान्वेषी चाहे जो कुछ कहें :

But we...
Whore hearts uplift to the,
Ache with the Pulse of
the remembered song.

[**नोट :** प्रसाद के वाद—छायावाद या रहस्यवाद ?—के विषय में मैं जान-बूझकर चुप रहा हूँ। यह विस्तृत विवेचन चाहेगा, अतः इस पर एक स्वतंत्र लेख लिखने का विचार है।]

प्रगतिवाद की मान्यताएँ

आज के कवि या शायर, ऐसे आलोचकों की शिकायत है, जिनके बाल धूप में सफेद नहीं हुए होंगे, किसी को अपना गुरु या उस्ताद नहीं बनाते। इसीलिए, ये बुजुर्ग कहते हैं कि नई कविता या शायरी की हालत शोचनीय है। कविता की दशा चिन्त्य हो या नहीं, पर मैं मानता हूँ, बहुत घबड़ाहट की कोई बात नहीं; लेकिन यह तो है ही कि पुराने मानी में आज कवियों के ऐसे गुरु नहीं होते, जिनकी वन्दना के दो-एक छन्द के बाद कविता शुरू होती थी; शायरों के ऐसे उस्ताद नहीं होते, जिनकी तारीफ के दो-एक बन्द के बाद गजल शुरू होती थी। नई दुनिया का नया आदमी मूर्ति-पूजक नहीं रह गया। वह गुरु की पूजा नहीं करता, इस पर आँसू बहाना बेकार है।

बीसवीं सदी के मध्याह्न के प्रखर प्रकाश का लाभ उठानेवाला कवि पूर्णतः रूढ़िमुक्त हो चुका है—ऐसा उसका विश्वास है, ऐसा उसका दावा है, ऐसी घोषणा करते वह थकता नहीं। पिंगल और अलंकारशास्त्र के कुएँ का मेढक अब वह रहा नहीं, विषय की उदात्तता और गम्भीरता का वह कायल नहीं, मानसिक दासता की जंजीरें वह तोड़ चुका है।

निराला ने वीणा-पाणि से वरदान माँगा था :

वर दे, वीणावादिनि, वर दे!
नव नभ के नव विहग-वृन्द को
नव-स्वर नव पर दे।

उन्हें वरदान मिला। फिर उन्होंने उद्‌बाहु घोषणा की : 'मैंने मैं-शैली अपनाई...।'

उनकी नवीनता और मुक्ति के युग ने अभिनन्दन किया, इस तरह के मुक्तात्मा कवियों के बारे में क्या कहना हो सकता है?

लेकिन जो हैं नहीं, पर कहते हैं और समझते हैं कि वे मुक्त हो चुके हैं, उनका भ्रम दूर होना ही चाहिए। उन्होंने पुरानी जंजीरें तोड़ फेंकी हैं; लेकिन उन्होंने जिसे गले का हार समझकर प्रसन्नतापूर्वक पहना है, वह हाथ-पैर का नहीं, हृदय और मस्तिष्क का बन्धन बन गया है। उन्होंने गुरु-पूजा का त्याग किया है, पर वीर-पूजा

अपनाने के लिए, मूर्ति–पूजा से छुटकारा पाया है; किन्तु जन–पूजा के कर्म–कांड में फँसने के लिए, और शास्त्र की संकीर्णता के विरुद्ध सफल विद्रोह किया है, लेकिन सिद्धान्त की चारदीवारी में कैद हो जाने के लिए।

तो आज के कवि के बारे में—प्रगतिवादी कवि के बारे में—अगर दो टूक बात कही जाए, तो ये तीन–चार तथ्य स्पष्ट हैं :

(1) वह वीर–पूजा करता है।
(2) वह जन–पूजा में अन्धविश्वास रखता है।
(3) वह कुछ सुनिश्चित सिद्धान्तों में बँधा हुआ है।
(4) वह घृणा करता है।

पहली बात—वीर–पूजा की बात। जिस निरंकुश अधिनायक के बारे में तथा उसके द्वारा परिचालित राजनीति में प्रगतिवादियों की सर्वविदित पूज्य–भावना है, उस कोटि के अधिनायकों का फ्रॉयड ने सूक्ष्म निरूपण किया है : 'समूह के संघटनों की जो विचित्र और बाह्यतामूलक विशेषताएँ दिखाई पड़ती हैं, उनकी उत्पत्ति आदिम मानव–समूह के अध्ययन से स्पष्ट हो सकती है। आज भी समूह का नेता आदिम पिता की तरह आतंक उत्पन्न करता है; आज भी समूह की यही इच्छा रहती है कि उस पर अनियंत्रित शक्ति के साथ शासन हो; उसके हृदय में आज्ञाकारिता के लिए प्यास बनी रहती है।"[1] और स्वयं नायक के विषय में फ्रॉयड कहता है : 'मानव–जाति के इतिहास के प्रारम्भ में ही वह ऐसा अतिमानव था, जिसकी सम्भावना नीत्शे ने भविष्य में की थी, आज भी किसी संघटित दल के लिए यह भ्रम आवश्यक है कि दल का नेता सबको समान रूप से प्यार करता है; लेकिन नायक के लिए यह जरूरी नहीं कि वह अपने को छोड़कर किसी को प्यार करे; क्योंकि यह आतंकपूर्ण स्वभाव का आत्मविश्वासी और स्वतंत्र मनुष्य होता है।'[2]

विकास के चरम लक्ष्य तक पहुँचने से साम्यवाद कितनी दूर है, यह रूस की ऐतिहासिक घटनाओं से नहीं प्रदर्शित होता, अपितु उसके सिद्धान्तों और घोषणाओं से भी। रूसी समाचार–पत्रों में आजकल नियमपूर्वक जो नायक–प्रशस्तियाँ निकलती हैं, उनकी पुनरावृत्ति की आवश्यकता नहीं; पर एक साम्यवादी के द्वारा, जो साथ–ही–साथ मनोवैज्ञानिक भी है, नायकत्व के सिद्धान्त की स्वीकृति ध्यान आकर्षित करती है। हमारा तात्पर्य है आर. आस्बर्न की पुस्तक 'मार्क्स एंड फ्रॉयड' से। फ्रॉयड के नायकत्व के सिद्धान्त का वर्णन कर आस्बर्न, यह एक बार भी समझे बिना कि नायक की आवश्यकता एक सामूहिक संस्था–विशेष को ही होती है, नायकत्व की अपेक्षा को विश्वजनीन मान लेता है और साम्यवादी दल को इस तथ्य के महत्त्व को

1. Freud : Group Psychology and the Analysis of the Ego Enlish Translation (1992), p. 99-100
2. फ्रॉयड की पूर्वोल्लिखित पुस्तक देखें।

ध्यान में रखकर अपनी नीति निर्धारित करने की सलाह दे डालता है : 'पहली आवश्यकता तो यह होती है कि नायकत्व को किसी एक नायक में केन्द्रित किया जाए—किसी ऐसे व्यक्ति में, जिसके उल्लेख से रागात्मक वृत्तियाँ जग सकें। दूसरे शब्दों में जनसाधारण के एक ऐसे व्यक्ति को आदर्श बनाना पड़ेगा, जिसकी ओर वे आधार के लिए मुड़ेंगे और जिसे वे प्रेम और आज्ञापालन की दृष्टि से देखेंगे।' ऐसे व्यक्तियों के उदाहरणस्वरूप वह लेनिन और स्तालिन के नाम लेकर अपने तर्क का इस प्रकार उपसंहार करता है : 'मनोवैज्ञानिक दृष्टि से यह आवश्यक है कि ऐसे लोगों को जनसाधारण के सामने रखा जाए। इससे जनता को इस बात के लिए प्रेरणा मिलती है कि सामाजिक प्रगति के मार्ग में जो बाधाएँ हैं, उन पर वह विजय प्राप्त करे। यदि हिटलर और मुसोलिनी संघटित प्रचार और विज्ञापन के द्वारा जनता के रक्षक के रूप में उनके सामने उपस्थित किये जा सकते हैं, तो इसी तरह अन्य साम्यवादी नेता भी।' इस सिद्धान्त के प्रतिपादन में आस्बर्न ने जनता के विषय में जिस उपेक्षापूर्ण प्रवृत्ति का परिचय दिया है, उसके सम्बन्ध में कुछ कहने की आवश्यकता नहीं।

'सर्वहारा का अधिनायकत्व'[1] —यह मोहक वाक्य आँखों के सामने विवेक और निःस्पृह भावना से क्रियाशील, राजनीतिक चेतनायुक्त व्यक्तियों के संश्लिष्ट सहयोग का चित्र उपस्थित कर देता है; परन्तु इससे उस वास्तविकता का क्या सम्बन्ध, जहाँ मूक मानव समूह वैज्ञानिक युक्तियुक्तता का जामा पहने वस्तुतः फ्रॉयड के उक्त आदिम निरंकुश नायक की ही अन्धपूजा, आज्ञापालन करता है? इस मनोवैज्ञानिक बन्धन से मुक्ति की सम्भावना ही नहीं है, ऐसा विश्वास कर लेना राजनीतिक निराशा की चरम सीमा है। हम लोगों में बीज रूप से आदिम प्रवृत्तियाँ रहती तो अवश्य हैं, परन्तु हम अपने बौद्धिक विकास के सहारे उनका परिष्कार और शमन कर सकते हैं।

आस्बर्न ने साम्यवादी और अधिनायकवादी नेताओं की मनोवैज्ञानिक भित्ति की समकक्षता स्वीकार कर हमारे तर्कों की पुष्टि ही की है।

यह तो इतिहास की साधारण सीख है कि 'अधिकार से भ्रष्टाचार फैलता है और पूर्ण अधिकार से पूर्ण भ्रष्टाचार फैलता है।' इस तथ्य को सभी महान धर्मों के नीतिशास्त्रों ने बारम्बार अध्यापित किया है। स्वेच्छाचारियों के इस मनोवैज्ञानिक विकार का अन्त दुस्तर पतन में होता है।

यह एक मनोवैज्ञानिक सत्य है कि परपीड़न-सुखवादी (सैडिस्ट्स) अपने शिकार की सहनशीलता से अधिकाधिक उग्र ही होते हैं। स्वेच्छाचारी अधिनायक ठीक इसी तरह का आचरण करता है और साहित्य इस मनोवृत्ति को प्रश्रय देकर एक बहुत बड़े अपराध का भागी बनता है।

1. Dictatorship of the Proletariat

अब हम प्रगतिवाद की दूसरी उल्लेखनीय मान्यता, जन-पूजा पर भी थोड़ा विचार करें।

आस्बर्न जैसे साम्यवादी मनोवैज्ञानिक जनता को चाहे जितना भी हीन मानें, साहित्यिकों ने तो जन-पूजा का नया धार्मिक सम्प्रदाय (कल्ट) ही स्थापित कर दिया है। हिन्दी के साम्यवादी या प्रगतिवादी कवियों ने—जैसा आप जानते ही हैं, साम्यवादी और प्रगतिवादी वस्तुतः पर्यायवाची शब्द हैं; जो राजनीति में साम्यवादी हैं और वे साहित्य में प्रगतिवादी हैं। तो जन-पूजा को जिस उत्सुकता से अपनाया है, उससे उनका मज्जागत देवपूजा का भाव ही प्रकट होता है; जिससे आज भी अज्ञात रूप से वे आक्रान्त हैं।

हिन्दी कविता के बारे में एक प्रगतिवादी का यह कथन द्रष्टव्य है : 'भगवान अब उसके लिए व्यर्थ है।...अब वह चाहती है किसान की वाणी, मजदूर की वाणी और जन-जन की वाणी।'

और इस सिद्धान्त को उदाहृत करने वाली कविताएँ तो आप जितनी संख्या में चाहें, प्रगतिवादी पत्रों में पा सकते हैं। सच तो यह है कि जन-पूजा की यह भावना इतनी सस्ती हो गई है कि मैं बहुत कम ऐसे युवक एवं नवीन कवियों को जानता हूँ, वे प्रगतिवादी हों या न हों, जिन्होंने जन-देवता के मन्दिर में, भगवान जाने किस उद्‌देश्य से, पूजा के एक-दो फूल नहीं चढ़ाए हैं!

हिन्दी के प्रगतिवादी कवि जिस जन-पूजा को इतना मौलिक और स्पृहणीय सिद्धान्त मान बैठे हैं, वह रूसी साहित्य में बहुत पहले ही अभिव्यक्त और आलोचित भी हो चुका है।, गोर्की की 'कॉन्केशन' नामक पुस्तक की आलोचना करते हुए हर्मन बैरोनोव ने सन् 1908 ई. में ही कहा था कि यह तो 'डेमोथीज्म' है, अर्थात् मूर्ति की, देवता की पूजा नहीं की, जनता की पूजा करने लगे! रूसी लेखकों ने बैरोनोव की आलोचना की कोई खास कद्र नहीं की, यह स्पष्ट है, किन्तु विवेकशील श्रोताओं के लिए उसकी ये पंक्तियाँ शायद कुछ महत्त्व रखें : 'जनता की पूजा आवश्यक नहीं है, आवश्यक है उसका विकास करना, उसे रूसी भयंकर दलदल से बाहर निकालना (अवश्य पहले अपने-आपको निकालकर)।'

जहाँ जन-पूजा रूढ़िवादिता का परिचायक है, वहीं 'हाथी-दाँत के मीनार' में चाहे वह लाल रंग का ही क्यों न हो—बैठकर जन-पूजा की बातें करना जनता का सर्वथा अनावश्यक अपमान करना है—जो हिन्दी के प्रगतिवादी बहुधा करते पाए जा रहे हैं!

प्रगतिवाद की तीसरी मान्यता के सम्बन्ध में मैंने कहा था कि वह कुछ सुनिश्चित सिद्धान्तों में बँधी हुई है। द्वंद्वात्मक भौतिकवाद आदि सिद्धान्त साम्यवाद के साधन-मात्र हैं, किन्तु उन्हें ही साध्य मानकर प्रगतिवादी कितने बड़े भ्रम में पड़े हुए हैं, इसके विषय में पहले कुछ उदाहरण, तब उनका सविस्तार विवेचन!

अमेरिका में वर्ष की सर्वश्रेष्ठ कविता के लिए हाल में बॉलिंगन-पुरस्कार की स्थापना हुई है। उसके सर्वप्रथम विजेता हैं एज़रा पाउंड। एज़रा पाउंड का आधुनिक अंग्रेजी-काव्य में वही स्थान है, जो हिन्दी में निराला का—वैसा ही महाप्राण व्यक्तित्व, गहन भाव, मौलिक और फलतः जटिल अभिव्यंजना-प्रणाली, और नियति का व्यंग्य देखिए, मस्तिष्क की वही विक्षिप्तावस्था! पाउंड की पुरस्कृत कविता 'दि पिसन कैंटोज' विक्षिप्तावस्था में ही लिखी गई थी, जिस तरह निराला की स्वल्प-प्रसिद्ध कविता 'कैलास-दर्शन'। लेकिन, पाउंड का दुर्भाग्य निराला से भी अधिक दयनीय और विचित्र है। उन पर यह अभियोग भी है कि उन्होंने पिछले महायुद्ध के समय मित्र-राष्ट्रों के विरुद्ध धुरी-राष्ट्रों की ओर से प्रचार किया था। इस अपराध के लिए कारावास में डाले जाने के बाद ही उनकी यह मानसिक दशा हुई थी। हम उन पर लगाये गए अभियोग के सत्यासत्य के बारे में कुछ कहने का अधिकार नहीं रखते, किन्तु अभियोग सर्वथा निराधार होगा, यह भी कहना कठिन है। ऐसी स्थिति में यदि वह सरकार के द्वारा दंडित हुए, तो स्वाभाविक यही होता है कि साहित्यकारों के बीच भी वह उपेक्षित और बहिष्कृत होते। जिस व्यक्ति पर देशद्रोह का अभियोग हो, वही वर्ष की सर्वश्रेष्ठ कविता की रचना करने के लिए पुरस्कृत हो, यह क्या आश्चर्य की बात नहीं?

और भी अधिक आश्चर्य की बात तो यह है कि पुरस्कार की निर्णायक समिति में 'नोबेल पुरस्कार'-विजेता टी.एस. इलियट जैसे ईसाई धर्म के हिमायती तथा डब्ल्यू.एच. ऑडेन जैसे वामपक्षी कवि थे। इन्हें तथा समिति के दूसरे प्रतिष्ठित कवि-सदस्यों को इस बात की आशंका थी और यह आशंका स्वाभाविक ही थी, जैसाकि ऊपर कह आया हूँ—कि उनके निर्णय का विरोध किया जा सकता है। इसलिए समिति ने अपने निर्णय के साथ ही एक अत्यन्त महत्त्वपूर्ण वक्तव्य भी दिया है, जिसकी ओर विशेष रूप से ध्यान आकृष्ट हो जाता है। वक्तव्य के मूल रूप का अनुवाद यहाँ प्रस्तुत किया जा रहा है।

'समिति के सदस्य इस बात से अनभिज्ञ नहीं कि पाउंड की स्थिति में पड़े हुए मनुष्य को पुरस्कार प्रदान करने के लिए उनके निर्णय का विरोध किया जा सकता है।

लेकिन, उनकी दृष्टि में, ऐसे विरोध की सम्भावना उनके द्वारा स्वीकृत उत्तरदायित्व में कोई परिवर्तन नहीं उत्पन्न करती।'

इस प्रस्तावना के बाद समिति ने साहित्यिक मूल्यांकन के बारे में जो निर्भीक सिद्धान्त प्रतिपादित किया है, उसका एक-एक शब्द स्मरणीय है :

'काव्यात्मक उपलब्धि के अतिरिक्त किसी भी दूसरी बात से निर्णय को प्रभावित होने देना पुरस्कार के महत्त्व को नष्ट कर देना होगा और सिद्धान्त रूप से मूल्यों के उस तटस्थ मानदंड को अस्वीकार कर देना होगा, जिस पर ही कोई सुसभ्य समाज टिका रह सकता है।'

इसके विपरीत प्रगतिवादियों के आदर्श साहित्य, रूसी साहित्य, में साहित्यिकों की क्या स्थिति है, वह भी दो-एक घटनाओं के उल्लेख से स्पष्ट कर देना समीचीन होगा।

हिन्दी के प्रगतिवादी रूसी कवि मायकोव्स्की का नाम लेते नहीं थकते। 'हंस' के पुराने अंकों में उसकी अनेकानेक कविताओं के अनुवाद प्रकाशित हुए हैं तथा उस पर एक-दो सुपठित निबन्ध भी लिखे गए हैं। और सचमुच एक समय था, जब अपने देश वहाँ के साहित्य में इस अभागे कवि का बहुत सम्मान भी था। किन्तु कल तक जिसे महाकवि और नवीन संस्कृति का अग्रदूत कहकर सम्मानित किया जाता था, वही अचानक एक दिन अधिकारियों के तिरस्कार और कोप का भाजन बन गया। हिन्दी के प्रगतिवादियों को शायद यह मालूम नहीं कि मायकोव्स्की की अभ्यर्थना का, अनजाने ही सही, वे अपने अन्तरराष्ट्रीय दल के अनुशासन के अतिक्रमण का घोर दंडनीय अपराध कर रहे हैं। स्वयं मायकोव्स्की ने अपमान और उपेक्षा से बचने के लिए किस तरह 14 अप्रैल, 1930 ई., को आत्महत्या कर ली थी, इसका विक्षोभकारी विवरण मैक्स ईस्ट मैन ने अपनी पुस्तक 'आर्टिस्ट्स इन यूनिफॉर्म' अर्थात् 'वर्दीधारी कलाकार' में दिया है। ब्लादिमीर मायकोव्स्की अकेला आधुनिक रूसी कवि नहीं है, जिसे अपने हाथों अपने प्राणों का अन्त करना या जेल में सड़ना पड़ा हो। येस्सेनिन, बाग्रित्स्की आदि दूसरे कवियों को भी, जो कदापि कथा-कवि नहीं कहे जा सकते, इस प्रकार के दुर्भाग्य का सामना करना पड़ा है। निस्सन्देह, इन कवियों में मायकोव्स्की अद्वितीय था—रूसी साहित्य के क्रान्तिकारी प्रवाह का गोमुख, असाधारण प्रभावशाली, जन्मसिद्ध कवि! उसकी आत्महत्या के बाद कागज के एक टुकड़े पर कुछ हृदयद्रावक पंक्तियाँ मिली थीं, जिनमें दो-चार ये हैं :

As they say
'the incident is closed'
Love boat
Smashed against waves.

रूसी प्रयोग के विराट विस्तार को ध्यान में रखकर हम यह मान सकते थे कि कभी-कभी कला के कोमल अंकुरों का कुचला जाना अवश्यम्भावी था। यदि यह अनवधानता से होता। नहीं, सहानुभूति की कमी से भी होता, क्षम्य माना जा सकता था। लेकिन यह थोड़े ही दिनों में मालूम हो गया कि मायकोव्स्की जैसे कलाकारों का विनाश कला के सिद्धान्तों के अनुसार उचित ठहराया जानेवाला था। उन पर आरोप लगाया गया था रूपवाद (फार्मेलिज्म), व्यक्तिवाद और अन्तर्निष्ठता का; और प्रत्येक वास्तविक साम्यवादी कलाकार को यथार्थवाद, वस्तुवाद और बहिर्निष्ठता के सिद्धान्त का प्रतिपालन की आज्ञा दी गई।

कला के सिद्धान्तों को प्रसह्य (बलपूर्वक) प्रचलित करने के लिए राजनीतिक सत्ता का उपयोग किया गया; हवा का रुख पहचानकर काम करने वाले रैडेक और बुखारिन जैसे पत्रकारों पर इस कला-सम्बन्धी कार्यक्रम को द्वंद्वात्मक भौतिकवाद के साँचे में ढालने का भार सौंपा गया, और इसे उन्होंने मेहनत से पूरा करने का प्रयत्न किया।

कुछ दिनों बाद रैडेक और बुखारिन का भी पतन हुआ। पर यहाँ भी कथा की समाप्ति नहीं होती। पास्तरनाक, जो मायकोव्स्की के बाद रूस का सबसे महत्त्वपूर्ण कवि था, जेल में डाल दिया गया और शोस्टाकोविश, जो इने-गिने अन्तरराष्ट्रीय ख्यातिवाले संगीत-निर्देशकों में एक था, उपेक्षा और तिरस्कार का भागी बना। इनका किसी राजनीतिक षड्यंत्र से सम्बन्ध होने का प्रश्न भी नहीं था। इनका एकमात्र अपराध था तथाकथित रूपवाद (फार्मेलिज्म), जिसका अर्थ है—सर्वसाधारण की समझ में आने के लिए अपनी कला को गिरा सकने की असमर्थता!

इस समाधान के रूप में कहा जा सकता है कि सोवियत यूनियन की सैनिक तथा उद्योग और शिक्षा-सम्बन्धी महान सफलताओं के सामने ये अपेक्षाकृत क्षुद्र घटनाएँ हैं। किन्तु यह सभ्यता और संस्कृति के आवश्यक मूल तत्त्वों के विषय में अपरिचय दिखाना-मात्र है। जब स्तालिन और उसका कृतित्व विस्मृति के गर्त में लुप्त हो गया रहेगा, तब भी मायकोव्स्की और पास्तरनाक का काव्य और शोस्टा-कोविश का संगीत उनके जीवन-काल की तरह सजीव प्रतीत होगा :

All passes; art in its Strength
Alone remains to all eternity;
The bust
Survives the city[1]

ये घटनाएँ तो तिरस्कृत कलाकारों की स्थिति का निदर्शन करती हैं। हम यह भी देखें कि रूस में कलाकारों एवं साहित्यिकों को सम्मानित और पुरस्कृत कैसे किया जाता है। एक विनोदपूर्ण कहानी है, जो अवश्य ही किसी उर्वर मस्तिष्क की उपज होगी, किन्तु जो वास्तविकता का परिचय भी देती ही है :

अधिकारियों ने यह घोषणा की थी कि रूस के प्राचीन महाकवि पुश्किन की सर्वोत्कृष्ट मूर्ति बनानेवाले कलाकार को बहुमूल्य पुरस्कार प्रदान किया जाएगा। बहुत सारे कलाकारों ने पुश्किन की मूर्तियाँ बनाईं, पर निर्णायकों को उनमें कोई पसन्द न आई। अन्त में जिस मूर्ति पर उसके निर्माता को पुरस्कार प्राप्त हुआ, उसकी कलाकृति की विशेषता यह थी कि मूर्ति तो स्तालिन की थी और उसके हाथों में एक पुस्तक पड़ी हुई थी जिस पर लिखा था : 'पुश्किन'!

1. (हिन्दी अनुवाद) : सभी कुछ नष्ट हो जाता है;
केवल कला अपनी शक्ति को लिये हुए अनन्तकाल तक बनी रहती है;
कलाकार की बनाई मूर्ति गर नष्ट हो जाने के बाद भी बची रहती है।

यह विनोद-वार्ता चुटकुला भी नहीं है। अभी-अभी काफी बड़ी रकमों के स्तालिन-पुरस्कार जिन नई पुस्तकों पर दिये गए हैं, उनमें कम-से-कम दो तो सीधे स्तालिन के जीवन और कृतित्व के विषय में ही थीं।

जब हिटलर ने यहूदी होने या नात्सी-विरोधी होने के कारण टामस मान या अर्नस्ट टोलर जैसे अन्तरराष्ट्रीय ख्यातिप्राप्त साहित्यिकों तथा आइंस्टाइन और फ्रॉयड जैसे युगान्तकारी वैज्ञानिकों का जर्मनी में रहना असम्भव कर दिया, तो उसके विरुद्ध समस्त संसार से आवाज उठी थी और यह सार्वभौम क्षोभ सर्वथा उचित भी था। हम जानना सिर्फ इतना चाहते हैं कि इस दृष्टि से नात्सी जर्मनी में और सोवियत रूस में, जिस दूसरे देश की ओर हमारे प्रगतिवादियों का सदैव ध्यान लगा रहता है, अन्तर क्या है?

सच तो यह है कि, जैसा हाल में ही प्रकाशित अपने उपन्यास 'डार्कनेस एट नून' में आर्थर कोयस्लर ने दिखाया है, अधिनायकवाद में उसका रंग लाल हो या काला, साहित्यकार या कलाकार को यह सब सहन करना ही पड़ता है। सोवियत रूस में जो कलाकृति नवीन रूढ़ियों में आबद्ध न हो और अधिकारियों के अनुकूल न हो, वह, 'वामपक्षीय' पर 'त्राव्त्स्कीवादी' विकृति घोषित कर दी जाती है और मौलिकता को क्षुद्र व्यक्तिवाद कहकर दंडनीय करार कर दिया जाता है। जर्मनी और इटली में भी, जरा दूसरे शब्दों में, पर बहुत कुछ इसी ढंग से कलाकारों की मूल्यांकन होता था। उदाहरण के लिए जर्मनी में महान कलाकारों की कृतियों को 'ह्रासोन्मुख कला' (डिकेडेंट आर्ट) का उदाहरण कहकर मोटी रकमों पर विदेशों में बेच दिया जाता था और उनकी जगह सस्ती और भोंडी, या प्रचारात्मक चीजें रख दी जाती थीं।

सौभाग्य से हमारे यहाँ के प्रगतिवादियों को राजनीतिक अधिकार प्राप्त नहीं है। यदि होता, तो महापंडित राहुल सांकृत्यायन, महाकवि पंत और श्रेष्ठ कवि, उपन्यासकार और आलोचक अज्ञेय की क्या दशा होती, इसका अनुमान 'हंस' और 'नया साहित्य' के क्लीव प्रलापों से किया जा सकता है। हाँ, जितना ये कर सकते हैं, उतना करने में तो कुछ उठा नहीं सकते। राहुल जी प्रगतिवादियों के स्तम्भ माने जाते थे, किन्तु जिस दिन हिन्दी के पक्ष में उनके मुँह से दो-चार शब्द निकल गए, उसी दिन वे अपने अनुयायियों की दृष्टि में महासभावादी बन गए।

'युगवाणी' जैसी निम्नकोटि की काव्य-पुस्तक लिखकर पंत प्रगतिवाद के ही नहीं, हिन्दी साहित्य के शीर्ष-स्थानीय कवि बन गए; किन्तु थोड़ा-थोड़ा करके अपने को पूर्णत: प्रगतिवाद में घुला-मिला देने से, अस्वीकार करने पर 'स्वर्ण-धूलि' और 'स्वर्ण-किरण' जैसी रचनाओं के लिए भी, जो 'युगवाणी' की तुलना में कहीं उच्च कोटि के काव्य हैं, उन्हें एक प्रगतिवादी अग्नि शर्मा का कोपभाजन बनना पड़ा! और अज्ञेय का सबसे बड़ा अपराध यह है कि उन्होंने नेहरू-अभिनन्दन-

ग्रंथ का सम्पादन किया है। एक सजग आलोचक इन तीनों साहित्यिकों में किसी की भी, साहित्य के मानदंडों के सहारे भी, प्रतिकूल पर युक्तिसंगत आलोचना बड़ी आसानी से कर सकता था, पर इसकी आवश्यकता प्रगतिवादियों ने तब तक नहीं समझी, जब तक ये लोग पूर्णतः या अंशतः उनके साथ थे।

जब प्रगतिवादी हाल-साल तक अपने समर्थकों और अनुयायियों के साथ ऐसा व्यवहार कर सकते हैं; तो उनसे यह आशा करना व्यर्थ ही है कि वे 'बॉलिंगन'-पुरस्कार के निर्णायकों की तरह साहित्य के क्षेत्र में केवल कलात्मक उपलब्धि की कसौटी पर ही रचनाओं की परख करेंगे। उदाहरणार्थ, जब प्रगतिवादी रामविलास शर्मा 'दिनकर' की आलोचना करते हैं तो इसका उन्हें पूरा अधिकार है, किन्तु इस सिलसिले में यह कहना बिलकुल बेमानी है कि दिनकर का 'कुरुक्षेत्र' निम्नकोटि का काव्य है; क्योंकि उसमें फासिस्ट मनोवृत्ति दिखाई पड़ती है। किसी की पुस्तक की कुछ पंक्तियों को तोड़-मरोड़कर, उनसे कुछ का कुछ अर्थ निकालकर, उनके लेखक को फासिस्ट या साम्यवादी कह देना साहित्यालोचन अवश्य ही नहीं है।

साम्यवादी अपने और कलाकार के सामान्य ध्येय अराजकता (एनार्की) के सर्वथा अनुरूप कलाकार द्वारा किये गए प्रयत्नों को समझ सकने की सामर्थ्य ही नहीं रखते। वे कला को अपनी परिचारिका बनाकर ध्येय तक पहुँचना चाहते हैं। वे यह नहीं समझते कि वास्तविक कला तो आज भी उसी ध्येय (एनार्की) की कल्पना कर ही अपना अस्तित्व बनाये हुए है—अराजकता के राजनीतिक आविर्भाव के लिए प्रतीक्षा नहीं कर रही है। कला वहाँ पहुँचती ही रहती है, जहाँ पहुँचने के लिए साम्यवाद अभी प्रयत्न ही कर रहा है। अतः हमारी समझ में मार्क्स में विश्वास करने का अर्थ है—चित्रकार पिकासो, मूर्तिकार एप्स्टाइन, औपन्यासिक जेम्स ज्वायस में सममेव विश्वास करना। सिजां (Cezanne) के बाद से चित्रकला में जो विकास हुआ है, वह एक साम्यवाद के विद्वान के लिए उतना ही आकर्षक होना चाहिए, जितना प्रूधों के बाद से साम्यवादी सिद्धान्तों का विकास हो सकता है। परन्तु बात कुछ और है : सोरेल, लेनिन और पिकासो (जब तक वह साम्यवादी दल में नहीं आया) और ज्वायस में जो तात्त्विक तारतम्य है, उसकी ओर से साम्यवादी आँख मूँद लेता है। वह यह नहीं समझता कि चिर-स्थापित बुर्जुआ आदर्शों का विनाश जितना महत्त्वपूर्ण आर्थिक क्षेत्र में है, उतना ही साहित्य, चित्रकला, मूर्तिकला में भी है। वह यह तो क्यों स्वीकार करने लगा कि कला इस दृष्टिकोण से ध्येय को पहुँच गई है; साम्यवाद लड़खड़ा रहा है—उसी को उद्योगशील होना चाहिए।

साम्यवादी विवेचकों में त्रात्स्की ने इस समस्या का विद्वत्तापूर्ण समाधान प्रस्तुत करने का प्रयत्न किया है। वह कलाकार की वैयक्तिकता को अंगीकार करता है और उसकी स्पष्ट परिभाषा करता है। वह 'लिट्रेचर एंड रिवोल्यूशन"[1] में लिखता

1. Trans. Rose Stounsky (London) Allen and Unwin, 1925, p. 50-60

है : 'सच तो यह है कि यदि वैयक्तिकता असामान्य गुण भी हो, तो भी इसका अर्थ यह नहीं कि उसका विश्लेषण किया ही नहीं जा सकता। जातीय, राष्ट्रीय, साम्प्रदायिक, श्रेणीगत संस्था-सम्बन्धी तत्त्वों का संश्लेषण ही वैयक्तिकता है और वस्तुतः, इस संश्लेषण की असामान्यता में, इस मनोरासायनिक मिश्रण (साइको केमिकल मिक्सचर) की ही आनुषंगिकता में वैयक्तिकता अभिव्यक्त होती है।...पाठकों में भी ऐसी असामान्यता वर्तमान रहती है, यद्यपि अनभिव्यक्त रूप में...और इस तरह हम देखते हैं कि जो कलाकार और पाठकों की आत्माओं के मध्य सेतु का काम करता है,वह तत्त्वतः सामान्य ही है, असामान्य नहीं।"[1]

इसी विषय पर गोर्की अपनी एक चिट्ठी में कहता है :

'वैयक्तिकता व्यक्तिगत आधिपत्य की भूमि से पैदा हुई है। युगों से मनुष्य सामूहिकता का सृजन करते चले आ रहे हैं और व्यक्ति सदैव, किसी न किसी कारण से समूह और चिरनवीन वास्तविकता से अपने को दूर कर लेता है। वह अपने ही रहस्यपूर्ण अव्याख्येय इष्टदेव की सृष्टि करता आ रहा है—और यह सब केवल व्यक्ति की स्वतंत्रता और शासन-योग्यता के अधिकार को उचित सिद्ध करने के लिए।'[2] यहाँ रहस्यवाद है भी आवश्यक; क्योंकि व्यक्ति का एकाधिपत्य, स्वेच्छा-शासन विवेक के द्वारा व्याख्येय नहीं है। वैयक्तिकता ने अपने आराध्य देवता में सर्वशक्तिमत्ता, अनन्त ज्ञान आदि गुणों को आरोपित किया—ऐसे गुणों को, जिन्हें मनुष्य स्वयं अपने में चाहता है, पर जिनका विकास सामूहिक श्रमजनित वास्तविकता के द्वारा ही सम्भव है। यह वास्तविकता सदैव मनुष्य की बुद्धि का अनुसरण करती है; क्योंकि उसका विधायक मानव-मस्तिष्क शनैः-शनैः अबाध रीति से पूर्णता को प्राप्त होता जा रहा है।

त्रात्स्की और गोर्की के परस्पर विरोधी तर्कों की दो प्रकार से व्याख्या की जा सकती है। प्रथमतः उनमें केवल विरोधाभास है—और उनका dialectical method के द्वारा समाधान हो सकता है; क्योंकि लेनिन के शब्दों में : dialectics in the study of how there can be and are identical opposites; परन्तु साम्यवादी तर्कों के इस ब्रह्मास्त्र के बिना भी काम चल सकता है। हमारे मत में एक आशय-विशेष में गोर्की और त्रात्स्की, दोनों ही ठीक हो सकते हैं। बुद्धि और वास्तविकता का, व्यष्टि और समष्टि का, अन्योन्य सम्बन्ध आगे-पीछे का नहीं, प्रत्युत क्रिया-प्रतिक्रिया का है। इसे मानने में कोई अड़चन मालूम नहीं होती। दूसरी तरफ गोर्की या त्रात्स्की चाहे identical opposites को स्वीकार करें, चाहे मानें कि समष्टि-व्यष्टि के पीछे, किसी भी अवस्था में, इन आदर्शवादों के नाम पर, आहूत बौद्धिक

1. Trans. Rose Stounsky (London) Allen and Unwin, 1925, p. 50-60
2. 'Reply to an Intellectual' in 'On Guard for the Soviet Union' Eng. Trans. (London), 1937, p. 90

स्वतंत्रता का बलिदान असह्य है। 'फासिज्म' का तो वर्ण-परिचय ही इस भावना पर कुठाराघात करता है। उस पर विचार करना तक निरर्थक है।

प्रगतिवाद की चौथी मान्यता में एक शब्द में कह चुका हूँ, घृणा है। प्रगतिवाद की यह कोई प्रासंगिक या आकस्मिक विशेषता-मात्र है, ऐसा मैं नहीं मानता। यह ठीक है कि हिन्दी के साम्यवादी साहित्यिक इसकी साभिमान घोषणा नहीं करते। सिद्धान्त रूप में 'घृणा' के महत्त्व को उन्होंने समझा हो या नहीं, व्यवहार में उनकी कृतियों में जिस भावना का स्वर सबसे अधिक उत्कट और कर्णभेदी है, वह घृणा ही है।

'प्रगतिवाद पर लिख रहा हूँ तो 'हंस' की अनेक पुरानी प्रतियाँ सामने पड़ी हुई हैं, जो पहली प्रति सामने आ जाती है, उसमें इस प्रकार के अनेक उदाहरण सुलभ हैं, जो घृणा की भावना से बीभत्स हो उठे हैं :

ये नीच प्रकृति
ये भ्रष्ट बुद्धि,
आजाद विचरने के दुश्मन
हट्टे-कट्टे डाँगर उठकर
आगे बढ़ने से डरते हैं
हम आजादी को मरते हैं।

अगर ये पंक्तियाँ किसी साम्यवादी की न होकर किसी राष्ट्रवादी कवि की भी होतीं तो मैं अवश्य ही उन्हें कविता नहीं मान लेता, सारी दिक्कत तो इस बात में है कि राष्ट्रवादी तुक्कड़ ऐसी चीज लिखकर और उसे सड़क पर या ट्रेन में जाकर कुछ पैसे बना लेता और फिर शायद यह भूल ही जाता कि उसने कभी कोई चीज लिखी थी, इतना भर साम्यवादी को भी अधिकार है। वह पद्यबद्ध पर्चे लिखे और बाँटता फिरे। लेकिन नहीं, वह तो इसे ही महान कविता समझता है, बहुमूल्य पुस्तक के रूप में या किसी प्रतिष्ठित पत्रिका में प्रकाशित करता है और इतने से भी सन्तुष्ट न होकर चाहता है कि लोग कहें कि वह महाकवि है। उसकी महत्त्वाकांक्षा भी कुछ दूर तक पूरी हो जाती है, जब सुखासन पर बैठकर साम्यवादी सिद्धान्तों का आस्फालन करनेवाले आलोचक उनका गम्भीरतापूर्वक अभिनन्दन करते हैं।

रूस का तो प्राय: समस्त आधुनिक साहित्य इस भावना से ओतप्रोत है। वहाँ सिद्धान्त रूप में इसे साहित्यिक सत्य मानने में भी कलाकारों को संकोच नहीं होता। शोलोखोव ने अपनी एक कहानी के शीर्षक के नीचे स्तालिन के एक 'ऑर्डर ऑफ दि डे' के इन वाक्यों को उद्धृत करने में गौरव का अनुभव किया है :

तुम अपने हृदय को घृणा से भर लो—
बिना घृणा के शत्रु परास्त नहीं किया जा सकता!

यदि मैं पहले ही आपको नहीं कह देता कि ये वाक्य स्तालिन के हैं, तो आप यह भी अनुमान कर सकते थे कि यह हिटलर या मुसोलिनी की उक्ति है और आपका अनुमान गलत भले ही होता, अयुक्तिसंगत तो उसे नहीं ही कहा जा सकता था। ऐसी स्थिति में एक साम्यवादी या फासिस्ट कलाकार में अन्तर ही क्या रह जाता है? मुसोलिनी का मित्र, प्रसिद्ध इटालियन फासिस्ट कवि दा अनांजियो इसी तरह कहा करता था : 'मुझे मशीनगन की ध्वनि में संगीत सुनाई पड़ता है और किसी शहर पर विमान से बम बरसाने में अलौकिक आनन्द का अनुभव होता है!'

प्रथम महायुद्ध के बाद 'इरिया रिमार्क' ने—उस समय की सबसे ज्यादा बिकने वाली और विश्वविख्यात पुस्तक 'ऑल क्वायट ऑन दि वेस्टर्न फ्रंट' में दिखाया था कि किस प्रकार मूलत: एक जर्मन या रूसी या अंग्रेज सैनिक में कुछ भी अन्तर नहीं—वह तो राजनीतिज्ञों के षड्यंत्र के फलस्वरूप मरता-मारता है। कहाँ मानवता की वह अमरवाणी, और घृणा का यह मंत्रोच्चारण!

प्रगतिवादी या साम्यवादी साहित्य के कूटबन्ध में हिन्दी के लेखक ही पड़े हों, ऐसी बात नहीं, बहुतेरे पाश्चात्य साहित्यिक भी इस मृग-मरीचिका के पीछे दौड़ते रहे हैं। इसी प्रकार, आज न केवल हिन्दी के अपितु पश्चिम के साहित्यिक भी अपनी भूल समझ रहे हैं। यह अवश्य बहुत अच्छा होता, यदि हिन्दी के साहित्यिक भी पाश्चात्यों की तरह स्पष्टता और निर्भीकता के साथ अपनी भूल स्वीकार करते। जिस तरह सद्य:प्रकाशित पुस्तक 'दि गॉड दैट फेल्ड'[1] में आर्थर कोयस्लर, इग्नाजियो साइलोन, रिचार्ड राइट, आन्द्रे ज़ीद, लूई फिशर और स्टीफेन स्पेंडर समझदारी और ईमानदारी के साथ अपनी भूल कबूल करते हैं, उसी तरह हिन्दी के साहित्यिकों को भी अपनी स्थिति स्पष्ट करनी चाहिए।

प्रगतिवाद और प्रगतिशील के अन्तर को अभी तक बहुत-से पाठक, आलोचक ठीक-ठीक नहीं समझ पाते। 'साहित्यिक उपलब्धि' की कसौटी पर खरा साबित होने वाला साहित्य मात्र प्रगतिशील माना जा सकता है, पर प्रगतिवादी साहित्य तो वही है, जिसे हिन्दी के साम्यवादी लेखकों का गिरोह इस नाम से पुकारने को तैयार हो। प्रगतिवाद का सिद्धान्त है प्रगतिशीलता, मूल्य, और इग्नाजियो साइलोन के शब्दों में : 'कुछ सिद्धान्तों को लेकर एक सम्प्रदाय खड़ा किया जा सकता है; किन्तु कुछ मूल्यों के सहारे एक संस्कृति, सभ्यता, हिल-मिलकर रहने के एक ढंग की नींव डाली जा सकती है।' जो लोग साम्यवादी न होने पर भी प्रगति शब्द से मोह रखते हैं, उन्हें 'प्रगतिशील' से ही सन्तोष करना चाहिए; क्योंकि, तात्त्विक आधार हो या नहीं, साम्यवादियों ने नियमित प्रयोग के द्वारा 'प्रगतिवाद' शब्द पर तो अपना अधिकार स्थापित कर ही लिया है!

---

1. Editer by R.H.S. Crossman (London), 1950

'वाक्' के तीन कवि : पराजित या आहत?

सच्चिदानन्द वात्स्यायन द्वारा सम्पादित अंग्रेजी-त्रैमासिक 'वाक्' के दूसरे अंक में तीन कवियों की कविताएँ प्रकाशित हैं। सामान्य शीर्षक है—सांग्स ऑव ए डिफीटेड जेनरेशन' : 'हारी हुई पीढ़ी के गीत'। कवि है 'अज्ञेय', विजयदेव नारायण साही तथा धर्मवीर भारती—क्रमविपर्ययन्यानुसार।

हारी हुई पीढ़ी का कवि कहलाने में अवश्य ही इन कवियों को आपत्ति नहीं होगी, अन्यथा सम्पादक 'अज्ञेय' के विषय में भले ही ऐसा कह भी लेता, अन्य दो कवियों को इस कवि के साथ अवश्य ही नहीं घसीटता। मैं झटपट कह दूँ कि पराजय के सम्बन्ध में मेरी कोई रूमानी धारणा नहीं है। कोई मानता है कि वह पराजित पीढ़ी या जाति का सदस्य है और ऐसा मानकर गीत गाता है, तो उसे इतने भर के लिए तो स्वतंत्रता होनी ही चाहिए। युद्ध होता है तो, दो में से एक पक्ष की पराजय होती ही है। कभी-कभी पराजित पक्ष पराजित होने पर भी यह मानने को तैयार नहीं होता कि वह पराजित हुआ है—खास कर जब तक विजयी इसके लिए विवश करने को खड़ा न हो। यह तो विशिष्ट मनस्विता का ही परिचायक है कि बिना किसी विवशता के कुछ कवि कहें कि वे पराजित पीढ़ी के गायक हैं—जयी पीढ़ी के गायक तो वे भी बनते-फिरते हैं जो कभी उस पक्ष में थे, जो पराजित हो गया हो, किन्तु जिसके ही जयी होने की पहले आशा थी।

इसलिए जिन लोगों को आपत्ति हो कि क्यों ये कवि पराजय कुबूल करते हैं, वे अपनी सहानुभूति का अपव्यय करते हैं; उन्हें भी अवश्य यह स्वतंत्रता है कि वे अपने को जीती हुई पीढ़ी का गायक उद्घोषित करें—यदि इसे वे सत्य मानते हों, या इससे यदि उन्हें सन्तोष मिलता हो। पराजय की यह घोषणा कुछ नई नहीं है। सान फ्रांसिस्को में 'आहत पीढ़ी'—'बेट जेनरेशन'—की बड़ी चर्चा इधर होती रही है और अमेरीकी पत्रिकाओं में इसकी प्रतिध्वनि सुनाई पड़ी है। उल्लिखित भारतीय कवि अपने को आहत कहकर ही शायद सन्तुष्ट न हो पाते, इसलिए उन्होंने अपने को चार कदम आगे बढ़कर पराजित घोषित कर दिया है। आहत होते हुए भी अपराजित रहा जा सकता है। हारने के पहले आहत होना अनिवार्य-सा है।

पराजित पीढ़ी से क्या तात्पर्य है, इस पर किसी ने कुछ कहा है तो मैं अपनी अनभिज्ञता स्वीकार करता हूँ। 'अज्ञेय' की दो कविताओं में से पहली की चार पंक्तियाँ हैं :

Better one dross-free grain of
intrinsic vision
From the furnace of experience
Than intricate forms, philosophies,
Systems of truth and beauty.
Lit with alien light.

दूसरी कविता की भी कुछेक पंक्तियाँ उद्धृत हैं :

Mine be the willing service.
To guide and escort you to the
Seashore.
Thereafter the waves, the star,
The golden boat, the rose-tinted
dawn,
O my chosen one.
Be yours for ever more.

इन पंक्तियों को कवि यदि अपने को पराजित कहता है, या अपनी पीढ़ी को, तो तीन बातें ही कल्पनीय हैं : या तो वह छद्म छायावादी है—छायावादी, जिसे व्यथा-वेदना-पीड़ा प्रिय हुआ करती थी—या उसमें वैष्णवी विनम्रता है, या फिर वह आत्मपीड़न-रतिक है! 'Rose-tinted dawn' जैसी पंक्तियाँ अज्ञेय की कविताओं में और भी दो-चार आ जाएँ तो शायद उन्हें प्रगतिवादी भी क्षम्य मान लें!

विजयदेव नारायण साही की कविता का शीर्षक 'The Seller of Dreams' है, किन्तु स्वप्नों के इस व्यापारी के स्वर में भी पराजय नहीं है। हाँ, धर्मवीर भारती की कविता की ये अन्तिम पंक्तियाँ अवश्य ही पराजय का अभिधेयार्थ प्रस्तुत करती हैं :

We all have fed the soul
upon folse words
Our foreheads bear the boand
of shame
The hilts we clutch are all
or broken swords,
We, invincible soldier
all...

किन्तु आहत युग की व्यंजना के अनेकविध स्पष्टीकरण हुए हैं। इनमें से अधिकांश कवि की सामाजिक स्थिति से सम्बद्ध हैं। कवि की समाज में जो स्थिति है—उपेक्षा तथा विवशता की—उसका वह आदर करता है, और अपनी असुविधापूर्ण

स्थिति से वह पाखंड और अन्यास का पर्दाफाश कर सकने की उम्मीद रखता है। कोई कवि सफल हो जाता है या कभी-कभी प्रौढ़ता प्राप्त कर लेता है, तो वह अपनी सामाजिक स्थिति से उठकर ऐसे स्तर पर पहुँच जाता है, जहाँ वह आदरणीय, निःशेष हो जाता है—कम-से-कम यही 'आहत' समाधान है।

किन्तु जैसाकि रोजाली मूर ने अपनी टिप्पणी में बताया है, 'आहत' का एक अधिक तात्त्विक अर्थ है, जिसका सम्बन्ध उस 'जाज' संगीत से है, जिससे आहत कवि बहुधा घनिष्ठता रखता है। आहत का अर्थ है : लय। आहत कवि मानता है कि वह अपने समय की लय से असमंजस है, या उस तात्त्विक वास्तविकता से जो विधि-विधान, आडम्बर, शोषण के नीचे स्पन्दित रहती है।

आहत कविता में कवि की उत्तेजना भरी रहती है, जो बहुधा कविता के लिए घातक सिद्ध होता है। ऐसी कविता में अक्सर झूठी इदानींतनता रहती है। इस इदानींतनता की अभिव्यक्ति ऊँचे स्वर से होती है, जो कविता के लिए अपकर्षकारक होता है। रोजाली मूर ने अपने इस विश्लेषण के प्रसंग में ऐलेन जिम्सवर्ग के 'फेत्कार'—'Howl' का जो उदाहरण दिया है, वह नाम से ही ठीक मालूम पड़ता है। यदि कवि अपनी उत्तेजना प्रदर्शित करने के बदले पाठक को उत्तेजित करता है, तो कविता को कम क्षति पहुँचती है, यद्यपि आहत होने पर कविता में पाठक को अपने में निमग्न कर लेने की अधिक शक्ति नहीं रहती।

रोजाली मूर ने एक अन्य कवि की कृति Refusal for Heaven में चित्रित Crucifix का भी उल्लेख किया है, और अनजाने में यह भी संकेतित कर दिया है कि 'आहत' की एक सूक्ष्म और आध्यात्मिक प्रतीकात्मकता है : आहत कवि क्रुस पर चढ़ा मसीहा है।

लेकिन क्या 'अज्ञेय' पराजित पीढ़ी कहकर 'आहत पीढ़ी' नहीं कहना चाहते थे? क्या आहत को उच्छिष्ट समझकर उन्होंने उसे पराजित बना डाला है? 'वाक्' के पराजित कवि आहत के नाम से अभिहित हुए होते तो यह नहीं कहा जा सकता था कि इस नाम का आधार ही नहीं है, या कि यह सिक्का चालू नहीं हो चुका है।

कुरुक्षेत्र

'कुरुक्षेत्र' की प्रेरणा के बारे में पाठक को कल्पनाशील होना आवश्यक नहीं। कवि ने अपने 'निवेदन' में इस विषय पर पर्याप्त प्रकाश डाला है। 'निवेदन' नेतिमूलक विश्लेषण से प्रारम्भ होता है : ' 'कुरुक्षेत्र' की रचना भगवान व्यास के अनुकरण पर नहीं हुई और न महाभारत को दुहराना ही मेरा उद्‌देश्य था। मुझे जो कुछ कहना था, वह युधिष्ठिर और भीष्म का प्रसंग उठाये बिना भी कहा जा सकता था, किन्तु तब यह रचना, शायद प्रबन्ध के रूप में नहीं उतरकर मुक्तक बनकर रह गई होती। तो भी, यह सच है कि इसे प्रबन्ध के रूप में लाने की मेरी कोई निश्चित योजना नहीं थी।'

दिनकर ने 'कुरुक्षेत्र' के बारे में इन पंक्तियों में जो कुछ कहा है, उससे दो बातें स्पष्ट हैं : वे 'हिन्दी महाभारत'-जैसी कोई चीज लिखने नहीं चले हैं, इसके विपरीत और यह दूसरी बात है, उनका उद्‌देश्य है 'कुछ कहना'—स्पष्टतः युद्ध और शान्ति-सम्बन्धी अपने विचार व्यक्त करना—जिसके लिए महाभारत के शान्ति और अनुशासनपर्व में उन्हें बना-बनाया, सुपरिचित आधार प्राप्त हो गया। दिनकर को अशोक की कलिंग-विजय में भी इस विषय के लिए उपयुक्त प्रसंग मिला था और उन्होंने वस्तुतः उसका उपयोग भी कुरुक्षेत्र की रचना के पूर्व किया था, जैसा 'निवेदन' में आगे उल्लेख है। हिंसा और अहिंसा, युद्ध और शान्ति की समस्याओं और समाधानों, वास्तविकताओं और आदर्शों के बीच दोलाचल चित्तवृत्तिवाले युग में रचित दिनकर के दोनों ही काव्य वर्तमान को अपने से दूर से दूरतर तक हटाकर देखने-समझने के प्रयत्न हैं : 'कलिंग-विजय' में यदि ऐतिहासिक आधार है तो 'कुरुक्षेत्र' में प्रागैतिहासिक-पौराणिक। यदि कुछ ऐसे बारीक कामवाले चित्र होते हैं जिन्हें आँखों के ज्यादा से ज्यादा पास लाकर देखना पड़ता है, तो ऐसे भी होते हैं जिन्हें समीप से देखकर नहीं देखा जा सकता, उनके लिए दूर हटने पर ही दृष्टिकोण प्राप्त हो सकता है। युद्ध और शान्ति की समस्या और समाधान इस दूसरे प्रकार का ही चित्र उपस्थित करते हैं। प्रश्न यह नहीं, हालाँकि स्वयं दिनकर उद्धृत पंक्तियों में कहते यही हैं, कि महाभारत का आधार नहीं लिया गया होता तो काव्य का स्वरूप कुछ दूसरे प्रकार का होता—यानी, प्रबन्ध न होकर वह

मुक्तक बनकर रह जाता। यदि रचना मुक्तक बनकर रह गई होती तो भी वह कोई दुर्घटना अवश्य नहीं होती। दूसरी ओर प्रबन्ध के स्वरूप की कोई निश्चित योजना भी कवि के सामने नहीं, यह उसका अपना कहना है। दिनकर 'कुरुक्षेत्र' की प्रेरणा के बारे में उद्धृत पंक्तियों में अथवा उनके बाद भी जो नहीं बता पाए, वह यह कि वर्तमान जगत की एक अत्यन्त जटिल समस्या पर विचार करने के लिए उन्हें जिस परिदृश्य या दृष्टिकोण की आवश्यकता थी, वह उन्हें अन्यथा अप्राप्त रह जाता। एकमात्र दूसरा उपाय वह भी था जिसका अवलम्ब 'उन्मुक्त' में सियारामशरण गुप्त ने लिया है और वह है रूपक का अवलम्ब, जो तनिक नवीन होने पर भी अत्यन्त स्पष्ट रूप से प्रतीकात्मक है, जो प्रतीकात्मकता का बहुत बड़ा दोष है, और फिर, दो पाश्चात्य भाषाओं के आधुनिक नाटककारों-उपन्यासकारों द्वारा कुछ इतना सस्ता साहित्यिक विधान बना दिया गया है कि उससे तो कहीं अच्छा है कि वर्तमान समस्याओं पर यदि कवि को कुछ कहना ही है तो, वह इतिहास-पुराण से ही उसका उपवृंहण करे।

'कुरुक्षेत्र' के आधार की प्रागैतिहासिकता, इस प्रकार असंगत या असामयिक होने के बदले सार्थक हो सकती है (वह सार्थक है या नहीं, इस पर विचार करना पड़ेगा, आगे किया भी गया है), किन्तु यहाँ प्रसंगवश; यह भी निर्देश करना अनावश्यक नहीं कि प्राचीन कथा नवीन काव्य में दुहराई जा सकती है और फिर भी उत्कृष्ट काव्य का निर्माण सम्भव है, जिस तथ्य को, जैसे, दिनकर 'निवेदन' की उद्धृत प्रथम दो-तीन पंक्तियों में अस्वीकार-सा करते दिखते हैं। संगमरमर के अनगढ़ ढोंके में, पत्थर के अवगुंठन में छिपी आकृति को मूर्तिकार कभी भी आविष्कृत कर सकता है। यह काव्य पौराणिक कथा के आधार पर 'अभिज्ञानशाकुन्तल' की रचना करनेवाले कालिदास ने, भागवत के रूपान्तरकार सूरदास ने कर दिखाया है। यही काम नवीनचन्द्र ने बंगला में लिखे अपने काव्य 'कुरुक्षेत्र' में पर्याप्त सफलता के साथ किया है। दिनकर ने यह नहीं किया है और अवश्य उन्होंने जो नहीं किया है, उस पर यहाँ बहस नहीं हो सकती। किन्तु उन्होंने जो किया है, उसमें, जहाँ भी लाभ है, जिसका शुरू में ही उल्लेख किया जा चुका है, वहीं एक खतरा भी रहता है, जिसकी ओर भी जब सैद्धान्तिक स्तर पर विवेचन हो रहा है, हमें ध्यान देना पड़ेगा। यदि वर्तमान के लिए अतीत को इसलिए घसीटा जाता है कि दूसरा पहले को उदाहृत, समर्थित करे, तो ऐसा प्रयास तो पहले के साथ नहीं, दूसरे के साथ ही न्याय कर पाता है।

नवीन काव्य में प्राचीन कथा के उपयोग के हानि-लाभ पर सैद्धान्तिक दृष्टि से, कुछ विस्तार के साथ, यह सब लिखना इसलिए आवश्यक था कि 'कुरुक्षेत्र' के विद्वान आलोचकों ने—वे नगेन्द्र, देवराज, नन्ददुलारे वाजपेयी और उमानाथ-जैसे अनुकूल आलोचक हों या रामविलास शर्मा और नागार्जुन-जैसे प्रतिकूल

आलोचक—निरपवाद रूप से उस समस्या पर अधिक विचार किया है जिस समस्या को लेकर इस काव्य की रचना हुई है। स्वयं उस समस्या पर, 'कुरुक्षेत्र' के विवेचन के प्रसंग में, कुछ भी कहना मैं निष्प्रयोजन और असंगत मानता हूँ।

मैं इस सम्बन्ध में परीक्षण इस बात का करना आवश्यक मानता हूँ कि दिनकर ने जिस किसी समस्या पर भी जो कुछ कहना चाहा है वह, वर्तमान को अतीत पर प्रलम्बित करनेवाली प्रणाली के द्वारा, क्या काव्य बन सका है? हिंसा-अहिंसा और युद्ध-शान्ति पर इस देश में और बाहर, बहुत पहले भी और आज भी महान चिन्तकों ने अपने विचार प्रकट किये हैं। क्या दिनकर ने समस्या के दोनों पक्षों को पद्य-बद्ध मात्र कर दिया है और अपनी सम्मति दे डाली है? क्या रचना भर करने के लिए ही, काव्य के बहिरंग के निर्वाह के उद्देश्य से, महाभारत का प्रसंग-विशेष चुनना पड़ा है? यदि इन प्रश्नों के उत्तर में हमें 'हाँ' कहना पड़ता है तो इसका तात्पर्य है, हम 'कुरुक्षेत्र' को काव्य के रूप में बर्खास्त कर देते हैं। इसके विपरीत यदि कवि को जो कुछ कहना है, अर्थात् काव्य का विचार-तत्त्व, रसत्व के स्तर पर आरूढ़ हो सका है तो 'कुरुक्षेत्र' काव्य की संज्ञा का अवश्य ही अधिकारी है।

दिनकर को एक जलती हुई समस्या पर 'कुछ कहना' है, यह उनकी स्वीकारोक्ति है। वे चाहेंगे, उनके कहने की मीमांसा हो। मनुष्य के अस्तित्व से सम्बन्ध रखनेवाले इस प्रश्न पर कोई भी सोचनेवाला व्यक्ति विचार-विनिमय करना चाहेगा, किन्तु यह भी निश्चित है कि यह काव्यालोचन का विषय नहीं हो सकता। काव्यालोचन के अन्तर्गत यह अवश्य आता है कि कवि के विचार किस प्रकार, कितनी दूर तक काव्य में रूपान्तरित हो पाए हैं। हम सीधे इस पर विचार कर लें।

विचार की प्रक्रिया का बड़ा पुराना और अनिवार्य-सा रूप है पूर्व-पक्ष और उत्तर-पक्ष का युगपत् निरूपण। मनोवैज्ञानिक दृष्टि से, व्यक्ति की विचार-प्रक्रिया के रूप को आभ्यन्तर स्वालाप कहा जाता है और ठीक ही कहा जाता है। हम बिना बोले भी सोचते हैं और हमारे दो व्यक्ति एक दूसरे के साथ आभ्यन्तर स्वालाप करते रहते हैं। अधुनातन नाटक में इस आभ्यन्तर स्वालाप को रंगमंच पर दृश्य और श्रव्य बनाने के लिए स्वगत-भाषण का प्रत्यागमन ही नहीं हुआ है, इसे पहले से भी अधिक महत्त्व दिया जा रहा है। मनोवैज्ञानिक उपन्यासों की 'चेतना का प्रवाह' वाली पद्धति (Stream of Consciousness) इसी आभ्यन्तर स्वालाप को प्रस्तुत करती है। 'कुरुक्षेत्र' के भीष्म और युधिष्ठिर दिनकर के आभ्यंतर स्वालाप के दोनों पक्षों के प्रतीक ही तो हैं।

महाभारत के लक्षाधिक श्लोकों के बहुलांश में वर्णित और शताब्दियों से भारतीय पाठकों के लिए सुपरिचित इन सजीव मनुष्यों से भी अधिक, वास्तविक

पात्रों को प्रतीकों के रूप में देना एक असम्भव कार्य है। भीष्म और युधिष्ठिर कवि के लिए उन कठपुतलियों का काम नहीं दे सकते जिनके सहारे छद्मालापक, विश्वासोत्पादक वातावरण तैयार कर लेता है। इसीलिए 'काव्यस्यैकदेशानुसारि' खंडकाव्य में वृत्त ख्यात होने के बदले कल्पित ही होता है। इस प्रकार के काव्य में रस को छोड़कर वस्तु या पात्रों के विकास के लिए, महाकाव्य की तरह, अवसर ही कहाँ रहता है!

कल्पित वृत्त का लाभ यह है कि कवि पात्रों या घटनाओं का जितना भी संकेत कर देता है, वह पर्याप्त होता है। खंड काव्यों की मुकुट-मणि 'मेघदूत' में मेघ का कालिदास द्वारा दिया गया परिचय कितना स्वल्प है और फिर भी विश्वास्य। सच तो यह है कि कालिदास ने मेघ का परिचय देते हुए उसके विचित्र आचरण की सफाई में 'धूमज्योतिः सलिलमरुतां सन्निपातः क्व मेघः' वाला श्लोक लिखकर अपने निर्दोष काव्य को लांछन-मुक्त बना डाला है। किसी भी टीकाकार या आलोचक ने इस श्लोक को प्रक्षिप्त नहीं ठहराया है किन्तु कितना सुन्दर होता यदि प्रमाणित हो सकता कि वह कालिदास का लिखा नहीं है! कामार्त जन चेतना-चेतनों का भेद समझने में प्रकृति-कृपण होते हैं—जिस पाठक को यह समझाना पड़ेगा, वह क्या 'मेघदूत' समझने की क्षमता रख सकता है?

इसके विपरीत 'कुरुक्षेत्र' ख्यातिवृत्त काव्य है। इसके पात्र पाठकों के लिए पूर्व-परिचित हैं किन्तु कवि को उनका पुनः परिचय कराना पड़ता है, क्योंकि यहाँ वे महाभारत-जैसे विशाल काव्य के प्रधान पात्र नहीं हैं, अपितु दिनकर के लिए ध्वनि-विस्तारक यंत्र के स्थानापन्न हैं।

दिनकर ने इन पात्रों का जो पुनः परिचय दिया है, वह दो कारणों से उनके विचारों के अनुरूप नहीं है, अतः विश्वास्य भी नहीं हो पाते। यदि भीष्म या युधिष्ठिर का परिचय ऐसा है जो कवि के विचारों का भार-हारी हो सके तो उनके अविस्मरणीय पौराणिक रूप से उसका विरोध होने लगता है; दूसरी ओर, यदि उनका परम्परागत रूप ही हमारे सामने रखा जाता है तो उनके मुख में कुछ गांधीवादी, कुछ समाजवादी आदर्श और विचार ऐसे लगते हैं, जैसे सिनेमा के 'प्ले-बैक'—और वह भी जब दृश्य अभिनेता के होंठ दूसरी तरह चलते हैं और श्रव्य-ध्वनि कुछ और ही तरह की होती है। कहने का तात्पर्य यह है कि 'कुरुक्षेत्र' में अभिव्यक्त भावना उपयुक्त 'संपृक्त आधार' के अभाव में कविता नहीं बन पाती।

'संपृक्त आधार' की कसौटी के लिए ये पंक्तियाँ ले लीजिए, जिनमें प्रगतिवादी शब्दावली में कहा जा सकता है, भीष्म के द्वारा प्रस्तुत अधिनायकवादी विचारधारा का आधार निर्मित किया गया है :

शरों की नोक पर लेटे हुए गजराज-जैसे
थके, टूटे गरुड़-से, स्रस्त पन्नगराज-जैसे

उपमाएँ अपने-आपमें अत्यन्त ओजपूर्ण हैं, इसमें दो मत नहीं हो सकते, किन्तु गजराज या गरुड़ या पन्नगराज के चित्र हमें अवश्य ही उस वाग्मितापूर्ण 'अनुशासन' के लिए तैयार नहीं कर पाते हैं, जो आगे भीष्म के मुँह से फूट पड़ता है।

'कुरुक्षेत्र'-जैसी बनावटवाले काव्य का यह अन्तर्निहित, अपरिहार्य दोष है। इसीलिए आज इस प्रकार के काव्य लिखे ही नहीं जाते। लिखे ही जाएँ तो 'कुरुक्षेत्र' से उत्कृष्ट नहीं होंगे।

लोकगीत : स्वरूप और आधार

लोकगीत को एक ओर तो आदिम गीतों से और दूसरी ओर लोकप्रिय जनगीतों से पृथक् करके समझ लेने की मूलभूत आवश्यकता है। आदिम गीत और जनगीत (औद्योगिक केन्द्रों में श्रमिकों के लिए बनाये गए) की तरह ही लोकगीत भी शारीरिक श्रम करने वाले से ही सम्बन्ध रखता है, किन्तु लोकगीत दोनों में ही तत्त्वत: भिन्न है।

मजदूरों के लिए साम्यवादी जन-लेखकों द्वारा जो गीत बनाया जाता है, वह ऊपर से नीचे की ओर आनेवाला (बौद्धिक) प्रयास है। वह कितना भी लोकप्रिय क्यों न साबित हो, लोकगीत और वह जैसे भी रचित होता हो—हम वस्तुत: इसी पर विचार करने जा रहे हैं—किन्तु अवश्य ही इस तरह नहीं होता। आदिम गीत से लोकगीत की स्पष्ट भिन्नता यह है कि पहला ऐसे समाज का द्योतक है, जिसके एकाधिक स्तर नहीं हैं, जबकि दूसरा ऐसे समाज में सम्भव है, जिसके अनेक स्तर हों। आदिम गीत समूचे समूह का होता है, जिसके समानान्तर एक परिष्कृत समूह भी होता है और उसका अपना कला-गीत होता है। लोकगीत में आदिम गीत के जादू-टोने, टोटका-टोटरम के तत्त्व अवशिष्ट रहते हैं, किन्तु उपर्युक्त अन्तर भी रहता है।

जैसाकि लुई हैरप ने कहा है, लोकगीत का स्वरूप यह है कि वह सामान्य जनता के लिए उसी के द्वारा रचित होता है; जबकि परिष्कृत गीत एक सीमित वर्ग के लिए प्रशिक्षित व्यक्ति द्वारा प्रस्तुत किया जाता है। लोकगीत की यह भी विशेषता है कि उससे व्यावहारिक आवश्यकताओं की पूर्ति होती है, जैसे काम के बोझ को हलका करना, अत्याचार का विरोध, सामान्य जनता का मनोरंजन, आदि।

यूरोप में, उन्नीसवीं शताब्दी में लोकगीत का सावधान अध्ययन शुरू हुआ था। इस अध्ययन को रोमांसवादी आन्दोलन से प्रेरणा मिली थी, जिसमें ह्रासोन्मुख सामन्तवाद की अत्यधिक रूपवादिता और श्रेष्यता के विरुद्ध प्रतिक्रिया भी थी और साथ-ही-साथ तीव्र राष्ट्रवादिता भी। रोमांसवादी के लिए लोक-तत्त्व वास्तविकता से अधिक रहस्यपूर्ण और आदर्शीकृत भाव था। यही कारण है कि रोमांसवादी लोकसाहित्य-विशारदों ने लोकगीत-विषयक सामूहिकता का सिद्धान्त प्रतिपादित

किया था; अर्थात् उनकी धारणा थी कि लोकगीत एक अव्याख्येय और रहस्यपूर्ण रीति से स्वत:रचित हो जाता है। जर्मन रोमांसवादी हर्डर का कहना था कि लोककाव्य स्वयं ही अपनी रचना कर लेता है, किन्तु हर्डर और उसके अनुयायियों का आशय क्या है, यह स्पष्ट नहीं होता।

किटरेज ने 'इंग्लिश एंड स्काटिश पाप्युलर बैलेड्स' नामक पुस्तक की भूमिका में नागरिक सभ्यता से दूर निवास करनेवाले एक जनसमुदाय के अध्ययन के आधार पर 'सामुदायिक रचना' की प्रक्रिया का एवंविध वर्णन किया है : 'समूह के भिन्न-भिन्न सदस्य, एक दूसरे के बाद, अपनी-अपनी पंक्तियाँ गाते हैं, जिन्हें वे तत्क्षण गढ़ लेते हैं। इन्हीं पंक्तियों के योग से गीत तैयार हो जाता है। इस प्रकार कुल मिलाकर गीत तो सामुदायिक रचना हुई, यद्यपि उसकी प्रत्येक पंक्ति किसी एक व्यक्ति की रचना हो सकती है। ऐसे गीत पर किसी एक व्यक्ति का अधिकार नहीं हो सकता और इसका रचयिता एक व्यक्ति नहीं होता। लोक ही इसका रचयिता होता है।' इसी लेखक ने यह भी बताया है कि नाचता-गाता हुआ यह समुदाय, एक इकाई के रूप में, मानसिक और रागात्मक उत्तेजना का अनुभव करता है, जो काव्य-सर्जना के लिए सर्वथा अनुकूल ही नहीं है, बल्कि जिससे निश्चयपूर्वक काव्य-सर्जना होती है ;' किन्तु, जैसाकि हैरप का कहना है : 'अधिकतर लोकगीतों के लिए सत्य यह है कि गीत-सर्जना में जनता सक्रिय श्रोता-समूह के रूप में भाग लेती है जिसका प्रतिनिधित्व एक गायक करता है। लोकगीत के ऐसे गायक का व्यक्तित्व शास्त्रीय संगीत के गायक की तरह पृथक् और विशिष्ट नहीं होता, समुदाय का कोई दूसरा सदस्य उसका स्थान ग्रहण कर ले सकता है। परिष्कृत श्रोता-समूह में गायन का महत्त्व होता है, लोक-समूह में गीत ही केन्द्र होता है, गायन जैसा भी हो। लोकगीत के गायक और उसके श्रोता-समूह का अन्तर स्वर और मस्तिष्क का अन्तर मात्र है।'

लोकगीत, लोक-कंठ में निवास करता है। लोकगीत के लिए, कलागीत की तरह, गीतकार के द्वारा रचित रूप में बने रहना जरूरी नहीं होता। लोकगीत लोक-सम्प्रेषित होता है। और सम्प्रेषण के काल में लोक-रुचि के अनुसार परिवर्तित भी होता है। यही कारण है कि प्रत्येक लोकगीत के एकाधिक पाठ और धुनें होती हैं। इनमें से कोई एक-दूसरे से अधिक प्रामाणिक नहीं माना जा सकता, क्योंकि सभी की अपनी प्रामाणिकता होती है। 'म्यूजिक इन अमेरिका' नामक पुस्तक में फिलिप्स बैरी ने ठीक ही कहा है कि 'लोकगीत सजीव गीत होता है और उसमें विकास और परिवर्तन की समस्त स्थितियाँ और अभिव्यक्तियाँ पाई जाती हैं।'

सामुदायिक सर्जना के जिस सिद्धान्त का संक्षिप्त विवेचन ऊपर की पंक्तियों में किया गया है, उसका खंडन भी कुछ विद्वानों के द्वारा हुआ है। उदाहरणार्थ, अमेरिका की लूइजे पाउंड नामक शोधकर्त्री का कहना है कि अशिक्षित जनता उत्तम लोकगीत

की रचना नहीं कर सकती; उत्तम लोकगीत परिष्कृत समुदाय में ही आविर्भूत होते हैं। उनके अनुसार, यह ठीक है कि अशिक्षित जनता सम्प्रेषण के समय गीत में परिवर्तन करती है, और यह भी असत्य नहीं कि जनता स्वयं भी लोकगीत का निर्माण कर लेती है; किन्तु ध्यान इस बात पर देना आवश्यक है कि अपरिष्कृत रचना-प्रयास का परिणाम सदैव निकृष्ट होता है। श्रीमती पाउंड के अनुसार : 'मौखिक संरक्षण और सम्प्रेषण के फलस्वरूप ह्रास ही होता है, विकास नहीं।'

किन्तु अधिकतर विद्वान इस सिद्धान्त से असहमत हैं। उदाहरण के लिए, फिलिप्स बैरी का कहना है कि 'वास्तविक लोक-संगीत उन गायकों की विवेचनात्मक क्षमता और सुरुचि का परिचायक होता है, जो उसका सम्प्रेषण करते हैं।' इसके अतिरिक्त जी.एच. जेरोल्ड में 'द बैलड आव ट्रेडिशन' नामक पुस्तक में सप्रमाण सिद्ध किया है कि पाउंड का ह्रास-सिद्धान्त, अपवादों को छोड़कर निराधार है। जेरोल्ड ने ऐसी अनेक लोकगाथाओं के विवरण दिये हैं, जिनके परवर्ती रूप, पूर्ववर्ती की तुलना में निकृष्ट नहीं है। 'आर्ट इन नेग्रो फोकसांग' में रसेल एक्स ने भी यह प्रमाणित किया है कि 'अमेरिकी हब्शियों के लोकगीत अंग्रेजी के आधारभूत प्राचीनतर गाथा-रूपों से कम उत्कृष्ट नहीं है।' अमेरिकी हब्शियों के अनेक लोकगीतों से यह भी प्रमाणित होता है कि अशिक्षित की सर्जना सुसंस्कृत कलाकार की कृति के स्तर तक पहुँच सकती है।

इसका यह अर्थ नहीं कि लोकगीत का प्रकारतः ह्रास होता है ही नहीं। जब और जहाँ ह्रास होता है, तो हैरप के अनुसार, इसका कारण यह नहीं है कि सामान्य जनों में सर्जनात्मक क्षमता का अभाव रहता है; बल्कि ऐसा इसलिए होता है कि देश-विशेष में सामाजिक परिस्थितियों के परिणामस्वरूप जन-संस्कृति विकृत हो जाती है। 'ए रीसेंट थ्योरी ऑव बैलड-मेकिंग' में जेरोल्ड गाउल्ड का यह कहना बहुत दूर तक युक्तियुक्त है कि 'कुछ गौरवपूर्ण शताब्दियों तक तो ग्रामीण स्त्री-पुरुष, ऐसा प्रतीत होता है, ऐसी परिस्थितियों के बीच रहे कि जिन परम्परागत धुनों में वे गाथाएँ गाते थे, उन्हें अच्छे रूप में सुरक्षित ही नहीं रखा, बल्कि उन्हें उत्कृष्टतर बनाने में भी सफलता पाई।'

फिर भी यह आवश्यक है कि लोकगीतों की कलात्मकता में जो परिवर्तन होते हैं, उनके कारणों पर सावधानी से विचार किया जाए। अभी तक बहुत बड़े पैमाने पर संग्रह-कार्य हुआ है और पाठ के स्रोतों के सम्बन्ध में अनुसंधान भी हुए हैं, तथा विशेषकर भारत में, उथला मूल्यांकन भी हुआ है; किन्तु उत्कर्षापकर्ष के कारणों की ठीक तरह छानबीन नहीं हुई है। उदाहरण के लिए, सेसिल शार्प नामक विद्वान ने वर्षों के अक्लान्त परिश्रम से इंग्लैंड के लोकगीतों का बृहत संकलन तो तैयार किया है, किन्तु उनके अध्ययन के आधार पर जब यह कहता है कि इंग्लैंड के लोकगीतों में परिस्थितियों के कारण परिवर्तन नहीं हुए हैं, अपितु मनोवृत्ति में

तात्त्विक परिवर्तन के कारण हुए हैं, तो इस निष्कर्ष से सहमत होना कठिन सिद्ध होता है, क्योंकि मनोवृत्ति का परिवर्तन बहुत दूर तक परिस्थितियों के परिवर्तन का ही परिणाम होता है। यह ऐसा तथ्य है जिसकी उपेक्षा नहीं की जा सकती। इस सम्बन्ध में एक अन्य अंग्रेज विद्वान ए.एल. ल्वायड ने 'द सिंगिंग इंग्लिशमैन' में महत्त्वपूर्ण मन्तव्य प्रस्तुत किये हैं, यद्यपि लेखक के साम्यवादी दृष्टिकोण के कारण वे पूर्वग्रह-रहित नहीं हैं।

लोक-जीवन तथा भौतिक परिस्थितियों के अन्तःसम्बन्ध का विश्लेषण करते हुए ल्वायड यह प्रदर्शित करता है कि कृषकों के कठिन जीवन की क्षति-पूर्ति 18वीं शताब्दी के इंग्लैंड के लोकगीत में देखी जा सकती है, जिसका विषय न केवल प्रेम ही है, बल्कि चौदहवीं शताब्दी का कृषक-विद्रोह भी है और जिसमें पादरियों के उच्छृंखल यौनाचार का भी मखौल किया गया है। 18वीं शताब्दी में, औद्योगिक क्रान्ति के पूर्व, इंग्लैंड का लोकजीवन अपेक्षया स्थिर था, अतः उस युग के लोकगीत में भावुकता का प्रवेश होता है, जिसे कृषक-जीवन-सम्बन्धी कवित्वपूर्ण श्रेण्य धारणा से भी प्रोत्साहन मिलता है। फिर इस युग के लोकगीत में कृषक-किशोर तथा धनी पिता की लड़की के प्रणय और कृषक-किशोर के निर्वासन आदि की सुपरिचित कथा भी पाई जाती है।

किन्तु इस शताब्दी के मध्य के बाद लोकगीत-धारा में एक ऐसा परिवर्तन परिलक्षित होता है, जो औद्योगिक क्रान्ति के—प्रायः सभी—साथ चलता है। कृषक शहरों की ओर दौड़ते हैं और बड़े पैमाने पर बड़ी पूँजी के साथ कृषि की व्यवस्था शुरू होती है। फलतः ग्राम्य जीवन की अनिश्चयात्मकता और असुरक्षा की अभिव्यक्ति लोकगीत में होने लगती है, अवैध यौनाचार और सन्तानोत्पत्ति विषय बनते हैं, भोजनार्थ चोरी से जंगलों में पशुओं का आखेट होता है और ऐसे आखेट-सम्बन्धी गीत बनते हैं, और पहले-पहल निर्घृण अपराधों पर भी लोकगीत गाये जाने लगते हैं। फिर 19वीं शताब्दी के अन्तिम दिनों में औद्योगिकीकरण ने सामान्य जन को उसके धरातल से पूर्णतः उत्पाटित करने में सफलता पाई, और मनोरंजन के नागरिक साधन सुलभ हुए, शिक्षा और समाचारपत्रों का प्रसार-प्रचार हुआ और ग्रामोफोन, रेडियो और चित्रपट आए। परिणामतः लोकगीत का तीव्र विकास से ह्रास हुआ।

कपड़े की मिल जंतसार को समाप्त कर दें, ट्रैक्टर धान के खेत में गाए जानेवाले गीतों को, ट्रक बैलगाड़ी वालों के गीतों को तथा अग्निवोट और जहाज मछुओं के गीतों को, तो आश्चर्य भी क्या! इस तरह व्यवसायों से सम्बद्ध लोकगीतों का परिस्थितिजन्य ह्रास सहज ही देखा जा सकता है। इसी प्रकार चित्रपट, ग्रामोफोन, रेडियो आदि के रूप में सुन्दर गाँवों में भी, एकरूप व्यावसायिक मनोरंजन-साधन सुलभ होते हैं, तो विशुद्ध रूप से मनोरंजनार्थ गाए जानेवाले लोकगीत के भी बुरे दिन आए ही समझिए। रजिस्ट्रार के कार्यालय और मधु-यात्रा में कोहबर के गीत

तथा मैटर्निटी वार्ड और शहर के दो कमरों वाले फ्लैट में सोहर थोड़े ही गाये जा सकते हैं।

लोकगीत सामान्य जनों के उपयोग का कला-माध्यम है। उन्हीं के जीवन से इसकी विषयवस्तु प्राप्त होती है। वे इसमें सक्रिय भाग लेते हैं, श्रोता-मात्र नहीं बने रहते, और इसके रचयिता भी उन्हीं में से निकलते हैं। लोकगीत का शिल्प उसे सहज ग्राह्य और गेय बनाता है। कलागीत की तुलना में लोकगीत के वस्तु-तत्त्व और शिल्प स्पष्टतः भिन्न होते हैं। लोकगीत जिनके लिए और जिनके द्वारा रचित होता है, उन्हें कलागीत की रचना और ग्राह्यता के लिए आवश्यक प्रशिक्षण की सुविधाएँ सुलभ नहीं रही हैं। इसलिए यह तो सत्य है ही कि लोकगीत समाज के पिछड़े और दमित वर्ग की कला है, यद्यपि इसका यह अर्थ नहीं कि लोकगीत कलागीत से निकृष्टतर है। इसी प्रकार कलागीत की अपेक्षा लोकगीत कम जटिल तो होता है, पर कम परिष्कृत होता हो, ऐसा नहीं है। कलागीत की धुनें, ताल और लय, मौखिक सम्प्रेषण आवश्यकता के कारण और अनुरूप सरल होते हैं। यह ठीक है कि लोकगीत की सहज मर्मस्पर्शिता और प्राणवत्ता आज के नागरिक के लिए आकर्षक सिद्ध होती है; किन्तु यह भी सच है कि लोकगीत का आनन्द वे सामान्य जन ही सहज और आयास-रहित भाव से ले पाते हैं, जिनके जीवन की अभिव्यंजना उसमें रहती है।

यह सब होते हुए भी स्मरण रखना आवश्यक है कि लोकगीत शुद्ध रूप से केवल सामान्य-जन की ही रचना नहीं होती। बहुधा लोकगीत के छन्द और लय की योजना कलागीत के तत्त्वों से प्रभावित पाई जाती है। इसी तरह लोकगीतों में अनेक श्रेण्य और पौराणिक अत:कथाएँ अनुस्यूत रहती हैं; यद्यपि नामों और घटनाओं आदि पर स्थानिक रंग भी चढ़ा रहता है। इधर मुद्रण के प्रसार के फलस्वरूप लोकगीत के मुद्रित संस्करण भी प्राप्त होने लगे हैं जिसके फलस्वरूप उसका प्रकृत रूप बहुधा क्षतिग्रस्त हो जाता है।

जिस प्रकार लोकगीत में अभिजात तत्त्व पाए जाते हैं, उसी प्रकार उसके श्रोता केवल सामान्य जन ही नहीं होते, अभिजात वर्ग के सदस्य भी होते हैं, जिनमें हम उन्हें परिगणित करना आवश्यक नहीं समझते, जो संग्रहकर्ता अनुसंधायक है। आल्हा-ऊदल, कजली, लावनी, होली आदि की लोकप्रियता लोक तक ही सीमित नहीं रही है, यह सुपरिचित तथ्य है। पर्वों-त्योहारों तथा विभिन्न ऋतुओं में सामाजिक स्तर-भेद लोकगीत ही मिटाते रहे हैं, यद्यपि औद्योगिकीकरण और नागरिक जीवन के आधुनिकतम रूप इसे अधिकाधिक असम्भव बनाते जा रहे हैं।

इधर लोकगीतों के स्रोतों के अनुसंधायकों का ध्यान एक अन्य तथ्य की ओर गया है, और वह यह है कि लोकगीत औद्योगिक परिस्थितियों में भी बना रह सकता है।

हाल-हाल तक लोकवार्ता-विशेषज्ञ की यह धारणा थी कि लोकगीत केवल ग्रामीण वातावरण में ही आविर्भूत होता है, किन्तु अमेरिकी अनुसंधायकों ने इस धारणा को अमान्य सिद्ध कर दिया है। बड़े-बड़े बाँधों और सड़कों के निर्माण के तथा जंगल काटने और खानों में मजदूरी आदि कार्यों ने अनेक लोकगीतों और गाथाओं को जन्म दिया है और इस तरह औद्योगिक लोकगीत का अस्तित्व भी प्रमाणित होता है। ऐसे औद्योगिक गीत भी लोकसंगीत ही हैं, क्योंकि ये मौखिक रूप में ही बनते और परिवर्तित होते रहते हैं, सामान्य जनों की आवश्यकताओं और रुचि की पूर्ति करते हैं और शैली में ग्रामीण लोकगीत के ही सदृश होते हैं।

नागरिक लोकगीत का सबसे महत्त्वपूर्ण और कलात्मक अमेरिकी उदाहरण 'हॉट-जाज' (Hot Jazz) है, जिसके प्रवर्तन का श्रेय नगर-निवासी हब्शियों को दिया जाता है। हब्शी अमेरिकी नगरों में निवास करते हुए भी सांस्कृतिक पार्थक्य की स्थिति में रहने को बाध्य हैं और यूरोपीय संस्कृति को पूर्णतः आयत्त नहीं कर पाए हैं। इन्हीं नगर-निवासियों का जीवन्त और तीव्र आवेगपूर्ण लोकसंगीत है 'हॉट जाज'।

लोकगीत, वह ग्रामीण हो या औद्योगिक, के नैरन्तर्य से यह नहीं समझना चाहिए कि औद्योगिकीकरण परिस्थितियों के कारण लोकगीत एक सजीव कला-माध्यम के रूप में समाप्त नहीं हो रहा। वैयक्तिक, पेशेवर और व्यावसायिक कलाएँ निर्वैयक्तिक और गैर-पेशेवर लोकगीत आदि लोक-कलाओं को अपदस्थ करती जा रही हैं। यदि लोककलाएँ औद्योगिकीकरण के बावजूद अवशिष्ट हैं, तो इसीलिए कि औद्योगिकीकरण की प्रक्रिया अधूरी है। औद्योगिकीकरण का पूर्णतया विकास लोककलाओं के सर्जन के लिए अनुकूल परिस्थितियाँ रहने ही नहीं देगा। औद्योगिक लोकगीत केवल इसी बात का प्रमाण है कि वह प्राद्योगिक जीवन-पद्धति का अवशेष है। 'हॉट जाज' यही तो प्रमाणित करता है कि अमेरिकी समाज का एक ऐसा दमित वर्ग भी है, जिसे परिष्कृत कला को आयत्त करने की सुविधाएँ सुलभ नहीं रहीं। यह सांस्कृतिक पार्थक्य दूर हुआ तो लोककला भी समाप्त हो जाएगी।

लोकगीत में पिछले दो दशकों के अन्दर जो अभिरुचि उत्पन्न हुई है, उससे भी यह सिद्ध नहीं होता कि औद्योगिकीकरण की परिस्थितियाँ लोकगीत के लिए घातक नहीं हैं। लोकगीतों के संग्रह, विशेषतः विदेशों में लोकवार्ता-सम्बन्धी शोध, अमेरिका की 'लाइब्रेरी ऑव कांग्रेस' आदि जैसी संस्थाओं द्वारा हजारों लोकगीतों की 'रिकॉर्डिंग', लोकगीतों के गायकों की लोकप्रियता आदि, उपर्युक्त अभिरुचि के असंदिग्ध प्रमाण हैं। अतः इस बात की सम्भावना अवश्य ही है कि भविष्य में लोकगीतों तथा अन्य लोककलाओं में परिष्कृत कलाओं का समन्वय हो सकेगा और नवीन कला-रूपों का आविर्भाव होगा।

['आर्यावर्त' : 4 फरवरी, 1960]

तात्त्विक शोध-समस्या

शोध के बारे में ऐसा कहा गया है कि वह इसके सिवा कुछ नहीं कि जिसे सभी देखते हैं, उसे ही हम भी देखें, पर सोचें वह, जो किसी ने सोचा न हो। जिस भाषा और साहित्य को विकसित मनीषा का लाभ प्राप्त हो, उसमें निश्चय ही शोध की यह आदर्श स्थिति पाई जाती है। भाषा और साहित्य-विषयक इस उच्च स्तर के शोध की एक कठिनाई भी होती है। इस प्रकार का शोध वैसा नहीं हो पाता, जैसा विज्ञान के क्षेत्र में तात्त्विक शोध—'फंडामेंटल रिसर्च'—होता है। हम तो हिन्दी में आज ही घबराने लगे हैं कि एक विश्वविद्यालय में जिस विषय पर शोध हो रहा है, कहीं ठीक उसी या प्रायः उसी विषय पर दूसरे विश्वविद्यालय में तो काम नहीं हो चुका है, या हो रहा है? किन्तु अंग्रेजी जैसी भाषा में इससे बचना कितना कठिन है, इसका अनुमान कीजिए। अकेले शेक्सपियर पर ही कितने विद्वान शोध कर चुके हैं और कर रहे हैं, इसका संक्षिप्ततम विवरण भी तैयार हो तो एक पोथा तैयार हो जाए, और ऐसे पोथे हैं भी। और, शेक्सपियर पर तात्त्विक शोध अब क्या हो सकता है?

यह नहीं कि इसका समाधान नहीं है, या यह कि शेक्सपियर पर अब शोध के लिए अवकाश ही नहीं है। शेक्सपियर ने इतना काफी और ऐसा बढ़िया लिखा है कि उसके साहित्य के असमाप्य पक्ष हैं और इनमें से एक-एक के इतने पहलू हैं कि शेक्सपियर सम्बन्धी शोधोपयोगी विषयों की कोई सीमा नहीं। जहाँ तक हिन्दी में शोध-कार्य की वर्तमान स्थिति का प्रश्न है, उसमें एक विचित्र विरोधाभास दीख पड़ता है। कुछ वर्षों में ही हिन्दी शोध-कार्य परिमाणतः इतना विकसित हुआ है कि अब हम विषय या लेखक-विशेष के सूक्ष्म पक्षों पर ही कार्य करने की बाध्यता अनुभव करने लग गए हैं, गोकि इस बाध्यता का परिणाम अच्छा ही होगा। किन्तु वास्तविकता यह भी है कि हिन्दी में अभी तात्त्विक शोध-कार्य के लिए भी काफी गुंजाइश है, बल्कि कहना यह उचित है कि इसकी आवश्यकता बनी हुई है और हमारा ध्यान इधर कम ही गया है।

हिन्दी में सूर और तुलसी पर अनेक शोध-प्रबन्ध लिखे गए हैं और आज भी उनके अनेक पक्ष हैं जिन पर कार्य हो सकते हैं और भविष्य में भी मिलते जाएँगे, सामने आते जाएँगे। ऐसे शोध को खतरा इस बात का बना रहता है कि वह अपनी

परिधि से बाहर खिसककर आलोचना के क्षेत्र में पहुँच जाता है। किन्तु यह खतरा ऐसा है, जिसका सामना शोधकर्ता को अक्सर ही करना पड़ता है और उसे अपने विवेक और निर्देशक के अनुभव का भरोसा करना ही पड़ेगा। इसलिए इस दिशा में हिन्दी शोध-कार्य प्रगति करता जा सकता है और कोई कारण नहीं कि हम सशंक हों।

हिन्दी शोध की मुख्य समस्या, मेरी समझ से, तात्त्विक शोध को लेकर ही है। इस दिशा में बहुत थोड़ा कार्य हुआ है और बहुत अधिक की आवश्यकता बनी हुई है। साहित्य में तात्त्विक शोध से मेरा क्या तात्पर्य है इसे, मतभेद की सम्भावना का ध्यान रखते हुए भी, स्पष्ट करना आवश्यक है। साहित्य-विषयक तात्त्विक शोध न तो सर्वथा अज्ञात का आविष्कार होता है, न सुपरिचित का अनुशीलन; स्वल्प-परिचित और गौण लेखक की उपेक्षित एवं दुर्लभ कृतियों का सश्रम सम्पादन और विश्लेषण ही तात्त्विक शोध माना जा सकता है। हिन्दी में आज भी ऐसे असंख्य प्राचीन कवि होंगे, जिनकी कृतियों के सर्वप्रथम उद्‌घाटन का श्रेय सहज ही किसी को मिल जा सकता है। ऐसी कृतियों का प्रकाशन मात्र भी महत्त्वपूर्ण और उपादेय होगा, किन्तु इसे प्रारम्भिक शोध ही कहा जाएगा। दूसरी ओर प्रमुख प्राचीन कवियों की पुस्तकों के प्रामाणिक पाठ-निर्धारण की भी आवश्यकता हो सकती है, किन्तु अपेक्षया असन्तोषजनक पाठ के आधार पर पहले ही हो चुके शोध-कार्य के कारण इसे सहायक शोध का ही महत्त्व दिया जा सकता है। तात्त्विक शोध तो हिन्दी के उन कवियों पर ही किया जा सकता है जो साहित्येतिहास में युग-विशेष के गौण कवियों के रूप में अनिवार्यतः उल्लेख के योग्य भी माने जाते हैं और जिनके अध्ययन के लिए पाठ-सामग्री का अभाव भी बना हुआ है।

हिन्दी शोध की सबसे बड़ी आवश्यकताओं में यह भी एक है। यह शोधकर्ता के लिए चुनौती भी है और सुविधा भी है। इस प्रकार के शोध की प्रक्रिया उससे भिन्न होगी, जो बहुधा व्यवहृत हुई है। अब तक प्रक्रिया यह अपनाई जाती रही है कि यदि किसी गौण कवि की कृतियाँ किसी शोधकर्ता ने एकत्र कर लीं, तो उनके आधार पर शास्त्रीय विवेचन करना ही वह पर्याप्त समझ लेता था और दूसरे भी सन्तुष्ट हो जाते थे। इससे भिन्न तात्त्विक शोध का रूप यह होगा कि श्रमपूर्वक संकलित आधार-सामग्री को ही प्रबन्ध का मुख्य अंश बनाया जाए और उसी का विश्लेषण-विवेचन भूमिका के रूप में प्रस्तुत करना पर्याप्त समझा जाए। मैं सहज अनुमेय कारणवश हिन्दी से उदाहरण न देकर, हिन्दी से सम्बद्ध एक विषय पर अहिन्दीभाषी विद्वानों द्वारा किये गए कार्य को उदाहरण के रूप में प्रस्तुत कर रहा हूँ। सिद्ध साहित्य को उद्‌घाटित करनेवाला हरप्रसाद शास्त्री का 'बौद्धगान ओ दोहा' प्रारम्भिक शोध का प्रतिनिधि उदाहरण है। इसके बाद ही शहीदुल्ला की वह पुस्तक जिसमें सरह और कण्ह के रहस्य-गीतों का रोमन-लिपि में सम्पादित पाठ और फ्रेंच में अनुवाद और फ्रेंच में ही भूमिका है, तात्त्विक शोध का अनुकरणीय

आदर्श है। इस शोध-कार्य पर शहीदुल्ला को शोध-उपाधि मिली थी और हिन्दी में इस प्रकार के तात्त्विक शोध-कार्य को प्रोत्साहन करने का उपाय है कि शोधकर्ताओं को अधिक से अधिक संख्या में इधर प्रवृत्त किया जाए और उन्हें शोध-उपाधि प्रदान की जाए।

जैसे-जैसे हिन्दी में साहित्यानुशीलन प्रौढ़ि को प्राप्त कर रहा है, वैसे-वैसे हम अधिकाधिक अनुभव करने लगे हैं कि हमें क्या करना है। इसके ज्ञान के लिए जरूरी है कि हम आत्म-परीक्षण के रूप में ऐसी विवरण-तालिका का निर्माण भी करें जो बताए कि हमने क्या किया है। हममें से जिनका सम्बन्ध शोध-कार्य से है, उनके लिए साहित्य का इतिहास लिखना जरूरी हो या न हो, अपना इतिहास लिखना जरूरी हो गया है। विवरण-शास्त्र—बिब्लियोग्राफी—को उसके कुछ आलोचकों ने शास्त्रीय बही-खाता (एकेडेमिक बुककीपिंग) कहकर उसका मखौल किया है और यह फतवा दिया है कि उपयोगी होने पर भी यह बौद्धिक से अधिक शारीरिक कार्य है और इसे ग्रंथागारिकों के लिए छोड़ देना चाहिए। किन्तु ग्रंथागारिक यह काम करते नहीं, या कर नहीं पाते, इसलिए यह काम खुद हमें ही करना होगा, अगर हम चाहते हैं कि हम अपना मुख्य काम अच्छी तरह कर सकें।

कहना आवश्यक नहीं कि शोध-कार्य का यह उपेय नहीं माना जा सकता, एक आवश्यक उपाय मात्र है। ऐसा कहा गया है कि विवरण-शास्त्री—बिब्लियोग्राफर—साहित्यिक इतिहास की सोपान-परम्परा प्रस्तुत करता है। यह भी कहा गया है कि वह अपने सौदा-सुलुफ को साहित्य के दरवाजों के आगे इस उम्मीद में रखता है कि शायद कोई समन्वयकारी आलोचक उसे उपयोगी पाएगा। और, यह सत्य है कि कभी-कभी इस प्रकार का कार्य उस विशीर्ण पुस्तक से अधिक महत्त्व का अधिकारी बन जाता है जिसके अन्त में यह जुड़ा रहता है। निर्दय आलोचक कहते हैं कि 'लिट्रेरी हिस्ट्री ऑव यूनाइटेड स्टेट्स' का तृतीय और अन्तिम भाग ही वहाँ के साहित्य के अध्येता के लिए उपादेय है, और यह इसलिए कि उसके अन्त में एक विस्तृत विवरण-तालिका परिशिष्ट के रूप में जुड़ी है।

समग्र साहित्यिक वैदुष्य के साथ इस आरम्भ-सामग्री का वही सम्बन्ध माना जा सकता है जो अपरिवर्तनीय गुणन-तालिका का परिवर्तित होती चलनेवाली आणविक भौतिकी से है। यदि यह कार्य सचमुच साहित्यिक कार्य नहीं है, तो वैज्ञानिक कार्य है और वैज्ञानिक प्रक्रिया के लिए आवश्यक सामग्री का प्रत्येक गुण इसमें होता है। विवरण-शास्त्र साहित्य को बाहर से देखता है, किन्तु वह सतह को ही सार समझने की भूल नहीं करता। यदि वैदुष्य नहीं तो वैदुष्य के बाद दूसरे स्थान का यह अधिकारी कार्य है। कुछ लोग ऐसा समझते हैं कि जो दूसरे कार्य नहीं कर पाते, वे ही इस ओर मुड़ते हैं, किन्तु यह सच नहीं है। यह श्रम-साध्य और कठिन कार्य है और इसमें लगे हुए कार्यकर्ता के दिमाग पर घट्टे पड़ जाते हैं।

आज विवरण-शास्त्र संख्यान मात्र न होकर, पुस्तक का भौतिक वस्तु के रूप में बहिर्निष्ट विश्लेषण बन चुका है। ऐसे विवरण-शास्त्र के लिए विशेषज्ञता और अपनी ही एक भाषा आवश्यक हैं। जैकब ब्लैक और उनके सहयोगियों द्वारा प्रस्तूयमान 'बिब्लियोग्राफी ऑव अमेरिकन लिट्रेचर' वर्णन और विश्लेषण के ऐसे कार्य का उल्लेख्य उदाहरण है।

'हिन्दी का पुस्तक साहित्य' इसका प्रमाण है कि यद्यपि साहित्यिक इतिहास या आलोचना अपने-आपमें विवरण-शास्त्र नहीं होते, आदर्श विवरण-शास्त्र में पर्याप्त साहित्यिक इतिहास रहता है।

नव्यालोचन की तरह नव्य विवरण-शास्त्र अपनी माँगों में बड़ा ही कठोर है। उसे सदैव इस तथ्य का ध्यान रहता है कि साहित्य अध्ययन का एक विषय नहीं, किन्तु एक पदार्थ है, और कि साहित्यिक वैदुष्य अपने पदार्थ का सामना नहीं करता, तो वह एक ओर तो इतिहास की तरफ या दूसरी ओर दर्शन की तरफ खिसककर अपनी पहचान खो बैठता है। नव्य विवरण-शास्त्र अपने विशेषज्ञ से सिर्फ यही माँग नहीं करता कि वह केवल वर्णनात्मक, या केवल विश्लेषणात्मक, पाठ-केन्द्रित या आलोचनात्मक हो। उसकी माँग यह होती है कि जो भी सामग्री सुलभ हो, उसका निर्मम अध्ययन और एकाग्रता के साथ अध्ययन किया जाए, और यदि अध्ययन किसी कारण रास्ते पर से हट जाए तो उसे पुनः पदार्थ के समीप लाया जाए।

जब मैं यह कहता हूँ कि विवरण-शास्त्री साहित्यिक पदार्थ की ओर हमारा ध्यान केन्द्रित कर हमारी बहुत बड़ी सेवा करता है, तो मेरा आशय कदापि यह नहीं कि बहिर्निष्ठ वर्णन साहित्यिक वैदुष्य का साध्य है। जब मैं यह कहता हूँ कि विवरण-शास्त्री और पाठानुशीलन-कर्ता साहित्येतिहास-लेखक की बड़ी मदद करता है, तो इसका भी यह आशय नहीं कि साहित्यिक वैदुष्य का साध्य इतिहास है। मैं यह भी नहीं कहता कि निरपेक्ष अर्थ में विवरण-शास्त्री इतिहासकार है या इतिहासकार आलोचक है। किन्तु यह सत्य है कि यह हम वास्तविक साहित्येतिहास लिखना चाहते हैं तो हमें उस समस्त साक्ष्य और अन्तर्दर्शन का उपयोग करना पड़ेगा जो विवरण-शास्त्री या पठानुशीलन कर्ता हमारे लिए सुलभ बनाता है।

हिन्दी में दुर्भाग्य से यह स्थिति है कि प्रेमचन्द या निराला की कृतियों के तिथिक्रम तथा इन कृतियों के प्रथम तथा अन्तिम हस्तलिखित प्रारूप भी सुलभ नहीं हैं। इनके तिथि-क्रम विवादास्पद सिद्ध हो रहे हैं और इनके मुद्रित रूप चीथड़ों से ढंके पाए जाने लगे हैं। यदि हम अभी से सावधान न हुए तो भावी पीढ़ियों के लिए अनावश्यक समस्याएँ उपस्थित कर चलेंगे।

इधर अक्सर यह सुनने को मिलता है कि हिन्दी में जो बहुसंख्य प्रबन्ध लिखे गए हैं, उनमें अधिकांश महत्त्वशून्य हैं। असल में ऐसा हिन्दी के विरोधी ही ज्यादा कहते हैं, गोकि हम हैं कि खुद भी उनकी बात दुहराने लग जाते हैं। मैं यह नहीं

कहता कि हमें आत्म–निरीक्षण नहीं करना चाहिए या कि हमें अपनी उपलब्धि से पूर्णतः सन्तुष्ट हो जाना चाहिए। मैं सिर्फ इतना ही कहना चाहता हूँ कि हम हीन भावना से ग्रस्त बनें, इसका कोई कारण नहीं। ज्ञान–विज्ञान के विभिन्न क्षेत्रों में भारतीय वैदुष्य मात्र का जो प्रतिमान है, उसे देखते हुए हिन्दी शोध का स्तर उच्चतर बनता चला जाएगा, यह असंदिग्ध है।

मैं इतनी दृढ़ता के साथ यह बात भारतीय विद्वानों द्वारा साहित्येतर विषयों पर अंग्रेजी में लिखे गए प्रबन्धों के प्रत्यक्ष अवलोकन के बाद ही कह रहा हूँ। मैंने कुछ वर्ष पूर्व एक बड़े ही प्रतिष्ठित विश्वविद्यालय से प्राप्तोपाधि एक शोधकर्ता के प्रबन्ध को अपने कार्य के सिलसिले में देखा तो मैं चकित रह गया। भारतीय राष्ट्रीयता के उद्भव और पृष्ठाधार पर, मुझे यह देखकर हिन्दी शोध पर गर्व हुआ। हिन्दी के अनेक प्रबन्धों में इस खास विषय की पुस्तक में संकलित तथ्यों से अधिक सामग्री अनायास ही मिल सकती थी। अतः, निश्चय ही हमें हिन्दी शोध के परिणाम से सशंक न होते हुए, उसके प्रकार को उत्कृष्टतर बनाने के प्रयास में प्रवृत्त रहना उचित है।[1]

['सर्वमान्य' : 1 अक्टूबर, 1961]

1. भारतीय हिन्दी परिषद् के आनन्द (गुजरात) स्थित वल्लभ विद्यानगर में आयोजित अष्टादश वार्षिक अधिवेशन की शोध–निबन्ध–गोष्ठी में पठित अध्यक्षीय भाषण का निबन्ध–रूप। **—सं.**

द्रविड़ भाषाएँ

अगर यह कहा जाए कि संस्कृत या हिन्दी और फारसी का सम्बन्ध बहुत नजदीक का है और इसकी तुलना में, इसी देश की, शताब्दियों से साथ-साथ बनी चली आनेवाली द्रविड़ भाषाओं का सम्बन्ध, दूर का भी नहीं है, तो स्वभावतः यह विचित्र-सी बात मालूम होगी, किन्तु यह एक साधारण और सुपरिचित भाषावैज्ञानिक तथ्य है और इसके अनेक विचारणीय परिणाम हैं।

बिलकुल अलग-अलग स्रोतों से निकलने के कारण भारत की आर्य तथा द्रविड़ भाषाओं में गहरी भिन्नता तो जरूर है, लेकिन, दूसरी ओर, संस्कृत जैसी व्यापक अन्तर-प्रदेशीय भाषा तथा संस्कृति और धर्म की एकता के कारण, भिन्नता की यह खाई धीरे-धीरे पटती चली गई है। जैसाकि कैल्डवेल आदि विद्वानों ने प्रमाणित किया है, जिन द्रविड़ भाषियों को वैदिक युग के आर्यों ने 'कृष्णत्वक्', 'अनासः' और 'शिश्नेदेवाः' जैसे अरुंतुद शब्दों से पुकारा था, उन्हीं की भाषा के अनेक शब्द और भाषा-प्रयोग ही नहीं, अपितु अनेक देवी-देवता और रस्मो-रिवाज भी धीरे-धीरे आर्यों ने स्वीकृत कर लिये। यह एक तरफ इस बात का प्रमाण है कि आर्यों की सभ्यता में काफी लचीलापन था और दूसरी तरफ इसका साक्ष्य कि द्रविड़ों की सभ्यता भिन्न प्रकार की होने पर भी समृद्ध थी। द्रविड़ भाषा ने प्राचीन तथा आधुनिक आर्य भाषाओं को कहाँ तक और किस प्रकार प्रभावित किया था, यह इसी से अनुमित किया जा सकता है कि संस्कृत में 'र' और 'ल' ध्वनियों के व्यत्यय का, मूर्धन्य ध्वनियों के प्रयोग का और हिन्दी जैसी आधुनिक आर्य भाषाओं में, चेतन पदार्थवाले कर्म से अचेतन कर्म के भेद का आधार द्रविड़ भाषा को ही माना जाता है। और, इसमें आश्चर्य की बात ही क्या है? मोहेनजोदड़ो, हड़प्पा और चन्हुदड़ों के भग्नावशेषों को देखने के बाद यह निर्विवाद रूप से सिद्ध हो जाता है कि द्रविड़ों की सभ्यता असाधारण रूप से विकसित थी और ईस्वी शती के हजारों वर्ष पहले की सुमेरु, मिस्र, बाबुल आदि केन्द्रों की सभ्यता की समक्षता का दावा कर सकती थी। इस सभ्यता के प्रवर्तकों की भाषा की समृद्धि का प्रमाण हम अभी-अभी दे चुके हैं। मोहेनजोदड़ो, हड़प्पा, चन्हुदड़ों आदि की भग्नावशिष्ट सभ्यता और द्रविड़ जाति का क्या सम्बन्ध था, इसे लेकर विद्वानों में मतभेद है, क्योंकि निरन्तर

प्रयत्नों के बाद भी इन स्थानों में प्राप्त लिपि का रहस्यभेद नहीं हो सका है। इसी प्रकार, उरल, अल्ताई या आस्ट्रेलिया की भाषाओं तथा सुमेर की प्राचीन सभ्यता से द्रविड़ भाषा और जाति का सम्बन्ध था या नहीं, ये भाषा-वैज्ञानिकों और पुरातत्त्ववेत्ताओं के लिए विचारणीय समस्याएँ बनी रही हैं। किन्तु, इतना तो निर्विवाद है कि भारत के अत्यन्त प्राचीन निवासी द्रविड़ों की सभ्यता और भाषा समुन्नत थीं और आज भी उसकी एक शाखा—तमिल—की गणना हिन्दी, मराठी, बंगला जैसी विकसित आधुनिक भाषाओं के साथ की जाती है।

'द्रविड़' भारत के निवासियों के एक विशेष समूह का तथा उनकी भाषाओं के उस वर्ग का नाम है जिसके अन्तर्गत दक्षिण भारत की सभी मुख्य बोलियाँ आ जाती हैं। इस भाषा-वर्ग की परिधि में लंका के उत्तरी भाग का आधा हिस्सा भी आता है। स्वयं भारत में इस भाषा-वर्ग के क्षेत्र की ऊपरी सीमा, मोटे तौर पर गोआ के प्राय: एक सौ मील नीचे से शुरू होकर, पश्चिमी घाट से होती हुई, कोल्हापुर तक पहुँचती है, और वहाँ से उत्तर-पूर्व की ओर मुड़ती और हैदराबाद से गुजरती हुई दूर पूर्व में बंगाल की खाड़ी तक चली जाती है। ऊपर की इस सीमा का अतिक्रमण भी यह भाषा-वर्ग कहीं-कहीं पर कर गया है, जैसे—मध्यप्रान्त और छोटानागपुर की कुछ अल्पसंख्यक आदिम जातियाँ द्रविड़ बोलियों का व्यवहार करती पाई जाती हैं, और इतना ही क्यों, राजमहल की पहाड़ियों के आस-पास गंगा-तट तक इसका प्रचलन पाया जाता है। इसी प्रकार दूर उत्तर-पश्चिम में, बलोचिस्तान में, ब्राहुई जाति एक खास तरह की द्रविड़ बोली का प्रयोग करती है, जो इस बात का एक बहुत बड़ा प्रमाण माना जाना चाहिए कि द्रविड़ सभ्यता और भाषा का व्यापक विस्तार इस देश में था और सिन्ध, पंजाब, बलोचिस्तान के बालू के ढेर में छिपे सभ्यता-केन्द्र इन्हीं द्रविड़ों के ही थे। भाषा-वैज्ञानिकों और पुरातत्त्वज्ञों ने इस दृष्टि से प्रस्तुत समस्या पर विचार नहीं किया है, पर करना उन्हें जरूर चाहिए।

ग्रियर्सन द्वारा संकलित और सम्पादित 'लिंग्विस्टिक सर्वे ऑव इंडिया' में स्टेन कोनो ने चौदह विभिन्न द्रविड़ भाषाओं के नाम तथा उनके बोलनेवालों की संख्या दी है। 1901 में संकलित आँकड़ों का उल्लेख यहाँ अनावश्यक है। किन्तु विभिन्न द्रविड़ भाषाओं के नाम ये हैं—तमिल, मलयालम, कन्नड़, तुलु, कोड़गु, तोड़, कोत, कुरुल, मल्तो, गोंडी, कुई, कोलामी, तेलगू, ब्राहुई।

इन भाषाओं में तमिल और मलयालम को एक ही ऐसी भाषा की शाखाएँ माना जा सकता है जो स्वयं कन्नड़ से निकट सम्बन्ध रखती हैं। तुलु, कोड़गु, तोड़ और कोत, तमिल, मलयालम और कन्नड़ की मध्यवर्तिनी भाषाएँ हैं, यद्यपि अपेक्षाकृत पहले से ज्यादा दूसरे से ही उनका अधिक सामीप्य है। कुरुल और मल्तो के साथ भी यही बात है। कुई और गोंडी तेलगू के अधिकाधिक समीप आती चली गई हैं। स्वयं तेलगू बहुत पहले सामान्य स्रोत से पृथक् हो गई होगी, ऐसा अनुमान करने

के पर्याप्त कारण हैं। जहाँ तक बलोचिस्तान में बोली जानेवाली ब्राहुई का प्रश्न है, वह दूसरी भाषाओं से इस तरह प्रभावित हो चुकी है कि उसे शुद्ध द्रविड़ बोली नहीं कहा जा सकता।

इन चौदह विभिन्न द्रविड़ भाषाओं के पारस्परिक सामीप्य और पार्थक्य को ध्यान में रखकर भाषाशास्त्री इनका वर्गीकरण चार मुख्य शाखाओं में करते हैं— द्रविड़, मध्यवर्ती, आन्ध्र और पश्चिमोत्तर। इनमें द्रविड़ के अन्तर्गत तमिल, मलयालम, कन्नड़, तुलु, कोड़गु, तोड़ और कोत भाषाएँ आती हैं, मध्यवर्ती शाखा में गोंडी, कुरुल, कुई, कोलामी और मल्तो अन्तर्भुक्त हो जाती हैं, और आन्ध्र की तेलगू तथा पश्चिमोत्तर की ब्राहुई भाषाएँ हैं।

इन द्रविड़ भाषाओं में तमिल का सबसे महत्त्वपूर्ण स्थान है, यह कहा जा चुका है। इसके क्षेत्र हैं मद्रास के दक्षिण-पूर्व भाग और लंका के उत्तरी भाग। भाषा के दो रूप प्रचलित हैं : शेन और कोडुल। शेन शिष्ट तथा कोडुल बोलचाल की भाषा के रूप हैं। तमिल में आठवीं सदी तक का प्राचीन साहित्य उपलब्ध है और उसकी वर्तमान साहित्यिक प्रगति भी सन्तोषजनक है। संस्कृत भाषा और साहित्य ने तमिल को कहाँ तक प्रभावित किया है, यह इसी से समझा जा सकता है कि इस भाषा के साहित्य में एक प्रकार की शैली है जिसका नाम है 'मणिप्रवाल' और जिसकी विशेषता है संस्कृत और तमिल शब्दों का मणि-प्रवाल की तरह गुम्फन।

व्यापकता और साहित्य की दृष्टि से मलयालम का भी विशेष उल्लेख आवश्यक है। यद्यपि प्रारम्भ में यह तमिल से अधिक भिन्न नहीं रही होगी, फिर भी नौवीं शताब्दी के बाद से इसका स्वतंत्र विकास हुआ। इसका व्यवहार भारत के दक्षिण-पश्चिम भाग में होता है। यद्यपि इस भाषा में 13वीं शताब्दी से पहले का साहित्य नहीं मिलता, फिर भी इधर त्रावणकोर और कोचीन राज्यों के प्रतिपालन के फलस्वरूप इसका समुचित साहित्यिक विकास हुआ है। मलयालम का साहित्यिक और प्रतिनिधि-रूप संस्कृतनिष्ठ है और इसमें भी तमिल की तरह, 'मणिप्रवाल शैली' प्रचलित है। किन्तु मलयालमभाषी मुसलमान मोपले संस्कृत के प्रभाव से रहित भाषा-रूप का ही प्रयोग करते हैं।

मैं कन्नड़ को भी विशेष उल्लेख के योग्य इसलिए समझता हूँ कि इसमें द्रविड़ भाषा के सबसे प्राचीन, पाँचवीं शताब्दी तक के, शिला-लेख मिलते हैं। यह मुख्यतः मैसूर राज्य की भाषा है और इसमें भी विकासोन्मुख साहित्य वर्तमान है।

यहाँ मैं अब केवल एक अन्य द्रविड़ भाषा का परिचय देना आवश्यक समझता हूँ और वह है तेलगू। यह आन्ध्र प्रदेश की ही नहीं, बल्कि हैदराबाद के भी प्रायः आधे भाग की भाषा है, और इस प्रकार, द्रविड़ भाषाओं में इसके क्षेत्र का सबसे अधिक विस्तार है और इसके बोलने वालों की संख्या सबसे अधिक है। इसमें बारहवीं शताब्दी तक का पुराना साहित्य मिलता है और इसका आधुनिक साहित्य

भी समुन्नत है। चूँकि तेलगू भाषा के समस्त शब्द स्वरान्त होते हैं इसलिए इसमें ऐसा श्रुति-माधुर्य पाया जाता है कि कुछ लोगों ने इसे पूर्व की इटालियन भाषा कहकर इसकी प्रशंसा की है।

मध्यवर्ती और पश्चिमोत्तर द्रविड़ भाषाओं में साहित्य का अभाव है। चूँकि ये ऐसे क्षेत्रों में व्यवहृत होती हैं जो अन्य भाषावर्गों से घिरे हुए हैं, इसलिए इनके बोलनेवाले साधारणतः द्विभाषी होते हैं। इन पर अन्य भाषाओं का इतना अधिक प्रभाव है कि यह भी सम्भव है कि दूर भविष्य में इनका केवल भाषावैज्ञानिक अस्तित्व ही रह जाएगा।

द्रविड़ भाषाओं के इतिहास और विभेदों का संक्षिप्त परिचय दे चुकने के बाद उनकी सामान्य और महत्त्वपूर्ण विशेषताओं पर भी विचार कर लेना समीचीन होगा। पहले उनकी उच्चारण-प्रणाली को लें। द्रविड़ भाषाओं से अपरिचित कानों को उनका उच्चरित रूप जैसा लगता हो, किन्तु यह दावा निराधार नहीं है कि साधारणतः उनका उच्चारण कोमल और मधुर होता है और ध्वनियों के श्रुति-कटु संयोग से बचने की प्रवृत्ति पाई जाती है। उदाहरण के लिए, शब्द के अन्त में व्यंजन का उच्चारण न कर बहुधा स्वर जोड़ दिया जाता है। तमिल में 'अवन' (वह) है तो कन्नड़ में 'अवनु' हो जाता है। संस्कृत का तत्सम शब्द 'वाक्' तमिल में 'वाकु' बन जाता है, और 'गुर्रम' (घोड़ा) का तेलगू में साधारणतः 'गुर्रमु' उच्चारण होता है।

जिन संयुक्त ध्वनियों के उच्चारण में अन्य भाषा-भाषियों को कठिनाई नहीं होती, उन्हें भी द्रविड़ भाषाओं में दूर रखने की प्रवृत्ति लक्षित होती है। यह प्रवृत्ति विशेष रूप से ऐसे शब्दों के उच्चारण में देखने को मिलती है जो किसी दूसरी भाषा से लिये गए हैं। उदाहरण के लिए, संस्कृत का 'ब्राह्मण' कन्नड़ में 'बरामण' बन जाता है और तमिल में 'बिरामण'। इस प्रसंग में सबसे मनोरंजक दृष्टान्त तो स्वयं द्रविड़ शब्द ही है। संस्कृत में द्रविड़ या द्रमिड़ शब्द बना है तमिल के 'द्रमिड़' या 'तमिड़' से, किन्तु तमिल में जब संस्कृत के द्रविड़ या द्रमिड़ का रूपान्तर होता है तो वह हो जाता है 'तिरामिड़'। 'बिरामण' और 'तिरामिड़'—ये जो दो दृष्टान्त अभी तमिल से दिये गए, उनसे द्रविड़ भाषाओं की एक अन्य सामान्य विशेषता भी उदाहृत हो जाती है, जो तमिल और मलयालम के लिए तो नियम ही है। यह विशेषता है कि किसी भी शब्द का प्रारम्भ किसी स्पष्ट सघोष ध्वनि अर्थात् ग्, ज्, ड्, द्, ब् से न होकर मिलती-जुलती अघोष ध्वनि यानी क्, च्, ट्, त्, प् से होता है। किन्तु, शब्द या समास के मध्य में प्रत्येक व्यंजन को सघोष होना चाहिए। उदाहरणार्थ, संस्कृत का 'दन्त' तमिल में 'तंडम्' हो गया है और तेलगू का 'अन्न' (अर्थात् अनुज) तमिल में बन जाता है 'अन्न-उम्नुल' (अर्थात् अग्रज और अनुज)।

द्रविड़ भाषाओं में शब्दों की किसी विशेष ध्वनि पर स्पष्ट स्वराघात नहीं रहता, यद्यपि पहली ध्वनि पर थोड़ा बल रहता है। इस सम्बन्ध में यह लक्षण उल्लेखनीय

है, जिसे 'सामंजस्यात्मक पौर्वापर्य का सिद्धान्त' कहा जाता है और जो विशेष रूप से तेलगू में स्पष्ट दीख पड़ता है, कि कुछ प्रत्ययों का 'ड' वैसी दशा में 'इ' में परिवर्तित हो जाता है जबकि पूर्ववर्ती ध्वनि में 'इ' या 'ई' हो। उदाहरण के लिए 'गुर्रमु कु' (अर्थात् घोड़े को), 'तम्मुनि कि' (अर्थात् अनुज को)।

द्रविड़ भाषाओं में सामान्यतः धातुओं में परिवर्तन नहीं होते, जैसे तमिल 'पेर' (अर्थात् बड़ा) से ऐसे विशेषण बना सकते हैं—'पेर इय' और 'पेर डम' (अर्थात् बड़ा) और ऐसी क्रियाएँ बना सकते हैं—'पेर उ गु' (अर्थात् बढ़ जाना) 'पेर उ क्कु' (अर्थात् बढ़ाना)।

इस भाषा-वर्ग की एक यह भी विशेषता है कि कुछ शब्द-रूपों का प्रयोग इच्छानुसार संज्ञा, विशेषण या क्रिया के रूप में किया जा सकता है। उदाहरणार्थ, तमिल के शब्द 'कडु' के अर्थ तीक्ष्णता, तीक्ष्ण और तीक्ष्ण होना—तीनों ही हो सकते हैं। विभक्तियाँ उस प्रक्रिया से बनती हैं जिसे भाषाशास्त्र में 'संयोग' कहा जाता है, यानी शब्दों में प्रत्ययों को जोड़कर कारक और विभक्तियाँ बनाई जाती हैं। कदाचित् ये प्रत्यय पहले स्वतंत्र शब्द रहे हों, पर अब उनका प्रयोग प्रत्यय के रूप में ही होता है। उदाहरण के लिए, तमिल के शब्द 'कोन' (राजा) से हम कर्मकारक 'कोन ऐ' और क्रिया 'कोन एन' बना सकते हैं।

कुछ अन्य महत्त्वपूर्ण द्रविड़ भाषागत विशेषताएँ यहाँ बहुत संक्षेप में ही उपस्थित की जा सकती हैं : संज्ञाओं का विभाग, विवेकी और अविवेकी में किया जाता है, आवश्यकतानुसार स्त्रीलिंग-पुलिंग का भेद स्त्री-पुरुष वाचक शब्दों को जोड़कर निर्दिष्ट किया जाता है। दो वचन होते हैं, और संख्या, आर्य-भाषाओं की तरह, इनका आधार लेकर चलती है।

दक्षिण की इन द्रविड़ भाषाओं और उत्तर की आर्यभाषाओं के बीच जैसे कभी संस्कृत ने सेतु का काम किया था, उसी प्रकार आज हिन्दी कर रही है और करेगी, ऐसी आशा सभी स्वदेशाभिमानियों के हृदय में बद्धमूल है।

['साहित्य' : 1953]

हिन्दी भाषा के सामयिक पत्रों का इतिहास

[प्रारम्भ से सम्वत् 1894 तक]

उपर्युक्त शीर्षक की एक अतिशय महत्त्वपूर्ण पुस्तक सम्वत् 1894 में प्रकाशित हुई थी—'श्रीयुत् बाबू कार्तिक प्रसाद तथा बाबू श्यामसुन्दर दास की सहायता द्वारा श्री राधाकृष्ण दास लिखित।' पुस्तक के 'निवेदन' में, पुस्तक की आवश्यकता के सम्बन्ध में ठीक ही कहा गया है : 'समाचार-पत्रों का प्रचार अभी केवल पचास ही वर्ष से हुआ है परन्तु हर्ष का विषय है कि इतने थोड़े काल में भी इसने आशातिरिक्त उन्नति प्राप्त की है। इस समय भाषा में इसका प्रचार भली भाँति होना देख आवश्यक हुआ कि इसके नियम और इतिहास (जो कि अभी सहज में प्राप्त हो सकते हैं) प्रकाशित किये जाएँ...।'

पुस्तक के प्रारम्भ में मुद्रण-यंत्र के आविष्कार तथा प्रचलन आदि की सामान्य चर्चा करते हुए लेखक ने एक ऐसे वृत्तान्त का उल्लेख किया है जो उनके लिए विशेष रोचक सिद्ध हो सकता है जिनका विश्वास है कि भारत में हजारों वर्ष पहले वायुयान आदि आधुनिकतम वस्तुएँ प्रचलित थीं। वृत्तान्त-लेखक के शब्दों में ही यह है : '...अंग्रेजों के प्रथम गवर्नर जनरल वारेन हेस्टिंगस के समय में काशी में मुद्रायंत्र (Press) गड़ा हुआ मिला था जो कि अनुमान किया जाता है कि एक हजार वर्ष से कम का गड़ा नहीं था, इसका वृत्तान्त डा. जोगेन्द्रनाथ घोष अपने लेख में जो सन् 1870 ई. में 'नेशनल सोसाइटी' में पढ़ा गया था, लिखते हैं।' क्या ठिकाना, आज 'मुद्रा-यंत्र' का जो विकास हुआ है, उसका आधार भारत का यही गड़ा हुआ यंत्र रहा हो, जिसे अंग्रेज अवश्य ही उठाकर अपने देश ले गए होंगे!

किन्तु इस पुस्तक में इस वृत्तान्त के अतिरिक्त सामयिक पत्रों के जो विवरण संगृहीत किये गए हैं, वे अवश्य ही बहुत हद तक विश्वसनीय तथा महत्त्वपूर्ण हैं।

हिन्दी में सबसे पहले, सन् 1845 ई. में राजा शिवप्रसाद की सहायता से 'बनारस अखबार' (साप्ताहिक) प्रकाशित हुआ था। यह पत्र 'लीथो' में और बहुत ही रद्दी कागज पर छपता था। राजा शिवप्रसाद की प्रेरणा से प्रकाशित होनेवाले पत्र की भाषा का सहज ही अनुमान किया जा सकता है। 'इसकी उर्दू में कहीं-कहीं हिन्दी मिली भाषा' देखने को मिल सकती है।

इस पत्र का मखौल करते हुए काशिराज के विद्या–गुरु मुंशी शीतल सिंह ने यह रुबाई लिखी थी :

बनारस में इक जो बनारस गजट है।
इबारत सब उसकी अजब ऊट–पट है॥
मुहर्रिर बिचारा तो है बासलीका।
वले क्या करै वह कि तहरीर पट है॥

परिमार्जित हिन्दी पत्र का अभाव दूर करने के लिए काशी से ही सन् 1850 ई. में 'सुधाकर' (साप्ताहिक) नामक पत्र प्रकाशित हुआ। बाबू तारामोहन मित्र आदि इसके प्रवर्तक थे। कहते हैं, महामहोपाध्याय पं. सुधाकर द्विवेदी का नाम इसी पत्र के नाम पर पड़ा था। पंडित जी के पितृव्य को डाकिया ने 'सुधाकर' दिया और घर के अन्दर से समाचार मिला : 'पुत्र हुआ', और उन्होंने कहा : 'पुत्र का नाम सुधाकर!'

फिर भारतेन्दु ने सन् 1868 ई. में 'कवि–वचन–सुधा' प्रकाशित की, जो पहले मासिक और पुस्तकाकार थी, पर बाद में पाक्षिक और फिर साप्ताहिक हो गई। इसका सिद्धान्त–वाक्य था :

खलगनन सों सज्जन दुखी
मति होंहि हरिपद मत रहै।
उपधर्म छूटैं सत्व निज
भारत गहै कर दुःख बहैं॥
बुध तजहिं मत्सर नारि
नर सम होई जग आनन्द लहैं।
तजि ग्राम कविता सुकवि जन की,
अमृत बानी सब कहैं॥

पीछे चलकर सरकारी नीति पर प्रच्छन्न व्यंग्य के रहने के कारण इस पत्र को मिलनेवाली सरकारी सहायता बन्द हो गई और इसे भारतेन्दु ने दूसरों के हाथों में सौंप दिया। सन् 1871 ई. में अल्मोड़ा से 'अल्मोड़ा–अखबार' और सन् 1872 ई. में कलकत्ता से बाबू कार्तिक प्रसाद के उत्साह से 'हिन्दी दीप्ति प्रकाश' तथा बिहार के केशवराम भट्ट एवं साधोराम भट्ट के उद्योग से 'बिहार–बन्धु' निकले।

सन् 1874 ई. में श्री निवासदास ने दिल्ली से 'सदादर्श' नामक पत्र निकाला, किन्तु दो वर्षों के बाद यह 'कवि–वचन–सुधा' में मिला दिया गया। इसी वर्ष, सन् 1876 ई. में, भारतेन्दु हरिश्चन्द्र की सहायता से बालेश्वर प्रसाद ने साप्ताहिक 'काशी पत्रिका' निकाली। पहले यह 'कवि–वचन–सुधा' के ढंग पर निकली और इसमें 'सत्य हरिश्चन्द्र' और 'कर्पूरमंजरी' आदि नाटक छपे, किन्तु धीरे–धीरे यह एक छात्रोपयोगी पत्रिका मात्र रह गई। सन् 1876 ई. में ही अलीगढ़ से तोताराम ने 'भारत–बन्धु' निकाला।

सन् 1877 ई. हिन्दी पत्रकारिता के इतिहास में महत्त्वपूर्ण वर्ष है, क्योंकि इसी वर्ष कलकत्ता से दुर्गाप्रसाद मिश्र, छोटूलाल मिश्र, सदानन्द मिश्र तथा जगन्नाथ खन्ना ने 'भारत-मित्र' कमेटी बनाई और 'भारत-मित्र' का प्रकाशन शुरू किया। इसी वर्ष पंजाब से पंडित गोपीनाथ ने 'मित्र-विलास' नामक हिन्दी साप्ताहिक निकाला। 'मित्र-विलास' प्रेस से ही, इस साप्ताहिक के पहले, मासिक 'ज्ञान-प्रदायिनी' और फिर मासिक 'हिन्दू-बांधव' पत्र भी निकल चुके थे, जो वस्तुतः हिन्दी के न होकर हिन्दी-उर्दू के पत्र थे। पहले-पहल 'मित्र-विलास' का लीथो में ही छपना आरम्भ हुआ और कई वर्षों तक वैसा ही रहा। उन दिनों सारे भारतवर्ष में केवल दो-तीन ही हिन्दी के पत्र थे, अर्थात् 'कवि-वचन-सुधा', 'बिहार-बन्धु', 'हिन्दी-प्रदीप' और 'मित्र-विलास'। 'मित्र-विलास' से पीछे 'भारत-मित्र', 'सारसुधा-निधि', 'उचित वक्ता', 'भारत-जीवन' और 'क्षत्रिय-पत्रिका', आदि-आदि निकले।

श्री भारतेन्दु हरिश्चन्द्र जी के स्वर्गवास होने पर 'मित्र-विलास' ने पूरा-पूरा आन्दोलन करके उनके नाम का सम्वत् चलाने का हिन्दी पत्रों में अनुरोध किया और इस समय (सम्वत् 1951) तक 'मित्र-विलास' तथा अन्य पत्रों में यह सम्वत् लिखा जाता है।

मासिक 'हिन्दी प्रदीप' और 'आर्यदर्पण' भी इसी वर्ष निकले। सन् 1878 ई. में दुर्गा प्रसाद ने 'उचित वक्ता' और सदानन्द मिश्र ने 'सारसुधा-निधि' का प्रकाशन शुरू किया। सन् 1879 ई. में उदयपुर के महाराजा सज्जन सिंह की सहायता से एक बृहदाकार साप्ताहिक 'सज्जन कीर्ति सुधाकर' प्रकाशित हुआ और सन् 1883 ई. में कालाकाँकर के राजा रामपाल सिंह, जो उन दिनों इंग्लैंड में थे, के द्वारा 'हिन्दोस्थान' का प्रकाशन इंग्लैंड में ही शुरू हुआ। यह पहले हिन्दी-अंग्रेजी और तदनन्तर हिन्दी-उर्दू-अंग्रेजी में निकलनेवाला मासिक था। बाद में यह अंग्रेजी बना दिया गया। किन्तु जब सन् 1885 ई. में राजा साहब इंग्लैंड से भारतवर्ष लौटे तब यह कालाकाँकर से हिन्दी के दैनिक के रूप में निकलने लगा। इसके एकाधिक सम्पादकों में बाबू अमृतलाल, पं. मदनमोहन मालवीय, बाबू लालबहादुर, बाबू शशिभूषण, मुंशी बालमुकुन्द, पं. शीतलप्रसाद उपाध्याय उल्लेख्य हैं।

सन् 1883 ई. में प्रयाग से 'प्रयाग समाचार' और सन् 1889 ई. में मिर्जापुर से 'खिचरी समाचार' निकले। सन् 1885 ई. में बाबू सीताराम ने कानपुर से दैनिक 'भारतोदय' निकाला। इस अवधि में काशी से 'आर्य-मित्र', 'मित्र', 'सरस्वती-विलास', 'गो-सेवक', 'तिमिरनाशक' आदि साप्ताहिक भी निकले, किन्तु काशी से 'कवि-वचन-सुधा' के बाद उल्लेख्य पत्र 'भारत-जीवन' सन् 1884 ई. में निकला, जिसका सम्पादन रामकृष्ण वर्मा करते थे।

इसके बाद, आर्यसमाज के प्रचारार्थ सन् 1887 ई. में कलकत्ता से 'आर्यावर्त' और सन् 1889 ई. में अजमेर से 'राजस्थान' का प्रकाशन हुआ। सन् 1887 ई. में

रीवाँ राज्य से 'भारत-भ्राता' और सन् 1889 ई. में बूँदी से पं. कन्हैयालाल और पं. पन्नालाल के उद्योग से 'सर्वहित' का प्रकाशन हुआ। इस अवधि में 'मारवाड़ गजट' आदि पत्र भी राजस्थान से निकले।

फिर सन् 1890 ई. में 'बंगला बंगवासी' निकला, और सन् 1893 ई. में बम्बई से 'भाषा भूषण' तथा 'बम्बई बैपार सिन्धु' का प्रकाशन हुआ। इसी वर्ष चौधरी बद्रीनारायण ने मिर्जापुर से 'नागरी नीरद' भी निकाला था।

ऊपर हिन्दी के प्रारम्भिक मासिक, साप्ताहिक तथा दैनिक पत्रों का द्रुत सर्वेक्षण हुआ है। यहाँ प्रारम्भिक मासिकों का ईषत् विस्तृततर विवरण देना असमीचीन नहीं होगा।

सन् 1868 ई. में हिन्दी का सर्वप्रथम मासिक 'कवि-वचन-सुधा' के साप्ताहिक बना दिये जाने पर, सन् 1873 ई. में, भारतेन्दु हरिश्चन्द्र द्वारा 'हरिश्चन्द्र मैगजीन' का प्रकाशन शुरू हुआ। बाद में इसका नाम 'हरिश्चन्द्र-चन्द्रिका' पड़ा और फिर इसके स्थानान्तरित और अस्तंगत हो जाने पर, सन् 1884 ई. में, काशी से ही 'नवोदिता हरिश्चन्द्र-चन्द्रिका' का प्रकाशन हुआ, किन्तु दो मास के बाद ही, 5 जनवरी, सन् 1885 में, भारतेन्दु हरिश्चन्द्र का देहावसान हो गया। इसके बाद इस पत्रिका का केवल एक अंक ही प्रकाशित हुआ था।

भारतेन्दु ने ही लड़कियों की पाठशालाओं में प्रचार करने की इच्छा और सरकारी प्रेरणा से सन् 1874 ई. में 'बाल-बोधिनी' का प्रकाशन किया था।

सन् 1877 ई. में प्रयाग से पंडित बालकृष्ण भट्ट ने 'हिन्दी-प्रदीप' निकाला और इसी वर्ष शाहजहाँपुर-आर्यसमाज ने 'आर्य-दर्पण'। सन् 1878 ई. में फर्रुखाबाद के आर्यसमाज ने भी एक पत्र 'भारत सुदशा प्रवर्तक' निकाला था।

सन् 1881 ई. में पंडित बद्रीनारायण चौधरी ने 'आनन्द कादम्बिनी' प्रकाशित की थी, और इसी वर्ष पटना के खड्गविलास प्रेस के स्वामी बाबू रामदीन सिंह ने 'क्षत्रिय-पत्रिका'। सन् 1882 ई. में काशी से पं. अम्बिकादत्त व्यास ने 'वैष्णव-पत्रिका' निकाली थी, जो 1884 ई. में 'पीयूष प्रवाह' के नाम से प्रकाशित होती रही। सन् 1882 ई. में ही लाहौर से बाबू नवीनचन्द्र राय ने 'ज्ञानप्रदीपिनी' पत्रिका निकाली थी।

सन् 1883 ई. में कलकत्ता की धर्मसभा की ओर से पं. देवीसहाय ने 'धर्म-दिवाकर' निकाला था और पं. प्रतापनारायण मिश्र ने कानपुर से 'ब्राह्मण'। पीछे 'ब्राह्मण' को बाबू रामदीन सिंह खड्गविलास प्रेस से प्रकाशित करते रहे थे। इसी वर्ष लाहौर से पं. ज्वालादत्त प्रसाद ने 'भारतेन्दु' निकाला, जो बाद में वृन्दावन से प्रकाशित होता था। इसी वर्ष शाहजहाँपुर से 'शुभचिन्तक' प्रकाशित हुआ था और लखनऊ से 'दिनकर-प्रकाश'। लखनऊ से ही सन् 1884 ई. में 'कान्यकुब्ज प्रकाश', सन् 1885 ई. में 'काव्यामृतवर्षिणी', सन् 1888 ई. में 'बुद्धि-प्रकाश' तथा सन् 1891 ई. में 'भारत-भानु' का प्रकाशन शुरू हुआ था।

सन् 1887 में कलकत्ता से 'रसिक-पत्र' निकला था। सन् 1888 में लाहौर से एक बंगीय महिला बाबू नवीनचन्द्र राय की पुत्री हेमन्तकुमारी देवी के सम्पादकत्व में महिलोपयोगी पत्रिका 'सुगृहिणी' निकली। लाहौर से ही, सन् 1889 में, श्रीमती हरिदेवी ने एक अन्य महिलोपयोगी पत्रिका 'भारत भगिनी' प्रकाशित की थी। सन् 1890 में अमरावती से प्रकाशित होनेवाली महाराष्ट्री पत्र 'कृषीकारक', काशी से, हिन्दी में अनूदित होकर, निकला। बाद में इसकी भाषा प्राय: उर्दू हो गई थी।

सन् 1893 में बाबू देवकीनन्दन खत्री और बाबू जगन्नाथदास 'रत्नाकर' ने 'साहित्य सुधानिधि' के प्रकाशन का आरम्भ किया था। उनका उद्देश्य था : 'इसमें प्रतिमास 5 फॉर्म 5 ग्रंथों के छपते हैं जो कि ग्रंथ पूरा होने पर अलग निकाल लेने से स्वतंत्र ग्रंथ हो जाते हैं।' सच पूछिए तो हिन्दी में ऐसे मासिक पत्र की आज भी आवश्यकता बनी हुई है।

['योगी' : 1958]

रँगरेजी

अंग्रेजी को, भोजपुरी-क्षेत्र के गाँवों में—कदाचित् अन्यत्र भी—'रँगरेजी' कहते हैं। मैं 'रँगरेजी' को इस अर्थ में प्रयुक्त न करके एक दूसरे ही अर्थ में व्यवहृत कर रहा हूँ, जो अधिक संगत होने पर भी प्रचलित नहीं है।

'रँगरेजी', अर्थात् रँगरेजों की भाषा! बात ऐसी है कि हाल-हाल तक और क्रमशः घटते हुए परिणाम में, किन्तु आज भी, देशी ढंग से कपड़े रँगनेवाले रँगरेज गृह-शिल्प के महत्त्वपूर्ण प्रतिनिधि थे, और हैं। गृह-शिल्प होते हुए भी यह व्यवसाय, कम-से-कम उत्तर-भारत में, प्रायः एक ही रूप में दीख पड़ता था, और है भी। इसकी एक और विशेषता है कि यह प्रायः निरपवाद रूप से मुसलमानों का ही पेशा रहता आया है—बहुत पहले चाहे स्थिति भिन्न भी रही हो, गृह-शिल्प होने के बदले घर में ही सम्पादित होनेवाला कार्य, घरों की औरतों का काम ही, क्यों न रहा हो।

रँगरेजों के इस व्यवसाय में, उनके कार्य-विशेष की एक विशिष्ट शब्दावली है, जिसका अध्ययन अनेक दृष्टियों से अपेक्षित है—वैज्ञानिक, भाषावैज्ञानिक, समाजशास्त्रीय तथा सांस्कृतिक आदि दृष्टियों से। ग्रियर्सन ने आज से बहुत पूर्व, 'बिहार पेजेंट्स लाइफ' में बिहार की क्षेत्रीय बोलियों में व्यवहृत कृषि-सम्बन्धी शब्दों का संकलन और तुलनात्मक अध्ययन किया था। बिहार राष्ट्रभाषा परिषद् ने इस अध्ययन को देवनागरी-माध्यम द्वारा विस्तृततर रूप में प्रस्तुत करने की योजना बनाई है, और अन्य राज्यों में भी अनुसन्धानकर्ता इस क्षेत्र में कार्य कर रहे हैं।

इस दिशा में कार्य करनेवाले शोधकर्ताओं का ध्यान अन्य ग्रामीण अथवा गृह-शिल्पों एवं व्यवसायों में व्यवहृत शब्दावली के अध्ययन की ओर भी आकृष्ट हुआ है, यद्यपि अभी उल्लेखनीय प्रगति नहीं हुई है। बिहार राष्ट्रभाषा परिषद् के द्वारा राज्य के विभिन्न भाषा-क्षेत्रों से, हजारों की संख्या में, विभिन्न व्यवसायों में व्यवहृत होनेवाले शब्द संकलित कराये गए हैं। परिषद् के लोकभाषानुसन्धान तथा हस्तलिखित ग्रंथानुसंधान-विभागों के निर्देशन का भार स्वीकार करने के बाद मैंने ऐसे शब्दों का वैज्ञानिक वर्गीकरण अपने निर्देशन में कराया है और अब यथावसर उनका अध्ययन सम्भव होगा। यहाँ इस तात्त्विक अनुसन्धान-कार्य का संक्षिप्ततम विवरण ही प्रस्तुत किया जा सकता है :

1. मिश्रित शब्द 17108; 2. खेती के औजार और ढंग 758; 3. कृषि-सम्बन्धी शब्द 507; 4. जमीन और मिट्टी के भेद 82; 5. खेती की विधि क्रियाएँ 388; 6. खेती की बाधाएँ तथा फसलों के रोग 86; 7. खेती और पेशे के ढंग और जानवर 167; 8. फसल, घास और पैदावार के भेद 526; 9. सिंचाई के ढंग, साधन और भेद 50; 10. जमीन के लगान और जमींदारी-सम्बन्धी शब्द 287; 11. लेन-देन, माहवारी तथा महाजनी हिसाब आदि 136; 12. नाप-तौल 147; 13. मामले-मुकदमे के शब्द 666; 14. मजदूर तथा मजदूरी से सम्बद्ध शब्द 18; 15. खान-पान की विधि तथा खाना बनाने की विधि और भेद 1461; 16. नाच-रंग, गीत-संगीत, वाद्ययंत्र आदि 296; 17. घर के सामान, आसन, शय्या आदि 351; 18. घर, मन्दिर और मस्जिद से सम्बद्ध शब्द 149; 19. कपड़े-लत्ते और कपड़ों के भेद 222; 20. दर्जी की सिलाई और सामान 78; 21. औरताना सिलाई और अन्य वस्तुएँ 245; 22. फल-फूल, वृक्ष, तरकारी आदि के नाम और भेद 1288; 23.मजहब, जात-पाँत के भेद 423; 24. आर्थिक, सामाजिक, सांस्कृतिक सम्बन्धसूचक शब्द 286; 25. राग-द्वेष, भावात्मक अवस्थाएँ, गुण, स्वभाव और भेद 504; 26. जात-कर्म, मृत्यु तथा अन्य संस्कार 260; 27. शादी-ब्याह से सम्बद्ध शब्द 752; 28. पूजा-पाठ की सामग्री और स्थान 126; 29. हिन्दुओं के व्रत और त्योहार 138; 30. देवी-देवताओं के भेद 31; 31. मनुष्यों के रूप-रंग, अवस्था और भेद 96; 32. शरीर के विभिन्न अंग 168; 33. मार-पीट के शब्द और हथियार 84; 34. बीमारियों के भेद 158; 35. उत्पात—प्राकृतिक 35; 36. उत्पात—मानवी 11; 37. मसाले 37; 38. पशु-पक्षियों के नाम, गुण, स्वभाव और भेद 812; 39. घर-बाहर के कीड़े-मकोड़े 204; 40. घरेलू और पालतू जानवरों के भेद और भोजन 275; 41. घोड़ा-बैल से सामान ढोने के शब्द 6; 42. विषधर कीड़े और साँप के भेद 65; 43. जानवरों के रंग, अंग और भेद 177; 44. पशु-पक्षियों की बीमारियाँ 201; 45. पशु-पक्षियों के रहने के स्थान 18; 46. मक्खियों के नाम और भेद 27; 47. जलचर जीव-जन्तुओं के नाम और भेद 29; 48. अन्य जीव-जन्तुओं के भेद 8; 49. मौसम और समयसूचक शब्द 180; 50. संख्यावाचक शब्द और गिनती 114; 51. सर्वनाम के भेद 90; 52. सवारी और उसके भेद 251; 53. कताई, बुनाई, धुनाई आदि के शब्द 345; 54. गहने तथा श्रृंगार के सामान और सोनारों के औजार 1134; 55. बढ़ईगीरी के हथियार 230; 56. लोहारी के शब्द 212; 57. हजाम के पेशे से सम्बद्ध शब्द 26; 58. धोबी के कार्य और साधन 42; 59. कुम्हार के पेशे की सामग्री 138; 60. राजमिस्त्री के औजार 80; 61. पटवा के शब्द 24; 62. हलवाइयों के शब्द 94; 63. पासियों के शब्द 12; 64. भेड़िहरों के शब्द 40; 65. बिस्कुट-सम्बन्धी शब्द 35; 66. चिड़ीमारों के शब्द और चिड़ियों के नाम 105;

67. सुतली कातने के शब्द 29; 68. तेल पेरने के शब्द 12; 69. कुट्टी काटने से सम्बद्ध शब्द 35; 70. ईख तथा उसे पेरने से सम्बद्ध शब्द 119; 71. नाव से सम्बद्ध शब्द 76; 72. जाल, बंसी और मछलियों के नाम और भेद 118; 73. फैक्टरी और चीनी मिल के शब्द 721; 74. खेल से सम्बद्ध शब्द 237; 75. गाली-गलौज 516; 76. पंचायत के शब्द 24; 77. नदी-नाले, पहाड़, ग्रह-नक्षत्र आदि 67; 78. नर्तकों के सांकेतिक शब्द 101; 79. सोनारों के सांकेतिक शब्द 86; 80. फीलवानी के शब्द 86; 81. सधुक्कड़ी तथा धार्मिक शब्द 229; 82. अन्धविश्वास-सम्बन्धी शब्द 137; 83. सिक्कों के भेद-सम्बन्धी शब्द 33; 84. देशी औषधियों के नाम 15; 85. बिजली के काम में व्यवहृत शब्द 80; कुल 35743।

इस तालिका में अनेक अपूर्णताएँ हैं, जिन्हें दूर करने का प्रयत्न किया जाएगा।

रँगरेजों के द्वारा प्रयुक्त होनेवाले शब्दों तथा उनकी परिभाषाओं को स्वयं ही संकलित कर मैंने तालिका के एक अभाव को दूर करने का प्रयत्न किया है। ये शब्द यहाँ प्रस्तुत किये जा रहे हैं। इन पर जो अध्ययन और शोध चल रहे हैं, उनके परिणाम यथासमय बाद में प्रकाश में आएँगे।

रँगरेजों द्वारा प्रयुक्त मुख्य शब्द ये हैं :

अंगूरी, अम्बा, आसेवती, अम्बासुर्ख, अर्गवानी, अम्बोह किशमिशी, अम्बोह, आतशी, आबी, आसमानी, आहार, अब्बासी, आकिलखानी, उन्नाबी, उन्नाबी कच्चा, ऊदा, कत्थई, कपासी, कासनी, काही, काला, कोयलिया, कोकई, किशमिशी लाल, काला किशमिशी, किशमिशी, करंजवा, कपूरी, काकरेजी, काकरेजी तेलिया, गुलाबी, गुलअनार, गंधकी, गुलशफ्तालू, गोमेदकी, गुललाला, गेरुवा, घामा, चम्पई, जाफरानी, जर्द, जमुर्रदी, जंगारी, तोतकी, तूसी, धानी, नीला, निसवारी काला, निसवारी, नाफरमानी, नारंजी, नील का खमीर, फीरोजी, फीरोजी कच्चा, फाखतई, फालसई, बोतली, हरा, बैंजनी, बैजई, बसन्ती, बादामी, मासी, मटियाला, लाल, लाजवर्द, सुर्ख संदली, सुनहरा, सेजना, सुन्दरसी, सुर्मई, सुर्खआल, सुर्खमजीठ, सुर्ख पतंगी, सरदई, साबरी, सब्जकाही, शहाब, शरबती पक्का, शाहान, शंगर्फी, शरबती, हुलासी।

इन शब्दों के विषय में यहाँ संक्षेप में कुछेक बातों का ही उल्लेख सम्भव है। पहली बात तो यह कि ये गुह्य शब्द न होकर, पारिभाषिकप्राय शब्द हैं; रंग तथा रंजन-व्यवसाय के लिए जो वैज्ञानिक पारिभाषिक शब्दावली बनेगी, उसका स्थान ये शब्द नहीं ले सकते, किन्तु इस कार्य में सहायक सिद्ध हो सकते हैं; दूसरी बात यह कि ये शब्द हिन्दू-मुस्लिम आचार-व्यवहार के उस सहज समन्वय के प्रमाण हैं, जिसकी बात कही तो बहुत जाती है, किन्तु जिसके निश्चित दृष्टान्त निर्धारित नहीं किये जाते।

['साहित्य' : 1956]

धर्म और प्राचीन भारतीय कला*

किसी भी देश या धर्म के प्रति विदेशी या परधर्मावलम्बी के हृदय में तभी श्रद्धा का भाव आ सकता है, जब वह एक उन्नत साहित्य और उत्कृष्ट कला का दावा रखता हो। जैन धर्म इन दोनों दृष्टियों से जैनेतर विचारकों और विवेचकों के द्वारा समादृत हुआ है। सच पूछिए तो जो धर्म लोक-कल्याण या दार्शनिक गरिमा में किसी भी धर्म की बराबरी कर सकता है, उसकी सांस्कृतिक महत्ता स्वाभाविक ही थी।

मुझे यहाँ सिर्फ जैन धर्म तथा उससे सम्बद्ध स्थापत्य-कला (architecture), मूर्तिकला और चित्रकला के उत्कर्ष के बारे में विचार करना अभिप्रेत है।

आपको यह प्रारम्भ में ही समझ लेना चाहिए कि जैन धर्म, बौद्ध धर्म या हिन्दू धर्म की तरह, आप जैन शैली की कला, बौद्ध शैली की कला या हिन्दू शैली की कला—कोई ऐसा वर्गीकरण नहीं कर सकते। भारतीय कला के अध्ययन के प्रारम्भिक काल में विद्वानों ने यह भूल की थी। उनके इस भ्रम का निराकरण दूसरे विद्वानों ने किया। यह भूल जैन मतावलम्बी या जैनधर्म के पक्षपाती विद्वानों ने की हो, ऐसी बात नहीं। भारतीय कला का इस प्रकार का साम्प्रदायिक वर्गीकरण सबसे पहले एक निष्पक्ष पाश्चात्य कला-मर्मज्ञ फर्गुसां ने अपनी महत्त्वपूर्ण पुस्तक History of Indian Architecture में किया था।

भारतीय कला के इस भ्रामक वर्गीकरण का खंडन बुलर ने Epigraphica Indica में एक लेख द्वारा किया है। उनके इस मत की पुष्टि विसेंट स्मिथ ने अपनी पुस्तक The Jaina Stupa and other Antiquities of Mathura में और आनन्द कुमारस्वामी ने History of Indian and Indonesion Art में की है।

इन तीनों विद्वानों ने ठीक ही कहा है कि भारतीय कला एक अविच्छिन्न प्रवाह के रूप में जीवित रही है। बौद्ध, जैन और हिन्दू धर्मों ने अपने युग और देश की कला को आवश्यकतानुसार अपनाया। इन सभी धर्मों ने कला के क्षेत्र में प्रतीकों और रूढ़िगत रीतियों का एक ही स्रोत से लिया। चाहे स्तूप हों या पवित्र वृक्ष या चक्र—ये सभी, धार्मिक या कलात्मक तत्त्वों के रूप में, सबके लिए सहज-सुलभ थे। आनन्द कुमारस्वामी के शब्दों में : 'यद्यपि प्राय: समस्त भारतीय

* विशेषत: जैन धर्म और कला।

कला धार्मिक है, फिर भी यह कहना गलत है कि उसकी शैलियाँ सम्प्रदायों पर निर्भर थीं।'

इस सत्य को ध्यान में नहीं रखने के कारण ही जायसवाल जैसे विद्वान ने भी जैन धर्म से सम्बद्ध वास्तुकला के बारे में एक बड़ी भ्रामक बात कह दी है। जैन और बौद्ध मन्दिरों पर अप्सराओं, सिद्धों और यक्षों आदि की मूर्तियों के बारे में अपने 'अन्धकारयुगीन भारत' में वे कहते हैं : 'बौद्ध तथा जैन वास्तु में इस प्रकार की मूर्तियों का एकमात्र अर्थ यही हो सकता है कि वे ब्राह्मण सम्प्रदाय के वास्तु से ही ली गई थीं और उन्हीं की नकल पर केवल वास्तु की शोभा और अलंकरण के लिए बनाई जाती थीं।' जायसवाल महोदय यह भूल जाते हैं कि कला के इन प्रतीकों और रूढ़ियों पर जैनियों तथा बौद्धों का उतना ही अधिकार था जितना ब्राह्मण सम्प्रदाय या हिन्दू धर्म का, क्योंकि इन तीनों धर्मों से सम्बद्ध कलाओं का सीधा और स्वतंत्र सम्बन्ध भारतीय कला से था। भारतीय कला की ये तीनों शाखाएँ परस्पर-निर्भर होने के बदले समानाश्रयी थीं।

जहाँ तक स्थापत्य कला (Architecture) का प्रश्न है, जैनियों की बराबरी शायद ही कोई दूसरा भारतीय धर्म कर सके। जिस तरह बौद्ध धर्म से सम्बद्ध अजंता के मंडोदक चित्र (Fresoces) विश्व की चित्रकला में अपना सानी नहीं रखते, उसी तरह स्थापत्य में जैनियों का स्थान अद्वितीय है। फ्रेंच कलाविद् ज्यूरिनो ने अपनी पुस्तक 'ला रेलिजन द जैन' में ठीक ही कहा है कि 'विशेषत: स्थापत्य कला के क्षेत्र में जैनियों ने ऐसी पूर्णता प्राप्त कर ली है कि शायद ही कोई उनकी बराबरी कर सके।' दूसरे धर्मों के विशाल और सुन्दर मन्दिर पाए जाते हैं, लेकिन जैनियों ने 'मन्दिरों के नगरों' को प्रतिष्ठित कर संसार को चकित कर दिया है। शत्रुंजय के शिखर पर जो 'मन्दिरों का नगर' है, वह विस्मय की चीज है।

जैनियों की स्थापत्य-कला के सबसे प्राचीन अवशेष उत्कल के उदयगिरि और खंडगिरि पर्वतों की और जूनागढ़ के गिरनार पर्वत की गुफाओं में मिलते हैं। मूर्तिकला के प्राचीनतम अवशेष मथुरा के कंकाली-तिला और दूसरे स्तूपों में मिलते हैं। उदयगिरि और खंडगिरि की गुफाओं के बारे में फर्गुसां का कहना है कि उनकी विचित्रता और प्राचीनता तथा उनमें पाई जानेवाली मूर्तियों के आकार-प्रकार के कारण उनका महत्त्व असाधारण है।

उदयगिरि की हाथीगुम्फ गुफा खारवेल के शिलालेख के कारण ही महत्त्वपूर्ण है। स्थापत्य-कला की दृष्टि से रानि और गणेश गुफाएँ उल्लेखनीय हैं। इनमें पार्श्व का जीवन-वृत्त बड़ी कुशलता से खचित है।

यहाँ की मूर्तियों में भी, मथुरा की तरह, यूनानी और भारतीय वेशभूषा का मिश्रण है। कारण स्पष्ट है। भारत और यूनान का सम्पर्क बहुत पुराना है और

पारस्परिक प्रभाव स्वाभाविक ही है। आगे चलकर बौद्ध धर्म से सम्बद्ध गांधार मूर्तिकला में भी यही बात पाई जाती है, लेकिन जीवन का जो उल्लास और ह्रास यहाँ पाया जाता है, वह गांधार की संयत कला में दुर्लभ है।

मथुरा के कंकाली या जैनी तिलास्तूप की कला ईसा के पूर्व पहली शताब्दी से लेकर ईसा के बाद दूसरी-तीसरी शताब्दियों तक विकासोन्मुख रही होगी। मथुरा चूँकि अमरावती, सारनाथ और गांधार के बीचोबीच अवस्थित है, इसलिए वहाँ की कला में परम्परागत भारतीय कला तथा गांधार की यूनान से प्रभावित कला के आदर्शों का सुन्दर समन्वय हुआ है।

भारतीय मूर्तिकला पर यूनानी कला का प्रभाव हितकर ही हुआ। जिस तरह आधुनिक काल में भारतीय कला की अभिव्यंजनात्मकता (Expressionism) को अपनाकर इंग्लैंड के श्रेष्ठ मूर्तिकार एप्स्टाइन तथा फ्रांस के प्रसिद्ध चित्रकार मातिसे प्रभृति ने अपने नये-नये प्रयोगों से संसार को चमत्कृत कर दिया है, उसी तरह भारतीय कला पर यूनान का प्रभाव स्पृहणीय हुआ। पाश्चात्य कला 'दर्पणे प्रतिबिम्बवत् यथार्थता' (Photographic representation) को ही कला का चरम उत्कर्ष मानती आई है। इसके विपरीत भारतीय दृष्टि से कला की पराकाष्ठा अभिव्यंजना (Expression) में ही निहित है। इसका फल यह हुआ कि पाश्चात्य देशों की कला के इतिहास में एकाधि बार जड़ता के युग आ गए हैं। अभिव्यंजना-रहित यथार्थता में जड़ता का आना स्वाभाविक ही है। दूसरी ओर भारतीय कला भी निराधार अभिव्यंजना के कारण प्रभाव-शून्य हो जाया करती थी। इसलिए जब कभी इन दोनों आदर्शों का समन्वय हुआ है, तो उसका परिणाम अच्छा ही हुआ है। उदाहरणार्थ, मथुरा-गांधार शैली में यूनान के शारीरिक स्वास्थ्य-सौन्दर्य के आदर्श को स्वीकार कर लेने से एक प्रभापूर्ण सन्तुलन आ गया है।

कला की दृष्टि से मथुरा के आयाग-पट, वोड्व-स्तूप और तोरण उल्लेखनीय हैं।

आयाग-पट पर खचित दो नारी-विग्रहों में विन्सेंट स्मिथ महोदय ने अश्लीलता का आभास पाया है। कला में अश्लीलता का प्रश्न बहुत टेढ़ा है। इस विषय पर यहाँ कुछ विचार करने का अवसर नहीं है। यहाँ पर इतना कह देना पर्याप्त है कि पश्चिम में हो या पूर्व में, धार्मिक कला ने इस विषय में अत्यन्त उदार दृष्टिकोण अपनाया है। यह आश्चर्य की बात है कि विन्सेंट स्मिथ महोदय भारतीय धार्मिक कला में अश्लीलता का दोष निकालें। असल में स्मिथ कभी भी भारतीय कला के आदर्शों को ठीक से हृदयंगम नहीं कर पाए थे। भारतीय कला पर जब उन्होंने पहले-पहल कलम चलाई थी, तो उन्होंने एक शब्द भी उसकी प्रशंसा में नहीं कहा था। बाद में, हैवेल इत्यादि की भारतीय कला की विशेषताओं की व्याख्या के बाद, उनको अपने मत को पूर्ण रूप से बदल देना पड़ा था।

अस्तु, संक्षेप में जहाँ मथुरा और उत्कल के वास्तु में नर्तकियों की मूर्तियाँ गति और विकास को अभिव्यक्त करती हैं, वहीं भगवान बुद्ध की तरह समाधिलीन तीर्थंकरों की मूर्तियाँ कर्म के बन्धनों से मुक्त परिनिर्वाण की सफल अभिव्यंजना करती हैं।

जैन स्थापत्य के अपेक्षाकृत अर्वाचीन उदाहरण आबू, पारसनाथ, राजपुर, पावापुरी आदि तीर्थों में और राणा कुम्भा के समय के अवशेषों में पाये जाते हैं।

दक्षिण में, जहाँ बौद्ध धर्म के स्थापत्य के इने-गिने अवशेष हैं, वहाँ जैन धर्म के प्राचीन स्थापत्य के बहुसंख्य उदाहरण आज भी प्राप्य हैं।

इनमें प्रमुख हैं एलोरा की इन्द्र-सभा और जगन्नाथ-सभा। इनकी खुदाई बादामी या राष्ट्रकूट शाखा के चालुक्य राजाओं के तत्त्वावधान में हुई होगी। पाण्ड्य प्रदेश में कलुगमलइ का अद्‌भुत मन्दिर है। वह भी विद्वानों के मत से मूलतः जैन धर्म का ही रहा होगा।

बौद्ध और हिन्दू मन्दिरों की तरह जैन मन्दिर-स्थापत्य के भी दो प्रधान वास्तु-प्रतीक हैं—स्तूपाकार उपरिभाग और शिखर। जैन स्थापत्य में इनका निर्माण जिस सफलता के साथ हुआ है, वह आश्चर्यजनक है।

अब, संक्षेप में, जैनधर्म से सम्बद्ध चित्रकला का निदर्शन करने का प्रयत्न किया जाएगा।

सबसे प्राचीन जैन चित्र मद्रास में तांजोर के पास पुद्‌दू कोटा रियासत के सित्तन्नवासल के गुफा-मन्दिर की दीवारों पर पाए जाते हैं। इनका समय 625-650 ईसवी सन् है।

भारतीय चित्रकला के सबसे प्राचीन उदाहरण सरगुजा रियासत की जोगीमारा गुफा की दीवारों पर मिलते हैं। इन प्रागैतिहासिक चित्रों की कला उसी तरह की है जिस तरह की तत्कालीन स्पेन, मेक्सिको, क्रीट आदि की है।

इसके बाद भारतीय कला के प्राचीन और साथ-ही-साथ उत्कृष्ट उदाहरण हैदराबाद के अजंता और एलोरा, ग्वालियर के बाघ, बम्बई के बदामी और मद्रास के सित्तन्नवासल की गुफाओं में ही मिलते हैं।

अजंता-एलोरा की चित्रकला के बारे में प्रसिद्ध ही है कि इनका सम्बन्ध बौद्ध धर्म से है। लेकिन सित्तन्नवासल के जैन धर्म से सम्बद्ध भित्तिचित्रों या मंडोदक चित्रों की कला भी उच्च कोटि की है। इसमें कोई सन्देह नहीं कि अजंता के सर्वोत्कृष्ट उदाहरणों के साथ सित्तन्नवासल के चित्रों की तुलना करना अन्याय होगा, किन्तु ये चित्र भी भारतीय चित्रकला के इतिहास में गौरव का स्थान पाते हैं। इनकी रचना-शैली बाघ और अजंता के भित्ति-चित्रों से बहुत कुछ मिलती-जुलती है। इसका कारण यही है कि ये सभी शाखाएँ एक ही स्कन्ध, भारतीय कला के स्कन्ध से निकली थीं। जैन स्थापत्य की चर्चा करते हुए मैंने इस बात की ओर पाठकों का ध्यान आकृष्ट कर दिया था।

सित्तन्नवासन के बाद जैन धर्म से सम्बद्ध चित्रकला के उदाहरण भारतीय इतिहास के उत्तर-मध्यकाल अर्थात् दसवीं-ग्यारहवीं शताब्दी से लेकर 15वीं शताब्दी तक मिलते हैं।

इसके पहले चित्रकला लुप्त हो गई हो, ऐसी बात नहीं। लेकिन प्राचीन भारत के जो भी अवशेष हमें मिल जाते हैं, उन्हें गनीमत समझना चाहिए। मागधी प्राकृत की 'सुरसुन्दरी-कथा' प्रभृति जैन पुस्तकों में चित्रकला के सातत्य के स्पष्ट प्रमाण मिलते हैं, यद्यपि अवशेष कुछ बाद के ही उपलब्ध हैं।

सच पूछिए तो मध्यकालीन चित्रकला के अवशेषों के लिए हम मुख्यतः जैन भंडारों के ही आभारी हैं। पहली बात तो यह है कि इस काल में प्रायः एक हजार वर्ष तक जैन धर्म का प्रभाव भारतवर्ष के एक बहुत बड़े हिस्से में फैला हुआ था। दूसरा कारण यह भी है कि धनी-मानी जैनियों ने बहुत बड़ी संख्या में धार्मिक ग्रंथ ताड़-पत्र पर लिखित और चित्रित (Illuminated) कराकर बँटवाए थे।

ये जैन चित्र प्रधानतः श्वेताम्बर सम्प्रदाय के ही हैं। इसका कारण स्पष्ट है। श्वेताम्बर सम्प्रदाय के तत्त्वावधान में अर्हत और तीर्थंकरों के चित्रों को अलंकृत करने का अवसर चित्रकारों को पर्याप्त मात्रा में मिल सकता था, लेकिन दिगम्बर सम्प्रदाय में नहीं।

'निशीथचूर्णी', 'अंगसूत्र', 'त्रिशष्टिशलाकापुरुषचरित्र', 'नेमिनाथचरित्र', 'कथारत्नसागर', 'संगृहणीयसूत्र', 'उत्तराध्ययनसूत्र, 'कल्पसूत्र', 'सावगपदि्दकमण-सुत्तचुन्नी' इत्यादि वे प्रमुख ग्रंथ हैं, जिनकी चित्रित प्रतियाँ आज भी उपलब्ध हैं।

दिगम्बर सम्प्रदाय के साहित्य की कतिपय कृतियों में भी जैन चित्रकला के सुन्दर नमूने मिलते हैं। करणानुयोग-सम्बन्धी 'त्रिलोकप्रज्ञप्ति', 'तिलोकसार' प्रभृति प्राचीन ग्रंथों में चित्रकला के सुन्दर नमूने हैं।

चूँकि पहले-पहल इस काल के प्रतिनिधि-स्वरूप चित्र जैन धर्म से ही सम्बद्ध पाए गए, इसलिए इस काल की चित्रकला की शैली का नामकरण जैन शैली किया गया।

इस नामकरण को क्यों स्वीकार नहीं किया जा सकता, इसका एक प्रमुख कारण मैं आपको पहले ही बता चुका हूँ।

एक दूसरा कारण भी है, जिसकी उपेक्षा नहीं की जा सकती। भारतीय चित्रकला के इतिहास के शोध के सिलसिले में, कुछ दिनों के बाद, ऐसे बहुत सारे चित्रित अजैन ग्रंथ मिले, जिनकी टेक्निक पूर्वोक्त चित्रित जैन ग्रंथों से मिलती-जुलती थी, उदाहरणार्थ—'वसन्तविलास', 'बालगोपालस्तुति', 'गीतगोविन्द', 'दुर्गासप्तशती', 'रति-रहस्य' इत्यादि।

इस आधार पर श्री न्हानालाल चमनलाल मेहता ने, जो भारतीय कला के मर्मज्ञ विद्वान और आलोचक हैं, इस काल की शैली का नामकरण 'गुजरात शैली' किया।

लेकिन कालान्तर में इस प्रकार के बहुत-से ग्रंथ मिले जिनका गुजरात से बाहर था, जैसे—राजपूताना, मालवा, जौनपुर, पंजाब इत्यादि। इसलिए आनन्द कुमारस्वामी ने इसका नामकरण 'पश्चिम-भारत शैली' किया है, यद्यपि अब तो ऐसे ग्रंथ दक्षिण में भी मिले हैं और इस नाम में भी अव्याप्ति दोष आ जाता है।

यहाँ हमें इस समय की कला की विशेषताओं के संक्षिप्त परिचय से ही सन्तोष करना पड़ेगा।

मुझे यह देखकर बहुत आश्चर्य हुआ था कि इस शैली के महत्त्व को राय कृष्णदास जैसा कला-पारखी बिलकुल नहीं समझ पाया है। अपनी 'भारत की चित्रकला' में उन्होंने लिखा है कि इस शैली में 'न सौन्दर्य है, न रेखाओं का दम-खम और न कल्पना की उड़ान।' यह आलोचना कुछ वैसी है, जैसी पाश्चात्य विद्वानों की समस्त भारतीय कला के सम्बन्ध में, प्राच्य विद्या के प्रारम्भिक काल में, हुई थी। उनके मतानुसार तो अनेक भुजाओं वाली भारतीय मूर्तियाँ कला की श्रेणी में आ ही नहीं सकती थीं। लेकिन उन्होंने पीछे चलकर भारतीय कला की अन्तर्निहित वास्तविक आध्यात्मिक विशेषताओं को समझ लिया और वे अपनी गलती स्वीकार करने में पीछे नहीं रहे।

राय कृष्णदास को यह समझना चाहिए कि उपर्युक्त चित्रों में 'एक प्रकार की निर्मलता, स्फूर्ति और गतिवेग है, जिससे डा. आनन्द कुमारस्वामी जैसे रसिक विद्वान मुग्ध हो जाते हैं' (एन.सी. मेहता : 'भारतीय चित्रकला')।'

इसमें कोई सन्देह नहीं कि ये चित्र अजंता या सित्तन्नवासल के चित्रों की तरह रोचक नहीं, फिर भी किसी भी सुसंस्कृत मस्तिष्क पर इनका प्रभाव पड़े बिना नहीं रह सकता।

इन चित्रों की सरलता और स्पन्दनशीलता को देखकर एन.सी. मेहता तो यहाँ तक कहते हैं कि 'यही चित्रशैली हिन्दुस्तान की लोकशैली रही!'[1]

['दृष्टिकोण' : 1947]

1. यह निबन्ध श्रीजैन-सिद्धान्त-भवन, आरा में महावीर जयन्ती के अवसर पर सभापति के पद से पढ़ा गया था। —**सं.**

भारतीय मूर्तिकला* में 'ध्यान' की अभिव्यक्ति

यहाँ पर यह बहुत आवश्यक तो नहीं मालूम होता, फिर भी गलतफहमी से बचने के लिए हम स्पष्ट कर ही दें कि 'जैन मूर्तिकला' से हमारा क्या तात्पर्य है। जैसाकि हमने भारतीय कला-सम्बन्धी अपने पिछले प्रबन्ध में स्पष्ट कर दिया है, हम इस शीर्षक (जैन मूर्तिकला) का उपयोग केवल सुविधा की दृष्टि से ही कर रहे हैं और हमें इस बात का भी पूरा-पूरा ध्यान है कि धर्म के आधार पर भारतीय कला का वर्गीकरण इतिहास का गला घोंटना है। हमने अपने पूर्वोक्त प्रबन्ध में बतलाया है कि किस प्रकार यह भूल सबसे पहले फर्गुसां ने अपनी पुस्तक History of Indian Architecture में की थी; और किस प्रकार ऐसे वर्गीकरण की अन्तर्निहित भ्रामकता का खंडन बुलर, स्मिथ और कुमारस्वामी जैसे आलोचकों ने किया।

योगी-सी आकृति वाली मूर्तियाँ भारतीय मूर्तिकला में सामान्य रूप से पाई जाती हैं—चाहे वह हिन्दू धर्म से अनुप्राणित हो, चाहे बौद्ध या जैन धर्म से। फिर भी यह तो निःसंदिग्ध है कि विश्व को इस प्रकार की मूर्तियों की देन का श्रेय हिन्दू तथा जैन धर्म की अपेक्षा बौद्ध धर्म को ही अधिक है। जो भी हो, विवेकशील विद्वानों और गुणज्ञ पारखियों ने पत्थर के माध्यम से ध्यानावस्था की इस असाधारण अभिव्यक्ति की मुक्त-कंठ से प्रशंसा की है। जैन धर्म से स्पष्टतः अनुप्रेरित इस प्रकार की मूर्तियाँ भी भारतीय मूर्तिकला के उत्कर्ष की सामान्य प्रशंसा में हिस्सा बँटाने का अधिकार रखती हैं।

भारतीय मूर्तिकला की यह एक विलक्षण विशेषता है कि उसमें हम सृष्टि तथा अविनश्वरता की गति और स्थिरता की, पत्थर में, समान रूप से सफल अभिव्यक्ति पाते हैं। 'नटराज' की सुप्रसिद्ध मूर्ति में परिलक्षित गत्यात्मकता के रहस्य को इधर जाकर रोदें-जैसे पश्चिमी मूर्तिकार तथा एप्स्टाइन-जैसे समकालीन कलाकार ग्रहण कर पाए हैं। समाधि की अवस्था को अभिव्यक्त करनेवाली मूर्तियों की पूर्ण स्थिरता भारतीय कलाकारों की एक ऐसी सिद्धि है, जो दूसरे देशों के कलाकारों में आज भी

* विशेषतः जैन मूर्तिकला में।

नहीं पाई जाती। लेकिन इसके पहले कि हम इस सम्बन्ध में विचार करें, हमें एक दूसरी आवश्यक बात पर भी दृष्टिपात कर लेना चाहिए।

ऐसी मूर्तियों की कलात्मक उत्कृष्टता के विवेचन के पूर्व हम यह सर्वथा आवश्यक समझते हैं कि इसके सुदूर उद्‌भव के सम्बन्ध में प्रचलित एक गलतफहमी की ओर विद्वानों का ध्यान आकृष्ट कर दिया जाए।

कुछ विद्वान जिनमें सर जॉन मार्शल का नाम विशेष रूप से उल्लेखनीय है, इस प्रकार की मूर्तियों के आविर्भाव काल को भारतीय इतिहास के सिन्धु-नद-सभ्यता के युग तक ले जाने का प्रयत्न करते हैं। मार्शल ने अपनी विशालकाय पुस्तक Mohenjodaro and the Indus Civilization (1931) में उस एकमात्र प्रस्तर-प्रतिमा का सविस्तार विवेचन किया है, जो मोहेनजोदड़ो में प्राप्त हुई है और जिसके बारे में निश्चय के साथ कहा जा सकता है कि वह किसी देवता की ही है। यह छोटी-सी श्वेत प्रस्तर की आवक्षमूर्ति है, जो अब तो ऊँचाई में सिर्फ सात इंच की है, यद्यपि पहले और बड़ी रही होगी, क्योंकि उसका निचला हिस्सा अब गायब है। इस मूर्ति की विचित्र, अर्द्ध-निमीलित आँखें, मार्शल के मतानुसार, योग या समाधि की अवस्था को सूचित करती हैं।

किन्तु इस सम्बन्ध में हम यह कहने को बाध्य हैं कि यह व्याख्या संदिग्ध तथा अयुक्तिसंगत है। ऐसी आँखें किश और उर की कुछ बहुत पुरानी मिट्टी की मूर्तियों में भी पाई जाती हैं। मूर्तिकला के किसी पारखी से यह बात छिपी नहीं रह सकती कि प्रतिपाद्य मूर्तियों का मूलाधार होने का दावा उपर्युक्त प्रतिमा नहीं कर सकती।

लेकिन इसके साथ ही हम यह भी स्पष्ट कर दें कि यद्यपि हम भारतीय मूर्तिकला के प्रकार-विशेष की परम्परा को सिन्धु-सभ्यता से सम्बद्ध मानने का कोई कारण नहीं देखते, फिर भी यह तो निर्विवाद ही है कि इसकी जड़ें भारतीय शिल्प-चेतना में बहुत पहले से ही अपना स्थान बना चुकी होंगी और उन्हें हिन्दू, बौद्ध तथा जैन मूर्तिकारों ने पूर्णता प्रदान की। भारतीय कला की प्राणभूत विशेषता यह थी कि भारतीय दर्शन की तरह, वह धर्म और जीवन से सीधा सम्बन्ध रखती थी। भारतीय मूर्तिकारों द्वारा पत्थर में अनूदित समाधि की अवस्था योगाभ्यास के उस महत्त्व का निर्देश करती है, जो भारतीय जीवन में सामान्य रूप से स्वीकृत था।

यहाँ पर हम अपनी आलोचना के लिए मथुरा में प्राप्त 'जिनयुक्त अयागपट'[1] को लेंगे। इसमें भी हम केन्द्र की ध्यानमग्न आकृति का ही विशेष रूप से अध्ययन करेंगे, क्योंकि उसके चारों ओर की नक्काशी या प्रतीकों तथा स्तम्भों की विवेचना के लिए यहाँ अवकाश नहीं। यह कहना तो अनावश्यक है कि जो बातें इस मूर्ति के लिए लागू हैं, वे बहुत दूर तक इस प्रकार की दूसरी मूर्तियों के लिए भी सच हैं।

1. समय—प्रायः पहली शताब्दी।

ऐसी मूर्तियों की आध्यात्मिकता तथा अभिव्यंजनात्मकता के सम्बन्ध में अनर्गल आलोचनाओं की कमी नहीं। यहाँ पहले हम इन मूर्तियों की आध्यात्मिकता के रहस्य को ही सुलझाने का प्रयत्न करें। इसके लिए सुविधाजनक यही होगा कि हम उस एक ही मूर्ति को ध्यान में रखें जिसकी चर्चा हमने अभी-अभी की है।

इस मूर्ति में जो स्थिरता है, जिस गतिराहित्य की अभिव्यंजना है, वह बहुत कुछ ऊपरी है। जिसे हम बड़ी आसानी से गतिहीनता कह देते हैं, वह वस्तुतः आत्यन्तिक गत्यात्मकता ही है। यह गत्यात्मकता kinetic है; जैसे लट्टू बहुत तेज नाचते रहने की वजह से देखने में स्थिर मालूम होता है, उसी तरह अपनी अतिशयता के कारण ही यह गतिहीन मान ली जाती है। मूर्ति के मुख पर जो प्रशान्त स्थिरता है, उसका, अर्द्ध-निमीलित आँखों से, खिंचे हुए होंठों से तथा हाथ और पैर के मोड़ से, निराकरण हो जाता है। सारी शक्ति और क्रियाशीलता अन्दर की ओर प्रवहमान दीखती है।

यह बड़े आश्चर्य की बात है कि दूसरे प्रकार की भारतीय मूर्तियों से कहीं अधिक इस प्रकार की ही मूर्तियों में हम पुरुष-शरीर का आदर्श रूप पाते हैं। इन मूर्तियों के चौड़े कन्धे और क्षीण कटि-प्रदेश आधुनिक काल के पुरुष-शरीर के आदर्श के भी सर्वथा अनुरूप हैं—शायद ग्रीक मूर्तियों से भी अधिक, जिनमें शारीरिक बनावट की बारीकियों, पूर्णता तथा सुन्दरता पर बहुत ही अधिक ध्यान दिया जाता था। ऐसी मूर्तियों में सामान्य रूप से यथार्थवाद तथा अभिव्यंजनावाद का नयनाभिराम समन्वय हुआ है।

प्रसिद्ध कलाकार और कलाविद् रोथेन्स्टाइन समाधि की इस मूर्तिगत अभिव्यंजना से बहुत प्रभावित हुआ था। The Examples of Indian Sculpture की भूमिका में उसने ठीक ही कहा है : 'एक आध्यात्मिक मनोभाव की ऐसी मूर्त अभिव्यक्ति कुछ इतनी निर्दोष और परिपूर्ण है कि हजारों वर्षों के बाद भी वह मनुष्य द्वारा निर्मित प्रतीकों में सर्वाधिक प्रेरणायुक्त तथा सन्तोषजनक है।'

सामान्यरूप से भारतीय मूर्तिकला में तथा विशेष रूप से जैन मूर्तिकला में, सृजनात्मक प्रतिभा इतनी काफी मात्रा में थी कि यहाँ के लोगों को इस उक्ति से डरने का कोई कारण नहीं था : 'Where there is no vision the people perish'.

['दृष्टिकोण' : 1947]

आधुनिक कला और भारत

बात चल निकलने पर लोग बहुधा तर्क—अपनी समझ में अखंडनीय तर्क—उपस्थित कर बैठते हैं : 'तुम्हारे यहाँ गौरवपूर्ण ग्रीक ट्रेजडियों की तुलना में क्या है ?' इसका एक ही उत्तर दिया जा सकता है : 'कुछ नहीं।' लेकिन प्रतिप्रश्न तो किया जा सकता है : 'संस्कृत के अमर रूपकों की तुलना में ग्रीस क्या रख सकता है ?'

वस्तुतः ये दोनों ही तर्क दुर्बल हैं। इनका आश्रय लेनेवाले यह भूल जाते हैं कि ये दोनों महान सभ्यताएँ अन्योन्यभिन्न आधानों से प्रेरित हुईं और सर्वथा भिन्न साध्यों की प्राप्ति के लिए स्वतंत्र रेखाओं पर विकसित हुईं।

ग्रीस की ट्रेजडियों की तुलना में संस्कृत नाटकों के मध्य अनिच्छापूर्वक आरोपित करुण तत्त्व को उल्लेखनीय महत्त्व नहीं दिया जा सकता। लेकिन, दूसरी ओर, रसपरिपाक, जो संस्कृत नाट्यकारों का एकमात्र उपेय था, ग्रीस में अनाविष्कृत रहा। इस दृष्टि से ग्रीक ट्रेजडियों को अपेक्षाकृत कम सफल मानना पड़ेगा। अतः विवेकपूर्ण मनोवृत्ति मूल्यों के संश्लेषण द्वारा इन दोनों संस्कृतियों की असाधारण महत्ता को स्वीकार करेगी। ग्रीस के आदर्शों के अनुसार भारतीय कला एक विचित्र दृश्य उपस्थित करती है; यही बात भारतीय आदर्शों के अनुसार ग्रीक कला के बारे में भी सच है। यह ठीक है कि ग्रीस की यथार्थवादी कला (Representational art) दुनिया में अपना सानी नहीं रखती, पर यही बात भारतीय अभिव्यंजनावाद (Expressionism) के बारे में भी कही जा सकती है। अतः यदि भारतीय कला का प्रेमी जहाँ ग्रीस की सूखी यथार्थवादिता की खिल्ली उड़ाता है, वहाँ उसका एक अन्धभक्त भारत के विलक्षण अभिव्यंजनावाद की—चाहे वह साहित्य में, मूर्तिकला में या चित्रकला में हो—अवहेलना करे, तो यह भी अप्रत्याशित नहीं है।

पर इसका अर्थ यह नहीं कि उनका तारतम्यिक मूल्यांकन एकदम असम्भव या अनुचित है। हाँ, एक को दूसरे के दृष्टिकोण से परखना अवश्य ही समीचीन न होगा; पर काल की जो एक शाश्वत तुला है, उस पर दोनों का तौलना कदापि अन्यायसंगत न होगा।

यहाँ पर यह तो मानना ही पड़ेगा कि अभी हाल तक ग्रीक कला भारतीय कला से श्रेष्ठ मानी जाती रही है। जहाँ यूरोपीय कलाकारों के लिए ग्रीस की कला आदर्श

रूप में स्पृहणीय रही है, वहाँ भारतीय कला एक ऐसा विषय रही है, जिसमें कलाकार या कलाविद् नहीं वरन् ऐतिहासिक और पुरातत्त्ववेत्ता ही दिलचस्पी लेते रहे हैं।

आज भी यह नहीं कहा जा सकता कि आधुनिक भारतीय कलाकार भी प्राचीन भारतीय कला में जो दिलचस्पी ले रहे हैं, वह ऊपरी से कुछ अधिक है। अभी भी प्राचीन भारतीय कला के आदर्शों, उसके महत्त्व और सम्भावनाओं को कलाकार या आलोचक अच्छी तरह अनुभव कर सके हैं, यह नहीं कहा जा सकता।

इस बात का तो दृढ़तापूर्वक दावा किया जा सकता है कि भारतीय कला की मूल-प्रेरणा के रूप में जो भावना है, वह ग्रीक कला की प्रेरणा से कहीं श्रेष्ठ है। आजकल भारतीय कलाकारों द्वारा अजंता की चित्रकारी का जो गतिहीन, अमौलिक अनुकरण हो रहा है, उसके आधार पर यह बात नहीं कही जा रही है। परन्तु आश्चर्य तो तब होता है, जब हम देखते हैं कि पश्चिम की आधुनिक युग की कला भी भारत की प्राचीन कला के आदर्शों को लेकर चल रही है। यूरोप की आधुनिक कला की आत्म और भावना ग्रीक कला की अपेक्षा भारत की प्राचीन कला के अधिक समीप है और हमारे निश्चय का यही आधार है।

यह समीपता इतनी स्पष्ट है कि, आश्चर्य है, कलाकारों और कला के आलोचकों की दृष्टि इधर नहीं गई। इसका एकमात्र कारण यही है कि अजंता से लेकर मातिसे और गगनेन्द्रनाथ ठाकुर, गांधार-अमरावती मूर्तिकला से लेकर माइकेल एंजेलो, रोदें और एप्स्टाइन तक जो सातत्य और अन्तर्सातत्य की एक धारा प्रवाहित होती रहती है, उस पर विवेचकों का ध्यान ही नहीं गया।

यहाँ हमें सतर्कता से काम लेना चाहिए। यह सातत्य इतना सीधा और स्पष्ट नहीं, जितना एक पक्षपातपूर्ण व्यक्ति समझ सकता है। उदाहरणत: अनुकरण तो दूर रहे, यह कहना भी कठिन है कि मातिसे पर अजंता का सीधा प्रभाव पड़ा है। इससे भारतीय कल्पना की उदात्तता ही प्रकट होती है। इसके विपरीत ह्विस्लर के युग में, यूरोप में, चटकीले वर्णोंवाले जापानी चित्रों की तरफ जो एक झुकाव पैदा हो गया था, वह यूरोपीय कलाकारों के ही मध्य में रहनेवाले होकासाइ की कृतियों द्वारा प्रभावित एक क्षणिक आवेशमात्र था। अतएव यह कहा जा सकता है कि आज यूरोप, युगों के प्रयोग के बाद, एक दूसरे ही मार्ग से उसी आदर्श पर आ रहा है, जिससे भारत हजारों वर्ष पूर्व परिचित था।

यहाँ आधुनिक यूरोप पर भारत का क्या ऋण है, यह प्रमाणित करना हमारा अभीष्ट नहीं, यद्यपि पाश्चात्य विद्वानों की प्राचीन भारत पर प्राचीन यूरोप के ऋण की बात प्रमाणित करने की प्रवृत्ति पर हँसी भी कम नहीं आती। हमारा ध्येय तो प्राचीन भारतीय कला के आधान के शाश्वत गौरव का निर्देशमात्र करना है। उसके आदर्श आज भी उपयोगी हैं। आज कुछ पाश्चात्य कलाकार, जो महान बौद्धिक

संघर्ष के पश्चात उन आदर्शों तक पहुँचे हैं, कहते हैं कि उन्होंने लोगों के सामने एक नये क्षेत्र का उद्घाटन किया है, पर लोग उनका महत्त्व नहीं समझते। किन्तु सुदूर अतीत में भी भारतीय कलाकार उन आदर्शों से परिचित थे और उन्हें अपनी कला तथा लोगों की विवेकपूर्ण गुणग्राहकता में पर्याप्त विश्वास था।

टेक्निक की या अन्य प्रकार की महत्त्वशून्य समानताओं के आधार पर एक देश का दूसरे देश पर ऋण की बात करना साधारण हो गया है। उदाहरणार्थ, संस्कृत रूपकों की ग्रीक उत्पत्ति का सिद्धान्त ही लिया जा सकता है, पर हम प्रारम्भ से ही ऐसी प्रवृत्ति से अलग रहे हैं।

हमें यह जानकर कम आश्चर्य नहीं होता कि जहाँ ग्रीक कला के सब आदर्श एक-एक कर परित्यक्त हो गए हैं, वहाँ आधुनिक युग की कला की मूल भावना प्राचीन भारतीय कला के सर्वथा अनुरूप दीखती है। हम यहीं कह दें कि आधुनिक यूरोप इतने प्रयत्नों के पश्चात, दूसरे मार्ग से होकर, उसी आदर्श पर पहुँचा है, इससे नव-जाग्रत संकीर्ण भारतीय राष्ट्रीयता का कोई वास्ता नहीं हो सकता। पर भारतीय कल्पना की सभ्यता तो इससे प्रमाणित होती ही है।

किन्तु यहाँ प्राचीन भारत और आधुनिक यूरोप की एक विशेषता पर ध्यान आकृष्ट कर देना आवश्यक है। भारतीय भावनाओं के मूल में धर्म था, पर आधुनिक युग पर फ्रायड और मार्क्स का अमार्जनीय प्रभाव रहा है। इस मौलिक विभेद के बावजूद एक ही परिणाम पर पहुँचना सम्भव है। जिस प्रकार डी.एच. लारेंस और फ्रायड अपने-अपने स्वतंत्र मार्ग से चलकर भी अचेतन की महत्ता के तथ्य पर पहुँचे थे, उसी प्रकार अजंता और मातिसे की कला भी अभिव्यंजनावाद का उत्कृष्ट उदाहरण है, यद्यपि एक पर दूसरे का प्रत्यक्ष प्रभाव नहीं के बराबर है।

इधर भारत में भी कुछ हद तक पारस्परिक प्रभाव दृष्टिगोचर होने लगा है। इस देश के कुछ कलाकार, जिनके लिए भारतीय अभिव्यंजनावाद एकदम नई चीज नहीं है, अभिव्यंजनावाद की नई पश्चिमी व्याख्याओं से प्रभावित हुए हैं। उनमें रवीन्द्रनाथ और गगनेन्द्रनाथ ठाकुर प्रमुख हैं। रवीन्द्रनाथ ठाकुर ने, साहित्य-क्षेत्र की तरह चित्रकला के क्षेत्र में भी, भारतीय और यूरोपीय कला का समन्वय करते हुए महत्त्वपूर्ण प्रयोग किये हैं। भारत के प्रसिद्ध कलाविद् आनन्द कुमारस्वामी ने रवीन्द्र की कृतियों के पक्ष की ओर ध्यान आकृष्ट किया है। पर वे भी इसके महत्त्व की गहराई में नहीं गए हैं। रवीन्द्र के चित्रों में हाथ का ऐसा कच्चापन दिखलाई पड़ता है, जैसाकि एक अभ्यासरहित व्यक्ति में होना स्वाभाविक है और इसे स्वयं उन्होंने भी स्वीकार किया है। पिकासो और मातिसे के कुछ अतिशय सरलीकृत आकलनों को देखकर भी यही अभियोग लगाया गया था; किन्तु यह प्रमाणित हो चुका है कि रूढ़ रेखांकन में भी जहाँ ये कलाकार अपना सानी नहीं रखते, वहाँ रवीन्द्र के लिए चित्रकला गौण विषय रही है। गगनेन्द्रनाथ ने और भी महत्त्वपूर्ण प्रयोग किये हैं और

वे अधिक प्रसिद्ध नहीं हो सके, इसका कारण यही है कि लोग उनके प्रयोगों के महत्त्व को समझ नहीं सके। यदि ऐसी बात नहीं थी, तो क्या कारण है कि वे साधारण कोटि के प्राचीन कला के अनुकरण करनेवालों के बराबर भी ख्याति नहीं प्राप्त कर सके ?

हमें खेद के साथ कहना पड़ता है कि मथुरा-अमरावती के मूर्ति-निर्माताओं के वंशधरों में कोई एप्स्टाइन का प्रतिरथ नहीं है। अजंता-बाग के चित्रकारों के उत्तराधिकारियों में कोई पिकासो और मातिसे का समकक्ष नहीं दीख पड़ता और न बाण और हर्ष जैसे प्रकांड बुद्धिवादी पूर्वपुरुषों का दावा करनेवालों में कोई जेम्स ज्वायस या टी.एस. इलियट के साथ उल्लेखनीय साहित्य-स्रष्टा ही है। काव्य के क्षेत्र में कुछ हद तक रवीन्द्र की कुछ कविताएँ और कुल मिलाकर दस-बीस छोटी कहानियाँ—विश्व के कला-कोश में आधुनिक भारत का इतना ही चन्दा है। यों चाहे हम जो कुछ अपने बारे में कहते रहें, एक समृद्ध परम्परा के रहते हुए भी ऐसी हीनता अवश्य खेदजनक है !

अन्त में हमें यही कहना है कि आधुनिक भारतीय कला का उद्धार हीनता को अपनाने में ही नहीं है, चाहे वह कितना ही जाज्वल्यमान क्यों न रहा हो। वे टेक्निक और ढंग विस्मृत हो गए हैं, यद्यपि उन आदर्शों से आज भी हम प्रेरणा प्राप्त कर सकते हैं। पश्चिम में जो प्रयोग हो रहे हैं, वे अधिक वैज्ञानिक हैं, अतएव अब हमें उनको निस्संकोच अपना लेना चाहिए, जैसे हमने साहित्यिक क्षेत्र में कहानियों तथा उपन्यासों के साहित्यिक रूपों को अपना लिया है।

['दृष्टिकोण' : 1947]

कला का सामाजिक विश्लेषण

कला जीवन का सृजन भी करती है और चित्रण भी। वह अपने युग को प्रभावित तो करती ही है, प्रभावित होती भी है। कला का यह दूसरा पहलू सामाजिक है। अत: साहित्य के अध्ययन के सिलसिले में सामाजिक विश्लेषण का महत्त्वपूर्ण स्थान है।

इस प्रकार के सामाजिक विश्लेषण में तीन बातों पर विचार किया जाता है : पहली—लेखक, उसकी वंश-परम्परा और वातावरण; दूसरी—वह युग, जिसके बारे में उसने लिखा; और तीसरी—वह युग, जिसमें उसकी पुस्तक प्रकाशक छापता है और पाठक पढ़ते हैं।

पहले दृष्टिकोण का, व्यापक रूप में, विषय है : जीवनी। साहित्य का आलोचक यह विचार करता है कि किसी लेखक का व्यक्तित्व उस सामाजिक वर्ग के द्वारा कहाँ तक प्रभावित हुआ है जिसमें उसका लालन-पालन हुआ था। पाश्चात्य साहित्यालोचन में इस दृष्टिकोण से अनेक लेखकों की जीवनियाँ लिखी गई हैं। हिन्दी में इस प्रकार की स्वतंत्र जीवनियों का अभाव है। यों, शुक्ल जी ने अपनी पुस्तकों—'तुलसीदास' और 'सूरदास'—में इस प्रकार का विश्लेषण भी किया है। डा. रामविलास शर्मा ने निराला शीर्षक अपनी नव-प्रकाशित पुस्तक में निराला जी के व्यक्तित्व के निर्माण पर इस दृष्टि से विचार किया है। साहित्यालोचन की यह शाखा अभी, हिन्दी में, पुष्ट नहीं हो पाई है, यद्यपि उस पर विद्वानों का ध्यान गया जरूर है।

जिस दूसरी बात की चर्चा हमने की है, उसका सम्बन्ध है उस युग से जिसके बारे में कवि ने और, विशेषत: नाटककार या उपन्यासकार ने लिखा है। इस दूसरे प्रकार के साहित्यिक-सामाजिक विश्लेषण में कविता की अपेक्षा उपन्यास या नाटक को अधिक महत्त्व देने का कारण यह है कि उनमें युगविशेष का अधिक विस्तृत तथा सर्वांगीण चित्रण रहता है। यदि हम उपन्यासों को अपना आधार बनाएँ तो भिन्न-भिन्न औपन्यासिकों की अपनी-अपनी दुनिया का ढाँचा सुगमतापूर्वक खड़ा कर सकते हैं और इस बात की समीक्षा भी कर सकते हैं कि प्रेम और विवाह, किसान और मजदूर और पूँजीपति, पंडे और पुरोहित—इनमें से किसे किस लेखक

ने कैसा रूप दिया है। इस दृष्टि से प्रेमचन्द, प्रसाद तथा 'उग्र'—इन तीनों का अध्ययन मनोरंजक और ज्ञानवर्द्धक होगा। इस प्रकार के अध्ययन का एक दूसरा रूप भी हो सकता है; सम्भव समस्याओं पर भिन्न-भिन्न लेखकों के विचारों के विश्लेषण के पहले किसी एक लेखक के किसी एक समस्या से सम्बन्धित विचारों की केन्द्रित मीमांसा। हिन्दी में कम-से-कम एक ऐसी उल्लेखनीय पुस्तक अवश्य है। वह पुस्तक है डा. रामविलास शर्मा की 'प्रेमचन्द', जिसमें उन्होंने प्रेमचन्द के किसान-जमींदार समस्या के वर्णन तथा समाधान का विश्लेषणात्मक अध्ययन प्रस्तुत किया है। ऐसे अध्ययनों में यह आवश्यक है कि साहित्य में चित्रित समाज की तुलना हम उस समाज के ऐसे रूप से करें, जो हमें साहित्येतर स्रोतों से उपलब्ध होता है—अर्थात् अखबारों और इतिहासों आदि से। कॉन-ब्रैमस्टेड (Kohn-Bramstedt) ने अपनी विद्वतापूर्ण पुस्तक Social Types in German Literature में ठीक ही कहा है कि एक उपन्यास में खास-खास सामाजिक वर्गों तथा उनके आचरण का चित्रण यदि हुआ है तो कहाँ तक हुआ है, इसका केवल वही व्यक्ति पता लगा सकता है जिसे किसी समाज के ढाँचे का ज्ञान साहित्य के अतिरिक्त दूसरे स्रोतों से भी प्राप्त हो। ...क्या विशुद्ध कल्पना है ? क्या यथार्थतापूर्ण वर्णन तथा क्या लेखक के विचारों की अभिव्यंजनामात्र ? इन्हें सतर्कता से अलग करना आवश्यक है।

सामाजिक विश्लेषण के फलस्वरूप हमें ऐसे साहित्यिक अध्ययन भी प्राप्त होते हैं जिनमें उस काल या देश का विवेचन रहता है जिसमें लेखक की रचनाएँ पढ़ी जाती हैं और जिसकी माँग को ध्यान में रखकर ही वे लिखी जाती हैं। हम इस दृष्टि से हिन्दी साहित्य पर विचार करें। आज से कुछ पहले तक हिन्दी पुस्तकों का एक ही कोटि का पाठक-वर्ग था : गँवार और विद्वान। दोनों तरह के पाठक वस्तुत: एक ही समुदाय में आ जाते थे, क्योंकि दोनों ही एक तरह की दिलचस्पी के साथ 'रामचरितमानस' या 'चन्द्रकान्ता सन्तति' पढ़ा-सुना करते थे। लेकिन हमारे देखते-देखते वस्तुस्थिति बदल गई है। आज के प्रकाशित साहित्य की सबसे महत्त्वपूर्ण विशेषता है उसका विशिष्टीकरण। आज हिन्दी पुस्तकों का कोई एक पाठक-वर्ग नहीं है, बल्कि अनेकानेक हैं। अब बच्चों के लिए अलग पुस्तकें हैं—बच्चों में भी बालकों के लिए अलग, किशोरों के लिए अलग। इसी तरह विद्यार्थियों और विद्वानों, समय काटनेवालों और बौद्धिक प्यास मिटानेवालों के लिए अपने-अपने ढंग की पुस्तकें तथा पत्रिकाएँ प्रकाशित होने लग गई हैं।

सामाजिक तथा साहित्यिक अन्त:प्रतिक्रियाओं के अध्ययन के लिए यह भी आवश्यक है कि हम पत्रिकाओं के इतिहास की छानबीन करें। यदि हम सावधानी के साथ पत्रिकाओं के सम्पादकों के व्यक्तित्व तथा उनके साहित्यिक आदर्श और उनके ग्राहकों के धरातल एवं संख्या का अध्ययन करें तो हमें समाज और साहित्य

के पारस्परिक प्रभाव के सम्बन्ध में बहुत सारी ज्ञातव्य बातें मालूम हो सकती हैं। इंडियन प्रेस से निकलनेवाली और पंडित महावीरप्रसाद द्विवेदी के द्वारा सम्पादित 'सरस्वती' का इतिहास उस युग की हिन्दी भाषा-भाषी जनता के सांस्कृतिक धरातल का प्रामाणिक इतिहास है; श्री रामानन्द चटर्जी के संरक्षण में तथा पंडित बनारसीदास चतुर्वेदी के सम्पादकत्व में प्रकाशित होनेवाला 'विशाल भारत' भूतपूर्व युग के हिन्दी साहित्य के समाजिक विश्लेषण के लिए बहुमूल्य सामग्री छिपाए हुए है। समकालीन युग में, इस दृष्टि से, एक ओर 'माया' और 'सरिता' जैसी लोकप्रिय पत्रिकाओं तथा दूसरी ओर 'हंस', 'प्रतीक' और 'हिमालय' जैसे गम्भीर मासिक पत्रों की प्रगति का अध्ययन लाभप्रद होगा।

आलोचक समाजशास्त्री को विशुद्ध साहित्यालोचन से और दूर जाने के लिए भी तैयार रहना पड़ेगा। उसे इस बात की भी छानबीन करनी पड़ेगी कि पुस्तकालयों में कैसी और कौन-सी पुस्तकें या पत्रिकाएँ लोकप्रिय हैं और साधारण पाठकों में किस प्रकार की पुस्तकों की सबसे ज्यादा खपत है। पाश्चात्य देशों में ऐसे साहित्यिक 'क्लब' या पुस्तक-संघ (Book Societies) हैं जो थोड़े-थोड़े समय पर, अपने सदस्यों की रुचि को ध्यान में रखते हुए, नवप्रकाशित पुस्तकों का चुनाव कर देते हैं। उदाहरण के लिए इंग्लैंड में जहाँ एक ओर वामपक्षीय पुस्तक-क्लब संघ (Left Book-club Society) है, वहीं दूसरी ओर, दक्षिणपक्षीय पुस्तक-क्लब संघ (Right Book-club Society) भी है, तथा इस तरह की अनेक दूसरी छोटी-बड़ी संस्थाएँ हैं। पुस्तकालय, ग्राहक या पुस्तक-संघ किस हद तक साहित्य को प्रभावित कर सकते हैं, इसका सहज ही अनुमान किया जा सकता है। इनकी रुचि के अध्ययन से हमें यह भी पता चलता है कि किसी पाठक-वर्ग का सांस्कृतिक धरातल कितना ऊँचा या कितना नीचा है।

सामाजिक विश्लेषण की प्रक्रिया का हमने विस्तार के साथ विवेचन कर लिया है। उसके आधार पर हम यह अवश्य कह सकते हैं कि लोकप्रिय साहित्य काफी दूर तक समाज को प्रभावित करता है और स्वयं भी समाज से प्रभावित होता है। किन्तु फिर भी यह प्रश्न रह जाता है कि यह पारस्परिक प्रभाव कहाँ तक सीधा और प्रत्यक्ष है। प्रचारात्मक साहित्य की बात हम नहीं करते, किन्तु हम यह सोचें कि 'सूरसागर' ने क्या सचमुच ही मध्यकालीन भारतीय जनता को अपनी राजनीतिक हीनता सहने के लिए शक्ति प्रदान की थी ? क्या प्रेमचन्द के उपन्यासों के फलस्वरूप जमींदारों और किसानों के सम्बन्ध में थोड़ा-सा भी सुधार हो सका ? क्या रवीन्द्रनाथ की रचनाओं के फलस्वरूप एक देश या एक प्रान्त में भी विश्व-बन्धुत्व की भावना ने जड़ पकड़ी है ?—ऐसे प्रश्नों का उत्तर, अगर ईमानदारी के साथ दिया जाए तो, नकारात्मक ही होगा। साहित्य का समाज पर इस तरह तात्कालिक या सीधा प्रभाव नहीं पड़ता। साहित्य समाज के लिए घातक सिद्ध हो सकनेवाली प्रवृत्तियों का

परिष्कार भर करता है। यदि इस परिष्कार के साथ-ही-साथ समाज को दूसरे स्त्रोतों से जीवनी-शक्ति भी प्राप्त हो, तभी वह इससे वास्तविक लाभ उठा पाता है।

तो साहित्य और समाज जहाँ अक्सर कंधे से कंधा भिड़ाकर चलते दिखाई पड़ते हैं, वहीं कभी-कभी वे एक-दूसरे के आगे भी निकल जाते हैं और एक-दूसरे से पीछे भी छूट जाते हैं। साहित्य के अध्ययन में सामाजिक विश्लेषण का यही महत्त्व है कि वह हमें बताए कि साहित्य और समाज ने किसी निश्चित काल में एक-दूसरे को प्रभावित किया या नहीं, और यदि किया तो किस हद तक और उसका परिणाम क्या हुआ? यह तो बिलकुल साफ है कि हाली और इकबाल अपने समाज से प्रभावित हुए और उसे अपने ढंग से मोड़ने में भी उन्हें सफलता मिली; लेकिन यह भी निर्विवाद है कि टैगोर या गुप्त के साहित्य का भी उनके समाज के साथ घनिष्ठ तथा कल्याणकर सम्बन्ध है।

मन:समीक्षण

किसी विषय की परिणति और प्रसिद्धि के ये भी असंदिग्ध लक्षण हैं कि उसके प्रति जनता में तो गलतफहमी फैल ही जाती है, उसके विशेषज्ञों तक में उत्कट मतभेद का आविर्भाव हो जाता है। ये बातें मन:समीक्षण के विषय में पूर्णतया लागू हैं।

फलतः 'मन:समीक्षण' (Psycho-analysis)—इस पद के एकाधिक अर्थ प्रचलित हो गए हैं। उनमें कुछ तो संगत हैं और कुछ सर्वथा असंगत। इस विषय में प्रवेश करने के पूर्व यह आवश्यक है कि इन विभिन्न अर्थों पर संक्षेप में यथोचित प्रकाश डाल लिया जाए।

व्यापकतम अर्थों में तो कभी-कभी इसके द्वारा मनोविज्ञान-मात्र के क्षेत्र में प्राप्य किसी भी वस्तु का बोध कराया जाता है; किन्तु यह अर्थ प्रकाशकों और पत्रकारों द्वारा जनता के प्रथम उत्साह से लाभ उठाने के लिए ही किया गया था और सौभाग्यवश अब इसका व्यवहार कदाचित ही दीख पड़ता है।

इसका एक दूसरा गलत अर्थ अपेक्षाकृत अधिक प्रचार पा गया है। इसके द्वारा कई मनोवैज्ञानिक सम्प्रदायों को एक संज्ञा से ही अभिहित कर दिया जाता है; लेकिन ऐसा करते समय लोग भूल जाते हैं कि इन विभिन्न सम्प्रदायों का उद्गम-स्थल यद्यपि एक ही था, फिर भी विकास-क्रम में परस्पर वे इतने दूरवर्ती हो गए हैं कि उनके प्रवर्तक और अनुगामी एक संज्ञा का व्यवहार अत्यन्त असुविधाजनक और अवैज्ञानिक मानते हैं। और यह तो सभी स्वीकार करेंगे कि जब अपनी स्पष्टतः प्रत्यभिज्ञेय विशेषताओं के कारण इन विभिन्न सम्प्रदायों के आचार्य 'मन:समीक्षण'—इस एक संज्ञा से ही अपने को निर्धारित मानना अस्वीकार करते हैं तो दूसरों को उनके आग्रह की रक्षा करनी ही चाहिए।

उल्लिखित सम्प्रदाय तीन हैं। इन तीनों की उत्पत्ति का श्रेय, जैसा हम कह चुके हैं, एक ही व्यक्ति के आविष्कारों को मिलेगा। शायद कहना नहीं पड़ेगा कि वह व्यक्ति फ्रायड था, जिसके एतद्विषयक प्राथमिक आविष्कार विगत शताब्दी के अन्त में हुए थे। शुरू में तो वह अकेला ही अपने प्रयोगों में लगा रहा, किन्तु इस शताब्दी के प्रारम्भ काल से उसके साथ काम करनेवाले अनुगामियों का एक दल इकट्ठा हो गया। फलस्वरूप 1908 में मन:समीक्षण-कांग्रेस का प्रथम अधिवेशन हुआ और

एक साल बाद ही अन्तरराष्ट्रीय मनःसमीक्षण एसोसिएशन की भी स्थापना हुई। लेकिन इसके थोड़े दिनों बाद ही इस सम्प्रदाय के दो मुख्य सदस्य (Adler और Jung) क्रमशः इससे अलग हो गए। पहले तो उन्होंने मनःसमीक्षण के कुछ सिद्धान्तों के विशेष पहलुओं पर केवल अपेक्षाकृत अधिक महत्त्व ही आरोपित किया, किन्तु कालान्तर में उन्होंने अनेक सुनिश्चित सिद्धान्तों के विरुद्ध अपने विचार प्रकट किये। एडलर ने फ्रायड के अचेतन और निग्रह के आधारभूत सिद्धान्तों का परित्याग कर दिया और युंग भी मनःसमीक्षण से असम्बद्धप्राय अपने Doctrine of Types की ही विवेचना में अधिकाधिक खिंचते गए। उनके इस परिवर्तित दृष्टिकोण और नव्य व्याख्याओं से यह स्पष्ट हो गया कि लाभप्रद सहयोग के लिए जिस पारस्परिक मतसाम्य की आवश्यकता होती है, वह अब उनमें नहीं रह गया था।

Alfred Adler और C.G. Jung ने जिन दो स्वतंत्र विचारधाराओं का प्रवर्तन किया, उनके अनुगामियों के सम्प्रदाय सम्प्रति क्रमशः व्यक्तिगत मनोविज्ञान (Individual Psychology) और विश्लेषणात्मक मनोविज्ञान (Analytical Psychology) कहलाते हैं।

स्थान और उससे अधिक समय का संक्षेप के लिए तकाजा है। इसलिए हमने मनःसमीक्षण के सारभूत सिद्धान्तों तक ही अपना प्रतिपादन सीमित रखा है। इस आवश्यक इतिवृत्तात्मक पृष्ठाधार से सन्तोषकर अब 'प्रकृतमनुसरामः'।

फ्रायड के कथनानुसार व्यक्ति के अभ्यन्तर की तुलना एक ऐसी इमारत से की जा सकती है, जिसकी दो मंजिलें हों और उनमें नीचेवाली मंजिल तहखाना हो। दोनों मंजिलों में एक दूसरे से भिन्न प्रकार के बाशिन्दे रहते हैं। ऊपर रहनेवाला परिवार (चेतन—The conscious; Ego) छोटा-मोटा, साफ-सुथरा और अभिजात है। इसे रूढ़ियाँ प्रिय हैं। इसके आचरण में संयम दीख पड़ता है। यह अपने पड़ोसियों के सामने भला दीखने के लिए सदैव सचेष्ट रहता है; किन्तु इसके इस स्तुत्य प्रयत्न में नीचेवाली मंजिल के परिवार (अचेतन—The unconscious; Id) द्वारा अनवरत व्याघात पहुँचा करता है। यह निम्नस्तर का परिवार भी मानो अपनी उन्नति के लिए ऊपरवालों से मिलता-जुलता रहना चाहता है; किन्तु यह परिवार ऊपरवाले की तुलना में बहुत बड़ा, जंगली, गन्दा, कुत्सित, स्वार्थी और कोलाहलपूर्ण है। इसे दूसरों की आदर-भावना की रंचमात्र चिन्ता नहीं रहती। इसकी वासनाएँ उच्छृंखल हुआ करती हैं। उनकी पूर्ति के लिए यह दूसरों की परवाह नहीं करता। इसके सिवा कि यह ऊपरवाली मंजिल में पहुँचकर अपनी स्थिति को सुधारने की प्रशंसनीय चेष्टा किया करता है और कि इसके पास उत्साह का अक्षय भांडार है, इसकी प्रशंसा में और कुछ नहीं कहा जा सकता—चाहने पर भी नहीं। कम-से-कम ऊपर के परिवार की यह सुनिश्चित धारणा है। फलतः इन घृण्य पड़ोसियों को नीचे ही दबाए रखने (Repression; Inhibition) के उद्‌देश्य से ऊपरवाले परिवार ने मानो एक

द्वारपाल नियुक्त कर रखा है (उसे ही फ्रायड Censor कहता है)। उसका काम है दो मंजिलों की सीढ़ियों पर खड़े रहना और यदि नीचेवाले ऊपर जाने की अनधिकार चेष्टा करें तो उन्हें रोकना। इस कर्तव्य को पूरा करने के लिए वह अविच्छिन्न रूप से प्रत्यनशील रहता है। इसका परिणाम होता है कि सीढ़ियों पर सदैव तकरार हुआ करती है।

इन झगड़ों के तीन रूप हैं :

(1) द्वारपाल नीचे के बाशिन्दे को सदा के लिए दबाए रखने में सफल हो सकता है। इस प्रकार, वायु और प्रकाश से वंचित और बाहर निकलने के लिए प्राकृतिक मार्ग में अवरुद्ध यह विफलप्रयत्न व्यक्ति (असन्तुष्ट वासना—Unsatisfied desire) विकार-युक्त हो जाता है। जैसे जल की धारा बाँध से घिरकर प्रवाहहीन दलदल (Complex) में परिणत हो जाती है, उसी प्रकार यह व्यक्ति कुछ काल के उपरान्त सारी इमारत को विषाक्त कर दे सकता है और न्यूनाधिक मात्रा में इसका प्रभाव उसमें प्रत्येक रहनेवाले के आचरण पर अवश्यमेव पड़ेगा (मज्जातन्तुविकार—Neurosis)।

(2) नीचे रहनेवाला व्यक्ति द्वारपाल की निगरानी के बावजूद, लेकिन फिर भी कुछ शर्तों के साथ ही, अपने प्रयत्न में सफल हो जा सकता है। शर्तें ये होंगी कि उसे अपना परिष्कार करने के लिए तैयार होना पड़ेगा, अपने को आबरूदार बनाया जाना स्वीकार करना होगा। दूसरे शब्दों में यों कह सकते हैं कि उसके आदिम और उच्छृंखल, हिंस्र और विस्फोटक व्यक्तित्व को इतना तो स्तिमित होना ही पड़ेगा कि वह समाज की प्रचलित रूढ़ियों में पैठ पा सके। सभ्य समाज में फिट् होने के लायक बनाये जाने की इस रीति (उत्कर्ष—Sublimation) के परिणामस्वरूप नीचे के तल्ले का अप्रत्यभिज्ञेय विपर्यय हो जा सकता है। उदाहरणार्थ, अपनी दाई के साथ भाग निकलने की अचेतन वासना का यह उत्कर्ष हो सकता है कि आपको अकस्मात् एक दिन चटनी खाने से घृणा हो जाए।

(3) नीचे तल्ले का बाशिन्दा जैसा का तैसा ऊपर चला आ सकता है। यह तब होता है, जब द्वारपाल अपनी जगह पर मुस्तैद नहीं रहता, खास कर जब वह सो जाता है। इसी वजह से प्राय: स्वप्नों में अपने नीचे के तल्ले के बाशिन्दों से हमारी मुठभेड़ हो जाया करती है, और यद्यपि, जागने पर जब हम अपने स्वप्नों को स्मरण करने का प्रयत्न करते हैं, तब फिर से अपनी ड्यूटी पर तैनात द्वारपाल स्मरण-क्रिया में व्याघात डालकर उन स्वप्नों को परिवर्तित रूप दे देता है, फिर भी अचेतन व्यष्टि के गुप्त

रहस्यों के उद्घाटन के लिए मन:समीक्षक उन स्वप्नों की व्याख्या को सर्वोत्तम उपाय मानते हैं।

बहुत-से मन:समीक्षकों की यह धारणा है कि ऊपरी तल्ले के सब बाशिन्दे नीचे के बाशिन्दे के उत्कर्षप्रापित (Sublimated) संस्करणमात्र हैं। फिर फ्रायड के अनुगामी इस बात पर जोर देते हैं कि सब या प्राय: सब निम्नस्तर की वासनाओं का स्वरूप रत्यात्मक (Libido—Sexual impulse) होता है। यहाँ ध्यान रखना चाहिए कि इस स्थल पर Sex शब्द का प्रयोग बहुत व्यापक और शास्त्रीय है।

स्पष्टत: हमारा मस्तिष्कीन जीवन केवल अंशत: ही प्रत्यक्ष है; और यह प्रत्यक्ष अंश भी बहुत महत्त्वपूर्ण नहीं। मन:समीक्षण के सिद्धान्तों की स्थापना के पूर्व लोगों का विश्वास था कि हम किसी हद तक अपने विचारों और वासनाओं का नियंत्रण कर सकते हैं और इसलिए हम बहुत दूर तक अपने आचरण के लिए जिम्मेदार माने जा सकते हैं। साधारणत: हमें यही शिक्षा मिलती है—और हम इस पर विश्वास करने के आदी हो गए हैं—कि हममें एक ऐसा गुण या तत्त्व है, जिसे हम विवेक (Conscience) कहते हैं, जो उचितानुचित का खयाल रखता है। किन्तु यदि हम फ्रायड के दृष्टिकोण को युक्तियुक्त मानते हैं, तो यह विवेक खुद ही अचेतन वासना-विशेष का उत्कर्ष है और हमारा इसके प्रति भी उसी तरह कोई दायित्व नहीं है, जिस तरह उन वासनाओं के प्रति, जिन्हें यह नियंत्रित करना चाहता है।

इस मामले में फ्रायड जिस परिणाम पर पहुँचते हैं, वह मैक्ड्यूगल के स्वभाववाद (Theory of Instinct) से बहुत भिन्न नहीं, क्योंकि दोनों ही नैतिक उत्तरदायित्व की जड़ पर ही कुठाराघात करते हैं।

यहाँ हमें विस्तृत खंडन-मंडन अभिप्रेत नहीं, किन्तु फ्रायड के सिद्धान्तों को यथासम्भव सर्वाधिक सरलता और संक्षेप में समझने के लिए जिस रूपक का व्यवहार किया जाता है, उसका वर्णन कर चुकने पर उसकी कुछ अपूर्णताओं और दुर्बलताओं का निर्देश भी कर देना समीचीन होगा। वस्तुत: उन्हीं अपूर्णताओं और दुर्बलताओं के कारण मन:समीक्षण को पूर्ण सैद्धान्तिक स्वीकृति नहीं मिलती, अन्यथा मज्जातन्तुविकारों की चिकित्सा के लिए इसकी उपादेयता वैज्ञानिकों द्वारा यथार्ह स्वीकृत हो चुकी है। अस्तु।

वास्तविक कठिनता अचेतन को एक ऐसा भूगर्भस्थित कारागार मानने में है, जिसमें दबी वासनाएँ बाहर निकल भागने के लिए छटपटाती रहती हैं। यह कुछ इतना नाटकीय हो जाता है कि इसे वास्तविकता की प्रतीकात्मक व्याख्या मानने में भी कुछ लोगों को संकोच होना स्वाभाविक है। जब हम अस्थायी रूप से किसी वासना को दबा देते हैं या भूल जाते हैं, तब यदि उसका पुनर्वार आविर्भाव होता है तो हमें यह कहने का क्या अधिकार है—अविश्वस्त समालोचक जिज्ञासा करता है,

कि यह वस्तुतः किसी न किसी प्रकार कहीं न कहीं मौजूद ही थी? किसी ने इस पर एक व्यंग्य और कवित्वपूर्ण अर्थान्तरन्यास किया है : वसन्त ऋतु प्रति वर्ष लौटती है, तो क्या इसका अर्थ है कि वह शिशिर–पर्यन्त पृथ्वी में छिपी बैठी थी?

जो भी हो; यदि हम यह मान भी लें कि अचेतन के जिस सिद्धान्त पर मनःसमीक्षक प्रयोग करते हैं, वे दृढ़ भित्ति पर स्थापित नहीं हैं, तो भी मनःसमीक्षण सम्बन्धी पद्धतियों के व्यवहार से उपलब्ध चिकित्सात्मक उपादेयता अस्वीकृत नहीं की जा सकती; मस्तिष्क की अचेतन गहराइयों की थाह लेना और वहाँ प्राप्य तत्त्वों को प्रकाश में ले आना इन पद्धतियों का लक्ष्य रहा है। इसलिए उनकी युक्तियुक्तता इसी गृहीत कल्पना में निहित है कि मस्तिष्क के कुछ अदृष्टिगोचर विस्तार भी हैं और ये उतने ही महत्त्वपूर्ण और सफल अनुसन्धान के योग्य हैं, जितने कि दृष्टिगोचर अंश। सिद्धान्तों की शाब्दी अपूर्णता से फ्रायड के महान कृतित्व पर कोई प्रभाव नहीं पड़ सकता।

['दृष्टिकोण' : 1947]

युद्ध और अहिंसा

जीव-जगत में मनुष्य का प्राणिशास्त्रीय प्राधान्य मुख्यत: उसके मस्तिष्क पर ही निर्भर है। मनस्तत्त्व-विश्लेषण मस्तिष्क-यंत्र, बुद्धि-विकास का निरूपण करता है। इस प्रकार यह केवल मनुष्य के वैयक्तिक चरित्र की विशेषताओं या विचित्रताओं की ही नहीं, किन्तु समष्टि रूप से मानव संस्कृति की भी बहुत अंशों में व्याख्या कर सकता है। मनस्तत्व-विश्लेषण के हमारे नैतिक जीवन से सम्बन्ध रखनेवाले नवीन उद्‌घाटन बहुत महत्त्वपूर्ण हैं। कदाचित् ये उद्‌घाटन अपने सामाजिक प्रभाव में, जीवन में रति (Sex) के महत्त्व से सम्बन्ध रखनेवाले प्रारम्भिक अन्वेषणों की अपेक्षा अधिक मूल्यवान प्रमाणित होंगे।

कुछ वर्ष हुए, अस्तंगत राष्ट्रसंघ के तत्त्वावधान में 'युद्ध क्यों?' के विषय पर इस युग के दो सर्वश्रेष्ठ वैज्ञानिकों के मत का प्रकाशन हुआ था। वे दो वैज्ञानिक हैं—आइंस्टाइन और फ्रायड (Albert Einstein; Sigemund Freud), जिनमें पहले पदार्थ-विज्ञान के तथा दूसरे मनस्तत्त्व विश्लेषण के आचार्य हैं। दोनों यहूदी हैं,[1] जर्मनी की यहूदी-विरोधी नीति के शिकार। कहने का तात्पर्य है, उल्लिखित पुस्तक 'Why War?'[2] में पाए जानेवाले विचारों को वैज्ञानिक और दार्शनिक ही नहीं, किन्तु सांसारिक दृष्टिकोण से भी, अभिव्यक्त करने के लिए वे समर्थ और अनुभवी अधिकारी हैं।

आइंस्टाइन ने चिकित्सा के संकेत की ओर ही ध्यान रखा है। रोग के वैज्ञानिक निदान का भार उन्होंने फ्रायड पर ही छोड़ दिया है। पर यह तो मानना ही पड़ेगा कि दोनों मिलकर भी इस जटिल समस्या का सर्वांगीण समाधान प्रस्तुत नहीं कर सके हैं।

आइंस्टाइन के विचारानुसार, युद्ध की समस्या का व्यावहारिक समाधान सिद्धान्तत: अत्यन्त सरल है : 'अन्तरराष्ट्रीय सुरक्षा की प्राप्ति का अर्थ है, प्रत्येक राष्ट्र द्वारा एक निश्चित सीमा में, पर साथ-ही-साथ प्रतिबन्धरहित रूप में, अपने-अपने राजनीतिक कार्य-स्वातन्त्र्य का, अर्थात् सत्ता का, आंशिक समर्पण। इसमें तो कोई सन्देह हो ही

1. जब यह प्रबन्ध प्रकाशित हुआ था, तब फ्रायड जीवित थे।

2. इस शीर्षक की एक उल्लेखनीय पुस्तक प्रसिद्ध दार्शनिक योड (Joad) ने भी लिखी है। —ले.

नहीं सकता कि किसी दूसरे मार्ग के अवलम्बन से यह सुरक्षा प्राप्त नहीं होने की; किन्तु ईमानदारी और अथक परिश्रम के बावजूद गत दस वर्षों से (राष्ट्रसंघ के रूप में) इस ध्येय की सिद्धि के लिए की गई चेष्टाओं की विफलता से हम इस निष्कर्ष पर पहुँचने के लिए बाध्य हैं कि इसके पीछे प्रबल मनोवैज्ञानिक कारण काम कर रहे हैं।' संक्षेपत: आइंस्टाइन का यही मत है। इसमें कोई विशेष मौलिकता नहीं। आदर्शवादियों का यह स्वप्न बहुत पुराना है। विश्व के राष्ट्रों के संघ की कल्पना आज से सौ वर्ष पूर्व क्रान्तप्रज्ञ टेनिसन ने कवित्वपूर्ण ढंग से यों की थी :

Heard the heavens fill with shouting; and there rained a ghastly dew
From the nation's airy navies grappling in the central blue;
Till the war-drum throbbed no longer, and the battle flags were furled
In the Parliament of man, the federation of the world.

प्रथम महायुद्ध के अनन्तर प्रेसिडेंट विल्सन राष्ट्रसंघ के रूप में इस आदर्श को बहुत अंशों में फलीभूत करने में समर्थ भी हो गए थे। इस प्रयोग के क्रमिक विनाश को देखकर सर्वत्र निराशा छा गई थी। बहुत से चिन्तकों ने इसके समर्थन में अपनी बौद्धिक शक्ति का व्यय किया, जिनमें अन्तिम उल्लेखनीय व्यक्ति शायद Ernest Streit हैं। एक पदार्थ-शास्त्री की हैसियत से आइंस्टाइन के एतत्सम्बन्धी विचारों का विशेष मूल्य नहीं होता; परन्तु चूँकि सभी विज्ञान अपनी पराकाष्ठा को पहुँचकर दर्शन में ही व्याप्त हो जाते हैं, इस न्याय से दार्शनिक आइंस्टाइन ने इस योजना का समर्थन कर इसे बहुत बल दिया है।

आइंस्टाइन इस कल्याणप्रद योजना की विफलता की व्याख्या कर सकने में अपनी असमर्थता स्वयं स्वीकार करते हैं और इसी कारण फ्रायड के ऊपर मनुष्य के प्राकृतिक जीवन से सम्बन्ध रखनेवाली अपनी सूक्ष्मावेक्षिणी प्रज्ञा के प्रकाश से इस समस्या को स्पष्ट करने का भार छोड़ दिया है।

फ्रायड वैज्ञानिक दृष्टिकोण से विश्लेषण कर ही सन्तुष्ट हो जाते हैं। वह मनुष्य में दो आभ्यन्तर और विरोधी प्रवृत्तियों के अस्तित्व की कल्पना करते हैं : 'ये दोनों प्रवृत्तियाँ हैं सृष्टि और नाश करने की भावनाएँ; प्रेम और घृणा, समस्त प्राणि-जगत को परिव्याप्त करनेवाले आकर्षण और विकर्षण के ध्रुवान्त। इस विनाशप्रिय प्रवृत्ति को नियंत्रित करने के लिए किसी सफल उपाय को बता सकने में वे असमर्थ हैं, उलटे वे इस अप्रिय परिणाम पर पहुँचते हैं कि यह प्रवृत्ति प्राणि-मात्र में वर्तमान है, पर जो अपने विनाश के लिए सतत सचेष्ट है, जो सारे जीव-जगत को पुन: उसकी आदि स्थिति, जड़ता में परिवर्तित कर देने के लिए प्रयत्नशील है।' यह मारक प्रवृत्ति जब बाह्य वस्तुओं के विरुद्ध बहिर्मुख विकास प्राप्त करती है तो ध्वंसात्मक होती है, पर कभी-कभी इसका वेग अन्तर्मुख भी होता है और मनुष्य की अनेक प्राकृतिक विचित्रताओं का कारण इसी ध्वंसात्मक प्रवृत्ति के अन्तर्मुख होने में है। इससे यह स्पष्ट है कि जब अन्तर्मुख प्रवृत्ति अधिक व्यापक

रूप में क्रियाशील होती है तो एक नि:संदिग्ध विकृत वस्तुस्थिति का आविर्भाव होता है और इस दृष्टिकोण से ध्वंसात्मक प्रवृत्ति का बाह्य जगत के प्रति विस्फोट कल्याणकर ही होता है। और यही मनुष्य में पाई जानेवाली हिंसात्मक प्रवृत्तियों की जीव-शास्त्रीय युक्तियुक्तता है। यों साधारणत: यही तथ्य अग्राह्य प्रतीत होगा, किन्तु वस्तुत: जो बात अपेक्षाकृत अधिक अव्याख्येय है, वह यह है कि हम उन कुटिल, पर सर्वथा प्राकृतिक प्रवृत्तियों को शमन के लिए क्यों इतनी उत्सुकता दिखाते हैं?

मानव प्रवृत्ति का विश्लेषण फ्रायड ने एक दूसरे दृष्टिकोण से भी किया है। अप्रिय वास्तविकताओं को प्रमाणित करने की उनकी प्रतिभा असाधारण है। विश्व के चिन्तकों के सामने समस्या है : सभ्य मनुष्य की प्रकृति में बर्बर हिंसा की भावना का उदय क्यों होता है? उसका शमन किस प्रकार सम्भव है? फ्रायड एक बार स्वयं भी अपने परिणाम पर स्तम्भित हो गए होंगे : हिंसा तो मानव प्रकृति में निहित विशेषता है; फिर जो सर्वथा प्राकृतिक है, हम उसका शमन करने के लिए व्यग्र हों, आश्चर्य तो इसी में है। मनस्तत्त्व-विश्लेषण के विज्ञान के अनुसार, नियमन विकारों का जनक होता है। रत्यात्मक दृष्टिकोण से वह इसका विरोध कर चुके हैं। क्या इस मामले में यह उपयोगी सिद्ध होगा? हम फ्रायड के अनिश्चय की कल्पना कर सकते हैं।

फ्रायड इस असुखकर परिणाम पर पहुँचकर रुक जाते हैं। इस समस्या का कोई समाधान वे नहीं बता सके हैं, इससे उनके तत्सम्बन्धी विश्लेषणात्मक अध्ययन के मूल्य को अस्वीकार नहीं किया जा सकता। और कुछ नहीं तो उनके प्रयास के फलस्वरूप यह विषय मनोवैज्ञानिक अध्ययन का अंग तो बन ही गया। इस विषय को प्रकाश में ले आने के योग्य समझकर उन्होंने ही इस दिशा में सर्वप्रथम पैर बढ़ाए। आगे भी जो अन्वेषण हुए, उन्हीं की निर्दिष्ट पद्धति से। Dr. Edward Glover ने अपनी एक अतिशय महत्त्वपूर्ण पुस्तक में इस प्रश्न को फिर से उठाया। वे अपनी पुस्तक का प्रारम्भ फ्रायड के उपर्युक्त प्रबन्ध से एक प्रासंगिक अंश के उदाहरण से करते हैं। ग्लोवर का भी उद्देश्य है युद्ध और शान्ति से सम्बन्ध रखनेवाली मनोवैज्ञानिक उलझनों की विवेचना। संक्षेपत:, उनके प्रतिपादन के अनुसार, शान्ति की साधक और युद्ध को प्रेरित करनेवाली कई प्रवृत्तियों में तात्त्विक समानता है और जब तक इस तथ्य को हम समझ नहीं लेते, तब तक कोई भी प्रभावोत्पादक शान्ति-सम्बन्धी प्रचार सम्भव नहीं होगा। जब मनुष्य की ध्वंसात्मक प्रवृत्ति दबा दी जाती है (यह साधारणत: शैशवावस्था में होता है), तब दो तरह की मनोवैज्ञानिक प्रतिक्रियाओं की सम्भावना रहती है। यदि ध्वंसात्मक प्रवृत्ति बहिर्मुख हुई और उसमें रति-तत्त्व का समावेश हुआ तो सम्भावित प्रतिक्रिया पर-पीड़न का रूप धारण करेगी और अन्तर्मुख हुई तो आत्म-पीड़न का। युद्ध और शान्ति की

समस्याओं पर डा. ग्लोवर के अनुसार, ये इस प्रकार घटित होती हैं : 'शान्ति के प्रचार के प्रयत्न तत्त्वतः पश्चाद्गामी नीति ही साबित होंगे—यदि उनकी सफलता के लिए केवल नैतिक या आर्थिक तर्कों का आश्रय लिया जाएगा, यदि अन्तरराष्ट्रीय सन्धि, निःशस्त्रीकरण, प्रतिबन्ध, सहयोग आदि पर ही जोर दिया जाएगा और यदि अन्तश्चैतन्य प्रेरणाओं की उपेक्षा की जाती रहेगी। शान्ति और युद्ध, दोनों ही समान मानसिक शक्तियों के, भिन्न-भिन्न मस्तिष्कीन प्रणालियों के द्वारा, प्रवाह के परिणाम-स्वरूप हैं। दूसरे प्रकार से कह सकते हैं, शान्ति और युद्ध, इन दोनों के व्यापार मानसिक खींचातानी के निराकरण के लिए ही होते हैं। इनमें जो बाह्य और मानसिक विभिन्नता होती है, वह केवल व्यवहृत उपकरणों से। दोनों में ही प्रवर्तक प्रेरणा होती है ध्वंसात्मक प्रवृत्तियों की ही; विशेषतः वैसी प्रेरणा रति-तत्त्व के समावेश से पर-पीड़न कहलाती है। पर यह भी ध्यान रखना चाहिए कि ध्वंसात्मक प्रवृत्ति का, इस सक्रिय रूप के सिवा, एक विरोध-रहित रूप भी होता है, जो आत्मपीड़न कहलाता है—यदि उसमें रति-तत्त्व का समावेश हो जाए। क्रियाशील होने पर ये दूसरे प्रकार की विरोधरहित ध्वंसात्मक प्रवृत्तियाँ अपेक्षाकृत अधिक गुप्त होती हैं; पर साथ-ही-साथ ये युद्ध की स्थिति को स्वीकार करने के लिए या उसका स्वागत तक करने के लिए अन्तश्चैतन्य तत्परता की पर्याप्त सहायता करती हैं। यह केवल आत्म-पीड़न की प्रवृत्तियों के शमन से सम्भव होता है, यह बात नहीं; प्रत्युत इससे भी अधिक यंत्रणा सहने से मनुष्य को स्वभावतः सन्तोष होता है, क्योंकि उसका अन्तर्गूढ़ विश्वास है कि इस तरह उसके अज्ञात अपराध का मार्जन हो जाता है।'

ग्लोवर ने इस समस्या के विश्लेषण को जहाँ फ्रायड ने छोड़ दिया, वहाँ से उठाया है और निस्सन्देह वे आगे बढ़े हैं, लेकिन जहाँ कई ग्रंथियाँ खुल गई हैं, वहीं कई अनाविष्कृत जटिलताएँ भी उठ खड़ी हुई हैं। पाश्चात्य देशों में शान्ति-प्रचार की साम्प्रतिक पद्धतियों के खोखलापन को दिखाने में इस पुस्तक का बहुत हाथ रहा है, जैसाकि उसमें प्रतिपादित ध्वंसात्मक प्रवृत्ति के आत्मपीड़न-भाव की खतरनाक क्रियाशीलता के उपर्युक्त सार से स्फुट हो गया होगा। इस उद्घाटन से सम्बद्ध अन्य बातों पर भी प्रकाश पड़ा है। पहली बात तो यह कि बहुत लोग बुद्धि से शान्तिवादी होने पर भी व्यवहारतः शान्तिवादी नहीं हो सकते, इस विरोधाभास में क्या हेतु है, इसकी व्याख्या हो जाती है। दूसरी बात है कि अब हम पर यह प्रकट हो जाता है कि बहुत-से तथाकथित शान्तिवादियों का विश्वास तर्कसंगत नहीं होता; उनके शान्तिवाद का कारण होता है एक ऐसी प्रवृत्ति की प्रच्छन्न विकृति, जिसे हमें पहचानकर सजग नियंत्रण में रखना चाहिए।

पर साथ-ही-साथ यह भी है कि ग्लोवर स्वीकार करते हैं कि उन्होंने भी मुख्यतः निदान का ही प्रयत्न किया है और अभी इस दिशा में भी अधिक वैज्ञानिक अनुसन्धान की आवश्यकता है।

फ्रायड का ध्वंसात्मक प्रवृत्ति का सिद्धान्त केवल कल्पना ही है। उसे स्वीकार कर लेने से फ्रायड के पूर्वोल्लिखित निष्कर्ष पर ही पहुँचना पड़ता है कि युद्ध के विरोध में खड़ा होना ही, अर्थात् शान्तिवाद ही, अप्राकृतिक प्रयास है—गर्हित होने पर भी प्रकृति-संगत तो युद्ध-भावना ही है। यह स्तुत्य वस्तुस्थिति है या गर्हित, इस पर माथापच्ची करने का काम निःस्पृह वैज्ञानिक का नहीं। फ्रायड ने यथाशक्ति कठोर, नग्न वास्तविकता को विश्लिष्ट कर रख दिया और बस; पर यदि हम उनके परिणाम को स्वीकार कर लेते हैं—हम, जो परिणाम से अधिक उपायों के लिए उत्सुक व्यक्ति हैं—तो हम देखते हैं, हमें निराशा ही हाथ लगेगी।

और ग्लोवर? उनका विश्वास है कि युद्ध को प्रेरित करनेवाली प्रवृत्तियों पर शैशवावस्था में ही ध्यान नहीं दिया जाता, जबकि शान्ति के प्रति प्रतिक्रिया का बीजारोपण इसी काल में होता है। तो यह तो शिशु का पालन-पोषणकर्ता ही कर सकता है। पर उसमें आवश्यक गुणों का आरोप कैसे किया जाए, यह डाक्टर ग्लोवर नहीं जानते। यह फ्रायड नहीं जानते।

यों सिद्धान्त रूप में डा. ग्लोवर द्वारा इंगित अनुसन्धान और प्रयोगों के कार्य को हाथ में लिया जा सकता है; पर इनका परिणाम विवादग्रस्त है, इतना ही नहीं; इनके लिए शताब्दियों तक प्रतीक्षा करनी पड़ेगी, तब कदाचित् इनकी सफलता या विफलता के विषय में कुछ निश्चित मालूम हो सकेगा। और भी प्रयोग विधिवत् तभी हो सकते हैं, जब मनोविज्ञान-विशेषज्ञ को सर्वोच्च अधिकार हासिल हो जाएँ। पर क्या यह सम्भव है? रोग का निदान तो बहुत कुछ हो गया; पर यह रोग दुश्चिकित्स्य है—प्रस्तावित उपाय सर्वथा अव्यावहारिक प्रतीत होता है।

इस विषय ने और भी अनेक वैज्ञानिकों और विचारकों का ध्यान आकृष्ट किया है। Dr. J.D. Unwin का सिद्धान्त है कि 'युद्ध के आविर्भाव को शक्तिशाली श्रेणियों के वर्धमान रत्यात्मक नियमन के साथ जोड़ा जा सकता है; अथवा युद्ध-सुलभ मानसिक परिस्थिति का एक कारण हो सकता है ऐसे अधिनायकों का उद्‌भव, जो अहंकारवश व्यक्तिगत आधिपत्य और व्यक्तिगत मरणोत्तर अस्तित्व की सम्भावना में विश्वास रखते हैं।' इसमें फ्रायड या ग्लोवर के विश्लेषणों की-सी सार्वदेशिक, सार्वकालिक व्यापकता का अभाव है; यद्यपि एक विशेष प्रकार के युद्ध के सम्भाव्य कारणों पर कुछ प्रकाश पड़ता है। युद्ध के पहले प्रायः सभी पन्नों में यह छपा था कि हिटलर का फलित ज्योतिष में अगाध विश्वास था और उसके महत्त्वपूर्ण कार्यक्रम के निर्धारण में इसका बहुत हाथ रहता था। बाह्यतः यह प्रचार-सा मालूम होता है। यदि ऐसी बातें सच हों तो हम केवल एक निष्कर्ष पर पहुँच सकते हैं। हिटलर की कूटनीति की चालें एक पागल की भावुकता, अन्धविश्वास या, एक शब्द में, पागलपन की उपज थीं। पत्रकार जिस भावना, जिस रीति और जिस उद्‌देश्य से यह प्रचार करते थे, वह विश्वासोत्पादक नहीं, किन्तु निर्लेप वैज्ञानिक

दृष्टिकोण से अध्ययन करने पर ऐसी सम्भावना स्वीकार करनी पड़ती है। यहाँ उक्त सिद्धान्त का मूल्य स्पष्ट है; यद्यपि साधारणतः यह सर्वत्र लागू नहीं हो सकता।

कुछ बौद्धिक व्यक्तियों और कलाकारों ने युद्ध के प्रति सर्वथा विरोधरहित नीति का प्रतिपादन और पालन किया है। इससे केवल यही प्रमाणित होता है कि उन्होंने वास्तविकता की ओर से आँखें मूँद ली हैं। इसी श्रेणी के कुछ व्यक्तियों ने अपने-अपने विचारानुसार सचेष्ट समाधान भी प्रस्तुत किये हैं और, उनकी विफलता को देखते हुए भी, उनसे असहमत होते हुए भी, उनकी सचाई की प्रशंसा करनी पड़ती है।

पहले प्रकार के लोगों में हम Aldous Huxley, Ethel Mannin आदि लोगों का और The Peace Pledge Union आदि संस्थाओं का नाम ले सकते हैं। एल्डस हक्सले सिद्धान्त रूप में उन्विन के विश्लेषण को स्वीकार करने पर भी युद्ध के प्रति प्रभावरहित क्लीव नीति का ही प्रतिपादन करते रहे हैं। एथेल मैनिन महोदया ने तो यहाँ तक कहा है कि 'हमें शान्ति चाहिए, चाहे उसके लिए कोई भी मूल्य चुकाना पड़े, चाहे वह सम्मान से रहित ही क्यों न हो' और Pierre Rammus के शब्दों में : 'खराब से खराब सरकार भी युद्ध से अच्छी है।' जिसने भी मैनिन के Confessions and Impressions को पढ़ा होगा, वह स्वीकार करेगा कि ऐसा कहने के लिए उनके स्त्रीत्व ने उन्हें कदापि प्रेरित नहीं किया होगा। यह पूर्वोल्लिखित ध्वंसात्मक प्रवृत्ति का ही एक रूप है।

इसके विपरीत उपर्युक्त दूसरे प्रकार के लोगों ने युद्ध के सचेष्ट विरोध में विश्वास प्रकट किया है। और उन्हें इसके लिए प्रथम महायुद्ध के अवसर पर न्यूनाधिक कठिनता भी उठानी पड़ी थी। D.H. Lawrence, Carl Nevinson, Bertrand Russel प्रभृति उल्लेखनीय व्यक्तियों ने यथाशक्ति युद्ध का विरोध कर तद्विषयक आत्मविश्वास की रक्षा की थी।

जैसा H.G. Wells ने अपनी एक पुस्तक में कहा है : 'एक मनोवैज्ञानिक क्रान्ति के बिना मानव जाति की भी वही दशा होगी, जो उन भीमकाय बन्दरों और सम्प्रति लुप्त पशुओं की हुई थी, जो अपने को परिस्थिति के अनुकूल बना सकने में असमर्थ थे।'

हमने अब तक प्रस्तुत समस्या को समझने और हल करने के लिए पाश्चात्यों द्वारा विहित प्रयत्नों का ही निरूपण किया है। उन्होंने समस्या को समझा है, पर हम देख आए हैं, वे उसे सिद्धान्त या व्यवहार में हल नहीं कर सके हैं। इस समस्या की ओर भारतवर्ष का भी ध्यान गया है—महात्मा गांधी के अहिंसात्मक कर्मवाद के रूप में। आस्ट्रेलिया जाते वक्त जब वेल्स का जहाज बम्बई लगा था, तो उन्होंने अहिंसावाद के विषय में एक सोल्लुंठ व्यक्तव्य देने की कृपा की थी! पर इस जरठ (अब दिवंगत) लेखक ने कदाचित् ही इस पर 'मनोवैज्ञानिक क्रान्ति'

के दृष्टिकोण से विचार किया होगा, जो फ्रायड और ग्लोवर के प्रकाश में हमारा उद्देश्य है।

क्या युद्ध के निश्चेष्ट विरोध की तुलना में महात्मा गांधी का अहिंसात्मक विरोध मनोवैज्ञानिक दृष्टिकोण से अधिक कल्याणप्रद होगा?—महात्मा गांधी का कर्मवाद (गांधीवाद, जैसा स्वयं महात्मा गांधी कहते हैं, एक अस्पृहणीय संज्ञा है) बिना पर-पीड़न (Sadism) या आत्म-पीड़न (Masochism) हुए ही (यह ग्लोवर का उलझन का समाधान होगा) एक ऐसी प्रवृत्ति को अभिव्यक्ति पाने का मौका दे सकता है, जो 'कुटिल होने पर भी सर्वथा प्राकृतिक है', और जिसके विरोध से मानसिक विकृति का भय रहता है (यह होगा फ्रायड की उलझन का समाधान)। महात्मा गांधी के 'अन्ध-भक्त' अनुयायी भी यह शायद ही समझते हैं। महात्मा गांधी अवश्य यह समझते हैं—उनके द्वारा ही उल्लिखित उनकी 'अन्तर्ज्योति' की एक मात्र यही व्याख्या हो सकती है, जिसे साधारण मनुष्यों के विषय में प्रत्युत्पन्नमतित्व, intuition आदि शब्दों से भी व्यक्त किया जा सकता है। हाँ, यह जरूर है कि महात्मा गांधी भी इसे वैज्ञानिक पद्धति से विश्लिष्ट कर विवेक के लिए ग्राह्य नहीं बना सके हैं। पंडित जवाहरलाल नेहरू ने इस विषय में स्पष्टवादिता दिखलाई है। कदाचित् इसीलिए कि व्यवहारत: उनसे बढ़कर महात्मा गांधी के अनुयायी कम लोग हैं। तो महात्मा गांधी यह प्रतिक्षण अनुभव करते हैं कि मनुष्य की विनाशात्मक प्रवृत्ति आसानी से प्रशमित नहीं होने की। उनके बहुत-से अनुयायी उनके अहिंसा के सिद्धान्त को नीति के रूप में ही ग्रहण करते हैं और यदि उन्हें मौका मिलेगा तो राजनीतिक प्रतिशोध, पर-पीड़न का दारुण उदाहरण उपस्थित हो सकता है; पर साथ-ही-साथ मध्ययुग में बौद्ध धर्म के प्रभाव के कारण, जैसा श्री वैद्य प्रमाणित करते हैं, और सिपाही विद्रोह के बाद अविच्छिन्न प्रयत्न और निरन्तर पराभाव के कारण भारत के राजनीतिक शरीर (Body Politic) में क्रमश: जिस सैद्धान्तिक और निराशाजन्य आत्म-पीड़न की प्रवृत्ति का उदय हुआ था, वह भी चिन्तनीय है। इसी के निराकरण में उनके अहिंसा के सिद्धान्त और भद्र अवज्ञा आन्दोलन की वास्तविक उपादेयता सन्निहित है। उनका प्रयत्न तो नहीं, उनके प्रयत्न का परिणाम सदैव यह रहा है कि ध्वंसात्मक प्रवृत्ति का शमन भले ही न हो—क्योंकि तब वह आत्म-पीड़न की विकृति में परिणत हो जाएगी—पर उसकी नियंत्रित रूप से ही अभिव्यक्ति हो। उनके सिद्धान्तों के अविश्वासी अनुयायी के हाथ में उनका मार्ग राजनीतिक पर-पीड़न हो जाता है और उसे वह हिंसा कहकर गर्हित करार देने में कभी संकोच नहीं करते; पर साथ-ही-साथ यह भी अस्वीकार नहीं किया जा सकता कि उनके अत्यधिक उत्साही, पर नासमझ, शिष्यों के व्यवहार में गांधीवाद कायरतापूर्ण विकृत आत्म-पीड़न की प्रवृत्ति में स्खलित हो जाता है, जो विरोधी की पर-पीड़न प्रवृत्ति को शमित करने के बदले प्रोत्साहित

करती है। महात्मा गांधी इस खतरे के बारे में अधिक नहीं कहते, यद्यपि यह भी गांधीवाद (महात्मा गांधी भी, यह संज्ञा इतनी प्रचलित हो गई है कि, इसका कभी-कभी प्रयोग करने को बाध्य हो जाते हैं) से एकदम भिन्न वस्तु है। समासतः यदि गांधीवाद का पर-पीड़न में विस्फोट हो जाए, तो वह भी कम खेदजनक बात नहीं होगी। गांधीवाद की नौका को इन्हीं 'स्काइला' और 'कैरिब्डीज' के मध्य से होकर निकलना है—दोनों एक दूसरे से बढ़कर खतरनाक हैं, दोनों से समान रूप से सतर्क रहना आवश्यक है।

महात्मा गांधी ने अपनी सत्तरवीं वर्षगाँठ के अवसर पर अपने अतीत कार्यक्रम के औचित्य में फिर संशय प्रकट किया था। यह आशा की जा सकती है कि यदि वे इस वैज्ञानिक दृष्टिकोण से अपने सिद्धान्तों का विश्लेषण करें, तो उनकी आध्यात्मिक रहस्यपूर्णता सुस्पष्ट व्यावहारिकता में बदल जाएगी।

क्या उल्लिखित पाश्चात्य मनोवैज्ञानिक गांधीवाद के समाधान को स्वीकार करेंगे? क्या यह वास्तविक समाधान है? गांधीवाद का विश्लेषण भी प्रश्नसूचक चिह्नों में ही समाप्त होता है।

['दृष्टिकोण' : 1947]

नारी

पुरुष अपनी श्रेष्ठता को दो कारणों से युक्तिसंगत सिद्ध करना चाहता है। अव्वल तो यह कि उसका श्रेष्ठ स्थान सर्वथा स्वाभाविक है और दूसरे कि उसका अधिकार स्त्रियों की दुर्बलता का ही परिणाम है।

स्त्रियों की दुर्बलता के विषय में यह विश्वास इतना सार्वजनीन है कि सभी देशों और जातियों में यह सामान्य रूप से पाया जाता है। इस अन्धविश्वास के साथ-ही-साथ पुरुषों के अचेतन मस्तिष्क में बद्धमूल वह आतंक भी है, जिसका प्रादुर्भाव शायद मातृप्रधानता (Matriarchate) के खिलाफ पुरुषों के जिहाद के सिलसिले में हुआ होगा। अस्तु, यह अन्धविश्वास बहुत ही प्राचीन और परम्परागत है। इस बात का प्रमाण प्राय: सभी देशों के साहित्य और इतिहास में मिलता है। वैदिक यम-यमी संवाद से लेकर परवर्ती संस्कृत साहित्य और हिन्दी के संत-साहित्य में प्रचुर मात्रा में बिखरी हुई नारी-जाति के प्रति कटूक्तियों से भारतीय पाठक पर्याप्त रूप से परिचित होंगे।

एक बहुत प्राचीन लैटिन के विद्वान ने नारी के सम्बन्ध में कहा है कि वह पुरुष को पथ-च्युत करनेवाली है : 'Woman is the confusion of man'। यूरोप के धर्माचार्यों के लिए यह बहुत ही महत्त्वपूर्ण प्रश्न था कि नारी के आत्मा होती है या नहीं। यही नहीं, अनेकानेक पोप-पादरियों ने अपनी विद्वत्ता का अपव्यय यह प्रमाणित करने में किया कि नारी की गणना मानव-जाति के अन्तर्गत की ही नहीं जा सकती। यूरोप का वह युग, जिसमें किसी भी स्त्री को डायन कहकर जला दिया जा सकता था, बहुत दिन नहीं हुए कि बीता है। धार्मिकता के अभिमानी हमारे देश में, विशेषत: हिन्दुओं के घरों में, कुछ दूसरे ढंग से, प्राय: उसी कोटि का अत्याचार आज भी स्त्रियों को सहना पड़ता है। लेकिन इसका उल्लेख यहाँ अनावश्यक ही है। बाहर की बात चल रही थी : बाइबल में, 'मूल पाप' (Original Sin) के प्रतिपादन में स्त्रियों को ही सारी बुराइयों की जड़ माना गया है। यूरोप के आदि कवि होमर के 'इलियड' में हेलेन की कथा का यही 'हितोपदेश' है कि एक-अकेली नारी एकाधिक देशों की सुखी जनता के विनाश का कारण बन सकती है।

सारी दुनिया की लोककथाओं को देख जाइए, सर्वत्र नारी की नैतिक दुर्बलता, कुटिलता, मिथ्या-भाषण, धोखेबाजी और दुश्चरित्रता से पूर्ण कहानियाँ भरी

पड़ी हैं। हमारे यहाँ पुराने जमाने में इन लोककथाओं के साहित्यिक संग्रह 'कथा-सरित्सागर' आदि मौजूद थे। जिन्होंने अलिफ लैला को मूल में या उसके पूर्ण अनुवाद को पढ़ा होगा, वे जानते होंगे कि उनकी कहानियाँ भी तत्त्वत: ऐसी बातों से भरी पड़ी हैं। आज भी बाजार में फुटपाथ पर उन कहानियों के छह पैसे, दो आने वाले सर्व-सुलभ हिन्दुस्तानी संस्करण धड़ल्ले से बिकते हैं। लोककथा और तत्सम्बन्धी दूसरी बातों के विद्वान जानते हैं कि इन कहानियों की मूलगत भावनाएँ प्राय: सभी देशों की इस कोटि की रचनाओं में समान रूप से पाई जाती हैं। जिन्हें इस विषय में दिलचस्पी हो, उन्हें टॉनी (Tawney) के 'कथासरित्सागर' के कई जिल्दों में प्रकाशित बहुमूल्य अंग्रेजी अनुवाद के भूमिका-भाग का अवलोकन करना चाहिए। बर्टन-कृत अलिफ लैला का अंग्रेजी अनुवाद भी पठनीय है।

पोप-पादरियों, प्राचीन कवियों, लोककथाओं आदि की बातें छोड़िए। इनके मत का परिपोषण इस युग के या पिछले युग के बड़े-बड़े दार्शनिकों ने भी किया है और उनके कथन को उद्धृत कर विपक्षियों के मुँह को बन्द करने की कोशिश की जाती है। स्ट्रिंडबर्ग, मोबियों, शोपेनहर, विनिंगर प्रभृति उच्चकोटि के दार्शनिकों ने इस मत की पुष्टि की है। स्वयं ऐसी स्त्रियों की भी कमी नहीं है, जिन्होंने झूठ को बराबर सुनते-सुनते सच मानकर इस सिद्धान्त का समर्थन किया है और करती हैं! ऐसी स्त्रियाँ ही नारी के आत्मसमर्पण, सहनशीलता, क्षान्ति आदि गुणों के भावुकतापूर्ण राग अलापा करती हैं। स्वयं हमारे देश में, धर्मशास्त्रों और स्वयंभू दार्शनिकों को तो छोड़ ही दीजिए, सभी युग के उत्कृष्ट साहित्य में इन आदर्शों के मोहक चित्र खींचे गए हैं और अभी तक भारतीय स्त्रियों के एक प्रधान वर्ग के लिए उनकी मृगमरीचिका बनी हुई है। कालिदास, भवभूति, शरत्चन्द्र, जैनेन्द्र—किसी भाषा के किसी प्रसिद्ध साहित्यिक की रचनाओं को ले लीजिए, यह एक बात तो अनिवार्य रूप से मिलेगी ही—नहीं तो शायद भारतीय पाठकों में उसकी कोई कद्र ही नहीं होती। अकेले शरत्चन्द्र की गल्पों के प्रभाव से कितनी स्त्रियों को आत्म-पीड़न (Masochism) से विकृत सुख उठाने का पाठ मिला है, यह गवेषणा का विषय हो सकता है। कॉलेज और स्कूल की वे लड़कियाँ जो तुलसीदास की कुख्यात पंक्तियों के खिलाफ हाय-तौबा मचाती हैं (दैनिक पत्रों के पाठकों को इस सिलसिले में हाल की एक घटना स्मरण होगी), शरत् बाबू के द्वारा, नये जमाने को ध्यान में रखकर, प्रस्तुत की हुई गल्पों को कुछ पैसे और काफी आँसू कीमत में चुकाकर पढ़ती हैं। और इस प्रकार नये आवरण में वह मज्जागत परम्परा चली जा रही है।

विदेशों में स्त्रियों की मनोवैज्ञानिक स्थिति इतनी दयनीय नहीं है—यद्यपि यह भी नहीं कहा जा सकता कि इसका सर्वथा अभाव ही है। और, जब स्त्रियों को खुद ही यह मंजूर है तो पुरुषों का कहना ही क्या? धर्म और साहित्य की बात जाने दीजिए। इस अन्धविश्वास का फल आर्थिक और व्यापारिक क्षेत्र में वस्तुत: चिन्ताजनक है।

पुरुष के बराबर या ज्यादा काम करने पर भी स्त्री को सर्वत्र ही कम मजदूरी मिलती है और इसकी युक्तियुक्तता के बारे में शंका करने का भी अवसर नहीं मिलता!

लेकिन हकीकत क्या है? इस समस्या के पूर्व पक्ष के तर्कों का आभास तो पाठकों को मिल चुका, इसका उत्तर पक्ष क्या है? हम तसवीर के दूसरे और सच्चे पहलू को देखें।

बुद्धिवादी मनोवैज्ञानिकों ने इस अन्धविश्वास की तह तक पहुँचने का सफल प्रयत्न किया है। उन्होंने सर्वथा वैज्ञानिक ढंग से औसत पुरुषों और स्त्रियों की बुद्धि और योग्यता की तुलनात्मक परीक्षाएँ (Intelligence and Talent Tests) की हैं। इन परीक्षाओं का परिणाम यह निकला है कि यदि कुछ विषयों में पुरुष या बालकों ने अपेक्षाकृत अधिक बुद्धि या योग्यता का परिचय दिया, तो कुछ दूसरे विषयों में निर्विवाद रूप से स्त्रियाँ या बालिकाएँ बाजी मार ले गईं—विश्वास कीजिए, इन विषयों में गृह-विज्ञान या खाना बनाना सम्मिलित नहीं था, जिनके सम्बन्ध में पुरुष बड़ी खुशी से स्त्रियों की योग्यता स्वीकार करते हैं। जहाँ बालकों ने गणित में अधिक गति प्रदर्शित की, वहीं भाषाओं के सम्बन्ध में बालिकाएँ ही आगे रहीं। तथाकथित पुरुषोचित कार्यों के लिए आवश्यक अध्ययन के विषयों में बालक, बालिकाओं की अपेक्षा निस्सन्देह अधिक प्रतिभा का परिचय देते हैं। लेकिन यह अधिक प्रतिभा सिर्फ ऊपरी है। यहाँ हम पश्चिम की बालक-बालिकाओं का दृष्टान्त ले रहे हैं। वहाँ की साधारण लड़कियों को किन परिस्थितियों का सामना करना पड़ता है, यदि इसका निरूपण किया जाए, तो स्त्रियों की अपेक्षाकृत कम योग्यता के दावे का खोखलापन मालूम हो जाएगा।

इन बेचारी लड़कियों को हर घड़ी यही सुनने को मिलता है कि वे बालकों की तुलना में सर्वथा अयोग्य हैं। अगर वे किसी काबिल हैं तो गैर-जिम्मेवार और फालतू कामों के लिए ही। किसी बात को बार-बार सुनने के बाद आदमी स्वभावत: उसमें विश्वास करने लग जाता है। यदि ये बालिकाएँ अपने को अयोग्य समझने लगें और आत्मविश्वास खो देने के बाद अवसर आने पर अयोग्य प्रमाणित हो जाएँ, तो इसमें कोई आश्चर्य नहीं। पराधीनता के कारण विजेताओं के प्रचार के फलस्वरूप, गौरवपूर्ण अतीत का दावा रखनेवाला समस्त देश भी इस हीन भावना का शिकार हो जा सकता है। असत्य की निरन्तर पुनरावृत्ति की प्रतिकिया कितनी सफल हो सकती है, इसका हमें पूरा अनुभव है। प्रस्तुत विषय पर हमारे लिए शायद औरों से ज्यादा हमदर्दी के साथ विचार करना मुमकिन होना चाहिए।

अधिकतर लड़कियों की अयोग्यता इसी हीन भावना के परिणामस्वरूप प्रदर्शित होती है। यह तर्क सर्वथा युक्तिसंगत है। पूर्वोक्त परीक्षाओं के गहरे विश्लेषण से यह पता चला कि कुछ ऐसी भी लड़कियाँ थीं जो सभी प्रकार से लड़कों के समकक्ष थीं। वे जिस वातावरण में पली और बढ़ी थीं, उसकी जाँच करने पर इसका कारण स्पष्ट हो गया कि दूसरी औसत लड़कियों से इनमें यह भिन्नता क्यों पाई गई थी। इन लड़कियों

के परिवार की स्थिति यह थी कि वहाँ पिता के बदले माता ही परिवार के भरण-पोषण के लिए, किसी न किसी कारण से, अर्थोपार्जन के लिए जिम्मेदार थी। फलतः इन लड़कियों को कम-से-कम ऐसी परिस्थिति में नहीं रहना पड़ता था, जहाँ स्त्रियों को पुरुषों के अधीन रहना पड़ता हो और वे इस अधीनता को जाने-अनजाने अनिवार्य तथ्य के रूप में ग्रहण कर लेती हों।

फिर हमें यह भी स्मरण रखना चाहिए कि परिस्थितियों की प्रतिकूलता के बावजूद बहुसंख्य स्त्रियों ने भिन्न-भिन्न क्षेत्रों में, विशेषतः साहित्य, कला और चिकित्सा-विज्ञान में असाधारण प्रतिभा का परिचय दिया है। उनकी कृतियों या अनुसन्धानों की श्रेष्ठता और उपादेयता की मुक्तकंठ से प्रशंसा हो चुकी है। दूसरी ओर ऐसे असंख्य पुरुष हैं, जो कोई उल्लेखनीय कार्य नहीं कर पाते। उनमें किसी प्रकार की कोई विशिष्टता नहीं रहती। इतना ही क्यों, वे हद दर्जे की अयोग्यता प्रदर्शित करते हैं और यदि उनका उदाहरण लेकर बहस के लिए बहस करनी हो, तो इस बात के लिए प्रमाणों की कोई कमी नहीं रह जाती कि पुरुष स्त्रियों की तुलना में निम्न श्रेणी के प्राणी हैं।

इस युग की आवश्यकताओं ने पुरुषों को इस बात के लिए बाध्य किया है कि वे स्त्रियों के प्रति अपने भावों को बदलें। स्त्रियाँ उन कामों को योग्यता के साथ निभा रही हैं, जिन्हें कुछ दिन पहले तक केवल पुरुषों के योग्य ही समझा जाता था। लेकिन इस बात का पूरा अन्देशा है कि यदि और किसी कारण से नहीं तो बेकारी की समस्या दूर करने के खयाल से ही पुरुष फिर से अपनी पुरानी मनोवृत्ति का परिचय देने लग जाएँगे।

आज हमारे पिछड़े हुए देश में भी समाज के प्रगतिशील प्रतिमानों को स्वीकार किया जा रहा है और हम इस बात का भरोसा कर सकते हैं कि हम नारी-समाज के प्रति भी उदार दृष्टिकोण अपनाने में हिचकेंगे नहीं। दूसरे देशों में भी नारियों को अपने अधिकारों के लिए लड़ना पड़ा है और आज जो कुछ भी उन्होंने हासिल किया है, उसका बहुत कुछ श्रेय उन्हीं को है। किन्तु कभी-कभी ऐसा होता है कि समाज में आकस्मिक, पर कल्याणकर परिवर्तन होते हैं और एक ही छलाँग में वह अग्रगामी देशों की बगल में स्थान पाने का अधिकारी हो जाता है।

पास ही में, टर्की के नारी-समाज ने जो आश्चर्यजनक विकास किया है, उसकी ओर हमारा ध्यान आकृष्ट हुआ तो है पर, शायद उतना नहीं, जितना होना चाहिए था। रूस का समाज, विशेषतः नारी-समाज, किस प्रकार एकबारगी ही अन्धकार युग से निकलकर आधुनिक युग का प्रतिनिधित्व कर रहा है और फिर भी उसकी आँखों में चकाचौंध नहीं आई है। यह एक ऐसी घटना है जिससे भारतीय नारी-समाज को स्पृहणीय प्रेरणा मिल सकती है।

['दृष्टिकोण' : 1947]

नलिन रचनावली

खंड-3

सम्पादकीय, फुटकल लेख, समीक्षाएँ,
नोट्स, भूमिकाएँ और पुस्तक समीक्षाएँ

आचार्य नलिन विलोचन शर्मा
की सम्पूर्ण रचनाएँ

नलिन रचनावली

3

सम्पादकीय, फुटकल लेख, समीक्षाएँ, नोट्स, भूमिकाएँ और पुस्तक समीक्षाएँ

प्रधान सम्पादक
विनोद तिवारी

सम्पादक
अजय आनन्द

राजकमल प्रकाशन

ISBN : 978-93-90971-03-9

मूल्य : ₹5000
(सेट का मूल्य)

पहला संस्करण : 2021

प्रकाशक : राजकमल प्रकाशन प्रा. लि.
1-बी, नेताजी सुभाष मार्ग, दरियागंज
नई दिल्ली-110 002

शाखाएँ : अशोक राजपथ, साइंस कॉलेज के सामने, पटना-800 006
पहली मंजिल, दरबारी बिल्डिंग, महात्मा गांधी मार्ग, प्रयागराज-211 001
1, अनमोल सोराबजी संतुक लेन, धोबी तलाव, मरीन लाइंस, मुम्बई-400 002
वेबसाइट : www.rajkamalprakashan.com
ई-मेल : info@rajkamalprakashan.com

मुद्रक : राजकमल प्रेस
नई दिल्ली-110 002

NALIN RACHANAWALI-3
Edited by Vinod Tiwari & Ajay Anand

आचार्य नलिन विलोचन शर्मा

कुमुद शर्मा पेंटिंग करती हुईं

कुमुद शर्मा

कुमुद शर्मा, भाँजी नीरा मिश्रा और नलिन जी

पुत्र राजीव शर्मा, कुमुद शर्मा और नलिन जी

पौत्री अनामिका शर्मा गोद में, पुत्र राजीव शर्मा, पुत्रवधू तरुलता शर्मा और पौत्र अनुभव शर्मा गोद में

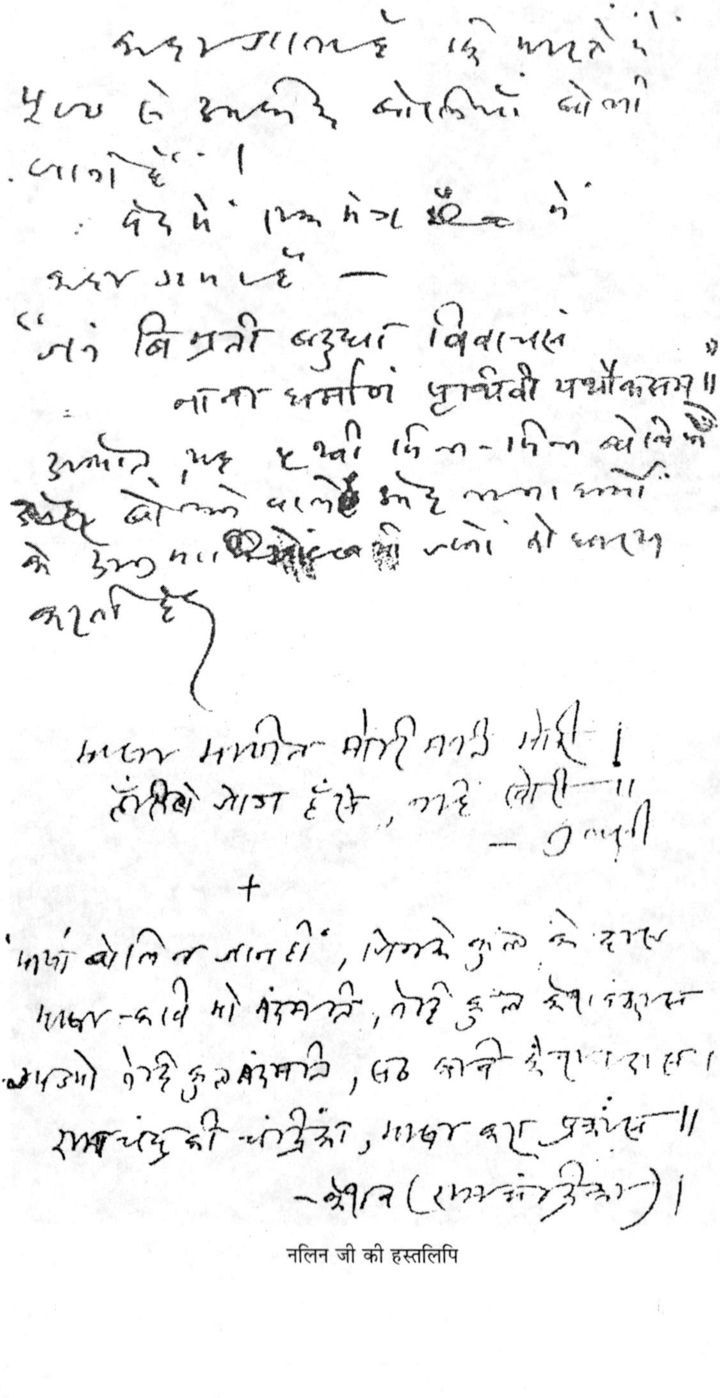

नलिन जी की हस्तलिपि

अनुक्रम

सम्पादकीय

फुटकल लेख, समीक्षाएँ और आधे-अधूरे नोट्स

भूमिकाएँ

पुस्तक समीक्षाएँ

भूमिका

आजादी मिलने के बाद देश के साहित्यकारों, शिक्षकों, वैज्ञानिकों, कलाकारों, खिलाड़ियों, नागरिकों, सैनिकों, किसानों और मजदूरों में अद्‌भुत उत्साह का माहौल था। सभी अपने-अपने क्षेत्र में देश को किसी कीमत पर विश्व में स्थापित करना चाहते थे। संसाधन की कमी के बावजूद लोग परिश्रम और दृढ़ इच्छाशक्ति के बल पर अच्छा कर रहे थे। ऐसा महौल बन गया था कि खुद को देश के लिए साबित करना है। सीमित संसाधनों के बावजूद उस दौर के संगीतकार घोड़े के टाप और थाली से भी अद्‌भुत संगीत रच देते थे। नलिन जी उसी देशकाल की उपज थे। नलिन जी की तरह उस दौर के बहुतेरे कलाकार-साहित्यकार पंडित जवाहरलाल नेहरू से प्रभावित थे। 'साहित्य-निर्माण की पंचवर्षीय योजना' और 'साहित्य-संवर्धन की विंशसूत्री पंचवर्षीय योजना' जैसी उसकी महत्त्वाकांक्षी योजनाओं पर स्पष्ट रूप से नेहरू के पंचवर्षीय योजना का प्रभाव है। वे मोहभंग से पहले चले गए। चीन से पराजय के बाद वे किस तरह प्रतिक्रिया देते, यह अनुमान लगाना कठिन है। खैर...।

'रचनावली' के इस तीसरे खंड में नलिन जी द्वारा लिखे सम्पादकीय, फुटकल लेख, आधे-अधूरे नोट्स, पुस्तक समीक्षाएँ और भूमिकाएँ हैं। सम्पादकीय 'दृष्टिकोण' और 'साहित्य' त्रैमासिक के मार्च, 1950 से जुलाई, 1960 अंकों के बीच लिखे गए। इनसे उनका सम्पादकीय व्यक्तित्व उभरकर सामने आता है। उनके लिखे सम्पादकीय का बड़ा हिस्सा, हिन्दी के शोध, भाषा, लिपि, हिन्दी टंकन, आवरण-सज्जा, लेखकों के दायित्व पर फोकस है। वे हिन्दी को ज्ञान-विज्ञान की भाषा बनाना चाहते थे। एक बार का वाकया है कि अपने अग्रज सम्पादक आचार्य शिवपूजन सहाय के सम्पादकीय में आए 'रुझान' शब्द को उन्होंने प्रूफ में स्त्रीलिंग कर दिया। शब्दकोश देखने पर जब उन्हें अपनी भूल का पता चला, अगले अंक में सम्पादकीय लिखकर सुधार किया। वे संस्कृत से हिन्दी में आए थे, इसलिए उनमें परम्परा और आधुनिकता का विरल संगम था। अंग्रेजी और विश्व साहित्य में उनकी गहरी दिलचस्पी थी। अंग्रेजी साहित्यिक पत्रिकारिता, रचना और आलोचना में हो रही प्रगति से न केवल हिन्दी समाज को परिचित करवा रहे थे बल्कि हिन्दी को

समृद्ध करनेवाली कई योजनाओं पर काम कर रहे थे। आकस्मिक मृत्यु के कारण उनकी सारी योजनाएँ अधूरी रह गईं।

हिन्दी में नलिन जी की रचनाओं का बड़ा हिस्सा अधूरा है। संस्कृत और हिन्दी में लिख उनके दोनों शोध प्रबन्धों सहित अधिकांश रचनाएँ दीमकों का आहार बन गईं। उनकी गृहिणी सचिव-सखी कुमुद शर्मा के परिश्रम से कुछ सामग्री बच पाई, उसी से हमें सन्तोष करना पड़ेगा। यहाँ अधिकांश अप्रकाशित सामग्री प्रकाशित हो रही है। इन अधूरी रचनाओं को भावुकतावश हम शामिल नहीं कर रहे हैं। दरअसल, अधूरापन रचनाकार नलिन की त्रासदी है। इस त्रासदी को अलग करके हम आलोचक नलिन को नहीं समझ सकते हैं। पुस्तक समीक्षा नलिन जी के यश का बड़ा आधार है। कुछेक को छोड़कर अधिकांश पुस्तक समीक्षाएँ इस खंड में शामिल हैं, जिसका बड़ा हिस्सा 'साहित्य' पत्रिका में प्रकाशित हुआ है। अधिकतर समीक्षाएँ सूत्रात्मक शैली में लिखी गई हैं। 'मैला आँचल' की समीक्षा इसका अपवाद है। हिन्दी साहित्य में 'मैचा आँचल' की तरह उनकी यह समीक्षा अमर रचना साबित हो चुकी है। उनका नाम प्राय: 'मैला आँचल' के सिलसिले में लिया जाता है। 'बाणभट्ट की आत्मकथा', 'नदी के द्वीप', 'घेरे के बाहर' ओर 'दिगंत' जैसी रचनाओं का स्वागत करने में वे आगे थे। यह सब वे अपनी प्रयोगशीलता के कारण कर पाए। उनकी सीमक्षा में सिर्फ परिचय और प्रशंसा भर नहीं होती थी। 'परती : परिकथा' और 'दुख मोचन' सरीखी पुस्तकों की कड़ी आलोचना को इस संदर्भ में देखा-पढ़ा जा सकता है। 'भूमिकाएँ' के अन्तर्गत उनके खुद के लिखित और सम्पादित किताबों की भूमिका और दूसरे रचनाकारों की किताबों का पुस्तक-परिचय शामिल है।

इन फुटकल आलोचनात्मक निबन्धों, लेखों और नोट्स का महत्त्व यह है कि हम एक आलोचक और शिक्षक की तैयारी से रूबरू होते हैं। भारतीय साहित्य और पाश्चात्य साहित्य पर उनकी जबर्दस्त तैयारी थी। आदिकाल, मध्यकाल और समकालीन साहित्य तक उनका आलोचनात्मक भूगोल फैला था। उपन्यास पर विशेष काम कर रहे थे। काश, वे मुकम्मल कर पाते! फिलहाल हमें इन सूत्रों से ही सन्तोष करना पड़ेगा।

—सम्पादक

सम्पादकीय

'साहित्य' का प्रकाशन

'साहित्य' बिहार हिन्दी साहित्य सम्मेलन का मुखपत्र है। वस्तुतः इस पत्र का प्रकाशन नवीन योजना न होकर सम्मेलन की एक स्थगित परम्परा का नवीन रूप मात्र है। वर्षों पूर्व 'साहित्य' का प्रकाशन हुआ था और उसने स्वल्प काल में ही प्रतिष्ठा भी प्राप्त कर ली थी, किन्तु अनेक कारणों से सम्मेलन का यह महत्त्वपूर्ण कार्य जारी न रह सका।

आज सम्मेलन फिर सक्रिय है और वह बहुमुखी प्रगति कर रहा है। उसके तत्त्वावधान में जो कार्य अनुशीलन विभाग के द्वारा हो रहे हैं, उन्हें प्रकाश में लाने का एक सुव्यवस्थित साधन सर्वथा आवश्यक था। 'साहित्य' अनुसन्धान-सम्बन्धी उच्च कोटि की सामग्री को प्रकाश में लाने का ऐसा साधन होगा। सामान्यतः हिन्दीभाषी क्षेत्र में और विशेषतः बिहार में हिन्दी की अनुसन्धान-सम्बन्धी पत्रिकाओं का जो अभाव-सा है, उसकी भी 'साहित्य' से यत्किंचत् पूर्ति हो, इसके लिए हम सतत् प्रयत्नशील रहेंगे।

['साहित्य' : मार्च, 1950]

अनुसंधान-कार्य और हिन्दी

हिन्दी को कल तक राजाश्रय प्राप्त नहीं था। यह हिन्दी की अन्तर्निहित शक्ति का प्रमाण है कि राजाश्रय के बिना ही वह फूलती-फलती रही। राज्य की उपेक्षा से हिन्दी का मार्ग अवरुद्ध नहीं हुआ; राज्य की ही अप्रतिष्ठा हुई कि उसने राष्ट्र की भाषा का अनादर किया। स्वतंत्रता-प्राप्ति के बाद इस अन्याय का अन्त हुआ और हिन्दी अपने उस आसन पर समासीन हुई जिस पर उसका अधिकार था।

शासक-वर्ग ने हिन्दी के महत्त्व को समझा, यह सन्तोष की बात है; किन्तु आज भी विद्वान इसकी उपेक्षा ही कर रहे हैं, यह देखकर क्षोभ होता है। आज भी भारतीय इतिहास, पुरातत्त्व, साहित्य आदि से सम्बद्ध अनुसन्धान पत्रिकाएँ अंग्रेजी में ही प्रकाशित हो रही हैं। स्वतंत्र भारत में भी विद्वानों की भाषा एक ऐसी भाषा बनी हुई है जो उत्कृष्ट और समृद्ध चाहे जितनी भी हो, पर अपनी तो क्या, अपनी जैसी भी नहीं है। राष्ट्र को

राजनीतिक वयस्कता प्राप्त हो चुकी है, पर उसका बौद्धिक शैशव अभी बना ही हुआ है। यह स्थिति तब तक बनी रहेगी जब तक ज्ञान-विज्ञान के मौलिक और गहन विवेचन भी अपनी भाषा में न होने लगें। इस विषय में विद्वानों और विशेषज्ञों की उदासीनता उनकी हीनता का परिचायक और राष्ट्र के बौद्धिक विकास के लिए घातक सिद्ध हो रही है।

आज से वर्षों पहले, जब प्राच्य-विद्या पर मौलिक गवेषणाएँ अंग्रेजी में ही लिपिबद्ध होती थीं, स्वर्गीय पं. गौरीशंकर हीरानन्द ओझा ने भारतीय लिपियों पर अपना बहुमूल्य ग्रंथ हिन्दी में लिखकर यह प्रमाणित कर दिया था कि यदि कोई पुस्तक सचमुच ही महत्त्वपूर्ण है तो हिन्दी में लिखी होने पर भी वह देश-विदेश में सम्मानित हो सकती है। आज जब परिस्थितियाँ न केवल अनुकूल हैं, प्रत्युत् वे इसकी माँग कर रही हैं, तो क्या हमारे विद्वान अपनी संकीर्णता का परित्याग नहीं करेंगे?

हमें इस बात का हर्ष और सन्तोष है कि हमारे अनुरोध पर प्रान्त के नवयुवक अन्वेषकों, चिन्तकों और विद्वानों ने हमारे इस कार्य में अपना बहुमूल्य सहयोग प्रदान किया है। रूढ़िग्रस्त वार्धक्य को कभी-कभी स्वस्थ यौवन से दिशा-निर्देश प्राप्त होता है। हमें आशा है, 'साहित्य' को भविष्य में ऐसे आदरणीय विद्वानों का भी सहयोग प्राप्त हो सकेगा जिन्होंने उपलब्धि तो की है, पर जिनका उस पर सबसे ज्यादा अधिकार है, उन्हें ही उससे वंचित रखा है।

['साहित्य' : मार्च, 1950]

हिन्दी का साहित्यिक कोश : एक योजना

राष्ट्रभाषा के दायित्व-निर्वाह के लिए यह आवश्यक है कि हिन्दी में विस्तृत और प्रामाणिक पारिभाषिक कोश निर्मित हो। यह सन्तोष का विषय है कि इस दिशा में श्री राहुल सांकृत्यायन और डा. रघुवीर जैसे विद्वान प्रयत्नशील हैं और उन्हें साधन-सम्पन्न संस्थाओं का सहयोग भी प्राप्त है। जब किसी भाषा में वृहत् पारिभाषिक कोशों का निर्माण होने लगता है तो यह मान-सा लिया जाता है कि उस भाषा के समस्त साहित्य के आधार पर बनाए गए सामान्य शब्दकोश मौजूद होंगे ही! किन्तु हमारे यहाँ कुछ विचित्र स्थिति है। हमारी भाषा का एकमात्र प्रामाणिक शब्दकोश 'हिन्दी शब्दसागर' आज अप्राप्य है। उसका संशोधित और परिवर्द्धित संस्करण अब तक प्रकाशित हो जाना चाहिए था, किन्तु निकट भविष्य में इसकी सम्भावना नहीं दिखती; क्योंकि इस सम्बन्ध में नागरी प्रचारिणी सभा की सचेष्टता का हमारे पास कोई प्रमाण नहीं है। 'हिन्दी शब्दसागर' का नवीन संस्करण यदि शीघ्र ही प्रस्तुत नहीं होता तो यह नागरी प्रचारिणी सभा की प्रतिष्ठा के लिए अमार्जनीय कलंक की बात होगी। साधनों का अभाव है, यह कहकर हिन्दी की इतनी गौरवशालिनी संस्था छुट्टी नहीं पा सकती।

'शब्दसागर' के प्रात:स्मरणीय आयोजकों ने ऐसी बात कही होती तो वह युक्तिसंगत मानी जा सकती थी। किन्तु आज कोई संस्था हिन्दी के लिए महत्त्वपूर्ण कार्य करना चाहे और उसे साधनों का अभाव बना रहे, तो यह संस्था का ही दोष होगा। जो भी हो, यदि 'शब्दसागर' का नवीन संस्करण आयोजित होता है तो बहुत अच्छा, अन्यथा इस लज्जाजनक अभाव की पूर्ति किसी दूसरी संस्था को करनी ही है। हम इस सम्बन्ध में कुछ सुझाव रखना चाहते हैं जिन पर विचार-विमर्श होने से इस प्रकार की योजना को कार्य-रूप में परिणत करने में बहुत सहायता मिल सकती है। पहली बात तो यह है कि बहुत बड़े पैमाने पर शीघ्रातिशीघ्र ऐसे कोश के निर्माण की व्यवस्था हो—वह चाहे किसी प्रादेशिक या केन्द्रीय सरकार की ओर से हो या 'सम्मेलन' या 'सभा' की ओर से, या किसी प्रकाशक की ओर से। कोश-निर्माण का भार जो विद्वान स्वीकार करेंगे, उन्हें इस बात के लिए प्रतिश्रुत होना पड़ेगा कि वे इस कार्य को पाँच वर्षों के अन्दर प्रतिपन्न कर देंगे। दूसरी बात यह कि इस कोश में 'हिन्दी शब्दसागर' की विशेषताओं को तो ग्रहण किया जाएगा; किन्तु उसकी अपूर्णताओं और त्रुटियों का परिमार्जन इतनी सतर्कता के साथ किया जाएगा कि इसके परिपूर्ण होने में यथासम्भव कुछ बाकी न रहे। तीसरी और अन्तिम बात यह है कि कोश-निर्माण करनेवाले प्राचीन हिन्दी साहित्य की किसी भी महत्त्वपूर्ण कृति के एक शब्द को भी छोड़ें नहीं। हमारे सुझाव का यही सर्वाधिक महत्त्वपूर्ण अंश है और इस पर कुछ विस्तार से लिखना असमीचीन नहीं समझा जाएगा। 'शब्दसागर' में ढूँढ़ने पर जो चन्दबरदाई, कबीर, जायसी, सूर और तुलसी के द्वारा प्रयुक्त सैकड़ों शब्द नहीं मिलते। संस्कृत के ऐसे अनेक कोश हैं—इसका श्रेय चाहे विदेशियों को ही क्यों न हो! —जिनमें शायद ही संस्कृत साहित्य में प्रयुक्त ऐसा कोई शब्द हो, जो नहीं मिलता हो। इस प्रकार के कोश दूसरी उन्नत भारतीय भाषाओं में भी सुलभ हैं। यह भारत की राष्ट्रभाषा ही है जो इस क्षेत्र में पिछड़ी हुई है! इस अभाव को दूर करने के लिए दो प्रणालियाँ काम में लाई जा सकती हैं : या तो 'शब्दसागर' को ही इतना पूर्ण बनाया जाए कि सिद्ध-काल से लेकर आज तक के समस्त हिन्दी साहित्य में प्रयुक्त शब्द उसमें आ जाएँ या एक स्वतंत्र साहित्यिक कोश का निर्माण हो जिसके विभिन्न खंड हिन्दी साहित्य के विभिन्न कालों अथवा भाषागत धाराओं के आधार पर निर्धारित हों। इस प्रस्तावित साहित्यिक कोश की रूपरेखा कुछ इस प्रकार की होगी : प्रथम खंड—अपभ्रंश तथा संत-भाषा। इसमें सिद्ध, नाथ और निर्गुणमार्गी संतों के साहित्य में प्रयुक्त शब्द रहेंगे। द्वितीय खंड—डिंगल कोश। इसमें वीरगाथा-काल की रचनाओं में प्रयुक्त सभी शब्द आ जाएँगे। इस खंड को इतना विस्तृत बनाना होगा कि इसमें कम-से-कम विद्यापति के द्वारा प्रयुक्त शब्द आ सकें। तृतीय खंड—अवधी कोश। इसमें प्रेममार्गी और रामभक्ति-शाखा के अवधी भाषा में रचना करनेवाले कवि आ जाएँगे। चतुर्थ खंड—ब्रजभाषा-कोश। इसमें कृष्ण-भक्ति-शाखा तथा रीतिकाल की रचनाओं में पाई जानेवाली शब्द-राशि आ

जाएगी। पंचम खंड—आधुनिक हिन्दी साहित्य में प्रयुक्त शब्दों के लिए। इस प्रकार के विभाजन में कठिनता यह उपस्थित होती है कि किसी शब्द के सम्बन्ध में कोश की सहायता लेने के पहले यह जानना आवश्यक हो जाता है कि वह शब्द किस खंड में मिलेगा और कहा जा सकता है कि यदि कोई इतना-भर जानता ही है तो उसे कोश की आवश्यकता ही नहीं पड़ेगी। पर इस कठिनता की एक सामान्य सूची बनाकर बड़ी आसानी से दूर किया जा सकता है। इसके लिए एक स्वतंत्र खंड रहेगा। इस प्रकार के कोश से लाभ यह होगा कि 'पद्मावत-भाष्य' या 'कबीर-भाष्य' या 'सूर-भाष्य' लिखने की आवश्यकता नहीं रहेगी और कोश की सहायता से समस्त हिन्दी साहित्य साधारण पाठकों के लिए भी सुगम हो जाएगा। हमें विश्वास है कि इस योजना को कार्य-रूप में परिणत करने में हमें विद्वानों तथा संस्थाओं का सहयोग प्राप्त होगा।

['साहित्य' : जुलाई, 1950]

हिन्दी के लिंग-सम्बन्धी नियम

राष्ट्रभाषा हिन्दी बहुविध 'यदि' और 'किन्तु' के साथ 'राष्ट्रभाषा' मान ली गई है—हमें जहाँ इस वस्तुस्थिति से सन्तोष है, वहीं हम अपने उत्तरदायित्व को भी बढ़ते देखते हैं। इस व्यापक भाषा को व्यापकतम बनाने के लिए हमें परिमार्जन और सरलीकरण के निमित सजग और सचेष्ट होना पड़ेगा। हिन्दी की दो समस्याओं का तत्काल समाधान प्रस्तुत कर देना उसके विद्वानों का कर्तव्य है। पहली समस्या है लिपि की और दूसरी व्याकरण की। ऐसे बहुत-से अहिन्दी-भाषी विद्वान, जो हिन्दी को राष्ट्रभाषा के रूप में स्वीकार करते हैं, इस भाषा की एक बहुत बड़ी अपूर्णता के कारण उसे सीखने में कठिनाई का अनुभव करते हैं। यह अपूर्णता उसके व्याकरण से सम्बन्ध रखती है और व्याकरण में भी, विशेषत: लिंगभेद के नियमों को लेकर। हिन्दी के विद्वानों को अहिन्दी विद्वानों की इस कठिनाई पर सहानुभूतिपूर्वक विचार करना चाहिए, क्योंकि यह एक ऐसी खाई है जिसमें अक्सर हिन्दी के साधारण छात्र ही नहीं, विद्वान भी अपने को गिरते पाते हैं। हम अंग्रेजी का मजाक उड़ाते हैं कि उसमें उच्चारण-सम्बन्धी एकरूप नियमों का अभाव है, जब हिन्दी में सुविधा यह है कि जैसा लिखो, वैसा पढ़ो। यह बहुत दूर तक ठीक है और इस पर आधुनिक काल में अंग्रेजी भाषा-भाषियों ने गम्भीरतापूर्वक विचार करना प्रारम्भ किया है। अमेरिका में तो उच्चारण के अनुसार शब्दों के रूप बना भी लिये गए हैं। अभी 'हाउस ऑफ कामन्स' में भी शब्दों के रूप के सुधार के सम्बन्ध में एक गैर-सरकारी प्रस्ताव आया था, जो अंग्रेजी सीखने वालों के दुर्भाग्य से, सिर्फ तीन वोट से, अस्वीकृत हो गया! बंगाल में भी संस्कृत की परम्परा के अनुसार शब्दों का रूप न रखकर वास्तविक उच्चारण के अनुसार रखने का आन्दोलन चला था और

बहुत दूर तक उसका उद्देश्य सिद्ध भी हो गया है। हमें इन भाषाओं के सरलीकरण के प्रयासों से यह तो सीख लेनी ही चाहिए कि अपनी भाषा के जिन क्षेत्रों में सरलीकरण की आवश्यकता है, उनमें इसके लिए प्रयत्न करना चाहिए। जहाँ तक लिंगभेद का प्रश्न है, हमारा विश्वास है, उसका बड़ी सरलता के साथ समाधान किया जा सकता है। हम नीचे की पंक्तियों में इस सम्बन्ध में अपने विचार उपस्थित कर रहे हैं और उन पर विद्वानों की सम्मति का स्वागत करेंगे। हाँ, हम एक बात प्रारम्भ में ही कह दें कि परम्परा और रूढ़ि का हवाला देकर हमारे सुझाव का जो विरोध किया जा सकता है, उसका अनुमान हम आसानी से कर सकते हैं; किन्तु वैज्ञानिक या शास्त्रीय विवेचन में इस प्रकार के विरोध का कोई महत्त्व नहीं हो सकता। हिन्दी में लिंग-सम्बन्धी नियम तो हैं, लेकिन नियमों से अधिक हैं उनके अपवाद। हमारा प्रयत्न यह है कि लिंगभेद के ऐसे सीमित और संक्षिप्त नियम बनाये जाएँ जिनके अपवाद होंगे, किन्तु जिन्हें नियमों के सहारे ही समझा जा सकेगा। हिन्दी के एक उद्‌भट वैयाकरण स्वयं कहते हैं : 'हिन्दी में लिंग का पूर्ण निर्णय करना कठिन है। इसके लिए व्यापक और पूरे नियम नहीं बन सकते, क्योंकि इनके लिए भाषा के निश्चित व्यवहार का आधार नहीं है।' यदि निश्चित व्यवहार का आधार नहीं है तो जब नियम बनाये जाएँ, तब सरलता तथा युक्तियुक्तता का ध्यान रखना ही उचित होगा। इसे ध्यान में रखते हुए हम ये नियम बना सकते हैं :

पुल्लिंग

1. जो संज्ञा स्पष्टतः पुरुष-बोधक हो, वह पुल्लिंग है। उदाहरणार्थ—लड़का, बैल, हाथी।
2. ऐसी सभी अकारान्त, उकारान्त, ऊकारान्त शब्द पुल्लिंग हैं, जो स्त्रीलिंग-सम्बन्धी सामान्य नियम के अंतर्गत नहीं आते। उदाहरण—संतान, मोड़, फौज, बालू, लू, दारू, ब्यालू, झाड़।
3. सभी भाववाचक संज्ञाएँ पुल्लिंग हैं। उदाहरण—आना, गाना, बनावट, सजावट, घबराहट, झंझट।
4. स्थानवाचक और जातिभाववाचक संज्ञाएँ पुल्लिंग हैं। उदाहरण—काशी, बिहारी।

स्त्रीलिंग

1. जो संज्ञा स्पष्टतः स्त्रीबोधक हो, वह स्त्रीलिंग है। उदाहरण—लड़की, औरत।
2. सभी इकारान्त, ईकारान्त, आकारान्त, औकारान्त शब्द (जो पुल्लिंग नियम एक के अन्तर्गत नहीं आते) स्त्रीलिंग हैं। उदाहरण—दही, घी, जीव, पानी, भौं, लौ, पौ।

सामान्य

तत्सम आकारान्त शब्द पुल्लिग है (माया, छाया) और तद्भव अथवा देसी आकारान्त शब्द (लोटा, डंडा) भी पुल्लिग।

इन नियमों के बारे में, अन्त में, एक और बात स्पष्ट कर देना आवश्यक है। अब तक लिंग-सम्बन्धी जो नियम मान्य रहे हैं, उनमें दो त्रुटियाँ थीं :

1. प्राय: सभी नियमों के बहुत अपवाद।
2. शब्दों में अनावश्यक तथा आपत्तिजनक रूप से और अकारण, पुरुषत्व या स्त्रीत्व का आरोप—उदाहरणार्थ, मूँछ को स्त्रीलिंग मानना!

हम प्रस्तावित नियमों की सहायता से निश्चित रूप से पहली त्रुटि का पूर्णत: मार्जन करने में सफल हो पाएँगे। उल्लिखित दो त्रुटियों में पहली त्रुटि ही वस्तुत: दुस्तर कठिनताएँ उत्पन्न करनेवाली है और उसका मार्जन नितान्त आवश्यक है। जहाँ तक दूसरी त्रुटि का प्रश्न है, हम उसका भी मार्जन करने में सफल होते हैं; किन्तु तनिक दूसरे ढंग से। इस त्रुटि के विश्लेषण में हमने दिखाया है कि शब्द अनावश्यक तथा आपत्तिजनक रूप से और अकारण स्त्रीलिंग या पुल्लिग मान लिये जाते हैं। प्रस्तावित नियमों के फलस्वरूप अब शब्द अनावश्यक रूप से या स्त्रीलिंग या पुल्लिग नहीं माने जाएँगे; इसके लिए निश्चित नियम निर्धारित कर दिये गए हैं। उदाहरणार्थ—'मूँछ' अकारान्त शब्द है, अत: पुल्लिग होगा। लेकिन 'मूँछ' के पुल्लिग हो जाने पर भी—जिस व्याकरण-सम्बन्धी आवश्यक न्याय पर बहुत लोग सन्तोष की साँस लेंगे—हमारे नियम भी, भावुक लोगों की दृष्टि में, कहीं-कहीं आपत्तिजनक परिणाम उत्पन्न करनेवाले माने जा सकते हैं। तो इसके सम्बन्ध में निवेदन यही है कि केवल इस दृष्टि से हमारे नियम पहले के नियमों से न तो अच्छे हैं और न बुरे—हम स्वीकार करते हैं कि यदि हमने 'मूँछ' को पुल्लिग बना दिया है तो उसके साथ ही साथ 'आँख' को भी, जो बात खटक तो सकती है; पर जिससे कुछ बनता-बिगड़ता नहीं और, इसलिए, जिससे चिन्तित होना सर्वथा अनावश्यक है।

['साहित्य' : अक्टूबर, 1950]

साहित्य-निर्माण की पंचवर्षीय योजना

देश की स्वतंत्रता के बाद की शासनावधि दूसरी दृष्टियों से सफल रही है या असफल, इस पर हमें यहाँ कुछ नहीं कहना। जहाँ तक साहित्य-निर्माण का प्रश्न है, हम इस अवधि को तो योजनाओं की अवधि भी नहीं कह सकते—और कम-से-कम इतना तो दूसरे क्षेत्रों के सम्बन्ध में कहा ही जा सकता है।

दूसरे क्षेत्रों में कम या ज्यादा, कुछ-न-कुछ, काम होता रहा है : बाँध नहीं बँधे हैं तो पैमाइश जरूर हुई है; इंजिनें न भी बनी हों, कारखाने का ढाँचा तो खड़ा हो ही गया है; उल्लेखनीय आविष्कार न भी हो पाएँ हों, अनेक प्रयोगशालाएँ तो स्थापित अवश्य ही हो गई हैं; न कुछ सही तो धाराएँ पारित-स्वीकृत हुई हैं, और एक व्यापक आर्थिक योजना की रूपरेखा तैयार कर ली गई है। बंजर खेत में हल चलाकर बीजारोपण कर देना कम बड़ा काम नहीं है!

और आत्म-सन्तोष के लिए साहित्य-निर्माण के क्षेत्र में भी यह तो कहा ही जा सकता है कि माध्यम का प्रश्न तो हल कर ही लिया गया है; अब सिर्फ काम करते जाना है। ऐसा कहना ठीक ही होता अगर इस समस्या के समाधान का श्रेय हम ले सकते। वस्तुतः यह समाधान तो पहले से ही वर्तमान था, हमने किया इतना भर ही तो है कि बहुत तर्क-वितर्क के बाद अर्द्धहार्दिक रूप से सुलभ समाधान को स्वीकार कर लिया है!

ऐसी स्थिति में, जब हमें समाधान ढूँढ़नेवाली बहुत बड़ी मुश्किल को हल नहीं करना था, हम आसानी से, साहित्य-निर्माण के माध्यम को स्वीकार करते ही, तुरंत बहुत आगे बढ़ सकते थे। ऐसा नहीं हो सका, यह खेदजनक है। ऐसा अब हो सके, इसके लिए कृतसंकल्प होना हमारा कर्तव्य है।

उद्योग-धन्धे के क्षेत्र में हमारा देश पाश्चात्य देशों की तुलना में पिछड़ा हुआ है तो हमें एक सुनिश्चित योजना के अनुसार कार्य करना ही होगा। इसी तरह साहित्य-निर्माण के क्षेत्र में हम उन्नत देशों की अपेक्षा बहुत पीछे हैं तो हमें देशव्यापी पैमाने पर, शासकीय योजना के अनुसार, इस दिशा में अग्रसर होना पड़ेगा।

यदि साहित्यिक सस्थाएँ इस गुरु दायित्व को स्वीकार करने की स्थिति में होतीं तो वे सरकार के सामने महनीय आदर्श कर सकती थीं। अकेले सम्मेलन के पास ही ऐसे और इतने साधन थे कि हमारे पिछड़े हुए देश को भी, कम-से-कम इस क्षेत्र में, सरकारी योजना और चेष्टा की कोई जरूरत न रह जाती—आवश्यक सहायता तो बिना माँगे मिलती ही रहती। लेकिन जब हिन्दी और देश की इस महान संस्था के संचालन के लिए ही सरकारी कर्मचारियों की जरूरत आ पड़ी है तो उसकी साधन-सम्पन्नता की चर्चा ही वृथा है; भरोसा सरकार का करना ही पड़ेगा।

तो साहित्य-निर्माण की योजना का भार भी अन्ततः सरकार पर ही है। हम आशा करें कि केंद्र अपने इस दायित्व को भी निभाने को तत्पर है। हम मानकर चलें कि केंद्रीय सरकार अविलम्ब ही साहित्य-निर्माण का भी नील-मुद्रण (Blue Print) तैयार करने जा रही है। हम इसी आशा से, यही मानकर, अपने कुछ सुझाव सामने रख देना अनावश्यक या असमीचीन नहीं समझते। जो लोग कहेंगे कि अभी तो गाछ पर भी कटहल नहीं है और ओठ पर तेल लगने लगा, तो हम इस पर इतना ही कह सकते हैं कि हम उनकी तरह घोर निराशावादी नहीं हैं। जिसने देश की स्वतंत्रता जैसे असम्भव

व्यापार को सम्भव होते अपनी आँखों से देखा है, वह स्वतंत्र देश की क्षिप्र उन्नति में सन्देह कर भी कैसे सकता है?

हम योजना का अनाहूत प्रारूप पृथक् प्रस्तुत करेंगे; यहाँ हम इसके आधारभूत सिद्धान्तों का निरूपण ही अपेक्षित समझते हैं।

किसी भी योजना की सार्थकता इसी में है कि बनकर एक बार स्वीकृत हो जाने पर वह कठोरतापूर्वक निर्धारित अवधि के भीतर ही कार्यान्वित की जाए। ऐसा नहीं होता तो अच्छी से अच्छी योजना 'मसि-कागद' का अपव्यय है। ऐसा हो सके तो एक साधारण योजना की महान उपलब्धि बन जाती है—'पूर्णता गौरवाय'! उस्मानिया विश्वविद्यालय जैसी छोटी-सी संस्था ने देखते-देखते जो कर दिखाया था, उससे हजार गुना ज्यादा कर लेना भारत सरकार के बायें हाथ का खेल होगा, इसमें क्या कोई शक हो सकता है?

देश के कुछ अविकसित उद्योग-धन्धों के लिए सरकार व्यवसायियों को सहायता देती है—हम नहीं जानते, उन्हें किसी निश्चित अवधि में निश्चित उत्पादन के लिए प्रतिश्रुत भी होना पड़ता है; इसी प्रकार देश में प्रकांड प्रयोगशालाएँ खुली हैं—हम नहीं कह सकते, उनके संचालकों से वचन लिया गया है या नहीं कि वे इतने दिनों के भीतर कम-से-कम ये-ये काम तो कर ही, करा ही डालेंगे। किन्तु साहित्य-निर्माण में सरकार जो व्यय करेगी, जिस निर्माणशाला की स्थापना करेगी, उसके लिए पहली शर्त यही हो सकती है कि जिसके हाथ में संचालन सौंपा जाएगा, वह अपनी कार्यावधि की समाप्ति तक प्राय: अवैतनिक रहेगा। उसके तत्त्वावधान में योजना पूरी हो गई तो उसे जीवन-पर्यन्त आर्थिक चिन्ता से मुक्त रखना सरकार का कर्तव्य होगा। योजना अधूरी रह गई, दायित्व का पालन नहीं हुआ तो 'पुनर्मूषको भव'—यह नहीं कि लम्बे वेतन का सरकारी ओहदा मिल गया, देश का काम हुआ हुआ, नहीं हुआ न सही!

योजना के इस प्रकार के कार्यान्वय के लिए सरकार को एक साथ ही संघटित संस्था को पूरी स्वतंत्रता भी देनी होगी और उस पर पूरा नियंत्रण भी रखना होगा। अगर पाँच साल की योजना बनी तो साल भर तक तो संस्था को उतनी छूट रहेगी जितनी किसी गैर-सरकारी संस्था को रहती है; लेकिन साल पूरा होते न होते पूरा लेखा-जोखा ले लिया जाएगा कि पूर्ण अवधि के अंश के अनुपात में अनुमित कार्य हुआ या नहीं! ऐसी शर्त, ऐसी मनोवृत्ति रहेगी तो योजना के संचालन के लिए न तो अस्वस्थ प्रतियोगिता ही होगी, न योजना को पद-पद पर 'बोतल की गर्दनों' में फँसना पड़ेगा या लाल फीते या सफेद से निगडित होना!

राष्ट्र की वैज्ञानिक प्रयोगशालाओं की तरह राष्ट्र की यह साहित्यिक निर्माण-शाला प्रभूत व्यय को अनिवार्य नहीं बनाएगी। प्रयोगशालाएँ तो मानो 'विज्ञान विज्ञान के लिए है'—इस सिद्धान्त को ही बहुत दिनों तक प्रमाणित करती रहेंगी, क्योंकि उनसे

तत्काल प्रत्यक्ष लाभ की आशा नहीं की जा सकती—इतने लाभ की भी नहीं कि वे आत्मनिर्भर ही हो जातीं। इसके विपरीत साहित्यिक निर्माण-शाला के प्रारम्भिक दो-एक वर्षों का व्यय-भार ही सरकार को उठाना पड़ेगा। नाना ज्ञान-विज्ञान का प्रामाणिक अनुवाद, मौलिक ग्रंथ, कोश, विश्वकोश एक बार छपकर तैयार हो जाएँगे तो प्रान्तीय सरकारें ही उनकी इतनी प्रतियाँ खरीद लेंगी कि लगा हुआ धन निकल आएगा; अध्ययन-अध्यापन के लिए या सामान्य ज्ञानार्जन के लिए तो उनकी इतनी माँग होगी कि उसे पूरा करना कठिन हो जाएगा। प्रान्तीय सरकारों और विश्वविद्यालयों की आवश्यकता को ध्यान में रखकर आंशिक क्रय का सरकारी आश्वासन दे दिया जाएगा तो पुस्तकों के प्रकाशन के लिए प्रकाशकों में होड़ मच जाएगी, निर्माण-शाला को केवल पुस्तकें तैयार कराते जाना पड़ेगा।

योजना की विस्तृत और व्यापक रूपरेखा कठिन काम नहीं है। योजना पर विचार करने के पहले इन सिद्धान्तों को स्वीकार करना सर्वथा आवश्यक है। तब जो पंचवर्षीय योजना बनेगी, उससे राष्ट्रभाषा में वैसे विशाल और सर्वांगीण साहित्य का निर्माण होगा जो राष्ट्र के अनुरूप होगा।

['साहित्य' : अप्रैल, 1951]

प्रतिभान्वेषण

अभी-अभी प्रधानमंत्री पंडित जवाहरलाल नेहरू ने नवयुवकों का आह्वान किया था कि वे आगे बढ़ें और राजनीति की बागडोर अपने हाथों में लेने को तैयार हो जाएँ, इसके लिए अपने को समर्थ बनाएँ, योग्य सिद्ध करें। हमें विश्वास है, अनन्य-साधारण प्रतिभा-प्रसूतिनी यह भूमि वंध्या नहीं हो गई है; हमें आशा है, वय और अनुभव से वृद्ध राजनीतिज्ञ भी अपनी ओर से प्रतिभान्वेषण के कार्य में आवश्यक तत्परता से काम लेंगे।

साहित्य के क्षेत्र में यह आवश्यकता और ऐसी मनोवृत्ति और भी अधिक अपेक्षित है। जो साहित्य अपने को तुलसी-सूर का उत्तराधिकारी मानकर धन्य-धन्य है और जिसमें कल तक प्रेमचन्द-सा गल्पकार वर्तमान था, और आज भी निराला-सा महाकवि है, उस साहित्य को प्रतिभासम्पन्न युवा कलाकारों का अभाव अवश्य नहीं हो सकता। यह तो इस साहित्य के प्रेमियों और कर्णधारों का कर्तव्य है कि वे प्रतिभा का आह्वान और अन्वेषण करें।

चाहे कितनी भी अनुकूल परिस्थिति क्यों न हो, प्रतिभा को प्रारम्भ में स्वयं ही सामने आ जाना पड़ेगा, किन्तु इसके बाद यह भी अनिवार्य है कि उग जाने पर उसे मुरझाने न दिया जाए। 'चीकने पात' वाला बिरवा हो, पर सलिल-सिंचित आलवाल

कभी बने ही नहीं तो फल-फूल की क्या आशा! जहाँ तक हिन्दी साहित्य का सवाल है, हमें स्वीकार करना ही होगा कि गुण नहीं, गुणगाहक ही हिरा गए हैं।

नवीन प्रतिभा की परख, पहचान और अभिनन्दन तो दूर की बातें हैं, दुराशाएँ हैं; हिन्दी साहित्य के निर्माणकर्ता सिद्ध कलाकारों को ही क्या अभी उचित यश और पर्याप्त धन मिल पाया है—अपनी ओर से हिन्दीभाषियों को चाहे इन्होंने जितनी शिवेतरक्षति की हो, उनके लिए चाहे जैसी कान्ता-सम्मित वाणी सुलभ कर दी हो?

हिन्दी में वर्षों पूर्व की तरह आज भी मुश्किल से दो-एक पत्रिकाएँ ही हैं जो लेखक की प्रसिद्धि को नहीं अपितु उसकी विशिष्टता को महत्त्व देती हैं। इस भाषा का प्रतिपालक पाठक-वर्ग शताब्दी के मध्य में भी शताब्दी के प्रारम्भ की ही रुचि रखता है; हिन्दी का औसत सिद्धहस्त—सिद्ध नहीं—लेखक पाठक-वर्ग का निर्देशक नहीं, अनुयायी बना हुआ है और समीक्षक-समालोचक को तो अपना भी अनुयायी बनाये रखना चाहता है! हिन्दी के प्रकाशकों के बारे में जितना ज्यादा कहा जाए, कम ही होगा। हिन्दी का लेखक अगर लिखता है तो उनके बावजूद; उनसे प्रतिभा को कोई लाभ नहीं पहुँच सकता, पहुँच सकता है तो दुराग्रह को!

ऐसी स्थिति में अतिशय प्रतिभा के साथ थोड़ी समझ भी हो तो नवयुवक स्वभावत: साहित्य को दूर से ही नमस्कार करते हैं और इसमें रह जाते हैं वे ही, जिन्हें इसका पुराना मर्ज है या जिनकी अन्यत्र कहीं गति ही नहीं! इसीलिए हिन्दी साहित्य में या तो थोड़े पुराने लेखक हैं या बहुत सारे साधारण लेखक। यह दशा तब तक बनी रहेगी जब तक पत्रिकाओं, पाठकों, लेखकों, आलोचकों और प्रकाशकों की मनोवृत्ति में आमूल परिवर्तन नहीं होता। हम स्वीकार करते हैं, हम नहीं जानते, यह कब और कैसे होगा।

'साहित्य' के माध्यम से हम इतना कर सकते हैं कि सर्वथा नवीन किन्तु असाधारण प्रतिभा का परिचय देनेवाले हिन्दी के लेखकों, कवियों आदि का विवरण प्रस्तुत करें, उनकी रचनाओं की आलोचना प्रकाशित करें और उनके सम्बन्ध में प्राप्त अध्ययनों को स्थान दें। हम 'साहित्य' के आगामी अंकों में इस दिशा में यथाशक्ति कुछ करते रहने का प्रयास करेंगे।

['साहित्य' : अप्रैल, 1951]

हिन्दी का पात्रिक साहित्य

हमने इसी स्तम्भ में, कुछ पूर्व, हिन्दी में पत्र-पत्रिकाओं की जो बाढ़-सी आ गई है, उस पर अपना असन्तोष प्रकट किया था। हिन्दी में जितनी पत्रिकाएँ प्रकाशित

हो रही हैं, उनसे कहीं अधिक की जरूरत है। लेकिन वे जैसी हैं, उससे तो कहीं अच्छा होगा कि कुछ ही निकलतीं, पर उच्चकोटि की निकलतीं।

बाढ़ में साधनों का अपव्यय और दुरुपयोग ही अधिक होता है, फिर भी वह नियंत्रित हो सके तो उससे कल्याण की भी सम्भावना होती है। हम पत्र-पत्रिकाओं की इस बाढ़ में थोड़ी सम्भावना भी देख पाते हैं। जिन पत्रिकाओं से हमें आशा होती है, उनका हम अभिनन्दन करते हैं और उनके स्थायित्व तथा उत्तरोत्तर उत्कर्ष की कामना रखते हैं।

हम ऐसी पत्रिकाओं से हिन्दी के उन जिज्ञासु पाठकों को परिचित कराते रहना अपना कर्तव्य समझते हैं जो बहुधा पूछते हैं : 'हिन्दी में कौन-सी पत्रिका अच्छी है ?'

यह आश्चर्य की बात है कि हिन्दी के दो मुख्य केन्द्रों—काशी और प्रयाग—से सम्प्रति कोई उल्लेखनीय पत्रिका प्रकाशित नहीं हो रही है। 'करेला', वह काशी का ही क्यों न हो, हास्य-रस की अच्छी पत्रिका तो है किन्तु उससे साहित्यिक पत्रिका के अभाव की पूर्ति नहीं हो पाती। काशी का 'हंस' नीर-क्षीर-विवेक खो चुका था। अब काशी छोड़कर वह प्रयाग चला आया है। यह सन्तोष का विषय है कि हिन्दी के महान गल्पकार प्रेमचन्द द्वारा प्रवर्तित यह पत्र, जो आज भी, लोकप्रियता के लिए, अपने संस्थापक की याद हमें बार-बार दिलाता रहता है, पूर्व की अपेक्षा कुछ उदार दृष्टिकोण अपनाने लगा है। बम्बई से उड़ता-पड़ता 'नया साहित्य' प्रयाग से प्रकाशित होने लगा था। उसका प्रकाशन स्थगित हो गया है। 'हंस' वह काम बखूबी कर सकता है जो 'नया साहित्य' का भी अभीष्ट रहा होगा। जो लोग हिन्दी के लेखकों को साहित्य की मिसरी के साथ राजनीति-विशेष का कड़वा क्वाथ पिलाना चाहते हैं, उन्हें आपसी एकता के लिए प्रयत्नशील होकर 'हंस' को ही तैराते रहना चाहिए। प्रयाग का 'संगम' साप्ताहिक होने पर भी, केवल सचित्र और विविध-विषयक ही नहीं है, बल्कि साहित्यिक महत्त्व का भी है। श्री इलाचन्द्र जोशी ने पुनः उसका संपादन प्रारम्भ किया है। 'संगम' की साहित्यिक धारा फिर ऊपर आ सकेगी, ऐसी आशा है। प्रयाग की 'माया' का नाम सर्वथा सार्थक बना हुआ है। उसका प्रतिमान पहले से ऊँचा ही है।

प्रयाग में इस दृष्टि से एक महत्त्वपूर्ण घटना घटी है। 'सरस्वती' के द्विवेदी जी के बाद के सम्पादक श्री पदुमलाल पुन्नालाल बख्शी फिर उसके संपादक नियुक्त हुए हैं। हम उनका स्वागत करते हैं। 'सरस्वती' में वह उन्नति अब अवश्य होगी जिसकी आशा उसके पाठक छोड़ ही चुके थे। इस स्तम्भ में 'सरस्वती' के सम्बन्ध में विस्तृत टिप्पणी लिखने की बात हम सोच रहे हैं।

जहाँ यह खेद की बात है कि प्रयाग और काशी से कोई नवीन और उत्कृष्ट पत्रिका प्रकाशित नहीं हो रही है, वहीं यह अत्यन्त सन्तोष का विषय है कि हिन्दी से बच-

बचकर रहनेवाली दिल्ली से हिन्दी की दो उत्कृष्ट पत्रिकाओं का प्रकाशन हो रहा है। पहली है : 'प्रतीक', जिसके लिए प्रयाग अनुर्वर सिद्ध हो चुका था, पर हम आशा करें, दिल्ली, राजधानी की मर्यादा के अनुरूप प्रतिपालन जुटा सकेगी। 'प्रतीक' हिन्दी की वैसी दो-एक पत्रिकाओं में है जिन पर उनके सम्पादकों के व्यक्तित्व की छाप रहती है। समझौतों की नगरी दिल्ली में आकर 'प्रतीक' ने भी परिस्थितियों से थोड़ा-बहुत समझौता किया है और अब उसमें चित्रपट की आलोचना के लिए एक स्तम्भ रहता है पर, सामान्यतः, उसका साहित्यिक प्रतिमान पहले की तरह ऊँचा है। 'प्रतीक' ने ऐसे अनेक कवियों को प्रकाश में ला दिया है जिनकी रचनाएँ हिन्दी की किसी भी दूसरी पत्रिका से वापस लौटा दी गई होतीं और जो प्रोत्साहन के अभाव में साहित्य-रचना से विरत भी हो जा सकते थे। यदि कोई पत्रिका दो-चार प्रतिभाशाली लेखकों को भी प्रकाश में लाने का श्रेय पा सके तो वह चिरस्मरणीय बन जाती है। 'प्रतीक' निस्सन्देह ऐसी पत्रिका है।

दिल्ली से ही त्रैमासिक 'आलोचना' प्रकाशित हो रही है। अभी पहला ही अंक निकला है। हम उसकी सफलता चाहते हैं। पटने की, साहित्यालोचन-सम्बन्धी हिन्दी की पहली पत्रिका 'दृष्टिकोण' ने (जिसके बारे में हमारा कुछ कहना अनुचित होगा), इस क्षेत्र में मार्ग-प्रदर्शन किया था और कर रहा है। पटने के साप्ताहिक 'प्रकाश' पर भी, 'प्रतीक' की तरह सम्पादक के व्यक्तित्व की छाप है। पटने की ही 'नई धारा', कलकत्ते का 'नया समाज', वर्धा की 'राष्ट्र भारती' और अकोले का 'प्रवाह' हिन्दी की ऐसी पत्रिकाएँ हैं जो उल्लेखनीय पत्रिकाएँ बताई जा सकती हैं।

काशी-प्रयाग-पटना के साथ ही साथ, पात्रिक साहित्य के क्षेत्र में, दिल्ली का भी महत्त्वपूर्ण स्थान हो, यह आश्चर्य की बात है। ततोधिक आश्चर्य तो यह देखकर होता है कि दक्षिण भारत की दो पत्रिकाएँ, अहिन्दी प्रदेश में प्रकाशित होने के बावजूद, हिन्दी की सर्वश्रेष्ठ पत्रिकाओं में परिगणित होने योग्य हैं। हैदराबाद से निकलनेवाली 'कल्पना' और 'अजंता' पर हमें गर्व है।

यदि इन पत्रिकाओं को पाठकों का पर्याप्त सहयोग मिलता रहेगा तो, हमें विश्वास है, हिन्दी में वास्तविक पात्रिक-साहित्य का जो अभाव है, वह दूर हो जाएगा।

['साहित्य' : जुलाई, 1951]

हिन्दी के महानिबन्ध

विभिन्न विश्वविद्यालयों के द्वारा, हिन्दी में डॉक्टरेट की उपाधि के लिए जो महानिबन्ध स्वीकृत हुए हैं, उनके बारे में साहित्यिक दृष्टिकोण से विचार करना आवश्यक है। वे परीक्षा के निमित्त प्रस्तुत और स्वीकृत होकर साहित्यिक ग्रंथ के रूप में प्रकाशित

भी होने लगे हैं। चूँकि उन्हें विशेषज्ञों और विश्वविद्यालयों की स्वीकृति मिली रहती है, इसलिए हम उन्हें प्रामाणिक साहित्यिक ग्रंथ भी मान लेते हैं।

विश्वविद्यालय अपने प्रतिमान का निर्णय स्वयं कर सकते हैं; यहाँ, फिलहाल हमें इस विषय में कुछ भी नहीं कहना है। किन्तु यदि विश्वविद्यालय स्वीकृत निबन्धों में से केवल उन्हीं के प्रकाशन की अनुमति दें जो वस्तुतः उत्कृष्ट एवं मौलिक हों तो उनकी मर्यादा की वैसी हानि नहीं होगी, जैसी निबन्धों के अविचारित प्रकाशन से हो रही है।

अब यह जरूरी नहीं कि हिन्दी को प्रोत्साहन देने के लिए उसमें जो भी, जैसा भी लिखा जाए, उसे स्वीकृति मिले ही और उसका प्रकाशन अवश्य ही हो। आज से वर्षों पूर्व हिन्दी के ऐसे ही तीन प्रकाशित महानिबन्धों की आलोचना करते हुए (अब वह आलोचना 'संस्कृति और साहित्य' में संगृहीत है) डा. रामविलास शर्मा ने निबन्ध-विशेष के सम्बन्ध में ठीक ही कहा था : '...को पढ़कर सहसा हिन्दी के आलोचना-साहित्य पर अभिमान हो आता है। वह इस कारण कि इससे अच्छी किताबें आए दिन हिन्दी माता के भंडार की श्रीवृद्धि किया करती हैं। शब्दाडम्बर खूब हैं, गनीमत है कि अर्थाडम्बर का अभाव है!' आज हिन्दी का आलोचना-साहित्य पूर्वापेक्षा अधिक उन्नत हो चुका है, किन्तु हम कहने को बाध्य हैं, प्रकाशित होनेवाले महानिबन्धों का स्तर निम्नाभिमुख ही है।

इन महानिबन्धों को देखकर यही कहा जा सकता है कि भारतीय राजनीति और भारतीय उद्योग-धन्धों की तरह ही भारतीय विद्वत्ता भी साधना और अध्यवसाय नहीं रह गया है, कम-से-कम कर ज्यादा से ज्यादा पाने का साधन बन गई है। यह साहित्यिक ही नहीं, नैतिक महत्त्व का भी विषय है। हम यहाँ महानिबन्धों की ही बात कर रहे हैं पर आप व्यापक दृष्टि से समकालीन भारतीय विद्वत्ता पर भी विचार करें तो आपको निराश ही होना पड़ेगा।

अंग्रेजी के प्रसिद्ध हास्य लेखक कनाडा निवासी स्टेफेन लीकाक (जो एक प्रतिष्ठित विश्वविद्यालय के राजनीति-विभाग के अध्यक्ष भी थे) ने डॉक्टरेट की परीक्षा के विषय में कहा है : 'इस उपाधि का अर्थ है कि उसे प्राप्त करनेवाले के जीवन की अन्तिम बार परीक्षा होती है और वह सर्वथा पूर्ण मान लिया जाता है। इसके बाद वह कोई नई बात ग्रहण नहीं कर सकता।' कम-से-कम हिन्दी के इस कोटि के महानिबन्धकारों के विषय में लीकाक का व्यंग्य उचित ही है!

हम अन्यत्र इस प्रकार के निबन्धों के उदाहरण देकर अपने कथन की पुष्टि करेंगे और इस महत्त्वपूर्ण विषय को फिर उठाएँगे। यहाँ यह एक उदाहरण पर्याप्त होगा जो एक ऐसे महानिबन्ध के प्रकाशित रूप से लिया गया है जिसके तीन संस्करण हो चुके हैं :

'अंग्रेजी (!) नाटकों (!) में प्रसिद्ध नाटककार हेनरिक इब्सन ने सबसे पहले अपने नाटकों द्वारा समस्या को प्रधानता दी थी...।'

भाषा और अर्थ, दोनों ही दृष्टियों से इस अंश और उसके अंशी का भी पाठक ही अनुमान कर लें।

['साहित्य' : जुलाई, 1951]

हिन्दी पर कृपा-भावना

हिन्दी-प्रेमी भाषा-सम्बन्धी साम्राज्य-विस्तार की भावना मन में न रखें, यह नेक सलाह उन्हें अक्सर ही महनीय लोग देते रहते हैं और देते थकते नहीं। यदि किसी हिन्दी-भाषी के मन में ऐसी भावना हो तो वह हिन्दी का प्रेमी और हितैषी अवश्य नहीं कहा जा सकता। हम ऐसी भावना की निन्दा करते हैं। साथ ही हमें विश्वास है कि ऐसी भावना रखनेवाले अपवाद ही हैं, नियम नहीं। इने-गिने लोगों की दूषित मनोवृत्ति हिन्दी भाषा-भाषी मात्र की मनोवृत्ति नहीं मानी जानी चाहिए।

लेकिन हम उनसे भी कुछ निवेदन करना चाहेंगे जो हिन्दी को राष्ट्रभाषा के रूप में वैधानिक स्वीकृति का मौखिक समर्थन कर उस पर अपनी कृपा-भावना दर्शाते हैं। उसके साहित्य के बारे में प्राय: 'कुछ न जानते' हुए भी उसे अपने विकास के लिए प्रयास करने का बहुमूल्य सुझाव देते रहते हैं। कुछ दिनों पहले कलकत्ता में एक ऐसा भाषण एक महत्त्वपूर्ण व्यक्ति ने दिया था। उसका विवरण सामाचार-पत्रों में प्रकाशित हुआ था। आपमें से बहुतों का ध्यान उसने आकृष्ट किया होगा। यह और ऐसे-ऐसे भाषण आए-दिन हिन्दी की हीनता, उसके कर्तव्य और भाषण देनेवालों की कृपा-भावना का स्मरण दिलाते रहते हैं। हिन्दी के प्रेमी अवश्य ही नत-शिर होकर उनका आभार स्वीकार करेंगे।

हमें उनके तथ्य-निरूपण के सम्बन्ध में कुछ नहीं कहना है। अंग्रेजी की तुलना में हिन्दी भी दूसरी भारतीय भाषाओं की तरह ही हीन और अपूर्ण है। हिन्दी के लेखक और बोलनेवाले इसे सबसे पहले स्वीकार करते हैं, क्योंकि उन्हें अपनी भाषा और साहित्य के विषय में मिथ्या धारणाएँ नहीं हैं। किन्तु इस आधार पर अब यह भी कहा जाने लगा है कि भावी दस वर्षों में हिन्दी अंग्रेजी को अपदस्थ नहीं कर सकेगी, उसे अपने को इस योग्य बनाने में समय लगेगा, उसके हितैषियों को इसी के लिए सचेष्ट होना चाहिए!

अंग्रेज जब तक हमें हमारा अधिकार नहीं देना चाहते थे तब तक यही कहा करते थे कि भारत निवासियों को अभी इसके योग्य बनना पड़ेगा। अयोग्यता की बात गलत भी नहीं थी। क्या हम आज भी अपने अधिकारों की वास्तविक योग्यता रखने का दावा कर सकते हैं? सकते हैं। पर, जैसा महात्मा गांधी ने कहा था, हमें अपने कार्यों की व्यवस्था करने का हक था—व्यवस्था न कर सकें तो अव्यवस्था करने का! इसमें

दूराग्रह नहीं था। व्यवस्था कर लेना एक दिन में कोई नहीं सीख सकता। अव्यवस्था करते-करते व्यवस्था करने का गुर हाथ लगता है। हम राजनीति के क्षेत्र में इसी प्रणाली से अपने को योग्य, योग्यतर बनाते जा रहे हैं; हम योग्य हैं, ऐसा कहना हमारा मिथ्याभिमान ही होगा।

यदि अंग्रेज शासक गए और हम-आप जैसे लोग शासन कर रहे हैं, अंग्रेज पदाधिकारी और विशेषज्ञ चले गए और हम गलतियाँ करते हैं, असफल होते हैं पर काम चला रहे हैं, और एक दिन कुशलतापूर्वक काम करने भी लगेंगे, तो अंग्रेजी के हट जाने से देश पर आफत का पहाड़ टूट पड़ेगा, शासन-कार्य बन्द हो जाएगा इत्यादि कहने वाले क्या अपनी बातों में ही आस्था रखते हैं ? कुछ विदेशी विशेषज्ञ, कुछेक सामरिक पदाधिकारी, थोड़ी विदेशी पूँजी आज भी देश के लिए अनिवार्य है। यदि उनसे हमारा लाभ हो सकता है और वे हम पर छा नहीं जाते तो किसी को क्या आपत्ति हो सकती है ? इसी प्रकार हिन्दी अंग्रेजी आदि दूसरी विदेशी भाषाओं से आवश्यकता-नुसार और साधिकार बहुत कुछ लेती रहेगी और विकसित होती जाएगी। आज भी इस दिशा में वह सचेष्ट है, किन्तु आज उसकी स्थिति वही है जो पराधीन भारत की राजनीति की स्थिति थी। पूर्ण अधिकार प्राप्त कर लेने के बाद उसकी हैसियत वह होगी जो स्वतंत्र भारत की राजनीति की है। तब वह केवल लेगी ही नहीं, तब वह दूसरों को अविलम्ब बहुत कुछ देने की स्थिति में भी अपने को पाएगी।

हम ऐसा मानने का कोई कारण नहीं देखते कि हमारी भाषा-सम्बन्धी योग्यता हमारी राजनीतिक योग्यता से किसी तरह कम है!

['साहित्य' : जनवरी, 1952]

भाषाभिमान

मनुष्य को अपने ऊपर अभिमान होना चाहिए; पर फिर भी हम क्या कह सकते हैं कि उसे अभिमानी बनना चाहिए ? इसी प्रकार मनुष्य को अपने देश पर, अपनी संस्कृति और सभ्यता पर, अपने अतीत और वर्तमान पर, यदि वे सचमुच गौरवपूर्ण हों तब, अभिमान करना ही चाहिए। चूँकि कोई वस्तु अपनी है इसीलिए उस पर अभिमान भी करना चाहिए, यह स्पृहणीय मनोवृत्ति नहीं कही जा सकती। हाँ, उसे हम इस लायक बनाने का प्रयास कर सकते हैं कि उस पर अभिमान किया जा सके।

व्यक्तिगत और सार्वजनिक उन्नति की प्रक्रिया कुछ है भी ऐसी कि हम अपनी चीजों पर अभिमान करना चाहते हैं, अतः उन्हें इस लायक बनाने की कोशिश करते हैं, और चूँकि हमारी अपनी चीजें अभिमान के योग्य हैं इसलिए हम अपने को उनके लायक बनाते हैं। और इस तरह विकास की शृंखला अविच्छिन्न और दृढ़ बनी रहती

है। इस प्रक्रिया में जहाँ बाधा पहुँची, वहीं किसी देश का इतिहास, साहित्य, कला या राजनीति दलदल में फँस जाती है।

आधुनिक काल में हमारे देश के निवासियों में अपने अतीत के अनुरूप योग्यता का अभाव था। वे इसके लिए प्रयत्नशील नहीं रहे, जिसके फलस्वरूप देश का जीवन गतिहीन हो गया। अब यह आवश्यक नहीं कि हम अपने हृदय में अभिमान का भाव प्रदीप्त करें, जरूरत इस बात की है कि हम अपने को अपनी वस्तुओं और उपलब्धियों के योग्य बनाएँ। यदि हम अपनी हीनता का निवारण निराधार अभिमान से करना चाहेंगे तो हम जिस दलदल में फँसे हुए हैं, उसमें धँसते ही चले जाएँगे।

यह मनोवृत्ति किस प्रकार पनप रही है और इसे किस तरह देश के बौद्धिक नेताओं का प्रोत्साहन प्राप्त हो रहा है, इसका, राष्ट्रीय जीवन के एक क्षेत्र से ही, उदाहरण देना पर्याप्त होगा।

हमारे देश के एक अन्तरराष्ट्रीय ख्याति-प्राप्त भाषाशास्त्री का यह सिद्धान्त है कि जिस प्रदेश में निवासियों को, और बातों के अतिरिक्त अपनी भाषा पर अभिमान भी हो, उनकी भाषा का स्वतंत्र अस्तित्व दूसरों को मानना ही पड़ेगा। अपनी भाषा से प्रेम करना और उस पर अभिमान करना स्वाभाविक और श्लाघनीय प्रवृत्ति है। यदि अपनी भाषा सचमुच अभिमान के योग्य है, और हम अपने को उसके अनुरूप पाते हैं, तब तो अभिमान स्वाभाविक ही नहीं, उचित भी है। किन्तु इस सिद्धान्त और इस अभिमान की भावना को उत्तेजना देनेवाली प्रेरणा का रूप क्या है?

कुछ लोगों के लिए यह आज भी असह्य हो रहा है कि हिन्दी राजभाषा एवं राष्ट्रभाषा के पद पर आसीन रहे। दूसरी प्रान्तीय भाषाओं की तुलना में यदि हिन्दी अपनी कुछ हीनताएँ कबूल करती है तो उसकी कुछ विशेषताएँ भी हैं जिन्हें हिन्दी-भाषी, यदि वे उदार दृष्टिकोण रखनेवाले हैं, मुक्त-कंठ से स्वीकार करते हैं। इन्हीं विशेषताओं के कारण हिन्दी को वह सम्मान मिला भी है जिसके लिए वह दावेदार थी।

दुर्भाग्य से हिन्दी की प्रतिवेशी भाषाओं के, और विशेष रूप से एक खास भाषा के, विद्वान हिन्दी का विरोध करते रहे हैं और आज भी, तनिक दूसरे ढंग से कर रहे हैं। राजनीतिक दृष्टि से आज देश के भिन्न-भिन्न टुकड़े एक सुसंगठित राष्ट्र का दृढ़ रूप पा चुके हैं। कुछ लोगों को, और वे बिलकुल अपने ही हैं, यह अभिप्रेत नहीं और वे घोर संकीर्णतापूर्ण आचरण के द्वारा इस दुर्लभ राष्ट्रीय उपलब्धि को खतरे में डालने से हिचक नहीं रहे हैं। इसी प्रकार देश की वाणी की जो अमूल्य एकता मिली है, वह भी कुछ लोगों को खटक रही है। राजनीति में जो कुछ हो रहा है, उसे हम समझ भी सकते हैं : राजनीति राजनीति ही ठहरी, इस क्षेत्र में अधिकार-लिप्सा से प्रेरित होकर ऐसे बहुत से कार्य रोज ही किये जाते हैं जिनसे हम क्षुब्ध तो होते हैं पर जिन पर हमें आश्चर्य नहीं करना चाहिए। पर भाषा का क्षेत्र तो विद्वानों की संचरण-भूमि है, क्या यहाँ भी राजनीति की मलिनता संक्रमण करके ही रहेगी?

हाँ, तो हिन्दी का विरोध विधान-परिषद् में हुआ था पर उसका सर्वस्वीकृत समाधान भी हो गया। राजनीतिज्ञों के सामने यह विवाद उपस्थित हुआ था तो भाषा-शास्त्र के एक अध्येता की हैसियत से हम आशंका के साथ परिस्थिति पर सोचा करते थे। किन्तु हमें हर्षमिश्रित आश्चर्य हुआ जब हमने देखा कि जिन राजनीतिज्ञों के बारे में हम सदैव कुछ साहस कर ही विचार करते हैं, उन्होंने पर्याप्त उदारता और निष्पक्षता के साथ, सर्वसम्मति से एक न्यायोचित समाधान स्वीकार कर लिया। पर जो लोग ऐसा समझते हैं कि राजनीतिज्ञों की दृष्टि संकीर्ण होती है, वे देखें कि विद्वान किस प्रकार उन्हें इस बात में बहुत दूर पीछे छोड़ सकते हैं। मैं जिस ख्यातनामा भाषा-विशारद की चर्चा कर रहा हूँ, और जिनकी अगाध विद्वत्ता के प्रति किसी दूसरे से अधिक नतमस्तक हूँ, वे ही हिन्दी का विरोध जिस प्रच्छन्न पर सुनिश्चित रीति से कर रहे हैं, वह सर्वथा चिन्त्य और अवांछनीय है। इस भाषाशास्त्री के पास यदि कोई जिज्ञासु हिन्दी में शोध-कार्य के लिए जाता है तो उसे यह कहकर हतोत्साह कर दिया जाता है कि हिन्दी में करना ही क्या है! अमुक भाषा में करो और अमुक में, जो वस्तुतः स्वतंत्र अस्तित्व रखनेवाली भाषाएँ हैं, भाषाविज्ञान की दृष्टि से हिन्दी का अस्तित्व भी है! और शोध करनेवाले छात्र को जो भाषाएँ बताई जाती हैं, वे साधारणतः ऐसी भाषाएँ हैं जिन्होंने हिन्दी की महानदी में मिलकर अपने को कृतकृत्य समझा है और देशवासियों की व्यापक कृतज्ञता अर्जित की है।

और सचमुच हिन्दी है ही क्या ? राजस्थानी अपनी निधि लेकर अलग हो जाए—हिन्दी का गौरव-युग, वीरगाथा-काल समाप्त है। अवधी के अस्तित्व और हिन्दी के विनाश के लिए एक 'रामचरितमानस' ही पर्याप्त है। ब्रजभाषा के प्रेमी अपनी प्राचीन विभूतियाँ लेकर अलगौझा कर लें, हिन्दी काजल-बिंदी पोंछकर बूढ़ी दादी बनी एक कोने में बैठ जाएगी।

यह सौभाग्य की बात है कि अवधी या ब्रजभाषा के बड़े-से-बड़े प्रेमी ने ऐसी दुर्भावना नहीं दिखाई है। लेकिन राजस्थान के एक साप्ताहिक पत्र में मैंने कुछ इस तरह की माँग देखी है। भोजपुरी और मगही के अनुरागियों के तो नहीं, किन्तु हमारे प्रदेश की एक दूसरी भाषा के कुछ विद्वानों को तो यह भी गवारा नहीं कि हिन्दी वाले उनके साहित्य की अमर विभूतियों में दिलचस्पी भी दिखाएँ। इस भाषा के एक परम श्रद्धेय विद्वान ने हाल में प्रकाशित एक पुस्तक की भूमिका में लिखा है : 'यह सौभाग्य की बात है कि अभी तक हमारी भाषा के अमुक लेखक की ओर हिन्दी के विद्वानों की दृष्टि नहीं गई है !'

भाषाशास्त्रियों और मनीषियों की इस मनोवृत्ति के बारे में हम क्या कहें ? इसी मनोवृत्ति को देखकर आज हिन्दी के उन विद्वानों को, जो कल तक जनपदीय भाषाओं की पीठ ठोंकने में ही अपनी बुद्धिमत्ता समझते थे, अपने विचारों में परिवर्तन करना पड़ा है।

हमें इस बात के लिए सावधान रहना चाहिए कि हम कुछ लोगों की संकीर्णता को वैज्ञानिक तथ्य न मान लें। संकीर्णता शास्त्र का जामा पहनकर भी बहुत दिनों तक सभी को धोखे में नहीं रख सकती।

इस विषय पर हमने यहाँ संकेत मात्र किया है। अन्यत्र विशद रूप से विचार करना सम्भव होगा।

['साहित्य' : जनवरी, 1952]

साहित्यकों के संस्मरण

हिन्दी में संस्मरण साहित्य का अभाव है। इस दिशा में जो थोड़ा-बहुत कार्य हो रहा है, उसे प्रोत्साहन मिलना चाहिए। दूसरी ओर, कुछ ऐसे संस्मरण भी प्रकाशित हुए हैं जिनसे अच्छा यही था कि संस्मरण दिये ही नहीं जाते। प्रसाद जी का ऐसा ही एक संस्मरण कुछ दिनों पूर्व प्रकाशित हुआ था; इधर स्वर्गीय रामरख सिंह सहगल पर एक संस्मरणात्मक लेख निकला है। दोनों संस्मरणों को लेकर पर्याप्त वाद-विवाद हुआ है। हम विशेषत: उनके सम्बन्ध में कुछ भी कहना असमीचीन समझते हैं। किन्तु हम सिद्धान्तत: ऐसे संस्मरणों को सुरुचिपूर्ण नहीं मान सकते। यदि वीर-पूजा की भावना अवांछनीय है, तो जो उत्तर देने के लिए रह नहीं गए, ऐसे लोगों की तथाकथित गोपनीय बातों का उद्‌घाटन गर्हित है।

['साहित्य' : जनवरी, 1952]

सरल हिन्दी

वैज्ञानिक भविष्यवक्ताओं (अब दोनों शब्द परस्पर-विरोधी अवश्य नहीं रह गए हैं) का कहना है कि अब वह दिन दूर नहीं जब मनुष्य शीशियों में बिकनेवाली गोलियों से अपनी जठराग्नि शान्त किया करेगा। इस आसन्न वास्तविकता के पहले ही यह तो हम देख ही रहे हैं कि मनुष्य की बुद्धि की भूख नारों से मिटने लग गई है—नारों में जो दिमागी गोलियाँ होती हैं। प्रजातंत्र, विश्व-शान्ति, जनता, राष्ट्रीयता, युग और साहित्य—गिने भी जा सकते हैं क्या वे नारे जिन्होंने विचार को सर्वथा अनावश्यक सिद्ध कर देने में आश्चर्यजनक सफलता पा ली है?

हिन्दी के अत्यन्त सीमित क्षेत्र में युग की इस प्रवृत्ति का उसी तरह बोलबाला है, जैसे दूसरे क्षेत्रों में हिन्दी वालों की साम्राज्य-लिप्सा, हिन्दी साहित्य की हीनता,

हिन्दी व्याकरण की प्रतिमिति, पारिभाषिक शब्दों की समस्या और, सबसे बढ़-चढ़कर, सरल हिन्दी, सरल हिन्दी!

इस समय हमें इन सभी नारों के खोखलेपन के बारे में विस्तार से कहने का अवसर नहीं है। हाँ, इतना भर, व्यापक रूप से, हम कह दें कि इन नारों में किसी वास्तविक समस्या का संकेत नहीं है, ये सिर्फ खोखले नारे भर हैं। हम पहले कह चुके हैं, और फिर कहना चाहते हैं, कि जिस तरह कुशल विदेशी शासक गए तो हमने इसके लिए आठ-आठ आँसू नहीं बहाए, बल्कि हमने इसकी माँग की, और माँग पूरी हो जाने पर, समुचित योग्यता न रहने पर भी, अत्यन्त गुरु दायित्व स्वीकार किया, उसी तरह राष्ट्र की स्वीकृत भाषा को भी अपने समस्त दायित्वों को स्वीकार करने के लिए स्वतंत्र कर देना चाहिए, न कि हीन-भावना से ग्रस्त बनाये रखने की चेष्टा करते रहना चाहिए। हमारा विश्वास है कि यदि राष्ट्रपति, प्रधानमंत्री, सेनाध्यक्ष और देश के दूसरे भाग्य-विधायक देश के आदमी हो सकते हैं, तो इससे कम खतरा उठाकर, हिन्दी को अंग्रेजी का कल तक का सारा गौरव, समस्त अधिकार सौंप दिया जा सकता है। यह एक पवित्र कामना भर न रहकर, अविलम्ब व्यावहारिक तथ्य बन जाना ही चाहिए।

किन्तु इस मनोवृत्ति और इसके सम्बद्ध नारों का सूत्रपात साधारणत: ऐसे व्यक्तियों और संस्थाओं के द्वारा किया जाता है, जिन पर राष्ट्रभाषा के गौरव को अपना गौरव समझने वालों का कोई अधिकार नहीं रहता। आश्चर्य की बात तो यह होती है कि स्वयं हिन्दी के ही विद्वान कुछ भ्रान्त धारणाओं की पुनरावृत्ति करते थकते नहीं। ऐसी ही धारणाओं में से एक है सरल हिन्दी का नारा।

साहित्य के इसी अंक में, अन्यत्र, डा. हरदेव बाहरी के एक लेख का अंश-विशेष संकलित है। हमारा दुर्भाग्य है कि हम डा. बाहरी महोदय के कृतित्व से परिचित नहीं हैं, पर हम अनुमान कर सकते हैं कि वे हिन्दी भाषा और साहित्य के सम्बन्ध में दायित्वपूर्ण विचार व्यक्त करने का अधिकार रखते हैं। किन्तु खेद के साथ कहना पड़ता है कि इन महोदय ने अपने विवेचन में जो दृष्टिकोण उपस्थित किया है, वह राजनीति को ही शोभा दे सकता है।

आज जब राष्ट्रभाषा का कुछ लोग विरोध करते हैं तो वे संकीर्ण प्रान्तीयता और प्रादेशिकता को दूषित भावनाओं को उत्तेजित करने का प्रयास करते हैं। हमने पहली बार देखा है कि हिन्दी की एक विशेष प्रकार की शैली पर आक्रमण करने के लिए प्रादेशिकता का खड्ग उठाया जाए और यह आतंक उपस्थित किया जाए कि ऐसी और वैसी हिन्दी को तो 'पश्चिमी प्रदेशों के साहित्यिक' बिलकुल नापसन्द करते हैं। अब तक यह कहा जाता था कि हिन्दी में अमुक-अमुक परिवर्तन नहीं किये जाते तो वह अमुक-अमुक भाषा-भाषियों के लिए अग्राह्य होगी। इसी नारे को बुलन्द करते हुए डा. चाटर्ज्या जैसे भाषाशास्त्री ऐसे सुझाव सामने रखते हैं कि या तो हिन्दी विकलांग

बनने को तैयार हो या फिर राष्ट्रभाषा के पद से ही त्यागपत्र दे दे। अब हिन्दी के विद्वान डा. बाहरी महोदय श्री सुमित्रनन्दन पंत और पं. रामचन्द्र शुक्ल की रचनाओं से कुछ पंक्तियाँ उद्धृत कर यह सिद्ध करने की विचक्षणता प्रदर्शित कर रहे हैं कि ये और ऐसे अनेकानेक हिन्दी लेखक ऐसी भाषा का व्यवहार करते हैं कि 'नैषधचरित' और 'कादम्बरी' की भाषा को मात कर दें!'

आखिर आक्रोश किस बात पर और क्यों? डा. बाहरी क्लिष्ट भाषा के विरोधी हैं और सरल के हिमायती, यही तो निष्कर्ष निकलता है। लेकिन क्या एक साहित्यिक को भी यह बताने की आवश्यकता है ही कि सरलता शैली का उत्कर्ष-विधायक गुण तो है, पर वह गुण है सापेक्ष ही? संस्कृत में, अपनी परपराओं और मान्यताओं के अनुसार पंचतंत्र है तो 'कादम्बरी' भी लिखी गई है और वाल्मीकि की रामायण है तो 'नैषधचरित' भी है और आज की बात ले लीजिए तो एक तरफ 'बुनियादी अंग्रेजी' का प्रचार किया जाता है और दूसरी तरफ एज़रा पाउंड का पद्य है, जेम्स ज्वायस का, उपन्यास में व्यवहृत, गद्य है और रिचर्ड्स का साहित्यालोचन में प्रत्युक्त गद्य। इन पंक्तियों के लेखक ने इन साहित्यकारों की अनुकूल-प्रतिकूल आलोचनाएँ पढ़ी हैं, पर यह धमकी कभी किसी को देते नहीं पाया कि अमेरिका या भारत के अंग्रेजी-प्रेमी इनकी कठिन भाषा समझ नहीं पाते, इसलिए—सावधान! डा. बाहरी के द्वारा उद्धृत हिन्दी के इन दोनों साहित्यकारों ने भाव और विषय के अनुरूप भाषा का प्रयोग किया है। भाषा या शैली की कसौटी यही है और सरलता का प्रतिमान इसे ही ध्यान में रखकर निर्धारित किया जा सकता है।

डा. बाहरी ने अपनी उद्‌भावना के समर्थन में एक और लोकप्रिय नारा लगाया है और वह है : जन-साहित्य का। जन-साहित्य हिन्दी में एक ऐसी छड़ी बन गई है जिससे किसी को भी पीट दिया जा सकता है। 'कैपिटल' और 'स्टेट एंड रिवोल्यूशन' जैसी पुस्तकों को जाने दीजिए, जिनके लेखक हैं तो मार्क्स और लेनिन किन्तु जिनके समझने वाले, ठीक ही कहा जाता है, बहुत कम ही लोग मिलते हैं। जनवादी कॉडवेल की किताब क्या उसी प्रकार की अंग्रेजी में लिखी गई है जिसमें एडगर वैलेस के जासूसी उपन्यास लिखे गए हैं?

किंबहुना, हिन्दी में यदि शुक्ल जी और पंत जी जैसे आलोचक और कवि हैं तो कहानियों की बहुसंख्य, और आलोचना की भी एकाध ऐसी पत्रिकाएँ हैं जिनमें बाहरी जी को उस 'हिन्दीपन' के दर्शन होते होंगे, जिससे हिन्दी साहित्य के गम्भीर अध्येताओं को, वे पश्चिम के हों या पूरब के, न तो तृप्ति हो सकती है, न काम ही चल सकता है। हम शुक्ल जी या पंत जी के स्वयं-नियुक्त वकील नहीं हैं, न उनकी या सिद्धान्त की, बात तो यह है, हम किसी की वीर-पूजा के ही समर्थक हैं; इसी तरह हम जन-साहित्य का अधिकाधिक निर्माण का विरोध नहीं करते, किसी और व्यक्ति की तरह हम भी उसे जरूरी मानते हैं; और हिन्दी में हिन्दीपन बना रहे, वह

संस्कृत न बन जाए, यह हमारी भी इच्छा है। कोशिश रहती है। किन्तु इसके मानी यह नहीं कि डा. बाहरी के भाषाशास्त्रीय विमर्श से यह मान लिया जाए कि हिन्दी में सिर्फ बुनियादी तालीम और प्रौढ़-शिक्षण की पुस्तकों में प्रयुक्त भाषा का ही व्यवहार वांछनीय है।

जब गम्भीर साहित्य की रचना होगी, शास्त्रीय विषयों पर हिन्दी के विद्वान लिखना आरम्भ करेंगे तो अप्रचलित और कठिन शब्दों का व्यवहार होगा ही। डा. बाहरी जरूर ही महसूस करते होंगे कि हिन्दी का अब इतना विकास हो चुका है कि केवल विद्वत्ता छाँटने के लिए कोई क्लिष्ट भाषा लिखने की धृष्टता नहीं कर सकता, न ऐसा करने पर उसे तनिक भी मान्यता ही मिल सकती है।

यह सब तो हुआ साहित्यिक भाषा की सरलता के बारे में उठाए गए भ्रामक नारे के सम्बन्ध में। आज अक्सर पारिभाषिक शब्दों को लेकर भी इसी तरह सरलता की माँग पेश की जाती है और, सौभाग्य या दुर्भाग्य से, डा. रघुवीर का शब्दकोश दृष्टान्त के रूप में रख दिया जाता है। डा. रघुवीर ने शब्द-निर्माण के कार्य में पूर्वग्रह और एकांगी दृष्टिकोण का परिचय दिया है। उनके शताधिक शब्द होंगे जो स्वयं उनके सिद्धान्तों की कसौटी पर खरे नहीं उतरते, पर यह आलोचना कोई आलोचना नहीं है कि उनके द्वारा निर्मित शब्द अप्रचलित और क्लिष्ट हैं। पारिभाषिक शब्द अपरिचित और क्लिष्ट होते ही हैं। आप किसी दिन किसी विश्वविद्यालय के प्राणिशास्त्र के वर्ग में जाकर बैठ जाएँ; साधारण से साधारण पौधों के ऐसे विकट नाम आपको मिलेंगे जिनके उच्चारण के समय जिह्वा के पक्षाघात की आशंका बनी रहती है और जिन्हें जो लोग रट सकते हैं, उन्हें हम तो अलौकिक मनुष्यों की कोटि में ही रखते हैं। इन नामों के बारे में स्मरण रखना चाहिए कि भारतीय वनस्पतियों के नाम चूँकि विदेशी भाषा में हैं इसलिए वे हमारे लिए कठिन सिद्ध होते हैं, बात बिलकुल ऐसी नहीं है। इंग्लैंड के मामूली पौधों के नाम भी, वनस्पतिशास्त्र की अंग्रेजी में, ऐसे रूप ग्रहण कर लेते हैं। और इन्हीं शब्दों के ज्ञान मात्र को विज्ञान के नाम से घोषित करनेवाले पंडितम्मन्य भारतीय हिन्दी के माध्यम से कार्य करने में इसलिए डर रहे हैं कि उनके अमूल्य शोधों से विश्व को कैसे लाभ पहुँच सकेगा! इन भारतीय वैज्ञानिकों का, जो विदेशी महर्षियों के उच्छिष्ट पर जीते हैं—मात्र दो-चार अपवादों को छोड़कर—भाषा-सम्बन्धी तर्क विलक्षण है। वे प्रारम्भ कुछ इस प्रकार करते हैं : हिन्दी में शब्द ही कहाँ हैं ? अगर आप उत्तर दें : क्यों, कोश बन गए हैं; तो प्रत्युत्तर होगा : वे तो इतने अप्रचिलत और क्लिष्ट हैं! फिर भी अगर आप विवाद करते रहना चाहें तो अब उत्तर होगा कि यह हिन्दी वालों की संकीर्णता है, क्योंकि भाषा-प्रेम की वेदी पर वे विज्ञान की बलि चढ़ा देना चाहते हैं! और फिर भी क्या आप विचार-मल्लता करते ही जाएँगे ?

हम यहाँ केवल हिन्दी की सरलता के नितान्त भ्रामक नारे पर विचार कर रहे थे। हिन्दी जैसी विकसित भाषा का व्यवहार करनेवालों की भाषा की सरलता की शिक्षा

देना उनका अपमान करना है। यह शिक्षा कॉलेज के रचना-शिक्षा के वर्षों में दी जाती है और वहीं इसकी उपादेयता है।

['साहित्य' : अप्रैल, 1952]

हिन्दी में पुस्तक-प्रकाशन

आज से साल-दो साल पहले, जब तक काशी नागरी प्रचारिणी सभा से 'सूरसागर' को दो खंडों में प्रकाशित नहीं कर दिया था, इन पंक्तियों के लेखक को एक विषम परिस्थिति का सामना करना पड़ा था। उसे अपने निजी पुस्कालय के लिए 'सूरसागर' की आवश्यकता थी। वह धीरे-धीरे भीख माँगने, उधार लेने की मन:स्थिति तक पहुँच गया था। अब एक ही स्थिति बची रह गई थी, जिस तक उतरना उसके लिए सम्भव नहीं था। और फिर गनीमत हुई कि पुस्तक जैसे-तैसे उपर्युक्त संस्था ने प्रकाशित कर दी; जैसे-तैसे इसलिए कह रहा हूँ कि यह संस्करण कामचलाऊ तो है किन्तु उस योजना के अनुरूप नहीं है जिसमें, प्रारम्भ में, 'सूरसागर' के कुछ अंश छपे थे। क्या आप कल्पना कर सकते हैं कि अंग्रेजी में शेक्सपियर या मिल्टन की रचनाओं का एक भी संस्करण बाजार में सुलभ न हो?

जब प्राचीन हिन्दी के 'सूर' की यह दशा है तब 'खद्योतों' की तो चर्चा ही व्यर्थ है। जिन प्राचीन कवियों की रचनाएँ किसी शिक्षण-संस्था के पाठ्यक्रम में सम्मिलित नहीं हैं, उन पर आलोचनात्मक पुस्तकें न सही, उनके नाम पर 'एक अध्ययन' जरूर मिल जाएँगे, पर उनकी कृतियाँ, पहले कभी मुद्रित भी हों, तो अब दुष्प्राप्य हैं। यह वस्तुस्थिति हिन्दी के गौरव के सर्वथा प्रतिकूल है और इसके निराकरण का अविलम्ब संघटित प्रयास होना आवश्यक है।

हम चाहते हुए भी इस क्षेत्र में कुछ अधिक नहीं कर सकते; हिन्दी के साधन-सम्पन्न प्रकाशकों, सरकारी और गैर-सरकारी प्रकाशन संस्थाओं तथा विश्वविद्यालयों के सामने अपने कुछ सुझाव भर रख दे सकते हैं।

इनमें व्यावसायिक प्रकाशकों से हम इतना ही कह सकते हैं कि वे जहाँ तात्कालिक लाभ के उद्देश्य से सस्ती आलोचनात्मक पुस्तकें प्रकाशित कर रहे हैं, वहीं साहित्य की वास्तविक सेवा के निमित्त, उन्हें वर्ष में दो-एक प्राचीन ग्रंथों के सुसम्पादित संस्करण भी जरूर ही निकालने चाहिए। उनकी यह साहित्य-सेवा 'निरर्थक' नहीं सिद्ध होगी, इसका उन्हें विश्वास दिलाना आवश्यक है। वे हमसे ज्यादा अच्छी तरह यह जानते हैं कि हिन्दी के पाठकों के बीच गम्भीर साहित्य की भी काफी खपत होने लगी है। हाँ, यह जरूर है कि ऐसा साहित्य पाठ्य-पुस्तकों, तत्सम्बन्धी आलोचनाओं और उपन्यासों की तरह हाथों-हाथ नहीं बिक

जाता—किन्तु ठीक इसी कारण तो इसे हम व्यापार न कहकर सेवा के रूप में स्वीकार करेंगे।

जहाँ तक सरकारी और सरकारी सहायता पानेवाली संस्थाओं का प्रश्न है, उनके लिए तो सिद्धान्ततः सस्ते ढंग के साहित्य का प्रकाशन वर्जित रहना चाहिए। 'सम्मेलन', 'सभा', 'एकेडमी', 'परिषद्', और एतादृश अन्य संस्थाओं को, आर्थिक लोभ का मोह छोड़कर, ऐसे ही ग्रंथ प्रकाशित करने चाहिए जिनके सम्पादन और मुद्रण पर सद्यःलाभ-लोलुप प्रकाशक पर्याप्त व्यय की शक्ति और साहस नहीं रखते। इस दिशा में 'सभा' ने, बहुत पहले, अनुकरणीय कार्य किया था। उपर्युक्त दूसरी संस्थाओं ने भी यत्किंचित् कार्य किया था। इनमें बिहार राष्ट्रभाषा परिषद् सबसे नई संस्था है पर उससे हमें सबसे ज्यादा उम्मीद है। यदि इस प्रकार की दूसरी संस्थाओं का भी नेतृत्व, प्रच्छन्न राजनीतिज्ञों से लेकर, चुने हुए साहित्य-साधकों को सौंप दिया जाए तो वे चिर-स्मरणीय कार्य कर सकेंगे और उनके लिए उन्हें पर्याप्त सरकारी सहायता भी अवश्य ही मिलेगी।

अब रही विश्वविद्यालयों की बात। हमने, खेद के साथ, पर अपना कर्तव्य समझकर, पहले भी लिखा है कि डॉक्टरेट की उपाधि के लिए लिखे गए जिस तरह के ग्रंथ इधर विश्वविद्यालयों के हिन्दी विभागों के द्वारा प्रस्तुत किये गए हैं, उनसे किसी की प्रतिष्ठा नहीं बढ़ पाती, कुछ लोगों को अभीष्ट उपाधियाँ भले ही मिल जाती हैं। विभिन्न विश्वविद्यालयों के हिन्दी विभाग शोध के क्षेत्र में बहुमूल्य कार्य, उच्चतम उपाधि का वितरण और साहित्य-सेवा—तीनों काम एक साथ कर सकते हैं, यदि वे कुछ वर्षों के लिए निश्चय कर लें कि डॉक्टरेट के लिए काम करने की इच्छा रखनेवाले छात्रों से केवल प्राचीन ग्रंथों का, वैज्ञानिक प्रणाली के अनुसार, पाठशोधन और सम्पादन ही कराया जाएगा। पाठ-शोधन और सम्पादन अत्यन्त महत्त्वपूर्ण शोध-कार्य हैं। इसमें मतभेद का अवकाश नहीं है। ऐसे कार्य से न केवल उपाधि-प्राप्ति का तात्कालिक लाभ होगा बल्कि शोधकर्ताओं की आनेवाली पीढ़ियों के लिए प्रामाणिक सामग्री भी इकट्ठी हो जाएगी।

इस दिशा में प्रयाग विश्वविद्यालय के डा. माताप्रसाद गुप्त ने अनुसंदिधित्सुओं का वास्तविक पथ-प्रदर्शन किया है। उनके द्वारा सम्पादित 'रामचरितमानस' और 'पद्मावत' के संस्करण अकेले उतने महत्त्व के अधिकारी हैं जितने के प्रयाग विश्वविद्यालय के हिन्दी विभाग के तत्त्वावधान में होनेवाले। परिमाण में बहुल, समस्त शोध-कार्य नहीं है। डा. गुप्त के सम्पादन-कार्य के पहले प्रयाग विश्वविद्यालय से सेनापति के 'कवित्त-रत्नाकर' का सुसम्पादित संस्करण प्रकाशित हुआ था। यदि इसी प्रकार अन्य प्राचीन ग्रंथों के संस्करण भी वहाँ से प्रकाशित होते, या सिर्फ तैयार भर कर दिये जाते तो प्रयाग विश्वविद्यालय हिन्दी-प्रेमियों की हार्दिक कृतज्ञता का अधिकारी होता। हम आशा करें कि भविष्य में

विश्वविद्यालयों के हिन्दी विभाग इस ओर यथोचित ध्यान देने की आवश्यकता का अनुभव करेंगे।

['साहित्य' : अप्रैल, 1952]

कला का साधारणीकरण

अब तक यह एक सौन्दर्यशास्त्रीय समस्या थी। यह मान लिया जाता रहा है कि विभिन्न कलाएँ दर्शकों, श्रोताओं, और पाठकों तक पहुँच जाती हैं। समस्या तो इसके बाद उठती है—एक कविता, या चित्र या मूर्ति लोगों के हृदय में आनन्द संचार कैसे कर पाती है ? प्राचीन और नवीन विचारकों ने इस पर खूब बहस की है कि नाटक देखने के बाद रस का साधारणीकरण किस प्रकार होता है। संस्कृत के साहित्यशास्त्र के मर्मज्ञ विद्वानों ने साधारणीकरण के इस पक्ष पर विशद और सूक्ष्म विवेचन किया है जिससे साहित्य के साधारण विद्यार्थी भी परिचित रहते हैं। पश्चिम में भी इस विषय को लेकर पर्याप्त विचार-वितर्क हुआ है। किन्तु, इस समस्या का दूसरा पहलू आज अधिक महत्त्वपूर्ण बन गया है। आज तो समस्या यह है कि कला लोगों तक पहुँचे कैसे ? साधारणीकरण का यह रूढ़ अर्थ नहीं है, बल्कि शाब्दिक अर्थ है। आज साधारणीकरण, इस अर्थ में, एक पेचीदा प्रश्न बनकर समाधान की प्रतीक्षा करता है।

हम पहले इतना जानते थे कि लंदन के दीन-हीन चित्रकार फुटपाथ पर चित्र बनाकर अप्रत्यक्ष भिक्षा-वृत्ति करते थे। इधर हमने यह भी समाचार पढ़ा कि पेरिस के कुछ युवक कवियों ने अपनी कविताएँ, अलग-अलग पृष्ठों पर छपवाकर और खुद चौराहे पर खड़े होकर आवाज लगा-लगाकर बेचीं। हाल में कलकत्ते के कुछ उत्साही कवियों ने अपनी कला का ऐसा ही साधारणीकरण किया था। ऐसे प्रयासों ने थोड़ी सनसनी फैलाई और तत्काल कुछ लोगों का ध्यान आकृष्ट किया। मैं इनमें एक महत्त्वपूर्ण समस्या और उसका समाधान, दोनों एक साथ ही पाता हूँ।

समस्या तो यह है कि एक कलाकार के विचार, अनुभव, मनोराग, रंगों, शब्दों या पत्थर के माध्यम से अभिव्यक्ति पाकर दूसरे के लिए इतने महत्त्वपूर्ण कैसे बन सकते हैं कि वे उनमें दिलचस्पी महसूस कर, उन्हें जीवन की आवश्यकताओं के साधनों की तरह पैसे खर्च कर खरीदें और उनसे उस आनन्द, रस, तृप्ति की उपलब्धि करें जिनके बिना मनुष्य का जीवन अपूर्ण और रिक्त रह जाता है ?

यह एक सर्वथा विभिन्न तथ्य है कि जहाँ एक ओर जीवन के ही आवश्यक साधनों का आज सही माने में साधारणीकरण हो रहा है, वहाँ कलाओं का क्षेत्र संकुचित होता जा रहा है। इस वस्तुस्थिति से हताश होकर कुछ लोग तो यहाँ तक कह डालते हैं कि सभ्यता की भौतिक गति ने कलाओं का संहार कर दिया है। अब उनके दिन गए।

आज उनकी कोई जरूरत रह ही नहीं गई। यह ठीक नहीं है कि कलाओं में मूर्धन्य काव्य की आज पूछ नहीं रह गई है। चित्र, मूर्ति या संगीत भी साधारण बनकर तो जीते जा रहे हैं, पर उनका साधारणीकरण नहीं हो पाता।

इसका कारण अक्सर ही यह बताया जाता है कि आधुनिक सभ्यता में भौतिक दृष्टिकोण, यंत्र, उद्योग आदि की प्रधानता है और यही कारण है कि कलाओं की लोकप्रियता घटती जा रही है। वे बहुत कम लोगों तक पहुँच पाती हैं। यह स्थिति रही तो कलाएँ शीघ्र नामशेष हो जाएँगी। जैसे कलाएँ कभी लाखों-करोड़ों लोगों की चीज रही भी हो! कलाओं की लाखों-करोड़ों तक हम अवश्य पहुँच देखना चाहते हैं। यह हमारी समस्या है। यह अतीत की उपलब्धि थी, ऐसा कहना भ्रामक है। यह भ्रम इसलिए उत्पन्न हो जाता है कि पहले कुछ लोगों तक पहुँचकर भी कलाएँ जीवित रह सकती थीं, क्योंकि कलाकारों को यथेष्ट प्रतिपालन मिल जाता था। अब अधिक से अधिक लोगों तक कविता या चित्र या मूर्तियाँ नहीं पहुँचतीं तो वे जीवित नहीं रहेंगी क्योंकि आज एक राजा या कुछ सम्पन्न लोग कलाकारों का प्रतिपालन नहीं कर सकते। आज प्राय: सभी देशों में जनतंत्रात्मक शासन-व्यवस्था है। आज जनता के हाथों में प्रभुत्व चला गया है। इसलिए यह अनिवार्य है कि इस नये प्रभु का प्रतिपालन कलाओं को प्राप्त हो। ऐसा क्यों हो नहीं रहा है, ऐसा किस प्रकार हो सकता है, प्रश्न यही है।

ऐसा पहले भी नहीं था कि सभी राजा-रईस गुणग्राहक हों ही। उस बेचारे पुराने कवि को भी खीज कर कहना पड़ता था : 'अरसिकेषु कवित्वनिवेदनं शिरसि मा लिख मा लिख मा लिख।' भवभूति जैसे नाटककार को क्षुब्ध होकर घोषणा करनी पड़ी थी : 'कालोह्यमं निरवधिर्विपुला च पृथिवी।' और एक दूसरे भुक्तभोगी कलाकार ने तो यहाँ तक कह डाला था : 'हिरण्यमेवार्जय निष्फला: कला:।' फिर भी इतना तो निर्विवाद है कि पहले कुछ साधन-सम्पन्न लोग कला की बारीकियों से परिचय करानेवाली शिक्षा पाते थे और उनकी परिष्कृत रुचि और विलासप्रियता कला-प्रेम में प्रकट होती थी। यह कला-प्रेम सुन्दर मन्दिरों, उद्यानों और उत्सवों के रूप में भी प्रकट होता था और तब कला साधारण से साधारण मनुष्य तक पहुँच जाती थी। आज यह जरूरी हो गया है कि साधारण से साधारण आदमी स्वयं कला तक पहुँचने की उत्सुकता अनुभव करे, उसमें अभिरुचि रखे, उसके रचयिता को प्रश्रय दे। इसके लिए आवश्यक यह है कि हर आदमी केवल जीवन-यापन के लिए आवश्यक शिक्षा तो पाए ही, साथ ही साथ जीवन को सुन्दर, परिपूर्ण और जीने लायक बनाने की शिक्षा भी पाए। सरकार की ओर से कलाओं को चाहे जितनी भी सहायता क्यों न मिले, वह अपर्याप्त सिद्ध होगी, यदि साधारण जनता ने कलाओं के प्रति अभिरुचि न दिखाई तो अवश्य ही मान लेना होगा कि उनके दिन गिने हुए हैं।

लेकिन समस्या इतनी सरल नहीं है। यदि जनता कला तक पहुँचने के लिए लालायित नहीं दीख पड़ती तो कला भी जैसे उससे अधिकाधिक दूर होती जा रही

है। आज सभी उन्नत देशों की कलाओं में—क्या कविता, क्या चित्रकला, क्या मूर्ति-कला और क्या संगीत—यह विचित्रता समान रूप से पाई जाती है कि उनकी 'भाषा' सर्वथा व्यक्तिगत होती जा रही है। कलात्मक बारीकियों से अपरिचित साधारण लोगों की बात दूर, कभी-कभी कलाविशेषज्ञ भी आधुनिक कलाओं के प्रयोगों को देखकर ठगे रह जाते हैं—तारीफ करें तो अपने को धोखा देते हैं, न करें तो दूसरों की दृष्टि में अज्ञ सिद्ध होने की आशंका रहती है! कहानी आपकी सुनी हो सकती है। हाल-हाल में इंग्लैंड में एक चित्र-प्रदर्शनी में एक चित्र सर्वश्रेष्ठ घोषित किया गया। निर्णायकों में चित्रकला के प्रसिद्ध पारखी आलोचक शामिल थे। पीछे पता चला कि उस चित्र को एक चित्रकार के आठ-दस साल के सुपुत्र ने खींचा था और वह उनके पिता जी के चित्रों के साथ संयोग से प्रदर्शिनी में चला गया था, टँग गया था और सर्वश्रेष्ठ चित्र भी घोषित हो गया था। कोणवादी, अतियथार्थवादी चित्रों को, विषय-संकेत के बावजूद, कितने लोग समझ पाते हैं और आधुनिक काव्य का कितने लोग रसास्वादन कर पाते हैं, यह विचारणीय प्रश्न अवश्य ही है।

यदि चित्रों का कम मूल्य चित्रकार लेने लगें, यदि शिक्षा की व्यवस्था ऐसी हो कि ज्यादा लोग काव्य में अनुराग रखने लगें, तो यह निश्चित है कि आज की सभ्यता में पहलेवाला मनुष्य भी चित्र खरीदेगा और कविताएँ पढ़ेगा। लेकिन इस प्रश्न का उत्तर तो फिर भी रह जाता है कि वह ऐसे चित्र खरीदकर और ऐसी कविताएँ पढ़कर अपने समय और अर्थ के व्यय को सफल कैसे मानेगा जिन्हें खाक-पत्थर, वह कुछ समझ नहीं पाता, जो उसके पल्ले नहीं पड़ती?

कला को सार्वभौमिक प्रभावोत्पादकता से युक्त बनाना कलाकार की प्रतिभा का कर्तव्य माना जाता था। एक कवि अपने गहन, विस्तृत और उदात्त अनुभवों को सर्वसुलभ बनाने के लिए अपनी कृति का कुशल संघटन करता था और उसमें कल्पना के सौन्दर्य का समावेश करता था। ये ही कवि और पाठक के बीच से सम्पर्क-स्थल होते थे। इनके अतिरिक्त दृश्यों और पात्रों के समय और स्थान-सम्बन्धी दूरत्व, पात्रों के उच्च पद, और अलौकिक एवं असाधारण व्यक्तित्व, असम्भव का सम्भव बनना अति प्राकृतिक घटनाएँ, पद्य का प्रयोग, साधारण से भिन्न शब्दावली का व्यवहार—ये ऐसी चीजें होती थीं जिनके सहारे काव्य का साधारणीकरण सम्भव हो पाता था।

आज का कवि, और कवि ही क्यों, कलाकार मात्र, साधारणीकरण को अपना दायित्व नहीं मानता। कला की प्रेषणीयता को कुछ दिनों तक आधुनिक आलोचकों ने बहुत महत्त्व दिया था। किन्तु कलाकार प्रेषणीयता को ही अपना प्रधान लक्ष्य मानने से इनकार करता है और उसे दोष भी नहीं दिया जा सकता, अगर वह ऐसा करता है।

अवश्य, यदि कलाकार कुछ ऐसी मनोवृत्ति रखता है कि कला कोई अजीबो-गरीब चीज है, दिव्य या अलौकिक उपलब्धि है और इसलिए साधारण मनुष्यों की पहुँच के बाहर है, तो किसी को कुछ कहना नहीं रह जाएगा। किन्तु यदि कलाकार

मानता है कि कला माननीय उपलब्धि है और उसकी सार्थकता यह है कि वह मनुष्य तक पहुँच सके, उसे पूर्ण बना सके, सही मानी में मनुष्य बना सके, तो यह आवश्यक है कि आज की कला की बहु-आलोचनीय किन्तु अनिवार्य दुरूहता का समाधान ढूँढ़ा जाए। यह दुरूहता दोष नहीं है, कठिनाई अवश्य है। इसका मखौल उड़ाने से, सरलता की निरर्थक माँग दुहराते रहने से, कला का साधारणीकरण होने से रहा। आवश्यक यह है कि कला के स्रष्टा और कला के उपभोक्ता के बीच जो गहरी खाई बन गई है, उसे पाट देने का उपाय ढूँढ़ निकाला जाए।

हमने इसी का प्रयास आज के वार्तालाप का लक्ष्य रखा है और जानबूझकर साधारणीकरण की प्रक्रिया के शास्त्रीय विवेचन से अपने को दूर रखा है।

तो, हमारी समझ में जिस समस्या का रूप हमने अभी-अभी उपस्थित किया है और जिसके समाधान का संकेत भी प्रसंग के अनुसार दिया है, उसका सहज और व्यापक समाधान यही है कि हम समझ से आगे रहनेवाले प्रयोगों से घबराएँ नहीं; ऐसे प्रयोगों का साधारणीकरण नहीं हो सकता। यदि साधारणीकरण नहीं होता तो न तो कलाकार को जनसाधारण से निराश होना चाहिए, न जनसाधारण को ही कलाकार की उपेक्षा या भर्त्सना करनी चाहिए। सभी सार्थक प्रयोग अप्रत्याशित शीघ्रता के साथ कलाकृतियों में अज्ञात रूप से व्याप्त हो जाते हैं और आज जो विशेषज्ञों और विद्वानों की भी घबराहट है, वह कल साधारण लोगों के लिए सुपरिचित और सहज-ग्राह्य कलात्मक विशेषता बन जा सकती है।

यही कारण है कि दुरूह से दुरूह और अत्यन्त विलक्षण कलात्मक प्रयोगों का भी साधारणीकरण होना जरूरी है। इसके लिए धैर्य, जिज्ञासा और अभिरुचि की आवश्यकता अवश्य होती है।

['साहित्य' : जुलाई, 1952]

पाश्चात्य साहित्य में प्रतीकवाद

1886 में, पेरिस की प्रसिद्ध पत्रिका Figaro में एक साहित्यिक सम्प्रदाय के रूप में प्रतीकवाद का घोषणा-पत्र प्रकाशित हुआ था। इस घोषणा-पत्र पर हस्ताक्षर करनेवाले ऐसे कुछ लेखक थे जो Decadents के नाम से, प्रायः बीस वर्षों से, अभिहित होते रहे थे।

प्रतीकवाद के घोषणा-पत्र में साहित्यिक अभिव्यक्ति की एक ऐसी प्रणाली की स्थापना की गई थी जिसमें शब्दों के प्रयोग उनके वस्तुनिष्ठ विवरणात्मक या बौद्धिक तत्त्व के लिए नहीं किया जाता, बल्कि मन की दशाओं को संकेतित करने के निमित्त होता है।

प्रतीकवाद के इस घोषणा-पत्र की महत्त्वपूर्ण पंक्तियाँ हैं : 'प्रतीकवादी कविता विचार को रागात्मक रूप प्रदान करने का प्रयास करती है, यद्यपि यह उसका चरम लक्ष्य नहीं है। इस कला में, सभी स्थूल पदार्थ मात्र रागात्मक रूप से सम्पन्न हैं, और आद्य विचारों के साथ अपना गुह्य सामंजस्य प्रस्तुत करने में ही उनकी सार्थकता है।'

साहित्य का यह प्रतीकवादी आन्दोलन पाश्चात्य चित्रकला और संगीत के प्रभाववादी आन्दोलन Impressionist Movement का समसामयिक था। इन्हीं दिनों उपचेतन का दर्शन बर्गसाँ में अपनी चरम परिणति को प्राप्त हुआ था। प्रतीकवाद, स्वछन्दतावाद Romanticism से भी सम्बद्ध है। प्रतीकवाद वस्तुतः स्वच्छन्दतावाद की एक उपशाखा है, और उससे अखंडितप्राय, हालाँकि कभी-कभी प्रच्छन्न, धारा से उद्भूत है। प्रतीकवाद, व्यापक रूप में, सृष्टि की वैसी रहस्यात्मक भावना से भी संपृक्त है, जो न्यूनाधिक मात्रा में नव-प्लेटोवाद (Neo-Platonism) से आविर्भूत होती है।

प्लेटो ने प्रतीकों का इसलिए इस्तेमाल किया कि, स्वयं उसी के शब्दों में : 'यह कहना ज्यादा आसान है कि कोई चीज कैसी है, बनिस्बत कि वह क्या है।' अलेक्जांड्रिया के नव-प्लेटोवादियों ने इसके अपेक्षाकृत अधिक नियमानुमोदित और गुह्य प्रयोग की प्रवृत्ति दिखाई। M. Denis de Rougemout के मतानुसार, मध्यकालीन रूमानी रचनाएँ उसी भारत-यूरोपीय परम्परा का दृष्टान्त भी हो सकती हैं, जिसकी धारणा है कि संसार का सर्जन पहले आध्यात्मिक रूप में हुआ और बाद में उसे भौतिक रूप प्राप्त हुआ, जिसका निष्कर्ष होता है कि दृश्य पदार्थ एक लुप्त आध्यात्मिक जगत् के प्रतीक मात्र हैं। पुनर्जागरण काल के नव-प्लेटोवादियों ने प्लेटो और उसके अलेक्जांड्रिया के अनुयायियों, दोनों का ही अनुकरण किया, किन्तु उनके द्वारा प्रतीकों का प्रयोग अग्नि, सूर्य, पंख आदि स्रोतों से सम्बद्ध पदार्थों तक ही सीमित था। आगे चलकर अठारहवीं शताब्दी के फ्रांस के Illuminali या Encyclopaedists ने, विशेष रूप से स्वेडेनबर्ग के सामंजस्यों (Correspondences) के सिद्धान्त के माध्यम से, जिसे बादलेयर के Les Correspondences शीर्षक सॉनेट ने सुपरिचित बनाया था, समस्त वस्तुओं के प्रतीकों में रूपान्तरण को, वैयक्तिकता-प्रधान अभिव्यंजना का एक समुचित साधन बनाया। इस वर्ग के साहित्यिकों की दृष्टि में प्रतीक उन दंतकथाओं से भिन्न है जिनमें सामूहिक वैशिष्ट्य बना रहता है, और उन अन्योक्तियों से भी पृथक् है जिनका अर्थ बाह्यपरक और रूढ़िमुक्त है। इस प्रगति के बाद नव-प्लेटोवादी परम्परा की काव्यात्मक सम्भावनाओं का सचेष्ट विस्तार किया गया और उन्हें एक नवीन गीत्यात्मक भाषा का रूप दिया गया।

बादलेयर के सॉनेट में शब्द की समन्वित सौन्दर्य-भावना (Synaesthesia) के उस सिद्धान्त की ओर संकेत था, जिसके अनुसार नेत्र और श्रवण-सम्बन्धी प्रतिक्रियाओं में परस्पर सामंजस्य सम्भव है। सामंजस्यों की धारणा में आस्था रखने के कारण ही बादलेयर ने मनुष्य को 'प्रतीकों के जंगल' से गुजरते देखा था, जहाँ सभी भौतिक पदार्थों

का ऐसी आध्यात्मिक वास्तविकताओं के साथ सामंजस्य रहता है जो अदृश्य जगत् के 'अंधकारपूर्ण और अस्त-व्यस्त ऐक्य' में घुल-मिल जाती हैं। बादलेयर की कविता ने इस प्रणाली के लाभ का उदाहरण उपस्थित किया, क्योंकि सामंजस्यपूर्ण प्रतीकों की परस्पराभिमुख स्थिति से अथवा परस्पर प्रतिकूल प्रतीकों के विरोध से उसकी कविता ने उस युग में अंतर्निष्ठता प्राप्त की थी, जो रूमानी गीत्यात्मकता के प्रति असहिष्णु था।

बादलेयर के बाद Arthur Rimbaud ने, प्रत्यक्ष यथार्थता का अतिक्रमण करने की चेष्टा में और देश-काल से निर्बंध क्रांतदर्शी बनने की कामना से, ऐसे अंतर्दर्शनों की शृंखला के माध्यम से अपना आध्यात्मिक इतिहास प्रस्तुत किया जिसमें तर्कसंगत पौर्षापर्य का सर्वथा अभाव था। Verlaine ने Rimbaud के माध्यम से ही सम्भवत: बादलेयर की कुछ विशेषताओं को पाया था।—व्यंजनात्मक महत्त्व और वातावरण के लिए शब्दों का प्रयोग, प्रसाद गुण की उपेक्षा, इस उद्देश्य से कविता की संगीतात्मक विशेषता पर जोर देना कि उसमें मस्तिष्क की वह गति पुनर्निर्मित हो सके, जो शायद ही कभी अकृत्रिम भावना के स्तर के ऊपर उठ पाती है। बादलेयर के दूसरे अनुयायी Mallarme ने वाक्य के विघटन के द्वारा चित्रों की टकराहट पर और ज्यादा जोर देकर, और विलक्षण उपमाओं और जटिल विचारों की सहायता से, एक साथ ही अवगुंठित और अभिव्यक्त कर, ऐसी आयास-साध्यता और अस्पष्टता का समावेश किया जो अतीत की गुह्य काव्य-शैलियों की विशेषताएँ थीं। मलार्मे चाहता था कि वह प्रत्येक पद को 'आकार ग्रहण करने के योग्य चित्र, विचार की अभिव्यंजना, अनुभूति के उद्रेक और दर्शन विशेष का प्रतीक' बना सके।

1886 का उल्लेख मैं प्रारम्भ में ही कर चुका हूँ। उसी वर्ष प्रतीकवाद का घोषणा-पत्र प्रकाशित हुआ था। बात यह थी कि 1886 में फ्रांस के युवा साहित्यिक ऐसे व्यक्तियों की तलाश में थे जिनका नेतृत्व उन्हें स्वीकार हो पाता। ऐसी ही मन:स्थिति उन्होंने Mallarme और Verlaine को ढूँढ़ निकाला था।

इसी आधार पर प्रतीकवादियों को दो वर्गों में विभक्त किया जा सकता है—वे भी Varlaine के अनुयायी थे और वे, जो Mallarme के पद-चिह्नों पर चल पड़े थे। Verlaine के अनुयायी अपनी सारी उदासीनता और विलक्षणता के बावजूद, सामान्य रूप से, भाव-चित्रण में सरलता और ऋजुता के पक्षपाती थे और अपनी अस्पष्ट मानसिक स्थितियों और उपचेतन विचारों की अभिव्यक्ति के लिए समुचित प्रतीकों का अवलम्ब लेते थे। इस वर्ग के प्रतीकवादियों में La Cordonnel, Samain, Mikhael, Rodenbach और Materlink उल्लेखनीय हैं। इनमें भी अन्तिम, Materlink तो काफी प्रसिद्ध भी हैं। प्रतीकवादियों का दूसरा वर्ग, जो Mallarme का अनुयायी था, Harmonistas या Vers Librestes के नाम से परिचित है। इसकी कला अधिक सचेष्ट, जटिल और संश्लेषणात्मक है। इस वर्ग के उल्लेखनीय कलाकार

हैं—Ghil, Dulus, Mockel, Manelair, Merril, Verhaeren, Kahn, Laforgue, Viele—Griffin, Dujardin, Rette, Henri de Reguier, आदि।

प्रतीकवादी आन्दोलन का प्रभाव फ्रांस के बाहर भी बहुत व्यापक सिद्ध हुआ। इंग्लैंड के Decadents, अमेरिका के Imagists और Symbolists, जर्मनी के R.M. Rilke, और Stefan George जैसे साहित्यिक और स्पेन के Modernistas प्रतीकवाद से प्रभावित पाश्चात्य साहित्यिकों की विविध शाखाएँ और व्यक्ति हैं।

इनमें Decadents या परिणतिवादियों तथा Imagists अर्थात् चित्रवादियों का ही उल्लेख यहाँ समीचीन होगा। परिणतिवादियों का प्रधान सौन्दर्यशास्त्रीय सिद्धान्त था कि कला प्रकृति की अस्वीकृति है और प्रकृति कला की। कला मानवीय शिल्प है, नारी का सौन्दर्य प्रसाधन के अतिरिक्त और कुछ नहीं है। फ्रांसीसी साहित्य के परिणतिवादियों में Huysmans सर्वाधिक उल्लेख्य है। इस दृष्टि से 1884 में प्रकाशित उसका उपन्यास A Rebours बहुत ही प्रसिद्ध है। इस उपन्यास ने प्रमुख परिणतिवादी Oscar Wilde के उपन्यास The Picture of Dorian Gray को स्पष्ट ही बहुत प्रभावित किया था, जो 1889 में पहली बार प्रकाशित हुआ। बादलेयर का भी सिद्धान्त था कि प्रकृति ही कला का अनुकरण करती है। यह आन्दोलन विस्तृत तो था किन्तु स्थायी नहीं सिद्ध हुआ।

कुछ अमेरिकन और अंग्रेज कवियों ने चित्रवाद का प्रवर्तन कर कविता में दृश्य-चित्रों के सुनिश्चित प्रयोग की पुन: स्थापना की। इस आन्दोलन की बौद्धिक पृष्ठभूमि, अप्रत्यक्ष रूप से, T.E. Hulme से मिली, जिनकी अपनी कविताओं में चित्रों का शुष्क पर निश्चित रूप मिलता है, और जो चित्रवादियों के लिए आदर्श बनीं। 1912 में एज़रा पाउंड इस आन्दोलन के प्रमुखतम संगठनकर्ता थे। 1914 में Amy Lowell ने इसका संगठन अपने हाथ में लिया और तब एज़रा पाउंड आवर्तवाद (Vorticism) में सम्मिलित हो गए। इन पर चीनी और जापानी कविता तथा फ्रेंच और शास्त्रीय यूनानी साहित्य का प्रभाव था।

मार्च, 1913 की Poetry पत्रिका में F.S. Flint ने तीन चित्रवादी सूत्र प्रस्तुत किये थे—वस्तु का, वह बाह्य हो या आभ्यंतर, सीधा निरूपण, ऐसे किसी शब्द का प्रयोग नहीं करना जो चित्रण के लिए सहायक न सिद्ध हो। जहाँ तक लय का प्रश्न है, संगीतात्मक वाक्य के अनुसार रचना करना। 1914 में Das Imagists, An anthology प्रकाशित हुआ था। 'Some Imagist Poets, 1915-1917' के नाम से Amy Lowell ने तीन चित्रवादी संग्रह प्रकाशित किये थे।

कालान्तर में स्वयं प्रतीकवाद में भी अन्य धाराएँ हो गई थीं, विशेष रूप से वैगनर का संगीत। इस विषय में Paul Valery ने कहा है : 'हम संगीत से पोषित होते हैं और हमारा साहित्यिक व्यक्तित्व यही स्वप्न देखता है कि किस प्रकार भाषा से वे प्रभाव विजित किये जा सकते हैं जो विशुद्ध ध्वनियों से हमारे शरीर की स्नायविक

प्रणाली में उत्पन्न होते हैं।' पाल वैलेरी इस उद्देश्य से ही अपने पद्यों की गणित-सम्मत योजना करता था। उसके विपरीत Paul Claudel ने प्रतीकात्मक रहस्यवाद को रूढ़िवादी प्रार्थना में परिणत करने का भी प्रयास किया। पीछे चलकर फ्रांस के बाहर प्रतीकवाद ने ऐसे सशक्त रूप ग्रहण किये कि उनसे स्वयं फ्रांसीसी प्रतीकवादी भी प्रभावित हुए। उदाहरण के लिए उत्तरकालीन Ibsen के प्रतीकवाद ने, जो कि इन्हीं स्रोतों से गृहीत हुआ था, अपनी ओर से न केवल Yeals, Synge और Paul Vincent Carroll जैसे आयरिश और Tchekov, Eugene O'neill, Philip Barry जैसे अन्य देशीय नाटककारों को, बल्कि Materlink तक को प्रभावित किया।

सच तो यह है कि प्रतीकवाद ने आधुनिक काल में आकर आंशिक रूप में ही सही, साहित्य के सभी रूपों को प्रभावित किया है। James Joyce, Jules Romains, Richard Beer-Hofmann जैसे उपन्यासकार और इलियट जैसे कवि इस साहित्यिक मान्यता से असंदिग्ध रूप से प्रभावित हुए हैं। इससे अधिक महत्त्वपूर्ण बात तो यह है कि अभिव्यंजनवाद (Expressionism), अतियथार्थवाद (Surrealism) और अन्य अन्तर्निष्ट कलात्मक वादों में सन्निविष्ट होकर प्रतीकवाद आज भी कला के क्षेत्र में बलवती धारा के रूप में वर्तमान है।

['साहित्य' : अक्टूबर, 1952]

भाषा का प्रमाणीकरण

हिन्दी भारत की राजभाषा भले ही मान ली गई हो, यह भारत की राष्ट्रभाषा नहीं है, इस सूक्ष्म भेद पर भारत के मनीषी जोर देने लगे हैं! हिन्दी के प्रेमियों को यह हितोपदेश बार-बार दिया जा रहा है कि अपनी भाषा को सचमुच ही राजभाषा बनते देखना चाहते हो तो अपनी साम्राज्य-भावना का परित्याग करो; और यदि उसे राष्ट्रभाषा के पद पर आसीन पाना चाहते हो तब तो जरूरी है कि उसका विकास करो, उसे इस पद के योग्य बनाओ!

हिन्दी के प्रेमी अपने हितैषियों के उपदेशों पर गम्भीरतापूर्वक विचार कर रहे हैं और उनके सुझावों से लाभ उठाने के लिए कृतसंकल्प हो गए हैं। अब तो हिन्दी के प्रेमियों के भी दो दल हो गए हैं, जिनमें से एक अतिशय उदार बनकर दूसरे को सुनाकर नारे लगाता है—हिन्दी को सरल बनाओ, हिन्दी को उन्नत बनाओ, अगर चाहते हो कि दूसरे हिन्दी सीखें तो तुम भी दूसरी भारतीय भाषाएँ सीखो। हिन्दी का प्रमाणीकरण होना चाहिए, हिन्दी में पारिभाषिक शब्दों का निर्माण होना चाहिए (निर्माण हो जाने पर भले ही उन्हें अस्वीकृत कर दिया जाए!), हिन्दी व्याकरण को सरल बनाओ, हिन्दी शब्दों की अनेकरूपता हटाओ, इत्यादि-इत्यादि।

हमने इन्हीं पृष्ठों में कुछ पहले लिखा था कि हिन्दी को राष्ट्रभाषा के महामहिमामय पद के अनुरूप बनाने के लिए उसके शुभैषी खोखले नारे लगाते हैं और उसके प्रेमी उन नारों को बुलन्द कर अपनी विनय भावना का परिचय देते हैं। 'सरल हिन्दी' का ऐसा नारा कितना बेमानी और खोखला है, इस पर हम अपने विचार व्यक्त कर चुके हैं। 'हिन्दी का प्रमाणीकरण' भी एक ऐसा ही भ्रामक नारा है जिसकी अनिवार्यता का दूसरे उपदेश देते हैं और हम जिज्ञासुओं की तरह उसे सुनकर कृतार्थ होते हैं।

हम अवश्य यह नहीं चाहते कि हिन्दी में ऐसी 'अराजकता' स्थापित हो जाए कि व्याकरण का 'राज्य' पूर्णत: 'नष्ट' हो जाए। जब प्रदेश-विशेष के कुछ प्रसिद्ध लेखक 'स्तित्व' और 'भिज्ञ', 'स्रष्टि' और 'सृष्टा' बोलते ही नहीं, धड़ल्ले से लिखते भी हैं, तो हम हैरान भी होते हैं और क्षुब्ध भी। लेकिन यह तो अज्ञानजनित अशुद्धि है। इससे और भाषा के प्रमाणीकरण, विशेष रूप से शब्दों की एकरूपता, की माँग से कोई वास्ता नहीं। जहाँ ऐसी अशुद्धियों को हम हिन्दी के प्रारम्भिक छात्रों के लिए भी लज्जाजनक समझते हैं, वहीं यह भी मानते हैं कि किसी जीवित भाषा का प्रमाणीकरण कुछ अंशों में, एक सीमा तक ही सम्भव है।

शब्दों की एकरूपता का प्रश्न ले लीजिए। अराजकता यहाँ भी अवांछनीय है, किन्तु यह माँग तो बिलकुल बेतुकी होगी कि शब्दों की द्विरूपता या बहुरूपता को निषिद्ध घोषित कर दिया जाए।

संस्कृत से अधिक व्याकरण-निगड़ित भाषा कदाचित् संसार में नहीं मिलेगी। उसके बारे में यह भी विवादास्पद है कि वह कभी साधारण बोलचाल की भाषा रही होगी। और फिर भी आप देखें, शब्दों की अनेकरूपता संस्कृत में किस प्रकार पाई जाती है—आषाढ़-असाढ़, विषुव-विशुव, कषा-कशा, शबल-सबल, कुशल-कुसल, वासव-वाशव, वशिष्ठ-वसिष्ठ, मुशल-मुसल, सूकर-शूकर, सृगाल-शृगाल, कोष-कोश, अश्रु-अस्रु, शण्ड-षण्ड-सण्ड, शूर-सूर, किशलय-किसलय, अली-अलि, वह्निक-वह्नीक, पारावत-पारवत, कवाट-कपाट, प्रतिकार-प्रतीकार, अवतंस-वतंस, यामाता-जामाता-यायाता, योषा-जोषा, तनु-तनू, हनु-हनू, परीषत्-परिषत्, विरंचि-विरिंचि, वेष्या-वेश्या, भुजंग-भुजग, कवन्ध-कबन्ध, विश्राम-विश्रम, पुरुष-पूरुष, गम्भीर-गभीर, अगस्ति-अगस्त्य, वातिल-वातुल-वातूल, चेटी-चेडी, ज्यैष्ठ-ज्येष्ठ, पौष-पुष्य, वाक्-वाचा, कुवर-कूवर, नारक-नरक, कुटीर-कुटिर, ननन्द-ननान्दा, जटल-जटिल, निसित-निशित, क्रीत-क्रीण, पुष्ट-पुषित, पिष्ट-पिषित, तप्त-तपित, गुप्त-गोपायित, तडाग-तडग, निमेष-निमिष, लक्ष-लक्ष्य, भ्रुकुटि-भ्रुकुटी-भृकुटि, स्फुरन-स्फूरण, कर्षक-कृषक, मणि-मणी।

यह तो एक अत्यन्त संक्षिप्त द्विरूप-तालिका है। संस्कृत में द्विरूप-कोश भी वर्तमान है। उसे अन्य अनेकानेक शब्दों की बहुरूपता के लिए देखा जा सकता है। 'भ्रुकुटि' और 'भृकुटि' में कौन-सा रूप शुद्ध है, इसे लेकर हाल में ही हम अपने

एक विद्वान सहयोगी के साथ उलझ पड़े थे और हमारे एक संस्कृत मित्र अक्सर ही हिन्दी के शब्दों के अव्यवस्थित रूप का रोना रोते हुए कहते हैं कि देखिए, हिन्दी में कर्षक के बदले लोग कृषक लिखते हैं!

हमारा मुँह बन्द करने के लिए और तर्क के लिए तर्क करने के निमित्त कहा जा सकता है—यही तो कारण है कि संस्कृत कभी बोलचाल की व्यापक भाषा नहीं बन सकी। तर्क सारहीन है, और उत्तर अनावश्यक। छोड़िए संस्कृत को, अंग्रेजी के बारे में तो आप ऐसी बात नहीं कह सकते। लेकिन खुद अंग्रेज अपनी संसारव्यापी, समुन्नत, पर साथ ही साथ अजीबोगरीब भाषा को लेकर किस तरह परेशान हैं, यह भी एक मनोरंजक और शिक्षाप्रद दृष्टान्त है।

अंग्रेजी के प्रमाणीकरण की समस्या तो और भी जटिल है। बर्नार्ड शॉ ने अपने वसीयतनामा में एक बहुत बड़ी रकम अंग्रेजी की हिज्जे की विवेकशून्य प्रणाली के परिमार्जन के लिए छोड़ी थी और इस भाषा के कुछ प्रेमियों ने हाल में ही सरल हिज्जे के आन्दोलन की वैधानिक स्वीकृति के लिए हाउस ऑफ कामन्स में एक विधेयक तक उपस्थित कर डाला था, हालाँकि वह कुछ मतों से ही अस्वीकृत हो गया। अंग्रेजी में 'Ce', 'ct', 'ti', 'te', और 'Si'—सभी उस एक ध्वनि को संकेतित कर सकते हैं जो आसानी से 'Sh' के द्वारा व्यक्त होती है। 'Plough', 'Cough' और 'Dough' लगते एक-से हैं, पर 'बे-तुके' हैं!

यही हाल उच्चारण का है, जिससे खीजकर कुछ लोगों ने कुछ रोज पहले यह सुझाव रखा था कि प्रारम्भिक शिक्षा के समय से ही प्रत्येक शिशु को 'एटन'-शैली का उच्चारण सिखाया जाए! इसका मजदूर दल के नेताओं ने घोर विरोध किया था और समस्या को समाधान की प्रतीक्षा करनी पड़ रही है। यह विश्व-भाषा अंग्रेजी में ही सम्भव है कि लंदन से कुछ दूर पर लीड्स में 'You will be lucky to get a bus' को इस तरह उच्चरित करने का प्रचलन हो—'यू विल बी लुकी टू गेट ए बुस!'

किंबहुना, कहने का तात्पर्य यह है कि समृद्ध भाषाओं की भी अपनी कमजोरियाँ और त्रुटियाँ होती हैं। उनका विकास और प्रसार तब तक के लिए रुका नहीं रह सकता जब तक वे परिपूर्ण न हो जाएँ। हिन्दी में भी अभाव और त्रुटियाँ हैं। उन्हें अणुवीक्षणयंत्र जैसी आँखों से देखने-दिखाने की चेष्टा उसके प्रति अन्याय करना है।

['साहित्य' : अक्टूबर, 1952]

विज्ञान की भाषा

भारत के भारत-प्रसिद्ध वैज्ञानिकों को यह चिन्ता सता रही है कि देश में अंग्रेजी का स्तर गिरता जा रहा है! इतने बड़े देश में जो उँगलियों पर गिने जाने लायक वैज्ञानिक हैं, उनमें

से आज तक किसी ने हिन्दी या किसी भी देशी भाषा में कुछ लिखा हो तो कम-से-कम हमें नहीं मालूम। किन्तु, हाल में ही, छब्बीस भारतीय वैज्ञानिकों के हस्ताक्षरों से समर्थित, अंग्रेजी भाषा का स्तर उन्नत बनाये रखने की अनिवार्यता के सम्बन्ध में, जो स्मृति-पत्र पं. नेहरू के पास भेजा गया था और जो वक्तव्य प्रकाशित हुआ था, उसकी स्पष्ट ध्वनि है कि ऐसा नहीं हुआ तो घोर राष्ट्रीय संकट सिर पर आया ही समझिए!

हम मानते हैं कि विज्ञान के क्षेत्र में अंग्रेजी की जानकारी जरूरी है—अंग्रेजी ही क्यों, एक से अधिक विदेशी भाषाओं का परिचय नितान्त आवश्यक है। इस सम्बन्ध में पहली बात यह है कि अंग्रेजी या विदेशी भाषाओं के ज्ञान की अनिवार्यता पर जोर देकर यह कहने का अधिकार ऐसे ही लोगों के लिए स्वीकृत हो सकता है जो यह सिद्ध कर चुके हों कि वे हिन्दी के ज्ञान की ततोधिक अनिवार्यता मानते हैं और हिन्दी का, विश्व को चकित करनेवाले आविष्कारों के लिए न सही, साधारण लेख आदि के लिए उपयोग करते हैं। और, क्या उक्त स्मृति-पत्र और वक्तव्य के हस्ताक्षरक—रमन, भाभा, भटनागर आदि—यह योग्यता रखते हैं ? दूसरी बात यह है कि विज्ञान के लिए अंग्रेजी भाषा के विशद ज्ञान की वैसी आवश्यकता नहीं है, जैसी अधिक-से-अधिक विदेशी भाषाओं की कामचलाऊ जानकारी की। रूस आदि प्रगतिशील और स्वाभिमानी देशों में उच्च शिक्षा पानेवाले छात्रों के लिए जरूरी होता है—विज्ञान वालों के लिए तो विशेष रूप से—कि वे स्कूल से विश्वविद्यालय तक पहुँचते-पहुँचते कम-से-कम दो-तीन विदेशी भाषाओं का इतना ज्ञान प्राप्त कर लें कि तत्तत् भाषाओं में प्रचलित शोधों का लाभ उठा सकें। वे उन विदेशी भाषाओं में उस तरह लिख और बोल सकें, जैसे, उदाहरण के लिए, रमन अंग्रेजी में लिख-बोल सकते हैं, इसकी आवश्यकता नहीं मानी जाती; इसके बदले प्रयत्न यह किया जाता है कि विज्ञान के छात्र अधिक-से-अधिक विदेशी भाषाओं का व्यावहारिक ज्ञान प्राप्त कर लें।

दुर्भाग्य का विषय यह है कि हिन्दी को विज्ञान की भाषा बनाने का थोड़ा प्रयत्न भी स्वयं वैज्ञानिक नहीं कर रहे हैं—यों, सच बात तो यह है कि हमें यह भी विश्वास नहीं है कि उन्हें विज्ञान से फुर्सत मिलती ही नहीं कि हिन्दी की चिन्ता करते! ऐसी स्थिति में वैज्ञानिकों के लिए शब्द गढ़ने का स्तुत्य प्रयास भाषाशास्त्री कर रहे हैं, जिसके लिए वैज्ञानिकों को उनके प्रति कृतज्ञ होना चाहिए, न कि उनका मखौल करना!

स्वयं भाषाशास्त्रियों में भी कम मतभेद नहीं है। राहुल जी और डा. रघुवीर एक दूसरे के मतभेद रखने पर जैसे सहमत हो चुके हैं! इधर प्रयाग के सम्मेलन की व्यवस्था (अव्यवस्था) के कारण राहुल जी ने इस क्षेत्र में अपना कार्य अधूरा ही छोड़ दिया है। डा. रघुवीर ने एक विज्ञान और अनेक छोटे-बड़े कोश, विज्ञान की विभिन्न शाखाओं के लिए तैयार किये हैं। किन्तु कुछ तो उनकी असहिष्णुता और पूर्वग्रहग्रस्तता के कारण और कुछ वैज्ञानिकों के अंग्रेजी-प्रेम के कारण हिन्दी के वैज्ञानिक शब्दकोश में ही बन्द पड़े हुए हैं, भाषा में घुलमिल नहीं पा रहे।

केन्द्रीय सरकार की अनिश्चयात्मकता से प्रेरणा पाकर वैज्ञानिक भाषा के निर्माण के सम्बन्ध में भाषा के विद्वान भी ऐसी बातें कहने लग गए हैं जिनकी अपेक्षा अवश्य उनसे नहीं की जा सकती थी। उदाहरण के लिए यह कहना कि नये शब्द गढ़ने के पहले विभिन्न व्यवसायों में लगे शिल्पियों द्वारा तथा विभिन्न प्रान्तीय भाषाओं में व्यवहृत शब्दों को इकट्ठा करना आवश्यक है, एक ऐसी मरीचिका है जो लोभनीय होने पर भी अन्वेषणीय अवश्य नहीं है। शोध-प्रेमी, भाषाशास्त्री इस तरह के काम कर चुके हैं और करते रहेंगे, किन्तु इनसे उस अभाव की पूर्ति नहीं हो सकती जिसकी पूर्ति वैज्ञानिकों के द्वारा हो सकती थी पर जिसका दायित्व कोशकारों को स्वीकार करना पड़ गया है। ग्रियर्सन ने बिहार के विभिन्न विभाषा-क्षेत्रों के ग्रामों में किसानों, लुहारों, कुम्हारों आदि के द्वारा व्यवहृत शब्दों का ऐसा संग्रह बहुत पहले तैयार किया था और जामिया मिल्लिया के तत्त्वावधान में, उर्दू लिपि में, शहरों के विभिन्न व्यवसायों में प्रचलित शब्द संगृहीत हुए थे। ऐसे शब्दों के उदाहरण के रूप में अक्सर दो शब्द रखे जाते हैं। वे हैं बिजली के मिस्त्रियों के द्वारा व्यवहृत शब्द—ठंडा तार और गर्म तार, जो क्रमशः नेगेटिव और पॉजिटिव के लिए काम देते हैं। भाषा-विशारदों को यह बताने की जरूरत नहीं कि ऐसे शब्दों को 'स्लैंग' कहते हैं। ये किसी दशा में वैज्ञानिक शब्द नहीं माने जा सकते, न इनसे विज्ञान का काम ही चल सकता है। ऐसे असंख्य 'स्लैंग' शब्द उन उन्नत भाषाओं में भी मिलते हैं जिनमें वैज्ञानिक शब्दों का कोई अभाव नहीं रहता। यदि एम. एस-सी. की कक्षा में गर्म और ठंडे तार से काम चलाने की बात कही जा सकती है तो हमारा यह भी निवेदन होगा कि विद्युत्शास्त्र का सैद्धान्तिक ज्ञान रखनेवाले प्राध्यापक के बदले व्यावहारिक कुशलता रखनेवाले मिस्त्री को ही अध्यापन का काम भी सुपुर्द कर देना ठीक होगा।

हम यह सोचें कि आखिर हमारे वैज्ञानिक हिन्दी के नव-निर्मित शब्दों से घबराते क्यों हैं और वे उनका विरोध क्यों करते हैं? उनका तर्क, जहाँ तक हम समझ सके हैं, यही है कि ये शब्द अप्रचलित हैं, कठिन हैं और संस्कृत पर अवलंबित हैं।

हमारे सामने एक बहुत ही मनोरंजक और ज्ञानवर्द्धक पुस्तक पड़ी हुई है : Browsing Among Words of Science। उसके विद्वान किन्तु हास्य-प्रेमी लेखक ने दिखाया है कि किस प्रकार अंग्रेजी में ऐसे असंख्य वैज्ञानिक शब्द हैं जो अप्रचलित तथा कठिन हैं। हम कुछ उदारण देते हैं : Opilonology, Pycnogonid, Dodecalopoda। हम तो नहीं, पर अंग्रेजी को आयत्तीकृत करनेवाले भारतीय विद्वान कह सकते हैं कि ये भी भला अप्रचलित या कठिन शब्द हैं! तो हम उनसे शब्दों के बारे में सुनना चाहेंगे : Paranitrosodimethylanilinehydrochloride या Tetranhydrotetrakisdiphenylsilicanediol। इतना तो हम भी समझते हैं कि देखने-सुनने में ये शब्द चाहे जितने भयावह हों, लेकिन एक वैज्ञानिक के लिए तो ये बहुत ही सरल हैं, क्योंकि इनमें विभिन्न तत्त्वों के नामों का समास कर दिया गया है। हम यह भी मानते हैं कि

विज्ञान के बहुतेरे शब्द इसी तरह से बन ही सकते हैं। इसीलिए हम यह भी कहते हैं कि हिन्दी के पारिभाषिक शब्दों के निर्माणकों ने भी तो यही प्रक्रिया अपनाई है और यदि ये शब्द कंठाग्र कर लिये जा सकते हैं—जिसके लिए सर्वथा अयोग्य होने के कारण हम तो बहुत पहले से विज्ञान से बचते रहे हैं—तो उस बदनाम 'रघुवीरी हिन्दी' का हलाहल भी भारत के वैज्ञानिक पी सकते हैं और उनका कंठ नीला न भी पड़े तो यह आश्चर्य की बात नहीं होगी। और जहाँ तक संस्कृत पर निर्भर रहने का प्रश्न है, यह तो सिद्धान्त-सत्य है कि वैज्ञानिक शब्दों के लिए शास्त्रीय भाषा को छोड़कर कोई दूसरा सहारा नहीं होता। पूर्वोक्त पुस्तक के लेखक का ही यह कथन द्रष्टव्य है : 'विज्ञान के प्रायः सभी नये शब्द लैटिन या ग्रीक व्युत्पत्ति के हैं।' यही क्यों : 'वैज्ञानिक के द्वारा व्यवहृत शास्त्रीय परम्परा इस प्रकार आधारभूत है कि उसे उद्योगपतियों ने भी अपनाया है।'

अतः हम अपने कोशकारों से ब्योरों में असहमत हो सकते हैं, किन्तु उनकी शब्द-निर्माण-प्रक्रिया सर्वथा युक्तिसंगत है और एकमात्र प्रक्रिया है। फिर भी कोशकारों ने शब्द गढ़े भर हैं, उनमें प्राण-प्रतिष्ठा तो वैज्ञानिक ही कर सकते हैं।

['साहित्य' : जनवरी, 1953)

हिन्दी के पत्र और 'पत्रं-पुष्पम्'

हम सरकार से हिन्दी साहित्य और हिन्दी के साहित्यकारों के लिए लम्बी-चौड़ी माँगें करते रहते हैं। इनके बारे में हम क्या कह रहे हैं—हम, यानी हिन्दी की पत्र-पत्रिकाएँ? क्या हम अपने लेखकों का समय पर उचित पारिश्रमिक देते हैं? उचित पारिश्रमिक नहीं तो 'पत्रं-पुष्पम्' ही सही? हिन्दी में ऐसी कितनी पत्र-पत्रिकाएँ हैं जो स्वीकृत और मुद्रित प्रत्येक रचना के लिए कुछ-न-कुछ देती जरूर हैं?

हमें विश्वास है कि अब ऐसे संचालन-सम्पादक हिन्दी में नहीं होंगे जो लेखकों को इसलिए पारिश्रमिक देने में संकोच अनुभव करते हैं कि कहीं लेखक इसे अनैतिक कार्य तो नहीं समझेगा? हमें यह भी विश्वास है कि पत्रों के संचालक इसे व्यवस्था-सम्बन्धी घोर गोपनीय बात और हमारी जिज्ञासा को कुरुचिपूर्ण बनाकर मौन रह जाना ही श्रेयस्कर नहीं समझेंगे।

हम प्रकाश सिर्फ इन बातों पर चाहते हैं :

क्या आप रचना प्रकाशित होते ही पारिश्रमिक भेज देते हैं? (पहले भेजने का तो प्रश्न ही नहीं उठता!)

क्या आप यह दावा कर सकते हैं कि आपके पत्र में प्रकाशित प्रत्येक रचना के लिए पारिश्रमिक दिया जाता है?

आप किसी रचना के लिए कम-से-कम और ज्यादा-से-ज्यादा कितना देते हैं?

वह कुल रकम कितनी है जो प्रतिमास लेखकों के पारिश्रमिक के लिए सुरक्षित रहती है?

क्या आप यह उचित नहीं समझते कि प्रत्येक स्वीकृत और प्रकाशित रचना पर पारिश्रमिक देना ही चाहिए? (अवश्य यह प्रश्न तभी उठता है, यदि आप ऐसा नहीं करते।)

हम ये प्रश्न उन पत्रिकाओं से नहीं पूछते जो संस्थाओं के द्वारा प्रकाशित होती हैं, जिनके सम्पादक अवैतनिक होते हैं, जो घाटे पर ही निकलती हैं और जो लाभ होने पर पारिश्रमिक अवश्य देना पसन्द करेंगी। ऐसा कहकर हम अपने प्रश्नों से खुद बच निकलना नहीं चाहते, हालाँकि, हम कबूल करते हैं, हमारी स्थिति यही है।

जिन पत्रों से हमें उत्तर मिलेंगे, उन्हें हम 'साहित्य' में सहर्ष प्रकाशित करेंगे और हमें विश्वास है, हिन्दी के लेखक ऐसे पत्रों का अभिनन्दन करेंगे। हम लेखकों के भी पारिश्रमिक-सम्बन्धी अनुभव प्रकाशित करना चाहेंगे। उन्हें तो वस्तु:स्थिति पर प्रकाश डालना ही चाहिए।

['साहित्य' : जनवरी, 1953)

एक सुझाव

सहयोगी 'कल्पना' सुदूर दक्षिण, हैदराबाद, को केन्द्र बनाकर हिन्दी भाषा और साहित्य की सर्वांगीण अभिवृद्धि के लिए जिस तत्परता और अध्यवसाय से कार्य कर रही है, उससे वे भी बहुत-कुछ सीख सकते हैं जिन्हें हिन्दी के केन्द्र में रहने का सौभाग्य प्राप्त है और जो इसे हिन्दी का दुर्भाग्य बना डालने में कोई कोर-कसर नहीं छोड़ रहे हैं।

'कल्पना' के सम्पादकीय लेख विद्वत्तापूर्ण और उपयोगी होते हैं। दिसम्बर, 1952 के अंक में 'एक सुझाव' शीर्षक सम्पादकीय में साहित्य-निर्माण और हिन्दी के साहित्यिकों की विपन्नता के निराकरण के सम्बन्ध में सचमुच ही बहुत उपयोगी सुझाव उपस्थित किये गए हैं। इन विषयों पर अधिक-से-अधिक हिन्दी-प्रेमियों का ध्यान आकृष्ट करने के उद्देश्य से इन सम्पादकीय को अलग से मुद्रित कर प्रचारित किया गया है। साथ में निम्नोद्धृत मुद्रित पत्र भी है :

'महानुभाव,

साहित्य-निर्माण तथा उससे सम्बन्धित अन्य अनेक कार्य आज अर्थाभाव के कारण रुके पड़े हैं। सरकार के पास अनिवार्य तात्कालिक आवश्यकताओं के लिए भी पर्याप्त निधि नहीं है। ऐसी स्थिति में आय के ऐसे निर्दोष उपाय ढूँढ़ने की आवश्यकता

है, जो निधि की पूर्ति के साथ-साथ साहित्य को उचित प्रेरणा दे। इसी दृष्टिकोण से दिसम्बर, 52 की 'कल्पना' में हमने 'एक सुझाव' शीर्षक एक सम्पादकीय टिप्पणी दी है, जिसका अविकल उद्धरण अगले पृष्ठों में दिया जा रहा है।

इस सुझाव को आपकी सहमति और सक्रिय सहयोग का बल मिल गया, तो इसकी सफल सम्पूर्ति अपेक्षाकृत अधिक शीघ्र सम्भव हो सकेगी।

इसी उद्देश्य से टिप्पणी-सहित यह पत्र आपकी सेवा में प्रेषित है। कृपया अपनी प्रतिक्रिया सूचित करें।'

हम बड़ी प्रसन्नता के साथ 'कल्पना' के 'एक सुझाव' को अपने पाठकों तक पहुँचा रहे हैं। जहाँ तक हिन्दी के साहित्यकारों की विपन्नता का प्रश्न है, इन पंक्तियों के लेखक ने 'दृष्टिकोण' के एक अग्रलेख में बहुत पहले लिखा था कि जहाँ हिन्दी को राष्ट्रभाषा बनाने का सबसे बड़ा तर्क है कि उसमें निराला जैसा कवि है, वहीं उसकी सबसे निन्दनीय हीनता यह है कि हिन्दी भाषा-भाषी निराला जैसे महाकवि के साथ वह व्यवहार कर सकते हैं जो हिन्दी के केन्द्र में उनके साथ हो रहा है। लेकिन इस सम्बन्ध में 'कल्पना' में जो सुझाव है, पहले वह आप अवधान के साथ पढ़ लें :

'साहित्य और साहित्यकारों के प्रति सरकार का रुख उत्साहवर्धक नहीं है, बल्कि उपेक्षापूर्ण है, प्रायः साहित्यिक सज्जनों और संस्थाओं से ऐसी शिकायत सुनी जाती है। किसी कवि के बीमार हो जाने पर उसके इलाज के लिए और दिवंगत हो जाने पर उसके परिवार के पालन-पोषण तथा उसके अप्रकाशित साहित्य और जीवनी आदि के प्रकाशन के लिए, सरकार से अपीलें की जाती हैं। ऐसी सभी अपीलें अक्सर अरण्यरोदन होकर रह जाती हैं। अतः इनका उपसंहार कोसने से होता है और कुल मिलाकर इन अपीलों का असर साहित्यिक और साहित्य पर बुरा ही पड़ता है।

पाठकों को बुन्देलखंड के कवि 'शील' के आत्मघात के बाद उठाए गए आन्दोलन और निराला जी की छीछालेदर की याद ताजा बनी है। गत अक्टूबर मास की, कानपुर से निकलने वाली 'सुमित्र' में 'हम कितने कृतघ्न हैं' शीर्षक से श्री बनारसीदास चतुर्वेदी ने एक लेख लिखा है, जिसमें उन्होंने श्री योगेश्वर गुलेरी और श्री रामनाथ का एक-एक पत्र छापकर नागरी प्रचारिणी सभा, आर्य समाज आदि संस्थाओं से लेकर राष्ट्रपति राजेन्द्र प्रसाद और स्वयं अपनी भी खबर ली है। इसलिए कि श्री चन्द्रधर शर्मा 'गुलेरी' का विस्तृत जीवन-चरित्र अब तक नहीं छापा गया और श्री पद्मसिंह शर्मा का पुस्तकालय उनके पुत्र रामनाथ जी बेच रहे हैं। चतुर्वेदी जी ने आगे लिखा है : 'अब समय आ गया है जबकि सार्वजनिक रूप से शिकायत की जाए उन मुजरिमों की (जिनमें इन पंक्तियों का लेखक भी शमिल है), जिन्होंने स्वर्गीय गणेशशंकर विद्यार्थी के साहित्यिक श्राद्ध को जहाँ का तहाँ पड़ा रहने दिया है'—यानी उनके लेखों, व्याख्यानों और टिप्पणियों का संग्रह 'ला मिजरेवल्' का अनुवाद तथा बनारसीदास जी द्वारा लिखे गए उनके संस्मरण अभी तक प्रकाशित नहीं कराए हैं।

हमारी इन त्रुटियों का कारण क्या है ? पैसा ! संस्थाएँ सेवाभाव को छोड़कर व्यापारी बुद्धि को अपना चुकी हैं। श्रेष्ठ साहित्य की रचना या प्रकाशन में उनकी दिलचस्पी नहीं है। हिन्दी साहित्य सम्मेलन, राष्ट्रभाषा प्रचार-समिति आदि हमारी काफी धनाढ्य संस्थाएँ हैं, किन्तु वे केवल अपने परीक्षार्थियों की संख्या बढ़ाकर फीस लेने तथा पाठ्य-पुस्तकों के निर्माण और बिक्री से पूँजी बढ़ाते चले जाने के फेर में पड़ी हैं। सेवा का व्रत लेकर प्रारम्भ की गई संस्थाएँ अब केवल सेवा का नाम भर लेने में दक्ष हो गई हैं। साधारण व्यापारी संस्थाओं से कोई उम्मीद करना तो गलत है ही! ले-दे कर बच जाती है सरकार, इसी पर हम जोर डाल सकते हैं; किन्तु आसमान फटा है, कहाँ-कहाँ पैबन्द लगाए जाएँ! जो काम सरकार करना चाहती है, उन्हीं के लिए वह पैसे की कमी की दुहाई दे रही है। साहित्य और साहित्यिकों के आँसू पोंछने के लिए उसने कहीं-कहीं वजीफों और पुरस्कारों की योजना कर दी है। किन्तु इतना कर देने से न जरूरतमन्द अच्छे साहित्यिकों को मदद मिली है, न कहने लायक ठीक साहित्य-रचना को प्रोत्साहन प्राप्त हुआ है।

इस सम्बन्ध में आज हम अपना एक बहुत-कुछ सोचा-विचारा सुझाव साहित्य-संस्थाओं, साहित्य-नेताओं और साहित्य-प्रेमियों के सम्मुख उपस्थित करना चाहते हैं, और चाहते हैं कि इस सुझाव पर क्रियात्मक रूप से कदम उठाया जाए। साहित्य की अबाध उन्नति में आड़े आनेवाले अनेक रोड़े इस उपाय के सफल होने पर हट जाएँगे।

हमारे देश की तमाम प्राचीन और अर्वाचीन भाषाओं का पुराना साहित्य, जो कॉपीराइट-एक्ट की परिधि में नहीं आता, पर्याप्त विविध और महान है। संस्कृत, पालि और प्राकृत का धार्मिक साहित्य; रामायण, महाभारत, भागवतादि पुराण, उपनिषद्, गीता, त्रिपिटक, धम्मपद, जातक कथाएँ; कालिदास, भवभूति, भारवि, माघ, बाणभट्ट आदि कवियों के काव्यादि; दर्शन, आयुर्वेद, ज्योतिष आदि विषयों के ग्रंथ। इसी प्रकार हिन्दी, मराठी, गुजराती, बंगला, तमिल, मलयालम, कन्नड़ आदि भाषाओं का प्राचीन साहित्य भी विविध और महान है। आज भी तुलसी, सूर, कबीर, नरसी, मीरा, ज्ञानदेव, तुकाराम, समर्थ, रंगनाथ तथा पोतन्ना प्रभृति की कृतियों के सारे देश में प्रतिवर्ष अनेक संस्करण और संग्रह सम्पादित और अनुवादित होकर निकलते हैं और प्रकाशकों को उनसे अनन्त धनराशि प्राप्त होती है। स्पष्ट ही हमारे ये ग्रंथ-रत्न राष्ट्रीय निधि हैं, किन्तु इनसे होनेवाली आमदनी का शत-प्रतिशत लाभ प्रकाशकों के पल्ले पड़ता है। साधारणत: लेखक को दी जानेवाली 15 से 20 प्रतिशत रायल्टी की इन्हें सहज ही बचत हो जाती है। हमारी राय है कि इस राष्ट्रीय साहित्य की आमदनी का कोई निश्चित अंश 'राष्ट्रीय सरकार' को मिलना चाहिए। प्रकाशकों की उक्त आमदनी का छोटे से छोटा अंश भी अगर सरकार लेने लगे, तो उससे प्राप्त होनेवाली रकम से कितनी साहित्यिक खोज, नया निर्माण और पुरस्कार आदि की व्यवस्था सहज ही हो सकेगी!

तब हमें रोज-रोज शिकायतों और अपीलों की दीनता नहीं ओढ़नी पड़ेगी, हमारे अनेक प्रेय सुविधापूर्वक सम्पन्न हो सकेंगे।

देश की विधान सभा में आज देश के विभिन्न राज्यों से साहित्य-प्रेमी और समझदार सदस्य एकत्र हुए हैं। हमारा उनसे आग्रह है कि वे हमारे इस व्यावहारिक सुझाव पर विचार करें।

केवल हिन्दी के ही सर्वश्री मैथिलीशरण गुप्त, दिनकर, बनारसीदास चतुर्वेदी, सेठ गोविन्ददास, बालकृष्ण शर्मा 'नवीन' और अन्य भाषाओं के हरीन्द्र चट्टोपाध्याय, हीरेन मुखर्जी तथा हरिकृष्ण महताब जैसे साहित्यिक दिग्गज आज संसद में हैं।

कॉपीराइट-एक्ट शीघ्र ही संसद के सामने विचारार्थ आनेवाला है। क्यों न उस समय तक साहित्य की विभिन्न संस्थाओं, व्यक्तियों और पत्र-पत्रिकाओं द्वारा यह प्रश्न एक सार्वजनिक प्रश्न बना दिया जाए और क्यों न संसद में 'राष्ट्रीय साहित्य' की आमदनी का कोई निश्चित अंश 'राष्ट्रीय सरकार' को दिये जाने के विषय में अधिनियम बने ?

हम स्वयं अपनी शक्ति और साधनों की समग्रता के साथ इस पुण्य-कार्य में हाथ बँटाना चाहते हैं और अपने समस्त प्रेमी पाठकों और लेखकों से आग्रहपूर्वक निवेदन करते हैं कि 'कल्पना' द्वारा वे अपनी राय इस सुझाव के पक्ष या विपक्ष में व्यक्त करें।

'कल्पना' ने दूसरे पत्रों को इन विषयों पर टिप्पणियाँ लिखने के लिए आहूत किया है। हम समय-समय पर स्वयं इन पृष्ठों में और अन्यत्र, नक्कारखाने में ही सही, लेकिन तूती बजाते रहे हैं। हिन्दी-भाषियों का क्या कर्तव्य है, यह वे बंगला-भाषियों से सीख सकते हैं। उनसे सरकार भी, चाहे तो, शिक्षा ले सकती है। हम यहाँ दैनिक पत्रों में प्रकाशित एक समाचार अविकल रूप में उद्धृत कर रहे हैं :

'बंगाल के 55 वर्षीय प्रसिद्ध कवि काजी नज़रुल इस्लाम, जिनका गत 8 मास से राँची अस्पताल में इलाज हो रहा है, अगले सप्ताह इलाज के लिए ब्रिटेन को प्रस्थान करेंगे।

कवि नज़रुल ने, जो प्रथम विश्वयुद्ध में एक हवलदार थे, एक महान संगीतज्ञ के रूप में भी नाम कमाया है।

कवि की पत्नी प्रमिला इस्लाम उनके साथ जाएँगी। वे 11 मई को कलकत्ता से बम्बई के लिए रवाना होंगे और बम्बई से 14 मई को 'जल आजाद' द्वारा प्रस्थान करेंगे।

बम्बई के नाविक हितकारी अफसर ने कवि और उनके साथियों के लिए बम्बई से लिवरपुल तक 5 प्रथम दर्जे की सीटें रिजर्व कर ली हैं। कवि के दल में नज़रुल, 'नज़रुल-निरामय-समिति' की कुमारी लतिका घोष और आर. अहमद शामिल हैं।

ज्ञात हुआ है कि लन्दन में भारतीय हाई कमिश्नर और पाकिस्तानी ट्रेड अटैची ने मिलकर श्रीमती इलासेन (रीड) की अध्यक्षता में एक समिति बनाई है जो कवि और उनकी पत्नी के इलाज के लिए धन-संग्रह करेगी।

'नज़रुल-निरामय-समिति' ने अब तक 18,500 रुपये एकत्र कर लिये हैं जिनमें से 4,500 रुपये पूर्वी पाकिस्तान से प्राप्त हुए हैं और 5,000 रुपये भारत-सरकार से।'

इसके बाद कुछ और लिखना भी आवश्यक है, यह हम समझ नहीं पाते। क्या हिन्दी-भाषी और भारत-सरकार निराला के लिए उतना भी नहीं कर सकती जितना बंगला-भाषी और भारत सरकार नज़रुल इस्लाम के लिए कर रही है—और हमें सन्तोष है कि कर रही है?

जहाँ तक साहित्य-निर्माण का प्रश्न है, हमारे पाठकों को स्मरण होगा, हम इन पृष्ठों में इसके लिए 'पंचवर्षीय योजना' तब उपस्थित कर चुके थे जब भारत सरकार वाली बहु-प्रचारित पंचवर्षीय योजना सामने नहीं आई थी।

हम आशा करें, हमारे क्षीण स्वर को हिन्दी के वे साहित्यिक उन राजनीतिज्ञों तक पहुँचाएँगे, जिनके बीच इसी काम के लिए तो वे आज दिल्ली में पहुँचे और पहुँचाए गए हैं!

['साहित्य' : जनवरी, 1953]

साहित्यिक इतिहास के युग

साहित्य के इतिहास में युग-विशेष की परिकल्पना इस आधार पर ही संगत-सिद्ध होती है कि उसमें साहित्यिक आदर्श की कोई परिपाटी सर्वातिशायी हो। इस परिभाषा से ऐसी धारणाओं का निराकरण होता है कि युग का केवल तत्त्वशास्त्रीय अस्तित्व होता है, या कि युग एक शाब्दिक बिल्ला भर है। साहित्यिक प्रक्रिया दिशाहीन आवर्त में निरन्तर भ्रमित होती रहती है—यह एक ऐसी मान्यता है जिसके फलस्वरूप हमें एक ओर तो असम्बद्ध घटनाओं की अस्त-व्यस्तता भर हाथ लगती है, और दूसरी ओर हमें आरोपित बिल्लों से काम लेने के लिए विवश होना पड़ता है।

व्यवहार में, साहित्य के प्राय: सभी इतिहास यह मानते हैं कि युग निर्धारित किये जा सकते हैं; किन्तु साधारणत: साहित्यिक इतिहास का युग-विभाजन मानवीय कार्य-व्यापार के दूसरे ही क्षेत्रों पर अवलंबित रहता है। उदाहरण के लिए, अंग्रेजी साहित्य का संप्रति प्रचलित विभाजन ऐसे युगों की खिचड़ी है जो साहित्य से सर्वथा भिन्न क्षेत्रों से गृहीत हुए हैं। कुछ सुनिश्चित राजनीतिक घटनाओं का संकेत करते हैं (रस्टोरेशन); कुछ शासकों के राजत्व-काल से सम्बद्ध हैं (एलिजाबेथन, विक्टोरियन); और कुछ कला के इतिहास से लिये गए हैं (गोथिक, बैरोक)। इस अव्यवस्था के लिए सामान्यत: सफाई यह दी जाती है कि युग-विशेष के लोग अपने समय के बारे में इन्हीं नामों का उपयोग करते थे, जो तर्क सर्वथा निराधार है। अंग्रेजी साहित्य के इतिहासकारों ने अधिक व्यवस्थित प्रयत्न किया है तो युग-शृंखला कला

के इतिहास से ले ली है—गोथिक, रिनासाँ, बैरोक, रोकोको। इसके अतिरिक्त राष्ट्रीय चेतना के मनोवैज्ञानिक विकास के निर्धारण की भी चेष्टाएँ की गई हैं; उदाहरणार्थ L' Evolution psychologique de la lit en Anglettre में कैजामियाँ ने यह उद्‌भावना की है कि अंग्रेजी साहित्य विचार और भावना के ध्रुवांतों के बीच दोलित होती रहनेवाली परम्परा है।

ऐसे सिद्धान्त साहित्य को किसी अन्य सांस्कृतिक क्षेत्र पर अवलंबित बना देते हैं, या राष्ट्रीय चेतना अथवा काल-प्रवृत्ति जैसी धारणाओं के विकास से सम्बद्ध करने का प्रयत्न करते हैं। पहले वर्ग पर आर. वेलेक ने अपने एक निबन्ध Periods and Movements in Literary History में सविस्तर प्रकाश डाला है; दूसरे का विशद विवेचन एम. फोर्स्टर ने अपने लेख The Psychological Basis of Literary Periods में किया है; कैजामियाँ का उल्लेख तो हो ही चुका है। सामान्य रूप से इस समस्या का महत्त्वपूर्ण विश्लेषण आर.एम. मेयर ने Prinzipien der wiss. Period-enbildung और एच. साइजर्स ने Das Periodenprinzip in der Literature शीर्षक अपने निबन्धों में किया है।

अस्तु; प्रश्न यह है कि आदर्श युग-विभाजन का आधार और रूप क्या हो सकता है? यदि हम मानते हैं कि मनुष्य के राजनीतिक, सामाजिक, बौद्धिक या भाषावैज्ञानिक विकास से संपृक्त रहते हुए साहित्य का स्वतंत्र विकास होता है और दूसरा पहले का निष्क्रिय प्रतिबिम्ब नहीं, तो हम अनिवार्यतः इस निष्कर्ष पर पहुँचते हैं कि साहित्यिक युग विशुद्ध साहित्यिक मानदंड के सहारे निर्धारित होने चाहिए। जब हम साहित्यिक युगों की ऐसी शृंखला निर्णीत कर लेते हैं, तभी यह प्रश्न उठ सकता है कि ये युग दूसरे मानदंडों से निर्धारित युगों से किस हद तक मेल खाते हैं।

साहित्य के इतिहास का प्रत्येक युग स्पष्ट साहित्यिक आदर्शों की प्रधानता से अभिज्ञात होगा। साहित्यिक युग न्यायशास्त्रीय वर्ग के समान नहीं होता। कोई साहित्यिक कृति ऐसे किसी वर्ग का दृष्टान्त न होकर, वह अंश है, जो दूसरी कृतियों के साथ-साथ, युग की धारणा का आधार बनती है। इस प्रकार युग-विशेष के इतिहास में साहित्यिक आदर्शों की एक प्रणाली के दूसरे में परिवर्तन-क्रम का रूपांकन ही प्रधान होगा।

किसी युग की अन्विति सापेक्ष तथ्य है। युग-विशेष में आदर्शों की एक खास प्रणाली अधिकतम पूर्णता प्राप्त कर लेती है। पूर्ववर्ती आदर्शों के अवशेष और आगामियों के पूर्वाभास अपरिहार्य होते हैं। आदर्शों की खास प्रणाली के अस्तित्व की निश्चित तिथि निर्धारित करने में जो स्पष्ट कठिनाइयाँ होती हैं, और अन्तर्धाराओं की जो अनिवार्यता रहती है, उन्हीं के परिणामस्वरूप युग की सीमाओं के सम्बन्ध में इतने मतभेद दीख पड़ते हैं। महत्त्वपूर्ण ग्रंथों का आविर्भाव काल भी पथ-चिह्न ही होता है, विभाजक-रेखा नहीं। फिर भी साहित्य के इतिहास में, उसके सातत्य की असंदिग्ध

वास्तविकता के कारण, आदर्शों की प्रणालियों के आविर्भाव, प्राधान्य और अन्ततः ह्रास के अंकन की महत्ता घटती नहीं।

इस सिलसिले में हम हिन्दी साहित्य के इतिहास की समस्या पर सम्प्रति एक ही बात कहना चाहते हैं। आज हिन्दी का ऐसा कोई उल्लेखनीय विद्वान नहीं है जो हिन्दी साहित्य के इतिहास पर हाथ आजमा लेना नहीं चाहता। इसमें ऐहिक और आमुष्मिक, दोनों तरह के लाभ हैं, और व्यक्ति तथा संस्थाएँ उन्हें उठाने को लालायित हैं। इधर इस क्षेत्र में जो कुछ हुआ है, वह कितना अनर्गल और असंगत है, इस पर हमने अन्यत्र विचार किया है और अन्य विद्वान कर रहे हैं। आगे की जो हड़बड़ी है, उसे हमारे विवेचन और नम्र सुझाव से थोड़ा सन्तुलन भी मिल सके तो हमें सन्तोष होगा।

['साहित्य' : 1953]

आचार्य शिवपूजन सहाय और 'साहित्य'

हिन्दी के प्रेमियों से यह बात छिपी नहीं है कि आचार्य शिवपूजन सहाय इधर बहुत दिनों से अस्वस्थ हैं और उन्हें पूर्ण विश्राम लेने के लिए विवश होना पड़ा है। यह जानकर सभी को प्रसन्नता होगी कि अब वे स्वस्थ हो रहे हैं और यह आशा की जा सकती है कि वे कुछ समय के बाद फिर साहित्यिक कार्य आरम्भ कर सकेंगे।

'साहित्य' को जो प्रतिष्ठा प्राप्त हुई है, वह आचार्यप्रवर के सम्पादन और निर्देशन के फलस्वरूप ही। पत्रिका का यह स्तम्भ तो उनकी टिप्पणियों के अभाव में हतश्रीक हो गया है। जिन दिनों उनकी अस्वस्थता बढ़ती जा रही थी और उनके चिकित्सक तथा मित्र उन्हें विश्राम करने की सलाह देते-देते थक गए थे, उन दिनों भी वे अनेकविध व्यस्तता के बावजूद 'साहित्य' के सम्पादन को प्राथमिकता देते थे और जब तक उनकी आँखों के लिए असम्भव न हो गया, तब तक अन्तिम प्रूफ भी स्वयं देखते थे।

इन पंक्तियों के लेखक का यह यत्परोनास्ति सौभाग्य है कि उसे आचार्य शिवपूजन सहाय जी के साथ 'साहित्य' के संपादन का दुर्लभ अवसर प्राप्त हुआ है। आज भी, जब अत्रभवान् आचार्य का प्रत्यक्ष निर्देशन सुलभ नहीं है, वह मात्र उनके आशीर्वाद के बल पर 'साहित्य'-साकेत की देखभाल करने का दुस्साहस करता चल रहा है। यह कहकर वह रामानुजत्व का दावा कर रहा है, ऐसा समझने की आप अकृपा न करें। वह मात्र यह सूचित करना चाहता है कि अपने प्रधान की अनुपस्थिति में वह अपनी सीमित योग्यता के अनुसार 'साहित्य' और आपकी सेवा करने में प्रयत्नशील है। वह ऐसा कर सके, इसके लिए वह सहयोग और सद्भाव का प्रार्थी है।

'साहित्य' में सम्पादन-सम्बन्धी अनेक त्रुटियाँ रह जाती होंगी। उन्हें आप बतलाते रहें और अपने सुझाव भेजते रहें। 'साहित्य' वैसी पत्रिका है, जिसका वास्तविक संबल

उसके पाठकों और लेखकों का सहयोग ही हो सकता है, उसके पास दूसरे साधन हैं ही कहाँ!

'साहित्य' के अनियमित मुद्रण के कारण हम लज्जा और ग्लानि का अनुभव करते हैं, किन्तु यह आश्वासन भी नहीं दे सकते कि भविष्य में ऐसा नहीं होगा। हम 'विशाल भारत' जैसे साधन-सम्पन्न पत्रों की अनियमितता का हवाला देकर सन्तुष्ट नहीं हो सकते, हमें नियमित तो होना ही पड़ेगा, और इसके लिए हम यथाशक्ति सचेष्ट भी हैं। हमें यदि थोड़ा सन्तोष है तो इसी बात का कि हम संयुक्तांक कर अपना काम हल्का करने से इनकार करते रहे हैं और समय और परिस्थितियों से टक्कर ले-लेकर भी पूर्णांक ही प्रस्तुत करते रहे हैं। व्यवस्थापक हमें विश्वास दिला चुके हैं कि इधर के पिछड़े अंक शीघ्र ही आपको मिल जाएँगे। सम्पादित सामग्री महीनों से विभिन्न मुद्रणालयों में पड़ी हुई है। उन पर हमारा वश ही क्या है!

हम प्रार्थना करते हैं कि आचार्य शिवपूजन सहाय जो शीघ्र ही हिन्दी साहित्य और इस 'साहित्य'-पत्रिका के निर्देशन के लिए स्वस्थ होकर हमारे बीच आ जाएँ! हमें विश्वास है, आप सभी की शुभकामनाएँ अमोघ सिद्ध होंगी।

['साहित्य' : जुलाई, 1953]

ग्राम-साहित्य

साहित्य का अनेकानेक दृष्टियों से वर्गीकरण किया जाता है। एक और प्रस्तुत है; शायद विचार के योग्य साबित हो। यह सरल वर्गीकरण यों है : नागरिक साहित्य और ग्राम-साहित्य। दोनों में बहुत बड़ा अन्तर है : एक फुनगी है, जिस पर चिड़ियाँ चहचहाती हैं; दूसरा प्ररोह और स्कंध से युक्त मूल है और रुखड़ी छाल से ढँका रहता है। लेकिन पहले के बिना दूसरा असार्थक है और दूसरे के अभाव में पहला असम्भाव्य। फुनगी पर कभी-कभी कोयल और बुलबुल को हटाकर चील्ह और गिद्ध जम जाते हैं, निचले हिस्से पर शाखामृग दीख पड़ते हैं और उसे दीमक और कीड़ों से भी खतरा रहता है। दूसरे, और प्रसिद्ध, रूपक के सहारे कहा जाए, तो कूप-जल ठंडा और सुलभ होता है तो कभी-कभी ठीक ही खारा और गँदला भी; पर बहता नीर भी, बजाय स्वच्छ होने के, अनिश्चित और क्षीण और अनुपयोगी भी हो सकता है।

तात्पर्य यह कि खराबियाँ न हों तो अपने-अपने ढंग से दोनों का अपना-अपना महत्त्व है। और दोनों एक दूसरे के पूरक भी हैं। कालिदास और रवीन्द्रनाथ और निराला का नागरिक साहित्य अपनी समता नहीं रखता; कबीर और तुलसीदास, और वे ही क्यों, बिरहा गानेवाले ग्रामीण आदि, सोहर गानेवाली अनामिका ग्रामवधुएँ भी तुलना के प्रयास को परास्त करती हैं।

लेकिन दोनों फुनगी मूल की तरह दो होते हुए भी एक कैसे हों ? वर्ग-भेद, चाहे जिस कारण भी हो, जैसे-जैसे मिट रहा है, वैसे-वैसे फुनगी ज्यादा से ज्यादा अपने आधार की अनिवार्यता स्वीकार कर रही है, उससे कृतज्ञतापूर्वक जीवन-रस ग्रहण के लिए सचेष्ट होती जा रही है, पर नीचे ही खोखलापन और निर्जीवता है, जो ऊपर के लिए भी घातक सिद्ध होती है।

इसका समाधान यह नहीं हो सकता कि जो नागरिक साहित्य की सृष्टि कर सकते थे, वे आंचलिक या ग्राम-भाषा के प्रेम के आवेश में उसमें ही लिखना शुरू कर दें, जैसा इधर भोजपुरी या मैथिली में देखा जा रहा है। वे अपनी समस्त सदिच्छाओं के बावजूद अपने उद्देश्य की सिद्धि नहीं कर पाते और हास्यास्पद या, कम-से-कम, प्रभावशून्य तो प्रमाणित होते ही हैं अगर गाँव की कोई औरत ऊँची एड़ी का जूता पहनकर चलती है और लड़खड़ाती है, तो यह भी ठीक है कि किसी नागरी को, कमर पर भरा घड़ा रखकर पनघट से घर लौट चलने की कोशिश, यदि कोई विवशता न हो, तो नहीं करनी चाहिए। अस्तु !

जब तक स्वयं ग्रामीण ग्राम-साहित्य की रचना नहीं करते, तब तक या तो वे सस्ते नागरिक साहित्य की नकल करते रहेंगे या कुछ दिनों तक और परम्परागत गीतों और कहानियों को गाते और सुनते-सुनाते रहने के बाद उन्हें भूल ही जाएँगे—नागरिक साहित्य को पोषित और प्रभावित करने की बात दूर की है।

इसके लिए दो बातें जरूरी हैं : पहली यह कि चाहे जिस तरह से हो, एक निश्चित अवधि के अन्दर—पाँच, नहीं तो दस साल कह लीजिए—समस्त ग्रामीण जनता शिक्षित हो जाए—साक्षर नहीं। यह अवश्य स्वयं ग्रामीणों से अधिक सरकार का उत्तरदायित्व है, जिसके पास विशेषज्ञों, सदुद्देश्यों और योजनाओं की कोई कमी नहीं कि हम अरण्यरोदन करें। लेकिन जो ग्राम के हैं और सौभाग्य से शिक्षित भी हैं, उनका अपना भी दायित्व और कर्तव्य है। वह यह है कि वे ग्राम की या जनपद की भाषा में लिखें, या नागरिक-साहित्यिक भाषा में, पर लिखें उस जीवन के बारे में और उस अनुभव के आधार पर, जो उनका अपना हो चुका हो।

हिन्दी साहित्य पर ही क्यों, समस्त भारतीय साहित्य पर, केवल मध्यवर्ग के नागरिकों का एकाधिपत्य है। फलतः हम अपने देश के साहित्य में परिष्कार, प्रयोग, पांडित्य और कभी-कभी कूक और कलरव तो पाते हैं, किन्तु जैसे सब कुछ श्वासावरोधक वातावरण में हो रहा है।

रूस और अमेरिका, दोनों ही देशों में—वहाँ की राजनीति में चाहे जितना भी वैषम्य हो—साहित्य के मेरुदंड के नीचे प्रसुप्त कुंडलिनी जग चुकी है और वह बीच के चक्रों को भेद कर ऊपर तक पहुँच-पहुँच जाती है। गाँवों के फार्मों में काम करनेवाले किसान और साहित्यशास्त्र से कोरे सैनिक, जब अकस्मात् कुछ लिख डालते हैं—और वे ज्यादातर उपन्यास ही लिखते हैं—तो साहित्य-जगत् में एक

तहलका मच जाता है। तभी मालूम होता है कि बहते नाले में कैसा वेग होता है, और साहित्यशास्त्र को भी बहुत कुछ मिल जाता है जो बाल की खाल निकालने से भिन्न होता है।

['साहित्य' : जुलाई, 1953]

लेखकों के दायित्व

पी.ई.एन. का इस बार का अन्तरराष्ट्रीय अधिवेशन एमस्टर्डम में हुआ। उसके अध्यक्ष-पद से भाषण करते हुए अंग्रेजी के प्रसिद्ध उपन्यासकार और निबन्धकार चार्ल्स मार्गन ने जो बातें कही हैं, उनमें से अधिकांश से हम सहमत हैं और उन्हें इन पृष्ठों में अपनी बात उनकी जुबानी मानकर उद्धृत कर रहे हैं :

''जून की यह रात, और युद्ध नहीं!' कृतज्ञता और विस्मय का यह एक ऐसा वाक्य है जिसका प्रयोग मैंने अपनी रचनाओं में एक से अधिक बार किया है और जो फिर मेरे दिमाग में आया, जब कल रात मैं एमस्टर्डम के इस महान नगर को अपनी खिड़की से देख रहा था। मेरे पिता और पितामह के लिए युद्ध एक भयंकर विपत्ति थी। मेरी पीढ़ी के पुरुषों और नारियों के लिए शान्ति एक दुर्लभ वरदान रही है। बीस से लेकर पचास की उम्र के तीस साल किसी भी मनुष्य के कर्मशील जीवन के मर्म होते हैं। मेरे और इस अधिवेशन में भाग लेनेवाले बहुतेरे लोगों के इन वर्षों का एक-तिहाई हिस्सा अखंड युद्ध में बीता है। अकेले यही हमें इस बात की चेतावनी देने के लिए काफी है कि हम शान्ति को सुलभ न मान लें, बल्कि इसके प्रत्येक क्षण को पूर्णता और निर्भयता के साथ जिएँ। सबसे ऊपर तो यह कि हम व्यर्थ में ही किसी को शान्ति का नाम न लेने दें, न उसे आतंक के उपयोगों के लिए विह्वल होने दें। यदि शान्ति के 'बालुका-कण' चुकते जा रहे हैं, तो हमारे जीवन के क्षण भी समाप्त हो रहे हैं। किन्तु यह कोई कारण नहीं है कि हम अपनी निष्ठा को खंडित हो जाने दें, या अपने हाथों में अपनी लेखनी कम्पित होने दें।

प्रारम्भिक युग के ईसाइयों का यह विश्वास था कि उनके जीवनकाल में ही भौतिक जगत् समाप्त हो जाएगा। विज्ञान ने उस विश्वास के लिए हमें एक नया कारण दिया है। वे हमारी अपेक्षा अधिक आस्थावान थे। उनके लिए समय की अल्पता भगवत्कृपा का एक साधन थी; हमारे लिए भी यह ऐसी ही हो। यह भौतिकतावाद को उसके लाभ से और अत्याचार को उसकी शक्ति से वंचित कर देती है। यह एक ऐसा कारण है कि हम प्रेम करें और शान्ति का जीवन बिताएँ। यह बुद्धि के सारे बन्धनों को क्षमादान है; यह विशृंखलता के सभी दर्शनों को खत्म कर देती है। यह कहना—'जून की एक रात, और युद्ध नहीं!'—अपनी उपलब्धियों को गिनना है, निराश होना नहीं।

1945 ई. की पिछली महान सन्धि के बाद क्या हुआ है, उसके बारे में आपको यह याद दिलाने के सिवा मैं कुछ भी नहीं कहूँगा कि उन अनेक राष्ट्रीय केन्द्रों के बीच जो मिलकर लेखकों की उस अन्तरराष्ट्रीय संस्था को बनाते हैं, जिसे पी.ई.एन. कहा जाता है, एक ऐसा भी केन्द्र है, जो हमारे विधान के अनुसार, हमारे आदर और सद्भावनाओं पर विशेष अधिकार रखता है—मेरा तात्पर्य है उस केन्द्र से, जिसे निर्वासित लेखकों के केन्द्र के नाम से अभिहित किया जाता है। यदि हमसे पूछा जाए कि पी.ई.एन. क्या है, तो मेरा विश्वास है कि सबसे सरल और सच्चा उत्तर यह है : 'हमारा अस्तित्व इसलिए है कि ऐसी किसी भी संस्था, जैसी निर्वासित लेखकों की है, के अस्तित्व की आवश्यकता न रह जाए। हम इसलिए परिश्रम करते हैं कि एक भी लेखक निर्वासित न रहे और मानवता के शब्दकोश से यह शब्द हटाया जा सके।'

वस्तुतः विचार की स्वतंत्रताओं के प्रति इसी आत्मार्पण की भावना से मैंने वह महान सम्मान स्वीकार किया जिसे, बेनेदेतो क्रोचे के उत्तराधिकारी के रूप में मुझे अपना अन्तरराष्ट्रीय अध्यक्ष चुनकर, आपने मुझे प्रदत्त किया है। मैं इसी भावना से ऐसी निष्पक्षता के साथ आपकी सेवा करने की चेष्टा करूँगा जो मेरे जैसे मनुष्य के लिए शायद स्वाभाविक है जो समितियों, परिषदों और कांग्रेसों से दूर रहता है; जो हृदय से ऐसा एकांतप्रेमी लेखक हैं जो दलबन्दियों और षड्यंत्रों से सक्रिय घृणा करता है; जो इस बात की ज्यादा परवाह करता है कि कोई पुस्तक सुलिखित हो, बनिस्बत कि वह किसी खिड़की के नीचे शोरगुल करने के लिए भीड़ को उत्तेजित करे, और जो, संक्षेप में, मैं आशा रखता हूँ, एक मैत्रीपूर्ण किन्तु सामूहिक जीव नहीं है।

समसामयिक जगत् में अपने दायित्वों के सम्बन्ध में दूसरे लेखक एक भिन्न दृष्टिकोण रखते हैं। वे अपना कर्तव्य समझते हैं कि जिसे वे सही खिड़की मानते हैं, उसके नीचे जय-जयकार करने और गलत खिड़की पर पत्थर चलाने के लिए दूसरों को प्रेरित करें। उनमें और मुझमें जो अन्तर है, वह किसी बात पर जोर देने और स्वभाव और काल-विचार का है, न कि अन्तिम सिद्धान्त का। हममें से प्रत्येक का, मनुष्य के रूप में, कर्तव्य है कि वह उस सत्य का साक्षी बने जो उसके अन्दर है, और अगर उसका औजार कलम है तो उसे अधिकार है कि वह उसका उपयोग करे—उसी तरह, जिस तरह बालतेयर ने फ्रांस में और स्विफ्ट ने इंग्लैंड में किया था। दूसरे शब्दों में, पर्चेबाजी और राजनीतिक व्यंग्य ऐसे लेखकों के न्याय कार्य हैं जो इनमें रुचि रखते हों, और हममें से उन लोगों को भी जो ऐसी रुचि नहीं रखते, कभी-कभी इस क्षेत्र में कूदने के लिए बाध्य होना पड़ सकता है, अगर हम महसूस करते हैं कि किसी अन्याय का विरोध करने को हमारी आत्मा हमें निर्देश दे रही है।

ऐसा होते हुए भी, काल-विचार और स्वभाव का अन्तर तो बना ही रहता है, और यह एक ऐसा अन्तर है जिसे, यह जैसी सभा है उसमें, हमें प्रकृति के एक तथ्य

के रूप में शान्तिपूर्वक स्वीकार करना उचित है, न कि अपने भीतर, आत्मौचित्य-भाव के और जो लेखक हमसे मतभेद रखते हैं, उनके प्रति घृणा के कारण के रूप में मानना ठीक है। कुछ दूसरों से अधिक उग्र होते हैं; कुछ अधिक तटस्थ। टॉल्स्टॉय बारी-बारी से दोनों था; तुर्गनेव : एक आत्मार्पित कलाकार—अगर ऐसा कभी कोई रहा हो—यह मानना पसन्द करता था कि उसके शिकारियों के शब्द-चित्रों का महत्त्व उनके नंदतिक (Aesthetic) वैशिष्ट्य में उतना नहीं था जितना दासों की मुक्ति को प्रभावित करने में; और तो भी यही तुर्गनेव था जिसने, अपनी मृत्यु-शया पर, टॉल्स्टॉय से प्रार्थना की थी कि वह अपने सामाजिक और धार्मिक प्रचार का परित्याग कर दे और कहानी कहने की ओर वापस लौट जाए। हम लेखक ऐसे विचित्र जीव होते हैं कि हम बौद्धिकतः एक साथ रहना सदैव कठिन पाते रहे हैं और आज तो पहले से भी कठिनतर पा रहे हैं।

इसका समाधान सहिष्णुता और समझौते के अस्फुट आवाहन में नहीं है। समाधान है इस कांग्रेस में और अपने साथी लेखकों के अपने सम्पर्कों में, अपने से सही सवाल पूछने में। उदाहरण के लिए : 'यह मनुष्य जिसे मैं कायर और पलायनवादी समझता हूँ क्योंकि वह मेरे कन्धे से कन्धा मिलाकर मेरी लड़ाई नहीं लड़ता, क्या यह सम्भवतः, मुझसे भिन्न किन्तु कम वास्तविक नहीं, सत्य के अन्वेषण में संलग्न है?' या दूसरे दृष्टिकोण से : 'यह आदमी जिसे मैं ऐसा उग्र भौतिकवादी समझता हूँ जिसने अपनी वैयक्तिकता समर्पित कर दी है और जो किसी दल या सम्प्रदाय का ध्वनिविस्तारक यंत्र बन गया है, क्या यह भी अपनी आत्मा का उत्सर्ग नहीं कर चुका है, यद्यपि इसकी आत्मा का स्तर मुझसे भिन्न है?' या दोनों दृष्टिकोणों से 'क्या यह अपरिचित व्यक्ति मेरी ही तरह व्यथा नहीं सह रहा? क्या यह शत्रु कभी—एक शिशु नहीं था?'

यदि यह कहने के लिए, मुझ पर भावुक होने का दोषारोपण किया जाता है तो मैं इसे सह ले सकता हूँ।

मैं आतुरता के साथ इस बात के लिए चिन्तित हूँ कि इस कांग्रेस के द्वारा कल्याण के लिए जो अवसर सुलभ हुआ है, वह मत-प्राप्ति के लिए प्रचार करने में, अधिकार के लिए पैंतरेबाजी में, पक्षपातपूर्ण मन की अनुदार कटुता में, बर्बाद न हो। यहाँ जो कोई भी नौसिखुओं की भर्ती करनेवाले के रूप में आया है, एकमात्र वही हमारा शत्रु है; वह यहाँ से चला जाए। जो कोई भी यहाँ सीखने और कल्पना करने के लिए आया है, वह हमारा मित्र बने। हमें अनुभूति और प्रज्ञा से डरना नहीं है; यही विवेक का जीवन-रक्त है। यही कारण है कि व्यक्तिगत रूप से मेरे लिए विचार या निर्णय की अपेक्षा कला अधिक महत्त्वपूर्ण है; यह उनकी पूर्ववर्तिनी है; यह आत्मा की है, वे शरीर के हैं। किन्तु मैं यहाँ अपनी कुछ कहने नहीं, बल्कि आपकी सुनने आया हूँ। मैं केवल एक चीज के लिए प्रार्थना करता हूँ कि जब प्रत्येक दिन के कार्य की समाप्ति के बाद हम अपनी खिड़कियों से इस शान्तिपूर्ण नगर पर अपनी दृष्टि डालें और चूँकि

सौभाग्य से यह सम्भव है, हम एक बार फिर कहें : 'जून की यह रात, और युद्ध नहीं!' तब उन्हें स्मरण करें जो स्वतंत्रता के लिए अपने प्राणों की आहुति दे चुके हैं जिसका उपयोग करना हमारे लिए आज सम्भव है, और उन्हें भी जो, बन्दी और पराधीन होने के कारण, मृत्यु की दया से वंचित कर दिये गए हैं।'

['साहित्य' : जुलाई, 1954]

वर्तमान काल में प्रबन्धकाव्य की सार्थकता

हिन्दी में आज भी बहुतेरे प्रबन्धकाव्य लिखे जा रहे हैं, और वे छप भी जाते हैं पर क्या माना जा सकता है कि वे पहले की तरह आज भी सार्थकता रखते हैं?

हिन्दी में जो वाक्यांश उत्थापित समस्या में सन्निविष्ट है, उसी से एक हद तक समाधान भी हो-सा जाता है, अर्थात् दूसरी भाषाओं में—अवश्य जो उन्नत और समृद्ध है—खंडकाव्यों और महाकाव्यों का अभाव है। तो क्या उन भाषाओं के काव्य कम समृद्ध हैं? क्या उनमें प्रबन्धकाव्यों की सार्थकता अनुभव करनेवाले कवि हैं ही नहीं?

इस सम्बन्ध में मैं स्पष्ट कह हूँ कि प्रबन्धकाव्य से जिन काव्यात्मक रूप-विधानों का संकेत होता है और जिनके दृष्टान्त हिन्दी में मिलते हैं, वे हिन्दी की अपरिपक्वता के प्रमाण हैं। ग्रीक, लेटिन और संस्कृत में उनके प्रकृत प्राचीन रूप की सार्थकता थी, और वे उन भाषाओं के काव्यों की प्रौढ़ता के परिचायक भी थे। किन्तु हिन्दी-काव्य समय की जिस दूरी पर पहुँच चुका है, वहाँ काव्य के इस रूप की, उसकी अनेक अन्य विशेषताओं की तरह, कोई भी सार्थकता नहीं है।

प्रबन्धकाव्य के अन्तर्गत महाकाव्य भी आता है और एक आधुनिक आलोचक E.M.W. Tillyard ने The English Epic & its Background नामक अपनी पुस्तक में ठीक ही कहा है कि महाकाव्य सर्वाधिक गौरवपूर्ण साहित्यिक रूप (The noblest literary form) होता है, किन्तु प्रश्न तो यह है कि क्या प्राचीन महाकाव्यों के पुराने साँचे में ही आज के प्रबन्धकाव्य को हम ढालते चलें? अवांछनीय यही है और इस दृष्टि से 'कामायनी' से लेकर 'कुरुक्षेत्र' तक जो कुछ लिखा गया है, वह निरर्थक सिद्ध हो जाता है। लेकिन इसका तात्पर्य यह नहीं है कि आज प्रबन्धकाव्य लिखे ही न जाएँ या उनकी कोई भी सार्थकता नहीं है। छोटे पैमाने पर Wasteland और बड़े पर Cantos और Pisan Cantos प्रबन्धकाव्य ही हैं। लेकिन उसी तरह जिस तरह Vanity Fair भी उपन्यास और Finnegan's Wake पर उपन्यास ही हैं। अंग्रेजी में, आधुनिक युग में, प्रबन्धकाव्य के नवीकृत रूप के अल्प मर्मज्ञ भी मिलते हैं, यद्यपि इस नये रूप के लेखक और पाठक, दोनों ही सीमित हैं। David Jones का प्रबन्धकाव्य In Parenthesis अत्यल्प ज्ञात काव्य है, लेकिन कुछ साहित्य-मर्मज्ञों का ऐसा विचार

है कि वह प्रथम विश्वयुद्ध-सम्बन्धी सर्वोत्कृष्ट पुस्तक है। David Jones के नवीनतम प्रबन्धकाव्य Anathemata का थोड़ा-सा परिचय देकर इस विषय को उदाहृत करना शायद उपयोगी होगा। Anathemata का कवि उस ध्वंस (The Break) की चेतना व्यंजित करना चाहता है जो 19वीं शताब्दी के अन्त में यंत्र-क्रान्ति के फलस्वरूप यूरोप में, और अमेरिका में, बाद में, यूरोप-निवासियों के पहुँचने पर घटित हुई थी। यह प्रबन्धकाव्य बहुत ही जटिल है। इसके दो कारण हैं : एक तो इसमें अनुस्यूत दन्त-कथाएँ हैं और दूसरा है इसकी शैली। आज ऐसा एकरूप समाज लुप्त हो चुका है, जिसमें सामान्य उपासना-प्रणाली, सामान्य दन्तकथाएँ (Myths), सामान्य उल्लेख-शब्द रहते हैं। फलत: काव्य में अनुस्यूत दन्त-कथाओं के कारण संवेदन में ऐसी बाधाएँ उपस्थित होती हैं जो ऐतिहासिक दृष्टि से नई हैं और जिन पर कवि का अधिकार नहीं है। आज का कवि और उसका प्रत्येक पाठक एक विशेष मनुष्य है। इनमें से कोई साधारणीकृत वर्ग-प्रतिनिधि (Type) नहीं है। यह Anathemata जैसे प्रबन्धकाव्य को हृदयंगम करने में बाधक होनेवाली वस्तुस्थिति है।

रही बात भाषा-शैली की। कवि अपने काव्य में दन्त-कथाएँ तो अत्यन्त प्राचीनकाल की अनुस्यूत करता है, किन्तु जिस भाषा में वह सोचता है, वह हमारे युग की पेचीली, व्यंग्यमय, ऐतिहासिक चेतनापूर्ण और अनौपचारिक भाषा है। इस तरह जोन्स ने एक ऐसा काव्य प्रणीत किया है जो आपातत: महाकाव्य तथा समसामयिक और ईसाई धर्मविषयक पुस्तक भी है। इसी तरह का प्रबन्धकाव्य St. Jeen Perse का प्रबन्धकाव्य Vents है, किन्तु इसमें कठोरतापूर्वक धर्म-विषयक प्रसंगों को नहीं आने दिया गया है।

बहुत संक्षेप में किसी दिन जब यह कहा गया था कि संसार में कोई भी कथा नहीं है, जो महाभारत में न हो, तो वह बहुत दूर तक ठीक ही था, क्योंकि अपने यहाँ के प्राचीन नाटक, काव्यादि, कथानक के लिए, बहुधा महाभारत से ही आख्यान चुनते थे। आज हमारी चेतना पुराणों से निर्धारित नहीं है, बल्कि विज्ञान और दर्शन से है। इसलिए प्रबन्ध के विस्तार के साथ कवि को कुछ कहना हो तो उसके लिए पुराण का आख्यान नहीं, बल्कि जीवन ही आधार बन सकता है। लेकिन यह भी ठीक है कि लम्बे-चौड़े प्रबन्धकाव्य पौराणिक आख्यानों के सहारे आसानी से पद्यबद्ध कर दिये जाते हैं, और इस दृष्टि से हिन्दी का मुकाबला शायद ही कोई भाषा कर सके। किन्तु, जीवन को ही प्रबन्धकाव्य का आधार बनाया जा सके, यह दुष्कर कार्य अवश्य है। इसके लिए कवि को दार्शनिक-चिन्तक के समस्त उपकरणों से युक्त होना आवश्यक है। वस्तुत: हिन्दी में कोई आधुनिक प्रबन्धकाव्य लिखा ही नहीं गया है—यहाँ तक कि निराला जैसे कवि के 'तुलसीदास' जैसे प्रबन्धकाव्य से भी इस अभाव की पूर्ति नहीं होती, क्योंकि निराला ने भी आख्यान को ही पद्यबद्ध किया है, जीवन का काव्य प्रबन्ध-विस्तार के साथ, उपस्थित नहीं किया है। अंग्रेजी में अरविन्द ने 'सावित्री'

महाकाव्य की जो रचना की है, उसे एक सीमित परिधि के बाहर विशेष मान्यता नहीं मिली तो इसका स्पष्ट कारण है कि वह Paradise Lost, Paradise Regained जैसे प्रबन्धकाव्यों की तरह अधिक से अधिक एक सांकेतिक-प्रतीकात्मक महत्त्व का ही अधिकारी है, जबकि संकेतों की सूक्ष्मता आज बहुत सूक्ष्म वस्तु शायद ही रह गई है।

['साहित्य' : जनवरी, 1955]

मुहावरेदार हिन्दी

हिन्दी अगर मुहावरेदार भाषा न बन पाती, तो इसे क्षम्य समझा जा सकता था : हिन्दी जहाँ की मातृभाषा है, उस स्रोतस्थल से, उसका साहित्यिक रूप अप्रत्यक्ष रूप से और दूरतः सम्बद्ध है, और मुहावरे ढलते हैं बोली की टकसाल में ही। किन्तु यह हिन्दी की महनीय विशेषता है कि शाब्दिक अर्थ में हिन्दीभाषियों की मातृभाषा न होने पर भी वह बोली के समस्त सामान्य गुणों से मंडित है। मुहावरों के कुशल और पर्याप्त प्रयोग की दृष्टि से भी वह हीन नहीं है। अवश्य ही इसका श्रेय उन लेखकों को है, जिन्होंने हिन्दी की प्रकृति को ध्यान में रखते हुए, उसमें संस्कृत, उर्दू, बंगला, और तो और, अंग्रेजी के मुहावरों को भी बड़ी सफाई के साथ, अपना लिया है। हिन्दी के विभिन्न अंचलों के कृतविद्य शैलीकारों ने भोजपुरी, ब्रजभाषा, अवधी, पंजाबी आदि बोलियों के मुहावरों को भी हिन्दी की अँगूठी में नगीनों की तरह जड़ दिया है। इसी का शुभ परिणाम है कि हिन्दी में बड़े सन्तुलन के साथ मुहावरों का प्रयोग होता रहा है। वह मुहावरों से लदी भाषा कभी नहीं बनी, वह मुहावरेदार भाषा है। हिन्दी के पद्य-रूप के बारे में उर्दू के रंग में रँगे कुछ आलोचकों की यह शिकायत रही है कि उसमें मुहावरों का प्रयोग रहता ही नहीं। शिकायत बहुत दूर तक ठीक है, और अवश्य ही यह शास्त्रर्थी उत्तर होगा कि हिन्दी पद्य में, तुलित भाषा की तरह केवल मुहावरों की बंदिश ही अभीष्ट नहीं होती। असल में यह शिकायत हिन्दी-पथ के उस रूप के बारे में ही सच है जिसके निर्माता सिद्धान्त रूप में यह मानते थे कि पद्य के भाषा-रूप को गद्य के भाषा-रूप से भिन्न होना ही चाहिए। अब जैसे-जैसे गद्य और पद्य के भाषा-रूपों का यह अनावश्यक पार्थक्य दूर हो रहा है, वैसे-वैसे हिन्दी पद्य भी मुहावरेदार बनता जा रहा है, हालाँकि यह निश्चित है कि वह, उर्दू गजल की तरह, मुहावरों के प्रयोग को अपना साध्य नहीं बनाएगा।

यह तो सजग शैलीकारों के द्वारा गढ़ी हुई हिन्दी की बात हुई। लेकिन, एक ऐसी भी हिन्दी है, जिसे इधर कुछेक लेखक, जो साक्षर मात्र प्रतीत होते हैं, लिखने लगे हैं। उनके सौभाग्य, किन्तु हिन्दी के दुर्भाग्य से, उन्हें प्रकाशक और सम्पादक भी मिल जाते हैं। जनतंत्र का वरदान यह होता है कि वह ज्ञान-विज्ञान को कला और साहित्य को

व्यापक और सर्वसुलभ बनाता है, उसका अभिशाप यह होता है कि इन्हें व्यापक बनाने की प्रक्रिया में वह इन्हें ग्राम्य बना डालता है। हिन्दी को जनतांत्रिकता का लाभ उठाकर व्यापक से व्यापकतर बनना चाहिए, किन्तु ग्राम्यकरण के खतरे से अपने को बचाते हुए।

हम यह सब ऐसी पंक्तियाँ पढ़ने के बाद लिखने को बाध्य हुए हैं, जो एक नव-प्रकाशित और समीक्षार्थ प्राप्त पुस्तक से उद्धृत हैं :

'...किन्तु आज इस 1954 के अन्तिम दिनों में किसी का चीरहरण न तो प्रेषणीय है, न उपादेय ही है। ...कृष्ण ने द्रौपदी के चीर को मीलों लम्बा कर समूचे समाज की कदर्यता को अपना वरद् (!)हस्त सौंप दिया था।...मैं तो साहित्य के रथ में बैठने वाली मेरे देश की कोटि जनता का सार्थवाह हूँ!...चिलमनों के उठाने में मैं रुचि रखता हूँ : ऐसे गोपन-स्थलों की, जो आत्महत्या की भावना में जिद्द किये बैठे हैं।...जहाँ नई वधू (!) की गान्धर्व-गन्ध दूर-पड़ोस तक में व्याप्त हो गई है, जहाँ नव-पति का मानस एक नई ताजगी से हरिया उठा है, जहाँ नये प्रसव की थाली ठनकाई जा रही है..., जहाँ नया दाम्पत्य एक गहरी स्फूर्णा (!!!) से खिलखिला रहा है...'

इस पुस्तक के लेखक को डॉक्टरेट की उपाधि से विभूषित एक प्राध्यापक महोदय ने 'सौ-सौ साधुवाद' दिये हैं। क्या उनका यह कर्तव्य नहीं था कि पुस्तक के लेखक के हितैषी के नाते, वे उसे निमंत्रित करते कि वह उनके विद्यालय के हिन्दी रचना-वर्ग में कुछ दिनों तक बैठकर हिन्दी लिखने का थोड़ा अभ्यास कर लेता!

और, एक प्रतिष्ठित पत्रिका में प्रकाशित कविता-विशेष की यह पंक्ति तो अभिव्यक्ति की विधान-प्रदत्त स्वतंत्रता को ही चुनौती है :

'मेरी आशा सदा सुहागिन मंजिल सदा बहार है।'

['साहित्य' : अप्रैल, 1955]

लतीफे

ऐसा लगता है, जैसे अकबर और बीरबल, गोनू झा, 'सरदारों' और बलिया और बारों के निवासियों के अतिरिक्त हमारे देश में औरों ने ऐसा कुछ किया ही नहीं, कहा ही नहीं, जिसे लतीफे की हैसियत मिल सके। लतीफों का यह सीमित विनोद 'अकबर-बीरबल-विनोद' के स्तर के ऊपर नहीं उठा, जिसके आधार पर, जानते हुए अनजान बनते हुए, हमारे एक मित्र ने 'मिश्रबन्धु-विनोद' को भी कुछ उसी प्रकार का संग्रह घोषित कर, अवश्य ही एक स्मरणीय लतीफा गढ़ डाला था! इस तरह के लतीफे हमारे यहाँ कम ही सुनने को मिलते हैं; इनसे रस ग्रहण कर सकनेवाले श्रोता और पाठक बहुत ही कम मिलते हैं; इनके संग्रहकर्ता और संग्रह और भी कम, प्रायः बिलकुल नहीं मिलते हैं।

अंग्रेजी में जो 'नवनीत', 'डाइजेस्ट' पत्रिकाएँ निकलती हैं, उनमें अधिकतर इसलिए पठनीय होती हैं कि उनके पृष्ठों के रिक्त भाग लतीफों और सूक्तियों से पूरे किये जाते हैं। दुर्भाग्य से हिन्दी का 'नवनीत', अपने नाम के प्रतिकूल, विदेशी 'नवनीत' का हिन्दी 'नवनीत' मात्र रहता है! जहाँ तक लतीफों का सवाल है, श्री कन्हैयालाल मिश्र 'प्रभाकर' ने अपने द्वारा सम्पादित 'नया जीवन' और 'ज्ञानोदय' में अपने देश के प्रसिद्ध व्यक्तियों से सम्बद्ध, कुछेक बड़े चुटीले लतीफे जब कभी छापे हैं, सुरुचिपूर्ण मनोरंजन को सुलभ बनानेवाली नई पत्रकारिता की अन्य विशेषताओं के साथ नये लतीफों के संकलन की यह चेष्टा हिन्दी की वह उपलब्धि है जिसका सर्वाधिक श्रेय 'प्रभाकर' जी को है।

इधर अकोला से प्रकाशित होनेवाली 'मानवता' में हमें कुछ ऐसे लतीफे पढ़ने को मिले, जिसकी सम्भावना, हम साफ कहें, इस पत्रिका में नहीं हो सकती थी, क्योंकि वह न तो मनोरंजन-प्रधान पत्रिका है, न आधुनिक पत्रकारिता से प्रभावित ही है। हम इसे विशेष रूप से शुभ और उल्लेख्य मानते हैं, क्योंकि यदि गांधीवादी आदर्श को प्रमुखता देनेवाली ऐसी पत्रिका विनोद की विशुद्ध भावना का महत्त्व समझ सकती है, तो इससे हमारी राष्ट्रीयता की सजीवता प्रमाणित होती है। गांधीजी महात्मा थे, महापुरुष थे, किन्तु कितने विनोदप्रिय भी, और यह हम भूल ही चले थे! हम, मानवता का आभार स्वीकार करते हुए, यह लतीफा अपने पाठकों को भी सुना देने का लोभ सँवरण नहीं कर सकते :

पंडित जवाहरलाल नेहरू जब जेल में थे, तब की यह घटना है। एक बार वे अपने एक मित्र को पत्र लिख रहे थे। पत्र के अन्त में उन्होंने विशेष रूप से यह 'पुनश्च' जोड़ दिया : 'मैं यह सब तो लिख रहा हूँ, किन्तु पत्र अभी जेल के अधिकारियों के हाथों में पड़ेगा। उनको आपत्तिजनक लगने वाली सभी बातें कट जाएँगी। इस पत्र में उन्हें कितनी बातें आपत्तिजनक लगेंगी और अन्त में तुम्हारे हाथ कितनी लगेंगी, यह नहीं कहा जा सकता।' कुछ दिनों बाद पुलिस के अधिकारियों का एक पत्र पंडित नेहरू को मिला। उसमें लिखा था : 'हमारे बारे में आपको व्यर्थ ही सन्देह हो गया है, ऐसा जान पड़ता है। हम कभी आपके पत्र खोलकर नहीं पढ़ते।'

हिन्दी में हास्य के प्राय: सभी साहित्यिक रूप उपेक्षित हैं। हिन्दी क्षेत्र या भारत मात्र के प्रसिद्ध व्यक्तियों से सम्बद्ध सच्चे-झूठे लतीफे संकलित होकर हमारे साहित्य को स्मेरानन, और फलत: प्रियदर्शन, बना सकेंगे।

['साहित्य' : अप्रैल, 1955]

संग्रह-ग्रंथ

हिन्दी में संग्रह-ग्रंथों का अभाव है। हिन्दी साहित्य के बृहत् इतिहासों के आयोजन के पहले विशाल संग्रह-ग्रंथों के प्रकाशन का आयोजन अपेक्षित है, अन्यथा

'नामूलं लिख्यते किंचित्' के बदले हमारे साहित्यिक इतिहास और साहित्यालोचन अमूल और निराधार बने रहेंगे, जैसे अधिकांश में वे आज हैं ही।

'मिश्रबन्धु-विनोद' या 'कविता-कौमुदी' या छोटे-बड़े कुछेक संग्रह हिन्दी के अध्ययन के लिए अपर्याप्त हैं। एक और बात है—यदि संग्रह-कार्य अविलम्ब शुरू नहीं किया जाता तो जीर्ण-शीर्ण पोथियों में और कंठस्थ रूप में सुलभ बहुत सारी सामग्री के लुप्त हो जाने का खतरा है। एक अकेला हिन्दी के रीतिकालीन शृंगार-काव्य को ही ले लीजिए। कुछ प्रमुख कवियों को छोड़कर जो असंख्य गौण शृंगारी-कवि हुए हैं, और जिनके छन्द कुछ पहले साहित्यिक-रुचि-सम्पन्न व्यक्तियों की जुबान पर रहा करते थे, अब ढूँढ़ने पर भी पढ़ने या सुनने को नहीं मिल पाते।

हम सभा, सम्मेलन और परिषद् जैसी साधन-सम्पन्न संस्थाओं का ध्यान इस आवश्यक कार्य की ओर आकृष्ट करना अपना कर्तव्य समझते हैं। गौण कवियों की रचनाओं के 'सुभाषित-भांडागार' जितनी शीघ्रता से संकलित कर लिये जाएँ, उतना ही अच्छा। संस्कृत में इस प्रकार के साहित्य के महत्त्व को समझा गया था और उसमें 'सुभाषितों' के एकाधिक मूल्यवान् संग्रह वर्तमान हैं। गौण कवियों की स्फुट रचनाओं के सावधानी से सम्पादित संग्रह अन्य विकसित भाषाओं में भी मिलते हैं। हमें उनसे स्पष्ट पथ-निर्देश प्राप्त है।

ऐसे संग्रहों के सम्बन्ध में, जहाँ तक दृष्टिकोण और नीति का प्रश्न है, हम यहाँ सामान्य रूप से एक बात का ही निर्देश करना पर्याप्त समझते हैं—संकलन-कार्य में आज की रुचि या आदर्श को बाधक नहीं बनने देना चाहिए। हिन्दी के शृंगार-काव्य में बहुत कुछ ऐसा है, जो आज की हमारी रुचि और आदर्श के प्रतिकूल सिद्ध हो सकता है, किन्तु अतीत के इस साहित्य के संकलयिता को निरपेक्ष भाव से अपने दायित्व का पालन करना आवश्यक होगा। कुछेक पुराने संग्रह वर्तमान हैं, कुछ देशी नरेशों के छिन्न-भिन्न होते हुए संग्रहालयों में मिलेंगे। ये देखते-देखते नष्ट हो जाएँगे, और, हमें खेद के साथ कहना पड़ता है कि हम इनकी सुरक्षा के लिए कुछ कर नहीं रहे हैं।

['साहित्य' : अप्रैल, 1955]

नई पीढ़ी और हिन्दी

इधर जब से विश्वविद्यालयों ने हिन्दी को अध्यापन का माध्यम बनाया, नाना विषयों की छात्रोपयोगी पुस्तकें अनायास सुलभ बनती जा रही हैं। इस तरह सिद्ध हो गया कि अर्थशास्त्र के माँग और पूर्ति-सम्बन्धी एक साधारण सिद्धान्त को ध्यान में न रखने

के कारण ही कुछ दिनों पहले तक बड़े-बड़े शिक्षाशास्त्री यह रोना रोते थे कि हिन्दी में साहित्यिक विषयों की पाठ्य-पुस्तकें तो हैं ही नहीं, उनकी पढ़ाई कैसे होगी ? वस्तु-स्थिति यह है कि पढ़ाई शुरू होते ही किताबों की माँग शुरू हुई और माँग होते ही पूर्ति की प्रक्रिया भी। विचारणीय यही है कि पूर्ति छात्रों के लिए उपयोगी और हितकर सिद्ध हो रही है या नहीं।

हमें यह स्वीकार करना पड़ेगा कि वर्ग-विशेष के पाठ्यक्रम को ध्यान में रखकर रचित पुस्तकें बहुधा, वस्तुतः छात्रोपयोगी कहलाने की अधिकारिणी नहीं प्रमाणित होतीं। इसका प्रमुख कारण है कि विषय-विवेचन की दृष्टि से सन्तोषजनक होते हुए भी ऐसी पुस्तकों के अधिकांश की भाषा सदोष होती है। साहित्येतर विषयों के ज्ञाता साधारणतः भाषाविद् नहीं हुआ करते, अतः कोई आश्चर्य नहीं, यदि उनकी कृतियों में भाषा-सम्बन्धी ऐसी अशुद्धियों की भरमार रहती है, जिनसे छात्रों का बहुत अधिक अपकार होता है।

इसका सरल समाधान यह है कि रचयिता और प्रकाशक ऐसी पुस्तकों का, मुद्रण के पूर्व, सम्यक् रीति से सम्पादन करा लें। हम इसकी अनिवार्यता की ओर सरकार का भी ध्यान आकृष्ट करना अपना कर्तव्य समझते हैं। जो पाठ्य-पुस्तकें सरकार के द्वारा तैयार कराई जा रही हैं, वे चाहे कितने बड़े विद्वान की लिखी क्यों न हों, भाषा की दृष्टि से किसी विशेषज्ञ से उनका सम्पादन करा लेना आवश्यक है। पहले पटना विश्वद्यालय में ऐसा होता भी था। शोध-संस्थाओं तक में ऐसा किया जाता है। यदि लेखकों, प्रकाशकों और सरकार ने भाषा-सम्पादन का महत्त्व न समझा, तो छात्रों की वर्तमान पीढ़ी हिन्दी तो सीखेगी, पर अशुद्ध हिन्दी सीखेगी, क्योंकि साहित्य से कहीं अधिक अनुपात में अन्य विषयों की शिक्षा दी जाती है और, अप्रत्यक्ष रूप से इससे भी भाषा-ज्ञान बढ़ता और परिमार्जित होता है।

आज सभी कहते हैं कि पहले के प्रवेशिका की योग्यता रखनेवाले व्यक्ति आज के स्नातकों से अच्छी अंग्रेजी लिख-बोल सकते थे। यही क्यों, आज तो हालत यह है कि अंग्रेजी की बात दरकिनार, ये स्नातक दो-चार पंक्ति शुद्ध हिन्दी भी लिख-बोल नहीं सकते। इसका कारण यही है कि पहले अंग्रेजी ही नहीं, इतिहास, भूगोल, गणित, कॉलेजों में तो संस्कृत-हिन्दी तक, अंग्रेजी के माध्यम से पढ़ाई जाती थी, और इन विषयों के अनेक अध्यापकों के बारे में यह सुनने को मिलता था कि वे अपने विषय से अधिक अंग्रेजी पर अधिकार रखते थे। फलतः यह स्वाभाविक ही था कि छात्र और कुछ सीखते हों या नहीं, अंग्रेजी में अच्छी योग्यता अवश्य प्राप्त कर लेते थे।

इसके विपरीत आज यह दशा है कि हिन्दी के वर्ग में और हिन्दी की साहित्यिक पुस्तकों से छात्र जो थोड़ी-बहुत हिन्दी सीखते भी हैं, उस पर अन्य विषय के वर्गों में और उनसे सम्बद्ध पुस्तकों के द्वारा हरताल फेर दी जाती है।

नई पीढ़ी का हिन्दी का ज्ञान सन्तोषजनक हो, इसके लिए जरूरी है कि हिन्दी के माध्यम से पढ़ाने वाले शिक्षक शुद्ध हिन्दी बोल सकते हों और विभिन्न विषयों की पाठ्य-पुस्तकें शुद्ध हिन्दी में हों।

['साहित्य' : मई-जून, 1955]

पारमनोविज्ञान

पारमनोविज्ञान, अवैज्ञानिक रूप में, मनोविज्ञान से बहुत पुरानी चीज है—यहाँ तक कहा जा सकता है कि वह उतना पुराना है, जितना मनुष्य। अन्धविश्वास, धर्म के अंग या तंत्र-मंत्र के रूप में सदा से मनुष्य की जिज्ञासा, मूढ़ता और रूढ़िवादिता का आधार बना रहा है। उन्नीसवीं शताब्दी के भौतिक विज्ञान ने उसे प्राय: उन्मूलित कर दिया और विवेकशील मनुष्यों ने उसे मात्र अन्धविश्वास और मूढ़ता मानकर विचार-कोटि से बहिष्कृत कर दिया।

बीसवीं शताब्दी में भौतिक विज्ञान को पहला धक्का पहुँचा फ्रायड के अनुसन्धानों से। चिकित्साशास्त्रियों को यह मानना पड़ा कि उनके नश्तर और सुई की परिधि के बाहर भी बहुत कुछ था, और कि मनुष्य के तन-मन की चिकित्सा मन के द्वारा हो सकती थी।

इस मनोविज्ञान के पीछे-पीछे पारमनोविज्ञान भी विज्ञान के क्षेत्र में घुसने का प्रयत्न करने लगा और अब तो उसे, पीछे की कतार में ही सही, जगह मिल गई है। पारमनोविज्ञान ऐसे सत्य का अध्ययन है जो मनोविज्ञान की वर्तमान सीमा के बाहर है। मनोविश्लेषणशास्त्र आपके I.Q. (Intelligence quotient), मेधा-गुण्य का निर्धारण करता है; पारमनोविज्ञान 'Psi capacity' (अतिलौकिक क्षमता) के निर्देशन का दावा करता है।

सिद्धों के चमत्कारों और महात्माओं की पारलौकिक शक्ति की बात छोड़ें, किन्तु यह हमारा-आपका भी अनुभव है कि आज वर्षों बाद जब हम किसी मित्र को पत्र लिखने बैठे, तो उसी समय डाकिया उसका पत्र हमें दे गया। आपका पालतू कुत्ता कालीन पर सो रहा है, आप उसे बुलाने को सोच ही रहे हैं कि वह आपकी अव्यक्त आज्ञा का पालन करता हुआ-सा आपकी गोद में कूदकर बैठ जाता है! क्या ये अनुभव किसी अतिलौकिक परिवहन के प्रमाण हैं?

1930 तक वैज्ञानिक ऐसे अनुभवों का, प्रयोगशालाओं में, विश्लेषण करने को तैयार नहीं थे। किन्तु, पश्चिम के ऐसे वैज्ञानिक भी लोककथाओं, चमत्कारों और विश्वास-जनित उपचारों (Faith-healing) का अध्ययन करते रहे। और, अब वे अपने को ऐसी स्थिति में पाते हैं कि इस विषय का सर्वथा वैज्ञानिक दृष्टि से अनुसन्धान

करें। आज पश्चिम के एकाधिक प्रतिष्ठित विश्वविद्यालयों में एतद्विषयक गवेषणाओं पर डॉक्टरेट की उपाधियाँ दी जा रही हैं। अमेरिका में ड्यूक और हारवर्ड के विश्वविद्यालयों में तथा न्यूयॉर्क के सिटी कॉलेज में, और इंग्लैंड के कैंब्रिज और लन्दन विश्वविद्यालयों में पारमनोविज्ञान-सम्बन्धी अनुसन्धान-कार्य वैज्ञानिक रूप से चल रहा है।

पारमनोवैज्ञानिकों को जो पहली बात, प्रत्यक्ष रूप में प्रयोगशाला में, प्रमाणित करनी थी, वह यह कि एक पदार्थेतर तत्त्व, अतिलौकिक क्षमता (Psychic capacity) का वास्तविक अस्तित्व है। पिट्रिम ए. सोरोकिन ने हारवर्ड में और डा. जोजेफ बी. राइन ने ड्यूक में इस दिशा में उल्लेखनीय कार्य किया है। राइन ने ताश के पत्तों और द्यूत-शलाका (Dice) के सहारे जो प्रयोग किये हैं, वे अब पर्याप्त प्रसिद्धि भी प्राप्त कर चुके हैं।

राइन के प्रयोगों का लक्ष्य यह ढूँढ़ निकालना था कि जीवन में अतिलौकिक तत्त्व है या नहीं, और यदि है तो उन्हें सरल प्रयोगों के द्वारा प्रदर्शित करना, जो चाहने पर आसानी से पुनरावृत्त हो सकें। ऐसे ही प्रयोग विश्वसनीय हो सकते थे जो गणित पर आश्रित हों; जो स्वयं एक सार्वमौम, निर्विवाद और मिश्रित विज्ञान है।

उसके प्राथमिक प्रयोग यह सिद्ध या असिद्ध करने के लिए थे कि मनुष्य में यह क्षमता है कि बिना किसी इन्द्रिय की सहायता के वह सत्यावबोध कर सकता है जिसे अंग्रेजी में क्लारवोयांस (Clairvoyance) कहते हैं। इसके लिए एक खास तरह की ताश की गड्डी बनाई गई, जिसे ESP (Extra-Sensory perception) ताश का नाम दिया गया। इस ताश की गड्डी में चार के बदले पाँच 'रंग' थे और उनके भिन्न प्रतीक थे : क्रास, लहरीली रेखा, तारा, चतुष्कोण और वृत्त। जिस व्यक्ति की अतिलौकिक क्षमता का परीक्षण अपेक्षित होता था, उसे किसी खास ताश की पत्ती का प्रतीक उसे देखे बिना ही कहना पड़ता था। वह अपनी आँखें मूँदकर एक से अधिक पत्तियों के प्रतीक कहता जा सकता था या सिर्फ उनकी पीठ भर देखता रह सकता था। कहने का तात्पर्य यह है कि वह पत्तियों के प्रतीकों को अपने मन में देखकर ही कहता था।

संयोग या सम्भावना को गणित और विज्ञान में भी स्थान दिया जाता है, अर्थात् यह सम्भावना मान ली जाती थी कि पच्चीस पत्तियों में पाँच के बारे में संयोग से ठीक-ठीक प्रतीक बता देने की सम्भावना किसी के लिए हो सकती थी। इसलिए, यद्यपि सौ में तीस पत्तियों के बारे में भी ठीक-ठीक कहना काफी मान लिया जा सकता था, फिर भी पारमनोवैज्ञानिकों ने अपना प्रतिमान और भी ऊँचा रखा था। यदि कोई पहली बार में ही पहली नौ पत्तियों को ठीक-ठीक कह सकता, तो यह संयोग या सम्भावना के अन्तर्गत नहीं माना जाता था।

ड्यूक में पहले तीन वर्षों में इस तरह के हजारों प्रयोग किये गए और औसतन पच्चीस में सात प्रतीक-कथन ठीक साबित हुए। यह प्रयोग अभ्यस्त मनोवैज्ञानिकों

के द्वारा बड़ी सतर्कता के साथ किया जाता था। ताश की पत्तियों को यंत्र के द्वारा फेंटा जाता था। प्रयोगकर्ता और परीक्षमाण व्यक्ति के बीच पारदर्शी पर्दा लगा दिया जाता था। ताश की पत्तियों को लिफाफों में रख दिया जाता था; और इस तरह की अन्य प्रकार की सावधानी बरती जाती थी।

इन प्रयोगों के परिणाम वस्तुतः विलक्षण थे। एक व्यक्ति ने नौ पत्तियाँ ठीक कहीं और दूसरी बार तो पन्द्रह। जहाँ तक सम्भावना का प्रश्न है, गणितज्ञ बतलाएगा कि 30,000,000,000 में एक बार ही संयोग से ठीक कहने की सम्भावना मानी जा सकती है। एक मनुष्य ने सौ गज की दूरी पर रखी पत्तियों में औसतन नौ ठीक बतलाई। एक छोटी हब्शी लड़की, जिसे मिठाई का लालच दिया गया था, अपनी आँखें मूँदकर सारी पत्तियाँ ठीक कह गई।

इस तरह के लाखों प्रयोगों और उनसे प्राप्त आँकड़ों के आधार पर डा. राइने और उनके सहयोगियों ने यह दावा करना उचित समझा कि अतिलौकिक क्षमता का अस्तित्व वैज्ञानिक दृष्टि से सिद्ध हो गया है।

अतिलौकिक शक्ति के विकास के लिए केवल सिद्ध और महात्मा विश्वास की उपादेयता बतलाते हैं, बल्कि ये वैज्ञानिक भी। न्यूयॉर्क के सिटी कॉलेज के डा. स्माइडलर ने अपने विद्यार्थियों को दो वर्गों में बाँटा : 'भेड़' और 'बकरे'। अतिलौकिक शक्ति में विश्वास करनेवालों का दल 'भेड़' और अविश्वासियों का दल 'बकरा' कहलाया। फिर ताश की पत्तियों का प्रयोग हुआ। 'भेड़ों' ने 'बकरों' की अपेक्षा कहीं अधिक अतिलौकिक क्षमता का परिचय दिया!

दूसरी शक्तियों की तरह यह अतिलौकिक क्षमता भी अभ्यास के द्वारा अधिक ग्रहणशील बनाई जा सकती है, ऐसा अनुमान भी है, किन्तु अभी निश्चय के साथ कुछ नहीं कहा जा सकता।

क्या भारत के वैज्ञानिकों को भी इस क्षेत्र में बढ़ना चाहिए? क्या यहाँ भी अतिलौकिक शोध-संस्थाएँ स्थापित होनी चाहिए और उन्हें विश्वविद्यालयों में स्थान देना उचित होगा? इन पक्तियों के लेखक का विश्वास है कि भारत में इस प्रकार के अनुसन्धान की अत्यधिक आवश्यकता है। यहीं सबसे अधिक 'भेड़' मिलते हैं, और यहीं अतिलौकिक शक्तियों से सम्पन्न 'बाबा' भी। हमारे लिए तो बहुत जरूरी है कि इस वैज्ञानिक तथ्य और मिथ्या पाखंड और अन्धविश्वास की सीमाएँ स्पष्ट कर दें।

किन्तु कठिनाई यह है कि हमारे अधिकतर वैज्ञानिक भी 'भेड़' होते हैं। वे तथाकथित अतिलौकिक तथ्यों के सम्बन्ध में तटस्थ वैज्ञानिक दृष्टि बनाये रख सकेंगे या नहीं, सन्देह इसी में है। अतिलौकिक के अनुसन्धान की प्रक्रिया अवश्य ही यह नहीं है कि 'पानी बाबाओं' को राजकीय प्रश्रय मिलना शुरू हो जाए!

['साहित्य' : जुलाई, 1955]

आवरण-सज्जा

हमने 'साहित्य' के आवरण-पृष्ठ का रेखांकन बदल दिया है। हमें उससे सन्तोष नहीं है। हम उसे फिर बदलना पसन्द करेंगे। हमें रेखांकन के लिए चित्रकार का आश्रय लेना पड़ता है। हमारी कल्पना का रेखानुवाद उसी को करना रहता है। वह जो बना दे, जैसा बना दे, काम उसी से चलाना पड़ता है।

पटना में व्यावसायिक चित्रकारों का अभाव है। पुस्तक-प्रकाशन के स्थानीय कुबेर शायद अभी तक यह नहीं समझ पाए हैं कि व्यावसायिक लाभ के लिए पुस्तकों की बाह्य सज्जा सार्थक सिद्ध हो सकती है। जब तक वे यह नहीं समझते, तब तक पटना में आवरण-सज्जा की कला विकसित नहीं होगी। इसमें दिल्ली सबसे आगे है। हिन्दी की दृष्टि से कलकत्ता का स्थान दूसरा है, यद्यपि वह इस दौड़ में दिल्ली को पीछे छोड़ देगा, प्रमाण मिल रहे हैं। प्रयाग सहज ही तीसरे स्थान का अधिकारी है। काशी और पटना सात सवारों में हैं तो, लेकिन जहाँ से चले थे, अभी वहाँ से बहुत आगे नहीं बढ़ पाए हैं।

दिल्ली के राजकमल प्रकाशन की पुस्तकों की औसत बाह्य सज्जा सुरुचि और कलात्मकता से युक्त होती है। पटना से प्रकाशित 'मैला आँचल' की बाह्य-सज्जा का श्रेय कलकत्ता के ही एक प्रसिद्ध चित्रकार को है। कलकत्ता से प्रकाशित 'पत्थर की आँख' की बाह्य सज्जा, अत्यधिक चटकीली होने के बावजूद, अंकन और मुद्रण के शिल्प के द्वारा, नवीन प्रतिमान उपस्थित करती है। प्रयाग में मुद्रित 'बीज' और किसी दृष्टि से न भी सही, बाह्य सज्जा के लिए अवश्य श्लाघ्य है। भारती भंडार, प्रयाग, की अनेक पुस्तकों की आवरण-सज्जा डा. जगदीश गुप्त ने की है और खूब की है। उन्हीं के द्वारा सज्जित आवरण वाली 'नई कविता' अन्दर से आपको जैसी लगे, बाहर से निस्सन्देह बड़ी लुभावनी है। पटना से प्रकाशित होनेवाली 'कविता' और 'दृष्टिकोण' की सज्जा से ही शायद उनकी चुनौती शुरू हो जाती है। 'साहित्य' की चर्चा हम कर ही चुके हैं।

किन्तु रेखांकन के अतिरिक्त भी पुस्तक या पत्र-पत्रिकाओं की बाह्य सज्जा का एक अंग होता है। वह है टाइप में मुद्रित विषय-सूची आदि का विन्यास। हमें इसका सन्तोष है कि 'साहित्य' के प्रथम आवरण पर हमने टाइप का जो विन्यास किया है, और वह पिछले अनेक अंकों से चल रहा है, उसे हिन्दी की एक उत्कृष्ट पत्रिका ने अनुकरण के योग्य पाया है।

इंग्लैंड की मुद्रण-कला आवरण-सज्जा की दृष्टि से नवीनता को फूँक-फूँककर प्रश्रय देती है। अमेरिकी मुद्रण-कला में, और क्षेत्रों की तरह ही, खूब नवीनता और विविधता है, यहाँ तक कि वह बहुधा सुरुचि की सीमा का भी अतिक्रमण कर जाती है। फ्रांसीसी सभी सीमाओं का अतिक्रमण करने पर भी बहुत आगे रहनेवालों से भी दो कदम आगे ही है।

हमारे कलाकारों और प्रकाशकों को इस क्षेत्र में बहुत कुछ सीखना है। 'साहित्य' के द्वारा हम इस क्षेत्र में कुछ खास नहीं कर सकते। हमारा तनिक-सा प्रयास पारखियों को आकृष्ट कर सका, यह हमारा सौभाग्य है।

['साहित्य' : जुलाई, 1955]

भारतीय मनीषा

अभी हाल में अपने एक भाषण में सरदार पनिक्कर ने 'भावी भारत की मेरी परिकल्पना' के सम्बन्ध में कहा है : 'आधुनिक भारत में अतीत के गौरव-गान का कोई अर्थ नहीं। प्राचीनकाल में भारत ने अनेक आविष्कार किये थे, किन्तु आज भारत दूसरे देशों के वैज्ञानिक विचारों पर निर्भर है, अपने हिस्से के रूप में उसकी कोई देन नहीं है। दूसरों के आविष्कारों में सुधार का दावा कर कोई देश महान नहीं बन सकता। महत्ता के लिए हमारा दावा इस बात पर अवलम्बित है कि इसमें विज्ञान और विश्व-विचार की प्रगति में योग देने की कहाँ तक सामर्थ्य है, और दूसरे देशों पर निर्भर रहे बिना हम कहाँ तक अपने देश के भविष्य का निर्माण कर सकते हैं। क्षेत्रीय भाषाओं पर बहुत ज्यादा जोर देने का परिणाम होगा : प्रादेशिक संघर्ष और प्रान्तिक अस्मिता। भाषागत ऐक्य के बिना सारे देश में विचारगत ऐक्य सम्भव नहीं हो सकता। ...हिन्दी, उत्तर प्रदेश की प्रादेशिक भाषा से कहीं अधिक, उस संस्कृत पर आधारित है जो अतीत में सम्पूर्ण देश की महान सामान्य भाषा थी। अत: दक्षिण पर किसी उत्तरी भाषा के लादे जाने का प्रश्न ही नहीं उठता।'

भाषण के उद्धृत अंशों से ये निष्कर्ष निकलते हैं—भारतीय वैज्ञानिकों के आविष्कार नगण्य हैं। इसके लिए आवश्यक है कि राष्ट्रभाषा का विकास हो और उसी के माध्यम से वैज्ञानिक अनुसन्धान किये जाएँ। हिन्दी राष्ट्रभाषा का पद इसलिए चरितार्थ करती है कि वह भाषा-वैज्ञानिक दृष्टि से भले ही उत्तर की भाषा हो, किन्तु उसका आधुनिक रूप उस संस्कृत पर आधारित है, जो उत्तर की तरह दक्षिण का भी उत्तराधिकार है। सरदार पनिक्कर राजनीति-विशारद होने के साथ ही साथ इतिहास के मौलिक पंडित भी हैं। हमें यह सन्तोष है कि हम इन स्तम्भों में प्राय: ये ही विचार पहले ही व्यक्त कर चुके हैं। हमने दो-तीन वर्ष पूर्व के 'साहित्य' के अंक-विशेष में प्रकाशित 'विज्ञान की भाषा' शीर्षक टिप्पणी में लिखा था : 'दुर्भाग्य का विषय यह है कि हिन्दी को विज्ञान की भाषा बनाने का थोड़ा प्रयत्न भी स्वयं वैज्ञानिक नहीं कर रहे हैं। यों, सच बात तो यह है कि हमें यह भी विश्वास नहीं है कि उन्हें विज्ञान से फुर्सत मिलती ही नहीं कि वे हिन्दी की चिन्ता करते!...जहाँ तक संस्कृत पर निर्भर रहने का प्रश्न है, यह तो सिद्धान्त-सत्य है कि वैज्ञानिक शब्दों के लिए शास्त्रीय भाषा को छोड़कर कोई दूसरा सहारा नहीं होता।'

हमारा यह स्पष्ट मत है कि जब तक भारत के वैज्ञानिक हिन्दी के माध्यम से अनुसन्धान में प्रवृत्त नहीं होते, तब तक वे पश्चिम के उच्छिष्ट पर ही सन्तुष्ट रहने के लिए बाध्य होंगे। इस तर्क को इतना नहीं खींचा जा सकता कि काम को और आसान बनाने के लिए हिन्दी के बदले क्षेत्रीय भाषाओं का ही क्यों न व्यवहार किया जाए? यह रास्ता विश्रृंखलता और विपर्यस्तता का रास्ता साबित होगा।

['साहित्य' : अगस्त-सितम्बर, 1955]

देवनागरी लिपि

विज्ञान की सामान्यत: दो स्थितियाँ होती हैं—एक तो प्रारम्भिक और दूसरी विकसित। प्रारम्भिक स्थिति में भी विज्ञान सहायक सिद्ध होता है, किन्तु पूरा लाभ उठाने के लिए मनुष्य को अपने अभ्यास, संस्कार, बनावट तक में परिवर्तन स्वीकार करने के लिए तैयार होना पड़ता है। किन्तु विज्ञान के विकसित रूप की विशेषता यह है कि सहस्त्ररजनी-चरित्र के 'जिन' की तरह वह अपने स्वामी मनुष्य की कठिन से कठिन आज्ञाओं का भी पालन करता है, अपूर्णीय-सी प्रतीत होनेवाली इच्छाओं की भी पूर्ति करता है।

आज से कुछ समय पहले तक मुद्रण-विज्ञान प्रारम्भिक स्थिति में था। स्वभावत: देवनागरी में मुद्रण-कार्य कठिन सिद्ध होता था; हमें असन्तोषजनक ही क्यों, अशुद्ध मुद्रण को भी स्वीकार करना पड़ता था। मुद्रण में समय अधिक लगता था, झंझटें बहुत थीं, अनेक लिपि-संकेत मुद्रित नहीं हो पाते थे, मात्राएँ टूट जाती थीं और इस तरह की अनेक दूसरी कठिनाइयाँ भी थीं। इन कठिनाइयों को दूर करने का एक ही रास्ता नजर आता था—देवनागरी लिपि में कुछ सुधार कर दिये जाएँ! इससे मुद्रण की सुविधा तो हो जाती, किन्तु अनेक कठिनाइयाँ उत्पन्न हो जातीं।

यही कारण है कि अनेकानेक विद्वानों और संस्थाओं के युक्तिसंगत और कभी-कभी विलक्षण सुझावों और प्रस्तावों के बावजूद देवनागरी लिपि जैसी की तैसी बनी रही। जो थोड़े-बहुत परिवर्तन अनिवार्यत: हो गए, उदाहरणार्थ संयुक्ताक्षरों के पहले वर्णों को हलन्त करने की रीति, उनका श्रेय-दु:श्रेय कम्पोजिटरों को ही है। हाँ, इधर जब से सरकारी स्तर पर देवनागरी लिपि के सुधार पर विचार होने लगा, तब से इसकी सम्भावना और आशंका बढ़ गई कि अब शायद उसका सुधार होकर रहेगा—व्यवहार में वह सुधार के बदले विकार ही क्यों न सिद्ध हो! उत्तर प्रदेश की राज्य सरकार के तत्त्वावधान में आयोजित नरेन्द्रदेव समिति के प्रस्ताव दृष्टान्तस्वरूप हैं।

किन्तु, वस्तुस्थिति यह है कि इतने दिनों के बाद जब हम मुद्रण-विज्ञान के सामने घुटने टेकने को तैयार हो चले तो अब इसकी कोई जरूरत ही नहीं रह गई है। अब तो,

इसके उल्टे, मुद्रण विज्ञान ही उस विकसित स्थिति को प्राप्त हो गया है जब वह देवनागरी लिपि को, उसकी समस्त वास्तविक-अवास्तविक जटिलताओं के साथ, मुद्रण-क्षम सिद्ध कर दिखाए। आधुनिकतम मुद्रण-यंत्र वर्ण-मुद्रण न कर चित्र-मुद्रण करते हैं। अब ऐसे ही चित्र-मुद्रण के युग का प्रारम्भ हुआ है। इसमें देवनागरी का सूक्ष्मतम और शुद्धतम मुद्रण सम्भव है। अब वस्त्र के अनुरूप शरीर को काटने की कोई जरूरत नहीं रह गई है! रोमन लिपि का चित्र-मुद्रण अब मामूली बात हो चली है। अमेरिका के एक औद्योगिक प्रतिष्ठान ने प्रसिद्ध भारतीय लिपि-विशेषज्ञ हरिजी गोविल की सहायता से देवनागरी लिपि के लिए भी 'फोटो-सेटर' मुद्रण-यंत्र तैयार कर लिया है। अब मुद्रण-यंत्र की दृष्टि से देवनागरी लिपि के सुधार के लिए माथापच्ची करना बेकार है! अवश्य इस तथ्य के विरुद्ध यह कहा जा सकता है कि इतना कीमती यंत्र अभी हमारे देश में शीघ्र प्रचलन नहीं पा सकेगा। किन्तु, हमें यह भी स्मरण रखना उचित है कि राष्ट्र की प्रगति की परिकल्पना करनेवाले जहाँ बैलगाड़ी की उपेक्षा तो नहीं कर सकते, वहीं उनका ध्यान तो अणु-शक्ति के सम्भावित उपयोगों पर ही केन्द्रित है। कहने का तात्पर्य है कि पुराने मुद्रण-यंत्र अभी बहुत दिनों तक हमारे यहाँ अशुद्ध मुद्रण करते चलेंगे, किन्तु मुद्रण का भावी रूप अवश्य ही इन पर निर्भर नहीं रहेगा। और, फिर भी देवनागरी लिपि में कुछ परिवर्तन आवश्यक है। अब उसे मुद्रण-यंत्र के लिए विकलांग करने की बाध्यता नहीं है, किन्तु ध्वनिशास्त्रीय दृष्टि से परिपूर्ण बनाने की आवश्यकता है, जिसके सम्बन्ध में हम इन स्तम्भों में पुनः यथासमय सविस्तार विचार करेंगे।

['साहित्य' : अगस्त-सितम्बर, 1955]

शब्द-साधना

शब्द-साधना की कोटि से ही किसी भाषा के स्तर का निर्धारण किया जा सकता है। हिन्दी के ऐसे लेखक जो शब्द-शिल्पी तो कहलाना पसन्द करते हैं, पर शब्द-साधना को बाल की खाल निकालना वगैरह कहकर हँसी में उड़ा देना चाहते हैं। धड़ल्ले से 'भिज्ञ', 'स्तित्व', 'स्त्रष्टा' और 'स्थायीत्व' के प्रयोग द्वारा अपने शिल्प के स्तर का परिचय दे रहे हैं। हिन्दी का क्षेत्र बहुत विस्तृत है, हिन्दी की कृतियों की माँग पूर्ति से अधिक होती जा रही है, फलतः साक्षर-मात्र भी लेखक बन जाते हैं, और इतना ही क्यों, अपनी कृतियाँ खपाने में भी सफल हो जाते हैं। उनकी दृष्टि में उनकी कृतियों का खप जाना उनकी उत्कृष्टता का असंदिग्ध प्रमाण होता है। ऐसे लेखकों को जब आलोचकों से प्रशंसा नहीं मिलती तब ये उनका मखौल कर सन्तोष प्राप्त करते हैं। बाहुल्य और त्वरा के इस युग में यह सब शायद होता ही है। स्व. महावीरप्रसाद द्विवेदी आज होते भी तो क्या रोकथाम कर पाते?

अज्ञान और असावधानी के कारण दुष्प्रयुक्त शब्द तभी तक चल सकते हैं जब तक पाठक-वर्ग भी अधिकांशतः साक्षरमात्र है। पाठक-वर्ग की रुचि थोड़ी भी परिमार्जित हो जाने पर साक्षरता लेखक की पर्याप्त योग्यता नहीं रह जाती। किन्तु, कभी-कभी सुशिक्षित लेखक जब समाज की अपरिचित श्रेणियों में प्रचलित शब्दों का व्यवहार कर यथार्थता का आभास देना चाहते हैं तो स्थिति हास्यास्पद हो जाती है। हिन्दी के एक बहुज्ञ और बहुश्रुत कवि ने अपनी हाल में छपी एक पुस्तक की पहली कविता में 'मचिया' शब्द का प्रयोग किया है—'कुटिया' के अर्थ में! ऐसे लेखक भी होते ही हैं जो कुछ भी दूसरों के लिए छोड़ना नहीं चाहते। इस लेखक ने, शायद एक शब्द के प्रयोग से ही आंचलिक शैली पर भी अपना अधिकार सिद्ध करना चाहा है! शब्द-साधना में अज्ञान बाधक होता है तो शब्द-लोभ खतरनाक!

और जब साक्षर लेखक सम्पादक बन बैठते हैं तब तो वस्तुस्थिति नितान्त चिन्त्य बन जाती है। एक पत्रिका में, जो कभी शब्द-साधना का गुरु-मंत्र देने के लिए प्रसिद्ध थी, उसके वर्तमान सम्पादक ने पहले पृष्ठ से शुरू होनेवाली अपनी टिप्पणियों में एक बार नहीं, बार-बार 'पूँछना' का प्रयोग किया है। हम इस पत्रिका के अंक-विशेष को उसमें प्रकाशित एक लेख के सिलसिले में देख रहे थे, जिसमें शैली के लिए गलत या सही प्रसिद्धि पा चुके हुए एक लेखक की भाषा-सम्बन्धी त्रुटियों की प्रशंसनीय आलोचना थी!

छोटे बच्चों के लिए प्रकाशित होनेवाली पत्रिकाओं के लिए, भाषा-सम्बन्धी अशुद्धियाँ होने पर, कठोरतम दंड की व्यवस्था होनी चाहिए। हिन्दी की सबसे अधिक बिकने वाली ऐसी पत्रिकाओं में से एक तो ऐसी है, जिस पर 'हॉरर कॉमिक्स' वाला सरकारी प्रतिबन्ध लगना उचित होगा—उसके विषय या चित्र न सही, पर अशुद्ध शब्द उसे भयानक बना देते हैं! हम अपने उस सहयोगी का अभिनन्दन करते हैं जिसने ऐसी अशुद्धियों के निर्देश के लिए एक स्तम्भ ही आयोजित किया है।

['साहित्य' : अक्टूबर, 1955]

हिन्दी का टंकन-यंत्र

हम 'साहित्य' के प्रस्तुत अंक में नागरी लिपि के आधार की एक नवीन परिकल्पना प्रकाशित कर रहे हैं। हम कबूल करते हैं कि हम ऐसी परिकल्पनाओं में रुचि रखते हैं। किन्तु, हमारा सुनिश्चित सिद्धान्त है कि नागरी वर्तमान के रूप में केवल ऐसे ही परिवर्तन ग्राह्य हो सकते हैं, जिनसे परिचित रूप में विशेष अन्तर न पड़े। कुछ दिनों पहले तक लिपि को टंकन तथा मुद्रण-यंत्रों के अनुरूप बनाने के निमित्त परिवर्तन को अनिवार्य बताया जाता था। परन्तु, जिन यंत्रों के नाम पर लिपि-विशारद और

वैज्ञानिक नागरी का व्यवहार करनेवालों को परिवर्तन स्वीकार करने के लिए बाध्य करना चाहते थे, उनके निर्माताओं ने इन्हीं विशेषज्ञों की सहायता से यंत्रों की बहुत बड़ी माँग की सम्भावना देखते ही, ऐसे टंकन और मुद्रण-यंत्रों से बाजार को पाट दिया जिनमें लिपि अपरिवर्तित बनी रही, उन यंत्रों में भले ही कुछ गौण परिवर्तन कर लिये गए हों।

जब मुद्रण-यंत्रों के लिए लिपि में परिवर्तन की कोई आवश्यकता न रह गई तो राज्य-विशेष की सरकार ने एक व्यय और समय-साध्य समिति नियुक्त कर कुछ सर्वथा अवांछनीय परिवर्तनों पर अपनी मुहर लगा दी! अन्य राज्यों ने इन्हें अस्वीकृत कर विवेकशीलता का ही परिचय दिया।

अब भारत सरकार ने हिन्दी टंकन-यंत्र के तालिका-पट्ट का नया रूप प्रस्तावित किया है। वस्तुतः वह निर्देशन बहुत पहले भारत सरकार की ओर से मिलना चाहिए था। ऐसा होता तो अब तक अन्तिम निश्चय हो गया रहता और अव्यवस्था और अनिश्चय का वातावरण नहीं रहता। अधिक खेदजनक बात यह है कि भारत सरकार का झुकाव देर से भी आया और दुरुस्त भी नहीं है।

भारत सरकार के प्रस्तावित पट्ट की सर्वत्र प्रतिकूल आलोचना हो रही है। उसकी अव्यावहारिकता और अपूर्णता का नीचे बहुत संक्षेप में उल्लेख है :

इसमें ख, घ और थ के अर्द्ध रूप छोड़ दिये गए हैं जिसके फलस्वरूप मुख्य, विघ्न, स्वास्थ्य जैसे शब्द टंकित करने में हलन्त के चिह्न के लिए एक अतिरिक्त आघात की आवश्यकता होगी जबकि कम-से-कम यंत्र-विशेष में अतिरिक्त आघात के बिना ही काम चलता है।

ख, घ और थ के अर्द्ध रूपों का अभाव भ्रष्ट है तो च, ध, भ, श के पूर्ण रूपों का अभाव भ्रष्टतर। चरखा, धीरे, भारत, शरीर जैसे बहु-व्यवहृत शब्दों के टंकन में भी ऊपर वाली दिक्कत है।

दस तालिकाओं पर सर्वथा असमान वर्णों को एक दूसरे के ऊपर-नीचे रखकर टंकक की परेशानी बढ़ा दी गई है। ये असमान वर्ण हैं : ठ-ए, घ-उ, ड-अ-थ-ि-, झ-र, ख-1, ज्ञ-ा, छ-ह, ढ-द, ट-य।

ये अनेक में से कुछ त्रुटियाँ हैं। हम नहीं कह सकते कि जब इन त्रुटियों से रहित हिन्दी का टंकन-यंत्र बन चुका है और सफलतापूर्वक व्यवहृत भी हो रहा है तो इसे मान्यता प्रदान करने के बदले ऐसे पट्ट को क्यों प्रस्तावित और समर्पित किया गया है?

जिस आदर्श टंकन-यंत्र का उल्लेख हमने किया है, उसके विलक्षण मेधावी आविष्कर्ता के सम्बन्ध में हम अपनी ओर से कुछ न कहकर श्री जयचन्द्र विद्यालंकार के इन शब्दों को उद्धृत कर देना पर्याप्त समझते हैं : 'बिहार के प्रो. कृपानाथ मिश्र ने कुछ समय से इस समस्या को सुलझाने की ओर ध्यान दिया है। हाल में मुझे उनकी

पद्धति को देखने का अवसर मिला। श्री कृपानाथ मिश्र इस क्षेत्र में पराभूत मनोवृत्ति के साथ नहीं उतरे। आधुनिक यंत्रों के अनुसार भारतीय लिपि को तोड़ने-मरोड़ने का यत्न करने के बजाय उन्होंने आधुनिक यंत्रों को अपनी लिपि के अनुसार पल्टा है। उनके कार्य ने इस दिशा में हुए अब तक के सभी प्रयत्नों को मात कर दिया है। उनकी जीत का एक प्रमाण यह है कि उनकी मात्रा टीपने की पद्धति को जर्मन लिपि वाले अपनी लिपि के विशेष चिह्नों के लिए अपनाने का यत्न कर रहे हैं। ... भारत की अपनी विशेषता में गहरी आस्था को लिए हुए यंत्रों और पुर्जों के नये-नये रूप निकालने वाली अपनी अनूठी प्रतिभा से श्री कृपानाथ मिश्र इस दिशा में बराबर आगे बढ़ रहे हैं। आशा है, इनकी कृति यह सिद्ध करेगी कि जिस भारत ने प्राचीन काल में ऊँचे विचारों और आदर्शों को जन्म दिया था, वह आधुनिक जीवन के लिए आवश्यक यंत्रों को भी अपने उन विचारों और आदर्शों के साँचे ढाल सकता है।'

ये विचार सन् 1952 ई. में व्यक्त किये गए थे। अब मिश्र-टंकन-यंत्र सर्वापेक्षया अधिक सन्तोषजनक यंत्र सिद्ध हो चुका है। उसमें एक ओर तो नागरी लिपि के समस्त आवश्यक संकेत सुरक्षित हैं और दूसरी टंकक की सुविधा और मुद्रण की अधिकतम क्षिप्रता की व्यवस्था है। टंकन-यंत्र के किसी नये पट्ट को तभी विचार के योग्य माना जा सकता है जब वह मिश्र-पट्ट से उत्कृष्टतर हो।

['साहित्य' : अक्टूबर, 1955]

भारत सरकार और हिन्दी के पारिभाषिक शब्द

हिन्दी में पारिभाषिक शब्दों के अनेक कोश तैयार हो गए हैं। उनमें से एक तो बहुत ही व्यापक, विशाल और प्रामाणिक है। उसके रहते हुए भी भारत सरकार की ओर से विभिन्न विषयों के छोटे-मोटे हिन्दी पारिभाषिक कोश तैयार कराए जा रहे हैं। पहली बात तो यह कि भारत सरकार को यह काम बहुत पहले करना उचित था। दूसरी यह कि इतने विलम्ब से वह आरम्भ हुआ है तो उसे वर्तमान प्रयासों की अपेक्षा बहुत बड़े पैमाने पर होना चाहिए। किन्तु, यह भी सन्तोष का ही विषय है कि इस कार्य की परिधि को सीमित रखा गया है, क्योंकि उसका जो रूप देखने को मिल रहा है, वह जितना ही सीमित हो, उतना ही अच्छा! जिन अनेक आवश्यकताओं की पूर्ति के लिए और विषयों के शब्द रचे जा रहे हैं, उनमें एक सैन्य-शब्दावली भी है। वह आंशिक रूप से पत्रों में प्रकाशित हो चुकी है, यद्यपि उस पर हमें उनमें से किसी के विचार पढ़ने को नहीं मिले।

हिन्दी के पारिभाषिक शब्दों के निर्माण के जो सिद्धान्त सरकार द्वारा स्वीकृत और घोषित हुए थे, उन्हें देखते हुए हम आश्वस्त थे। किन्तु, व्यवहार में देखने को यह

मिल रहा है कि क्रमशः आज से कुछ पहले की 'हिन्दुस्तानी-शैली' को पुनरुज्जीवित करने का प्रयास हो रहा है। भारत सरकार के द्वारा प्रकाशित अन्य शब्दावलियों में इस प्रयास का बीजमात्र था। 'अकादेमी' पर हो-हल्ला नहीं हुआ—शायद यह समझकर कि एक शब्द की बात ठहरी। हम हिन्दी के विद्वानों और सम्पादकों से अनुरोध करेंगे कि वे ध्यानपूर्वक निम्नोक्त सैन्य-शब्दावली देखें और उसके विषय में अपनी सम्मति व्यक्त करें। सरलता के नाम पर पारिभाषिक शब्दावली की गरिमा को ही समाप्त करने का यह प्रयास सर्वथा प्रतिक्रियावादी है।

समाचार-पत्रों में प्रकाशित इस शब्दावली के कुछ नमूने दिये जा रहे हैं : स्टैंड ईजी—आराम से; आइज फ्रंट—सामने देख; नम्बर—गिनती कर; राइट ऑर लेफ्ट टर्न—दाहिने या बायें मुड़; फॉल इन—लाइन बन; फॉल आउट—लाइन तोड़; डबल मार्च—दौड़ के चल; हाल्ट—थम; सैल्यूट—सिलूट; प्रेजेंट आर्म्स—सलामी दो; जेनेरल सैल्यूट—जेनेरल सैल्यूट; नेशनल सैल्यूट—राष्ट्रीय सैल्यूट; कम्पनी—कम्पनी; बैटालियन—बैटालियन; गार्ड—गार्ड, पैरेड—पैरेड!

'प्राविजनल लिस्ट ऑव टेक्निकल टर्म्स इन हिन्दी : डिफेन्स 4' से भी कुछ शब्द उद्धृत हैं : एयर फोटोग्राफिक रिकनासाँ-हवाई—फोटो-टोह; एयरक्राफ्ट लोडिंग टेबल—लदान तालिका; एलाएड स्टाफ—मित्रराष्ट्र; अमला; एसाल्ट एरिया—हमला क्षेत्र; बैराज फायर—बाढ़ शलक; बाइलैटेरल इंफ्रास्ट्रक्चर—दुराष्ट्रीय अवस्थापना; बिल्ड-अप कंट्रोल—जमाव नियन्त्रण संगठन; डेट-टाइम ग्रुप—तारीख-समय वर्ग; डीप फोर्डिंग—गहरा पाँझना; एस्टैब्लिशमेंट—सिब्बन्दी (तथा प्रतिष्ठान); फायर पावर अम्ब्रेला—शलक छतरी; फ्लीट ट्रेन—फ्लीट ट्रेन; फ्लाइट—फ्लाइट; डार; फोर्डेबलिटी—पाँझना; शैलो फोर्डिंग—उथले पाँझने वाला, उथला पाँझना; फ्री ड्रापिंग—बिना छतरी अवपातन; इम्मीडिएट एयर सपोर्ट—फौरी हवाई सहायता; लोड-शीट—लदान पर्चा; लाँगरेंज फोटोग्राफिक रिकनासाँ एयरक्राफ्ट—दूर परास फोटो-टोह विमान!

['साहित्य' : अक्टूबर, 1955]

बिहार में प्रेमाख्यान-सम्बन्धी शोध

आचार्य शुक्ल ने प्रेमाख्यान-परम्परा की जिस व्यापकता और महत्ता की उद्भावना की थी, उसके लिए उपलब्ध सामग्री से अधिक उनकी क्रान्तदर्शिता को ही श्रेय है। इधर पटना कॉलेज के इतिहास-विभागाध्यक्ष श्री अस्करी ने बिहार के खानकाहों और प्राचीन मुस्लिम परिवारों के निजी संग्रहालयों से सूफियों के द्वारा रचित प्रेमाख्यानों का जीर्णोद्धार कर आचार्य शुक्ल की उद्भावना के समर्थन में प्रभूत प्रामाणिक सामग्री प्रकाश में ला दी है।

श्री अस्करी को मनेर में 'पद्मावत' और 'अखरावट' की जो प्राचीन पांडुलिपि मिली थी, उसका महत्त्व डा. माताप्रसाद गुप्त ने इसी पत्रिका के अंक-विशेष में प्रकाशित अपने निबन्ध में प्रतिपादित किया था। श्री अस्करी को मनेर में ही हाल में मौलाना दाऊद और शेख कुतबन की 'चंदाइन' (चंदाबन या चंदायत) तथा 'मृगावती' की अत्यन्त प्राचीन पांडुलिपियों के अंश प्राप्त हुए हैं। उनका सविस्तर विवरण पटना कॉलेज की शोध-पत्रिका 'करेंट स्टडीज' के नवीन अंक में प्रकाशित है। हिन्दी की शोध तथा साहित्यिक संस्थाओं का यह कर्तव्य है कि वे श्री अस्करी के अनुसन्धानों से लाभ उठाएँ और उनके लिए ऐसे साधन सुलभ कर दें कि वे इस दिशा में अधिकाधिक कार्य कर सकें।

['साहित्य' : अक्टूबर, 1955]

साहित्य-संवर्धन की विंशसूत्री पंचवर्षीय योजना

बिहार हिन्दी साहित्य सम्मेलन को अब ठोस रचनात्मक कार्य करने को तत्पर होना चाहिए। उसके विचारार्थ हम एक योजना प्रस्तुत कर रहे हैं। हिन्दी की अन्य संस्थाएँ भी यथारुचि, यथाशक्ति, इस योजना की कार्यान्विति के लिए प्रयास कर सकती हैं। हम इस सम्बन्ध में प्राप्त सुझावों का स्वागत करेंगे। योजना की रूपरेखा नीचे दी जा रही है :

उद्देश्य

सामान्यत: भारतीय साहित्यों और विशेषत: हिन्दी साहित्य का संवर्धन,

भारतीय साहित्यों का संग्रथन,

तात्त्विक अनुसन्धान,

भारतीय भाषाओं का तुलनात्मक, भाषाशास्त्रीय अध्ययन। हिन्दी साहित्य की उपलब्धियों से, अंग्रेजी माध्यम के द्वारा, भारतेतर संसार को परिचित कराना।

कार्यप्रणाली

अवैतनिक निर्देशन; वैतनिक कार्यकर्ता,

निश्चित अवधि में लक्ष्य-पूर्ति,

पाँच वर्षों के लिए मनोनीत निर्देशक; कार्य-संचालन में सर्वाधिकार-सम्पन्न; नियुक्तियाँ और अनुशासन उसके अधीन; लक्ष्य-पूर्ति में असावधानी या विलम्ब होने पर पदच्युति।

कार्यक्रम

1. हिन्दी के साहित्यिक इतिहासों में विवेचित समस्त पुस्तकों के सुसम्पादित संस्करण—प्रथम पाँच वर्षों में :
   (क) सिद्धों की कृतियों,
   (ख) फ़ारसी लिपि में बिहार के अन्तर्गत प्राप्त प्रेमाख्यानों तथा
   (ग) बिहार के प्राचीन हिन्दी कवियों की कृतियों के संस्करण एवं
   (घ) अनुसन्धानकर्ताओं द्वारा पुराने दरबारों और मठों आदि के संग्रहालयों की छानबीन।
2. हिन्दी साहित्य-कोश का निर्माण : 'हिन्दी शब्दसागर' के द्वारा भी हिन्दी साहित्य-कोश के अभाव की पूर्ति नहीं होगी; हिन्दी साहित्य-कोश में हिन्दी की समस्त उपलब्ध रचनाओं में प्राप्त शब्दों की व्युत्पत्ति, अर्थ आदि रहेंगे; संस्कृत आदि के कोशों से शब्द न लेकर केवल हिन्दी की पुस्तकों से ही लिये जाएँगे; हिन्दी में ऐसे शब्दकोश की नितान्त आवश्यकता है, जिनमें 'पृथ्वीराज रासो', 'सूरसागर', कबीर की कृतियों, पद्‌माकर की रचनाओं आदि का प्रत्येक शब्द विवेचित हो; ऐसा कोई कोश नहीं है, न इसकी कोई अन्य योजना बनी है।
3. हिन्दी का ऐतिहासिक व्याकरण जिसमें होर्नल, बीम्स, केलाग आदि की समस्त गवेषणाओं का उल्लेख करते हुए, नवीन शोध प्रस्तुत हो।
4. उर्दू की महत्त्वपूर्ण कृतियों का नागरी में लिप्यंतर, पाद-टिप्पणियों में हिन्दी के पाठकों की सुविधा के लिए कठिन शब्दों के अर्थ के साथ।
5. पुराण कोश—समस्त उपलब्ध पुराणों के व्यक्ति, स्थान आदि के नामों तथा अन्य महत्त्वपूर्ण बातों का संक्षिप्त उल्लेख तथा पूर्ण निर्देश।
6. हिन्दी की प्रकाशित पुस्तकों तथा पत्र-पत्रिकाओं में प्राप्त लेखादि का सूची-ग्रंथ।
7. पांडुलिपियों का संग्रहालय—मुख्यतः 'माइक्रोफिल्म' के रूप में, विभिन्न प्रदेशों के संग्रहालयों और विदेशों से प्राप्त कर।
8. भाषित बोलियों का संग्रहालय—'टेप-रेकॉड्र्स' के रूप में।
9. अपभ्रंश-कोश—अपभ्रंश का कोई कोश आज तक नहीं बना है, जबकि सिद्धान्त रूप में माना यह जाता है कि आधुनिक भारतीय भाषाओं का उद्‌भव अपभ्रंशों से हुआ है।
10. एक बृहत् ग्रंथ में समस्त प्रमुख भारतीय भाषाओं का भाषा वैज्ञानिक विवरण।
11. (क) संस्कृत से अनुवाद—प्रथम पाँच वर्षों में पाँच बड़े और महत्त्वपूर्ण ग्रंथों का अनुवाद।
    (ख) हिन्दी से अंग्रेजी में अनुवाद।

12. भारतीय साहित्यों का तुलनात्मक इतिहास—हिन्दी, बंगला आदि प्रमुख भाषाओं के साहित्यों का, साहित्येतिहास की एक योजना में, विभिन्न युगों में विभक्त कर, तुलनात्मक अध्ययन।
13. हिन्दी काव्य, उपन्यास, नाटक, आलोचना से, हार्वर्ड क्लासिक्स की तरह विस्तृत पाठानुबन्ध (Readings)।
14. अन्य भाषाओं से भी इस प्रकार के पाठानुबन्ध तैयार करना—अभी किसी एक हिन्दीतर भाषा के साहित्य से ही।
15. संक्षिप्त भारतीय साहित्य-विश्वकोश—शिप्ले की 'डिक्शनरी ऑव वर्ल्ड लिट्रेचर' आदर्श, एक या दो खंडों में।
16. संक्षिप्त भारतीय कला-कोश—एक या दो खंडों में।
17. संक्षिप्त भारतीय लोककथा-कोश।
18. विभिन्न संग्रहालयों में सुरक्षित पांडुलिपियों की सूची-प्रसूची—'कैटेलॉग्स कैटेले-गोरम' आदर्श।
19. त्रैमासिक कोश—देवनागरी लिपि में अंग्रेजी से हिन्दी-उर्दू कोश।
20. समस्त प्रमुख भारतीय भाषाओं की 'स्वाध्यापित पुस्तकमाला' ('सेल्फ टॉट' सीरीज)।

टिप्पणी—औसतन प्रत्येक कार्य के लिए एक लाख रुपये अपेक्षित हैं—अर्थात् सम्पूर्ण कार्यक्रम के लिए 20 लाख रुपये। जितने लाख रुपये सुलभ हों, उतने कार्य तत्काल आरम्भ किये जा सकते हैं।

['साहित्य' : नवम्बर, 1955]

हिन्दी के प्रेमाख्यान और बिहार

स्व. रामचन्द्र शुक्ल की क्रान्तदर्शिता का यह प्रमाण है कि प्रेमाख्यान-विषयक स्वल्प सामग्री के आधार पर ही उन्होंने उसके महत्त्व और व्यापकता का निर्देश किया था। 'हिन्दी साहित्य का इतिहास' लिखने और 'पद्मावत' के सम्पादन के समय उनके सामने जो सामग्री थी, वह इतनी और ऐसी नहीं थी जिसके सहारे प्रेमाख्यान-परम्परा का सिद्धान्त स्थापित किया जा सकता था। हाल तक भी एतद्विषयक सामग्री का अभाव ही रहा है। शिरेफ ने 'पद्मावत' के अपने अंग्रेजी अनुवाद की भूमिका में इसका संकेत किया है कि जिन ग्रंथों के आधार पर हिन्दी के विद्वान प्रेमाख्यान-परम्परा की बात करते हैं, उनकी प्राचीन और प्रामाणिक प्रतियाँ उपलभ्य हैं ही नहीं! शुक्ल जी ने, शोधकर्ता के रूप में, विश्वसनीय सामग्री का अनुसन्धान करने के बदले, एक कल्पना-प्रवण इतिहासकार का काम किया, अर्थात् कुछ ही खंडों के साक्ष्य पर सम्पूर्ण का

परिभावन कर लिया। उन्हें श्रेय इस बात का है कि उनका परिभावन इधर उद्घाटित साक्ष्य के प्रकाश में साधार प्रमाणित हुआ है।

जिस सद्य:उपलब्ध साक्ष्य का अभी ऊपर उल्लेख हुआ है, उसके उद्घाटन के लिए हिन्दी-जगत् पटना कॉलेज के इतिहास-विभागाध्यक्ष श्री एस.एच. अस्करी का ऋणी रहेगा। हमने 'साहित्य' के पिछले अंक में हिन्दी-जगत् की ओर से उनके प्रति कृतज्ञता-ज्ञापन किया है। इस टिप्पणी में हम उनके द्वारा प्रकाश में लाई गई सामग्री का संक्षिप्त विवरण देकर उसके मूल्यांकन का प्रयत्न करेंगे।

श्री अस्करी ने प्राचीन मुस्लिम परिवारों के व्यक्तिगत संग्रहालयों और खानकाहों की खाक छानी है और अनमोल रत्न ढूँढ़ निकाले हैं। जायसी की 'पद्मावत' और 'अखरावट' तथा कुछ अन्य प्राचीन हिन्दी कृतियों की जो दुर्लभ पांडुलिपियाँ उन्हें मनेर में मिली थीं, उनके महत्त्व का उल्लेख डा. माताप्रसाद गुप्त जैसे इस विषय के मान्य विशेषज्ञ ने किया है। जैसा स्वयं श्री अस्करी ने लिखा है, इस प्रकार की परिशंसा से प्रोत्साहित होकर उन्होंने इस दिशा में अनुसन्धान जारी रखा और उन्हें मनेर में ही अवधी के अन्य दो कवियों—मौलाना दाऊद और शेख कुतबन—की काव्य-कृतियों की खंडित पांडुलिपियाँ हाथ लगीं।

जायसी ने कुतबन के जिस प्रेमाख्यान—'मृगावती'—का सादर स्मरण अपने प्रेमाख्यान में किया है, उसकी सन् 1502 में तैयार की गई एक प्रति का उल्लेख नागरी प्रचारिणी सभा के सन् 1900 के अनुसन्धान-प्रतिवेदन में है, किन्तु अब वह प्रति प्राप्त नहीं है। मनेर में 'मृगावती' का जो अंश मिला है, उसमें उसके रचयिता का कहीं नामोल्लेख नहीं है, किन्तु 'मिरगावत', 'रूपमंजरी', 'कंचनपुर', 'कंचननगर' आदि व्यक्ति और स्थान के नाम स्पष्टत: प्रमाणित करते हैं कि वह कुतबन की ही कृति का अंश है।

पं. परशुराम चतुर्वेदी ने 'सूफ़ी-काव्य संग्रह' में 'मृगावती' के जो अंश संकलित किये हैं, वे मनेर-संस्करण में नहीं हैं। चतुर्वेदी जी ने अपने संग्रह में उद्धृत अंशों के स्रोत का निर्देश नहीं किया है, अत: उनकी प्रामाणिकता के विषय में हम कुछ कह सकने की स्थिति में नहीं हैं। चतुर्वेदी जी के द्वारा उद्धृत अंशों की कुछेक पंक्तियों से कुतबन की जीवनी और समय पर प्रकाश पड़ता है। इनके आधार पर चतुर्वेदी जी ने शुक्ल जी तथा अन्य विद्वानों के इस मत का खंडन किया है कि कुतबन के गुरु कालपी के शेख बुरहान थे और शाहे-वक्त शेरशाह के पिता हुसैन शाह। स्वयं चतुर्वेदी जी का मत है कि कुतबन द्वारा उल्लिखित शाहे-वक्त, इसी नाम का बंगाल का राजा अलाउद्दीन हुसैन (1493-1519) था। श्री अस्करी को मान्य नहीं है, जिनके अनुसार कुतबन का संकेत जौनपुर के अन्तिम शर्की राजा हुसैन शाह की ओर है, जो दिल्ली के समकालीन सुलतान बहलोल लोदी और उसके पुत्र सिकन्दर लोदी द्वारा पराजित होने पर बंगाल का उपर्युक्त राजा का शरणागत हुआ था। श्री अस्करी के

अनुसार, कुतबन के गुरु शेख बुरहान शत्तारी थे, जो सिकन्दर लोदी के समकालीन और शत्तरिया सूफ़ी सम्प्रदाय के प्रभावशाली पीर थे।

जहाँ तक मौलाना दाऊद का प्रश्न है, उनकी कृति 'चंदाइन', 'चंदाबन' या 'चंदावन' में लोरिक और चन्दा की प्रेम-कहानी वर्णित है। मौलाना दाऊद का समय भी हिन्दी के विद्वान निर्धारित नहीं कर पाए हैं। श्री अस्करी ने मुंतखाबत तवारीख के आधार पर यह प्रमाणित करने में सफलता पाई है कि फिरोजशाह के प्रधानमंत्री खाँ जहाँ की मृत्यु सन् 1370 में हुई और उनके पुत्र जूना शाह उसी वर्ष अपने पिता के पद पर आसीन हुए, और इन्हीं जूनाशाह के नाम पर मौलाना दाऊद ने लोरिक-चन्दा की प्रेम-कहानी लिखी।

श्री अस्करी का निश्चित मत है कि वह पन्द्रहवीं शताब्दी में प्राप्त पांडुलिपि के कागज, स्याही और लिखावट के साक्ष्य पर तैयार की गई होगी। इतनी प्राचीन पांडुलिपि का महत्त्व स्पष्ट ही है।

श्री अस्करी के जिस अंग्रेजी निबन्ध के आधार पर उपुर्यक्त विवरण प्रस्तुत किया गया है, वह पटना कॉलेज के 'करेंट स्टडीज' के नये अंक में प्रकाशित है। श्री अस्करी ने अपने इस निबन्ध में कुतबन और दाऊद की काव्यगत, भाषा-सम्बन्धी और सांस्कृतिक विशेषताओं का सोदाहरण विवेचन किया है।

श्री अस्करी के मूल अंग्रेजी निबन्ध की एक बहुत बड़ी त्रुटि यह है कि उद्धरण रोमन लिपि में हैं, पर ध्वनि-निर्देशक चिह्नों का प्रयोग नहीं किया गया है। ध्वनि-निर्देशक चिह्नों से रहित रोमन-लिपि संस्कृत, हिन्दी आदि भाषाओं को व्यक्त करने में सर्वथा असमर्थ है। फलतः उद्धरणों का महत्त्व बहुत कम हो गया है।

इसमें श्री अस्करी का कोई दोष नहीं। यह बिहार की साधन-सम्पन्न हिन्दी संस्थाओं का कर्तव्य है कि वे योग्य लिपिकारों की व्यवस्था कर श्री अस्करी के द्वारा संगृहीत पांडुलिपियों की नकल करा लें और स्वयं इस कर्मठ अनुसन्धानकर्ता के लिए यथेप्सित साधन प्रस्तुत करें।

['साहित्य' : नवम्बर, 1955]

बिहार की बोलियाँ

बिहार की बोलियों के भाषाशास्त्रीय सर्वेक्षण और प्रतिनिधि उदाहरणों के स्थायी अंकन की शीघ्र व्यवस्था होनी चाहिए। इस दिशा में अन्य राज्यों को भी अविलम्ब सचेष्ट हो जाना चाहिए। ग्रियर्सन का भाषिक सर्वेक्षण पुराना पड़ चुका है। उन्होंने जो उदाहरण संकलित किये थे, वे लिखित रूप में ही प्राप्त हैं, अतः भाषाशास्त्रीय दृष्टि से उनकी उपयोगिता सीमित है।

भारतीय भाषाओं और बोलियों के सर्वेक्षण का आयोजन, हमने सुना है, केन्द्रीय सरकार कर रही है। यह काम होगा तो इतने बड़े पैमाने पर होगा कि देश की असख्य बोलियों का अनिवार्यत: संक्षिप्त अध्ययन ही सम्भव हो सकेगा। अत: विभिन्न राज्यों को अपने-अपने क्षेत्रों की बोलियों के सर्वांगीय अध्ययन के लिए स्वतंत्र रूप से प्रयत्न करना आवश्यक है।

बिहार में यह काम राष्ट्रभाषा-परिषद् कर सकती है। इस काम में शीघ्रता इस कारण अपेक्षित है कि बोलियों का भाषित रूप तेजी से बदलता जा रहा है। किसी बोली के बोलने वाले कितने हैं और उसकी भौगोलिक सीमा क्या है, ये बातें तो आज भाषाविज्ञान से अधिक व्यावहारिक राजनीति के लिए महत्त्वपूर्ण हो गई हैं। उनके लिखित रूप की सुरक्षा के लिए भी भाषावैज्ञानिक को चिन्तित होने की आवश्यकता नहीं रह गई है, क्योंकि ऐसी शायद ही कोई बोली हो जिसकी कम-से-कम दो-चार मुद्रित पुस्तकें सुलभ न हों। आवश्यकता इस बात की है कि बोलियों के वास्तविक और प्राचीनतम भाषित रूप सुरक्षित हो जाएँ। आज जो भाषाएँ परिनिष्ठित हो गई हैं और जिन्हें साहित्यिक मर्यादा प्राप्त है, उनसे सम्बद्ध बोलियाँ उनसे प्रभावित होकर अपना भाषित रूप खोती जा रही हैं। इसलिए जरूरी यह है कि पट्टांकक (Tape Recorder) लेकर प्रशिक्षित अनुसन्धानकर्ता बोलियों के क्षेत्रों के नगरों से दूरतम भागों में जाएँ, और जहाँ तक हो सके, नितान्त अशिक्षित वृद्धों और स्त्रियों से बुलवाकर, बोलियों के प्रकृत भाषित रूप अंकित कर लें।

हाल ही में इंग्लैंड के भाषावैज्ञानिकों ने यह काम शुरू किया है और उनका अनुभव है कि यह और पहले हो जाना चाहिए था। परिनिष्ठित साहित्यिक अंग्रेजी अब दूरस्थ गाँवों तक पहुँच चुकी है। ऐसा नहीं है कि उसका शुद्ध भाषित रूप प्रत्येक ग्रामवासी के द्वारा अभ्यस्त हो चुका है, बल्कि वास्तविकता यह है कि उसकी बोली भाषा से प्रभावित होकर रूपान्तरित हो चुकी है। यह खतरा—भाषावैज्ञानिक दृष्टि से—हमारे यहाँ की बोलियों को भी है। यदि शीघ्र ही उनके पट्टांक तैयार नहीं करा लिये जाते तो बहुत महत्त्वपूर्ण भाषाशास्त्रीय सामग्री लुप्त हो जाएगी।

['साहित्य' : नवम्बर, 1955]

पुस्तकालय और अध्ययन की प्रवृत्ति

कहते हैं, 'ग्रंथी भवति पंडित:'। पुस्तकालय, सार्वजनिक हों या निजी, अध्ययन के प्रेरणा-केन्द्र होते हैं। पुस्तकालय न हों तो अध्ययन की अदम्य प्रवृत्ति भी धीरे-धीरे कुंठित हो जाती है। कुछ पुस्तकें खरीदकर, और केवल उन्हीं के अध्ययन के द्वारा, हम अपनी बौद्धिक आवश्यकता की न तो पूर्ति ही कर सकते हैं, न वास्तविक अर्थ

में अध्ययन का व्यापक अथवा विशेषज्ञोचित क्रम ही जारी रख सकते हैं। निजी पुस्तकालय का निर्माण, सन्तोषजनक पैमाने पर, यदि सम्भव है तो कुछ ही साधन-सम्पन्न लोगों के लिए, और उन्हें भी अध्ययन की प्रवृत्ति को जिलाए रखने के लिए न सही, तो उसे विकासशील बनाये रखने के लिए अवश्य, विशाल सार्वजनिक पुस्तकालयों की आवश्यकता होती ही है।

यह तो उस स्थिति की बात है कि जब अध्ययन की प्रवृत्ति मनुष्य में वर्तमान हो, और केवल उसे सक्रिय, व्यापक और विकासोन्मुख बनाये रखना अभीष्ट हो, किन्तु पुस्तकालय की वास्तविक महत्ता यही नहीं है। वह तो ऐसे व्यक्तियों में भी अध्ययन की प्रवृत्ति अंकुरित कर देता है जिनमें इसकी कोई सम्भावना तक नहीं रहती। अवश्य इसके अपवाद होते ही हैं और हम ऐसे लोगों को जानते हैं जो सम्पन्न पुस्तकालयों के स्वामी होते हुए भी अध्ययन से कोई वास्ता नहीं रखते, पुस्तकालयाध्यक्ष होते हुए भी केवल पुस्तकें देते-लेते और गिनते रह जाते हैं, ड्राइंग रूम में कीमती अलमारियों को सजाने भर के लिए ही पुस्तकों के राज-संस्करण खरीदा करते हैं। किन्तु, ऐसे जल में रहकर न भींगने वाले कमल जैसे बिरले ही आदमी होते हैं। हमारा तो अनुभव है कि पुस्तकालय का, साक्षरता की योग्यता रखनेवाला, चपरासी भी धीरे-धीरे ऐसा अध्ययन-प्रेमी बन गया है कि विशेषज्ञों को पुस्तक-सूची के सफे उलटने की मेहनत से छुट्टी दिला देता है और अपने पुस्तक-प्रेम के कारण अनुशासन-प्रेमी पुस्तकालयाध्यक्ष की झिड़कियाँ सुनने का आदी बन गया है। और, ऐसे पुस्तकालयाध्यक्षों की तो गिनती ही नहीं जो चलते-फिरते सूची-पत्र और कोश बन जाते हैं, या उच्चतम परीक्षाओं में उत्तीर्ण होकर अध्यापक हो जाते हैं।

पुस्तकालय काजल की कोठरी तो नहीं है, लेकिन ऐसी कोठरी जरूर है कि जिसमें जो जाता है, वह उसकी छाप लेकर ही लौटता है। हम अक्सर अपने मित्र-परिचितों से सुनते हैं कि उनके बच्चे पढ़ने से भागते हैं और उनमें इसकी प्रवृत्ति विकसित करने के सारे प्रयास विफल हो गए हैं, बल्कि मर्ज बढ़ता ही जाता है, जैसे-जैसे दवा की जाती है। यह मनोविज्ञान से जानी हुई बात ही नहीं है, सहज बुद्धि से अनुमेय है कि ऐसे बच्चों का एक ही इलाज है कि उन्हें किसी तरह प्रलोभन देकर ही या कुछ दिनों तक बाध्य करना पड़े तो भी, नित्य एक पुस्तकालय में घंटे-दो घंटे तक बैठने के लिए प्रेरित किया जाए। हाँ, यह ठीक है कि अगर यह तरीका भी बेकार साबित हो जाए तो समझ लेना चाहिए कि पत्थर पर दूब नहीं जमने को!

इसलिए आवश्यक तो यह है कि शिशु-विद्यालयों में जैसे पाठचर्या के अतिरिक्त प्रार्थना, व्यायाम आदि के लिए भी थोड़ा समय निर्धारित रहता है, वैसे ही सप्ताह में या प्रतिदिन, थोड़ा समय पुस्तकालय में रहने के लिए नियत कर दिया जाए। इसलिए, जहाँ यह तो आवश्यक है ही कि विश्वविद्यालयों में, उच्च वर्गों के छात्रों और विशेषज्ञ शोधकर्ताओं के लिए समृद्ध पुस्तकालय संघटित हों, वहीं यह भी कम आवश्यक नहीं

कि स्कूलों के भी अपने अच्छे-खासे पुस्तकालय हों। हमारे देश में पहले प्रकार के पुस्तकालयों का अभाव नहीं है, यद्यपि उनमें भी उन्नति के लिए काफी गुंजाइश है, किन्तु स्कूली पुस्तकालयों की स्थिति सर्वथा असन्तोषजनक है। कुछ पुराने और सम्पन्न विद्यालयों में पुस्तकालय हैं भी तो प्रत्येक छात्र को अनिवार्य रूप से उनका उपयोग करने की बाध्यता तो कहाँ तक होगी। अध्ययनशील छात्र यदि विद्यालय के पुस्तकालय से लाभ उठाना चाहते हैं तो उन्हें हतोत्साह ही किया जाता है, क्योंकि पुस्तकालय की सम्यक् व्यवस्था तो शायद ही किसी स्कूल में पाई जाती हो। यों तो किसी भी स्कूल को सरकार के द्वारा तब तक स्वीकृति नहीं दी जाती जब तक उसमें निर्धारित संख्या में पुस्तकें संगृहीत न हों, किन्तु संगृहीत पुस्तकों की संख्या से अधिक महत्त्वपूर्ण बात यह है कि उन्हें छात्रों के लिए सुलभ बनाया जाए, उनका नियमित उपयोग करने के लिए उन्हें प्रेरित किया जाए, और उनमें अध्ययन की प्रवृत्ति इस तरह बद्धमूल कर दी जाए कि भविष्य में वे जीविकोपार्जन के लिए भले ही ऐसा पेशा क्यों न अख्तियार करें जिसके लिए अध्ययन नितान्त आवश्यक न हो, किन्तु वे आत्म-विकास के लिए रोज थोड़ा-बहुत अध्ययन बिना चैन ही न पाएँ।

एक पुस्तकालय के द्वारा अध्ययन की प्रवृत्ति का सूत्रपात तो इस प्रकार होता है। इस प्रवृत्ति का विकास और विस्तार किस रीति और क्रम से होता है, यह भी अनुभव से ज्ञात, उपादेय विषय है। हम पहले पुस्तकालय के किसी एक छोटे कोने से, सहमते हुए, परिचय स्थापित करते हैं। हम पहले उपन्यास, कहानी, नाटक, निबन्ध या कविता की अलमारियों की रंगीन दुनिया में प्रवेश करते हैं और, बहुधा, बहुत दिनों तक उसी के नित नये रूपों से चकित-विस्मित होते रहते हैं। हम तृप्त होने के बदले अपने से असन्तुष्ट होते जाते हैं। हम महसूस करते हैं कि हम उन बहुत सारी बातों को जानते तक नहीं जिनके विषय में गल्प-लेखक या कवि इस तरह लिखता है, जैसे उसे विश्वास हो कि पाठक उनसे अवश्य ही परिचित होगा। हम पाते हैं कि हमने थोड़ा साहित्य तो पढ़ लिया है, लेकिन साहित्यशास्त्र का हमें ज्ञान नहीं है, हम अन्यान्य शास्त्रों से तो प्राय: अपरिचित ही हैं। हम पहली बार अनुभव करते हैं कि ज्ञान के एक दूसरे की ओर से बन्द डिब्बे नहीं होते, बल्कि ज्ञान का रूप समन्वयात्मक होता है। हम अपने-आप समझने लगते हैं कि हम परीक्षा में सफलता को अपना लक्ष्य बनाकर जिस रीति से अध्ययन कर रहे हैं, वह व्यावहारिक भले हो, किन्तु उससे हमें ज्ञान की सम्पूर्णता का आभास तक नहीं मिल रहा है। और, तभी हम पुस्तकालय के दूसरे कोनों की ओर नजर दौड़ाते हैं। पहले भटकते हैं, रास्ता नहीं पाते, घबरा उठते हैं, पर धीरे-धीरे हम आत्मनिर्दिष्ट ज्ञानार्जन में प्रवृत्त होते हैं और अपने व्यक्तित्व को सम्पन्नतर बनाने में सफल होते हैं।

हमारा अनुभव है कि किस प्रकार हमारे अनेक अध्ययन-प्रेमी मित्रों ने शुरू तो जासूसी उपन्यासों से किया और आज नाना शास्त्रों से निर्मित ज्ञान के अनन्त सागर

के मरजीवा बने हुए हैं। उनके पास छोटे-बड़े निजी पुस्तक-संग्रह तो हैं ही, किन्तु उनसे उनका काम थोड़े ही चलने को है; वे नगर के सभी बड़े पुस्तकालयों के सदस्य भी हैं, और, वे क्लर्क हों या अध्यापक, चिकित्सक हों या जीविकोपार्जन की समस्या से मुक्त रईस, सभी ओर व्यस्तता के बीच तो अध्ययन के लिए थोड़ा-बहुत समय जरूर ही निकाल लेते हैं—सोने के पहले बिस्तर पर लेटे-लेटे ही सही, यात्रा करते हुए रेल के डिब्बे में ही क्यों न हो!

ऐसे अध्ययन-प्रेमियों के लिए भी पुस्तकालय की सुव्यवस्था आवश्यक होती है। जिन पुस्तकालयों में 'खुली अलमारी' की प्रणाली नहीं है, केवल सूची-पत्र देखकर ही पुस्तकों का चुनाव करना पड़ता है, वे अध्ययन की प्रवृत्ति को प्रोत्साहन देने के बदले उसे कुंठित ही करते हैं। प्रौढ़ पाठकों को अपने पेशे से थोड़ा समय चुराकर पुस्तकालयों में जाने का अवसर मिलता है। यदि उन्हें वहाँ का वातावरण अनुकूल नहीं मालूम होता, अगर उन्हें वहाँ इच्छानुसार पुस्तकें चुनने की सुविधा नहीं रहती, तो उन्हें निराश होना पड़ता है। हड़बड़ी में ऐसी पुस्तकें लेकर वापस चले जाना पड़ता है, जिन्हें उलट-पलटकर देखने के बाद वे काम की नहीं पाते। दुर्भाग्य से हमारे देश के अधिकतर पुस्तकालयों में, 'खुली अलमारी' की उपयोगिता जानते हुए भी, व्यवस्थापक ऐसा प्रबन्ध करने का साहस नहीं कर पाते। इसमें उनका कम और अध्ययन-प्रेमियों में से कुछेक लोगों का ही ज्यादा दोष है, जिनके आचरण के फलस्वरूप अन्य पाठकों को असुविधा उठानी पड़ती है। अगर पुस्तकालय की अलमारियाँ खुली छोड़ दी जाएँ, पाठकों को यह स्वतंत्रता रहे कि पुस्तकालय के कमरों में जाकर जितनी देर तक चाहें, किताबें उलट-पलटकर देखते रहें, तो पुस्तकालय को क्या खतरा मोल लेने को तैयार रहना पड़ेगा, इस पर प्रकाश डालने की खास जरूरत नहीं है। और, यह भी ठीक है कि आदर्श पद्धति यही है कि पुस्तकालयों में बन्धन, नियन्त्रण कम-से-कम हों। अवश्य ही हमें इसके लिए तब तक प्रतीक्षा करनी पड़ेगी जब तक हमारी नैतिकता का स्तर ऊँचा नहीं होता।

किन्तु, सभी अच्छी चीजों की तरह पुस्तकालयों का बुरा प्रभाव भी हो सकता है और उससे अध्ययन की 'स्पृहणीय प्रवृत्ति' विकृत भी हो जा सकती है। यदि हम अपने ऊपर नियन्त्रण न रखें, तो खतरा यह रहता है कि पुस्तकालय में पहुँचकर हम अध्ययन करने के बदले पुस्तकों को उलटते-पलटते रह जाएँ और इस तरह इस आत्म-प्रवंचना के शिकार बन जाएँ कि हम अध्ययन कर रहे हैं, समय का सदुपयोग कर रहे हैं, जबकि असल में हम वक्त बर्बाद करते होते हैं। ऐसा नहीं कि इस पुस्तकालय में पहुँचकर गप्प करने लगें, तो यह वक्त की बर्बादी हुई। वक्त की बर्बादी होने की यह आशंका रहती है कि हम सचित्र पत्रिकाओं की तसवीर तो देख जाएँ और दूसरे पृष्ठ यों ही उलट-पलटकर छोड़ दें, या किताबों पर उस भुक्खड़ की तरह टूट पड़ें तो अपने सामने अकस्मात् छप्पन प्रकार के व्यंजनों को पाकर समझ ही नहीं पाता

कि सबको एक ही बार कैसे उदरस्थ कर लिया जाए, या फिर पल्लवग्राही तथा दिखाने के ज्ञान के लिए नई किताबों के आवरण पर मुद्रित शीर्षकों और नामों से ही परिचित होकर अपने अध्ययन की इतिश्री समझ लें। अध्ययन के इस आडम्बर या विकृत रूप के लिए सार्वजनिक पुस्तकालय में जाना जरूरी नहीं। हम अक्सर ऐसे नव-विभव लोगों को देखते हैं जो नवीनतम पुस्तकें खरीदकर, अपने को सुसंस्कृत होने का प्रमाण देने के निमित्त, पुस्तकों का खासा बढ़िया संग्रह अपने घरों में रखते हैं। वे उनके प्रदर्शन से ही सन्तुष्ट न होकर उनकी प्रकाशन-तिथि आदि का उल्लेख करते नहीं थकते, और अगर ज्यादा होशियार हुए तो, पुस्तकों के प्रकाशकीय वक्तव्यों के सहारे उन पर अपनी सम्मति भी गम्भीरता के साथ देते रहते हैं। ऐसे प्राज्ञम्मन्य लोग जब आइंस्टाइन और पिकासो, निराला या प्रयोगवाद पर निर्विकार भाव से अपने विचार ऐसे लहजे में व्यक्त करते हैं जिससे लगे कि वे ज्ञान-दान से श्रोता को कृतार्थ कर रहे हैं, तो उस समय श्रोता की सामाजिकता की कड़ी परीक्षा होती है। 'न ययौ न तस्यौ' की स्थिति में पड़कर ही इसका अनुभव किया जा सकता है, जब न हँसते ही बनता है, न खंडन करते ही; अब न तो बैठे रहना ही सम्भव होता है, न उठकर चलते बनना ही। बहुग्रंथी पंडित बन जाता है, तो बहुत अच्छी बात है, किन्तु अक्सर यह भी होता है कि वह सतही ज्ञान प्राप्त कर विद्वानों के बीच अपनी गिनती कराना चाहता है, वह शेर की खाल ओढ़कर शेर का स्वाँग करने लगता है। और तब, हास्यापद और अप्रीतिकर स्थिति उत्पन्न हो जाती है।

आज जब ज्ञान का साधारणीकरण किया जाने लगा है, जब गणित को भी करोड़ों आदमियों के लिए सरल बनाकर उपस्थित किया जा रहा है, और साधारण पाठकों तक के लिए मनोविज्ञान और दर्शन को सुलभ बनाया जा रहा है, जब समस्त समसामयिक ज्ञान-विज्ञान संकलन-पत्रिकाओं के द्वारा बिखेरे जा रहे हैं कि जो चाहे, दो-चार दाने चुग ले, तो यह खतरा बहुत ही बढ़ गया है कि हम अध्ययन का अर्थ पुस्तकों और लेखकों और शास्त्रों का ऊपरी परिचय ही मान बैठें। पुस्तकालयों में ऐसी पुस्तकें और पत्रिकाएँ बहुत ही लोकप्रिय होती हैं। हम इनसे भी थोड़ा-बहुत लाभ उठा सकते हैं, पर हमें सावधान रहना उचित है कि हम किसी विषय से ऊपर-ऊपर परिचित हो लेने पर यह न मान लेने की भूल करें कि हमने उसका अध्ययन कर लिया है। यदि हम पुस्तकालयों का इस रूप में उपयोग करते हैं, तो वे हमारे अज्ञान के लिए आवरणमात्र सिद्ध होते हैं, कुछ ज्ञान के साधन, अध्ययन के प्रेरणास्त्रोत नहीं।

अध्ययन की कल्याणकर प्रवृत्ति को पुस्तकालय एक दूसरे प्रकार से भी दोषपूर्ण बनाते हैं और इससे प्रौढ़ पाठकों तक को सावधान रहना जरूरी है। हम पुस्तकालय में जाकर किसी दुर्लभ विश्वकोश में अपने काम की बात ढूँढ़ना चाहते हैं। हम सूची-पृष्ठ पर निर्दिष्ट अंश तक पहुँच भी नहीं पाते कि पन्ने उलटते-उलटते कहीं बीच में ही, किसी दूसरे विषय का विवेचन पढ़ने लग जाते हैं, और इस तरह हमारा अध्ययन

विशीर्ण हो जाता है। कभी-कभी ऐसा होता है कि हमें अपने क्रमबद्ध अध्ययन के लिए जो आवश्यक सूचना प्राप्त करने की व्यग्रता रहती है, वह इस प्रकार के बिखरे अध्ययन से मन्द पड़ जाती है, और हम चारों ओर बहुत सारी चीजों की झलक तो पा लेते हैं, किन्तु हमारी लक्ष्यसंधानोचित एकाग्रता नष्ट हो जाती है। ऐसे ही अनुभव के बाद मन में यह शंका उठ सकती है कि क्या थोड़ी-सी किताबों को ध्यान से बार-बार पढ़ना इससे अच्छा नहीं कि बहुत-बहुत पुस्तकों के सुलभ रहने पर, उनमें से किसी को ठीक से कभी पढ़ने की प्रवृत्ति ही न हो! ऐसे अनिर्दिष्ट और बिखरे अध्ययन से सावधान रहने की आवश्यकता पर अध्ययन-प्रणाली के विशेषज्ञों ने भी पर्याप्त मात्रा में जोर नहीं दिया है, पर एक सजग अध्येता को इसका ध्यान रखना ही चाहिए।

अपरिणत मस्तिष्क वाले पाठकों की अध्ययन-प्रवृत्ति को पुस्तकालय एक दूसरे प्रकार से भी खतरे में डाल सकते हैं। यदि पुस्तकालय ऐसा है, जिसमें पुस्तकों का संग्रह विभिन्न वय-वर्गों को ध्यान में रखकर नहीं किया जाता, अर्थात् पुस्तकालय विशेष रूप से शिशुओं, किशोरों आदि के लिए नहीं है, तो उनमें ऐसी भी पुस्तकें रहेंगी ही जो असाधारण महत्त्व की होती हुई भी वयस्क पाठकों के लिए ही उपादेय सिद्ध होती हैं, और इसके विपरीत, अल्प-वय पाठकों के लिए घातक। ऐसे भी सार्वजनिक पुस्तकालय होते हैं जो लोकप्रियता और तत्फलस्वरूप अर्थ-लाभ के लिए सस्ता मनोरंजन करनेवाली पुस्तकें ही रखते हैं। उनसे अध्ययन की श्रेयस्कर प्रवृत्ति भी आसानी से विकारग्रस्त हो जा सकती है। इधर देश के बड़े-बड़े नगरों के शिशु-पुस्तकालयों में बीभत्स चित्र-पुस्तकों का संग्रह होने लगा था और केन्द्रीय सरकार को इस पर प्रतिबन्ध लगाने के लिए कदम उठाना पड़ गया था। यहीं यह भी स्पष्ट रूप से कह देना आवश्यक है कि अध्ययन की प्रवृत्ति की शुद्धता बनाये रखने के नाम पर जब यह माँग की जाती है कि प्रौढ़ पाठकों के लिए बने पुस्तकालयों में ऐसी पुस्तकें रखी ही न जाएँ जिन्हें कुछ लोग अश्लील कहते हैं, तो यह स्मरण रखना चाहिए कि अश्लीलता एक विवादग्रस्त समस्या है। एक कोटि या युग के पाठक या विद्वान जिस पुस्तक को अश्लील करार देते हैं, वही पुस्तक, अक्सर ही ऐसा देखा गया है, उसी युग में या तुरन्त बाद उसी कोटि या भिन्न कोटि के पाठकों द्वारा साहित्यिक विभूति घोषित होती है। कुछ देशों में सरकारी प्रतिबन्ध के बदले पुस्तकालय क्लबों की स्थापना कर पुस्तकों के चुनाव पर, अनेक आदर्शों और मान्यताओं के नाम पर, प्रतिबन्ध लगाये जाते हैं। ऐसे सभी प्रतिबन्ध पुस्तकालयों तथा अध्ययन की प्रवृत्ति के लिए घातक और अवांछनीय ही सिद्ध हुए हैं।

कभी-कभी यह भी पाया गया है, यद्यपि अपवादस्वरूप ही, कि पुस्तकालयों से प्रेरित-पोषित अध्ययन की प्रवृत्ति इस प्रकार उत्कृष्ट हो जाती है कि वह 'स्तेयमनीया' (Kleptomania) जैसे मानसिक रोग का रूप धारण कर लेती है। अध्ययन की प्रवृत्ति संग्रह करने की अदम्य और विवेकरहित वासना न बन जाए, इससे भी सतर्क रहना

ही चाहिए, यद्यपि यह खतरा थोड़े भी सन्तुलित मनुष्य को नहीं उठाना पड़ता। किन्तु, अध्ययन की प्रवृत्ति बहुतों को पुस्तकों के संग्रह के लिए इस प्रकार प्रेरित तो करती ही है कि वे शक्ति से अधिक व्यय कर दें और इस तरह अपनी या परिवारवालों की अनिवार्य भौतिक आवश्यकताओं की पूर्ति में असमर्थ हो जाएँ। अध्ययन की प्रवृत्ति को विकसित रखने के लिए यदि हम अपने पुस्तकालय का निर्माण करना चाहते हैं तो इसमें कोई खराबी नहीं, किन्तु पैर तो उतना ही पसारना चाहिए जितनी लम्बी चादर हो। ऐसा भी देखा गया है कि पुस्तकालय सुलभ हैं तो हम परितृप्ति का अनुभव करने लगते हैं। इस प्रकार भी अध्ययन की प्रवृत्ति कुंठित हो सकती है, यद्यपि यदि प्रवृत्ति सच्ची है तो इसका विशेष भय नहीं रहता। यह सब होते हुए भी यह निर्विवाद रूप से माना जा सकता है कि अध्ययन की प्रवृत्ति बहुलांश में पुस्तकालयों पर निर्भर रहती है।

['साहित्य' : अप्रैल, 1956]

धुरिकीर्तनीय या धुरीहीन

हमारे कानों को घृणा का एक साहित्यिक मंत्रोचार वेध रहा है। आचार्य हजारीप्रसाद द्विवेदी, कविवर दिनकर और श्रीमती महादेवी वर्मा के विरुद्ध, उनके व्यक्तिगत और सार्वजनिक जीवन को लक्ष्य बनाकर उनके साहित्यिक कृतित्व के सम्बन्ध में नहीं, एक उत्तरदायी साहित्यिक के द्वारा यह अभियोग आरोपित किया गया है कि वे धुरीहीन हैं।

'धुरी' शब्द का इतिहास बहुत पुराना नहीं है। धुरी-राष्ट्रों की कहानी पुरानी नहीं पड़ी है। धुरी-राष्ट्रों में ऐसी एकता स्थापित हुई थी कि मानव-सभ्यता खतरे में पड़ गई थी। धुरीहीनता का प्रयोग हमें इसी निकट अतीत की घटना की याद दिलाता है। क्या धुरीहीनता के क्षुब्ध धुरी-प्रेमी चाहता है कि हिन्दी के साहित्यिक किसी अधिनायकवाद के समर्थक और अनुयायी बनें? इतना तो वह चाहता ही है कि कोई साहित्यकार यदि दल-विशेष का समर्थन करता है तो उसी का समर्थन करता चले। यदि वह एक बार किसी आदर्श के प्रति सहानुभूति प्रदर्शित करता है तो दूसरा कोई भी आदर्श उसके लिए ग्राह्य नहीं हो सकता। उसे बौद्धिक और व्यावहारिक भी, पूर्वग्रहों से युक्त होना चाहिए, विभिन्न मूल्यों और प्रतिमानों में वह जो कुछ स्पृहणीय समझता है, उसे ग्रहण करते चलने का उसे अधिकार नहीं।

धुरी आदर्श के अनुसार आचार्य हजारीप्रसाद द्विवेदी का बहुत बड़ा अपराध यह है कि उन्होंने समाजवाद, साम्यवाद, किंबहुना राष्ट्रीय स्वयंसेवक संघ को भी, अवसर विशेष पर, अपना समर्थन दिया। हम संकलित साक्ष्य के सत्यासत्य के सम्बन्ध में कुछ

कहने की स्थिति में नहीं हैं। किन्तु, हम सिद्धान्त रूप में इससे भी अधिक धुरीहीनता का समर्थन करते। यदि धुरीहीनता यही है तो यह मात्र दृष्टि की उदारता है, जिससे रहित साहित्यकार को साहित्य के बदले किसी और क्षेत्र में ही किस्मत की आजमाइश करनी चाहिए। जिस साहित्यकार ने देव-विशेष को अपने हृदय के सिंहासन पर आसीन किया, उसे इसका भी रोना रोना पड़ा कि देवता आसन से लुढ़क पड़ा। जिस मजबूत धुरी के चक्के सारी दुनिया को रौंदने चले थे, उसके टूटने में बहुत समय नहीं लगा था। साहित्यकार बहुदेवोपासक होता है और वह इस तरह चलता है कि वह दूसरों को रौंदे और कुचले नहीं। लेकिन, ऐसा लगता है कि बौद्धिक अधिनायकवाद के लिए हिन्दी के कुछ साहित्यिकों में मोह बना हुआ है।

आचार्य द्विवेदी जी कवि-गुरु रवीन्द्रनाथ ठाकुर की परम्परा के मनीषी हैं। रवीन्द्रनाथ ठाकुर गांधी जी के अनेक सिद्धान्तों के विरोधी थे और उनके निकट भी आते चले गए थे। उन्होंने हिंसात्मक क्या, अहिंसात्मक आन्दोलन का भी समर्थन नहीं किया था, किन्तु 'अग्नि-वीणा' के रचयिता काजी नज़रुल इस्लाम जब इस कविता-पुस्तक के लिए जेल में सजा भुगत रहे थे, उस समय इस किशोर-प्राय कवि को विश्व-विख्यात गुरुदेव ने अपनी एक पुस्तक समर्पित की और उसकी एक प्रति जेल में भिजवाई। यदि गुरुदेव के चिर-सम्पर्क में रहने के बाद भी द्विवेदी जी केवल समाजवादी या साम्यवादी रहते तो हमें उनसे निराशा होती। यदि वे इन दोनों के प्रति ही नहीं, अन्य वादों के प्रति भी, विशेष परिस्थितियों में, अभिरुचि प्रदर्शित करते हैं तो यह वैसा है, जैसा होना उचित ही है।

इसके लिए आगबबूला होना कि कोई उदार क्यों है, संकीर्ण क्यों नहीं है, हिन्दी के विचारकों के कूप-प्रेम का परिचायक है। उन्हें स्मरण रखना चाहिए कि धुरी-राष्ट्रों के समर्थन के अभियोग में, युद्धोपरान्त, महाकवि एज़रा पाउंड को जेल में रखा गया था; वहीं उन्होंने 'पिजान कैंटोज' लिखा था; उसे अंग्रेजी भाषा के विभिन्न राजनीतिक वादों के मानने वाले निर्णायक-साहित्यिकों ने अमेरिका का सर्वोच्च काव्य-पुरस्कार—बालिंगन प्राइज—दिया था और स्पष्ट शब्दों में यह घोषणा की थी कि वे पाउंड की राजनीति से असहमत होते हुए भी उसकी कविता की श्रेष्ठता के विषय में एकमत थे!

हिन्दी में, इसके विपरीत, एक धुरिकीर्तनीय मनीषी के उदार दृष्टिकोण को स्वार्थ-भावना से प्रेरित तथा और भी जाने क्या-क्या कहा गया है और कहनेवाला एक ऐसा व्यक्ति है जो अभी यह प्रमाणित नहीं कर सका है कि अगर वह दूसरों पर पत्थर चलाता है तो खुद शीशे के मकान में नहीं रहता! हम तो यही जानते थे कि अभी उसके जीवन का वह समय है जब, अगर जमाना पुराना होता तो, उसे यह सीख मिलती कि 'आचार्य देवो भव'!

दिनकर और महादेवी के प्रति भी इस लेखक ने ऐसे असम्मानजनक शब्दों का प्रयोग किया है जो उसके श्रद्धारहित हीन-भावनाग्रस्त व्यक्तित्व के द्योतक हैं और

हम उसे मानसिक व्याधि से पीड़ित मानकर सहानुभूति का पात्र ही समझते हैं। जिस व्यक्ति ने यशलोलुपता के कारण, कुछ ही वर्षों पूर्व, साहित्यिक मर्यादा की अवहेलना कर एक प्रकाशक के प्रतिपालन की प्राप्ति के लिए एक प्रतिष्ठित साहित्यकार को अपमानित और उसके अधिकार से उसे वंचित किया, वही आज सिद्धान्त की दुहाई दे रहा है!

दिनकर जी को पोलैंड की कुछ बातें अच्छी लगती हैं तो इसके मानी यह नहीं कि कुछ दूसरी बातें बुरी न लगें। महादेवी जी यदि चाहती हैं कि साहित्यिक सरकार की कृपा-याचना न करें तो इसका यह अर्थ नहीं कि वे राष्ट्रपति-प्रदत्त उपाधि को अस्वीकृत कर राष्ट्रपति का अपमान करें, जैसाकि आलोचक महोदय की माँग है।

हम दो टूक कहना चाहते हैं कि इस धुरी-बद्ध होने से इनकार कर सकनेवाले साहित्यिकों को ही साहित्यिकों में धुरिकीर्तनीय मानते हैं।

['साहित्य' : जुलाई, 1956]

प्रेम का भारतीय आदर्श

प्रेम का परिपूर्णतम आदर्श, कालिदास ने, भग्नमनोरथ पार्वती का वर्णन करते हुए इन पंक्तियों में जिस उदात्तता के साथ प्रस्तुत किया है, उसकी समता शायद ही भारतीय साहित्य में कहीं अन्यत्र मिले :

तथा समक्षं दहता मनोभवं पिनाकिना भग्नमनोरथा सती।
निनिन्द रूपं हृदयेन पार्वती प्रियेषु सौभाग्यफला हि चारुता॥
इयेष सा कर्त्तुमवन्ध्यरूपतां समाधिमास्थाय तपोभिरात्मनः।
अवाप्यते वा कथमन्यथा द्वयं तथाविधं प्रेम पतिश्च तादृशः॥

अर्थात् : शिव ने देखते-देखते कामदेव को भस्म कर दिया। यह देखकर पार्वती की आशाएँ भस्म हो गईं। उन्होंने अन्त:करण से अपने सौन्दर्य को कोसा, क्योंकि सौन्दर्य तो वही है जो प्रिय को रिझा सके! उन्होंने अब निश्चय कर लिया कि वे समाधि लगाकर कठोर तपश्चर्या से अपने सौन्दर्य को सार्थक बनाएँगी। सच भी है, भला और किस प्रकार से ये दोनों वस्तुएँ मिल सकती हैं—ऐसा प्रेम और ऐसा पति?

प्रेम का यही आदर्श कालिदास के काव्यों और नाटकों में संकेतित हुआ है, जिसका बड़ा ही मार्मिक विवेचन रवीन्द्रनाथ ठाकुर ने, 'अभिज्ञानशाकुंतल' के दुर्वासा-शाप-प्रसंग पर विचार करते हुए दिया है। उनके शब्द हैं : 'जिस प्रेम में कोई बन्धन नहीं, कोई नियम नहीं, जो प्रेम अकस्मात् नर-नारी को मोहित करके

संयम-दुर्ग के भग्न प्राचीर के ऊपर अपनी जय-पताका को गाड़ता है, उस प्रेम की शक्ति को कालिदास ने स्वीकार किया है, किन्तु उसके हाथ आत्मसमर्पण नहीं कर दिया। उन्होंने दिखलाया है कि जो असंयत प्रेम-सम्भोग हम लोगों को अपने अधिकार से प्रमत्त कर देता है, वह स्वामि-शाप से खंडित, ऋषि-शाप से प्रतिहत और दैव-रोष से भस्म हो जाता है।'

सामान्य रूप से संस्कृत काव्य में, और विशेष रूप से हिन्दी काव्य में भी प्रेम का आदर्श रूप यही रहा है—यह दूसरी बात है कि उसके अन्य रूपों के वर्णन-चित्रण में भी यहाँ के कवियों को कहीं से, किसी से कुछ सीखना नहीं है। इन्हीं कवियों में से अनेक ने ऐसे प्रेम का भी वर्णन किया है, जैसा आज के घोर यथार्थवादी गल्प-साहित्य में ही मिल सके तो सके, लेकिन आदर्श के स्तर पर सीता, पार्वती, सावित्री, राधा के प्रेम को ही इन्होंने भी प्रेम माना है। इनकी द्विधा का अनुमान तो इसी से किया जा सकता है कि प्रेम के उत्तान शृंगारिक रूप के आलम्बन के लिए भी इन कवियों ने—खास कर हिन्दी के प्राचीन कवियों ने—राधा या गोपियों को चुना है। ऐसा करने में उनकी मनोवृत्ति, उन्हीं के शब्दों में, यह है कि कविता हुई तो हुई, नहीं तो 'राधिका-कन्हाई को सुमिरन को बहानो' तो है ही।

संस्कृत या दूसरी भारतीय भाषाओं के प्राचीन साहित्य, या हिन्दी के प्राचीन काव्य के रचयिताओं के प्रेम-वर्णन में जिस द्विधा की बात ऊपर कही गई है, उसका मेरी दृष्टि में, बहुत महत्त्व है। धर्म, अर्थ, काम, मोक्ष—इन चारों पुरुषार्थों में हम पाते हैं कि काम और मोक्ष का उल्लेख जैसे एक स्वर में हुआ है; जीवन में दोनों उपेय हैं, इसका स्पष्ट निर्देश है।

यही वह संस्कार है, जिसके फलस्वरूप हमारी संस्कृति और सभ्यता के स्वर्ण-युग में यदि धर्म और दर्शन का अधिकाधिक विकास हुआ, तो सबसे पहले भारत में ही काम को शास्त्र का विषय बनाया गया और उस शास्त्र के प्रणेता भी, अन्य शास्त्रों के प्रणेताओं की तरह ही, ऋषि-महर्षि ही हुए। जिन शिव-पार्वती के प्रेम का इतना उदात्त, आदर्श रूप कालिदास ने वर्णित किया है, उन्हीं का दम्पती के रूप में, चित्रित करते समय उन्हें तनिक भी झिझक नहीं मालूम पड़ती—यहाँ तक कि जीवन को इतने परिपूर्ण रूप में ग्रहण करने में अक्षम परवर्ती साहित्यकारों ने यह किंवदन्ती तक चलाई थी कि इस अपराध के कारण कालिदास को कुष्ट हो गया था।

वास्तविकता यह है कि सांस्कृतिक ह्रास के साथ ही साथ काम-मोक्ष के शृंगार-वैराग्य के इस सन्तुलन का निभना कठिन होता गया। एक तरफ वे संत साधु नारी-मात्र को नरक का द्वार बताने लगे और दूसरी तरफ कवि राधा-कृष्ण का नाम लेकर अपने दिव्य प्रेम के वर्णन के बहाने, प्रेम के उस विकृत और निम्न स्तर के वर्णन में तल्लीन हो गए जहाँ प्रेम को इस शब्द से अभिहित करना भी अनुचित है। दिलचस्प बात यह है कि जहाँ पहले काव्य में यह सन्तुलन पाया जाता था, वहाँ बाद में इसकी

रक्षा भक्ति की रचनाओं में हो गई तो हो गई—उदाहरण के लिए सूर, घनानंद, रसखान आदि की रचनाएँ, विशेष रूप से सूर की। यदि सूर राधा-कृष्ण की ऐसी रास-लीला और अन्य लीलाओं का वर्णन करते हैं, जिनकी कड़वी गोली आज बड़ी मुश्किल से भक्ति की चीनी में लपेटकर ही गले के नीचे उतारी जा सकती है, तो उन्हीं का यह जीवनव्यापी, किन्तु अखंड प्रेम भी है, जिसका आभास सूरदास उस प्रसंग में देते हैं जहाँ, कुरुक्षेत्र में, ब्रज में आई राधा और द्वारका से समागत कृष्ण का सहसा, क्षण भर के लिए मिलन होता है :

राधा-माधव भेंट भईं।
राधा-माधव माधव-राधा कीट भृंग गति ह्वै जु गई।
माधव राधा के रंग रचि राधा माधव रंग रई।
माधव राधा प्रीति निरन्तर रसना कहि न गई।
विहँसि कह्यो हम तुम नहिं अन्तर यह कहि ब्रज पठई॥

जिस सन्तुलन की बात हमने कही है, वह परवर्ती संस्कृत काव्य में ही डाँवाँडोल होने लगा था। प्राकृत-अपभ्रंश काव्य में प्रेम में काम का तत्त्व प्रधान होता गया और अपभ्रंश हिन्दी की सन्धि-बेला में, बौद्ध सिद्धों की वाणियों में, प्रेम का वह गुण रूप देखने को मिलता है जो उनके और 'अन्त:शाक्तों' तथा अन्य गुह्य सम्प्रदायों के द्वारा भरसक प्रच्छन्न ही रखा गया। वस्तुत:, युगनद्ध की साधना, शक्ति की उपासना या परवर्ती गुह्य सम्प्रदायों की साधना-पद्धतियों में पुरुष और नारी के सम्बन्ध का लौकिक-सांकेतिक जो भी रूप था, वह प्रेम-वर्णन के सिलसिले में विचारणीय है भी नहीं।

हिन्दी काव्य के जिस आदि-युग को हम वीरगाथा का युग कहते आए हैं, उसमें फिर कुछ-कुछ प्रेम का काम-मोक्ष के तत्त्वों से सन्तुलित रूप देखने को मिलता है। पृथ्वीराज संयुक्ता का हरण करता है, और उसके साथ विलास का जीवन व्यतीत करता है, किन्तु कर्तव्य की पुकार होने पर वह युद्ध में प्राणोत्सर्ग करता है और संयुक्ता असंख्य राजपूत रमणियों के साथ उस जौहर-व्रत का पालन करती है, जिसकी तरह की कोई चीज संसार में इतिहास में नहीं मिलती। चन्द बरदाई ने इन सभी स्थितियों का एक समान विस्तार और मनोयोग से वर्णन किया है और हम प्राय: पहली और अन्तिम बार हिन्दी काव्य में प्रेम का यह उदात्त रूप देख पाते हैं जो भारतीय आदर्श के सर्वथा अनुरूप है।

विद्यापति इस सन्तुलन का निर्वाह नहीं कर पाते—और उन्हें, चैतन्य का प्रमाण-पत्र रहने के बावजूद, अनेक नवीन आलोचकों से केवल शृंगारिक कवि के रूप में ही मान्यता प्राप्त हो सकी है। भक्ति-काल के कबीर एकमात्र माता के स्नेह को ही नि:स्वार्थ मानते हैं, अन्यथा नारीमात्र के प्रति उनकी अश्रद्धा है—चाहे वह बहन हो या पुत्री या पत्नी। उनका तो साफ कहना है :

फूला-फूला फिरे जगत् में रे मन कैसा नाता रे।
माता कहै यह पुत्र हमारा, बहिन कहै बिर मेरा।
कहै भाई यह भुजा हमारी नारि कहै नर मेरा।
पेट पकरि कै माता रोवै बाँह पकरि कै भाई॥
लपटि-झपटि कै तिरिया रोवै हंस अकेला जाई॥
जप लग जीवे माता रोवै बहिन रोवै दस मासा।
तेरह दिन तक तिरिया रोवै फेर करै घर वासा॥

अवश्य ही, तेरह दिनों तक रोने के बाद फिर घर बसा लेने वाली यह पत्नी, पत्नीत्व की उस परम्परा या प्रथा में नहीं आती जिसका हम उल्लेख करते आए हैं! पत्नी की ओर से पति के प्रति प्रेम का तो हमारे यहाँ ऐसा सामान्य और बद्धमूल संस्कार था कि जायसी जैसे परधर्मावलम्बियों ने भी जब यहाँ की प्रेम-कहानियाँ लिखीं, तो तसव्वुफ़ के लोक-निरपेक्ष प्रेम के आदर्श के बीच से, नागमती और पद्मावती के प्रेम के रूप में, हमें अन्ततोगत्वा सीता-सावित्री का प्रतिबिम्ब ही देखने को मिलता है। इसी युग के तुलसीदास ने, स्पष्ट ही प्रेम के काम तत्त्व के प्रति कवियों की बढ़ती हुई अनुरक्ति को नियन्त्रित करने के उद्‌देश्य से, उसका प्राय: बहिष्कार कर अपने प्रेम-वर्णन को एकदम दूसरे ही छोर पर पहुँचा दिया, जहाँ पत्नी-रूप में वर्णित होती हुई सीता के सम्बन्ध में भी कवि और पाठक को क्षण भर भी यह भूलने की अनुमति नहीं कि वे जगज्जननी हैं। सूर के प्रेम-वर्णन की विशेषता का उल्लेख तो हम कर ही चुके हैं।

प्रेम-वर्णन का यह डाँवाँडोल सन्तुलन, हिन्दी काव्य के अगले युग में, जिसे हम साधारणत: रीति-काल कहते हैं, काम-तत्त्व के छोर पर स्थिर हो गया। प्रेम-वर्णन का यह नया रूप नहीं था, यह भी प्राचीन संस्कृत-काव्य में पहले से वर्तमान था। हुआ सिर्फ इतना ही कि उसका पवित्र और दिव्य अंश प्राय: सर्वथा उपेक्षित हो गया। इस युग के कवियों को अपने एकांगी प्रेम-वर्णन के लिए पर्याप्त भर्त्सना सुननी पड़ी है, और यहाँ उनकी कृतियों से उदाहरण प्रस्तुत करना अनावश्यक है।

किन्तु प्रेम के भारतीय आदर्श की आलोचना करनेवाले, हिन्दी के रीतिकालीन कवियों के वर्णनों को ही अपना आधार नहीं बनाते। उनका तो कहना है कि कुछेक अपवादों को छोड़कर हमारा उदात्ततम प्रेमादर्श भी स्पष्टत: ऐन्द्रिय रहा है। वह कभी शरीर, आज के शब्द में रति—सेक्स—के ऊपर नहीं उठ सका है, जैसा हम पश्चिम के अनेक प्राचीन कवियों में पाते हैं। वास्तविकता यह है कि 'काम' शब्द के प्रयोग द्वारा यहाँ के शास्त्रज्ञों और आचार्यों ने मानव-मनोविज्ञान विषयक अपनी सूझ का परिचय दिया था और आधुनिक मनोविश्लेषण के मूलभूत तथ्य को पूर्वाशित कर लिया था, जिसके अनुसार प्रेम तो क्या, प्राय: समस्त मानवीय व्यापारों के पीछे काम प्रत्यक्ष-अप्रत्यक्ष रूप से वर्तमान रहता है। विश्व-इतिहास को देखने से आसानी से यह बात प्रमाणित हो जाती है कि ऐश्वर्य और प्रचुरता के युगों में सर्वत्र प्रेम में काम-तत्त्व को

प्रधानता दी गई है। यह भारतीय संस्कृति की विशेषता रही है कि ऐसे युग में उसने प्रेम में काम और आध्यात्मिकता के समन्वय का आदर्श अपने सामने रखा है, जिसे उसकी सभी तत्कालीन कलाओं में प्रतिफलित देखा जा सकता है। एक और भी विशेषता यहाँ की मनीषा की रही है कि पहले तत्त्व को उसने ही सर्वप्रथम शास्त्र के स्तर पर उन्नीत किया था—उसे गुह्य या गोपनीय और मात्र रसिकों के मनोरंजन का विषय नहीं माना था।

प्रेम का मात्र अतीन्द्रिय, वायवी तथा आदर्शीकृत रूप समाज में और फलत: काव्य में, तभी प्रश्रय पाता है जब एक ओर संकीर्णता बढ़ती है और दूसरी ओर सुधारवादी मनोवृत्ति से समझौता करना पड़ता है। इसका स्पष्ट दृष्टान्त हमें अपने आधुनिक काव्य में मिलता है, जिसका आरम्भ साधारणत: भारतेन्दु हरिश्चन्द्र से मानते हैं।

भारतेन्दु-युग और उसके बाद द्विवेदी-युग में भी एक ओर तो रीति-काल की शृंगारिक प्रवृत्ति अभिव्यक्ति के लिए छटपटाती रही, और दूसरी ओर सुधारवादी दृष्टिकोण को प्रधानता मिलती गई। इस सुधारवादी दृष्टिकोण को हम स्वयं भारतेन्दु की ब्रजभाषेतर रचनाओं में आए प्रेम-वर्णनों में तथा राय देवीप्रसाद 'पूर्ण', श्रीधर पाठक, 'हरिऔध', 'शंकर', रामनरेश त्रिपाठी, मैथिलीशरण गुप्त आदि के काव्यगत प्रेम-वर्णनों में पाते हैं। इसकी पराकाष्ठा हमें 'हरिऔध' के राधा के प्रेम-वर्णन में मिलती है, जिसे उन्होंने समाज-सेविका बनाकर छोड़ा है। प्रेम के इस रूप के वर्णन में सुधार कितना हुआ होगा, यह तो हम नहीं कह सकते, किन्तु वह नितान्त हास्यास्पद है, इसमें आज शायद ही मतभेद हो।

पूर्ण जी जहाँ यह वक्तृता देते हैं :

नारी के सुधारे देश जग में प्रसिद्ध होत, नारी के सँवारे होत सिद्ध धन-बल है।
शोभा गेह-गेह की है, सीमा सुचि नेह की है, दाता नर-देह की है, सम्पदा की थल है॥

और रामनरेश त्रिपाठी यह आदर्श उपस्थित करते हैं :

पति-अभिलाषा पूर्ण करना ही है मेरा ध्रुव धर्म।
सदा करूँगी मैं स्वदेश की सेवा का शुभ कर्म।

वहाँ 'हरिऔध', राधा का काया-कल्प करते हुए, उससे कहलाते हैं :

मेरे जी में अनुपम महाविश्व का प्रेम जागा
मैंने देखा परम प्रभु को स्वीय प्राणेश ही में।
पाई जाती विविध जितनी वस्तु जो हैं सबों में
मैं प्यारे को अमित रंग औ' रूप में देखती हूँ॥
तो मैं कैसे न उन सबको प्यार जी से करूँगी
यों है मेरे हृदय-तल में विश्व का प्रेम जागा।

कविता में यह शुष्कता और सुधारवादिता—यह राष्ट्रीयता से प्रेरित रही हो अथवा आर्यसमाज आदि से—ज्यादा दिनों तक टिक नहीं सकती थी। लेकिन, न तो यही स्वाभाविक होता कि उसकी उपेक्षा कर फिर पूर्णत: प्राचीन परम्परा अपनाई जाती, न यही सम्भव था कि पश्चिम के आदर्श, जो हमें प्रभावित कर चुके थे, यथावत् गृहीत कर लिये जाते। इसी निषेध और आकर्षण के बीच से हिन्दी कविता ने अपना वह रूप विकसित किया, जिसे छायावाद-रहस्यवाद का अस्पष्ट अभिधान मिला था, और जिसमें वस्तुत: छाया का भी और रहस्य का भी बाहुल्य था। इस युग को कविता में जो प्रेम-वर्णन हुआ है, वह भी छायात्मक और रहस्यपूर्ण ही है। इसके ताने-बाने में उपनिषदों, मध्ययुगीन संतों, रवीन्द्र और अंग्रेजी के रूमानी कवियों की ही नहीं, कठोरता से आलोचित रीति-काल की परम्परा भी सन्निविष्ट है।

यहाँ हम एक ही उदाहरण देना पर्याप्त समझते हैं : निराला की 'जुही की कली' नायिका-भेद के निकष पर भी खरी उतरती है, और राधा या कोई गोपी न होकर कली होने के कारण, उसके वर्णन में मांसलता और ऐन्द्रियता के बावजूद सूक्ष्मता, लाक्षणिकता और प्रतीकात्मकता है। प्रसाद ने 'कामायनी' में आख्यान का आधार लिया है तो ऐसे अपरिचित प्राक्-पौराणिक स्रोत से कि वातावरण की धूमिलता नष्ट नहीं होने पाती, और आधार की यत्किंचित् स्थूलता रहने पर भी वर्णित प्रेम अतीन्द्रिय और आदर्शीकृत बना रहता है। ऐसा प्रेम जब रहस्यानुभूति के स्तर पर चढ़ता दीखता है, तो कवि के सिद्ध साधक न होने के कारण, कभी-कभी सारे वर्णन में ही अविश्वास प्रकट किया जाता है, यद्यपि जो अनुभूति साधना के क्षेत्र में सम्भव है, वह कविता में भी है, यह स्वीकृत तथ्य है। माखनलाल चतुर्वेदी और नवीन, पंत और महादेवी आदि के प्रेम-वर्णन के सम्बन्ध में भी ये सामान्य बातें लागू हैं। छायावादी कविताओं में वर्णित प्रेम में उस विरह के तत्त्व की मात्रा काफी बढ़ गई थी जो मिलता तो विद्यापति और जायसी, सूर और मीरा, घनानन्द और भारतेन्दु में भी है, किन्तु सीमित मात्रा में। पंत जी ने घोषणा की थी कि 'वियोगी होगा पहला कवि' और महादेवी जी के आदर्श प्रेम में 'मिलन का मत नाम ले' का उपदेश था। बच्चन आदि गौण छायावादियों ने तो 'आह कीजिए और फीस लीजिए' वाली उक्ति ही चरितार्थ कर डाली थी और प्रेम का पुटपाक 'चिता की राख' में घटित हो गया था।

साम्यवादी अथवा प्रगतिवादी कविता ने प्रेम पर से छायावाद का इन्द्रधनुषी आवेष्टन हटाया और उसे दो व्यक्तियों के एक शारीरिक, आर्थिक, सामाजिक समझौते से ज्यादा कुछ मानने से इनकार किया, और पहले के छायावादी, किन्तु तब के प्रगतिवाद के समर्थक स्वयं पंत ने कहा : 'नर-नारी के सहज स्नेह से सूक्ष्म वृत्ति हो विकसित'।

हिन्दी की आधुनिकतम कविता में प्रेम न तो रहस्यावेष्टित है, न आक्रोश का पात्र। मनोविश्लेषण के द्वारा निरावृत सत्य होकर प्रेम सुन्दर और काम्य भी बन गया है।

['साहित्य' : अक्टूबर, 1956]

'नई कविता' की सम्भावनाएँ

'नई कविता' से यह साफ नहीं होता कि हम कैसी कविता पर विश्वास कर रहे हैं। 'नई कविता' वह नहीं, जो नई इसलिए कि आज लिखी जाती है, वह भी नहीं जो छन्द, भाषा या मुहावरों के कारण पुरानी से भिन्न है।

'नई कविता' के नाम पर न केवल हिन्दी में ही, बल्कि विकसित विदेशी भाषाओं में भी, इसका खतरा बराबर रहा है कि सिक्का चमचमाता होने पर भी जाली हो। सच तो यह है कि पुरानी कविता में इसका बहुत कम खतरा था। पुराना सिक्का ठोस धातु का बना होता था तो उसे मामूली कसौटी पर आसानी से परख लिया जाता था। कविता का भी यही हाल था। आज मूल्य प्रतीक का है, कुछ वजन का नहीं, तो नकल आसान हो गई है, गोकि कला और शास्त्र और कसौटी बहुत जटिल और सूक्ष्म हो गई है। यानी कविता की जो बढ़ी मामूली कसौटी थी कि वह गद्य से भिन्न होती थी, वह व्यर्थ हो गई है : कविता और गद्य का अन्तर मिट गया है, 'नई कविता' है ही वह जो गद्य से भिन्न मालूम ही न दे। यह उस अर्थ में नहीं, जिस अर्थ में संस्कृत के साहित्यशास्त्र में माना गया है—यानी कि काव्य तो काव्य है ही, गद्य भी काव्य है। मैं कहना चाहता हूँ कि गद्य तो गद्य, पद्य भी गद्य है। बीसवीं शताब्दी की 'नई कविता' कुछ है तो इसी अर्थ में 'नई कविता' है।

और ऐसी 'नई कविता' बहुधा केवल ऊपर-ऊपर से पुरानी से भिन्न होती है, वह वस्तुतः नई नहीं होती है। ऐसी नकली 'नई कविता' में क्या सम्भावना हो सकती है ? इससे तो ज्यादा सुरक्षित भविष्य सच्ची पुरानी कविता का है। यह पूछा जा सकता है कि अब 'नई कविता' और गद्य में कोई अन्तर नहीं, तो फिर गद्य की सम्भावना पर विचार करना ही 'नई कविता' की सम्भावना पर विचार करना है : वह प्रश्न उठता ही कहाँ है, जिसके समाधान की कोशिश हम करने जा रहे हैं ?

लेकिन, बात सचमुच ऐसी नहीं है। जब तक कविता नई नहीं हो पाई थी तब तक शंकाकुल भाव से पूछा यह जाता था कि क्या कविता आधुनिक युग में अपना अस्तित्व कायम रख सकेगी ? क्या कविता की सार्थकता विज्ञान के युग में रह गई है ? इत्यादि। सो, उसकी सम्भावना की तो चर्चा ही व्यर्थ थी। लेकिन, सर्वथा अप्रत्याशित रूप से हो यह गया कि यह जो इतनी पुरानी कविता थी, इसका पुनर्जन्म-सा हो रहा, और यह साहित्य के नये जनमे गद्य-रूपों से फिर होड़ लेने लग गई।

मैं मानता हूँ कि कविता में, साहित्य के विभिन्न रूपों की तुलना में, सबसे अधिक सम्भावना है। उपन्यास ने, कहते हैं, महाकाव्य को अपदस्थ कर दिया था। उस उपन्यास के घटते महत्त्व की बात खुलने को मिल रही है। कविता की मृत्यु तक की बात कही जा रही थी कि मनुष्य को दीखने यह लगा कि भरोसा किया जा सकता है तो शायद कविता का और केवल कविता का ही।

कविता ने अपना पूरा मस्तिष्कीकरण हो जाने देकर गद्य को दौड़ में पीछे छोड़ दिया है। गद्य वास्तविक का वाहक बनकर रह गया; कविता भावना और मधुर व्यर्थता की तिलांजलि देकर सत्य का माध्यम बन गई। गद्य वैज्ञानिकता की देन है तो उसका अनुचर भी है। कविता के अवैज्ञानिक बने रहना छोड़कर विज्ञान के खंड-सत्यों के संश्लेष का दायित्व ले लिया है।

मैं साफ करके कह देना चाहूँगा कि 'नई कविता' की सम्भावना इस बात में नहीं कि वह शुष्क युग को रस देगी, रूखी-सूखी बुद्धिवादिता को भावुकता और मिठास और तरलता प्रदान करेगी। नये युग के भी जिस आदमी को इन चीजों की तलाश होगी, वह बिहारी, पद्‌माकर या शेली, कीट्स को पढ़ लिया करेगा। लेकिन, यह सिर्फ इसी का प्रमाण है कि जो बढ़िया है, वह पुराना होने पर भी मरता नहीं। यह सम्भावना नहीं है।

सम्भावना से मेरा तात्पर्य है वह काम, जो अभी किया नहीं गया हो, किन्तु जिसके किये जाने की आशा है। 'नई कविता' से मैं ऐसी आशा रखने के कारण भी और प्रमाण भी पाता हूँ। नाटक से कविता का पूरा बहिष्कार हो चुका था, आज काव्यात्मक रूपक में ही सम्भावना दीखती है। उपन्यास अधकचरे पाठक तक सत्य पहुँचाने का वैसा आधुनिक साधन था, जैसा पंचतंत्र उन राजपुत्रों के लिए! पाठक या श्रोता, अर्थात् जिसके लिए साहित्य है, आज अधकचरे नहीं रह गए हैं, वे अपने 'अविश्वास को स्थगित' कर इनसान जैसी कठपुतलियों का नाच देखकर कुछ नहीं पाता, न वह कहानी में लिपटी सत्य की कड़वी गोली खाने की आत्म-प्रवंचना ही पसन्द करता चलेगा। वह विज्ञान में पढ़े और दर्शन से समझे सत्य को सीधे ग्रहण करने की क्षमता अपने में जब पाता है तो कविता ही इसके साधन के रूप में दीख पड़ती है—कल्पना, भावना, मधुरता की पुरानी कविता नहीं, बल्कि वह नई कविता जो विज्ञान और दर्शन का मिलन-बिन्दु है, जहाँ दोनों दो ओर से सत्य को आबद्ध करने में सफल हो जाते हैं।

['साहित्य' : जनवरी, 1957]

एशियाई लेखक-सम्मेलन

एशियाई लेखक-सम्मेलन हाल में ही दिल्ली में जैसे-तैसे सम्पन्न हुआ है। वह जिस छीना-झपटी के साथ शुरू हुआ और खत्म हुआ, उसकी सर्वविदित कथा लज्जाजनक है, पर हम इस आयोजन को ही निरर्थक मानते आए हैं। एक साम्यवादी पत्र ने इस सम्मेलन पर चढ़े गाढ़े लाल न सही, हल्के लाल रंग पर अपनी प्रसन्नता प्रकट करते हुए लिखा है : 'यह सम्मेलन लेखकों का बंडुंग-सम्मेलन है।' बंडुंग-सम्मेलन की

जो भी युक्तियुक्ता राजनीतिक क्षेत्र में रही हो, साहित्यिक क्षेत्र में उसकी अनुकृति अनावश्यक थी। यदि भारत में आयोजित किसी व्यापक लेखक-सम्मेलन में विदेश के लेखकों को आमन्त्रित करना अभीष्ट था तो यथासम्भव संसार के सभी देशों के लेखकों को बुलाकर उसे विश्व-लेखक-सम्मेलन ही क्यों नहीं बनाया गया? राजनीतिक समस्याओं की ऐसी तात्कालिक अनिवार्यता हो सकती है जो एशियाई देशों के लिए विशेष महत्त्व रखती हों; ऐसी साहित्यिक समस्याएँ भी हो सकती हैं, यह नहीं माना जा सकता।

हम समझते हैं, ऐसी एक ही समस्या उठाई गई और उसका समाधान उपस्थित किया गया, वह एशिया के लिए असम्मानजनक हो या न हो, भारत के लिए अवश्य ही है। सम्मेलन के उद्घाटनकर्ता महोदय ने—राष्ट्रपति ने किन्हीं कारणों से, जिनका सन्तोषजनक स्पष्टीकरण आयोजक नहीं कर पाए हैं, उद्घाटन करना स्वीकार नहीं किया—सुनने में अच्छी लगने वाली पिष्टप्रेषित बातों के अतिरिक्त जिस एक समस्या का निर्देश किया, वह एशियाई भाषाओं के लिए एक लिपि की आवश्यकता है। भारतीय उद्घाटनकर्ता का समाधान था कि रोमन-लिपि को अपना लेना ही श्रेयस्कर होगा!

सम्मेलन के प्रतिनिधियों, खास कर हिन्दी के प्रतिनिधियों के चुनाव को लेकर, अखबारी प्रतिवेदनों के आधार पर कहा जा सकता है, अधिवेशन में बड़ा ही अशोभन दृश्य उपस्थित हो गया था। हम यही कह सकते हैं कि सम्मेलन में हिन्दी का एक भी प्रतिनिधि नहीं था; यदि उसमें हिन्दी का कोई सच्चा प्रतिनिधि रहता—हम मराठी, गुजराती आदि के प्रतिनिधियों के बारे में कुछ कहने के अधिकारी नहीं—तो वह ऐसे आयोजन में प्राप्त प्रतिनिधित्व का परित्याग कर देने में ही सम्मान का अनुभव करता या फिर रोमन-लिपि के सुझाव के विरोध के लिए लेखकों को संगठित करता, उनके सामने प्रस्ताव लाता, न कि महत्त्वशून्य अधिकारों के लिए हाय-तौबा मचाता!

हम रोमन-लिपि के विरोधी इसलिए नहीं कि हममें अपनी लिपि के लिए किसी प्रकार का संकीर्ण पक्षपात है। हम उसका समर्थन नहीं करते तो इसका कारण यह है कि वह एक नितान्त अवैज्ञानिक लिपि है और उसे प्रयोग में लानेवालों को एक कृत्रिम लिपि—'फोनेटिक स्क्रिप्ट'—को व्यवहृत करने के लिए बाध्य होना पड़ रहा है—वह क्षेत्रविशेष में ही क्यों न हो। देवनागरी में कुछेक चिह्नों को जोड़कर उसे 'फोनेटिक स्क्रिप्ट' के समकक्ष और सर्वांगपूर्ण बनाया जा सकता है, और चीन, जापान या जिस देश को भी वैज्ञानिक लिपि की जरूरत हो, वह इस नव-देवनागरी को अपना सकता है। एशियाई लेखक-सम्मेलन में लिपि का प्रश्न उठा ही तो हिन्दी के सच्चे प्रतिनिधियों का कर्तव्य था कि वे देवनागरी की विशेषताओं पर प्रकाश डालते, न कि आपस में झगड़ते और दूसरों के सामने हीनता-ग्रस्त बने रह जाते!

एशियाई लेखक-सम्मेलन के आयोजक हिन्दी लेखकों को अपने 'साहित्य-सम्मेलन' को संघटित कर पहले अपने घर में चिराग जला लेने की ही कोशिश करनी

चाहिए। हिन्दी के लेखकों ने एशियाई पैमाने पर इसके सिवा कुछ नहीं किया जो वे प्रयाग के पैमाने पर करने के अभ्यासी रहे हैं, और जिसके कारण उनके उस सम्मेलन में ताला लगा हुआ है जिसका काम था कि ऐसे अवसरों पर वह हिन्दी के सच्चे प्रतिनिधियों का चुनाव करता और अगर वे कर्तव्य-पालन न करते तो उनसे कैफियत तलब करता।

['साहित्य' : जनवरी, 1957]

हिन्दी का प्रचार और विकास

भारत सरकार के शिक्षा तथा वैज्ञानिक अनुसन्धान विभाग की ओर से 'प्रोपोगेशन एंड डेवेलपमेंट ऑव हिन्दी—ए रिव्यू, 1956-57' शीर्षक एक बड़ी ही महत्त्वपूर्ण पुस्तिका हमें प्राप्त हुई है। हम नहीं जानते, उसका हिन्दी संस्करण भी प्रकाशित हुआ है या नहीं। शायद नहीं हुआ हो; क्योंकि हुआ रहता, तो हमें वही मिलना चाहिए था! नहीं हुआ है, तो शीघ्र होना चाहिए और हिन्दी की पत्र-पत्रिकाओं तथा संस्थाओं तक उसे पहुँचना भी चाहिए।

हिन्दी के प्रचार और प्रसार की योजना की प्रथम पंचवर्षीय अवधि पिछले वर्ष में समाप्त हो चुकी है और द्वितीय पंचवर्षीय अवधि शुरू हो गई है। व्यतीत अवधि में विभाग के सामने मुख्य लक्ष्य ये थे :

(1) हिन्दी में वैज्ञानिक एवं पारिभाषिक शब्दावली का निर्माण;
(2) सभी अहिन्दीभाषी क्षेत्रों के माध्यमिक विद्यालयों में हिन्दी को अध्ययन का अनिवार्य विषय बनाना और
(3) अहिन्दीभाषी क्षेत्रों की जनता के बीच हिन्दी का प्रचार।

विभाग के द्वारा प्रकाशित पुस्तक में प्राप्त विवरण के अनुसार, प्रथम अवधि की समाप्ति तक भौतिकी, रसायनशास्त्र, गणित, वनस्पतिशास्त्र, इतिहास, नागरिकशास्त्र, अर्थशास्त्र, कृषिशास्त्र, भूगोलशास्त्र तथा जन्तुविज्ञान की शब्दावली तैयार हो चुकी थी। इन विषयों के स्वीकृत शब्द हिन्दी तथा अन्य भारतीय भाषाओं में माध्यमिक विद्यालय के स्तर पर प्रयुक्त होंगे और इन्हीं के सहारे पाठ्य-पुस्तकें लिखी जाएँगी। इन शब्दावलियों को हमें देखने का अवसर मिला है और हमने बहुत पहले ही, इसी स्तम्भ के अन्तर्गत, इन पर अपने विचार प्रकट किये थे। कुल मिलाकर यह सन्तोषजनक है, किन्तु प्रायः दस प्रतिशत शब्द ऐसे हैं, जो 'बदनाम हिन्दुस्तानी' किस्म के वर्णसंकर शब्द हैं। ऐसे शब्दों को छोड़ दें, तो शेष अधिकांश शब्दों को सन्तोषजनक कहा जा सकता है। एक बात और है, और वह यह कि परिभाषा की दृष्टि से शब्द-निर्माण-कार्य अधिक नहीं हुआ है। जितना अर्थ और

समय लगा है, उसके अनुपात में निर्मित शब्दों की संख्या बहुत कम है। हम आशा करते हैं, शब्द-निर्माण के कार्य में संलग्न विशेषज्ञों की समितियाँ इस दूसरी अवधि में अपना काम पूरा कर दिखाएँगी।

पुस्तिका से प्राप्त यह सूचना विशेष उत्साहवर्द्धक है कि प्रथम अवधि की समाप्ति के साथ-साथ, मद्रास और पश्चिम बंगाल के सिवा अन्य सभी राज्यों ने माध्यमिक विद्यालयों के स्तर तक हिन्दी को अध्ययन का अनिवार्य विषय बना दिया था। उक्त दोनों राज्यों में भी हिन्दी को अध्ययन के एक वैकल्पिक विषय के रूप में स्वीकृत किया गया है। यह आवश्यक है कि दूसरी पंचवर्षीय अवधि की समाप्ति तक सभी राज्यों में हिन्दी को विश्वविद्यालय के उस स्तर तक अनिवार्य बना दिया जाएगा, जिस स्तर तक अंग्रेजी अनिवार्य है। अब यह प्रायः सर्वमान्य सिद्धान्त है कि अंग्रेजी भाषा का ही ज्ञान भारतीय छात्रों को अनिवार्य रूप से प्राप्त करना आवश्यक है, उसके साहित्य का नहीं। ऐसी स्थिति में आइ.ए. अथवा बी.ए. के स्तर में अंग्रेजी के जो दो-दो, तीन-तीन पत्र अनिवार्य रखे जाते हैं, उन्हें अंग्रेजी और हिन्दी के बीच बराबर विभक्त कर देना सर्वथा उचित और सहज भी होगा।

पुस्तिका से यह भी ज्ञात होता है कि प्रथम अवधि में अहिन्दीभाषी क्षेत्रों की जनता के बीच हिन्दी-प्रचार के लिए निश्चित योजना के अनुसार प्रयास किये गए। इस अवधि के अन्त तक की उपलब्धियाँ संक्षेप में ये हैं :

(1) 8,13,534 रुपये अहिन्दीभाषी राज्यों को हिन्दी के प्रचारार्थ दिये गए।

(2) इसी उद्देश्य की पूर्ति के लिए 7,39,610 रुपये अखिल भारतीय स्तर की विभिन्न हिन्दी-संस्थाओं को अनुदान के रूप में दिये गए।

(3) अगस्त, 1955 ई. में आधुनिक हिन्दी साहित्य की प्रतिनिधि पुस्तकों की प्रदर्शनी आयोजित की गई।

प्रदर्शनी का लक्ष्य यह था कि आधुनिक हिन्दी साहित्य की विभिन्न शाखाओं, जिनमें विज्ञान तथा प्राविधिक साहित्य एवं अहिन्दी-क्षेत्रों में रचित हिन्दी साहित्य भी सम्मिलित है, के विषय में लोगों की जानकारी बढ़ सके। हम इन उपलब्धियों का स्वागत करते हैं, पर इस मन्तव्य के साथ कि जिन अहिन्दी-राज्यों को अनुदान दिये गए हैं, उनमें से जिन्होंने उसके व्यय में शिथिलता दिखाई है, उन्हें अधिक सचेष्ट रहने का निर्देश केन्द्र से मिलना चाहिए। जहाँ तक अनुदान प्राप्त करनेवाली हिन्दी-संस्थाओं का प्रश्न है, हम कम-से-कम एक संस्था के बारे में, जिसे बहुत बड़ी रकम अनुदान के रूप में मिली है, यह कहने को विवश हैं कि वह अखिल भारतीय स्तर की हो या न हो, हिन्दी की संस्था अवश्य नहीं है। इस संस्था को अंग्रेजी-हिन्दी कोश बनाने के लिए उस रकम से चौगुनी अधिक मिली है, जो हिन्दी साहित्य सम्मेलन, प्रयाग को इसी कार्य के लिए मिली है। जिस संस्था की ओर हमारा संकेत है, वह शब्द-निर्माण-कार्य में, केन्द्र की नीति के सर्वथा विरुद्ध, सम्प्रति परित्यक्त 'हिन्दुस्तानी'

पद्धति का समर्थन करती है। उसके तत्त्वावधान में बने शब्दकोश की क्या उपयोगिता होगी, यह सहज अनुमेय है।

सन् 1965 ई. तक हिन्दी को भारत की राजकीय भाषा के योग्य बनाने, हिन्दी का विकास करने तथा अहिन्दी-क्षेत्रों में उसका प्रचार करने के लिए अन्य कई योजनाएँ भी प्रथम अवधि में उद्भववित और स्वीकृत हुईं और उनके कार्यान्वयन का भी आरम्भ हुआ। इन समस्त योजनाओं को प्रतिपन्न करने के निमित्त ये कार्य शुरू किये गए :

(1) निर्मित पारिभाषिक शब्दावली के सहारे आदर्श पाठ्य-पुस्तकों का प्रणयन;
(2) हिन्दी में द्विभाषी तथा बहुभाषी कोशों का निर्माण;
(3) दस भागों में हिन्दी विश्वकोश का निर्माण;
(4) हिन्दी-टंकन तथा दूर-मुद्रण-यंत्रों के मुद्रा-पटलों का प्रमाणीकरण;
(5) प्रतिमित हिन्दी क्षिप्त-लिपि की पद्धति का विकास;
(6) रोमन लिपि में प्रति-लेखन की प्रतिमित पद्धति का विकास;
(7) हिन्दी में आधारभूत शब्दावली का निर्माण;
(8) हिन्दी में आधारभूत व्याकरण का निर्माण;
(9) वैज्ञानिक ढंग से हिन्दी पाठ्य-पुस्तकों का निर्माण;
(10) क्षेत्रीय भाषाओं की लिपियों के माध्यम से देवनागरी लिपि के प्रशिक्षणार्थ द्विभाषी लिपि-तालिकाओं का निर्माण;
(11) पूर्ववर्ती वर्ष में प्रकाशित विभिन्न विषयों की हिन्दी पुस्तकों के लिए पुरस्कार-योजना, जिसमें अहिन्दीभाषी लेखकों की लिखी हिन्दी पुस्तकों को पुरस्कृत करने की विशेष व्यवस्था है;
(12) शिशुओं के योग्य हिन्दी पुस्तकों के लिए पुस्कार-योजना;
(13) नवसाक्षर प्रौढ़ों के योग्य हिन्दी पुस्तकों के लिए पुरस्कार योजना; और
(14) केन्द्रीय सरकार के अहिन्दीभाषी कर्मचारियों के लिए हिन्दी के प्रशिक्षण की व्यवस्था।

इन कार्यों तथा द्वितीय पंचवर्षीय अवधि के लिए निश्चित निम्नांकित कार्यक्रम के लिए केन्द्रीय सरकार साधुवादार्ह है :

(1) स्नातकोत्तर स्तर तक के लिए हिन्दी तथा अन्य भारतीय भाषाओं की प्रतिमित एवं एकरूप वैज्ञानिक तथा प्राविधिक शब्दावली के निर्माण कार्य को पूरा करना;
(2) प्रथम अवधि में शुरू की गई योजनाओं को यथासम्भव पूर्ण करना;
(3) अहिन्दीभाषी क्षेत्रों के विद्यालयों में शिक्षा पानेवाले सभी छात्रों को हिन्दी से सुपरिचित करना;
(4) अहिन्दीभाषी क्षेत्रों में हिन्दी में प्रौढ़ प्रशिक्षण की योजनाओं को सुव्यवस्थित करना, और

(5) हिन्दी साहित्य के अभावों को दूर करने के लिए नई योजनाओं का उद्‌भावन और कार्यान्वयन।

हम इन योजनाओं का हार्दिक स्वागत करते हुए, अन्त में, केवल इतना ही कहना चाहते हैं कि सिद्धान्ततः सर्वथा श्लाघ्य होने पर भी इनकी सफलता इस बात में है कि ये द्वितीय अवधि के अन्त तक पूर्णतः सम्पन्न हो जाएँ।

['साहित्य' : जनवरी, 1958]

डिंगल-कोश

हिन्दी की सुपरिचित पत्र-पत्रिकाओं के अतिरिक्त कुछ ऐसी भी हैं, जिनकी चर्चा होनी चाहिए, पर हुई नहीं है। ऐसी पत्रिकाओं में जोधपुर से प्रकाशित होनेवाली 'परम्परा' सर्वाधिक उल्लेख्य है। 'परम्परा' के साधारण अंक भी राज-संस्करण होते हैं। सन् 1956-57 ई. के अंक तीन-चार डिंगल-कोश अंक है। सामग्री और मुद्रण दृष्टियों से 'परम्परा' का यह विशेषांक अपना सानी नहीं रखता। इधर राजस्थान के विद्वानों ने, विशेषतः श्री अगरचन्द नाहटा और श्री कासलीवाल जी ने, प्राचीन हस्तलिखित ग्रंथों की खोज का जो कार्य किया है, वह संस्कृत, प्राकृत, अपभ्रंश और राजस्थानी के लिए तो महत्त्वपूर्ण है ही, हिन्दी के लिए भी कम महत्त्वपूर्ण नहीं है। अतः 'परम्परा' की सामग्री की दुर्लभ उत्कृष्टता अप्रत्याशित नहीं कही जा सकती। किन्तु, हम स्वीकार करते हैं कि पत्रिका का रूप परम विस्मयकारी है; ऐसा भव्य, सुरुचिपूर्ण प्रकाशन हमने कम ही देखा है।

'परम्परा' का प्रकाशन राजस्थानी शोध-संस्थान, चौपासनी, जोधपुर, से होता है। उसका मुद्रण राजस्थान ला वीकली प्रेस, जोधपुर, में हुआ है। सम्पादक हैं श्रीनारायण सिंह भाटी। 'परम्परा' के रूप में इनकी उपलब्धि हिन्दी के उत्कर्ष का प्रमाण है।

'परम्परा' के इस विशेषांक में डिंगल-भाषा के छह पर्यायवाची, एक अनेकार्थी और दो एकाक्षरी छन्दोबद्ध प्राचीन कोशों का संकलन है। पत्रिका के इस अंक के सम्पादकीय वक्तव्य में कहा गया है : 'राजस्थानी भाषा का व्याकरण तो प्रकाशित हो चुका है और राजस्थानी शब्दकोश तथा भाषा के इतिहास पर भी राजस्थान के विद्वान बहुत लगन से कार्य कर रहे हैं। ऐसी स्थिति में इन छन्दोबद्ध कोशों का प्रकाशन एक महत्त्वपूर्ण प्रामाणिक सामग्री का काम दे सकेगा। वर्तमान परिस्थितियों में इनकी विशेष उपादेयता को ध्यान में रखकर ही यह प्रकाशन किया जा रहा है, यद्यपि विभिन्न भाषाओं में अन्तरप्रान्तीय स्तर पर होनेवाले शोध-कार्य में इनकी उपयोगिता है।' यह कथन अक्षरशः सत्य है।

संगृहीत कोशों में प्रथम 'डिंगल नाममाला'।

'यह कोश सम्पादित कोशों में सबसे प्राचीन है। मूल प्रति में इसके रचयिता का नाम हरराज मिलता है। हरराज संवत् 1918 में जैसलमेर की गद्दी पर बैठा था। ...

श्री अगरचन्द नाहटा के अनुसार, हरराज स्वयं कवि नहीं था। कुशललाभ नायक जैन कवि ने उसके लिए इस ग्रंथ की रचना की थी। वैसे प्राप्त 'डिंगल नाममाला' की पुस्तिका में हरराज के साथ कुशललाभ का भी नाम जुड़ा हुआ है। ...मूल प्रति में कोश का शीर्षक है : 'अथउ डिंगल नाममाला'। पुस्तिका में पूरा नाम 'पिंगल सिरोमणे उडिगल नाममाला' भी मिलता है। ...यह कोश प्राचीन होने के कारण कई तत्कालीन शब्दों की अच्छी जानकारी देता है, इसलिए राजस्थानी भाषा के विकास की दृष्टि से इसका विशेष महत्त्व है।'

'नागराज डिंगल-कोश' वह दूसरा राजस्थानी कोश है, जो 'परम्परा' के इस अंक में संगृहीत है। कोश का मूल शीर्षक है : 'नागराज पिंगलकृत डिंगल-कोश'। यदि नागराज कोशकार का नाम है, तो उसके सम्बन्ध में विद्वानों को और कुछ ज्ञात नहीं। कोश का लिपि-काल सं. 1821 है। इसमें केवल 20 छन्द हैं, किन्तु 'पर्यायवाची शब्दों की अच्छी संख्या इसमें मिलती है।'

तीसरा कोश है : 'हमीर नाममाला'। इसके रचयिता हमीरदान रतनू के अन्य ग्रंथ भी मिलते हैं। इसका रचनाकाल सं. 1774 है। इस कोश में 'हर एक शब्द है पर्याय गिनाने के पश्चात्। अन्तिम पंक्तियों में बड़ी खूबी के साथ हरि-महिमा सम्बन्धी सुन्दर उक्तियाँ कहकर, ग्रंथ में सर्वत्र अपने व्यक्तित्व की छाप छोड़ने का प्रयत्न भी किया गया है। इसलिए, यह ग्रंथ 'हरिजस नाममाला' के नाम से भी प्रसिद्ध है। 'हमीर नाममाला' 311 छन्दों का ग्रंथ है। इन छन्दों में प्राचीन तथा तत्कालीन साहित्य में प्रचलित डिंगल-भाषा के बहुत-से शब्द अपने विशुद्ध रूप में सुरक्षित हैं।'

चौथे कोश, ''अवधान-माला' के रचयिता बारहठ उदयराम, जोधपुर के महाराजा मानसिंह के समकालीन सिद्ध होते हैं। 'अवधान-माला' ग्रंथ की छन्द-संख्या 561 है। डिंगल के प्रचलित शब्दों के अतिरिक्त भी कवि ने कुछ शब्द विद्वत्तापूर्ण ढंग से बनाकर रखे हैं। इस कोश की एक बहुत बड़ी विशेषता यह है कि छन्द-पूर्ति आदि के लिए, पर्यायवाची शब्दों के अतिरिक्त, कम निरर्थक शब्दों का प्रयोग मिलता है।'

'नाममाला' पाँचवाँ कोश है। इसमें न तो ग्रंथकार का नाम दिया हुआ है, न लिपिकार का। 'प्रति करीब 100 वर्ष पुरानी होनी चाहिए, ऐसा अनुमान इसके पत्रों की लिखावट से लगता है। ...ईश्वर ब्रख, भमर, चपला आदि के कई महत्त्वपूर्ण पर्याय इस कोश में द्रष्टव्य हैं। छन्द-पूर्ति आदि के लिए भी बहुत ही कम निरर्थक शब्दों का प्रयोग देखने को मिलता है, जो कवि का शब्द तथा छन्द, दोनों पर अधिकार साबित करता है।'

'डिंगल-कोश' छठा संगृहीत कोश है। पर्यायवाची कोशों में सबसे बड़े इस कोश के रचयिता हैं कवि राजा मुरारिदान। इस कोश में प्रायः 7000 शब्द हैं। यह बहुत पहले मुद्रित भी हुआ था, यद्यपि अब अप्राप्य है। ''डिंगल' ग्रंथों में प्रयुक्त शब्दों को ही इस ग्रंथ में स्थान मिला है। अपनी ओर से गढ़े हुए अथवा अप्रचलित शब्दों का मोह कवि को विचलित नहीं कर पाया है। ...'अमरकोश' की तरह यह कोश

भी विभिन्न अध्यायों में विभक्त किया गया है, जिससे ऐसा आभास होता है कि कवि उक्त कोश की शैली अपनाने का प्रयत्न करना चाहता है।...कोश का निर्माण आधुनिक काल के प्रारम्भ में हुआ है, इसलिए डिंगल से अनभिज्ञ पाठकों की सुविधा को ध्यान में रखकर नामों के शीर्षक प्राय: हिन्दी में ही दिये हैं और उनको उसी रूप में अनुक्रमणिका में रखा गया है।'

सातवाँ कोश 'अनेकार्थी कोश' है। 'इसके रचयिता और पूर्वोल्लिखित अवधानमाला के रचयिता एक ही हैं—बारहठ उदयराम। वस्तुत: दोनों ही कोश बारहठ उदयराम विरचित 'कविकुलबोध' के भाग हैं। 'डिंगल' का अन्य कोई अनेकार्थी कोश नहीं है। इस कोश में 'डिंगल' के प्रचलित शब्दों के अतिरिक्त संस्कृत के अनेक शब्द हैं, जिनमें से कुछ तो गढ़े हुए हैं और कुछ 'डिंगल' ग्रंथों में प्रयुक्त हुए ही नहीं हैं। ग्रंथ के रचनाकाल का उल्लेख मूल प्रति में नहीं है। रचयिता के सम्बन्ध में जो ज्ञात हो सका है, वह पूर्वत्र संकेतित है।'

आठवाँ और नौवाँ कोश है : 'एकाक्षरी नाममाला'। पहली 'एकाक्षरी नाममाला' के रचयिता वीरमांण रतनू हमीरदान के गाँव के रहनेवाले और जोधपुर के महाराजा अभयसिंह के समसामयिक थे। 'महाक्षपण कवि-रचित संस्कृत के एकाक्षरी कोश की छाया इसमें स्थान-स्थान पर मौजूद है। कोश अव्यवस्थित है। इसका लिपि-काल 19वीं शताब्दी का उत्तरार्द्ध है।'

'परम्परा' के इस अंक में संगृहीत अन्तिम कोश—दूसरी 'एकाक्षरी नाममाला' बारहठ उदयराम-रचित कविकुलबोध का ही अंश है। 'यह कोश बहुत ही सुव्यवस्थित है। इसकी विशेषता यह है कि 'डिंगल' तथा संस्कृत शब्दों के साथ ही साथ जनप्रचलित शब्दों को भी इसमें स्थान मिला है।'

'परम्परा' में संगृहीत कोशों के इस संक्षिप्त परिचय से उसके विशेषांक का महत्त्व सहज ही अनुमेय होगा।

['साहित्य' : जनवरी, 1958]

भारत सरकार की पारिभाषिक हिन्दी शब्दावलियाँ

भारत सरकार के शिक्षा-मंत्रणालय से समय-समय पर अनेक हिन्दी शब्दावलियाँ प्रकाशित हुई हैं। सामान्यत: शब्दावलियाँ सन्तोषजनक हैं। अधिकांश निर्मित शब्द निश्चित अर्थ देनेवाले और सहजग्राह्य हैं।

कुछ शब्द अन्तरराष्ट्रीय अथवा 'मूल-शब्द' मान लिये गए हैं और उनका लिप्यंतरण मात्र कर दिया गया है। शीघ्रता में या अनभ्यास के कारण किसी भी अंग्रेजी शब्द के लिप्यंतरण से काम चलाया जा सकता है, किन्तु शब्दकोश में यथासम्भव

सभी शब्दों के समानार्थी शब्द चाहिए। विकसित भाषाओं में 'डबल वॉकेब्यूलरी' (द्विविध शब्दावली) होती ही है : एक तो प्रचलित भाषा की और दूसरी, शास्त्र और विज्ञान की। हिन्दी की इन शब्दावलियों के निर्माताओं ने बार-बार प्रचलन और सरलता की दुहाई दी है। इससे उन्हें अपना कार्य सम्पन्न करने में कठिनाई हुई है।

इन शब्दावलियों में कुछ शब्द लोक-प्रचलित, या अन्य भारतीय भाषाओं में प्रचलित होने के कारण, लिये गए हैं। पहली कोटि में आनेवाले शब्द अधिकांशतः ग्राह्य हैं, किन्तु कुछ ऐसे भी हैं, जो पारिभाषिक शब्दावली में स्थान पाने योग्य नहीं हैं। दूसरी कोटि में आनेवाले शब्द सौभाग्य से संख्या में अधिक नहीं हैं। ऐसे शब्दों को स्वीकार करने में अधिक सतर्कता अपेक्षित है।

इन शब्दावलियों के सम्बन्ध में, समवेत रूप से, एक ही बात और कहनी है। शब्द-निर्माण करनेवाली विभिन्न समितियों के बीच अधिक पारस्परिक सहयोग की अपेक्षा है। यदि किसी एक शब्द के लिए एक समिति ने समानार्थी हिन्दी शब्द निर्मित किया है, तो दूसरी समिति को उसे स्वीकार करना चाहिए। उदाहरणार्थ रासायनिक शब्दावली में Cell का लिप्यंतर मात्र है, जबकि वनस्पति विज्ञान की शब्दावली (द्वितीय भाग) में इसका समुचित समानार्थी शब्द, कोशिका, वर्तमान है। दोनों शब्दावलियाँ सन् 1956 ई. में प्रकाशित हुई हैं और प्रकाशन-संख्या देखने से यह अनुमेय है कि वनस्पति विज्ञानवाली शब्दावली कुछ पहले ही तैयार हो चुकी होगी। इस प्रकार, कोई कारण नहीं है कि रासायनिक शब्दावली में Cell का समानार्थी शब्द, 'कोशिका', न हो। आगे एक-एक करके विभिन्न शब्दावलियों पर विचार किया गया है।

प्रशासकीय शब्दावली (हमारे सामने केवल दूसरा भाग ही है) में प्रशासन में प्रयुक्त होने वाले 2000 से कुछ अधिक शब्द और वाक्यांश संकलित हैं। इसमें स्वीकृत 'दफ्तरी पत्र-व्यवहार' (कार्यालय-सम्बन्धी अथवा कार्यालयिक हो सकता है); 'तलटीप' (Foot-note, जिसके लिए बहुप्रचलित हिन्दी शब्द है : पाद-टिप्पणी); 'जुड़नार' (Fixtures), आवक रजिस्टर (Inward register) तथा जावक रजिस्टर (Outward register) मराठी में प्रचलित हो सकते हैं, किन्तु हिन्दी की पारिभाषिक शब्दावली के स्तर के अनुरूप नहीं हैं। तेलगू के 'बाध्यक' (Binding) को स्वीकार करने में कठिनाई नहीं है; क्योंकि यह, तेलगू में विशिष्ट अर्थ में प्रयुक्त होने पर भी, संस्कृत शब्द है। तेलगू की 'सिब्बन्दी' (Establishment) और पंजाबी के 'दित्ता' (Data) के पक्ष में यही बात नहीं कही जा सकती। पुनः कन्नड़ के 'पूर्वव्याप्ति' (Retrospective) और पुनश्चर्या (Refresher course) जैसे शब्द इसलिए हिन्दी में सहज ही स्वीकार्य हैं कि ये वस्तुतः कन्नड़ के न होकर संस्कृत के हैं।

इसी तरह जहाँ प्रचलन के कारण 'हुंडी', 'बीजक' आदि शब्द स्वीकार्य हो सकते हैं, वहीं 'परची' (Ballot), 'दिहाड़ी' (Daily wages) प्रचलन के नाम पर भी ग्राह्य नहीं हो सकते—इनसे भाषा की गरिमा क्षतिग्रस्त होती है।

इस शब्दावली में Absentee landlord के लिए 'दूरवासी जमींदार' और Absentee statement के लिए 'अनुपस्थित-विवरण' शब्द है। 'दूरवासी' के लिए 'अनुपस्थित' शब्द ही उचित होगा। Absurdity के एकाधिक समानार्थी हिन्दी शब्दों में एक 'वाहियात' भी है, जबकि पहला विकल्प, अनर्थकता, काफी अच्छा शब्द है। वाहियात तो होगा ही नहीं और वाहियातपन होता नहीं। Academy के लिए 'अकादेमी' मान लिया गया है, यद्यपि इसके लिए बड़ी आसानी से प्रचलित समानार्थी शब्द मिल सकता था। Accrue के लिए 'वाजिव होना', Addendum के लिए 'ततिम्मा', Adjustment के लिए 'बैठ-बिठाव' शब्दावली में प्राप्य ऐसे शब्दों के उदाहरण हैं, जो अनिश्चितार्थ, अव्यावहारिक एवं सुरुचि-रहित हैं। इस शब्दावली में ऐसे बहुसंख्यक शब्द हैं। सन्तोष की बात है कि अन्य शब्दावलियों में ऐसे शब्द अधिक नहीं हैं।

सूचना और प्रसार-शब्दावली अपेक्षया अधिक परिमार्जित है, किन्तु इसमें बुकिंग, बुलेटिन, कोरस, कॉपीराइट, लाउडस्पीकर और माइक्रोफोन आदि अंग्रेजी के अनेक शब्द यथावत् ले लिये गए हैं। इनके हिन्दी शब्द प्रचलित हैं, जिन्हें अस्वीकार करना युक्तियुक्त नहीं माना जा सकता। प्रचलन के आधार पर 'तवा' (Disc) लिया जा सकता है, किन्तु Amateur के लिए 'शौकिया' कभी परिष्कृत पारिभाषिक शब्दावली में स्थान नहीं पा सकता। 'श्रोता खोज अफसर', 'आख्यापना करना' आदि अनेक ऐसे शब्द हैं, जो संकर और बेढंगे हैं।

राजनयिक शब्दावली में भी कुछ शब्द मूल रूप में ही रहने दिये गए हैं, किन्तु अधिकतर अंग्रेजी शब्दों के समानार्थी हिन्दी शब्द सूक्ष्म अर्थ-भेद के सूचक, परिष्कृत तथा ग्राह्य हैं। उदाहरणार्थ : Alien के लिए 'अदेशी', Foreigner के लिए 'विदेशी' इत्यादि।

रक्षा (हिन्दी में Defence के लिए 'प्रतिरक्षा' प्रचलित है)-शब्दावलियाँ (भाग 2, 3 और 4 तथा कमान-शब्दावली) भी अधिकांश में सन्तोषजनक हैं, यद्यपि हिन्दी-कमान-शब्दावली के अनादरसूचक 'बना', 'लगा', 'थम', 'मुड़' आदि के बदले 'बनाओ', 'थमो', 'मुड़ो' ही होने चाहिए। 'गार्ड' तो ठीक है, किन्तु 'गार्ड-रूम' के लिए 'गारद-कमरा' होता, तो अच्छा था। Form the order of march के लिए 'कूच, तरतीब बना' के बदले 'प्रस्थान-व्यवस्था बनाओ' अवश्य ही अधिक प्रभावपूर्ण आदेश सिद्ध होगा। जहाँ तक समझने की बात है, अगर निरक्षर भारतीय सैनिक अंग्रेजी के आदेश समझ लेते थे, तो हिन्दी के समझ ही लेंगे। Company, Section, Column, Platoon, Number, Parade, Round, Battallion, Report, Division आदि के समानार्थी शब्द आसानी से बनाये जा सकते हैं। Line और Rank के लिए 'लाइन' और Fall in के लिए 'लाइन' बना, तीनों में 'लाइन' का ही प्रयोग उचित नहीं है। द्वितीय भाग के अंग्रेजी Foreword

के अनूदित हिन्दी प्राक्कथन में 'अबूझ' Unexplored के समानार्थी शब्द के रूप में प्रयुक्त हुआ है, जबकि दोनों में बहुत अन्तर है।

वाणिज्य-शब्दावली में प्रचलन के नाम पर अनगढ़ शब्दों को लिये जाने की सबसे ज्यादा गुंजाइश हो सकती थी। यह सन्तोष की बात है कि प्रचलित शब्द भी, यदि वे अन्वर्थी नहीं सिद्ध हुए, छोड़ दिये गए हैं और मूल के समानार्थी शब्द बना लिये गए हैं। उदाहरण के लिए : प्राक्कथन में निर्दिष्ट, 'तुलना-पत्र' (Balance-sheet) जिसके लिए 'चिट्ठा' प्रचलित तो है, किन्तु ठीक नहीं है। हिन्दी प्राक्कथन में 'तुलन-पत्र की गढ़ना की' में 'गढ़ना की' हिन्दी नहीं है।

डाक तथा तार-सम्बन्धी शब्दावली के अंग्रेजी प्राक्कथन में ठीक ही कहा है कि 'A special feature of the terminology is that it has an ease and effortlessness about it।' हिन्दी में इसे ही जब यों कहा गया है : 'प्रस्तुत पारिभाषिक शब्दावली की एक और विशेषता है इसकी सरलता', तो आशय बदल गया है। सरलता पारिभाषिक शब्दावली का गुण नहीं है, सहज और आयास-रहित होना अवश्य गुण है। ये गुण इस शब्दावली में आ गए हैं; क्योंकि यथासम्भव अधिक शब्दों के परिष्कृत समानार्थी हिन्दी-रूप दिये गए हैं।

रेलवे-शब्दावली, परिवहन (नौ-चालन) शब्दावली (दो भाग) तथा विदेश-संचार-शब्दावली भी उच्च स्तर की हैं। परिवहन (नौ-चालन) शब्दावली के द्वितीय भाग में, पृष्ठ 20 पर, Securicy for many advanced (Security for money advanced) जैसी भद्दी छपाई की भूल है—हम पहले तो समझे कि अंग्रेजी के अप्रचलित पारिभाषिक शब्द होंगे!

गणित, रसायन-विज्ञान (द्वितीय भाग), वनस्पति-विज्ञान (द्वितीय भाग), प्राकृतिक भूगोल, कृषि-विज्ञान तथा चिकित्सा-विज्ञान सम्बन्धी शब्दावलियों में, अन्तरराष्ट्रीय प्रचलन के नाम पर, बहुसंख्य शब्द यथावत् रहने दिये गए हैं। इस कारण, ये शब्दावलियाँ अशंतः अपूर्ण रह गई हैं, अन्यथा जो शब्द निर्मित हुए हैं—वनस्पति-विज्ञान के शब्दों को छोड़कर—वे पारिभाषिक शब्दावली के अनुरूप परिमार्जित और सांकर्य-रहित हैं। चिकित्सा-विज्ञान-शब्दावली के प्राक्कथन में बताया गया है कि अंग्रेजी के अनेक ऐसे शब्द जो यथोचित अर्थ नहीं देते, हिन्दी में दोषरहित बना दिये गए हैं। वनस्पति विज्ञान की शब्दावली में द्विपदी शब्दों के समानार्थी शब्द न देकर उन्हें लिप्यंतरित कर दिया गया है और उनके लोक-प्रचलित हिन्दी नाम दे दिये गए हैं। उदाहरणार्थ : अंग्रेजी के Onion का पारिभाषिक शब्द है allium cepa और Garlic का allium sativum; इनके लिए प्रचलित हिन्दी शब्द प्याज और लहसुन दे दिये गए हैं। किन्तु, अंग्रेजी में अकारण ही सरल शब्द के बदले कठिन नहीं रखे गए हैं। जिस उद्देश्य की पूर्ति के लिए अंग्रेजी में कठिन, किन्तु निश्चितार्थबोधक शब्द अपनाए गए हैं, उसी के लिए हिन्दी में भी वैसे ही शब्द गढ़े जाने चाहिए थे। इस शब्दावली

के प्राक्कथन में यह तो बताया ही नहीं गया है कि भारतीय वनस्पतियों के ग्रीक-लैटिन नामों के साथ-ही-साथ उनके प्रचलित भारतीय नाम देनेवाले विदेशियों के ग्रंथ पहले से मौजूद हैं, जिनकी सहायता शब्दावली के निर्माताओं को अवश्य सुलभ रही है। हिन्दी शब्दावली के निर्माताओं को विदेशी वनस्पतियों के नाम गढ़ने पड़ते, इसलिए उन्हें यों ही छोड़ दिया गया है, लेकिन विदेशियों के आम-लीची तक के लिए द्विपदी शब्द कैसे और क्यों गढ़ लिये थे ? उन्हें क्या प्रचलन और सरलता की चिन्ता न थी ?

विज्ञान-सम्बन्धी इन शब्दावलियों में वनस्पति विज्ञान-शब्दावली, निर्दिष्ट कारण से, सर्वथा अपूर्ण है और उसे पूर्ण बनाने का प्रयास अपेक्षित है।

['साहित्य' : 1958]

प्रेमचन्द-जयन्ती

प्रेमचन्द-जयन्ती आगामी 31 जुलाई (सन् 1958 ई.) को मनाई जाएगी। प्रेमचन्द का महत्त्व, उनके न रह जाने के बाद, बढ़ता गया है, और, देर से ही सही, हम महसूस करने लगे हैं कि हमने उनकी स्मृति-रक्षा के निमित्त अपना कर्तव्य-पालन नहीं किया है। यह प्रसन्नता का विषय है कि काशी नागरी प्रचारिणी सभा ने प्रेमचन्दजी के अनुरूप स्मारक-योजना बनाई है। प्रारम्भ में, हमने क्लेश के साथ सुना था, सभा और 'प्रेमचन्द जी के उत्तराधिकारियों के बीच कुछ बातों को लेकर स्मारक-योजना के सम्बन्ध में मतभेद था।' हमें आशा है, अगर ऐसा कोई मतभेद था, तो उसका कारण दूर हो चुका होगा।

हिन्दीभाषियों, हिन्दी संस्थाओं और राज्य सरकारों द्वारा केन्द्रीय सरकार का तो कर्तव्य ही है कि योजना के लिए आवश्यक धनराशि जयन्ती-तिथि के पूर्व ही सुलभ बना दें।

['साहित्य' : 1958]

बिहार की कहावतें : स्रोतान्वेषण और वर्गीकरण

बिहार राष्ट्रभाषा परिषद् में बिहार की विभिन्न बोलियों में प्रचलित कहावतों का विशाल संग्रह है। परिषद् के लोकभाषानुसन्धान विभाग का निर्देशन स्वीकार करने के बाद से ही कहावतों के इस अव्यवस्थित संग्रह के व्यवस्थापन की ओर मेरा ध्यान रहा है। अब संगृहीत समस्त कहावतों का पत्रक-सूचीकरण समाप्त हो चुका है और तुलनात्मक विश्लेषण तथा अर्थ-निर्धारण आदि कार्य मेरे निर्देशानुसार हो रहे हैं।

फैलन के 'डिक्शनरी ऑफ प्रावर्ब्स' और जॉन क्रिश्चियन ने बिहार प्रावर्ब्स (1891 ई.) में कहावतों के सम्बन्ध में आज से बहुत पहले जो कुछ किया था, उसका

आज भी महत्त्व है। वस्तुत: हिन्दी का या बिहार की कहावतों का वैज्ञानिक संकलन विवेचन इनके बाद हुआ ही नहीं है। हम ऐसी आशा करते हैं कि परिषद् के लोकभाषानुसन्धान विभाग में इस विषय पर जो कार्य हो रहा है, वह इस अभाव की पूर्ति में सहायक सिद्ध हो सकेगा।

उपर्युक्त दोनों विद्वानों की कृतियों का आधार लेकर ही आज कहावतों के अध्ययन का कार्य हो रहा है और आगे होगा। मैं इनके प्रति विशेषत: जॉन क्रिश्चियन के प्रति कृतज्ञता व्यक्त करते हुए, निर्दिष्ट विषय पर यहाँ बहुत संक्षेप में विचार कर रहा हूँ—संकलन तैयार हो जाने पर, उसकी विस्तृत भूमिका में अन्य सम्बद्ध विषयों के साथ प्रस्तुत विषय पर भी, सविस्तर विवेचन किया जाएगा।

इन कहावतों में से अधिकांश के स्रोत के सम्बन्ध में निश्चयपूर्वक कुछ कह सकने की स्थिति में हम नहीं हैं। इनके रचयिता कौन थे, ये सर्वसाधारण के बीच प्रचलित कैसे हो गईं, आदि बातों पर प्रकाश डालना असम्भवप्राय है। फिर भी कुछ के बारे में तो यह स्पष्ट है कि उनका सम्बन्ध रामायण, महाभारत आदि ग्रंथों से प्रत्यक्ष या अप्रत्यक्ष रूप में अवश्य ही है। औरों के बारे में भी इतना तो कहा ही जा सकता है कि वे क्षेत्र-विशेष के जन-कवियों, संतों-साधुओं, ज्योतिषियों आदि की उक्तियाँ हैं। उदाहरणार्थ : भोजपुर-क्षेत्र के माने जानेवाले घाघ और भड्डरी को ऐसी अनेकानेक उक्तियों की रचना का श्रेय दिया जाता है जो कृषि, ऋतुओं, ज्योतिष, पशुओं का क्रय-विक्रय एवं शकुन आदि से सम्बद्ध हैं। ऐसी अन्य उक्तियों को अन्य ग्राम-वृद्धों ने अनुभव और अन्धविश्वास के आधार पर चलाया होगा। इनसे लाभ उठानेवाले ग्रामीणों ने इन्हें बार-बार कहकर, सुनकर, इन्हें कहावतों के स्तर पर पहुँचा दिया है।

कहावतों का संकलन मात्र पर्याप्त नहीं है। सर्वसाधारण के जीवन की विशेषताओं पर प्रकाश डालनेवाले साधनों के रूप में इनका अध्ययन सावधान वर्गीकरण की अपेक्षा रखता है। वैज्ञानिक वर्गीकरण के मुख्य शीर्षक ये हो सकते हैं—उपशीर्षक विस्तृत विवेचन के लिए छोड़ दिये जाते हैं :

1. मानव-सुलभ दुर्बलताओं, बुरी आदतों और दुर्गुणों से सम्बद्ध कहावतें;
2. व्यावहारिक बुद्धि, चातुरी, चेतावनी और सलाह से सम्बद्ध कहावतें;
3. खास-खास जातियों और वर्गों की निजी विचित्रताओं और लक्षणों से सम्बद्ध कहावतें;
4. सामाजिक और नैतिक विषयों, धार्मिक प्रथाओं और अन्धविश्वासों से सम्बद्ध कहावतें;
5. कृषि और ऋतुओं से सम्बद्ध कहावतें;
6. कृषि-कर्म के लिए उपयुक्त तथा अन्य प्रकार के पशुओं से सम्बद्ध कहावतें।

यहाँ हम पहले वर्ग में परिगणनीय ऐसी कुछ कहावतों का उल्लेख-मात्र कर पाएँगे, जो बिहार में विशेष रूप से प्रचलित हैं। ये उपशीर्षकों के अन्तर्गत वर्गीकृत हैं :

छल-प्रवंचना

मूँड़ काटी बाल के इच्छा; बाप के गले लबनी, पूत के गले उदराछ; सगरे खीरा खाके मेटी तीत; सींग झारे और खुर घिसे पीठ न बोझा ले; ऐसे बूढ़े बैल को बाँधि कवन भुस दे; नव जाने ली छव ना जानस; कहावे ले सैयद, चुरावे ले छुच्छी; कहावे के बुलबुल, लीले के गूलर; लड़िका खाइत-खाइत बूढ़ी भेलो, लोग कहे बकडाइन।

लालच, कृपणता, लोभ

साहु बटोरे कौड़ी-कौड़ी राम बटोरे कुप्पा; कौड़ी-कौड़ी कैल बटोर रुपया भेल न, ले गैल चोर; सूमिन पूछे सूम से काहे बदन मलीन, का गाँठी का गिर पड़ा का काहू को दीन; ना गाँठी का गिर पड़ा, ना काहू कछु दीन, देत-लेत पर देखिया ताते बदन मलीन; आवत हाही जात संतोख।

नकल करना

बिना बान तिलक लिलार चरचराय; बे बान के खरिका बाँस बरोबर; अनकर सेंदुर देख के आपन कपार फोरो।

डराना-धमकाना, क्रोध निकालना, भेद की बात कह देना

कदुआ पर सितुआ चोख; चतुर के खीस अबरे पर उटेला; हुकल चोट नेहाई पर; परल पाई मुँगरे-मुँगरे ठठाहूँ; मार काट पिया तोरे आस; ठेस लगे पहारे घर के फोरो सिलवत कहे बिना रहा न जाए, सारा भगवा जरा जाए।

उम्मीद बाँधना

बाप जमबे ना कैले, पूत पिछओर ठाढ़ भैले; बाप रहल पेटे, पूत गैल बरियात; बेटा भइवे ना कैल, पहिले डंडा डोर; लौर कपार का भेंट ना बाप-बाप अगते; बाग लगबे ना कैल मंगरन डेरा देल।

बुद्धि का घमंड

विधि रचल बुद्धि साढ़े तीन तेह में आधा जगत् आपन तीन; माँड़ न जूरे ताड़ी; चाकर का चूकर मँढ़ई का ओसारा; नौकरों के चाकर तेकरो लमचौर।

अत्युक्ति

थोड़ कैलन तुलसीदास बहुत कैलन कबिता; थोड़ करैं बाली मियाँ बहुत करैं डफाली; लबार का मुँह में लाख रुपैया।

अधिक भोजन करना

सात बासी सात तेबासी, बहुरिया कइवथ रात के उपासी; सात बेरी सतौन, पिया आगे दतौन; नामी मरलन नाम ला, पेटू मरलन पेट ला; आँख मूँद के खाईं, लड़िका न परिकाईं; चार कबर भीतर तब देवता पीतर; काम के न काज के दुसमन अनाज के।

अकृतज्ञता, अगुणज्ञता

कोइली के बचवा कोइली होइहें कौआ मूहें छाय; उलटा साँप सपहेरिए काटे; साँप के दूध पिआई तबहूँ बीखे उगली; घीउ देत घोड़ नरियाय; राड़ जाने बारा के सवाद; जे दीये ना देखी से दीया ले का देखी; जहाँ बूझ ना बड़ाई तहाँ से भाग चलि रे भाई।

दिखावा, अपनी बड़ाई आप

बाप के नाम साग-पात, पूत के नाम परोरा खाँ; बाप पूत बिसनीं तेरह गज के इजार; माँगी भीख पूछी गाँव के जमा; सौखीन बहुरिया चटाई के लहँगा; बाप पूत बिसनीं बेंग के नगाड़ा; घर में खरची न, डेउढ़ी पर नाच; चारे दिन के गैले मुरगा भोर होके औले; अरब गए मोगल होई, आए बोले अरबी बानी, आब-आब कहि पिया मोर मुअले खटिया पर रहल पानी; छावल छोवल घर पौलीं बाँधल पौलीं टाटी, अनकर जामल बेटा पौलीं चूम्मा लेउँ की चाटी; सगरे गाँव परायल जाय, घूरा बहू कहस जे माँग टीक द; मियाँ माँगने दरवाजे दरवेस; हाथ में न गोड़ में टकही लिलार में; बाहर लम्बी-लम्बी धोती धरे मसुरी के रोटी; बाहर लम्बी-लम्बी बात घरे कोदई के भात; बाहर पुजावै तीन सेर के नेउरा घरे सूप न दौरा; सूखी के सिंगार भूख के आधार; अपना घरे संझवत ना, अनका घरे मूसर ऐसन बानी; आँख हैये ना तीन-तीन गो कजरौटा; ओढ़े के लुगरी बिछावे के गलैचा; गाँठी में दाम ना बाँकीपूर का सैर; जिनिका खेवा नहीं से अगिला माँगि सवार; बाप भुसहुला पूत चौपार नाती बैसले मांह दरबार; चलनी दुसलन सूप के जिनका सहसर छेद; जैसन दिगम्बर पांडे वैसने रसगुल्ला, उनका न छान छपर उनका न चूल्हा; जैसने उद्दी वैसने भान, इनका पोंछ न उनका कान।

दुस्साहस, धृष्टता, अधिक आत्मविश्वास

बड़बड़ गेला गजौर ऐला; चीन्हों न जानों मैं दुल्लह की चची; मंडवा में कोई बात न पूछे, कोहबर दुलहा की चची; बड़-बड़ भूत कदम तर रोवें मूआ माँगे पूआ; लंगटा नाचे फाटे का।

स्वार्थपरता, निष्ठुरता, हठ

मरला जाईं रास गाईं; बनिया देना पूरा तौल; पिल्ली के जीव जाय राजा के सिकारे

भागल जाय; काजर गेल बिहार बहुरिया आँख निडेरले हय; मर-मर कान्ती भाल्हे जाय; बूढ़ गाय सोहराई के साध; बुढ़िया सराहे घीव खिचड़ी।

यहाँ हम वर्ग-विशेष में परिगणनीय कुछ कहावतें ही दे पाए हैं। हमें आशा है, इनसे कहावतों पर प्रस्तूयमान तात्त्विक शोध-कार्य का अभ्यास पाठकों को मिल सकेगा।

['बिहार समाचार' (पटना) : 1 नवम्बर, 1959]

बिहार में साहित्यानुसन्धान की कार्य-प्रगति

बिहार में अनुसन्धान की एक सुदीर्घ परम्परा रही है। ग्रियर्सन, जॉन क्रिश्चियन आदि अनेक विदेशी विद्वानों ने, जो प्रशासन, शिक्षा विभाग अथवा विश्वविद्यालय से सम्बद्ध थे, भाषाविज्ञान पाठालोचन एवं लोक-साहित्य सम्बन्धी महत्त्वपूर्ण अनुसन्धान-कार्य सम्पादित किये थे। कालान्तर में, मुख्यतः स्व. काशीप्रसाद जायसवाल के व्यक्तित्व और तत्परता के फलस्वरूप, बिहार एंड उड़ीसा रिसर्च सोसायटी की स्थापना हुई थी, जो आज भी सक्रिय है।

मैं समझता हूँ, केवल बिहार की दृष्टि से ही नहीं; अपितु सम्पूर्ण भारत को भी ध्यान में रखें, तो अनुसन्धान-क्षेत्र में इस संस्थान का असाधारण महत्त्व है। इस संस्थान का अपना विशाल पुस्तकालय है, जिसमें प्राच्य-विद्या सम्बन्धी पुस्तकें तथा शोध-पत्रिकाओं की फाइलें संगृहीत और सुरक्षित हैं। पुस्तकालय में प्राचीन हस्तलिखित पोथियों का भी संग्रह हुआ है और कुछेक का प्रकाशन भी हो चुका है। संस्थान का त्रैमासिक शोध-पत्र इने-गिने शोध-पत्रों में भी उच्च स्थान का अधिकारी माना जाता है, यद्यपि आज भी वह अंग्रेजी में ही छपता है और अपवाद-स्वरूप ही कभी-कभी हिन्दी के भी लेख उसमें स्थान पा जाते हैं। एक जमाने में इस संस्थान के द्वारा मिथिला में प्राप्य हस्तलिखित पोथियों का विवरण संकलित कराया गया था और अनेक खंडों में 'मिथिला मैनस्क्रिप्ट्स' का प्रकाशन भी हुआ था। इस खोज-विवरण में हिन्दी की पोथियों के सम्बन्ध में प्राप्त सूचनाएँ सम्मिलित नहीं की गई हैं, यद्यपि इस महत्त्वपूर्ण कार्य के अधिकांश श्रेय के अधिकारी स्व. विष्णुलाल शास्त्री ने हिन्दी पोथियों के सम्बन्ध में भी यथासम्भव सूचनाएँ प्राप्त कर प्रकाशनार्थ प्रस्तुत कर दिया था। अब यह विवरण बिहार राष्ट्रभाषा परिषद् के द्वारा प्रकाशित होने जा रहा है, जिसे सोसाइटी ने कृपापूर्वक इस संस्था को प्रकाशनार्थ दे दिया है।

सोसायटी में ही राहुल जी के द्वारा तिब्बत से आनीत प्रभूत शोध-सामग्री बहुत दिनों तक सुरक्षित रही और उसका महत्त्वपूर्ण अंश संस्थान के 'जर्नल' में और फिर पुस्तकाकार प्रकाशित हुआ है। अब सोसायटी से सम्बद्ध, किन्तु प्रायः स्वतंत्र,

जायसवाल-स्मारक पुरातत्त्व-संस्थान भी स्थापित हो गया है और प्रसिद्ध इतिहासज्ञ, डा. अल्तेकर (अब स्वर्गीय) के निर्देशन में सन्तोषजनक प्रगति कर रहा है।

सोसायटी का रुझान प्रारम्भ से ही प्राचीन भारतीय इतिहास की ओर था, फिर भी, अनुपात में अपेक्षया कम ही सही, प्राचीन संस्कृत साहित्य के अनुसंधान में भी प्राय: कुछ काम नहीं होता था, और अब उसकी उपेक्षा नहीं की जा सकती थी, अत: राज्य सरकार ने बिहार राष्ट्रभाषा परिषद् की स्थापना की, और उसके साथ-ही-साथ, कुछ आगे-पीछे, नव-नालंदा महाविहार या पालि-प्रतिष्ठान, संस्कृत शोध-संस्थान, प्राकृत शोध-संस्थान तथा अरबी-फ़ारसी का भी एक शोध-संस्थान स्थापित किये। इस प्रकार बिहार में, विश्वविद्यालयों में चलने वाले शोध-कार्यों के अतिरिक्त, इन राजकीय संस्थानों के द्वारा बहिर्मुखीन अनुसन्धान कार्य चल रहे हैं। राज्य सरकार के सर्वाधिक उल्लेखनीय कार्यों में इन संस्थाओं की स्थापना भी एक है, अगर ऐसा कहा जाए तो कदाचित् अनुचित नहीं होगा। इन संस्थानों में से अनेक सभी जमीन तैयार कर रहे हैं, किन्तु कुछेक ने, विशेष रूप से बिहार राष्ट्रभाषा परिषद् ने, पिछले कुछ वर्षों में ही प्रकारत: तथा परिमाणत: असाधारण प्रगति की है।

['बिहार-समाचार', पाक्षिक (पटना), स्वतंत्रता-दिवसांक : 12 अगस्त, 1959]

हिन्दी शब्दानुशासन

'हिन्दी शब्दानुशासन' हिन्दी व्याकरण का ऐसा ग्रंथ है, जिसे पंडितप्रवर किशोरीदास वाजपेयी ही लिख सकते थे और जिसे लिखाने और प्रकाशित करने का दायित्व सभा का ही था। दोनों हिन्दी के प्रति अपने बहुत बड़े ऋण से मुक्त हुए हैं इस ग्रंथ के लेखन-प्रकाशन से। उनके प्रति हिन्दी की कृतज्ञता का उल्लेख अनावश्यक है। हिन्दी व्याकरण की यह पुस्तक ऐतिहासिक महत्त्व की है।

जैसाकि राहुल जी ने अपने एक पहले प्रकाशित लेख में, और इस ग्रंथ के प्रारम्भ में भी, कहा है : यह सरकार तथा हिन्दी की 'सभा' जैसी संस्थाओं का काम है कि आदरणीय वाजपेयी जी से सारी चीजें ले लें, जिन्हें वे ही दे सकते हैं, किन्तु जिनके लिए उन्हें न्यूनतम सुविधाएँ भी नहीं मिलती रही हैं। मैंने भी एकाधिक बार वाजपेयी जी महाराज से निवेदन किया था कि जो असन्तोषजनक ढंग से व्याकरण लिखते हैं, उनका खंडन छोड़िए, अब स्वयं हिन्दी व्याकरण का मंडन और विद्वानों का मार्ग-निर्देशन कीजिए। व्याकरण का मंडन, वाजपेयी जी मेरी धृष्टता क्षमा करते हुए उत्तर दिया करते थे, वे करने को तैयार थे, और उससे विद्वानों का मार्ग प्रशस्त हो सके, तो उन्हें प्रसन्नता ही होगी। लेकिन, दूसरी सम्भावना से वे डरते भी थे। प्रशस्त मार्ग पर विश्रब्ध विचरण करनेवाले बहुधा पथ-प्रवर्तक का नाम तक जो नहीं लेते।

यह अवश्य बहुत बड़ी बात हुई है कि राहुल जी तथा 'सभा' के संचालकों आदि की प्रेरणा से वाजपेयी जी ने नवीन युग का हिन्दी व्याकरण प्रस्तुत कर दिया है। सभा को इसका श्रेय है कि पिछले युग का भी व्याकरण कामताप्रसाद गुरुजी से उसी ने तैयार कराया था। आगे भी सभा का ही यह दायित्व रहेगा।

पुस्तक के अनतिलघु प्रकाशकीय वक्तव्य का एक उपशीर्षक भी है : 'हिन्दी व्याकरण का विकास'। प्रकाशकीय वक्तव्य तो आवश्यक था, किन्तु हिन्दी व्याकरण के इतिहास के बिना भी काम चल सकता था; क्योंकि एक विद्वान प्राध्यापक के द्वारा लिखित होने के बावजूद वह सर्वथा अपूर्ण और फलत: भ्रामक है। हिन्दी व्याकरण के इतिहास में यथास्थान पं. कामताप्रसाद गुरु के व्याकरण का उल्लेख है। उस समिति के सदस्यों के नाम भी दिये गए हैं, जो इस पुस्तक के संशोधन के लिए 'सभा' द्वारा निर्वाचित हुए थे। यह विवरण गुरुजी की पुस्तक के प्रकाशकीय वक्तव्य से सहज ही प्राप्य है, किन्तु इसके एक प्रमुख सदस्य साहित्याचार्य पं. रामावतार शर्मा ने भी हिन्दी व्याकरण की एक पुस्तक वि. संवत् 1997 में ही लिखी थी और इसके भी पूर्व उन्होंने देवनागरी में इस विषय पर लिखा था, ये बातें वक्तव्य-लेखक शोधित नहीं कर पाए हैं। बहुत दिनों तक अप्राप्य रहने के बाद इधर यह पुस्तक सुलभ हो गई है, शायद यह भी कारण हो कि चिराग-तले अँधेरा रह गया है। हिन्दी के विदेशी व्याकरण-लेखकों में बीम्स और होयर्नल का उल्लेख न होना भी खटकता है। जहाँ तक प्रस्तुत पुस्तक का प्रश्न है, यह निर्विवाद है कि इस विषय पर इयत्तया एवं ईद्दक्त्या यह अद्वितीय पुस्तक है। पचहत्तर पृष्ठों की पूर्व-पीठिका में हिन्दी की उत्पत्ति, विकास तथा अन्य समस्त सम्भाव्य समस्याओं पर सविस्तर (वाजपेयी जी क्षमा करेंगे, मैं 'सविस्तार' नहीं, 'सविस्तर' लिखना ही पसन्द करता हूँ) विचार किया गया है, और पिष्टपेषण एकदम नहीं है।

पुस्तक के पूर्वार्द्ध के प्रथम अध्याय में वर्ण-विचार तथा स्वर-व्यंजन आदि का विवेचन है। द्वितीय अध्याय में हिन्दी की विभक्तियों पर विचार करते हुए इस प्रसंग में इधर प्रयुक्त होनेवाले शब्द 'परसर्ग' की अनुपयुक्तता सिद्ध की गई है। तृतीय अध्याय के विषय हैं : नाम, सर्वनाम तथा विशेषण एवं लिंग-व्यवस्था आदि। चतुर्थ में अव्यय और उपसर्ग; पंचम में कृदन्त, तद्धित तथा समास; षष्ठ में क्रिया-विशेषण और सप्तम में वाक्य तथा तत्सम्बन्धी समस्याओं पर प्रकाश डाला गया है। पुस्तक के उत्तरार्द्ध के पाँच अध्यायों में क्रिया का विशद तथा सूक्ष्म विवेचन है। परिशिष्ट में हिन्दी की बोलियों, व्याकरण तथा भाषाविज्ञान आदि के सम्बन्ध में विद्वान लेखक के मौलिक विचार हैं।

'हिन्दी शब्दानुशासन' की भूमिका में आचार्य पं. हजारीप्रसाद द्विवेदी ने पुस्तक के विद्वान लेखक के वैशिष्ट्य के विषय में ठीक ही लिखा है : 'वाजपेयी जी संस्कृत व्याकरण के सुपंडित हैं, पर संस्कृत के अधिकांश विद्वानों की भाँति हिन्दी को संस्कृत की पूर्ण अनुगामिनी मानने का आग्रह उनमें नहीं है। वे हिन्दी की प्रकृति के सूक्ष्म निरीक्षक हैं। इस पुस्तक में उन्होंने हिन्दी की इस प्रकृति का बड़ा अच्छा परिचय दिया है। सब लोग उनके

निष्कर्षों से सहमत नहीं होंगे, किन्तु उन्होंने निष्कर्षों तक पहुँचने की पूरी प्रक्रिया बता दी है और विचारशील पाठकों को स्वयं सोचने-समझने को स्वतंत्र छोड़ दिया है।'

विषय और उसके विवेचन के सम्बन्ध में आचार्य जी से सहमत होते हुए, और वाजपेयी जी की परिणत प्रज्ञा के प्रति श्रद्धा रखते हुए भी, मैं यह कहने में संकोच का अनुभव नहीं करता कि पुस्तक के भाषा-पक्ष के विषय में व्याकरण-परामर्श-मंडल के ये दो सुझाव सर्वथा उचित थे : '(क) भाषा अधिक सन्तुलित और शास्त्रानुरूप गम्भीर होनी चाहिए। (ख) अप्रासंगिक उक्तियाँ और हलके मुहावरे न रखे जाएँ, तो उत्तम हो।' व्याकरण-परामर्श-मंडल के ये सुझाव वाजपेयी जी को मान्य नहीं हुए, यह स्पष्ट है। यह निस्सन्देह वाजपेयी जी के व्यक्तित्व की प्रखरता के अनुरूप ही हुआ; किन्तु सभा ने अपनी ओर से आवश्यक दृढ़ता का परिचय न देकर अपने प्रतिमान के साथ समझौता किया है, जो उसकी परम्परा के प्रतिकूल है।

'बड़ी विचित्र बात है! व्यर्थ बातें हैं। ऐसी ही बेकार और उथली बातों से पोथे बनाकर 'भाषाविज्ञान' नाम रखा गया है! हम यहाँ भाषाविज्ञान की चर्चा न करेंगे! बहुत बड़ी राम-कहानी है! परिशिष्ट में उतना ही कहा जाएगा, जितना व्याकरण के लिए जरूरी है। ...आवश्यकता से अधिक तो नहीं कहा गया है; पर फिर भी काफी कह दिया गया!' और ऐसे अनेक अन्य स्थल इस पुस्तक में हैं, जिन्हें रहने देकर सभा द्वारा संघटित व्याकरण-परामर्श-मंडल के इस महनीय संस्था के प्रति पूर्णत: कर्तव्य-पालन नहीं किया है। यदि प्रस्तुत पंक्तियों के लेखक के सामने ये विकल्प होते कि या तो यह पुस्तक—बहुत अच्छी पुस्तक—छपे ही नहीं या छपे तो उपर्युक्त अंशों के साथ, तो उसे पहले विकल्प को चुनने में द्विधा न होती। यह ठीक है कि भारतीय वैयाकरणों की एक मनोरमामर्दिनी परम्परा भी रही है, जिसका प्रतिनिधित्व हिन्दी में वाजपेयी जी करते हैं। इसकी भी अपनी खूबियाँ हैं, किन्तु इस पर 'सभा' या इस तरह की संस्थाओं की मुहर नहीं लगनी चाहिए। किन्तु, अब जब 'सभा' ने दूसरे विकल्प को स्वीकार कर लिया है, तब हम भी परिमाण में स्वल्प इन अंशों की उपेक्षा कर, इस ग्रंथ के निर्माण के लिए लेखक का अभिनन्दन करते हैं।

['साहित्य' : जुलाई, 1958]

छात्रा या छात्री?

'साहित्य' के पिछले एकाधिक अंकों में 'बाधति-बाधते' स्तम्भ के अन्तर्गत 'छात्रा शुद्ध है अथवा छात्री', इस विषय पर विद्वानों को 'शास्त्रार्थ' करने के लिए अवसर सुलभ रहा है। इसका उद्देश्य यह नहीं था कि हिन्दी में प्रचलित प्रयोग 'छात्रा' के सम्बन्ध में विचार किया जाए : हिन्दी में 'छात्रा' शुद्ध प्रयोग है; क्योंकि वही प्रचलित है।

प्रश्न यह था कि संस्कृत में शुद्ध क्या है? 'छात्री' के समर्थकों से, स्पष्ट है, उन्होंने व्याकरण के सूत्रों आदि की अनुकूल व्याख्या करके अपने पक्ष को विलक्षणतापूर्वक पुष्टि की है, किन्तु इसी पद्धति से उनका खंडन भी दूसरे पक्ष के विद्वानों ने, अपने वैदुष्य का परिचय देते हुए, किया है। फलतः, किसी निर्णय पर पहुँचना कठिन हो जा सकता था। परन्तु, दूसरे पक्ष के विद्वान कम-से-कम एक परवर्ती, किन्तु प्रतिष्ठित संस्कृत वैयाकरण के 'छात्रा' के पक्ष में स्पष्ट कथन का निर्देश कर पाए हैं। अतः, संस्कृत वैयाकरण में भी 'छात्रा' का प्रचलन था, यह निर्विवाद है।

यह भी सम्भव है, ज्यादा यही सम्भव है कि संस्कृत में 'छात्री' शब्द भी प्रचलित था—हमारे विचार से, और दूसरे पक्ष के प्रतिकूल, न केवल 'छात्र की पत्नी' के अर्थ में, प्रत्युत 'छात्रा' के अर्थ में भी। तात्पर्य यह है कि संस्कृत के अनेकानेक अन्य शब्दों की तरह 'छात्रा' भी द्विरूप शब्द है, यद्यपि हमें द्विरूप-कोश में मिला नहीं। वैयाकरणों की परम्परा से भी यही बात सिद्ध होती है—पहले पक्ष ने यदि गुरु-मुख या गुरु-परम्परा से 'छात्री' को ही शुद्ध जाना है, तो दूसरे ने 'छात्रा' को!

अतएव, हम 'छात्रा या छात्री ?' के विषय में उपस्थित 'शास्त्रार्थ' को समाप्त करते हैं। भविष्य में, 'साहित्य' के उक्त स्तम्भ में, और भी इसी प्रकार के द्विरूप शब्दों के शास्त्रार्थ का सहर्ष स्वागत होगा।

['साहित्य' : जुलाई, 1958]

मानस का नवीकरण

प्राचीन हिन्दी के महत्त्वपूर्ण ग्रंथों के आधुनिक हिन्दी में रूपान्तरित संस्करणों का अभाव बहुत खटकता है। जिस तरह अंग्रेजी में चासर, शेक्सपियर प्रभृति की कृतियाँ आधुनिक अंग्रेजी में रूपान्तरित हुई हैं, उसी तरह तुलसी, सूर आदि के ग्रंथों का रूपान्तर आवश्यक है।

श्री सूर्यकान्त त्रिपाठी 'निराला' अस्वस्थ रहने पर भी हिन्दी साहित्य की श्रीवृद्धि करते रहे हैं। उन्होंने तुलसी के 'रामचरितमानस' का आधुनिक हिन्दी में रूपान्तरण आरम्भ किया था। उसके कुछ अंश मुद्रित भी हुए थे। ऐसा प्रतीत होता है कि यह महत्त्वपूर्ण कार्य अपूर्ण ही रह गया है। यदि स्वयं निराला जी इसे पूरा कर दें, तो इससे अच्छा क्या होगा! यदि यह सम्भव न हो, तो उनसे अनुमति लेकर किसी अन्य प्राचीन काव्य-मर्मज्ञ कवि को यह काम पूरा कर देना चाहिए।

निराला जी के स्वकृत रूपान्तर के मुद्रित अंश मेरे पास भेजने की कृपा की थी। कुछ अंश कलकत्ता से निकलने वाली मासिक 'साधना' (1948) के प्रथम अंक में भी प्रकाशित हुए थे।

'शिव की बरात' के वर्णन की कुछ पंक्तियाँ यहाँ उद्धृत हैं :

दोहा : *कहा विष्णु ने हँसकर, बुलवाकर दिग्राज।*
बिलग-बिलग होकर चलो निज-निज-सहित-समाज॥

चौपाई : वर-अनुहर बारात नहीं है,
ऐसे पर-पुर गये हँसी है।
विष्णु-वचन ले जन मुसकाये,
अपनी सेना से बिलगाये।
मन ही मन शिव भी हँसते हैं,
हरि के व्यंग्य-वचन लसते हैं।
प्रिय के अति प्रिय वचन श्रवण कर,
भृंगी को टेरा डेरे पर।

बुलवाये कुल गण, अनुशासन,
सुनकर आये सब शीश-चरण।
बनी वाहिनी नाना वेषा,
विहँसा जिसने भी रुख देखा।
कुछ मुखहीन, विपुल मुख कुछ के,
बिना चरण-कर-पद, दुःख कुछ से।
विपुल-नयन, फिर दृग-विहीन हैं।
हृष्ट-पुष्ट या महाक्षीण हैं।

छन्द : *तन-क्षीण कोई, पीन, पावन तन, अपावन गति धरे,*
भूषण-कराल, कपाल-कर, सब सद्य-शोणित-तन भरे।

खर-श्वान-सुअर शृंगाल-मुख-गण, वेष अगणित क्या गने?
योगी, पिशाच, जमात, करते बात चलने की बने।

'रामचरितमानस' की मूल पंक्तियों से मिलाकर देखने पर स्पष्ट ही अवगत होगा कि निराला जी ने स्वल्प परिवर्तन के साथ उनका सरस, प्रवाहपूर्ण और प्रायः मूल-सा लगनेवाला रूपान्तर प्रस्तुत किया है!

विद्यालयों तथा महाविद्यालयों के आरम्भिक छात्रों की पाठ्य-पुस्तकों में प्राचीन कवियों की रचनाओं का आधुनिक रूप प्रस्तुत किया जाए, यह आवश्यक है। निराला जी ने ऐसे प्रयासों के लिए अनुकरणीय आदर्श उपस्थित किया था। हमें विश्वास है, इस दिशा में भविष्य में सन्तोषजनक प्रगति होगी।

['साहित्य' : 1959]

गच्छतः स्खलनं क्वापि

'साहित्य' के पिछले अंक में मेरे प्रमाद के कारण कुछ ऐसे 'स्खलन' हो गए हैं, जिनके लिए मैं लज्जित हूँ; विशेष रूप से श्रीशिवपूजन सहाय की एक सम्पादकीय टिप्पणी (पृ. 5) में 'रुझान' शब्द के स्त्रीलिंग में प्रयोग के लिए मैं उत्तरदायी हूँ। 'रुझान' पुल्लिग है, न कि स्त्रीलिंग! उन्होंने पुल्लिग ही लिखा भी था; मैंने प्रूफ-संशोधन के समय सन्देह होने पर प्रेस-कॉपी न देखकर, जैसा मुझे करना चाहिए था, 'रसाल' जी के हिन्दी-कोश की सहायता ली और 'अन्धेनैव नीयमानः यथान्ध' की गति हुई! यह शब्द हिन्दी-उर्दू कोशकारों के अनुसार अरबी (रुजहाने) का शब्द है (वस्तुतः रुध > रुन्ध < रुज्झ + आन) और पुल्लिग है। प्रचलन भी यही है और अकारान्त होने के कारण पुल्लिग है, तो सुविधाजनक ही है।

पृष्ठ 8 पर 'दो सौ पैंतीस कथाएँ' न होकर 'दो सौ चौंतीस कथाएँ', पृ. 43 पर 'अकेला शिशुपाल' न होकर 'अकेले शिशुपाल', पृ. 45 पर 'शोभा की बड़ी दुर्गति हुई' न होकर 'शोभा की पत्नी की बड़ी दुर्गति हुई', और इसी पृष्ठ पर 'श्रीसत्यव्रत सिन्हा : लोक-साहित्य की भूमिका' न होकर 'श्रीसत्यव्रत सिन्हा : भोजपुरी लोकगाथा' होना चाहिए। पृ. 87 की 10वीं पंक्ति में 'वह ऐसी भी कोई योजना समाविष्ट करे, जिससे उसके...' यह संशोधन करने का भी कष्ट करें।

['साहित्य' : 1959]

'साहित्य' के कृपालु लेखकों से

'साहित्य' के उदार लेखकों के हम अधमर्ण हैं। हम तो उन्हें पत्र-पुष्प भी देने की स्थिति में नहीं हैं; उलटे उनके बहुमूल्य लेखों को बहुधा महीनों क्या, वर्षों के बाद हम 'साहित्य' में प्रकाशित कर पाते हैं। अपने ऐसे विद्वान लेखकों से तो हमें केवल यही कहना है कि 'साहित्य' पर कृपा-भाव बनाये रखें।

'साहित्य' में हम किसी भी लेखक की रचना का स्वागत करते हैं, बशर्ते कि वह पत्र के अनुरूप हो, किन्तु कुछ लेखक अन्यत्र प्रकाशित या प्रेषित रचनाएँ भेजकर हमें बड़ी कठिनाई में डाल देते हैं। ऐसे लेखकों से हम अनुरोध करेंगे कि वे 'साहित्य' को अपनी कृतियों से वंचित ही रहने दें। 'साहित्य' के लिए स्वीकृत रचनाएँ देर-सबेर अवश्य छपती हैं। इस पत्र के कृपालु लेखकों को विलम्ब के लिए तैयार होकर ही रचनाएँ भेजनी चाहिए—अपनी ओर से तो हमारा यही प्रयास रहता है कि कम-से-कम विलम्ब हो, किन्तु हमारी विवशता भी तो है!

['साहित्य' : 1959]

लोकोक्ति-कथाएँ

लोकोक्तियों के पीछे प्राय: कोई-न-कोई कथा रहती है। वस्तुत:, लोकोक्तियाँ कथा-विशेष से प्राप्त नीति या शिक्षा के तत्त्व को सूत्रबद्ध करती हैं—भले ही वे सूत्र-शैली में न होकर पद्य का रूप ग्रहण कर लें—और बहुधा, कालान्तर में, कथा विस्मृत हो जाती है और व्यापक रूप ग्रहण करती हुई नीति या शिक्षा की बात लोकोक्ति बन जाती है। यहाँ ऐसी ही कुछ विस्मृतप्राय लोकोक्ति-कथाओं के अनुसन्धान का प्रयास है। लोकोक्तियाँ विशेषत: बिहारी भाषाओं की हैं और इन्हीं भाषा-क्षेत्रों में इनसे सम्बद्ध वे कथाएँ प्रचलित रही हैं—अब इन्हें सुना सकने वाले 'ग्रामवृद्ध' मुश्किल से मिलते हैं। लोकोक्तियों के आधार तथा स्रोत के अनुसन्धान की यह अनुद्घाटितप्राय दिशा है। कहावतों की तथाकथित आधारभूत कथाएँ प्रायश: उन पर वर्तमान लेखकों द्वारा आरोपित की हुई होती हैं; वास्तविक आधार-कथाओं के अन्वेषण का प्रयास नहीं के बराबर हुआ है। यहाँ कुछ लोकोक्ति-कथाएँ दी जा रही हैं :

कब की बीबी बाम्हनी—बीबी, अर्थात् बदनाम औरत सती-साध्वी कब से बन गई? लोकोक्ति-कथा यह बताई जाती है : एक सराय की भठियारिनों ने उच्च वर्ण के यात्रियों को आकृष्ट करने के लिए अपने में से एक को सिखाया कि कोई पूछे, तो वह अपने को ब्राह्मणी बताए। एक दिन एक ब्राह्मण सराय में ठहरा, तो इस भठियारिन ने उससे पूछा कि वह ब्राह्मण कब से हुआ था? ब्राह्मण का माथा ठनका और उसने पूछा, 'तुम ब्राह्मणी कब से हुई हो?'...'एक हफ्ते से', भठियारिन ने उत्तर दिया। कहने की जरूरत नहीं कि ब्राह्मण-देवता सराय में ज्यादा देर तक नहीं टिके!

लेना एक न देना दू—कहावत का तात्पर्य है, किसी तरह का सम्बन्ध न रखना, लेन-देन न करना। कथा यह बताई जाती है : एक मोर और एक कछुए में बड़ी मित्रता थी। मोर नदी-तट के एक पेड़ पर रहता था, कछुआ नदी में। एक दिन एक बहेलिये ने मोर को जाल में फँसा लिया। मोर ने कातर-भाव से प्रार्थना की, कि उसे अपने मित्र कछुए से अन्तिम बार मिलने का मौका दिया जाए। बहेलिया मान गया। मोर और बहेलिया कछुए के पास गए। कछुए ने बहेलिये से कहा, 'एक चीज दूँ, तब तो मेरे मित्र को छोड़ दोगे?'...'क्यों नहीं!' बहेलिये के ऐसा कहने पर कछुए ने डुबकी लगाई और एक बड़ा मोती लेकर ऊपर आया। मोती लेकर बहेलिये ने मोर को मुक्त कर दिया। लेकिन बहेलिया परम लोभी था। वह दो-चार दिनों बाद ही फिर आ धमका और कछुए से बोला, 'इस मोती का जोड़ा हाजिर करो, वरना मोर को फिर पकड़ ले जाऊँगा।' कछुए ने मोर को पहले ही वहाँ से दूर भेज दिया था। उसने बहेलिये से कहा, 'अच्छी बात है। मोती जरा मुझे दे दो। ठीक ऐसा ही दूसरा ढूँढ़कर ला देता हूँ।' लोभी बहेलिये ने मोती दे दिया। पानी में डुबकी लगाते हुए कछुए ने दूर से ही कहा, 'मैं ऐसा मूर्ख नहीं कि लूँ एक और दूँ दो!'

कौआ ला कवेलवे गाढ़—तात्पर्य यह कि कौए (पिता-माता) से उसका बच्चा ही बुद्धिमान है; वस्तुतः है नहीं, पर अपने को वह ऐसा समझता है! कथा यह बताई जाती है : एक कौआ अपने बच्चे को समझा रहा था, 'देखो, अगर अभी कोई पत्थर का टुकड़ा उठाने लगे, तो समझ लेना, वह उसे तुम्हीं पर चलाएगा।' इस सीख पर ध्यान देने के बदले बच्चे ने कहा, 'लेकिन, मान लीजिए, वह पहले से ही हाथ में पत्थर लिये हो?' कौए ने इसके बाद बच्चे को फिर कुछ सिखाने की जरूरत न समझी।

केकर केकर लीहों नाँव कमरा ओढ़ले सगरे गाँव—आशय यह कि नाम किसका लिखा जाए, गाँव के सभी लोगों की हालत तो एक जैसी ठहरी? 'सभी कम्बल ओढ़े हुए हैं'—का तात्पर्य है : सभी निर्धन या दोषी हैं।

'मगह' के एक स्थान, टिकारी, के पुराने जमाने के किसी 'राजा' के बारे में यह कथा बताई जाती है : एक शाम राजा अहीरों के एक गाँव से होकर महल की ओर लौट रहे थे। वे एक बेशकीमती, लेकिन काली शॉल ओढ़े हुए थे। राजा गाँव के बाहर आए ही थे कि एक बूढ़ा अहीर दौड़ता हुआ पहुँचा और आँखों में आँसुओं के साथ बोला, 'महाराज, मेरे पास जो कुछ भी है, कृपा करके स्वीकार कीजिए। मैं अपनी आँखों से यह नहीं देख सकता कि हमारे महाराजा काला कम्बल ओढ़कर घूमें। मैंने यह तो सुना था कि इधर महाराजा को बहुत कर्ज हो गया है, लेकिन मुझे मालूम न था कि हालत ऐसी हो गई है कि आपको कम्बल ओढ़ना पड़े। सो, आप मेरे पास ये जो दस-पाँच रुपये हैं, स्वीकार कीजिए और अपने लिए लिहाफ बनवा लीजिए या शॉल खरीद लीजिए!'

राजा ने कृतज्ञतापूर्वक यह दान स्वीकार किया और दाता को अपने साथ महल ले गए। कथा का प्रीतिकर उपसंहार यह है कि राजा ने श्रद्धालु अहीर को पुरस्कार-स्वरूप वह गाँव दे दिया, जिसमें वह रहता था! इस कथा से यह लोकोक्ति उदाहृत की जाती है।

करिया खसी के करेजे ना—यह उसके लिए कहा जाता है, जो साहसहीन या अविश्वसनीय हो। यह कहावत इस कथा से सम्बद्ध बताई जाती है : एक बूढ़ा बाघ इतना अशक्त हो गया था कि वह शिकार भी नहीं कर पाता था। उसके वैद्य ने उसे बताया कि उसे काली बकरी की 'कलेजी' खानी चाहिए। बाघ ने अपने मंत्री गीदड़ को समझा-बुझाकर उसे बकरी के पास पहुँचाया। गीदड़ जब उसे लेकर आया तो बाघ ने, उसके पास आ जाने पर, उसका काम तमाम किया। गीदड़ ने भी काली बकरी की 'कलेजी' का गुण सुना था। उसकी जीभ से भी लार टपक रही थी। उसने अपने मालिक को सलाह दी, 'खाने के पहले आप स्नान तो कर लें!'

बाघ उधर स्नान को गया, इधर गीदड़ 'कलेजी' चट कर गया। बाघ लौटा, तो कलेजी का कहीं पता नहीं। क्रुद्ध होकर गीदड़ से पूछा, तो सहज प्रत्युत्पन्नमतित्व के साथ उसने उत्तर दिया, 'मैं तो समझता था, आप जानते ही होंगे कि काली बकरियों

के कलेजी नहीं होती! ऐसा न होता, तो आप ही बताइए, इस काली बकरी को धोखा देकर आपके पास मैं लाता भी कैसे?'

जेकरा पीठ पर अगरधत के नगारा बाजे से का सूप का भड़भड़ौते भागे?—जिसकी पीठ पर कई धातुओं (अगरधत = अष्टधातु, कुछ ग्रामीणों के अनुसार) का नगाड़ा बजता है, वह क्या सूप की खड़खड़ाहट से डर जाएगा? अर्थात् जिसने बड़ी कठिनाइयों का सामना किया है, वह छोटी से डरनेवाला नहीं है! यह गर्व से की हुई आत्मश्लाघा है।

कहानी यह बताई जाती है कि एक ऊँट खेत चर रहा था। उसे भगाने के लिए एक वृद्धा ने सूप खड़खड़ाया, तो ऊँट ने गर्व के साथ यह कहा, 'सचमुच ही नगाड़ा उसकी पीठ पर कभी बजा ही नहीं।'

दे दाल में पानी पैगा वह चले चुल्हानी—अर्थात् दाल में इतना पानी दो कि सारा पैगा गाँव ही बहकर रसोईघर में आ जाए! दाल बहुत पतली हो, तो बनानेवाले की कृपणता या अकुशलता को लक्ष्य कर यह कहा जाता है। कहानी इस तरह है : पैगा नामक गाँव में एक बार एक बारात आई, जिसमें बहुत अधिक आदमी थे। बारात के लिए जितनी दाल बनी थी, वह काफी न थी। ऐसी हालत में उसमें खूब पानी मिला दिया गया। बरातियों ने व्यंग्य के साथ यह तो कहा ही, साथ ही यह भी जोड़ा, 'जेकर सहारा पानी सेहू घटला!'

['साहित्य' : जनवरी, 1960]

प्राचीन ग्रंथों की चित्र-प्रतियाँ

प्राचीन ग्रंथों की सुलभता के प्रश्न पर विचार करना आवश्यक है। सामान्य रूप से हमारे विशाल देश में और, इसी प्रकार, विशेष रूप से अनति लघु हिन्दी-क्षेत्र में समस्या जटिल से जटिलतर होती जा रही है। सीमित साधनों वाले अनुसन्धायक एक संग्रहालय से दूसरे और तीसरे और जाने कितने संग्रहालयों की खाक छानते फिरते हैं और फिर भी अनिश्चय बना रहता है। संग्रहालयों में सूची-पत्रों का अभाव रहता है, दो-एक व्यक्तियों के आचरण के फलस्वरूप बड़े ही कठोर नियमों का पालन किया जाता है, और बहुधा यह होता है कि जहाँ पुस्तक या पोथी को रहना चाहिए था, वहाँ से वह गायब पाई जाती है। हिन्दी का तो प्रत्येक अनुसन्धायक आविष्कारक और उद्घाटक भी होने के लिए बाध्य है।

इस सबका एक ही उपाय है। सभी विश्वविद्यालयों और संग्रहालयों में दुर्लभ मुद्रित पुस्तकों एवं पत्र-पत्रिकाओं तथा हस्तलिखित पोथियों की माइक्रो-फिल्म-प्रतियाँ भी मिलनी चाहिए और लागत मूल्य पर चित्र-प्रतियाँ सदैव सुलभ रहनी चाहिए। इससे

अनेक लाभ होंगे। पहली बात तो यह है कि संग्रहालय-विशेष के अपने हित में भी यह आवश्यक है। किसी भी पुस्तक या पोथी की निश्चित आयु होती है। हिन्दी-क्षेत्र में तो हम कह सकते हैं, ये बड़ी ही अल्पायु होती हैं। यों, रासायनिक प्रक्रियाओं से इनकी आयु बढ़ाई जा सकती है, इनका 'कल्प' किया जा सकता है; फिर भी इनकी पूर्ण सुरक्षा कठिन ही है। इस कारण जिस संग्रहालय में दुर्लभ पुस्तकें या पोथियाँ हों, उसके लिए भी जरूरी है कि वह उनकी चित्र-प्रतियाँ रखे। चित्र-प्रतियाँ स्थान बहुत कम लेती हैं और मूल प्रतियों के नष्ट होने या खो जाने पर भी उनसे प्राय: शत-प्रतिशत क्षति-पूर्ति हो जाती है; किन्तु इतना हो जाना ही पर्याप्त नहीं है। एक बार चित्र-प्रतियाँ बन जाती हैं, तो अतिरिक्त जितनी भी प्रतियाँ आवश्यक हों, नाममात्र के व्यय से बनाई जा सकती हैं। अतिरिक्त प्रतियों को उदारतापूर्वक अन्य संग्रहालयों या व्यक्तियों को, लाभ का लोभ छोड़कर, वास्तविक व्ययमात्र लेते हुए दिया जा सकता है। अनेक संग्रहालय तो नि:शुल्क विनिमय भी कर सकते हैं।

जिन कठिनाइयों का सामना हमने किया है, उनका हमें प्रत्यक्ष अनुभव है। पटना में विश्वविद्यालय तथा एकाधिक सरकारी, अर्द्ध-सरकारी, गैर-सरकारी शोध-संस्थाओं में से केवल एक के पास, ऐसा मैंने सुना है, माइक्रो-फिल्म यंत्र है। उस यंत्र से इस संग्रहालय ने स्वयं अपना हित-साधन कितना किया है, हम नहीं जानते। दूसरे जब दरवाजा खटखटाते हैं, तो उत्तर यही मिलता है, यंत्र खराब पड़ा हुआ है। विश्वविद्यालय तथा प्रमुख शोध-संस्थानों को आज सरकार उदारतापूर्वक आर्थिक अनुदान दे रही है। सभी संस्थानों में न सम्भव हो, एक-दो में माइक्रो-फिल्म यंत्र तथा फोटोस्टेट करने के साधन अवश्य सुलभ होने चाहिए। फोटोग्राफरों से हम अभी यह काम जैसे-तैसे कराते हैं। एक छोटी-सी पांडुलिपि के लिए भी सैकड़ों रुपये देने पड़ते हैं और अनिवार्य होने पर ही चित्र-प्रतियाँ ली जाती हैं। फोटोग्राफर हर प्रति के लिए पूरा मूल्य ले लेता है और एक तरह की चोरबाजारी ही समझ लीजिए, इस क्षेत्र में भी चल निकले, तो आश्चर्य नहीं होना चाहिए। आजकल शोध-सम्बन्धी समस्याओं पर बड़ी चर्चाएँ चल रही हैं। हमें विश्वास है, इस आधारभूत समस्या और इसके सहज समाधान पर भी संस्थाएँ तथा विद्वान ध्यान देंगे।

['साहित्य' : जनवरी, 1960]

खड़ी बोली की प्राचीन वर्तनी

आधुनिक हिन्दी वर्तनी का किस क्रम से विकास हुआ है, यह रोचक अध्ययन का विषय हो सकता है। इस विषय पर विशेष कार्य हुआ हो, तो उसे देखने का अवसर इन पंक्तियों के लेखक को नहीं मिला है।

बिहार राष्ट्रभाषा परिषद् के द्वारा प्रकाश्यमान 'सदल मिश्र ग्रंथावली' का सम्पादन करने के समय मेरे सामने सदल मिश्र की 'रामचरित या अध्यात्म रामायण' की पांडुलिपि की अविकल प्रति थी। यह पांडुलिपि लन्दन में सुरक्षित है और इसकी प्रतिलिपि श्री वीरेन्द्र नारायण ने, जब वे लन्दन में थे, परिषद् के लिए की थी। पांडुलिपि स्वयं सदल मिश्र के हाथ की है, यह कहना कठिन है, किन्तु बहुत सम्भव है कि ऐसा ही हो; क्योंकि फोर्ट विलियम कॉलेज के अधिकारियों ने इसे लिखवाकर और स्वीकृत तथा पुरस्कृत करके भी इसे मुद्रित नहीं कराया था। सम्भवतः, स्वीकृत पांडुलिपि ही लन्दन में सुरक्षित है। किसी स्थिति में यह तो असंदिग्ध ही है कि पांडुलिपि बहुत पुरानी है और उसमें खड़ी बोली की वर्तनी आदि के वे रूप मिलते हैं, जो 19वीं शताब्दी के मध्य से लेकर काफी दिनों बाद तक प्रचलित रहे होंगे।

वर्तनी-प्रकार के विकास-क्रम का सावधानी से युग-निर्धारण तभी सम्भव है, जब 19वीं तथा 20वीं शताब्दी के आरम्भ की मुद्रित पुस्तकों की पांडुलिपियाँ सुलभ हों। इनकी खोज होनी चाहिए और इनका मूल रूप मुद्रण भी होना चाहिए—जैसा 'रामचरित या अध्यात्म रामायण' का परिषद् के द्वारा हो रहा है।

इस प्रकार के अध्ययन में वाक्य-विन्यास, विराम-चिह्नों के प्रयोग आदि के सम्बन्ध में भी आवश्यक उल्लेख अपेक्षित है, किन्तु सम्प्रति, उपर्युक्त आधार पर अवलम्बित, वर्तनी-प्रकार ही यहाँ निर्दिष्ट हैं :

अगिन, अछी (अच्छी), अर्ज्जे, अन्तरधान, अव (औ), अब (अब)।

आवे, आशीस, आंष।

इकठे, इछा, इश (इस)

उन्ने (उनने), उपर (ऊपर), उन्ह।

ऊँच।

एकईश।

ऐसा।

ओ (औ, और), ओरों (औरों), ओंही (योंही)।

कघी (कभी), कही (कही), क्यूंकि, कुक्ष (कुछ), कृतारथ, कोश।

खड़े, खड़ी बोली।

गरे, गिड़ पड़ी, गावता।

चढ़ाइ हुई, चूका (चुके), चूके (चुके)।

छिपावें।

जनम, जहाँ, जाघ (जाँघ), जिस्से, जीव (जी), जीसमे, जेमावते, जोतिस।

झगरा, झुठमुठ।

ठहरावने।

त से (तब से), तद (तब), ततक्षण, तिस्से, तीरथ, तुं (तुम), तुलशी, तुम्है।

दआ (दया), दूर्ल्लभ, देषा, देषाइए।

नये, निर्गूण, निरमल, नौ आव (नव्वाब)।

परता (पड़ता), परवत, परमानु, पढ़ावने, पाव (पाँव), पारवती, पीपर, पुन-पुन (पुनः-पुनः), पुरा (पूरा), पुरी, पूआ, पूरण, पैरकिये (पिड़किया), पोथियाँ, प्रगटे।

फीरते फीरते।

बड़े।

भगति, भए, भालु।

मगन, महूरत, मुहूरत, मनुष, मन्तर, मुज (मुझ), मुजी, मारियै (मारिए)।

यिह (यह)।

रसोइ, रष्षा (रक्खा, रखा), रामायन, रुपै (रुपये), रूचे।

लगाय, लपिटाय, लछुमण।

वजा वजा (बजा-बजा) वदरिकाश्रम, वडाई, वताऊँगा, वरनन, वस (वश) वषान बांयी (बाईं), वार, वार, वांदर (बंदर), विसके, बीच, वुसे, घेर, बोली।

शसुर, शकेगा, शास, शिषने, (सीखने), शिषला, शोच समझ, श्राप (शाप)।

षडे (खड़े), षीर (खीर), षैंच (खैंच), षोजना (खोजना), षोल (खोल)।

समझाइए, सरव (सर्व), सरूप, सवत (सौत), साहव, सुनाइऐ, सुरय (सूर्य) सुमरते, सुसुक सुसुक (सिसक-सिसक), सैंकरन, सोइ (सोई, वही), स्तूति, संतावती (सताती)।

हमे, हूं (हूँ), हूआ (हुआ), हूई (हुई), हूए, होए (होय, होकर), होऐ, ह्यां।

इन वर्तनी-प्रकारों के सम्बन्ध में यह उल्लेख है कि ये परिनिष्ठित एवं व्यापक नहीं रहे होंगे, और ड, श इत्यादि के प्रयोग-विशेष, प्रदेश-विशेष के प्रभाव के द्योतक भी माने जा सकते हैं। फिर भी, इतना सहज अनुमेय है कि इनमें से बहुतरे प्रयोग उस युग में साधारण प्रचलित रहे होंगे। कुछ वर्तनी-प्रकार अशुद्ध होते हुए भी कितने बद्धमूल होते हैं, इसका एक उदाहरण है : 'श्राप'।

['साहित्य' : अप्रैल, 1960]

महात्मा गांधी और हिन्दी साहित्य

जिस मनुष्य के व्यक्तित्व ने पिछले पच्चीस-तीस वर्षों में समस्त भारतीय जीवन को प्रभावित और अंशतः परिचालित किया था, उससे देश के एक बहुत बड़े भाग का साहित्य अधूरा नहीं बच सकता था, फिर भी महात्मा गांधी का जो और जितना प्रभाव हिन्दी साहित्य पर पड़ा, उसका परिणाम और प्रक्रिया सरल होने के बदले जटिल और स्पष्ट होने के बदले अप्रत्यक्ष है। राजनीति और साहित्य के अनिवार्य

पारस्परिक जो बातें कही जाती हैं, वह काफी पेचीदा हुआ करती हैं : दोनों में कार्य-कारण तक ताव लिया जा सकता है, लेकिन यह सम्बन्ध चिनगारी और बारूद का शायद ही कभी होता है गरचे यह भी नहीं कि अपवाद हो ही नहीं सकते। हम इसे यों समझें कि मार्क्स के कैपिटल और रूसी विद्रोह में स्थान और समय की काफी दूरी थी और इसके सर्वथा विपरीत प्रकार से, गांधी जी के सर्वप्रथम अहिंसात्मक आन्दोलन और गांधीवाद से प्रभावित हिन्दी साहित्य के बीच का समय बड़ा व्यवधान दिख पड़ता है।

अगर हम अपने सामने हिन्दी साहित्य को दृष्टान्त के रूप में रखें तो साहित्य और राजनीति के अन्योन्य प्रभाव की प्रक्रिया का कौतूहलवर्धक उद्‌घाटन हो सकता है। छायावाद राजनीति से कोसों पीछे है, तो प्रगतिवाद मीलों आगे! बड़ी सूक्ष्मता से विचार करने पर यह प्रतिपादित करना कठिन नहीं कि छायावाद भी अन्ततः सामाजिक और फलस्वरूप अंशतः राजनीतिक दुस्थिति का ही परिणाम था; इसी तरह अप्रत्यक्ष रूप से और अपने ढंग से प्रगतिवादी साहित्य भी राजनीति और समाज को प्रभावित कर ही रहा है।

छायावाद और प्रगतिवाद के दृष्टान्त से हमें केवल साहित्य और राजनीति के पारस्परिक सम्बन्ध को ही उदाहृत नहीं करना है; हमें गांधीवाद की पर्यवस्थिति (Perspective) से भी इस पर विचार करना है, क्योंकि हिन्दी साहित्य में गांधीवादी राजनीति के समानान्तर इन्हीं साहित्यिक प्रवृत्तियों का प्राधान्य रहा। यहीं पर हम यह कहें कि प्रस्तुत विवेचन में हमने उन सस्ते पर्चों और गीतों का ध्यान नहीं रखा है जो गांधीवादी आन्दोलनों से प्रेरित होकर लिखे गए थे और जो सभी राजनीतिक आन्दोलनों के लिए व्यावहारिक दृष्टि से अनिवार्य हुआ ही करते हैं; इसी तरह इस शीर्षक के अन्तर्गत हम गांधी जी की रचनाओं या गांधी जी पर लिखे गए साहित्य पर विचार करने नहीं जा रहे हैं। यहाँ हमारा एकमात्र प्रयत्न यह समझने के लिए होगा कि गांधीवाद की समकालीन साहित्यिक धाराओं में, छायावाद और प्रगतिवाद की तह में ये राजनीति किस प्रकार काम कर रही थी; यह कह देने से ही काम नहीं चल सकता कि छायावाद और प्रगतिवाद के युगों में भी गांधीवादी साहित्य अपना स्वतंत्र और उल्लेखनीय अस्तित्व रखता था, क्योंकि यह गांधीवाद के प्रभाव को अत्यन्त सीमित मान लेने के कारण होगा जो सत्य अवश्य नहीं है।

हमारे बीच यह तो धारणा है कि छायावाद राजनीति से कोसों दूर था, यानी गांधीवाद के आन्दोलन का यह अर्द्धसत्य मात्र है। गांधीवाद के सक्रिय तथा विद्रोहात्म पहलू से वह चाहे जितनी दूर भी रहा हो, उसके प्रधान और तात्त्विक सिद्धान्तों का उस पर पर्याप्त प्रभाव था। गांधीवाद में और बहुत सारी बातों के साथ तीन मुख्य बातें ये थीं—अंग्रेजी शासन का विरोध, 'प्रकृति की ओर लौट चलो'—चर्खा, खादी आदि का कार्यक्रम और लोकप्रिय अर्थ में भारतीय संस्कृति का पुनरुत्थान। छायावाद

में कवित्वपूर्ण ढंग से गांधीवाद की ये विशेषताएँ इस प्रकार अनूदित हुई थीं—वर्तमान के प्रति असंतोष, सर्वांगपूर्ण भविष्य की कल्पना और इस कल्पना के लिए अतीत या प्रकृति से प्रेरणा ग्रहण करना। गांधीवाद अपने अनगढ़ राजनीतिक रूप में नहीं, किन्तु परिष्कृत और फलतः एक हद तक रूपान्तरित होकर छायावाद में गृहीत हुआ था। इसी को ध्यान में रखकर हमने प्रारम्भ में ही कहा था कि साधारणतः राजनीति और साहित्य का पारस्परिक प्रभाव जटिल और अप्रत्यक्ष होता है और उसे सूक्ष्म विश्लेषण से ही समझा जा सकता है।

यह बात छायावाद से भी अधिक प्रगतिवाद पर लागू है। प्रगतिवाद पर यदि किसी राजनीतिज्ञ या राजनीति का प्रत्यक्ष प्रभाव है, तो वह मार्क्स और रूस का आदर्श ही है, फिर भी ऐसा नहीं कहा जा सकता कि इस पर गांधीवाद का प्रभाव है ही नहीं। बहुत-सी बातों में विरोध रहने के बावजूद और कई बातों में तो छायावाद का भी गांधीवाद से विरोध था—साम्प्रदायिक उदारता, दुर्भिक्ष, महामारी जैसी आकस्मिक दुर्घटनाओं के प्रति जागरूकता तथा सचेष्टता और उदात्त मानवतावाद की दृष्टि से गांधीवाद से प्रगतिवाद को अज्ञात, अलक्षित पर निःसंदिग्ध रूप से प्रभावित किया है। इसका सद्यःप्रमाण है : प्रगतिवादी साहित्यिकों की व्यक्ति गांधी के प्रति वह आदर की भावना, जो उनकी वीर-पूजा की प्रवृत्ति से बचने के सैद्धान्तिक आग्रह का अतिक्रमण कर, कविताओं में अभिव्यक्ति पाती रही।

हिन्दी साहित्य के पैर राजनीतिक वात्याचकों से उखड़े नहीं और उसने समझ-कर इससे बल और वेग ग्रहण किया, यह उसकी प्राणवत्ता और विशिष्टता का परिचायक है। साहित्य राजनीति की यांत्रिक प्रतिध्वनि नहीं है, वह राजनीति का शास्त्रीय संगीत है।

['दृष्टिकोण' : 1948]

श्री रायकृष्णदास का एक पत्र

पटना

'श्रीयुत् शिवपूजन जी,

प्रियवर,

इसके ('साहित्य', वर्ष 4, अंक 3) पृष्ठ 52 पर 'काव्य मंजरी' के लिपिकार दलेल सिंह लिखे गए हैं पर यह अशुद्ध है। यह कवि के आश्रयदाता राजा दलेल सिंह हैं। यह दोहे, कविता तथा पुष्पिका से स्पष्ट है।...'

हमें जहाँ इस बात की प्रसन्नता है कि हिन्दी के विद्वान 'साहित्य' में प्रकाशित हस्तलिखित विवरण को अवधान के साथ पढ़ते हैं, वहीं हम लज्जित हैं कि हमारे

प्रमाद से उपर्युक्त विवरण में त्रुटि रह गई थी। हम श्री रायकृष्णदास के आभारी हैं कि उन्होंने हमारा ध्यान इस त्रुटि की ओर आकृष्ट किया है। हम विवरण के प्रस्तुतकर्ता महोदय से अधिक सावधान रहने को तो कहेंगे ही, अपनी ओर से भी अधिक सजग रहने का प्रयत्न करेंगे, क्योंकि हम मानते हैं कि किसी पत्रिका के गुणों का श्रेय तो सम्पादकों के अतिरिक्त भी बहुतों को मिलना चाहिए किन्तु त्रुटियों के लिए एकमात्र उत्तरदायी वे ही होते हैं।

['साहित्य' : जनवरी, 1954]

'साहित्य' का प्रस्तुत अंक

'साहित्य' का प्रस्तुत अंक परिमाणतः विशेषांक न होते हुए भी, प्रकारतः प्राचीन साहित्यानुसन्धान-विशेषांक ही है। इसमें बिहार राष्ट्रभाषा परिषद् के हस्तलिखित ग्रंथानुसन्धान विभाग में संचित हिन्दी की शोधोपयोगी सामग्री का विवरण तो दिया ही गया है, साथ ही साथ हिन्दी के अज्ञात कवि किफायेत का परिचय भी दिया गया है। लालचदास के 'हरिचरित्र' के सम्पादित पाठ का एक अंश भी है तथा हिन्दीतर साहित्य-विषयक लेख भी हैं।

'साहित्य' का प्रस्तूयमान अगला अंक लोक-साहित्यानुसन्धान अंक होगा। 'साहित्य' विलम्ब से प्रकाशित हो पा रहा है, जिसका हमें खेद है।

['साहित्य' : अक्टूबर, 1958]

'कविता' का प्रकाशन

हम मनुष्य और मनुष्यता में विश्वास रखते हैं। इसलिए कविता में भी हमारी आस्था बनी हुई है। हम मानते हैं कि मनुष्यता के दो-चार पर्यायों में एक कविता भी है।

हमारी दृढ़ धारणा है कि यदि प्राचीन काल के आँकड़े सुलभ होते, और आज के लिये जाते, तो यह सहज प्रमाणित किया जा सकता है कि कालिदास और श्रीहर्ष के पाठकों और अनुरागियों की संख्या निराला और पंत के प्रेमियों से अधिक नहीं रही होगी। फलतः हम इस निर्मूल आशंका से उद्विग्न नहीं हैं कि कविता का अस्तित्व आज की सभ्यता के कारण खतरे में है। 'कविता' के प्रकाशन का उद्देश्य, इसीलिए, कविता को लोकप्रिय बनाना नहीं है।

हम इस विषय पर अगले अंक में सविस्तर लिखेंगे। जिन कवियों और काव्यानुरागियों का सहयोग हमें मिला है, उनका धन्यवाद करते हुए, और अपनी त्रुटियों के लिए क्षमा-याचना के साथ, 'कविता' का यह प्रथम अंक जैसा भी है, आपके समक्ष प्रस्तुत है।

[प्रथम वर्ष, प्रथम अंक : जुलाई, 1954]

फुटकल लेख, समीक्षाएँ और आधे-अधूरे नोट्स

वेदान्त

वेदान्त का यह मूल सिद्धान्त—'अहं ब्रह्मास्मि' और तसव्वुफ का 'अनलहक' जीवात्मा और परमात्मा की अनन्यता का प्रायः समान रूप से प्रतिपादन करता है। जायसी ने इस सम्बन्ध में कहा है :

'हौं हौं' कहत सबै मति खोई।
जौ तू नाहिं आहि सब कोई॥

फिर 'अखरावट' में :

सोहं सोहं बसि जो करई।
सो बूझै, सो धीरज धरई॥

वेदान्त के अनुसार, जगत् की सत्ता पारमार्थिक नहीं, छाया मात्र है :

'हौं हौं' कहत धोख इतराहीं।
जब मा सिद्ध कहाँ परछाहीं?

वेदान्त के प्रतिबिम्बवाद की ओर इशारा (बिम्ब ब्रह्म है, जगत् उसका प्रतिबिम्ब)—दर्पण में पद्मिनी के प्रतिबिम्ब को देखकर अलाउद्दीन कहता है :

सरग आइ धरती महँ छावा।
रहा धरति मैं धरत न आवा॥

'अखरावट' में और स्पष्टता से :

आपुहि दरपन, आपुहि देखा...

दरपन बालक हाथ, मुख देखै, दूसर गनै।
तस मा दुइ एक साथ, मुहमद तकै जानिए।

भक्तियुग की अन्तर्धाराएँ

अंग्रेजी में एक शब्द है : Body politics (राजनीतिक शरीर)। वीरगाथा काल के समाप्त होते-न-होते हमारे राष्ट्र का जर्जर राजनीतिक शरीर निष्क्रिय-सा होने लग

गया। इस शरीर में अब भी शक्तिशाली मस्तिष्क था, सजीव हृदय था किन्तु इस शरीर के दूसरे अंग करीब-करीब बेकाम हो गए थे। शरीर ने जवाब दे दिया था। मुस्लिम आक्रमणकारियों के सामने वह पस्तहिम्मत हो गया था, पर हृदय और मस्तिष्क—शरीर थक जाने पर भी बहुत दिनों तक सक्रिय रहते देखे गए हैं और भारत के राजनीतिक शरीर में मस्तिष्क और हृदय बहुत दिनों तक सक्रिय बने रहे। मुस्लिम शासकों से प्रभुत्व-काल में संस्कृत साहित्य का जो निर्माण होता रहा, वह इस मस्तिष्क की सक्रियता का ही परिचालक है। और शरीर से जब मनुष्य बूढ़ा हो जाता है तो उसका हृदय अध्यात्म की ओर अग्रसर होता ही है।

यह स्वाभाविक परिणति भक्तिकाल की हिन्दी रचनाओं में देखी जा सकती है।

अलाउद्दीन खिलजी ने भारत के राजनीतिक शरीर को आपदमस्तक रौंद डाला था—समस्त हिंदुस्तान और जनता को अपने वश कर लिया था। उँगलियों से तलवार गिरी तो उन्होंने रुद्राक्ष की माला सँभाली; कवियों ने सरस्वती की आराधना छोड़ी तो उन्हें संतों के यहाँ शरण मिली और हृदय से वीर रस का सोता सूखा तो शान्त रस का नया सोता फूट पड़ा।

और इस तरह भारतीय संस्कृति, सभ्यता तथा साहित्य खत्म होते-होते बच गए। यह भारतीयता की विशेषता भी है : वह झुक तो जाती है किन्तु टूटती नहीं। झुक जाती है, शायद इसीलिए टूटने से बच भी जाती है। भारतीय दर्शन आत्मा को अमर मानता है। भारतवर्ष की आत्मा अमर है। यूनान या मिस्र की आत्माएँ उनके शरीर के साथ ही नष्ट हो गईं। भारतवर्ष की आत्मा आज भी जीवित है। यद्यपि उसका शरीर कई बार नष्ट हुआ, कई बार नये रूप धारण कर सामने आई।

प्रेमकाव्य की परम्परा

हिन्दी साहित्य के इतिहास के लेखकों में यह एक रूढ़ि-सी चल पड़ी है कि जायसी के सम्बन्ध में लिखने के सिलसिले में वे प्राचीन हिन्दी साहित्य में 'प्रेमकाव्य की परम्परा' की चर्चा करते हैं। यह देख आश्चर्य होता है कि उनका इस विवेचन के लिए कोई आधार है ही नहीं।

इस सम्बन्ध में 'मृगावती' और 'मधुमालती' का विशेष रूप से विवरण दिया जाता है। इसका उल्लेख जायसी ने 23वें खंड के 17वें पद्य में अपने पूर्ववर्ती कवियों के रूप में किया तो अवश्य है किन्तु जैसाकि शुक्ल जी ने लिखा है, दुर्भाग्यवश इनके ग्रंथों का कहीं कोई पता नहीं लगता। नागरी प्रचारिणी सभा की खोज रिपोर्ट में 'मृगावती' तथा 'मधुमालती' की पांडुलिपियों का विवरण तथा उल्लेख मिलता है किन्तु यदि हिन्दी साहित्य का कोई इतिहास लेखक उन्हें स्वयं देखना चाहे तो उसे निराश होना पड़ेगा। उन पांडुलिपियों का कहीं पता नहीं।

[इसी तरह की घटना 'गोरा बादल की बात' के सम्बन्ध में भी हुई है।]

अर्थात् सूफियों द्वारा अवधी में लिखित आख्यात्मक काव्य।

प्रेमकाव्य या प्रेमगाथा की परम्परा

हिन्दू धर्म के प्रति उदार दृष्टिकोण रखने वाले राजा, जैसे शेरशाह, मुसलमानों की इच्छाओं के विरुद्ध भी हिन्दुओं के साथ उदारता का व्यवहार किया अथवा बंगाल के शासक हुसैन शाह जो कि सिकन्दर लोदी के समकालीन थे, हिन्दुओं के प्रति उदार ही नहीं, हिन्दू धर्म के प्रति श्रद्धावान भी थे और जिनकी प्रेरणा से 'मृगावती' नामक प्रेमकाव्य लिखा गया था।

यों तो लिखित प्रेमगाथाएँ काफी बाद में उपलब्ध होती हैं पर उनका प्रारम्भ वीरगाथा काल में ही हो गया था और जायसी के पूर्व की प्रेमगाथाओं का उल्लेख 'पद्मावत' में पाया जाता है—और ऐसी कुछ प्राचीन प्रेमगाथाएँ आज मिल भी चुकी हैं।

पहली प्रेमगाथा तो अलाउद्दीन खिलजी के समय ही लिखी गई थी जब हिन्दुओं पर निरंकुश अत्याचार हो रहे थे। ऐसा मालूम होता है कि मुसलमानों के हृदय में हिन्दू धर्म न सही, हिन्दू प्रेमकथाओं ने घर कर लिया था। सं. 1365 के आसपास मुल्ला दाऊद ने लेरिक और चन्दा की प्रेमकथा लिखी थी। यद्यपि वह आज उपलब्ध नहीं है।

इसके बाद और जायसी के पहले प्रेमकाव्य लिखे तो अवश्य ही गए होंगे पर उनमें से कुछ ही और वे भी खंडित तथा संदिग्ध रूप में ही प्राप्य हैं।

स्वयं जायसी ने अपने पूर्व के इन तीन प्रेमकाव्यों का उल्लेख किया है : 'मृगावती', 'मधुमालती' और 'प्रेमावती'।

जायसी के द्वारा उल्लिखित इन प्रेमकाव्यों में से केवल 'मृगावती' और 'मधुमालती' ही किसी-न-किसी रूप में प्राप्त हैं—औरों के बारे में कुछ भी ज्ञात नहीं हो सका है।

'मृगावती'—बंगाल के राजा हुसैन शाह की प्रेरणा से लिखी गई। हुसैन शाह कट्टर सिकन्दर लोदी का समकालीन था।

कंचनपुर की राजकुमारी मृगावती और चन्द्रगिरी के राजकुमार की प्रेमकथा। राजकुमार योगी बनकर अनेक कष्टों के साथ राजकुमारी को पाता है। काव्य में विशेष सौन्दर्य न रहने पर भी लौकिक प्रेम के वर्णन में अलौकिक प्रेम का यथेष्ट संकेत है। भाषा अवधी है और छन्द दोहा-चौपाई।

'मधुमालती'—मंझन—(सं. 1566 के लगभग) के बारे में हमें कुछ विशेष नहीं मालूम। इसमें राजकुमार मनोहर और राजकुमारी मधुमालती के प्रेम का वर्णन है। इसमें मृगावती की अपेक्षा कल्पना और भावना पर्याप्त है। प्रेम के चित्रण में

विरह की प्रधानता है और विरह को ईश्वर को समझने का साधन प्रतिपादित किया गया है।

इसकी भी कोई प्रामाणिक प्रति उपलब्ध नहीं। भा.सा. को जो प्रति मिली है, वह चतुर्भुजदास द्वारा लिखित 'मधुमालतीरी कथा' की है जिसका निर्माण काल मालूम नहीं और जो गद्य में है।

यह खेद का विषय है कि ना.प्र.स. की 1900 की खोज रिपोर्ट में 'मृगावती' की जिस हस्तलिखित प्रति का विवरण है, वह मिलती नहीं और 'मधुमालती' की भी कोई प्रति नहीं मिलती। फलत: हम जायसी की मौलिकता के सम्बन्ध में ऐसे संदिग्ध विवरणों के आधार पर कुछ भी नहीं कह सकते।

जायसी के बाद भी यह परम्परा चलती रही।

'चित्रावली'—सं. 1660 के लगभग—जहाँगीर के समकालीन उस्मान लिखित—नेपाल के राजबहादुर सुजान और रूपनगर की राजकुमारी चित्रावली की कथा—पद्मावत की छाया—जिन-जिन विषयों पर पद्मावती में वर्णन है, इसमें भी विस्तार के साथ—किन्तु इसमें पद्मावत की तरह जोड़ी की ऐतिहासिकता नहीं—यह पूर्णत: कल्पना के आधार पर रचित—स्वयं कवि कहता है :

'कथा एक मैं हिएं उपाई।' विस्तृत वस्तु-विन्यास, आध्यात्मिकता, भूगोल, नीति आदि का वर्णन। भाषा भोजपुरी-मिश्रित अवधी।

सूफ़ी-मत

साधक की चार अवस्थाएँ

कहीं 'सरीअत' किस्ती पीरू
उघरिन असरफ़ और जहँगीरू।
राह हक़ीक़त परै न चूकी
पैठि मारिफ़त भार डुबुकि।
चार तरीकत सौं चढ़ै, सत सौं उतरे पार।

[**अर्थ**—शरीअत (कार्य-कांड), तरीकत (उपासना-कांड), हक़ीक़त (ज्ञान-कांड), मारिफ़त (सिद्धावस्था)।]

सूफ़ी-मत में भी शायद इन्हीं चार अवस्थाओं की ओर इशारा है। या परमात्मा तक पहुँचने के मार्ग में सूफ़ियों के अनुसार 'तौबा' आदि चार 'मुकामात' (पड़ाव) होते हैं—उनकी ओर इशारा हो सकता है।

सूफ़ी-मत में 'हाल आना' अस्थायी, जब भक्त अपने को भूल जाता है।

जस मद पिए घूम कोइ नाद सुन पै घूम।

सूफ़ियों का महत्त्वपूर्ण सम्प्रदाय इस बात की स्पष्ट घोषणा करता है कि जो अनेकत्व हमें चारों ओर दिखाई देता है, वह वस्तुतः एक ही नित्य पारमार्थिक सत्ता के नानाविध रूपों का ही द्योतक है। यह नामरूपात्मक जगत उस एक की बाह्य अभिव्यक्ति मात्र है। परमात्मा का ज्ञान इन नामों और गुणों से ही सम्भव है, इस बात का संकेत करते हुए जायसी 'अखरावट' में कहते हैं :

दीन्ह रतन बिधि चारि, नैन, बैन, सखन्न, मुख।
पुनि जब मेनिहि माहि, मुहमद तब पछिताब मैं।

जायसी कबीर की श्रद्धा करते थे : 'एक जुलाहै सो मैं हारा' (अख), पर उनकी प्रणाली में उनका विश्वास तथा दोनों पर सूफ़ी-मत का प्रभाव, दोनों रहस्यवादी पर जायसी सहिष्णु, वे मुहम्मद की स्तुति भी करते हैं और 'सरीअत' पर भी श्रद्धा प्रकट करते हैं : 'साँची राह सरीअत', इत्यादि। कहने का तात्पर्य यह कि वे विधि-निषेध इत्यादि का अमर्यादित निषेध नहीं करते थे।

परगट लोक-चार कहु बाता—भक्त को चाहिए कि वह लोगों के बीच हिला हुआ भी अपनी साधना करता रहे।

भारतीय संस्कृति और धर्म ने अपने आदर्शवाद तथा वेदान्त से तथा इस्लाम ने सूफ़ी-मत के सिद्धान्तों से प्रेमकाव्यों को अनुप्राणित किया है। इसका सर्वोत्तम उदाहरण 'पद्मावत' है जिसमें भारतीय पृष्ठभूमि में सूफ़ी-सिद्धान्तों की स्थापना की गई है।

वेदान्त तथा सूफ़ी-मत में बहुत अधिक समानता है। यों तो कुछ ऐसे भी विद्वान हैं जो सूफ़ी-मत पर वेदान्त का स्पष्ट प्रभाव भी मानते हैं। श्री चन्द्रबली पांडेय (तसव्वुफ़ अथवा सूफ़ीयात) जैसे विद्वान ही नहीं किन्तु नदवी आदि मुसलमान दार्शनिक (अरब और भारत के सम्बन्ध—हिन्दुस्तानी एकेडमी) भी स्वीकार करते हैं कि भारतवर्ष में आने के बाद सूफ़ी-मत पर वेदान्त का प्रभाव पड़ा था। जो भी हो, इन दोनों समान धर्मों के सिद्धान्तों के ताने-बाने से ही 'पद्मावत' जैसे प्रेमाख्यान काव्यों का निर्माण हुआ था। जायसी ने तो 'अखरावट' में भी वेदान्त तथा तसव्वुफ़ का साथ-साथ विवेचन किया है।

जैसाकि डा. रामकुमार वर्मा कहते हैं : ''पद्मावत' की समस्त कथा में सूफ़ी-सिद्धान्त बादल में पानी की बूँद की भाँति छिपे हुए हैं।'

सूफ़ियों ने हिन्दी के दो रूप अपनाए : 1. खड़ी बोली, जिसमें ब्रज, पंजाबी और दूसरी प्रान्तीय भाषाओं का मिश्रण रहता था, तथा 2. अवधी।

दोनों भाषाओं में खूब प्रेमगाथाओं की रचना हुई पर खड़ी बोली या (फ़ारसी+ब्रज का मिश्रण) की प्रेमगाथा भारतीय कथा पर आधारित नहीं और न उन पर भारतीय काव्य-शैली का ही प्रभाव।

1400 से 1600 तक इस प्रकार की जो प्रेमगाथाएँ लिखी गईं, उनमें केवल दो मिलती हैं : 'ख़ुशनाम' और 'ख़ुशनग्ज़'।

इनमें भी 'ख़ुशनाम' आध्यात्मिक-रूपक है पर वह अत्यन्त शिथिल है और काव्य की दृष्टि से भी अवधी की प्रेमगाथाओं की समकक्षता नहीं प्राप्त कर सकती।

जायसी का रहस्यवाद-1

कबीर के ज्ञान-प्रधान अद्वैतवाद में भक्ति तसव्वुफ़ से प्रभावित प्रेम-प्रधान रहस्यवाद भी पाया जाता है; ठीक इसी तरह जायसी के प्रेम-प्रधान रहस्यवाद में ज्ञान-प्रधान भारतीय अद्वैतवाद का भी अभाव नहीं है। रहस्यवाद द्विविध होता है—साधनात्मक तथा भावात्मक। कबीर मुख्यतः पहली कोटि के रहस्यवादी हैं, जायसी दूसरी कोटि के। किन्तु यदि इन दोनों प्रतिनिधि संतों के समग्र दर्शन पर विचार किया जाए तो हम पाएँगे कि दोनों के ही दर्शन में रहस्यवाद के ये दोनों महत्त्वपूर्ण तत्त्व वर्तमान हैं। शुक्ल जी ने जायसी के दर्शन को 'अद्वैतवादी रहस्यवाद' संज्ञा से अभिहित कर उसकी उपर्युक्त विशेषता की ही उद्‌भावना की है।

जायसी में वेदान्त सम्मत अद्वैतवाद के अतिरिक्त हठयोग, तंत्र तथा रसायन के रूप में प्रचलित साधनात्मक भारतीय रहस्यवाद की प्रायः सभी मुख्य विशेषताएँ पाई जाती हैं, यद्यपि यह तो निर्विवाद ही है कि उनके सूफ़ी मतानुमोदित रहस्यवाद में माधुर्य-भाव की ही प्रधानता है। यहाँ हम पहले जायसी के साधनात्मक रहस्यवाद का विवेचन कर लेने के बाद ही उनके भावात्मक रहस्यवाद की विशेषताओं का निरूपण करना समीचीन समझते हैं।

एक संत की साधना का चरम लक्ष्य है उस मुक्ति की प्राप्ति, जिसे आज पलायन कहा जाता है। जायसी कहते हैं :

पथिक जो पहुँचे सही कै धामू।
दुख बिसरै सुख होइ बिसरामू॥

'यस्य छायाऽमृतम्'—वहीं पहुँचकर मनुष्य इस अभिशप्त संसार से छुटकारा पा सकता है।

लेकिन छाया ढूँढ़ने वाले मानव-पथिक को जाना तो इसी संसार के पथ से है, उसे पाथेय तो इसी सृष्टि से मिलेगा, तो :

जिन एहि हाट न लीन्ह साहा।
ता कहँ आन हाट कित लाहा॥

मनुष्य को इस हाट में, मानव-योनि में, पाथेय का सौदा कर लेना चाहिए, नहीं तो 'आन हाट' में, दूसरी योनियों में उसे यह संबल नहीं मिल पाएगा। इस पाथेय, इस अन्तर्हित को साधक ही पा सकता है। साधक की साधना में शरीर और मन के संयम की आवश्यकता पड़ती है। इसलिए हठयोग में यम, नियम, आसन आदि का विधान है। हठयोग के आधार पर ही जायसी यह रूपक बाँधते हैं :

नौ पौरी तेहि गढ़ मझियारा।
औ तहँ फिरहिं पाँच कोतवारा॥
दसवँ दुवार गुपुत एक ताका।
अगम चढ़ाव, बाट सुठि बाँका॥
भेंदे जाइ सोइ वह घाटी।
जो लहि भेद चढ़ै होइ चाँटी॥
गढ़ तर कुंड, सुरंग तेहि माँहा।
तहँ वह पथ कहौं तोहिं पाहाँ॥

हठयोग में मूलाधार से लेकर संस्तार तक छह, आठ या दस चक्रों की कल्पना है। जायसी के शब्दों में दशम चक्र या द्वार के नीचे नौ खंड या ड्योढ़ियाँ हैं। दशम द्वार को उपनिषदों में ब्रह्मरंग कहा गया है; इसी को कबीर ने गगन, स्वर्ग, बेहद के नाम से पुकारा है। दृष्टि को नासिका के अग्रभाग पर केन्द्रित कर फिर सीधे उसी के साथ राजपथ पर चलते हुए दोनों भौंहों के बीच उसे संस्तार में जमा देना त्राटक की साधना है और बिना इसके साधक स्वांतर्हित तत्त्व को देख ही नहीं सकता।

इस प्रकार हम देखते हैं कि जायसी हठयोग की क्रियाओं के महत्त्व को स्वीकार कर रहस्यवाद के साधनात्मक पक्ष पर भी काफी जोर देते हैं।

वस्तुतः यह सब रहस्यवाद का बाह्य उपकरण मात्र है। साधना इसके आगे नहीं बढ़े तो वह रहस्यवाद के उच्च स्तर तक पहुँच ही नहीं सकती। भारत के साधनात्मक रहस्यवाद में इस उच्च स्तर तक पहुँचने का मूल साधन ज्ञान है और सच बात तो यह है कि इसी के फलस्वरूप यह रहस्यवाद बहुत सूक्ष्म एवं मधुर नहीं हो पाता। किन्तु सूफ़ी रहस्यवाद का मूल तत्त्व, प्रेम, हर हालत में ज्ञान का विरोधी हो, ऐसी कोई बात नहीं—कम-से-कम सैद्धान्तिक दृष्टि से तो कदापि नहीं। वास्तविकता यह है कि प्रेम का आधार ज्ञान ही है। प्रेम विशिष्टता-संवर्तित होता है। यह विशिष्टता ज्ञान-लभ्य है। कहने का तात्पर्य यह कि ज्ञान प्रेम तक पहुँचने की सोपान परम्परा है। जायसी ज्ञान की महत्ता को समझते हुए यह कहते हैं :

जिन घर खेट्ट उड़ाने, ढूँढत फिरत सो खेट्ट।
अब तौं दिष्टि तब आवैं, अंजन नैन उरेक॥

[जिनके घर धूल में उड़ गए = जिन्हें 'माया' ने अभिभूत कर लिया, वे भी धूल से ही लिपटे रहते हैं। माया में ही लिप्त रहते हैं। यदि वे पुनः अपना घर देखना चाहते हैं तो अपनी आँखों में ज्ञानांजन लगाना चाहिए।]

जायसी के साधनात्मक रहस्यवाद में जहाँ हठयोग तथा वेदान्त के स्पष्ट प्रभाव परिलक्षित होते हैं, वहीं मुसलमान होने के नाते, इस्लाम के प्रति भी, कम-से-कम बाह्याचार की दृष्टि से, पूर्ण श्रद्धा का भाव दिखाई पड़ता है। खुदा और मुहम्मद साहब, कुरान और नमाज, और यहीं तक नहीं, मूर्ति-पूजा का खंडन तथा संगीत का विरोध भी रहस्यवादी जायसी में मिल जाता है। शुक्ल जी ने, और उनके बाद सभी दूसरे विद्वानों ने ऐसे स्थलों को कोई विशेष महत्त्व न देकर अनुपात की दृष्टि से कहीं अधिक मुख्य तत्त्व रहस्यवाद के माधुर्य को ही जायसी की वास्तविक विशेषता माना है। लेकिन डा. कमल कुलश्रेष्ठ ने, स्पष्टतः इन बातों में जायसी की धार्मिक संकीर्णता का ही आभास पाया है। उनका दृष्टिकोण मान्य नहीं कहा जा सकता क्योंकि संगीत-विरोध तो संदिग्ध रूप से ही पाया जाता है और मूर्ति-पूजा का खंडन भी कबीर की तुलना में बहुत संयत है और एक निर्गुणमार्गी के नाते अनपेक्षित भी नहीं कहा जा सकता।

इस तरह इस्लाम के संस्कार को हठयोग तथा वेदान्त की व्यावहारिक एवं सैद्धान्तिक विशेषताओं से बहुत दूर तक प्रभावित होने देते हुए भी, जायसी पूरी तैयारी के साथ एक भावात्मक रहस्यवादी के रूप में दिखाई पड़ते हैं। यही उनका वास्तविक रूप है भी।

भावात्मक रहस्यवाद की अभिव्यंजना में प्रेम, सौन्दर्य, प्रकृति और शैशव—इन चारों में से किसी की प्रधानता होती है और साधारणतः ये चारों ही वर्तमान रहते हैं। उदाहरण के लिए पाश्चात्य साहित्य में शेली का रहस्यवाद, प्रेम-प्रधान, वर्ड्सवर्थ का प्रकृति-प्रधान, कीट्स का सौन्दर्य-प्रधान तथा ब्लेक का शैशव-प्रधान माना जाता है। जायसी का रहस्यवाद, प्रेम-प्रधान ही है यद्यपि सौन्दर्य, प्रकृति तथा शिशु-भाव को भी यदा-कदा रहस्यवादी अभिव्यंजना का आधार बना गया है।

जायसी की दृष्टि में प्रेम का बहुत ऊँचा स्थान है, यहाँ तक कि :

जो नहिं सीस प्रेम पंथ लाना।
सो प्रिथिभी मंह काहेक आवा॥

और एक बार प्रेम का आविर्भाव हृदय में हो गया तो :

का तोहे नींद भूख बिसराया।

तथा

धुव ते ऊँच पेम धुव ऊँचा।
पेम अदष्टि गगन ते ऊँचा॥

औ जेइ समुद्र प्रेम कर देखा।
नेह एहि समुद्र बूँद करि लेखा॥

अर्थात् प्रेम के सामने सांसारिक विघ्न-बाधाएँ सर्वथा तुच्छ हो जाती हैं। लेकिन प्रेम जितना स्पृहणीय है, उतना ही अधिक दुसाध्य भी :

उलटा पंथ पेम के वारा।
चढ़ै सरग जो परै पतारा॥

इसीलिए आदर्श मनुष्यों के रूप में जायसी ने बार-बार गोपीचन्द और भर्तृहरि तथा गोपियों का नामोल्लेख किया है। इतना ही नहीं, अर्द्धचेतन जगत में भी उन्हें मयूर, चातक, चकोर जैसे प्रेम-प्राण पक्षियों का वर्णन बहुत प्रिय है।

प्रेम-पथ ऊँचा और अगम है तो वह साथ-ही-साथ लोक-बाह्य भी है।

रत्नसेन प्रेम से उद्वेलित होता है तब :

चला भुगुति माँगे कहँ साधि कया तप जोग।
सिद्ध होइ पद्मावति जेहि कर हिए वियोग॥

यह प्रेम जहाँ साधना की पराकाष्ठा पर पहुँच जाता है, वहाँ लौकिक दृष्टि से कितना निर्मल और उपयोगी हो जाता है, इसका भी वर्णन जायसी में मिलता ही है :

दिन और घड़ी की बात कौन बिचारे—
प्रेम पंथ दिन घरी न देखा।

यहाँ तो नागमती का यह कहना भी कोई अर्थ नहीं रखता कि :

जहँवा राम तहाँ संग सीता।

उसका यह कहना भी व्यर्थ है :

जौ लहि जिउ संग न छाड़ न काया।
करिहौं सेव पखरिहौं पाया॥

कहीं-कहीं भावावेश में यह प्रेम लौकिक श्रृंगार के स्तर पर उतर आता है किन्तु भावात्मक रहस्यवाद की यह विशेषता है और शायद अनिवार्य विशेषता है। प्रेम ऊपर उठता है तो वह परमेश्वराभिमुख होता है किन्तु उसका आधार श्रृंगार ही है और ईसाई रहस्यवादी हों या फारस के, उनके वर्णनों में श्रृंगार को पर्याप्त मधुवकाश रहता ही है।

जायसी के रहस्यवाद में शिशु-भाव की भी झलक दिखाई पड़ती है :

आवत जग बालक जस रोआ।
उसा रोई हा ज्ञान सो खोआ॥

और

सोवत रहा जहाँ सुख साखा।
कस न तहाँ सोवत विधि राखा॥

इसी तरह जायसी प्रकृति में उस परोक्ष ज्योति और सौन्दर्य का संकेत पाते हैं :

बहुतै जोति जोति ओहि भई।
रवि, ससि, नखत दिपहिं ओहि जोती।
रतन, पदारथ, मानिक, मोती॥

हम शुक्ल जी के शब्दों में अन्त में कह सकते हैं : 'हिन्दी के कवियों में यदि कहीं रमणीय और सुन्दर अद्वैती रहस्यवाद है तो जायसी में, जिनकी भावुकता बहुत ही ऊँची कोटि की है।'

जायसी का रहस्यवाद-2

(अ) *साधारण भक्ति स्थूल से सूक्ष्म की ओर :* रहस्यवाद सूक्ष्म से सूक्ष्मतर की ओर। रहस्यवाद—Heart-religion—हृदय का धर्म है।

रहस्यवाद की सर्वसामान्य धारणा है एक ऐसी सत्ता के विषय में, जो सबसे बड़ी और सबमें व्याप्त है तथा जिसमें सभी पदार्थ एक हो जाते हैं।

(ब) *रहस्यवाद का उद्देश्य*

(1) परम-तत्त्व, पारमार्किक सत्य को पकड़ने की चेष्टा :

(क) रहस्यवाद का दार्शनिक पहलू,

(ख) सैद्धान्तिक तथा

(2) परमात्मा के निषिड़ सम्पर्क की सुखानुभूति प्राप्त करना।

(क) रहस्यवाद का धार्मिक पहलू,

(ख) व्यावहारिक।

(स) व्यवहार में रहस्यवाद उस सर्वोच्च सत्ता के साथ सम्पर्क स्थापित करने में विश्वास रखता है—पूजा-पाठ, महन्त-पुरोहित, वेद-पुराण जैसे बाह्य

साधनों के द्वारा नहीं, प्रत्युत् 'ताल', समाधि या साधना जैसे सांकेतिक उपकरणों के द्वारा।

(द) रहस्यवाद किसी पद्धति-विशेष की संज्ञा नहीं है। चिन्तन और अनुभूति की अनेकानेक प्रणालियों से इसका उद्‌भव हो सकता है।

ऐतिहासिक हानि से हम देखते हैं कि इसकी उत्पत्ति किसी-न-किसी धार्मिक प्रणाली के साथ ही होती है। जब किसी धर्म की आत्मा उसके नियमों के विरुद्ध विद्रोह करती है तभी रहस्यवाद की उत्पत्ति होती है। जब धर्म कर्मकांड और विधि-विधान में जकड़ा जाने लगता है, तब हृदय का धर्म विद्रोह करता है और उसके अग्रदूत रहस्यवादी कहे जाते हैं।

जायसी का शिल्पपक्ष

जायसी की भाषा, शैली और काव्यकला की विवेचना (Introductory) करते हुए हिन्दी साहित्य में उनका स्थान निर्धारित कीजिए और उत्तरकर्ता साहित्य पर उनके प्रभाव का विवेचना कीजिए।

हिन्दी साहित्य के धार्मिक काल के प्रतिनिधि संत, कवि, दार्शनिक जायसी, कबीर, तुलसी हैं। इनमें भी तुलसी सबसे ऊँचे। उनकी रामायण सभी रामायणों में सर्वाधिक लोकप्रिय है।

इन सभी भक्तों की रचनाओं के काव्योत्कर्ष का रहस्य—कथा के प्रवाह में अभिव्यंजना की धारा में दर्शन और अध्यात्म के उद्‌देश्य को भुला देने की क्षमता। जहाँ सचेत भी है, वहाँ साहित्यिक दृष्टि से घटिया संतों के विपरीत काव्य को सम्पूर्ण योजना में उद्‌देश्य को ताने-बाने के रूप में अनुस्यूत करने की शक्ति। जहाँ कबीर ऐसा नहीं कर पाते, वहाँ वे एक वेदान्ती, तुलसी एक उपदेशक मात्र, जायसी प्रयास सिद्ध दार्शनिक। सूर बहुत कम ही ऐसा करते हैं।

जायसी की आरोपित आध्यात्मिक अव्योक्ति या स्मरणोक्ति बहुत कुछ प्राचीन उपन्यासों के Natural Justice जैसी चीज।

जायसी की भाषा

जायसी की भाषा की सबसे उल्लेखनीय विशेषता है उसका माधुर्य। यह माधुर्य संस्कृत के पद-विन्यास की देन नहीं है। जायसी को न तो संस्कृत का इतना ज्ञान ही था, न

इसके लिए उन्होंने प्रयत्न ही किया है। विद्यापति की मैथिली का माधुर्य जयदेव के 'गीतगोविन्द' से प्रभावित है। रामायण के माधुर्य पर सामान्य रूप से संस्कृत साहित्य की छाप है। किन्तु जायसी ने जन-जन के कंठ में मँजी हुई अवधी का प्रयोग किया है। उन्होंने तत्सम शब्दों का तो बहुत कम ही उपयोग किया है। किसी भी लोक-वाणी में एक अपना स्वाभाविक माधुर्य होता है जो अशास्त्रीय होने पर भी, शायद अशास्त्रीय होने के कारण ही, एक असाधारण मिठास को लिये हुए होता है। लोक-भाषा का यह निराडम्बर तथा अकृत्रिम माधुर्य 'पद्‌मावत' में पूरी मात्रा में पाया जाता है। 'पद्‌मावत' की ठेठ और अनगढ़ पर श्रुतिमधुर भाषा के सम्बन्ध में शुक्ल जी ने सही ही कहा है : अवधी को खालिस, बेमेल मिठास के लिए 'पद्‌मावत' का काम बराबर किया जाएगा।

भाषा, छन्द आदि की दृष्टि से जायसी का परवर्ती साहित्य पर प्रभाव

जायसी के पहले प्रेमगाथा की कोई व्यवस्थित परम्परा थी, यह कहना कठिन है। लोक-साहित्य में ऐसी गाथाओं का अस्तित्व सहज विश्वास्य है किन्तु साहित्यिक रूप में उनका कोई निश्चित प्रमाण उपलब्ध नहीं। यों तो स्वयं जायसी ही अपने पहले की प्रचलित प्रेमगाथाओं का उल्लेख करते हैं किन्तु उच्चावधि उन गाथाओं की प्रामाणिक प्रतियाँ नहीं मिल पाई हैं। हिन्दी साहित्य के इतिहासकार 'मृगावती' और 'मधुमालती' की प्रतियों की चर्चा तो अवश्य करते हैं किन्तु, जैसाकि शिरेफ ने लिखा है, वास्तविकता यह है कि उनकी कोई भी प्रामाणिक प्रति प्राप्य नहीं है। फलत: यह कहना कठिन है कि जायसी स्वयं किसी प्राचीन परम्परा से, प्रत्यक्ष रूप से, कहाँ तक प्रभावित हुए हैं।

इसके विपरीत शुक्ल जी का यह कथन सर्वथा सत्य है कि 'जायसी के पीछे भी प्रेमगाथा की यह परम्परा कुछ दिनों तक चलती रही।' जहाँ तक जायसी के रहस्यवाद का सवाल है, वह तो प्रेमकाव्य-परम्परा के बाहर अपना प्रभाव-विस्तार नहीं कर पाया, लेकिन कवि के रूप में जायसी का सबसे बड़ा कृतित्व यह है कि उन्होंने वर्णनात्मक काव्य का जो आदर्श रखा, वह तुलसीदास जैसे विराट व्यक्तित्व वाले महाकवि के द्वारा भी अनुकृत हुआ। दूसरे सूफ़ियों ने 'पद्‌मावत' को आदर्श मानकर प्रेमगाथाएँ लिखीं। यह तो एक प्रकार से साम्प्रदायिक अन्धानुकरण मात्र है और यह शायद ही जायसी की बहुत अधिक गौरव-वृद्धि करनेवाली बात हो। तुलसीदास ने ही जायसी के छन्द-विधान का अनुकरण किया, यह निश्चय ही उनकी प्रभावशाली प्रतिभा का परिचायक है।

जायसी ने 'पद्मावत' के बाद और निश्चय ही उससे प्रभावित होकर, भारत के मुस्लिम सूफ़ी संतों के द्वारा माधवानन्द कामकंदला, चित्रावली, ज्ञानदीप, हंसजवाहिर, इन्द्रावती आदि प्रेमगाथाओं की रचना होती रही। कथा वर्ण्य-विषय, कथा-रस, भाषा और छन्द, सभी दृष्टियों से ये प्रेमगाथाएँ 'पद्मावत' पर ही अवलम्बित हैं। उदाहरण के लिए डा. रामकुमार वर्मा के शब्दों में : ''चित्रावली' को हम 'पद्मावत' की छाया कह सकते हैं। 'पद्मावत' में जिन-जिन विषयों पर प्रकाश डाला गया है, उन्हीं विषयों पर 'चित्रावली' में भी विस्तारपूर्वक वर्णन है।' इसी प्रकार इस कोने की दूसरी प्रेमगाथाओं में भी 'पद्मावत' का सफल या असफल अनुकरण ही हुआ है।

इस सम्बन्ध में यह भी उल्लेखनीय है कि मुस्लिम सूफ़ी संतों ने जहाँ 'पद्मावत' का आदर्श साम्प्रदायिक प्रेरणा से और रहस्यवादी अभिव्यंजना के लिए अपनाया, वहीं कुछ हिन्दू कवियों ने उसके साहित्यिक रूप मात्र को अपनाया। ये हिन्दू कवि और सभी बातों में तो प्रेमकाव्य की परम्परा का अनुसरण करते हैं किन्तु उसके मुख्य उद्देश्य सूफ़ी-सिद्धान्तों के निरूपण का प्रयत्न नहीं करते, जो मुस्लिम संतों का लक्ष्य रहता था।

हिन्दू कवियों के द्वारा रचित प्रेमगाथाओं में 'आख्यायिका और उससे उत्पन्न मनोरंजन की भावना ही प्रधान है। हरराज की 'ढोला मारवणी चउपही', काशीराम की 'कनक मंजरी', हरसेवक की 'कामरूप की कथा' आदि ऐसी प्रेमगाथाएँ हैं जिनमें केवल कला का कौतूहल है, किसी सिद्धान्त विशेष का प्रतिपादन नहीं। लेकिन इसमें कोई सन्देह नहीं कि इन प्रेमकथाओं का साहित्यिक रूप जायसी के प्रेमाख्यान पर ही आधारित है, अपने यहाँ के प्रचलित महाकाव्यों या खंडकाव्यों पर नहीं। आध्यात्मिक रूपक को सन्निविष्ट नहीं करने की बात छोड़कर हिन्दू प्रेम-कथाकारों ने सामान्यत: मुस्लिम संतों के द्वारा तथा विशेषत: जायसी के द्वारा चलाई गई 'प्रेमकथा के आदर्शों का पूर्ण रूप से पालन किया है।' यद्यपि आदि रचनाओं में काव्यरत और घटना वैचित्र्य की ही प्रधानता देखी जाती है।

इस तरह हम देखते हैं कि 'जिस प्रकार संत-काव्य की परम्परा धार्मिक काल के बाद भी चलती रही, इसी प्रकार काव्य की परम्परा भी धार्मिक काल के बाद भी साहित्य में दृष्टिगोचर होती रही।' इस परम्परा की दो स्पष्ट धाराएँ हैं जिनका उल्लेख ऊपर किया गया है : 'जब प्रेमकथा किसी मुसलमान के द्वारा लिखी गई है तो उसमें कथा की गति में सूफ़ी-मत के सिद्धान्तों की गति भी चलती रहती है। जब प्रेमकथा किसी हिन्दू के द्वारा लिखी गई है तो उसमें केवल प्रेम की रसमयी कहानी रहती है, किसी सिद्धान्त के प्रतिपादन की चेष्टा नहीं।'

इस परम्परा को वस्तुत: जायसी ने ही प्रभावोत्पादक रूप दिया था। जिस प्रकार उनके 'पद्मावत' में समस्त कथा हिन्दू पात्रों के जीवन में घटित होती है, इतिहास और कल्पना का समन्वय किया गया है, शृंगार और उसमें भी वियोग शृंगार की प्रधानता

रखी गई है, सरल और स्वाभाविक अवधी भाषा तथा दोहा-चौपाई छन्दों का उपयोग किया गया है, उसी तरह ये बातें दूसरे प्रेमाख्यानकों में भी पाई जाती हैं। निस्सन्देह जायसी की यह हिन्दी साहित्य को बहुत बड़ी देन है।

इस परम्परा के बाहर भी जायसी ने हिन्दी साहित्य को प्रभावित किया है। शुक्ल जी का यह कहना ठीक ही है कि 'चरित काव्य में अवधी भाषा को ही सफलता प्राप्त हुई और अवधी भाषा के श्रेष्ठ रत्न हैं 'रामचरितमानस' और 'पद्मावत'। इस दृष्टि से हिन्दी साहित्य में हम जायसी के उच्च स्थान का अनुमान कर सकते हैं। तुलसी के पूर्ववर्ती होने के नाते अवधी को चरित काव्य का माध्यम बनाने के लिए जायसी को ही सर्वाधिक श्रेय मिलना चाहिए। तब इतना अवश्य ध्यान में रखना चाहिए कि हिन्दी प्रेम-गाथाकार भी तत्सम-प्रधान अवधी भाषा का व्यवहार करते थे जबकि जायसी आदि मुस्लिम संत संस्कृत से अपरिचित रहने के कारण लोक-प्रचलित अवधी का ही, जिसके फलस्वरूप उनकी भाषा में एक विलक्षण माधुर्य तथा जीवन-स्पन्दन आ जाता है।

छन्द विपणन में थोड़े-बहुत परिवर्तन के साथ जायसी की योजना को ही प्रेमाख्यानक लेखकों ने भी तथा चरित काव्य रचयिताओं ने भी अपनाया। 'मधुमालती' और 'मृगावती' में चौपाई की पाँच पंक्तियों के बाद एक दोहा है। जायसी ने पाँच के बदले सात पंक्तियाँ अपने 'पद्मावत' में रखीं। तुलसीदास ने सात के बदले आठ पंक्तियाँ रखीं। तुलसीदास संस्कृत के विद्वान और पिंगल के आचार्य थे, अतः उन्होंने आठ पंक्तियाँ लिखकर वास्तव में चार चौपाई के बाद एक दोहा रखा, जो काव्य की दृष्टि से सब प्रकार से युक्तिसंगत था। तुलसी-मत ने इस साहित्यिक रूप को, उसकी छन्द-योजना तथा भाषा को शास्त्रीयता तथा गरिमा अवश्य प्रदान की है, इस पर उनकी मौलिकता की छाप भी स्पष्ट ही है किन्तु जायसी ने उनके काफी पहले इस दिशा में जो कुछ किया था, उसके लिए उन्हें श्रेय मिलना ही चाहिए। (यद्यपि उनके पहले भी कबीर ने अपनी भाषा में इस प्रकार की छन्द-योजना का उपयोग किया है।)

'पद्मावत' की कथावस्तु की ऐतिहासिकता

1. मूल कथा के साथ आरोपित आध्यात्मिक रूपक के सामंजस्य-निर्वाह में जायसी जितने ही असफल रहे, उतने ही कथा के कल्पित तथा ऐतिहासिक अंशों के समन्वय में सफल।
2. 'पद्मावत' के कल्पित तथा ऐतिहासिक अंश स्पष्ट हैं। कथानक का पूर्वार्द्ध—(प्रारम्भ से लेकर रत्नसेन का पद्मिनी के साथ चित्तौड़ लौटने तक)—कल्पित है किन्तु उत्तरार्द्ध—(राघवचेतन के निष्कासन के बाद से लेकर पद्मिनी के सती होने तक)—इतिहास पर आधारित है।

3. यहाँ हमें यह ध्यान में रखना चाहिए कि पूर्वार्द्ध में भी कहीं-कहीं बद्धमूल जन-इतिहास के अतिरिक्त प्रचलित इतिहास की छाप मिल ही जाती है तथा उत्तरार्द्ध में भी इतिहास के साथ-ही-साथ कल्पना का भी उपयोग हुआ है और स्वयं ऐतिहासिक तथ्यों के सम्बन्ध में भी थोड़ा-बहुत मतभेद तो है ही।

4. पहले हम पूर्वार्द्ध की ही विवेचना कर लें। 'पद्मावत' का यह भाग प्रधानत: कल्पित ही है किन्तु इतिहास के प्रतिकूल नहीं।

 (क) यों तो कुछ इतिहास की पुस्तक के अनुसार पद्मिनी के पति का नाम भीमसिंह था किन्तु 'आईने-अकबरी' में, जो एक प्राचीन और बहुत अंशों में प्रामाणिक इतिहास-पुस्तक है, रत्नसेन नाम ही आता है और हम देखते हैं कि कथा के प्रधान पात्र का नाम इतिहास-सम्मत है।

 (ख) पद्मिनी सिंहल की थी, यह तो अबुल फ़जल भी लिखता है किन्तु यह एक ऐसा तथ्य है जिसे जायसी ने अपनी कल्पना तथा जनुश्रुति के आधार पर रूपान्तरित कर दिया है। सिंहल वस्तुत: राजपूताने में कोई स्थान होगा, क्योंकि पद्मिनी का चौहान कुल का होना अबुल फ़जल ने लिखा है और राजपूत-मुगलकाल में भारत तथा बृहत्तर भारत का व्यापारिक, धार्मिक तथा सांस्कृतिक सम्बन्ध बिलकुल समाप्त हो चुका था। दूसरे सिंहल के बाशिन्दे, वे मुसलमान हों या सिंहली, सामान्यत: पक्के रंग के ही होते हैं और उनके बीच पद्मिनी जैसी सुन्दरी का होना कोरी कल्पना मात्र है। यह स्पष्ट है कि इस प्रसंग का आधार ऐतिहासिक होने के बदले साम्प्रदायिक है : जिस प्रकार आज भी सिद्धों-तांत्रिकों की दृष्टि में कामरूप कामाख्या के बारे में तरह-तरह के विश्वास प्रचलित हैं, उसी तरह वज्रयान शाखा के योगमार्गी बौद्धों से प्रादुर्भूत नाथ परम्परा के गोरखपंथी साधु सिंहलद्वीप को अपना एक सिद्धपीठ मानते हैं जहाँ योगियों को पूर्ण सिद्धि के लिए जाना आवश्यक है। उदाहरणार्थ—गोरखपंथियों में यह कथा प्रचलित है कि गोरखनाथ के गुरु मत्स्येन्द्रनाथ सिद्धि-प्राप्ति के लिए जब सिंहल गए थे तो वे पद्मिनियों के जाल में फँस गए थे और उनका उद्धार उनके शिष्य ने किया था।

जहाँ तक 'पद्मावत' के पूर्वार्द्ध की कथावस्तु की मौलिकता का प्रश्न है, हम देखते हैं कि सभी देशों में और इस देश के भिन्न-भिन्न प्रान्तों में भी प्रेमियों की कहानियाँ जनता में प्रचलित रहती हैं और उन्हें लोग बड़ी दिलचस्पी से सुनते-सुनाते हैं। कालिदास ने कहा है कि जिस प्रकार पुराने जमाने में प्रेमियों की कथा गाँवों में प्रसिद्ध थी,

उसी प्रकार हीर–राँझा, पद्मिनी रानी और हीरामन की कहानी आज भी उत्तर भारत में, विशेषत: अवध में, कही–सुनी जाती है। जायसी ने सम्भवत: लोककथा के आधार पर ही तथा अपनी कल्पना और इतिहासज्ञता की सहायता से 'पद्मावत' का भवन खड़ा किया होगा।

जैसाकि हम ऊपर कह चुके हैं, 'पद्मावत' का उत्तरार्द्ध इतिहास–सम्मत तथ्यों पर अवलम्बित है यद्यपि जायसी ने इस अंश को कल्पना से मांसल तथा भावना से अनुप्राणित किया है। इस अंश की ऐतिहासिकता के पर्याप्त प्रमाण हैं :

(क) कर्नल रॉड के राजस्थान के इतिहास तथा

(ख) 'आईने–अकबरी' में मिलता है। इन दोनों पुस्तकों में भी इस कल्पना के सम्बन्ध में कुछ गौण भेद हैं किन्तु वे बहुत महत्त्वपूर्ण नहीं। यद्यपि जायसी ने प्रबन्धकाव्योचित परिवर्तन भी किये हैं।

भीमसिंह, पद्मिनी, अलाउद्दीन, बादल की कथा से हम भली भाँति परिचित हैं :

(क) यही कथा कर्नल टॉड में भी है और आईने–अकबरी में भी। आईने–अकबरी में भीमसिंह के बदले रतनसेन या रत्नसेन का नाम आता है और यही नाम जायसी ने भी अपनाया है।

(ख) इसी तरह जायसी ने रत्नसेन का विजातीय शत्रुओं के हाथों मारा जाना न लिखकर विश्वासघाती देवपाल के द्वारा मारा जाना लिखा है और इस घटना में भी 'आईने–अकबरी' से समानता दीखती है क्योंकि भीमसिंह अलाउद्दीन से युद्ध करते हुए मारा गया था पर 'आईने–अकबरी' के अनुसार जब अलाउद्दीन ने सन्धि का प्रस्ताव भेजा, तब एक विश्वास-घाती के साथ उससे मिलने गया और छल से मार डाला गया।

जायसी ने इस ऐतिहासिक घटना में जो महत्त्वपूर्ण प्रबन्ध-काव्योपयोगी परिवर्तन किये हैं, उनका उल्लेख भी यहाँ आवश्यक है :

(क) राघव चेतन एक कल्पित पात्र है। इसका समावेश कर अलाउद्दीन और राणा के युद्ध में मनोवैज्ञानिक कार्य–कारण सम्बन्ध स्थापित किया गया है।

(ख) चित्तौड़ पर चढ़ाई करने के बाद सन्धि–प्रस्ताव में अलाउद्दीन ने रत्नसेन से प्राप्त जिन पाँच दुर्लभ वस्तुओं की माँग की है, वह भी कल्पित है।

(ग) इतिहास में हम पाते हैं कि रत्नसेन इस बात के लिए तैयार हो गया था कि अलाउद्दीन दर्पण में पद्मिनी का प्रतिबिम्ब देख ले। किन्तु जायसी ने अपने उदात्त शूर–वीर चरित्र नायक

के लिए शायद यह अनुचित समझा है और इसीलिए इस घटना को आकस्मिक रूप में चित्रित किया है।

(घ) इतिहास में रत्नसेन का शिविर में बन्दी होना लिखा है किन्तु जायसी ने उसका दिल्ली में बन्दी होना लिखकर विप्रलम्भ शृंगार, पद्मिनी के सतीत्व तथा गोरा-बादल की वीरता के विस्तृत चित्रण-वर्णन के लिए पर्याप्त अवकाश की योजना की है।

(ङ) कल्पित पात्र देवपाल के हाथ से रत्नसेन की मृत्यु दिखाकर भी जायसी ने अपने प्रधान नायक के चरित्र की उच्चता का निर्वाह किया है।

'पद्मावत' की कथावस्तु और जायसी का अध्यात्मवाद

यह तो निर्विवाद है कि 'पद्मावत' की रचना के पीछे कहानी सुनाने की प्रेरणा नहीं रही होगी। जायसी ने अपने आध्यात्मिक सिद्धान्तों के प्रतिपादन और प्रचार के उद्देश्य से ही 'पद्मावत' की रचना की होगी। उन्होंने अपने उद्देश्य की सहज सिद्धि के लिए कहानी का लोकरंजन तथा लोकप्रिय माध्यम चुनकर केवल अपनी मनोवैज्ञानिकता का ही परिचय दिया है।

उन्होंने 'अखरावट' में सूत्ररूप से कह दिया है : 'कहा मुहम्मद प्रेम कहानी, सुनि सो ज्ञानी भये भियानी'। उन्होंने अपने इस प्रेरक उद्देश्य का 'पद्मावत' के उपसंहार में सविस्तर विवेचन भी किया है :

मैं एहि अरथ पंडितन्ह बूझा...
बूझि लेहु जो बुझै पारहु।

इस तरह हम देखते हैं कि 'श्रीमद्भागवत' आदि धार्मिक ग्रंथों की तरह 'पद्मावत' में भी अन्योक्ति या Allegory के सहारे तथा गल्प के ढंग पर गम्भीर आध्यात्मिक सिद्धान्तों के प्रतिपादन का प्रयास किया गया है। और मूल प्रेरणा के सम्बन्ध में शिरेफ के इस मत को मानना कि वे 'प्रथमतः और प्रधानतः कवि थे, अनावश्यक है।'

लेकिन यदि प्रेरणा की बात छोड़ दें; जायसी का उद्देश्य क्या था, इसे हम थोड़ी देर के लिए भूल जाएँ तो हमें स्वीकार करना ही पड़ेगा कि शिरेफ के कथन में भी काफी सच्चाई है।

हमें यहाँ यह भी विचार करना है कि अपने उद्देश्य की प्राप्ति में जायसी को सफलता कहाँ तक मिली है; आध्यात्मिक और लौकिक पक्षों का, प्रस्तुत तथा अप्रस्तुत का निर्वाह कहाँ तक हुआ है।

और इस सम्बन्ध में शिरेफ ने ठीक ही कहा है : 'I doubt very much whether he had any definite allegory present to his mind throughtout : the key which he gives in the first stanza of the envoy does not by any means fit the lock.'

स्व. बड़थ्वाल जी भी हिंदी अकादमी ग्रंथ में प्रकाशित (और अब योग-प्रवाह में संकलित) अपने एक लेख में इसी मत पर पहुँचे हैं। उनके कथनानुसार भी अन्योक्ति (Allegory) का सूत्र कहानी को एक से दूसरे सिरे तक बेधता नहीं चला गया है। आध्यात्मिक और लौकिक, दोनों पक्ष कहानी में सर्वत्र एकरस नहीं दिखाई देते।

(क) आध्यात्मिक तथा लौकिक पक्षों में असामंजस्य : यहाँ पर यह कहा जा सकता है कि अन्योक्ति के रूप में वर्णित किसी भी विस्तृत कथा के सूक्ष्म विवरणों में इस बात का निर्वाह सम्भव नहीं। लेकिन सच तो यह है कि मुख्य स्थलों को पढ़ने के समय भी हम यह भूल ही जाते हैं कि कहानी का कोई दूसरा लक्ष्य भी है। कथा के प्रवाह में पाठक ही नहीं, स्वयं जायसी भी बह जाते हैं—और कवि के रूप में यह उनकी सफलता ही मानी जाएगी—फिर अचानक ही उन्हें अपने उद्देश्य का स्मरण हो आता है और वे आध्यात्मिक पक्ष की ओर संकेत कर देते हैं।

और इस आध्यात्मिक पक्ष की भी वही दशा होती है। इसकी चर्चा करते हुए वे लौकिक पक्ष को भुला बैठते हैं और हम देखते हैं कि इन दोनों पक्षों का युक्तिसंगत तथा सहज सामंजस्य कदाचित्-कुत्राचित् ही हो पाता है।

इसमें कोई सन्देह नहीं कि 'पद्मावत' में ऐसी उक्तियाँ भी मिलती हैं जिनमें दोनों पक्षों का शोभन समन्वय हो सका है, उदाहरणार्थ :

जौ लहि जिऔ राति दिन, सवरौं ओहि कर नाँव।
मुख सुर्खरू शता तन हरिअर, दुहूँ जगत लेई जाँव॥

यह रत्नसेन को कही गई पद्मावती (परमात्मा) के प्रति तोते की कृतज्ञतापूर्ण उक्ति है जो दोनों पक्षों में समान रूप से घटित होती है। (तोता कहता है कि वह पद्मावती अर्थात् परमात्मा का नाम भावज्जविन दिन-रात स्मरण करता रहेगा। उसकी चोंच लाल रंग की है और शरीर हरे रंग का और चूँकि वह मिथ्या-भाषण नहीं कर रहा इसलिए दोनों लोक में वह इसी तरह का बना रहेगा—यदि वह असत्य भाषण करता तो उसकी चोंच काली पड़ जाती और उसका शरीर पीत वर्ण का हो जाता।)

लेकिन समूची पुस्तक में ढूँढ़ने पर भी ऐसी उक्तियाँ बहुत संख्या में नहीं मिलेंगी। हाँ, ऐसी उक्तियों की कमी नहीं जिनमें यदि आध्यात्मिक पक्ष स्पष्ट है तो लौकिक पक्ष खींचतान करके ही समझा जा सकता है। उदाहरणार्थ, नागमती ने तोते के साथ

दुर्व्यवहार किया है, राजा अप्रसन्न हो गए हैं। नागमती राजा को प्रसन्न करने का यत्न करते हुए कहती है :

तुम्ह सौं कोई न जीता, हारे बररुचि भोज।
पहिले आपु जो खोवै, करै तुम्हार सो खोज॥

आध्यात्मिक पक्ष में यह कहना तो ठीक ही है कि वररुचि और भोज भी परमात्मा का पता लगाते-लगाते थक गए, पर लौकिक पक्ष में प्रसंग के अनुकूल यहाँ कोई अर्थ नहीं निकलता।

(ख) प्रतीकों की अनेकरूपता : आध्यात्मिक तथा लौकिक पक्ष के असामंजस्य का एक दूसरा पहलू भी बार-बार देखने को मिलता है और वह है प्रतीकों की अनिश्चयात्मकता। जायसी ने सब जगह एक ही वस्तु को किसी खास वस्तु का प्रतीक नहीं माना है। ऊपर के उद्धरणों में हमने देखा है कि तोता पद्मावती को परमात्मा मानता है और नागमती रत्नसेन को और ऐसे अनेकानेक दूसरे उदाहरण दिये जा सकते हैं। इस प्रकार प्रतीकों की अनेकरूपता के कारण भी अन्योक्ति शैली में व्यवधान उपस्थित हो जाते हैं।

(ग) अन्योक्ति का अनौचित्य (नागमती) : यदि हम इस सूक्ष्म विवरणों को छोड़कर कथावस्तु के प्रमुख अंगों पर ही विचार करें तो एक हद तक अन्योक्ति की सार्थकता मानने पर भी हमें पूर्ण सन्तोष नहीं हो सकता। 'पद्मावत' के उपसंहार में जायसी ने कहानी के जिस व्यंग्यार्थ का स्पष्टीकरण किया है, उसी के आधार पर हम विचार करें।

इस दृष्टि से विचार करने पर हम देखते हैं कि जायसी के अन्योक्ति विधान में :

(क) आध्यात्मिक तथा लौकिक पक्ष के असामंजस्य, तथा

(ख) प्रतीकों की अनिश्चित अनेकरूपता के अतिरिक्त एक तीसरी खटकने वाली बात हमारे सामने आती है और वह है :

(ग) अन्योक्ति का अनौचित्य।

(i) जायसी के अन्योक्ति विधान में सबसे आपत्तिजनक अनौचित्य है : नागमती को 'दुनिया-धन्धा' मानने में; 'नागमती का यह दुनिया-धन्धा'—इस व्याख्या को स्वीकार करने में।

नागमती क्या हिन्दू नारियों के इस आदर्श को पूर्णरूप से चरितार्थ नहीं करती जिसे एक विजातीय खुसरो ने यों व्यक्त किया है : 'हे खुसरो, प्रेमपंथ में हिन्दू स्त्री से मत पिछड़, मुर्दा पति के साथ उस अपनी जिन्दा जान को जला देनेवाली की बराबरी कर ?' जिस नागमती के बारे में शुक्ल जी कहते हैं : 'पति-परायणा नागमती जीवनकाल में अपनी प्रेम-ज्योति से गृह को आलोकित करके अन्त में सती की दिगंत-व्यापिनी प्रथा से दमककर इस लोक से अदृश्य हो जाती है', उसे 'दुनिया-धन्धा', सांसारिकता का प्रतीक घोषित करना दुराग्रह ही है।

रत्नसेन के वास्तविक चरित्र-चित्रण तथा ऊपर से चिपकाई हुई उसकी आध्यात्मिक व्याख्या में भी हम यही असम्बद्धता पाते हैं। रत्नसेन पद्मावती की प्राप्ति के लिए अप्राण प्रयत्न करता है—और इसकी तुलना आध्यात्मिक उन्नति के प्रयास से, योग से, की गई है। लेकिन सुआ से पद्मावती का वर्णन सुनकर ही उसके लिए दीवाना-सा हो जाना और अपनी सती-साध्वी पत्नी नागमती की उपेक्षा करना योग से क्या सादृश्य रख सकते हैं ? दुष्यन्त के हृदय में शकुन्तला के प्रति प्रेम का आविर्भाव होता है तो वह तुरन्त इस द्विधा में पड़ जाता है कि कहीं ऐसा तो नहीं कि यह कन्या क्षत्रिय के योग्य न हो ? लेकिन यहाँ तो रत्नसेन के हृदय में पहले पद्मावती को प्राप्त करने की इच्छा का ही उदय होता है, वह बाद में पूछता है कि पद्मावती ब्याही है या कुँवारी। पद्मावती के नखशिख-वर्णन को सुनकर तो वह मूर्च्छित ही हो जाता है और संज्ञा लौटने पर राजपाट त्यागकर वह योगी बन जाता है। विवाह हो जाने पर पद्मावती रत्नसेन के योगी-वेश के सम्बन्ध में परिहास करती हुई कहती है : 'एहि मेरु रावन सीय हरी', और पद्मावती ने भले परिहास में यह बात कही हो, लेकिन लौकिक तथा सामाजिक दृष्टि से बात तो यही सच्ची मालूम होती है। समाज की मर्यादा की दृष्टि से एक ओर राम के पत्नीव्रत को रखिए और दूसरी ओर रत्नसेन के इस 'योग' को—कैसा आकाश-पाताल का अन्तर है ! रत्नसेन के मुँह से 'योग' की बातें सुनकर तो हँसी आती ही है किन्तु जब वह प्रेम की चर्चा करने लगता है तो उस समय भी हम उसे गम्भीरता से नहीं ले सकते। जब वह कहता है : 'मानुष प्रेम भए बैकुंठी, नाहिं न काह छार भर मूठी', तो सिद्धान्त-रूप से इसकी सत्यता हम स्वीकार करते हैं लेकिन स्वयं उसके प्रेम में हम क्या ऐसी दिव्यता पाते हैं ? हाँ, जहाँ तक नागमती या पद्मावती का प्रश्न है, इसमें कोई सन्देह नहीं कि रत्नसेन के प्रति उनका जो प्रेमाभाव है, वह अवश्य ऐसा है जिससे मनुष्य बैकुंठी परमात्मा-तुल्य हो सकता है।

अन्योक्ति के इस अनौचित्य को यह कहकर नहीं टाल दिया जा सकता कि आध्यात्मिक जीवन के लिए लौकिक तथा सामाजिक आदर्शों का कोई विशेष महत्त्व नहीं हो सकता। इतना तो स्वयं रत्नसेन भी कहता है : 'जहँ सत्य तहँ धरम सँधाता'।

और सत्य या मर्यादा का उल्लंघन किसी क्षेत्र में भी श्रेयस्कर नहीं कहा जा सकता।

नागमती वाली अन्योक्ति के समर्थन में यह कहा जा सकता है कि कबीर ने भी 'दुनिया-धन्धा' की उपमा प्रथम या कुलवन्ती पत्नी से की है और उसका परित्याग कर नई पत्नी-भक्ति के साथ विवाह करना आवश्यक बतलाया है :

'पहली नारी सदा कुलवन्ती' पर वह 'पिय कौ मरम न जानै' और 'अबकी घरनि घरी जा दिन मैं, सगलौ मरम नसायौ'।

लेकिन इस सम्बन्ध में हमें यह स्मरण रखना होगा कि कबीर आदि की ऐसी उक्तियाँ मुक्तक हैं और उलटबाँसियों के ही रूप में कही गई हैं, इसलिए वे सामाजिक

आदर्श का चित्रण करने का दावा नहीं रखतीं, जैसाकि एक प्रबन्ध-काव्य में होना अनिवार्य है। माया या सांसारिकता की तुलना साधारणत: कुलटाओं से ही की जाती है और एक प्रबन्धकाव्य में इसी प्रकार की अत्योक्ति से लौकिक पक्ष आध्यात्मिक पक्ष का विश्वासोत्पादक तथा तर्कसंगत प्रतीक बन सकता है।

अन्त में यह कह देना भी आवश्यक है कि यदि हम अलग-अलग देखें तो।

'पद्‌मावत' में प्रेम का आदर्श

साहित्य में प्रेम के प्रादुर्भाव के वर्णन की कई सुपरिचित रीतियाँ हैं। कबीर, सूर, तुलसी का विवेचन करते हुए शुक्ल जी ने दिखाया है कि 'पद्‌मावत' की प्रेम-पद्धति की इनसे कहाँ तक समानता है :

1. भारतीय संस्कृति के अनुरूप आदर्श प्रणय वही है जो परिणय के बाद प्रादुर्भूत होता है और जिसका सर्वोत्कृष्ट उदाहरण रामायण में मिलता है। यह प्रेम दाम्पत्य जीवन के विकास के अनुपात में प्रगाढ़तर होता जाता है और आपत्तियों में प्रगाढ़तम।
2. प्रेम के चित्रण की एक दूसरी प्रचलित शैली भी है जिसमें परिणय के पूर्व ही प्रणय अंकुरित हो जाता है। जैसाकि हम 'अभिज्ञानशाकुन्तलम्', 'विक्रमोर्वशीयम्' आदि में देखते हैं। उपवन, नदी-तट आदि स्थानों में घूमते-फिरते नायक-नायिका की आँखें चार होती हैं—नायक की ओर से नायिका की प्राप्ति के लिए प्रयत्न होते हैं और संयोग तथा वियोग शृंगार में वर्णन के लिए पर्याप्त अवकाश की कल्पना की जा सकती है। यों तो 'रामचरितमानस' में भी राम और सीता का वाटिका में परस्पर साक्षात्कार होता है पर इस पूर्वराग का विकास नहीं होता और हम राम-सीता के प्रेम को इस शैली के अन्तर्गत नहीं रख सकते।
3. तीसरे प्रकार का प्रेम महलों का अस्वस्थ प्रेम है जिसका चित्रण ही संस्कृत की नाटिकाओं का एकमात्र उद्‌देश्य रहा है। न केवल उत्तरकाल का संस्कृत नाटिकाओं में, जैसाकि शुक्ल जी कहते हैं, प्रत्युत् कालिदास जैसे नाटककार के 'मालविकाग्निमित्र' से ही इस शैली का प्रारम्भ होता है। ऐसे प्रेम में राजप्रासाद के अन्त:पुर में लुक-छिपकर राजा का अपनी नई प्रेमिका से मिलन आदि का, सामाजिक दृष्टि से, अलौकिक रूप देखने को मिलता है।
4. अन्तिम और चौथे प्रकार की प्रेम-पद्धति वह है जिसमें परस्पर साक्षात्कार न होने पर भी केवल गुण-श्रवण, चित्र-दर्शन या स्वप्न-दर्शन मात्र से ही नायक या नायिका के हृदय में प्रणय के तीव्रतम भाव का उदय हो जाता है। 'उषा-अनिरुद्ध' की कथा में हम इसी प्रकार के प्रेम का परिचय पाते हैं।

भारतीय साहित्य में प्रेम-चित्रण की सामान्यतः चार प्रणालियाँ पाई जाती हैं। कहना न होगा कि जायसी ने अन्तिम प्रणाली ही अपनाई है। लेकिन इस सम्बन्ध में यह भी उल्लेखनीय है कि उन्होंने प्रेम-चित्रण की इस भारतीय प्रणाली में अपनी जाति के साहित्य तथा संस्कृति के आदर्शों को भी यत्र-तत्र समन्वित कर दिये हैं। भारतीय साहित्य में, वियोग शृंगार के वर्णन में भी नायक की अपेक्षा नायिका की व्याकुलता और वेदना का ही अधिक वर्णन पाया जाता है। इसके विपरीत फ़ारसी साहित्य की प्रेमकथाओं में नायक की व्याकुलता आदि का ही सविस्तर वर्णन होता है। जायसी की मौलिकता इस बात में देखी जाती है कि उन्होंने भारतीय तथा फ़ारसी आदर्शों का एक साथ ही निर्वाह करते हुए नायक और नायिका, दोनों के ही प्रेम-विरह को, समान रूप से तीव्रता के साथ चित्रित कर दिखाया है। योगी के वेश में दर-दर भटकते हुए रत्नसेन के प्रेम में जो व्याकुलता है, क्या उसी का दर्शन 'पद्मावती' में भी नहीं होता—जब रत्नसेन को प्राणदंड की आज्ञा मिलती है और वह आत्महत्या करने पर उतारू हो जाती है?

भारतीय तथा फ़ारसी प्रेम के आदर्शों का जायसी ने एक दूसरी तरह से भी समन्वय किया है। आदर्श भारतीय प्रेम सदा ही लोकसम्बद्ध मर्यादित तथा व्यवहारात्मक रूप में ही चित्रित किया जाता है जबकि लैला-मजनू या शीरीं-फरहाद के आख्यानों में हम उच्चकोटि के लोकप्रेम का ही चित्रण पाते हैं। जायसी यद्यपि फ़ारसी वाले प्रेम को ही प्रधानता देते हैं, फिर भी वे भारतीय आदर्श की एकदम अवहेलना नहीं करते। उदाहरणस्वरूप जब राजा योगी होकर घर से निकलते हैं तो उनकी पत्नी नागमती उन्हें जिस तरह से रोकने की कोशिश करती हैं, उसी तरह सिंहल से विदा होती हुई पद्मावती अपनी सखियों से कातर भाव से अलग होती है। एक दूसरा प्रभावोत्पादक उदाहरण तब मिलता है जब राघव चेतन निकाल दिया जाता है और पद्मावती का हृदय उसकी कुटिलता की आशंका से विचलित हो जाता है और वह उसे प्रसन्न करने के लिए अपने हाथ का कंगन तक दे देती है।

इस तरह प्रेम को जीवन के और अंगों से अविच्छिन्न चित्रित कर उन्होंने अपने प्रेमकाव्य को परिवार और समाज से दूर होने से बचा लिया है। यों तो 'रामचरितमानस' की तरह 'पद्मावत' में मानव-जीवन के नानाविध पहलुओं का समन्वय नहीं हुआ है और वह एक शृंगार-रस प्रधान काव्य ही है, फिर भी उसमें दाम्पत्य-प्रेम के अतिरिक्त दूसरी मानव-वृत्तियों का ही चित्रण हुआ अवश्य है—जैसे यात्रा, युद्ध, सपत्नी कलह, मातृस्नेह, स्वामिभक्ति, वीरता, छल, सतीत्व आदि।

जायसी के प्रेम-वर्णन की एक और उल्लेखनीय विशेषता है और वह है उसमें मानसिक पक्ष का प्रधान—शारीरिक पक्ष नहीं। संयोग, जन्म, उल्लास-हास तथा वियोगजन्य अन्तर्द्वन्द्व और घात-प्रतिघात का वर्णन जायसी ने बड़ी मार्मिकता के साथ किया है और इसकी तुलना में प्रेमियों के मिलन का बाह्य-चित्रण उन्होंने बहुत ही कम किया है।

इस सिलसिले में यह विचारणीय है कि रत्नसेन का पूर्वराग नल के पूर्वराग के समान प्रतीत होता है पर वस्तुत: इनमें बहुत अन्तर है। तोते के मुँह से पद्मावती का वर्णन सुनकर रत्नसेन के हृदय में जो पूर्वराग होता है, वह इतना आकस्मिक है कि इसमें 'अभिलाषा' मात्र का आविर्भाव स्वाभाविक मालूम होता। रत्नसेन का मूर्च्छित होना, उन्माद की अवस्था तक पहुँचना क्लिष्ट कल्पना है। पर यही बात नल-दमयन्ती के लिए नहीं कही जा सकती। नल-दमयन्ती बहुत दिनों से एक-दूसरे के बारे में सुनते रहे थे—हंस से सुनने के बाद उनकी भावना केवल तीव्रतर हो जाती है।

पूर्वराग तो स्वयं ही बड़ी खतरनाक मनोवृत्ति है। जब तक वह आगे विशुद्ध प्रेम में परिणत न हो, पूर्वराग में रूप का मोह रहता है। वह सतह की चीज होती है, उसे बद्धमूल प्रेम नहीं माना जा सकता। किसी स्त्री का रूप-वर्णन सुनते ही उसके लिए पागल होकर मारे-मारे फिरते रहना गम्भीर प्रेम का परिचालक नहीं माना जा सकता। Love is first sight—पहले दर्शन में ही प्रेम की बात मानी जाती है पर बिना दर्शन के ही, साक्षात्कार के ही प्रेम पहले तो सम्भव ही नहीं और हो भी तो काफी दिनों तक एक-दूसरे की चर्चा सुनते रहने के बाद ही शायद सम्भव हो! इसीलिए पूर्वराग की अवस्था में कम-से-कम चित्र-दर्शन इत्यादि का प्रबन्ध कवि लोग करते हैं।

थोड़ी देर के लिए मान लीजिए कि सिंहल में उतरने पर किसी दूसरी सुन्दरी को ही दिखाकर तोता कहता कि यही पद्मावती है तो रत्नसेन क्या करता? उसे ही वह पद्मावती नहीं मान लेता, इसकी पूरी आशंका तो है ही।

इसलिए रत्नसेन का पूर्वराग आत्मत्याग, विरह आदि न होकर रूप-लोभ मात्र ही है, चाहे जायसी उस पर तप-भोग का जो भी आध्यात्मिक मुलम्मा चढ़ाना चाहें।

हाँ, जब एक बार शिवमन्दिर में रत्नसेन को पद्मावती की झाँकी मिल जाती है, तब उसके प्रेम में हमें कोई सन्देह नहीं रह जाता—तब तो यह स्वाभाविक ही जँचता है। फिर जब पार्वती अप्सरा का रूप धारण करके आती हैं, तो उन्हें उत्तर मिलता है :

अलेहि अद्दरी रंग तोर ताता।
मोंहि दूसरा सौ भाव न बाता॥

इसके अतिरिक्त यदि हम इस पूर्वराग के खोखलेपन की व्याख्या अलाउद्दीन की मनोदशा से करें तो हम किस निष्कर्ष पर पहुँचेंगे? रत्नसेन तोते से पद्मावती का रूप-वर्णन सुन योगी होकर निकल पड़ता है—अलाउद्दीन राघव चेतन से उसी पद्मावती का वर्णन सुनकर चित्तौर पर चढ़ाई कर देता है। आप थोड़ी देर के लिए भूल जाएँ कि अलाउद्दीन एक विवाहित स्त्री को पाने का प्रयत्न कर रहा और उसके प्रयत्न में उग्रता और उद्दंडता है। वैसी हालत में पद्मावती के रूप-वर्णन को सुनकर उसे अपनाने की चाह अलाउद्दीन के हृदय में उसी तरह उत्पन्न होती है, जैसे रत्नसेन के मन में। कवि ने यह इसलिए कहा है कि शिष्य जिस प्रकार गुरु से परोक्ष ईश्वर

का आभास पाते ही विकल-विह्वल हो जाता है, वही हालत गुरु-रूपी तोते से पद्मावती-रूपी ईश्वर का वर्णन सुनकर रत्नसेन-रूपी शिष्य का होता है।

साधनात्मक योग अज्ञात ईश्वर के प्रति होना होता है तो प्रेम-योग भी अज्ञात के प्रति हो सकता है—यह कहकर कथा-प्रसंग के औचित्य को प्रमाणित नहीं किया जा सकता।

इस तरह पद्मावती की पूर्वराग के पहले की व्याकुलता योग या वियोग न होकर वस्तुत: काम-दशा ही है। स्वयं जायसी को यह बात खटकी है, इसलिए उसको यों कहने का प्रयत्न करते हैं :

पद्मावति तेहि जोग-सँजोगा।
परी प्रेम बस गहे वियोगा।

अभी रत्नसेन के आने की भी बात नहीं मालूम और पद्मावती एक अज्ञात व्याकुलता से पीड़ित हो जाती है।

हाँ, विवाह हो जाने के बाद पद्मावती का जो रूप हमारे सामने आता है, वह सर्वथा अभिनन्दनीय है—विशेषत: जब रत्नसेन बन्दी हो जाता है और फिर मारा जाता है। उसका धैर्य और सतीत्व पूर्णत: एक आदर्श भारतीय नारी के अनुरूप है। यद्यपि उसके सतीत्व की यह कसौटी अनावश्यक है कि वह चित्तौड़ के राजा के प्रस्ताव को ठुकरा देती है। यदि अलाउद्दीन प्रस्ताव भेजता और पद्मावती को उसे ठुकराते दिखाया जाता तो इससे पद्मावती के चरित्र को कुछ उत्कर्ष भी प्राप्त होता किन्तु चित्तौड़ के राजा के प्रस्ताव को ठुकरा देने की शक्ति पद्मावती जैसी नारी में यों भी मान ली जा सकती है—इस प्रसंग से उसके चरित्र की विशिष्टता किसी प्रकार से बढ़ती नहीं।

नागमती का प्रेम, जैसाकि हमने अन्यत्र भी कहा है, सांसारिक माया का प्रतीक होने के बदले, नारी-सुलभ पवित्र प्रेम है। वह रूप-गर्विता तथा प्रेम-गर्विता सौभाग्यवती के रूप में तथा विरहिणी पत्नी के रूप में भी चित्रित की गई है। पद्मावती का प्रेमिका का रूप ही अधिक निखरा हुआ है जबकि नागमनी पति-प्राणा हिन्दू पत्नी का उत्कृष्ट उदाहरण है।

अन्त में बहुविवाहजनित दाम्पत्य-प्रेम की समस्याओं के समाधान को भी हम न भूलें। जब पद्मावती और नागमती आपस में उलझ पड़ती हैं तो रत्नसेन समझाता है :

एक बार जेइ पिय मन बूझा।
सो उसरसौं काहे क जूझा ?
जूझब छाड़हुँ, बूझब दोऊ।
सवे करहु, सेवा-फल होऊ॥

इस समस्या से हिन्दू और मुसलमान, दोनों ही परिचित थे। जायसी ने एक ही कथा में दोनों समाज की एक सामान्य समस्या को अपने ढंग से सुलझाने का प्रयत्न किया है।

‘पद्‌मावत’ का महाकाव्यत्व

महाकाव्यों के परम्परागत तथा मौखिक रूप से दो स्थूल वर्गीकरण किये गए हैं—ऐतिहासिक और साहित्यिक। कहना न होगा कि ‘पद्‌मावत’ दूसरे प्रकार का ही प्रबन्ध-काव्य है और उसमें वे सारे गुण प्रचुर मात्रा में हैं जो एक महाकाव्य में आलोकित होते हैं।

संस्कृत के साहित्य-भाषा में महाकाव्यों के लक्षणों का विशद विवेचन है। यों तो महाकाव्य साधारणत: संस्कृत परंपरा में ही होते हैं किन्तु हिन्दी में फ़ारसी की शैली में भी महाकाव्य लिखे गए हैं और उनमें कथा के प्रसंगों के अनुसार शीर्षक बना लिये जाते हैं। यदि कवि एक स्थान के वर्णन के बाद दूसरे स्थान का वर्णन आरम्भ करता है तो एक मध्यस्थ का कार्य करनेवाला भाग आवश्यक हो जाता है जिसका कवि वर्णन कर सके : ‘पद्‌मावत’ में हीरामन सुग्गा यह काम करता है।

‘पद्‌मावत’ में केवल दोहा-चौपाई का ही विधान है और जहाँ छन्दों की यह एकरूपता प्रचलित शैली के अनुरूप है, वहीं हमें यह भी स्मरण रखना चाहिए कि सूफियों ने जनता में प्रचलित लौकिक क्रम को अपनाया जिसका स्पष्ट प्रमाण अपभ्रंश साहित्य के महाकाव्यों और चरित काव्यों के छन्दों में दिखाई पड़ता है।

मंगलाचरण आदि महाकाव्योचित छोटी-छोटी बातों का भी ‘पद्‌मावत’ में सन्निवेश हुआ है और जैसाकि महाकाव्यों के नामकरण की परंपरा है, इसका शीर्षक भी मुख्य पात्र, पद्‌मावती के नाम पर रखा गया है।

यदि हम महाकाव्य के अन्तरंग पर विचार करें, तो एक महाकाव्य में इन चारों तत्त्वों का रहना आवश्यक है :

(1) चरित-चित्रण (2) वस्तुवर्णन, (3) भावव्यंजन तथा (4) संवाद।

चरित्र-चित्रण प्रबन्धकाव्य का बहुत महत्त्वपूर्ण तत्त्व है। यह तत्त्व ही प्रबन्धकाव्य को स्फुट काव्यों से अलग और उच्चकोटि में रखता है। इसका सम्यक् निर्वाह न हो तो प्रबन्धकाव्यत्व को बहुत बड़ी क्षति होती है।

एक महाकाव्य घटनात्मक तथा वर्णनात्मक, दोनों ही होता है। संस्कृत के प्राचीन महाकाव्यों में घटनात्मकता का सम्यक् योग दिखाई पड़ता है पर पीछे चलकर संवादों की ही अधिकाधिक योजना होने लगी और कला के विस्तार की ओर से ध्यान हट गया।

सच पूछिए तो इसीलिए संस्कृत के महाकाव्यों में एक रस को प्रधान तथा दूसरों को गौण रखने का निर्देश है। विस्तृत वस्तु-वर्णन का नैतिकपूर्ण भाव-व्यंजनाओं से प्रबन्ध की धारा प्रतिहित हो जाती है।

हमने यहाँ पर आदर्श महाकाव्यों की विशेषताओं का सामान्य रूप से उल्लेख किया है और हमने अपनी यह धारणा भी प्रकट की है कि उनको ध्यान रखते हुए हम ‘पद्‌मावत’ को एक सफल प्रबन्धकाव्य मान सकते हैं। अब यहाँ हम कुछ विस्तार

से यह देखने का प्रयत्न करेंगे कि ऊपर उल्लिखित महाकाव्योचित तत्त्वों का 'पद्मावत' में कहाँ तक निर्वाह हुआ है।

पहले हम यही देखें कि उसमें कला या इतिवृत्तात्मक विधान का कहाँ तक निर्वाह हुआ है। हम नहीं कह दें कि एक प्रबन्धकाव्य में इतिवृत्तात्मक विधान रसात्मक विधान के लिए साधन का ही काम करता है, साध्य तो वस्तुतः रसात्मक विधान ही रहता है। इसलिए इतिवृत्त का वर्णन ऐसा होना चाहिए कि उसके सहारे हम ऐसी रसानुकूल परिस्थितियों तक पहुँच जाएँ जिनका अर्थसदृश जनों के लिए सुलभ हो सके। यह ध्यान देने की बात है कि यदि रसात्मक वर्णन न भी हो तो कथा का सूत्र टूटता नहीं, इतिवृत्त का विधान विच्छिन्न नहीं होता किन्तु ऐसी दशा में काव्य के शरीर के बने रहने पर भी उसमें प्राण-प्रतिष्ठा नहीं हो सकती, यह भी निर्विवाद है। इसके विपरीत हमें यह भी स्मरण रहना चाहिए कि यदि इतिवृत्त के विधान की ओर से ध्यान हटाकर कवि केवल रसात्मक वर्णनों की ओर ही अपना ध्यान केन्द्रित कर देता है तो वह भी अवांछनीय होता है। हम संक्षेप में कह सकते हैं कि प्रबन्धकाव्य में इतिवृत्तात्मकता, रस, साधन और साध्य—इन सभी का ही अपना महत्त्व है; इनके योग से ही पाठक की जिज्ञासा और कौतूहल को, साध्य वृत्तियों को, हृदय की रस-पिपासु आन्तरिक वृत्तियों को आपाततः सन्तुष्ट होने का अवसर मिलता है।

'पद्मावत' में 'रामचरितमानस' जैसा विस्तार और व्यापकत्व, विविधता और गहराई नहीं किन्तु इसका इतिवृत्तात्मक विधान, वस्तुविन्यास रस-संचार की दृष्टि से सर्वथा सफल माना जाएगा।

डा. रामकुमार वर्मा ने अपने हि. सा. के आ. इतिहास में 'पद्मावत' की आधिकारिक कथावस्तु का विश्लेषण 'पिरामिड-निर्माण' (Pyramid Construction of play) नाटक के आधार पर किया है जिसे गुस्तान फ्रेटैग नामक एक जर्मन औपन्यासिक ने पाश्चात्य साहित्य में प्रचलित किया था।

'पिरामिड-निर्माण' नाटक की कथावस्तु में ही पूर्णतः सम्भव है, फिर भी कुछ परिवर्तनों के साथ हम इसका उपयोग कथावस्तु मात्र के विकास की कसौटी के रूप में कर सकते हैं। इस सम्बन्ध में यह भी उल्लेखनीय है कि इस प्रकार के विश्लेषण के लिए पाश्चात्य आलोचना साहित्य के नियम या शब्दावली का आश्रय लेना सर्वथा आवश्यक है, जैसाकि डा. वर्मा ने किया है। हमारे यहाँ भी नाट्यशास्त्र में 'वस्तु' की अवस्थाओं का ठीक इसी प्रकार विभाजन किया गया है—आरम्भ, मध्य और फलागम। अन्त या फलागम की पाश्चात्य दृष्टि और भारतीय दृष्टि में इस विषय में आश्चर्यजनक समानता है। डा. वर्मा के विश्लेषण के आधार पर हम कह सकते हैं कि जायसी ने असाधारण प्रतिभा के साथ 'पद्मावत' की कथावस्तु का निर्माण किया है।

शुक्ल जी ने भी पाश्चात्य कसौटी पर 'पद्मावत' के वस्तुविन्यास को कसा है और उसे खरा पाया है।

रसात्मक विधान

(1) वस्तु-वर्णन के द्वारा : हमने 'पद्मावत' के इतिवृत्तात्मक विधान पर सविस्तार विवेचन कर लिया है। अब हम उसके रसात्मक विधान का भी विवेचन करें।

हम पहले भी कह आए हैं कि इतिवृत्तात्मकता के सिलसिले में ऐसे स्थलों पर कवि को पर्याप्त ध्यान देना चाहिए जिनके वर्णन से पाठक या श्रोता के हृदय में रसोद्रेक हो सके। जायसी ने इसका पूरा ध्यान रखा है।

जायसी ने रसोद्रेक के निमित्त ऐसे वर्णन या तो वस्तु-वर्णन के रूप में किया है अथवा पात्रों द्वारा भाव-व्यंजना के रूप में।

जायसी ने यद्यपि संस्कृत कवियों की तरह नैसर्गिक दृश्यों के वर्णन के लिए मनोवैज्ञानिक स्थल ही चुने हैं और ये वर्णन भी अक्सर महत्त्वपूर्ण ही हैं। सिंहलद्वीप के वर्णन में जहाँ एक ओर उपवन, सरोवर, राजप्रासाद आदि का वर्णन है, वहीं पनघट का दृश्य भी उपस्थित किया गया है। सिंहलद्वीप-यात्रा-वर्णन में प्रकृति का स्वाभाविक रूप चित्रित हुआ है जिससे हिन्दी और उर्दू के कवियों ने सुपरिचित बना दिया है। प्रकृति का जहाँ तक मनुष्य के सुख-दुःख से सम्बन्ध है, वहीं तक इन कवियों की दृष्टि गई है और जायसी भी इससे आगे नहीं जा सके हैं। यदि उपवन का वर्णन है तो इस दृष्टिकोण से कि मनुष्य को शान्त-शमित करना है। कहीं-कहीं कवि-रूढ़ियों के कारण भी प्रकृति का स्वाभाविक चित्रण नहीं हो सका है, जैसे समुद्र-वर्णन पौराणिक है, न कि नैसर्गिक।

(2) भाव-व्यंजना के द्वारा : मुख्यतः रति, शोक तथा उत्साह—इन तीन स्थायी भावों की व्यंजना कथा-वर्णन में पाई जाती है।

पहले का शृंगार-वर्णन में, दूसरे का दुःख-वर्णन में, तीसरे का युद्ध-वर्णन में।

गौण भावों की व्यंजना अन्य भावों के संचारियों के रूप में हुई है।

जायसी की भाव-व्यंजना की प्रणाली के सम्बन्ध में यह उल्लेखनीय है कि उन्होंने अनावश्यक रूप से विभाव, अनुमान तथा संचारी की ठूँस-ठाँस से रस-परिपाक अथवा रस-अदायगी नहीं की है। उन्होंने, इसीलिए, अनुभावों तथा संचारी भावों की भी बहुत न्यून मात्रा में योजना की है, यहाँ तक कि शृंगार रस की प्रधानता होते हुए भी संयोग शोक में हम रोमांस, रति आदि का सर्वथा अभाव ही पाते हैं और केवल वियोग पक्ष में वर्णन आदि कुछ सात्त्विकों की हलकी योजना पाते हैं। हाँ, यदि अधिकता है तो आँसुओं की।

भाव-व्यंजना की उत्कृष्टता निर्णित करने के लिए हम साधारणतः उसके परिमाण और प्रकार की जाँच करते हैं।

परिमाण की दृष्टि से हम देखते हैं कि जायसी, तुलसी की तरह, मनुष्य के नानाविध भावों और गूढ़ मानसिक विकारों तक पहुँचने वाली व्यापक और पैनी अन्तर्दृष्टि का दावा नहीं कर सकते।

जायसी में मानव-प्रकृति और मानव-हृदय का वैसा अध्ययन नहीं पाया जाता जो भिन्न-भिन्न परिस्थितियों में होनेवाले अनेकानेक मानसिक घात-प्रतिघात-संघात का विश्लेषण कर सकता है। इसी का परिणाम है कि हम 'पद्मावत' में भावों के अन्तर्गत परम्परा-प्राप्त संचारियों का भी बहुत कम संख्या में समावेश पाते हैं जबकि 'रामचरितमानस' की भाव-व्यंजना में एकाधिक ऐसे भाव आते हैं जिनकी गणना आचार्यों ने संचारियों में की है।

अत: परिमाण की दृष्टि से जायसी की भाव-व्यंजना-प्रणाली में विशेषता का अभाव है। पर वियोग पक्ष की दृष्टि से इस अभाव की पूर्ति हो जाती है। वियोग पक्ष में उनकी भाव-व्यंजना ने असाधारण उत्कर्ष प्राप्त किया है।

हीरामन पद्मावती से प्रश्न करता है कि कब तक इस तरह विरह में तड़पती रहोगी?

पद्मावती उत्तर देती है :

तौलों रहौं झुरानी जौ लहि आव सो कन्त।
एहि फूल, ऐहि सेन्दुर दोई सो उठे बसन्त॥

रतिभाव के संचारी के रूप में 'आत्मविश्वास' की कितनी उत्कृष्ट व्यंजना है!

इसी तरह युद्ध के लिए तैयार पति को देख नगर की नववधू प्रश्न कर रही है :

रहौं लजाइ तो पिउ चलै, कहौं तो कह मोहि ढीठ।

संक्षेप में शृंगार, वात्सल्य, रौद्र, करुण की उत्कृष्ट व्यजना 'पद्मावत' में मिलती है।

महाकाव्य के सम्बन्ध में टैगोर की परिभाषा—किसी महान चरित्र का कोई उदात्त कार्य। उसमें यह जोड़ देना चाहिए—उदात्त शैली में वर्णित। 'पद्मावत' सभी दृष्टियों से एक उत्कृष्ट महाकाव्य है।

हिन्दी के अज्ञात सूफ़ी कवि : शेख किफ़ायत

बंगाल के दीवान शाह शुजा (पछिम दिल्ली पूरब बंगाला, दीवान शुजा खाँ बंगाला) के समकालीन सूफ़ी कवि शेख किफ़ायत ने 'पोथी विद्याधर' नामक एक प्रेमाख्यान की रचना की थी। ये बिहार के पूर्णिया जिला के दबेल परगना में दुमका नामक स्थान के निवासी थे (पुरनीआ सो पूरब निअरे एक गाँवा, परगने दवेल दुमका नामा)। शेख मुहम्मद शफी से इनकी बड़ी मित्रता थी (नवाब दुमका बाँके ठाऊँ, शेख मोहम्मद

शफी नाऊँ)। मुहम्मद आजम इनके पीर थे (मुहमद आजम पीर हमारा) और गुरु थे मौलवी मुहम्मद (मों किरपा के दीन्ह मिलाई, मौलवी मोहमद नाम कराई)। नाजिरपुर-वासी हजरत मियाँ से इन्हें साहित्य-रचना की प्रेरणा मिली थी (तेहि परसाद रस बिधि पाए)। 'पिंडुआ' के 'नरेश' कुतुब खाँ और पूर्णिया के गोपीनाथ कानूनगो इनके उल्लेखनीय समकालीन थे (तेहिके निअरे पिंडुआ देसू, कुतुब नर तहाँ करहि नरेसू) तथा 'गोपीनाथ कानूनगो भेला'।

किफ़ायत ने 'विद्याधर' नामक प्रेमकथा की रचना एक गायक के मुख से सुनी लोक-कथा के आधार पर की है (आदि कथा गायन मुख सुना)। पोथी विद्याधर की एक प्रतिलिपि (कैथी-लिपि में), अवलोकनार्थ, मुझे पटना विश्वविद्यालय के विश्रुत शोधकर्ता इतिहास-प्राध्यापक श्रीहसन अस्करी साहब से प्राप्त हुई। फिर किशनगंज के प्लीडर श्री मुहम्मद सुलैमान साहब 'सुलैमान' की कृपा से फ़ारसी-लिपि में मुद्रित संस्करण की एक दुर्लभ प्रति भी मिली। इसके साथ ही श्रीमुहम्मद सुलैमान ने 'इनसान' (उर्दू) पत्रिका के पूर्णिया-विशेषांक की एक प्रति भी भेजने की कृपा की, जिसमें उनका 'विद्याधर'-विषयक एक महत्त्वपूर्ण परिचयात्मक लेख छपा है। इसका अनुवाद मेरे अनुरोध पर, मेरे निर्देशन में, शोधकार्य में संलग्न श्रीमहताब अली ने किया है। उक्त समस्त सामग्री तथा पुस्तक के अनुशीलन के आधार पर यह विवरण प्रस्तुत किया जा रहा है। विद्याधर ने अन्य सूफ़ी कवियों के समान ही कथानक के बीच-बीच में सूफ़ी-मत के दार्शनिक सिद्धान्तों का भी प्रतिपादन किया है तथा प्रभावी सूफ़ी-प्रेमाख्यानों का भी उल्लेख किया है। कवि ने अपनी 'जानकारी' का भी आवश्यक-अनावश्यक मात्रा में परिचय दिया है।

कवि का रचनाकाल यद्यपि अभी असंदिग्ध नहीं है, तथापि प्रतिलिपि में प्रयुक्त—'सन् ग्यारह सौ छत्तीस जब आई, ताहि दिन कथा कहा मन लाई'—चौपाई से विक्रम की अठारहवीं (1936 फसली=1774 वि.=1717 ई.) सदी संकेतिक होती है, किन्तु बंगाल के दीवान शाहशुजा यदि शाहजहाँ (1926-58 ई.) के पुत्र माने जाएँ, तो यह सत्रहवीं सदी होगी। मिश्रबन्धुओं ने 'विनोद' के पूर्व माध्यमिक हिन्दी 'सं. 1445-159...) प्रकरण में 'पंडुवा' के मुस्लिम-संतों तथा 'सत्यपीर' मत का निम्नलिखित विवरण दिया है : 'इस काल युक्तप्रान्त और बंगाल, दोनों में सूफ़ी सिद्धान्तों का प्रचार किया गया। कई मुसलमान संत बंगाल के पंडुवा में थे, जिससे वह हजरत कहलाने लगा। वहाँ शेख निजामुद्दीन औलिया अच्छे संत थे, जिनके शिष्य अलाउल हक भी प्रसिद्ध थे। हक के पुत्र नूर कुतुबुल आलम प्रसिद्ध संत हुए। हुसैनशाह (सं. 1550 से 1566) ने सत्यपीर का मत चलाया। इसमें हिन्दू-मुसलमानों को मिलाने का प्रयत्न था, जैसा इसके नाम से भी प्रकट है।'

मुहम्मद सुलैमान साहब 'सुलैमान' ने 'पूर्णिया की प्राचीन ग्रंथ-रचना' शीर्षक अपने लेख में पुस्तक के आधार पर ये ज्ञातव्य बातें प्रस्तुत की हैं :

'विद्याधर' का ऐतिहासिक महत्त्व है। दो सौ वर्षों से ऊपर की लिखी हुई यह पुस्तक आज भी चली आ रही है, और यह निस्सन्देह एक दुर्लभ रचना है। यह प्रमाणित है कि बाज विशेषताएँ इसमें ऐसी हैं कि जिन्होंने इस पुस्तक को नष्ट होने से बचा लिया। हमने सुना है कि बंगला-भाषा में कोई पुस्तक 'विद्यासुन्दरी' है। नहीं मालूम, वह कहानी कौन-सी है और उसका इतिहास कितना प्राचीन है। पूर्णिया के बाज इलाकों में इसका आदर आज भी बहुत अधिक है। लोग इसे पढ़-पढ़कर नहीं, बल्कि गा-गाकर (इसके पढ़ने का एक खास अन्दाज है) खुश होते हैं। इसमें किसी विशेष वर्ग की ही अभिरुचि नहीं, अपितु हिन्दू, मुसलमान, जवान, बूढ़े, साधारण और विशेष—सभी लोगों को यह आकृष्ट करती है। किसान हो या जमींदार, अमीर हो या गरीब—इससे सभी मोहित होते हैं। रचयिता के शब्दों में यह वास्तव में :

कथा सुरस बिद्या सँग आवा। इच्छा संपूरन सभी सहावा॥

[यह मजेदार और जानकारियों से पूर्ण कहानी सभी के लिए रुचिकर एवं प्रिय है।]

स्वर्गीय मौलवी मकबूल हुसैन साहब ने सबसे पहले यह प्रशंसनीय प्रयास किया था कि इसका सुव्यवस्थित संस्करण मुद्रित हो, यद्यपि वह इसमें असफल रहे।

पुस्तक के रचयिता लेख शेख किफ़ायत शेख मुहम्मद के पुत्र थे। आप मौजा दुमका के निवासी थे। रचयिता ने अपना इन शब्दों में परिचय दिया है :

पूर्णिया से पूरब और एक गाँव। परगना हवेली दुमका नाँव॥

रचयिता दिल्ली के मुहम्मद शाह के शासनकाल में थे, यानी दिल्ली का राज्य शक्तिहीन हो रहा था। अंग शासन पटना और इलाहाबाद के विद्वान सैयद भाइयों के हाथों में था। पूर्णिया में नवाब सैफ़खाँ जैसे शान-शौकतवाले फौजदार को फौजदारी थी। नवाब सैफ़खाँ बहमन यारखाँ के बाद, सन् 1722 ई. में, पूर्णिया के फौजदार हुए हैं। ये ही वे जबरदस्त फौजदार हैं, जिन्होंने मुर्शिद कुलीखाँ की नतनी या पोती नफीसा के साथ शादी करना स्वीकार नहीं किया। वीरनगर के वीरशाह के खिलाफ मुकाबला भी हुआ। उनका दौर पूर्णिया के इतिहास में प्रतिष्ठा और मान का दौर था। 'तोलबा' के सम्पादक मौलबी मुहम्मद इब्राहीम साहब सिद्दीकी ने अपने एक लेख में उन्हें 'शाह' भी लिखा है और कहते हैं कि साधारण लोगों में यह इसी उपनाम से प्रसिद्ध हैं। तात्पर्य यह कि आज रचयिता को लोग हजरत शेखशाह किफायतुल्लाह कहकर याद करते हैं। सिद्दीकी साहब ने शेख की भी व्याख्या की है, लेकिन इस पर कोई रोशनी नहीं पड़ती, न उन्होंने अपने दावे की कोई दलील दी है।

किफ़ायत अपनी किताब 'विद्याधर' से एक समन्वयवादी संत एवं स्वच्छ हृदय वाले व्यक्ति मालूम पड़ते हैं। उन्हें पीरों पर पूरा विश्वास है। हजरत मुहम्मद आजम नाजिरपुरी, पश्चिम के रहने वाले, उनके मुर्शिद (पीर) हैं। कहते हैं :

सो हजरत किरपा जो किया। हृदय जुड़े प्रेम कर दिया॥

[उन्होंने कृपा को और हृदय में प्रेम का दीपक प्रज्वलित कर दिया।]

उन्होंने पीर साहब के लिए 'मियाँ साहब' की उपाधि व्यवहृत की है। कहते हैं :

हजरत मियाँ साहब सो अगुवा है मोर।
तासू दर्शन विधाता खुला ज्ञान का डोर॥

[हजरत मियाँ साहब मेरे नेता, गुरु हैं। उन्हीं के द्वारा ईश्वर तक पहुँचने का मार्ग मिला और आध्यात्मिक ज्ञान प्राप्त हुआ।]

नवाब सैफ़खाँ के मुसाहबों में कोई शेख मुहम्मद सफ़ी थे, जिनसे किफ़ायत की बड़ी दोस्ती हो गई। उनके शब्दों में : 'दुइ तन एक जीव भय गये'—दो तन, एक प्राण हो गये थे। उनकी विद्वत्ता के बारे में कहते हैं :

पंडित और ग्यानी नगर भया सोर।
जनम सुखी और हँस सुखी कमल खिले जस भोर॥

यह शेख समी साहब की आज्ञा थी कि इस पुस्तक की रचना का विचार उत्पन्न हुआ। कहते हैं :

तेहि सो एक कथा-हम बोला। हिया भंडार जीव सो खोला॥

रचनाकाल सन् 1936 है। रचयिता का एक शे'र ही इस बयान पर है : 'सन् ग्यारह सौ छत्तीस जब आई, ताहि दिन कथा कहौ मन लाई।' लेकिन, फिर भी यह अँधेरे में है कि यह कौन सन् है—हिजरी है या मुल्की ? क्योंकि रचयिता का स्थानीय सन् मुल्की होना चाहिए, लेकिन मजहबी सन् हिजरी है। मैं इसको मुल्की सन् समझता हूँ। वास्तविकता यह है कि रचयिता पर काफी स्थानीय प्रभाव पाया जाता है। पुस्तक की भाषा भी इसी ओर संकेत करती है। इसके विचार भी इसी प्रकार के हैं।

असल कहानी बिलकुल छोटी और सरल है, जो रचयिता को लोककथा सुनानेवालों से मिली। कहते हैं :

चन्द्रभान राजा करनावल बिद्याधर भरना।
गीत सुना गायन सुख पोथी किया विचार॥

[राजा का नाम चन्द्रभान, औरत का नाम विद्याधर। गायन के मुख से सुनकर किताब लिखी।]

संक्षेप में कहानी यों है : उदयगढ़ में राजा उदयसेन रहते हैं। उनके कोई सन्तान नहीं है। आखिर, एक योगी के इलाज से उनकी रानी कमलावती गर्भवती होती है,

और उनके यहाँ एक लड़की उत्पन्न होती है, जिसका नाम विद्याधर रखा जाता है। वही कहानी की नायिका है।

विद्याधर शिक्षा के लिए शेख नत्थू मलना और बाबू कन्हैया गुसाईं को सौंप दी जाती है। वह दोनों से शिक्षा पाती है। जब विद्याधर की शिक्षा समाप्त हो जाती है, तब एक बहुत बड़ा आनन्दोत्सव मनाया जाता है। विद्याधर को कचनारपुर के राजा धर्मसेन के पुत्र चन्द्रभान कुँवर का हाल मालूम होता है और बिना देखे उससे प्रेम हो जाता है। मणिलोचन पंडित कचनारपुर जाकर कुँवर चन्द्रभान के सम्मुख विद्याधर का सौन्दर्य-वर्णन करता है, और :

कन्या रूप सुना जब राजा। प्रेम अंकुर हिया में जागा॥

आखिर कुँवर प्रेम-रोग से पीड़ित हो जाता है। हकीम और गुणी आते हैं। चन्द्रभान को फिर स्वप्न में विद्याधर का दर्शन होता है। वह आपे से बाहर हो जाता है। चल पड़ता है। सुन्दरी-सरोवर की मंजिल तय करनी पड़ती है। राजा गुरुभाई के साथ लड़ाई होती है। आखिर उदयगढ़ तक पहुँचकर घोड़ा ठहरता है। राजा के यहाँ चोरी होती है। चन्द्रभान पर कलंक लगता है। राजा से लड़ाई होती है। चन्द्रभान के जौहर खुलते हैं। आखिर चन्द्रभान और विद्याधर का ब्याह रचा जाता है। विद्याधर सुहागरात को चन्द्रभान से मिलती है, लेकिन मिलने के पहले के भावावेग का अनुमान कीजिए :

कछु हुलसे कछु डरे मन माँही। परख हियो हम जानै नाहीं॥

शादी के बाद विद्याधर अपने पति के साथ चन्द दिनों तक उदयगढ़ में रहकर अपनी ससुराल कचनारपुर चली जाती है और कहानी का अन्त हो जाता है।

ऐसे देखने में कहानी कुछ भी नहीं है, लेकिन बात यह है कि रचयिता ने बात में बात निकाली है और सुन्दर शब्द-चयन किया है। बहुत-सी उपयोगी वस्तुओं का वर्णन किया है। इसमें समस्याएँ भी हैं, दवाएँ भी हैं, शुभ-अशुभ जानने का तरीका भी है, स्वप्न के शुभ-अशुभ फल ज्ञात करने की बात भी है, कोकशास्त्र भी है। तात्पर्य यह कि सभी कुछ हैं और अधिकतर अप्रामाणिक हैं, किन्तु कुछ पहलुओं से अनुभवी व्यक्तित्व का अनुमान भी किया जा सकता है। मेरी दृष्टि में 'किफ़ायत' एक विद्वान की योग्यता नहीं रखते, लेकिन एक योग्य अनपढ़ अवश्य थे, बुजुर्ग थे, नेक थे। सम्भव है कि सूफ़ी-मत पर अधिकार हो, संयमी हों। उन्होंने अपनी रचना में अपनी अवस्था बीस-पच्चीस बताई है। लेकिन कथन में परिपक्वता है एवं धार्मिकता झलकती है।

पुस्तक से जिस समय की सामाजिक स्थिति पर प्रकाश पड़ता है, उससे ज्ञात होता है कि उस समय हिन्दू-मुस्लिम-एकता का प्रचार जोरों पर था। विद्याधर के लिए नत्थू मलना की नियुक्ति और रचयिता की भाषा कह रही है कि हिन्दू-मुस्लिम-वैमनस्य नाममात्र को भी उस समय नहीं होगा। अफसोस की बात है कि कुछ दिनों पहले तक

पूर्णिया इससे मुक्त था, किन्तु आज लक्षण उसके विरुद्ध दृष्टिगोचर हो रहे हैं। पूर्णरूपेण स्थानीय प्रभाव लिये हुए पुस्तक की भाषा हिन्दी है। उदाहरणार्थ :

चैत नीम बैसाख बेला। सगरो जेठ पनभात ठेला॥

कहा जाता है कि 'किफ़ायत' ने इस कहानी के द्वारा वास्तव में सूफ़ी-मत की शिक्षा दी है और आध्यात्मिकता का मार्ग बताया है। अतः इस कहानी का बाह्यार्थ भी है और संकेतार्थ भी है। मैं सूफ़ी-मत के विषय में कुछ नहीं कह सकता और न मैंने इसे इस दृष्टि से देखने का प्रयत्न किया है।

['साहित्य' : अक्टूबर, 1958]

सिद्ध-कूट

सिद्धों की जिस भाषा को 'संध्या-भाषा' से परम्परया अभिहित मानकर 'आलो-आंधारी भाषा'[1] से व्याख्यात किया गया था, वह वस्तुतः 'संधा-भाषा' है, न कि 'संध्या-भाषा'। विधुशेखर शास्त्री[2], पी.सी. बागची[3] प्रभृति विद्वान यह विश्वसनीय रूप में प्रमाणित कर चुके हैं। विधुशेखर शास्त्री ने विश्लेषित और विवेचित प्रभूत सामग्री के आधार पर 'संधा-भाषा' का तात्पर्य निर्दिष्ट किया है—'आभिप्रायिक वचन' अथवा 'नेयार्थ वचन', अर्थात् 'संकेत विशेष की भाषा'।[4] 'संधा-भाषा' का चीनी में भी ईदृशप्राय अनुवाद है—'गुह्य, गुप्त' और फलतः 'ऐसी भाषा जिसके अर्थ का स्पष्टीकरण आवश्यक हो', जो नेयार्थ हो। विधुशेखर शास्त्री ने 'आभिप्रायिक' से गृहीत तात्पर्य यह बताया है : 'ऐसी भाषा, जो शब्दों से व्यक्त अर्थ से भिन्न कुछ का संकेत करती हो'।[5]

वज्रयान-सहजयान से सम्बद्ध परवर्ती बौद्ध कृतियों को देखते हुए यह असंदिग्ध रूप से मानना पड़ता है कि 'संधा-भाषा' सांकेतिक, प्रतीकात्मक भाषा है। सिद्धों की कृतियों से उद्धृत कुछेक उदाहरणों से स्थिति स्पष्ट हो जाएगी :

(क) नगर बाहिरे डोंबी तोहोरी कुडिया।
छाह छ्इ जाइ सो बाम्हण नाडिया॥

(ख) आलिए कालिए बात रँधेला।

(ग) बद्धो धावइ दस दिसाहि, मुक्को णिच्चल ट्ठाअ।
एमइ करहा पेक्ख सहि, विवरिअ महु पडिहाअ॥

---

1. महामहोपाध्याय हरप्रसाद शास्त्री द्वारा; 2. इंडियन हिस्टारिकल क्वार्टरली, 1928, पृ. 287; 3. उपरिवत्, 1930, पृ. 389; 4. 'Instructional Speech'; 5. विस्तृततर विवेचन के लिए द्रष्टव्य—आब्स्क्योर रेलिजस कल्ट्स, एस.बी. दासगुप्त, कलकत्ता विश्वविद्यालय, पृ. 476

(घ) आग्गे आच्छअ बाहिरे आच्छअ।
पइ देक्खअ पडवेसी पुच्छअ॥

(ङ) स्थल-विशेष की संस्कृत टीका में उद्धृत श्लोक :

कक्कोलप्रियबोलमेलकतयानन्दस्फुरत्कुन्दरा:।
सद्यः शोधितशालिलालितकरा: कालिञ्जराश्चक्रिण:॥ इत्यादि

इनके शाब्दिक अर्थ से बात कुछ भी तो स्पष्ट नहीं होती, और यह अनुमान करना सर्वथा युक्तिसंगत है कि इनका शाब्दिक अर्थ से भिन्न और कोई संकेत है, अभिप्राय है।

राहुल सांकृत्यायन ने सिद्ध सरहपाद कृत दोहा-कोश[1] में सरह के एक 'कूट' —उनके शब्द में 'रहस्योक्ति'—का नेयार्थ इस प्रकार दिया है :

ऊँचा-ऊँचा पाबत तहिं बसइ सवरी बाली।
मोरंगी पिच्छि प (हि) रहि सबरी गीबत गुजरी माला।
ऊमत सबरो पागल सबरो, मा कर गुली-गुहाड़ा।
तोहारि णिअ घरिणी सहज सुन्दरी। ध्रु।
णाणा तरुवर मौलिल रे, गअणत लागेलि डाली।
एकली सबरी अे वन हिंडइ, कर्णकुंडल वज्रधारी।
तिअ घाउ खाट पडिला सबरो, महासुह सेजिज छाइली।
सबरो भुजंग णइरामणि दारी, पेक्ख (त) राति पोहाइली।
हिये ताबोला महासुहे कापुर खाई।
सून निरामणि कण्ठे लइआ महासुहे राति पोहाई।
गुरु वाक पुंछआ बिंध णिअ मणे बाणें।
अेके शर-संधानें बिंधह, बिंधह परम णिबाणें।
उमत सबरो गरुआ रोषे।
गिरिवर सिहर सन्धि पइसन्ते, सबरो लोडिब कइसे।

[ऊँचे-ऊँचे पवर्त पर शबर-बालिका बैठी है, जिसके सिर पर मोर-पाँख और ग्रीवा में गुँजा की माला है। उसका प्रिय शबर प्रेम में उन्मत्त पागल है। 'ओ शबर, तू हल्ला-गुल्ला मत कर। मेरी अपनी (निज) गृहिणी सहज सुन्दरी है। उस पर्वत पर नाना तरुवर फूले हुए हैं, जिनकी डालियाँ गगन से लगी हुई हैं। कान में कुंडल-वज्र धारे शबरी अकेली इस वन में घूम रही है। दौड़कर खाट पर, महासुख-सेज पर, शबर पड़ गया। शबर भुजंग (विट) और नैरात्म्य (शून्य) वेश्या को देखते रात बीत गई। हृदयतांबूल को महासुख-रूपी कपूर (के साथ) खा, शून्य नैरात्म्य को कंठ लगा महासुख में रात बीत गई। गुरु-वचन पूछकर निज मन-रूपी बाण से बेध—एक ही शर-संधान से बेध-बेध परम निर्वाण को।'

1. बिहार राष्ट्रभाषा परिषद्, पटना, 1957, वक्तव्य, पृ. 24-25

इसके अधिक भाग में शबरी बालिका, उसके तरुण प्रेमी शबर तथा उनके मनोहर पर्वत-वन-निवास का सुन्दर और स्वाभाविक वर्णन है। यदि कुछ विशेष सांकेतिक शब्दों पर ध्यान न दिया जाए, तो यह एक श्रृंगारी कविता है। हरेक पाठक उन सांकेतिक शब्दों की ओर ध्यान देने के लिए मजबूर भी नहीं है। यहाँ शबरी से संतों और सरह के यहाँ भी सुरति (तल्लीनता) अभिप्रेत है। उसका प्रेमी शबर साधक है। बुद्ध के मुख्य सिद्धान्त—जो हैं, वे सब क्षणिक हैं—के अनुसार जगत और उसके किसी पदार्थ के अन्तस्तल में भी कोई नित्य पदार्थ—आत्मा या ब्रह्म—निहित नहीं है। सभी आत्मरहित निरात्मा या नैरात्म्य, नइरामणि है। उसी नैरात्म्य तत्त्वशून्यता को साक्षात् करना है। उसी 'नइरामणि दारी' का भुजंग हरेक साधक विलासी को बनना है। उसका साक्षात्कार महासुख की अनुभूति है, जिसे योगी ध्यानमग्न हो प्राप्त करता है।]

राहुल सांकृत्यायन ने इस विवेचन के प्रारम्भ में ही एतद्विषयक निष्कर्ष उपस्थित करते हुए कहा है : 'कबीर की उलटबासियाँ मशहूर हैं, पर इसका भी आरम्भ हम सरह में पाते हैं।'

दासगुप्त ने 'आबूस्क्योर रेलिजस कल्ट्स'[1] में काण्ह, कुक्कुरी, टेंटण की एक-एक उलटबाँसी और उनका नेवार्थ देते हुए हिन्दी तथा बंगला में इसकी परम्परा का सविस्तर निर्देश किया है। इन सिद्धों की उपर्युक्त उलटबाँसियों के अतिरिक्त भी अन्य या इन सिद्धों की बहुसंख्यक उलटबाँसियाँ हैं, यह स्पष्ट है, और दासगुप्त का भी यही मत है। धर्मवीर भारती ने टेंटण की वही उलटबाँसी और कबीर का वही समानान्तर पद देकर—जिन्हें दासगुप्त ने उद्धृत किया है—कहा है कि 'सिद्धों की उपलब्ध काव्य-सामग्री में केवल एक ही उलटबाँसी मिली है।'[2] किन्तु यह कथन सर्वथा निराधार है।

दासगुप्त ने काण्ह की यह उलटबासी उद्धृत की है[3] और अन्यत्र[4] पूरी चर्या और उसका नेयार्थ[5] भी दिया है :

मारिअ सासु नणंद घरे साली।
माअ मारिअ काण्ह भइअ कवाली॥

अर्थात, योगी ने श्वासरूपिणी सासु (सासु=श्वास, साँस), (सहज=रूपिणी पत्नी) की विषय-रूपिणी ननद (नणंद=आनन्द देनेवाली; विषय-सुख) तथा सृष्टिरूपिणी साली को मार दिया है; इतना ही नहीं, उसने मायारूपिणी माँ को भी मार डाला है (माअ=माता; माया); इस प्रकार काण्ह कापालिक हुआ है।

---

1. पृ. 479-481; 2. सिद्ध साहित्य, प्रयाग, 1955, पृ. 466; 3. पृ. 479, धर्मवीर भारती ने अपनी पुस्तक में 'साधना-पद्धति की वज्रयानी प्रवृत्तियाँ और शब्दावली' के अन्तर्गत इसे उद्धृत किया है (पृ. 430); 4. पृ. 66-67, 5. पृ. 480

दासगुप्त ने कुक्कुरीपाद के इस पद का उल्लेख किया है[1] :

दुलि दुहि पिटा घरण न जाइ।
रूखेर तेंतलि कुँमीरे खाइ॥
आँगण घरपण सुन मो विआती।
कानेट चौरी निल अधराती॥
सुसुरा निद गेल बहुडी जागअ।
कानेट चीरे निल का गइ आगअ॥
दिवसइ बहुडी काग-डरे माअ।
राति भइले कामरू जाअ॥
अइसन चर्या कुक्कुरी पाअें गाइउ।
कोडि माझें ऐकु हिअहि समाइउ॥

अर्थात् जब कछुए को दुहा जाता है तो उसे भाँड में नहीं रखा जा सकता। इमली के वृक्ष के फल को मगर खाता है। आँगन घर के समीप है, इस कुविज्ञप्ति को सुनो; अर्द्धरात्रि में कर्णभूषण को चोर ले गया। सास (या, ससुर) सोई है, बहू जगी है—चौरापहृत कर्णभूषण कहाँ मिलेगा? दिन में बहू कौए को देखती है और डर जाती है, रात्रि होने पर कामरूप जाती है। ऐसी चर्या कुक्कुरीपाद गाते हैं जो कोटि हृदयों में से एक में प्रवेश पाती है।

दासगुप्त ने इसका नेयार्थ देने का तो प्रयास किया है किन्तु वे गीति के पहले शब्द का साधारण अर्थ ही ठीक-ठीक नहीं समझ पाए हैं। 'दुली' का अर्थ 'कच्छप' है, न कि दो (स्तन)।[2] उन्होंने 'बौद्ध गान औ' दोहा' में दी हुई संस्कृत टीका के आधार पर 'दुलि' का 'दो' अर्थ कर यह नेयार्थ दिया है—दो से तात्पर्य है, दक्षिण और वाम नाड़ियाँ; दुही गई वस्तु है संवृत्ति—बोधिचित्त और भाँड (पिटा=पीठ) है मणिपूरचक्र। वृक्ष शरीर है, इमली बोधिचितरूप शुक है और घड़ियाल कुम्भक प्राणायाम। बहू अवधूतिका है, कर्णभूषण दोष, चोर सहजानन्द और अर्द्धरात्रि समाधि। सास (या ससुर) प्राण-वायु, दिन प्रवृत्ति, रात्रि, निवृत्ति और कामरूप महासुखचक्र है।

दासगुप्त ने टेंटणपाद (ढेंढणपाद) की यह उलटबाँसी भी उद्धृत की है[3] और अन्यत्र उसका नेयार्थ दिया है[4] :

टालत मोर घर नाहि पडिवेशी।
हाडीत भात नाहि निति आवेशी॥
बेंगस साप वडहिल जाअ।
दुहिल दुधु कि बेंटे समाअ॥

---

1. धर्मवीर भारती ने अपनी पुस्तक में 'साधना-पद्धति की वज्रयानी प्रवृत्तियाँ और शब्दावली' के अन्तर्गत इसे उद्धृत किया है, पृ. 480; 2. मेटीरियल्स फॉर ए क्रिटिकल एडिशन आव द ओल्ड बेंगाली चर्यापद्ज, पृ. 3; 3. पृ. 481; 4. पृ. 54-55

बलद बिआअल गविया बाँझे।
पिटा दुहिअइ ऐ तिना साँझे॥
जो सो बुधी सो घनि बुधी।
जो सो चोर सोइ साधी॥
निति निति सिआला सिहे सम जुज्झअ।
ढेंढण पाएर गीत बिरले बुज्झअ॥

अर्थात् ऊँचे पर मेरा घर है; मेरे पड़ोसी नहीं हैं। हाँडी में भात नहीं है, किन्तु अतिथि आते ही रहते हैं। साँप का पीछा मेढक करता है (मेढक की दुनिया, या मेढक जैसी दुनिया बढ़ती जाती है)। क्या दुहा दूध फिर स्तन में जा सकता है? वृषभ ने बच्चा दिया है, गाय बाँझ है; भाँड में तीन बार दूध दुहा जाता है; जो बुद्धिमान है, वही बुद्धिहीन है।[1] जो चोर है, वही साध है। नित्य ही शृगाल[2] सिंह से युद्ध करता है। टेंटणपाद का यह गीत बिरले बूझते हैं।

इसका नेयार्थ, संस्कृत टीका के आधार पर, यह हो सकता है—जब शरीर वचन और मन के 160 प्रकृति-दोष महासुखचक्र में विलीन हो जाते हैं (ऊँचा घर), तो पड़ोसी (चन्द्र-सूर्य, वाम-दक्षिण नाड़ियाँ) चले जाते हैं, अर्थात् प्रकृति दोषों के नष्ट होने पर चन्द्र-सूर्य के व्यापार भी नष्ट हो जाते हैं। आभास-त्रय-युक्त मन, जिसकी तुलना वृषभ से की गई है, बाह्य जगत की धारणा उत्पन्न करता है, किन्तु शून्य (गाय) बाँझ है। योगी आभास-दोषों (पिटा=पीठकम्, आभासदोषम्) को नष्ट करने का यत्न करता है।

एक तो 'संधा-भाषा' और उसमें भी जब कूट पद मिलते हैं, तो सिद्ध-साहित्य के अध्येता की कठिनाई का सहज ही अनुमान किया जा सकता है। ऐसे ग्यारह कूट पद, एकत्र, बागची द्वारा सम्पादित दोहा-कोश[3] में 'संकीर्ण दोहा संग्रह' शीर्षक परिच्छेद के अंतर्गत संकलित हैं। आश्चर्य है कि राहुल जी जैसे विद्वान ने इनमें से नौवें पद को, जाने किस आधार पर, 'हिन्दी काव्यधारा' में[4] काण्हपा के वर्गीकृत पदों में, 'बमगीति' शीर्षक के साथ, अन्तिम के रूप में स्थान दिया है। राहुल जी ने यह पद, उनकी ही पाद-टिप्पणी के अनुसार, 'जर्नल ऑव द डिपार्टमेंट आव लेटर्स', कलकत्ता विश्वविद्यालय, सं. 38, पृ. 36, से लिया है किन्तु वहाँ, या दोहा-कोश में, जिन दोनों के सम्पादक बागची हैं[5], काण्हपा का कोई उल्लेख नहीं है; पद के शीर्षक 'वज्रगीति' पर जो पाद-टिप्पणी है, उसमें उक्त जर्नल की 30वीं संख्या का निर्देश है, जहाँ यह पद है[6] ही नहीं।

1. दासगुप्त का अर्थ—'जो बुद्धिमान है, वह बुद्धिमान है', ठीक नहीं; 2. दासगुप्त 'सियाल' का अर्थ 'लोमड़ी' करते हैं; 3. कैलकटा संस्कृत सीरीज, 1938, पृ. 51-57; 4. पृ. 154; 5. वस्तुत: जर्नल की निर्दिष्ट संख्या में प्रकाशित सामग्री ही संस्कृत छापा के साथ तथा संशोधित और परिवर्द्धित रूप में दोहा-कोश में प्रकाशित हुई है; 6. राहुल जी ने सिद्ध सरहपाद-कृत 'दोहा-कोश', बिहार-राष्ट्रभाषा-परिषद, 1957 में, वक्तव्य के 71वें पृष्ठ पर, सिद्धों के प्राप्य पाठ के विकृत रूप की चर्चा करते हुए यही गीति, इस संकेत के साथ उद्धृत की है : 'कण्ह (कर्ण)पा की वज्रगीति: (तन्-जुर् यु 163, प्रज्ञा)...।' इसके जो पाठ-भेद उन्होंने निर्दिष्ट स्रोत से दिये हैं, उनका प्रस्तुत प्रबन्ध में यथास्थान उल्लेख किया गया है।

यहाँ निर्दिष्ट स्रोत से प्राप्त ग्यारहों पद उद्धृत किये जाते हैं, और उनमें से एक, नौवें, पर टिप्पणियाँ प्रस्तुत की जा रही हैं, जिससे इस क्षेत्र में भावी अध्ययन की प्रणाली संकेतित होगी :

[2]

'सिद्ध-कूट'-पाठ
अथवा
'संकीर्ण-दोहा-संग्रह'

(एक)

गुहो सिहो चन्द्रो सुजो एक येसां सापुड़।
रुटेल्ल काल कि करइ सो बापुड़॥

(दो)

तं कुरु कुल्लारूप करि ह्यअ।
अहिणिसि बीय हन्ते देह्यअ॥
गुरुवयणे दिढ् करि माणहु।
भणअ सवर-पा विसड़ा करे हाणहु॥

(तीन)

हले सहि विअसिअ कमलु पवोहिड बज्जें।
अललललहो महासुहेण आरोहिड णच्चें॥
रवि किरणें पफुल्लिउ कमलु महासुहेण।
अललललहो महासुहेण आरोहिउ णच्चें॥

(चार)

किच्चे णिच्चउ विसाअगउ लोअ णिमन्तिअ काइँ।
तह वक्षाण जइ सम्भरसि उट्ठहिं सयल विसाइँ॥
कज्ज अप्पाण वि करिअ पिअ मा करसु विण्णवि चित्त।
भवभअ पड़िआ सअल जणु उट्ठहि जोइ निमित्र॥
पूर्वपइज्जइ सम्भरसि मा कर कज्ज विसाउ।
तह अधमिण्णे सअल जणु परिअवज्ज जउसाउ॥
सिच्छें माण वि मा करहि पिअ उट्ठइ सुण्णसहाव।
कामहि जौइणि बिन्द तुहु किट्टउ अह्वा भाव॥

(पाँच)

रिवति जल पवण हुतासन (सुण्ण) डाइणि देवि।
सुणहु पंजमि तत्तु कहु जो ण जाणइ कोवि॥

(छह)

घुमइ गरल भंक्खणेहि जो णिव्वे अणलोअ।
मोह विवज्जिअ मन्त तसु-पर तुट्टइ सोअ॥

(सात)

उट्ठ भराड़ो करुणमन्त पुक्खसि महु परिताहिं।
महासुह-जो काममहु इच्छ तहि सुण्ण-समाहि॥
तोम्हा-बिहुणे मरमि हउँ उट्ठेहि तुहुं हेवज्ज।
छड्डहि सुण्णसहावता सवरि सिझउ कज्ज॥
लोअ णिमन्तिअ सुर अपहु सुण्ण अच्छसि कीस।
हउँ चण्डालि विण्ण नमि तइ विणु जहमि न दीस॥
इन्दी आली उट्ठ तुहुँ हउँ जाणमि तुहुँ चित्त।
अम्हे होम्बी च्छेअमन्त मा कर करुण विच्छित्त॥

(आठ)

आइ णयन्त ण मझुण णउ भवणउ णिव्वा।
राहूसो परम महासुह णउ परणउ अप्पाण॥

(नौ)

यह पद प्रबन्ध के अन्तिम खंड में उद्धृत और विवेचित है।

(दस)

सुण्ण णिरंजण परम-महासुह णउ माअ सहाव।
मावह चीअसहाब णउ णामि णउ जाव॥
णउ भव णउ णिव्वाण ताँहि नेहु सो महासुह वाज्ज।
जो भावण मणो-भावणेहि सो पारइ काज्ज॥
अक्खर मन्त विवज्जिओ णउ सो बिन्दुण चित।
एहु सो परम महासुहो णउ फेड़िय णउ खित॥
जिम पड़िबिम्ब सहावे भाति ण भाबिज्जइ भाव।
सुण्ण णिरज्जणण परममहासुह तहि पूण्ण ण पाव॥

जिम जल माझ चन्द सहि णउ सो सा सुणमीच्छ।
णउ सो मण्डलचक्क भाति सुण्ण-सहावे स्वच्छ॥

(ग्यारह)

सा वित्ती किम्पि जहाँ यत्तु विससेसें गौरव लहैइ।
अहिमुह पड़िअ गरलै छिप्पि मुढाणँ कुणेइ॥

[3]

ऊपर उद्धृत पदों में साधनमाला[1] के अनुसार प्रथम दो शुक्ल-कुरुकुल्ला देवी से सम्बद्ध हैं। दूसरे पद में उसके रचयिता शबरपाद का उल्लेख है। तीसरा पद, साधनमाला के अनुसार, गेय वज्रगीति है। चौथा पद उपर्युक्त पुस्तक के ही अनुसार 'चतुर्योगिन्यो-भ्यन्तरसाधने' गेय है। पाँचवें, छठे और सातवें पद अप्रकाशित हेवज्र तंत्र में मिलते हैं। आठवाँ भी हेवज्र-तंत्र में मिलता है और इसके बारे में साधनमाला में, कुरुकुल्ला की साधना के प्रसंग में, 'इमां गाथां च स्मरेत्'—ऐसा उल्लेख है। यह पद सरल है और वस्तुतः इसे कूट नहीं कहा जा सकता। संकीर्ण-दोहा संग्रह में होने के कारण ही यह यहाँ उद्धृत है। नौवाँ पद भी हेवज्र-तंत्र में है। दसवाँ क्रियासमुच्चय में उद्धृत है। इसके पाँचों खंड महासमयगीतिका कहे गए हैं और वज्रयानी सिद्धों के नृत्य के अवसर पर गेय बताए गए हैं। पाँचों खंड ध्यानी बुद्धों की क्रमशः पाँचों शक्तियों का उद्‌बोधन करते हैं। ये शक्तियाँ हैं—नैरात्म्य योगिनी, लोचना, मामक्षा अथवा मामकी, पांडुरा अथवा चुंडा तथा तारा।

[4]

यहाँ, वह नौवाँ 'सिद्ध-कूट' उद्धृत किया जा रहा है, जिसके नेयार्थ अथवा अभिप्राय तक पहुँचने का यत्किंचित् प्रयास किया जा सकता है; ठीक-ठीक कुंजी आज भी अप्राप्त ही है। पद है :

कोल्लइरे [2] ठिञ बोला मुस्मुणिरे कक्कोला।
घण किविड़[3] हो वाज्जइ [4] करुणेकि अइ न रोला [5] ॥ 1 ॥
तहि बल [6] खज्जइ[7] गाढ़े मअणा पिजिअइ[8]।
हले [9] कालिञ्जर[10] पणि अइ[11] दुन्दुर[12] वज्जिअइ[13] ॥ 2 ॥

1. बिनयतोप भट्टाचार्य द्वारा सम्पादित, गायकवाड़ ओरिएंटल सीरीज; 2. कल्लइले कोल्लयिर; 3. किपिट्टि किपिट; 4. वाज्जइ, वाज्जइ वेज्जइ; 5. अइने लोला, अनरोला; 6. बल, बलु; 7. खोज्जइ; 8. पिजिअडुइ, पिज्जइ; 9. हरे; 10. कालिज्जल; 11. पणेअइ; 12. दुन्दुर; 13. वज्र न अइ, वजिअइ।

चउसम कस्तुरी सिह्ला कर्पूर[1] लाइअइ[2] ।
मालइ इन्धन[3] सालितहि[4] भरु खाइअइ ॥ 3 ॥
प्रेङ्कण[5] खेट[6] करन्ते सुद्धासुद्ध[7] ण माणिअइ[8] ।
निरंसुअ[9] अंग[10] चड़ाविअइ[11] जसरावि पणिअइ[12] ॥ 4 ॥
मलअज[13] कुन्दुरु बटइ[14] डिण्डिम तहिं[15] ण वजिअइ[16] ॥ 5 ॥

यहाँ चूँकि इस पद के आभिप्रायिक अर्थ तक पहुँचने का प्रयास है, इसीलिए बागची द्वारा प्रस्तुत पाठ-भेद भी दे दिया गया है, अन्य पदों को छोड़ दिया गया है। राहुल जी ने, इसी प्रबन्ध में पहले उल्लिखित स्रोत के आधार पर ये पाठ-भेद दिये हैं :

1. कोलयि रे थिया बोला मूमूनि रे कंकोला।
घन किया थी होयि वज्रायि, करुणे कियायि न लोरा ॥ (I)
० मुमुरनि ले कनकोला घने कीथि होयि, करुण क्रियायि न लोला ॥

(II) शेष (III) वत्
कोरयि रे थिया बोरा, मुमुनि रे कंकोरा।
घने कापि थिया बोरोरुणे क्रिया बीन लोला ॥ (IV)
० थियं ०० थिउ बोरा ० थी न लोरा (IX) शेष (IV) वत्

2. तहि भरू खाज गाध्य, मय ना पीवयि याथी।
हले कालिजर पन यायी दूंदुरु बजायिले (I)
० तहि बानु खाजयी यायिया, जायें मय ना पिज।
न यायीया हले कलिंजल सलिं जल (III)
० तहि वरु खाजयि गद्धे मय जना पिजय यायिया।
कलिंजर सारि जारे दुदुरु बाज न यायिया (IX)

3. चबूसम कस्तुर्री सिल्हा कर्पूर,
लावन यायी मलया जइ घनसो लिजरे (I)
० चउसम कस्तुरि सिल्हा कर्पूर लाव न यायि।
मलयज कुजुरू बजयि तहि भरू खाज (III)
— चउसम कस्तुरी शीलकर्पूल राव न यायियामारिय।
इन्दु ने सालिजलतहि वा नु खाजयी यायिया (IV)
० तहि वा नु खा जयीयायिया, गावे मय न पिज न यायिया (IV)

---

1. कर्प्पूरक; 2. इजइ; 3. मालतीन्धन, मालेइन्धन; 4. सारिनहि, सालिअतहि, सालितहि; 5. प्रखन, प्रेखन, प्रेख्वन, (चीनी-पाठ-प्रेङ्खण); 6. स्वट्ट; 7. शुद्धाशुद्ध; 8. नमनेइ, नमुणिअइ, न मासिअइ; 9. निरंशुकं, निरंसुह; 10. अग; 11. चड़ावीतहि, चअवीसुइ, चड़ावितहि; 12. जसनाविपणीअइ, जसरावपणिअइ; 13. मलजे, मलयाजं; 14. वाटइ, वाट्टेइ, वतइ; 15. लहिं, जहिं; 16. 'णवजिअइ' के स्थान पर 'वजज्रअइ', 'ण' के साथ वज्जिअइ, 'वजीअइ' भी।

◦ चउसम कस्तुरी शिहला कर्प्पूर राज न यायिया।
शरयि इन्धन शारि जलतहि बरु खा जजियायिया (IX)

4. प्रेषु न क्षेत्र कगत सोद्धासुद्ध न मूनयि।
तिलसुह अग च वा वयीया तहि जसए पन यायी (II)
प्रेष–क्षेत्र क्रेतिक शुद्धाशुद्धा नियेयायि।
मलयज कुजरु बजयि, डिडमा ता नहि बयि (III)
प्रेषून क्षेत्र करंत शुद्धाशुद्धा न यायि।
◦ प्रेषण क्षेत्र कलंत शुद्धाशुद्ध न मानियायीया।
नीलसुह अंग सदा ययीयातहिं जसु राव न प्रक्ष मामिया (IV)
◦ प्रेखन कत करन्ते शुद्धाशुद्ध न मुणियायिया।
निल सुह अंग चढ़ाबियिया, तहि जशु राव न पणसाइया (IX)

5. मलयज कुंदुरू बजायिले, डिंडिम डिंडिम तहि ना बाजयी (II)
◦ मलयज कुणुरू बजयि डिडिभा ता नहि बजायि (III)
◦ मलयज कुंदुरू बाजयिया डिन्डि बाजयि न बाजयिया (IX)

इस या ऐसे अन्य पदों की कुंजियाँ केवल हेवज्र–तंत्र में मिलती हैं, यद्यपि इनसे भी सभी अपरिचित शब्दों का अर्थ का उद्‌घाटन नहीं होता। बौद्ध तंत्र के इस महत्त्वपूर्ण ग्रंथ का निश्चयपूर्वक काल–निर्धारण नहीं किया जा सकता, पर इतना निर्विवाद है कि ग्यारहवीं शताब्दी के आरम्भ के पूर्व ही इसका संकलन हो चुका होगा, क्योंकि तब तक फा–हु ने उसका चीनी भाषा में अनुवाद कर दिया था। इसका एक प्राचीन तिब्बती अनुवाद भी है। इन बातों से ऐसा भी अनुमान किया गया है कि यह सातवीं–आठवीं शताब्दी में ही संकलित हो गया हो तो कोई आश्चर्य नहीं।

पुस्तक की संस्कृत पांडुलिपि दस–दस परिच्छेदों के दो कल्पों में विभक्त है, यद्यपि चीनी अनुवाद में परिच्छेदों का ही क्रम है। उदाहरणार्थ, द्वितीय कल्प का तीसरा परिच्छेद इसमें तेरहवाँ परिच्छेद है। हेवज्र–तंत्र की तीन पांडुलिपियाँ बागची को सुलभ थीं— पहली, नेपाल दरबार पुस्तकालय की, दूसरी, जी. टुच्ची की और, तीसरी, उनकी अपनी। इन्हीं प्रतियों के आधार पर बागची ने हेवज्र–तंत्र के तेरहवें परिच्छेद (संस्कृत प्रतियों का द्वितीय कल्प) का वह अंश उद्धृत किया है,[1] जिसमें संधाभाषा का विवेचन है। इस परिच्छेद के आरम्भ में कथित भी है : 'हेवज्रसर्वतंत्रनिदानसंधाभाषानाम पटल:'। इसमें सन्धाभाषा को योगियों का 'महासमय' तथा 'महाभाषा' कहा गया है, और 'समयसंकेतविस्तर' की बात भी कही गई है।

हेवज्र–तंत्र के आरम्भ में ही एक श्लोक द्वारा हेवज्र की व्याख्या की गई है :

---

1. इंडियन हिस्टारिकल क्वार्टरली, 1930, पृ. 390; बाद में बुद्धिस्ट तांत्रिज्म में भी संगृहीत।

हेकारेण महाकरुणावज्रं प्रज्ञा च भण्यते।
प्रज्ञोपायात्मकं तंत्रं तन्मे निगदितं शृणु॥

वज्रयान का यह मूलभूत सिद्धान्त अनंगवज्र की प्रज्ञोपायविनिश्चयसिद्धि आदि जैसी पुस्तकों में विवृत हुआ है।[1]

हेवज्र-तंत्र का संधाभाषा विषयक अंश इस प्रकार है :

भगवान्नाह—
वक्षेहं वज्रगर्भोयं शृणु त्वमेकचेतसा।
संधाभाषं महाभाषं समयसंकेतविस्तरम्॥
मदनं मद्यं बलं मांसं मलजयं मीलनं तथा।
गतिखेटः शवः श्रावः अस्थयाभरणं निरंशुकम्॥
आगतिः प्रेक्षणं प्रोक्तं कृपीटं डमरुकं मतम्।
अभव्यं दुद्दुरं भव्यं कालिंजरं मतम्॥
अस्पर्श डिण्डिमं प्रोक्तं कपालं पद्मभांजनम्।
भक्तं तृप्तिकरं ज्ञेयं व्यंजनं मालतीन्धनम्॥
गूथं चतुस्समं प्रोक्तं मूत्र कस्तूरिका स्मृता।
स्वयम्भू सिंह्लकं ज्ञेयं शुक्रं कर्पूरकं मतम्॥
महामांसमाजिजं प्रोक्तं द्वीन्द्रिययोगं कुन्दुरु।
वज्रं बोलमिति ख्यातं पद्यकल्लोलकं मतम्॥[2]

आगे के श्लोकों में अन्य अनेक सांकेतिक शब्दों का अर्थ दिया गया है, किन्तु विवेच्य कूट पद के लिए उनकी आवश्यकता न होने के कारण उन्हें छोड़ दिया गया है। हेवज्र-तंत्र के इस परिच्छेद के बाद वाले परिच्छेद में संधा-भाषा के कुछ सिद्धान्तों के निदर्शन के लिए वह पद आया है जो ऊपर उद्धृत किया जा चुका है और जिसका विवेचन यहाँ अभीष्ट है।

हेवज्र-तंत्र के उद्धृत संस्कृत श्लोकों की सहायता से हमें यह कोश प्राप्त होता है[3] :

बोल=वज्र।
कक्कोल=पद्म।
किबिड (कृपीट से)=डमरुक, डमरू।
बल=मांस।
मअन (मदन से)=मद्य (चीनी-फल ?)।

---

1. गायकवाड़ ओरिएंटल सीरीज; बी. भट्टाचार्य द्वारा सम्पादित; 2. स्पष्टतः पाठ का पुनर्निर्माण व्याकरण, छन्द आदि की दृष्टियों से सदोष है; 3. इनमें आए ऐसे शब्द भी प्रस्तुत कोश में नहीं दिये जा रहे हैं जो 'कूट-पद' में नहीं हैं।

कालिञ्जर=भव्य (चीनी—साधु मनुष्य)।
दुद्धुर=अभव्य (चीनी—दुर्गुणयुक्त मनुष्य)।
चउसम (चतुस्सम से)=गूथ।
कस्तुरि=मूत्र (चीनी—सुगन्ध)।
सिह्ल (सिह्लक से)=स्वयम्भू।
कर्प्पूर=शुक्र (सृजन ?)।
मालइ इंधन=व्यंजन=(चीनी—अमांस भोजन)।
प्रेङ्खन=आगति (चीनी—आना)।
खेट=गति (चीनी—जाना)।
निरंसुअ=अस्थ्याभरण (चीनी—रत्न ?)।
मलयज=मीलन; मिलन; जो अर्थ कुन्दुरु का है—द्वीन्द्रिय योग।
कुन्दुरु=योग, युक्त, द्वीन्द्रिय योग।
डिण्डिम=अस्पर्श।

इन शब्दों के अतिरिक्त, अपभ्रंश रूप में प्राप्त कुछ निर्देश्य शब्द भी हैं :

ठिअ=स्था से; ठहरना।
वाज्जइ=वाद्य से; डमरू बजाना।
खज्जइ=खाद् से; खाना।
पिज्जइ=पिब से; पीना।
पणिअइ=प्रेणम् से; प्रणाम करना।
वज्जिअइ=वर्ज से; छोड़ना।
लाइअइ—लेना।

जैसा बागची ने कहा है, इस शब्दकोश से भी हमें कूट-पदों का स्पष्ट अर्थ प्राप्त नहीं होता, और जब तक वज्रयान के सिद्धान्तों का विशद्तर ज्ञान सुलभ नहीं हो जाता, तब तक स्पष्ट अर्थ अप्राप्य बना रहेगा।

['हिन्दुस्तानी', त्रैमासिक (इलाहाबाद) : अप्रैल, 1959]

कबीर

कबीर में मस्तिष्क-पक्ष प्रधान है, जायसी में हृदय-पक्ष।

कबीर का जो ऋण मुसलमानों पर होगा, उसे जायसी ने उतार दिया। दोनों में समन्वय—कबीर प्रत्याख्यान करते हुए भी प्रभावित होते हैं, अस्वीकार करते भी ग्रहण करते हैं, जायसी नहीं समझते हुए भी अपनाने की कोशिश करते हैं।

सिद्ध पदारथ तीन—बुद्धि, पाँव और सिर काया।

(सिद्ध पदार्थ और पाँव, सिर और काया की क्या संगति हो सकती है?)

इस्लाम के प्रति पक्षपात रखते हुए भी हिन्दू कहानी, हिन्दू भावना को प्रश्रय देते हैं।

दोनों में ही जितनी दूर तक ज्ञात या अज्ञात रूप से समन्वय है, उतनी ही दूर तक शुद्ध रहस्य भावना है। समन्वय हृदय की उदारता से ही सम्भव है। कबीर में समन्वय एकदम नहीं रहता तो वह ध्वंसवादी बन जाते, रहस्यवादी नहीं। जायसी के रहस्यवाद की विशेषता तो भारत, फारस के भाव तथा कला के समन्वय में ही निहित ठहरी।

1. कबीर के लिए आदर का भाव :

ना-नारद तब रोई पुकारा।
एक जुलाहे से मैं हारा॥

2. दोनों हिन्दू-मुस्लिम ऐक्य के पक्षपाती।
3. दोनों घर-घर व्यापी परब्रह्म के उपासक।
4. दोनों सूफ़ी।
   (अ) कबीर अपने को राम की बहुरिया कहते हैं।
   (ब) जायसी आदि सूफ़ी ब्रह्म को ही प्रिया मानते हैं।
   This is an important difference (contrast).
5. एक ज्ञानमार्गी, दूसरा प्रेममार्गी।
6. एक तिरस्कार तथा कटुता से विरोधियों का खंडन करनेवाला, दूसरा उदार दृष्टिकोण वाला।
   कबीर बोशिरा (जिदीक) सूफ़ी हैं, जायसी बाशिरा।

सूर की कविता

भक्ति हृदय की वृत्ति है। विद्वत्ता उसे भी शास्त्र का गम्भीर रूप देकर ही सन्तुष्ट होती है। कृष्ण-भवित को हृदय की वस्तु बनाये रखने में सूरदास का बहुत हाथ है। सूरदास ने भक्ति को, उसके अनुरूप कवित्व और संगीत से भावपूर्ण और मधुकर बनाकर, न केवल सरल और आकर्षक आध्यात्मिक साधन ही बनाया, प्रत्युत उसे साहित्य का मनोरम स्वरूप भी दिया।

यही कारण है कि हिन्दी के प्राचीन कवियों में सूरदास का बहुत ऊँचा स्थान है। किसी पुराने आलोचक ने तो बड़ी स्पष्टता के साथ सूर और तुलसी पर तुलनात्मक निर्णय देते हुए, पहले को सूर्य और दूसरे को शशि कहा है—'सूर सूर, तुलसी ससी...।' इसे आलोचक का यमक के लिए मोह कहकर टाल दिया जाता है। किन्तु, कुछ आधुनिक आलोचक भी, दबी जबान से ही सही, यह कहते हैं कि गीति-गुण की दृष्टि से सूर प्राचीन कवियों में अपना सानी नहीं रखते।

वस्तुत:, सूर और तुलसी की तुलना का प्रयास निरर्थक है। सामान्य रूप से आलोचना की ऐसी तुलनात्मक परिपाटी ही अवांछनीय है। ऊपर जो कुछ कहा गया है, उसका एकमात्र निष्कर्ष यही है कि अन्य अनेक भक्तों से भिन्न सूर एक महान कवि भी हैं। साहित्य के अध्येताओं के लिए इसी कारण उनका महत्त्व है, यद्यपि वे भी सूर के दर्शन और सिद्धान्त का ही विवेचन कर अपने कर्तव्य की समाप्ति समझ लेते रहे हैं।

यह कहा जा सकता है कि सूर अपनी रुचि से तो भक्त ही थे, कवि तो हम उन्हें मान लेते हैं। यह सर्वथा सत्य है। उनके अधिकांश पदों में भक्तिशास्त्र की बातें मिलती हैं और कहीं भी हम उन्हें रस या अलंकार को ध्यान में रखकर पद्य-रचना करते पकड़ नहीं पाते। भक्तों के बीच उन्हीं की तरह समादृत जयदेव या विद्यापति के बारे में यह बात नहीं कही जा सकती; वे कवि भी हैं, यह उन्होंने छिपाया नहीं है। उनके विपरीत सूर संयोग से, अनजाने ही, ऐसे गीत गाते हैं, जिनका कविता के रूप में भी असंदिग्ध महत्त्व स्वीकार्य होता है। सूरदास की निष्ठा विभाजित नहीं है—वे दार्शनिक, भक्त और कवि भी बनने की महत्त्वाकांक्षा नहीं रखते। वे विशुद्ध रूप से भक्त बने रहते हैं। इसका अनिवार्य परिणाम होता है कि उनकी वाणी शास्त्र की ओर झुकने पर भी अपनी ताजगी नहीं खोती, और जब वह रागात्मक तीव्रता के कारण एकतान बन जाती है तो अनायास कविता में रूपान्तरित हो जाती है।

अनेक रोमांटिक और छायावादी कवियों ने कविता के उद्‌गम के सम्बन्ध में यह कल्पना की है कि वह स्वत:स्फूर्त प्रेरणा के क्षणों का आकस्मिक परिणाम-मात्र है। स्वयं उनकी अतिशय सचेष्ट काव्य-रचना पर यह सिद्धान्त कहाँ तक लागू हो सकता है, यह विवाद का विषय है; किन्तु सूर या मीरा जैसे भक्त कवियों के बारे में तो यह सत्य है ही।

सूर या मीरा के अधिकतर पद कविता की कोटि में नहीं रखे जा सकते; किन्तु जो इस कोटि में अनायास आ जाते हैं, वे अपनी अकृत्रिमता के फलस्वरूप असाधारण रूप से उत्कृष्ट प्रमाणित होते हैं। ऐसे पदों में रस और अलंकार, गुण और रीति अपने-आप अपने स्थान पर सज जाते हैं। हिन्दी के नवीन आलोचक का कर्तव्य है कि भक्तों के ऐसे पदों का ही वह काव्यात्मक मूल्यांकन करे।

हम यहाँ सूर के शिशु-वर्णन-सम्बन्धी कुछ पदों के आधार पर, उनका नव-मूल्यांकन कर रहे हैं। यह अध्ययन की दिशा का संकेतमात्र है।

कृष्ण का जन्म होता है और :

आनन्दै आनन्द बढ्यौ अति।
देवनि दिवि दुन्दुभी बजाई,
सुनि मथुरा प्रगटे जादवपति॥

और, आगे भी नवजात बालक की अलौकिकता का इसी स्वर में सविस्तर वर्णन है। भक्तिशास्त्र की दृष्टि से इसे या ऐसे अन्य पदों का जो महत्त्व हो, ये कविता नहीं हैं।

इस पद से भिन्न आगे की :

गोकुल प्रगट भए हरि आइ !

इत्यादि पद के पूर्वार्द्ध में जहाँ पुनः शिशु की अलौकिकता का वर्णन है, वहीं जब सूर मातृत्व के सौभाग्य को प्राप्त करनेवाली यशोदा का चित्रण करते हैं :

जागी महरि, पुत्र-मुख देख्यौ,
पुलक अंग उर मैं न समाइ।
गद्गद कंठ, बोलि नहिं आवै,
हरषवन्त ह्वै नंद बुलाइ॥
आवहु कंत, देव परसन भए,
पुत्र भयौ, मुख देखौ धाइ।
दौरि नंद गए, सुत-मुख देख्यौ,
सो सुख मो पै बरनि न जाइ॥
'सूरदास' पहिलैं ही माँग्यौ,
दूध पियावत जसुमति माइ॥

तो, परिस्थिति-विशेष में मानव-मन की प्रतिक्रियाओं के जानकार का, न कि एक भक्त का स्वर हमें सुनने को मिलता है।

और तब, जैसे सूर थोड़ी देर तक आनन्द की इस प्रखर धारा में बहते चले जाते हैं :

हौं इक नई बानि सुनि आई।
या
आजु नंद के द्वारै भीर।
या
सोभा-सिन्धु न अन्त रही री।
और फिर
जसोदा हरि पालनैं झुलावैं, इत्यादि।

किन्तु विषय की सम्भावनाएँ समाप्त हो जाती हैं अब मानो कथा का सूत्र जोड़ देना है या पौराणिक आधार का निर्वाह करना है। अतः, पूतना और कागासुर के वर्णन आते हैं। कवित्व का स्रोत थोड़ी देर के लिए चुक जाता है। भक्त कहिए, या भागवती कथा कहनेवाला कह लीजिए, आगे आ जाता है, कवि विश्राम करता हुआ अपने मौके की ताक में रहता है।

बालक तीन महीने का हो चला है : 'एक पाख त्रय मास कौ मेरौ भयौ कन्हाई'। बालक तो बालक रहता ही है, उसके कारण माता का बचपन भी कुछ देर के लिए

लौट आता है। बालक उसके लिए एक खिलौने के समान है। यशोदा ऐसे ही बालोचित अधैर्य और उत्सुकता के साथ :

जसुमति मन अभिलाष करै।
कब मेरी लाल घुटुरुवनि रेंगै,
कब धरनी पग द्वैक धरै।
कह द्वै दाँत दूध के देखौं,
कब तो तरैं मुख बचन झरै।

और :

सुत मुख देखि यशोदा फूली...।
या
हरि किलकत जसुमति की कनियाँ।...
या
लाल हौं वारी तेरे मुख पर, इत्यादि।

वस्तुतः, ये ही ऐसे स्थल हैं, जहाँ 'सूरसागर' भागवत का भाषा-संक्षेप न होकर मौखिक काव्य बन गया है। यहाँ हम उद्धृत स्थलों की सामान्य काव्यगत विशेषताओं का निर्देश करना ही पर्याप्त समझते हैं।

कृष्ण का बाल-रूप में भी अपना एक पुराण-निर्धारित व्यक्तित्व है। सूर इस व्यक्तित्व का बहुविध उल्लेख करते हैं; किन्तु इससे भक्त को सन्तोष हो सकता था, कवि को अवश्य नहीं होता। वह उसे असंख्य बालकों के बीच एक बालक का व्यक्तित्व प्रदान कर ही सन्तुष्ट होता है। किसी भी दूसरे व्यक्ति के लिए दो बालकों के बीच स्पष्ट विभेद करना कठिन होता है; किन्तु बालक की माताओं के लिए यह सरल ही क्यों, सर्वथा स्वाभाविक है। सूरदास बालक कृष्ण को माता की आँखों से देखते हैं और उनके कृष्ण शिशु-मात्र नहीं रह जाते, वे शिशु-विशेष बन जाते हैं।

जब व्यक्तित्व विकसित हो चुका रहता है, शील-स्वभाव की विशेषताएँ स्पष्ट हो जाती हैं, तब चित्रणीय पात्र को 'व्यक्ति' का रूप देना बहुत कठिन नहीं होता। किन्तु, एक शिशु के नाम और आकृति भी अनिर्धारित रहते हैं, विशिष्ट शील और व्यक्तित्व तो दूर की बातें हैं। इन्हें निर्दिष्ट कर सूर ने निश्चय ही एक असम्भव-प्राय कार्य को सम्भव कर दिखाया है।

सूर ने शैशव का भावकरण नहीं किया है, जैसा विपरीत उदाहरण के लिए, अंग्रेजी के रोमांटिक कवि ब्लेक ने किया है। उसने शिशु-विशेष में नहीं, प्रत्युत शैशव-सामान्य में ईश्वरीय दिव्यता की अनुभूति की है। सूर ने जिसे प्रभु और उपास्य माना है, उसे जब शिशु-विशेष के रूप में वर्णित किया है, तो वर्णन काव्य के स्तर पर उन्नीत हो जाता है। सूर भाव को मूर्त कर देते हैं, और यही उनके बाल-वर्णन की प्रमुख विशेषता

है। यह एक सगुणमार्गी साधक की आध्यात्मिक वृत्ति के सर्वथा अनुरूप ही है। जैसे ईश्वरत्व के भाव को भक्त सूरदास कृष्ण में मूर्त कर देते हैं, ठीक वैसे ही शैशव के भाव को कवि सूरदास शिशु कृष्ण में!

['किशोर' मासिक (पटना) : अप्रैल-मई, 1955]

कृष्णदास

अष्टछाप के प्रथम चतुष्ट्य, अर्थात् वल्लभाचार्य के चारों शिष्यों में, कृष्णदास तिथिक्रमानुसार सबके बाद में आते हैं। उनका जन्म सम्वत् 1553 में गुजरात के चिलोतरा नामक ग्राम में हुआ था। वे उनतालीस वर्षों की अपेक्षाकृत अल्प आयु में ही दिवंगत हो गए थे। वे मूलतः गुजरात के निवासी और जाति के कुनबी पटेल थे।

कृष्णदास ने शैशव में ही ईश्वर-भक्ति और चारित्रिक दृढ़ता का परिचय दिया था। आगे चलकर उनके इन गुणों के अनेक प्रमाण मिले।

कृष्णदास जब अभी दस-बारह वर्ष के किशोर ही थे, तभी उन्होंने दृढ़तापूर्वक अपने पिता के अनैतिक कार्यों का विरोध किया और उनके कोप-भाजन बने। बात यहाँ तक बढ़ी कि जब गाँव में आए हुए एक बाहरी व्यापारी की सारी पूँजी, गाँव के मुखिया कृष्णदास के पिता के इशारे पर लुट गई, तब कृष्णदास ने व्यापारी से बादशाह के पास फरियाद करने को कहा और स्वयंसाक्षी बनने का आश्वासन भी दिया। इस घटना से कृष्णदास को ऐसी विरक्ति हुई कि उन्होंने सदा के लिए घर छोड़ दिया।

वे घूमते-घूमते ब्रज में पहुँचे और वहीं सम्वत् 1567 में वल्लभाचार्य के द्वारा दीक्षित हुए। उस समय उनकी आयु केवल तेरह वर्ष की थी, किन्तु उनकी भक्ति और निष्ठा से प्रभावित होकर आचार्य जी ने उन्हें इसी आयु में न केवल शिष्य बनाया, अपितु कुछ समय बाद ही, व्यावहारिक कुशलता से प्रसन्न होकर, उन्हें मन्दिर का अधिकारी नियुक्त कर दिया।

गुजराती होते हुए भी, इस प्रकार, कृष्णदास ब्रज के हो रहे, वहाँ की भाषा पर अधिकार प्राप्त किया और वहाँ के कृष्ण-भक्तों में अग्रगण्य आठ भक्तों के बीच स्थान पाने के अधिकारी बने। उन्होंने अपना सारा जीवन मन्दिर की व्यवस्था और प्रभु-भक्ति में लगा दिया था, यहाँ तक कि वे अविवाहित ही रहे और गृहस्थी नहीं बसाई।

कृष्णदास के जीवन की दो ऐसी महत्त्वपूर्ण घटनाएँ हैं, जिनसे उनके चरित्र-बल पर प्रकाश पड़ता है। कृष्णदास ने अपने पिता तक की अनैतिकता क्षमा नहीं की, तो मन्दिर की कुव्यवस्था या उसकी आय के दुरुपयोग को कैसे बर्दाश्त कर सकते थे? स्वयं वल्लभाचार्य के द्वारा नियुक्त कुछ बंगाली पुजारी इसके लिए उत्तरदायी थे। वल्लभाचार्य की मृत्यु के उपरान्त कृष्णदास ने इन पुजारियों को विट्ठलनाथ की

अनुमति से मन्दिर से अलग करके ही दम लिया, यद्यपि इसमें उन्हें संघटित विरोध का सामना भी करना पड़ा।

दूसरी घटना है—स्वयं विट्ठलनाथ से ही कृष्णदास का विरोध! वल्लभाचार्य की मृत्यु के बाद उनके ज्येष्ठ पुत्र गोपीनाथ उनके उत्तराधिकारी हुए। जब उनकी भी मृत्यु हो गई, तब उनकी विधवा ने अपने द्वादशवर्षीय पुत्र पुरुषोत्तम को आचार्य के पद पर स्थापित करना चाहा, जो विधानतः उचित ही था, किन्तु जिसके कारण विट्ठलनाथ के समान योग्य व्यक्ति की उपेक्षा होती थी। कृष्णदास ने इस अवसर पर भी, बहुमत का विचार न कर, जो विट्ठलनाथ के पक्ष में था, पुरुषोत्तम के विधान-सम्मत पक्ष का ही समर्थन किया, और विट्ठलनाथ को पुरुषोत्तम की अनुमति के बिना मन्दिर में प्रवेश करने से रोक दिया। किन्तु अन्ततः विट्ठलनाथ की महत्ता के सामने वैधानिकता परास्त हुई और कृष्णदास ने विट्ठलनाथ से क्षमा-याचना की।

कृष्णदास का अधिक समय तो मन्दिर की व्यवस्था में ही लगता होगा, फिर भी उनकी जो कृतियाँ प्राप्य हैं, उनसे यह प्रमाणित होता है कि उनमें कवि और संगीतज्ञ की प्रतिभा थी, यद्यपि शुक्ल जी के शब्दों में, यह तो ठीक ही है कि 'सूरदास और नन्ददास के सामने इनकी कविता साधारण कोटि की है।' हाँ, वल्लभ-सम्प्रदाय की परम्परा और कर्मकांड के वे ऐसे मान्य विशेषज्ञ थे कि विद्वानों को भी अपने सन्देहों के समाधान के लिए उनके पास जाना पड़ता था।

अष्टछाप के भक्तों के जीवन-सम्बन्धी विवरणों से स्पष्ट प्रतीत होता है कि पद-रचना और गायन-कीर्तन में कृष्णदास स्वयं सूरदास से होड़ लेने की कोशिश करते थे। सम्भवतः, इसी कारण उनके पदों में बहुधा सूर के पदों की अनुकृति दृष्टिगोचर होती है।

कृष्णदास रास-लीला के प्रसंग में विशेष अभिरुचि रखते थे। स्वभावतः उन्होंने संयोग-शृंगार के ही अधिक पद रचे हैं।

['स्वर्ण मंजूषा', मोतीलाल बनारसीदास, पटना, 1955;
सम्पादक : नलिन विलोचन शर्मा, केसरी कुमार]

हितहरिवंश

गोसाईं हितहरिवंश कृष्ण-भक्त कवियों के मध्य असाधारण महत्त्व के अधिकारी हैं। वे एक साथ ही राधावल्लभीय सम्प्रदाय के प्रवर्तक हैं और उच्चकोटि के कवि भी; 'राधा-सुधानिधि'-जैसे संस्कृत-काव्य के रचयिता भी हैं और ब्रजभाषा के ललित-पदों के गायक भी।

हितहरिवंश केशवदास मिश्र और तारावती के सुपुत्र थे। उनका जन्म मथुरा के पास बाद ग्राम में हुआ था—किसी के मतानुसार सम्वत् 1530 में और किसी के

मतानुसार सम्वत् 1559 में। शुक्ल जी तथा अन्य विद्वानों ने भी बहिस्साक्ष्य के आधार पर, दूसरे मत को ही स्वीकार किया है, यद्यपि राधावल्लभीय सम्प्रदाय के अनुयायी गोपालप्रसाद शर्मा पहले मत के पक्ष में हैं।

हितहरिवंश गृहस्थ होते हुए भी परम भक्त थे। ऐसी अनुश्रुति है कि वे पहले माध्व-सम्प्रदाय में दीक्षित हुए थे, किन्तु उन्हें स्वप्न में स्वयं राधिका जी ने मंत्र दिया और इस प्रकार प्रेरणा पाकर उन्होंने राधावल्लभीय सम्प्रदाय की स्थापना की। फलतः, स्वतंत्र सम्प्रदाय होने पर भी सिद्धान्त की दृष्टि से माध्व-सम्प्रदाय से राधावल्लभीय सम्प्रदाय बहुत भिन्न नहीं है,और दूसरे को पहले के अन्तर्गत माना जा सकता है।

हितहरिवंश ने सम्वत् 1582 में, वृन्दावन में श्रीराधावल्लभ जी की मूर्ति स्थापित की थी और अपने जीवन का शेषांश उन्होंने वहीं अर्चना-उपासना में बिताया था। अपनी पद-माधुरी के कारण हितहरिवंश कृष्णभक्तों के बीच श्रीकृष्ण की मुरली के साक्षात् अवतार के रूप में प्रसिद्ध थे। वे राधाकृष्ण के उपासक थे, अतः उनकी रचनाओं में भक्तोचित शृंगार की ही प्रधानता है।

हितहरिवंश की अपने समय में कितनी प्रतिष्ठा थी, यह इसी से ज्ञात हो जाता है कि ओरछा-नरेश मधुकरशाह के गुरु हरिराम व्यास, ध्रुवदास और हितवृन्दावनदास जैसे भक्त उनके शिष्य और देव और बिहारी जैसे कवि उनके कुल के अनुयायी थे। इतना ही नहीं, हितपरमानन्द एवं ब्रजजीवनदास ने हितहरिवंश की 'जन्म-बधाइयाँ' लिखी हैं। हरिराम व्यास ने उनकी मृत्यु पर बड़े ही मार्मिक पद कहे हैं और वृन्दावनदास ने 'हितजी की सहस्र-नामावली' में एवं चतुर्भुजदास ने 'हितजू की मंगल' में उनका स्तवन किया है।

हितहरिवंश के द्वारा रचित संस्कृत-काव्य 'राधा-सुधानिधि' में 170 हृदयग्राही श्लोक हैं। कुछ विद्वानों के मतानुसार इनकी रचना किसी दूसरे भक्त ने की थी। पर्याप्त साक्ष्य के अभाव में निर्णय करना कठिन है, किन्तु हितहरिवंश के ब्रजभाषा के पदों को देखते हुए इतना तो कहा ही जा सकता है कि वे संस्कृत-काव्य के भी मर्मज्ञ थे, और संस्कृत के उत्कृष्ट कवि रहे हों, तो आश्चर्य नहीं।

हितहरिवंश के ब्रजभाषा में उपलब्ध पदों की संख्या अधिक नहीं है, किन्तु परिमाणतः न्यून होने पर भी वे प्रकारतः हीन नहीं हैं। उनके सिद्धान्त-सम्बन्धी फुटकर पदों के अतिरिक्त जो पद 'हित चौरासी' नामक चौरासी पदों के संग्रह में मिलते हैं, उनमें से अनेक जयदेव के गीतों की तरह 'ललित-कोमल-कान्त' हैं।

एक भक्त कवि के रूप में उनके समकालीन कवि और विद्वान उन्हें कितना महत्त्व देते थे, यह इससे प्रकट है कि उनकी 'हित चौरासी' जैसी छोटी-सी कृति पर प्रेमदास ने 500 पृष्ठों की ब्रजभाषा-गद्य में निबद्ध टीका लिखी है और लोकनाथ कवि ने भी इसकी एक टीका प्रस्तुत की है।

शुक्ल जी का यह कथन पूर्णतः सत्य है कि उनके द्वारा 'ब्रजभाषा की काव्य-श्री के प्रसार में बड़ी सहायता पहुँची है।'

['स्वर्ण मंजूषा', मोतीलाल बनारसीदास, पटना, 1955;
सम्पादक : नलिन विलोचन शर्मा, केसरी कुमार]

गोविन्दस्वामी

गोविन्दस्वामी का संक्षिप्त जीवन-वृत्त 'दो सौ वैष्णवन की वार्ता' और 'अष्टसखान की वार्ता' में उपलब्ध है। 'सम्प्रदाय-कल्पद्रुम' में गोविन्दस्वामी के विट्ठलनाथ का शिष्य होने और उनके सम्प्रदाय में सम्मिलित होने का उल्लेख है। किन्तु इनका विशेष वृत्तान्त अनुपलब्ध है तथा जन्म-मृत्यु-सम्वत् अनिर्णीत है। फिर भी, जो कुछ अन्तस्साक्ष्य एवं प्रासंगिक तथा बहिर्साक्ष्य प्राप्त हैं, उनके आधार पर माना जाता है कि इनका जन्म ब्रज के पास स्थित भरतपुर-राज्य के आन्तरी नामक ग्राम में एक सनाढ्य ब्राह्मण-परिवार में, सम्वत् 1562 में हुआ। इनके जीवन का आरम्भ एक गृहस्थ के रूप में हुआ। बाद में विरक्ति हुई और आन्तरी छोड़कर ब्रज के महावन नामक स्थान में रहने लगे। इनके माता-पिता के सम्बन्ध में कोई जानकारी प्राप्त नहीं होती। वार्ता से इतना ही पता चलता है कि विरक्त होने के पहले इनका विवाह हो चुका था और इनके एक कन्या भी थी, जो इनके विरक्त होने के बाद इनसे मिलने आती थी।

सम्वत् 1592 में ये गो. विट्ठलनाथ के शिष्य हुए और गोवर्धन पर्वत पर रहने लगे। यहाँ इन्होंने कदम्ब-वृक्षों का एक सुन्दर उपवन लगाया था, जो आज भी 'गोविन्दस्वामी की कदम्बखंडी' के नाम से प्रसद्धि है। इनकी एक बहन थीं कानबाई, जो यहाँ इनके संग रहती थीं और गो. विट्ठलनाथ की शिष्या हो गई थीं।

गोविन्दस्वामी कवि होने के साथ ही संगीतशास्त्र के आचार्य थे। विट्ठलनाथ से दीक्षित होने के पूर्व ही एक धुरंधर गायक के रूप में ये प्रसिद्ध हो गए थे और इनके कुछ शिष्य इनके भजन विट्ठलनाथ को सुनाकर उन्हें प्रभावित भी कर चुके थे। गोवर्धन पर्वत पर इनके संगीत के प्रशंसकों का मेला लगा रहता था। संगीत में इनकी ऐसी ख्याति थी कि तत्कालीन भारतवर्ष के मूर्धन्य संगीतज्ञ तानसेन इनसे संगीत सुनने और सीखने के लिए गोवर्धन पर्वत की कदम्बखंडी में आया करते थे।

गदाधर भट्ट

गदाधर भट्ट दाक्षिणात्य थे और जाति के ब्राह्मण। इनके जन्म-काल या जीवन-सम्बन्धी अन्य विवरण सुलभ नहीं हैं। इनकी कोई स्वतंत्र कृति प्राप्त नहीं है, केवल स्फुट पद

ही मिलते हैं। किन्तु जो थोड़े पद मिलते हैं, उनके आधार पर यह निर्विवाद रूप से कहा जा सकता है कि प्रमुख कृष्ण-भक्त कवियों में, कवित्व की दृष्टि से, इनका स्थान बहुत ऊँचा है।

ऐसी अनुश्रुति है कि स्वयं महाप्रभु चैतन्य इनसे भागवती कथा सुना करते थे। भक्तमाल का साक्ष्य भी इनका समर्थन करता है :

भागवत-सुधा बरखै बदन, काहू को नाहि दुखद।
गुण-निकर गदाधरभट्ट, अति सबहिन को लागै सुखद॥

इस तथ्य से ही इनके रचनाकाल का अनुमान किया जा सकता है। महाप्रभु चैतन्य का समय है सम्वत् 1542-1584। अतः, यह सहज अनुमेय है कि सम्वत् 1584 के पूर्व ही ये चैतन्य के सम्पर्क में आए होंगे।

ये चैतन्य के शिष्य कैसे बने, इसकी कथा रोचक ही नहीं, इनके जीवन और कवित्व पर प्रकाश डालने वाली भी है। चैतन्य के उन प्रमुख छह विद्वान शिष्यों में, जिन्होंने गौड़ीय सम्प्रदाय के सिद्धान्त-सम्बन्धी संस्कृत-ग्रंथों की रचना की थी, जीवगोस्वामी प्रमुख थे। उन्हें वृन्दावन में एक दिन दो कृष्ण-भक्त गायकों ने गदाधर भट्ट का निम्नलिखित पद सुनाया :

सखी हौं स्याम रंग रँगी।
देखि बिकाय गई वह मूरति, सूरत माहिं पगी॥
संग हुतो अपनो सपनो सो सोइ रही रस खोई।
जागेहु आगे दृष्टि परै, सखि, नेकु न न्यारो होई॥
एक जु मेरी अँखियन में निसि द्यौस रह्यौ करि मौन।
गाय चरावत जात सुन्यौ, सखि, सो धौं कन्हैया कौन॥
कासों कहौं कौन पतियावै, कौन करै बकवाद।
कैसे कै कहि जात गदाधर, गूँगे तें गुर-स्वाद॥

इस पद को सुनकर जीवगोस्वामी परम प्रीत हुए और उन्होंने गदाधर भट्ट के पास इस श्लोक के साथ एक पत्र उन्हीं गायकों के हाथ पठाया :

अनाराध्यराधापदाम्भोजयुग्म-
मनाश्रित्य वृन्दाटवीं तत्पदाङ्काम्।
असम्भाष्य तद्भावगम्भीरचित्ताम्
कुतः श्यामसिन्धो रसस्यावगाहः॥

यदि इस घटना को विश्वास-योग्य माना जाए, तो हम इनका रचनाकाल सम्वत् 1580 से 1600 निर्धारित कर सकते हैं। इस आधार पर शुक्ल जी का निष्कर्ष है कि

'इनकी रचना का प्रादुर्भाव सूरदास के रचनाकाल के साथ-साथ अथवा उससे भी कुछ पहले से मानना होगा।' किन्तु वस्तुस्थिति यह प्रतीत होती है कि रचनाकाल की दृष्टि से ये सूर के समसामयिक होंगे भी, तो उत्तरकालिक ही। मिश्रबन्धुओं ने शुक्ल जी के विपरीत इनका रचनाकाल बहुत बाद, सम्वत् 1722 के लगभग माना है, जिसके पक्ष में उन्होंने कोई कारण नहीं दिया है।

गदाधर भट्ट ने भक्त का हृदय तो पाया ही था, किन्तु नंददास की तरह वे संस्कृत के श्रेण्य काव्य से परिचित सुकवि भी थे। इन्होंने गोस्वामी तुलसीदास के समान ही संस्कृत भाषा में भी पद रचे हैं। और भी, जिस प्रकार तुलसीदास ने अवधी तथा ब्रजभाषा में बड़ी कुशलता से संस्कृत की तत्सम शब्दावली समन्वित की थी, उसी प्रकार इन्होंने भी ब्रजभाषा को संस्कृत-गर्भित और फलतः उदात्त एवं गम्भीर रूप प्रदान किया। ब्रजभाषा-काव्य की यह उनकी विशिष्ट देन है।

['स्वर्ण मंजूषा', मोतीलाल बनारसीदास, पटना, 1955;
सम्पादक : नलिन विलोचन शर्मा, केसरी कुमार]

गीति मुक्तक की परिभाषा और विशेषताएँ

अभ्यान्तरिक काव्य का वर्गीकरण

अभ्यान्तरिक या स्वानुभूतिव्यंजक (Subjective) काव्य के तीन वर्ग (अभ्यान्तरिक काव्य-रूपों की परिभाषा) :

1. आधुनिक दृष्टि से विचार करने पर, गीत तो स्पष्टतः ऐसे पद्य को कहेंगे, जो—
   (क) राग-रागिनियों के नियमानुकूल लिखे गए हों, और
   (ख) संगीत-शास्त्र की दृष्टि से गेय हों। (जयदेव, विद्यापति, तुलसी, सूरदास, मीराँ, निराला, जानकीवल्लभ शास्त्री) खंडकाव्य और मुक्तक और गीतिकाव्य या प्रगीत में कुछ भ्रम-सा बना हुआ है। उदाहरण के लिए—संस्कृत के 'गीतिकाव्य' पर लिखते हुए एक विद्वान कहते हैं : 'जिन काव्यों में महाकाव्य के सभी गुण या लक्षण नहीं पाए जाते, उन्हें खंडकाव्य या गीतिकाव्य कहते हैं...।'

   स्वतंत्र गीतिकाव्यों में प्रायः मुक्तक पद्यों का प्रयोग किया जाता है।
2. कीथ, गाथा-सप्तशती, आर्या सप्तशती आदि को Lyric या गीतिकाव्य कहते हैं।

   इनका भेद खंडकाव्य पूर्ण जीवन न ग्रहण करके खंडकाव्य का ही चित्रण :

खंडकाव्यं भवेत्काव्यस्मैक देशानुसारे च। [सा. द]

मुक्तक कविता का प्राचीन स्वरूप है और उसकी निश्चित परिभाषा है। उसके बाह्य रूप के सम्बन्ध में कहा गया है :

मुक्तकं श्लोक वैकश्चमत्कारक्षम: सनाम् [अग्निपुराण]

उसकी विशेषता यह है कि 'पूर्वापर निरपेक्षेणापि हि येन रस चर्वणा क्रियते द्वादेव मुक्तकम्।' [ध्वन्यालोक]

उदाहरण—हाल की प्राकृत में लिखी 'गाथा सप्तशती', गोवर्धनाचार्य की 'आर्यासप्तशती', बिहारी के परस्पर स्वतंत्र अपने में पूर्ण दोहे, गजल के शे'र, कवित्त, सवैया आदि।

3. हिन्दी का आधुनिक गीतिकाव्य या प्रगीत वस्तुत: अंग्रेजी के Lyric का पर्याय है। Lyric का आधुनिक पाश्चात्य रूप भी प्राचीन रूप का सर्वथा नवीन विकास है; भारतीय साहित्य में इसी तरह यह एक नवीन रूप है।

   'गीतिकाव्य' एक असुविधाजनक शब्द है, क्योंकि इसमें काव्य कहना आवश्यक हो जाता है, क्योंकि 'गीति' और 'गीत' का उच्चारण-भेद अत्यन्त सूक्ष्म है। 'प्रगीत' प्रारूप जैसा गढ़ा हुआ अप्रचलित शब्द है। स्वयं महादेवी वर्मा ने अपनी कविताओं को 'गीतिमुक्तक' कहा है जोकि कई दृष्टियों से सार्थक तथा अधिक प्रचलन की योग्यता रखता है। हालाँकि यह पद कुछ बड़ा अवश्य है।

4. गीति या गीतिमुक्तक अर्थात् लिरिक की 'परिभाषा', विकास—भारतीय तथा पाश्चात्य साहित्य में और उसकी विशेषताएँ हैं।

परिभाषा : गीति या गीतिमुक्तक या Lyric से, इस प्रकार की आधुनिक रचनाओं को ध्यान में रखते हुए हम क्या समझते हैं, यह प्रारम्भ में ही स्पष्ट कर लें। गीतिमुक्तक से हमारा वैसी कविताओं से तात्पर्य है जो (1) 'साधारणत: संक्षिप्त' तथा (2) 'व्यक्तिगत कविताएँ' होती हैं।

लेकिन ये दोनों विशेषताएँ आधुनिक Lyric की विशेषताएँ हैं। ये विशेषताएँ प्राचीन भारतीय काव्य के विभिन्न रूपों—खंडकाव्य, मुक्तक या गीत में नहीं पाई जातीं, जैसाकि हम ऊपर के विवेचन में देख ही चुके हैं।

आश्चर्य की बात तो यह है कि जिस पाश्चात्य साहित्य की यह अपनी चीज है, उसमें भी प्राचीन काल में इसका दूसरा ही रूप था, यद्यपि Lyric नाम बहुत पुराना है।

पाश्चात्य साहित्य में, प्राचीन विद्वानों के मतानुसार, Lyric से ऐसी स्तुतियों या मंत्रों का बोध होता है जो देवताओं के सामने गाए जाते हैं, अर्थात् गीति गीत ही है, Lyric और Song एक ही चीज है।

अरस्तू ने बहुत संक्षेप में Lyric के सम्बन्ध में यही विचार प्रकट किया है। किन्तु अरस्तू ने जहाँ महाकाव्य तथा नाटककाव्य का विशद विवेचन किया है, वहाँ गीति

के बारे में ज्यादा कुछ नहीं कहा है, क्योंकि 1. वह वास्तविक कविता में Universal element (विश्वजनीनता के तत्त्व) को ही मुख्य वस्तु मानते थे जबकि गीति में व्यक्तिगत भावाभिव्यंजन की ही प्रधानता रहती है। 2. महाकाव्यों में जो संयम और नियंत्रण तथा तटस्थता रहती है, वह Lyric के भावावेश तथा उद्दाम आत्माभिव्यंजन के कारण नष्ट हो जाती है। जो भी हो, अरस्तू तथा दूसरे प्राचीन विद्वान Lyric से गीत का ही अर्थ लेते थे।

'गीति' की यह जो प्राचीन परिभाषा है, उसके अन्तर्गत अभ्यान्तरिक काव्य के वे सभी रूप चले आ सकते हैं जिन्हें हमने आधुनिक दृष्टिकोण से अलग-अलग वर्गों में विभक्त किया है। वेदों की ऋचाओं से लेकर खंडकाव्य, मुक्तक काव्य तथा गीत काव्य—सभी गीतिकाव्य के अन्तर्गत ही मान लिये जा सकते हैं। इसी दृष्टि से महोदवी जी का पर्याय गीति-मुक्तक बहुत सार्थक है, क्योंकि इसमें सभी प्राचीन अभ्यान्तरिक काव्य-रूपों का अन्तर्भाव हो जाता है।

किन्तु आधुनिक काल में गीति या गीतिमुक्तक का स्वतंत्र विकास हुआ है और उसे गीत कहकर गलतफहमी बढ़ाना है। आज कवि यह देखता है कि कविता के लिए संगीत राग-रागिनियाँ अनावश्यक हैं, क्योंकि शब्दों का माधुर्य इनसे कहीं अधिक उच्चकोटि के संगीत की सृष्टि करने में समर्थ है। अत: अब नियमबद्ध संगीत गीति यानी गीतिमुक्त का अनिवार्य तत्त्व नहीं रह गया है यद्यपि गीतिमुक्तक का आविर्भाव वहीं से हुआ है, यह भी भूल नहीं जाना चाहिए।

अत: आज की गीति की सबसे निश्चयात्मक विशेषता है, उसकी अभ्यान्तरिकता या आत्माभिव्यंजनमूलकता (Subjectivity)।

(I) इसी को ध्यान में रखते हुए रस्किन ने Lyric की यह परिभाषा दी है : Lyric poetry is the expression by the poet of his own feelings. [गीतिकाव्य कवि के द्वारा अपनी अनुभूतियों की अभिव्यंजना है!]

(II) एक दूसरी परिभाषा है : Pure emotions unfettered imagination thought freed from the care of action or of drawing conclusions, this is the real substance of the lyric.

एक तीसरी परिभाषा का सारांश यह है कि गीतिकाव्य कवि की व्यक्तिगत अनुभूतियों की अभिव्यंजना है—ऐसे लयपूर्ण छन्दों में जो उसके भावों से मेल खाते हों।

इस सम्बन्ध में यह स्मरण रखना चाहिए कि यद्यपि गीतिकाव्य का इतना विकास हो चुका है कि अब उसका सर्वथा स्वतंत्र अस्तित्व है, फिर भी हम प्रबन्ध-काव्यों (साकेत) में या नाटकों (प्रसाद) में गीति काव्यत्व पाते हैं और इसी तरह गीतिकाव्य भी आख्यानात्मक (पंत जी की प्रारम्भिक रचना 'ग्रंथि') या नाटकीय (विद्यापति, यशोधरा, सूरश्याम) हो सकता है।

इससे भी ज्यादा यह स्मरण रखना आवश्यक है कि केवल अव्भ्यान्तरिकता से ही कोई रचना गीति नहीं हो जाती, जैसाकि Palgrave ने कहा है। एक गीति किसी एक विचार, अनुभूति या परिस्थिति पर केन्द्रित रहती है; इसी को यों कहा जा सकता है कि आधुनिक गीति 'आभ्यान्तरिक अनुभूति की लघु तथा संगीतात्मक अभिव्यंजना है।'

गीति में 'संगीतात्मकता' राग-रागिनी के नियमों पर नहीं अपितु वर्णमैत्री और अन्त्यानुप्रास पर निर्भर रहती है।

गीति में लघुता के ऊपर जो जोर दिया गया है, वह महत्त्वपूर्ण है। यह मानना पड़ेगा कि लम्बी कविताएँ शायद ही कभी आद्यंत गीति कही जाने की अधिकारिणी होती हैं। उनमें गीतिमय अंश भले ही हों किन्तु वे कुल मिलाकर उपदेशात्मक, वर्णनात्मक या आख्यानात्मक हो जाती हैं—(सबसे उत्तम उदाहरण है 'मेघदूत' का)।

Edgar Allan Poe ने अपने एक निबन्ध The Poetic theory में तो इसीलिए ऐसा अतिवादी दृष्टिकोण उपस्थित किया है कि लम्बी कविता (Long poem) जैसी कोई चीज सम्भव ही नहीं। उनका कहना है कि एक कवितामयी कविता कही जा सकती है, जब वह हमारी आत्मा को उद्वेलित कर हमें उत्तेजित करती है; और एक लम्बी कविता में पर्याप्त मात्रा में उत्तेजना बनी ही नहीं रह सकती। पो का यह दृष्टिकोण अतिवादी है और वस्तुतः Lyric poem पर ही लागू हो सकता है।

इसीलिए एक आलोचक ने ठीक ही कहा है कि 'एक गीति की केवल विशेषता यही नहीं है कि वह मानव आवेग से अनुरंजित रहती है किन्तु यह भी कि उसमें सौन्दर्य और गति की तीव्रता रहती है' ('The Lyric is nothing marked by a colouring of human possion, but by beauty and rapidity of movement')।

अन्ततः हम कुछ ऐसी परिभाषा देने का प्रयत्न कर सकते हैं—E.B. Reed in english lyrical poetry : 'ऐसी सभी लघु तथा गतिशील कविताएँ जिनमें संगीत का आभास देने वाले लयपूर्ण छन्दों में कवि के विचारों और अनुभूतियों की अभिव्यंजना हुई है, गीति कही जा सकती है।'

गीतिकाव्य के सम्बन्ध में यहीं पर एक और बात कह लेना समीचीन होगा। ऐसा अक्सर कहा जाता है कि गीति-लेखक की दृष्टि पूर्ण न होकर सापेक्ष होती है, क्योंकि वह अपने विचारों और अनुभूतियों में ही इतना अधिक व्यस्त रहता है कि वह अपने चारों ओर के जीवन से गहरी सहानुभूति नहीं रख सकता। इस कथन में यह ध्वनि छिपी रहती है कि महाकाव्य या नाटक-काव्य के लेखकों की तुलना में वह हीन है। इस सम्बन्ध में हमें यह भूल नहीं जाना चाहिए कि मनुष्य की अन्तरात्मा के द्वन्द्व के चित्रण में भी महाकाव्योचित गरिमा हो सकती है और अपने भाग्य से जूझते हुए कवि की अनुभूति में नाटक-सुलभ करुणा भी सम्भव है।

गीतिकाव्य में व्यक्तित्व की अभिव्यंजना रहती है। उसमें मनुष्य का हृदय निरावरण होकर हमारे सामने आता है और इसलिए वह हमारे बहुत समीप आकर हमसे घनिष्ठ परिचय स्थापित कर पाता है। एक महाकाव्य में विस्तृत वर्णनों के बाद कहीं जाकर कथा के चरमोत्कर्ष (Climax) के दर्शन होते हैं और एक नाटक में विस्तृत चरित्र-चित्रण आवश्यक है किन्तु एक गीति में हम सीधे वस्तु के मर्म तक पहुँच जाते हैं और एक छोटी-सी पंक्ति कवि की दुनिया को बिजली की कौंध के साथ हमारी आँखों के सामने प्रत्यक्ष कर देती है।

उत्कृष्ट गीतिकाव्यों में कला का सबसे बड़ा गुण वर्तमान रहता है—एक ऐसा सौन्दर्य, जिसका विश्लेषण नहीं किया जा सकता। एक नाटक या महाकाव्य के उस विशेष अंश या दृश्य को हम असमर्थता से समझ सकते हैं जिसके कारण उसका महत्त्व है किन्तु एक गीति अपने कथन के लिए नहीं अपितु अभिव्यंजन के लिए जीवित रह जाती है।

एक महाकाव्य और नाटक के कुछ सुनिश्चित नियम होते हैं; एक गीतिकार बहुधा यही कहता पाया जाता है कि वह नहीं जानता कि उसने क्यों और कैसे अपनी कविता लिखी।

लयपूर्ण छन्दों की विविधता तथा अन्त्यानुप्रास के संगीत के साथ गायन करना; धूमिल व्यंजना के सहारे द्रवित करना या उद्दाम आवेग के साथ अनुभूतियों को प्रभावित करना; ऐसे विचारों को अभिव्यक्त करना जो भावनाओं से अनुरंजित हों; छन्दों के जादू से लोकोत्तर वर्णों और रूपों को प्रस्तुत करना; स्मृति को सजग तथा कल्पना को आन्दोलित करना—यह है गीति-कवि की कला का एक अपूर्व विवरण।

गीति कविता का शायद प्राचीनतम रूप है; वह शायद उसका सबसे स्थायी रूप भी है। आज महाकाव्यों का स्थान उपन्यासों ने ले लिया है और नाटक भी अपने महत्त्वपूर्ण स्थान से अपदस्थ हो गए हैं। किन्तु गीति स्वयं जीवन से उद्भूत होती है और इसलिए जब तक मनुष्य सोचता और अनुभव करता रहेगा तब तक वह लुप्त नहीं हो सकती।

महादेवी वर्मा के गीतिकाव्य-सम्बन्धी विचार

1. मेरे गीत आत्म-निवेदन मात्र हैं।
2. 'गीत का चिरंतन विषय रागात्मक वृत्ति से सम्बन्ध रखनेवाली सुख-दु:खात्मक अनुभूति ही रहेगा। साधारणत: गीत के व्यक्तिगत सीमाएँ सुख-दु:खात्मक-अनुभूति का वह शब्द-रूप है जो अपनी ध्वन्यात्मकता में गेय हो सके।'
3. अत: महादेवी के गीतों में आत्म-निवेदन ही प्रेरणा भी है और प्रयोजन भी।

4. महादेवी का दु:खवाद—स्वयं उनका कहना है कि :

   (क) व्यक्तिगत जीवन का अभाव या पीड़ा की अभिव्यक्ति उनकी कविता में नहीं।

   (ख) उनके दु:खवाद के पीछे बौद्ध-दर्शन का प्रभाव है जिसका एक महत्त्वपूर्ण सिद्धान्त यह भी है : 'सर्वंदुखम्'।

कुछ आलोचक उनके इस कथन से—चाहे वह स्वयं अपने बारे में ही क्यों न हो—सहमत नहीं। उदाहरण के लिए डा. नगेन्द्र ने एक स्थान पर कहा है : 'किसी अभाव ने ही उनके जीवन को एकाकिनी बरसात बना दिया है, सुख और दुलार के आधिक्य ने नहीं।'

व्यक्तिगत जीवन की बातें प्राचीन कवियों के सम्बन्ध में ही ठीक-ठीक मालूम हो सकती हैं या उनका हवाला उनके अध्ययन के सम्बन्ध में देना उचित हो सकता है।

महादेवी की कविता के विषय में हमें या तो उनके कथन को ही मानना पड़ेगा या उनकी रचनाओं की निजी प्रतिक्रिया पर ही हमें अपनी धारणा बनाने का अधिकार होगा।

उनकी कविताओं के अध्ययन से उनके कथन पर अविश्वास करने का कोई कारण नहीं रह जाता। प्रारम्भिक कुछ कविताओं को छोड़कर सर्वत्र उनका दु:खवाद सैद्धान्तिक और बौद्धिक आदर्श ही मालूम होता है। जिस विरह-काव्य में मिलन के लिए व्याकुलता के बदले बार-बार विरह की स्थिति के लिए आग्रह ही दीख पड़ता है, वह विरह-काव्य व्यक्तिगत अनुभूति पर आधारित नहीं माना जा सकता। मीराँ का दु:ख मिलन के सुख की कल्पना से स्वाभाविक तथा तीव्र—महादेवी का नहीं।

5. यही बात महादेवी के रहस्यवाद के सम्बन्ध में भी लागू है। उसमें संतों की आत्म-साधना अवश्य नहीं है—हाँ, आध्यात्मिक साहित्य के गम्भीर अध्ययन का प्रभाव स्पष्ट है। वह स्वानुभूत सत्य न होने पर भी महादेवी जी की बुद्धि-गृहीत अनुभूति तो है ही।

पंत जी : षष्टिपूर्ति

सन् 1960 में 20 मई को महाकवि सुमित्रानन्दन पंत 60 के हो गए। किसी अन्य लेखक के जीवन के साठ वर्ष पूरे हुए होते तो भोजपुरी के एक सुपरिचित मुहावरे के सहारे हम उसका अभिनन्दन करते। लेकिन पंत जी को तो अपनी कविता के योग्य भाषा बनाने के लिए हिन्दी को ही संस्कृत, ब्रजभाषा और बंगला की तिबारे चुकाई हुई माधुरी

पिलानी पड़ी थी। उनके लिए हम भोजपुरी का मुहावरा भूल जाते हैं और उनके शतायु होने की कल्पना करते हैं।

दिल्ली में, अखबारों में छपा, सप्रूहाउस में पंत जी का अभिनन्दन समारोह किया गया। इस अवसर पर उन्हें एक संस्मरण पुस्तक तथा 11 भाषाओं में उनकी सर्वश्रेष्ठ कविताओं का अनुवाद-ग्रंथ भेंट किया गया।

दिल्ली देश की राजधानी है। वह देश की मुकुट-मणि है। यह अच्छा है कि वह हिन्दी साहित्यकारों को सम्मान करना सीख रही है। हाल ही में राष्ट्रकवि मैथिलीशरण गुप्त ने भी इसी श्री विशाला नई 'विशाला' में अभिनन्दन ग्रंथ प्राप्त किया था! लेकिन दिल्ली आज भी अपनी शर्त पर साहित्यिकों को सम्मान देती है, दिल्ली हिन्दी साहित्य का भी 'केन्द्र' बने, हम सभी यह चाहते हैं। अभी दिल्ली ने यह योग्यता अर्जित नहीं की है। लेकिन साहित्यकार शायद यह मानते हैं कि सम्मान के योग्य सम्मान हासिल करना है तो इसके लिए जगह तो दिल्ली ही है—न कि पटना, वाराणसी या प्रयाग!

दिल्ली के इस समारोह में सम्मिलित होनेवाले जिन सम्मानकर्ताओं के नाम छपे हैं, उनमें से रूसी दूतावास के सांस्कृतिक सेक्रेटरी और दिल्ली के एक विद्वान को छोड़कर, सभी प्रयाग के थे या प्रयाग से सम्बद्ध—केवल एक वाराणसी के थे। पंत जी को दिल्ली पधारने का आमंत्रण मिला होगा। वे जल्दी यात्रा नहीं करते और सो भी गर्मियों में! लेकिन यह उनकी मनस्विता का परिचायक है कि वे उसे स्वीकार करने दिल्ली गए जिसे प्रयाग के उनके गृह-मन्दिर की 'देहली' पर रखकर साहित्यकारों को कृतार्थ होने का सुअवसर था। लेकिन कुछ ऐसा कहा जाता है न—पहाड़ मुहम्मद के पास नहीं आता, तो मुहम्मद ही पहाड़ के पास जाते हैं!

स्वयं प्रयाग के बारे में हम क्या और क्यों कहें? इस पर श्री सौनेरिक्सा के एक लेख में पर्याप्त प्रकाश है: 'अभिनन्दन की बात मैंने आगे बढ़ाई...किन्तु (लखनऊ के) मठाधीश साहित्यकारों ने हल्के-फुल्के मन से मेरे प्रस्ताव का स्वागत किया। और प्रयाग के संगम की दिशा बता दी। वहाँ साहित्य के नये तैमूर अपना साम्राज्य विस्तार करने में रत थे। मैंने दिल्ली में आकर साँस ली।' श्री सौनरेक्सा का यह वक्तव्य कहाँ तक साधार है, हम नहीं जानते। हम यही कह सकते हैं कि हिन्दी के प्रथम महाकवि की अति परिचयजन्य अवज्ञा करने में अभ्यस्त प्रयाग हिन्दी के द्वितीय महाकवि का सम्मान करने से वंचित होकर उचित दंड का भागी बना है। और स्वयं पंत जी? यदि इसकी सम्भावना थी कि वे प्रयाग में रहते तो निराला जी उस दिन उनके अभिनन्दन के लिए पधारते और वे क्या अवश्य ही ऐसा नहीं करते?—तो पंत जी, सबसे बड़े प्राप्य सम्मान से वंचित रहे, यह कहना शायद गलत नहीं है।

प्रयाग के बाहर ही पंत जी का अभिनन्दन हो सकता है, अगर हम यह विश्वास कर सकते तो उन्हें पटना पधारने के लिए आमंत्रित किये होते, जहाँ सप्रू भवन जैसा भवन तो नहीं है, किन्तु जहाँ के साहित्य सम्मेलन भवन में 20 मई की संध्या में नगर

की समस्त साहित्यिक संस्थाओं ने दिनकर जी की अध्यक्षता में आयोजित अभिनन्दन समारोह में, जिसका उद्‌घाटन हिन्दी के वरिष्ठ साहित्यकार राजा राधिकारमण सिंह ने किया, सोत्साह भाग लिया था।

मैंने पंत जी की षष्टिपूर्ति पर एक पद्य लिखा है—वह अभी पूरा छपा नहीं है—जिसकी अन्तिम पंक्तियाँ हैं :

राजकीय-सेवा के प्रति अप्रेरित
तुमसे हिन्दी कविता हो सेवित
शत-वर्ष पर्यन्त हे!

मुझे भय था, मैं इन पंक्तियों में अनुदार हो गया हूँ। मुझे अब अपनी इन पंक्तियों पर पश्चात्ताप नहीं होगा।

['योगी' : 8 जून, 1960]

क्रान्ति और कविता

बड़ी-से-बड़ी या छोटी-से-छोटी घटना पर कविता की रचना नहीं हो सकती—जब तक वह अतीत की घटना न बन जाए। इधर क्रान्ति हुई, लोगों ने प्राण गँवाए, उधर कविता छपी! कवि क्या कविता कर रहा था जब लोग गोलियाँ खा रहे थे? अगर वह ऐसा कर रहा था तो क्रान्ति का न्यायालय उसे दंडनीय मानेगा। वह घर के अन्दर बैठकर उस समय बाजा बजाने का अपराधी है, जिस समय उसका नगर जल रहा था! वह खुद गोली खाने क्यों नहीं गया कि उसने गोली खानेवालों पर कविता लिखी? वह उसकी सेवा-शुश्रूषा में क्यों नहीं लगा रहा कि वह उनकी कुर्बानी की हुंडी भुना रहा था?

और अगर वह उनके साथ होता—उनसे दूर बैठा उनकी बहादुरी और शासकों की नृशंसता के जोशीले गीत नहीं गाता होता, तो फिर कविता कैसे लिखी जा सकती थी? यही नहीं कि उसे कविता लिखने का समय नहीं मिलता, यह कि और यह अधिक महत्त्वपूर्ण बात है—वह कविता से कर्म को तत्काल बड़ा जरूरी समझता!

क्रान्ति के काफी पहले बहुत बाद कविता लिखी जा सकती है, क्रान्ति के समय नहीं। क्रान्ति कविता की नहीं, कर्म की अपेक्षा रखती है।

कोई घटना जब तक हमसे दूर नहीं चली गई रहती है कि हम उसके सम्बन्ध में निर्वैयक्तिक बने रह सकें तब तक वह कविता का विषय नहीं बन सकती।

कवि को घटनाओं के प्रति लोलुप, उनका लाभ उठाने के लिए उद्यत नहीं रहना चाहिए।

बहन, बेटी, पत्नी मर गई हो या देश के नौनिहाल—कवि, सामाजिक प्राणी की

हैसियत से चाहे जितना रो ले, किन्तु कवि के रूप में रोने-चीखने से वह मृत्यु की पवित्रता को कलुषित कर देता है।

इससे गर्हित ग्राम्यता नहीं हो सकती। और ग्राम्यता काव्य का सबसे बड़ा दोष है।

हिन्दी में शरत्

मृत्यु ने और हिन्दी के समालोचकों ने (उनमें कोई दोष नहीं पाने के कारण) उन्हें देवता बना दिया है। ठीक, लेकिन भारत की एक महान आत्मा की हैसियत से ही क्षम्य है यह। मानव कलाकार—उपन्यास लेखक—वह दोष नहीं रहें तो अपूर्त रह जाएँगे।

उन्हें हिन्दी में मनुष्यत्व मैं दे रहा!

1. बंगाली पत्रों के शनैश्चरदेव ने—'शनिवारेर चीठी' में और शुरू में बहुत से अन्य समालोचकों ने उन्हें आदर्शहीनता के लिए दुत्कारा। वह तो आपत्तिजनक रूप से आदर्शवादी थे। लेकिन मेक्सिको वगैरह में उन्हें पहले मूर्ख ही कहा गया, लेकिन जहाँ से धन की प्राप्ति की सबसे कम आशा, वहीं से उन्होंने धन निकाला तो पहले की शीघ्रता में की गई उपेक्षा अब मिट गई; वेश्याओं के चित्रण से आदर्श की हानि कहाँ हुई! भला इससे बढ़कर आदर्शवाद क्या हो सकता कि ऊपर से जहाँ इसकी एकदम आशा नहीं, वहीं अव्यभिचारतः शरत् आदर्श देखते! केवल अपने में यही एक माप रहता तो उन्हें Nobel Prize अवश्य मिलना चाहिए था। उनके ऐसे Incorrigible आदर्शवादी बहुत कम मिलेंगे।
2. Hyper Sentimentalism इसका बाहुल्य तो सूचित करता कि वे औसत पाठक की प्रच्छन्न ग्राम्य भावुकता के आतिशय्य की तृप्ति के लिए Artistic Restraint की तिलांजलि दे बैठे थे—यह तो किशोर की यौन सम्बन्धी खुजलाती जिज्ञासा की पूर्ति के लिए लिखे गए Pornographic Literature की सृष्टि की तरह पाठक की कमजोरी का फायदा उठाना हुआ।
3. उपन्यास के जो नितान्त अमहत्त्वपूर्ण मात्र बाह्यनिष्ठ प्राचीरों से अनुसृत व्यवहार है आकर्षक चरित्र चित्रण का, वही यहाँ भी Most Imp.। यदि उन्होंने अपने चरित्रों की चेतना के प्रवाह का अभिव्यक्तीकरण किया होता तो इनके उपन्यासों में ऐसी बौद्धिक Superficiality नहीं रहती; तब वह यह भी देखते, उनका आदर्शवाद यथार्थता से कितनी दूर चला गया है।

Conclusion—Oscar Wilde ने कहा था : 'I don't want to be a popular artist; it is far too easy.' लेकिन शरत् ने यही चाहा और किया और इसमें निस्सन्देह अपने ऊपर के, महान कलाकार के दोष, और Popular कलाकार के गुण के कारण सफल भी हुए।

मैंने कहा, शरत् बाबू Popular novelist थे, महान कलाकार नहीं। यही हिन्दी के समालोचक समझें।

शरत् और जैनेन्द्र

जिन लोगों का यह खयाल है कि शरत् की प्रशंसा कर, उनकी आदर्शवादिता की अस्वीकृति, यथार्थता प्रभृति के प्रति वे गुणग्राहक सिद्ध होंगे, वे एकदम भ्रम में हैं। शरत् बाबू बंगला उपन्यास की रूढ़ियों को तोड़कर बढ़े थे, यह काफी हद तक मान लेने पर भी कहना यह है कि वे तात्त्विक हिन्दू जीवन-दर्शन पर प्रगाढ़ आस्था रखनेवाले, परम रूढ़ि-प्रेमी आदर्शवादी थे। फ्रेंच साहित्य के Classical Period के विरुद्ध प्रतिक्रिया के फलस्वरूप साहित्य में कुत्ते के विषय में कुछ कहना निषिद्ध नहीं रह गया था और शरत् बाबू द्वारा विधवाओं और वेश्याओं को स्वीकार्य और यह बहुत कुछ साहित्य शास्त्रीय परिवर्तन ही है और कुछ तत्कालीन समाज की मनोवृत्ति के उपरितल की छाया भी। किन्तु समाज की परम्परागत दार्शनिक भित्ति के प्रति उनके विचार क्रान्तिकारी हैं, ऐसा नहीं कहा जा सकता।

शायद आवश्यकता से अधिक लोकप्रिय उपन्यास विषय बनाया। यों, यह वस्तुस्थिति एक रूढ़िप्रेमी के लिए भले वास्तविकतापूर्ण आदर्शरहित हो, पर हमारे लिए शरत् फ्रायड के नहीं, मन के अनुयायी दिख पड़ते हैं। 'विद्यापति' फिल्म ऐतिहासिक है या नहीं, यह मूर्खतापूर्ण प्रश्न है, लेकिन इसने, आश्चर्य होता है, पुरुष और नारी के प्रेम के प्रति कठोर वास्तविक हिन्दू दृष्टिकोण का सच्चा चित्र खींचा है। समाज के द्वारा अवैध घोषित प्रेम हिन्दुओं में होता है। विधवाएँ और वेश्याएँ भी करुण वास्तविकता हैं पर, देखिएगा, मैं नहीं कहता, हिन्दू समाज कहता है और शरत् बाबू भावुकता की परमशक्ति का उपयोग करते हुए दिखलाते हैं कि वास्तविक होने पर भी, लोकोत्तर पवित्रतापूर्ण होने पर भी, अभिनन्दनीय, स्वीकरणीय होने पर भी, इनका कोई निस्तार नहीं। विशुद्ध प्रेम दैवी होता है पर वह देवलोक में ही हो सकता, लखिमारानी जानती दिखलाई गई है। ऐसे प्रेम के पात्र को पार्थिव शारीरिक प्राप्ति नहीं हो पाती, आप चाहे जो कहिए। हिन्दू समाज की मन्द्र घोषणा है। शरत् बाबू का शरीरत: पतित, अर्थात् साधारणत: शब्दों में भ्रष्ट चरित्र, कोई भी नायक-नायिका, कोई भी विधवा, पवित्र से पवित्र, उज्ज्वलतम, देव-दुर्लभ प्रेम पाकर भी इस जीवन में सफल नहीं हो सका। इस उदात्त भावना की जागृति के बाद पतित वेश्या स्त्री को लजाने वाली पुण्यात्मा हो जाए, एक विधवा पुनरापि नारी हो जाए, पर उसे पार्थिव सफलता मिलने से रही। समाज नहीं स्वीकार करेगा। इसका शरत् बाबू के चरित्रों को डर हो या नहीं लेकिन खुद वे ही इसे नहीं स्वीकार कर पाते। चूँकि, कहना

नहीं होगा, उनका निचला हिन्दू समाज नहीं, शरत् बाबू इसे नहीं चाह सकते। नहीं देखने से समझते—कम-से-कम इस जन्म में भी नहीं। पार्वती को देवदास नहीं मिला, किरण को उपेन्द्र नहीं, सावित्री को सतीश नहीं—चाहते तो शरत् बाबू कलम के एक Stroke से सम्भव कर देते और यही प्रकृति-सिद्ध होता, पर नहीं। हिन्दू समाज की वास्तविक रूढ़ि जन्म-जन्म ऐसा कर नहीं सकी।

1. लोकोत्तर प्रतिभाशाली महापुरुष और पागल के बीच की दीवार की तरह ही पतली है दीवार पहले की कला (यदि उसका इससे सीधा सम्बन्ध रहा) से और Pornographists की गुप्त चीजों में, सामान्य लेखकों की भावुकता में। आंद्रे और फ्लॉबेर्यस की, न्यूड्स की, जोला और प्रूस्त की विस्तृत स्पष्टवादिता, खुलेआम, बहुधा विज्ञापित सीधे पेरिस से आए कलापूर्ण चित्रों और सॉफिस्टिकेटेड साहित्य में बड़ा अन्तर होता है। Bronte बहनों और मेरी कॉरली मानव भावनाओं के वर्णन में बड़ा भेद है। (Sarati Sentimentalism) और दोनों एक ही प्रवृत्ति से वास्ता पड़ता ही है।
2. अपने पाठक की अन्तःप्रवृत्ति को जानकर Hyper-Sentimentalism का वह उसी तरह उपयोग करते हैं—जैसे Pornographist अपने शिकार की प्रच्छन्न प्रवृत्ति को जानकर। जैनेन्द्र जी ने अधिक समझ से कहा। उन्होंने भी किसी से कहा था कि शरत् को तो एक गुर हाथ लग गया था जिसका बेरहमी से वे उपयोग करते थे।
3. (Realism Revolutionary Attitude) उनको अपनी दीदी (विधवा की करुण परिस्थिति से) प्रेरणा जीवन भर मिली, पर यह आक्रमण योग्य प्रभाव था। इससे किसी Sociologist को यों विचलित नहीं होना चाहिए—किसी कलाकार को यों balance नहीं lose करना चाहिए।)
4. जैनेन्द्र जी और शरत् में यही अन्तर है कि जैनेन्द्र स्वीकार कर लेते हैं कि उनकी कहानियाँ पढ़कर कोई कुछ कह ले, वे आदर्शवादी, आस्तिक हैं। वे वहाँ Realist Revolutionary होने का दावा करते हैं—सुनीता की नंगी होने से क्या!
5. Criticism of 'शनीवारेर चीठी' ने इसमें उनकी दार्शनिकता की तुलना तंत्र-दर्शन से की।

शरत् और जैनेन्द्र का जीवन-दर्शन

शरत् के आलोचकों का एकमात्र भीषण अभियोग था कि उन्होंने पतितों और भ्रष्टों का करुणाजनक चित्र खींचा है और इससे समाज में उनके प्रति घृणा के स्थान पर

सहानुभूति के भाव उदित होंगे और आगे चलकर इसके कारण अनाचार को प्रश्रय मिलेगा। ऐसी आलोचनाओं का कला-जगत में कोई स्थान ही नहीं है। उनके प्रशंसक उनकी मर्मस्पर्शिता और क्रान्तिकारी यथार्थवादिता का आस्फालन करते रहते हैं। दोनों ही यह देख सकने में असमर्थ हैं कि शरत् वस्तुतः एक भावुक आदर्शवादी हैं। यदि वे यह देख पाते तो आधी आलोचना और आशंसा, दोनों ही समान रूप से असंगत सिद्ध हो जातीं।

जैनेन्द्र की श्रेष्ठ रचनाओं में पर्याप्त बौद्धिकता का पानी चढ़ा रहता है; उन पर भावुकता का दोषारोपण नहीं किया जा सकता। सच पूछिए तो सौ में निन्नानवे पाठकों की शिकायत यह होती है कि वे उन्हें एक साँस में नहीं पढ़ जा सकते। पर जो दो प्रकार के लोग सुनीता के अन्तिम पृष्ठों के लिए या ग्रामाफोन का रेकॉर्ड आदि को पढ़ उनकी स्पष्टवादिता के लिए, उनकी प्रशंसा करते हैं या उनकी अश्लीलता और उच्छृंखलता के प्रति आपत्ति प्रकट करते हैं, वे दोनों ही भ्रान्त हैं। शरत् की अपेक्षा जैनेन्द्र में भावुकता की प्रशंसनीय न्यूनता दृष्टिगोचर होती है पर साथ-ही-साथ यह भी देखा जाएगा कि वे शरत् के समकक्ष आदर्शवादी हैं। साहित्य की रूढ़ गलियों को छोड़कर वे आगे बढ़े हैं पर समाज की असली जंजीरों से उनकी आत्मा जकड़ी ही रह गई है।

(जहाँ पर शरत् की दीदी की घटना का उनके जीवन पर प्रभाव का उल्लेख है, वहाँ दिखाया जाएगा कि जैनेन्द्र के कलात्मक संयम को कोई ऐसी घटना परास्त-परिव्याप्त नहीं कर सकी है।)

(जहाँ दिखाया गया है कि वे समाज की तात्त्विक धारणाओं से नहीं उठ सके हैं।) हमें आश्चर्य होता है—सामाजिक शुद्धि के विरोध में इसी कठोरता का परिचय मिलता था—एक बार ईषदपि स्वधर्म से च्यूत हो जाने पर निस्तार नहीं था। जैसे सीता का राम द्वारा त्याग।

(2) साधारण व्यक्ति तो समाज के ऊपरी नियमों से डरकर, प्रच्छन्न रूप से चाहे जो करे, यों उससे ऊपर यानी यह परवाह होने पर भी; उसके Fundamental नियमों का उल्लंघन नहीं कर सकते—उनकी वासना और भी दयनीय है।

राजा राधिकारमण पर एक नोट्स

राजा-साहब[1] के 'कानों में कंगना' से लेकर 'बिखरे मोती' तक के लेखन का नैरंतर्य, दीर्घकालीन परिमाण की दृष्टि से ही महत्त्व नहीं। इसके बावजूद और खास पसन्द के काफी ज्यादा पाठकों के बीच रुतबा रखने वाला लेखक भी उपन्यास के इतिहास लेखन पर आलोचक के लिए महत्त्वशून्य हो सकता है। राजा साहब के बारे में ऐसा

1. राजा साहब—राजा राधिकारमण प्रसाद सिंह।

नहीं कहा जा सकता। इसलिए इसका उत्तर देने का प्रयास उपादेय हो सकता है कि इसका कारण क्या है।

राजा साहब को उत्तर-रीतिकाल का कवि होना चाहिए था। वे पिछले प्राय: चार दशकों से सामाजिक कहानियाँ और उपन्यास लिखते रहे हैं और उनके गद्य को गद्य न माननेवाला भी उन्हें अस्वीकृत नहीं कर पाया है।

एक ऐसी परम्परा के हठी अवशेष बने रहे हैं जिसका आकर्षण यह है कि अब पूर्णत: परित्यक्त होने पर भी उनके कारण ही तब तक अजायबघर की चीज न बनेगी जब तक वे लिखते रहेंगे।

राजा साहब जीवन में जनतांत्रिक पर लेखन शैली में घोर सामन्तवादी हैं। उनकी षट्रस शैली के कारण यह सन्देह किया जा सकता है कि उनका आहार प्राकृतिक चिकित्सकों के नुस्खों का उदाहरण होगा—और सन्देह शायद निर्मूल साबित न हो। अब कोई उस शैली में लिखने का प्रयास नहीं करता जो राजा साहब और अब अकेले राजा साहब की शैली है। इसलिए राजा साहब नायाब हैं।

आंचलिकता का सत्तू स्वास्थ्यवर्द्धक भी हो सकता है और दरिद्रता का परिचायक भी। राजा साहब की शैली का तरमाल सेहत को बर्बाद करनेवाला तो है, लेकिन उसे देखकर एक बार जीभ से राल तो टपक ही पड़ती है।

रेडीमेड बुशर्ट-पतलून के बदले जरी की पोशाक अब कौन पहनेगा? लेकिन एक पोशाक तो वह भी हुआ ही करती थी। राजा साहब के लेखक की जरी की पोशाक आज हास्यास्पद तो लगती है, लेकिन उस पर हँस देने वाला वही होगा जो पोशाकों के इतिहास से नितान्त अनभिज्ञ हो।

नारी

प्राचीनकाल के धर्मशास्त्रियों ने स्त्रियों के सम्बन्ध में जो भी कहा हो, किन्तु आधुनिक मनोवैज्ञानिक अपने अनुसंधानों के आधार पर ऐसे निष्कर्षों पर पहुँचे हैं जो स्त्रियों के लिए अवश्य विशेष सन्तोषजनक सिद्ध होंगे और साथ ही, पुरुषों को उनके विषय में अपनी बद्धमूल धारणाएँ परिवर्तित करने की प्रेरणा देंगे। स्त्रियाँ योग्यता में पुरुषों के बराबर नहीं, बल्कि उनसे श्रेष्ठ भी हैं, यह प्रमाणित करने की भी चेष्टा कुछ विद्वानों ने की है। अभी हाल में एक पुस्तक प्रकाशित हुई है जिसका शीर्षक है : 'The natural Superiority of Women' अर्थात् स्त्रियों की स्वाभाविक श्रेष्ठता। पुस्तक के लेखक हैं ऐश्ले मांटेगु (Ashley Montagu) जो अन्तरराष्ट्रीय ख्यातिप्राप्त नृशास्त्र विशेषज्ञ हैं और जो अनेक प्रामाणिक वैज्ञानिक ग्रंथों का प्रणयन कर पहले से ही पर्याप्त प्रसिद्धि अर्जित कर चुके हैं। लेखक के विचारों और निष्कर्षों से हम

सर्वांशतः सहमत हों या नहीं, किन्तु निस्सन्देह वे हमें इस प्रश्न पर पुनर्विचार करने के लिए विवश करते हैं। भारतीयों के लिए तो इस पुस्तक का विशेष महत्त्व है, क्योंकि हम आज भी अपनी संकीर्ण मनोवृत्ति से अपने को मुक्त करने में समर्थ नहीं हुए हैं।

कलाकार के सूत्र

जैनेन्द्र जी ने कहा : 'आपकी कहानियों में गति नहीं है। आप अपने साथ घोर अन्याय करते हैं।'

गति के बारे में जानता हूँ।

मैं जॉन ग्युंटर या बेचन शर्मा नहीं हूँ।

अजन्ता के मंडोदक चित्र को देखिए। समस्त जगत की व्यस्तता को एक मुद्रा में बाँध ले सकना हिन्दू-बौद्ध कहना अनावश्यक है—कला का उपेय है। वेदान्त में जीवात्मा-परमात्मा का कला में जंगम-जड़ का ऐक्य हमारा पारदर्शक है।

पच्छिम के भविष्यवादी के गति-द्योतक चित्र में कुत्ते की पाँच पूँछें हैं। पर मैं भविष्यवादी नहीं। व्यर्थवादी हूँ। सब्बं दुख्खम् नहीं, सब्बं व्यथ्थम्।

संश्लिष्ट अनेकता वेग पकड़ती है। विश्लिष्ट तत्त्व प्रतिक्रिया रहित जड़ होते हैं। पिकासो के चित्र नहीं, साइकोग्राम। जेम्स जॉयस के उपन्यास नहीं, शाब्दिक साइकोग्राम। नये नजदीक के उदाहरण नहीं हैं। वेदान्त का देहान्त हो चुका पर अजन्ता का भूत सर पर से उतरा नहीं है।

कला स्वयंसिद्ध सम्पूर्णता है।

यह कला क्या है? इसका उत्तर नहीं।

उत्तर 'नेति-नेति' कहकर दिया जा सकता।

कला साध्य है।

अक्षर, वर्ण, पत्थर साधन हैं।

इनको नये तरीके से संघटित किया जा सकता, मिलाया जा सकता, छाँटा जा सकता है।

कोशकार और वैयाकरण अपनी जड़ता से सबसे अधिक एस्थेटिक स्टेसिस के प्रयोग में बाधा पहुँचाते।

इसीलिए कौशल, साधन का जहाँ सवाल है, चित्रकार आगे रहते आए हैं। रंग बनाने वाले उनके मिश्रण की रीति में दखल नहीं डालते। आधुनिक भारतीय चित्र-कला की बात दूसरी है। उस पर शान्तिनिकेतन की पाणिनि-दृष्टि लगी हुई है।

साध्य के लिए भिन्न-भिन्न साधन हो सकते हैं।

पर गलत साधन के उपयोग से मालूम हो जा सकता कि साध्य अप्राप्त है।

हिन्दी काव्य में नायिका के अंचल का स्थान रुग्ण नायक के ट्वीड के फटे कोट के बटन-होल ने ले लिया है। टिमटिमाते दीप के बदले धड़-धड़-धड़-धड़ ट्राम चल पड़ती है।

पर वह अब भी 'विशेष' दर्शन नहीं हुआ है। वह अब भी सम्मेलनों में गाया या नहीं गाया जा सकता।

मध्ययुग में दार्शनिक विज्ञान की बातों में दखल देने के आदी थे। यह एक खतरनाक आदत थी। आज वैज्ञानिक दर्शन के क्षेत्र में चढ़ना चाहता है। ऊपर से नीचे गिरना ही खतरनाक होता। चढ़ने की चेष्टा सफल हो गई तो अच्छा, नहीं तो नहीं। विज्ञान की सफलता उसके सिद्ध दर्शनत्व में ही है। नहीं तो वह बम और समुद्री सुरंग में फूटता है।

काव्य का भी निदर्शन दृष्टनष्ट रूपत्व, ग्राम्य भावुक और बंगला और हिन्दी में ही आज भी प्राप्य है।

गतिहीनता और कलात्मकत्व में कोई विरोध नहीं।

यही प्रमा है।

हमारी कला का दर्शन

यह कहना गलत है कि 'उग्र' हिन्दी के सर्वप्रथम यथार्थवादी हैं—खुद वे ऐसा समझें और कहें, तब भी। 'उग्र' नग्न और सर्वप्रथम यथार्थवादी हैं या नहीं, यह प्रश्न ही नहीं उठता—वे यथार्थवादी किसी अर्थ में हैं ही नहीं। 'चाकलेट' की कहानियाँ नैतिक अथवा साहित्यिक, दोनों दृष्टिकोणों से आपत्तिजनक रूप से अश्लील हो गई हैं। नैतिक उत्कर्ष अभीष्ट था उन्हें। यदि भूमिका मुद्दों में कहते हैं, जैसी उनकी कृतियों की ध्वनि है—तो उन्हें गम्भीर, वैज्ञानिक समाजशास्त्र की किताब लिखनी थी। पंचमकार के आत्मं निषखेवन से अन्त में उससे छुटकारा कहने का दर्शन कुपथगामी है। गल्प-साहित्य के सृजन की सामर्थ्य मनोरंजक प्रवाहपूर्ण शैली और अभिव्यंजना में नग्नता आदि की प्रचुर मात्रा रखते हुए भी—'चाकलेट' की ग्राम्य अश्लीलता को दृष्टि में नहीं रखें, तो भी—उनकी रचनाओं का स्वीकृत विज्ञापित प्रचारकात्मक दृष्टिकोण उन्हें प्रथम श्रेणी का गल्प साहित्यिक होने के अधिकार से वंचित कर देगा। अंशतर सामाजिक दृष्टि यों हो जाए तो अच्छा। परन्तु यही प्राथमिक दृष्टि हो तो कम-से-कम गल्प-साहित्य एकदम हेय है।

चूँकि 'चाकलेट' उग्र जी की एक ग्राम्यत: अश्लील श्रेणी की पुस्तक है इसलिए उपयुक्त धारण्य जितनी उन पर नहीं घटित होती, उतनी होती है ऋषभचरण जैन पर।

उनकी तुलना किसी ने दंपस्तित साम्य पर मोपासां फ्लाबेयर आदि से की थी लेकिन इन दोनों फ्रेंच लेखकों की एकान्त साहित्यिक यथार्थवादिता की तुलना में बहुधा विश्वमित्र जैन की 'वज्ज-ग्रंथमाला' नैतिक उन्नयन की आड़ में समाज को और यथार्थवादिता स्कूल द्वारा सिद्ध यौवन की यौन-सम्बन्धी जिज्ञासाओं की आहुति में घृत छोड़ती।

शुद्ध यथार्थवादिता को अगर किसी ने समझा है तो जैनेन्द्र कुमार ने और इसी भाव में वे हिन्दी के लिए अत्यन्त अर्वाचीन कहे जा सकते थे। और सचमुच प्राधान्यत: मनस्तत्त्व विश्लेषक यथार्थवादिता 'सुनीता' में (जशस्य) नूतन वस्तु है। लेकिन जैनेन्द्र कुमार भी शुद्ध गल्प-साहित्य के उच्च शिखर पर समासीन नहीं रह सके। जहाँ उग्र और ऋषभकुमार ने साहित्य और नैतिकता के अधकचरे सकर से सर्वात्मना घृण्य अश्लीलता का सृजन दिया, वहाँ जैनेन्द्र गल्प में उपयुक्त मनस्तत्त्व विश्लेषण को दर्शन का पाठ बना असहनीय रुक्षता की ओर करते जा रहे।

हमने भी स्पष्ट यथार्थवाद को मनोविकारों की विश्लिष्ट अभिव्यंजना के माध्यम द्वारा प्रस्तुत किया है। उसे यौवन सहज गुप्त कामुक जिज्ञासाओं की अवैज्ञानिक सस्ती और अत: आपत्तिजनक परितृप्ति के लिए अश्लील नहीं होने दिया; न गल्प-साहित्य को बौद्धिकता के प्रचार का माध्यम समझने की भूल की; और न ही मनस्तत्त्व विश्लेषण को रुक्ष दार्शनिक का प्रकटीकरण किया। कम-से-कम ऐसी हमारे प्रति धारणा है।

हमने तो कहानी के पात्रों की 'चेतनता की धारा' (Stream of Consciousness) को यथातथात: विश्लिष्ट करने की कोशिश की है। 'इसी के फलस्वरूप हम पात्र विशेष के जीवन के एक क्षण विशेष पर पन्नों लिखने पर हो सकता है कि मैं उसके अस्तित्व के अंगों पर ईषद् ध्यान भी न दूँ—इस सबके विपरीत हिन्दी में अब भी सम्भव है। जहाँ से आधुनिक गल्प-साहित्य को आदर्श ले लिया, वहाँ बहुत पहले कहानी या उपन्यास की गठी देह की सृष्टि के विषय में अपारंगत टॉल्स्टॉय, ह्यूगो या डिकेंस आदि किया करते थे।' अर्वाचीन युग के इस विषय के माने प्रतिनिधि स्व. डी.एच. लारेंस, हक्सले, जेम्स जॉयस आदि की कक्षा में ही चलने को इच्छुक प्रयत्नशील हम, इसीलिए घटना पर गौणत: ही ध्यान देते—यद्यपि इनसे अधिक ही हमने इस पर ध्यान रखा है; यों चाहते तो नहीं भी रखने का अधिकार है। वही चरित्र-चित्रण के बारे में भी साथ। हमारा तो काम पात्र के मनस्तत्त्व का विश्लेषण करना, जैसा कहा ही। इसीलिए हमारी भाषा भी इस विश्लेषणात्मक अभिव्यंजना को वहन करने की सामर्थ्य के लिए राजनीति के क्षेत्र में प्रतिदिन व्यवहार में आनेवाली भाषा की तरह कदापि नहीं हो सकती। न साहित्य के ही चर्वित, नियमित पथ से चल सकती। एकदम नये शब्दों का प्रयोग, पुराने शब्दों का नव्य-सा प्रयोग, कहीं-कहीं स्वस्पष्ट भी एकाध शब्दों का प्रयोग भी करना ही पड़ा है। विषय

की शैली भी इस 'चेतनता की धारा' के उपयुक्त होने के लिए अपरिचित-सी कहीं-कहीं मालूम पड़ सकती। और फिर भी यह आप देखें कि भाषा उसकी होने पर भी हमने जानबूझकर क्लिष्टता को कहीं प्रश्रय नहीं दिया, क्योंकि हमारे विचार में हृदयेश की तरह अपरिचित पर्यायों का व्यवहार अक्षम्य है। परन्तु जैसाकि बंगाली अच्छी तरह समझते, गम्भीर विचारों के व्यक्तीकरण के लिए संस्कृत के नये शब्द, यदि योग्य हों सर्वथा स्तुत्य और ग्रहणीय समास इस तक, यदि कुछ-कुछ भी कहा जा सकता तो जेम्स जॉयस को हिन्दी का यह समालोचक फाँसी पर चढ़ाकर भी सन्तुष्ट नहीं होगा। खैरियत है, इंग्लैंड में इस तरह कटु समालोचना का शिकार रुक रहा।

आर्थिक समानता बनाम बौद्धिक समानता

'Ethical anarchists'—whose philosophy completed in soviet's 'Economic syndicalism'. Balcumin, kropatkin, Tolstoy, टैगोर, गांधी की तरह बहुत लोगों का मत है कि हमारी राजनीतिक और आर्थिक समस्याओं का समाधान व्यक्ति आवश्यकतानुसार कृषि, गृह उद्योग से, सभ्यता के सरलीकरण से आंगिक विकास के प्रवाह के उलट देने से होगा और इस औद्योगिक युग में वास्तविक कलाकार होना तो असम्भवप्राय ही है—विरोध का चीत्कार कलाकार के मुँह से अनायास फूट निकल सकता है, पर विच्छितिपूर्ण संयत प्रेरणा का श्वासावरोध हो जाता है। जहाँ तक राजनीतिक का सवाल है, मार्क्सवाद ने इसका यथोचित और व्यावहारिक भी उत्तर दिया है, कला के लिए ऐसी वस्तुस्थिति आवश्यक तो कदापि नहीं, प्रत्युत यदि ऑस्कार वाइल्ड की बात मानें तो प्रकृति से तादात्म्य स्थापित करने के लिए सचेष्ट, आर.एल. रिंटवैंसन यदि जंगलों, द्वीपों की खाक छानने के बदले लंदन की शासक गलियों में ही अपना जीवन बिताते तो कहीं अधिक रंगीन, रूमानी रचनाओं का सृजन कर पाते। शान्तिनिकेतन में कोई बौद्धिक हस्तमैथुन कर कोई महान कलाकार नहीं निकला, कलकत्ते की भैंसों की नग्न विद्रूपता कला को चेतना देने के लिए कहीं अधिक सफल होंगी। कल्याण है, लड़के-लड़कियाँ बहुत कुछ स्वतंत्र रहते, नहीं तो वहाँ के विद्यार्थी अवर श्रेणी के भी कलाकार नहीं, शत-प्रतिशत जड़ भर न निकलते। और फिर दुनिया में ऐसे भी जीव हैं जो शान्तिनिकेतन के इस एकमात्र कल्याणप्रद गुण को रद्द करने की सलाह देते हैं। पिकासो और मातिसे की कला से अच्छी तरह परिचित टैगोर चित्र भी खींचते हैं—उसे उनके शिष्य विश्व की नई चीज उदाहु घोषित करते हैं पर शान्तिनिकेतन के कला विद्यार्थी मोहेनजोदड़ो के नान्दी और अजन्ता के मराडोदक चित्रों, दूसरे शब्दों में भारतीय कला की नकल में ही रह जाते,

क्योंकि ट्रेडिशन के पीछे नाम घिसना कला नहीं, उसके लिए कलाकार प्रेरणा को आहूत नहीं कर सकता। टैगोर जो कहते हैं, वही उनके शिष्यों को करना चाहिए, कहते हैं वह नहीं।

भाविनी तंत्र रहिता (Anarchist) सभ्यता में जब कलकत्ते की संदिग्ध भैंसें नहीं रहेंगी, each according to his abilities to each acc, to his needs का बोलबाला रहेगा—सभी या तो समान रूप से दुखी, तब क्या कला मर जाएगी ? नहीं तो ! सवाल कलकत्ते की गन्दगी है और शान्तिनिकेतन की सफाई का नहीं। सवाल है एक के संघर्षशील वेग का और दूसरे की परितृप्ता जड़ता का। यहाँ स्पष्ट समझ लो, जबकि एतादृश (Biological stage) एक असम्भव दशा है, फिर भी Aesthetic stages स्वीकृत आधुनिक कला की एक परिणति है, कलाकार की व्यष्टि ही उसका सर्वस्व है। Vide to support the criticism of शान्तिनिकेतन।

इस पद्धति का अनुसरण पहले कर चुका है। शायद उसका विश्वास इसमें टैगोर से अधिक वास्तविक था। वह भी इसी प्रकार का कलाकार था जो कल्पना की आवश्यकता को महसूस कर और उसके गुणों को स्वीकार कर, इसकी प्राप्ति के लिए प्रयत्नशील हुआ था। एक उसका सर्वोपरि उद्देश्य था ऐसा आधिभौतिक वातावरण उपस्थित करना, जिसमें कल्पना जीवित हो उठे। इसके लिए उसने अपने नागरिक व्यवसाय और विवाह तक की तिलांजिल दे दी, वह साधारण-से-साधारण आर्थिक और व्यावहारिक कार्यों को सम्पन्न करने से दूर भागने लगा। 'मैंने निश्चय कर लिया है, ओशनियाँ में स्थित लघु द्वीप टाहिटी को मैं शीघ्र ही प्रयाण करना चाहता हूँ जहाँ जीवन-यापन के लिए रुपये की कोई आवश्यकता नहीं। यूरोप के भावी जेनेरेशन के लिए एक भयानक युग का निर्माण हो रहा है, 'स्वर्ण का शासन' सभी कुछ में घुस गया है—आदमियों में भी और कलाओं में भी। यहाँ पर हमें कभी शान्ति नहीं मिलती। कम-से-कम वहाँ तो स्वच्छ आकाश के नीचे उपजाऊ भूमि पर रहते हुए टाहिटियन आदिम निवासी को भोजन के लिए हाथ उठाने की जरूरत भर है। इस कारण वह कभी काम नहीं करता। टाहिटियन के लिए जीवन गाना और प्रेम करना है, इसलिए ज्योंही मैं वहाँ जमा गया, मैं चित्रकला में पूर्णतः संलग्न हो जाऊँगा—कलाकार सुलभ ईर्ष्या, मोल-तौल से एकदम परे।

टाहिटी गया, पर उसे केवल ही हाथ लगी। उसने पाया, टाहिटी में भी 'स्वर्ण शासन' से छुटकारा नहीं।

किंबहुना सभ्यता से छुटकारा सभ्यता का परित्याग कर ही पाया जा सकता है, पर Ganguin सौन्दर्य-सुख, कीर्ति-वैभव—इन सांसारिक तृष्णाओं का दयनीय मोह कभी नहीं छोड़ सका था। इस संभाव्य विकल्प को उसके कवि मित्र आर्थर रिंबो ने ही अंगीकार किया था, केवल सभ्यता का ही पूर्ण परित्याग नहीं, परन्तु कल्पना की दुनिया ईजाद करने के प्रयत्नों का भी।

सभ्यता क्रमशः जटिलतर ही होती जा रही है परन्तु उससे भागा नहीं जा सकता है। कलाकार समाज का सदस्य होकर ही अपनी संज्ञा का महत्त्व प्राप्त करता है। कला व्यष्टि और समष्टि के मध्य वर्तमान सम्बन्ध का फलस्वरूप है, यद्यपि इस परिणति की पद्धति अद्यावधि अव्याख्येय ही है। समाज से भाग निकलना (यदि यह सम्भव हो) कला के पोषण में समर्थ एकमात्र सत्क्षेत्र से भाग निकलना है। भागा जा सकता है, पर भागकर महान कलाकार नहीं बना जा सकता। सहते हुए अनन्य सामान्य महत्ता प्राप्य है।

आर्थिक दृष्टिकोण में देखने पर वैभव का अर्थ है : समकाल वर्तमान दरिद्रता। परन्तु esoteric का pornography को presupport नहीं करता। कला यदि इस दुनिया में दस आदमियों के लिए भी रहे तो औरों को कोई हानि नहीं होती। उँगलियाँ छोटी-बड़ी होती हैं और उससे कोई हानि नहीं। आर्थिक स्वाधीनता श्रेयस्कर, अपरिहार्य है। समानता fad नहीं हो जाए, उसके नाम पर उँगलियाँ नहीं काटी जा सकतीं; कला दुरमिस नहीं दी जा सकती। यह भंड 'उत्तरकालीन बौद्धों' के अहिंसा के पालन के लिए, हिंसा के व्यवहार की तरह, परस्पर विरुद्ध बात है। साम्यवादी भी यही चाहता है कि समाज में श्रेणियाँ नहीं हों और समाज की अच्छी या बुरी, जो भी स्थिति हो, वह समान रूप से सबको भोगना पड़ेगा और आदर्श यही है कि सभी अधिक-से-अधिक समान रूप से सुखी हों। यदि इंग्लैंड में एक नफील्ड न होकर एक-एक मजदूर नफील्ड की तरह वैभवशाली हो जाए तो इस universal aristocracy से साम्यवादी केवल इसलिए चिढ़ता है क्योंकि वह कुछ लोगों का है और अतः समाज में समानता नहीं रहती और यों, कोई खाने से और दूसरे खाए बिना मरते हैं। पर बौद्धिक वैभव से साम्यवादी को घबराने की जरूरत नहीं। आर्थिक समानता श्रेयस्कर है, अपरिहार्य है। बौद्धिक समानता अश्रेयस्कर, असम्भव है।

पत्रों से समाचार

14 अप्रैल, 1930 को आधुनिक रूस का सर्वमान्य श्रेष्ठ कवि ब्लादिमीर मायकोव्स्की ने आत्महत्या कर ली। वह अकेला आधुनिक रूसी कवि नहीं है जिसने अपने हाथों अपना प्राण लिया है, येस्सेनिन, बाग्रित्स्की और अन्यों ने भी, जो कदापि कवि नहीं कहे जा सकते, आत्महत्या की शरण ली है। निस्सन्देह इन सभी में मायकोव्स्की अद्वितीय था—रूसी साहित्य के क्रान्तिकारी प्रवाह का गोमुख, असाधारण प्रतिभाशाली, जन्मसिद्ध कवि।

1936 में garcialorea को फासिस्टों ने ग्रनाडा (Granada) में गोली से उड़ा दिया।

Toller, मैन, और अन्य जर्मन कलाकारों का जर्मनी से निर्वासन, Ernest की आत्महत्या।

प्रतिक्रिया : कलाकारों की दशा पूँजीवादी इंग्लैंड और अमेरिका में इससे भी गई-गुजरी है। उद्घोषित कलाकारों के प्रति उद्घोषित घृणा उनकी उपेक्षा से अधिक स्पृहणीय है। इन राष्ट्रों में कलाकार खतरनाक व्यक्ति नहीं समझे जाते, प्रत्युत ऐसे जीव जो जीते हैं, जिएँ; भूखों मरें—बस, सर मत खाएँ।

सो, चाहे रूस में हो या जर्मनी में, इंग्लैंड में हो या अमेरिका में, सब जगह एक ही दशा है। किसी-न-किसी रूप में कला का श्वासावरोध किया ही जाता है। हमारी सभ्यता में कला का ऐसा ही भाग्य है और मायकोव्स्की की मृत्यु केवल यही तो प्रमाणित करती है कि इस विषय में तो कम-से-कम रूस की नई सभ्यता भी छद्मवेश में उसी सभ्यता की पुनरावृत्ति मात्र है। कवि, संगीतज्ञ, चित्रकार, मूर्तिकार—सभी अधिनायकवाद के अभिशाप से ग्रस्त हैं। मायकोव्स्की की आत्महत्या के बाद कागज के एक टुकड़े पर कुछ पंक्तियाँ मिली थीं :

'As they say
The incident is closed
Love boat
Smashed against morel'
(See—Artists in uniform—Trans. by max Eastnean : Allen Funnin, 1934)

पूँजीवाद सिद्धान्त में कला का विरोध नहीं करता—केवल उसका बर्ताव मूर्खता, उपेक्षा और स्वाभाविक निर्दयता से पूर्ण रहता है। किन्तु रूस, इटली, जर्मनी और स्पेन में उनके प्रति मूर्खता या उपेक्षापूर्ण आचरण का प्रश्न नहीं। प्रस्तुत एक ऐसी निर्दयता का जो सचेष्ट Persecution है, जिससे मुक्ति मिलती है—फाँसी या आत्महत्या में। फासिज्म और प्रचलित साम्यवाद रूसी Marxism जो अपने प्रतिश्रुत पश्व्यध्येय Anarchy से दूर-दूरतर ही हुआ चला जा रहा है। दोनों ही कलाकार की शक्ति से पूर्ण अवगत हैं। और चूँकि कलाकार शक्तिशाली है, इसलिए वे इसका उपयोग अपने राजनीतिक स्वार्थों के लिए करना चाहते हैं। अधिनायकवाद (चाहे वह प्रोलिटारियन का ही क्यों न हो) का आधान ही अपने सभी अंगों की केन्द्रगत परवशता की उपेक्षा रखता है, इन लोगों में कला का स्थान महत्त्वपूर्ण है।

हेजेल ने कला को मानव विकास के अतीत ऐतिहासिक स्तर पर उतार दिया है। कला को वह विवेचना या अभिव्यक्ति की आदिम पद्धति मानता था जिस पर क्रमशः बुद्धि ने विजय-लाभ कर लिया, फलतः विकास के वर्तमान स्तर पर उसके अनुसार हमें कला को क्रीड़नक की तरह उठाकर एक ओर रख देना चाहिए। यह हुआ फासिज्म के कला के प्रति अत्याचार का दार्शनिक इतिवृत्तात्मक विश्लेषण।

मार्क्स और एंगेल्स (Marx and Engels) ने एकाधिक बार, पर अस्पष्ट रूप से, कला का उल्लेख किया है। उसका समाधान वे समाज के आर्थिक विश्लेषण से ही कर देना चाहते हैं। वे भी इसे मानव अनुभूति का एक प्रारम्भिक मुख्य अंग नहीं मानते, न इस ज्ञान की पद्धति विशेष के रूप में या जीवन की एक व्याख्या ही स्वीकार करते।

इसी प्रकार मार्क्सवादी रूस की कला और फासिस्ट की कला के ध्येय नियमन और परिणति में भी कोई भेद नहीं। यह सत्य है कि रूस में कला को साम्यवाद की सफलताओं की प्रशस्ति के लिए बाध्य किया जाता है, और जर्मनी में नाजीवाद की परन्तु इसके लिए व्यवहृत प्रणाली एक ही है—ग्राम्य वस्तुवाद, जिसमें कल्पना और बुद्धि का दिवाला प्रत्यक्ष है।

कला के इतित्य के आदर्शों के तारतम्य से इसका दारिद्र्य इतना स्पष्ट है कि रूसी वस्तुवाद के आलोचकों के तर्कों की यहाँ पुनरावृत्ति आवश्यक प्रतीत होती है।

सोवियत रूस में कोई कलाकृति जो सरल, रूढ़ नहीं हो, उसे 'वामपक्षी (मार्क्सवादी) विकृति' उद्‌घोषित कर दिया जाता है। मौलिकता क्षुद्र व्यक्तिवाद है। कलाकार का केवल एक ध्येय होना चाहिए—जनता जो चाहती है—वह दिया जाना चाहिए।

जर्मनी और इटली में शब्द परिवर्तित होते रहते हैं। उदाहरणार्थ—हिटलर के शब्द (Decadent Art) का आशय यही है। अपने शासन के प्रारम्भिक काल में हिटलर ने प्रदर्शनियों से इस 'Decadent Art' के उदाहरणों को तहखानों में रखवाया था—मनोनुकूल तथाकथित कलाकृतियों को आकर्षक सुविधा-प्राप्त कमरों में, पर संस्कृत दर्शक तहखानों में ही अधिक समय व्यतीत करना पसन्द करते थे। इसलिए और शायद अत्यावश्यक विदेशी सिक्कों की लालच से 'Decadent Art' के बहुमूल्य उदाहरणों को बेचकर देश-निकाला दिया जाता है—उनके स्रष्टा तो बहुत पहले निर्वासित हो ही चुके हैं। और उन्हें खरीदने के लिए अन्तरराष्ट्रीय कला-प्रेमियों की जमघट लगा करती है। फलस्वरूप असंस्कृत अधिनायक और जनता की रुचि के अनुकूल भावुक संगीत, तुकबन्दी और निम्नकोटि के चित्रों का बोलबाला है। इस सम्बन्ध में एक मनोरंजक चुटकुला है : 'एक विदेशी वायुयान बर्लिन पर बम गिराकर उसका विध्वंस करने आया, पर उसे देखने के बाद चालक के साथी ने नैराश्यपूर्ण स्वर में कहा—यार, हिटलर तो पहले ही बर्लिन का सर्वनाश कर चुका।'

यहाँ साम्यवादी यह विरोध खड़ा कर सकता है कि हम एक प्रयोग के परिणाम पर ही कुठाराघात करना चाहते हैं। कला को, उसके अनुसार साधारण स्तर पर उतरना ही पड़ेगा और उसी स्तर से सार्वजनीन बौद्धिक विकास के मार्ग द्वारा एक ऐसी नव्य व्यापक कोटि को पहुँचाना सम्भव होगा जो विश्व के लिए एक नई बात होगी। पर

वे तो यह भूल ही जाते हैं कि महान कलाकृतियों का निश्चित कार्यक्रम के अनुसार आविर्भाव इतिहास की अभूतपूर्व घटना होगी। क्या ऐसा कोई भी उदाहरण है कि कला का पराकाष्ठा को प्राप्त विकास अपेक्षाकृत सीमित अल्पमत के सिवा सर्वसाधारण को आकृष्ट करे?

सोवियत रूस में कलाकार की गणना वर्कर्स में की जाती है। इसमें कोई हानि नहीं। कलाकार और कला के उत्कर्ष में कोई सम्बन्ध नहीं है। परन्तु यदि अन्य उत्पादकों के प्रति जैसा बर्ताव किया जाता है, वैसा ही कलाकार के प्रति भी किया जाता है और उसे भी निर्दिष्ट समय में निर्दिष्ट उत्पादन के लिए बाध्य किया जाता है कि ये बातें कलात्मक सृजन की शक्ति के विषय में तात्त्विक गलतफहमी की ही सूचना दे दी है। एक बात तो नितान्त स्पष्ट है, ऐसी वस्तुस्थिति में कलाकार की सृजन-शक्ति और प्रेरणा के प्रवाह अविरल परिवर्तन हो जाते हैं। एक दूसरी बात किंचित् दुरूह वास्तविकता है। माँग (Demand) और उसकी पूर्ति (Supply) के नियम अर्थशास्त्र और कला में सर्वथा भिन्न हुआ करते हैं। यह तो मानी हुई बात है कि एक निम्नस्तर विशेष पर कला मनोरंजन का साधन मात्र ही रहा करती है और यह भी मानी हुई बात है कि एतादृशी दशा में यह एक विशेष प्रकार की लोकप्रिय वस्तु की माँग की पूर्ति के सिवा और कुछ नहीं। परन्तु जहाँ मनोरंजन का अर्थ होता है दो-एक घंटों के लिए ऊबाने वाली दिनचर्या को भूल सकना, वहीं कला की ओर हम सर्वथा भिन्न आशा से मुड़ते हैं। कला के संक्षेपतः हम उन्नयन की आशा रखते हैं। अपनी सामान्यता से, उन्नयन का अर्थ धार्मिक उन्नयन नहीं। और यह ऐसे ही व्यक्तियों से सम्भव है जिनकी प्रज्ञा असाधारण रूप से परिणत हो और जो अपने विशिष्ट गुणों से सर्वसाधारण से पृथक् अस्तित्व रखता हो—घृणा के कारण नहीं, प्रत्युत मात्र इसीलिए कि वह अपनी शक्ति का उपयोग दूर से ही, एकान्त में ही कर सकता है। सृष्टि के समय कलाकार का सम्पर्क ऐसी शक्तियों के साथ होता है जो बुद्धि और भावना के जड़ीभूत उपरितल के बहुत नीचे अन्तर्गूढ़ रहती है। यही बहिर्मुख कट्टर राजनीतिज्ञ नहीं समझ सकता है।

वे कलाकारों को डराते-धमकाते हैं (या जहाँ भारत जैसे देशों में अभी यह सम्भव नहीं, वहाँ बेनीपुरी की तरह समझाकर ही काम निकालते हैं) और उन्हें राजनीति के गलाचक्र में प्रविष्ट कराकर यांत्रिक रूप से ऐसी चीजें उत्पादित करने के लिए बाध्य किया जाता है जिसका आकार-प्रकार पूर्वनिश्चित होता है। कला की सृष्टि ऐसी परिस्थिति में सर्वथा असम्भव है। उसके नाम पर प्रभावशून्य निकृष्ट भ्रूण हत्याएँ ही प्राप्य हो सकती हैं। ऐसी परिस्थिति में सृष्टि के लिए बाध्य होने पर उत्कृष्ट कलाकारों का लोप हो जाएगा। अन्तिम परिणाम मायकोव्स्की और अर्नेस्ट टोलर की तरह आत्महत्या करना है।

सर्वतंत्र स्वतंत्र कलाकार उपोद्धात

उपोद्धात

फासिज्म भारत में साम्प्रदायिक संस्थाओं को छोड़कर किसी का अभिप्रेत नहीं। साम्यवाद स्पृहणीय वस्तु है। तद्गत समस्याओं के बारे में बहुत गलतफहमी है। कला को उसकी आर्थिक आध्वन की सफलता के लिए उसकी परवता स्वीकार करने को 'प्रगतिशील करना' आदि के नारे लगाकर कहा जा रहा है पर जानना चाहिए कि साम्यवाद मात्र उपाय है—उपेय नहीं। निर्दोष उपेय Anarchy है। कलाकार Anarchist सर्वतंत्र स्वतंत्र होकर फूला नहीं समाएगा। उपाय के साथ वह अपने को Identify नहीं कर सकता। उपाय का कुछ निश्चय नहीं। रूस में प्रयुक्त उपाय ध्येय तक पहुँचने के बहुत पहले ही विकृत-सा हो रहा है। कलाकार के लिए तो उपेय आज भी प्राप्त है। उसे उपाय रूप चित्र, साहित्य, मूर्ति-निर्माण आदि की सहायता मिल सकती है पर इनका जो ध्येय है कला, उसका साहचर्य उपाय रूप साम्यवाद के उपेय Anarchy के साथ ही हो सकता है। और कला अपने राजनीतिक समानधर्मा से आगे ही रहकर उसका स्वागत करने के लिए तैयार रहेगी। साम्यवाद अपने को सँभाले, यही बहुत है।

हिन्दी का साहित्यिक कलाकार हिन्दुस्तानी के अत्याचार की भी उपेक्षा करता है। महात्मा गांधी ने इसे आम जनता की साधारण शिक्षा के लिए आवश्यक माना है। उच्च साहित्य दर्शन, विज्ञान की भाषा के लिए राजनीतिज्ञ फतवा नहीं दे सकता, महात्मा गांधी भी नहीं देते, जैसा मा. सम्पूर्णानन्द को आश्वासन देते हुए उन्होंने स्पष्ट कर दिया है। यदि हमने महात्मा गांधी को ठीक समझा है तो कोई बात ही नहीं। पर यदि इसके सिवा उनका आशय कुछ और हो, तो वह सर्वथा उपेक्षणीय है। काका कालेलकर कैसी भाषा लिखते हैं, यह किसी से छिपा नहीं। उसमें कोई दोष नहीं। आज का कलाकार, वैज्ञानिक, विद्वान कभी अनावश्यक रूप से पांडित्य प्रदर्शन नहीं करेगा। इसकी आशंका मूर्खता है। कलाकार सर्वतंत्र स्वतंत्र है।

आधुनिक कला के सिद्धान्तों के विषय की अपनी पुस्तक Art Now (Faber & Faber, 1933) में हर्बर्ट रीड ने क्रान्तिकारी कला और क्रान्तिकारी राजनीति के सम्बन्ध में साहित्य (Dissorication) को सफलतापूर्वक प्रमाणित किया है। उसका यह कहना सर्वथा सत्य है कि अधिकांश आधुनिक कलाकार न तो यहूदी हैं, न साम्यवादी, न स्वदेशवादी और न ही किसी प्रकार के राजनीतिक। वे मात्र कलाकार हैं। यदि उनके विषय में कुछ और भी कहा जा सकता है तो यही कि कलाकार की हैसियत से उनमें जितनी ही अधिक तात्त्विक आधुनिकता है, वे उसी अनुपात में अधिकाधिक निर्लेप और असक्त चेता होते हैं। और भी उसका यह कहना एक अत्यन्त महत्त्वपूर्ण और ध्यान देने योग्य सत्य है कि 'आधुनिक कला की आधुनिकता कला के रूप-विधान विज्ञान में आविर्भूत परिणति का परिणाम ही है।' वे महान कलाकार जिन्होंने आधुनिक

कला के प्रवाह का निर्देश किया है, उसे निर्दिष्ट रूप-रेखाएँ प्रदत्त की हैं, उसके शब्द हैं : 'उदाहरणार्थ कांस्टेबल टर्नर, Lezanne, Matione, Picasso—सब-के-सब किसी भी विशेष प्रकार के मत (Idoelogy) की जंजीरों में बँधे नहीं हैं।

साम्यवादी आधुनिक कला की अपनी तुलना में श्रेष्ठता-प्राश्रेष्ठता को क्यों स्वीकार करने लगे, पर साम्यवाद के कतिपय समालोचकों ने उसकी व्याख्या मार्क्स के आदर्शों के दृष्टिकोण से करने की चेष्टा अवश्य की है, जिससे कम-से-कम यह तो स्पष्ट हो जाता है कि उनमें परस्पर मतैक्य का अभाव है। मार्क्स के तर्क (कला पर) निश्चयात्मक रूप से घटित नहीं हो पाते। उदाहरणार्थ एक और कार्ल आइंस्टाइन अपनी पुस्तक 'Georges Braque' (London : Zwemmer, 1934) में व्यापक रूप से कोणवाद की ओर मुख्यत: Braque की व्याख्या करते हुए कहता है कि ये समाज में व्यष्टि से समष्टि में मूल्यों के स्थानान्तरित होने पर अपरिहार्य परिणाम स्वरूप है। पूँजीवादी सभ्यता की विशेषताओं से युक्त यथार्थता की प्रतिकृतियों को ठुकरा देना पड़ेगा और उनके स्थान पर आधुनिक कलाकार को यथार्थता के नये आघात की प्रतिकृतियों का निर्माण करना होगा। इस विनाश की क्रिया में प्रारम्भिक कोणवाद प्रथम सोपान है परन्तु इसके आकार-प्रकार में अभी गतानुगतिकता का सर्वथा लोप नहीं हो सकेगा। पर Braque जैसा कलाकार अपनी उत्तरकालीन कृतियों में ऐसे बन्धनों से मुक्त होकर सर्वथा अभिनव सृष्टि करने में सफल होता है। सचेत व्यष्टि का या तो सर्वथा विनाश ही हो जाता है या उसका अतिक्रमण और चित्रकार एक कल्पित यथार्थता को अभिव्यक्त करेगा जिसमें बुर्जुआ अवशेषों का लेश भी नहीं रहेगा। चित्र चित्र नहीं, 'Psychogram' हो जाता है। इस प्रकार मार्क्सवादी आन्वीक्षिकी (Maxian dialectics) के अनुसार, कला जितनी कला नहीं रह जाती, उतना Derationalization का साधन हो जाती है और तब हम साधिकार यह पूछ सकते हैं कि ऐसी कला जिस प्रकार कभी भी सर्वसाधारण (Proletation) की संस्कृति की संश्लिष्ट अभिव्यक्ति हो सकती है, कार्ल आइंस्टाइन के अनुसार, तब आधुनिक कला का महत्त्व केवल ध्वंसात्मक है। इसका ध्येय है यथार्थता के रूढ़ आदर्शों का उत्सारण। यह भावी Proletariat कला के लिए रास्ता साफ करने का काम करती है।

एक दूसरे मार्क्सवादी समालोचक Max Raphael; एक दूसरे आधुनिक चित्रकार पिकासो की कला के विश्लेषण से भिन्न ही परिणाम पर पहुँचता है। यों Braque और Picasso की कला में अवश्यम्भावी प्रातिस्विक भेद हैं पर वे समान रूप से आधुनिक हैं और इस अपर दृष्टिकोण से उनकी समालोचनाएँ आधुनिक चित्रकला पर व्यापक रूप से लागू होती हैं। अतएव Karl Einstein की समालोचना Braque की कला के विषय में, और Max Raphael की Picasso की कला के विषय में, आधुनिक चित्रकला पर ही दो विभिन्न विचार माने जा सकते हैं। Braque को Einstein भावी Proletarian कला का अग्रदूत मानता है। Picasso को Raphael (Decadent+Courageous Art)।

बुर्जुआ कला के अन्तिम प्रतिनिधियों में से एक मान्यता है—या अधिक-से-अधिक वैषयिक अनुभव को अभिव्यक्त करनेवाला। पर और जो कुछ हो, Raphael के अनुसार (दूसरे के लिए यह कहना कठिन है) Picasso में निःसंदिग्ध गतानुगतिकता है, वह निश्चित रूप से प्रतिक्रियावादी है। कभी हब्शी कला, कभी पौराणिक कला, कभी Super Reality से प्रेरणा लेने के कारण उसकी कला की परिणति केवल विवेक का हेतुवाद का वैधर्म्य ही मानी जाएगी। उसे विभिन्न कलाओं का समाहारक (Electrical) समझना भूल है। उसकी कला पाश्चाद्‌गामी बुर्जुआ कला का केवल नव्य रूप है। उसकी कला को विभाजन, हब्शी, पौराणिक, मध्ययुगीन—उसका क्रमिक विकास—प्रथमतः उसके रूढ़ि के भय को और फिर इसी कारण उसी का शरणागत् होने को व्यक्त करते हैं। इस मत के अनुसार पिकासो का अनेक पंथीन विकास उन्नीसवीं शताब्दी के द्वारा अव्याख्यान ही छोड़ी समस्या को सुलझाने का क्लीव प्रयत्न मात्र है। वह समस्या थी—आर्थिक वास्तविकता पर अधुनातन समाज की महत्त्वपूर्ण प्रवृत्तियों पर आश्रित कला की सृष्टि। किंबहुना, यदि Raphael के विश्लेषण को स्वीकार कर लें तो Picasso चतुर्दिक परिदृश्यमान श्रेणी-संघर्ष के प्रति सर्वथा अजागरूकता ही रह गया है। और स्पेन के कल के गृहयुद्ध के प्रति पिकासो के सर्वविदित रुख के कारण यह धारणा, नितान्त निर्मूल प्रमाणित होती है।

कलाकार की हैसियत से राजनीति में अशक्तचेता व्यक्ति ही कला में क्रान्ति का आविर्भाव कर सकता है, यह स्पष्ट हो गया होगा। त्रात्स्की ने एक स्थान पर वास्तविक और छद्‌म क्रान्तिकारी के बीच भेद को भूल नहीं जाने के लिए चेतावनी दी है। वह विवेचना आधुनिक काल के विषय में उतनी ही आवश्यक है जितना आधुनिक राजनीति के। आधुनिक कलाकारों की व्यवहृत प्रणालियाँ अपना महत्त्व और आकर्षण रखती हैं पर उसका उपयोग साधारण प्रतिभावान विशुद्ध कला की साधना के बदले और तरह से भी कर सकता है, करता है।

यदि ऐसे व्यक्ति का कौशल उसे कला नहीं कह सकते—किसी भी राजनीतिक सम्प्रदाय की परवत्ता स्वीकार करता है तो, वह चाहे अर्वाचीन प्रणालियों का ही प्रयोग क्यों न करे, उस कला के संसार में गलहस्तित होना पड़ेगा। अंग्रेजी का साम्यवादी कवि (?) लुईस मोकोन-ill और Fascist कवि, दोनों ही अर्वाचीन कौशल का प्रयोग करते हैं पर कलाकार की दृष्टि में दोनों ही अपेक्षया दंडनीय अपराधी हैं। हाँ, इसमें तो कोई संदेह नहीं कि कलाकार के जब विशुद्ध राजनीति के दृष्टिकोण से इन पर कभी दृष्टिपात करेगा तो साम्यवादी पद्य लेखक या चित्रकार, जिसे किसी हालत में कलाकार की पदवी नहीं दी जा सकती, उसका अधिक सहानुभूति पात्र होगा।

उल्लिखित उपमेय Anarchism को संक्षेपतः समझ लेना चाहिए। इसके बारे में बहुत कम असली ज्ञान, बहुत अधिक गलतफहमी फैली हुई है। Anarchism का नाम लेते बहुत लोगों की कल्पना के सामने किसी खूंखार, बिखरे केश वाले बंगाली की

मूर्ति आ जाती होगी तो एक हाथ में रिवॉल्वर और दूसरे में पोटैशियम साइनाइट की पुड़िया लेकर आतंक के लिए तत्पर है। यह गलतफहमी यहीं पाई जाती है। यही नहीं, यूरोप में भी इस वाद के विषय में फासिज्म या साम्यवाद आदि की तुलना में सर्वसाधारण का अज्ञान आश्चर्यजनक है।

बात यह है कि पूँजीवादी पत्रों को इसकी व्याख्या या प्रचार करने की तो कोई आवश्यकता नहीं, प्रत्युत वे इसके सम्बन्ध में भ्रामक धारणाओं का प्रसार ही चाहेंगे। परन्तु स्वयं साम्यवादी पत्रकार भी इस सम्बन्ध में एक विचित्र मनोवृत्ति का परिचय देते हैं। उन्होंने यह अनिवार्य सत्य-सा मान लिया है कि 1872 की Haque Congress में जब Marx ने Bakumiar को मत-भूमिष्ट की प्राप्ति से पराजित किया था, तभी Anarchism सदा के लिए दफना दिया गया था। उनकी इस भ्रान्ति का कारण भी है। आज communism का एक मात्र व्यवहृत रूप स्टालिन की रूसी-शासन पद्धति है और अवश्य communism के इस वास्तविक उपेय से यह बहुत दूर है और दूरतर ही चली जा रही है। पर वे भूल जाते हैं, इसका प्रतिशत रूप कुछ और ही होने वाला था, जिसकी अब भी आशा बनी हुई है।

यह तो मानना ही पड़ेगा कि Bakermin या Tolstoy का Ethical Anarchism अपने में अपूर्ण और अव्यावहारिक था, परन्तु उनके सिद्धान्तों का पूरण Sorel के Economic syndicalism से हो जाता है। और इस रूप में Anarchism ही Marx, Engels, Lenin और कहने को स्टालिन का भी चरम लक्ष्य है।

Marx and Engels ने communism को इसकी चरम परिणति में ('A true association of cooperaters, exempt from the control of any central Govt. or bureaucracy') 'सहयोगियों का स्वेच्छा-सम्मेलन' माना है, जिस पर किसी केन्द्रीय सरकार या नौकरशाही का नियन्त्रण नहीं रहेगा। Engels describes the state as 'withering away' और यही मार्क्सवाद का मूल मंत्र है।

'The proletariat seizes state powers, and then transforms the means of production into state property. But in doing this, it puts an end to itself as the proletariat, it puts an end to all class differences and class entagonism it puts an end also to the state as the state...as soon as there is no longer any class of society to be held in subjection, as soon as along with class domination & the struggle for individual existence based on the former anarchy of production, the willisions and excesses arising from there have also been abolished, there is nothing aware to be repressed, and a special repressive force, and state is no longer necessary. The first act in which the state really comes forward as the representation of society as a whole—the seizure of the means of production in the name of society—is at the same time its last in dependant act as a state. The interference of a state power in social relations becomes super fluous in one sphare after aother, and then becomes dormant or inself, goverment over persons is replaced by the administration of things and the direction of the processes of productions. The state is not 'abolished' it 'withers away'.

मानो ऐसी आशंका करके कदाचित् Engel के इस सिद्धान्त को लोग एक चमत्कारपूर्ण विरोधाभास (A brilliant paradoss) के सिवा और कुछ नहीं समझेंगे। लेनिन ने विशेषत: Engel के सिद्धान्त के पोषण के लिए ही 'The state to Revolution' का प्रणयन किया (इस ग्रंथ को उसने 1917 की मार्च-अक्टूबर की क्रान्तियों के बीच पूरा किया था)। (क) यह सच है कि इस ग्रंथ में उसका उद्देश्य यह भी प्रतिपादित करना है कि एक क्रान्ति इस 'withering away of the state' के पूर्व नितान्त आवश्यक वस्तुस्थिति है, (ख) कि 'The Proletariet must seize power before it can establish the conditions for its gradual dissolution' लेकिन हमें इनसे इस वक्त मतलब नहीं। हमें जिस बात पर ध्यान देना चाहिए, वह है कम्यूनिज्म की अन्तिम परिणति के तंत्ररहित रूप (Nongovernmental) के विषय में पुनरावृत्ति। उसके ही शब्दों में : 'From the moment when all members of society, or even only the overwhelming majority, have learned how to govern the state, themselves have taken this Business into their own hands, have 'Established' control over the insignificant minority of capitalists, over the gentry with capitalist learnings, and the workers throughly demoralised by capitalism—from this moment the need for any government Regions to disappear. The more complets the democracy, the nearer the moment when it begins to be unnecessary. The more democratic the 'state', consisting of armed workers which is 'No longer a state in the propersense of the word', the more repiadly does every state begin to wither away. 'While the State exists there is no freedom, where there is freedom. There will be no state.'

यद्यपि इन सिद्धान्तों के यथाशीघ्र व्यवहार में विश्वास रखने के ही कारण लेनिन की विधवा (Madamekroupskaya) को बन्दिनी होना पड़ा था, तो भी Stalin स्वयं भी इसमें मौखिक विश्वास प्रकट करने से बाज नहीं आता। यू.एस.एस.आर. के बोड़श कांग्रेस के अपने भाषण में उसने कहा था :

'We are for the withering away of the state... To keep in developing state power in order to prepare the conditions for the withering away of state power—that is the marxist formula.'

परन्तु सिद्धान्त कुछ भी हो, उनमें मौखिक विश्वास रखते हुए भी स्टालिन के अधीन रूस की वर्तमान दशा इस ध्येय की प्राप्ति से दूर ही होती जा रही है। 'From each according to his abilition, to each according to his need के उदात्त आधान से हटकर Payment by piece-work की फिर स्थापना हो गई है क्योंकि स्टालिन के अनुसार 'Man will not procuce to the full Extent of his abilities unless he can there by gain some advantage over his fellowman.'

अर्थात् उपर्युक्त उदात्त सिद्धान्त का मूलोच्छेदन हो गया और यह साम्यवाद के मूर्धन्य व्यक्ति द्वारा—किमाश्चर्यं भूतः परम ?

त्रात्स्की और अन्य साम्यवादी आलोचकों के अनुसार, जो स्वीकृत सिद्धान्तों के व्यावहारिक अनुवाद को कठोरता से सम्पन्न करने के पक्ष में है, 'such a method of Ex-ploitation has been(re) introduced to suboidize a searcely disguised system of state capitalism, with bureaucracy as a priviledged controlling class'—इसके प्रमाण में वे अन्य बातें पेश करते हैं : 'The rehabilitation of the rouble, the need laws protecting private property, the revival of military titles and decorations, the establishments of seperate military colleges and special schools for the children of the privileged class.'

अगर हम यह भी मान लें कि इनमें से कई दोष तो परिवर्तन के युग में अपरिहार्य, अतएव बाध्य हैं, और बचे हुए दोषों को भी रूसी शासन के अग्रगण्य गणों को ध्यान में रखकर महत्त्व नहीं देना चाहिए तो भी व्यवहार में उसे थोड़ी देर के लिए सर्वथा निर्दोष भी मान लें तो भी रूसी साम्यवाद उसके आचार्यों द्वारा अनुमोदित कम्यूनिज्म की अन्तिम परिणति, 'Anarchism' एकदम प्रतिकूल ही पड़ेगी। इसका कारण यह है कि रूस में परिणत कम्यूनिस्ट नीति का सर्वाधिक महत्त्वपूर्ण अंग हो गया है। नायक का आधान, एक ऐसा आधान, जो फासिज्म में भी महत्त्वपूर्ण है। Transitional probtariat dictatorship का पाखंड बहुत दिनों तक चल चुका।

कहने की जरूरत नहीं, हमने शुरू में ही इसे स्पष्ट कर दिया है, कि हमें Bakunin के नैतिक Anarchism के सिद्धान्त को स्वीकार करने के लिए पीछे जाने की आवश्यकता नहीं है—उसके लेखों में उच्च विचारों का प्राचुर्य है, और उसने अपना जीवन अत्यन्त वीरता के साथ व्यतीत किया था, पर उसके पास आधुनिक युग के लिए कोई व्यावहारिक सन्देश नहीं था। Kroptok भी उच्च कोटि का वीर व्यक्ति था। वह अपेक्षाकृत अधिक व्यावहारिक भी है, पर उसका प्रस्तावित कार्यक्रम भी आधुनिक उत्पादन साधनों के आश्चर्यजनक विकास से पुराना पड़ गया है। क्रोपर किन के अनन्तर Anarchism की परिणति आधुनिक परिस्थितियों के अनुकूल हुई और उसकी इस व्यावहारिक नीति का नाम syndicalism पड़ा। Anarcho-syndicalism, पर है जरा असुविधाजनक रूप से लम्बा-चौड़ा, पर यही आधुनिक chist सिद्धान्त के रूप का यथार्थ वर्णन करता है। फिर भी नाम का कुछ अधिक महत्त्व नहीं। वस्तुतः उक्त प्रकार के Anarchism में कोई विशेष वैचित्य नहीं है। Marx & Englio के द्वारा कल्पित वास्तविक साम्यवाद के चरम लक्ष्य के सभी तथ्यों का ही संश्लेषण है। साम्यवाद के रूसी विकास से अवश्य यह बहुत भिन्न है जिसका उल्लेख हो चुका है। Anarchism—इस शब्द विशेष का प्रयोग केवल इसीलिए उपयुक्त प्रतीत होता है कि यह जितनी स्पष्टता और शक्ति के साथ हमारे प्रतिपादित मूल सिद्धान्त की अभिव्यंजना कर सकता है, उतना दूसरे शब्द नहीं—कहना नहीं

होगा, हमारा तात्पर्य है : 'The abolition of state and the creation of a co-operation at commonwealth' के आधान।

इसके विरुद्ध जिन तर्कों को तथाकथित साम्यवादी (पर जो वस्तुत: State socialist कहे जाने का अधिकारी है—पर फिर भी ध्यान रहे, National socialism से यह निम्न है) पेश करते हैं, उनकी भित्ति पर अव्यावहारिकता का आरोप होता है। इसका यह साधारण-सा उत्तर है कि ठीकतम ऐसे ही तर्क दुनिया में सदैव ही सामाजिक व्यवस्था के पुनर्संगठन के प्रयत्नों के विरुद्ध पेश किये जाते रहे हैं। anarchi का विरोध जब कम्यूनिस्ट अव्यावहारिकता, अवास्तविकता, आदर्शवादिता आदि के कारण करते हैं तो वे तीस-चालीस वर्षों का अन्तर दें। केवल यही तर्कों की पुनरावृत्ति मात्र कर रहे हैं जिनका प्रयोग अतीत के प्रतिक्रियावादियों ने उनके विरुद्ध किया था।

और अब यह स्पष्ट हो गया होगा कि Anarchism के आधान से ऐसी कोई बात नहीं जो बौद्धिक आभिजात्य (Intellectual Aristocracy) के आविर्भाव का प्रतिरोध करे। Anarchione का एक विषय में साम्य का सिद्धान्त (Egelitarian Doctorine) नहीं है, और, जैसा प्रतिपादित किया जा चुका है, Anarchism को चरम लक्ष्य मानकर विकासोन्मुख (communist) भी ऐसा नहीं है और क्षेत्रों में पूर्ण साम्य को स्वीकार करनेवाला 'Anarchism' इस क्षेत्र में विभिन्न सिद्धान्त का पालन कैसे कर सकता है ? यह इस प्रकार सम्भव होगा कि 'Anarchy' इस अभिजात सम्प्रदाय को किसी तरह की राजनीतिक शक्ति नहीं प्रदान करेगी। राजनीतिक शक्ति तो बुद्धि को भी कलुषित करने में विलम्ब नहीं करती और ऐसी दशा में आभिजात्य (बौद्धिक) और शक्ति (राजनीतिक) परिणाम आभिजात्य नहीं रह जाता। प्रत्युत् oligarchy। जो दार्शनिक, चित्रकार कवि प्रभृति हों, वे श्रद्धा और आदर के इस तरह भागी होंगे, जैसा मानव सभ्यता के ऐतित्य में कभी नहीं हुए थे। किन्तु बुद्धि प्रमुख व्यक्ति और क्रियाप्रमुख व्यक्ति के मध्य की उस भयंकर confusion का परिहार हुआ रहेगा। बुद्धि आदमी को निश्चयपूर्वक शारीरिक काम करने में असमर्थ कर देती है, शारीरिक काम बुद्धि को क्लीव बना देते हैं। मनोवैज्ञानिक के शब्दों में जो प्रकृत्या introvert है, वह कदापि Extrovert के अनुरूप कामों को करने में समर्थ नहीं होगा। न तो प्रकृत्या Extrovert है, वह introvert के क्षेत्र में सफल होगा। मानव व्यक्तित्व का ऐसा है—Dialectic।

Anarchism एक नेशनल आदर्श है—जिसे हम, एक बार फिर से कह दें, Balkumin, Marx, Lenin—सभी के द्वारा स्वीकृति पाते हैं। चूँकि समसामयिक रूसी साम्यवाद में यह चरम उपेय दृष्टि से ओझल होता जा रहा है, इसलिए इसे इसके स्पष्टतम अभिधान में प्रतिपादित करना आवश्यक प्रतीत होता है।

निस्सन्देह Form, Pattern and order अस्तित्व के अपरिहार्य उपकरण हैं, लेकिन अपने में ये बातें मृत्यु की मितव्य हैं। जीवन के निर्माण के लिए, प्रगति के निर्बाध होने के लिए, बर्धमान प्रकाश के लिए Form को खंडित करना, Pattern को विकृत

करना, अपनी सम्भाव्यता में आमूल परिवर्तन ले आ देना अत्यन्त आवश्यक है। निर्माण के लिए विध्वंस सर्वप्रथम उद्योग है, और समाज में विध्वंस का विधायक कला है। कलाकार निश्चित रूप से सर्वतंत्र स्वतंत्र (Anarchist) होता है, और उसका सब प्रकार के the state के व्यवस्थित आधानों का, विरोध करना ही पड़ता है—केवल उन्हीं का नहीं, जिनका हमें अतीत से उत्तराधिकार मिला है, किन्तु समान रूप से उनका भी, जो हम पर भावी के नाम पर लादे जा रहे हों। इस भाव विशेष में फासिज्म और मार्क्सवाद में कोई विभेद नहीं माना जा सकता।

हिन्दुस्तानी की असम्भाव्यता और व्यर्थता

1. यह बहुत-से-बहुत तो केवल प्राथमिक शिक्षा का माध्यम सफलतापूर्वक बन सकती है, लेकिन चूँकि यह वहीं तक सीमित नहीं रखी गई है चूँकि इसे उच्च शिक्षा और सार्वभौम साहित्य का वाहक भी बनाने की चेष्टा की जा रही, इसलिए यह कह देना प्रासंगिक है कि दर्शन, विज्ञान, गम्भीर साहित्य के सम्बन्ध वाले दुरूह अगम्य विचार केवल हिन्दुस्तानी के सहारे अभिव्यक्त ही नहीं हो सकेंगे। यही नहीं, ऐसे विचारावरोध को प्रतिपादित करने की इच्छा रखने वाला उदीयमान हिन्दी लेखक-वंश भ्रूण-हत्या का शिकार बन जाएगा।

2. इसके प्रबल हिमायती भी यह कहने की हिम्मत नहीं कर सके कि भाषा की तरह ही लिपि को भी हिन्दुस्तानी कर दो, क्योंकि भाषा के विषय में हिन्दुस्तानी की हवाई परिभाषा देकर भुलावा दिया जा सकता परन्तु लिपि की समस्या आई, तब तो स्थूल उसकी परिभाषा, नवीन उसका निर्माण जो करना होगा। यह कहो यदि कि नहीं, लिपि दो रही—उर्दू और देवनागरी, तो यह प्रयोग की व्यर्थता है। यदि लिपि भिन्न रह गई तो हिन्दुस्तानी की आवश्यकता क्या है? आज भी मुसलमान उर्दू में उनकी अरबी से पुष्ट भाषा पढ़ता और वहीं तक रह जाता। उर्दू में होने की वजह जैसे आज, वैसे ही कल्ह की हिन्दुस्तानी भी जितनी उर्दू में लिखी जाएगी, वह मुसलमानों की अपनी खास सीमित चीज रहेगी। वैसे ही हिन्दी भी जितनी देवनागरी में लिखी जाएगी, उतना ही वे हिन्दुस्तानी समझेंगे तो जहाँ लाभ नहीं हुआ कुछ, वहाँ यह हानि भारी हुई कि संस्कृत मिश्रित रहने और देवनागरी में बद्ध होने के कारण जो हिन्दी भाषा कम-से-कम हिन्दुओं के लिए तो गम्य थी, वही अब उर्दू-मिश्रित होने के कारण यू.पी. के हिन्दुओं के लिए ही रह जाएगी और मुसलमान समझेंगे ही नहीं क्योंकि वह देवनागरी में ही होगी।

यह कहो कि ये लिपि सभी सीखें तो हम पूछते, वो भाषा ही क्यों नहीं सीख ले, हम चेष्टा करें तो : अंग्रेजी जरूरी है अन्तरराष्ट्रीय के लिए, संस्कृत हिन्दुत्व के लिए, उर्दू भी रही हिन्दुस्तानी भक्तों के कहने से।

इसी सब कारण से सुभाष बाबू बिगड़कर कहते—रोमन लिपि अख्तियार करो। सचमुच ऐसी दशा में और कोई चारा नहीं—लेकिन तब इतना ही क्यों? कौमी दंगों और अनैक्य को रोकने के लिए क्यों नहीं ईसाई धर्म हम ग्रहण कर लें? हिन्दू कम-से-कम कहने में मुसलमानों के लिए उदाहरण होकर। अनुकरण, या न करें।

ऐसी हालत में हमारा विश्वास है। अतः युग्मों को एक ही पेट से पैदा होने पर भी डाक्टरी से सटाकर विकृति बना प्रदर्शन करने के बदले यही अच्छा कि स्वस्थ अलग-अलग बढ़ने दें। आपस में युग्म-सुलभ स्नेह सौख्य हो। शरीरतः अभिन्न होना था, ऐसा करने का प्रयत्न करना विकृति का निर्माण होगा। इसके लिए सर्वनाश की जरूरत है, जिसके द्वारा शुद्ध की गई भूमि पर नई सृष्टि होगी, साम्यवाद आने दो।

मेरा विरोध स्पष्टतः हिन्दू की हैसियत से नहीं, केवल भाषा विज्ञानशास्त्री के दृष्टिकोण से है और उपाय साम्यवादी है।

तुम्हें कसम है नाजियो!

तुम्हें कसम है नाजियो, तुम भारत के विषय में प्रतिश्रुत दिलचस्प बातों का भंडाफोड़ कर दो!...इटली और जापान जैसे समबर्बर दो-एक राष्ट्रों को छोड़ और सभी ने एक स्वर से हिटलर की यहूदियों के प्रति अख्तियार की गई लज्जाजनक नीति की निन्दा की है; परतंत्र भारत की आवाज सबसे बुलन्द नहीं रही हो, पर वह निर्भीकता और आत्म प्रत्यय में सबसे अधिक ध्यान आकर्षित करनेवाली बात रही है। कमजोर शत्रु को उसकी विपत्ति में क्षते क्षारावसेक करनेवाले ब्रिटिश और फ्रेंच राष्ट्र की अपराधी आत्माएँ, जर्मनी को, कब्र से अप्रत्याशित रूप में उठ खड़ा होनेवाला, प्रतिशोध के लिए व्यग्र प्रेत समझती हैं। फिर भी, उनसे डरते रहने पर भी, अंग्रेजों और फ्रेंचों ने भी इसे सर्वथा अनुचित ठहराया ही। लेकिन हिटलर और उसके अनुयायी तो इसे उचित, सामान्य घटना मानते हैं। इससे भी अधिक वे निन्दक राष्ट्रों को तोता-चश्म, समान अपराधी या निर्दोष होने का उद्बाहु दावा करते हैं। यथार्थता क्या है?

हम इसका चतुर्विध विश्लेषण कर सकते हैं। सर्वप्रथम तो मानवता के व्यापक, उदात्त आदर्शों के दृष्टिकोण से देखने पर यह निर्विवाद रूप से निन्दनीय और दंडनीय है। दूसरे हमें जर्मनों के भी तर्कों पर सहानुभूतिपूर्वक विचार कर लेना ही चाहिए। उनके कथनानुसार यहूदी अपनी जाति को प्राणपण से अमिश्र, पृथक् बनाये रखने की चेष्टा करते हुए जर्मनों के ऐक्य और सफलता के सक्रिय विरोधी रहे हैं; और मान लो कि यह नीति-न्याय नहीं, फिर भी उसकी निन्दा ये राष्ट्र किस मुँह से करते हैं? क्या अतीत में इन्हीं देशों में यहूदी-विरोधी प्रगतियाँ ऐतिहासिक सत्य नहीं? और क्या अंग्रेज आज भी फिलीस्तीन और भारत के उत्तर-पश्चिम सीमा-प्रान्त में उनसे भी क्रूर

दमन-नीति व्यवहार में नहीं ला रहे ? क्या फ्रांस, ट्यूनिस और अल्जीरिया में बम-वर्षा करते हुए भी यह समझना है कि दुनिया को कुछ मालूम ही नहीं ? और यह अमेरिका ? यह तो कहेगा ही अब, जब अमेरिका के आदिम निवासी रेड-इंडियंस सीमित संख्या के रक्षणीय वैचित्र्य हो गए हैं और लोमहर्षक के.के.के. नामक गुप्त संस्था, जो हब्शियों को जिन्दा जलाने में अपनी चरम सफलता समझती थी, इधर कुछ दिनों से शान्त है; उसे अपने को दूध का धोया समझने का सब अधिकार है ही ! पर इन सब तर्कों का साधारण-सा उत्तर है; अन्याय चाहे कोई भी करे, न्याय नहीं हो जाएगा, न वह क्षम्य ही है।

तीसरी बात है इन निन्दक राष्ट्रों से सम्बन्ध रखनेवाली। क्या सचमुच ही जर्मनी की नीति निन्दनीय होने पर भी उसके तर्क ठीक नहीं हैं ? हमारा तो विचार है कि अधीनस्थों के विषय में ब्रिटिश, फ्रेंच और अमेरिकन राष्ट्रों को भी लज्जा होनी चाहिए। जर्मनी की नीति पर क्षोभ प्रकट करने के पहले उक्त राष्ट्रों में प्रथम को भूल नहीं जाना चाहिए कि जब जर्मनी के तानाशाह हिटलर ने उसके सामने यह प्रस्ताव रखा था कि एक अन्तरराष्ट्रीय समझौते के द्वारा खुले नगरों पर हवाई जहाजों से बम बरसाना हर वक्त के लिए निषिद्ध ठहरा दिया जाए तो उसने इसे अस्वीकार कर दिया था; और भी क्या उसी ने कल तक इटली द्वारा अबिसीनिया पर किये गए बलात्कार की कुत्सा करने के बाद आज खुशी से इस पर अपनी स्वीकृति नहीं दे दी है ? तो उसे दूसरों पर क्षोभ करने का क्या अधिकार रह जाता है ? हम तो यहाँ तक कहेंगे कि यदि इन देशों में यहूदियों का विराट् आर्थिक प्रभुत्व नहीं रहता, जिनकी सहायता अगले युद्ध में नितान्त आवश्यक होगी, तो आम जनता चाहे जो कुछ करती, सरकारी तौर से जर्मनी का विरोध करना ये शायद ही आवश्यक समझते। असल बात तो यह है कि कोई भी साम्राज्यवादी शक्ति बर्बर हुए बिना सफल हो ही नहीं सकती। फिर आपस में निन्दा कैसी ?

इस प्रश्न पर चौथा और अन्तिम, पर हमारे लिए औरों से तनिक भी अमहत्त्वपूर्ण नहीं, विचार यह है कि भारत की आजादी के लिए लड़ रहनेवालों और साम्राज्यवादी स्वप्नों से तटस्थ राष्ट्रों को ही केवल जर्मनी की जघन्य बर्बरता की निन्दा करने का अधिकार है। अगर जर्मनी को उपर्युक्त पाश्चात्य राष्ट्रों के छद्म क्षोभ पर आश्चर्य होता है तो हम मानते हैं, वह अकारण नहीं। पर जब उसी स्वर में भारतीय विरोध (विशेषत: महात्मा गांधी द्वारा लिखित) का भी उत्तर दिया जाता है तो हमें उसका प्रत्युत्तर देना ही पड़ता है। जब जर्मनी यह धमकी देता है कि भारत के विरोधी प्रचार के उत्तर में वह उसके विषय की बहुत-सी दिलचस्प बातों का भंडाफोड़ कर सकता है—तो हमें हँसी आती है। क्या वह हमें यह बताएगा कि 'तुमने भी तो हजारों वर्ष पहले बृहत्तर भारत पर इसी तरह कब्जा किया था ?' लेकिन वह तो प्राय: प्रागैतिहासिक धम्मविजय थी। तो क्या लाला हरदयाल आदि की युद्धकालीन जर्मन साहाय्य की प्राप्ति की चेष्टा

की ओर उसका इशारा है ? लेकिन इन दोनों उदाहरणों में तुलना की कोई गुंजाइश तो हम नहीं पाते। फिर हमें तो यह याद है, यद्यपि बहुतों को यह बात मालूम तक नहीं कि महायुद्ध के अनन्तर जहाँ सभी मित्र-राष्ट्र अपने-अपने साम्राज्यों के विस्तार के लिए दाँत किटकिटा रहे थे, वहीं भारत ने अंग्रेजों द्वारा उपनिवेश को स्वीकार करने के लिए पूछे जाने पर, साफ शब्दों में कह दिया था कि वह अपनी स्वतंत्रता के लिए जितना उत्सुक है, उतना ही वह दूसरों की स्वतंत्रता का भी आदर करता है ! इसलिए हम फिर से कहते हैं (और महात्मा गांधी ने अपने प्रत्युत्तर में इसके लिए उत्सुकता दिखलाई है)—हमारे बारे में जो दिलचस्प बातें मालूम हैं तुम्हें, तुम हमारी भावनाओं का खयाल रखे बिना बता डालो ! तुम्हें कसम है नाजियो !

नोबेल पुरस्कार निर्णय

हमें दु:ख के साथ कहना पड़ता है कि इस अत्यन्त महत्त्वपूर्ण अन्तरराष्ट्रीय पुरस्कार की निर्णायक समिति इधर कई वर्षों से शिथिलता, अयोग्यता और पक्षपात का परिचय देने लगी है। विशेष कर शान्ति और साहित्य-सम्बन्धी निर्णय को तो विचारकों के भूमिष्ठ को नहीं स्वीकार करना चाहिए। विज्ञान चूँकि स्पष्टतर निर्धारणीय फल है इसलिए इसके प्रति इसके सौभाग्य से अन्याय नहीं हो पाता। जैसे इसी साल यद्यपि विज्ञान-सम्बन्धी पुरस्कार का इटालियन पदार्थशास्त्री कर्मी को मिलना सर्वथा उचित था, फिर भी यह नहीं कहा जा सकता कि शान्ति और साहित्य-सम्बन्धी पुरस्कार योग्यतम व्यक्तियों को मिले हैं।

पहले शान्ति-सम्बन्धी पुरस्कार को ही लीजिए। हल्ला तो था कि यह, ब्रिटेन के प्रधान को मिलेगा। पर ब्रिटिश कूटनीति की परम्परा की रूढ़ियों को तोड़कर अपनी ही दुरभिसन्धि और दुर्बलता के कारण उत्साहित युद्ध को रोकने के प्रयत्न के लिए उन्हें इतना सम्मान मिले कि हमें इसका कोई कारण नहीं दीख पड़ता। और इसलिए तो इसमें कोई सन्देह नहीं कि निर्वासितों की सहायता के लिए स्थापित जेनेवा-स्थित 'नान्सेन' संस्था को इसे प्रदत्त कर जो सम्मान स्वर्गीय नान्सेन के प्रति प्रकट किया गया है, वह अस्थान नहीं है। फिर भी हम कहेंगे कि जहाँ नान्सेन-प्रभृति शान्ति के उपायों तक को भी व्यवहार्य नहीं दिखा सके, वहीं महात्मा गांधी उपेय विश्व-शान्ति का मार्ग दिखलाने में समर्थ हुए हैं और यदि यह पुरस्कार उन्हें दिया होता तो कम-से-कम एक बार वह भूषण नहीं, भूषित हो जाता। जहाँ पाश्चात्य शान्तिवादी विश्व-व्याधि का निदान नहीं कर पाए हैं, वहीं महात्मा गांधी ने उसका आंशिक काया-कल्प कर दिखाया है। लेकिन इस पुरस्कार का ऐसा सौभाग्य ही नहीं, तो क्या कहा जाए ?

साहित्य-सम्बन्धी पुरस्कार पूर्ण रूप से सन्तोषप्रद हो ही नहीं सकता और इसका दोष सर्वप्रथम नोबेल को ही है जिन्होंने कला में आदर्शवाद को जाने क्यों आवश्यक मान लिया था ? इसके फलस्वरूप प्रायः सभी उच्चकोटि के कलाकार इसके अधिकारी नहीं रह जाते। कभी-कभी यदि भाग्यवशात् उत्कृष्ट कलाकार आदर्शवादी भी रहा तो कोई बात ही नहीं, अन्यथा साधारणतः द्वितीय श्रेणी के संदिग्ध प्रतिभावाले साहित्यिक ही इसे पा जाते हैं। उदाहरणार्थ इस साल का पुरस्कार 'गुड अर्थ' इत्यादि उपन्यासों की अमेरिकन लेखिका श्रीमती पर्ल बक् को मिला है जो आर्थिक दृष्टि से सफल और प्रसिद्ध होने पर भी कलाकार की हैसियत से तुच्छ ही हैं। विशुद्ध कलाकार, जैसे—जेम्स जायस, एल्डस हक्सले इत्यादि की तो बात अलग, योग्यतर आदर्शवादी साहित्यिकों की भी कमी नहीं थी। मेरा तो सुचिन्तित मत है कि इनसे अच्छे दो-तीन औपन्यासिक भारतीय भाषाओं में मौजूद हैं—पर निर्णायकों को कौन सुबुद्धि दे ?

मियाँ मिट्ठू

गर्हित व्यापार को न्याय्य-सिद्ध करने के लिए कैसे संकीर्ण, परस्पर विरोधी, कलहोत्पादक तर्कों का आश्रय लेना पड़ता है, यह पंजाब के प्रधानामात्य के उस भाषण से स्पष्ट हो जाता है जिसे उन्हें दिल्ली के विगत मुस्लिम लीग के अधिवेशन में, युद्ध-विरोधी प्रचार पर केन्द्रीय सरकार से प्रतिबन्ध लगवाकर और ब्रिटेन को सैनिक सहायता देने के लिए प्रतिश्रुत होकर, प्रदर्शित अपने असाधारण देशद्रोह को उचित ठहराने के लिए, देना पड़ा था। सारे राष्ट्र की भलाई किसी नीति में है, खुद उनके ही मजहब का क्या तकाजा है, और ऐसे व्यापक तात्त्विक समस्याओं की उन्हें स्पष्टतः कोई चिन्ता नहीं—उन्हें तो केवल इस मतलब से है कि ऐसे पंजाबी फिरकों को, जो अपने को किराये का सैनिक बनाना अपना व्यवसाय बनाये हुए हैं; घाटा नहीं हो। यदि युद्ध होगा तो अधिक-से-अधिक तायदाद में वे भर्ती होंगे, चाहे उन्हें अपने भाइयों का ही गला काटना पड़े। अवश्य इस नग्नता में सर्वथा घृण्य इस तथ्य को सर सिकन्दर ने पंजाबियों की प्रान्तीयता को गुदगुदाकर आवृत्त करना चाहा है, पर जिन्हें तनिक भी विवेक है, चाहे वे पंजाबी हों या किसी और प्रान्त के, वे गलतफहमी में नहीं पड़ेंगे।

सर सिकन्दर का कहना है कि पंजाबी सबसे अधिक तायदाद में सेना में भर्ती किये जाते हैं, क्योंकि वे शरीर से भारत के अन्य प्रान्त के निवासियों की तुलना में योग्यतम होते हैं। आज जब विकट कूटनीतिज्ञ अंग्रेजों की Divide and rule नीति के फलस्वरूप हमारे देश में प्रान्तीयता का विष बुरी तरह फैल गया है, हमें यह सन्देह होना उचित ही है कि कितने सरल-हृदय पंजाबियों का आत्मविश्वास दम्भ में परिणत हो जाने के खतरे में है—इसीलिए बाध्य होकर हमें पहले इस तर्क का संकीर्ण दृष्टिकोण से ही

उत्तर देना पड़ेगा—यद्यपि इसकी प्रतिक्रिया अन्य प्रकार के पंजाबी बन्धुओं पर ही होगी। हाँ, जो लोग ऐसी क्षुद्रताओं के ऊपर हैं, उनका भी समाधान इसके बाद हम करेंगे।

हाँ, तो पहले हम सर सिकन्दर को याद दिला देना चाहते हैं कि देशभक्ति या अनुमोदनीय महान राजनीतिक सिद्धान्तों की प्रेरणा से विरहित सैनिकता न तो प्रशंसनीय होती है, न ही सफल। जिन्हें इतिहास का थोड़ा भी अध्ययन है, उन्हें ऐसे उदाहरणों की आवश्यकता नहीं, जब मुट्ठी भर सच्चे वीरों ने बड़ी-से-बड़ी किराये की, देखने में विशाल पर प्राणरहित, सेनाओं को पराभूत किया है। हम कुछ देर के लिए मान भी लें कि पंजाबी भारत के योग्यतम सैनिक होते हैं तो उनका लक्ष्य थोड़े-से चाँदी के टुकड़ों के सिवा कुछ और तो नहीं?

फिर जैसा सर चिमनलाल सितलवाड़ से लिबरलों को भी कहना पड़ा है—यह सफेद झूठ ही कौन मानने लगा कि पंजाबी योग्यतम सैनिक होते हैं! हम पंजाबी को द्रुम मान लेते, यदि हम इतिहास के ज्ञान से इस तरह विरहित रहते कि हमें हिन्दू युग की अजेय मागधवाहिनी का पता नहीं होता; यदि हम आज भी मध्ययुग के राजपूतों और मराठों के विश्व में अनन्य साधारण बलिदानों की जीवित स्मृतियों से सदैव अनुप्राणित नहीं होते रहते! जहाँ पंजाब आदि भारत के उत्तर-पश्चिम प्रवेश डेरियस (डेस्यिस), शकों और यहूदियों द्वारा निर्विरोध पदमर्दित होते रहे, वहाँ मगध की सेना के विक्रम की ऐसी ख्याति थी जिसे सुनकर ही उस सिकन्दर को भी मुँह छिपाकर भागना पड़ा जिसके सामने आज के ये सैनिक खेत की मूली साबित हुए थे।

और क्या यह सब कोई भूल गया है कि गदर के पहले तक सेना में यू.पी. और बिहार के भोजपुरियों का निर्विवाद भूयिष्ठ (Majority) था? पर आज उनकी संख्या तीन-चार सौ केवल इसलिए कर दी गई है कि उनका नेता मंगल पांडे आरा निवासी था और उसे सहायता देने से इनकार करनेवालों में प्रमुख थे सिख और पंजाबी, जिन्हें उसका पुरस्कार अधिक संख्या में भर्ती कर अब तक दिया जाता है!

एक बात और, सैनिक होने के लिए उक्त गुणों के सिवा बुद्धिमान होना भी आवश्यक होता है और Gulian Huxley ने, जो संसार के इने-गिने वैज्ञानिकों में से हैं, सिद्ध किया है कि रक्त परीक्षा के पद्धति-विशेष से वे इस नतीजे पर पहुँचे हैं कि औसत पंजाबी, बुद्धि के लिहाज से, सबसे पिछड़ी अफ्रीकन जातियों के समक्ष हैं (Essays in popular Science—Pelicaen Series)।

हमें अपने उत्तर की कटुता के लिए खेद है, पर हम इसे केवल उन्हीं पंजाबियों के प्रति जाहिर करना अपना कर्तव्य समझते हैं जो सर सिकन्दर की उक्ति को मूर्खतापूर्ण समझने की विचार-शक्ति रखते हैं। और ऐसे बन्धुओं को यह बताना कि प्रत्येक भारतीय की बौद्धिक, शारीरिक, आर्थिक या किसी प्रकार की शक्ति यदि उसकी मातृभूमि की आजादी के बदले उसकी गुलामी के हितार्थ व्यय हुई तो उसकी सर्वात्मना निन्दा करनी ही पड़ेगी, अनावश्यक है।

सारण जिला हिन्दी साहित्य सम्मेलन में दिया गया अध्यक्षीय भाषण

सज्जनो !

आपने मुझे जो सम्मान प्रदान किया है, उसके लिए मैं आपका कृतज्ञ हूँ। आपने पिछली बार भी मुझे अध्यक्ष निर्वाचित किया था, किन्तु यह मेरा दुर्भाग्य था कि मैं अवसर मिलने पर भी आपकी सेवा में उपस्थित न हो सका।

कहा गया है :

किं तया हुतया राजन् विदेशगतया श्रिया।
अरयो यां न पश्यन्ति यां न भुञ्जन्ति बान्धवाः ॥

ऐसी महात्त्वाकांक्षा मैं कदापि नहीं रखता, किन्तु इतना तो अवश्य ही है कि आपका दिया हुआ थोड़ा-सा सम्मान भी मेरे लिए बहुत मूल्य रखता है। योगी तो वही जो घर में भी योगी माना जाए। साहित्य का वह सेवी सौभाग्यशाली तो होता ही है, जिसे बगल के कमरे में रहनेवाले लोग भी इस रूप में जानते-मानते हैं।

आज जिस स्थान पर हम इकट्ठे हुए हैं, उसके साथ मेरी सजल-करुण स्मृतियाँ जुड़ी हुई हैं, यद्यपि स्थान से प्रत्यक्ष परिचय नहीं के बराबर ही है। मेरी माता-जैसी पूज्य बड़ी बहन का एकमा के पास ही विवाह हुआ था। आज वह इस संसार में नहीं हैं। उनके घर के पास आकर उनकी स्मृति में श्रद्धा के दो फूल चढ़ा लेने का अवसर पाकर मैं अपने को धन्य पाता हूँ। अस्तु।

मुझे अपने भाषण में सारन जिला की साहित्यिक गतिविधि के सम्बन्ध में कुछ कहना चाहिए, इसकी मुझसे अपेक्षा होगी और यह स्वाभाविक भी है। पर आज आपको, कम-से-कम इस दृष्टि से, निराश नहीं होना पड़ेगा। हिन्दी साहित्य की भौगोलिक सीमाएँ मुझे मान्य नहीं—मैं तो साहित्य मात्र की सीमा नहीं मान पाता। ऐसी स्थिति में मैं आपसे सामान्यतः साहित्य से तथा विशेषतः हिन्दी साहित्य से सम्बद्ध समस्याओं पर ही विचार-विनियम करना चाहूँगा।

सूक्ष्म राजनीतिक विवादों के विचार से साहित्य का मूल्यांकन आलोचक की सबसे बड़ी भूल है। वह ट्राम गाड़ी नहीं जो लोहे की निश्चित लकीरों पर ही चलती है। कठोर राजनीतिज्ञ इसे ट्रामगाड़ी बनाने की कोशिश करते हैं, लेकिन ऐसे राजनीतिज्ञ जो इनसे कठोरतर हैं, पर साथ-ही-साथ वास्तविक कलात्मक विवेक रखते हैं, कला से कभी ऐसी माँग नहीं करते।

रूस के प्रारम्भिक साम्यवादी अधिकारियों ने क्रान्ति के पूर्व के युग के महान रूसी कलाकारों की कृतियों को भी अग्निसात् करने में गौरव का अनुभव किया था। टॉल्स्टॉय, चेखव, दोस्तोव्स्की, पुश्किन आदि की अमर कृतियों को आग में होम करनेवाले इन

वालखिल्य साम्यवादियों को लेनिन ने स्पष्ट शब्दों में फटकारा था। लेकिन वह इन्हें बुर्जुआ या प्रतिक्रियावादी मानने के लिए कतई तैयार न था। उसने निश्चित रूप से यह घोषणा की थी कि किसी कलाकृति को उसके राजनीतिक आदर्शों के लिए सदोष करार देना सर्वथा अक्षम्य है। यह सन्तोष की बात है कि उपर्युक्त रूसी साहित्यिकों की रचनाएँ आज फिर उचित सम्मान के साथ रूस में पढ़ी जाती हैं और विकासोन्मुख रूसी आलोचकों को उनके खिलाफ कोई शिकायत नहीं रह गई है, हालाँकि हमने कल ही पढ़ा है कि रूस के वर्तमान अधिकारियों ने दोस्तोव्स्की को फिर प्रतिक्रियावादी कहना शुरू कर दिया है।

हमें यह भी नहीं भूलना चाहिए कि मार्क्स की दृष्टि में शेक्सपियर संसार का सर्वश्रेष्ठ नाटककार था और बाल्जाक तो उसे इतना प्रिय था कि वह 'ल कमेडी ह्यूमेन' पर एक स्वतंत्र आलोचनात्मक ग्रंथ ही लिखने का विचार रखता था। शेक्सपियर या बाल्जाक के राजनीतिक आदर्श किसी से छिपे नहीं हैं; यह सभी जानते हैं कि साम्यवादी आदर्शों में तथा इन लेखकों के आदर्शों में जमीन-आसमान का फर्क था। किन्तु जैसाकि समाजवाद के दूसरे महर्षि एंगेल्स ने कहा है, लेखक के राजनीतिक विचार जितने अधिक प्रच्छन्न रहेंगे, वह उतनी ही अधिक उच्चकोटि की कृतियों की सृष्टि करने में समर्थ होगा। महान कलाकारों की सफलता, सार्वजनीनता तथा सार्वभौमिकता का यही रहस्य है।

आज दूसरे देशों की तरह ही, शायद उनसे अधिक ही, हमारा देश राजनीति से आच्छन्न है। जहाँ, एक ओर, यह हमारी सामूहिक चेतना का परिचायक हो सकता है, वहीं दूसरी ओर, यह उस खतरे का भी द्योतक है, जिसमें कर्णकटु कोलाहल तो रहता है, किन्तु श्रोत्र-सुभग संगीत नहीं, आन्दोलन तो रहता है, किन्तु गति नहीं।

पहले महायुद्ध के समय की एक कहानी है :

इंग्लैंड में देश-प्रेम कुछ इस तरह उभार पर था कि यदि कोई स्वस्थ युवक नागरिक वस्त्रों में देख लिया जाता तो सैनिक वेशधारी दूसरे युवक उसकी भर्त्सना करने लगते और युवतियाँ, उसकी कायरता पर अपनी घृणा प्रकट करने के लिए, उसे चिड़िये के पर देतीं। एक दिन देशभक्ति से मत्त कुछ सैनिक वेशधारी युवकों ने एक ऐसे ही व्यक्ति को देखा—बाल बिखरे हुए, बेतरतीब कपड़े, सड़क पर निरुद्देश्य घूमते हुए। उन्होंने बड़े दर्प तथा व्यंग्य से कलाकार से पूछा, 'तुम अपने देश की सभ्यता की रक्षा के लिए युद्ध-भूमि में जाने के बदले यहाँ क्या कर रहे हो?' कलाकार का उपेक्षापूर्ण उत्तर था, 'जनाब, मैं ही आपके देश की वह सभ्यता हूँ जिसके लिए आप युद्ध कर रहे हैं, और अगर नहीं कर रहे तो करना चाहिए।'

मैं कलाकार के इस अतिवादी दृष्टिकोण का समर्थन नहीं करता किन्तु उसका यह दावा तो मानना ही पड़ेगा कि किसी देश की सभ्यता का प्रतीक वही है और यदि इतिहास में किसी देश का अस्तित्व कुछ महत्त्व रखता है तो उसी के कारण।

लेकिन आज की सर्वग्रासी राजनीति में जैसे कलाकार और दार्शनिक के लिए, कवि और वैज्ञानिक के लिए कोई स्थान ही न हो। यदि वे राजनीति के अनुचर हैं तो वह उनका प्रतिपालन करती है, उनकी पीठ ठोंक देती है। किन्तु उसके नियन्त्रण में इनका कुछ भी तो हाथ नहीं रहता। यह आज की ही बात नहीं, आगे भी ऐसा ही होता रहेगा, इसका मुझे भय है। हमारा जो विधान बन रहा है, उसमें कहीं इस दृष्टि से विचार नहीं किया गया है।

आप पूछेंगे, कलाकार और दार्शनिक, कवि या वैज्ञानिक राजनीति को सक्रिय रूप से किस प्रकार नियन्त्रित या प्रभावित कर सकते हैं? यदि वे राजनीति के चक्कर में पड़े तो क्या उनकी कला और कविता एक ओर धरी न रह जाएगी? मैं ऐसा नहीं मानता। मैंने एक दार्शनिक राजनीतिज्ञ की भारतीय विधान की प्रस्तावित रूपरेखा में देखा था कि किस तरह उन्होंने ऐसी केन्द्रीय धारा-सभा की कल्पना की थी जिसके दो भाग होंगे—जैसे पहले रहा करते थे। एक भाग का तो शासन से सम्बन्ध होगा और दूसरे का विचारों से। शासन सम्बन्धी बातों पर भी दूसरा भाग विचार करेगा, किन्तु हस्तक्षेप नहीं। और पहला भाग दूसरे भाग के द्वारा प्रस्तुत विचारों और योजनाओं को कार्यान्वित करेगा।

हमारा जो विधान बन रहा है, वह बहुत कुछ पश्चिम के देशों के अनुकरण पर। भारत के राजनीतिज्ञों से दूसरे देशों को भी प्रेरणा मिलती तथा उनके मौलिक प्रयोग अन्यत्र भी स्वीकृत होते, ऐसी हमारी आशा थी, किन्तु क्या वह पूर्ण होने को है?

यदि मैंने राजनीति के बारे में अप्रिय सत्य कहना आवश्यक समझा है तो साहित्य के बारे में, आवश्यक होने पर, कहना मेरा कर्तव्य ही है।

कल तक कुछ कवि यह जानते थे कि भावुकता पुस्तक के प्रकाशन और बिक्री के लिए आवश्यक गुण है। उनके टूटे हुए दिल अनेक संस्करणों में छपने का सौभाग्य प्राप्त करते थे। आज वे जिधर राजनीतिक बयार बहती है, उधर पीठ करने की बुद्धिमानी दिखला रहे हैं। छायावादी कवि, सब तरह से शारीरिक तथा भौतिक सुविधाओं से घिरे रहने पर भी व्यक्तिगत वेदना की आयास जनित अभिव्यंजना करते थे; आज के कवि विश्वविद्यालयों में लम्बी तनख्वाह पर अध्यापन करते हुए या फिल्मों के लिए सस्ते गीतों की रचना करते हुए किसानों और मजदूरों पर, अकाल और शरणार्थी समस्या पर, सुभाष और गांधी पर आवेशपूर्ण कविताएँ लिखकर समय के कन्धे-से-कन्धा मिलकर चल सकने का दावा करते हैं। यह अपने को धोखे में रखना है और ऐसी रचनाएँ साहित्य की विडम्बना मात्र हैं।

जिन लोगों को यह देखकर आश्चर्य होता है कि कल के प्याले में तूफान उठाने वाले, अन्तरराष्ट्रीयवादी साहित्यिक आज राष्ट्रीयतावादी या अध्यात्मवादी बन गए हैं, उन्हें उनकी मनोवृत्ति के उपर्युक्त विश्लेषण पर ध्यान देना चाहिए—तब शायद उन्हें आश्चर्यान्वित होने का कारण नहीं रहेगा। यहाँ एल्डस हक्सले और क्रिस्टोफर इशरवुड की तरह हिन्दी के थके-माँदे, अपने से ऊबे हुए परसों छायावादी, कल

अन्तरराष्ट्रीयवादिता और आज अध्यात्मवादी कवियों की बच्चों-जैसी ढुलमुल-यकीनी के साथ हमारी हमदर्दी है, वहीं राजनीतिक दलों के उत्थान-पतन के अनुरूप अपने को भी साँचे में ढालते रहनेवाले साहित्यिक वक्रक्रिक कलासकों के प्रति हमारे मन में क्षोभ ही उत्पन्न होता है।

साहित्य दर्पण नहीं, सृजन है। साहित्य ग्रामोफोन का रेकॉर्ड नहीं, शास्त्रीय और मौलिक संगीत है। साहित्य कीच की भी उपेक्षा नहीं करता किन्तु वह उसमें सनता भी नहीं। उसके ऊपर उठकर कमल बन सकने में ही उसकी सार्थकता और धन्यता है। साहित्य मिट्टी से पोषक तत्त्व प्राप्त करता है किन्तु अगर उसे मिट्टी से ज्यादा कुछ बनना है तो उसे आकाश की ओर, ऊपर, उठना ही पड़ता है। वृक्ष धरती से प्राणरस पाता है तो वही धरती को उर्वर भी बनाये रहता है। साहित्य जीवन पर आश्रित रहता है तो वही उसको जीने लायक भी बनाता है।

तो आखिर साहित्यकार किस माँग का अनुसरण करे ? उसका पथ राजपथ की तरह प्रशस्त है और उस पर चलकर युगों से साहित्यकार गंतव्य-स्थल पर पहुँचने में समर्थ भी हुए हैं।

कवि देश-काल निरपेक्ष होकर काव्य-रचना नहीं करता। उस अतीत से, जो कभी मरता नहीं और उस वर्तमान से, जो प्रतिपल हमारे साथ है, कवि का सुनिश्चित सम्बन्ध रहता है। इस प्रसंग में टी.एस. इलियट का यह महावाक्य उल्लेखनीय है : 'कवि को अपनी हड्डियों में सिर्फ अपने युग को ही लेकर नहीं लिखना चाहिए। उसे तो इस अनुभूति से प्रेरित होना चाहिए कि होमर से लेकर यूरोप का समस्त साहित्य, जिसके अन्तर्गत उसके अपने देश का सम्पूर्ण साहित्य भी आ जाता है, उसके लिए आपातत: महत्त्व रखता है और एक साथ ही एक योजना प्रस्तुत करता है।'

टी.एस. इलियट आधुनिक अंग्रेजी-साहित्य में एक युगान्तकारी कवि और महान आलोचक के रूप में प्रसिद्ध हैं और गत वर्ष उन्हें 'नोबेल' पुरस्कार प्रदत्त होकर सम्मानित हो चुका है। उनका यह सिद्धान्त हिन्दी साहित्य के अध्येताओं के लिए विशेष महत्त्व रखता है। हिन्दी साहित्य प्रकृत्या, और कभी-कभी अस्पृहणीय अर्थ में भी, परम्परा-प्रेमी रहा है। आधुनिक युग में दूसरे प्रकार के परम्परा-प्रेम के विरुद्ध स्वस्थ और सर्वथा आवश्यक विद्रोह तो हुआ, पर साथ-ही-साथ परम्परा की जीवित शाखाओं पर भी कुठाराघात किया गया। हम अपनी विवेकशून्य भूल समझ रहे हैं—शायद समझ चुके हैं। फलत: इस सम्बन्ध में सविस्तर विवेचन समीचीन समझा जा सकता है।

हम किसी लेखक की प्रशंसा में कहते हैं : 'अमुक एक महान परम्परा का प्रतिनिधित्व करते हैं।' ठीक इसके विपरीत, इसके खंडन में नहीं, किसी साधारण लेखक की महत्त्वशून्यता दिखलाने के लिए उसे न केवल किसी अवांछनीय परम्परा से सम्बद्ध ही बताया जाता है, बल्कि यह भी कहा जाता है कि उसने 'केवल परम्परा का निर्वाह किया है !'

हमने अभी-अभी देखा, किस तरह आलोचक भिन्न ध्वनियों के साथ इस शब्द का प्रयोग करते हैं। इसलिए यह आवश्यक है कि हम अतीत के साथ लेखक के सम्बन्ध का पुनर्विवेचन करें। यह सम्बन्ध सूक्ष्म और जटिल है तथा दो भिन्न लेखकों में समान रूप से नहीं पाया जाता। फिर भी दो बातें स्पष्ट हैं—कोई भी लेखक, वह शास्त्रज्ञ विद्वान न होकर कबीर-सूर की तरह अनपढ़ संत ही क्यों न हो, बर्न्स या 'भिखरिया' के समान अशिक्षित जन-कवि ही क्यों न हो, परम्परा से अछूता नहीं रहा। भाषा को वह रिक्थ के रूप में पाता है। ऐसी दशा में यह सम्भव ही नहीं कि वह अतीत से सर्वथा असंपृक्त हो। उसकी रचनाओं में, वे लिखित हों या मौखिक, उन बातों की प्रतिध्वनि रहेगी ही जिन्हें उसने पढ़ी या सुनी हैं। इसी का दूसरा पहलू यह है कि कोई भी लेखक चाहे वह कितना भी अनुकृतिप्रिय क्यों न हो, परम्परा के दलदल में सम्पूर्णतः फँसा नहीं रह सकता। वह अनिवार्य रूप से उसमें कुछ-न-कुछ परिवर्तन करेगा ही। इसका कारण भी भाषा ही है। भाषा की प्रकृति गतिमूलक और परिवर्तनशील है। फलतः भाषा के उपयोग में ही परम्परा का पालन भी और उसका न्यूनाधिक परिवर्तन भी निहित है।

परम्परा का व्यापकतम अर्थ है—वे सारी संस्कारगत रूढ़ियाँ, साहित्यिक मान्यताएँ, और अभिव्यंजना की प्रणालियाँ, जो एक लेखक को अतीत से प्राप्त होती हैं। हम किसी विशिष्ट साहित्यिक मान्यता की परम्परा की चर्चा कर सकते हैं; उदाहरणार्थ, 'दुःखान्तं न नाटकम्' जो संस्कृत नाटक-साहित्य में निरपवाद रूप से तथा हिन्दी नाटक-साहित्य में भी बहुत अधिक मात्रा में एवं हिन्दी रंगमंच और चित्रपट में जाने-अनजाने व्याप्त था, और है। हम किसी साहित्यिक रूप (Form) की परम्परा पर विचार करते हैं, यथा : महाकाव्य का रूप, जो संस्कृत के महाकाव्य रचयिताओं से लेकर तुलसीदास-मैथिलीशरण तक एक अव्याहत प्रवाह है। हम रीति-काल जैसी युग-सम्बन्धी परम्परा की बात करते हैं, जो भारतेन्दु-रत्नाकर तक प्रलम्बित होकर ऊर्ध्व-श्वास लेती रही। और किसी भाषा या शैली की परम्परा भी हो सकती है, जैसे ब्रजभाषा में अभिव्यक्ति वैष्णव-भावना 'ब्रजबुलि' के रूप में सुदूर बंगाल में भी गृहीत हुई।

इस तरह, विशद और स्पृहणीय रूप में, परम्परा से हमारा तात्पर्य है—अतीत में से हमारी ओर प्रवहमान विकास की वह मुख्य और मूल धारा, जो आकस्मिक नहीं होती, काल या स्थान में बँधती नहीं। कल्याणप्रद परम्परा कुत्ते की तरह अपनी दुम के चारों ओर चक्कर नहीं काटती; वह निम्नाभिमुख जलधारा के समान सदैव गतिशील रहती है।

किसी लेखक का परम्परा-विशेष से क्या सम्बन्ध है, इसे समझने के लिए इन दोनों बातों को ध्यान में रखना आवश्यक है। अतीत की अपरिहार्य अनुभूति और अतीत को वर्तमान से सम्बद्ध करने की आवश्यकता—इन दोनों सिद्धान्तों के तनाव में ही उपर्युक्त सम्बन्ध का आधार निहित है।

परम्परा के सम्बन्ध में इन धारणाओं के सहारे विचार करने पर हम यह कहने में संकोच नहीं करेंगे कि भौतिकता हिन्दी साहित्य की मुख्य परम्पराओं में से एक है। आप चौंकें मत, सामान्य रूप से यह समस्त भारतीय साहित्य और संस्कृति की ही प्रमुखतम परम्परा है। हमारी हीन भावना का रूप-विपर्यय कुछ इस प्रकार हुआ, और बाहर वालों ने हमारी अपेक्षाकृत गौण विशेषताओं को कुछ इतना बढ़ा-चढ़ाकर हमारे सामने रखा कि अपने साहित्य को इस परम्परा से सतत् अनुप्राणित होते हुए देखने पर भी हम इसे सिद्धान्ततः अस्वीकार करते हैं! अपनी संस्कृति और साहित्य के सम्बन्ध में यह हमारी नितान्त भ्रामक धारणा है।

वेदों के भाषाशास्त्र-सम्मत तथा सहज-बुद्धि स्वीकार्य अर्थ के आधार पर हम दृढ़ता के साथ कह सकते हैं कि वैदिक साहित्य का एक बड़ा अंश मनुष्य के भौतिक जीवन से ही अर्थात् 'अर्थ' और 'काम' से ही सम्बन्ध रखता है। प्राय: समस्त पुराणेतर संस्कृत साहित्य और प्राकृत साहित्य इस परम्परा से ओतप्रोत है।

इसके परिणामस्वरूप हिन्दी साहित्य में यह परम्परा प्रारम्भ से ही, और अनिवार्य रूप से, दिखाई पड़ती है। वीरगाथा काल और रीतिकाल का तो कहना ही क्या; भक्तिकाल भी, अपने ढंग से इस परम्परा से प्रेरित और प्रभावित हुआ है—निर्गुण शाखा को छोड़कर।

विस्तार सम्भव नहीं। इतना भर समझ लें कि प्राचीन काल से ही भौतिकता के दो रूप दीख पड़ते हैं : मर्यादित और अतिवादी। उदाहरण के लिए वैदिक दृष्टिकोण (मर्यादित रूप) के साथ हमें लोकायत (अतिवादी रूप) की भी चर्चा करनी ही पड़ती है। लब्धप्रतिष्ठ संस्कृत कवियों और नाटककारों (मर्यादित रूप) के समय में ही भाण, डिम, और प्रहसन भी (अतिवादी रूप) लिखे ही गए।

जहाँ तक हिन्दी साहित्य का प्रश्न है, वीरगाथा काल और भक्तिकाल में भौतिकता की परम्परा की पहली धारा, उसका मर्यादित रूप और रीतिकाल में दूसरी धारा, अतिवादी रूप पाया जाता है। यहीं, प्रसंगवश, यह भी स्पष्ट कर दें कि निर्गुणवादी संतों की परम्परा भिन्न थी। वह भी वेदों से उद्भूत मानी जा सकती है, यद्यपि उपनिषदों से ही उसका विशेष सम्बन्ध है। स्पष्टत: यह परम्परा अपेक्षाकृत दुर्बल थी; क्योंकि जैसे ही संतों के पंथ फलने-फूलने लगे, वैसे ही इस परम्परा की प्राणवत्ता नष्ट हो गई। पंथों में परम्परा का 'पालन' और निर्वाह मात्र ही तो होता है।

इसके विपरीत भौतिकता की परम्परा सम्पूर्ण प्राचीन हिन्दी साहित्य को प्रेरित करती हुई और उसके द्वारा नवीकृत होती हुई आधुनिक काल की प्रमुख प्रवृत्ति ही बन गई है। रहस्यवादियों ने अपनी प्राचीन परम्परा का 'पालन' किया और समाप्त हो गए। किन्तु बहुत से रहस्यवादी छायावादी भी थे। उन्होंने भौतिकता की परम्परा को नवीन रूप दिया। रहस्यवाद आगे नहीं बढ़ सका, पर छायावाद का रूप-विपर्यय प्रगतिवाद में हुआ। निराला और पंत से बड़े छायावादी नहीं हुए, न उनसे बड़े प्रगतिवादी

ही हैं। पंत ने एक बार फिर पीछे मुड़ने का उद्योग किया है, किन्तु वह परम्परा का पुनरुज्जीवन न होकर अनुकरण मात्र है।

मेरी समझ में यह कहना एक बहुत बड़ी भूल है कि आधुनिक हिन्दी साहित्य में भौतिकता का तत्त्व पहले-पहल देखा जा रहा है, और कि वह पश्चिम से आया है।

हिन्दी साहित्य की दूसरी प्रमुख परम्परा यथार्थता है। भारतीय साहित्य के सम्बन्ध में विद्वानों की जो बद्धमूल धारणाएँ हैं, उनसे प्रतिकूल होने पर भी, मेरा ऐसा व्यक्तिगत विचार है कि निर्मम विश्लेषण के फलस्वरूप इसी परिणाम पर पहुँचा जा सकता है। वेदों में यम-यमी-सम्वाद जैसे यथार्थतापूर्ण साहित्यिक वर्णन उपलब्ध हैं। संस्कृत साहित्य में भी आदर्शवादिता से कहीं अधिक परिणाम में यथार्थता का तत्त्व है। इसका सबसे बड़ा प्रमाण है कामशास्त्र का अनिवार्य अध्ययन, अध्यापन तथा साहित्य में उसका निर्भीक और निर्विकार समावेश। पाश्चात्य साहित्य में यथार्थता का जो तत्त्व उन्नीसवीं शताब्दी के अन्त और बीसवीं के प्रारम्भ में, संघटित आन्दोलन के बाद ग्राह्य हुआ, वह सैकड़ों वर्ष पूर्व हमारे साहित्य के लिए साधारण बात थी।

प्रकृत और अपभ्रंश साहित्य से प्रवाहित होती हुई यह धारा हिन्दी साहित्य को भी प्रभावित करती रही। सिद्धों की वाणी में इसकी प्रचुरता है। डिंगल के काव्यों के युद्ध और प्रेम के वर्णनों में इसका स्पष्ट रूप देखने को मिलता है। भक्तिकाल में, तुलसीदास को छोड़कर, निर्गुण और सगुण, दोनों ही शाखाओं के संत-साहित्यिकों की रचनाओं में, दर्शन के अतिरिक्त जो साहित्यिकता है, वह इसी यथार्थता के तत्त्व के कारण। रीतिकाल के सम्बन्ध में, इस दृष्टि से, यहाँ अधिक विस्तार से विचाार करना तो अनावश्यक ही है। आधुनिक काल में भारतेन्दु-युग तथा द्विवेदी-युग की तथा समकालीन रचनाओं की यह प्रमुखतम धारा है। छायावाद-रहस्यवाद-युग निस्सन्देह इस परम्परा के प्रति उग्र विरोध था, लेकिन यह विशेष रूप से स्मरणीय है कि उसके दो सूत्रधारों ने, अर्थात् निराला और पंत ने, आगे चलकर अपनी व्यक्तिगत प्रतिभा को उक्त परम्परा के साथ सम्बद्ध किया। इनमें भी निराला तो छायावाद-रहस्यवाद में भी इस परम्परा से अंशतः ही उदासीन थे।

इस तरह हम देखते हैं कि भिन्न-भिन्न युगों में आदर्श का ऊपरी आवरण तो बदलता रहा है, किन्तु यथार्थता का भीतरी ढाँचा बना रहा है।

हिन्दी साहित्य की तीसरी महान परम्परा मानवता (Humanism) है और चौथी मानववाद (Humanitarianism)। मानवता किसी प्रकार के अतिवाद (Extremism) को प्रश्रय नहीं देती। मानवता के अनुसार मनुष्य अपने अतीत के ज्ञान और संस्कार की सहायता से अपने वर्तमान को मर्यादित कर सकता है। मनुष्य अपनी विवेक-शक्ति के आधार पर अपने अतीत और वर्तमान का सदुपयोग कर सकता है। संक्षेप में मनुष्य मनुष्य है, मनुष्य-जीवन की अपनी सार्थकता होती है।

साहित्य के क्षेत्र में मानवता के फलस्वरूप जहाँ एक ओर दृष्टिकोण में उदारता आ पाती है, वहीं प्राचीनता और शास्त्रीयता के प्रति थोड़ी-बहुत पक्षपात की प्रवृत्ति भी।

कहना न होगा कि प्राचीन भारतीय साहित्य अतिवाद से सर्वथा मुक्त रहा है। दर्शन के क्षेत्र में जो थोड़ी-बहुत कटुता थी भी, वह साहित्य में अधिक-से-अधिक तो उपालम्भ बनकर रह गई। कबीर यदि केवल दार्शनिक या संत ही रहते तो उनकी कटुता कितनी चोट पहुँचाने वाली होती! किन्तु अभिव्यंजना विधि में उनकी कटुता बहुत-कुछ मृदु हो जाती है, और उनकी मानवता ही सतह पर आ पाती है, हिन्दू-मुसलमान एक हैं, परमात्मा ही तो 'राम' है! सगुण भक्ति का कबीर के द्वारा खंडन कुछ तीखा अवश्य है, किन्तु तुलसी और सूर निर्गुण का खंडन करते हैं तो उनकी सहिष्णुता देखने के लायक होती है। मानवता की यह परम्परा हिन्दू जीवन और भारतीय साहित्य की, विशेषत: हिन्दी साहित्य की, एक प्रतिभिज्ञेय परम्परा रही है।

आधुनिक युग में महात्मा गांधी ने इस परम्परा का बड़ी मौलिकता और व्यावहारिकता के साथ प्रतिनिधित्व किया। हिन्दी साहित्य को भी उनसे बहुत-कुछ मिला। बहुत-कुछ क्या, आधुनिक युग के गद्य और पद्य के दो सर्वाधिक प्रसिद्ध, लोकप्रिय और श्रेष्ठ लेखक, प्रेमचन्द और मैथिलीशरण गुप्त, उन्हीं के द्वारा प्रतिवर्तित और प्रवर्तित मानवता से अपनी कला को इतना उत्कर्ष प्रदान कर सके। इन लेखकों की कृतियों में मानवता की पूर्वोक्त दूसरी विशेषताएँ स्पष्ट ही हैं।

इधर यह देखकर विचारक चौकन्ने हो रहे थे कि राष्ट्रीय और सामाजिक जीवन के साथ-ही-साथ साहित्य से भी मानवता धीरे-धीरे अपदस्थ होती जा रही थी और अतिवाद की मनहूस छाया चारों ओर फैलती जा रही थी। महात्मा गांधी की हत्या के द्वारा हिन्दू संस्कृति और परम्परा के दावेदारों ने तो समूची जाति की प्राण-शिरा ही काट डाली है।

हिन्दी साहित्य की चौथी परम्परा, मानववाद का उल्लेख तीसरी परम्परा के साथ ही हो चुका है। मानववाद जीव मात्र के कष्ट मिटाना चाहता है। मानववादी के हृदय में सहानुभूति तो रहती ही है, किन्तु इससे भी अधिक रहती है पीड़ित के साथ समव्यथा की भावना। फलत: वह सुखों को और अधिक सुखी बनाने के लिए उतना व्यग्र नहीं रहता जितना दुखी को सुखी बनाने के लिए। मानववादी यह विश्वास करता है कि मनुष्य स्वभावत: अच्छा या बुरा नहीं रहता, वस्तुत: वातावरण ही उसके स्वभाव का निर्माण करता है। इसलिए मानववादी मानव-जाति की सामाजिक या आर्थिक व्यवस्था को उन्नत करना चाहता है।

प्राचीन काल में मानववादी धर्म की कट्टरता से विद्रोह कर फिर किसी-न-किसी प्रकार के धर्म का ही आश्रय लेता था, जैसे—बुद्ध, महावीर, कबीर इत्यादि। आधुनिक मानववादी वैज्ञानिकों और स्वतंत्र चिन्तकों की सहायता लेता है! इसी दृष्टि से पंडित जवाहरलाल नेहरू का मानववाद महात्मा गांधी की मानवता से भिन्न है।

मानववाद से प्रेरित कृतियाँ, पर्चे आदि प्रचार-पुस्तिकाएँ बनकर रह जाती हैं—उनका साहित्यिक रूप स्थायी महत्त्व का नहीं माना जा सकता। किन्तु हमें यह भी नहीं भूलना चाहिए कि मानववादी विचारधारा स्थायी महत्त्व के साहित्यिक रूपों में अनिवार्य रूप से अनुस्यूत हो जाती है और इस तरह साहित्य और जीवन एक-दूसरे के बहुत निकट चले आते हैं। सच बात तो यह है कि स्तिमित होते हुए साहित्य को इसी मानववाद से प्रगति का प्राणवंत विस्फूर्तन प्राप्त होता है।

पालि, अर्द्धमागधी, प्राकृत और अपभ्रंश में अभिव्यक्त मानववाद की विद्रोही विचारधाराओं ने कई बार म्रियमाण संस्कृत साहित्य को पुनरुज्जीवित किया था। मार्क्सवाद से अनुप्राणित यही प्राचीन परम्परा आज के प्रगतिवादी हिन्दी साहित्य की रीढ़ बनी हुई है। पंत जी ने यही विचारधारा 'युगान्त' और 'युगवाणी' में अपनाई थी। यह विचारधारा जिस साहित्यिक रूप में इन कृतियों में अभिव्यक्त हुई थी, वह ग्राह्य नहीं हुई। किन्तु 'स्वर्णधूलि' और 'स्वर्णकिरण' में यही परम्परा उत्कृष्ट साहित्यिक रूप धारण कर अवतरित हुई है। प्रगतिवाद की कहिए, या इस परम्परा की यही श्रेयस्कर परिणति है। नरेन्द्र शर्मा की नई कविताएँ, रामविलास शर्मा की आलोचनाएँ, अमृत राय की कहानियाँ, और दूसरे प्रगतिवादियों के सन्तुलित प्रयत्न इस परम्परा में प्रखरता ला रहे हैं। प्रगतिवाद के कर्णधार आज अपनी परिधि को सीमित करने लगे हैं। उनकी यह संकीर्णता उनकी स्पृहणीय विशिष्टता के लिए घातक सिद्ध होकर रहेगी।

हमारे साहित्य की पाँचवीं और अन्तिम उल्लेखनीय परम्परा है धार्मिकता—जिसे शायद, कुछ लोग प्रथम और प्रधान स्थान देना चाहेंगे, मैं नहीं।

प्राचीन भारतीय या हिन्दी साहित्य के सम्बन्ध में धार्मिकता की दृष्टि से यहाँ कुछ कहने की विशेष आवश्यकता नहीं। धार्मिकता की परम्परा की सबलता का सबसे बड़ा प्रमाण तो यही है कि रीतिकाल की ओर शृंगारिकता पर भी मुलम्मा इसी का चढ़ा हुआ है और मार्क्सवाद के रास्ते पर काफी आगे बढ़ चुकने बाद भी पंत जी अकस्मात् फिर इधर ही मुड़ गए हैं।

आधुनिक साहित्य में, स्पष्ट या अस्पष्ट रूप से, यह परम्परा अविच्छिन्न है। पंत जी के सम्बन्ध में कहा जा चुका है, प्रसाद ने रहस्यवादी के रूप में और शैव सिद्धान्तों के समर्थक की हैसियत से इसे स्वीकृत किया; निराला ने रहस्यवादी और अद्वैतवादी के रूप में, और मैथिलीशरण गुप्त ने सम्पूर्णतः अति-स्पष्टतः। इस परम्परा का अतीत और वर्तमान चाहे जैसा भी रहा हो, भविष्य बहुत सम्भावनापूर्ण नहीं है। जो हो, आधुनिक हिन्दी साहित्य को ये पाँच सदानीरा धाराएँ सिंचित कर रही हैं। उसके विकास और संवर्धन के लिए पोषक-तत्त्व स्वतः सुलभ हैं।

टी.एस. इलियट के जिस निबन्ध का प्रारम्भ में उद्धरण किया गया था, उसी में उन्होंने यह कहा है कि परम्परा क्रमागत नहीं हो सकती; यदि कोई इसकी आवश्यकता अनुभव करता है, तो उसे इसकी प्राप्ति के लिए बहुत परिश्रम करना पड़ता है।

नवीन अनुभूतियों की सान पर चढ़कर परिवर्तित हुए बिना क्रमागत परम्पराओं की मौलिक प्रखरता नष्ट हो जाती है; वे ही मात्र चर्वित-चर्वण और नियम-पालन रह जाती हैं।

आरम्भ में कहा गया था कि परम्परा अप्रतिहत गतिवाली निम्नाभिमुख जलधारा के समान होती है। यह बिलकुल ठीक भी है।

परम्परा कारण और कार्य का सातत्य है। किन्तु यह कहना गलत होगा कि एक नवीन लेखक इस जलधारा में तिनके की तरह असहाय बहता रहता है। लेखक की सफलता इसमें है कि वह इस धारा को, अपनी 'व्यक्तिगत प्रतिभा' के अनुरूप, और समय की आवश्यकता के अनुसार नई दिशा में मोड़ दे। अतीत को स्वायत्त करने का प्रयत्न, उसे वर्तमान के प्रकाश में देखने की सूक्ष्मता—ये ही बातें किसी लेखक को, अच्छे अर्थ में परम्परा से बद्ध करती हैं। अतीत को विवेकशून्य अनुकृति के परिणाम-स्वरूप ऐसे ऐतिहासिक नाटकों या उपन्यासों की रचना हो सकती है जिनका वर्तमान से कोई सजीव सम्बन्ध न हो—और सच पूछिए तो जिनका, इसी कारण, अतीत से भी कोई वास्तविक सम्बन्ध नहीं माना जा सकता।

परम्परा का एक दूसरा विचारणीय रूप है जिसकी ओर इशारा भी किया जा चुका है। जैसाकि कुछ विद्वानों का मत है, यदि एक बार परम्परा को अपने शिविर में घुसने का मौका दिया जाए तो खतरा यह रहता है कि वह कहावत के ऊँट की तरह धीरे-धीरे समूचे शिविर पर ही कब्जा कर ले सकती है। कभी-कभी लता आधार-वृक्ष को ही जकड़कर सुखा डालती है। इसीलिए परम्परा के सम्बन्ध में विस्तृत विवेचन की आवश्यकता समझी गई है। हमें उसके बारे में किसी तरह की गलतफहमी नहीं रखनी चाहिए।

अब तक हिन्दी साहित्य के विद्वान बहुत कम पर बहुत अधिक विचार करते रहे हैं, अब उन्हें बहुत अधिक पर बहुत अधिक विचार करना आवश्यक हो गया है।

रूसी बीवियाँ

आपने यह चुटकुला सुना है?—एक दिन स्तालिन और मोलोतोव जरूरी बातें कर रहे थे कि टेलीफोन की घंटी बजी। फोन मोलोतोव के लिए था। वह बातें करने लगा, स्तालिन सुनता रहा। मोलोतोव कह रहा था, 'नहीं, नहीं, कभी नहीं। हाँ, किसी हालत में नहीं, नहीं, नहीं।' मोलोतोव ने घंटी रख दी। स्तालिन की भौं टेढ़ी हो गई थी। उसने पूछा, ''हाँ' कहकर किसे किस बात की स्वीकृति दे दी तुमने?' मोलोतोव ने निर्दोष, निश्छल भाव से उत्तर दिया, 'बेबिन साहब थे, बीच में पूछा था, फोन पर उनकी आवाज सुनाई तो पड़ रही थी? तो मैंने कहा था, 'हाँ'!'

रूस की राजनीति को सूत्र-रूप में अगर हम रखना चाहें तो कह सकते हैं कि वह एक शब्द में सिर्फ 'नहीं' है। अन्तरराष्ट्रीय सेना का संगठन होना चाहिए ? नहीं। अंग्रेजों से कुछ रूसी औरतों ने लड़ाई के दरमियान शादी कर ली थी—वे इंग्लैंड में अपने पति के पास जाएँ ?—नहीं।

प्रगतिशीलता और मार्क्सवाद के नाम पर हम रूस के निन्नानबे खून माफ कर सकते हैं, लेकिन ऊपर जो दूसरा उदाहरण दिया गया है, वह सौवाँ खून है और राजनीति, अर्थशास्त्र आदि शुष्क बातों की राख में छिपी हमारी भावुकता की चिनगारी एकदम सुलगने लग जाती है। मे-डे के दिन, जब रूसी नर-नारी खुशियाँ मना रहे थे, और सारे संसार के दलितों और शोषितों का एक वर्ग उनकी खुशी में खुशी मना रहे थे, रूसी बीवियों के अंग्रेज पतियों ने बड़ी कातरता के साथ स्तालिन से अपील की थी कि उनकी पत्नियों को उनके पास आने की आज्ञा मिल जानी चाहिए।

हम इस अपील की तहेदिल से ताईद करते हैं। लेकिन हमें भय है कि इस समस्या में द्वन्द्वात्मक भौतिकवाद के बदले रागात्मक द्वन्द्ववाद निहित है और फलतः स्तालिन का उत्तर शायद 'हाँ' हो।

हम नहीं जानते, इस सम्बन्ध में हम अपने देश के एक प्रसिद्ध कम्यूनिस्ट नेता के प्रति हमदर्दी जाहिर करें या नहीं। यहाँ के कम्यूनिस्टों की दृष्टि में, हो सकता है, इस समस्या का कोई शास्त्रीय समाधान तैयार हो!

भूमिकाएँ

दृष्टिकोण

मुझसे मेरे एक मित्र ने एक बार पूछा था कि मुझे कहानियाँ लिखने की प्रेरणा कहाँ से, कैसे मिलती है। मैंने उनसे सच बात बता दी थी कि तात्कालिक प्रेरणा तो सम्पादकों के पत्रों से ही मिलती है, गहराई में और जो भी कारण हों। इन प्रबन्धों के बारे में भी यही बात है और आज मैं समवेत रूप से उन सम्पादक-मित्रों का धन्यवाद करता हूँ, जिनके स्नेहानुरोध के फलस्वरूप ही थोड़ा-बहुत लिख सका हूँ।

इस संग्रह में, चाहने पर भी, कई रचनाएँ न जा सकीं, क्योंकि उनकी प्रतिलिपियाँ, दुर्भाग्य से, उपलब्ध न थीं। 'दृष्टिकोण' के दूसरे भाग में उन्हें संगृहीत किया जा सकेगा, ऐसी उम्मीद रखता हूँ।

यों तो आजकल की यह एक प्रथा-सी है कि सभी प्रकार की साहित्यिक पुस्तकों में भूमिकाएँ रहती ही हैं, किन्तु बहुत-सी दूसरी साहित्यिक प्रथाओं की तरह इसका भी मैं कायल नहीं। मुझे अपने प्रबन्धों के बारे में अपनी ओर से कुछ भी कहना शेष नहीं है : इन्हें अपने सम्बन्ध में खुद ही बोलना है।

हाँ, आभार स्वीकार करने के निमित्त, इतना कहना शायद आवश्यक है कि ये सभी प्रबन्ध हिन्दी की पत्र-पत्रिकाओं के सामान्य तथा विशेष अंकों में प्रकाशित हो चुके हैं और कुछ, जो मूलत: अंग्रेजी में लिखे गए थे, अंग्रेजी की पत्र-पत्रिकाओं में छपने के बाद फिर अनूदित होकर हिन्दी में। मैं उन पत्र-पत्रिकाओं के सम्पादकों का विशेष रूप से इसलिए आभारी हूँ, क्योंकि उन्होंने इनके पुस्तकाकार प्रकाशन के लिए सहर्ष अनुमति दी है।

इस पुस्तक के प्रकाशन के सिलसिले में, जिन प्रियजनों को मुझसे कहीं अधिक परिश्रम करना पड़ा है, उनके संकोचशील स्वभाव से परिचित होते हुए भी, अपने ही कृतज्ञताभार को हल्का बनाने के लिए, कुछ कहने का साहस करना ही पड़ता है। श्रीमती शर्मा ने कई लेखों की प्रतिलिपियाँ तैयार कर इस पुस्तक की छपाई में बहुमूल्य सहयोग प्रदान किया है, लेकिन इन सब बातों की फिक्र तो मुझसे ज्यादा उन्हीं को रहती भी है। उमानाथ जी को पुस्तक समर्पित कर चुका हूँ और उनसे उऋण होने का तो प्रश्न ही नहीं उठता। कलाकार दामोदरजी ने इस पुस्तक को रूप दिया है और इसे मैं अपना सौभाग्य मानता हूँ। पुस्तक-भंडार के संचालक, जयनाथ जी की शालीनता का अनुभव पाकर, यह मानने को जी नहीं चाहता कि हिन्दी के प्रकाशक सचमुच वैसे होते हैं,

जैसा लोग कहते हैं। शिवचन्द्र जी और रमेश जी मेरे अनुज के समान हैं और उन्हें कष्ट दिया है, तो उसका अधिकार भी मुझे है। पटना लॉ प्रेस के व्यवस्थापक श्री जगद्‌बन्धु बोस का भी बहुत-बहुत धन्यवाद करता हूँ और उनके साथ ही उनके प्रशंसक शत्रुघ्न जी का भी, जो उमानाथ जी के सुयोग्य सहकारी तथा मेरे स्नेहशील मित्र हैं।

लेकिन, जिनका ऋणी हूँ, उनकी तालिका भी क्या कभी पूर्ण हो सकती है ? मैं अपने सभी दूसरे स्नेही मित्रों की, नामोल्लेख के बिना ही, अभ्यर्थना कर इस निवेदन को समाप्त करता हूँ।

[माघी पूर्णिमा, सं. 2003 वि., पटना]

विष के दाँत

अपनी इन जैसी जो बन पड़ी, वैसी कहानियों के इतिहास की तीन स्थितियों के तीन निर्माताओं को मुझे धन्यवाद करना ही है; अन्यथा अपनी ओर से और कुछ भी कहना मुझे नहीं है।

मेरी पहली कहानी 'नारी की त्रिविधा' को मासिक 'विश्वमित्र' में स्थान देकर श्रद्धेय जगन्नाथ प्रसाद मिश्र ने उस समय प्रोत्साहन दिया जिस समय किसी को भी इसकी आवश्यकता होती है। 'नारी की त्रिविधा' की प्रतिलिपि मेरे पास नहीं है। वह इस संग्रह में नहीं है। वर्षों बाद मिश्र जी के प्रति बहुमान पुरस्सर कृतज्ञता प्रकट करने का उपयुक्त अवसर पाकर मैं कृतार्थ हूँ।

मेरे ग्रंथ-कांतार में बिखरी-खोई इन कहानियों की कतरनें ढूँढ़कर, सुरक्षित रखने तथा उनकी आलोचना करते रहने के लिए श्रीमती कुमुद शर्मा का मैं चिरऋणी हूँ। पुस्तक इसी कारण उन्हें समर्पित है।

और सबके बाद, पर किसी से कम नहीं, बन्धुवर शिवचन्द जी को मेरे बाद वे धन्यवाद, जिन्हें स्वीकार कर लेने को वे मेरे द्वारा बाध्य किये गए हैं। उन्होंने 'विष के दाँत' के लिए उतना किया है जितना अपनी पुस्तक के लिए वे कदापि नहीं करते।

[1951]

सत्रह असंगृहीत कहानियाँ

ये संगृहीत छोटी कहानियाँ अधिकतर पिछले दशक के पूर्वार्द्ध में लिखी गईं और पत्र-पत्रिकाओं में छपीं। यह इन कहानियों के विषय में सूचना मात्र है, क्षमापन का प्रयास नहीं।

इनके सम्बन्ध में मुझे कुछ भी नहीं कहना है। जो निर्भय होकर किसी दूसरे की कृति की आलोचना कर सकता है, उसे अपने प्रति सबसे पहले तटस्थ होना पड़ता है। मैं शायद बहुत हद तक हूँ। अतः ये कहानियाँ अकुतोभय आलोचनाओं का सामना करें!

मैं सहृद्वर शिवचन्द शर्मा का कृतज्ञ हूँ जिनकी दिलचस्पी मेरी कहानियों में रही है। इनका संग्रहकार प्रकाशन, मेरे शैथिल्य के बावजूद, उनके कारण ही अनिवार्य सिद्ध हुआ। मेरी धर्मपत्नी, श्रीमती कुमुद शर्मा, ने इन कहानियों को ऐसे ही प्रकाशन-योग की प्रतीक्षा में सँजो कर रखा होगा: इनकी जरूरत आ पड़ी तो इनका अनुसन्धान नहीं करना पड़ा। अभिज्ञान प्रकाशन, राँची के स्वामी श्री भुनेश्वर प्रसाद सिंह ने संग्रह प्रकाशित करने के सिलसिले में मुझे समस्त सुविधाएँ प्रदान कीं और स्वयं अनेक कष्ट उठाए, जिनके लिए मैं उनका आभारी हूँ।

[1960]

स्वर्ण-मंजूषा

हिन्दी में विभिन्न प्रकार के काव्य संग्रहों की आवश्यकता है। ब्रजभाषा के प्राचीन और नवीन प्रतिनिधि कवियों की रचनाओं के वैज्ञानिक रीति से सम्पादित संग्रह का अभाव तो सबसे ज्यादा खटकता था। हमने अंग्रेजी के प्रामाणिक काव्य संग्रह 'गोल्डेन ट्रेजरी' को आदर्श मानकर उपर्युक्त अभाव की पूर्ति का प्रयास किया है। हमें इसमें कहाँ तक सफलता मिली है, इसका निर्णय हिन्दी के प्राचीन काव्य-मर्मज्ञ ही कर सकते हैं।

'स्वर्ण-मंजूषा' में वस्तुतः तीन खंड हैं। पहले में ब्रजभाषा के उन प्राचीन कवियों का, जिनके छन्द इस संग्रह में संकलित हैं, सविस्तर परिचय और मूल्यांकन उपस्थित किया गया है। भारतेन्दु के परवर्ती ब्रजभाषा के कवियों का संक्षिप्त परिचय देना ही हमने पर्याप्त समझा है। संग्रह के दूसरे खंड में ब्रजभाषा के कवियों के छन्द संकलित हैं, जो भक्ति, रीति तथा आधुनिक काल का भी प्रतिनिधित्व करते हैं। हमने इस बात का ध्यान रखा है कि अतिशय शृंगारिकता के लिए कुप्रसिद्ध ब्रजभाषा-काव्य के ऐसे ही उदाहरण संकलित हों, जो आधुनिक रुचि और आदर्श के प्रतिकूल भी न हों और अपनी विशेषता से रहित भी न हों। संग्रह के तीसरे और अन्तिम खंड में हमने पाठकों के स्वाध्याय की सुविधा के लिए टिप्पणियाँ और अन्तःकथाएँ जोड़ दी हैं, जो प्राचीन-काव्य संग्रहों के लिए अनिवार्य-सी हैं।

हम उन मूल ग्रंथों के रचयिताओं और काव्य संग्रहों के सम्पादकों के आभारी हैं, जिनसे हमने स्वयं स्वर्ण-मंजूषा गढ़ने में सहायता ली है।

[1955]

भारतीय साहित्य : परिशीलन तथा अन्वेषण

पटना कॉलेज, पटना विश्वविद्यालय, की हिन्दी साहित्य परिषद्, इस कॉलेज तथा विश्वविद्यालय की उन बहुमूल्य बौद्धिक परम्पराओं को प्रतीकित करती है, जिन पर अनेक कारणों से गर्व किया जा सकता है। परिषद् का इतिहास बहु–वर्षव्यापी तो है ही, साथ–ही–साथ वह अध्यापकों तथा छात्रों के अनुकरणीय सहयोग से फलने-फूलनेवाली साहित्यिक संस्था का उल्लेखनीय उदाहरण भी है।

परिषद् अपने आविर्भाव के अनेक वर्षों बाद तक विश्वविद्यालय में हिन्दी के अनुकूल वातावरण बनाने में संलग्न रही। भाषा–प्रतियोगिताएँ, कवि–सम्मेलन, साहित्यकारों की जयंतियाँ तथा विद्वद्गोष्ठियाँ आयोजित कर परिषद् ने उन दिनों भी हिन्दी की महत्ता और मर्यादा अक्षुण्ण रखी, जिन दिनों अंग्रेजी का बोलबाला था। परिषद् के विकास में डा. हरी चाँद, डा. ईश्वर दत्त, डा. धर्मेन्द्र ब्रह्मचारी शास्त्री तथा डा. विश्वनाथ प्रसाद ने कॉलेज के प्राचार्य अथवा विभागाध्यक्ष के पदों से जो योग दिया, वह चिरस्मरणीय है।

परिषद् की लोकप्रियता और उसके छात्र तथा अध्यापक–सदस्यों के उत्साह को देखते हुए, कुछ वर्ष पूर्व यह निश्चय किया गया कि वार्षिक समारोह के अवसर पर अन्य कार्यक्रमों के अतिरिक्त, साहित्य–सप्ताह का भी आयोजन हो, जिसमें विश्वविद्यालय तथा बाहर के विद्वान एवं उच्च कक्षाओं के छात्र शोध–निबन्धों का पाठ करें और उन्हें बाद में यथासम्भव पुस्तकाकार प्रकाशित किया जाए। इस निश्चय के फलस्वरूप प्रारम्भ में जो साहित्यिक सप्ताह आयोजित हुए, उनमें पठित निबन्धों में से विशेष महत्त्वपूर्ण 'साहित्यिक निबन्धावली' और 'छायावाद तथा प्रगतिवाद' शीर्षक संग्रहों में प्रकाशित हुए।

अब तो अनेक विश्वविद्यालयों की हिन्दी साहित्य–परिषदों ने शोध–साहित्य का प्रकाशन आरम्भ कर दिया है और उनमें से कुछेक ने तो प्रशंसनीय प्रगति की है, किन्तु पटना विश्वविद्यालय के सर्वोच्च शैक्षणिक संस्थान पटना कॉलेज की इस परिषद् ने इस दिशा में अपने उपर्युक्त प्रकाशनों द्वारा जो अग्रदोत्य किया था, उसे भी सभी ने मुक्त कंठ से स्वीकार किया और सराहा है। परिषद् ने इन शोधमूलक और आलोचनात्मक निबन्धों के संग्रहों के अतिरिक्त अर्थशास्त्रीय विषयों पर भी एक सप्ताह आयोजित किया था और इस अवसर पर पठित विद्वानों के निबन्ध भी संग्रहकार प्रकाशित किये थे। यह वह समय था, जब अध्ययन और परीक्षा के रूप में हिन्दी को विश्वविद्यालयों में मान्यता प्राप्त नहीं हुई थी, और हिन्दी की साहित्यिक संस्थाओं का ही यह कर्तव्य माना जाता था कि साहित्येतर विषयों पर हिन्दी में वे ही पुस्तकें तैयार कराएँ और प्रकाशित करें। परिषद् ने यह चुनौती स्वीकार की थी और उसे विश्वविद्यालयों के यशस्वी अर्थशास्त्रियों का सहयोग मिला था। उनके द्वारा पठित निबन्ध के संग्रह की प्रशंसात्मक समीक्षाएँ उसका महत्त्व सिद्ध करती हैं।

परिषद् में जिन विद्वानों के भाषण होते हैं, उन्हें यथावत् अंकित करने की चेष्टा परिषद् के छात्र-सदस्य करते हैं। 1941 में परिषद् में जैनेन्द्र जी पधारे थे। वे पहले और बाद में भी परिषद् को अपनी उपस्थिति से गौरवान्वित करते रहे हैं। उनसे विश्वविद्यालय के छात्रों ने बड़े ही अन्वेषणात्मक प्रश्न पूछे थे, जिनके रोचक उत्तर उन्हें मिले थे। ये प्रश्न और उत्तर परिषद् के एक लघु प्रकाशन 'जैनेन्द्र प्रश्नोत्तरावली' में मुद्रित है।

परिषद् की सप्ताह-परम्परा कुछ अपवादों को छोड़कर और अनेक विघ्नों के बावजूद, सजीव रखी गई है। विगत वर्ष हिन्दी के प्रमुख प्राचीन और अर्वाचीन कवियों की व्यावहारिक आलोचनाएँ अध्यापकों और छात्रों द्वारा प्रस्तुत की गईं। घनानन्द के एक छन्द की व्यावहारिक आलोचना अध्यापकों और छात्रों द्वारा प्रस्तुत की गई। घनानन्द के एक छन्द की व्यावहारिक आलोचना आचार्य विश्वनाथप्रसाद मिश्र ने प्रस्तुत कर परिषद् के इस अभिनव प्रयास को गौरव-मंडित किया था। चूँकि निबन्धों की संख्या अधिक थी, अतः इस बार 'सप्ताह' आयोजित करने के बदले प्रायः दो मास तक दो-एक दिन के अन्तर देकर, यह कार्यक्रम चालू रखा गया था। इस कार्यक्रम के अन्तर्गत पठित निबन्ध मुद्रणार्थ सम्पादित हो चुके हैं और प्रकाशन की प्रतीक्षा में हैं।

किन्तु इसके पूर्व, विभिन्न वर्षों में लोक-साहित्य, भारतीय तथा विश्व-साहित्य के गौरव ग्रंथों पर जो साहित्य-सप्ताह आयोजित हो चुके थे, उनमें पठित महत्त्वपूर्ण निबन्धों के प्रकाशन की समस्या हमारे सामने थी। परिषद् के सौभाग्य से जब बिहार राष्ट्रभाषा परिषद् की स्थापना हुई तो उसके आदि संचालक आचार्य शिवपूजन सहाय जी ने अव्यावसायिक साहित्यिक संस्थाओं द्वारा किये जानेवाले प्रकाशनों के साहाय्यार्थ एक राशि की व्यवस्था भी कराई। इस राशि से हमारी परिषद् की प्रगति से प्रीत होकर आचार्य जी ने प्रकाश्यमान संग्रहों के निमित्त आर्थिक अनुदान देने की कृपा की। साहित्यिक निबन्धों का प्रस्तुत संग्रह अंशतः उस अनुदान तथा शेषतः पारिजात प्रकाशन, पटना, के हमारे आशीर्वाद-भाजन संचालक श्री शंकरदयाल सिंह के उत्साह के परिणामस्वरूप आप तक पहुँचने की स्थिति में आ पाया है। परिषद् के द्वारा निकट भविष्य में ही शोध-निबन्धों के अन्य एकाधिक संग्रह प्रकाशित होंगे।

परिषद् पर आचार्य शिवपूजन सहाय जी की अशेष कृपा रही है। उनके कर-कमलों में यह संग्रह समर्पित कर परिषद् धन्य है। यशस्वी वैज्ञानिक और मनस्वी उपकुलपति डा. बलभद्रप्रसाद जी के प्रति परिषद् की कृतज्ञता व्यक्त नहीं की जा सकती। प्रसिद्ध इतिहासवेत्ता तथा पटना कॉलेज के समाहत प्राचार्य डा. कालीकिंकर दत्त से हमें जो प्रेरणा मिलती रही, वह उनके अनुरूप ही है। विभाग तथा परिषद् पर विश्वविद्यालय के कला-विभाग के आदरणीय 'डीन' महोदय, डा. इकबाल हुसैन, की सहज कृपा रहती है, जिसके लिए उनका धन्यवाद करना हमारी धृष्टता होगी।

परिषद् की ओर से हम पटना विश्वविद्यालय तथा पटना कॉलेज के हिन्दी के अध्यापकों के प्रति बहुश: कृतज्ञता ज्ञापन करते हैं, जिनके सक्रिय सहयोग के बिना यह प्रकाशन सम्भव नहीं होता।

हम विगत तथा इस वर्ष के परिषद् के छात्र पदाधिकारियों, विशेषत: श्री रामनन्दन सिंह तथा श्री सत्येन्द्र मिश्र की तत्परता और कर्मठता से परम प्रीत हैं, क्योंकि परिषद् के निकट अतीत और वर्तमान की सजीवता और गतिशीलता का श्रेय उन्हें ही है।

[1960]

लोककथा कोश

बिहार राष्ट्रभाषा परिषद् के लोकभाषा-अनुसन्धान विभाग के द्वारा बिहार के भोजपुरी, मगही, मैथिली, अंगिका तथा आदिवासी भाषा-क्षेत्रों से दो सौ पैंतीस कथाएँ संगृहीत हुई हैं। इन कथाओं का सारांश लोककथा कोश के रूप में प्रस्तुत किया जा रहा है। इस लोककथा कोश पर विभिन्न कथाओं का स्रोतान्वेषण तथा कथानक रूढ़ि विवेचन सम्भव हो सकेगा। हिन्दी क्षेत्र की अन्य विभाषाओं तथा हिन्दीतर भारतीय भाषाओं की लोककथाओं के साथ तुलनात्मक अध्ययन के लिए भी यह कोश उपादेय सिद्ध होगा।

[1960]

लोकगाथा-परिचय

बिहार राष्ट्रभाषा परिषद् के लोक-भाषानुसन्धान विभाग के द्वारा भोजपुरी, मैथिली, मगही तथा अंगिका भाषा-क्षेत्रों से छोटी-बड़ी बाइस लोकगाथाएँ संगृहीत हुई हैं। एक ही क्षेत्र से, तथा अन्य क्षेत्रों से भी, कई गाथाओं के दो-दो, तीन-तीन संग्रह आए हैं।

इनमें से प्रत्येक गाथा का संक्षिप्त विवरण प्रस्तुत किया जा रहा है, जिसमें भावी संकलन-कार्य तथा अध्ययन की दिशाएँ निर्दिष्ट हो सकें। पाद-टिप्पणियों में आकर-सामग्री का संक्षेपत: उल्लेख कर दिया गया है।

[1959]

लोक-साहित्य : आकर-साहित्य सूची

[हिन्दी पत्र-पत्रिकाओं में प्राप्त शोध-सामग्री : 1916-1955 ई.]

हिन्दी में मुद्रित पुस्तकों की प्रामाणिक सूची का ही अभाव है, तो पत्र-पत्रिकाओं में प्रकाशित अपार शोध-सामग्री की सूची के अभाव का क्या रोना! डा. माताप्रसाद गुप्त

का 'पुस्तक-साहित्य' पहले अभाव की पूर्ति का प्रथम प्रयास है और केवल इसीलिए प्रशंसनीय नहीं है, बल्कि इसलिए भी कि वह पूर्णतर प्रयास का दिशा-निर्देश भी करता है—यद्यपि यह सर्वथा खेदजनक है कि परवर्ती और आकार में बृहत्तर 'हिन्दी का उच्चतर साहित्य' के सम्पादकों ने 'पुस्तक-साहित्य' का आदर्श रहते हुए भी, नितान्त एक असन्तोषप्रद पोथा भर प्रस्तुत किया है।

मैंने अपने निर्देशन में अपने एक सुयोग्य छात्र से 'सरस्वती' में प्रकाशित सामग्री की वैज्ञानिक रीति से अंकित पत्रक-सूची बनवाई है, यद्यपि पर्याप्त साधन के अभाव में यह कार्य अंशत: अधूरा है। बिहार राष्ट्रभाषा परिषद् के पुस्तकालय में सुरक्षित और प्रति मास संगृहीत होनेवाले पात्रिक साहित्य की पत्रक-सूची बनवाने की मेरी योजना भी साधनों के अभाव में आगे नहीं बढ़ पा रही है। किन्तु, यह कार्य है अतिशय महत्त्वपूर्ण और शोध के लिए तो नितान्त आवश्यक। मुझे आशा है, पर्याप्त साधन सुलभ होते ही मैं निकट भविष्य में यह कार्य पूरा करा सकूँगा, यद्यपि विवरणात्मक सूची का कार्य फिर भी बाकी ही रहेगा।

परिषद् के लोक-भाषानुसन्धान विभाग में—जो अनेकविध शोधकार्य मेरे निर्देशन में चल रहे हैं, उन्हें ध्यान में रखते हुए लोक-साहित्य विषयक आकर-साहित्य सूची तैयार कर लेना जरूरी था। विभाग के शोध सहायक श्रीराधावल्लभ शर्मा ने मेरे निर्देशन में कार्य तत्परतापूर्वक सम्पन्न किया है। उन्होंने हिन्दी और अंग्रेजी की पत्र-पत्रिकाओं में प्रकाशित सामग्री का संकलन किया है। 'साहित्य' के इस अंक में हिन्दी पत्र-पत्रिकाओं में प्राप्य सामग्री की सूची प्रस्तुत की जा रही है। यह सूची सर्वांगपूर्ण तथा निर्दोष है, ऐसा हमारा दावा नहीं है। हम सामग्री-संकलन के लिए मुख्यत: परिषद् में संगृहीत पत्र-पत्रिकाओं की संचिकाओं तक ही अपने को सीमित रखने के लिए विवश थे, हमारे सामने और भी कठिनाइयाँ थीं; किन्तु, हमें इसका सन्तोष है कि हमने कार्यारम्भ तो किया!

[1959]

प्राचीन हस्तलिखित पोथियों का विवरण

[तृतीय खंड]

बिहार राष्ट्रभाषा परिषद् के प्राचीन हस्तलिखित ग्रंथशोध विभाग की ओर से सन् 1951 ई. के फरवरी मास से ही प्राचीन पोथियों के संग्रह तथा उनके शोधमूलक विवरण प्रकाशन का कार्य हो रहा है। सन् 1958 ई. के मार्च तक 3273 प्राचीन हस्तलिखित पोथियाँ संगृहीत हो चुकी हैं। इन पोथियों में से 151 (हिन्दी 100 + संस्कृत 51) के विवरण तथा उनके रचयिताओं के संक्षिप्त परिचय (प्राचीन हस्तलिखित पोथियों

का विवरण, पहला खंड) प्रकाशित हो चुके हैं। इसके अतिरिक्त मन्नूलाल पुस्तकालय, गया और चैतन्य पुस्तकालय, गायघाट, पटना सिटी के 127 ग्रंथों के विवरण तथा ग्रंथकारों के परिचय दूसरे खंड में छप चुके हैं। परिषद् में संगृहीत 50 हिन्दी हस्तलिखित पोथियों के विवरण का यह तीसरा खंड अनुसन्धित्सु विद्वज्जनों के समक्ष प्रस्तुत करते हुए हम प्रसन्नता का अनुभव कर रहे हैं। इसकी ग्रंथ-संख्या पहले खंड की ग्रंथ-संख्या (100) के बाद से (101 से) है।

प्रस्तुत खोज-विवरण में तीस ग्रंथकारों के पचास ग्रंथों के विवरण दिये जा रहे हैं। इन ग्रंथकारों में आठ बिहार-राज्यवर्ती ग्रंथकार विशेष रूप से अनुसन्धेय हैं और पाँच ग्रंथकारों की चर्चा प्रथम-प्रथम इस विवरण ग्रंथ में हो रही है।

अधोलिखित तालिका से विक्रम-शताब्दी के अनुसार रचित और लिपिबद्ध ग्रंथों की संख्या की जानकारी होगी।

विक्रम-शताब्दी के अनुसार ग्रंथों के रचनाकाल और लिपिकाल

शताब्दी	इस शताब्दी में रचित पोथियों की संख्या	इस शताब्दी में लिपिबद्ध पोथियों की संख्या
सोलहवीं	×	×
सत्रहवीं	1	×
अठारहवीं	2	×
उन्नीसवीं	3	13
बीसवीं	2	17

इस अनुसन्धान में निम्नलिखित आठ बिहारी कवियों के हस्तलेख मिले हैं :

घनारंग, दरियादास, परमानन्ददास, प्रेमदास, बच्चू मल्लिक, लक्ष्मीसखी, सूरजदास तथा हलधरदास। जिन नये ग्रंथकारों के हस्तलेख पहली बार परिषद् के शोध के फलस्वरूप प्राप्त हुए हैं, वे इस प्रकार हैं–घनारंग, नरहर, बच्चू मल्लिक, मानप्रवत, लक्ष्मीसखी, श्रवणदेव और सत्यभोलास्वामी।

इनके सम्बन्ध में संक्षिप्त परिचयात्मक टिप्पणियाँ ग्रंथ विवरण के प्रारम्भ में दे दी गई हैं। परिषद् में संकलित 419 हिन्दी हस्तलिखित प्राचीन ग्रंथों के संक्षिप्त विवरण भी चौथे खंड के रूप में शीघ्र प्रकाशित होंगे। हम उन महानुभावों के कृतज्ञ हैं, जिन्होंने परिषद्-संग्रहालय को हस्तलिखित पोथियाँ प्रदान करने की उदारता दिखाई है।

[श्रावणी पूर्णिमा, सं० 2069 वि.]

बिहार राष्ट्रभाषा परिषद् में संगृहीत हिन्दी की प्राचीन हस्तलिखित पोथियों का विवरण

[चतुर्थ खंड]

बिहार राष्ट्रभाषा परिषद् का प्राचीन हस्तलिखित ग्रंथ-शोध विभाग, पोथियों के संग्रह आदि के अतिरिक्त, सन् 1951 ई. के फरवरी मास से प्राचीन हस्तलिखित पोथियों के विवरण के प्रस्तुतीकरण में संलग्न रहा है। मार्च, 1958 ई. तक की खोज के परिणामस्वरूप विभाग में 3273 प्राचीन हस्तलिखित पोथियाँ संगृहीत हो चुकी हैं, जिनमें संस्कृत की प्राय: 2585; हिन्दी की 593; बंगला और गुरुमुखी-लिपियों में क्रमश: 5 और 3 पोथियाँ हैं। इनमें से 151 हस्तलिखित पोथियों (हिन्दी 100, संस्कृत 51) के विवरण तथा उनके रचयिताओं के संक्षिप्त परिचय 'प्राचीन हस्तलिखित पोथियों का विवरण' (प्रथम खंड) में प्रकाशित हो चुके हैं। दूसरे खंड में मन्नूलाल पुस्तकालय (गया) की 106 और चैतन्य पुस्तकालय (गायघाट, पटनासिटी) की 21 पोथियों के विवरण प्रकाशित हैं। इनके अतिरिक्त हिन्दी की 50 हस्तलिखित पोथियों के विवरण त्रैमासिक 'साहित्य' में क्रमश: प्रकाशित हुए हैं जिन्हें तीसरे खंड के रूप में प्रकाशित किया जाएगा।

'प्राचीन हस्तलिखित पोथियों का विवरण' के प्रस्तुत खंड में परिषद् के शोधविभाग में संगृहीत 102 ज्ञात ग्रंथकारों की 327 हस्तलिखित हिन्दी पोथियों के विवरण हैं। इनके अतिरिक्त अज्ञात ग्रंथकारों की 92 हिन्दी पोथियों के विवरण भी हैं। इनमें ऐसे 81 नये ग्रंथकार हैं, जिनका उल्लेख परिषद् द्वारा पूर्व-प्रकाशित विवरणों में नहीं है। यहाँ पाद-टिप्पणियों में यथास्थान उनके सम्बन्ध में ज्ञात सूचनाएँ उद्धृत कर दी गई हैं। निम्नलिखित नवोपलब्ध सत्रह ग्रंथकारों का सविशेष उल्लेख असमीचीन नहीं होगा :

1. *कान्हजी सहाय :* कवि घनारंग के समकालीन; शाहाबाद जिला-निवासी; अठारहवीं शती में वर्तमान; भक्तकवि; संगीत के साधक। ये कीर्तन करते थे और स्वरचित गीतों को गाते हुए आनन्द-विभोर हो जाते थे। इनके सम्बन्ध की सूचनाएँ घनारंग जी के वंशज श्रीसहदेव मल्लिक, धनगाईं (सूर्यपुरा, शाहाबाद) निवासी से प्राप्त हुई हैं।
2. *गोपालजी लाल :* कवि बच्चू मल्लिक के समकालीन; संगीतज्ञ कवि; डुमराँव महाराज के आश्रित। स्फुट रचनाएँ तथा गीत मिलते हैं।
3. *गोस्वामी गोवर्धनलाल :* गोस्वामी हितहरिवंश के वंशज; हितहरिवंश वापीभवन (साँवलियाजी का मन्दिर, लल्लूबाबू का कूचा, पटना सिटी) के अधिष्ठाता; 'प्रेम-प्रभा' के रचयिता; 'कवि चूड़ामणि' उपाधि; 'प्रेम-पुष्प' नाम की पत्रिका के सम्पादक, चौदह भाषाओं के ज्ञाता।

4. *घनारंग :* डुमराँव-महाराज महेश्वरबख्शसिंह के आश्रित; बच्चू मल्लिक के पितृव्य; धनगाईं-निवासी; उन्नीसवीं शती के उत्तरार्द्ध में वर्तमान; कृष्णभक्त कवि; 'कृष्ण-रामायण' और 'ब्रज-विलास' के रचयिता। कहा जाता है, ये अपनी रचनाएँ दीवार पर लिख दिया करते थे, और इनके भ्रातृज बच्चू मल्लिक उसे बाद में कागज पर लिख लेते थे। इनके रचे अनेक गीत शाहाबाद में आज भी गाए जाते हैं।
5. *जैरामदास :* शाहाबाद जिलान्तर्गत जोगिया (क्वाथ के निकट) ग्राम-निवासी; बसन पांडेय के पुत्र; सरयूपारीण ब्राह्मण; अठारहवीं शती में वर्तमान; बराँव पहाड़ी पर इनका चरण-चिह्न अंकित है, जिसकी पूजा होती है तथा वर्ष में एक बार मेला लगता है। इनकी चौबीस रचनाएँ खोज में मिली हैं। संत कवि रघुनाथदास, सीतारामदास और हनुमानसरनदास इनके वंशज थे। सहसराम के श्रीराधारमण शर्मा, वकील इनके जीवित वंशज हैं। इनकी दो पुत्रियाँ थीं, जो इनके रचे ग्रंथों को लिपिबद्ध किया करती थीं। इनकी रचनाओं के अन्त में निम्नोद्धृत पंक्तियाँ समान रूप से मिलती हैं :

   वैदेही दस्तखत कियो सन्मुख पवनकुमार।
   जैराम की नन्दिनी भव-जल उतरो पार॥

   कहा जाता है, पकड़ी का वह वृक्ष आज भी है, जिसके नीचे बैठकर ये योग तथा साहित्य की साधना करते थे। इनके सम्बन्ध की अनेक किंवदन्तियाँ उक्त क्षेत्र में प्रचलित हैं।
6. *तुलाराम :* बेतिया राज्य के आश्रित कवि; प्रसिद्ध केशवदास के समकालीन; कहा जाता है, केशवदास से इनकी मित्रता थी। चम्पारन जिला (बँगरी ग्राम)-निवासी श्रीगणेश चौबे से ज्ञात हुआ है कि जीवनान्त में ये कुष्ठ रोग से ग्रस्त हो गए थे, उसी समय इन्होंने सूर्यस्तुतिपरक ग्रंथ रचे थे।
7. *देवीदास :* रामगढ़ के राजा दलेल सिंह के आश्रित; पदुमनदास के समकालीन; जाति के अम्बष्ठ कायस्थ; 'पांडव-चरितार्णव' के रचयिता।
8. *दिगम्बर दूबे :* शाहाबाद जिला-निवासी; डुमराँव-महाराज राधाप्रसादसिंह के राजकवि; घनारंग तथा बच्चू मल्लिक के समकालीन; उन्नीसवीं शती के अन्त में वर्तमान; स्फुट गीतों के रचयिता।
9. *बच्चू मल्लिक :* घनारंग के भ्रातृज; डुमराँव राज्य के आश्रित संगीतज्ञ कवि; उन्नीसवीं शती के अन्त में वर्तमान; अपने समय के भारत-विख्यात गायक घनारंग के समकालीन; 'ब्राह्मण'; 'रस-प्रकाश', 'भैरव-प्रकाश',

'स्वर-प्रकाश' आदि ग्रंथों के रचयिता; प्रकाशित कृति—'कृष्ण-चरित'; अनेक रचनाएँ अप्रकाशित हैं। इनके अनेक गीत सूर्यपुरा और डुमराँव के समीपस्थ क्षेत्रों में आज भी गाए जाते हैं।

10. *बेनीराम :* हजारीबाग जिलान्तर्गत ईचाक ग्राम-निवासी; रामगढ़ राज्य के आश्रित कवि; अठारहवीं शती के अन्त में वर्तमान।

11. *भिनकराम :* सरभंग-सम्प्रदाय के संत; उक्त सम्प्रदाय की एक शाखा के प्रवर्तक; 'सरभंग-सम्प्रदाय' पर डा. धर्मेन्द्र ब्रह्मचारी शास्त्री-लिखित पुस्तक परिषद् से शीघ्र ही प्रकाशित होगी।

12. *मधुकवि :* छपरा जिलान्तर्गत पलुई ग्राम-निवासी, लगभग सत्रह ग्रंथों के रचयिता; जन्म 1917 वि.; मृत्यु 2005 वि.।

13. *महादेव हलवाई :* शाहाबाद जिला-निवासी; कान्हजी सहाय के शिष्य; गीतकार और गायक; डुमराँव-महाराज राधाप्रसादसिंह के आश्रित। इनके स्फुट गीत खोज में मिले हैं।

14. *मुकुट दूबे :* बच्चू मल्लिक के समकालीन; डुमराँव राज्य के आश्रित; स्फुट गीतों के रचयिता।

15. *रघुवीर नारायण:* नयागाँव, सारन, के निवासी; बनैली-महाराज कीर्त्यानन्द सिंह के आश्रित; अंग्रेजी, हिन्दी और भोजपुरी के प्रसिद्ध कवि; जन्म 1884 ई.; मृत्यु 1955 ई.। इनकी समस्त प्राप्य कृतियाँ तथा हस्तलेख बिहार हिन्दी साहित्य सम्मेलन के अनुशीलन विभाग में संगृहीत हैं।

16. *लक्ष्मीसखी :* अमनौर, सारन-निवासी; सखी-सम्प्रदाय के अनुयायी; सं. 1970 वि. में वर्तमान; मृत्यु 1914 ई.।

17. *शिवकुमार शास्त्री :* भभुआ, शाहाबाद-निवासी; 1970 वि. के लगभग वर्तमान; पद्यमय 'वीर अर्जुन' के रचयिता; कुँवरसिंह पर संस्कृत-महाकाव्य (अप्रकाशित) भी इनकी रचना है, जो परिषद् में संगृहीत है।

परिषद् के द्वारा प्रकाशित 'प्राचीन हस्तलिखित पोथियों का विवरण' (दो खंड) में यथासम्भव विस्तार के साथ पोथियों के विवरण दिये गए हैं। मैंने इसके विपरीत यही उपादेय समझा है कि परिषद् के प्राचीन हस्तलिखित ग्रंथ-शोध विभाग में संगृहीत सभी हिन्दी पोथियों के संक्षिप्त, किन्तु सारगर्भ विवरण अविलम्ब प्रस्तुत किये जाएँ। इनमें जो विशेष महत्त्व के हैं, उनके पाठ-सम्पादन तथा सविस्तर अध्ययन की योजना भी बनाई गई है और कार्यारम्भ हो चुका है। इसी योजना के अन्तर्गत लालचदास तथा अद्यावधि अज्ञात सूफ़ी कवि किफ़ायत पर विभाग में कार्य हो रहा है। पहले की कृति, 'हरिचरित', के सम्पादित पाठ का एक अंश और दूसरे का परिचय 'साहित्य' के प्रस्तुत अंक में दिये जा रहे हैं।

जिन पांडुलिपियों के ग्रंथकार अज्ञात हैं अथवा खंडित अवस्था में प्राप्त होने के

कारण जो पांडुलिपियाँ विवरण-सापेक्ष हैं, उनके सम्बन्ध में परिषद् का हस्तलिखित ग्रंथानुसन्धान विभाग सूचनाओं का स्वागत करेगा।

जिन उदार विद्यानुरागियों से परिषद् को दुर्लभ पोथियाँ प्राप्त हुई हैं; उनके प्रति हम परिषद् की ओर से कृतज्ञता-ज्ञापन करते हैं। हमें आशा है, राज्य के साहित्यप्रेमी प्राध्यापक, शिक्षक, सरकारी पदाधिकारी, छात्र तथा अन्य कार्यों में संलग्न व्यक्ति भी, अपना कर्तव्य समझकर, प्राचीन पोथियों के संग्रह और सुरक्षा में परिषद् की सहायता करेंगे।

पांडुलिपियों के संग्रह, वर्गीकरण, विवरण-लेखन आदि कार्यों में परिषद् के विभागीय शोध-सहायक श्रीरामनारायण शास्त्री ने उत्साह, तत्परता और योग्यता का परिचय दिया है। विभाग के दूसरे शोध-सहायक श्रीदामोदर मिश्र ने परिश्रम तथा योग्यता के साथ इन कामों में हाथ बँटाया है।

[1959]

प्राचीन हस्तलिखित पोथियों का विवरण

[पंचम खंड]

बिहार राष्ट्रभाषा परिषद् के प्राचीन हस्तलिखित ग्रंथानुसन्धान-विभाग में प्रायः तीन हजार से अधिक हस्तलिखित पोथियाँ संगृहीत हुई हैं। इनमें अधिक संख्या संस्कृत पोथियों की रही है—प्रायः 2600। विभाग के निर्देशन का भार ग्रहण करने के बाद से मैंने हिन्दी पोथियों के संग्रह की ओर ही ध्यान केन्द्रित किया है, यद्यपि वस्तुतः दुर्लभ संस्कृत पोथियों की उपेक्षा हो, ऐसा मेरा विचार नहीं है।

संस्कृत पोथियों के विवरण परिषद् द्वारा प्रकाशित 'प्राचीन हस्तलिखित पोथियों का विवरण' (पहला खंड, 1958 ई.) में प्रस्तुत किये जा चुके हैं। यहाँ 211 ऐसी संस्कृत-पोथियों[1] के विवरण प्रकाशित किये जा रहे हैं, जो विभाग के संग्रह की दृष्टि से अपेक्षया महत्त्वपूर्ण माने जा सकते हैं; शेष पोथियों के विवरण भी प्रायः पंजीबद्ध हो चुके हैं। किन्तु उन्हें सम्प्रति प्रकाशित करना आवश्यक नहीं है; क्योंकि अवशिष्ट पोथियाँ विशेष महत्त्व की नहीं हैं।

प्रस्तुत विवरण में अज्ञात ग्रंथकारों के 65 ग्रंथ हैं तथा ज्ञात 95 ग्रंथकारों की 146 पोथियों के विवरण दिये गए हैं। पंचानबे ग्रंथाकारों में प्रायः 20 ऐसे हैं, जिनकी अधिकांश रचनाएँ—मूल ग्रंथ अथवा टीकाएँ—अद्यावधि अप्रकाशित तथा महत्त्वपूर्ण हैं। कुछ ऐसे भी विशिष्ट संस्कृत-ग्रंथकार हैं, जिनकी चर्चा इस विवरण में सम्भवतः पहली बार हो रही है।

---

1. इनकी ग्रंथ-संख्या 51 के बाद से प्रारम्भ हुई है। इस प्रकार कुल 262 संस्कृत पोथियों के विवरण परिषद् से अब तक प्रकाशित हुए हैं।

जिन पांडुलिपियों के विवरण प्रस्तुत किये जा रहे हैं, उनमें देवनागरी में लिपिबद्ध पोथियाँ 131, मिथिलाक्षर में 65, वंगाक्षर में 16 और तालपत्र पर लिखे गए 8 ग्रंथ हैं। प्रसिद्ध तथा मान्य ग्रंथकारों के रचनाकाल 'प्रसिद्ध' लिखकर निर्दिष्ट हुए हैं।

बिहार के निम्नलिखित संस्कृत साहित्यसेवियों की रचनाएँ विशेष रूप से अनुसन्धेय हैं :

(1) उमापति, (2) केशव मिश्र, (3) गोकुलनाथ, (4) चन्द्रशेखर, (5) दामोदर, (6) देवेश्वर, (7) नरसिंह ठाकुर, (8) भानुदत्त मिश्र, (9) महेश ठाकुर, (10) मुरारि, (11) रघुदेव मिश्र, (12) रघु मिश्र, (13) रुद्रधर, (14) वाचस्पति मिश्र (प्रथम), (15) वाचस्पति मिश्र (द्वितीय), (16) विश्वनाथ, (17) वेणीदत्त, (18) शंखोदर, (19) शिवकुमार शास्त्री, और (20) हलायुध।

'शिशुपालवध' की टीका (जाड्यापहारिणी) के लेखक महाघन, 'प्रस्ताव-रत्नाकर' के हरिदास, 'वैताल पंचविंशतिका' के शिवदास और 'वेदान्तसारसुबोधिनी' के रचयिता नरसिंह सरस्वती खोज में नवोपलब्ध हैं। इनकी चर्चा तथा इनके ग्रंथों के नाम पूर्ववर्ती खोज-विवरणों में सम्भवतः नहीं है। निम्नलिखित प्रमुख ग्रंथकारों की रचनाएँ बिहार रिसर्च सोसाइटी की खोज में मिल चुकी हैं :

जगन्नाथ,[1] माघ,[2] कालिदास (मिश्र),[3] धर्मदास,[4] भानुदत्त मिश्र,[5] अमरु,[6] मुरारि,[7] कवि कालिदास,[8] भवभूति,[9] जयदेव,[10] भारवि,[11] वेणीदत्त,[12] रुद्रधर,[13] उमापति,[14] पराशर,[15] हलायुध,[16] रघुनन्दन भट्टाचार्य,[17] वाचस्पति,[18] महामहोपाध्याय महेश ठाकुर,[19] श्रीपति भट्ट,[20] विश्वनाथ,[21] और शिवदास[22]।

इस विवरण-पुस्तिका में ग्रंथों की संख्या विषयानुक्रम से निम्नलिखित हैं : (1) काव्य, नाटक-स्तोत्र, कथा आदि—40, (2) दर्शन (वेदान्त, मीमांसा, सांख्य, तर्कशास्त्र आदि)—49, (3) स्मृति, धर्मशास्त्र, कर्मकांड, दीक्षा आदि—31,

1. दे, बिहार और उड़ीसा, रिसर्च सोसाइटी से प्रकाशित (1933)—'डिस्क्रिप्टिव कैटलॉग ऑव मैनस्क्रिप्ट्स इन मिथिला' (खं. 2, खड्गविलास प्रेस, बाँकीपुर में मुद्रित), पृ. 106, 107, ग्रं.सं. 103-4 प्रतियाँ; 2. दे, वही—पृ. 164-166, ग्रं. सं. 159, ए-डी-7 प्रतियाँ; 3. दे, वही—पृ. 67, ग्रं. सं. 63, ए-बी-3 प्रतियाँ; 4. दे, वही—पृ. 143, 145, ग्रं. सं. 140, 145-4 प्रतियाँ; 5. दे, वही—पृ. 51, ग्रं. सं. 47; 6. दे, वही—पृ. 8, 9, ग्रं. सं.9, ए,बी,सी—4 प्रतियाँ; 7. दे, वही—पृ. 1, ग्रं. 1, ए-2 प्रतियाँ; 8. दे, वही—पृ. 20, 21, 27, 118, ग्रं. सं. 20, ए; 26, ए, बी; 114, ए, बी-8 प्रतियाँ; 9. दे, वही—पृ. 111, ग्रं. सं. 107; 10. दे, वही—पृ. 39-44, ग्रं. सं. 27, ए; 39, ए-एल्-16 प्रतियाँ; 11. दे, वही—पृ. 23, 25, ग्रं. सं. 23, ए-एफ-8 प्रतियाँ; 12. दे, वही—पृ.-44, ग्रं. सं. 34 ए-जी-7 प्रतियाँ; 13. दे, वही—खंड 1, पृ. 437-448, ग्रं. सं. 382, ए-एच् 1-35 प्रतियाँ; 14. दे, वही—खंड 1, पृ. 424-429, ग्रं. सं. 373, ए-एच-9 प्रतियाँ और ग्रं. सं. 374, ए-सी-4 प्रतियाँ; 15. दे, वही—खंड 1, पृ. 270-271, ग्रं. सं. 249 तथा 249 ए-बी-3 प्रतियाँ और ग्रं. सं. 250, केवल 1 प्रति; 16. दे, वही—खंड 1, पृ. 327, ग्रं. सं. 286 तथा 286, ए-2 प्रतियाँ और पृ. 328, ग्रं. सं. 287-1 प्रति; 17. दे, वही—खंड 1, पृ. 513, एवं 514, ग्रं. सं. 438 एवं 438, ए-2 प्रतियाँ; 18. (क) (द्वैतनिर्णय) वही—खंड 1, पृ. 239-242, ग्रं. सं.-227, ए-जे11 प्रतियाँ;→

(4) ज्योतिष—18, (5) आगमशास्त्र (तंत्र, मंत्र आदि)—16, (6) पुराण एवं इतिहास-17, (7) व्याकरण—28, (8) छन्दशास्त्र—6, (9) आयुर्वेद, और (10) उपवेद।

इन ग्रंथों को जिन महानुभावों ने परिषद् संग्रहालय के लिए भेंट के रूप में, मूल्य लेकर अथवा निर्मूल्य दिया है, वे धन्यवादार्ह हैं।

जीर्ण-शीर्ण पोथियों को व्यवस्थित करने तथा उन्हें पढ़कर विवरण प्रस्तुत करने में परिषद् के प्राचीन हस्तलिखित पोथी-शोध-विभाग के सुयोग्य शोध-सहायक श्रीविधाता मिश्र ने बड़ी निष्ठा से कार्य किया है। श्रीरामनारायण शास्त्री ने विवरण की प्रेस कॉपी तैयार करने में जो श्रम किया है, उसका उल्लेख भी आवश्यक है।

[महाशिवरात्रि : 2016 वि.]

प्राचीन हस्तलिखित पोथियों का विवरण

[षष्ठ खंड]

बिहार राष्ट्रभाषा परिषद् के तत्त्वावधान में, उसके संस्थापन के प्रारम्भ से ही, प्राचीन हस्तलिखित ग्रंथों के संकलन, अन्वेषण तथा अनुसन्धान का महत्त्वपूर्ण कार्य सम्पन्न होता रहा है। परिषद् के इस विभाग की ओर से शोध के परिणामस्वरूप अद्यावधि अनेक अज्ञात कवि तथा उनकी रचनाएँ प्रकाश में आई हैं। हिन्दी और संस्कृत के संकलित प्राचीन हस्तलिखित ग्रंथों तथा विभिन्न ग्रंथालयों में संगृहीत पुरानी पोथियों के जो विवरण परिषद् की ओर से मुद्रित हुए हैं, वे अनुसन्धित्सु विद्वानों के लिए लाभप्रद सिद्ध हुए हैं।

शोध विभाग की ओर से अब तक प्राचीन हस्तलिखित पोथियों के विवरण पाँच खंडों में प्रकाशित हो चुके हैं। परिषद् में संगृहीत हिन्दी और संस्कृत के 831 (हिन्दी 569+संस्कृत 263), प्राचीन हस्तलिखित पोथियों के विवरण तथा उनके रचयिताओं के संक्षिप्त परिचय (प्राचीन हस्तलिखित पोथियों का विवरण : पहला, तीसरा, चौथा और पाँचवाँ खंड) प्रकाशित हो चुके हैं। इसके अतिरिक्त मन्नूलाल पुस्तकालय, गया

←(ख) (श्राद्धचिन्तामणि), वही—खंड 1, पृ. 460-463, ग्रं. सं. 393, 393, ए-आइ-10 प्रतियाँ; 19. दे, वही—पृ. 153-157; ग्रं. सं. 149, ए-एम-14 प्रतियाँ; 20. दे, वही—खंड 3, पृ. 143-144, ग्रं. सं. 123, 123.ए-ई-6 प्रतियाँ; 21. इस नाम के दो ग्रंथकार हो गए हैं। दोनों की पांडुलिपियाँ प्राप्त हुई हैं। दे, वही—खंड 3, पृ. 32-33, 45-46, ग्रं. सं. 33 ए, 43-44 और पृ. 66 68, 110-112, 157-159, 294, 460, 485-487, 509-510, ग्रं. सं. 57 ए-डी, 95 ए-बी, 135 ए-सी, 252, 385, 409 ए-बी, 423 ए बी-24 प्रतियाँ; 22. दे, वही—खंड 2, पृ. 159, ग्रं. सं. 155

और चैतन्य पुस्तकालय, गायघाट, पटनासिटी के 127 ग्रंथों के विवरण तथा ग्रंथकारों के परिचय (दूसरा खंड) भी छप चुके हैं।

बिहार रिसर्च सोसायटी के अन्वेषक द्वारा बिहार राज्य से विभिन्न व्यक्तियों के पास संगृहीत हिन्दी के प्राचीन हस्तलिखित ग्रंथों के विवरण संकलित किये गए थे। ये विवरण सोसायटी द्वारा अद्यावधि प्रकाशित नहीं हुए हैं। किन्तु, ये भी पूर्वोक्त खोज-विवरणों के समान ही अनुसन्धान-अनुशीलन में संलग्न विद्वानों के लिए उपयोगी सिद्ध होंगे। प्रस्तुत खोज-विवरण में हिन्दी के 78 ग्रंथों के विवरण हैं। विवरण के साथ ही टिप्पणी में ग्रंथकारों का संक्षिप्त परिचय भी दिया गया है और अन्य विवरणों में उनसे सम्बद्ध सूचनाओं का उल्लेख भी कर दिया गया है। प्रसिद्ध तथा मान्य ग्रंथकारों के रचनाकाल 'प्रसिद्ध' लिखकर निर्दिष्ट हुए हैं।

इस विवरण में 73 ग्रंथकारों के 78 ग्रंथों के विवरण दिये गए हैं। अज्ञात ग्रंथकारों द्वारा रचित 17 पोथियाँ भी इसमें विवृत्त हुई हैं, जिनका परिचय परिशिष्ट 1 में दे दिया गया हैं। इस खोज के फलस्वरूप बिन 11 नये ग्रंथकारों का पता चला है, उनसे सम्बद्ध टिप्पणियाँ भी यथास्थान दी गई हैं। बिहार के 7 नवोपलब्ध ग्रंथकार अनुसन्धेय हैं। प्रस्तुत विवरण में, जिन ग्रंथों के विवरण दिये गए हैं, उनके ग्रंथ-संकलन स्थान के पते भी दे दिये गए हैं, जिनसे अनुसन्धित्सु उन स्थानों पर जा-जाकर ग्रंथ देख सकें—यदि वे आज भी नष्ट न हुए हों।

इस विवरण को परिषद् द्वारा प्रकाश में लाने का श्रेय बिहार रिसर्च सोसाइटी (पटना) के मंत्री, डा. बी.पी. सिन्हा को है, जिन्होंने हमारे अनुरोध पर इसे प्रकाशनार्थ दिया है। उक्त शोध-संस्थान के अन्वेषक, जिन्होंने सपरिश्रम इस खोज-विवरण को तैयार किया था, धन्यवादार्ह हैं। परिषद् के शोधसहायक श्रीरामनारायण शास्त्री ने इसे प्रस्तुत करने में पर्याप्त परिश्रम तथा अपनी अनुसन्धान-प्रवीणता का परिचय दिया है।

बिहार राष्ट्रभाषा परिषद् के विद्वान तथा अनुसन्धान-अनुशीलन प्रेमी संचालक डा. भुवनेश्वरनाथ मिश्र 'माधव' के प्रति भी मैं कृतज्ञता ज्ञापित करता हूँ, जिन्होंने इस विवरण के सम्पादन तथा प्रकाशन के लिए आवश्यक सुविधाएँ प्रदान की हैं।

[महाशिवरात्रि : 1959]

हरि-चरित्र

बिहार राष्ट्रभाषा परिषद् द्वारा प्रकाशित 'प्राचीन हस्तलिखित पोथियों का विवरण' (दूसरा खंड) के सम्बन्ध में परिषद् के संचालक के नाम प्रेषित अपने पत्र में डा. वासुदेवशरण अग्रवाल ने लिखा था : 'लालचदास-कृत अवधी भाषा का काव्य

'हरि-चरित्र' हमारा ध्यान खींचता है। इसकी रचना गोसाईंजी के 'रामचरितमानस' से 104 वर्ष पहले और जायसी के 'पद्मावत' से लगभग 70 वर्ष पहले हुई है। मुल्ला दाउद के प्रथम अवधी-काव्य 'चन्दायन' (रचनाकाल 1370 ई.) के सौ वर्ष बाद और 'रामचरितमानस' से 104 वर्ष पूर्व लिखे गए इस काव्य का, भाषा और साहित्य की दृष्टि से, महत्त्व मालूम होता है।'

मैंने बिहार राष्ट्रभाषा परिषद् के हस्तलिखित ग्रंथानुसन्धान तथा लोक-भाषानुसन्धान विभागों के निर्देशन का दायित्व स्वीकार करने के बाद उपर्युक्त 'हरि-चरित्र' के सम्पादन को विभागों के भावी कार्यक्रम की योजना में सम्मिलित करना आवश्यक समझा।

दुर्लभ प्राचीन ग्रंथों के सम्बन्ध में तब तक विशेष कुछ लिखना व्यर्थ है, जब तक उनके पाठ सामने न आ जाएँ—ऐसा हमने बार-बार कहना आवश्यक समझा है। 'हरि-चरित्र' का भी सम्पूर्ण पाठ प्रस्तुत कर लेने के बाद ही हम लालचदास तथा उनकी कृतियों पर सविस्तर विचार करेंगे, जिनकी चर्चा तासी, शिवसिंह सेंगर, ग्रियर्सन, रामचन्द्र शुक्ल आदि हिन्दी के प्रायः सभी साहित्येतिहास-लेखकों ने की है।

'हरि-चरित्र' के रचयिता लालचदास के सम्बन्ध में सर्वप्रथम 'गार्सां द तासी'[1] ने निम्नोद्धृत सूचना प्रस्तुत की है :

'उपनाम हलवाई', केवल डा. गिलक्राइस्ट द्वारा अपने 'हिन्दुस्तानी व्याकरण', पृष्ठ 335 में उल्लिखित (हिन्दुई कवि), 'भागवत' के रचयिता हैं, या उचित रूप में 'भागवत पुराण', जिसके बारह स्कन्धों का एक हिन्दी अनुवाद मिलता है, के दशम् स्कन्ध के रूपान्तर या अनुवाद के रचयिता।

मेरे पास इस ग्रंथ की एक हस्तलिखित प्रति है, जो भारत के पश्चिमी प्रान्तों की 'पच्छिम देस की भाखा' कही जानेवाली बोली में लिखी गई है, और जो तुलसी-कृत 'रामायण' के लगभग समान है। तुलसी की भाँति लालच का काव्य अनियमित रूप में दोहों से मिश्रित चौपाइयों में लिखा गया है, और, जैसाकि प्रायः होता है, उनमें (दोहों में) कवि ने अपने नाम का उल्लेख किया है। इसी का रूपान्तर अथवा इसी स्कन्ध में दूसरे अनुवादों को 'सुखसागर' शीर्षक भी दिया गया है।

इस रचना की प्रति कलकत्ता की एशियाटिक सोसायटी के पुस्तकालय में है। उसका शीर्षक बंगला-अक्षरों में दिया हुआ है, 'ब्रज-बिलास, ब्रजभाखा'—ब्रज के आनन्द ब्रज की बोली में। मेरे विचार से यह वही पोथी है, जो 'ब्रज-बिलास' शीर्षक के अन्तर्गत मुद्रित हुई है, और जो कलकत्ता की एशियाटिक सोसायटी के भारतीय ग्रंथों के सूचीपत्र में, गलती से, बाबूराम द्वारा रचित बताई गई है, किन्तु जो हिन्दी की अन्य अनेक रचनाओं की भाँति, इसके केवल सम्पादक हैं।

1. गार्सां द तासी, हिन्दुई साहित्य का इतिहास (अनु. लक्ष्मीसागर वार्ष्णेय), हिन्दुस्तानी एकाडेमी, इलाहाबाद, 1953, पृ. 271-73

मेरी प्रति में हाथ का लिखा हुआ एक नोट है, जिसमें कहा गया है कि इस रचना के रचयिता का नाम, 'लालच', भी दिया जाता है। क्या यह ब्रजबासीदास वाले लेख में उल्लिखित रचना ही तो शायद नहीं है, और यह ब्रजबासीदास नाम लालच का दूसरा नाम हो, और लालच फिर उसका तखल्लुस या कवि-उपनाम हो? जो कुछ हो, लालच ने अपनी रचना का निर्माण 1527 विक्रम संवत् (1471 ई.) में किया, और इसलिए वे लगभग पन्द्रहवीं शताब्दी के मध्य में जीवित थे।

श्री पैवी (Th. Pavie) ने 1852 ई. में उसका पूर्ण अनुवाद किया, जिसके साथ उन्होंने एक रोचक भूमिका दी है। उनकी रचना का शीर्षक है: 'कृष्ण और उनके सिद्धान्त'।

अन्त में 'भागवत' के अनेक रूपान्तर हैं। इनमें से हिन्दी पद्य में एक 'भागवत' का उल्लेख Biblioth Sprenger के सूचीपत्र में, संख्या 1723 के अन्तर्गत हुआ है, 552—अठपेजी पृष्ठों का हस्तलिखित ग्रंथ।

लालचदास के विषय में ग्रियर्सन[1] ने 'लालनदास' के अन्तर्गत यह सूचना दी है:

'लालनदास—डलमऊ, जिला रायबरेली के ब्राह्मण। जन्म 1595 ई., हजारा, शान्तरस के कवि।'

ग्रियर्सन की पुस्तक के अनुवादक किशोरीलाल गुप्त[2] ने यह टिप्पणी जोड़ी है:

'लालचदास हलवाई थे, ब्राह्मण नहीं। इस कवि ने 'हरि-चरित्र' नामक भागवत का भाषानुवाद 1585, 1580 या 1595 वि. में प्रस्तुत किया था। अत:, 1595 ई. इनका जन्मकाल कदापि नहीं हो सकता। इस समय तक तो शायद कवि जीवित भी न रहा हो।'

'शिवसिंहसरोज'[3] से हमें ज्ञात होता है कि 'लालनदास ब्राह्मण डलमऊवाले, सं. 1952 में उत्पन्न हुए। ये महाराज बड़े महात्मा हो गुजरे हैं। इनके कवित्त शान्तरस में हैं और हजारा में भी कालिदास ने इनका नाम लिखा है।'

सरोज में यह उदाहरण दिया गया है:

दालिब ऋषि की दलमऊ सुरसरि तीर निवास।
तहाँ दास लालन बसे करि अकाश की आस॥

नागरी प्रचारिणी सभा (काशी) की खोज रिपोर्टों से निम्नलिखित नवीन सूचनाएँ सुलभ हुईं:

(1) (क) कविनाम—लालचदास, उप. लालनदास, जाति के ब्राह्मण, डलमऊ (रायबरेली) निवासी, सं. 1595 के लगभग वर्तमान

---

1. द मॉडर्न वर्नाक्यूलर लिट्रेचर ऑव हिन्दुस्तान, किशोरीलाल गुप्त द्वारा 'हिन्दी साहित्य का प्रथम इतिहास' के नाम से हिन्दी-अनुवाद, 1957, पृ. 113; 2. हिन्दी साहित्य का प्रथम इतिहास (डा. ग्रियर्सन-कृत द मॉडर्न वर्नाक्यूलर लिट्रेचर ऑव हिन्दुस्तान का स-टिप्पण अनुवाद), किशोरीलाल गुप्त, पृ. 113, कवि-पृ. 100, सर्वेक्षण, 808; 3. शिवसिंह सरोज, चतुर्थ संस्करण, सं. 1934, पृ. 445 और 282

थे। 'हरि-चरित्र', दे.—पृ. 6-189= खो. रि. 1906-1908, ग्रं. सं. 189

(ख) ग्रंथनाम—हरि-चरित्र, लालचदास-कृत, नि. का. सं. 1595, लि. का. सं. 1898, विषय—भागवत दशम् स्कन्ध का भावानुवाद।[1]

(2) खो. रि. 1923-25, ग्रं. सं. 238[2]

(3) वही, 1926-28 ग्रं.सं. 261 ए और 261 बी[3]

मिश्रबन्धुओं ने यह विवरण दिया है[4] :

'कवि सं. 149, नाम (149) लालचदास हलवाई, रायबरेली।

ग्रंथ :

(1) 'भागवत दशम् स्कन्ध की भाषा' (1587);

(2) 'हरि-चरित्र' (1585); कविता-काल—1585

विवरण—यह पुस्तक लाला भगवानदीन जी 'दीन' अध्यापक, हिन्दू विश्वविद्यालय, काशी के पास है। उन्हीं से हमको इसकी सूचना मिली है। काव्य की दृष्टि से यह साधारण श्रेणी की है, परन्तु पुरानी होने से संग्रह करने योग्य है। उदाहरण लीजिए :

पन्द्रह सौ सत्तासी जहियाँ, समै बिलम्बित वरनौ तहियाँ।
मास असाढ़ कथा अनुसारी, हरबासर रजनी उजियारी।
सकल संत कहँ नावहुँ माथा, बलि-बलि जइहों जादवनाथा।
रायबरेली बरनि अवासा, लालच राम नाम के आसा।

रामचन्द्र शुक्ल[5] ने उपर्युक्त सूचनाओं का सारांश-मात्र दिया है :

'लालचदास रायबरेली के एक हलवाई थे। इन्होंने संवत् 1585 में 'हरि-चरित्र' और 1587 में 'भागवत दशम् स्कन्ध भाषा' नाम की पुस्तक अवधी-मिली भाषा में बनाई। ये दोनों पुस्तकें काव्य की दृष्टि से सामान्य श्रेणी की हैं और दोहा-चौपाइयों में लिखी गई हैं। दशक स्कन्ध भाषा का उल्लेख हिन्दुस्तानी के फ्रांसीसी विद्वान गार्सां द तासी ने किया है और लिखा है कि उसका अनुवाद फ्रांसीसी भाषा में हुआ है। भागवत भाषा इस प्रकार की चौपाइयों में लिखी गई है :

---

1. हस्तलिखित हिन्दी पुस्तकों का संक्षिप्त विवरण (काशी नागरी प्रचारिणी सभा), 1980 वि., पृ. 151 और 193, खो. रि. 1906-1908, ग्रंथ सं. 189; 2. The Twelfth Report on the searh of Hindi Manuscripts, 1923-1926, (1944 ई.), पृ. 944; 3. हस्तलिखित हिन्दी ग्रंथों का त्रयोदश त्रैवार्षिक विवरण (काशी नागरी प्रचारिणी सभा), 1926-28 (2010 वि.), पृ. 58, 401 और 402; 4. मिश्रबन्धु-विनोद, 2013 वि., पृ. 224, कवि-सं. 149; 5. हिन्दी साहित्य का इतिहास, 2007 वि., पृ. 198, प्रकरण 6 : 'भक्तिकाल की पुस्तक रचनाएँ' के अन्तर्गत।

पन्द्रह सौ सत्तासी जहिया। समय विलम्बित वरनौ तहिया॥
मास असाढ़ कथा अनुसारी। हरिवासर रजनी उजियारी॥
सकल संत कहँ नावौ गाथा। बलि-बलि जैहों जादवनाथा॥
रायबरेली बरनि अवासा। लालच रामनाम के आसा॥

रामचन्द्र शुक्ल ने 'सूफ़ी रचनाओं के अतिरिक्त भक्ति-काव्य के अन्य आख्यान काव्य' शीर्षक प्रसंग में भी तुलसी-कृत 'रामचरितमानस' के साथ लालचदास-कृत 'हरि-चरित्र' की चर्चा की है।[1]

रामचन्द्र शुक्ल के परवर्ती विद्वानों ने भी उपर्युक्त सूचनाएँ दुहरा भर दी हैं। उदाहरणार्थ :

(1) रामकुमार वर्मा[2] : 'लालचदास—इनका कविता काल-संवत् 1585 माना है। इनकी दो रचनाएँ प्राप्त हुई हैं : 'हरि-चरित्र' और 'भागवत दशम् स्कन्ध भाषा'। दोनों की भाषा अवधी है। कविता में कोई विशेष प्रतिभा के लक्षण नहीं हैं। दोहा-चौपाई ही इनका विशेष प्रिय छन्द है।'

(2) हजारीप्रसाद द्विवेदी[3] : ' 'हरि-चरित्र' और 'भागवत दशम् स्कन्ध भाषा' के लेखक लालचदास (सन् 1528 ई.), जिनकी भाषा अवधी है और दोहा-चौपाई की शैली अधिक मान्य है।'

(3) रत्नकुमारी[4] : 'लालचदास हलवाई रायबरेली के निवासी थे। इनकी दो रचनाएँ : (क) 'भागवत दशम् स्कन्ध भाषा' और (ख) 'हरि-चरित्र' प्राप्त हैं। दोनों में रचनाकाल दिया है। 'हरि-चरित्र' सं. 1585 वि., और 'भागवत दशम् स्कन्ध' 1587 वि. में रचे गए हैं। कवि ने स्व-परिचय दिया है।'

दीनदयालु गुप्त[5] ने, अपवादस्वरूप, लालचदास का सविस्तर विवरण दिया है :

'दोहा-चौपाई वाली छन्द-शैली के नमूने के लिए सूफियों की प्रेम-गाथा तथा तुलसी के 'रामचरितमानस' के अतिरिक्त नन्ददास के पहले भी इसी शैली में लिखी हुई एक भागवत भाषा भी मिलती है। 'मित्रबन्धु-विनोद' में रायबरेली-निवासी एक लालचदास हलवाई नामक कवि द्वारा सं. 1587 वि. में दोहा-चौपाई शैली में लिखी इस भागवत का उल्लेख है। रायबरेली के इस लालचदास कवि द्वारा लिखित 'हरि-चरित्र' नामक एक और ग्रंथ का उल्लेख नागरी प्रचारिणी सभा की खोज-रिपोर्ट में भी दिया हुआ है और इस कवि की विद्यमानता का संवत् उक्त रिपोर्ट में 1595 वि. लिखा है। मिश्रबन्धुओं ने 'विनोद' में लालचदास के 'हरि-चरित्र' का भी उल्लेख

---

1. 'हिन्दी साहित्य का इतिहास', 2007 वि., पृ. 178, प्रकरण 6 : 'भक्तिकाल की फुटकल रचनाएँ' के अन्तर्गत; 2. 'हिन्दी साहित्य का आलोचनात्मक इतिहास', 1948 ई., पृ. 841; 3. 'हिन्दी साहित्य', 2009 वि., पृ. 199; 4. '16वीं शती के हिन्दी और बंगाली वैष्णव कवि', 1956 ई., पृ. 113; 5. 'अष्टछाप और वल्लभ-सम्प्रदाय', पृ. 20-22

किया है। वस्तुतः 'भागवत भाषा' तथा 'हरि-चरित्र', दोनों एक ही ग्रंथ के दो नाम हैं। लालचदास हलवाई-कृत 'भागवत भाषा' की जो हस्तलिखित प्रतियाँ लेखक ने देखी हैं, उनमें ग्रंथ का नाम 'भागवत भाषा हरि-चरित्र' भी दिया हुआ है। इसका विवरण आगे दिया जाएगा।

'लालचदास हलवाई द्वारा दोहा-चौपाई की छन्द-शैली में रचित 'भागवत भाषा', 'हरि-चरित्र' दशम् स्कन्ध की दो प्राचीन हस्तलिखित प्रतियाँ लेखक ने मायाशंकर याज्ञिक संग्रहालय में देखी हैं। ये प्रतियाँ अवधी भाषा में लिखी हुई हैं। परन्तु कहीं-कहीं ब्रजभाषा के शब्दों के रूप भी इसमें मिलते हैं। मिश्रबन्धु-विनोद के उद्धरण कुछ पाठ-भेद से याज्ञिक संग्रहालय की भागवत से मिलते हैं, जिससे निश्चित होता है कि स्वर्गीय लाला भगवानदीन जी की प्रति तथा याज्ञिक संग्रहालय की प्रति, दोनों एक ही ग्रंथ की प्रतिलिपियाँ हैं। याज्ञिक-संग्रहालय की प्रतियों में एक प्रति के आरम्भ के पत्र खोए हुए हैं और दूसरी प्रति के कुछ अन्त के। दोनों के मिलने से ग्रंथ बहुत अंश में पूरा हो जाता है। इन दोनों ग्रंथों में 'भागवत भाषा' के साथ कई स्थानों पर अध्याय की समाप्ति में 'हरि-चरित्र' शब्द भी लगा है। इन दोनों प्रतियों में से एक में ग्रंथ-रचना का संवत् दिया है। लेखक का नाम तो लालचदास, लालच, जनलालच आदि कई रूपों में दोनों प्रतियों में आया है। यहाँ की प्रति में एक बात विशेष विचारणीय है कि इस ग्रंथ का रचनाकाल संवत् 1500 वि. दिया हुआ है। रचनाकाल-सम्बन्धी उद्धरण यहाँ दिया जाता है :

संवत् पन्द्रह सौ मो जहियाँ, समय विलम्ब नाम भा तहियाँ।
मास असाढ़ कथा अनुसारी, हरिवासर रजनी उजियारी।
सोभित नग्र सुधर्म निवासा, लालच तुअ नाम की आसा।
सब सन्तन कहँ नावौं माथा, बल बल जैहों जादवनाथा।

'आरम्भिक चौपाइयों में से उद्धृत नीचे की एक चौपाई में कवि अपने को हलवाई कहता है :

विघ्नहरण सन्तन सुखदाई, चरण गहे लालच हलवाई।

'उक्त दोनों स्थानों की लालच-कृत 'भागवत भाषा' की प्रतियों के उद्धरणों में दो बातों में अन्तर दिखाई देता है—ग्रंथ का रचनाकाल तथा कवि का निवास-स्थान। सम्भव है, रायबरेली का प्राचीन नाम श्रोणित नगर हो! प्रयत्न करने पर भी 'दीन' जी वाली पूरी प्रति लेखक को देखने को न मिल सकी। याज्ञिक संग्रहालय की तिथिवाली प्रति दो-ढाई सौ वर्ष पुरानी अवश्य होगी। इसीलिए सम्भव है कि यह ग्रंथ संवत् 1500 विक्रम का ही रचा हुआ हो! दोनों संवतों में से उक्त ग्रंथ किसी भी संवत् का हो, इतना तो अवश्य सिद्ध है कि यह नन्ददास को 'भागवत भाषा' नामक रचना से

चालीस-पचास वर्ष पहले की रचना अवश्य है। इस ग्रंथ का ब्रज-प्रान्त में भी प्रचार था; क्योंकि मायाशंकर जी को ये प्रतियाँ ब्रज में ही मिली थीं। सम्भव है, इसकी प्रतिलिपियाँ वहाँ और भी विद्यमान हों, इसलिए नन्ददास-जैसे भागवत भक्त ने इस भागवत भाषा को पढ़ा हो, इसमें कोई आश्चर्य की बात नहीं है।'

बिहार राष्ट्रभाषा परिषद् की 'प्राचीन हस्तलिखित पोथियों का विवरण' (पहला खंड) में यह विवरण प्रस्तुत किया गया है :

'लालचदास—(1, 82 ग्रंथ-संख्या) बरेली-निवासी, 'हरि-चरित्र' के ग्रंथकार, सं. 1527 वि.=1470 ई. के लगभग वर्तमान। 'शिवसिंह सरोज' और 'मिश्रबन्धु-विनोद' में मात्र नाम-चर्चा, शिवसिंह ने इनका रचनाकाल सं. 1652 माना है और कालिदास-कृत 'हजारा' में भी इनके नामोल्लेख की चर्चा की है। नागरी प्रचारिणी की भी खोज में ग्रंथकार के हस्तलेख मिले हैं।'[1]

परिषद् की 'प्राचीन हस्तलिखित पोथियों का विवरण' (दूसरा खंड) में गया-स्थित मन्नूलाल पुस्तकालय के संग्रह के विवरण के अन्तर्गत यह सूचना दी गई है :

'लालचदास (105-106), बरेली-निवासी, जाति के हलवाई, 'भागवत पुराण' (दशम स्कन्ध) के अनुवादक, 'हरि-चरित्र' के ग्रंथकार, सं. 1527 वि. (सन् 1470 ई.) के लगभग वर्तमान। इनके सम्बन्ध में पूरा अनुसन्धान अभी नहीं हुआ है।'[2]

मन्नूलाल पुस्तकालय (गया) में लालचदास की निम्नलिखित पुस्तकें विद्यमान हैं :

(क) ग्रंथ-सं. 105 (पुस्तकालय ग्रं. सं. क—147)—'हरि-चरित्र'—रचना-काल आषाढ़ शुक्ल, सं. 1527 वि.=1470 ई.। लिपिकाल—चैत्र, कृष्ण-त्रयोदशी, शुक्रवार, सं. 1849 वि.=1792 ई.। पृ. सं. 190। अध्याय 96। कवि ने रचनाकाल के सम्बन्ध में—'संवत् पन्द्रह सै सत्ताइस जब ही' लिखा है।[3] ग्रंथ में ग्रंथ के विषय से सम्बद्ध 126 भावपूर्ण कलात्मक चित्र भी दिये हुए हैं।

(ख) ग्रंथ-सं. 106 (पुस्तकालय ग्रं. सं.—क 148), विष्णुपुराण—पृ. सं.17। ग्रंथ खंडित। रचनाकाल और लिपिकाल का उल्लेख नहीं है।

विषय—विष्णु पुराण के आधार पर कृष्णलीला-वर्णन तथा कृष्ण-जीवन के विभिन्न अंगों पर प्रकाश। चारों युगों के कारण, उन युगों के भिन्न कर्मों तथा उनके फल आदि का विवेचन। इसमें भी ग्रंथ-विषयानुकूल चित्र दिये गए हैं।[4]

---

1. पृ. च और ढ, कवि-सं. 24 और ग्रं. सं. 1 तथा 82; 2. 2-पृ. ठ, कवि-सं. 35 और ग्र.प्र. 105, 106; 3. प्राचीन हस्तलिखित पोथियों का विवरण (दूसरा खंड), पृ. 147-149; 4. 'प्राचीन हस्तलिखित पोथियों का विवरण' (दूसरा खंड), पृ. 149-50

(ग) 'हरि-चरित्र' (पृ. क्र. सं.—प 12)। रचनाकाल—1857 वि.। लिपि-काल—1857 वि.। लिपिकार—तुलसीराम।

(घ) 'हरि-चरित्र'—(पृ. क्र. सं.—प 10), रचनाकाल—1857 वि.। लिपि-काल—1944 वि.=1887 ई.=1925 फसली। लिपिकार—किशुनराम।

इनके अतिरिक्त इस पुस्तकालय में अन्य दो खंडित प्रतियाँ भी हैं।

परिषद् संग्रहालय में 'हरि-चरित्र' (भागवत महापुराण) और 'विष्णु पुराण' के क्रमशः चार और दो हस्तलेख हैं, जिनमें निम्नलिखित रचनाकाल और लिपिकाल उल्लिखित हैं :

1. *हरि-चरित्र*

(क) 'हरि-चरित्र' (भागवत महापुराण) पुनपुन[1] से प्राप्त प्रति, 91 अध्याय, पृ. सं. 187। रचनाकाल-X। लिपिकाल—आषाढ़, शुक्ल सप्तमी, रविवार, सं. 1858 वि.। प्रारम्भ के लगभग 6 पृष्ठ खंडित।

(ख) 'हरि-चरित्र' (भागवत महापुराण), शुभानी बीघा, नवागढ़ (गया) से प्राप्त प्रति, 92 अध्याय में सम्पूर्ण। रचनाकाल—1727 वि.। लिपिकाल—1876 वि.। मध्य के कुछ पृष्ठ खंडित।

(ग) 'हरि-चरित्र' (भागवत महापुराण) रोसड़ा (दरभंगा) से प्राप्त प्रति की प्रतिलिपि। 89 अध्याय में पूर्ण। कुछ पृष्ठ खंडित।

(घ) 'हरि-चरित्र' (भागवत महापुराण) आरा नागरी प्रचारिणी सभा से प्राप्त प्रति। प्रारम्भ और अन्त में खंडित। 107 अध्याय तक। 108वें अध्याय के कुछ ही पृष्ठ।

2. *विष्णु पुराण*

(क) रोसड़ा-प्रति। रचनाकाल—1585 वि.। लिपिकाल—खंडित।

पन्द्रह सौ पचासी जहाना। कथा आरम्भ किन्ह तिहाना।
मास अषाढ़ कथा अनुसारी। हरिवासर व्रत उजियारी॥

(ख) गोरखरी प्रति। [इसके पृष्ठ खंडित हैं।]

'हरि-चरित्र' (भागवत महापुराण) के अध्ययन से प्रतीत होता है कि लालचदास यह कृति पूरी नहीं कर पाए। वे बीच में ही दिवंगत हो गए। उनके देहावसान के बाद हस्तिनापुर ग्राम-निवासी प्रधान कायस्थ प्रताप जी के पुत्र 'आसानन्द'[2] ने यह महाकाव्य पूरा किया। 'आसानन्द' को वैराग्य हो गया था और वे हस्तिनापुर छोड़कर रायबरेली

1. 'प्राचीन हस्तलिखित पोथियों का विवरण' (पहला खंड), पृ.1; 2. 'साहित्य-सन्देश' (दिसम्बर, 1958 ई.) में डा. शिवगोपाल मिश्र का एक महत्त्वपूर्ण निबन्ध (अवधी के प्राचीन कवि 'लालचदास', पृ. 267) प्रकाशित हुआ है, जिसमें मिश्र जी ने लालचदास के 'हरि-चरित्र' का आसानन्द द्वारा पूर्ण→

में रहने लगे थे, जहाँ उन्होंने लालचदास से पूरी रचना सुनी थी। अतः, उन्होंने रचना का शेष भाग इस प्रकार पूरा किया, जिससे न तो लालचदास की रचना-शैली में कोई अन्तर आने पाया, न दोहों में। 'जनलालच' नाम देने की परम्परा ही विच्छिन्न हुई।

'आसानन्द' ने 46वें अध्याय के प्रारम्भ में लालचदास के दिवंगत होने की चर्चा की है, साथ ही साथ आत्म-परिचय भी निम्नोद्धृत पंक्तियों में दिया है :

कहै सुखदेव सुनहु भुआरा। कंस मुऐ अैसे बेहवारा॥
नगर लोग सब आवै झारी । हा हा सबद उठा तब भारी॥
आठ भाद्र कंस कर अहई । क्रिस्न क्रोध अधिक ते रहई॥
जब उन्ह मरा सुना भुआरा। क्रोधवन्त भै लागु पुकारा॥
तेजवन्त क्रोध किये धाए । बैर लेन भाइ कर आए॥
देव दुन्दुभी बाजैक पसारा । पुहुप बिस्टि सुर करहि अपारा॥
दैत सिरोमनि सभिह हमारा। बरबस आए नन्द सुत मारा॥
राम सहित नन्द संग, बैसे मथुरा माह।
नृप उग्रसेन बोलावहु, कहहि क्रिस्न मनमाह॥

इती स्त्री हरिचरित्रे दसमस्कंधे स्त्री भागवते महापुराने कंसासुरवधो नाम पैंतालीसमो अध्याय : 45।

इती स्त्री लालचकथा । समापतह रामजी की दया॥
अति प्रजेत कथा जब भएउ । संकट प्रान लालच कर भएउ॥
भगित करत प्रभु कह लौ लाएसि। सुरसरि निकट अरघ जल पाएसि॥
वोए मन अस्तुति प्रभु लग ठावाँ। क्रिस्नचरित्र भारवा बहु गावाँ॥
दसम सकंध भागवत होई । कंस वध लहि गाएसि सोई॥
इहे सोच रहा जिव मोही । कंस वध लहि गाएसि सोई॥
एहि विधि विनवो भगवन्ता । क्रिस्न चरित्र लौ लीन्ह तुरन्ता॥
संवत केतिक बीति जब गएउ । खोडस सात एकोतर भएउ॥
बिस्नु भगति उपजावहु भाऊ । हरिप्रद लीन आसानन्द नाऊ॥
काएथ जाति लोग सब जाना । तासु पिता परताप बखाना॥
धर्म मुरति गुन ग्यान विवेका । हिरदै भगित मत विह्वल एका॥
हस्तिग्राम विरत सो आही । राए बरेली मंदिल ताही॥
क्रिस्न भगित बोलाइ दिज आहा । दसम स्कन्ध भागवत काहा॥

←किये जाने का उल्लेख किया है, किन्तु उन्होंने जिस पांडुलिपि से उद्धरण दिये हैं, उसमें 'आसानन्द' के रचनाकाल (षोडस सत एकोत्तर भएऊ) को संकेतित करनेवाली पंक्तियों का अभाव प्रतीत होता है। साथ ही उक्त पांडुलिपि से बिहार राष्ट्रभाषा परिषद् (पटना) संग्रहालयस्थ हस्तलिखित प्रतियों में बहुल पाठभेद है।

तिन्ह के कहे जिव उपजा, बहु बिधि भाव भाँति।
पाप मुकृति होए तिन्ह कर, जो चाहै प्रभु दिन राति॥
भाखा छन्द कथा परगासा । स्रवन सुनत दुख पातख नासा॥
सुनि हरि कथा हर्ष जिव भएऊ। आसानन्द भग्ति जिव ठएऊ॥
लालच क्रित आधा भौ आई । क्रिस्न दयाल समक भै जाई॥॥
जौ गनपति दया चित करई । सारद माए जिमि अनुसरई॥
स्त्री हरि हिरदै बुधि परगासौ । कहत सुनत दुख पातख नासौ॥
क्रिस्न कथा अम्रित रस वारी । नरक परहि भग्ता अभिमानी॥
कविजन हिरदै भग्ति उपावा । कथा नाम लालच गुन गावा॥
इन्ह बातन्ह किछु दूषण नाही । क्रिस्न कथा कहि पाप नसाही॥
गुन गोविन्द कर विमल, अम्रित-केर समुद्र।
सनकादिक नारद मुनि, पिअहि ब्रह्मा औ रुद्र॥

'हरि-चरित्र' की समस्त प्राप्त पांडुलिपियों के लिपिकारों ने भी 45वें अध्याय की समाप्ति के बाद 'इति श्री लालच-कथा समाप्त', आदि लिखकर तथा ग्रंथ के अन्त में 'कथाक्रित लालच आसानन्द के सम्पुरन' आदि संकेतों से 'आसानन्द' द्वारा ग्रंथ के पूर्ण किये जाने का उल्लेख किया है।

आसानन्द का रचनाकाल सं. 1671 वि. है। रचनाकाल के प्रसंग में यह पंक्ति—'संवत् केतिक बीति जब गएऊ। षोडस सत एकोत्तर भएऊ॥'—भी सिद्ध करती है कि यही लालचदास का निर्वाण-काल था। सं. 1527 वि. में लालचदास ने जिस ग्रंथ की रचना प्रारम्भ की थी, उसे 1671 वि. तक पूरा नहीं कर पाए और 144 वर्ष तक लिखते रहे, यह स्पष्टतः अविश्वसनीय है। 1587 वि. को रचनाकाल मान लेने पर यह निष्कर्ष निकलता है कि लालचदास प्रायः 84 वर्षों तक—जीवन पर्यन्त—'हरि-चरित्र' की रचना में लगे रहे। कवि की दूसरी रचना 'विष्णु पुराण' के रचनाकाल के सम्बन्ध में 1585 वि. भी सिद्ध करता है कि 'हरि-चरित्र' में 1527 वि. अशुद्ध पाठ है।

'आसानन्द' की रचना के सम्बन्ध में भिन्न-भिन्न पांडुलिपियों में पाठ-भेद होने के कारण कई प्रकार की सूचनाएँ मिलती हैं, किन्तु इतना तो स्पष्ट है कि ख्याति के प्रति अनासक्त भक्त ने यह कृष्ण-कथा पूरी की है और पूरे ग्रंथ में यथासम्भव कहीं भी अपने नाम का उल्लेख नहीं किया है।

लालचदास-कृत 'हरि-चरित्र' की इन हस्तलिखित पोथियों का पाठान्तर जिन पांडुलिपियों के आधार पर प्रस्तुत किया जा रहा है, उनका विवरण आगे दिया जा रहा है। स्वीकृत पाठ, दो प्रतियों के आधार पर (उनके लिए 'क' संकेत माना गया है) स्वल्प शोधन के साथ, प्रस्तुत किया गया है। जिन प्रतियों के पाठान्तर दिये गए हैं, उनके लिए 'ख' से 'छ' तक संकेत दिये गए हैं :

1. 'क'—यह प्रति पुनपुन (पटना जिला)-निवासी श्रीरामेश्वरप्रसाद गुप्त, मंत्री, वैदिक पुस्तकालय से प्राप्त हुई है और परिषद् के हस्तलिखित ग्रंथ-शोध विभाग में विद्यमान है। इसका लिपिकाल आषाढ़, शुक्ल सप्तमी, रविवार, सं. 1858 वि. है। प्रारम्भ के लगभग 6 पृष्ठ खंडित हैं। चतुर्थ अध्याय से इसी प्रति को मूल आधार-प्रति माना गया है।

   दूसरी 'क' प्रति श्रीमन्नूलाल पुस्तकालय, गया के संग्रहालय की है। इसका लिपिकाल चैत्र, कृष्ण-त्रयोदशी, शुक्रवार, सं. 1849=1792 ई. है। इसमें रचनाकाल आषाढ़ शुक्ल सं. 1527 वि.=1470 ई. दिया हुआ है। ग्रंथ में ग्रंथ के विषय से सम्बद्ध 126 (एक सौ छब्बीस) भावपूर्ण कलात्मक चित्र भी हैं। चित्रकार और लिपिकार क्रमशः श्रीभीनक और परेखुराय हैं।
2. 'ख'—यह प्रति गया जिलान्तर्गत शुभानी बीघा, नवागढ़-निवासी श्रीमान् गुरुशरणप्रसाद सिंह, एम.ए., डिप्टी मजिस्ट्रेट से प्राप्त हुई है। इसका रचनाकाल 1727 वि. और लिपिकाल 1876 वि. है। इसके लिपिकार फतहदास हैं। इसके प्रारम्भ के कुछ पृष्ठ खंडित हैं। परिषद् के हस्तलिखित ग्रंथ-शोध विभाग में यह प्रति सुरक्षित हैं।
3. 'ग'—यह रोसड़ा (दरभंगा जिला)—निवासी श्रीबदरीलाल आर्य (प्रधान, आर्यसमाज, रोसड़ा, दरभंगा) के पास वंश-परम्परा से सुरक्षित प्रति की श्री दामोदर मिश्र द्वारा कृत प्रतिलिपि है। इसके प्रारम्भ तथा अन्त के पृष्ठ खंडित हैं। यह पांडुलिपि परिषद् के प्राचीन हस्तलिखित ग्रंथ-शोध विभाग में है।
4. 'घ'—आरा नागरी प्रचारिणी सभा के संग्रहालय से परिषद् के प्राचीन हस्तलिखित ग्रंथ-शोध विभाग के लिए प्राप्त यह प्रति प्रारम्भ और अन्त में खंडित है।
5. 'च'—श्रीमन्नूलाल पुस्तकालय, गया में सुरक्षित इस प्रति के लिपिकार तुलसीराम हैं। इसका लिपि-काल सं. 1857 वि. है। इसके अनुसार इस ग्रंथ का रचनाकाल सं. 1527 वि. है।
6. 'छ'—यह प्रति भी गया नगर-स्थित श्रीमन्नूलाल पुस्तकालय के संग्रहालय में विद्यमान है। इसके लिपिकार है किशुनराम। इसका लिपिकाल 1295 साल=1944 वि=1887 ई. है। इस पांडुलिपि में इस ग्रंथ का रचनाकाल 1587 वि. है।

लालचदास के काल-निर्धारण में 'समै बिलम्ब नाम भौ तबही' के 'बिलम्ब' से अप्रत्याशित सहायता मिल सकती है। 'विलम्ब वर्ष' साठ वर्षों के बाद आता है। वह संवत्-विशेष में निर्धारणीय है या नहीं, इस पर विचार करना उपादेय सिद्ध हो सकता है।

पाठ-सम्पादन में कैथी लिपि—जिसमें ही उपर्युक्त समस्त प्रतियाँ लिखित हैं—के कारण ह्रस्व-दीर्घ या वर्तनी-सम्बन्धी जो अनिश्चय अनिवार्यतः पाया जाता है,

उसे दूर कर देने में कोई हानि नहीं समझी गई है; हाँ, पाठ-भेद यथावत् रहने दिये गए हैं, जिससे प्रतियों के प्रकृत रूप का भी परिचय प्राप्त हो सके।

पाठ-सम्पादन में अर्थ और छन्द को भी निर्धारक तत्त्व मानने के अपने सिद्धान्त का भी ध्यान मैंने रखा है। फिर भी, यत्र-तत्र प्राचीन वर्तनी के रूप के कारण गुरु लघु की तरह और लघु गुरु की तरह ही रहने दिये गए हैं।

जैसाकि डा. दीनदयालु गुप्त ने कहा है : 'यह ग्रंथ किसी भी संवत् का हो, इतना तो अवश्य सिद्ध है कि यह नन्ददास की 'भागवत भाषा' नामक रचना से चालीस पचास वर्ष पहले की रचना अवश्य है।' डा. गुप्त के इस कथन में कि 'इस ग्रंथ का ब्रज-प्रान्त में भी प्रचार था; क्योंकि ये प्रतियाँ ब्रज में ही मिली थीं', हम अपेक्षया अधिक निश्चयपूर्वक यह जोड़ सकते हैं कि लालचदास की कृतियों का प्रचार ब्रज से बिहार तक था—वस्तुत: 'हरि-चरित्र' की उपर्युक्त 3 'ग' प्रति, जिन सज्जन के पास सुरक्षित पोथी के आधार पर तैयार हुई, उनके गाँव तथा पूर्वजों के यहाँ लालचदास के आने-जाने के सम्बन्ध में सर्वथा विश्वसनीय जनश्रुति है और उपर्युक्त सज्जन के परिवार में लालचदास की गुरु-परम्परा के मिलने की भी सम्भावना है।

'हरि-चरित्र' की काव्यगत विशेषताओं के विषय में सम्प्रति इतना कहना ही पर्याप्त है कि वह भागवत के अंश-विशेष का अनुवाद-मात्र न होकर उस पर अवलम्बित मौलिकप्राय और अपने ढंग का प्राचीनतम प्रबन्धकाव्य है। यह भी उल्लेख्य है कि उसका दोहा-चौपाई-क्रम जायसी के क्रम के सदृश है, तुलसी के नहीं। हम इन दृष्टियों से लालचदास का विशद अध्ययन बाद में यथावसर प्रस्तुत करने की आशा करते हैं।

परिषद् के अध्यक्ष, आदरणीय श्रीकुमार गंगानन्द सिंह, शिक्षा-मंत्री, बिहार तथा परिषद्-संचालक आचार्यचरण शिवपूजन सहाय जी का मैं कृतज्ञ हूँ कि मुझे 'हरि-चरित्र' के सम्पादन के लिए प्रेरणा तथा सुविधाएँ प्राप्त हुई हैं। परिषद् के कार्यालय सचिव का भी मैं आभारी हूँ कि उन्होंने आवश्यकतानुसार साधन सुलभ बनाये हैं।

'हरि-चरित्र' के पाठ-सम्पादन तथा भूमिका की अनेक सूचनाओं के संकलन में मुझे बिहार राष्ट्रभाषा परिषद् के प्राचीन हस्तलिखित ग्रंथ-शोध विभाग के योग्य शोध-सहायक श्री रामनारायण शास्त्री से बहुमूल्य सहायता प्राप्त हुई है। शास्त्री जी के बड़े अध्यवसाय से परिषद् संग्रहालय के लिए उपर्युक्त प्रतियाँ संगृहीत की थीं। वे पाठ-सम्पादन के लिए श्री मन्नूलाल पुस्तकालय की महत्त्वपूर्ण प्रति लाए थे, जिसके लिए वे तथा पुस्तकालय के श्री सूरजप्रसाद महाजन धन्यवादार्ह हैं। आरा नागरी प्रचारिणी सभा की प्राचीन हस्तलिखित प्रति से भी इस कार्य में सहायता प्राप्त हुई है; तदर्थ हम उसके भी कृतज्ञ हैं।

[1963]

सदल मिश्र ग्रंथावली

[1]

'The earliest prose in Bihar constitutes perhaps the earliest prose in Hindi in general...of the four contemporary prose writers in Hindi, namely Sadal Miśra, Lallūlāl, Inśaallāh khān and Sadāsukhalāl, the first belonged to Arrah and is regarded by common consent as having laid the foundation of that pose-style which came to stay. Both Sadal Miśra and Lallūlāl were teachers and writers of Hindi in the Fort William College in the early nineteenth century. The former wrote more chaste and well-knit prose than the latter. This was not recognised or appreciated by the East India Company authorities at the time, but posterity has proved that they were wrong.

The rejection of the chaste Hindi prose-style evolved by Sadal Miśra betrayed the future attitude of the alien rulers towards the language to be adopted for the courts and other official purposes.'[1]

'सामान्य रूप से विचार करने पर सम्भवत: बिहार का प्रारम्भिक आधुनिक गद्य हिन्दी का भी प्रारम्भिक आधुनिक गद्य है। हिन्दी के चार समसामयिक गद्य-लेखकों, अर्थात् सदल मिश्र, लल्लूलाल, इंशाअल्ला खाँ और सदासुखलाल में प्रथम आरा के थे और प्राय: सर्वसम्मति से उस गद्य-शैली के प्रतिष्ठापक थे, जो आगे चलकर स्वीकृत हुई। सदल मिश्र तथा लल्लूलाल, दोनों ही उन्नीसवीं शताब्दी के प्रारम्भ में फोर्ट विलियम कॉलेज में हिन्दी के अध्यापक और लेखक थे। द्वितीय की तुलना में प्रथम ने अधिक परिमार्जित एवं सुगठित गद्य लिखा। फोर्ट विलियम कॉलेज के तत्कालीन अधिकारियों ने इसका महत्त्व नहीं समझा या स्वीकार किया, किन्तु बाद की पीढ़ियों ने यह सिद्ध कर दिया है कि यह उनकी गलती थी।

सदल मिश्र द्वारा प्रवर्तित परिमार्जित गद्य की उपेक्षा विदेशी शासकों के उस रुख का परिचय देती है, जिसे कचहरियों तथा सरकारी काम-काज में व्यवहृत होनेवाली भाषा के सम्बन्ध में वे भविष्य में अपनाने जा रहे थे।'

[2]

आचार्य शिवपूजन सहाय ने सदल मिश्र के एक भाई के वंशज से उनके सम्बन्ध में ऐसे संस्मरण सुने थे, जिनसे उनके व्यक्तित्व की एक झाँकी मिल जाती हैं। ये संस्मरण स्वयं आचार्य जी के संस्मरण के रूप में श्रीबजरंग वर्मा, बिहार राष्ट्रभाषा परिषद्,

---

1. Bihar Through the Ages, सम्पादक : श्री आर. आर. दिवाकर, ओरियंट लांगमैंस, कलकत्ता, में हिन्दी साहित्य पर, भूमिका-लेखक द्वारा लिखित, अध्याय, पृ. 44-45

पटना, को प्राप्त हुए थे और उन्होंने इनका उपयोग अपनी एक वार्ता में किया था, जो आकाशवाणी से प्रसारित हुई थी। मैं श्री वर्मा का कृतज्ञ हूँ कि उन्होंने मुझे अपनी वार्ता की एक प्रतिलिपि देने की कृपा की थी, जिससे मैं उपर्युक्त विषयक पंक्तियाँ उद्धृत कर रहा हूँ :

'जो लोग पं. रघुनन्दन मिश्र के निवास-स्थान पर जाते थे, उनके पूछने पर वे अपने दादा जी, अर्थात् पं. सदल मिश्र[1] के विषय में सुनी-सुनाई बातें कहानी की तरह कहा करते थे। जैसे, पंडित जी के पहनावे के विषय में उनका कहना था कि वे सिर पर बड़ा साफा, बगलबन्दी और घुटने के ऊपर की धोती पहनते थे—वैसी धोती, जिसे 'कच्छा' कहते हैं। जनेऊ केवल कुमारी कन्याओं के काते हुए सूत से स्वयं बनाकर पहनते थे। गले में बराबर पूजा की माला लटकती रहती थी। सोने के समय उसे निकालकर जपते थे। प्रायः जीवन भर स्वयंपाकी रहे। भोजन में खिचड़ी और पुए के बड़े शौकीन थे। नौकर उन्होंने कभी रखा ही नहीं। जब दूसरों के घर जाते, तो नौकरों के माँजने पर भी बरतनों का व्यवहार उन्हें फिर धोए बिना नहीं करते थे। कम-से-कम सेर-आध सेर मिट्टी से तो हाथ साफ करते थे। एक लोटकी से ढके हुए एक लोटे में भरा पानी सदा अपने साथ लटकाए फिरते। जब कहीं बैठते, तो पहले पानी छिड़ककर लोटा वहीं रखते और तब बैठते। अपना बिस्तर स्वयं लगाते और उस पर किसी को बैठने नहीं देते। सोने के समय अपना सोंटा खाट पर रखकर ही सोते। प्रातःकाल ईशावास्योपनिषद् और अध्यात्म रामायण का पाठ करना वे कभी न भूलते। पूजा के बाद मैदान में चींटियों को सूजी और शक्कर बाँटना उनका नित्य का नियम था। गाय और कुत्ते उन्हें बहुत प्रिय थे। घर छोटा होने के कारण गाय बँधती तो दूसरे के यहाँ थी, किन्तु उसकी सेवा के लिए नित्य अवकाश निकालकर वहाँ जाते थे। गो-सेवा उन्हें इतनी प्रिय थी कि कलकत्ता में भी उन्होंने एक गाय पाल रखी थी। स्वभाव के बड़े ही विनम्र थे और बोलते बहुत कम थे। अधिक समय मौन ही रहते। बराबर कुछ-न-कुछ लिखते रहते। मिट्टी की एक छोटी-सी दावात और कील की कलम उनका साथ कभी नहीं छोड़ती थीं।

उस समय कलकत्ता से आरा तक रेल न थी। नोट की जगह तोड़े का चलन था। पं. रघुनन्दन मिश्र कहा करते थे कि पंडित जी कई वर्ष पर तोड़े के साथ गंगा के मार्ग से घर आते थे। नाव से सिन्हा[2] उतरते। पं. रघुनन्दन मिश्र के पिता (सदल मिश्र के अनुज) बैलगाड़ी और लठैतों के साथ वहाँ जाते और उन्हें आरा तक लिवा लाते।'

---

1. आचार्यजी के संस्मरण से ऐसा प्रतीत होता है कि रघुनन्दन मिश्र के अपने पितामह सदल मिश्र थे। भूमिका में सदल मिश्र का जो वंश-वृक्ष तथा दान-पत्र प्रस्तुत किये गए हैं, उनसे स्पष्ट है कि सदल मिश्र या तो निस्सन्तान थे, या मृत्यु के समय इनके कोई सन्तान न थी। इसकी पुष्टि उस दान-पत्र से हो जाती है, जो भूमिका के अन्तर्गत अन्यत्र मूल से प्रतिमुद्रित है; 2. आरा से उत्तर गंगा का एक प्रसिद्ध घाट।

रघुनन्दन मिश्र के एक पुत्र, राजा मिश्र, जो 1946 में जीवित थे और आरा में रहते थे, के अनुसार सदल मिश्र संस्कृत के विद्वान और कुशल अध्यापक के रूप में प्रसिद्ध थे। धनाभाव के कारण वे पटना गए। वहाँ एक समृद्ध जमींदार के आश्रय में वे रहने लगे और उन्हें पुराण सुनाया करते। पुराण-वाचन के समय अन्य व्यक्ति भी उपस्थित होने लगे और पटना-निवासी कुछ अंग्रेज भी आकृष्ट हुए। इनमें से एक सदल मिश्र के पांडित्य तथा साधु प्रकृति से इतना प्रभावित हुआ कि उसने मिश्र जी को कलकत्ता में ईस्ट इंडिया कम्पनी की अच्छे वेतनवाली तथा सम्मानपूर्ण नौकरी दिलाने का आश्वासन दिया और उन्हें कलकत्ता चलने को निमन्त्रित किया।

इसी अंग्रेज सुहृद् के माध्यम से सदल मिश्र गिलक्राइस्ट के सम्पर्क में आए और उन्हें फोर्ट विलियम में नियुक्ति मिली। वहाँ प्राय: पच्चीस वर्षों तक कार्य करने के बाद सदल मिश्र कलकत्ता से प्रभूत धनराशि—प्राय: डेढ़ लाख रुपये—लेकर जहाज से सेमरिया घाट (सिन्हा घाटवाली बात अधिक प्रामाणिक मानी जा सकती है) आए, जहाँ से आरा तक अंग्रेज सैनिकों ने उन्हें अपने संरक्षण में पहुँचाया।[1]

डेढ़ लाख रुपयों की बात विश्वसनीय नहीं प्रतीत होती। कम-से-कम फोर्ट विलियम कॉलेज से तो वेतन, पारिश्रमिक या पुरस्कार के रूप में इतनी रकम मिश्र जी ने कदापि अर्जित न की होगी। 'भाखा'-मुंशी के रूप में, जैसा फोर्ट विलियम कॉलेज के विवरणों से ज्ञात होता है, विद्वानों को प्राय: 50)- प्रति मास मिलते थे, हालाँकि विवरणों में लल्लूलाल जी का तो उल्लेख है, मिश्र जी का कहीं प्रत्यक्ष उल्लेख भी नहीं है।

सदल मिश्र, यह अविश्वसनीय नहीं है, पर्याप्त धन लेकर आरा वापस आए होंगे, क्योंकि उन्होंने सिगही, बयगुलफा (इसका उल्लेख राजा मिश्र ने नहीं किया है; श्यामसुन्दर दास ने किया है, जिन्होंने कदाचित् राजा मिश्र के पूर्वजों से यह सूचना प्राप्त की होगी) तथा हसनपुरा का 11000)- में ठीका लिया था और आरा में एक अच्छा खासा मकान भी बनवाया था। सन् 1943 ई. में इसी मकान में राजा मिश्र रहते थे (जिनके एक भाई श्यामलानन्द मिश्र के भी उन दिनों जीवित रहने का उल्लेख Great Men of Shahabad में है, यद्यपि तथ्य यह है कि राजा मिश्र के भाई का नहीं, बल्कि एक पितृव्य का नाम श्यामलानन्द था)।

सदल मिश्र खेती-बारी में अभिरुचि रखते थे और अधिक समय आरा में संस्कृत के छात्रों के अध्यापन में लगाते थे। वे उदाराशय थे और निर्धन छात्रों को, उनके भोजन तथा आवास की व्यवस्था करके, यथासम्भव सहायता पहुँचाते थे।

1. Great Men of Shahabad, H.D. Jain College, Arrah नामक पुस्तक में सदल मिश्र विषयक जो लेख है, उसमें लेखक-द्वय ने राजा मिश्र से सुनी-सुनाई बातें लिख दी हैं; जो वंश-वृक्ष उन्हें प्राप्त हुआ है, वह भी भ्रामक है; उससे अधिक प्रामाणिक यद्यपि अपूर्ण, वंशवृक्ष तो श्यामसुन्दर दास ने बहुत पहले अपने द्वारा सम्पादित 'नासिकेतोपाख्यान' की भूमिका में प्रस्तुत किया था।

सदल मिश्र का यथासाध्य प्रामाणिक वंश-वृक्ष एवं जीवन-वृत्त-तालिका संक्षेप और सुविधा के लिए प्रस्तुत किये जा रहे हैं :

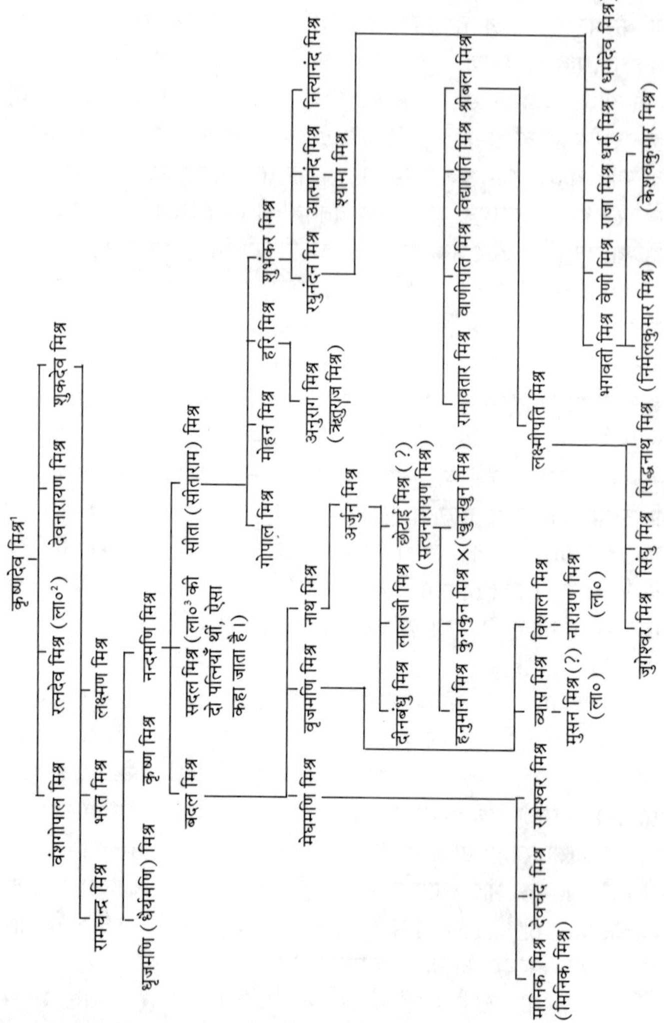

1. (क) सदल मिश्र का जो वंश-वृक्ष श्यामसुन्दर दास ने दिया है, वह अपूर्ण है। Great Men of Shahabad में सदल मिश्र पर एक लेख है, जो बहुत बाद में लिखा गया था और जिसमें अधिक प्रामाणिक तथ्यों की सम्भावना की जा सकती थी, किन्तु इसमें जो वंश-वृक्ष है, वह तथा अनेक अन्य बातें भ्रामक और निराधार हैं। प्रस्तुत वंश-वृक्ष श्रीतारिणी मिश्र, उर्फ बच्चा मिश्र के पुत्र श्रीगंगाधर मिश्र, उर्फ लल्लन, आरा, के सौजन्य से तथा पंडित बटुकदेव मिश्र, पटना की सहायता से प्राप्त हुआ है। दोनों ही सज्जन सदल मिश्र के वंश-वृक्ष की शाखाओं के पुष्प-फल हैं।→

ऐसा कहा जाता है कि स्वयं बाबू कुँवरसिंह ने पुनः आरा छोड़कर बाहर जाने से उन्हें रोका था।

[3]

1767-68 ई. में अनुमानतः जन्म।

1783— जॉन नार्थविक गिलक्राइस्ट का भारत में आगमन।

1791— सदल मिश्र कलकत्ता गए (प्रायः 24-25 वर्ष की अवस्था में)

1798— ओरियंटल सेमिनरी की स्थापना और गिलक्राइस्ट की अध्यापक के रूप में नियुक्ति।

1800— फोर्ट विलियम कॉलेज की स्थापना, हिन्दुस्तानी विभाग के प्रधानाध्यापक के रूप में गिलक्राइस्ट की नियुक्ति।

1803— सदल मिश्र द्वारा चन्द्रावती अथवा नासिकेतोपाख्यान का संस्कृत से खड़ी बोली में अनुवाद।

1804— 1809—सदल मिश्र कॉलेज में विद्यमान।

1806— गिलक्राइस्ट के स्थान पर मोअट की प्रधानाध्यापक के रूप में नियुक्ति; सदल मिश्र को अध्यात्म रामायण का खड़ी बोली में अनुवाद करने के लिए पुरस्कार।

1809— हिन्दी और फ़ारसी शब्द-सूची तैयार करने पर सदल मिश्र को पुरस्कार।

1810— 'तुलसीदास के 'रामचरितमानस' का एक संस्करण संशोधित करके छपवाया था। इस संस्करण की एक प्रति काशी नागरी प्रचारिणी सभा के पुस्तकालय में हैं।'[4]

← इस वंश-वृक्ष की उन्हीं शाखाओं को उद्धृत किया गया है, जिनसे सदल मिश्र का निकट सम्बन्ध था। पूरे वंश-वृक्ष की प्रतिलिपि पं. बटुकदेव मिश्र के पास अब भी सुरक्षित है। कुछ नाम स्पष्ट नहीं हैं, उनके आगे प्रश्नचिह्न है। अपूर्ण नाम, दूसरे स्रोतों से, कोष्ठकों में पूर्ण रूप से दिये गए हैं। (ख) शाकद्वीपीय ब्राह्मण; शाहाबाद जिलान्तर्गत ध्रुवडीहा ग्राम-निवासी; बाद में भदवर चले गए; हसनपुर ग्राम भदवर के जमींदार से प्राप्त, बहुत दिनों तक हसनपुरा में इनके वंशज रहे; इनके वंशज कुँवरसिंह के समय में आरा के मिश्रटोला मुहल्ले में जा बसे। द्रष्टव्य, चन्द्रावती अथवा नासिकेतोपाख्यान की भूमिका, श्यामसुन्दर दास; 2. मूल वंश-वृक्ष में ला० = लावल्द—अनेक नामों के आगे लिखा हुआ है; 3. इनके पास सुरक्षित, इनके पूर्वज सदल मिश्र का दान-पत्र भूमिका में प्रतिमुद्रित है। यह मुझे श्रीपांडेय नर्मदेश्वर सहाय, एडवोकेट, पटना, के सौजन्य से प्रतिमुद्रणार्थ प्राप्त हुआ था; 4. श्यामसुन्दर दास, भूमिका, पृ. 3

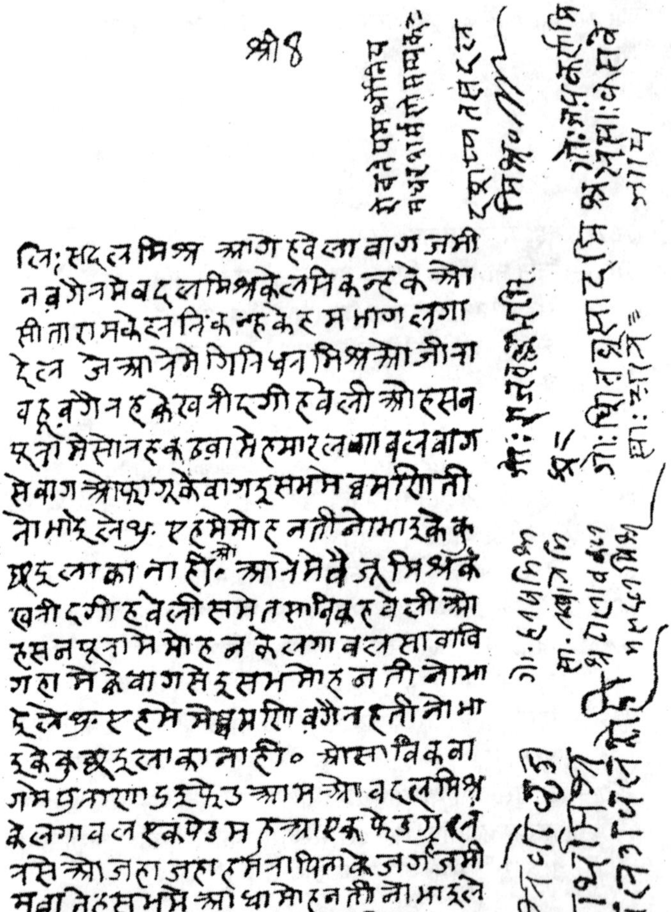

इस दान-पत्र में सदल मिश्र के हस्ताक्षर तथा उनके निस्सन्तान होने के स्पष्ट प्रमाण मिलते हैं (मूल बायें पृष्ठ पर)। पुरानी बिहारी भाषा का उदाहरण भी द्रष्टव्य है :

श्री 8

रोच्वतेपमर्थीनियम
धर शर्मणे सम्यक्
दशाप्त सदल
मिश्र
गो. जपकर्ण मिश्र
सा: कहावे
जाय

लि: सदल मिश्र आगे हवेली वाग जमीन वगैर मे वदल मिश्र के लरिकन्ह के ओ सीताराम के लरिकन्ह के हम भाग लगा देल जे आरे में गिरिधर मिश्र ओ जीरा बहू वगैरह के खरीदगी हवेली ओ हसनपूरा मे सोरह कठवा मे हमार लगाबल वाग से वाग ओ फागू के वाग इ सभ मेघमणि तीनो भाई लेथु. एह मे मोहन तीनो भाई के कुछ इलाका ना ही ओ आरे में वैजू मिश्र के खरीदगी हवेली समेत साविक हवेली ओ हसनपूरा मे मोहन के लगावल सावा विगहा मे के वाग से इ सभ मोहन तीनो भाई लेथु. एह मे मेघमणि वगैरह तीनो भाई के कुछ इलाका ना ही. ओ साविक वाग में पुराणा दुनू फेड़ आम ओ वदल मिश्र के लगावल एक पेड़ महुआ एक फेड़ गुलर से ओ जहा जहा हमरा पिता के जगह जमीन या तेह सभ मे आधा मोहन तीनो भाई लेथु, ओ आधा मेघमणि तीनो भाई लेथु। एह शिवाय हमारा दुनो वेगतिक पाछा जे कछु हमर माल ठहरे ओ देना पावना हमर ठहरे तेह सभ मे आधा मेघमणि तीनो भाई ओ आधा मोहन तीनो भाई वरावर वाट लेहि कवनो बात के झगरा तकरार न करै। एह अर्थे तोषबन्दी दस्तावेज लिख देल जै वक्त पर काम आवे। सं. १८८८ पौष वदि प्रतिपत् मंगलवार ८।

गो. राजवल्लभ मिश्र
गो. शिव प्रसाद मिश्र
सा. आरे

गो. हरष मिश्र
सा. आरे मिश्र
टोला वकलम
सदल मिश्र

सहि मेघमणि मिश्र वो वृज
मणि मिश्र वो नाथ मिश्र
सदल मिश्र व ठाना लगपलरोही

1831— '1888 में इन्होंने 11000)- पर सिंगही गाँव, बयगुलफा और हसनपुरा का ठेका लिया था।'[1]

1836— फोर्ट विलियम कॉलेज टूट गया; इसके पूर्व घर लौट गए, ऐसा अनुमान।

1847-48—80 वर्ष की उम्र में मृत्यु। बाबू शिवनन्दन सहाय लिखते हैं : 'संवत् 1904 का इनके नाम का बयनामा हमारे देखने में आया है, जो इस समय उनके पौत्र पं. रघुनन्दन मिश्र जी के पास है। इसके पहले के कागजों में भी इनका नाम है। 1905 संवत् के एक कागज में इनका नाम न होकर केवल इनके वंशधरों का नाम देखा जाता है।' इससे यह अनुमान किया जा सकता है कि संवत् 1904 और 1905 के बीच में पंडित सदल मिश्र की मृत्यु हुई। इनके वंशधरों का कहना है कि सदल मिश्र ने 80 वर्ष की आयु पाई थी। इस हिसाब से इनका जन्म संवत् 1824-25 के लगभग होना चाहिए।'[2]

1925 में श्यामसुन्दर दास ने लिखा था : 'ये स्वयं यह भी लिखते हैं कि उन्होंने दो एक संस्कृत ग्रंथों से भाषा और भाषा संस्कृत किये, पर वे सब ग्रंथ अब कहीं मिलते नहीं।' वार्ष्णेय को भी, जिन्होंने फोर्ट विलियम कॉलेज तथा आरम्भिक आधुनिक हिन्दी साहित्य पर प्रामाणिक शोध-कार्य किये हैं, 'अध्यात्म रामायण' का अनुवाद सुलभ नहीं हुआ और उन्होंने लिखा है : 'सदल मिश्र की यह रचना दुर्भाग्यवश अभी तक अप्राप्य है।' प्रस्तुत 'सदल मिश्र ग्रंथावली' में सदल मिश्र ने संस्कृत से जो दो भाषानुवाद किये, अर्थात् 'नासिकेतोपाख्यान' और 'अध्यात्म रामायण' का अनुवाद 'रामचरित' में एकत्र प्रकाशित हो रहे हैं—पहला तो श्यामसुन्दर दास के द्वारा सम्पादित और प्रकाशित था ही। सदल मिश्र द्वारा सम्पादित 'रामचरितमानस' का उल्लेख श्यामसुन्दर दास ने किया है और वार्ष्णेय द्वारा संगृहीत विवरणों में नक्लियात-इ-लुकमानी के अनुवाद में सदल मिश्र ने भी योग दिया था, इसका उल्लेख है, जैसा इस भूमिका में दिये गए तालिका-विशेष से स्पष्ट है। किन्तु, आज भी सदल मिश्र ने भाषा से संस्कृतानुवाद की जो बात कही है, उसका कोई प्रमाण उपलब्ध नहीं है।

सदल मिश्र ने नासिकेतोपाख्यान की रचना के विषय में स्वयं लिखा है : 'चित्र-विचित्र, सुन्दर-सुन्दर, बड़ी-बड़ी अटारिन से इन्द्रपुरी समान शोभायमान, नगर कलिकत्ता महाप्रतापी बीर नृपति कम्पनी महाराज के सदा फूला-फला रहे, कि जहाँ कि जहाँ उत्तम लोग बसते हैं औ' देश देश से एक से एक गुणीजन आय आय अपने अपने गुण को सुफल करि बहुत आनन्द में मगन होते हैं।

1. श्याम सुन्दर दास, भूमिका, पृ. 8; उपरिवत्

नाम सुन सदल मिश्र पंडित जी वहाँ आन पहुँचा। वो बड़ी बड़ाई सुनि, सर्वविद्या-निधान ज्ञानवान महाप्रधान श्री महाराज जान, गिलकृस्त साहब से मिला कि जो पाठशाला के आचार्य हैं। तिनकी आज्ञा पाय दो-एक ग्रंथ संस्कृत से भाषा वो भाषा से संस्कृत किये।

अब संवत् 1860 में नासिकेतोपाख्यान को, कि जिसमें चन्द्रावती की कथा कही है, देववाणी से कोई-कोई समझ नहीं सकता, इसलिए खड़ी बोली में किया।'[1]

इस पुस्तक की प्राप्ति के सम्बन्ध में श्यामसुन्दरदास का यह वक्तव्य है : 'सन् 1901 में कलकत्ते की एशियाटिक सोसायटी के पुस्तकालय में रक्षित हस्तलिखित हिन्दी पुस्तकों की जाँच करते हुए मुझे पंडित सदल मिश्र द्वारा अनुवादित चन्द्रावती अथवा नासिकेतोपाख्यान की एक प्रति प्राप्त हुई थी। उस प्रति के आधार पर उसे सम्पादित कर मैंने नागरी प्रचारिणी ग्रंथमाला से प्रकाशित करवाया था।'[2]

सदल मिश्र की कृतियाँ कब लिखी गईं और प्रकाशित हुईं, फोर्ट विलियम कॉलेज से उनका क्या सम्बन्ध था और इस सम्बन्ध में कॉलेज के अधिकारियों की हिन्दी विषयक नीति कहाँ तक प्रतिबिम्बित है, इन तथा अन्य प्रसंग-प्राप्त बातों पर यहाँ कुछ विस्तार से विचार लेना असमीचीन न होगा।

19 अगस्त, 1803 को गिलक्राइस्ट ने फोर्ट विलियम कॉलेज की कौंसिल के विचारार्थ एक पत्र लिखा था—इसके पूर्व उन्होंने इस सम्बन्ध में और भी पत्र लिखे थे—जिसमें उन्होंने 'लोकप्रिय हिन्दुस्तानी भाषा का अध्ययन सरल बनाने और भारतवर्ष में प्रचार तथा प्राचीन हिन्दुस्तानी रचनाओं के आधार पर निश्चित सिद्धान्त स्थिर करने की दृष्टि से हिन्दुस्तानी विभाग में तैयार या तैयार हो रही चवालीस पुस्तकों की सूची'[3] प्रेषित की थी और उन्हें पुरस्कार देने की सिफारिश की थी। यह सिफारिश कौंसिल को मान्य नहीं हुई, क्योंकि वेतनभोगी विद्वानों को अथवा अपूर्ण रचनाओं के लिए पुरस्कार देने के पक्ष में कौंसिल नहीं थी। इस सूची में अन्य पुस्तकों के साथ नक्लियात-इ-लुकमानी और चन्द्रावती भी सम्मिलित हैं, जिनमें से पहले को अन्य विद्वानों के साथ, और दूसरे को स्वयं ही सदल मिश्र ने अनूदित किया था। सूची के वे अंश यहाँ उद्धृत हैं, जिनका सम्बन्ध सदल मिश्र से है[4] :

---

1. श्यामसुन्दर दास द्वारा सम्पादित सम्भवत: प्रथम संस्करण की प्रतिलिपि, ब्रिटिश म्यूजियम, लन्दन, में श्री वीरेन्द्र नारायण द्वारा कृत और परिषद् को प्रेषित; 2. श्यामसुन्दर दास, षष्ठ संस्करण, संवत् 2007 वि. की भूमिका, पृ. 1; 3. फोर्ट विलियम कॉलेज (1800-1854); डा. लक्ष्मीसागर वार्ष्णेय यूनिवर्सिटी, इलाहाबाद, सं. 2004 वि., पृ. 48; 4. उपरिवत्, पृ. 184, 188

हिन्दुस्तानी रचनाएँ नाम	छप जाने के बाद के अनुमान				ग्रंथकर्ता	विशेष
	बड़े चौपेजी पृ.	छोटे चौपेजी पृ.	अठपेजी पृष्ठ	पुरस्कार		
(जो छप चुकी है)						
,,						
,,						
,,						
नक्लियात-इ-लुकमानी	—	—	300	600	तारिणीचरण मित्र, मौलवी अमानत उल्लाह, सदल मिश्र पंडित, मीर बहादुर अली, मीर शेर अली अफसोस, श्री लाल कवि और गुलाम अशरफ	इन अनुवादकों में से केवल पहले तीन पारिश्रमिक पाने के विशेष रूप से अधिकारी हैं, क्योंकि बंगला, अरबी और संस्कृत का भार इन्हीं के ऊपर पड़ा। और, वह भी तारिणीचरण के ऊपर सबसे अधिक।
,,						
,,						
,,						
,,						
,,						
,,						
,,						
,,						
,,						
,,						
,,						
चन्द्रवाती	—	—	150	60	सदल मिश्र	

गिलक्राइस्ट ने 23 फरवरी, 1804 को कॉलेज-कौंसिल के मंत्री के नाम अपना त्यागपत्र भेजा और वह 26 फरवरी, 1804 की बैठक में स्वीकृत हुआ। गिलक्राइस्ट के बाद प्रथम सहायक कैप्टन मोअट स्थानापन्न प्रोफेसर की हैसियत से काम करने लगे थे।'9 मई, 1804 को जेम्स मोअट ने कॉलेज-कौंसिल के मंत्री, चार्ल्स राथमैन, के नाम लिखे गए पत्र में हिन्दुस्तानी विभाग के लिए, 'भाखा'-मुंशी लल्लूलाल और सदल मिश्र पंडित की उपस्थिति अनावश्यक समझी। उनका यह पत्र कौंसिल की 11 जून, 1804 की बैठक में पेश हुआ और 1 जुलाई, 1804 में उन्हें वेतन मिलना बन्द हो गया। दूसरे शब्दों में, वे कॉलेज से अलग कर दिये गए। किन्तु 'भाखा'-ज्ञान की आवश्यकता कॉलेज में बराबर हुआ करती थी। इसीलिए कॉलेज कौंसिल ने 17 अक्टूबर, 1804 की बैठक में, जिसमें ब्यूकैनैन, हारिंगटन और कोलब्रुक उपस्थित थे, लल्लूलाल (श्री लाल कवि) और सदल मिश्र को फिर कॉलेज में ले लिया, और पिछली जुलाई के बाद का वेतन भी उन्हें दे दिया, क्योंकि वे जुलाई से ही रक्खे समझे गए।...'[1]

'रामायण' की प्रतिलिपि करने के सम्बन्ध में कौंसिल ने 18 नवम्बर, 1805 की बैठक में सदल मिश्र पंडित को छब्बीस रुपये आठ आने दिये। और 17 मई, 1806 की बैठक में कौंसिल ने संस्कृत की 'अध्यात्म रामायण' का खड़ी बोली में अनुवाद

1. फोर्ट विलियम कॉलेज (1800-1854 ई.), पृ. 65

करने पर उन्हें तीन सौ रुपये देने का प्रस्ताव स्वीकार किया। सदल मिश्र की यह रचना दुर्भाग्यवश अभी तक अप्राप्य है।[1]

27 मई, 1809 की बैठक में कौंसिल ने 'हिन्दी' और फ़ारसी शब्द-सूची का अनुवाद करने पर सदल मिश्र को पचास रुपये दिये।'[2]

सम्भवत: 1811 में विलियम हंटर, मंत्री, कॉलेज-कौंसिल, ने कौंसिल को एक पत्र भेजा था, जिसमें उन ग्रंथों की सूची थी : 'जिनसे वे 'हिन्दुस्तानी डिक्शनरी' तथा उसके परिशिष्ट भाग की रचना करने में सहायता ले रहे थे।'[3] इस सूची[4] में कुल 43 पुस्तकों के नाम हैं। 30वीं पुस्तक का इस प्रकार उल्लेख है : 'सदल मिश्र पंडित : 'रामचरित्र' ('पूर्वी संस्कृत' से)।'

'रामचरित्र' 'अध्यात्म रामायण' का अनुवाद है। 'पूर्वी संस्कृत' से क्या तात्पर्य है, स्पष्ट नहीं है।

फोर्ट विलियम कॉलेज के तत्त्वावधान में गिलक्राइस्ट (1800-1804), अथवा उनके स्थान पर हिन्दुस्तानी प्रधानाध्यापक के रूप में नियुक्त होनेवाले मोअट (1806-1808), टेलर (1808-1823), प्राइस (1823-1830) आदि अन्य विदेशियों के द्वारा हिन्दी गद्य का कोई 'हित-साधन' नहीं हुआ। 'वास्तव में हिन्दी गद्य तो फोर्ट विलियम कॉलेज से बाहर नवयुगीन परिस्थितियों के प्रभावान्तर्गत स्वतंत्र रूप से विकसित हो रहा था।'[5]

'लल्लूलाल तथा अन्य 'भाखा'-मुंशियों के प्रतिकूल सदल मिश्र ऐसी भाषा प्रवर्तित कर रहे थे, जो प्रकृत्या उर्दू से भिन्न होने के कारण स्वतंत्र अस्तित्व की अधिकारिणी थी और वह हिन्दुस्तानी के नाम पर खप नहीं सकती थी। इसी का परिणाम था कि कलकत्ते से बाहर भी यदि हिन्दी ग्रंथों की आवश्यकता होती थी, तो लल्लूलाल के ग्रंथ ही भेज दिये जाते थे। सदल मिश्र के 'नासिकेतोपाख्यान' का, सिवाय एक सूची के, और कहीं उल्लेख नहीं मिलता। न तो कॉलेज के पाठ्यक्रम में उसका जिक्र है और न कहीं बाहर भेजी जानेवाली पुस्तकों में। जून, 1825 में आगरा और दिल्ली की सरकारी पाठशालाओं को भेजी जानीवाली पुस्तकों में 'प्रेमसागर', 'बैताल पच्चीसी', 'सिंहासन बत्तीसी', 'माधोनल' आदि पुस्तकों के नाम तो हैं, किन्तु 'नासिकेतोपाख्यान' का कहीं नाम नहीं है। बाद को और भी कई बार पुस्तकें बम्बई और मद्रास की संस्थाओं को भेजी गईं, पर 'नासिकेतोपाख्यान' को यह सौभाग्य कभी प्राप्त न हुआ। कॉलेज छोड़ देने के बाद बोर्ड ऑव एग्जामिनर्स ने जो पाठ्यक्रम प्रस्तुत किया, उसमें भी 'नासिकेतोपाख्यान' को स्थान न मिला। हाँ, फोर्ट विलियम कॉलेज और उसकी स्थापना से पहले ईस्ट इंडिया कम्पनी के विज्ञापन विभाग ने नागरी टाइपों का निर्माण किया, विराम-चिह्नों का प्रयोग किया और कोश तथा अनेक पुस्तकें

1. फोर्ट विलियम कॉलेज (1800-1854 ई.), पृ. 75; 2. उपरिवत्, पृ. 99; 3. उपरिवत्, पृ. 103; 4. उपरिवत, पृ. 197, (पूरी) सूची के लिए; 5. उपरिवत्, पृ. 142

छापेखाने में छापकर प्रस्तुत कीं, और इस प्रकार, अप्रत्यक्ष रूप से, प्रेस जैसे वैज्ञानिक साधन का गद्य के साथ सम्बन्ध स्थापित कर, उन्होंने उसके विकास का एक प्रमुख कारण ला उपस्थित किया और हिन्दुस्तानी भाषा का व्याकरण निर्मित किया, वह भी अंग्रेजी व्याकरण के अनुकरण पर। इस सबके लिए हिन्दी-भाषाभाषी उनके आभारी रहेंगे। तुलसीदास जी के ग्रंथ भी सम्भवतः सबसे पहले फोर्ट विलियम कॉलेज के संरक्षण में ही मुद्रित हुए थे।'[1]

अन्तिम दिनों में भी (1838-1854) कॉलेज के 'पुराने क्रमानुसार ग्रंथ-रचना भी होती रही। किन्तु नवीन ग्रंथों का निर्माण बहुत कम हुआ। हिन्दी गद्य-ग्रंथ की रचना तो लल्लूलाल और सदल मिश्र के बाद फिर हुई ही नहीं। केवल प्राचीन ग्रंथ ही बार-बार छपते रहे...'[2]

'कॉलेज के पठन-पाठन और उसकी भाषा-नीति की दृष्टि से जान नार्थविक गिलक्राइस्ट के ग्रंथ ही विचारणीय हैं, क्योंकि मोअट, टेलर और प्राइस में से टेलर और प्राइस के कोशों के अतिरिक्त उनकी किसी ऐसी कृति का उल्लेख नहीं मिलता जो हमारे विषय से सम्बन्ध रखती हो। वास्तव में ग्रंथ-रचना की दृष्टि से गिलक्राइस्ट के अतिरिक्त अन्य किसी प्रधानाध्यापक का नाम उल्लेखनीय भी नहीं है...'[3]

'लल्लूलाल और सदल मिश्र की रचनाओं के नाते हिन्दी साहित्य के इतिहास में फोर्ट विलियम कॉलेज का उल्लेख होना तो आवश्यक है, किन्तु हिन्दी भाषा और गद्य-साहित्य के विकास या उन्हें एक कदम और आगे बढ़ाने की दृष्टि से उसका कोई महत्त्व नहीं है। कॉलेज से 'हिन्दुस्तानी' या उर्दू गद्य को प्रोत्साहन मिला, न कि हिन्दी गद्य को। जो कार्य कैरे ने बंगला के लिए किया, वह कार्य किसी ने हिन्दी के लिए न किया। हाँ, कोश, व्याकरण, टाइप, विराम-चिह्न आदि आधुनिक विषयों के सूत्रपात की दृष्टि से कॉलेज आधुनिक भारतीय भाषाओं के इतिहास में चिरस्मरणीय रहेगा।'[4]

[4]

'नासिकेतोपाख्यान प्रचलित पौराणिक आख्यान है। उसका शाब्दिक हिन्दी अनुवाद सहित संस्करण सुलभ है।[5] सदल मिश्र ने ऐसे अनुवाद या भाषा-टीक से भिन्न मूलानुसारी, किन्तु स्वतंत्रप्राय, हिन्दी रूप प्रस्तुत किया है, यह कहना उचित होगा। सदल मिश्र ने अपनी पुस्तक का एक शीर्षक 'नासिकेतोपाख्यान' भी रखा है, किन्तु उसका मुख्य शीर्षक रखा है : 'चन्द्रावती'। यह शीर्षक कदाचित् उस नवीनता का

1. फोर्ट विलियम कॉलेज (1800-1854 ई.), पृ. 142; 2. उपरिवत्, पृ. 151; 3. उपरिवत्, पृ. 166; 4. उपरिवत्, पृ. 166; 5. मेरे सामने भार्गव पुस्तकालय, वाराणसी, से प्रकाशित जो संस्करण है, उसकी भाषा-टीका माधवप्रसाद व्यास की है। **—सं.**

परिचायक है, जिसके फलस्वरूप तुरन्त बाद के युग में हिन्दी के अनेक उपाख्यानों-उपन्यासों के नाम उनकी नायिकाओं के नामों पर रखे जाने लगे। शीर्षक से आभासित यह नवीनता रूपान्तरण की शैली में भी सहज निर्देश्य है। आगे उदाहरणस्वरूप एक अंश मूल तथा रूपान्तर से, इसे ही ध्यान में रखते हुए उद्धृत है।

नासिकेतोपाख्यान (3-9)

जनमेजय उवाच :

पृच्छामि ते महाप्राज्ञ सर्वशास्त्रविशारद॥
कथयस्व कथां दिव्यां सर्वपापप्रणाशिनीम्॥
यां श्रुत्वा सर्वपापेभ्यो मुच्यते नात्र संशयः॥3॥

वैशम्पायन उवाच :

श्रूयतां राजशार्दूल कथां पौराणिकीं शुभाम्।
शृण्वन्तु ऋषयः सर्वे ये चान्ये तपसि स्थिताः॥4॥
कश्चिदासीत्पुरा राजन्नृषिः परमधार्मिकः।
उद्दालक इति ख्यातो ब्रह्मपुत्रस्तु तापसः॥5॥
वेदवेदांतत्त्वज्ञः स्मृतिसिद्धान्तपारगः॥6॥
तस्याश्रमपदं रम्यमृषिभिर्मुनिभिः श्रितम्।
नानाद्रुमलताकीर्ण नानापुष्पोपशोभितम्॥7॥
हंसैः कारंडवैश्चैव चक्रवाकैश्च शोभितम्।
सेव्यमानं खगानीकैर्महिषैर्गवयैर्मृगैः॥8॥
आगतश्चाश्रमे तस्य पिप्पलादो महामुनिः।
तमागतं तथा दृष्ट्वा आतिथेयं चकार सः॥9॥

प्रचलित मूल पौराणिक कथा के उद्धृत अंश का तुलनीय अनुवाद इस प्रकार है : 'एक दिन एक समय राजा जनमेजय गंगा के तीर पर बारह बरस यज्ञ करने को रहे। एक दिन स्नान-पूजा करि ब्राह्मणों को बहुत-सा दान दे, देवता पितरों को तृप्त करके ऋषि और पंडितों को साथ लिये वैशम्पायन मुनि पास जा दंडवत् कर खड़े हो हाथ जोड़ कहने लगे कि महाराज, आप वेद-पुराण सब शास्त्र के सार जाननिहार तिस पर व्यास मुनि के शिष्य सब योगियों में इन्द्र समान हो। ऐसी कथा कि जिसके सुनने से पाप कटे और कोई रोग न होय, नर जन्म संसार में अच्छा भोग अन्त में मुक्ति मिले, हमसे कहिए।

प्रसन्न होकर वह बोले कि हे राजा! तुम बड़े ज्ञानी हो। अच्छा सब पाप दूर करनेवाली पुराण की कथा कि जिसके सुनने से निस्सन्देह मुक्ति होती है, मैं कहता हूँ। तुम ऋषि के सेवकों के समेत सावधान होकर सुनो।

किसी समय में ब्रह्मा के पुत्र ऐसे उद्दालक मुनि भए कि जिनके दर्शन से लोग पवित्र होते थे। वेद-पुराण, श्रुति-स्मृति में बहुत निपुण और दाता दयालु कहिए तो वैसे ही बड़े समर्थ, सब मुनियों में श्रेष्ठ कि जिनका तपस्या ही धन था उनके सुहावने आश्रम पर कि जिसको बड़े-बड़े मुनि लोग नित्य आप सेवें और जहाँ नाना प्रकार के वृक्षों पर लता सब छा रही थीं, पिप्पलाद मुनि आन पहुँचे। देखते ही उद्दालक ऋषि उठ खड़े भए। सिर नवा प्रणाम वो जैसा कुछ चाहिए वैसा आदरभाव कर आसन दे बैठाया।'

'रामचरित या अध्यात्म रामायण' की रूपान्तरण-शैली के सम्बन्ध में भी प्राय: वही बात कही जा सकती है, जो 'चन्द्रावती या नासिकेतोपाख्यान' के विषय में निर्दिष्ट की जा चुकी है। यह पुस्तक अद्यावधि अप्राप्त थी और इस ग्रंथावली में संकलित होकर पहली बार प्रकाश में आ रही है।

बिहार राष्ट्रभाषा परिषद् के आद्य संचालक आचार्य शिवपूजन सहाय की योजना के अनुसार, परिषद् के अधिकारियों की आज्ञा से, श्रीवीरेन्द्र नारायण ने अपने लन्दन के प्रवास-काल में इंडिया ऑफिस में सुरक्षित पांडुलिपि से इसकी प्रतिलिपि की थी। श्रीवीरेन्द्र नारायण ने बिन्दु-विसर्ग का परिवर्तन किये बिना प्रतिलिपि करके प्राय: चित्र-प्रतिलिपि जैसी प्रामाणिक सामग्री सुलभ बनाई थी। उन्होंने बड़े मनोयोग से प्रत्येक पृष्ठ के नीचे सम्पूर्ण मूल का आधुनिक हिन्दी रूप भी दिया था, जिसका उपयोग अनावश्यक प्रतीत हुआ। मैंने अप्रचलित या अस्पष्ट शब्दों के आधुनिक रूप या अर्थ देकर ही सन्तोष किया है, जो वस्तुत: उपर्युक्त आधुनिक हिन्दी रूपान्तरण में भी प्राय: नहीं दिये गए थे।

इस पांडुलिपि, जिसकी अविकल प्रतिलिपि अध्ययन के लिए सुलभ है, का अपने-आपमें भी अनेक दृष्टियों से महत्त्व है। तद्युगीन वर्तनी, वाक्य-रचना, विराम-चिह्नों आदि के प्रयोग के सम्बन्ध में इस पांडुलिपि के विश्लेषण से लाभप्रद प्रकाश पड़ता है। यहाँ कुछ का संकेत मात्र किया जा रहा है। यह भविष्य में स्वतंत्र निबन्ध का विषय बन सकता है।

इस पुस्तक के प्रस्तुत प्रथम मुद्रित संस्करण में '0'—इस चिह्न का तात्पर्य यह है कि मूल पांडुलिपि में पंक्ति इसके पूर्व समाप्त हो गई है। कोष्ठकों में जो विराम-चिह्न हैं, वे सम्पादक के द्वारा सुविधा के लिए दे दिये गए हैं।

(1) अधिकतर **व, ब** नहीं; पृष्ठ 281 पर पहली बार ब।

(2) केवल **ष** (**ख** के लिए); ख नहीं, किन्तु धनुष, वर्ष, ऋषि, हर्षित, हविष्य आदि में **ष**।

(3) रूप इत्यादि में सर्वत्र रूप के बदले **नू** शब्द के मध्य या अन्त में प्राय: **रू, र,** किन्तु अरु, सारा इत्यादि में भी कहीं-कहीं यथा-प्रदर्शित कैथी 'र' का प्रयोग है।

(4) **ड़** नहीं।

(5) **ण** प्रयुक्त, किन्तु पाषान, पाषाण नहीं।

(6) ध्वनि-विशेष के तुरन्त बाद उसी ध्वनि के रहने पर बहुधा एक का लोप; उदाहरणार्थ : 'बालक को' के लिए, 'वाल को'; 'राक्षस सब' के लिए 'राक्षस व'; 'अधिक कहा' के लिए 'अधिक हा'; 'चैन नहीं' के लिए 'चैन ही'; 'अधिक काम' के लिए 'अधिकाम', 'स्वभाव वश' के लिए 'स्वभाव श', तथा अनेक अन्य उदाहरण।

(7) कहीं-कहीं **ज** के बदले **य**, उदाहरणार्थ, 'काम काय'।

(8) कहीं-कहीं **य** के बदले **उ**, उदाहणार्थ, 'आउर्वल'।

(9) (क) पृ. 134 पर पहली बार पूर्ण विराम का चिह्न '।' प्रयुक्त। इसके पूर्व कोई विराम-चिह्न नहीं।

(ख) पृ. 453 पर पहली बार अर्द्ध विराम के लिए '0' ह चिह्न।

(10) छूट के लिए प्रयुक्त चिह्न '—'।

[5]

श्यामसुन्दर दास के मतानुसार, हिन्दी के प्रारम्भिक गद्य लेखकों में 'पहला स्थान इंशाअल्ला खाँ, दूसरा सदल मिश्र और तीसरा लल्लू जी लाल को मिलना चाहिए।' वास्तविकता यह है कि इंशाअल्ला खाँ का उर्दू गद्य का आदर्श प्रारम्भिक रूप मात्र माना जा सकता है। इंशाअल्ला खाँ की भाषा वैसी भाषा है, जिसका ढाँचा उर्दू का है। उसमें उर्दू-फ़ारसी स्रोत के कुछ शब्द आ जाएँ, तो वह उर्दू बन जाएगी। सदल मिश्र खड़ी बोली में लिखते हैं, किन्तु तत्सम या तद्‌भव शब्दों को हटाकर अरबी-फ़ारसी से प्राप्त शब्दों को रख देने मात्र से वह उर्दू नहीं हो जाएगी, वह तत्सम तद्‌भव शब्द-राशि का अधिकाधिक भार वहन करने की शक्ति का परिचय देती है और ईषत् परिष्कार से परिमार्जित आधुनिक हिन्दी का रूप ग्रहण कर सकती है। लल्लूलाल का स्थान ठीक ही सबके बाद आता है। ब्रजभाषा और हिन्दुस्तानी के छोरों को छूनेवाली उनकी भाषा उस हिन्दी को पूर्वाशित करने में असमर्थ है, जो रूप-ग्रहण करने की दिशा में लेखकों द्वारा प्रेरित हो रही थी। इसकी झाँकी सदल मिश्र के ही गद्य में मिलती है।

[1960]

अयोध्याप्रसाद खत्री स्मारक ग्रंथ

अयोध्याप्रसाद खत्री ने खड़ी बोली, यानी आधुनिक हिन्दी के साहित्य के प्रमुख अंग, काव्य को उसका उचित स्थान दिलाने में—उनसे, जो इसके विरोध के लिए कटिबद्ध थे—जो कार्य किया था, वह अब, जब हम सारी चीज को सही परिप्रेक्ष्य में देखने

की स्थिति में हैं, इतना महत्त्वपूर्ण सिद्ध होता है कि हम समझ नहीं पाते कि उनके समसामयिकों ने, या उनके तुरत बाद के लोगों ने, उनकी दूरदर्शिता, निष्ठा एवं प्रचेष्टा की उपेक्षा क्यों की! सच कहा जाए, तो खत्री जी के समसामयिक उतने दोषी नहीं हैं, जितने तुरत बाद की पीढ़ी के वे विद्वान, जिन पर यह दायित्व था कि वे आधुनिक युग के आविर्भाव-काल की अन्तर्धाराओं का सम्यक् विश्लेषण करते। खत्री जी के समसामयिकों ने उनका विरोध करके उन्हें निषेधमूलक ही सही, एक प्रकार की मान्यता तो दी, किन्तु हिन्दी के आधुनिक साहित्येतिहास-लेखकों ने अवश्य ही सतह पर सहज ही दीख पड़नेवाली तरंगें ही देखीं, गहराई में चलने और एक दूसरे को काटनेवाली धाराओं की डुबकी लगाकर देखने-समझने की कोशिश नहीं की। जो पाठक मात्र होता है, वह उसे पढ़ता है जो सामने आता है, लेकिन जो उसका इतिहास लिखता है, उसका कर्तव्य होता है कि वह प्रत्यक्ष के पीछे जो परोक्ष शक्तियाँ काम कर चुकी हों, या कर रही हों, उन्हें भी समझे और समझाए : 'डायल' पर ही काल की गति अंकित होती है, लेकिन अंकन-प्रक्रिया समझने के लिए डायल के नीचे छिपे यंत्र की जानकारी जरूरी होती है। हिन्दी साहित्य के इतिहास-लेखकों ने ऐसी जानकारी हासिल करने की जरूरत नहीं समझी है, इसी के अनेक परिणामों में खत्री जी की उपेक्षा भी है।

श्री अयोध्याप्रसाद खत्री द्वारा लिखित तथा सम्पादित कृतियों के इस संग्रह में प्रथम है 'हिन्दी व्याकरण' (A Hindi Grammer), जिसका प्रकाशन 1877 ई. में हुआ था। इसका मुद्रण बिहारबन्धु प्रेस, बाँकीपुर, पटना से हुआ था और मूल्य था चार आने। खत्री जी के उस अव्यवस्थित-से प्रतीत होनेवाले उत्साह में भी, जिस पर शुक्ल जी आदि ने व्यंग्य करना जाने क्यों आवश्यक समझा था, एक पद्धति थी। उनकी मान्यता थी कि हिन्दी और उर्दू में अन्तर केवल लिपि के कारण है और कि फ़ारसी लिपि में न लिखी जाए तो उर्दू हिन्दी ही है। इस सिद्धान्त के अनुरूप ही उन्होंने हिन्दी व्याकरण की भी रचना की थी। इस पुस्तक में उन्होंने एक साथ ही हिन्दी, उर्दू तथा अंग्रेजी के समानार्थक व्याकरणशास्त्रीय पारिभाषिक शब्द प्रयुक्त किये हैं; वस्तुतः पहले उर्दू के, उसके बाद हिन्दी के और तब अंग्रेजी के ऐसे शब्द दिये हैं। उदाहरणार्थ, पहले ही पृष्ठ पर, हिन्दी व्याकरण को पाँच खंडों में विभक्त करते हुए पहले खंड का शीर्षक यों दिया है :

'पहला बाब	पहला खंड	Part I
बयान हरूफ	वर्ण-विचार	Orthography.'

समूची पुस्तक में यही पद्धति अपनाई गई है, और हिन्दी भाषा विषयक अंग्रेजी की धारणा के सर्वथा अनुरूप है।

हिन्दी व्याकरण विषयक यह पुस्तक केवल 36 पृष्ठों की है और इसमें व्याकरण के ही अंग के रूप में विराम-चिह्नों पर भी संक्षेप में विचार किया गया है।

1887 ई. में खत्री जी ने हिन्दी के उस रूप के छन्दशास्त्र पर भी एक पुस्तिका प्रकाशित की थी, जिस रूप को वह मौलवी-स्टाइल कह हिन्दी कहने में, और पंडित-स्टाइल की हिन्दी से उत्कृष्टतर घोषित करने में, संकोच का अनुभव नहीं करते थे। इस पुस्तक का तो शीर्षक ही हिन्दी विषयक उनकी उपर्युक्त मान्यता का स्पष्ट परिचायक है : 'मौलवी स्टाइल की हिन्दी का छन्द-भेद'। खत्री जी ने फर्द, गजल, कसीदा, तशबीब, रुबाई, किता, मसनवी, तरजीय बन्द, मोसम्मित, मुस्तजाद—इन 'अरबी को चालू (ल?) पर हिन्दी में दस तरह के छन्द' माने और इनके संक्षिप्त विवरण और कुछेक उदाहरण प्रस्तुत किये। उदाहरण सौदा, ज़ौक़, मीर तक़ी आदि के काव्य से दिये गए हैं और यहाँ हिन्दी-उर्दू की वह समानान्तरता भी नहीं है, जो व्याकरण विषयक पुस्तिका में दिखाई गई है।

खत्री जी की उपेक्षा हिन्दी के प्रेमियों और विद्वानों ने उनके जीवनकाल में ही की और बाद में भी उनकी हिन्दी के लिए की गई सेवाओं के महत्त्व को स्वीकृति नहीं मिली। मैंने इस भूमिका के प्रारम्भ में अपना विचार ही नहीं, बहुतों का भाव व्यक्त किया है, जब इस बात का संकेत किया है। इसका कारण केवल यही नहीं था कि ब्रजभाषा पद्य के प्रेमी खत्री जी के खड़ी बोली के पद्य के आग्रह से क्षुब्ध थे, या कि उनकी शास्त्रार्थवाली मनोवृत्ति अनायास विरोध का वातावरण उत्पन्न करती थी। वास्तविक कारणों में से प्रमुख यह प्रतीत होता है कि हिन्दी की जिस 'स्टाइल' को वह आदर्श हिन्दी घोषित करते थे, वह राजा शिवप्रसाद सितारे-हिन्द की हिन्दी, या महात्मा गांधी तक की हिन्दुस्तानी बनने पर भी, हिन्दी-प्रेमियों को कठोर बनने के लिए ही बाध्य करती रही। खड़ी बोली में पद्य-रचना हो, इसके लिए खत्री जी ने जिस आन्दोलन का नेतृत्व किया था, उसके प्रबल समर्थकों में एक पं. श्रीधर पाठक ने भी खत्री जी की इस 'स्टाइल' की हिन्दी के विरुद्ध विचार व्यक्त करना आवश्यक समझा था। कटु होने पर भी वस्तुस्थिति यह है कि खड़ी बोली पद्य के लिए खत्री जी का आग्रह ब्रजभाषा पद्य के प्रति घृणा में परिणत हो गया था, जिसके फलस्वरूप उनका दूरदर्शितापूर्ण भाषा आन्दोलन खड़ी बोली के समर्थकों के लिए भी कुछ अंशों में अग्राह्य सिद्ध हुआ।

सन् 1877 ई. में ही प्रकाशित खत्री जी की तीसरी पुस्तिका अलंकारशास्त्र विषयक है। सौभाग्य से इसका हिन्दी शीर्षक है : 'मौलवी साहब का साहित्य', न कि 'मौलवी-स्टाइल की हिन्दी का साहित्य'! किन्तु अंग्रेजी का शीर्षक खत्री जी के पूर्वग्रह का संकेत करता ही है। अंग्रेजी का शीर्षक है : 'The Arabic Rhetoric Introduced by Moulwi into Hindi.' इस पुस्तिका में अरबी साहित्य की परम्परा से प्राप्त उन अलंकारों के लक्षण-उदाहरण हैं, जो उर्दू काव्य में सन्निविष्ट हो गए हैं। इनका विवरण यदि ज्ञानवर्द्धन के उद्देश्य से किया गया होता, तो कोई बात न थी; इस प्रकार का, किन्तु विशदतर ग्रंथ तो आज भी अपेक्षित ही है; आपत्तिजनक यह मालूम हुआ होगा कि सम्भवत: इसका भी उद्देश्य 'मुंशी-स्टाइल' की हिन्दी

के आदर्श रूप का प्रतिपादन ही था! खत्री जी के विरोधियों ने भी अपने विरोध-भाव का रहस्य ठीक-ठीक नहीं समझा था। रहस्य स्पष्ट ही यह था कि ब्रजभाषा में पद्य-रचना हो या न हो, खड़ी बोली में हो तो हो, किन्तु यह कैसे हो सकता था कि व्याकरण, छन्दों और अलंकारों की समस्त प्राचीन भारतीय परम्पराएँ बहिष्कृत और उर्दू की स्वीकृत हो जातीं ? वस्तुतः, खत्री जी के प्रति विरोध के पीछे यही अव्यक्त मनोविज्ञान था, जिसका स्पष्ट निर्देश अब तक किसी ने किया नहीं है। खत्री जी का विरोधी नहीं, उनका प्रशंसक ही इस बात को जरूरी समझ सकता था कि उनके विरोधियों के मनोविज्ञान का विश्लेषण होना चाहिए। इन पंक्तियों का लेखक खत्री जी का ऐसा ही प्रशंसक है।

प्रस्तुत ग्रंथावली में चौथी पुस्तक है : 'खड़ी बोली-आन्दोलन', अर्थात् खड़ी बोली पद्य सम्बन्धी आन्दोलन, जो पूर्व काल में हुआ था—बाबू अयोध्याप्रसाद खत्री द्वारा संकलित, श्री पं. भुवनेश्वर मिश्र द्वारा सम्पादित। खड़ी बोली पद्य-सम्बन्धी साहित्यिक विवाद हिन्दुस्तान के नवम्बर, 1887 ई. से अप्रैल, 1888 ई. तक के अंकों में ब्रजभाषा और खड़ी बोली के पक्षधरों के खंडन-मंडन के रूप में चला था। इस पुस्तक में इसी विवाद के महत्त्वपूर्ण अंश संकलित हैं। अन्त में 1901 ई. के The Behar Times के कुछ अंकों में प्रकाशित टिप्पणियाँ तथा 'भारतमित्र' के 16 मार्च, 1901 ई. के अंक में प्रकाशित एक टिप्पणी भी हैं। इस विवाद में मुख्यतः अयोध्याप्रसाद खत्री और श्रीधर पाठक खड़ी बोली पद्य के, और राधाचरण गोस्वामी एवं प्रतापनारायण मिश्र ब्रजभाषा पद्य के समर्थकों के रूप में दीख पड़ते हैं।

पाँचवीं संगृहीत पुस्तक, वस्तुतः खत्री जी की सबसे बड़ी देन है, यद्यपि इसमें उनकी लिखी भूमिका मात्र है, रचनाएँ तो औरों की ही हैं, जिनका संग्रह-सम्पादन खत्री जी ने किया है। इस पुस्तक का पहला संस्करण 1877 ई. में श्री विश्वनाथ भट्ट के द्वारा नारायण प्रेस, मुजफ्फरपुर, में मुद्रित हुआ था। इस पुस्तक का शीर्षक है : 'खड़ी बोली का पद्य, पहला भाग'। 1888 ई. में इसका अभिनव संस्करण डब्ल्यू.एच. ऐलेन एंड को., 13 वाटरलू प्लेस, लन्दन, से मुद्रित हुआ। इसके मुखपृष्ठ पर संकलयिता के रूप में खत्री जी का नाम है और सम्पादक के रूप में फ्रेडरिक पिंकाट, एम.आर.ए.एस., का। दोनों संस्करणों की प्रतियाँ काशी नागरी प्रचारिणी सभा के आर्यभाषा-पुस्तकालय में सुरक्षित हैं। वहाँ के पुस्तकाध्यक्ष ने दोनों के सहारे पुस्तक की वह प्रतिलिपि तैयार की है, जो इस संग्रह में प्रस्तुत की गई है। प्राचीनतर होने के कारण मुख्य आधार मुजफ्फरपुरवाला संस्करण ही रहा है। लन्दनवाली प्रति में जो भिन्नताएँ हैं, उनका यहाँ यथास्थान निर्देश कर दिया गया है। लन्दनवाले संस्करण की भूमिका में खड़ी बोली पद्य के समर्थन में जितनी दृढ़ता के साथ पिंकाट ने लिखा है, उससे तुलनीय कटुता के साथ ग्रियर्सन ने उसकी अवज्ञा की है।[1] खत्री जी ने

1. संगृहीत 'खड़ी बोली आन्दोलन' पृ. 85-86, द्रष्टव्य।

'खड़ी बोली के पद्य' की स्वलिखित भूमिका में खड़ी बोली को 'ठेठ हिन्दी, पंडितजी की हिन्दी, मुंशीजी की हिन्दी, मौलवी साहब की हिन्दी तथा यूरेशियन हिन्दी'—इन पाँच वर्गों में विभक्त किया है, जिनमें से तीसरे को ही वे आदर्श मानते थे। ठेठ हिन्दी के पद्य के उदाहरण के रूप में राजा शिवप्रसाद सितारे-हिन्द; मुंशी जी की हिन्दी के उदाहरण के रूप में राय सोहनलाल, हरिश्चन्द्र, महेशनारायण, मौलवी इलताफ हुसैन; और पंडित जी की हिन्दी के उदाहरण के रूप में चन्द, लक्ष्मी प्रसाद, सत्यानन्द अग्निहोत्री, के पद्य संगृहीत हैं। पुस्तक के अन्त में यह 'सूचना' है कि 'मौलवी स्टाइल की हिन्दी का छन्द-भेद' और 'मौलवी साहब का साहित्य' छपकर तैयार है।

प्रस्तुत संग्रह में, इसके बाद, खत्री जी के दो लेख उद्धृत हैं। ये 'समालोचक' नामक मासिक पत्र में प्रकाशित हुए थे। इस पत्र को 1902 में गोपालराम गहमरी ने जयपुर से निकाला था।

फिर, इस संग्रह का दूसरा खंड है, जो हिन्दी-प्रेमियों के द्वारा खत्री जी का 'स्मृति-तर्पण' है। 'स्मृति-तर्पण' में सम्मिलित होनेवाले अधिकांश विद्वान श्रीललितकुमार सिंह 'नटवर' की प्रेरणा से ही इस पुण्य-कार्य में योग देने का अवसर पा सके हैं, और सत्य तो यह है कि प्रथम खंड हो या द्वितीय खंड या परिशिष्ट, किंबहुना ये पंक्तियाँ भी, 'नटवर' जी के परिश्रम और प्रेरणा से ही प्रस्तुत हो पा रहे हैं।

पुस्तक में, चूँकि यह सामग्री बाद में प्राप्त हुई, 'परिशिष्ट' के रूप में, खत्री जी द्वारा संकलित और 1877 में प्रकाशित 'खड़ी बोली का गद्य' एवं 'खड़ी बोली का पद्य, दूसरा भाग' संकलित किये गए हैं। 'खड़ी बोली का पद्य' के प्रथम भाग में 'मुंशी-स्टाइल' की हिन्दी के कुछ उदाहरण दिये गए थे, इसमें भी एक है। इसके अतिरिक्त 'मौलवी-स्टाइल', 'पंडित-स्टाइल', और 'यूरेशियन-स्टाइल' के पद्य के भी उदाहरण हैं। इस पुस्तक की खंडित प्रति ही सुलभ हो पाई, अतः यह अपूर्ण रूप में ही संकलित है।

साहित्य-विषयक शोध-क्षेत्र में यह तात्त्विक अनुसन्धान (फंडामेंटल रिसर्च) की दिशा में एक प्रयास है। किन्तु इस सम्बन्ध में विशेष कुछ कहने का अधिकार हमें नहीं।

[19.12.60]

संत-परम्परा और साहित्य

डा. धर्मेन्द्र ब्रह्मचारी शास्त्री को यह अभिनन्दन-ग्रंथ समर्पित किया जा रहा है। इसे समर्पित कर हम जितना उनका नहीं, उतना उनके पांडित्य और साहित्यिक व्यक्तित्व

का अभिनन्दन कर रहे हैं, गोकि, यह भी ठीक है कि व्यक्ति के रूप में भी उन्हें समाज से ऐसा आदर मिलता रहा है, जैसा कम लोगों को ही मिलता है।

डा. ब्रह्मचारी ने जब उच्च सरकारी पदों पर रहने के बाद राजकीय सेवा से अवकाश ग्रहण किया तो उनके सम्मान में वैसे अनेकानेक समारोह हुए, जैसे उच्च पदाधिकारियों के अवकाश-ग्रहण के समय आयोजित किये जाते हैं। डा. ब्रह्मचारी को अनेक संस्थाओं ने अध्यक्षता प्रदान कर उन्हें तथा अपने को भी सम्मानित किया है। इस प्रकार उन्हें बहुत सम्मान मिला है और कीर्ति ने वश्य के समान उनका अनुवर्तन किया है।

यह सब होते हुए भी उन्हें, जो मानते हैं कि गुण ही पूजा-स्थान होते हैं, इससे असन्तोष था कि वे अपनी मान्यता का कोई प्रमाण प्रस्तुत नहीं कर पा रहे थे। उनकी श्रद्धा असीम थी, किन्तु उनके साधन सीमित थे। वे चाह कर भी विशेष कुछ कर पाने में असमर्थ थे। संयोग की ही बात है कि उनके बीच श्री वनमाली त्रिपाठी-जैसे मनस्वी व्यक्ति भी थे, जो थकना या हारना नहीं जानते। यदि त्रिपाठी जी नहीं होते और उनकी सहायता करने को ब्रह्मचारी जी के वे शिष्य तथा प्रशंसक सामने न आते, जिन्हें यथास्थान सादर स्मरण किया गया है, तो ब्रह्मचारी जी के अभिनन्दन का वह रूप सम्भव न होता, जो यह ग्रंथ प्रस्तुत कर सका है।

डा. ब्रह्मचारी विश्वकोशवादी वैदुष्य की उस परम्परा का प्रतिनिधित्व करते हैं, जो भारत में बीसवीं शताब्दी के प्रारम्भिक तीन दशकों में समाप्तप्राय हो चुकी थी। वे कम-से-कम के बारे में अधिक से अधिक जाननेवाले आधुनिक विशेषज्ञ के बदले अधिक से अधिक के बारे में अधिक से अधिक जाननेवाले विद्वान हैं। यह अभिनन्दन वस्तुतः उनकी विद्वता के पक्ष-विशेष का ही अभिनन्दन माना जा सकता है। 'संत- परम्परा और साहित्य'—इस शीर्षक से ही हमारा आशय स्पष्ट है।

इन पंक्तियों के लेखक को इस ग्रंथ के सम्पादन में यथाशक्ति कुछ करने का अवसर मिला। यह उसकी तुच्छ गुरु-दक्षिणा है।

['धर्मेन्द्र अभिनंदन ग्रंथ' : 1960]

तुलसीदास

शिवनन्दन सहाय

[1]

'कवि शिवनन्दन हैं पिता, लेखक जगविख्यात्'—स्व. व्रजनन्दन सहाय की अपने महान पिता के सम्बन्ध में यह उक्ति श्रद्धा-जनित या पद्योचित अत्युक्ति मात्र नहीं है। भारतेन्दु-सखा शिवनन्दन सहाय जीवनी तथा आलोचना के पाश्चात्य लेखकों की तरह कवियों

तथा महापुरुषों के जीवन और कृतित्व के हिन्दी के आद्य व्याख्याता तो थे ही, साथ ही साथ नाथूराम शर्मा 'शंकर', जगन्नाथदास 'रत्नाकर' एवं नवनीत चतुर्वेदी जैसे पुराने खेवे के श्रेष्ठ समसामयिक कवियों के भी समकक्ष थे। वे हिन्दी-जग-विख्यात तो थे ही!

बिहार राज्य के शाहाबाद जिला के अन्तर्गत आरा नगर के पश्चिम, प्रायः दो मील दूर 'कुंडेसर' नदी के तट पर अख्तियारपुर ग्राम है। यह ग्राम श्रीवास्तव कायस्थों का प्राचीन केन्द्र रहा है। इसी ग्राम में शिवनन्दन सहाय का जन्म संवत् 1917 की आश्विन शुक्ल द्वितीया, सोमवार, को एक कायस्थ-परिवार में हुआ था। अख्तियारपुर का इतिहास शिवनन्दन सहाय तथा हरनन्दन सहाय ने History of Akhtiyarpur नामक अंग्रेजी पुस्तिका में 1885 ई. में लिखा था। इसके आधार पर मेरे एक छात्र श्रीहरिहरनाथ ने मेरे निर्देशन में व्रजनन्दन सहाय पर लिखित अपने शोध-प्रबन्ध में अख्तियारपुर का प्रामाणिक विवरण प्रस्तुत किया है।[1]

शिवनन्दन सहाय ने स्वयं ही अपने पूर्वजों तथा उनके मूल निवास स्थान आदि का संक्षिप्त विवरण अपने ग्रंथों में उपस्थित किया है :

कवित्त

(क) *सिरी भगवान सिंह भये एक जन तहाँ करत वकीली रहे नगर जवनपुर।*
तासु लघु भ्राता भे गनेश परसाद जौन बड़े विद्यावान गुनवानहु निपुन वर॥
पुत्र गुरुसहाय सो तसिल्दार गीजीपुर जाहि गुनागार सुत चार दिन्हें ईशवर।
सिरी हरबंश, जगदम, रामानुग्रह श्री अरु सिरी काली चारों भाई बड़े नेहधर॥
प्रथम द्वै भाई नहिं पायो कोऊ पुत्ररत्न तीसरे को पाँच नाम नीचे जो गनायो है।
रघु, हरि, राम, हर, श्याम—इन शब्दन में 'नन्दन' लगाये नाम पूरन सुहायो है॥
करैं श्यामनन्दन वकीली, रामनन्दन जू बाँकीपुर जजिमों किरानी काम पायो है।
रघु, हर रहै मुनसिफी के सिरिस्तेदार, हरितो जवानी सुरधाम को सिधायो है॥

उल्लाला

सुवन रामनन्दन सुखद, श्रीभवेशनन्दन अहैं।
सुत हरनन्दन मीतवर, श्रीयुगेशनन्दन कहैं॥

दोहा

द्वै सुत कालिसहाय को, शिवनन्दन इक नाम।
अपर महानन्दन गयो, बालकाल सुरधाम॥

सवैया

मतिन पाँहि सुनावत हौं सुबृतान्त कछु अब आपन खास।
सम्बत उन्निस सै दस सात भयो मम जन्म सुआसिन मास॥

---

1. पटना विश्वविद्यालय की 1960 की एम.ए. परीक्षा के लिए लिखित शोध-प्रबन्ध

बार निसाकर दूज तिथी रितु शारदि पक्ष अँजोर प्रकास।
याम चतुर्थ भयो अति मोद हिये उमह्यो सब केर हुलास॥

आदि पढ़्यो फ़ारसी करामत अली के पास, पुनि पूज्यपाद पितु नेह सों पढ़ायो है।
पाछे पढ़ि बाँकीपुर कियो इंटरेन्स पास, शीघ्र प्रभु दोयम किरानी बनवायो है॥
भयो एकवंट पुनि अव्वल किरानी तिमि, अब मुतरजिम को पदवर पायो है।
'शिव' की कृपातें कन्या तीन युग पुत्र पायों ज्येष्ठ सुत सुख जगदीश ने दिखायो है![1]

(ख) *आरा तें पच्छिम निकट,*
अख्तियारपुर ग्राम।
नदी कुंडेसर पर बसत,
सोभा लसत ललाम॥

× × ×

अहै पुरातन गाँव यह, कायथ कर अस्थान।
जँह श्रीवास्तव दूसरे, बसत प्रसिद्ध महान॥
'छौसैया' पदवी अहै, दिल्लीपती प्रदत्त॥
कोउ कोउ कानुन गोय पुनि, भे कछु काल विगत्त॥
महामान्य भगवान सिंह, रहै तहाँ गुनवान॥
नगर जवनपुर में हुते, करत वकालत काम॥
गुरुसहाय तिनके तनय, तासू कालिसहाय।
पूज्यपाद सो मम पिता, कहत चित्त हरषाय॥
दिये सुवन जो दास को, सानुकूल हरि होइ।
करत वकीली कहत तिहि, ब्रजनन्दन सब कोइ॥[2]

श्रीहरिहरनाथ ने व्रजनन्दन सहाय का यह वंश-वृक्ष, अपने पूर्वोक्त प्रबन्ध में प्रस्तुत किया है :

1. श्री सीतारामशरण भगवानप्रसाद जी की जीवनी, षोडश परिच्छेद, ग्रंथकर्ता का परिचय, पृष्ठ 131-132; 2. श्रीगौरांग महाप्रभु, पृ. 506

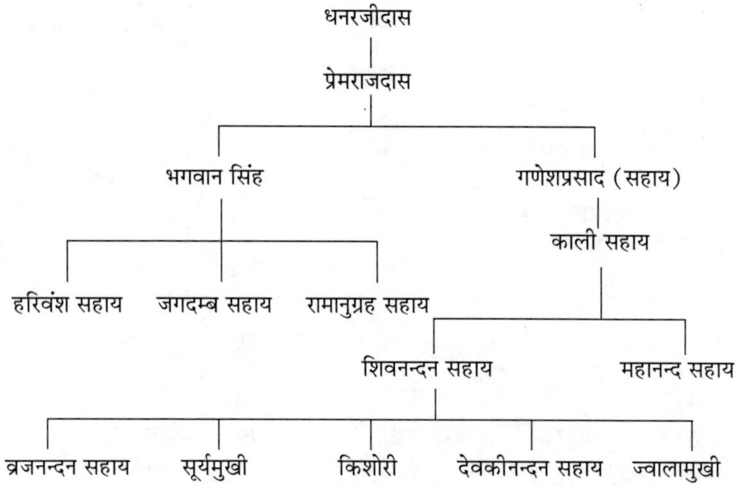

किन्तु, यहाँ यह विचारणीय है कि स्वयं शिवनन्दन सहाय ने अपने पूर्वजों के जो विवरण दिये हैं, उनसे इस वंश-वृक्ष में भिन्नता है। शिवनन्दन सहाय के विवरण के अनुसार उनके पूर्वज भगवान सिंह थे, उनके पुत्र थे गुरुसहाय, जिनके पुत्र हुए शिवनन्दन सहाय के पिता कालीसहाय। जाने क्यों श्री हरिहरनाथ का ध्यान इस भिन्नता की ओर नहीं गया और उन्होंने इसकी और छानबीन न की! मेरे निर्देशन में शोध-कार्य करनेवाले श्री गोपालजी 'स्वर्णकिरण' ने शिवनन्दन सहाय द्वारा प्रस्तुत विवरणों के आधार पर मेरी सुविधा के लिए यह वंश-वृक्ष तैयार किया है, जिसे प्रामाणिक माना जा सकता है :

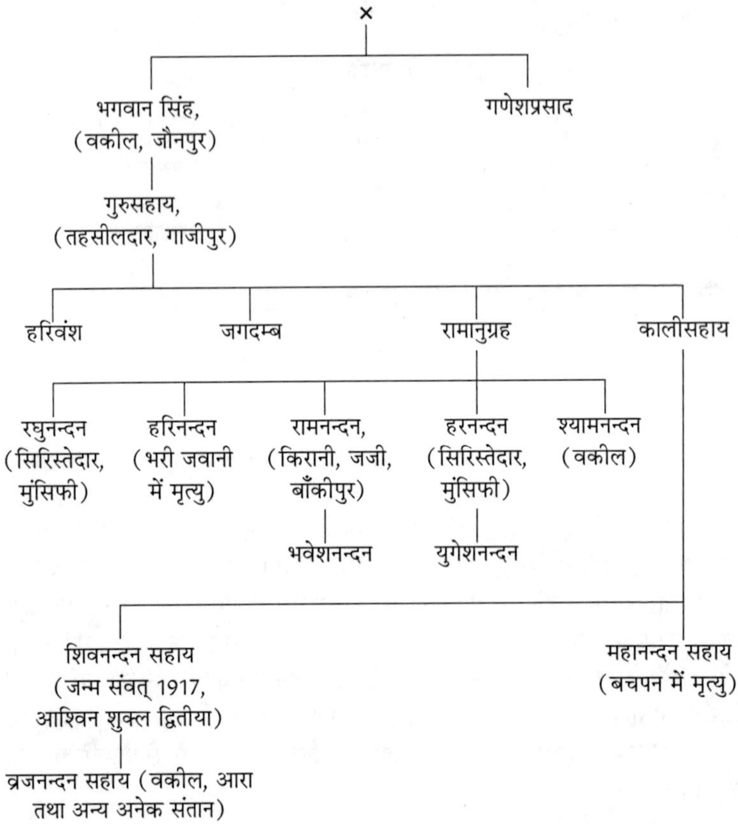

शिवनन्दन सहाय की संक्षिप्त जीवनी श्यामसुन्दर दास ने लिखी है।[1] उनके निधन के बाद 'सुकवि'[2] में श्रीअवधबिहारी शरण ने पूर्णतर जीवनी लिखी थी, जिसका एक अंश यहाँ दिया जा रहा है :

'इनके पिता मुंशी कालीसहाय अपनी परिपाटी के अनुकूल पारसी भाषा में निपुण और निष्णात थे। तदनुकूल बालक शिवनन्दन सहाय भी तेरह वर्ष की अवस्था तक अपने पूज्य पिता के अधीन पारसी भाषा का अध्ययन करते रहे। परन्तु उस समय तक अंग्रेजी भाषा की प्रधानता सर्वस्वीकृत हो चुकी थी, अतएव ये भी अंग्रेजी पढ़ने के लिए पटना भेजे गए और वहाँ इनका नाम पटना कॉलिजियट में लिखाया गया। विद्याध्ययन में इनकी अभिरुचि स्वाभाविक थी। यथासमय परीक्षाओं को उत्तीर्ण करते सन् 1880 ई. में इन्होंने इंट्रेन्स परीक्षा पास की। परन्तु, परिवार की उस समय आर्थिक

1. सचित्र हिन्दी कोविद-रत्नमाला, द्वि.भाग, पृ. 30-32; 2. वर्ष 5, नवम्बर, 1932 ई.

स्थिति ऐसी नहीं थी कि कॉलेज में इनके पढ़ने का प्रबन्ध हो सके, अतएव इन्हें कॉलेज की पढ़ाई का विचार छोड़ देना पड़ा।

कॉलेज तो छूटा, परन्तु इनका विद्याध्ययन आजीवन बना रहा। परिवार के विचार से इन्होंने नौकरी कर ली। पटना में जजी कचहरी में सेकेंड क्लर्क का पद इन्हें मिला। यथासमय ये एकाउंट हेड क्लर्क और अन्त में अनुवादक (ट्रांसलेटर) हुए। कुछ काल के लिए ये सरिस्तेदार के पद पर भी प्रतिष्ठित हुए थे। परन्तु ऊँचा सुनने के कारण स्थायी रूप से यह पद प्राप्त न कर सके। नौकरी के काल में सदा ये उच्च पदाधिकारियों की प्रतिष्ठा के भाजन बने रहे। अन्त में, सन् 1915 ई. में पेंशन लेकर अपने सुयोग्य पुत्र तथा सुलेखक बा. व्रजनन्दन सहाय वकील के साथ आरा में निवास करने लगे।

स्कूल में इनकी अतिरिक्त भाषा फ़ारसी थी। पहले इनके यहाँ हिन्दी का आदर बहुत कम था। उस समय भी साहित्य से इनको प्रेम था। उसका विकास अंग्रेजी निबन्धों में होता था। इनके लेख 'इंडियन क्रॉनिकल', 'बिहार टाइम्स' तथा 'लाइट ऑव दि ईस्ट' में प्रकाशित होते थे। बाद को हिन्दी के अनन्य प्रेमी पं. अम्बिकादत्त व्यास, साहित्याचार्य, प्रोफेसर, पटना कॉलेज तथा बा. रामदीन सिंह, अध्यक्ष तथा अधिष्ठाता, खड्गविलास प्रेस, के समागम से हिन्दी का प्रेम इनके हृदय में अंकुरित हुआ। पहले तो इन्होंने पं. अम्बिकादत्त व्यास-रचित 'गोसंकट' नाटक का अनुवाद अंग्रेजी में किया। आगे चलकर हिन्दी के अविरत अध्ययन से इनका रचना-प्रवाह भी इसी स्रोत में प्रवाहित हुआ।

इनके धर्म-गुरु उदासीन पंथ के साधु, रियासत पटियाला के अन्तर्गत भाटिंडा-निवासी बाबा ब्रह्मबालाजी थे। इस पंथ के अनुयायी होने के कारण शिवनन्दन सहाय ने गुरुमुखी का भी अध्ययन किया था। वे बंगला भी जानते थे और प्रारम्भ में तो ज्यादा अंग्रेजी में ही लिखते थे। इनकी प्रारम्भिक रचनाएँ 'इंडियन क्रॉनिकल', 'बिहार टाइम्स', 'बिहार हेराल्ड', 'लाइट ऑव एशिया' आदि समसामयिक अंग्रेजी पत्रों में प्रकाशित होती थीं।

किन्तु अवधबिहारी शरण जी ने अपनी उपर्युक्त जीवनी में ठीक ही लिखा है : हिन्दी साहित्य के अग्रगण्य महाकवि श्री गोस्वामी तुलसीदास जी तथा कविश्रेष्ठ बा. भारतेन्दु हरिश्चन्द्रजी के ग्रंथों ने इनके हृदय पर पूर्ण प्रभाव डाला। इन दोनों आदर्श कवियों के ये आदि से अन्त तक भक्त बने रहे। भारतेन्दुजी की नाटकावली से प्रभावित हो इन्होंने अपने ग्राम में एक नाटक-मंडली स्थापित की। इस प्रकार, अपने ग्राम-निवासियों को हिन्दी की शिक्षा तथा नाटकावली का उपदेश हिन्दी में प्रदान किया।

इन कवियों की कविताओं ने पद्य-रचना की ओर इनकी प्रवृत्ति कराई। उस समय पटना में सिखों के दशम गुरु के स्थान 'हर मन्दिर साहेब' में बाबा सुमेर सिंह महन्त थे। ये स्वयं तृतीय गुरु श्रीअमरदास के वंशधरों में थे और काव्यशास्त्र के अच्छे ज्ञाता थे। श्री शिवनन्दन सहाय जी ने इन्हीं को अपना काव्यगुरु बनाया। आपने अपने गुरुजी की वन्दना इस प्रकार की है :

श्री गुरु-गन गुन-गान करत गुन-ग्रंथ कथत नित।
जप-पूजा लौं ध्यान भजन मों सदा निरत चित॥
काव्य-शास्त्र-मर्मज्ञ कुसल कविता रचना महँ।
बृहद लघु बहुग्रंथ रचित परकासित जिन्ह कहँ॥
श्री गुरु दसम जनम थल पटना नगर उजागर।
तिहि गद्दी पर हुते महन्त महा पंडित वर॥
दास दीन पै दया नेह सब दिन दिखरावत।
अतिहिं प्रीति सौं काव्यरीति हूँ कछुक सिखावत॥

काव्य-सुधा का स्वाद मिलने पर इसकी प्रधानता इनके हृदय में बराबर बनी रही। समस्या-पूर्ति से इनकी तृप्ति कदापि नहीं होती थी और यह व्यसन अन्त काल तक रहा। पहले काशी में 'कविमंडल' और 'कविसमाज' नामी दो संस्थाओं में समस्या-पूर्तियाँ छपा करती थीं। बाबू शिवनन्दन सहाय अपनी समस्या-पूर्तियों को इन्हीं दोनों में भेजते थे। कुछ दिनों के उपरान्त पटना से ही 'समस्या-पूर्ति' प्रकाशित करने का प्रबन्ध किया गया, जिसके संचालक तो ये थे, परन्तु सम्पादक इनके सुयोग्य आत्मज उपन्यास-लेखक कवि बाबू व्रजनन्दन सहाय थे।

बा. शिवनन्दन सहाय 10 मई, 1932 को पक्षाघात से आक्रान्त और 15 मई, 1932 को 4.30 सन्ध्या में दिवंगत हुए थे। जब इस अन्तिम रोग का आक्रमण उन पर हुआ था, वे 'सुकवि' के लिए समस्या-पूर्ति कर रहे थे।

[2]

सहाय जी की कृतियों की तालिका नीचे प्रस्तुत है। इसे यथासम्भव प्रामाणिक बनाने में मुझे डा. माताप्रसाद गुप्त, श्री गोपालजी 'स्वर्णकिरण' अनुसन्धायक, पटना विश्वविद्यालय तथा श्री हरिहरनाथ से जो साहाय्य प्राप्त हुआ है, उसके लिए मैं उनका कृतज्ञ हूँ :

1. History of Akhtiyarpur (सहलेखक, हरनन्दन सहाय)—बिहार बन्धु प्रेस, पटना, 1885
2. विचित्र संग्रह (कुछ अंग्रेजी कविताओं का अनुवाद)—खड्गविलास प्रेस, पटना, 1900 (प्रथम संस्करण), 1905 (द्वितीय संस्करण), 1906 (तृतीय संस्करण)
3. सचित्र हरिश्चन्द्र (जीवनी)—खड्गविलास प्रेस, पटना, 1905
4. श्री सीतारामशरण भगवानप्रसाद जी की सचित्र जीवनी—खड्गविलास प्रेस, पटना, 1907
5. सुदामा (नाटक)—खड्गविलास प्रेस, पटना, 1907

6. स्व. बाबू साहिबप्रसादसिंह की जीवनी—1907
7. कृष्ण सुदामा (पद्य)—खड्विलास प्रेस, पटना 1907
8. उद्धव नाटक (तथा सुदामा नाटक)—सं. व्रजनन्दन सहाय, खड्गविलास प्रेस, पटना, 1909
9. गोस्वामी तुलसीदास (भूमिका में दी हुई तिथि 24-11-1916)—1917
10. गत पचास वर्षों में हिन्दी की दशा—आरा नागरी प्रचारिणी सभा, 1920
11. श्रीगौरांग महाप्रभु—खड्गविलास प्रेस, पटना, 1927
12. चयनिका, अर्थात् भारतेन्दु काव्य संग्रह—खड्गविलास प्रेस, पटना, 1927
13. स्वामी दयानन्दमतमूलोच्छेद—(दो भाग)
14. अम्बिकादत्त व्यास-कृत 'गोसंकट' नाटक का अंग्रेजी में अनुवाद
15. सिक्ख गुरुओं की जीवनी—आरा नागरी प्रचारिणी सभा[1]
16. बंगाल का इतिहास।

[3]

उन्नीसवीं शताब्दी के उत्तरार्द्ध के अन्तिम वर्षों में जब जीवनी और आलोचना विषयक पुस्तकें हिन्दी में लिखी जाने लगीं, तब यह भी स्वाभाविक था कि उनके विषय प्रधानतः वे भक्त होते, जो अपने आदर्श चरित्र तथा उत्कृष्ट काव्य, दोनों के लिए ही समान रूप से स्मरणीय माने जाते थे और आज भी माने जाते हैं। इनमें भी तुलसीदास ऐसे थे, जिन पर अधिकाधिक लेखकों का लिखना सर्वथा स्वाभाविक था। विश्वेश्वरदत्त शर्मा का 'तुलसीचरित प्रकाश' 1877 में और कमलकुमारी देवी लिखित 'गोस्वामी तुलसीदास का जीवन-चरित्र' 1895 में प्रकाशित हुए थे। शिवनन्दन सहाय के प्रस्तुत ग्रंथ 'गोस्वामी तुलसीदास' के 1917 में प्रकाशित होने के पूर्व तुलसीविषयक उपर्युक्त दो ही स्वतंत्र पुस्तकें उल्लेख्य हैं, यद्यपि इनमें भी तुलसी का जीवन-चरित ही वर्णित है, जबकि तीसरी पुस्तक में विस्तृत जीवनी तो है ही, साथ ही साथ कृतियों का विशद् विवरण और साधिकार मूल्यांकन भी है।

---

1. इसमें इनकी जीवनियाँ तथा कुछ अन्य विवरण हैं। नानक, गुरु अंगद, गुरु अमरदास, गुरु रामदास, गुरु अर्जुन, गुरु हरगोविन्द, गुरु हरिराम, गुरु हरिकृष्ण, गुरु तेगबहादुर, गुरु गोविन्दसिंह, बन्दावीर, बाबा सरूपचन्द, बाबा कृपादयाल सिंह, बाबा साधूसिंह, बाबा सुमेरसिंह तथा बाबा केसरासिंह की जीवनियाँ; बाबा सुमेर सिंह-कृत ग्रंथों की समालोचना तथा उपसंहार में जोधपुर के बिशुनसिंह, गुरु ग्रंथ साहब, दसवें पादशाह का ग्रंथ और ग्रंथकर्ता का परिचय। अवधबिहारी शरण द्वारा लिखित जीवनी में ऐसा संकेत है कि दसों सिक्ख गुरुओं की जीवनी है, पुस्तक में वस्तुतः अन्य विषय भी हैं, जैसा ऊपर दी गई सूची से स्पष्ट होगा।

शिवनन्दन सहाय ने उन सभी प्राचीन भक्त चरित-लेखकों तथा समसामयिक विद्वानों एवं टीकाकारों आदि के मत-मतान्तरों का यथास्थान उल्लेख कर अपने ग्रंथ को प्रामाणिक बनाने की चेष्टा की है, जिन्होंने सविस्तर या संक्षेपत: पुस्तकों या पत्र-पत्रिकाओं में तुलसीदास के जीवन या साहित्य पर कुछ लिखा था। इनमें निम्नलिखित का उल्लेख किया जा सकता है : भक्तमाल, प्रियादास-कृत भक्तमाल की टीका, श्रीसीताराम भगवान प्रसाद-कृत भक्तमाल की टीका, वेणी माधवदास-कृत मूल गोसाईंचरित, शिवसिंह सरोज, इंपीरियल गैजेटियर, महादेव प्रसाद-कृत भक्तिविलास, श्रीराधाचरण गोस्वामी-कृत नवभक्तमाल, तुलसीराम अग्रवाल-कृत उर्दू भक्तमाल, राजाप्रतापसिंह-कृत भक्तकल्पद्रुम, भक्तिसिन्धु, बृहद् रामायण-माहात्म्य, रघुवरदास-कृत तुलसीचरित्र, महाराज रघुराजसिंह-कृत भक्तमाला राम-रसिकावली, हिन्दी नवरत्न 'हरिबर'-कृत भक्तमाला, हरिभक्ति प्रकाशिका, बलदेवदास-कृत राजापुर-माहात्म्य आदि; तथा रेवरेंड एडविन ग्रीव्ज, एफ.एस.ग्राउन, विलसन, ग्रियर्सन, श्यामसुन्दर दास, रानी कमलकुँआरी (कमल कुमारी), रामगुलाम द्विवेदी, सुधाकर द्विवेदी, रघुराजकिशोर, गौरीशंकर द्विवेदी, गोविन्दवल्लभ शास्त्री, योगेन्द्रमोहन दत्त, ज्वालाप्रसाद, रामेश्वर भट्ट, बैजनाथदास, रघुवंश शर्मा, शिवनन्दन मिश्र, रोशनलाल, काष्ठजिह्वा स्वामी, सुखदेवलाल सक्सेना, रामचरणदास, शिवरामसिंह, गुरसहाय लाल, ज्ञानी सन्तसिंह, शिवलाल वारुक आदि।

इनके अतिरिक्त, कालक्रम की दृष्टि से शिवनन्दन सहाय के पूर्व तुलसीदास पर विचार करनेवाले दो ही अन्य विद्वान हैं, जिनका उल्लेख वे नहीं कर पाए हैं। ये विद्वान हैं—गार्सां द तासी तथा एल.पी.टेसीटरी, पहले फ्रांसीसी और दूसरी इतावली और फलत: सहायजी के सम्बन्ध में दुष्प्राप्य। सहायजी के बाद तुलसीदास पर जो अध्ययन-अनुसन्धान हुए हैं, उन पर यहाँ कुछ कहना अनावश्यक है।

शिवनन्दन सहाय-लिखित यह पुस्तक ही वस्तुत: तुलसी विषयक प्रथम सर्वांगपूर्ण पुस्तक है, और सत्य तो यह है कि इसके पूर्व हिन्दी के किसी प्राचीन कवि पर हिन्दी में इतनी बृहत् एवं ऐसी सुविचारित पुस्तक नहीं लिखी गई थी। यहाँ यह उल्लेख अप्रासंगिक न होगा कि शिवनन्दन सहाय की ही पुस्तक सचित्र हरिश्चन्द्र, जो 1905 में प्रकाशित हुई थी, हिन्दी के किसी आधुनिक साहित्यकार पर भी लिखित सर्वप्रथम तथा परिपूर्ण पुस्तक है, यद्यपि पुस्तक का वह बहुत बड़ा भाग वस्तुत: प्रकाशित हो ही नहीं पाया, जिसे प्रकाशक उस समय प्रकाशित करने का साहस न कर पाया होगा, और बाद में जिसे सहायजी के घनिष्ठ मित्र 'हरिऔध' जी सहायजी के पुत्र व्रजनन्दन सहाय से माँगकर ले गए, तो उसके लौटाए जाने की नौबत ही न आई, और जिसे अब लुप्त ही समझना चाहिए।[1]

इसमें सन्देह नहीं कि शिवनन्दन सहाय तुलसीदास तथा हरिश्चन्द्र-विषयक अपने दो ग्रंथों के कारण हिन्दी में अविस्मरणीय बने रहेंगे।

1. आचार्य शिवपूजन सहाय से श्रुत

गाथा : पद्य-कौशल का प्रतिमान

'साहित्य-दर्शन' के असाधारण विद्वान लेखक की प्रतिभा उनकी विद्वत्ता को 'गाथा' में बहुत पीछे छोड़ गई है, यह बहुत कम लोगों के बारे में कहा जा सकता है। विद्वत्ता और प्रतिभा का संयोग साधारणतः नहीं देखा जाता। ऐसा हुआ भी तो विद्वत्ता आसानी से प्रतिभा को जकड़ लेती है।

प्रतिभा अकेली भी बड़ी चीज है। विद्वत्ता गलकर भी जले नहीं, और निखर आए तो वह बहुत बड़ी चीज है।

रवीन्द्रनाथ में रेखाएँ खींचने की प्रतिभा थी। केवल प्रतिभा ही थी, उन्होंने और उनके आलोचकों ने भी यही कहा और माना है। इस दिशा में उनके प्रयोग निःसन्देह प्रशंसनीय हैं। पर यह मानना पड़ेगा कि उनके प्रयोग 'पिकासो' के प्रयोगों की महत्ता का दावा नहीं कर सकते। रवीन्द्र की चित्रकला के विरुद्ध यहाँ के व विदेश के आलोचकों ने कुछ नहीं कहा। पर उनके पहले और उनसे कहीं अधिक महत्त्वपूर्ण प्रयोगों के लिए 'पिकासो' को अधिकारी आलोचकों की उपेक्षा और कटूक्तियाँ सहनी पड़ी थीं। उनके रेखांकनों के 'अतिशय सचेष्ट सरलीकरण' से क्षुब्ध होकर एक कला-विशेषज्ञ ने लिखा था कि उनसे अधिक सार्थक लकीरें तो स्कूल का छात्र भी खींच ले सकता था। पर जब उन्हें यह बतलाया गया कि पिकासो प्रारम्भ में वर्षों तक नियमित रूप से एक प्रसिद्ध और परिपाटी के अनुसार चित्र बनाने वाले उस्ताद के तत्त्वावधान में रेखांकन सीख चुका था तो उनके आश्चर्य की सीमा नहीं रही।

पिकासो ने चित्रकला का व्याकरण सीखकर उसका अतिक्रमण किया था। रवीन्द्र को चित्रकला की कभी नियमित शिक्षा नहीं मिली थी; इसलिए उनकी चित्रकला मीठी तुतलाहट भर रह गई। जानकीवल्लभ जी की प्रतिभा शास्त्रीय रूढ़ियों का यथेष्ट उपयोग कर लेने के बाद मानवता की ओर आकृष्ट हुई है।

पर 'गाथा' की चित्रकलात्मकता की 'पिकासो' की कला से कोई तुलना नहीं है। इसमें साहित्य का अभिव्यंजनामूलक त्रिकोणवाद नहीं मिलेगा। 'गाथा' के काव्य-चित्रों में अभिव्यंजनावाद के परवर्ती (Post-impressonist) 'वॉन गोग' के चित्रों की-सी यथार्थता और मनुष्यता की प्रेरणा है। 'गाथा' का कवि 'The prison Yard' के चित्रकार की तरह कहता सुनाई पड़ता है : 'I want to paint humanity, humanity and again humanity.'—मैं मानवता को चित्रित करना चाहता हूँ, मानवता को और फिर मानवता को ही।

काव्य में इस मानवीय यथार्थता को पहले के महाप्राण कलाकारों ने भी निर्भीकता के साथ अपनाया है। आधुनिक काल के कुछ उदाहरणों को छोड़कर, समस्त हिन्दी साहित्य को और संस्कृत के भी एक दीर्घ काल को पार कर पैशाची प्राकृत में लिखी

और आज सदा के लिए खो गई 'बृहत्कथा' में इसका विस्मयजनक विकास हुआ था। यह तो उसके संस्कृत के संक्षिप्त संस्करण सोमदेव रचित 'कथासरित्सागर' को देखकर भी कहा जा सकता है।

यह आश्चर्य का विषय है कि इंग्लिश काव्य में भी इस प्रकार की यथार्थता का दर्शन उसके आदि महाकवि चासर में ही होता है। 'कैंटरबरी टेल्स' के अनेक निरावरण वर्णन केवल अपनी मनुष्यता के कारण ही अश्लील के बदले विराट हो गए हैं। फिर, युगों के बाद, ऑस्कर वाइल्ड का 'दि बैलड ऑफ रीडिंग जेल'—इस दृष्टि से एक सर्वथा अप्रत्याशित, पर श्रेष्ठ रचना है। इस चमत्कार-परिष्कारवादी साहित्यिक के जीवन में यदि एक अमार्जनीय प्रभाव वाली दुर्घटना न घटती तो उसकी यह सर्वोत्तम काव्यकृति लिखी ही न जाती। 'वॉन गोग' ने जो काम रंगों और रेखाओं के माध्यम से किया है, वही वाइल्ड ने शब्दों के सहारे।

विक्टोरियन युग की अवास्तविकता की प्रतिक्रिया के रूप में किप्लिंग ने, जहाँ तक विषय का प्रश्न है, बहुत ही स्वस्थ दृष्टिकोण अपनाया था। जैसाकि हाल ही में प्रकाशित अपनी पुस्तक में एक अमेरिकन आलोचक ने दिखलाया है, किप्लिंग की सबसे महत्त्वपूर्ण देन है अद्यावधि त्याज्य विषयों को काव्य के योग्य समझना। बैरकों में रहनेवाले सिपाही, जहाज और एंजिन—ये सब किप्लिंग की कविता के विषय हुए। उसने केवल यही नहीं प्रमाणित किया कि विषय की साधारणता के बावजूद कविता उत्कृष्ट हो सकती है, इससे ज्यादा यह भी कि सिपाही पर लिखी गई कविता में उसकी असंस्कृत बोली के शब्द और मुहावरे भी त्याज्य नहीं हैं। किप्लिंग इंग्लिश का बहुत श्रेष्ठ कवि नहीं है, इसका कारण कुछ और ही है।

आधुनिक युग के कवियों ने इस बात का प्रयत्न किया है कि वे उदात्त को ही नहीं, साधारण को भी अपनी कविता में ग्रहण करें। इसे पहले के कवियों ने भी कठिन पाया था, आज के भी पाते हैं। पारस लोहे को छूता है और स्वयं भी लोहा हो जाता है!

'न्यू सिग्नेचर्स' के सम्प्रति प्रसिद्ध कवि डब्ल्यू.एच.ऑडेन, एसिल डे लेविस, स्टेफेन स्पेंडर आदि साधारण को अपनी कविता के विषय के लिए लेते हैं और अपनी समाजवादी दार्शनिकता से उसका 'ऊर्ध्वपातन' करते हैं, जैसे, ऑडेन 'स्पेन' में, डे लेविस 'द नबारा' में', 'कथासरित्सागर', 'केंटरबरी टेल्स' और 'बैलड ऑफ रीडिंग ज़ेल' में भी साधारण 'उर्ध्वपातन' हुआ है, पर उनके कवियों को प्रेरणा मिली है, मनुष्य की सनातन दुर्बलताओं के प्रति सजग सहानुभूति से ही।

जानकीवल्लभ जी को भी मनुष्य के किसी वर्ग-विशेष के ही नहीं, प्रत्युत् मनुष्य मात्र के अभाव, पीड़ा या दुर्बलता से सजग और संयत सहानुभूति है।

यह सहानुभूति उस नासमझ माँ की नहीं, जो बीमार बच्चे की तकलीफ कम करने के लिए कुपथ्य दे देती है, न आँसू बहानेवाले स्त्रैण भावुक की है। इस सहानुभूति

में, जरूरत पड़ने पर, कड़वी दवा और नश्तर का भी उपयोग हुआ है। 'गाथा' के व्यंग्य जिन्हें ऐसे मालूम हों, उन्हें यह भी ध्यान रखना चाहिए कि उनका सदुद्देश्य भी है।

हिन्दी की 'स्ट्राबेरी और क्रीम' कविता की चलती परम्परा में ऐसे प्रयोगों का स्वागत होना चाहिए। आज हिन्दी के पाठकों और आलोचकों का एक उल्लेखनीय वर्ग उस बौद्धिक धरातल को पहुँच गया है, जहाँ वह सस्ती शोहरत पाने के लिए चित्रित अश्लीलता और मर्मज्ञ कलाकार की स्पष्टोक्ति और यथार्थता के विभेद को ग्रहण कर सकता है।

अश्लीलता विषय में नहीं, अभिव्यंजना-पद्धति में छिपी रहती है। शारीरिक नग्नता को साधारणत: अश्लील माना जाता है—इसलिए स्वभावत: उसके चित्रण-वर्णन को भी। पर शारीरिक नग्नता की, विश्व की दो श्रेष्ठ प्राचीन सभ्यताओं—भारतवर्ष और ग्रीस—की कलाओं में, सर्वजनप्रशंसित अभिव्यंजना पाई जाती है। इसका यह अर्थ नहीं कि दुनिया के तमाम अखबारों में विज्ञापित 'फ्रेंच तसवीरें' ऊपर के न्याय से अश्लील के सिवा और कुछ है।

'उग्र' के नैतिक आलोचकों द्वारा परम निन्दित और शायद इसीलिए परम लोकप्रिय पुस्तक-विशेष का विषय अश्लील नहीं। 'वाइल्ड' के 'द पिक्चर ऑफ डोरियन ग्रे' की बात छोड़िए, विश्व के श्रेष्ठ गल्प-लेखकों में अग्रगण्य 'मार्शेल प्रूस्ट' ने इस विषय का सांगोपांग विश्लेषण किया है और किसी भी विवेकशील आलोचक ने उस पर अश्लीलता का दोषारोपण नहीं किया। पर यह ठीक ही है कि विषय के अश्लील न होने पर भी 'उग्र' की पुस्तक निस्सन्देह अश्लील हो गई है। कारण दो हैं, जिनका उल्लेख आलोचकों ने नहीं किया है। उन्होंने जिनका उल्लेख किया है, वे सब कारण गलत हैं। 'उग्र' का उद्देश्य कला की सृष्टि नहीं, एक नैतिक विकृति के खिलाफ जिहाद करना है। यह उद्देश्य तो स्तुत्य है, पर इसका साधन गलत नहीं होना चाहिए, और फिर इतनी जायकेदार शैली का गल्प! आलोचक गलत हैं कि 'उग्र' का विषय अश्लील है। 'उग्र' भी सही नहीं हैं; क्योंकि उन्होंने नैतिक उन्नयन के लिए गल्प का अनुपयुक्त उपाय चुना है। उन्हें समाज विज्ञान के योग्य गम्भीर शैली के निबन्धों का आश्रय लेना चाहिए था, जैसाकि हैवलॉक एलिस, मेरी स्टोप्स आदि ने किया है।

अगर कलाकार और डॉक्टर अपनी ओर से निर्लिप्त हैं तो मनुष्य के शरीर या मन के चित्रण-परीक्षण का उन्हें पूरा अधिकार है। पाठकों को तो होना ही चाहिए। जैनेन्द्र ने कहीं अपने बारे में लिखा था कि किशोरावस्था में थोड़े दिनों तक स्त्रीमात्र के चित्र को देखकर उनका चित्त अन्यथावृत्ति हो जाया करता था। लन्दन के एक सार्वजनिक स्थान में रखी गई 'एप्स्टाइन'-निर्मित एक मूर्ति पर नैतिकता के हिमायतियों द्वारा सड़े अंडे और पुराने जूते फेंके जाते रहे—और कहनेवाले कहते हैं कि अपना रोष प्रकट करने के इस तरीके की मदद से उन लोगों को फायदा यह होता था कि वे काफी नजदीक से उस मूर्ति की बारीकियों को देख पाते थे। सो पाठक चाहे तो

ग्रीक या भारतीय मूर्तियों में, महान कलाकारों के चित्रों में, कालिदास, श्रीहर्ष, तुलसी, सूर, चासर प्रभृति की रचनाओं में अश्लीलता ढूँढ़े, उसे कौन रोकेगा ? रोकेगा कोई नहीं, पर इन कृतियों की तह तक पहुँचकर कूड़ा-करकट बटोरने के सिलसिले में वह अनिवार्य रूप से इतना संस्कृत हो जाएगा, उसकी दृष्टि इतनी निर्मल हो जाएगी कि उसे रत्न ही हाथ लगेंगे। इसीलिए उत्कृष्ट साहित्य को इस प्रेरणा से, ऐसे अनधिकारी पाठक पढ़ेंगे, इसका डर नहीं है। रेलवे बुक-स्टाल से 'कन्फेशन सीरीज' की पुस्तकों को खरीदकर पढ़नेवाले पाठक जेम्स ज्वायस की 'यूलिसिस' और लारेंस की 'लेडी चैटर्लीज लवर' मुफ्त पाकर भी पढ़ने की क्षमता नहीं रखते, यह निर्विवाद है। यदि उनमें से बिरला कोई इन पुस्तकों को पढ़ सके तो उसकी इतनी शिक्षा अनायास ही हो जाएगी कि वह सभी बातों को, योजना में अपनी सही जगह ही पर देखे।

मैं अपने अनुभव से कह सकता हूँ कि हिन्दी का एक पाठकवर्ग पर्याप्त चैतन्य है। पाश्चात्य साहित्य से परिचित, हिन्दी के प्रचलित काव्य से अप्रभावित इस वर्ग के पाठकों को निराला की 'कुकुरमुत्ता' और अज्ञेय की 'चिन्ता' जैसी दो-चार रचनाओं को दिखलाने के बाद उनकी बहुत हद तक बदली राय को देखने का मुझे सन्तोष प्राप्त हुआ है। उनमें से जिन्होंने 'गाथा' को पढ़ा या सुना, उन्हें हिन्दी कविता की शक्ति और विकास पर आश्चर्य हुआ।

जानकीवल्लभ जी की लेखनी के स्पर्श से कविता के लिए त्याज्य विषय ही नहीं, कितने ही अभिशप्त शब्द भी उद्धार पा गए हैं। जेम्स ज्वायस, डी.एच. लारेंस और जॉन डास पैसस ने इस सम्बन्ध में जो अपने गद्य में किया, वह जानकीवल्लभ जी ने अपने पद्य में किया है। बहुत पहले भी ऐसी शक्ति स्तुत्य मानी जाती थी :

प्रौढ़ि-प्रकर्षेण पुराणरीति-व्यतिक्रमः श्लाघ्यतमः पदानाम्।
अत्युन्नतिस्फोटितकंचुकानि वंद्यानि नारीकुचमंडलानि॥

भाषाचरित्रों के अनुकूल परिष्कृत, चलती हुई या अनगढ़ है—पर अव्यभिचारतः स्वाभाविक है। जहाँ कवि को अपनी ओर से कहना है, वहाँ पांडित्य और लालित्य पर उसके समान अधिकार से स्पष्ट प्रमाण है।

पद्य-कौशल की, हिन्दी के लिए, एक उल्लेखनीय विशेषता है। अब से बहुत दिन पहले निराला ने 'सरोज' में प्रकाशित अपने एक लेख में प्रसाद को हिन्दी में पहले-पहल पंक्ति के मध्य पूर्णविराम को उपयोग में ले आने का श्रेय दिया था। आज भी हिन्दी के दो-एक ही कवि सामान्य रूप से इसका उपयोग करते हैं। स्वयं प्रसाद जी भी पीछे इस पर ध्यान नहीं देते थे। 'कामायनी' जैसे प्रबन्धकाव्य में इसकी अनुपस्थिति इसका पर्याप्त प्रमाण है। वस्तुतः निराला ने ही इसका महत्त्व समझा है। पंक्ति की समाप्ति के साथ ही अनिवार्य रूप से भावविशेष की समाप्ति कर देना छन्द के 'चरणों' में आत्मसमर्पण कर देता है। इस 'एंड स्टाप्ड' पद्य को इंग्लिश में युगविशेष के कवियों

द्वारा प्रश्रय मिला था, आलोचकों द्वारा प्रशंसा कभी नहीं। उन्होंने इसकी संकीर्णता और कृत्रिमता का अविलम्ब अनुभव कर लिया पर हिन्दी का बहुत दोष भी नहीं है। उसकी समृद्ध परम्परा की यह एक नियमित और अवांछनीय विशेषता रही है। संस्कृत के छन्दों में, भाव-समाप्ति हों या नहीं, द्वितीय चरण के बाद विराम रहता था और प्राचीन हिन्दी के दोहा, चौपाई, घनाक्षरी, सवैया आदि में तो संस्कृत के अन्वय की कठिनता के नहीं रह जाने से नियमित विराम के साथ भाव-समाप्ति अनिवार्य थी ही। यही बात बगल में पनपनेवाली उर्दू के बारे में भी थी और है। और दूसरी नवीनताओं को ग्रहण करने पर भी उसकी नज्म अभी तक बन्धन से छुटकारा नहीं पा सकी है। बंगला पद्य ने बहुत पहले इस कृत्रिमता का त्याग कर दिया था। हिन्दी में निराला के बाद जानकीवल्लभ जी ने इसकी निःसंदिग्ध आवश्यकता समझी है। यह हिन्दी के पद्य-कौशल की प्रौढ़ता का द्योतक है।

समासतः 'गाथा' हिन्दी काव्य के सर्वांगीण और अविच्छिन्न विकास का प्रतीक है।

[12 दिसम्बर, 1943]

अवन्तिका : कवि-कर्म का निकष

प्रसाद, निराला, पंत और महादेवी के बाद हिन्दी कविता की निर्झरिणी समतल भूमि पर प्रवाहित होने लगी और अनेक धाराओं में। इनमें से जिस एक सदानीरा धारा ने तट-तरु का उच्छेद किये बिना अपने को उर्वर और स्निग्ध बनाया, दिशाओं को अपनी कलध्वनि से मुखरित किया, वह स्रोत से कभी विच्छिन्न भी नहीं हुई। इस धारा के भगीरथ आचार्य जानकीवल्लभ शास्त्री हैं। यदि प्रसाद, निराला, पंत और महादेवी के बाद मुझसे हठात् पाँचवाँ नाम लेने को कहा जाए तो वह नाम शास्त्री जी का ही होगा। बहुत माथा खुजलाने के बाद भी पाँचवाँ नाम यही रहेगा, ऐसा मेरा विश्वास है।

पाषाण-कारा को तोड़कर बह चलनेवाली विस्फूर्जित कूलंकष निर्झरिणी में भी और उससे पोषित प्राण-शिरावाली समतल की धारा में भी, एक ओर तो अपनी शक्ति और गति का विश्वास था और दूसरी ओर दूर-स्थित किन्तु अक्षय उत्स के साथ अखंड सम्बन्ध। छायावाद के ऐश्वर्य का यही रहस्य है कि उसमें न केवल संस्कृत और हिन्दी की ही, बल्कि बंगला और अंग्रेजी की भी कविता की महान परम्पराएँ समाहित हो सकी थीं और उन्हें ही नवीन रूप दिया था तत्कालीन कवियों की व्यक्तिगत प्रतिभा ने।

प्रमुख छायावादियों के बाद हिन्दी के किसी एक कवि में यदि समस्त शास्त्रीय साहित्य का पुटपाक सम्भव हुआ है तो वह अकेले शास्त्री जी में।

शास्त्री जी ने विषय और स्वरूप-विधान-सम्बन्धी श्लाघ्यतम प्रयोग भी किये हैं, जिनका चूड़ान्त निदर्शन 'गाथा' में मिलता है; किन्तु उन्होंने शास्त्र और 'शक्ति'

परम्परा और प्रतिभा के दुर्लभ समन्वय के परिणामस्वरूप जो कविताएँ लिखी हैं, वे अपने में एक अलग वर्ग ही हैं। हाँ, उनके खिलाफ यह बात जरूर कही जा सकती है कि उनकी कीमत वही है जो कागज के फूलों के बीच एक बदकिस्मत फूल की हो सकती है। रस के नहीं, जीवन के 'साधारणीकरण' के इस विलक्षण युग में एरंडमाला के मध्य द्रुम ही नगण्य घोषित हो जाए तो भी आश्चर्य क्या!

रूप-अरूप, तीर-तरंग, शिप्रा और फिर सद्यःप्रकाशित मेघगीत—सभी में शास्त्री जी के काव्य का, अपनी तुलना में, विश्वास के लिए कठिन, विकास हुआ है। यदि उसका एक अक्षम्य दोष है तो यही कि साहित्यिक ह्रास और हीनता के इस युग में भी वह अभिजात और महार्घ क्यों बना रह गया है?

शास्त्री जी का नवीनतम काव्य संग्रह 'अवन्तिका' आप पढ़ रहे हैं। वस्तु, पद्यकौशल, भाषा—इन सबकी विशदता और विविधता आपका ध्यान आकृष्ट करेंगी। आप कवि की बहुपथीन मतिमत्ता के कायल होकर रहेंगे। किन्तु 'अवन्तिका' का और उसके रचयिता का महत्त्व सिर्फ इन्हीं बातों के लिए नहीं है।

'अवन्तिका' के कवि ने प्रकृति और प्रेम की, चिन्तन और अनुभूति की मार्मिक गीति-कविताएँ लिखी हैं, यह भी विशेष उल्लेखनीय बात नहीं। ये, या इनमें से कुछ, विशेषताएँ भी किसी कवि के लिए गौरव की बातें हो सकती हैं; किन्तु शास्त्री जी की उपलब्धि तो एक दूसरे ही कारण से मूल्यवान है।

वह कारण है 'अवन्तिका' की कविताओं का जटिल, पर सफल संघटन (Organization)। पद्य-रचना के छन्द, भाषा आदि विभिन्न उपकरणों के परिष्कार में दत्तचित्त छायावादियों ने बहुधा इस ओर ध्यान ही नहीं दिया था। निराला को छोड़कर शेष तीनों महान छायावादियों की रचनाओं में उस संघटन का अभाव है जिसके कारण कविता विभिन्न तत्त्वों के द्रव में ढली परिपूर्ण कलाकृति बन जाती है और उसके विभिन्न तत्त्वों का विश्लेषण कठिन हो जाता है।

कविता में कल्पना के लिए जिस एकीभाव (Esemplastic) गुण की अनिवार्यता कालरिज ने प्रमाणित की थी, उसे न केवल कल्पना प्रत्युत् अन्य सभी तत्त्वों के लिए, व्यापक रूप से, आवश्यक बताते हुए इलियट ने समन्वित संवेदनशीलता (Unified Sensibility) का सिद्धान्त प्रतिपादित किया है। शास्त्री जी की अनेक कविताओं में जो दुर्लभ परिपूर्णता है, वह इस समन्वित संवेदनशीलता के कारण ही। उनमें युग के आवर्त-विवर्त्त, अपना गहन चिन्तन, मार्मिक अनुभूति, साधना तक पहुँचा हुआ शास्त्राभ्यास, अनुवर्तिनी भाषा—इन सभी की वह समन्वित चेतना है, जिसे मर्मज्ञ आसानी से समझेंगे और अरसिक नहीं समझ सकने के कारण निराश होंगे।

'अवन्तिका' में ई. सन् '34 से लेकर '51 तक की चौवन कविताएँ संगृहीत हैं। 'चुनौती', 'मदायत्तं तु पौरुषम्' और 'पन्द्रह अगस्त इक्यावन' जैसे शीर्षकों के साथ ही साथ 'विधवा', 'बन्दी कीर' और 'शिखंडी के वाण' जैसे शीर्षक हैं, जो विषय-

वैविध्य के निर्देश के लिए पर्याप्त हैं। ततोधिक तो यह उल्लेखनीय है कि शास्त्री जी ने इन कविताओं में छायावादियों की तरह अपने व्यक्तित्व में पलायित हो जाने के बदले व्यक्तित्व से पलायन किया है, जो पुनः, इलियट के मीमांसन के अनुसार ही, वास्तविक कवि-कर्म है।

'अवन्तिका' में पहले प्रकार की कविताएँ भी हैं, और यों भी शास्त्री जी ने ऐसी अनेकानेक कविताएँ लिखी हैं, किन्तु श्लाघनीय यह है कि प्रस्तुत संग्रह की बहुसंख्यक उत्कृष्ट कविताएँ 'सम्पृक्त आधार' (Objective Correlative) से आविर्भूत भावनाओं, अनुभूतियों किंवा विचारों की मार्मिक, एकतान अभिव्यंजनाएँ हैं।

यदि शास्त्री जी छन्द के अपने बने-बनाये साँचों और प्रचलित अन्त्यानुप्रासों की अनिवार्यता के मोह का त्याग कर और असहृदयों की उपेक्षा की उपेक्षा कर काव्य-रचना करते चलें तो किसी दिन शायद वे स्वयं विस्मित होकर देखेंगे कि उन्होंने साहित्य के लिए वह किया है जिसे करने की क्षमता इने-गिने लोगों में कहीं और कभी दिख जाती है।

[1952]

मूल्य और मीमांसा

कुमार विमल

'विमल' के संगृहीत निबन्धों के विषय में ये कुछेक पंक्तियाँ लिखते हुए मैं हर्ष और सन्तोष का अनुभव कर रहा हूँ। उन्होंने हिन्दी साहित्य में विश्वविद्यालय की सर्वोच्च उपाधि प्राप्त की है और वे स्नातकोत्तर वर्गों में मेरे छात्र भी थे। शास्त्राध्ययन ने उनकी प्रज्ञा कुंठित नहीं की है और उन्होंने दृढ़तापूर्वक ऐसी मान्यताएँ प्रस्तुत की हैं जिनसे उनके अध्यापकों का मतभेद हो सकता है। मेरी दृष्टि में एक नवीन निबन्धकार की ये विशेषताएँ अत्यधिक महत्त्वपूर्ण हैं, यदि सौभाग्यवश ये उसमें वर्तमान हैं।

'विमल' ने साहित्य के अनेक रूपों और प्रश्नों तथा हिन्दी की कुछ प्रसिद्ध साहित्यिक कृतियों तथा प्रवृत्तियों पर अपने विचार इन निबन्धों के माध्यम से व्यक्त किये हैं। यदि उन्होंने एक तरफ मूल्य की मीमांसा, साहित्य में सोद्देश्यता का प्रश्न, साहित्य और नैतिकता, विषय और विधान, आचार्य शुक्ल और साधारणीकरण और कवि-कर्म की वर्णिका जैसी सम्मान्य साहित्यिक समस्याओं का विशद विवेचन किया है और अपने निष्कर्ष उपस्थित किये हैं, तो दूसरी तरफ तुलसी का दर्शन और दृष्टिकोण, छायावादी कवियों की सौन्दर्य-चेतना आदि ऐसे विषयों पर नया प्रकाश केन्द्रित किया है जिनका हिन्दी साहित्य के अध्येता के लिए विशेष महत्त्व तो है, किन्तु जिनके अनेक पहलू उपेक्षित ही रहते चले आए हैं।

'विमल' जी पेड़ गिनने में भी फायदा देखते हैं, लेकिन जंगल आँखों से ओझल न हो जाए, इसका भी ध्यान रखते हैं, जिन दोनों कामों को, उस अंग्रेजी कहावत के मुताबिक, एक साथ करना आसान नहीं है। संगृहीत निबन्धों में विवरणों का अभाव नहीं है, किन्तु, विवरणों का पाठ्य-पुस्तकों में पाया जानेवाला परिचित क्रम यहाँ नहीं मिलता; विवरण निबन्धकार की दृष्टि के कोणमात्र हैं; आप निबन्धकार की दृष्टि के कोण से देखने के बाद उसे अपना कोण मानें या न मानें, किन्तु उसका स्पष्ट लक्ष्य है कि वह अपने दृष्टिकोण को उपस्थित कर दे। और, यह है कि 'विमल' को इसमें पर्याप्त सफलता प्राप्त हुई है।

'विमल' ने उत्साह के आधिक्य में अपने दृष्टिकोण को इतना महत्त्वपूर्ण शायद ही कहीं मान लिया हो कि वे उन्हें विवरणों के समर्थन के बिना भी सामने रख दें। ये उनके प्रायः शुरू के निबन्ध हैं; ऐसा होता तो वह अस्वाभाविक नहीं माना जाता। किन्तु, 'विमल' की साहित्यिक प्रौढ़ि के अन्य प्रमाणों में यह भी एक है कि वे अपने दृष्टिकोण के लिए भी किशोर-सुलभ उत्साह के आतिशय्य के शिकार नहीं बने हैं।

निबन्धकार की साहित्यिक प्रौढ़ि के एक ही अन्य प्रमाण का मैं उल्लेख करूँगा। वह है उसका शब्द-विवेक। हिन्दी में शिशु-साहित्य के लिए वयः-क्रमानुसार शब्दों की निर्धारित तालिकाएँ हों या न हों, किन्तु, ऐसा लगता है कि प्रौढ़ अध्येताओं के लिए तो अवश्य हैं, जिनका उपयोग ही तो प्रायः सब-के-सब हिन्दी के लेखक करते पाए जाते हैं! किन्तु जो नये सिरे से सोचता है, वह अपनी भाषा के उन शब्दों का सहारा भी लेता है जो कोश-कारा से मुक्ति दिलानेवाले की सेवा के लिए तैयार रहते हैं। हाँ, निबन्ध-संग्रह में ऐसे भी शब्द हैं जो धातु-खंड मात्र हैं, सिक्के नहीं बन पाए हैं।

साहित्यिक विषयों पर लिखित ये निबन्ध हिन्दी के विद्वानों के द्वारा विचारणीय माने जाएँगे, ऐसा मेरा विश्वास है।

[2 जुलाई, 1956]

गीत-संगम

श्रीरंजन सूरिदेव

श्रीरंजन के गीतों का प्रस्तुत संग्रह, अपनी कोटि में, महत्त्व का स्थान अधिकृत करेगा, ऐसा मेरा विश्वास है। इस विश्वास के ये कारण हैं :

श्रीरंजन के गीत उर्दू गजल के कलमी हिन्दी रूप नहीं हैं। गजल की सीठी से हिन्दी के कवियों और श्रोताओं ने जो रसोपलब्धि की है, वह उनकी रुचि और गजल

की खुशकिस्मती का सबूत है। बेचारी गजल जब अपनों से ठुकरा दी गई, तो हिन्दी के रसिकों ने अपना भाग्य सराहते हुए उसे सर-आँखों लिया। बच्चन और उन जैसे अन्य गौण छायावादियों ने जो बीच-बीच में प्रगतिवाद के साथ भी अभिसार कर लेते थे, लिखने और पढ़ने—दोनों के तर्ज में गजलगोई की जो नकल की है, वह आधुनिक हिन्दी कविता के इतिहास के ह्रास-युग का छोटा-सा परिच्छेद बनेगा। अनेक त्रुटियों के बावजूद श्रीरंजन के गीतों से मैं परम प्रीत हुआ, क्योंकि उन्होंने मन्दिर में नमाज पढ़ने का खिलवाड़ नहीं किया है। श्रीरंजन के गीत गजल की नहर से नहीं, अपितु हिन्दी की अपनी गीत-धारा से जुड़े हुए हैं।

इन गीतों की एक और श्लाघ्य विशेषता है। भावुकता का उद्वेलन ज्वार इन गीतों में भी यहाँ-वहाँ उफना जरूर है, किन्तु शास्त्र-दीक्षित कवि के विवेक-कूल का अतिक्रमण वह कभी-कभी ही कर पाया है। ये गीत प्रियजनों की चिता के पास की गई काव्य-साधना के परिणाम नहीं हैं, जिसकी साभिमान घोषणा उपर्युक्त गौण छायावादी करते थकते नहीं थे, और 'आह' करके, अकबर के शब्दों में, 'फीस' लेने में झिझक तक महसूस नहीं करते थे। श्रीरंजन के गीतों में व्यथा की अभिव्यंजना तो हुई है, किन्तु उसमें मृत्यु-रिरिंसा की चिरायँध नहीं है।

श्रीरंजन की गीत-कविताओं में गौण छायावादियों की एक अन्य विशेषता का अभाव है, जो इनके लिए गुणप्रद सिद्ध हुआ है। ये गीत होते हुए भी मात्र कंठ से नहीं निकले हैं और सिर्फ कानों के लिए नहीं बने हैं। इनमें श्रोता या पाठक के विवेक को थपकी देकर सुलानेवाली धुन और लयदारी नहीं है। ये गीत होने के बावजूद ऐसी कविता है, जो बुद्धि-तत्त्व की उपेक्षा नहीं करती।

यदि इन गीतों में चित्रांकन और भावाभिव्यंजन की और अधिक निबिड़ एकतानता होती, श्रुति-पेशलता का अनावश्यक मोह न रहता, मात्रा-पूरक उपसर्ग-विशेष का बहुल प्रयोग नहीं किया जाता, तो ये अपेक्षया उत्कृष्टतर बन पड़ते। लेकिन, यह संग्रह सफर का पहला पड़ाव है।

[11 मई, 1955]

हिन्दी की उत्तम कहानियाँ

हिन्दी की वस्तुतः उत्तम कहानियों के किसी ऐसे संग्रह का अभाव बहुत खटकता था, जिसमें निष्पक्षता के साथ हिन्दी के प्रतिनिधि कथाकारों की उत्कृष्ट कहानियाँ संकलित हों। हमने इसी उद्देश्य से यह कहानी संग्रह तैयार किया है। इसमें सम्पूर्ण हिन्दी-क्षेत्र के प्रसिद्ध एवं प्रतिभाशाली, नये और पुराने कहानीकारों की उत्कृष्टतम कहानियाँ संकलित हैं।

इस प्रकार हिन्दी कहानी के अध्येता को अपनी भाषा के इस साहित्यिक रूप की परम्परा का तो सहज परिचय प्राप्त होगा ही, वह इसकी नई प्रवृत्तियों को भी समझ सकेगा।

हमें आशा है, इस संग्रह की उपादेयता और विशिष्टता को विद्वानों की स्वीकृति मिलेगी।

पंच-दश-तंत्र

'पंच-दश-तंत्र' में संगृहीत कहानियाँ एक ऐसे लेखक की कहानियाँ हैं, जिनकी कहानियों के एकाधिक संग्रहों की भूमिकाएँ मैंने ही लिखी हैं। मैंने जो कुछ भी उन भूमिकाओं में लिखा है, वह गलत साबित नहीं हुआ है। मैंने जो कुछ लिखा है, उसमें से थोड़ा भी वापस लेना जरूरी नहीं मालूम देता। वस्तुतः भूमिका-सुलभ अतिरंजन के बदले मैंने न्यूनोक्तियों से ही काम लिया है, और आज, जब फिर एक अवसर आया है—अनेक और आएँ!—तो मैं वैसी भी कहानियों के लिए न्यूनतम कहकर ही सन्तोष कर लूँगा, जो अधिकतर की अधिकारिणी हैं।

अब तक श्री शिवचन्द्र शर्मा के चार कहानी संग्रह प्रकाशित हो चुके हैं : 'मेखला', 'अटैचीकेस', 'चलते चित्र', 'ईर्ष्या और पाप'। शिवचन्द्र जी ने जिन्दगी के बहुतेरे पहलुओं को नजदीक से, आमने-सामने देखा है और घटना के बिन्दु में छिपे अंतर्बिन्दु को चीरा लगाकर निकाल लिया है, यानी उस तरह कहानी लिखी है, जिस तरह वह लिखी जानी चाहिए। कहानी को नानी भी कहती है और बच्चे भी सुनते हैं। इन कहानियों को 'तंत्र' कहा गया है, और 'पंच' भी 'तंत्र' के साथ तनिक हट करके जुड़ा हुआ है, और इनका लेखक भी शर्मोपाह है; किन्तु यह न तो उन्मार्गगामी किशोरों के लिए है, न अज्ञातास्वाद प्रौढ़ों के लिए ही। 'तंत्र' वाचक इसका माना जाए कि इन कहानियों में शिल्पविधि ऐसी है, जो पाठक की रसज्ञता को चुनौती है और इसके पंच-दश—दस-पाँच नमूने हाजिर हैं।

शिवचन्द्र जी की कहानियाँ ऐसा वातावरण उपस्थित नहीं करतीं, जिसमें साँस लेना इसलिए कठिन हो जाता है कि हवा बहुत पतली होती है और धरती बहुत दूर नीचे छूट चुकी होती है। जिन्दगी के जो तराशे हुए टुकड़े इन कहानियों के रूप में मिलेंगे, वे ऐसे शल्य-चिकित्सक की कुशलता के परिचायक हैं, जो खंड को समग्र से अलग करके भी समग्रता में उसके अनिवार्य स्थान का आभास दे पाता है।

श्री शिवचन्द्र शर्मा की ये कहानियाँ अपनी ही कसौटियाँ भी हैं। पास में कोई पुरानी कसौटी हो और उस पर इन्हें आप परखना चाहें, तो आप पाएँगे, कसौटी खोटी है। खोटी कसौटी से भी अधिक दोष अनाड़ी परखनेवाले का होगा। ये कहानियाँ तो परखी जाने से इनकार ही कर देंगी।

[नवम्बर : 1960]

पुस्तक समीक्षाएँ

मैला आँचल

'मैला आँचल' फणीश्वरनाथ 'रेणु' का प्रथम उपन्यास है। यह ऐसा सौभाग्यशाली उपन्यास है जो लेखक की प्रथम कृति होने पर भी उसे ऐसी प्रतिष्ठा प्राप्त करा दे कि वह चाहे तो फिर कुछ और न भी लिखे। ऐसी कृति से लेखक को यह कठिनता भी होती है कि वह अपने लिए ऐसा प्रतिमान स्थिर कर देता है जिसकी पुनरावृत्ति कठिन होती है, गरचे, हमें विश्वास है, रेणु 'मैला आँचल' से भी उत्कृष्टतर कृतियाँ प्रस्तुत कर सकेंगे।

'मैला आँचल' गत वर्ष का ही श्रेष्ठ उपन्यास नहीं है, वह हिन्दी के दस श्रेष्ठ उपन्यासों में सहज ही परिगणनीय है। स्वयं मैंने हिन्दी के दस श्रेष्ठ उपन्यासों की जो तालिका प्रकाशित कराई है, उसमें उसे सम्मिलित करने में मुझे कठिनाई न होगी। मैं किसी द्विधा के बिना एक उपन्यास को हटाकर इसके लिए जगह बना सकता हूँ। बिना किसी प्रचार या विज्ञापन के ही 'मैला आँचल' हिन्दी के उस विस्तृत क्षेत्र में तत्क्षण प्रसिद्ध हो गया जिसमें अपवादस्वरूप ही कोई पुस्तक इतनी शीघ्र ज्ञात होती है। मैंने इसे 'गोदान' के बाद हिन्दी का वैसा दूसरा महान उपन्यास माना है। मुझे सन्तोष है कि मेरा यह मत दूर-दूर तक प्रतिध्वनित हुआ है।

हिन्दी के एकाधिक उपन्यासकारों ने दो-चार स्त्रियों-पुरुषों के—यहाँ तक कि एक ही स्त्री या पुरुष के—जीवन को लेकर खासे अच्छे उपन्यास लिखे हैं। किन्तु जो उपन्यासकार व्यष्टि को नहीं, समष्टि को ही, सिद्धान्त में प्रधानता देते हैं, वे भी अपने आदर्श को उपन्यास का रूप देने में असमर्थ सिद्ध हुए हैं। हिन्दी के ऐसे उपन्यासकारों ने यदि समष्टि का चित्रण किया भी है तो कुछेक पात्रों को ही सामान्य-लक्षण 'टाइप' बनाकर, अर्थात् प्रधानता व्यक्ति या व्यक्तियों की ही रही है, समूह गौण, प्रासंगिक ही बना रह गया है। यह हिन्दी के उपन्यासों का ही नहीं, सभी भारतीय भाषाओं के, किंबहुना अंग्रेजी तक के उपन्यासों का एक अभाव है। पुराने रूसी उपन्यासकारों में टॉल्स्टॉय 'वार एंड पीस' में और नये में साम्यवादी मान्यताओं को साहित्य में रूपान्तरित करने के प्रयास के फलस्वरूप, एकाधिक लेखकों के बीच शोलोकोव, समष्टि को ही औपन्यासिक पात्रता प्रदान करनेवालों में उल्लेख्य हैं। अमेरिकी उपन्यासकारों में भी पुराने सिंक्लेयर लीविस और नये जॉन स्टाइनबेक, इस

दृष्टि से उदाहरणीय हैं, यद्यपि इन्होंने किसी राजनीतिक सिद्धान्त की प्रेरणा से अपने उपन्यास नहीं लिखे हैं। भारतीय उपन्यासकारों में प्रेमचन्द अपवादस्वरूप थे क्योंकि उन्होंने, बिना किसी साहित्येतर सिद्धान्त के आग्रह के, 'गोदान' जैसा महान समष्टिमूलक उपन्यास लिखा, जिसका मुख्य पात्र है तत्कालीन भारतीय जीवन। उनकी इस उपलब्धि की ओर, मुझे इसका सन्तोष है, मैंने सर्वप्रथम हिन्दी के विद्वानों का ध्यान आकृष्ट किया था, अन्यथा उनकी महिमा गाने से कभी न अघानेवाले आलोचक भी 'गोदान' के स्थापत्य की असफलता की ही घोषणा करते रहे।

मुझे उपन्यास के इस प्रकार की तनिक विस्तार से चर्चा करनी पड़ी है, क्योंकि 'मैला आँचल' इसी प्रकार का, 'गोदान' की परम्परा में, भारतीय भाषाओं का दूसरा उपन्यास है।

'गोदान' की तुलना में 'मैला आँचल' की अपनी सीमाएँ हैं। समष्टिमूलक उपन्यास के अनुरूप जैसा महाकाव्योचित स्थापत्य 'गोदान' में है, उसके विपरीत 'मैला आँचल' सुसम्बद्ध स्थापत्य का उपन्यास है। यही कारण है कि दूसरे उपन्यास का पात्र बिहार का एक छोटा-सा अंचल है, पर पहले का पात्र समग्र भारतीय जीवन है। 'मैला आँचल' की यह सीमा है, पर दुर्बलता नहीं, क्योंकि उसके लेखक को भी चित्रणीय जीवन का आत्मीयतापूर्ण ज्ञान है, व्यापक दृष्टि है, परकाय-प्रवेशवाली उपन्यासकारोचित सामर्थ्य है और सर्वोपरि है चित्रांकन के समय ऐकान्तिक तटस्थता और निर्लिप्तता बनाये रखनेवाली कलाकारोचित प्रतिभा। 'रेणु' ने अपने हृदय की सारी ममता और करुणा उँडेलकर ही अपने गाँव में रहनेवालों को जाना होगा, जैसे प्रेमचन्द ने जाना था, किन्तु शरत्चन्द्र के-से लगनेवाले भी उसके पात्र उनकी वकालत वसूलने में कहीं सफल नहीं होते। अपने उपन्यास की शीर्षकहीन संक्षिप्त भूमिका में, 'रेणु' की ये पंक्तियाँ मुझे इसी आशय के साथ पूर्णत: उचित प्रतीत हुई हैं : 'इसमें फूल भी हैं, शूल भी; धूल भी है, गुलाल भी; कीचड़ भी है, चन्दन भी; सुन्दरता भी है, कुरूपता भी—मैं किसी से दामन बचाकर निकल नहीं पाया।'

मैं यहीं यह भी कह दूँ कि अपनी सम्पूर्णता में काव्य का प्रभाव उत्पन्न करनेवाले इस उपन्यास में यही वह अधिक-से-अधिक कवितापन है जिसकी छूट लेखक ने अपने को दी है।

मैंने 'मैला आँचल' को अपने द्वारा उद्‌भावित वर्ग में रखकर परखने की कोशिश की है। स्वयं लेखक ने इसे एक आंचलिक उपन्यास कहना पसन्द किया है। उसका अपना कथन है : 'यह है 'मैला आँचल'—एक आंचलिक उपन्यास। कथांचल है पूर्णिया। पूर्णिया—बिहार राज्य का एक जिला है।...मैंने इसके एक हिस्से के एक ही गाँव को—पिछड़े गाँवों का प्रतीक मानकर—इस किताब का कथा-क्षेत्र बनाया है।' बंगला में इसी अंचल पर आधारित उपन्यास 'जागरी' कुछ दिनों पहले प्रसिद्ध हो चुका है। बंगला के अन्य लेखकों के आंचलिक उपन्यासों ने भी समुचित महत्त्व प्राप्त किया

है। लेकिन 'मैला आँचल' केवल आंचलिक उपन्यास ही नहीं है। इसके अतिरिक्त उसकी क्या विशेषता है, मैं पहले ही व्यक्त कर चुका हूँ।

हिन्दी में उपन्यास की आलोचना के मानी होते हैं आलोच्य उपन्यास की कहानी संक्षेप में लिख देना। मैं यों ही इसे अनावश्यक मानता हूँ। 'मैला आँचल' की आलोचना में तो यह प्रणाली नितान्त अनावश्यक है, क्योंकि कथा के अनेक आभासों से बुनी गई इस उपन्यास की सम्पूर्ण कथावस्तु का संक्षेपीकरण सम्भव नहीं है, जो वस्तुतः इसका दुर्लभ सामग्रिक वैशिष्ट्य है।

'रेणु' ने प्रेमचन्द की तुलना में 'कथांचल' को सीमित रखा है, किन्तु पात्रों और जीवन के पहलुओं के बीच की खाइयों को उस तरह ही पाट डाला है जिस तरह प्रेमचन्द ने, जिनके चरित्र-चित्रण का विवेचन करते हुए मैंने इसका अन्यत्र विस्तार से विवेचन किया है। अनगिनत गरीब और धनी, अशिक्षित और उच्च-शिक्षित, स्त्री और पुरुष पात्रों से संकुल हुए उपन्यास का चित्रित जीवन किसी स्थल में अविश्वसनीय नहीं होता—वहाँ भी नहीं, जहाँ नाटकीय घटनाएँ घट जाती हैं—क्योंकि लेखक ने उस सत्य का चित्रण अपना लक्ष्य रखा है जो कभी-कभी गल्प से भी, सचमुच ही, विचित्रतर होता है।

'मैला आँचल' की भाषा से हिन्दी समृद्ध हुई है। 'रेणु' ने कुशलता से ऐसी शैली का प्रयोग किया है जिसमें आंचलिक भाषा-तत्त्व परिनिष्ठित भाषा में घुलमिल जाते हैं। कोई कारण नहीं था कि वे अपनी शैली के सम्बन्ध में आत्मविश्वास के अभाव का परिचय-सा देते हुए, प्रत्येक अध्याय के बाद पाद-टिप्पणियों के रूप में, प्रयुक्त आंचलिक शब्दों के परिनिष्ठित रूप भी प्रस्तुत करते।

हिन्दी के उपन्यास-साहित्य में, यदि गत्यवरोध था, तो इस कृति से वह हट गया है।

[आलोचना : अप्रैल, 1955]

निराला की 'अप्सरा'

निराला जी जॉनसन की तरह कर्मठ और अध्यवसायी, लॉर्ड बाइरन-से उद्भट प्रत्यालोचक, कीट्स और टैगोर की तरह सु-कवि और टॉल्स्टॉय, ह्यूगो और शॉ की तरह निर्भीक, उत्क्रान्तिकारी औपन्यासिक हैं। उनके कला-सम्बन्धी अनेकानेक लेख और भी कई पांडित्यपूर्ण निबन्धादि, पंत जी की कविताओं की निर्भीक समालोचना और 'साहित्यिक सन्निपात' का युक्तिपूर्ण खंडन, 'परिमल'—उनकी कविताओं का संग्रह—और पत्र-पत्रिकाओं में आए-दिन प्रकाशित उनके 'गीत' आदि, और उनकी अद्वितीय 'अप्सरा' हमारे कथन की सप्रमाण परिपुष्टि करते हैं।

'वर्तमान धर्म' का मूल्य हिन्दी साहित्य-संसार अब समझ रहा है—उस विद्वत्तापूर्ण लेख के लिए उन्हें ख्याति मिल रही है; पंत जी के 'पल्लव' की निष्पक्षतापूर्ण समालोचना के लिए उनकी पीठ ठोंकी जा चुकी है; प्रसाद, पंत और निराला की 'बृहत्त्रयी' हिन्दी-संसार-प्रेमियों से समादृत हुई है, और हो रही है; फिर भी समालोचकों के शैथिल्य से उनकी 'अप्सरा' की कोई भी समालोचना न निकली—उसके गुण-दोष की चर्चा न हुई। निराला जी हिन्दी साहित्य-संसार में कवि, समालोचक और निबन्ध-लेखक की हैसियत से सुविख्यात थे, और जब उनकी 'अप्सरा' प्रकाशित हुई, तो चाहिए था कि उसकी उचितरीत्या समीक्षा होती, लेकिन वैसा हुआ नहीं। यदि निराला जी-सा ख्यातनामा कवि यूरोपीय देशों में होता, और वह उपन्यास भी लिखने लग जाता, तो उसकी समालोचनाओं का कहीं ठिकाना न रह जाता—धूम मच जाती। एक उदाहरण लीजिए। 'डगलस फेयर बैंक्स' बड़ा भारी 'सिनेमा-स्टार' था। अब वह 'रिटायर' हो गया है। आज अगर वह एक छोटी-सी आख्यायिका भी लिख डालता है, तो धूम मच जाती है। लोग सोचते हैं : 'जरा देखें तो सही, फेयर बैंक्स ने सिनेमा में तो इतना यशोपार्जन किया, अब कहानी किस प्रकार की लिखता है!' एक असाहित्यिक आदमी का, साहित्यिक क्षेत्र में पदार्पण करने पर, इतना नाम केवल अन्य कार्यों द्वारा उपार्जित यश के कारण ही तो होता है, फिर निराला जी भी तो साहित्य-क्षेत्र में पहले ही से अद्वितीय कवि समझे जाते थे। यदि साहित्य के दूसरे अंग—उपन्यास की भी वह पूर्ति करने लग गए तो उनका स्वागत तो हिन्दी संसार को सहर्ष करना ही चाहिए था। इतनी उपेक्षा की तो स्वप्न में भी आशा नहीं की जा सकती थी। समालोचकगण निराला जी की क्रान्तिकारी हरकतों से रुष्ट रहा करते हैं। यदि ऐसी ही बात है, तो प्रशंसा के दो शब्द मुँह से न निकले तो क्या छिद्रान्वेषियों को कोई दोष भी ढूँढ़े न मिला, जो वे एकदम चुप्पी साधकर बैठ गए?

यदि हमारे पूज्य समालोचकों ने इस काम का भार अपने ऊपर लिया होता, तो मैंने 'अप्सरा' की समालोचना-जैसे दुष्कर कार्य-सम्पादन की कदापि धृष्टता न की होती। उन्हीं की उदासीनता ने मुझे यह काम करने को उकसाया। मैंने भी, जैसा बन पड़ा, अपने विचारानुसार यह समालोचना लिख डाली—एकदम कुछ नहीं से तो थोड़ा भी अच्छा है।

कवि-सम्राट् पं. अयोध्यासिंह उपाध्याय 'हरिऔध' कभी हिन्दी के प्रतिनिधि कवि माने जाते थे, लेकिन अब उनका स्थान पूर्वोक्त कवित्रय ने और गुप्त जी ने छीन लिया है। औपन्यासिक-सम्राट् प्रेमचन्द जी भी उपन्यास-लेखकों और कहानी लेखकों में प्रतिनिधि माने जाते थे। अब भी कुछ थोड़े-से लोग पुराने प्रेमचन्द के भक्त हैं, लेकिन साधारणत: सभी उपन्यास या कहानी-प्रेमी आजकल के प्रेमचन्द को उसी हेय दृष्टि से देखते हैं, जिससे कविता-प्रेमी 'हरिऔध' जी की नवीन रचनाओं को देखते हैं। जनसाधारण का तो यही मत है कि 'प्रियप्रवास' के बाद 'हरिऔध' जी की और

'सेवासदन' और 'रंगभूमि' के बाद प्रेमचन्द की प्रतिभा काफूर हो गई—और यह बात, यह अप्रिय सत्य, उनकी आजकल की अभ्यास द्वारा रचित कृतियों से स्पष्ट झलका करती है। लेकिन अब एक समस्या आ उपस्थित होती है—कविता का प्रतिनिधित्व तो प्रसाद, पंत, निराला और गुप्त जी के हाथों लग गया; कहानी का भी प्रतिनिधित्व प्रसाद, जैनेन्द्र कुमार या शास्त्री जी को दिया जा सकता है; किन्तु प्रेमचन्द से छिने हुए उपन्यास-प्रतिनिधित्व को किसको दिया जाए, इसका निर्णय अब तक नहीं हो सका। उपन्यास-प्रतिनिधित्व तो 'सेवासदन' या 'रंगभूमि' से अभिनव ग्रंथ के रचयिता को ही दिया जा सकता है। लेकिन वैसे उपन्यास तो, 'अप्सरा' को छोड़, मुझे दिखलाई नहीं पड़ते। तो क्या हिन्दी-संसार निराला जी का उपन्यास-प्रतिनिधित्व ग्रहण करना पसन्द करेगा ? उत्तर तो 'हाँ' होना चाहिए, लेकिन एक शर्त है—यदि निराला जी की 'अलका' भी 'अप्सरा'-सी ही सर्वगुण-सम्पन्ना हुई, तब।

हाँ, अब 'अप्सरा' की खूबियों के बारे में प्रश्न उठ सकता है, जिनका दिग्दर्शन कर देना मैं अपना कर्तव्य समझता हूँ। जिस 'अप्सरा' के लिए निराला जी को, हिन्दी संसार को—आज नहीं, तो कल—उपन्यास-प्रतिनिधित्व देना पड़ेगा, उसका गुण-प्रदर्शन—और यदि दोष हों, तो उनका भी प्रदर्शन—करना हमारा कर्तव्य है।

यह साधारण-सी बात है कि मनुष्य अपनी प्रिय वस्तु को सुन्दर, समलंकृत देखना चाहता है। यही कारण है कि आप पिताओं को अपने सन्तति के रंगीन कपड़े पहनाते-उड़ाते देखते हैं। यही कारण है कि वे यथाशक्ति अपनी सन्तानों के नाम सयत्न चुनने के लिए व्यग्र रहते हैं। लेखक को सबसे प्रिय क्या है ? निस्सन्देह उसकी कृतियाँ। वह उन्हीं सन्तान-कल्प कृतियों के सुन्दर 'गेट-अप' को रंगीले वस्त्र पहनाता है और मनोहर साहित्यिक नामों से अभिहित करता है। यदि ग्रंथ बहुत-से फुटकर लेखों का संग्रह हुआ, तो वह कार्य बहुत ही सरल है। समय पर और कुछ नहीं सूझा, तो उन्हीं लेखों में से किसी एक का शीर्षक लेकर किताब का नाम रख दिया। किन्तु वैसी पुस्तक जिसमें फुटकर कृतियाँ संगृहीत नहीं, वरन् एक ही कृति रहती है—नाम-ग्रहण में मेहनत लेती है। ऐसी पुस्तक का नाम रखना अत्यन्त दुष्कर है; क्योंकि ऐसे नाम का सुन्दर होना तो निश्चय ही साथ-साथ सार्थक होना भी नितान्त ही आवश्यक है। उदाहरणार्थ—गुप्त जी का 'साकेत' बहुत सुन्दर नाम हुआ है, लेकिन उसकी सार्थकता में लोगों ने शंकाएँ की हैं। 'अप्सरा' में यह 'साकेत' वाला दोष नहीं पाया जाता। 'अप्सरा' नाम के सौन्दर्य का तो कहना ही क्या! लेखक की सूझ को बधाई है। यह सौन्दर्य इसकी सार्थकता से द्विगुणित भी हो जाता है। उपन्यास के प्लॉट के अनुसार शायद इससे उत्तम कोई दूसरा नाम मिल ही नहीं सकता। यदि इसका नाम 'वेश्या' या 'वीरांगना' या यों ही कुछ रखा जाता, तो यह सौन्दर्य न रह जाता, यद्यपि अर्थ में कुछ विशेष फर्क न पड़ता। उधर हमारे हृदय में घृणा का भी संचार हो जाता। 'अप्सरा'—इस शब्द-विशेष में एक आकर्षण है, और है 'वेश्या' या 'वीरांगना'—

शब्द के घृणा-संचारक प्रभाव का अभाव। यदि 'कनक' को 'अप्सरा' के बदले निराला जी ने वेश्या का नाम दिया होता, तो 'कनक' के चरित्र की वह असाधारण महत्ता फीकी पड़ गई होती। वह जन्म से तो वेश्या है, लेकिन उसका चरित्र देखिए—वहाँ वेश्यापन की बड़ी न्यूनता है। पार्थिव वेश्याओं से उसकी तुलना नहीं हो सकती, स्वर्वेश्याओं (अप्सराओं) से भले हो, और तब, आप स्वयं देखेंगे, 'अप्सरा' शीर्षक कितना सुन्दर एवं सार्थक है। उसमें अप्सराओं की सभी विभूतियाँ मौजूद हैं—रूप, विद्या, गीत, नृत्य, कला, परन्तु हमारी वेश्याओं के कलुषित चरित्र से उसके कुछ सम्बन्ध नहीं। इसी जरा-सी बात को ध्यान में रखकर निराला जी ने अपनी दूरदर्शी बुद्धि का पूर्ण परिचय दिया है। कैसा हृदय-विमोहन और साथ ही सार्थक है यह नाम!

किसी भी पुस्तक की सफलता का तारतम्य उसकी भाषा है। भाषा पुस्तक के अनुसार ही अलंकृत, गम्भीर, चटपटी होनी चाहिए। कविता की भाषा अलंकृत होनी चाहिए, गद्य की गम्भीर और हास्य या व्यंग्य की चटपटी। यदि कविता की भाषा में या गद्य की कविता में व्यवहृत की जाए, तो पुस्तक की सफलता संदिग्ध है। निराला जी इस बात से भली भाँति परिचित मालूम पड़ते हैं। यद्यपि उनकी कविता की भाषा संस्कृत-बहुला हुआ करती है, तथापि उनकी 'अप्सरा' उपन्यास के उपयुक्त बोलचाल की ही भाषा में है। यत्र-तत्र जो दृश्य-वर्णन या पात्र-वर्णन आ गए हैं, उन्हीं में, कवित्वपूर्ण लेखन-शैली में कविता-सा ही मजा देनेवाली संस्कृत-बहुला भाषा व्यवहृत हुई है। 'हृदयेश' जी के उपन्यास असफल क्यों हुए? उनकी भाषा की कृत्रिमता ही असली कारण है। इसका फल यह हुआ कि कहीं तो संस्कृत के समासों की झड़ी लग गई है, और कहीं भाषा में इतनी शिथिलता आ गई है कि जी भिन्ना जाता है। लेकिन निराला जी में यह बात नहीं; उन्होंने अथ से इति तक—पहले के कथनानुसार ही दृश्य या पात्र-वर्णन को छोड़कर—एक प्रकार की भाषा लिखी है, और शिथिलता या कृत्रिमता का तो वहाँ नामोनिशान तक नहीं। और भी, प्रसाद जी के 'कंकाल' में जहाँ पात्रों की लम्बी-लम्बी कवित्वपूर्ण स्पीचों से कृत्रिमता की बू आने लगती है, वहीं निराला जी बस काम के ही अकृत्रिम वार्तालाप लिखकर छुट्टी पा लेते हैं। यद्यपि प्रसाद जी का 'कंकाल' उपन्यास है, तथापि उसमें प्रसाद जी का कवि-हृदय ही प्रतिबिम्बित होता है—उपन्यास में भी प्रसाद जी कवि ही बने रहते हैं—औपन्यासिक नहीं बन पाते। 'कंकाल' में उपन्यास-कला की पूर्णता में जो यह त्रुटि दिखाई पड़ती है, वह 'अप्सरा' में एकदम नहीं। निराला जी अपने कवि-हृदय को वही स्वतंत्र विचरने देते हैं, जहाँ उन्हें प्राकृतिक दृश्यों का वर्णन करना या पात्र-पात्रियों के बारे में कुछ अपनी ओर से कहना होता है। लेकिन 'डायलॉग' को तो उन्होंने इतना अकृत्रिम बनाया है, मानो कोई आपस में बात कर रहा हो, और उसे ही वह 'नोट' करते जा रहे हों! प्रेमचन्द को सफल बनाने में इस 'डायलॉग' की अकृत्रिमता का ही हाथ है। प्रेमचन्द का यह बड़ा भारी गुण है, जो निराला जी में भी वर्तमान है। हाँ, प्रेमचन्द की भाषा

में जो लचरपन और शिथिलता है, वह यहाँ नहीं—इनमें प्रेमचन्द के गुण तो हैं, किन्तु दोष नहीं!

'There is a budding morrow in midnight [Keats]—होनहार बिरवान के होत चीकने पात।' किसी कार्य का प्रारम्भ ही ठीक नहीं हुआ, तो लोगों की धारणा हो जाती है कि उस कार्य का मध्य और अन्त भी वैसा ही होगा, क्योंकि कार्य का शुभ प्रारम्भ ही तो आगे के शुभ की अभिव्यक्ति है। उपन्यास में यह सत्य सबसे अधिक लागू होता है। बहुत-से ऐसे उपन्यास हैं, जिनका प्रारम्भ बहुत बुरी तरह, ऊटपटाँग ढंग से, किया जाता है। उपन्यास से तबीयत ऊब जाती है, और उसका पठन असम्भव हो जाता है। किसी भी उपन्यास को मनोहर बनाने के लिए यह आवश्यक है कि पहले ही से घटनाओं का ऐसा ताँता बँध जाए कि पाठक समाप्त किये बिना छोड़े ही नहीं। निराला जी उपन्यास-कलामर्मज्ञ हैं। उन्हें मालूम है कि पुस्तक कैसे 'अपीलिंग' बनाई जा सकती है। प्रारम्भ में ईडन-गार्डन का वह सुन्दर 'कवित्वपूर्ण' वर्णन, अनिंद्य सुन्दरी 'कनक' की उपस्थिति, उस पर कामान्ध गोरे अफसर का आक्रमण, 'राजकुमार' द्वारा उसकी रक्षा—ये सब ऐसी बातें हैं, जो नायक-नायिका का 'रोमांटिक' मिलन तो कराते ही हैं, साथ-ही-साथ उनके प्रति हमारी सहानुभूति और प्रेम भी आकर्षित कर लेते हैं। 'नेटिव' से गोरे का पिट जाना साधारण बात नहीं। अत: हम बड़ी व्यग्रता से राजकुमार के भाग्य के बारे में जानने के लिए पन्ने उलटने लग जाते हैं; हम पार्क वाली घटना के बाद के 'डेवलपमेंट' को जानने के लिए उत्सुक हो उठते हैं, और यह औत्सुक्य का उद्रेक उपन्यास की सफलता का एक लक्षण है। इसके अनन्तर तो घटनाओं की ऐसी शृंखला बँध जाती है कि पुस्तक एक सुर में खत्म किये बिना रहा ही नहीं जाता। 'अप्सरा' के प्रारम्भ में सागर के कूल पर उठनेवाली उत्ताल तरंगें हैं, मध्य में उदधि के बीच वाला गाम्भीर्य है, और फिर अन्त में प्रारम्भ की-सी तुंग तरंगें उठने लगती हैं। प्रारम्भ में भी 'कनक' का 'राजकुमार' से 'रोमांटिक' मिलन होता है, और 'राजकुमार' के ही द्वारा उसकी रक्षा होती है, अन्त में भी वही 'रोमांस' दिखलाई पड़ता है। 'कनक' का महल से बच निकलना, राजकुमार से मिलन और उसी ईडन-पार्क वाले गोरे अफसर से फिर ट्रेन पर राजकुमार द्वारा ही उसकी रक्षा। कहने का तात्पर्य यह कि प्रारम्भ और अन्त तो बहुत ही 'रोमांटिक' हुआ है, और मध्य भाग—जो 'मिसअंडरस्टैंडिंग' पर बना हुआ है—वैसा ही गम्भीर। 'अप्सरा' में 'रोमांस', 'मिसअंडरस्टैंडिंग', घटना-वैचित्र्य, स्वाभाविकता—इनका गजब का परिपाक हुआ है। हिन्दी में निराला जी ने ही इतनी सफलता के साथ 'रोमांस' को अपने उपन्यास में प्रविष्ट किया है।

अब हमें 'अप्सरा' के आदर्श और चरित्र-चित्रण पर भी ध्यान देना चाहिए। टॉमस हार्डी अपने समय का श्रेष्ठ औपन्यासिक था, लेकिन उसे 'नोबुल प्राइज' नहीं मिला। इसका कारण यह था कि 'नोबुल प्राइज' देनेवाले महापुरुष के सदिच्छानुसार यह

'प्राइज' उसी मनुष्य को दिया जाता है, जो संसार के सामने किसी भी रूप में कोई आदर्श उपस्थित करे। और, और सभी गुण होते हुए भी 'हार्डी' की कृतियों में आदर्शवाद की बड़ी कमी थी। 'फॉर फ्रॉम दि मैडिंग क्राउड' और 'टेस ऑफ डरवर वाइल्स' उसके दो सर्वश्रेष्ठ उपन्यास हैं। पहले की नायिका, 'बाथशेवा' और दूसरे की 'टेस' है। ये दोनों असहाया, सरला ग्रामीण युवतियाँ हैं। 'हार्डी' ने उनकी भूलों का, कमजोरियों का, उनके ऊपर किये गए लम्पट पुरुषों के अत्याचारों का वर्णन किया है। उसने दिखलाया है कि कैसे वे नवयुवतियाँ अपनी सरलता के कारण उन कामुकों के हाथों लग गईं, और इसी कारण उन्हें कितने कष्ट झेलने पड़े। वह अपनी प्रभावशालिनी लेखनी से हमें प्रभावान्वित कर देता है, रुला देता है, पात्र-पात्रियों के प्रति हमारी सहानुभूति वशीकृत कर लेता है, और अपनी जोरदार वर्णना-शक्ति द्वारा अपने को श्रेष्ठ औपन्यासिक भी मनवा लेता है। लेकिन यह सब कुछ होते हुए भी वह हमारे सामने कोई आदर्श नहीं उपस्थित करता। अत: उसे 'नोबुल प्राइज' नहीं मिला। मैं इस उदाहरण द्वारा यह स्पष्ट कर देना चाहता हूँ कि औपन्यासिक का आदर्श-चरित्र की सृष्टि भी कर्तव्य होना चाहिए। इसके बिना उसकी कृति पूर्णरूपेण सफल नहीं हो सकती। यही तो कारण है कि—एक और उदाहरण पेश करता हूँ—व्यास जी से सिद्धहस्त लेखक का 'अशान्त' सफल नहीं हुआ। किन्तु निराला जी का एक-एक चरित्र हमारे लिए आदर्श है—राजकुमार की गोरे अफसर से भी भिड़ जानेवाली निर्भीक प्रकृति हमारे कायर, निर्बल, चाटुकार युवकों के लिए एक उच्च आदर्श स्थापित करती है, इसमें तो किसी को सन्देह हो ही नहीं सकता। फिर रंगमंच पर, एम.ए. होने पर भी, उसका उतरना, इतनी सफलतापूर्वक अभिनय करना हमारे साहित्यिक युवकों के लिए एक आदर्श है ही। उसका आत्मसम्मान, उसकी एक स्त्री की सहायता से बरी होने की अनिच्छा से प्रकट होकर, आत्माभिमान-रहित नवयुवकों के लिए एक सीख है, आदर्श है। वेश्या के घर भी उसे भोजन कर लेने में इसलिए आपत्ति नहीं कि वह एक वेश्या का घर है, वरन् उसे आपत्ति इसलिए है कि वह नहीं चाहता दूसरों के टुकड़ों पर रहना, किसी का एहसानमन्द होना। यह हमारे उन युवक भाइयों के लिए—जो छुआछूत पर विश्वास रखते हों, दूसरों के घर की रोटी तोड़कर पौरुष को चरितार्थ करते हों—क्या एक आदर्श नहीं रखता ? राजकुमार का अपने मित्र को खतरे में देखकर, ऐशो इशरत को लात मारकर चला आना, उसकी क्रान्ति-सम्बन्धी पुस्तकों पर उसके हितार्थ अपना नाम लिखकर अपने यहाँ रख लेना भी आजकल के विश्वासघाती मित्रों के लिए एक आदर्श है। उसकी बाल-सुलभ सरलता, तुनुक-मिजाजी, अल्हड़पन, कर्तव्य-परायणता, विशुद्ध प्रेम—ये सब एक आदर्श युवक के सफल चित्र हैं।

कनक की कृतज्ञता, उसकी उदारता, खतरे में भी प्रत्युत्पन्नमतित्व, वेश्या होने पर भी सुशिक्षिता और ललित कलाओं में प्रवीण होना, अचंचल प्रेम, शालीनता—ये सब हमारे महिला समाज के लिए आदर्श हैं।

निराला जी ने केवल प्रधान पात्रों को ही आदर्श नहीं बनाया है, बल्कि साधारण पात्रों को भी आदर्श बनाया है; यथा—तारा, चन्दन आदि। यहाँ तक कि उस ग्रामीण हरपाल सिंह को भी आदर्श रूप दिया है।

चरित्र-चित्रण में इस आदर्शवाद के पुट से हम उल्लसित हो जाते हैं, उत्साहित हो जाते हैं—निराश नहीं होते; हँसने लगते हैं—रोने नहीं लगते; तरुण भारत के आदर्श-विकास पर हम गर्वित हो जाते हैं—उसके दोषों को पढ़कर लज्जित नहीं हो जाना पड़ता। 'उग्र' का 'चाकलेट' पढ़िए—आप अभिनव भारत से घृणा करने लग जाएँगे, अपने को पृथ्वी के बदले नरक में स्थित पावेंगे; लेकिन निराला की 'अप्सरा' पढ़िए—आप अपनी जन्मभूमि—अभिनव भारत—पर गर्व करने लगेंगे, अपने को पृथ्वी के बदले स्वर्ग में विचरते हुए पावेंगे, नरक में नहीं। यह आदर्शवाद ही अकेले निराला जी को औपन्यासिकों में अग्रगण्य बनाने को काफी है। यों तो 'अप्सरा' की एक-एक पंक्ति में कुछ-न-कुछ विशेषता है, किन्तु यह सम्भव नहीं कि इस छोटी-सी समालोचना में एक-एक विशेषता का, खूबियों का वर्णन किया जा सके। अतः उपरिलिखित समालोचना से ही पाठकों को सन्तुष्ट होना पड़ेगा। फिर भी इसके पहले कि मैं इस लेख को समाप्त करूँ, यह कहने का लोभ सँवरण नहीं कर सकता कि 'अप्सरा' को चाहे जो जिस दृष्टिकोण से देखे—मौलिकता, चरित्र-चित्रण, भाषा, वर्णन-शैली, उत्कृष्टता, सफलता—सभी तरह वह अद्वितीय है। अन्त में हिन्दी साहित्य भी विश्व-साहित्य के योग्य वस्तुओं का अब सृजन करने लगा है, इस पर मैं चलते-चलाते उसको अपना हार्दिक साधुवाद देता हूँ। और, मुझे आशा ही नहीं, पूरा विश्वास भी है कि निराला जी इसी तरह की अन्य पुस्तकें लिखकर अपने को अमर करते हुए हिन्दी साहित्य को भी संजीवनी-शक्ति से पूर्ण करते रहेंगे।

[सुधा (मासिक) : लखनऊ, 1933]

बाणभट्ट की आत्मकथा

'मिस कैथराइन नामक एक आस्ट्रियन महिला को 'बाणभट्ट की आत्मकथा' पर एक स्वतंत्र ग्रंथ की पांडुलिपि सोन नदी के किनारे उपलब्ध हुई है ('विशाल भारत', जनवरी, 1943 ई.)। बाण के अन्य ग्रंथों की भाँति यह आत्मकथा भी अपूर्ण है। इसका हजारीप्रसाद द्विवेदी-कृत हिन्दी अनुवाद 'विशाल भारत' में प्रकाशित हो रहा है। मूल संस्कृत आत्मकथा का प्रकाशन संस्कृत साहित्य की एक अपूर्व वस्तु होगी...।'

हिन्दी में लिखे गए जिस मामूली तरह से कामचलाऊ संस्कृत साहित्य के इतिहास से ये पंक्तियाँ उद्धृत की गई हैं, उसका पता-ठिकाना नहीं देना उसके साथ अन्याय करना नहीं होगा। द्विवेदी जी की लेखनी का जादू उल्लिखित पुस्तक के लेखकों के

सिर पर चढ़कर बोल गया है। मैं एक तरफ 'द्विवेदी जी की मूक खिलखिलाहट की बात सोचता हूँ और दूसरी तरफ उद्धृत पंक्तियों के लेखकों की विनोद-भावना के नितान्त अभाव की' और आज फिर इस आलोचना को लिखते समय मन-ही-मन उस तरह 'खिलखिला' रहा हूँ जिस तरह पहली बार इस वक्तव्य को पढ़ने पर खिलखिला पड़ा था।

लेकिन गम्भीरतापूर्वक विचार करने पर इस भ्रान्ति के लिए आत्मकथा का लेखक ही उत्तरदायी ठहरता है! उसने अपनी विनोदपूर्ण भूमिका से जितना भ्रम नहीं फैलाया है, उतना तो अपनी लेखन-शैली से, जो पुस्तक को इस प्रकार विश्वासोत्पादक बना देती है! द्विवेदी जी ने यह प्रगल्भ परिहास न भी किया होता तो शोध-प्रेमी यह सन्देह कर सकते थे कि इन महाशय को कदाचित् कोई प्राचीन पांडुलिपि मिल गई हो। 'बाणभट्ट की आत्मकथा' साहित्यिक 'परकाया-प्रवेश' का उत्कृष्ट उदाहरण है : द्विवेदी जी को बाणभट्ट बन जाने में पूरी सफलता मिली है।

द्विवेदी जी की सफलता का रहस्य आसानी से समझ में आ जाने की बात है। उनके और बाणभट्ट के व्यक्तित्व में एक से अधिक समान तत्त्व हैं। दोनों में ही शास्त्र के ज्ञान और जीवन के अनुभव, पांडित्य और विनोद, संयम और सहृदयता, गाम्भीर्य और परिहास-प्रेम का दुर्लभ संयोग है। कोई आश्चर्य नहीं, द्विवेदी जी की लिखी बाणभट्ट की जीवनी बाणभट्ट की आत्मकथा ही बन गई है।

आत्मकथा लिखना सबके बूते की बात नहीं; पर कुछ लोगों को दूसरों की जीवनी लिखने में ऐसी सफलता मिल सकती है कि वह आत्मकथा ही मालूम पड़े। दूसरी कोटि के लेखकों के लिए इतिहास के सूक्ष्म अध्ययन के साथ कवि की शक्ति और उपन्यासकार की स्थापत्य-कुशलता भी आवश्यक है। लेखक और उसके चरितनायक के व्यक्तित्व की समानता तो जीवनी-लेखन के लिए अनिवार्य है। और, जहाँ तक अन्तिम तत्त्व का प्रश्न है, मैंने तुरन्त पहले इसका निर्देश किया है।

बाणभट्ट के इतिहास के विषय में भी, सौभाग्य से लेखक को पर्याप्त सामग्री सुलभ थी। 'सौभाग्य से' इसलिए कहा, क्योंकि संस्कृत के प्राचीन लेखकों का इतिहास, इतिहास नहीं, अनुमान-मात्र है। बाणभट्ट उन अपवादों में से हैं जिनके 'विस्तृत और प्रमाणित' जीवनवृत्त उपलब्ध हैं। इससे भी ज्यादा तो यह कि बाण का जीवन-वृत्त उन्हीं के द्वारा लिखा गया है। 'कादम्बरी' और 'हर्षचरित' में बाण ने अपने बारे में जितना और जो कुछ लिखा है, वह क्या कम है? बाणभट्ट के काल-निर्णय जैसे नीरस शास्त्रीय प्रश्नों पर भले ही उसकी आत्मकथा से प्रकाश नहीं पड़ता हो किन्तु उससे उनके व्यक्तित्व का अन्तर्दर्शन सम्भव हो जाता है जो उनकी जीवनी लिखने के प्रयास को काफी सरल बना देता है।

आत्मकथा लिखनेवाला अपनी केंचुली से बाहर निकलकर अपना विश्लेषण करता है; इसलिए ईमानदारी से लिखी गई आत्मकथा जीवनी-सी लगती है। इसके विपरीत

जीवनी-लेखक वर्ण्य व्यक्ति से अभिन्न होकर उसके व्यक्तित्व का संश्लेषण करता है; फलतः सफल जीवनी आत्मकथा बन जाती है। बाणभट्ट ने बिना भावुक हुए और निर्मम तटस्थता के साथ लिखा है कि एक अभिजात ब्राह्मण-वंश में जन्म लेने के बावजूद वे, यौवन में, सन्देहास्पद चरित्र वाले समवयस्कों के साथ आवारागर्दी करते रहे; फिर सँभले और घर-गिरस्ती की ओर ध्यान दिया और साहित्य-रचना में जुटे। राजा के यहाँ पहुँचने पर पहले तो उपेक्षा ही हुई, क्योंकि जवानी के कारनामों की 'प्रसिद्धि' राजा के पास तक पहुँच चुकी थी, पर बाद में उनकी प्रतिभा के कारण यथोचित आदर भी हुआ। इतनी-सी बात, लेकिन बाणभट्ट की लिखी हुई; कवित्व-पूर्ण होने पर भी कहीं असत्य नहीं, अपने बारे में होते हुए भी कहीं लीपा-पोती नहीं। व्यक्ति के जीवन के इतिहास के लिए इतनी सामग्री है तो काफी है। द्विवेदी जी ने इस सामग्री की सम्भावनाओं को देखा और उनका सफाई के साथ उपयोग किया। बाण ने आत्मकथा लिखते हुए भी वस्तुतः जीवनी लिखी। द्विवेदी ने जीवनी लिखी और उसे आत्मकथा कहा और हमने उसे ऐसा पाया भी—कुछ लोगों ने तो शब्दशः।

परिमाण में सीमित इतिहास के आधार पर परिपूर्ण जीवनी—जैसे बाणभट्ट की आत्मकथा है—लिखने के लिए कवित्व-शक्ति बहुत आवश्यक है। एक कवि ही, मैं ऐसा मानता हूँ, जीवनी लिख सकता है। बाण ने 'कादम्बरी' और 'हर्षचरित', दो उपन्यास लिखे हैं। 'हर्षचरित' एक ऐतिहासिक उपन्यास है। वह इतिहास कम और ज्यादा उपन्यास ही है और उससे भी ज्यादा जीवनी। बाण का कवित्व तब देखने को मिलता है जब वे गहरे रंगों की विविध पृष्ठभूमियों के सहारे हर्ष के व्यक्तित्व और स्वभाव को, उनके संघर्ष तथा सरलता, कोमलता और कठोरता के साथ अभिव्यक्त करते चले जाते हैं। द्विवेदी जी ने बाण की तरह बहुत गहरे रंगों का तो प्रयोग नहीं किया है, फिर भी गहरे रंगों का प्रयोग उन्होंने भी अवश्य ही किया है। गहरे रंगों की पृष्ठभूमि में यह खतरा बना रहता है कि कहीं तसवीर ओछी न पड़ जाए। बाण कहीं-कहीं अपने चित्रों को, उनकी पृष्ठभूमि के फलस्वरूप, हल्का ही छोड़ देने को बाध्य हो गए हैं। द्विवेदी जी ने अपने चरितनायक की कुशलता और असफलता, दोनों से ही सीख ली है। 'बाणभट्ट की आत्मकथा' में शायद ऐसा कहीं हुआ हो कि पृष्ठभूमि प्रधान और चित्र गौण हो गया हो। लेकिन द्विवेदी जी की तसवीरें भी सार्थक पृष्ठभूमि पर ही उभरी हैं। और, सार्थक पृष्ठभूमि के लिए कवित्व-शक्ति की ही अपेक्षा रहती है। पुस्तक के आरम्भ में ही बाणभट्ट के जो विशद चित्र उपस्थित किये गए हैं, उनकी परिपूर्णता के पीछे लेखक की कवित्व-शक्ति ही काम करती है। ऐसे दूसरे चित्र पुस्तक में भरे पड़े हैं। 'बाणभट्ट की आत्मकथा' निस्सन्देह एक कवि-चित्रकार की रचना है।

बाणभट्ट के उपन्यासों के समान ही उनकी इस जीवनी में भी कवित्वपूर्ण वर्णनों का, एक विशेष प्रभाव को उत्पन्न करने के लिए, विन्यास पाया जाता है। विस्तृत एवं

सजीव वर्णनों की सहायता से, कुल मिलाकर वह वातावरण तैयार कर दिया गया है जो चरित्र–निर्माण को विश्वास्य बना पाता है। बाण के पर्यटन–काल से सम्बद्ध देश, तत्कालीन आचार–व्यवहार आदि के जो वर्णन आए हैं, वे अपने में ही महत्त्वपूर्ण नहीं हैं, किन्तु बाण के अमर्यादित जीवन के अनिवार्य वातावरण की सृष्टि करते हैं। 'बाणभट्ट की आत्मकथा' पढ़ते हुए हम सम्राट हर्षवर्द्धन के भारतवर्ष में पहुँच जाते हैं। इतिहास की पुस्तक पढ़ने पर भी पाठक को ऐसा अनुभव करना चाहिए। लेकिन इतिहासकार कवि नहीं होते हुए भी इतिहास लिख सकता है जबकि जीवनी–लेखक कवि हुए बिना इतिहास ही लिख सकता है; जीवनी नहीं।

आत्मकथा के स्थापत्य में ये सभी तत्त्व आनुषंगिक और आनुपातिक रूप में नियोजित है। 'कादम्बरी'कार का स्थापत्य–कौशल अपने समय की दृष्टि से अद्वितीय और आज भी असाधारण है। जीवनी–लेखक अवश्य ही स्थापत्य–सम्बन्धी ऐसे जटिल प्रयोग नहीं कर सकता। लेकिन स्थापत्य की सरलता उसकी कम महत्त्वपूर्ण विशेषता नहीं। घटना–वैचित्र्य, स्वतंत्र कल्पना आदि के अभाव में भी 'बाणभट्ट की आत्मकथा' एक महान ऐतिहासिक उपन्यास बन पड़ा है। आत्मकथा जैसी लगनेवाली यह जीवनी वस्तुत: एक उपन्यास ही है और द्विवेदी जी यहीं एक कुशल कलाकार के रूप में प्रकट भी होते हैं। उन्होंने केवल ऐतिहासिक पृष्ठभूमि या केवल ऐतिहासिक पात्र को ही नहीं चुना है, बल्कि दोनों की संकीर्ण परिधि में अपने को आबद्ध रखा है। फिर भी आत्मकथा में आद्यन्त औपन्यासिकता का अकृत्रिम निर्वाह हुआ है। द्विवेदी जी ने ऐतिहासिक यथातथ्य और सूक्ष्म बाह्य वर्णन के साथ बाणभट्ट के आभ्यन्तर द्वन्द्व और संघर्ष के विश्लेषण को जिस विलक्षणता के साथ गुम्फित किया है, वह उनके निर्माण–कौशल का परिचायक है।

आधुनिक और प्राचीन प्रणालियों का यही समन्वय आत्मकथा की शैली और भाषा में भी दीख पड़ता है। बाण की अत्यन्त कृत्रिम और आलंकारिक गद्य–शैली के बदले आधुनिक आदर्श के अनुरूप गद्य के सहारे ही लेखक बराबर बाण की याद दिलाते रहने में सफल हुआ है। स्वयं बाण, अपने सारे पांडित्य प्रदर्शन के रहते हुए भी, भावानुरूप परिवर्तन–क्षम तथा लयपूर्ण गद्य लिख सकते थे। कई–कई पृष्ठों तक फैले हुए वाक्यों के बदले जब दो–दो, चार–चार शब्दों के लघु, सरल वाक्य आने लगते हैं और फिर कुछ दूर बाद पहले का क्रम चल निकलता है, तो पाठक इस शैलीगत विस्तार और संकोच की लय में बह चलता है। गद्य की यह लयपूर्णता, अपने आडम्बर तथा आभास–रहित रूप में, द्विवेदी जी की शैली की बाण–प्रेरित विशेषता है।

प्राचीनता के उपयुक्त वातावरण की सृष्टि के लिए द्विवेदी जी ने जिन अप्रचलित शब्दों का प्रयोग किया है, वे बड़ी सावधानी के साथ, हिन्दी की प्रकृति के अनुकूल वाक्यों में पिरोए गए हैं। यह बहुत कठिन कार्य है और बहुधा साधारणत: सफल लेखक

भी इसका निर्वाह नहीं कर पाते। यों भी, गवेषण और अध्यापन जैसे निर्जीव कामों में लगे रहने पर भी, द्विवेदी जी स्पंदनशील गद्य लिखते हैं और उनकी यह सामान्य विशेषता तो आत्मकथा में है ही।

अगर मुझसे हिन्दी के दो-तीन उत्कृष्ट ऐतिहासिक उपन्यासों के नाम लेने को कहा जाए तो 'बाणभट्ट की आत्मकथा' उनमें से एक जरूर होगा।

[प्रतीक : 10 (हेमन्त)]

गिरती दीवारें

[एक कुंठित व्यक्तित्व का दयनीय इतिहास]

नदी में बाढ़ आती है। पानी तटों के ऊपर से बहने लगता है। नदी की आकृति मिट जाती है, उसकी धारा अनिश्चित, अनियन्त्रित हो जाती है। ऐसी नदी के ढंग के उपन्यास भी होते हैं। ऐसे उपन्यास या तो बहुत पहले लिखे जाते थे या बहुत आधुनिक काल में। पहले 'आजाद-कथा' जैसे उपन्यास लिखे जाते थे। इधर रोमां रोलां ने कुछ-कुछ इसी प्रकार के उपन्यास की उद्‌भावना की थी, जिसे फ्रेंच में 'रोमन फ्लूव' (Roman Fleuve) कहते हैं और जो अनेकानेक जिल्दों में छपता चला जाता है—स्वयं रोलां ने एक उपन्यास के दस भाग प्रकाशित किये थे और योजना सत्ताइस भागों की थी।

हिन्दी में, आधुनिक काल में, अज्ञेय ने इस प्रवहमान औपन्यासिक रूप का दुर्लभ आदर्श प्रस्तुत किया। 'शेखर : एक जीवनी' की धारा को अज्ञेय प्रवाहित होते रहने दें, इसी में उस उपन्यास की सार्थकता है—स्वयं उसमें इसकी योग्यता और शक्ति पर्याप्त मात्रा में है। 'गिरती दीवारें' भी वस्तुतः इसी प्रकार का उपन्यास है। उसका प्रवाह कुछ दूर तक जाकर ही रुक जाता है, यानी दूसरे शब्दों में पुस्तक एक भाग में ही समाप्त हो गई है। इस विवेकशीलता के लिए 'अश्क' जी निस्सन्देह पाठकों की दृष्टि में धन्यवाद के पात्र होंगे।

बात ऐसी है कि 'गिरती दीवारें' बाह्यतः 'रोमन फ्लूव' जैसी चीज होने पर भी अन्ततः 'आजाद-कथा' की परम्परा के ही निकट है। अश्क जी पर 'सरशार' का प्रभाव आसानी से समझा जा सकता है। वे उर्दू के सफल लेखक रह चुके हैं। उन्होंने अवश्य ही उर्दू के हर एक विद्यार्थी की तरह इस आचार्य का अध्ययन किया होगा। लेकिन 'सरशार' का प्रभाव और अधिक लाभदायक हो सकता है। अश्क जी ने अपने उपन्यास के स्थापत्य को विशृंखल तो अवश्य रहने दिया है, लेकिन क्या उसमें वह 'आजाद-कथा' की किस्सागोई और विविधता ला पाए हैं ?

और, आधुनिक 'रोमन फ्लूव' में तो स्थापत्य की विशृंखलता की तह में ऐसा चारित्रिक या बौद्धिक प्रवाह बना रहता है, जो अस्त-व्यस्तता को भी एक परिवर्तनशील

योजना प्रदान करने में समर्थ हो जाता है। इस प्रकार के उपन्यासों में एक व्यक्ति या ऐसे व्यक्तियों के समूह का चित्रण रहता है, जिनका एक-दूसरे के साथ पारिवारिक या बौद्धिक सम्बन्ध रहता है। इस क्षीण आधार को लेकर जिस उपन्यास की रचना होगी, उसमें वह सुसंगठित स्थापत्य नहीं पाया जा सकता, जो साधारणत: उपन्यासों में अपेक्षित होता है। किन्तु लेखक की बौद्धिक अन्विति तथा सत्य के लिए आग्रहशीलता 'प्रवहमान उपन्यास' में भी कलात्मक योजना अनुस्यूत कर देती है। यदि लेखक में इन दोनों बातों का अभाव हो तो ऐसा स्थापत्य-रहित उपन्यास सर्वथा निरर्थक प्रमाणित होता है। 'गिरती दीवारें' से हमें निराशा होती है। यह स्थापत्य-रहित उपन्यास तो है, किन्तु सफल 'प्रवहमान उपन्यास' नहीं!

जिस एक व्यक्ति की जीवनधारा का विस्तृत वर्णन इस उपन्यास में है, वह एक रीढ़-रहित, ढुलमुल-यकीन, कमजोर और अत्यन्त साधारण मनुष्य है। इस आदमी में कहीं कोई द्वन्द्व या तनाव नहीं है। वह समाज की 'गिरती दीवारों' का, टूटते और बदलते हुए ढाँचे का, प्रतिनिधि न बनकर उसमें दुबका रहनेवाला दयनीय जीव भर है। वह चोटें सहता ही है, करता नहीं। वह खुद टूट-टूट जाता है, तोड़ कभी नहीं पाता। 'दीवारें' गिर रही हैं, यह सच है। लेकिन उनके गिरने न गिरने से इस आदमी का कोई वास्ता नहीं। कहा जा सकता है कि 'गिरती दीवारें' इस शीर्षक का और इस शीर्ष वाले उपन्यास का, एक-दूसरे के साथ कोई सम्बन्ध नहीं। मुख्य पात्र ही नहीं, उपन्यास का वातावरण भी ढहती हुई प्राचीनता और उस पर उठती हुई नवीनता का आभास देने में असमर्थ है। शीर्षक सुन्दर जितना भी हो, सार्थक एकदम नहीं। यदि भगवतीचरण वर्मा के बृहत् उपन्यास 'टेढ़े-मेढ़े रास्ते' और 'अश्क' जी की इस रचना का नामकरण मुझे करना होता, और मेरे सामने दो नाम भी होते—'टेढ़े-मेढ़े रास्ते' और 'गिरती दीवारें', तो मैं पहले के लिए दूसरा, और दूसरे के लिए पहला शीर्षक चुनना ही पसन्द करता।

मैं उपन्यासकार से अति-मानव, असाधारण या सबल पात्रों की सृष्टि करने की माँग नहीं करता, जैसाकि कुछ आलोचकों ने इलाचन्द्र जोशी से किया है और जिससे वे क्षुब्ध भी हैं। मैंने अन्यत्र फ्लाबेयर के इस मत का उल्लेख किया है कि साधारणता इतनी सार्वजनीन और सर्वव्यापक है कि कलाकार उसके चित्रण-वर्णन से बच नहीं सकता, न यही आवश्यक है कि उससे बचने के लिए वह प्रयत्न ही करे!

स्वयं फ्लाबेयर ने 'बूबार्द पेक्यूशे' (Bouvardet Pecuehat) लिखकर अपने इस सिद्धान्त को व्यवहार में परिणत भी कर दिखाया था। अगर 'अश्क' जी ने इस दृष्टिकोण से 'गिरती दीवारें' की रचना की होती तो उनके प्रयत्न की मौलिकता का अभिनन्दन करनेवाला कम-से-कम एक आलोचक तो उन्हें अवश्य प्राप्त होता, जो इन पंक्तियों का लेखक भी है। उसमें उनके जिस उद्देश्य का इंगित है, जिस सामाजिक आलोचना का दावा है, उससे असाधारण हलचल, विराट् परिवर्तन, ध्वंस और निर्माण

की युगपत् प्रक्रिया और जीवन के चरित्रों के दर्शन की ही उम्मीद बँधती है। और सैकड़ों पृष्ठों के इस बृहत्काय उपन्यास के अध्यवसायपूर्ण अध्ययन के बाद हम पाते हैं सिर्फ एक उपेक्षित किशोर, ग्रामीण और ग्राम्य युवक, असफल सहकारी सम्पादक और लेखक-कवि के कुंठित व्यक्तित्व का दयनीय इतिहास, जिसका सबसे बड़ा कृतित्व शायद यह है कि वह अपनी पत्नी की छोटी और सुन्दर बहन से लुक-छिपकर प्रेम करता है और उससे बुरी तरह से फटकार खाता है!

[प्रतीक : 9 (शरद)]

जो दास थे

विदेशी साहित्य में हिन्दी के पाठकों की काफी दिलचस्पी रहती है। अंग्रेजी में, अनूदित रूप में, वह हमारे लिए सुलभ भी है। हिन्दी में अपेक्षाकृत कम और असन्तोषजनक अनुवाद ही साधारणतः देखे जाते हैं, पर हिन्दी में अच्छी पुस्तकों के अनुवाद होने लगे हैं, वह उसकी सजगता का ही परिचायक है।

विदेशी साहित्य के हिन्दी पाठकों ने यह पाया होगा कि जहाँ पश्चिम के महान राष्ट्रों के साहित्य का उन्हें परिचय मिलता रहता है, वहीं उन्हें नार्वे, स्कैंडिनेविया आदि जैसे लघु देशों के यशस्वी लेखकों की कृतियाँ भी यथावसर प्राप्त हो सकती हैं। पर एशिया के विभिन्न देशों से हमारा बहुत स्वल्प परिचय है। यह क्यों? इधर चीनी लेखकों की कृतियों के अनुवाद हुए हैं, पर एशिया के दूसरे देशों में क्या साहित्य-सृजन होता ही नहीं? कुछ दूर तक तो यह भी सच है और थोड़ा दोष हमारा भी है।

राहुल जी ने मध्य एशिया के एक ऐसे लेखक की कला से हमारा परिचय कराया है जो रूसी होने पर भी प्रादेशिक भाषा में ही लिखता है, पर जो रूस के शोलोकोव जैसे रूसी भाषा के लेखकों के समकक्ष है, फलतः 'जो दास थे'—एकाधिक दृष्टियों से महत्त्वपूर्ण रचना तथा अनुवाद है। 'जो दास थे'—मध्य एशिया के सर्वश्रेष्ठ उपन्यास-लेखक (मूल पुस्तक : 'गुलामान'; लेखक : सदरुद्दीन ऐनी) की सर्वोत्तम कृतियों में से एक है—जैसाकि पुस्तक के अनुवादक श्री राहुल सांकृत्यायन पुस्तक के आरम्भ में परिचयात्मक 'दो शब्द' में लिखते हैं : 'इस पुस्तक में 1834 से 1935 तक के मध्य एशिया के इतिहास और समाज का चित्रण बड़ी प्रामाणिकता के साथ किया गया है। जो दास थे, वे आज किस अवस्था में पहुँच गए हैं, और वहाँ किस तरह पहुँचे, इसे जानने में यह पुस्तक अधिक सहायक सिद्ध होगी।'

आगे विद्वान अनुवादक ने लिखा है : 'जो इस ठोस कार्य को कम्यूनिस्टी प्रोपेगेंडा कहकर छुटकारा पा लेना चाहते हैं, वे दया के पात्र हैं। भारत की समस्याओं को हल करने में सोवियत के अनुभव बहुत लाभदायक सिद्ध होंगे।'

यह निस्संदिग्ध है कि 'जो दास थे' एक सशक्त लेखनी की सृष्टि है और यह एक भारत की समस्याओं को हल कर सकने में लाभदायक भी सिद्ध हो सकती है।

500 पृष्ठों की इस पुस्तक को लेखक ने 100 वर्षों के सामाजिक जीवन के विकास के अनुसार पाँच भागों (खंड) में बाँटा है। पहला भाग सन् 1840 के आसपास अर्से में मध्य एशिया के देशों में गुलामों की अवस्था और उन पर किये गए अमानुषिक अत्याचारों और तत्कालीन शोषकों के अनाचार और विलासिता को उपस्थित करता है।

दूसरे भाग में दास-प्रथा के उठ जाने के बाद दासों की स्थिति का, जब वे नाम मात्र के किसान हैं और उनकी अवस्था में वस्तुत: कोई अन्तर नहीं आ पाया है। पहले वे सिर्फ बापों (सेठ, जमींदार) और उनके गुमाश्तों के जुल्म सहते थे, अब उनमें अमलाकदार (तहसीलदार) आदि और आ मिले हैं। उन्होंने अपने रहने को अलग बस्तियाँ बसा ली हैं और उनमें धीरे-धीरे बदलाव आ रहा है।

तीसरा भाग 1917-20 के जमाने का है। उस समय रूस में क्रान्ति होती है। मध्य एशिया के देश भी वहाँ की जागृति की नई लहर से अछूते नहीं रह पाते। वहाँ कदीम (नवीन और प्राचीन) का झगड़ा उठता है और बेचारे जदीद (नवीन विचार) किसान अपने साथियों को अपने विचारों और सिद्धान्तों से सहमत नहीं पाते, वे मुल्लाओं के बनाये विधि-निषेध की दीवारों से घिरे हैं। जदीद उन्हें कब से भर पेट रोटी देने लगेंगे, इसका वे आश्वासन नहीं दे पाते और 'स्वतंत्रता' शब्द उनके लिए महत्त्व नहीं रखता। लेकिन उथल-पुथल हो रही है और नवीन विचार से आगे बढ़ते जा रहे हैं।

चौथे भाग में क्रान्ति और गृह-युद्ध का चित्र है, जिसमें अन्त में उत्पीड़ितों की कहानी होती है!

पाँचवें भाग में पंचायती खेती के क्रमश: विकास की कहानी है, जो समसामयिक समस्याओं के लिए विशेष रूप से उपादेय है।

यह तो हुआ पुस्तक का 'ऐतिहासिक प्रामाणिक पक्ष'। अब उपन्यास के बारे में :

चूँकि प्रस्तुत उपन्यास में तत्कालीन सामाजिक चित्रण बहुत बड़े दायरे में किया गया है, जो कि ऐसे उपन्यास के लिए अनिवार्य है, इसलिए कथावस्तु कहीं-कहीं ओझल हो जाती है और जब वह सामने आती है, पढ़नेवाला चौंककर सोचता है कि वह उपन्यास ही पढ़ रहा है। यानी, कथावस्तु घटनाओं का साक्षी-मात्र है, अधिष्ठाता नहीं। लेकिन इससे घटनाओं के क्रम या चरित्रों के स्वाभाविक विकास में कोई बाधा उपस्थित नहीं होती। चरित्र-चित्रण की दृष्टि से लेखक ने प्रशंसनीय सफलता पाई है। कोई भी चित्र बेढंगा या अधूरा नहीं है। 'जो दास थे' में लेखक ने बड़े ही प्रभावोत्पादक और सशक्त वर्णन किये हैं।

अनुवाद की भाषा सरल तथा मौलिकतासुलभ सजीवता लिये हुए है। वाक्य-विन्यास राहुल जी के निजी हैं, फलतः पढ़नेवाला 'अनुवाद' होने पर भी कहीं कोई खटकनेवाली चीज नहीं पाता। नीचे के उद्धरण आप पढ़ें :

(1) 'कोकनार का नशा तेज हुआ था। देह गर्म हो छक्-छक् कर रही थी। कड़वी हरी चाय से वृद्ध ने सूखे हलक को तर किया। धुआँ, भाप, गरमी और लोगों के शरीर के पसीने की बदबू—सबने मिलकर वहाँ की हवा को असह्य बना दिया था; किन्तु उसका मारीचूल की धूप में पके इन पहलवानों के ऊपर कोई प्रभाव न था' (पृ. 9)।

(2) 'उसकी दाढ़ी बकरी जैसी, बाल सफेद, कमर झुकी, आँखें तंग और जलार्द्र, चेहरा सूखा और मनहूस, होंठ पतले और बेखून थे। उसके कमरबन्द में एक कलमदान लटक रहा था। बगल में चमड़े-मढ़ी एक पुरानी जुजरानी दबी थी। वह हाँफते-हाँफते आकर इजारादार को सलाम करके खड़ा हो गया।'

'जो दास थे' हिन्दी अनुवाद-उपन्यास में एक नई दिशा का संकेत है। इसकी समर्थ-शक्ति का प्रभाव न केवल भारतीय समाज पर, बल्कि भारतीय साहित्य पर भी पड़ेगा, ऐसा सुनिश्चित समझना चाहिए।

['दृष्टिकोण' : दिसम्बर, 1940]

विचार और अनुभूति

यह डा. नगेन्द्र के निबन्धों का प्रथम संग्रह है। इसकी लोकप्रियता का यह पर्याप्त प्रमाण है कि इतना शीघ्र इसका दूसरा संस्करण प्रकाशित हुआ है।

हिन्दी का आलोचना साहित्य बड़ी आसानी से दो श्रेणियों में विभक्त हो जाता है—एक तो वह, जो साहित्य के बहुसंख्यक विद्यार्थियों के लिए लिखा जाता है और दूसरा वह, जो विभिन्न वादों से प्रेरित होता है। किन्तु इस पुस्तक के निबन्धों से वास्तविक साहित्यालोचन के अभाव की पूर्ति होती है। इसमें जो सम्भावनाएँ दीख पड़ती हैं, वे नगेन्द्र जी की नवीनतम आलोचना पुस्तकों में सर्वथा साधार प्रमाणित होती हैं। साहित्य की प्रेरणा, साहित्य और समीक्षा, साहित्य में कल्पना का उपयोग, प्रसाद के नाटक, गुलेरी जी की कहानियाँ, प्रगतिवाद और हिन्दी साहित्य, आचार्य शुक्ल और डा. रिचर्ड्स—गम्भीर होते हुए भी सरस निबन्ध हैं; 'हिन्दी उपन्यास : यौवन के द्वार पर' और कुछ दूसरे निबन्ध मनोरंजक होने के साथ-ही-साथ ज्ञानवर्धक भी हैं। यदि दोनों प्रकार के निबन्धों के अलग-अलग संग्रह होते तो ज्यादा अच्छा होता। एक ही संग्रह में काफी गम्भीर और

बहुत हल्के निबन्धों को पाकर यदि पाठकों को थोड़ी झुँझलाहट हो तो उसे अकारण नहीं कहा जाएगा।

['साहित्य' : मार्च, 1950]

विचार और विवेचन

डा. नगेन्द्र हिन्दी के उन इने-गिने आलोचकों में हैं जिन्हें प्रायः सभी वादों के अनुयायियों से सम्मान प्राप्त हो चुका है। उनकी साहित्यिक आलोचनाओं का एक संग्रह 'विचार और अनुभूति' प्रकाशित हो चुका है और हिन्दी के आलोचना साहित्य में उसकी भी आदर के साथ गणना होती है। उनके निबन्धों में प्राचीन और नवीन, भारतीय एवं पाश्चात्य साहित्य के गम्भीर अध्ययन पर समाश्रित प्रांजल विवेचन सुलभ हो जाते हैं। इस प्रकार तथ्य और अभिव्यंजन, दोनों ही दृष्टियों से उनके निबन्ध महत्त्वपूर्ण होते हैं। यों तो हिन्दी साहित्य का आलोचना-पक्ष बहुत विस्तार पा गया है; किन्तु आज भी उसमें ढूँढ़ने पर ही इस कोटि के दूसरे निबन्ध दिखाई पड़ेंगे। इसमें, 'विचार और अनुभूति' के विपरीत, केवल गम्भीर साहित्यिक विवेचन ही प्राप्त होते हैं, जो लेखक की प्रौढ़ता के पूर्ण परिचायक हैं। 'भारतीय और पाश्चात्य काव्यशास्त्र', 'रस का स्वरूप', 'साधारणीकरण', 'शृंगार-रस', टी.एस. इलियट का काव्यगत अव्यक्तिवाद', 'पंत का नवीन जीवन-दर्शन', 'दिनकर के काव्य-सिद्धान्त', 'हिन्दी की प्रयोगवादी कविता'—ये निबन्ध विशेष रूप से उल्लेखनीय हैं। इनमें सूक्ष्म चिन्तन और स्फूर्तिप्रद विवेचन है। प्रकाशन की उत्तमता, पृष्ठ-संख्या और औसत हिन्दी पुस्तक के मूल्य को देखते हुए इन दोनों निबन्ध संग्रहों के लिए चार-चार रुपये खर्च करना अप्रीतिकर नहीं होना चाहिए।

['साहित्य' : मार्च, 1950]

रीतिकाल की भूमिका तथा देव और उनकी कविता

डा. नगेन्द्र की प्रस्तुत पुस्तक 'रीतिकाल की भूमिका तथा देव और उनकी कविता' आगरा विश्वविद्यालय की सर्वोच्च उपाधि 'डी.लिट्' के लिए महानिबन्ध के रूप में लिखी गई थी। इसका प्रकाशन हिन्दी के अनुसन्धान-साहित्य के उत्कर्ष का द्योतक है। विभिन्न विश्वविद्यालयों में हिन्दी भाषा और हिन्दी साहित्य के सम्बन्ध में वैज्ञानिक प्रणाली से शोध-कार्य हो रहे हैं। इनके परिणाम पुस्तकाकार प्रकाशित

होकर हमारे साहित्य की गौरव-वृद्धि करते हैं। ऐसी प्रामाणिक शोध-पुस्तकों में भी इस ग्रंथ का अत्यन्त महत्त्वपूर्ण स्थान माना जाएगा, यह निर्विवाद है। स्व. डा. बड़थ्वाल के महानिबन्ध के बाद, जो अब तक दुर्भाग्यवश हिन्दी में अनूदित एवं प्रकाशित नहीं हुआ, डा. नगेन्द्र की यह कीर्ति एक ऐसे उच्च प्रतिमान की स्थापना करती है जहाँ तक पहुँच सकना शोधकर्ताओं के लिए आसान न होगा। इसकी यह एक उल्लेखनीय विशेषता है कि इसमें एक स्थान पर ही सम्पूर्ण भारतीय साहित्य के उन स्रोतों का परिचय मिल जाता है जिनकी परिणति रीति-काल के साहित्य में उपलब्ध होती है। इसके अतिरिक्त रीति-काल के श्रेष्ठ कवियों में से एक 'देव' के सम्बन्ध में अद्यावधि प्राप्त सामग्री के आधार पर निःशेष विवेचन किया गया है। प्राचीन समस्याओं और सिद्धान्तों पर अर्वाचीन आलोचना के दृष्टिकोण से भी आवश्यकतानुसार विचार कर लेखक ने अपने उस अध्ययन का परिचय दिया है जो व्यापक होने के साथ-ही-साथ तलस्पर्शी भी है। अभी काफी दिनों तक यह पुस्तक रीति-काल और देव के विषय में प्रमाण-ग्रंथ बनी रहेगी। प्रकाशक ने इस पुस्तक के प्रकाशन द्वारा साहित्य-प्रेमियों की कृतज्ञता और प्रशंसा अर्जित की है।

['साहित्य' : मार्च, 1950]

छन्दमयी

ऐसा प्रश्न उठाया गया है कि जो आलोचक स्वयं कवि भी नहीं, उसे क्या अधिकार है कि वह दूसरों की कविताओं पर अपने विचारों को व्यक्त करने की आवश्यकता समझे? आलोचक डा. नगेन्द्र से किसी कवि को यह शिकायत नहीं होनी चाहिए, क्योंकि वे उत्कृष्ट कवि भी हैं। इसका प्रमाण उनकी नवप्रकाशित 'छन्दमयी' है, जिसमें उनकी ऐसी कविताएँ संगृहीत हैं जो उच्च श्रेणी की पत्र-पत्रिकाओं में साहित्य प्रेमियों के सम्मुख उपस्थित हो चुकी हैं।

आज जब कुछ ऐसा लगता है कि हिन्दी कविता की प्रखर धारा क्षीण पड़ती जा रही है, डा. नगेन्द्र की इन रचनाओं को पढ़कर हमें कुछ सन्तोष होता है। पूर्ववर्ती परम्पराओं की समस्त विशेषताओं को आत्मसात् कर और उन्हें अपनी अभिव्यंजना के अनुरूप आकार देकर डा. नगेन्द्र ने हिन्दी-काव्यक्षेत्र में ऐसे विशिष्ट प्रयोग किये हैं जिनसे धक्का नहीं पहुँचता, पर गति मिलती है।

['साहित्य' : मार्च, 1950]

हिन्दी-निरुक्त

श्री वाजपेयी जी हिन्दी के प्रख्यात वैयाकरण और भाषा-तत्त्ववेत्ता है। उनकी पिछली कृति 'अच्छी हिन्दी का नमूना' हिन्दी के स्वरूप-निर्धारण के महत्त्वपूर्ण प्रयत्नों में एक ही है। उन्होंने इसकी रचना के द्वारा हिन्दी भाषा के एक दूसरे क्षेत्र के विषय में अपने मौलिक विचारों को हमारे सामने रखा है। हम इन विचारों का स्वागत करते हैं। और उनसे अनुरोध करते हैं कि वे इस दिशा में अधिक विस्तारपूर्वक लिखकर भाषा-तत्त्व के अध्येताओं की जिज्ञासा की पूर्ति करें। प्रस्तुत पुस्तक 'हिन्दी-निरुक्त' से तो जिज्ञासा जगती भर है। जो शंकाएँ उठाई गई हैं, जिन भ्रामक धारणाओं का विश्लेषण किया गया है, उनके विशद समाधान के लिए हम उनकी दूसरी कृति की उत्सुकतापूर्वक प्रतीक्षा करेंगे। पृष्ठ 81 पर उन्होंने 'बीच' शब्द की व्युत्पत्ति पर विचार किया है और बताया है कि जो विद्वान उसे 'मध्य' का तद्भव रूप समझते हैं, वे किस प्रकार भ्रम में हैं और उनमें से कुछ इसे स्वीकार भी करते हैं। किन्तु विद्वान लेखक ने यह नहीं बताया है कि इस शब्द की व्युत्पत्ति के सम्बन्ध में स्वयं उनका क्या निष्कर्ष है। इस तरह के दूसरे उदाहरण भी पुस्तक में मिलेंगे, जिनमें बड़े महत्त्वपूर्ण प्रश्न उठाए गए हैं; पर समाधान या तो दिये ही नहीं गए हैं या केवल संकेतित कर दिये गए हैं। पुस्तक का आकार इतना छोटा रखा गया है कि इससे अधिक सम्भव भी नहीं हो सकता था। इसीलिए उनसे हम साग्रह अनुरोध करते हैं कि वे किसी दूसरी कृति में, अपने विचारों और निष्कर्षों से, भाषा-शास्त्र के अध्येताओं को पूर्णतः लाभान्वित करें। उन पर भाषाविज्ञान की पाश्चात्य प्रणाली का प्रभाव नहीं है। वे इस शास्त्र की प्राचीन भारतीय परम्परा को ही नवीन रूप देते हैं। उनकी विवेचनाओं में जहाँ मौलिकता और ताजगी है, वहीं उनकी प्रतिपादन-प्रणाली में वैज्ञानिकता का अभाव भी दीख पड़ता है। यदि इस पुस्तक में शास्त्रार्थवाली प्रवृत्ति कम और वैज्ञानिकता अधिक होती, तो उसका महत्त्व कहीं अधिक होता। कुल मिलाकर यह पुस्तक भाषाविज्ञान के क्षेत्र में उल्लेखनीय स्थान की अधिकारिणी है।

['साहित्य' : जुलाई, 1950]

अपभ्रंश-दर्पण

हिन्दी भाषा का सीधा सम्बन्ध अपभ्रंश और प्राकृत से है, फिर भी हिन्दी में इन पूर्ववर्ती भाषाओं के सम्बन्ध में बहुत कम लिखा-पढ़ा गया है। जो लोग प्राकृत या अपभ्रंश का अध्ययन करना भी चाहते हैं, उन्हें किसी प्रामाणिक पाठ्य-पुस्तक के अभाव से हतोत्साह हो जाना पड़ता है। विद्वद्वर प्रो. शर्मा ने 'अपभ्रंश-दर्पण' पुस्तक के द्वारा उक्त

अभाव की पूर्ति की है। उनके इस संकलन का विद्वानों तथा छात्रों ने स्वागत किया है। इसकी उपयोगिता और लोकप्रियता का यह प्रमाण है कि अनेक विश्वविद्यालयों के पाठ्य-क्रम में यह स्थान पा चुकी है। इसमें एक ओर अपभ्रंश की प्रतिनिधि पुस्तकों के महत्त्वपूर्ण अंश संकलित हैं, तो दूसरी ओर, प्रथम भाग में, अपभ्रंश भाषा और साहित्य का संक्षिप्त—किन्तु सारगर्भित—इतिहास भी उपस्थित कर दिया गया है। इस प्रकार इस एक ही पुस्तक के सहारे पाठक अपभ्रंश—भाषा और साहित्य—का प्रारम्भिक परिचय प्राप्त कर सकते हैं और विस्तृत अध्ययन के लिए आवश्यक योग्यता भी अर्जित कर पाते हैं। यह पुस्तक शर्मा जी की भाषाविज्ञान-सम्बन्धी और प्राचीन साहित्य-सम्बन्धी विशेषज्ञता का ही नहीं, अपितु हिन्दी साहित्य में उनकी बहुमुखीन गति का भी प्रमाण है। इसकी छपाई-सफाई को देखते हुए मूल्य बहुत कम कहा जाएगा—विशेषत: जब हिन्दी की रद्दी किताबों की भी कीमत तीन-चार रुपयों से कम नहीं रखी जा रही है!

['साहित्य' : जुलाई, 1950]

रामचरित मानस [अयोध्याकांड]

प्रो. शर्मा संस्कृत और प्राचीन हिन्दी साहित्य के मर्मज्ञ विद्वान के रूप में प्रसिद्धि प्राप्त कर चुके हैं। उन्होंने तुलसीदांस का तो बहुत ही गहरा अध्ययन किया है। 'मानस' पर उनका जो काम चल रहा है, वह तुलसी-सम्बन्धी साहित्य की श्रीवृद्धि करेगा, यह विश्वासपूर्वक कहा जा सकता है। 'अयोध्याकांड' का यह विवेचनात्मक अध्ययन भी उनके तुलसी-विषयक पांडित्य का अनल्प प्रमाण है। 'अयोध्याकांड' के पाठ को जिस परिश्रम और सूझ के साथ लेखक ने शुद्ध किया है, अकेले उसी के कारण पुस्तक महत्त्वपूर्ण हो जाती है। विस्तृत आलोचना और प्रांजल टीका—ग्रंथ की दूसरी विशेषताएँ हैं जिनका उल्लेख करना आवश्यक है। हम राय जी से निवेदन करेंगे कि तुलसीदास पर वे जो अनुसन्धान कर रहे हैं, उसे शीघ्र ही प्रकाश में ले आएँ।

['साहित्य' : जुलाई, 1950]

विक्रम-विजय

एक ऐतिहासिक खंडकाव्य है : 'विक्रम-विजय'। स्वभावत: प्रो. शर्मा की काव्य-रचना में 'देववाणी के शब्दों, छन्दों और शैली' का प्रभाव है। उन्हें इस बात की आशंका भी है कि इनके लिए 'विक्रम-विजय' की आलोचना की जा सकती है। अत: 'निवेदन'

में उन्होंने दृढ़तापूर्वक कहा है : 'हमसे इनको छीन लेना हमारे कलेजे को काढ़ लेने से कम नहीं।' भारतीय इतिहास में 'विक्रम' अब भी एक पहेली ही हैं; किन्तु यह सत्य है कि हमारे अतीत में उनका कहीं बहुत महत्त्वपूर्ण स्थान था। प्राचीन भारतीय इतिहास के बहुतेरे युग और व्यक्तित्व आज भी अन्धकार में पड़े हुए हैं। किन्तु हमारी परम्परा में उनका जो स्थान है, उसे अस्वीकार नहीं किया जा सकता। 'विक्रम-विजय' में, उपलब्ध ऐतिहासिक सामग्री एवं परम्परा के आधार पर, ऐसे ही एक व्यक्तित्व—विक्रम—का चित्रण और उसकी महत्ता का प्रतिपादन किया गया है। लेखक को अपने इस उद्देश्य की पूर्ति में यथोचित सफलता मिली है।

['साहित्य' : जुलाई, 1950]

तरुण-तरंग

यह प्रो. शर्मा की विभिन्न प्रकार की स्फुट कविताओं का संग्रह है : 'तरुण-तरंग', जिसमें कवि की भावुकता, प्रकृति-प्रेम और राष्ट्रीयता की अभिव्यंजना हुई है। 'विक्रम-विजय' की तरह ही कविताओं के स्वरूप-विधान पर प्राचीनता का गहरा रंग है; किन्तु भावों में नवीनता का अभाव नहीं है। रायजी 'हरिऔध' जी के द्वारा प्रवर्तित परम्परा के प्रतिनिधि कवि हैं। इस परम्परा की विशेषताओं को ध्यान में रखते हुए कहा जा सकता है कि यह एक विशिष्ट काव्य-कृति है।

['साहित्य' : जुलाई, 1950]

रामायण

'रामचरितमानस' का यह संस्करण संक्षिप्त होते हुए भी बृहत्काय और महार्घ है! हिन्दी की पुस्तक-मुद्रण-कला के इतिहास में रामधुन-क्लब के इस प्रकाशन का स्थान सुरक्षित रहेगा, इसमें सन्देह नहीं। क्या कागज, क्या रोशनाई और क्या जिल्दसाजी—सभी दृष्टियों से यह प्रकाशन राजसी है, असाधारण है! इसके लिए जिस अध्यवसाय और संगठन शक्ति का परिचय श्री रामनन्दन चौधरी ने दिया है, वह प्रशंसनीय है। इसमें मूल पुस्तक के सुन्दर और समयोचित स्थलों का संकलन प्रो. शर्मा ने किया है। संकलन में उन्होंने इस बात का ध्यान रखा है कि 'मानस' के ऐसे जितने अंश हैं, जो इस युग की समस्याओं के समाधान की ओर संकेत करते हैं, वे छूटने न पाएँ। 'मानस' की सार्वदेशिकता, सार्वकालिकता का यह प्रमाण है कि उसके प्रकाश में हम आज के जीवन को आच्छादित करनेवाले अन्धकार के बीच से

अपना मार्ग ढूँढ़ निकाल सकते हैं। यह संकलन 'मानस' के इसी रूप को हमारे सामने प्रस्तुत करने के उद्देश्य से प्रकाशित किया गया है और सम्पादक को इसमें प्रभूत सफलता प्राप्त हुई है। संकलित अंशों के प्रारम्भ में सम्पादक ने स्व-लिखित सन्देश जोड़ दिये हैं जिनसे पाठकों को बहुत लाभ होगा; क्योंकि वे तुलसीदास के आशय को उन्हीं के शब्दों में पढ़ने के पहले उनका पूर्ण परिचय पा चुके होंगे। ये सन्देश 'मानस' के विकीर्ण अंशों को एक सुव्यवस्थित योजना में गुम्फित करने में भी सहायक होते हैं। यह राज-संस्करण किसी भी पुस्तकालय की शोभा बढ़ा सकता है। हमें आशा है, मूल्य की अधिकता के बावजूद पुस्तकालयों के संचालक और पुस्तक-प्रेमी इस प्रकाशन का स्वागत करेंगे।

['साहित्य' : जुलाई, 1950]

आलोचना, संग्रह, सम्पादन और विचार

मेरा विश्वास है, अकेले हिन्दी में जितनी आलोचना-पुस्तकें प्रतिमास प्रकाशित होती हैं उतनी सभी आधुनिक भारतीय भाषाओं में, सब मिलाकर भी, नहीं होती होंगी। यह साधारणत: गर्व का विषय हो सकता था। किन्तु, ध्यान से विचार करने पर, वास्तविकता का ऐसा रूप सामने आता है जिससे गर्व के बदले चिन्ता ही होती है। हाँ, अधिक परिमाण का अल्पांश भी यदि प्रकारत: उत्कृष्ट हो तो वस्तुस्थिति को अवांछनीय नहीं कहा जा सकता; किन्तु यदि परिमाण ही एकमात्र विशेषता हो तो वह अवश्य चिन्त्य है। हिन्दी का वर्तमान आलोचना साहित्य केवल परिणामत: उल्लेखनीय है, प्रकारत: नहीं, और फलत: हिन्दीप्रेमियों के लिए यह वस्तुस्थिति यदि चिन्ताजनक हो तो आश्चर्य क्या ? आज सामान्यत: दो प्रकार की आलोचना-पुस्तकें प्रकाशित हो रही हैं और दोनों ही बहुसंख्य पाठकों की गम्भीर साहित्यिक रुचि का अनुचित लाभ उठा रही हैं। पहला प्रकार तो ऐसी पुस्तकों का है जो स्कूल के विद्यार्थियों के शब्द में, 'कुंजियों' के सिवा और कुछ नहीं होतीं, यद्यपि ये बिकती हैं आलोचना के नाम पर ही। दूसरा प्रकार है अपेक्षाकृत गम्भीर साहित्यिक विवेचन की पुस्तकों का; किन्तु वे भी अनावश्यक रूप से विस्तृत निबन्धों से अधिक कुछ नहीं होतीं—भले ही वे विश्वविद्यालयों की सर्वोच्च उपाधि से सम्मानित भी हो चुकी हों। फलत: अनेकानेक सद्य:प्रकाशित आलोचना-पुस्तकों में से कठिनता से मैं कुछ ऐसी पुस्तकें चुन पा रहा हूँ, जो विवेचन के योग्य है और जिनसे अधिक-से-अधिक साहित्यानुरागियों का परिचय होना चाहिए।

रामचरितमानस का पाठ

ऐसी पहली पुस्तक, या सच पूछिए तो, पुस्तकावली है डा. माताप्रसाद गुप्त का दो खंडों में समाप्त 'रामचरितमानस का पाठ' तथा इन्हीं के द्वारा सम्पादित 'मानस' का शुद्ध संस्करण 'श्रीरामचरितमानस'। डा. गुप्त ने तुलसी-साहित्य के अपने अनुशीलन का प्रशंसनीय परिणाम 'तुलसीदास' शीर्षक सुबृहत् आलोचनात्ममक पुस्तक में उपस्थित किया था, जो 'डॉक्टरेट' के लिए तो लिखा गया था; किन्तु जो उससे भी अधिक सम्मान के योग्य था। इसी विद्वान की मानस-सम्बन्धी दुर्लभ गवेषणाएँ 'रामचरितमानस का पाठ' में लिपिबद्ध हुई हैं। 'मानस' पर अगणित अच्छी-बुरी टीकाएँ हैं और उसके सस्ते, महँगे संस्करण भी; किन्तु उसके पाठ-भेद की अत्यन्त महत्त्वपूर्ण समस्या का इतना अनुसन्धानपूर्ण समाधान अद्यावधि उपस्थित नहीं किया गया था। वस्तुतः अनुसन्धान का यह महत्त्वपूर्ण पक्ष हिन्दी में अभी तक उपेक्षित ही रहा है। जिन्होंने एगर्टन के 'पंचतंत्र', हूल्श के 'मेघदूत' तथा सुकथंकर के 'महाभारत' के संस्करणों को देखा होगा, उन्हें यह बताने की जरूरत नहीं कि प्राचीन साहित्य के सम्बन्ध में कितना विस्तृत क्षेत्र अभी अछूता ही पड़ा हुआ है। हिन्दी में स्वर्गीय जगन्नाथ 'रत्नाकर' ने 'सूरसागर' का सम्पादन इसी दृष्टिकोण से करना प्रारम्भ किया था; किन्तु यह खेद का विषय है कि उनके अधूरे कार्य को अधूरे और असन्तोषजनक ढंग से पूर्ण किया गया है। डा. गुप्त ने 'रामचरितमानस' के पाठ को पुनर्निर्मित (Reconstruct) करने का स्तुत्य एवं सफल प्रयास किया है और वह बहुत ही उचित मूल्य पर पाठकों के लिए प्रकाशक के द्वारा सुलभ कर दिया गया है। पृष्ठ के निचले हिस्से में सभी प्राचीन प्रतियों—वे मुद्रित हों या हस्तलिखित—में पाए जानेवाले पाठों का, बड़े वैज्ञानिक ढंग से, निर्देश किया गया है। इस तरह, मैं तो मानता हूँ कि अब जाकर कहीं पहली बार विद्वानों के सामने 'मानस' का पूर्ण रूप उपस्थित हुआ है। भविष्य में इसके आधार पर ही 'मानस' का सम्यक् अध्ययन विवेचन भी सम्भव होगा। डा. गुप्त ने 'रामचरितमानस का पाठ' शीर्षक उल्लिखित पुस्तक में अपनी उस अनुसन्धान-प्रक्रिया और सामग्री का विश्लेषण किया है, जिसका परिणाम है उनके द्वारा सम्पादित 'मानस' का अद्यावधि सर्वश्रेष्ठ संस्करण। ये दोनों ही पुस्तकें न केवल तुलसी के, अपितु हिन्दी साहित्य के प्रेमियों के लिए मूल्यवान सिद्ध होंगी, इसमें मतभेद का किंचित् अवकाश नहीं।

['साहित्य' : अक्टूबर, 1950]

नई समीक्षा

जिस दूसरी आलोचना-पुस्तक की ओर मैं आपका ध्यान आकृष्ट करना अपना कर्तव्य समझता हूँ, वह सर्वथा सद्य:प्रकाशित तो नहीं है, किन्तु उसकी अनुचित उपेक्षा हुई है और इसका निराकरण होना चाहिए; क्योंकि पुस्तक एकदेशीय होने पर भी प्रौढ़ है। वह पुस्तक है श्री अमृत राय की : 'नई समीक्षा'। उन्होंने इसमें साहित्य की उस आलोचना-प्रणाली का सैद्धान्तिक पक्ष और व्यावहारिक रूप उपस्थित किया है, जो साम्यवाद से पूर्णत: प्रभावित है तथा जिसे हिन्दी में 'प्रगतिवाद' कहा जाता है ! लेखक की व्यावहारिक आलोचना से हम सहमत हों या नहीं; किन्तु उसके अपने द्वारा स्वीकृत सिद्धान्तों का विशदता एवं प्रगल्भता से प्रतिपादन किया है—इससे इनकार नहीं किया जा सकता। जिस तरह क्रिस्टोफर काडवेल की पुस्तक (Illusion and Reality) साम्यवादी पूर्वग्रहों से आक्रान्त होने पर भी अंग्रेजी आलोचना साहित्य में आदर के साथ याद की जाती है, उसी तरह 'नई समीक्षा' भी हिन्दी के आलोचना साहित्य में उल्लेखनीय स्थान की अधिकारिणी है। पुस्तक का पहला निबन्ध 'आलोचना का मार्क्सवादी आधार' सर्वोत्तम निबन्ध है; क्योंकि उसी में इस प्रकार की आलोचना-पद्धति का सैद्धान्तिक निरूपण किया गया है। सच तो यह है कि दूसरे निबन्धों का पुस्तक के शीर्षक से कोई विशेष सम्बन्ध है ही नहीं, और उनमें से अनेक तो ऐसे हैं, जिन्हें इस संग्रह में अकारण ही स्थान दे दिया गया है।

हिन्दी की आलोचना-पद्धति को जो शास्त्रीय गरिमा आचार्य रामचन्द्र शुक्ल ने दी, उसका आज भी अत्यधिक महत्त्व है; क्योंकि कटु सत्य तो यह है कि हिन्दी आलोचना आज भी वहाँ से आगे नहीं बढ़ी है जहाँ शुक्लजी ने उसे छोड़ा था। 'नई समीक्षा' या इस तरह की दूसरी पुस्तकों से, जिन पर विदेशों में उद्भावित मान्यताओं और मूल्यों का अमिश्रित प्रभाव है, यह गत्यवरोध दूर तो नहीं हो पाता, किन्तु ऐसे धक्के जरूर मिलते हैं, जिनसे दलदल में फँसी हुई, अपनी स्वल्प उपलब्धि पर सन्तुष्ट, हिन्दी आलोचना को नई दिशाओं में अग्रसर होने की प्रेरणा मिले। आलोचना के मार्क्सवादी आधार में साहित्य और जीवन के उस निविड़ सम्बन्ध पर प्रकाश डाला गया है जिसकी उपेक्षा रसवादी आलोचना अक्सर ही कर जाती है। इस निबन्ध से परम्परागत हिन्दी आलोचना की एक त्रुटि की ओर तो विचारकों का ध्यान जाएगा ही।

['साहित्य' : अक्टूबर, 1950]

प्रकृति और हिन्दी काव्य

मैं प्रारम्भ में ही कह चुका हूँ कि हिन्दी की आलोचनात्मक पुस्तकों की संख्या-वृद्धि के लिए विश्वविद्यालयों के द्वारा स्वीकृत महानिबन्धों का प्रकाशन उत्तरदायी है। ऐसे सभी प्रकाशित महानिबन्धों के प्रकाशन महत्त्वपूर्ण नहीं होते, किन्तु कुछ ऐसे अवश्य हैं जिनसे हिन्दी के आलोचना-साहित्य की श्रीवृद्धि होती है। ऐसे उल्लेखनीय महानिबन्धों में डा. रघुवंश का 'प्रकृति और हिन्दी काव्य' परिगणित किया जा सकता है। इससे मिलते-जुलते विषय पर एक दूसरा महानिबन्ध भी प्रकाश में आ चुका है और, यद्यपि दोनों के लेखकों के दृष्टिकोण तथा विवेच्य विषय में पर्याप्त अन्तर है, फिर भी, जितना साम्य है, उसके आधार पर यह कहा जा सकता है कि डा. रघुवंश के अनुसन्धान के परिणाम अधिक मौलिक और विचारपूर्ण हैं। उन्होंने विषय के दार्शनिक पहलुओं की गहन मीमांसा में जाने का जो साहस किया है, वह अपनी सफलता के लिए जितना श्लाघ्य नहीं है उतना इसलिए कि लेखक ने ऐसा साहस तो किया। 'हिन्दी काव्य में प्रकृति-चित्रण' शीर्षक जिस महानिबन्ध से डा. रघुवंश की पुस्तक की तुलना प्रसंगवश अभी मैंने की है, उसमें हिन्दी के सामान्य महानिबन्धों की तरह, कुछ सिद्धान्त पाश्चात्य आलोचकों की पुस्तकों से ले लिये गए हैं और उन्हें उदाहृत करने के लिए हिन्दी काव्य से विस्तृत उद्धरण उपस्थित कर दिये गए हैं। इसे विषय का सम्यक् निरूपण नहीं कहा जा सकता। किन्तु इसके विपरीत डा. रघुवंश ने प्रकृति तथा उससे प्रेरित और सम्बद्ध काव्य के मूलभूत प्रश्नों को अपने सामने रखा है और उनका सोपपत्ति विवेचन किया है। यदि पुस्तक की भाषा में सजीवता होती तो विवेचन अधिक प्रयोगात्मक हो सकता था।

['साहित्य' : अक्टूबर, 1950]

बिहार की काव्य-साधना

भद्दे मुद्रण के बावजूद एक साथ ही कवि-वृत्त और काव्य संग्रह उपस्थित करनेवाली 'बिहार की काव्य-साधना' पुस्तक एकाधिक दृष्टियों से महत्त्वपूर्ण है। हिन्दी में आधुनिक काव्य के प्रामाणिक एवं उपादेय संग्रहों का पूर्णत: अभाव है। बिहार के आधुनिक प्रतिनिधि कवियों की रचनाएँ तो, संग्रह-रूप में, पहली बार ही इस पुस्तक में प्रस्तुत की गई हैं। इसमें सर्वश्री मनोरंजनप्रसाद सिंह, मोहनलाल महतो 'वियोगी', जनार्दनप्रसाद झा 'द्विज', केदारनाथ मिश्र 'प्रभात', रामधारी सिंह 'दिनकर', कलक्टर सिंह 'केसरी', गोपाल सिंह 'नेपाली', आरसीप्रसाद सिंह, जानकीवल्लभ

शास्त्री और रामदयाल पांडेय—इन दस समसामयिक एवं प्रतिष्ठित कवियों की प्रसिद्ध एवं महत्त्वपूर्ण कविताएँ संगृहीत हैं। पहले प्रत्येक कवि का चलता आलोचनात्मक परिचय दिया गया है, फिर उसकी उत्कृष्ट कविताएँ संगृहीत कर दी गई हैं। परिचयों में आलोचना कम, पर सूचना पर्याप्त है। उदाहरण के लिए श्री मनोरंजनप्रसाद सिंह के बारे में यह उक्ति : 'आपकी कविता का प्रमुख आकर्षण है—भावों का सहज प्रकाश, अभिव्यक्ति का सरल स्पष्ट स्वरूप, जहाँ न कोई उलझन है न कोई असंगति', और श्री केदारनाथ मिश्र 'प्रभात' के सम्बन्ध में यह कथन : 'गत पाँच वर्षों में आपकी कृतियों में एक नई दिशा को ग्रहण करने की प्रवृत्ति दीख पड़ती है'—हिन्दी आलोचना की उस पिष्टपेषित शब्दावली के दृष्टान्त हैं जिनकी अब कोई सार्थकता नहीं रह गई है। लेखक ने जिन कवियों की रचनाएँ इसमें संगृहीत की हैं, उनमें से कुछ तो बिहार की काव्य-साधना ही क्यों, हिन्दी की काव्य-साधना के व्यापक क्षेत्र में स्थान पाने के अधिकारी हैं। इस संग्रह से हिन्दी काव्य के अध्येताओं के लिए बिहार के अनेक ऐसे कवियों की रचनाएँ सुलभ हो जाएँगी, जिनके बारे में लोगों की जानकारी प्राय: अधूरी ही है। यह संग्रह इस उद्‌देश्य में अवश्य सफल होगा और इतना भी होता है तो वह कम नहीं है। संग्रह का वक्तव्य श्री शिवपूजन सहाय ने लिखा है और उन्होंने इसके उस उद्‌देश्य की ओर संकेत किया है। शिवपूजन जी के शब्द हैं : 'इसमें जिन सुकवियों के जीवन और काव्य का परिचय दिया गया है, उनमें से प्रत्येक के सम्बन्ध में अलग-अलग स्वतंत्र पुस्तक के लिखे जाने की आवश्यकता है; पर उतना परिश्रम जब तक कोई नहीं करता तब तक यही एक पुस्तक बिहार के यशस्वी कवियों का परिचय कराने के लिए पर्याप्त होगी। इस युग के बिहारी कवियों के सुयश का विस्तार समस्त हिन्दी-संसार में हो गया है, इसलिए यह आवश्यक समझा गया कि चुने हुए कीर्तिशाली कवियों पर एक चरितात्मक और आलोचनात्मक पुस्तक तैयार कर दी जाए।' वक्तव्य में पुस्तक का जो उद्‌देश्य बताया गया है, उसकी पूर्ति, पुस्तक के प्रस्तुत रूप से, काफी दूर तक हो गई है; किन्तु अगले संस्करण में—जिसकी चर्चा और आशा लेखक ने की है—मुद्रण की ही नहीं, अपितु विवेचन के परिमार्जन की ओर भी ध्यान देने की आवश्यकता होगी।

['साहित्य' : अक्टूबर, 1950]

साहित्य और समीक्षा

आधुनिक आलोचना अभी तक प्रयोगात्मक अवस्था में ही है। आलोचना की सम्भावनाएँ जितनी अनिश्चित आज हैं, उतनी पूर्व में कभी न थीं। कल तक शोध

और मूल्यांकन के कुछ विशिष्ट पक्षों पर जो बल दिया जा रहा था, वह आज स्थानान्तरित हो रहा है और अनेक समस्याएँ, जो कुछ दिनों पहले समाप्त-सी हो गई थीं, आज फिर नये सिरे से उठ खड़ी हुई हैं। 'समाजशास्त्रीय' बाढ़ उतर रही है और उसके पीछे नई उर्वरभूमि, साहित्य और समाज के सम्बन्ध की अपेक्षाकृत अधिक निश्चित और समृद्ध भावना के रूप में, निकलती जा रही है। मनोविश्लेषण की तरंग भी लौट चली है। आलोचना के क्षेत्र में इसकी क्या देन होगी, कहना कठिन है। पर यह तो निश्चित है कि इसके साथ एक नया दृष्टिकोण, एक नई जिज्ञासा आई है और आलोचना के व्यापार-क्षेत्र में एक नया वृत्त जुड़ गया है। प्रभाववादी और 'बाह्य-मापदंडी' प्रवृत्तियों में एक प्रकार का समझौता हो चला है। यह अनुभव किया जा रहा है कि मापदंड अपने-आपमें कुछ नहीं है; महत्त्व तो अनुभूतियों के उन प्रयत्नों का है जो प्रत्येक नये उदाहरण में उन्हें एक नये रूप-रंग में ढूँढ़ निकालते हैं; और इस प्रकार उनका अन्वेषण करना उनका पुनर्निर्माण करना है। वैयक्तिक स्वातन्त्र्य के सिद्धान्त ने निर्णयात्मक आलोचना को मर्माहत कर दिया है और तुलनात्मक पद्धति से उत्पन्न प्रतिक्रियाओं ने उसका महत्त्व छीन लिया है। वैज्ञानिक प्रणाली में अब भी अनुसन्धान जारी है और उसमें विकास की सम्भावनाएँ हैं।'

इन शब्दों में, जो केसरी कुमार जी के उपर्युक्त निबन्ध-संग्रह के प्रथम लेख 'आलोचना की नई दिशा' के हैं, लेखक का वह दृष्टिकोण देखा जा सकता है जिसकी मौलिकता हिन्दी के आलोचना साहित्य की सबसे बड़ी आवश्यकता है। हमारा आलोचना साहित्य आज भी वहीं है जहाँ वह शुक्ल जी से छूट गया था, बल्कि पहले से भी अधिक अव्यवस्थित हो गया है।

केसरी कुमार ने अव्यवस्था के कोलाहल को सुना है और उस पर विचार किया है : 'आलोचना के क्षेत्र में जो कोलाहल सुनाई पड़ रहा है, उसके दो कारण हैं। प्रथमतः आलोचना के भारतीय सिद्धान्त, जो सदियों को पार कर निश्चित-से हो गए थे, आज नई समस्याएँ देखकर चिन्तित हो उठे हैं। वे नये सर्ग खोलने को आकुल हैं। उन्हें अभी निश्चित पथ नहीं मिला है, और उनके पाँव नई समस्या-संकुल भूमि पर चलने में प्रायः डगमगा जाते हैं। पर हमारा विश्वास है कि नाना जातियों और चिन्ताओं को अपने में समेट लेनेवाले देश का आलोचना-सिद्धान्त निकट भविष्य में अपना पथ ढूँढ़ लेगा। द्वितीयतः आज जब संसार में जीवन की पारस्परिक निर्भरता की कड़ियाँ अत्यन्त दृढ़ हो गई हैं, तब स्वभावतः भारतीय आलोचना की धारा विदेशी धाराओं से टकरा रही है और अभी दोनों एक रस नहीं हुई हैं।'

अस्त-व्यस्तता के और भी कारण हो सकते हैं, पर लेखक के द्वारा निर्दिष्ट कारणों को अस्वीकार नहीं किया जा सकता। प्रस्तुत निबन्ध में लेखक ने हिन्दी साहित्य की प्रमुख आलोचन-शैलियों की मीमांसा करते हुए एक नई कसौटी की ओर हिन्दी के सुधी समीक्षकों का ध्यान आकृष्ट किया है, जो यों है :

1. लेखक स्वरचित साहित्य का शब्दों के माध्यम से कितना संज्ञापन कर सका है।
2. उसने अपने स्व का कितना विसर्जन किया है।
3. उसने अभिव्यक्ति की सम्भावनाओं का कितना विस्तार किया है।

इस प्रकार यह लेख वस्तुतः आलोचना की एक नई दिशा की ओर संकेत करता है। अन्य लेख भी ('विगत महायुद्ध और हिन्दी साहित्य', 'नई कविता', 'प्रयोगकालीन भारतेन्दु', 'द्विवेदी-काल की प्रतिनिधि शैली', 'छायावन की रास', 'रामकाव्य का पुनर्मूल्यांकन', 'रवीन्द्रनाथ का शिशु साहित्य' और 'प्रसाद की नाट्यकला') मौलिक अन्तर्भेदी दृष्टि और विस्तृत अध्ययन के फलस्वरूप महत्त्वपूर्ण हैं।

'नई कविता' शीर्षक निबन्ध तो अपने विषय पर (प्रयोगवादी कविता पर) लिखा गया पहला निबन्ध है। केसरी कुमार जी स्वयं प्रयोगवाद के एक प्रमुख कवि हैं और इस विषय पर लिखने के अधिकारी भी।

'प्रयोगकालीन भारतेन्दु' में लेखक ने शायद पहली बार भारतेन्दु द्वारा किये गए पद्य-प्रयोगों पर विचार किया है। इस लेख का महत्त्व इससे भी समझा जा सकता है (गोकि चोरी कोई कसौटी नहीं है) कि इसका शीर्षक बदलकर एक व्यक्ति ने 'नागरी प्रचारिणी पत्रिका' (काशी) के भारतेन्दु-अंक में इसे अपने नाम से छपवा लिया था और इसके परिणामस्वरूप सम्पादक को अगले अंक में 'पर-लेख-हरण' शीर्षक टिप्पणी लिखनी पड़ी थी।

'छायावन की रास' में छायावाद की समीक्षा की गई है और लेखक ने यह स्थापना उपस्थित की है कि 'छायावन की रास धरती पर हुई थी। मिट्टी की प्रतिमाओं ने क्षणिक दिन के आलोक में लास्य रचा था।'

संक्षेप में 'साहित्य और समीक्षा' हिन्दी का एक महत्त्वपूर्ण प्रकाशन है।

['साहित्य' : अप्रैल, 1951]

दरवेश का बेटा

हिन्दी में साहित्यिक पुस्तकों का प्रकाशन इतनी तीव्रता से हो रहा है कि देखकर आश्चर्य होता है, तनिक ध्यान से उसे देखने पर चाहे असन्तोष भी क्यों न हो।

एक बात तो निर्विवाद है। हिन्दी में नवीन प्रतिभा के अन्वेषण की अत्यधिक आवश्यकता है, जबकि साहित्य-रचना का दारोमदार ऐसे पुराने साहित्यकारों पर ही दीख रहा है जिनसे उनकी उपलब्धि की पुनरावृत्ति की आशा भर की जा सकती है।

'दरवेश का बेटा' छोटी कहानियों का एक बहुत छोटा-सा सद्यःप्रकाशित संग्रह है। यदि अच्छी कहानियों में दिलचस्पी रखनेवाले पाठकों का ध्यान यह संग्रह आकृष्ट न कर पाए तो दोष संगृहीत कहानियों का नहीं, पुस्तक के मुद्रित रूप का ही होगा।

यों तो भालचन्द्र ओझा की कुछ कहानियाँ पत्र-पत्रिकाओं में प्रकाशित हो चुकी हैं और उन्होंने पारखी आलोचकों का ध्यान भी अपनी ओर आकृष्ट किया है, किन्तु यह सच है कि ज्यादा लोगों के लिए इस कहानी-लेखक का नाम अपरिचित ही होगा। मुझे विश्वास है, 'दरवेश का बेटा' संग्रह की कहानियाँ पढ़कर यह मानना कठिन होगा कि उनका लेखक एक नवोदित कहानीकार है, पर यही उनकी विशेषता है।

हिन्दी के सर्जनात्मक साहित्य की वस्तुस्थिति ऐसी है कि तथाकथित सिद्ध, अनुभवी और ढेर की ढेर रचनाओं का दावा कर सकनेवाले लेखकों से अभाव-पूर्ति भले होती चले, उत्कर्ष और वैशिष्ट्य की आशा व्यर्थ है। इस असन्तोषजनक परिस्थिति में प्रतिभा-सम्पन्न नवीन लेखकों का ही भरोसा किया जा सकता है।

एक ओर यह हिन्दी का सौभाग्य है कि उसमें ऐसे लेखकों का अभाव नहीं है, किन्तु, दूसरी ओर उसका यह दुर्भाग्य है कि उसके पाठक, आलोचक और प्रकाशक उन्हें स्वीकृति और प्रोत्साहन प्रदान करने में संकीर्णता और अगुणग्राहकता का ही परिचय देते हैं। 'दरवेश का बेटा' ज्यादा खुशकिस्मत होगा, इस आशा के साथ मैं उस पर तनिक विस्तार से आपके साथ बातचीत करने जा रहा हूँ।

'दरवेश का बेटा' में सात कहानियाँ संगृहीत हैं : 'दरवेश का बेटा', 'झूठ-सच', 'नया साहित्य', 'फरार', 'नहीं कही गई कहानी', 'साहित्य-सृजन' और 'जागृत कुंडलिनी' तथा 'श्री जी और सादुल्ला साहब'। सभी कहानियों की एक अत्यन्त उल्लेखनीय और सामान्य विशेषता है—घटनानुरूप और पात्रोचित वातावरण का कुशलतापूर्वक निर्माण। इस दृष्टि से पहली कहानी, जिसका शीर्षक पुस्तक का भी शीर्षक सर्वाधिक सफल है, किन्तु दूसरी कहानियों में भी वातावरण-निर्माण ही प्रधान तत्त्व है। अन्य दृष्टियों से कुछ कहानियाँ न्यूनाधिक मात्रा में सदोष भी हों, लेकिन वातावरण तैयार करने में भालचन्द्र को सर्वत्र प्रशंसनीय सफलता मिली है।

'दरवेश का बेटा' से एक उद्धरण दे रहा हूँ :

'उसने समझदारी से सर हिलाया और झोपड़े के दरवाजे की ओर बढ़ा। झोपड़े की दीवार और दरवाजे की बीच की सेंध से झाँकती धीमी रोशनी की लकीर बतला रही थी कि बुड्ढा सोया नहीं है। दरवाजे पर हाथ रख कर उसने भरसक दर्द-भरी आवाज में पुकारा—'अब्बा'। अन्दर से कोई आवाज नहीं आई। उसने दोबारा पुकारा, लेकिन इस बार भी जवाब नदारद। तब उसने मेरी ओर देखा। मैंने इशारे से दरवाजा थपकाने को कहा। दरवाजा पहले से ही खुला था। उसने दरवाजे पर थपकियाँ देने के बजाय उसे अपनी ओर जरा-सा खींचा तो पूरा दरवाजा खुल गया। दरवेश मुझे देख न ले, इस डर से मैं घबरा कर एक किनारे हट गया। लेकिन, तभी झोपड़े के अन्दर से मोहान्ती की अचरज-भरी आवाज सुन पड़ी : अरे, यहाँ तो कोई है ही नहीं।'

'दरवेश का बेटा' का बुड्ढा दरवेश दुर्भाग्य के क्रूर आघात से विक्षिप्त किन्तु दयनीय मनुष्य है। उसके जीवन के लोमहर्षक रहस्य के अनुकूल वातावरण को बड़े

धैर्य से और धीरे-धीरे लेखक ने तैयार किया है। इसी प्रकार दूसरी कहानियों में भी व्यंग्य और हास्य और मनुष्य की विवशताओं को तीव्रतर बनाने के लिए उपयुक्त वातावरण की सृष्टि लेखक ने की है।

भालचन्द्र की जो दूसरी विशेषता तत्काल प्रभावित करती है, वह है उनकी कहानियों में अन्तर्निहित व्यंग्यात्मकता। काँटेदार शब्दों की सहायता से या मौका ढूँढ़कर अपनी ओर से कड़वा-तीता कहकर लेखक व्यंग्य नहीं करता। कहानी का पात्र ही इस तरह चित्रित किया गया है, कथानक का संघटन ही इस प्रकार किया गया है कि वे, अपनी पूर्णता में, अमोघ व्यंग्य बन जाते हैं। इन व्यंग्यों की सफलता दुगुनी इसलिए हो जाती है कि उन्हें परिहास-भावना (Sense of humour) से प्रेरणा मिली है, किसी सैद्धान्तिक पूर्वग्रह से नहीं। कहानी लेखक ने व्यंग्य करने के लिए कहानियाँ नहीं लिखी हैं, कहानियाँ अपने-आपमें व्यंग्य बन गई हैं। उसका व्यंग्य उसकी परिहास-भावना से प्रेरित होने के कारण गम्भीर घाव करनेवाला होने पर भी असद्भावनापूर्ण नहीं है; इसी तरह उसकी परिहास-भावना व्यंग्य की गम्भीरता के कारण सर्कस के विदूषक की जुगुप्सा और विस्मय उत्पन्न करनेवाली हरकत भी नहीं बनती। 'दरवेश का बेटा' शीर्षक कहानी में भी परिहास-भावना के कारण ही मनुष्यता की झाँकी हमें मिल जाती है। व्यंग्य और परिहास-भावना का, विषाद (Tragedy) और चंचलता का यह समन्वय बड़े पैमानेवाली साहित्यिक रचनाओं में बहुत कठिन नहीं होता, किन्तु छोटी कहानी में सर्वथा दुष्कर है। भालचन्द्र की कहानियों में यह समन्वय इस प्रकार और इस अनुपात में हुआ है कि पढ़कर ही विश्वास किया जा सकता है।

संगृहीत कहानियों के अजीबो-गरीब पात्र भालचन्द्र की तीसरी विशेषता है पर वह महत्त्वपूर्ण होने की बजाय ऐसी है जिससे कहानीकार को सतर्क रहना आवश्यक है। विलक्षणता, वह पात्रों की हो या घटनाओं की, बहुधा अति-नाटकीयता के धरातल पर उतर जाती है। कुछेक कहानियों में विलक्षणता-जनित इस अति-नाटकीयता का दोष प्रभाव की पूर्णता के लिए बाधक बन गया है। ऐसी कहानियों में 'फरार' का निर्देश किया जा सकता है। एक पेशेवर कहानी लेखक इस प्रकार की कहानियों के उपसंहार को अप्रत्याशित मोड़ देकर अपनी रचना को कम-से-कम मनोरंजक तो बना ही सकता है। भालचन्द्र ने ऐसा भी नहीं किया है। विलक्षणता से कहानी नहीं बनती। भालचन्द्र को विलक्षणता पर आवश्यकता से अधिक जोर देना ही नहीं चाहिए।

भालचन्द्र को कहने के लिए सामग्री की कमी नहीं, इसीलिए वे शब्दों का अपव्यय नहीं करते। फिर भी उन्हें सावधान रहना चाहिए कि उनका अपना ढंग कहीं आसान ढर्रा न बन जाए। 'गोया' शब्द का तो वे जितना कम इस्तेमाल करें, अच्छा। इन बातों को छोड़ दें तो शैली में ऐसी स्वाभाविकता है, खास कर पात्रों की बातचीत में, कि हिन्दी के अभ्यस्त गल्पकार भी उस तरह लिख लें तो उनके लिए गर्व की बात है।

['साहित्य' : अक्टूबर, 1951]

मन्वन्तर

दूसरी आलोच्य पुस्तक श्री शम्भुनाथ सिंह का नवीन काव्य संग्रह 'मन्वन्तर' है। 'मन्वन्तर' के कवि का उद्देश्य है—कविता के माध्यम से युग और समाज को बदलना तथा जीवन के मूल्यों में नवीन तत्त्वों को प्रतिष्ठित करना। कवि का विश्वास है कि परम्पराओं के प्रतिकूल सोद्देश्य अभियान करना मनुष्य का कर्तव्य है।

कवि ने इस उद्देश्य से मानव का, जनता का उद्‌बोधन किया है। साहित्य प्रचार का साधन है, यह सिद्धान्त मान लिया जाए तो 'मन्वन्तर' की कविताएँ फलप्रद कही जा सकती हैं। यह दूसरी बात है कि इस प्रकार की कविताओं का अधिक प्रभाव पड़ता है या सीधी चोट करनेवाले पर्चों की, इस सम्बन्ध में, अलग-अलग धारणाएँ हैं।

शम्भुनाथ की इस पुस्तक की 'मन्वन्तर' शीर्षक पहली कविता की कुछ पंक्तियाँ सुनें :

मानव, तुम करो अभियान।
निर्झर शक्ति के तुम आज
कितने क्षीण, गति से हीन।
कितने जन बने बलवान
गतिमय ज्योतिमय वैभव तुमसे छीन।
सूखे स्रोत के इस क्षीण स्वर में भी
छिपा उस वज्र का निर्घोष
करता जो गगन का वक्ष भेदन
दिग्गजों का गर्व चकनाचूर॥

जन-पूजा (Demotheism) की यह भावना अपरिणत मस्तिष्क का ही परिचायक है—वह चाहे व्यक्तिगत पैमाने पर हो या सामूहिक पैमाने पर। जिन देशों में जन-पूजा स्वाभाविक समझी जा सकती है, वहाँ के विचारकों ने भी दृढ़तापूर्वक इसका विरोध ही किया है; क्योंकि जन-कल्याण की भावना की प्रशंसा तो की जा सकती है किन्तु शाब्दिक जन-पूजा का महत्त्व तो सर्वथा अस्वीकार्य है। यह तो कुछ वैसी ही बात है कि अध्यात्म या भक्ति के वास्तविक रूप की उपेक्षा कर कोई मात्र प्रतीकोपासना को ही अपना ध्येय बना ले।

शम्भुनाथ ने जिन कविताओं में अपनी स्मृतियों और भावनाओं के चित्र अंकित किये हैं, उनमें उन्हें स्तुत्य सफलता मिली है, यद्यपि अतिशय भावुकता (Sentimentalism) स्पृहणीय प्रभाव उत्पन्न करने में बाधक सिद्ध होती है। 'मेरा गाँव' शीर्षक कविता की इन पंक्तियों से मेरे कथन का शायद पोषण हो सके :

धन्य मेरा गाँव
मेरा गाँव है यह।
मैं जहाँ पैदा हुआ
खेला-बढ़ा जिसकी धरा पर,
थी नयन से अमर छवि जिसकी
न मैं तृप्त हो पाया;
खेत, बाग, नदी, तलैया, ताल, ऊसर
पोखरा, गड़हे, कुएँ
हैं एक-एक अनेक स्मृतियाँ ले पड़े।

इस कविता में एक सरस चित्र खचित किया गया है। इसकी प्रभावोत्पादकता पर हम विचार कर चुके। एक भावनामूलक कविता के इस अंश को भी सुनें :

उर के व्यथा सिन्धु का कूल
गया मैं भूल!
रहे जीवन के वे क्षण पास
न जिनमें अश्रु, न जिनमें हास,
प्यास के मेघ उमड़ कर नहीं
बरसने आते हैं रस धार।
प्यार की ज्वाला में चुपचाप
न जलना मन।

यहाँ भावुकता का आतिशय्य अभिव्यंजना को शिथिल बना देता है।

शम्भुनाथ जी अनुभव या भावना या विचार का यदि पुटपाक नहीं कर सकते तो उन्हें वह सिद्धि नहीं मिल सकेगी जिसकी सम्भावनाएँ उनमें परिलक्षित होती हैं।

['साहित्य' : अक्टूबर, 1951]

दिनकर और उनकी काव्य-प्रवृत्तियाँ

दिनकर की कविता को श्रोताओं की प्रशंसा ही नहीं मिली है, उसे अधिकारी विद्वानों और समालोचकों का ईर्ष्या के योग्य सम्मान भी मिलता रहा है। हिन्दी के इस लोकप्रिय और सम्मानित कवि की रचनाओं के सूक्ष्म और विस्तृत अध्ययन, इधर कुछ विद्वानों ने, निबन्ध संग्रह या स्वतंत्र पुस्तक के रूप में, प्रस्तुत किये हैं। पहली कोटि में प्रो.कपिल के द्वारा सम्पादित दिनकर के काव्य के सम्बन्ध में विभिन्न विद्वानों के लिखे निबन्धों

का महत्त्वपूर्ण संग्रह आता है, दूसरी में एकाधिक कृतियाँ उपलब्ध हैं। इनमें शिवचन्द्र शर्मा की 'दिनकर और उनकी काव्य-प्रवृत्तियाँ', न केवल दिनकर की काव्य-विषयक ही, अपितु हिन्दी आलोचना-सम्बन्धी, उल्लेख्य कृति है। शिवचन्द्र प्रखर और निर्भीक आलोचनाओं के लिए प्रख्यात विद्वान हैं। अपनी इस नवीनतम आलोचना पुस्तक में उन्होंने जो भी स्थापित या उद्भावित किया है, उसमें 'अमूल' या 'अनपेक्षित' कुछ न रह जाए, इसका पूरा ध्यान उन्होंने रखा है—यह दूसरी बात है कि उनके निर्णयों से किसी का मतभेद भी हो।

पुस्तक के प्रथम अध्याय में शिवचन्द्र के काव्य के आधारभूत सिद्धान्तों की मीमांसा की है। उनके मतानुसार कवि के लिए यह आवश्यक है कि कवि काव्य के लाक्षणिक विधान का सम्यक् ज्ञान रखता हो। इस दृष्टि से वे आलोच्य कवि दिनकर की उपलब्धि से सन्तुष्ट हैं। इसी प्रकार शिवचन्द्र यह भी मानते हैं कि वही कवि कविता को स्वतंत्र मार्ग दे सकता है जो चिन्तक भी हो, जो दिनकर हैं।

'काव्य में व्याकरण के बन्धन' शीर्षक दूसरे अध्याय में शिवचन्द्र ने एक महत्त्वपूर्ण काव्यांग का शास्त्रीय विवेचन किया है। जहाँ वे मानते हैं कि कवि निरंकुश हो सकता है और इससे उसकी कला की श्रीवृद्धि भी हो सकती है, वहीं वे 'शिंजन-नाद' जैसे प्रयोगों की अवांछनीयता का भी निर्देश करते हैं। लेखक का यह निष्कर्ष युक्तियुक्त ही है कि दिनकर के काव्य में ऐसे चिंत्य प्रयोग हैं अवश्य किन्तु अपवादस्वरूप ही।

पुस्तक का तीसरा अध्याय लेखक के विस्तृत और तुलनात्मक अध्ययन का प्रमाण है। इस अध्याय में उसने दिनकर पर पड़नेवाले साहित्यिक प्रभावों की पड़ताल की है जिसके बिना कवि की कविताओं के, पाठक के द्वारा पुनर्निर्माण में, कठिनता उपस्थित होती रहती है। शिवचन्द्र ने दिखाया है कि दिनकर की काव्य-कला किन पाश्चात्य और भारतीय कवियों और विचारकों से प्रत्यक्ष-अप्रत्यक्ष रूप से प्रभावित हुई है। लेखक के विचारानुसार शेक्सपियर, मिल्टन, शेली, क्रिश्चना रॉजेटी, इकबाल और नज़रुल इस्लाम का और हिन्दी के समकालीन कवियों में माखनलाल चतुर्वेदी का दिनकर पर प्रभाव है। स्वर्गीय काशीप्रसाद जायसवाल और राहुल सांकृत्यायन के इतिहास-चिन्तन का गहरा प्रभाव भी उसे दिनकर के काव्य में दीख पड़ता है। शिवचन्द्र ने अपने कथन को सर्वत्र उदाहृत किया है और निष्कर्ष को प्रमाणित।

चतुर्थ अध्याय में विवेच्य विषय है : 'प्रगतिवाद और दिनकर'। दिनकर में राष्ट्रीय भावना सामर्थ्य के साथ अभिव्यक्त हुई है किन्तु राजनीति-विशेष से परिचालित विचार-प्रणाली नहीं। 'हुंकार' की कविताओं में शिवचन्द्र वैसा सामाजिक दृष्टिकोण भी पाते हैं जो तथाकथित प्रगतिवाद के भी अनुरूप है।

गांधीवाद का दिनकर के काव्य पर किस हद तक प्रभाव पड़ा है, इस सम्बन्ध में शिवचन्द्र ने पाँचवें अध्याय में विचार किया है। वे दिनकर को मुख्यत: क्रान्ति का कवि मानते हैं, पर इसके साथ ही साथ, वे अहिंसा के गांधीवादी सिद्धान्तों का प्रभाव

भी स्वीकार करते हैं और इसके प्रमाणस्वरूप 'बापू' शीर्षक कवि की प्रसिद्ध काव्य-कृति का उल्लेख करते हैं।

छठे अध्याय में शिवचन्द्र ने सामान्यतः हिन्दी कवियों की और विशेषतः दिनकर की काव्यगत शब्द-योजना पर सविस्तर विचार किया है। इस क्षेत्र में वे दिनकर को मैथिलीशरण गुप्त का समानधर्मा मानते हैं।

सातवें अध्याय में शैली और शब्द-सम्बन्धी विशेषताओं का निरूपण करते हुए शिवचन्द्र ने दिखाया है कि प्रासादिकता और ओजस्विता दिनकर की काव्य-शैली के मुख्य गुण हैं। दिनकर ने अपने कुछ छन्दों को उर्दू बहरों के साँचों में ढाला है और इस प्रकार मौलिक स्वरूप-विधान सम्भव कर दिखाया है—लेखक ने भी इसका प्रतिपादन किया है। आठवें अध्याय में शिवचन्द्र ने 'कुरुक्षेत्र' के षष्ठ सर्ग का विश्लेषण किया है। प्रारम्भ में जहाँ दिनकर जी जीवन की क्षणभंगुरता पर आँसू बहाते थे, वहीं 'कुरुक्षेत्र' में वे जीवन को मरण से अधिक शक्तिशाली मानने लगे हैं। लेखक की दृष्टि में 'कुरुक्षेत्र' का सर्वश्रेष्ठ सर्ग क्योंकि वह जीवन के प्रति आस्था का प्रतीक बन सका है।

अगले अध्यायों में 'रसवन्ती', 'सामधेनी' आदि दिनकर के काव्य संग्रहों के सारगर्भित विवेचन हैं। अन्तिम अध्याय में गद्य लेखक दिनकर की 'मिट्टी की ओर' में संकलित साहित्यिक निबन्धों की आलोचना प्रस्तुत की गई है।

मैंने अभी-अभी शिवचन्द्र की पुस्तक का जो विवरण उपस्थित किया है, उससे उसकी विशदता और प्रामाणिकता का पर्याप्त अभास मिल सका होगा। दिनकर के काव्य के अध्ययन के लिए यह पुस्तक अनिवार्य सिद्ध होगी, ऐसी मेरी धारणा है।

[आल इंडिया रेडियो के सौजन्य से]

['साहित्य' : अक्टूबर, 1951]

उत्तर भारत की संत-परम्परा

मैं आज, अन्त में एक ऐसी पुस्तक से आपका परिचय करा दूँ जो हिन्दी के उस विशाल क्षेत्र से सम्बद्ध है जिसको दर्शन, अध्यात्म और साहित्य की त्रिपथगा कह सकते हैं। मेरा तात्पर्य है : 'उत्तर भारत की संत-परम्परा' से, जो वस्तुतः पुस्तक का समुचित शीर्षक भी है।

इसके लेखक हैं परशुराम चतुर्वेदी जिन्होंने किसी विश्वविद्यालय से सम्बद्ध न होने पर भी इस पुस्तक में अभिनन्दनीय शोध प्रवृत्ति का प्रमाण दिया है। हिन्दी के विद्वानों में तात्त्विक शोध-कार्य (Fundamental Research Work) की रुचि कितनी कम है, यह इसीसे समझा जा सकता है कि अभी तक इस विषय पर बंगला और अंग्रेजी

में क्षितिमोहन सेन की ही एक छोटी-सी किन्तु प्रामाणिक पुस्तक सुलभ थी। हिन्दी में भी बहुत कुछ इसी के आधार पर लिखी एक पुस्तक अवश्य है पर उससे अभाव की थोड़ी भी पूर्ति नहीं होती।

परशुराम चतुर्वेदी ने स्पष्टत: अपनी पुस्तक के लिए दासगुप्त के Obscure Religious Cults नामक ग्रंथ को आदर्श के रूप में रखा है। जिस प्रकार दासगुप्त ने पूर्वीय प्रदेशों के गौण धार्मिक सम्प्रदायों का विद्वत्तापूर्ण विवरण दिया है, उसी प्रकार प्रस्तुत लेखक ने भी उत्तर भारत में बिखरे हुए साधु सम्प्रदाय, लाल, दादू, निरंजनी, बावरी, मलूक, बाबालाली, धामी, सत्तनामी, धरनीश्वरी, दरियादासी, शिवनारायणी, चरणदासी, गरीब, पानप, रामसनेही, साहब, नाँगी, राधास्वामी आदि गौण पंथों और सम्प्रदायों का गवेषणात्मक विवरण सुलभ कर दिया है।

शोध की वैज्ञानिक प्रणाली में दीक्षित न होने के कारण लेखक ने यत्र-तत्र अनावश्यक विस्तार कर दिया है और संत-परम्परा में महात्मा गांधी को परिगणित करना तो सर्वथा युक्तिरहित ही कहा जाएगा।

फिर भी लेखक के परिश्रम से भावी शोधकर्ताओं के कार्य की कल्पना बहुत कुछ सरल होगी, यह निस्सन्दिग्ध है।

['साहित्य' : जुलाई, 1952]

हास्य के सिद्धान्त और मानस में हास्य

पुस्तक के प्रारम्भिक अंश में हास्य के मनोविज्ञान पर लेखक ने मौलिक उद्‌भावनाएँ प्रस्तुत की हैं। एक तरफ आज तक इस विषय पर पूर्वीय और पाश्चात्य विद्वानों ने जो भी मन्तव्य प्रकट किये हैं, उनका आलोचनात्मक निरूपण है तो दूसरी तरफ स्वयं लेखक के जो एतद्विषयक सर्वथा मौलिक और नवीन विचार हैं, उनका विशद प्रतिपादन है। पुस्तक की भूमिका में विस्तार से उसकी विशेषताओं का विवेचन किया गया है।

रस के रूप में भारतीय आचार्यों ने हास्य का विशद निरूपण और विस्तृत वर्गीकरण किया है। इनके आधार पर हम उनके मनोवैज्ञानिक दृष्टिकोण का अनुमान तो कर सकते हैं किन्तु यह एक तथ्य है कि हमारे आचार्यों ने हास्य का मनोवैज्ञानिक विवेचन किया नहीं है। इस दृष्टि से, प्लेटो से लेकर स्पाइनोजा तक, पाश्चात्य दार्शनिकों ने, सूक्ष्मता के साथ विचार करने का प्रयास किया है, और 'हास्य' को 'गम्भीर' बनाया है—जिसका श्रेय आलोच्य पुस्तक के लेखक प्रो. जगदीश पांडेय को भी उनके कुछ विनोदी मित्रों ने दिया है।

'हास्य के सिद्धान्त और मानस में हास्य' के विद्वान और चिन्तनशील लेखक जगदीश पांडेय ने अपने विषय को वहाँ से आगे बढ़ाया है जहाँ तक भारतीय तथा

पाश्चात्य विचारक उसे पहुँचाकर छोड़ चुके थे। गम्भीर चिन्तन से, मौलिक परिणामों से समृद्ध पुस्तक में पूर्ववर्ती विवेचनों का नूतन मूल्यांकन तो है ही, साथ ही साथ अभिनव सिद्धान्तों की उद्‌भावना और उनका व्यावहारिक निर्देशन भी है।

पुस्तक विवरण-प्रधान नहीं है। वह सूक्ष्म और गहन मीमांसा प्रस्तुत करने के उद्‌देश्य से लिखी गई है। इसका अनिवार्य परिणाम यह हुआ है कि लेखक को एक प्रकार की सूत्रवार्तिक-शैली अपनानी पड़ी है। इस शैली की नवीनता—जो हिन्दी के पाठकों के लिए और विद्वानों के लिए भी अपरिचित अवश्य सिद्ध होगी—इस बात में है कि इसमें शास्त्रीय अर्थ-गौरव के साथ ही साथ विषयोचित्त सूक्ष्म विदग्धता भी है। पांडेय जी ने विषय का सर्वथा मौलिक निरूपण किया है, इसलिए उन्हें नवीन शब्दों का भी निर्माण करना पड़ा है, जिनसे हिन्दी के साहित्यिक शब्दकोश का परिवर्द्धन हुआ है।

लेखक के शब्दों में ही, पुस्तक के पूर्वार्द्ध में उसने 'हास्य के स्मित (Snave), हसित (Ludicony), विहँसित (Humorous), अवहँसित (Antithatical या Metaludicrous) भेदों को विषय-धर्म के दृष्टिकोण से देखने की कोशिश की है।

पुस्तक के उत्तरार्द्ध 'व्यावहारिक अध्ययन' में तुलसी के मानस में आए हुए 'दुष्ट वन्दना', 'पार्वती-परीक्षा, 'शिव-विवाह', 'नारद-मोह', 'कपटी मुनि', 'धनुष-यज्ञ', 'परशुराम-लक्ष्मण-संवाद', 'कैकेयी-मन्थरा', 'केवट' आदि प्रसंगों और पात्रों, तथा भारतेन्दु के 'अन्धेर नगरी चौपट राजा' की हास्य की वृद्धि से व्यावहारिक आलोचना है। इन विषयों की आलोचना सर्वथा अभिनव और नितान्त मौलिक है। संक्षेप में, मेरा विश्वास है—'हास्य के सिद्धान्त' अपने विषय में हिन्दी के लिए ही नहीं, न केवल अन्य भारतीय भाषाओं के लिए ही, प्रत्युत पाश्चात्य भाषाओं के लिए भी—अतिशय महत्त्वपूर्ण ग्रंथ सिद्ध होगा।

पूर्वार्द्ध के द्वितीय परिच्छेद का विषय है : 'हास्य के शास्त्रीय भेदों का विश्लेषण'। इस सम्बन्ध में प्रो. पांडेय का विवेचन उन्हीं के शब्दों में देखिए :

'हास्य के ये छः वर्गीकरण हास के स्वरूप की दृष्टि से किये हैं।

स्मित हास : होंठों पर मुस्कान मात्र का परिस्फुटित होना। हास्य के मुकुल का यह पुष्प-प्रभात है।

इसके लिए आश्रय के शील में औदार्य और संयम अपेक्षित है। आलम्बन से सम्बन्ध-शिष्टता या मर्यादा की अपेक्षा करता है। वह सबसे अधिक संस्कृत हास्य है। इसलिए व्यंग्य या व्याजस्तुति, व्याजनिन्दा की प्रधानता रहती है। यह कूटनीतिज्ञों का हास है।

हसित : दृश्य तथा साधारणतः श्रव्य भी। पूरा मुँह नहीं खुलता। हसित में घटना उक्ति या शील के औचित्य का आधार कुछ छूटा तथा कुछ लगा रहता है।

विहँसित : इसमें ठठा कर भी हँस सकते हैं तथा मन में भी विहँस सकते हैं। विरोधाभास, ध्रुवव्यर्थसाधना, विपरीत भाग्य का व्यंग्य, मूर्खबन्धुत्व, सापेक्षाद्वैत, द्विविधा

आदि पर हम हँसते नहीं, विहँसते हैं। स्मित यदि संस्कृत है, हसित यदि प्राकृत है तो यह कभी-कभी कर्मा-भावसक्ति करुणा या सजल हास होकर सबसे अधिक मार्मिक हास होता है।

ऐसी परिस्थिति में शील या उक्ति में वैयक्तिक सजीवता आ जाने से नवीनता और मौलिकता का चमत्कार भी रहता है। जब ऐसा विरोधाभास अनायास होता है तो एक सजल मोह पैदा करता है। हास के क्षेत्र की यह सबसे उत्कृष्ट अनुभूति है। इसमें व्यंग्य नहीं, मात्र प्राकृतिक जड़ता नहीं, भावनाओं या विचारों की असंगति या हल्के द्वन्द्व से अनुभूति अधिक काव्यात्मक हो जाती है। यह मुक्तक हास है। यह कभी-कभी स्नेहन हास भी हो जाता है।

विरोधाभास : जैसे किसी अध्यापक का विद्यार्थी उनका 'काका' हो तो 'Yes Sir' और 'प्रणाम काका' का या प्रणामाशीः सम्बन्ध, प्राकृतिक चाचा और सांस्कृतिक भतीजा का वह भेदाभेद, विहँसित हास का उदाहरण होगा।

ध्रुवव्यर्थसाधना : नेत्रविहीन दर्पण देखता पकड़ा जाए। मजा तो और आ जाए जब अन्धा धूपछाँह का चश्मा लगाकर चले—और सिनेमा देखनेवाला कोई छोकड़ा गा दे :

धूपछाँही रंग है, नाचश्म की तसवीर का।

...कोई फोटो खिंचवाने के पहले चुपके से इत्र लगा ले जिसमें मित्रों को याद न पड़े, नहीं तो शायद उनकी तसवीर भी सुगन्धित हो जाए तो ऐसा बुद्धिमान् विहँसाएगा।

विपरीत भाग्य का व्यंग्य : बारहसिंगा को जिन सींगों पर नाज था, उन्हीं के कारण उसे झाड़ी में फँस जाना पड़ा तथा बधिक के बाण का शिकार होना पड़ा। 'तेलि बोरी पट बाँधि-पुनि, पावक देहु लगाय' का एक ही द्रष्टा विहँस उठेगा।

मूर्खबन्धुत्व : जो मूर्ख हमारे सखा, सन्तान या अनुज-सा दीख पड़े। केवट अर्थ के कीट, पेट की भूख, की बात करता है और खिवाई नहीं लेता। लक्ष्मण के वाण के प्रति उपेक्षा भी दिखाता है।...राम से बड़ी चीज उनके चरणों की धूलि को मानता है—'अंशों से अंश को ही महान...' विचित्र अटपटी बातें हैं—प्रेम भी, हठ भी, ज्ञान भी, अज्ञान भी—घर की भी चिन्ता, वैकुंठ की भी—ऐसी वाणी पर करुणा-अयन विहँस हो सकते थे।

हास के स्वरूप की दृष्टि से हास्य के षड्विध वर्गीकरण का प्रारम्भिक अंश आपने देखा। अब उत्तरार्द्ध के राम-लक्ष्मण-संवाद का व्यावहारिक आलोचना विषयक यह अंश भी देखें : 'कायरों के कोलाहल से लोग अभी घबराए ही हैं और औरतें गाली दे रही हैं कि रौद्र तथा वीर के अवतार परशुराम आ धमकते हैं—कुटिल भृकुटि, रौद्ररक्त नेत्र, हाथ में धनुष, कन्धे पर कुठार और संत का वेश।'

जब बुद्धि इस असंगति पर हँसती है (लक्ष्मण आगे चलकर हँसते हैं), तो हृदय, विशेषतः कायरों का हृदय, भय से काँप उठता है।

भाव की इस गत्यात्मक सूक्ष्मता की सहानुभूति गोस्वामी जी की निराली चीज है। परशुराम बाज की तरह आते हैं, कायर 'लवा' की तरह लुका जाते हैं। रामायण की कुछ चौपाइयाँ ऐसी हैं जो शील के किसी स्वरूप की अन्तिम अभिव्यक्ति-सी दीखती हैं। परशुराम को देखें :

पितु समेत कहि-कहि निज नामा।
करने लगे सब दंड प्रणामा॥

यह है कायरों की हालत।

अब परशुराम हास्य तथा भाग्य के व्यंग्य के पंजे में पड़ते हैं। कायरों ने डींग हाँकी, शेर से गीदड़ बने। अब इस सिंह की भाग्य-दशा देखिए :

बहुरि विलोकि विदेहसन, कहहु काह अतिभीर।
पूछत जान अजान जिमि, व्यापेउ कोप शरीर।

परशुराम सभा पर जताना चाहते हैं कि यदि पहले ही मैं जानता तो न मालूम कितना रक्तपात होता। दर्शकों को आशंका से पूरी तरह भरकर उनके विरोध की रही-सही शक्ति का भी क्षय कर देना चाहते हैं। जानकर अनजान बनना कूट-परिहास का लक्ष्य बनना है। हम द्वेष भर कर विष की हँसी मन ही मन हँसते हैं। तिरस्कार की उँगलियाँ और भी गुदगुदाती हैं, क्योंकि पाठक हँसकर मन-ही-मन, परशुराम को चिढ़ाता है।

['साहित्य' : जनवरी, 1953]

रूपान्तर

लेखक को अवश्य यह विश्वास है कि यह अपने उपन्यास के माध्यम से कोई सर्वथा अभिनव जीवन-दर्शन उद्‌भावित कर रहा है। वह स्वलिखित आमुख में दार्शनिकों के लहजे में शुरू करता है।

'जीवन में क्या श्रेय है और क्या प्रेय, अथवा दृष्टि-भेद के अनुसार श्रेयस्कर ही प्रेयस्कर है अथवा प्रेयस्कर ही श्रेयस्कर—यह समस्या हमें निरन्तर उलझाती रहती है। इसे सुलझाने में हम सोच-सोचकर हारते रहे हैं और हार-हार कर भी सोचते रहे हैं और अन्त में ऐसा लगता है कि जीवन के अविच्छिन्न प्रवाह में न देखने के कारण ही हार-जीत का यह द्वन्द्व हमें घेरे हुए है।'

लेखक ने समस्या को, इस प्रकार, प्रस्तुत ही नहीं किया है, बल्कि उसके समाधान का इंगित भी कर दिया है। उपन्यास में समस्या और समस्या के समाधान को कैसे रूपायित किया गया है, यह भी लेखक के शब्दों में ही देखें :

'सौभरि ऋषि ज्ञान के सर्वोच्च शिखर पर पहुँचकर भी मन्दाकिनी की तरह उपत्यका में उतर आए; 'नान्यत्पश्यति' वाली भूषा-दृष्टि उन्हें प्राप्त थी, 'नान्यच्छणोति' वाली भूमा श्रुति उन्हें उपलब्ध थी। और 'नान्यद्विजानाति' वाली भूषा मति पर उनका अधिकार था, किन्तु फिर भी वे भूमि की अल्पता में स्वेच्छया उतर आए। किन्तु क्या यह उनका पतन है ? यह परिवर्तन उनका पतन नहीं, प्रेम की उनकी आसक्ति भी नहीं, उनका आत्यन्तिक उत्थान है श्रेय का विलक्षण सुखानुभव, क्योंकि उनकी दृष्टि में भूषा और भूमि में केवल नाम का अन्तर है, श्रेय और प्रेय में केवल रूप का पार्थक्य है। अत: ध्यानयोगी संन्यासी सौभरि का कर्मयोगी गृहस्थ सौभरि के रूप में यह परिवर्तन योगभ्रष्टता का निर्दशन नहीं, 'योग: कर्मसु कौशलम्' का प्रतीक है। अव्यक्त की उपासना क्या व्यक्त की आराधना में निहित नहीं है ?'

तो, जैसाकि आमुख में प्रस्तुत किये गए उपन्यास के सारांश से स्पष्ट है, उपन्यास के प्रमुख पात्र हैं सौभरि ऋषि और उनका परिवर्तन या रूपान्तर ही है उपन्यास की आधिकारिक 'वस्तु'। लेकिन उपन्यास में राजा मांधाता की दिग्विजय और उनकी मानसिक, पारिवारिक समस्याओं के वर्णन और विवरण में उपन्यास का प्राय: आधा हिस्सा लग गया है। उपन्यास के प्राकृत विषय से इस भाग का सार्थक सम्बन्ध नहीं है, यह तो आमुख के कथा-संक्षेप से ही सिद्ध हो जाता है।

ऐसी स्थिति में उपन्यास के स्थापत्य की शिथिलता और असन्तुलन अनिवार्य हो जाते हैं और पाठक महसूस करता है कि कहानी लेखक का उपन्यास लेखक के रूप में परिवर्तन बहुत सफल नहीं हो पाया है। छोटे, पर तसवीरें बनानेवाले चित्रकार के बहुत बड़े पट को खूबी के साथ सँभालना असुविधाजनक सिद्ध हो तो यह आश्चर्य की बात है भी नहीं। सौभरि ऋषि की रूपान्तर-कथा विस्तृत है। रूपान्तर चाहे जितना भी वांछनीय हो, किन्तु उसकी प्रेरणा और प्रक्रिया छिछली और द्वन्द्वरहित है। यह नहीं कि लेखक ने उदात्तता या द्वन्द्व-योजना का प्रयास नहीं किया हो। दिक्कत यह है कि उदात्तता तत्सम शब्दों की अप्रचलन-जनित गम्भीरता पर अवलम्बित है और द्वन्द्व आन्तरिक न होकर बाह्य चेष्टाओं पर निर्भर है।

'रूपान्तर' के रचयिता श्री राधाकृष्ण ने छद्म पौराणिक वातावरण तथा नामों के प्रयोगों से कौन से उद्देश्य की सिद्धि चाही है, यह समझ सकना कठिन है। इतिहास या पुराण की स्वल्पपरिचित पृष्ठभूमि को लेकर उपन्यास की रचना करने का जो एकमात्र वस्तुत: महत्त्वपूर्ण उद्देश्य हो सकता है, वह यही है कि अति परिचित वातावरण के कारण उपन्यास में जो अवान्तर तत्त्व प्रमुखता पा जाते हैं, उनसे बचे रहना आसान होता है। यदि किसी ऐतिहासिक या पौराणिक उपन्यास में

मुख्य उद्‌देश्य यह नहीं होता तो केवल उपन्यास की ऐतिहासिकता या पौराणिकता का अपने–आपमें कोई महत्त्व नहीं होता।

प्रस्तुत उपन्यास में प्रवृत्ति और निवृत्ति के सापेक्ष मूल्यांकन के लिए जिन पौराणिक से लगनेवाले पात्रों की कल्पना की गई है, उनकी पौराणिकता से उपन्यासकार की अभीष्ट सिद्धि में कोई सुविधा नहीं होती। हाँ, यह कठिनाई एक स्थान पर अवश्य होती है कि सिद्धियों को वशीकृत करनेवाले सौभरि ऋषि को विवाह के लिए जब सुन्दर और स्वस्थ शरीर की जरूरत पड़ती है तो लेखक यह दिखाने का मोह सँवरण नहीं कर सकता कि सिद्धियों के प्रताप से 'कायाकल्प' क्षणमात्र में सम्पन्न हो जाता है और जरा–जर्जर सौभरि की राजकन्या प्रसन्नतापूर्वक पति के रूप में स्वीकृत कर लेती है। यह एक अच्छी बात है कि लेखक ने कथा की पौराणिकता का लाभ एक बार ही उठाया है और बार–बार अलौकिक तथा चमत्कारपूर्ण घटनाओं की योजना नहीं की है।

साक्षात्कार करना के बदले साक्षात् करना, निषध देश के स्थान पर नैषध देश जैसे प्रयोग तथा 'योगिजनों की सिद्धियाँ क्या केवल इसीलिए हैं कि इन्हें भोगी और लोभी मनुष्यों में बाँटी जाएँ?'—जैसे वाक्य अन्यथा पठनीय उपन्यास के लिए अशोभनीय हैं।

हाँ, अपरिणत होने पर भी उपन्यास पठनीय इसलिए बन गया है कि वर्णनों में रोचकता है और उत्कंठा जगाए रखने की सामर्थ्य है। 'रूपान्तर', संक्षिप्त में, वैसे उपन्यासों में है जो महान तो नहीं होते, किन्तु महान हो सकते थे।

['साहित्य' : जनवरी, 1953]

अलका

'अलका'—इस नाम ने और इसके अनुरूप पुस्तक के बहिरंग ने मुझे तत्काल आकृष्ट किया था। कविताएँ भी, जिस शैली की हैं, सभी तो नहीं, पर कुछ पसन्द आई हैं। यों सामान्य रूप से छायावादियों ने और विशेष रूप से महादेवी जी ने इस शैली की कविता की सम्भावनाओं को नितान्त निःशेष करके छोड़ दिया है, और हिन्दी की कवयित्रियों के दुःख के प्रति सहानुभूति रखने के बावजूद, मैं नहीं समझ पाता कि उसकी काव्यात्मक अभिव्यक्ति की कोई सार्थकता है।

जो भी हो, शान्ति सिंहल ने दुःख और निराशा की अभिव्यंजना सच्चाई और ईमानदारी के साथ की है और हिन्दी के एक प्रसिद्ध और लोकप्रिय कवि की तरह 'दुःख' का व्यावसायिक शोषण अवश्य नहीं किया है।

कवयित्री, शान्ति सिंहल, संग्रह की आरम्भिक कविता में ही निवेदन कर देती हैं :

मेरी भूलें अपना लो।
कुछ निधियाँ मुझे मिली थीं,
प्रिय, तुमसे जो अनजाने,
संकोच भरा उर लेकर
आई उनको लौटाने।
अनुरोध यही है मेरा,
फिर अपना इन्हें बना लो,
मेरी भूलें अपना लो।

कवयित्री ने 'आकुल अंतर' से प्रेरित होकर कहा है और अनेक कविताओं में दुहराया है : 'क्या बतलाऊँ, इन नयनों में नीर अधिक या प्यास अधिक है' :

नीर भरे ज्यों नभ आँगन में,
उमड़े पावस मेघ सजीले।
और तृषित ज्यों शत-शत युग के
चातक के नव बाल हठीले।
नहीं जानती इन नयनों में नीर, अधिक या प्यास अधिक है।
क्या बतलाऊँ इन नयनों में नीर, अधिक या प्यास अधिक है।

जिस प्रकार इस छन्द में प्रयुक्त दो विशेष 'सजीले' और 'हठीले' महादेवी जी की भाषा का स्मरण दिलाते हैं, उसी प्रकार कवयित्री की निराशा, व्यथा और व्याकुलता में व्याप्त मानवीयता की अन्तर्धार महादेवी जी के उस जीवन-दर्शन को प्रतिध्वनित करती है, जिसकी पलायन-सी लगनेवाली भावना के पीछे न डिग सकनेवाला मानव प्रेम है। जैसे :

सैकड़ों पाषाण में से एक तू पाषाण होता।
मैं न होती भावना फिर तू कहाँ भगवान होता?
मोह के लघु दीप में मैं,
वर्तिका बनकर जली हूँ,
नव किरण की कोर छूने,
अर्घ्य जल बनकर ढुली हूँ,
मैं न यदि निज को मिटाती दूर क्या व्यवधान होता?
मैं न होती भावना फिर तू कहाँ भगवान होता?

इस प्रकार यदि कवयित्री में निराशा है तो आस्था भी है :

निज दृगों के नीड़ में,
लेते रहे सपना बसेरा,

अब वहाँ पर है विहँसती,
सजगता विश्वास बनकर।

तभी तो कवयित्री इस निष्कर्ष पर पहुँचती है कि :

यदि सत्य नहीं जीवन में कुछ,
तो सपना भी कैसे कह दूँ?
पल में होती है जीत यहाँ,
पल में होती है हार यहाँ।
असफलता और सफलता का
मिलता रहता उपहार यहाँ।
जीवन की मनुहारों को अब
विधि की छलना कैसे कह दूँ,
यदि सत्य नहीं जीवन में कुछ
तो सपना भी कैसे कह दूँ?

यह ठीक है कि हिन्दी कविता का जो अभ्युदय चाहता है और यह आशा लिये बैठा है कि हिन्दी में आए, कवयित्री एडिथ सिट्वेल की समानधर्मा महान कवयित्री उपस्थित हो, उसे अभी और भी प्रतीक्षा करनी पड़ेगी, फिर भी यह सन्तोष का विषय है कि हिन्दी में ऐसी कवयित्रियाँ तो अवश्य हैं जिनसे अधिकाधिक उत्कर्ष की उम्मीद रखी जा सके।

इस काव्य संग्रह के प्रारम्भ में भी एक प्रतिष्ठित कवि का तनिक विस्तृत 'आमुख' है। आमुख के बदले यदि कुछ परिश्रम से कविताएँ सम्पादित कर दी गई होतीं तो छन्द-सम्बन्धी ऐसे स्खलन नहीं रह जाते :

पर मैं बरबस खो बैठी,
उसका लघुकण भी न पाती।
हममें-तुममें क्यों अन्तर है,
क्या बता सकोगी तुम बाले?

इस कविता की छन्द-योजना है : प्रथम चरण 16 मात्राएँ, द्वितीय 14 मात्राएँ किन्तु द्वितीय और चतुर्थ चरणों में क्रमश: 15 और 16 मात्राएँ हैं और दीक्षित श्रवण के लिए यह त्रुटि सहज अधिगम्य है।

मैं समझता हूँ, भूमिका-लेखकों को तारीफ के पुल बाँधने के पहले चीज को तारीफ के काबिल बनाने की कोशिश कर लेनी चाहिए।

जहाँ तक कवयित्री का, अपनी कविता के सम्बन्ध में, स्वयं अपनी धारणा का प्रश्न है, वह अवांछनीय सन्तुष्टि से ग्रस्त नहीं है। कवयित्री अपनी अन्तिम कविता में अपनी कविता के सम्बन्ध में कहती है :

मैंने गीत कहाँ गाया है ?
अपने ही नीरस जीवन में,
मैंने नव उल्लास भरा है :
अपने सूने प्राण-विपिन में,
प्रिय, मैंने मधुमास भरा है।
अपने ही वीणा के उलझे—
तारों को बस सुलझाया है,
मैंने गीत कहाँ गाया है ?

['साहित्य' : जनवरी, 1953]

बीसलदेव रास

हिन्दी साहित्य के हितेच्छुओं के लिए यह बहुत ही सन्तोष की बात है कि इधर हिन्दी के विद्वानों ने प्राचीन ग्रंथों के पाठों के पुनर्निर्माण और वैज्ञानिक सम्पादन तथा पाठालोचन के अत्यन्त आवश्यक किन्तु अब तक उपेक्षित क्षेत्र में पर्याप्त प्रगति की है। ऐसे विद्वानों में डा. माताप्रसाद गुप्त का नाम उल्लेखनीय है, जिन्होंने तुलसी के 'रामचरितमानस' का वैज्ञानिक सम्पादन तो किया ही है, साथ ही साथ, बड़े विस्तार से, दो खंडों में मुद्रित अपनी एक पुस्तक में, 'मानस' का पाठालोचन भी उपस्थित किया है। डा. गुप्त ने इधर पद्मावत तथा जायसी की अन्य कृतियों का भी वैज्ञानिक सम्पादन किया है, जो विद्वानों के शास्त्रार्थ का आधार बनकर यह प्रमाणित कर चुका है कि हिन्दी में दूसरे लोग भी इस दिशा में सचेष्ट हैं।

डा. गुप्त के द्वारा सम्पादित नवप्रकाशित ग्रंथ है नरपति नाल्ह का 'बीसलदेव रास', जिसे पूर्ववर्ती विद्वानों की तरह 'बीसलदेव रासो' न कहकर, उन्होंने 'बीसलदेव रास' का समुचित शीर्षक दिया है, क्योंकि यह ग्रंथ रासो ग्रंथों से अनेक दृष्टियों से भिन्न है। हिन्दी साहित्य के इतिहास के प्रथम युग की वीरगाथा-काल की संज्ञा से अभिहित करनेवाले आचार्य रामचन्द्र शुक्ल ने तथा उनका अन्धानुसरण करनेवाले अन्य इतिहासकारों ने भी, बीसलदेव रास की हिन्दी के सबसे प्राचीन ग्रंथों में ही एक नहीं, प्रत्युत हिन्दी का प्राचीनतम ग्रंथ तक कहा है। इसके विपरीत हिन्दी के साहित्यिक इतिहासकारों की यह नई प्रवृत्ति है कि वे वीरगाथा-काल की प्राय: समस्त रचनाओं को ही अप्रामाणिक सिद्ध करने में सन्नद्ध हैं। उदाहरण के लिए, श्री अगरचन्द नाहटा तथा और अनेक विद्वानों ने 'ऐतिहासिक, भौगोलिक और कालविषयक विशेषताओं पर विचार करते हुए लिखा है कि यह सोलहवीं-सत्रहवीं शताब्दी की रचना ज्ञात होती है।'

डा. माताप्रसाद गुप्त ने अनेक प्राचीन हस्तलिखित प्रतियों के आधार पर इस ग्रंथ की अपेक्षाकृत अधिक प्राचीनता सिद्ध की है और उनके युक्ति-युक्त निष्कर्ष से असहमत होने का कोई कारण नहीं दीख पड़ता।

डा. माताप्रसाद गुप्त ने, श्री अगरचन्द नाहटा के सहयोग से प्राप्त अनेकानेक हस्तलिखित पोथियों को उनके पाठ-समय के आधार पर पाँच समूहों में विभक्त किया है और इन सभी स्रोतों के सहारे बीसलदेव रास के पाठ का, वैज्ञानिक रीति से, निर्माण किया है। इन विभिन्न स्रोतों का, भूमिका में, विशद परिचय दिया गया है, और उनमें प्राप्त पाठ-भेदों का, वाद-टिप्पणियों में, सावधानी से संकलन भी कर दिया गया है।

इस प्रकार के सम्पादन का महत्त्व, कुछ लोगों की दृष्टि में, केवल विशेषज्ञों के लिए ही होता है। पर, बात ऐसी नहीं है। वैज्ञानिक सम्पादन के परिणामस्वरूप न केवल अधिक से अधिक निकटता के साथ मूल पाठ का ही पुनर्निर्माण होता है, बल्कि उससे किसी प्राचीन कृति के रचयिता का काल-निर्णय तथा साहित्यिक मूल्यांकन भी सम्भव होता है। 'बीसलदेव रास' के पाठ के उद्धार के फलस्वरूप डा. गुप्त आत्मविश्वास के साथ कहते हैं कि इस ग्रंथ की रचना 'चौदहवीं शताब्दी के उत्तरार्द्ध तक अवश्य ही गई होगी' और इस तरह एक विवादास्पद विषय का समाधान हो जाता है। इसके साथ ही साथ जिन विद्वानों की यह धारणा थी कि 'बीसलदेव रासो' के रचयिता नाल्ह में 'जन्मसिद्ध काव्य-प्रतिभा न थी' और 'रास में न तो काव्य-चमत्कार, न अर्थ-गौरव और न छन्दों-वैचित्र्य है', उन्हें भी कदाचित् इस सुसम्पादित संस्करण के अध्ययन के बाद अपने विचारों में कुछ परिवर्तन करना पड़ेगा।

['साहित्य' : अप्रैल, 1953]

बा और बापू
[चार अन्य एकांकियों सहित]

श्री रामनरेश त्रिपाठी के नवप्रकाशित एकांकी-संग्रह में पहली और सर्वोत्तम नाटिका है : 'बा और बापू' और वही संग्रह का शीर्षक भी है। त्रिपाठी जी पिछली पीढ़ी के सम्मानित कवि और विद्वान हैं। उन्होंने 'जयन्त', 'प्रेमलोक', 'बफाती चाचा', 'अजनबी' और 'पैसा-परमेश्वर' जैसे सफल नाटक भी लिखे हैं और अब, परिणत वय में, परिणत कला के साथ, प्रस्तुत संग्रह के एकांकियों की रचना की है।

त्रिपाठी जी पुराने खेवे के साहित्यकार होते हुए भी अपने दृष्टिकोण में पर्याप्त नवीनता रखते हैं। 'बा और बापू' की भूमिका में, नाटकों में गृहीत ऐतिहासिक आधार के विषय में उन्होंने बहुत संक्षेप में जो कुछ कहा है, वह अत्यन्त महत्त्वपूर्ण है। त्रिपाठी जी के शब्द हैं :

'ऐतिहासिक पुरुषों को, खास कर जिन पर हमारे समाज की धार्मिक श्रद्धा है, कहानी या नाटक का विषय बनाना और उन पर अपनी कल्पना की कलई चढ़ाना मुझे कभी प्रिय नहीं था। मैं इसे एक साहित्यिक अपराध-सा समझता हूँ—भिन्न-भिन्न विचारों और आदर्शों के कवियों और लेखकों के मस्तिष्क से नाना रूपों में निकलने के कारण उनकी ऐतिहासिकता नष्ट हो जाती है और मूल कथानकों के लिए समाज में जो निष्ठा बन चुकी होती है, वह छिन्न-भिन्न हो जाती है। इससे ऐतिहासिक पुरुषों के आदर्श चरित्र का प्रभाव धीरे-धीरे क्षीण हो जाता है।

मैंने अपने खंडकाव्यों, कहानियों और नाटकों में सदा वर्तमान को आधार बनाया है। वर्तमान स्वयं इतना विशाल हो गया है कि उसे भूत की आवश्यकता बहुत कम रह गई है। और वर्तमान ही पर साहित्य का भवन खड़ा भी किया जाएगा—भूतकाल की वेश-भूषा या शिष्टाचार को यदि हम वर्तमान में परिणत कर सकें, तब तो मुझे कोई आपत्ति नहीं, पर प्राचीन पात्रों के मुख से निकले वचन ज्यों-के-त्यों न देकर कवि या लेखक पात्रों के मुखों में बैठकर जब स्वयं स्वनिर्मित वाक्य बोलने लगता है, तब चरित्र की सीमा टूट जाती है, और श्रद्धा में विकार उत्पन्न हो जाता है।'

त्रिपाठी जी के विवेचन से इस भ्रामक प्रवृत्ति का साधिकार निराकरण होता है कि सुप्रतिष्ठित ऐतिहासिक आख्यानों या पात्रों को लेकर उन्हें आधुनिकता के साँचे में ढालना सार्थक हो सकता है। वस्तुतः ऐसी चेष्टा व्यर्थ ही नहीं, अवांछनीय भी है।

संग्रह के एकांकी त्रिपाठी जी के अपने निकष पर निर्दोष उतरते हैं। कुणाल और तानी-नानी इतिहास पर अवलम्बित हैं और नाटककार ने उनकी ऐतिहासिकता का पूरा ध्यान रखा है। 'सीजन डल है' और 'समानाधिकार' निश्छल पर मार्मिक व्यंग्य के अनुकरणीय दृष्टान्त हैं। किन्तु 'बा और बापू' में माता कस्तूरबा के चारित्र्य का ऐसा मर्मस्पर्शी अंकन है जो निराडम्बर होकर अमोघ बन जाता है।

एक छोटा-सा उदाहरण प्रस्तुत कर दिया जाता है। महात्मा गांधी अफ्रीका में हैं। सत्याग्रह चल रहा है। एक दिन रात में कुछ स्वयंसेवक आ जाते हैं। उन्हें भोजन कराना है। किन्तु घर में आटा नहीं है। बा अस्वस्थ हैं और सोई हुई हैं। गांधी जी स्वयं चक्की चलाते हैं और आटा पीसने लगते हैं और समझते हैं कि बा सोई हुई हैं। लेकिन कुछ देर बाद बा आती हैं और यह बातचीत होती है :

बा : यह क्या हो रहा है?

बापू : क्या तुम अभी तक सो रही हो? (*बापू जोर से हँसते हैं*)

बा : यह काम तो मेरा था, मुझे जगाया क्यों नहीं?

बापू : डर के मारे!

[इतने में आश्रम की एक अन्य स्त्री चन्दी आकर कहती है :]

चन्दी : खाना तैयार है, मेहमानों को लेकर आइए।

बापू : इतनी जल्दी ? शाबाश! अभी तो तुम आटा ले जा रही हो न ?

चन्दी : बा ने तरकारी बना दी, पकौड़ियाँ बना दीं, इतने में दाल तैयार हो गई...।

बापू : क्या बा रसोईघर से आ रही हैं ?

चन्दी : बा तो चक्की चलते ही रसोईघर में जा पहुँची थीं।

बहुत ही कुशल उँगलियों और हल्के रंगों से अंकित यह चित्र अविस्मरणीय है।

['साहित्य' : अप्रैल, 1953]

विद्यापति

हिन्दी की क्षिप्रगति को देखकर कभी-कभी यह आशंका होती है कि वह कहीं कूलंकष न सिद्ध हो। यह देखकर तुरन्त सन्तोष भी होता है कि उसके तट-तरु इतने विशाल और दृढ़ हैं कि वे तेज से तेज धार को भी नियन्त्रण में रख सकते हैं और बाढ़ का रूप लेने से रोक लेते हैं।

ये तट के वृक्ष हैं प्राचीन हिन्दी के वे महान ग्रंथ, जिनके अभाव में साहित्य की तीव्र गति उद्दाम प्लावन में परिवर्तित हो जाती है और जल्द ही चुक भी जाती है। आज से कुछ दिनों पहले हिन्दी साहित्य की कुछ ऐसी ही स्थिति दीख पड़ने लगी थी, किन्तु अब नवीनतम रचनाओं के आधिक्य के साथ ही साथ शास्त्रीय साहित्य के सम्बन्ध में पर्याप्त अभिरुचि और सक्रियता आवश्यक सन्तुलन बनाये रखने में सफल प्रमाणित हो रही है।

इधर कुछ ही वर्षों के अन्दर 'रामचरितमानस', 'पद्मावत', 'सूरसागर', 'सतसई' आदि के ऐसे सुसम्पादित संस्करण और विवेचन प्रकाशित हुए हैं, जिनसे आधुनिक साहित्यि को विशद पृष्ठाधार प्राप्त हो सका है। वैज्ञानिक रीति से सम्पादित प्राचीन ग्रंथों में नवीनतम है खगेन्द्रनाथ मित्र और विमानविहारी मजुमदार के द्वारा सम्पादित 'विद्यापति'-नामधेय विद्यापति की पदावली, जिससे मैं चाहूँगा कि आप परिचित हों।

विद्यापति भारत के उन कवियों में हैं जिनके 'यशःकाय' को 'जरामरणज भय' नष्ट नहीं कर सकता और जिनकी कला ने देश-काल की सीमाओं का अतिक्रमण कर लिया है। उनके काव्य में भारत की कम-से-कम तीन भाषाओं के पाठकों और विद्वानों की प्रत्यक्ष अभिरुचि है। यह दुर्भाग्य का ही विषय था कि हिन्दी, मैथिली और बंगला में समान रूप से आहत इस कवि की रचनाओं का एक भी सन्तोषजनक संग्रह सुलभ न हो।

बंगला में खगेन्द्रनाथ मित्र द्वारा सम्पादित एक संग्रह था भी तो वह निर्दोष नहीं था और अब तो सर्वथा दुष्प्राप्य हो गया था। अब उसी संग्रह के आधार पर प्रकार और परिणाम, दोनों ही दृष्टियों से उत्कृष्ट और परिपूर्ण संस्करण मूलतः बंगला में

और अनूदित रूप में हिन्दी में प्रकाशित हुआ है और अवश्य ही तीनों भाषाओं की एक बहुत बड़े अभाव की पूर्ति हो गई है।

विद्यापति की पदावली के इस महत्त्वपूर्ण संस्करण की सबसे उल्लेखनीय विशेषता यह है कि उपलब्ध समस्त स्रोतों की सतर्क समीक्षा के बाद ही पदों का चयन किया गया है और बहुसंख्य पांडुलिपियों में प्राप्त पाठों का निर्देश भी प्रस्तुत हुआ है। पश्चिम के प्राच्यविद्याविशारदों की यह बहुत बड़ी देन है कि उन्होंने प्राचीन ग्रंथों के पाठ-निर्धारण और वैज्ञानिक सम्पादन की प्रणाली से भारतीय विद्वानों को परिचित कराया। अब तक हिन्दी के क्षेत्र में शोध-कार्य करनेवाले विद्वानों का ध्यान इस ओर प्रायः नहीं गया था, किन्तु जैसाकि मैंने प्रारम्भ में ही कहा था, अब इस दिशा में सन्तोषजनक प्रगति हो रही है। विद्यापति की पदावली का यह संस्करण अनुवाद और लिप्यन्तर के रूप में ही सही, हिन्दी की एक बहुत बड़ी उपलब्धि है।

संग्रह की दूसरी विशेषता है कि सभी पदों के शब्दार्थ और अनुवाद भी दिये गए हैं। जब तक हिन्दी का कोई ऐसा वास्तविक 'शब्दसागर' नहीं तैयार हो जाता, जिसमें समस्त प्राचीन और नवीन हिन्दी साहित्य में प्रयुक्त शब्दों के अर्थ निर्दिष्ट हों, तब तक यह आवश्यक है कि सम्पादन के साथ ही साथ काव्य-विशेष के अध्ययन को भी इस प्रकार सुगम और सम्भव बनाया जाए। सम्पादकों के लिए यह सम्भव नहीं हो सका है कि वे विद्यापति के कूट-पदों की टीका कर सकें। यह कार्य प्राचीन मैथिली-साहित्य के पिछले खेवे के विशेषज्ञ ही कर सकते हैं। मैं आशा करता हूँ, ऐसे विद्वानों का ध्यान इस महत्त्वपूर्ण कार्य की ओर आकृष्ट होगा।

ग्रंथ की अन्तिम, पर कम बड़ी नहीं, विशेषता यह है कि सम्पादकों में से एक श्री विमानविहारी मजुमदार ने प्रारम्भ में एक विस्तृत और पांडित्यपूर्ण भूमिका भी जोड़ दी है। भूमिका में विद्यापति के पदों से सम्बद्ध समस्त उपलब्ध साहित्य का उल्लेख, तुलनात्मक विवेचन और विश्लेषण तो है ही, साथ ही साथ विद्यापति के युग के इतिहास की रूप-रेखा और उनके कृतित्व का सूक्ष्म मूल्यांकन भी है।

समूची पुस्तक में यदि खटकने वाली कोई बात है तो मुद्रण और अनुवाद-सम्बन्धी असावधानता। हम इस संग्रह को विद्यापति का निर्णयात्मक संस्करण (Definitive Edition) कह सकते हैं। ऐसे संस्करण में थोड़ी अनवधानता भी अवांछनीय है।

['साहित्य' : जुलाई, 1953]

कविवर बिहारी

हिन्दी में इधर प्राचीन ग्रंथों के सुसम्पादित संस्करण और विवेचन प्रकाशित होने लगे हैं। यदि 'विद्यापति' प्रथम वर्ग में आता है तो 'कविवर बिहारी' नामक ग्रंथ दूसरे वर्ग

में, जिसके लेखक हैं स्वर्गीय जगन्नाथदास 'रत्नाकर'। प्राचीन साहित्य में बढ़ती हुई दिलचस्पी का ही यह परिणाम है कि वर्षों पहले लिखी गई यह पुस्तक अब प्रकाशित हो गई है। 'रत्नाकर' जी ने बिहारी के दोहों के सम्पादन और भाष्य का काम तो पूरा कर लिया था और वह उनके जीवनकाल में ही साहित्य-प्रेमियों के लिए सुलभ भी हो गया था, किन्तु उनके दो महत्त्वपूर्ण कार्य अधूरे रह गए थे—एक तो 'सूरसागर' का सम्पादन और दूसरा, बिहारी का शास्त्रीय विवेचन। अब पहला काम भी जिस किसी रूप में पूरा तो हो ही गया है और दूसरा भी हमारे सामने है।

'कविवर बिहारी' प्रकाशकीय विज्ञप्ति से स्पष्ट है, रत्नाकर जी के द्वारा पूर्ण नहीं किया जा सका था, किन्तु उसका अधिकांश तैयार हो गया था। उसे उनके पौत्र रामकृष्ण जी ने सम्पादित कर पुस्तक के रूप में मुद्रण के योग्य बनाकर अपना ऋण तो चुकाया ही है, हिन्दी की बहुत बड़ी सेवा भी की है।

'रत्नाकर' जी सामान्य रूप से प्राचीन हिन्दी साहित्य के और विशेष रूप से ब्रजभाषा साहित्य और बिहारी के मर्मज्ञ विद्वान थे। इस पुस्तक में कविता, ब्रजभाषा और बिहारी की काव्य-कला के विषय में हम एक ऐसे व्यक्ति के महत्त्वपूर्ण विचारों से परिचित होते हैं, जो स्वयं ब्रजभाषा के अन्तिम महान कवि के रूप में परिगणित होता है।

रत्नाकर जी ने आधुनिक हिन्दी से सम्बद्ध प्राचीन भाषाओं के विषय में जो आजकल के लिए भी अभिनव विचार बहुत पहले व्यक्त किये थे, उनके बारे में हजारीप्रसाद द्विवेदी ने पुस्तक की भूमिका में ठीक ही कहा है : 'रत्नाकर जी ने इस पुस्तक में भाषा की विवेचना करते समय एक महत्त्वपूर्ण बात यह कही है कि 'पृथ्वीराज रासो की भाषा षड्भाषा है'।' रत्नाकर जी के शब्दों में : 'जिस भाषा को चन्द ने राष्ट्रीय साहित्यिक भाषा कहलाने का गौरव प्रदान किया, वह छः भाषाओं में—संस्कृत, प्राकृत, राष्ट्रीय अपभ्रंश तथा तीनों प्रदेशों (पिशाच, मगध, शूरसेन) की तत्सामयिक प्रचलित भाषाओं के मेल से बनी थी। अतः 'षड्भाषा' कहलाती थी।' रत्नाकर जी ने इस कथन के समर्थन में चन्द की प्रसिद्ध उक्ति 'षड्भाषा पुराणं च कुरानं कथितं मया' उद्धृत की है और उनका निष्कर्ष भाषावैज्ञानिकों के लिए नवीन दिशा का निर्देश करता है। हजारीप्रसाद द्विवेदी इस विषय में आगे कहते हैं : 'यह ध्यान देने की बात है कि रत्नाकर जी ने बहुत पहले इस भाषा के क्रियापदों के शौरसेनी होने की बात कही थी। आज भी कुछ लोग इस भ्रान्त धारणा के शिकार हैं कि रासो की भाषा डिंगल है। राजस्थानी भाषा और साहित्य के विशेषज्ञ मोतीलाल मेनारिया की सद्यःप्रकाशित पुस्तक 'राजस्थान का पिंगल साहित्य' में भी यही निष्कर्ष उपस्थित किया गया है और रासो की भाषा को डिंगल न मानकर पिंगल अर्थात् ब्रजभाषा सिद्ध किया गया है।'

रत्नाकर जी की आलोच्य पुस्तक 'कविवर बिहारी' की एक महत्त्वपूर्ण विशेषता यह भी है कि उसमें बिहारी सतसई की बहुसंख्य टीकाओं का विवरण संक्षेप में दे दिया गया है।

'कविवर बिहारी' में बिहारी की भाषा और उनके काव्य की बड़ी ही सन्तुलित आलोचना की गई है और रत्नाकर जी अपने समकालीन पद्म सिंह शर्मा की तरह बिहारी की अतिरंजित प्रशंसा के दोषी नहीं बनते—हालाँकि उन्हीं की तरह बिहारी इन्हें भी प्रिय हैं।

['साहित्य' : जुलाई, 1953]

व्यतीत

प्रस्तुत पुस्तक हिन्दी के नवीनतम साहित्य का प्रतिनिधित्व करती है। पुस्तक है जैनेन्द्र कुमार का नया उपन्यास 'व्यतीत'। जैनेन्द्र गल्प-लेखक हैं और साथ ही साथ विचारक, दार्शनिक भी। उनके अनेक प्रशंसकों ने राहत की साँस ली थी जब उन्होंने 'अनाम स्वामी' जैसे गल्प और दर्शन के क्वाथ के बदले 'सुखदा', 'विवर्त्त' और अब 'व्यतीत' जैसे ज्यादा उपन्यास और बहुत कम दर्शन लिखे हैं। ऐसा नहीं है कि जैनेन्द्र जी का वह प्यारा दर्शन उनके इन उपन्यासों में है ही नहीं, जिसे उन्होंने पहले ही पीस लिया है और अब तो पिसे को पीसते जा रहे हैं; पर यह भी ठीक है कि ये उपन्यास औसत पाठक को भी पठनीय जरूर मालूम पड़ेंगे।

किसी उपन्यास की आलोचना का साधारणत: अर्थ होता है कि उसकी कहानी संक्षेप में लिख दी जाए और अन्त में कुछ इधर-उधर की बातें कहकर छुट्टी पा ली जाए। मैं यों भी किसी उपन्यास की आलोचना करते वक्त उसकी कहानी का सारांश देना अनपेक्षित मानता हूँ; 'व्यतीत' की कहानी सुना देना तो सरासर अनुचित होगा। क्योंकि समूचे उपन्यास की कथावस्तु अपने में ही बहुत, बहुत छोटी है। मैं तो जैनेन्द्र के व्यास-कौशल का कायल हूँ कि वे कहानी के उपन्यास के ब्रह्मांड बना देने में, न केवल 'व्यतीत' में बल्कि धारावाहिक रूप से मुद्रित ही नहीं, लिखित भी, 'सुखदा' और 'विवर्त' में भी, उस तरह सफल हुए हैं, जैसे क्या पेशेवर कथावाचक होंगे!

'व्यतीत' की कहानी नहीं, उसकी कहानी के बारे में, एक बात और, मैंने दूसरी जगह जैनेन्द्र पर लिखते हुए कहा है, उनके द्वारा हिन्दी में एक शरत्चन्द्र के अभाव की पूर्ति हो गई! 'व्यतीत' में तो जैसे नितान्त प्रारम्भिक शरत्चन्द्र के अभाव की पूर्ति हो गई है। अवश्य ही 'व्यतीत' ऐसे पाठकों को साग्रह ग्राह्य होगा जो उपन्यास को अश्रु-ग्रंथियों को उत्तेजित करने का सहज साधन मानते हैं। अरस्तू ने जिस अर्थ में नाटक का लक्ष्य दर्शक का 'रेचन' करना माना था, उस अर्थ में भले ही 'व्यतीत' 'रेचन' करने में असफल हो, लेकिन वह अश्रु-रेचन तो बखूबी कर ही सकता है।

अश्रु-रेचन के कार्य में जैनेन्द्र को शरत् जैसी तो क्या, पर शरत् के ढंग की सफलता मिली है, यही जैनेन्द्र की उपलब्धि मान ली जाए तो मुझे आश्चर्य नहीं होगा। किन्तु,

जो लोग ऐसा मानकर अपने कल्याणकर्ता उपन्यासकार के प्रति कृतज्ञ होंगे, वे भी शायद अपनी वाष्पाकुल आँखों से यह देख सकेंगे कि जैनेन्द्र बने-बनाये साँचे में ढली कहानी को, शरत् की तरह विश्वास्य और नये वातावरण में मढ़कर ऊपर-ऊपर से भी नया जैसा नहीं बना सके हैं।

'व्यतीत' का नायक दिल्ली या कलकत्ता या किसी भी शहर की कोठरियों से एक बार बाहर निकल पड़ता है और लेखक उसे सहारा देकर युद्धस्थल या पहाड़ों की सैर कराने लाता है तो बेचारे का वह हाल हो जाता है कि 'अन्धेनैव नीयमानः यथान्धः'। अज्ञेय और यशपाल और उर्दू के कृश्न चन्दर यह काम नयों में बड़ी सफाई से करते हैं; पुरानों में बंगला के शरत्चन्द्र का तो कोई सानी नहीं था। कहानी को 'पैड' करके आसानी से उपन्यास का आकार दे देने का यह राम-बाण है, जिसे जैनेन्द्र ने भी 'व्यतीत' में उठाया है, पर चला नहीं पाए हैं।

यद्यपि कुछ आलोचक 'व्यतीत' की आलोचना इसलिए भी कर सकते हैं कि नायक जयन्त पुल्लिग-पुरुष (He-man) नहीं, जिसकी माँग उपन्यासकार से जाने क्यों आज की जाने लगी है, पर मैं यह नहीं मानता कि उपन्यास के सभी पात्रों को कन्दरानिवासी आदिम पुरुष का स्मरण दिलानेवाला या संस्कृत के काव्यों-नाटकों के पात्रों की तरह धीरोदात्त होना ही चाहिए। कमजोरी, चित्रणीय पात्र की, अवांछनीय नहीं है, क्योंकि यदि वह कमजोर है तो उपन्यासकार उसे प्रचंड कैसे बना सकता है? कमजोरी, अवांछनीय है स्वयं उपन्यासकार की, जो अपने हीन, कायर, पुंसत्वहीन, मेरुदंडरहित पात्र को उसके यथार्थ रूप में हमारे सामने आने देने के बदले उन्हें कठपुतली की तरह अपनी इच्छा के अनुसार नचाता रहता है। 'व्यतीत' का नायक ऐसी ही कठपुतली है और उसे ऐसा बनाने के लिए उसका निर्माता उत्तरदायी है। कमजोर से कमजोर मनुष्य, मनुष्य ही होता है और इसलिए उपन्यासकार के द्वारा चित्रणीय भी, किन्तु जैनेन्द्र जैसा निष्णात शिल्पी भी भुस-भरी मनुष्य की खाल को स्पन्दनशील मनुष्य नहीं बना सका है।

'व्यतीत' का भी जैनेन्द्र के दूसरे नये-पुराने उपन्यासकारों की तरह केन्द्र-तत्त्व है—समर्पित का परित्याग और साधारणतः समर्पित नारी ही होती है। परित्याग कर सकने वाला जैनेन्द्र का आदर्श पुरुष होता है। 'सुखदा' में बात उलटी है, परित्याग सुखदा ही करती है और शायद इसलिए कि लेखक-नुस्खा उसकी दृष्टि में भी बहुत पुराना पड़ गया है। लेकिन, यहाँ भी स्पष्ट कर दूँ कि महान उपन्यासकारों की कृतियों में केन्द्र-तत्त्व की पुनरावृत्ति होती है और यह अपने में दोष नहीं माना जाना चाहिए। अगर उपन्यासकार जीते-जागते इनसान की सृष्टि करे तो उसके केन्द्र-तत्त्व की पुनरावृत्ति के बावजूद उसकी कृतियाँ उसी तरह नवीन बनी रह सकती हैं, जिस तरह समान पंचतत्त्वों से बने रहने पर भी हर इनसान नया और अलग अस्तित्व लिये होता है। जैनेन्द्र अपने केन्द्र-तत्त्व की पुनरावृत्ति तो करते हैं पर नवीन मनुष्यों

की सृष्टि नहीं कर पाते और यह आशंका होती है कि सुनीता, कल्याणी, बुआ, श्रीकान्त, हरिप्रसन्न का स्वयं स्रष्टा 'व्यतीत' तो नहीं हो चुका? जैनेन्द्र व्यतीत तो नहीं हो चुका?

जैनेन्द्र ने 'व्यतीत' में भी ऐसी सहज सूक्तियाँ और विरोधाभास गढ़े हैं, जैसे हिन्दी में अकेले वे ही गढ़ सकते हैं। लेकिन, शैली का यह प्रसाधन विषय के अभाव में क्षणिक आकर्षण उत्पन्न कर पाता है।

['साहित्य' : जुलाई, 1953]

बीज

वर्ष के इन 'प्रथम दिवसों' में जीवन की भी और साहित्य की भी गति धीमी रही है। नई पुस्तकें छपी हैं। उनसे संख्या-वृद्धि हुई है। उनसे इतिहास नहीं बना है।

लेकिन औसत स्तर के साहित्य का भी अपना महत्त्व होता है। किसी साहित्य की वास्तविक सभ्यता का परिचय ऐसे ही साहित्य से लगता है। प्रतिभा और तज्जनित महान कृतियाँ अपवाद हुआ करती हैं। कभी-कभी अविकसित साहित्य में भी इनके दर्शन हो जाते हैं और बहुधा परिणत साहित्यों को भी इनके लिए प्रतीक्षा करते रहना पड़ता है।

तो यहाँ मैं हिन्दी के औसत स्तर की ही दो चुनी हुई पुस्तकों के बारे में कुछ कहूँगा। प्रस्तुत है, अमृत राय का नवप्रकाशित उपन्यास 'बीज'।

'बीज' उल्लेख के योग्य इसलिए है कि इसमें उपन्यास का बीज जरूर है लेकिन यह भी सच है कि हिन्दी के अनगिनत दूसरे उपन्यासों की तरह यह बीज भी पेड़ नहीं बन सका है। 'बीज' थीसिस-उपन्यास है या प्रबन्धात्मक उपन्यास है? लेखक को, साफ है, अपने पाठकों की बुद्धि पर विश्वास नहीं है। वह उनके समझने के लिए कोई बात छोड़ता नहीं। वह उन बातों को भी 'हितोपदेश' के विष्णु शर्मा की तरह, पुत्तलिका-पात्रों के व्याज से पाठकों को समझाकर ही सन्तुष्ट होता है, जो सस्ती कीमतवाली राजनीतिक पाठ्य-पुस्तकों और पर्चों से विज्ञापित और प्रचारित होती रहती हैं। 'बीज' के आलोचक को नीर-क्षीर-विवेचक होना आवश्यक नहीं। यहाँ दूध में पानी नहीं मिलाया गया है। पानी में दूध के अंश के बारे में अलबत्ता शक किया जा सकता है। राजेश्वरी और चन्द्रमा, सत्यवान् और उषा, प्रफुल्ल बाबू, अमूल्य, वीरेन्द्र, और-और भी दूसरे पात्र अपने नाम के अतिरिक्त कोई व्यक्तित्व नहीं रखते। वे सामान्य पात्र या 'टाइप' भी नहीं हैं। वे रंग-बिरंग के ऐसे मुखौटा भर हैं, जिन्हें लेखक अपने चेहरे पर ढाल लेता है और पाठक से अपेक्षा करता है कि वह अपने अविश्वास को स्थगित कर देगा।

'बीज' में यदि कहीं कोई सांकेतिकता है तो उसके नाम में। 'बीज' से ऐसा अनुमान

किया जा सकता है कि उपन्यास में भारत के किसानों का चित्रण होगा। इसके विपरीत 'बीज' मध्यवर्ग का दूरारूढ़ प्रतीक है।

एक और भी कारण कि 'बीज' के बारे में ऐसा भ्रम हो सकता था कि वह किसानों पर लिखा गया उपन्यास होगा। उपन्यास के प्रारम्भ में ही, ठीक-ठीक कहें तो अठारहवें पृष्ठ पर प्रधान पात्र सत्य के एक मामा का कई पृष्ठों तक चलनेवाला वर्णन है। इन महाशय के दर्शन फिर समूचे उपन्यास में कहीं नहीं होते। पाठक समझ नहीं पाता कि कैसे, पर उपन्यासकार के वक्तव्य के अनुसार, सत्य पर उसके मामा का बहुत प्रभाव पड़ा था। हाँ, पाठक सत्य के मामा के दो गुणों का स्पष्ट परिचय पाता है। उपन्यासकार के शब्दों में : 'शाम को माँग उनके लिए रोटी से भी ज्यादा जरूरी पड़ती थी' और 'उपन्यासों के सिवाय प्रेमचन्द के और कुछ भी पढ़ना गुनाह बेलज्जत समझते थे।' उनतालीसवें पृष्ठ पर वीरेन्द्र को भी 'भारतीय कथाकारों में एक अकेले प्रेमचन्द को पढ़कर सन्तोष मिलता था।' लेकिन प्रेमचन्द की इस सारी वीर-पूजा के बाद हम पाते यह हैं कि भारतीय समाज के लघु मध्यम वर्ग की भी लघुतर श्रेणी का अविश्वासोत्पादक चित्र खूब ही गाढ़े रंगों में खींच दिया गया है।

हम इस पर बहस करना एकदम बेकार मानते हैं कि अमृत राय ने क्या कहना चाहा है और उन्होंने जो कुछ भी कहा है, वह कहाँ तक उचित और न्याय है। जरूरी बात यह है कि लेखक ने चाहे जो कुछ कहा हो, वह उपन्यास का अनिवार्य परिणाम नहीं बन सका है। 'बीज' के अनेक पात्रों के एकमात्र उपन्यासकार प्रेमचन्द ने अपने सर्वश्रेष्ठ उपन्यास 'गोदान' में अपनी ओर से कुछ भी नहीं कहा है, तो 'गोदान' की वस्तु और पात्र ही ऐसे कथन बन जाते हैं कि लेखक का कुछ भी कहना अनावश्यक है। लेकिन 'बीज' में प्रेमचन्द का भी उल्लेख ही हुआ है। उनका प्रमाद देखने को नहीं मिलता। विदेशों के कुछ लोकप्रिय जासूसी उपन्यासकार ऐसा वर्णन करने लग गए हैं कि नायक जब पीता है तो एक खास कम्पनी की सिगरेट और हर पृष्ठ पर वह दो-एक बार यह सिगरेट पी ही लेता है। अमृत राय जी ने उपन्यास की इस अभिनव शिल्प-विधि की देन हिन्दी को अवश्यमेव दी है।

'बीज' के रचयिता ने अपने उपन्यास के पात्रों को तीनों आयामों से युक्त बनाने में सफलता नहीं पाई है—वे फ्लैट हैं, सपाट हैं। राज श्लाघ्य अपवाद है, लेकिन उसके बारे में विवरण की असंगति है। पृष्ठ 244 पर 'राजकिशोरी तो नहीं, जिसने केवल चौदह वसन्त देखे हैं, राज ने इकतीस पतझर देखे हैं।' पृष्ठ 335 पर यही राज चौबीस साल की बताई जाती है।

उपन्यास में ऐसी असंगतियाँ और अनौचित्य अपवाद नहीं हैं। शैली का एक उदाहरण है : 'घरों को, खेतों को, खलिहानों को, हलों और कारखानों को, औरतों को, बच्चों को, अस्मतों को और सब-की-सब उम्मीदों को...।' यह काठ के बक्स पर खड़े होकर दी जानेवाली वक्तृता है और प्रेमचन्द का सम्पूर्ण निषेध।

बीज बोनेवाला जब बीज को भूल जाता है और वनस्पतिशस्त्र पर भाषण करने लगता है तो अंकुर नहीं फूटता, पत्ते और फल नहीं लगते।

साहित्य के रूप और तत्त्व

दूसरी पुस्तक, जिसका परिचय मैं दे रहा हूँ, है शिवनन्दन प्रसाद लिखित : 'साहित्य के रूप और तत्त्व'। पुस्तक में नवीन विचार उपस्थित करने, गहराई में उतरने या सूक्ष्म विवेचन का आडम्बर तक नहीं है, किन्तु बहुत ही सरल भाषा में साहित्य के विभक्त रूपों और तत्त्वों का विवरण प्रस्तुत कर दिया गया है।

पुस्तक के प्रारम्भिक अंश में हिन्दी भाषा और व्याकरण की रूप-रेखा दी गई है। बाद में साहित्यिक रचना-विधान और उसके तत्त्व, कविता के तत्त्व, कविता के स्वरूप-विधान, कहानी के तत्त्व, उपन्यास के तत्त्व, नाटक के तत्त्व, निबन्ध, गद्य-गीत, शब्दचित्र, रिपोर्ताज, जीवनी, आत्मकथा, संस्मरण, और अन्त में 'समालोचना' शीर्षक परिच्छेद है जिनमें साहित्य के जटिल सिद्धान्तों को भी बाल-बोधगम्य बना दिया गया है।

आज ज्ञान के दो रूप पाए जाते हैं। कुछ ऐसे विशेषज्ञ होते हैं, जो कम-से-कम के बारे में ज्यादा-से-ज्यादा जानने की साधना करते हैं, दूसरी ओर साधारणत: ऐसे लोग हैं जो ज्यादा-से-ज्यादा के बारे में कुछ-न-कुछ जानने की चेष्टा करते हैं। इस दूसरी कोटि के लिए विभिन्न विषयों की ऐसी प्रामाणिक पुस्तकें प्रकाशित होने लगी हैं, जो विषय-विशेष के जरूरी और नये से नये पहलुओं की जानकारी बड़ी आसानी से करा देते हैं। 'सामान्य ज्ञान' आज के युग की अनिवार्यता ही नहीं है, भूख भी है। इसी की पूर्ति के लिए 'मैथेमेटिक्स फॉर द मिलियंस' जैसी किताबें लिखी गई हैं। शिवनन्दन जी की आलोच्य पुस्तक का नाम भी कुछ ऐसा रहता—'लाखों के लिए साहित्यालोचन'—तो यह सर्वथा सार्थक होता।

ऐसी पुस्तकों की विशेषता यह होती है कि ये अधिकारी विशेषज्ञों के द्वारा ही लिखी जाती हैं। ये विद्वान उपलब्ध ज्ञान के प्रसार की सदभिलाषा से प्रेरित होकर, सामान्य मनुष्य के स्तर पर जाने और उसे शिथिल करने के प्रयास में अपनी हेठी नहीं समझते। यही कारण है कि सरल और कम दाम की होने पर भी ये सस्ती नहीं होतीं। ये ज्ञान का विस्तार तो करती हैं पर रुद्र कपाट की तालिका नहीं बन जातीं।

जुलियन हक्सले, सी.एम. गोड आदि विद्वान अपने ऐसे सफल प्रयासों के कारण प्रतिष्ठा और लोकप्रियता प्राप्त कर चुके हैं। शिवनन्दन जी हिन्दी में इस उपकारी प्रवृत्ति के संवाहकों में परिगणनीय हैं।

['साहित्य' : जनवरी, 1954]

नदी के द्वीप

मैंने अक्सर कहा है कि हिन्दी साहित्य का समसामयिक युग उपलब्धियों का युग नहीं है। लेकिन मैं महसूस करता हूँ कि यह युग सम्भावना और आशा का युग है।

किसी प्राचीन विचारक ने कहा है, जिस युग में कम-से-कम एक उत्कृष्ट महाकाव्य नहीं लिखा जाता, वह युग निष्फल होता है। आज हम तनिक और उदार होकर उत्कृष्ट महाकाव्य को ही नहीं, महान उपन्यास की प्रतीक्षा कर रहे हैं। मुझे अपने द्रुतगामी युग से आशा है। मैं भी दूसरों की तरह प्रतीक्षा करता हूँ।

इधर एक बार से अधिक अवसर आए जब मैंने उर्दू शायरी के सुपरिचित आशिक की तरह आशा से थरथराते हाथों से उपन्यास खोले। कुछ उपन्यास पूरे-के-पूरे पढ़ गया, किन्तु भ्रम तो दो-चार अध्यायों के बाद ही मिट गया था। अज्ञेय का हाल में प्रकाशित 'नदी के द्वीप' ऐसे उपन्यासों में से एक है। ऐसे उपन्यासों में वह सर्वोत्तम है, इसलिए उसे पढ़ लेने के बाद उस पर कुछ कहना भी चाहता हूँ।

जब 'नदी के द्वीप' का प्रकाशन नहीं हुआ था, या कम-से-कम मैंने उसे देखा-पढ़ा नहीं था, तभी, कई महीने पहले, मैंने एक साहित्यिक पत्रिका के अग्र-लेख के रूप में लिखा था : 'अज्ञेय के 'नदी के द्वीप' के बारे में हम आशान्वित भी हैं और सशंक भी।' यह नहीं कि मुझे साहित्यिक भविष्यवाणी करते रहने में कोई दिलचस्पी हो। आशा और शंका का आधार था उपन्यास का एक अंश, जो एक मासिक पत्रिका में, शायद बतौर बानगी, मुद्रित हुआ था। हाँड़ी के उस एक चावल को देखकर मैंने जो कहा था, वह सच साबित हुआ, इसकी मुझे खुशी नहीं है।

प्रकाशित होते ही 'नदी के द्वीप' ने गहरी प्रतिक्रियाएँ उत्पन्न की हैं। उपन्यास लोकप्रिय सिद्ध हुआ है। उसके सम्बन्ध में आलोचकों के प्रतिकूल मत भी प्रकाशित हुए हैं। एक ख्यातनामा उपन्यासकार को शिकायत है कि इस उपन्यास को 'पढ़ते हुए मैं भीगा क्यों नहीं, डूबा क्यों नहीं!' उन्हें शिकायत हो सकती है, पर मैं तो उनके भीगने और डूबने से बच जाने पर उन्हें बधाई देना ही अपना कर्तव्य मानता हूँ। एक साहित्यिक पत्रिका के अग्र-लेख में उपन्यास की प्रायः नहीं, पर उसके एक पात्र की कुछ उक्तियों के आधार पर शिकायत है कि इस उपन्यास में राजनीति की एक विशेष प्रणाली पर व्यंग्य है और व्यंग्य गलत है। वह राजनीतिक प्रणाली ही और उसके साहित्यिक सिद्धान्त ही ठीक हैं। चूँकि इन सभी आलोचनाओं में उपन्यास की, उपन्यास के रूप में, वास्तविक आलोचना नहीं है, इसलिए इनके सम्बन्ध में मुझे कुछ भी नहीं कहना है। लेकिन इन आलोचनाओं से यह तो साफ जाहिर होता है कि इस उपन्यास से आशाएँ बहुत थीं और वे पूर्ण न हुईं।

मैं अपनी निराशा का कारण बताना चाहूँगा। शेखर की तरह भुवन के बारे में अज्ञेय ने यह बताना जरूरी नहीं समझा है कि आप मानें कि वह अज्ञेय नहीं है। मुझे

इससे यहाँ बहस भी नहीं कि शेखर 'अज्ञेय' है या नहीं। लेकिन मुझे भुवन को, जो 'नदी के द्वीप' का मुख्य नायक है, पहचान लेने के बाद जरूर निराशा हुई। भुवन और कोई नहीं, शेखर ही है। वह अपनी समझ में पूरी तरह वेश-परिवर्तन कर हमारे सामने आता है। उसे अपने वेश-परिवर्तन पर भरोसा होगा, पर उसे पहचान लेने में जरा भी दिक्कत होती नहीं। अवश्य वेश-परिवर्तन की असफलता के लिए उपन्यासकार ही उत्तरदायी है। शेखर का वेष ही क्या कम बनावटी है कि उसका फिर वेश-परिवर्तन किया जाए और यह विश्वास भी पाला जाए कि नये वेश में वह पहचान नहीं लिया जाएगा?

'नदी के द्वीप' में निर्ममता और निर्लिप्तता के साथ चित्रित पुरुष पात्र चन्द्रमाधव अपनी एक चिट्ठी में एक बार और बहुत कुछ लिखते हुए भुवन को कहता है: 'बुद्धू हो तो क्या हुआ!' मैं नहीं समझता, शेखर के रूप में भुवन से परिचित होने पर चन्द्रमाधव अपनी यह राय बदलता ही।

शेखर और भुवन, या कहूँ, शेखर या भुवन, अपने बारे में अगर अदना-सी यह बात समझ सकते तो वे चिरकाल तक वय:सन्धि की अवस्था में ही बँधे रहने को अभिशप्त नहीं होते, न आत्म-दया और आत्म-प्रवंचना के शिकार ही बने रहते। मैं मानता हूँ कि शेखर या भुवन वस्तुत: जैसे हैं, उसी रूप में उन्हें औपन्यासिक पात्र बनाने में कोई सैद्धान्तिक अड़चन नहीं है, लेकिन बात बिगड़ती इसलिए है कि उन्हें लेखक अपनी सहानुभूति देता रहता है, उन पर आवश्यकता से अधिक दया दिखाता है और, इसके फलस्वरूप, उनके प्रति उस तटस्थता का निर्वाह नहीं कर पाता जिसे वह बड़ी सिद्धता के साथ अपने दूसरे पुरुष या स्त्री पात्रों के साथ बरतता है।

चन्द्रमाधव और रेखा को लेकर एक महान उपन्यास की रचना हो सकती थी। दुर्भाग्य यह है कि लेखक का ध्यान भुवन और गौरा पर ही लगा रहता है, जो उसके हाथ की कठपुतली बनकर रह जाते हैं। कहना अनावश्यक है कि ठीक इसी कारण 'शेखर : एक जीवनी' भी एक महान उपन्यास बनते-बनते नहीं बन पाया है।

स्थापत्य की दृष्टि से 'नदी के द्वीप' 'शेखर : एक जीवनी' की अपेक्षा अधिक सन्तुलित है, क्योंकि इसमें दूसरे उपन्यास की तरह स्थापत्य-सम्बन्धी विलक्षणता समाविष्ट करने की महत्त्वाकांक्षा नहीं है। 'शेखर : एक जीवनी' में प्रत्यग्दर्शन-प्रणाली का प्रारम्भ में समावेश तो किया गया है, किन्तु बाद में जैसे लेखक भूल ही जाता है कि कथा-प्रवाह को प्रत्यग्दर्शन के अनुरूप खंडित और असम्बद्ध दिखाना आवश्यक है। 'नदी के द्वीप' के प्रारम्भिक अंश में भी यह दोष है किन्तु उससे समूचे उपन्यास का स्थापत्य नहीं बिगड़ता, क्योंकि सभी अंश अपने-आपमें पूरे हो जाते हैं और दूसरे अंशों से केवल ग्रथित कर दिये जाते हैं। भुवन रेल के डिब्बों के हैंडल के सहारे बाहर लटका हुआ है, और प्रत्यग्दर्शन प्रणाली से, लखनऊ में रेखा के साथ उसके परिचय, बातचीत आदि का ऐसा ब्यौरेवार विवरण उपस्थित कर दिया जाता है कि हमें भुवन

की लोकोत्तर मनस्विता पर तो विश्वास नहीं हो पाता, हाँ, उसके संकट का खयाल बार-बार होने लगता है।

'नदी के द्वीप' का अत्यन्त सशक्त स्थल है अस्पताल में रेखा के जीवन को बदल देनेवाली घटना का वर्णन। इस वर्णन की तुलना हेमिंग्वे के 'ए फेयरवेल टु आर्म्स' के एक ऐसे ही वर्णन से की जा सकती है, जो अनेक दृष्टियों से उपादेय सिद्ध होगी।

'नदी के द्वीप' में हिन्दी का वैसा दृढ़बन्ध, प्रौढ़ और परिष्कृत गद्य मिलता है जिस पर हम गर्व कर सकते हैं। यहाँ एक छोटा-सा उद्धरण देकर सन्तोष करना पड़ेगा, जिसमें उपन्यास के शीर्षक की कुंजी भी मिल जाती है : 'हाँ, मगर सचमुच सेतु बन सके तो दोनों ओर से रौंदे जाने में भी सुख है, और रौंदे जाकर टूटकर प्रवाह में गिर पड़ने पर भी सिद्धि । पर मैं तो कह रही हूँ कि मैं तो उतनी कल्पना भी नहीं कर पाती, मैं तो समझती हूँ, हम अधिक-से-अधिक इस प्रवाह में छोटे-छोटे द्वीप हैं, उस प्रवाह से घिरे हुए भी, उससे कटे हुए भी, भूमि में बँधे और स्थिर भी, पर प्रवाह में सर्वदा असहाय भी। न जाने कब प्रवाह की एक स्वैरिणी लहर आकर मिटा दे, बहा ले जाए, फिर चाहे द्वीप का फूल-पत्ते का आच्छादन कितना सुन्दर क्यों न रहा हो!'

'नदी के द्वीप' के कथोपकथन भी 'शेखर : एक जीवनी' की तुलना में अधिक चमत्कृत करनेवाले और विदग्धतापूर्ण है। एक दृष्टान्त: चन्द्रमाधव कुछ राजनीतिज्ञों से मिलकर अभी लौटा है। भुवन पूछता है : 'चन्द्र, तुम्हारा इंटरव्यू कैसा रहा? भेंट हुई तो?' चन्द्र जवाब देता है : 'बताता हूँ, जरा काफी आने दो, उनकी बातचीत का जायका धो लूँ।' इसके विपरीत उपन्यास में कुछ-एक ऐसे स्थल भी हैं जिनमें गद्य-काव्य का अवांछनीय उच्छ्वास और सजावट है।

समासतः 'नदी के द्वीप' हिन्दी उपन्यास-धारा के बीच एक ऐसा द्वीप अवश्य है जो ध्यान आकृष्ट करता है।

['साहित्य' : जनवरी, 1954]

धूप और धुआँ

दिनकर का यह नवीन काव्य संग्रह है। इस काव्य संग्रह से कुछ लोगों को निराशा हो सकती है; मुझे भय है, ज्यादा निराशा उन्हें ही होगी जो दिनकर की कविता के प्रेमी और प्रशंसक हैं। इनके विपरीत, हिन्दी कविता के विकास पर सतर्क और उत्सुक दृष्टि रखनेवाला आलोचक, 'धूप और धुआँ' में संगृहीत कविताओं को पढ़कर, सन्तोष का अनुभव करेगा।

'धूप और धुआँ' की कविताएँ दिनकर की तीक्ष्ण आलोचक-बुद्धि का प्रमाण उपस्थित करती हैं। आलोचक दिनकर ने अपनी कविताओं के सम्बन्ध में तटस्थ होकर समझा है कि कहाँ तक उनका विकास होता रहा था और कब से उनकी पुनरावृत्ति होने लगी थी। दिनकर के अतिरिक्त हिन्दी में एकमात्र निराला ने ऐसी निर्मम और प्रखर आलोचक बुद्धि का परिचय दिया है। स्वरूप-विधान और शैली के अधिकृत प्रकारों को पराकाष्ठा तक पहुँचाकर उनका परित्याग कर देना और नई दिशा में भटकने का साहस कर लेना इस बात का पर्याप्त प्रमाण है कि कवि का लिखते रहना अपना निरर्थक अनुकरण मात्र नहीं है। 'धूप और धुआँ' का महत्त्व इसी दृष्टि से है।

संग्रह के 'दो शब्द' में कवि ने अपने पद्य-कौशल के परिवर्तन के बारे में कहा भी है : 'मैं देखता हूँ कि इधर मेरे लिखने की तर्ज कुछ बदली हुई है और यह नई तर्ज मेरी वर्तमान मनोदशा के मुआफिक भी आ रही है।' 'धूप और धुआँ' की बदली तर्ज हिन्दी कविता की बदलती हुई तर्ज है। दिनकर ने इस परिवर्तन के महत्त्व के विषय में केवल इतना कहकर छोड़ दिया है : 'यह प्रयोग है या प्रगति, मैं नहीं बता सकता।' मेरी दृष्टि में चूँकि यह प्रयोग अवश्य है इसलिए प्रगति भी है।

'रेणुका', 'हुंकार' और 'रसवन्ती' के कवि की 'धूप और धुआँ' पुस्तक की यह कविता देखें :

साँपों को तो देखिए, मौत का
रस दाँतों में भरे हुए,
चन्दन से लिपट पड़े रहते,
खेलते फल की छाँहों में।
जन्नत से कढ़वा दिया शुरू
में ही बेचारे आदम को,
औ' तब से ही ये पड़े स्वर्ग
में दूध, बताशे खाते हैं।
साँपों से पाएँ त्राण, अक्ल
में आती कोई बात नहीं,
जनमेजय कितना करे?
देवता ही साँपों के बस में हैं
शंकर को तो देखिए, गले
में है नागों के हार लिये
औ' विष्णुदेव भी साँपों की
गुल-गुली सेज पर सोते हैं॥

इस कविता को प्रचलित अर्थ में कविता मानना भी कठिन हो सकता है, क्योंकि यह ठीक है कि इसमें कवितापन तनिक भी तो नहीं है। ये छन्द न तो हिन्दी काव्यालोचकों के सदा से प्रिय 'प्रेम-लपेटे अटपटे छन्द' हैं, न राजनीतिक प्रचार-पद्य। इनमें काव्य के मस्तिष्ककरण का वह सफल प्रयास है जिसमें माधुर्य या ओज के बदले विचार-तत्त्व और दृष्टिकोण की ही अपेक्षा रहती है।

दिनकर ने 'तार-सप्तकों' के प्रयोगशील (जिन्हें प्रयोगवादी कहना भ्रम है) कवियों की तरह एक साथ ही कवि, आचार्य और आलोचक बनने की कोशिश नहीं की है। वह प्रयोगवादियों या कोणवादियों की तरह प्रयोग को काव्य का साध्य मानने की चरम सीमा तक भी नहीं जाते। 'धूप और धुआँ' में संगृहीत कविताएँ, उनकी पहले की कविताओं की तुलना में, प्रयोग है। ये प्रयोग उनके भावी काव्य के स्रोत हैं और पूर्वाभास देनेवाले हैं। इनमें जो सम्भावना है, वह मूल्यवान् सिद्ध हो सकती है।

'तुम क्यों लिखते हो' शीर्षक इस संग्रह की एक उल्लेखनीय कविता में इस सम्भावना का निर्देश-सा किया गया है :

तुम क्यों रचते हो वृथा स्वाँग, मानो, सारा
आकाश और पाताल तुम्हारे कर में हो!
मानो, मनुष्य नीचे ही तुमसे बहुत दूर
मानो, कोई देवता तुम्हारे स्वर में हो!

सच्चाई की पहचान कि पानी साफ रहे,
जो भी चाहे, ले परख जलाशय के तल को,
गहराई का भेद छिपाते हैं केवल,
जो जान-बूझ गँदला करते अपने जल को।

'धूप और धुआँ' में ऐसी भी अनेक कविताएँ हैं जो उसके महत्त्व को कम करती हैं।

['साहित्य' : जनवरी, 1954]

हिन्दी कविता की मुख्य प्रवृत्तियाँ

हिन्दी में, देखकर आश्चर्य होता है, आलोचना की जितनी पुस्तकें प्रकाशित होती हैं, उतनी शायद ही उन विषयों की जिनकी आलोचना की जाती है। ऐसी प्रकाशित पुस्तकों में बहुत ही कम महत्त्वपूर्ण होती हैं, किन्तु अक्सर दो-एक काम की पुस्तकें भी इनमें निकल आती हैं।

नगेन्द्र की सद्य:प्रकाशित पुस्तक 'आधुनिक हिन्दी कविता की मुख्य प्रवृत्तियाँ' की गणना इस प्रकार की उपादेय पुस्तकों में अवश्य की जा सकती है। पुस्तक का अधिकांश स्वतंत्र निबन्धों के रूप में समय-समय पर प्रकाशित हो चुका है, किन्तु चूँकि सभी हिन्दी कविता की विभिन्न प्रवृत्तियों से सम्बन्धित है, इसलिए उनका एकत्र प्रकाशन सुविधाजनक है। स्वतंत्र निबन्धों को, नये अंश जोड़कर, पुस्तक का आकार देने में लेखक ने सफाई से काम लिया है।

नगेन्द्र की इस पुस्तक में आधुनिक हिन्दी कविता का, प्रवृत्तियों के अनुसार, इस प्रकार वर्गीकरण किया गया है: छायावाद, राष्ट्रीय-सांस्कृतिक कविता, गांधी-दर्शन से प्रभावित कविता, वैयक्तिक कविता, प्रगतिवादी और प्रयोगवादी कविता। निस्सन्देह इस वर्गीकरण में अव्याप्ति दोष नहीं है, अतिव्याप्ति भले ही इसमें मिले। इसका परिहार करते हुए लेखक ने पुस्तक के प्रारम्भ में ही कहा है : 'आदर्शवादी चिन्ताधारा के अन्तर्गत छायावाद तथा राष्ट्रीय-सांस्कृतिक कविता आती है।' इसके बाद लेखक वैयक्तिक कविता को स्थान देता है जो, उसके शब्दों में, 'आदर्शवाद और भौतिकवाद के बीच का सेतु-मार्ग है।' नगेन्द्र 'भौतिकवादी चिन्ताधारा के अन्तर्गत प्रगतिवाद और प्रयोगवाद', दोनों को ही रखते हैं। और फिर भी, मेरी दृष्टि में, अतिव्याप्ति दोष इसलिए बना रह जाता है कि वैयक्तिक कविता को आवश्यकता से अधिक महत्त्व दिया गया है। इसका व्यावहारिक कारण कदाचित् यह हो कि लेखक के पास जो सामग्री सुलभ थी, उसका उसे उपयोग ही नहीं करना था, युक्तियुक्त सिद्ध करते हुए उपयोग करना था। यह युक्ति कि वैयक्तिक कविता आदर्शवाद और भौतिकवाद का 'सेतु-मार्ग' है, तथ्य से पोषित नहीं हो पाती। बच्चन या अंचल जैसे जिन कवियों की चर्चा वैयक्तिक कविता के अन्तर्गत हुई है, वे वस्तुत: गौण छायावादी कवि हैं, क्योंकि उन्होंने छायावाद की एक विशेषता को अपनी कविता की मुख्य विशेषता बताई है। बच्चन गौण छायावादियों में अवश्य उल्लेखनीय हैं, किन्तु जिस प्रवृत्ति-परिचायक आलोचक-पुस्तक में निराला, प्रसाद, पंत या महादेवी पर स्वतंत्र परिच्छेद नहीं है, उसमें बच्चन पर विस्तृत अध्ययन किसी दृष्टि से अनुपात-सम्मत नहीं माना जा सकता। ठीक इसी प्रकार आदर्शवादी धारा के अन्तर्गत अकेले सियारामशरण गुप्त पर जितना लिखा गया है, वह तभी औचित्यपूर्ण माना जा सकता था जब मैथिलीशरण गुप्त, माखनलाल चतुर्वेदी और दिनकर पर सविस्तर विवेचना हो चुकी रहती। स्पष्ट है कि स्वतंत्र निबन्धों को एक सुव्यवस्थित योजना का रूप देने के प्रयास में यह अनुपात-दोष अनिवार्यत: आ गया है। यह सच होते हुए भी पुस्तक अनुपादेय नहीं है।

['साहित्य' : जनवरी, 1954]

हिन्दी की तीन कृतियाँ

[आदमी और सिक्के, कायर, कजली]

आदमी और सिक्के

'आदमी और सिक्के' के लेखक हैं श्री महेन्द्रनाथ, जिनका उपन्यास भी अनतिबृहत् सुपाठ्य और सुमुद्रित है। किन्तु जहाँ 'कायर' के लेखक राजेन्द्र शर्मा के बारे में प्रकाशक संयत परिचय देकर ही सन्तुष्ट हो गया है, वहीं इस उपन्यासकार को 'भारत के उत्कृष्टतम कहानीकारों' में परिगणनीय घोषित किया है। उपन्यास को पढ़ जाने के बाद प्रकाशकीय वक्तव्य की युक्तियुक्ता शायद ही स्वीकृत हो।

'आदमी और सिक्के' कुछ चर्चित सिद्धान्तों को उदाहृत करने के लिए लिखी गई औपन्यासिक रचना है। औरत किस तरह मर्द को अपनी ओर आकृष्ट कर उसे पागल बना सकती है, शरीर का व्यापार करते हुए भी औरत किस तरह प्रेम की स्मृति सँजोए रख सकती है, कुछ इस तरह की गोलमटोल, पुरानी पर नई-सी लगनेवाली बातों को उपन्यास में वर्णित घटनाओं से सिद्ध किया गया है। उपन्यास के अन्त में धरती की ओर जाने और नव-निर्माण की बातें कहकर लेखक ने मार्क्सवादी आलोचकों को भी प्रसन्न कर लेना चाहा है।

मिलावट के बाद कृष्णचन्द्र की रचना का क्या रूप हो सकता है, इसका अच्छा दृष्टान्त यह उपन्यास है। प्रकाशक ने स्पष्ट निर्देश नहीं किया है कि यह उपन्यास उर्दू से अनूदित है या नहीं।

कायर

श्री राजेन्द्र शर्मा लिखित एक सौ चौरासी पृष्ठों का साफ-सुथरा उपन्यास है 'कायर'— उसके बाह्यावरण और आभ्यन्तर की बनावट, दोनों के बारे में इतना भर जरूर कहा जा सकता है। उपन्यास के सूत्र कुशलतापूर्वक ग्रथित किये गए हैं और 'आगे क्या होगा' की भावना जगाए रखना अगर उपन्यास का गुण माना जा सकता है तो वह इसमें पर्याप्त मात्रा में है, हालाँकि वह नाटकीयता के बदले अतिनाटकीयता के ही अधिक समीप है। उपन्यास का उपसंहार तो सर्वथा अतिनाटकीय है और औसत सुखान्त हिन्दी चित्रपटों की याद दिलाता है। कॉलेज का सादगी जीवन अतिरंजनापूर्ण है पर उससे पाठकों का मनोरंजन हो सकता है। समय अतिवाहित करने का यह उपन्यास अच्छा साधन है।

उपर्युक्त दोनों उपन्यासों के प्रकाशक ने ही भवानी भट्टाचार्य के इस उपन्यास को भी प्रस्तुत किया है। आवरण-चित्र मनीषी दे ने बनाया है और वह कदाचित् उपन्यास से भी अधिक महत्त्व का अधिकारी है। प्रकाशक ने इस उपन्यास के सम्बन्ध में स्पष्ट निर्देश किया है कि यह लेखक के अंग्रेजी उपन्यास So Many Hungers का अनुवाद है।

'कजली' निस्सन्देह बहुपठित और उपन्यास-कला की नवीन प्रवृत्तियों से परिचित लेखक की रचना है, किन्तु, शायद अंग्रेजी से अनूदित होने के कारण, स्पन्दन-रहित है। मूल रूप में उपन्यास कैसा है, यह हमें मालूम नहीं।

अवश्य ही 'कायर' या 'आदमी और सिक्के' की तुलना में 'कजली' कहीं अधिक प्रौढ़ रचना है, फिर भी हम कहेंगे कि जो प्रकाशक अनुवाद छापना चाहते हैं, उन्हें पहले वैसे महान विदेशी उपन्यासों को अनूदित करना चाहिए जो हिन्दी के पाठकों के लिए दुर्लभ हैं।

एक सुसंस्कृत मध्यवित्त परिवार के सदस्य तथा युद्ध-जनित प्रतिक्रियाओं और समस्याओं के बीच उनका चकित होते रहना आदि अछूते उपकरणों से निर्मित यह उपन्यास महान नहीं होने पर भी सार्थक है।

['साहित्य' : जनवरी, 1954]

बिहार राष्ट्रभाषा परिषद् के प्रकाशन

बिहार राष्ट्रभाषा परिषद् की स्थापना हुए अभी कुछ ही वर्ष हुए हैं, किन्तु उसने जो प्रगति की है, वह अत्यन्त सन्तोषजनक है। परिषद् के कार्यक्रम में गवेषणात्मक पुस्तकों का प्रकाशन महत्त्वपूर्ण स्थान रखता है। परिषद् के मंत्री आचार्य शिवपूजन सहाय ने कार्य-भार ग्रहण करते ही जो योजना बनाई थी, उसका एक अंश कार्यान्वित हो गया है और हमारे सामने प्राय: एक दर्जन ग्रंथ वर्तमान हैं। ये ग्रंथ ज्ञान-विज्ञान के विभिन्न क्षेत्रों में भारतीय विद्वानों के चिन्तन-मनन के प्रतीक हैं। सभी ग्रंथ न केवल विषय और प्रतिपादन की दृष्टि से ही, अपितु मुद्रण आदि को ध्यान में रखते हुए भी हिन्दी के साहित्य-भांडार को समृद्ध करते हैं। इधर आचार्य शिवपूजन सहाय की अस्वस्थता के कारण परिषद् का संचालन उसके स्थानापन्न मंत्री डा. धर्मेन्द्र ब्रह्मचारी शास्त्री कर रहे थे। उन्होंने प्रशंसनीय कुशलता के साथ आचार्य जी की योजना कार्यान्वित करने में योग दिया है।

परिषद् का प्रथम प्रकाशन है श्री हजारीप्रसाद द्विवेदी द्वारा लिखित 'हिन्दी साहित्य का आदिकाल'। इस पुस्तक में द्विवेदी जी ने हिन्दी साहित्य के उन युगों से सम्बद्ध

सामग्री का चयन और विश्लेषण किया है जिन्हें हिन्दी साहित्य के इतिहास-ग्रंथों में अपभ्रंशकाल और परिगाथाकाल के नामों से अभिहित करने की परिपाटी है। द्विवेदी जी ने श्रम-साध्य शोध के द्वारा प्राकृत और अपभ्रंश भाषाओं में विकीर्ण स्वल्प-परिमित किन्तु विस्तृत साहित्य का अवगाहन किया है और उसके आधार पर अनेक नवीन निष्कर्ष उपस्थापित किये हैं। ये निष्कर्ष विवादग्रस्त हैं और इन्हें लेकर हिन्दी के विद्वानों में जो विवाद छिड़ गया है, उनसे हम परिचित हैं। किन्तु इसमें कोई सन्देह नहीं कि द्विवेदी जी ने हिन्दी के उस प्रारम्भिक काल पर पर्याप्त नया प्रकाश डाला है, जो अब तक हिन्दी साहित्य का अन्धकारकाल बना हुआ था।

स्वर्गीय महामहोपाध्याय रामावतार शर्मा-विरचित 'यूरोपीय दर्शन' परिषद् का दूसरा प्रकाशन है। इस पुस्तक का प्रथम संस्करण 1905 ई. में काशी नागरी प्रचारिणी सभा के द्वारा प्रकाशित हुआ और कालान्तर में दूसरा संस्करण भी किन्तु, जाने क्यों, मूल लेखक के स्थान पर एक दूसरे व्यक्ति का नाम देकर। परिषद् ने सम्प्रति पुस्तक के मूल संस्करण का पुनर्मुद्रण कर उसके लेखक के प्रति तो न्याय किया ही है, साथ-ही-साथ आज से आधी शताब्दी पहले लिखी गई एक ऐसी पुस्तक को हिन्दी के पाठकों के लिए सुलभ बनाया है जो आज भी विषय-निरूपण की दृष्टि से अद्वितीय है। पुस्तक का ऐतिहासिक महत्त्व भी है, क्योंकि आज भी जो काम हिन्दी में अधूरा पड़ा हुआ है, उसकी ओर यह पचास वर्ष पहले किया गया व्यावहारिक संकेत है और हमारे लिए अनुसरणीय पथ-निर्देश। पुस्तक की विद्वत्तापूर्ण भूमिका प्रो. हरिमोहन झा ने लिखी है और उसमें उन्होंने यूरोपीय दर्शन के उस अवधि के विकास की रूप-रेखा उपस्थित की है जो मूल पुस्तक की रचना के बाद आती है।

परिषद् का तीसरा प्रकाशन है 'विश्व धर्म-दर्शन'। इसके लेखक श्री साँवलिया बिहारीलाल वर्मा ने संसार के प्राचीन तथा आधुनिक, समस्त धर्मों के संक्षिप्त परिचय और विवरण साधारण पाठकों के लिए सहज अवगम्य बना दिये हैं। यद्यपि यह पुस्तक शोध की दृष्टि से विशेष महत्त्व की नहीं है, फिर भी इसमें एकत्र ही सभी धर्मों की रूप-रेखा मिल जाती है और उनके तुलनात्मक एवं समन्वयात्मक अध्ययन का प्रथम सोपान सुलभ हो जाता है। सर्व-धर्म-समन्वय का आदर्श आज के युग में वस्तुतः शिक्षित और सुसंस्कृत व्यक्तियों का अभीष्ट है। इस अभीष्ट-प्राप्ति में 'विश्व धर्म-दर्शन' प्रारम्भिक आधार-पुस्तक का काम करेगा।

परिषद् की इन पुस्तकों के बाद के प्रकाशनों में श्री वासुदेव का 'हर्ष-चरित : एक सांस्कृतिक अध्ययन' प्राचीन भारतीय इतिहास तथा संस्कृति से सम्बद्ध महार्घ शोध-कृति है। प्राचीन भारत के सांस्कृतिक इतिहास के लिए बाणभट्ट का 'हर्ष-चरित' अतिशय प्रामाणिक और मूल्यवान् आधार है। इस आधार-ग्रंथ के सहारे वासुदेवशरण जी ने भारतीय सभ्यता और संस्कृति का सर्वांगपूर्ण चित्र उपस्थित किया है और उसे इतिहास के अन्य स्रोतों के साक्ष्य की सहायता से पूर्णतः प्रमाणित करने

की सफल चेष्टा की है। पुस्तक में अनेक उपयोगी चित्र भी हैं, यद्यपि उसका मुद्रण सन्तोषजनक नहीं कहा जा सकता।

उपर्युक्त पुस्तक की कोटि में ही परिगणनीय है डा. मोतीचन्द्र लिखित 'सार्थवाह' (प्राचीन भारत की पथ-पद्धति)। यद्यपि इस पुस्तक में केवल प्राचीन पथ-पद्धति का ही सांगोपांग विवरण दिया गया है, फिर भी इससे प्राचीन भारतीय सभ्यता पर भी सामान्य रूप से पर्याप्त प्रकाश पड़ता है। वैदिककाल से लेकर गुप्तकाल तक भारत में तथा भारतीय व्यापारियों के द्वारा विदेशों के साथ जो विपुल वाणिज्य-व्यवसाय होता था, उसकी कथा पहली बार इतने विशद रूप में प्रस्तुत की गई है। व्यापार के जल और स्थल के पथ, साधन तथा अन्य विषयों पर लिखा गया यह गवेषणात्मक ग्रंथ गल्प की तरह रोचक है। इस ग्रंथ में भी अनेक उपयोगी चित्र हैं।

इन पाँच पुस्तकों के अतिरिक्त परिषद् ने छह और पुस्तकें भी प्रकाशित की हैं, जिनकी संक्षिप्त समीक्षा प्रस्तुत की जा रही है।

'श्री रामावतार शर्मा-निबन्धावली' महामहोपाध्याय रामावतार शर्मा की यह दूसरी कृति है जिसे परिषद् ने प्रकाशित किया है। 'निबन्धावली' में शर्मा जी के हिन्दी के निबन्धों का संकलन किया गया है। इन निबन्धों से लेखक की बहुपथीन प्रतिभा, प्रगाढ़ पांडित्य, मौलिक चिन्तन, उदार दृष्टि तथा सामाजिक सहानुभूति का परिचय मिलता है। यों तो शर्मा जी की और भी हिन्दी की रचनाएँ हैं, किन्तु परिषद् ने कर्मठ शोधकर्ताओं की सहायता से जितनी रचनाओं का संग्रह कराया है, उनके लिए ही हिन्दी-संसार इस संस्था तथा उसके शोधकर्ताओं के प्रति ऋणी रहेगा। शर्मा जी द्विवेदी-युग के महारथियों में परिगणित होते थे। उनके निबन्ध हिन्दी के उच्च कोटि के निबन्ध-संग्रहों की शोभा बढ़ाते रहे हैं। किन्तु इनके एकत्र सुलभ न होने के कारण हिन्दी गद्य के अध्येताओं को महत्त्वपूर्ण साहित्य से वंचित रहना पड़ता था। अब इस अभाव की पूर्ति हो गई है और हिन्दी गद्य के इतिहास-लेखक के लिए प्रभूत नवीन सामग्री प्राप्य हो गई है। पुस्तक के प्रारम्भ में डा. धर्मेन्द्र ब्रह्मचारी शास्त्री और श्री उमानाथ जी ने शर्मा जी के विलक्षण व्यक्तित्व और कृतित्व पर प्रकाश डाला है। श्री उमानाथ जी के ही शोध-प्रयास के फलस्वरूप यह बहुमूल्य साहित्य संकलित हो सका है, ऐसा परिषद् के मंत्री के विवरण से पता चलता है।

डा. सत्यप्रकाश की 'वैज्ञानिक विकास की भारतीय परम्परा' नामक पुस्तक भी परिषद् की प्रतिष्ठा के अनुरूप ज्ञानवर्धक प्रकाशन है। इसमें विद्वान लेखक ने भारतीय गणित और ज्योतिष, जनपदनिवेश, धातु और रत्न-विज्ञान, रसायन, विभिन्न तंत्रों तथा आयुर्वेद आदि के उद्भव और विकास का गवेषणात्मक और विशद निरूपण किया है। इस विषय पर स्वर्गीय व्रजेन्द्रनाथ शील की पुस्तक The Positive Sciences of the Ancient Hindus का महत्त्व अनिवार्य आकर-ग्रंथ के रूप में आज भी अक्षुण्ण है। डा. सत्यप्रकाश ने इस ग्रंथ के अतिरिक्त उपर्युक्त विषयों पर जो परवर्ती अनुसन्धान

हुए हैं, उनका भी प्रचुर उपयोग किया है। किन्तु पुस्तक में स्वयं लेखक के विस्तृत अध्ययन–अनुशीलन के भी पर्याप्त प्रमाण हैं। यद्यपि डा. सत्यप्रकाश के निष्कर्ष कहीं–कहीं प्राचीनता की संकीर्ण श्लाघा (Chauvinism) की सीमा तक पहुँच गए हैं, फिर भी वे बहुधा संगत और आधारसम्मत सिद्ध होते हैं और प्राचीन भारत की मनीषा का प्रेरणाप्रद रूप सामने रखते हैं।

डा. अनन्त सदाशिव अलतेकर की 'गुप्तकालीन मुद्राएँ' परिषद् की भारतीय इतिहास–विषयक पुस्तकों में विशिष्ट है। पुस्तक में गुप्त सम्राटों की मुद्राओं और उनके विभिन्न प्रकारों का प्राचीन मुद्राशास्त्र–सम्मत वर्णन तो है ही, इसके आधार पर गुप्तों के इतिहास का भी तथ्यपूर्ण निर्माण किया गया है। गुप्तों की मुद्राओं पर अलन आदि विद्वानों के आकर–ग्रंथ अंग्रेजी में विद्यमान हैं, किन्तु लेखक का भूमिका में यह कथन सर्वांशत: ठीक है कि सम्प्रति वे दुष्प्राप्य हैं। इस क्षेत्र में इन ग्रंथों की रचना के बाद प्रचुर नवीन सामग्री भी उपलब्ध हुई है। इसलिए प्रस्तुत पुस्तक का महत्त्व निर्विवाद है। पुस्तक मूलत: अंग्रेजी में लिखी गई थी और उसका प्रकाशन दूसरी संस्था करेगी। बिहार राष्ट्रभाषा परिषद् ने उसका हिन्दी रूपान्तर प्रकाशित किया है। लेखक के वक्तव्य से ज्ञात होता है कि प्राचीन मुद्राशास्त्र–विषयक पारिभाषिक शब्दों का निर्माण उसकी सहायता से हुआ है। इनका निर्माण जैसे भी हुआ हो, वह सन्तोषजनक नहीं है। एक उदाहरण लीजिए, Bust का हिन्दी प्रतिशब्द दिया गया है 'अर्द्धचित्र'। यह शब्द नितान्त निरर्थक है। कला की आधुनिक भारतीय आलोचना में 'आवक्ष चित्र या मूर्ति' शब्द प्रचलित है और यह काफी अच्छा शब्द है। इसी प्रकार Pear head ornament के लिए 'मँगटीका', Wig–like hair के लिए 'लम्बे केश', Circular के लिए 'वर्तुलाकार', Muscular के लिए 'स्नायुयुक्त' जैसे अशुद्ध और भ्रामक प्रतिशब्दों का प्रयोग सर्वथा चिंत्य और अवांछनीय है। परिषद् का एक बहुत बड़ा कार्य, जो ऐसी पुस्तकों के प्रकाशन के व्याज से अनायास हो जा सकता है, यह भी है कि विभिन्न शास्त्रों में प्रयुक्त पारिभाषिक शब्दों के हिन्दी प्रतिशब्द बनते चलें। किन्तु ऐसे प्रतिशब्द परिषद् के द्वारा प्रकाशित ग्रंथ के अनुरूप नहीं हैं, पुस्तक में मुद्राओं के जो चित्र हैं, अथवा उसके परिशिष्ट के अन्तर्गत जो सूचियाँ आदि हैं—उनसे पुस्तक की उपयोगिता बहुत बढ़ गई है।

'प्राङ्‌मौर्य बिहार' परिषद् का एक अन्य इतिहास–विषयक महत्त्वपूर्ण प्रकाशन है। इसके लेखक हैं डा. देवसहाय त्रिवेद। मौर्यकालीन तथा मौर्योत्तरकालीन बिहार के इतिहास के पुनर्निर्माण के लिए न तो सामग्री का ही अभाव है, न उसके आधार पर लिखित ग्रंथों का ही। किन्तु मौर्यों के पूर्व के बिहार के इतिहास के उपकरण बिखरे पड़े थे। त्रिवेद ने अथक परिश्रम और सूक्ष्म शोध–दृष्टि का परिचय देते हुए इन बिखरे उपकरणों को ग्रथित कर उनके महत्त्व का प्रतिपादन किया है। डा. त्रिवेद के कुछ मौलिक निष्कर्षों से, उदाहरणार्थ—भारत के आदिवासियों और आर्यों के धर्मों की समानता, मुलतान में प्रथम मनुष्य का उद्‌भव, व्रात्य और आर्य सभ्यताओं का एक

ही स्रोत, बिहार में ही अधिकांश वैदिक साहित्य का रचित होना इत्यादि, विद्वानों का मतभेद हो सकता है, किन्तु इससे पुस्तक की महत्ता घटती नहीं। पुस्तक में विषय से सम्बद्ध अनेक चित्र हैं जो समुद्रित हैं, किन्तु कुछ-एक मसिलेपमात्र हैं।

'काव्य-मीमांसा' पंडित केदारनाथ शर्मा सारस्वत द्वारा सम्पादित और अनूदित राजशेखर की तन्नामक पुस्तक का अत्यन्त उपयोगी संस्करण है। हिन्दी में भारतीय साहित्यशास्त्र का जो चर्चित-चर्वण होता रहता है, उससे कहीं लाभदायक कार्य यह है कि सभी उत्कृष्ट साहित्यशास्त्र-विषयक ग्रंथों के सुसम्पादित और सानुवाद संस्करण प्रकाशित किये जाएँ। इधर इस दिशा में कुछ प्रयत्न भी हुए हैं, किन्तु वे बहुत सन्तोषजनक नहीं कहे जा सकते। केदारनाथ जी ने काव्य-मीमांसा का अनुवाद कर साहित्यशास्त्र के उन अध्येताओं का बड़ा उपकार किया है जो हिन्दी के माध्यम से ही एतद्विषयक प्राचीन मत-मतान्तरों से परिचित होना चाहते हैं। अनुवाद साधिकार किया गया है। उसका कियदंश भी 'अमूल' या 'अनपेक्षित' नहीं है। विशेष रूप से उल्लेख के योग्य यह बात है कि यद्यपि अनुवाद शब्दश: हुआ है, फिर भी वह नीरस या अस्पष्ट नहीं है। अनुवादक की भूमिका अनतिबृहत् है, किन्तु उससे राजशेखर के समय आदि विषयों पर तथा काव्य-मीमांसा के प्रतिपाद्य विषय पर भी यथोचित प्रकाश पड़ता है।

परिषद् के द्वारा अद्यावधि प्रकाशित पुस्तकों में अन्तिम है 'संत-कवि दरिया : एक अनुशीलन'। इस शोध-ग्रंथ के लेखक हैं डा. धर्मेन्द्र ब्रह्मचारी शास्त्री। इधर शोधकर्ताओं ने अनेक विस्मृतप्राय और नाम-शेष निर्गुण संतों के जीवन और कृतियों को प्रकाश में लाने का स्तुत्य कार्य किया है। इस दिशा में डा. ब्रह्मचारी की कृति अग्रदूत का काम करती है। वस्तुत: संत-साहित्य अथवा निर्गुण विचारधारा का पिष्टपेषण करते चले जाने से—जैसाकि हिन्दी में आज खूब हो रहा है—यह कहीं अधिक आवश्यक और महत्त्वपूर्ण कार्य है कि संतों की वाणियों के सुसम्पादित संग्रह प्रकाशित किये जाएँ और उनकी जीवनी तथा रचनाओं के विवरण उपस्थित किये जाएँ। इनके अभाव में संत-साहित्य का विषयगत या साहित्यिक अनुशीलन और मूल्यांकन अपूर्ण और निराधार बना रहेगा। आलोच्य पुस्तक का भी वही अंश महत्त्व का अधिकारी है जिसका प्रत्यक्ष सम्बन्ध संत दरिया की वाणियों से है। जहाँ तक पुस्तक के विपुल प्रारम्भिक अंश का प्रश्न है, जिसमें संतों की साधना या साहित्य का सामान्य विवेचन है, वह कथित-कथन (Rechauffe) मात्र है; और शोध-ग्रंथ के नहीं बल्कि पाठ्य-पुस्तक के अनुरूप है। उससे पुस्तक की कलेवर-वृद्धि तो हुई है, ज्ञान के किसी नवीन क्षेत्र का उद्घाटन नहीं हुआ है, जो शोध का मुख्य लक्ष्य होता है।

['साहित्य' : जुलाई, 1954]

'सामान्य मनोविज्ञान', वस्तुत: यह एक छात्रोपयोगी मनोविज्ञान-विषयक पुस्तक है। छात्रोपयोगी इसलिए कि संप्रति भारत में शास्त्र छात्रों के लिए ही प्रस्तुत किये

जाते हैं, और उन्हीं के प्रतिपालन से शास्त्रकार अपनी अजीविका उपर्जित करते हैं, और फिर भी वे अपने अल्पवयस्क, अशुतोष गुणग्राहकों के तईं कितने वफादार होते हैं, यह एक विचारणीय प्रश्न है।

भारत के शास्त्रज्ञों का कहना है कि यदि विश्व-भाषा अंग्रेजी का अध्ययन न रहे, तो यहाँ की मनीषा की देन विश्व को सुलभ न होगी। और, हम देखते हैं कि, दो-एक अपवादों को छोड़कर, भारतीय मनीषा की उच्चतम सीमा है छात्रों के अध्ययन की योग्यता। इस योग्यता का भी रहस्य यह है कि अन्य देशों में द्रुतगति से विकसमान शास्त्रों की अपरिचित, मंत्रवत् अपरोक्ष, रहस्यावेष्टित शब्दावली को अधिकृत कर छात्रों पर धाक जमाई जाती है। हिन्दी के शिक्षा के माध्यम हो जाने से भारतीय मनीषा का यह एकमात्र साधन ही छिन जाएगा!

शास्त्रज्ञों की नई पीढ़ी ने इसे मानो कुबूल करते हुए, हिन्दी के माध्यम से, अंग्रेजी में उपलब्ध शास्त्र-भांडार को, छात्रों के लिए सुलभ बनाने का बीड़ा उठाया है। वे मौलिक देन का पाखंड नहीं करते। वे अपने छात्रों से दो-चार कदम ही आगे हैं, यह स्वीकार करते हुए उन्हें संकोच नहीं होता। इनमें से जो अपना यह सीमित कर्तव्य योग्यता से सम्पन्न करते हैं, वे न्यूनाधिक श्रेय के अधिकारी हैं।

प्रो. रामप्रसाद पांडेय नई पीढ़ी के ऐसे ही मनोविज्ञान-विशारद हैं। उन्होंने छात्रों की परीक्षा-सम्बन्धी आवश्यकता का ध्यान रखते हुए एक ऐसी उपादेय पुस्तक की रचना की है, जिसमें विस्मयजनक प्रगति करनेवाले विज्ञान-विशेष का सार-संग्रह है। पुस्तक की भाषा में शास्त्रोचित गंभीरता है, यद्यपि वह निर्दोष नहीं है—'प्रयोगशाले की स्थापना की' जैसे कुछेक प्रयोग तो नितान्त चिन्त्य है, गनीमत है कि उनकी संख्या अधिक नहीं है। लेखक ने पारिभाषिक शब्दों के निर्माण का महत्त्व समझा है और उसके अनेक शब्द सुघटित है। पुस्तक के बीच-बीच कोष्ठकों में अंग्रेजी शब्द देते चलना छात्रों की सुविधा का इतना अधिक विचार करना है, जिसकी वे स्वयं अपेक्षा नहीं रखते। अंत में पारिभाषिक शब्द-सूची देकर पुस्तक के उपस्थापन को अधिक सुरुचिपूर्ण बनाया जा सकता था। हम आशा करते हैं कि पांडेय जी इस प्रकार के कार्य के साथ ही साथ अनुसंधान के उस पथ पर भी बढ़ने का प्रयत्न करेंगे जो कंटकाकीर्ण होता है।

'हिन्दी के आलोचक' नाम और कलेवर से आकर्षक होते हुए भी सामग्री की दृष्टि से निराशाजनक ग्रंथ है। विदुषी संपादिका ने विषय-विशेष या लेखक-विशेष पर लिखे गये अन्य उपादेय संग्रह संपादित कर पर्याप्त ख्याति अर्जित की है। किन्तु, आलोचय पुस्तक सुसंपादित निबंध संग्रह न होकर कहावत का पिटारा भर बनकर रह गया है!

स्वतंत्र रूप से लिखे गये निबंधों को निर्धारित योजना के अनुसार गुंफित करना दुष्कर अवश्य होता है, किन्तु यही संपादन की सफलता भी है। यह सफलता 'हिन्दी

के आलोचक' की संपादिका को नहीं मिल पाई है। संग्रह में कुछ उपादेय निबंध सम्मिलित हैं, किंतु अधिक ऐसे हैं, जो अनधिकार चेष्टामात्र हैं।

'हिन्दी दशरूपक' धनजंय के प्रामाणिक संस्कृत-नाट्यशास्त्र-विषयक ग्रंथ का हिन्दी व्याख्योपेत संस्करण है। संस्कृत के आधारभूत ग्रंथों के अंग्रेजी अनुवाद तो सुलभ हों, पर हिन्दी अनुवाद न मिलें, यह लज्जाजनक है। इस दिशा में जो विद्वान कार्य कर रहे हैं और जो प्रकाशक, तात्कालिक लाभ की अपेक्षा न कर, उसे प्रकाश में लाते है, वे दोनों ही हिन्दी के प्रेमियों के द्वारा अभिनंदनीय हैं।

इधर एक प्रवृत्ति यह देखने में आ रही है कि संस्कृत का कोई विद्वान मूल ग्रंथ का अनुवाद या भाष्य करता है और वह किसी हिन्दी के विद्वान की मूल और उसके अनुवाद या भाष्य से भी अधिक विस्तृत भूमिका से ग्रस्त हो जाता है। ऐसी अनावश्यक ही नहीं है, भ्रांँतिजनक भी। भूमिकाओं के फलस्वरूप संस्कृत के जो ग्रंथ हिन्दी में आ भी रहे हैं, वे साधारण पाठक के लिए, ज्यादा कीमत होने की वजह, दुर्लभ बने रह जाते हैं और सारा प्रयास ही विफल हो जाता है।

'हिन्दी दशरूपक' की भूमिका संक्षिप्त है और उसके व्याख्याकार की ही लिखी हुई है। व्याख्या जटिल विषय को सुबोध बनाने का कार्य सफलतापूर्वक सम्पन्न कर सकी है। व्याख्याकार ने अमूल और अनपेक्षित बहुत कम लिखा और कहा है। पुस्तक मूल्यवान् है, जिसका श्रेय लेखक को है, और उसकी कीमत ज्यादा नहीं है, जिसके लिए प्रकाशक धन्यवाद का पात्र है।

व्याख्याकार ने भाषा के न्यूनाधिक पंडिताऊपन के लिए प्रारम्भ में ही क्षमा माँग ली है। 'चिम्पेजीज' और 'दुःखान्तकियाँ' जैसे प्रयोग विरल हैं, किन्तु पंडिताऊपन से भी हीन कोटि में परिगणनीय।

'अभियान' और 'अन्तराल' ऐसे पद्य-संग्रह हैं जो आधुनिक हिन्दी कविता के औसत स्तर का बखूबी प्रतिनिधित्व करते हैं। मुद्रण के साधनों की प्रचुरता के दिनों में ऐसे प्रकाशनों पर किसी को आपत्ति नहीं होनी चाहिए। इनके भाव, भाषा और शैली आदि पर भी किसी को आपत्ति नहीं होगी।

अंग्रेजी में एक कहावत है—न्यू कासल में कोयला पहुँचाना। कहावत को हम अपना लें तो कुछ इस तरह कहेंगे—झरिया में कोयला पहुँचाना। कोई व्यक्ति यह कार्य करना चाहे, तो एक स्वतंत्र देश में उसे इसकी छूट रहती ही है! भटनागर जी की पद्य-रचना कुछ इसी प्रकार का कार्य है।

'मिट्टी के गीत' के रचयिता को अवश्य ही भवभूति की तरह समानधर्माओं के लिए प्रतीक्षा करने के लिए असीम धैर्य की आवश्यकता नहीं होगी। हिन्दी के औसत कवि

कदम से कदम मिलाकर वृत्त-संचरण करने का अच्छा-खासा उदाहरण प्रस्तुत कर रहे हैं। हम अभी ऊपर की पंक्तियों में आलोच्य कवि के एक समानधर्मा की चर्चा कर ही चुके हैं।

पट्टनायक जी उत्कल-निवासी हैं, ऐसा पुस्तक के आरम्भ में संकेत है। उनकी रचनाएँ हिन्दी कविता के लिए नया खून बन सकती थीं; किन्तु उन्होंने अपना व्यक्तित्व विकसित करने की चेष्टा के बदले गिरोह में शामिल हो जाना ही आसान पाया है। यह जरूर है कि वे गिरोह में पूरी तरह खप गए हैं।

['साहित्य' : मई-जून, 1955]

'प्रतिष्ठान' और 'परिव्राजक की प्रजा' श्री शान्तिप्रिय द्विवेदी की बहुत रोचक, सहज भाव से त्वरित प्रिय बन जानेवाली आत्मसंस्मरणात्मक कृतियाँ हैं। शान्तिप्रिय जी और चार्ल्स लैंब के जीवन में ही विचित्र समानता नहीं है, कृतित्व में भी है। लेखक पलातक अतीत को, वह जब, जहाँ, जितना पकड़ में आता है, चित्रित करता गया है। भानमती के इन पिटारों में सजावट नहीं है, लेकिन उनमें दायित्व के साथ सँजोई चीजों के बीच मिल जानेवाले चिथड़े और चिरकुट भी बेशकीमती बन गए हैं। शान्तिप्रिय जी ने एक साथ ही असीम करुणा और कठोर निर्ममता से काम लिया है—अपने बारे में और दूसरों के भी—और अश्रु इन्द्रधनुषित हो उठे हैं।

मैंने अन्यत्र लिखा है कि शान्तिप्रिय द्विवेदी की आलोचना में गांधीवाद साहित्यिक स्तर पर उन्नत हुआ है, और उनकी आलोचनात्मक अभिव्यंजना में गांधी जी की आत्यन्तिक परिष्कृत और सरलता का समन्वय हुआ है। 'प्रतिष्ठान' और 'परिव्राजक की प्रजा' इस निष्कर्ष के आधार हैं।

गुजराती के लब्धप्रतिष्ठ कथाकार कन्हैयालाल माणिकलाल मुंशी की आत्मकथा, 'आधे रास्ते', 'सीधी चढ़ान' और 'स्वप्न-सिद्धि की खोज में' जैसे उपन्यासोचित शीर्षकोंवाली पुस्तकों में प्रस्तुत हुई है। 'सीधी चढ़ान' का अनुवाद मंजुला वीरदेव ने और 'स्वप्न-सिद्धि की खोज में' का प्रवासीलाल वर्मा मालवीय ने किया है। इस आत्म-संस्मरण में पाठक को बहुपथीन व्यक्तित्व और प्रतिभा के मनुष्य के घटना-बहुल, बहुवर्ण जीवन की झाँकी उस तरह मिलती है, जिस तरह कभी-कभी पट खोले जानेवाले प्रासाद की झाँकी दर्शक को सुलभ हो जाती है। यह एक ऐसे महत्त्वाकांक्षी मनुष्य के जीवन की कथा है जिसने जैसे चाहा है, जिया है, और जो चाहा है, उसे प्राप्त किया है, और यह सब जितने रोचक ढंग से सम्भव है, लिखने में सफल भी हुआ है।

इन पुस्तकों में प्रस्तुत आत्म-संस्मरण में आत्मीयता कम और अस्मिता अधिक है। 'प्रतिष्ठान' और 'परिव्राजक की प्रजा' तथा 'सीधी चढ़ान' और 'स्वप्न-सिद्धि की खोज में' अपने वैषम्य में तुलनीय हैं!

'भारत-विभाजन की कहानी' के लेखक भी एलन कैम्पबेल जॉन्सन लॉर्ड माउंटबेटन के 'प्रेस-एटैची' थे। दैनन्दिनी के रूप में अंग्रेजी में लिखित उनकी पुस्तक 'मिशन विद माउंटबेटन' प्रसिद्धि प्राप्त कर चुकी है। उक्त पुस्तक का अनुवाद भी रनवीर सक्सेना ने किया है, जिसके सम्पादक हैं श्री यशपाल जैन।

पुस्तक में 'भारत के बँटवारे तथा सत्ता-हस्तान्तरण की आन्तरिक कहानी है।' यह प्रकाशकीय संकेत सर्वथा संगत है। मूल लेखक ने एक लोमहर्षक औपन्यासिक वृत्तांत का ऐसा आँखों-देखा वर्णन प्रस्तुत किया है कि यह मान लेना पड़ता है कि 'सत्य गल्प से विचित्रतर होता है।' अनुवाद की भाषा सरल और परिमार्जित है और मूल की रोचकता अक्षुण्ण।

'खजूर के पेड़' रामेश्वरनाथ तिवारी के व्यक्तिगत निबन्धों के इस संग्रह में खजूर के पेड़, अखबार, काँटियाँ, ट्रक-यात्रा, खिड़की से, वे प्रणाम करते हैं, भूमिका लिख रहा हूँ, माटी के राम, ध्रुव-तारा, ठाकुर, तीन चित्र, प्रातः अटन, थप-थप, आज सनीचर है, अतिथिदेवो भव, बेकारी, दो बरस का बचपन, चीनी नहीं चाय, यह राजधानी की सड़क है, घाट से चलिए, खानाबदोश का संसार और अस्तव्यस्तता— ये बाईस ऐसे निबन्ध हैं, जिनमें व्यक्तिगत निबन्ध के गुण यथेष्ट मात्रा में वर्तमान हैं। लेखक ने इन्हें वैयक्तिक निबन्ध कहा है। मेरी दृष्टि में संग्रह का तेईसवाँ और अन्तिम निबन्ध 'बबूल और गुलाब' भले ही वैयक्तिक निबन्ध कह लिया जाए, दूसरे निबन्ध तो व्यक्तिगत ही हैं। व्यक्तिगत और वैयक्तिक, इन दोनों अभिधेयों में हिन्दी के विद्वान पार्थक्य नहीं निभाते, किन्तु व्यक्तिगत और वैयक्तिक अंग्रेजी के 'पर्सनल' और 'इंडिविजुअल' के पर्याय हैं। निबन्ध लेखक के व्यक्तिगत तत्त्व के कारण ही महत्त्वपूर्ण साहित्यिक रूप माना जाता है। जिस निबन्ध में इस तत्त्व के विपरीत लेखक की वैयक्तिकता प्रमुख हो जाती है, उसमें करारा व्यंग्य भले हो, पाठक के साथ आत्मीयतापूर्ण मैत्री स्थापित करने की क्षमता नहीं रहती।

तिवारी जी ने महत्त्वरहित-से लगनेवाले ऐसे विषयों को भी पाठक के लिए सार्थक बना दिये हैं जो विशेष मनोदशा के क्षणों में उनके लिए इतने अर्थपूर्ण हो गए होंगे कि वे उन्हें बिसरा नहीं सके हैं। अन्तिम निबन्ध में लेखक ने दूसरे का परिहास किया है। यह निर्मल हास नहीं है, किन्तु संग्रह में यह निबन्ध अपवाद है। अन्य निबन्धों की गुदगुदी कभी चिकोटी नहीं बनती। हिन्दी में निर्मल हासवाले इस श्रेणी के बहुत अधिक निबन्ध नहीं पाए जाते।

'बाबा बटेसरनाथ' नागार्जुन का यह छोटा-सा उपन्यास जानपदिक जीवन का जानपदिक हिन्दी में लिखा हुआ उपन्यास है। किसी भी समुन्नत और परिनिष्ठित भाषा की लक्ष्मण-रेखा को गल्प ही अतिक्रान्त करती है, क्योंकि यही जीवन का समीपतम

साहित्यिक रूप है और इसके लिए भाषा के बने-बनाये साँचे अपर्याप्त सिद्ध होते हैं। जानपदिक हिन्दी में प्रेमचन्द के प्राग्भावी उपन्यासकारों ने कथोपकथन लिखे थे, किन्तु स्वयं प्रेमचन्द ने अटट गाँवों का वातावरण और ग्रामीणों का वार्तालाप भी परिनिष्ठित हिन्दी के द्वारा असम्भवप्राय सफलता के साथ प्रस्तुत किया था। हिन्दी अब इतनी परिष्कृत और प्रतिमित हो चुकी है कि उसमें जानपदिक या आंचलिक भाषाओं के रूप गल्प के माध्यम से सन्निविष्ट किये जा सकते हैं। बंगला में इस प्रवृत्ति को कुछ पहले से ही प्रश्रय मिलने लगा था। हिन्दी में इसके नव-प्रवर्तन का श्रेय नागार्जुन को है।

'बाबा बटेसरनाथ' की आंचलिकता उसकी भाषा और वातावरण तक ही सीमित है। आंचलिक जीवन का चित्रण लेखक ने वैसा किया है, जैसा वह दिखना चाहता है। 'बाबा बटेसरनाथ', जिस साँचे में ढाला गया है, वह 'रतिनाथ की चाची' और 'बलचनमा' के साँचे से भिन्न नहीं है। यदि उसकी अपनी कोई विलक्षणता है तो यह कि गाँव का पुराना बरगद—बाबा बटेसरनाथ—प्रतीकात्मकता की दृष्टि से 'हँसिया-हथौड़ा' की श्रेणी में स्थापित कर दिया गया है। कालिदास ने एक स्थान पर ऋषियों के श्मश्रु की (वट-) प्ररोह से तुलना की है; नागार्जुन को कदाचित् वट-प्ररोह को देखकर अपने भुक्तोज्झितवाद के महर्षि की याद आ गई है।

'अमराई की छाँह में' वीरेन्द्र नारायण का यह उपन्यास भी उपर्युक्त भाषा-सम्बन्धी प्रवृत्ति का प्रतिनिधित्व करता है। नागार्जुन के उपन्यासों के साथ 'अमराई की छाँह में' केवल इसी दृष्टि से तुलनीय है। नागार्जुन ने आंचलिक भाषा और वातावरण का निर्वाह करते हुए भी अपनी कथावस्तु और पात्रों को अन्ततः विकलांग बनाकर भी अपनी पसन्द के साँचे में जैसे-तैसे बिठाल दिया है। 'अमराई की छाँह में' ग्रामीण जीवन का यथार्थ चित्र उपस्थित कर देना ही लेखक ने पर्याप्त समझा है। फलतः उसके चित्र वस्तुतः चित्र बन पड़े हैं।

उपन्यास के सर्वथा विश्वसनीय और वर्तुल पात्रों के बीच अंजलिदी कल्पनाप्रसूत और शरत्चन्द्र की सुपरिचित पात्रियों की अनुकृति है। हम इस जान-बूझकर की गई अनुकृति की सार्थकता के कायल नहीं हैं।

लेखक ने जितने आग्रह के साथ आंचलिक शब्दों का प्रयोग किया है, उतने ही अवधान के साथ हिन्दी के शब्दों का भी करता, यह उचित था। पुस्तक का आवरण पुस्तक के साथ न्याय नहीं करता।

'बहता तिनका' कमल जोशी के इस उपन्यास में हमें वस्तुतः पुराने ढंग की एक बहुत लम्बी कहानी ही पढ़ने को मिलती है। यदि हम यह नहीं भी जानते कि कमल जोशी ने कहानियाँ लिखने में सफलता पाई है, तो भी हम इसी निष्कर्ष पर पहुँचते। कभी-कभी साहित्य के किसी एक रूप में अभ्यस्त होने के बाद दूसरे मिलते-जुलते, किन्तु

तत्त्वत: भिन्न रूपों के माध्यम से अपने को व्यक्त करना लेखक के लिए कठिन हो जाता है। जोशी जी ने इस कठिनता पर विजय नहीं पाई है, और जिस वस्तु को वे एक सफल छोटी कहानी के रूप में उपस्थित कर पाते, उसे उन्होंने उपन्यासोचित विस्तार तो दे दिया है, किन्तु स्थापत्य नहीं दे सके हैं। पात्र चिपटे रह गए हैं और गोलाई में चित्रित होकर सजीव नहीं बन सके हैं। स्थापत्य की तरह भाषा भी शिथिल है।

'बाहर-भीतर' डा. देवराज का नातिदीर्घ और, इसी कारण, नात्यपठनीय उपन्यास है। इस उपन्यास में इसी लेखक के वृहत्काय उपन्यास 'पथ की खोज' की अनेक अधगढ़ी मूर्तियों में से एक, जैसे-तैसे करके, आकृति पा गई है। लेखक के अनुभव का बाहर-भीतर लांगुल-वृत्त की तरह स्वल्प-परिधि है। प्रथम पुरुष में लिखा उपन्यास इस तथ्य का पर्याप्त संकेत दे देता है। अपनी कहानी सुनाने को उद्यत नायक ने साफगोई के साथ, पहली पंक्ति ही यह लिखी है : 'मैं लेखक नहीं हूँ...!'

'प्रेत की छाया' और 'विधाता की भूल' ज्योतीन्द्रनाथ की छोटी कहानियों के संग्रह हैं। लेखक के पास कहने लायक किस्सों की कमी नहीं है। उसके पास कहने लायक ढंग भी है। इन उपादानों के अतिरिक्त भी उत्कृष्ट कहानियों में बहुत कुछ रहता है, जिनका प्रस्तुत संग्रह की कहानियों में अभाव है। ज्योतीन्द्रनाथ ने इसे छिपाने की कोशिश नहीं की है, और जो उनके बस की बात है, उसका भरोसा रखा है। जब कहने को किस्सा नहीं रह जाता, तब कुशल लेखक अपरिचित और रूमानी प्राकृतिक पृष्ठभूमि के कवित्वपूर्ण वर्णन या अन्य कौशलों से इस अभाव को आच्छादित कर देते हैं। ज्योतीन्द्रनाथ की अनेक कहानियाँ अनगढ़ रह गई हैं, किन्तु यह इससे अच्छा है कि गैरजरूरी नक्काशी से खूबसूरती पैदा की जाए। सधी कारीगरी से सहज अनगढ़पन ही भला!

ज्योतीन्द्रनाथ ने बहुधा घटनाओं का वर्णन किया है और उनमें की कहानी नहीं देखी है। किन्तु दोनों संग्रहों में ऐसी भी अनेक कहानियाँ हैं, जिनमें एक घटना सीधे कह दी गई है और कहानी अनायास उभर आई है—एक ही बिन्दु को उद्‍भासित कर देनेवाली केन्द्रित प्रकाश-रेखा!

'ऊटपटाँग' अलबर्ट कृष्ण अली की हास्य रस की गद्य तथा पद्य रचनाओं का सार्थक नामधेय संग्रह है। इन रचनाओं का हास्य तमाचे की छड़ी—'स्लैप-स्टिक'—का शस्त्र है, जिसका प्रयोग हाल-हाल तक पात्र-विशेष मंच पर करता था और जो आज भी सर्कसों में इस्तेमाल में देखा जाता है।

'सन्धि-सन्देश' स्व. दामोदर सहाय 'कविकिंकर' लिखित खंडकाव्य है। 'कविकिंकर' जी समय और शैली, दोनों दृष्टियों से द्विवेदी-युग का प्रतिनिधित्व करते हैं। यह

खंडकाव्य 1929 ई. में ही रचित हुआ था। यह दुर्भाग्य की बात है कि इसका प्रकाशन इतने दिनों के बाद हुआ है। यदि यह बीस वर्ष पूर्व ही प्रकाशित हो गया होता तो उस युग के श्रेष्ठ खंडकाव्यों में इसकी गणना होती। इसके विलम्बित प्रकाशन का भी साहित्यिक इतिहास के लिए पर्याप्त महत्त्व है।

'जिन्दगी का नशा' वीरेन्द्र नारायण का ऐसा नाटक है, जिससे अभिनय के योग्य नाटक ढूँढ़ते चलनेवाले गैरपेशेवर नाटक-प्रेमियों को प्रसन्न होना चाहिए—यद्यपि हम नहीं जानते कि वह उनकी दृष्टि में भी आया है, क्योंकि जिस नगर में इसका प्रकाशन हुआ है, उसी में ऐसे नाटक खेले जा रहे हैं जो सिर्फ कहने भर को नाटक हैं। नाटक की घटनाएँ दो-एक कमरों में ही घटती हैं, पात्र तीन-चार ही हैं। बातचीत ऐसी, जैसी मनुष्य करते हैं; वैसी नहीं, जैसी हिन्दी के प्राय: सभी नाटककार लिखते चले जा रहे हैं, और अंक केवल तीन हैं, अंक को खंडित करनेवाले 'दृश्य' एक भी नहीं। अंक-विधान की यह योजना पृथ्वीराज ने अपने मंत्र के द्वारा हिन्दी के नाटककारों के लिए परिचित बनाई है, किन्तु स्वयं प्रसाद ने अपने अन्तिम नाटक 'ध्रुवस्वामिनी' में, तदुपरान्त कृपानाथ मिश्र और लक्ष्मीनारायण मिश्र ने यही योजना अपनाई है और पृथ्वीराज के मंच के आविर्भाव के बहुत पहले से ही। इधर 'अश्क' ने एकाधिक नाटकों में, और अब वीरेन्द्र नारायण ने, यह योजना अपना कर अपने नाटकों को सहज अभिनेय और अन्विति-युक्त बनाया है।

वीरेन्द्र नारायण के, शरत्चन्द्र के जीवन पर आधारित, एक दूसरे नाटक के कुछ अंश हमने पढ़े हैं। शरत्चन्द्र के सम्बन्ध में ऐसी अभिरुचि से उत्कृष्ट नाटक का निर्माण सम्भव है। किन्तु, शरत्चन्द्र की जो छाप वीरेन्द्र की कृतियों पर है, वह अहितकर है। आवरण के चित्र से, भय है, नाटक के निर्देशक गुमराह हो जा सकता है, यदि उस पर ध्यान चले जाने के बाद भी उसमें नाटक के निर्देशन की प्रेरणा अवशिष्ट रह जाए!

'आमेर शास्त्र-भंडार', 'जयपुर की ग्रंथ-सूची' और 'राजस्थान के जैन शास्त्र-भंडारों की ग्रंथ-सूची' (द्वितीय भाग) के संपादक श्रीकस्तूरचंद कासलीवाल ने इस ग्रंथ-सूचियों के रूप में प्राच्य-विद्या-सम्बन्धी शोध के लिए महत्त्वपूर्ण आधारशिला प्रस्तुत की है। प्रथम सूची के आवरण-पृष्ठ पर केवल आमेर शास्त्र-भंडार का ही उल्लेख है, किंतु भीतर महावीर शास्त्र-भंडार में संगृहीत पुस्तकों की भी सूची है। समय की दृष्टि से बाद में प्रकाशित सूची के नाम में विषयानुरूप व्यापकता है और उसकी योजना भी अधिक सुव्यवस्थित और सुविधाजनक है। उदाहरण के लिए, पहली सूची में विषय की दृष्टि से पृथक् वर्गों की (सिद्धांत एवं चर्चा, धर्म एवं आचारशास्त्र, आदि) कोई योजना नहीं है, यद्यपि पोथियों के विवरण में ही विषय-निर्देश कर दिया गया है। यह कहीं भी स्पष्ट नहीं किया गया है कि द्वितीय पुस्तक प्रथम पुस्तक का द्वितीय

भाग है अथवा उसका अपना कोई प्रथम भाग भी है। हम अनुभव करते हैं कि पहली बात ही सही है। दोनों पुस्तकों की प्रकाशन-संस्था, स्पष्टतः एक है, किंतु नाम में एकरूपता नहीं है। हम समझते हैं, द्वितीय पुस्तक में जिस तरह पुस्तकों के विवरण की योजना अधिक वैज्ञानिक बना ली गई है, उसी तरह उसमें अन्य छोटी-मोटी बातों को भी निश्चित कर लिया गया है और उन्हीं के अनुसार अन्य भागों का प्रकाशन होगा।

इन नगण्य त्रुटियों का उल्लेख कर लेने के बाद, इन सूचियों की प्रशंसा में जो कुछ कहा जाए, वह थोड़ा ही होगा। संपादक का यह दावा निराधार नहीं है कि आमेर शास्त्र भंडार की ग्रंथ-सूची एवं प्रशस्ति-संग्रह के प्रकाशित हो जातने से अपभ्रंश भाषा के विशाल साहित्य का परिचय विद्वानों को मिला, जिससे अपभ्रंश साहित्य की लोकप्रियता का विस्तार एवं उसकी विशेषताएँ विद्वानों को मालूम हुईं। पं. हजारीप्रसाद द्विवेदी ने इसकी उपयोगिता स्वीकार करते हुए, अपनी पुस्तक 'हिन्दी साहित्य का आदिकाल' में लिखा है : 'परवर्ती हिन्दी साहित्य के काव्य-रूप के अध्ययन में ये पुस्तकें बहुत सहायक हैं।'

आमेरशास्त्र-भंडार में सुरक्षित पोथियों की संख्या का निर्देश नहीं है; अनुमानतः एक हजार पोथियों का विवरण दिया गया है।

इस भंडार के ग्रंथों के साथ ही साथ महावीर शास्त्र-भंडार की जो सूची है, उसमें 308 पोथियों का विवरण है। जैन भंडारों के आलोच्य दूसरे सूची-ग्रंथ में कुल 2629 पोथियों का विवरण है। इस सूची के संपादकीय व्यक्ति से सूचित होता है कि अकेले जयपुर के सात शास्त्र-भंडारों में सुरक्षित दस हजार पोथियों की सूची बन चुकी है और उसका शीघ्र प्रकाशन होगा। हमें विश्वास है, इस या इस क्रम की अन्य सूचियों के प्रकाशन में अर्थाभाव बाधक नहीं होगा। अवश्य ही, यदि आवश्यकता हो, पर्याप्त सरकारी सहायता सुलभ होने में कठिनाई न होगी।

इन भंडारों में मुख्यतः संस्कृत, अपभ्रंश और हिन्दी की पोथियाँ हैं। हिन्दी के शोधकर्ताओं का यह पुनीत कर्तव्य है कि वे अपभ्रंश और हिन्दी की पोथियों का प्रत्यक्ष परीक्षण करें और उन्हें संपादित कर मुद्रणार्थ प्रस्तुत करें। यह हिन्दी की साधनसंपन्न संस्थाओं में तनिक भी विवेक होगा तो वे इनके मुद्रण आदि के लिए उसी तरह व्यवस्था करेंगी जिस तरह अन्य, और अपेक्षाकृत कम महत्त्वपूर्ण, कार्यों और उत्सवों तक के लिए वे चंदा और सरकारी अनुदान वसूल कर भड़कीली व्यवस्था करती हैं।

हम यह भी आशा करते हैं कि इन सूचियों से हिन्दी के विद्वानों के उस सूची-पांडित्य को प्रोत्साहन नहीं मिलेगा, जिसके लिए वे प्रसिद्ध हैं!

'वेदोद्यान के चुने हुए फूल' गुरुकुल-स्वाध्याय-मंजरी का 23वाँ पुष्प है। इस एक ही पुष्प में ऐसा दिव्य सौरभ है, जिससे कोई भी साहित्य-रसिक आप्यायित हो जाएगा।

प्रारम्भ में लेखक, श्री प्रियव्रत वेदवाचस्पति, की बाईस पृष्ठों की सुचिन्तित भूमिका है, जिसमें भारतीय संस्कृति, वैदिक वाङ्मय आदि विषयों का, दृष्टिकोण विशेष से, प्रतिपादन किया गया है, जिससे सबका पूर्णत: सहमत होना सम्भव नहीं है, किन्तु जिसकी प्रौढ़ि से इनकार नहीं किया जा सकता।

भूमिका को छोड़कर, पुस्तक प्राय: दो सौ पृष्ठों की है, और इतने में ही वेद, ईश्वर, सृष्टि, उपासना, स्वास्थ्य और जीवन-शक्ति, ब्रह्मचर्य, गृहस्थ, राष्ट्र-निर्माण आदि खंडों के अन्तर्गत ऋग्वेद, अथर्ववेद तथा यजुर्वेद से तत्-तत् विषयों के सम्बन्ध में प्राय: महत्त्वपूर्ण मंत्र, सानुवाद और सविवेचन, संकलित किये गये हैं। हमने वेद को भगवान् माना है और उससे दूर होते गए हैं—जिसे भगवान मान लिया, उसे समझने का, उसके समीप रहने का प्रयत्न कैसा! प्रियव्रत जी के इस ग्रंथ से वैदिक साहित्य और उसे भगवत्स्वरूप मानने वालों के बीच की दूरी ही नहीं हटेगी, दर्शन और काव्य के ऐसे प्रेमियों के लिए भी तथ्य उद्‌भासित होगा, जो संस्कृत नहीं जानते।

प्रियव्रत जी ने परिष्कृत किन्तु सुबोध हिन्दी में अनुवाद और विवेचन किया है। मोटे कागज पर सुमुद्रित, सजिल्द पुस्तक का मूल्य केवल चार रुपये हैं—जो हिन्दी की इधर की औसत पुस्तकों के मूल्य की तुलना में 'न्यौछावर' मात्र है।

'वेद-सार' श्री विश्वबन्धु के द्वारा प्रस्तुत बहुत कुछ उपर्युक्त प्रकार का ही संकलन है। यदि वैदिक साहित्य से प्रारंभिक परिचय प्राप्त करना अभीष्ट हो तो इस संकलन को पहले और तब 'वेदोद्यान के चुने हुए फूल' का उपयोग किया जा सकता है। इस संकलन में मूल मंत्रों के सरल और सुबोध अनुवाद ही हैं, विवेचन नहीं, किन्तु विविधता में, आकार की लघुता के बावजूद, पूर्वालोचित पुस्तक से घट कर नहीं है। सुरुचिपूर्ण मुद्रण और स्वरूप मूल्य इस संकलन की भी प्रशंसनीय विशेषताएँ हैं। वैदिक साहित्य को लोकप्रिय बनाने के लिए ऐसे उपयोगी साधनों को सुलभ बनानेवाली दोनों संस्थाएँ अभिनन्दनीय हैं।

['साहित्य' : जनवरी, 1955]

'साँझ' श्री नारायण सिंह भाटी द्वारा रचित 'राजस्थानी भाषा का एक प्रकृति-काव्य है।' राजस्थानी भाषा का काव्य होने पर भी उसका रस हिन्दी के पाठकों के लिए सहज आस्वाद्य है, क्योंकि दाईं ओर के पृष्ठों पर मुद्रित छन्दों का काव्यात्मक हिन्दी गद्यानुवाद बाईं ओर के पृष्ठों पर दे दिया गया है। 'साँझ' खंडकाव्य के विस्तार के बावजूद कथानक पर अवलम्बित होने के बदले, सर्वथा भावात्मक है। इस तरह की विशुद्ध प्रकृति-कविता हिन्दी में भी दुर्लभ है।

आवरण पर राजस्थान की मशहूर चुनरियों की 'डिजाइन' और रंगीनी है।

'षट् चक्र-निरूपण' श्री पूर्णानन्द परमहंस प्रणीत एतन्नामक ग्रंथ का, पंडित जयानन्द कृत 'भाषानुवादयुक्त' संस्करण है। आर्थर एवलन ने, अनेक दूसरे तंत्र-ग्रंथों की तरह, इसका भी अंग्रेजी में अनुवाद किया है। यह ग्रंथ वस्तुत: परमहंस जी के बृहत् तंत्र-ग्रंथ 'श्री तत्त्वचिन्तामणि' का एक महत्त्वपूर्ण अध्यायमात्र है। हिन्दी के पाठकों के लिए इसे सुलभ बनाकर अनुवादक ने स्तुत्य कार्य किया है। अनुवाद अधिक परिमार्जित और पुस्तक का मूल्य कम होना चाहिए था।

'वेदान्तदर्शनम्' स्वामी ब्रह्ममुनि परिव्राजक के भाष्य से संचलित वेदान्त-सूत्रों का उपादेय संस्करण है। यदि भाष्य का संक्षेप हिन्दी में दे दिया गया होता, तो पुस्तक और भी उपयोगी सिद्ध होती। प्रस्तुत रूप में पुस्तक का लाभ संस्कृतज्ञ ही उठा सकते हैं। अगले संस्करण में, कलेवर और मूल्य में तनिक वृद्धि करके भी, भाष्य के मुख्यांश का हिन्दी अनुवाद दे देना उचित होगा।

'चौलुक्य कुमारपाल' श्री लक्ष्मीशंकर व्यास लिखित प्राचीन भारतीय इतिहास के स्वल्प-परिचित परिच्छेद का गवेषणापूर्ण, सुव्यवस्थित और विशद निरूपण है। श्री लक्ष्मीचन्द्र जैन ने पुस्तक के 'प्रास्ताविक' में ठीक ही कहा है : 'चौलुक्य कुमारपाल पुस्तक शताब्दियों की लम्बी खाई को कुछ इस तरह भरती है कि हम हर्ष के बाद की 6 शताब्दियों के ध्वंस पर निर्मित नई खोज और नई प्रतीति के ठोस धरातल पर पहुँच जाते हैं, जहाँ हमें 12वीं शताब्दी की उस गरिमा से साक्षात्कार होता है, जो हमारे राष्ट्र की सतत प्रवाहमयी जीवनीशक्ति का ज्वलन्त प्रमाण है।

हिन्दी में अधिकतर अंग्रेजी में लिखित ग्रंथों के आधार पर ही भारतीय इतिहास-सम्बन्धी पाठ्य-पुस्तकें प्रस्तुत की जा रही हैं। 'चौलुक्य कुमारपाल' हिन्दी की ऐसी महत्त्वपूर्ण इतिहास-पुस्तक सिद्ध होगी, जिसकी सहायता लेने के लिए इस विषय पर शोध करनेवाले अहिन्दीभाषियों को, हिन्दी सीखने के लिए स्फूर्ति मिलेगी। उत्तर प्रदेश राज्य ने इसे पुरस्कृत कर अपनी गुणग्राहकता का परिचय दिया है।

['साहित्य' : अप्रैल, 1955]

'बड़ी-बड़ी आँखें' एक रूमानी कविता या इसी श्रेणी की छोटी कहानी का उत्तम शीर्षक हो सकता था। 'अश्क' का इस शीर्षक का यह नवीन उपन्यास वस्तुत: रूमानी किस्म की एक छोटी कहानी ही है, जिससे बैलून की तरह फूँक-फूँक कर इतना फुला दिया गया है कि उसके बाद उसका अस्तित्व ही खतरे में पड़ जाता है।

उपन्यास के नायक-नायिका शरत्चन्द्र की नायक-नायिकाओं के उतने नजदीक हैं जितने उनके प्रान्त के बाहर से युवक-किशोरी बनाये जा सकते हैं। लेखक अपने आचार्य का उतना सफल एकलव्य बन पाया है जितना बंगीयेतर कोई हो सकता है।

बंगाली मर्द पंजाबी कुर्ता पहनते हैं और सलवार अब वहाँ के उत्तमांश ने सलवार को अपनाना शुरू कर दिया है। अश्क जी के समान पंजाब के जीवन के दो-चार उपन्यासकार और निकल आएँ तो सांस्कृतिक आदान-प्रदान का पलड़ा बराबर हो जाएगा। शरत्चन्द्र ने बंग-भूमि में जो अश्रु-प्लावन प्रवर्तित किया था, उसे ये पंजाब की धरती पर पहुँचाने में भगीरथ प्रमाणित होकर रहेंगे!

हम अपनी ओर से इतना ही कहेंगे कि श्मश्रुप्ररोहजटिलानन किसी सरदार जी से देवदास, और सलवार-कमीज-चुन्नी से आवृत किसी पंजाबी किशोरी से पार्वती का स्वाँग कराना नाटक की उस कोटि में ही परिगणनीय हो सकता है जिसे प्रहसन की संज्ञा दी गई है।

'काफ लव'—वत्सतर-प्रेम—की जो महिमा लेखक के द्वारा गायी गई है, उसका अच्छा मखौल किशोरी नायिका के व्यावहारिक पिता ने उड़ाया है, जब वह कहता है कि अभी तो लड़की नाबालिग है, बालिग होने पर जिससे चाहेगी, शादी कर दी जाएगी, वह सारी परेशानी किसलिए ? लेखक ने जिसका खूब उपहास किया है, उस उपयुक्त व्यक्ति के यथाचित्रित रूप में, इस स्थल पर, पाठक का विश्वास स्थापित हो पाता है, अन्यथा सभी पात्र 'कॉमिक्स' के स्तर के हैं।

प्राकृतिक दृश्यों के कवित्वपूर्ण वर्णनों से टाट पर रेशम की बखिया की गई है। यह उर्दू के नये गल्पकारों का वह गुर है जो अश्क जैसे उर्दू-हिन्दी, दोनों भाषाओं के लेखक के बायें हाथ का खेल है, और जिसका अभ्यास अब हिन्दी के लेखक भी कर रहे हैं। अगर रेशम की फिजूलखर्ची न की गई होती तो शायद टाट की सादगी कुछ लुभावनी बन पड़ती।

प्रकाशकीय वक्तव्य में भाषा-शैली के सम्बन्ध में लेखक की जिस सचेष्टता का उल्लेख है, उसे हम श्रेयस्कर मानते हैं, किन्तु उर्दू के शब्दों के सम्बन्ध में जो सावधानी बरती गई है, काश, उसका सौभाग्य संस्कृत के तत्सम शब्दों को भी प्राप्त हुआ होता!

['साहित्य' : 1955]

'मीराबाई का जीवन-चरित्र' मुंशी देवीप्रसाद लिखित अत्यन्त महत्त्वपूर्ण ग्रंथ है। उसका प्रकाशन प्रथम बार संवत् 1995 में हुआ था। पुस्तक का यह संस्करण शीघ्र ही समाप्त हो गया था। तब से, इस दूसरे संस्करण के हाल में ही प्रकाशित होने के पूर्व तक, यह पुस्तक अप्राप्य थी। आज से पचास साल से भी पहले प्रकाशित इस पुस्तक की प्राचीनता ही इसकी एकमात्र विशेषता नहीं है, न यही कि सामान्यत: जीवनी-विषयक और विशेषत: मीरा के जीवन से सम्बद्ध हिन्दी की पुस्तकों में इसने अग्रदूत का काम किया था। मुंशी देवीप्रसाद हिन्दी के शोधकर्ताओं की पहली पीढ़ी में अन्यतम स्थान के अधिकारी हैं। उनकी मीरा-विषयक गवेषणाएँ मीरा के अध्ययन की आधारशिला है। उनका सुलभ रहना आधुनिक शोध-कार्य के लिए नितान्त आवश्यक था। बंगीय

हिन्दी परिषद् ने शोध-कार्य के लिए आकर-ग्रंथ का महत्त्व रखनेवाले इस जीवन-चरित्र का प्रकाशन कर श्रेयस्कर कार्य कर दिखाया है।

ऐसे प्राचीन ग्रंथों के पुनर्मुद्रण में जहाँ मूल संस्करण को यथावत् प्रस्तुत करना आवश्यक है, वहीं ऐसी भूमिका और टिप्पणियों आदि से उसका उपबृहण भी उपादेय होता है, जिनमें बाद की समस्त उपलब्ध सामग्री का संकेत हो। पुस्तक के प्रस्तुत संस्करण के विद्वान सम्पादक श्री ललिताप्रसाद सुकुल ने यह कार्य सर्वथा सन्तोषजनक रीति से सम्पन्न किया है।

हिन्दी के शोधकर्ता और साहित्य-प्रतिष्ठान अभी तो हस्तलिखित पोथियों के ही सम्पादन-प्रकाशन के सम्बन्ध में उदासीन हैं; फिर एक बार प्रकाशित ग्रंथों के, चाहे वे अब दुष्प्राय ही क्यों न हों, पुनर्मुद्रण के प्रयत्न की आशा उनसे कैसे की जा सकती है ? अत: परिषद् का यह कार्य दिशा-निर्देशक का महत्त्व रखता है। इसी संस्था ने कुछ वर्ष पूर्व 'मीरास्मृति-ग्रंथ' नामक एक बृहत् और अत्यधिक मूल्य वाले ग्रंथ का प्रकाशन किया था। उसकी तुलना में प्राय: साठ पृष्ठों की यह पुस्तक कहीं अधिक मूल्यवान् है।

पुस्तक में मुंशी जी का तो चित्र है ही, मीरा का भी एक ऐसा चित्र है, जिसे प्रामाणिक घोषित किया गया है। इस दावे का क्या आधार है, इस पर जाने क्यों प्रकाश डालने की आवश्यकता नहीं समझी गई है!

मुंशी देवीप्रसाद की भाषा में हिन्दी के निकट अतीत के ऐसे गद्य का उदाहरण मिलता है जो शोध-विषयक होने पर भी सरल बना रहता था। सुकुल जी के गद्य में भी यह गुण है। पृष्ठ 40 पर 'मुमूर्षु' शब्द का वहाँ प्रयोग हुआ है, जहाँ 'मुमुक्षु' होना चाहिए था। क्या यह मुद्रण की अशुद्धि है ?

पुस्तक की विषय-सूची में पृष्ठ अं और अ: का संकेत है, जिन पर 'मीराबाई के समय का राजस्थान' और मीराबाई से सम्बन्धित भवन तथा मन्दिर के चित्र होंगे, किन्तु आलोचक के सामने जो प्रति है, उसमें अं और अ: नदारद हैं!

['साहित्य' : जुलाई, 1955]

'यात्री का परिचय', 'रात और राही' और 'मेजर की पत्नी'—ये तीनों श्री हिमांशु के नवप्रकाशित उपन्यास हैं। यात्री का परिचय और कुछ नहीं तो, वर्णित घटनाओं की रोचकता के कारण, एक पठनीय उपन्यास अवश्य है। इसका यह गुण विशेष रूप से उल्लेखनीय है, क्योंकि अन्य दोनों में यह गुण भी नहीं है। 'यात्री का परिचय' में भवाल-संन्यासी की जैसी एक कहानी है जिसके वृत्तान्त, अतिनाटकीय होते हुए भी, पाठक को चरम परिणति के उद्घाटन के लिए समुत्सुक बनाये रखते हैं। हिन्दी के औसत साधारण उपन्यास इतना भी नहीं कर पाते; 'यात्री का परिचय' यह कर पाता है, इस कारण उसके अनेक दूसरे अभाव क्षम्य हो जाते हैं।

किन्तु, स्वयं हिमांशु जी के ही अन्य दोनों उपन्यासों में यह गुण भी नहीं है, जबकि वस्तु-विन्यास, भाषा और शैली के वे समस्त दोष, जो 'यात्री का परिचय' में हैं, इन उपन्यासों में भी हैं।

'रात और राही' में एक विश्वविद्यालय की प्राध्यापिका और छात्रों के पारस्परिक सम्बन्ध की कहानी है। प्राध्यापिका और छात्रों के बीच कैसा पारस्परिक सम्बन्ध सम्भव हो सकता है, इसकी अविश्वासोत्पादक कल्पना लेखक ने की है, जो उसकी भाषा और शैली के स्तर को देखते हुए उसके लिए स्वाभाविक प्रतीत होती है। उपन्यासकार द्वारा कल्पित प्राध्यापिका का अध्यापन-विषय है : मनोविज्ञान। हिमांशु जी ने बुद्धिमत्ता का परिचय दिया है कि उन्होंने दुनिया भर के विषयों पर वक्तृता और निर्णय देनेवाली इस विदुषी प्राध्यापिका को एक बार भी अपने विषय के सम्बन्ध में कुछ कहने को बाध्य नहीं किया है!

'मेजर की पत्नी' की कथा शीर्षक से ही संकेतित है। कथा और पात्र विश्वास्य नहीं बनाये जा सके हैं। उनका प्रतिमान आवरण-चित्र के ही अनुरूप है, जो तीनों पुस्तकों में, पारसी मंच के पर्दे की याद दिलाते हैं।

तीनों उपन्यास ऐसी शैली में लिखे गए हैं जो निर्दशन (non-descript) कही जा सकती है। भाषा में ऐसे असाधु प्रयोग हैं, जिन्हें प्रकाशन-पूर्व सम्पादन के द्वारा दूर किया जा सकता था।

['साहित्य' : अगस्त-सितम्बर, 1955]

'आकलन' श्री रणधीर सिन्हा के ऐसे आलोचनात्मक निबन्धों का संग्रह है जो कदाचित् पत्र-पत्रिकाओं में प्रकाशित नहीं हुए होंगे : इन्हें स्वीकार करने की उदारता हिन्दी के कितने सम्पादक दिखाएँगे, इसका अनुमान करना कठिन नहीं है। रणधीर की निर्भीकता और दृढ़ता बहुधा नाटकीयता की सीमा तक पहुँच गई है, किन्तु अपरिणत रूप में ही सही, ये विशेषताएँ उनमें हैं अवश्य।

हिन्दी के लेखकों का शब्द-दारिद्र्य हिन्दी के विद्वानों से छिपा नहीं है। 'हिन्दी सरल हो'—इसकी जो सीख बराबर दी जा रही है, उससे वे चाहें तो सन्तोष का अनुभव कर सकते हैं, पर उन्हें यह स्मरण रखना उचित है कि नाटककार शॉ और राजनीतिज्ञ चर्चिल तक की प्रसिद्धि इसलिए है कि अंग्रेजों के लेखकों में वे बहुत अधिक शब्दों के प्रयोगकर्ता हैं, तुलसीदास की महत्ता का भी अन्दाज उनके द्वारा प्रयुक्त शब्दों की संख्या से किया जा सकता है। रणधीर जी इस रहस्य से स्पष्टतः परिचित हैं। उन्होंने हिन्दी के इस अभाव को दूर करने का मानो बीड़ा ही उठा लिया है।

रणधीर जी का शब्द-प्रयोगविषयक साहस ध्यान आकृष्ट करता है, यद्यपि यह साहस अधिकतर 'खोजीय', 'क्वेस्टीय' ही है—इन शब्दों के लिए रणधीर जी से क्षमा माँगने की जरूरत मैं नहीं समझता! विषय का दुर्दांत शत्रु सामने हो तो शब्द-करवाल लेकर उस पर टूट पड़िए, लेकिन पनचक्की को शत्रु मानकर शौर्य-प्रदर्शन करनेवाला

हास्य का आलम्बन ही सिद्ध होता है; यही रणधीर-शैली में, रणधीर जी की 'क्वेसटीयता' है, 'खोजीयता' है। लेकिन, अंडे के शहजादे से वह 'कुँअर' ही अच्छा जिसकी तलवार जब उठ गई तो वार न सही उस्ताद की गर्दन पर, बकरे का झटका तो होकर ही रहा, और आगे उसने क्या-क्या जौहर न दिखाये! रणधीर जी ने खूब पैंतरे दिखाए हैं, हम उनके करतब देखने के लिए इन्तजार करते हैं।

रणधीर जी ने कितनों के बारे में क्या-क्या कहा है, आप देखें, मुझे तो उन्होंने जो कहा है, उसे कैसे कहा है, इसी से दिलचस्पी थी। हाँ, रणधीरजी, शिष्योचित पक्षपात के कारण मेरी प्रशंसा में, अत्युक्तियों के दोष के भागी भी बने हैं। इनके लिए मैं उनका कृतज्ञ हूँ। उन्होंने साफगोई के साथ मेरे दोषों का भी उल्लेख किया है, जिनमें मुख्य यह है कि मैं शुक्ल जी की तरह सूर-तुलसी पर लिखने के बदले ऐरे-गैरे-नत्थूखैरे पर भी लिख मारता हूँ—शब्द मेरे हैं, आशय, जैसाकि मैंने समझा, रणधीर जी का है। मैं उनकी इस सलाह की उपेक्षा कर उन पर इतनी पंक्तियाँ लिख गया; उनकी सलाह का इतना तो आदर करूँ कि अब ज्यादा न लिखूँ। यों, अपनी सफाई में मैं कह दूँ कि मैं, अपने समय और शक्ति की क्षति उठाकर भी, उनकी उपेक्षा करना अपने लिए अशक्य पाता हूँ जिन्हें दूसरे अक्सर ऐरे-गैरे नत्थूखैरे कहकर पूछते तक नहीं, गोकि उनकी पूछ होनी चाहिए। मेरा यह सिद्धान्त न होता तो 'आकलन' पर ये पंक्तियाँ न लिखी जातीं।

['साहित्य' : 1956]

'विविधा' श्री राजेन्द्र किशोर और श्री रणधीर सिन्हा द्वारा सम्पादित कविता-संकलन है। इस प्रकार के संकलन-ग्रंथों में वह महत्त्वपूर्ण स्थान का अधिकारी है। सम्पादक- द्वय किसी पूर्वग्रह से ग्रस्त नहीं हैं। उन्होंने अपनी कुछ विवशताओं का उल्लेख किया है। हम नहीं जानते, ये क्या हैं। शायद उनके कारण ही कुछेक ऐसी कविताएँ संकलन में स्थान पा गई हैं जिन्हें छायावाद-युग में भी साधारण कोटि की पत्रिकाओं में ही शरण मिलती।

'विविधा' की वास्तविक विशेषता वस्तुतः उसके सम्पादकों की उदार दृष्टि ही है, जिसे धुरी-प्रेमी आलोचक धुरीहीनता भी कह सकते हैं, क्योंकि इस संकलन में अवकाश-प्राप्त कवियों से लेकर नाना वादों से सम्बद्ध नये कवि एक दूसरे से कंधे रगड़ने के लिए मुक्त छोड़ दिये गए हैं। और, मैं मानता हूँ कि हिन्दी साहित्य को धुरी—अधिनायकवाद, सैद्धान्तिक सैन्यकरण—की आवश्यकता नहीं है; उसे राजेन्द्र और रणधीर जैसे अधिकाधिक धुरीहीन विविधता-प्रेमियों की अपेक्षा है। हमने 'साहित्य' के प्रस्तुत अंक में इस विषय पर सम्पादकीय के रूप में अपने विचार व्यक्त किये हैं, यहाँ उनकी पुनरावृत्ति अनावश्यक है। 'विविधा' के सम्पादकों तथा प्रकाशकों के साहित्य-प्रेम का यह भी प्रमाण है कि उन्होंने दो रुपयों में दस रुपयों की सामग्री सुलभ बनाई है। संकलन की कीमत बहुत कम है, पर वह बहुमूल्य है।

'धारा' श्री विनोदानन्द ठाकुर की कविताओं का संग्रह है। उसका आवरण-पृष्ठ और उसमें संगृहीत गीत हटा दिये जाएँ तो वह पीछे की ओर देखते हुए आगे चलने का, खतरे से खाली नहीं, किन्तु असफल भी नहीं, दृष्टान्त माना जा सकता है। गीतों की कोटि वही है जो आवरण-चित्र की—असंगतियाँ ऐसी और इतनी हैं जिन्हें ढूँढ़ना नहीं पड़ता। किन्तु ठाकुर जी ने गीतों के अतिरिक्त, उनसे भिन्न जो कविताएँ लिखी हैं, उनमें अनियन्त्रित भावुकता और अनावश्यक वाग्मिता हैं भी तो वे समंजस चित्रात्मकता, अप्रत्याशित नाटकीयता और शैली के वैदग्ध्य से स्तिमित और सन्तुलित हो जाती हैं।

हम तो यहीं रहेंगे लहरों की ऊँची दीवार खड़ी कर
हमें सिन्धु की छाती पर करना है—एक प्रयोग।

इसमें सिन्धु का चित्र तनिक पुराना भले हो, किन्तु दो शब्दों में कविता के भाव को सम्पुटित कर देनेवाला उपसंहार कविता को आकस्मिक नाटकीयता प्रदान कर देता है और उसे वस्तुत: कविता कहलाने की अधिकारिणी बनाता है। इन पंक्तियों की एक दूसरे के लिए अनिवार्य अन्विति कवि के पद्य-कौशल की परिचायिका है, जिसका प्रमाण हमें उसके गीतों में एकदम ही नहीं मिलता। संग्रह में 'एक प्रयोग' शीर्षक कविता से तुलनीय अनेक कविताएँ हैं, जिनके कारण मैं उसे उल्लेख-योग्य मानता हूँ। कवि ठाकुर के विकास पर आलोचक दृष्टि रखेंगे, ऐसा मेरा विश्वास है।

अनुवाद में मौलिकता का आनन्द मिलता है, किन्तु मूल ग्रंथ के भाव, वस्तु और वर्णन-शैली को क्षति नहीं पहुँची है, अश्वघोष के आशय की मर्यादा सर्वत्र अविकल है। 'नन्दकथा' मनोरंजक और शिक्षाप्रद पुस्तक है। वर्णन के क्रम में धार्मिक उपदेश बड़े ही नैपुण्य के साथ समाविष्ट किये गए हैं, फलत: रोचकता सर्वत्र एकरूप है। 'नन्दकथा' का सारांश इस प्रकार उपस्थित किया गया है :

'शुद्धोदन के, सिद्धार्थ और नन्द, दो पुत्र थे। दोनों कृतविद्य हुए, पर उनके स्वभाव और जीवन के मार्ग भिन्न रहे। सिद्धार्थ विषय-भोग से दूर होकर बुद्ध हुए, पर नन्द भोग-विलास में लिप्त रहा। एक दिन बुद्ध भिक्षा के लिए नन्द के घर गए। उस समय नन्द की भार्या, सुन्दरी, शृंगार कर रही थी और नन्द दर्पण दिखला रहा था। बुद्ध की ओर किसी का ध्यान नहीं गया। बुद्ध लौट चले। किसी रमणी ने बुद्ध को लौटते देखा। उसने नन्द से कहा। नन्द घबराया हुआ बुद्ध से मिलने गया। मार्ग में उसकी बुद्ध से भेंट हुई। बुद्ध ने उसे प्रवज्या दी। पर, नन्द का चित्त सुन्दरी में लगा रहा। उपदेश का उस पर कोई प्रभाव न पड़ा। बुद्ध नन्द को नन्दन-कानन में ले गए। नन्द अप्सराओं की ओर आकृष्ट हुआ। अप्सराएँ तप:प्राप्य हैं, ऐसा जान उसने तपस्या की! तपस्या से उसके दोष क्षीण हुए। उसे विराग हुआ। वह सुन्दरी और अप्सराओं को भूल गया। उसने योग-साधन किया। उसे सिद्धि मिली।'

ग्रंथ में यही कथा विस्तारित है। अनुवाद की भाषा बड़ी सरल है। शब्द मृदुल हैं और वाक्य छोटे। पुस्तक का मुद्रण निर्दोष और आवरण अभिराम है।

['साहित्य' : जुलाई, 1956]

श्री विश्वमोहन कुमार सिन्हा ने अंग्रेजी साहित्य को अधीत और अध्यापित कर जो यश अर्जित किया है, उसके सर्वथा अनुरूप ही उनकी सद्य:प्रकाशित पुस्तक 'काव्य और कवि' है। इसमें उन्होंने काव्यालोचन के सिद्धान्तों का भी निर्देश किया है और उनके आधार पर हिन्दी के कुछेक प्रसिद्ध कवियों की आलोचना भी प्रस्तुत की है। हिन्दी में व्यावहारिक आलोचना की ऐसी पुस्तक का नितान्त अभाव था, जिसमें उन सिद्धान्तों का व्यवहृत रूप मिले, जिनका स्पष्ट निरूपण पहले कर दिया गया हो। सैद्धान्तिक और व्यावहारिक पक्षों के एक साथ रहने से लाभ यह है कि कविता के पाठक और आलोचक, दोनों ही सरलतम मार्ग से अपनी रुचि और कार्य की परिष्कृति और सिद्धि के लिए निश्चित आधार पा लेते हैं। काव्य के अध्ययन परिशंसन के अतिरिक्त उसके लेखन में भी इस पुस्तक से लाभ पहुँच सकता है। हिन्दी के अनेकानेक कवि अपनी सन्देहास्पद 'शक्ति' के भरोसे रचना करने के साथ ही साथ यदि इसे अपने लिए पाठ्य-पुस्तक बना लें, तो निस्सन्देह उनकी शिल्प-विधि परिमार्जित हो जाएगी।

विश्वमोहन जी ने पुस्तक के प्रारम्भिक 73 पृष्ठों में काव्य और चित्रकला, काव्य और संगीत-कला, इनका परस्पर साहाय्य, काव्य और दर्शन, काव्य और विज्ञान, काव्य और तुक, काव्य की सामग्री, काव्य की सार्थकता, काव्य का जीवन में स्थान आदि विषयों पर जो कुछ बड़े-बड़े ग्रंथों में, जटिल भाषा में, अतिशय विस्तार के साथ विवेचित हुआ है, उसका सारभूत अंग सरल, सुबोध भाषा में प्रस्तुत कर दिया है। अत्यन्त कठिन विषय को क्लिष्ट भाषा में व्यक्त करना दोष नहीं है, किन्तु यदि वह वैसी प्रासादिक भाषा में किया जा सके, जो आलोच्य लेखक द्वारा अधिकृत है, तो इससे बड़ी उपलब्धि नहीं हो सकती। काव्य और कवि अपने विषय के कारण यदि महत्त्वपूर्ण हैं तो अपनी शैली की दृष्टि से अप्रतिम।

पुस्तक के उत्तरांश में, प्रसाद, पंत, निराला, महादेवी वर्मा और दिनकर के जो विशद् अध्ययन हैं, वे लेखक द्वारा निरूपित सिद्धान्तों के उत्कृष्ट उदाहरण मात्र नहीं हैं। वे अंग्रेजी और हिन्दी साहित्य के गम्भीर अध्ययन और मौलिक आलोचनात्मक दृष्टिकोण के दुर्लभ परिणाम भी हैं। इन नीतिदीर्घ अध्ययनों में उपुर्यक्त कवियों की जैसी सर्वांगीण आलोचना सुलभ हो जाती है, वैसी अन्य लेखकों की बृहत् पुस्तकों में भी नहीं हुई है।

मूल का सदैव दृष्टिगत रखते हुए लिखी गई इन आलोचनाओं में आवश्यकतानुसार ऐसे तुलनात्मक निर्देश सन्निविष्ट किये गए हैं, जो शोध-प्रबन्धों के विषय बन सकते हैं। एक उदाहरण यह है : 'निराला जी का दार्शनिक कथोपकथन भी बेन जौमसन

का ऐतिहासिक तथ्य है। यह कवि की अन्तरज्वाला से तपाया न जाने के कारण दार्शनिक सत्य ही रह गया, साहित्यिक सत्य के व्यापक और सुन्दर स्तर पर नहीं पहुँच सका।' निराला की पहले की कविताओं के तथाकथित दार्शनिक तत्त्व का यह यौक्तिक मूल्यांकन है। विश्वमोहन जी अवश्य ही यह स्वीकार करेंगे कि निराला की बाद की कविताओं में दार्शनिक सत्य 'साहित्यिक सत्य के व्यापक और सुन्दर स्तर' तक पहुँच सका है।

'काव्य और कवि' साहित्य के अध्येताओं के लिए अनिवार्य पुस्तक है और विद्वानों के लिए परमोपयोगी, आदर्श साहित्यिक कृति।

['साहित्य' : 1956]

'दिगन्त' के कवि त्रिलोचन की कविताओं को पढ़नेवाले से छिपा नहीं रहेगा कि उनके रचयिता को शब्दों के लक्ष्यार्थ और व्यंग्यार्थ के बारे में कुछ ज्यादा जानना बाकी नहीं है। उसने 'दिगन्त' शीर्षक इस लक्ष्य से जरूर चुना है कि उसे विश्वास है कि उसकी कविताएँ हिन्दी के दिगन्त को निर्धारित करती हैं। यह एक महत्त्वाकांक्षापूर्ण शीर्षक है, किन्तु जैसी कविताओं के संग्रह पर है, उनके लिए इससे उपयुक्त शीर्षक नहीं हो सकता था। संग्रह वस्तुतः हिन्दी को आधुनिक कविता का दिगन्त है और अब यह कविता आगे बढ़ेगी, तो इसी बिन्दु से, जिसमें सामाजिक चेतना और प्रयोग-निपुणता एक दूसरी के लिए साधक सिद्ध हुई हैं। त्रिलोचन ने स्वयं कहा है :

लड़ता हुआ समाज, नई आशा-अभिलाषा,
नये चित्र के साथ नई देता हूँ भाषा।

त्रिलोचन की सामाजिक सहानुभूति स्पष्ट है, किन्तु कवि के रूप में वह जिस माध्यम से उसे ग्रहण करते हैं, उनके समानधर्मा दूसरे कवि नहीं करते। त्रिलोचन की कविताओं का विषय जो कुछ हो, वह कविता के माध्यम से ही व्यक्त हुआ है, जब उनके-से विचार रखनेवाले दूसरे कवि बहुधा अभिव्यंजना के माध्यम की उपेक्षा कर अपने विचारों को पद्यबद्ध-मात्र कर लेने पर सन्तुष्ट हो जाते हैं। अतिशय तीव्र सामाजिकता वाले इस कवि का दावा है :

भाषाओं के अगम समुद्रों का अवगाहन
मैंने किया, मुझे मानव जीवन की माया
सदा मुग्ध करती है, अहोरात्र आवाहन
सुन-सुन कर छाया-धूप, मन में भर लाया
ध्यान एक-से-एक अनोखे। सब कुछ पाया
शब्दों में, देखा सब कुछ ध्वनि रूप हो गया।

यह स्फोटवाद का नव्य पुनर्वक्तव्य है। त्रिलोचन प्रच्छन्न छायावादी नहीं हैं, जैसे अनेक तथाकथित प्रयोगशील दिखे हैं। छन्द तोड़ देने में से ही कोई छायावादी के बदले बुद्धिवादी या प्रगतिवादी या प्रयोगवादी नहीं बन जाता। छायावाद का इन्द्रजाल हँस कर—पहले अपने, फिर दूसरे पर भी हँस कर—तोड़ा जा सकता है। छायावादियों के बीच इस तरह केवल निराला हँसा किये हैं और इसीलिए वे ज्यादा ऐतिहासिक दृष्टि से ही छायावादी रहे भी हैं। त्रिलोचन का अपने पर कसा व्यंग्य यह है, जो अपने पर होने के कारण दर्शन के स्तर का स्पर्श करता है :

इधर त्रिलोचन सॉनेट के ही पथ पर दौड़ा
सॉनेट सॉनेट सॉनेट सॉनेट क्या कर डाला
यह उसने भी अजब तमाशा। मन की माला
गले डाल ली...।

'दिगन्त' का यह भी उल्लेखनीय विरोधाभास है कि उसमें चतुर्दशपदी या सॉनेट का कठोर अनुशासन कवि ने अपने पर रखा है।

'आभास', यदि आप गीति-कविता के प्रेमी हैं, तो इसमें आपको कुछ बढ़िया गीतियाँ मिल सकती हैं। पुस्तक के भूमिका-लेखक को इसकी कविताएँ पढ़कर तीस साल पहले लिखी अपनी कविताओं की याद ताजा हो आई थी। मैंने इन कविताओं में और कुछ पाया हो या नहीं, तीससाला बासीपन तो अवश्य नहीं पाया है, बल्कि इसके विपरीत ऐसी ताजगी पाई है जो एक तरुण की रचनाओं को सर्वथा सार्थकता-रहित होने से प्राय: बचा लिया करती है।

'आभास' की अनेक कविताओं में अंकित चित्र अभिव्यक्त भावना को एकतान बना सके हैं। यह रागात्मक सचाई का परिचायक है, जो अगर है, तो कविता बासी नहीं पड़ सकती। पांडेय कपिल की कविताएँ ऐसी छाया-गीतियाँ हैं, जिन्हें उसके आवरणशिल्पी ने ठीक-ठीक समझा है और अंकित किया है। कविता की छायामयी आकृति पर से जहाँ अवगुंठन हट गया है—आवरण-चित्र में इसी पर जोर है—वहाँ उल्लेख के योग्य कुछ नहीं रह गया है; जहाँ अवगुंठन है, वहाँ आकर्षण का अभाव नहीं है।

'मेघदूत' ने काव्य-प्रेमियों को निरन्तर आकृष्ट किया है और उन्हें इतना रस दिया है कि उनमें से बहुतेरे अपनी ओर से अपनी प्राप्ति वितरित करने को उद्यत हुए हैं। परिणाम—अकेले हिन्दी में अच्छे-बुरे बहुसंख्य अनुवाद।

'मधुप' जी का प्रस्तुत अनुवाद भी एक काव्य-प्रेमी का, अपनी रसोपलब्धि में दूसरों को हिस्सा लेने का, नियन्त्रण है। वस्तुत: 'मेघदूत' अनुवादक के लिए एक चुनौती

है, जिसे इस रूप में बहुत कम व्यक्तियों ने स्वीकार किया है और शायद ही कोई स्वीकार कर सफल हुआ है। जो पाठक चातक-वृत्ति के हैं, वे इस अनुवाद में भी कुछ मेघ-बिन्दु पा सकेंगे। ऐसे पाठक इतने से भी आप्यायित हो जाएँगे।

'अट्टहास' 'जीवन' जी के हास्य-व्यंग्य के पद्यों का संग्रह है। वे पद्य कवि-सम्मेलनों में अतिशय लोकप्रिय सिद्ध हो चुके हैं। इनमें से अनेक हिन्दी के उत्कृष्ट व्यंग्य-पद्य हैं। 'जीवन' जी नश्तर लगाने में विश्वास करते हैं, किन्तु अवश्य वहीं, जहाँ उन्हें सन्देह है कि विकार इकट्ठा हो गया है। जो सचमुच सड़-गल चुका है, उसकी शल्य-क्रिया कष्टकर नहीं होती। व्यंग्य का आनन्द इसीलिए सम्भव होता है। 'जीवन' जी के अनेक व्यंग्य 'अट्टहास' उत्पन्न करने में सफल हैं। विशुद्ध हास्य के लिए जैसी बारीकी जरूरी है, उसका इन पद्यों में अभाव है। विनोद के लिए विनोद इनका लक्ष्य है भी नहीं।

'सोमा' अंशत: चित्रपट के कलाकारों के जीवन के पृष्ठाधार के साथ निर्मित उपन्यास है, जिसका कथानक चित्रपट के लिए ही तैयार किया-सा लगता है, और अगर नहीं है, तो बड़ी आसानी से औसत हिन्दी चित्रपट के काम आ सकता है। उपन्यास के पात्र और उनके जीवन की घटनाएँ सर्वथा सम्भव होते हुए भी विश्वास्य नहीं बन पाई हैं। पराकाष्ठा पर बात अन्तिम परिच्छेदों में पहुँचती है, जब चित्रकार नायक अपनी अभिनेत्री पत्नी का नैवेद्य उसके प्रेमी, अक्षय, के चरणों में समर्पित करता हुआ यह पत्र उसके नाम लिखकर निश्चिन्त होता है :

'तुम यह तो नहीं सोचते कि सोमा का शरीर... ? नहीं-नहीं, अक्षय, तुम भूल करते हो, सोमा अभी भी अछूती कली है। वह चिरकुमारिका है। मैंने उसे सदैव नैवेद्य की भाँति सहेजकर रखा है। इस नैवेद्य को प्रेम-देवता के चरणों में अर्पण करता हूँ...नहीं, नहीं, तुम्हारे द्वारा ही यह कार्य सम्पन्न हो सकता है।'

यह तो कहिए कि बेचारे प्रेम-देवता, अक्षय, के दुर्भाग्य से तुरन्त बाद अमर को उसके एक चित्र पर हजार-दो हजार का नहीं, एकबारगी पन्द्रह हजार का पुरस्कार मिल जाता है—ऐसा कोई पुरस्कार हमारे देश में मिलता भी है क्या?—और होटल के उसके अपने कमरे के बगलवाले कमरे में उसे ऐसे प्रणय-व्यापार की आहट मिलती है कि वह 'भोर के प्रकाश' में 'अपने पौरुष के पुरुषत्व'—पौरुष का पुरुषत्व खूब रहा!—से नैवेद्यरूप में समर्पित 'नारी के नारीत्व' को 'उभारने' चल पड़ता है। यही है उपन्यास का सांकेतिक अंत!

दो सौ पृष्ठों से अधिक के इस उपन्यास का जो सार-संक्षेप हमने उपस्थित किया है, वह पर्याप्त आलोचना भी है। 'गहरा साँस' (पृ. 7), 'गाड़ी की इन्तजार' (पृ. 14), 'गद्गद्' (पृ. 40), 'आज कोई दूसरे काम से आई थी' (पृ. 68), 'इसमें कुछ

तुरषी लगेगी' (पृ. 72), 'दैवीय' (पृ. 80), 'बरसात अब भी मूसलाधार पड़ रही थी' (पृ. 150)', आदि अत्याचारों से बचने का उपाय क्या है, हम सुझा चुके हैं। हिन्दी के लेखकों का यह हाल रहा, तो समीक्षक स्कूल का अध्यापक बनकर रह जाएगा।

उपन्यासकार का यह अनुसन्धान हम अपनी ओर से भारतीय संस्कृति के विद्वानों को भेंट करते हैं : 'इन विहारों की भिक्षुणियाँ कलाकारों के सामने प्रतीक (नायक प्रतिनायिका को नग्न मॉडल बनने की प्रेरणा दे रहा है!) बनने में संकोच नहीं करती थीं!'

'रीता की बात' यदि प्रतापनारायण टंडन का पहला उपन्यास है, तो वह तदनुरूप छोटा और सँभाल में बना रहनेवाला उपन्यास भी है। अपनी पहली कृति से ही दिग्विजयी बनने की महत्त्वाकांक्षा लेखक में नहीं है, अतः पाठक को तीसमारखाँ की अरुचिकर पैंतरेबाजी का दर्शक नहीं बनना पड़ता। चूँकि, लेखक ने पट छोटा चुना है, इसलिए जहाँ रेखाएँ बिगड़ भी गई हैं और रंग जरूरत से ज्यादा चटकीले या धुँधले भी पड़ गए हैं, वहाँ बात एकदम बिगड़ नहीं गई है।

नये-नये उपन्यास लिखनेवालों को टंडन जी के संयम से शिक्षा लेनी चाहिए। स्वयं उन्हें यह अभ्यास आगे काम देगा। 'रीता' नाम हिन्दी उपन्यासों की नायिकाओं में एक इससे पहली का, उपन्यास विशेष के शीर्षक के रूप में, आ चुका है। यदि 'रीता' नाम में कुछ चमत्कार हो, तो वह पुराना पड़ चुका है। हम टंडन जी के आरम्भ-लघु प्रयास में श्रेष्ठ उपलब्धि की सम्भावना पाते हैं।

'यौवन की आँधी' एक फ्रांसीसी लेखक, पेयेरे लुई के रूमानी उपन्यास 'एफ्रोडाइट' अनुमानतः अंग्रेजी-अनुवाद से किया हुआ, साफ-सुथरा हिन्दी अनुवाद है। उच्छृंखलता तक पहुँची हुई निर्बंधता का, अश्लीलता के अभियोग का खतरा उठानेवाली स्पष्टता के साथ, वर्णन-चित्रण क्यों उच्छृंखल और अश्लील नहीं भी हो सकता, इसका रहस्य हिन्दी का वह पाठक भी इस पुस्तक में ढूँढ़ ले सकता है, जो फ्रेंच या अंग्रेजी नहीं जानता। पाठक तो सन्तोषजनक संख्या में इसे पढ़ेंगे ही, हिन्दी के उन विद्वानों और आलोचकों के लिए, जो भारतीय संस्कृति के नाम पर निषेध और वर्जन की माँग करते चलते हैं, इसका अध्ययन नेत्रोन्मीलक सिद्ध होगा। इस उपन्यास के लेखक की गणना फ्रांस के श्रेष्ठ लेखकों में नहीं की जाती, फिर भी उसका पुस्तक-विशेष, हिन्दी के लिए, उपर्युक्त दृष्टिकोण से तो महत्त्वपूर्ण है ही।

महावीर अधिकारी-कृत यह सफल अनुवाद प्रकाशक के द्वारा, कदाचित् फ्रांसीसी पुस्तक का अनुवाद होने के कारण, साहस के साथ अंकित तनिक अनावृत आवरण के साथ, प्रस्तुत किया गया है, जिसे, यदि पुस्तक हिन्दी में होती, तो सीमोल्लंघन भी करार दिया जा सकता था! हम चाहेंगे कि साधन और रुचिसम्पन्न प्रकाशक फ्रांसीसी

भाषा के महान उपन्यासों के, मूल फ्रांसीसी से, अनुवाद सुलभ बनाने का सुव्यवस्थित आयोजन करे।

'कँटीले फूल, लजीले काँटे' किसी अतिछायावादी कविता-पुस्तक का शीर्षक न होकर इलाचन्द्र जोशी की आठ बीभत्स रस-प्रधान कहानियों के ऐसे संग्रह का नाम है, जिसमें न तो इस शीर्षक की कोई कहानी है, न उसकी और कोई युक्तियुक्तता प्रस्तुत समीक्षक की समझ में आ सकी है। हाँ, शीर्षक के कारण पुस्तक ने नयनाभिराम आवरण अवश्य पाया है।

कहानियों के रस से, हम अवश्य उसके प्रेमी नहीं, यदि दूसरे होते भी हों तो, हमारा कोई झगड़ा नहीं—रसों में एक वह है ही, इससे इनकार नहीं किया जा सकता। किन्तु, जोशी जी ने प्रायः सभी कहानियों में अतिस्वर, 'ओवरटोन', से काम लेकर ऐसी पर-पीड़न-रति का प्रदर्शन किया है कि कहानियों के पात्रों से अधिक उनके स्रष्टा की भासित होती है। पहली ही कहानी, डॉक्टर की फीस, इसकी परकाष्ठा है। कुछेक कहानियाँ मन बहला सकनेवाली किस्सागोई का भी परिचय देती हैं। उदाहरणार्थ, किडनैप्ड और सरदार, किन्तु वे हिन्दी चित्र-पटों के लिए कथानक की रूप-रेखा-सी भी बन गई हैं।

'प्लैनचेट' (वस्तुतः प्लोंशिट्), 'किडनैप्ड' और 'रेल की रात' वास्तविक अर्थ में छोटी कहानियाँ हैं और इनमें से एक के कारण भी संग्रह क्षम्य माना जा सकता था। इनमें बड़ी निपुणता के साथ वातावरण का निर्माण हुआ है और मुश्किल से पकड़ में आनेवाला वह क्षण या खंड उद्भासित हुए हैं, जिनमें बहुधा कहानी अनदेखी पड़ी रह जाया करती है।

हम बड़ी अनिच्छा से, किन्तु अनिवार्य मान कर, जोशी जी के समान प्रतिष्ठित लेखक का ध्यान इस बात की ओर आकृष्ट करना चाहेंगे कि 'विष की घूँट' (पृ. 99) अशुद्ध हिन्दी और 'वह हौलदिल हो उठी' (पृ. 113; हौलदिल संज्ञा है) गलत उर्दू है। 'जूड़ाग्रस्त' (पृ. 108) और 'कड़क बातों' (पृ. 119), 'अच्छी हिन्दी' जैसी किसी पुस्तक के लेखक का काम कुछ आसान बना सकते हैं—शैली-दोष के वे अच्छे उदाहरण हैं। 'गद्गद्' (पृ. 114) और 'हरित्' (पृ. 130) अन्त्य हल के विषय में इतना ही कि सन्देह का लाभ हम लेखक को देते हैं। लेकिन, बात विचारणीय है। मुद्रण में साधारणतः चिह्न टूट या गिर जाते हैं, अतिरिक्त आकर शायद ही लग जाते हों। 'गद्गद्' में अन्तिम 'द' में और 'हरित्' में 'त' में हलन्त क्योंकर हो गया? हिन्दी में हलन्त हटा ही दिया जाए, तो वह एक बात होगी; किन्तु जहाँ वह नहीं होता, वहाँ उसे देना तो सायास अशुद्धि का भागी बनता है। यह प्रतिलिपिकार की भूल हो या टंकक की या प्रेस के प्रूफसंशोधक की, बहुत बड़ी भूल है। इसलिए, हमारा सुझाव है कि राजपाल एंड सन्ज जैसी प्रतिष्ठित प्रकाशन संस्थाओं को कुशल प्रूफसंशोधक

ही नहीं, ऐसे भाषा-संशोधक भी रखने चाहिए, जो बड़े-से-बड़े लेखकों की हस्तलिपियों में भी बिन्दु-विसर्ग ठीक कर सकें।

हम जोशी जी को विश्वास दिलाते हैं कि हमारा उद्देश्य छिद्रान्वेषण नहीं है। दूसरे की पुस्तक होती, तो हम ऐसी त्रुटियों का निर्देश अनावश्यक समझते। किन्तु उनके जैसे सम्मानित लेखक की कृति में इनका रहना पाठकों के लिए अहितकर सिद्ध हो सकता है।

'ब्रह्म और माया' शीर्षक के बावजूद कमल जोशी की यह पुस्तक दर्शन की पुस्तक नहीं है और इसमें संगृहीत कहानियाँ भी दार्शनिक कहानियाँ नहीं हैं, यहाँ तक कि जिस एक कहानी का शीर्षक पुस्तक का भी शीर्षक है, उसमें भी 'ब्रह्म' या 'माया', इनमें से दोनों या किसी एक की झलक मुझे नहीं मिली।

यह कहानी, संग्रह की और कहानियों की अपेक्षा, बिखरी-बिखरी रह गई है। यदि इसकी कोई सार्थकता हो सकती है, तो यह कि इसने संग्रह के नाम की समस्या सुलझाई है। लेखक ने यदि 'ब्रह्म और माया' और उनके द्वारा सृष्टि जैसी किसी प्रचलित धारणा को नया जामा पहनाकर व्यंग्य करना चाहा है, तो वह कहानी के उपसंहार के सर्वथा प्रतिकूल है, जिसके द्वारा बड़ी भावुकता के साथ कहानी को विराम पर पहुँचा दिया गया है। शीर्षक प्रतीकात्मक नहीं है, व्यंग्यमूलक है, मगर कहानी के अन्त के प्रसंग में अरुचिकर हो गया है।

असल में, कमल जोशी की विशेषता व्यंग्य या प्रतीकात्मकता नहीं है। उनके अन्य संग्रहों की कहानियाँ और 'ब्रह्म और माया' की भी, इस शीर्षकवाली कहानी को छोड़कर, जो कहानियाँ हैं, वे बहुधा अच्छी कहानियाँ इसलिए हैं कि उनमें दार्शनिकता, व्यंग्य या प्रतीकात्मकता के लिए प्रयास नहीं रहता। कमल जोशी ने जो भी कहानियाँ अपने ढंग की लिखी हैं, वे सही मानी में कहानियाँ बन सकी हैं। और, उनकी ऐसी कहानियों की संख्या पर्याप्त है। जोशी जी का अपना ढंग यह है कि वे तटस्थ जिज्ञासा के साथ बिन्दु या खंड को खुर्दबीन के नीचे रखकर इधर से उधर, दाएँ-बाएँ, अपने सामने करते रहते हैं और निरुद्देश्य की तरह ऐसा करते-करते वे अक्सर वह स्थिति पा लेते हैं, जहाँ से बिन्दु-विशेष या खंड-विशेष देखा जाए, तो उसका वास्तविक रूप उद्घाटित हो जाता है। जहाँ भी उन्होंने इससे ज्यादा करने की कोशिश की है, इससे भिन्न पद्धति अपनाई गई है, वहाँ उन्हें कहानी हाथ नहीं लगी है।

यह पद्धति विलक्षण शिल्प-विधान या मौलिकता का प्रभाव उत्पन्न नहीं करती, किन्तु कहानी मूलतः पकड़ में आती इसी से है। इसके बाद और भी कहानी के साथ बहुत कुछ किया जा सकता है, लेकिन उसका दुस्साहस उसे ही करना चाहिए जो माध्यम की सीमाओं के अतिक्रमण की क्षमता रखता हो, और ऐसे बहुत लोग नहीं होते। लेकिन, सिर्फ वह स्थिति पा लेना जहाँ से कतरन या बूँद या टुकड़े

में छिपी कहानी देखी जा सके, साधारणतः पर्याप्त है और उससे सन्तोष कर लेना उचित है।

उदाहरण के लिए 'ब्रह्म और माया' की अन्तिम कहानी 'चुटकुला' एक ऐसी कहानी है, जिसे मैं बहुत अच्छी कहानियों में परिगणनीय मानता हूँ; यद्यपि मुझे तनिक भी सन्देह नहीं कि मुझसे ज्यादा लोग असहमत ही होंगे। 'चुटकुला' एक मामूली किरानी की स्मरणशक्ति की विचित्रता का चुटकुला है। किरानी बड़ा नीरस आदमी है। एक दिन ट्राम में दो लड़कों की बातचीत में वह एक चुटकुला सुन लेता है और जो कभी हँसता नहीं, वह अपने को हँसने से रोक नहीं पाता, और मौके-बेमौके जब चुटकुले की याद आ जाती है, खूब हँसता है और अपने को हास्यास्पद बना लेता है। कहानी खत्म यहाँ होती है कि किसी दफ्तर में काम करनेवाले वे बड़े बाबू चुटकुला सुनाने के लिए बड़ी हड़बड़ी में घर पहुँचते हैं, किन्तु पत्नी को चुटकुला सुनाने को होते हैं, तो वह याद ही नहीं आता और दोनों में झगड़ा हो जाता है और देर गए रात में जब सपने में उन्हें चुटकुला याद आता भी है, तो बेचारी पत्नी को गहरी नींद में पाकर अपने अन्दर ही चुटकुले को लिये सो जाते हैं। कहानी शीर्षक से लेकर अन्तिम पंक्ति तक शीर्षक के अनुरूप हल्के ढंग से कही गई है और एक बड़ी मामूली-सी बात को लेकर वह गढ़ी गई है। लेकिन, अगर वह असाधारण गहराई में पहुँचकर निकाल लाई गई कहानी नहीं है, तो मनोवैज्ञानिक कहानी कैसी कहानी को कहेंगे? हम मनोवैज्ञानिक कहानियों से समझते हैं कि वे उपचेतन-अचेतन को निरावृत करनेवाली होती हैं, किन्तु स्मरणशक्ति जो खिलवाड़ कभी-कभी करती है, वह भी मनोविज्ञान का मनोरंजक विषय है और यह कहानी अनायास इस खिलवाड़ को लेकर बन गई है।

ऐसी ही एक दूसरी कहानी है : 'नायक-नायिका'। पर-पीड़न-रति का मनो-विश्लेषण-सिद्धान्त अलग, लेकिन यहाँ परिचित बनाये गए स्त्री-पुरुष के साधारण आचरण में वह इस तरह उद्‌भासित हो गया है कि कहानी सिद्धान्त का उदाहरण नहीं, बल्कि वह सत्य-खंड हो गई है, जिसका केन्द्र-बिन्दु पर-पीड़न-रति है। 'ममता का बन्धन', 'बेटे का बाप', 'वैनिटी', 'नर्स', 'कल्याणी' आदि कहानियों में भी न्यूनाधिक मात्रा में जोशी जी की कहानी-कला की यह विशेषता वर्तमान है। इनमें जहाँ भी जोशी जी ने अपना स्वर गम्भीर बनाया है, विलक्षण या असाधारण गढ़ना चाहा है, बड़ी बात कहने की कोशिश की है, उन्हें सफलता नहीं मिली है, जैसा स्वाभाविक ही है। इसके विपरीत जोशी जी जहाँ तटस्थ जिज्ञासु बन रहे हैं, उनकी एकाग्रता, पर्यवेक्षण-शक्ति, खुली आँखें, सुन सकनेवाले कान ही उनके सहायक रहे हैं, वहाँ जीवन की वास्तविकताएँ कला के घेरे में आबद्ध हो गई हैं। कमल जोशी हिन्दी के प्रसिद्ध लेखक हैं। ये कहानियाँ उनकी प्रसिद्धि को उचित सिद्ध करती हैं। उनकी कहानियों के विवेचन में यह जोड़ना क्लेश का, किन्तु अनिवार्य रूप से आवश्यक

भी, काम है कि 'ननिहाल' शब्द पुंलिंग है, स्त्रीलिंग नहीं। वह किसी भी लेखक के लिए जरूरी है, वह प्रसिद्ध है तो निहायत जरूरी, कि उसकी भाषा में व्याकरण की तभी उपेक्षा हो, जब उससे कोई चमत्कार उत्पन्न हो सके।

'शिवपूजन रचनावली' का ऐतिहासिक महत्त्व उल्लेख की अपेक्षा नहीं रखता है। शिवपूजन सहाय उन नामों में से एक विशिष्ट नाम है, जो हिन्दी-गद्य के शैलीकारों के हैं। उनकी रचनावली के अभाव में हिन्दी गद्य-शैली के इतिहासकार को असुविधा का सामना करना पड़ता था। इस प्रकाशन से यह असुविधा दूर हो गई है, यद्यपि प्रकाशन अभी अधूरा है, अभी और खंड निकलनेवाले हैं।

'रचनावली' में सबसे पहली कृति है : 'बिहार का विहार'। इसका रचनाकाल है सन् 1919 ई.। आज से प्राय: चालीस साल पहले लिखी गई इस पुस्तक में बिहार का जो ऐतिहासिक और भौगोलिक विवरण है, वह लेखन की बहुपथीन मतिमत्ता का ही परिचायक नहीं है, विवरण-प्रधान पुस्तक-लेखन का अनुकरणीय आदर्श भी है। नूतन गवेषणाओं के प्रकाश में विवरण आज यत्र-तत्र परिवर्तन की अपेक्षा रखते हैं, किन्तु उपस्थापन-प्रणाली आज भी इस विषय पर लिखनेवालों का पथ-निर्देश कर सकती है। 'शिवपूजन रचनावली' में संगृहीत असाधारण महत्त्व की कृतियाँ हैं : 'विभूति' और 'देहाती दुनिया'। दो ये और एक जिसका उल्लेख हो चुका है, ये ही कुल तीन कृतियाँ इस संग्रह में हैं। पहले 'विभूति'। यह आचार्य शिवपूजन सहाय की कहानियों का प्रसिद्ध संग्रह है, जिसका पहला संस्करण सन् 1922 ई. में, 'महिला-महत्त्व' शीर्षक के साथ, प्रकाशित हुआ था। इसमें भाषा पर लेखक के विस्मयजनक अधिकार का प्रभाव दीख पड़ता है। तत्सम-बहुल, अलंकृत गद्य हिन्दी के अनेक लेखकों ने लिखा है, कुछ ने उपन्यास-कहानी के लिए भी ऐसे गद्य का व्यवहार किया है, किन्तु यह निर्विवाद है कि दूसरे क्षेत्र में एकमात्र आचार्य शिवपूजन सहाय को ही सफलता मिली है। बाणभट्ट के गद्य ने हिन्दी के अनेक लेखकों को मुग्ध कर दिया है, किन्तु जिसने भी उसके अनुकरण का साहस किया, उसने मुँह की खाई। आचार्य जी ने असम्भव को सम्भव कर दिखाया है। संस्कृत-पदावली से मंडित और अलंकार-बहुल ऐसा गद्य इतना लयात्मक और पाठकों को इस तरह आविष्ट करनेवाला हो सकता है, इस पर विश्वास करना कठिन होता, यदि हिन्दी में कहानियाँ न लिखी गई होतीं। ये कहानियाँ वस्तु और विचारों की उदात्तता के लिए प्रसिद्ध ही हैं।

'शिवपूजन रचनावली' में संगृहीत अन्तिम कृति 'देहाती दुनिया' हिन्दी का प्रसिद्ध उपन्यास है। सन् 1926 ई. में सर्वप्रथम प्रकाशित यह उपन्यास उस युग के अन्य हिन्दी उपन्यासों में तो अप्रतिम था ही, अनेक दृष्टियों से भारतीय भाषाओं के समसामयिक उपन्यासों में भी अद्वितीय था और वह आज भी भारतीय भाषाओं के

बीच उच्च स्थान का अधिकारी है। यहाँ 'देहाती दुनिया' की असामान्य विशिष्टता के उल्लेख-मात्र से ही मुझे सन्तोष करना पड़ता है। 'देहाती दुनिया' का उपशीर्षक है : 'ठेठ देहात का औपन्यासिक चित्र'। आज इसके लिए जो शब्द प्रचलित है, वह है : 'आंचलिक उपन्यास'। वस्तुत: आंचलिक उपन्यास की इससे अच्छी परिभाषा नहीं हो सकती। 'देहाती दुनिया' हिन्दी का ही नहीं, भारतीय भाषाओं मात्र का प्रथम महान आंचलिक उपन्यास है। हिन्दी में अवश्य यह उपन्यास समय से बहुत पहले लिखा गया था—आज से तीन दशकों के भी पहले। यदि उस समय इसकी परम्परा में अन्य लेखकों की कृतियाँ नहीं आईं, तो आश्चर्य की बात नहीं; किन्तु इसके महत्त्व से अब भी सामान्यत: अपरिचित बने रहना हमारी अगुणज्ञता का ही द्योतक है। यदि आंचलिक उपन्यास के हिन्दी लेखक स्वयं हिन्दी की ही यह मशाल आगे ले चलते, न कि अन्य भाषाओं के, तो उन्हें साहित्यिक स्तेय के अभियोग का शिकार न होना पड़ता, वे विभाषा और भाषा के ताने-बाने की बुनावट में असफल सिद्ध न होते। 'देहाती दुनिया' में भोजपुरी अंचल-विशेष का चित्रण तो हुआ है, किन्तु वह सार्वभौम भी है। उसमें व्यक्ति पूरे आयाम में उतरे हैं, लेकिन वातावरण उन्हें इकाई में बाँधे रहता है और बहुत बड़ी बात यह भी कि भोजपुरी लोकगीत, कहावतें, मुहावरे, शब्दावली, सभी हिन्दी बन गए हैं। उन्हें पाद-टिप्पणियों की कोई आवश्यकता नहीं है। मैं दुहराना चाहूँगा कि हिन्दी में आज भी ऐसा आंचलिक उपन्यास दूसरा नहीं है।

'ठहाका' में 'जीवन' जी के व्यंग्य-विनोदपूर्ण सरस साहित्यिक निबन्ध और कहानियाँ संगृहीत हैं। 'जीवन' जी ने यदि 'अट्टहास' पद्य में किया है तो 'ठहाका' गद्य में मारा है। 'जीवन' जी खुलकर हँसते हैं—पीठ पीछे मुँह चिढ़ाने या व्यक्ति की पगड़ी उछालने की तुलना में कितना अच्छा काम! 'जीवन' जी जहाँ यह भूल भी बैठे हैं कि 'होली' रोज नहीं होती, वहाँ भी उनका साथ न देते हुए भी, हम यह तो मानते ही हैं कि रोज मुहर्रम मनानेवालों से ये कहीं अच्छे!

'श्रद्धांजलियाँ', 'वर्षगाँठ की भेंट', 'बाबू रामदयाल सिंह' 'जीवन' जी की ऐसी कृतियाँ हैं, जिनकी ओर उनकी उपुर्यक्त पुस्तकों से कोई साम्य नहीं। फिर भी, जिनमें उनके व्यंग्य की सार्थकता का रहस्य छिपा हुआ है। ये तीनों पुस्तकें 'जीवन' जी की श्रद्धालुता का परिचय देती हैं और श्रद्धालु का व्यंग्य ही खंजर न होकर नश्तर होता है।

'श्रद्धांजलियाँ' अतीत और वर्तमान के महापुरुषों के प्रति, पद्य में हैं। 'वर्षगाँठ की भेंट' राष्ट्रपति डा. राजेन्द्र प्रसाद के प्रति पद्यबद्ध श्रद्धांजलि है। 'बाबू रामदयाल सिंह' बिहार के स्वनामधन्य महापुरुष का चरित है।

'बाल-कवितावली', 'त्योहारों की कहानियाँ' क्रमशः पद्य और गद्य में लिखित बालोपयोगी पुस्तकें हैं। श्रद्धालु और विनोदप्रिय लेखक ही बाल-साहित्य का सफल रचयिता हो सकता है। ये योग्यताएँ 'जीवन' जी में हैं, यह हम देख चुके हैं।

'जीवन-ज्योति' एक उल्लेखनीय किशोरीपयोगी पुस्तक है। इसमें राम से लेकर जवाहरलाल नेहरू तक के भारतीय महापुरुषों का, निबन्धों के आकार में, चरित्र-वर्णन है। इन महापुरुषों के विषय में बहुतों ने लिखा है और इनमें से सभी प्रत्येक भारतीय के स्वजनवत् सुपरिचित हैं, इसीलिए इनका चरित-वर्णन दुष्कर है। इन्द्र जी के समान कृतविद्य लेखक से ही इसकी सम्भावना की जा सकती थी कि अति-परिचित विषय को भी, सहजता की रक्षा करते हुए, वह पठनीय और रोचक बना सकेगा। निस्सन्देह इन्द्र जी को यह सम्पादित सफलता प्राप्त हुई है। बालकों और किशोरों के लिए असंख्य पुस्तकें हिन्दी में प्रकाशित हो रही हैं, उनका दशांश भी इस तरह लिखित और इस रूप में मुद्रित हो, तो गर्व का विषय होगा।

['साहित्य' : अप्रैल, 1958]

हिन्दी की आधुनिक कविता के लिए 'चक्रवाल' निःसंशय एक आधार-ग्रंथ है। यह दिनकर के काव्य का विकास-क्रम तो प्रस्तुत करता ही है, आधुनिक हिन्दी-काव्य की 'भूमिका' भी निर्दिष्ट करता है। इस 'भूमिका' के साथ 'चक्रवाल' में संगृहीत कविताओं का महत्त्व द्विगुणित हो गया है—दिनकर की प्रायः समस्त श्रेष्ठ कविताएँ एकत्र सुलभ हो गई हैं, साथ ही उनकी व्यापक पृष्ठभूमि भी स्पष्ट हो जाती है।

इस 'भूमिका' में दिनकर जी के अध्ययन और वैदुष्य के ही प्रमाण नहीं मिलते, यह रहस्य भी स्पष्ट होता है कि इसके लेखक की कविता के वैशिष्ट्य का आधार क्या है। दिनकर की कविता में अन्तर्व्याप्त श्रेण्यता—'क्लासिसिज्म'—के पीछे अपने साहित्य की परम्पराओं का कैसा गम्भीर अध्ययन है, यह 'चक्रवाल' की 'भूमिका' से अनुमेय है।

अतीत की परम्पराओं के इस आयत्तीकरण से ही वर्तमान प्रवृत्तियों के प्रति जागरूकता और भविष्य की सम्भावनाओं के सम्बन्ध में आस्था सम्भव है। 'भूमिका' में यदि इनका निर्देश है, तो दिनकर की नई कविताओं में इसका प्रतिफलन।

'लोकों का युद्ध' तिलस्मी और ऐयारी कारनामों की कहानियों से भी अधिक रोचक पुस्तक है। और विलक्षण घटनाओं की कल्पना करने के लिए एच.जी. वेल्स प्रसिद्ध थे। इनका 'वार ऑव द वर्ल्ड्स' उनके इस प्रकार के उपन्यासों में सर्वाधिक रोमांचक है। श्री रमेश बिसरिया ने इस पुस्तक का ऐसा हिन्दी अनुवाद प्रस्तुत किया है, जो व्यक्ति

तथा स्थान के नामों के मूल विदेशी रूप के बावजूद, मौलिक लेखन जैसा सहज और अकृत्रिम है।

वेल्स के इस अथवा अन्य एतादृश उपन्यासों का साहित्यिक महत्त्व बहुत अधिक नहीं, किन्तु रोचक वृत्तान्तोंवाले उपन्यासों के प्रेमी पाठक इन्हें अपनाते चले आए हैं। इस उपन्यास का हिन्दी-अनुवाद भी लोकप्रिय सिद्ध होगा, यह निश्चित है।

आवरण और मुद्रण की प्रशंसनीय विशेषता यह है कि यदि शीर्षक आदि हिन्दी में न हों, तो कहना कठिन होगा कि यह एक विदेशी प्रकाशन नहीं है।

इधर अकादेमी की ओर से हिन्दीतर भारतीय भाषाओं के जो उपन्यास हिन्दी में अनूदित कराए गए हैं, उनमें मलयालम् के 'केरल सिंह' का प्रस्तुत अनुवाद सर्वाधिक महत्त्वपूर्ण है। इस अनुवाद से एक पवित्र कर्तव्य की पूर्ति ही नहीं हुई है, अपितु एक श्लाघ्य साहित्यिक कार्य भी सम्पन्न हुआ है।

'केरल सिंह' सतर्कता और योग्यता के साथ लिखा हुआ ऐतिहासिक उपन्यास है। इस उपन्यास में स्वल्प-ज्ञात ऐतिहासिक सामग्री उद्घाटित हुई है, यह इसकी गौण विशेषता है। ऐतिहासिक उपन्यास के रूप में इसकी सफलता इस बात में है कि इतिवृत्त की विशदता और प्रामाणिकता के लिए लेखक की सचेष्टता उसकी कला पर हावी नहीं होती।

अनुवादकों ने मूल के साथ न्याय किया है या नहीं, इस पर हम साधिकार निर्णय देने के अधिकारी नहीं, किन्तु उनका (या अकादेमी का?) यह आग्रह नितान्त असमीचीन है कि मलयालम्-भाषा की हिन्दीतर ध्वनियाँ भी अनुवाद में सन्निविष्ट रहें। भाषाविज्ञान की पुस्तक में यह अनिवार्य होता, उपन्यास में सर्वथा अनावश्यक है। जिस सरकारी संस्था ने अपने को समिति या परिषद् के बदले 'अकादेमी' कहने में गौरव अनुभव किया है, वह यदि हिन्दी के पूर्णविराम को बिन्दु-रूप में पसन्द करती है, तो वह आश्चर्य की बात नहीं! यों, अनुवादकों और प्रकाशक या मुद्रक ने प्रस्तुत प्रकाशन को सुरुचिपूर्ण और निर्दोष बनाने का स्तुत्य प्रयत्न किया है।

'रात और प्रभात' श्री भगवतीप्रसाद वाजपेयी का ऐसा उपन्यास है, जिससे साहित्य में युगान्तर उपस्थित नहीं होने को, किन्तु जो उपन्यास-प्रेमियों का यथेष्ट मनोरंजन अवश्य ही कर पाएगा। वाजपेयी जी ने हिन्दी के औसत सुरुचिपूर्ण पाठक के साथ आत्मीयता स्थापित करने में जो सफलता पाई है, वह इस उपन्यास से प्रगाढ़तर बनेगी। 'रात और प्रभात' हिन्दी की पुस्तक-प्रकाशन-कला के उच्चतम प्रतिमान का उदाहरण है।

'अपभ्रंश-साहित्य' डा. हरिवंश कोछड़ के, दिल्ली विश्वविद्यालय की पी-एच.डी. उपाधि के लिए स्वीकृत, महानिबन्ध का ग्रंथ-रूप है। दिल्ली विश्वविद्यालय की हिन्दी

अनुसन्धान-परिषद् की ओर से जो अनेक महाप्रबन्ध विभिन्न प्रकाशकों द्वारा ग्रंथ-रूप में प्रस्तुत किये गए हैं, उनमें 'अपभ्रंश-साहित्य' अवश्य ऐसा है, जिस पर अनुसन्धानकर्ता, परिषद् तथा प्रकाशक—सभी गर्व कर सकते हैं।

प्रस्तुत पुस्तक में अपभ्रंश के विभिन्न साहित्यिक रूपों के विशद विवरण के अतिरिक्त प्रारम्भ में अपभ्रंश-भाषा की सुव्यवस्थित-रूप-रेखा है और अन्त में एकाधिक अत्यन्त उपयोगी परिशिष्ट भी है। डा. कोछड़ ने 'अपभ्रंश-साहित्य'-विषयक सद्यःउद्घाटित और अद्यापि अंशतः विवेचित सामग्री का सुव्यवस्थित अध्ययन किया है और उसे सरणि-बद्ध करने में सफलता प्राप्त की है। उपाधि के लिए लिखित होने पर भी यह महानिबन्ध अपठनीय नहीं है।

परिषद् के अध्यक्ष, डा. नगेन्द्र, की उस शोध-प्रणाली का प्रभाव इस महाप्रबन्ध में स्पष्टतः परिलक्षित होता है, जो साहित्यिक शोध में वैज्ञानिक शोध की प्रक्रिया तो आवश्यकतानुसार अपनाती है, किन्तु अभिव्यंजना नहीं। हिन्दी के साहित्यिक इतिहास के पुनर्लेखन में यह पुस्तक उपादेय सिद्ध होगी।

प्रकाशन विषयानुरूप स्वच्छ और दोषरहित है।

'आलोचना की ओर' डा. ओमप्रकाश के इक्कीस आलोचनात्मक लेखों का संग्रह है। संगृहीत लेख मुख्यतः हिन्दी साहित्य के निर्माताओं तथा प्रवृत्तियों और समस्याओं से सम्बद्ध हैं। कुछेक लेख साहित्यिक सिद्धान्तों पर भी हैं और एक लेख 'तमिल-भाषा तथा साहित्य' का संक्षिप्त विवरण है।

ये निबन्ध हिन्दी साहित्य के छात्रों के लिए क्रियदंश में उपयोगी सिद्ध हो सकते हैं। लेखक ने पुस्तक के प्रारम्भ में प्रसाद जी की इन पंक्तितों को सिद्धान्त-वाक्य के रूप में प्रस्तुत किया है : 'भाषा ठीक करने से पहिले मैं मनुष्यों को ठीक करना चाहता हूँ।' 'आलोचना की ओर' का लेखक मनुष्यों को ठीक करने में सफल हो, यह हमारी कामना है। अपने इस महान उद्देश्य की सिद्धि के पहले उसने भाषा ठीक करने की चिन्ता नहीं की है, यह उसका सिद्धान्त है और उसने इसका पालन भी किया है। इसके परिणामस्वरूप, लेखक की भाषा कैसी होगी, यह सहज अनुमेय है।

'देखा-परखा' श्री इलाचन्द्र जोशी के ग्यारह निबन्धों का भव्य तथा महत्त्वपूर्ण संग्रह है। संगृहीत निबन्धों में केवल एक, मनोवैज्ञानिक विश्लेषण साहित्येतर विषय पर है और अन्य निबन्धों की तुलना में साधारण स्तर का है।

'देखा-परखा' के निबन्ध जोशी जी की बहुज्ञता के परिचायक हैं। पुस्तक का आवरण, मुद्रण तथा मूल्य अन्य प्रकाशकों के लिए अनुकरणीय आदर्श उपस्थित करते हैं।

दिनकर राष्ट्रीयता के अग्रणी कवि हैं। उनकी कविताएँ ओज-प्रधान होती हैं, यह सब तो प्रत्यक्ष ही है, किन्तु ऐसा कवि अपनी कविताओं में ही बड़े वाग्वैदग्ध के साथ व्यंग्य और परिहास भी करता है, यह महत्त्व की बात नहीं मानी गई है।

'उजली आग' में व्यंग्य और परिहास की वक्रोक्तियों में दिनकर ने बड़े गम्भीर विषयों पर कहानियाँ लिखी हैं, चुटकुले और लतीफे सुनाए हैं। 'उजली आग' हिन्दी में इस प्रकार की रचना का एकमात्र उल्लेखनीय उदाहरण है, जिसे बंगला में 'रम्य रचना' कहने लगे हैं।

आज का दार्शनिक दाढ़ी और चोगा और जटिल भाषा को साधन नहीं बनाता उसकी किस्सागोई में, उसके चुटकुलों और लतीफों में ही उसका दर्शन लोकसुलभ होता है। परिमार्जित रुचि का पाठकवर्ग, इसे उचित श्रेय देने के लिए अपेक्षित है। हिन्दी में ऐसा पाठक-वर्ग नहीं है, ऐसा तो क्या!

'हिन्दी गद्य का विकास' श्री यज्ञदत्त शर्मा की अनतिबृहत् किन्तु विषय के साथ न्याय करनेवाली ऐसी पुस्तक है, जो साहित्य के छात्रों के लिए लाभप्रद सिद्ध होगी। इसमें हिन्दी-गद्य और उसके विभिन्न रूपों का विकास-क्रम सुनिर्दिष्ट एवं सम्यक् रूप से विवेचित हुआ है, अतः पुस्तक विद्वानों के लिए भी सुविधाजनक प्रमाणित होगी।

लेखक ने आवश्यक विवरणों को अपने सतर्क विवेचन में इस प्रकार गुम्फित किया है कि दोनों एक दूसरे के पूरक बने रहते हैं, कहीं बाधक नहीं होते।

पुस्तक का आवरण, मुद्रण आदि प्रतिष्ठित प्रकाशक की परम्परा के सर्वथा अनुरूप है।

'यात्री' खलील जिब्रान की अन्तिम कृति का अनुवाद है। इसमें जिब्रान की 52 लघु-कथाएँ संगृहीत हैं, जो वस्तुतः लघु हैं। आकार में छोटी ये कथाएँ नावक के तीर की तरह घाव करनेवाली हैं। इस गुण के कारण ही जिब्रान की लघु-कथाएँ इतनी लोकप्रिय हुई है।

अनुवादक ने 'जिन्होंने सौन्दर्य की देवी को देखा हुआ है', 'श्रीमान जी' आदि जैसे भाषा तथा शैलीगत अपप्रयोग किये हैं। भीतर-बाहर सब तरह से अच्छी पुस्तक के लिए यह कलंक है।

सेठ गोविन्ददास का प्रस्तुत नाटक 'भिक्षु से गृहस्थ और गृहस्थ से भिक्षु' उनके अनेक अन्य नाटकों की अपेक्षा अधिक सुसंघटित है, यद्यपि अंकों को दृश्यों में विभाजित न करने की कसर, प्रारम्भ में उपक्रम और पाँचवें अंक के बाद, अन्त में, उपसंहार जोड़कर, पूरी कर ली गई है—जैसे पाँच अंक अपर्याप्त रहे हों! नाटक का शीर्षक अनाटकीय है, यह कहना अनावश्यक है।

गोविन्ददास जी के इस नाटक से इतना असंदिग्ध रूप से प्रमाणित होता है कि उनकी नाटक-रचना में मन्द, किन्तु निश्चित विकास हुआ है। उन्होंने अपनी अनेक त्रुटियों पर विजय पाई है। यदि शीर्षक वह न होता, जो है, और उपक्रम और उपसंहार तथा दो अंक केवल तीन अंकों में निबद्ध हो पाते, तो यह नाटक वस्तुत: उत्कृष्ट नाटक हो पाता, कथोपकथन के रूप में उपस्थापित आख्यान-मात्र नहीं रह जाता। रंग हल्के और रेखांकन संयत होते, तो आवरण अधिक कलात्मक बन पाता। मुद्रण सन्तोषजनक है और मूल्य अनधिक।

'धर्मराज' ग्यारह-ग्यारह दृश्योंवाले पाँच अंकों का ऐसा नाटक है, जैसा पारसी-मंच के लिए नाटक लिखनेवाला बहुनिन्दित बेचारा मुंशी भी नहीं लिखता। अंक हों और दृश्य हों, रंग-निर्देश हो और कथोपकथन हों, तो नाटक बन गया, ऐसी धारणा रखनेवाले हिन्दी के अन्य नाटककार भी हैं, किन्तु उनमें से भी शायद ही कोई उस सीमा तक जाता हो, जिस तक चतुरसेन जी पहुँचे हैं।

'धर्मराज' की विषयवस्तु के सहारे एक बढ़िया उपन्यास अवश्य लिखा जा सकता था, किन्तु उसमें भी शोध-भूमिका और पारिभाषिक शब्दों का परिशिष्ट अनपेक्षित ही होता।

पुस्तक का बहिरंग, उसके अन्तरंग के सर्वथा विपरीत, चित्ताकर्षक है।

'देश-विदेश' दिनकर जी की यात्रा-विषयक रोचक पुस्तक है। यात्रा-सम्बन्धी पुस्तकें हिन्दी में बहुत कम हैं, और जो हैं भी वे, ऐसी नहीं कि जो स्वयं यात्रा नहीं भी कर सकता, वह यात्रा-वृत्तान्त से अपने अभाव की आंशिक पूर्ति कर ले। यह रोचक यात्रा-वृत्तान्त-विषयक पुस्तक में यदि कोई दोष है, तो यही कि पाठक की यात्रा बहुत शीघ्र ही समाप्त हो जाती है, जबकि वह चाहने लगता है कि यात्रा आगे चलती रहे।

दिनकर जी ने उन स्थानों में भी बहुधा ऐसी बातें देखी हैं, जिन्हें दूसरों ने अपने तथा दूसरों के लिए उद्घाटित नहीं किया है। उनकी भाषा में वह गति है, जो आधुनिक यात्री के परिवहन के सर्वथा अनुरूप है।

'ग्राम-साहित्य' (तीसरा भाग) कहावतों का विश्वकोश है। इसमें जन-जिह्वा पर रहनेवाली पहेलियाँ, मुकरियाँ, दोसखुने और ढकोसले भी संकलित हैं। विभिन्न विषयों पर ज्ञात-अज्ञात विभिन्न जनकवियों की बिखरी हुई, एक साथ ही मनोरंजक और शिक्षाप्रद सूक्तियाँ पं. रामनरेश त्रिपाठी की जीवन-व्यापी साधना के परिणामस्वरूप संगृहीत होकर सहज-सुलभ बन गई हैं। अभी इस प्रकार की विपुल सामग्री संकलन की प्रतीक्षा में ही है, जैसाकि त्रिपाठी जी ने स्वयं ही पुस्तक की भूमिका में कहा है। यदि शोध-संस्थाएँ तथा विश्वविद्यालय यह कार्य शीघ्र ही क्षेत्र-कार्य से विरत न होनेवाले कर्मठ शोधकर्ताओं से सम्पन्न नहीं कराते, तो इस सामग्री का बहुलांश नष्ट

हो जाएगा। त्रिपाठी जी की पुस्तक अनुसन्धानकर्ताओं की आनेवाली पीढ़ियों का दिशा-निर्देश करेगी और उन्हें प्रेरणा देती रहेगी।

प्रकाशन की सादगी ही उसकी शोभा है।

'एटम हमारे जीवन में' मागरिट ओ हाइड की मूल अंग्रेजी-पुस्तक का परमोपकारी तथा सुबोध हिन्दी अनुवाद है। अणु के बारे में साधारण मनुष्य समाचार-पत्रों या लेखों से जितना जान सकता है, उससे वह सन्तुष्ट नहीं हो पाता, किन्तु विशेषज्ञों द्वारा लिखी पुस्तकों से लाभ उठाने की योग्यता भी उसमें नहीं रहती। इस विषय पर एक प्रामाणिक के साथ ही साथ सहज ग्राह्य पुस्तक की हिन्दी में बड़ी आवश्यकता थी। 'एटम हमारे जीवन में' से इसकी सम्यक् पूर्ति होती है।

श्री बालकृष्ण ने श्लाघ्य योग्यता का परिचय देते हुए अनुवाद किया है। रेखांकनों से युक्त, विदेशी प्रकाशनों से टक्कर लेनेवाली ऐसी पुस्तक के लिए, हिन्दी के साधारण पाठक तथा सामान्य ज्ञानार्थी छात्र प्रकाशक के ऋणी रहेंगे।

विज्ञान-विषयक ऐसी प्रामाणिक पुस्तकों की माला ही अपेक्षित है। यह उल्लेखनीय है कि प्रकाशक ने विदेश में प्रकाशित पुस्तक का अधिकृत हिन्दी संस्करण प्रस्तुत किया है।

'रेणु' में श्री रामचन्द्र टंडन की निजी सूक्तियाँ संकलित हैं। एक उदाहरण से स्थाली पुलाक न्याय हो जाएगा : 'गर्विता समझती है कि वन के पुष्प उसके आभूषणों की नकल करते हैं।' पुस्तक में उसके नाम के बावजूद रेणु-कण कम और मधु-बिन्दु ही अधिक हैं।

स्वल्प मूल्य होने पर भी यह प्रकाशन राज-संस्करण की कोटि का है।

'चाँद का सफर' : बाल-साहित्य के बहिरंग के स्तर के ही नहीं, अन्तरंग के स्तर के उन्नयन के लिए भी, लेखक से अधिक नहीं तो कम भी नहीं, प्रकाशक ही उत्तरदायी होता है। हिन्दी के बाल-साहित्य के अनेकानेक प्रकाशकों में से कुछेक ने ही अपने दायित्व का निर्वाह किया है। ऐसे प्रकाशकों में राजपाल एंड संज उल्लेखनीय है।

'चाँद का सफर' शिशु-मनोविज्ञान के अनुरूप आकर्षक आवरणवाली ऐसी रोचक पुस्तक है, जो मुद्रण तथा चित्रण की दृष्टियों से भी स्पृहणीय प्रतिमान स्थापित करती है। जिस वय:-वर्ग के बच्चों के लिए यह पुस्तक प्रकाशित हुई है, वह, विद्यालय, पुस्तकालय तथा शिक्षा-विभाग इसे अवश्य ही अपनाएँगे।

लेखक, चित्रकार तथा प्रकाशक, तीनों ही ऐसे प्रकाशन के लिए साधुवाद के योग्य हैं।

'सूझ-बूझ की कहानियाँ' में आठ बालोपयोगी कहानियाँ मुद्रित हैं। ऊपर समीक्षित पुस्तक के बारे में कही गई सारी बातें इस पर भी लागू हैं।

आकर्षक मुद्रण, निर्दोष भाषा और मनोरंजक भाषा-शैली पुस्तक की विशेषताएँ हैं। लेखक जो भी हो—उल्लेख नहीं है—वह बाल-साहित्य का कुशल प्रणेता है।

['साहित्य' : जुलाई, 1957]

'पृथ्वीराज रासो में कथानक-रूढ़ियाँ' एक अत्यन्त महत्त्वपूर्ण ग्रंथ है। हिन्दी में साहित्य-सिद्धान्त-विषयक कुछेक ही पुस्तकें हैं और वे सामान्यतः छात्रोपयोगी-मात्र हैं। श्री व्रजविलास श्रीवास्तव ने सीमित विषय पर विशद विवेचन कर विशेषज्ञोचित रुचि तथा योग्यता का परिचय दिया है।

जहाँ तक कथानक-रूढ़ियों के सैद्धान्तिक निरूपण का प्रश्न है, लेखक ने कोई मौलिक उद्भावना नहीं की है। फिर भी, उसे इसका श्रेय मिलेगा कि उसने विशेषज्ञों के द्वारा उद्भावित जटिल सिद्धान्तों का सार-तत्त्व सुव्यवस्थित और सहज ग्राह्य बना दिया है। लेखक को विशेष श्रेय सिद्धान्तों के विनियोग के लिए मिलेगा। उसने कथानक-रूढ़ियों के विभिन्न प्रकारों को अवधान के साथ 'रासो' में निर्दिष्ट किया है और, इस प्रकार, 'रासो' का नवीन दृष्टि से विवेचन किया है।

सुमुद्रित पुस्तक सर्वथा उचित मूल्य पर सुलभ बनाई गई है। यह इसकी प्रतिष्ठित प्रकाशन संस्था के अनुरूप ही है।

'हिन्दी रीति-साहित्य' श्री भगीरथ मिश्र की लिखी ऐसी पुस्तक है, जिसमें एकत्र ही, संक्षेप में, हिन्दी रीति-काव्य का परिचय, उसका वैशिष्ट्य-निरूपण तथा उसके चुने हुए पाठ प्राप्य हैं। श्री मिश्र रीति-काव्य के विशेषज्ञों में परिगणित होते हैं। यह पुस्तक सामान्य पाठकों या छात्रों के लिए लिखित होने पर भी विशेषज्ञोचित प्रामाणिकता से युक्त है।

अन्त में रीति-कवियों की रचनाओं से पाठ देकर पुस्तक को अधिक उपयोगी बनाया गया है, किन्तु केवल केशव और सेनापति के कुछेक शब्दों के, पाद-टिप्पणियों के रूप में, अर्थ देने की क्या युक्ति-युक्त है, यह हम नहीं समझ पाए। या तो अर्थ दिये ही नहीं जाते, या सावधानी के साथ सभी कठिन पदों के दिये जाते!

प्रकाशक ने अपने कर्तव्य का ध्यान रखा है।

'भारतीय प्रेमाख्यान की परम्परा' में श्री परशुराम चतुर्वेदी ने भारत के साहित्यिक इतिहास के अध्ययन की सही दिशा का निर्देश किया है। हिन्दी या बंगला या किसी भी भारतीय भाषा के साहित्य की किसी प्रवृत्ति, रूप आदि के अध्ययन के लिए यह आवश्यक है कि हम सम्पूर्ण परम्परा और प्रतिवेश के प्रसंग का ध्यान रखें। यह जटिल

कार्य को जटिलतर बनाना तो है, किन्तु इसके बिना हम बहुधा अपने कूप को ही सागर मान बैठते हैं।

चतुर्वेदी जी के इस अध्ययन की प्रक्रिया ऐसे प्रयास की अनिवार्यता का ही उद्धरण प्रतीत होती है। उन्होंने हिन्दी की प्रेमाख्यानक परम्परा का गहन अध्ययन किया है, यह हमें उनकी कृतियों से ज्ञात है। उनके इस अध्ययन ने उन्हें अनिवार्यतः व्यापकतर क्षेत्र में ला खड़ा किया है। यह लेखक की बहुज्ञता का प्रमाण है कि उसने अत्यन्त व्यापक क्षेत्र के सर्वेक्षण में भी सर्वत्र अवधान और विवेक का परिचय दिया है।

अन्त में जोड़ी गई कथा-सन्दर्भ-सूची अतिशय उपयोगी सिद्ध होगी। यदि चतुर्वेदी जी ने भारतीय प्रेमाख्यानकों के रचयिताओं की कालक्रम-तालिका भी दे दी होती, तो पुस्तक का महत्त्व और भी बढ़ जाता।

पूर्वसमीक्षित दो पुस्तकें और यह 'राजकमल मूल्यांकन-माला' के अन्तर्गत प्रकाशित हैं। यदि हिन्दी की इस प्रतिष्ठित प्रकाशन संस्था ने यह प्रतिमान बनाये रखा, तो निस्सन्देह 'मूल्यांकन-माला' ऐसी अन्य मालाओं में श्रेष्ठ सिद्ध होगी।

'उत्तरामचरित' भवभूति के इसी शीर्षक के परमोत्कृष्ट संस्कृत-नाटक का प्रांजल गद्यानुवाद है। प्रकाशक ने, यह स्पष्ट है, ऐसी योजना ही बनाई है कि संस्कृत तथा विदेशी भाषाओं के प्रसिद्ध एवं उत्तमोत्तम नाटकों के सरल हिन्दी अनुवाद सामान्य पाठकों के लिए सुलभ बनाये जाएँ। इस योजना में नाटकों के पद्यांशों को भी गद्य में ही अनूदित करने का निश्चय किया गया है, यह स्पष्ट प्रतीत होता है। यदि पद्यांशों का पद्यानुवाद सम्भव होता, तो अच्छी बात थी। किन्तु, यह कार्य कठिन है, और भोंडे पद्यानुवाद से कहीं अच्छा अर्थानुसारी गद्यानुवाद ही है, जैसा प्रस्तुत किया गया है।

'उत्तररामचरित' का अनुवाद प्रो. इन्द्र ने किया है और उन्हें योजनानुरूप अनुवाद-कार्य में पूरी सफलता मिली है। पाठक को भवभूति के नाटक का काव्य-तत्त्व इस अनुवाद में भले ही न मिले, किन्तु उसे मूल कथा-वस्तु के बहुत कम से ही वंचित रहना पड़ेगा।

लेखक ने सुपाठ्य, किन्तु सूचनापूर्ण भूमिका लिखकर अनुवाद को आवश्यक पृष्ठभूमि भी प्रदान की है।

आवरण नयनाभिराम है और मुद्रण राजपाल की परम्परा के अनुरूप।

'विक्रमोर्वशी तथा मालविकाग्निमित्र' उपर्युक्त अनुवाद-योजना के क्रम में ही परिगणनीय और तद्वत् सफल प्रयास है। कालिदास की इन दो काव्य-कृतियों की कथा-वस्तु प्रायः मूल रूप में, हिन्दी के साधारण पाठक के लिए भी सहज प्राप्य हो गई है।

प्रो. विराज ने जो परिचयात्मक भूमिका लिखी है, वह विशद और रोचक है। आवरण और मुद्रण अतिशय सुरुचिपूर्ण है।

'आथेलो', 'जैसा तुम चाहो', 'वेनिस का सौदागर', 'मैकबेथ और जूलियस सीजर' : शेक्सपियर के वैसे ही अनुवाद हैं, जैसे पूर्व-समीक्षित ग्रंथ। इनमें भी पद्यांश गद्य में ही अनूदित हैं। इन अनुवादों में भी मूल कृतियों के रस-तत्त्व का अभाव है, किन्तु जहाँ तक कथावस्तु का प्रश्न है, वह अविकल रूप में प्राप्य है।

संस्कृत से हिन्दी में अनुवाद करने से कठिनतर कार्य है अंग्रेजी से हिन्दी में अनुवाद करना, किन्तु इसे श्री रांगेय राघव ने सफलतापूर्वक प्रतिपन्न किया है। विदेशी शब्दों और मुहावरों, विशेषतः शेक्सपियर के भाषा-प्रयोगों, के अनुवाद में जैसी बहुज्ञता और निपुणता की अपेक्षा हो सकती है, वह अनुवादकर्ता में पर्याप्त मात्रा में है। पुस्तकों के प्रारम्भ में संक्षिप्त, किन्तु सारगर्भ भूमिकाएँ भी हैं।

शेक्सपियर की नाट्य-कृतियों के हिन्दी अनुवाद इधर बहुत दिनों से अप्राप्य थे। उन्हें उस रूप और उस मूल्य में सुलभ बनाकर, जिस रूप और मूल्य में मूल पुस्तकों के प्रामाणिक सस्ते संस्करण मिलते हैं, प्रकाशक ने हिन्दी प्रकाशन-व्यापार को विदेशी प्रकाशन-व्यापार के समकक्ष कर दिया है।

['साहित्य' : अक्टूबर, 1957]

'दशकुमार-चरित' : राजपाल एंड संज ने इधर कुछ ही दिनों के अन्दर अपने योजनाबद्ध एवं उत्कृष्ट प्रकाशनों से हिन्दी के प्रमुख प्रकाशकों में अपना ऊँचा स्थान बना लिया है। 'दशकुमार-चरित' का आलोच्य अनुवाद ऐसे ही प्रकाशनों में से एक है—अन्य कुछेक की समीक्षा हम पहले कर चुके हैं।

संस्कृत की श्रेण्य पुस्तकों के प्रामाणिक किन्तु साथ ही साथ सामयिक शैली में किये गए अनुवाद आवश्यक हैं। यह कार्य रांगेय राघव बड़ी योग्यता से कर रहे हैं। ऐसे अनुवाद, अनुवाद न होकर वस्तुतः रूपान्तर बन जाते हैं और यह शीर्षक के नीचे संकेतित कर दिया गया है।

जरूरत इस बात की है कि कुछ प्रकाशक संस्कृत की महत्त्वपूर्ण पुस्तकों के ऐसे संस्करण प्रस्तुत करें, जिनमें शाब्दिक अनुवाद, व्याख्या, टिप्पणियाँ आदि हों, और कुछ उन्हीं पुस्तकों के ऐसे रूपान्तर सुलभ बनाएँ, जैसा यह है। यह सन्तोष की बात है कि दोनों दिशाओं में कार्य हो रहा है।

आवरण पर तो नहीं, किन्तु भीतरी आवरण पर 'दशकुमार-चरित' छपा है और भूमिका में सर्वत्र। भीतरी आवरण पर 'दंडी' छपा है, भूमिका में सर्वत्र 'दंडिन', जो अशुद्ध न होते हुए भी दंडी के रूप में ही लिखा जाना चाहिए। इस तरह की और भी कुछेक त्रुटियाँ हैं जिन्हें, हम आशा करते हैं, शीघ्र दूर कर दिया जा सकेगा—शीघ्र इसलिए, क्योंकि अवश्य ऐसी पुस्तक का पुनर्मुद्रण थोड़े दिनों के बाद ही आवश्यक हो जाएगा।

'परती : परिकथा' फणीश्वरनाथ 'रेणु' का दूसरा उपन्यास है। 'रेणु' के प्रशंसक हों या प्रतिकूल आलोचक, वे यह नहीं कह सकते कि 'रेणु' न्यूनस्वर के लेखक हैं— अधिस्वर तो 'मैला आँचल' में भी है। किन्तु, 'परती : परिकथा' में तो निरपवाद रूप से उच्चैःस्वर ही है।

'परती : परिकथा' में, लेखक के पहले उपन्यास, 'मैला आँचल' के कुछेक संयत गुण स्फीत अतिरंजन बन गए हैं। 'परती : परिकथा' के जो अपने दोष हैं, वे तो हैं ही, गुण दोष बन गए हैं। दोष तो दोष ही ठहरे।

हम यह नहीं कहते कि हमें इससे भी बुरे उपन्यास नहीं पढ़ने पड़ते। 'मैला आँचल' की अपनी समीक्षा के बाद हमें जो कहते क्लेश होता है, वह यह कि 'रेणु' का अपने ऊपर नियन्त्रण नहीं है। थोड़े का अल्हड़पन बहुत ज्यादा का फूहड़पन बन जाता है; दो गहनों से खूबसूरती बढ़ सकती है, तो दस से वह बिगड़ जाती है, 'परती : परिकथा' इसका उदाहरण है। शब्दों, वर्णनों और चित्रण का वैसा अपव्यय कम ही मिलेगा, जैसा 'परती : परिकथा' में मिलता है। 'मैला आँचल' में इनका मितव्यय नहीं था, किन्तु अपव्यय भी नहीं था। अपव्यय का खतरा हो सकता है, यह समझकर ही हमने 'मैला आँचल' की समीक्षा करते हुए यह आशंका प्रकट की थी कि 'रेणु' के लिए अपनी उपलब्धि की पुनरावृत्ति कठिन साबित हो सकती है।

'मैला आँचल' में कुछ अनुरणनात्मक शब्द प्रयुक्त हैं, 'परती : परिकथा' में प्रायः हर दो-चार पृष्ठ के बाद—यदि और पहले ही नहीं—ऐसे शब्दों से अनुच्छेद शुरू होते हैं, जैसे उनसे बात कुछ खास बन जाती हो। पहले उपन्यास में वातावरण के वर्णन प्रायः अनिवार्य-से हैं, दूसरे में बहुधा चटकीले रंगों और अत्यधिक रेखाओं से युक्त; उसमें एक ही आदमी कुछ अच्छा, कुछ बुरा है और इसलिए विश्वसनीय है, इसमें वह या तो बुरा है या अच्छा, और अक्सर उसकी भी अतिरंजना है या विडम्बना।

जो प्रत्यग्दर्शन-प्रणाली अनेक बार उपन्यासों में बहुत सार्थक सिद्ध होती है, वह 'परती : परिकथा' की शिल्प-विधि की अनावश्यक विचित्रता है। प्रत्यग्दर्शन-प्रणाली में कथा या उपकथा की झलक मिलती है, यहाँ उसे लम्बी और फालतू उपकथा समाविष्ट करने का साधन बनाया गया है। 'मैला आँचल' में हास्यास्पद चरित्र पाठक की करुणा के पात्र बन जाते हैं, 'परती : परिकथा' में वेश और उच्चारण की विडम्बना के द्वारा हास्यास्पद बनाये गए मनुष्य लेखक की सुरुचि और विनोदप्रियता को संदिग्ध बना देते हैं।

और अन्त में, किन्तु कम महत्त्व की बात नहीं, कि लेखक ऐसे पात्रों से हमारा परिचय कराने को स्वतंत्र है, जो शुद्ध के बदले आंचलिक हिन्दी बोलते हों, किन्तु जहाँ खुद लेखक हिन्दी का व्यवहार कर रहा हो, वहाँ उसे इस लचीली भाषा के अनिवार्य नियमों का तो ध्यान रखना ही चाहिए। सामूहिक, अन्तर्गत, जलाय, साबुदाना, उच्चांगल, दो-दो पीठ, विशाल आँधी—ये शुरू के कुछ पृष्ठों से उद्धृत ऐसे प्रयोग

हैं, जो पुस्तक में भरे पड़े हैं। ये हिन्दी के इस लेखक द्वारा, उसके आंचलिक पात्रों द्वारा नहीं, प्रयुक्त हुए हैं।

'कुँअर सिंह' भोजपुरी का पहला साहित्यिक महाकाव्य माना गया है। किसी भाषा का पहला साहित्यिक महाकाव्य इतना उत्कृष्ट है, तो क्या भाषा की अन्तर्निहित विशेषता के कारण या कवि की प्रौढ़ि के परिणामस्वरूप ? कदाचित् दोनों ही बातों को 'कुँअर सिंह' काव्य की असाधारणता का श्रेय है।

यदि भोजपुरी में, तनिक अप्रत्याशित रूप से, शृंगार, करुण या शान्त रसों को अभिव्यक्त करने की क्षमता देखी जाती है, तो वीर रस के लिए तो वह जैसे बनी ही है। हरेन्द्रदेव नारायण जैसे समर्थ तथा अधीती कवि के हाथों में भोजपुरी भाषा की अद्यावधि अनुद्घाटित सम्भावनाएँ प्रत्यक्ष हो गई हैं।

'कुँअर सिंह' भोजपुरी का महाकाव्य उसी अर्थ में है, जिस अर्थ में 'रामचरित-मानस' अवधी का। तुलसीदास ने बोली को साहित्यिक भाषा के स्तर पर उन्नीत करने की जो परम्परा प्रवर्तित की थी, उसका सफल आधुनिक उदाहरण भोजपुरी का यह काव्य है। हरेन्द्र जी ने यदि काव्य-रूप की दृष्टि से, भोजपुरी में, तुलसीदास के मानस की परम्परा पुनरुज्जीवित की है, तो कवित्त और सवैया-जैसे छन्दों के उपयोग द्वारा भूषण की शैली भोजपुरी को प्रदान की है, और काव्य के अन्त में बड़े ही मर्मस्पर्शी गीत गुम्फित कर भोजपुरी में छायावाद के अभाव की भी पूर्ति की है।

'कुँअर सिंह' भोजपुरीक्षेत्र के विशिष्ट-लक्षणोपेत वीर थे। उन पर भोजपुरी में ही काव्य लिखा जा सकता था। किन्तु, जैसे इस भोजपुरी वीर ने अपने क्षेत्र की सीमा का अतिक्रमण कर सारे देश के उद्धार का बीड़ा उठाया था, वैसे ही उसके चरित्र-गायक ने भोजपुरी का ऐसा साहित्यिक उन्नयन किया है कि वह हिन्दी की परिधि में आ जाती है। 'कुँअर सिंह' भोजपुरी का काव्य तो है, किन्तु वह हिन्दी का भी काव्य है और उच्चकोटि का काव्य है।

'गालिब', 'मजाज', 'जोश', 'साहिर' (जीवनी और संकलन) उर्दू के पुराने-नये चार मशहूर शायरों की जीवनी और उनकी चुनी हुई कृतियों से युक्त, अल्प मूल्य की किन्तु प्रामाणिक पुस्तकें हैं। हमें स्मरण है कि पिछले वर्ष हमने कहीं यह सूचना देखी थी कि उस वर्ष बंगला में किसी भी भारतीय भाषा की कोई भी पुस्तक अनूदित नहीं हुई थी। यह परम सन्तोष का विषय है कि हिन्दी की स्थिति इसके सर्वथा विपरीत रही है। अकेले इन पुस्तकों के प्रकाशक ने ही विदेशी तथा भारतीय भाषाओं की प्रतिनिधि पुस्तकों को हिन्दी में रूपान्तरित तथा अनूदित कराके सुलभ बनाने का जो प्रयास किया है, वह किसी भी समृद्ध भाषा के साहित्य के लिए गर्व की बात हो सकती है।

उर्दू के इन चारों कवियों की प्रसिद्धि हिन्दी के पाठकों तक पहुँचती रही है, किन्तु गालिब को छोड़कर, जिनकी प्राय: समस्त कृतियाँ अब हिन्दी में सुलभ हैं, अन्य तीनों की जीवनी और कृतियाँ पुस्तक-रूप में प्राप्य नहीं थीं। प्रकाश पंडित ने इन कवियों की जीवनी रोचक शैली में लिखी है और इनकी कृतियों का संकलन साधिकार किया है।

उर्दू के अन्य कवियों पर भी ऐसी ही पुस्तकें विज्ञापित हैं। प्रकाशन की असाधारण उत्कृष्टता का प्रमाण प्रकाशक (राजपाल एंड संज) का नाम ही है।

'राजस्थान में जैन शास्त्र-भंडारों की ग्रंथ-सूची' (तृतीय भाग) जयपुर के श्रीदिगम्बर जैन मन्दिर दीवान बधीचन्दजी एवं दिगम्बर जैन मन्दिर टोलियों के शास्त्र- भंडारों के ग्रंथों की सूची है। हम पहले के अंक-विशेष में, इस स्तम्भ के अन्तर्गत, राजस्थान के जैन शास्त्र-भंडारों की ग्रंथ-सूची के दो भागों की समीक्षा कर चुके हैं। यह तीसरा भाग पहले दोनों भागों से उत्पन्न जिज्ञासा की पूर्ति करता है और आगे के लिए उसे जाग्रत भी करता है।

राजस्थान में साहित्य का जो विशाल भंडार सुरक्षित था, उसका परिचय पाने के बाद यह स्पष्ट हो जाता है कि संस्कृत साहित्य का इतिहास तो कुछ अंशों में, किन्तु प्राकृत, अपभ्रंश तथा हिन्दी के साहित्यों के इतिहास तो बहुलांश में नये सिरे से लिखे जाने पर ही इन साहित्यों के वास्तविक परिचय प्रस्तुत कर सकेंगे। हमारा सुझाव तो यह है कि नागरी प्रचारिणी सभा के तत्त्वावधान में हिन्दी साहित्य का जो बृहत् इतिहास तैयार हो रहा है, उसका प्रकाशन तब तक के लिए स्थगित कर दिया जाए, जब तक इन भंडारों में सुरक्षित ग्रंथों का मुद्रण नहीं हो जाता और उनका सम्यक् अध्ययन नहीं कर लिया जाता। इतिहास-लेखन के पूर्व इस समस्त नवीन सामग्री का अनुशीलन परमावश्यक है। यदि इस सामग्री का समावेश वृहत् इतिहास में नहीं होता, तो वह परिमाणत: जितना भी बृहत् हो, प्रकारत: बृहत् कहलाने का अधिकारी नहीं सिद्ध होगा।

सूची के सम्पादकों ने अपना कार्य योग्यता के साथ और अध्ययनपूर्वक किया है। उन्होंने हिन्दी के जिस प्रागभावी साहित्य का उद्घाटन किया है, उसकी विशालता का यत्किंचित् अनुमान रहने पर भी अब तक निश्चित प्रमाण का अभाव था। जैसे, 'सभा' की रिपोर्टों के आधार पर 'विनोद' और उसके सहारे शुक्ल जी का इतिहास लिखे गए थे, वैसे ही इन सूचियों के आधार पर आगे के कार्य क्रमानुसार होने चाहिए। वे कब और कैसे होते हैं, यह देखना है। सूची के सम्पादकों ने अपना काम तो बहुत अच्छी तरह किया है। वे शीघ्रातिशीघ्र राजस्थान में प्राप्य समस्त प्राचीन साहित्य को सूची-बद्ध कर सकेंगे, इसका हमें विश्वास है।

'विश्व-साहित्य की रूप-रेखा' भगवतशरण उपाध्याय-लिखित विशेष महत्त्वपूर्ण तो नहीं, किन्तु उनके लिए उपयोगी पुस्तक अवश्य है, जो केवल हिन्दी के माध्यम से ही

विश्व की नाना भाषाओं की थोड़ी-बहुत जानकारी प्राप्त कर सकते हैं। अंग्रेजी की एक ऐसी ही प्रसिद्ध पुस्तक का शीर्षक भी यही है—ड्रिंकवाटर का 'आउटलाइन ऑव वर्ल्ड लिट्रेचर', जिसका, तथा अन्य आधार-ग्रंथों का, उल्लेख भूमिका में रहना चाहिए था।

अंग्रेजी, फ्रेंच आदि प्रमुख साहित्यों के अतिरिक्त अरबी, अक्कादी, इब्रानी, डच, डेनी, स्वीड, हित्ती आदि अपेक्षया गौण साहित्यों की रूप-रेखा प्रस्तुत करनेवाली पुस्तक में, संस्कृत-पालि-प्राकृत साहित्यों को छोड़कर, भारतीय साहित्यों की पूर्ण उपेक्षा कदाचित् इस बात से स्पष्ट होती है कि लेखक के कथनानुसार ही उसने ऐसे व्यापक विषय पर सिर्फ छह महीने श्रम किया—जबकि, हम समझते हैं, छह वर्ष भी अपर्याप्त ही होते। यदि लेखक ने थोड़ा और श्रम किया होता, तो अंग्रेजी में एतद्विषयक सहज-सुलभ पुस्तकों का हिन्दी में जो अभाव था, उसकी पूर्ति बनकर ही यह पुस्तक न रह जाती, उनसे अंशतः भिन्न और विशिष्ट भी बन पड़ती।

लेखक ने फ्रेंच को 'फ्रैंच', टेस को 'टैस', ट्रेजर को 'ट्रैजर', एंड को 'ऐंड', वेस्ट को 'वैस्ट' लिखकर शायद यह आभास देना चाहा है कि उसमें 'पूरब' की बू-बास तक नहीं। हिन्दी में तनिक उलट-पुलट कर ई.एम. फोरेस्टर बन गया, तो आश्चर्य नहीं, लेकिन पाद-टिप्पणी में, शायद हिन्दी के अनुसार ही, Foerster को 'Forester' कर दिया गया है, जो अवश्य चिन्त्य है।

विश्व-साहित्य पर लिखने के सिलसिले में यदि कोई अंग्रेज-लेखक मान-सा लेता है कि उसे मुख्यतः अंग्रेजी-साहित्य पर लिखना है, तो यह अस्वाभाविक नहीं है, किन्तु हिन्दी के इस लेखक ने अंग्रेजी को सर्वाधिक स्थान देकर तथा संस्कृत-पालि-प्राकृत को इसका प्रायः तृतीयांश देकर और हिन्दी एवं अन्य भारतीय साहित्यों को एक-एक पृष्ठ भी न देकर, यह सिद्ध कर दिया है कि वह परम अन्तर-राष्ट्रीयतावादी है। प्रसंगवश, यह भी उल्लेखनीय है कि अंग्रेजी साहित्य के विस्तृततम विवेचन के समय लेखक उसकी अमेरिकी शाखा तक को नहीं भूलता। काश, वह संस्कृत-पालि-प्राकृत की लपेट में ही सही, हिन्दी, बंगला वगैरह के साथ भी थोड़ा पक्षपात कर ही गुजरता!

बहुत बढ़िया कागज, छपाई, जिल्द, आवरण और सर्वथा उचित मूल्य : प्रकाशक ने अपनी ओर से कुछ उठा नहीं रखा है—पुस्तक को छापने के पहले उसे सम्पादित करा लेने को छोड़कर!

'दो परतें' एक ऐसा कविता-संग्रह है, जिसकी सिफारिश हम बच्चन की 'मधुयुगीन' कविताओं के उन प्रेमियों से कर सकते हैं, जो अब अपने प्रिय कवि की रचनाओं में व्यर्थ ही उस रूमानियत की तलाश करते हैं, जिसकी आपूर्ति के लिए, कवि के साथ न्याय किया जाए तो, वह आज भी कुछ उठा नहीं रखता, और वृद्धा को मुग्धा बनाये रखने की चेष्टा में, अपने को हास्यास्पद बनाता चला जा रहा है। महाराजकृष्ण रसगोत्र की कविताएँ पुराने बच्चन-कलम की ही सही, ऐसी हैं, जिसमें अनल्प मुग्धता और

रूमानियत है। मैं सोचता हूँ, अवश्य ही ये कविताएँ बच्चन के तरन्नुम में पढ़ी जाने के लिए लिखी गई होंगी; इन्हें लिखनेवाला इन्हें बच्चन की तरह पढ़ भी सकता होगा।

मैं शीघ्र ही कह दूँ, कि रसगोत्र की पुस्तक की समीक्षा के सिलसिले में बच्चन का घसीटा जाना कुछ इसलिए नहीं हो गया कि मैं उन्हें ऐसा गजलगो माना किया हूँ, जिसका अनुकरण अनेक युवा कवियों के लिए घातक सिद्ध हुआ है। इस प्रसंग में बच्चन का उल्लेख आवश्यक इसलिए है कि 'दो परतें' के कवि ने—जैसा सुनते हैं, उर्दू में होता था—ईमानदार शागिर्द की तरह बच्चन जी से इसलाह लेने की बात कही है और, यह सब अपने ढंग से कहते हुए, उन्हें एक तरह से अपना उस्ताद माना है। बच्चन जी ने, भूमिका में लिखा भी है : 'बाद को जो कुछ भी लिखते मुझे भेजते थे और मैं उस पर अपनी सम्मति अथवा आलोचना उन्हें लिख भेजता था।' वे व्यक्तिगत बातें हैं, किन्तु यदि इनकी चर्चा पुस्तक और भूमिका के लेखक अनावश्यक नहीं समझते, तो इनसे जो निष्कर्ष निकलता है, उसका प्रारम्भ में ही विहित निर्देश क्षम्य समझा जाना चाहिए।

बच्चन और रसगोत्र में, दूसरे की :

आ विदा ले लें, अलग हैं
आज से राहें हमारी,
तम, तड़ित, तूफान में ही
है पहुँचना पार, प्यारी!

ऐसी पंक्तियों के कारण ही, समानधर्मिता नहीं है; इसलिए भी है कि दोनों ने संसार की समृद्धतम भाषाओं में से एक के काव्य से परिचित होने का दुर्लभ सौभाग्य प्राप्त करने पर भी अपने को उसके प्रभाव से पुष्करपलाशवत् बचाए रखा है। काव्य-सिद्धान्त के स्तर पर, भूमिका में विचार करते हुए, बच्चन जी ने हिन्दी-काव्य के अभाव-विशेष की पूर्ति के लिए जो नुस्खा बताया है, वह आजमूदा होने के कारण, आत्मविश्वास से पूर्ण है : 'अगर हिन्दी मुक्त छन्दों को बोल-चाल की गति देनी है, तो उर्दू से अनिवार्य रूप से सहायता लेनी होगी।'

किन्तु, मुक्त छन्द की बात तो यहाँ स्थगित रहे, मैं यह जरूर मानता हूँ कि हिन्दी के प्रकार-विशेष के गेय पद्य के लिए उर्दू से ली गई सहायता अवश्य ही अमोघ सिद्ध हो चुकी है—गजल, जिससे यह सहायता ली गई, भले अब उर्दू के लिए ही भुक्तोज्झित काव्य-रूप हो।

इस सबके बावजूद मैं स्वीकार करता हूँ कि रसगोत्र यदि हिन्दी कविता की दो परतें ही नहीं, इनके बाद की परतें भी खोलकर देखेंगे, तो अवश्य ऐसी कविताएँ लिख सकेंगे, जो अधिक महत्त्व की अधिकारिणी सिद्ध होंगी।

'बनपाखी, सुनो' में नरेश मेहता की अधिकांशतः सन् 1953 ई. के बाद की लिखी कविताएँ संगृहीत हैं, यद्यपि कुछेक काफी पहले की भी हैं। 'शीर्षबन्ध' में दी हुई इस सूचना के साथ कवि की यह टिप्पणी कि पुरानी और नई कविताओं में 'वैषम्य अधिक नहीं लगेगा', ठीक ही है: नरेश मेहता सूक्ष्म संवेदनाओं के कवि हैं, किन्तु अपने लिए जो लीक उन्होंने प्रारम्भ में ही बना ली, उसी पर चलते रहने में वे सन्तुष्ट रहे हैं।

'यदि एक पंक्ति भी सार्थक लगे, तो मेरा धर्म सार्थक हो जाएगा' कहनेवाले इस अल्पाकांक्षी कवि ने एकाधिक पंक्तियाँ ही नहीं, अनेक कविताएँ ऐसी लिखी हैं, जो सार्थक हैं। कवि का यह कहना कि 'मुझे सुख यही है कि मेरे कवि से 'विशेष' की आशा किसी को भी नहीं, इसलिए 'स्वागत', 'तिरस्कार' का प्रश्न ही नहीं उठता।' पाठकों और आलोचकों के सम्बन्ध में कवि की ऐसी अनास्था का परिचायक है, जो सर्वथा अकारण है। नरेश मेहता के पाठक हैं—अब यह दूसरी बात है कि कविता पढ़नेवाले कम होते ही हैं—और उन्होंने हिन्दी के सजग अध्येताओं का ध्यान आकृष्ट किया है।

उनका बालू को 'बालु' बना देना, संस्कृत की सप्तमी विभक्ति का प्रेम और डाक-भाँग-जैसा बंगलापन अवश्य हास्यास्पद, निरर्थक और कभी-कभी खीज उत्पन्न करनेवाले वेलक्षण्य हैं; किन्तु असह्य या अक्षम्य इसलिए नहीं हैं, क्योंकि इनका प्रयोगकर्ता अपना काम जानता है। नरेश मेहता के चित्र दर्शन, श्रवण, स्वर, घ्राण और स्पर्श का अनुभव प्रदान करने में क्षम हैं और प्रायशः कविता के भाव के साथ एकतान। इस समन्वय पर निर्झर सांगीतिकता नरेश मेहता की कविताओं की दुर्लभ विशेषता है।

नरेश मेहता के विकास पर हममें से बहुतों का ध्यान रहेगा।

'आओ करें सवारी', 'निराला जानवर', 'वीर पुत्रियाँ', 'श्रीकृष्ण', 'गौतम बुद्ध', 'रवीन्द्रनाथ टैगोर' के प्रकाशक दिल्ली के राजपाल एंड संज हैं। प्रौढ़ साहित्य की समीक्षा के सिलसिले में प्रकाशक का विशेष रूप से उल्लेख प्रायः अनावश्यक होता है, किन्तु बाल-साहित्य में कदाचित् उसी का सर्वाधिक महत्त्वपूर्ण स्थान होता है : यह नहीं कि लेखक का महत्त्व कम होता है, किन्तु यह कि लिखित वस्तु को सचित्र और सुसज्जित बनाने में प्रकाशक की रुचि, साधन और दूरदर्शिता का बहुत बड़ा हाथ रहता है। इन छह पुस्तकों को जिस रूप में और जितने कम मूल्य में प्रकाशक ने सुलभ बनाया है, उनके लिए वह विशेष श्रेय का अधिकारी है, यद्यपि, सामान्य रूप से, इन पुस्तकों का प्रकाशन अप्रत्याशित न होकर इस प्रकाशन-संस्था के सर्वथा अनुरूप ही है।

'आओ करें सवारी' और 'निराला जानवर' अल्प वय-वर्ग के बालक-बालिकाओं के लिए योग्यतापूर्वक और अत्यन्त रोचक शैली में लिखी गई पुस्तकें हैं। यह विशेष

रूप से सन्तोषजनक बात है कि पुस्तकों की भाषा को यथासम्भव शुद्ध रखने का प्रयास किया गया है और मुद्रण सर्वथा निर्दोष है।

दोनों पुस्तकों के रंगीन आवरण सुरुचिपूर्ण और आकर्षक हैं और अन्दर के चित्र बाल-मनोविज्ञान की समझ रखनेवाले कुशल चित्रकारों के बनाये हुए हैं।

'वीर पुत्रियाँ', 'श्रीकृष्ण', 'गौतम बुद्ध' और 'रवीन्द्रनाथ टैगोर' आदर्श जीवनियाँ प्रस्तुत करनेवाली ऐसी पुस्तकें हैं, जो उच्चतर वय-वर्ग के पाठकों के लिए हैं। इनके आकार-प्रकार, सजावट और चित्रण में पाठकों के वय-वर्गानुरूप सादगी है और पठनीय सामग्री रोचक शैली में प्रस्तुत होने पर भी सोद्देश्य एवं शिक्षाप्रद है।

समीक्षित पुस्तकें इस प्रकार की विदेशी पुस्तकों के समकक्ष हैं और हिन्दी में अनुकरणीय प्रतिमान स्थापित करती हैं।

'गुलिवर की यात्राएँ', 'राबिनसन क्रूसो', 'कठपुतला', 'खजाने की खोज में' अंग्रेजी के ऐसे प्रसिद्ध उपन्यासों के अनुवाद हैं, जो किशोरीपयोगी हैं और जिनमें से पहले दो तो श्रेण्यता प्राप्त कर चुके हैं।

अनुवादक श्रीकान्त व्यास ने अपरिचित स्थान, नाम और वातावरण से युक्त कथाओं को बड़ी सफलता के साथ अनूदित किया है—संक्षेपीकरण का श्रेय सम्भवत: अंग्रेजी के ही किसी संक्षिप्त संस्करण को है, जिसका उल्लेख नहीं किया गया है, जो यह देखते हुए आश्चर्यजनक नहीं कि मूल लेखकों तक का उल्लेख—परिचय तो दूर की बात है—नहीं है।

किशोरोपयोगी मौलिक हिन्दी उपन्यासों के अभाव का परिणाम यह हो रहा है, कि वय से प्रौढ़ पाठकों की रुचि का लाभ उठाने के लिए लिखे गए उपन्यास ही किशोर भी पढ़ते हैं। इस वय-वर्ग के पाठकों के लिए उत्कृष्ट मौलिक उपन्यासों का अभाव शीघ्र दूर हो सकेगा, इसकी सम्भावना, हिन्दी के अच्छे उपन्यासकारों की सीमित संख्या को देखते हुए नहीं है। अत: किशोरोपयोगी विदेशी उपन्यासों के ऐसे अनुवाद अवश्य ही श्रेयस्कर सिद्ध होंगे।

प्रकाशक ने आवरण-सज्जा, चित्र, कागज, मुद्रण और मूल्य की दृष्टि से पुस्तकों को पूर्णत: सन्तोषजनक और अनुकरणीय बनाया है।

'जातक कथाएँ' : समीक्ष्य पुस्तक में सोलह ऐसी जातक-कथाएँ हैं, जो किशोर पाठकों को ध्यान में रखकर, संक्षिप्त रूप में, प्रस्तुत की गई हैं। सफल संक्षेपीकरण के लिए किसे साधुवाद मिलना चाहिए, इसकी सूचना, जाने क्यों, इन बातों में सामान्यत: सावधान प्रकाशक ने, देने की जरूरत नहीं समझी है, यद्यपि जहाँ तक मुद्रण-चित्रण आदि का प्रश्न है, इन दृष्टियों से पुस्तक सर्वांगपूर्ण है।

'संगीत की कहानी', 'भारतीय भवनों की कहानी', 'हमारे पड़ोसी', 'एटम की कहानी' किशोरोपयोगी ज्ञानवर्द्धक पुस्तकें हैं। 'भारतीय भवनों की कहानी' की तरह ही संगीत की कहानी भी भारतीय सभ्यता के ही तत्त्व-विशेष के सरल किन्तु प्रामाणिक विवरण तक सीमित है। लेखक ने इन दोनों पुस्तकों में भारतीय स्थापत्य और संगीत के विभिन्न रूपों और शैलियों का इतिहास साधिकार प्रस्तुत किया है। लेखक की विशेषज्ञता कहीं बाधक सिद्ध नहीं हुई है और भारतीय सभ्यता के इतिहास के दो तत्त्व वस्तुतः कहानी जैसी रोचकता के साथ वर्णित हुए हैं।

'हमारे पड़ोसी' में उपर्युक्त पुस्तकों के लेखक ने ही भारत के पड़ोसी देशों के भूगोल, सभ्यता, व्यापार आदि के सम्बन्ध में ज्ञातव्य बातें ऐसी सहज ग्राह्य शैली में कह दी हैं कि इतिहास-भूगोल से भागनेवाले किशोर पाठक भी इन विषयों का पर्याप्त ज्ञान प्राप्त कर लेंगे और उन्हें अपनी रुचि पर भार भी नहीं मालूम पड़ेगा। भगवतशरण उपाध्याय ऐसे किशोरोपयोगी साहित्य की रचना के लिए पहले से प्रसिद्ध हैं। यहाँ समीक्षित पुस्तकें उनकी प्रसिद्धि के सर्वथा अनुरूप हैं।

'एटम की कहानी' मूल अंग्रेजी पुस्तक का अनुवाद है। अनुवादक विराज और चित्रकार ईदा शेईब ने अपने काम बड़ी खूबी के साथ किये हैं। विवरण प्रामाणिक होने के बावजूद, आसानी से समझ में आ जाते हैं—पढ़नेवाला प्रस्तुत समीक्षक जैसा विज्ञान-विरहित हो, या विज्ञान में रुचि रखनेवाला वह किशोर पाठक, जिसके लिए पुस्तक लिखी गई है।

'माँ और मुन्ना' का बाल-साहित्य के अन्तर्गत ही समीक्षित होना इस कारण युक्ति-रहित न होगा कि यह बालक की माता के लिए धात्री-विज्ञान-सम्बन्धी महत्त्वपूर्ण विषयों को अभिनव शैली में सुलभ बनानेवाली पुस्तक है। वार्तालाप और पत्र आदि के रूप में लिखी गई यह पुस्तक माताओं के लिए निस्सन्देह अतिशय उपयोगी सिद्ध होगी।

'मृच्छकटिक', 'मुद्राराक्षस'—दोनों ही संस्कृत के प्रमुख नाटकों में परिगणित होते हैं और उनके अनुवाद आवश्यक थे। इनमें से दूसरे का सफल अनुवाद स्वयं भारतेन्दु ने किया था। फिर भी नया अनुवाद आवश्यक था; क्योंकि यह मान्य सिद्धान्त है कि प्रत्येक युग में श्रेण्य साहित्य का नवीन अनुवाद होना चाहिए।

इन अनुवादों से उक्त आवश्यकता की सर्वांशतः पूर्ति होती है, यह तो नहीं कहा जा सकता, किन्तु इन्हें इस दिशा में श्लाघ्य प्रयास माना जा सकता है। रांगेय राघव ने बृहत् परिमाण में मौलिक साहित्य की रचना करने के अतिरिक्त, अंग्रेजी और संस्कृत से, बृहत्तर परिमाण में, अनुवाद किये हैं, जिनमें से कुछेक की समीक्षा पिछले अंकों में की जा चुकी है। बहुत अधिक लिखने से जो लाघव उन्होंने अर्जित किया है, वह

अनिवार्यत: त्वरा-जनित त्रुटियों से क्षति-ग्रस्त भी हुआ है। यही कारण है कि इन अनुवादों को 'युग का अनुवाद' नहीं कहा जा सकता, ये इस अभाव की अंशत: पूर्ति करनेवाले प्रयास-मात्र है।

'युग का अनुवाद' भारतेन्दु-कृत-'मुद्राराक्षस' का अनुवाद है, जिसमें बड़ी सावधानी और निपुणता के साथ गद्य-पद्य का मूलवत् गद्य-पद्य में अनुवाद है—युग के अनुरूप ही गद्य की खड़ीबोली में और पद्य का ब्रजभाषा में। प्रस्तुत अनुवादकर्ता ने गद्य-पद्य, दोनों का गद्य में ही अनुवाद किया है और, अनुवाद की प्रक्रिया में, मूल का अतिशय सरलीकरण भी कर दिया है।

इन अनुवादों के पक्ष में यह कहना पड़ेगा कि ये हिन्दी के साधारण पाठकों को संस्कृत के मूल नाटकों की कथा से परिचित कराने में अवश्य ही समर्थ होंगे और, विशद भूमिकाओं से युक्त होने के कारण, पाठकों को अधिक जानने के लिए प्रेरित करेंगे।

'दु:खमोचन' प्रगतिवादी नागार्जुन का गांधीवादी तो नहीं, किन्तु सरकारवादी उपन्यास जरूर ही है। यह उपन्यास आकाशवाणी के लखनऊ-केन्द्र से प्रसारित हो चुका है और यह पर्याप्त प्रमाण है कि नागार्जुन बायें से दायें खिसके हैं। वे अपने पहले के 'इष्टदेव को आसन से गिरा' मानते हैं या नहीं, इसकी जानकारी समीक्षक को नहीं है, किन्तु वे स्वयं अपने आसन से अवश्य हिले हैं।

नागार्जुन का यह खिसकना या हिलना उनके विकास का परिचायक नहीं है। उनके पहले के उपन्यासों के उत्कट यथार्थ से, उनमें पैबन्द की तरह लगे मतवाद-विशेष से असहमत होते हुए भी, एकदम अप्रभावित बने रहना कठिन था; उनका प्रस्तुत उपन्यास वर्णित सुधारवाद के बावजूद, शिथिल और साधारण है। नागार्जुन की रचनाओं में सामान्य रूप से पर्याप्त प्रखरता रहती है। अपनी कृति पर वे प्रखरतापूर्वक विचार करें, तो यह उनकी भावी कृतियों के लिए हितकर सिद्ध हो सकता है।

उपन्यास की मेरी प्रति उस लाल-नीली पेंसिल से अनेक स्थलों पर विरूप हो गई है, जिसे निर्मम होकर चलाना मेरा पेशा है। किश्त (किस्त); बुड़बुड़ाना (बड़बड़ाना); वारिश (बारिश); चिड़वा (पंजाब में होता भी हो, मिथिला में तो अवश्य नहीं, और हिन्दी में भी नहीं! यों, शब्द का हिन्दी और बिहारी रूप भी प्रयुक्त हुआ है—चिवड़ा, चिउड़ा); नित्या बाबू के स्वर (का स्वर); पेशाब लग आई (आया; हिन्दी के लेखक नित्य-कर्म का उल्लेख किये बिना नहीं रहते, अब क्या यथार्थता के लिए स्पष्टतर उल्लेख नितान्त आवश्यक है? पृ. 69 पर पुन: इस क्रिया का पंडिताऊ भाषा में उल्लेख है!) चाबुक पड़ी (पड़ा); पछिआ, पछिमा हवा (यों तो दोनों ही रूप अपरिनिष्ठत हैं, किन्तु एक ही पृष्ठ पर विरूपता!); ध्वजा की ऊपरी छोर पर (के) : ये कुछेक दृष्टान्त हैं, जिन्हें भाषा की अशुद्धि कहते हैं, और जिनसे बचने का उपाय यह है कि लेखक या प्रकाशक पांडुलिपियों के संशोधन की कोई व्यवस्था

अवश्य रखें। प्रस्तुत समीक्षक ने नागार्जुन से प्रसिद्धतर और उत्कृष्टतर लेखकों की कृतियों की समीक्षा करते हुए बहुशः इसकी ओर लेखकों और प्रकाशकों का ध्यान आकृष्ट किया है।

पुस्तक के समीक्षक से अधिक उसके स्वतः नियुक्त सम्पादक के इस काम के सिलसिले में ही यह निर्देश कर देना भी आवश्यक है कि पृ. 18 पर 'दुःखमोचन' की 'औरत' हैजा से और पृ. 71 पर टी.बी. से मरी, ऐसा परस्पर-विरोधी कथन है—यों कहने के लिए कहा जा सकता है कि वह मर तो गई ही, हैजा से हो या टी.वी. से, फर्क क्या पड़ता है! चौथे परिच्छेद के अन्त में, खाली स्थान पर, उपन्यास की मेरी प्रति के एक अन्य सजग पाठक की यह टिप्पणी है, जो शायद ठीक ही है : 'अप्पी की माँ की बरखी के दस-बारह रोज बाकी हैं। मामी काम करने जाती है, दुःखमोचन डाकखाने टिकट लाने जाता है। डाकखाने से टिकट लेकर लौटते समय वेणीमाधव के बरामदे में वह आराम करता है। उस समय अप्पी की माँ की बरखी हुए तीन दिन गुजर चुके होते हैं!' मेरे एक छात्र ने प्रेमचन्द के उपन्यासों तक में ऐसी एकाधिक असंगतियाँ ढूँढ़ निकाली हैं; नागार्जुन अपने को ऐसी असंगतियों के लिए क्षम्य मानें, तो उनकी ओर से यह तर्क प्रस्तुत है।

यदि ऐसी कुछेक पुस्तकें पाठ्यक्रम में स्वीकृत रहें, तो अध्यापकों का काम एक हद तक सरल हो जाए—शुद्ध प्रयोगों के निर्देश के लिए अशुद्ध ढूँढ़ने में उन्हें श्रम नहीं करना पड़ेगा—मम्मट ने श्रीहर्ष के बारे में जिस नीयत से कुछ ऐसी ही बात कही हो, आज के मम्मट आज के श्रीहर्ष के लिए यदि ऐसा कुछ कह रहा है, तो इसके लिए क्या अधिक उदाहरण अपेक्षित हैं?

पुस्तक लिखना कष्टप्रद कार्य है, यह सभी मानते हैं; समीक्षक के कष्ट को लेखक ही समझे, तो समझे।

प्रकाशक ने, प्रकाशक का जो करणीय है, उसे बखूबी किया है, यानी उपन्यास का मुद्रण सर्वांगसुन्दर है; प्रकाशक ने, प्रकाशक को जो नहीं करना चाहिए, वह नहीं किया है, अर्थात् उसने पुस्तक का बहुत ढिंढोरा नहीं पीटा है, और उसकी समीक्षा उनके लिए छोड़ दी है, जिनका यह काम है।

'उनसे न कहना', 'रात और प्रभात' के लेखक भगवतीप्रसाद वाजपेयी, 'दुःखमोचन' के लेखक से बहुत पहले से लिखते आ रहे हैं, यद्यपि उन्होंने औसत किस्म के उपन्यास ही लिखे हैं, जो परिमाणतः प्रभावोत्पादक होते हुए भी, प्रकारतः उल्लेख्य एवं विचारणीय नहीं सिद्ध हुए हैं। ये दोनों उपन्यास उनके बहुसंख्य अन्य उपन्यासों के समान ही हैं: पर्याप्त रोचक कथानक; बीच-बीच में पाठकों से आँसू ऐंठने की कोशिश—जो शरत् बाबू के घटते प्रभाव के साथ, गनीमत है, कम हो गई है। सीधी-सादी भाषा के बीच असावधानी से प्रयुक्त संस्कृत शब्द, जिनके कारण भाषा

'फीलपाँवी' हो जाती है, जिसे देखते हुए प्रसाद की भाषा को 'फीलपाँवी' कहना मेरी अत्युक्तियों में से एक प्रमाणित होती है; और एक अच्छी बात यह कि समाज, संस्कृति, कला इत्यादि सम्बन्धी अपने विचारों को पात्रों के कथोपकथन के रूप में खपाने की अधिक चेष्टा न करना—कुछ तो चेष्टा रहती है!

और, सम्पादन कहिए या स्कूल-टीचरी, वाजपेयी जी के समान पुराने लेखक की भाषा के सम्बन्ध में भी इसकी पूरी आवश्यकता है। कुछ उदाहरण हैं, और केवल उनसे न कहना से—तेज और ओज (तेज); अहम और दम्भ (अहम्); भिद जाता है; वर्षा के दिनों में कल्याणी खुले आकाश के नीचे सोना पसन्द करती है (बरसात में, या वर्षा की रातों में होना चाहिए—वर्षा के दिनों में कोई क्यों खुले आकाश के नीचे सोने लगा!); उसकी विदा के लिए आए (बिदाई); अपनी स्थापना का श्रीगणेश कर दिया था (स्थापना भी ठीक, श्रीगणेश भी, फिर भी यह शैली कैसी है!); धूप न हो तो निदाघ-ज्वाला, डूब-डूबकर इधर-उधर अपने पाँव पसार-पसारकर (शैली का दृष्टान्त) पृथ्वी-तल को शस्य-श्यामला बना देती है (या तो तल हटाएँ या श्यामला करें); उस समय कल्याणी की माँ बनी हुई थी (बनी हुई मुहावरा तो यहाँ खूब है!); माँ की कलह (के); तुमको मिथ्या प्रशंसा का पात्र लोलुप बना दिया है; इसी प्रकार दिन चलते गए और ग्रन्थि पर पानी पड़ता गया; तुमको बात करने की तमीज नहीं है (तुम्हें); पवन-दोलन में गरमाहट प्रतीत होने लगी (पवन-दोलन ही कहना है, तो उष्णत: कहें, हलाँकि दोलन में उष्णता कैसी, वह तो पवन में ही हो सकती है, दोलन मन्द-तीव्र हो, तो हो); खपरैल से आवृत्त (आवृत); चप्पल से पैर मात्र ही खुए हुए दिखलाई पड़ते; दोनों परिवारों के बच्चों के मन के तार अभी टूट न पाए थे (जैसे टूट जाने चाहिए थे, दुर्भाग्य कि टूट न पाए थे; अभी टूटे न थे, कहा यों जाएगा); रशीदा की साड़ी का अंचल कन्धे से खिसककर भूमि-तल पर फिसलने लगता, आधुनिकतम कंचुकी का युग्म-कन्दुक-मिलन-द्वार अनावृत्त हो उठता (अब लेखक की 'जानकारी' और 'शैली' के बारे में अवश्य कुछ कहना अनावश्यक है); केले, सन्तरे और लीची लेकर (लीची एक ही?); आजानु अनावृत्त केशराशि (आजानुप्रलम्बता परम्परागत विशेषता है, कदाचित् आधुनिक विशेषता अनावृत्त—अनावृत—होना हो!)। समीक्षा में यह विवरण बहुत विस्तृत हो सकता है—पूर्व-समीक्षित उपन्यास-सम्बन्धी ऐसे सम्भाव्य विवरण से भी अधिक विस्तृत। किन्तु अलमतिविस्तरेण!

लेखक से कहीं अधिक प्रकाशक ने अपनी प्रतिष्ठा का ध्यान रखा है।

'भूदानी सोनिया' : रहस्य-रहित शीर्षकवाले इस उपन्यास को मैं बहुत उत्कंठा के साथ पढ़ने के लिए अपने को तैयार कर सका, यदि यह सत्य नहीं है, तो यह असत्य भी नहीं है कि एक बार पढ़ना शुरू कर देने पर उसे जारी रखना बहुत कठिन नहीं पाया और पुस्तक पढ़ने पर सन्तोष अनुभव किया।

भूदान से दुष्कर आचरण का ही सम्बन्ध हो सकता है, मैं यही समझता रहा हूँ। उसे उपन्यास का विषय भी बनाया जा सकता है, यह उदयराज सिंह ने कर दिखाया है। यह कौतूहलवर्द्धक बात है, यद्यपि विशेष महत्त्वपूर्ण नहीं है। महत्त्वपूर्ण बात यह है कि उदयराज सिंह की शैली में भूदान और उसके प्रवर्तक के व्यक्तित्व की खूबसूरत सादगी आ गई है। अवश्य ही उदयराज जी की शैली के इस शोभन रूप में उनकी विकसमान कला का भी योग है, जिसने उन्हें उत्तराधिकारवत् प्राप्य 'लीक' को छोड़कर चलने का आधार प्रदान किया है।

शैली की तरह आवरण भी निराडम्बर, किन्तु आकर्षक है। पुस्तक की दो अन्य साहित्येतर विशेषताएँ हैं श्री जयप्रकाश नारायण की लिखी प्रस्तावना और यह प्रकाशकीय घोषणा कि 'इस पुस्तक से प्राप्त कुल आय भूदान-यज्ञ को निवेदित है।'

'राह न रुकी', 'पक्षी और आकाश' एक ऐसे लेखक के लिखे उपन्यास हैं, जिसकी रचनाओं के परिमाण से अनुमेय आलोचक की समस्त आशंकाएँ सत्य सिद्ध होती हैं। हीनभावना-ग्रस्त लेखक सम्पादित आलोचना के खिलाफ पेशबन्दी करता हुआ, 'राह न रुकी' की भूमिका में कहता है : 'उपन्यास या कला-कृति केवल मनोरंजन के लिए नहीं, वह निम्न स्तर के आलोचकों तक उतरने के लिए भी नहीं। उसे सहज होना होगा पाठकों के लिए, किन्तु उतना ही उठना होगा आलोचक को उसे समझने के लिए।'

आलोचना के खट्टे अंगूर अवश्य ऐसी रचनाओं के लिए दुष्प्राप्य बने रहते हैं। रही 'उतरने', 'उठने' की बात, तो 'फल खुद नहीं उतरते', 'उठने' की ताकत हो, तो उनकी तृष्णा रखनेवाला उठे, या न उठ सके, तो उन्हें खट्टा कहकर सन्तोष कर ले!

आलोचक बेचारे लेखक के प्रति हमदर्दी रखने के बावजूद अपनी आलोचना को किस निम्नता तक 'उतारे'! 'राह न रुकी' के स्तर के कुछेक दृष्टान्त ही लेखक के अतिरिक्त और सभी के लिए पर्याप्त होंगे—हम क्षत्रीय हैं; उस स्त्री में दो चपत क्यों नहीं देता; आँख मिलाकर चकड़-चकड़ करने लगे, इत्यादि। यह उपन्यास बुद्ध-महावीर-युग का पुनर्जागरण प्रस्तुत करता है—किस खूबी के साथ, इसका अनुमान उपर्युक्त उद्धरणों से कर लें, जो प्रारम्भ के सत्ताइस पृष्ठों में ही अनायास मिल गए हैं।

'पक्षी और आकाश' में ऐसे बहुसंख्य अप-प्रयोग हैं—मैंने तीनों भाइयों को मेरी ओर देखते हुए; आधीन; ग्लपयित; आशीस; स्वर्ण-रत्नजटित किरीट (रत्नजटित स्वर्ण-किरीट); कितने ही तरह के व्यंजन, उच्छ्वसित; साक्षी दिला दी; मेरे अपमान; नाम डूबा दिया; मैंने झूठ बोला था; श्वसुर; इत्यादि।

इस उपन्यास में, पहले की अनर्गल भूमिका की तरह कोई भूमिका नहीं है। यह अच्छी बात है। जो 'दो शब्द' हैं, उनके लिए, पता नहीं, लेखक उत्तरदायी है या प्रकाशक। जो भी हो, उसका यह दावा कि 'आज से हजार साल बाद भी इस उपन्यास

की रोचकता वही रहेगी, जो आज है'—वर्तमान और भविष्य के सम्बन्ध में उसकी आशावादिता का परिचायक है। किन्तु, दोनों ही उपन्यासों में ऐसी रोचकता अवश्य है, जो साधारण पाठक की रुचि के अनुकूल सिद्ध हो सकती है। 'पक्षी और आकाश' की रोचकता आकस्मिकताओं पर निर्भर है और चन्द्रकान्ता-'संतति' है; 'राह न रुकी' इस दृष्टि से उत्कृष्टतर है।

पुस्तकें साहित्य की शोभा भले न हों, अलमारी को जरूर बढ़ा सकती हैं।

'गुलाब के दो फूल', 'बुढ़िया की गाय', 'पथेर पांचाली' में पहले दो अंग्रेजी से और तीसरा बंगला से अनूदित उपन्यास है। 'गुलाब के दो फूल' स्टेवेंसन के एक ऐसे उपन्यास का अनुवाद है, जिससे हिन्दी का भंडागार नहीं भरता—और अनुवाद इसी दृष्टि से होने चाहिए। हाँ, अंग्रेजी न जाननेवाले पाठकों को एक कौतूहलवर्द्धक उपन्यास जरूर मिल जाता है। अनुवादक महावीर अधिकारी ने साधिकार अनुवाद किया है।

मुल्कराज आनन्द के अंग्रेजी उपन्यास का अनुवाद हिन्दी के साधारण उपन्यास-पाठक को भी प्रभावित नहीं करेगा। इससे हिन्दी के साधारण उपन्यासकार का भी आत्मविश्वास बढ़ सकता है; क्योंकि ऐसा उपन्यास वह भी लिख लेता है। पति पत्नी को कितनी बार पीट सकता है, इसका निर्घृण विवरण देनेवाला यह उपन्यास 'बीभत्स'-प्रधान है।

'पथेर पांचाली' का अनुवाद तो होना ही था—चित्रपट के रूप में इसे इतनी प्रसिद्धि जो मिली है! किन्तु जहाँ तक उपन्यास का प्रश्न है, बंगला के ही शरत् बाबू ने पाठकों से आँसू वसूलने में इससे कहीं अधिक सफल उपन्यास लिखे हैं और उनसे हिन्दी के पाठक सर्वथा सुपरिचित हैं। शरत् बाबू के उपन्यासों में अश्रु-तत्त्व से अधिक भी कुछ रहता है, 'पथेर पांचाली' में यही एकमात्र उल्लेखनीय तत्त्व है।

'चोखेर बाली' का हिन्दी नामान्तरण आँख की किरकिरी कुछ बुरा तो नहीं था, किन्तु 'पथेर पांचाली' हिन्दी में भी 'पथेर पांचाली' ही है। अनुवाद की भाषा अनेक स्थलों में हिन्दी की अपेक्षा बंगला के निकटतर है; नाम पूर्णतः बंगला रह गया, तो क्या आश्चर्य!

हिन्दी के उत्साही प्रकाशक हिन्दीतर भाषाओं के श्रेष्ठ उपन्यासों के ही अनुवाद प्रकाशित करें, तो वे अपने साधनों का सदुपयोग करेंगे।

'छेनी और हथौड़ी' ऐसी कहानियों का संग्रह है, जिनमें कहीं-कहीं थोड़ी-बहुत कामयाबी के साथ जिब्रान-जैनेन्द्र-शैलियों की खिचड़ी पकाई गई है। यह प्रयास शरत्-कृश्न चन्दर की खिचड़ी पकाने से जरूर ही अच्छा है, जो हिन्दी की कहानी-पत्रिकाओं में छपनेवाली कहानियों की विशेषता है।

‘तुम बड़ी पागल हो’ में संगृहीत कहानियाँ ‘बीस-बाइस वर्ष की उम्र में लिखी गई हैं।’ बीस-बाइस वर्ष की हर कहानी-लेखिका कैथेराइन मैंस्फील्ड ही सिद्ध होगी, इसकी अपेक्षा तो खैर किसी को क्या होगी, किन्तु ‘तुम बड़ी पागल हो’ की लेखिका मालती परूलकर इस्मत चुगताई भी नहीं है। ‘तुम बड़ी पागल हो’—इस शीर्षक के बावजूद, संग्रह की कहानियों में पागलपन या भावुकता अनियन्त्रित नहीं है।

‘लम्बे दिन जलती रातें’ की कहानियों में वही बीभत्सता है, जिसका निर्देश ऊपर, उपन्यास विशेष की समीक्षा में, हो चुका है। मनुष्य की क्रूरता कहानी में व्यक्त हो तो सकती है, किन्तु इसके लिए मर्द के द्वारा औरत के बार-बार पिटने का वर्णन आवश्यक नहीं है। बीभत्स और भयंकर हिन्दी के कुछ लेखकों के प्रिय रस होते जा रहे हैं। लेकिन, यह इन रसों के साथ अन्याय है—उनका रस तो ‘हॉरर’ है। वे प्रौढ़ पाठकों के लिए ‘हॉरर’ कहानियाँ लिखने को स्वतंत्र हैं। ब्रिटेन और भारत की सरकारों ने अमेरिका से आनेवाले ‘हॉरर कॉमिक्स’ पर प्रतिबन्ध लगा दिया है। मैं सरकारी प्रतिबन्ध का समर्थक नहीं हूँ। मुझे पाठकों की सुरुचि में अविश्वास नहीं है।

संगर जी की कहानी पुस्तक कुछ लोगों को ही नीलकंठ बनाएगी—जिनमें ईर्ष्या के सर्वथा अयोग्य यह समीक्षक भी है—आशा यही की जाए!

‘बंगला की सर्वश्रेष्ठ कहानियाँ’, ‘उर्दू की सर्वश्रेष्ठ कहानियाँ’ : बंगला और उर्दू की प्राय: अच्छी कहानियाँ हिन्दी के पाठकों के लिए सुलभ बनाती हैं। बंगला की कहानियाँ शायद पुस्तक के प्रस्तावना-लेखक, राधेश्याम पुरोहित, ने चुनी हैं—स्पष्ट उल्लेख नहीं है। जिसने भी कहानियाँ चुनकर अनूदित-सम्पादित की हैं; उसने अपना काम योग्यतापूर्वक किया है। रवीन्द्रनाथ से नारायण गंगोपाध्याय तक की जो चौदह कहानियाँ इस संग्रह में हैं, वे पाठकों की संख्या में अपर्याप्त मालूम पड़ेंगी—संग्रह की यह बहुत बड़ी सफलता है। सभी कहानीकारों के संक्षिप्त परिचय कहानियों के प्रारम्भ में दिये गए हैं। इनसे पुस्तक की उपादेयता बढ़ गई है।

प्रकाश पंडित के द्वारा सम्पादित दूसरी पुस्तक के बारे में भी प्राय: यही बात कही जा सकती है: हिन्दी के कुछ पाठक उर्दू की और अधिक कहानियाँ पढ़ने के लिए उत्सुक बनेंगे। वह अनुवादक-सम्पादक का दोष नहीं है कि उर्दू की ये औसत कहानियाँ बंगला की इन औसत कहानियों की तुलना में निम्न स्तर की हैं!

[‘साहित्य’ : अप्रैल, 1958]

‘उर्दू शायरी और बिहार’ : रजा नकवी-लिखित इस पुस्तक का सविशेष महत्त्व है। यह बिहार हिन्दी साहित्य सम्मलेन का प्रकाशन है। सम्मेलन को इसके प्रकाशन के लिए बिहार राष्ट्रभाषा परिषद् से अनुदान मिला था।

अत्यन्त सावधानी से सम्पादित यह पुस्तक सम्मेलन-जैसी संस्था के सर्वथा अनुरूप है। उर्दू शायरी को बिहार की क्या देन है, यह संक्षिप्त, किन्तु सारगर्भ परिचयात्मक टिप्पणियों में बताया गया है, और प्रारम्भ में, बिहार में उर्दू भाषा का किस प्रकार विकास हुआ, इस पर भी यथेष्ट प्रकाश डाला गया है। पिछले प्राय: ढाई सौ वर्षों में बिहार में उर्दू काव्य का जो विकास हुआ है, वह बिहार के शायरों की प्रतिभा और यहाँ के निवासियों की गुणज्ञता का परिचायक है। डेढ़ सौ पृष्ठों की इस पुस्तक में उर्दू-काव्येतिहास के एक अंश का योग्यतापूर्वक विवरण प्रस्तुत किया गया है।

पुराने शायरों में शाद अजीमाबादी, अपेक्षया आधुनिकों में डा. अनीमुद्दीन अहमद अजीम और समसामयिकों में अख़्तर उरैनवी-जैसे शायर बिहार में हुए हैं और इनके एवं अन्य बिहारी शायरों की जीवनी तथा कविता से हिन्दी तथा उर्दू के साहित्यकारों का परिचय कराने का प्रयत्न अवश्य श्लाघ्य है; क्योंकि जिनका नाम इसमें अभी-अभी लिया, वे तथा अनेक अन्य शायर भी उर्दू साहित्य के इतिहास में उससे कहीं ज्यादा आदर पाने के अधिकारी हैं, जो उन्हें दिया गया है।

उदाहरण के लिए, शाद के निम्नलिखित शेरों को देखें और स्वयं निर्णय करें कि क्या ये बड़े-बड़े उस्ताद के शेरों से टक्कर नहीं लेते ? :

अब भी एक उम्र पे जीने का न अन्दाज आया।
जिन्दगी छोड़ दे पीछा मेरा, मैं बाज आया॥
जब अहले होश कहते हैं अफसाना आपका।
हँसता है देख-देख के दीवाना आपका॥
'शाद' ऐसे में न तोड़ा था भले को मैंने।
फूल पर हाथ बढ़ाया था कि दिल याद आया॥

आधुनिक शायरों में सबसे महत्त्वपूर्ण हैं जमील मजहरी, जिनके बारे में उर्दू के एक आलोचक का कहना है कि 'वे उर्दू के उन चन्द शायरों में से एक हैं, जिन्होंने कभी दूसरे दर्जे की शायरी नहीं की।'

आपकी एक नज्म की कुछेक पंक्तियों से इस कथन की सत्यता प्रतीत हो सकती है—यद्यपि मैं यह स्पष्ट कह दूँ कि सामान्य रूप से मैं उर्दू गजल को तो अपने ढंग की सद्य:चमत्कार उत्पन्न करनेवाली कविता मानता हूँ, किन्तु उसकी नज्मों से कभी बहुत प्रभावित नहीं हुआ। जमील साहब की 'कवि की प्रार्थना' शीर्षक कविता की प्रारम्भिक पंक्तियाँ हैं :

मेरे ईश्वर, मेरे ईश्वर, मेरे मन में लहर उठाएगा।
मेरी आत्मा में जो गूँज है, उसे एक पुकार बनाएगा॥
मेरी आत्मा से जो राग उठे कि जो सो रहे हैं जाग उठे।
मैं सितार हूँ, मुझे राग दे, मैं सितार हूँ, तू बजाएगा॥

'उर्दू शायरी और बिहार' एक उल्लेख्य प्रकाशन है।

'आरती और अंगारे' बच्चन की कविताओं का संग्रह है। 'अपने पाठकों से' बातें करते-करते, जाने क्यों साधारण सुरुचि की भी उपेक्षा करते हुए, बच्चन ऐसी पंक्तियाँ लिख गये हैं : 'आज जो ऐसी बातें कह रहे हैं, उन्हीं के बाप-चाचों ने जब 'मधुशाला' निकली तो कहा था...' और 'उनके बेटों-भतीजों ने प्रणय-पत्रिका निकली तो कहा...'

हम ऐसी भाषा का प्रयोग करनेवाले लेखक की पुस्तकों को अपनी समीक्षा के एक शब्द के भी योग्य नहीं मानते। बच्चन इन शब्दों को वापस लें। पुस्तक का वितरण बन्द कर ये पृष्ठ हटा दिये जाएँ। हमें विश्वास है, हिन्दी के साहित्यिक बच्चन तथा उनके प्रकाशक को इन प्रायश्चित्तों के लिए बाध्य करें।

'धार के इधर-उधर' बच्चन की ही कृति है। इसके सम्बन्ध में भी हम कुछ लिखने से इनकार करते हैं।

'जन-गीता' बच्चन की तीसरी पुस्तक है, जिसके बारे में भी हम एक शब्द तक लिखने से इनकार करते हैं। किन्तु, जिन स्वामी जी के प्रति इस लेखक ने इस पुस्तक में भक्ति प्रकट की है, उनकी सेवा में हम 'आरती और अंगारे' की निर्दिष्ट शब्दावली इस आशा से पहुँचाना चाहेंगे कि वे शायद अपने शिष्य को प्रायश्चित्त करने के लिए प्रेरित कर सकें।

'क्वाँर की साँझ' रामनरेश पाठक की ऐसी कविताओं का संग्रह—जैसी कविताएँ नई कविताएँ कही जाती हैं। नई कविताओं के समस्त निर्देश्य लक्षण इनमें मिलते हैं—चौंकानेवाले शीर्षक, टेढ़ी-मेढ़ी पंक्तियाँ, अंग्रेजी के शब्द, 'स्वीकारा', 'नयन-कोरों देखा' जैसे प्रयोग आदि-आदि।

ये लक्षण काव्य का संश्लेष बन सके हैं या नहीं, यह अनेक अन्य नई कविताएँ लिखनेवालों की रचनाओं की तरह रामनरेश पाठक की कविताओं के सम्बन्ध में भी विचारणीय है। मेरे विद्वान मित्र प्रो. रामेश्वर सिंह काश्यप अर्द्ध-गम्भीर भाव से कहा करते हैं कि नई कविता के खिलाफ सबसे बड़ी बात यह है कि वह इतनी आसानी से स्वीकृति पा ले रही है। 'क्वाँर की साँझ' की कविताएँ भी बड़ी आसानी से स्वीकृति पा जाएँगी, यह असन्दिग्ध है।

'वैयक्तिक' राजेन्द्र किशोर की लम्बी कविताओं का नयनाभिराम संग्रह, सीज और साँप से, आवरण पर ही, प्रतीकित है। ये लम्बी कविताएँ आभ्यन्तर एकालाप हैं। कवि अपनी कुंठा, जिसके अंग्रेजी-पर्याय का प्रयोग करना वह आवश्यक पाता है, की चर्चा भूमिका में करता है। वह शीघ्रता के साथ यह भी कहता है कि कुंठा के बावजूद वह निराश नहीं है, जो जरूर ही अच्छी बात है।

राजेन्द्र किशोर को, वैयक्तिक और मैं के स्पष्टीकरण के बाद छायावादियों और प्रगतिवादियों दोनों से स्वीकृति प्राप्य होनी चाहिए। किन्तु, पहले से शायद इस कवि को ही अभीष्ट न हो और दूसरों से, हमें सन्देह है, शायद ही उन्हें मिले। अवश्य नई कविता के प्रतिनिधियों से उन्हें सहज स्वीकृति मिलेगी; क्योंकि सभी कविताएँ काट और धज में नई हैं।

'नारायणी' ब्रजकिशोर 'नारायण' की इस पुस्तक का नया संस्करण है। पहले संस्करण पर प्राप्त समीक्षाएँ और सम्मतियाँ इस संस्करण के प्रारम्भ में संकलित कर दी गई हैं। इतनी बड़ी संख्या में विद्वान, आलोचक, समीक्षक आदि पुस्तक-विशेष की प्रशंसा में एकमत हो सकते हैं, यह मुझे पहली बार देखने को मिलता है।

मुझे इस पुस्तक की एक बात अच्छी लगी। इसमें साहित्यकारों पर भी कविताएँ हैं। 'महाकवि दिनकर!' की प्रारम्भिक पंक्तियाँ :

तम तुमुल चीर
तुम उगे अरुण उदयाचल पर।

दिनकर का ही एक शब्द लिया जाए, तो 'दोष-रहित' नहीं है। ग्रंथ में 'ग्रन्थि' कहीं नहीं है, यह सच है। कविताएँ पाठकों के लिए नहीं, श्रोताओं के लिए लिखी गई हैं।

'टुटा हुआ आदमी' में, जिसे जीवन-दर्शन कहा जाता है, ज्यादा वही है, किन्तु थोड़ी ही सही, वक्रोक्ति भी है। यह वक्रोक्ति ही इस कविता-संग्रह का 'जीवित' है।

अनुपस्थित पर व्यंग्य कर दर्शन-प्रतिपादन करने से वक्रोक्ति के लिए प्रयास करना सदैव अधिक उपादेय होता है। गलती यह हो जाया करती है कि व्यंग्योक्ति को ही वक्रोक्ति मान लिया जाता है। सिद्धनाथ ने भी ऐसी गलती की है। जहाँ इससे वे बच गए हैं, वहाँ उन्होंने कविता लिखी है।

किसी काव्य संग्रह में थोड़ी कविता भी हो, तो क्या कम है ?

'भग्नमूर्ति' आत्माराम राव जी देशपांडे 'अनिल' के मराठी-काव्य का प्रभाकर माचवे द्वारा कृत मूलोपम अनुवाद है। मूल अनुवाद से बहुत अच्छा होगा, ऐसा सन्देह करने का कोई कारण नहीं दीखता।

पुस्तक के अन्तिम दो पृष्ठों में 'परिशिष्ट-3' है, जिसे प्रारम्भ में रहना चाहिए था, और, जब इस कवि की कृति का अनुवाद आवश्यक माना ही गया है, तब परिशिष्ट में उसकी जीवनी आदि पर भी थोड़ा प्रकाश अपेक्षित था। कृति के विषय में अनुवादक ने कहा है : ''भग्नमूर्ति' काव्य की विशेषता यह है कि वह अन्य रूढ़ खंडकाव्यों

की भाँति कथनात्मक (नैरेटिव) काव्य नहीं है। वह किसी कहानी को दिया हुआ पद्यात्मक रूप नहीं है। इसमें आधुनिक कविता का विश्लेषाणात्मक रूप (एनेलिरिकल पोएट्री) व्यक्त हुआ है। 'मेघदूत' की भाँति, कवि के मन में एक वस्तु के दर्शन-मात्र से स्फुरित भावगीतात्मकता का यह प्रलम्बित मुक्तक (एक्सटेंडेड लिरिक) है। इस कारण से उसमें रागात्मक अनुभूति की सघनता (इमोशनल कंटेग्रेशन) है। मूर्ति पर विचार करते-करते कवि साँची, अजन्ता, वेरूल, मथुरा-म्यूजियम और वहाँ से हमारी संस्कृति के ह्रास की बृहद् और विशद कारण मीमांसा तक पहुँचता है। कवि की मौलिक उपलब्धि यह है कि 'रक्षण-तंत्र' की उपेक्षा के कारण हमारी संस्कृति आज ऐसी खँडहरनुमा हाल में है। प्राणिशास्त्र और मानव-वंशशास्त्र से उदाहरण लेकर कवि ने यही सिद्ध किया है। इस प्रकार से यह छोटा-सा काव्य हमारे इतिहास, कला, दर्शन और समूची जीवन-पद्धति का एक नया प्राप्य है।'

माचवे जी के विवरण से सहमत होते हुए भी, हमारा निष्कर्ष उनसे भिन्न है। हमारे विचार से वस्तुतः यह काव्य भी 'कथनात्मक' ही है—कथन भले ही व्यक्तियों का न होकर वस्तु का ही हो। और, जैसे आज व्यक्ति-कथनात्मक काव्य कवि-शिशुता के परिचायक माने जाते हैं, वैसे ही वस्तु-कथनात्मक काव्य भी यह प्रतिक्रिया उत्पन्न करते हैं कि कवि काव्य के बदले किसी शास्त्र का सहारा लेता। जैसे, इस काव्य के रचयिता को भारतीय कला, संस्कृति आदि की कहानी कहनी ही थी, तो वह उनका इतिहास लिखता!

अनुवाद अधिकार के साथ किया गया है। इसका आश्वासन अनुवादक का सुपरिचित, समादृत नाम ही है।

'सुई की नोक' प्रत्यगाभास (Flash back) शैली में लिखा गया उपन्यास है। किन्तु, उपन्यास में प्रत्यगाभास के बदले प्रत्यंगनिर्धारण है। अतीत का विश्रृंखल आभास प्रस्तुत करने के लिए वर्तमान में पर्यवस्थिति ढूँढ़ लेना सार्थक सिद्ध हो सकता है; अतीत के निर्धारण के लिए इसकी आवश्यकता नहीं, उसमें ही पहुँचकर उसे दिखाना युक्तिसंगत है। या फिर डायरी या पत्र के रूप में उपन्यास लिखा जा सकता है। सेवक जी का यह उपन्यास डायरी के रूप में ही, जैसा है, लिखा जाना चाहिए था।

'सुई की नोक' में ही प्रत्यगाभास प्रत्यंगनिर्धारण बन गया हो, ऐसी बात नहीं है। यह तनिक कठिन शिल्प-विधि है। इसे हिन्दी का शायद ही कोई उपन्यासकार, सार्थक और अनिवार्य शिल्प-विधि के रूप में, व्यवहृत कर पाया हो। अज्ञेय तक 'शेखर : एक जीवनी' में नहीं कर पाए हैं—उसमें भी आभास के बदले, बिलकुल शुरू के अंशों को छोड़कर, निर्धारण ही हुआ है, बाद में तो लेखक जैसे भूल ही गया है कि आज उसे अपने अतीत के जो असम्बद्ध आभास मिल रहे हैं, उन्हें ही उसे पकड़ना है। 'सुई की नोक' में भी, और इसमें प्रारम्भ से ही, यही होने लग जाता है और होता चला जाता है। उदाहरण

के लिए, प्रारम्भ में ही एक किसी सन्ध्या का वर्णन है, जब मुख्य पात्र यात्रा को निकला था, और उसे उस सन्ध्या की याद आ रही है। वह अपनी डायरी को पाठक के सामने रख रहा होता तो ठीक था कि उसे उस सन्ध्या और फिर बाद की यात्रा के क्रमबद्ध सूक्ष्म विवरण रखते चले जाने का अवसर होता; अन्यथा विवरण तो विपर्यस्त होकर ही सामने आ सकते थे और उनका आभास ही प्रेष्य होता। ऐसा हुआ नहीं है।

इसका परिणाम यह हुआ है कि 'शेखर : एक जीवनी' की तरह ही, 'सुई की नोक' जितना महत्त्वपूर्ण उपन्यास बन पा सकता था, बनते-बनते बन नहीं पाया है। दोनों उपन्यास असफलता की दृष्टि से अवश्य तुलनीय हैं, यद्यपि दोनों के व्यास या शैली में कोई साम्य नहीं है।

'सुई की नोक' में अतीत का निर्धारण है, जबकि उसका आभास ही मिलना चाहिए था, और वस्तु तथा पात्रों का आभास मात्र है, यद्यपि इनका निर्धारण आवश्यक था। झलक से बनी पूर्णता बड़ी चीज होती है, किन्तु खंडित पूर्णता से बन सकनेवाली बात भी बिगड़ जाती है। 'सुई की नोक' में एकाधिक पात्रों के असफल जीवन की खंडित पूर्णता चित्रित है। फलतः, पटना-राँची और आगरा-बनारस और फिर असम तक की भागदौड़ में उपन्यास के पात्र अपरिचित ही बने रह जाते हैं, और हम यात्रा की कठिनाइयों, ताजमहल, जीवन-मृत्यु, प्रेम आदि के बारे में इन अविश्वसनीय युवकों के विचारों को, उनके कथोपकथन के व्याज से, सुनते चले जाने को बाध्य होते हैं।

उपन्यास में अनेक खंड-कथाएँ हैं, जिन्हें सीधे कहा जाता, तो हम और विस्तार से सुनना पसन्द कर सकते थे, और ऐसे एकाधिक पात्र हैं, जिनसे हम परिचय बढ़ाना चाह सकते थे और जिन्हें हम प्रेम करते, न कि प्रेम पर जमकर विचार करते, देखते रह सकते थे। उपन्यास के पात्र लेखक के लिए सुलभ बहुत-से ध्वनिविस्तारक यंत्र-मात्र हैं, जिनका उपयोग, एक से दूसरे तक दौड़-दौड़कर, लेखक करता रहता है। अपने ढंग से जैनेन्द्र भी यही करते हैं। वे कहते भी हैं कि वे इससे भिन्न कुछ करना ही नहीं चाहते। लेकिन, उनके साथ—और यह बहुत कम ही लोगों के समान हो सकता है—यह भी तो है कि हम जैनेन्द्र के पात्रों से अधिक जैनेन्द्र के विचारों को ही सुनना चाह सकते हैं और सुनते थकते नहीं! जिन दूसरों ने ऐसा किया है, उनसे पाठक यही निवेदन करना चाहेगा कि और कुछ न हो सके, तो क्यों कीजिए, सीधे कहानी कह डालिए।

'सुई की नोक', नाम के बावजूद, चुभती नहीं। सर्वथा भिन्न मत व्यक्त करते हुए, जैनेन्द्र जी कहते हैं : 'पुस्तक के पात्र जीते-जागते लगे...ये पात्र मन को कुरेदते रह जाते हैं।' जैनेन्द्रजी के विचार मूल्यवान होते हैं, पर मैं उनके इस विचार से असहमत हूँ।

'काव्य की भूमिका' और 'पंत, प्रसाद, मैथिलीशरण' दिनकरजी की चिन्तन-प्रौढ़ि के परिचायक, काव्य तथा कवि-विषयक निबन्धों के ऐसे संग्रह हैं, जिनमें लेखक का कवि होना बाधक नहीं, साधक सिद्ध हुआ है। काव्य की भूमिका के निबन्ध,

दिनकर जी की कविता–पुस्तकों की भूमिकाओं या स्वतंत्र निबन्धों के रूप में, पहले ही प्रकाश में आ चुके हैं; किन्तु एकत्र प्रस्तुत होने पर ये आसानी से पुस्तक के परस्पर–सम्बद्ध परिच्छेद–से बन गए हैं। इन निबन्धों में एक अधीती कवि के सामान्यत: काव्य–विषयक और विशेषत: हिन्दी काव्य–विषयक विचार शास्त्रोचित शैली में व्यक्त हुए हैं। काव्य की भूमिका में उद्गार या आक्रोश नहीं है। इन्हें कवि दिनकर ने अपने आलोचकों से प्रतिशोध लेने का माध्यम नहीं बनाया है, जैसा इधर अनेक हिन्दी के सहानुभूति–पात्र लेखक करने लगे हैं। इन निबन्धों को लिखकर दिनकर सिद्ध कर सके हैं कि वे शास्त्र–भ्रष्ट होने के कारण कवि नहीं बने हैं।

काव्य की भूमिका में दिनकर ने रीतिकाल, छायावाद, उत्तर–छायावाद के बारे में कई बातें ऐसी कही हैं, जो पहले नहीं कहीं गई है या इस विशदता के साथ नहीं कही जा सकी हैं। उन्होंने प्रयोगवाद पर भी एक निबन्ध लिखा है, जो इस पुस्तक के हिन्दी काव्य–विषयक निबन्धों में अन्तिम है। यह निबन्ध, अन्धों के बीच अपवाद है। इसमें दिनकर ने 'क्या कहना है' से अधिक ध्यान रखा है इसका कि कितना कहना हर तरह के खतरे से खाली हो सकता है। दिनकर ने इस निबन्ध में अपने साथ समझौते किये हैं और बड़ी मर्यादित शैली में प्रयोगवाद को आशीर्वाद दिया है। इसीलिए, दिनकर के ही अन्य निबन्धों की तुलना में, यह उनके पांडित्य का नहीं, कौशल का द्योतक बनकर रह गया है। दिनकर ने अपने अन्य निबन्धों में अपनी मान्यताओं की रक्षा में और दूसरे के खंडन में अभ्यस्त अस्त्र संचालन का परिचय दिया है। प्रयोगवाद वाले, निबन्ध से इतना भर सिद्ध होता है कि वे तलवार की धार पर चलना जानते हैं। मुझ पर यही अभियोग न लगे, इसलिए मैं दो टूक कह रहा हूँ कि दिनकर प्रयोगवाद को अंशत: भी समझ नहीं पाये हैं। उनके इस निबन्ध का सामयिक महत्त्व हो ही नहीं सकता है: मैंने ऐसे प्रयोगवादियों के बारे में भी इधर सुना है, जो प्रयोग करने के साथ–ही–साथ आशीर्वाद की भी कामना रखते हैं।

इस संग्रह में सात और निबन्ध हैं, जिनमें दिनकर जी के उन विचारों से हम असहमत हो सकते हैं, जो अनुपादेय नहीं हैं।

'पंत, प्रसाद और निराला', जो दिनकर जी की सद्य:प्रकाशित दूसरी पुस्तक है, विशेष रूप से इसलिए महत्त्वपूर्ण है कि उसमें प्रसाद पर एक निबन्ध है, जिसका व्याख्यात्मक शीर्षक है : 'कामायनी : दोष–रहित, दूषण–सहित'। 'कामायनी' के इस निर्लिप्त विश्लेषण के लिए जिस नश्तर से दिनकर जी ने काम लिया है, उसका प्रयोग उन्होंने पंत और मैथिलीशरण पर नहीं किया है।

'कामायनी' और 'कामायनी'कार की जो वीर–पूजा होने लगी है, वह दिनकर के विश्लेषण के बाद कुछ संयत अवश्य हो जाएगी। 'कामायनी' की गहरी, किन्तु संक्षिप्त शल्य–क्रिया स्व. चन्द्रबली पांडेय ने की थी। उनकी और दिनकर की शल्य–शैली में अन्तर यह है कि पांडेय जी जर्राह थे, दिनकरजी 'सर्जन' हैं।

पंत और मैथिलीशरण की आलोचना अटपटी न होने पर भी, इन पंक्तितों के लेखक की रुचि के लिए, प्रेम-लपेटी और शर्करा-लिप्त है।

'रणधीर सिन्हा की रचनाएँ' उनकी उन पहली रचनाओं से सर्वथा भिन्न हैं, जिनके संग्रह की प्रतिकूल समीक्षा इस स्तम्भ में इन्हीं पंक्तियों का लेखक कर चुका है। विश्वामित्र हो, तो उसकी त्रैशंकवी सृष्टि की भी उपेक्षा नहीं की जा सकती, किन्तु इन रचनाओं के पूर्व का रणधीर ऐसा घट-निर्माता था, जो त्रिभुवन-विधाता से कलह ठानता हो।

पूर्व के रणधीर की रचनाओं के दोषों में सबसे बड़ा यह था कि उनमें कहीं मुस्कुराहट या हँसी न थी और बड़ी कुन्द छेनी से तक्षण किया गया था। इसलिए, कुछ चौंकने के बावजूद आलोचक उनके प्रति आशावान् नहीं हो सकता था। किन्तु, रणधीर की नवीन रचनाएँ सिद्ध करती हैं कि आलोचक भविष्यवक्ता नहीं हो सकता।

रणधीर की प्रस्तुत रचनाओं की—निबन्ध, डायरी, कविताएँ, कहानियाँ, नाटक, रिपोर्ताज, संस्मरण, व्यंग्य-चित्र, आत्मालाप, लघु-कथाएँ; पृष्ठ संख्या कुल 124—अप्रत्याशित विशेषता यह है कि इनमें बड़े कौशल से सूक्ष्म रेखा-लंकरण (Vignette) करने का प्रयास है, जो पहले एकदम नहीं था, और वह शब्दाधिक्य बहुत कम है, जो पहले अत्यधिक था। संग्रह में दस कविताएँ हैं, जिन्हें उनके रचयिता ने 'दस रूमानी कविताएँ' कहा है। यह सचाई से अधिक वह विनोद है, जिसकी क्षमता रणधीर में है, इसका सन्देह भी पहले की उनकी कृतियों को देखकर नहीं किया जा सकता था। नई कविता के दुर्धर्ष रचयिताओं का अति-परिचय रखनेवाला यह लेखक अपनी कविताओं को रूमानी कहकर नई कविता के नीचे से, जैसा अंग्रेजी में कहते हैं, तख्ता ही खींच लेता है, और तारीफ यह है कि गाली—'रूमानी' आजकल गाली ही तो है—अपने को दी है।

रणधीर की इस मनस्विता का तो कायल ही होना पड़ेगा कि पुस्तक में संगृहीत रचनाएँ लेखक की संचिकाओं से ही संगृहीत हैं, पत्र-पत्रिकाओं से नहीं। ये रचनाएँ बासी या जूठन नहीं हैं, ये पहली बार भुनाई जा रही हैं और खरीदेनवाला अफसोस नहीं करेगा।

'मनोविश्लेषक' फ्रायड के 'ए जेनरल इंट्रोडक्शन टु साइकोनेलसिस' का सन्तोषजनक अनुवाद है। मनोविश्लेषण पर जो कुछेक पुस्तकें हिन्दी में उपलब्ध हैं, उनसे कहीं अधिक महत्त्वपूर्ण यह अनुवाद सिद्ध होगा। वस्तुत:, ऐसे आकर-ग्रंथों के अनुवाद ही पहले होने चाहिए, तभी, उनके और विशेषज्ञोचित अध्ययन एवं प्रशिक्षण के आधार पर, विभिन्न शास्त्रों की मौलिक पुस्तकें प्रणीत हो सकती हैं। अनुवादक और प्रकाशन के इस अनुवाद को प्रस्तुत कर ऐतिहासिक महत्त्व का काम किया है और बहुत खूबी के साथ किया है।

मूल पुस्तक अब तो न केवल मनोविज्ञानवेत्ताओं के लिए ही, बल्कि अंग्रेजी जानने और सामान्य ज्ञान रखनेवाले पाठकमात्र के लिए सुपरिचित है। पहले भाग में गलतियों का मनोविज्ञान, दूसरे में स्वप्न तथा तीसरे में स्नायु-रोगों का सामान्य सिद्धान्त विवेचित हैं। अनुवाद के आरम्भ में फ्रायड की एक अति लघु जीवनी भी दे दी गई है, जिसे विस्तृततर होना चाहिए था। अनुवाद के अन्त में यदि अंग्रेजी-हिन्दी शब्द-सूची भी दे दी गई होती, तो उससे बड़ी सुविधा होती। जिन्होंने पुस्तक अंग्रेजी में पढ़ी है—मैं उन सौभाग्यशालियों में हूँ—उनके लिए भी यह पुस्तक ऐसी सूची के कारण विशेष रूप से उपयोगी हो जाती। यों, पाद-टिप्पणियों के रूप में अंग्रेजी के पारिभाषिक शब्द दे दिये गए हैं, किन्तु ऐसी पुस्तकों में शब्द-सूची देने की प्रथा बेमानी नहीं होती!

अनुवाद की भाषा सरल और प्रांजल है, किन्तु पृ. 15 पर Battle scared और Bottle scarred वाली गलती, जो अब तो बहुश: उद्धृत लतीफे का रूप ग्रहण कर चुकी है, अनुवादक समझ नहीं पाया है। इसी तरह Sword, सोर्ड के बदले 'स्वर्ड', हॉफ-फार्म्ड के लिए 'हॉफ-फार्ड'-जैसी एकाधिक भूलें भी हैं, जिनके लिए लेखक और मुद्रक, दोनों ही उत्तरदायी हैं।

किन्तु, इनके बावजूद, मैं पुनरक्ति का दोषी बनकर भी फिर कहना चाहूँगा, यह अनुवाद अभिनन्दनीय है।

'स्वतंत्र भारत में शिक्षा' हुमायूँ कबीर की अंग्रेजी-पुस्तक 'एडुकेशन इन न्यू इंडिया' का खासा बढ़िया अनुवाद है। इसमें भारत में शिक्षा की स्थिति, बुनियादी और माध्यमिक शिक्षा, समाज-शिक्षा, भारतीय विश्वविद्यालय, अंग्रेजी का अध्ययन, सांस्कृतिक गतिविधियाँ, छात्रों में अनुशासनहीनता तथा शिक्षा का नियत कर्तव्य आदि महत्त्वपूर्ण शिक्षाशास्त्रीय विषयों पर एक अधिकारी शिक्षा-विशेषज्ञ के विचार पढ़ने को मिलते हैं।

कबीर साहब के एक निबन्ध पर स्वभावत: विशेष रूप से हमारा ध्यान गया, वह है : 'अंग्रेजी का अध्ययन'। निबन्ध के तर्क, प्रमाण और निष्कर्ष संक्षेप में ये हैं : '...यह सत्य है कि स्वाधीनता के बाद अंग्रेजी के अध्यापक की माँग बढ़ती ही गई है।...यह बात एक ग्यारह या बारह साल के बालक द्वारा दिये गए एक उत्तर से बहुत स्पष्ट हो गई थी, जब उससे पूछा गया कि तुम आखिर अंग्रेजी को इतना अधिक पसन्द क्यों करते हो, तो उसका उत्तर था : यदि मैं अंग्रेजी नहीं पढ़ाऊँगा, तो मैं भारत का प्रधानमंत्री कैसे बन सकता हूँ?' इससे कबीर साहब जिस निष्कर्ष पर पहुँचते हैं, उससे सर्वथा भिन्न हम तो यह समझते हैं कि बालक बेचारे ने अनजाने एक निन्द्य मनोवृत्ति की आलोचना कर दी थी। कुछ लोग अवश्य समझते होंगे कि भारत के प्रधानमन्त्रित्व की प्राप्ति के लिए अंग्रेजी का ज्ञान आवश्यक है, किन्तु क्या यह सत्य भी है?

हम नहीं कह सकते, ये विचार कबीर साहब ने कब व्यक्त किये थे—शिक्षा

मंत्रालय में उच्च पदाधिकारी बनने के बाद या पहले। यदि बाद में, तो हम उनसे यह भी तो सुनना चाहते कि राष्ट्रभाषा का क्या महत्त्व है?

'मार्क्सवाद और रामराज्य' में व्यक्त विचारों से सहमत होना या न होना और बात है : ...'आदिम मनुष्य परम ज्ञानवान् थे, यही पक्ष श्रेष्ठ है', इस सिद्धान्त से आज कौन सहमत होगा?—किन्तु यह सम्भव नहीं कि लेखक के विचारों की मौलिकता और सबलता से पाठक अप्रभावित रह जाएँ। पुस्तक के नाम में यद्यपि 'मार्क्सवाद' शब्द रखा गया है, पर उसके साथ समस्त पाश्चात्य दर्शन का आलोचना आ गया है'—प्रस्तावना का यह स्पष्टीकरण सर्वथा युक्तियुक्त है।

लेखक अपने पूर्वग्रहों के बावजूद वैदुष्य के उच्च स्तर को बनाये रखने में बहुत कुछ अपने पांडित्य और एक हद तक पूर्वपक्ष-उत्तरपक्षवाली परम्परागत विवेचन-प्रणाली के कारण समर्थ सिद्ध हुआ है। अंग्रेजी आदि विदेशी भाषाओं से परिचय न रखने के कारण, जो प्रकृत विषय के लिए नितान्त आवश्यक है, पूर्वपक्ष की स्थापना में जो कठिनाई हो सकती है, उसे प्रस्तावना में निर्भीकतापूर्वक स्वीकृत किया गया है। 'मार्क्सवाद और पाश्चात्य दर्शन पर हिन्दी, मराठी आदि में जो प्रकाशित पुस्तकें उपलब्ध हो सकीं, उन्हीं से पूर्वपक्ष लिया गया है। यदि उन पुस्तकों में पूर्वपक्ष ही उचित ढंग से नहीं दिया गया, तो दूसरी बात है।' किन्तु यह स्वीकार करना पड़ेगा कि लेखक ने प्रायः सर्वत्र पूर्वपक्ष को अवधानपूर्वक समझकर ही उपस्थित किया है और इसी आधार पर 'पाश्चात्य मत की आलोचना के साथ अपने पक्ष का प्रबल प्रतिपादन किया गया है।'

'आज का भारतीय साहित्य' में 'भारत की सोलह भाषाओं के साहित्य के परिचय', यदि हिन्दी साहित्य या कुछेक अन्यों के परिचय-लेखक, जिन्हें मैं थोड़ा-बहुत जानता हूँ, प्रमाण माने जाएँ, तत्-तत् भाषाओं के अधिकारी विद्वानों के द्वारा प्रस्तुत किये गए हैं। यदि हिन्दी साहित्य के परिचय के प्रतिमान का निर्वाह अन्य साहित्यों के परिचयों में भी हो सका है, तो अवश्य ही अकादेमी का यह प्रकाशन न केवल लोकप्रिय सिद्ध होगा—इसके प्रथम अंग्रेजी संस्करण की 5000 प्रतियाँ, हिन्दी संस्करण में बताया गया है, कुछ महीनों में ही बिक गई थीं—बल्कि आधुनिक भारतीय भाषाओं के साहित्यों की अन्तर-धाराओं के तुलनात्मक अध्ययन के लिए सहज-सुलभ आकर-ग्रंथ भी प्रमाणित होगा।

हिन्दी का परिचय, जिसकी ओर हम संकेत कर चुके हैं, सच्चिदानन्द वात्स्यायन का लिखा हुआ है। इससे बहुतों का विकट मतभेद तब देखने को मिला था, जब अभी अंग्रेजी संस्करण ही छपा था। अव्याप्ति तथा अतिव्याप्ति, दोनों ही दोषों से युक्त हिन्दी का यह परिचय इतनी अच्छी अंग्रेजी में लिखा गया था कि ये अनिवार्य दोष—कोई भी लिखता तो ये आ ही जाते—सर्वथा क्षम्य प्रतीत हुए थे। गुण-पक्ष में एक और बात उल्लेखनीय है : वात्स्यायन ने यथासम्भव समग्रता को ध्यान में रखा है और

स्वभावत: टुकड़े छूट गए हैं, जिन्हें महत्त्व देनेवाले नहीं हैं, ऐसा इस परिचय के आलोचकों द्वारा व्यक्त आक्रोश के बाद अवश्य नहीं कहा जा सकता।

मैंने बहुत ध्यान से हिन्दी के परिचय के अंग्रेजी–हिन्दी रूपों की तुलना नहीं की है, किन्तु कदाचित् कुछ परिवर्तन यहाँ–वहाँ किये गए हैं और थोड़ा–बहुत जोड़ा भी गया है। इनसे लाभ ही हुआ है, यद्यपि ऐसे परिचय के स्वयं लेखक द्वारा विहित सम्पादन में, परिवर्द्धन के बदले घनीकरण ही विशेष लाभदायक सिद्ध होता।

परिचय–विशेष में अज्ञेय और उसके पर्यायों की कृतियों का सविस्तर उल्लेख है, जो बहुतों को खटका है, खास तौर से इस कारण कि लेखक का नाम सच्चिदानन्द वात्स्यायन भी अज्ञेय का ही पर्याय है, जो प्रकट रहस्य है। अज्ञेय, उनके 'प्रतीक' और उनके तारसप्तकों का सामान्य रूप से उत्तर प्रदेश और विशेष रूप से, प्रयाग में दबदबा रहा है, ऐसा सुना जाता है। इस कुएँ को साहित्य का समुद्र मानकर भी, वात्स्यायन जी ने समुद्र ही देखने की चेष्टा की है।

और सच बात तो यह है कि वात्स्यायन जी ने ऐसा करके भी किया ही क्या! आस्कर वाइल्ड से एक बार किसी ने कहा था : 'क्या आप कृपा कर अंग्रेजी की सौ श्रेष्ठ पुस्तकों की सूची बना देंगे?' वाइल्ड ने छूटते ही जवाब दिया था : 'अभी तो मैंने कुल तीन–चार ही पुस्तकें लिखी हैं!' वात्स्यायन जी ने अपनी तीन–चार या जितनी भी हों, पुस्तकों के अतिरिक्त भी जाने कितनी अच्छी–बुरी पुस्तकों और उनके रचयिताओं का उल्लेख किया है। हिन्दी के लेखकों में थोड़ा विनोद–भाव होता, तो वे यह परिचय पढ़कर हँस लिये होते, लेकिन इन बेचारों ने तो जैसे यह मान लिया था कि वात्स्यायन जी ने कृपा नहीं की, तो उनकी 'बस ही छूट गई!'

चूँकि, अन्य भाषाओं के साहित्य प्रकारत: तथा परिमाणत: कूपवत् है, इसलिए उनके द्रुत सर्वेक्षण करनेवाले भी, अपनी योग्यता के कारण, मंडूक नहीं बने हैं; इसके विपरीत हिन्दी का समुद्र प्रयाग के कूप से देखा गया है, अत: वात्स्यायन अपनी विचक्षणता के बावजूद, मांडूक्य से बच नहीं पाए हैं।

लेकिन, तत्त्व की बात यह कि 'अकादेमी' को—क्या अब इस नाम के परिष्कार की कोई सम्भावना नहीं है?—'परिचय' आदि के बदले अधिक कठिन कार्य अपने हाथ में नहीं लेने चाहिए?

'उर्दू साहित्य का इतिहास' एजाज हुसेन की, उर्दू के छात्रों के लिए सुपरिचित पुस्तक है। भीतरी कवर पर 'रूपान्तरकार' मुद्रित है, किन्तु मूल लेखक के वक्तव्य से स्पष्ट है कि पुस्तक का हिन्दी में 'तर्जुमा' किया गया है।

यह पुस्तक कोई बीस साल से उर्दू लिपि में प्रचलित है, और 'यूनिवर्सिटी और कॉलेज के छात्रों के अलावा उर्दू साहित्य से दिलचस्पी रखनेवाले दूसरे लोग भी इसको अपनाते रहे हैं।'

उर्दू साहित्य का यह इतिहास साहित्येतिहास का प्रकृष्ट तो नहीं, किन्तु लोकप्रिय रूप अवश्य है और मूल लेखक का यह आत्मसन्तोष निराधार नहीं होगा : 'ये सब बातें उर्दू साहित्य के दूसरे इतिहासों में भी मिल सकती हैं, लेकिन थोड़े में सारी बातें आसानी से दिल में उतर जाने की खूबी शायद कहीं न मिल सके।' लेकिन साहित्येतिहास भी क्या गजल है, जो आसानी से दिल में उतर जाए?

अनुवाद में हिन्दी की कीमत पर भी उर्दू के साथ न्याय ही किया गया है। मुद्रर्णादि सर्वथा सन्तोषजनक और प्रकाशक की ख्याति के अनुरूप है।

'श्रमिक' रामनरेश पाठक द्वारा सम्पादित श्रमिक का स्वातन्त्र्य-समारोह अंक श्रम-सम्बन्धी पर्याप्त और प्रामाणिक-सामग्री प्रस्तुत करता है। इस सामग्री में कुछेक उत्कृष्ट साहित्यिक क्षेपक भी हैं, जो कदाचित् सम्पादक की व्यक्तिगत रुचि के कारण ही ऐसे पत्र में स्थान पा सके हैं।

आचार्य जानकीवल्लभ शास्त्री-लिखित स्वाधीनता-दिवस का अभिनन्दन इन क्षेपकों में ऐसा है, जिससे वे श्रम-सम्बन्धी लेखादि से, जो 'श्रमिक' के प्रकृत विषय हैं, अधिक महत्त्वपूर्ण बन जाते हैं।

भारतीय श्रमिक अपने इस पत्र के अनुरूप चिकने और साफ-सुथरे हो पाएँ, सभी यही चाहेंगे।

['साहित्य' : जुलाई, 1958]

'काव्य में उदात्त तत्त्व' डा. नगेन्द्र द्वारा लोंजाइनस के On the Sublime का सर्वथा प्रामाणिक अनुवाद है। डा. नगेन्द्र ने जिस प्रकार भारतीय साहित्यशास्त्र का सार-सर्वस्व हिन्दी में प्रस्तुत कर दिया है, उसी प्रकार इस पुस्तक तथा इसके पूर्व प्रकाशित अरस्तू के काव्यशास्त्र के माध्यम से, पाश्चात्य-साहित्यशास्त्र को भी हिन्दी में उपस्थित करने का प्रशस्य आयोजन किया है।

'साहित्य' के पाठक उदात्तविषयक समस्याओं, उनके निरूपण, तथा उन पर विचार करनेवाले पाश्चात्य दार्शनिकों के नामों और मतों से अपरिचित नहीं हैं। हमने इस विषय पर प्रो. जगदीश पांडेय के एकाधिक विशद प्रबन्ध 'साहित्य' के पिछले अंकों में प्रकाशित किये हैं और प्रस्तुत अंक में भी एक अन्य विद्वान का एक प्रबन्ध प्रकाशित कर रहे हैं। लोंजाइनस की पुस्तक इस विषय की महत्त्वपूर्ण आधार-पुस्तक है। विद्वत्तापूर्ण भूमिका और नाम-परिचयमूलक टिप्पणियों से युक्त यह अनुवाद श्रेण्य विदेशी पुस्तकों के हिन्दी अनुवादों में उच्चतम स्थान का अधिकारी है : मूल के अंग्रेजी अनुवाद की शास्त्रीय गरिमा हिन्दी अनुवाद में भी पूर्णतः सुरक्षित है।

डा. नगेन्द्र और इस कार्य में उनकी सहायता करनेवाले श्री नेमिचन्द्र जैन ने जिस

विषय पर यह पुस्तक प्रस्तुत की है, उसके सर्वथा अनुरूप सुरुचिपूर्ण प्रकाशन राजपाल एंड संज ने किया है।

'रश्मिबन्ध' में पंडित सुमित्रानन्दन पंत के काव्य संग्रहों—'वीणा' से 'वाणी' तक—की चुनी हुई रचनाएँ संकलित हैं। इन कविताओं के महान लेखक का यह विश्वास उनकी विनम्रता का परिचायक है कि आकार में लघु होने पर भी 'यह किरणों का पुलिन्दा, अपने सतरंग वैभव से पाठकों का ध्यान आकृष्ट कर, अपना नाम सार्थक कर सकेगा।'

संकलन के प्रारम्भ में स्वयं पंत जी का नातिलघु 'परिदर्शन' उनके लिए भी इसे संग्रहणीय बना देगा, जिनके पास कवि के समस्त काव्य संग्रह वर्तमान हैं। पंत जी का गद्य उनके पद्य से कम परिमार्जित नहीं होता : आत्मविश्लेषण-मूलक 'परिदर्शन' का यह अतिरिक्त महत्त्व है।

पुस्तक आसानी से जेब में आ सकती है और उससे बाहर आने पर आकर्षक आवरण के कारण देखनेवाले के मन में लोभ उत्पन्न कर सकती है।

'समानान्तर सुनें' श्रीमती शान्ता सिन्हा की ऐसी कविताओं का संग्रह है, जैसी हिन्दी की कवयित्रियाँ नहीं लिखतीं। हिन्दी की कवयित्रियों की कविता-कामिनी साड़ी ही पहनती रही है; श्रीमती सिन्हा ने, इसके विपरीत, उसे विलायती पोशाक पहनाने की हिम्मत दिखाई है।

हिन्दी कवयित्रियों को मीरा-महादेवी-परम्परा, या तथाकथित नये कवियों की अयोग्यतापूर्वक अनुकृति छोड़कर, हम यह कहें कि कवयित्री के बदले कवि होकर, अपनी सार्थकता सिद्ध करनी होगी, अन्यथा उनका लिखना, न लिखना बराबर है। श्रीमती शान्ता सिन्हा की कविताओं के बारे में और कुछ कहा जा सके या नहीं, इतना आसानी से कहा जा सकता है कि इन पर एक कवि की रचनाओं के रूप में विचार हो सकता है और यह तनिक भी जरूरी नहीं कि इन्हें इसलिए सह्य मान लिया जाए कि वे एक कवयित्री की रचनाएँ हैं। क्या श्रीमती शान्ता सिन्हा की अनेक कविताओं में इसीलिए ऐसा है कि प्रेमी का प्रेमिका के प्रति भाव भासित होता है, न कि प्रेमिका का प्रेमी के प्रति ?

संग्रह की सूची असुविधाजनक है। सूची के प्रथम पृष्ठ पर ही एक शीर्षक है : 'लम्बी सफर बाद'। श्रीमती शान्ता सिन्हा ने अंग्रेजी के बहुसंख्य शब्दों का प्रयोग कर वह प्रमाणित किया है कि उनके लिए हिन्दी अपूर्ण भाषा है। क्या इस भाषा के साधारण नियम भी उपेक्षणीय हैं ? यह होते हुए भी श्रीमती शान्ता सिन्हा हिन्दी के एक नई कवयित्री के रूप में विचारणीय हैं।

'वेश्या' शीर्षक द्वारा संकेतित विषय पर एक पद्यबद्ध पुस्तक है। पद्य-रचना करने तथा तुक मिलाने में लेखक ने जो श्रम किया है, और अच्छे कागज पर अच्छी छपाई

करने में प्रकाशक ने जो व्यय किया है, वे ही एकमात्र ऐसी कुछ बातें हैं, जिनका उल्लेख इस पुस्तक के सम्बन्ध में किया जा सकता है।

'लोक-परलोक' उदयशंकर भट्ट का एक लोकप्रिय साप्ताहिक में धारावाहिक उपन्यास है, जिसे पुस्तक के रूप में अब प्राप्य होने पर वे भी फिर एक बार पढ़ना चाह सकते हैं, जो उसे पहले टुकड़े-टुकड़े पढ़ चुके हैं। भट्ट जी के एक अन्य उपन्यास की आंचलिकता की तरह इस उपन्यास की आंचलिकता 'नोट्स' के सहारे जुटाई गई नहीं प्रतीत होती। इसे अपेक्षया अधिक योग्यता से भी उन्होंने लिखा है—उपन्यास का शिल्प-विधान अब उनके लिए अवश्य ही अनभ्यस्त नहीं है।

'मेरा पहला प्यार' में वस्तुतः महान रूसी लेखक तुर्गनेव के दो उपन्यासों—'मेरा पहला प्यार' और 'आख्या'—के अनुवाद प्रकाशित हैं। तुर्गनेव रूस के महान प्राचीन लेखकों में भी मूर्द्धन्य है। उसके ये उपन्यास उसकी गौण कृतियों में परिगणित होते हैं। हिन्दी में महान विदेशी लेखकों की प्रमुख ही नहीं, वरन् गौण कृतियाँ भी अनूदित हो रही हैं, यह उसकी समृद्धि का परिचायक है।

रूसी से अंग्रेजी में और अंग्रेजी से हिन्दी में छन कर आनेवाला अनुवाद भी तुर्गनेव की अनेक दुर्लभ विशेषताएँ गृहीत करने में सफल हुआ है। पुस्तक पर नागरी के बदले रूसी लिपि में कुछ लिखा रहता, तो कोई भी यही कहता कि यह रूसी-प्रकाशन है—कम खर्च में ऐसी बालानशीनी है।

'कैदी की करामात' और 'डेविड कापरफील्ड' कई पीढ़ियों के उपन्यास-प्रेमियों के प्रिय फ्रांसीसी लेखक अलेक्जेंडर ड्यूमा और अंग्रेजी लेखक चार्ल्स डिकेंस के 'द काउंट ऑव मांटे क्रिस्टो' तथा 'डेविड कापरफील्ड' के संक्षिप्त किशोरोपयोगी संस्करणों के ऐसे अनुवाद हैं, जिनसे हमारे किशोर भी विदेश के उत्कृष्ट साहित्य से सहज ही परिचय प्राप्त कर सकेंगे। विदेशी साहित्य से सम्पर्क बनाये रखने का वास्तविक माध्यम अनुवाद ही है। इन पुस्तकों के अनुवादक और प्रकाशक ने इन्हें सुरुचिपूर्ण तथा आकर्षक बनाने में कुछ उठा नहीं रखा है।

मांटे क्रिस्टो के बदले, पहली पुस्तक के भीतरी आवरण पर, रोमन-लिपि में मुद्रित उपशीर्षक में 'माउंट क्रिस्टो' हो गया है : हम नहीं कह सकते इसके लिए उत्तरदायी कौन है—लेखक या प्रकाशक!

'आधी रात का सूरज' में संगृहीत कहानियाँ कहानी-कला की दृष्टि से उल्लेख के योग्य नहीं हैं, किन्तु उनका लेखक कहीं-कहीं रोचक वर्णन कर पाया है—मनुष्यों का भी और प्रकृति का भी। 'कटे नाक' (पृ. 132), 'मगही झंडियाँ' (पृ. 139),

'उसके तीन साँस' (पृ. 142), 'लहु-लुहान' (पृ. 147) संग्रह की एक ही कहानी में निर्देश्य ऐसे प्रयोग हैं, जिनसे, अगर कोई विद्वान 'शुद्ध हिन्दी' शीर्षक कोई पुस्तक लिख रहा हो, तो उदाहरण ढूँढ़ने का उसका काम हल्का हो जाएगा।

हम पुस्तक के प्रतिष्ठित प्रकाशक का ध्यान इन प्रयोगों की ओर आकृष्ट करते हैं, और उससे यह अनुरोध करते हैं कि प्रकाशन-व्यवसाय की अपनी नानाविध योजनाओं में वे ऐसी भी कोई योजना समाविष्ट करें, जिससे उनके या अन्य मंचबद्ध, प्रकाशकों द्वारा प्रकाशित पुस्तकें—उनकी कीमत या कमीशन जो भी हो—ऐसी अशुद्धियों से मुक्त रहें, जो प्रवेशिका के छात्रों के लिए भी लज्जाजनक मानी जाती हैं।

'समुद्र की कहानी', 'रसायन की कहानी', 'मौसम की कहानी' तथा 'सितारों की कहानी' ज्ञान-विज्ञान-माला की सरल, किन्तु प्रामाणिक अनूदित पुस्तकें हैं। सामान्य ज्ञान के पिपासु प्रौढ़ों तथा किशोरों के लिए पुस्तकें उपादेय ही नहीं, रोचक भी सिद्ध होंगी।

अनुवादकों तथा प्रकाशक ने ये पुस्तकें सु-लिखित तथा सु-मुद्रित रूप में प्रस्तुत कर एक अभाव की पूर्ति ही नहीं की है, ऐसा प्रतिमान स्थापित किया है, जिस तक पहुँचना सबके लिए सहज नहीं होगा।

'मेरा जीवन संघर्ष' एक नेत्रहीन भारतीय युवक की बड़ी ही रोचक आत्मकथा है। वेद मेहता, इस पुस्तक के लेखक, ने नेत्ररहित होते हुए भी अपने देश में और विदेश जाकर, उच्चतम शिक्षा प्राप्त की और अंग्रेजी में Face to Face : An autobio-graphy—आत्मकथा—भी लिखी, जो प्रकाशित होने पर प्रशंसित और लोकप्रिय सिद्ध हुई।

अनुवादक और प्रकाशक ने इस पुस्तक को उसके लेखक के देश के बहुसंख्य पाठकों के लिए सुलभ बनाकर श्लाघ्य कार्य किया है।

नेत्रहीनता दुर्भाग्य है, किन्तु उस पर विजय पाई जा सकती है, यह सन्देश देनेवाली पुस्तक साहित्यिक गुणों से भी युक्त है।

'पारिभाषिक शब्दावलियाँ' केन्द्रीय सरकार के तत्त्वावधान में निर्मित पन्द्रह पारिभाषिक शब्दावलियों की संक्षिप्त समीक्षा प्रस्तुत है। अधिकतर शब्दावलियाँ साधारणतः सन्तोषजनक हैं और कुछेक तो प्रायः निर्दोष हैं।

अलग-अलग शब्दावलियों की अलग-अलग समीक्षा की गई है। सामान्य रूप से यह कहना आवश्यक है कि शब्दावली के निर्माणकर्ताओं को अन्तरराष्ट्रीय शब्दावली, संकर रूपों तथा प्रचलन के नाम पर 'स्लैंग' से बचने की चेष्टा करनी चाहिए : या तो शास्त्रीय स्तर की शब्दावली बने, या फिर कह दिया जाए कि अंग्रेजी के शब्द ही रहेंगे, या कि वहाँ के बाजारू शब्दों से ही काम चलाया जाए।

ऐसी शब्दावलियों में लिप्यन्तरण की जरूरत नहीं है, किन्तु लिप्यन्तरण किये जाएँ, तो वे शुद्ध हों, इसका ध्यान रखना चाहिए। मुद्रण में अधिक सावधानी अपेक्षित है।

1. मैथेमेटिक्स-3

[स्टैटिस्टिक्स]

यह शब्दावली अन्यों की तुलना में बहुत सन्तोषजनक है, किन्तु हिन्दी के कुछ शब्दों की वर्तनी ठीक नहीं है। उदाहरणार्थ, 'Z. Test,' के लिए 'जेड परीक्षण' होना चाहिए, न कि 'जैड परीक्षण।'

2. मैथेमेटिक्स-4

[कैलक्यूलस]

यह शब्दावली प्रायः त्रुटिरहित है। शब्द वस्तुतः पारिभाषिक स्तर के हैं और उनके निर्माणकर्ता इस आशंका से चिन्तित नहीं प्रतीत होते कि गणितशास्त्र से अनभिज्ञ व्यक्ति इन शब्दों को क्लिष्ट समझ सकते हैं। पारिभाषिक शब्दों के निर्माणकर्ताओं को इसकी कदापि चिन्ता होनी भी नहीं चाहिए।

3. जेनरल मेटेओरोलॉजी

यह शब्दावली भी सर्वांगपूर्ण हैं। इस पर इसके अतिरिक्त और किसी प्रकार की टिप्पणी की अपेक्षा नहीं है।

4. केमिस्ट्री-3

यह शब्दावली भी साधारणतः सन्तोषजनक है, किन्तु 'सांद्रण' के बदले 'सांद्रंण', 'हेनरी' के स्थान पर 'हैनरी' और कुछ नहीं तो असावधान मुद्रण के द्योतक हैं।

5. केमिस्ट्री-4

[पी-जेड]

प्राक्कथन में कहा गया है कि 'जहाँ कहीं हमें उपयुक्त, सरल और सुबोध शब्द मिल गए हैं, हमने उन्हें अपना लिया है।' जैसे, 'Pan'—'कटाह' (दूसरा हो भी क्या सकता था!); हाँ, 'Plug' के लिए 'डाट' और 'Tarnish' के लिए 'बदरंग' अवश्य उचित नहीं। यों यह शब्दावली भी साधारणतः सन्तोषजनक है।

6-9 बोटैनी-3 तथा जुआलॉजी-2

इन शब्दावलियों में अधिकतर अंग्रेजी शब्दों के लिप्यन्तरण-मात्र दे दिये गए हैं, किन्तु ऐसी शब्दावलियों का उद्देश्य लिप्यन्तरण नहीं हो सकता। जिन अंग्रेजी शब्दों के समानार्थी शब्द देने हों, उन्हें ही संकलित करना उचित है; शेष के सम्बन्ध में सामान्य रूप से कह दिया जा सकता है कि उनके समानार्थी शब्द अभी नहीं बन पाए हैं और अंग्रेजी के शब्द ही सम्प्रति काम में लाए जाएँ।

7. एग्रिकल्चर-3

यह शब्दावली साधारणत: सन्तोषजनक है।

मुद्रण की ऐसी अशुद्धियाँ चिन्त्य हैं—उदाहरणार्थ, पृ. 15 पर 'Bowel' के लिए 'आन्त', 'अन्तड़ी' नहीं, यह होना चाहिए—'आँत, अँतड़ी'।

8-9 एडुकेशन (एडुकेशनल साइकोलॉजी-1 और 2)

दोनों के प्राक्क्थनों में यह वक्तव्य सर्वथा भ्रामक है कि Resonance के लिए 'अनुवाद', Sequence के लिए 'अनुक्रम', Cue के लिए 'इंगित' और Reflex के लिए 'प्रतिवर्त' बंगला के शब्द हैं। ये शब्द संस्कृत के हैं, न कि बंगला के। मानियर विलियम्स द्वारा सम्पादित और 1851 में प्रकाशित अंग्रेजी-संस्कृत शब्दकोश में 'Cue' के लिए इंगित दिया गया है, और प्रतिवर्त भी विशुद्ध संस्कृत शब्द है। इसी प्रकार 'अधोबिन्दु' (Nadir) और एकतानता (Rapport) भी संस्कृत के शब्द हैं, जो मराठी के उतने ही हैं, जितने हिन्दी के।

जो समानार्थी हिन्दी शब्द दिये गए हैं, उनसे सही अर्थ नहीं निकलते। उदाहरणार्थ, Paranoia के लिए 'संविभ्रम' और Schizophrenia के लिए 'अन्तराबन्ध'। Maladjusted के लिए 'अपसमंजित' न कि 'अपसंमजित' होना चाहिए। Father Complex और Infantile के लिए क्रमश: 'पितृभाव' तथा 'शिशुभाव' एकदम गलत है।

कुछ शब्दों के हिन्दी-लिप्यन्तरण सर्वथा अशुद्ध हैं। उदाहरण के लिए, Schizophrenia का लिप्यन्तरण होगा 'सित्सोफ्रेनिया' या 'स्किजोफ्रेनिया'—'शीजोफ्रेनिया' तो है ही नहीं।

Auto Suggestion के लिए 'अन्य सुझाव', Environment physical के लिए 'भौतिक माहौल', Dominant behaviour के लिए 'कट्टर व्यवहार' प्रसंकर (Hybrid) तथा सर्वथा अरुचिकर शब्द हैं। अंग्रेजी शब्दों के लिप्यन्तरण पहले दिये गए हैं, समानार्थी हिन्दी शब्द बाद में, जब कि समानार्थी हिन्दी शब्द ही पहले दिये जाने चाहिए थे। कुल मिलाकर द्वितीय भाग प्रथम की अपेक्षा अधिक सन्तोषजनक है।

10. लॉ-2

यह सन्तोषप्रद शब्दावली है। प्रचलन के नाम पर जो शब्द दिये गए हैं, उन्हें प्रथम स्थान न देकर यह स्पष्ट कर दिया गया है कि पारिभाषिक स्तर के शब्दों के निर्माण की चेष्टा ही समिति का उद्देश्य है।

'कब्जा हरण करना' जैसे कुछेक शब्द हैं, जो न रहते, तो शब्दावली निर्दोष कही जा सकती थी।

11. एडवांस बैंकिंग

इस शब्दावली में 'सरकार रजिस्टर', 'सरकारी खाता', 'बैंक सकार', 'बैंक बेचन' आदि अनेक ऐसे शब्द हैं, जो मनोरंजक तो हैं, किन्तु पारिभाषिक किसी दृष्टि से नहीं कहे जा सकते।

प्राक्कथन में कहा गया है कि समिति ने 'Fraudulent Preference' के लिए 'छल तरजीह' शब्द गढ़ा है। क्या ऊपर के शब्द भी गढ़े हुए हैं, या व्यापारियों के बीच प्रचलित हैं ?

पारिभाषिक शब्द संस्कृत के आधार पर ही गढ़े जा सकते हैं। यह किसी भी नियम से बड़े संविधान में निर्दिष्ट है। 'छल तरजीह' जैसे शब्द उस हिन्दुस्तानी के अवशेष हैं, जिसे जिलाने की कोशिश शक्ति और साधनों का सदुपयोग नहीं है।

12. जेनरल बैंकिंग एंड ट्रेड

प्राक्कथन में कहा गया है कि 'व्यापार वर्ग' (?) में प्रचलित वैज्ञानिक हिन्दी शब्दावली का पूरा उपयोग किया गया है। उदाहरण के लिए, 'गरमबाजारी', 'चौकीमारी', 'ब्याज मजबूती' आदि शब्द दिये गए हैं। ये किसी भी परिभाषा के अनुसार पारिभाषिक शब्द नहीं हैं। इन्हें 'स्लैंग' ही कहा जा सकता है। 'चौकीमारी' जैसे बेमानी शब्द के बदले, हिन्दी समाचार-पत्रों में, 'तस्कर-व्यापार' बहु-प्रचलित और सार्थक शब्द है। 'स्लैंग' का महत्त्व है और उनका संग्रह होना चाहिए, किन्तु पारिभाषिक शब्दावलियों के निर्माताओं का काम 'स्लंग' का संग्रह करना नहीं है। इस शब्दावली में स्लैंग पर ज्यादा ध्यान दिया गया है, जो इस तरह की शब्दावली के निर्माण के लिए सर्वथा अवांछनीय है।

13. हिस्ट्री

[प्री-हिस्ट्री 1]

'परिशिष्ट-2 का दूसरा सिद्धान्त मान लिया जाए, तो ऐसी शब्दावली की आवश्यकता ही क्या ? यदि तथाकथित अन्तरराष्ट्रीय शब्दावली ही अपनानी है, तो अंग्रेजी शब्दों

के लिप्यन्तरण या कुछेक शब्दों के निर्माण के लिए इस प्रकार का प्रयास आवश्यक नहीं माना जा सकता। 'पुरुखाओं', 'शामी', 'किशोर-घर', 'पुँसंस्कार', 'प्राकृत अहं' के स्थान पर क्रमशः 'पुरखों', 'सामी', 'अविवाहित-गृह', 'पुंसंस्कार' और 'जैवी अहंता' होने चाहिए।

14. डिफेंस-7

यह अप्रत्याशित रूप से सन्तोषप्रद शब्दावली है। यों, कुछ सुझाव भी दिये जा रहे हैं। 'Sister in charge' के लिए समानार्थी हिन्दी शब्द नहीं दिया गया है। 'Sister' के लिए अन्यत्र 'परिचारिका' आया है। यहाँ 'प्रभारी परिचारिका' हो सकता है। 'मलेरिया रोक भंडार' तथा 'मजदूर निकाय' जैसे संकर प्रयोगों से बचना ही उचित है।

'Boat shed' के लिए 'नाव छादन' तथा 'Boat store' के लिए 'नौ भंडार' में 'बोट' के समानार्थी शब्दों में एकरूपता का अभाव है। ऐसे अन्य उदाहरण भी हैं, किन्तु अधिक नहीं।

15. ट्रांसपोर्ट-6
[शिपिंग-3]

यह शब्दावली भी बहुत हद तक सन्तोषजनक है। इस व्यवसाय में संलग्न व्यक्तियों के बीच प्रचलित शब्द स्वीकृत किये गए हैं, यह ठीक ही है, किन्तु इनके साथ-साथ पारिभाषिक स्तर के उनके पर्याय भी निर्मित होने चाहिए थे।

पत्र-पत्रिकाएँ

'परम्परा' (6-7) का प्रस्तुत विशेषांक—इस पत्रिका के सभी अंक तो विशेषांक ही होते हैं!—एक महत्त्वपूर्ण ग्रंथ भी माना जा सकता है, जिसका शीर्षक हो सकता है 'राजस्थानी बात-संग्रह', जो वस्तुतः पत्रिका के आवरण-पृष्ठ के निचले हिस्से पर मुद्रित है भी।

पत्रिका के सम्पादक नारायणसिंह भाटी ने 'भूमिका' में ठीक ही कहा है कि 'विपुल काव्य-निधि के अतिरिक्त राजस्थानी गद्य-साहित्य की भी बहुत प्राचीन और समृद्ध परम्परा रही है।...प्राचीन राजस्थानी के हस्तलिखित ग्रंथों की खोज और इसके विस्तृत अध्ययन से पता लगता है कि इस भाषा का गद्य साहित्य भी उतना ही प्राचीन और विविधतापूर्ण है, जैसाकि अन्य कई आधुनिक भारतीय भाषाओं में उपलब्ध होता है।'

राजस्थानी गद्य-साहित्य का एक बड़ा भाग 'वार्ता' से निर्मित है। सात 'बातों' को पत्रिका के इस अंक में प्रकाशित किया गया है। परिशिष्ट में विस्तृत बात-सूची भी दी गई है। पत्रिका का सम्पादन और प्रकाशन ऐसा कुछ नहीं छोड़ते, जिसकी अपेक्षा की जा सके—पहले पृष्ठ पर ही 'सृष्टि' और 'अजन्तात्मक' तथा तेरहवें पर 'बावजूद भी' और बीसवें पर 'चिह्न' जैसे प्रयोगों को छोड़कर, जो मोहक मुखड़े पर सफेद दाग जैसे हैं।

['साहित्य' : जनवरी, 1959]

'कलंक' नैथेनियल हाथार्न के अंग्रेजी-उपन्यास 'स्कालेंट लेटर' का योग्यतापूर्वक किया गया हिन्दी अनुवाद है। अंग्रेजी की श्रेण्य तथा उच्च कोटि की पुस्तकों के अनुवाद हों, यह तो आवश्यक और उचित ही है, किन्तु इधर जैसी-तैसी पुस्तकों के अनुवादों पर भी शक्ति और साधनों का दुरुपयोग किया जा रहा है। अवश्य ही कलंक अनुवाद उपर्युक्त पहली श्रेणी में परिगणनीय है।

ऐसे अनुवादों में मूल लेखक का संक्षिप्त परिचय जरूर ही रहना चाहिए। इसका न रहना इस अनुवाद का एक सहज मार्जनीय अभाव है।

हाथार्न (1804-1864) का यह उपन्यास सर्वप्रथम सन् 1850 ई. में प्रकाशित हुआ था। अमेरिका के बोस्टन नगर में केन्द्रित इस उपन्यास के कथानक को 'मनोवैज्ञानिक रोमांस' कहा गया है। अवैध प्रेम के सार्वभौम विषय की कथावाले इस उपन्यास को अंग्रेजी के सर्वोत्तम उपन्यासों में एक माना जाता है।

चिलिंगवर्थ की पत्नी हेस्टर का, पति के, समुद्र-यात्रा के अवसर पर, लापता हो जाने पर, पादरी डिमिस्डेल से प्रेम होता है और उसके एक पुत्र उत्पन्न होता है। उस युग का संकीर्ण समाज उसे कुलटा घोषित करता है और उसे राजकीय दंड भी भुगतना पड़ता है, पर वह अपने पुत्र पर्ल के पिता का नाम नहीं बताती।

हम उपन्यास के पृष्ठों में देखते हैं कि कैसे हेस्टर पर उसके पाप का प्रायः कल्याणकारी प्रभाव पड़ता है और वह कुलटा घोषित करनेवाले लाल अक्षर (ए=एडल्टरेस) को दृढ़तापूर्वक धारण किये रहती है; कैसे पादरी डिमिस्डेल उस रहस्य के कारण तिल-तिल कर मरता है, जिसे वह छिपाए रखने को बाध्य है; कैसे चिलिंगवर्थ नराधम बन जाता है; और कैसे पर्ल दुर्ललित, किन्तु फिर भी सहानुभूतिशील और प्यारा शिशु बनता है। उन्नीसवीं शताब्दी के आरम्भ में लिखे गए इस उपन्यास में ऐसी गहन मनोवैज्ञानिकता है कि वह आज भी सर्वथा पठनीय है।

'मीर तकी मीर', 'जौक', 'दाग', 'फिराक' और 'हफीज जालंधरी की जीवनियाँ और संकलन' 'उर्दू के लोकप्रिय-शायर'-माला में राजपाल एंड संज, दिल्ली, द्वारा प्रकाशित हैं। 'मीर', 'जौक' और 'दाग' की जीवनियों और कृतियों के लेखक-सम्पादक हैं सरस्वतीसरन 'कैफ' तथा 'फिराक' और 'हफीज जालंधरी' के प्रकाश

पंडित। इस माला की कुछेक पुस्तकों की समीक्षा हम पहले भी कर चुके हैं और यथावसर आगे भी करेंगे, और एक वस्तुतः लोकप्रिय पुस्तक-माला के आयोजन के लिए प्रकाशक को बधाई देते हैं।

['साहित्य' : अप्रैल, 1959]

उर्दू से रूपांतरित साहित्य

साधन-सम्पन्न प्रकाशक और सुयोग्य सम्पादकों का दल सदुद्देश्य से प्रेरित होकर निरर्थक, और अंशतः अहितकर भी, कार्य करने चले जा सकते हैं, इसका उदाहरण उर्दू से रूपान्तरित वह साहित्य है, जिसे राजपाल एंड संज प्रकाशित कर रहे हैं, और सरस्वतीसरन कैंफ संसारचन्द्र और प्रकाश पंडित द्वारा सम्पादित। हिन्दीतर भारतीय भाषाओं या विदेशी भाषाओं की पुस्तकों के रूपान्तर या अनुवाद बिहार राष्ट्रभाषा परिषद्, हिन्दुस्तानी अकादमी, साहित्य अकादमी जैसी सरकारी, या अर्द्ध-सरकारी, संस्थाएँ प्रकाशित करें, उचित यही है। इसका बीड़ा हिन्दी के प्रकाशक क्यों उठा रहे हैं?

मैं हिन्दी के अनेकानेक कवियों को जानता हूँ—और बहुतेरे और होंगे, जिन्हें जानने का सौभाग्य मुझे नहीं है—जिनकी कविताएँ किसी गुणज्ञ प्रकाशक की राह देख रही हैं और जिन्हें अविलम्ब पुस्तकाकार प्रकाशित होना ही चाहिए। सरकारी संस्थाएँ इन्हें प्रकाशित नहीं करेंगी। उनका कहना होगा कि यह हिन्दी के प्रकाशकों का काम है। और हिन्दी के प्रकाशक हैं कि वे अपने कर्तव्य की उपेक्षा करते हैं और सबसे कम चिह्नवाले रास्ते पर ही चलना पसन्द करते हैं। हिन्दी के प्रकाशकों के विरुद्ध हिन्दी के लेखकों का क्षोभ सर्वथा उचित है। प्रकाशक इस क्षोभ की अवहेलना करने की स्थिति में हैं, किन्तु इस प्रकार की नीति न तो श्लाघ्य है, न उपादेय ही है।

हम 'सौदा', 'दर्द', 'जफर', 'अकबर' की जीवनी और संकलन का सुसम्पादित और सहज सुलभ संस्करण अनावश्यक मान सकते हैं, किन्तु 'हसरत मोहानी', 'अदम', 'मख़्दूम' और 'साहिर' की जीवनी और शायरी से अपरिचित रहकर भी हिन्दी का पाठक ऐसे कुछ से वंचित न होगा, जो थोड़ा भी महत्त्वपूर्ण हो। निम्न कोटि का साहित्य अश्लील साहित्य से भी बुरा होता है। हिन्दी के उन प्रतिष्ठित प्रकाशकों को, जो उर्दू, बंगला, अंग्रेजी के कूड़े-कर्कट से हिन्दी को गन्दा कर रहे हैं, कभी जागरूक जनमत का सामना करना ही पड़ेगा।

इन संग्रहों के पक्ष में, सामान्य रूप से, एक बात जरूर कही जा सकती है; वह यह कि तीनों सम्पादकों ने उर्दू के इन शायरों की जीवनियाँ रोचक और दिलचस्प ढंग से प्रस्तुत की हैं और थोड़े कठिन शब्दों के अर्थ भी पाद-टिप्पणियों में अवश्य दे दिये हैं। 'साहिर' के संग्रह में जीवनी नहीं है; यह जीवनी और संकलनवाली पुस्तक-माला के बाहर की पुस्तक है; पुस्तक-मालान्तर्गत संग्रह में जीवनी छप चुकी है।

'सौदा', 'दर्द' और 'जफर', उत्कृष्टता से अधिक पूर्ववर्तिता के कारण, श्रेण्यप्राय कवि माने जा सकते हैं। 'अकबर' की हिन्दी में बड़ी प्रतिष्ठा रही है। मैं विशेष अधिकार के साथ तो नहीं कह सकता, किन्तु मेरी धारणा है कि उर्दू में भी अकबर को ऐसी प्रतिष्ठा नहीं मिली है। अकबर के अच्छे-बुरे दशाधिक संग्रह हिन्दी में पहले से हैं। अपने दुर्भाव-रहित व्यंग्य और उदार विचार के कारण अकबर के नये संग्रह भी हिन्दी में आते हैं, तो आएँ। हसरत मोहानी का उर्दू में, उनके विचारों के कारण, थोड़ा-बहुत महत्त्व होगा। यों भी, मैं समझता हूँ, गोकि मैं अपनी गलती स्वीकार करने को तैयार रहूँगा अगर मैं गलती कर रहा होऊँ, हसरत मोहानी अपनी गद्य में लिखी पुस्तकों के लिए ही उर्दू में भी प्रसिद्ध रहे हैं। इसलिए इनकी, और जो शेष उर्दू, के नये शायर हैं उनकी, कविताओं के हिन्दी-रूपान्तर नितान्त अनावश्यक है। 'अदम', 'मख़्दूम' और 'साहिर' का उर्दू में जो भी स्थान हो—प्रकाशकीय 'ब्लर्ब' में बताया गया है कि 'तल्खियाँ' के बीस से अधिक संस्करण उर्दू में छप चुके हैं—बच्चन, नीरज आदि के रहते हिन्दी के कवियों को उनसे कुछ सीखना नहीं है, न हिन्दी के पाठकों को उनसे कुछ पाना। चर्वण, पेषण और वान्ताशन की एक सीमा तो होनी ही चाहिए।

उर्दू के जिस नये कवि के एक संग्रह को प्रकाशित कर प्रकाशक सन्तुष्ट नहीं हुए हैं और उसकी कविताओं का पूरा संकलन भी छापकर कृतार्थ हुए हैं, उस कवि, साहिर, की एक कविता, जो हिन्दी के कुछ कवियों को प्रेरणा प्रदान करने में सफल हो चुकी है, यहाँ मैं उद्धृत कर रहा हूँ। इसके साथ हाल में प्रकाशित इसी विषय की एक अंग्रेजी-कविता का अनुवाद भी प्रस्तुत कर रहा हूँ। आदर्श के रूप में रखी जाने योग्य कविताएँ, आवश्यक हों, तो वे कहाँ से मिल सकती हैं, यह दोनों कविताओं की तुलना से कदाचित् स्पष्ट हो जाएगा :

ताजमहल

साहिर

ताज तेरे लिए इक मजहरे-उल्फत ही सही,
तुझको इस बादिये-रंगी से अकीदत ही सही,
मेरी महबूब, कहीं और मिला कर मुझसे!
बज़्मे-शाही में गरीबों का गुजर, क्या मानी?
सब्त जिस राह पे हों सतवते-शाही के निशाँ,
उसपे उल्फत भरी रूहों का सफर क्या मानी?
मेरी महबूब! पसे-पर्दा-ए-तशहीरे-वफा,
तू ने सतवत के निशानों को तो देखा होता,

मुर्दाशाहों के मकाबिर से बहलनेवाली!
अपने तारीक मकानों को देखा होता।
अनगिनत लोगों ने दुनिया में मुहब्बत की है,
कौन कहता है कि सादिक न थे जज़्बे उनके?
लेकिन उनके लिए तशहीर का सामान नहीं,
क्योंकि वो लोग भी अपनी ही तरह मुफलिस थे।
ये इमाराता–मकाबिर, ये फसीलें, ये हिसार,
मुतलक–उल–हुक्म शहनशाहों की अज्मत के सतूँ
दामने–दहर पे उस रंग की गुलकारी है,
जिसमें शामिल है तेरे और मेरे अजदाद का खूँ।
मेरी महबूब ! उन्हें भी तो मुहब्बत होगी,
जिनकी सन्नाई ने बख्शी है इसे शक्ले–जमील।
उनके प्यारों के मकाबिर रहे वे–नामो–नुमूद,
आज तक उन पे जलाई न किसी ने कन्दील।
ये चमनजार, ये जमना का किराना, ये महल,
ये मुनक्कश दरो–दीवार, ये महराब, ये ताक।
इक शहनशाह ने दौलत का सहारा लेकर,
हम गरीबों की मुहब्बत का उड़ाया है मजाक।
मेरी महबूब! कहीं और मिला कर मुझसे।

इसके साथ इस अनूदित कविता की तुलना कीजिए :

एक विचित्र देश से
हेलेन सिगर

यह वैसा ही था जैसा कहा जाता था।
लगता था कि वह सफेद मीनार उठ रही है
हल्के सुप्रीत मृत के साथ
ऊपर पेड़ों के बीच से, और नदी से जो अंकित करती थी
रेखा जहान की जिन्दगी की॥
मेहराब की सपाट दीवारें
जिन पर दानों की तरह मणि–रत्न छींटे हुए
जैसे एक बच्चा फर्श पर सूखे चावल के दाने छींट देता—

चाँदनी को लौटातीं, टूटी हुई, तालाब के छोरों तक।
अमरता जीत ली गई थी
मुमताज के लिए, मृतकों में अकेले उसके लिए
एक स्थापति-नट के हाथ के स्पर्श से।

जहान, मुमताज का रुआब रहता है
जब तक हम वहाँ रहते हैं
उस पत्थर के हल्के इन्द्रजाल के सहारे, किन्तु
हमें वश में नहीं रख सकते, जब हम चले जाते हैं।
ये
हमारे विचार को पार करते झूल जाते खींचते हुए
सीधी आकृतियाँ, जैसे कैलेंडर लगी दीवार पर
एक पत्ता, जो धूप में पलटता है,
एक बेवा, जो तेजी से गुजर जाती है, झुकी हुई
कमीज पहने बच्चा एक गेंद लिये हुए।

हिन्दी के आलोचकों, कवियों और पाठकों को इस अनूदित कविता का अभ्यासी होना है, न कि भावुकता से चिपचिपी उद्धृत रूपान्तरित कविता का।

'ओथेलो' : शेक्सपियर, 'दो लाख वर्ष बाद': एच्. जी. वेल्स, 'समुद्र की गहराइयों में' : यूल्स बने, 'रहस्य-रोमांच की कहानियाँ' : एडगर एलन पो, 'सागर और मनुष्य' : अर्नस्ट हेमिंग्वे, 'यौन मनोविज्ञान' : हेवलाक एलिस—वेल्स और यूल्स (जूल्स नहीं, जैसा नागरी में रूपान्तरित नाम में है) की पुस्तकें छोड़कर शेष सभी ऐसी हैं, जिनका अनुवाद होना चाहिए था। यों ये दोनों पुस्तकें भी हिन्दीतर भारतीय भाषाओं के उन उपन्यासों की तुलना में बहुत अच्छी हैं, जिनके अनुवाद हिन्दी के प्रकाशक आए-दिन बाजार में पहुँचा रहे हैं।

'ओथेलो' का गद्य-पद्यमय अनुवाद तो होना ही था—यों कहा जाए कि होना ही चाहिए; क्योंकि वह तो हुआ है, वह तो जैसा-तैसा होकर रह गया है। शेक्सपियर के नाटक हिन्दी के अनुवादकों के लिए चुनौती हैं और प्रकाशक ने अवश्य अपनी समझ से यह कार्य योग्यतम सुलभ व्यक्ति से कराया है—बच्चन जी अंग्रेजी के अध्यापक रह चुके हैं और जनप्रिय कवि के रूप में उनकी प्रसिद्धि है ही।

'द ट्रेजेडी ऑव ओथेलो', 'द सूर ऑव वेनिस' सन् 1904 ई. में पहली बार अभिनीत हुआ था। साहित्यिक इतिहासकारों के अनुसार शेक्सपियर ने अपने नैराश्य के युग में जो चार महान त्रासदियाँ लिखी थीं, उनमें यह भी एक है। इस अवधि में शेक्सपियर का ध्यान मानव-हृदय में चलनेवाले सद्संघर्ष पर केन्द्रित रहा। अत:, इस नाटक का खलनायक इयागो, ऐसा परपीढ़नरतिक और चूड़ान्त दुष्ट है, जैसा विश्व-

साहित्य में मुश्किल से मिले। किन्तु, अन्ततः 'ओथेलो' में प्रेम दुष्टता और घृणा पर विजय प्राप्त करता है और एक स्त्री का दूसरी के लिए विलक्षण प्रेम खल को दैवी न्याय से दंडित कराने में समर्थ होता है।

अनुवादक ने, अनुवाद के प्रतिकूल जो भी कहा जा सकता है, प्रायः सब भूमिका में पूर्वाशित किया है और अपना बचाव तैयार कर लिया है। क्या ही अच्छा होता कि भूमिका की पेशबन्दी में नहीं, प्रत्युत अनुवाद की उत्कृष्टता में अनुवाद का उत्तर मिलता! अनुवादक ने अन्त्यानुप्रास-रहित पद्यांशों के लिए रोला छन्द व्यवहृत किया है और यह, ब्लैंक वर्स की गरिमा अनूदित करने के बदले, मात्र कवि की अभ्यस्त गीत-लय की सुविधा उत्पन्न करता है।

अनुवादक को, वह भूमिका में कबूल करता है, ऐसे आलोचकों की ज्यादा चिन्ता रही है, जो हिन्दी ऐसी चाहते हैं, जो उनके आयामों और खानसामों की समझ में आ सके। उनसे तनिक क्लिष्ट हिन्दी को क्षम्य मानने के लिए प्रार्थी अनुवादक ने, जहाँ तक हो सका है, अपनी भाषा में तत्सम शब्द नहीं आने दिये हैं। वास्तविकता यह है कि बच्चन के अनुवाद की भाषा नागरी लिपि में होने के कारण ही हिन्दी है।

ऐसी हिन्दी, छन्द रोला और अनुवाद करना शेक्सपियर के नाटक का! शेक्सपियर के नाटक का अनुवाद तो वही कर सकता है, जो शेक्सपियर जैसा शब्द का धनी हो! बच्चन जी को यह बताना अनावश्यक होगा कि अंग्रेजी के नये-पुराने लेखकों में सर्वाधिक शब्द-संख्या शेक्सपियर की कृतियों में ही, गिनने पर, निकली है। ब्लैंक वर्स की टक्कर का छन्द भी अगर हिन्दी में मिलेगा, तो निराला की ही कविताओं में। भाषा और छन्द के अभाव में 'विनायक' बनाते-बनाते 'वानर' गढ़ दिया गया है, तो इसमें आश्चर्य भी क्या!

नाटक के प्रारम्भ में ही राडरिगो से इयागो कह रहा है :

Iago : O Sir, content you ;
I follow him to serve my turn upon him :
We cannot all be masters, nor all masters
Cannot be truly follow'd. You shall mark
Many a duteous and knee crooking knave
That, doting on his own obsequious bondage,
Wears out his time, much like his master's ass,
For naught but provender ; and when he's old, cashier'd :
Whip me such honest knaves. Others there are
who, trimm'd in forms and visages of duty,
Keep yet their hearts attending on themselves;
And, throwing but shows of service on their lords,

Do well thrive by them, and when they have lin'd their coats,
Do themselves homage: these fellows have some soul :
And such a one do I profess myself...

इसका पद्यानुवाद देखिए :

इयागो : *सब्र करो भी;*
मैं अपने मतलब से उसके साथ लगा हूँ:
मालिक हममें से हर एक नहीं बन सकता,
और न हर मालिक की सच्चे दिल से सेवा
की जा सकती। तुमने अक्सर देखा होगा
उन फरमाबरदार बुद्धुओं को, जो अपनी
रीढ़ झुकाए, खीस निपोरे, अपने मालिक
के कदमों में घुटने टेके, और गुलामी
में रहने को फख्र समझते, अपनी सारी
उम्र काट देते हैं; वे हैं गधों की तरह,
जो चारे-भूसे की खातिर बोझा ढोते,
औ' जब बूढ़े हो जाते हैं, कान पकड़कर
उन्हें निकाल दिया जाता है। मेरी चलती,
तो इनको कोड़े लगवाता। पर ऐसे भी,
जो बाहर से मालिक की खूब वफादारी
करते हैं, पर भीतर से वफादार वे
अपने होते, अपने मालिक की दिखावटी
सेवा करके वे अपनी जेबें भरते हैं;
और खजाना अपना जब वे भर लेते हैं,
तभी समझते हैं कि उन्होंने अपनी कोई
सेवा की है: ये हैं जिनमें कुछ जीवन है;
ऐसे लोगों में मैं अपने को गिनता हूँ।

यह पद्यानुवाद नहीं है। इसमें मूल का स्वर, ध्वनि कुछ भी नहीं है। इससे अच्छा तो पद्य का भी गद्यानुवाद ही होता। अनुवादक ने आथेलो को कहीं जन-आथेलो तो नहीं बनाना चाहा है ? एक महान नाटक नौटंकी तो बन ही गया है। बच्चन जी हिन्दी के बदले अवधी का अधिकाधिक प्रयोग करें, तो हिन्दी के आलोचक को उनकी हिन्दी के बारे में बार-बार लिखने का कष्ट नहीं उठाना पड़ेगा।

अंग्रेजी के एक जमाने के प्रसिद्ध उपन्यासकार एच.जी. वेल्स (1866-1946) के उपन्यास (1895 में सर्वप्रथम प्रकाशित) 'टाइम मशीन' का प्रस्तुत हिन्दी रूपान्तर

केशव सागर का किया हुआ है। रूपान्तर—रूपान्तर क्यों कहा गया है, समझ में नहीं आता; यह अथवा इसके बाद समीक्षित उपन्यास 'एडैप्टेशन' नहीं है—सन्तोषजनक है।

कालयात्री ने भविष्य के मानव, दुर्बल एलोई और लूटपाट करनेवाले मालिकों का जो वर्णन किया है, उसकी जड़ें दिलचस्प वैज्ञानिक सिद्धान्तों में हैं। दिक्-काल की यह कल्पित गाथा और भविष्य के जगत् में जीवन-विधि का यह चित्र इतने रोचक हैं कि इन्हें साहस की कहानी के रूप में भी पढ़ा जा सकता है। इस उपन्यास में मनोमाया और अर्द्धवैज्ञानिक कल्पना का मनोरंजक समन्वय हुआ है।

ऐसे अनेक लेखक हुए हैं, विशेषतः विदेशी भाषाओं के, जिनकी कल्पनाशक्ति भविष्यभेदी थी, और उसके सहारे उन्होंने आनेवाली चीजों के चित्र अंकित किये हैं। फ्रांस के यूल्स वर्ने (1825-1905 ई.) ऐसे ही लेखकों में एक हैं और उनकी पुस्तक 'ट्वेंटी थाउजैंड लीग्स अगडर द सी' (1870 में सर्वप्रथम प्रकाशित) का अनुवाद 'समुद्र की गहराइयों में' है, जो उस परम्परा में आती है, जिसने हमें ऐसे आविष्कारों की कल्पित कहानियाँ दी हैं, जिन्हें होना बाकी है। इस दृष्टि से वर्ने की भविष्यवाणियाँ चकित कर देनेवाली हैं। पुस्तक में वर्णित नाटिलस जहाज के कप्तान, नेमो, के द्वारा कल्पित पनडुब्बी तथा दूसरे आविष्कार आज सुपरिचित वास्तविकता है।

ऐसी पुस्तकें शायद ही कभी महान होती हों, किन्तु रोचक तो प्रायः होती ही हैं। पुस्तक के रूपान्तरकार सन्तकुमार अवस्थी ने अपना कार्य योग्यतापूर्वक किया है, यद्यपि 'पददलित' जैसे कुछ अशुद्ध प्रयोग चिन्त्य हैं।

पुस्तक किशोर-वय पाठकों के बीच श्रेण्यता प्राप्त कर चुकी है। हिन्दी के भी ऐसे पाठक इसे दिलचस्प पाएँगे।

पो (1809-1849) का व्यक्तिगत जीवन दुर्भाग्य-ग्रस्त रहा और बाद में इसके सम्बन्ध में अनेक किंवदन्तियाँ प्रचलित हुईं। सम्भवतः कहा जा सकता है कि उसके जीवन की त्रासदी ने उसके मस्तिष्क और कृतियों का मलिनप्रभ बना दिया था। पो ने एक अनाथ बालक के रूप में जीवन आरम्भ किया, दूसरे के घर में उसका पालन-पोषण हुआ, जहाँ उसे कभी सुख नहीं मिला। फिर उसने एक त्रयोदशवर्षीया बालिका से विवाह कर लिया और न्यूयॉर्क में पत्नी की मृत्यु होने के पहले तक कलम-घिसघिस की, जिसके कुछ दिनों बाद स्वयं उसकी भी मृत्यु हो गई।

उसने विवाद्य साहित्यिक आलोचनाएँ और अनेक विचित्र वातावरण निर्मित करनेवाली कविताएँ लिखीं। पो की, हाथर्न के साथ, छोटी कहानी के आदि प्रवर्तक के रूप में विशेष प्रसिद्धि है।

पो की छोटी कहानियाँ दो प्रकार की हैं : एक तो भयानक रस की और दूसरी, जासूसी किस्म की।

पो की कहानियों के इस अनुवाद में अधिकतर पहले प्रकार की कहानियाँ हैं : 'द फाल ऑव द हाउस ऑव अशर' (1839), जिसका हिन्दी में शीर्षक बदलकर

रखा गया है : 'और फिर हवेली ढह गई'! 'द पिट एंड द पेंडुलम' (कूप और काल), द कास्क ऑव एमोनिटिलादो (1846) : 'शराब का पीपा' शीर्षक के साथ; और द टेल-टेल हार्ट : 'जब हत्या सिर चढ़ कर बोली!'

द गोल्ड बग (1843) : 'सुनहला खटमल' शीर्षक के साथ और द मर्डर्स इन द रूथ मार्ग (1841) : 'पेरिस की भीषण हत्याएँ' शीर्षक के साथ, दूसरे प्रकार की कहानियाँ हैं।

संग्रह में दो कहानियाँ और हैं, जिन्हें मैं जल्दबाजी में शिनाख्त नहीं कर पाया हूँ—सच पूछिए, तो एक पृष्ठ की भूमिका, जिसमें पो का परिचय और इन कहानियों के मूल शीर्षक रहते, पुस्तक में अवश्य रहनी चाहिए थी।

कहानियों के अनुवादक राधानाथ चतुर्वेदी अपना काम जानते हैं। प्रकाशकों ने हिन्दी के उन कहानीकारों के लिए आदर्श सुलभ बना दिया है, जिन्होंने वातावरण-निर्माण की बात सुन रखी है।

अर्नेस्ट हेमिंग्वे के उपन्यास 'द ओल्ड मैन एंड द सी' का नाम हिन्दी के वे पाठक भी जानते होंगे, जो अंग्रेजी की पुस्तक पढ़ते नहीं हैं। हेमिंग्वे का एक प्रारम्भिक उपन्यास 'फेयरवेल टु आर्म्स' भी बहुत प्रसिद्ध हुआ था और वह भी हाल में 'शस्त्र-विदाई' शीर्षक से हिन्दी में अनूदित हुआ है, यद्यपि 1937-38 में ही स्व. जर्नादन सहाय ने इसका पहला हिन्दी अनुवाद किया था और वह उनकी कृतियों के अल्प-ज्ञात मृत्यूत्तर संकलन में मुद्रित भी हुआ था।

हमने अभी ऊपर कहा है कि जो अंग्रेजी की किताबें नहीं भी पढ़ते, उनमें से भी अनेक ने 'द ओल्ड मैन एंड द सी' का नाम सुना होगा। एक बात और है : बहुतों ने, जो अंग्रेजी की पुस्तकें कभी-कभी पढ़ लेते हैं, और जिन्होंने यह पुस्तक पढ़ी, यह समझने में सर्वथा असमर्थ रहे कि आखिर इस उपन्यास में है क्या जो इसकी चर्चा हुई!—है भी तो इसके सिवा क्या कि साहस की एक अच्छी-सी सीधी-सादी कहानी है!

हिन्दी उपन्यासों पर शोध-प्रबन्ध लिखकर उपाधि प्राप्त करनेवाले एक विद्वान ने बड़ी बेबाकी के साथ मुझसे कहा था : 'तुम लोग ख्वाहमख्वाह अंग्रेजी के उपन्यासों की तारीफ करते हो, मुझे तो उनमें से बहुत कम में ही कुछ मिलता है, जैसे 'द ओल्ड मैन एंड दी सी' ले लो। क्या है इसमें आखिर कि धूम मची हुई है?

ऐसी शंका का समाधान अनुवाद से हो सकना और भी कठिन है। अनुवाद में वह छोड़कर सब कुछ आ गया है, जिसके कारण यह उपन्यास महान माना गया है। अनुवादक ने शीर्षक में ही सागर को पहले और मनुष्य को बाद में रखकर यह सन्देह उत्पन्न कर दिया है कि उसने पुस्तक की चेतना पर ध्यान नहीं दिया है। इस पुस्तक की चेतना को धारण किये रहनेवाली शैली का आभास अनुवादक नहीं दे पाया है, तो इसमें आश्चर्य नहीं; यह बहुत कम ही अनुवादक कर भी पाते हैं। यों, साधारणत; अनुवाद से कहानी तो मालूम हो ही जाती है।

अनुवादक हैं आनन्दप्रकाश जैन।

हैवेलॉक एलिस की मूलतः सप्तखंडी यौन विज्ञान-विषयक पुस्तक है : 'स्टडीज इन दी साइकोलॉजी ऑव सेक्स', जिसका पहला भाग 1897 में और अन्तिम 1928 में प्रकाशित हुआ था, अब पूरी की पूरी दो खंडों में सुलभ है। यदि उसका अनुवाद हो जाता, तो एक बहुत बड़े अभाव की पूर्ति का श्रेय अनुवादक-प्रकाशक को प्राप्त होता। जब तक यह कार्य नहीं होता, तब तक के लिए इसी यौनविज्ञान विशेषज्ञ की लघुतर पुस्तक, यौन मनोविज्ञान, से भी सन्तोष किया जा सकता है और इसके खासे अच्छे अनुवाद एवं परिष्कृत प्रकाशन के लिए भी हिन्दी के पाठक कृतज्ञ ही होंगे।

बड़ी पुस्तक के प्रारम्भिक खंड के प्रकाशन के समय बड़ा हो-हल्ला मचा था और वह जब्त भी कर लिया गया था, किन्तु अब तो सभी स्वीकार करते हैं कि यह पुस्तक अश्लील होने के बदले, न केवल अग्रदूत कहलाने की अधिकारिणी है, बल्कि आज भी इस क्षेत्र में सर्वाधिक सर्वांगपूर्ण है और साथ ही साथ उल्लेख्य रूप से अ-फ्रायडीय भी है।

प्रस्तुत पुस्तक से भी यौन-विषयक विज्ञान के मूल सिद्धान्तों एवं तत्सम्बन्धी एलिस की मान्यताओं का पर्याप्त परिचय प्राप्त किया जा सकता है। अनुवादक, मन्मथनाथ गुप्त, यदि यौन विज्ञान की तथाकथित मौलिक पुस्तकें लिखने के बदले, इस प्रकार की प्रामाणिक मूल पुस्तकों का अनुवाद करते, तो अवश्य ही वे अपने समय और शक्ति का सदुपयोग कर पाते।

मूल पुस्तक की भूमिका के अनुवाद में 'विनति' तथा विषय-सूची में 'नार्किससवाद' (नार्सिसवाद शुद्ध रूप होगा) जैसे अशुद्ध प्रयोग हैं और आगे के पृष्ठों में भी ऐसे प्रयोगों का अभाव नहीं है। एक ही उदाहरण और : पृष्ठ 12 पर 'आदर्श का झंडा बुलन्द रख कर'। रुचि तथा साधन से सम्पन्न प्रकाशक को अपने लेखकों की पांडुलिपियों का सम्पादन करा लेना आवश्यक है, यह हम पहले भी कह चुके हैं।

'नागफनी' : श्रीकृष्णचन्द्र शर्मा 'भिक्खु', 'पतित-पावनी' : श्रीरमेशचन्द्र आरिगपूडि, 'बगुला के पंख' : आचार्य चतुरसेन शास्त्री, इधर हिन्दी में ये महत्त्वपूर्ण उपन्यास लिखे गए हैं। वैसे इन उपन्यासों में आलोच्य उपन्यास नहीं हैं।

'नागफनी' इन तीनों उपन्यासों में सर्वप्रथम समीक्ष्य इसलिए है कि इसमें बढ़िया उपन्यास बनने की ऐसी सम्भावनाएँ हैं, जिनका उपयोग नहीं किया गया है। 'पतित-पावनी' की समीक्षा इसलिए आवश्यक है कि उसके लेखक तेलगू-भाषी हैं। 'बगुला के पंख' की समीक्षा इसलिए की जा रही है कि वह समीक्षार्थ-प्राप्त है, यद्यपि वह हिन्दी के एक प्रसिद्धि-प्राप्त लेखक की ऐसी कृति है, जो उनकी प्रसिद्धि के औचित्य को सिद्ध नहीं कर पाती।

'नागफनी' के बदले उपन्यास का शीर्षक 'गुलाब' रहता, तो अधिक युक्ति-युक्त होता—समीक्षक क्या करे, अगर नागफनी (कैक्टस) आजकल नया और फैशनेबल नाम है और गुलाब इतना पुराना कि फूल के सिवा अब वह प्रतीक बन नहीं पाता!

उपन्यास की नायिका रेवती, जिसे प्रतीकित करने के लिए नागफनी को काँटों में घसीटा गया है, भयानक सुन्दर है—बंगला मुहावरे के अनुसार भी और शब्दत: भी। रेवती में काँटे हैं भी, तो वे उसके सौन्दर्य के गुलाब से छिपे हैं, किसी हालत में ऐसा नहीं है कि नागफनी के काँटों में कहीं कोई सुन्दरता छिपी हो, जिसे परखनेवाले नववैभवशाली आजकल उसे बाग और गोल-कमरे में लगाते और प्रदर्शित करते थकते नहीं।

उपन्यास हिचक और अनिश्चिय के साथ शुरू होता है। पहले तो प्रकाशकीय 'ब्लर्ब' है जिसे हिन्दी में अक्सर लेखक ही लिखने का कष्ट उठाते हैं, गोकि इसके बारे में भी ऐसा ही है, यह हम नहीं कहते—जिसकी प्रारम्भिक पंक्तियाँ हैं : 'कुसुम से भी कोमल और कुलिश से भी कठोर भला कौन है ? कालिदास ही नहीं, आप भी जानते हैं...'! इसके सम्बन्ध में तो यही कहा जा सकता है कि हम भले ही जानें, कालिदास अवश्य नहीं जानते थे; जानते थे तो भवभूति!

उपन्यास के पहले पृष्ठ की छठी पंक्ति में 'अपनी सानी नहीं रखते' और नौवीं में 'बम्बई को इसी रूप में जाननेवाला यह भी कहेगा कि बम्बई में हर दूसरी फैशनेबल और फिल्मस्टार है' जैसे वाक्य पाठक की उदारता की परीक्षा लेते हैं। और आगे, तेईसवें पृष्ठ पर 'जैसे चाँदनी की चुनुर में अँधियारे की थेगली लग गई' जैसा वाक्य है, और अन्यत्र भी ऐसे प्रयोग मिलते जाते हैं। किन्तु पाठक ज्यादा उपयोगी काम न कर रहा हो और वह दस-पाँच पृष्ठों तक पढ़ता चला जाए, तो नागफनी के खार उसका दामन थाम लेते हैं और वह उपन्यास में उलझा रह जाता है। औसत ढंग का कामचलाऊ उपन्यास इतना भर कर ले, तो उसने बहुत-कुछ कर लिया।

'नागफनी' का अन्त भी कमजोर सुर पर होता है। ऐसा लगता है कि लेखक समझ नहीं पाता कि वह उपन्यास कहाँ और कैसे खत्म करे। उसे उपन्यास खत्म करना ही है और वह झटके के साथ खत्म कर देता है। अगर उपन्यास के अन्तिम दो-ढाई पृष्ठ फाड़ दिये जाएँ, तो उपन्यास बुरे आरम्भवाला उपन्यास ही होगा, बुरे अन्तवाला भी नहीं होगा। उपन्यास का जैसा अन्त है, वह न तो शरत्चन्द्र के नुस्खे के मुताबिक है, न बम्बई की हिन्दी फिल्मों की 'ट्रिक' के अनुसार। उपन्यास का अन्त इन दोनों के मिश्रण में होता है। रेवती को भी अपने क्लीव पति पर दया आ जाती है। लेखक जाने क्यों इस शिखंडी की शरण लेकर ही अन्तिम बाण चलाता है!

हिचकते आरम्भ और अव्यवस्थित अन्त के बीच, आश्चर्य है, मध्य भाग बहुत ही सन्तुलित बन पड़ा है। जिस रेवती से हमारा परिचय होता है, उसे जड़ बने रहना चाहिए था, लेकिन नहीं, वह तो विकसित होती चली जाती है, और कहने लायक कोई भी घटना घटती नहीं। हिन्दी में प्रत्यग्-दर्शन—फ्लैश बैक—प्रणाली अनेक

उपन्यासकारों ने अपनाई है, लेकिन शायद ही किसी ने इसलिए कि इसके सिवा और कोई प्रणाली हो ही नहीं सकती थी। 'भिक्खु' ने वर्तमान को अतीत के खंडित आभासों से गतियुक्त, पूर्ण और विश्वास्य बनाने में जो सफलता पाई है, वह इसी प्रणाली की सहायता से। वर्तमान में घटना कहलाने लायक कोई घटना नहीं घटती, तो उसकी जरूरत भी नहीं है : घटित घटनाएँ वर्तमान को कभी जड़ नहीं होने देतीं।

उपन्यास के आरम्भ का सहमता हुआ गद्य, धीरे-धीरे आश्वस्त-सा होता जाता है और अन्त से कुछ पहले के पृष्ठों में तो कियदंश में सधे, तने और पैने लेखन का भी उदाहरण मिलता है।

आरिगपूडि के उपन्यास 'पतित-पावनी' में भी प्रत्यग्-दर्शन-प्रणाली अपनाई गई है। इसके बदले सीधे कहानी कहने की कोशिश शायद ज्यादा कामयाब होती। हिन्दी के जो नये-पुराने उपन्यासकार टेक्निक—उनके लिए सुनी-सुनाई चीज से ज्यादा हो, ऐसा लगता नहीं—को लेकर परेशान रहते हैं और अध्रुव के लिए ध्रुव कथा तत्त्व—ऐसों के लिए ध्रुव—की उपेक्षा करते हैं, वे 'नागफनी' और 'पतित-पावनी' में प्रयुक्त इस प्रणाली का तुलनात्मक दृष्टि से अध्ययन कर सकते हैं। दूसरे में किस प्रकार वही चीज व्यर्थ सिद्ध हो गई, जो पहले में अमोघ है, यह तनिक सावधानी से देखने पर स्पष्ट हो जाएगा।

उपन्यास में घटनाओं का बाहुल्य है, किन्तु उनके बीच नायिका लक्ष्मी ही जब कहीं थोड़ी देर के लिए भी आयाम-त्रितय-युक्त नहीं हो पाती, तो गौण पात्रों की क्या कथा! उपन्यास की 'तीसरी परत' के तीसरे परिच्छेद के अन्तिम पृष्ठ के नीचे रिक्त भाग में मैंने अपने पढ़ने के वक्त की तात्कालिक प्रतिक्रिया अंकित कर रखी है—'नानसेंस। स्कूल में पढ़नेवाली लड़कियों के लिए!'

उपन्यास का अन्त तो वैसी अति-नाटकीय आकस्मिकता के साथ होती है, जिससे ज्यादा सफाई बम्बई के चित्रपट-निर्देशक और लेखक भी दिखाने लग गए हैं।

आरिगपूडि तेलगू-भाषी हैं। उनकी हिन्दी के बारे में कुछ कहना अनावश्यक है। किन्तु आवरण पर के नारी-चित्र के सम्बन्ध में यह सन्देह करने से अपने को रोकना मुश्किल है कि उसमें किसी कैलेंडर-नवीस ने आधुनिक चित्र-कला से प्रतिशोध नहीं लिया है। चित्र 'पतित-पावनी' इस समूचे समस्त पद को नहीं, बल्कि किसी तरह उसके प्रथमांश को ही प्रतीकित करता हुआ माना जा सकता है। आवरण के अंकन में चीखनेवाले रंगों का प्रयोग भयानक नहीं किया जाए, यह निर्देश आवरणकारों को प्रकाशक की ओर से मिलना चाहिए।

आलोच्य उपन्यासों में से तीसरा और अन्तिम, 'बगुला के पंख', मुझे प्रकाशक राजपाल एंड संज से सम्पादनार्थ नहीं, 'साहित्य' से समीक्षार्थ प्राप्त हुआ है। इसलिए यहाँ-वहाँ जो पेंसिल के निशान लगा दिये हैं, उनमें से भी कुछेक ही यहाँ संकेतित हैं :

लाला फकीरचन्द अपने को बड़े खुशदिल समझते थे, इश्कियन गजलें, अपनी एक पुस्तकालय बना रही हूँ, दुनिया जगमग कर रहा है, खास कर दिल्ली के पुराने इतिहास में मेरी खास दिलचस्पी है, उसकी प्रत्येक रस-बिन्दु, लम्बे-लम्बे साँस लेता हुआ, उसका साँस रुक गया, अच्छा कलम है, लाला लोगों की बुद्धि नहीं होती, अपराह्न, लट भी लटक कर जुगने के माथे पर घूर रही थी, जगनू की फूँक सरक गई, इत्यादि।

व्याकरण, मुहावरों और शैली के ये उदाहरण अच्छी हिन्दी के वैयाकरणों की भेंट हैं। दो उदाहरणों के सम्बन्ध में यह जोड़ दूँ : समीक्षक को मालूम है कि उर्दू में कलम पुल्लिंग होता है, किन्तु 'बगुला के पंख' हिन्दी में लिखा गया है, उर्दू में नहीं। 'फूँक निकल जाना'—यह तो मुहावरा है, 'फूँक सरक जाना' नहीं, और यों 'निकलने' की जगह 'सरकाना' कह भी लीजिए, मुहावरे में 'निकलना' है तो निकलना ही रहेगा, 'सरकना' नहीं हो सकता।

आरिगपूडि जी यदि केवल अपने उपन्यास की ही नहीं, इस उपन्यास की भी समीक्षा पढ़ने का कष्ट करेंगे, तो वे अवश्य विश्वास कर पाएँगे कि मैंने न तो उनकी हिन्दी पर व्यंग्य किया है, न उसे क्षमा प्रदान की है : हिन्दी के इतने पुराने लेखक को भी हिन्दी लिखने में कठिनाई हो सकती है! हिन्दी के लेखक को, वह हिन्दी-भाषी हो या अहिन्दी-भाषी, हिन्दी लिखने में उसी तरह सावधान रहना आवश्यक है, जिस तरह अंग्रेजी लिखने के समय अंग्रेज या भारतीय रहते हैं—यह दूसरी बात है कि सावधान रहने पर भी अंग्रेज यही कहते हैं कि भारतीय भारतीय-अंग्रेजी ही लिखते हैं, अपवाद कुल मिलाकर शायद दो-चार माने गए हों।

प्राचीन भारतीय नाट्यशास्त्र में नाटकों के अनेक प्रकारों में एक प्रकार बताया गया है : 'भाण'। संस्कृत के अनेक 'भाण' मिलते भी हैं। पश्चिम में भी 'फार्स' होते हैं। लेकिन उपन्यास भी 'भाण' या 'फार्स' हो सकता है, और वह भी तब, जब उसे बड़े गम्भीर स्वर में लिखा गया हो, इसका अच्छा उदाहरण 'बगुला के पंख' है।

श्रीविजयेन्द्र सूरि की पुस्तक 'वैशाली' पहली बार संवत् 2003 में प्रकाशित हुई थी। पुस्तक के प्रथम संस्करण में ही सिद्ध किया गया था कि मुजफ्फरपुर जिला में, बसाढ़ के निकट स्थित, बासुकंड ही महावीर का जन्मस्थान है। इसके बाद, पता नहीं किन कारणों से, कुछ विद्वानों ने यह प्रमाणित करने में बड़ी खींचतान की कि वैशाली की स्थिति मगध या अंग प्रदेश में है, न कि उत्तर-बिहार में।

'वैशाली' का दूसरा परिवर्द्धित संस्करण पहले गुजराती में, फिर हिन्दी में प्रकाशित हुआ है। इसके विद्वान लेखक ने अनन्यता के साथ, पुरातत्त्व, इतिहास एवं जैन ग्रंथों के आधार पर, अपनी पूर्व मान्यता की युक्तियुक्तता प्रमाणित की है। पुस्तक में वैशाली का एक मानचित्र भी है, जिससे उसकी उपयोगिता बढ़ गई है।

['साहित्य' : जुलाई, 1959]

कोश

केन्द्रीय सरकार के तत्त्वावधान में निर्मित बारह 'पारिभाषिक शब्दावलियों' की संक्षिप्त समीक्षा प्रस्तुत है। कुछ की समीक्षा पिछले पृष्ठों में पहले ही की जा चुकी है।

1. स्टेनो-टाइपिंग

यह शब्दावली सामान्य व्यवहार में आनेवाले एक आधुनिक कार्य और यंत्र से सम्बद्ध है। चूँकि, विषय शास्त्रीय न होकर साधारण दैनन्दिन कार्य और बहुप्रचलित यंत्र से सम्बन्ध रखता है, अतः यदि बहुतेरे शब्द अपरिमार्जित हैं, तो भी वे ग्राह्य माने जा सकते हैं।

अवश्य ही 'चिह्न' के बदले 'चिन्ह' (पृ. 3, 6) और ऐसी अन्य मुद्रण-अशुद्धियाँ नहीं रहनी चाहिए। वस्तुतः, पृ. 6 पर 'चिह्न' भी छपा है, जो ठीक है।

2. डेफेंस-8, 9

आधुनिक यंत्रों से सम्बद्ध शब्दावली में अनेक अपरिमार्जित तथा संकर शब्द अनिवार्यतः रहेंगे, किन्तु जहाँ तक इन दोनों शब्दावलियों का प्रश्न है, इनमें अनावश्यक शब्द-संकरता है। 'ट्रेनिंग' के लिए 'सिखलाई' दिया गया है, तब स्वभावतः समस्त पदों के निर्माण में कठिनाई का सामना करना पड़ता है—'वेपन ट्रेनिंग इंस्ट्रक्टर' के लिए 'शस्त्र-सिखलाई-अनुदेशक' इसका उदाहरण है। यह हिन्दी नहीं है। यह वह हिन्दुस्तानी है, जिसे किसी जमाने में चलाने का प्रयत्न किया गया, किन्तु जो देश को मान्य न हुई।

सरकार चाहती है कि भविष्य में जो पाठ्य-पुस्तकें लिखी जाएँ, उनमें यथासम्भव इन्हीं शब्दावलियों के शब्द प्रयुक्त हों। यह आश्चर्य की बात है कि स्वयं सरकार की ही इन शब्दावलियों में बहुरूपता है। 'ट्रेनिंग' के लिए निश्चय ही अन्य शब्दावलियों में उचित हिन्दी शब्द 'प्रशिक्षण' होगा। उसके बदले इन दोनों शब्दावलियों में 'सिखलाई' का प्रयोग हुआ है। आश्चर्य की बात है कि दूसरी शब्दावली के पृ. 101 पर कई बार 'प्रशिक्षण' का प्रयोग हुआ है, पर एक बार 'सिखलाई' लिखकर मानो किसी सिद्धान्त का पालन भी कर लिया गया है। लिप्यन्तरण में 'हेड-क्वार्टर' को 'हैड-क्वार्टर' क्यों कर दिया गया है, हम कुछ समझे नहीं—'ए' और 'ऐ', दोनों स्पष्टतः पृथक् ध्वनियाँ हैं। अगर 'Head' को 'हैड' लिखा गया, तो 'Had' का क्या होगा?

3. राजनय-3,4

ये शब्दावलियाँ इस प्रकार की अन्य शब्दावलियों की तुलना में परिष्कृत तथा निर्दोषप्राय हैं। तीसरे भाग में 'Protocole' के लिए 'नयाचार' दिया गया है। इस शब्द का अर्थ,

अमेरिका के राष्ट्रपति ने स्वीकार किया था, वे नहीं जानते थे—जब नेहरू जी ने उनके स्वागत में यह कहा था कि उन्हें अवसर-विशेष का 'Protocole' ज्ञात नहीं है। इसमें कोई सन्देह नहीं कि पढ़े-लिखे भारतीय किसी खास अवसर पर 'नयाचार' क्या होगा, यह जानें या न जानें, 'नयाचार' का अर्थ तो जरूर समझ लेंगे।

तीसरे भाग में 'सशर्त मान्यता', 'यथास्थिति करार' आदि कुछ शब्द हैं, जो शब्दावली को शत-प्रतिशत निर्दोष नहीं रहने देते। 'Visa' का लिप्यन्तरण 'वीजा' और 'बीजा', दोनों प्रकार से है—'व-ब' का ऐसा अभेद सरकारी प्रकाशनों में तो नहीं रहना चाहिए। किन्तु हम पहले भी कह चुके हैं कि इन सरकारी शब्दावलियों का मुद्रण सन्तोषजनक नहीं होता।

चौथे भाग में 'Assisted' के लिए 'इमदादी' शब्द का प्रयोग हुआ है। 'इमदादी' पुराने मुकदमेबाज शायद समझते होंगे, हिन्दी का मुझ-सा ज्ञाता तो स्वीकार करेगा कि इस शब्द का अर्थ उसे मालूम नहीं। कहा जा सकता है कि आपको अर्थ मालूम नहीं, तो अब सीख लें, सीखने की कोशिश करें। यह ठीक ही है। लेकिन 'इमदादी परावास योजना' यानी जब 'इमदादी' 'परावास योजना' के साथ रहेगा, क्या कभी गले के नीचे उतर सकेगा?

इस भाग में भी मुद्रण की अशुद्धियाँ हैं। पृष्ठ चार पर 'आपति' छपा है, रोमन में ठीक है।

4. फिजिकल ज्याग्रफी-2

इस शब्दावली में यह स्पष्ट परिलक्षित होता है कि अंग्रेजी के पारिभाषिक शब्दों के हिन्दी समानार्थी शब्द निर्धारित करने की सावधान चेष्टा हुई है। हमें ढूँढ़े भी ऐसे शब्द नहीं मिले, जो ऐसी शब्दावलियों में, हमारे विचार से सर्वथा त्याज्य हैं। हाँ, मुद्रण की अशुद्धियाँ इसमें भी हैं। 'मध्याह्न' कई बार ठीक लिखा गया है, किन्तु 'मध्यान्ह' भी मुद्रित है।

इन शब्दावलियों के प्रेषक यह आवश्यक नहीं मानते कि समीक्षक मुद्रण की अशुद्धियों पर ध्यान दे; हम इसे अनावश्यक नहीं समझते।

5. मेटेओरोलॉजी-2

यह भी निर्दोषप्राय शब्दावली है, यद्यपि इसमें भी कम-से-कम एक शब्द है, जो रहना नहीं चाहिए था। शब्द है : 'सौर-रेडियो-शोर'। इनमें से तीनों शब्द अलग-अलग लिये जाएँ, तो किसी पर आपत्ति नहीं हो सकती, दो के ग्राह्य समास भी बना लिये जा सकते हैं, लेकिन तीनों शब्दों का समसन वैसा कुछ है, जैसा खाद्य-सामग्री के प्रसंग में मिलावट। 'सोर' भी ठीक, 'रेडियो' भी और 'शोर' भी, 'सौर-रेडियो' भी और 'रेडियो-शोर' भी, लेकिन, 'सौर-रेडियो-शोर'? पारिभाषिक शब्दावली के

निर्माण के क्षणों में भी विनोदप्रियता को स्थगित रखने में विश्वास न होने का ही परिणाम यह हो सकता है।

6. एडुकेशन (एडुकेशनल साइकोलॉजी-3)

यह मनोविज्ञान-विषयक अच्छी-खासी शब्दावली है। मनोविज्ञान के ऐसे असंख्य अंग्रेजी शब्द हैं, जिनका व्युत्पत्त्यर्थ हम नहीं जानते, उन्हें एक तरह से रट लेते हैं और उन्हें सीखकर ठीक ही अपने को धन्य मानते हैं कि इतने नये शब्द सीखे। संस्कृतावृत्त हिन्दी समानार्थी शब्दों की परिचितप्राय व्युत्पत्तियों से अर्थ-संकेत प्राप्त हो जाते हैं, उनका निश्चित प्रसंग ही सीखना रह जाता है। उदाहरण के लिए एक शब्द लें—'क्लास्ट्रोफोबिया', 'संवृतिभीति', 'बन्द जगत् का भय'। 'कास्ट्रो' के समानार्थी शब्दांश 'संवृति' को लेकर न तो व्युत्पत्ति की कठिनाई होगी, न—और यह कम महत्त्वपूर्ण नहीं हैं—वर्तनी की। व्युत्पत्ति की बात तो स्पष्ट ही है, वर्तनी देखें। शुद्ध वर्तनी है 'Claustrophobia'; यह शब्द हमें दो बार मुद्रित मिला है—पृ. 9 तथा पृ. 20 पर। दोनों स्थानों पर छपा है 'Claustraphobia'। मनोविज्ञान-सम्बन्धी हमारा ज्ञान सीमित है, फिर भी, हम इस शब्द से अपरिचित न थे। इसकी वर्तनी, हम समझते थे, हमें मालूम है। इस शब्दावली की वर्तनी देखकर हम यही समझे कि अपने अल्प ज्ञान के बारे में भी हम भ्रम में ही थे। यह तो कहिए, कोश ने हमें हीन-भावना से आक्रान्त होने से बचा लिया। शब्द में अंकित स्थान पर '0' होना चाहिए, 'a' नहीं। यदि वह मुद्रण की अशुद्धि है, तो दो बार होने के कारण अक्षम्य है। एक तो अंग्रेजी की तितलौकी और वह भी अशुद्धि-नीम-चढ़ी।

'Nymphomania' का अर्थ 'कामोन्माद' नहीं होता, स्त्री का कामोन्माद होता है। अत:, और मैं ज्यादा विचार किये बिना सुझाव दे रहा हूँ, समानार्थी शब्द 'कामुकी उन्माद' या ऐसा कुछ हो सकता है। 'Masochism' के लिए 'स्वपीड़ारति' से अच्छा 'स्वपीड़नरति' होगा।' 'Wishful thinking' के लिए 'मौजी चिन्तन' मौजी शब्द-निर्माण है—'इच्छित विश्वास' हिन्दी में बहुप्रचलित प्रयोग है, इसके लिए माथापच्ची करने की जरूरत न थी। यों भी 'मौजी चिन्तन' भ्रष्ट प्रयोग है। यह सन्तोष की बात है कि ऐसे अधिक शब्द इस सूची में नहीं हैं। जो दो-चार हैं, उनमें 'एकलखोरा, अकेलखुरा' भी हैं।

7. लॉ-3

इस शब्दावली में संगृहीत शब्द विषयानुरूप निश्चितार्थक एवं गम्भीर हैं। किन्तु, ऐसा प्रतीत होता है कि कोई भी शब्दावली अपूर्ण मानी जाती है, जब तक कि उसमें दो-चार ऐसे शब्द भी सम्मिलित न कर लिए जाएँ, जिनके लिए किसी जमाने में हिन्दीप्रेमियों का ही वर्गविशेष बड़ा आग्रह रखता था। 'अकुरकीय' और 'अजमानती, जमानत-

प्रयोग्य' ऐसे ही अपवाद-रूप, किन्तु त्याज्य शब्द हैं। ये बेचारे 'मुख्तारों' की भाषा के योग्य हो सकते हैं, उच्च न्यायालयों के वातावरण को ही दूषित कर देंगे। 'Outrage Modesty' का पहले समानार्थी शब्द 'लज्जा-भंग' ठीक माना जा सकता है, 'विनय भंग' प्रसंगविशेष में नहीं हो सकता, यद्यपि यों 'Modesty' के लिए 'विनय' होता है। इस शब्दावली में भी 'चिन्ह' छपा है।

8. मेडिसिन-3, खंड 1

यह शब्दावली सर्वथा शास्त्रानुरूप है। इसमें अपवादस्वरूप भी ऐसा कोई शब्द हमें न मिला, जिस पर आपत्ति की जा सके। किन्तु, चिकित्साशास्त्रीय शब्दावली की विशेषज्ञ-समिति में आयुर्वेद के ज्ञाताओं को भी स्थान मिलना चाहिए था। तब शब्दावली पूर्णतः प्रामाणिक होती। आयुर्वेद के ज्ञाताओं की सहायता से उस शब्दावली को अधिक परिष्कृत और प्रामाणिक बनाने की चेष्टा होनी चाहिए।

इस शब्दावली में मुद्रण की भी कुछ ही और मामूली अशुद्धियाँ हैं।

9. एंजीनियरिंग-3

इस विषय की शब्दावली की प्राचीन परम्परा सुलभ नहीं—जैसे, उदाहरणार्थ, चिकित्सा-शास्त्र या धर्मशास्त्र आदि की है। जिन सर्वथा नये क्षेत्रों का उद्‌घाटन इस विज्ञान—कभी की कला—ने किया है, उनके अपने संकेत-शब्द हैं, जिनके समानार्थक शब्द आसानी से गढ़े नहीं जा सकते। इस विज्ञान के हिन्दी के शब्द एक ही तरह से बन सकते हैं—हमारे एंजीनियर स्वयं नये क्षेत्रों का उद्‌घाटन करें और अपने संकेत-शब्द चालू करें। लेकिन, इसमें अभी दिन लगेंगे।

'Inspection Chamber' के लिए 'मानुसमोखा' और 'Water closet' के लिए 'पनखुड्डी' जैसे शब्द बुद्धि का अनादर करते हैं। इस शब्दावली की विशेषज्ञ-समिति में प्राचीन भारतीय संस्कृति और वास्तुकला के ज्ञाताओं को रखा गया होता, तो अवश्य इस विज्ञान के अनुरूप असंख्य शब्द, ईषत् परिवर्तन के साथ, प्राप्य हो जाते हैं। समिति में दुर्भाग्य से, ऐसा एक भी व्यक्ति सम्मिलित नहीं किया गया है। इसका अनिवार्य परिणाम यह हुआ है कि एक ऐसी शब्दावली प्रस्तुत की गई है, जिसका आमूल परिष्कार अपेक्षित है।

10. एडवांस एकनामिक थाट

इस शब्दावली में यथोचित गाम्भीर्य और परिष्कार सहज ही सम्भव थे, किन्तु 'मावीमाल'—'पदार्थ' भी वैकल्पिक रूप है—'प्रतिष्ठा कीमत', 'विक्रेता-बेशी', 'कार्य कुशलता-कमाई', 'घर-उत्पादन-पद्धति', 'पूँजीयन' तथा ऐसे अन्य भी अनेक पद समास हैं, जैसे—हिन्दी व्याकरण का आरम्भिक ज्ञान रखनेवाले भी जानते हैं, लिखे, बोले या बनाये नहीं जा सकते। तत्सम-तद्‌भव तक का गठबन्धन किसी कलम के

जादूगर के हाथों ही हो जाए, तो हो जाए। तत्सम और देशी या विदेशी शब्दों के समास या विशेष्य-विशेषणत्व तो सर्वथैव दुर्घट हैं।

अन्य शब्दावलियों में भी और इसमें भी, विदेशी ध्वनि-संकेतक अक्षरों के नीचे यथास्थान नुक्ते लगे हुए हैं, पर चन्द्रबिन्दु का बहिष्कार है। ये शब्दावलियाँ, ऐसी आशा तो की ही जाती है, अहिन्दीभाषियों द्वारा भी व्यवहृत होंगी। वे 'पूँजी' का उच्चारण कैसे करेंगे ? पहले हिन्दी के लिपि-संकेतों पर ध्यान देना उचित है, बाह्य स्रोतों से अनिश्चित रूप में प्राप्त ध्वनियों की रक्षा न भी हो, तो कोई हानि नहीं। लेकिन, यह विशेषज्ञों अथवा विभाग के सिद्धान्त का परिणाम है, या दिल्ली के मुद्रणालयों का दुराग्रह ? दिल्ली में मुद्रित साधारणतः सभी पत्र-पत्रिकाओं और पुस्तकों में नुक्ता तो रहता है, लेकिन चन्द्रबिन्दु नहीं। मुद्रण-शैली कुछ दिनों में लेखन-पद्धति और फिर उच्चारण-विकृति में परिणत हो जाएगी। सरकारी प्रकाशनों में यह दूषित वर्तनी-प्रकार नितान्त अवांछनीय है, इसमें दो मत नहीं हो सकते।

'सम्भावना वक्र' और 'द्व्यधिकार' जैसी अशुद्धियों का मार्जन कठिन नहीं होना चाहिए।

11. फिजिक्स-2

भौतिकी की इस शब्दावली को यथासम्भव विज्ञानोचित बनाया गया है। कुछ ही शब्द-रूप हैं, जिनके संशोधन की अपेक्षा है। जैसे, सर्वत्र 'आण्विक' लिखा गया है। 'Poise' का लिप्यन्तरण 'प्वाज' से किया गया है—लेकिन 'प्वाजेय समीकरण', 'ज' का नुक्ता हटा लें तो, चल सकता है। 'Normal' के लिए 'प्राकृत' क्यों, 'प्रकृत' क्यों नहीं ?

12. ट्रांसपोर्ट (हाइवे एंजीनियरिंग)

यह शब्दावली, उन कठिनाइयों के बावजूद, जिनकी सम्भावना का उल्लेख 'एंजीनियरिंग-3' की समीक्षा में, ऊपर किया जा चुका है, अपेक्षया और अप्रत्याशित रूप से अधिक परिमार्जित है। इससे यह प्रमाणित होता है कि एंजीनियरिंग की भी विविध शाखाओं की परिष्कृत शब्दावलियाँ बनाई जा सकती हैं। द्रुत पर्यवेक्षण से दो ऐसे शब्द अनायास मिल गए हैं, जो वैरूप्य-सृष्टि के उदाहरण हैं—'लहरिएदार मोड़' और 'अन्तर्झरन'। यह अपने गुरुदायित्व का खुद ही मखौल करता है। यदि उचित शब्द न सूझें, तो विशेषज्ञों को चाहिए कि परिभाषाओं के साथ ऐसे शब्दों की तालिका अल्पज्ञों के पास भेज दें—जिन ढूँढ़ा तिन पाइयाँ।

['साहित्य' : 1959]

✪✪✪

नलिन रचनावली

खंड-4

कहानियाँ, कविताएँ, संस्मरण, आत्मपरक-
निबंध, डायरी, पत्र, अनुवाद, साक्षात्कार

आचार्य नलिन विलोचन शर्मा
की सम्पूर्ण रचनाएँ

नलिन रचनावली

4

कहानियाँ, कविताएँ, संस्मरण, आत्मपरक-निबंध,
डायरी, पत्र, अनुवाद, साक्षात्कार

प्रधान सम्पादक
विनोद तिवारी

सम्पादक
अजय आनन्द

राजकमल प्रकाशन

ISBN : 978-93-90971-03-9

मूल्य : ₹5000
(सेट का मूल्य)

पहला संस्करण : 2021

प्रकाशक : राजकमल प्रकाशन प्रा. लि.
1-बी, नेताजी सुभाष मार्ग, दरियागंज
नई दिल्ली-110 002

शाखाएँ : अशोक राजपथ, साइंस कॉलेज के सामने, पटना-800 006
पहली मंजिल, दरबारी बिल्डिंग, महात्मा गांधी मार्ग, प्रयागराज-211 001
1, अनमोल सोराबजी संतुक लेन, धोबी तलाव, मरीन लाइंस, मुम्बई-400 002
वेबसाइट : www.rajkamalprakashan.com
ई-मेल : info@rajkamalprakashan.com

मुद्रक : राजकमल प्रेस
नई दिल्ली-110 002

NALIN RACHANAWALI-4
Edited by Vinod Tiwari & Ajay Anand

आचार्य नलिन विलोचन शर्मा

पुत्रवधू तरुलता शर्मा और पुत्र राजीव शर्मा

नलिन जी का पैतृक निवास

पुत्र राजीव शर्मा और कुमुद शर्मा

कुमुद शर्मा

कुमुद शर्मा

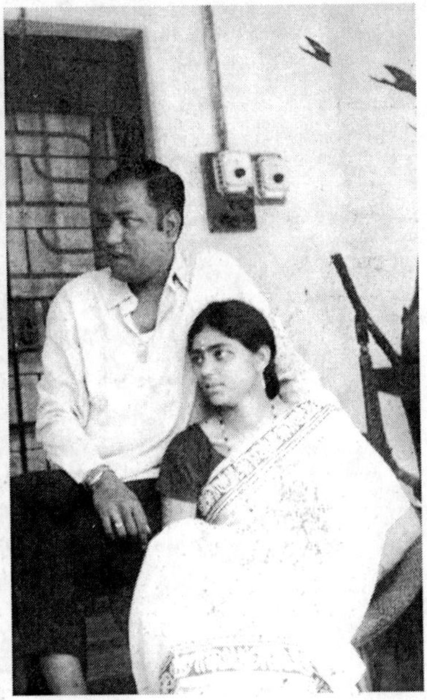

पुत्र राजीव शर्मा और पुत्रवधू तरुलता शर्मा

नलिन जी की एक कविता, उन्हीं की हस्तलिपि में

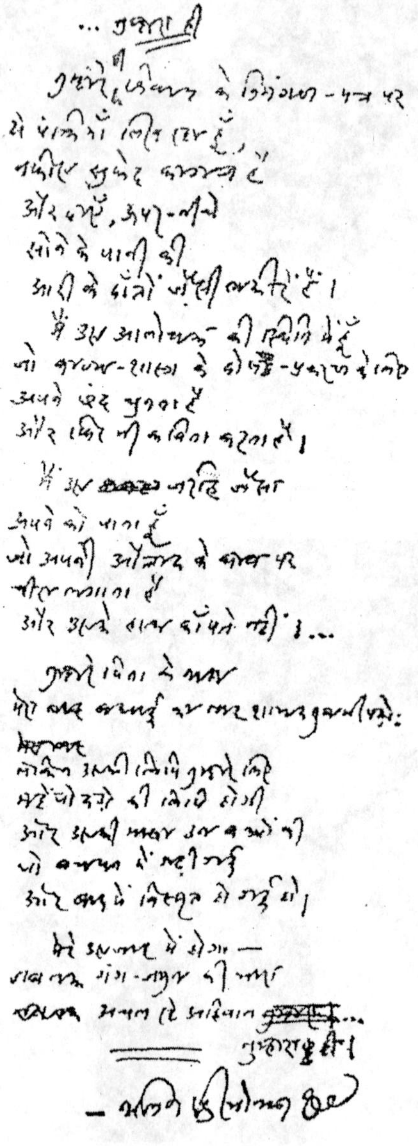

... तुम्हारा ही

तुम्हें, [illegible] के निमंत्रण-पत्र पर
ये पंक्तियाँ लिख रहा हूँ,
यद्यपि सुन्दर काग़ज़ है
और यहाँ, ऊपर-नीचे
सोने के पानी की
आरी के दाँतों जैसी लकीरें हैं।

मैं उस आलोचक की स्थिति में हूँ
जो काव्य-शास्त्र के दोष-प्रकरण के लिए
अपने छंद चुनता है
और फिर भी कविता करता है।

मैं उस [illegible] व्यक्ति जैसा
अपने को पाता हूँ
जो अपनी औलाद के [illegible] पर
नीम लगाता है
और उसके हाथ काँपते नहीं।...

तुम्हारे पिता के साथ
मेरा [illegible]:
लेकिन अभी लिपि तुम्हारे लिए
नई चीज़ों की लिपि होगी
और अभी [illegible]
जो [illegible] में नहीं [illegible]
और [illegible] से [illegible] हो।

मेरे आशीर्वाद में होगा —
[illegible] गंगा-जमुना की [illegible]
[illegible] अचल रहे अहिवात ...
तुम्हारा ही।

— नलिन विलोचन [illegible]

कुमुद शर्मा के सौजन्य से

अनुक्रम

कविताएँ

संस्मरण

आत्मपरक निबन्ध

डायरी

पत्र

रंगमंच और दर्शक-समाज

साक्षात्कार

भूमिका

'रचनावली' के इस चौथे खंड में नलिन जी की प्रकाशित-अप्रकाशित, पूर्ण-अपूर्ण, अब तक उपलब्ध सभी कहानियाँ, कविताएँ, संस्मरण, आत्मपरक निबन्ध, डायरी, पत्र, अनुवाद और साक्षात्कार संकलित हैं।

उनकी पहली कहानी 'नारी की त्रिविधा' सन् 1937 ई. में कलकत्ते के साप्ताहिक 'विश्वमित्र' में प्रकाशित हुई थी। उन्होंने तकरीबन 50-55 कहानियाँ लिखीं, जिनमें कुछ अंग्रेजी में लिखी गई हैं, कुछ अधूरी हैं। अधूरी, कच्ची कहानियाँ भी यहाँ शामिल हैं।

लेखन-काल की दृष्टि से देखें तो उनका कहानी-लेखन ढाई दशकों का है। इस दरमियान कई कहानी-आन्दोलन चले, उन आन्दोलनों से उन्होंने अपने को अलग रखा। हालाँकि उनकी प्रसिद्ध प्रेम-कहानी 'बरसाने की राधा' का प्रकाशन 'नई कहानियाँ' के प्रवेशांक में हुआ था। उनकी कहानियों में सामाजिक-समस्याएँ, मनुष्य की मनोग्रन्थि, यौन-मनोविज्ञान और प्रेम जैसे विषय प्रमुख हैं। 'विष के दाँत' और 'लल्लू की आजादी' उनकी प्रसिद्ध सामाजिक कहानी हैं। मुख्यधारा में 'विष के दाँत' कहानी की चर्चा कम हुई है। कथ्य और शिल्प, दोनों दृष्टियों से यह एक कालजयी कहानी है। इसमें बहुत सहजता से कुलीन वर्ग की हिप्पोक्रेसी और शोषण को उजागर किया गया है। बिहार हिन्दी साहित्य सम्मेलन के एक कार्यक्रम में तत्कालीन मुख्यमंत्री लालू प्रसाद यादव ने इस कहानी को सामाजिक न्याय की पहली कहानी कहा था। 'एक चाबुक पीछे' और 'पीढ़ियाँ' बाल-मनोविज्ञान की कहानी हैं। स्त्री-मनोग्रन्थि को चित्रित करनेवाली कहानियों में 'अली और कली', 'फूल का बदला', 'अजया', 'काले सपने', 'जैगुअर' और 'रोने की कला' प्रमुख हैं। 'प्रकृति और पाप', 'बन्दर का खेल', 'बाँध और धारा' और 'जरूरतें' पुरुष-मनोविज्ञान की कहानियाँ हैं। 'किरण : धीरेन की ममी', 'ये बीमार लोग', 'समय और आदमी', 'जानी हुई चीजें', 'पराजित' और 'नि:संगता' धीरेन सीरीज की कहानियाँ हैं। इन कहानियों का नायक धीरेन है। दरअसल, वे एक प्रयोगवादी उपन्यास लिख रहे थे। उनकी योजना थी, पाठक अगर अलग-अलग पढ़े तो उसे

कहानी का आस्वाद मिले और पूरा पढ़ने पर उपन्यास का। यह योजना भी अधूरी रह गई।

'तारसप्तक' ने प्रकाशन के साथ ही हिन्दी कविता को एकबारगी झकझोर दिया। 'तारसप्तक' की कविताओं और उनकी शैली में लिखी जानेवाली बाद की कविताओं के लिए आलोचकों ने 'प्रयोगवाद' जैसा पद दिया। इसके पीछे 'तारसप्तक' के संयोजक और संपादक अज्ञेय की टिप्पणी थी, जिसमें उन्होंने कहा था कि 'तारसप्तक' में संकलित कवि 'प्रयोग' कर रहे हैं, राहों का अन्वेषण कर रहे हैं, पर प्रयोगवादी नहीं हैं। अज्ञेय इस नाम से सन्तुष्ट नहीं थे। वे अपने नवीन प्रयोगों को किसी संकुचित सीमा में सीमित नहीं करना चाहते थे। 'दूसरा सप्तक' की भूमिका में अज्ञेय ने 'प्रयोग' शब्द का प्रतिवाद किया और कहा कि प्रयोग अपने-आपमें इष्ट या साध्य नहीं है, वह साधन है और 'व्यक्ति सत्य' को 'व्यापक सत्य' बनाने के लिए तथा भाषा में अधिक सारगर्भित अर्थ भरने के लिए इन कविताओं के प्रयोग को देखना चाहिए।

बिहार के तीन कवियों—नलिन विलोचन शर्मा, केसरी कुमार और नरेश—ने मिलकर अज्ञेय द्वारा प्रयोगवाद संज्ञा के प्रतिवाद का विरोध किया और 'प्रयोगवाद' की सार्थकता का समर्थन किया। उनका स्पष्ट कथन था कि 'सप्तकों' में जिस काव्य की सैद्धान्तिक व्याख्या हुई, वह 'प्रयोगशील' की व्याख्या थी, 'प्रयोगवाद' की नहीं। हिन्दी के आलोचकों ने अज्ञेय की उपर्युक्त व्याख्या को 'प्रयोगवाद' की व्याख्या मान लिया। अत: इन तीनों कवियों ने विशुद्ध प्रयोगवाद की आत्मा की रक्षा के निमित्त, नरेश द्वारा सम्पादित 'प्रकाश' नामक पत्र में सन् 1952 में 'प्रपद्य' के द्वाद्वश सूत्र प्रकाशित किये, जिसमें पहली बार 'प्रपद्यवाद' को प्रयोगशीलता से भिन्न करके देखा गया। उन्होंने नये काव्य के सम्पूर्ण दायित्व को स्वीकार किया। उन्होंने अपने वाद के लिए 'प्रपद्यवाद' की संज्ञा रखी। पद्य में 'प्र' उपसर्ग लगाने से 'प्रपद्य' शब्द बना, जिसका अर्थ विशिष्ट पद्य यानी कविता है। नाम संकेत के लिए 'नकेन' का अभिधेय स्वीकार किया। 'नकेन' स्पष्ट रूप से प्रपद्यवादी कवियों के नामों के प्रथमाक्षर से बना, जो 'प्रपद्यवाद' के लिए प्रचलित हो गया।

नलिन जी ने अपनी पहली कविता के बारे में अपने आत्मकथ्य में लिखा है : 'निराला के एक गीत के अनुकरण पर लिखी मेरी पहली कविता 'सुधा' में प्रकाशित हुई थी।' 'नकेन के प्रपद्य' (1956) संकलन में उनकी 19 कविताएँ और 'नकेन-2' (1981) में 18 कविताएँ संकलित हैं। इन कविताओं के अतिरिक्त कुल पाँच कच्ची-पक्की कविताएँ मिल सकी हैं। वे भी यहाँ शामिल हैं।

विविध रचनाओं में संस्मरण, आत्मपरक निबन्ध, डायरी, पत्र, अनुवाद और साक्षात्कार की कुछ सामग्री उपलब्ध हो सकी है। धर्मेन्द्र ब्रह्मचारी शास्त्री, जैनेन्द्र कुमार,

राजेन्द्र प्रसाद और कृष्ण सिंह पर आत्मीय संस्मरण हैं। जैनेन्द्र के वे प्रिय मित्र थे। उन पर लिखे संस्मरण में जैनेन्द्र और उनकी पत्नी के बारे में कई व्यक्तिगत जानकारी मिलती है।

आत्मपरक निबन्ध और डायरी में उनके व्यक्तिगत जीवन और रचनात्मक योजना के बारे में कुछ संकेत मिलते हैं। आचार्य शिवपूजन सहाय, केदारनाथ मिश्र 'प्रभात', लक्ष्मीनारायण 'सुधांशु', जानकीवल्लभ शास्त्री, केसरी कुमार और रमेश कुंतल मेघ के नाम लिखे कुछ पत्र उपलब्ध हो सके हैं। उनके नाम आए पत्रों को प्रो. निशांतकेतु ने 'साहित्य का नेपथ्य' शीर्षक से सम्पादन किया है। उनके तीन साक्षात्कार उपलब्ध हो सके हैं। उन्होंने कलीमुद्दीन अहमद की किताब 'मनोविश्लेषण और कलाकार' का अनुवाद शुरू किया था। कुछ हिस्सा ही पूरा हो सका। जर्मन कवि गेटे की कृति 'फाउस्ट' में एक हिस्सा रंगमंच और दर्शकों की प्रवृत्ति के विश्लेषण पर है। नलिन जी ने प्रसिद्ध नाटककार जगदीशचन्द्र माथुर के अनुरोध पर उस अंश का 'रंगमंच और दर्शक-समाज' शीर्षक से गद्य-पद्यमय अनुवाद किया है, वह अनुवाद भी यहाँ संकलित है।

—सम्पादक

कहानियाँ

[*संग्रह :* 'विष के दाँत और अन्य कहानियाँ' (1951)
सत्रह असंगृहीत पूर्व छोटी कहानियाँ (1960)]

विष के दाँत

सेन साहब की नई मोटरकार बँगले के सामने बरसाती में खड़ी है—काली चमकती हुई, स्ट्रीमलाइंड, जैसे कोयल घोंसले में कि कब उड़ जाए! सेन साहब को इस कार पर नाज है—बिलकुल नई मॉडल, साढ़े सात हजार में आई है। काला रंग, चमक ऐसी कि अपना मुँह देख लो। कहीं एक धब्बा दीख जाए तो क्लीनर और शोफर की शामत ही समझो। सेन साहब की सख्त ताकीद है कि खोखा-खोखी गाड़ी के पास फटकने न पाएँ।

लड़कियाँ तो पाँचों बड़ी सुशील हैं। पाँच-पाँच ठहरीं और सो भी लड़कियाँ! तहजीब और तमीज की तो जीती-जागती मूरत ही हैं। मिस्टर और मिसेज सेन ने उन्हें क्या करना चाहिए, यह सिखाया हो या नहीं, पर क्या-क्या नहीं करना चाहिए, इसकी उन्हें ऐसी तालीम दी है कि बस! लड़कियाँ क्या हैं—कठपुतलियाँ हैं और उनके माता-पिता को इस बात का गर्व है। वे किसी चीज को कभी तोड़तीं-फोड़तीं नहीं। वे दौड़ती हैं और खेलती भी हैं लेकिन सिर्फ शाम के वक्त और चूँकि उन्हें सिखाया गया है कि ये बातें उनकी सेहत के लिए जरूरी हैं। वे ऐसी मुस्कुराहट अपने होंठों पर ला सकती हैं कि सोसायटी की तारिकाएँ भी उनसे कुछ सीखना चाहें तो सीख लें, पर उन्हें खिलखिलाकर किलकारी मारते हुए किसी ने सुना नहीं। सेन-परिवार के मुलाकाती रश्क के साथ अपने शरारती बच्चों से खीजकर कहते हैं : 'एक तुम लोग हो, और मिसेज सेन की लड़कियाँ हैं! अबे, फूल का गमला तोड़ने के लिए बना है? तुम लोगों के मारे घर में कुछ भी तो नहीं रह सकता!'

सो जहाँ तक सेन-परिवार की लड़कियों का सवाल है, उनसे मोटर की चमक-दमक को कोई खास खतरा नहीं था। लेकिन खोखा भी तो है। खोखा जो एक ही है, लड़का है, सबसे छोटा है। खोखा नाउम्मीद बुढ़ापे की आँख का तारा है—यह नहीं कि मिसेज सेन अपना और बुढ़ापे का कोई ताल्लुक किसी हालत में मानने को तैयार हों और सेन साहब तो सचमुच बूढ़े नहीं लगते। लेकिन मानने-लगने की बात छोड़िए। हकीकत तो यही है कि खोखा का आविर्भाव तब जाकर हुआ था जब उसकी कोई उम्मीद सेनों को बाकी नहीं रह गई थी। खोखा

जीवन के नियम का अपवाद था और यह अस्वाभाविक नहीं था कि वह घर के नियमों का भी अपवाद हो। इस तरह मोटर को कोई खतरा हो सकता था तो खोखा से ही।

बात ऐसी थी कि शीमा, रजनी, आलो, शेफाली, आरती—पाँचों हुईं, तो, उनके लिए घर में अलग नियम थे, दूसरी तरह की शिक्षा थी और खोखा के लिए अलग, दूसरी। कहने के लिए तो सेनों का कहना था कि खोखा आखिर अपने बाप का बेटा ठहरा। उसे भी तो इंजीनियर होना है। अभी से उसमें इसके लक्षण दिखाई पड़ते थे, इसलिए ट्रेनिंग भी उसे वैसी ही दी जा रही थी। बात यह थी कि खोखा के दुर्ललित स्वभाव के अनुसार ही सेनों ने अपने सिद्धान्त को भी बदल लिया था। अक्सर ऐसा होता है कि सेन-परिवार के दोस्त आते हैं, भड़कीले ड्राइंग-रूम में बैठते हैं और बातचीत के लिए विषय का अभाव होने पर चर्चा निकल पड़ती है कि किसका लड़का क्या करेगा। तब सेन साहब बड़ी मौलिकता और दूरंदेशी के साथ फरमाते हैं कि वह तो अपने लड़के को अपने ढंग से ट्रेन करेंगे—करेंगे क्या, कर रहे हैं। आजकल की पढ़ाई-लिखाई तो फिजूल है, वह तो उसे अपनी तरह बिजनेस-मैन, इंजीनियर बनाना चाहते हैं।

'अब देखिए न,' सेन साहब कहते हैं, 'खोखा पाँच साल का हो रहा है। लोग कहते हैं, उसे किंडरगार्टन स्कूल में भेज दो; लेकिन मैंने अभी यही इन्तजाम किया है कि कारखाने का बढ़ई मिस्त्री दो-एक घंटे के लिए आकर उसके साथ कुछ ठोंक-पीट किया करे। इससे बच्चे की उँगलियाँ अभी से औजारों से वाकिफ हो जाएँगी। हिन्दुस्तानी लोग यही नहीं समझते।'

एक दिन का वाकया है कि ड्राइंग रूम में सेन साहब के कुछ दोस्त बैठे गपशप कर रहे थे। उनमें एक साहब साधारण हैसियत के कुछ अखबार-नवीस थे और सेनों के दूर के रिश्तेदार भी होते थे। साथ में उनका लड़का भी था, जो खोखा से भी छोटा, पर बड़ा समझदार और होनहार मालूम पड़ता था। किसी ने उसकी कोई हरकत देखकर उसकी कुछ तारीफ कर दी और उन साहब से पूछा कि बच्चा स्कूल तो जाता ही होगा? इससे पहले कि पत्रकार महोदय कुछ जवाब देते, सेन साहब ने कहना शुरू कर दिया, 'मैं तो खोखा को इंजीनियर बनाने जा रहा हूँ।'... और वे ही बातें, जिन्हें दुहराकर वे थकते नहीं थे।

पत्रकार महोदय चुप मुस्कुराते रहे। जब उनसे फिर पूछा गया कि अपने बच्चे के विषय में उनका क्या खयाल है तो उन्होंने कहा, 'मैं चाहता हूँ, वह जेंटिलमैन जरूर बने, और जो कुछ बने, उसका काम है। उसे पूरी आजादी रहेगी।'

सेन साहब इस उत्तर के शिष्ट और प्रच्छन्न व्यंग्य पर ऐंठकर रह गए।

तभी बाहर शोरगुल सुनकर सेन साहब उठने लगे तो उनके मित्रों ने भी जाने की इच्छा प्रकट की और उन्हीं के साथ सभी बाहर आए।

बाहर सेन साहब का शोफर एक औरत से उलझ रहा था। औरत के पास एक पाँच-छह साल का बच्चा खड़ा था, जिसे वह रोकने की कोशिश कर रही थी; क्योंकि बच्चा बार-बार शोफर की तरफ झपटता था।

सेन साहब को देखकर औरत सहम गई। शोफर ने सेन साहब की ओर बढ़कर अदब के साथ कहा, 'देखिए साहब, मदन गाड़ी को छू रहा था, गाड़ी गन्दी हो जाती, मैंने मना किया तो लगा कहने—जा-जा! तो मैंने पकड़कर अलग कर दिया, इस पर मुझको दौड़ा मारने। अब उसकी माँ भी आकर खामखाह मुझसे उलझ रही है।'

मदन की माँ कुछ कहना चाहती थी, लेकिन सेन साहब के सटे होंठों को देखकर चुप रह गई।

सेन साहब ने बड़े संयत, पर कठोर स्वर में कहा, 'मदन की माँ, मदन को ले जाओ और देखना, वह फिर ऐसी हरकत न करे।'

मदन की माँ अपने बच्चे के बायें घुटने से निकलते हुए खून को पोंछती हुई चली गई। ड्राइवर ने शायद उसे ढकेल दिया था और वह गिर पड़ा था। लेकिन एक मामूली किरानी के बेटे को सेन साहब के ड्राइवर ने धक्का ही दे दिया और उसे चोट ही आ गई तो आखिर ऐसी कौन-सी बात हो गई?

ठीक इसी वक्त मोटर के पीछे खट्-खट् की आवाज सुनकर सेन साहब लपके, शोफर भी दौड़ा। और लोग भी सीढ़ियों से उतरकर बाहर अपनी-अपनी गाड़ियों की ओर चले। सभी ने देखा, सेन साहब खोखा को गोद में लेकर उसे हल्की मुस्कुराहट के साथ डाँट रहे हैं, क्योंकि मोटर की पिछली बत्ती का लाल शीशा चकनाचूर हो गया है। सेन साहब ने अपने मित्रों को सम्बोधन करते हुए कहा, 'देखा आप लोगों ने, बड़ा शरारती हो गया है काशू! मोटर के पीछे हरदम पड़ा रहता है। उसके कल-पुर्जों में इसकी अभी से इतनी दिलचस्पी है कि क्या बताऊँ! शायद देखना चाह रहा था कि आखिर इस बत्ती के अन्दर है क्या!'

सेन साहब खोखा को जमीन पर उतारकर अपने दोस्तों के साथ उनकी कार की ओर चले। उन्होंने अपने मित्रों की भाव-भंगिमा देखी नहीं, देखते भी तो कुछ समझ पाते, इसमें शक ही था। मिस्टर सिंह अपनी कार के पास पहुँचे और सेन साहब को नमस्कार कर दरवाजा खोलने के लिए बढ़े और फिर रुक गए। उनकी निगाह अचानक ही अगले चक्के पर पड़ गई थी। उन्होंने नजदीक जाकर देखा और परेशानी की हालत में खड़े हो गए। टायर बिलकुल बैठ गया था। शायद 'पंक्चर' हो गया था।

सेन साहब भी आगे बढ़ आए और कुछ झिझकते हुए बोले, 'कहीं ऐसा तो नहीं है कि काशू ने हवा निकाल दी हो? ड्राइवर, जरा दूसरे चक्कों को भी देख लो और पम्प ले आकर हवा भर दो...और हाँ, कुर्सियाँ लॉन में लगवा दो, तब तक हम यहीं बैठते हैं।'

ड्राइवर ने कार का चक्कर लगाकर सूचना दी कि दूसरी ओर के पिछले चक्के की हवा भी निकली हुई थी। 'काम तो काशू बाबू का ही मालूम होता है, इधर ही खेल रहे थे,' शोफर ने बताया और पम्प लाने चला गया।

मुकर्जी साहब की गाड़ी सकुशल थी और वह अपने और पत्रकार महोदय के परिवार के साथ चलते बने। सेन साहब और मिस्टर सिंह लॉन की कुर्सियों पर बैठकर बातें करते रहे। बातों के सिलसिले में ही सेन साहब ने बतलाया कि काशू ने इधर चक्कों से हवा निकालने की हिकमत जान ली थी और मौका मिलते ही शरारत कर गुजरता था। उनका अपना खयाल था, उसकी इन हरकतों को देखकर तो यह साफ मालूम होता था कि इंजीनियरिंग में उसकी अभी से दिलचस्पी है।

इसी तरह की दूसरी बेमतलब की बातें होती रहीं, जब तक कि चक्कों में पम्प नहीं हो गया और मिस्टर सिंह रुख्सत नहीं हो गए।

सेन साहब अन्दर लौटे तो बेयरा को मदन के पिता गिरधरलाल को, जो उनकी फैक्टरी में किरानी था और अहाते के एक कोने में—आउट-हाउस—में रहता था, बुला लाने का हुक्म दिया।

गिरधरलाल आया और सेन साहब के सामने सिर झुकाकर खड़ा हो गया, जैसे खून के जुर्म में कैदी जज के सामने खड़ा हो।

सेन साहब ने ठंडी, बेलौस आवाज में कहना शुरू किया, 'देखो गिरधर, मदन आजकल बहुत शोख हो गया है। मैं तुम्हारी और उसकी भलाई चाहता हूँ। गाड़ी को गन्दा किया, वह अलग, मना करने पर ड्राइवर को मारने दौड़ा और मेरे सामने भी डरने के बदले उसकी ओर झपटता रहा। ऐसे ही लड़के आगे चलकर गुंडे, चोर और डाकू बनते हैं!'

गिरधरलाल कभी-कभी 'जी' कह देता था।

सेन साहब का भाषण जारी था, 'उनकी हालत क्या होती है, तुम जानते ही हो। उसे सँभालने की कोशिश करो। फिर ऐसी बात हुई तो अच्छा नहीं होगा; तुम जा सकते हो।'

उस रात गिरधरलाल के क्वार्टर से आती हुई मदन की चीत्कार से सेनों का आरामदेह शयनागार गूँज गया। आराम में खलल पड़ने से कुछ झुँझलाकर पिता सेन ने अपनी धर्मपत्नी से बड़ी समझदारी की बात कही, 'गिरधर खुद समझदार आदमी है। उसकी बीवी ने ही लड़के को बिगाड़ दिया है। मदन की यही दवा है। मेरी तो तबीयत हुई थी, कमबख्त की खाल उधेड़ दूँ। गिरधर ने ऐसी ही कड़ाई जारी रखी तो शायद ठीक हो जाए। स्पेयर द रॉड एंड स्पॉयल द चाइल्ड।'

माता सेन की नींद उचट गई थी। उन्हें मदन की कातर चिल्लाहट से ज्यादा अपने पति की बकबक पर खीज आ रही थी। लेकिन उन्होंने भी अपनी खीज मदन पर ही उतारी, 'कमबख्त कैसा कौए की तरह चिल्ला रहा है! भिखमंगा कहीं का! खोखा की बराबरी करता फिरता है!'

मदन की आर्त्त-रुदन रुक गया था। खैरियत थी, उसकी सिसकियाँ सेनों के शयनागार तक नहीं पहुँच सकती थीं।

लेकिन दूसरे दिन तो बिलकुल बेढब मामला हो गया। शाम के वक्त खेलता-कूदता खोखा बँगले के अहाते की बगलवाली गली में जा निकला। वहाँ धूल में मदन पड़ोसियों के आवारागर्द छोकरों के साथ लट्टू नचा रहा था। खोखा ने देखा तो उसकी तबीयत मचल गई। हंस कौओं की जमात में शामिल होने के लिए ललक गया। लेकिन आदत से लाचार उसने बड़े रौब के साथ मदन से कहा, 'हमको ऊ ठो लट्टू दो, हम भी खेलेगा।'

दूसरे लड़कों की कोई खास उम्र नहीं थी। वे खोखा को अपनी जमात में ले लेने के फायदों को नजरअन्दाज नहीं कर सकते थे। पर उनके अपमानित, प्रताड़ित लीडर मदन को यह बात कब मंजूर हो सकती थी! उसने छूटते ही जवाब दिया, 'अबे भाग जा यहाँ से! बड़ा आया है लट्टू खेलनेवाला! है भी लट्टू तेरे? जा, अपने बाबा की मोटर पर बैठ!'

काशू तैश में आ गया। वह इसी उम्र के नौकरों पर, अपनी बहनों पर, हाथ चला देता था और क्या मजाल कि उसे कोई कुछ कह दे! उसने आव देखा न ताव, मदन को एक घूँसा रसीद कर दिया।

चोर-गुंडा-डाकू होने वाला मदन भी कब मानने वाला था। झट काशू पर टूट पड़ा। दूसरे लड़के हटकर इस द्वन्द्व-युद्ध का मजा लेने लगे। लेकिन यह लड़ाई हड्डी और मांस की, बँगले के पिल्ले और गली के कुत्ते की लड़ाई थी। अहाते में यही लड़ाई हुई रहती तो काशू शेर हो जाता। यहाँ से तो एक मिनट बाद ही वह रोता हुआ जान लेकर भाग निकला।

महल और झोपड़ी वालों की लड़ाई में अक्सर महलवाले ही जीतते हैं, पर उसी हालत में जब दूसरे झोपड़ी वाले उनकी मदद अपने ही खिलाफ करते हैं। लेकिन बच्चों को इतनी अक्ल कहाँ! उन्होंने न तो अपने दुर्दमनीय लीडर की ही मदद की, न अपने माता-पिता के मालिक के लाड़ले की ही। हाँ, लड़ाई खत्म हो जाने पर तुरन्त ही सहमते हुए तितर-बितर हो गए।

मदन घर नहीं लौटा। लेकिन जाता ही कहाँ! आठ-नौ बजे तक इधर-उधर मारा फिरता रहा। फिर भूख लगी तो गली के दरवाजे से आहिस्ता-आहिस्ता घर में घुसा। उसके लिए मार खाना मामूली बात थी। डर था तो यही कि आज की मार और दिनों से भी बुरी होगी। लेकिन उपाय ही क्या था! वह पहले रसोईघर में ही घुसा। माँ नहीं थी। बगल के सोनेवाले कमरे से बातचीत की आवाज आ रही थी। उसने इत्मीनान के साथ भर-पेट खाना खाया, फिर दरवाजे के पास जाकर अन्दर की बातचीत सुनने की कोशिश करने लगा। उसे बड़ा ताज्जुब हुआ—उसके बाबू गरज-तरज नहीं रहे थे। उसकी अम्मा ने कोई बात पूछी, जिसे वह ठीक से सुन नहीं सका

तो उसके बाबू ने झल्लाकर कहा, 'अरे भाई, बतलाया तो, साहब ने सिर्फ यही कहा—आज से तुम्हारी कोई जरूरत नहीं; कल मकान छोड़ देना और अपनी तनख्वाह ऑफिस से ले लेना।'...मदन के काम की कोई बात नहीं हो रही थी, उसकी सजा की तजबीज होती रहती तो सुनने की कोशिश भी करता वह।

वह दबे पाँव बरामदे में रखी चारपाई की तरफ सोने के लिए चला तो अँधेरे में उसका पैर लोटे से लग गया। लोटे की ठन्-ठनन् की आवाज सुनकर गिरधर बाहर निकल आया। मदन की अम्मा भी उसके पीछे थी। मदन चौंककर घूमा और मार खाने की तैयारी में अपनी छाती को अपने हाथों से बाँधकर खड़ा हो गया। मदन अक्सर अपने पिता के हाथों पिटता था, बहुत पिटने पर रोता भी था, मगर बहादुरी के साथ।

गिरधर निस्सहाय निष्ठुरता के साथ मदन की ओर बढ़ा। मदन ने अपने दाँत भींच लिये। गिरधर मदन के बिलकुल पास आ गया था कि अचानक वह ठिठक गया। उसके चेहरे से नाराजगी का बादल हट गया। उसने लपककर मदन को हाथों से उठा लिया।

मदन हक्का-बक्का अपने पिता को देख रहा था। उसे याद नहीं, उसके पिता ने कब उसे इस तरह प्यार किया था। मगर अभी किया था तो!

गिरधर उस बेपरवाही, उल्लास और गर्व के साथ बोल उठा, जो किसी के लिए भी नौकरी से निकाले जाने पर ही मुमकिन हो सकता है, 'शाबाश बेटा! एक तेरा बाप है, और तूने तो बे, खोखा के दो-दो दाँत तोड़ डाले—हा हा हा हा...!'

प्रकृति का पाप

चौदह-पन्द्रह फीट की, लोहे-लकड़ी से बनी हमारी दुनिया लय-ताल के साथ सरपट भागी जा रही थी। मुझे झपकी आ गई थी। अब मैं जग गया था। डिब्बे में ठसाठस अन्धकार भरा हुआ था, और बाहर तो सिर्फ पिघलता हुआ अन्धकार-ही-अन्धकार। रिमझिम-रिमझिम बारिश हो रही थी। बिजली के दोनों पंखे सों-सों करते हुए हवा उलीच रहे थे। मैं गति में स्थिरता का अनुभव कर रहा था। ट्रेन बहुत तेज रफ्तार से जा रही थी। मेरा मस्तिष्क उनींदी चाल से अपने में ही उलझ-सुलझ रहा था। मुझे नींद नहीं आ रही थी। जगकर क्या करता? डिब्बे में दूसरे लोग सोए हुए थे, नहीं तो कुछ पढ़ता।...और धीरे-धीरे यह निर्जीव सन्नाटा असह्य होता गया। निराकार अन्धकार प्रेत की तरह अदृश्य हाथों से, लग रहा था, मेरा गला घोंट रहा है।...मैंने बत्ती जला दी...।

बिजली के निष्ठुर प्रकाश से समूचा डिब्बा आँखों के सामने उधड़ गया। मैं क्षण-भर के लिए स्तम्भित हो गया। फिर सँभला। मैंने ऐसा दिखलाया, जैसे कुछ

देख नहीं सका होऊँ। मैं अपनी आँखें मींचता हुआ उठा। सामने के बर्थ की ओर पीठ कर मैंने योंही बिस्तर को इधर-उधर किया। फिर बत्ती बुझा दी और लेट रहा।

मैं अंग्रेजों की अनैतिकता पर बौखलाहट के साथ सोचने लगा। इन लोगों की ऐसी बातों के बारे में आज तक सुनता ही आया था। आज अपनी आँखों से देखा था। यह पश्चिमी सभ्यता है! इसका अनुकरण कर क्या हम भी इसी मंजिल पर पहुँचेंगे? मेरे संस्कार को धक्का लगा था। मैं पा रहा था कि हम इन लोगों से आज भी कितने ऊँचे हैं! मैं उन दिनों भारतीय इतिहास, संस्कृति और आचारशास्त्र का गम्भीर अध्ययन कर रहा था। मैं स्वामी शिवानन्दजी महाराज के आश्रम में दाखिल होने जा रहा था...।

साहब इलाहाबाद में ट्रेन पर चढ़ा था। लूसी कानपुर में। लूसी को कुछ लोग स्टेशन पर छोड़ने आए थे। तब मैंने उसका नाम सुना था। मैंने यह भी अनुमान किया था कि उनमें से एक महाशय उसके पति थे। लेकिन मैं अपने तक ही सीमित कटु व्यंग्य के साथ सोच रहा था; इन लोगों के बारे में कुछ अनुमान करना क्या आसान है? बातचीत, आचार-व्यवहार से कौन कह सकता है भला कि यह भाई है और वह पति? स्टेशन पर ही लूसी का बिस्तर बगलवाले बर्थ पर लगा दिया गया था और जो साहब उस पर पहले से ही बैठे थे, वे खुद ही, शराफत के नाते, बीचवाले बर्थ पर आ गए थे। मुझे अब खयाल आया, शायद बर्थ बदलने की जरूरत इसलिए भी समझी गई हो कि मेम साहब को काले आदमी से भरसक दूर ही रहना चाहिए। सती-साध्वी जो ठहरीं! मैंने मन-ही-मन निष्फल व्यंग्य किया। और इसी सिलसिले में उनकी जान-पहचान भी हो गई थी। मैंने उनके परिचय का प्रारम्भ भी देखा था, आवेगपूर्ण मध्य भी और अप्रत्याशित चरम परिणति भी। मैं एक सम्पूर्ण नाटक का दर्शक था। मेरी भावनाओं को गहरी चोट लगी थी।

मैं चौंका। मेरे विचारों का प्रखर प्रवाह किधर मुड़ने लगा था!...तो नींद आ रही थी। अब तो फिर जग गया था। मेरा दिमागी तनाव ढीला पड़ रहा था। जिस्म को भी बहुत आराम मालूम हो रहा था। लचकदार गद्दे का स्पर्श मांसल आनन्द दे रहा था। जाने कब मेरा सुधारक तो सो गया और तन्द्रल युवक जागरूक हो उठा। मेरी आँखें बन्द थीं। और मैं लूसी को सूक्ष्मता के साथ देख रहा था।

अब तक लूसी और वह साहब नारी-पुरुष थे। वे पाश्चात्य समाज के प्रतिनिधि थे। नैतिकता-सम्बन्धी मेरे विचारों के लिए वे आधार-मात्र थे। और सहसा न वह साहब था, न उसके साथ की वह औरत, जिसका नाम लूसी था। मैं सो रहा था। और जग भी रहा था।

मैं जितना जगा हुआ था, जितना सोच सकता था, जितना देख सकता था, उतने सबमें अगर कोई चीज थी तो लूसी। लूसी, मैं हैरत में था, अजन्ता की दीवार की तसवीर बनकर आई और संगमरमर की बेजान और जीती मूरत बनकर भी। वह मेरी

बन्द आँखों के पट पर हँसती हुई आई, शरमाती हुई और बेहद गम्भीर भी। उसे साड़ी में देखा। वह स्कर्ट में दिखाई पड़ी। उसने सतरण-वस्त्र पहन रखा था। और वह सोने के पहले सारे वस्त्र उतार चुकी थी। तभी वह संगमरमर की मूरत बन गई। फिर अजन्ता की। क्षण-भर बाद ही किसी फ्रेंच उस्ताद की तसवीर...।

दिन में तो ठीक-ठीक लूसी को देखा था। वह एक साधारण अंग्रेज युवती थी। सुन्दर थी, इसलिए कि वह युवती थी। लेकिन इस वक्त सत्य और कल्पना अपना विरोध भूल चुकी थी। मेरे सौन्दर्य-ज्ञान ने लूसी का आधार लेकर उस सर्वांगपूर्ण नारी का निर्माण कर लिया था, जिनकी कल्पना मैंने अपनी जिन्दगी में जरूर ही की थी...।

और सहसा लूसी उस पत्थर की मूरत-सी हो गई, जिसकी नाक टूटी हुई हो। उसके साथवाले साहब के हाथ में हथौड़ी और छेनी थी। उसके होंठ ऐंठे हुए थे और पीले, बड़े-बड़े दाँत बाहर को निकले हुए। मुझे रोमांच हो आया। मैं पूरी तरह से जग गया था। नीचे की खड़बड़ाहट को आत्मसात् करती हुई निस्तब्धता अन्धकार को और ठोस बना रही थी। मैं नींद में क्यों काँप उठा था, अब समझा। बाहर काफी जोरों की बारिश शुरू हो गई थी। खुले जंगले से फुहियाँ आकर मुझ पर पड़ रही थीं। मैंने उठकर शीशा लगा दिया। मैं लेटा नहीं। मैं शीशे के जंगले से बाहर का गीला और ठंडा अन्धकार देखने लगा। मैं अपने से असन्तुष्ट था। मेरी नजर में मेरा स्वप्न मानसिक पतन था। मैं जल्द-से-जल्द स्वामी शिवानन्द जी महाराज के आश्रम में पहुँच जाना चाहता था।

मैंने सिरहाने रखी सुराही से एक गिलास ठंडा पानी पिया। और मैं लेटने जा रहा था, कि बाहर बादलों का एक भयंकर विस्फोट हुआ। इसी समय दूर, बहुत दूर, बिजली कौंधी और कैमरा की आँख की तरह मेरी आँखों में एक चित्र क्षण-भर में अंकित हो गया। धरती और आसमान—एक-दूसरे की बाँहों में लिपटे हुए, एकाकार! मेरी चेतना बिखर गई। आँखों में कई चित्र ताश के पत्तों की तरह मिल-जुल गए। लूसी...धरती...लूसी!...आसमान...आसमान...स्वामी शिवानन्द जी महाराज!

...मैं स्वामी जी के आश्रम में दाखिल नहीं हुआ।

समय और आदमी

जब नौकर ने सलावर पर रखे अर्जेंट तार को धीरेन के सामने रखा तब महफिल की भूमिका खत्म हो चली थी। बारह बजने के बाद साजिन्दे बाहर चले गए थे। धीरेन और उसके तीनों मित्र अब साथ में एक-एक नाचनेवाली को लेकर अपने कमरों में उठ चलने के लिए कोशिश कर रहे थे। आखिरी बार कहकर प्याले उठाते थे और

उन्हें खाली कर फिर भरने के लिए बढ़ा देते थे। दुनिया चक्कर खा रही थी, पर उन्हें दुनिया का सारांश शराब में दीख रहा था।

इस वक्त जरूरी-से-जरूरी काम के लिए भी धीरेन के किसी आदमी के वहाँ आने की हिम्मत नहीं हो सकती। पर मुंशी जी ने तार रिसीव कर उसके महत्त्व को थोड़ा-बहुत महसूस किया था। नौकर को उन्होंने दिलासा देकर बाग वाली कोठी में भेजा था कि श्रीनगर से जरूरी तार आया है, यह कहने पर मालिक नाराज नहीं होंगे, तुरन्त तार न मिलने से पीछे सब पर बरस पड़ेंगे।

मुंशी जी की ईमानदारी के बारे में दो रायें हो सकती हैं, पर उनकी दूरंदेशी के सब कायल हैं। 'श्रीनगर से जरूरी तार आया है' वाले मंत्र ने धीरेन की झुँझलाहट को जादू की तरह भगा दिया। मित्रों पर इसका कोई असर नहीं हुआ। उन्हें अब इसकी परवाह नहीं थी कि धीरेन का नौकर खड़ा है। पर धीरेन की शिथिल चेतना पर कोड़ा-सा पड़ा था। वह तार पढ़ रहा था : 'लीला की हालत एकबारगी खराब हो गई है। पहली गाड़ी से आ सको तो शायद उसकी आखिरी मुराद पूरी हो जाए। पिछली बातों के लिए मुझे क्षमा कर यदि लीला के लिए इतना कर सको तो ऋणी होऊँगा—बंकिम।'

तार पढ़ते ही धीरेन की संकुचित चेतना विस्तृत हो गई और वह सँभल गया। एक बार उसकी आँखों के सामने अन्धकार छा गया, पर उसने साहस से काम लिया, जैसाकि जीवन में शायद एक बार ही आदमी करता है। वह उठा। उसने नौकर का अवलम्बन लेना अस्वीकार किया। वह धीरतापूर्वक लड़खड़ाता हुआ बाहर कार में बैठ गया।

दो घंटे बाद सुबह को मेल से वह रावलपिंडी के लिए रवाना हुआ। वहाँ से वह श्रीनगर जाएगा। आज की तरह हवाई जहाज सुलभ नहीं था, नहीं तो काफी रुपये धीरेन खर्च कर सकता था। उसके दिमाग में खयाल जरूर आया था कि यदि वह जहाज से जा सकता तो कुछ घंटों में ही लीला के पास पहुँच सकता था। तब यह आशंका कि वह बहुत देर से पहुँचेगा, उसे इस तरह एकदम गहरी निराशा में घुटने के लिए नहीं छोड़ती।...वह सोचता-सोचता सो गया। इतने वेग से जाती हुई कि स्थिर-सी लगती मेल की लय-युक्त खड़खड़ाहट, ठंडी सुबह की हवा और नशे को दूर रखने के काम से परास्त होकर वह जब तक सोया, खूब सोया।

वह जगा तो दिन चढ़ आया था। उसका सर फटा जा रहा था। उसे ऐसा मालूम हो रहा था, जैसे डिब्बे का तख्ता उसके सर से टकरा जाया करता हो। गाड़ी रुकने पर उसने रेस्तराँ-कार से एक पैग ब्रांडी मँगाकर अपने सरदर्द की अव्यर्थ दवा की। अब सो तो वह सकता नहीं। जीवन की भूली-बिखरी बातें जैसे पावनेदार की तरह मौका देख रही थीं। वह कुछ नहीं याद करना चाहता। पर उसने रेस्तराँ-कार के ब्वाय की फिर सहायता नहीं ली। वह जानता था, इस मौसम में कश्मीर पहुँचने में

काफी दिक्कतें उठानी पड़ती हैं, फिर उसे तो समय के साथ होड़ लेनी थी, एक-एक क्षण बहुमूल्य था! वह अभी लम्बी बीमारी से उठा था। उसने अपने जीवन की मोमबत्ती को दोनों ओर से ही नहीं, बीच से भी जला रखा था। शक्ति के अणु-मात्र का अपव्यय वह नहीं करना चाहता था। याद करने से ही घबरा उठेगा, तो कश्मीर के रास्ते की ये चक्करदार पहाड़ियाँ कैसे पार होंगी ? उन्हें वह पार कर लेगा तब तक... । वह सोचता जा रहा है, बंकिम बाबू यों ही घबरा उठे होंगे। शायद जब तक वह पहुँचे, लीला बिलकुल चंगी हो जाएगी। फिर भी बंकिम बाबू उसे लीला से मिलने के लिए तो कहेंगे ही। वह चाहता क्या है ? उसी से क्या चाहा जाता है ? क्या यह लीला के यहाँ जाने के लिए दुनिया का सबसे बड़ा पाप करने में भी हिचकता ? और वह वहीं तो जा रहा है। लीला को उससे मिलने के लिए मना किया गया था। लीला ने भी उस दिन अपनी आँखों देख लिया था कि सचमुच वह ऐसा आदमी नहीं था जिसके लिए विवेकशील पिता की आज्ञा का उल्लंघन किया जाए। और उसे लीला के कहने से बंकिम बाबू ने बुला भेजा है। लीला क्या सचमुच नहीं बचेगी ? उसने सुना तो जरूर था कि लीला की तंदुरुस्ती खराब होने की वजह से ही बंकिम बाबू आबोहवा बदलने के लिए कश्मीर गए थे, पर यह तो आज ही सुबह मुंशी जी से उसे मालूम हुआ था... ।

और धीरेन को बहुत पहले की एक रात याद आ गई जब श्रीनगर से दूर लीला की माँ अस्वस्थ हो गई थी। वह उसी रात श्रीनगर जाकर डाक्टर बुला लाया था। उसे विश्वास नहीं होता, वह कैसे किसी के लिए इतना कर सकता था और इससे भी ज्यादा तो यह कि कैसे कोई इसकी आशा कर सका था, उसे ऐसा कुछ करने के लिए कहने की हिम्मत कर सका था। उसने लीला की माँ की दिन-रात अयाचित सेवा की थी। उसे अपने माँ-बाप की याद नहीं। उसके भाई-बहन कोई नहीं। किसी के प्रति उसने कभी सोचा-विचारा नहीं, पर जैसे उन दस-पन्द्रह दिनों तक उसके असामाजिक अस्तित्व का एक कारण मिट गया था। मातृत्व क्या चीज है, इसका उसे उन्हीं दिनों कुछ आभास मिला था। उसे वह भूल नहीं सकता, यद्यपि उस पर विश्वास करने का भी उसे साहस नहीं होता।...हाँ, तो तभी का परिचय शहर में लौट आने पर भी बढ़ता गया था। दो-तीन महीने तक उनकी यह घनिष्ठता बढ़ती रही, और बंकिम बाबू के परिवार में यह निःसंदिग्ध-सी बात मान ली गई थी कि यह आत्मीयता चिर-सम्बन्ध में परिणत होगी ही। धीरेन को तो अब भी अपने तत्कालीन सुधार के स्मरण से आश्चर्य होता था। फिर अकस्मात् ही बंकिम बाबू के व्यवहार में परिवर्तन होने लगा। अत्यन्त सौजन्यपूर्ण रीति से ही, पर स्पष्ट रूप से, उन्होंने उसे यह जता दिया था कि उसका और लीला का मिलना-जुलना पसन्द नहीं था।

उसने साहस कर कहा था कि वह लीला से विवाह करना चाहता था। इस पर बंकिम बाबू ने केवल इतना ही कहा था कि उन्हें उसके चरित्र के विषय में कुछ

ऐसी बातें मालूम हुई थीं, जिनके कारण वह इस सम्बन्ध को स्वीकार नहीं कर सकते थे। हाँ, वह यदि उन अभियोगों को असत्य प्रमाणित कर सके, तो वे फिर से विचार करने को सदा तैयार थे। पर धीरेन ने यह कह दिया था कि उसके अतीत के जीवन के विषय में अतिशयोक्ति का कोई डर ही नहीं था, पर बंकिम बाबू बीच में ही बोल उठे थे कि वे धीरेन से कभी उऋण नहीं हो सकते थे, पर उन्हें लीला के भविष्य का खयाल रखना ही पड़ेगा, और धीरेन को भी, यदि उसे उन लोगों के प्रति तनिक भी सच्चा प्रेम था, तो वैसा ही करना चाहिए।

लेकिन लीला ने ही अपने पिता की आज्ञा मानने से इनकार कर दिया था। उसने साफ-साफ कह दिया था कि उसे धीरेन के अतीत से कोई वास्ता नहीं था, आगे के लिए उसे आत्मविश्वास था। पर धीरेन को यह मालूम नहीं था। लीला अपने विद्रोह को अभिव्यक्त करने के लिए उतावली नहीं थी, पर धीरेन ने तो कभी धैर्य का पाठ नहीं पढ़ा था। उसने अपने से सम्भव एक यह महान् कार्य किया कि उसने लीला के जीवन से अपने को एकबारगी हटा लिया। उसे विश्वास था कि वह ऐसा द्रव्य था कि उसके सम्पर्क में आने पर सोना भी लोहा हो जाता। और तब एक दिन जब वह अपनी उसी अभिशप्त बागवाली कोठी में विस्मृति की साधना कर रहा था, बिना खबर दिये हुए बंकिम बाबू लीला के साथ हॉल में घुस आए थे। वह एक ओर करीब-करीब बेहोश-सा अपनी किसी प्रेमिका के साथ पड़ा हुआ था। दो-एक मित्र भी उसी तरह पड़े थे। वह लीला को देखकर चौंककर उठ बैठा था। पर पत्थर की तरह बैठा ही रह गया था। उसने बंकिम बाबू को कहते सुना था, 'देख तो लिया न, अब अपनी आँखों से?...चलो, चलो!' तब उसे अपने प्रति लीला की भावना के सत्यता का अनुमान हुआ था। उसने जब समझा था तब उसने कुछ नहीं खोया था, पर उस वक्त उसने सब कुछ खो दिया था। जीवन में उसके साथ सदैव ऐसा होता रहा। उसे मौका नहीं मिला, वह मौका पहचान नहीं पाया...।

और इस तरह वह लीला के अन्त का भी कारण होगा ही...।

वह जगते-जगते सोता, सोते-सोते जगता, दूसरी सुबह पिंडी पहुँच गया।

मौसम न होने के कारण पंडों की तरह बस और टैक्सीवालों की भीड़ नहीं थी। फिर भी श्रीनगर तक मोटरों का नियमित रूप से आवागमन रुका नहीं था और उसे आसानी से टैक्सी मिल सकती थी। पर उसकी आत्मा जानती थी कि यदि वह उसी दिन श्रीनगर न पहुँच सका तो जाना और न जाना बराबर था। कम्पनीवाले कहने को कह देते थे कि वे ड्राइवर को कोशिश करने के लिए ताकीद कर देंगे कि वह शाम तक श्रीनगर पहुँच जाए, लेकिन वह जानता था कि शाम रास्ते में ही हो जाएगी और कहीं पड़ाव पर डाक-बँगले में रात नहीं, सारा जीवन गँवा देना पड़ेगा। वह इधर कई बार आया-गया है, उससे कुछ छिपा नहीं। फिर उसने खुद ड्राइवरों को तैयार करना चाहा। वह मुँहमाँगी बख्शीश देने को तैयार था। सभी ड्राइवरों के मुँह से लार टपकी

पड़ती थी। सभी कोशिश करने को तैयार थे। पर कोई बीड़ा उठा लेता, ऐसा दिखाई नहीं पड़ता था।

समय भागा जा रहा था। क्या वह आशा छोड़ ही दे समय पर पहुँचने की ? उसी समय उसकी हताश आँखें कतार के अन्त में अपनी गाड़ी के अगले मडगार्ड के सहारे खड़े एक पठान ड्राइवर पर अटकीं। इस चौड़े, पर मोटे नहीं, शायद उससे भी लम्बे मोटर चलानेवाले में, ज्यादा हार्स-पावरवाली मोटर की तरह, असीम अदृष्ट शक्ति सन्निहित लगी। जमीन को चूमते हुए तहमद पर घुटनों तक लम्बी आधी बाँह की कमीज थी। उस पर कहीं-कहीं गन्दी ग्रीज और मोबिल ऑयल के धब्बे थे। उसके सर पर निर्दोष गुलाबी साफा था, जिसका पिछला छोर गले से लिपटा हुआ आगे फहरा रहा था। बाँहों और छाती पर पेशियाँ उभरी हुई थीं, जैसे साँप चिपटे हों! मुँह पर जैसे 'रूज' मला हो—नंगी शक्ति का प्रतीक। धीरेन ने देखा, यदि उसे यहाँ भी विश्वास नहीं मिला तो फिर कोई उपाय नहीं है।

उसने उसके पास जाकर रुपये लेन-देन की बातचीत नहीं की, बल्कि सीधे कहा : 'श्रीनगर में एक औरत है, जो बहुत बीमार है। वह उसे देखना चाहता है। अगर वह शाम तक श्रीनगर पहुँच जाता तो शायद उसकी मुराद पूरी हो जाती; क्या... ?'

धीरेन दुर्ललित मनुष्य है। आज तक उसने जो कुछ भी चाहा, उसे प्राप्त कर लिया है। पर उसे आश्चर्य है, जिससे वह रुपये देकर काम लेने जा रहा है, उसी तुच्छ मोटर-ड्राइवर के सामने उसकी वाणी में कैसे इतनी विवशता और याचना आ गई है! लेकिन उसका आश्चर्य आतुरता में परिणत हो गया जब उसने अनुभव किया कि उस अपरिचित यंत्रजीवी में कुछ प्रतिध्वनित-सा हो उठा।

अल्पभाषी पठान ने कुछ ठहरकर कहा, उसने आज तक इस मौसम में श्रीनगर का रास्ता दिन-भर में कभी तय नहीं किया था, लेकिन वह समझ गया था, वह एक बार जान लड़ा देगा।

रुपयों के बारे में धीरेन को कुछ मौका नहीं मिला। अकराम खाँ आदमी के दिल को पहचान सकता था तो जेब को भी। उसने टैक्सी को तेल, पानी, हवा के लिए घुमाया और धीरेन को कम्पनी से कागज वगैरह ले आने के लिए भेज दिया।

स्टैंड से छूटते-छूटते नौ बज ही गए! पर एक बार वहाँ से चल निकलने पर धीरने को अकराम की कुशलता में सन्देह नहीं रहा। जन-संकुल शहर की सड़कों को गैर-कानूनी रफ्तार से पार करते वक्त बगल में ही बैठे धीरेन ने देखा, अकराम के पैर क्लच, ब्रेक और एक्सिलरेटर पर ऐसे सधे पड़ते थे, जैसे हारमोनियम की पटरियों पर उस्ताद की उँगलियाँ! इशारे से गियर बदलता हुआ वह एक हाथ से भी निःशंक स्टियर कर सकता था। शहर के तुरन्त बाहर सीधी सड़क पर स्पीडोमीटर की सुई साठ पर ठिठकी हुई थी। पर धीरे-धीरे चढ़ाई शुरू हो गई और गाड़ी सेकेंड गियर में धीमी पड़ ही गई। आगे के चक्कर खतरनाक थे, लेकिन समतल जमीन

होने पर टॉप गियर में गाड़ी चलाई जा सकती थी। तब दो पहियों पर भी एकदम अन्धे मोड़ लेते हुए अकराम हिचकता नहीं था। उस वक्त वेग में ऐंठी गाड़ी विरोध में चीख उठती थी; स्थिर अकराम के निचले होंठ पर दाँत गड़ जाते थे। गाड़ी का पिछला हिस्सा भागता-सा मालूम होता था, लेकिन अगले चक्के की कुंजी इस्पात की उँगलियों में जकड़ी हुई थी, इसलिए वे पूँछ में लिपटे-घिसटते चले जाते। हाँ, जब चक्करदार चढ़ाई आ जाती तब सेकेंड गियर में रहने के कारण घटी रफ्तार में सतर्कता से मोड़ लेना पड़ता था। धीरेन खीज उठता था। अकराम निर्विकार चलाता था। वह जानता था, मरी के बाद रास्ता अभी और बीहड़ मिलेगा। अभी तो खैरियत है। गाड़ी कभी चार-पाँच मिनटों से ज्यादा के लिए नहीं रोकी जाती थी और वह भी जब रेडिएटर भाप उगलने लगता। ऐसे ही मौकों पर धीरेन खुद भी पानी या थोड़ी-सी ब्रांडी पी लेता और अकराम भी।

लेकिन मरी के बाद दिक्कतें बढ़ने लगीं। अब बर्फ का सामना था। सड़कवालों की सतर्कता और कोशिशों के बावजूद कहीं-कहीं बर्फ से पाला पड़ ही जाता था और मनुष्य का साहस और उसकी कुशलता व्यर्थ हो जाती थी। पर बीच में काफी दूर-दूर तक रास्ता साफ मिल जाता था और सबसे बड़ी बात यह थी कि उधर से आनेवाली गाड़ियों का बहुत कम खतरा था। अकराम मौका मिलते ही एक्सिलरेटर पर पाँव दबा देता था। बीच-बीच में पत्थर के ढोके खड्ड में लुढ़क गए थे। सड़क की कँगारें मुँह खोले भयंकर दीख पड़ती थीं, पर अकराम अविचलित भाव से दो-एक इंच बचाकर सैकड़ों फीट नीचे के झरनों में पुकारती खाई को धोखा दे जाता था।

अकराम ने उस दिन मृत्यु को चुनौती दे-देकर अनगिनत बार धोखा दिया था। जब अन्तिम पोल-गेट पर गाड़ी पहुँची, तब अकराम की घड़ी से समय हो चुका था कि आगे जाने की इजाजत नहीं मिलेगी। अकराम ने टूटकर स्टियरिंग-व्हील पर सर रख दिया। पर गेटवालों की घड़ी से अभी आधा घंटा समय बाकी था और गाड़ी को आगे बढ़ने की आसानी से इजाजत मिल गई।

श्रीनगर में बंकिम बाबू के बँगले पर पहुँचते-पहुँचते सात नहीं बजे थे।

अकराम को धीरेन ने सौ-सौ के दो नोट दिये। फिर पूछकर नोट-बुक में उसका पता भी लिखा। अकराम फिर भी खड़ा रहा। धीरेन ने समझा कि वह और कुछ चाहता है। उसने कहा कि घर लौटने पर वह उसे और रुपये भेजेगा। वह जिन्दगी भर अहसानमन्द रहेगा।

अकराम ने नीची निगाह किये हुए कहा, 'साहब, मुझे दस-बीस रुपये चाहिए, सो इस वक्त दे दीजिए, मौके-बेमौके यहाँ आपको रुपये की जरूरत पड़ेगी, मेम साहब के इलाज में खर्च कीजिएगा। मैंने रुपयों के लिए आज मोटर चलाई भी नहीं थी। नाचीज की हमदर्दी समझ लीजिएगा।'

धीरेन ने अकराम के प्रशस्त कन्धों पर बंकिम बाबू के नौकरों के सामने ही अपने हाथ रख दिये। फिर नोटों से भरी पर्स को खोलकर दिखला दिया। अकराम को फिर दूसरे दिन जरूर आने के लिए कहा और अन्दर चला गया।

दूसरे दिन जब धीरेन लीला की श्मशान-यात्रा में निकला तो उसने देखा, अकराम पोर्टिकों के एक कोने में सुन्न दुबका हुआ था। वह अपने गुलाबी साफे के गले में लिपटकर आगे निकले हुए छोर से अपनी आँखें पोंछ रहा था।

और धीरेन को डर हुआ, उसकी बालू की तरह सूखी आँखें जैसे आखिर भीग रही हों!

जानी हुई चीजें

प्रकाश और धीरेन ने उस रात अकस्मात् ही एक-दूसरे को चौक में देख लिया। प्रकाश दूसरा खेल देखकर निकला ही था कि धीरेन पास की गली में घुसने के लिए मुड़ रहा था। प्रकाश के लिए यही असाधारण था कि वह इतनी रात को लौट रहा था; आखिरी खेल था, इसलिए वह चला आया था। धीरेन के लिए रात अभी मुश्किल से शुरू हो पाई थी।

प्रकाश ने धीरेन को देखकर रुकने का इशारा किया, पर धीरेन जल्दी से नजर फेरकर गली में घुस जाने के लिए बढ़ा; जैसे उसने अपने मित्र को देखा ही न हो! लेकिन उसने देखा कि दो मिनट में ही प्रकाश उसकी बगल में था और उसके बायें कन्धे पर हाथ रखकर उसे फिर सड़क की ओर लौटाए लिये जा रहा था। उसे सफाई देने का मौका मिलेगा, इसकी उम्मीद उसे प्रकाश से नहीं थी। वह चुप ही रहा। आज प्रकाश उसे इतने दिनों बाद पकड़ पाया था—उसे शुरू के पन्द्रह मिनट तो चाहिए ही। और प्रकाश एक स्वर से कहता जा रहा था—वाह भाई, यह भी कोई बात है कि इतने दिनों के बाद धीरेन नजर भी आया तो इस तरह भाग निकलने की कोशिश करे! वह तो कहिए, वह बच गया, नहीं तो गली तक पहुँचने के लिए सड़क पार करते हुए वह मोटर के नीचे आ जाने से बाल-बाल बचा था। अब उसके बीवी-बच्चे हैं। जी हाँ, आज उसे कुछ हो जाता तब तो धीरेन कहीं का न रहता।

धीरेन ने, यह जानते हुए भी कि प्रकाश अभी उसकी बात सुनने के लिए तैयार न था, हँसते हुए कहा, 'अरे, मुझे तो मालूम ही न था, तुम बच्चोंवाले भी हो गए इसी दरमियान। बधाई दूँ!'

धीरेन ने देखा, जिस प्रकाश को वह जानता आया है, उसका बचपन अब भी नहीं गया है। उसके यूरोपियन-से गोरे मुँह पर शर्म की लाली दौड़ ही तो गई। फिर भी प्रकाश अब वकालत करता है। प्रकृति में परिवर्तन न हुआ हो, पर हाजिरजवाबी

का अभ्यास तो रखना ही पड़ता है। बात बदलते हुए उसने कहा, 'देखो धीरू, टालने से काम नहीं चलेगा; तुम बतलाओ, शादी में क्यों नहीं आए?' और जब बोलने का मौका मिल गया तो वही शिकायतों का ताँता।

प्रकाश या तो बिलकुल बोलता ही नहीं या फिर बोलता है तो दूसरों को बोलने का मौका शायद ही देता है। उसने अपनी लज्जालु प्रकृति से अपने को बचाने का यह उपाय बहुत प्रयोगों के बाद सीखा है। पहले तो स्कूल में चुप रहकर ही वह काम चलाने की कोशिश करता था। फिर लोगों के बीच रहकर सफलता प्राप्त करने के लिए, उसने देखा, बोले बिना काम चल नहीं सकता। इसलिए कॉलेज में आने पर वह जितना कम बोलता था, अब उतना ही ज्यादा बोलने लग गया। लोगों को तो जो हुआ हो, पर खुद धीरेन को कितना आश्चर्य हुआ था, वह ही जानता है। पर इस रूप में भी प्रकाश उसके लिए वही था, जो स्कूल में पढ़ने के समय वह हो गया था।

पर अब धीरेन देखता है कि प्रकाश न भी बदला हो, उसके प्रति वह खुद अपने को बदला-सा पाता है। स्कूल में या कॉलेज में भी उसे प्रकाश की मित्रता के लिए उत्सुक नहीं रहना पड़ता था। उनकी मित्रता तो जैसे कुछ ऐसी थी जो होकर ही रहती है। पर उसने तब उस सम्बन्ध को सदा मन को भला लगने वाला ही पाया था। लेकिन आज वह प्रकाश के साथ अपने को पाकर कुछ विघ्न-सा अनुभव करता है, वह प्रकाश पर अन्दर-ही-अन्दर झुँझला उठता है।

वह प्रकाश को कैसे समझाए कि उसे धीरेन से दूर ही रहना चाहिए। स्कूल और कॉलेज की बदनामियों में आकर्षण भी होता है, पर एक सम्भ्रान्त वकील के लिए यह कहाँ तक उचित है कि वह बारह-एक बजे रात के वक्त चौक के पास ऐसे आदमी के कन्धे पर हाथ रखे देखा जाए, जो एक तबलची पर छुरे से घातक आक्रमण करने के अपने सबसे नये अपराध की सजा पाकर कल ही जेल से छूटा हो। पर प्रकाश ने कब उसकी ऐसी बातों पर ध्यान दिया है! प्रकाश जाने क्या-क्या दुनिया भर की बहुत सारी बातें कहता चला जा रहा था। धीरेन भी सोचता चला जा रहा था। ऊपर से जैसे खुश ही हो मिलकर, पर आधे मन से झुँझलाया हुआ और आधे मन से सचमुच अपने-आपसे विवश।

प्रकाश की बातों की ओर धीरेन की चिन्ता की धारा को भंग करते हुए, इसी समय, कोई दूसरा आदमी 'एक मिनट के लिए' कहकर प्रकाश को अलग ले गया। धीरेन ने देखा, प्रकाश को किसी ऐसे आदमी से मुलाकात हो गई थी, जो उसी की तरह बातें शुरू करना तो जानता था, पर उन्हें खत्म करना नहीं। वह प्रकाश की झुँझलाहट देखकर मुस्कुरा रहा था और उसके स्मृति-पट पर स्कूल-कॉलेज की जिन्दगी के पिछले दृश्य घूम-घूम जा रहे थे...।

यह प्रकाश जब पहले-पहल उस स्कूल में आया था, जिसमें वह पढ़ता था, तब कितना छोटा-सा और खिलौना-सा था! उसने प्रकाश की ओर देखकर घृणा से मुँह फेर लिया था। तब वह अपने को मर्द कहनेवाला, स्कूल के ग्यारह चुने खिलाड़ियों का और जितने भी आवारा लड़के थे, उन सभी का सरदार था न! भला वह, जो मास्टरों से सीधे मुँह बातें न करता था, बेचारे प्रकाश की ओर नजर भी क्यों उठाता? प्रकाश कई बार उसके पास तक सहमता हुआ आता था, पर इसके पहले कि वह बेचारा कुछ बोले, उसकी आँखें नीची हो जाती थीं और वह दूसरी ओर चला जाता था। और आज वह प्रकाश है, या वही जो कॉलेज में था, या वही जो कुछ दिनों बाद ही स्कूल में हो गया था, जो हर वक्त उसी के साथ देखा जाता था, यहाँ तक कि लोग उनके बारे में अच्छी-बुरी बातें भी कहते सुने जाते थे?

इस घनिष्ठता का सूत्रपात कैसे हुआ था, यह आज भी उसे कल की बात की तरह याद है!

उस दिन वह टिफिन के बाद स्कूल से छुट्टी लेकर, अपनी आँखों में निहायत जरूरी काम से और दूसरों के विचार से आवारागर्दी के लिए, निकल गया था। शाम को वह स्कूल की ओर फुटबॉल खेलने जा रहा था। स्कूल के फाटक के कुछ इधर ही वह अपने साथियों की भीड़ देखकर जल्दी-जल्दी वहाँ पहुँचा तो देखा, उसका शागिर्द और स्कूल का नम्बर दो शरारती लड़का, जिसे ताकत या हिम्मत में सिर्फ उसी से हार माननी पड़ती थी, प्रकाश की किताबें छीनने का प्रयास कर रहा था। धीरेन भीड़ के बाहर से ही देखने लगा। प्रकाश की शर्मीली आँखें क्रोध से लाल हो रही थीं और उसके मुँह पर भी क्रोध की ही लाली थी। उसने बड़े आदमियों के लाड़लों को ऐसे अवसरों पर रोते-गिड़गिड़ाते ही पाया था। वह उत्सुकता से देखने लगा। पहले तो धीरेन के शागिर्द साहब लापरवाही के साथ ही प्रकाश के साथ उलझते रहे, पर अब उन्हें भी क्रोध-सा आता दिखाई पड़ रहा था। और धीरेन ने देखा कि अपने प्रयासों को विफल पाकर सहसा उस लड़के ने प्रकाश की नाक पर घूँसा मारने का उपक्रम किया। धीरेन ने वहीं से कठोर स्वर में कहा, 'ठहर जा।' और वह लड़का प्रकाश को छोड़ पीछे मुड़कर आग्नेय नेत्रों से देखने लगा, पर तुरन्त ही, धीरेन पर दृष्टि पड़ते ही, अनिच्छापूर्वक वहाँ से हट गया।

उस दिन धीरेन फुटबॉल खेलने नहीं गया। वह प्रकाश को उसके घर तक पहुँचा आया और उसके बाद प्रायः नियमित रूप से वह उसके साथ उसके घर तक जाया करता था—पहले तो प्रकाश को खतरे से बचाने के खयाल से ही, फिर इसलिए कि वह उसके बिना घर लौटने के लिए तैयार ही नहीं होता था...।

और प्रकाश को अपने गप्पी मित्र से फुर्सत मिली तो उसने फिर धीरेन का हाथ पकड़ लिया और उसको साथ लिये बिना घर लौटने से बिलकुल इनकार कर दिया।

धीरेन ने बहुत कहा, उसे कई जरूरी काम थे, वह कल ही उसके यहाँ आएगा और फिर प्रकाश को वह अधिकार रहेगा कि जब चाहे तभी छुट्टी दे उसे, पर प्रकाश की जिद के सामने धीरेन की हिकमत या ताकत आज तक कब कारगर हो सकी थी?

प्रकाश ने ताँगा रुकवाया और धीरेन उस पर बैठ गया। जब प्रकाश भी बैठने लगा तब धीरेन को जैसे कुछ याद आया, 'अरे, ताँगे की क्या जरूरत थी, दो मिनट का ही तो रास्ता है?' उसने पूछा।

'घर नहीं जा रहा हूँ मैं,' प्रकाश ने सलज्ज हँसते हुए कहा, 'आजकल ससुराल में ही रहकर वकालत करता हूँ। वहाँ जमीन-जायदाद देखनेवाला कोई है नहीं। तुम्हें सचमुच नहीं मालूम था क्या... ?'

और ताँगें पर बहुत-बहुत बातें होती रहीं और उसमें कुछ हिस्सा लेने का मौका धीरेने को भी मिला ही। जब प्रकाश ने यह सुना कि उसकी शादी के समय धीरेन जेल में था और इसलिए उसमें शरीक नहीं हो सका था तो वह अपने मजाक की इन शिकायतों के लिए बहुत लज्जित हुआ।

धीरेन को यह सुनकर बहुत सन्तोष हुआ कि प्रकाश को बड़ी सुन्दर-सुघर पत्नी मिली है, जिसे वह बहुत-बहुत प्यार करता है। उसने अपने जीवन की सबसे बड़ी सफलता यह पाई है कि प्रकाश यदि उसे सुधार नहीं सका तो वह भी प्रकाश के रास्ते का काँटा कभी नहीं हुआ। उसे गुमराह करना तो उसने स्वप्न में भी नहीं चाहा, पर उसके साथ रहने से भी ऐसा हो सकता था और यह नहीं हुआ, इसके लिए उसे अपरिमित सन्तोष है।

धीरेन जल्दी तर्क करना नहीं चाहता। अगर तर्क करना आवश्यक ही हो जाता है तो उसका हाथ चल जाता है। उसे अपने अमानुषिक क्रोध पर पीछे परिताप भी होता है, पर उसने ऐसे अवसरों पर अपने को सदा निराश पाया है। उसे मालूम होने लगता है, जैसे सैकड़ों शिराओं से गर्म-गर्म खून बड़े वेग से ऊपर दौड़ रहा हो और उसकी आँखें फट जाएँगी, अगर वह दूसरे को चोट नहीं पहुँचा सके!

प्रकाश ने एक बार कहा था कि हो-न-हो, उसके खून का दबाव बढ़ गया था। उसने जबर्दस्ती डाक्टर से जाँच भी कराई थी, पर वह बेचारा धीरेन के असाधारण स्वास्थ्य को देखकर ही घबरा गया था। उसे खून के दबाव का थोड़ा शक जरूर था, फिर भी कोई चिन्ता की बात नहीं थी। उसने एक 'सिडेटिव' के लिए नुस्खा लिख दिया था। जो हो, उसे प्रकाश के साथ तो कभी-कभी तर्क करना ही पड़ता है। और तब प्रकाश उसकी व्यंग्योक्तियों को, उसकी दुनिया के उलटे विचारों को बड़े चाव से सुनता है।

धीरेन नये सिरे से, बढ़ी हुई कटुता के साथ, अपने आदर्श का प्रतिपादन कर रहा था। उसने अपने जीवन में कभी पुण्य करने का पाप नहीं किया है। उसका पाप

निष्कलंक है; क्योंकि उसमें कहीं पुण्य का एक छोटा-सा धब्बा भी नहीं लग सका है। धीरेन अपने को पूर्णता का कायल मानता है। उसके पाप में पूर्णता पाना पुण्य में पूर्णता पाने से भी कठिन है। इसलिए, वह कठिनतर आदर्श को अपनाए हुए है...।

जब धीरेन इस तरह तर्क करने लगता है, तब उसके उत्तर में प्रकाश कई बार यह कहते-कहते न जाने क्या सोचकर रुक गया है कि धीरेन के पापों की पूर्णता में एक कमी का प्रमाण तो वह खुद ही है—यदि धीरेन ने उसे रोका न होता तो बिना उसके प्रोत्साहन के ही वह खुद भी आज उसी के पथ पर चलता दीख पड़ता।

आज भी प्रकाश कई बार उसे यही उत्तर देते-देते रुक गया, जो न जाने कितनी बार उसकी जबान पर आया होगा, पर वहीं रोक भी लिया जाता था। इस उत्तर को सोचते ही उसके हृदय में यह आशंका भी उठ खड़ी होती थी कि धीरेन इस कृतज्ञता-प्रकाशन से हतप्रभ हो जाएगा, लज्जित हो उठेगा। और यह उसके लिए असहनीय है। वह प्रकाश को कभी क्षमा नहीं करेगा। उसकी हालत वैसी हो जाएगी, जैसी उस नास्तिक की हो सकती है—यदि उसे कोई छिपकर देव-मूर्ति को प्रणाम करते देख ले और इसी के बल पर उसे नास्तिक मानने से इनकार कर दे।

धीरेन आगे और कुछ कहने जा ही रहा था कि एक गली के सामने प्रकाश ने ताँगेवाले को रुक जाने के लिए कहा।

ताँगेवाले को पैसे देकर प्रकाश धीरेन को पीछे-पीछे चले आने के लिए कहकर गली में आगे बढ़ा।

पत्थर के मकानों के जंगल की पगडंडी-सी उस गली के बीच में घोर अन्धकार था। और चूँकि गली के मुँह पर तेज बिजली की रोशनी थी और फिर सामने दूर पर भी, इसलिए बीच का अन्धकार और घना हो गया था। प्रकाश तो अभ्यास-जनित विश्वास के साथ चला जा रहा था, पर धीरेन सँभल-सँभलकर पैर बढ़ा रहा था।

वे कुछ ही दूर आगे बढ़े होंगे कि धीरेन के पाँव के अँगूठे में, थोड़ा ऊपर एक पत्थर की ठोकर लगी और उसके मुँह से उफ् निकल ही गई। प्रकाश ने मुड़कर देखा तो धीरेन घुटने पकड़कर झुका हुआ था। उसने माचिस जलाई और उसी की रोशनी में रूमाल से अँगूठे को बाँध दिया। फिर अपनी असावधानी के लिए माफी माँगता हुआ धीरेन को हाथ का सहारा देकर धीरे-धीरे चलने लगा।

सहसा धीरेन को लगा, जैसे उसके मस्तिष्क में पाँव के अँगूठे की चोट की उपस्थिति किसी धुँधले अतीत की स्मृति के लौट आने के प्रयास से बाहर ठेली जा रही हो! एक बार उसे किसी ऐसी ही गली में ऐसी ही चोट आई थी।...ओह, कब? क्या और भी कोई समय था? कौन था? कहाँ? फिर क्या हुआ था? वह कहाँ जा रहा था...?

जैसे किसी काफी जरूरी खत के टुकड़े पड़े रह गए हों और वे बहुत दिनों के बाद अपने-आप मिलकर फिर पूरा खत होने की कोशिश कर रहे हों, पर सफल नहीं हो रहे हों; मालूम पड़ता हो कि इस बार टुकड़े ठीक-ठीक बैठ जाएँगे पर फिर

भी कहीं कुछ गलती हो जाती हो!...बस, उस सिलसिले की एक बात ठीक सामने आ जाती, पर वह क्यों नहीं आती?

धीरेन हैरान था। प्रकाश को डर हो रहा था, शायद उसके मित्र को बहुत कड़ी चोट लगी थी। धीरेन इधर जरूर बहुत कमजोर हो गया होगा, नहीं तो कितनी भी कड़ी चोट क्यों न लगे, उसे इतना परेशान तो कभी नहीं देखा था।

प्रकाश ने घर पहुँचकर धीरेन को आराम से बैठक में बैठा दिया और अन्दर दौड़ गया। वहाँ से वह बहुत-सा धुला हुआ पुराना कपड़ा, रुई, टिंक्चर-आयोडिन वगैरह लेकर बड़े ही व्यस्त भाव से आकर धीरेन के पास बैठ गया और गर्म पानी का इन्तजार करने लगा।

'पानी तुरन्त गर्म करने के लिए पत्नी से कह आया हूँ। उसे लेकर वह आती ही होगी। अब दर्द कैसा है?'

धीरेन कुछ कह नहीं पा रहा था। दर्द? वह तो कब का दर्द भूल गया था। पर वह जो उसे याद आते-आते रुक जाता था और उससे जो विचित्र यंत्रणा हो रही थी, उसको कैसे समझाए...?

तभी अन्दर के दरवाजे का पर्दा हटा और प्रकाश को बतलाने की जरूरत नहीं पड़ी, धीरेन समझ गया, उसकी पत्नी हाथों में गर्म पानी का बर्तन लेकर सामने आ रही थी।

धीरेन ने मना किये जाने पर भी उठकर नमस्ते किया। प्रकाश ने अपने हाथों धीरेन की मरहम-पट्टी की। इस काम में उसकी पत्नी उसे सहायता देती रही।

इस बीच में सिर्फ एक बार अकस्मात् ही धीरेन की और उसके मित्र की पत्नी की आँखें चार हो गई थीं। धीरेन चौंक गया था। प्रकाश ने समझा था कि टिंक्चर लगाने की वजह से धीरेन को तकलीफ पहुँच रही थी।

और प्रकाश की पत्नी निर्विकार, अविचलित भाव से अपने पति की सहायता करती जा रही थी।

धीरेन को विश्वास नहीं हो सका कि प्रकाश की पत्नी ने उसे पहचाना नहीं था। उसका अपना अनुभव है कि जिसने उसे एक बार देखा है, वह उसे कहीं भी, कितने दिनों के बाद भी भूल नहीं सकता—कुछ डील-डौल, कुछ असाधारण व्यक्तित्व की वजह से। यह एक बार प्रकाश ने ही कहा था और सच ही कहा था। पर वह स्तम्भित होकर देखता रहा कि जिस नारी की साधारणता वह एक बार बहुत पहले देख चुका था, उसी में कितनी असाधारणता भी छिपी हुई थी! उसने धीरेन को पहचाना तो निस्सन्देह होगा, पर इसका कोई चिह्न उसने प्रकट नहीं होने दिया।

धीरेन वहाँ मुश्किल से पाँच मिनट और बैठा। फिर एकबारगी उठ खड़ा हुआ और निश्चित स्वर में जाने की इजाजत चाही। प्रकाश ने बहुत कहा, उसकी पत्नी ने भी, पर वह फिर आने को कहकर चला ही गया...।

धीरेन गली में तेजी के साथ जाने की कोशिश कर रहा था। वह अपने पैर की चोट भूल गया था, पर अभी जो प्रकाश की पत्नी को देख उसे वह याद आती-आती भूल जानेवाली बात याद आ गई थी, उससे उसकी अन्तरात्मा लाल लोहे से दग गई थी...तो आखिर, अनजाने सही, बिन चाहे सही, पर प्रकाश के जीवन की निर्मल धारा को भी उसने कहीं पंकिल किया ही...!

पाँच-सात वर्ष हुए होंगे, उसी गली के मुँह पर उसे एक बुढ़िया मिली थी। उसने बगल से जाते वक्त गुनगुनाते हुए कहा था, पाँच रुपये मिलने पर वह उसे एक ऐसी जगह पहुँचा देगी, जहाँ नाक रगड़कर, सौ-हजार खर्च कर भी तो कोई नहीं पहुँच सकता। धीरेन निर्भय उसके साथ चला गया था। उसे रास्ते में वैसी ही ठोकर लगी थी। वह उसी घर में पहुँचा था। उसे प्रकाश की सौतेली सास के लिए भेजा गया था, जिनकी उम्र मुश्किल से पच्चीस वर्ष की थी और जो हाल में ही विधवा हुई थीं। उनके अपनी कोई सन्तान नहीं थी। उनके पति के पहले विवाह से दो पुत्रियाँ थीं, अपने कृपा-पात्रों को वे उनके पास भी जाने से नहीं रोकती थीं। और, धीरेन तो उनका विशेष कृपा-पात्र बन गया था। धीरेन को यह सब याद आ रहा था और वह निचले होंठ को दाँतों से दाबे यों चला जा रहा था, जैसे पीछे उस याद का प्रेत दौड़ा आ रहा हो!

ये बीमार लोग

उस दिन रमेश से धीरेन की अचानक ही मुलाकात हो गई थी। धीरेन पैराडाइज होटल के 'रिसेप्शन-हॉल' में अपना नाम-पता दर्ज कर रहा था। उसके दाहिने कन्धे पर किसी का हिचकता हुआ हाथ पड़ा तो वह चौंककर मुड़ा।

'जी...आप...' कहता-कहता रमेश को पहचानते हुए धीरेन बोला, 'अच्छा, रमेश...तुम हो?'

और रमेश ने कुछ और कहने के संकट से बचते हुए कहा, 'आप रानी साहिबा विक्रमपुर हैं। ये हैं मिस्टर...यह धीरेन हैं, कॉलेज में मेरे साथ पढ़ते थे।'

'अपना नियाज हासिल कर निहायत मसरूर हुई।' रानी सहिबा की आँखें धूपचश्मे के भीतर एक बार कौंध गईं।

'कृपा है!' धीरेन ने रमेश की ओर देखते हुए रानी साहिबा को जवाब दे दिया।

फिर अभिवादन में हाथ उठा वह चलने को हुआ तो रानी साहिबा ने उसकी बेअदबी को मानो माफ करते हुए फरमाया, 'हम लोग आठ-साढ़े आठ बजे अपने कमरे में ही डिनर खाएँगे, आप भी हम लोगों के साथ ही खाना खाइए न!'

धीरेन ने रानी साहिबा के निमंत्रण में दिलचस्पी नहीं दिखाई और वह कुछ कहने ही जा रहा था कि रमेश ने बात समझा दी, 'बात ऐसी है, भई धीरेन, कि रानी साहिबा

की तबीयत नासाज है। यहाँ हम लोग कैप्टन चैटर्जी को कंसल्ट करने आए थे। कल से उनकी दवा शुरू भी हो गई है, लेकिन आपकी तबीयत खराब ही है। देखो, अभी चार बजे हैं। तुम कपड़े बदलकर चाहो तो थोड़ी देर के लिए बाहर से भी हो आ सकते हो। लेकिन साढ़े आठ बजे तक आ जाओ जरूर डिनर के लिए। सूट नम्बर दो—याद रहेगा न?'

रानी साहिबा के धूपचश्मे के भीतर का अन्धकार और गहरा हो गया।

धीरेन हिचका, फिर बोला, 'देखो, आ जाऊँगा, सो लांग...।'

और, धीरेन आठ बजे तो नहीं, साढ़े आठ बजे जब सूट नम्बर दो में दाखिल हुआ तब डिनर का पहला कोर्स चल रहा था। वह माफी चाहता हुआ मेज के बीच की कुर्सी पर बैठा और सूप के दो-एक चम्मच लेकर रानी साहिबा की ओर देखने लगा।

रानी साहिबा रमेश को डपटती हुई कह रही थीं, 'तुम्हें कभी अक्ल भी आएगी? मैंने सूप के लिए तुम्हें क्या हिदायत दी थी...?'

रानी साहिबा बीच में ही रुक गईं—धीरेन उनकी ओर कुछ इस तरह देख रहा था। 'देखो, मैनेजर से कह देना,' उन्होंने मुलायम पड़ते हुए कहा और धीरेन पर उन्होंने अपनी आँखों की सारी कला खर्च कर दी।

धीरेन ने घृणा के साथ देखा, रमेश पुचकारे जाते हुए कुत्ते की तरह खींस निपोड़े हुए था। रानी साहिबा वाइन-गिलास की डँटल को उँगलियों में नचा रही थीं। उन्होंने एकाएक धीरेन से पूछा, 'और हाँ, आपके लिए क्या मँगवाऊँ—शैम्पेन? ब्वाय?'

'देखिए, शराब मैं नहीं पीता,' धीरेन ने मखमली व्यंग्य से कहा, 'शराब से मुझे नशा नहीं आता—ऐसी शराब से।'

यहाँ खतरे का एक सेकेंड कमरे में आया और गुजर गया। धीरेन ने जान-बूझकर चाहा था कि कमरे का वातावरण चूर-चूर हो जाए। लेकिन रानी साहिबा ने शालीनता के साथ धीरेन की आखिरी बात अनसुनी करते हुए दुहराया, 'ब्वाय, आपके लिए शैम्पेन!'

ब्वाय भी तब तक आ गया था। रानी साहिबा के व्यक्तित्व के सम्बन्ध में धीरेन की दिलचस्पी बढ़ी। कमरे के वातावरण का तनाव ढीला पड़ गया। धीरेन हँस रहा था। रानी साहिबा मुस्कुरा रही थीं। रमेश कॉलेज की एक घटना बयान कर रहा था। उसकी हिम्मत बढ़ रही थी। उसने लगातार दो-तीन बार शराब के प्याले को खाली कर दिया था।

'...थर्ड इयर में हम लोग थे। अंग्रेजी का शायद क्लास था। प्रो. काबिल निकोलस पढ़ा रहे थे। जैसे काबिल, वैसे ही सख्त। लेकिन नाचीज को तो आप जानती ही हैं...।' और रमेश ने अपना प्याला फिर खाली करते हुए कहना शुरू किया, 'मेरी नजर इस धीरेन की चुटिया पर लगी हुई थी, जिसमें एक बड़ी-सी गाँठ पड़ी हुई थी।

जी हाँ, तब आप मस्तक पर चन्दन का टीका लगाते थे, जूते नहीं पहनते थे और जैसा अभी अर्ज कर रहा था, एक लम्बी-तगड़ी चुटिया भी रखते थे...।'

रानी साहिबा होंठों से प्याला लगाते हुए धीरेन के चौड़े ललाट की ओर देख रही थीं, जिस पर चन्दन के टीके की जगह दो गहरी लकीरें उभर आई थीं।

रमेश लड़खड़ाते स्वर से फिर कहने लगा, 'मेरी...हालत यह हो रही थी कि आँखें इस आदमी की चुटिया से हट नहीं पा रही थीं। लोग कहते हैं न कि साँप चिड़िया की ओर देखने लगता है...या यों कहिए कि चिड़िया साँप की ओर देखने लगती है तो देखती रह जाती है और साँप आकर उसे निगल जाता है...। सो मैंने अपने हाथ बढ़ाए...हिचकी लेते हुए मेरे हाथ बढ़ ही तो गए अपने-आप और मैं धीरे-धीरे लगा इसकी चुटिया को डेस्क में बाँधने। और इसकी कम्बख्ती तो देखिए, न जाने कैसे इसे मालूम हो गया और क्लास ही में उठकर लगा ही तो दिये दो-चार तमाचे मुझे।' और रमेश मसखरे की तरह अपने को सहलाने लगा। 'प्रोफेसर साहब जब बड़ी सख्ती के साथ इसे डाँट बताने लगे तब मुझे कुछ तसल्ली भी हुई, लेकिन यही क्यों चूकते! धीरेन ने छूटते ही कहा था—जनाब, ऐसी बातों को मैं बर्दाश्त नहीं कर सकता और आपसे सजा देने के लिए तो तब कहता जब अपने में ताकत न होती।'

रानी साहिबा ने हँस दिया। धीरेन मुस्कुरा रहा था। रमेश कुछ कहना चाह रहा था कि तभी धीरेन ने कलाई की ओर देखा और उठ खड़ा हुआ।

'दस बज रहे हैं। मुझे तो इजाजत दीजिए।' धीरेन बाहर चला गया।

कमरे में खतरा छाता जा रहा था, तनाव बढ़ता जा रहा था—एक दूसरी तरह का खतरा। तनाव, जो रानी साहिबा की धमनियों में ऐंठ खा रहा था।

इन्हें फूँक से उड़ाकर धीरेन चला गया तो रानी साहिबा कुछ इस तरह बिखर गईं जिस तरह डिनर टेबल पर जूठे प्लेट वगैरह।

और रानी साहिबा ठीक ग्यारह बजे धीरेन के कमरे में आ गई थीं। धीरेन ने अभी तक उन्हें बैठने को नहीं कहा था। लेकिन उन्होंने ही कहा, 'आपके लिए एक तोहफा है,' और उन्होंने उसकी ओर एक चाँदी का ब्रांडी-फ्लास्क हँसते हुए बढ़ाया और फिर कहीं कुछ जैसे देखा हो, कहा, 'ओहो, तो इसकी कोई खास जरूरत नहीं थी, क्यों?'

रानी साहिबा कमरे के बीच की मेज के पास तक चली आईं और उन्होंने झुककर उसके अन्दर से ट्रे उठाकर मेज के ऊपर रख दिया। ट्रे में अफ्रीकन व्हिस्की की एक आधी खाली बोतल पड़ी हुई थी। टम्बलर भी आधा ही खाली था।

उसे भरकर रानी साहिबा ने धीरेन की ओर बढ़ाते हुए कहा, 'लीजिए न!' फिर उसने अपने होंठों से लगाकर चाँदी का वह फ्लास्क उसे देती हुई बोलीं, 'नहीं, आप अपनी चीज लीजिए। ब्रांडी है।'

तभी दरवाजे पर जोर से दस्तक पड़ी। रमेश धीरेन को आवाज दे रहा था। जाहिर था कि वह नशे में चूर था और वह टलने का नहीं। रानी साहिबा की आँखें लाल हो गईं और वे कमरे के पिछले दरवाजे से बाहर हो गईं।

रमेश अन्दर आया। उसने फ्लास्क और टम्बलर देखा। 'अच्छा!' उसने इतना ही कहा और धीरेन कुछ समझ नहीं पाया कि उसके स्वर में घृणा थी या क्रोध, निराशा थी या प्रतिहिंसा। रमेश उलटे पाँव बाहर चला गया।

धीरेन टेबल पर पैर फैलाकर सिगरेट पीने लगा। नम्बर दो ठीक उसके कमरे के नीचे था। रानी साहिबा के फ्लैट की अशान्ति छत को भेदकर धीरेन के कमरे में फैल रही थी। उसने एकाएक सुना, जैसे किसी की तीखी चीख थी। वह उठ खड़ा हुआ। रानी साहिबा? रमेश?

धीरेन ने ड्रेसिंग गाउन लपेटा और दौड़ता हुआ नम्बर दो के दरवाजे पर आकर खड़ा हो गया। दरवाजा अन्दर से बन्द था। वह पीछे की ओर गया। खिड़की के पर्दे से बिजली की रोशनी छनकर आ रही थी। अन्दर जैसे कोई कोड़ा चला रहा था। उसने पर्दा हटाकर देखा और वह कूदकर अन्दर हो लिया। रमेश रानी साहिबा को कोड़े लगा रहा था। रानी साहिबा पलंग पर बैठी हुई थीं। वह चीख नहीं रही थीं। कभी-कभी उल्लास में, आनन्द में बैठे-बैठे नाचकर चिल्ला उठती थीं।

रमेश की पेशानी पर पसीने की बूँदें झलक रही थीं। रमेश थकावट से चूर-चूर हो रहा था। धीरेन हतबुद्धि-सा खड़ा था। रमेश ने कोड़ा उसके हाथ में रख दिया और बगल के कमरे में भाग गया। दरवाजा बन्द करते वक्त उसने कहा, 'यही तुम्हें देने गया था। रानी साहिबा इसे नीचे ही भूल गई थीं।'

रानी साहिबा हँस रही थीं। धीरेन कोड़ा लिये हुए खड़ा था।

बन्दर का खेल

जैसे लट्टू जितना तेज नाचता है, उतना ही अधिक स्थिर मालूम पड़ता है—वैसा राजीव ने अनुभव किया। उसका चिन्ताकुल मस्तिष्क सहसा निश्चेष्ट हो गया। इधर दो-चार रोज के भीतर उसके मस्तिष्क में जाने कितने विचार उठे थे। यदि उन्हें अक्षरों में बाँधा जा सकता तो शायद व्यस्तता का एक विश्वकोश तैयार हो जाता। चिन्ता की एक के ऊपर दूसरी आनेवाली लहरों को रोकने के उसके सब प्रयास विफल सिद्ध हुए थे। और आज थककर जब उसने आत्मसमर्पण-सा कर दिया था तब जैसे चरम सीमा पर पहुँच जाने के कारण ही उसकी चिन्ताधारा सहसा रुक गई। उसका मस्तिष्क, उसे लगा, शून्य में झूल गया...। वह क्या सोच रहा था? क्या सोचे...? कि नीचे से डिम्-डिम् की आवाज से मानो उसे कोड़े लग गए।

क्या बला है यह आखिर—'बन्दर का खेल देख लो, बन्दर का खेल देख लो!'...वह कमरे से बाहर निकलकर नीचे देखने लगा।

अरे, उसने यह किया क्या? उसे अपने ऊपर विश्वास नहीं होता। उसने मदारी को अहाते के अन्दर चले आने के लिए इशारा कर दिया। उसे अपने ऊपर हँसी आ रही थी, अपने ऊपर सन्देह हो रहा था। वह क्या सचमुच बन्दर का खेल देखना चाहता था?

पर जाने भी दिया जाए, चाहता हो या नहीं, जब बुला लिया तो देखने में हर्ज ही क्या है? उसने अभी-अभी शराब पी है। पाप है, लोग बुरा मानेंगे, इससे क्या वह कभी डरा है? और इस वक्त चूँकि वह खुद अपनी आँखों में ग्रामीणता का अपराधी लगता है, इसलिए, सिर्फ इसलिए क्या वह बन्दर का खेल नहीं देखे... ?

अपने साथ यह सब तर्क करते हुए भी उसने यह समझा कि उसका मस्तिष्क बन्दर के खेल की शरण लेना चाहता है। मस्तिष्क को अकेले अपने ऊपर भरोसा नहीं है। अच्छे विचार हों या बुरे, रंगीन स्वप्न हो या काली निराशा—ये सब अलग-अलग रह जाते हैं। ये कुत्ते की पूँछ की तरह हैं। इनके पीछे मस्तिष्क कितना भी चक्कर काटे, ये पकड़ में नहीं आने की। निर्गुण चिन्ता में सगुण बन्दर का खेल कहीं आसान होगा ही!

और इसका प्रमाण उसने तुरन्त ही पाया। बन्दर के विषय में सोचने से ही उसने अपने होंठों पर कुछ हँसी-सा अनुभव किया। और उसके लिए हँसना आजकल साधारण बात नहीं रह गई है।

मदारी अहाते के अन्दर आ गया था और राजीव ऊपर से नीचे। मदारी ने झुककर सलाम किया। उसने दायें हाथ में पकड़े डमरू को ऊपर ले जाकर एक बार खूब जोर से डिम्-डिमाडिम् बजा दिया। और इस वाद्य-यंत्र की ध्वनि के बीच उसका आलाप सुन पड़ा : '...हाँ, ओ बन्दरिया, नाच तो, बाबू साहब भर पेट खिला देंगे...नाच, अरे नाच न...!' और साथ-ही-साथ नृत्य-प्रदर्शन में उत्साह की कमी पर गले में बँधी रस्सी के हाथवाले छोर से सटासट दो-चार बार...।

राजीव ने बहुत-सी वस्तुओं को शाश्वत, चिरन्तन आदि विशेषणों से विभूषित सुना है। उसे आज पहली बार किसी शाश्वत, चिरन्तन वस्तु को सचमुच देखने का मौका मिला। क्या धुँधले बचपन में इस मदारी को नहीं देखा था? यही तो बन्दरिया थी और यही बुढ़ऊ। सभी ने अपने-अपने धुँधले बचपन में इन्हीं को देखा होगा। उसने कलकत्ते की गली में इन्हें ही देखा था, फिर गाँव में इन्हें ही देखा था और आज बीस वर्ष बाद फिर इन्हें ही! वही उम्र, वही फटा कोट, उसी तरह बढ़ी हुई दाढ़ी-मूँछ, कानों में पीतल का तार बड़ी-सी अँगूठी की तरह गोल बनाया हुआ, वही बन्दरिया—मिसेज बीवार की तरह, जो उसके पड़ोस में न जाने कब से रहती आई हैं! और उसने मन-ही-मन समाधान किया—यह उपमा तो बचपन में नहीं

सूझी थी, तब तो बन्दरिया नानी-सी लगती थी। बन्दर वही—प्रमेह से चुसे मध्य श्रेणी के किरानी की तरह, जो पेंशन को टालता जा रहा हो। बचपन में पांडे की तरह दीख पड़नेवाला। उपमाओं में परिवर्तन हो गया हो—वे तो जैसे थे, आज भी वैसे ही हैं।

मदारी और उनके बन्दर देवताओं की तरह अमर होते हैं। एक हटा और उसकी जगह पर उसी की तरह दूसरा उठ खड़ा हुआ। 'वही आ गया, वही है,' इसी को तो कहेंगे।

ऐसे गम्भीर सत्यों का अनुभव करने पर भी राजीव का मनोरंजन न हो सका। वह शाश्वत और चिरन्तन की उत्सुकता से बन्दर का खेल देखने के लिए ऊपर से नीचे नहीं उतरा था। वह जी बहलाना चाहता था, इसलिए ग्राम्य समझते हुए भी बन्दर का खेल देखने पर उतारू हो गया था। पर उसे निराशा यह हुई कि यह तो गम्भीर चिन्तन का विषय निकला।

शाश्वत मौलिक नहीं रह जाता। उसने स्पष्ट देखा, इसीलिए शाश्वत मनोरंजक भी नहीं हो सकता...।

मदारी ने अपने झोले से एक फटी-पुरानी पोटली निकाली। उसमें से, बन्दरिया को नववधू के अभिनय के लिए तैयार कर, कुछ चीथड़े बाहर किये, 'यह ले, बनारसी साड़ी पहन ले, और घूँघट निकाल ले, ठीक तरह से—हाँ, ऐसे।'

पर बन्दरिया बूढ़े दूल्हे के साथ जाना नहीं चाहती, बूढ़ा मनुहार कर रहा है।

और मदारी अपने अमीर और शरीफ दर्शक के मनोरंजन के लिए आज अपनी सारी कला का प्रदर्शन कर रहा है। इन मूक अभिनेताओं के वार्तालाप को, दर्शक के लिए व्याख्या के साथ, वह ऊँची आवाज में कह रहा है। पेट पीठ से सट-सट जाता है। उसका सारा शरीर हिल रहा है। वह गलियों के लड़कों के सामने खेल नहीं दिखा रहा है। आज उसे बहुत दिनों के बाद कद्रदाँ पाने की किस्मत हासिल हुई है। आठ आने, एक रुपया तो फेंक ही देंगे, पर उन्हें हँसाकर नहीं लिया तो क्या लिया! वह बन्दरिया के लिए गिलट के गहने ले देगा, आज उसको गुड़ खिलाएगा। और, और अपने लिए 'पचास' की पूरी बोतल लेगा। उसके दद्दा कहा करते थे, अपनी जवानी में उन्होंने नवाबों और बड़े-बड़े अफसरों को खेल दिखाये थे। उन्हें जो वाहवाही, जो इनाम उनसे मिले थे, वे क्या कभी भूले जा सकते थे? पर उसे तो आज भले घर के लड़के भी शायद ही कभी अहाते के अन्दर बुलाते हों। उन्होंने अगर बुलाया भी तो साहब या मेम साहब घुड़क देती हैं। लड़के बेचारे पिंजड़े की चिड़िया की तरह अहाते के फाटक के अन्दर से ही, अगर सामने कहीं वह खेल दिखाने लगा तो, देखते हैं और दबी जबान से किलकारियाँ भरते हैं, कभी-कभी डाँट भी सुन लेते हैं, पर आज वह ऐसे 'दाता' को खुश कर देगा। उनके चेहरे पर गम का नामोनिशान नहीं होगा...! 'रोवो मत, बुढ़ऊ, रोवो मत...दाता की जै हो...कहो...गहने ला देंगे, रुपये बरसाएँगे...और जरा अपनी सूरत भी तो...यह ले आईना—देख ले।'

पर दाता हैं कि न जाने क्या सोच रहे हैं! मदारी ने थककर खेल बन्द कर दिया। अपने अभिनेताओं को उसने इशारा किया। वे राजीव के पैर की ओर बढ़े। मदारी ने दूर से ही सहमे स्वर में निवेदन किया, 'इनाम मिल जाए, हुजूर! कोई फटा-पुराना कुर्ता भी... !'

राजीव ने एक रुपया फेंक दिया और वह इस भाव से अन्दर की ओर चला कि मदारी को और कुछ कहने का साहस नहीं हुआ। वह खुश था। एक जगह दस मिनट खेल दिखाया और एक रुपया पूरा मिल गया। पर वह मन-ही-मन निराश भी था। वह इतनी कोशिश के बाद भी खेल देखनेवाले के मुँह पर एक हलकी मुस्कुराहट नहीं ले आ सका था।

यदि राजीव को मदारी के हृदय की निराशा का आभास भी मिलता तो उसे बड़ा दुःख होता। वह खेल देखता जा रहा था, पर सोच यही रहा था कि सभ्यता का दावा रखनेवाले मनुष्यों ने पशुओं के प्रति निष्ठुर व्यवहार को रोकने के लिए संस्थाएँ खोली हैं, नियम बनाये हैं। उनकी दृष्टि में मदारी उन बन्दरों के प्रति अपराधी ही सिद्ध होगा। यह ठीक भी है। पर मनुष्य पशुओं के प्रति इतना आग्रह दिखलाए, इसके पहले क्या उसे मनुष्य की ही कुछ और अधिक चिन्ता नहीं करनी चाहिए?

आज स्वयं राजीव का हृदय निराशा से भरा हुआ है। वह सहानुभूति उलीच सकता है। गुणों का पारखी बन सके, आज उसमें ऐसा उत्साह नहीं है। आँखें अटक जाएँ, ऐसे रंग उसे अनायास दिखाई नहीं पड़ जाते। तबीयत फड़क उठे, ऐसी तान कानों में कहीं से आ नहीं पड़ती। आज साधारण भी गम्भीरता का विषय बन जा सकता है; पर गम्भीर भी मनोरंजक दीख पड़े, ऐसी निश्चिन्तता उसमें नहीं रह गई है। आज तो मनोरंजक भी उबानेवाला ही लगता है।

उसने तीन-चार रोज हुए, लीला से सिनेमा चलने के लिए कहा था। लीला ने शाम के वक्त फुर्सत न रहने के कारण क्षमा चाही थी। कल भी ऐसा ही हुआ था। पर कल यह भी पता चला था कि लीला दोनों बार ही रमेश के साथ सिनेमा देखने गई थी।

राजीव जैसे निश्चल व्यक्ति के लिए यह एक बड़ा भारी धक्का था। आज तक उसका रास्ता साफ रहा है। और उसके दोनों ओर हँसी-खुशी लहराती रही है। वह विज्ञान का विद्यार्थी है, पर उसकी सहृदयता और परिहासप्रियता पर प्रयोगशाला के रसायन और तेजाब की कोई प्रतिक्रिया कभी नहीं दिखाई पड़ी है। पर लीला की यह उपेक्षा उसके लिए एक नया अनुभव है। वह नहीं समझ पाता, वह खुद बदल गया है या दुनिया ही बदल गई है? पर जैसे कहीं अनजाने कोई कड़ी टूट गई हो, कोई पुर्जा ढीला या सख्त पड़ गया हो! कोई विराट घटना नहीं घटी है। कोई महान परिवर्तन नहीं हो गया है। पर रासायनिक प्रयोगों में एक तुच्छ बूँद की प्रतिक्रिया क्या-से-क्या कर देती है, वैसा क्या-कुछ हो गया है। लेकिन जैसे भी हो, एक

सप्ताह के भीतर ही लीला और राजीव का विवाह निश्चित हो गया और एक मास में सम्पन्न।

और एक दिन जब पास खड़े, अपने से और दुनिया से परम सन्तुष्ट, वे जँगले से बाहर देख रहे थे, तो लीला की दृष्टि अहाते से बाहर रास्ते पर जाते हुए मदारी पर पड़ी और वह अपने सारे भोलेपन से उछल पड़ी—वो! वह बन्दर का खेल देखेगी ही!

मदारी बुलाया गया। यह वही मदारी था। बिलकुल संयोग की बात है। उसे शायद याद भी हो कि एक दिन उसे यहाँ पूरा एक रुपया मिला था, पर आज राजीव को यह सब सोचने का कहाँ वक्त है? क्या जरूरत है? मदारी एक-से-एक होते हैं, एक ही हैं, हों या नहीं हों। लीला उसका खेल देखना चाहती है। वह बुला लिया गया है। राजीव लीला की ओर देखता है! वह शिशु-सुलभ विस्मय से और भी स्पृहणीय हो उठी है। वह कितनी खुश है! तो राजीव भी खुश है। ज्यादा ही खुश, क्योंकि लीला की खुशी भी तो जुड़ गई है।

मदारी ने खेल शुरू किया तो लीला होंठों और आँखों में मुस्कुराती है। हँसी रूमाल से मुँह बन्द कर रोकती है। पर राजीव है कि उछल-उछल पड़ता है। मदारी का उत्साह दुगुना हो जाता है। उस दिन उसने एड़ी-चोटी का पसीना एक कर दिया था। पर उस दिन उसकी किस्मत ही उसके खिलाफ रही होगी। उस दिन यह डमरू ही ठीक से नहीं बजता था क्या? अरे, वह करता क्या—बन्दरिया को ही न जाने क्या हो गया था, जैसे उसमें जान ही नहीं रह गई थी! हाँ, आज अलबत्ता अपना जौहर दिखा रही है, 'नाच, जरा मन से नाच बे, लाडो! देख, मेम साहब कितनी खुश हैं! और साहब? आज उन्हें खेल पसन्द आया तेरा...अरे मान भी बताती चल! आज मुँह-माँगा इनाम मिलेगा।'

मदारी ने वही सब खेल दिखाए। डमरू जरूर बहुत जोर से बजाता था। आज चिल्लाया भी खूब गला फाड़कर। बन्दरिया और बुढ़ऊ भी थके, निरीह बच्चों की तरह या थके, दरिद्र बुड्ढों की तरह गिरते-उठते रहे। मदारी ने समझदार छात्र की तरह अपने मन में स्वीकार किया, उस दिन खेल में ही कोई कमी थी। आज वह ठीक से अपना काम कर सका।

उसके दर्शक खुश हुए थे, यह यों ही तो नहीं...।

मदारी को आशा से अधिक पुरस्कार मिला। जाते समय उसके मन में जाने क्या आया कि वह राजीव के पास सहमते-सहमते जाकर कहने लगा, 'अ...हुजूर, उस दिन खेल अच्छा नहीं हो सका...उस दिन...।'

पर राजीव को इन बातों के लिए इस वक्त कैसे फुरसत हो सकती है? सिनेमा का वक्त हो चला है। अभी चाय भी पीनी है।

'हाँ, हाँ, अब जाओ, फिर आना कभी,' कहता हुआ वह लीला के साथ लॉन में लगी कुर्सियों की तरफ बढ़ गया।

बाँध और धारा

बीमारी मामूली बुखार से शुरू हुई थी। विनय को किसी तरह का परहेज मंजूर नहीं था। नौकर कहता था तो हँसी में टाल देता। दोस्तों की सलाह सिर हिलाकर सुन लेता, सिर्फ इसलिए कि उनसे अब इस बात को लेकर कौन माथापच्ची करे? जितने लोग आते, उतनी किस्म की सलाह! वह 'हाँ, अच्छी बात है' कह देता। पाँच-छह रोज हो गए थे पर उसने डाक्टर तक को नहीं बुलाया था।

लेकिन कल अचानक बुखार बहुत तेज हो गया था। बड़ी बेचैनी थी। उसे नौकर को इजाजत देनी ही पड़ी कि वह डाक्टर मुखर्जी को बुला लाए।

डाक्टर साहब को टायफायड का अन्देशा था। नौकर के सिवा किसी और को न देख उन्हें विनय को ही यह सब बताना पड़ा। उनकी सलाह थी कि सबसे अच्छी बात यह होगी कि वह अस्पताल चला जाता। इस बीमारी की दवा तीमारदारी है। वह नौकर से थोड़े ही हो सकती है। घर में दूसरा कोई समझदार आदमी भी तो नहीं।

विनय ने अस्पताल जाने से साफ इनकार कर दिया। वह पन्द्रह-बीस रुपये रोज खर्च कर स्पेशल वार्ड में रह सके, यह उसकी हैसियत से बाहर की बात थी। और जीते-जी नरक में, अस्पताल के जेनरल वार्ड में, दाखिल होने के लिए वह बिलकुल तैयार नहीं था।

डाक्टर मुखर्जी सिर खुजलाकर चुप ही रहे। दवा दी, और सब बातें नौकर को ही समझाकर रुखसत हो गए। जाते वक्त तक कहते रहे कि कम-से-कम घर के किसी आदमी को तो बुला ही लेना चाहिए।

विनय इस मामले में भी क्या कर सकता था? कहीं कोई दूसरा घर भी तो हो जहाँ से वह किसी आदमी को बुला ले! मुलाकाती दोस्त बहुत थे। लेकिन अगर उन्हें मंजूर भी हो तो भी विनय उनसे इस बात के लिए कहना नापसन्द करता था। लेकिन उसे फिक्र करने की कोई वजह नहीं। बेचारा डाक्टर रामू को थोड़े ही जानता था। उसने तो यही समझा होगा कि शहर का नौकर ठहरा—बीमार मालिक को अगर छोड़कर भाग न भी गया, तो भी उसकी देखभाल क्या खाक करेगा! कौन करता है! डाक्टर को शायद किसी रोज खुद ही पता चल जाएगा कि विनय को तब तक किसी आदमी की जरूरत नहीं जब तक यह रामू है।

रामू के बारे में इन सब बातों का खयाल करने से विनय को बहुत राहत पहुँची। लू की तरह तपते बुखार में थोड़ी देर के लिए उसे ठंडक-सी मालूम पड़ी। फिर लगा, जैसे लाल बालू और पीली धूल चारों ओर उड़ रही हो!

शाम के वक्त सिर-दर्द बहुत बढ़ गया था। दो-एक दोस्त मिजाजपुर्सी के लिए आए थे। हाल पूछने पर विनय ने होंठों को मुस्कुराहट में ऐंठकर कहा, 'क्या बताऊँ,

ऐसा मालूम पड़ता है, जैसे खोपड़ी के अन्दर कोई उस्ताद ध्रुपद अलाप रहे हों! अब तो कत्थक नृत्य भी शुरू हो गया है!'

और रात में तो बेचैनी बहुत ही बढ़ गई। बुखार तेज होता गया। सिर पर आइसबैग रखने पर भी विनय की तकलीफ दूर नहीं होती थी। रामू सिरहाने तिपाई पर बैठा आइसबैग सँभाले हुए था। बर्फ जब पिघल जाती थी तो उसे बदलने के लिए उठता, फिर बैठकर उसे सिर पर फेरने लगता। रामू कुछ घबरा गया था। वह चाहता था कि एक बार डाक्टर से जाकर पूछ आए, शायद कोई दूसरी दवा दें। लेकिन अगर आइसबैग एक मिनट के लिए भी हटाया जाता था तो विनय की तकलीफ बढ़ जाती थी। उसने कई बार विनय से पूछा, क्या वह थोड़ी देर के लिए बगल से बहू जी को बुला ले? लेकिन विनय मना कर देता था। रामू को यह बात बिलकुल समझ में नहीं आती थी।

आखिर उसने खीजकर कहा कि उससे निरंजन बाबू ने कई बार कहा था कि अगर कोई जरूरत हो तो वह बहूजी को जरूर बुला ले जाएगा। बहूजी क्या इस घर के लिए कोई दूसरी थीं? माँ जी जब थीं, तो दिन-भर यहीं रहती थीं न। अब नहीं आती-जातीं, तो इसका मतलब यह थोड़े ही था कि जरूरत के वक्त भी नहीं आएँगी? निरंजन बाबू ने एक-दो बार नहीं, कई बार कहा था कि अगर वह दिन में, रात में ड्यूटी पर रहे तो बहूजी तो रहेंगी ही।

विनय ने इस पर रामू को काफी तीखेपन से कहा कि अगर उसे नींद आ रही हो तो वह जाकर सो जाए। उसने जान-बूझकर यह चोट की थी। रामू ने फिर कुछ नहीं कहा।

विनय रामू को कैसे समझाए? उसने खुद ही कभी नहीं समझा था, क्या बात हो गई थी कि एक दिन अकस्मात् ही उसकी भाभी ने अपने को उसके जीवन से यों अलग खींच लिया। माँ के साथ आखिरी दम तक उनकी मुहब्बत बनी रही। निरंजन उसके साथ पहले की तरह ही खुले दिल से मिलते हैं। उन्होंने भाभी को क्या-कुछ कहा होगा, उसे विश्वास नहीं होता। तो आखिर ऐसी क्या बात हो गई थी? क्या उसे कभी किसी ने यह सब बतलाया? अब तो कभी निरंजन भैया के यहाँ जाने पर मुलाकात हो गई तो नमस्ते-भर का नाता था। जब बिलकुल पास से कोई इतनी दूर अपने को हटा ले तब उससे पूछने की हिम्मत भी तो नहीं होती।

आज से पाँच साल पहले जब उसकी माँ का देहान्त हुआ था और वह बीमार पड़ गया था, तब आदमी के जाने पर भाभी ने दोटूक कहला भेजा था कि वह नहीं आ सकती और तब तो पाँच-सात रोज पहले तक उनकी इस घर से, माँ से, उससे इतनी अभिन्नता थी। अब तो शायद उन्हें खयाल भी नहीं आता हो कि विनय नाम का आदमी पड़ोस ही में रहता है जिसकी माँ से उनकी इतनी आत्मीयता थी...।

विनय का बुखार तेज होता जा रहा था। उसको अपने ऊपर काबू नहीं था। दिमाग में भाभी और माँ की याद ऐसी उलझ गई थी कि तकलीफ मालूम पड़ने पर

भी वह उनके बारे में सोचना बन्द नहीं कर पा रहा था। बुखार जैसे-जैसे बढ़ रहा था, पुरानी बातों की याद, हकीकत-सी मालूम होने लगी थी...।

माँ आँगन में बैठकर सरौते से सुपारी काट रही हैं। वह कॉलेज से क्लास छोड़कर चला आया है। भाभी भी माँ के पास बैठी स्वेटर बुन रही हैं। वह उन्हें पुकारकर पान दे जाने को कहता है। वह मुस्कुराती हुई पान लिये आती हैं। वह भाभी से कहता है कि बैठिए, और वह नहीं बैठती हैं...लेकिन बैठने का सवाल ही कहाँ है? अरे, भाभी तो आजकल उसके यहाँ आतीं तक नहीं। लेकिन माँ भी नहीं हैं। अरे रामू, देख तो, माँ आई हैं!...तभी रामू की आवाज आती, जैसे बहुत दूर से—'क्या कहते हैं विनय बाबू?' और दिमाग की उलटी-सीधी, धुँधली तसवीरें, जो अतीत के टुकड़ों और वर्तमान की अभिलाषाओं से बनी हुई हैं और चक्कर खा रही हैं, फिर तितर-बितर हो जाती हैं। विनय अपने पर काबू रखने की कोशिश करता है...।

रात के बारह बज गए थे। सड़क पर इक्के, ताँगे, मोटर अब नहीं चल रहे थे। कमरे में घोर शान्ति थी। विनय को कुछ अजीब-सा लगता था। बाहर जब शोरगुल था, तब उसे अन्दर की उथल-पुथल इतनी असह्य नहीं लगती थी। सड़क की खड़खड़ाहट से सिरदर्द कभी-कभी भूल भी जाता था। लेकिन अब तो सिर में दीवार की बड़ी घड़ी की तरह टन-टन की टकराहट होती थी और वह आँखें बन्द कर उन्हें सह रहा था...।

रात को पिछले पहर में बुखार धीरे-धीरे कम हो गया। विनय को थोड़ी नींद भी आई। सुबह, डाक्टर के यहाँ जाने के वक्त, जब रामू ने फिर पूछा कि क्या थोड़ी देर के लिए वह बहूजी को बुला ही नहीं लाए तो उसे फिर डाँट सुननी पड़ी।

विनय अपने को दंड देना चाहता है। ऐसा क्यों है कि अगर भाभी आ जाएँ तो उसे आराम पहुँचेगा? यह उसकी कमजोरी नहीं, अपने तईं निर्लज्जता है। जब वह पहले-पहल ससुराल आई थीं तो माँ की कितनी खुशामद करती थीं! माँ ऐसी मिल गई थीं कि आज महरी का इन्तजाम कर दीजिए, तो कल दर्जी बुला दीजिए। भला इस घर से अब उन्हें क्या मतलब? फिर यह रामू भी अजीब बेसमझ आदमी है कि सोचता है कि बहूजी आईं नहीं कि सब तकलीफ दूर हुई। उससे मीठी-मीठी बातें कर लेती हैं न! कभी अपना नौकर नहीं रहा तो यह रामू तो उनकी खिदमत में हाजिर रहता ही है! और वाह रे आपकी अकल, समझते हैं कि दुनिया भर की अच्छाई बहूजी में है! सो उसे कोई जरूरत नहीं बहू जी की। वह उन्हें तकलीफ नहीं देगा।

और फिर विनय तुरन्त ही पाता कि उसकी सारी खीज खत्म हो गई और अगर दुनिया में उसकी कोई भी ख्वाहिश है तो यही कि भाभी एक बार आ जातीं। फिर जैसे-जैसे सोचता कि वह आने को नहीं, वैसे-वैसे यह भी निश्चय करने लगता कि वह भी ऐसा नहीं कि उन्हें बुलाने जाएगा। वह उसकी कौन हैं? आखिर उनमें ऐसी

कौन–सी खूबी है ? विनय बिना समझे अपने से मान करता, अपने से ही उसका मान भंग भी हो जाता और वह फिर–फिर मान करता।

दस बजते–बजते उसके मन की अशान्ति बहुत बढ़ गई थी और शरीर का तापमान एक सौ तीन डिग्री के लगभग पहुँच गया था। रामू रात भर जगा था। फिर भी उसे थकावट नहीं मालूम होती थी। पर भीतर–ही–भीतर वह घबरा उठा। और अब तो विनय बेहोश–सा हो गया था। कई बार बुलाने पर आँखें खोलने की कोशिश करता था और फिर आँखें बन्द कर लेता था। किसी सवाल का जवाब भी यों ही 'हूँ–हाँ' से दे देता था, या नहीं भी।

विनय की आँखें खुलीं। कोई दस–ग्यारह बजे थे। अरे, यह कैसा मालूम पड़ता है ! वह तो अनगिनत घंटों तक सोता रहा था। और सामने घड़ी में अभी साढ़े दस ही बजे हैं ! उसने रामू को काफी तेज आवाज में बुलाया। पर उसने अपनी जो आवाज सुनी, वह बहुत ही धीमी थी। उसने देखा, रामू के बदले भाभी दवा लेकर खड़ी थीं।

विनय की तबीयत अब अच्छी हो चली थी। भाभी घंटों बैठी रहती थीं। वह बहुत कम बोलती थीं। विनय भी चुप रहता था। उसे ऐसा लगता था कि वह महीनों तक यों ही पड़ा रह सकता था। पड़ा रह सके तो उसे और कुछ नहीं चाहिए। लेकिन अगर भाभी चाहती हों कि उन्हें वह धन्यवाद दे, अपना अहसान जताए, तो यह उनकी भूल थी। वह अपनी खुशी से आई थीं। कोई उन्हें बुलाने नहीं गया था। अगर चाहें तो वह जा सकती थीं।

उस दिन विनय को स्वस्थ देखकर उसकी भाभी ने खुद ही बातचीत शुरू की। वह जानती थीं कि विनय उनसे नाराज था। लेकिन विनय ने क्या कभी यह भी खयाल किया था कि वह बीमार हो और उसकी भाभी अपनी खुशी से उससे दूर बनी रहेंगी ? आज शायद उसे बताने में कोई हर्ज नहीं था, नहीं तो यह बात जैसे पाँच वर्ष, वैसे आगे भी उनके हृदय में ही घुटती रहती। यह वही जानती थीं कि विनय को सब बताकर उनका बोझ कितना हल्का हो जाएगा... ।

जब वह नई–नई अपनी ससुराल आई थीं तो उनके सास तो थी नहीं। यह विनय की माँ ही तो थीं, जिन्होंने उन्हें गाड़ी से उतारा था। क्या विनय को याद था, वह कैसे माँ जी के पास ही दिनभर बैठी रहती थीं ? दोनों परिवारों में कितना अपनापन था ? अगर विनय को उन दिनों की बात याद रहती तो यह नामुमकिन था कि वह एक मिनट के लिए भी यह सोचता कि उसकी भाभी जान–बूझकर उससे दूर रहना चाह सकती थीं। उसने क्यों ऐसा समझा था कभी भी... ?

और एक दिन माँ उन्हीं के यहाँ दोपहर में चली गई थीं। और उन्हें मुहब्बत से अपने पास बिठाकर बोली थीं कि अगर वह कुछ कहें तो वह बुरा तो नहीं मानेंगी ? जब उसने उन्होंने पैरों पर अपना सिर रख दिया था तब माँ ने कहा था, 'बहू, तू साक्षात् लक्ष्मी है, लेकिन तुझे संसार के बारे में अभी कुछ मालूम नहीं। आज तुझसे

कहना पड़ेगा। तुझे देखकर विनय की आँखों में मैंने वह झलक देखी है, जो मुनासिब नहीं है। दुनिया में किसी का एतबार नहीं करना चाहिए।'

तभी, विनय को भाभी ने बताया तो उसने यह समझा था कि वह उसके भैया की देह के भीतर के दिल को तब तक पहचान नहीं पाई थीं। माँ देवी थीं। जब उन्होंने बेटे की आँखों का पाप समझा था तो उन्हें उसमें भी उसकी छाया दिखाई पड़ी होगी ही। पर भला वह अपनी बहू को कैसे कुछ कहतीं ? वह उन्हें अपनी बहू की तरह ही तो मानती थीं। सो, सिर्फ इशारे से आगाह कर दिया था और उनकी मंशा पूरी हो गई थी। वह उस दिन से चेत गई थीं। उन्होंने अपनी कमजोरी महसूस की थी। वह किस ओर फिसलती चली जा रही थीं, यह उन्हें मालूम हो गया था। उन्होंने बताया नहीं होता तो कौन जानता था, शायद ठोकर खाकर मुँह के बल गिरने के बाद ही उन्हें होश होता!

लेकिन सब-कुछ जान जाने के बाद भी उन्हें अपने ऊपर भरोसा नहीं था। वह आग से खेलने की हिम्मत नहीं रखती थीं। उन्होंने अच्छा यही समझा था कि जिस रास्ते पर फिसलने का डर था, उस पर वह कदम ही नहीं रखें। सो वह क्या उससे अलग-अलग रहकर खुश रहा करती थीं ? दूसरा कोई उपाय ही नहीं था, इसलिए उन्हें ऐसा करना पड़ा था। लेकिन आज उन्हें विनय के पास आने से अपने अन्दर डर नहीं मालूम होता था। विनय के भैया को जानना मुश्किल था, फिर भी अब उन्होंने यह देख लिया था, समझ लिया था कि उनसे बड़ा आदमी शायद ही कभी किसी को इस तरह अनायास मिलता हो। वे कितने ऊँचे खयाल के आदमी थे, यह उन्होंने अब जाना था। विनय तो उनके सामने धूल था। वह उनके लायक नहीं, वह उन्हें सुखी नहीं कर सकीं...।

यह कहते-कहते विनय की भाभी उसकी छाती पर सिर रखकर बे-अख्तियार हिचकियाँ लेने लगीं। विनय ने उन्हें बाँहों में कसकर मुँह के पास कर लिया।

एक चाबुक पीछे

लड़कपन में इतने सारे अंगूर खाने को मिलते थे कि मैं चुराकर बेर खाया करता था। बे-मौसम के अंगूर, लकड़ी के सफेद डिब्बों में रुई में लिपटे, मुझे तो बिलकुल नहीं भाते थे। लेकिन उनसे छुटकारा कहाँ था! पिताजी पुराने खयाल के आदमी थे, पर फल स्वास्थ्य के लिए अच्छे होते हैं, यह नये जमाने की खब्त उन पर भी सवार हो गई थी।

पर बात यहीं तक नहीं थी। मैं खुद इन अंगूरों की तरह पाला-पोसा जाता था। अमीर बाप का इकलौता बेटा था। डिब्बे में रुई से लपेटकर रखा जाता था, यह कहूँ

तो झूठ नहीं होगा। मैं सोने के पिंजरे में तड़फड़ाने वाला पंछी था, शीशे के ढक्कन में फूलनेवाला फूल था। तब यह कितना बुरा लगता था!

तब की बात कहता हूँ। आज छाती पर हाथ रखकर शायद ही यह कह सकूँ कि अगर फिर मिल सके तो भी उस पिंजड़े में लौटकर चला नहीं जाऊँगा। कभी-कभी इस तरह तीस रुपये माहवार कीमतवाली जिन्दगी से ऊबकर, जेब में किराये के रुपये लेकर, कहीं दूर के लिए चल पड़ता हूँ। घर से दूर, रास्ते में, किसी छोटे स्टेशन के प्लेटफार्म पर लेटे-लेटे मन बचपन के बन्धुओं के लिए अधीर हो उठता है। और कुछ नहीं तो घर के नाम पर उन तीन छोटे-छोटे कमरों को ही वापस लौट चलने के लिए तबीयत उतावली हो जाती है। केवल इसीलिए तो कि कभी नौकरों के रहने के लिए बने इन कमरों के पास ही वह बचपन गुजरा था! नहीं तो वहाँ मेरे लिए धरा ही क्या है? कई एक पावनेदारों को छोड़कर ऐसा कौन रह गया है, जो मेरे लौटने पर जरा-सा भी तो खुश नजर आता? लेकिन सोचने पर मैं यह समझ पाया हूँ कि लौटने से दूसरा खुश हो या नहीं, आदमी खुद ही खुश होता है। सो, मैं भी लौटकर बहुत खुश होता हूँ। पर तब मैं यह सब थोड़े ही समझ सकता था!

उस वक्त अपने बन्धनों से कितना चिढ़ता था, यह याद कर कितनी हँसी आती है! मैंने ट्राइसिकल पर चढ़कर खेलना तो जरूर छोड़ दिया था, पर इसके आगे नहीं बढ़ सका था। मेरे हमउम्र लड़के सीट पर चढ़कर तो साइकिल नहीं चला सकते थे, लेकिन बीच से चप्पे पर पैर रखकर मीलों सैर कर आते थे। एक दिन मैंने भी कोशिश की। नौकर की साइकिल पड़ी हुई थी। अगर दूसरे लड़के चला सकते हैं तो मैं क्यों नहीं? उस वक्त कोई देख भी नहीं रहा था। मैं साइकिल दौड़ाकर दूसरे पैर को ऊपर के चप्पे पर रखने की कोशिश में धड़ाम से गिर पड़ा। मुझे सचमुच काफी चोट आई थी। फिर चोट सहने का आदी भी नहीं था। पर अगर मुँह से उफ् भी निकला हो, तो डर था, कहीं पिताजी को खबर हो गई तो आइंदे साइकिल छूने को भी नहीं मिलेगी। और हुआ भी यही। कल्लू आवाज सुनकर बाहर आया और आसमान सिर पर उठा लिया। पिताजी भी नंगे पाँव दौड़े हुए आए। दो-दो आँगनों के अन्दर से माँ भी। और उस दिन से मेरे यहाँ नौकर को साइकिल देने की जो प्रथा चली थी, उसका अन्त हो गया।

पड़ोस के लड़के हॉकी, क्रिकेट और फुटबॉल खेलते थे। जो खुशहाल थे, उनके पास कई रंगोंवाली खिलाड़ियों की जर्सियाँ भी थीं और छोटे-छोटे, अच्छी किस्म के, हॉकी और क्रिकेट के डंडे भी। और कुछ के पास तो नी-कैप और एंकलेट भी रहती थी। लेकिन गरीब लड़के अपनी कमीज पर ही और बड़े भाइयों के पुराने, अपने कद के, बड़े डंडे लेकर ही रौब-गालिब रखते थे। उनके डंडे भले टूटे-फूटे हों, उनके पैर तो तेज और मजबूत थे, हाथ तो सधे हुए थे!

पर मेरी हालत तो दोनों से न्यारी थी। यहाँ तो रबर की गेंद से खेलने की उम्र गई तो टेनिस की, रबर की ही, सख्त गेंद मँगा दी गई और चॉकलेट या टॉफी के

लोभ से जब दूसरे लड़के आए तो उनके साथ खेल लिया, या नौकरों के छोटे लड़कों के साथ। मैं उस वक्त भी यह महसूस करता था कि सचमुच के फुटबॉल के खिलाड़ी लड़के मेरे साथ बे-मन से ही खेलते थे। और नौकरों के लड़कों के साथ खेलने में खुद मेरा ही मन नहीं लगता था।

हद से ज्यादा लाड़-प्यार बर्दाश्त के बाहर हो जाता है। मैं खोमचेवाले से खरीदकर आलू-मटर, दही-बड़े खाने के लिए मचलकर रह जाता था। माँ इन चीजों को घर में ही बना देती थीं। खोमचेवाले की चीजों के कल्पित स्वाद के सामने मुझे ये फीकी ही जँचतीं... !

लेकिन कहाँ तक गिनाऊँ ? मैं असलियत से दूर रखा गया, तो कल्पना को पर लगे। खेल के मैदान में जाने की मनाही थी, पर दिमाग दूर-दूर तक दौड़ लगाता था। जगते हुए जो दुर्लभ रहता था, वह सपने में सहज-सुलभ हो जाता था।

आज उन दिनों से कहीं ज्यादा तकलीफ पाकर भी किसी चीज के लिए उतनी उत्कटता के साथ चाह नहीं पैदा होती। होती तो, जैसा मनोविज्ञान कहता है, दिमाग को दुरुस्त रखना असम्भव हो जाता; क्योंकि उसे छिपा रखना जरूरी होता और वैसी चाह क्या छिपाकर आदमी रख सकता है ?

मैं अमीर होना चाहता हूँ और अपने ऊपर हँस लेना मेरे लिए काफी होता है। मैं हड्डी को बेधनेवाले जाड़े में, राजधानी के राजमार्ग पर, आलीशान कोठियों के पुलों के नीचे ठिठुरते हुए भिखमंगों को देखता हूँ, फिर आठ साल पहले के सत्तर रुपये के और अब तार-तार कोट को देख लेता हूँ। मैं मुस्कुराती हुई सोसायटी-गर्ल्स को मोटर-ताँगे पर जाते हुए देखता हूँ, लेकिन कल्पना लँगड़ी हो गई है। मैं उसका शुक्रगुजार हूँ। वह दौड़ने के लिए बहुत उत्सुक नहीं रहती, न मैं ही लगाम ढीलता हूँ।

पर बचपन में, आप जो कहिए, या तो इतना संयम नहीं था, या आग की इतनी कमी नहीं थी।

पड़ोस के एक लड़के ने एक प्रयोग शुरू किया था। इसमें मौलिकता यही थी कि जो काम साधारणतः नौकरों के लड़के किया करते थे, वही इस तीन सौ माहवार पानेवाले पिता के लड़के ने करना शुरू किया। शाम को मौका मिलने पर मैं उससे उसके नये-नये अनुभव बहुत दिलचस्पी के साथ सुना करता था! कैसे कल टिफिन के बाद किराये की फिटन-गाड़ी के पीछे चढ़कर चौक तक घूम आया था, और आज दिन में बन्द गाड़ी के पीछे उचककर सवार होकर सेक्रेटेरियट और हाईकोर्ट की सैर करता रहा।

मेरा यह दोस्त जैसा खुराफाती था, वैसा ही बातूनी भी। लड़कपन में अपनी खुराफातों की वजह से घर और स्कूल में रोज ही उसकी पीठ और बेंत की मुलाकात होती थी। आज वह अपनी बातों के बल पर ही हजारों रुपये का वारा-न्यारा कर

देता है। किराये की बन्द गाड़ी और फिटन पर बिना किराया दिये ही अपने भ्रमण की वह ऐसी तसवीर खींचता था कि मेरा मन ललच उठता था। उसके पिता से किसी ने उसकी इस हवाखोरी के तरीके को देखकर शिकायत कर दी। उस दिन बेचारा बड़ी बेरहमी से पीटा गया था। लेकिन दूसरे दिन जब कैन्टूनमेंट तक घूमकर लौटा तो कल की घटना वह बड़ी आसानी से भूल जा सका था।

'अरे रामू, बड़ा मजा आया यार, सच कहता हूँ,' उसने सुनाया था, 'बस, आराम से पैर लटकाए बैठा रहा। जेब से मूँगफली निकाल-निकालकर खाता जाता था और शान से देखता जाता था। गाड़ी के अन्दर बैठकर कोई क्या देखता! अन्दर से देखो तो—या तो बायें देखो या दायें। अरे, वह भी कोई देखना है! यहाँ तो गाड़ी पच्छिम चली जा रही है और हम पूरब मुँह किये बैठे हैं। नीचे काली सड़क छूटी जा रही है, छूटी जा रही है। ऐसा मालूम पड़ता है...अरे यार, एक और टॉफी निकाल न, सब अपने-अपने ही उड़ा जाएगा क्या?...सड़क की तरफ नीचे देखो तो ऐसा मालूम होता है, जैसे वह गाड़ी के अन्दर से निकलती आ रही हो! और इधर-उधर अंग्रेजी दुकानें, ऊपर चिमनी का धुआँ। उधर तू गया है कभी, कैसी सीधी सड़क है! लेकिन पीछे बैठे बिना यह दिखाई भी तो नहीं देगा। एकदम दूर सामने तक देखता चला जा तो मालूम होता है कि सड़क आसमान में जा के घुस गई है।...देख, रमुआ पुकार रहा है, पूछे तो कह देना यार, मैं शाम ही से तेरे पास खेल रहा था...'

और एक दिन मैं भी दोपहर को, सबकी आँखें बचाकर, घर से बाहर निकल आया। सोच लिया था, आज जी भरकर सैर करने के बाद ही लौटूँगा।

दोपहर के वक्त रास्ते पर कम ही लोग आ-जा रहे थे। फिर भी मारे शर्म के मैं सड़क पर दौड़ नहीं पाता था और गाड़ियाँ बगल से निकल जाती थीं। मैंने सोचा, एक बार बैठ जाऊँ, फिर क्या परवाह। यही एक दिक्कत है! मैं आगे बढ़ता गया। एक जगह काफी दूर तक आगे या पीछे कोई चलता नहीं दीख पड़ा। एक गाड़ी को देखकर दौड़ा। गाड़ी तेजी से जा रही थी। मैंने दौड़कर पावदान पकड़ तो लिया, पर दूसरे ही क्षण झटके के साथ वह मेरे हाथ से छूट गया और मैं औंधे मुँह गिरते-गिरते बचा। कैलाश ने यह तो कभी कहा नहीं था कि चढ़ने में इतनी दिक्कत होती है। अगर गाड़ी धीरे भी चलती रहती तो कूदकर उस पर कैसे चढ़ता आखिर? यह सोचकर हैरान था। मेरी आँखों में आँसू आ रहे थे। कैलाश ने जान-बूझकर धोखा दिया है। क्या ऐसे ही वापस लौट जाना पड़ेगा?...कि तब तक कुछ दूर पर एक गाड़ी खड़ी दिखाई पड़ी। मैं जरूर ही मुस्कुरा पड़ा था। मैं आहिस्ते से जाकर गाड़ी के पीछे पावदान पर बैठ गया। लो, कितनी आसान बात है! कैलाश भी तो ऐसे ही बैठ पाता होगा। इसमें बतलाने की क्या बात थी?

मैं सोच रहा था, अगर किसी तरह कैलाश देख पाता, तो समझता कि हाँ!...कैलाश हम लोगों के बीच सबसे ज्यादा शरारती था। इसलिए वही हम लोगों का आदर्श भी

था। वह जो करता, उसे कर सकने पर दूसरे लड़कों को बेहद खुशी होती थी। कभी-कभी खुद कैलाश तारीफ कर देता था तो उस लड़के को डिग्री ही मिल जाती थी। मैं यह महसूस करता था कि कैलाश मुझे किसी काम के लायक नहीं समझता था। उस वक्त मैं चाहता कि कैलाश खुद अपनी आँखों से एक बार देखता कि मैं वह कर सकता हूँ, जिसे उसके सिवा अभी तक किसी दूसरे लड़के ने करने की हिम्मत नहीं दिखलाई थी!

लेकिन दुनिया का कायदा है कि छिपाओ, तो वह देखेगी; दिखाना चाहो तो वह खुद छिपती फिरेगी! सो, कैलाश तो क्यों आने लगा, गाड़ी अलबत्ता चल दी। मैं गिरते-गिरते बचा। पहले तो कैलाश की तरह दोनों हाथ जेब में डालकर आराम से बैठा था, पर अब दोनों तरफ के लोहों को ठीक से पकड़ लिया।

नीचे नजर गई तो पैरों के नीचे से खिसकती हुई सड़क को दो मिनट तक देखने के बाद ही सिर में चक्कर आने लगा। सामने देखने पर भी ऐसा मालूम होता कि अब गिरा, तब गिरा। लगता था, गाड़ी चली जा रही हो, पावदान, जिस पर बैठा था, रुक गया हो। दोनों हाथों से और भी मजबूती से पावदान के लोहों को पकड़ लिया था, सिर्फ अगल-बगल, डरते-डरते, आँखें उठाकर देख लेता था। दिमाग में एक ही खयाल था—हाथ से लोहे छूटने न पाएँ। एक-दो बार कूद पड़ने को भी सोचा, पर हिम्मत न हुई। गाड़ी तेजी से जा रही थी। मैं यह जानता था कि गाड़ी पर मैं चोरी से सवार हूँ। गाड़ीवान को पुकारने की भी हिम्मत नहीं थी।

मैं चला जा रहा था। चिड़िया का बच्चा घोंसले से तो निकल आया था पर बाहर आया तो आँधी में पड़ गया। मेरा हौसला टूट गया। अगर गाड़ी उस वक्त भी रुक जाती, तो मैं जान लेकर घर को भागता। पर गाड़ी नहीं रुकी और धीरे-धीरे मेरा डर भी कुछ कम होने लगा। उतना मजा तो नहीं आया जितना कैलाश कहता था, लेकिन अब बुरा भी नहीं लग रहा था।

मैं कहाँ आ गया... ? इतनी सारी दुकानें और सबमें पीतल के बर्तन—इन्हें कौन खरीदता होगा भला ? इन्हीं का दिवाला निकलता है ! उस दुकान में वह कितना बड़ा घड़ा है ! माँ के पास जो घड़ा है, उससे दुगुना होगा। ये हथौड़ा चलाए जा रहे हैं, फिर भी बर्तन फूटते क्यों नहीं ? मैंने उस दिन एक हथौड़ा लगा दिया तो लोटा फूट गया और डाँट सुननी पड़ी थी...।

कि बाईं ओर की सँकरी गली से निकलकर मैले-कुचैले लड़कों का एक झुंड ताली बजाता हुआ गाड़ी के पीछे दौड़ा। मुझे समझने में देर नहीं लगी कि उनका शिकार मैं ही था। पर बजाएँ वे तालियाँ! मैं अकड़कर बैठ गया। देखकर जलते हैं। अपनी तो हिम्मत नहीं होती होगी। अपने चढ़े तो मालूम हो। समझते होंगे, हँसी-ठट्ठा है। मैं अपने को उनसे कहीं अधिक बहादुर पा रहा था। पर उनकी बातों से खीज भी रहा था। उन पर क्रोध भी आ रहा था। उनमें से कुछ चिल्ला रहे थे, 'भागा

हुआ है' तो कुछ, 'काला साहब है'। नहीं हुआ घर पास, नहीं तो एक-एक को पकड़कर पिटवाता। कुछ दूसरे लड़के आगे दौड़कर ऊपर गाड़ीवान की ओर न जाने क्या चिल्ला रहे थे!

मैं उन पर मन-ही-मन उबल तो रहा था कि आवाज हुई और मुझे ऐसा मालूम हुआ, जैसे उधर का गाल और हाथ गर्म लोहे से दाग दिये गए हों। लड़कों ने विजय की हुंकार की। सब मिलकर चिल्ला उठे और मैंने इस बार साफ सुना, 'एक चाबुक पीछे'। फिर सप् से आवाज हुई। मुझे इस बार चोट नहीं लगी। मैं ऊपर देखने लगा। गाड़ीवान ने पीछे की ओर घूमकर चाबुक चलाया। मैं ऊपर की ओर देख रहा था, आँखें बच गईं, खैरियत हुई। मैं चोट से तिलमिला उठा। लड़के पीछे छूट गए। मेरी आँखों से क्रोध और पीड़ा के बड़े-बड़े आँसू गिरने लगे। हिम्मत करके कूद जाने की सोच ही रहा था कि गाड़ी की रफ्तार और तेज हो गई।

हाथ पर नजर गई तो देखा, एक लाल लकीर उभर आई थी। मालूम होता था, जैसे उस पर चिंगारियाँ रखी हुई हों! मैं उन लड़कों में था, जिन्हें दो-चार तमाचे भी काफी से ज्यादा होते हैं। चाबुक की वह मार मैं आज भी नहीं भूल पाता।

मेरे हाथ शून्य-से हो चले। खैरियत थी कि अब मैं उनका सहारा लिये बिना भी बैठा रह सकता था, नहीं तो नीचे लुढ़क गया होता। फिर जब चारों ओर देखना शुरू किया तो दिल बैठ गया। अरे, यह मैं आ कहाँ गया? कूद भी पड़ूँ तो घर कैसे जाऊँगा? इधर तो कभी मैं आया नहीं। कितनी दूर आ गया हूँ! माँ घबरा रही होगी। बाबूजी क्या कहेंगे? पैदल चलते-चलते तो रात हो जाएगी। रास्ता कैसे मालूम होगा? लोग तो सो जाएँगे, किससे पूछूँगा? चोर पकड़ लेंगे तो क्या होगा?

मैं यह सोचते-सोचते बेहाल हो रहा था। मैं शायद ही उस वक्त पूरी तरह होश में था। उन दिनों रास्ते पर किसी छोटे बच्चे को अकेले रोते जाते देखा करता तो मुझे यह सोचकर रुलाई आ जाती थी कि वह अपने माँ-बाप से बिछुड़ गया होगा और अब इतने बड़े शहर में वह उन्हें कैसे फिर पा सकेगा? इस वक्त मैं अपने को ही उस हालत में पा रहा था।

और, गाड़ी आगे ही चली जा रही थी। मैं एक बार जी कड़ा कर अपनी सारी शक्ति के साथ चिल्लाया भी, 'गाड़ी रोको', पर मेरे सूखे कंठ से जो धीमी आवाज निकली, वह शायद मुझे ही सुनाई पड़ी होगी...!

उफ्, क्या गाड़ी कभी नहीं खड़ी होगी? कैसी प्यास लगी है! यह नींद क्यों आ रही है? तब तो सड़क पर गिर जाऊँगा! और इधर से कोई तेज मोटर आ गई तो...?

मेरी चेतना लुप्त होती जा रही थी कि फिर एक गली से शोर मचाते हुए कुछ लड़के दौड़ते हुए निकले और गाड़ी के पीछे हो लिये। मैं सजग हो गया। मैं अपनी उम्र के लड़कों के सामने हार मानने के लिए तैयार नहीं था। लड़के 'एक चाबुक पीछे' चिल्लाते हुए दौड़े। मुझ पर चाबुक कई बार बरसा। मैंने मुँदती हुई आँखों से

देखा, लड़के एक कटी हुई पतंग को 'लूटने' के लिए दूसरी ओर मुड़े...और इसके बाद मैंने कुछ नहीं देखा...।

न जाने कैसी-कैसी भयावनी शक्लें, जानवर, जंगल और बहुत-सी धुँधली चीजें देखते-देखते जब आँखें खुलीं तो पाया कि माँ और बाबूजी घबराए हुए एक ओर खड़े थे और दूसरी ओर गले में स्टेथेस्कोप लटकाए हुए डाक्टर सान्याल। मैंने मुस्कुरा दिया। और मुझे नींद आ गई।

कल्लू कहता था कि मैं तीन दिनों तक बेहोश रहा था।

पीढ़ियाँ

हवा के एक झोंके से सामने की खिड़की फट से खुल गई। रमेश ने देखा, बालों को सुखाने के लिए सिर में टर्किस टॉवेल लपेटे एक लड़की ताबड़तोड़ पाउडर मल रही थी। रमेश को देखते ही उसने खिड़की बन्द कर ली। रमेश भी अपने बाथरूम में नहाने के लिए ही आया था। बाल्टी नल के नीचे भरने के लिए छोड़कर निरर्थक खिड़की से बाहर देख रहा था कि यह झलक मिल गई। उसे गुदगुदी-सी हो रही थी; कुछ डर भी लग रहा था। दो ही चार दिन हुए, चाचा के यहाँ, कलकत्ता आया हुआ है।

चाचा तो करीब आठ ही बजे अपने ऑफिस, क्लाइव स्ट्रीट, रोज की तरह चले गए थे। जाते वक्त उसे किसी तरह जगाते गए थे। परसों वह दस बजे तक सोता रहा था। मैट्रिकुलेशन का इम्तहान देकर वह आया है। वह खूब सोएगा। घर पर बाबूजी परेशान कर देते थे। उसने निश्चय कर लिया है, वह यहीं चाचा के साथ रहकर कॉलेज में पढ़ेगा। संगी-साथी अभी नहीं हैं, लेकिन बनते लगती है कितनी देर!

रोज तो बन्द बाथरूम में एक बाल्टी से ज्यादा वह पानी नहीं बर्बाद करता। काफी सर्दी यहाँ भी है। आने पर यहाँ पहले दिन तो रेल की थकावट मिटाने के लिए साबुन से खूब नहाया था। फिर दो दिन नागा। लेकिन चाचा ही क्या बाबूजी से कम हैं! जाड़े में रोज नहाना खब्त के सिवा और क्या है? उसे रस्म अदा करनी ही पड़ती है! पर आज फिर खूब नहाया। खिड़की के पास कई बार गया—एक बार तौलिया ले आने के लिए, एक बार यह देखने कि धोती के नीचे बनियान है तो...लेकिन सामने फ्लैट की झप से बन्द की गई खिड़की फिर नहीं खुली...।

उसके चाचा आजकल उससे खुश हैं। लड़कों में स्वावलम्बन देखकर बुजुर्गों को खुशी होती ही है। कल शाम को रमेश बहुत देर तक बाथरूम में था। पूछने पर जब यह मालूम हुआ कि वह यों ही दो-एक रूमाल में साबुन लगा रहा था, तो चाचा गद्गद हो उठे थे। धोबी के यहाँ से साफ कपड़ों के आने की बाट जोहने के

बदले आजकल अक्सर रमेश बाथरूम में साबुन से कपड़े साफ कर लेता है; यहाँ तक कि चाचा को कहना पड़ा था कि अच्छी बात की भी हद होती है। ठंड लग जाए तो क्या होगा?

कितना अच्छा लड़का है रमेश! इतना आज्ञाकारी कि उस दिन के बाद से वह फिर एकदम कभी कपड़ा साफ करने का नाम तक नहीं लेता। चाचा ने कोमल होकर पूछा था, वह बुरा तो नहीं मान गया? वह उसके भले के लिए ही तो कहते हैं।

हाँ, वह सामनेवाली खिड़की बस एक दिन खुली थी जरूर। वह अक्सर कपड़ा साफ करते वक्त बाहर उधर देखता था। साबुन से कपड़ों को तर कर उसे तुरन्त तो निचोड़ नहीं दिया जा सकता है। कोई शिकायत क्या करेगा? वह कोई चोर-उचक्का तो नहीं। दोनों मकानों के बीच 'सर्विस-लेन' है। वह उधर देखेगा। जी हाँ, देखेगा। उस दिन किस बूते पर वह चोंगावाली बुढ़िया उसकी ओर यों घूरने लगी थी, जैसे कच्चा चबा जाएगी? बूढ़ी तो वह क्या थी, उस दिन की छोकड़ी की माँ होगी! जाने दो, उससे क्या मतलब? उसकी खिड़की है : बन्द रखे या खोले, अपनी बला से!

लेकिन वह मानता है कि वह गधा है। वह जन्म-भर कपड़े ही साफ करता रह जाएगा। वह झलक एक बार फिर मिल सकती उस तरीके से तो इतने लोग घास नहीं छीला करते!

उसे बाथरूम से निराशा हो गई थी। वह चाचा के साथ इधर कई बार बाहर दूर-दूर तक घूम-फिर भी आया था, सो भटक खुल गई थी। दो-एक रास्तों की भी जानकारी हो गई थी। आखिर ऐसे ही तो उसके चाचा ने भी धीरे-धीरे कलकत्ता के कोने-कोने का ज्ञान उपार्जित किया होगा! वह उस दिन मटरगश्ती के बाद लौटा तो अपने घर के उस बगलवाले घर के सदर दरवाजे पर, सीढ़ियों के इधर ही ठिठक गया। गर्ल्स-स्कूल की बस से वही लड़की उतरी और फुटपाथ के बीच में दोनों की आँखें चार हुईं। वह भी ठिठकी, एकदम लाल हो गई, फिर दौड़कर भीतर चली गई। वह झेंपा हुआ अपने मकान के अपने फ्लैट में आकर क्या-क्या सोचता थका हुआ खाट पर लेट गया। फिर एक बड़ा-सा रेशमी रूमाल जतन से रखने के लिए उठ बैठा। तब आँखें लगने दीं। अब झलक से ज्यादा कुछ आज मिल गया था न उसे!

लेकिन फिर विरक्ति-सी भी होने लगी थी। दूसरों की चीज वह अपने पास रहने नहीं दे सकता। चाहे जो हो, उस बेशऊर लड़की को रूमाल किसी तरह लौटा तो देना ही पड़ेगा, सोचता-सोचता शाम के वक्त रमेश सो गया। चाचा ने इस पर एक लेक्चर दिया था : शाम को भले आदमी सोते हैं... ?

वह दूसरे की प्यारी-प्यारी रंगीन रेशमी चीज रमेश के पास जतन से धरी ही रही। वह अपने से निरा असन्तुष्ट है। वह छोटे-से असभ्य शहर का रहनेवाला है, इसी से तो! यहाँ का कोई कॉलेज का फैशनेबल लड़का रहता तो क्या उसकी तरह

यों हाथ-पर-हाथ धरे बैठा रहता? वह अपने को जरूरत से कम योग्य समझता है। क्या जानता वह नहीं कि रूमाल लौटाना है ही? फिर पसोपेश का क्या काम?

नहाने के कमरे में अब भी वह दिन में एक बार से अधिक हो आता है।

वहाँ तो नहीं, पर रोज सुबह-शाम, स्कूल की बस पर जाते-लौटते, उसकी झलक उसे मिल जाती है। पर इससे उसको क्या? दुनिया में वह उसका कौन है? वह उसकी क्या होती है? अपने ऊपर उसे होती है गहरी और निरर्थक करुणा!

वह विषण्ण रहने लगा है। चाचा उससे इसलिए घबराए रहते हैं। एक दिन जू दिखाने ले गए थे। अपने दो-एक मित्रों के परिवार के लड़कों से उसकी जान-पहचान भी करा दी। फिर इधर डाक्टर के यहाँ ले जाने के लिए भी जिद कर रहे थे। उनका जीवन गद्य-प्रधान रहा है। इसका उन्हें गर्व ही है। वे पन्द्रह-सोलह बरस के नाबालिग रमेश में विप्रलम्भ-शृंगार का सन्देह कैसे करते?

रमेश भी हरा रहने के लिए कोशिश करता है। उसका फ्लैट जिस मकान में है, वैसी ही कई एक बड़ी-बड़ी इमारतों के बीच में ऐसे मकानों के लिए अत्यावश्यक फेफड़ा, एक छोटा-सा पार्क, है। रमेश दोपहर में आजकल वहीं जाकर कुछ घंटे काटता है। सुबह सोता है, शाम को पार्क में या उसके आसपास घूमता रहता है। वह दूर से ही उस लड़की को देख लेता है, जिसका रूमाल उसे लौटाना है।

एक दिन उसने देखा कि वह लड़की पार्क में बेंच पर अकेली बैठी है। इसी को सुयोग कहते हैं। वह अपने अणु-अणु का साहस बटोरकर सीधे उसके पास गया और बिना कुछ कहे रूमाल बेंच पर, उसके पास, रखकर लौटने लगा। पर जरा-सा मुस्कुराकर उसने तो थैंक्स कह ही दिया। रमेश का दिमाग चक्कर खाने लगा। वह कैसा बेशऊर है? वह क्या सोचती होगी... ?

मित्रता बढ़ती गई।

अब वही रमेश और रूपा है कि दिन-भर में अक्सर दो-दो बार उनकी चिट्ठियाँ, उनकी खानगी डाकियों, दरबानों, को ले आनी और ले जानी पड़ती हैं। इसमें उनकी कोई घटी भी नहीं है।

उस दिन रमेश अपने कमरे में विचारों में उलझा हुआ था। आज चाचा की छुट्टी थी। कहीं इधर न आ पड़ें, यह डर बना ही रहता था। उधर कल शाम को भेजी हुई रूपा की चिट्ठी ने तुकान्त कविता का रूप ग्रहण किया था। उसके जवाब में काफी विलम्ब हो गया था। दस बज रहे हैं। हृदय के उद्वेग से उत्तर में लिखी जा रही कविता, मात्राओं के क्षुद्र विघ्न से तो ऊपर उठ गई थी, मगर ये कम्बख्त तुक... !

बैठकखाने में किसी बाहरी आदमी की आवाज सुनाई पड़ी। चाचा जब तक उससे बातें करते हैं तब तक अच्छा मौका है; निश्चिन्त होकर कविता पूरी कर डालूँ। पर संगीत की लय में स्वर-भंग हो गया।

चाचा उसे पुकार रहे थे।

बैठकखाने में कड़े चेहरे-मोहरे के साथ उसके चाचा उसकी ओर आग उगल रहे थे। सामने उसी भाव में यह चोंगेवाली औरत, रूपा की विधवा मौसी, मूर्तिमती कठोरता हो रही थी। उसका कलेजा धक-धक करने लगा।

'ये चिट्ठियाँ तुम्हारी लिखी हुई हैं?' आपे से बाहर चाचा ने पूछा।

वह चुप।

'हूँ! देखिए देवी जी,' वह एक साथ कठोरता और क्षमा-याचना के भाव में बोल रहे थे, 'रमेश ऐसा नालायक निकलेगा, मुझे इसका गुमान तक नहीं था। पर आजकल के छोकड़ों की यही हालत है। मैं आपको यकीन दिलाता हूँ कि उसे इसकी सजा मिलेगी और अच्छी तरह मिलेगी, और तब भी मैं अपने को आपका अपराधी ही मानूँगा। आप मुझे क्षमा कीजिए।'

मौसी जी कृतज्ञता प्रकट कर चली गईं।

रमेश जीवन में अपने चाचा के हाथों पहली बार पिटा। उसके चाचा कुछ रूखे स्वभाव के आदमी जरूर थे। खुवड़ भी निकालते रहने की उनकी आदत-सी थी। पर निःसन्तान और विधुर थे। रमेश को पुत्र की तरह मानते थे। यह पहली बार उन्होंने उस पर हाथ छोड़ा था।

अब तक उसका जीवन सीधा-सादा रहा है। थोड़ा रस उमड़ पड़ा था। पर अब दिक्कतें हैं। रूपा से मिलना-जुलना बन्द है। बड़ी दिक्कतों से, हफ्तों बाद कहीं, उनकी एक-आध चिट्ठी आ-जा पाती थी। इससे भी ज्यादा दिक्कतों के बाद एक दिन पार्क में मुलाकात हो सकी थी। और सबके ऊपर थी चाचा साहब की दिन-रात की नैतिक उपदेशावली!...उसने उनकी नाक कटा दी। उनके खानदान में आज तक किसी ने ऐसी बेहयाई नहीं की थी। क्या कहती होंगी प्रतिमा देवी? जो सुनेगा, वही क्या कहेगा? अभी उसको कलकत्ता आए ही कै दिन हुए, और पर जमने लगे। ऐसे ही लोग दर-दर की ठोकरें खाते हैं। आजकल के पढ़ाने-लिखाने का तरीका ही गलत है! उन्हीं के जैसा आदमी है जो कलकत्ता की काली कोठरी में रहकर भी बेदाग बच रहा है! आजकल के लौंडे तो नाबालिग फरहाद होते हैं। वह नहीं होते, तो मालूम होता, बे-भाव पड़नेवाली जूतियों की पटापट में कैसा सुख मिलता है! और प्रेम की चिट्ठियाँ लिखा कीजिए! न रहन-सहन का खयाल, न चाल-चलन की चिन्ता! स्कूल गए नहीं कि सुधारक बने, मैट्रिकुलेशन के इम्तहान के बाद इश्कबाजी के कॉलेज में तो दाखिला होना ही है! बड़े धन्नासेठ हैं न! भैया ने बिगाड़ रखा है। लेकिन आप हैं किस खयाल में! रहना पड़ेगा अब यहीं और जैसे चाहूँ, वैसे रहना पड़ेगा। ब्राह्मी बनने के पहले ब्रह्मा ठीक कर देंगे...!

आखिर चाचा की भी जबान थकी। बाबूजी का एक कड़ा खत आया था। घर नहीं जाना पड़ा, यही खैरियत हुई।

वह अपने चाचा का काफी आदर करता था। फिर रूपा को देखते रहने के लिए कलकत्ता रहना जरूरी था। इसलिए उसने सब कुछ जब्त किया। थोड़े दिन तो उस पर ऐसी सख्ती हुई कि वैसी न हो उसके दुश्मन पर! लेकिन यह कितने दिनों तक चलती? फिर इधर उसके चाचा पहले से ज्यादा व्यस्त रहा करते हैं। आजकल शाम को भी उन्हें काम पर जाना पड़ता है। पहले तो एक भी ओवर-टाइम काम करना पड़ता था तो दो-एक दिन उनके लिए मिजाज में मिर्च पड़ जाती थी। पर आजकल खुश रहते हैं, यहाँ तक कि अब रमेश से भी फिर पूर्ववत् स्नेह और विश्वास का व्यवहार रखते हैं। रमेश बहुत खुश है। उस पर अब वैसी सख्त पाबन्दी नहीं रहती। उन्होंने उसे एक साइकिल भी ले देने का वादा किया है।

रमेश और रूपा धीरे-धीरे फिर मिलने लगे थे। चिट्ठियाँ भी जाती थीं, पर सँभलकर। उनके लिए फिर कलकत्ता स्वर्ग था। नाबालिग प्रेम को बहुत ज्यादा स्वतंत्रता और मौका मिले तो दिक्कतें उठती हैं, पर वह बातों और चिट्ठियों तक ही सीमित रहे; पार्क से कमरे में अग्रसर न हो, तो सेब खाने के पूर्व आदम और हौआ से अधिक ही सुख मिलता है। उनका प्रेम फिर अबाध चलने लगा।

एक दिन तड़के रमेश के चाचा ने उसे जगाया। उसे नहा-धोकर जल्द बाहर चलने के लिए तैयार होने को कहा, खुद कपड़े पहनने लगे। सुबह की नींद में खलल पड़ने से वह झुँझला उठा। फिर यह सोचकर कि आज रूपा से मुलाकात होने की उम्मीद ही न थी; क्योंकि कल उसने कहा था, उसे सुबह ही मौसी के साथ शहर में कहीं जाना है, और बता नहीं सकेगी कि कब लौटेगी, वह खुशी-खुशी तैयार हो गया। चलते-चलते उसने उत्साह के साथ चाचा से कहा, 'तो आज डायमंड हार्बर ही चलिए न, छोटे बाबूजी!'

पर इसी वक्त उन्होंने टैक्सी रोकने के लिए हाथ उठाया। टैक्सी में बैठकर उन्होंने एक खास पते पर चलने को कहा। रमेश यह सोचकर चुप रहा कि शायद पहले कहीं काम से जा रहे हों, बाद में हार्बर चलें।

टैक्सी से उतरकर वे एक मकान के सामने आए और उसमें घुसने लगे तो रमेश जरा चौंका। बड़ा-सा साइनबोर्ड लगा था, जिस पर लिखा था : 'आर्य समाज मन्दिर'। उसका सारा परिवार कट्टर हिन्दू होने का दम भरता है। और उसे सदैव आर्य समाज से सहानुभूति रखने के लिए भर्त्सना और ताड़ना मिलती रही है। उसे चाचा से कुछ पूछने का साहस तो नहीं हुआ, पर उसने अपने को समझाया—कोई खास काम आ गया होगा, इसीलिए चाचा को यहाँ आना पड़ा। बाहर के कमरे से होकर वे आँगन में आए। रमेश ने देखा, आँगन के बीच में वेदी प्रज्वलित है। कुछ लोग दरी-जाजिम पर बैठे हुए हैं, पर उसके ताज्जुब का ठिकाना नहीं—एक ओर रूपा और उसकी मौसी बैठी हुई हैं। क्या आज कोई उत्सव है? ऐसे उत्सवों में उसके चाचा? 'नमस्ते-नमस्ते' के बाद जब उसके चाचा रूपा की मौसी के साथ आत्मीयों की तरह

जा बैठे और सभी के होंठों पर सार्थक मुस्कुराहट दौड़ गई, तो वह विस्मित हो उठा। जब किसी ने कहा, 'हाँ, तो अब विवाह-कार्य शुरू हो,' तो उसे उड़ता खयाल आया—क्या ठिकाना, कहीं सब कुछ जान-बूझकर समझदार अभिभावकों ने उसकी और रूपा की शादी तो कर देने की नहीं ठान ली? ऐसी बातें सुनी गई हैं...।

तभी शरमाते हुए रमेश के चाचा उठे और रूपा की मौसी का हाथ पकड़ अग्निदेवता के पास चले आए। एक ओर रूपा भीगी बिल्ली की तरह बैठी हुई थी। रमेश भौचक्का-सा समझने की कोशिश कर रहा था। इस आदर्श विधवा-विवाह पर दो-एक भाषण हुए, फिर प्रीति-भोज के बाद, चारों जने एक ही टैक्सी पर एक ही फ्लैट को लौटे।

तीसरे दिन रमेश के पिता शाम की गाड़ी से आए। उन्होंने उसे घर चलने के लिए तुरन्त तैयार हो जाने का आदेश किया।

'लेकिन, छोटे बाबूजी तो,' रमेश ने कहा 'सिनेमा गए हैं। नौ बजे लौटेंगे।'

'नीचे टैक्सी खड़ी है,' उन्होंने बर्फ की तरह ठंडी आवाज में कहा, 'जो कुछ तुम्हारी जरूरी चीजें हों, झटपट लेकर चले आओ। जो कहा जाता है, वह करो। मैं नीचे टैक्सी में बैठता हूँ।'

वह भीतर के कमरे में घुसा। रूपा दरवाजे के पास ही खड़ी थी। कुछ कहना जरूरी न था। वह तो सुन ही चुकी होगी। इसलिए हँसने की कोशिश करते हुए बोला, 'बाबूजी आए हैं। मैं जा रहा हूँ।'

और, जल्दी-जल्दी नकली चमड़े के छोटे-से सूटकेस में अपने कपड़े वगैरह किसी तरह ठूँसकर वह टैक्सी में जा बैठा।

पराजित

आज धीरेन का हृदय अपनी पत्नी के पास आप ही जाना चाहता है। आज वह पराजित है। वह समझने लगा था, रेखा का कलेजा पत्थर हो ही जाएगा; वह दस बरस की एक छोटी बच्ची-सी रोती-रोती हिचकियाँ ले सकती है, इसका अनुमान भी उसने नहीं किया था। और यही रेखा गिन-गिनकर की गई उपेक्षाओं के जवाब में होंठों को एक सीधी लीक में दबा-भर लेती थी। पति-पत्नी के बीच एक दीवार खड़ी हो गई थी और वे आज तीन वर्षों से अलग-अलग कमरों में रहते हैं, किन्तु जीवन के इस दुःख-नृत्य में रेखा के पैर उसके पैर से मिलकर ही बढ़ते और हटते थे। आघात का उत्तर, धीरेन को याद नहीं, कभी आघात के रूप में मिला हो। पर उसे यह समझना बाकी है कि मुट्ठी-भर गोरी कोमलता में ऐसा दम्भ क्यों? लेकिन समझने की जरूरत नहीं। यह कहाँ सम्भव है? जो इस तरह खुलकर रो सकती हो,

उससे मान कैसा? क्यों न वही जाकर उसे बाँहों में भर लेता? उसके आँसुओं को चूम पोंछता? अपने को विजित होने देता? उसे अपना सारा बल दे देता? वह क्यों नहीं कह सकता, 'रेखा, देखो, अब तनी रह नहीं पाओगी?' ऑफिस के कमरे में स्वर्गीय ससुर के कागजात की जाँच करता हुआ धीरेन निर्विकार बाह्य के भीतर क्षुब्ध हृदय से सोच रहा था।

उसके कलेजे में धड़कन है और वह अधिकाधिक प्रयत्न से बेतरतीब रखे मकान के नक्शों, बिलों, दस्तावेजों, चिट्ठियों को मेज पर अलग-अलग रखता जा रहा है। विचारधारा अविरत गति से प्रवाहित हो रही है। क्या रेखा को द्रवित कर सकनेवाला तत्त्व उस पर भी लागू होकर रहेगा? क्यों वह ऐसा निःशक्त अपने को पा रहा है? रेखा अपने पिता के लिए रो रही है, तो रो लेना अच्छा ही है। वह क्या करे? रेखा रोती है, तो रोए। लेकिन वह क्या करे? चला तो वह रेखा के पास जाए, लेकिन इसलिए थोड़े ही कि वह उसे माफ कर देगा। पुरुष को चाहिए ही कि नारी को कष्ट न होने दे, पर क्या ऐसा नहीं होगा कि वह इस वक्त जो रोकर अपने हृदय को सांत्वना दे रही है, वह भी उसके जाते ही वह नहीं दे सकेगी? रेखा के अगणित आँसुओं में एक बूँद भी उसके लिए थोड़े ही है! नहीं है, इसलिए तो, इसलिए तो।

ऐसे ही क्षण दर्शन के जनक होते हैं। मस्तिष्क लीक पर चलता नहीं, वह एक क्षुद्र शून्य हो जाता है। धीरेन की यही दशा है। वह देखता है, वह नये वृत्तों में चल पड़ा है। पर क्या विशेष क्षेत्र में फैल जाने पर उसकी अनुभूति पहचान में आ सकेगी? वह अभी स्याद्‌वादी थी। वह अभी सापेक्षावादी है। पर उसकी विचारधारा लयहीन हो रही थी। वह कौन-सा विराट सत्य सामने आते-आते जैसे रुक जाता है—सामने आते-आते?

उलट-पलटकर देखने के सिलसिले में कागजों के बीच एक पुर्जा निकल पड़ा है, जिस पर लिखा है :

किरासन तेल— ।-)
साग— 1)
1 दस्ता कागज— ।=)
फूल— ।=)

खीज में कागज को पटकते हुए—'बट, दैट्स एब्सर्ड'—वह कुछ इतने जोर से बोल उठा कि बेयरा दौड़ा हुआ अन्दर आया, जैसे वह बाहर मुस्तैद बैठा हुआ था, सोया हुआ नहीं! किन्तु डाँट सुनकर उसे उलटे पाँवों लौटना पड़ा।

क्षण-भर के लिए लय-भंग हो गया। एक क्षण-भर के लिए ही। धीरेन पुलिन्दे के कागजों को देख रहा था। जाहिर था कि वे रोज के खर्च की फेहरिस्त थे, जिन्हें रजनी बाबू का नौकर रखता होगा। पर बिना कुछ रद्दो-बदल के सभी पुर्जियों में इन तीन-चार मदों में नियमित रूप से रोजाना खर्च दिखलाया गया था। उसके ससुर

सादी तरह से जिन्दगी बसर करनेवाले आदमी थे। क्या वह किरासन तेल से नहाया करते थे? इसमें शक नहीं कि वे व्यवहार की बातों में एकदम दिलचस्पी नहीं लेते थे। हिसाब-किताब में उसने ऐसी गड़बड़ी देखी ही नहीं। उसे फिर खुर्दबीनी निगाह से कागजों की शुरू से ही जाँच करनी पड़ेगी।

रुकी हुई विचारधारा फिर प्रवाहित हो पड़ती है : क्या ठीक है? जीवन इस रास्ते पर चिकना-चिकना चला जा सकेगा? कैसे लोगों में आत्मविश्वास रहता है कि वे जो करते हैं, ठीक करते हैं? कभी-कभी इतना कि औरों को भी अपने पीछे चले आने के लिए कहते हैं! सचमुच ऐसा ही जगत है...पत्नी के रूप में पहली मुलाकात के वक्त रेखा से उसने कहा था, अनुराग से और क्या हेय आत्मविश्वास के साथ नहीं? रेखा को मालूम नहीं होगा, उसे उसके लिए कितना वीर बनना पड़ा था। उनका विवाह कभी होता ही नहीं, यदि उसने दृढ़ता के साथ अपने अभिभावकों से कह नहीं दिया होता कि वह रेखा को छोड़ और किसी को अपनी जीवन-सहचरी बनाने को एकदम तैयार नहीं। रेखा क्या जानेगी, वह उसे कितना प्यार करता है! जरूर उस दिन दो-चार दिनों के परिचय के बाद, विवाह के पूर्व ही, एक अँधियारे एकान्त क्षण में रेखा ने कहा था कि वह उसे प्यार करती है। पर यदि रजनी बाबू ने खुद ही बातचीत नहीं चलाई होती तो क्या रेखा कहती कि वह धीरेन का स्वयं वरण कर चुकी है? क्या उसके प्रेम में इतना साहस था?...उन दिनों ये बातें उसे कहाँ दिखाई देती थीं। तब रेखा के होंठों पर न जाने हृदय के किन भावों की अभिव्यक्ति मुकुलित हो उठती थी, जिससे उसे बार-बार आँग्रे के 'ला जोर' की नग्न नायिका के होंठों की सुध आ जाया करती थी।

...वह रेखा को याद खाली 'रेखा' से भी नहीं कर पाता। 'तब की रेखा' से परिचित होने के लिए 'आज की रेखा' अपर्याप्त है, अस्वीकार्य है। तीन वर्षों तक यही ठीक था। कल तक यही ठीक था। किन्तु आज रेखा आँग्रे के चित्र के साथ सम्मिलित होकर उसके अन्दर के किसी मोर्चायि तार को ऐंठ रही है।...उसने पढ़ा था, आँग्रे की षोड्शी मॉडल किसी अस्पताल में व्याधिग्रस्त, दाने-दाने की मोहताज, मरी थी, और रेखा दो-तीन कमरों के बाद कहीं खोई बच्ची-सी रो रही है। उन होंठों की सुध क्या भूली जा सकती कभी?

उन होंठों की सुध भूली नहीं जा सकती, और उन्हें समझना भी कठिन है।

उसके दम्भ ने प्रेम पर विजय पाई थी। दम्भ का ईर्ष्या में विपर्यय हो गया था। रेखा अपने प्रेम की इयत्ता का दावा नहीं किया करती थी, किन्तु धीरेन देखता था, रेखा उसके प्रेम का प्रतिदान करने का करुण प्रयत्न करती थी। पर क्या वह कभी सफल हो सकी? क्या वह कभी यह छिपा सकी कि वह जब से अपने पिता के घर से आई, कभी सुखी नहीं हो सकी? पर पिता के घर जाने का मौका पाते ही वह कितना प्रसन्न हो उठती थी! पार्वती को हलाहल पिलाया गया होता तो उनका कंठ

नीला पड़ता! रेखा वज्र से भी अधिक कठोर है। रेखा कुसुम से भी अधिक मृदु है।...उनके बीच एक पर्दा आ गिरा है, और, ओह, वह पर्दा शीशे का है। एक-दूसरे की पुकार नहीं सुन पड़ती, लेकिन एक की कोमलता दूसरे की कठोरता देख सकती है। धीरेन को आश्चर्य होता है, कैसे एक दिन रेखा कह उठी थी कि बाबूजी के यहाँ वह कैसे नहीं जाए? नहीं जाए महीने-दो-महीने में एक बार, तो उसके पहनने के लिए एक साबूत कपड़ा नहीं बचेगा। साल-भर के खर्च के लिए बैंक में जमा रुपये दो महीने में निकल जाएँगे। उनकी हजामत नहीं बनी होगी। उन्हें दवा नहीं मिलती होगी। इस तरह क्या वे जिन्दा रह सकेंगे? वह बारह वर्ष की थी तभी उसकी माँ मर गई थी। उसने उस वक्त समझा तो नहीं था, लेकिन देखा था, कि उसके पिता भीतर से बाहर तक देखते-देखते ऐसे बदल गए थे कि वे कुछ दिनों तक उसके लिए भी अपरिचित-से हो गए थे। उसने पीछे समझा था कि कभी नास्तिकता के लिए प्रसिद्ध उसके पिता की खिल्ली अब इसलिए उड़ाई जाती थी कि वे घंटों गंगा-तट पर बैठकर स्तोत्रों का पाठ किया करते थे। उन्होंने कॉलेज से उसी वक्त इस्तीफा दे दिया था, वे धीरे-धीरे जगत्प्रवाह से अलग ही हटते गए थे। अन्त में वे पुराने पड़ोसी वकील साहब—जिनके यहाँ रेखा और धीरेन की पहली मुलाकात हुई थी, शायद माधव की वर्षगाँठ के अवसर पर—माधव और पुराने नौकर के सिवा किसी से परिचित भी रह गए थे, यह कहना कठिन था। अब कौन उनकी उन प्रिय दुर्बलताओं का आदर करता होगा? अब वह भी उनके यहाँ से चली आई थी! उसे जाना ही पड़ेगा बाबूजी के यहाँ।...रेखा की इन बातों को उसने अक्सर तौला है और उनका हर बार भिन्न मूल्य आँका है। उसने भी तो कभी रेखा के आने-जाने का विरोध नहीं किया था। पर रेखा उसके प्रति क्या कभी कृतज्ञ हुई? वह जब-जब अपने पिता के घर से लौटकर आती थी तब-तब ऐसा जान पड़ता था, जैसे वह कुछ और अधिक दूर खिसक गई हो...!

सचमुच रजनी बाबू इतने निस्सहाय, असंसारी हो गए थे, इस पर यद्यपि उसने कभी अविश्वास नहीं किया था, फिर भी, उसे अब मानना पड़ता है, अपने पिता के जीवन को ट्रेजडी के कारण जिस परिस्थिति में रेखा पड़ी होगी, उसकी गम्भीरता का अनुमान उसे कभी नहीं हुआ था। यह तो अब वह देख रहा है। उसका दोष क्या था?...वह देख रहा था, दर्जी ने एक बिल पर तीन बार, बनिये ने एक पर चार-चार बार रुपये लिये हैं। साधारणत: ढाई हजार रुपयों में साल-भर का खर्च दिखाया गया था—रेखा की सुन्दर लिपि में लिखी सिलसिलेवार डायरियों में। पर इधर एक वर्ष में उतने से अधिक बाकी पढ़ चुका था। रेखा एक साल से अपने पिता के घर जाती जो नहीं थी। उफ्, वह अपने को कभी क्षमा नहीं कर पाता, यदि रेखा अपने पिता के अन्तिम समय उनके पास रहने को चली नहीं गई होती...।

अपने पिता के पास जाने में रेखा का उद्देश्य एकबारगी इतना पवित्र और इतना कुटिल था! उसे अच्छा लगता था या बुरा, उसने अपने विवाह के बाद दो वर्षों तक

रेखा के कहीं आने-जाने पर तो कोई पाबन्दी कभी नहीं लगाई थी! पर वह अपनी आँखों पर कैसे अविश्वास करता? इस घटना की याद उसकी स्मृति में गर्म लोहे से दगी हुई है।...वह अपनी ससुराल बिना खबर ही दिये हाईकोर्ट से लौटता हुआ चला गया था। उसने सोचा था, अपने बीमार ससुर के दर्शन भी कर लेगा और रेखा को भी अपने साथ लेता जाएगा; क्योंकि उसी शाम को तो उसके लौटने की बात थी!... !

ड्राइंगरूम से रेखा की भर्राई आवाज आ रही थी। वह दरवाजे के बाहर ठिठक गया। रेखा ही कह रही थी, 'मैं तुम्हारे पाँव पड़ती हूँ।...मैं तुम्हें अब नहीं जाने दूँगी।...यहाँ तुम्हें पहले की तरह रोज आना ही पड़ेगा।...मैं भी और जल्दी-जल्दी आने की कोशिश करूँगी।...मुझे तुम्हारे प्यार का भरोसा है...'

आगे सुनने के लिए धीरेन तैयार नहीं था। आवाज देकर, बिना उत्तर की प्रतीक्षा के ही, उसने दरवाजा खोल दिया। माधव और रेखा एक सोफा पर बैठे थे। रेखा के गाल भींगे हुए थे। वे चौंक गए थे।...'गुफ्तगू में खलल डालने का अफसोस है,' उसने तेजाबी स्वर में कहा, 'पर मैं पूछने आया था कि क्या तुम घर चलना चाहती हो?'...उसे अच्छी तरह याद है, उसने अपने आरोप की ध्वनि स्पष्ट रखी थी। क्या उसे मालूम नहीं था कि उसी माधव से कभी रेखा का विवाह होनेवाला था?

रेखा उसके साथ ही चली आई थी। उसने यह साफ कह दिया था कि यदि रेखा फिर कभी वहाँ गई, तो उससे वह कोई वास्ता नहीं रखेगा। लेकिन वह खुश है कि उस दिन फिर रेखा अपने मन से पिता के यहाँ चली गई थी और अपने पिता के मरने के समय उनके पास रही।...वह यह समझ नहीं पाता, क्यों रेखा सब कुछ होने पर भी उसके पास से सदा के लिए चली नहीं गई? क्या वह प्रतीक्षा-सी करती है?

स्टील ट्रंक के एक कोने में रेशमी रिबन से बँधा एक छोटा-सा चिट्ठियों का बंडल था। क्या उसे खोलना उचित है? उसमें रजनी बाबू के जीवन का कोई गोपनीय इतिहास तो नहीं है? पर इस वक्त वह एक बैरिस्टर की हैसियत से उनके कागजात की जाँच कर रहा है। वह बंडल खोल डालता है और कुछ अन्य पत्रों के बाद उसकी निगाह दो चिट्ठियों पर पड़ती है। पहली इस प्रकार है :

'बाबू जी,

मैंने यही सीखा है कि आपसे कुछ न छिपाऊँ। आप मेरे विवाह के लिए इतनी चिन्ता क्यों करते हैं? मैं आपकी परेशानी नहीं देख सकती। माधव से मैं विवाह नहीं कर सकूँगी। उन्होंने स्वयं भी प्रस्ताव किया था, किन्तु मैं स्वीकार नहीं कर सकी। मैं उन्हें लड़कपन से 'भैया' कहती आई हूँ और मैंने उन्हें यही बने रहने के लिए मना भी लिया है। उन्होंने आपके माध्यम को अस्वीकार किया, इसमें उनका कुछ दोष नहीं। आप उन पर क्रोध न रखें।'

[किसी का नाम नहीं]

दूसरी चिट्ठी इस प्रकार थी :

'बाबू जी,

कोटिशः प्रणाम! मैं आज ही एक काम से बाहर जा रहा हूँ। कह नहीं सकता, कब तक लौटूँगा। मैं आपकी आज्ञा पालन करने में असमर्थ हूँ। रेखा और धीरेन एक-दूसरे को प्यार करते हैं। यदि अपनी ओर से प्रस्ताव नहीं हुआ, तो आश्चर्य नहीं, धीरेन की ओर से हो। किन्तु प्रस्ताव तो आप की ओर से ही होना चाहिए; नहीं तो वे लोग पसोपेश में पड़ेंगे। ऐसे भी धीरेन से अधिक योग्य वर नहीं मिल सकता।

आपका पुत्रवत्

—माधव'

तीन वर्षों के बाद आज पहली बार रेखा और धीरेन का पुनर्मिलन हुआ।

अली और कली

विभा नाखून पर 'क्यूटेक्स' की पालिश कर रही थी। मेज पर बाईं ओर लिफाफे से बाहर निकालकर रखे हुए निमंत्रण के कार्ड को वह बार-बार देख लेती थी। नाखून पर ब्रश चलाते-चलाते जब कभी उसकी नजर ऊपर उठ जाती थी तो कार्ड के सुनहरे टेढ़े-मेढ़े खूबसूरत हर्फ कहीं-न-कहीं अपने पर उसे अटका लेते थे : 'कुमारी विभा की शिरकत का...डिनर पार्टी में...गार्डन-हाउस में...आठ बजे...'।

स्कूल के सेक्रेटरी साहब के इस कार्ड को वह इतनी बार पढ़ चुकी थी कि यह उसे जबानी याद हो चुका था। उसने इस बार जबरन कार्ड की ओर से नजर मोड़कर टाइमपीस की ओर देखा। अभी मुश्किल से सात बजे थे। पौने आठ बजे उसे पार्टी में ले जाने के लिए मोटर पहुँचेगी। उसने दूसरे नाखून पर पालिश करने के पहले 'क्यूटिक्ल' ऑयल निकालने के लिए क्यूटेक्स का स्प्रिंगदार ढक्कन खोला।

आज न जाने कैसे डिब्बे के स्पर्श-मात्र से उसे रोमांच हो आता था। इस डिब्बे को बड़ी मुश्किल से उसने स्वीकार किया था। लीला ने जब उसे यह डिब्बा भेंट करना चाहा था तो उसे बड़ी झल्लाहट मालूम हुई थी। दो-चार रोज पहले ही टीचर्स-रूम में उसे और लीला को लेकर बड़ी-बड़ी कानाफूसी चली थी। लीला के साथ पढ़नेवाली किसी लड़की से विभा को मालूम हुआ था कि उसने तेज चाकू की नोक से विभा का नाम अपनी दाहिनी बाँह पर गोद लिया था। उसका समूचा हाथ सूज गया था, और उसके पिता ने सैकड़ों रुपये डाक्टरों पर खर्च किये होंगे। विभा को लीला की यह बेवकूफी बिलकुल नागवार मालूम हुई थी। उसके लिए जैसी दूसरी लड़कियाँ थीं, वैसी ही लीला भी थी। उसकी ओर देख-देखकर,

धीरे-धीरे मुस्कुराती जब दूसरी अध्यापिकाएँ बातें करने लगती थीं, तब उसे बहुत बुरा मालूम होता था। और जब लीला ने दो-चार रोज के बाद ही यह 'क्यूटेक्स' का डिब्बा भेंट करना चाहा तो वह किस तरह बिगड़ उठी थी! आखिर लीला उससे चाहती क्या थी? वह इस तरह रोने लगी थी कि विभा को उसका उपहार स्वीकार करना ही पड़ा। लेकिन जब लीला चली गई थी तो उसने डिब्बे को उठाकर एक ओर फेंक दिया था। उसे आज इतने दिनों के बाद उसने ढूँढ़कर निकाला था। यों ही खयाल आ गया था कि जब पार्टी में जाना ही है तो नाखून ठीक तरह से क्यों न रंग लिये जाएँ?

लेकिन विभा जो नहीं समझ पा रही थी, वह यह कि उसे लीला की याद आज इतनी भली क्यों मालूम हो रही थी? उसने इतने दिनों के दरमियान उसके बारे में शायद एक बार भी सोचा तक नहीं था। आज क्यों वह इतनी उत्कंठा के साथ चाहती थी कि ऊपर की ओर मुड़ी हुई घनी बरौनियों और गोरी-गोरी बाँहोंवाली उसकी वह छात्रा उसके कमरे में कहीं से आ जाती? उसे ऐसा लगता था, जैसे उसके आने से कमरे की खुनकी में गर्मी आ जाती और कमरा या वह खुद बिलकुल इस तरह खाली-खाली न लगती।

उसने 'क्यूटिक्ल' खत्म कर नाखून पर पालिश करना शुरू कर दिया था। उसने ताज्जुब के साथ यह महसूस किया कि अगर उसे लीला की याद इतनी भली लग रही थी, और उसके लिए यह बिलकुल नई बात थी, तो उसके साथ उसकी जिन्दगी में और भी तो एकदम इतनी सारी नई बातें, नई अनुभूतियाँ, जाने कहाँ से, कैसे फट पड़ी थीं, और इस जोर के साथ चक्कर खा रही थीं कि रह-रह वह बेअख्तियार हो जाती, घबरा उठती थी कि यह सब क्या हो रहा था, उसे हो क्या गया था, जबकि वह दस रोज पहले की तरह ही भली-चंगी थी, स्वस्थ थी।

विभा नाखून के अगले नुकीले हिस्से पर बड़ी तेजी के साथ ब्रश कर रही थी। क्षण-भर के लिए उसे ऐसा मालूम हुआ, जैसे उसकी आँखों के सामने से नाखून गायब हो गया हो। वह काफी देर से सिर्फ एक चीज आँखों के सामने देख पा रही थी, और वह चीज थी उसके नाखून का लाल, नुकीला हिस्सा, और क्षण-भर के लिए अकस्मात् वह भी गायब हो गया और उसकी आँखों के सामने रह गया सिर्फ गहरा अन्धकार, जिसमें लाल रंग की चिंगारियाँ उड़ रही थीं। और फिर अपने-आप ही आँखों के नीचे नाखून उस अन्धकार से बाहर निकल पड़ा तो उसने देखा कि दायें हाथ की उँगलियों में ढीला पड़ा हुआ ब्रश बायें हाथ की आखिरी उँगली के नाखून के नुकीले हिस्से पर ही नहीं, बल्कि समूचे नाखून पर और उसके ऊपर चमड़े पर भी लड़खड़ा रहा था, और आधी उँगली लाल हो उठी थी, जैसे चाकू से कट गई हो! खून के रंग के साथ खून की तकलीफ नहीं थी। यह उसे बार-बार मालूम हुआ और उसकी तबीयत हुई कि उठे और चाकू लेकर उँगली को कहीं चीर दे। उसने अपनी

बेवकूफी को समझा और डिब्बे से 'पालिश रिमूवर' निकालकर फालतू पालिश को उँगली और नाखून से हटाने लगी।

और उसने अपने को याद दिलाया कि क्या यह उसके लिए नई बात नहीं? उसे जरूर चक्कर आ गया था और उसका दावा था कि उसे याद नहीं कि कभी उसे चक्कर आया हो। यही क्यों, उसे अभी किसी सख्त बीमारी का सामना तक नहीं करना पड़ा था। और यह कमरे में बैठे-बैठे चक्कर का आ जाना?

विभा के नाखून रँगे जा चुके थे। अभी काफी वक्त था। वह कुर्सी पर बैठी हुई अपनी खूबसूरत पतली उँगलियों को देख रही थी। उँगलियों के नुकीले, लाल नाखून उसके गुदगुदे हाथ को बिल्ली के पंजे की तरह बना रहे थे। वह कल्पना कर रही थी—सेक्रेटरी मिस्टर सिन्हा के मुँह पर अगर अपने नाखून वह गड़ा दे सके तो कैसा होगा? मिस्टर सिन्हा के यहाँ एक दिन उसे और भी जाना पड़ा था और यह मुमकिन था कि उसे अपने नाखून से काम लेना ही पड़ता। लेकिन बिल्ली को पंजे निकालने की जरूरत नहीं पड़ी थी। उसका गुर्रा उठना ही काफी साबित हुआ था। उस दिन उसने इसे गनीमत समझा था। आज उसे इसका अफसोस हो रहा था। बात पुरानी पड़ गई थी। उसने अपने मन में परिस्थिति से समझौता कर लिया था। उसने निश्चय कर लिया था कि वह सेक्रेटरी साहब के यहाँ फिर कभी जाएगी ही नहीं। और इतने दिनों तक बहुत आग्रह करने के बाद भी उसने किसी अवसर पर भी मिस्टर सिन्हा के निमंत्रण को स्वीकार नहीं किया था। आज उसकी पार्टी में शरीक होना उसने मंजूर किया था। इसकी उसे खुशी थी। वह चाह रही थी कि पार्टी के बाद उस दिन की-सी परिस्थिति आए और वह सिन्हा के जिस्म को पहले से ही पालिश से लाल-लाल अपने नाखूनों से खरोंचकर उन्हें खून से और भी लाल कर ले! तब क्या करेगा सिन्हा?

वह नहीं समझ पा रही थी कि आज क्यों सिन्हा पर उसे इतना गुस्सा आ रहा था! उसने उसके निमंत्रण को स्वीकार ही क्यों किया था? और सबसे ज्यादा यह कि क्यों उसके क्रोध में सिन्हा की पार्टी में जल्द-जल्द पहुँचने के लिए इतनी अधीरता थी?

विभा ने मेज पर सामने ही पड़े गोल शीशे की ओर नजर उठाई। उसने शीशे को हाथ में लेकर बिलकुल पास से अपने को देखा। उसने शीशे को चूम लिया। उसने देखा कि उसके गोरे गालों पर लाली दौड़ गई, और उससे देखा नहीं गया। उसने शरमाकर शीशे को मेज पर रख दिया और महसूस किया कि वही लाली उसके कानों को सुर्ख बना रही थी।

वह हैरत में थी। वह बाईस साल की हो चुकी थी, तेईसवें में थी। उसने सुना बहुत था, देखा कुछ भी कभी नहीं था। थोड़ा-बहुत पढ़ा जरूर था। आज वह जो हो रही थी, वह पहले तो कभी नहीं हुई थी। उसने अपने ऊपर कठोर नियंत्रण रखना

सीखा था। वह समझती थी कि अब यह उसका स्वभाव ही हो गया। होस्टल के रंगीन वातावरण में भी उसने सिर्फ पढ़ना और इम्तहान में अव्वल आना ही अपना मकसद जाना-समझा था। वह परिस्थितियों से विवश होकर चारों ओर की जिन्दगी से अलग रहती आई थी। आज वह समझ रही थी कि उसका यह गर्व कि इस विवशता को वह आदर्श मानती थी और इसीलिए उसे स्वीकार करती थी, उसकी भूल थी। वह भी उन्हीं लड़कियों की तरह थी, जिन्हें वह कमजोर और बेवकूफ समझा करती थी। आज वह उसी रास्ते पर खड़ी थी, जिधर वे लड़कियाँ होस्टल के दिनों में ही बढ़ गई थीं, या जिधर जाने का ख्वाब देखा करती थीं, और इस बात को छिपाती भी नहीं थीं। यही तो वह रास्ता था।

विभा के दिमाग में अभी अस्त-व्यस्त विचार शान्त नदी में प्रतिबिम्बित आसमान के आवारागर्द बादलों की तरह तैर रहे थे। उसने अपने को अन्दर-बाहर झकझोर दिया। उसने फिर भी पाया कि दिमाग में तूफान की तरह उठते हुए खयाल पकड़ के बाहर थे। अपनी परछाईं की तरह उनसे छुटकारा पाना नामुमकिन था। न उसके आगे दौड़ा जा सकता था, न पीछे भाग चलने से ही वे रुक सकते थे। खड़े रहने पर परछाईं की तरह वे चिपटे रहते ही थे। अवास्तविक होकर भी वास्तविकता को वे मजबूर कर देना चाहते थे।

वास्तविकता यह थी कि पौने आठ बज रहे थे। विभा कुर्सी से उठ गई। स्थिर शरीर में विचार भँवर में पड़े हुए थे। उठने से वे स्थिर हो सकें तो अच्छा, नहीं तो वह कर ही क्या सकती थी ? घड़ी में तो पौने आठ बज ही गए थे, जिस्म और दिमाग की रस्साकशी हो तो हो...।

उसने घबराहट के साथ सुना, तेज रफ्तार के बीच अचानक मजबूती के साथ बँधे हुए मोटर के पहिये सड़क पर घिसटने की आवाज के साथ उसके मकान के सामने थम गए। छज्जे पर जाकर उसने देखा, सिन्हा खुद ही कार के अगले दरवाजे से उतर रहे थे। और जैसे एक झटके के साथ दिमाग और जिस्म के विपरीत दिशाओं में घूमते हुए पुर्जे एक-दूसरे से मिलकर साथ-साथ चलने लगे। उसने अभी साड़ी नहीं बदली थी। लेकिन इसके पहले उसे जाकर दरवाजा खोलना पड़ेगा। और वह सीढ़ियों के साथ-साथ यह भी तय करती जा रही थी कि सिन्हा को ऊपर पढ़नेवाले कमरे में बैठाकर नीचे के गुसलखाने में आकर कपड़े बदल लेगी।

'आप अभी तैयार नहीं हुईं ?' गोरे और काले और सफेद सिन्हा ने पूछा, और कुछ सोचकर अपना दायाँ हाथ बढ़ा दिया।

पश्चिमी तौर-तरीके से वाकिफ मिस्टर सिन्हा विभा के हाथ बढ़ाए बिना ही अपना हाथ बढ़ाने में झिझके जरूर थे। लेकिन वह अपने को रोक भी नहीं सके। वह जानते थे कि अगर विभा की ओर इस तरह के सीधा सम्बन्ध स्थापित करनेवाले अभिवादन के लिए इन्तजार करेंगे, तो उन्हें नाउम्मीद ही होना पड़ेगा। विभा को

अपना हाथ देना ही पड़ा। सिन्हा के हाथ में उसका हाथ जरूरत से कुछ ही देर ज्यादा रहा, जरूरत से कुछ ही ज्यादा दबा। उसने हाथ हटाया तो उसे लगा, जैसे वह काटकर अलग कर दिया गया हो और बेजान होकर झूल रहा हो!

उसने जैसे इसी दरमियान में अपने मन में कुछ ठीक कर लिया था। क्षण भर में उसने जो निश्चय कर लिया, शायद महीनों उलझन में पड़े रहने के बाद भी वह न कर पाती, दुविधा में ही पड़ी रहती। उसने मुस्कुराकर दो मिनट की छुट्टी चाही और नीचे दौड़ गई।

तौलिये से हाथ पोंछती वह ऊपर लौटी तो सीधे सोने के कमरे में चली गई, स्विच दबाया और मुड़कर बीच के दरवाजे के पर्दे को बेतकल्लुफी के साथ फैला दिया और देखा तक नहीं कि वह पूरी तरह फैला भी या नहीं।

वह कपड़े बदलने लगी। सिन्हा ने अपनी नजर के सामने सिगरेट के धुएँ का पर्दा खड़ा कर दिया, और उसे एक फूँक में उड़ा भी दिया।

सिन्हा उठे। विभा ने ड्रेसिंग टेबल के शीशे में से बिलकुल अपने पास ही निकले हुए सिन्हा को देखा। सिन्हा बिलकुल पास आकर उसके पीछे रुक गए थे। अंग्रेजी दर्जी के सिले काले रंग के कोट में सिन्हा के कन्धों ने एक चौड़ी और सीधी रेखा उसके सिर के पीछे खींच दी थी। नीचे की ओर दोनों हाथों की सीधी रेखाएँ थीं। और इन काली रेखाओं से घिरी एक सुनहरी तसवीर थी। उसने शीशे में ही देखा, रेखाएँ हिलीं-डुलीं, और तसवीर पर फैलने लगीं, उसे घेरने लगीं। फिर धीरे-धीरे तसवीर आँखों के सामने से हटती-हटती हट भी गई। विभा और सिन्हा शीशे के सामने से हटकर सोफे पर आ बैठे थे। विभा सोफे तक आती हुई जैसे सपने में महसूस कर रही थी कि उसके पैर रुके हुए थे, वह हवा में उड़ी चली जा रही थी।

लेकिन उसका सपना तुरन्त टूट भी गया। सिन्हा अचानक उससे कुछ दूर खिसक गए। विभा को लगा, जैसे कहीं ऊँचे से गिरते-गिरते एकबारगी उसके पैर धरती पर टक्कर के साथ आ लगे।

'मिस विभा!' उसने चौंकते हुए सुना, 'मुझे निहायत अफसोस है!'

और सिन्हा रुके, जैसे शब्दों के लिए टटोल रहे हों, फिर कहा, 'मिस विभा, देखिए, अ...अ...आप हकीकत में कली ही हैं, मैं जानता नहीं था! फूल हो तो बात दूसरी है! हाँ, पार्टी में तो आप चलेंगी नहीं! अच्छा, इस वक्त तो अब इजाजत चाहता हूँ।'

पड़ोस की कोयल

रमेश ने चारपाई पर लेटे-लेटे देखा, अब तीन बजने में पाँच मिनट बाकी थे। सस्ती-सी टाइमपीस की टिक-टिक तो जारी थी, घड़ी जरूर ही रुकी नहीं थी। लेकिन

इतनी देर बाद भी घड़ी में पाँच मिनट ही गुजरे थे। इसके पहले उसने देखा था तो तीन बजने में दस मिनट थे। उसे ऐसा मालूम हो रहा था, जैसे घंटों बाद उसने फिर घड़ी देखी थी। उसने यही समझा था कि चार बजने में पाँच मिनट थे, लेकिन नहीं, चार नहीं, तीन बज रहे थे और इसमें भी अभी कुछ देर थी। घड़ी की सुई बरसात के किसी बेडौल कीड़े की तरह रेंग रही थी, जिसके दोनों पंख जल गए हों, सारी-की-सारी टाँगें जल-कट गई हों।

रमेश के ऑफिस का एक कर्मचारी मर गया था। ऑफिस दोपहर में ही बन्द कर दिया गया था। उसने सोचा था, दोपहर में आराम करेगा। आराम उसने इतना काफी कर लिया था कि अब उठा था। वह दोपहर और शाम के बीच टँगा हुआ झूल रहा था।

उसके ऑफिस में भी सभी ऑफिसों की तरह, सब काम बहुत धीरे-धीरे होते थे, लेकिन होते थे जरूर। ऑफिस में वक्त भी, धीरे-धीरे ही सही, लेकिन जिद के साथ गुजरता चला जाता था। आज तो, मालूम होता था, फाइल और बही-खाते वगैरह के साथ ही वक्त भी ऑफिस की अलमारी में ही बन्द हो गया था।

नीचे गली में मुद्दत के बाद कभी साइकिल की घंटी बज जाती थी, नहीं तो वह भी रमेश के दिमाग की तरह सूनी पड़ी थी। दिन के वक्त रात जैसी इस खामोशी में, राहत के बदले एक अजीब उदासी थी। शोरगुल से गूँजनेवाले शहर के बीचो-बीच यह सूनापन दिल की धीमी पड़ती हुई धड़कन की तरह परेशान कर रहा था। रमेश सिगरेट के गहरे धुएँ से छोटे कमरे में बन्द आसमान पर गोल लकीरें खींचने की कोशिश कर रहा था कि अचानक जहरीली गैस की तरह कमरे के अन्दर-बाहर छाई हुई निस्तब्धता भंग हो गई। बिलकुल पास में ही कोई सुरीले कंठ से गाने लगा था। उसने ध्यान से सुना, गाने की आवाज सामनेवाले मकान से आ रही थी। कोई रमणी गा रही थी। उसे याद आया, कल सामने के मकान के दरवाजे पर नये किरायेदार के सामान से लदी गाड़ियाँ उसने देखी थीं। गाना बीच-बीच में रुक जाता था और रमेश को इन बातों पर गौर करने का मौका मिल जाता था। गाना हठात् रुक जाता था, फिर उसी तरह शुरू भी हो जाता था। वह मुग्ध होकर गाना तो सुनता ही था, कानों के सहारे ही जैसे साफ-साफ देखता भी जाता था कि गानेवाली रमणी ने यहाँ यह चीज सजा दी और उल्लास के साथ गा उठी, फिर कोई भारी चीज उठाने के वक्त धीरे-धीरे गुनगुनाती हुई चुप भी हो गई, कि यह काम खत्म होते ही एक कमरे से दूसरे कमरे में कूदती जाती हुई फिर वातावरण को अपनी मधुर ध्वनि से गुँजाने लगी।

रमेश संगीतज्ञ तो नहीं था, पर संगीत-प्रेमी जरूर था और इस नाते अच्छे-बुरे की पहचान उसे थी। उससे छिपा नहीं रहा कि गानेवाली स्त्री को संगीत का बहुत कम ज्ञान था। लेकिन यह जैसे उसके हक में अच्छा ही था। गाने में कहीं कोई

कृत्रिमता, खींचतान नहीं थी। गानेवाली को केवल अपने कंठ पर ही भरोसा था। लेकिन गाने के लिए इससे ज्यादा भरोसा किया ही किस पर जा सकता है, सोचते-सोचते रमेश फिर उस मधुर ध्वनि की प्रतीक्षा करता रहा। उसे इस बार निराश होना पड़ा। बहुत देर इन्तजार के बाद वह बाहर चला गया।

रात में नौ बजे के बाद लौटते हुए रमेश ने गली में ही सुना, पड़ोस की वह कोयल कूक रही थी। इस औरत ने दुनिया की कौन-सी न्यामत पा ली थी ? उसे जीवन के किस बन्धन से मुक्ति मिल गई थी ? रमेश ने बहुत दिनों पहले किसी गाँव में सुबह के वक्त कोयल को इस तरह हृदय उलीचते हुए सुना था। आम के दरख्त की फुनगी पर खतरनाक ढंग से झूलती हुई कोयल मुनादी कर रही थी : आज मैं बहुत खुश हूँ, इतना कि अपने में ही बन्द नहीं रह सकती। लो, तुम सभी सुनो, मेरी खुशी में हिस्सा बँटाओ। और उसने भी शरारत से एक-दो बार जोर से कू कर दिया था। कोयल ने ललकार-ललकारकर जवाब देना शुरू कर दिया था। इतने ही में एक देहाती निशानेबाज लड़के ने एक पके आम पर ताककर ईंट चला दी थी। ईंट शायद आम के बदले कोयल को ही जा लगी थी। कोयल एक कातर कू के साथ उड़ गई थी। रमेश के दिमाग में गाँव की वह सुबह और यह रात घुल-मिल गईं। वह आँख बन्द कर दरख्त की फुनगी पर झूलती हुई कोयल को देख रहा था और उसके कानों में गाने की आवाज झर रही थी। अचानक गाना बन्द हो गया और तभी बन्द हो गया जब उसे कोयल की कातर कू का खयाल आने ही लगा था। यह बात उसे अशुभ-सी मालूम पड़ी। वह अनमना हो उठा। लेकिन तत्क्षण ही गाना फिर शुरू हो गया। वह गाँव और कोयल और निशानेबाज लड़के की बात भूलकर गाना सुनने लगा। गाना कोई ग्यारह बजे रात तक जारी रहा, जब गली में इस मकान के सामनेवाले दरवाजे की कुंडी किसी ने खटखटाई। रमेश ने समझा, गृह-स्वामी घर लौटा होगा।

सुबह ऑफिस जाने के पहले भी गाने का सिलसिला जारी रहा। शाम को और रात में भी, जब तक कुंडी नहीं खटखटाई गई। रोज ही सुबह-शाम रमेश की थकावट खुशी और गाने के फव्वारे से धुल जाती थी।

एक इतवार को दोपहर-भर गाना सुनते-सुनते, कुछ दूर तक स्थगित रहने के बाद, शाम के वक्त उसने सुना, गाना हारमोनियम पर गाया जा रहा था। कोई तबला भी बजा रहा था। गाना बीच-बीच में रुकता नहीं, रोक दिया जाता था। तबला बजानेवाला ही, जहाँ गाना रोक दिया जाता था, वहाँ से गाने लगता था। भूल समझाकर रुक जाता तो हारमोनियम पर परिचित कंठ गाने लगता था। रमेश को यह संगीत-शिक्षा बिलकुल निष्प्रयोजन और आपत्तिजनक लगी। गाने में व्याकरण के बन्धन लग गए थे और कविता का स्वाभाविक प्रवाह रुक गया था। वह झुँझलाहट के साथ उठा और बाहर चला गया।

रात में लौटकर आने के बाद जब फिर वही चारों ओर खुशी लहरानेवाली आवाज उसके कानों में गूँज उठी, तब बड़ी तसल्ली हुई। रोज ही शाम के वक्त प्राणों के संगीत को दिमागी नियमों से बाँधने की शिक्षा दी जाती थी। लेकिन जैसे रमेश को यह सब पसन्द नहीं था, वैसे ही संगीत की इस जिद्दी छात्रा को भी मास्टर के जाने के बाद यह सब किसी दिन कभी मंजूर नहीं हुआ। रमेश ने उसे कभी पाठ का अभ्यास करते नहीं सुना। वह जब गाती, और अक्सर गाती ही रहती थी, तब उसी तरह आनन्द-विभोर होकर।

यह सचमुच ताज्जुब की बात थी। रमेश ने दाई से सुना था कि सामनेवाले मकान में जो बाबू आए थे, उनकी विलायती शराब की दुकान थी। कभी ग्यारह बजे से पहले घर नहीं लौटते थे। खुद भी शराबी थे। पक्के मक्खीचूस थे। चाल-चलन भी अच्छा नहीं था। घरवाली के साथ बुरा सुलूक करते थे। बेचारी की अभी उम्र ही क्या थी! बड़ी अच्छी हँसमुख लड़की थी। अपनी-अपनी किस्मत! रमेश गाना सुनता, इन बातों पर गौर करता, और ताज्जुब के साथ फिर गाना सुनने लगता।

रमेश इधर कई दिनों से देख रहा था, ऑफिस में उसके साथ काम करनेवाले, ऑफिस के बाहर उसके मुलाकाती—सभी उसकी ओर आश्चर्य के साथ देखते थे। इसकी वजह उसे तब मालूम हुई जब उसके एक दोस्त ने बड़े रहस्यपूर्ण ढंग से शरारत-भरी मुस्कुराहट के साथ पूछ दिया था, 'क्या बात है? आजकल बड़े खुश नजर आते हो? कुछ बताओगे भी? न सही साझा!'

और तब रमेश ने भी समझा था कि ओह, सचमुच वह कितना बदल गया था चन्द दिनों में! यहाँ आकर ऑफिस में काम शुरू करने के कई दिनों बाद उसने धीरे-धीरे यह समझा था कि उसका जीवन कितना नीरस होता जा रहा था! जब उसने यह समझा, तब तक वह इसका आदी हो गया था। लेकिन आज अपने इस परिवर्तन को समझ लेने के बाद ही उसे मालूम हुआ कि उसने कितना क्या खो दिया था और वह सब कुछ ही उसे इस तरह अनायास ही वापस मिल गया था। उस रमणी के प्रति, जिसे एक बार देखा तक नहीं था, जिसे सिर्फ सुनकर ही जाना था, उसका हृदय कृतज्ञता से भर-भर उठा। लुटानेवाले को भले ही इस बात की फिक्र नहीं कि किसे क्या मिला, कितना मिला, किसी को बहुत कुछ और किसी को शायद कुछ भी न मिला हो लेकिन इतना पाकर रमेश उसके लिए क्या कर दे, वह समझ नहीं पा रहा था।

उस दिन शाम से ही वह और पाने के लोभ में अपने कमरे में बैठा रहा, लेटा रहा। लेकिन शाम हो गई, रात के दस-साढ़े दस बजे, और वह इन्तजार ही करता रहा। आखिर ग्यारह बजे के बाद गाने की आवाज के बदले कुंडी की खट-खट से उसे प्रतीक्षा का पुरस्कार मिला। सामने के मकान का बाबू घर वापस आ गया। रमेश सोने की तैयारी में लगा।

बिस्तर झाड़ते हुए रमेश सामनेवाले मकान के परिचित कंठ की चीख से चौंक गया। लानत-मलामत के तीखे शब्द और थप्पड़-तमाचों की आवाज भी सुनाई पड़ी। रमेश ने एक-एक आघात अपने गाल, पीठ पर जैसे सहा और बिस्तर पर धम्म से गिर गया।

दूसरे दिन दाई रमेश के कमरे में झाड़ू लगाती जाती थी, और बड़बड़ाती जाती थी, 'मास्टर को निकाल दिया सो तो ठीक ही किया था। लेकिन बड़ी उम्र हो बहूजी की, वनमानुष ने किस बेदर्दी से बहूजी को लात-घूँसे लगाये थे! बेचारी को चौथे-पाँचवें महीने का बच्चा होने को आया।'

रमेश शाम को वह घर छोड़कर एक होटल में चला गया।

जरूरतें

बाजारू औरतें रात में कुछ घंटों के लिए कुछ और हो जाती हों, लेकिन दिन भर सूखे आदमीपन के सिवा उनके पास भी कुछ नहीं रह जाता। पज्जन के छोटे-से कमरे के बाहर, उसे घेरकर, अगल-बगल के कमरों की, और शायद दूसरे घरों की भी हमपेशा, हमउम्र औरतें बैठी हुई हैं। दोपहर का, खाने-पीने के बाद का, वक्त है। बरामदे में मीठी धूप में चुहल, शिकायत, दुनिया-भर की बातें, जो भले घरों में भी इस वक्त होती हैं, यहाँ भी चल रही हैं। उनका रूप, वेश, आचरण बिलकुल भले घरों की बहू-बेटियों की तरह साधारण है, अगर यह छोड़ दें कि उनमें से एक सिगरेट पी रही है, जो मतभेद की बात हो सकती है।

सिगरेट खत्म कर लेने के बाद चलती बात का जरा भी खयाल किये बिना, उनमें से एक बीच में ही बोल उठी, 'तो पज्जन, कल रात का किस्सा सुनाओ न! एकदम सौ रुपये ले आई ताज्जुब उसी का था, फिर इतनी देर से टाल-टालकर सुनने के लिए और भी उतावली बना दिया है!'

'मैं तो खुद ही कहने जा रही थी,' पज्जन ने कहा, 'अजीब वाकया है। तुम शायद एतबार नहीं करोगी। लेकिन कसम है, जो अपनी ओर से कुछ बढ़ाया-घटाया हो।'

और पज्जन ने कहना शुरू किया :

कल उसे वह आदमी रात-भर के लिए अपने घर ले गया था। जाने पर उसने खाना खिलाया, उसने बहुत थोड़ी-सी शराब भी पी थी। फिर उसे बैठाकर वह आदमी बगलवाले कमरे में चला गया था। जब वह बहुत देर तक इन्तजार करने पर भी नहीं आया तो वह सोफे पर ही लेट गई थी। न जाने कितनी देर के बाद मेज पर प्लेटों के हिल जाने की आवाज से जग पड़ी तो देखा कि वह शख्स अजीब किस्म

से, खोया-सा उसकी ओर देख रहा था। उसने उठकर कहा था कि उसे सो जाने का कितना रंज था, पर उसने इन्तजार काफी देर तक किया था। खैर, वह हाजिर थी। लेकिन उस आदमी ने हँसकर बीच में ही रोक दिया था कि नहीं, नहीं, वह फिर सो ही जाए एकदम, कुछ खयाल मत करे। यहाँ तक कि उस पर एक 'रंग' डालकर उसके सिर को गोद में रखकर सहलाता रहा, जब तक वह सो नहीं गई—रोती बच्ची की तरह आया से थपथपायी जाकर। उसकी नींद फिर काफी देर बाद खुली थी। 'रंग' नीचे गिर गया था और उसे ठंड मालूम हुई तो वह उठ बैठी थी। पंजे पर आहिस्ता-आहिस्ता चलकर उसने दूसरे कमरे में पहुँचकर देखा था कि वह आदमी दीन-दुनिया की खबर से बेसुध ब्रश चला रहा था।

उसे खयाल हुआ था कि शायद उस आदमी को तसवीर बनाने के लिए सोई हुई 'मॉडल' की जरूरत होगी। एक बार एक जनाब को नंगी 'मॉडल' की भी तो जरूरत हुई थी, गरचे स्टूडियो में उन्होंने तसवीर बनाने का नाम भी लिया होता! लेकिन यह सचमुच कोई पहुँचा आर्टिस्ट होगा, उसने सोचा था।

लेकिन भई, बात तो कुछ समझ में ही नहीं आई। वह उसके पास एकदम चली गई थी। पर पास जाने पर देखा था, कागज पर छोटे-बड़े, उलटे-सीधे तिकोने कहीं, तो कहीं जैसे रंग में लपेटकर ब्रश कर दिया गया हो!

दीवार पर उसकी परछाईं देखकर वह चौंक उठा था। उसकी ओर देखकर उसने ब्रश रख दिया था। फिर उठ खड़ा हुआ था। घड़ी देखी थी और फिर उसे कुर्सी देकर कहा था, 'अब चार बज रहे हैं, तुम जा सकती हो। सवारी मँगाये देता हूँ। ये रुपये लो।'

वह जानती है कि उसकी बात पर उसके सुननेवाले एतबार नहीं करेंगे। उसे खुद ही नहीं होता। 'लेकिन, कसम खुदा की,' पज्जन ने बड़ी गहराई से कहना जारी रखा, 'उस चार बजे के वक्त उसके स्टूडियो में उसके सामने मैं अपने-आपको ऐसी नाचीज-सी मालूम हुई कि सौ रुपये के नोट को मैंने बैठती आवाज से लौटाना चाहा। मैंने कहा था—'मैं तो आपकी कोई खिदमत कर नहीं पाई और ये सौ रुपये भी बहुत हैं।—पर उसने हँसकर टाल दिया।'

पज्जन साँस लेने के लिए रुक गई। सुननेवाली औरतें साँस रोककर उसके आगे कहने की प्रतीक्षा कर रही थीं।

'मैंने हिम्मत करके पूछा,' पज्जन ने फिर कहना शुरू किया, 'तब मुझे ले आने की ही क्या जरूरत थी, इतना तो बता ही दीजिए?—मैंने जिद की—नहीं तो रुपये नहीं लूँगी। लेकिन मुझे हिम्मत नहीं रही। उसके चेहरे से हँसी गायब हो गई थी, उस वक्त की तरह जब वह तसवीर खींच रहा था। उसने नौकर को बुलाकर गाड़ी ले आने के लिए कहा। हम दोनों आमने-सामने चुप बैठे रहे। वह मूरत की तरह बैठा रहा। एक खूबसूरत मूरत की तरह—बेजान, आँखें खुली हुई थीं, पर जैसे देख

कुछ भी नहीं रहा था। अगर थोड़ी देर तक नौकर नहीं आता तो मैं चीख उठती। जाड़े की रात में मेरी देह पसीने से लथपथ हो गई। लेकिन तभी गाड़ी के आ जाने की खबर नौकर ने दी थी। और मैं जरा-सा हाथ उठाकर बाहर निकल आई थी।'

पज्जन ने पास रखे हुए तौलिये से अपना मुँह पोंछ लिया—उसे पसीना हो आया था। कुछ ठहरकर फिर बोली :

'उसने लौटते वक्त नौकर को अलग बुलाकर पाँच रुपये देकर पूछा था। उसने बतलाया था कि वह बहुत अमीर थे। तसवीर बनाने के बड़े शौकीन थे और अपनी बीवी को जिन्हें हद से ज्यादा मुहब्बत करते थे, साथ में लेकर दुनिया में इधर-उधर घूमते रहना और तसवीरें बनाना, यही उनका काम था। बीवी चार साल पहले बच्चे की पैदाइश में मर गई थी। तब से यह दुनिया से एकदम कटे-से रहते थे। लेकिन नौकर ने बतलाया था, उसने अब जाकर कुछ समझा था। वह तसवीरें बनाने से अपने को रोक नहीं सकते। महीनों के बाद कभी किसी दिन बैठकर तसवीर बनाने के सामान इकट्ठा करते थे, फिर उन्हें बिखेर देते थे। और फिर ठीक करते थे। तभी कोई-न-कोई औरत भी आती थी। वह अब जान गया था कि उसने पहले जो समझा था, वह गलत था। उसके मालिक जिन्दगी अकेले गुजार दे सकते थे, लेकिन तसवीर बनाने के वक्त साथ के लिए बेअख्तियार हो जाते होंगे। एक बात और उसने देखी थी, जब कभी ऐसा मौका आता था तो मालिक अक्सर कई रातें घूमने के बाद ही किसी को ले आते थे। और उसने देखा था, कि वे औरतें थोड़ा-बहुत जरूर उनकी बीवी से मिलती-जुलती-सी रहती थीं। वह और कुछ जानता नहीं था।'

पज्जन चुप हो गई थी। सुननेवालों पर विषाद की छाया छा गई थी।

पगली घंटी

जेल में खूँख्वार कैदियों की संख्या बहुत अधिक बढ़ गई है। कुछ रोज पहले तक डाका, खून और दूसरे भयंकर अपराधों के लिए सजा भुगतनेवालों से यह जेल भरी हुई थी। अब राजनीतिक बन्दी भी आ गए हैं। काम इन लोगों ने भी वैसे ही किये हैं, लेकिन इनका उद्देश्य ऊँचा था। इन्हें दंड भी वैसे ही मिले हैं, इनके साथ व्यवहार भी करीब-करीब वैसा ही किया जाता है। किन्तु इन दोनों दलों में कितना बड़ा अन्तर है!

राजनीतिक बन्दी निर्भय आँखों से जेल के अफसरों को गुरेरते हैं, सिर ऊँचा किये चलते हैं—पिंजरे में बन्द होने पर भी शेरों ने हार नहीं मानी है। दूसरी श्रेणी के कैदी भूखे भेड़ियों की तरह हैं—लाल-लाल आँखें, पर झुकी हुई, मरने-मारने को तैयार और एक डाँट सुनते ही खींसें निपोड़ देते।

आजकल पुराने कैदियों की तरफ से जेल के अधिकारियों का ध्यान हट गया है। उन्हें राजनीतिक बन्दियों पर ही अपनी सारी अक्ल लगानी पड़ती है। जो सजायाफ्ता कैदी अपने व्यवहार से जेल के अधिकारियों के विश्वास-भाजन हो गए हैं, उन्हें राजनीतिक बन्दियों के षड्यंत्रों की टोह में रहना पड़ता है। अभी तीन रोज पहले की बात है, एक आजन्म कारावास की सजा पाए हुए ऐसे कैदी ने प्रसिद्ध क्रान्तिकारी गांगुली और उसके साथियों को आधी रात के समय जेल की चहारदीवारी तड़पने के समय पकड़वा दिया था। उसे पहले से ही कुछ भनक मिल गई थी और उसने ऐन मौके पर अधिकारियों तक खबर पहुँचाकर गांगुली और उसके साथियों की सारी योजना मिट्टी में मिला दी थी। आजकल कैदियों के इस वर्ग में इसी बात की चर्चा थी कि उनके उस साथी की सजा सरकार कब घटाती है।

सो, 'बन्दियों', और 'कैदियों' में मनमुटाव हो गया है। राजनीतिक बन्दी उन कैदियों को घृणा और सन्देह की दृष्टि से देखते हैं। दूसरी ओर कैदियों की यही कोशिश रहती है कि बन्दियों के बारे में झूठ-सच खबरें पहुँचाकर जेल के अधिकारियों के कृपा-भाजन बनें।

इनमें सबसे ज्यादा खुराफात करनेवाला किशुन था। उसे डाका डालने और कत्ल करने के लिए दस साल की सजा मिली थी। कल तक समूची जेल उससे थर-थर काँपती थी। आज वह जेल के अधिकारियों का अपना आदमी बन गया है। मालूम पड़ता है, उसके पास बीड़ियों का अच्छा-खासा स्टॉक हमेशा बना रहता है, एक तरह से वह दूसरे सभी कैदियों का सरदार ही बन बैठा है। नियम के अनुसार उससे परिश्रम के काम कराए जाने चाहिए, लेकिन इन दिनों वह जंगल में मंगल मना रहा है। जो अब तक पीड़ित रहा है, उसे, अधिकारी की छाया मात्र प्राप्त कर लेने के बाद, दूसरों को सताने में एक विचित्र सन्तोष मिलता है। जेल के सबसे ज्यादा बदनाम अफसरों से भी वह एक कदम आगे रहता है।

आधी रात का वक्त। एक-एक घंटे पर चौंककर जग-से उठनेवाले घड़ियाल के अलावा जेल के चारों ओर का वातावरण बिलकुल स्तब्ध था। अभी एक का घंटा बजने में काफी देर थी। जेल के पश्चिमी कोने की दीवार के इधर ही कुछ लोग एक-एक करके इकट्ठे हो रहे थे। चारों ओर ठोस अन्धकार छाया हुआ था। मालूम होता था, जैसे अन्धकार के टुकड़े ही अन्धकार की सम्पूर्णता से अलग हो-होकर इधर-उधर चलने लगे थे और फिर अन्धकार में ही विलीन हो जाते थे।

कुछ दूर पर एक पेड़ के पीछे छिपा हुआ अन्धकार का टुकड़ा जल उठा। बीड़ी जोर के कश से अंगारे की तरह चमकी और ऐंठे हुए होंठ की रूप-रेखा झलक गई। किशुन कुछ देर तक खड़ा रहा। फिर दीवार के पास खड़ी आकृतियाँ पीछे घूमकर देखने लगीं—जुगनू की तरह, पर और ज्यादा तीखेपन के साथ, चमक-चमक उठनेवाला स्फुलिंग उनकी ओर ही बढ़ रहा था।

किशुन दीवार के बिलकुल पास चला आया। उसने समीप से उन छाया-आकृतियों को पहचानते हुए व्यक्ति विशेष को लक्ष्य करते हुए व्यंग्य से कहा, 'नमस्ते, सरदार साहब! हम भी कुछ मदद कर सकते हैं क्या?'

'हाँ-हाँ, नहीं क्यों!' उस व्यक्ति ने कठोरता और गम्भीरता से तने हुए शब्दों में कहा, 'तुम जाकर सुपरिंटेंडेंट साहब को खबर तो कर ही सकते हो कि हम जेल की दीवार लाँघकर भाग निकलने की कोशिश में लगे हुए हैं!'

'अच्छा, सरदार, अगर मैं कहूँ कि मैं भी आप लोगों के साथ हूँ, तो आप क्या कहेंगे? मैं भी आपके साथ भाग निकलना चाहता हूँ!'

'क्यों, तुम क्यों भागना चाहते हो? यहाँ क्या कमी है?'

'सरदार साहब, खैर, जाने भी दीजिए। इजाजत तो है न?'

और किशुन ने पहली बार में ही धोतियों की बनी वह रस्सी ऊपर तक फेंक दी, जिसके लिए बाबू लोग कई बार प्रयत्न कर चुके थे।

फिर किशुन छिपकिली की तरह, कुछ दीवार के सहारे, कुछ रस्सी का आधार लेकर ऊपर तक चढ़ गया। ऊपर रस्सी ठीक से बाँधकर वह नीचे उतरा और बोला, 'सरदार, आप चढ़ चलिए ऊपर, मैं सहारा देता हूँ।'

सरदार ने किशुन की ओर देखा। उसने सिर हिला दिया और रस्सी का निचला छोर थामकर खड़ा हो गया। 'जल्दी कीजिए,' उसने कहा और चौंककर दूर तक देखने की कोशिश करने लगा। सरदार ने भी उधर घूमकर देखा। एक घूरती हुई रोशनी नजदीक, बहुत नजदीक चली आ रही थी।

'पास में कुछ है तो, सरदार?' किशुन ने पूछा। फिर कहा, 'अब सोचिए मत, भागिए, भागिए!'

रोशनी तेजी के साथ बहुत पास तक चली आई थी। किशुन ने बढ़कर पहला वार किया : धाँय...चीख...धाँय! किशुन और वार्डर साथ-साथ जमीन पर गिरे। दूर पर शोरगुल होने लगा था। सरदार किशुन की तरफ बढ़े। किशुन ने रोकते हुए सिर्फ इतना ही कहा, 'भागिए, भागिए! मैं तो आजाद हो ही गया। जय हिन्द!'

और सहसा शान्ति और अन्धकार को चीरती हुई पगली घंटी बजने लगी।

लल्लू की आजादी

कई रोज से फिटन पर लाउडस्पीकर के सहारे गरजते हुए कुछ लोग शहर का चक्कर लगा रहे थे। धीरे-धीरे उनका सन्देश छनकर शहर के कोने-कोने तक पहुँच गया। पन्द्रह तारीख को आजादी मिल जाएगी, यह बच्चे तक जान गए हैं। शहर के इस कोने में मोटर, बग्घी, ताँगे शायद ही कभी आते हैं। लेकिन आजादी का अग्रदूत

फिटन एक दिन भूला-भटका इधर भी आ निकला था। बहुत सोच-विचार के बाद अब बात कुछ समझ में आने लगी थी।

नथुनी मजदूरों के जिस मुहल्ले में रहता है, वहाँ समझदारी और बेवकूफी की अजीब मिलावट है। वहाँ सरमायेदारों की चर्चा होती है, प्रॉविडेंट फंड की दर पर बहस होती है। संक्षेप में अर्थशास्त्र की गम्भीर समस्याओं पर अनजाने, अलग ढंग से अक्ल और काम की बातें हुआ करती हैं। यह जरा अजीब-सी बात मालूम होती है कि आजादी के मुतल्लिक इन लोगों के खयाल इतने उलझे हुए से हैं! और जब आजादी का मतलब ही कोई ठीक-ठीक न समझे तो इसके बारे में जोश-खरोश की उम्मीद ही कैसे की जा सकती है?

अब यही समझ लीजिए कि नथुनी का कहना है कि आजादी का मतलब यह है कि पन्द्रह तारीख के बाद गौरी कॉटन मिल, जिसमें वह काम करता है, उसकी और उसके साथियों की हो जाएगी। वह नातजुर्बेकार जवान है। उसने कुछ अपने जैसे पढ़े-लिखे नौजवानों की तकरीरें सुनी हैं और दो-दो छै के हिसाब से उसने बहुत कुछ उल्टा-सीधा समझ लिया है। उसके कुछ बुजुर्ग भाग्यवादी हैं और उनसे कम उम्रवाले समाजवादी; इनका कहना यही है कि होने के लिए आजादी हो जाएगी, लेकिन फिर भी कुछ होगा-वोगा नहीं। और यह नथुनी है कि उसे पूरा विश्वास है, कल से दुनिया बदलकर रहेगी। आजादी के मानी है—अपना राज। अपने राज में मिल दूसरों की क्यों रहेगी, कैसे रहेगी? उसे इस बात पर खीज होती है कि उसके वे साथी, जो हड़ताल करने के वक्त क्या करने को तैयार नहीं हो जाते, आज क्यों इस तरह हाथ-पर-हाथ धरे बैठे हैं?

उसने देखा है कि शहर में दर्जी और रँगरेज की दुकानों पर आजकल एक ही काम हो रहा है—झंडों की सिलाई-रँगाई। उसे सन् बयालीस के वे दिन याद आ जाते हैं, जब उसने इस झंडे के पीछे-पीछे चलनेवाली भीड़ के साथ रास्ते के एक बिजली के खम्भे को तोड़ गिराने के लिए नाकामयाब कोशिश की थी और दो-तीन हफ्ते के लिए जेल भी हो आया था। उस वक्त उसे आजादी के बारे में जो कुछ बतलाया गया था, वह आज भी उसके दिमाग में चमक उठता है। उसने झंडा खरीद लिया है। लल्लू और उसकी माँ को तमाशा दिखाने का वादा भी किया है।

उसका उत्साह बढ़ता ही जा रहा है। इधर दो-तीन दिनों से वह काम पर नहीं जा रहा था। आजाद पार्क में तैयारियाँ हो रही हैं। वह स्वयंसेवक बनकर काम कर रहा है। बहुत गिड़गिड़ाने पर उसे काम करने की इजाजत मिली है, हालाँकि वह यह नहीं समझ पाया था कि उसके सहयोग से लोगों को इनकार क्यों था, जबकि सन् बयालीस में गँवार और मजदूर होने के बावजूद उसकी इतनी कद्र थी!

कल आजादी का सुनहला दिन है। नथुनी आजादी की हवा में साँस ले रहा था। वह आजाद है। कल से काले-गोरे का, अमीर-गरीब का, मालिक-मजदूर का भेद

नहीं रहेगा। उसे अपने साथियों पर तरस आता है। शहर में इतना उत्साह है कि अब तो उसके बहुत-से साथी उसकी बात को ही ठीक मानने लग गए हैं। उसे अपनी दूरंदेशी पर फख्र है। अपनी देश-सेवा का गर्व है। अपने उज्ज्वल भविष्य पर विश्वास है।

लेकिन घर पहुँचने पर वह तनिक परेशान-सा हो गया। लल्लू की तबीयत कुछ खराब थी। पहले वह समझा, यों ही बुखार होगा, पर दो-चार घंटों में ही बच्चे की हालत बहुत बिगड़ गई। तेज बुखार, साँस लेने में ऐसी तकलीफ कि उसकी आँखों से आँसू निकल आए। गली के होमियोपैथ ने बताया, बच्चे को डिप्थीरिया हो गया है, उसे तुरन्त ही अस्पताल ले जाना चाहिए।

नथुनी घबराया हुआ बड़े अस्पताल पहुँचा। वहाँ की हालत वह देख चुका था। वहाँ लोग कैसे भर्ती हो सकते हैं, इसका रहस्य वह जानता था। एमरजेंसी वार्ड में पहुँचकर वह हिम्मत हार गया। उसकी बातें सुनने की किसे फुर्सत थी—वह माँ की गोद में टँगे लल्लू को देखता और डाक्टर के पास दौड़ता और फिर वापस आ जाता। पत्थर के देवता शायद पुकार सुन भी लेते हों, पर कान और दिलवाले डाक्टर उसे मिले ही नहीं।

लेकिन अचानक ही नथुनी की सारी निराशा जाती रही। पोर्टिको में एक जानी हुई मोटर गाड़ी आई। उसमें से वे ही महाशय जी निकले, जिनकी देख-रेख में वह आजाद पार्क में काम कर रहा था। उसने सामने जा झुककर नमस्ते किया तो वे निचला होंठ हिलाकर सीधे एमरजेंसी वार्ड में दाखिल हो रहे।

जिस डाक्टर ने बार-बार आरजू करने पर उसके बच्चे को देखना कुबूल कर लिया था, उसे साथ में लेकर महाशय जी सीधे ऊपर चले गए।

और जब तक वे लौटकर वापस आए, लल्लू को पूरी आजादी मिल चुकी थी—हमेशा के लिए।

नथुनी बाहर निकला तो एक बड़ा जुलूस रास्ते से गुजर रहा था। सभी आजाद पार्क की तरफ जा रहे थे। मालूम होता था, सारा नगर नदी की तरह एक ही दिशा में प्रवाहित हो रहा था।

केवल दो प्राणी धारा के विपरीत बढ़ने की कोशिश कर रहे थे। एक के हाथ में कपड़े में लिपटा हुआ कुछ पड़ा था।

मुखबिर

तारक मुखबिर बन गया था। मुझे जब एक दिन उसने गुप्त क्रान्तिकारी दल के बारे में कुछ बातें बताई थीं, तो मैंने माँ के बक्से से चुराकर उसे कुछ रुपये दिये थे। तब

वह कितना ऊँचा उठ गया था मेरी निगाह में! उसकी महानता की परछाईं मैं अपने पर भी पाकर गर्व से भर उठा था, यहाँ तक कि माता-पिता के रुपये-पैसे चुराने की आदत न रहने पर भी मैंने जो पहली बार चोरी की थी, उसका मुझे तनिक भी पछतावा नहीं हुआ था।

मेरे लिए यह बड़ी बात थी कि ग्यारहवीं जमात का छात्र और वह भी तारक, जो क्रान्तिकारी था, नवीं जमात के मुझ जैसे दब्बू लड़के को अपने रहस्य का साझीदार बनाए। यों तो स्कूल के सभी लड़के सन्देह करने लगे थे कि तारक क्रान्तिकारी हो गया था, लेकिन किसी को उसने साफ-साफ कुछ बताया नहीं था। बिखरे बाल, चढ़ी आँखें, क्लास से गायब रहना, कुछ सफेदपोश सी.आई.डी. वालों के द्वारा उसके बारे में पूछताछ होना—ये ही कारण थे कि हम सन्देह करते थे कि वह क्रान्तिकारी हो गया है। सी.आई.डी. वालों में से दो को तो मैं पहचानता भी था और मैंने रमेश को बताया था और उसने जाने कितने दूसरों को। मेरे पिता सरकारी वकील थे न, और उनके यहाँ वे कभी-कभी मुझे दीख पड़ते थे।

तारक क्रान्किारी है, मैं जान चुका था। दूसरे लड़कों का सन्देह भी निश्चय में बदलने लगा था, कि एक दिन शहर में बिजली की तरह खबर फैल गई थी कि रात में नदी के पार बम फूटा था, कई क्रान्तिकारी घायल हुए थे और चार-पाँच युवकों के साथ तारक भी गिरफ्तार हुआ था। और कुछ ही दिनों बाद यह भी खबर छपी थी कि तारक मुखबिर हो गया था। उस दिन, उसके प्रति मेरे मन में जो श्रद्धा थी, उसके उलट अनुपात में घृणा उत्पन्न हुई थी।

एक दिन वह सी.आई.डी. और पुलिस के कई उच्च अधिकारियों से घिरा पिताजी के पास आया था। मैंने उसे पुलिस की गाड़ी से उतरते देखा था। उसकी नजर मुझ पर पड़ी थी। उसकी आँखें नीची हो गई थीं। मैंने अपनी आँखें घृणा से फेर ली थीं।

मैंने पिताजी के ऑफिस के दरवाजे के पीछे खड़े होकर बहुत देर तक उनकी बातें सुनी थीं, जिनमें समझ में कम ही आई थीं। दो बातें साफ-साफ समझ में आ गई थीं और आज भी याद हैं। पहली यह कि तारक को कुछ बातें जैसे रटाई जा रही थीं और वह उन्हें दुहराने में गलतियाँ कर-कर बैठता था और उसे डाँट भी पड़ती थी।

दूसरी बात यह कि वह बार-बार जैसे इस बात पर जोर दे रहा था कि उसने पुलिसवालों की मार सही, प्रलोभनों को ठुकराया लेकिन मुखबिर बनने को इन कारणों से तैयार नहीं हुआ। जेल में रात के वक्त उसे मच्छर इस कदर काटते थे कि उससे सहा न गया, और यही कारण था कि वह मुखबिर बन गया। मैंने उसे सिसकते, पुलिसवालों को ठहाका मारते और फिर पिताजी को कुछ और पूछते सुना था। मैं पुलिसवालों और पिताजी से अधिक उसके प्रति घृणा से भर गया था। कायर! क्रान्तिकारी बनने चला था! मच्छरों के काटने से हिम्मत हार गया!

मैं तब नौवीं जमात का विद्यार्थी था।

मैंने तारक के प्रति अपनी सारी घृणा मथुरा दादा के सामने प्रकट की थी। माँ समझती नहीं, पिताजी से कुछ कहने की बात ही नहीं उठती थी। यह मथुरा दादा ही थे, जिनसे मैं मन की बातें कह सकता था।

मथुरा दादा पिताजी से बड़े थे। फौज के जमादार रह चुके थे। तनिक दूर के सम्बन्धी थे किन्तु पिताजी उनका आदर करते थे। अब वे पेंशन पाते थे और ज्यादातर घर पर ही रहकर खेती-बाड़ी की देख-रेख करते थे। पिताजी की खेती-बाड़ी भी वे ही देखते थे। वे अक्सर मामले-मुकदमे की बाबत सलाह-मशविरा करने पिताजी के पास आते थे और मुझे अपने फौजी जीवन की कहानियाँ सुनाया करते थे। उनकी बहादुरी की कहानियाँ सुनकर मेरे रोएँ खड़े हो जाते थे। मैं यही सोचता—काश, इन्होंने अंग्रेजों की सेवा में बहादुरी दिखाने के बदले देश-सेवा के कामों में दिखाई होती! फिर भी वह बहुत पहले की, पहले महायुद्ध की बात थी। इसलिए मैं उनका अपराध भूलकर, उनकी बहादुरी की कहानियाँ सुना करता था।

उन्हें विक्टोरिया क्रॉस का दुर्लभ सम्मान प्राप्त हुआ था। उसे एक बार वे खास तौर से मुझे दिखाने लाए थे। वे उसे बड़ी हिफाजत से रखते थे और खास मौकों पर पहनते थे। उनसे तारक की कायरता बयान कर मुझे बड़ा सन्तोष हुआ—कहाँ वे और कहाँ यह कायर तारक! लेकिन मुझे बड़ा आश्चर्य हुआ जब उन्होंने, मेरी आशा के प्रतिकूल, तारक के प्रति घृणा प्रकट करने के बदले, सहानुभूति के साथ कहा, 'बेचारा!'

'तारक को आप बेचारा कहते हैं, आप जो खुद ऐसे बहादुर हैं?' मैंने पूछा।

मथुरा दादा ने तब एक विचित्र दार्शनिकता के साथ कहा था, 'देखो बेटा, बहादुरी और कायरता में कोई ज्यादा फर्क नहीं है। कभी-कभी एक बड़ी पतली लकीर भर दोनों को अलग करती है। मैं तो समझता हूँ, वह लड़का कम बहादुर नहीं है। उसने मार सही। उसे लालच दिया गया और वह डिगा नहीं। बहादुरी इसे नहीं, तो कहेंगे किसे?'

'मच्छरों से हार जाने को!' मैंने असहिष्णु व्यंग्य के साथ कहा था। ये शब्द रहें हों या नहीं!

इस पर मथुरा दादा ने बड़े स्नेह से मुझे समझाते हुए कहा था, 'तारक से घृणा करो, यह मैं तुमसे कभी न कहूँगा। आओ, आज तुम्हें मैं एक बहादुरी की कहानी सुनाऊँ। शायद तुम मेरी बात तब कुछ समझ सको!

'मैंने लड़ाई में बड़े-बड़े जवाँमर्दों को भींगी बिल्ली बनते देखा था और खून का रंग देखकर बेहोश हो जानेवाले नामर्दों को गोलियों की बौछार में जाकर अपने दोस्त को मौत के मुँह से खींच लाते भी। एक विक्टोरिया क्रॉस पानेवाले जवाँमर्द की कहानी

सुनो। मैंने उसे काँपते, घिघियाते देखा था, जब वह एक टुकड़ी के साथ दुश्मनों के मोर्चे पर घुप्प अँधियारे में छापा मारने को भेजा जा रहा था। मुझे मालूम है, उसकी बन्दूक से गोली तक नहीं चली थी लेकिन उस टुकड़ी में अकेला वही बचा पाया गया था। जब दुश्मन की टुकड़ी का सफाया हो गया था और सुबह हम वहाँ पहुँचे थे, कप्तान ने उसकी खूब पीठ ठोंकी थी और हमने उसे कन्धों पर उठा लिया था। पीछे उसे विक्टोरिया क्रॉस भी मिला था!'

'आपसे उसने यह कुबूल कैसे किया होगा?'

मेरे पूछने पर उन्होंने आँखों से आँखें न मिलाते हुए उत्तर दिया था, 'जिन्दगी में मैं पहली बार तुम्हारे सामने कुबूल कर रहा हूँ। मैं ही वह बहादुर हूँ!'

मैं हतप्रभ, मौन बैठ रहा।

मथुरा दादा ने फिर कहा, 'इसीलिए मैं कहता हूँ, बहादुरी और कायरता, सच और झूठ, अच्छे और बुरे के बारे में झटपट फैसला नहीं दे डालना चाहिए। मैंने लड़ाई में देखा था, इनमें भेद नहीं है। थोड़ा संयोग, थोड़ा देखने की नजर, थोड़ा मौके पर आपका कुछ हो जाना और कोई बहादुरी कर गुजरता है, तो किसी के माथे पर कायरता के कलंक का टीका लग जाता है।'

मैं सोचता हूँ तो सच यह पाता हूँ कि उस दिन मेरा सन्तुलन चाहे जितना डिगा हो, मैं तारक को क्षम्य मानने को तैयार नहीं हुआ था। लेकिन आज जब मैंने जीवन से अनगिनत समझौते कर लिये हैं, तो सहज ही लगता है कि मथुरा दादा ने उस दिन अनायास ही एक बहुत बड़े असत्य को चीरकर मुझे सत्य की झाँकी दिखाई थी।

निःसंगता

धीरेन का ताँगा कुछ फासले पर ही था, तभी घंटी के टन-टन-टनन के साथ रेल की गुमटी का फाटक गिर गया। धीरेन का होटल, उधर, पास में ही था, इसीलिए वह ताँगेवाले को पैसे देकर आदमियों के लिए बने छोटे रास्ते से पैदल लाइन लाँघते हुए चला। दूसरी ओर निकलने के पहले दूर से प्रदोष के अन्धकार को बेधती सर्चलाइट के प्रकाश से थाम लिया गया-सा वह फाटक के पास ठिठक गया। पैरों के नीचे काली पत्थर की ईंटों का फर्श धड़क रहा था। लोहे की ठंडी, निर्जीव लाइनें आत्मयंत्रणा की आशा में उछल-सी रही थीं। मेल की आवाज उससे आगे दौड़ी आ रही थी, फिर डिब्बों की पतली, धूसर कतार। धीरेन के हृदय का स्पन्दन प्रतिध्वनित हो उठा। प्रेरणा पाने के लिए वह रुक रहा, जब तक मेल आँधी के एक झोंके की तरह बगल से निकल न गई। सब व्यर्थ ही व्यर्थ था।

कल वह रास्ते में बिजली के एक सब-स्टेशन के अन्दर भी घुस गया था। अन्दर कुछ मरम्मत हो रही थी। दरवाजा खुला था। वह पाँच मिनटों तक उस सीमेंट और लोहे के छोटे कमरे में स्तब्ध खड़ा रहा था।

वह जिधर भीड़ देखता है, उधर से ही निकलता है। पर उसके जीवन की लय सबसे अलग है। उसकी देह सूरज जैसी है। उस देह में चाँद जैसी बर्फीली आत्मा है। समूह में उसका स्थान नहीं, अकेले में वह मृतप्राय है। अपने में पूर्ण होकर वह शून्य है।

उसने बार-बार सोचा है कि उसे कलकत्ता जाकर अपनी साइकोएनालिसिस करानी चाहिए। और वह बार-बार मुस्कुराया है। इस वक्त भी धीरेन इसी खयाल पर मुस्कुराता हुआ होटल की ओर जा रहा था।

उसने एक दूसरे प्रयोग के बारे में भी सोचा है। कॉलेज की जिन्दगी के मित्रों की तरह अपने जीवन को भी समेट लेना चाहिए उसे भी... ? रमेश था जो रात के अड्डों के बारे में प्रमाण समझा जाता था। वह अब दारोगा है। उसके दो बच्चे हैं। ठर्रे और खट्टी नीरा से लेकर चंडू तक का अभ्यास रखनेवाले ललित से मिलने पर जब धीरेन ने कुछ पीने के लिए रीगल के बार में चलने का प्रस्ताव किया था, तो उसे निराश होना पड़ा था।

पिकासो को पीछे छोड़नेवाले प्रयोगों का व्यवहार करनेवाला बेचारा सुरेश किसी बड़ी फर्म के विज्ञापनों के लिए तसवीरें बनाया करता है।

उग्र समाजवादी किशोर भी उसी फर्म में किरानी है। उसने कहा था कि मैनेजर साहब ने उससे साफ कह दिया था—भाई, ऑफिस के बाद तुम्हारे राजनीतिक कार्यों में हम दखलअन्दाजी नहीं करना चाहते।

और, यह एक धीरेन है, जिसे दोस्त महत्त्वाकांक्षाओं से हीन, निष्फल व्यक्ति कहा करते थे, कि मारा-मारा फिर रहा है।

धीरेन ने होटल के अपने कमरे में आकर खाना खाया। फिर रात के कपड़े पहनकर प्रतीक्षा करने लगा। उसकी प्रतीक्षा में कोई उद्वेग न था। मेज पर से उसने एक किताब ले ली थी। उसे लगातार काफी देर तक वह अपनी आँखों के सामने रखता था। पर किताब के पन्ने उसने एक बार भी नहीं उलटे। आरामकुर्सी पर वह इस तरह देह-मन से बिखरा हुआ था, जैसे उसको बनाये रखनेवाले परमाणु धीरे-धीरे अलग होते जा रहे हों! उसकी इस अचेष्ट निष्क्रियता में रह-रहकर जो एक बाधा पहुँचती थी, वह तब, जब उसे अपनी सिगरेट जलानी पड़ती थी। दस बजे के बाद जैसे उसने अपने को फिर समेटना शुरू किया। घंटी बजाकर उसने एक बोतल व्हिस्की और सोडा-बर्फ के लिए ब्वाय को ऑर्डर भी दिया। वह आरामकुर्सी पर वैसे ही लेटा रहा। वह अनुभव कर रहा था, अभी-अभी जो वह खंड-खंड होकर मीलों तक पानी की तरह फैला हुआ था, फिर कुछ इंचों में ठोस एकत्रित हुआ जा रहा है। पहले वह रोशनी था। अब वह बैटरी है।

अब भी वह निष्क्रिय लेटा हुआ था, इसलिए नहीं कि वह दूसरा कुछ कर ही नहीं सकता था। पहले नहीं कर सकता था इसलिए नहीं करता था, न करना चाहता ही था। अब कर सकता था, पर करता नहीं था, क्योंकि करे क्या?

वह जिन्दगी से बढ़कर किसी चीज को नहीं मानता : किसी आदर्श को नहीं, किसी पुरुष को नहीं, किसी नारी को नहीं। और इसीलिए वह सुन्दर, उदार, सहृदय, सम्पन्न होकर भी दुनिया की योजना में स्थान नहीं पा सकता। उसने राजनीति, दर्शन, साहित्य के विभिन्न मतों का गहरा अध्ययन किया है। पर उसने बहुत पहले ही जो अनुभव किया था कि जिन्दगी दुनिया में सबसे बड़ी चीज है और जीना सबसे सुन्दर एकमात्र काम, यही वह आज भी समझ पाता है। उसने अपने को झकझोरा है। अपनी चेतना को धक्के दिये हैं। वह भीड़ में घुसता था तो वह जैसे उसे रास्ता देने के लिए छँट जाती थी। साधु-संत उसके सामने पत्थर-सा चेहरा बना लेते हैं। चोर, बदमाश, डरे हुए बगल से कतराकर निकल जाते हैं। उसने कल एक प्रयोग किया था। वह दिल्ली के नये चावड़ी बाजार में घंटे भर तक चक्कर काटता रहा। उसके पास एक भी टाउट नहीं फटका था।

धीरेन ने घड़ी की ओर देखा। अभी ग्यारह ही बजे थे। वह आरामकुर्सी पर और आराम से फैल गया। उसने होटल के ब्वाय से कल एक खूबसूरत लड़की ले आने के लिए कहा था। वह उसी की प्रतीक्षा कर रहा था।

इस प्रतीक्षा में व्यग्रता न थी। यह धीरेन के स्वभाव के अनुकूल ही था। वह दुनिया में इतने दिनों तक जी चुका है। स्कूल-कॉलेज में पढ़ा है, फिर भी, फिर भी, उसे याद नहीं, उसने कभी खुद किसी के साथ किसी तरह का सम्बन्ध स्थापित करने की चेष्टा की हो। औरों ने कभी उसकी ओर आकर्षण दिखाया भी तो उन्हें निराश होना पड़ा! बस, कुछ इने-गिने रमेश-ललित वगैरह की तरह उसके लड़कपन के दोस्त थे, जिन्होंने उसे प्रारम्भ से ही जाना था और जब तक साथ पढ़ते थे, उससे सम्बन्ध निभाया था। पर वे भी उसके जीवन के ताने-बाने में मिल नहीं पाए थे। बाढ़ की नदी कभी फैलकर इधर-उधर की सूखी भूमि पर भी एक बार बहने लग जा सकती है, पर उसे वहाँ से जैसे निराश होकर अपने निश्चित मार्ग को लौट जाना पड़ता है। धीरेन को लोगों ने अपनाने की चेष्टा की है, पर उसने क्या कभी आ जाने पर किसी का स्वागत किया, या लौटने के समय बाधा दी? और अब जब रमेश और ललित वगैरह भी अपने-अपने निश्चित मार्ग पर दूर बढ़ गए हैं, उसकी दुनिया से कहाँ टक्कर है?

कल इसीलिए एक लड़की बुलवाई थी उसने कि देखे, कहीं उसे कुछ ऐसा मिल ही जाए, जिसे वह रोक रखना चाहे। और वह क्या जानता है कि अपने जीवन से किसी दूसरे के जीवन को लपेटने से जो परिवर्तन हो सकता है, वह अच्छा नहीं लगेगा? वह क्या आज भी किसी तरह से किसी कष्ट में है? लेकिन वह जो ऊब-ऊब जाता है, उसे अपनी इस स्वयं-पूर्णता से, इन झमेलों की मदद से छुटकारा नहीं मिल जाएगा?

पर उसे कल निराश ही होना पड़ा था। आज भी उसे ही बुला लिया था वह, यों ही। कौन जानता है, उस लड़की में कुछ नहीं छिपा था, जो आज खुल ही जाए?

उसने देखा था और अनुभव किया था कि बेचारी वह लड़की बिस्तर पर छेड़छाड़ के बिना एक ओर छोड़ दी जाने पर कुछ अजीब घबराहट में पड़ी रही। पर वह क्या करता और? एक अजनबी औरत का जिस्म गोरा और सुडौल होने की वजह से ही क्या छूने लायक हो जा सकता है? उसने यह बहुत किया है, और वह देख चुका है कि वह इस तरह कहीं पहुँचने में सफल नहीं हो पाता। कुछ औरतें उसकी चेष्टाओं की व्यर्थता पर हँस दी थीं, कुछ ने विचित्र घृणासूचक दृष्टि से उसकी ओर देखा था, पर उसने सदैव पाया था कि वह ठंडी लाशें छू रहा है और वह अपने से अधिक बन्द होता गया था।

पुरुषों के साथ अपनी आत्मा को ऐंठकर एक कर दे सकने का कोई उपाय वह नहीं जान पाया है। पुरुषों के शरीर को वह घृणा से देखता है। उनकी आत्मा के लिए उसे कोई आकर्षण नहीं। औरतों की देह को वह दूर से देखता है और उसे दुनिया की सबसे सुन्दर चीज मानता है। वह पुरुष की चिपटी छाती में छिपे हृदय को आवश्यक यंत्र भर मान सका है, पर नारी के स्तनों के भीतर भी जिस वस्तु को हृदय ही कहा जाता है, उसमें उसने सम्भावना देखी है।

पर किसी नारी की सम्भावनाओं के अन्वेषण के लिए वह उसके पिता, भाई या पति के रास्ते चलने को कभी तैयार नहीं हुआ। इसीलिए वह इनमें ऐसों के पास पहुँचा है, जो सीधे प्रयोग के लिए लभ्य होती हैं। पर ऐसी औरतों में उसने एक भारी त्रुटि पाई है। वे कुछ और के लिए ठहर नहीं सकतीं। वे उसके अध्ययन को, प्रयोगों को गलत समझ बैठती हैं। कुछ नहीं कहतीं, पर कुछ ने पूछ भी दिया है उससे कि वह मर्द है या नहीं? इसीलिए उसने ऐसी औरतों को बराबर रुपये देकर निर्विकार चित्त से, असफल पर धीर वैज्ञानिक की तरह, वापस भेज दिया है।

पर वह अभी प्रयोग करता जा रहा है और करता जाएगा।...उसकी चिन्ताधारा को भंग करते हुए दरवाजा खुल गया और वह लड़की अन्दर दाखिल हो गई। पर उसने आँखें उठाकर देखा—यह कल वाली लड़की नहीं है। पर यह और भी सुन्दर, उम्र में कम, संस्कारों में प्रौढ़, प्रयोग के लिए अधिक उपयुक्त जँची। उसने व्यर्थ में इस विषय में कुछ पूछना आवश्यक नहीं समझा, इसीलिए उसने उसे बिस्तरे की ओर इशारा कर बैठने को कहा और खुद पहले की तरह बैठा ही रहा।

लड़की ने तब कहना शुरू किया। उसे अफसोस था कि कल वाली लड़की को उसने आने से मना कर देने की गुस्ताखी की थी। पर उसे यकीन था, उससे भी काम चल सकेगा। वह होटल के प्रोपराइटर की लड़की थी। दूसरी लड़की होटल में आनेवाले लोगों की जरूरत के लिए थी और उसकी सहेली भी। वह कभी-कभी उसी के द्वारा आए इंटरेस्टिंग गेस्ट के बारे में जानकर उसके पास चली जाया करती

थी। अगर तबीयत हो तो उसे ही वह जाकर भेज दे सकती थी, पर क्या वही ठहरने की इजाजत नहीं पा सकती ?

उसने यह सब एक स्वर में ही कह डाला।

धीरेन चमत्कृत हो उठा। कुर्सी से उठकर हाथ मिलाया। कहा, यह तो उसकी खुशनसीबी थी।

धीरेन उस लड़की से देर तक बातें करता रहा, जैसे जाने कितने दिनों की प्रगाढ़ आत्मीयता हो उनमें!

धीरेन ने बातचीत से समझा, यह लड़की भी वही ढूँढ़ रही थी, जिस आधे खंड को वह इतने दिनों से खोज रहा था। वे एक-दूसरे पर सफलतापूर्वक प्रयोग कर सकते थे, इसकी उसे पूरी आशा हो गई।

धीरेन उस होटल में स्थायी रूप से रहने लगा था। होटल के प्रोपराइटर की लड़की उसके पास रोज रात में आती थी।

धीरेन में जो परिवर्तन हो रहे थे, वे इतने स्पष्ट थे कि होटल के निर्लिप्त ब्वाय भी इसकी चर्चा करने लग गए थे।

किरण : धीरेन की ममी

किरण को न्यूमोनिया हो गया। और वह मर गई।

वह भागकर मसूरी चली आई थी। वह कितनी कमजोर हो गई थी! मसूरी में कैसी ठंड पड़ रही थी! जीना भी वह चाहती होगी क्या?

लेकिन आप कैसे कुछ कह सकते हैं? किरण को जानते भी हों, तो कैसे? किरण को पहचानना क्या आसान था? उसके पति उसे नहीं पहचान सके। उससे पहले उसके माता-पिता भी उसे कभी समझ नहीं सके। उसके साथ पढ़नेवाली कॉलेज की लड़कियों में से कोई भी क्या ठीक-ठीक समझ सकी थी उसे? और आप कह सकते हैं कि क्या खुद भी वह अपने को समझ पाई थी? हो सकता है कि ऐसा ही हो!

किरण जिन्दगी से समझौता करना कभी नहीं सीख सकी थी। 'हाँ' और 'ना' के बीच ठहरना वह नहीं जानती थी। अब यही देखिए, वह बीमार पड़ी रह सकती थी, लेकिन नहीं; वह तन्दुरुस्त न रही, तो एकाएक मर ही गई। लेकिन यह उसके स्वभाव पर जैसे किसी का किया हुआ मर्मान्तक व्यंग्य था। वह खुशी से मर नहीं सकी थी। नहीं तो किरण अपने आठ बरस के धीरेन के सामने मरने के वक्त इस तरह रोती क्यों? किरण सचमुच ही किसी के मरने पर कभी रोई नहीं थी, इसलिए नहीं कि वह हृदयहीन थी, बल्कि इसलिए कि रोना हार मानना है। और किरण हार नहीं जानती थी। लेकिन इस दुनिया में किसका गर्व एक बार भी चूर नहीं होता?

किरण ने एक बार ही हार मानी, और वह उसकी पहली और आखिरी हार थी। और उसका अभिमान जब टूटा तो वह खुद भी टूट गई।

लेकिन इस अभागिन किरण के बारे में आप कुछ गलत खयाल अपने मन में न बना लें। कुछ लोग ऐसे होते हैं, जिनका सारा जीवन एक अविच्छिन्न अभिनय होता है। वे दूसरों के सामने अभिनय करते हैं, और घर में भी। कुछ लोग ऐसे होते हैं, जो अभिनय तो जरूर करते हैं लेकिन दूसरों के सामने ही, बाहर ही। वे कुछ देर के लिए ही सही, नेपथ्य में, घर में आकर अपने अच्छे-बुरे रूप में आराम की साँस लेते हैं जरूर। पर किरण इन सबसे न्यारी थी। उसने, सच मानिए, जिन्दगी में अभिनय कभी नहीं किया, लोगों की नजर में उसने चाहे जो किया हो। लेकिन उसने अभिनय किया हो या नहीं, उसका जीवन तो एक नाटक होकर ही रहा—एक दुःखान्त नाटक, जिसका एकमात्र दर्शक था आठ बरस का बच्चा धीरेन।

नर्स वहाँ नहीं थी, न डाक्टर। किरण रोती रही, रोती रही। और जैसे बड़ी तकलीफ हुई हो उसकी छाती में कहीं! लेकिन किरण हार भी गई थी तो अपने ढंग से। उसकी हार में आत्मसमर्पण का भाव न था। रोई वह खूब ही, लेकिन उसके मुँह से एक बार भी जो चीख निकली हो। सो, जब उसका हार्ट फेल हुआ, तो वहाँ न डाक्टर था, न नर्स। था तो कमरे में, दुनिया में अकेला धीरेन, जो किरण का बेटा था, कुछ-कुछ उसी की तरह खूबसूरत, और ठीक उसी के स्वभाव का।

धीरेन बैठा रहा। किरण मर चुकी थी। धीरेन अपनी आठ बरस की खोपड़ी में कम-से-कम सोलह साल का दिमाग रखता था। उसने तुरन्त समझ लिया था कि उसकी माँ मर चुकी थी। पर वह बैठा रहा। वह जानता था कि ममी जो गई, तो फिर लौटने की नहीं। वह जितनी देर बैठा रह सके, बैठा रहे। कमरे का दरवाजा एक बार खुला, तो कमरे में अभी तक बन्द ममी सचमुच हमेशा के लिए चली जाएगी। धीरेन को लग रहा था, जैसे उसकी ममी अपनी बाँहें फैलाकर उसे जकड़ रही हो! उसका दम घुट रहा था। और उसे यह, जाने क्यों, इतना अच्छा लग रहा था।

धीरेन के मन में अचानक एक बात जाने कहाँ से आई : क्यों नहीं कभी ममी ने जीते-जी उसे इस तरह, इतना-सा प्यार किया? ममी इतनी अच्छी थी लेकिन वह क्यों उससे इतना कम बोलती थी? क्यों इस तरह प्यार नहीं करती थी, जिस तरह आज कर रही थी, कि उसका दम घुटा जा रहा था? वह ममी से हर वक्त कुछ चाहा करता था किन्तु कुछ समझ नहीं पाता था कि क्या चाहता था। क्या वह इसी तरह प्यार किया जाना ही चाहता रहा था? मसूरी की बर्फ भी पिघलती है। किरण भी रोई थी। धीरेन रो दिया।

और धीरेन ने महसूस किया, जैसे खीज और झल्लाहट के साथ ममी ने उसे अपने से दूर ढकेल दिया हो! अब धीरेन को वह इस तरह कलेजे से चिपकाए हुए नहीं थी कि उसकी साँस रुकने-रुकने को हो जाए, जिससे उसे इतनी राहत मिल

रही थी। धीरेन के आँसू रुक गए। वह एकदम बिस्तर पर चिपटे हुए शव को देख रहा था। उसने ममी को नाराज कर दिया था। उससे गलती हुई थी। वह होंठों में कुछ बुदबुदा गया।

धीरेन कुर्सी से उठ खड़ा हुआ। उसके मुख से अस्फुट शब्द निकल रहे थे—'सॉरी, ममी, आई एम सॉरी!' उसका चेहरा स्याह पड़ गया था। वह इस तरह खड़ा था, जैसे कभी कोई शरारत कर गुजरने के बाद ममी के सामने खड़ा रह जाता था। ममी क्यों नहीं उसे डाँट-फटकार रही थी? ममी बेंत से उसकी खाल उधेड़ देती, फिर भी वह उफ् तक न करता। लेकिन ममी यह सब करने ही क्यों लगी? धीरेन के अँधेरे दिमाग में जैसे कहीं से धीमी रोशनी की एक लकीर चमक पड़ी। ममी ने यह सब किया ही कब? क्या एक बार भी उसकी ममी ने उसे डाँट लगाई थी? एक हलकी चपत भी क्या कभी उसने उसे लगाई थी? सबकी ममी तो करती थी, और फिर प्यार भी कितना! धीरेन एक परस्पर-विरोधी सवाल से उलझ रहा था। क्या ज्यादा डाँटनेवाला ही ज्यादा प्यार भी करता है?

ममी अभी सचमुच क्या मुस्कुरा रही थी? कितना कम मुस्कुराती थी, वह क्यों?

उस दिन कलकत्ता में उसने पड़ोस के मिस्टर लैंबर्ट के बँगले की एक खिड़की का शीशा तोड़ दिया था। एयर गन फेंककर बेयरा से गुलेल बनवाई थी न! लेकिन ममी ने शिकायत आने पर क्या किया था? उसकी भौंहें टेढ़ी हो गई थीं। कई दिनों तक बहुत कम बोलती रही। एक बार नाराज होने पर भी कितनी मुश्किल से पहले की तरह हो पाती थी!

धीरेन इतनी तकलीफ से गुजर रहा था। वह बाहर से पत्थर की मूरत की तरह हो गया। उसने अपने अन्दर आँधी बन्द कर रखी थी।

तभी उसने महसूस किया, जैसे ममी ने उसके सिर पर हाथ रख दिया हो! फिर उसकी ममी ने उसे अपनी छाती से इस तरह चिपका लिया कि जैसे उसकी साँस ही रुक गई हो!

धीरेन होश में आया, तो कुछ देर के लिए। होश आने पर भी उसकी नसों में खून बर्फ की तरह जमा ही रहा। वह अपनी ममी की ओर देख रहा था। यह ममी की लाश थी। इसे लोग जला देंगे। ममी मर गई थी। ममी को लोग जला देंगे। उसने कभी किसी से सुना था कि बहुत देर तक रखे रहने से लाश सड़ जाती है। लाश जला देनी ही चाहिए।

धीरेन के जिस्म में ताकत लौट रही थी। वह खड़ा हो गया। उसने पैर के पास पड़ी उस चादर को अपनी ममी के गले तक फैला दिया। उसे उसका सिर भी ढक देना चाहिए था, यह बात उसे मालूम न थी।

वह बाहर से नर्स को बुलाने को चला। दरवाजे पर पहुँचकर उसने फिर एक बार उधर मुड़कर देखा, जिधर पलंग था। और वह ठिठक गया। वह पीछे की ओर मुड़ा।

उसके दिमाग में कोई एक बात चक्कर लगा रही थी। वह उसे अब तक पकड़ नहीं पाया था। तभी तो बाहर जाने के लिए तैयार होने पर भी उसके पैर नहीं उठ रहे थे। धीरेन उन बच्चों में से था, जिनके सोचने और करने के बीच हिचक नहीं होती। किरण का ही तो बेटा था। सो, उसे खुद ताज्जुब हो रहा था कि अब वह क्यों, किसलिए कमरे में रुका हुआ था? ममी ने उसे उतना-सा प्यार कर लिया था, जिसके लिए वह आज तक तरसता रहा था। ममी मर गई थी, तो क्या? उसने जीते-जी उसे प्यार नहीं किया था, लेकिन आज तो किया ही था। मरने के पहले, या बाद में, कब, इतना प्यार किया था उसंने? अरे, ममी कितना रोई थी आज उसका हाथ अपने हाथ में लेकर? और उसका हाथ अपने हाथ में लिये ही सो गई थी, और सोई-सोई ही मर गई होगी। धीरेन को मम्मी से अपनी आखिरी मुराद मिल गई थी। वह जान चुका था कि अब उसे ममी से कुछ मिलने वाला नहीं था। ममी दे सकती तो न देती क्या? पर वह अब रह ही कहाँ गई थी, जो उसे कुछ और दे पाती? और, सच ही तो, धीरेन को ही क्या रह गया था माँगना ममी से? जो उसने कभी नहीं पाया था, वह आज तो उसे मिल ही गया था।

पर नहीं, दरवाजा खोलते-खोलते धीरेन ने बात समझी थी। उसे कुछ पाना नहीं था, पर ममी को उसे कुछ देना तो रह ही गया था। ममी कितनी तकलीफ से इन्तजार करती रही होगी और देख रही होगी कि धीरू समझ नहीं पा रहा है कि वह क्या चाहती है। उसके होंठों से आवाज नहीं निकल रही थी, पर उसकी चाह को कैसे नहीं देख पाया था वह अब तक? कैसा बेवकूफ है वह भी!

ममी ने उसे इस तरह कभी प्यार नहीं किया था। क्यों नहीं किया था? और उसने कब ममी को प्यार किया था? उसी ने...कब? उसके दिल में क्या था, ममी ने कभी कैसे समझा होगा? क्या ममी के दिल में भी, आज से पहले भी, कुछ ऐसा ही ऐसा था? उसने ठीक-ठीक कभी समझा नहीं था, पर आज तो मालूम हो ही गया था। आज तो ममी ने अपने को रोका नहीं था। सब दिन के लिए क्या उसने आज ही प्यार नहीं कर लिया था? अरे, वह कैसा इडियट है! अपनी ममी का दिल कितना दुःखाया होगा! क्या समझती होगी वह? इसीलिए तो अब भी उसके होंठों पर यह कैसी तकलीफ, कैसी बेचैनी मँडरा रही है!

और धीरेन वहाँ खड़े-खड़े यह सब सोच गया। वहाँ से दौड़ता हुआ जाकर किरण की लाश से लिपट गया। उसने बड़ी कोशिश से एक बार अपने मुँह को उठाया, और अपनी ममी के होंठों पर रख दिया, और फिर हटाया नहीं था।

और फिर धीरेन एक महीने के बाद नर्सिंग होम छोड़ने लायक हो सका था। बीच में कई बार डाक्टरों ने उसके केस को होपलेस करार दिया था। हफ्तों बाद तो उसे होश आया था।

फूल का बदला

अभय को सुबह की गाड़ी से घर लौट जाना है, और अभी मुश्किल से शाम हुई है। सारी रात पड़ी है। घड़ी की पतली, छोटी सुई को एक पूरा चक्कर लगाना है। और उसे शहर में कोई काम नहीं है। कोई जरूरत नहीं है। किसी से मुलाकात नहीं करनी है। जिस वकील साहब से उसे मिलना था, वे कहीं बाहर चले गए हैं। दो-चार रोज के पहले लौटेंगे, इसकी उम्मीद नहीं।

सिर्फ एक दिन और एक रात की तो बात है, यह सोचकर वह गाड़ी से उतरकर इस होटल में चला आया था। लेकिन होटल के इस कमरे में वह बहुत देर तक बैठ नहीं सकेगा। इस कमरे में तो अभी से, पुराने मरीज की आँखों की तरह, रोशनी धुँधली पड़ने लगी है। उसने उठकर बिजली जला दी। लेकिन इस रोशनी से तो अँधेरा ही अच्छा था। बिजली का खर्च कम-से-कम हो, इसलिए कमरे में एक बहुत धीमा बल्ब लगा था। उसकी रोशनी में कमरा मरीज से मुर्दा होता हुआ मालूम पड़ने लगा।

अभय होटल के बाहर निकला। वह बहुत परेशान है। अदना-सी बात के लिए वह अपने को क्यों परेशान होने दे रहा है, वह नहीं समझ पाता। कुछ दिनों पहले दो-चार घंटे क्या, दो-चार रोज इतने बड़े शहर में यों ही इधर-उधर चक्कर लगाकर वह काट दे सकता था। लेकिन अब उसे ऐतिहासिक खँडहरों में कोई दिलचस्पी नहीं रह गई है। नई-नई शानदार इमारतों को वह क्यों देखता फिरे, उसकी समझ में नहीं आता। और जब उसे बड़ी-बड़ी दुकानों से कुछ खरीदना ही नहीं, तो उनके शीशे के शो-केश और चमक-दमक का वह क्या करे?

उसके पास तीन-चार उपन्यास पड़े हैं, पर उन्हें क्या होटल के कमरे में पढ़ा जा सकता था? शहर में कोई नई फिल्म चल रही है...।

शहर की इस गली से वह वाकिफ नहीं। यहाँ उसके पैर उसे ले आए, इसकी कोई खुशी उसे नहीं है। लेकिन उसे इसका रंज भी नहीं। इस खास गली से पहले न हो, पर ऐसी गलियों की उसे बहुत काफी जानकारी है। इनके बारे में उसके दिमाग में गैर-जानकार की तरह रंगीन खयालात नहीं हैं। पर जब वह आ ही गया है, तो हर्ज भी क्या?

गली में पहुँचने पर पथ-प्रदर्शक उसकी ओर संदिग्ध भाव से बढ़े जरूर, पर उसके पास तुरन्त आ पहुँचने की हिम्मत उन्हें नहीं हुई! उन्हें मालूम है कि इस तरह देखने और चलनेवाले बाबू या तो कहीं जाते ही नहीं, या अगर कहीं जाते हैं तो वे उनकी मदद लेने से इनकार कर देते हैं। और हुआ भी ऐसा ही। अभय ने तो उन्हें नाकामयाब होने तक का मौका नहीं दिया। कुछ दूर ही चलने पर उसकी नजर ऊपर गई। वह जीने से ऊपर चला गया।

उसे जिस कमरे में बिठाया गया, वह हवादार था। फर्श पर गद्दे के ऊपर नई धुली सफेद चादर बिछी हुई थी, जो कहीं सिकुड़ी हुई नहीं थी। दो-तीन साफ तकिए इधर-उधर पड़े थे। बीच में पान की चाँदी की तश्तरी और एक बड़ा-सा खुशनुमा ऐश-ट्रे रखा हुआ था।...जिस बूढ़ी औरत ने उसका स्वागत किया था, वह अन्दर से लौटकर माफी चाहती हुई बोली, 'सिगरेट लीजिए न! फूल कपड़े बदल रही है। पाँच मिनट में आ जाएगी।' और वह फिर बाहर चली गई।

अभय इन्तजार कर रहा था। सिगरेट के धुएँ की तरह उसके मन में विचार बिखरे जा रहे हैं। यह मुमकिन है कि वह ऐसी जगह दस मिनट से ज्यादा ठहर न पाए। लेकिन यह भी नामुमकिन नहीं कि बर्दाश्त के बाहर ऊब उठने के पहले काफी वक्त निकल पाए। खूबसूरती, खुशमिजाजी और संगीत—ये तीनों एक जगह शायद ही मिलते हैं। इनमें से दो भी मिलें, तो क्या बात है! लेकिन इनमें से एक पर भी वह सन्तोष कर लेने को तैयार है। ऐसे कमरे में तो थोड़ी देर के लिए औरत की बदसूरती भी गवारा की ही जा सकती है।

वह इत्मीनान की साँस लेकर बैठ गया। वह निश्चिन्त है। वह फूल को देखने के लिए उत्सुक नहीं है। उसे कमरा पसन्द है। उसे नाम पसन्द है। अगर कोई बिलकुल ही अनहोनी बात नहीं हो जाएगी, तो उसका बहुत सारा वक्त आसानी से गुजरता चला जाएगा।

इस इन्तजार के दरमियान वह सिर्फ एक बार नीचे शोरगुल सुनकर चौंक पड़ा था, जैसे नीचे दरवाजे पर धक्के देकर कोई 'फूल-फूल' पुकार रहा था। पर शोरगुल तुरन्त ही गायब हो गया था।

पूरी एक सिगरेट भी खत्म न हुई होगी कि फूल ही तो होगी जो पर्दा हटाकर अन्दर आई।

अभय का अनुमान ठीक ही निकला।

'जी, मुझे लोग फूल—फूलकुँवर कहते हैं,' उसने अभय के पूछने पर बताया। फिर उसने कुछ इधर-उधर की मामूली बातों के बाद पान देते हुए पूछा, 'साजिन्दों के लिए एक आदमी भेज दूँ क्या?'

साजिन्दे बुला लिये गए। फूल जो कुछ गा रही थी, दिल से गा रही थी। कमरे का वातावरण स्तब्ध, ठोस था—चाहने पर, लगता था, पान की चाँदी की तश्तरी में वातावरण को चाकू से तराश कर रख दिया जा सकता था।

अभय मनोयोग के साथ देख रहा था, सुन रहा था। देखने और सुनने, दोनों का ही सामान था। लेकिन अचानक ही उसका ध्यान टूट गया। नीचे सड़क पर, उसे साफ सुनाई पड़ा, कोई अजीब बेअख्तियार आवाज में 'फूल, फूल!' चिल्ला उठा। उसे ताज्जुब हुआ कि ऐसी गुस्ताखी कौन कर रहा होगा। पर इन जगहों में कभी-कभी ऐसी बातें हो ही जाया करती हैं। गाना जारी रहा। नीचे शोरगुल भी तुरन्त ही बन्द हो गया।

अभय को फूल का गाना बहुत पसन्द आया। गाने में उस्तादी कौशल बहुत अधिक नहीं था, पर अनुभूति काफी थी। अभ्यास की जड़ता से, पैसों की विवशता से संगीत यांत्रिक चेष्टा नहीं बन गया था। नीचे के क्षणिक शोरगुल के बाद थोड़ी देर के लिए वह अन्यमनस्क जरूर हो उठी, लेकिन फिर अन्दर से कोशिश करके वह फिर से उसी उल्लास के साथ गाने लगी थी। और उसे गाते हुए काफी देर हो गई थी—साढ़े दस बज रहे थे। लेकिन फूल अभी मुरझाई नहीं थी; जो गीत की कविता को समझकर उसे गाता है, उसे गाने से बेहद आनन्द आता है। फिर अभय बारीकियों को समझनेवाला कद्रदाँ था, वह भी फूल से छिपा नहीं रह सका था। फूल उमंग के साथ गा रही थी...।

'फूल, फूल!'—एक बार फिर नीचे कोई उसी पहचानी आवाज में चिल्ला उठा। और इस बार चिल्लाहट बन्द नहीं हुई। दरबान समझाने की कोशिश कर रहा था। लेकिन वह, जो जाने कौन था, दर्दनाक ढंग से बार-बार पुकार ही उठता था।

फूल ने गाने को बीच में ही खत्म कर दिया। वह थोड़ी देर सिर नीचा किये बैठी रही। फिर होंठों को दाँतों से दबाकर, जैसे कुछ निश्चय कर लिया हो, उसने साजिन्दों को बरखास्त कर दिया। अभय भी झुँझलाहट के साथ उठने को था लेकिन फूल ने बहुत ही विनीत स्वर में बैठे रहने के लिए अनुरोध किया, और थोड़ी देर के लिए, बहुत थोड़ी देर के लिए, छुट्टी चाही। उसने वादा किया कि अगर वह चाहेगा तो वह लौटकर उसे तनहाई में हारमोनियम पर गाना सुनाएगी। उसे इसका निहायत अफसोस था कि ऐसा बेहया वाकया हो गया। लेकिन अगर उसे एक मौका और नहीं मिलेगा, तो उसे बड़ी तकलीफ होगी। वह अभी आई।

अभय बैठ गया। उसका कौतूहल बढ़ रहा था। कुछ इसलिए नहीं कि उसे शायद किसी विचित्र घटना की जानकारी हासिल करने का मौका मिलेगा। वह जानता है कि अगर कोई खास बात होगी भी, तो यही कि शोरगुल करनेवाला कोई बिगड़ी हैसियत का, फूल का पुराना प्रेमी होगा, जिसे अब यहाँ कदम रखने की भी इजाजत नहीं होगी। शायद इसी वजह से उसका दिमाग भी खराब हो गया होगा।... अभय इन्तजार करता रहा। वह हैरत में था तो इसलिए कि फूल ने उसे रोके रखना क्यों मुनासिब समझा था?

फूल लौटी, तो वह कुछ खोई-खोई-सी मालूम पड़ती थी। चन्द मिनटों तक गुमसुम बैठी रही, फिर हठात् पूछ बैठी, 'देखिए, आप इस बात के बारे में जानने के लिए उतावले तो नहीं हो रहे?'

'नहीं,' अभय ने सिगरेट जलाते हुए कहा, 'ऐसी कोई खास बात तो नहीं। मैं शायद कुछ-कुछ समझ ही रहा हूँ।'

'अगर आप समझ रहे हैं,' फूल ने खिन्नता के साथ मुस्कुराकर पूछा, 'तो क्या आप यह भी नहीं समझते कि आज यहाँ आपको 'वारांगना रहस्य' की एक जीती-जागती मिसाल मिल रही है?'

'तुमने और कौन-सी किताबें पढ़ी हैं?' अभय ने धीमे व्यंग्य से पूछा।

'बहुत सारे उपन्यास पढ़े हैं।' उसने कातर गर्व के साथ कहा, 'मैं नौवीं पास हूँ, क्या आप यह समझ गए थे?'

'नहीं,' अभय ने इस बार सरलता के साथ कहा, 'कुछ-न-कुछ समझना बाकी था, इसीलिए तो रुक गया। तुमने पढ़ना क्यों छोड़ दिया था?'

'मेरे स्कूल के प्रेसिडेंट एक बैरिस्टर साहब थे,' फूल कह रही थी, 'उन्होंने माँ से कहलवाया कि मैं उनके यहाँ कभी-कभी भेज दी जाया करूँ, तो मुझे वे पढ़ा दिया करेंगे। माँ ने नहीं भेजा। वह जानती थी कि उनकी बैरिस्टरी चलती नहीं। सो, उन्होंने मेरी सोहबत से और लड़कियों के बिगड़ने का अन्देशा बतलाकर मुझे स्कूल से हटा दिया।'

फूल ने माचिस जलाकर अभय की सिगरेट के पास ले जाते हुए कहानी जारी रखी, 'आप...आप अभय बाबू हैं न? मैंने आपके उपन्यास भी पढ़े हैं।'

और जैसे वह अभय से कुछ कोई जवाब पाने के लिए रुक गई।

'किताब में छपी मेरी तसवीर इतनी साफ उतरी है, मुझे आज ही मालूम हुआ।' अभय ने शान्त स्वर में कहा, पर वह अपना आश्चर्य को पूरी तरह छिपा न सका।

'खैर, हटाइए इन बातों को।' फूल ने उठते हुए कहा, 'देखिए, रात तो काफी हो गई है, इस वक्त सड़क पर बहुत लोग नहीं होंगे। आइए न मेरे साथ छज्जे पर थोड़ी देर के लिए। छज्जे पर रोशनी भी नहीं है। लेकिन आपको देर तो नहीं हो रही है?'

अभय फूल के साथ छज्जे पर आया।

'वह मकान आप देख रहे हैं?' फूल ने उँगली से निर्देश करते हुए कहना शुरू किया, 'वह उसी आदमी का था, जो मेरा नाम ले-लेकर नीचे इतना शोरगुल मचाए हुए था। और वह मकान, और दूसरे भी बहुत सारे—आपको यह बताना फिजूल है कि आज वे सभी मेरे कब्जे में हैं।'

अभय ने 'हूँ' से ज्यादा कुछ नहीं कहा और रात के काले पर्दे पर सिगरेट के हल्के रंग के धुएँ से नक्काशी करता रहा।

और फूल ने फिर, कुछ रुककर, कहना जारी रखा, 'और जैसा आप लोग अपनी कहानियों, उपन्यासों में लिखते हैं, मैंने इस आदमी के बैंक में जमा रुपये और सारी दौलत के बड़े हिस्से को आज अपना कर लिया है। यह सब आपको समझने में, मेरे बिना कहे ही समझ जाने में भी क्यों देर लगती? मैंने तो इतना कम पढ़ा है, फिर भी ठीक यही कहानी थोड़ी-बहुत रद्दोबदल के साथ सैकड़ों बार तो जरूर पढ़ी होगी। आपने भी पढ़ी होगी, शायद लिखी भी है कहीं?'

'तुमने शरत् बाबू की कहानियाँ पढ़ी हैं?' अभय ने प्रश्न का उत्तर नहीं दिया, प्रश्न ही किया। अभय को सचमुच ही इस घटना से कोई दिलचस्पी नहीं रही। लेकिन अगर घटना के पीछे रुपये की न मिटनेवाली भूख के सिवा कुछ और हो, तो वह जरूर जानना-समझना चाहेगा। फूल कुछ कहने जा रही थी, पर अभय ने मौका

नहीं दिया। उसे अपने सवाल का और खुलासा करना था, 'उनकी कहानियों में तुम लोग यही करती नहीं पाई जातीं। हम लोग तसवीर के दूसरे रुख की ओर बिलकुल मुखातिब नहीं, क्या सचमुच ही यही तुम्हारा खयाल है?'

'अभय बाबू, आपने मुझे बिलकुल गलत समझा,' फूल समझा सकने वाले बुजुर्ग के स्वर में बोली, 'आप लोगों के मुखातिब होने का सवाल नहीं है। आप लोगों की हमदर्दी के बिना भी हमारा काम तो चलता ही रहता है। सच पूछिए, तो हमदर्दी दिखाने की कोशिश में ही शरत् बाबू बिलकुल अनहोनी कहानियाँ गढ़ गए हैं। सच बात तो दरअसल वे ही कहते हैं, जो हमें दौलतमन्दों की तबाही की वजह बताते चले आ रहे हैं। सट्टे के बाजार में कितने बिगड़ते होंगे? लेकिन इस गली में तो हर साल कोई-न-कोई लुटता ही है...'

'देखो फूल,' बातें काटकर अभय को कहना ही पड़ा, 'तुम क्या बताना चाह रही हो, मैं कुछ ठीक-ठीक समझ नहीं पा रहा। जो हो, इतना तो कहूँगा ही कि तुमसे मिलकर मुझे बेहद खुशी हुई है।'

'यह तो आपकी मेहरबानी है,' फूल ने निश्छलता के साथ अपनी कृतज्ञता प्रकट की, 'आप ऊब नहीं उठे, इसलिए कह रही हूँ। यह जो आप लोग कहानियाँ लिखते हैं, तो आखिर रोज-रोज कोई नई बात कहने को मिलती नहीं होगी। यही कि किसी ने प्रेम किया, कोई कामयाब हुआ, कोई नहीं। लेकिन इसी बात को आप सभी अपनी-अपनी नजर से देखते हैं, इसीलिए बात एक ही रहने पर भी पुरानी रहती, दुहराई हुई नहीं मालूम पड़ती। सो, हमारे बारे में भी, जो यह सच बात है, वह सभी बार-बार कहते हैं, तो उसमें कुछ मुजायका नहीं। लेकिन जाने क्यों, उस पर यह खास नजर नहीं दौड़ाई जाती! यह बात हमारे खिलाफ इलजामात ढंग से ही कही दीख पड़ती है। अगर कहिए कि खास नजर की गुंजाइश अब नहीं, तब तो जरूर कहानी न होकर दुहराई बात भर ही रहेगी, क्यों?'

'दुरुस्त,' अभय ने सिर्फ इतना ही कहा और सिगरेट जलाते हुए फूल को अपनी बात जारी रखने के लिए प्रोत्साहित किया।

'तो देखिए,' फूल ने टूटे सिलसिले को जोड़ते हुए कहा, 'मेरी ही बात ले लीजिए। औरों की बात मैं नहीं जानती। उनके साथ और-और वजहें होंगी, या एक ही वजह भी हो सकती है। जिन्हें एक ही तरह के दीख पड़नेवाले अंजाम से दिलचस्पी हो, वे दर्याफ्त किया करें। मैं इस बात से बेहद खुश हूँ कि यह आदमी दाने-दाने का मोहताज है। उसे एक जून खाने के लिए दो आने पैसे भी देना नहीं चाहती। यों दे देती हूँ कभी-कभी। तो क्या मैं हैवान हूँ? लेकिन अब चलिए, अन्दर चलकर बैठें। कब तक खड़े रहेंगे?'

अन्दर कमरे में वापस आकर बैठने पर फूल कहने लगी, जैसे अब जब उसने कहना शुरू कर दिया है, तो उसे अपने को हल्का करना ही है। 'मैं अपनी बात कह

रही थी न! इस आदमी ने मेरी माँ को रस्म-अदायगी के लिए एक हजार रुपये दिये थे। आज भी कोई रहना चाहता है, तो दो सौ से कम नहीं लेती। खैर, उस वक्त मैं अपने चौदहवें साल में आई ही थी। उसने पहली बार ही मुझे जो तकलीफ पहुँचाई थी, उसे मेरी देह तो कब की भूल गई, पर दिमाग में आज भी गर्म लोहे के दाग की तरह ताजी है। वह एक खूबसूरत जवान था—तहजीब और तमीज का पाबन्द। माँ के सामने मेरी ओर नजर भी ऊँची नहीं करता था। पर तनहाई में वह मेरे साथ हैवान से भी बढ़कर हो जाता था। मेरे एक इशारे पर वह हजारों रुपये पानी में बहा देने के लिए तैयार रहता था, लेकिन इसके लिए मुझे जो कीमत अदा करनी पड़ती थी, वह मैं ही जानती हूँ। आज भी उसकी याद आने से रोंगटे खड़े हो जाते हैं, अभय बाबू।'

फूल सचमुच कुम्हला गई थी। वह काफी देर तक खामोश बैठी रही, अभय चुपचाप सिगरेट पीता रहा। फूल ने फिर खुद ही कहना शुरू किया, 'मैंने तभी यह ठान लिया था कि अगर इस आदमी की बोटी-बोटी अलग करनी पड़े तो भी हिचकूँगी नहीं। तब तो खैर, यह सब खयाल ही खयाल था। बदला लेने की तो बात दूर, उससे कभी छुटकारा भी पा सकूँगी, यह भी मुमकिन नहीं मालूम देता था। लेकिन धीरे-धीरे उस पर जो मेरा अजीब किस्म का कब्जा था, वह मुझे मालूम होता गया। वह मुझे तकलीफ पहुँचाने के एक मौके के लिए क्या कुछ नहीं कर सकता था। उसने अपने आखिरी एक हजार रुपये से मुझे यह घड़ी ले दी थी, और उस आखिरी रात का यह दाग इस गाल पर देखिए...।'

'फूल! फूल!' की बेकरार तीखी आवाज कमरे के उस सन्नाटे में चोट की तरह लगी। जीने के निचले दरवाजे पर जोर-जोर से हाथ और पैर की ठोकरें भी पड़ रही थीं। फिर दरवाजा खुलने की आवाज और दरबान के तमाचे, और दूर भागती हुई चीख सुन पड़ी।

फूल बेजान-सी लेट गई थी। फिर लड़खड़ाती-सी जुबान से कहने लगी, 'दरबान को मैंने सख्त हिदायत दी है कि उसके साथ यह सलूक किसी हालत में न किया जाए। दरबान को इसकी सजा मिलेगी। अभय बाबू, वह मुझसे मुहब्बत करता है क्या?...मैं जवाब नहीं चाहती, अभय बाबू। आप जाइए, चले जाइए...।'

अजया

अगर इस वक्त खन्ना साहब को उस अंग्रेज कवि की तरह कुछ ऐसा मालूम दे रहा है कि खुदा बहिश्त में है, और दुनिया में सब कुछ ठीक है तो यह बिना वजह नहीं है। उनकी नई स्पोर्ट्स मॉडल बुइक, पानी पर हंस की तरह, ढुलकती भागी जा रही है। अजया बगल में बैठी हुई है। वह आज ही पहली बार साथ-साथ सिनेमा जाने

को तैयार हुई थी। और उनकी जेब में पचास हजार की बीमा पॉलिसी है, जो एक घंटे की बातचीत में ही मिल गई थी।

खन्ना जब-जब अपनी इस नई गाड़ी के बारे में सोचते हैं, तो अपनी पीठ आप ठोंक लेना चाहते हैं। सेकेंड हैंड है, लेकिन कौन कह सकता है कि नई नहीं है? बगल में बैठी अजया उनके होंठों पर अकारण मुस्कुराहट देखकर खुद भी मुस्कुरा देती है। चौराहे पर लाल रोशनी देखकर, ब्रेक लेते हुए क्लच दबाकर गियर छुड़ा दी, तो गाड़ी अपने गद्दों पर खन्ना और अजया को झुलाती हुई रुक गई। खन्ना ने सिगरेट केस निकालकर एक सिगरेट चुनी। फिर माचिस निकाली, और सिगरेट केस जेब में गिरा दी। उन्होंने कुछ गर्व के साथ अजया को देखा, जो उनकी ओर ही देख रही थी, और डैश-बोर्ड के सिगार-लाइटर को बटन दबाकर जला दिया। उन्होंने सिगरेट सुलगाते हुए अजया की ओर कुछ इस भाव से आँखें उठाईं कि देखा इस मोटर की खूबी? देखा सिगरेट जलाने का नया तरीका? लेकिन अजया सामने देख रही थी। मिनट-मिनट पर खाकी मिलटरी लारियाँ पास से गुजर रही थीं, जिनके कारण रास्ता रुका हुआ था।

खन्ना खीजकर चुप बैठे रहे, बायें हाथ की उँगलियाँ चिकनी स्टियरिंग व्हील पर फेरते हुए, दायें हाथ से सिगरेट का कश लेते हुए। वह अजया को बताना चाह रहे थे कि किस तरह सोलोमन साहब को छह-छह हजार के ऑफर मिल रहे थे, फिर भी पाँच हजार पर ही उन्हें यह गाड़ी मिल गई थी। बिजनेस इसे कहते हैं। वह अजया को इस बात का कायल कर देना चाहते थे कि जिन्दगी में सपने देखना और बात है और कामयाबी हासिल करना और बात। यह अजया बिजनेस को हेय नजर से देखती है न!

तब लाल रोशनी हरी हो गई। खन्ना के इशारे पर गाड़ी गुर्र कर खिसकी, और हवा से बातें करने लगी।

मोटर की तेज रफ्तार ने उनके बौखलाए हुए दिमाग की दौड़ धीमी कर दी। एकाग्रता और ठंडी हवा भी काम कर रही थी। अजया तक पहुँचने और उसके मन पर विजय पाने का तरीका उन्होंने मन-ही-मन बदल डाला। सवाय होटल के अहाते में मोटर रोककर उन्होंने अजया की ओर का दरवाजा उसके उतरने के लिए खोला तो उनके होंठों पर बीमा एजेंट वाली अभ्यस्त मुस्कुराहट खेल रही थी। अजया उन्हें माफ करती हुई जवाब में मुस्कुरा दी। वे बार में दाखिल हो गए।

'क्या मँगाऊँ, चाय या कोल्ड ड्रिंक?' अजया के बैठ जाने के बाद सामने की कुर्सी पर बैठते हुए खन्ना ने पूछा।

'अरे, आप और कुछ नहीं पिएँगे?' अजया ने कलाई की ओर देखते हुए ताज्जुब के साथ कहा, 'अभी तो सिनेमा में तकरीबन घंटे भर की देर है। मैं...मैं तो पोर्ट लूँगी।'

खन्ना ने जो रुख अख्तियार किया था, उसे फिर धक्का पहुँचा। उन्होंने वेटर को पोर्ट और व्हिस्की का ऑर्डर दिया।

अजया ने एक-दो बार अपना गिलास उठाया था जरूर, पर वह अब तक लबरेज पड़ा था। खन्ना का गिलास आधे से ज्यादा खाली हो चुका था।

खन्ना के डिगते हुए आत्मविश्वास को ठंडी व्हिस्की की गर्मी ने थाम लिया। उन्होंने फख्र के साथ महसूस किया कि उनकी मेज पर एक ऐसी औरत बैठी थी जैसी बार में दूसरी नहीं थी। उन्होंने पास बैठी हुई अजया पर उतना ही गर्व था, जितना अपनी नई मोटर पर। मोटर उनकी अपनी थी। अजया थी, या नहीं थी? नहीं थी तो होना पड़ेगा। लोग तो समझ रहे ही होंगे कि थी। यह खयाली दुनिया में रहनेवाली अजया उनसे खिलवाड़ करेगी? वह अपनी बात के जोर से अनजानी कम्पनियों के लाखों के हिस्से बड़े-बड़े कानूनदाँ, टेढ़े मुवक्किलों के हाथों कुछ यों ही नहीं बेच देने का दावा रखते थे। और यह अदना-सी स्कूल की मास्टरनी?

'क्यों, खन्ना साहब,' अजया कह उठी, 'इन साहब को पहचानते हैं आप?'

'नहीं, नहीं! हाँ-हाँ,' कहते हुए खन्ना झेंप गए कि अजया भी क्या सोचती होगी कि दो-चार मिनट बातचीत चलाते रहने की काबिलीयत भी नहीं क्या उनमें?

उन्होंने अपने लिए एक और व्हिस्की मँगाई, और दो घूँट में खत्म कर गए। उनकी झिझक काफूर हो गई। अजया को उन्होंने एक किस्सा सुनाया तो वह खिलखिलाकर हँस पड़ी। व्हिस्की, हँसी और अजया की आँखों ने उनकी नीयत को नेक और दिल को मजबूत बना दिया। अजया आज 'ना' नहीं कह सकेगी। अजया मिसेज खन्ना बनकर रहेगी।

और उन्होंने घड़ी देखकर हँसते हुए कहा कि सिनेमा का वक्त हो गया। खन्ना की मोटर का कोई असर अजया पर कुछ नहीं हुआ था। उनकी दुनियावी कामयाबी की बातें सुनकर वह उनसे दूर जा पड़ी थी। उनके एक चुटकुले ने उसे खोल दिया, जब कुछ देर पहले वह अपने में सिमटी जा रही थी : खन्ना से दूर, बहुत दूर। इस बार वह मोटर में दरवाजे से लगकर नहीं बैठी।

वे सिनेमा हाउस पहुँचे, तो खेल शुरू हो गया था। दो-चार मिनट की ही देर हुई थी। खन्ना ने नीचे का एक बॉक्स लिया, और वे बॉक्स के पिछले सोफे पर जाकर बैठ गए। खन्ना ने अजया का अपनी ओर का हाथ अपने हाथ में ले लेना चाहा। अजया ने हाथ बढ़ाया नहीं। खन्ना ने फिर कोशिश की, तो अजया ने हाथ दे दिया। चारों ओर से घिरे अँधेरे में डूबे छोटे-से बॉक्स में अजया को लग रहा था, जैसे वह जादू की कोठरी में बैठी हुई हो! बाहर स्क्रीन पर रोशनी में प्यार करती हुई तसवीरें, बीच में कतार-पर-कतार छाया मूर्तियाँ, और इस अँधेरे में घुलता हुआ हाथ।

और फिर भी उसने महसूस किया कि वह उस तरह खो नहीं गई थी, जिस तरह हॉल में आगे बैठे हुए लोग। इंटरवल हुआ, तो उसने खन्ना के हाथ से अपना हाथ अलग कर लिया।

खेल फिर शुरू हुआ। खन्ना का हाथ उसके कन्धे पर था। अजया का खयाल कहीं और था। वह पर्दे पर बेडौल जिस्मों की उछल-कूद देख रही थी, जो प्रेम का दृश्य था। क्या उनके दिल होगा, और दिल में कोई कैफियत होगी? क्या खन्ना के दिल में कोई कैफियत थी? शायद थी। क्या वह उसे चाहता था? वह तो नहीं मानती। शायद ही वह खन्ना को खूबसूरती से अपनी ओर खींचती होगी। लेकिन खन्ना का दिमाग? वह तो आँकड़ों और नई-नई स्कीमों को लेकर चक्कर काटता होगा। वह वहाँ आ कैसे गई? खन्ना की कौन-सी ताकत उसे वहाँ अपनी सीट पर बैठे रहने को मजबूर बनाये हुई थी? चाहे भी, तो क्या यहाँ से उठकर वह चली जा सकती थी?

बाहर बारिश हो रही थी, जिसकी आवाज और ठंडक अन्दर तक आ रही थी। खन्ना के हाथ का दबाव उसके कन्धे पर बढ़ गया था। वह समझ नहीं पा रही थी कि उसे वह क्यों चाहती थी, जब उसे इस तरह हिकारत की नजर से देखती थी? उसने अचानक खन्ना का हाथ अपने हाथ में लेकर दबाते हुए कहा, 'तुम बड़े अच्छे हो।'

खन्ना ने उसकी ओर ताज्जुब से देखा।

'ऐसा खेल देखने से बाज आया। तुम?' उन्होंने मुस्कुराकर पूछा।

'राटेन!' अजया ने कहा।

वे उठे और बाहर चले आए। अजया ने डिनर के लिए कहीं जाने से इनकार किया। उसने चाहा कि खन्ना उसे उसके फ्लैट तक छोड़ आए...।

वे साथ-साथ फ्लैट में दाखिल हुए। खन्ना ने उसे अपनी बाँहों में कस लिया। उसने अपने को छुड़ाना चाहा। लेकिन वह जहाँ से लौटी थी, वहाँ की भारी-भारी हवा ने जैसे उसकी सारी ताकत को सुला दिया था। बाँहों में बँधकर, सिकुड़कर ही उसकी ताकत लौट सकती थी। वह अपने पर अपना अधिकार खोकर उसकी बाँहों में उसी तरह बँधी खड़ी रही।

खन्ना ने ही उसे सोफे पर बिठाया। वह कितनी थक गई थी! वह सिर्फ यही चाहती थी कि जैसे है, वैसे ही सो जाए। और कुछ नहीं।

खन्ना उसके बिलकुल पास बैठे, तो जैसे उसकी नींद उचट गई। यह नहीं कि वह सो ही गई थी। उसने जैसे बहुत दूर से, बिना तनिक भी घबराहट के, खन्ना की ओर देखा और देखती रही। देखने लगी तो गौर भी किया। वह खन्ना के बारे में इतने ठंडे दिल से सोच रही थी कि उसे खुद झुँझलाहट मालूम हुई। क्या खन्ना उसे कुछ इस तरह नहीं बना सकता कि वह अपने को भूल जाए, उसका दिल इतना ठंडा पड़ता न जाए?

खन्ना उसे जीत चुके थे। उसे अपनी ओर देखते देखा, और इस तरह देखते देखा, तो वे घबरा उठे। अचानक वहीं होते हुए भी वह इतनी दूर-सी कैसे होती जा रही थी?

अजया पा रही थी कि उसका मन उसका ही था, बिलकुल अपने काबू में—शान्त, अपनी जीत पर अडिग। वह खन्ना की बेकाबू हरकतें देख रही थी। अब बिगड़ी बात बन नहीं सकती थी, वह महसूस कर रहे थे। फिर भी आगे बढ़ने से अपने को रोक लेते, ऐसी उनकी हालत न थी।

अजया अपनी अनचाही ताकत पर खुद हैरत में थी। उसने अचानक ही सब कुछ समझ लिया। उसका जिस्म रुकावट नहीं पैदा कर रहा था। वह अपने मन में ही रुक गई थी। वह जिस्म में गहरी कोई चीज थी, जिसकी रुकावट हटाये नहीं हटती थी।

कुछ देर तक दोनों एक-दूसरे की आँखों में देखते रहे। अजया की आँखों में घृणा नहीं थी। उनमें घबराहट भी नहीं थी, डर भी नहीं था। खन्ना डर-से गए। सचमुच क्या वह उनसे ज्यादा ताकतवर थी? वह उनसे डरती नहीं थी? क्या यह ठीक था? क्या वह उनके असर के बाहर थी?

और फिर एकाएक उनका डर गुस्से में बदल गया। वह देखेगी कि वह कितने धोखे में है। वह दिखा देंगे। उन्होंने उसकी कलाइयों को मजबूती से पकड़ लिया। अजया फिर भी शान्त बनी रही, जरा भी घबराई नहीं। खन्ना चिढ़कर व्यंग्य से बोले, 'आपके लिए तो जैसे नाचीज यहाँ हो ही नहीं, और आप बिस्तर पर जाने के लिए कपड़े बदल रही हों!'

अजया ने कुछ कहा नहीं। बड़े इत्मीनान के साथ कलाइयों को छुड़ा लेने की कोशिश की।

यह कुछ ऐसी बात हुई जो खन्ना को बर्दाश्त न हो सकी। उन्होंने बेकाबू होकर अजया को अपनी ओर खींचा। वह नीचे आ गिरी। खन्ना ने झुककर उसे कई चाँटे रसीद कर दिये और करते गए। वे समझे, वह अब रोई, अब रोई। और रो दे, तो वह उसे उठाकर गले लगा लेंगे।

फर्श पर अजया के बाल बिखर गए थे। वह उनकी ओर जड़ आँखों से देख रही थी। तब उसने सारी ताकत लगाकर खन्ना को हाथों से ठेलकर दूर कर दिया। वह दाँतों के बीच से बोली, 'गेट आउट!'

उसने फिर-फिर उसी तरह तीखी आवाज में दुहराया, 'चले जाओ। निकल जाओ।'

उसकी आवाज में किसी तरह की गुंजाइश न थी। खन्ना उठ खड़े हुए। खन्ना नीची निगाह किये हुए मुड़े, और कमरे के बाहर हो गए। उन्होंने फ्लैट के बाहर दरवाजे को अपने पीछे जोर से बन्द किया, और सीढ़ियों से तेजी के साथ नीचे चले आए।

अजया ने सुना, उनकी मोटर कई बार खाँसने के बाद तेज रफ्तार से अहाते के बाहर चली गई। और शायद उसी के पीछे कुत्ता भौंक रहा था।

काले सपने

नीलिमा के मस्तिष्क में विचार उठते थे, और भींगे कागज पर अक्षरों की तरह अपना रूप खो देते थे। वह घबरा उठी—क्या वह भी जीजी की तरह पागल हो जाएगी?

अगर वह अपने सिर को दीवार पर पटक दे, और उसे अपने हाथों में लेकर देख सके, तो वह क्या देखेगी? उसके चिकने काले केशों के नीचे कैसा घना अन्धकार होगा? अगर कमरे के अन्धकार में वह मिल जा सकता, तो उसे नींद आ जाती। नीलिमा ने अन्दर और बाहर के गहरे अन्धकार में देखने की कोशिश से थकी आँखें उँगलियों से बन्द कर लीं।

उसे उम्मीद नहीं थी कि वह आज रात भी सो सकेगी। उसने कमरे की बत्ती बुझा दी थी, जंगले बन्द कर दिये थे। कमरे के कोने-कोने में अन्धकार था। उसने बिजली का पंखा भी बन्द कर दिया था। बेशकीमती पंखे से आवाज बहुत कम निकलती थी, पर नींद में खलल डालने के लिए वह भी काफी हो सकती थी। और इससे ज्यादा तो यह कि वह नहीं चाहती थी कि घना अन्धकार तितर-बितर हो जाए। अगर पंखा चलता रहा तो कमरे का अन्धकार उसकी चेतना पर कैसे छा सकेगा? और वह चाहती थी कि छत से रुँधा अन्धकार उसकी आँखों से होकर दिमाग के हर हिस्से में फैल जाए।

उसने कई बार महसूस किया था कि कुछ ऐसा हो रहा था, जैसे कारखाने की चिमनी धुआँ उगल रही हो और उसकी चेतना उसमें ओझल हुई जा रही हो! पर फिर जैसे अचानक एक तेज हवा के झोंके से धुआँ बिखर जाता था, सामने तीखी रोशनी रह जाती थी, और उसकी तकलीफ दुगुनी हो जाती थी।

उसकी आँखें खुलती नहीं थीं। बन्द रहने पर ऐसा मालूम होता था, जैसे छोटी-छोटी चिंगारियाँ, या आग के लहकते लाल शोले, या आग की एक दीवार बिलकुल आँखों में ही हों! और इस आग के चारों ओर बेडौल विचार इस तरह चक्कर काटते थे, जैसे बिजली के लट्टू के इर्द-गिर्द बरसाती कीड़े!

और वह चाहती थी कि वह सो जाए, जैसे दो-तीन दिनों पहले तक सोया करती थी। वह सब कुछ भूलकर भी सो जाने की कोशिश कर रही थी।

लेकिन अचानक ही उसे लगा, जैसे उसके अन्दर एक डर-सा बना हुआ था कि वह अगर सो गई, तो वह सब कुछ खो देगी। लेकिन कैसी फिजूल बात थी! रमेश

शहर में ही तो था। कल ही तो उसने कार पर से रमेश को दफ्तर की ओर जाते देखा था। वह कहीं जानेवाला भी तो नहीं था। उसे कुछ मालूम भी नहीं था। अभी तक वह उसे कुछ बता ही कहाँ पाई थी ? और मालूम हो जाने पर भी वह कहाँ जाएगा ?

नीलिमा को आखिर नींद आ गई।

और नीलिमा को लगा, जैसे वह एक क्षण के बाद ही जग गई हो। उसने खट् की एक आवाज सुनी थी। वह कमरे के अन्धकार में आँखें फाड़-फाड़कर देख रही थी। सामने का दरवाजा धीरे-धीरे अन्धकार को अन्दर की ओर ठेलता हुआ मुड़ रहा था। बरामदे की रोशनी कमरे में खड़ी लकीर की तरह घुस आई थी। आधे खुले दरवाजे में जीजी, पगली जीजी, तसवीर की तरह मढ़ी हुई थीं। पगली जीजी को रात के वक्त इस तरह अचानक सामने पाकर वह जरूर ही चिल्ला उठती, लेकिन जीजी के चेहरे का डरावनापन आज जाने कहाँ गायब हो गया था! हल्की रोशनी में जीजी के मुख की रेखाएँ कैसी सुन्दर मालूम पड़ती थीं! लोग झूठ नहीं कहते थे कि अपने वक्त में उसकी जीजी शहर की सबसे खूबसूरत लड़की थी।

जीजी ने एक बार बाहर की ओर देखा, फिर कमरे में धीरे से खिसक आईं। उन्होंने बत्ती जला दी।

जीजी ड्रेसिंग टेबल की कुर्सी पर बैठती हुई बोलीं—बहुत धीरे, जैसे कोई छिपकर उनकी बातें सुनने की कोशिश कर रहा हो, 'तू जगी हुई थी न, नीलू! मैं जानती हूँ।'

उन्होंने कुछ ठहरकर अपने कपड़ों में कहीं से एक लेमन ड्रॉप निकालकर उसे मुँह में डालकर चूसते हुए फिर कहा, 'नीलू, मैं जानती हूँ कि तू कल भी रातभर जगती रही, और परसों भी।'

जीजी का मुँह एकाएक डरावना हो गया। उन्होंने सटे होंठों से कहना शुरू किया, 'अभागी, क्या तू उसी तरह जिन्दगी भर जगती रहेगी, जैसे...जैसे तेरी पगली जीजी जगती रहती है ?'

जीजी के मुख का डरावनापन दूर हो गया था और उनकी आँखों से उनका सारा पागलपन बह निकला था।

नीलिमा ने आज जाने कितने दिनों बाद अपनी जीजी को गले से लगा लिया था। जीजी एक छोटी बच्ची की तरह रो रही थीं, और नीलिमा अपनी तकलीफ थोड़ी देर के लिए बिलकुल ही भूल गई थी। नीलिमा ने आज पहले-पहल अपनी जीजी की पिछली जिन्दगी की एक ऐसी झाँकी पाई थी, जिसका उसे आज तक कोई पता नहीं था। जीजी ने अचानक रोना बन्द कर दिया। उन्होंने फिर कहीं से एक लेमन ड्रॉप निकाला और उसे परम सन्तोष के साथ चूसने लगीं। कुछ देर बाद वे शीशे के पास जाकर खड़ी हो गईं और अपनी परछाईं को मुँह चिढ़ाती हुई कंघी करने लगीं। कंघी करते-करते वे रुकीं और फिर आकर नीलिमा के पास बैठ गईं।

उन्होंने बड़ी आजिजी के साथ धीरे-धीरे नीलिमा से कहा, 'देख, मैं इतनी देर से याद कर रही थी कि तुझसे जो कहने आई थी, वह कौन-सी बात थी। जानती है, मैंने एक सपना देखा है। उस छोकरे का क्या नाम है? रमेश न! मैंने उसी के बारे में सपना देखा है। जरा-सी झपकी लग गई थी। देखा, वह सड़क के किनारे बैठा हुआ भीख माँग रहा है। और भी देखा कि तेरी मोटर बड़ी तेजी से उधर से गुजरी और उसकी एक टाँग मोटर के चक्के के नीचे आ गई। वह कुत्ते की तरह चिल्ला उठा। लेकिन मोटर और तेजी के साथ निकल गई।'

जीजी की आँखों में मौत जैसा डर छाया हुआ था। उन्होंने रुक-रुककर कहना जारी रखा, 'मोटर बाबूजी चला रहे थे। तू पीछे बैठी हुई थी। मैंने चिल्लाकर कहा—बाबूजी, मोटर रोको। भिखमंगे की टाँग टूट गई थी। लेकिन बस, इतनी ही बात तो नहीं थी! सामने ही कितनी नीची खाई थी। मैं देखती रही, और मोटर खाई में जाने कहाँ गुम हो गई!'

जीजी ने अपनी आँखें मूँद लीं। उन्होंने अपना सिर दोनों हाथों में दबा लिया। उन्होंने फिर बोलना शुरू किया, तो जैसे सपने में ही बोल रही हों! कहा, 'लेकिन मुझे कितनी खुशी हुई जब मैंने देखा कि खाई में से मोटर सही-सलामत वापस लौटी और उधर भागी जिधर से आई थी। इस बार क्या देखा, जानती है? मोटर रामू ड्राइवर चला रहा था। पाजी कहीं का! मुझे खूब लेमन ड्रॉप ला-लाकर देता था। देखा, बाबूजी मोटर में पीछे बैठे हुए थे। लेकिन इस बार जहाँ रमेश बैठा हुआ था, वहाँ जाने कहाँ से तू आकर बैठ गई थी। और तुझे तो मोटर बिलकुल रौंदती हुई निकल गई।...लेकिन देख, नीलू, रामू को तो पाँच-छह दिन हो चुके, बाबूजी ने घर से निकाल दिया था। किस तरह उसकी पीठ की चमड़ी उधेड़ दी थी बाबूजी ने हंटर से मार-मारकर! मोटर का पुर्जा चुराया था न उसने।' और जीजी मुँह बन्द कर हँसने लगीं।

'जानती है, क्या हुआ था?' उन्होंने कहना शुरू किया, 'उस रोज शाम के वक्त रामू ड्राइवर ने मुझसे कहा था—बीबीजी, आज रात में मैं चुपके से आपके लिए बहुत सारे लेमन ड्रॉप लाऊँगा। अपने कमरे का दरवाजा खुला ही छोड़ दीजिएगा—मैं पागल जो ठहरी। मैंने उसे बता दिया था कि मैं अपने कमरे के बगलवाले कमरे के दरवाजे को खुला छोड़ दूँगी। जानती है, नीलू...' जीजी बच्चों के-से भोलेपन के साथ खिलखिला पड़ीं, और मुँह में साड़ी के छोर को भर लिया।

फिर खिलखिलाहट रोकते हुए उन्होंने कहा, 'कमरे में बाबूजी की दोस्त फिरोज मित्रा ठहरी हुई थीं। रात में रामू ने अँधेरे में उन्हें ही लेमन ड्रॉप देना चाहा था।'

इस बार नीलिमा अपनी हँसी नहीं रोक पाई। लेकिन जीजी इस बार नहीं हँसीं। वे शायद लेमन ड्रॉप ढूँढ़ रही थीं।

जीजी ने अचानक कहा, 'देख नीलू, एक पागल औरत की बात तू मानेगी? रमेश को तू सचमुच चाहती है? वह किरानी है न? बाबूजी तेरे लिए किसी आई.सी.एस. को ढूँढ़ते होंगे। एक बार तेरी पगली जीजी ने भी कॉलेज के एक गरीब लड़के से शादी करनी चाही थी। उसने अपने दिल की बात नहीं सुनी। उसने बाबूजी की बात मान ली! मैं आज तेरे सामने खड़ी हूँ न! तू सचमुच रमेश को चाहती है? आज तेरी जगह मैं होती, तो क्या करती? जा नीलू, जा, वही कर!' जीजी उठीं और धीरे-धीरे कमरे से बाहर हो गईं।

और जरा देर बाद कमरे के बाहर सूरज की धीमी-धीमी रोशनी दिखाई पड़ने लग गई थी। और नीलिमा ड्रेसिंग टेबल के सामने बैठकर जल्दी-जल्दी चिट्ठी लिख रही थी।

जैगुअर

मिस चैटर्जी अपने लम्बे-चौड़े मकान की ठठरी में दिल की तरह बनी हुई हैं। उनकी जिन्दगी सर्कस में रस्से पर नाचनेवाली की है। आभिजात्य और सामाजिक बहिष्कार, अमीरी और गरीबी, मर्यादा और उच्छृंखलता की खतरनाक विभाजक रेखा पर उनकी माँ सधे पैरों से चला करती थीं। मिस चैटर्जी लायक माँ की लायक बेटी थीं। इससे ज्यादा तो यह कि मिस चैटर्जी खूबसूरत माँ की खूबसूरत बेटी थीं। उनके पिता...उनकी आत्मा को शान्ति मिले, उन विचारों को यहाँ घसीटने से कोई फायदा नहीं। मिस चैटर्जी की माँ का पिछले साल इन्तकाल हो गया था। आमदनी के राज से भरे जरिये अचानक ही बन्द हो गए थे। परिवार के हितैषियों का आना-जाना एकदम ही कम हो गया था। जो आना चाहते थे, उनकी संख्या कम न थी लेकिन जो बड़े-बड़े लोग पहले आया करते थे, उनका पता नहीं था।

मिस चैटर्जी—रीता—अभी इन लोगों से निबट रही थी। कल जस्टिस नाथ और कर्नल हसन के पत्र आए थे। उसके नाम से दोनों ने तीन-तीन सौ रुपयों के चेक भेजे थे और यकीन दिलाया था कि यह रकम उसे हर महीने मिलती रहेगी। उन्होंने बड़ी आजिजी के साथ यह भी लिखा था कि रीता ने अपनी माँ के बक्से की जिन चिट्ठियों की चर्चा की थी, उन्हें वह हिफाजत से रखे, ऐसा न हो कि वे किसी के हाथ पड़ जाएँ! रीता दो-तीन और महानुभावों के पत्रोत्तरों और चेकों का इन्तजार कर रही थी। कल छह सौ रुपयों के चेक उसे न मिल गए होते तो उसे अपने नये मित्रों से रुपयों के लिए कहना ही पड़ता। लेकिन, संक्षेप में, यही समझिए, यह चैटर्जी परिवार की दूरदर्शी नीति के सर्वथा विरुद्ध होता। मिसेज चैटर्जी कहा करती थीं—रुपया माँगने से नहीं मिलता, वह अपने-आप मिलता जाता है या ठोकर

लगाने पर। रीता ने ठोकर लगाकर छह सौ माहवार का इन्तजाम कर लिया था और रीता के नये मुलाकाती मिस्टर कपूर ने खुद ही उसके लिए 'जैगुअर' कार देने को कहा था।

रीता पलंग पर लेटी-लेटी ख्वाब देख रही थी। कल रात फ्लाइंग क्लब से दो बजे लौटी थी। 'बाल' की वर्जिश से वह कुछ ऐसी थक गई थी कि घर लौटने पर बाहर के कपड़े उतारे बिना ही पलंग पर गिर गई थी। जब उठी तो आठ बज रहे थे। उसने नींद में सपने नहीं देखे थे! अब जगी हुई स्वप्नलोक में विचरण कर रही थी। उसका जिस्म पलंग पर बिखरा हुआ था। उसी तरह दिमाग को भी ढील मिली हुई थी। इस तरह बिखरकर लेटे-लेटे हवाई किले बनाने में रीता को अवर्णनीय ऐन्द्रिय सुख मिलता है। सुबह में एक-डेढ़ घंटे तक वह इस सुख में सनी रहना पसन्द करती है।

अभी उसके सपने शुरू ही हुए हैं। उसके सपनों में प्रतिश्रुत 'जैगुअर' की रूप-रेखा बार-बार उमड़ आती है। 'जैगुअर' की पतली, चिकनी स्टियरिंग व्हील के स्पर्श-सुख की कल्पना से ही वह हवा से बातें करने लग जाती है। एक बच्चे की तरह उसके लिए पलंग ही मोटर बन जाती है। वह साँस रोक लेती है, जैसे वह सत्तर मील प्रति घंटे की रफ्तार से मोटर चला रही हो! उसके पैर हिलने लगते हैं : वह एकाएक एक्सिलेरेटर पर से अपना दायाँ पैर हटाकर ब्रेक लेना चाहती है। रंगीन सपनों का एक दृश्य खत्म हो जाता है। फिर कुछ अप्रिय दृश्य भी चुपके से सामने आ जाते हैं : 'जग्गी एंड ब्रदर्स' का तीन हजार का बिल...सालभर का बकाया म्यूनिसिपल टैक्स।...और वह एक झटके में इन उलझनों से बहुत दूर अपनी कल्पना की कार ड्राइव कर रही होती है।

तभी बड़े टेबल पर पड़ा टेलीफोन घनघना उठा। फोन कपूर का था। रीता सोचकर मुस्कुराई कि लोग कहते हैं, सुबह के सपने सच होते हैं। वह निःशब्द खिलखिलाहट से हिल उठी जब उसने सोचा—मेरे सपने मेरी सुबह के, जो अभी शुरू ही हुई है, हालाँकि, ग्यारह नहीं तो दस बज चुके होंगे। टेलीफोन पर कपूर अभी उसकी स्तुति करता जा रहा था। वह काम की कोई बात नहीं कहता, तब तक रीता अपने सपनों और अपनी सुबह पर सोच रही थी और हथेली टेलीफोन के माउथपीस पर रखे हुई थी। उसे पहले से ही अपने ऊपर भरोसा था। अब उसने अपने साथ शर्त बदी कि एक हफ्ते के अन्दर कपूर 'जैगुअर' हाजिर करेगा। कपूर जैसे आदमी की आजिजी, परेशानी और घबराहट की कीमत वह नहीं समझ सकती, तो वह अपने पैरों पर किस बूते खड़ी होगी?

उसके होंठों की मुस्कुराती लकीरें उसकी परेशानी की सलवटों में बदल गईं, जब शब्दों को निचोड़-निचोड़कर बोलनेवाले कपूर ने तुतलाते अधिकार के साथ कहा कि वह तुरन्त या कुछ देर बाद, जैसा रीता के लिए सुविधाजनक हो, वहीं आ

रहा है और वहीं ब्रेकफास्ट करेगा। रीता टेलीफोन पटकने को हुई कि कुछ सोचकर 'हाँ' कर दी। लेकिन उसने मीठी उनींदी आवाज में कहा कि ब्रेकफास्ट क्या, लंच के लिए आ जाए न कपूर—यही तकरीबन एक बजे।

कल रात क्लब में और वहाँ से लौटते हुए कार में कपूर शराफत और बदतमीजी का कैसा खतरनाक और तकलीफदेह खेल खेल रहा था, यह रीता ने बखूबी समझा था और कपूर ने भी धीरे-धीरे समझा था कि रीता के लिए वह खेल एकदम नया नहीं है। वह 'जैगुअर' का वादा करने के बाद भी रीता को इस बात के लिए राजी न कर सका था कि रीता उसे ऊपर अपने कमरे तक पहुँचा आने दे। रीता कार से हँसती हुई उतरी थी और 'बहुत-बहुत शुक्रिया आपका, लेकिन इसकी जरूरत नहीं' कहकर अपने घर के दरवाजे के अन्दर हो ली थी।

लेकिन रीता को यह भी मालूम था कि कपूर ऐसा बेवकूफ न था कि वह नहीं समझता हो कि रीता 'जैगुअर' गाड़ी के लिए एकदम जरूरी हो जाने पर, अपनी आत्मा भी बेच सकती थी, इसीलिए उसे रीता ने लंच पर बुला लिया था। खतरे को काफी नजदीक तक आने का मौका देकर ही वह उसे अपना फायदा बना सकती थी।

रीता तैयार होने लगी। ड्रेसिंग रूम में बालों पर ब्रश करते-करते उसने मकान के पिछवाड़े कुछ आवाज सुनकर खिड़की से झुककर देखा, तो जो दीख पड़ा, वह उसे खूब अच्छा लगा। उसके मकान के पिछवाड़े, एक सँकरा गलियारा छोड़कर, मुद्दत से खाली पड़ी जमीन पर एक मकान बन रहा था। गलियारे के एकान्त में मकान बनानेवाले ठेकेदार ने एक मजदूरिन का बायाँ हाथ पकड़ रखा था और वह दायें से उसे चाँटे रसीद कर रही थी। रीता को देखते-देखते ठेकेदार ने उस औरत का हाथ छोड़ दिया था, और जहाँ काम हो रहा था, खिसक गया था।

रीता जंगले के पास खड़ी रही। ब्रश करना खत्म हुआ, तो वहीं खड़े-खड़े नाखून रँगती रही। जब पास के लोहे के कारखाने में बारह की सीटी बजी, तो वह मजदूरिन एक जवान, तगड़े मजदूर के साथ गलियारे में आई। दोनों ईंटों के एक ढेर के पास देर तक बैठकर कुछ खाते-पीते और घुल-घुलकर बातें करते रहे, जैसे पेड़ की डाल पर कबूतर-कबूतरी हों!

रीता कुछ देर के बाद अन्दर चली गई। उसने फोन उठाया और कनेक्शन मिल जाने पर कहा, 'मैं हूँ, रीता। सुनो कमल, तुम तुरन्त आ सकते हो? बड़ा मजा आएगा, सच। नहीं, एकदम तुरन्त चले आओ। तो बस, चले ही आओ। मैं खाने पर इन्तजार कर रही हूँ।'

कमल आया तो दोनों ने खाना शुरू किया। रीता धीमी आवाज में उसे जाने क्या-क्या समझाती रही, जैसे दोनों कोई साजिश कर रहे हों!

एक बजने में पाँच-दस मिनट रह गए तो दोनों ने मिलकर जल्दी-जल्दी खाने के टेबल की चादर बदल डाली और खाने की जूठी चीजें मुस्कुराते हुए बने हुए खाने

में मिला दिया। ठीक एक बजे जब कपूर आया तो कमल बगलवाले कमरे में चला गया और रीता कपूर के साथ फिर खाने बैठी।

कपूर ने डटकर खा लेने के बाद जब रीता की ओर तनिक इत्मीनान से देखा, तो वह सिर्फ टोस्ट कुतर रही थी। बहुत कहने पर भी रीता ने और कुछ लेने से इनकार कर दिया और बताया कि वह दोपहर में इससे ज्यादा खाती ही कब है, और आज तो उसके सिर में दर्द भी था।

खाने के बाद रीता ने ड्राइंग रूप में सोडा-साइफन का एक गिलास लिया और एक बोतल लाकर रख दिया। कपूर ने उसे बैठने के लिए कहा तो वह यह कहकर अन्दर चली गई कि वह थोड़ी देर तक आराम करेगी, तब तक कपूर अखबार देखे और चाहे तो ड्रिंक भी रखा हुआ था—अगर कपूर लंच के बाद उसकी जरूरत समझता हो।

ऊपर के छोटे ड्राइंग रूम में रीता कमल के साथ फल खाती और बातें करती रही। कमल ने जब पूछा कि आखिर क्यों उसने आज अचानक उसे प्यार किया, कपूर को इस तरह बेवकूफ बनाने का क्या मतलब था, तो रीता हँसने लगी और कुछ साफ-साफ कहने के बदले बात ही पलट दी।

एक घंटे के बाद जब कमल चला गया और रीता उसे बाहर पहुँचाकर निचले ड्राइंग रूम में पहुँची, तो कपूर सोफा पर पड़े-पड़े खर्राटे ले रहा था और बोतल आधी खाली हो चुकी थी। रीता ने उसकी तरफ उठे घूँसे का इशारा किया और जाकर अपने कमरे में सो गई।

'जंगली, जैगुअर!' उसने कमरे में घुसते-घुसते एक हिस् के साथ कहा था।

रोबट*

रामधन बाबू को आप जरूर नहीं जानते होंगे। उनके सम्बन्ध में आपका यह घोर अज्ञान उचित ही है। रामधन ने न तो कभी नाम ही पैदा किया, न कभी बदनाम ही हुए। आप उन्हें जानें तो क्यों?

सच पूछिए तो रामधन के बारे में यह सब जो आपको सुनाया जा रहा है, वह दीपक को सूर्य दिखाना है। रामधन राजनीतिज्ञ नेता नहीं, महाकवि नहीं, करोड़पति नहीं—वह कुछ भी नहीं है। वह एक ऑफिस का किरानी भर है, जो कुछ न होने के बराबर ही तो है!

उसके व्यक्तित्व में कहीं कोई उलझन हो, तो मुझे मालूम नहीं। उसके दिल में गहराई नहीं, दिमाग में गुत्थियाँ नहीं। उसके जीवन में कुछ भी ऐसा नहीं जो

* Robot : उच्चारण—रोबो, मुझे रोबट पसन्द; इनसान की तरह काम कर सकनेवाली मशीन।

गोपनीय हो, रहस्यमय हो। उसकी जिन्दगी एक सीधी लकीर-सी रही है और वह भी अब खत्म होने को आई, यही समझिए। किरानी की जिन्दगी की चार मंजिलें बताई जाती हैं। रामधन ने तीन तय कर ली थीं। कहने का मतलब कि सैकड़ों-हजारों दूसरे किरानियों की तरह रामधन ने बी.ए. किया था, नौकर हुआ था और कल उसे पेंशन भी मिल गई थी। आखिर मंजिल तो सबकी एक ही ठहरी—वह किरानी हो या बादशाह। देखिए, आप ऐसा न समझ लें कहीं कि मैं किरानियों पर व्यंग्य कर रहा हूँ। ऐसा किस मुँह से करूँगा ? खुद भी तो किरानी ही हूँ ! हाँ, अभी नया-नया किरानी बना हूँ। अभी इस दलदल से निकलकर कहीं ठोस धरती पर पैर टेकने का हौसला दिल से गायब नहीं हुआ है। इसीलिए जरा तटस्थ होकर किरानी जीवन या किरानियों पर बातें कर लेता हूँ। उन पर व्यंग्य करना अपने ऊपर ही व्यंग्य करना है। इतना आत्मविश्वास आप एक किरानी में कभी नहीं पा सकते—वह मुझ जैसा नया किरानी ही क्यों न हो !

रामधन के बारे में मैं कह रहा था। वह मेरी ही ऑफिस का हेड असिस्टेंट था। उसे हम इतनी नफरत की निगाह से देखते थे कि आप भी देख रहे होंगे कि मैं उसे रामधन बाबू कहना तक पसन्द नहीं करता। रामधन के सामने तो खैर, हम उसे रामधन बाबू कहने को मजबूर थे लेकिन पीठ पीछे ऑफिस के पिऊन तक उसे रामधन ही कहकर याद करते थे। आप समझ सकते हैं, रामधन कितना नीरस और कर्कश रहा होगा।

रामधन, झूठ नहीं बोलूँगा, बेईमान नहीं था। पिऊन से लेकर साहब तक यह बात जानते थे। इस एक गुण के बल पर रामधन बड़ा बाबू तो बन गया था, लेकिन इसके आगे नहीं बढ़ सका था। ईमानदारी की वजह अधिकारियों में उसकी धाक जितनी भी हो किन्तु उनके बीच भी वह लोकप्रिय नहीं था। वह उन आदमियों में था जो कानून और नियम के एक शब्द के लिए जान दे सकते हैं। ऐसे आदमी बहुत होते हैं जो कानून और नियम के शब्दों पर जोर देते हैं, आशय पर नहीं। लेकिन शब्द की मर्यादा के लिए नौकरी पर लात मारने की हिम्मत रामधान जैसे किरानी ही कर सकते हैं और ऐसे किरानी कम ही मिलेंगे। शब्दों को तोड़-मरोड़कर अधिकारियों ने अगर कभी पक्षपात करना चाहा, कोई अनुचित लाभ उठाने की कोशिश की तो रामधन उनके रास्ते का रोड़ा बन जाता। इसी का नतीजा था कि रामधन बड़ा बाबू बनकर ही रह गया।

जब अधिकारी तक चाहते हैं कि खाओ और खाने दो, तब छोटे मुलाजिमों की क्या बात ! लेकिन उसके मारे ऑफिस के छोटे बाबू लोग एक पैसा नाजायज नहीं ले पाते थे। किसी चपरासी की भी क्या मजाल, जो वह एक पैसा रिश्वत ले ले ! रामधन की गृध्र दृष्टि ऑफिस की बड़ी-से-बड़ी और छोटी-से-छोटी बात पर रहती थी। सभी रामधन से डरते थे और घृणा करते थे।

कोई बाबू या चपरासी पाँच मिनट देर से भी पहुँचा, तो फिर उससे लिखी कैफियत तलब होकर ही रहती थी और उसकी यह कैफियत रामधन इतनी सावधानी से फाइल करता कि जब पाँच साल बाद उसकी उन्नति का प्रश्न आता, तो उसके खिलाफ इसे पेश कर देना वह भूल नहीं सकता था। छुट्टी माँगने से बढ़कर गुनाह रामधन की नजर में कुछ हो ही नहीं सकता था। रामधन का इकलौता बेटा मृत्यु-शय्या पर पड़ा हुआ था। खुद साहब ने बुलाकर छुट्टी लेने के लिए कहा, तो उसने सधन्यवाद अस्वीकार कर दिया, क्योंकि ऑफिस का काम उसके घर की झंझटों के लिए तो रुका नहीं रह सकता था! जब एक दूसरे बाबू ने समझाना चाहा तो उनसे बेलौस होकर कह दिया, अपना काम देखिए, फिजूल वक्त मत बर्बाद कीजिए! और वे बेचारे अपना-सा मुँह लेकर अपनी कुर्सी पर चले गए। ऐसे आदमी से दूसरों को कितनी दिक्कत से एक-दो रोज की भी छुट्टी मिल सकती है, यह सहज ही अनुमान किया जा सकता है। मेरे जैसे कई नये बाबुओं ने खीजकर इस्तीफा तक दे दिया था। ऑफिस में, सच या झूठ, लोग कहते हैं, एक चपरासी ने, बहुत गिड़गिड़ाने पर भी छुट्टी नामंजूर हो जाने के बाद, एक दिन घर लौटने वक्त उस पर हाथ तक चला दिया था। इन बातों का असर रामधन पर कभी न हुआ और वह अपनी नौकरी के अन्तिम दिन तक हाड़-मांस का यंत्र बना रह गया।

जहाँ तक मैंने देखा, रामधन का कोई नहीं था और वह भी किसी का न था। उसके परिवार के बारे में मुझे कुछ खास मालूम नहीं, लेकिन जहाँ तक ऑफिस का सवाल है, उसके पास तक कोई कभी फटकने नहीं पाया। वह न तो कभी किसी के घर जाता था, न अपने यहाँ किसी का आना-जाना पसन्द करता था। हममें से दो-एक बाबू अपनी चापलूसी के लिए मशहूर थे। उन्होंने बड़े साहब तक को अपनी चापलूसी से अपनी मुट्ठी में कर रखा था। लेकिन उनकी इस कला का जादू रामधन पर नहीं चला। दुनियादारों का कहना है कि जहाँ साम, दाम, दंड, भेद जैसे अव्यर्थ उपाय भी निष्फल हो जाएँ, वहाँ भी चापलूसी कारगर होती है। गलत नहीं कहा गया है कि महान व्यक्तियों की अन्तिम दुर्बलता यह होती है कि वे अपनी तारीफ सुनना चाहते हैं। रामधन को हममें से कोई भी, किसी दृष्टि से, महान मानने को शायद ही तैयार हो। लेकिन वह अगर एक बहुत ही साधारण आदमी था, तो हम कभी यह नहीं समझ पाए कि उस पर चाटुकारिता का रामबाण क्यों खाली गया। हमने इस पर काफी वाद-विवाद किया था और अन्त में इसी निर्णय पर पहुँचे थे कि रामधन को आदमी कहना ही—अत्यन्त साधारण और निकृष्ट आदमी ही क्यों न कहा जाए—इस शब्द का अनादार करना था। रामधन को हैवान कहने से भी काम नहीं चल सकता था : पशुओं को तो आसानी से आदमी काबू में कर लेते हैं! तो हम उसे मशीन समझते थे—इनसान की तरह काम कर सकनेवाली मशीन : 'रोबट!'

उन्हीं दिनों किसी सचित्र विदेशी मासिक पत्रिका में मैंने उन दिनों के नये आविष्कार 'रोबट' का विस्तृत विवरण पढ़ा था। मैंने अपने साथ काम करनेवाले बाबुओं पर रौब गालिब करने की नीयत से रामधन की तुलना 'रोबट' से कर दिखाई थी, हालाँकि उस विवेचन में 'रोबट' के बारे में ज्यादा और रामधन के बारे में बहुत कम ही बातें थीं। यह कबूल कर लेने पर भी इतना जरूर कहूँगा कि रामधन था सचमुच 'रोबट' ही।

'रोबट' आधुनिक विज्ञान की बहुत बड़ी उपलब्धि है, किन्तु साथ-ही-साथ वह विज्ञान की अन्ततः सीमित शक्ति का परिचायक भी है। वैज्ञानिक लोहे के टुकड़ों और बिजली के तार से इनसान बना ले सकता है। इतना ही नहीं, वह अपने लोहे के पुतले में बुद्धि भी डाल दे सकता है। सच बात तो यह है कि 'रोबट' जो काम कर सकता है, वह असाधारण रूप से मेधावी मनुष्य भी नहीं कर सकते। किन्तु विज्ञान लोहे का हृदय अभी नहीं बना पाया है। मनुष्यत्व की अपनी थोड़ी-सी विशेषता बची रह गई है!

और यही विशेषता रामधन में जैसे थोड़ी-सी भी नहीं थी। 'रोबट' पर हमें गर्व होता है—वह प्रकृति पर मनुष्य की विजय है। रामधन की याद से भी मन कैसा-कैसा हो जाता है कि वह प्रकृति की कितनी भयंकर विफलता था। रामधन के बही-खाते में कभी कोई गलती हुई हो, यह मैंने नहीं सुना; रामधन को किसी ने दो-चार मिनट देर से आते नहीं पाया; रामधन ने यदि शिष्टाचार के नाते हँस दिया, तो उसमें विनोद से ज्यादा दाँत ही दीख पड़े, यहाँ तक कि यदि उसने क्रोध किया, तो उसमें भी भाव से अधिक नियम का आग्रह ही था।

रामधन को मैंने हर वक्त एक ही तरह के कपड़े पहरकर आते देखा था—साधारण, पर साफ-सुथरे, कभी-कभी हाल के सिले हुए, पर सदैव उसी पुराने ढंग के जो आज से बीस-पच्चीस साल पहले प्रचलित थे। उसकी मेज और कुर्सी, फाइल रखने की जगह और कलम-दवात जाने कब से एक रूप, अपरिवर्तित बनी हुई थीं। यदि किसी दूसरे आदमी ने कभी कोई हेर-फेर कर भी दिया, तो उसकी शामत आ गई। रामधन की बात अलग, ऑफिस के दूसरे लोग भी आँखें मूँदकर उसकी मेज पर की चीजें उठा ले सकते थे। पिन कहाँ मिलेगी, मुहर कहाँ रखी होगी, पेपर-वेट कहाँ होगा—सबको कंठस्थ पाठ की तरह मालूम था।

आदमी अच्छे लोगों का ही आदर करते हैं, किन्तु स्नेह तो बुरे लोगों से भी कर सकते हैं, और बहुत दिनों तक साथ रह जाने पर तो जानवरों के साथ भी अपनापन महसूस करने लग जाते हैं। लेकिन मैंने कहा न, रामधन अच्छा-बुरा; इनसान-हैवान कुछ भी नहीं था। वह एक जीता-जागता पुतला भर था। और पुतलों के बारे में स्नेह या अपनापन, आदर या आकर्षण का कोई क्या अनुभव करेगा? और सो भी जब रामधन जैसा पुतला हो, जिसे साधारण अर्थ में मनुष्य मानने के लिए बाध्य होना पड़ता है और जो इसीलिए और अधिक भयंकर हो जाता है।

सो, जब रामधन की कार्य-अवधि के समाप्त होने की बात हमने सुनी, तो हमें कितना सन्तोष हुआ, इसका आप अब भी शायद ही ठीक-ठीक अनुमान कर सकें। रामधन से हम घृणा करते हों या नहीं, किन्तु वह हमारे दैनिक जीवन का एक ऐसा दुर्वह भार था, जिसके हट जाने की सम्भावना से भी सन्तोष होना स्वाभाविक ही था।

रामधन को जैसे इस बात का पता तक न था। वह रिटायर होने के एक दिन पहले तक, उसी पुराने ढर्रे पर यंत्रवत् काम करता रहा, काम लेता रहा। हममें से अधिक उसकी विदाई के अवसर पर किसी तरह का आयोजन न करने के ही पक्षपाती थे। किन्तु रामधन ने, ऑफिस की परम्परा का खयाल रखते हुए, ऐसे अवसरों पर, अपनी ओर से, हर बार एक रुपया बतौर चन्दा दिया था। कुछ तो इस कारण और कुछ साहब का रुख देखकर, हमने बहुत विचार-विमर्श करने के बाद रामधन की विदाई का आयोजन किया ही।

शाम के वक्त ठीक साढ़े चार बजे तक काम कर लेने के बाद रामधन ने चाभियों का गुच्छा साहब के सुपुर्द कर दिया, चार्ज वह पहले ही दे चुका था। ऑफिस के बाद ही रामधन की विदाई का इन्तजाम किया गया था। सबने चाय पी, कुछ थोड़ा-सा खाना-वाना भी हुआ : जब हममें से किसी ने रामधन की विदाई के सम्बन्ध में कुछ कहना अस्वीकार कर दिया, तो साहब ने ही यह रस्म-अदायगी चुने हुए शब्दों में कर दी। रामधन सदा की तरह पत्थर बना हुआ बैठा था। साहब ने उससे भी कुछ कहने के लिए शिष्टाचारवश अनुरोध किया।

रामधन उठा। रामधन ने जब बोलना शुरू किया तो जैसे वह अचानक बहुत घबरा उठा। मैंने पहली बार क्लास में भाषण करनेवाले अपने एक अध्यापक को कुछ इसी तरह घबराते हुए देखा था। रामधन की आवाज की सुपरिचित कठोर स्पष्टता गायब हो गई थी। वह बार-बार खाँस रहा था। दो-चार शब्द कहकर ही वह बैठ गया। रूमाल में उसका मुँह छिपा था। उसका सारा शरीर ऊपर-नीचे हिल रहा था, उस तरह हिल रहा था जिस तरह पुरुष का शरीर रुलाई रोकने के विफल प्रयास से हिलने लगता है।

रामधन ने काफी देर तक इस तरह रहने के बाद रूमाल से आँखें पोंछते हुए बैठे-ही-बैठे कहा, 'मैं आप लोगों का बहुत कृतज्ञ हूँ। इस वक्त तबीयत कुछ खराब-खराब मालूम हो रही है। आप मुझे माफ करें।'

रामधन बाबू उठे। उनके सामने ऑफिस से बाहर निकालकर उन्हीं की मेज रखी गई थी, क्योंकि वही चाय-वाय के लिए उपयुक्त समझी जाती थी। रामधन बाबू ने एक बार मेज को बड़े प्यार से हौले-हौले थपथपाया और धीरे-धीरे बाहर चले गए।

हम हक्के-बक्के खड़े रहे : लोहे का पुतला भी रो सकता है ?

लाल कोठी

मैं विश्वविद्यालय की डिग्रियाँ लेकर, अपनी अधूरी शिक्षा की पूर्ति के लिए, देशाटन किया करता था। अध्ययन की तरह भ्रमण की कोई योजना नहीं रहती थी—बस, घूमता था। और इस ढंग से ही देश के दूर-दूर के कोने छान डाले थे, जबकि बहुत से नजदीक के स्थान देखने को बच ही गए थे। जैसे अध्ययन के नोट्स नहीं रखे, वैसे ही अपने भ्रमण की भी कभी डायरी-वायरी नहीं रखी। मुझे विवरण नहीं इकट्ठा करना था। मैं अनुभवों की तलाश में था।

मैंने महसूस किया था, ज्ञान पुस्तक में नहीं है। एक बार फिर देखा, अनुभव ढूँढ़ने से नहीं पाए जा सकते। लेकिन इतना भी समझ सका तो सन्तोष है कि न तो पुस्तकों का ही अध्ययन व्यर्थ था, न वे भ्रमण ही, जिनसे मैं असन्तुष्ट हो-होकर घर लौटता और जिनके लिए फिर-फिर घर से निकलता।

जिन दिनों, एक तरह से, घूमना-वूमना छोड़ रहा था, काम से पास के उस छोटे से शहर में जाना पड़ा, जहाँ काफी दूर-दूर के लोग आते हैं और जहाँ, शायद इसीलिए, मैं कभी नहीं गया था, या जाने की जरूरत समझी थी। जहाँ ठहरा था और जहाँ काम से जाना था, वहाँ से जाते-लौटते मैंने सारा शहर नाप लिया था। इस शहर की लोगों से तारीफ सुनी थी। मेरे लिए एक दिन ही काफी था। मैंने अक्सर पाया है, जिन शहरों की लोग तारीफ करते हैं, उनके लिए एक दिन काफी होता है—कभी-कभी काफी से ज्यादा।

शाम की ट्रेन से घर लौटना था। मैं तीन बजे ही शहर से बेबाक होकर लौट आया था। अभी दो-तीन घंटे बिताने थे। मैं इतनी देर में शहर के प्रसिद्ध दर्शनीय स्थानों को देख आ सकता था, पर अपने भ्रमणों के प्रारम्भिक दिनों में ही मैंने यह समझ लिया था कि आदमी इससे बड़ी बेवकूफी नहीं कर सकता। सो, अमुक कॉलेज, अमुक मन्दिर और अमुक बाग देखकर काम-का-काम और साथ में घूमना भी, यह तो मुझे करना नहीं था। जिनके यहाँ ठहरा था, उनके बूढ़े चाचा जी ने सुझाया भी, 'न हो, चले चलिए, बाग ही देख आएँ।'

मैं भी तो सिर्फ एक बार ही जा सका हूँ आज तक और वह भी पिछले साल, जब एक साहब आ गए थे और उन्हें शहर घुमाने ले जाना पड़ा था। मैंने कहा था, 'जी, आप ठीक कहते हैं, यह सब तो लाचार होकर ही आदमी करता है, पर मैं आपको तकलीफ नहीं दूँगा।'

मैं उन दिनों जो कुछ करता था, उनके आधार पर सिद्धान्त बना लेने की मेरी बुरी आदत थी। अपने ऐसे सिद्धान्तों का आवश्यक-अनावश्यक रूप से प्रतिवादन भी करता रहता था, जिन पर आज न तो मुझे गर्व है, न अफसोस ही। मुझे याद है, चाचा जी अभी मेरे उत्तर को ठीक-ठीक समझने की कोशिश ही कर रहे थे कि मैंने,

अपनी नजर में, बड़ी मौलिक बात कही, 'जहाँ तक मेरा सवाल है, देखिए न, मैं तो पिछली दफा जब चौथी बार आगरा गया तो मैंने पहली बार ताजमहल देखा—और वह भी लाचार होकर ही।'

चाचा जी थे, नहीं तो अपनी उस लाचारी का कारण बताने में मुझे आनन्द ही होता। लाचारी ताजमहल देखने की सच ही हो गई थी। वह लाचारी बहुत बड़ा अनुभव न भी हो, मीठी याद तो थी ही। लेकिन चाचा जी से वह सब क्या कहता!

जब कुछ करना ही नहीं था, तो मैंने अपना सामान-वामान ठीक किया और घर के मालिक का इन्तजार करने लगा कि वे ऑफिस से आएँ तो उनसे मिलकर स्टेशन चल दूँ। मैंने अखबार उठाया, फिर एक पत्रिका, फिर वह जासूसी उपन्यास जो एकदम निराशाजनक साबित हो रहा था, पर रास्ते में जिसका ही भरोसा भी था। लेकिन जी उचाट हो रहा था। मुझे जाने क्यों ऐसा लग रहा था, जैसे शहर में कोई जरूरी काम बाकी रह गया है और मुझे उसकी याद नहीं आ रही और पीछे जब आएगी तो अफसोस होगा। मैं उधेड़बुन में ही पड़ा रहा और किसी तरह पाँच बजे। गृह स्वामी आए, हमने चाय पी, मैं स्टेशन के लिए चला।

गली जहाँ चौड़ी सड़क से मिल जाती थी, ठीक वहीं, बायें कोने पर उस इमारत पर मेरी नजर गई। मैंने दूसरी बार उसे देखा। मैंने महसूस किया, उसे फिर से देखना ही तो वह काम था, जो मैं नहीं कर पाया था और जो दिमाग के किसी कोने में खटक रहा था। उस कोठी की इस बार एक झलक भर मिली और मोटर बढ़ गई। पहली बार रिक्शे पर था तो तनिक ध्यान से देख पाया था। लेकिन मन्द गति और तीव्रगति के साथ देखे जाने पर मकान को दो दृष्टियों से देख ले सका, तो देखने का काम जैसे पूरा हो गया।

ट्रेन पर बैठा तो दोनों तरफ की खिड़कियों से हरी-भरी, छोटी-मोटी पहाड़ियाँ डूबते हुए सूरज की ललाई से बहुत सुन्दर दीख पड़ रही थीं। प्रकृति के रंगों के इस दुस्साहसपूर्ण प्रयोग को मैंने देखा और चमत्कृत हुआ—गहरे हरे रंग पर तीखा लाल रंग! पर इस दृश्य से ध्यान, जो कहीं और था, बँट नहीं रहा था। मेरे सामने तो शहर का वह पुराना मकान नाच रहा था, जो धुँधले लाल रंग का था और जैसा मकान इस विविधतापूर्ण देश में भी मैंने अन्यत्र कहीं नहीं देखा था। मैंने अपने भ्रमणों के सिलसिले में वास्तुकला के एक-से-एक विचित्र, सुन्दर, भोंडे उदाहरण देखे थे। मैं प्राचीन वास्तुकला के अवशेषों की प्रकांड गरिमा से स्तम्भित हुआ था; मैं मध्य काल के भवनों की समन्वयवादिता का कायल हुआ था; मैंने आधुनिक युग की पश्चिम की नकल में बनी इमारतों को देख-देखकर वितृष्ण का अनुभव किया था। लेकिन किसी मकान को देखकर कभी ऐसा कुछ तो अनुभव नहीं किया था।

धुँधले लाल रंग की इस कोठी की तसवीर के साथ विलक्षण प्रतिभा, भयंकर हत्या, खूबसूरती, विद्रूपता के परस्पर-विरोधी-भाव जुड़े हुए थे। यह मकान नहीं

था, इतिहास था। अतीत, वर्तमान और भविष्य की मिलावट थी, यह लाल कोठी। जैसे तीनों टकरा गए हों और एक-दूसरे में फँसकर उलझ गए हों और इसके फलस्वरूप लाल कोठी खड़ी हो गई हो! बस, कहीं एक कोई चीज थी जो न होती तो लाल कोठी अपने ढंग की अनूठी इमारत होती। या कहीं एक और चीज होती। लेकिन वह क्या चीज थी? मैंने अक्सर ऐसे चेहरे देखे हैं और कभी-कभी दिक्कत महसूस की है यह समझने में कि क्या बेकार है या क्या काम की। जो सुन्दर हो सकता है, वह एकबारगी कुरूप हो गया है। लेकिन मैंने ऐसे चेहरे भी देखे हैं, जो आसानी से बहुत सुन्दर हो सकते थे, पर जाने क्यों, भयानक लगते हैं। और सोचने पर भी कारण नहीं समझा है। लाल कोठी ऐसा ही चेहरा था।

लाल कोठी उस रोज ट्रेन में ही आदमी के बदसूरत चेहरे में बदलकर मेरे सामने आने लगी। फिर वह मेरे लिए नियमित दुःस्वप्न ही बन गई, जिसे चाहने और कोशिश करने पर भी भूल जाना कठिन था।

मैं चार-पाँच महीनों बाद फिर, एक रोज के लिए, उस शहर में कुछ जरूरी काम से गया। सुबह पहुँचा और शाम को ही लौटना था। साथ में एक डाक्यूमेंट केस के अलावा कुछ न था। शाम को स्टेशन चलने लगा तो मेरे मित्र भी साथ हो लिये। हम पैदल ही स्टेशन की ओर चले—मित्र की मोटर मरम्मत के लिए गई हुई थी।

गली से सड़क पर हम आए तो मित्र ने अचानक कहा, 'अभी तो काफी वक्त है, चलो अन्दर, एक सज्जन से मिल आऊँ।'

हम लाल कोठी के पास से गुजर रहे थे। मैं उधर ही ध्यान से देख रहा था। मेरे मित्र आगे-आगे चले और मैं उनके पीछे-पीछे लाल कोठी के अहाते में दाखिल हुआ।

मेरे मित्र लाल कोठी में रहनेवालों के आत्मीय रहे होंगे। वे सीधे ड्राइंग रूम में पहुँच गए। मैं हिचक रहा था, किन्तु मुझे भी घसीटते लेते गए।

मेरा वहाँ जिस दम्पती से परिचय हुआ, उसकी कल्पना अक्सर हम-आप करते होंगे, किन्तु वैसा होना कितनों के भाग्य में रहता है! प्रभावशाली, पर सुसंस्कृत व्यक्तित्ववाला पति, अनिंद्य सुन्दर, किन्तु व्यक्तित्व-सम्पन्न पत्नी, और एक छगन-मगन बेटा।

मैंने चाय पी। लाल कोठी और उसमें रहनेवालों के सम्बन्ध में अपनी विकृत कल्पना पर मैं अपने प्रति घृणा से भर-भर उठा। मुझे समय कम था। इसलिए फिर आने का निमंत्रण शिष्टाचारपूर्ण, अंशतः ईमानदारी के साथ दिया गया। निमंत्रण पाकर मैं अपने मित्र के साथ स्टेशन चला गया।

इसके कुछ दिनों बाद मैंने समाचार-पत्रों में एक सुबह पढ़ा था—शायद आपको भी स्मरण हो—'दम्पती और बालक की रहस्यपूर्ण मृत्यु!' कैसा रोमांचकारी शीर्षक! समाचार-पत्रों में इससे कहीं ज्यादा सनसनी पैदा करनेवाले शीर्षक और समाचार रोज ही पढ़ते-पढ़ते हम इनके आदी हो जाते हैं, किन्तु मेरे लिए यह समाचार इतना

रोमांचकारी था जितना शायद ही जीवन में कभी पढ़ा हो। शहर का नाम वही था। लाल कोठी का संकेत न होने पर भी, बिना किसी आधार के ही, मुझे यह विश्वास हो गया कि खबर लाल कोठी के दम्पती के बारे में ही थी। आधार न हो और फिर भी विश्वास हो जाए, तो वह कितनी भयानक बात होती है!

अखबार की कतरन आज भी मेरे पास है। उसकी पंक्तियाँ हैं :

'आज सुबह एक सम्भ्रान्त परिवार की रहस्यपूर्ण मृत्यु की खबर से शहर में सनसनी फैल गई है। सुबह सोने के कमरे में बन्द रहने के कारण नौकर को सन्देह हुआ। जब उसने पड़ोसियों की सहायता से दरवाजा तोड़ा तो अन्दर परिवार के तीनों सदस्य—पति, पत्नी और बालक—मृत पाए गए। ऐसा सन्देह करने का कारण है कि पति ने पत्नी तथा पुत्र की हत्या करने के बाद आत्महत्या कर ली होगी। अभी हमारा संवाददाता जाँच कर रहा है।'

मुझे इस समाचार से रोमांच हो आना स्वाभाविक ही था। मैंने जिसे अपनी विकृत कल्पना समझ रखा था, वह विकृत होने पर भी कल्पना नहीं, भयंकर सत्य ही तो था! पीढ़ियों से चला आता हुआ पागलपन, ऊपर की सुघराई के नीचे उलझी हुई गाँठें, लाल कोठी की बनावट में ही नहीं, उसमें रहनेवालों के जीवन को भी विद्रूप बना चुकी होंगी! यह तो होना ही था, होना ही था! अपने द्वारा अनुभूत भयानक पूर्वाभास के स्मरण से मेरा खून बर्फ हो-हो जाता रहा।

तीन-चार दिनों बाद उस शहर के मेरे मित्र अचानक आ गए। अखबारवालों को शायद दूसरे सनसनीदार समाचार मिलते रहे, या उनके संवाददाता की जाँच ही पूरी न हुई। इसके बाद इस घटना की चर्चा मुझे पढ़ने को नहीं मिली थी और मैं पूरी बात जानने को उत्सुक हो रहा था। मेरे मित्र ने आते ही स्वयं चर्चा शुरू की।

दुर्घटना, जैसा मैंने अनुमान किया था, लाल कोठी में ही हुई थी। वही परिवार भी था, जिससे उन्होंने मुझे परिचित कराया था। दुर्घटना का कारण भी मेरे अनुमान से मिलता-जुलता था। पुलिस किस नतीजे पर पहुँची थी, यह तो नहीं मालूम था, किन्तु अफवाह थी कि पति को पत्नी पर सन्देह था, निश्चित प्रमाण मिलने पर, आवेश में पत्नी की हत्या करने के बाद, बालक को और अपने को भी खत्म कर दिया होगा।

लेकिन मित्र ने एक और बात बताई। यह परिवार दो-तीन महीने हुए, कलकत्ता से आया था। उसने लाल कोठी भाड़े पर ली थी।

दुकान की रौनक

कमरा बहुत छोटा था। कई आदमी बैठे थे। सिर्फ गिरीश की बगलवाली कुर्सी खाली थी। श्यामू खड़ा था। शायद गिरीश को देखकर झिझक रहा था। कमरे

में दाखिल होने के वक्त उसमें झिझक नहीं थी। गिरीश को उसने पहले-पहल देखा था।

प्रेम ने बेतकल्लुफी के साथ कहा, 'गिरीश, यही श्यामू है—जिसका पान खा रहे हो। पोस्ट ऑफिस के सामने दुकान पर मैंने पनडिब्बा जो भरा था; इन्हीं की दुकान है। उस वक्त था नहीं श्यामू।...'

गिरीश ने सचेष्ट शिष्टता के साथ कहा, 'तो बैठो, बैठिए न, खड़े क्यों हैं?'

'जी...' कहते हुए श्यामू कुर्सी पर बैठा।

'राँची में क्यों रहता हूँ और कैसे रहता हूँ,' प्रेम बेसिलसिला कह रहा था, 'यह पूछे कोई तो जवाब यह है कि श्यामू की वजह। गिरीश, तुम जानो, मैं तो यहाँ आने के एक हफ्ते बाद ही इस्तीफा देने की सोच रहा था कि इसकी दुकान मिल गई। तुम जानते हो, स्वर्ग में भी मगही पान न मिले तो मैं रह नहीं सकता। और शहर भर में पान बेचता है तो श्यामू। हाँ, खानेवाले अलबत्ता दो हैं—एक मैं और एक खुद यही।'

'छोड़िए भी, प्रेम बाबू,' श्यामू ने मुस्कुराते हुए कहा, 'किमाम लीजिए, फिर मँगवाया है।'

प्रेम ने माचिस से किमाम निकालकर खाया, और गिरीश से पूछा, 'कभी कोकेन चखी है? लो, किमाम लो।'

श्यामू ने कुछ उतावली से कहा, 'तो प्रेम बाबू, चलिए अब, देर हो रही है।'

प्रेम ने निश्चिन्तता के साथ कहा, 'गिरीश से कहो न। अब इन्हें छोड़कर तो जाऊँगा नहीं।'

और श्यामू ने मिटती हुई झिझक के साथ गिरीश से अपने यहाँ चलने का प्रस्ताव किया। उसके यहाँ प्रेम की दावत थी।

'जरूर, जरूर,' गिरीश ने प्रेम की संक्रामक बेतकल्लुफी के प्रभाव में आकर उत्तर दिया।

और गिरीश को उस निमंत्रण के स्वीकार करने का कभी पश्चात्ताप नहीं हुआ। पूरियाँ जरा बेढंगी जरूर थीं, मगर वैसा गोश्त उसने कभी नहीं खाया था, न वैसी मछली। तब वह शराब का पारखी नहीं बन पाया था, लेकिन आज भी उस दिन की याद से उसके मुँह में पानी आ जाता था। प्रेम ने शर्बत कहकर थोड़ी-सी पिला दी थी, जोकि गिरीश ने शराब समझकर ही पी थी। एक पैग से ज्यादा थोड़े ही थी लेकिन किस तरह सिर घूम गया था उसका! लेकिन खुशबू?

पी लेने के बाद प्रेम से गिरीश ने पूछा था, 'कहाँ मिलती थी वह, पिताजी के लिए ले जाना चाहता था।' श्यामू मुस्कुरा पड़ा था।

प्रेम ने टालते हुए कहा था, 'श्यामू से कहना, शायद इन्तजाम कर दे...।'

रिपन बार में अकेले बियर पीते-पीते गिरीश उस दिन की छोटी-छोटी बातों को भी अपने दिमाग में उलट-पलट रहा था। वह इतने दिनों बाद वहाँ फिर आया था। प्रेम नहीं था। श्यामू भी कहीं दीख नहीं पड़ा था। वह काफी देर से बियर पी रहा था। व्हिस्की के लिए कहकर उसने राय बदल दी। उसने बियर की तीसरी बोतल मँगाई। वह रिपन बार की उजड़ी एकान्तता का पूरा-पूरा फायदा उठाना चाह रहा था। वह सोच रहा था, कहीं श्यामू मिल जाता...।

अजीब ढंग का आदमी था वह श्यामू भी। गिरीश ने कई बार उसकी समस्या सुलझानी चाही है। आज भी इसी उधेड़बुन में था वह। गिरीश खुद शायद जन्म का बूढ़ा था। बीस साल का था तभी एक दिन वह बूढ़ा हो गया था। तब से उसने निश्चिन्तता नहीं जानी थी। फिक्र उसे किसी बात की न थी, पर उसने उल्लास का अनुभव कभी नहीं किया था, हालाँकि वजह कोई न थी। वह प्रेम का दोस्त था तो सिर्फ इसलिए कि उस आवारागर्द आदमी की जिन्दगी में जाने कहाँ से कभी न चुकने वाली निश्चिन्तता बनी रहती थी। गिरीश उसमें हिस्सा बँटा पाता था, यह बहुत बड़ा आकर्षण था। और श्यामू का भी रहस्य था उसका उल्लास। ऊबा-ऊबा गिरीश सोच रहा था, उस एक शाम को उसने जितना उल्लास देखा था, उसमें से जो कुछ भी पाया था, वह उसने फिर देखा या पाया नहीं। लेकिन उस उल्लास का कारण क्या हो सकता था? गिरीश श्यामू के उल्लास के मूल स्रोत को जानना चाहता था। एक बार वह श्यामू से फिर मिल पाता! आज जब उसे उल्लास के एक कण से इतना आराम मिल सकता था, अगर श्यामू दीख जाता।

कितनी छोटी-सी वह पान की दुकान थी श्यामू की! आखिर कितनी आमदनी होती रही होगी उससे? और उस दिन गिरीश के लिए वह टैक्सी ले आया था। टैक्सी गली के अन्दर उसके घर तक पहुँच भी नहीं सकती थी। छोटा-सा ही घर था। लेकिन क्या बात थी उस दुकान में, उस घर में, उस श्यामू में! दुकान में न सही रुपये, पैसे बरसते थे, सचमुच बरसते थे। श्यामू दुकान पर बैठता, तो क्या कोई साहब ऑफिस में या सेठ अपनी गद्दी पर बैठता? और घर में, गिरीश ने देखा था, एक ऐसी मुस्कुराहट नाच रही थी कि फर्श की मिट्टी और दीवारों की गंदगी भी खूबसूरत लगती थी। इस शहर की पक्के रंग की युवतियों की मुस्कुराहट और खुशी उनमें अपूर्वता ला देती है, गिरीश ने देखा था। वही मुस्कुराहट श्यामू के घर पर थी। लेकिन वह कहाँ थी? वह जादूभरी मुस्कुराहट ठीक-ठीक देखी नहीं थी उसने। श्यामू हँसता रहता था, उसके दोनों नंग-धड़ंग बच्चे किलकारी मारते रहे थे, प्रेम भी हँसने लगा था, और सबसे ताज्जुब की बात तो यही थी, खुद गिरीश भी हँस-हँस पड़ा था। गिरीश और हँसे? उसे याद नहीं कि उसके पहले वह कब हँसा था। यह तो खैर, अच्छी तरह याद है कि बाद में कभी नहीं। गिरीश जानना चाहता था, बुरी तरह जानना चाहता था। यहाँ आ गया था तो शायद जानने का मौका मिलता। पर श्यामू मिले तब तो...!

गिरीश भूलना नहीं चाहता था, वह ढूँढ़ना चाहता था। उसने आखिर व्हिस्की नहीं पीने का ही फैसला किया। वह शहर की तरफ लौट चला और श्यामू अचानक ही उसे मिल गया। वह माचिस की डिब्बी शायद 'बार' की मेज पर ही छोड़ आया था। वह सड़क के किनारे की दुकान पर माचिस लेने के लिए रुका। उसने मिट्टी के तेल की धुआँती रोशनी में देखा, दुकानदार श्यामू ही था। श्यामू वही था। बाल खिचड़ी हो गए थे, वह दुबला भी हो गया था। यों वह करीब-करीब पहले की तरह ही था।

श्यामू बूढ़ा हो गया था। एक दिन में, कुछ क्षणों के अन्दर ही, गिरीश भी इसी तरह बूढ़ा हो गया था। गिरीश के लिए यह कोई नया अनुभव नहीं था। शरीर पर बुढ़ापा धीरे-धीरे हावी होता है, हृदय पर क्षण भर में हो जा सकता है। उसने अपने ही जीवन में देखा है, यह बुढ़ापा कैसी विकराल छाया लिये रहता है! सम्पर्क में आनेवाले व्यक्ति ही नहीं, सारा वातावरण जैसे एकबारगी भाँय-भाँय करने लगता है। श्यामू रुपये के पैसे गिन रहा था। गिरीश बिना कुछ कहे दुकान से हटने लगा। श्यामू ने उसे पहचाना नहीं था। उसने पुकारकर कहा, 'पैसे लेते जाइए।'

गिरीश को पहले हिम्मत नहीं हुई थी। अब उसने कहा, 'श्यामू, मुझे पहचाना नहीं?'

श्यामू ने उसकी ओर देखा और उसकी सूखी आँखों में पुरानी पहचान चमककर गायब हो गई।

'गिरीश बाबू? नमस्ते। बहुत दिनों पर आए इधर?'

गिरीश ने कुछ कहा नहीं। वह अपने जीवन की पुनरावृत्ति देख रहा था। यह उसके लिए असह्य था।

'प्रेम बाबू से मालूम तो हुआ ही होगा? इसकी माँ पारसाल पागल हो गई।' एक तीन साल का बच्चा फटे-पुराने कपड़ों में लिपटा दुकान के एक कोने में खाँसता जा रहा था।

'पान लीजिए न!' श्यामू ने दो हरे बीड़े गिरीश की ओर बढ़ाते हुए कहा, 'आपके लायक तो नहीं लेकिन अब मगही के नाज उठाए कौन! इसकी माँ जब से पागल हुई।...'

गिरीश ने पान ले लिये और कहा, 'कल फिर आऊँ शायद, जरा जल्दी है।'

उसने पैसे फिर नहीं लिये थे। श्यामू ने फिर आवाज दी। इस बार गिरीश ने पैसे ले लिये...।

चलते-चलते गिरीश सोच रहा था, श्यामू के उल्लास के रहस्य को वह क्या जानता नहीं था? उसके दिमाग में बार-बार यह खयाल उठता था—क्या श्यामू की बीवी और उसकी कृष्णा एक ही पागलखाने में रहती होंगी?

रोने की कला

राजकुमारी के साथ जयन्त की घनिष्ठता बढ़ी तो बढ़ती गई। जयन्त ने राजकुमारी को देखा एक बार, दो बार, कई बार, फिर उससे मिला और दोनों मित्र बन गए।

जयन्त ने अकस्मात् ही राजकुमारी को देखा था। यों, शहर में चारों ओर रॉयल थियेट्रिकल कम्पनी की धूम मची हुई थी, लेकिन जयन्त को उससे कोई दिलचस्पी न थी। पर बात ऐसी हुई कि उस दिन शाम को उसे कोई काम सूझ नहीं रहा था और ऐसी हालत में वक्त कटना मुश्किल हो रहा था। और जयन्त है कि उसे कुछ-न-कुछ काम करना ही चाहिए। तभी मेज पर पड़ा हुआ नाटक कम्पनी के उस रोज के शो का फ्री पास उसे दीख पड़ गया था और वह थियेटर देखने चला गया था।

तब यह शहर, आज की तरह, ईंट और लोहे, सीमेंट और कंक्रीट का इतना डरावना जंगल नहीं बना था। सड़कों पर महर्षियों जैसे लम्बी उम्रवाले दरख्त दीख पड़ जाते थे। जिन्दगी धीमी और सुलझी हुई थी। साल में तीन महीनों के लिए एक सिनेमा कम्पनी आ जाती थी और कभी-कभी कोई थियेट्रिकल कम्पनी भी। शहर में एक दैनिक था और वह अंग्रेजी में छपता था।

आज तो, जैसे, बड़े-से-बड़ा आदमी कोई मूल्य नहीं रखता। लेकिन तब था कि जयन्त की भी शहर में हस्ती थी। था तो वह शहर के एकमात्र दैनिक का प्रधान रिपोर्टर ही, लेकिन उसने अपना एक ऐसा स्थान बना लिया था, जो अनिश्चित होते हुए भी अस्वीकृत नहीं किया जा सकता था। लोग देखते थे और आश्चर्य करते थे : अनिमंत्रित होने पर भी सम्मानित, और अधिकार न रखने पर भी सम्भ्रम उत्पन्न कर सकनेवाला जयन्त शहर के सार्वजनिक जीवन का एक आवश्यक अंग बन गया था। उसके परिचितों और परिवारवालों को अपनी आँखों पर विश्वास न होता, जब वे देखते कि किसी सभा, उत्सव, या खेल में वह सबसे ऊँची जगह पर या सबसे अगली कतार में डटा हुआ है।

उस दिन भी जब रॉयल थियेट्रिकल कम्पनी का पहला शो होने जा रहा था तो लोगों को यह देखकर कम ताज्जुब नहीं हुआ होगा कि बड़े-बड़े अफसरों और पच्चीस रुपयेवाली सीटों के ड्रेस सर्किल के बीचोबीच जयन्त अपनी अमोघ मुस्कुराहट लिये कुछ इस तरह आकर बैठ गया, जैसे नाटक का आयोजन उसी के सम्मान में हुआ हो! जिन लोगों ने जयन्त को, ईर्ष्या और अवज्ञा के साथ, इस रूप में देखा था, उन्हें अगर यह मालूम होता कि रॉयल थियेट्रिकल कम्पनी के मालिक शापुरजी ने शहर में आने के बाद जो सबसे पहला काम किया था, वह था—शहर के एकमात्र दैनिक के प्रधान रिपोर्टर के साथ सम्पर्क स्थापित करना, तो उन लोगों को शायद और अधिक आश्चर्य होता। पर बात तो बिलकुल सच ही थी। और यह भी सच ही था कि वह अपनी इच्छा के विरुद्ध नाटक देखने चला आया था। पहले वह खोज-

खोजकर नाटक देखता था। इसका स्वाभाविक परिणाम यह हुआ था कि उसे नाटकों से अरुचि हो गई थी। हिन्दी नाटकों को देखकर बड़े-बड़े नाटक-प्रेमियों का उत्साह ठंडा पड़ जाता है, जयन्त तो मामूली शौक रखता था। सो, आज घर से चलने के पहले काफी देर तक दुविधा में पड़ा रहा था कि कमरे में लेटा हुआ आराम से खुली हवा का मजा लेता रहे, या थियेटर हॉल की खटमल भरी कुर्सी पर बैठे-बैठे नाटक कम्पनी को गालियाँ दे-देकर वक्त काटे? बहुत सोच-विचार कर उसने दूसरी बात ही चुनी थी। जयन्त, आप जानते हैं, काम नहीं रहने पर आराम तक को नापसन्द करता है, काम हो तो कष्ट भी सही।

और नाटक, जैसाकि उसे डर था, एकदम वाहियात था। वह फिर इसी उधेड़बुन में था कि घर में अकेले शाम गुजार देना अच्छा होता, या नाटक देखने आकर उसने अक्लमन्दी की थी? नाटक रद्दी था तो एक काम तो वह कर ही रहा था—कल अपनी आलोचना में कौन-से कटु शब्द और चाबुक-जैसे वाक्य वह लिखेगा, इसकी मानसिक रचना करता जा रहा था। और इसका उसे थोड़ा-सा सन्तोष जरूर था।

एक खास स्थल को देखकर उसने भिन्नाकर आँखें मूँद लीं और सिगरेट पीता रहा। वह मन-ही-मन खीज रहा था और हिन्दी के रंगमंच को चुने हुए शब्दों में कोस रहा था कि उसने आँखें खोलीं और उसका सारा ध्यान मंच पर अभिनीत होते हुए नये दृश्य पर केन्द्रित हो गया।

दयमन्ती वन में अकेली खड़ी है...राजा नल उसे सोती छोड़ चले गए हैं...वह जगने पर, अपने को परित्यक्त पाकर, कातर भाव से रो रही है...।

अब तक दमयन्ती पर ही सारा खेल टिका हुआ था—न दूसरे पात्रों के अभिनय में जान थी, न कथोपकथन में मार्मिकता, न घटना-प्रवाह में कोई रोचकता। दमयन्ती का भी अभिनय अब तक साधारण कोटि का ही था—हाँ, थोड़ी-सी सम्भावना उसमें जरूर थी और यह देखकर अफसोस होता था कि संचालकों ने क्यों नहीं उसका पूरा लाभ उठाया था। लेकिन यह क्या? दयमन्ती के रुदन का इतना मर्मस्पर्शी और सफल अभिनय कौन अभिनेत्री कर रही थी भला? जयन्त ने अचानक अपने गालों पर गीलापन अनुभव किया। अरे, वह रो रहा था! समूचे हॉल में बिजली से भरा तनाव-सा छा गया था। उसकी बगल में बैठी हुई एक महिला इस तरह रो रही थीं कि उन्हें हिचकियाँ आने लग गई थीं। खुद जयन्त भी, नहीं चाहने पर भी, रोता जा रहा था।

जयन्त थोड़ी देर के लिए शिथिल घटनाक्रम, उबा देनेवाले दृश्य-परिवर्तनों और अस्वाभाविक वार्तालापों को भूल गया। वह निषध देश के राजा नल की परित्यक्ता सुकुमारी रानी दमयन्ती के दुर्भाग्य को अपना दुर्भाग्य ही मान चुका था। उसकी सारी वृत्तियाँ एकाग्र हो गई थीं। वह समय और स्थान का ज्ञान खोकर दमयन्ती का जीवन जी रहा था।...दृश्य खत्म हुआ। जैसे किसी ऊँची, बहुत ऊँची

जगह से जयन्त गिर पड़ा। वह रूमाल से गाल पोंछने लगा तो पाया कि उसके आँसू सूख चुके थे। अब एक हास्य रस का दृश्य सामने था। जयन्त ने टॉर्च जलाकर प्रोग्राम देखा—मिस राजकुमारी दमयन्ती का पार्ट कर रही थी।

जयन्त ने इसी तरह राजकुमारी को पहली बार देखा था।

दूसरे रोज जयन्त ने अपने अखबार में दमयन्ती की जो आलोचना लिखी, वह कुल मिलाकर शापुर जी के लिए आशा से अधिक अनुकूल और लाभदायक थी। उसने राजकुमारी की अभिनय-कला पर तो गद्य काव्य ही लिख मारा था। दूसरे पात्रों तथा नाटक की और बातों के बारे में भी वह काफी नर्म पड़ गया था।

जब कम्पनी के दूसरे खेल 'सावित्री' का विज्ञापन हुआ, तो वह फिर पहली शाम को ही हॉल में उपस्थित था।

जयन्त ने महसूस किया, वह राजकुमारी की अभिनय-कला के सम्बन्ध में शायद आवश्यकता से अधिक आशाएँ लेकर आया था। इसी का परिणाम था कि उसे नाटक के प्रारम्भिक दृश्यों में राजकुमारी के अभिनय से बहुत निराशा हुई। एक तो राजकुमारी देखने में उस दिन की तुलना में असुन्दर-सी लग रही थी; दूसरे, उसका अभिनय भी आज बहुत शिथिल और साधारण था। तो क्या दमयन्ती का उस दिन का रोल अकस्मात् इतना प्रभावोत्पादक बन पड़ा था? राजकुमारी का उस दिन का अभिनय जयन्त के लिए चिरस्मरणीय अनुभव था। उसने विश्व के नाटक-साहित्य, कुशल अभिनेताओं की अभिनय-कला का अध्ययन किया था। इनके आधार पर उसने अभिनय-कला का जो कल्पित आदर्श अपने मन में बना लिया था, उसकी सत्यता उस दिन कुछ क्षणों के लिए राजकुमारी के अभिनय में दीख पड़ी थी। उसी दिन उसने जीवन में पहली बार नाटक की सार्थकता का अनुभव किया था। उसके पहले उसने इस कला के सम्बन्ध में जो कुछ पढ़ा था, उसे कभी देखा या अनुभव नहीं किया था। इसे वह अपना दुर्भाग्य भी मानता था और कभी-कभी यहाँ तक सोचता था कि लिखनेवालों ने ही शायद अतिशयोक्ति से काम लिया हो। पर राजकुमारी ने अपने अभिनय के द्वारा उस दिन यह सिद्ध कर दिया था कि यदि अभिनेता प्रेरणा के आवेश में अभिनय करे तो इतिहास दर्शक के जीवन की घटना में अनूदित हो जा सकता है और कथा प्रत्यक्ष सत्य में परिवर्तित हो जा सकती है। राजकुमारी ने अपने अभिनय से यह कर दिखाया था और जयन्त बड़े विश्वास के साथ 'सावित्री' देखने आया था। किन्तु एक नवीन अनुभव पाने के बदले वह उबासियाँ ले रहा था।

जयन्त शायद अपने पहले दिन के अनुभव को भूल गया था। उस दिन भी तो उसे प्रारम्भ में इसी प्रकार की निराशा हुई थी! यह जरूर था कि वह उस दिन इसके लिए तैयार होकर आया था और अप्रत्याशित रूप से चमत्कृत होकर लौटा था, जबकि आज बड़ी उमंग से आया था और ऊब रहा था।

लेकिन उस दिन की तरह आज भी, खेल के बीच में, अचानक, राजकुमारी की अभिनय-कला अपनी पराकाष्ठा पर पहुँच गई...।

सत्यवान् मर गया है...निर्जन, डरावना जंगल...सावित्री विलाप कर रही है...।

और सावित्री, यानी राजकुमारी के साथ आज फिर हॉल रोया और जयन्त का रूमाल भीगा।

ऐसे दो-एक दृश्य देख लेने पर वह राजकुमारी के बाद के अत्यन्त साधारण अभिनय पर भी खीजा नहीं। उसने यह भी पाया कि ऐसे दृश्यों में राजकुमारी एकाएक असुन्दर से असाधारण सुन्दर भी लगने लगी और खेल के अन्त तक आकर्षक बनी रही।

पर्दा गिरने के बाद, हॉल के बाहर आने पर, इस परिवर्तन पर जयन्त ने खूब सोचा था। हॉल के बाहर लम्बे-चौड़े मैदान को अकेले पार करता हुआ जयन्त इस नतीजे पर पहुँचा था कि करुण रस का अभिनय देखकर उसकी अनुभूतियों का जो परिष्कार-सा हो गया था, उसी के फलस्वरूप वह राजकुमारी के प्रति इतना उदार हो सका होगा। राजकुमारी के प्रति ही क्यों, उसका अभिनय देखकर हॉल के बाहर निकलने के समय वह किसके प्रति उदारता का अनुभव नहीं कर रहा था भला! उसने कॉलेज में अंग्रेजी साहित्य के अध्ययन के सिलसिले में अरस्तू के रेचनवाद के बारे में जो इतना पढ़ा-सुना था, उसके प्रकाश में वह अपने अनुभव को परख रहा था। उसने अपने अध्यापकों के करुण रस से आनन्दनुभूति के सम्बन्ध में विद्वत्तापूर्ण विवेचन सुने थे, पर आज तक उसके लिए वे सिद्धान्त, सिद्धान्त-मात्र ही थे। आज उसने एक बड़े सूक्ष्म सिद्धान्त को वास्तविकता के रूप में अनुभूत किया था। उसे लग रहा था, शहर के फेफड़े, उस खुले मैदान की तरह उसका अन्तःकरण भी मुक्त, निर्मल था। वह अपने को घंटे-दो घंटे पहले से कहीं अच्छा, पवित्र, बड़ा महसूस कर रहा था। वह राजकुमारी की कला का कायल ही नहीं था, कृतज्ञ भी था। आलोचक और पत्रकार जयन्त सन्तुष्ट था तो व्यक्ति और मानव जयन्त आयातित।

राजकुमारी की अभिनय-कला पर दूसरे दिन जयन्त ने एक दूसरा लेख लिखा—पहले से कहीं अधिक प्रशंसात्मक, कवित्वपूर्ण।

तब, तीसरे खेल सीता या चौथे खेल लैला-मजनू के बाद की बात है। जयन्त अपने को रोक नहीं सका। खेल खत्म हो जाने के बाद उसने ग्रीन रूम के चपरासी से राजकुमारी के पास अपना कार्ड अन्दर भिजवाया। राजकुमारी ने अवश्य उसके लेख देखे होंगे : उसने जयन्त को अन्दर बुलवा लिया।

जयन्त ने यह इच्छा प्रकट की कि वह राजकुमारी का इंटरव्यू लेना चाहेगा। राजकुमारी ने यह सधन्यवाद स्वीकार कर लिया और दूसरे रोज सुबह होटल में, जहाँ वह ठहरी थी, चाय पर उसे बुलाया।

जयन्त जैसे मिलनसार आदमी के लिए इससे अच्छा अवसर क्या हो सकता था? जयन्त इंटरव्यू के लिए गया और फिर आने के लिए आमंत्रित होकर लौटा।

जयन्त और राजकुमारी घनिष्ठ मित्र बन गए, जिसके मानी यह होते हैं कि घनिष्ठ परिचय के साथ एक-दूसरे के प्रति विरक्त होने के बदले सम्मान का भाव बढ़ता गया। जयन्त नाट्यकला का प्रेमी था और राजकुमारी जन्मजात अभिनेत्री। जयन्त उन दिनों अक्सर राजकुमारी के यहाँ देखा जा सकता था, और कहना अनावश्यक है, उसके मित्र अकारण तो नहीं, पर सर्वथा निराधार व्यंग्य किया करते थे।

शहर के रईसों की दिलचस्पी खूबसूरत, पर अभिनय-कला से कोरी एक्स्ट्राज पर केन्द्रित रहती थी, क्योंकि राजकुमारी में असाधारण अभिनय-प्रतिभा रहने के बावजूद वह आकर्षण नहीं था जो नाटक के धनी प्रतिपालकों की आँखों में अभिनेत्री का सबसे आवश्यक गुण होता है। फलतः राजकुमारी को काफी फालतू वक्त रहता था और जयन्त को धीरे-धीरे इतना अधिकार मिल गया था कि वह इस वक्त में से जितना चाहे, ले लिया करे। जयन्त की दृष्टि में राजकुमारी अपूर्व सुन्दरी थी, क्योंकि वह श्रेष्ठ कलाकार थी, किन्तु उसका सम्बन्ध मित्रता की परिधि लाँघकर कभी आगे नहीं बढ़ा। राजकुमारी ने कभी उत्साहित नहीं किया, और जयन्त मित्रता से सन्तुष्ट था। राजकुमारी का स्वभाव इतना गम्भीर था कि एक दिन अचानक ही उसके मुँह से अपने आठ साल के बच्चे की बात निकल गई, जो देहरादून में पढ़ता था, नहीं तो वह व्यक्तिगत बातों की चर्चा तक से दूर भागती थी। यों, वह हँसती और अक्सर हँसती, तो उसकी खूबसूरती उसी तरह दुगुनी हो जाती, जिस तरह नाटक के करुण रस का अभिनय करते वक्त भी हो जाती थी। जयन्त पहली बात तो समझ सकता था, लेकिन दूसरी उसके लिए एक रहस्यपूर्ण बात थी, जिसे लेकर वह जाने कितनी बार राजकुमारी के साथ विचार कर चुका था। राजकुमारी इस सिलसिले में जो कहती थी, उसका निचोड़ यही था कि वह 'दमयन्ती' या 'सावित्री' का पार्ट करते-करते सचमुच दमयन्ती या सावित्री बन जाती थी। वह जब उनके हृदय के भावों को अपने हृदय में पा लेती थी, तभी वह अपनी सफलता मानती थी और जयन्त भी, शायद यही मानता हो।

और तभी एक दिन सुबह के वक्त जब जयन्त धड़धड़ाता हुआ राजकुमारी के होटल के सूट के बैठनेवाले कमरे में पहुँचा तो राजकुमारी को सिसकते हुए देखकर स्तब्ध रह गया। राजकुमारी सिसक रही थी, पर इतनी विह्वलता से कि वह फूट-फूटकर रोने से भी अधिक हृदयद्रावक था। राजकुमारी ने जयन्त की तरफ देखा तक नहीं। जयन्त खड़ा रहा। पहले क्षण में उसके हृदय में जो सहानुभूति का ज्वार उमड़ा था, वह अब उसके लिए दुर्वह-सा होता जा रहा था। आज दमयन्ती या सावित्री नहीं रो रही थी, खुद राजकुमारी रो रही थी। उसके हृदय में बहुत-बहुत सहानुभूति थी, पर उसके साथ दूसरी भावना थी, जो सहानुभूति के साथ टकरा-टकरा-सी जा रही थी!

राजकुमारी के रोने में सदैव एक त्रासदिक गरिमा-सी रहती थी। रोने में त्रासदिक गरिमा होती है—जयन्त ने यही पढ़ा-सुना था—भवभूति, कालिदास। राजकुमारी के अभिनय में उसने इसका प्रत्यक्ष अनुभव भी किया था। और राजकुमारी रो रही थी तो आज ही। आज अभिनय नहीं, सच का रोना था। लेकिन क्या असली आँसू जुगुप्सा उत्पन्न करनेवाले गले के स्वर के बिना आँखों से निकल ही नहीं सकते? राजकुमारी सिसकती जा रही थी और उसके गले में एक अजीब घबराहट पैदा हो रही थी। उसके होंठों के छोरों में थूक निकल आता था। ऐसे गहरे, टूटे श्वास-प्रश्वास उसकी तकलीफ को हास्यास्पद बना रहे थे। राजकुमारी के रूप में—उस नारी के रूप में जो वस्तुत: वह थी—राजकुमारी का रोना घिनौना हो उठा था। जयन्त का रोम-रोम इस वास्तविक और अनाटकीय करुणा के दृश्य से घृणा और तिक्तता से भर गया। रोना इतना कुरूप भी हो सकता है! जयन्त का दम घुट रहा था। वह राजकुमारी के विद्रूप मुँह की ओर देर तक नहीं देख सका। उसकी नजर मेज पर रखे एक तार पर पड़ी। कुछ ही शब्द थे :

'कल बच्चा मोटर से दबकर मर गया। अपार खेद।'

...जयन्त न होता तो राजकुमारी ने आत्महत्या कर ली होती। वह उसे अपने साथ उसकी माँ के पास देहरादून पहुँचा आया था।

जयन्त के लिए नाट्यकला एक वर्जित विषय है।

बिस्किट और पापड़

स्टेशन के पास, दाईं तरफ, रेलवे की गुमटी है। उसके बारे में दैनिक पत्रों के 'पाठकों की चिट्ठियाँ' वाले स्तम्भ में अक्सर शिकायतें छपती हैं—'गुमटी का फाटक बेवजह और बहुत देर-देर तक बन्द रहता है; आने-जानेवालों की सुविधा का खयाल नहीं किया जाता', इत्यादि। पर मैं इस गुमटी को मिश्रित अभिशाप ही मानता हूँ।

यह नहीं कि गुमटी के कारण मुझे असुविधा नहीं उठानी पड़ी हो, या कि रेलवे के कुप्रबन्ध पर मैं झल्लाया न होऊँ, और सम्पादक के नाम वह चिट्ठी लिखने का मैंने निश्चय न किया हो, जो आज तक लिखी न गई। पहले तो कोई किराये की सवारी उधर जाने के लिए नहीं मिलती। अगर कोई सवारी मिली भी तो अक्सर होता यह है कि मुझे गुमटी के पार जाने की जितनी शीघ्रता रहती है, उसके प्रतिकूल अनुपात में गुमटी के दरबान को इत्मीनान रहता है। गुमटी के उस पार किसी के यहाँ दोपहर का खाना है। खाना बारह बजे है। घर से चला मैं दो बजे। ऐसी हालत में गुमटी बन्द न मिले, यह आज तक नहीं हुआ। इसी तरह जब ट्रेन का समय हो गया

हो, डाक्टर के यहाँ जल्द-से-जल्द पहुँचना हो, या कोई दूसरा बहुत जरूरी काम हो, तो दूर से ही अपने साथ शर्त बदता हूँ कि देख लेना, गुमटी बन्द न मिली तो! और हर बार मैं अपने से जीता हूँ।

फिर भी मुझे विश्वास है, जिस दिन गुमटी के नीचे से या ऊपर से आने-जाने का रास्ता रेलवे अधिकारी बना देंगे, उस दिन मुझे थोड़ा अफसोस तो जरूर होगा! गुमटी वाली सड़क पर दिन-रात व्यस्त आदमियों की धारा बहती ही रहती है। उस धारा को लोहे का फाटक बाँध बनकर रोक देता है। तब गति के अवरोध से खीज उठना स्वाभाविक ही है। पर कभी-कभी अतिशय व्यस्तता के बीच जो स्थिरता प्राप्त होती है, उसके सहारे मैंने यह भी अनुभव किया है कि मेरी व्यस्तता और शीघ्रता आखिर व्यर्थ ही तो थी।

स्थिरता के इन दुर्लभ क्षणों में आदमी को आदमी के रूप में देखने का मौका भी मिलता है। सड़क पर प्रवाहित होनेवाली धारा अलग-अलग व्यक्तित्व रखने वाले अंशों में बिखर जाती है। एक-से दीखनेवाले लोगों में इतनी विविधता हो सकती है, यह इसी स्थल पर मैंने देखा है।

और उस दिन तो, रिक्शे पर बैठे-बैठे, एक छोटा पर पूरा एकांकी नाटक ही, सड़क की बाईं पटरी पर, देख गया—बिना पर्दों का, बिना पैसों का, जीवन का नाटक...।

मेरे रिक्शे से कुछ ही दूर, सड़क की पटरी पर, दो बच्चे टाट बिछाकर बैठे हुए थे। बच्चे किसी शरणार्थी पंजाबी परिवार के रहे होंगे। एक के सामने, जो मेरी ओर से पहला था, एक टिन का डिब्बा था जिसमें बिस्किट रखे हुए थे। लड़का बहुत चुस्त, फुर्तीला, आत्मविश्वास से भरा हुआ था। 'बिस्किट ले लो—दो पैसे में चार बिस्किट ले लो'—यह निरन्तर कहता जा रहा था। वह नौ-दस साल का होगा। स्वस्थ शरीर, लम्बी नाक, छोटी सजग आँखें, नुकीली ठुड्डी। वह जीवन में बहुत आगे बढ़ सकेगा, यह भविष्यवाणी करने के लिए ज्योतिष का ज्ञान आवश्यक न था। उसने देखते-देखते अपने सामने के डिब्बे के बिस्किट बेच डाले। उसकी व्यवहार-कुशलता देखकर मैं विस्मित था। उसकी रंगीन कमीज की ऊपरी जेब पैसों से भरकर नीचे की ओर लटक गई थी। उसने पीछे रखे हुए दूसरे डिब्बे को सामने किया। उसकी आवाज में थकावट न थी। वह दूने उत्साह से अपने रोजगार का नारा लगा रहा था : 'दो पैसे में चार बिस्किट...।'

लोग झूठ नहीं कहते कि हमारे शहर के सबसे बड़े सेठ जी सिर्फ एक लोटा लेकर मारवाड़ से आए थे। यह लड़का कल अपनी छोटी दुकान करेगा, दो रोज बाद बड़ी दुकान खोल देगा, किसी दिन किसी मिल और आलीशान कोठी का मालिक बनकर रहेगा। तब वह गर्व से कह सकेगा—मैंने अकेले, बिना किसी पूँजी के, जो कुछ किया, किया!

बगल में, उससे उम्र में कुछ ही कम, दूसरा लड़का बैठा था। दोनों भाई रहे होंगे। इतनी समानता दोनों में थी। उसके सामने एक चँगेली में तले हुए पापड़ थे। उसकी पुकार थी : 'पैसे-पैसे पापड़ ले लो।' दोनों एक ही साँचे में ढले थे। और फिर भी दोनों की शारीरिक बनावट में काफी अन्तर था। छोटा लड़का बहुत ज्यादा दुबला-पतला था। उसकी आँखें बड़ी-बड़ी थीं। शरीर की कृशता के कारण बहुत बड़ी लगती थीं। चौड़ा माथा, गोल ठुड्डी। वह आतंक और विस्मय से भरी आँखों से बड़े भाई की ओर देखता और फिर अपनी क्षीण और मधुर आवाज में पापड़ बेचने लगता। मैं जब तक वहाँ था, उसने एक पापड़ बेचा था। वह कभी भाई की मुद्रा देखता, कभी रेल की लाइन की ओर। कभी चँगेली के पास पड़ी कैलेंडर से काटी हुई तसवीरों की ओर देखने लगता, फिर, जैसे याद आने पर 'पैसे-पैसे पापड़...' करने लगता। उसकी चँगेली भरी-की-भरी पड़ी थी। वह चँगेली देखता और उसके चेहरे पर उदासी छा जाती। वह चँगेली से ज्यादा रेल की लाइन पर खड़े डिब्बों को देखता। उस समय उसकी आँखों में कौतूहल झलक उठता। वह बार-बार चँगेली के पास रखी तसवीरों को उलट-पलटकर देखता। उसके पतले, सूखे लाल होंठों पर मुस्कुराहट दौड़ जाती। फिर चौंककर डरी, थकी आवाज में वह पुकारने लगता : 'पैसे-पैसे...'

बड़े भाई को अपने काम से फुर्सत न थी। उसने सिर्फ एक-दो बार डाँट लगाई थी। 'ठैर, बाबूजी के आने पर कैता हूँ!' तब एकबारगी छोटा और भोंदू लड़का जोर से चिल्लाने लगता : 'पैसे-पैसे...' और फिर खाँसने लग जाता और उसकी आँखें भर आतीं। वह अपनी बहुत ढीली, पुरानी कमीज के छोर से आँखें पोंछ लेता और रेल के डिब्बों या तसवीरों की तरफ बरबस ललचाई निगाहों से देखने लगता...।

सात-आठ मिनट बीत गए होंगे। गुमटी अभी तक खुली नहीं थी। शंटिंग हो रही थी। मेल का वक्त था। शाम हो चली थी...।

मैंने फुटपाथ के उस रंगमंच की तरफ फिर देखा। दोनों लड़के खड़े हो गए थे। एक अधेड़ पुरुष बड़े लड़के से बातें कर रहा था। छोटा लड़का समीप ही खड़ी स्त्री से चिपका जा रहा था। माँ-बाप बच्चों को घर लिवा जाने को आ गए थे।

बड़े लड़के ने पिता के हाथ पर गिन-गिनकर पैसे रखे। बड़े पुत्र की आँखों में गर्व और पिता के मुख पर सन्तोष झलक रह थे। पिता ने सावधानी से पैसे जेब में रखे। उसने बड़े बेटे की पीठ थपथपा दी। फिर उसने कठोर स्वर में छोटे लड़के से पूछा, 'क्यों बे... ?' लड़के ने निगाह नीची किये ही, झिझक के साथ, जेब से दो-चार पैसे निकालकर पिता की तरफ बढ़ा दिये। मैं डर गया। यह लड़का ताड़न का अधिकारी तो था ही। पर नहीं। पिता समझदार था। उसने अपने छोटे लड़के की तरफ फिर देखा तक नहीं। मैं उसके प्रति कृतज्ञता से भर उठा।

पिता ने अपने बड़े पुत्र की उँगली पकड़ी और स्निग्ध स्वर में कहा, 'चल, तेरे लिए मिठाई ले दूँ।' उसने चलते-चलते अपनी पत्नी से कहा, 'तुम दोनों जरा यहीं ठैरना। हम अभी आए।'

आदमी पढ़ा-लिखा नहीं जान पड़ता था, लेकिन कसूरवार और काम से जी चुराने वाले बच्चे को दंडित करने का उसका तरीका सर्वथा आधुनिक, मनोवैज्ञानिक था। छोटा लड़का निगाह नीची किये खड़ा था। उसका सिर एक ओर झुक गया था। मैं नहीं समझ पा रहा था कि क्रोध में आकर दो तमाचे लगा देना अच्छा है, या इस प्रकार का मनोवैज्ञानिक दंड देना ?

पिता अपने लाड़ले बच्चे के साथ चला गया तो माँ ने छोटे लड़के का सिर सहला दिया। फिर उसे कुछ पैसे देती हुई बोली, 'देख, वो आइसक्रीम वाला है, दौड़कर ले ले। मैं सामान ठीक करती हूँ।'

लड़के की आँखें और होंठ मुस्कुरा पड़े। वह आइसक्रीम वाले तक दौड़ता हुआ गया। उसने उस बक्सनुमा पीली गाड़ी को देखा, जिसमें ठंडी-मीठी आइसक्रीम होगी। फिर उसकी नजर पास ही फुटपाथ पर फैली किताबों पर पड़ी, जिन्हें दुकानदार एक-एक कर उठा रहा था और बक्स में डालता जाता था। बच्चे ने उससे कुछ कहा। उसने दुकानदार को पैसे दिये। वह एक किताब लेकर उछलता-कूदता माँ के पास लौट आया।

माँ अपने बच्चों की छोटी-मोटी दुकान समेट रही थी। उसने घूमकर देखा तो लड़के ने उसकी ओर किताब बढ़ा दी और कहा, 'ये दूसरी किताब खरीदी है। पहली खत्म कर ली जो।'

'पागल कहीं का!' माँ ने कहा और सामान ठीक करने लगी। वह शायद एक बार अपने दुपट्टे के छोर को आँखों के पास भी ले गई...।

मैं यह ठीक-ठीक न देख पाया, क्योंकि इसी समय मेल विद्रूप अट्टहास करती हुई आई और चली गई।

किले का गाइड

सुबह होटल का ब्वॉय मेज पर लाल गुलाब का फूल रख गया था : इशारा था कि मुझे होशियार रहना चाहिए। पार्टी का खुफिया विभाग बहुत अच्छी तरह संगठित था। उसे डर था, उस पर पुलिसवालों की निगरानी थी। मैं दिन भर उस कमरे में ही रहा। मैनेजर को खबर कर दी थी कि तबीयत ठीक नहीं, खाना कमरे में ही खाऊँगा।

शाम को डाक्टर हैदर आए। डाक्टर हैदर पार्टी के सदस्य तो नहीं थे; लेकिन सहानुभूति रखनेवाले विश्वासपात्र सहयोगी थे। उन्होंने कहा—चलो, सैर कर

आएँ। उन्होंने यह कहते हुए मेरा हाथ दबा दिया था, इसलिए कुछ और पूछने की जरूरत न थी।

डाक्टर हैदर के साथ ही मुशायरे में चला गया था। कोई ऑल इंडिया मुशायरा था। कहने का मतलब, अच्छा-खासा मुशायरा था। बड़ा मजा आया। आप भी मानेंगे, कवि-सम्मेलनों और मुशायरों में मजा आता ही है।

खास बात यह हुई कि एक साहब का नाम सदर ने लिया तो वातावरण में दो परस्पर-विरोधी प्रतिक्रियाएँ टकरा-सी गईं। मंच पर बैठे शायरों में से कुछ ने तो दबी जबान से तौबा-तौबा तक कह डाला। उधर नीचे बैठे श्रोताओं ने उसी शायर का वह स्वागत किया कि कोई दो मिनटों तक वह इधर-उधर झुक-झुककर सलाम ही करता रहा।

मेरी दिलचस्पी बढ़ी। नाम ठीक-ठीक सुन नहीं पाया था। डाक्टर हैदर से धीरे से पूछा, तो उन्होंने भी नाक-भौंह सिकोड़कर कहा, 'लोफर है। मंजूर आलम नाम है। शैदा तखल्लुस करता है।'

और, शैदा साहब ने अपनी नज्म पढ़ी। फिर दूसरी नज्म। और बैठने चले तो वह गुल-गपाड़ा कि जनाब सदर को और सुनाने के लिए कहना ही पड़ा। शैदा साहब की शायरी के बारे में क्या कहूँ! बस, इतना जान लीजिए कि शायरों के बदले सुननेवालों के साथ ही मेरी सहानुभूति थी। यह भी है कि एक बार जब शैदा साहब का जादू खत्म हो गया, तो उन्हें जरा गौर से देखने पर यह मानना ही पड़ा कि होंगे जनाब लोफर।

इन्हीं शैदा साहब से दो-तीन दिनों के बाद सर्वथा भिन्न परिस्थिति में मुलाकात हो गई। उस वक्त शैदा विजयी कवि के रूप में नहीं थे, हारे हुए इनसान थे।

शाम को किले से ताँगे पर वापस आ रहा था। किले से कुछ ही फासले पर एक आदमी ने ताँगा रुकवाया और कहा—एक आदमी बेहोश हो गया है। मुझे उज्र न हो तो उसे भी ताँगे पर ले लूँ। देख लेना जरूरी था—कहीं कोई पुलिस का आदमी तो स्वाँग नहीं रचे हुए था? लेकिन नहीं। अरे, ये तो शैदा थे! मैंने उन्हें ताँगे पर बड़ी खुशी से ले लिया। तब तक उनकी बेहोशी दूर हो चुकी थी।

मैंने देखा था, आदमी लोफर हो या नहीं, शायर जरूर था। उनकी शायरी सुन ही चुका था। अब जरा नजदीक से शक्ल-सूरत भी देखी। मरम्मत किये हुए हैट, पैबन्द लगे सूट और सुनहली कमानीवाले चश्मे के बाद भी उनके व्यक्तित्व में कुछ था, जिसे कहूँ कि मैं देख सका। अजीब औरतों जैसी बड़ी आँखें थीं और पतली सुडौल भौंहें। शक्ल से कोई शायर हो सकता है तो वह थे, कपड़े से चाहे वे जो दीखते हों।

और मैंने इससे भी ज्यादा देखा। मैं खुद फरार था और कई-कई रोज फाकाकशी करने का तजुर्बा हासिल कर चुका था। उस हालत में अपने साथियों को देखने का

भी मौका पा चुका था। मैं अपने उस तजुर्बे से कह सकता था कि शैदा कम-से-कम तीन दिनों से भूखे थे। मैंने पहली चाय की दुकान पर ताँगा रुकवाया। उनसे कहा, 'शैदा साहब, आपकी सेहत कुछ खराब है। चलिए, चाय तो पी लें।'

शैदा साहब ने मेरे धोती-कुर्ते को देखा, फिर कहा, 'मेहरबानी।'

शैदा को आगे मैंने वहाँ उतार दिया, जहाँ उन्होंने बहुत-बहुत शुक्रिया अदा करते हुए उतरना चाहा। शैदा ने ताँगे से उतरते हुए कहा था, 'फिर मिलेंगे।' कहा उन्होंने शिष्टाचार के नाते ही था लेकिन इत्तिफाक की बात कि उनसे दूसरे रोज फिर मुलाकात हो ही गई।

मैं दूसरे दिन बारह बजे के करीब किले पर पहुँचा, तो गाइड लोगों ने घेर लिया। उन्हीं के बीच देखा तो शैदा भी मुस्कुरा रहे थे। बड़े तपाक से मिले और जब उनके दूसरे साथी आप-ही-आप खिसक गए, तो साथ-साथ अन्दर चले। कुछ देर साथ घूमते रहने के बाद शैदा मुझे छोड़कर बाहर चले गए। मैं एक तरफ बैठकर स्केच करता रहा। कोई आध घंटे के बाद देखा, शैदा एक अंग्रेज दम्पती के साथ आ रहे थे। उन्होंने इशारे से मुझे पास बुला लिया और मैं उनके साथ-ही-साथ समूचे किले में घूमा। मैं कई बार बड़ी दिक्कत से अपनी हँसी रोक पाया था। शैदा ने ऐसी-ऐसी कहानियाँ सुनाईं कि अंग्रेज दम्पती इतना भावुक हो गया, जितना कोई अंग्रेज दम्पती हो सकता है। शैदा के वर्णन-विवरण में इतिहास प्रायः कुछ नहीं था, कहानी-कला अलबत्ता बहुत उच्च कोटि की थी! मेरे सामने उन्हें अंग्रेज दम्पती से एकदम बीस रुपये मिले। शैदा ने तीन रुपये मना करते-करते भी चाय पर खर्च कर दिये और शाम तक मेरे साथ बने रहे।

मैं करीब-करीब रोज ही किले जाता था। दिन में मेरे लिए वह सबसे सुरक्षित और मनोरंजक स्थान था। और सबके ऊपर तो शैदा का आकर्षण था। अकेले और खाली रहते, तो शैदा उर्दू के अपने तथा दूसरे शायरों के अशआर सुनाते रहते, कोई साथ में किला दिखाने के लिए ले लेता, तो फिर उनकी किस्सागोई के मजे लेता रहता। सेठ साहब हैं तो उनके धरातल पर आकर उलटी-सीधी, पर दिलफरेब बातें; कोई अमेरिकन हो, तो फिर उसकी मनोवृति के अनुकूल बातें। मैंने देखा था, एक-एक दिन में शैदा पचास-पचास रुपये तक फटकार लेते थे। ऐसा भी कभी-कभी हो जाता था कि दिन भर बेकार ही रह गए और मेरे साथ बातें करते रहे।

एक बात शैदा के बारे में अजीब पाई। पचास रुपये मिले तो क्या, और दो मिले तो क्या, उनके हैट, सूट और चश्मे में कभी कोई परिवर्तन नहीं हुआ। उनके अन्न के भूखे शरीर में कभी थोड़ी-सी भी ताजगी नहीं आई। मुझे तो शक था कि मेरे साथ अपने पैसों से या मेरे खर्च पर जो चाय-बिस्कुट खाते थे, वही सम्भवतः उनका पूरा-पूरा भोजन हो जाता था, और यह भी नहीं कि शैदा कंजूस हों। पैसे पास में

रहते थे, तो जबरदस्ती चाय-शर्बत पिलाते थे, ताँगे का भाड़ा तक देने की कोशिश करते थे, हालाँकि इसके लिए मैं कभी राजी न हुआ।

शैदा से धीरे-धीरे इतनी बेतकल्लुफी हो गई थी कि एक दिन मैं कह ही तो बैठा, 'यार, बुरा न मानने का वादा करो, तो एक बात कहूँ? अब इस सूट और हैट को तो किले के म्यूजियम के हवाले कर दो।'

शैदा की सारी चुलबुलाहट इस तरह गायब हो गई कि मुझे बड़ा अफसोस हुआ कि उनसे क्या कह बैठा। उन्होंने ही बात सँभालते हुए कहा, 'कहते तो ठीक हो पाठक, लेकिन क्या बताऊँ तुम्हें! खैर, देखो, किसी रोज..।'

अब हिम्मत न थी कि इस सम्बन्ध में मैं और कुछ कहता, इसलिए दूसरी बातें करने लगा कि शैदा अपनी तकलीफ भूल जाएँ। और, मैं शैदा की तारीफ करूँगा कि कुछ ही क्षणों में उनके मुख से अवसाद की छाया गायब हो गई और वे फिर हँसने-हँसाने लगे।

उसी दिन दोपहर की बात है। किले में दोपहर के बाद भीड़ बिलकुल नहीं रह गई थी। शैदा फाटक की ओर से आते दीख पड़े, तो मैंने जाकर कहा, 'एक चीज देखोगे? बिलकुल शायरों के देखने काबिल नज्जारा है।'

'हाँ,' शैदा ने कहा और मेरे साथ हो लिये।

किले के एक सुनसान कोने में, जहाँ यों ही बहुत कम लोग पहुँचते थे, उन्हें एक खम्भे की आड़ में ले जाकर दिखाया, किस तरह एक युवक और युवती संगमरमर के पट्टे पर कबूतर के जोड़े की तरह घुल-घुलकर बातें कर रहे थे। हम खम्भे की आड़ में थे और वे हमें नहीं देख सकते थे, लेकिन हम उनसे ज्यादा फासले पर न थे और उन्हें अच्छी तरह साफ-साफ देख सकते थे। युवक अंग्रेजी लिबास में था और युवती भी पढ़ी-लिखी अत्याधुनिक मालूम पड़ती थी। उनके चेहरों पर जो राग-अनुराग की लहरें दौड़-दौड़ जाती थीं, उनके आधार पर मैंने एक बड़ी रूमानी कहानी गढ़ ली थी। मुझे उम्मीद थी कि शैदा उछल पड़ेंगे और चुप न कराऊँगा तो वहीं शायरी करने लगेंगे। लेकिन शैदा ने यह सब कुछ नहीं किया। कुछ देर तक तो खड़े रहे, फिर वहाँ से घसीटकर लौटा लाए।

वहाँ से कुछ दूर हट जाने के बाद उन्होंने बड़ी दार्शनिकता से कहना शुरू किया, 'पाठक, तुम्हारा क्या खयाल है? यही न कि ये बीसवीं सदी के और कामयाब लैला-मजनू हैं?' यह कहते हुए कुछ इस तरह हँस पड़े कि उनके रूखेपन पर मैं तो एक बार झल्ला उठा। उन्होंने फिर कहना शुरू किया, 'मुहब्बत क्या होती है, देखना चाहते हो पाठक, तो आओ मेरे साथ।'

और शैदा मुझे किले के एक दूसरे एकान्त कोने में ले गए। मैंने खम्भे की आड़ से ही देखा, एक बेंच पर एक अधेड़ पारसी सज्जन बैठे हुए थे। उनकी बगल में रबर के तकिये के सहारे एक अधेड़ पारसी स्त्री बैठी थी जो बीमार-सी लगती थी। पारसी सज्जन उस महिला को अपने हाथ से खाना खिला रहे थे।

कुछ देर के बाद हम वहाँ से भी हटे और लॉन में बैठकर सिगरेट पीने लगे। शैदा कह रहे थे, 'इस पारसी को देखते हो? यह शहर का सबसे बड़ा डाक्टर है। पारसाल इसने इस औरत से शादी की है। दोनों की मँगनी मुद्दत पहले हो चुकी थी। लेकिन डाक्टर का कहना था कि वह तब तक शादी नहीं करेगा, जब तक उसकी माँ जिन्दा है। वजह यह थी कि वह अपनी मुहब्बत माँ और बीवी में बँटने नहीं देना चाहता था। है तो पागलपन ही, लेकिन यों भी मुहब्बत पागलपन के सिवा और है ही क्या? और माँ को खुदा ने काफी लम्बी जिन्दगी बख्शी थी। तीसरे साल वह मरी, तो डाक्टर ने पारसाल शादी की। लोगों का कहना है कि डाक्टर माँ की वह खिदमत करता था कि कोई क्या करेगा। और इसी इन्तजार और माँ की खिदमत में वह खुद तो बूढ़ा हो ही चुका था, उसकी होनेवाली बीवी तो एकदम बीमार हो गई। बीमारी की हालत में ही इनकी शादी हुई। हर हफ्ते आज के दिन ये यहाँ आते हैं और इसी तरह बीते वक्त को पकड़ने की कोशिश करते हैं।...खैर, चलो, अब चलें, देर हो रही है। आज तुम्हें मेरे साथ चलना है।'

शैदा ने पूछने तक का मौका न दिया कि कहाँ चलना था। रास्ते में पूछने का काफी मौका था, इसलिए मैं चुप रहा। शैदा ने कहा, 'देखो, मैं किले का गाइड हूँ, लेकिन तुमने मुझे कभी किला दिखाने नहीं दिया। आज मुहब्बत का गाइड बना हूँ तो तुम्हारा तजुर्बा पूरा करके छोड़ूँगा, क्यों?'

शहर में आने पर जिस मुहल्ले में ताँगे ने मोड़ लिया, उसमें एक दिन मैं पहले भी आया था। मुहल्ला वेश्याओं का था और एक दिन एक खास काम से उधर मुझे जाना पड़ गया था। उसी मुहल्ले की एक गली में शैदा ने ताँगा रुकवाया और झिझक दबाकर जब मैं उतरा, तो उन्होंने एक मकान की ओर इशारा करते हुए कहा, 'चले आइए इधर, यहाँ नाचीज का गरीबखाना है।'

मकान बाहर से गन्दा था और नीचे बदबू थी। लेकिन ऊपर का बड़ा कमरा, जिसके सामने छज्जा था, ढंग से और अच्छी तरह सजा हुआ था। इस तरह के कमरे इस मुहल्ले में करीब-करीब सभी घरों में होंगे। शैदा ने मुझे बैठाया ही था कि हमारे आने की आवाज सुनकर बगल की कोठरी से वही युवती निकली, जिसे मैंने किले में कुछ घंटे पहले शैदा को दिखाया था।

'बेगम साहिबा से मुलाकात कीजिए, पाठक साहब!' शैदा ने जैसे बेजान चेहरे के साथ कहा।

मैं घबरा उठा, जैसे-तैसे आदाब किया। क्या कहूँ, क्या न कहूँ, सोच ही रहा था कि शैदा ने फिर कहा—इस बार अपनी बीवी से, 'ये रुपये रखो।'

उसने रुपये गिने, फिर बड़े कर्कश स्वर में कहा, 'कुल दस रुपये? मुझे पचास रुपये मिले आज।...आप कौन हैं?'

'आप मिल गए थे किले में।'

शैदा ने जरा ठहरकर फिर कहा, 'आज अपने दोस्तों के साथ तुम्हारा मुजरा कराना चाहते हैं।' फिर शैदा ने मुझसे कहा, 'जनाब, बीस रुपये पेशगी नजर करने पड़ेंगे, तब शाम के वक्त खाली रहेंगी।'

मैंने तुरन्त रुपये दे दिये और शाम को आने का वादा कर बाहर निकला। शैदा साथ में बाहर आए और कहा, 'बुरा न मानना, पाठक। रुपये वापस कर दूँगा। पूरी-पूरी तसवीर दिखानी थी तुम्हें...'

मैं कह नहीं सकता कि मुझे खुशी है या अफसोस कि मुझे दूसरे रोज ही सफेद गुलाब का फूल मिला और तुरन्त शहर छोड़ देना पड़ा।

चावल के दाने

उस दिन ढोर चराते-चराते उनकी रखवाली करनेवाली सुजाता स्वयं ही खो गई। सुजाता को उसके माँ-बाप ढोर चराने के लिए भेजते हों, ऐसी बात नहीं। वह अपने माँ-बाप की लाड़ली है! वे सुजाता को प्यार से पगली बिटिया कहकर पुकारते हैं। वे नहीं चाहते कि सुजाता जंगल में मारी-मारी फिरे, लेकिन उसका हठ था कि वह ढोर चराने जाएगी और जरूर जाएगी। चरवाहों को सुजाता के माँ-बाप रोज ही एक बार सावधान कर देते थे कि वह कहीं इधर-उधर न भटक जाए। आज सुजाता भटक ही गई थी।

चरवाहों को काटो तो खून नहीं। यह सुजाता जाने कब किधर निकल गई थी कि किसी को कुछ पता ही नहीं। अभी-अभी वह अपने हमजोलियों के साथ तो थी। उसकी अन्तरंग सखियाँ थोड़ी देर पहले तक उसके साथ आँखमिचौनी खेल रही थीं। सुजाता एक बार छिपी तो ऐसी छिपी कि सखियाँ ढूँढ़कर थक गईं, पर उसका कहीं पता न चला। तभी उन्होंने घबराकर चरवाहों को खबर की थी। अब तो वे भी चारों ओर तलाश करने के बाद लौट चुके थे। उन्होंने डरते-डरते यही निश्चय किया कि चलकर मालिक को सूचना दें।

सुजाता के पिता कभी चरवाहों को डपटते, कभी लोगों को जंगल की ओर दौड़ने को कहते। चारों ओर व्यस्तता छाई हुई थी और काम की बात अभी तक कुछ हो-हवा नहीं रही थी। इसी समय कुछ दूर पर सुजाता की आवाज सुनाई पड़ी। वह 'दद्दा', 'दद्दा' पुकारती हुई दौड़ी चली आ रही थी। उसे उसकी माँ ने उठाकर छाती से चिपका लिया और उसे लिये हुए अन्दर चली गई। बहुत कुछ हो जा सकता था। हुआ कुछ नहीं। नाटक की पूरी तैयारी हो गई थी, वह खेला नहीं गया। बहुत सारे लोग तो निराश-से होकर सुजाता के घर से लौट आए।

सुजाता की माँ ने उसे पुचकारा, दुलराया और खाना खिलाने लगी। खाना खिलाते-खिलाते उसे डाँटने लगी तो वह रूठ गई। सुजाता रूठ जाए तो चाँद को

आसमान से धरती पर आना पड़ता है और ऐसा न हो सके तो उसकी सखियों को अपने-अपने घर से। सो, माँ ने हारकर उसकी सखियों को बुलवा भेजा।

सुजाता की सखियों को बुलवा भेजने की जरूरत न थी। वे स्वयं ही किसी-न-किसी बहाने सुजाता के घर जाने के लिए तैयारी में लगी हुई थीं। उनके अभिभावक तो उन्हें रोक रहे थे किन्तु उनके अन्दर का कौतूहल उन्हें सुजाता के पास खिसक चलने के लिए कुरेद रहा था। आखिर सुजो इतनी देर तक रही कहाँ? करती क्या रही? ये बातें इतनी महत्त्वपूर्ण थीं कि उनके सन्तोषजनक समाधान के लिए सुजाता की सखियाँ सुबह तक प्रतीक्षा नहीं कर सकती थीं। सुजाता को वे अपनी रानी मानती थीं। उनमें से कभी किसी से खीजकर यदि विद्रोह भी किया तो सुजाता दृढ़तापूर्वक अपने पद पर जमी रह जाती थी।

सो सुजाता की ग्यारहों सखियाँ पहाड़ी झरनों की तरह एक ही दिशा में भागी जा रही थीं—आठ साल से बारह साल तक की गाँव की स्वस्थ, चंचल छोकरियाँ। सुजाता के घर के पास सबसे पहले बाला और दारिका पहुँचीं। उन्होंने परिचित पदचाप सुनी तो वहीं ठिठक गईं : कुछ देर में बाकी सखियाँ भी इकट्ठी हो गईं—बालगुप्ता, प्रिया, सुप्रिया, कमला, सुन्दरी, व्ययसेना, कुम्भकारी, उलुविल्लिका और जटिलिका। उन्होंने आपस में कानों-कानों कुछ षड्यंत्र किया और सुजाता के आँगन में किलकारी मारती भेड़िया-धसान कर गईं।

आँगन के बीचोबीच तुलसी के चबूतरे पर दीपक जल रहा था। चाँदी के कटोरे में दूध और चावल रखे हुए थे। माँ सुजाता को खिलाने का व्यर्थ प्रयत्न कर रही थी। उन्होंने सुजाता की हँसती हुई सखियों को देखा और स्वयं हँस पड़ीं। उनके सिर से एक भारी बोझ टल-सा गया। वे उठीं और एक ओर चली गईं। सखियाँ सुजाता को घेरकर बैठ गईं। सुजाता उनकी रानी थी।

माँ तरह-तरह के पकवान लेकर आई और सुजाता की सखियों को खाने-खिलाने के लिए कहकर वापस चली गई। सुजाता के होंठों पर खोई हुई हँसी बुलाकर ही मानीं उसकी सखियाँ। सुजाता ने भोजन में भी हिस्सा बँटाया। फिर भी सुजाता को जाने क्या हो गया था! सखियों का कौतूहल बढ़ता जा रहा था। सुजाता चुप बैठी थी। आँगन में लोग आ-जा रहे थे। रहस्य की बात सुनने को, सुजो पर दबाव डालने के लिए, एकान्त की आवश्यकता थी। सखियाँ लोगों की आँखें बचाकर एक-एक, दो-दो की संख्या में घर के एक कोने में, यानी पूजा-गृह में पहुँचीं।

सुजो चुप। पर कब तक चुप रहती? रानी की नीति-निपुण सखियों ने रानी को बोलने के लिए बाध्य कर ही दिया। सुजाता ने बड़ी गम्भीरता के साथ केवल इतना ही कहा, 'मेरा विवाह हो गया।'

ग्यारह साल की भोली-भाली सुजाता के गोरे गाल लाल हो उठे। सखियाँ पहले तो स्तम्भित हो गईं। उन्होंने सुजो को फिर तंग करना शुरू किया तो उसने

अपने वर को दूसरे दिन दिखा देने का वादा कर उनसे छुट्टी पाई। सुजाता ने सखियों से पहले ही वचन ले लिया था कि वे अभी किसी दूसरे के कान में यह बात न पड़ने देंगी।

सब-की-सब सखियाँ चली गईं तो सुजाता माँ के पास जाकर लेट रही। उसने बहुत देर तक चुप रहने के बाद माँ से कहा, 'आज शिव-पार्वती की कहानी सुनूँगी, सुनाओगी न, तो सुनाओ न!'

कहानी समाप्त हुई। सुजाता ने एकाएक कहा, 'माँ, मैं भी पार्वती की तरह तपस्या करूँगी।'

माँ झपकी ले रही थी। 'दुत पगली' कहकर उसने करवट बदली और सो गई।

सुजाता दूसरे दिन भी ढोर चराने गई। सखियों के आग्रह करने पर उसने उन्हें चुपके-चुपके अपने पीछे चले आने के लिए कहकर जंगल के एक घने हिस्से में प्रवेश किया। कुछ दूर बड़ी कठिनता से जाने के बाद सबने देखा, एक खुले स्थान में कोई तेजस्वी युवक ध्यान में लीन बैठा हुआ था। उसके गले में फूलों की एक मुरझाई हुई माला पड़ी थी। सखियों ने ठीक ही अनुमान किया, सुजाता ने कल यह माला संन्यासी के गले में डाली होगी!

सखियों को सुजाता ने कुछ दूर पर ही रोक दिया था। वे खड़ी देखती रहीं। तपस्वी का मुख सूर्य की तरह चमक रहा था। उस चमक से चन्द्रमा जैसी शीतलता फैल रही थी। उसके शरीर की एक-एक हड्डी गिनी जा सकती थी।...सुजो ने जंगली फूलों की माला बनाई। वह तपस्वी के चरणों में साष्टांग प्रणत हो गई। फिर उठकर सुजाता ने माला उसके गले में डाल दी। तपस्वी ने आँखें खोलीं। सुजाता ने एक बेर अपनी अंजलि में रखकर बढ़ा दिया। तपस्वी ने उसे खा लिया। वह फिर समाधिस्थ हो गया। धीरे-धीरे सुजाता और उसकी सखियाँ वहाँ से वापस लौटीं। सखियाँ सन्न। उन्होंने सुजाता से कुछ कहा नहीं।

सखियों ने किसी से कुछ न कहने का वचन दिया था। इसका स्वाभाविक परिणाम वही हुआ जो होता है : सारे गाँव को इस बात की कौतूहलवर्द्धक सूचना मिलते देर न लगी। सुजाता के माता-पिता को भी बात मालूम हुई। पहले वे घबराए। फिर उन्होंने सन्तोष-सा कर लिया। उन्होंने स्वयं तपस्वी के दर्शन किये। उन्हें सुजाता से कुछ कहने का साहस नहीं हुआ। वे धर्म-प्राण, धर्म-भीरु व्यक्ति थे। पार्वती को उनके माता-पिता ने समझाने का भरसक प्रयत्न किया था। सुजाता के माता-पिता ने पार्वती की कथा पढ़ी थी। उन्होंने अपनी पार्वती के मार्ग में रोड़े नहीं अटकाए।

सुजाता अब ढोर चराने नहीं जाती। वह कुछ देर के लिए तपस्वी की परिचर्या के लिए जंगल में जाती है और घर लौट आती है। उसकी सखियों ने देखा है, आज-कल तपस्वी केवल एक चावल का दाना खाता है। सबको आश्चर्य है, तपस्वी कैसे जीवित है। गाँव की बड़ी-बूढ़ी स्त्रियों का कहना है, यह सब सुजाता के सुहाग का

प्रभाव है। वे कुछ तो ऐसा मानती भी हैं, कुछ गाँव के सबसे प्रतिष्ठित और समृद्ध परिवार की स्वामिनी को प्रसन्न करने के लिए भी कहती हैं।

और सुजाता प्रतिदिन साधु-संन्यासियों को भोजन कराती है। वह जंगल में बैठकर तपस्या नहीं करती, किन्तु उसके मुख पर तपस्विनियों जैसी आभा रहती है। उसकी सखियाँ भी उसके सामने गम्भीर हो जाती हैं। बड़े लोग भी उसे श्रद्धा की दृष्टि से देखते हैं।

तपस्वी का षड्वार्षिक व्रत समाप्त होने को आया है। वह अब ध्यान में लीन हो गया है। उसके शरीर की श्वास-प्रश्वास की क्रिया तक रुक गई है। पन्द्रह साल की तरुणी सुजाता मुट्ठी भर रह गई है। वह पूजा-गृह में मूँज के आसन पर खोई-खोई बैठी रहती है। लोग कहते हैं, वह भी समाधिस्थ हो जाया करती है। जब थक जाती है तब उसी छोटे आसन पर बिखर जाती है। अब सुजाता जंगल में नहीं जाती। उसके शरीर में इतनी शक्ति नहीं। वह प्रतिदिन साधु-संन्यासियों को अपने हाथ से बनाई खीर खिलाती है। उसके माता-पिता चिन्ताकुल रहते हैं पर कुछ कहने का साहस नहीं बटोर पाते।

और विगत की तरह आज भी सुजाता खीर बनाकर साधु-संन्यासियों की प्रतीक्षा कर रही है। आज वह असाधारण स्फूर्ति का अनुभव कर रही है। उसकी दासी अकेले पलटकर आई और बोली, 'आज तो कोई ब्राह्मण मिला ही नहीं।' क्षण भर के लिए सुजाता की स्फूर्ति निराशा में बदल गई। 'फिर जाकर देखो,' उसने कहा और आँखों में चमकती प्रतीक्षा के साथ बैठी रही। दासी फिर अकेली ही लौटी। उसने हतोत्साह होकर कहा, 'आज जिधर भी जाती हूँ, एक सुन्दर श्रमण ही दिखाई देता है, ब्राह्मण संन्यासी नहीं। मैं क्या करूँ?'

सुजाता प्रफुल्लित हो गई, जैसे वसन्त की वायु के झोंके ने शिशिर-हत लतिका में प्राणों का संचार कर दिया हो! उसने रोमांचित और भावाविष्ट होकर कहा, 'वही तो—वही तो, वे ही ब्राह्मण हैं, वे ही श्रमण हैं जिनके लिए जाने कितने दिनों से खीर बनाकर रखती हूँ। जा, तू जा। कहीं ऐसा न हो...तू...जा, जहाँ से हो, उन्हें जाकर लिवा ला।' सुजाता मूर्च्छित-सी बैठी रही।

तपस्वी आया। सबने प्रणत होकर अभ्यर्थना की। सुजाता चरणों में लोट गई। सुजाता की साँस जैसे रुकी जा रही थी। उसने सोने के पात्र में खीर परस दी।

तपस्वी जाने को तैयार था। सुजाता पत्थर की मूर्ति के समान निश्चल बैठी हुई थी।

'बहन, मैं सब जानता हूँ,' उसने कहा, 'तुम्हारी बड़ी बहन अपने पुत्र के साथ मेरी प्रतीक्षा कर रही होगी। जिस रूप में तुमने मुझे उससे पहले ही पा लिया, इससे अधिक मेरे पास अब किसी के लिए रह ही क्या गया?'

सुजाता ने तपस्वी की चरण-धूलि सिर पर लगा ली।

चलते-चलते उसने कहा, 'अभी साधना का प्रारम्भ ही है। अब तक जो किया, सब व्यर्थ था। सफलता मिली तो एक बार फिर आऊँगा।'

सुजाता नत-शिर, हाथ जोड़े झुकी रही। शाक्य सुजाता के स्वर्ण-पात्र को लिये हुए उरुविल्व गाँव से नीरंजना नदी की ओर धीरे-धीरे चले गए।

बरसाने की राधा

[1]

आज कुरुक्षेत्र की चौड़ी सड़कों पर व्यक्ति नहीं, समूह चल रहे हैं। बड़ी भीड़ है आज कुरुक्षेत्र में। सैकड़ों कोस से चल-चलकर लोग आए हैं। कुरुक्षेत्र उस समुद्र-सा हो रहा है, जिसमें चारों ओर से आ-आकर छोटी-बड़ी नदियाँ मिल जाती हैं। यह दक्षिण के लोगों का दल जा रहा है : मर्द बहुत तेजी से, अपरिचित भाषा बोलते हुए, चटकीली पगड़ियों और रेशमी दुपट्टों से वातावरण में क्षणिक रंगीनी-सी लाते हुए, स्त्रियाँ बालों में फूलों के गहने पहने, लय में चलती हुईं। यह उत्तर-पश्चिम की मंडली है : लम्बे-चौड़े युवक और स्वस्थ युवतियाँ, जिन्हें मानो किसी कुशल कलाकार ने सधी उँगलियों से गढ़ दिया हो! यह पूरब का गोल है, भोले-भाले युवक हाथ में सिर से ऊँचे डंडे लिये हुए, जैसे घोषणा कर रहे हों कि हम अच्छों के लिए जितने अच्छे, बुरों के लिए उतने ही बुरे भी; साथ में युवतियाँ हैं—सुन्दर, सुकुमार, कवि-कल्पना-सी! कुरुक्षेत्र पृथ्वी पर सतरंगी इन्द्र-धनुष हो रहा है।

सड़कों के दोनों ओर सजी हुई बड़ी-बड़ी दुकानें हैं—रत्नाभूषणों की, कपड़ों की, खाने-पीने के सामान की। यह कुछ लोगों के वैभव का प्रदर्शन नहीं है, समस्त देश की समृद्धि का प्रमाण है। कभी-कभी जगमगाते हुए रथों पर राजकुल के लोग या बड़े-बड़े सामन्त निकल जाते हैं, किन्तु जो लोग सड़कों पर चहलकदमी कर रहे हैं, उनमें हीनता की भावना नहीं है, दरिद्रता का संकोच नहीं है, सभी प्रसन्न हैं, सभी सन्तुष्ट हैं।...आज से बहुत-बहुत पहले की बात है।

कुरुक्षेत्र के राजमार्ग पर तो मानो सृष्टि की सम्पूर्ण शोभा ही बिखर गई हो! इतना प्रकाश, इतना वैभव नागरिकों ने भी नहीं देखा था, बेचारे ग्रामीणों का तो कहना ही क्या! भीड़ बहुत है, लोग चींटियों की तरह आगे बढ़ते तो जरूर हैं, लेकिन उनका चलना दीख नहीं पड़ता। फिर भी कहीं कोई गड़बड़ी नहीं है, धक्कम-धुक्की नहीं है। शिक्षित, सुसंस्कृत जनता भेड़-बकरियों की तरह आचरण नहीं करती। वह उच्छृंखल बाढ़ नहीं है, निर्मल जल वाली संयत धारा है।

कुरुक्षेत्र के इस उत्सव-पर्व में इस बार चार चाँद लग गए हैं। इस बार स्वयं श्रीकृष्ण कुरुक्षेत्र पधारे हैं। लोगों के उल्लास में उत्सुकता के कारण और अधिक आवेग आ गया है। लोगों की आँखें तृप्त हो गई हैं और पैर थक गए हैं, लेकिन उनके प्राण आतुर और अधीर हो रहे हैं। लोगों से कहा गया था, कुरुक्षेत्र में श्रीकृष्ण के दर्शन होंगे। लोग बड़ी आशा लेकर आए थे। लेकिन आज वे शायद दर्शन न दें।

भीड़ कुछ-कुछ छँट चली थी। छोटी-छोटी टोलियाँ थोड़ी-थोड़ी दूरी पर नगर के वैभव में दृश्य निहार रही थीं, दुकानों के पास खड़ी थीं, या खड़ी-खड़ी विश्राम कर रही थीं। उनमें से कुछ तो नगर में विलम्ब से पहुँची थीं, और कुछ, कौन जाने, अब तक इस आशा में लौट नहीं रही थीं कि शायद उन्हें उनके आराध्य के दर्शन हो जाएँ।

सहसा दूर, राजपथ के उस छोर पर, कोलाहल होने लगा। और कुछ क्षणों में ही सबने सुना, श्रीकृष्ण पधार रहे हैं। राजपथ साफ हो गया। रक्षकों को कहना न पड़ा, जनता स्वयं सड़क के दोनों ओर कतार बाँधकर खड़ी हो गई। श्रीकृष्ण का सोने का चमकता हुआ रथ आ रहा था।

सात घोड़ोंवाला सोने का रथ जिधर से निकलता, उधर दोनों ओर की जनता प्रेम और श्रद्धा से झुक जाती। श्रीकृष्ण हाथ जोड़े जनता का अभिनन्दन, अभिवादन साभार स्वीकार कर रहे थे। उनके बाईं ओर रानी रुक्मिणी बैठी हुई थीं—सौन्दर्य और सतीत्व की, फूल और आग की दिव्य मूर्ति! रथ राजपथ के मध्य में आ चुका था।

एकाएक रथ की गति धीमी पड़ गई। श्रीकृष्ण ने सारथी को कुछ इशारा किया था। रुक्मिणी ने उनकी ओर जिज्ञासा भरी आँखें उठाईं। श्रीकृष्ण ने एक ओर तनिक-सा मुँह फेरकर गम्भीरता से कहा, 'देखो देवि, वह बरसाने की टोली देखती हो?'

रुक्मिणी चौंकीं। उनके होंठों पर से क्षण भर के लिए मुस्कुराहट ओझल हो गई। पर क्षण भर के लिए ही। वह तुरन्त सँभल गईं। उन्होंने नम्रतापूर्वक पूछा, 'तो बरसाने की वह राधा भी आई होगी? कहाँ है वह?'

'देवि, तुम अपनी बड़ी-बड़ी आँखों के लिए प्रसिद्ध हो। उसे नहीं देखा तुमने? कौन अभागिन है, कैसे कहूँ?' श्रीकृष्ण ने सहज भाव से उत्तर दिया। उनके होंठों पर मुस्कुराहट थी। केवल रुक्मिणी ने देखा, उनके मुख की गम्भीरता सघन हो उठी थी।

श्रीकृष्ण ने फिर इशारा किया। रथ फिर पहले की गति से चल पड़ा।

बरसाने की टोली रथ की ओर उत्कंठा और हर्ष से देख रही थी। रथ आगे बढ़ता जा रहा था। एक युवती से कुछ दूसरी युवतियाँ कह रही थीं, 'अरे, हम तेरे लिए ही रुकी रह गईं राधा, और तू है कि पत्थर-सी खड़ी-की-खड़ी रही! वही तो थे। पगली, क्यों दौड़ न गई रथ के पास तक? इसीलिए आई थी यहाँ?'

युवतियों ने जिसे राधा कहकर सम्बोधित किया था, उसने स्निग्ध वाणी में उत्तर दिया, 'चलो, डेरे चलें।'

[2]

कुरुक्षेत्र में बाहर से आई हुई जनता आसपास के उपवनों में विश्राम कर रही थी। रात्रि के इस प्रहर में नगर की सड़कें भी आराम की साँस ले रही थीं। पूर्णिमा के चाँद ने नगर पर जादू की छड़ी घुमा दी थी। चारों ओर कल की सम्भावनाओं से भरी निस्तब्धता छाई हुई थी। इसी समय निर्जन राजपथ से वही सात घोड़ोंवाला सोने का रथ सन्नाटे को चीरता हुआ निकला। रथ पर श्रीकृष्ण नहीं थे, अकेली रुक्मिणी बैठी थीं।

संध्या समय महल में लौटने पर श्रीकृष्ण ने रुक्मिणी से आवश्यकतानुसार, यथोचित रीति से, बहुत-सी बातें की थीं किन्तु राधा का नाम तक नहीं लिया था। रुक्मिणी भी इस सम्बन्ध में चुप ही रही थीं। लेकिन उन्होंने श्रीकृष्ण का प्रेम कुछ यों ही नहीं पाया था। वे अपने प्राणेश्वर के मर्म को पहचानने की शक्ति रखती थीं और उनके एक अव्यक्त इशारे पर प्राणों को न्योछावर कर देने की साध भी। वे अवसर मिलते ही राधा के पास भागी जा रही थीं। राधा को न पहचानने का क्षणिक, परिहासपूर्ण अभिनय कर वे अपराध कर चुकी थीं। श्रीकृष्ण ने मुस्कुराते हुए, बड़े दाक्षिण्य के साथ, उनसे जो वचन कहा था, वह उनके लिए ऐसा दंड था जो उन्हें कभी मिला नहीं था। रुक्मिणी जानती थीं, श्रीकृष्ण के प्रति किये गए उनके इस अपराध के लिए यदि उन्हें क्षमा मिल सकती थी तो राधा के पास ही। सो, पश्चात्ताप से भरी रुक्मिणी बड़ी विह्वलता के साथ सारथी को और तेजी से रथ चलाने के लिए बार-बार आदेश दे रही थीं।

जिस उपवन में बरसाने की टोली ठहरी हुई थी, उससे कुछ पहले ही रथ रुक गया। रुक्मिणी केवल एक दासी को लेकर उपवन की ओर चलीं। उस समय उनके शरीर पर एक प्रहर पहले के समान महामूल्य आभूषण न थे, न मुख पर वह अपराजित गर्व ही था। आभूषणों के अभाव और विनय के भाव से रुक्मिणी का अकृत्रिम सौन्दर्य दिव्य आभा से उद्‌भासित हो रहा था। बरसाने के अहीरों ने रुक्मिणी को सभ्रम देखा, और रुक्मिणी ने उन्हें बड़े प्रेम और कौतूहल के साथ।

लेकिन राधा कहाँ थीं ? और दूसरी गोप-बालाएँ, उसकी सखियाँ किधर जा छिपी थीं ? रुक्मिणी किसी से उनके बारे में पूछना ही चाह रही थीं कि उन्होंने सुना, कुछ दूर पर कोई स्त्री बड़े करुण स्वर में विरह का गीत गा रही थी। उन्होंने उधर देखा, चारों ओर सखियाँ बैठी हुई थीं, बीच में, तनिक ऊँचे-से स्थान पर राधा और, सखियों में से एक वह बेसुध कर देनेवाला गीत गा रही थी। जिसने जीवन में केवल मिलन का सुख ही जाना, उस परम सौभाग्यवती रुक्मिणी की किसी कोने में प्रसुप्त विरह की वेदना उनकी आँखों से फूट निकली। रुक्मिणी जल्दी-जल्दी उस ओर पाँव बढ़ाने लगीं।

संगीत की करुणा से अभिमंत्रित वातावरण में सुध-बुध खोकर बैठी हुई सखियों और राधा की तन्मयता तब भंग हुई, जब रुक्मिणी सखियों के बीच जाकर बैठ गईं। सखियों ने देखा और कुछ न समझ सकने के कारण क्षण भर कर्तव्यविमूढ़-सी बैठी रहीं। राधा ने देखा और सब कुछ क्षण भर में ही समझकर उठीं, रुक्मिणी को पकड़कर उठाया और गले से लगा लिया। दोनों की आँखें गीली हो रही थीं; दोनों ने एक-दूसरे को पाकर जीवन की पूर्णता प्राप्त कर ली थी। राधा ने बड़े आदर से रुक्मिणी को अपनी बगल में बिठाया।

रुक्मिणी ने बड़े आग्रह से उस युवती से कहा जो अभी-अभी गीत गा रही थी, 'सखि, एक और गीत गाइए न!...दीदी, तुम कह दो, ये फिर से, एक बार वह गीत गा दें। मैंने तो बहुत कुछ पाया है, लेकिन मैं बड़ी लालची हूँ—तुमने जितना कुछ पाया है, उसमें भी हिस्सा चाहती हूँ।'

राधा ने रुक्मिणी के गले में बाँह डाल दी। सखी ने गाना शुरू किया।

[3]

दूसरे दिन मध्याह्न में श्रीकृष्ण ने जब रुक्मिणी के कक्ष में प्रवेश किया तो चौंककर द्वार पर ही खड़े रह गए। कक्ष के बीचोबीच सोने के आसन पर राधा बैठी हुई थीं। एक दूसरे, कुछ नीचे, सोने के आसन पर रुक्मिणी बैठकर उनसे बातें कर रही थीं। रुक्मिणी और राधा, दोनों की ही दृष्टि एक साथ उनकी ओर उठी। रुक्मिणी ने आज उनका एक सर्वथा अभिनय रूप देखा। राधा ने देखा, श्रीकृष्ण आज भी ठीक वही हैं जो जीवन के उन सुनहरे दिनों में थे। दोनों ने उठकर प्रणति की। श्रीकृष्ण ने आसन ग्रहण किया।

श्रीकृष्ण अधीरता के साथ एक के बाद दूसरे प्रश्न पूछ रहे थे—नन्द और यशोदा के बारे में, बड़े-बूढ़ों और बच्चों के सम्बन्ध में, गायों और यमुना को लेकर। राधा स्निग्ध और संयत स्वर में उत्तर देती जा रही थीं। कृष्ण के प्रश्नों में उतावलापन था; राधा के उत्तर उनके हृदय की अगाध गम्भीरता की छाप लिये हुए थे। समुद्र में ज्वर आता है लेकिन आसमान में चन्द्रमा ऊपर-ऊपर निश्चल ही बना रहता है।

श्रीकृष्ण के प्रश्न समाप्त हो गए। अब उन्हें जो कुछ कहना था, उसके लिए उनके पास शब्द न थे। ऐसे अवसरों पर मौन ही सबसे बड़ी अभिव्यक्ति होती है। श्रीकृष्ण चुप होकर बहुत कुछ कहते रहे। राधा चुप बैठी-बैठी वर्षों का संचित विरह अपने देवता के चरणों में अर्पित करती रहीं। रुक्मिणी चुपचाप सब कुछ सुनती रहीं, सब कुछ देखती रहीं।

संध्या होने को आई। राधा ने जाने की अनुमति माँगी। रुक्मिणी ने राधा का हाथ पकड़ लिया और कुछ कहने को हुईं। श्रीकृष्ण ने उन्हें हाथ उठाकर मना

किया। राधा ने कृतज्ञता से दोनों की ओर देखा; रुक्मिणी ने जिस स्नेह के वश उन्हें रोकना चाहा था, उसके लिए वे उनके प्रति कृतज्ञ थीं; न रुकना ही उनके लिए एकमात्र उपाय था, यह श्रीकृष्ण ने समझा था, इसके लिए वे उनके प्रति भी कृतज्ञ थीं।

राधा ने श्रीकृष्ण को झुककर अलग से ही प्रणाम किया; रुक्मिणी ने राधा के पैर छुए और वे राधा को रथ पर बिठाने के लिए चली गईं। श्रीकृष्ण पाषाण की प्रतिमा की तरह देहरी पर खड़े रहे।

नारी की 'त्रिविधा'

पुरुष और पुरुष के बीच प्रेम नहीं हो सकता, क्योंकि यौन-सम्बन्ध अवश्यमेव नहीं होना चाहिए; पुरुष और नारी के बीच मित्रता नहीं हो सकती, क्योंकि यौन-सम्बन्ध अवश्यमेव होगा। जैसे, रायबहादुर मानिकचन्द, अध्यक्ष, मोती जीवन-बीमा कम्पनी, कहते कि श्रीमती हारिणी बोस से उनकी मित्रता है। जब यह शब्द वह व्यवहृत करते, तो इसका यह सम्बन्ध पुरुष और पुरुष के बीच के स्वाभाविक सम्बन्ध-सा ही लिया जाए, स्पष्ट रहता। सहस्राक्ष, सर्वज्ञ जनता प्रारम्भ में उक्त सत्य को पूर्णतः चरितार्थ करते तथ्य को जानती। इसलिए किसी का भी इसमें विश्वास हो, ऐसा नहीं।

परन्तु यह गुप्त नहीं तो यह भी नहीं कि सभी इसकी चर्चा करें। अधिक-से-अधिक इसे खुला रहस्य कह सकते। अपनी कमजोरी पर ग्राम्यता का सूक्ष्मवीक्षण यंत्र लगाते, वे ऐसे मूर्ख नहीं। और साधारण व्यक्ति अग्राम्य, सुसम्पादित अनौचित्य को देखकर भी चुप रह जाता। और धनी होते हुए भी विज्ञापित दानी, प्रभावशाली होते हुए भी शिष्ट इन महाशय से किसी को ऐसी शत्रुता नहीं कि इस बात को इसकी सम्पूर्ण नग्नता में उद्घाटित करता...।

हारिणी स्वर्गीय प्रोफेसर मृणालकान्ति बोस की विधवा है। रायबहादुर इनके मित्र थे। अब हारिणी के हैं। दरिद्र विद्वान् दरिद्र ही मर गया था। अनाथ हारिणी गणित, अर्थशास्त्र, इतिहास आदि-आदि विषयों को लेकर बी.ए., एम.ए. पास कुरूप विदुषी तो थी नहीं। हाँ, वह जासूसी नॉवेल पढ़ती, अंग्रेजी बोल लेती, तमीज और सलीका की मूर्ति तेईस वर्ष की सुन्दरी युवती अवश्य। ऐसी स्त्रियों के यहाँ नौकरी नहीं आती, न ये विधवाश्रम में जातीं। आती है रायबहादुर के ऐसों की मित्रता, और ये भी उनके साथ, जब वे कहते तो सिनेमा जातीं, जब वे चाहते तो उनका मनचाहा करतीं। इसलिए नहीं कि वे कुलटा होतीं; प्रत्युत इसलिए कि वे जीवन के सुखों को चाहतीं, जिसके कारण इन्हें जीवन को वह जिस रूप में आता, ग्रहण करना ही पड़ता। रानी का दिल प्रोफेसर की आमदनी पर भी सन्तुष्ट रहने लगा था। पर इससे कम, प्रायः कुछ नहीं पर, यह नहीं रह सकता। दरिद्र के पुण्याचार के

मध्याकाश में त्रिशंकु की विपन्नता से, इनके दर्शन के अनुसार, नीचे पृथ्वी पर गिरकर आकाश के वैभव का आनन्द पाना कहीं अधिक अभीष्ट और सम्भव है।

इसी कारण हारिणी रायसाहब की मित्र कहलाती और रखेलिन का स्थान लिये हुए।

लेकिन रायबहादुर उसे यह वचन भी दे चुके थे कि रुग्णा उनकी पत्नी जैसी मरीं कि वह हारिणी से ब्याह कर लेंगे। पहले यह प्रवंचना ही थी। पर हारिणी के अगाथ गुणों से, तृप्ति देने की उसकी अपरिमित शक्ति से उनका प्रारम्भिक बाह्य प्रेम अधिकाधिक सत्य होता हुआ उसे सच ही पत्नी बनाने के लिए व्याकुल होने लगा है। इस बार उनकी पहली पत्नी नहीं बचेंगी। उनकी उम्र उनचास वर्ष की ही तो है। फिर कोई ऐसी बात नहीं कि उनकी यह अभिलाषा पूरी नहीं हो।

हाँ, इसी हारिणी की ओर से ही जो भय हो। क्योंकि शुरू में अयाचित औदार्य के लिए कृतज्ञ वह उनसे प्रेम कर पत्नी बन जाने के लिए भी तैयार थी जरूर, परन्तु कृतज्ञ हो अब भी वह केवल शरीर ही उन्हें देने को तैयार पाती है अपने को। उनकी अदनी-सी कृपा के लिए वह अपना समस्त नारीत्व देते जरा नहीं हिचकिचाई। लेकिन यह एकमात्र अवशिष्ट मनुष्यत्व, अपने हृदय को तो नहीं देगी, नहीं देगी। इसलिए अब इसके आत्म-समर्पण में संकोच और कृतज्ञता की लज्जा और गर्मी नहीं रही। वह उनसे रूठती नहीं, मनुहार नहीं कराती, ललचाती नहीं। वह इसके बिल चुकाते, इसके मकान का किराया देते, पॉकेट-खर्च देते, और वह उन्हें अपना शरीर सौंपे हुए थी। इस व्यवसाय के बाद वह इसके हृदय पर भी कैसे अधिकार चाह सकते, यह वह नहीं समझ पाती। चाँदी के निर्जीव टुकड़ों से हाड़-मांस के सजीव शरीर का विनियम क्या कम निःस्वार्थ है? लेकिन शरीर पर चूँकि उसका एकाधिकार है, इसलिए वह इतना त्याग भी करती। चाहा तो था उसने हृदय को भी दे देना, परंतु जब उसे विदित हो गया कि वह उससे होने का नहीं, कारण कि उसके हृदय पर उसका अधिकार नहीं। भौतिक जीवन के सभी सुख उसे उपलब्ध थे—मार्बल के स्वच्छ स्नानागार—नया सुन्दर छोटा मकान, बेबी-स्पोर्ट मोटर, नितान्त नई साड़ियाँ और आभूषण, बहुमूल्य शृंगार के प्रसाधन और क्या नहीं! कभी इनसे ऊबती भी, तो शरीर को इन्हीं के सुखों में और निमज्जित होने को बाध्य करती, जैसे शराबी शराब से ऊब कर फिर शराब से ही अपने को बहलाया करता है। लेकिन इस हृदय को वह क्या करे? हृदय तो हृदय से मान सकता और वह भी जब परस्पर ये बैठ सकें, जब एक के स्पंदन की गति दूसरे के तुल्य हो, जब एक-दूसरे को लोहे की चुम्बक की तरह खींच सके। और चूँकि हृदय तो सभी के हुआ करता है, इसलिए रायबहादुर को भी है, लेकिन क्या उनके हृदय से इसका कुछ साम्य हो सकता कभी? असली को मात करनेवाली नकली दन्तावलीवाले मुँह से चुम्बित होने पर क्या इसके गोरे गालों पर सुर्खी के रूप में उसका हृदय उनके साथ एक होने

के लिए ललक उठता? उसकी लटकती छाती का ईषत् कम्पित हाथों द्वारा भरा आलिंगन क्या इसके हृदय को इतना उद्वेलित कर पाता कि वह काबू में ही नहीं रहे? और यह सोचते-सोचते समय-असमय काँप जाती, उसे पसीना कभी भी छूटने लग जाता; वह ढीली, निर्जीव पड़ जाती, जैसे ठंडे शव को छू लिया हो!

[2]

और जब से उसका परिचय ठाकुर राजवंशी सिंह से हो गया है, तब से रायबहादुर से और भी दूर ही बही जा रही है। हृदय की आकांक्षाएँ पहले भले अपूर्ति की यंत्रणा से मर जातीं लेकिन अब तो ठाकुर साहब का स्नेह पा वे फिर अनुप्राणित हो उठी हैं...।

ये ठाकुर साहब एक बड़े ताल्लुकेदार के छोटे भाई हैं। दस हजार रुपये प्रति मास एलाउंस मिलते, और आप प्रति मास साढ़े ग्यारह हजार रुपये खर्च करते। छह फीट के जवान। पहले का व्यायच्छमान शरीर अब भी आनुषंगिक। बेतकल्लुफ। हर वक्त ऊबे-ऊबे-से। चाल-ढाल में, व्यवहार में विश्वस्त धीर। पर आपमें स्त्रियों की प्रिय वस्तु उबलती हुई क्षिप्रता का एकान्त अभाव है। ठाकुर साहब का चरित्र फलतः नजदीक वालों के लिए तो अव्याख्येय ही बना रहता। लेकिन उनसे यह ऊब जाने का कारण है, तो यहीं उनका आकर्षण भी विदित है। हारिणी ठाकुर साहब से महीनों रोज-रोज भेंट करती। बस, एक ही विषय पर सुसंस्कृत बातें होतीं, फिर अभिवादन...यही रोज का क्रम रहता। और वह सहसा इनसे थककर एक दिन उनके आने के ही समय कहीं चली जाती। फिर हफ्तों उनसे मुलाकात नहीं। और उन्हें, कम-से-कम बाहर से तो यह बुरा नहीं लगता, नहीं तो फिर वह क्यों न आगे बढ़ते? यहाँ तो अन्त में हार मानकर, अपने से ही मान करने के बाद, अपनी ही भर्त्सना करती हारिणी को ही फोन पर सन्धि का संवाद भेजना पड़ता।

लेकिन यह हारिणी आखिर यह हार मानती क्यों? यही तो उसके कठिनता से भरे जीवन की पहली पहेली है। जभी इस प्रश्न पर वह सोचने लगती, उसे लड़कपन के गणित के सवालों का हल करना स्मृति में यों ही झलक जाता। कैसे वह मिनटों एक सवाल को देखती रह जाती, रह जाती और जब मस्तिष्क की शून्यता हटती और रुदन को छिपाने के लिए वह बनावटी खीज से अपनी कापी फेंक देती, तब कैसे बारह बरस की उस स्वस्थ, चपल, भोली हारू को, उसके 'ब्रह्मचारी'-से नाम को शुरू करनेवाले जवान मास्टर साहब डाँटने के बदले, जाने कैसी खूँख्वार मुद्रा से कभी चूमने लगते, कभी बाँहों में बाँध लेते...और कैसे भयमिश्रित घृणा के कारण बिना कुछ कहे उसने उनसे पढ़ने से इनकार कर दिया था।...और अब भी, कैसे जीवन के प्रश्नों को सुलझाने से उन्मन-उन्मन उसकी रुक्षता देखकर रायबहादुर

उसको चुम्बित, आलिंगित करने लगते। लेकिन भय अब क्या उसे रह गया? और घृणा को भी तो क्विनीन की तरह पीकर ठिठरकर रह जाती ही। मूक। प्रतिवादहीन। उफ्, क्या उसका जीवन ही ऐसे ताने-बाने से बुना है—अज्ञात बीभत्सतावाला शैशव, जब वह नहीं कुछ जानती भी स्वभावतः विद्रोह कर उठी, और यह ज्ञात बीभत्सतावाला यौवन, जब वह सब कुछ जानती भी घुट-घुटकर रह जाने को बाध्य होती! यह सतत स्खलन!...ओ माँ...!

और जो उस पंक और दलदल से इसे उठा ले सकते, वह इसे उठाये ही क्यों नहीं रह जाते? या एकदम छोड़ ही देते कि यह उन्हीं में मिलकर फिर कभी उठने की इच्छा ही नहीं रखती। वह क्या ठाकुर साहब का क्रीडनक है? वह इसे ऐसी यंत्रणा भला देते क्यों? उसे याद है, उसने एक दिन मेज पर पड़े कीड़े से कुछ ऐसी ही निर्दयता की थी—वह अभी चलने लगता, वह उस पर एक बूँद स्याही गिरा देती; फिर देह झाड़कर जैसे ही वह चलने को होता, 'टप्' और यों ही जब तक कि तेरहवीं बार एक-ब-एक उसने दम तोड़ ही दिया। लेकिन क्या मनुष्य कभी मनुष्य के प्रति ऐसा कुछ कर सकता है? नहीं, नहीं, नहीं...! कितने प्यारे हैं ठाकुर साहब!... लेकिन यही तो वह कहने देने को समय देते नहीं।

यों तो ठाकुर साहब के विषय में वह जब सोचती, भावावेश में कहाँ-की-कहाँ जा पड़ती। परन्तु सतत अनुभव करनेवाली आत्मा के साथ उसकी बुद्धि भी कभी-कभी यह जरूर समझ पाती कि उम्र को नहीं लें, तो ठाकुर साहब एक वाक्य में शर्मीले और गर्वीले बच्चे हैं। अपनाने की उनकी आकांक्षा क्या देखी नहीं जा सकती तो अनुभूति भी नहीं हो सकती? वह अपने-आप कभी नहीं आगे बढ़ेंगे, जब तक यह अपने-आप जरा-सा खिसक एकदम आकृष्ट ही नहीं कर ले...।

आज कुछ ऐसा ही सोचकर हाल के विप्रयोग को पाटने के लिए वह ठाकुर साहब को फोन कर बुलाने चली। लाइन जुड़े-जुड़े, तब तक सोचती कि इस बार नजदीक आ जाने पर वह स्वयं ही उनसे सदा के लिए एक होकर रहेगी...।

'हेलो...हेलो, हाँ, क्या ठाकुर साहब,' वह उमंग से हुलसकर पूछती, 'साथ शामवाले 'शो' में चल नहीं सकेंगे? प्लीज, निश्चय।'

और ठाकुर साहब उसी साधारण, कुछ—नहीं—हुए स्वर में दुःख के साथ सूचित करते, 'नहीं, आज क्षमा मिले; संध्या को दूसरे कार्य के सम्पादन को प्रतिश्रुत हूँ; किसी दूसरे दिन...'

भग्नाश, दुखी जब अकेले और अधिक समय काटने में नितान्त असमर्थ हो गई, तो कपड़े बदल सिनेमा की ओर चली।

वह इधर के कोने से प्रेक्षागृह की सीढ़ियों पर चढ़ती कि उधर सामने से ठाकुर साहब, एक परम सुन्दरी रमणी की बातों में घुले-से, मोटर चलाते, बेजाने ही किसी के हृदय पर लूकी आग बरसाकर निकल जाते...।

यही काम था... !

और वह एक सुर में सीढ़ियों को तेजी से खत्म कर लोगों का ध्यान अनजाने आकृष्ट करती, अपनी सीट पर जाकर दम लेती... ।

[3]

अरस्तू के मतानुसार दुःखान्त नाटकों का प्रयोजन दर्शकों के अन्तस्तल में निहित दया और करुणा की स्वाभाविक भावनाओं के प्राचुर्य का परिपाक करना है। लेकिन यह तभी होता, जब ये भावनाएँ साधारणतः व्यापक रूप में ही हृदय में छाई रहतीं। इसीलिए तो 'हरिश्चन्द्र' देखने पर हमें एक प्रकार का अलौकिक आनंद ही मिलता है। परन्तु ये ही भावनाएँ जब व्यक्ति के जीवन की घटना-विशेष में शिलीभूत हो जातीं, इनका मंच पर प्रत्यक्ष दर्शन परीदाह के बदले शतगुण वृद्धि के लिए हो जाता। साधारणः करुण रस की ऐसी फिल्मों को देखने के बाद हारिणी को, बाहर से रुलाई आने पर भी, हृदय विचित्र स्वस्थ मालूम होता, क्योंकि तब वह अपने व्यापक दुःखों से ही दबी रहती। लेकिन आज जब अपने अन्दर किसी तरह बन्द घनीभूत भावनाओं का उसने अनुभव के साथ-साथ प्रत्यक्ष दर्शन भी किया, तो वह 'हॉल' में ही बरस पड़ी। और भावनाओं का ज्वार एक बार वह जो उठा, तो भीतर उसकी संज्ञा और बाहर साड़ी का अंचल आप्लावित हो उठा। वह इस परिवर्धमान वेदना को सह लेने के लिए आन्तरिक प्रयत्न करती हुई बाहर से बेसुध हो रही। उसका सिर बगल में बैठे युवक के स्कन्ध पर अवलम्बन लेकर स्थिर-सा हो रहा... ।

यह उसे तब मालूम हुआ, जब न जाने कितने मिनटों के बाद इत्र की वायु को साँसों में भरती उसकी संज्ञा और आँखें खुलीं। और वह झटके के साथ सँभल रही। फिर धीरे से केवल 'माफ कीजिएगा, धन्यवाद' कहकर शून्य आँखों से पर्दे की ओर देखने लगी।

'इंटरवल' में उस युवक ने झेंपते-झेंपते पूछा कि क्या उसकी तबीयत खराब थी ? उसके योग्य कोई सेवा ? 'विंटो' का एक गिलास क्या वह नहीं लेगी, कृपया ? और फिर दो-दो स्ट्राओं के सहारे उसे सिप करते-करते फिल्म पर विचार-विनियम होने लगा।...और फिल्मों की तरह कारुण्य और भावुकता की ग्राम्यपूर्ण नग्नता इसमें नहीं। कैसी केन्द्रित, फलतः और अधिक चोट करनेवाली प्रच्छन्न बारीकी है और यही तो कला की, प्रभाव की दृष्टि से, पराकाष्ठा है, इत्यादि-इत्यादि।...ऊभ होते-होते उसने हारिणी को, उसकी अपनी सवारी न हो तो, घर तक अपनी कार में पहुँचा देने की अनुमति भी बड़े संकोच से माँगी। और कुछ अपना परिचय दे दिया कि वह एम.ए. का विद्यार्थी है, प्रख्यात एडवोकेट खेतान साहब का लड़का। वह कोई आवारा-शोहदा नहीं। इसको प्रमाणित करने के अनावश्यक प्रयत्न पर मुस्कुराकर हारिणी ने 'हाँ' कह दी।

और घर पहुँचाकर वह हारिणी के साथ भीतर भी आया। थोड़ी देर बैठा तो जैसे आराम नहीं मिल रहा हो। दृष्टि उसकी इसके मुख पर से हटती नहीं, और यह सभ्यता के विरुद्ध है। अत: अपनी आँखों को सचेष्ट नीची किये हुए बातचीत का सिलसिला तो किसी तरह जारी रखे रहा, पर वह जैसे कुछ और ही कहना चाहता—क्या,सो वह स्वयं नहीं समझ पाता। फिर अपने से एकदम असन्तुष्ट वह चलने को उठा, और आने का निमंत्रण पा, बाहर हो रहा।

अनुभवशून्य विद्यार्थी प्रबोधचन्द्र दिल की बेकरारी का अर्थ नहीं समझ सका। लेकिन प्रथम दर्शन पर प्रेमोद्भव को कब कोई भी समझ सका?

और आज एक सप्ताह के दैनिक मिलन के अनन्तर उसने हारिणी से सहसा विवाह का प्रस्ताव जो कर दिया तो अप्रत्याशित इस अनभ्र वर्षा से वह एकदम साँस रोके रह गई। झम्पा की तरह ले उड़नेवाले इसके प्रेम की प्रबलता से वह पहले ही इतने वेग से चल रही थी। आज जैसे एक और धक्का दे दिया कि उसे सँभलने का मौका तक न मिला। वह तो इतना भी नहीं समझ पाई कि उसे इस प्रेम के लिए प्रतिदान करने की इच्छा है कि नहीं। प्रबोध के प्रेम की प्रचुरता समझने का अवकाश भी हो! लेकिन इतना तो वह जानती है कि इसके प्रेम की वास्तविक प्रबलता और निष्कपटता के अनुरोध से वह दब गई। और क्या प्रबोध के साथ विवाह कर लेने से उसके हृदय को ही सुख मिलेगा? संसार की दृष्टि से भी तो उसके लिए स्वर्ग का द्वार ही खुल गया! और तब उसने एक शर्त अपने से निश्चित कर ली कि वह प्रबोध से अपनी बिगड़ी स्थिति कह देगी। वह इसे फिर भी चाहे तो इसका अहोभाग्य, नहीं तो वह जी तो पहले भी रही थी ही...!

प्रबोध ने सुना तो आँखों के सामने ऐसी ज्योति छिटकी कि परित: स्याही-सा अन्धकार मालूम होने लगा। जैसे, लगा, देह की अनगिनत धमनियों से, साथ ही असाधारण वेग से चलकर गर्म खून की धाराएँ कंठ में ऐसी आ लड़ीं कि आँखों में ज्ञान नहीं, न मस्तिष्क में ज्योति। जैसे बिजली के तार के सुन्दर आवरण की प्रशंसा करने के समय अप्रत्याशित 'शॉक' लग गई। लौटी चेतना ने वाक्शक्ति लौटाई, तो उसे रंडी, कुलटा, धोखेबाज, यानी जो वह थी, वही केवल अनावश्यक रूप से अतिरंजित, अश्लील, आपत्तिजनक मात्रा में एक स्वर से कहकर, सुनाकर नहीं, वह नई अपनी 'फेल्ट हैट' को वहीं स्टैंड में लगी छोड़ निकल आया।

हारिणी स्निग्ध सुनती रही। जैसे पर्याप्त परिचित विषय पर जाना हुआ व्याख्यान सुन रही हो। आश्चर्य हुआ तो इसी पर कि और अधिक कटु, उत्तेजित क्योंकर नहीं हुआ प्रबोध और नीचता का तो जैसे उसे आभास भी नहीं मिला। लेकिन इससे क्या उसकी दशा और भी अधिक दयनीय, संकुचित नहीं हो गई? आखेटकों से परित: घिरी हरिणी-सी उसके लिए बस एक संदिग्ध मार्ग रह गया। सर्वस्व खो देनेवाले जुआरी के हाथों में अब अन्तिम ताश का पत्ता बच रहा है—अब उसे भी खेल ही

देना पड़ेगा, बेकार की अन्तिम इकन्नी है—लेकिन उसे भी अब खर्च होना ही पड़ेगा। जब तक कोई भी दूसरी आशा थी, वह इस तरफ अन्तिम निश्चय करने से बच रही थी। लेकिन अब तो इधर ही मुड़ना पड़ेगा। और कहीं यह अन्तिम अवलम्ब भी धोखा दे दे, तब? इस अन्तिम फल की प्रतीक्षा में कैसी निस्पृह निराशा है और कैसी यंत्रणा! लेकिन अब तो उसे इसका सहारा तुरन्त लेना पड़ेगा। गिरने के लिए उठना और उठने के लिए गिरना अब हारिणी से नहीं हो सकेगा। अब चाहे तो उठकर खड़ी ही रह जाएगी या गिरेगी तो फिर हर वक्त के लिए। और इस वक्त तो अत्यधिक आशावादिनी हारिणी को भी जाने क्यों अपर के चिन्तन में ही ज्यादा आराम मालूम होता कि गिर जाए हरदम के लिए...और...और 'अब कोच पर ही सो रहूँ', यह कहकर कई दिनों के जागरण से अनिद्र हारिणी जहाँ-की-तहाँ बिखर रही...।

[4]

सोने के वक्त गिरोही रहने की आकांक्षा भले प्रबल रही हो, सुबह उठने पर उठी ही रहने के लिए अन्तिम इष्ट यत्न करने के लिए, मन में निश्चय कर लिया, वह उद्यत थी।

फोन पर कहा ठाकुर साहब से, 'ठाकुर साहब, यह जो तुमने साधिकार कहा था कि हम-तुम एक-दूसरे के बिना रह ही नहीं सकते, इसकी अनुभूति मेरी इतनी प्रबल हो रही कि उसकी अभिव्यक्ति करने को मैं बाध्य हो रही। लेकिन यह कह चुकने पर मुझे एक तरह की स्वस्थता ही मालूम होती। शाम को चार बजे, ठीक?'

दिन में टूटा-टूटा, अनुपात से भरा प्रबोध भी आया। हारिणी निश्छल स्नेह से मिली, जोर देने पर 'क्षमा किया' कहा, लेकिन फिर भाई की तरह ही उसे लेने को अपने को राजी पा सकी। प्रबोध भी बढ़ी श्रद्धा में मानकर चला गया।

ठाकुर साहब ठीक चार बजे शाम को पहुँचे। लेकिन मालूम ऐसा होता कि बड़ी जल्दी करके पहुँच सके हों। उसी धीर हार्दिक अभिवादन के बाद बैठते—आराम की साँस लेकर कहा, 'जिस दिन तुम्हारे साथ सिनेमा नहीं जा सका, उस दिन से अभी साढ़े तीन बजे तक बस बहन की ही सेवा में तत्पर रहा...छोटी एकमात्र मेरी बहन...उसके मारे मैं भावुक, साश्रु तक बन गया, लेकिन हाँ, जानो तुम हारू, आज तुम कहतीं-न-कहतीं, वह जब चली गई, तो मैं आता ही।'

बाहर से तो वैसा कोई विशेष परिवर्तन नहीं दीख पड़ा, लेकिन इस समाचार को सुनने के बाद से ही हारिणी कुछ इस तरह का अनुभव करने लगी कि इसके पहले यों सर्वात्मना स्वस्थ वह कभी नहीं रही...!

छोटी-सी कार में शारीरिक सामीप्य तो था ही, आज हार्दिक सामीप्य भी नितान्त सन्तोषदायक मालूम होता था। लेकिन वस्तुतः बात उलटी थी। इसी शारीरिक

सामीप्य के बिना तो हृदय का सामीप्य क्लीव ही रहता था। दो नदियाँ पहले समानान्तर, सम-वेग बहती थीं, फिर अलग-अलग। तब नहर जैसे इन्हें मिला दे, वैसे ही आज आवश्यक 'कुछ' शारीरिक सामीप्य द्वारा हो गया था।

['विश्वमित्र' (साप्ताहिक) : 1937]

तृप्ति

तृप्ति डिनर के बाद नीचे ठहरना एकदम नापसन्द करती है। पापा चाहते हैं कि वह खाने के बाद उनके साथ बाग में थोड़ी देर घूमे। इससे उसकी सेहत को फायदा होगा। वह पीली पड़ती जा रही है। पढ़ना-लिखना ठीक है, लेकिन यह क्या कि हर वक्त तिमंजिले की उस कोठरी में बन्द बैठी रहे!

ममी की ब्रिज पार्टी भी खाने के बाद जमती है। ममी चाहती हैं कि तृप्ति उनके पास बैठे और संकट आने पर सलाह दे। ममी का यह भी खयाल है कि आखिर तृप्ति सोसायटी में बैठना-उठना, बोलना और चमक सकना कब सीखेगी? इसके लिए ब्रिज पार्टी से ज्यादा अच्छा मौका एक भले घर की लड़की को कहाँ मिल सकता है?

उस दिन मिसेज सक्सेना, जो हर रोज ब्रिज खेलने के लिए, नौ बजे तक जरूर आ जाती हैं, तृप्ति की ममी से कह रही थीं कि यह देखो न, तृप्ति तो नमस्ते के सिवा और जैसे कुछ बोलना जानती ही नहीं। ममी ने पूछा तो तृप्ति का जवाब था कि तो वह मिसेज सक्सेना से बातें करती भी तो किस विषय पर? साड़ी और ब्लाउज के बारे में वह कुछ देर तक बातें कर भी सकती थी, लेकिन मिसेज सक्सेना की रुचि को जानते हुए वह चुप रहने में ही खैरियत समझती थी। मिसेज सक्सेना कॉलेज के स्कैंडल सुनना-सुनाना पसन्द करती थीं। इससे तृप्ति को नफरत थी क्योंकि वह अभी बूढ़ी नहीं हुई थी, न बदसूरत थी कि लड़कियों के रहस्यों में दिलचस्पी रखे।

मिसेज कोकर की भी कुछ ऐसी ही शिकायत थी तृप्ति के बारे में, उसकी ममी के पास। लेकिन तृप्ति के यह कहने पर कि मिसेज कोकर उसे इस तरह थपथपाकर आशीर्वाद देने के फिराक में रहती हैं, जैसे कोई खूसट बूढ़ा मौका मिलने पर किसी रिश्ते की छोटी, पर उम्र में बढ़ती हुई लड़की को। ममी ने भी कहा था कि ठीक ही करती है तृप्ति, इतनी तो अक्ल है उसे। सचमुच कोकर है भी चुडैल; हाँ, ब्रिज में बिना उसके मजा नहीं आता, हालाँकि उन्हें बहुत दिनों से शक है कि वह ताश खेलने के वक्त भी कुछ तिकड़म करती जरूर है।

और बेगम साहिबा से तो तृप्ति और भी ज्यादा घबराती है। तृप्ति ने एक बार उनसे पूछा था कि उन्होंने शरत् बाबू की कौन-कौन-सी किताबें पढ़ी हैं? बेगम साहिबा

ने कहा था कि चूँकि वे सुभाष बाबू के भाई हैं इसीलिए उनकी तकरीर वगैरह कभी-कभी अखबारों में पढ़ लेती हैं, लेकिन सुभाष बाबू की बात ही कुछ और थी। तृप्ति ने समझा कि उसने बेकार ही सवाल किया था। शरत् बाबू के उपन्यास न भी पढ़े हों बेगम साहिबा ने, उनका इस साहित्यकार के साथ आध्यात्मिक साम्य था। तृप्ति शरत् बाबू को भी बर्दाश्त नहीं कर पाती थी, गोकि वह रोना चाहती थी तो उनकी किताबों को वह बहुत मुफीद पाती थी और उन्हें आजमूदे नुक्शे की तरह काम में लाना नहीं भूलती थी। लेकिन किसी हालत में वह बेगम चची की असफल प्रणय-गाथा सुनना गवारा नहीं कर पाती थी। बेगम चची को देखने के बाद, सच बात थी कि तृप्ति को उनकी कहानी पर विश्वास ही नहीं होता था, गरचे उनसे ही उसने इस पौराणिक तथ्य की जानकारी भी हासिल की थी कि लैला या शीरीं भी जन्नत की हूर नहीं थीं।

मिस जॉन तृप्ति की ममी की ब्रिज मंडली की चौथी नियमित सदस्या थीं और तृप्ति खुद भी नहीं जानती थी कि वह उनसे घृणा करती थी या उनका आदर। किसी हालत में वह उनका रुआब तो जरूर मानती थी। पचास साल की इस औरत के बँगले पर जब एक दिन वह अचानक पहुँच गई थी और अन्दर जाने पर शामू माली के साथ उन्हें उस हालत में देखा था जिसमें तब वह धुँधली तरह से समझने ही लगी थी कि औरत-मर्द हुआ करते होंगे। तब वह कई रोज तक जिन्दगी से एक धक्के के साथ दूर जा पड़ी थी, जैसे बिजली के जीते तार को छूने पर कोई महसूस करता है। वह मिस जॉन के रक्तहीन चेहरे और होंठों पर लगे रूज और लिपस्टिक के लाल धब्बों और लाल लकीरों से भी नफरत करती थी। उनके मुँह और पसीने से लैवेंडर और पाउडर को भेदकर निकलने वाली बू से तो उसे मितली आने लगती थी। और फिर भी इधर तृप्ति उनसे कभी-कभी जैसे एक आशा लेकर बातें करती थी और उसकी ममी थोड़ी-थोड़ी देर के लिए हैरत में पड़ जाती थीं कि इस तृप्ति को हो क्या गया है।

आज भी तृप्ति मिस जॉन से बातें करती रही और उसकी ममी उसकी ओर देख-देख लेती रही। खाना हो चुका था। लेकिन मिसेज कोकर और बेगम साहिबा नहीं आई थीं। पापा ड्राइंग रूम में किसी से बातें कर रहे थे। उनके और मेहमान के लिए कॉफी लेकर तृप्ति ड्राइंग रूम में गई तो वहीं रह गई और ममी तब तक बार-बार ड्राइंग रूम के दरवाजे की तरफ अविश्वास के साथ देख-देख लेती रही जब तक मिसेज कोकर और बेगम साहिबा नहीं आ गईं और ब्रिज शुरू नहीं हो गया क्योंकि उसके बाद और बातों की फिक्र करने का वक्त कहाँ!

ब्रिज तकरीबन ग्यारह बजे रात तक चलता रहा। जब तृप्ति की ममी अपनी मित्राओं को बाहर तक छोड़ने आईं तो तृप्ति और उसके पापा अन्दर आ चुके थे। तृप्ति इतनी देर तक रात में नीचे ही है, यह देखकर उन्हें बहुत आश्चर्य हुआ। उसके पापा के लिए तो खास देर हुई नहीं थी!

उन्होंने तृप्ति को गुदगुदाते हुए पूछा भी कि बात क्या है, और तृप्ति और दिनों के समान दोस्त की तरह मजाक का जवाब मजाक से देने के बदले अपनी ममी से लिपट गई, जैसे बेटी ही माँ से लिपट सकती है। तब उन्होंने भी उसे बाँहों में भरते और हँसी दबाने की कोशिश करते हुए पूछा था, 'मुझे बताया तक नहीं! राजू आया था न?'

'ममी को बताने ही क्यों लगी। और क्यों जी, तुमने ही क्यों नहीं बतला दिया भला?'

'अरे, मेरी इतनी हिम्मत कि ताश के खेल जैसे जरूरी काम में खलल पहुँचाऊँ!' तृप्ति के पापा ने घनी भौंहों और मूँछों में मुस्कुराते हुए जवाब दिया।

और तृप्ति अन्दर भाग गई और जीने पर उसके पैरों की खट-खट सुनकर उसके पापा और ममी भी जैसे बहुत जरूरी किस्म की बातें करते हुए अपने कमरे में चले गए।

जीने के अभ्यस्त अन्धकार में तृप्ति क्षण भर के लिए भी रुकी नहीं। वह बहुत छोटी थी, तो खेल-खेल में राजू उसे पकड़ने दौड़ता। और वह इन्हीं सीढ़ियों पर तो भागती थी, जो सीढ़ियाँ आज लगता है, उसे स्वर्ग के द्वार तक पहुँचा देंगी। राजू दौड़ता था, जीना जहाँ बीच बायें मुड़ता था, तृप्ति सामने दीवार से टकराते-टकराते बची...राजू दौड़ता था...और बिल्टू? वह बिल्ली होती थी...हिरनी होती थी...अब तो वह हाँपने लगती, लगी है...और भोंदू राजू... ? तृप्ति को अपनी खिलखिलाहट सुन पड़ी...गेंद की तरह गोलमटोल राजू लुढ़कता हुआ दौड़ता उसे पकड़ने...अब वह कितना दुबला हो गया है! और बिल्टू—शेर का बच्चा... ? वह छलाँग मारता और तृप्ति कुलाँच भरती पकड़ में आते-आते बच निकलती...। अब वह दौड़ती है तो हाँपने लगती है। फिर भी वह राजू को आज भी बहुत पीछे छोड़ दे सकती है। लेकिन राजू उसे पकड़ने दौड़ेगा अब...अब उसे बिल्टू शेर की तरह पकड़ लेता है। वह शेर के पंजों में हिरनी बनी रहना चाहती है। वह बिल्ली की तरह अपने लम्बे नाखून बिल्टू के जिस्म में गड़ा देती थी और बिल्टू उसकी लम्बी चोटी पकड़कर उसे अपनी ओर घुमा लेता था। वह खेल में हार जाती थी, वह रूठ जाती थी, फिर बिल्टू के साथ नहीं खेलने की कसम खाती थी। बिल्टू भी खुद खेलने को कभी नहीं कहता था, खेलने के लिए राजू ही उसे मनाता था। वह हार जाती थी। बिल्टू हर बार जीतता था। राजू गेंद की तरह लुढ़कता रहता और खूब हँसता। वह चाहती रह जाती कि राजू उसे उस तरह हरा सकता जिस तरह बिल्टू। वह राजू से हार जाने का स्वाँग रचती। तब राजू हँसता नहीं था, वह शरमा जाता था। तृप्ति को भी मजा नहीं आता था...।

जीना तय कर दरवाजे का पर्दा चीरती हुई तृप्ति अपने कमरे में घुसी और पलंग पर धम्म से गिर गई। वह बुरी तरह हाँप रही थी।

वह जानती थी कि राजू उसे इस तरह हाँपते देखता तो उसके हाथ के तोते उड़ जाते और वह अपने को परेशान कर डालता। बिल्टू देखता तो जानवर की तरह हँस

देता। और तब वह साँस रोककर खड़ी हो जाती और उसे तमाचे लगा देती। ऐसे मौकों पर वह जानती कि वह पूरी तरह हार गई है। तब बिल्टू विजेता की हँसी हँस देता और जता देता कि तृप्ति के तमाचे और हार उसे बहुत अच्छे लगे।

ऐसे क्षणों में बिल्टू, तृप्ति के साथ बचपन में खेलनेवाला शोफर का लड़का और अब शोफर नहीं रह जाता था। मोटर चलाने के वक्त वह तृप्ति के पिता के पुराने शोफर का बेटा, और अब खुद ही शोफर बना रहता था। तृप्ति मोटर लाने को कहती तो वह अदब के साथ 'लाया, मेम सा'ब' कहकर मोटर लाता। मोटर रुकती तो वह फुर्ती और चुस्ती के साथ, तनिक झुककर, मोटर का दरवाजा खोलता और तृप्ति के आदेश की प्रतीक्षा करता। वह एक ईमानदार और होशियार शोफर था। वह अपने पुराने मालिक और उनके घरवालों के साथ अदब और कायदे से बातें करता था। तृप्ति के माता-पिता को या स्वयं तृप्ति को उससे कोई शिकायत नहीं थी। बचपन से ही वह घर के ही एक आदमी की तरह इस परिवार में पला था और आज भी पलता था। लेकिन इस कमरे में आकर बिल्टू गुफा में रहनेवाला जंगली, शिकारी, असभ्य आदमी बन जाता। तृप्ति के अन्दर कहीं वह आदिम औरत जाग उठती जिसने ऐसे पुरुष को बहुत दिनों तक अपना अनुचर बनाये रखा था। वह उसी तरह हार भी जाती थी जिस तरह कभी आदिम औरत आदिम मर्द की अधीनता स्वीकार करने को विवश हुई होगी। तृप्ति बार-बार विद्रोह करती। बचपन से ही वह इस पुरुष से हार मान लेने में अपनी हेठी समझती रही थी। उसने अपने कटु शब्दों से बिल्टू को अपमानित किया था। उसे अपने नुकीले नाखूनों से खरोंचा था और उसकी आँख तक निकाल लेने की कोशिश की थी। वह अपने विरोध की तीव्रता के उलटे अनुपात में परास्त होती रही थी।

तृप्ति ने बिल्टू के माध्यम से अपने व्यक्तित्व की परीक्षा करनी चाही थी, जिन्दगी को जीने और समझने की कोशिश की थी। लेकिन खेल उलझन में बदलता जा रहा था, ऐसा इधर तृप्ति को लगा है। बिल्टू ज्यादा हूश होता जा रहा था। तृप्ति को पराजित देखकर पहले उसे जैसे क्या नहीं मिल जाता था। इधर तृप्ति ने कई बार पाया है कि आतंक और पीड़ा से थर-थर काँपती उसे छोड़कर बिल्टू बाहर चला गया है।

तृप्ति तभी यह महसूस कर पाई थी कि वह यह सब जीने और परखने के लिए नहीं कर रही थी। ऐसा वह समझती जरूर रही है। पर यह उसका भ्रम था और अपने बारे में भ्रम था। असल में वह राजू से प्रतिशोध ले रही थी। और राजू ने काफी देर बाद ही सही, लेकिन किस तरह पराजित कर दिया है उसे! यहाँ तक कि बिल्टू एक दुःस्वप्न के सिवा उसके लिए कुछ भी तो नहीं रह गया था अब।

तृप्ति कोशिशें कर थक चुकी थी कि उसकी कड़वी बातें सुनकर राजू उसे फटकार देता, चाँटे रसीद करता और फिर उसे दिखा देता कि वह उसकी नजर में बिलकुल कुछ नहीं है।

तृप्ति को यह याद आने पर आश्चर्य हो रहा था कि कैसे उस दिन झल्लाकर उसने यहाँ तक राजू से कह डाला था कि क्या बिल्टू से भी गया-बीता व्यक्तित्व है उसका—जिस पर राजू जरा हँसकर चुप हो गया था।

यह सब तो था और तृप्ति इन बातों पर सोचती भी जा रही थी, लेकिन जैसे उसकी उलझनें सुलझ गई थीं। जिन समस्याओं ने इधर उसे इतना चिन्तित कर रखा था कि उसका स्वास्थ्य गिरता जा रहा था—जिसका कारण उसके पिता समझते थे कि ज्यादा पढ़ना है—वे समस्याएँ राजू की एक बात से खत्म हो गई थीं। आज राजू ने आते-आते मौका पाकर उससे कहा था, 'अब तो हमारी शादी तय हो गई। कल शाम को अकेली वहाँ मिलोगी?'

राजू ने यही इतने दिनों से नहीं कहा था। तृप्ति उससे इसी का बदला ले रही थी और यह बिल्टू समझता था कि न जाने क्या-क्या!

जंगला खट् की आवाज के साथ इसी समय खुला तो तृप्ति चौंकी, हालाँकि डरी या घबराई नहीं, जैसे इसकी सम्भावना उसे थी। बिल्टू ही था। और वह पहली बार इस रास्ते से नहीं आया था।

बिल्टू विश्वास के साथ उसकी ओर आ रहा था। तृप्ति हाथ का सहारा लेकर अधलेटी बिस्तर पर पड़ी रही। सदा विजय पाते आनेवाले बिल्टू ने नजदीक आने पर तृप्ति के चेहरे पर कुछ देखा कि वह सहमकर ठिठक गया।

तृप्ति ने उँगली से निर्देश करते हुए शान्त, संयत स्वर में सिर्फ यही कहा, 'अभी यहाँ से निकल जाओ और देखो, फिर यहाँ कभी मत आना।'

बिल्टू खड़ा रहा।

तनिक ऊँची आवाज में इस बार तृप्ति ने कहा, 'गेट आउट!'

बिल्टू एक बार उसकी तरफ बढ़ने को हुआ लेकिन साफ नहीं समझते हुए भी उसने कुछ महसूस किया और वह धीरे-धीरे खिड़की के रास्ते ही बाहर हो रहा।

बिल्टू ने दूसरे दिन घर की पुरानी नौकरानी से सुना था कि राजू बाबू लड़ाई पर से छुट्टी लेकर आए थे। उन्होंने लड़ाई में बहुत बहादुरी का काम किया था, यह भी नौकरानी ने बताया था। और यह कि तृप्ति के साथ विवाह होने के बाद ही फौज की अपनी नौकरी पर जाएँगे।

राजू की बहादुरी की बात पर बिल्टू को विश्वास नहीं हुआ। वह यह भी समझ नहीं पाया कि तृप्ति इस तरह बदल क्यों गई अचानक।

लेकिन अगले दिन मिलने पर जब राजू ने उससे हाल-चाल पूछा तो वह यह दर्याफ्त कर रहा था कि क्या उसे फौज में नौकरी मिल सकती है?

['पाटल' : अक्टूबर, 1953]

सादी तसवीरें

रात के बारह बज गए होंगे। जाड़े की रात में हमें दोस्त के दौलतखाने से अपने गरीबखाने वापस लौटना है। हमें इत्मीनान है। आम रास्ते पर हर वक्त रिक्शे मिल जाते हैं...।

हाथ कंगन को आरसी क्या! फाटक पर ही रिक्शा मिल जाता है, जैसे अपनी मोटरकार इन्तजार कर रही हो!

लेकिन, हम पूछते हैं, 'यह पाँवदान पर गठरी कैसी है? वह हटती नहीं, तो हम बैठें कैसे?'

'अरे बाबू जी, जरा इधर पैर रखकर बैठ जाइए। आपको कोई तकलीफ नहीं देगा...जी, मेरा बच्चा है, माँ पन्द्रह दिन हुए, मर गई...कहाँ छोड़ूँ?...जी नहीं, अब तो आदत हो गई है, बड़े आराम से सोता रहता है।'

बच्चा निश्चेष्ट सोया है। आराम से सोया है। 'आराम से सोया है,' रिक्शावाले ने तो यही कहा है...।

कलकत्ते में ट्राम पर, बगल में बैठे बंगाली बाबू माचिस माँगते हैं। माचिस देता हूँ। आग्रह के साथ सिगरेट भी। काफी दूर जाना है, यह कहना गलत नहीं। न जाने किस प्रसंगवश बंगाली बाबू कह रहे हैं।

'...बच्चे...? हें-हें! बच्चे तो पाँच हैं। तीन लड़कियाँ हैं। कुल मिलाकर आठ होते। तीन नहीं रहे...।

'रोज तड़के सात मील से आना पड़ता है। पुस्तैनी मकान है। शहर में एक फर्म में किरानी हूँ...।

'हाँ, बच्चे? बड़ा, इतना बड़ा होगा। सबसे छोटा इतना।'

यह बंगाली बाबू का कुछ...?

आदमी उम्र को, जमीन से हाथ ऊपर ले जाकर ऊँचाई दिखाते हुए सूचित करता है। यह दोनों हाथ इस तरह फैलाकर बतला रहे हैं, जैसे उनके बच्चे जमीन पर पाँव के बल खड़े नहीं होते। तो क्या वे सोते ही रहते हैं?...या बंगाली बाबू ही कुछ...?

नहीं, बंगाली बाबू मेरे विस्मय को देखकर बेजान ढंग से मुस्कुराते हैं। अन्धा अपनी फूटी आँख पर आप ही मजाक करता हो! लंगड़ा अपने चलने पर खुद ही हँसता हो...!

'ओह, आप समझे नहीं? सभी को बतलाना ही पड़ता है। मुझे रोज तड़के सात माइल से आना पड़ता है। आपको शायद नहीं बतलाया था, ऐं? बच्चे सोते रहते हैं। बारह-बारह बजने पर रात में लौटता हूँ। बच्चे सोते ही रहते हैं। पिछली बार उन्हें

खड़े कब देखा था, याद भी तो नहीं। ज्यादातर उन्हें सोते ही देखता हूँ। इसीलिए आपको हाथ ऐसे फैलाकर बतलाया था।...जरा माचिस तो दीजिएगा।'

मैं माचिस भी देता हूँ। आग्रहपूर्वक सिगरेट भी।

['उषा' : 1944]

रीता को

'प्रिय रीता,

तुमने कल जो कुछ कहा, वह बिलकुल ठीक है। कल क्षण भर के लिए मैं अपने पर अपना अधिकार हार गया, क्षमा करना।

तुमने समझधारी का राजमार्ग चुना है। प्रेम की सँकरी और कँटीली गली में प्रवेश करते-करते तुम्हारे पैर ठिठक गए, यह अच्छा ही हुआ। तुमने खतरे के बदले सुविधा चुनी है। मैं सच कहता हूँ, तुमने अक्लमन्दी का काम किया है। यदि मेरा प्रेम नि:स्वार्थ होता—जैसाकि मैं अपने मन में सोचा करता था तो मुझे खुद ही, बहुत पहले ही, अपने को तुम्हारे संसार से अलग कर लेना चाहिए था। मेरी जीवन-यात्रा में शामिल होने से तुम्हें कितने कष्ट उठाने पड़ते! क्या वैसी हालत में मैं अपने को कभी क्षमा कर सकता?

मेरी कोशिश, तुम्हें अपनी छाया से भी बचाऊँ। आज न जाने कितने पत्र शुरू किये और फाड़ डाले। 'प्रिय रीता'—यह नीरस सम्बोधन जल्दी सूझता ही नहीं था। खैर, यह आखिरी खत है। तुम्हारा सम्बोधन करूँ और इस तरह।

इस पत्र को यहीं एकबारगी खत्म करता हूँ। शुभ निश्चय की दृढ़ता को मेरी स्वार्थी रिश्ता न देना।

पर एक बात। मेरी लेखनी में शक्ति नहीं, इस बार भी नहीं।

अपनी एक बात, दूसरों के काव्य और उसकी काव्य-रचना पर हँसनेवाला वह खुद अब चला कवि बनने—जरूर किसी 'षोड्शी' ने की होगी जनाब की अवमानना।...अह, वह भी किन संकीर्ण मस्तिष्कवालों के बारे में लगा सोचने! वह ऐसे ही कथित कवियों का विरोध है कि वह अपने को अकवि कवि कह सकता। यह रतन है। अट्ठाईस में पैंतीस और ज्यादे का लगता। धँसे गाल। नि:शक्त कटि। संकीर्ण स्कन्ध। कुंचित पलकों और भृकुटि की त्वचा। घर में कुरूपा परित्यक्ता पत्नी। और यह भी नहीं होता कि उसे कह दे, चाहो तो मेरी तरह तुम भी स्वतंत्र हो। और जिनकी कल्पना कर सकता, उनसे बढ़कर मूर्तिमती नायिकाओं का साहचर्य प्राप्त करे। लेकिन ऐसा ही होता तो उसमें और रतन में भेद ही क्या?

पुरुष और नारी के सम्बन्ध में कैसी ग्राम्य प्रच्छन्न आकांक्षा कि उस दिन ही पार्टी में उसे मिस रस्तोगी से परिचित कराया तो नमस्कार का उत्तर तो यथारीति से

दे लेता, पर उल्टे घिग्घी बँध गई; और आचरण की अभद्र टकटकी उस ओर लगाई तो गालों में सुर्ख प्रगट उपेक्षा के साथ वह दूसरी ग्रुप में नहीं लौटने को, चली जाने को बाध्य हो गई थी। यह उसे अस्वीकार हो ही क्योंकि हाँ, रतन कवि तो निश्चय है कागज पर। यह वह स्वयं नहीं है। ठीक। इसीलिए तो वह अकवि है। लेकिन उसका जीवन ही कविता है। अत: वह कवि भी, अकवि पूर्व भाव में होता हुआ, है ही। रतन की कविता कल्पना की स्पष्ट मुद्रा लिये क्षणभर को दृष्ट किसी सुन्दरी के लिए होती। क्लीव। व्यर्थ। और वह है कि दृष्ट, परिचित, इन्दिरा के लिए जीवन को कविता बनाये हुए—पुरुष-पुरुष, निश्चित लक्ष्य के लिए सकाम कविता बनाये हुए।...यह दाढ़ी बनाने का प्रश्न भी हिन्दू-मुस्लिम-ऐक्य की तरह पूर्णत: हल होगा कि नहीं ? इतना विज्ञापित यह शिक् भी कहाँ ठीक क्लीन शेव कर सका रहा—नाक के नीचे अभी तक यह काला-काला है। डैमिट्।...

तभी बाथरूम से निकल बटलर ने उस्तरे को होंठ पर बार-बार फेरने की यांत्रिक अनावश्यक क्रिया में इष्ट व्याघात दिया।

'बाथ, सा'ब, तैयार है,' अर्द्धसैनिक असम्बद्धता से सूचित कर उसने उस्तरे को हाथ में ले लिया और आनन्दमोहन बाथरूम में दाखिल हो गए।

परिचित कलकत्ते के अपने फ्लैट के बाथरूम से होटल के इस बाथरूम की व्यवस्था को दूसरे प्रकार की पाते। बाथ टब। भीतर ग्लेज्ड सफेद। बाहर काला। बाहर-भीतर शीशे-सा चिकना। शीशे-सा बिम्बग्राही। कोई पाँच फीट लम्बा। चौड़ा कोई दो फीट। आधे से अधिक गहराई में गच में धँसा। बाईं ओर तीन पुर्जे। क्रोमियम चढ़े। चक्राकार हैंडिलवाले। दो उष्ण और शीतल जल के 'उष्ण-शीत' की छाप लिये। तीसरा बीचवाला ऊपर के क्रोमियम चढ़े झरने के लिए। सिर की ओर आधी, दूर शीशे का पर्दा। पैर की ओर दीवाल में लगा कद्दे-आदम के शीशा कि स्नान करनेवाला अपने को इसके दाहिने देखता रहे। दीवाल से लगा क्रोमियम-चढ़ा प्रक्षालव-पात्र। इसमें भी बीच में 'उष्ण', 'शीत' पुर्जे। ऊपर गोल शीशा। पास ही टब और पात्र के बीच दीवाल में तौलिया के लिए पीतल का चमकता दंड। दीवाल के कोने गोले। चाँदी और काली, वर्ण-व्यवस्था। खुला, फिर भी टब के भरे उष्ण जल से इषत् उष्ण वातावरण।

ठाकुर सा'ब तौलिए के वेदिंग गाउन को यथास्थान फेंक सँभलकर टब में उतर गए। टब में जैसे फेन-ही-फेन हों। सफेद फेन। ढेर-का-ढेर फेन। ज्यों समुद्र का स्नानागार हो! गंध भी कड़ी विशुद्ध समुद्र की। और इसी कड़ी समुद्र की गंधवाले सफेद फेन से भरे-फूले स्पंज से छाती को मलते ठाकुर सा'ब सोच रहे थे कि—सिमसन के इस आयोडाइन सोप को व्यवहृत करने के पहले स्नान से कैसे आखिर होती थी उन्हें तृप्ति!...और उन्हें अचानक लगा कि इतनी देर तक का दार्शनिक विश्लेषण, दाढ़ी बनाने की क्रिया में तल्लीनता, स्नानगृह की व्यवस्था का अध्ययन

आदि-आदि वर्तमान में ही रहने का बलपूर्वक लिये यत्न वृथा ही हुए। जैसे प्रवाह में वह जाने के डर से एक ही स्थल पर रुके रहने के लिए प्रयत्न करते-करते हठात् मांसपेशियों में जड़ता आ जाए और तैराक विवश अनिष्ट की ओर उखड़ चलें... ।

आँखें जैसे कुछ सोच रहीं। मस्तिष्क देखने लगा...अविच्छिन्न साधना यहाँ करता रहा, करता ही रहा, वह कलकत्ता। और कलकत्ता में 'फर्पो' और ग्रैंड में ही लंच और डिनर की बड़ी पार्टियों में जिसे पाने की प्रतिज्ञा नहीं पा सका, न ही जिसे उसके शयनागार में अकेले एकदम पास बैठकर ही पा सका, उसी की प्राप्ति की सम्भावना की आशा—तार पा...दस मिनटों के अन्दर डायना फ्लैट छोड़ देना!—और पन्द्रह मिनटों की दूरी पर के हावड़ा स्टेशन को पाँच मिनटों में पहुँच जाना, नई मोटर की देह को जर्जरित करते, पुलिस की सभी वेग-मर्यादाओं का उल्लंघन करते, कि जो पहली ट्रेन मिले, वही उसे ले ही दौड़े।....रात भर जागा। दिन में अचेत। मुगलसराय...लखनऊ...हरदोई...पंजाब की नीरव शुष्कता....पिंडी। रावलपिंडी। पिंडी से पहाड़ों पर चक्कदार चढ़ाई। नई खास टैक्सी पर। निडर पेशावरी द्वारा परिचालित। चक्करदार गति की तरह चक्कर खाती चेतना में मालूम होता था, पहाड़ियाँ नीले और हरे कागज की तरह अवास्तविक होती जा रहीं। टैक्सी का आन्दोलन उसके सवेग धावन के शब्द, लगता, उनकी वर्तुल बाह्य रेखाओं को वैसा कम्पन दे देता, जैसा कागज का लम्बा एक खंड साज में ऐंठने पर बजाता।...फिर कश्मीर, श्रीनगर। 'होटल निडाऊ'। इन्दिरा ने कितने स्नेह और फिर भी कितने अन्तर से स्वागत किया था! वह इधर-उधर उसके स्थान, विश्राम के लिए यह-वह कर रही। पर क्या वह सचमुच नहीं जानती थी कि उसे विश्राम की तनिक भी जरूरत नहीं ? वह वैसी सौ यंत्रणाओं की रौरवता पार कर ले और फिर भी प्रसन्न, यदि केवल उसके पास पहुँच जाने पर वह उसे मिल सके। यों तब भी दूर-ही-दूर अपने में संकुचित खड़ी न रहे। उसकी बाँहों में, पात्र में सुरा की तरह, घुल जाए।

पानी में हलकी बिजली किसी ने दौड़ा दी जब आगे स्मृति बढ़ी। इन्दिरा और मंडली के साथ गुलमर्ग आना भी कैसा सुख था! पीछे की सीट पर टेहुनों पर एक ही कम्बल रखे घंटों बैठे रहना। वह क्षण भर को भी स्पृष्ठ नहीं हुई थी, लेकिन जैसे वह कम्बल उन्हें जोड़े दे रहा था। और उसके टट्टू को बाद की लम्बी ढाल चढ़ाई के वक्त अपने पैदल चल दूर ले आने में, उसकी अदनी-सी सेवा करने में, वह सुख से आप्लावित हो उठा... ।

उस रात्रि उसी गुलमर्ग की 'होटल निडाऊ' की शाखा के इसी कमरे में वह कैसा उदासीन बैठा था! अभी ऋतु का प्रारम्भ ही हुआ था। लोग आने ही लगे थे। बिजली चालू नहीं। मोमबत्ती का प्रकाश ठोस अन्धकार से मिल गया था। और दरवाजे की ओर मुँह किये आरामकुर्सी पर बैठा हुआ। आधी रात। सर्वत्र नीरवता। शीशे की खिड़की के बाहर बर्फ—सफेद बर्फ-ही-बर्फ। दूर स्थित चीड़ के वृक्ष लगते, जैसे

सफेद बर्फ पर तनिक काली लकीरें पड़ गई हों! कमरे में आग जल रही थी, इसलिए वस्तुत: वहाँ बन्द कमरे में ठंड नहीं। फिर भी चाहे तो कल्पना से चारों ओर विनत तुषार में परित्यक्त समझ कँप-कँप जाए कोई। जैसे वही कँप रहा था। वह यहाँ आने के लिए आया नहीं। इन्दिरा के लिए आया। वह तो अपने कमरे में गर्म-गर्म सो रही होगी। वह एकाकी, तुषार में नहीं तो क्या? वह दूर ही रहता तो अच्छा कि यंत्रणा में वेगवान हृदय उष्ण रक्त को साधारण से अधिक ही शरीर में पहुँचाते। यहाँ जैसे वह अन्तिम प्रयत्न भी विफल हो गया। वह जैसे टूट गया है। बाहर के तुषार की ही तरह ठंडा पड़ गया हो—सो रहा हो!...और सहसा द्वार खुलने की आवाज पर वह तन्द्रा से जग गया था। बिना पूछे ही एक मूर्ति अन्दर चली आई थी—कोमल पद, गर्म, आहिस्ता-आहिस्ता, जैसे घर की निस्तब्ध बिल्ली हो! बहुमूल्य ऊनी ड्रेसिंग गाउन और जरा-जरा दीख पड़ते सफेद रेशमी चौड़े मोहरे के पाजामे को पहने, थोड़ी देर ऊपर नजर आनेवाले नग्न पैरों में कारपेट स्लीपर लगाये। किवाड़ में चाभी भर इन्दिरा चली आ रही थी। उसे डर था, वह कहीं स्वप्न नहीं हो। इसलिए निश्चय करने के लिए अविश्वस्त देखता ही रहा। यह भी सोच रहा था वह, क्या करे? वह क्यों आई? इन्दिरा, दूर-दूर रहनेवाली इन्दिरा, घनिष्ठ, फिर भी नारी के रूप में अप्राप्य इन्दिरा अकेले आधी रात में कमरे में आ रही।...क्या सोते-सोते चलने की व्याधि है उसे? कि दृढ़ गति से इन्दिरा ने मेज के पास जा मोमबत्तियों को फूँक बुझा दिया। और वह छाया की तरह पलंग पर जा, गर्म रजाई को ओढ़ने का उपक्रम करने लगी थी।

अब श्रितशीत पानी में टेम्परेचर में कमी होने के कारण से, अधिक रोमांचक उस रात के स्मरण से, वह भीतर कँप गया। फेनवाले जल को उसने बह जाने दिया और फिर उसने जलवाले पुर्जे को पूरा खोल रखा। उसमें सहने लायक बनाने के लिए थोड़ा शीतल जल भी गिरा, स्नानीय चूर्ण (बाथ-साल्ट) छोड़ दिया। उसकी सुगन्ध उसे जरा भी पसंद नहीं आई। इन होटलवालों ने भी कैसी चीज भिजवा दी!...यह इन्दिरा आखिर इसे, जैसे यह चाहता, प्रेम क्यों नहीं कर सकती भला? उसके नाम लाखों छोड़, उसके साथ विवाह के वर्ष भर बाद ही बूढ़े राजा साहब मरे। लोग कहते, इसने मातम तक नहीं मनाई थी। वह विश्वास तो नहीं करना चाहता लेकिन क्या कहता कि किंवदन्ती सच तो नहीं कि इन्दिरा को उसके पिता से खरीद राजा साहब व्यर्थ बीभत्सता के पतित्व की यंत्रणा उसे निर्दय दिया करते थे? नहीं तो उस दिन उसे स्वयं समर्पण करने के बाद वह इससे दूर-दूर क्यों रहने लगी? उसे याद हो आई काठ की वह काटेज, जिसमें वे होटल 'निडाऊ' से घूमने के बहाने निकल घंटों बैठते। पहले दिन बहुत प्रतीक्षा के बाद वह आई तो कैसे उनकी ओर घूम उसने अपनी बाँहों को अनवरोधनीय निमंत्रण में उठा दिया; और वे जुट गए ऐसे परिरम्भण में कि मिलित-नयन उन्हें विशुद्ध आनन्द और विस्मृति की कोई विचित्र ही द्वैध सनसनाहट मिली। और उस प्रणय-स्थल अनाक्रियणीय नीरवता में उन्होंने तीन घंटे

साथ बिताए किस तरह मनसा, शरीरेण और अधरेण एकीभूत! होटल अलग-अलग लौटने के पूर्व बाग में घूमे। वह उससे यों बातें करता था, जैसे खास उसी के लिए अप्सरा कोई आकाश से आई हो! इन्दिरा क्लांति के आलस्य में सुनती रही, ऊबने के स्पष्ट अभावों के साथ जो अनाकर्षक आगन्तुकों के अधिक देर बैठने से उसके मुख पर सदैव परिलक्षित हो उठते और फिर भी क्या नहीं थी वह स्नेहपूर्ण? नहीं, एक मुस्कान, यद्यपि वह ईषत् यांत्रिक-सी थी, उसके मुख को उद्भासित किये हुई थी। स्पष्टत: वह क्या कह रहा था, इसकी ओर उसका ध्यान नहीं था, नहीं तो उसके वाक्य के मध्य में ही वह क्यों बोल उठी थी, 'मैं अब चली?'

वह आप ही मुस्कुरा उठा। उसकी कृत्रिम चेष्टाओं पर अपनी ईर्ष्या के स्मरण से। उसने भी अपने को कितनी यंत्रणा दी थी यह सोच-सोच कि वह अभ्यस्त स्वैर विहरिणी नहीं होती तो इतने विश्वास से वह कैसे करती भला आत्मसमर्पण?...उस दिन उसके बगल में बैठा वह एकबारगी कहने लगा था कि वह उससे कितना प्रेम करता। वाह रे दार्शनिक वह! अनन्त कोमलता से उसने समझाना शुरू किया था कि पृथ्वी पर प्रेमियों के दो वंश हैं : एक, जिनकी आकांक्षा पागलों की, जिनका उत्साह विजय की दूसरी सुबह ठंडा पड़ जाता; और दूसरे, जिन्हें प्राप्ति गुलाम बना देती, जिनमें कामुक प्रेम, प्रिया के लिए अनिर्वचनीय, अव्याख्येय अभिलाषाओं से मिल पूर्णता प्राप्त करता, सर्वात्मना दासत्व और यंत्रणा को पहुँच जाता।

वह उसे समझा कैसे सकता कि यंत्रणा है और असमाप्य यंत्रणा, क्योंकि कितना दृष्ट क्यों न प्रेमी हो, प्रिया की उसकी इच्छा उसे कभी नहीं छोड़ती, न कभी तृप्त होती। इन्दिरा ने तो यह क्यों समझा होगा लेकिन वह तो थोड़े ही समय बाद समझ गया था कि इन्दिरा को उसे अपने कमरे में देख किसी और के सान्निध्य से, अधिक आनन्द मिलता, कि उसे इसकी वास्तविक आवश्यकता थी इसकी पूजा की, इसकी पूजा करती आँखों की, इसके प्रगाढ़ वलयित करनेवाले स्नेह की। उसे दूसरी आवश्यकता थी, जैसे मूर्ति को देवता होने के लिए स्तुति और विश्वास की जरूरत होगी। शून्य पूजागार में वह गड़े प्रस्तर-खंड से क्या अधिक? पर जैसे ही पुजारी मन्दिर में प्रवेश करता, पूजा चढ़ाता, सादर दंडवत, सोत्साह, सशक्त, विश्वास से मत, कि देवतों में जा मिलता।

...हर एक जीव पूजित हो देवता हो जाता। यह सब वह जानती थी और चाहती थी, वह कहती भले नहीं; मनोवैज्ञानिक वह—क्या समझता नहीं था... ?

तीन-चार दिनों के लिए उसे नीचे श्रीनगर जो उतर आना पड़ा है, इन्दिरा के पत्रोत्तर भी कैसे मध्य रात्रि की तारीख लिये, स्पष्ट, कुशल, उत्साहवर्द्धक, फिर भी उजाड़नेवाले आते। उन्हें बार-बार पढ़ने का नतीजा हुआ कि वह उन्हें अच्छी तरह समझ सकने लगा कि उसने इसका कारण समझ ही लिया क्योंकि लिखित शब्दों के ही द्वारा न मनुष्य दूसरे के अन्तर्मन के प्रदेश में घुस पाता। उक्त शब्द चमत्कृत कर

देते, छल लेते क्योंकि सुननेवाला देखता, वह उसके उन्हीं प्रिय लाल होंठों से आ रहे। लेकिन काले शब्द उजले कागज पर नग्न विचार हैं। और उसे कलकत्ते के अपने छात्र-जीवन के समय के फ्लैट की याद आई जिसके बगल में रहनेवाले बंगाली की लड़की को उसने प्यार किया था। वह व्यस्त सोचता—उतनी कम पढ़ी स्त्री भला इसकी तुलना में कैसे वैसी सप्राण चिट्ठियाँ लिखती थी? भावना के उत्तर की अनुभूति के कारण, तो ही कागज पर रख देती थी कलेजा निकालकर। इस पिष्ट उक्ति के सहज मानसिक प्रयोग से भी झुँझला उठा—अत्यधिक उपयोग से वैशिष्ट्य भी कैसा ग्राम्य हो जाता! इसी प्रकृति की अकृत्रिमता को वह इन्दिरा की चिट्ठियों में खोजता। भावनाओं की आत्मबलि में संस्कृत संयमित थी इन्दिरा जरूर। लेकिन यह कैसे कि उसे और कुछ लिखना रहता ही नहीं, जब इधर इसे इतना देना था; जब वह अपने ऐसे शब्द और जलते शब्दों में अभिव्यक्ति दे सकता था! नौकर जब उसकी चिट्ठियाँ लाता, वह एक दृष्टि निर्दोष जान जाता कि उसकी लिखावट उनमें है या नहीं और एक बार देख लिया तो भावनाएँ उसके हृदय में ज्वार की तरह उठतीं, छाती डबल वेग से धड़कने लगती। पता वह फिर पढ़ता और अन्त में वह लिफाफा फाड़ खोलता। इन्दिरा क्या कहेगी, वह आशा-निराशा में कुंठित सोचता। क्या वह पढ़ेगा इन शब्दों को : 'मैं तुम्हें प्रेम करती?' उफ्, व्याकुल वह याद करता। उसने बस यही तो कभी नहीं लिखा, न कहा, पर सदैव जोड़ दिया—बहुत—'मैं तुम्हें बहुत प्रेम करती' या 'क्या तुम समझ भी सकते कि मैं तुम्हें कितना प्यार करती?' आदि-आदि और उसे ऐसे-ऐसे सब वाक्य कंठस्थ थे जो इतना अधिक कहने के कारण ही तो इतना कम कहते। वह यह तो अब भी समझने में असमर्थ कि क्या प्रेम में मात्राएँ हैं? क्या कोई माप सकता 'बहुत' या 'क़ितना' कोई प्यार करता, कम नहीं, अधिक नहीं? जोड़ना तो घटा देता। वाक्य में लघुता है लेकिन इसी में शरीर जो है, आत्मा, जीवन, सबका निचोड़। यह खून की गर्मी की तरह अनुभूत करने की चीज, साँस लेने के लिए हवा की तरह। और कुछ का अस्तित्व ही नहीं यहाँ। प्रेम कोई शब्द तो है नहीं, प्रत्युत मात्र दो अक्षरों का प्रतीक लिये अवस्था विशेष। प्रेमी चाहे कुछ भी क्यों न करता हो, उसमें पहले-सा कुछ भी नहीं रह जाता—गति, दृष्टि, विचार, विश्राम या वेदना, कुछ भी नहीं।

कुरूपा मिस रस्तोगी

एलिजाबेथ आर्डेन की कोल्ड क्रीम (शीत-लेप) को उँगलियों के अग्रभागों से गालों में ऊपर की ओर गोल-गोल मलती सुशीला वेपयु की अनुभूति के साथ सोच रही थी कि लड़के उसे कुरूप क्यों कहते?...चेहरे के अनुप्राणित रोम रन्ध्रों के स्फुरण में

पुलकित यह आज ही तो निश्चय कर पा रही कि बस, प्रसाधन-सामग्री अब आर्डेन की ही लेगी वह आगे। उसे याद पड़ता कि वह कहीं पढ़ रही थी कि आर्डेन को उसकी रूपवर्द्धिनी व्यापारिक-संस्था के लिए किसी ने करोड़ों देना चाहा था। लेकिन वह उसे क्यों स्वीकार करने लगी? जिसकी रूपवती रूप-विशेषताएँ हवाई-जहाज से संसार के कोने-कोने में घूमतीं, सलाह और प्रसाधन-सामग्रियों के लिए सैकड़ों रुपये संचित करतीं, उसके लिए ये दो-तीन करोड़ क्या! और, वह तो भई, समझ नहीं पाती, वह डाक्टर मिश्रा के वैदेशिक व्यापार पर दिये व्याख्यान के इस अंश पर क्यों विस्मित हो कि हिन्दुस्तान में भी अब प्रसाधन-सामग्रियों की खपत की नाप लाखों-करोड़ों रुपये से ही कर सकते?... एस्ट्रिजेंट लोशन को रुई के फाहे से गालों को, उनकी तैलात्मकता हटाने के लिए, थपथपाती वह नहीं चाहती भी इस समस्या की दुरूहता में फँसती ही जा रही। वह खीजकर सोचती कि उसके स्वदेशवासियों की भी कैसी प्रलयकालीन भावनाएँ हैं! स्त्रियों पर जितनी उनकी स्वामिता नहीं, उतनी उन पर उनकी रूढ़ियोंवाली बुद्धि का व्यापक अधिकार है। स्त्रियों की आकांक्षाओं का, वह तो विश्वास करेगी नहीं, पुरुष कभी दमन करने—कम-से-कम जहाँ उनके शृंगार का विषय हो, उनकी आकांक्षाओं के व्यवहार में आने से उनकी तृप्ति और अधिक ही होगी। कौन-सा लड़का या प्रोफेसर भला नहीं चाहता होगा कि उर्मिला अपने और (भौंरे) पीले वर्ण पर इधर और उधर और बीच में जरा-सा रूज और लिपस्टिक से लाल कर लिया करे? लेकिन बाहर से इतने अनुदार कि कृत्रिम रूप से पतली की गई भौंहों पर सबकी जैसे टेढ़ी नजर रहती।...वह आज जार्जेट की अपनी उसी नई फेल्यर्ड साड़ी को पहनकर कॉलेज जाएगी। कुत्ते भौंका करें। प्रोफेसर सेठ मर्द होकर तो यों लंडन के ही, आधुनिक रीति से करे, वस्त्रों में आते। उसे यह क्यों नहीं अधिकार?...यह विचारों की प्राचीनता, प्रश्न की वर्धमान व्यापकता में उलझती-सी वह व्यग्र सोचती, हमारे सभी तरह के दृष्टिकोण को व्याप्त किये हुई। वह विद्रोह की भावना से सोचती है—वैज्ञानिक विदेशी प्रसाधन सामग्रियों का व्यवहार स्त्रियाँ क्यों न करें? लोग खद्दर ही क्यों पहने? इन्हीं प्रश्नों को केन्द्रित कर अधिक महत्त्वपूर्ण दे लें तो हम अहिंसात्मक राजनीतिक आन्दोलन क्यों अपनाते? हम आगे बढ़ने के लिए पीछे ही क्यों खिसकें? नहीं, हम ऊपर उठने के लिए नीचे ही क्यों धँसें? क्यों नहीं आगे ही नवीनता की सम्भाव्य आपदाओं के प्रति निर्भय भाव से बढ़ते रहें, ऊपर उठने के लिए पैर मजबूत न करें? हम इसलिए पीछे नहीं लौटते कि हम आगे बढ़ सकते हैं? केवल बढ़ना चाहते नहीं, प्रत्युत इसलिए कि हममें इसके लिए मौलिक ओज है ही नहीं; पैरों की पिंडलियों में शक्ति रहते इस गर्त के अन्धकार में कौन चाहेगा लड़ना? साम्यवाद की सबसे अधिक कल्याणकारी उत्कृष्टता उसकी विज्ञानप्रियता की है...पत्थर उसे जरूर ही डाँटेंगे उसकी फिजूलखर्ची के लिए लेकिन वे भी कितने गर्म हैं कि उसकी सभी विचित्रताओं को प्यार से सह लेते...।

कहानी जो लिखी नहीं गई

मैं प्रेम-कहानियाँ लिखनेवाला कहानीकार रहा हूँ। एक लोकप्रिय कहानी पत्रिका के मेरे हितैषी सम्पादक ने बहुत पहले मुझे एक गुर बताया था, जिससे उस पत्रिका में कहानी के सधन्यवाद और अस्वीकृत होने की आशंका नहीं रह जा सकती थी। मित्र-लाभ करनेवाला उनका हितोपदेश था—और जो भी हो, अपनी कहानी में प्रेम का तत्त्व जरूर पर्याप्त मात्रा में रखिएगा।

बात यह हुई थी कि सेवक की सहज बुद्धि में भी अपने-आप यह बात आई थी। इस पत्रिका में छपी औरों की कहानियाँ पढ़ने के बाद मुझसे भी बड़ा बुद्धिहीन कोई होता तो उसे यह समझाना जरूरी होता। सो, मेरी कई कहानियाँ पत्रिका में छपीं और छपीं तो मैंने स्वभावत: मान लिया कि मैं सफल कहानीकार हूँ।

लेकिन अब बड़े लेखक की तरह यह भी विश्वास मन में उत्पन्न हुआ कि जो भी लिखूँगा, छपेगा ही। सो, एक ऐसी कहानी लिखी, जिसे पढ़ने के बाद मित्र सम्पादक जी ने मुझे एक पत्र लिखा और उसमें सफलता का यह रहस्य बताया जो आपकी सेवा में रखा जा चुका है। और फिर मेरी कहानियाँ छपती रहीं। उन्हीं दिनों कहीं यह पढ़ा था कि चेखव ने कहीं लिखा है कि कहानी में इसके सिवा रहता ही क्या है कि अमुक नामधारी युवक ने अमुकी से प्यार किया! सो, सम्पादकीय नीति को मानने की विवशता को सिद्धान्त का भी आधार मिल गया!

तब से अब तक संसार में बड़े-बड़े परिवर्तन हुए हैं। उस पत्रिका के सम्पादक बदल गए हैं। दूसरी अनेक पत्रिकाएँ निकल रही हैं। मेरी शादी ही नहीं हो चुकी है, मेरी पत्नी की मेरे सम्बन्ध में विचित्र धारणाएँ हो चली हैं। मेरी बिलकुल दो नई कहानियों से इन सारी बातों का सम्बन्ध है—एक कहानी लिखी जा चुकी है, एक कहानी है जो लिखी नहीं गई है, अभी अधूरी रह गई है, और अधूरी कहानी, आप जानते हैं, कभी पूरी नहीं होती।

जो कहानी लिखी जा चुकी है, उसकी प्राप्ति-स्वीकृति के पत्र में एक सम्पादक ने लिखा है—हिमाकत तो देखिए : कि इधर आपकी कहानियों में यथार्थता की पुट—व्याकरण देखिए, 'की पुट' लिखते हैं, लेकिन क्या ठीक, नये लेखक यही लिख रहे हों!—तो उन्होंने लिखा है, आपकी इधर की कहानियों में यथार्थता की पुट कम होती जा रही है, फिर भी हम इस कहानी का यथासमय उपयोग कर पाएँगे, ऐसी आशा है। आप स्वीकार करेंगे, जीवन के ऐसे क्षण ही अधिनायकवाद के आविर्भाव के लिए अनुकूल साबित होते हैं।

तो, सम्पादक कहता है, मेरी कहानियों में यथार्थता का पुट—मैंने कभी भी पुट लिखा नहीं—कम होता जा रहा है। पत्नी का कहना है, मेरी कहानियों में यह 'तत्त्व' बढ़ता जा रहा है। उनका यह भी कहना है, वे खुद न भी कुछ सोचें। दुनियावाले,

बाल-बच्चे, स्कूल के हेडमास्टर साहब और मंत्री जी मेरे बारे में क्या सोचेंगे? ऐसा न हो कि कहानी लिखने की चाह में यह जमी-जमाई नौकरी भी चली जाए—बात ऐसी है कि जब से बेशुमार ट्यूशन मिलने लगे हैं, तब से स्कूल टीचरी के बारे में एकाएक पत्नी के मन में ऊँची धारणा जो बन गई है!

लेकिन इधर यह हाल है कि नौकरी जाए या रहे, कहानी लिखना बन्द नहीं किया जा सकता है। आप कह सकते हैं, कहानी कुछ कविता थोड़े ही है कि जब प्रेरणा सिर पर सवार है, तो लिखिएगा कैसे नहीं! अगर आप ऐसा कहते हैं, तो बिलकुल ठीक कहते हैं और यह सभी मानेंगे कि कविता और कहानी का जो तात्त्विक अन्तर है, वह आपको अच्छी तरह मालूम है। लेकिन आप मुझे गलत समझे। मैं कहानी लिखना अब इसलिए जरूरी पाता हूँ कि उसी का पारिश्रमिक मिलता है तो जेब खर्च निकलता है। यों मुझ स्कूल-टीचर को भी, आप जानते ही होंगे, पैसे कम नहीं मिलते लेकिन उन पर तो अधिकार उनका ठहरा जिनका मुझ पर ही पूरा अधिकार है। असल में इसी कारण वे मुझे कहानी लिखने भी देती हैं—वे मानती हैं कि मुझ जैसे स्कूल-टीचर के लिए भी जेब-खर्च तो जरूरी है ही, और अगर मैं उसे ईमानदारी से, उन्हें असुविधा में डाले बिना, उपार्जित कर लेता हूँ, तो बात अच्छी है, न कि बुरी। तब उन्होंने यह जरूर कहना शुरू कर दिया है कि मेरी कहानियों में घोर यथार्थता होती है—इस बात को वे और स्पष्ट से कहती हैं, क्योंकि उन्हें लाभ यह है कि वे अपनी आलोचना में शास्त्रीय शब्दों का व्यवहार करने को बाध्य नहीं हैं। और मैंने निश्चय कर लिया है कि सम्पादक के बदले इस दुर्निवार आलोचक के सामने ही नतमस्क हो जाने में कल्याण है—असल में इसमें कठिनाई भी ज्यादा नहीं है, अभ्यास ही ठहरा! और मैंने कुछ रोज पहले एक कहानी शुरू की भी। वह पूरी न हुई। यह तो संयोग की बात है कि वही आज काम आ गई। मुझे आशा है, मेरी यह कहानी मेरी कहानी के एकमात्र आलोचक के द्वारा यथार्थता-रहित मानी जाएगी। कहानी यथार्थता-रहित है, इसलिए 'मैं' शैली में लिखने में भी खतरा नहीं है :

उस दिन कोई त्योहार था। स्कूल दोपहर के बाद से था। मैं उस दिन रिक्शे पर स्कूल जा रहा था। चिलचिलाती धूप थी। लू रिक्शे को रोककर खड़ी हो जाती थी।

सड़क खाली थी। जैसे दोपहर नहीं, आधी रात हो! मेरा कहानीकार और कभी नहीं लिखी जानेवाली कहानी के वातावरण के लिए दोपहर के दृश्य बारीकी से देख रहा था और दिमाग टिप्पणियाँ ले रहा था।

मेरा ध्यान कुछ दूरी पर दीख पड़नेवाले पेड़ों पर था। दो-चार-पाँच पेड़ एक-दूसरे के नजदीक, लाल फूलों से लदे, जैसे आग की लपटों की चादर तनी हो! पर जो आँखों को ठंडक पहुँचाती हो! मैं सोच रहा था, किसी दिन किसी से यह पूछ लेना होगा, आखिर इस पेड़ का नाम क्या है—कृष्णचूड़ा? गुलमोहर?

कुछ दूरी पर एक रिक्शा दीख पड़ा। उधर देखकर फिर फूलों की तरफ नजर मोड़ने का विचार रहा होगा। लेकिन रिक्शे पर नजर गई तो तब तक फिरी नहीं जब तक वह पास आकर फिर बढ़ नहीं गया।

रिक्शे पर मामूली लाल साड़ी पहने एक औरत थी। काली। साँवली। बल्कि काली-साँवली के बीच कहिए। वह रो रही थी। और उसकी आँखों से आँसू की मोटी बूँदें गिरकर गाल भिंगो रही थीं। बिलकुल पास से गुजरने के क्षणों में मैंने यह देखा था। मैंने यह भी देखा था कि वह औरत स्थिर-भाव से सीट पर बैठी हुई थी। वह चीख नहीं रही थी। वह छाती पीटकर नहीं रो रही थी। एक बात बिलकुल साफ थी, उसका अपहरण रिक्शावाला नहीं कर रहा था। लेकिन यह सब मैंने सोचा होगा तब, जब रिक्शा गुजर गया था।

उस शाम लड़के कम ही आए। मैं उस औरत के बारे में सोचता रहा। मैं शरलॉक होम्स और फादर ब्राउन की समन्वित शैली में कमरे में बैठे-बैठे रहस्य सुलझा रहा था।

उसका पति या उसका लड़का अस्पताल में चल बसा होगा। लेकिन अक्सर ऐसी हालत में अस्पताल से रिक्शे पर आती औरतें छाती पीटती दीख पड़ती हैं।

उसे उसके आदमी ने निकाल दिया होगा, यह सम्भावना अधिक विचारणीय थी।

ससुराल से मायके भागती हुई उस औरत की गठरी स्टेशन पर किसी ने चुरा ली होगी, यह भी विचारणीय है।

कड़ी धूप में कमजोर आँखों से पानी चलने लगता है, इसी की सम्भावना अधिक थी, मैंने अपने को समझाया था।...

*[**टिप्पणी :** एक अधूरी कहानी की रूपरेखा थी। यह कहानी आज तक लिखी नहीं गई।]*

धीरेन की कहानी

धीरेन किनारे-किनारे नाव खे रहा था। रात भर में पानी इतना काफी बढ़ गया था कि किनारे से दूर जाना खतरे से खाली न था। इतनी छोटी-सी डोंगी को दूर ले जाना शायद मुमकिन ही न था। सिर्फ खतरा ही रहता, और नामुमकिन न होता, तो धीरेन जानबूझकर बीच धार में नाव ले जाता। नहीं ले जा सका था इसीलिए किनारे-किनारे नाव खे रहा था।

धीरेन अगर नाव खे रहा था तो इस मानी में कि उसकी रफ्तार को नियंत्रण में रखे हुए था। नाव को डाँडों के सहारे खेते हैं तो वह धार से आगे और ज्यादा तेज चलती है। आज तो दरिया में यों ही इतनी तेज धार थी कि उसकी गति ही नाव के लिए काफी से ज्यादा साबित हो रही थी। धीरेन डाँड चला रहा था कि नाव बेहाथ न हो जाए। नाव जैसे जान लेकर भागी जा रही थी। धीरेन बड़ी कुशलता से नाव को सँभाल रहा था।

कहीं-कहीं दरिया और सड़क बगल-बगल हैं। धीरेन ने कई बार बड़ी दिलचस्पी के साथ देखा, सुबह सैर को निकले हुए बुजुर्ग चौंक-चौंककर उसके पागलपन को देखने के लिए रुक गए थे। अब तो धीरेन खुद भी महसूस कर रहा था कि वह अपने घाट से बहुत-बहुत दूर निकल आया है। नाव को लौटा ले जाना तो आज सम्भव न था। उसे कहीं-न-कहीं छोड़कर लौटना तो था ही। सो वह इतनी दूर तक डोंगी को धार में बहने देता गया था।

गंगा का यह हिस्सा उसका इतना जाना-बूझा न था। वह रोज सुबह-शाम अपनी डोंगी पर, गंगा पार आता है और कई-कई घंटे बाद लौटता है। बरसात में यह सिलसिला तो टूट जाता है लेकिन तब वह अपने जवान मल्लाह दोस्तों के साथ बाढ़ के पानी में बहते हुए दरख्तों और मवेशियों को छानता है और डूबते हुए आदमी को बचाता है। आज उसकी नई-नई डोंगी बनकर आई है। उसकी जाँच कर रहा है। नहीं तो इस वक्त वह मल्लाहों के साथ किसी बड़ी नाव में बैठा बाँसुरी बजाता होता। अब धीरेन बार-बार किनारे की ओर देख रहा था। एकाएक वह बहुत सावधान होकर बैठ गया।

इस जगह तक गंगा बोतल की गर्दन की तरह सँकरी है। फिर अचानक पाट चौड़ा हो गया है। किनारे पर छोटे-बड़े बहुत सारे मकान हैं और उनके बाद गंगा एकदम बिखर गई है। आखिरी मकान से टक्कर खाता हुआ नदी का पानी एकाएक मोड़ लेता है। उससे सटकर जाती हुई नाव को ऐसा झोंका लग सकता है जिससे उसे बचा लेना कठिन है। धीरेन ने दो मकानों के बीच एक छोटा-सा घाट देख उस पर अपनी नाव लगा देने की कोशिश शुरू की। उसकी पहली कोशिश बेकार गई। नाव किनारे लगकर दूर हट गई। धीरेन धार से लड़ता हुआ जिस वक्त हार गया था और क्षण भर को ऐसा लगा था, जैसे उसकी नाव यह उल्टी—वह उल्टी तो वह किसी की चीख सुनकर चौंक गया था। उसने नाव को बड़ी हिम्मत और मेहनत से घुमाया। उसकी दूसरी कोशिश कारगर हुई। उसने नाव घाट पर बाँध दी।

घाट से हटकर जाने किस मकान की खिड़की पर एक सहमा हुआ मुखड़ा दिखाई दे गया। शायद वहीं से चीख की आवाज भी आई थी। जब धीरेन मौत से खेल रहा था, तो उसे कोई देख रहा था। वह भीतर से उल्लसित, सीढ़ियों को तय करता हुआ, ऊपर चला गया।

धीरेन दूसरे दिन पाल और डोर से चलनेवाली एक बड़ी नाव पर आया था। घाट पर से नाव खोलने से पहले उसने अनायास उस मकान की खिड़की की ओर देख लिया था। वहाँ किसी को न देखकर उसने बेजरूरत भी बड़ी नाव के मल्लाहों को पुकार-पुकारकर काफी शोरगुल किया था और बार-बार उस सूनी खिड़की की ओर देखा था। रस्सी बँध गई थी। उसे कुछ दूर पर खड़ी पालवाली बड़ी नाव के मल्लाह खींचने लगे। तब फिर नाव से धीरेन ने देखा था, खिड़की में किसी का वही चाँद-सा मुखड़ा झलक उठा था।

वह वेटर अभिनेत्री

चौबीस घंटे दिल्ली के एक होटल में। भद्र-अवज्ञा आन्दोलन प्रारम्भ हो गया है। विविध आगन्तुकों के वार्तालाप का यही विषय है। आई.सी.एस. का एक विद्यार्थी है—अमीर राजनीतिज्ञ का अमीर बेटा। एक मिल मालिक और उसकी रखेलिन। (प्रकट सब पर नहीं, फिर भी सभी समझते—वेटरों के गॉसिप इत्यादि से।) आन्दोलन पर ब्रेकफास्ट टेबल पर अपने-अपने विचार भिन्न-भिन्न प्रकट करते। पॉपुलर नेता की मृत्यु सुन अमीर आई.सी.एस. परीक्षार्थी बेटा भी आरक्त मुख बाहर निकलता, भीड़ में शामिल होने के लिए।

होटल का वर्दीधारी वेटर, जिसने यह समाचार दिया—पहले ही '...' कहता प्राणोत्सर्ग करने निकल गया है। फाटक पर ऊपर से उतरती मिल मालिक के साथवाली स्त्री अधीर Sobbing Hysterical भीड़ की ओर जाने के लिए उतावली, इससे टकरा जाती। दोनों एक-दूसरे को पहचान जाते हैं। यह उसके साथ प्रथम वर्ष में पढ़ती थी, जिसके बारे में लोगों ने एक दिन सुना था कि वह मिलों में काम करने कठोर चाचा के घर से प्रायः भाग-सी गई थी—। न जाने किस Instinct से वे एक-दूसरे का हाथ पकड़ लेते। और अनिर्वचनीय सामीप्य सुख और द्विगुण बटुक का अनुभव करते वे बढ़ते चले जाते। उधर से भीड़ आती तो ये सबसे आगे हो जाते...धाँय! धाँय!...और दो मिनटों में शरीर और प्राण से अभिन्न हो गए। वे वहीं ढेर हो गए।

['कर्मयोगी' : 1938]

होली

मेरे ऐसे बहुत-से तो नहीं, लेकिन कुछ परिचित जरूर ही हैं जो होली को बुरा समझते हैं। उस दिन उनकी कोठरी भीतर से बन्द होती है। अगर किसी तरह पकड़ में आ भी गए तो उनके चेहरे पर ऐसी गम्भीरता छा जाती है कि होली का दिन न हो तो उन्हें छेड़ने की हिम्मत शायद ही हो। इस दिन तो फौजदारी का भी डर नहीं रहता सो उनकी गम्भीरता कामयाब नहीं हो पाती।

ये लोग समाज-सुधारक होने का दावा नहीं रखते। समाज-सुधारकों का तो खैर एक बहाना भी था कि होली के नाम पर प्रचलित अश्लीलता रुकनी चाहिए। यह दूसरी बात है कि इन्होंने अश्लीलता को रोकने के पहले होली मनानी ही छोड़ दी। अगर बदकिस्मती से ये लोग चिकित्सक होते तो शायद मरीजों की तकलीफ को दूर करने के लिए उसका गला घोंट देना ही इन्हें मुनासिब जँचता। लेकिन मैंने कहा न, इन सुधारकों से मेरा कुछ लेना-देना नहीं।

इसी तरह समाज के 'बिरहमिन' और 'शेख', 'वाइज' और 'नासेह' की होली के वक्त उदासीनता की मुझे कोई शिकायत नहीं। ये मुझसे अलग ही रहते हैं। बेचारों पर रंग डाल दीजिए तो ऊपर से हाँ-ना, बुरा-भला कुछ भी नहीं कहते, लेकिन उनमें बहुतों का चित्त अन्यथा वृत्ति जरूर हो जाता होगा। तन कंटित और मन बेकाबू, यह मैंने महसूस किया है। यों तो दावे के साथ कुछ कह नहीं सकता; क्योंकि उनमें से किसी ने कभी मेरे सामने अपनी कमजोरी कबूल नहीं की है। इनका पर्दाफाश—होली नहीं।

मेनका या रम्भा का यौवन कूट बंध ही कर सकता है। लेकिन जाने भी दीजिए। ये रौब-गालिब करने की कोशिश तो नहीं करते।

पर जिस दुनिया के सारे परिचितों का जिक्र कर रहा था, उन्हें तो किसी चौबार पर सवार कर 'धुरखेल' में घसीटना ही पड़ेगा। उन्हें सभ्य होने का फख्र है। उन्हें इसका धोखा है कि धोबी का धुला कपड़ा साफ होता है। साल में एक दिन तो उन्हें समझाने की तकलीफ गँवारा करनी ही पड़ती है। इसके लिए अगर वह एहसामंद नहीं होते तो कुसूर उनका है। मुझे धन्यवाद नहीं मिलता तो मैं घाटे में नहीं रहता। चारों ओर की चकाचक में बस उनकी मायूसी ही खटक जाती है। नहीं तो कानों को धन्यवाद सुनने की फुर्सत कहाँ?

ये लोग शायद समझते हैं कि सात समुन्दर पार जो बात नहीं होती, अगर हम वही करें तो यह हमारी दकियानूसी है, बेवकूफी है, बेतमीजी है, असभ्यता है। इन्हें मैं विश्वास दिलाता हूँ कि विलायत में भी जवान एक पर्व मनाते हैं। उस दिन सड़क पर थोड़ी देर के लिए भी अगर कोई अपनी मोटर लावारिस छोड़ दे तो उसका होलिका दहन कर दिया जाता है। और उस दिन जवानी की यह ज्यादती बुजुर्ग भी माफ करते हैं।

चाहें या नहीं, इस जवानी में भी बुढ़ाये मेरे परिचितों को भी थोड़ी-बहुत ज्यादाती सहनी ही पड़ती है। उन्हें पहले से ही चेतावनी है।

['प्रभाकर' (मुंगेर) : 1944]

कुछ सादा, कुछ सचित्र

''वैज्ञानिक-पुस्तकमाला' में छपनेवाले असली कोकोक्वविरचित कामशास्त्र के एकादश संस्करण को चित्रित करने के लिए हम आपको नियुक्त करना चाहते हैं। आपकी विगत प्राइवेट प्रदर्शिनी में 'तब असंयमी जागते हैं', 'हमीं-तुम' और कई अन्य शीर्षक वाले चित्रों में हमने इच्छित आधुनिकता पाई थी। यदि आप कल किसी समय आ सके तो बातें हो जाएँगी।'

राजेन्द्र ने कूची को उँगलियों में दृढ़तर पकड़ लिया। स्मृति की आँखें अधिकाधिक पीड़क ज्योति में देख रहीं कि 'वैज्ञानिक-पुस्तकमाला' का पीड़न है। वह दस्तखत करता है, पिउन घंटी और सीटी बजाता साइकिल पर लौट जा रहा है और उसके हाथों में यही अकारण लगाई उल्टी चपत चीठी।...आँखों की स्मृति ग्रहण करना चाह रही कि सामने कुर्सी पर सीटिंग दे रहे उसके मित्र मधुसूदन के आलेख्य चिबुक में और शायद केवल वहीं कितनी शक्ति केन्द्रित है...।

लेकिन मधु ने इस निठल्लू उल्लू चन्दर को क्यों यहाँ ला बिठाया है ? क्यों ? क्यों ? अच्छा, मधु के लिए चन्दर में क्या आकर्षण है भला—उसकी मांसपेशियाँ या पैसे ? और यह चन्दर ही क्यों उसके पीछे लगा रहता है ? इस बीसवीं सदी में क्यों कोई करता है कसरत ?

राजेन्द्र की अभ्यस्त उँगलियाँ प्रेरकशक्ति के स्रोत की व्यस्तता के अतिशय के कारण अभी कूची को यांत्रिक रूप से चलाये ही जा रहीं। वह अपने हृदय-मस्तिष्क की सूक्ष्मत: सन्तुलित तुला कोटि को अकस्मात् निर्दय झकझोर दिये जाने से रुककर ही सही, फिर भी मध्य में पा ही जाना कि चित्रफलक पर कूची फेरने के बदले उसे उठाकर दे नहीं मारे चन्दर के सिर पर ? उसे लगता, उसका मस्तिष्क उसकी आँखों की पतली-पतली हजारों शिराओं को अपने में लपेट अपने को ऐंठे जा रहा। वह योहीं कूची चलाता ही गया तो आपस में गूँथे उसके ये दोनों इन्द्रिय इस दाहिने हाथ की पाँचों उँगलियों से संवेग निष्क्रान्त हो, न जाने क्या कर बैठे! वह रो देगा ही—न, न, उसे निराशा, दुर्भाग्य के नियमित आघातों से अव्याहति-सी जो मिली जा रही थी, उसमें गुणग्राहकता के इस अपमान के दंशन को भी पचाना पड़ेगा ही।

आज तक वह यही चाहता रहा है—विज्ञ उसकी तीखी-से-तीखी आलोचना करें, यह वह सह सकता है, पर मूर्खों की प्रशंसा, गुणग्राहकता से बढ़कर कलाकार का और क्या अनादर हो सकता है ? उसके लिए कला ही परब्रह्म रही है। प्राकृतिक सत्ता की परवाह उसने आज तक नहीं की थी। ठीक रास्ते पर वह नहीं था, या है, यह वह अब भी नहीं मानता किन्तु सीढ़ियाँ बिना तय किये ही वह ऊपर पहुँच गया है इसलिए उसे नीचे गिरना ही पड़ेगा। फिर हिम्मत बाकी रह जाए तो एक-एक सीढ़ी पर पैर जमाते हुए चढ़े, दुनिया की बला से। पुत्र कलश के बिना या काफी दिनों बाद वेदान्ती वस्तुस्थिति सम्भव है, पर यह उसने जो उर्मिला से विवाह कर लिया है, उसी की सबसे पूर्व मीमांसा आवश्यक है।

चन्दर दो दिन पहले का एक अखबार उलट रहा। अध्ययन गाम्भीर्य का पोज दे रहा। मधु वास्तव में सैंटयाना के 'दि लाइफ ऑफ रीजन' को पढ़ने में तल्लीन है। राजीव व्यस्त विचारों का तूफान झेलता हुआ निस्तब्ध कूची चला रहा है...।

क्या उसकी कला को लोकायत होना पड़ेगा ? यह सत्य नहीं। सृष्टि का उपयोग किस तरह हो रहा है, यह स्रष्टा का काम नहीं। यह उसके अधिकार के बाहर की

बात है। सृजन के प्रॉसेस के संकपेश का सुख ही विशुद्ध कलाकार पाता है। सृजन खत्म होते ही उसका दायित्व गया। आगे वह मनुष्य है। उसकी सृष्टि मन्दिर में टँगे या होटल में, वेश्या के कमरे में या उसके यहाँ रातों में आनेवाले कला-प्रेमी रईस के यहाँ—यह क्या स्रष्टा का काम है?

इस अदृष्ट का सैद्धान्तिक अनुवाद यही होता है कि 'तब असंयमी जागते हैं' में की बिन्दुवादी नग्नता से चित्र को देखनेवाले में तमस् का उद्दीपन होता है या सत्त्व का यह देखनेवाले पर निर्भर है? उसी शाश्वत सत्य के ज्ञान से हाय-तौबा मचते रहने पर भी आदिकाल से ही कलाकार नग्नता का अंकन करते आए हैं, करते चले तो...।

'राजू, जरा...' कि कहा मधु ने, 'चन्दर, तुम उस आरामकुर्सी पर क्यों नहीं चले आते? क्यों नहीं एक झपकी भी ले लेते? इस धूप में तो अपनी देह के साथ प्रयोग करने के लिए तुम्हें बाहर जाने नहीं दूँगा—दैट्स इट्—राजू, हाँ...'

कूची जो रुक गई थी, फिर चली।

अपने मुँह पर किसी निश्चय पर पहुँचने के स्पष्ट भावों के लिए उसने मधु की ओर देखा—कुछ कहने को, तो उसे पाया—सामने छोटे शीशे में संकुल भृकुटि के साथ देखते हुए। शीशे में प्रतिबिम्ब पड़ रहा था एक ओर बड़े शीशे से—चन्दर एकटक हरे पर्दे के पास के कमरे में पूरियों को बेलती व्यस्तवसना नारी की पीठ को देख रहा, बिना जाने कि मधु उसे दूसरे शीशे में देख रहा। मधु ने भी नहीं देखा कि राजू ने चित्रफलक पर से दृष्टि हटाई।...और अब स्वस्थ, अव्यस्त राजू, पेसोपेश में पड़ा-सा, जरा रुक, फिर अपने काम में लगा जब, मधु फिर ठीक तुरन्त बाद बैठ गया...।

[2]

तो राजीव की पत्नी पूरियाँ निकाल रही। आरामकुर्सी पर लेटे चन्दर की आँखें बहुत देर तक मुँदी पड़ी रहने के बाद सामने सहसा जो उठीं तो शीशे में हवा से आधे खुल गए सामने के द्वार के बाद बेलने के साथ-साथ हिलती नारी की देह की प्रतिच्छवि पर पड़ी। उर्मिला। तो राजीव की पत्नी पूरियाँ निकाल रही? राजीव को उर्मिला ने क्यों एक्सेप्ट किया? उसके बाल बिखरे रहते। कपड़े फटे पहनता वह, कि काम कर सकने की कैपेसिटी ही नहीं, कि पास में पैसे हों—बस, कागज भाँड़ते रहो। कुछ तो ढीले और अवश्यम्भावी टी.बी. के शिकार नायकों को पर्दे पर देख समझती कि भावना और देह की ट्रेजेडी जब रहेंगी, साथ ही। पौरुष का सोफिस्टिकेटेड आदर्श पौरुष की अधिकता में है, उसकी कमी में नहीं। यह बस ये अमेरिकन औरतें ही समझतीं कि मोजे में छह फीट दो इंच खड़े इन 'ही-मैन' पर जान देतीं। कठोर,

कर्कश, खिंचाव ही इनमें है कि लड़कियों जैसी सुन्दरता? और यह उर्मिला है कि मसल्स दिखाने के बाद प्राइज लेकर घर आते समय उसके भाई ने उससे उसका परिचय कराया, तो वह हँसी थोड़े कर रही थी, जब उसने कहा—मिस्टर चन्दर, आपको देखकर डर लगता है। मिस चोपड़ा, मिस सरकार नये युग की ये अलबत्त हैं लड़कियाँ। उर्मिला मॉडर्न हुई तो किया क्या जाए? लेकिन फिर तुरन्त बर्फ की तरह घुलते विश्वास के साथ सोचता चन्दर—चोपड़ा और सरकार जब जहन्नुम में जातीं, तो मैटर करती है वह उर्मिला, उसकी पुकारती चवालिस इंच की छाती में छिप जाती भर। देह में, धन में, कॉलेज भर में, चन्दर जानता है, वह अकेला है। राजू के हृदय और मधु की बुद्धि के प्रति वह आकृष्ट हुआ था लेकिन उसकी देह और आर्थिक उदारता को वे भी कद्र करते हैं ही। और वह दृश्यमान नारी की हिलती पीठ, स्फुरित मांसल आवर्जनों को देख रहा हो—एकटक।

राजीव कूची चलाता जाता और साथ-साथ अपने निश्चय पर दृढ़ हुआ जा रहा।

मधु देख-देख लेता, आँखों के कोण से, शीशे में। यह चन्दर की अचेतन प्रकृति कैसी है कि उस औरत की ओर तभी से एकटक देख रहा—यही राजू की पत्नी है—और यह भी नहीं कि जब देखता ही ब्राह्मात: निर्लज्ज ढंग से तो सचमुच अन्यथा विकार की प्रतिक्रिया उसमें हो। लेकिन उससे अधिक चन्दर को विश्लिष्ट कौन जानता? वह चन्दर से कहेगा कि आँखों और मस्तिष्क को साथ-साथ भी उचित रूप से कार्य करने देने की चेष्टा वह किया करें। वैयक्तिक वैचित्यों की ओर उँगली उठाना आत्मीय मित्रों से भी गलतफहमी का कारण हो जा सकता लेकिन बिना जाने ही चन्दर से अभद्रता-सी वह जो हो जाया करती, सो ठीक नहीं। राजू क्या समझेगा?—सुडौल कसी पीठ। बहुमूल्य के समीप बहिवृत्त मृदुलता। एक नये कोण से मधु को नारी का यौवन दीख रहा। मधु अपनी इस कभी-कभी जाग उठने-वाली, इस वक्त भी जगी, दुर्बलता से अपने मन में ही लज्जा से भर गया। यह अच्छी तरह जानता है कि चन्दर एकटक जिस नारी की ओर देखता हुआ भी तत्त्वत: निर्विकार लेटा हुआ—और फिर इसके लिए वह उसकी आलोचना ही कर रहा, शीशे में उसी द्वितीय-तृतीय प्रतिबिम्ब की ओर एकाध बार देखने से ही वह विचलित हो पड़ा-सा। राजू की पत्नी की पीठ पर गई उसकी दृष्टि, अपरिलक्षित पर निर्विकार नहीं, चन्दर के अनुशासित यद्यपि बाह्यत: आपत्तिजनक रूप से एकटक देखने के कारण कहीं अधिक चिन्तनीय नहीं क्या? उस दिन भी जब चन्दर जिद कर उसे पज्जन के कोठे पर ले ही गया तो वहाँ से आने के बाद...उसके बारे में फिर जैसे उसने कुछ सोचा तक नहीं, लेकिन स्वयं उसके मन में कितना भीषण द्वन्द्व हुआ था...! इस विषय में वीतराग रहने की चेष्टा नहीं करने के कारण ही चन्दर अगर चाहे तो, वह जानता है, राजू की पत्नी को एक शय्या पर बगल में पाकर भी एक बार सोचे बिना ही करवट बदलकर नित्य के समान साढ़े नौ बजे सुबह तक शिशु की तरह अनुकूल सो रह सकता।

'हाँ, और अच्छी बात है तो अब रहने दो न, राजू', सहसा संबुद्ध मधु ने चौंककर कहा।

[3]

राजीव ने मधु को उसके विचारों से उबारते हुए कहा, 'अब कल से तुम्हें सीटिंग देने की जरूरत भी नहीं। इसका यह अर्थ नहीं कि कल से आपको इधर कष्ट करने से एकदम छुट्टी मिल गई। और देखो, मधु, एक काम तुम्हें करना है। तुम्हारे रास्ते में ही 'वैज्ञानिक-पुस्तकमाला' का कार्यालय पड़ता है सो जरा प्रोपराइटर साहब से कह देना कि मैं उनके ऑफर को स्वीकार करता हूँ। फीस वगैरह के लिए उनसे कल मिलूँगा। हाँ, मधु, तुम्हारी जिज्ञासा ठीक है—मैं, मैं ही उनके कोकशास्त्र को चित्रित करूँगा। यदि सचमुच कला कोई असाधारण वस्तु है तो 'वैज्ञानिक-पुस्तकमाला' की पोर्नोग्राफी भी विज्ञान हो जाएगी, नहीं तो क्या होगा, इसकी चिन्ता मेरे लिए नहीं। मधु, तुम्हारी आँखों से मैं गिर रहा होऊँगा लेकिन तुम कला के विद्यार्थी हो, चित्रकार नहीं हो। कला तुम्हारे लिए टेबल पर मरी चीज है या रंगीन कल्पना पर प्राणहीन ही। उसके प्रति तुम्हारे हृदय में वैराग्य या शृंगार का संचार हो सकता है, पर वात्सल्य का नहीं। हम माँ हैं। खुशी से दारुण कष्ट सहना, अपनी सृष्टि को प्यार करना, उसे दुनिया में सबसे अच्छा समझना और बनाने की कोशिश करना बस की हमारे ये ही तो बातें हैं। इन बातों में दुनिया की एक-एक माँ बराबर है। पर इन माँओं के लाडलों में से ही अलकतरा की गर्म सड़क पर रिक्शा खींचते, पॉकिट काटते, भीख माँगते देखे जाते हैं। जो सृष्टि करता है, वह सृजन की वेदना से महान् और पक्षपातपूर्ण भी हो जाता है। उसके लिए सृजन की पद्धति का बहुत महत्त्व है।' राजीव अधिक अपने को ही विश्वास दिला देना चाहता हुआ कह रहा था, 'तुमने कला का वास्तविक कठोर संसार से क्या सम्बन्ध है, कभी सोचा? कोणवादी और भाविष्यवादी मोटरों के डिजाइन करने के लिए नियुक्त किये जाते हैं। उन्होंने ही आज के सबसे भारी सत्य मोटर को पुराने फोर्ड से 1940 की धारांकित मॉडल में परिणत किया है। अमेरिका और फ्रांस में क्षण-क्षण नवीनता की उपासिकाओं के वस्त्रों के लिए प्रख्यात वन्यवादियों का सहयोग खरीदा जाता है। अभिव्यंजनावादियों का प्रभाव मॉडर्निस्टिक गली-गलीचों के किसी केटलग में देख सकते हो। सृष्ट एक बार हो जाने पर अस्सी मॉडल की रफ्तार से मोटर चलाकर हत्याएँ की जाएँ, विचित्र मानसिक आफत मचानेवाले वस्त्रों से पुरुषों को नारियाँ मुग्ध करें तो मैं क्या करूँ? हाँ, जहाँ ये पहले बातें भोंडे ढंग से होती थीं, वहाँ सद्यः कलाकार अब सौन्दर्य, प्राण, बिखेर देता। उसे इसमें लज्जित क्यों हो न?—और तुम इस सबको पतित काव्योपदेश समझते तो वही समझो, मधु। तुम मेरा सन्देश कह सकोगे या नहीं?'

'नहीं क्यों?' मधु ने मुस्कुराते हुए पूछा। 'देखो राजू, तुम मुझसे डरकर और शायद अपने में ही विश्वास की कमी के कारण पहले ही सबकुछ स्वीकार कर ले रहे हो। अपने को उत्तेजित कर अपने तर्क को खूब प्रतिपादित कर चुके। मैं मशहूर आदर्शवादी जो ठहरा, इतना घबराओ मत। लेकिन अब तो छुट्टी दो ही। सन्देश तो खैर, कह ही दूँगा—चन्दर, ओ चन्दर, उठो भी, चलना है या नहीं... ?'

[4]

अन्दर से ऊबी, उनींदी स्वामिनीत्व लिये आवाज सुनाई पड़ी, 'मिश्रानी, इ ओ महराजन, पूरियाँ अभी सब बनी नहीं क्या? जरा बच्ची के लिए दूध पहले दे जाओ। मर भी जाती, तू चुप रह रानी मेरी, चुप रह। ले, पी, अब तो चुप रह...।'

तलाक

'का.' क्लीवप्राय अपने पति को आत्मसमर्पण नहीं करती। पति का शारीरिक अधिकार अस्वीकार नहीं करती। लेकिन बहुत सहज ही वह यह तो कर ही देती कि उत्तराधिकारी उसकी आत्मा को सन्तति के रूप में पृथक् करे।

लेकिन यह अधिकार वह अ. को देती—जो परिवार का मित्र है। स्पष्ट पौरुष से ओतप्रोत। वही वास्तव में तो रा. का पिता है। लेकिन यह वह भी पीछे ही जान पाया। शुरू में केवल 'का.' जानती थी।

पर अ. को अपनी स्त्री से म. लड़का है।

रा. और म. जब बड़े होते तो एक-दूसरे को प्रेम करने लगते। एक ही पिता-माता—पति-पत्नी का तो नहीं—की सन्तानों—भाई-बहन—का आसन्न अवैज्ञानिक किसी प्रकार से क्षम्य नहीं। विवाह को देख का. अ. से सब कहती है। इधर उन दोनों में, जब से अ. की अपनी पत्नी मर गई है, फिर से अवैध सम्बन्ध स्थापित है ही।

तो इस अनाचार को बचाने के लिए, सिविल एक्ट से विवाहित 'का.' अपने पति को तलाक दे देती। और रा. और म. अपनी इच्छा जाहिर करें, इसके पूर्व का. अ. से पुनर्विवाह कर लेती—जो वस्तुत: सौतेले भाई-बहन थे, फिर भी इसके बारे में कुछ जानते नहीं थे। अब अपनी स्थिति को देख चुप ही रह जाते। कुछ लज्जित भी होते। यद्यपि क्रोध ही अधिक उन्हें होता, क्योंकि वे तो समझते कि यदि का. अ. से पुनर्विवाह का स्वार्थ नहीं करती तो उनका विवाह हो ही जाता।

वे अपने माता-पिता को उनके स्वार्थ के लिए क्षमा कभी नहीं कर सकते लेकिन का. और अ. सोचते—यह नहीं, यह वे कहेंगे—कोई चिन्ता नहीं भाई-बहन को और बहन-भाई को—वास्तविक प्रारम्भ को जाने—जान तो गए!

तत् त्वमसि

इस शहर में उसका काम खत्म हो गया था। कम-से-कम सोमेन ऐसा विश्वास कर हताश हो चुका था। शहर की ऐसी कोई गली, ऐसा कोई कोना नहीं था जिसे उसने छान नहीं डाला। और वह आज से तीन दिन पहले यहाँ से चला भी गया होता। होटल का बिल चुकाकर मैनेजर को कह आया था कि वह तीन बजे वाली गाड़ी से चला जाएगा, उसके लिए वक्त पर सवारी का इन्तजाम कर उसके कमरे में कुछ पहले खबर कर दी जाएगी। लेकिन ठीक वक्त पर ब्वाय जब पहुँचा तब कमरा नम्बर 10 की भीतर से बन्द किवाड़ पहले धीमी और बाद में जरूरी आवाज देने पर भी नहीं खुली। कुछ चिढ़कर किवाड़ को बाहर अपनी ओर झटका दिया तो सिटकिनी खट कर गिर गई। अक्सर जल्दी में उसे घुमाकर फँसाना लोग भूल ही जाते हैं, यह अनुभवी ब्वाय जानते हैं। पर, वाह रे सोनेवाले, तीन बजे की गाड़ी से जाना है, नीचे सवारी खड़ी है, और यहाँ सामान का जंगल ज्यों-का-त्यों बिखरा पड़ा हुआ। ढाई बजने को हो रहे और साहब घोड़ा बेचकर खर्राटे ले रहे हैं। शराबखोरी और गीदड़गश्ती का नतीजा और हो ही क्या सकता है, सोचकर सर्वज्ञ ब्वाय ने धैर्य के साथ आवाज दी, पर साहब की नींद नहीं टूटी। एकदम पास आ जाने पर उसका हाथ साँस की गर्मी पाकर अनायास सोनेवाले के मस्तक पर चला गया, जो जल रहा था।

होटल के मालिक ने उसे अस्पताल भिजवा दिया था। 'ना भाई,' उसने इसका औचित्य बिना पूछे और बिना जरूरत अपने कर्मचारियों को दिया था, 'मैं ग्रैंड होटल का वाकया भूला थोड़े ही हूँ। मशहूर रशन बैले नाचनेवाले के जत्थे में एक को टायफायड हो गया और उसे तुरन्त अस्पताल नहीं भेज देने का नतीजा हुआ था कि साठ गेस्ट बीमार पड़ गए, उनमें पाँच-छह मरे भी और होटल भी बन्द कर देना पड़ा। तुम लोग देख ही रहे हो कि साल भर के बाद खुलने पर भी उसमें ठहरने से लोग हिचकते हैं। और उनके यहाँ तो पानी फिल्टर करने का अपना इन्तजाम था। उनकी बात ही क्या? हमारे यहाँ जो सबसे ज्यादा चार्ज है, शायद उनके यहाँ उतने में आउट-हाउस में भी एक कमरा नहीं दें। ना भाई, इन्हें ले जाकर भर्ती करा ही आओ। एक विक्टोरिया बुला लो। और, तुम देखो, सब सामान नम्बर 10 से ले आकर नीचे एक जगह ठीक से रख लो। इसके लिए मैं कुछ नहीं लूँगा...।'

सोमेन इसके तीन दिन बाद अस्पताल से बाहर जानेवाले रास्ते पर यह सब कुछ नहीं जानता हुआ, पर ऐसे ही कुछ का अन्दाज करता हुआ मुक्ति की साँस ले रहा था। उसे ऐसी बातों से अब अव्याहति मिल गई है। वह इतनी शराब पीता है, लेकिन क्या कभी दो बार भी यह सोचता है कि शराब पीने से किस तरह गला जल उठता है? गला जल ही उठता है शराब पीने से—इस पर वह निश्चयपूर्वक अपना निर्णय दे सकता है या नहीं, कहना कठिन है। वह तो एक चीज के सिवा और सब कुछ भूल

जाना चाहता है। वह यही जानता है। सो वह तांत्रिक कौल की तरह पीता ही नहीं है, जीता भी है।

ईर्ष्या भी नहीं की जा सकती थी। यह जो ठेस-सी लग गई थी और उसे एकदम तीन दिन के लिए अस्पताल के जनरल वार्ड में रुक जाना पड़ा तो सुदूर पीछे उसकी आँखें मुड़ ही जाती हैं। आज बरबस अपने ऊपर उसकी करुणा उमड़ी पड़ती है। ऐसी करुणा दबी-दबी जो कभी उमड़ पड़ती है तो फिर तुरन्त एकदम दबा दी नहीं जा सकती, उसे मंजूर करना पड़ता है।

सोमेन की बेहोशी, जिस दिन वह अस्पताल में भर्ती हुआ था, उसी शाम को दूर हो गई थी। उस वक्त उसे स्थिति समझने में देर नहीं लगी थी। और, दो दिन और जो उसे वहीं रुके रहना पड़ा, वह उसके लिए जीवन का एक दुरूह प्रयत्न था। जिस दिन से उसने घर-बार छोड़ा था, तब से अपने जीवन हेतु की प्राप्ति के लिए अविश्राम भटकने में केवल दो बार ही उसे रुकना पड़ा है, मुड़ना भी। आज यह दूसरी बार हुआ है। इसके पहले भी जब उसे विश्वास हो चला था कि उसने अपने अतीत से अपने को काट डाला है, तभी एक दिन नरेन्द्र का पत्र उसके बैंक से रिडाइरेक्ट होकर मिला था।

पहली कविता

मकान के पिछवाड़े छोटी-सी खाली जमीन है। घर का कूड़ा-कर्कट, घास-पौधे और कुछ टूटी-फूटी मोटरें—एक जंगल-सा लग गया है।

पाँच साल का हरीश अक्सर मुँडेर की टेक लेकर उधर झाँकता पाया जाता है। बाप के मोटर नहीं है। शायद पिछवाड़े की मोटरों का अध्ययन करता है।

एक दिन सुना, हरीश को उसकी माँ डाँट रही है। हरीश ने खाने के लिए बनाकर रखी रोटियों में से दो-तीन नीचे फेंक दी थीं। हरीश पहले सुनता रहा फिर उसने भी माँ की बक-झक से खीजकर कहा, 'नीचे कुत्ते हैं। वे भूखे थे।'

हरीश की माँ ने उधर एक बार देखा। फिर अपने काम में लग गई। हरीश, मैंने समझा, लोहे से ज्यादा जानवर में दिलचस्पी रखता है।

मैं उसकी बगल में खड़ा होकर नीचे देखने लगा। मुझे चिरंजीव की एकाग्रता की बात कुछ समझ में नहीं आई। एक कुत्ता था। नुचे हुए बाल। गन्दा-गन्दा। पंजे से खाज करता जा रहा था। इस कुत्ते में आखिर कौन-सी बात थी... ?

और दूसरे दिन फिर हरीश की आवाज सुनी। वह माँ को पुकार रहा था, 'इधर आओ न, देखो तो!'

हरीश जानता है कि मेरे पढ़ने के वक्त उसे मुझसे कुछ नहीं कहना चाहिए। उसकी माँ भी यही चाहती है, जब वह खाना बना रही हो। लेकिन मुझसे कभी

नहीं पिटने पर भी हरीश डरता है, माँ से आए दिन-पिटते रहने पर भी उनसे नहीं डरता।

मैंने सुना, अपनी माँ से हरीश कह रहा था, 'देखो न, मेरे कुत्ते किस तरह एक-दूसरे को प्यार कर रहे हैं!' उसके स्वर में उल्लास था, 'अरे, बिलकुल भैया और भाभी की तरह...वे भी इसी तरह...।' और हरीश की माँ ने उसे कसकर एक चपत रसीद कर दी। हरीश रोने लगा।

मैं उठा। जाकर देखा...मोटर के फटे-चिटे गद्दे पर वही कुत्ता था और एक कुतिया। सचमुच दोनों एक-दूसरे को प्रेमियों की तरह प्यार कर रहे थे। हरीश ने माँ की उपेक्षा करते हुए मुझसे कहा, 'देखिए न बाबूजी, ये इसी तरह रोज-रोज प्यार करते हैं।' हरीश अपने अध्ययन में लगा रहा। मैंने उसकी माँ से दूसरे कमरे में जाकर कहा, 'तुम तो बात कुछ समझतीं नहीं। यह तो बच्चे का अनुष्टुप् छन्द है। पहली कविता : 'माँ निषाद...'!'

प्रतिक्रियाएँ

कलकत्ता—दो मकान। दोमंजिले पर एक कमरे में चार जवान रहते—एक अति व्यभिचारी दुष्चरित्र—(तथाकथित जेंटलमैन एट लार्ज)। पता नहीं, वह कौन है! न अमीर, न गरीब, संस्कृत—फिर भी पतित।

2 प्रतिदिन पुरोहिताई करनेवाले पंडितजी, पर ढोंगी। पूजा-पाठ वगैरह करते।

3 आदर्शवादी फिलॉसफी का छात्र।

4 एक और चरित्र क्लर्क!

सभी दूसरे महल के पंचतले पर की एक खिड़की के ऊपर, नीचे से देखा करते। दो-तीन रोज से, एक औरत दिन भर किसी मर्द के साथ बारह बजे के बाद से सोती। औरत का आग्रह ज्यादा, मर्द तना-तना-सा दीखता मालूम होता। शाम होते ही सेठ-सा कोई आता। स्पष्टतः घर का स्वामी। और नंगी होकर पान लगाती और थुल-थुल सेठ हाँफता फिरता। कभी कुछ देर के लिए दोनों पलंग पर जाते, कभी औरत दूसरे कमरे में चली जाती।

2, 3, 4—सभी छिपकर दृश्य का आनन्द लेते। आग्रह करने पर 1 आता और लौट जाता।

2 आज बहुत पिटकर आए हैं। एक यजमान की विधवा बहन से। आपने आपत्तिजनक प्रस्ताव भर किया था। कहा—याद आ गई थी। अब दूसरे मुहल्ले में जाएँगे, दूसरे यजमानों के लिए। लेकिन पहले घर से हो आवें। स्त्री की याद सता रही। लेकिन कोई हँसा नहीं।

3 विद्यार्थी इस मकान को छोड़ने जा रहा। लड़कपन की बुरी आदत जो बढ़ती जा रही। डाक्टर कहता, उसे कुटेव छोड़ना ही पड़ेगा। नहीं तो स्मृति तो तीव्र होती ही, और बहुत कुछ पीछे हो सकता।

4 क्लर्क अपने मनोभाव को छिपा रखता। वह कैमरा खरीदने की सोच रहा। वह इस औरत को ब्लैकमेल करेगा। क्योंकि सेठ की बीवी अमीर है, यह वह जान गया है। पता यही लगाना है कि उसका प्रेमी कौन है—इस इतवार को छुट्टी रहेगी। तभी पता लगेगा। अब घुड़दौड़ में खूब बाजियाँ लगें।

1 से सभी साग्रह पूछते, वह क्यों इतना निःस्पृह-सा रहता? इसे तो और इसमें आकृष्ट होना था। खैर, सभी चले जाते, क्लर्क को छोड़।

क्लर्क अपने विचार को एकान्त में कहता। सोचकर कि यह इन कामों में अधिक अच्छा होगा। 'हूँ' कहकर वह रह जाता।

सनीचर की शाम को क्लर्क लौटा तो मालूम हुआ कि उसने आज ही मकान छोड़ दिया था। दो-एक दिन ऊपर की खिड़की बन्द रही। पता लगाने पर मालूम हुआ है कि ऊपर से सेठ और बीवी भी उसके साथ एक हुए पीछे गए। यहीं तो दुतल्ले में चले गए हैं।

समानान्तरता

क—साहित्यिक प्रोफेसर कॉलेज का है। उसका विवाह असुन्दर, शिक्षित, बौद्धिक औरत से हुआ है।

कली—राजनीतिक कार्यकर्ता की सुन्दर, थोड़ी शिक्षित मांस-खून की (खंडित)। कली राजनीति वगैरह से एकदम दूर रहना चाहती, लेकिन पति के (खंडित) साहित्यिक 'क' से अधिक प्रभावित है। वह अब उससे प्रेम भी करने लगी है। लेकिन कहाँ महान् कलाकार साहित्यिक 'क' और कहाँ तुच्छ साधारण, केवल भोग-भाव सुन्दर वह; यदि यही साथ-साथ चाय पीती कली जब सोच रही, तब 'क' भी सोच रहा—कितनी सुन्दर है कली! शारीरिक सौन्दर्य बस नारी में जब नहीं, तो सब व्यर्थ। बौद्धिक मित्रता वगैरह, छाया-छाया लेकिन उसका आधार सौन्दर्य शरीर का कहाँ? वह चाहता, कली को बाँहों में ले ले, चूम ले, लेकिन वह ऐसा अनुभव कर रहा तो क्या? यह सुन्दर नारी उसके लिए क्या ऐसी यंत्रणा नहीं तो जरा भी आकांक्षा भी रखती? और कुछ इधर-उधर की बातें कर वह चली गई।

दोनों कुछ-कुछ बातें कर रहे, लेकिन अलग-अलग। एक-दूसरे के प्रति बिना यह जाने कि दोनों के भाव एक ही—अपने को यंत्रणा देते अनुभूति-विश्लेषण कर

रहे ? दोनों की चेतना के प्रवाह का सम्पूर्ण दो भागों में चित्रण। पहले 'क' का, तब कली का।

मांजी के मकसूद

ऐसा मनस्तत्त्व विश्लेषण कि कोई चल रहा सड़क पर ही—अलकतरा वाली नहीं। उसे लग रहा, सहारा में भटका वह यात्री कोई— ।...वह सोच रहा कि अब सड़क का अन्त होगा। अब वह घर पहुँचेगा...। हाँफ रहा, पसीने से तर...फिर भी निष्ठुर संकल्प में चलता जा रहा...यथाशीघ्र वेग से...।

कि बीच के एक मोड़ पर, साथ वाला आदमी कहता, 'गुड नाइट। अब मुझे इजाजत दो...'

उसके चले जाने पर वह गहरा श्वास लेता और फिर आराम से धीरे-धीरे चलने लगता। एक बेचारा पाँच फीट का ऊँचा आदमी, तीन मन का बोझ लिये फुर्तीले मित्र के साथ पैदल थोड़ी ही दूर चलने पर, पानी-पानी होने को था। अब वह चला गया तो यह धीरे-धीरे घर पहुँचेगा।

निषिद्ध औषध

वह डाक्टर है। यू.पी. के एक ग्राम में। सरकारी मदद पर अनिच्छापूर्वक आया है। बेकार रहने के कारण। नहीं तो लखनऊ कॉलेज का शौकीन छात्र यहाँ? पिता सरकारी नौकर थे। जो भी कमाया, खर्च कर दिया। इसके कॉलेज के निकलने के साथ पिता का निधन हो गया। इसीलिए इसको कठिनताएँ।

इसी ग्राम के जमींदार शराबी, दुराचारी। एक दिन बुलवाते हैं 'क' को वहाँ—एक मूर्च्छित नारी के उपचार के लिए। स्पष्टत: 'क' ने उसके विषय में बहुत कुछ सुना था, यह उसकी पत्नी है। मार की छाप उसकी देह पर साफ है। लेकिन होश में आने पर वह कुछ बतलाने से इनकार करती। डाक्टर फिर-फिर जमींदार की उदर-पीड़ा और उसकी पत्नी की मूर्च्छा छुड़ाने वहाँ जाता। वह स्त्री को प्रेम करने लगता लेकिन यह उसे निश्चय नहीं कि उसका प्रेम आदान-प्रदान का है या नहीं। इस पर उसकी चिन्ता।

तब अन्त होने लगता जब जमींदार का मित्र—विशेष उसकी नि:स्पष्टता यदि स्वीकृति न भी हो तो फायदा उठाना चाहता है। तब वह नारी 'क' से पूछती है, उसकी हजारों पन्नोंवाली पुस्तकों में क्या इसका उपचार है ही नहीं ? 'क' सोचता

है, रात भर Loxicilogy की किताबें पढ़ता। दो-एक दिन के बाद पेट की बीमारी की दवा में विष मिलाकर पिला देता। नारी को कुछ नहीं मालूम।

दोनों विलायत गए हैं फरक-फरक (!) एक जनवरी में—विशेष कर स्वास्थ्य सुधारने। कम-से-कम लोग ऐसा कहते हैं।

माँ का सुहाग

एक घोर बिजनेसमैन कहानीकार को 'सरोज-स्मृति' का पाठ सुनने के बाद सुनाता है—He also refers to 'अभिज्ञान शाकुन्तलम्' he read in B.A.।

एक माईजी की प्रसिद्धि सुनकर उनके पास वह तब गया था जब वह बेकार था और कलकत्ते में अपने एक मित्र के पास सहायता की आशा से गया था।

माईजी ने उसे हाथ खोलकर मूर्ति दी थी—उसका ट्रिक वह समझ गया था। माईजी अपराधिनी-सी उसे लगीं—उनकी...से वह प्रभावित हुआ था—धीरे-धीरे उन्हें माँ मान लिया था।

उसने देखा था उन पर उनके साथ रहनेवाले एक प्रौढ़ पुरुष का प्रभाव—धीरे-धीरे पाया था कि वह माईजी को मारता-पीटता तक था।

एक दिन वह अपने कमरे में बैठा है कि किसी माईजी के आने की सूचना मिलती है। माईजी उसके घर उस पुरुष के पास से भागकर शरण लेने आई हैं। उन्हें माँ की तरह वह रखता है। वह उदास रहती हैं।

एक दिन उन्हें एक पत्र मिलता है। वे उसे अपना सोने का कंठहार देती हैं—बेचकर वे बताती हैं, कैसे वह उनके साथ गाँव से भाग आई थीं। उनके लिए अच्छी-सी साड़ी ला दे, वे ससुराल जाएँगी—उनकी प्रसन्नता। शाम को उनके 'वो' आएँगे। फिर वे बताती हैं, वो और कोई नहीं, वही पुरुष है।

वह बाजार से साड़ी, फूल की मालाएँ वगैरह लाता है, साथ में घुड़सवारी का कोड़ा, जिसे वह दिखाता नहीं।

जब वह पुरुष शाम को आता है तो उसे पहले अपने कमरे में बुलाकर कोड़ा दिखाता है और चेतावनी देता है कि उसकी माँ को कुछ किया तो वह कोड़े से चमड़ी उधेड़ देगा।

दोनों चले जाते हैं। वह माँ को सुसज्जित करता है। घर में कोई है नहीं। माँ प्रसन्नता और घबराहट में अपना शृंगार कर नहीं पातीं। वह उनका शृंगार कर देता है।

फिर वे उस शहर से चले गए थे। वह नहीं जानता, वे कहाँ गए थे।

मक्खन मामा

रानी का लड़का—विदेश जाता है—लौटता नहीं—वहाँ शादी कर ली है—बहुत रुपये लेकर मामाजी जाते हैं—लड़का-लड़की अलग रहते हैं—झगड़ा हो गया है—मामा लड़की को रुपया देते हैं, सोचकर कि तब वह कुछ ऐसा करेगी जिससे Divorce किया जा सके—वह बन-ठन के एक दिन निकलती है—एक युवक के साथ—मामा Detective की तरह पीछा करते हैं—होटल के कमरे का नम्बर तक नोट कर लाते हैं।

जब लड़के को सूचना देते हैं, तो वह कहता है—लेकिन उसके साथ मैं ही था! असल में वह मुझसे अलग हो चली थी, क्योंकि मैं उसे रुपये नहीं दे पाता था—आप लोगों ने भेजना बन्द कर दिया था—अब सब ठीक है—कम-से-कम सात-छह महीनों के लिए—तो ऐसा करो, साल-छह महीनों के बाद ही दोनों चलेंगे। लेकिन तब तक मेरे लिए भी कोई इन्तजाम कराओ!

लड़का—तो यह कहिए, आए आप राह पर। कल मामी को चिट्ठी लिखता हूँ।

—हाँ-हाँ, ऐसा करना भी नहीं। मैं तो मजाक करता था। लेकिन एक बात याद रखना—लौटूँगा तो तुम्हें साथ लेकर ही।

बड़ा दिन

साइकिल पर नायक जा रहा [शहर से कैन्टूनमेंट (पटना से दानापुर)]—नायिका को उपहार देना है। सोच रहा, उच्च श्रेणी को निम्न श्रेणी बर्बाद देखना चाहती और उल्टा—लेकिन त्रिशंकु इस मध्य श्रेणी को तो अपने को स्वयं मिटा देना चाहिए...तो क्या दुनिया में सिद्धान्त ही रह जाएँगे?

पैसा नहीं कि उपहार दे। इसलिए...अपना कोट ही बेच देता। रास्ते में टामियों से गोरी वेश्या को छुड़ाना। वह भी जिए...लगती है...कहने कि गेरी कपूर के शरीर पर। बर्ट टेलर का मुख—ऐसा उसका व्यक्तित्व—बाबू को वह प्यार करती—और वह उसे बगल की झाड़ी में ले जाता...वह जाते वक्त रुपये माँगती—भूखी बीमार माँ को खाना देना है...छोटे भाइयों को खिलौने...वह एक के साथ पाँच रुपये पर बाहर आई थी...दुष्ट सब—पाँच-छह उस पर अत्याचार करना चाहते थे...लेकिन वह अत्याचार ही अच्छा था...अब वह रुपये कहाँ से ले आवे...नायक बारहो रुपये दे देता...फिर फिटन वाले को बुलाकर कहता—वह उसे उसके घर पहुँचा दे...उसे रुपये के पैसे साढ़े दस आने दे देता...नायिका रंज थी कि उपहार नहीं मिला।

संग्रह की अन्तिम कहानी

यह कहानियों का ऐसा संग्रह है जिसकी अन्तिम कहानी ही पढ़ने को बाकी रह गई है।

और भी कहानियाँ क्यों न हुईं?

ये कहानियाँ कई रातें मेरे लिए उड़नखटोला बनकर रही हैं। मैं उन पर कहाँ-कहाँ घूम आया हूँ। मसहरी को बिना हटाए, दुतल्ले के सोनेवाले कमरे से, जीने से उतरे बिना मैं निकल जाता रहा हूँ, खुद भी नहीं जाना किया, और फिर कब चुपके-चुपके आकर पानी पीने के बाद बत्ती गुल करके सो जाता रहा हूँ।

कौन लोग! कैसे कमरे! कैसा दु:ख और कितनी करुणा! मैं सबको देख आता रहा हूँ। मेरी उपस्थिति पर किसी को आपत्ति न हुई होगी। वे जानते भी न होंगे कि उनका दु:ख एक अनजाना व्यक्ति बाँटकर धन्य हो गया होगा। उनकी मुस्कुराहट की रेखा और जहाँ अंकित हुई हो, किसी के हृदय में बिजली की तरह कौंध गई होगी, यह उन्हें क्या मालूम होगा?

कविताएँ

[संग्रह : नकेन के प्रपद्य (1956), नकेन-2 (1981)]

श्री नलिन जी की एक कविता, उन्हीं की हस्तलिपि में

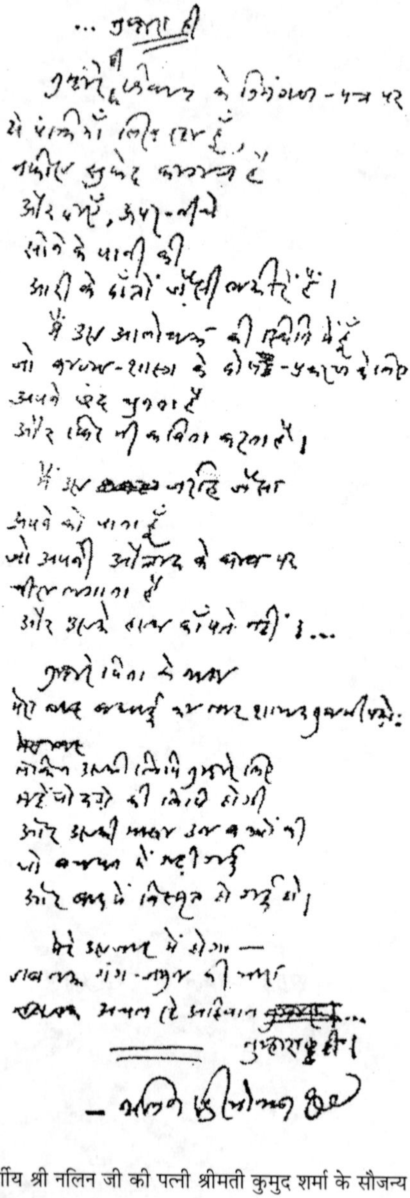

स्वर्गीय श्री नलिन जी की पत्नी श्रीमती कुमुद शर्मा के सौजन्य से

गीत

दृष्टि जा पाए जहाँ तक
सामने हो भूमि ऐसी
सिर्फ बालू, धूल
जिसमें दूर-दूर बबूल
शूलमय दो-चार दीखें।
परम विरही के नयन-सी शुष्कता,
हृदय जैसी शून्यता
निबिड़; चारों ओर
हो रहा उपहास ज्यों
ऐसी उपेक्षा वायु में हो...।
सामने प्रतिपल रहो तुम,
सामने, या, भूमि ऐसी—
और ऐसी ही दिशाएँ, वायु ऐसी।

छायालोक

जिस पथ पर
आँखों वाला मानव
आँखों वाले मानव को
गाली देकर,
चिल्ला कर,
यंत्र ध्वनित कर,
ग्राम्य, तार-स्वर, बार-बार,
इक्के, ताँगे, मोटर के चक्कों के
नीचे आ जाने से बचने की चेतावनी

देता था दिन भर,
वह पथ भी सोया है इस समय रात में।

होगा कोई प्रहरी, कहीं निद्राभिभूत,
ये प्रहरी-से बिजली के खम्भे हैं,
जड़ इनकी आँखें भी निद्रा से जलती हैं रक्त-घूर्ण।

मैं जगता हूँ बुद्धि-निद्र;
मेरी आँखें और हृदय हैं जागरूक।
मैं अभी ट्रेन से उतरा हूँ।
इस लम्बे पथ का आरम्भ जहाँ था
वहाँ एक कमरे में बिजली जलती थी,
भीतर कोई चलता था, फिर चलता था,
जिसकी छाया ज्योतित खिड़की के शीशों पर पड़ती थी,
धूसर वर्णों में जैसे
उत्कंठा की छाया-प्रतीक-प्रतिकृति अंकित हो।

मैं इस लम्बे पथ के मध्य भाग में आ पहुँचा हूँ;
अब न मिलेगा शायद मेरे मेजबान का घर।...

वो...
इस दूसरे मकान के कमरे में भी बिजली जलती है।
जंगला खुला हुआ।
छाया-प्रकाश।
सिर रखे हथेली पर
कोई टेबल पर कुछ लिखती जाती है, फिर
लिखती जाती है।
चिन्ता के तन्तु-जाल से, उच्छृंखल कुछ कुन्तल चूमते
ललाट को समाच्छन्न।
क्या यह लिखती है ?
क्या वह कर रहा प्रतीक्षा था ?
किसी वस्तु की, जन की, चिट्ठी की,
जब सारी दुनिया सोती है—

यह सड़क, हवा,
जंगम, जड़?

मैं यात्री हूँ।

पहली अजन्ता

बाहर इतनी नीरवता, इतना सूनापन
भीतर इतना अन्धकार, इतना ऐसा...।
उफ्, क्या परियाँ नाच उठीं
इस निशा-शून्य कन्दरा में अशंक :
चरणों के नूपुर नीरव क्यों?

यह रूप, ये रंग और
सब रेखाओं में ही बँधे। निःशरीर
वायवी मूर्तियाँ पृथ्वी-तल से ऊपर
निष्पलक नाचतीं, बैठीं, लेटी हैं।
स्थिरता में गति है, चेतना जड़ता में;
है कंठ में गान स्तब्ध;
श्रुति-सुख दे सकने के पहले ही
कर लेती वायु लीन
शिंजन, क्वणन, छमाछम।...

यह स्वप्न नहीं; है सर्वथा सत्य :
चुन-चुन कर सुन्दर-सुन्दर क्षण,
लयपूर्ण नृत्य, अवयव-परिचालन,
मुद्राएँ, हाव-भाव सम्मोहन,
वेदना, हर्ष, गौरव, निरीहता,
सुन्दरता, कुरूपता—जीवों के,
मन, प्राण, देह, इन सब के,
सुन्दरतम् क्षण, बिन्दु चित्रार्पित,
शिलीभूत पत्थर पर, रंगों में
तूलिका-कला-जड़ित।...

क्षण-भंगुर हो गया अजर-अमर :
जैसे बिजली चमके नीले नभ में
जो महाशक्ति की है अभिव्यक्ति
क्षण भर की
औरुसे बाँध ले मानव वैज्ञानिक,
जैसे साधक की दृग-कारा में
सर्वेश-रूप, प्रिया-मूर्ति
विरही की गीली आँखों में :

क्या इनका ऐसा ही बन्धन है?

दूसरी अजन्ता

जंगम दर्शक, जड़ दृश्य औ—
रं ध का र :
गति-अतिशयता से स्थिरत्व,
लोहे, लकड़ी की घनता शून्य, शून्य
मानव के आयाम तीन, स्पन्दन, अस्तित्व भी।

जो पीछे रह गए, गए, जो इधर-उधर
रहते होंगे, रहे...।
क्या सैकड़ों कोस दूर
जो प्रिय-जन स्वप्न-प्राप्य
वे कल सुबह
आठ ही बजे मिलेंगे?...
कलकत्—ताप्—अंजा—बमेल।

उत्क्षेपों से शिरा-शिरा कम्प,
अन्तस्तन्द्रा में चेतना,
कोयले का कण, दाईं आँख में,
जो बिन्दुविद्ध, परिमृदित, साश्र।
रूमाल आर्द्र।

सम्प्रति संसृति रह गई मात्र
लम्बी पन्द्रह फीट और
चौड़ी साढ़े छह :
इंटर का डिब्बा।

श्लथ, सुप्त दैत्य-सा
एक उत्तर-पश्चिम भारतीय
जिसकी खर्राटों में जागरूक नाक
साग्रह, सचेष्ट
रक्षा करती-सी
अपनी प्रौढ़ा हस्तिनी अर्द्धांगिनी को—
व्यस्त केश, स्रस्त वेश :
अजन्ता की मंडोदक-कला उदाहृता,
इस डिब्बे के बीच वाली पटरी पर।

मेरी गड़ती आँखें यहीं
आप्यायित
र दे
ख हीं।

रामगिरि

आज वर्षभोग्य शाप का
अन्तिम दिवस है, किन्तु
कैसी उदासीनता हृदय में!

कल अलका के लिए करूँगा
प्रयाण। प्राण नाचते नहीं क्यों
इन मयूरों के समान?
नयनों में प्रिया का रूप,
गति छटपटाती नहीं चरणों में।
मृग दौड़ता रहा मरीचिका से खिंच,
अब सम्मुख निर्मल जल है :

मृग कुलाँच भरती नहीं,
बैठ गया क्यों वितृष्ण, तुष्ट ?
क्या मरीचिका ही सत्य है ?

पगली-सी सरिता प्रखर
वेग से, निर्मर्यादित
प्रवहमान। हो गई
शिथिल सिन्धु-तट के समीप।
चिल्ला उठता समुद्र,
सिर धुन लेना हताश,
उल्लास-तरंगित-फेन-चूर्ण :

यह भी तो अविश्वास्य
कि साधना सत्य,
व्यर्थ प्राप्ति।

प्रथम दिवस आषाढ़ का,
इन्द्रधनुषित स्निग्ध मेघ,
वह विरह असह्य आरम्भ में,
आज नवीकृत प्रकृति में, मन में :
उनसे वंचित होना दुष्कर लगता।

वसन्त-गीत

गली साँकरी विश्वनाथ की :
बिजली के खम्भे की फुनगी
पर फेत्कारी कोयल अशिवा,
पर पिंजड़े का पापी पपिहा

पीतल, पत्थर के पुण्य-पण्य
में मूक रहा : 'आया वसन्त—
ओषधि-निर्माता अग्रगण्य—
द्राक्षासव।' विज्ञापन उदन्त।...

राजमार्ग पर लाउड-स्पीकर

कर रहे विकृत संगीत-स्फार—
टेढ़े शीशे का नराकार!
कुक्कुट कूक उठा तारस्वर।

बिब्बो का बिब्बोक

बिब्बो ने कहा एक दिन,
'मुझे चाहिए गगन-सुमन, सुन लो।'
उसके जूड़े में गुँथे फूल थे। ले लिया
उन्हें, बोला, 'हाजिर हैं, चुन लो।'

बिब्बो बोली, 'मेरे काले कुन्तल
आकाश-रूप, फूल, फूल हैं, क्यों,
कवि, हैं न?' उसने फुला लिया गाल
वाग्बाण उसके होते ही हैं पुंखल।

उन्निद्रा : भींगती रात : गद्य-पद्य,
नीली-पीली गोलियाँ नींद की :
बिब्बोक बिब्बो का अनवद्य :
छाती पर पुस्तक आंद्रे जीद की।

प्रत्यूष

प्रत्यूष की नीली, धब्बों-भरी शान्ति,
क्षितिज की गंजी चाँद,
गाढ़ा हरा रंग,
पथल-कोयले के धूवर्त्त,
रव डरा हुआ चूँ-कूँ-काँय
चिड़ियों का, बैलगाड़ियों
के चक्कों का रौंदना
कोलतार की कोमल सड़क को,
बैलों की क्षुद्र-घंटिकाओं की

क्षुद्रतर टुन-धुन,
रिक्शों की वर्ण-संकर भोंपू।

सुबह की मीठी नींद टूट गई,
मसहरी के पार जंगले से देख रहा हूँ,
संदिग्ध प्रत्यूष-वेला,
निश्चयपूर्ण दिन बन गई।

मनहूस—
प्रत्यूष।

चित्राधान

सड़क का यकृत खराब था,
उसे सुखंडी हो गई थी :
ठूँठ।

इसलिए मकानों की
हो रही शल्य-
कपाल-क्रिया,
एम्पूटेशन,
मुरादपुर में :
आसपा पासपा ताल के
(...पायल के बाँध के...
जूना, सोता, काक-कीं)।

पिकासो का अनुकरण किया है
प्रकृति ने;
कोणवाद हो उठा साकार है
निस्सार : आधुनिक
'पटना कलम' है यह।
पश्चिम की कला का लगा है कलम इसमें
भ्रूण-हत।

किलबिल रास्ते के मँझधार में
रिक्शे पर संतरण करते हुए
बहुत अफसोस हुआ :
ईजेल और बुरुश और रंग और कैनवस
नहीं थे पास में
नहीं तो कई लैंडस्केप बनाता
चलते-चलते रास्ते।

गीति-दर्शन

नीचे गर्जित नगरांबुधि असीम,
ऊपर विस्तृत अम्बर अपार :
मैं छत पर लेटा हूँ,
उफ्, उमस कैसी हैं!
हूँ विवश त्रिशंकु-सा,
बस, इक्के, रिक्शे कर्कश
ध्वनि करते सुदूर नीचे
पथ पर, जैसे आवर्त्त पाषाण-रुद्ध
घूर्णित सवेग। पट व्योम का
शत-विवर-जीर्ण दम घोंट रहा
फैला मुझ पर।

मैंने निचोड़ ली कविता :
मैं हूँ पद्मासनासीन
क्षीर-सागर में समाधिस्थ।
मैं अपनी कविता से असन्तुष्ट।
सहसा दिख गईं गीतियाँ दो छोटी-छोटी—
गीति है भी कौंध क्षणिक विद्युत् की :

1

एक फिसड्डी चिड़िया,
अन्धकार में पथहारी,
जाने दूर घोंसले से कितनी,

भटकती हुई अँधेरे में
जैसे कलकत्ते में खो गई पाँच साल की बच्ची।

मैंने देखा नहीं क्रौंच-वध,
सो मैं न तो लिख रहा अनुष्टुप् में
और न रामायणी कथा ही।
पर हृदय उद्वेलित उतना ही
जितना होगा वाल्मीकि का :
दृष्टि में तटस्थता ज्यादा।

2

एक तारे की कानी आँख से
चू पड़ा अश्रु-बिन्दु एक ही।
टूटा तारा देखता रहा,
यद्यपि याद था, नहीं देखना चाहिए।
लँगड़े का गिर जाना जितना दुःखद
उतना ही मर्म-बेधक रोना काने का।

दो-दो कविताएँ,
सो भी प्रत्यक्ष, दृश्य। काफी थीं।
एक उमस-भरी शाम के लिए भी।

किंकिरीट मिश्र

कुत्सित राजमुकट—पत्थर के
चिप्-चिप् अलकतरे में मिश्रित
बिजली के किंकिरीट-मिश्रक में :
हो रही मरम्मत पथ की, लतपथ
जो लेटता चला गया है छटपट
स्टेशन से से-क्रेटेरियट।

नागरी धरित्री की वेणी ऋजु कैंधो
उसकी साड़ी पर मनोहरण शिफन

का काला बोर्डर अथवा
डरावना डिठौना डायना अंकित
दैत्य-बाल के भाल पर, गाल पर,
या सड़क शहर की कालिख-पुती हुई।

किंकिरीट मिश्र :
देव-दनुज मन्थन करते उद्वेलित
सागर का। कालकूट उत्थित।
हो गया नील-तन संयमी त्रियम्बक लौह-यंत्र।
दश-दिशा व्याप्त गंध से तिक्त, तीव्र
पीयूष की। प्रकृति-रमणी
परम रमणीया यदि न करती
हरण अन्तःकरण उनका
जो कुमार ही हैं, युवा नहीं,
तो बिचारी क्या करे, सिर धुन लगी पछताने।

किंकिरीट मिश्र
खाँसने लगा
गरज उठा।

नव जातक

'पशु जीवित प्राणी है :
मनुष्य भी जीवित प्राणी है :
इसलिए मनुष्य पशु है।'
आन्वीक्षिकी में बताया जाता है।
यह तर्क-सा लगने वाला
गलत तर्क है। ठीक ही है,
मैं भी जानता था, जब तक
सिर्फ किताब तक जानता था।

अब ठीक-ठीक यह बात
मान लेने में दिक्कत होती है। सत्य

इतना सीधा नहीं होता, इतना
भर सीखा है देखने और सहने
और जीने के उपरान्त।

क्रौंच-वध को देख कर
ऋषि का शोक श्लोक बन गया था।
मैंने पशु का शोक देखा है, जिसे
श्लोकत्व प्राप्त करने का
अलोक-सामान्य सौभाग्य
नहीं हुआ, जो प्रवाहित
नहीं हुआ अश्रुओं का रूप
ग्रहण करके, जिससे केवल
एक हरिणी की आँखें हुई थीं
आर्द्र : उससे भी बड़ी व्यथा
कोई होती है क्या, जो
व्यक्त होती ही नहीं कभी... ?

धनुआ भील अपर कृतान्त ही था
वन्य पशुओं के लिए, विस्रब्ध
चरते थे जो जंगल में परम तुष्ट।
दष्ट विषधर सर्प से हो कर
शरीर हो गया था निष्प्राण
उसका, घनी झाड़ी में पड़ा था,
जैसे काले संगमरमर की प्रतिमा कोई
पीठिका से गिर कर भूलुंठित
हो गई हो। आई हरिणी वह
सभय पहले, फिर समीप,
समीपतर आती गई व्यथित, स्तब्ध।

जिस धनुआ ने हरिण, हरिण-शावक
का शिकार किया था और
हरिणी को बनाया था दुखी, उसे
हरिणी ने करुणार्द्र नयनों से निहारा,
ठिठकी रही देर तक, फिर चली गई

धीरे-धीरे, उदासीन, मर्माहत
उतनी, जितनी मृग और
शावक को भी खो कर हुई नहीं थी।

मेरे लिए यह नव जातक-कथा थी,
शिक्षा थी जिसकी कि धन्य वह
है मनुष्य जो पशु कहलाने का
यथार्थ अधिकारी हो।

निशि-विहग

चिड़ियों में उल्लू होते हैं,
यह जानी हुई बात है।
क्या चिड़ियों में चोर भी कहीं
होते? भींगती रात है,

मैंने समझा था केवल मैं
जगा हुआ—चोर मैं नहीं,
चिड़ियों में भी संयमी और
व्यभिचारी होते हैं ही,

या, फिर, बदकिस्मत मेरी ही
तरह, जो रात में जगना
पड़ता, क्योंकि दवा लानी है,
घर में रोगी है मरणा-
सन्न।

शान्ति

दिल की कीमती धड़कनों में से
खो देता हूँ दो-एक
और बेचैन घबराहट पैदा होती है।

मैं जिन्दगी की पूँजी का
सूम हूँ। वासनाएँ
मरें नहीं, चाहता यही हूँ।
आनन्द उठा सकूँ और कुछ भी
देना न पड़े, नीयत है ऐसी।

लेकिन कीमत अदा करनी ही पड़ती है
दिल की धड़कनों के सिक्कों में।
गिनने पर वे घटते हैं,
मैं व्याकुल होता हूँ,
कुछ और घट जाते हैं।

इत्ती थोड़ी-सी पूँजी है :
सूम होने पर भी मेरी पूँजी यह
चुक जाएगी अचानक किसी दिन।

उस समय कैसी घबराहट होगी,
कैसा इत्मीनान, कैसी शान्ति!

क्या

बीतते हैं याम निद्राशून्य :
मैं सुन रहा हूँ
जागती निशि को
जो छटपटाती है,
बदलती करवटें।
वृक्ष चंचल
स्नायु-दुर्बल वायु से मिल
तीव्रतर करते हृदय की
व्यस्तता, धड़कन।
मनुज एवं दु:ख उसके
अभिभूत निद्रा से;
गृह सजग हैं

और घंटे बीतते हैं
मन्द गति से
अनगिनत कंकाल-नगरी में।
धरती जागती है
पूरी तरह से।

रात भर तृण भय-विकम्पित
और हवा व्याकुल
पहरा दे रहे हैं
आभास पाकर किसी काली
अद्‌भुत वस्तु के अस्तित्व का;
पूछते दोनों परस्पर—
पूछता ज्यों मैं—
'क्या सुबह होगा? कल कहो, दिखलायगा क्या?'

आषाढ़ का पहला दिन

आज रात में
सोया है ग्रीष्म
कितना प्रशान्त!
नीरवता और तमिस्त्रा
उसे लपेटे हुई हैं
चारों ओर से।

...कि
कुछ दूर
एक मकान की खिड़की की चौखट उद्‌भासित हो जाती है;
जग जाती है झिल्ली एक
रगड़ती आवाज है;
बगल के कमरे में दीवार-घड़ी को
आहिस्ता-आहिस्ता
फुसफुसाते सुनता हूँ
काल के कर्ण-रंध्र में—
टिक-टक, टिक-टक, टिक-टक;

बहुत दूर पर एक बाजारू कुत्ता चौंकता है,
उसका भौंकना
नैश शान्ति में धँस जाता है
जैसे अँधेरे में नई मोटर की बत्ती;
और तब
निबिड़ अन्धकार में
भागते हुए समय के पीछे
दौड़ती दीवानी-सी
रेलवे इंजिन का हाँपना
भी दूर से सुनता हूँ।

फिर नींद रात पर मुहर लगा कर अपनी
चली जाती है,
छा जाती है निस्तब्धता
तब तक के लिए
जब तक
मेघों के मृदंग मन्द्र
जगाते नहीं प्रभात को
आषाढ़ के प्रथम दिवस।

सागर-संध्या

बालू के ढूह हैं जैसे बिल्लियाँ सोई हुईं,
उनके पंजों से लहरें दौड़ भागतीं।
सूरज की खेती चर रहे मेघ-मेमने
विश्रब्ध, अचकित।

मैं महाशून्य में चल रहा—
पीली बालू पर जंगम बिन्दु एक—
तट-रहित सागर एवं अम्बर और धरती के
काल-प्रत्न त्रयी-मध्य से होकर।

मेरी गति के अवशेष एकमात्र

लक्षित ये होते :
सिगरेट का धुआँ वायु पर;
पैरों के अंक बालू पर
टंकित, जिन्हें ज्वार भर देगा आकर।

धूलप

धूल बहुत उड़ती है
शाम के अलावा भी,
गायों के बिना भी।

तीन दो बराबर छै
आँखें मेरे पास, गोकि
दो जोड़ एक बराबर तीन
आँखों, या फिर हजार आँखें
की चर्चा पुराणों में है।
मैं चश्मा लगाता हूँ
और दो आँखें जेब में
रखता हूँ। अन्तिम दोनों
धूमित हैं। तीखी धूप
होने पर आँखों पर के
चश्मे पर लगा लेता हूँ उन्हें।

यह सब ग्रन्थ-ग्रन्थि नहीं है;
आप साधु नहीं, न मैं संत
कि ललकारता कि निबेरो यह पद।
फिर भी शिकायत हो सकती
है कि यह उलटबाँसी है।

सो, साफ-साफ यह कि
धूल बहुत उड़ती है
जिस शहर में मैं रहता हूँ।
और आज-कल धूप

बहुत तीखी होने लगी है,
यहाँ तक कि मुझे धूप-चश्मा
लगाना पड़ता है, यद्यपि
मैं लगाना पसन्द नहीं करता—
वे माफ करेंगे जो धूप-
चश्मा लगाये ही रहते हैं।

मुझे धूलप को
बिना चश्मा लगाये देखना
भाता है।
और ऐसी लाचारी।

आत्मा वै जायते

मैं इस युवती को खूबसूरत नहीं मान पाता
जैसा सभी मानते हैं, वे भी
जो सौन्दर्य के पारखी कहलाने के अधिकारी हैं,
या वे जो दावा करते हैं कि उनका
अनुभव विस्तृत है।

मैं ऐसा नहीं मानता गोकि
उसकी टाँगें लम्बी हैं,
जैसी बहुत कम औरतों की होती हैं,
और मेरा अनुमान है, वह नाप-जोख-वजन
की उस कसौटी पर खरी उतरेगी
जिसके सहारे दो हजार ग्यारह की
विश्व-सुन्दरी
का निर्णय हुआ था,
और बावजूद इसके कि उसका
चेहरा अजन्ता-बंगला-कलम नहीं है।
मैं ऐसा नहीं मानता तो बहुत
कुछ इस आखिरी बात की वजह :
उसका चेहरा मुझे उसके पिता की याद

दिला देता है,
जो एक खूबसूरत बुजुर्ग थे :

मैं शकुन्तला में कण्व का रूप,
मेनका काक काल नहीं,
देखने लगता हूँ।

धारा-रेखन

सत्तावन की हवागाड़ी
लक्ष्य तक पहुँचकर रह गई।
चार वर्षों में
दो मुँह होंगे या दो पूँछें,
एक मुँह और एक पूँछ
नहीं होगी, जैसा आज भी
कुछ-कुछ रह गया है :
धारा-रेखन ने मोटर को
यथार्थ हवागाड़ी बना दिया है :
हिन्दी का शब्द ज्यादा ठीक है।

अणुबम

[भूमिका :
अधुना हमारे पास
विशाल योजनाएँ हैं,
शीतापंत्रित प्रशालाएँ हैं,
जहाँ आविष्कारों के बदले
दर्शन और शायरी है,
भारतीय संस्कृति और बुशर्ट है,
अनन्त उपसमितियाँ हैं,
और पैसों को
पानी समझने का

निष्काम कर्म है
(अपवाद-आविष्कारों
का आविष्कार : सौर चूल्हा)।
हमारे महर्षियों के
विदेशी शिष्य होते हैं,
नहीं तो बेचारे बाबा ही
रह जाते हैं। हमारी
नारियाँ सौन्दर्य—
प्रतियोगिताओं में भाग
नहीं लेती हैं, भागती हैं।
हम विदेशी जासूसों
से अपना रहस्य
छिपा सकते या नहीं सकते
(हिन्दी में जासूसी उपन्यास ही नहीं)
लेकिन अपने भिक्षुओं
और वेश्याओं का
हम विदेशी अतिथियों
के सामने प्रदर्शन नहीं करते
(सामासिक संस्कृति के प्रतीक)।
हम निषेधों के कर्मकांड
की नई संस्कृति
बना रहे हैं।]
कविता :
अणु-बम से पहले का
        अणु-भाष्य है।
स्फोट से बहुत पहले
        स्फोटवाद था।

सिद्धि

सिद्धों के भी कैंसर होता है,
उनके दिलों की भी धड़कनें
बन्द होती हैं। हम बगुला

बगल झाँकते। वे हंस
हो जाते हैं।

अलि विलासी-संलाप

कलिका में सन्देहित पुष्प
ढूँढ़ा। नहीं पाने पर
उसका प्राण-रस
पी लिया। (अलि)
× ×
मैंने कल्पित सुगंध
सूँघकर उसे
वटन-छिद्रित किया।
अब परिमृदित पड़ी है। (विलासी)
× ×
कैसी अलौकिक यंत्रणा
पाई तुम दोनों से!
मूर्खों, मुझ पर दया दिखाते! (कलिका)

अली अकबर खाँ

सरोद पर तुमने था बजाया,
मैं समझा नहीं। मैंने देखा,
पीतल और लोहे से
तुमने मधु निचोड़ा :
सारा कड़वापन दूर हो गया,
मधु विदुंत होकर बँट गया।

पिकासो की चित्र-कला

जटिलतम चित्रकला
सीख ली जा सकती है,
सिर्फ अभ्यास जरूरी है।

तुम्हारी बेढंगी रेखाओं को
सीखना क्या!
वे सीखी नहीं जातीं
(दुर्वह ऊब में बर्बाद किया
मेरा हर कागज का टुकड़ा
मित्रों को तुम्हारी याद दिलाता।
अत्रभवान्, अपराधी मुझे
क्षमा करना)।

पुरुष और प्रकृति

मेरे कमरे में शून्य।
और मेरे कमरे के बाहर—
मैं खिड़की से एक देखता,
जिसमें लोहे के छड़ लगे—
घना नीला महाशून्य।
जैसे मेरे वक्षस्थल में
हृदय धड़कता आज क्या जाने क्यों सवेग
वैसे दो उजले, छोटे तारे
नभ के वक्षस्थल में।
मैंने आँखें रखी मूँद,
फिर देखा—
अन्धकार।
दो कोमल, नन्ही बाँहें चाहतीं प्रगाढ़
ईहा से मुझको कर लेना आत्मसात्।

पर मैं रोया

पर मैं रोया—
मैं जिसके नयन-हृदय
जाने किस दिन कब

बन चुके मरुस्थल?
मैं रोया नहीं मृत्यु पर,
मृत्यु पर क्या रोए कोई
यदि वह आकस्मिक न हो,
हो न भयंकर,
मर्म को विदीर्ण कर देने वाली?
बुड्ढों की मौत पर तो खुशियाँ तक मनाई जाती हैं।

अन्त एक ही बहुपथीन

जैसे आत्मा में हो ब्रह्मलीन,
वैसे अन्त एक ही बहुपथीन,
एक ही बिन्दु में विनाश जैसे,
वैसे ही वह चुम्बन चिर-नवीन!
मरु-पथ में जब बालू की बयार
चल मृत्यु-नृत्य का करती विहार
होने लगता पथिक अधीर, विफल—
उस पल की स्मृति से है जीत-हार!

पृथ्वी देवमातृका... ?

आदमी हो गया अदेवमातृका लेकिन
पृथ्वी देवमातृका बनी रहेगी क्या?
बदली—माँ बुढ़िया हुई—
माँ की क्या बात, बेटी पृथ्वी ही
क्या युवती रहीं,
अपने बनने-उनने के बावजूद,
जननी-यौवन-विटप-कुठारू
सन्तानों की संख्या ही प्रमाण है।
धरती की सन्तति को पीना होगा ही
टिन का दूध बोतल-स्तन से
पृथ्वी करा न सकती स्तन्य पान

बेचारी निस्सहाय है;
माँ की माँ, बदली बाँदी का भला भरोसा क्या?

कोई गाता जाता है पर

कोई गाता जाता है पर
मेरे छोटे कमरे के बाहर।
उसका मीठा कम्पित अधीर स्वर
मेरे अन्तस्तल में विषाद भर
सहसा नीरवता में मिल जाता
मध्य रात की। सागर के काले-नीले
अपार जल में ज्यों आता
रंगीन विहग—द्रुत मीन उड़ा ले।
जो गया भिखारी गाता-गाता
वह कवि नहीं; न उसको आता
गाना। मैं उसमें कविता पाता,
कोई और न गाना यों भाता।
क्या अलका का भिक्षु-दूत वह था
समझा जिसका सन्देश हृदय ने?
क्या मेरी राधा की प्रणय-व्यथा
क्लिश्यति कृष्णं मा मिह शयने?

कशिपु हिरण्य रहित

यह निहायत जरूरी है
कि आज एक कविता लिखूँ :
कविता देने को प्रातिश्रुत हूँ,
मित्र-सम्पादक स्वयं आएँगे
दुपहर में। शताब्दि-मध्य
से भी दशक एक आगे, साठ;
रक्षित समाज से, धूप से

छत के द्वारा, जिससे टँगा
पंखा बिजली का नाच रहा;
पत्नी खुद खाना पका रहीं,
आज बन्द दफ्तर है, छुट्टी का दिन,
मेज पर बैठा, देखता जँगले से
बाग में हरियाली, लाली, नीलिमा
शेष है बावजूद ग्रीष्म के :
लेकिन कविता लिखी नहीं जाएगी।
मैं अनुभव करता शारीरिक
अस्वस्थता,
अभी चाय पीकर पढ़ चुके अखबार
को रखा है :
'पिता ने पुत्र की हत्या की'—
सुर्खी थी, पुत्र माँगता भोजन था,
खीजकर कशिपु ने
सड़क पर पटक दिया था
प्रह्लाद को, हिरण्य-रहित पिता ने,
पुत्र मुक्त हो गया पिता बन्दी
मातम का दिन कविता पर पाबन्दी।

यदि

यह शक्ल कितनी अच्छी होती,
और क्यों नहीं है?
और उसकी देह क्या पूर्णता नहीं होती
मूर्तिकार के स्वप्न की
जो प्रस्तरानुवाद को छलता ही रहता है?
और उसकी शक्ल?
यह देह?
यदि पपोटे वैसी बरौनियों में खत्म होते,
जैसे ऊपर से लगाने के लिए मिलती हैं,
यदि भिड़-सा मध्य होता मुष्टिमेय;
यदि दाँत क्लोरोफिल वाले दंतलेप

के विज्ञापन को उदाहृत करते,
यदि व्यथा संदिहान होती!

कई-कई बत्तियाँ

बिचबिन्दी के तनिक बायें
कभी-कभी होने लगता जो दरद
तो एक साँस पीछे छूट जाता अस्तित्व,
आयकर की एक किस्त करद
चुक नहीं पाता। सहकारिता—
समिति का ऋण, जिन्दगी, या
उचित तो यह कहना होगा कि मौत,
का ढाई हजार का बीमा,
अन्न, दूध, कपड़े का बकाया,
और मैं भूला जा रहा था, फीस
चिरंजीव के लिए स्कूल की, सिगरेट
के लिए उधार अपना; याद आते ईश।
धड़कनों की पूँजी, फिजूलखर्ची
के बावजूद, गनीमत है, चुकी नहीं है,
कई-कई बत्तियाँ दीये में जलाता था,
घटा दूँ? लेकिन छाएगा अँधेरा शनैः।

एक अर्द्धसुरयथार्थवादी कविता

चादर की रेत की चौपाटी
        के सामने फेन-धवल तरंगें
        लहराती हैं : मसहरी के बाहर
        पंखा आँधी उठा रहा है, और
        मसहरी हिल रही है।

दूसरी तरफ, बिस्तर के बाहर
        बिजली की बत्ती है

जो चाँद की जगह नहीं ले पाती;
शीशे में बन्द सूरज है,
जिसके प्रकाश में
मैं अनन्त सागर के बीच
किताब की नाव में
अपने को बहने दे रहा हूँ।

नाव चूर-चूर हो गई है,
मैं मँझधार में हूँ :
नंद नहीं आ रही
पुस्तक खत्म,
नायिका ने जहर खा लिया है।

प्रस्तूयमान कृति से 'नारदो मुनिपुंगवः'

[मंच पर किसी सजावट की जरूरत नहीं। पृष्ठभूमि गहरे काले रंग के पर्दे की ही।

इन्द्र पुंपुरुष—'ही-मैन'—अभिनेता हो, जिसके नथुने और होंठ मोटे, कन्धे चौड़े—उन्हें 'पैड' देकर अतिरंजित किया जा सकता है—कमर पतली हो। काकुल सावधानी से बिखरे हों। वस्त्र धोती-दुपट्टा। धोती इतनी नीची कि पैर नंगे ही रहें और जल्दी दीख भी न पड़ें। शरीर के खुले हिस्से चन्दन से पुते हों। कमल के पत्ते मंच पर बिखरे प्रदर्शित हों।

नारद ठीक, जैसी उनकी सुपरिचित कल्पना है—खड़ी शिखा, घुटनों तक धोती, रामनामा, लेकिन वीणा जिधर से प्रारम्भ में खड़े हों, उधर नीचे रखी दीख पड़े, उनके हाथ में न रहे।

पर्दा उठता है तो इन्द्र अपने शरीर से कुछ कमल के पत्ते झटककर गिरा रहा है, नारद याचना की मुद्रा में है।]

इन्द्र : आज तो क्षमा ही कीजिए महाराज, देखते ही हैं
दशा मेरी—यह चन्दन का लेप है, या आग सूखी है यह,
मानसरोवर में क्या आजकल के पत्ते ऐसे ही होते,
जानता नहीं हो गया है क्या वन-विभाग के रक्षकों को,

ठीक ही किया था कुबेर ने प्रमत्त गुह्यक को शाप देकर।
आज तो क्षमा ही कीजिए चेतनाचेतन-कृपण आर्त्त
मुझे।

[सहसा दीनता की मुद्रा क्षोभ की मुद्रा में बदलती है]

आपसे कहना यह चाहूँगा कि मुझे औरों पर लिखी
विरह-कविता से करना पड़ता है सन्तोष। वाल्मीकि ने
क्रौंच-काव्य लिख डाला है, शोक के रचे हैं श्लोक
राम के लिए। और, आप भी तो हैं, बताएँ क्या करते हैं आप?
नीचे के कवियों से आप मेरी विरह-कथा सुनाएँगे क्या? सभा
के कवि तो गाते नहीं थकते मेरे पराक्रम के गीत, चाहे थक गया
होऊँ मैं। आप भी तो मेरे बारे में मनु-कवियों से यही सब
प्रतिवेदित करते रहते हैं।

[फिर दीन भाव से]

क्षमा करें प्रकृतिस्थ नहीं हूँ, प्रभो!

नारद : मेरी ही दशा है आपकी भी। पूरी सहानुभूति मेरी है
आपके साथ। आप तो प्रेम प्रायः करते हैं, विरह का नया
यह अनुभव होगा नहीं, मैंने संकल्प कर डाला है पहला
और अन्तिम भी होगा मेरा यह प्रेम—एक अद्वितीय, आदर्श
मेरे हैं स्वयं राम वाल्मीकि के, किन्तु कठिन-हृदय नाम को घृताची।

[इन्द्र चौंक पड़ते हैं, फिर ठठाकर हँसते हैं]

संगीत-सम्मेलन

श्रोत्र सुभग संगीत
अर्द्धनग्नता का नयन महोत्सव
रंग-मंच पर सुन्दरियों का गायन, लास्य।
सब देख रहे नीचे कुर्सी पर बैठे दर्शक मंत्रमुग्ध उन्मुख
अब कोई आचार्य कला का प्रदर्शन करने आये।
सबको हृदय,
हृदय और बुद्धि मुझको,

जासूसी उपन्यास तक श्रव्यकला का परिचय जिनका सीमित
दृश्यकला का चलचित्र तक
ऐसी औसत जनता।
विद्यार्थी अपरिणत
जिनकी परब्रह्म परीक्षा है
देखते, सुनते, समझ नहीं पाते, बेचारे...!
बाजे मिला उस्ताद गा रहे
कंठ स्वर प्रत्यय होता निकल रहा वाद्ययंत्र के तार से,
तार का मुखरित कम्पन मुख से
स्वर तार का आरोहण कर
छन्द के चरणों से,
शून्य में पूर्ण हो प्राप्त पराकाष्ठा को।
कुछ छन्द-ज्ञान का अभिनय करते
कुछ खीज रहे, कुछ व्यंग्य का साधन खोज रहे,
कुछ तत्त्व-चिन्तन-निमग्न ऊर्ध्वदृष्टि दार्शनिक के समान
स्त्रियों की गैलरियों की ओर निर्विकार हैं देख रहे।
मेरी कुर्सी के सम्मुख एक व्यक्ति नतग्रीव वाह, सो रहा!
जब बहुत लोग देखने लगे तभी मैंने भी देखा :
लोग हँस रहे थे!
जिस व्यक्ति ने अभी कहा था 'कमबख्त है। भाग जा बेटे!'
आचार्य के प्रति,
उसकी ओर ही से दबी आवाज आई :
'कोठे पर रात कल बीती थी क्या?'
उसके साथी ने सबकी ओर देख किसी एक से नहीं और
सबसे कहा :
'देख नहीं सकते।'
मैं खिन्न।
मैं सहसा वहाँ जहाँ हवा नहीं जैसे
समुद्र तल में पेरिस के नाविक जलधार से आक्रान्त हो
घुट-घुटकर जीवन के सुन्दरतम वय में ही मर
गये होंगे उस दिन।
और लोग लज्जित देख रहे, दूसरी ओर।
मैं अस्वस्थ सोच ही रहा,
इतनी आँखें हैं

सुन्दर, छोटी, काली, भरी इतनी आँखें हैं
इतना प्रकाश है, हरा मन्द तीक्ष्ण लाल
इतनी मादकता है
सौन्दर्य
यौवन
अलंकार, प्रसाधन, वेश-विन्यास
गंध, दुर्गंध बाहुमूलों के स्वेद की।
सबकी हैं दीखते प्रसन्न
यह अन्धा है।
जैसे सिविल लाइंस के परीदेश में कोई काला भिखमंगा
हफ्ते की हजामत रखे
मूक मृत लज्जित पथराई आँखों से घूरता बगल की गोरी
उद्दीपक नारी को...
...ओ म्लेच्छ, मूर्तिविध्वंसक...
इसकी भी लड़की शायद ऐसे कपड़ों
में इतना अंगराग, लेप, रंग से मंडित हो इसकी तरह
सुन्दर हो सकती अधिक थी।
यह घूर्णायित विश्वझलक (?)
कब क्या सम्मुख आकर दृष्टिपथ को रोक लेता अहा!
गायन समाप्त
वाह, वाह...मैंने देखा, अन्धा सीधा बैठा
होंठों के कोनों में
जैसे नारी कटाक्ष में
सस्मित सहसा।
अन्धा, सीधा बैठा, कह उठा 'वाह'।
सुनकर संगीत उस्ताद का
जिससे जनता ऊब उबासी थी ले रही
किसी अभिनेता को सुनने को पर्युत्सुक
जो प्रसिद्ध था,
सुन्दर था
और साधारण गायक था।
हो चुके निराश, हतप्रभ उस्ताद थे,
इस एक वाह से कृतकृत्य तुष्ट
जैसे मिल गया उन्हें वह अप्रत्याशित।

फिर से उन्नत मस्तक
सविश्वास कहते, जैसे आँखों से
जानन्ति ते किमपि तान् प्रति नैष यत्न...
उत्फुल्ल, मैं
श्वास हृदय में पाकर जैसे
फिर एकदम स्वस्थ
जैसे पानी के ऊपर दो-ढाई मिनटों पर आया
फिर हवा-हवा ही पा रहा!

प्रेम-गीति

मैं कविता लिख रहा था
तुम्हीं आ गईं
मैंने कविता लिखना बन्द कर दिया।
ऐसा शायद ही कभी होता हो
अक्सर कविता पूरी हो जाती है
कभी-कभी एक से अधिक कविताएँ
लिखता रह जाता हूँ
मगर तुम नहीं आतीं।
तुम मेरी कविता पर हँसती हो
तुम्हारा आत्मविश्वास उचित ही है।
कविता फिर भी लिखी जा सकती है
अनेक कवि लिखते हैं, लिखेंगे।
लेकिन तुम दो नहीं हो, तुम पहले न थीं
फिर नहीं होंगी, और उस तरह तुम्हीं आ सकती हो।
जिस तरह शायद ही कभी तुम आ जाती हो।
तुम्हारी और तुम्हारे आने की अधूरी याद कविता होगी
तुम तुम्हारे सिवा कुछ नहीं हो सकता
यह तुम और मैं दोनों जानते हैं
तुम्हारा चित्र तुम्हें अमर और पुराना बना देगा।
तुम्हारी प्रतिमा तुम्हें शिलीभूत और स्थायी कर सकती है।
किन्तु जो चित्र के छाया और आलोक

और पाषाण के बीच छिपी तुम हो
वह तुम जो हो, वही हो सकता है!
मैं इसी तुम को प्यार करता हूँ
और इस पर कविताएँ लिखता हूँ
क्योंकि कविता तुम्हें बाँधने की
चेष्टा नहीं करेगी
वह अपनी सीमा जानती है
और कहीं अपने को भूलने लगे
तो वह अधूरी रह जाए
वह अन्तिम अस्त्र
उसके निर्माता—मेरे पास है।
—'तुम विश्रब्ध रहना'।

[कविता अधूरी छोड़ दी गई]

अन्धा मैं

आवश्यक-अत्यावश्यक
हर रोज होना जाता है।
आदमी सामन्त नहीं रह गया है,
सर्वहारा बिचारा।
आदमी पूर्णविराम नहीं है,
...बिन्दु-बिन्दु-बिन्दु हो गया है।
मैं अस्वीकृति हूँ—
अस्वीकृत रहते हुए
अस्वीकृत रहूँगा।
मुझे अपने बारे में भ्रम हो सकता है,
मुझे दूसरों के बारे में भ्रान्त नहीं किया जा सकता।
तुम मुझसे होशियार रहती हो
यह तुम्हारी समझदारी,
मेरी अतत्परता है,
अबर्बरता है।

आँगन की कोयल

आँगन का आम
मुजराया नहीं इस बार,
पर कोयल एक
आई भोर, गई पुकार।

मधु और सौरभ
रसीले फल—कुछ भी नहीं
पर हतश्री प्रकृति
दबी-रुँधी रह फूट पड़ी—

मादकता, व्यथा
कूक उठी। लगे चिढ़ाने
बच्चे अगुणज्ञ
पुलकित मन रसिक सयाने।

एक नापसन्द जगह

एक दिन यहाँ मैंने एक कविता लिखी थी,
यहाँ जहाँ रहना मुझे नापसन्द था
और रहने भेज दिया गया था।
वह भी जहाँ
रहना अच्छा लगता है
और रहता आया हूँ,
वहाँ शायद ही हो
कि कविता कभी लिखी हो।

आज फिर इस नापसन्द जगह
डाल से टूटे पत्ते की तरह
मारा-मारा आ गया हूँ,
और यह कविता लिख गई है,

इस जगह का मैं कृतज्ञ हूँ
इसकी मिट्टी को सिर लगाता हूँ,
इसे प्यार नहीं करता, पर
बहुत-बहुत देता हूँ आदर,
यह तीर्थ स्थल है, जहाँ
मैं मुसाफिर ही रहा,
यह वतन नहीं
जहाँ जड़ और चोटी
गड़ी हुई;
जो कविता की प्रेरणाओं से
अधिक महत्त्व की बात है।

यहाँ मैं दो बार मर चुका हूँ—
एक दिन तब जब पहली कविता
यहाँ लिखी थी,
और दूसरे आज जब उस कविता की
याद में कविता लिख रहा हूँ—

घर के शहर में जीता रहा हूँ
और मरने के बाद भी जीता रहूँगा :
किसी लॉकेट में सुरक्षित,
किसी दीवार पर लटकते चित्र में अंकित,
किसी के स्मृति-पट पर
अदृश्य स्मारक-चित्र बनकर
अमिट।
लेकिन यहाँ से कुछ ले जाऊँगा,
कुछ तो पा ही चुका हूँ :
दो-दो कविताएँ;
दिया कुछ नहीं है, देना कुछ नहीं,
सिवा इसके—
मेरे प्रणाम तुम्हें,
इन्हें ले लो, इन्हें।

[2.10.1960]

पद्मबीज[1]

यह सूर्यलोक है,
जहाँ नालायक 'लायका'—
सा पहुँचा हूँ मैं
चन्द्र-लोक के बदले, हाय, हा
जीवन-तामिस्त्र काट कर
डाक्टरों के बावजूद हार्ट फेल
होने पर। पर यह तो सूरज है
जो खिड़की से सज-धज कर
कुहरे का बुर्का—तज कर
निर्भय झाँक रहा जँगले से
जाड़े की इस सुबह लगा गले से
पी-कहाँ पी-कहाँ
पी कल गया बहुत था? हाँ।

[9-10-1959]

एक फैली हुई पंक्ति
समुद्र आयत कटाक्ष चिरंतनता का,
चौपाटी पर चौपट।
यह कविता है? चल हट,
चल जुहू दिखाऊँ तुझको राका :
सन्तरण-आवरण
तरण-तारणा। शम्॥
दुर्गा-पूजावकाश, अष्टमी (जैसा लोग कहते हैं)।

[9-10-1959]

एक लॉकेट में क़ैद
किसी दीवार पर
चित्रार्पित, टँगा

---

1. (क्या तुम सन्तुष्ट हो?) पद्मबीज—गहन निद्रा के बाद चकाचौंध करनेवाले भोर में इस विश्वास के साथ उठता हूँ कि मैं तो मर चुका था।

एक स्मृति पर
रक्षित अदृश्य स्मारक चित्र
बन कर।

तुमने जो न कहा

तुमने जो न कहा
सब ही मैं समझा,
पर जो विशद कथा
तब कही, समझी।
आँखें, अधर, कम्प
सब कहते रहे
वाणी झुठलाती रही
उनको...[1]

1. अधूरी कविता है। शीर्षक नहीं रहने के कारण पहली पंक्ति को शीर्षक बना दिया गया है।

संस्मरण

गुरु और अग्रज

एक दिन जानकीवल्लभ जी काशी के एक संस्कृत के विद्वान् के सम्बन्ध में बता रहे थे कि किस प्रकार वे अपने बारे में कहा करते थे : 'पद्मा स्वयं पतति यस्य पदारविन्दे'। एक तो लक्ष्मी की मुझ पर विशेष कृपा ही नहीं; दूसरे, रहती भी तो, इस गर्वोक्ति की धृष्टता मुझसे न हो पाती। तब देवी सरस्वती, जिनकी कृपा की पात्रता मुझमें नहीं किन्तु जिन्होंने मुझे दुर्ललित तो बना ही रखा है, के सम्बन्ध में मैं इतना ही कह सकता हूँ कि उनके पदारविन्दों पर सतत प्रणेत मुझे सदैव उनका आशीर्वाद अनायास मिलता रहा है।

ऐसा सोचने के लिए मैं दो कारण पाता हूँ : एक तो यह कि सीमित योग्यता और स्वल्प उपलब्धि के बावजूद मुझे जो आदर-सम्मान मिला है, वह मेरे जैसे व्यक्ति के लिए कल्पनातीत है; दूसरे कि मुझे ऐसे गुरु और आचार्य मिलते रहे, जिनकी कृपा से ही पहली बात सम्भव हुई होगी, और जिस पर गर्व करने की स्थिति में तो मैं हूँ ही। अक्षरारम्भ कराने से लेकर अंग्रेजी और संस्कृत में गति दिलाने तक का श्रेय तो स्वयं पुण्यश्लोक पितृ-चरणों को ही है, और तब ये स्वनामधन्य प्रातः स्मरणीय आचार्य आते हैं—घर में धर्मेन्द्र जी, जिनके चरणों में श्रद्धांजलि चढ़ाते हुए इस बहुदेववाद का सौभाग्य मुझे मिल रहा है; स्कूल की प्रधानाध्यापक श्री बेचूनारायण जी, करीम साहब, रघुनाथ बाबू और रामप्रसाद बाबू तथा कॉलेज और विश्वविद्यालय में डा. अनन्तप्रसाद बनर्जी शास्त्री, पं. हरिशंकर पांडेय, डा. ईश्वरदत्त और डा. धर्मेन्द्र ब्रह्मचारी शास्त्री तथा हिल साहब, सन्तोष बाबू, फजलुर्रहमान साहब, कलीमुद्दीन साहब, डा. ज्ञानचन्द, डा. सुविमलचन्द्र सरकार, डा. कालीकिंकर दत्त और अस्करी साहब।

गंगा में बसे पटना विश्वविद्यालय में किसी दिन यह आकाश-गंगा प्रवाहित होती थी और उसमें अवगाहन करने का सौभाग्य मुझे प्राप्त हुआ था। क्या लिखने चला हूँ और क्या लिखता जा रहा हूँ! किन्तु जो लिखना है, उसे लिखकर आज धन्य भी तो अपने को ही करना है। इसलिए आज अपने को इसके लिए माफी दे लेता हूँ।

इन आचार्यों में से ब्रह्मचारी जी ने मुझे घर पर भी पढ़ाया था और कॉलेज में भी। उनसे मैंने पढ़ा ही नहीं, बहुत कुछ सीखा भी, जैसे उन आचार्यों से भी जिनके स्मरण

मात्र से मैं कृतार्थ हूँ। इनमें से दो को छोड़ कर किसी ने मुझे डाँटा-डपटा तक नहीं; किन्तु दो, पिता और धर्मेन्द्र जी, उनकी दृष्टि में जब आवश्यक हो जाता था अपनी ओर से मैं अवसर देता ही रहता था—इससे भी अधिक कठोरता से काम लेते थे।

धर्मेन्द्र जी—उन दिनों मैं ब्रह्मचारी जी शायद नहीं कहता था—जब संस्कृत लेकर पटना विश्वविद्यालय में एम.ए. में पढ़ने लगे तो अपनी अध्ययनशीलता के कारण पिताजी के प्रिय छात्र बन गए और बहुधा घर पर भी आकर पढ़ते। पिताजी मुझे सिर्फ अंग्रेजी और संस्कृत पढ़ाते थे—वह भी अपने ढंग से। ब्रह्मचारी जी मुझे अन्य विषय पढ़ाने के लिए तैनात किये गए और मेरी शामत आई। पिताजी से तो सुबह-शाम ही पढ़ना पड़ता था और जो पढ़ना पड़ता था, उसी समय पूरा हो जाता था। अब आए ब्रह्मचारी जी तो अभ्यास करना और रटना भी पड़ने लगा। ऐसे विषय पढ़ने को बाध्य हुआ जिनमें तनिक भी रुचि नहीं थी, यानी गणित आदि। मैं पिताजी से रघुवंश, किरात, शिशुपाल-वध, नैषध पढ़ता था और उनका अंग्रेजी अनुवाद करता था : यही मेरी मुख्य पढ़ाई थी। अब ब्रह्मचारी जी पढ़ाने लगे तो अंग्रेजी व्याकरण, गणित आदि से पाला पड़ा। ब्रह्मचारीजी कहते—इतना याद कर रखना, इतना हिसाब बनाकर दिखाना। नहीं कर पाता, या नहीं करता, तो ब्रह्मचारी जी कान उमेठते और डाँटते-डपटते, और मुझे बहुत बुरा लगता, और सोचता कि किस तरह पिंड छूटेगा।

ब्रह्मचारी जी से पिंड तो बहुत दिनों तक नहीं छूटा, लेकिन एक घटना ऐसी घटी जिससे मुझे थोड़ा सन्तोष हुआ। ब्रह्मचारी जी जब पहले-पहल आए थे तो ब्रह्मचारी जी के अनुरूप वेशभूषा थी—सर्वतोभद्र। अब बाल रखने लगे थे और चूँकि पहले उनकी उपेक्षा की गई थी, शायद इसलिए, अब उन्हें आवश्यकता से अधिक 'स्नेह' देने लगे थे। मुझे खुद इसकी इजाजत नहीं थी इसलिए भी, और बहुत कुछ ब्रह्मचारी जी की अनुशासनप्रियता के कारण, उनकी यह प्रगति मुझे आपत्तिजनक मालूम होती थी। एक दिन पिताजी की दृष्टि ब्रह्मचारी जी के केश-विन्यास पर पड़ी, तो यह तो याद नहीं कि उन्होंने क्या कहा, लेकिन यह अच्छी तरह स्मरण है कि नाई बुलवाया गया और ब्रह्मचारी जी के मस्तक का ब्रह्मचारी के अनुरूप संस्कार हुआ और मेरी प्रसन्नता और सन्तोष के क्या कहने!

लेकिन यह बचपन की बात है—जिसे ब्रह्मचारी जी ने एक बार भरी सभा में निस्संकोच कह सुनाया था। तनिक बड़ा हुआ तब से आज तक बार-बार इस घटना पर विचार किया है मैंने। ब्रह्मचारी जी ने ब्रह्मचारी के अनुरूप मुंडित मस्तक रखने के बदले सिर पर लम्बे केश रखने शुरू कर दिये थे। यह दृढ़ हो भी तो गुरुकुल के ब्रह्मचारी की तरह, 'आज्ञां गुरुणां हाविचारणीया' का व्रत वे किस सहजता से निभा सके थे। गुरु को जो नापसन्द था, उसे अपनी पसन्द के बावजूद, शिष्य ने त्याग दिया। मैं सोचता हूँ, ब्रह्मचारी जी की जगह मैं होता तो क्या ऐसा करता? लेकिन यह भी तो है कि ब्रह्मचारी जी तब मेरी जगह पर जो थे! उनके गुरु के पुत्र—मैं—भी बहुत

पितृ-स्नेह पाने के बावजूद, मुंडित मस्तक ही रखे जाते थे। और पिताजी योग्य शिष्य और पुत्र में भेद नहीं रखते थे। सो, केवल यही नहीं है कि उस स्थिति में मैं क्या करता या आज के शिष्य क्या करते। तथाविध गुरु का तादृश्य शिष्य इसके सिवा और कुछ कर ही नहीं सकता था।

फिर मेरी दुनिया बिलकुल बदल गई। ब्रह्मचारी जी के दर्शन कभी-कभी ही पाते। अब पिताजी नहीं थे।

कॉलेज में, प्रथम या द्वितीय वर्ष में पहुँचा तो ब्रह्मचारी जी संस्कृत-हिन्दी के अध्यापक होकर आए। तब की भी एक घटना याद आती है। एक दिन हिन्दी-रचना वर्ग में ब्रह्मचारी जी ने एक अंग्रेजी पद्य लिखवाया और छात्रों से उसका पद्यानुवाद करने को कहा।

यह याद है कि मेरे एक सतीर्थ ने अंत्यानुप्रासयुक्त पद्यानुवाद करके दिखाया और ब्रह्मचारी जी ने उसकी बड़ी प्रशंसा की। मैंने मुक्त छन्द में अनुवाद किया और ब्रह्मचारी जी ने उसे यों देखकर छोड़ दिया, जैसे उन्हें इस बात का अफसोस हो कि वहाँ कान उमेठने का मौका नहीं था; मुक्त छन्द लिखकर मैं मन-ही-मन खून लगाकर शहीद बन रहा था और ब्रह्मचारी जी से प्रशंसित न होने का आत्म-समाधान मेरे पास था। किन्तु ब्रह्मचारी जी ने एक शब्द को रेखांकित भी कर दिया। आज भी शब्द याद है—'सज्जा'। अब मुझे मौका मिल गया था। मैंने उनसे पूछा, प्रयोग गलत क्यों था? उन्होंने ऐसा कुछ कहा था कि 'सज्जा' कोई शब्द होता ही नहीं। मैं घर आया। संस्कृत के कोश घर में थे ही। ठीक से देख लिया कि 'सज्जा' संस्कृत का शब्द है—असल में मैं खुद 'सज्जित' के सहारे 'सज्जा' तक पहुँचा था, इसलिए मन में सन्देह तो था ही। एक सप्ताह के बाद जब फिर रचना वर्ग हुआ तो मैंने ब्रह्मचारी जी के पास जाकर कहा कि 'सज्जा' संस्कृत का शब्द है, तो बड़प्पन यह था कि ब्रह्मचारी जी ने अपनी चिरसहजता के साथ ऐसा कुछ कहा—अच्छा, तो ठीक है।

फिर एम.ए. में भी मैंने उनसे 'हर्षचरित' पढ़ा, लेकिन गुरु-शिष्य का यह सम्बन्ध बहुत औपचारिक रहा, क्योंकि वे ज्यादा वर्ग हिन्दी के लेते थे और मैं संस्कृत पढ़ता था। और तब घूमते-घामते मैं उन्हीं के स्थान पर पटना कॉलेज में नियुक्त हुआ—जब वे विदेश गए। बाद में कुछ दिनों तक उनकी अध्यक्षता में भी काम किया। अपनी ओर से अब वे मेरे साथ मित्रवत् आचरण करते हैं। मैं आज भी, जब वे सामने होते हैं, तो सम्भ्रम का अनुभव करता हूँ और कोई देखे तो शायद यही सोचेगा कि उनका-मेरा यों ही थोड़ा-बहुत परिचय होगा।

यों सिद्धान्त में कई बार ऐसा हुआ है कि मैं ब्रह्मचारी जी से असहमत रहा हूँ। किन्तु मैंने कभी ऐसा अनुभव नहीं किया कि मुझे देखकर वे इस भाव से मुस्कुरा न पड़े हों कि ज्येष्ठ गुरु-भाई के अधिकार से, आवश्यक हो ही गया तो, आज भी तुम्हारे कान उमेठ सकता हूँ! मैंने अपने संस्मरण ही लिखे हैं। आदरणीय

पद्मनारायणाचार्य जी ने ब्रह्मचारी जी के सम्बन्ध में जो कुछ लिखा है, वह जैसे मेरे ही भाव का अभिव्यंजन है!

मुझे चिरकाल तक अपने गुरु और अग्रज-कल्प ब्रह्मचारी जी के दर्शनों का सौभाग्य प्राप्त होता रहे, यह मेरी कामना पूरी हो।

['संत-परम्परा और साहित्य', धर्मेन्द्र अभिनन्दन ग्रंथ : 1960]

जैनेन्द्र कुमार

जैनेन्द्र पूर्णतः सरल व्यक्तित्ववाले आदमी हैं। उनका आकार-प्रकार जितना साधारण है, उतना ही वेश और रहन-सहन सामान्य। वे लम्बे या बिखरे बाल नहीं रखते, उनके कपड़े बेतरतीब नहीं रहते, उनका कमरा गन्दा नहीं रहता। इस अस्वस्थ देश के औसत आदमी की तरह पाँच फीट से दो-तीन इंच ज्यादा लम्बे, दुबले-पतले, गेहुँआ रंग वाले जैनेन्द्र लोगों के बीच से निकल जा सकते हैं और उनकी तरफ शायद किसी की नजर तक न जाए।

खास कर जब अपने बारे में सोचता हूँ तो उनकी बात साधारणता बड़ी दयनीय लगती है। इस सम्बन्ध में एक बात याद आती है। पहली बार दिल्ली गया था तो जैनेन्द्र जी की कृपा से ही ठहरने की व्यवस्था होनेवाली थी। प्रो. देवराज उपाध्याय से उनका परिचय था। उन्होंने उनके पास लिख दिया था। मुझे, कोई कारण नहीं था, कि वह जानते। जैनेन्द्र जी ने बड़ी सहृदयता से मुझे चले आने के लिए लिखा था। उन्होंने मेरी व्यवस्था कर दी थी, उनका आदमी मुझे स्टेशन पर मिल जाएगा। पर उन्होंने यह भी पूछा था कि उनका आदमी मुझे पहचानेगा कैसे! मैंने उत्तर में कुछ इस तरह लिखा था कि जब दिल्ली स्टेशन पर काला ओवरकोट पहनकर गाड़ी से उतरूँगा तब, मुझे विश्वास था, मेरी लम्बाई-चौड़ाई का कोई दूसरा आदमी वहाँ नहीं होगा। मिलने पर, जैनेन्द्र जी ने स्वीकार किया था, मुझे अपने बारे में किसी तरह का भ्रम नहीं था। लेकिन खुद उनकी बात। दो-चार महीने हुए, जैनेन्द्र जी पटना आए। तार दे दिया था। स्टेशन पहुँचा तो गाड़ी आ चुकी थी। अपनी छह फीट से भी अधिक ऊँचाई से मैंने प्लेटफॉर्म का सिंहावलोकन किया पर, जैसा कि डर था, वे क्यों दीखते। पर तब तक वे एकदम सामने ही आ गए यानी जब दीख पड़े तो दो-चार हाथ की दूरी पर थे।

एक बार ऑस्कर वाइल्ड ने कहा था कि जो आकार-प्रकार में विशाल नहीं, वह महान हो ही नहीं सकता। कुछ अपना ध्यान भी है, कुछ-कुछ सच ही मैं वाइल्ड से सहमत हूँ। जैनेन्द्र की महानता इस दृष्टि से संदिग्ध हो सकती थी। पर वाइल्ड से ही जब यह पूछा गया था कि नेपोलियन तो ठिंगना भी था और महान भी,

ऐसा क्यों, तो इसका भी उसने ठीक ही समाधान किया था। नेपोलियन की कल्पना कीजिए तो क्या कभी मन की आँखों के सामने एक नाटे, ठिंगने आदमी की मूर्ति खड़ी होती है ? कभी नहीं ! हम तो एक ऐसे आदमी की उपस्थिति का अनुभव करते हैं जिससे एक बड़ा कमरा भी भरा-भरा मालूम देने लगे। इतने-से जैनेन्द्र में भी कहीं कुछ थोड़ी-बहुत ऐसी बात है जरूर।

यों, यदि आप जानते हैं कि कांग्रेसी-स्वयंसेवक या समाजवादी नेता-सी दीख पड़नेवाला यह आदमी जैनेन्द्र है तो अन्य अवश्य उत्सुकता के साथ उसकी ओर देखेंगे। तब ऐसा नहीं कि आपकी उत्सुकता पुरस्कृत न हो। जैनेन्द्र के मुख की रेखाएँ निश्चित और स्पष्ट हैं। उन्हें देखकर आकृति-विज्ञान में दिलचस्पी रखनेवाला चौंके बिना नहीं रह सकता। ये रेखाएँ विश्लेषण और विश्वास को छिपने नहीं देतीं, हालाँकि उनका अधिकारी उन्हें सहज भाव से छिपाए रखने की कोशिश जरूर करता है। मुख के, युवती पर फब सकनेवाले, नुकीले, कुशलतापूर्वक देते हुए त्रिकोण पर अनुपात से निश्चित रूप से लम्बी श्येन-नासिका, आदमी पहचान सकनेवाले के लिए साफ चेतावनी है। लेकिन जब तुरंत बाद दृष्टि तनिक मोटे होंठों पर टिकती है तो मन आश्वस्त हो जाता है कि हाँ, अगर ये साहब कविता नहीं करते तो जैनेन्द्र हो सकते हैं—जैनेन्द्र जिन्होंने सरस, यदि अश्लील नहीं भी, उपन्यास या कहानियाँ लिखी हैं।

कुछ साहित्यिक अपने जीवन में वैसी कला का समावेश किये रहते हैं जिसे वे लिख नहीं पाते। जैनेन्द्र ऐसी गल्प लिखते रहे हैं जिसे जीने का साहस उनमें नहीं रहा होगा। 'सुनीता' का स्रष्टा दिल्ली के जिस मुहल्ले में रहता है, वह मामूली हैसियत के भले आदमियों की बस्ती है। एक बड़े-से मकान के पिछवाड़े, दिमाग में काम खत्म होने के बाद आए हुए विचार की तरह, एक ऊटपटाँग पर स्वयंपूर्ण फ्लैट है जिसमें बहुत दिनों से जैनेन्द्र रहते आ रहे हैं। फ्लैट क्या है, एक विशाल वट-वृक्ष के स्कंध पर खतरनाक ढंग से जुड़ा हुआ घोंसला ही समझ लीजिए। वह ठीक-ठीक घोंसला ही है। छोटा, आरामदेह, एक-एक तिनका अपनी जगह पर, हो-हल्ला से उतनी दूर जितना दिल्ली में सम्भव हो सकता है। यह किसी साधारण गृहस्थ का घर हो सकता है। घरवालों के बारे में ज्यादा-से-ज्यादा यही कहा जा सकता है कि वे सफाई पसन्द करते हैं और सादगी के साथ रहने के लिए विवश हैं।

जैनेन्द्र का कमरा तो एकबारगी निराशाजनक है। साहित्यिकों या कलाकारों के बारे में जो लोग खास तरह की धारणा रखते हैं, वे सोच सकते हैं कि न सही कलापूर्ण सजावट, कलापूर्ण बेढंगापन ही रहता। और तो और, दस-बीस किताबें भी नहीं दीखतीं कि मालूम हो कि सचमुच ही यह जैनेन्द्र का कमरा है। पुराने लछमन-झूला जैसी अविश्वसनीय सीढ़ी से चढ़ते ही कमरे का दरवाजा है। आगे बरामदे जैसा है जिस पर एक ओर दो-एक कमरे हैं और दूसरी ओर रसोईघर। सबसे पहले कमरे की चर्चा कर रहा था। फर्श पर दरी या चटाई बिछी रहती है। एक तिपाई भी

रहा करती थी। जैनेन्द्र जी इसी कमरे में बड़े प्रेम से अभ्यागतों का स्वागत और शरारती बच्चों को अन्दर जाने का अनसुना आदेश करते हैं।

घर की तरह जैनेन्द्र का परिवार भी संख्या की दृष्टि से अलकारोचित है। प्रियदर्शन बच्चों में जो कुछ बड़े हैं, वे पिता के साथ सरल स्नेह और साभिमान आदर का शिष्ट, समुचित व्यवहार करते हैं। लेकिन छोटे बच्चे उनसे डरते नहीं। वे काम कर रहे हैं, और सबसे जरूरी और ज्यादा समय लेनेवाला उनका काम आगन्तुकों के साथ बातचीत है, कि बच्चा गोद में आ धमका और मचलने लगा। जैनेन्द्र खीज तो जरूर उठते हैं, लेकिन उन्हें शायद यह स्मरण हो आता है, वे अहिंसा में विश्वास करते हैं!

अहिंसा में विश्वास करना कैसी कृच्छ्र-साधना है, यह मैंने अपनी आँखों देखा है। जैनेन्द्र सभापित के पद से भाषण, जिसे वह बातचीत ही कहना पसन्द करते हैं, कर रहे थे। हॉल कॉलेज के विद्यार्थियों से भरा हुआ था। वे बैठकर काफी धीरे-धीरे बोलते हैं। छात्र अस्वाभाविक तल्लीनता के साथ उनकी बात सुन रहे थे। उस दिन साथ में भाभी भी चली गई थीं। भाभी, श्रीमती जैनेन्द्र, जिन्हें उनके बच्चे भी भाभी कहते हैं। उनकी गोद में काफी देर से नियंत्रित धैर्य के साथ छोटी बच्ची बैठी हुई थी। अचानक वह उठी और कोई रोके, इसके पहले जैनेन्द्र के पास जाकर खड़ी हो गई। दूर से सोचिए तो एकदम मामूली बात, लेकिन हाल के तनाव से भरे हुए वातावरण के लिए वह एक बड़ा ही नाटकीय क्षण था। जैनेन्द्र की भौंहें एक बार आकुंचित हुईं। मैंने सोचा, वक्ता-श्रोता के बीच का दुर्लभ वैद्युतिक तनाव अब टूटा। पर जैनेन्द्र बोलते रहे। बच्ची को उन्होंने गोद में बिठा लिया। बच्ची, गनीनत हुई, श्रोता ही बनी रही, वक्ता बनना उसने आवश्यक नहीं समझा। अहिंसात्मकता के सम्बन्ध में मैंने लम्बी-चौड़ी बातें सुनी हैं। उस दिन पहली बार उसका व्यावहारिक रूप देखा भी—जिस पर, बिना देखे, मैं किसी हालत में विश्वास नहीं कर सकता था।

भाभी के बिना जैनेन्द्र का परिचय अधूरा रह जाएगा। उनकी चर्चा प्रसंगवश कर चुका हूँ। यहीं उनके बारे में थोड़ा और कह लेना जरूरी-सा मालूम दे रहा है। मुझे अक्सर व्यक्ति और मनुष्य के रूप में महापुरुषों से निराशा हुई है। एक बड़ा नेता, एक महाकवि, एक प्रसिद्ध विद्वान अपने क्षेत्र में असाधारण होते हुए भी बहुधा बहुत साधारण व्यक्ति साबित होता है। उसकी तुलना में उसकी जीवन-संगिनी जिसे संसार जानता तक नहीं, वस्तुतः महीयसी होती है। वह अपने पति की नीतिज्ञता, प्रतिभा या पांडित्य तो नहीं पा सकती किन्तु उसके अनुरूप बनने के प्रयास में वह उससे भी महान बन जाती है। अपवाद तो होते ही हैं, किन्तु भाभी जैसी और दूसरी स्त्रियों को भी मैंने देखा है जो मनुष्यता की दृष्टि से अपने पतियों से कहीं ऊँचे स्थान की अधिकारिणी होती हैं—हालाँकि अगर उनसे कोई यह कहे तो उन्हें शायद अप्रसन्नता ही होगी, जिसकी आशंका मुझे भाभी से भी है।

आश्चर्य की बात तो यह है कि भाभी काफी अलग से जैनेन्द्र के साहित्यिक—आजकल सांस्कृतिक—कार्यों में दिलचस्पी रखती हैं। वह उनके काम में इतना भी सहयोग नहीं देतीं कि जैनेन्द्र के 'लेखक', डिक्टेशन लेनेवाले सज्जन, नहीं हैं तो थोड़ी देर को खुद बैठ जाएँ। उन्हें, हो सकता है, शीघ्रतापूर्वक लिख सकने का अभ्यास न हो, लेकिन विवाहित जीवन के इतने सारे वर्षों में इस काम में दक्ष होना भला क्या मुश्किल था? भाभी की यह बात अच्छी ही लगती है कि वे बहुत-सी लेखक-पत्नियों की तरह अपने पति की कृतियों के सम्बन्ध में ऊबा देनेवाली दिलचस्पी नहीं दिखातीं। जैनेन्द्र ने उन्हें अपने साँचे में ढालने की कोशिश नहीं की है, इसके लिए मैं उन्हें प्रशंसनीय समझता हूँ। पत्नी या सन्तान पर अपने आदर्श और विचार लादना नागरिक स्वतंत्रता के मूल सिद्धान्त की ही अवहेलना है! हक्स्ले के प्रसिद्ध उपन्यास 'प्वाइंट काउंटर प्वाइंट' में एक वयोवृद्ध कलाकार पात्र है जो घरवालों को सख्त हिदायत करता रहता है कि उसके छह-सात साल के पौत्र को तसवीरें खींचने के लिए कोई बढ़ावा न दे यद्यपि वह जानता है कि बच्चे में इसके लिए प्रतिभा वर्तमान है। जैनेन्द्र इस सिद्धान्त से शायद ही सहमत हों किन्तु भाभी को उन्होंने ठोंक-पीटकर तृतीय श्रेणी की कहानी-लेखिका नहीं बनाया, यह समझदारी का काम ही कहा जाएगा।

भाभी कहानी-लेखक या दार्शनिक पति की लेखक या दार्शनिक पत्नी न होकर भी उन्हें अपनी राह पर चलते चलने के लिए इतनी अधिक सुविधाएँ प्रदान करती हैं कि जैनेन्द्र उनके अधमर्ण हैं। इसे स्वीकार करने में उन्हें संकोच नहीं होता, क्योंकि जैनेन्द्र थोड़ी-सी बात के लिए भी आभार माननेवाले व्यक्ति हैं, यह तो बहुत बड़ी बात है। उनके जो मित्र यह नहीं समझ पाते कि उनके जीवन में भाभी का क्या स्थान है, वे भाभी से ज्यादा जैनेन्द्र को कष्ट पहुँचाते हैं। मुझे यह जानकर आश्चर्य नहीं होगा कि भाभी को भी इस बात का ज्ञान नहीं है।

जैनेन्द्र पर लिखते-लिखते मैं श्रीमती जैनेन्द्र पर इतना लिख गया, यह अनिवार्य था—शायद आप भी अब स्वीकार कर सकें। जैनेन्द्र इतना लिख सके और बहुत अच्छा लिख सके, इसका कारण है कि उन्होंने साहित्य के अतिरिक्त कोई पेशा नहीं अपनाया। उन्हें कोई पेशा अपनाने के लिए लाचार नहीं होना पड़ा, इसका श्रेय जितना हिन्दी के सम्पादकों, प्रकाशकों या पाठकों को नहीं, उतना भाभी को है।

भाभी की तुलना में स्वयं जैनेन्द्र बड़े अव्यावहारिक आदमी हैं। व्यक्ति जैनेन्द्र के बारे में यह नहीं कह रहा हूँ क्योंकि कम-से-कम मुझे तो यह कहने का कोई अधिकार नहीं—अपनी तुलना में तो उन्हें काफी व्यावहारिक ही पाया है! जो आदमी 'होल्ड-ऑल' ठीक-ठीक बाँध ले सकता है, उसकी व्यावहारिकता में मुझे सन्देह नहीं रह जाता और जैनेन्द्र जी से खुद हाथ-पर-हाथ रखकर, अपना 'होल्ड-ऑल' बँधवाकर देख चुका हूँ, कि इस मामले में उन्हें किसी से कुछ सीखना नहीं,

भाभी से भी नहीं! अपनी गड़बड़झाले में पड़ी गृहस्थी के बारे में उनसे नसीहत भी पा चुका हूँ। मेरे कहने का अभिप्राय था कि जैनेन्द्र आदमी नहीं पहचानते। वह बड़ी-बड़ी योजनाएँ बनाते रहते हैं—अच्छी पर अव्यावहारिक योजनाएँ, चिकनी-चुपड़ी बातें कहनेवालों के भरोसे। मुझ तक को आश्चर्य होता है कि वे कितनी आसानी से किसी की शिष्टाचार के नाते कही गई बातों पर अनायास विश्वास कर लेते हैं—आगे चलकर निराश और क्षुब्ध होने के लिए। दूसरी ओर जो सचमुच उनका कुछ काम कर सकते हैं, पर स्पष्टवादी हैं और उनके सिद्धान्त से सहमत होते हुए भी उनकी कार्य-प्रणाली के आलोचक हैं, उनके प्रति जैनेन्द्र असहिष्णु होकर काम बिगाड़ देते हैं।

आजकल जैनेन्द्र इस अशिक्षित और असंस्कृत देश में सांस्कृतिक आन्दोलन चलाने का स्वप्न ढोए, फिर रहे हैं। आन्दोलन नेता ही चला सकता है, पर दुर्भाग्यवश जैनेन्द्र में नेता के गुण नहीं हैं। हाल में इसी सिलसिले में वे पटना आए थे। उनकी बातों से मालूम हुआ कि आन्दोलन चलाने के लिए जितने सरो-सामान की जरूरत हो सकती है, उसका एक तरह से प्रबन्ध हुआ ही समझना चहिए, जरूरत सिर्फ उत्साही कार्यकर्ताओं की थी। पहले तो यही देखिए कि इसका भार मुझे सौंपकर वे बहुत हद तक निश्चिन्त हो गए—मुझ पर, जो न तो अपने उत्साह के लिए ही प्रसिद्ध है, न कार्यकर्तृत्व के लिए ही! मैंने मित्रों की सहायता से किसी तरह इस सम्बन्ध में थोड़ा-बहुत किया तो सबसे पहली और सबसे बड़ी दिक्कत जो सामने आई, वह यह कि जैनेन्द्र जी के पास कोई सुनिश्चित योजना थी ही नहीं। उनके महान आदर्श और उच्च लक्ष्य से सभी प्रभावित हुए और उनसे भी अधिक अनिश्चित और उत्साहवर्धक बातें कर तथा उनके दर्शनों का लाभ उठाकर लोग चलते बने। जो लोग सचमुच कुछ करना चाहते थे, वे ठोस, लिखित योजना चाहते थे, जिसे ही जैनेन्द्र सर्वथा गौण सिद्ध करते रह जाते थे।

फिर प्रसंगवश आन्दोलन के साधनों पर भी कुछ विस्तार के साथ उनकी-मेरी बातें हुईं। पहले यह जानकर आश्चर्य-मिश्रित प्रसन्नता हुई थी कि जैनेन्द्र जी ने यदि उनका प्रबन्ध कर लिया है तो काम रुकने का नहीं। पर अब विस्तार में जाने पर, यह मालूम हुआ कि इधर के ही एक सज्जन हैं जो किसी दूसरे सज्जन से कहकर कुछ अन्य सज्जनों से बड़ी आसानी से सारी व्यवस्था करा देंगे, ऐसा उनका विश्वास था! एक दूसरे महोदय ने भी बड़े आत्मविश्वास के साथ कहा कि वह शहर के ही एक सेठ जी से कुछ नहीं तो चार-पाँच हजार का तो इन्तजाम करा ही देंगे। सुबह मोटर आ जाएगी, जैनेन्द्र जी को जाना भर है। सच ही कोई कारण नहीं था कि इन सज्जनों पर विश्वास नहीं किया जाता। जैनेन्द्र जी को विश्वास हो गया था तो मुझे प्रसन्नता ही थी कि उनका काम आगे बढ़ रहा है। और कहने की जरूरत नहीं, कि हुआ कुछ भी नहीं। सम्भावना हो तो कोशिश जरूर करनी चाहिए, लेकिन चलते हुए आश्वासनों

पर विश्वास कर लेना नेता का गुण नहीं है। जैनेन्द्र सक्रिय नेतृत्व करना चाहते हैं। कर सकते तो क्या बात, लेकिन मुझे भय है, इसके लिए वे बने नहीं। इस बार के अनुभव से मेरी यह धारणा दृढ़ हो गई कि जैनेन्द्र जैसे साहित्यकार या चिन्तक कलम के भरोसे ही नेतृत्व कर सकते हैं, राजनीतिज्ञों के तत्काल प्रभाव पैदा करनेवाले साधनों के सहारे नहीं। पता नहीं, जैनेन्द्र की धारणा इस अनुभव के बाद बदली है या नहीं। न बदली हो तो मुझे आश्चर्य नहीं होगा। यह उनके स्वभाव के अनुरूप ही है। यह असाधारण व्यक्तित्व का ही काम है कि वह असाध्य आदर्शों की सिद्धि के लिए हठपूर्वक प्रयास करता रहे। और जैनेन्द्र प्रगतिवाद के नक्कारखाने में अध्यात्मवाद की तूती बजाने में, हिन्दी के बदले हिन्दुस्तानी का समर्थन करने में निर्भीक और दृढ़ बने रहे हैं। जैनेन्द्र से हम सहमत हों या नहीं किन्तु यह हमें मानना पड़ेगा कि उनके अपने आदर्श और सिद्धान्त हैं, उन पर उनका विश्वास है और एक हद तक, जो कम बड़ी बात नहीं, वे उन्हें कार्य में परिणत करने का प्रयास भी करते रहते हैं।

इन्हीं आदर्शों और सिद्धान्तों के कारण जैनेन्द्र का व्यक्तित्व सदैव तनाव से भरा रहता है। उनकी प्रकृति और शक्ति इन आदर्शों और सिद्धान्तों से बहुत अंशों में मेल नहीं खाती। जैनेन्द्र अपने आदर्शों के लिए अपनी प्रकृति की अवज्ञा करते हैं, अपने सिद्धान्तों के अनुरूप अपनी शक्ति को मोड़ना चाहते हैं। वे कलाकार हैं पर संत बनना चाहते हैं; व्यक्तिवादी हैं पर गांधीवादी हो गए हैं; पुस्तक-प्रेमी हैं पर पुस्तकों को अज्ञान ढँकने का साधन बताते हैं; सफल गल्पकार हैं पर उपन्यास और कहानी लिखने से विरत हो चुके हैं; रचना-कौशल के विशेषज्ञ और मौलिक प्रयोगकर्ता हैं पर 'तकनीक' के नाम से चिढ़ते हैं; कल्पना और भावना पर अधिकार रखते हैं पर 'जड़ की बात' ही करना पसन्द करने लग गए हैं; और प्रांजल और निर्दोष हिन्दी लिखते हैं पर हिन्दुस्तानी का समर्थन करते हैं।

हो सकता है, जैनेन्द्र को जो कुछ करना था, कर चुके। किन्तु जैनेन्द्र के व्यक्तित्व के इस घात-प्रतिघात-संघात का कोई परिणाम नहीं निकलेगा, ऐसा विश्वास करना कठिन है।

['प्रतीक' : दिल्ली, 11 शिशिर]

सेनापति राजेन्द्र

राजेन्द्र महासेनापति गांधी के बायें हाथ माने गए हैं। वे महासेनापति के द्वारा आविष्कृत अव्यर्थ करुणावज्रायुध के दीक्षित, पारंगत विशेषज्ञ हैं। उनका युद्ध-कौशल 'ज्योति के पत्र में लिखा अमर' है।

लेकिन आप इस रूप से सहमत नहीं। आप कहते हैं, राजेन्द्र बाबू के प्रशान्त व्यक्तित्व के सम्बन्ध में यह कल्पना कुछ आधुनिक चित्रकला-सी है जिसमें चिड़िया शेर की तरह दीख पड़ती है।

और सच ही मुझे कुबूल यही करना था कि मैंने जब कभी पास से राजेन्द्र बाबू को देखा तो मेरे उपचेतन में जो असम्बद्ध, अस्पष्ट तसवीर खड़ी हुई, वह सिंह की ही। मैं विश्लेषण करने पर भी यह मानने के लिए तैयार नहीं कि इसका कारण उनका आध्यात्मिक तेज, चारित्रिक बल ही हो सकता है। मेरे लिए यह उनके शारीरिक व्यक्तित्व की ही पहली छाप रही है। बात कुछ अजीब-सी जरूर है। लोगों को अक्सर कहते सुना-पढ़ा है कि राजेन्द्र बाबू को देखकर प्राचीन महर्षियों की याद आ जाती है।

औसत आदमी की लम्बाई से हाथ भर ऊँचे; घनी, 'वालरस' मूँछें; और उनके सिंह-रूप की सबसे ज्यादा झलक देनेवाली वे आँखें। उन आँखों में डरावनापन नहीं, लेकिन अगर आप उनके सामने मन-ही-मन काँप नहीं उठते तो आप जरूर एक ऐसे इनसान हैं जिसमें कहीं कोई कमजोरी नहीं। वे आँखें वस्तुत: 'सिंहावलोकन' करती हैं। उन आँखों में पाने की भूख नहीं, इसलिए प्रखरता द्विगुण है। वे आँखें किसी को एक बार देख लेने पर भी भूलतीं नहीं, पर एक बार ही देखने पर भी किसी के बारे में भूल भी नहीं करतीं। उन आँखों से छिपा कुछ भी नहीं रह सकता, उनका आशय वाणी भले ही व्यक्त न करे। सेनापति राजेन्द्र की वाणी डाँट-फटकार के लिए, लानत-मलामत के लिए नहीं, वरन् जादूभरी ललकार के लिए प्रसिद्ध है। सिंह भौंकता नहीं, गर्जन करता।

इस सिंह ने, जातक कथा के सिंह की तरह, अपने प्राणों के लिए दूसरों के प्राण नहीं लिये, दूसरों के लिए अपने प्राणों की बाजी लगा दी। कर्म के क्षेत्र में जो सदैव वज्र से भी कठोर बना रहता है, वही व्यक्तिगत जीवन में सबके लिए कुसुम से भी मृदु बन जाता है।

राजेन्द्र ने सदाकत आश्रम की फूस की झोपड़ी में रहकर स्वतंत्रता की निहत्थी, पर अपराजेय नासीर-सेना का संचालन किया और उस प्रतिपक्षी वाहिनी के दाँत खट्टे किये जिसके द्वारा विजित साम्राज्य में सूर्य कभी अस्तगत नहीं होता था। आज राजेन्द्र स्वतंत्र भारत के राष्ट्रपति के रूप में, विधानत: देश की सेना के सर्वोच्च अधिकारी हैं और दिल्ली के उस प्रासाद में निवास करते हैं जिसकी शानो-शौकत संसार के प्रथम श्रेणी के राष्ट्रों के लिए ईर्ष्या का विषय रही है। पर सदाकत आश्रम के सेनापति और आज के राष्ट्रपति में कहीं कोई अन्तर नहीं। उन्हें सदाकत आश्रम में राजाओं का सम्मान सुलभ था और आज वे दिल्ली के प्रासाद में अनासक्त भाव से राष्ट्रपति के गौरवपूर्ण, किन्तु दुर्वह उत्तरदायित्व का भी सहज भाव से निर्वाह कर रहे हैं।

शताब्दियों पहले देश के उस भूभाग में, जिसे आज बिहार कहते हैं, महामानव जनक के युगों तक व्याप्त रहनेवाला अपना यश:-सौरभ प्रसादित किया था। राजेन्द्र बाबू प्रमाण हैं कि जनक पुराण कल्पना मात्र नहीं थे।

['प्रकाश' : 1 दिसम्बर, 1950]

स्व. श्री श्रीकृष्ण सिंह

[कुछ छोटी बातें]

किसी के महान होने का एक प्रमाण यह होता है कि उसके जीवनकाल में ही किंवदंतियाँ चल पड़ें। श्रीकृष्ण बाबू के सम्बन्ध में अनेक उनके जीवनकाल में ही सुनने को मिला करती थीं।

महान होने की यह भी एक कसौटी है—किसी के आचरण की एक बिलकुल छोटी बातों में कौंध जानेवाली कोई असाधारणता। श्रीबाबू की ऐसी असाधारणता मुझे एकाधिक बार देखने को मिली थी। मुझे यह घटना बहुधा स्मरण हो आती है। एक साहित्यिक समारोह में श्रीबाबू पधारे थे। हॉल के बीच की मेज के पास वे बैठे थे और धीरे-धीरे राजनीतिक व्यक्तियों से घिर गए थे। हॉल भर चुका था और कहीं सुविधा का स्थान नहीं था कि तभी बिहार के एक वरेण्य साहित्यकार आए और अपनी आदत के मुताबिक कहीं पीछे, किसी कोने में जगह पाने की कोशिश में लगे। आयोजकों को फुर्सत न थी कि उनकी तरफ ध्यान जाता। मैंने देखा, श्रीबाबू की भृकुटि तनी। उन्होंने बगलवाली कुर्सी पर बैठे सज्जन से और किसी तरह के आकृति-परिवर्तन के बिना ही कुछ कहा, कुर्सी खाली हो गई, और उस कुर्सी पर 'ना-ना' करते हुए उन वयोवृद्ध साहित्यकार को बैठना पड़ा। एक बड़े आदमी ने दूसरे बड़े को पहचाना ही नहीं था, वह किया था जो एक बड़े आदमी को दूसरे बड़े आदमी के प्रति करना चाहिए।

ऐसी ही एक दूसरी सभा थी। श्रीबाबू पधारे थे, तो साहित्यिक सभा भी भीड़ से भर उठी थी। श्रीबाबू और अन्य विशिष्ट अभ्यागत मंच पर बैठे थे, और भीड़ ऐसी कि वहाँ तक पहुँचना कठिन था। कार्यवाही शुरू हो चुकी थी। तब आए उच्च न्यायालय के न्यायाधिपति, जो अपनी सरलता और साहित्यानुराग के लिए प्रसिद्ध हैं। वे मंच से दूर कहीं बैठने की कोशिश में थे और उन पर किसी की नजर भी नहीं गई। मैंने देखा, श्रीबाबू ने अपने पास बैठे एक विशिष्ट व्यक्ति से जैसे बड़ी व्यग्रता से कुछ कहा, वे उठे और आदर के साथ न्यायाधीश महोदय को मंच पर ले आए। उच्च न्यायालय के न्यायाधीश को सभा में कहाँ स्थान मिलना चाहिए, यह भरी सभा में एक व्यक्ति अवश्य जानता था और वे थे श्री बाबू।

एक ही बात और, जिसका प्रत्यक्षदर्शी तो मैं नहीं हूँ, किन्तु एक तरह से हूँ भी। एक पुस्तक-विक्रेता अंग्रेजी की नई-सी-नई किताबें लेकर मेरा यहाँ आते हैं। एक दिन आए तो कहने लगे, 'माफ कीजिए, आप आराम कर रहे थे, फिर सोचा, आपको मालूम हो जाएगा तो किताबें जरूर देख लीजिएगा।' मैं किताबें देखने लगा और वे बातें करते चले। उन्होंने गद्गद कंठ से कहा, 'अभी मैं श्रीबाबू के बँगले से आ रहा हूँ। बताया गया कि वे कहीं बाहर जानेवाले हैं। मैं सोच रहा था, कुछ किताबें उनके लिए छोड़ घर चलूँ कि सभी चौंकन्ने हुए और कई आदमियों से घिरे श्रीबाबू आते दीख पड़े। मैं भी अपनी गठरी के पास एक कोने में खड़ा था। श्रीबाबू की नजर पलभर के लिए मुझ पर और गठरी पर पड़ी और वे आगे बढ़ गए। फिर मुड़े और गठरी के पास चले आए और बोले—नई किताबें हैं न ? खोलिए।—और क्या बताऊँ आपको, सारी किताबें देख गए। साथ के लोग छिपकर कलाई की ओर देखते और बेचैनी दबाए खड़े रहे। श्रीबाबू तो तभी चलने को हुए जब किताबें चुन लीं और उन्हें अन्दर रखने की हिदायत दे चुके। यह किताब, सर, उन्होंने भी चुनी थी।'

मैं कभी श्रीबाबू के निकट सम्पर्क में नहीं आया, लेकिन जब कभी तनिक नजदीक से भी उन्हें देखने का मौका मिला, उनकी ऐसी बातों से प्रभावित हुआ और सीखा।

[उत्तर बिहार : 6 फरवरी, 1961]

आत्मपरक निबन्ध

आत्मकथ्य

यदि रचना बोल सकती है तो रचयिता को मौन ही रहना चाहिए। मैं अपनी रचनाओं में वह सब कुबूल ही तो करता हूँ जिसे जानने की इच्छा किसी को हो सकती है! और जो नहीं कुबूल किया है, वह किसी के काम का नहीं—मेरे लिए उसका जो भी मूल्य हो।

मैं प्रेरणा होने पर जीना पसन्द करता हूँ, लिखना एकदम नहीं—कविता तक प्रेरणा के क्षणों में नहीं लिखता। मैं पतली से पतली निब वाली खूबसूरत फाउंटेन-पेन से ही लिख सकता हूँ, नहीं तो तबीयत जमती नहीं...। मैं लेटकर ही लिख सकता हूँ, मेज के सामने कुर्सी पर बैठकर नहीं। सिगरेट खूब पीता हूँ और बहुत दिनों से, लेकिन गले के नीचे धुआँ शायद ही कभी उतारता हूँ। मैं निष्काम निष्क्रियता के स्वकीय दर्शन में विश्वास करता हुआ भी नौकरी करता हूँ। जासूसी उपन्यास पढ़ने और देर-सबेर गप्पें लड़ाने का आदी हूँ...तनाव या शान्ति के क्षणों में फाउंटेन-पेन से मुखाकृतियाँ अंकित करता हूँ, जिनमें से किसी-किसी की तारीफ पत्नी करती तो हैं, पर अपनी तूलिकाएँ और रंग मुझसे बचाकर ही रखती हैं, इत्यादि, इत्यादि।

इन और ऐसी बातों के सम्बन्ध में कुछ लोगों की दिलचस्पी हो सकती है। मैं उन्हें तब तक के लिए स्थगित रखना चाहता हूँ जब तक आत्मकथा लिखने की स्थिति में न पहुँच जाऊँ, क्योंकि तब लिखने को आखिर और रह ही क्या जाएगा!

इसी तरह एक दूसरी बात को भी टालना है : वह कि मैंने कब-क्यों लिखना शुरू किया? तो स्कूल में था, लिखने तभी से लगा था, जिस तरह बहुत-से दूसरे सतीर्थ भी लिखते थे। मुझमें और उनमें अन्तर इतना ही था कि वे लिखते थे तो सभी को दिखाते थे और थोड़ी-बहुत प्रशंसा भी पाते थे; मैं जानता था कि मैं जो लिखता था, वह किसी काम का नहीं होता था और जितना संकोच से नहीं, उतना इस जानकारी से जो लिखता था, उसे रख देता था और फिर फाड़ भी डालता था।

लिखने का गलत प्रारम्भ मैंने एक बार से ज्यादा किया है। स्कूल के बाद कॉलेज में आते ही नये ढंग से लिखना शुरू किया। अब छायावादी कविताएँ पढ़ता था और उनकी नकल करता था। निराला के एक गीत के अनुकरण पर लिखी मेरी एक कविता 'सुधा' में प्रकाशित हुई थी; दो-चार और कविताएँ भी इधर-उधर;

कुछ आलोचनात्मक निबन्ध भी। मुझे इस प्रारम्भ से भी सन्तोष नहीं हुआ और एम.ए. तक पहुँचते-पहुँचते फिर नया आरम्भ किया। वह आरम्भ आज के प्रयासों और प्रयोगों से सम्बद्ध है। कम-से-कम एक बार और आरम्भ करना पड़ेगा, ऐसा साफ देखता हूँ। आरम्भ तो फिर-फिर करता, लेकिन मैं अल्पायु परिवार में जनमा हूँ। भविष्य में एक नये और अन्तिम आरम्भ के लिए भी अवसर मिले तो मैं जीवन के प्रति कृतज्ञ होऊँगा।

क्यों लिखता हूँ—इस प्रश्न का एक बार अन्यत्र उत्तर दिया था। मैं ज्यादातर इसलिए लिखता हूँ कि सम्पादक आग्रह करने की कृपा करते हैं। मैं शायद बड़े-बड़े ग्रंथ इसीलिए नहीं लिख पाता कि उनके लिए प्रकाशक फरमाइश करते हैं, सम्पादक अनुरोध नहीं करते। मैं सचमुच ही जो थोड़ा-बहुत लिख सका हूँ, उसका अधिकांश कृपालु सम्पादकों की अनुरोध-रक्षा के लिए ही लिखा है। मैं उन सम्पादकों का चिर-ऋणी रहूँगा जिन्होंने मुझसे बार-बार कहकर लेख, कविताएँ, कहानियाँ लिखवाई हैं—इनका महत्त्व कुछ हो या नहीं।

लेकिन मैंने पहली दो-एक कहानियाँ किसी सम्पादक के कहने से जरूर ही नहीं लिखी थीं। तो फिर उन्हें क्यों लिखा था? अपनी हीनभावना की पूर्ति के लिए?...ख्याति के लिए?...पैसों के लिए तो अवश्य नहीं। अपने को प्रतिभाशाली सिद्ध करने के लिए? इस प्रश्न पर अभी सोचा ही किया हूँ, उत्तर ठीक-ठीक दे नहीं पाता।

बात ऐसी है कि अपने व्यक्तिगत जीवन, रुचि और कार्यों के बारे में मैंने इतना भी बहुत प्रयास के बाद अपने को लिख डालने के लिए तैयार किया है। इसी तरह एक बार बाध्य होकर जब अपने साहित्यिक जीवन पर एक सभा में बोलना पड़ा तो 'मैं' से शुरू न कर 'नलिनी विलोचन शर्मा ने ऐसा किया, वैसा किया...' इस ढंग से अपने बारे में थोड़ा-बहुत बोल तो गया किन्तु तबीयत से नहीं।

सो, अब कुछ अपनी कहानियों के बारे में कह दूँ और छुट्टी पाऊँ। सच तो यह है कि कहानी के बारे में लिखना तो पसन्द करता लेकिन अपनी कहानियों के सम्बन्ध में जब लिखना है तो नहीं सोच पा रहा कि क्या लिखूँगा, क्योंकि अपनी रचनाओं के बारे में भी मैं खुद कुछ भी कहना कभी चाहता नहीं।...रचना बोल सकती है तो...यह तो निवेदन कर ही चुका हूँ।

कहानियाँ बहुत लिखी जाती हैं और छपती, पढ़ी भी जाती हैं किन्तु अच्छी कहानियाँ कभी-कभी दीख पड़ती हैं। कहानी लिखना बहुत कठिन है भी—अगर उत्कृष्ट कहानी लिखने की बात हो। जिस अनुपात में यह कला कठिन है, उस अनुपात में न तो उसका व्यावहारिक महत्त्व ही है, न उसे विवेकशील पाठकों या आलोचकों से अभ्यर्थना ही प्राप्त होती है। कविता को साधारणतः व्योम-विहार ही माना जाता रहा है, हालाँकि यह धारणा गलत है—और उपन्यास तो सचमुच ही कई

चक्कों वाली ऐसी गाड़ी है जिसका रास्ता टेढ़ा-मेढ़ा, ऊबड़-खाबड़ भले हो लेकिन चौड़ा इतना काफी है कि दूरी तय होती चलती है। लेकिन कहानी क्या है कि तलवार की धार पर धावना है। उधर पाठक हैं कि ट्रेन की ऊब मिटाने के लिए कहानी पढ़ते हैं और आलोचक कहते हैं कि पाठकों को अब समय कहाँ कि वे लम्बे-चौड़े उपन्यास पढ़ें। बीसवीं सदी में कहानियों की लोकप्रियता का यही कारण विद्वानों ने निर्दिष्ट किया है और अब तो साहित्य से स्वल्प परिचय रखनेवालों के लिए भी जानी-मानी बात हो गई है। कहानी के सम्बन्ध में इससे अधिक भ्रांत धारणा नहीं हो सकती। मैंने छोटी कहानियों पर लिखे गए अपने एक शास्त्रीय निबन्ध में इस धारणा को स्वीकार-सा किया है। अवश्य आज उसका खंडन मैं सबसे पहले करने को तैयार हूँ।

मैंने अभी दो-चार रोज पहले हिन्दी के प्रायः एक हजार पृष्ठों के एक अनतिलघु उपन्यास का पारायण कर जाने का असम्भव कार्य प्रतिपन्न किया है और मैं एकदम निठल्ला आदमी होऊँ, ऐसा तो नहीं है। गति और समयाभाव अमेरिकी जीवन के वे अभिशाप हैं जिनका अनुकरण कर सारा संसार धन्य हो रहा है। वहाँ के ही एक सुप्रसिद्ध उपन्यास The Sun Is My Undoing को इन पंक्तियों के लेखक ने साल-दो साल पहले पढ़ डाला था। उसका यह विश्वास भी है कि उसके जैसे उस उपन्यास के असंख्य पाठक उस देश में ही होंगे जहाँ बिजली और आवाज की तेजी से भी मनुष्य शायद ही सन्तुष्ट हो सकेगा। और जब लोगों को फुर्सत-ही-फुर्सत रहती थी तब भला महाकाव्यों के साथ मुक्तक भी क्यों लिखे जाते थे और क्यों उपन्यासों से अधिक ही कथाएँ? 'कथासरित्सागर' या 'अलिफ लैला' जिस युग में लिखे गए, उस युग में भी क्या आज जैसी भागदौड़ रहती थी?

मुझे कहना यह अभिप्रेत है कि कहानी का लघु आकार समय की कमी या गति की अधिकता पर उसी तरह अनाश्रित है जिस तरह गीति-कविता, जो पहले भी लिखी जाती थी और आज भी लिखी जाती है और इसलिए लिखी जाती है कि जो बात उसके माध्यम से जिस ढंग से कही जा सकती है, उस ढंग से कविता के दूसरे रूप से नहीं। कहानी की लघुता उसकी मूलभूत विशेषता है। कहानी छोटी होती है तो इसलिए नहीं कि वह ड्योढ़े दर्जे के यात्रियों के लिए आवश्यक पाथेय है। इस दृष्टि से भी कहानियाँ लिखी जाती हैं लेकिन कहानी की यह कोई विशेषता अवश्य नहीं है—अखबारी खबर है कि सूरज की गर्मी को आईने में कैद कर चूल्हे जलाये जा सकते हैं लेकिन सूरज की गर्मी का कारण यह नहीं है कि चूल्हों को जलाने के लिए गर्मी तो चाहिए ही।

छोटी कहानी के बारे में दुनिया भर की बातें कही जाती हैं—जिनमें काफी समझदारी की बातें भी शामिल हैं—किन्तु उसकी अनिवार्य सार्थकता पर जितना भर मैं किताबों में पढ़ पाया हूँ, शायद ही कहीं कुछ काम की बात कही गई है। कहानी

के बारे में कहा गया है कि वह जीवन का कतरा है और यह कथन बहुत महत्त्वपूर्ण और सारगर्भ माना जाता है। अपने में कतरे की कीमत ही क्या? कतरा हमेशा पूरे से कम ही होगा। कतरा कब और क्यों अनिवार्य हो जाता है, और जो पूर्ण है, उससे काम नहीं चलता, ध्यान देने की बातें हो सकती हैं तो सिर्फ ये ही।

प्रयोगशाला में अणुवीक्षक के सहारे जब जाँच चलती है तो बूँद और कतरे इसलिए सामने नहीं रखे जाते कि वे काफी हैं बल्कि इसलिए कि उन्हीं से काम चल सकता है। और कहानी उपन्यास के दूरवीक्षक के विपरीत अणुवीक्षक है या कुछ नहीं है। एक उपन्यासकार जहाज के कप्तान की तरह अनिर्धारित जीवन-सागर का दूरवीक्षण करता है और दूर से विस्तार को नाप लेता है, योजना-निबद्ध कर डालता है। कहानीकार बिन्दु में केन्द्रित विराट और पूर्ण सत्य का उद्घाटन करता है। कहानीकारों के दो ही काम होते हैं—बिन्दु फैले नहीं और बिन्दु पर से निगाह विचले, हटे नहीं। पिंड में ब्रह्मांड का सत्य देख लेना कृच्छ्र-साधना है, यह संत ही नहीं, ईमानदार कहानी-लेखक भी जानते हैं।

यह साधना कहानी के गम्भीर तनाव में व्यक्त होती है जिसके अभाव में कहानी, कहानी नहीं बन सकती और जिसकी कृत्रिम अतिशयता से भी बनी कहानी बिगड़ जाती है। तनाव अति-नाटकीयता से उत्पन्न होनेवाला प्रभाव नहीं है। अति-नाटकीयता से पाठक चमत्कृत तो होता है किन्तु कहानी की प्रभावान्विति खंडित हो जाती है। कहानी-विषयक हिन्दी की आलोचना पुस्तकों में अक्सर ही यह बताया जाता है कि कहानी में 'क्या होने वाला है' की उत्कंठा (Element of Suspense) निहायत जरूरी बात है। किन्तु वस्तुतः इसके विपरीत ऐसी अति-नाटकीयता कहानी के स्वरूप-विधान की अनिवार्यता और सार्थकता को ही नष्ट कर देती है। जाने-माने पुरानों में ओ. हेनरी की और नयों में 'साकी' (एक अंग्रेज कहानीकार का उपनाम) की कहानियाँ इसका दृष्टान्त हैं; उत्कृष्ट कहानीकार मोपासाँ की भी अनेक कहानियाँ इसीलिए सदोष हो गई हैं क्योंकि उसने अंत में उन्हें अप्रत्याशित मोड़ देने की कोशिश की है। ऐसी कहानियाँ लोकप्रिय तो होती हैं और हिन्दी में ऐसी कहानियाँ कुछ लोग लिखते तो हर्ज भी नहीं था, किन्तु वे कहानी-कला के उच्च आदर्श से दूर नीचे रह जाती हैं। स्वयं मेरी कुछ कहानियों में यह दोष मुझे दीख पड़ता है। 'विष के दाँत' की 'जानी हुई चीजें' ऐसी ही एक अति-नाटकीयतापूर्ण कहानी है।

कहानी की यह साधना ही, जो स्थापत्य-कुशलता के सिवा और कुछ नहीं, कहानी को कविता के स्तर पर उठा सकने में सफल होती है। कहानी की यह काव्यता शैली या वर्णन या पात्रों की रूमानियत या कवितापन पर आश्रित नहीं होती, अक्सर अच्छी कहानी लिख सकने वाले भी यह समझ लेने की भूल कर बैठते हैं। कृश्न चन्दर या वात्स्यायन की कहानियों में ऐसी ही सजावट से उत्पन्न,

कहानी के साथ रहने वाला किन्तु, उससे अलग, काव्यत्व रहता है; प्रेमचन्द कुलू और कश्मीर के दृश्य-वर्णन या भावुकतापूर्ण गद्य-शैली के साधनों से नहीं, अपितु अपनी श्रेष्ठ कहानियों में ही अवश्य, अखंड प्रभावान्विति से कहानी के साथ अविनाभाव सम्बन्ध रखने वाला काव्यत्व सम्भव कर दिखा सकने की विलक्षण शक्ति रखते थे। मैंने छोटी कहानी सम्बन्धी अपने बहुत पहले प्रकाशित प्रबन्धों में जिन चेखव, मोपासाँ और कैथेराइन मैंसफील्ड के नाम आदर्श कहानीकारों के रूप में निर्दिष्ट किये हैं, और अब तो जिनके नामों से हिन्दी के औसत पाठक-लेखक भी परिचित हैं, उनमें कहानी-कला की यह और उपर्युक्त दूसरी विशेषताएँ स्पृहणीय रूप में मिलती हैं।

...कहानी-कला के विषय में यहाँ जितना लिखना चाहिए था, उससे शायद ज्यादा मैं लिख गया हूँ। उसके लिए मैं क्षमा-प्रार्थी इसलिए नहीं हूँ कि मैंने अपनी कहानियाँ जिस आदर्श को सामने रखकर लिखी हैं, उसका उल्लेख, अपनी कहानियों के विषय में कुछ कहने के सिलसिले में, आवश्यक मानता हूँ। मुझे अपनी सभी नहीं तो कुछ कहानियों पर तो जरूर ही उतना समय लगाना पड़ा है जितने में, मेरे कुछ मित्रों का दावा है, उन्होंने प्रशंसित उपन्यास लिख लिये थे। मुझ जैसा कहानी लिखनेवाला कहानी को साधना समझता है तो आश्चर्य ही क्या!

इस वक्तव्य के साथ छपने देने को मैंने अपने 'विष के दाँत' कहानी संग्रह की 'ये बीमार लोग' कहानी चुनी है। कहानी चुनने में कुछ द्विधा जरूर थी लेकिन इसलिए नहीं कि मुझे अपनी कहानियाँ, जैसा एक आदरणीय कहानी-लेखक कहा करते हैं, अपने बच्चों की तरह इतनी प्रिय हैं कि किसे अच्छा कहा जाए और किसे नहीं। कहानी लिख लेने के बाद—सच यह कि किसी तरह की चीज लिख लेने के बाद—मेरी स्थिति उस जर्राह जैसी हो जाती है जो अपने ही किसी अंग को काटकर वैज्ञानिकोचित दृष्टि से उसकी निरीक्षा-परीक्षा कर सके। जर्राह को 'ये बीमार लोग' क्यों उदाहरणीय जँचा, इसका कारण रूपकात्मकता मात्र नहीं है।

'ये बीमार लोग' का गद्य एक अखबारनवीस का गद्य है, पर अपनी सम्पूर्णता में उसमें काव्यत्व है। यह कहानी तनी रस्सी पर चलने वाली बाजीगरी का मिसाल न होते हुए भी वैसा तनाव रखती है जो एक-दो फालतू वाक्यों के बोझ से भी—वाक्य रंगीन चाहे कितने भी हों—टूटकर बिखर जाएगी। चेस्टरटन की एक वक्रोक्ति को मैंने कभी, कहीं उद्धृत किया था; उसके अनुसार ही इस कहानी का तो कोई सन्देश नहीं है, पर कहानी अपने में ही सन्देश है, जिसे सभी के कान अगर नहीं सुन पाते तो मुझे आप अभियुक्त बना सकते हैं।

['दृष्टिकोण' : पटना, मई, 1952]

बचपन के बारे में

बचपन में जब मेरे समवयस्क दूसरे लड़के स्कूलों में गणित, भूगोल और व्याकरण जैसे नीरस विषयों को लेकर माथापच्ची करते रहते होंगे तब मैं या तो पतंग उड़ाता, लट्टू नचाता या फिर गल्प पढ़ता रहता था। मैं बेहद गावदी और गावदी जैसा लड़का जरूर रहा हूँगा। गावदी और गावदी जैसा तो आज भी हूँ; उम्र तो बहुत लगती है और कम है भी कहाँ—खास कर, जब अपने देश के औसत लोगों की औसत उम्र का खयाल हो आता है। साथ ही यह कि पिता-पितामह-प्रपितामह में किसी को पचपन साल से अधिक जीवित रहने का सौभाग्य प्राप्त नहीं हुआ। गावदी होने और लगने की बात कह रहा था। पतंग, लट्टू, फुटबॉल पर खर्च करने को पिताजी उदारतापूर्वक रुपये देते थे, क्योंकि बैठकर खेले जानेवाले ताश जैसे खेलों, सिनेमा देखने या बाजार के खाने की चीजों के लिए एक पैसा भी नहीं देते थे। वहीं स्वस्थ और थोड़े-बहुत व्यायाम-साध्य खेलों के लिए उत्साहित ही करते थे और मैं था कि न कभी पतंग उड़ाने में ही दक्ष, न लट्टू नचाने में, न फुटबॉल खेलने में ही। गावदी तो ऐसा था, उससे भी ज्यादा लगता रहा हूँगा। पिताजी का सिद्धान्त था कि बच्चों को चुस्त कपड़े नहीं पहनने चाहिए क्योंकि उनके शरीर का विकास रुक जाता है। सो, खद्दर का अच्छे से अच्छा कपड़ा तो रहता था—बेशकीमती, साफ, धुला, लेकिन आज के मेरे कपड़ों से भी अधिक ढीला-ढाला।

पिताजी का सिद्धान्त गलत था, यह मुझे देखकर कौन कह सकता है पर मैं यह जरूर सोचता हूँ कि मेरे शरीर का जो असामान्य विकास हुआ, उस पर ढीले-ढाले वस्त्रों का कितना और दूसरी बातों का कितना और प्रभाव रहा होगा। शरीर की तरह दिमाग से भी मैं कम गावदी या गावदी जैसा नहीं था।

इधर 'अलका' में

विवाह के साथ गौना? घर पर नववधू के साथ राजीव का आठवाँ दिन। इस समय-भाग को पाशविक विवेकशून्यता की बेहोशी की एक लम्बी खुमारी से भरी रात भर कहिए। आंग्ल-समाज के स्वातन्त्र्य के कारण आंग्लों की सर्वथा उन्मुक्त और परिवर्धमान बिला सम्भावना की तरह ही, हिन्दू समाज के बन्धनों के कारण अपनी बाह्यतः प्रच्छन्न और शृंखलित, पर वास्तव में तथैव प्रदीप्त उत्सुकता का स्वैर शमन करता रहा है अब तक। फिल्मों और चित्रों में इंगित समाजशास्त्र की वैज्ञानिक पुस्तकों में पठित, मित्रों द्वारा अध्यापित रहस्य समझता रहा है अब तक, कि आज

जैसे अजीर्ण हो गया है; कि जैसे खूब श्रान्त होने पर भी घड़ी की सम्पूर्णता में सो लेने के बाद सोने से ऊब ही गया। और दार्शनिक वह अपने पर ही आश्चर्यान्वित हो रहा। अपने पर संकुचित। पर अपने पर क्षुब्ध नहीं। ईषत् सस्मित एकाग्रता स्पष्ट कहती कि बुद्ध की तरह दर्शन का वैराग्य नहीं तो ज्ञान आनन्द की पराकाष्ठा के बाद जाग्रत हो रहा। वह सोचता, किसने तो कहा था कि पत्नी युवक की रखेलिन, प्रौढ़ की मित्र और वृद्ध की परिचारिका होती है। आदिम प्राकृत संस्कार के दृष्टिकोण से नग्न वास्तविकता यही है, मानना ही पड़ता। पुराण पुरुष और नारी, आदम और हौवा, शारीरिक प्रेरणा से ही तो स्थूल आवश्यकताओं की पूर्ति के लिए यौन-सम्बन्ध में प्रवृष्ट हुए थे। सृष्टि के उस धुँधले प्रारम्भ के दिन 'मधुयामिनी' ही रही हो, यह भी कोई जरूरी नहीं। वैज्ञानिक के सिर की कसम। प्रारम्भ में प्रकृति थी ही बालकों-सी आवरणहीन, गन्दी...आज नल के नीचे पूरा मन-मन-धार खोल नहाएगा। खूब साबुन मल-मल।

और...और आज ही तो—ऑफिस भी जाना है। आठ दिनों की छुट्टी ली थी। उसके बाद की अनिवारणीयता को दूर, पर्याप्त दूर कहकर, अपने को समझाकर प्रायः भूल ही गया था। यह नहीं कि स्मृति मर गई थी। यह जहाँ जीविका का प्रश्न हो, क्या सम्भव होता? केवल सुप्त थी। और फिर भी मस्तिष्क के पीछे कहीं करवट ले अज्ञात रूप से अपने अस्तित्व का परिचय दिये ही रहती थी। नहीं तो ठीक आज ही वह अपनी दैनिक क्रियाओं पर विचार क्यों कर रहा? नहाता तो वह रोज था ही। नल के नीचे। साबुन मल-मल। लेकिन आज के इस नहाने और साबुन मलने की क्रियाओं पर ध्यान देने और विचार करने का फल बहुत आगे तक अद्धिष्ट है।—उसके जूतों पर पॉलिश की है कलुआ ने या नहीं? ऑफिस के जूते आठ दिनों से पड़े हैं। और मोजे? और कालर? कालर तो धोबी दे गया था। और टाई, खैर, आज भर पुरानी ही सही। लेकिन कफ-लिंक एक उस दिन खो गया सो मिला तो निश्चित नहीं। यह तुरत ही मँगवाना।...और कॉलेज के मात्र इम्तहान पास करने के लिए अनिच्छा से पठित दर्शन से भी अधिक। प्रारम्भ में तो इतना आह्लादकारी पर आज ही कुछ-कुछ दबाने वाला। पति-पत्नी के सम्बन्ध से सम्बद्ध दर्शन, ऑफिस जाने के आसन्न प्रश्न से दिमाग हट गया। क्रिया की अनिवारणीयता का ज्ञान, जुलाब की तरह, इस दर्शन की अवसन्नता की कब्ज पर स्वास्थ्यकर सफल हुआ।

राजीव लोचन, हेड-क्लर्क, लक्ष्मी बैंक, कानपुर शाखा, ऑफिस गए।

शाम को तबादले की आज्ञा मिली, कलकत्ता को।

कुछ स्खलन जरूर हुआ होगा। यह स्फुट। क्या, यह अविदित? ऊपर से विज्ञापित भी नहीं। राम जाने कि बड़े साहब। खैर, यही क्या कम की अवमानना नहीं हुई? या मुअत्तिल ही कर दिये जाते। या वेतन ही कम कर दिया जाता!

आज्ञा तो खैर, नितान्त अनिच्छित तबादला की होने पर भी अवरोध शिरोधार्य। यह आज्ञा जो है। साहब साले की। लेकिन यह गृहस्थी का जो जटिल प्रश्न है, इस पर वह कैसे नहीं सोचे? आठ दिन पहले शायद इस पर भी नहीं सोचता। अब कैसे नहीं? अब वह सचमुच ही क्या बँध नहीं गया? यह नहीं कि इस बन्धन को स्वप्न में भी अतृप्तिदायिनी स्वतंत्रता के लिए छोड़ेगा? कभी नहीं। बन्धन है तो हो। प्रतिभा। प्रतिभा रानी का सामीप्य! प्राण! राजीव उसे कितना प्यार करता!...लेकिन लो, वह फिर लगा प्यार और वास्तविक यानी दर्शन के व्यापक प्रश्नों में असमय उलझने।

लेकिन इसका निश्चय तो इन्हीं भावनाओं से रंजित होता। प्रतिभा के सामीप्य की वास्तविकता के विनाश की सम्भावना है। तब इस वास्तविकता ने शारीरिक रूप छोड़ा? अब शरीर पर केवल गौण आश्रय ले उसने हृदय को छुआ? यों तो वह बूढ़ा उन्हीं आठ दिनों में हो नहीं गया था कि शारीरिक आकर्षण रह ही नहीं जाता। लेकिन यही आकर्षण अब सूक्ष्म और फलतः सहस्र गुणा शक्तिशाली हो गया। हेयर-स्प्रिंग की तरह फैल-फैल हृदय में अव्याख्यायेय कोई वैसी प्रेरणा होने लगी जिसने मजनू को न जाने कब और भूतपूर्व हमारे सम्राट को हाल में ही अविश्वासोत्पादक, वैज्ञानिकों की नग्नता के अनुसन्धान में ही लगी आँखों में भी दैवी लोकोत्तर त्याग हँसते-हँसते करा दिया। राजीव तो कहता कि वह इस्तीफा ही देगा और अपनी ही कोटि के उक्त अमर सज्जनों की अनुकृति के विचार मात्र से वह भी जैसे कितना ऊपर उठने अपने को पाने लगता। उन आठ दिनों की वास्तविकता और नग्नता उसकी इस सूक्ष्म लोकोत्तर प्रेम-भावना को विचित्र इन्द्रधनुषी रंग दे रहा। ऐसा काव्य तो बाहर कोई क्लर्क भी अनुभव कर सकता, यह आज वह अनुभव करके ही विश्वास कर रहा।...लेकिन आप जानिए, क्या यह सब जरा भी व्यावहारिक विचार कहला सकता?

और यों ही माँ, चची आदि की केबिनेट भी इस प्रश्न को सुलझाने में असमर्थ रही। पत्नी की साथ चलने की एकान्त में प्रकट इच्छा राजीव को इष्ट परन्तु रुपये और अकेले रहने की कठिनता। अन्त में वृद्ध पिता की ही बात रही कि अभी वही जाए। बहू यहीं रहेगी। और सूक्ष्म 'निर्गुण' प्रेम की भावना को उन आठ दिनों की स्थूल 'सगुण' स्मृति से और जाने के वक्त के अन्तिम चुम्बन और आलिंगन से तीव्रतर पुष्ट करता वह दूसरे दिन कलकत्ता के लिए रवाना हो गया।

[2]

...ट्रेन। ट्रेन पहुँचने से पहले की बात नहीं कही। इसलिए कि कोई बात थी ही नहीं। राजीव ने ट्रंक और उसमें रखे जानेवाले उपकरणों के सिवा सब कुछ भुला दिया था। सेकेंड शो देखने के बाद जरूरी नींद के आह्वान की एकाग्रता आवश्यक होती।

लेकिन मस्तिष्क में तो नायिका की विनम्र-चेष्टाएँ उत्पात मचाए रहतीं। तब मेरे एक मित्र कहते कि वह एक से लेकर एक हजार तक, प्रात: अपने पिता के हनुमान-चालीसा के पाठ से भी अधिक मनोयोग से, गिन जाते। फिर स्वप्नों में मस्तिष्क कभी-कभी जगे भी पर, देह तो दूसरे दिन सुबह साढ़े नौ बजे बहुत झकझोर जाने पर ही शीर्ष पीड़ा के साथ पलंग छोड़ती। राजीव का एक हजार वाला मंत्र या विविध आवश्यक सामग्रियों के बारे में कहते—पूछते रहना, कि टुथ-ब्रश तो रख दिया? तौलिए कई हैं? चादर? यह और वह!...और उन्हीं मेरे मित्र की सफलता की मात्रा ही में इसे सफलता मिली। स्वप्न में की तरह मस्तिष्क कभी-कभी जरूर प्रतिभा के लिए छटपटा उठता, लेकिन जैसे शरीर इतना नि:स्पृह कर रखा गया हो कि इसे पर्याप्त शक्ति मिलती ही नहीं। लेकिन साढ़े नौ बजे जैसे शीर्ष पीड़ा को ले मेरे मित्र को पलंग छोड़ना ही पड़ता, वैसे ही इस साढ़े नौ बजे की रात वाली ट्रेन में अब तो शरीर से लेटा मस्तिष्क से सब सोच ही रहा। और अब भी वह सोचने से डर रहा हो, ऐसा कुछ नहीं। सोचना तो उसका एक विलास है। यही चाहता कि कुछ और दूर चल ले। जैसे चाहता कि कुछ देर में इस ट्रेन की आरोह-अवरोहमयी खटखट ध्वनि से स्पन्दन का साम्य पहले कर ले। और तब ट्रेन के गर्दन-तोड़ वेग को शरीर से मस्तिष्क में पहुँचा सोचता रहे न। इसी कुछ देर की प्राप्ति के लिए वह व्यर्थ की चेष्टाएँ कर रहा। सिगरेट जलाई। एक-दो-तीन। तुरत-तुरत। गर्मी की बन्द रात में। चाय भी पी। पर फल तो यह हो रहा कि समय के पहले ही मस्तिष्क उसका ट्रेन के वेग से भी अधिक तेज भागने लगा। वह गुसलखाने को चलता। गुसलखाने में जाने की आवश्यकता-विशेष को तो वह महसूस कर नहीं रहा? यों ही आने के लिए चला आता। सोचता यह कि अवांछित को सोचने से वांछित थोड़ी दूर की छुट्टी मिलने में, कौन जाने, कुछ साहाय्य मिल ही जाए—वह, जानिए, गुसलखाने में जीवन की ग्रन्थियों को सुलझाने का आदी नहीं। परन्तु, वह नहीं, तो क्या यह झूठ हो जाएगा कि सौ में नब्बे आदमियों की दार्शनिक स्टूडियो गुसलखाना ही होता? अब...आपको क्या कहना कि आदर्शवादी इनमें जो होते, वे तो चाहे अपना हो या पब्लिक का, गुसलखाने को अपने दर्शन-ज्ञान का लेख छोड़ने का कष्ट नहीं करते। पर जो उत्कट वस्तुवादी हैं, वे अपने गुसलखाने में क्या करते, जानें वे। पब्लिक गुसलखाने में साधारणत: अपनी दार्शनिक मौलिकता को सूचित करती सुक्तियाँ नक्शे वगैरह जरूर ही चिह्नित करने की अयाचित कृपा करते। जैसे इसी इंटर कम्पार्टमेंट के गुसलखाने की चुनी काठ-आकृति, भित्तियाँ लीजिए। इस पर की अवश्य दृष्टि खींचने वाली चॉक से अंकित 'जोला' को भी आदर्शवादी सिद्ध कर देनेवाली सूक्ति को नहीं कैसे देखा?

और तब उन आठ दिनों के बाद जैसा उसका मन करने लगा था, वैसी ही कुछ विचारधारा भी तो उसके मस्तिष्क में जरूर लेकिन वैसी कुछ अनुभूति नहीं। अजीर्ण

होने पर भोजन से जब कुरुचि पूरी हो उठती तो भोजन की व्यर्थता का ज्ञान अपनी सम्पूर्ण बीभत्सता में नाच-नाच उठता सामने। लेकिन साधारणत: इस ज्ञान के रहने पर भी बीभत्सता की अनुभूति का कोई प्रश्न नहीं होता। नहीं तो औरों को जाने दें, डाक्टर बेचारे या तो कुत्ते-से हो रहते या मर जाते। त्योंही उस दिन की जो कुछ-कुछ बीभत्स-सी अनुभूति क्षण-भर को हुई थी, उसके मात्र होने की अस्पष्ट स्मृति इसे होती लेकिन वह क्षणिक, वास्तविकता अब सर्वथा आदर्श का रूप पा लिये थी। बात यह है। राजीव, जैसा उसके सब प्रोफेसर जानते हैं, सर्वात्यना आदर्शवादी है। केवल जब उसे इस आदर्शवादी की नींव का अनुसन्धान करना रहता, तभी वह वास्तविकता की तह तक पहुँचता। शायद ही कभी कुछ भी हो। यह तो सब कुछ बहिर्मूध अध्ययन ही होता। अन्तर्मुख अनुभूति मुझसे कीजिए, कभी नहीं। फिर इसी अनुभूत (मात्र) अचानक इस वास्तविकता को ले उसके आदर्शवाद की गाड़ी बढ़ चलती। कि वाह रे हम! आदम और हव्वा की सन्तति! इस और इस तरह की अन्य घृण्य और अस्वीकृति वास्तविकताओं से ही, या प्रत्युत्त को ही, कैसी सुन्दर और स्वीकृत मिथ्याओं का रूप दे दिया हमने!

मैं और हॉकी

मैंने कई खेल बचपन में खेले थे, यह दूसरी बात है कि मुझे देखकर या मेरे स्वभाव को जानने के बाद इस दावे पर आप विश्वास नहीं भी कर सकते हैं। कुश्ती, फुटबॉल, कबड्डी, लट्टू, पतंग, ताश—मैं समझता हूँ, सूची कुछ कम बड़ी नहीं है गोकि इन खेलों में से किसी में मैंने उल्लेखनीय कुशलता प्राप्त की हो, इसका दावा, प्रमाणों के अभाव में भी, मैं नहीं करूँगा, यहाँ तक कि लट्टू नचाने या पतंग उड़ाने या ताश लेखने में भी नहीं, हालाँकि किसी भी खिलाड़ी लड़के से कम समय और शक्ति मैंने, इन तीनों में ही नहीं बल्कि सभी में, नहीं लगाई।

इतना ही नहीं, इन खेलों में सर्वथा अयोग्य साबित होने के बावजूद इस क्षेत्र में मेरी महत्त्वाकांक्षा की सीमा न थी। क्रिकेट उन दिनों पटना में भी देखने तक को कभी मुश्किल से ही मिलता था। मैंने घर में काम करने वाले बढ़ई मिस्त्री से ही बल्ला बनवाया था, टेनिस की एक पुरानी गेंद ऊपर की थी और कुछ दिनों तक अपने जैसे ही कुछ असफल खिलाड़ियों के साथ इस खेल का शौक भी पूरा कर लिया था। भारत में बैडमिंटन और टेनिस के खेलों का जो विकास हुआ है, उसमें भी अयोग्यतापूर्ण ही सही, किन्तु इन पंक्तियों का सचेष्ट योगदान रहा है। खेल हों या वे, जिनकी चर्चा पहले कर चुका हूँ, सबमें मेरा उल्लेख के योग्य एकमात्र सिद्धान्त यही था कि साथ में खेलने वाले यथासम्भव मुझसे भी अयोग्य हों,

हालाँकि खेल में अपने से कम योग्य समवयस्क सहयोगियों को इकट्ठा करना आसान काम नहीं था, यह अपना विचित्र अनुभव मुझे आज भी स्मरण है। यह बहुत सम्भव है, आज इस दृष्टि से स्थिति में कुछ सुधार हुआ हो, किन्तु मुझे तो बहुत कुछ इसी कठिनाई की वजह धीरे-धीरे इन खेलों से उदासीन ही हो जाना पड़ा।

इन खेलों के सम्बन्ध में मुझे काफी कुछ अपने अनुभव से लिखना है, यद्यपि लोग शायद ही मानें कि अन्य क्षेत्रों की तरह खेल में भी उनका कम महत्त्व नहीं होता जो सिर्फ प्रतीक्षा करते हैं और देखते हैं, जैसाकि अंग्रेजी में एक कहावत है। लेकिन हॉकी के खेल के बारे में मुझे तनिक विस्तार से सबके पहले कुछ लिखना ज्यादा जरूरी मालूम होता है। बात ऐसी हुई थी कि सारी तैयारी करके भी मैं कभी हॉकी खेल न पाया (इसीलिए ऊपर इसकी चर्चा नहीं की), किन्तु मन से और साधन से उसकी जो तैयारी की थी, वह शायद किसी दूसरे खेल के लिए नहीं की होगी।

असल में और खेलों में जितनी कामयाबी मुझे मिली थी, वह मुझसे तो छिपी न रही। किन्तु हॉकी चूँकि खेली ही नहीं, इसलिए ईमानदारी पर जोर दिये बिना मैं अपने बारे में सन्देह कर सकता हूँ कि इस क्षेत्र में अवसर न पाने के कारण कौन कह सकता है, मैंने देश को एक दूसरे ध्यानचन्द से वंचित नहीं कर दिया।

मेरी अधूरी रचनाएँ

ऐसे युग में भी लिखना शुरू करने पर जिसमें लम्बे रखे या क्षीण हुए बिना—

किन्तु उपनाम रखना फिर भी जरूरी था। यदि मैंने कोई उपनाम न रखा तो कारण दो ही हो सकते थे—मेरी दयनीय रुचि या मेरा उपन्यास से भी बढ़कर अतिशयोक्तिपूर्ण रचना। फिर भी सोचता हूँ, एक दृष्टि से सार्थक उपनाम मैं भी रख सकता था। वह होगा 'अपूर्ण'।

कुछ लोग जो मेरे बारे में भी कह सकते हैं कि वे मुझे नजदीक से जानते हैं, मुझसे कहने लगे हैं कि अब अगर मैं कुछ भी और न लिखूँ और सिर्फ अपनी अधूरी रचनाओं को पूर्ण करने का ही प्रयास करूँ तो मेरा वह सारा अपर्याप्त सिद्ध होगा, जो मैं जिन्दगी से पाता हूँ। विभाग बनें, इसके पहले ही प्रयास स्थगित कर देने की जो निरन्तर बुद्धिमत्ता मैंने दिखाई है, उसका श्रेय मैं अपने को न दूँ, तो वह अपने प्रति अन्याय करना होगा। किसी के कहने से रचनाधर्मिता के प्रति अन्याय करना शुरू करूँगा, इसका कोई खतरा नहीं है। मैं इस सम्बन्ध में आश्वस्त हूँ।

पर मैं अपनी अधूरी रचनाओं का उपहार किसी को भी दे देना चाहूँगा, जो ऐसे उपहार को स्वीकार करें। कहीं किसी लेखक ने कुछ ऐसे बौद्धिक क्लीयरेंस हाउस

की बात लिखी है जिसमें बैठकर लेखक अपने उन विचारों को मेज पर रख दें जो उन्हें सूझते तो हैं पर जिनपर वे परिश्रम नहीं करना चाहते। मैं एक कदम बढ़कर विचार-बीज को ही नहीं, अंकुर को रख दे रहा हूँ। उनमें कहीं वृक्ष छिपे हों, तो कोई चाहे उन्हें सींचकर और हवा और धूप में रखकर निकाल लें।

मेरा निजी पुस्तकालय

मेरे पास काफी बड़ी संख्या में पुस्तकों का संग्रह है। संख्या ठीक-ठीक कितनी होगी, मैं नहीं कह सकता। इस अनिश्चय और संग्रह के अव्यवस्थित रूप के कारण मैं समझता हूँ कि अपने संग्रह को पुस्तकालय का नाम देकर मैं अपने प्रति पक्षपात कर रहा हूँ। लेकिन मेरी या मेरा होने की जो कसौटी हो सकती है, उस पर यह संग्रह या पुस्तकालय खरा उतरता है। 'मेरी' या 'मेरा' कुछ तभी होता है जब शायद हम जितना उसे संचालित करते हैं, उससे अधिक वह हमें संचालित करने लग जाए। मेरे संग्रह का अस्तित्व ऐसा हो गया है कि मैं उससे संचालित होऊँ। जब कोई चीज इतने महत्त्व की अधिकारिणी हो जाती है कि वह एक पढ़े-लिखे प्रौढ़ व्यक्ति को संचालित करने लगे तो उसे अच्छे नाम का भी अधिकार हो जाता है। यही कारण है कि मैं अपने संग्रह को 'मेरा निजी पुस्तकालय'—ऐसा गौरवपूर्ण नाम दे रहा हूँ।

ऐसा न होता तो, जैसी घोर अव्यवस्था मेरे पुस्तकालय में है, मैं उसे पुस्तकालय नहीं कह सकता था। कोई ग्रन्थागारिक ऐसे अव्यवस्थित पुस्तकालय के लिए श्रेय का नहीं, दंड का ही अधिकारी होगा। लेकिन इस अव्यवस्था में कई बातें क्षम्य भी हैं। पहली बात यह है कि मैं इसे व्यवस्थित करने की इच्छा रखता हूँ और जब-तब इस दिशा में प्रयत्न भी करता हूँ—कभी स्वेच्छा से भी, अक्सर विवश होकर। कभी-कभी कोई पुस्तक ढूँढ़ता हूँ और वह नहीं मिलती है तो विवश होकर किसी हिस्से को व्यवस्थित करने लग जाता हूँ। और इस तरह पुस्तक मिले या न मिले, पुस्तकालय का एक छोटा अंश कुछ दिनों के लिए एक प्रकार से व्यवस्थित हो जाता है। लेकिन कभी-कभी मैं विधिवत् सूची तैयार करने का भी प्रयत्न करता हूँ। स्वयं यह काम मेरे लिए नहीं हो सकता, यह कहने की जरूरत नहीं है। पत्नी को भी जब फुर्सत नहीं मिली तो, पिछली बार ग्रीष्मावकाश में मैंने घर के सभी बच्चों को इस काम में लगाया और मेरी हिदायत थी कि वे और कुछ न करें, सिर्फ पंजी में अकारादि क्रम से पुस्तकों के नाम दर्ज करते जाएँ। पंजी में अपनी ओर से मैंने भी इतना जरूर किया कि अनुमान से विभिन्न अक्षरों के लिए कम या ज्यादा पृष्ठ छोड़-छोड़कर ऐसे कागज के टुकड़े 'पिन' कर दिये जिन पर लाल रोशनाई में 'अ', 'आ' इत्यादि अक्षर लिखे हुए थे। बच्चों ने बड़े उत्साह से काम शुरू किया, क्योंकि जिन

अलमारियों के साथ आत्मीयता स्थापित करने की छूट उन्हें नहीं है, वे अब उनकी दया पर थीं। अकारादि क्रम से पुस्तकों का नाम लिखना भी कितना कठिन हो सकता है! रामायण को 'र' के नीचे लिखा जाए या 'रा' का अलग विभाग होगा और अंग्रेजी की पुस्तकों के बारे में क्या किया जाए, ऐसे प्रश्न बार-बार उठते रहे और मुझे यह अनुभव करने के लिए बाध्य होना पड़ा कि यह मामूली-सी सूची भी मेरे सहयोग के बिना पूरी होने से रही। लेकिन मुझे यह देखकर काफी सन्तोष हुआ कि बच्चों के उत्साह में कुछ ही दिनों के बाद काफी कमी आ जाने के बावजूद छुट्टियाँ खत्म होते-होते पचास प्रतिशत अलमारियों की सूची बन चुकी थी और पंजी के बहुतेरे पृष्ठ भर चुके थे। एक दिन सूची की सहायता से इसका निश्चय कर लेने के बाद कि पुस्तक मेरे पास है, जब मैं अलमारी में पुस्तक ढूँढ़ने लगा तो मेरी खीज का अनुमान किया जा सकता है। पुस्तक वहाँ नहीं थी, जहाँ सूची बनने के पहले बहुत सम्भावना थी कि आँख मूँदकर अँगुली रख देने से वह मिल जाती। सूची की वैज्ञानिकता के बारे में जब मैंने जाँच शुरू की तो यह पाया कि अकारादि क्रम से पुस्तकों के नाम लिखने के लिए बच्चों ने अपनी समझ से यह समझदारी की थी कि हर अलमारी की पुस्तकों को उन्होंने पहले अकारादि क्रम से फर्श पर सजा दिया था और तब उनके नाम लिख लिये थे। लेकिन नाम लिखने के बाद वे बेचारे उन्हें उस तरह फिर अलमारियों में कैसे रखते, जिस तरह वे मेरे द्वारा पत्नी के श्रम से सजाई गई थीं?

मैं अपनी सुविधा के लिए पुस्तकों का साधारणत: विषय के अनुसार रखने की कोशिश करता हूँ, जैसे तुलसीदास की पुस्तकें प्राचीन काव्य के विभागों में और प्रेमचन्द के उपन्यासों के अन्तर्गत बच्चों ने सारी व्यवस्था ही उलट दी थी। मैंने मन-ही-मन उन ग्रंथागारिकों के कौशल के महत्त्व को समझा जो अकारादि क्रम से तथा विषय की दृष्टि से भी पुस्तकों की सूचियाँ तैयार रखते हैं और पाठकों को पुस्तकें आसानी से मिल जाती हैं। विषय के अनुसार वर्गीकरण भी कम कठिन कार्य नहीं है, यह मैं अनुभव कर चुका हूँ और इसका ठीक-ठीक समाधान अभी तक नहीं कर पाया। प्रेमचन्द के उपन्यास, कहानियाँ और इनसे भिन्न विषय की पुस्तकें कैसे रखी जाएँ—एक साथ अथवा विषय के अनुसार अलग-अलग विभागों में? मुझे सहूलियत होती है अगर वे एक साथ रहें। लेकिन तब विषय के अनुसार वर्गीकरण सदोष हो जाता है और फिर प्रेमचन्द द्वारा लिखी गई पुस्तकों को कहाँ रखूँ? सुविधा तो तभी है जब प्रेमचन्द और उनके विषय में जितनी पुस्तकें हों, वे एक साथ रहें, लेकिन यह भी किया जाए तो वे पुस्तकें कहाँ रखी जाएँ जिनमें अंशत: प्रेमचन्द पर कुछ लिखा गया है? ऐसी नाना समस्याएँ हैं जिनके समाधान प्रशिक्षित ग्रंथागारिक अवश्य जानते हैं।

मैं अच्छा ग्रंथागारिक नहीं बन पाता हूँ। लेकिन बहुत हद तक इस अव्यवस्था के कारण भी मुझे अपना पुस्तकालय बहुत प्यारा है। अक्सर बड़ी खीज होती है और

मेरा अनुभव है कि जब जिस पुस्तक की जरूरत होती है तब वह पुस्तक नहीं मिल पाती। लेकिन अब मुझे ऐसा लगता है कि पुस्तक-संग्रह के विलास का यह एक अनिवार्य पहलू है और इसका भी अपना मजा है। अभी हाल की बात है, मुझे बड़ी शीघ्रता में एक ऐसी पुस्तक की जरूरत आ पड़ी, जिसे मुझे स्मरण था। मैंने कुछ महीने पहले खरीदा था और अपनी मेज की बगल में घूमने वाले रैक में रखा था। बड़े विश्वास के साथ कई बार मैंने रैक को घुमाया पर पुस्तक नदारद। अब उस समय की अवस्था का अनुमान ही किया जा सकता है। पुस्तक गुम हो गई क्या? कोई उठा तो नहीं ले गया? हालाँकि मेरे पुस्तकालय में मेरे सिवा घर के भी बहुत कम सदस्यों का प्रवेश है। मैंने किसी को पुस्तक दे तो नहीं दी थी? हाँ, अपने एक शोधकर्ता छात्र को वह पुस्तक दी तो जरूर थी, पर स्मृति धोखा नहीं देती तो, उसने पुस्तक तो जरूर लौटा दी थी। तब पुस्तक गई कहाँ? मैं जिस काम के लिए पुस्तक ढूँढ़ रहा था, वह किसी अन्य पुस्तक को देखकर ही पूरा किया जा सकता था, किन्तु अब तो सौ काम एक ओर और उस पुस्तक की खोज दूसरी ओर। मैंने धड़कते हुए हृदय के साथ उस अलमारी में पुस्तक ढूँढ़ी जिसमें अंग्रेजी की बहुतेरी किताबें रखी हुई हैं। मेरे आनन्द की इयत्ता नहीं थी जब दूर से ही पुस्तक दीख पड़ गई। पुस्तकों की यही आँख-मिचौनी है जिसके आनन्द की बात मैं अभी कह पाया हूँ।

सूची के बदले स्मृति और पुस्तकों के वास्तविक अस्तित्व पर निर्भर रहने में भी अप्रत्याशित आनन्द मिलता है। अपने ही पुस्तकालय में अप्रत्याशित रूप से जब कोई पुस्तक नजर आ जाती है तो उस समय भी एक विशेष प्रकार का आनन्द अनुभव करता हूँ, जिससे मैं वंचित होना पसन्द नहीं करूँगा।

लेकिन यह सब कुछ मैं अपने पुस्तकालय की अव्यवस्था की वकालत में ही कह रहा हूँ—यह मुझे कोई दूसरा बताए, इसकी जरूरत नहीं है। मुझे अपने पुस्तकालय को व्यवस्थित करना ही है। ऐसा नहीं करूँगा तो कुआँ के रहते प्यासा रह जाने की नौबत बार-बार आती रहेगी। कभी-कभी यह भी होने लगा है कि पुस्तक रहते हुए भी उसे फिर खरीद लेता हूँ और तब किसी नई पुस्तक के बदले एक ही पुस्तक की दो प्रतियाँ हो जाती हैं, जो सर्वथा अनावश्यक है। व्यवस्था में एक बहुत बड़ी बाधा है और उस पर मेरा कोई वश नहीं, वह है—काफी संख्या में अलमारियों का न रहना। कुछ दिन पहले मेरे एक मित्र आए थे, जिन्होंने मेरे पुस्तकालय में संगृहीत पुस्तकों से अधिक रुचि, बेतरतीब अलमारियों में दिखलाई, और मुझे सलाह दी कि मुझे एक तरह की अलमारियाँ बनवा लेनी चाहिए, जैसी उन्होंने दो-तीन हजार रुपयों में बनवाई थीं। उनकी सलाह के लिए आभारी होते हुए भी मैंने मन-ही-मन सोचा कि एक साथ दो-तीन हजार रुपये मिल जाएँ तो मैं कितनी किताबें खरीद लूँगा—अलमारियाँ हों या न हों। जिस एक सलाह को मैं कभी नहीं मान सकता, वह यही कि पहले अलमारियाँ होनी चाहिए तब किताबें।

जब इतनी पुस्तकें हों कि उन्हें किसी तरह पुस्तकालय का नाम दिया जा सके, तो पुस्तकालय-विज्ञान की थोड़ी-बहुत जानकारी जरूरी होती है, इसे मैं बखूबी समझ चुका हूँ। इस विज्ञान का परिचय प्राप्त करने की चेष्टा मैं कर रहा हूँ। 'पुस्तकालय' जैसी पत्रिका में मेरी दिलचस्पी स्वाभाविक है।

['पुस्तकालय' विशेषांक, पटना, फरवरी, 1958]

एक बहुत छोटी यात्रा

मैं एक बहुत छोटी यात्रा का वृत्तान्त आपको बताने जा रहा हूँ—छोटी, बहुत छोटी यात्रा का; किन्तु जिसे बड़ी-बड़ी यात्राओं के मुकाबले में भी मैं भूलता नहीं यानी मैं चाहता हूँ कि आप यह न समझ लें कि मैंने बड़ी यात्राएँ नहीं की हैं। लेकिन या तो बहुत पहले ऐसी यात्राएँ की हैं, या अब इस तरह की हैं कि लिखना चाहूँ तो कुछ याद नहीं, या लिखने को कुछ है नहीं। जैसे, मैं गया तो एक बार कश्मीर तक हूँ, लेकिन इतना पहले कि तब देश का इतिहास और भूगोल ही दूसरा था और मैं भी ऐसा कि अब यह सब कुछ अपने को ही कल्पित लगता है, कुछ ऐसा कि कोई कहे तो कहानी लिख डालूँ—लेकिन यात्रा-वृत्तान्त! नहीं। और इधर की लम्बी यात्रा : तो सीट रिजर्व कराके दिल्ली गया और लौटा; और कहने को सिर्फ इतना ही कि जीवन में पहली बार प्रायः चौबीस घंटों तक मौन!—डिब्बे में ऐसा एक अकेला बना रहा था मैं।

लेकिन, मैं जिस छोटी यात्रा की बात कह रहा था, सुनाने के काबिल जरूर है वह। उस और उस जैसी ही कुछेक और छोटी यात्राओं के बाद से ही अब मैंने एक तरह से यात्रा करना छोड़ दिया है—ऐसी अनुभव-समृद्ध ये साबित हुई हैं।

यात्रा, जिसकी बात कहने की कोशिश कर रहा हूँ, महज चालीस-पैंतालीस मील की, पटना से छपरा तक। जो हवाई जहाज से जाते हैं, उनका कहना है, पटना से छपरा जाना क्या! जो देर होती है, वह पटना से पटना के हवाई अड्डे तक पहुँचने में, और छपरा के घुड़दौड़ के मैदान से, जहाँ अब हवाई जहाज उतरते हैं। छपरा शहर के अन्दर दाखिल होने में—बीच का फासला तो यह लो, वह लो, किराये के पैसे भी वसूल नहीं होते।

मगर पानी के जहाज से गंगा पार करना और फिर रेल से छपरा तक पहुँचना तो वीर-काव्य का विषय है। बदरी-केदार की यात्रा का पुण्य मुझे कई बार इस छोटी यात्रा में मिल चुका है। मुझे विश्वास है कि लम्बी-से-लम्बी यात्राएँ इसके सामने फीकी पड़ जाएँगी। और, पटना से छपरा तक की वह खास यात्रा तो भुलाए नहीं भूलती।

छपरा के राजेन्द्र कॉलेज के मित्रों का आग्रह था कि मैं उनकी साहित्य परिषद् में सम्मिलित होऊँ। मुझे वतन की मुसाफिरी के लिए तैयार होना ही पड़ा—प्रसंग

आ गया है तो बता दूँ कि मैं जितना भी पटना का होऊँ, पूर्वज छपरा के ही थे। बहरहाल, समझ लीजिए कि इतवार की सुबह आठ बजे छपरा पहुँचना था। मैं पटना से शनिवार की शाम को बड़े इतमीनान से चला कि रात भर में तो कलकत्ता पहुँच जाते हैं—सुबह तक छपरा जरूर ही पहुँच जाऊँगा। समझदारी कुछ की तो यह कि एक मित्र को, जिन्हें छपरा में कोई काम नहीं था और जो छपरा के होते हुए भी वहाँ जाने के नाम से ही घबरा उठते हैं, किसी तरह समझा-बुझाकर साथ जाने को तैयार कर लिया। यह तो रास्ते में सिद्ध हुआ कि मैंने जो पंचतंत्र के हितोपदेश के अनुसार अकेले यात्रा न करके मित्र को साथ में ले लिया था, वह परम बुद्धिमत्तापूर्ण कार्य था।

अपने जानते मैंने जो दूसरा बुद्धिमत्तापूर्ण कार्य किया, वह था—पहले दर्जे के टिकट लेना। सोचा था, जहाज में ऊपर डेक पर घंटे-डेढ़ घंटे तक बातें करते, नदी की मँझधार में बिना खतरा उठाए सैर का मजा लेते हुए, सफर की पहली मंजिल तय होगी। हुआ यह कि मवेशी ढोनेवाले जिस जहाज को उन दिनों यात्रियों की सेवा के लिए काम में लाया जा रहा था, वह उस दिन इस तरह ऊपर से नीचे तक देखते-देखते ठसाठस भर गया था कि वह मवेशियों से भी कभी भरता न होगा। मैं जेटी पर से जहाज पर और जहाज के निचले डेक से ऊपरी डेक पर, कमन्द-जैसे जीने के सहारे पहुँच सका, इससे यह प्रमाणित तो हो ही जाता है कि कभी-कभी असम्भव भी सम्भव हो सकता है। असम्भव के सम्भव होने के उन क्षणों में मैंने जो फुर्ती, जो चुस्ती दिखाई थी, उस पर आप विश्वास करें, इसका कोई कारण नहीं, और मुझे स्वयं भी विश्वास न होता अगर मुझे अपनी प्रच्छन्न क्षमता का प्रत्यक्ष परिचय न मिला होता। लेकिन उसके बाद मेरे बस की बात न थी। अँधेरा हो चुका था और जहाज की बिजली काम नहीं कर रही थी। जीने से ऊपर आकर बड़ी मुश्किल से खड़ा हुआ तो खड़ा ही रह गया। जिधर बढ़ने की कोशिश करता, उधर ही दीवार—और दीवार भी ऐसी, जो धक्का लगते ही सुनाई पड़नेवाली आवाज में विरोध कर उठती। आदमियों की बनी दीवार जो थी!

खड़े-खड़े, सच पूछिए तो खड़े रहने के कारण, जब ऐसा लगने लगा कि जहाज कभी खुलेगा ही नहीं, तो उसके फेफड़ों से सूखी खाँसी की आवाज आने लगी, फिर उसका अंजर-पंजर हिला। सीटी क्या बजी, एक दर्दनाक चीख सुनाई पड़ी, और जहाज लड़खड़ाता हुआ आगे बढ़ा। तभी किरासन के तेल से जलनेवाली ढिबरियों की-सी रोशनी के साथ जहाज के बिजली के बल्ब भी जल उठे और मैंने देखा—ईमान की बात कहूँ? ईर्ष्या के साथ देखा—मित्रवर बिलकुल छोर पर एक बेंच पर समासीन थे। उन्होंने वहीं से आवाज दी, जो ठीक-ठीक सुनाई तो नहीं पड़ी, लेकिन साफ था कि चले आने को कह रहे थे। मैंने देखा, मैं औरतों, बच्चों—और मर्द तो थे ही—को रौंदकर ही वहाँ तक पहुँच सकता था। मैंने हाथ से इशारा

किया कि मुझे अपने भाग्य पर ही छोड़ दिया जाए, पर मित्र थे कि बढ़ आने का आह्वान करते ही जाते थे। अब मुझे लगा, जैसे जहाज के सारे लोग यह देखने को उत्सुक हो रहे हों कि मैं बेंच तक पहुँचने की बाजीगरी दिखाऊँ तो उनका मनोरंजन हो। मैंने बड़ी आजिजी के साथ इशारों से मित्र को समझाया कि मुझे तमाशा न बनाएँ। खैर, तारीफ करता हूँ उनकी समझदारी की, वे अपनी जगह पर अब चुपचाप बैठकर उस पार देखने लगे। मैं यह देख रहा था कि मित्र एक आदमी की जगह के बदले डेढ़ की तो शारीरिक आवश्यकता के कारण घेरे हुए थे और आधे की शायद मेरे लिए, हालाँकि मुझे तो खुद ही कम-से-कम दो की जरूरत पड़ती है—यह दूसरी बात है कि मेरी खूबी है कि लाचार होने पर मैं एक की जगह से भी काम चला लेता हूँ, और उस दिन की तो ऐसी लाचारी थी कि आधे की जगह को भी मैं गनीमत समझता, और उसके लिए जिसका भी कृतज्ञ होना चाहिए था, मैं उसका हृदय से कृतज्ञ होता।

किन्तु यह सब तो मन-ही-मन सोच रहा था, शरीर से खड़े-ही-खड़े इस पार से उस पार पहलेजा-घाट कैसे पहुँच गया, यह जब स्मरण करता हूँ तो अपनी उपलब्धि पर आज गर्व से भर उठता हूँ—उस दिन चाहे जितना भी कष्ट हुआ हो।

जैसे भी हो, सफर की पहली मंजिल तय हो चुकी थी, हालाँकि अब आगे की मंजिलों—हाँ, अभी तो दो-दो मंजिलें बाकी थीं—के बारे में चित्त शंकित था। पहलेजा-घाट पर बड़े-बड़े मनस्वियों और अधिकारियों को समूह-मनोविज्ञान से परिचालित होकर भेड़ियाधसान का अंग बनते देखता और स्वयं बनता जब मैं गाड़ी के डिब्बे के पास पहुँचा तो मेरे अच्छे मित्र ने पुनः मेरा आह्वान किया—डिब्बे के अन्दर वे पहले से विराजमान थे। इस बार मुझे अधिक प्रेरणा की जरूरत न थी। मैं गिरता-पड़ता, दबता-कुचलता उनकी शरण में पहुँच गया, और आधे की उस जगह में अपने को सन्निविष्ट कर दिया, जिसे मेरे ये मित्र, आप जान चुके हैं, सदैव अतिरिक्त रूप में सुरक्षित रखते ही हैं। अव्वल दर्जे का वह डिब्बा किस प्रकार धीरे-धीरे भारतीय इतिहास की प्रसिद्ध कालकोठरी की सत्यता सिद्ध करता चला गया, इस पर ज्यादा टिकना बीभत्स में रुचि प्रदर्शित करना होगा। इसलिए अब वह परम नाटकीय घटना, जो गाड़ी की दूसरी मंजिल तक जैसे-तैसे पहुँचने के ठीक पहले घट गई! घटना यह थी कि पहलेजा-घाटवाली गाड़ी सोनपुर में प्रवेश कर रही थी और बगल से एक गाड़ी—मुझे सन्देह हुआ और उसकी पुष्टि जानने वालों ने कर दी—छपरा को चली जा रही थी, निर्विकार भाव से तीव्र से तीव्रतर गति विकसित करती हुई। मैंने रूमानी कविता में बहुधा सागर के अनन्त जल-विस्तार पर दो तिनकों के क्षणिक मिलन और चिर-वियोग की कहानी पढ़ी थी। उसका अभिनव उदाहरण देखता रह गया था। उस दैवी व्यंग्य पर कुछ देर तक तो हम दोनों मित्रों को बातें करने का साहस ही नहीं हुआ।

इधर दो-चार दिन हुए, अखबारों में पढ़ा, कैसे इंग्लैंड में एक साहब की गाड़ी उस स्टेशन पर देर से पहुँची जहाँ से उनके घरवाले स्टेशन की आखिरी गाड़ी छूट चुकी थी। तब तत्काल रेलवे वालों ने एक दूसरी रेलगाड़ी ही जोत दी और फिर चालीस मील तक टैक्सी पर साहब महोदय को ले जाकर और घर पहुँचाकर ही दम लिया। उस दिन सोनपुर के शैतान की आँत जैसे प्लेटफॉर्म पर, आधुनिक वैज्ञानिक साधन, ध्वनिविस्तारक यंत्र के सहारे, इस कर्णभेदी-घोषणा के साथ हमारा स्वागत हुआ : 'छपरा जानेवाली गाड़ी पाँच घंटे लेट। यात्री धीरजपूर्वक प्रतीक्षा करें।' इसके बाद रेलवे अधिकारियों से सम्पर्क स्थापित करना व्यर्थ था—हमारे लिए कौन 'स्पेशल ट्रेन' की व्यवस्था करता भला!

अब मैं हार मान चुका था। इस व्यवस्था के अनुसार—यदि यह भी कार्यान्वित होती तब—हम ग्यारह-बारह बजे दिन के पहले छपरा नहीं पहुँच सकते थे। मैंने मित्र से वापसी ट्रेन के बारे में दर्याफ्त करने को कहा और वे गए तो यह पता लगाकर लौटे कि अभी एक आशा थी छपरा पहुँच सकने की। भोर में स्टेशन के बाहर से छपरा के लिए एक बस खुलती थी, सड़क पक्की बन गई थी, हम नौ बजे तक छपरा पहुँच सकते थे।

रेलगाड़ी पर विश्वास खो चुकने वाले मुझमें इस सूचना से विशेष उत्साह का संचार तो नहीं हुआ, लेकिन डूबते को तिनके का सहारा तो था ही। और प्लेटफार्म पर रात काटकर हम ब्रह्ममुहूर्त के पहले से ही बस के इर्द-गिर्द मँडराने लगे—उस समय जब साधारणतः मुझे थोड़ी देर के लिए बड़ी मीठी नींद आती है।

बस-चालक ने बड़ी कृपा दरसाते हुए हमें आगे की दो सीटें दे दीं और अब फिर आशा बँध चली।

यात्रा का तीसरा अध्याय शुरू हुआ। किन्तु यह क्या, बस तो हर दस कदम पर—मोटर का कदम ही सही—रुकती है और ड्राइवर-कंडक्टर कृतसंकल्प हैं कि जगह के किसी भी उम्मीदवार को निराश नहीं करेंगे। चींटियों और मधुमक्खियों के जीवन और संगठन का गहन अध्ययन करनेवाले प्राणि-शास्त्रियों ने लिखा है कि मनुष्य उनसे बहुत-कुछ सीख सकते हैं। मैंने देखा, मनुष्य को उनसे कुछ भी सीखना नहीं हो सकता। मिसरी की डली पर चींटियों से भी अधिक योग्यता के साथ मनुष्य बस पर छा गए थे और फिर भी वे अपने लिए स्थान बनाते चले जा रहे थे।

तभी एक अप्रत्याशित बात हो गई। कंडक्टर ने तेज सीटी बजाई, जिसे ड्राइवर अनुसनी नहीं कर सकता था। बस रुक गई और उसके पीछे से आकर रास्ता रोककर, एक मोटर खड़ी हो गई। उस पर से जो व्यक्ति बड़े रौब से उतरा, वह पुलिस का उच्च अधिकारी था, यह जाहिर था। उसने ड्राइवर-कंडक्टर के साथ जो सख्ती की, वह अभद्र नहीं, उचित थी। हमने राहत की साँस ली जब उसने बस को आगे बढ़ाने की अनुमति दी। किन्तु यह क्या! फिर कुछ दूर आगे वह मोटर रास्ता

रोके खड़ी थी। इस बार पुलिस के अधिकारी महाराज के ध्यान के विषय हम ही थे। बस के यात्री अवश्य ही किसी रहस्य के उद्‌घाटन की आशा के साथ हमारी ओर उद्‌ग्रीव हो रहे थे। अधिकारी महोदय ने मुझसे पूछा—आप तो...कॉलेज में अध्यापक हैं ? मैंने भी तब उन्हें पहचाना। वे कुछ दिनों तक हमारे कॉलेज में एक दूसरे विभाग में अध्यापक रहे थे। किस्सा-कोताह, उन्होंने हमें बड़े आग्रह से अपनी मोटर में बिठा लिया। अब हम आराम से मोटर में बैठे थे। वह छपरा की ओर भागी चली जा रही थी। हम आश्वस्त थे कि समय पर उत्सव में पहुँच जाएँगे।

अपने उद्धारक से बातें करते हुए मैं मन-ही-मन सोच रहा था—यहीं कहीं, सोनपुर के आसपास, कहते हैं, गजेन्द्र-मोक्ष वाली घटना घटी थी।

['बालक' : पटना]

डायरी

डायरी के कुछ पृष्ठ

[स्वर्गीय पंडित नलिन विलोचन शर्मा की डायरी के कुछ अंश उनकी पत्नी श्रीमती कुमुद शर्मा की टिप्पणी के साथ प्रस्तुत किये जा रहे हैं। नलिनजी के व्यक्तिगत जीवन के इस अंश में उनके प्रभावशाली व्यक्तित्व की स्पष्ट झलक दिखाई देती है। **—सं.**]

मैं, तीन या चार सुन्दर डायरियाँ अथवा खूबसूरत कागज के 'नोटबुक' वर्ष के आरम्भ में 'इन्हें' उपहार में देती थी। कुछ डायरियाँ अंतरंग मित्रों से उपहारस्वरूप मिलती थीं। सुन्दर जिल्दों वाली आकर्षक डायरी के पन्नों पर 'कुछ लिखने का लोभ' ये सँवरण नहीं कर पाते थे।

जनवरी, 1958, की बात है। मैंने 'उन्हें' एक डायरी दी।

तीन-चार दिनों बाद मैंने 'कुछ नई चीज' पढ़ने के लिए डायरी खोली। जनवरी 1 : प्रथम पृष्ठ पर संस्कृत की कविता थी :

'अन्योन्यादानाश्रयणाद ब्रभूव
साधारणो भूषणभूष्य भावे:।'

जनवरी 2 : डायरी का दूसरा पृष्ठ खाली था।

जनवरी 3 : डायरी के तीसरे पृष्ठ पर एक कविता थी :

नई उलट बाँसियाँ

एक निरर्थ तुक
कड़ी और कोमल :
कटहल और ककड़ी :
घड़ी औ' कोयल :
चटकल और मकड़ी।
समझो तो जानूँ,
विद्वान तुम्हें मानूँ।
सर चादर तानूँ :
जय जुबेदा बा—नूँ।

1957 के अन्तिम दिनों में (दूसरे पुर्जे से यहाँ उतारी हुई)।

इस कविता को पढ़कर मैंने उसके सामने वाली खाली पृष्ठ पर एक तुकबन्दी की :

यह सब क्या गड़बड़झाला?
गर कविता लिखो आला।
तब तुम्हें विद्वान् मानूँ :
कहो, जय जुबेदा बा—नूँ।

...और डायरी बन्द कर यथास्थान रख दी।

कुछ दिनों बाद मैंने फिर डायरी पढ़ने के लिए उठाई। मेरे आश्चर्य का ठिकाना न रहा—मेरी तुकबन्दी के नीचे इनकी पंक्तियाँ थीं :

'मेरी कविता के प्रतिकूल विचार रखते हुए भी...
तुम मेरी कविता पर हँसती हो!'

यह जानते हुए भी कि इनकी कविताएँ मुझे कितनी प्रिय हैं—इन्होंने मुझे सदा अपनी कविताओं की 'आलोचिका' के रूप में ही माना। —**कुमुद शर्मा**

पत्रों का आवागमन

शर्माजी की अप्रकाशित 'आत्मनन्दिनी' से

मेरे नाम से रोज कई-कई पत्र आते हैं। इधर डाक विभाग की अव्यवस्था के बारे में अखबारों में प्रकाशित अनेक चिट्ठियाँ, उनके शीर्षकों के सहारे, पढ़ी हैं। लेकिन मैं देखता हूँ कि परिचित-अपरिचित चेहरों वाले एकाधिक डाकिये दिन में कम-से-कम दो-तीन बार पत्र पहुँचा जाते हैं। दिन भर में कई किस्तों में चिट्ठियाँ और पत्र-पत्रिकाएँ भी मिलती हैं। हर बार दिल की धड़कन बढ़ती है। यह ऐसी धड़कन होती है, जिससे घबराहट नहीं होती, बेचैनी महसूस नहीं होती।

दूसरों से चिट्ठियाँ पाते रहना मुझे भला मालूम देता है। जवाब देने की मुश्किल तो रहती है लेकिन जो पत्र लिखते हैं, उनके सामने न रहने से ऋण-शोध में तत्परता अनिवार्य नहीं होती। कर्ज मिलता जाता है। सच पूछिए तो बिना माँगे मिलता जाता है और चुकाने की लाचारी नहीं रहती। मुझे चार्वाकवादी बनने का दुस्साहस भी नहीं करना पड़ता और चार्वाक के पहले, और सम्भवतः प्रमुख, सिद्धान्त के पालन से जो आनन्द-लाभ हो सकता है, वह भी हो जाता है।

गुमनाम पत्रों से गौरव का अनुभव

मुझे याद नहीं, मैंने कभी किसी चिट्ठी की प्रतीक्षा की हो—विवाह के पहले भी नहीं। चिट्ठियाँ न मिलने की शिकायत मुझसे जिनकी भी हो, न पाने की शिकायत मेरी किसी से भी नहीं। यहाँ तक कि कुछ दिन हुए, मुझे धमकी भरे कुछ गुमनाम पत्र भी, किसी एक ही व्यक्ति के लिखे, मिलते थे। मैंने पहले गुमनाम पत्रों की पाने की स्थिति तक पहुँचकर गौरव का ही अनुभव किया। एक रोमानी खयाल ही सही, लेकिन मेरा ऐसा खयाल रहा है कि बड़े लोगों को, गुमनाम पत्र जरूर मिला करते हैं और यह कि पुलिस सख्त कदम गुमनाम पत्रों के लेखकों के खिलाफ उठाती है। मुझे गुमनाम पत्र तो मिले, लेकिन बड़प्पन नहीं हासिल हुआ। मैंने पुलिस के अधिकारियों को अनेक ऐसे पत्रों में से कुछ दिखाए तो उन्होंने गलत या सही यह बताया कि गुमनाम पत्रों के बारे में कोई खास कानून भारतीय दंड विधान में नहीं है। मैंने तब यह अनुभव किया कि बड़प्पन का लक्षण भले मेरे साथ आ लगा हो, बड़प्पन मेरे पास नहीं फटका था और मन में कहीं भ्रम था तो वह निराधार था। मैंने यह भी अनुभव किया कि अंग्रेजी के जासूसी उपन्यासों से गुमनाम पत्रों के लेखक की दंडनीयता के सम्बन्ध में जो मेरा ज्ञान था, वह अनेक अन्य विषय के मेरे ज्ञान से कुछ ज्यादा फख्र करने के काबिल नहीं था।

मैंने अपने गुमनाम पत्र-लेखक के विरुद्ध शिकायत की थी तो कुछ इसलिए नहीं कि उसमें लिखी गई बातों से मुझे क्षोभ हुआ था। क्षोभ उत्पन्न हो सके तो ऐसे पत्र अक्सर आते हैं, जो इसके लिए अवसर प्रदान करते हैं। लेकिन मैं ऐसे पत्रों को भी फाड़ता नहीं। यों, उनमें से कितने सुरक्षित रह जाते हैं, मैं कह नहीं सकता। लेकिन पुराने बड़े लिफाफों में जो चिट्ठियाँ मैं रख देता हूँ, उनमें ऐसी भी अनेक ढूँढ़ने पर मिल जाएँ, तो आश्चर्य नहीं। बात असल में यह है कि मैं ऐसी हर चिट्ठी के लिखने वाले के खिलाफ पुलिस की कार्रवाई निमंत्रित करना चाहता हूँ, जो पोस्टकार्ड पर चिट्ठी लिखता है। मुझे जी मसोसकर रह जाना पड़ता है कि इसके लिए कानून मेरी मदद नहीं कर सकता। हमारे देश का कानून तो खैर, इतना उदार है कि गुमनाम पत्र लिखने वाले को भी डरने की कोई बात नहीं है।

फिर भी मैं अपने को नहीं बचा पाता

लेकिन यह सही है कि मैं पोस्टकार्ड को पत्र लिखने का आधार मानने को तैयार नहीं। मैं अपनी कथनी और करनी के सामंजस्य की स्वयं परीक्षा करने का साहस शायद ही क़भी करता होऊँ। लेकिन यही एक ऐसी बात है कि मैं जानता हूँ कि मैं पर-उपदेश में अपनी कुशलता का परिचय नहीं दे रहा हूँ। इस बात को लेकर आत्म-परीक्षण से तो क्या, किसी के भी परीक्षण से मैं घबराऊँगा नहीं। मैं सचमुच ही पोस्टकार्ड पर कभी पत्र नहीं लिखता। पोस्टकार्ड पर पत्र पाने से मैं अपने को

नहीं बचा पाता। ऐसा लगता है, ज्यादातर लोग मेरे द्वारा प्रस्तुत आदर्श को अनुकरणीय नहीं मानते। आज बड़ी स्पष्टता से इसके बारे में लिख भी पा रहा हूँ, तो इसका प्रभाव पड़ेगा ही, ऐसा मानने को जी नहीं चाहता।

मैं पत्रों के उत्तर लिखने और अब जब सुविधा हो गई है, तो लिखने से भागता हूँ। फिर भी बहुत सारे पत्र तो लिखने-लिखाने पड़ते ही हैं। मेरे पत्र, मैं समझता हूँ, बहुत संक्षिप्त होते हैं—यह दूसरी बात है कि उन्हें पाने वाले उन्हें संक्षिप्ततर पाकर अधिक प्रसन्न होते। मैं अपने संक्षिप्ततम पत्र भी लिफाफे में ही बन्द करके भिजवाता हूँ। भेजने की बात यह कि अगर कभी स्वावलम्बी बनने का निश्चय किया भी तो जेब ही भारी बनकर रह जाती है।

मैं जरूरी पत्रों के उत्तर तो समय पर दे सकूँ, इसी सात्त्विक विचार से पत्नी ने मेरे कार्यों में ही अत्यन्त व्यस्त रहने के बावजूद, यह भार भी ले लिया है कि मैं उन्हें उत्तर लिख दिया करूँ, या कहीं चिट-पुर्जी पर लिख दिया करूँ और उनकी नकल करके, वे उन्हें रवाना करा दिया करें। यों इधर मेरे मन में यह सन्देह भी घर करने लगा है कि पत्नी के बड़प्पन के जो कुछेक लक्षण मेरे साथ आ लगे हैं, उनसे मेरे बड़प्पन के बारे में जरूर भ्रम हो गया है। इस भ्रम को दूर करने के लिए मेरे आचरण पर्याप्त होने चाहिए! लेकिन दूसरे भ्रम में हैं, तो अपनी दृष्टि से न सही, उनकी दृष्टि से मुझे देख सकने की उदारता तो पत्नी में है ही। कभी-कभी यह सोचकर भी हँस लेता हूँ—अवश्य एकान्त में—कि पत्नी ने मेरे पत्र-व्यवहार का सारा भार कहीं इस उद्देश्य से तो स्वीकार नहीं कर लिया है कि उसे घरेलू सेंसर की जरूरत मानती हों, तो यह तो इस बात का प्रमाण होगा कि वे व्यवहारतः मुझे रससिद्ध कवि मानती हैं, भले ही सिद्धान्ततः, मेरी प्रकाशित कविताओं के बावजूद, वे मुझे प्रपद्यवादी कवि भी न माना करें।

['धर्मयुग' : 3 जून, 1962]

रात अच्छी क्यों होती है ?

['रात अच्छी क्यों होती है ?'—इसे व्यक्तिगत निबन्ध कहा जा सकता है। पर है यह डायरी का पन्ना! जीवन के कुछ मधुर क्षणों को पिरोकर यहाँ रख दिया गया है। 'यदि रचना बोल सकती है तो रचयिता को मौन ही रहना चाहिए।' रचयिता ने तो अखंड मौन धारण कर लिया है। हमें भी मौन ही रहना चाहिए...रचना तो बोल ही रही है...' **—कुमुद शर्मा**]

मेरे मकान—दौलतखाना कहना मुहावरा नहीं होगा, गरीबखाना वह है नहीं—के सामने खुली जमीन है। आधुनिक चित्र और काव्यकला—उनके उदाहरण मैं ही क्यों न प्रस्तुत

करूँ—के प्रति असहिष्णु, मेरी पत्नी इस जमीन पर बागबानी के प्रयोग करती रहती हैं। इस बार एक बड़ा-सा गड्ढा खोदा गया है। पत्नी की योजना है उसे छोटा तालाब बनाने की। उसमें पानी भर गया तो मत्स्य-विभाग के मेरे एक मित्र ने हँडिया भर 'जीरा' लाकर छोड़ दिया। सुनता हूँ, मछलियाँ अब बड़ी हो चली हैं। अक्सर देखता हूँ, पत्नी के छोटे भाई उसके आसपास बक-ध्यान में निमग्न रहते हैं, हालाँकि किसी दिन उसका कुछ परिणाम निकला हो, ऐसी कोई खबर नहीं मिली है।

इस तालाब में कमल लगे हैं, पत्नी ने बताया था। कलाकार माली के साथ कई दिनों तक उन्हें गम्भीरता के साथ विचार-विमर्श करते देख चुका था। कोई प्रयोग किया जानेवाला है, इसकी आशंका मुझे थी ही।

एक दिन जब मेरी सुबह औरों की सुबह के साथ हुई तो उन्होंने खिले कमल दिखाए। कॉलेज जाने के लिए तैयार होना था, नहीं तो खतरा था कि हिन्दी में एक प्रयोगवादी कम हो जाता!

लेकिन कल-परसों या दो ही चार रोज पहले की बात है, मैं 'अपनी' सुबह उठकर कमल देखने गया तो वे कुम्हला चुके थे। मैं कमल-कुमुदिनी का अन्तर देखकर भले न पहचानूँ लेकिन मैंने शास्त्र-ज्ञान के सहारे समझा, ये कमल नहीं, कुमुदिनी हैं। पत्नी, कुमुद, का पक्षपात एक ही नहीं, अनेक दृष्टियों से उचित है।

कुमुदिनी को मैं भी कमल से अधिक समझदार मानता हूँ—कमल मेरे नामांश का पर्याय हुआ करे, और मैं ही क्या बहुत समझदार हूँ? कुमुदिनी रात में ही जगती है। मैं भी जगता हूँ और गई रात सो भी जाता हूँ तो दिन की लाचारी के कारण ही।

मुझे सब ऐसी चीजें अच्छी लगती हैं जो रात के महत्त्व से परिचित दीखती हैं। ऐसे मित्र जो नौ-दस बजे ही ऊँघने नहीं लगते, कुमुदिनी जैसे फूल। चोर, उल्लू, रात की पाली में काम करनेवाले मजदूर भी? मेरे पास उत्तर नहीं है। लेकिन, जो भी कहिए, रात बहुत अच्छी होती है। दिन से बहुत अच्छी। सभी भूतों के लिए जो निशा है, उसमें जागने वाला मैं संयमी हूँ, ऐसी कोई बात नहीं। इसे मानेगा ही कौन! मैंने रात भर जगने के बाद सुबह सोने के बहानों में यह चाहा था कि कोई उस वक्त आ जाए, तो कह दिया जाए : 'पूजा पर हैं।' इस पर विश्वास न होते देखकर अब यह कहना छोड़ दिया गया है और सच बात बता दी जाती है। सच का असर होता है। लोग साधारणतः मुझे सुबह में सोने देते हैं।

मुझे बचपन से सूर्योदय के पहले उठ जाने की शिक्षा मिली है, इसका अभ्यास कराया गया है। 'अर्ली टु एंड बेड अर्ली टु राइज, मेक्स ए मैन हेल्दी, वेल्दी एंड वाइज'—पहले सो जाना और पहले जग जाना, ये आदमी को स्वस्थ, धनी और बुद्धिमान बनाते हैं—यह जाने कब से सुनता आ रहा हूँ। सुबह सोने के बदले घूमना चाहिए, यह मेरे शुभैषी आज भी समझाते नहीं थकते। लेकिन मुझे रात में नींद आती ही नहीं।

यह नहीं कि मैं उन्निद्र रोग से पीड़ित हूँ। रात में नींद नहीं आती, लेकिन सुबह में बहुत मीठी नींद आती है। जिस दिन की सुबह बहुत जल्दी दिन में बदल जाती है, उस दिन तकलीफ होती है। मेरी सुबह पाँच से दस बजे की हो तो नींद के लिए काफी है।

मैं रात के एक क्षण को भी सोकर गँवाना नहीं चाहता। रात को सोकर बिताए क्षण व्यर्थ हो जाते हैं, जैसे दिन के जगकर बिताए क्षण। रात बहुत अच्छी होती है। उसे सोकर कैसे गुजार दूँ? दिन इतना खूँखार होता है और उसका सामना करना ही पड़ता है। दिन असुन्दर नग्नता है। रात आवृत्त सौन्दर्य है। दिन में मैं अपने बाग को छत पर से देखता हूँ तो वह प्रयोगवादी चित्र जैसा लगता है। रात में वही बाग क्यों छायावादी काव्य बन जाता है—साफ कुछ दीख नहीं पड़ता और देखने में इतना अच्छा लगता है?

मुझमें अगर गांधीजी के प्रसिद्ध तीनों बन्दरों के गुण होते और बुद्धि, जो भी थोड़ी-बहुत है, न होती, तो दिन भी बुरा न होता। तब रात के लिए कवित्वपूर्ण बनने का यह अपराध भी मुझसे न बनता। लेकिन सुनते कान, देखती आँखें, बोलते मुँह और चंचल मनवाला मैं दिन को असह्य पाता हूँ। इस दिन के कारण ही गौतम ने महाभि-निष्क्रमण किया था। और सच ही, जो दिन से नहीं भागता और फिर भी अभिनिष्क्रमण नहीं करता, वह मुझ-सा ज्ञान के प्रति अविश्वासी व्यक्ति ही हो सकता है।

कहते हैं, अठारहों पुराणों में व्यास ने केवल दो ही बातें कही हैं। निगमागमों के अध्ययन और जीवन के अनुभव के आधार पर मैंने एक ही बात जानी है। वह यह है कि ज्ञान से अपना दुःख ही मिट सकता है, दूसरों का नहीं। अपना ज्ञान दूसरों तक पहुँचकर पहले तो अंश-ज्ञान रहता भी होगा, धीरे-धीरे अज्ञान होता चला जाता है।

तभी तो बुद्ध और ईसा और अगणित इन जैसों के ज्ञान के बावजूद मनुष्य दुखी बना हुआ है। दुःख को न देखकर, न सुनकर और न कहकर बन्दर आदमी के लिए अनुकरणीय बन जाता है। सुख को देखे और दुःख को नहीं, यह सम्भव नहीं है। मधुर को सुने और कटु को नहीं, ऐसा कैसे होगा? बोले और केवल प्रिय बोले, यह कभी हुआ है?

लेकिन रात में अन्धा, बहरा, गूँगा बन्दर बने बिना भी आदमी आदमी बना रह सकता है।

काले बादल : भूखी धरती

मैं अपने बन्द कमरे में लिखने बैठा हूँ। बहुत गर्मी है। बिजली का पंखा चल रहा है। स्वनिर्मित एयरकूलर भी लगा रखा है। पर हवा की गर्मी दूर नहीं होती। मैं आज ही जो लिख रहा हूँ, उसे समाप्त कर देना चाहता था, पर क्या यह सम्भव होगा? गर्मी से बेचैन हो उठा हूँ। विचार आते हैं, पर मैं उनमें उलझ जाता हूँ। सिगरेट जलाता

हूँ—शायद मन केन्द्रित हो जाए। फिर कलम उठाता हूँ। पर गर्म हवा के थपेड़े मन को एकाग्र जो होने नहीं देते।

कलम छोड़कर उठ बैठा हूँ। आज का काम कल पर ही छोड़ने का निर्णय करना पड़ा है। कमरे के अन्दर बहुत घुटन मालूम होती है, मैं बाहर चला आया हूँ।

मेरा बड़ा-सा अहाता है। उसमें आम और केले के पेड़ हैं, अमरूद के भी दो-एक गाछ हैं। छोटा-सा एक जलाशय भी है, जिसका पानी सूख चला है। हाँ, कमल इसमें खिलते थे कभी। मैं आज एक पेड़ के नीचे घास पर बैठ जाता हूँ। आज मैंने जाना है, मेरा अहाता कितना सुन्दर है। बहुत व्यस्त रहता हूँ, इसीलिए इसकी ओर कभी विशेष ध्यान नहीं दे पाता। उस कमरे की घुटन से यहाँ की ठंडी हरियाली भली लगती है। पर यह हरियाली भी फीकी-फीकी है। मालती-लता की ओर नजर आती है, बेचारी मुर्झाई-सी है। गुलाब और गंधराज पर भी रौनक नहीं। नीचे धरती पर नन्ही-नन्ही घासें पीली पड़ गई हैं। केले के गाछ भी तो कृश हो चले हैं—यह भूखी-प्यासी धरती कहाँ से इनकी ज्वाला शान्त करे? जिधर नजर जाती है, पाता हूँ, सब तपन से बेचैन हैं, प्यासे हैं।

मैं गाँवों के विषय में सोचता हूँ। खेतों में अंकुर निकल आए होंगे। किसानों ने खून-पसीने से धरती को सींचा होगा। पर धरती तो भूखी और प्यासी ही होगी।

कहीं से मीठी-मीठी शहनाई की आवाज आ रही है। कुछ अच्छा नहीं लगता। यह धरती प्यासी, ये पेड़-पौधे प्यासे—सभी भूखे-प्यासे। तप्त वातावरण। ऐसे में उत्सव की यह मधुर शहनाई किसे रुचेगी? कौन होगा, जिसे इस अवस्था में यह सब सुखकर जान पड़ेगा? और लो, अब लाउडस्पीकर ने भी शोर मचाना शुरू कर दिया। उत्सव का यह ताल बेसुरा है। मनुष्य अपने अस्तित्व के छोटे-छोटे क्षण को भी मधुर नहीं बना पाता।

लाउडस्पीकर के शोर के बीच स्त्रियों का सम्मिलित कंठ-स्वर सुनाई पड़ता है। मंगलाचार के लिए कोई मधुर गीत गा रही हैं। शायद। समझ में नहीं आता, वे क्या गा रही हैं। वे गा रही हैं—इतना ही समझ पाता हूँ। उनके शब्द लाउडस्पीकर में विलीन हो जाते हैं। सुनाई पड़ता है केवल स्वर, केवल संगीत।

कल्पना की दृष्टि से देखता हूँ—चहल-पहल, खाना-पीना, हास्य-विनोद, जाने क्या-क्या हो रहा है! लाल, नीले, पीले वस्त्रों में लिपटी, गहनों से लदी स्त्रियाँ गीत गा रही हैं। पर संगीत का क्रम नहीं टूटता, स्वरलहरी के बीच लाउडस्पीकर कभी-कभी चीख उठता है। विश्राम नहीं मिलने पाता। धीरे-धीरे सन्नाटा छा जाता है। स्निग्ध वेणी सवर्ण काले बादल आसमान में घिर आए हैं। अतीत की स्मृतियाँ मानस में छा जाती हैं। दोपहर के भोजन के बाद घर में जब सभी आराम करने लगते, सब ओर गर्मी की दुपहरी का सन्नाटा छाया रहता, तब मैं थोड़ी ही बड़ी बहन के साथ चुप चोरी इसी अहाते में आ जाता। इस बड़ी बहन को, जो यह सब सुनने के

लिए अब है नहीं, मैं कभी अपने से बड़ी नहीं मानता और वह सदा सहज भाव से मुझे छोटा मानती। सो, बहन प्रहरी बनती, मैं आम तोड़ता। जब वह देखती कि ऊँची डालों को मैं खतरे में डालने से बचना चाहता हूँ, तो वह मुझे नीचा दिखाए बिना नीचे बुला लेती और यह लो, वह लो, फुनगी पर पहुँचकर रुकती। और इसी आम के पेड़ के नीचे हम, कितने आनन्द से आम चूसते और झगड़ पड़ते। पर इस आनन्द का कटु अनुभव तब होता जब हमारी चोरी पकड़ी जाती। तब न वह धरती भूखी-प्यासी दीख पड़ती थी, न गर्म हवा के झोंके ही इस तरह सताते थे।

यह सहसा ठंडी-ठंडी हवा के झोंके आए। मैं चौंक उठता हूँ। आकाश की ओर नजर दौड़ाता हूँ—दूर काले मेघ और काले दीख पड़ते हैं। स्निग्धभिन्नांजना में मुदित हो उठता है। सोचता हूँ कि कहीं सुदूर आकाश मेघों से भरा होगा। वहाँ श्रवणसुभग गम्भीर घोष हुआ होगा। क्षण-क्षण बिजली कौंधी होगी—फिर रिमझिम-रिमझिम बूँदें पड़ी होंगी, और फिर प्रबल वेग से धरा को तृप्त करते हुए ये काले मेघ इधर आए हैं—संतप्तों के तुम्हीं शरण जो ठहरे!

भूखी-प्यासी धरती अमृत की बूँदों के लिए लालायित हो उठती है। ठंडी-ठंडी हवा वृक्षों पर उँगलियाँ फेरकर मर्मर संगीत उत्पन्न करती है।

लाउडस्पीकर बन्द है। पर उत्सव की मधुर शहनाई, मेघ के ताल पर, फिर बज उठती है।

बूँदें पड़ने लगती हैं। भूखी-प्यासी धरती में जाने कहाँ बूँदें विलीन हो जाती हैं! रिमझिम बूँदाबाँदी के बदले धरासार वर्षा होने लगती है। धरती हर्ष से मतवाली हो उठी है। पेड़-पौधों में नया जीवन-सा आ गया है। यह तो भ्रूविलास से अनभिज्ञ जनपद बहुएँ भी जानती हैं कि तुम कृति-फल हो।

ये काले मेघ काले दिलवाले नहीं हैं, काले बाजार के सौदागर नहीं हैं। धरती भूखी नहीं रहेगी और अपनी ओर से मनुष्य को भी भूखा नहीं रहने देगी—तब मनुष्य चाहे जो करे। ये काले बादल, कालिदास के देश का यह अयोग्य निवासी, जो कवि की कविता से थोड़ा परिचय रखता है, इतना तो जानता ही है कि तुम :

'जातूं बंशे भुवन विदिते पुष्परानत्तको नाम्'।

तुम कुछ नवसम्पत्तिशाली थोड़े ही हो। और मैं भीगता हुआ कमरे के अन्दर चला आया हूँ।

आपके नगर में अज्ञात संवाददाता द्वारा

पटना...। सर्वथा अविश्वसनीय सूत्र से ज्ञात हुआ है कि कल संध्या समय मछुआ टोली में बड़ा हंगामा हो गया। हंगामे के केन्द्र थे श्री वावदूक बालूपुरी! किस्सा यह

है कि बालूपुरी जी कंकड़बाग से आते हुए इक्केवान से उलझ पड़े और मछुआ टोली ने अपना नाम सार्थक पाया! आपके संवाददाता के पूछने पर मालूम हुआ कि झगड़ा बहुत कुछ भाषा वैज्ञानिक कारण से हो रहा था। वावदूक जी का कहना था कि इक्केवान ने उनका अपमान किया है। वे चीख-चीखकर कह रहे थे कि पटनिया इक्केवान को उर्दू बोलने की तमीज नहीं तो वह अंग्रेजी में क्यों बोल रहा था? पूछने पर उन्होंने बताया कि जब उन्होंने इक्केवान से यह प्रस्ताव किया, वह उनसे नि:शुल्क उर्दू पढ़ने उनके यहाँ आया करे तो उसने टिक्-टिक्-टिक् करना शुरू कर दिया। यह उनका सरासर अपमान था; क्योंकि उन्होंने एक बार इलाहाबाद विश्वविद्यालय के द्वार पर कुछ लड़कों को किसी एक लड़के को 'टिक्' कहकर चिढ़ाते सुना था जिससे मिलने की उम्मीद में वे द्वार पर द्वारपाल के साथ खैनी खा रहे थे। वावदूक जी का कहना था कि उन्हें कोई आपत्ति नहीं अगर इक्केवान ने उन्हें सीधे बलियाटिक कहा होता।

इक्केवान और हास्यास्पद लेखक (वावदूक जी का कहना था कि वे पटना के प्रसिद्ध हास्यास्पद लेखक हैं—उनका तात्पर्य शायद यह था कि वे हास्य रस के लेखक हैं) का मछुआ टोली-कलह तब शान्त हुआ जब अपने नेता को संकट में देखकर सैकड़ों मत्स्य विक्रेता दौड़ पड़े और इक्केवान ने इक्का हाँक दिया।

इक्का हाँकते हुए इक्केवान टिक्-टिक्-टिक् करता जा रहा था और वावदूक जी ससम्प्रदाय पीछे चिल्लाते दौड़ रहे थे—बलियाटिक, बलियाटिक, बलियाटिक!

सेकेंड हैंड मोटर

[**टिप्पणी :** सेकेंड हैंड मोटर हमारे घर आई, यह भी एक दिलचस्प कहानी है। बालक को एक खिलौना मिला—स्थिति कुछ ऐसी ही थी। मैंने सोचा, हमारे घर मोटर आई, इस पर एक कहानी क्यों न लिखूँ! कहानी सब नहीं लिख सकते—मैं तो कम-से-कम नहीं।'

'हमारे घर मोटर आई', इस पर कुछ लिखा जाना चाहिए', मैंने 'इनसे' कहा।

'ये' बोले, 'तुम लिख डालो न!'

'मैं? मुझे कहानी लिखनी आती है भला!' बात वहीं रह गई।

कुछ दिनों बाद, रेडियो में बच्चों के कार्यक्रम के लिए एक कहानी लिखनी थी। बच्चों के लिए लिखना सहज है—सो, मैंने एक कहानी लिखी : 'बेचारी सेकेंड हैंड मोटर'। यह बात 'इन्हें' मालूम न थी। घर लौटकर मैंने कहा, 'लीजिए, आपने नहीं लिखी न कहानी और आज मैं 'हमारी मोटर' पर कहानी लिखकर ब्राडकास्ट भी कर आई।'

खूब हँसे थे उस दिन। पूछने लगे, 'कैसी थी कहानी?'

'मैं क्या जानूँ! यह तो आप ही को बताना होगा। हाँ, मेरी कहानी के नायक आप ही थे', हँसते हुए मैंने कहा और कहानी की प्रतिलिपि उनके सामने रख दी।

कहानी पढ़कर खूब हँसे।

मैंने कहा, 'देखिए, मेरी पहुँच सिर्फ बच्चों लायक चीजों तक ही है। अब आपको एक कहानी, कहानी न सही, व्यक्तिगत निबन्ध तो लिखना ही पड़ेगा।'

हँसने लगे और कहा, 'सच पूछो तो बच्चों के लिए ही लिखना कठिन है।'

मैंने उत्तर दिया, 'बात टालने से आपको छुट्टी नहीं मिलेगी!'

उसी रात उन्हें कुछ लिखते देखा, पर अभी एक ही पेज तो लिख पाए थे कि बैठक में कुछ लोग आ गए। यह मानी हुई बात थी कि जो कुछ वे लिख रहे थे, वह अब अधूरी ही रह जाएगी। जब वे बैठक में चले गए तो तख्ती उठाकर मैंने पढ़ा, शीर्षक था : 'सेकेंड हैंड मोटर'—एक सुन्दर पर अधूरा निबन्ध! **—कुमुद शर्मा**

सेकेंड हैंड मोटर मुझ जैसे आदमियों को छोड़कर और कोई खरीदता होगा, इस पर मुझे विश्वास नहीं होता। तब, जब मैं सेकेंड हैंड मोटर कहता हूँ, तो मेरा मतलब सेकेंड हैंड मोटर से ही होता है। यानी, जैसा सुनता हूँ, पारिभाषिक अर्थ में आजकल तो वह मोटर भी सेकेंड हैंड मोटर ही होती है जो खरीदी जाने के साथ ही नई की कीमत से ज्यादा कीमत पर खरीददार के द्वारा दूसरे के हाथ बेच दी जाती है। सेकेंड हैंड मोटर से मेरा तात्पर्य है : वैसी मोटर, जिसे उसका मालिक किसी तरह दूसरे को थमाकर अपने को संसार का सबसे बड़ा बुद्धिमान अनुभव करने का अवसर पाता है। अपनी मोटर की कीमत वसूलना नहीं, उससे अपना पिंड छुड़ाना उसका मुख्य उद्देश्य होता है। कहीं कीमत भी अप्रत्याशित रूप से मुँहमाँगी मिल जाए तो क्या कहने! किन्तु यह तो इस कार्य-व्यवहार का सब ही आर्थिक पक्ष पर है। पुरानी मोटर के मालिक के मनोविज्ञान का रहस्य तो वही जान सकता है जो पुरानी मोटर का मालिक हो। यह रहस्य सूक्ष्म अध्ययन का विषय होने लायक है, किन्तु मनोविज्ञान विशारदों ने इस पर ध्यान नहीं दिया है और यही कारण है कि मुझे आशा नहीं कि मनोविज्ञान की शास्त्रीय पुस्तकों में भी इसका विश्लेषण मिले। असल में मनोविज्ञानवेत्ता क्या हुआ, जो पुरानी मोटर रखता हो?

लेकिन सच पूछिए तो मैं पुरानी मोटर के मालिक की नहीं, उसके खरीददार की बात कहना चाह रहा हूँ। मुझ जैसा खरीददार पुरानी मोटर इसीलिए खरीदता है कि वह मन के किसी कोने में जरूर ही खिलौने के लोभी बचपन को छिपाए रहता है। बचपन में कुछ नहीं तो काशी की प्रसिद्ध विश्वनाथ जी की गली में प्राप्य लकड़ी की रंगीन खिलौने की मोटर से काम चल जाता है क्योंकि बच्चा, आधुनिक चित्रकार की तरह, आकार-साम्य पर ज्यादा जोर नहीं देता और वह बैलगाड़ी से मिलते-

जुलते खिलौने को ही मोटर मान लेने में कठिनाई नहीं पाता। आगे चलकर ऐसे ही बच्चे समय की धारा में पन्द्रह-बीस साल पीछे तैरकर भी वैसी मोटर खरीदते हैं, जिनका नई मॉडल की कार से बहुत कम ही साम्य रहता है—यह दूसरी बात है कि दोनों ही पेट्रोल पर ही चलती हैं और दोनों ही चलते-चलते रुक भी जा सकती हैं।

1. गैरेज की समस्या।
2. घोड़े की तरह धीरे-धीरे वश में आती है।
3. एक Attachment हो जाता है—बन्दर लूँठ जैसी।
4. खर्च होता जाता है, न छोड़ते बनता है, न गाड़ी बिकती है।

[29.7.1961 को विश्वामित्र कॉलेज, बक्सर का निरीक्षण करके लौटने के बाद लिखा गया डायरी का एक पृष्ठ]

धीरेन*

[घटना उस समय की है, जब 'विष के दाँत' कहानियों का संग्रह पाठकों के सामने आया। डा. दिवाकर प्रसाद विद्यार्थी 'विष के दाँत' की आलोचना करते समय द्विधा में पड़ गए थे कि लेखक को 'धीरेन' नाम इतना प्रिय क्यों है? विद्यार्थी जी की आलोचना पढ़कर पुस्तक मेज पर रखते हुए, मुस्कुराकर 'इन्होंने' (स्व. शर्माजी ने) कहा था, 'विद्यार्थी जी 'धीरेन' से घबरा गए हैं। उन्हें क्या मालूम कि यह मेरे होनेवाले उपन्यास का नायक है।'

उस 'कभी न पूरे होनेवाले' उपन्यास की भूमिका, विद्यार्थीजी की आलोचना के बाद, उसी वर्ष की डायरी में लिखी थी। 'इनकी' (स्व. शर्माजी की) अधिकांश कहानियों का नायक धीरेन ही है। वास्तव में 'इनकी' योजना थी कि 'धीरेन' की कहानियाँ अपने में स्वतंत्र भी हों, पर जब उन्हें इकट्ठी की जाएँ, तो एक उपन्यास ही हो। कहानियाँ जब-तब छपती रहीं, पर उपन्यास की योजना पूरी न हो सकी। इतने व्यस्त जो रहते थे! —**कुमुद शर्मा**]

इस उपन्यास की कहानी, जिसे आप भूमिका या आलोचना भी कह सकते हैं और जिसकी खास जरूरत है।

'धीरेन की कहानियाँ' साहित्य के किस रूप के अन्तर्गत आएँगी, मैंने सोचा है, कोई निश्चित धारणा नहीं बना सका हूँ। छोटी कहानियाँ ये नहीं, जीवनी होने पर भी जीवनी नहीं, उपन्यास ही कहिए। सच यह है कि यह एक उपन्यास का आयोजन

---

* स्व. आचार्य शर्मा जी की अप्रकाशित 'आत्मनन्दिनी' (डायरी) का प्रस्तुत अंश उनकी धर्मपत्नी श्रीमती कुमुद शर्मा के सौजन्य से प्राप्त हुआ है। प्रस्तुत अंश के सम्बन्ध में टिप्पणी भी उन्हीं की लिखी हुई है। —**सं.**

है, ड्राफ्ट है, अभी यह लिखा ही जा रहा है, 'वर्क इन प्रोग्रेस' है। इसके कितने भाग हैं, कह नहीं सकता; क्योंकि जानता नहीं। धीरेन जीवित है। अभी तो उसका सारा अतीत ही पड़ा हुआ है। रोज बदलनेवाला वर्तमान है। और, शिलाखंड-सा भविष्य, जिसे छेनी-हथौड़ी लेकर धीरेन तराश रहा, गढ़ रहा है—कौन जाने, वह कोई रूप ग्रहण करेगा या टुकड़े-टुकड़े हो जाएगा!

सो, जब-जब धीरेन मारा-मारा आ पहुँचा और अपनी जिन्दगी की एक कतरन रख गया, तो वही नोट कर लेता हूँ। उन्हें सम्पादकों ने कहानियाँ मानकर प्रकाशित किया है। शायद ठीक भी हो। जीवन खंड-खंड में कहानियाँ है भी और अपनी सम्पूर्णता में उपन्यास।

बंगला के एक बड़े विद्वान के बारे में कुछ छुटभैये कहा करते हैं कि उस पुण्यश्लोक मनीषी के पास लोग जाते थे, बातें करते थे और घर वापस आने पर डॉक्टरेट की थीसिस लिख देते थे। नहीं जानता, यह बात कहाँ तक सच है, कहाँ तक झूठ, लेकिन आप इतना विश्वास करें कि यह जिन्दगी की थीसिस—अगर आप मान लें, तो मैं इस पुस्तक को यही कहूँ—धीरेन के साथ छठे-छमाहे मुलाकात हो जाने पर ही लिख लिया जाता है। यह बदकिस्मत या किस्मतवर धीरेन कहीं जाकर दो-चार दिन भी जो रहता कि मैं उसके पास जाकर पूरी थीसिस की सामग्री ले आता।

देखिए, इस उपन्यास में आप अन्विति न ढूँढ़िएगा, सम्बन्ध-निर्वाह के लिए आग्रह न कीजिएगा। मैं तो खुद ही यह सब चाहता था। एक दिन धीरेन से कहा भी कि यह सिलसिलेदार ढंग से ही क्यों न मुझे अपने जीवन के अध्याय सुनाया करे। धीरेन ने मुस्कुराते हुए जो उत्तर दिया था, उससे मेरा समाधान तो हो ही गया, मैंने साहित्या-लोचन-सम्बन्धी एक महत्त्वपूर्ण सिद्धान्त भी उसी दिन ठीक-ठीक समझा।

धीरेन ने कहा था, 'लेकिन यह आग्रह क्यों? जीवन की दृष्टि से यह कुछ जरूरी है क्या?'

धीरेन चेन-स्मोकर है न! उसने एक सिगरेट के जलते होंठ से दूसरी सिगरेट के ठंडे होंठ का चुम्बन कराते हुए—यह उसी का रूपक है—फिर कहना शुरू किया, 'मैं ट्यूटोरियल के छात्र की तरह ध्यानस्थ था। उँगलियाँ आज कहानी के बदले आलोचना-सम्बन्धी नोट्स ले रही थीं।

'जिन्दगी कोई सुनिश्चित योजना तो है नहीं। बात नई नहीं है, लेकिन कहने दो। इसे यों कहूँ तो बात शायद पुरानी भी न होगी। जिन्दगी ताश की गड्डी है। दिमाग में उसके पत्ते फेंटे जाते रहते हैं। जो जिन्दगी जी चुका हूँ, उसके पत्ते सिलसिलेवार मेरे पास रखे ही कहाँ हैं! तुम मेरी जिन्दगी मेरी जबानी सुनते हो, तो वह अब फेंटी जा चुकी है।'

'मैंने हिन्दी का वह उपन्यास पढ़ा है, जिसकी चर्चा तुमने की थी। उसमें अपनी जिन्दगी दूसरे जबानी मुलम्मा चढ़ाकर, तोप-झाँप और उतार के साथ कही गई है।

उसका लेखक किसी दिन फाँसी की कोठरी में रहा होगा, यह सच हो सकता है। तुम कहते थे, सच है भी।'

धीरेन ने मुस्कुराते हुए, शायद अपने रूपक को याद कर, नई सिगरेट जलाई।

'तो यह सच हो सकता है, लेकिन यह नहीं कि उसने वैसे ही सोचा, और वही सब सोचा, जिसका दावा लेखक करता है। लेखक ने दूसरों को धोखे में रखा है। दयनीय वह इसलिए है क्योंकि वह खुद धोखे में एक है।...यह हुआ प्वाइंट नम्बर वन प्रोफेसर साहब, और प्वाइंट नम्बर टू भी सुनिए, यानी कला की दृष्टि से भी इस पर विचार कर लो।...

'तुमने अपने आलोचनात्मक निबन्धों में अक्सर 'चेतना के प्रवाह' (Stream of consciousness) वाली उपन्यास-प्रणाली का उल्लेख किया है। तुम तो जेम्स ज्वायस और वर्जीनिया वुल्फ के प्रशंसक थे। और, डास पैसस की पुस्तकें भी उस बार तुम्हीं ने दी थीं मुझे। उसका कार्ड-शफ्लिंग मेथड—ताश फेंटनेवाली प्रणाली—तुमको नापसन्द नहीं है। प्रयोगों के हिमायती तुम हर वक्त रहे, जो कि खुद प्रयोग नहीं करते, जैसाकि मैं करता हूँ। जो हो, चेतना के प्रवाहवाला प्रयोग तुम अपने जिस उपन्यास में कर रहे हो, करते चलो। मैं तो अपना अचेतन-उपचेतन अनावृत कर नहीं सकूँगा—तुम्हारे सामने भी नहीं। लेकिन, ताश खेलना चाहते हो न, इसलिए फेंटे हुए ताश के पत्ते बाँट देता हूँ। कभी एक रंग के पत्ते भी मिल जा सकते हैं तुम्हें, कभी ऐसे पत्ते भी, जिनमें दो-एक की संख्या सिलसिलेवार हो। सब पत्ते सिलसिले से लगे हों—एक्का से बादशाह तक, यह तो बिना बेईमानी के मुमकिन नहीं। बचपन में किस सफाई से तुम कर लेते थे यह!...लेकिन, देखो, अब ताश खेलते हो, तो वैसी बेईमानी नहीं करते हो न, फिर जो तुम्हारी कला है, उसी में यह बेईमानी क्यों करो?'

धीरेन ने यंत्रवत् दूसरी सिगरेट सुलगा ली। उपन्यास-कौशल पर उसके ज्ञानवर्द्धक भाषण को मैं ध्यानपूर्वक सुन रहा था। धीरेन कब और कैसे इतना पढ़ लेता है, यह मेरे लिए हर वक्त ताज्जुब की ही बात रही है, पर मैं यह भी जानता हूँ कि वह जितना और जो कुछ पढ़ता है, जानता है, वह शायद ही दो-चार बार दस लोगों के बारे में सच हो।

'कुछ ऐसे भी टेक्निकवाले उपन्यासों को आधुनिक फ्रेंच में Roman-fleure कहा जाता है। इस बार दिल्ली में रोमें के Hommes de bonne volonte के दसों भाग पढ़ गया था : 'स्विस' में जिस कमरे में ठहरा था, उसके बगलवाले कमरे में एक फौजी अफसर था, उसी से लेकर, कुछ अजीब ही आदमी था, लेकिन फिर कहूँगा उसके बारे में। उस उपन्यास के और सत्रह भाग निकलनेवाले हैं। ठीक ही तो रोमें को L' Annoneiateur कहते हैं फ्रेंच आलोचक। Clay-hanger पढ़ा है? Les phibault les pasquier? सृष्टि की तरह योजना-रहित उपन्यास। नदी में बाढ़ आती है और दोनों किनारों पर पानी फैल जाता है। नदी का क्या कोई रूप रह जाता

है ? जिन्दगी लिखावट है। वह मशीन की छपाई नहीं, उसका प्रूफ-संशोधन कैसा ?... और बस... !'

मैंने कुछ कहा नहीं। उसका सोने का सिगरेट केस—(दो महीने पहले वह आया था, तो एक पुराने टिन के डिब्बे में बीड़ियाँ भरकर ले आया था।)—मेरे और उसके बीच की मेज पर खुला पड़ा हुआ था। मैंने उसमें से एक सिगरेट निकालना चाहा। उसने पूछा, 'तुम अफीम खाते हो ? कभी नहीं ?

'आज खाओगे ? अगर नहीं, तो दूसरी सिगरेट मँगा लो। ये Drugged हैं। एक रानी साहिबा हैं। उन्होंने ही इस केस के साथ-ही-साथ ये सिगरेटें भिजवा दी थीं।...अरे चलो, चलो, साढ़े छह बज रहे हैं! गाड़ी नहीं मिलेगी।'

मुझे अपनी ओर से कहने को कुछ भी तो नहीं रह गया है। उपन्यास तो धीरेन का ही है, यह भूमिका भी अनजाने उसी ने तैयार कर दी।

कहना न होगा, धीरेन जितना सच है, उसका नाम उतना काल्पनिक। दूसरे लोगों के नाम भी बदल दिये गए हैं। इसलिए, व्यावहारिक दृष्टि से इस उपन्यास का किसी खास व्यक्ति या व्यक्तियों से कतई वास्ता नहीं।

['साहित्य' : जुलाई, 1950; नलिन स्मृति अंक : अक्टूबर, 1961—जनवरी, 1962]

डायरी के कुछ और सम्पादित पृष्ठ

[एक]

मैं डायरी रखता हूँ, लिखता नहीं। कुछ मित्रों से मिलती हैं, दूसरी अच्छी लगीं तो खरीद लाता हूँ। फिर भी डायरी रखता हूँ, यह कहना शायद गलत होगा। 'डेट्स' वाली बहुत छोटी डायरी रखता हूँ, यह जरूर ठीक है।

वह भी तब रखना शुरू किया जब देखा, व्यावहारिक जीवन में बड़ी दिक्कतें और हानि उठानी पड़ती हैं।

और फिर भी, इस छोटी डायरी में लिखी बातें भी, सौ में नब्बे, काम की तभी साबित होती हैं जब वे यादें हों—यानी अगर वे न भी लिखी जातीं तो कोई हर्ज न था।

कहीं अंग्रेजी भाषा पर मधुर व्यंग्य करते हुए किसी लेखक ने अपने एक अल्प-वयस्क पात्र से कहलाया था : 'इन शब्दकोशों से फायदा क्या ? जब तक शब्दों के हिज्जे मालूम न हों तब तक उनके हिज्जे जानने के लिए उन्हें कोशों में ढूँढ़ा ही कैसे जा सकता है ?' अंग्रेजी के शब्दों का हिज्जे है भी तो कुछ ऐसा ही! और तब यह भी सोचने लगता हूँ कि उर्दू-फारसी में शब्दकोश कैसे बनते हैं और बनते हैं तो उनका उपयोग क्या और कैसे होता होगा ?

अंग्रेजी के शब्दों के हिज्जे की बात आई तो उनके उच्चारण की विचित्रता के सम्बन्ध में एक लतीफा याद आ गया। (मैं अक्सर उसे याद कर आनन्दित होता हूँ—लतीफों की यही तो तारीफ है कि मधुर स्मृतियों की तरह याद आ-आकर मन में आनन्द का संचार कर जाएँ! एक दोष यह भी है कि अकेले बैठकर आप ऐसी याद की वजह मुस्कुरा रहे हों और कोई देख ले तो क्या कहेगा—यही तो कि शायद माथे के कील-काँटे ढीले पड़ रहे हैं!) तो लतीफा—जिसने आपमें से बहुतों ने सुना भी होगा और, इसलिए उसे सुनने से आनन्द के बदले झुँझलाहट ही होगी। कल-परसों की बात है, खुद मुझे ही इस लतीफे को दूसरे के मुँह से सुनना पड़ा था। वे समझ रहे थे, वे नया लतीफा सुना रहे हैं; और इससे बढ़कर उबाने वाली बात नहीं कि कोई सुने हुए लतीफे को सुनने के लिए ही नहीं, सुनकर हँसने के शिष्टाचार का निर्वाह करने को भी बाध्य हो! लेकिन, तो लतीफा—एक अमेरिकन इंग्लैंड घूमने आया था। उसका सबसे बड़ा सिर-दर्द यह था कि इस देश की भाषा के शब्दों के रूप कुछ, और उच्चारण कुछ! उसकी झुँझलाहट रोज बढ़ती ही जा रही थी। एक रोज जो बेचारे ने सिनेमा के पोस्टर में पढ़ा : Scandal—Pronounced Success, तो यह ऊँट के लिए आखिरी तिनका साबित हुआ और वह पहले सुलभ जहाज से अपने उस देश को वापस लौट गया जहाँ, इंग्लैंड की तुलना में, कम-से-कम उच्चारण के सम्बन्ध में, अधिक उदार दृष्टिकोण है।

[दो]

मैं डायरी की बात कह रहा था। इस बार बहुत दिनों के बाद छोटी बहन आई। बड़े भाई को उपहार क्या देती—और देना चाहती भी थी। सो अपनी भाभी को उसने एक बड़ी-सी, नीले चमड़े की, खूब महँगी खूबसूरत डायरी, मेरे सामने ही दी। जब सम्पत्ति बहन की नहीं रह गई, उसकी भाभी की हो गई तो वह तत्काल मेरे द्वारा 'आयत्तीकृत' हुई। बहन प्रसन्न थी। वह जानती थी कि डायरी, इस तरह, भैया को मिलकर रहेगी! पत्नी भी प्रसन्न ही थीं; हाँ, अप्रसन्नता का अभिनय जरूर कर रही थीं।

[तीन]

'आयत्तीकृत'! जरा अप्रचलित शब्द है न! पिछली बार इलाहाबाद गया था। हिन्दी आलोचना पर पं. हजारीप्रसाद द्विवेदी, पं. नन्ददुलारे बाजपेयी, डा. देवराज, श्रीप्रकाशचन्द्र गुप्त और इन पंक्तियों का लेखक (माचवे जी, जो वहाँ उपस्थित थे, के शब्द का इस्तेमाल करूँ तो) एक 'परिसंवाद' में भाग लेने वहाँ पहुँचे थे। उसकी

रिकॉर्डिंग के लिए जब हम स्क्रिप्ट तैयार कर रहे थे तो द्विवेदी जी ने 'आयत्तीकृत'— इस शब्द का प्रयोग, प्रसंगवश, किया। डा. देवराज ने कहा, 'यह शब्द तो जरा...।' इस पर पं. सुमित्रानन्दन पंत ने (वे परिसंवाद के निर्देशक थे) हँसते हुए कहा, 'तो बदल दीजिए न उसे।' द्विवेदी जी ने भी कहकहा लगाते हुए उत्तर दिया, 'भाई, अपनी आज की बातचीत में एक तो यही कुछ भारी-भरकम-सी चीज दी मैंने। इसे तो मैं नहीं हटाता!' सो, शब्द रहा ही, द्विवेदी जी के द्वारा पुनरावृत्त भी हुआ और इस तरह हल्के-हल्के कि उसे भारी-भरकम कौन कहेगा!

मेरे बगल में बैठे और, कहने की जरूरत नहीं, मेरे कारण प्रच्छन्न-प्राय अपने मित्र से कहा, 'कौन साहब थे; ठीक याद नहीं,' और तब आप ही कहें, डायरी का लाभ क्या हुआ आखिर!—'मुझे तो भारी-भरकम शब्द की भी जरूरत नहीं!'

मैं सोचकर पाता हूँ कि परिसंवाद के मेरे अपने अंश में एक दूसरा भी भारी-भरकम तत्त्व था। मेरी आवाज यों ही भारी है। उस दिन गला और भारी हो गया था। बीच में जितनी बार खाँसने की आवाज से रस-भंग किया, उसके अस्सी प्रतिशत के लिए मैं जिम्मेवार था, यह गोपन या रहस्य बता ही दूँ!

[चार]

इलाहाबाद और डायरी, जिसकी चर्चा अभी कर चुका हूँ, दोनों का सीधा सम्बन्ध भी है। ऊपर की पंक्तियाँ तो पटने में अपने 'त्रिशंकु' नामक बैठकखाने में बैठा लिख रहा हूँ। ('त्रिशंकु' मेरा वह मध्याह्न मन्दिर है जो, उससे परिचित जानते हैं, इस नाम को पूरी तरह सार्थक करता है।) उस दिन इलाहाबाद जंक्शन पर उतरने के बाद सुबह की चार और साढ़े पाँच की अवधि को वेटिंग रूम में तिल-तिलकर काटता हुआ क्यों उस नीली डायरी को निकालकर कुछ लिख बैठा, यह उस दिन, उस वक्त की लिखी पंक्तियों को पढ़कर, अनुमान कर लें। अपनी डायरी के उन पृष्ठों से वे पंक्तियाँ उद्धृत करता हूँ।

ये पंक्तियाँ एक मुखाकृति के अंकन के चारों ओर बेतरतीब ढंग से लिखी हुई हैं और जिस पृष्ठ पर ये लिखी गई हैं, उसके बाद के पृष्ठ कोरे ही रहते चले गए हैं।

पंक्तियाँ हैं :

'अभिव्यक्ति के माध्यम की वह असफलता जो आत्महत्या का दारुण क्षण उपस्थित कर देती है...।'

'अनुभव की अभिव्यंजना के माध्यम को अधिकृत करना स्वयं अपने में बहुत बड़ी सिद्धि है। उदाहरणार्थ, इस वक्त मेरे सामने हजार में एक 'मॉडल' लाख में एक 'पोज' दिये बैठी है—संख्यातीतता इसलिए है कि मैं वेटिंग रूम में हूँ और यह

सद्यःस्नाता नववधू मेरे सामने, प्रसाधनोपरान्त, गाड़ी की—या और किसी वस्तु की ?—प्रतीक्षा में निमग्न है यह नववधू, जो कुछ देर में चली जाएगी। मैं समझता हूँ कि उसकी इस मुद्रा को रेखाओं में बाँधकर मैं अभिनव 'मोनालिजा' का निर्माता हो सकता हूँ। लेकिन मॉडल सामने है तो क्या तसवीर बन ही जाएगी? तसवीर बनाना सीखना पड़ता है! सब व्यर्थ...!'

मैंने पहले कोशिश की थी कि इस अलोकसामान्य, अप्रत्याशित 'मॉडल' और इसके खूसट अभिभावक की आँखें बचाकर अपनी डायरी के सादे पृष्ठ पर अपनी कलम से 'मॉडल' की नुकीली मुखाकृति अंकित कर लूँ। इतना असाधारण विषय! कुछ तो पल्ले पड़ ही जाएगा! लेकिन जो रेखाएँ मैंने खींचीं, वे तो व्यंग्य-चित्र भी नहीं बन पाईं! उनसे सुन्दर नारी-मुखाकृति की रेखाएँ तो मैं यों ही खींचता रहता हूँ...!

[पाँच]

मैंने इसके बाद इस डायरी में कभी और कुछ नहीं लिखा लेकिन सोचता हूँ, अगले साल से, एक अच्छी डायरी मिल गई तो नियमित रूप से ऐसी व्यर्थ की बातें रोज-रोज लिखूँगा। कुछ लेखों के लिए टिप्पणियाँ तो सुलभ हो जाती हैं।

[सप्ताहिक 'योगी' पटना, दीपावली विशेषांक, अक्टूबर, 1951]

नया वर्ष नया जीवन सिद्ध हो

हर पुरानी बात खराब होती है—क्योंकि वह पुरानी होती है; यह दूसरी बात है कि हर नई बात अच्छी ही नहीं होती—इसके बावजूद कि वह नई होती है।

× × ×

अपने लिए और अपने से भी जो सर्वथा अप्रत्याशित हो, उसे कर बैठने का साहस इसका प्रमाण है कि जिन्दगी अभी रस्म-अदायगी नहीं बन गई है।

× × ×

प्रत्येक सिद्धान्त, जिससे हम परिचित होते हैं, आधा सत्य और आधा नारा होता है। सत्य को समझकर नारा बुलन्द करने से इनकार कर दो—इनकार ज्यादातर अपने से ही करना पड़ेगा।

× × ×

जिस वस्तु पर अधिकार हो गया, उसे तत्काल छोड़ दो; शैली को तो अवश्य ही।

कहानी-कला

जीवन जीना यही कला है गल्प-सृजन की! नहीं, भला है क्या अध्यापन का कार्य सुलभ, जिसमें प्रतिभा, सविता, हत्प्रभ?

× × ×

धरती में दृढ़ गड़े चरण हों घुटने तक।
प्रज्ञा स्वतंत्र हो।
रौरव नन्दन में प्रसरण हो।
न कि लेखक जड़ और मंत्र हों।
मैंने कहानियाँ लिखीं, खैर,
निर्बन्ध पैर खूब की सैर...

× × ×

आज तुम हो पास में,
बरसात, आधी रात;
बाहुओं में बद्ध भी
ओ! काँपता ही गात।
वेग से स्पन्दित हृदय
आज मेरा धन्य जीवन हो गया, प्रिय!

× × ×

साधारणीकरण का संस्कार बुरा संस्कार!

जैसे जैनेन्द्र! क्लैव्य के प्रतीक—पात्र ही नहीं—उनका साधारणीकरण भी, अत: Vicious circle। प्रत्येक पात्र इस जीवन-दर्शन को उदाहृत करनेवाली पुत्तलिका!

ये कहानियाँ

'किरण' से अन्धकार दूर हो और चलने वालों को रास्ता दिखे।

कल सम्मेलन-भवन में आदरणीय 'वियोगी' जी ने एक कहानी सुनाई : वे विधावारिधि स्वर्गीय जायसवाल जी के साथ ठहरे थे। उनकी एक कविता पुस्तक की भूमिका जायसवाल जी ने लिखी थी। रात में डेढ़-दो बजे उन्होंने वियोगी जी को जगाया। बड़े संकोच के साथ उन्होंने कहा—नींद नहीं आ रही थी। वियोगी जी ने कहा—तो विराजिए, बातचीत करें। जायसवाल जी ने कहा—नहीं, ये करो कि भूमिका में जो 'सुन्दर' शब्द मैंने लिखा है, उसे 'रूपवान' बना दो, इसी को लेकर नींद नहीं आ रही थी।

[यह कथा वियोगी जी ने कहीं लिखी भी है, शायद 'हरिऔध' अभिनन्दन ग्रन्थ में, पर यह पुस्तक दुर्लभ है, अत: कथ्य की पुनरावृत्ति क्षम्य है।]

मुझे ऑस्कर वाइल्ड के बारे में वह लतीफा याद आया जिसे मैं भूलता नहीं, तो 'अज्ञेय' जी ने उसे 'आरती' में उद्धृत किया था। वाइल्ड एक मित्र को बैठाकर खुद बाहर चले गए। लौटने पर मित्र ने पूछा, 'कहाँ चले गए थे?... 'प्रेस,' वाइल्ड ने उत्तर दिया। 'एक सॉनेट एक पत्रिका में छप रहा है। उसे ही देख लेना था।'... 'कुछ परिवर्तन किया या नहीं?' मित्र ने पूछा तो वाइल्ड ने कहा, 'एक कॉमा जोड़ दिया।'...'तो इसमें इतनी देर लग गई?' मित्र ने साश्चर्य प्रश्न किया। और वाइल्ड का जवाब था, 'नहीं, फिर बहुत सोचने के बाद उसे हटा दिया।'

और कीट्स के बारे में यह अंग्रेजी की किस पुस्तक में पढ़ा था, ठीक स्मरण नहीं। उसकी प्रसिद्ध कविता की प्रसिद्धतर पंक्ति 'A thing of beauty is joy for ever' का प्रथम रूप था : 'Thing of beauty is constant joy.' उसके एक मित्र ने उसे देखने पर कहा था : 'बात बड़ी, लेकिन कविता नहीं है।' कीट्स ने बहुत माथापच्ची के बाद जो परिवर्तन किया, वह अमर हो गया।

ये कहानियाँ मनोरंजक हों या नहीं, निष्कर्ष स्पष्ट है।

कहानी का प्लॉट-1

जैसी कल्पना कर ली गई होती है, वैसी उच्चता कलकत्ता के मकानों में, समुद्र की तरंगों में या प्रसिद्ध व्यक्तियों में कदाचित् ही समक्ष दर्शन पर पाई जाती है।

× × ×

उसके पिता के प्रति ऐसे स्नेह का ऐसे अवसरों पर मुझे एक अनुभव होता जो मेरा विश्वास है, उसके प्रति मेरे स्नेह से अधिक गम्भीर होता था। क्योंकि वह अपनी पुत्री को अपने अधिकार से देता था जबकि वह अपने को मेरी ओर से खींच लेती थी। मेरा उस पर वैसा सीधा अधिकार नहीं रहता था, जैसा उसके पिता की सहायता के द्वारा। और आखिर यह तो वही थी जिसे मैं प्यार करता था और इस कारण उसकी ओर मैं देख नहीं सकता था बिना उस चंचलता के, बिना और अधिक की उस आकांक्षा के जो हमारे अन्तर में, जब हम अपने प्रेम-पात्र के समक्ष होते हैं, प्रेम करने की सनसनी का ही श्वाध कर देती हैं।

× × ×

उसकी आँखों में एक कारण-रहित वेदना बिद्ध अव्याख्येयता थी, जो उसकी माँ के वेगपूर्ण यौवन का प्रसिद्ध आकर्षण था। पर उसमें यह केवल उसकी माँ का अमिश्र शारीरिक सातत्य भर था, उसकी आँखों का यह रूप कोई अर्थ नहीं रखता था।

'Pick' of Today's short stories, first published in 1957, Putnam पर **gread Russell street, London.**

प्रतिवर्ष सैकड़ों रचनाएँ 'पिक' के लिए आती हैं। उनके साथ करुण पत्र भी रहते हैं, जिनमें सम्पादक से सलाह माँगी जाती है; कि कैसे लेखक पूर्णकालिक कहानीकार बन सकता है। एक कहता है : 'यदि मैं वैसी कहानियाँ लिखता चलूँ, जैसी 'पिक' में स्वीकृत होती हैं तो क्या मैं स्वतंत्र लेखक बन सकता हूँ?'

दूसरा कहता : 'क्या आप इंग्लैंड और अमेरिका की ऐसी पत्र-पत्रिकाओं की सूची दे सकते हैं जो मेरी रचनाएँ स्वीकार करेंगी, क्योंकि मैं लेखन को अपना पूर्णकालिक व्यवसाय बनाना चाहता हूँ?'

दर्जनों जो शुरू करते हैं, 'यदि मुझे समय मिलता...'

...पहली बात तो यह है कि मैं छोटी कहानी लेखन को व्यवसाय मानता ही नहीं। यहाँ या अमेरिका के ऐसे कुशल और योग्य लेखक जीविकोपार्जन के लिए सिर्फ छोटी कहानियाँ लिखते हों—मैं खुद ऐसे लेखक का नाम नहीं ले सकता। मुझे यह भी विश्वास नहीं कि ऐसा कोई भी व्यवसाय हो सकता है। यद्यपि साहित्यिक विधा के रूप में छोटी कहानी कठिन कार्य है और उसे पूर्ण करके लेखक सन्तुष्टि का अनुभव करता है। मुझे लगता है, एक प्रतिभाशाली लेखक के लिए भी यह घेरा बहुत (Specialised) विशेषज्ञित होता है। सीमित बाजार योग्यतम लेखक की शक्ति को भी कुंठित कर देगा। छोटी कहानी के सम्बन्ध में अवश्य स्वस्थतर रुख यह है कि इसे एक ऐसा औजार माना जाए जिसका इस्तेमाल कोई लेखक अपने प्रशिक्षण अनुभव और प्रेरणा के अनुसार कर सके। छोटी कहानी की विधा में कामयाब होते हुए भी वह, चेखव की तरह नाटक भी लिख सकता है, या सॉमरसेट मॉम, एच.टी. बेट्स की तरह उपन्यास लिख सकता है। किसी लेखक के लिए छोटी कहानी का साधक बनना वैसा ही होगा, जैसे एक कवि का मात्र सॉनेट लिखने में अपने को सीमित रखना, उसकी उपलब्धि कितनी भी उत्तम क्यों न हो!

कला के हित में, तब लेखक के लिए छोटी कहानी का कादाचित्क वस्तु होना चाहिए : सहजबुद्धि और जीविकोपार्जन के हित में यह और भी वांछनीय है। इंग्लैंड में श्रेष्ठ साहित्यिक गुणों से युक्त छोटी कहानियों के किसी योग्य लेखक के लिए जो बाजार हो सकते हैं, वे उँगलियों पर गिने जा सकते हैं। अमेरिका में ऐसे खजाने हैं जो हमारे भाइयों को कभी-कभी साल-दो साल के लिए हाथ लग जाते हैं, लेकिन नियमित रूप से ज्यादा दिनों के लिए नहीं। हर नया लेखक अपने को पेशेवर लेखक देखना चाहता है। फिर भी आज, पहले कभी नहीं, गैर-पेशेवर स्थिति में कोई खराबी नहीं है। मैं जल्दी से यह जोड़ दूँ कि कोई खराबी नहीं, बशर्ते कि लेखन गैर-पेशेवर किस्म का न हो।

यह समय के प्रश्न पर हमें लाता है। कठोर उत्तर तो यह है कि बाध्यता हो तो लिखने के लिए हर वक्त समय रहता है। इतिहास रचनात्मक उपलब्धि के ऐसे

लेखकों से भरा पड़ा है जो आजीविका के लिए या जीने के लिए पूर्ण व्यस्त रहते थे और लिखने के लिए बहुत कम समय पाते थे। पुरानी दुनिया में तो कुछ गुलाम भी होते थे। आज भी इस देश में कुछ ही लेखक हैं जो हर नये लेखक के स्वप्न को पूरा कर सकते हैं कि वह पहली जनवरी को सामने कोरा कागज रखकर बैठता है और जानता है कि उसके पास पूरा साल है जिसमें वह अपने मन से कोई एक कृति लिखेगा और फिल्म का काम, टेलीविजन, रेडियो, जनसम्पर्क, व्यापार या करवसूली जैसी बातें उसे परेशान नहीं करेंगी। न ही आधुनिक समाज के लेखक होने के कारण निर्लिप्तता के क्षण को चुनेगा और प्रशान्तता में बीती बातें याद करने के लिए समय निकालेगा ही, किन्तु निर्लिप्तता दूरी का, विस्तृत तथा सुरक्षित एकान्त का यह स्वप्न हममें से अधिकांश के लिए अप्राप्य ही रहेगा : और मैं तो मानने को तैयार नहीं कि यह बुरी चीज है। समय की कमी वाली बात का सम्बन्ध अवश्य ही आदर्श परिवेश की कामना से घनिष्ठ सम्बन्ध रखता। 'जब मुझे उस सड़े दफ्तर में जाना है तो मैं लिख कैसे सकता हूँ?' यह वही चीखता है, जो वस्तुतः अपने लिए खुद चुनी हुई हाथीदाँत की मीनार में अब उठेगा और सृजन में पूरी तरह अक्षम हो जाएगा। नये लेखकों में एक ऐसे साहित्यिक समाज का चित्र मिलता है, जिसमें प्रसिद्ध लेखक आपस में विचार-विमर्श करते होते हैं, जबकि वे उस सुन्दर और सुसंस्कृत परिवेश में निश्चिन्त होकर काम नहीं करते होते, जो सॉमरसेट मॉम को, दक्षिण फ्रांस में नाम लिया जाता है, सॉमरसेट मॉम को सुलभ है।

एक पेशेवर लेखक के बारे में यह निराधार प्रचलित धारणा है। स्पष्ट है, मनुष्य यह जानकर बहुत आश्चर्य में पड़ जाता है कि पेशेवर लेखक नाना प्रकार के काम करते हैं और कुछ तो उद्योग-व्यापार और बौद्धिक क्षेत्रों में महत्त्वपूर्ण पदों पर होते हैं। एक नये लेखक के लिए यह सदैव लाभदायक नहीं सिद्ध होता—वस्तुतः यह अक्सर बहुतों को खत्म ही कर देता है—कि वह पत्रकारिता प्रचार, रेडियो या टेलीविजन-लेखन कार्य करे। जब तक परिवेश और परिस्थितियाँ सर्वथा अनुकूल न हों, यह ज्यादा अच्छा है कि वह लेखन से भिन्न कोई कार्य करे, असाहित्यिक बातों से दिलचस्पी बनाए रखे और जब कलम उठाए तो उसमें ताजगी हो, वह घिस न चुकी हो। हमारे इस संग्रह के लेखकों में नाई की दुकान में काम कर चुकने वाले, मुर्गी पालने वाले, नाटकघर के प्रबन्धक, दवाखाने के सहायक, तसवीरों के फ्रेम मढ़ने वाले, टेलीफोन विभाग में काम करने वाले व्यक्ति हैं। अवश्य ही यह अपने परिवेश से लाभान्वित हुए हैं, क्योंकि वे इनसे जिस तरह बच निकले हैं, उस तरह हाथीदाँत की मीनार में घिरे, यौवन से नहीं निकल पाते।

हमारे अनेक लेखकों के वर्तमान पेशे हैं—नक्शानवीसी, स्कूल टीचरी, पुस्तक विक्रय, वकालत, किरानीगीरी। कुछ अपने काम से सन्तुष्ट हैं, कुछ नहीं हैं। वह

आलोचक साहसी होगा जो कहेगा कि ये कृतियाँ इस कारण खराब हैं कि जैसा उनके लेखकों का ही कमरा है, वे पूर्णकालिक लेखक नहीं हैं।

हॉलीवुड की सबसे मनोरंजक चीज हैं वे कमरे, जो लेखकों के लिए बने रहते हैं, जहाँ वे फिल्मी तानाशाहों के-से हुक्म पर सोचते और सिर खुजाते रहते हैं—ऐसी स्थिति, जिसका भयावह और रोचक वर्णन उन लोगों ने किया है जिन्होंने ऐसे आराम की यंत्रणा भुगती है। लेखकों के लिए वह बुरा दिन होगा अगर लेखन-व्यवसाय पर सरकार दया करे और हम सभी को सांस्कृतिक आवासों में रख दे और हमारे लिए समय का जुगाड़ कर दे।

कहानी का प्लॉट-2

बुद्धि-प्रमुख प्रेमी अपने शक्ति-प्रमुख प्रतिद्वन्द्वी के बारे में सोचता है :

मैं ईर्ष्या के साथ, मुझे स्वीकार करना पड़ता है, उस नोकीले जवान के बारे में सोच रहा था जो उन दिनों डाक्टर (नायिका) के पीछे पड़ा हुआ था। कैसा अद्‌भुत उदाहरण था! एक युवा चीते की तरह, मैं सदा सोचा किया। और चीते की तरह ही बालिका। फिर भी ऐसे क्षण होते थे, जब मैं सहर्ष उसकी आकृति से अपनी बुद्धि का विनियम कर लेता। सदा के लिए तो कदापि नहीं—हरे, हरे! यही दो-चार दिनों के लिए, कभी-कभी; शायद कुछ घंटों के लिए ही।

यदि आदमी बौद्धिक प्रतिभासम्पन्न हुआ तो दुनिया की शहजादियों (लौंडियों) के प्रति आचार्यत्व या विदूषकत्व करते-करते थक जाता है। आदमी अर्जुनों, भीमसेनों से ईर्ष्या करने लगता है, लेकिन थोड़ी देर के लिए ही।

× × ×

कुछ ही दिनों में वह (नायिका) धूप में मसूरी और कानपुर में दंगा, छुरे, लाठियाँ—सब कुछ बम्बई के भूपन में धूमिल हो गई। मेरी दिनचर्या पंकिल लघु तरंगों के नीचे लुप्त हो गईं।

× × ×

मुझे एक लेख लिखना था; पर मैं तुरन्त ही चल पड़ा; एक विस्मित जिज्ञासा के साथ। मैं वहाँ (उसके घर पर) क्या पाऊँगा? किसे? स्वर्गिक सस्मित नायिका के बुलाने पर नायक जाता है। नायक तो अपनी प्रणोदक पर, उफ्, इस अनाकर्षक परिस्थिति में, कितनी कृतज्ञतापूर्ण स्मृतियों की मधुरता नायक को, या किसी और को?

× × ×

सभ्यता घर के बाहर शरीर की नग्नता पर प्रतिबन्ध लगाती है। पर नग्न वाणियों का क्या? जब वह बोलती थी तो यह गुप्तकालीन नग्न चित्रों और मूर्तियों की तरह लगती थी।

पीछे से देखने पर लगा, फिर तो पत्र का, नई साड़ियों के विज्ञापन का, पृष्ठ खुल जाए आँखों के सामने। और तब सहस्र अप्रत्यविशेष व्यत्यतता से मानो यह पृष्ठ निकला और मेरे व्यक्तिगत विश्व का अंग हो गया।

× × ×

अपने शब्दों के प्राय: निरर्थक क्षुद्र जालों को बुनते हुए वह उन्हें काव्य मानने का दम्भ दिखाते हैं।

× × ×

The Last Show!

वह अतिसभ्य नव-धनी परिवार जहाँ Cocktail के फल और शर्बत के Straw बच जाने पर फिर व्यवहृत होते थे—अच्छा, कौन जूठा छोड़ना (सामन्तवादी सभ्यता में) या यह अनजाने जूठा खिलाना!

कहानी का प्लॉट-3

औरों के विचारों के जड़ शिला-खंडों पर उसका सचेतन मस्तिष्क ठाँय गिरता है और उससे चिनगारियाँ निकाल लेता है!

× × ×

तुम्हें बौद्धिक कब्जियत की शिकायत है।

× × ×

उसे जो नहीं समझ सकता, उसे वह घृणा की दृष्टि से देखता था; जो उसे समझ पाता, उसे और कटु घृणा की दृष्टि से देखता।

मैं टाइपराइटर और कागज का व्यभिचार सहन नहीं कर सकता। मेरे भावों की अभिव्यक्ति—सृष्टि के लिए सनातन लेखनी और कागज का विवाह चाहिए।

× × ×

Art in Erotaric

कहानी का प्लॉट-4

नायिका की प्रतिष्ठा प्रवादों से मिट्टी में मिलाई जा रही। अत्यन्त प्रतिष्ठित, पर थोड़ा ही परिचित नायक उससे उसी वक्त शादी करना चाहता है। यद्यपि लोगों ने पहले भी नायिका से कहा है कि नायक उससे प्रेम करता है, फिर भी उसने इसमें कभी विश्वास नहीं किया, क्योंकि नायक ने—लज्जावश—कभी अपने भावों का प्रदर्शन नहीं किया। इसलिए उसके Proposal को पाकर वह सोचती :

'वह क्या सचमुच उसे प्यार करता? नहीं तो Propose ही क्यों करता? पर हो सकता है कि प्रेम से भी श्रेष्ठ कोई भाव उसे Prompt कर रहा हो, यद्यपि वह प्रेम से कम तो जरूर ही होगा, क्योंकि कुछ भी जो प्रेम नहीं, वह प्रेम से कम ही है। हो सकता है, यह उसकी पुरुषोचित वीरता हो!'

× × ×

अभिव्यक्ति की समानता ने उनकी भावनाओं की तात्त्विक भिन्नता को प्रच्छन्न कर रखा था।

× × ×

आरी (क्रकच) के लोहे के रेते दानों की तरह एक-एक क्षण उसकी क्लान्त चेतना पर से गुजर रहे थे।

× × ×

इस मनुष्य में एक विचित्र प्रकार की उर्जस्वित मानवता थी और वह समझ नहीं पाती थी, वह उसकी पशुता के लिए उससे दृष्ट होती है या उसे झुँझलाहट पैदा होती है।

जीवन की इस अपर्याप्ता का क्या कारण था? वह जिसी का आश्रय लेकर क्लान्त अपने को क्षण भर साँस ले लेने के लिए रुकती थी, उसी के तात्कालिक विनाश का क्या कारण हो सकता था?

× × ×

अधुनातन शिक्षा संस्थाओं की परीक्षाएँ तृतीय श्रेणी के मस्तिष्कों को निरन्तर द्वितीय श्रेणी में उठाती रहती हैं, परन्तु साथ-ही-साथ वे प्रथम श्रेणी के मस्तिष्कों को भी उसी आदर्श के लिए चिपटी कर देती हैं। सभी तरह की परीक्षाओं में सफलता परिश्रम और चालाकी की खिचड़ी पर निर्भर करती है, जो जुए और गजीले में भी उतना ही लाभदायक सिद्ध होती है।

× × ×

मैं कभी नहीं भूल सकूँगा उसके मुँह पर परिलक्षित यंत्रणा को, उसके हृदय के दुःख को, या बल्कि अपने ही दुःख को क्योंकि चूँकि मृतात्माओं का अस्तित्व केवल हमीं में रहता इसलिए जब हम अपने द्वारा उनको पहुँचाई गई आघातों का स्मरण करते तो हम अपने ही को अनवरत चोट पहुँचाते। और इन पीड़ाओं को, यद्यपि ये इतनी दारुण थीं, मैं अपनी शक्ति भर पकड़े रहा, क्योंकि मैंने अनुभव किया कि ये मेरी प्रिया की स्मृति के प्रभाव-स्वरूप है, इसका प्रमाण कि जो उसकी स्मृति मैंने पाली थी, वह मुझमें तत्त्वतः वर्तमान थी। यह मेरी अनुभूति थी कि मैं उसे यथार्थ में स्मरण नहीं कर सकता—बिना पीड़ा के और मेरी उत्कट आकांक्षा थी कि मेरी चेतना में उसकी स्मृति को बाँधने वाली ये काँटियाँ मुझमें और जोर से गहराई तक पीट दी जातीं।

× × ×

मैं नहीं देख पाता, तुम अपने अस्तित्व से कैसे छुटकारा पा सकते। जैसे गंगा या सोन-सी महानदियों को बाढ़ के बाद मैंने देखा है, उसी तरह जीवन भी तुम्हारे साथ हरहर बहता चला जाएगा। कभी-कभी चारों ओर पानी-ही-पानी नजर आने लगता बाढ़ के वक्त—नदियाँ और पानी की महाराशियों के सिवा और कुछ रह ही नहीं जाता : तब पानी घटने लगता है और फिर हम नदी को पा लेते हैं—अपनी लीक पर, अपनी सीमाओं में नियमित। तुम्हारे साथ भी ऐसा ही होगा।

हमारे जीवन की पराकाष्ठा और सम्पूर्णता हमारे प्रेम की पराकाष्ठा और सम्पूर्णता में ही सन्निहित है।

× × ×

विराट असफलता क्षुद्र सफलता से कहीं अधिक प्रशस्य है।

× × ×

परिश्रम का फल स्नेह के सिवा और कुछ हो ही नहीं सकता।

× × ×

और उसे निश्चय हो गया यह कहना कि प्रेम प्रेमी-प्रेमिका को एक-दूसरे के प्रति अधिक साधिकार कर देता, असत्य है। उलटे यह उर्वत और भीरु बना देता और आत्मविश्वास का हरण कर लेता—सिवा अलौकिक मधुर पीड़ा और ये समस्यापूर्ण, असमान दो धारणाएँ कि जीवन निष्ठुर है और कि जीवन सुन्दर है।

× × ×

बहुत सुन्दर क्यों? क्या सौन्दर्य अपने में ही पर्याप्त नहीं?

× × ×

तुम भी उसी की तरह तत्काल आशावादी मालूम होते; उसका विश्वास था। यह सम्भव है; कि लिया सब कुछ जाए—दिया कुछ भी नहीं...। उसने सोचा था कि व्यर्थ होना प्रशंसनीय है, सर्वथा सुरक्षित भी। एक प्रकार से भयंकर Metallic व्यर्थता। लेकिन सम्भव है, कदाचित् व्यर्थ और आकर्षक होना, सुन्दर और खर्चीला होना। लेकिन वह तो न आकर्षक थी, सुन्दर। मुझे तो आश्चर्य है, मैंने उसकी अमानवीय कृत्रिमताओं को सप्ताह भर वहन किया।

× × ×

तुमने आर्य को, जो उपाय के सिवा और कुछ हो ही नहीं सकता, जीवन का अर्थ समझा था।

× × ×

क्या मैं अभी भी आकर्षक हूँ?—पूछा उसने। मैं पैंतालीस की हो रही, क्या यह तुम जान सकते? मैं अपने को, यदि तुम जानना चाहते, पहले से, जब सचमुच मैं युवती थी; अधिक चाहती। नारी तो बैंक में सोने या चाँदी-सी है। कभी-कभी जो उसके

पास है, जो वह है, एक बारगी खर्च हो जाता या नहीं तो यह पड़ा रहता अछूता, सम्पूर्ण बहुत काल के लिए। मेरा अधिकांश यहाँ अभी भी है—उसने अपने तुंग स्तनों का स्पर्श किया।

× × ×

किसी जड़ पदार्थ पर अपना आध्यात्मिक भंग कदापि स्पृहणीय नहीं।

सधोभ्ररिदतमत्रहूमचिबुक प्रस्पधिनारङ्गद्दमे।

बन्दूक के एक-एक छर्रे की तरह उसके एक-एक विचार समनेव प्रबल रूप से प्रभावित होते लेकिन वस्तुतः क्रिया में अनूदित होकर लक्ष्य-भेद तो किसी को करने में समर्थ होते। और नारीत्व के विरोध के बिना पौरुष जैसे क्लीव लगता, वैसे मानसिक चेष्टाओं को वह गलत ही व्यर्थीभूत समझता।

× × ×

सीधी, भींगी सड़क, मालूम होता था—मोटर के अन्दर बैठकर जाने पर अपनी ही गति से दौड़ी आ रही थी।

× × ×

ऐसे प्रेमियों के त्रिकोण को मैं जानता ही नहीं जो स्वयमेव सानन्द समुचित रूप से हल हो गया हो। भावनात्मक निश्चय का अस्तित्व सम्भव नहीं। ऐसे समय में कोई अपने भीतर से अभ्रामक निश्चय पर पहुँच ही नहीं सकता। उनसे कुछ बाद घटने की आवश्यकता होती...।

× × ×

अपने व्यक्तित्व के वातावरण-सम्बन्धी आकर्षण के प्रदर्शन के लिए, मालूम होता, उन्हें पृष्ठभूमि के लिए एक उचावक (rugged) landscape—(नयनगोचर प्रदेश) की आवश्यकता रहती।

× × ×

वह उसके प्रति एक श्रेणी की तरह सोचने लगा; लेकिन उसे किस श्रेणी में भला रखा जा सकता था? निस्सन्देह वह उसे असाधारण होने के कारण, श्रेयंतर होने के कारण नहीं, आकृष्ट कर रही थी।

× × ×

वे आखिर एक ही आवर्जन के तो अन्तर्वृत्त और बहिर्वृत्त हैं, जहाँ चिबुक पर सम्पत्ति अपना आवर्जन अभी बनाने लगी थी। यदि उसके रूपक प्रचंड वर्गों से भरे होते, यदि उसके उपन्यास यथार्थवाद के काले अध्ययन होते, जिसे पाठक अप्रीतिकर समझते और समालोचक कृत्रिम और काल-कवलित। उसका वैयक्तिक जीवन मन्द समान गुलाबी वर्ण का था!

× × ×

अपने भूत की स्वीकृति के विरोध में एक सखी के प्रति दूसरी स्त्री—तुमने किसी को उसमें से कुछ तो दिया नहीं जो उसकी (होने वाले पति की) वस्तु हो? तुम्हारा भावी जीवन उसका है, यदि तुम उसके साथ विवाह कर लोगी। तुम्हारा भूत तो तुम्हारा अपना व्यापार है। उससे कुछ नहीं कहो अपने पिछले जीवन के बारे में।

× × ×

मानव के शोक का तैल अश्रुप्रवाहित होने लगा।

× × ×

भूता-जाल हो झिलमिल मांसवर्ण मोजों से ढँकी-न-ढँकी, अराल मृदु वर्तुल वाले पद-गुल्फें और उँगलियाँ।

प्रतिक्रियाएँ—एक संवाद

'अभी मैं उनको मौका दूँगा कि वे जो चाहे लिखें। जब मैं उनको काफी मैदान दे चुकूँगा, तब लिखूँगा और जब मैं कलम उठाऊँगा तब सरस्वती कहीं की नहीं रह जाएगी। सबकी नजरों से उसे गिरा दूँगा।'

'इन्हें मैं (माधुरी वालों को) ढील दे रहा हूँ, पर जब मेरी बारी आएगी तब एक ही बार रस्सी के खींचने में इनका गला घुट जाएगा।'

' 'विश्वमित्र'—यह कागज की नाव कब तक चलेगी और अंग्रेजी लेखकों की जूठन लोग कब तक पढ़ेंगे?'

'माधुरी' सम्पादक को भी पछताना पड़ेगा श्रीनाथ। आप निराला जी के लेख को इस भाव में क्यों नहीं लेते कि वह आधुनिक छायावादी लेखन की प्रणाली का एक सुन्दर परिहास है?'

चतुर्वेदी : 'इस अर्थ में कैसे लूँ, जब वे उसका अर्थ समझा रहे हैं? हाल की 'सुधा' में निराला जी को बर्नार्ड शॉ, विक्टर ह्यूगो, तोल्स्तोय और न मालूम क्या-क्या कहा गया है! जान पड़ता है, 'सुधा' वालों को मान-प्रतिष्ठा का कोई खयाल ही नहीं है।'

'उन्होंने 'ओरछा अंक' निकालने की घोषणा की है। मालूम नहीं, किस लालच से!'

'और निराला को मैंने पूरी तरह से अभी नहीं बैठाला। जब मैंने निराला के सम्बन्ध में लिखना आरम्भ किया था, तब मेरे एक मित्र ने कहा था : 'चतुर्वेदी जी, अब

बेचारे को जाने दीजिए, नहीं तो वह आत्महत्या करके मर जाएगा।' इस पर मैं चुप हो गया।

× × ×

'मैंने सोचा कुछ भी हो, मैं साहित्य से 'घासलेट' का अन्त करके ही दम लूँगा। आखिर मैं कामयाब हुआ।'

सहज गुप्त कामुक जिज्ञासाओं की अवैज्ञानिक सस्ती और अतः आपत्तिजनक परितृप्ति के लिए अश्लील नहीं होने दिया; न गल्प-साहित्य को नैतिकता के प्रचार का माध्यम समझने की भूल की—और न ही मनस्तत्व विश्लेषण को रुक्ष दार्शनिक विचारों का प्रकटीकरण समझा—कम-से-कम ऐसी हमारी—अपने प्रति धारणा है।

हमने तो कहानी के पात्रों की 'चेतनता की धारा' (stream of consciousness) —यह थातथात: विश्लिष्ट की कोशिश की है। इसी के फलस्वरूप पात्र-विशेष के जीवन के क्षण-विशेष पर पन्नों लिखने पर हो सकता कि उसके अस्तित्व के अंगों पर मैं ईषद् ध्यान नहीं दूँ—इसका विपरीत सब्र हिन्दी में अब भी सम्भव है। जहाँ से आधुनिक गल्प-साहित्य का आदर्श लिया, वहाँ बहुत पहले कहानी या उपन्यास की जठी की सृष्टि के विषय में अपारंगत तोल्स्तोय, ह्यूगो या डिकेंस आदि दिया करते थे। अर्वाचीन इस युग के इस विषय के माने प्रतिनिधि स्व. डी.एच. लॉरेंस, हक्स्ले, जेम्स ज्वायस आदि की कक्षा में ही चलने के इच्छुक प्रयत्नशील हम, इसलिए हम घटना पर गौणत: ही ध्यान देते—यद्यपि इनसे अधिक ही हमने इस पर ध्यान रखा है; यों चाहते तो नहीं भी रखने का अधिकार है। वही चरित्र-चित्रण के बारे में भी।

समाचार-पत्र की एक खबर पढ़कर लेखक की प्रतिक्रिया

टर्की में भूकम्प हुआ था। एक खबर थी, वहाँ के 50 लम्बी सजा पाने वाले कैदियों की रिहाई की आज्ञा हुई है क्योंकि उन्होंने उस वक्त वैचित्र्यपूर्ण औदार्य दिखाया था :

'सब कुछ शहर में ध्वस्त हो गया था। आश्चर्य की बात थी, केवल कैदियों के बैरक अछूते बच गए थे। कैदी उस वक्त आजाद थे पर वे भागे नहीं। टुकड़ियों में लोगों की रक्षा के लिए निकल पड़े और उन्हें अपनी बैरकों में शरण दी।'

तब नियति क्या है ? क्यों वे कैदी अपनी बैरकों में सुरक्षित रह गए और काजी-मुल्ला सब जहाँ के तहाँ नष्ट ?

पाप-पुण्य ही कहाँ, क्या है... ?

और खास कर एक मानव दूसरे को पापी और अपने को पुण्यात्मा समझे और कहे—यही तो समझ में नहीं आता...।

ईसा कह गए और टर्की के वे कैदी कहते :

'मानव' मानव को दंडित करने में
कभी नहीं अधिकारी हो सकते।

× × ×

परोक्षप्रिया: देवा: प्रत्यक्षद्विष:

टिप्पणी : प्रसाद की 'ध्रुवस्वामिनी' पर नोट।

चरित्र-चित्रण

स्वाभाविक विकास
मनोवैज्ञानिक गहराई।

हम उनके सुख में सुखी या दु:ख
में दुखी होते हैं या नहीं?

Living हैं या नहीं?
Memorable हैं या नहीं?
व्यक्ति या टाइप?

× × ×

स्वतंत्र चित्रण या तुलनात्मक तुलना में भी भेद या समानता के सहारे विशिष्टता का निर्देश—जैसे ध्रुवस्वामिनी तथा कोमा; समानता के आधार पर —चन्द्रगुप्त, रामगुप्त।

× × ×

'जो न जानै ब्रजभाखा ताहि
साखामृग जानिये।'

× × ×

भागीरथी हम होस भरे पै भर्रास यही
कि परोस तिहारे।

× × ×

उसकी आँखें, कोयले की खान में बत्ती की तरह जल उठीं।

× × ×

Psychic trauma

वह हँस पड़ी, गोधूलि में ढोर के गले की घंटियाँ।

Obsessive coprophilia choreatic—person subject to in momentary turiching of face + lips.

× × ×

वह दरवाजा मित्रों से मिलने या बचने के लिए काम में आता था।

× × ×

'He was so unique, that nobody could quite devide whether he was a great aristrocrat who had taken art, or a great artist, whom the, aristrocrats had taken up.'

—G.K.C.

× × ×

मुझमें एक ही अच्छी बात है : मैंने बुरी याददाश्त पाई है।

—अहम् (अहंभाव के साथ)

इसलिए मैं किसी को—अपने को भी—आवृत्त नहीं कर सकता।

—अहम्

× × ×

Germ of Spy

Last present—a cut-glass phial of perfume—containing potassiam of cyanide—if you can't manage the accounts + estate—I leave.

[N.V.S.]

× × ×

President Eisenhower's advice to heart-patient clerk gable (famous actor) in a hospital after heart-attack (from his own experience—Statesman, 14.11.1960, after two or three days of retirement :

'Don't worry, don't get angry, and listen to the doctor.'

× × ×

माइकेल एंजेलो ने एक अद्भुत भित्ति चित्रावली बनाई थी। उसे देखने को आए दो कला के पारखी बातें कर रहे थे। एक एंजेलो की प्रशंसा कर रहा था, दूसरा राफायल (Raphael) की। एंजेलो छिपकर उनकी बातें सुन रहा था। राफायल का प्रशंसक एक डच था। एंजेलो के साथ राफायल की तुलना करते हुए कहा :

'You say M. Angelo is a thinker. I don't deny that, he is a thinker. He thinks and knows what he wants and also he has power that the chief thing no one also has such power. When one looks at his work one admires all the time and can see that he has been striving to do it well, letter than any one had done before. One thinks now he must have struggled what strength he has... But with Rephael its different. One not see that he has been working, it all seems to have been done of itseft, by accident, he does not try to do well but it comes out better than when people do try. When one looks at the Greek Statues dug out of the ground an imaginary that the use too would be easy to make. But just you try! That ease is most difficult thing of all, it is the last word in art, it is someting that cannot be done without God's help, it's a miracle. And it is more important than thought, therefore this is where all thought come and return to... Michael this is against God, Raphael is with God, that is why he finds every thing easy and his soul is clear as is mirror. You talk of many, of those of women, but act this is trivial, unimportant why speak of it, Raphael may do wrong and live like a pages for his soul is like a saint, but his soul is dark.

And terrible and there will never be any light in it. I know that they Angelo is stringer than Raphael but thiks of the words of the sculpture :

'God is not in storms
but in stillness.'

अब चित्रावली Pope Julius की आज्ञा से बनाई गई थी। एक बार काम जब अधूरा ही था, Julius ने कहा था कि Raphael क्यों अमानुषिक कष्ट उठाकर एक-एक शीश और मांसपेशी बना रहा था जब नीचे से देखने पर वे शायद दिखाई भी न पड़ें। इस पर Raphael ने कहा था कि वह तो इसी तरह काम कर सकता था—और इसी तरह करेगा। क्षण भर के लिए जुलियस इतना खीज उठा था कि उसने छड़ी तक चला दी, हालाँकि बाद में बहुत-से रुपये भेजकर Raphael को उसने प्रसन्न कर दिया।

Michale Angelo by —Diecitri Meraghersky sley you-zila.

Pope Gulius was angry with Angelo. In an interview a bishop, trying to assuage the Pope said :

'Please forgive the poor fellow, your Holiness, don't be angry with him. All these artists are such queer people : its no use expecting them to be have decently, they are ignorant, uncultured people who understand nothing but their trade.'

'Fool!' The Pope shouted in such a voice ... that the bishop'g legs ... gave way under him, 'You unsult him by what you say as I have never insulted him. Its you and not me who is ignorant. That man has more intelligence in his little finger that you have in your whole head got other devil!'

× × ×

स्व. पद्म सिंह शर्मा एक बार महामना पं. मदनमोहन मालवीय की सेवा में उपस्थित हुए थे। उस समय कोई सज्जन मालवीय जी को 'लीडर' सुना रहे थे। जब वे जाने लगे तो मालवीय जी ने शर्मा जी से कहा, 'आप ही 'लीडर' पढ़कर सुनाइए।' शर्मा जी ने उत्तर दिया, 'मैं तो अंग्रेजी जानता ही नहीं।' मालवीय जी को आश्चर्य हुआ और उन्होंने कहा, 'हिन्दी तो आप अच्छी लिख लेते हैं।' शर्मा जी ने नम्रतापूर्वक निवेदन किया, 'हिन्दी शायद इसलिए अच्छी लिख लेता हूँ कि अंग्रेजी नहीं जानता।'

× × ×

11. (क) समय की अखंड धारा—हम उसे टुकड़े-टुकड़े नहीं देखते; उसे कुल-काबुल जीते हैं।
(ख) कर्म के प्रत्येक क्षण के पीछे हमारे सम्पूर्ण अतीत का प्रभाव।

(ग) हमारी चेतना स्मृति है, हमारा मस्तिष्क स्मृति है; अतः प्रायः सभी उपन्यास अधिकांश कविताएँ Autobiographical।

(घ) हम प्रत्येक क्षण बदलते हैं—किन्तु समय और स्मृति हमारे अस्तित्व के सर्वाधिक महत्त्वपूर्ण तत्त्व (factors)।

12. रोजाना की जिन्दगी का Insignificance शब्द के अनेक अर्थ; साहित्य की वस्तु संगीत के अनेक साजों में बँधी; मुख्य को छोड़कर गौण पर चल पड़ना; अपनी शब्दावली और भाषा। साहित्य Interperation of life, महज record नहीं।

× × ×

'पहली बात जो देखता हूँ, वह यह कि बूढ़ा सुग्गा नया पाठ सीखने की कोशिश कर रहा है।' डायरी के आखिरी पृष्ठ पर लिखा हुआ है कि 'मुझे वेतन कितना मिलता है। वर्ष में किस महीने, किस तिथि को वेतन में वृद्धि होती है। मेरा जन्म-दिन क्या है। मुझे और कहीं से कुछ रुपये मिले हैं तो कब, कितने?'

सरसरी निगाह से समूची डायरी उल्टी, पर ज्यादा लिखी हुई बातें इसी किस्म की मिलती हैं। **—कुमुद शर्मा**]

मैं बूढ़ा हो चला क्या? मैं अपनी स्मरणशक्ति पर विश्वास तो नहीं खो रहा? मैं पहले से बुरा आदमी बनता जा रहा हूँ, ऐसा तो नहीं? संसार मुझे घेरता जा रहा है, क्या यह सच नहीं है? 'पथ पर हूँ=अथवा विपथ पर—पथ वही है', यह हौसला क्या खून की गर्मी के साथ ठंडा हो चुका है? क्या मैंने परिस्थितियों के साँचे में ढल जाने के लिए, अपने को विकलांग बन जाने देना कबूल कर लिया है?

डायरी सामने है। उसे उलट-पुलटकर देख रहा हूँ, पर उसमें कुछ काम की चीज मिलेगी, इसकी आशा कम है। आज अपने प्रति एकान्त निर्मम हो उठने को जी चाहता है। यह मेरा दम्भ ही नहीं है, आत्म-प्रवंचना ही नहीं है, इसका खुद अपने लिए फैसला कर सकना मुश्किल काम हो रहा है। परीक्षक, आलोचक और सम्पादक के आसन पर बैठने पर मैं परिपूर्ण तटस्थता के निर्वाह की चेष्टा करता हूँ। आदर्श बहुत ऊँचा, बहुत कठिन अपने सामने रख लेता हूँ। दूर तक निशाना लगाना चाहता हूँ, तो शायद थोड़ी दूर तक शर-संधान हो भी जाता हो। दूसरे यह भी मानने से इनकार कर सकते हैं। कह मैं अपनी बात रहा हूँ। कहानी और कविता भी लिखता हूँ तो अपने को इस तरह उनसे अलग रखने की कोशिश करता हूँ कि कमल पर पानी तो क्या खाक बनूँगा, कुछ लोगों का कहना है, नीरस चीज भर लिख मारता हूँ। लेकिन ये सारी बातें खुद मेरी और मेरे बीच की नहीं हैं। दूसरे भी इनमें शामिल हैं। निर्णय मुझे थोड़े ही करना है। कोशिश कर लेता हूँ, यही क्या कम है, कुछ भी नहीं है।

पर आज तो एक साल का समूचा जीवन ही सामने है। किसी ने विवश नहीं किया है कि अपने ऊपर विचार करना है। खुद ही यह अप्रीतिकर काम करने बैठ गया हूँ। अप्रीतिकर है, इसलिए अब जरूरी भी मालूम पड़ता है। मैं इससे भागता हूँ, यह मेरी दृष्टि में सन्देह का कारण है। आज खुद जूरी और जज बनकर विचार करना ही है। वकील जरूर नहीं रहेंगे। गवाह भी नहीं रहेंगे। मुकदमे के कागजात जरूर हैं। यह डायरी जो है।

पहले भी हर साल डायरी रखता था। कभी खरीद लेता था, कभी मिल जाती थी। ऐसा भी होता था कि एक खरीदी और एक मिल भी गई। और इस तरह एक ही साल में दो-दो डायरियाँ रहती थीं। साल के अन्त में जब उन्हें कहीं सहेजकर रख देने का आता था तो एक विचित्र सन्तोष होता था। मैं जो नाना प्रकार की ऊलजलूल, अच्छी-बुरी किताबें वर्ष भर में पढ़ता था, उन सभी से दुर्लभ पंक्तियाँ उन डायरियों में संकलित होती रहती थीं और एक वर्ष में एक 'सुभाषित सुधा भांडागार' ही तैयार हो जाता था। अलबत्ता, इन डायरियों से व्यावहारिक जीवन के लिए आवश्यक बातों में कोई सहायता नहीं मिलती थी। कोई पूछ तो देता कि मुझे म्यूनिसिपल-टैक्स कितना देना पड़ता है, मेरे मकान का म्यूनिसिपल नम्बर क्या है, महीने में कितनी आमदनी, कितना खर्च हुआ है, और इस तरह की और-और बातें। आमदनी तो आज भी बिना लिखे याद रहती है—इतनी कम और बँधी हुई है वह और लिखने के बावजूद खर्च का कुछ ठिकाना, कुछ अन्दाज नहीं रहता। पर और-और बातें कोई पूछे तो मैं दिखा दूँ—हालाँकि यह भी देखता हूँ कि जो-जो बातें दर्ज कर ली हैं, उनमें से बहुत कम के बारे में कोई पूछता भी है। जब उनके बारे में पूछताछ होती थी तब वे मेरे पास दर्ज नहीं रहती थीं। आज दर्ज रहती हैं तो पूछी नहीं जातीं। पर अपनी ओर से आज मैं दर्ज तो इन बातों को कर ही लेता हूँ। इस दृष्टि से पिछले साल की डायरी से मुझे शिकायत नहीं होनी चाहिए। पर सोचता यह हूँ कि उसे क्या मैं उतने प्रेम से जुगाकर रख सकूँगा, जितने प्रेम से पहले डायरियाँ रखता था और आज भी रखता हूँ? हालाँकि उस बार उनके प्रति सहसा दीमकों का भी प्रेम जग पड़ा है! तो मेरे सामने यह प्रश्न भी है कि मैं इस डायरी का करूँगा क्या? डायरी के सहारे आत्मालोचन करने को प्रतिश्रुत तो हूँ ही, मैं भूला नहीं हूँ। यह न समझ लें आप कि खुद बात चलाकर अब इधर-उधर की बातें कर असली बात को टाल जाने की फिक्र में हूँ। तो झटपट इस प्रश्न का समाधान कर ही लूँ—गोकि यह ठीक है कि अभी साल खत्म होने में दो महीने हैं, पर इसे खत्म ही समझता हूँ मैं। डायरी का करना क्या है! कहीं रख दूँगा और भरोसा करूँगा कि दीमक हंस का अनुकरण नहीं करेंगे; दूध का दूध, पानी का पानी करने के बदले, मैं आशा करूँ, डायरी के प्रति अचानक अकारण प्रेम दर्शाने वाले दीमक इस डायरी को भी अपात्र नहीं समझेंगे; उनका प्रेम शुक्ल के शब्दों में,

विशेष का प्रेम नहीं होगा, सामान्य का होगा और इस तरह उत्कृष्ट प्रेम कहलाने का अधिकारी होगा।

रह गई बात मम्मटा लोचन की। मैंने पहले ही यह भी प्रतिज्ञा की है कि वकील नहीं रहेंगे इस मुकदमे में, जिसे मैंने अपनी इजलास में, अपने ऊपर, अपने सामने दायर कर डाला है। सो आप यह न समझ लें कि मैं अपनी प्रतिज्ञा के प्रतिकूल अपनी वकालत कर रहा हूँ, जब मैं यह कहता हूँ कि मैंने लाचार होकर डायरी का दुरुपयोग कर डाला है इस वर्ष, और कौन जानता है, आगे भी नहीं करता रहूँगा!

बात यह हुई कि इनकम टैक्स डिपार्टमेंट ने मुझसे मेरी आमदनी का ब्योरा माँगा। सिर्फ वेतन का ब्योरा देना था। मेरे पास कुछ लिखा-विखा तो था नहीं। कार्यालय-कर्मचारियों से अनुरोध करने पर ब्योरा मिला। उसे गलत बताकर इहलोक के चित्रगुप्त विभाग ने मेरे वेतन का दूसरा ही ब्योरा मेरे पास भेजा। कार्यालय में फिर गया तो बताया गया कि ब्योरा यही ठीक है। पहला गलत था। और तब से मैंने निश्चय किया कि अब डायरी में सब कुछ दर्ज रहेगा—रोज-रोज, महीने-महीने। मैंने सख्ती से अपने निश्चय का पालन किया है। यह दूसरी बात है कि आज भी मैं अपने वेतन का ब्योरा दे ही सकूँगा, इसका मुझे पूरा भरोसा हो नहीं पाता। मौका तो आएगा ही। देखूँ, परीक्षा में उत्तीर्ण होता हूँ या नहीं!

मुकदमे को पेचीदा क्यों बनाऊँ? कसूर कबूल ही क्यों न कर लूँ? तो हाँ, मैंने गुनाह किया है और बेलज्जत गुनाह किया है। मैंने अपने को कठोर दंड देने का निश्चय किया है। मैं इस बार डायरी खरीदूँगा ही नहीं। मैंने पत्नी से साफ कह दिया है कि इस बार मुझे एक बड़ी भोंडी डायरी मिली थी, जिसका नतीजा उनके सामने है। मैं न तो डायरी खरीदूँगा, न लिखूँगा। अगर उन्होंने एक सुन्दर-सी डायरी का उपहार दे ही दिया तो देखा जाएगा।

शान्तिनिकेतन

सुनते हैं, एक बार कुछ बदतमीज छोकड़े (नये साहित्यिक) रवीन्द्रनाथ टैगोर के पास रिप्रेजेंटेशन लेकर पहुँचे कि 'प्रभो, अब तो दया कीजिए। भला बंगला साहित्य से क्या अपराध हो गया है, जो उसे दिन-रात लिख-लिखकर आप दंड दे रहे हैं?'

एक ऐसा ही रिप्रेजेंटेशन, जब हम कॉलेज में पढ़ते थे, तब हमारे कई मित्र क्लास के एक 'साहब' के पास ले गए थे। एक दिन क्लास शुरू होने के पहले ये सब उनके पास हाथ बाँधे पहुँच ही तो गए। अपरिचित पर साथ ही पढ़ने वालों को इस तरह कातर देखकर दयार्द्र भाव से वह बोले, 'क्यों भई, क्या बात है?' (अंग्रेजी में)

उत्तर : 'आपको अब हमें माफ कर देना ही पड़ेगा। भला हमसे ऐसी कौन-सी खता हो गई है जो आप हमें सूट पहनकर सता रहे हैं?'

सुनते हैं, हरिऔध जी के यहाँ भी कुछ लोग पहुँचने वाले हैं, यद्यपि सुनने में यह भी आया है कि कुछ लोग हो भी आए इसी उद्‌देश्य से उनकी सेवा में। शुभस्य शीघ्रम्!

× × ×

सुनते हैं, पंत जी ने सुकेशिनी मान-मर्दन केश-सम्भार को कुछ दिनों तक इस खीज में कटा दिया था कि जब वे एक बार नोटबुक लेकर कहारों के नृत्य का 'प्रोलितारिया' मजा लूट रहे थे तो धोखे से नर्तक समुदाय के सम्मानित सदस्य समझ लिये गए थे।

× × ×

रवीन्द्रः बङ्गभाषायाः रवीन्द्रः समजायत।
'भारती'—सूर्यकान्तस्य सूर्यकान्ता विराजते॥
भारती—भारतवर्षस्य (हिन्दी) 'राष्ट्र-भाषे' त्यपि ध्वनितम्।

वृत्ते युगे व्यञ्जनयावतीर्णं
त्रेता युगे सैव गुणी बभूव।

रवीन्द्र किरणैः दिव्यै चूते निमन्त्रितः।
नलिनः फुल्लता याति शान्तिनिकेतने॥

भावार्थ : कविवर रवीन्द्र बंगभाषा (बंगला) के रवीन्द्र (श्रेष्ठ सूर्य) के रूप में उत्पन्न हुए। सूर्यकान्त की भारती सूर्यकान्त मणि के समान सुशोभित होती है।
भारतवर्ष की भारती (हिन्दी) राष्ट्रभाषा के रूप में भी स्वीकृत है।

वर्तमान युग में व्यंजना के रूप में अवतीर्ण हुआ और त्रेता युग में वही (व्यंजना) गौण हो गई।

शान्तिनिकेतन में, दिव्य रवीन्द्र की किरणों द्वारा आम्र कुंज में निमंत्रित नलिन खिल उठता है।

[अप्रैल, 1961 में शान्तिनिकेतन हिन्दी परिषद् की अध्यक्षता करने के लिए गए थे। यात्रा के दौरान ये पंक्तियाँ रची थीं। —सं.]

तत्वमसि

मानवत्व नारीत्व नहीं, पुरुषत्व नहीं। मानवता इनकी जोड़ है। समय का प्रवाह रुक जाए और क्षण युग होता रह जाए, यह कुछ नहीं; सृष्टि के दो क्षुद्र कण स्रष्टा' की

क्रिया में धकेल नहीं दिये-से जाते। देह के बदले देह नहीं पाई जाती। नारी की देह और पुरुष की देह हाइड्रोजन और ऑक्सीजन की तरह मिलने पर नवाकृति हो सकती; चाँदी और मांस की रासायनिक प्रतिक्रिया होती नहीं, उनमें निष्फल स्वजाकीयता है, उनमें अप्राप्यता का पारस्परिक आग्रह, ईर्ष्या स्पन्दमान नहीं होती।

देह के बदले देह नहीं पाई जाती। चाँदी और मांस में रासायनिक प्रतिक्रिया होती नहीं।

× × ×

एक हब्शी अपनी झोपड़ी के सामने लेटा हुआ था। एक अमेरिकन ने पूछा, 'क्यों भई, तुम पासवाले कारखाने में काम क्यों नहीं करते?'

'क्यों?' हब्शी ने आलस-भरी आवाज में पूछा।

'तुम काफी पैसे पैदा कर ले सकते हो। हो सकता है, तीस-चालीस डॉलर तक हफ्ते भर में।'

'क्यों?' फिर पूछा उसने।

'यदि तुम मेहनत और ईमानदारी से काम करो तो तुम जल्द ही बैंक में रुपये जमा कर सकोगे। यह क्या तुम्हें पसन्द नहीं है?'

'क्यों?' हब्शी ने फिर पूछा।

'अरे भाई, बैंक में रुपये होंगे तो तुम काम करना छोड़कर आराम कर सकोगे...'

'काम तो मैं अब भी नहीं कर रहा।' हब्शी ने गम्भीरतापूर्वक उत्तर दिया।

× × ×

अन्तर्धाराएँ

प्रेरणा के क्षण लिखने के नहीं, जीने के होते हैं।

साहित्य दर्पण नहीं, सृजन है। साहित्य ग्रामोफोन का रेकॉर्ड नहीं, शास्त्रीय और मौलिक संगीत है। वह कीच की भी उपेक्षा नहीं करता और न ही उसमें सनता है बल्कि उसके ऊपर उठकर कमल बन सकने में ही उसकी सार्थकता और धन्यता है।

छोटी कहानी प्रवाह नहीं, बुलबुला है। वह एक प्रकाशपूर्ण क्षण है। वह समष्टि से नहीं, व्यष्टि से सम्बन्ध रखती है। इस सारभूत क्षण के पूर्व जो कुछ भी होता है, वह भूमिका और बाद में जो कुछ भी होता है, वह उपसंहार-भूमिका तैयारी होती है, उपसंहार विराम।

पाप में पूर्णता पाना पुण्य में पूर्णता पाने से भी कठिन है; इसलिए कोई कठिनतर आदर्श को ही अपनाए!

× × ×

बिहार राष्ट्रभाषा परिषद् अनुसन्धान में काम करने की सुव्यवस्थित प्रणाली 30 अगस्त, 1957

रविवार—प्रथम दिन, पुण्य। तीन बजे लोक विभाग का कार्य देखा-समझा, शास्त्री जी और राधावल्लभ जी ने कहा कि वे इधर काफी दिनों से मगही संस्कार गीतों तथा कृषिकोश की भूमिका के लिए सामग्री एकत्र कर रहे हैं; मैंने सुझाव दिया कि यह काम सम्पादक का है, उन्हें यह कार्य यथाशीघ्र समाप्त कर देना चाहिए—चूँकि काम वे कर रहे थे, इसलिए अवश्य उसे पूरा कर लें। उन्होंने आश्वासन दिया कि यह काम एक पक्ष में पूरा हो जाएगा। विक्रमादित्य जी लोरिकायन पर काम कर रहे थे, किन्तु टेप-रेकॉर्डर के अभाव में सभी संकलित सामग्री अपर्याप्त है; अतः मैंने रेकॉर्डर लाने और सामग्री संकलन तक के लिए यह कार्य स्थगित रखने को और इसके बदले 6000 संकलित कहावतों, मुहावरों, पहेलियों पर कार्यारम्भ करने का निर्देश दिया।

इस विभाग का कार्य-विभाजन इस प्रकार हुआ है :

शास्त्री जी : (एक पक्ष के बाद, भूमिका कार्य समाप्त होते ही) कृषि-कोश के शेष शब्दों की व्युत्पत्ति, लेखन का कार्य शुरू कर देंगे।

राधावल्लभ जी : (एक पक्ष के बाद, भूमिका कार्य समाप्त होते ही) मगही संस्कार गीतों की तरह किसी अन्य प्रकार के गीत-संग्रह पर कार्य शुरू करेंगे। (यह गीत-संग्रह अभी चुना नहीं गया है। मैं इसे कार्यारम्भ के पूर्व देखकर चुन दूँगा।)

विक्रमादित्य जी : कहावतों आदि पर तत्काल काम शुरू कर देंगे।

वस्तुतः कार्य दूसरे दिन से ही आरम्भ हो गया।

मैंने यह अनुभव किया कि मगही संस्कार गीतों का जो हिन्दी रूपान्तर तैयार करा लिया गया है, वह संग्रह में रख भले ही लिया जाए, किन्तु उसका प्रकाशन अनावश्यक है, केवल पत्र-टिप्पणियों से ही काम लेना चाहिए। अनुसन्धान स्तर के ऐसे संग्रहों में इस प्रकार का रूपान्तर अनावश्यक है; किन्तु इसके लिए संचालक तथा अध्यक्ष का ध्यान आकृष्ट करना है।

× × ×

सोमवार : 01 सितम्बर, 1958

प्रायः तीन बजे गया। हस्तलिखित विभाग के कार्य को समझने की कोशिश शुरू की : पंजियों की भरमार—सभी अपूर्ण। कार्य की कोई प्रणाली निश्चित नहीं। यह निश्चय किया कि अगले दिन पंजीकरण आदि पर विचार होगा।

लो.भा. विभाग के लिए कार्ड का प्रबन्ध हुआ—तुरन्त लाइब्रेरी से उधार लेकर और शीघ्र खरीदने के लिए कार्यालय को आदेश देकर इस विभाग को संचालक मंडल के द्वारा माँगे गए आँकड़े सुलभ करने के लिए तथा भाषावार गीतों आदि की फाइलें लगाने का आदेश दिया।

मंगलवार : 02 सितम्बर, 1958

लोक विभाग का कार्य देखा। सुचारु रूप से निर्देशानुसार चल रहा है। छह विभाग को पंजीकरण के सम्बन्ध में निर्देश दिये।

बुधवार : 03 सितम्बर, 1958

रेडियो टॉक के कारण नहीं गए।

बृहस्पतिवार : 04 सितम्बर, 1958

लो. कार्य निरीक्षण किया। ह. के लिए निश्चय किये गए—तोमर जी उपस्थित थे।

(1) दोनों विभागों की मुद्रित पुस्तकों की एक पंजी सामान्य पुस्तकालय में भी रहे।

(2) केवल वे ही पंजियाँ रहें :

(क) तिथि पंजी—केवल आवश्यक विवरण के साथ पंजी इसी छुट्टी में बाजार से आ जाए जिससे सोमवार से काम शुरू हो जाए।

(ख) विस्तृत विवरण पंजी।

(ग) दुर्लभ मुद्रित पुस्तक पंजी।

(घ) यथासमय हिन्दी-संस्कृत पुस्तकों की पुस्तक, लेखक नामानुसार सूचियाँ तथा कार्ड-इंडेक्स।

(3) लो. में निर्देश-पुस्तिका में निर्देश रहे।

(4) ह. में निर्देश-पुस्तिका मँगाई जाए और निर्देश अंकित हों।

(5) कार्य विभाजन—शास्त्री जी, तिथि-पंजी शीघ्र पूरी करें।

(6) विधाताजी, जिल्द-बँधी संस्कृत पुस्तकों की विस्तृत विवरण पंजी पूरी कर दें।

(7) दामोदर जी, अजिल्द हिन्दी पुस्तकों का विवरण तैयार करना तत्काल शुरू कर दें।

(8) दिवाकर जी, सजिल्द संस्कृत की विस्तृत पंजी तैयार कर दें।

02 मार्च, 1959

अनुशीलन वेशम की ताली मिली। एक अलमारी का ताला टूटा हुआ था। दीक्षित जी और यदुनन्दन जी ने भी देखा।

किताबों की सूची नहीं है। तालियाँ Duplicate हैं।

संध्या 5 बजे से 9 बजे तक रहा।

03 मई, 1959

संध्या में 8½ बजे से 7 बजे तक रहा। अपना शोध-कार्य करता रहा। ऐसी पुस्तकों की सूची बनानी शुरू की, जिन्हें खरीदनी चाहिए।

प्रेस के लिए सूचना तैयार की जिसका आशय यह था कि (क) अनुशीलन वेशम प्रतिदिन (रविवार को छोड़कर) 5 से 7 बजे तक खुला रहता है और विद्यानुरागी अध्येता उसका लाभ उठा सकते हैं। (ख) श्रीमन्तों से धन तथा प्राचीन-नवीन पुस्तकों के लिए अपील की थी।

सूचना का प्रारूप यदुनन्दनजी को दिया कि वे उसकी प्रतिलिपियाँ तैयार कराकर प्रकाशनार्थ सभी हिन्दी दैनिकों तथा साप्ताहिकों में भेज दें।

04 मई, 1959

5 से 7 बजे तक उपस्थिति।

हिन्दी की ध्वनियों का संस्कृत से, प्राकृत से होते हुए, किस प्रकार विकास हुआ, इसका अपना अध्ययन जारी रहा।

× × ×

अंतरंग पंजिकाएँ

'विश्वास दिलाने के बावजूद, श्रीनिवास का स्टेशन पर न पहुँचना—दारुण कष्ट के बीच कलकत्ता, और रसेल होटल (Russel Hotel) के विचित्र अनुभव'—इन्होंने नोट कर लिये थे।

शुभो टैगोर (विख्यात चित्रकार) से साक्षात्कार हुआ, इसके लिए बहुत प्रसन्न थे। बोले, 'उसी कलकत्ते में श्रीनिवास कैसे Russel Hotel में टीम-टाम के साथ रह सकता है? उसे बड़े-बड़े लोग जानते हैं। और शुभो टैगोर को, जो वास्तव में कलाकार हैं, महान् व्यक्ति हैं—कोई भी नहीं जानता। कलकत्ते के सबर्ब में रहते हैं। श्रीनिवास यह सब कैसे कर लेता है?' *यह प्रश्न, प्रश्न ही रह गया अब तक!*

× × ×

[1]

बुड्ढा घोर आदर्शवादी है। उसके आश्रितों को भगवान उससे बचाए!

उसकी अपनी पुत्रवधू में इतनी दिलचस्पी क्यों? उपन्यास का कथानक मारा फिर रहा है।

शकुन्तला के मुतल्लिक दुर्वासा की नियत बिगड़ी है।

यह रूपक ठीक नहीं है।

शान्तं पापम्। किन्तु सच यह कि शकुन्तला को कण्व से सावधान रहना है।

कण्व के शिष्य क्या जानते थे ?

क्या प्रियंवदा और अनुसूया नितान्त कुरूप थीं ?

जरूर ही रही होंगी—उनकी माँ मेनका थोड़े ही थी।

विदूषक दुष्यन्त से ईर्ष्या करता था।

यह बुड्ढा खतरनाक कण्व, बुरी नीयत वाले दुर्वासा और ईर्ष्यालु विदूषक एक में गोल हैं।

अगर यह जान पाता कि एक वही दुनिया के ऊपर होशियार नहीं है। वह जानता नहीं कि मैं उसका रहस्य-भेद कर पाया हूँ।

Lascivious, lecherous old man!

[2]

1. एक कहानी सूझ रही है—शरत्चन्द्र से नायक—पर्स उनके नायक की तरह नायिका को दे देता—जो जरूरत हो, ले लो—उसके जाने के बाद गिनता है—50/- में से उसने कितना लिया—नायिका छेद से देखती है—वह नायक से अपने को बचाती है।
2. कलकत्ते के समीप कोई भयानक फैक्टरी—कुछ दूर बाद—पंजाब मेल के द्वारा नापी हुई।

× × ×

हल चलाने वाला :

—ओ मूर्ख ! तू क्यों इस भ्रूण-हत्या को सम्भव बनाए रख रहा ?

× × ×

अल्मुनियम की मीनार से टकराता लोहे का गुम्बज—etc।

× × ×

रात भर ट्रेन में बड़ी तकलीफ...।

Heart burn—मुन्ना, तुम कहाँ हो—तुम बहादुरी से रहना—कुगू है—पानी पी गया—बर्फ चूसी—पलसिटला खाया—अँधेरे में दीख नहीं पड़ा—Pulsitla ही तो था ? क्या मुझे Cancer हो रहा है ? मृत्यु का भय नहीं है।

[Heart burn—हृदय में जलन। Pulsitla—होम्योपैथिक दवा, जो यात्रा के समय साथ रहती थी। Cancer—कैंसर !]

× × ×

3. Sri Niwas not at platform—the child lost in a city—No Retiring Room available—I dare in the city—Taxi available with great difficulty—Sri Niwas at Russel Hotel—makes me at home,

   Subho Tagore Comes presents a book.

[श्रीनिवास प्लेटफॉर्म पर नहीं—मैं उस बालक की तरह जो शहर में खो गया—विश्रामगृह में स्थान नहीं—मैं शहर के भीतर जाने का दुस्साहस करता हूँ—मुश्किलों बाद टैक्सी मिलती है—श्रीनिवास रसेल होटल में—मेरा सत्कार करता है।

शुभो टैगोर आते हैं—एक पुस्तक उपहार देते हैं।]

शुभो बाबू, गोत्र नाम टैगोर
दाढ़ी, धोती, कुर्ता, चप्पल,
दोपहर में हुआ भोर,
कलकत्ता में एक मानुष अलंचल।

× × ×

बच्चों के बारे में लिखा ही नहीं—परवेज लड़का—हद-से-हद सात साल का—उसकी छोटी बहन—क्या नाम है—होटल के मालिक की शरारती लड़की—जेरीना—सात साल की—हिन्दी जानती है—बाप का नाम जानती है—पिताजी का नाम पूछा तो उसने पूछा—बहन का नाम?

*['नलिन विलोचन शर्मा की अन्तरंग पंजिकाएँ' शीर्षक के अन्तर्गत लिखी गई पंक्तियाँ। —**सं.**]*

× × ×

यह सारा वर्ष भाग चुका है।

इसे मैं पकड़ में रखूँगा।

तिथिक्रमानुसार घटनाओं का इतिहास में विशेष महत्त्व नहीं रह गया है। व्यक्ति के इतिहास में क्यों रह जाए?

1960 के दाँत के छेद को मैं इन शब्दों के प्लास्टर से भर दूँगा।

चार्ल्स बादलेयर की इंटिमेट जर्नल्स जैसी ये पंजिकाएँ बनेंगी—इन्हें बनाना है।

इनका अनुवाद कौन और कब करेगा? कोई नहीं करे, यह कामना है। यों, जिन्हें फैसला करना हो, वे जानें और उनका काम।

× × ×

राजनीतिज्ञ, साहित्यकार से अच्छा आदमी होता है। वह ईमानदारी के साथ बेईमानी करता है।

साहित्यकार दूसरों के साथ तो करता ही है, अपने से भी बेईमानी करता है।

अपने साथ बेईमानी करते जाना—साहित्यकार होने की पहली शर्त है। हर बार की बेईमानी एक कलाकृति के रूप में आती है और दुनिया को धोखे में डालती है।

इसलिए साहित्यकार को राजनीतिज्ञ से डरकर उसके सामने खीसें ही नहीं निपोड़नी चाहिए, उसे राजनीतिकार के प्रति श्रद्धालु बनना चाहिए।

भारत के स्वतंत्र हो जाने के बाद गांधी की मृत्यु पर कविता लिखने वालों से अच्छे भाट और चारण होते थे। वे जानते थे कि वे झूठ बोल रहे हैं। सुननेवाले जानते थे कि वे झूठ सुन रहे हैं। यह बात शायद चेस्टर्टन ने कहीं मुझसे पहले कह ली है।

× × ×

पहले औरत बगावत करती थी, तो वह वेश्या बनती थी।

अब वह चुनाव लड़ती है और बदशक्ल होती है।

वेश्या को अपने शरीर पर विश्वास रहता था। इन्हें आत्मविश्वास रहता है। आत्मा ने देह को दबोच लिया।

× × ×

बच्ची बेचन

The maid servant with whom used to come the helpless, innocent girl—so attached to wife—the maid servant left—later on another maid servant told wife that the former one had sold the girl for a few hundred.

Story the unexpressed unrealised terror. I used to see and failed to understand in the eyes of the girl—but is this only being wise after the event? Did the girl suspect ever remotely of the intention of the woman—actually the woman said to have sold other orphan related girl whom she gave shelter.

The story can be extended but it will become a novel—the girl comes to my wife one day—should it be said that she comes as a prostitude?—should it be said, she confesses to being a prostitude etc.

[*अनुवाद :* महरी के साथ एक निरीह, भोली-सी लड़की आती थी—पत्नी से हिल-मिल गई थी—महरी ने काम छोड़ दिया—कुछ दिनों बाद दूसरी महरी ने बताया कि पहली ने उस लड़की को चार-पाँच सौ रुपये में बेच दिया है।

उस बालिका की आँखों में अव्यक्त भयावह कहानी देखते हुए भी समझने में असमर्थ रह गया—पर यह घटना घट जाने के बाद ही बुद्धिमान बनना नहीं हुआ? क्या बालिका को औरत के उद्देश्य पर जरा भी सन्देह था?—ऐसा सुना गया कि वह औरत वास्तव में जिन अनाथ बालिकाओं को शरण देती, उन्हें बेच डालती थी।

कहानी पल्लवित की जा सकती है पर यह उपन्यास बन जाएगा—लड़की एक दिन मेरी पत्नी के पास आती है—क्या इस प्रकार कहा जाए कि वह वेश्या के रूप में आती है?—या इस प्रकार कहा जाए कि वह स्वीकार करती है कि वह वेश्या बन गई है, आदि...।]

× × ×

षड्यंत्र

पिल्ले गृहस्वामिनी को पसन्द नहीं—बच्चों को बहुत। गृहस्वामिनी बाँट देती है—एक बच्चा रह जाता है—बच्चे आतंकित—निरुपाय—गृहस्वामिनी से राय लेते हैं।

बचा पिल्ला दूसरे रोज से गृहस्वामिनी के पीछे-पीछे दुम हिलाता घूमने लगता है। गृहस्वामिनी द्रवित होती है। बच्चे, गृहस्वामी, सभी आश्चर्य प्रकट करते हैं। गृहस्वामी गम्भीर भाव से कहते हैं—जरूर पूर्वजन्म से ही तुम्हारा यह अनुगत होगा—बच्चे भी आश्चर्य प्रकट करते हैं।

पिल्ला जिसे मिलने वाला था, आता है।

गृहस्वामिनी कहती हैं, बच्चे मानते नहीं।

× × ×

पड़ोस के जागने वाले

In immediate back side of house a factory started—work in midnight shifts—intense a going undergone.

[*अनुवाद :* घर के ठीक पिछवाड़े एक कारखाना खुल गया—आधी रात को भी काम चालू—दारुण कष्ट।]

× × ×

जीवन की शोकपूर्ण घटनाएँ, ट्रेजेडी कुछ इतनी कलाशून्य होती हैं कि वे अपने अनगढ़ धक्के निरर्थकता से हमें झकझोर देती हैं।

× × ×

Dante, wrote in his dialect instead of Latin the scholars of his time.

× × ×

एक जीवनी

कहते हैं कि जिन बड़े एक विद्वान् की हाल ही में 65 वर्ष की अवस्था में असामयिक मृत्यु हो गई, उसके पास जिज्ञासु जाते थे और कोई विषय छेड़ देते थे, उस वक्त जो मसाला उनके वचनों में उन्हें मिलता, उसी से Thesis तैयार कर वे डाक्टर हो जाते थे। इसके सत्यासत्य को मैं जानता-मानता नहीं, लेकिन राजीव के मुँह से सुनकर मैंने जरूर कई कहानियाँ लिख डाली हैं।

× × ×

हिन्दी साहित्य में प्राचीन भारत के नारीत्व के तीन निकर्ष-चित्र

उर्मिला—जिसके पति ही 'एकहि धर्म, एक व्रतनेमा'।

सीता—सावित्री का आदर्श।

दूसरा चित्र—यशोधरा—प्राचीन तथा नवीनता का समन्वय।

'आँचल में दूध और आँखों में पानी' के अतिरिक्त नारी का अपना स्वाभिमानी व्यक्तित्व।

तीसरा चित्र—ध्रुवस्वामिनी का—प्राचीन आदर्श से कोई वास्ता नहीं। आज की जाग्रत भारतीय नारी का चित्र।

कहते हैं, नारी में उमा, रमा और सरस्वती का निवास—किन्तु नारी के भाग्य में, जननी और जाया के रूप। यही लिखा है कि :

'आँचल में दूध और आँखों में पानी।' यशोधरा माता के रूप में यशोदा और कौशल्या नारी-पत्नी के रूप में उसकी सत्ता और महत्ता उसकी अमर वेदना है।

पत्नी के रूप में उर्मिला की यह वेदना 'साकेत' में असंयत रूप से प्रकट हुई है।

यशोधरा में उसका परिमार्जित संस्करण।

उर्मिला के साथ लक्ष्मण ने कोई अन्याय किया, यह नहीं कहा जा सकता, और रुदन ही उसका सहारा है।

गौतम ने यशोधरा के साथ अन्याय किया है, पर यशोधरा बड़ी शालीनता से सहन करती है।

लेकिन उर्मिला के रुदन के बारे में यह भी न भूलना चाहिए कि वह सद्यः-परिणीता थी! अभी उसके हाथों की मेहँदी भी धुली न थी जबकि यशोधरा का नारीत्व मातृत्व प्राप्त कर गरिमा प्राप्त कर चुका था।

लेकिन इसके विपरीत उर्मिला की तुलना में यशोधरा भी अपने ढंग से अधिक मानसिक कष्ट सहन कर रही थी। लक्ष्मण तो उर्मिला को समझा-बुझाकर उसकी अनुमति से ही एक निश्चित यद्यपि दीर्घकाल के लिए वन गए थे, पर गौतम तो यशोधरा को अपने मार्ग के काँटे की तरह एक ओर कर, चुपके-चुपके निकल आए थे और यशोधरा को इसी का तो रोना है :

'सखि, वे मुझसे कहकर जाते!'

और यही कारण है कि यशोधरा पर जो प्रतिक्रिया होती है, वह उर्मिला से भिन्न है। गौतम ने बाल कटा दिये तो यशोधरा भी ऐसा करती है, पर श्वसुर को वह गौतम की खोज करने से रोकती है—कुछ क्रोध से, किन्तु यही समझकर कि उनकी इच्छा के प्रतिकूल होगा और वह एक अनिश्चित काल के लिए पति-वियोग सहने के लिए तैयार हो जाती है। उसकी इस कठिन जीवन-यात्रा में राहुल-सा गुदड़ी का लाल उसका सम्बल है—पति न सही, उसका प्रतिरूप पुत्र तो था। केवल इसीलिए उसने मृत्यु की शरण नहीं ली।

माता और पत्नी के रूप में यशोधरा Type ही है—जिसका सबसे ज्यादा परिचित रूप हमें सीता के चरित्र में मिलता है। किन्तु यशोधरा का नारी के रूप में

विशिष्ट व्यक्तित्व है—एक ऐसा व्यक्तित्व, जिसके सामने गौतम का मस्तक भी झुक गया होगा।

यह इसलिए नहीं कि गौतम के लौटने पर वह सीता की तरह भागी-भागी उसके पास चली नहीं जाती, प्रत्युत अपने स्वाभिमान की रक्षा के लिए इसलिए प्रतीक्षा करती है कि गौतम ही उसके पास आएँ। गौतम आएँ तो इसमें कोई बड़ी बात नहीं—वे तो खुद ही कहते हैं :

दीन न हो जोये सुनो, हीन नहीं नारी कभी।

यशोधरा के स्वाभिमान पर यह तो गौतम की ही विजय हुई। लेकिन नहीं, अन्तिम विजय तो :

यशोधरा की ही होती है।

बुद्ध ने संसार त्याग दिया—उनकी बराबरी यशोधरा क्या करेगी?—लेकिन जिस क्षण यशोधरा ने दुनिया से भी प्यारी चीज, अपने पुत्र को ही उन्हें समर्पित कर दिया, उस समय स्वयं भगवान बुद्ध उसके सामने नतमस्तक हुए ही होंगे।

× × ×

यदि बिना प्यार पाए प्यार करना अत्यन्त कष्टदायक अनुभव है, तो बिना प्यार किये प्यार पाना अत्यन्त उबाने वाला।

× × ×

'Patriotism is the last resort of a scoundral; Socialism is the last case resort of a failure.'

× × ×

वह अच्छा खाना पसन्द करता है, वह अच्छे कपड़े पसन्द करता है, और वह ऐसी औरतों को पसन्द करता है जो अच्छी नहीं होने पर भी खूबसूरत हों, आसानी से हासिल हो सकें।

× × ×

आजकल उसका सारा ध्यान उधर था जिसे दार्शनिक माया कहते हैं; कवि, प्रेम और मनस्तत्त्व विश्लेषण में विश्वास करने वाले आधुनिक लोग—सेक्स।

× × ×

आशावादी वह है, जो अच्छे परिणाम का इच्छुक होता है और बुरे को पाकर घबरा उठता है। निराशावादी वह, जो अच्छे की भी सम्भावना रखता है पर बुरे को पाकर घबराता नहीं है।

× × ×

हम लोग उपेक्षा के साथ, चूँकि हम एक व्यक्ति-विशेष को प्यार करने पर जो कभी हमारे लिए कोई अर्थ नहीं रखेगा, उस दूसरे से मिलना तक नहीं चाहते जो आज

हमारे लिए कुछ नहीं पर जिसके साथ हम कल प्रेम करेंगे, जिसे कदाचित् यदि हम पहले ही मिले होते तो पहले ही प्रेम करने लगे होते और इस प्रकार जो हमारे वर्तमान दुखों का अन्त कर देती, यद्यपि अवश्य उनके स्थान पर दूसरों का सृजन करती!

× × ×

हम अपने जीवनागार को दूसरे के उपयुक्त रचते और अन्ततः जब वह पूर्ण होकर उसके स्वागतार्थ तैयार होता तो वह व्यक्ति नहीं आता, फिर शायद वह हमारे लिए मर जाती और हम उन दीवालों से घिरे बन्दियों का जीवन बिताते जो उसके लिए मरहम के विभाग होते।

× × ×

उसका वह हास्य उसके अस्तित्व का श्रव्य प्रतीक था। इतना निर्मल, इतना हार्दिक, इतना उत्तरदायित्व-शून्य उल्लास से युक्त। उसके प्रसन्न, स्पष्ट ध्वनि से उष्णता-सी मालूम होने लगती थी, जैसे एक प्याला शराब पी गई हो! उसके उत्तेजन की अन्तर्गूढ़ प्रतिध्वनि चुम्बक-निमंत्रण-सी लगती थी।

× × ×

नदी के द्वीप

1. मुझे साहित्यिक भविष्यवाणी करना पसन्द है।

Flash back

2. Methods to reproduce unitly dialoges a failure (as also in शेखर[1])
3. Hospital scene page 307. Compere with Ernest Hemingway.
4. Witty dialogue some arresting epithets.
5. Page 28X—are epigram of wilde.

पृष्ठ 38-39 पर इलियट और लारेंस की पंक्तियाँ—'स्टेशन के प्लेटफार्म पर खड़े आदमी इस तरह सोचने को बाध्य किये तो जा सकते हैं, सोचते नहीं।'

चन्द्रमाधव ने किसके फलों से शादी कर ली और बजाप्ता कम्यूनिस्ट पार्टी के सदस्य हो गए। जहे-किस्मत! और हम कह ही क्या सकते हैं—उनके बारे में। और अगर वह Scoundral है तो मिस...फलाँ, अब उसकी पत्नी के प्रति हमारी सहानुभूति है और यदि उसे कम्यूनिस्ट पार्टी अयोग्य समझकर रचित (पंज) कर देती है तो—हम नहीं जानते, उससे सहानुभूति करें या कम्यूनिस्ट पार्टी को बधाई दें!

काव्यात्मक न्याय (Poetic Justice) रेखा—गौरा—मुक्त—चन्द्रमाधव का विवाह—यहाँ तक कि हेमेन्द्र का भी।

× × ×

1. शेखर : एक जीवनी (उपन्यास), लेखक : स.ही.वा. 'अज्ञेय'

धूप और धुआँ

1. 'दिनकर' की कविता के प्रेमियों और प्रशंसकों को निराशा होगी। यही इसकी विशेषता है।

2. फॉर्म को तोड़कर नये सिरे से गढ़ना।

× × ×

If statistics supports anything it is the statisticians.

× × ×

पंत जी के गीति-नाट्य उपेक्षणीय हैं, पर उनकी कविताएँ आश्चर्यजनक रूप से नाटकीय हैं। —अहम्

× × ×

पथ के दैत्य—A title which may serve for a novel or failing it a short story.

—*G.T. Ben Drives*

× × ×

मॉडल-प्रदर्शन

सरखेल के बारे में आप जो कह लीजिए, यह तो आपको भी मानना ही होगा, वह अपने महत्त्वपूर्ण क्षणों में अत्यन्त जीवंत है।

× × ×

अपने अत्यन्त महत्त्वपूर्ण क्षणों में कारयित्री और भावयित्री प्रतिभा एक ही रहती है।

× × ×

नानृषि: कुरुते काव्यम्

× × ×

Books name—Highways and Byways of Lit. Criticism in skt.

× × ×

1. आलोचक न तो हंस है, न काक।

2. कला अपना शेष (Alter-ego) कला की आलोचना में ही पा सकती है। [Art can find its alter-ego only in art-criticism.]

× × ×

[The Poona Orientalist—July + Oct. issue, 1948. Rs. 6 annual Subscription.

Sp. for the Indian Teory of ध्वनि and its parallels in western Lit. Criticism.

—*Dr. K. Krishnamoorthy*

× × ×

परम्परा उस आवश्यक प्राण पंक के समान है जिसमें से ही अप्रत्याशित रूप से सुन्दर प्रतिभा-कमल विकसित होता है।

× × ×

पारसी थिएटर कम्पनियों की दो बातें महत्त्वपूर्ण थीं :

एक तो स्वगत-भाषण और दूसरी पद्य-बद्ध वार्तालाप। यह ठीक है कि उनके स्वगत-भाषणों में मनोविज्ञान का और पद्य में कवित्व का प्रभाव रहता था, किन्तु यह भी सत्य है कि यथार्थवादी नाटक की सम्भावनाओं के चुक जाने के बाद, आज नाट्य-विधान के धन वर्जित साधनों के महत्त्व को स्वीकार करना पड़ रहा है।

× × ×

To keep children from listening to your conversation, direct it at them.

Under socialism, everything in life is like trying to write a letter with a post office pen.

× × ×

Ezra Pounds Categaries of poetry :

Melopoeia.
Logopoeia.

× × ×

I am getting so old I can't take yes for an answer.
I must get out of these wet clothes and into a day martini.
If elected vice-president I will give them plenty opinion.
He is not hard of hearing, he is Hard of listening.

× × ×

गरौ गिर: पल्लवनार्थ लाघवे
मितं च सारं च वचो हि वाग्मिता।

[नैषधे—IX—8]

× × ×

राजा साहब एक बार एक मुशायरे से लौटते हुए शिवजी को, जब वे बीमार थे (1958), देखने गए थे। उन्होंने शिवजी को ये शेर सुनाए थे। शिवजी ने 2 नवम्बर, 1958 को परिषद् के Staff द्वारा आयोजित एक वनभोज के बाद मुझे ये शेर सुनाए थे :

हुस्न है खुद ही मुहब्बत का पैगाम,
मुफ़्त ही आँखें मेरी बदनाम हैं।
हमारा-तुम्हारा, तुम्हारा-हमारा,
हमारे-तुम्हारे, हमारा-तुम्हारा॥

× × ×

शीर्षक— ? टीचरजी ?

Narator notices a former school teacher sitting among beggers on pavement near Astoria hotel.

Takes him to brothel he is running.

Talks about the great respect he had formed for him when the teacher had first joined school.

Then the disillusionment when he had found him in a diseputable lane and had taken him to a hag in order to teach the teacher a lesson for his lechary! The teacher had decided to stay there for the night!

Not for what he (the student) then had thought.

The teacher explains (in the begining) that he likes to share the misery if he can't remove it of fellow-beings, etc.

× × ×

माँ की निगाह (कहानी)

Sudden flowering up of daughter into womanhood. Does not escape puzzled mother who is a widow.

Change noticed after return of daughter with man whom daughter's mother has been suspecting to be her own lover.

Does she marry him?

She purchases new set of clothes for daughter.

× × ×

If yor limit passion life.

× × ×

बीसवीं सदी के महर्षि वात्स्यायन की कामसूत्री रचना 'शेखर' के इस प्रकरण को समझने में लोगों को दिक्कत हो सकती है :

भाई—यह क्या हो रहा है बहन?

बहन—यह सुख है भैया।

ऐसे कमअक्ल पाठकों को 'अज्ञेय' जी की मासिक 'विश्वमित्र' में प्रकाशित इस कहानी का अवलोकन करना चाहिए जिसमें एक जगह आत्मचरितात्मक रीति से कहा गया है :

'भाई-बहन तन्हाई में पास लेटे हुए थे। माँ के उधर आने की आवाज सुनकर वे घबड़ाकर उठ बैठे कि माँ न जाने उन्हें उस तरह देखकर क्या सोचेंगी!'

× × ×

इस सुधार-कार्य में 'अज्ञेय' जी की सहायता 'मुक्त' जी 'आरती' जलाकर कर रहे हैं। जहाँ और लोग का—की—दी—दी सटाकर लिखते हैं, वहाँ 'मुक्त' जी चा—ची सटाकर लिखने लग गए हैं।

× × ×

रामनाथ 'सुमन' और शिवमंगल सिंह 'सुमन' में कौन (सुमन) असली है?

× × ×

Dr. Jhonson in regards to his Dictionary :

1. In this work, when it shall be found that much is omitted, let it not be forgotten that much like wise is performed! Some ref. Jhonson in his Dictionary.

Oats—A grain which in England is generally given to horses, but in Scotland supports the people.

Ragamuffin—(From rag and I know not what else).

Patron—who means a wretch who supports with considerence and is paid with flattery.

× × ×

A really great man is known by three signs : Generosity in the design, Humanity in the executions and modesty in success.

—*Bismark*

× × ×

Three poets in three distinct ages born,
Greece, Italy and England did adorn.
The first in loftiness of thought surpassed;
The next magesty; in both the last,
This force of Nature could no further go,
To make a loved, She joined the two dryden.

—*Dryden*

(Writing about Milton and referring to Homer + Vcejal (Vcegal).

× × ×

Yor are out three days before your magazine. *Saloonatic*.

× × ×

माउंट-एवरेस्ट को चीन सरकार की आज्ञा से चीन भर में अब तिब्बती नाम से ही निर्दिष्ट किया जाएगा। नाम है—'चुम उलान'।

× × ×

गुड़ और गुलगुला

भारतीय चित्रों में प्रेमलीला खूब दिखाई जाती है, लेकिन वह 'निरामिष' होती है। हिन्दी के उपन्यासों में यथार्थता का आग्रह रहता है, लेकिन उसे शयन-कक्ष के

दरवाजे के ताले के छेद से देखा-दिखाया जाता है और हिन्दी कवि प्रयोगवादी कहलाने की आकांक्षा तो रखते हैं किन्तु वे प्रयोग को साधन मानते हैं, साध्य नहीं। और जहाँ तक हिन्दी के आलोचकों का प्रश्न है, वे समन्वयवाद के नाम पर अदबी दीन-ए-इलाही के पैगम्बर ही बन जाते हैं। यों तो भारतीय साहित्य और कला में ही, कहा जा सकता है, गुड़ तो खाया जाता है, लेकिन गुलगुले से परहेज किया जाता है, किन्तु हिन्दी साहित्य में तो यह खाना भी और परहेज करना अपना अन्दाज रखता है।

× × ×

प्रगति कहें या प्रयोग, छायावाद हो या रहस्यवाद, चारण या दरबारी कविता हो या भक्ति कविता-रूपी युग—सभी देश के साहित्य में मिल जाएँगे।

× × ×

पुराने जमाने में जब कहानियाँ लिखी नहीं जाती थीं, सुनाई जाती थीं, किस्सागो अपनी कहानी की भूमिका इस तरह बाँधते थे : 'सोता संसार, जागता परवरदिगार! कहानी ऐसी झूठी, बातें सुनाने वाला सच्चा। भाई कान की सुनी कहते हैं, आँखों देखी नहीं कहते...'

आपके लिए हमारी दास्तान, इन्हीं शब्दों के साथ खत्म हुई समझिए।

× × ×

जीवन तानाशाही की विकटता का व्यक्तिगत उदाहरण है—या तो पहली पकड़ में तुम्हीं उसे दे पाए या फिर पटके जाने के लिए तैयार रहो।

× × ×

यदि यह पत्र, इसको भेजने वाला स्वयं होता तो इसके भाव ये होते :

उस सुन्दरी मूर्खा के पत्र?—कल्पना करो—एक तितली, जुगनू, मच्छर पंक में सना, जिसके पैरों में एक तृण सट गया हो, एक पन्ने पर लुढ़क गया था।

× × ×

भीगे पत्तों के नीचे अश्लील काक की तरह किसी कोठे से हारमोनियम कराह उठा।

× × ×

कलकत्ता की बिजली की बत्तियाँ, मालूम होता, जाज्वल्यमान बल्लम-बर्छों पर अन्धकार को टाँगे हुई।

× × ×

दुनिया हरेक व्यक्ति के लिए शक्तिस्वरूप है। उसे हरेक अपनी योग्यता, साहस, दुष्टता, कुटिलता के अनुसार खोल सकता है।

× × ×

अब मैंने स्मृति की सम्पूर्ण और सहज क्रिया से उस जीवित वास्तविकता को सहसा पुनः ग्रहण किया। ऐसी वास्तविकता का तो हमारे लिए कोई अस्तित्व ही नहीं, जब

तक हमारे मस्तिष्क के द्वारा हम उसका पुनर्निर्माण नहीं करें, अन्यथा जीवन के दुर्धर्ष द्वन्द्व में सन्नद्ध Philistine भी महाकवि हो जाएँगे।

× × ×

जितने भी ऐसे कलाकारों को मैं जानता हूँ, जो व्यक्तिगत रूप से आकर्षण रखते हों, निम्नकोटि के कलाकार हैं। उच्च कलाकार उन कृतियों में जीवित रहते हैं जिन्हें वह निर्मित करते हैं, फलतः खुद जो होते हैं, उसमें कोई आकर्षण नहीं रहता। एक महान् कवि, वस्तुतः महान् कवि, एक सर्वथा अकवित्वपूर्ण व्यक्ति होता है। लेकिन निम्नकोटि का कवि सम्पूर्णतः हृदयग्राही होता है। जितनी साधारण उसकी कविताएँ होती हैं, उतना ही अधिक मोहक वह खुद दिखाई पड़ता है। वह उस कविता को जीता है जिसका निर्माण वह नहीं कर पाता। दूसरे प्रकार का कवि वैसी कविता लिखता है जिसकी उपलब्धि का साहस उसमें नहीं होता।

× × ×

उनका क्या हुआ था ?

पहला दृश्य

महायुद्ध के अन्त का प्रारम्भ था। हस्तिनापुर। गोधूलि के कुछ पूर्व। प्रकृति में रूमानी रंगों का कोई पता नहीं। जैसे किसी नीरस, नग्न कोणवादी चित्रकार ने काले-भूरे रंग में ही अपनी भावनाओं की बौद्धिक अभिव्यक्ति देनी चाही है! विराट व्यस्तता। धरती की फसल शवों की। रथ भी। बाण, गदा आदि भी। अस्पताल में चीरी-फाड़ी देह की तरह प्रासादों के बाह्य और गुह्य विभाग समान रूप से विश्लिष्ट, नंगे। आजकल की मोटरों की बिजली की भोंपू की तरह अशिव शिवा-रुत।

× × ×

All are blind helpless
poor neglected, bewailing,
Oh, intolerable is Bharat's misery
The British Rule has brought great
great, manifold happiness,
But it pains to see drain
wealth drain away to other countries,
To which are added high prices,
famine, distress
Daily worsens the misery
inflicted by God.

To Crown all the calamity of taxes.
Oh, oh, intolerable is Bharat's misery.

× × ×

सलिल में भी खोजते हैं अग्नि,
शिशिर की रात में ठिठुरे भिखारी के करण-से प्राण मेरे!
ग्रीवा की निस्पन्दना में लहू बहे अविरल सखी
सूख जाता स्नेह उर में बचा रहा जो।
जीभ तालू कंठ प्यासे तड़फड़ाएँ—
होंठ में अब क्या
लगाऊँ पात्र
खाली
बच रहा है बिन्दु तल में
एक ही अह!

× × ×

भारत को सबसे बड़ा खतरा है
मौलिकता के अभाव से। प्राचीन
भारत तो फिर भी अपना ही अनुकरण
करता था, नवीन भारत पश्चिमी का अनुकरण
करता है। यह मौलिकता का पूर्ण अभाव का
द्योतक है। मौलिकता का पूर्ण अभाव आसन्न
विनाश का लक्षण है। यह दूसरी बात है कि इस द्वंद्व
में से ही कुछ नया निकल सकता है।

× × ×

मैथिलीशरण

साहित्य के इतिहासकार के लिए 'Must', आलोचक उल्लेख करके आगे बढ़ जा सकता है। क्या यह भी एक कसौटी महान् कवि के लिए नहीं कि उस पर विचार करने के समय इतिहासकार आलोचक बन जाता है और आलोचक इतिहास लिखने लगता है—वह चाहे या न चाहे? मैथिलीशरण के इतिहास लेखक या आलोचक को यह खतरा नहीं कि वे अपना क्षेत्र छोड़कर दोनों एक-दूसरे के क्षेत्र में अपने को trespass करते हुए खुद ही पकड़ें!

मैथिलीशरण ने कभी फैशन set नहीं किया—'भारत-भारती' की हरिगीतिका को छोड़कर।

मैथिलीशरण का हिन्दी काव्येतिहास में महत्त्व, हिन्दी कविता की आलोचना में नहीं। प्रकार जैसा भी हो, परिमाण अधिक हो तो साहित्य में वह व्यर्थ नहीं जाता—गुप्त इसके प्रत्यक्ष उदाहरण।

They also serve who wait and watch के भी गुप्त उदाहरण।

In anyother walk of life there would have been great qualities—the solidity, the volume etc.—Except in the field Gupta chose for himself—God knows why—and made it frofitable!

× × ×

ग्राहक की विदाई

He begins smoking
cheap brand of cigs. leaves
purchasing cigs. from
old shop.
Shopkeeper thinks he
has offended him.

× × ×

अकेला टेलीफोन

यह इतनी बड़ी इमारत है। इसमें पहले भी एक-दो बार आया हूँ—ऑफिस के काम से। बरामदे में बहुत देर तक इन्तजार करने पर, एक बार बड़े साहब के इस कमरे में भी आया था।

× × ×

'I disapprove of what you say, but I will defend to the death your right to say it.'

—*Valtaire*

डायलॉग्ज

कलेश जी और उनकी पत्नी के बारे में आपके क्या विचार हैं?

—दोनों की देह से एक ही पाउडर की गन्ध आती है। सस्ते पाउडर के बारे में कुछ कहना उनके आर्थिक अभ्यास की आलोचना होगी या आर्थिक स्थिति की। वह मैं नहीं करता। पुरुष की देह से उसी पाउडर की गन्ध आए जो उसकी पत्नी की देह से आती है, इससे भी मुझे कोई आपत्ति नहीं—पुरुष स्त्रैण होना चाहता है तो हो, पशु होने से तो अच्छा ही है। लेकिन स्त्री की देह से उसी पाउडर की गन्ध आए जो उसके पति की देह से आती है—हॉरिबल!

× × ×

रेणुजी वह सब कुछ लिख चुके हैं जो उन्हें मालूम था; उनके लिए मुश्किल यह है कि अब वे उन चीजों के बारे में लिखने की कोशिश करते हैं जो और जिन पर कैसे लिखा जा सकता है, उन्हें ज्ञात नहीं।

× × ×

अंग्रेजी और हिन्दी

आजकल अंग्रेजी और हिन्दी को एक-दूसरे से भिड़ जाने के लिए तमाशा-पसन्द लोग ललकारते रहते हैं। मुझे दोनों की समानताएँ आकृष्ट करती हैं।

परिनिष्ठित हिन्दी किसी प्रदेश की भाषा नहीं है, पर वह बहुसंख्यक प्रदेशों से बने एक विशाल राष्ट्र की भाषा बन चुकी है।

परिमार्जित अंग्रेजी का भी ठीक यही हाल है। उसके पीछे एक विशाल साम्राज्य की शक्ति थी केवल इसी कारण नहीं, बल्कि अपनी विशेषताओं के बल पर उसने (पैर जमाए)।

× × ×

सिद्ध-सामंत काल और उनका युग

सिद्ध-सामंत काल में जिस संत की सर्वाधिक प्रधानता है, उसका सामान्य रूप से हिन्दी साहित्य में भी अत्यन्त महत्त्वपूर्ण स्थान है। यह इसी से स्पष्ट है कि उन्होंने हिन्दी के भक्तिकाल तथा उनकी मुख्य प्रवृत्ति, रहस्यवाद को तो प्रभावित किया ही है—कबीर, जायसी आदि की सम्पूर्ण रचना को भी प्रभावित किया है।

हम आगे के पृष्ठों में यह दिखाएँगे कि किस प्रकार भक्तिकाल का समस्त साहित्य तथा उनके समकालीन वज्रयानी बौद्ध सिद्धों से प्रभावित हुए थे!

पहले हम कबीर और जायसी के रहस्यवाद तथा उन पर बौद्ध सिद्धों के प्रभाव का विस्तृत विवेचन करें।

'कबीर में मस्तिष्क पक्ष प्रधान है। जायसी में हृदय है।'

कबीर + जायसी + कबीर का जो ऋण....(अधूरा) का रहस्यवाद और उस पर सिद्धों का प्रभाव।

× × ×

व्ययनायिका का अन्तर्दर्शन

जीवन के सूक्ष्म तत्त्वों को दर्शन, उसके स्थूल तत्त्वों को Pornography व्यक्त करते हैं—कला और विज्ञान बीच में है।—खिसके तो Pornography, उठ सक गए तो दर्शन।—वास्तविक है केवल जीवन का उपयोग (आयोग)।

× × ×

उसने हाल ही में छोटे भाई के मित्र की दराज को चाभी के लिए खोलते हुए कुछ फ्रेंच कार्ड्स देखे हैं।

वह सोचते हैं, यह कैसा वीतराग मनुष्य है! स्नान कर भद्दे आदम शीशे के सामने निर्वसना वह बड़ी-सी मूँठ लगी पफ से अपनी पीठ पर पाउडर लगाती हुई। उसने अपना अजेय नारीत्व देखा है और समझा है। नारी में कोमल, कठोर आवर्जन-विवर्जन को छोड़कर मनोभावों को शर है क्या?

× × ×

—Two Parrallel lines never meet.
[दो समानान्तर रेखाएँ कभी नहीं मिलतीं।]

× × ×

'Comrade, this is no book;
who touches this
touches a man.'

—Walt Whitman

× × ×

'Where there is no vision
the people perish.'

—N.V.S.

× × ×

प्रगति और परम्परा—सन्त कवि और रवीन्द्रनाथ—96
आवर्त, सौन्दर्य—रामविलास शर्मा
तरुण-अरुण—तुलसी
तडित चकित, शाल ताल, गगन सघन—रवीन्द्र

पुरानी बंगला कविता से हिन्दी की संत वाणी की तुलना करते हुए उन्होंने बताया है—बंगला साहित्य में ऐसी कविता थोड़ी ही है जिसके बारे में प्राचीन हिन्दी कविता की तरह कहा जा सके कि वह सदा के लिए नवीन है!

× × ×

Structral linguists profess to disregard meaning, as though language were a sub of reflex actions but no chicken continues to perform even reflex action with its head cut off. Their distaste for meaning is inspired by its philosophical comlexity; philosophically meaning is not even 'metalinguistic', keta physical, and thus as one nib will have it:

There was a man over meaning
Who expounded the meaning of meaning.
In the limelight he basked,

'Till at last he was asked
The meaning of meaning of meaning.

× × ×

पच्छिम के सूर-ससी

Papers on western writers :

1. तुर्गनेव और दोस्तोव्स्की	—दृष्टिकोण।
2. आन्द्रे ज़ीद	—नई धारा।
3. कोयस्लर	—नई धारा।
4. शॉ	—नई धारा।
5. इलियट	—अवन्तिका ?
6. आंग्ल भारतीय कथाकार ?	—दृष्टिकोण।
7. मुक्त छन्द और स्वच्छन्द काव्य	—दृष्टिकोण पत्रिका।

× × ×

पाश्चात्य साहित्यकार और साहित्य

इन पर लिखूँगा क्या—चेखव, मैंसफील्ड, ज्वायस, जोला, काफ्का, सार्त्र, लारेंस, वर्जीनिया वुल्फ, पाउंड।

× × ×

When king James-II called St. Paul's Cathedral 'amusing awful and artificial', Sir Christoper wren, the architect, was pleased. In those days amusing ment—amazing, aweful ment —awe-inspiring, and artificial ment artistic.

× × ×

शरत्चन्द्र by शैलेन्द्र कृष्ण लाहा

साधारन माझे असाधारनेर साक्षात् पेले तूमि-
ताई व तोमारे अंके धरिया धन्य जन्मभूमि।
मानूष कखन पतित होय ना—पतित पावन जाने,
से चिरसत्ये प्रतिष्ठिले कि—अपरूप रूप-दाने।
चलित मानुष पड़िते से पारे, पड़िया आबार उठे,
धरार धूलि त मलिन करे ना; पंके पद्म फोटे।

× × ×

From 'The man's unconquerable mind.'

—by *Chambers*

'Wearing all that weight of leaning lightly like a flower,
He was a scholar, and a ripe and good one.
Lofty and sour to them that loved him not,
But to those men that sought him,
Sweat as Summer.'

Honsman in Platt bid.
Philosophy was lame (tame), and dull, and flat.
'God said,' let there be larks, and there was platt.
In Platt's company one felt that one was not an Educated man.

Ibid,

In literary Comment he did not expaliate although, or rather because, he was the most lettered scholar of his time. He stuck to business as a scholar should, and performed, as a man of letters will, the dry to the watery.

Herman as Platt

'That he wrote little was the direct natural (Eurequnce) ensequence of his extraordinary capacity and the Variety of his interests and attainments. He would rather improve himself than instruct others. He wrote on subjects where he would make definite and original untrilutions to the advancements of learning otherwise he preferred to read.

Greek was his trade, But the Homer in which he dwett was great literature, whether its language were Greek, Latin, English, French, Italian, Spanish or German. Versetile without hollowness accomplished without ortontation a treasury of hidden which of accident brought to light but which accidents brought to light perpetually. After Chronology Prof. of Latin Hersman asked to write upon Greek, said, 'I found that I would not attain to excellence in both!'

'It is the function of Poetry to harmonize the sadness of the world.'

—*Herman*

× × ×

मेरी कहानियों की पंक्तियाँ ध्यानपूर्वक अध्ययन की माँग करती हैं।

मेरी कहानियाँ सावधान अध्ययन की माँग और उसका प्रतिदान भी करती हैं।

× × ×

1. We are proud of the rich heritage of ancient India.
2. Also of the acomplishment of modern Indian Art.
3. High praise from west.
4. Still to lay bare our own weakness—
5. Renaissance means to us more or less Revivalism.
6. Art-criticism like of O.C. Ganguly near Chauvinism.
7. In the name of tradition and expressionism slip-shod amatorishuars.
   (a) the Ex. of the Balinese dance I saw,
   (b) the spectacle of children performing Radha-Krishna dance. I will prefer to it the perfect if mechanical top dancing of Fred Astaires.
8. Finely warning to Principal of Bombay school of Arts.
9. The way west has adapted E. expressionism.
10. The way this adaption of our own ideals coming back to us --- we failed to galvanize old ideals into something new pulsating with life in modern Artists G. Tagore & Ravindranath.
11. Ravi Varma & others imitators of the most banal future of West.
12. Healthy effect of W. Realism—it is a necessity.
13. Smug complacence unwarrented the best of Realists of Renaissance period in Europe comparable to best of our one expressionists.
14. When it is said that it is not advisable for as to be influenced by the West (see point no. 8 in note book) we forget that West is not ashamed of learning from the East. The West frankly admits Ajanta and the primitive African Art—Whatever it may think of the countries politically.

× × ×

माताधर बसु ने (हुसेन शाह के सभासद) सर्वप्रथम 1820 से 1973 ई. में बंगला में भागवत के दशम् तथा एकादश स्कन्ध का अनुवाद प्रस्तुत किया। यह अनुवाद, 'सूरसागर' की तरह ही शाब्दिक न होकर स्वतंत्र है। यह विशेष रूप से उल्लेखनीय है कि यद्यपि भागवत में राधा को कोई स्थान नहीं मिला है, फिर भी बसु ने सूर की तरह, भागवत के अपने अनुवाद में स्थान दिया है।

× × ×

From
'My life' by *Isadora Duncan*
Victor Golancz Ltd.

It has been well said that the first essential writing about anything is that the writer should have experience of the matter. No write of what me has actually experienced words is to find that they become most evasive. Memories are less tangible than dreams. Indeed many dreams I have had been more vivid than my actual memories.

Any woman or man who would write the truth of their lives would write a great work. But no one has dared to write the truth of their lives. Jean Jacques Rousseane made this Supreme sacrifice for humanity—to unviel the truth of his soul, his most intimate actions and thoughts. The result is a great book. Walt Whitman gave his truth to America.

How often have I untended that although man might toil to the equator and have tremendous exploits with lions and tigers and try to write about it, yet fail, whereas another who felt his Verendah, might write of the killing, of tigers in jungles in a way to make his readers feel that he was actually there, until they can suffer his agony and apprehension, smell lions and hear the fearful approach of the rattle snake nothing to exist save in the imagination, and the marvellous things that have happened. They may lose their savour because I do possess the people Carvantes or even of Casanova.

× × ×

अमिलनस्य नलिनस्य सम्प्रतिरवे: न किरणावली वल्लभा।
सकल विस्मयकरी दशा न खल किं कुमुदिनी पतिच्चन्द्रमा: ॥
कुमुदिनी नलिन पाणिपीड़ननिरीक्षण कुतूहली स्मितानन।
सततमङ्गलविधायक: शुभ समुत्सुक गजानन: पातु व: ॥

अर्थ—[सम्प्रति प्रसन्नमुख नलिन को सूर्य की किरणें प्रिय नहीं मालूम होतीं। (यद्यपि, नलिन को सूर्य की किरणें प्रकृत्या प्रिय मालूम होनी चाहिए।) यह सबको विस्मय में डाल देनेवाली बात है कि चन्द्रमा क्या कुमुदिनी का पति नहीं रहा? (चन्द्रमा का ही स्वभावतया कुमुदिनी के प्रति अनुराग होना चाहिए; किन्तु नलिन का, रवि-किरणावली छोड़, कुमुदिनी के प्रति अनुराग कैसा? यही प्रकृति-वैषम्य या वैपरीत्य विस्मय में डाल देता है।)

इस तरह, कुमुदिनी और नलिन के पाणिपीड़न (विवाह) को कुतूहल के साथ निरखते हुए, निरन्तर मंगल के विधाता, एवं कल्याण में तत्पर स्मितानन गणेश तुम्हारी रक्षा करें।]

× × ×

Art of litrature बिलकुल दूसरी ही चीज है। वह दुनिया की रूहानी और दिमागी पूँजी का हिस्सा है। वह इनसान की गैरमामूली (rore) spirit की गैरमामूली product है, देन है।

हम सब आज के हिन्दी अदब की बातें करते हैं तो ऐसे ही अदब की बातें करते हैं जो literature में शुमार हो सके, जो रूहानी और दिमागी पूँजी को हमारी पीढ़ी की देन है।

एक बात और साफ कर दूँ—आज अदबी दुनिया में एक गड़बड़झाला-सा दीख पड़ सकता है—परखने की जो कसौटी हो सकती है, उसी का लगता है, कोई ठिकाना नहीं है—फिर भी जहाँ असली शोहरत का सवाल है, वह Artist writer को ही मिलता है। Artist writer ही चोटी पर दिखाई पड़ता है, दूसरों की जगह और असर दूसरे ढंग के होते हैं। चर्चा होना एक बात है, शोहरत पाना बिलकुल दूसरी बात।

एक बात और है—ऐसी किताबें जो Art of literature में शामिल हैं, कुछ जरूरी नहीं कि lasting book भी साबित होंगी। एक किताब या एक नज्म कलाकृति (Work of art) हो सकती है, और फिर भी इसकी जिन्दगी थोड़े दिनों की साबित हो तो ताज्जुब नहीं; वह ऐसी चीज भर हो सकती है जिसका अपने वक्त के लिए बहुत बड़ा significance भर हों। ऐसा भी होता है कि कभी-कभी कोई किताब जिसका आर्ट से बहुत कम ताल्लुक हो या कोई ताल्लुक न हो, लम्बी जिन्दगी पा जाती है, क्योंकि उनका तवारिख से—History से—कुछ खास तरह का सम्बन्ध रहता है। (Association—जैसे 'भारत-भारती')।

मेरे लिए अपनी बात पर आने के पहले यह सब कहना जरूरी है, क्योंकि हिन्दी अदब में आज जो बहुत कुछ Art of literature भी है, वह सब-का-सब न मरने वाला ही है। ऐसी बात नहीं है; इस तरह आज के हिन्दी अदब की खुसूसियत यह है कि वह हमारे जमाने का aesthetic expression है। यह ऐसा expression है जो दूसरे किसी-किसी जमाने में ठीक इसी तरह का नहीं रहा है, इसी जमाने का है। सो, जैसे आज की भारतीय चित्रकला है, आज की भारतीय स्थापत्य-कला है, आज की भारतीय युद्ध-कला है, उसी तरह आज भारतीय साहित्य भी है—हिन्दी अदब भी है।

Modern mode से पहले realistic novel, कविता में Paine के शब्दों में 'little facts of emotions scientific discoveries' का प्रभाव आज भी वह धारा—जो पढ़ने वाले को ऊब से बचाती है और उसे यह परेशानी नहीं सताती कि फालतू वक्त कैसे काटा जाए।

But in the modern of Mode of Hindi literature complex of East & West.

Psychology and philosophy. Psycological discovery, new conceptions of the universe, new conceptions of history etc. का प्रभाव scientific discovery के बदले Phsychological & Philosophical discoveries का प्रभाव।

× × ×

चारुवाक्

[Total Impression के व्यक्तीकरण के लिए मात्र शीर्षक चारुवाक् ही रहेगा; आचार्य का नाम चारुवाक्, जो चार्वाक का असली नाम माना गया है।]

समय : गुप्तकाल; स्थान : आचार्य चारुवाक् अपने गुरुकुल में वृक्ष की छाया में कुछ छात्रों को पढ़ा रहे हैं। 30 वर्ष की उम्र। निर्दोष रक्ताभ गौरवर्ण। ब्रह्मचर्य-दीप्त मुखमंडल। आदर्श पौरुष वाला बुद्ध प्रतिमाओं की तरह शरीर का गठन—वृषस्कन्ध आनुषंगिक कसा कटिदेश।

[1]

चारुवाक् ने अपने सबसे बुद्धिमान, सुन्दर, प्रिय शिष्य को छोटी श्रेणियों को पढ़ाने का भार दे दिया है और सब पर प्रकट है : वही आगे पीठ का उत्तराधिकारी मनोनीत किया जाएगा। वसुबन्धु के साथ नैषध-करना पर वाद-विवाद हो रहा है। अजन्ता के मंडोदक को चारुवाक् Denounce कर देता है जब वसु उनकी तुलना नैषध से करता है। बौध धर्म का Criticism, जो वेश्याओं को ग्रहण कर लेता है, पूर्व मीमांसा का मंडन करता है।

[2]

वसु का ईर्ष्यालु प्रतिद्वन्द्वी आचार्य को आकर सगर्व खबर देता है कि सारे शहर में दावाग्नि की तरह बात फैल गई है कि तीन दिनों से रोज वसु अम्बपाली के यहाँ रात्रि को जाता है और तीन दिनों से अम्बपाली का द्वार नागरिकों के लिए बन्द रहता है। कल स्वयं राजन पालक को घंटों की प्रतीक्षा के बाद लौट जाना पड़ा और गुरुकुल राष्ट्रीय और राजकर्मचारियों का क्रोध उग्र रूप धारण करता जा रहा है। रोषाविष्ट आचार्य वसु की खबर लेने के लिए स्वयं चल पड़ते हैं।

[3]

अम्बपाली के मकान के पास जाकर वसु को पुकारता है—गर्जन-तर्जन। किवाड़ खुलता है। स्वयं भुवन मनमोहिनी स्मेरवदना अम्बपाली विश्वामित्र के सामने अप्सरा

मेनका की तरह खड़ी है। वसु तो इस वक्त वहाँ नहीं परन्तु वे क्या अन्दर नहीं आएँगे? बाहर लू चल रही है।

'वसु आता ही होगा,' चारु यह कहकर अन्दर चला आता है कि वसु को मुक्त कर देने के लिए प्रतीक्षा करने के लिए वह अन्दर आ रहा है।

[4]

वसुबन्धु आता है। जाने की आज्ञा नहीं। स्वयं आचार्य पधारे हैं। तीसरे दिन शाम तक सारा शहर उमड़ पड़ता है। प्रदोष बेला में परितृप्त, प्रशान्त, निर्विकार आचार्य ताम्बूल चर्वण करते हुए फूलों की माला पहने निकलते हैं। भीड़ पीछे-पीछे चलती है। कुछ दूर जाने पर पत्थर, ईंटें चलती हैं। वह बेहोश गिर जाता है। लोग चले जाते हैं।

× × ×

स्ट्रीट वाकर

वह चौरंगी पर रूमाल गिराती है। साथ चलते-चलते कहती है, उसे प्यास लगी है। रेस्तराँ में ललचाई नजर से खाना देखती है। खाना मँगाता है। खाती है। खाते-खाते सबके बारे में कहती है :

वह नपुंसक है, जो बलिष्ठ दीखता है।

वह Homosexual है—जो बूढ़ा है। वह यह है, वह है...etc.।

जिस युवक के साथ आई है, उसके बारे में कहती है—तुम पहली बार वेश्यागमन को निकले थे।

× × ×

बे-पर की

(किसी बे-चोंच के मुर्गे ने बे-पर की उड़ाई है।)

बीसवीं शताब्दी के काम-शास्त्र के आचार्य (?)—यानी, आपको ज्ञेय है ही, वात्स्यायन जी—यानी अज्ञेय जी—यानी विशाल भारत के 'भूत' सम्पादक चौबे जी के साहित्यिक उत्तराधिकारी महोदय—'विश्व भारती' में अंग्रेजी में अंग्रेज के दृष्टिकोण से शीर्षक देते हैं : 'युद्ध के बाद का हिन्दी काव्य'। पाश्चात्य देशों में महायुद्ध का बौद्धिक प्रभाव बहुत ज्यादा रहा, इसलिए वहाँ साहित्य में इसका महत्त्व मान्य है। लेकिन यहाँ तो सेठों और कुछ साधारण सैनिकों को छोड़, प्राय: लोग अलग ही रहे।—लेकिन मालूम होता है कि बात कुछ और है—'नवीन' जी, 'महादेवी' जी आदि जरूर वहाँ गए थे और उसकी प्रतिक्रिया उनकी कविता पर पड़ी है जिसका दिग्दर्शन कथित लेख में कराया गया है। मिश्र-बन्धुओं और शुक्ल जी आदि को

सचेत हो जाना चाहिए। हिन्दी साहित्य का नया विभाजन होगा—एलिजाबेथन एज, विक्टोरियन एज आदि!

लेकिन यह तो कुछ नहीं। सुनते हैं, 'अज्ञेय' जी अपनी रचनाओं में प्रति पेज पाँच-सात व्याकरण की नवीनताओं का अधिकार जिसे मूर्ख अशुद्धि कहते—हिन्दी पर दया ही समझते!

× × ×

और एक उर्दूदाँ, और उर्दू बनाम ही (खैरियत है!) हिन्दी लेखक उसी रंग में फरमाते हैं: 'उसकी (एक स्त्री है यह, गौर फरमाएँ) बाईं आँख फड़कने लगी। मन में सन्देह-सा उत्पन्न हो उठा।' तात्पर्य कि अपशकुन हुआ। रूढ़िग्रस्त हिन्दू-विश्वासों की वकालत हम नहीं करते लेकिन उसके प्रति ऐसे Research कैसे गले के नीचे उतर जाने दें? लेकिन 'अश्क' जी के इश्क में 'सरस्वती देवी' का भोलापन—वार्धक्य में ही सही—माफ कर जाइए!

× × ×

देवी की उपासना तो हिन्दी साहित्यिकों के लिए कोई नई बात नहीं होगी। एक उदाहरण तो कभी के नास्तिक लेकिन अब महादेवी के परमोपासक पं. नन्दकिशोर तिवारी जी हैं। लेकिन इसमें कुछ मौलिकता नहीं। हाँ 'मुक्त' अलबत्ता नई दिशा की ओर संकेत कर रहे हैं—'बिजली' के 'स्वर्णकेतु' की क्या परवाह उन्हें, जब वे चाची चंडिका की सफल उपासना कर रहे! यहाँ यह भी कह देना अप्रासंगिक नहीं होगा कि हिन्दी में असाधारण बात तो है लेकिन सच है; 'मुक्त' चा-ची को सटाकर लिखते हैं, जब लिखते हैं। (आशा है, माँगता प्रसाद और कामता प्रसाद, दोनों इस पर ध्यान देंगे आगे।)

'पहाड़ी' की ग्राम्योपासना भी हा-हा खाए इस मौलिकता पर!

× × ×

यह किंवदंती तो प्रचलित ही है कि अतिशय लोलुपता के कारण 'जो छू दूँ, वह सोना बन जाए'—ऐसा वर माँग वह विपत्ति में फँस गया। लेकिन रवि बाबू के बारे में तो यह वास्तविक-सा मालूम होता है कि लेखनी चली और कला मशीनगन से छर्रों की तरह निकलने लगी। हाल की बीमारी में आप 60 घंटे बेहोश रहे। लेकिन उठे तो अधिक तो नहीं, फिर भी एक-दो चित्र बन ही गए और दो-एक कविताएँ तो खैर, आप जानिए, घर की चीज ठहरी—विश्वास नहीं हो तो देखिए 'विश्व-भारती' या नव-प्रकाशित 'पत्रिका'।

और 'महाजनो देव...' इत्यादि सूत्र के अनुसार हिन्दी के पंक्चर्ड मस्तिष्क-ट्यूब वाले—कलाकार—टायरों को चाहिए कि जल्दी से 60 नहीं, दस-पाँच घंटे की बेहोशी का इन्तजाम करें!

× × ×

'क' का परिवार एक अभिलाषा पालने में समर्थ हो सका था; और इसमें सफल होने में भी बीस या पचास वर्षों के अध्यवसाय के अनन्तर। 'ख' के परिवार ने अभिलाषाएँ पाली थीं; और उनका शतधा विस्फोट भी सम्पादित किया था। 'ग' के परिवार ने विनाश या इस शतधा विस्फोट ही की सदैव आशा की और इसलिए अभिलाषा वे पाल ही कभी नहीं सके।

× × ×

शरीर, जीवन और मस्तिष्क

शरीर का जीवन मस्तिष्क के जीवन से...यथार्थता है—जब शरीर तत्त्वत: जीवन का जागरूक हो जाता। लेकिन सच पूछो तो अधिकांश में लोगों के मस्तिष्क उनके शारीरिक शव पर चिपका दिये ही तो रहते।

लेकिन शरीर का जीवन तो एकदम पशुओं का जीवन है। लेकिन सच यह है कि नहीं। और हो भी तो वह व्यवसायी शब्दों के जीवन से अच्छा है। लेकिन सच यह है कि मानव शरीर तो अभी-अभी वास्तविक जीवन को साधे रहा। वैदिकों में जरा-सा स्फुरण हटाया हुआ था। महावीर और बुद्ध ने...के बाद व्यापक इसका श्वासावरोध कर दिया। लेकिन अब और शरीर जग रहा। स्तुतिवाद अपनी समाधि से उठ रहा। और वह कितना सुन्दर, सुन्दर जीवन होगा, सुन्दर विश्व में काम का, शरीर का जीवन्य।

× × ×

जैसे वृत्त में चतुष्कोण बैठ नहीं सकता तथैव कुरूप बाह्य आकृति में सुन्दर आभ्यन्तर आत्मा भी सम्भव नहीं—आखिर किसी व्यापक सत्य पर पहुँचने के लिए प्रारम्भिक आधार बिन्दु विशेष आवश्यक है और वह शरीर के आनुषंगिक सौन्दर्य और आत्मा के आध्यात्मिक वैशिष्ट्य के सनातन सम्बन्ध को वह इस नारी को देखने के बाद पहुँचना चाह रहा तो वह और दूसरे किस सत्य पर भला पहुँच सकते?

× × ×

क्या मैं कभी इन पर लिख सकूँगा?

1. दुस्साहसिक यात्राएँ

1. मैं एक अन्धविश्वास-सा अपने में अंकित पाता हूँ—to take the first rickshaw that come.
2. मैं रिक्शावाले को Direction नहीं देता, जैसा मेरे कई मित्र देते हैं, और जो दुर्घटनाग्रस्त हो चुके हैं।
3. Going to college every day what must my pilot brother by thinking how drab may life must be.
   —लेकिन पिंड में ब्रह्मांड

2. मामू का दवाखाना

(मक्खन मामा मदनानन्द मोदक खाते और मृत संजीवनी पीते हैं।)

3. पड़ोसी

4. भयावह लघुताएँ

1. चपरासी के लिए हाय-हाय Ex's... वे बड़े :

(क) साहित्यिक, जो वृद्धावस्था में सरकारी नौकरी पाने के बाद चपरासी का शोषण करते थे।

(ख) वह प्रिंसिपल, जो Ratire हो, और भी बड़े पद पर जाने के बाद चपरासियों से काम लेते थे। शायद इसीलिए गांधीजी सादगी पर जोर देते थे!

× × ×

In his Introduction to V.K. Narayan Menen's, The Development of William Butter Yeats Sir H. J.C. Grierson quotes from a letter from yeats to Dorothy Wellesly is which he describes how he was helping Purohit Swami to translate the upanishads. 'It is amusing', he says, 'to see his delighted astonishment when he discovers that he can call a goddess, this handsome girl' instead of a maiden of surpassing loveliness. I say to him 'think like a wise man but express yourself like the common people and the resalt in that he will make the first great translation of the upnishads. One need no longer call a moustache the 'Kinghtly growth that fringed upper lip.'

× × ×

1. Philosophy of attachment—वह वसीयत, जिसमें समाधि का आदेश। Neqation गीता।
2. Contraception—ब्रह्मचर्य का नवीन आदर्श—पहले आदमी सन्तान के लिए सम्भोग करता था और आनन्द भी प्राप्त कर लेता था; अब वह आनन्द के लिए सम्भोग करता है और तब तक सन्तान नहीं स्वीकार करता, जब तक वह चाहता नहीं—बहुत बड़ी साधना है।

× × ×

जीवन की शोकपूर्ण घटनाएँ, ट्रेजेडी कुछ इतनी कलाशून्य होती हैं कि वे अपने अनगढ़ धब्बे, अपनी निरर्थकता से हमें झकझोर देती हैं।

× × ×

सर्व स्वतंत्र कलाकार

निस्सन्देह Form Pattern and order अस्तित्व के अपरिहार्य उपकरण हैं, लेकिन अपने में ये बातें मृत्यु की मितव्य हैं। जीवन के निर्माण के लिए प्रगति के निर्बाध

होने के लिए, वर्धमान प्रकाश के लिए Form को खंडित करना, Pattern को विकृत करना, अपनी सभ्यता में आमूल परिवर्तन ले आ देना अत्यन्त आवश्यक है। निर्माण के लिए विध्वंस सर्वप्रथम उद्योग है; और समाज में विध्वंस का विधायक कलाकार है। कलाकार निश्चित रूप से सर्वतंत्र स्वतंत्र (Anarchist) होता है, और उसका सब प्रकार के Thestate के व्यवस्थित आधानों का विरोध करना ही पड़ता है—केवल उन्हीं का नहीं जिनका हमें अतीत से उत्तराधिकार मिला है, किन्तु समान रूप से उनका भी, जो हम पर भावी के नाम पर लादे जा रहे हों। इस भाव-विशेष में फासिज्म और मार्क्सवाद में कोई विभेद नहीं माना जा सकता।

× × ×

यात्रा का आरम्भ

The story of the two children who refuse to sleep but go to sleep when they begin playing going on a railway journey & say it is time to sleep.

× × ×

'Passion can not be beautiful without exess, when one does not love too much, one does not love enough.'

—*Pascal*

× × ×

Sky-Scraper

ईंट और लोहे की चिड़िया
    जिसे पैरों की कोई जरूरत नहीं।
    बर्फ के टुकड़ों जैसी आँखें।

× × ×

मॉडल-प्रदर्शन

परम्परा उस आवश्यक प्राण-पंक के समान है जिसमें से ही अप्रत्याशित रूप से सुन्दर प्रतिभा-कमल विकसित होता है।

× × ×

सिगरेट के लिए पैसे

एकाएक सिगरेट खत्म—पैसे घर लौटने पर ही सम्भव—सिगरेट के अभाव में खीज—यह सोचना भी कि सिगरेट छोड़ देनी चाहिए—नहीं, नहीं, ऐसा करना तो बेवकूफी होगी। घर के पास आने पर जेब में पड़े डिब्बे में एक सिगरेट निकलती है।

अनिर्वचनीय आनन्द!

Point : आतंक कि पैसा नहीं है और सिगरेट समाप्त है—वास्तविकता नहीं। अत: Nervousness का परिणाम कि ठीक से जेब भी नहीं देखी जाती।

× × ×

उसकी आँखें कोयले की खान में बत्ती की तरह जल उठीं।

× × ×

हम मनुष्य और मनुष्यता में विश्वास रखते हैं। इसलिए कविता में भी हमारी आस्था बनी हुई है। हम मानते हैं कि मनुष्यता के दो-चार पर्यायों में एक कविता भी है।

हमारी दृढ़ धारणा है कि यदि प्राचीनकाल के आँकड़े सुलभ होते और आज यह सहज ही प्रमाणित किया जा सकता था कि कालिदास और श्रीहर्ष के पाठकों और अनुरागियों की संख्या निराला और पंत के प्रेमियों से अधिक नहीं रही होगी। फलत: हम इस निर्मूल आशंका से उद्विग्न नहीं हैं कि कविता का अस्तित्व आज की सभ्यता के कारण खतरे में है।

पाठकों की रुचि का प्रतिमान ऊँचा होगा तो कवियों की रचनाएँ भी उच्च स्तर की होंगी। जैसे काव्य-संग्रह और प्रबन्ध-काव्य आज धड़ल्ले से प्रकाशित हो रहे हैं या जैसी कविताएँ पत्रिकाओं में बहुधा 'टेलपीस' की तरह या रस्म अदायगी के लिए छपती हैं, वैसी कविताएँ तब हिन्दी काव्य को हास्यास्पद बनाती नहीं चलेंगी। अपवादों की बात छोड़ दें तो जैसे जनतंत्र की सफलता के लिए शिक्षित देशवासी अनिवार्य है, उसी तरह कविता की उत्कृष्टता के लिए सुसंस्कृत रुचि के पाठक।

× × ×

Psychic trauma

वह हँस पड़ी, गोधूलि में ढोर के गले की घंटियाँ जैसी।

× × ×

A really great man is known by three signs—generosity in the design, humanity in the execut+mederation in success.

—*Bismarck*

× × ×

The Csp drifts with the stream of the Congress without losing its own momentum. It is ever on the watch to conalise the broad stream to the left. If the ball is set rolling by the Congress it does not stand in its way.

पत्र

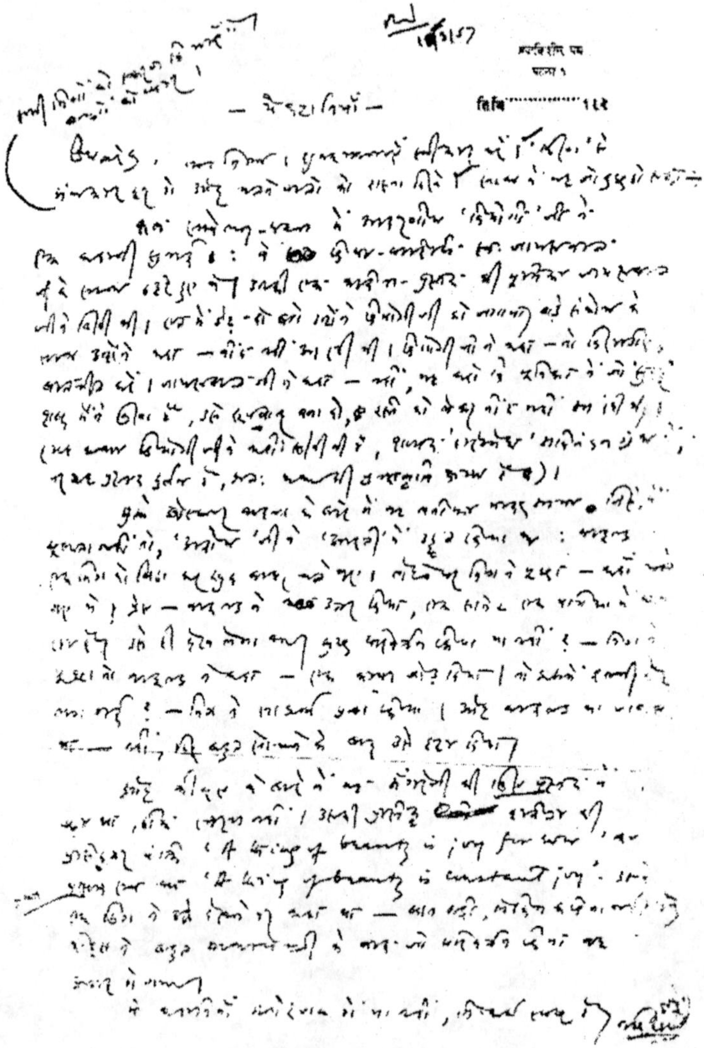

नलिन जी की हस्तलिपि

आचार्य शिवपूजन सहाय के नाम दस पत्र*

[1]

(स्थान अनिर्दिष्ट)
पुस्तक भंडार, लहेरियासराय
[सम्भवत: 1941 के आसपास]

श्रद्धेय प्रोफेसर साहब,

उस दिन पुस्तक भंडार गया था किन्तु दर्शन नहीं पा सका—बड़ी निराशा हुई थी। आज छपरे आने की बात थी किन्तु कई कारणों से यह सम्भव नहीं हो सक रहा है। पर आशा करता हूँ, शीघ्र ही आपसे इत्मीनान के साथ मिल सकूँगा। कष्ट देने के लिए क्षमा चाहता हूँ। मेरी पत्नी को चित्रकला का शौक है। उनके एक चित्र को 'बालक' के लिए माँगकर भेज रहा हूँ। यदि हो सके तो आप उसे भेज देने की कृपा करेंगे, चूँकि मुझसे वर्तमान 'बालक' सम्पादक का सीधा परिचय नहीं है। चित्र के नीचे Superscription यह रहेगा—चित्रकार—श्रीमती कुमुद शर्मा, ग्यारहवीं कक्षा, गर्ल्स हाई स्कूल, पटना; सुपुत्री—श्रीयुत् अमरनाथ शर्मा। आशा है, कष्ट के लिए क्षमा करेंगे। आप प्रभविष्णु नवसिखुओं को सदैव प्रोत्साहन देते हैं। इसी से यह साहस कर सका। अत्यन्त शीघ्रता में।

—स्नेहाभिलाषी
नलिन

* शिवपूजन सहाय : साहित्य समग्र-8 से

[2]

आरा से—
'हिमालय', पुस्तक भंडार, पटना
15 मार्च, 1946

मान्यवर,

कोटिशः प्रणामः। 'हिमालय' मिला था। धन्यवाद। उसके प्रथम दर्शन से ही उसकी उच्चता का आभास मिला। भविष्य में उसके उच्चतर-उच्चतम शिखरों के दर्शन होंगे, ऐसी आशा है।

कई लेख बहुत पसन्द आए—विशेषतः फूलन बाबू, आचार्य नरेन्द्रदेव और जानकीवल्लभ जी के। बेनीपुरी जी हिन्दी के श्रेष्ठ शब्द-चित्रकार हैं, बलदेव सिंह की तसवीर बोल उठी है। राजेन्द्र बाबू की आत्मकथा अन्तःसलिल नारिकेलफल है।

कवर का डिजाइन कुछ जमा नहीं। कुछ रचनाओं और टिप्पणियों के बारे में भी दो राय हो सकती है।

'हिमालय' के लिए शीघ्र ही कुछ लिखूँगा।

विनीत—
नलिन

पुनश्च : पत्र इतने दिनों के बाद लिख रहा हूँ। क्षमा करेंगे।

[3]

आरा से—
राजेन्द्र कॉलेज, छपरा
22 जुलाई, 1946

मान्यवर,

कोटिशः प्रणाम। मेरे सौभाग्य से आज वह अवसर आया कि आपके चरणों में बैठकर कुछ सीख सकूँगा। मेरे साहित्यिक जीवन के तरु का जब बीजारोपण भी नहीं हुआ था, उस समय भी मैं अनुभव करता था कि मैं कुछ करूँ, यह कुछ लोगों की उत्कंठा थी और इसके लिए मुझे उनका आशीर्वाद मिल रहा था। उनके उत्साहवर्धन से प्रेरित होकर जो कुछ भी किया, उसका उन्होंने अभिनन्दन किया। मैंने सदैव पाया, उनके वरदहस्त की छाया मुझे अनायास सुलभ है। अक्सर ऐसा हुआ, मैं चाहने पर भी बिम्ब नहीं देख पाता था, छाया का सुख ही पा सकता था। लेकिन इधर मैंने अपने उन हितैषियों में से कुछ सज्जनों को पहचान सका हूँ, वे

अपने को मुझसे दूर रखने में नाकामयाब हुए हैं। उनके प्रति आभार प्रकट करना भी गुस्ताखी होगी।

आज प्रिंसिपल मनोरंजन से कॉलेज में मुलाकात हुई। उनसे मालूम हुआ कि मेरे आने में विलम्ब होने की वजह से आपको अधिक श्रम करना पड़ रहा है। मुझे इस बात का हार्दिक खेद है—लेकिन कई कारणों से तुरन्त आ सकने में असमर्थ था, लाचारी थी। यहाँ 28 को तो छुट्टी ही मिलेगी—पहली को सेवा में उपस्थित हो जाऊँगा।

आशा है, आप स्वस्थ और प्रसन्न हैं।

विनीत—
नलिन

[4]

आरा से—
राजेन्द्र कॉलेज, छपरा
[संभवत: अप्रैल, 1946]

मान्यवर,

आपको यह जानकर प्रसन्नता होगी कि कॉलेज की ओर से पन्द्रह अप्रैल को एक कवि-सम्मेलन हो रहा है। निराला जी ने सभापति पद को स्वीकार कर लिया है। क्या मैं आशा करूँ कि आप अपनी उपस्थिति से हमें गौरवान्वित करेंगे?

आपके दर्शनों की अधिक लालसा है। समय बहुत कम है, लेकिन चूँकि निराला जी की स्वीकृति आज ही आई है इसलिए पहले सूचना नहीं दे सका। क्षंतव्य हूँ।

कृपाभिलाषी—
नलिन

[5]

आरा से—
'हिमालय', पुस्तक भंडार, पटना
5 अगस्त, 1946

मान्यवर,

'हिमालय' के दूसरे अंक की प्रतीक्षा कर रहा हूँ। एक पत्र भी भेज रहा हूँ। शायद पसन्द आएगा।

विनीत—
नलिन

[6]

गवर्नमेंट डिग्री कॉलेज, राँची से—
राजेन्द्र कॉलेज, छपरा
13 फरवरी, 1948

मान्यवराः,

प्रणतिपर्यायाः। आशा करता हूँ, आपकी सेवा में 'दृष्टिकोण' (पत्र) अब तक पहुँच गया होगा। यह पत्र आपके आशीर्वाद के लिए लिख रहा हूँ।

एक बात के लिए पहले ही क्षमा माँग लूँ। पहले अंक में ही मुद्रण-सम्बन्धी काफी त्रुटियाँ रह गई हैं। बहुत चाहता था कि इस सम्बन्ध में आपके आदर्श का निर्वाह हो किन्तु ऐसा हो न सका। मैं इतनी दूर पड़ा हुआ हूँ, करता भी क्या!

'दृष्टिकोण' में और क्या-क्या होना चाहिए, लिखें। अगले अंक के लिए आप कुछ लिखने का कष्ट करते तो बड़ा उपकार होता।

आपको यह जानकर प्रसन्नता होगी कि मेरे निर्वासन की अवधि की शीघ्र ही समाप्ति हो जाएगी, ऐसी सम्भावना है। आशा है, आप स्वस्थ एवं प्रसन्न हैं।

विनीत—
नलिन

[7]

ब्रजकिशोर पथ, पटना से—
स्थानीय
14 अक्टूबर, 1952

मान्य महोदय,

आपका पत्र-संख्या 915, दिनांक 11 अक्टूबर, '52 प्राप्त हुआ। एतदर्थ धन्यवाद। मैं प्रसन्नता के साथ आपके आदेशानुसर परिषद् की सेवा करूँगा।

भवदीय—
न.वि. शर्मा

[8]

सम्मेलन भवन, पटना से—
स्थानीय
13 जनवरी, '60

श्री चरणेशु,

कोटिश: प्रणाम। बम्बई से आने पर मालूम हुआ कि आप तिलौथू चले गए हैं। मैं तो अवाक् रह गया। ऑपरेशन ठीक से हो गया, यह जानकर चिन्ता दूर हुई। यहाँ सब कुशल हैं। आरोग्य की कामना करता हुआ।

विनीत—
नलिन विलोचन शर्मा

[9]

सम्मेलन भवन, पटना से—
स्थानीय
1 अगस्त, 1961

महोदय,

मैं इधर अस्वस्थ था। इसलिए दर्शनों के लिए नहीं आ सका। आज दो-तीन दिनों के लिए बाहर जा रहा हूँ, साथ में औपचारिक पत्र है। उसका बुरा न मानें। सिद्धान्त का प्रश्न है। रेडियो के मामले में मैंने गुरुजनों या मित्रों से कुछ नहीं कहा था। उन्होंने भी कोई दिलचस्पी नहीं दिखाई थी। आपने अली साहब के अनुरोध पर अपना मूल्यवान समय दिया। आपके सामने उन्होंने समाधान की शर्त स्वयं दी और उसे स्वीकार किया। उसका पालन उन्होंने नहीं किया। 'क्षतेक्षार' है। उनसे, यदि आप अनुचित न समझें, फोन पर बातें करने का कष्ट करेंगे। अब जो आदेश देंगे, शिरोधार्य होगा। लौटने पर दर्शन करूँगा।

विनीत—
नलिन

[10]

सम्मेलन भवन, पटना से—
स्थानीय
1 अगस्त, '61

महोदय,

बदरीनाथ सर्वभाषा महाविद्यालय का नवीन सत्र ('61-62 ई.) आगामी 7 अगस्त, '61 से प्रारम्भ होगा। अतएव, आपसे साग्रह अनुरोध है कि आप अपने प्राचार्यत्व का कार्यभार उक्त तिथि को यथावत् स्वीकार करें। महाविद्यालय का प्रशिक्षण काल पूर्ववत् सन्ध्या 6 बजे से रखा गया है।

भवदीय—
नलिन विलोचन शर्मा
प्रधानमंत्री

केदारनाथ मिश्र 'प्रभात' के नाम

[1]

आरा से—
[संभवतः 1946]

हिन्दी के अभिनव महाकवि का बहुमान पुरस्पर अभिवादन—अभिनन्दन।

आपका कृपा-पत्र मिला। आशा है, अब आप पूर्ण रूप से स्वस्थ हो गए होंगे।

हिन्दी कविता ने प्रसाद और निराला का आधार पाकर उस विराट आकाश में विचरण किया था जिसके वायुमंडल में पाश्चात्य कविता दांते, गेटे और मिल्टन की प्रतिभा के बल पर संवर्द्धित हुई थी। निम्नाभिमुख आधुनिक हिन्दी कविता को इस देव-पथ से फिर से चलने के लिए एक आपका सहारा पर्याप्त होगा, इसके लिए 'संवर्त्त' के रूप में हिन्दी प्रेमियों को आश्वासन मिला है।

संगठित विरोधियों से आप भवभूति के शब्दों में कह सकते हैं : 'जानन्नि ते किनपि तान् प्रति नैष यत्नः'। आपने अब तक जो आदर्श निभाया है, यह उसके सर्वथा अनुरूप होगा। लेकिन इसके बाद आपको दूसरे निष्पक्ष निवेदकों से यह कहने का अब अवसर नहीं रह गया है कि मुझे अपने 'समानधर्मा' की प्रतीक्षा

करनी पड़ेगी। कोई निष्पक्ष आलोचक 'संवर्त्त' की कला से अप्रभावित नहीं रह सकता, यह मेरा विश्वास है।

'संवर्त्त' पर यथाशीघ्र लिखने का यत्न करूँगा।

एक बात। उस दिन आपके यहाँ प्रसंगवश 'योगी' में प्रकाशित 'नवोदिता' की आलोचना की चर्चा चली थी। वह मैंने ही लिखी थी। इस बात का उसी दिन स्पष्टीकरण नहीं किया। चूँकि मुझे भय हुआ, आप यह समझेंगे कि शायद आलोचना की आलोचना से मुझे कष्ट हुआ होगा। मैंने बटुकजी से उसी दिन कहा था कि 'प्रभात' जी को पत्र के द्वारा इसकी सूचना दे दूँगा। उस आलोचना के बारे में अपने विचारों के लिए आप उसी तरह स्वतंत्र हैं जिस तरह 'नवोदिता' के बारे में कुछ लिखने के लिए मैं था। यह सफाई नहीं है, सूचना मात्र है। सूचना इसलिए आवश्यक मालूम पड़ी जिससे आगे कोई गलतफहमी न हो। यों साधारणत: मेरे बहुत सारे मित्र इस बात से अवगत हैं कि मैं 'पद्मराग' के नाम से यदा-कदा लिखता हूँ। खैर, मैं इस बात को कोई महत्त्व नहीं देता। बहुत व्यस्त हूँ।

स्नेहाधीन—
नलिन

[2]

बि.रा.भा. परिषद्, पटना
[तिथिहीन]

प्रियवर,

काम बहुत है। शाम 8 बजे से शुरू किया है। दो बजे सोने जा रहा हूँ। जैसा बन पड़ा, लिख दिया है। परिषद् को कभी मेरी तुच्छ सेवाओं की आवश्यकता नहीं रही है, इसलिए मैं उसे समर्पित करने में हिचकता था, किन्तु आपकी आज्ञा थी, सो लिखना ही पड़ा।

एक बात। लेख मेरे नाम से नहीं जाएगा, यह तो उचित ही है, किन्तु इतना जरूर चाहूँगा कि आप जहाँ जो कुछ जोड़ना चाहें, जोड़ दें, पर हटाएँ कुछ भी नहीं। आशा है, इस अनुरोध का ध्यान रखकर अनुगृहीत करेंगे।

—नलिन विलोचन शर्मा

लक्ष्मी नारायण सुंधाशु के नाम

[1]

ब्रजकिशोर पथ,
पटना-1
24 मई, 1952

मान्यवर,

इस पत्र के द्वारा हम आपको स्मरण दिलाते हैं कि प्रायः दो महीना पूर्व आपने हमारे एक पत्र के जवाब में लिखा था कि 'प्रायः दो महीने बाद ही कुछ लिखने-पढ़ने का समय निकाल सकूँगा।'

यद्यपि अब भी आप व्यस्त होंगे, फिर भी हमारा अनुरोध है कि यदि सम्भव हो तो अवकाश निकालकर 'रामदहिन-अभिनन्दन-ग्रंथ' और 'आरा नागरी प्रचारिणी जयन्ती स्मारक-ग्रंथ' के लिए अपने दो लेख भेजें। यदि अवकाश न हो तो प्रकाशित लेख भी भिजवा सकते हैं।

भवदीय—
नलिन विलोचन शर्मा

[2]

अध्यक्ष
हिन्दी विभाग
पटना विश्वविद्यालय, पटना
23 अगस्त, 1959

मान्यवरेषु,

यह पत्र लेकर जो सज्जन आपके दर्शन करेंगे, उनसे यहाँ की स्थिति से आप परिचित होंगे। आपके अतिरिक्त और कौन है, जो स्थिति सँभाल सके!

आपको कष्ट देते हुए बड़ी द्विधा का अनुभव कर रहा हूँ। किन्तु और कोई उपाय नहीं है। आप स्वयं जैसा उचित समझें, करने की कृपा करें।

सबहुकारन—
नलिन विलोचन शर्मा

[3]

पटना–5
4 जुलाई, 1961

मान्यवर,

कृपा–पत्र मिला। पिछली बार जब दर्शन हुए तो सोचता रहा कि अवसर मिले तो अपनी असमर्थता का निवेदन कर क्षमा माँग लूँ। अवसर न मिल सका और पत्र भी न लिख पाया।

वस्तुस्थिति यह है कि मैंने निर्धारित विषय पर प्रथम प्रारूप तैयार कर लिया था। पर दिल्ली में कैसे खो गया, शायद इसका जिक्र कर चुका हूँ। मैं सोचता था, फिर लिखना कठिन तो होगा, किन्तु लिख लूँगा। अब देखता हूँ कि लिखित लेखन मेरे लिए नितान्त दुष्कर सिद्ध हो रहा है।

अतः इस दायित्व से मुक्त करने की कृपा करें। जो काल–हानि मेरे कारण हुई है, उसके लिए क्षम्य।

सादर—
नलिन विलोचन शर्मा

[4]

पटना–1
7 सितम्बर, 1961

मान्यवरेषु,

सेवा में यह लेख प्रस्तुत है। आपके द्वारा संपादित होनेवाली पत्रिका के अनुरूप हो, इसके लिए प्रयास किया है।

यदि स्वीकृत होगा तो अपने को कृतार्थ समझूँगा।

पाँच को ही लेख दे देने को प्रतिश्रुत था। दो दिनों का विलंब हो गया है। क्षमाप्रार्थी हूँ।

भवदीय—
नलिन विलोचन शर्मा

पुनश्च : मैं स्वयं ही इसे लेकर उपस्थित होता, तभी दर्शन करता, किन्तु इसको लिए रुके रहना ठीक नहीं होता। किसी दिन दर्शन करूँगा।

केसरी कुमार के नाम

[1]

[तिथिहीन]

प्रियवरेषु!

कृपा-पत्र मिला। आपकी अनुपस्थिति की नगण्य-क्षतिपूर्ति। द्विवेदी जी को पत्र लिखा है, जिसमें आपके लिए संवाद है। दुहरा दूँ : 'नकेन' फिर पढ़ निकला है। मैं 'क्लास बन' के लिए दरख्वास्त नहीं दे रहा—अब ये हाथ फैलते नहीं।

आपने छुट्टियाँ खूब बिताईं। यह सरासर अन्याय है। कॉलेज खुले, इसके पहले यहाँ जरूर पधारें। आशा है, आप प्रसन्न हैं।

सप्रेम
नलिन

[2]

[तिथिहीन]

प्रियवर,

लेख अब तक नहीं मिला।

नरेश जी यहाँ आ गए हैं। सुना भर है। उन्होंने दर्शन नहीं दिये हैं। शिवचन्द्र जी हैं। अभी बहुत व्यस्त। सो जैसे-तैसे गाड़ी आगे बढ़ाता जा रहा हूँ।

पुनश्च : काम ऐसा जरूरी है कि शिवचन्द्र जी को तकलीफ करनी पड़ रही है। आपसे क्या कहूँ?

और, कल तो आपने ऐसा धोखा दिया कि हम याद रखेंगे।

पुनरपि : प्रगतिवाद पर की सभी किताबें भेज देंगे। होली में जरूर आएँ।

आपका
नलिन

जानकीवल्लभ शास्त्री के नाम

आरा
17.3.1944

प्रिय जानकीवल्लभ जी,

आपका कृपापत्र मिला। मुझे इस बात का हार्दिक खेद है कि मेरे आलस्य के कारण आपको इतना मानसिक क्लेश हुआ।

रुपये पलेजघाट में कुछ अजीब ढंग से मिल गए थे। वे मेरी किताब से डब्बे में गिर गए। मैं नीचे उतर आया। लेकिन उमाजी ऊपर ही थे। एक दूसरे सज्जन ने दोनों नोट उठाकर उन्हें दिये। उन्होंने मुझसे पूछा—और खयाल कीजिए, मुजफ्फरपुर में खोए हुए नोट पलेजा में मिल ही गए। मुझे आपको तुरत सूचित कर देना चाहिए था। नहीं किया, इसके लिए लज्जित हूँ।

लेकिन मुझे आपसे यह शिकायत है कि आप ऐसी तुच्छ बातों को लेकर अपने को क्यों परेशान होने देते हैं? अगर रुपये खो गए थे, तो इसमें आपका क्या दोष था, यह शायद कोई विधान का आचार्य ही बता सकता है।

मुझे यह भी समझना बाकी है कि स्टेशन से घर तक आपने मुझे क्या-क्या कष्ट दिये। आप तो इतना तकल्लुफ करते हैं और मैं हूँ, कि जैसे तकल्लुफपसन्द मरीज की मेजबानी का मजा किस इत्मीनान से उठाता रहा। मौका मिलेगा, तो मैं भी यह खयाल रखने की कोशिश करूँगा कि आपको यह तरीका पसन्द है।

आशा है, आप अपने स्वास्थ्य का पूरा ध्यान रख रहे हैं। आबोहवा बदलने के लिए यहीं आ जाइए न। यहाँ की जलवायु की उत्तमता के लिए मैं 'पुष्ट' प्रमाणपत्र हूँ, इसे आप अस्वीकार नहीं कर सकते। यों ही कभी-कभी स्मरण तो कर ही लिया कीजिए।

स्नेहाधीन
नलिन

डा. रमेश कुंतल मेघ के नाम

पटना-5
दिनांक-01.03.1961

कल्याणीयेषु,

आज ही राँची से आया—मैं वहाँ इधर अक्सर जाया किया हूँ, किन्तु किसी की ऐसी अकृपा नहीं हुई है कि वहाँ भेज दिया जाऊँ, जिसे मैं स्वीकार भी नहीं करूँगा—और आपका पत्र मिला तो बड़ी प्रसन्नता हुई। आपका पत्र मिलता है तो पूज्य पंडित जी की स्नेह-छाया जैसे यहाँ तक पहुँच जाती है।

भाषण जैसा... ? जो भी है, भेज रहा हूँ। एक पंडित जी को भी दे देंगे। वहाँ आपके विश्वविद्यालय से कोई नहीं आया!

आशा है, आप सानंद हैं और इसी तरह कभी-कभी मुझे स्मरण कर लिया करेंगे। पंडित जी को प्रणति कहें।

सस्नेह
न.वि. शर्मा

श्यामनंदन सहाय सेवक के नाम

[1]

पटना

06.02.1960

कल्याणीयेषु,

अपना हाल यह है कि जब तक डाक्टर ने आकर यह नहीं बताया कि ठंड या मलेरिया है, तब तक लगता था कि अन्तिम दृश्य में अभिनय कर रहा हूँ। अब लगता है, मंच पर अभिनय की विडंबना कुछ दिनों और करनी है। यह सब करना बिलकुल ही अच्छा न लगता, तो फिर 'निष्क्रांत' के आभास से डरता क्यों ? यानी, जीवन बन जाए या प्रहसन, हम जस-की-तस चदरिया रख भी नहीं देते। इतना पर भी हो कि हम खुद अपने बंदर के अपने मदारी बने रहें, ज्यादा-से-ज्यादा, अगर पूरे तौर पर न भी सही—तो बहुत बुरा नहीं है।

आप वहाँ ऊब रहे हों तो आश्चर्य नहीं। असल में वैसी क्या, कैसी भी जगह में रहना हो तो कमल की तरह रहिए। कीच भी अनिवार्य और जल भी सन्निकट। लेकिन, पहली दिखे नहीं और लगे नहीं, और दूसरा छूकर छूमंतर हो जाए, कोशिश इसकी कीजिए। यह उपदेश ही है, किन्तु आप ही नहीं, देनेवाला खुद भी सम्बोधित है।

सस्नेह

नलिन विलोचन शर्मा

[2]

पटना

दिनांक-26.05.1961

कल्याणीयेषु,

आज बहुत रोज के बाद सोचने की थोड़ी छुट्टी थी। ग्रीष्मावकाश आरम्भ हो चुका है। व्यस्तता जैसी-की-तैसी ही समझें।

अंग्रेजी वाले निबन्ध को 'स्पार्क' में भेजकर देखें और कहाँ बताऊँ? बरसात तक उपाध्याय जी इधर आनेवाले भी हैं।

प्रकाशक मिला तो बताऊँगा। उपाय तो यह है कि उपन्यासों की लपेट में कविता पुस्तकें छपती चलें। सोचिएगा।

आजकल स्वास्थ्य बुरा नहीं है। देखिए तो लगेगा, कहाँ से अकाल का मारा पहुँचा है। किसी दिन पहुँचूँगा तो आप खिला नहीं पाएँगे।

सबसे मिलें। उनसे भूलकर भी नहीं, जो अपने को साहित्यिक कहते हैं और बेचारे लोग भी जिन्हें यही मानते हैं। मिलने को काफी मिल चुके। इसमें क्या धरा है! चुपचाप लिखते चलिए। जो लिखें, उसे जैसे भी हो, प्रकाशित भी कराएँ। जहाँ तक अपना सवाल है, यह कथनी-भर है, करनी नहीं। लेकिन अपनी ही तो असली चीज है।

इधर आना हो तो मिलें। एक दिन मुजफ्फरपुर यों पहुँचना चाहता हूँ, जैसे किसी दूर देश पहुँचना है। नदियाँ पार करते हुए, पहाड़ लाँघते हुए, बीहड़ रास्ते तय करते हुए—दुस्साहसी यात्री!

आपको सभी बहुत याद करते हैं। उन्हें आपके बारे में कहूँगा। 'राका' मिली थी। शास्त्री जी से कहेंगे। उसमें शास्त्री जी बहुत अधिक रहते हैं। वे बड़े लेखक हैं। किसी पत्र में वे बहुत ज्यादा नहीं रह सकते। लेकिन 'राका' में होते हैं। वे उसके सम्पादक हैं। यह सम्पादक की 'मैं-शैली' है। कविता के लिए भी कितनी घातक, अपवादों को छोड़कर पत्र का यह अंश चाहें तो उन्हें सुना देंगे।

नितांत अ-मैं-शैली के मनुष्य की चिट्ठी 'मैं' से खाली नहीं है। इसलिए पत्र का अंश-विशेष ही शास्त्री जी के लिए है। ऐसा कह रहा हूँ।

कामता बाबू से जरूर मिलिए। अ-मैं के आवरण में छिपे 'मैं' तक वहाँ पहुँचेंगे तो बड़ी चीज हासिल होगी। उस छोटे नगर में, उतना बड़ा आदमी है, कितने लोग जानते हैं। यह सब किसी हालत में उनसे न कह डालिएगा; हाँ, उन्हें मेरा नमस्कार जरूर कहेंगे।

सस्नेह
नलिन विलोचन शर्मा

रंगमंच और दर्शक-समाज

[जर्मन कविश्रेष्ठ गेटे की महान कृति 'फॉस्ट' के अंग्रेजी अनुवाद का नाट्य रूपान्तर]

रंगमंच और दर्शक-समाज
गेटे

[अपनी महान कृति 'फॉस्ट' के प्रारम्भ में जर्मन कविश्रेष्ठ गेटे ने एक प्रवेशक में तत्कालीन जर्मन रंगमंच और दर्शकों की प्रवृत्तियों का रोचक विश्लेषण करते हुए रंगमंच और प्रेक्षकों के पारस्परिक सम्बन्धों पर कतिपय मूल सिद्धान्तों का प्रतिपादन किया है। सूत्रधार, कवि और अभिनेता—तीनों इस प्रवेशक में उपस्थित होते हैं और उनका वार्तालाप तीन विभिन्न प्रेरणाओं और प्रतिक्रियाओं की झाँकी देता है। 19वीं सदी के प्रारम्भ में लिखे गए इस प्रवेशक के विषय में आज भी ताजगी है। आज का नाटककार भी गेटे के कवि की भाँति ही दर्शकों की रुचि का आलोचक है। सूत्रधार की नजर आज भी व्यवसाय पर है और अभिनेता अब भी मनोरंजन को आधार मानता है। गेटे-जैसे महान विचारक और कलाकार की चुहलबाजी में भी युगों का स्पन्दन है।

हिन्दी के सुप्रसिद्ध कवि और आलोचक नलिन विलोचन शर्मा ने इस प्रवेशक के अनुवाद को मूल की भाँति ही तुकान्त रखा है। रूपान्तर 'फॉस्ट' के अंग्रेजी अनुवाद से किया गया है।]

[नाट्यशालान्तर्गत प्रवेशक, सूत्रधार, कवि और विदूषक]

सूत्रधार : महाशयो, आप दोनों मेरे आधार रहे हैं
संकटों और कठिनाइयों के समय,
आज दर्शक क्या चाह रहे हैं,
सम्भव है क्या कि हमें मिलेगी विजय?
सुपरिचित सुजनों को प्रसन्न करूँगा, मेरा निश्चय है।
जो जीते हैं और जीने देते हैं—उनका करूँगा रंजन।

बिछ चुके हैं तख्त, गड़ चुके खम्भे ये हैं
और बैठे प्रतीक्षा कर रहे हैं टकटकी लगाये सभ्य जन,
कोई असामान्य नाट्य-महोत्सव है अपेक्षित
उन्होंने मान रखा है कि वह होगा महान।
मैं जानता हूँ, मेरे दर्शक कैसे हो सकते हैं प्रभावित
फिर भी मैं कुबूल करता हूँ, मैं नहीं आशावान;
क्योंकि, गरचे वे शायद ही कभी देखते उत्कृष्ट अभिनय;
योग्य जन पढ़ने में रुचि रखते हैं अतिशय।
हम कैसे प्रबन्ध करें उसका जो सजीव हो और अभिनव,
सिर्फ चुस्त-दुरुस्त ही न हो, बल्कि दे सके गौरव?
क्योंकि, सच कहूँ तो मुझे हर्ष तभी होता सबसे बढ़कर
जब दीख पड़ते जनसमूह प्रवहमान इधर
लहर-पर-लहर, साढ़े तीन बजे या चार,
दिन के प्रकाश में, पार कर हमारा लघु, संकीर्ण द्वार,
या जब धक्कम-धुक्की करते हुए दरवाजे की ओर बढ़ते,
और अपनी गर्दन तक तोड़ लेते प्रवेशपत्र के लिए लड़ते
क्षुब्ध भाव से, पागलों की तरह ठेलठाल करते हुए
जैसे भुक्खड़ भिखारी मिठाईवाले को घेरे हुए।
ऐसा इन्द्रजाल करने के लिए कौन सन्देह कर सकता?
कवि, तुम्हीं योग्य व्यक्ति हो, अतः दिखाओ सचेष्टता।

कवि : तरह-तरह के लोगों की भीड़-भाड़ के बारे में मुझसे कहो मत
दृश्य उसका प्रेरणा के लिए असह्य होता है।
कोलाहल और भीड़-भाड़ से मुझे करो रक्षित
जो गँदले ज्वार में अपने हमें विवश बहा ले जाता है।
ना-ना, मुझे तो स्वर्ग के उस उपकंठ में पहुँचा दो
जहाँ कवि का उल्लास फूट पड़ता है, गम्भीर और अचपल,
जहाँ प्रेम और मैत्री एक हो जाते हैं, जैसे कोई रसायन हो
जो ईश्वरवत् स्पन्दित और परिपूर्ण बनता है घुलमिल।
आह, भावना का गम्भीरतम उद्वेलन,
विचार जो मर्मरित अधरों पर काँप उठते,
कवि के सागर पर वाणिज्य द्रव्य मसृण—
सबको क्षण-भर के आघात हैं ग्रस लेते।
कारण, अपेक्षित कला को लम्बे वर्षों की सच्ची साधना,
तभी सम्भव पूर्णता को प्रकाश में ला सकना।

चमत्कार लुप्त हो जाता, जैसे प्रभात में ओस के कण,
सत्य जीवन रहता है अनागत युगों में अमरण।

विदूषक : मेरी बात पूछो तो, रख सकते हो अनागत युग को अपने पास;
या सचमुच ही हमें बातें करनी हैं अगर,
तो कौन करेगा आज मंच पर हास-विलास?
मंच चाहता मनोरंजन, तुष्ट न होगा इसके
बिना क्षण-भर।
वह रसिक युवक जो चाहता मनोरंजन है
यहाँ उपस्थित होकर, उपेक्षणीय नहीं वह है।
जिस मनुष्य में सहज सृजन की क्षमता है
वह जन-रुचि को दोष नहीं देता, समृद्धि में रहता है।
जिसकी कला मनुष्यों के आग्नेय विचारों को सुलगाती है
वह खुश होता उत्कंठित आँखों की कतारें जब उठ जाती हैं।
इसलिए मित्रो, हिम्मत रखो, उन्हें अच्छा खेल दिखाओ,
उड़ चले कल्पना अपनी महनीय रुचिरता को लेकर, आओ
भर दो विवेक, कोमलता और आवेश के साथ-साथ,
हाँ, लेकिन, निश्छल परिहास हो जाए न कहीं अनाथ।

सूत्रधार : सबसे बड़ी बात, नाटक में गति प्रचुर भरो :
वे खेल चाहते, तब उन्हें सन्तुष्ट करो।
घटनाएँ घटें खूब, सामने उनकी आँखों के,
जिससे दर्शक विस्मय में रहें देखते एकटक,
इस तरह अधिकारी होंगे जनता के उपहारों के,
किस्मत बन जाएगी, तालियाँ गड़गड़ाएँगी जब तक।
दर्शक-समूह को मुग्ध बनाने को घटना-संकुल नाटक आवश्यक;
क्योंकि तभी प्रत्येक सुजन कुछ-न-कुछ रुचि के अनुकूल पाता है।
ज्यादा दो, खुश करो ज्यादा लोगों को;
करतल-ध्वनि होती नभ-भेदक
खेल रोचक है—कहता हर कोई घर वापस जाता है।
सहज भाव से प्रस्तुत, हल्का-फुल्का खेल-सा बना हुआ,
भोजन खूब मसालेदार यही जरूरी कि कैसे मिला हुआ;
एक खेल में उन्हें एक दर्जन खेल दिखाओ।
यदि निर्दोष पूर्णता है तो वह अल्पायु बनेगी,
मानो, जन-रुचि उसे चिथड़े-चिथड़े कर फाड़ेगी जानो।

कवि : किन्तु क्या महसूस नहीं करते तुम, कितनी बुरी ऐसी कृतियाँ होती हैं?

जो कलाकार है, उसके लिए सलाह यह कष्टदायक कितनी होती है।
तुम कला-विषयक अपना एक मान-सिद्धान्त बनाते हो;
जो कुछ उल्टा-सीधा चतुर छुटभैये गँवार करते हो।

सूत्रधार : ऐसी निन्दा से मैं घबराता नहीं तनिक भी,
और, गँवारों के बारे में तुम जो कुछ कहते हो;
याद रखो, तुम्हें चीरनी है खुरदुरी लकड़ी,
इसलिए औजार सही चुन लो।
और सोचने की कोशिश करो कि तुम लिखते किसके लिए—
कुछ तो आते यहाँ, क्योंकि रात में वे ऊबे रहते,
या नकल, भड़ौवा के सिवा नहीं कुछ हममें पाते।
कुछ कौतूहल को उत्तेजित करते,
कुछ आकर ठूँसठास कर मजा उठाते,
और भी बुरा कि कुछ आते क्योंकि पर्चों में पढ़ते।
औरतें आकर साज-सजावट का काम पूरा कर देती हैं,
वे अभिनय भी करती हैं, हमसे बदले में नहीं कुछ लेती हैं।
और क्या तुम सपने देखोगे काव्य-शिखर पर
या जीतोगे यदि नाटक आकर्षक साबित हो जाए।
दर्शक को समीप से देखो, चाहते सत्य ढूँढ़ना अगर
कुछ तो उदासीन होते हैं, कुछ होते नौसिखिये।
नाटक समाप्त हो जाने पर कोई जुआ खेलने को उत्सुक रहता,
कोई उच्छृंखल रात्रि चाहता बिताना विलासिनी के आलिंगन में
अपनी स्वर्गाभिमुख वृत्ति को इसके लिए झुकाओगे, अथवा
परिचालित कला करोगे अपने गुरु निर्देशन से?
मैं कहता हूँ, अपने नाटक को भर दो, भर देने पर
तुम पाओगे, इस प्रकार तुम कभी नहीं गलती कर सकते।
इसलिए, लोगों के लिए लिखो जिससे उनका हो जाए मनोरंजन भर
किसी दशा में तुम उन्हें परितुष्ट नहीं कर सकते।
क्यों, तुम्हें चंचल बना रहा क्या : हर्ष अथवा विषाद?

कवि : दूर हटो यहाँ से, और ढूँढ़ लो अपने लिए दूसरा दास।
क्या कोई कवि सन्तुष्ट रह सकता निर्जीव होकर देखते हुए कि
धूल में मिलाया जा रहा जो वरदान देवों का उसके लिए?
मानव की उच्चतम शक्ति जाए
बिखर क्योंकि होना तुम्हारे स्वार्थ का क्षणिक समाधान?
आती कहाँ से उसकी शक्ति जो हृदयों का करती आह्वान,

देती है स्वयं प्रकृति को भी निर्देश?
उन झंकारों के सिवा कहाँ से जिनका हृदय में होता समुत्थान
जग के समंजस के लिए जो वंचित उसे ही करता अशेष?
जब प्रकृति के सूत्र, ऐसे तन्तु जो अनन्त-से हैं,
अनायास ही करघ में उलझ जाते हैं,
जब असम्बद्ध पदार्थ जो घुल-मिल नहीं सकते हैं,
क्षुब्ध, विषम कर्ण-कटु शब्द उत्पन्न करते हैं—
कौन तब लयात्मक और मधुर पंक्ति का करता है दान
और नियमित स्पन्दन का करने के लिए हृदय को तीव्र या शान्त?
कौन खंड एकत्र कर करता निर्माण
उत्सव-संगीत का—विराट्, सार्वभौम पूर्ण नितान्त?
कौन आवेगों की बाढ़ की चोटी पर सवार रहता,
या सन्ध्या की गम्भीर, मधुर आभा के गीत गाता है?
वसन्त के प्रिय आनन्द-माल्य कौन है बिखेरता
पल्लवाच्छादित पथ पर, प्रियतम जिससे उसका आता है?
या कौन गौरव के बन्दनवान सजा सकता,
क्षुद्र पत्रों को वाणी प्रदान करने में कौन शक्त,
अमरपुरी को निर्भय बनाता, देवों में कौन लाता अभिन्नता?
मानव की शक्ति, कवियों में अभिव्यक्त।

विदूषक : ठीक, फिर अपनी विचित्र प्रेरणाओं से काम लीजिए,
और जो कुछ करना है, शुरू कर डालिए।
आरम्भ यों करें, जैसे प्रेम-व्यवहार आप करते;
आप मिलते हैं, जादू चलता है, आप वहाँ ठहरते
और धीरे-धीरे लगता है आपको कि अभिभूत हो गए।
पहले तो मिलती सफलता; फिर विघ्न आते नये-नये।
तैरते हवा में पहले, फिर मधु-कटु का अनुभव होता है
और यों ही लीजिए, प्रेम-व्यापार पूर्ण होता है।
यही वह चीज है, जो हमारे खेल को बनाएगी मोहक,
डुबकी लगाइए जिन्दगी में, दिखाइए मानवीय नाटक।
कर्म साधारण होता है, कल्पना नहीं;
बाँध लीजिए उसी को, प्रस्तुत है रोचक कहानी अभी।
दृश्य उलझे दिखाइए आशय भले ही मंदतर हो,
भूलों की शृंखला, झाँकी-भर सत्य की हो।
ताजगी इसी से आती है, नुस्खा यही वह है

जो दुनिया को खुश करता, हमें करता कामयाब है।
तब यौवन के सजीव-फूलों की भीड़ लग जाती है,
तब आते हैं कोमल हृदयवाले रस-पान को;
देखते हैं वे ही खेल, उसके पवित्र सत्य की उन्हें झाँकी मिल जाती है;
पी जाते हैं ये आपके नाटक के विषाद को।
कोई चौंकता है इस बात से, तो कोई ठीक पाता वह बात है :
हर कोई पसन्द करता है खेल उसके लिए, जिसे वह लाता
अपने साथ है;
युवकों को रुचता विनोद या अश्रुपूर्ण भावातिरेक,
मुग्ध होते हैं सजावट से, और ऊपरी खिलवाड़ से।
प्रौढ़ बुद्धि आकर्षित करने में, तुम्हें कठिनाइयाँ होंगी अनेक,
जो हृदय विकासशील है, वह देगा तुम्हें प्रतिदान
धन्यवाद से।

कवि : तो लौटा दो मुझे फिर सपनों के वे दिन,
जब खुद मैं भी अविकसित था,
जब गीत मेरे अन्दर फूट पड़ते थे, और अनगिन
लयपूर्ण कल्पनाओं से रहता हृदय संकुलित था।
मेरे सम्मुख था रहस्यमय सम्पूर्ण जगत्,
और हर कली वादा करती-सी गाती थी
और हर तलेटी, करने को मुझे पुनरुज्जीवित,
मेरे गा उठने पर फूलों से लद जाती थी।
कुछ भी तो नहीं था मेरे पास, फिर भी नहीं अकिंचन था।
सत्य की चेतना थी मेरी, और कल्पना की मोहिनी।
दे दो वे दिन, मचा रहता हृदय में जब आन्दोलन था।
रहती थी गहराई उमंग की व्यथारूपिणा,
रहता था घृणा का वेग, अशान्ति प्यार की—
आह, लौटा दो मुझे वेला मेरे यौवन की!

विदूषक : मेरे दोस्त, चाहिए जवानी, जब करना हो सामना
तुम्हें युद्ध में शत्रु के आक्रमण का,
या हो किसी सुन्दरी को प्रगाढ़ आलिंगन में बाँधना,
गलबाँहिया दिये हो जो पाने को रस प्यार का;
या फिर जवानी से दौड़ में शहरत मिल सकती है,
मिल सकता है लक्ष्य, जयमाल दूर से चमकती हुई;
या नाचते रह सकते हो तब तक, जब उषा की किरणें आती हैं;

यौवन अमन्द लिये अभिनन्दित करने को प्रभात-तारिका नई।
किन्तु, आह, अन्तर के सुपरिचित तारों को छेड़ने के लिए
निपुणता से हृदय स्पन्दित करने को अमोघ चातुरी से,
और इच्छानुसार लक्ष्य को बेधने के लिए,
मैं तो कहूँगा, महाशयो, कुशल व्यक्ति ही चाहिए :
यह और भी तारीफ की बात है—बुरा न मानिए
ऐसा नहीं है कि वय शैशव को लौटा लाता है,
शिशु ही बने रहते हम, वय मात्र यहाँ दिखलाता है।

सूत्रधार : बातें काफी हो चुकीं, क्योंकि कहूँ साफ तो,
कुछ काम शुरू हो जाए, यह देखना मैं चाहूँगा,
जब तक ये मीठी बातें हो रही हैं तब तक तो,
काम कुछ उपयोगी कर ले सकते हम, यही कहूँगा।
बात ही क्यों करें मनोदशा की, दिव्य प्रेरणा की
जो चलचित्रवृत्ति वालों को कभी मिलती नहीं?
आप कवि के पद का दावा करते हैं यदि, मेरे भाई,
तो लाइए, प्रस्तुत कीजिए कविता अभी, यहीं।
आप जानते हैं जरूरतें हमारी : हम चाहते ऐसा रस,
आशय ऐसा, जिसमें कुछ ठोस भी हो, बस।
काम का इन्तजार है, तो उठिए, शुरू भी कीजिए।
छूट जाता है आज जो कल करना ही होगा, देखिए।
एक दिन भी गँवाइए नहीं, सीधे कीजिए तैयारी ही,
जाने का मौका न दीजिए, रखिए विश्वास दुर्निवार,
अवसर न जाने पाए हाथ से कभी,
क्योंकि, काम में लग जाने पर एक बार
काम करते चले जाएँगे, कारण, करना ही पड़ेगा पार।
आप जो चाहें, करने देता है रंगमंच जर्मनी का
तो कुछ भी न उठा रखें आप, खास आज है मौका—
यवनिका की छटा किंवा यंत्रों का विधान—
सूर्य-चन्द्र दिखाइए, मनचाहे दृश्यों का वितान—
छोटे-मोटे चमत्कार भी जी-भर चमकाइए
लोग खुशी से नाच उठें, ऐसी नक्षत-ज्योति दिखलाइए।
पानी, चोटियाँ पहाड़ों की, रूमानी घटनाएँ,
और जानवर और चिड़ियाँ आएँ जितनी आएँ।
इस प्रकार, आप फैला दें हमारे छोटे मंच पर

सम्पूर्ण सृष्टि की दृश्यावली सविस्तर,
और नाप दीजिए चतुराई से, विचार की गति से,
पृथ्वी से होते हुए स्वर्ग से पाताल तक को निज मति से।

[अनुवाद : नलिन विलोचन शर्मा]

['बिहार थिएटर' (पटना), जनवरी, 1954]

मनोविश्लेषण और कलाकार

कलीमुद्दीन अहमद

ऐसा दावा किया जाता है कि मनोविश्लेषण 'उन उपादानों का उद्घाटन कर सकता है जो किसी व्यक्ति को कलात्मक सर्जन के लिए सक्षम बनाते हैं।' यदि मनोविश्लेषण इतना ही कर सकता, और कुछ न भी सही, तो साहित्यालोचन और मानवता उसकी उपकृत होती। इस उद्घाटन के लिए संसार बहुत दिनों से प्रतीक्षा करता रहा है, और अब, ऐसा मालूम होता है, यह उद्घाटन सम्भव हुआ है। ऐसा कहा जाता है कि फ्रायड, एडलर और युंग ने यह नूतन ज्ञान हमारे लिए सुलभ बनाया है। हम एक-एक कर उनकी बातें सुनें—अन्यथा उनके परस्पर-विरोधी सन्देश कहीं हमें भ्रान्त न कर दें।

(1) फ्रायड : 'कलाकार की प्रवृत्ति अन्तर्मुखी होती है। उसमें और स्नायुतिक (Neurotic) मनुष्य में बहुत अन्तर नहीं होता। वह अन्तःप्रवृत्तियों की ऐसी आवश्यकताओं से परिचालित होता है जो अतिशय मुखर होती हैं : वह सम्मान, शक्ति, वैभव, यश और नारी-प्रेम प्राप्त करने की आकांक्षा रखता है, किन्तु उसके पास इन इच्छाओं की पूर्ति के साधनों का अभाव रहता है। अतः, किसी भी ऐसे दूसरे व्यक्ति की तरह जिसकी इच्छाएँ अपूर्ण रह जाती हैं, वह वास्तविकता से मुँह मोड़ लेता है और अपना समस्त ध्यान, और अपनी समस्त काम-शक्ति (लिबिडो) भी, मनःकल्पना (Phantasy) के जीवन में अपनी इच्छाओं के निर्माण पर, केन्द्रित कर देता है। यहाँ से चलकर बड़ी आसानी से आदमी स्नायुष (Neurosis) तक पहुँच जा सकता है। अवश्य ही बहुत से तत्त्व मिलकर इस बात को रोकते हैं कि कहीं यही उसके सारे विकास की चरम परिणति बन जाए; यह तो सुपरिचित तथ्य है कि अक्सर खास-खास कलाकार स्नायुष के कारण अपनी सामर्थ्य के आंशिक अवरोध के शिकार बन जाते हैं। सम्भवतः उनकी शारीरिक बनावट में (Sublimation) उच्छ्रयण की प्रबल सामर्थ्य रहती है और उनके अन्तर्द्वन्द्व को निर्दिष्ट करनेवाले प्रतिरोधों (Repressive) में एक खास तरह का लचीलापन भी रहता है। किन्तु वास्तविकता तक लौट जाने का मार्ग कुछ इस प्रकार का है : अकेले वही ऐसा प्राणी

नहीं है जिसका एक कल्पना का जीवन होता है; अन्तरिम कल्पनालोक तो सामान्य मानवीय अनुमति से स्वीकृत रहता है, और प्रत्येक अतृप्त मनुष्य आश्वासन और सान्त्वना की कामना रखता है। परन्तु जो कलाकार नहीं है, उसके लिए कल्पना के स्रोतों से प्राप्त सन्तोष सीमित होता है; उनके दुरन्त प्रतिरोध के चेतना बन सकनेवाले स्वल्प दिवास्वप्नों का आनन्दमात्र ही उनके लिए सम्भव बनाते हैं। वैसे सच्चे कलाकार के पास इससे कहीं ज्यादा साधन रहते हैं। पहले तो वह यह समझता है कि वह अपने दिवास्वप्नों को किस प्रकार ऐसा विशद बना सकता है कि उनका व्यक्तिगत रूप लुप्त हो जाए, जो अपरिचित कानों को खटकता है, और इस तरह वे दूसरों के लिए आसान बन सकें; वह जानता है कि उन्हें कैसे इस तरह पर्याप्त रूप में परिवर्तित कर दिया जा सकता है कि यह आसानी से पता नहीं लगाया जा सके कि उनका उद्‌गम वर्जित स्रोतों में हुआ है। इसके अतिरिक्त उसमें यह रमस्यमय क्षमता रहती है कि वह अपने माध्यमविशेष को इस तरह रूपायित कर सके कि इसके द्वारा यथातथ रूप में उसकी मन:कल्पना के अभिप्राय अभिव्यक्त हो जाएँ; और फिर वह यह भी जानता है कि वह कैसे अपने मन:कल्पना के जीवन की प्रतिच्छाया में आनन्द की एक ऐसी तीव्र धारा नियोजित कर दे कि, कम-से-कम कुछ समय के लिए, इसके प्रभाव से उसके प्रतिरोध हल्के पड़ जाएँ और तितर-बितर हो जाएँ। जब वह यह सब कुछ कर पाता है तब वह दूसरों के लिए भी उनके आनन्द के अचेतन स्रोतों को मुक्त कर देता है और वे पीछे मुड़कर सन्तोष और सान्त्वना प्राप्त कर सकते हैं। इस प्रकार वह दूसरों की श्लाघा और कृतज्ञता अर्जित करता है; तब वह उस चीज को हासिल कर पाता है—अपनी मन:कल्पना द्वारा—जिसे पहले वह केवल अपनी मन:कल्पना में ही हासिल कर सकता था : सम्मान अधिकार, और नारी-प्रेम।[1]

हम यहाँ इस उद्‌घाटन का संक्षेप में विश्लेषण करें और महत्त्वपूर्ण तथ्यों को अंकित कर लें। हमें बताया गया है कि प्रवृत्ति से कलाकार स्नायुतिक होता है। यह नवीन मनोवैज्ञानिक अनुसन्धानों की सबसे महत्त्वपूर्ण बात है। कलाकार, मैं इसकी पुनरावृत्ति करना चाहूँगा, प्रकृति से, स्नायुतिक होता है। और अपूर्ण इच्छावाले किसी भी दूसरे स्नायुतिक की तरह वह वास्तविकता से मुँह मोड़ लेता है और मन:कल्पना का एक ऐसा जीवन निर्मित कर लेता है 'जहाँ से स्नायुतिक को पहुँच जाना आसान है।' किन्तु वह पूर्णत: स्नायुतिक नहीं होता क्योंकि, हमें बताया जाता है, उसमें उच्छ्रयण की प्रबल क्षमता रहती है और उसके अन्तर्द्वन्द्व को निर्धारित करनेवाले प्रतिरोधों में एक खास तरह का लचीलापन होता है, और वह वास्तविकता की ओर मुड़ चलने का रास्ता ढूँढ़ निकालता है। दिवास्वप्न देखनेवाले साधारण मनुष्य की तुलना में कलाकार कई बातों में भिन्न होता है और इन बातों का निर्देश

1. मनोविश्लेषण पर प्रारम्भिक भाषण (Introductory Lectures on Psycho-Analysis)।

किया गया है : कलाकार जानता है कि वह अपने दिवास्वप्नों को किस प्रकार यों विशद बना सकता है कि उनका व्यक्तिगत स्वर लुप्त हो जाए; वह जानता है कि कैसे ऊपर-ऊपर से देखनेवाले से इन दिवास्वप्नों का स्रोत छिपाया जा सकता है। उसमें एक ऐसी रहस्यमय क्षमता रहती है कि वह यथातथ रूप में अपनी मन:कल्पना के अभिप्रायों को व्यक्त करने में समर्थ होता है, और वह अपने मन:काल्पनिक जीवन की प्रतिच्छाया के साथ आनन्द की एक तीव्र धारा जोड़ दे सकता है। इस प्रकार, दूसरे स्नायुतिकों के लिए स्वयं उनके अचेतन स्रोतों से प्राप्य सन्तोष और सान्त्वना के पथ को प्रशस्त कर वह वास्तविकता तक लौट चलने का अपना मार्ग ढूँढ़ निकालता है, और 'सम्मान, अधिकार और नारी-प्रेम' की उसकी कल्पनाएँ भी पूरी हो जाती हैं।

सामान्य रूप से कलाकार के विषय में फायड ने इतना भर ही कहा है। किन्तु यह नवीन ज्ञान शायद ही सन्तोषजनक कहा जा सकता है। फ्रायड के कथनों की युक्तियुक्तता में सन्देह किये बिना—और इनमें से कुछ की युक्तियुक्तता में सन्देह तो किया ही जा सकता है—यह प्रदर्शित करना सम्भव है कि ये कथन हमें बहुत दूर तक नहीं ले जाते। कलाकार प्रवृत्ति से ही स्नायुतिक होता है—प्रामाणिक उद्‌घाटनों में यह सबसे पहला है। हम इस उद्‌घाटन की प्रामाणिकता में विश्वास नहीं करते, पर इसे जाने दीजिए। कलाकार प्रवृत्ति से स्नायुतिक होता है, वह वास्तविकता से मुँह मोड़कर मन:कल्पना का जीवन निर्मित कर लेता है, ये वक्तव्य सन्देहास्पद तो हैं, किन्तु इनमें कुछ है जो विधेयात्मक (Positive) है, जिसे हम समझ सकते हैं। फ्रायड के लिए इस बात का समाधान करना आवश्यक था कि कलाकार कैसे स्नायुष से बच पाता है, किन्तु किसी वैज्ञानिक समाधान के पहले (शायद कोई वैज्ञानिक समाधान सम्भव ही नहीं है) वह इतना ही कर सका है कि स्वमताभिमानपूर्वक जोर देकर कहे कि 'जरूर ही एक साथ ही अनेक ऐसे कारण होते हैं' जो सौभाग्य से कलाकार को स्नायुष से बचा लेते हैं। कदाचित् कलाकार प्रवृत्ति से स्नायुतिक होता ही नहीं और, इसलिए, उसे मुक्ति पाने की आवश्यकता रहती ही नहीं। किन्तु फ्रायड इस सम्भावना को ध्यान-कोटि में रखने को तैयार ही नहीं है। जो भी हो, वह हमें न तो यही बताता है कि ये कारण क्या हो सकते हैं, न इसी का समाधान करता है कि ये कारण किस तरह मिलकर कलाकार को स्नायुष से बचा लेते हैं। इस स्वमताभिमानपूर्ण कथन के अतिरिक्त फ्रायड की जो एकमात्र लाभदायक देन है, वह यह उद्‌भावना है कि 'शायद उनके संघटन में उच्छ्रयण की एक प्रबल सामर्थ्य रहती है और अन्तर्द्वन्द्व को निर्धारित करनेवाले प्रतिरोधों में एक खास तरह का लचीलापन होता है।' हमें पुनरपि इस असाधारण सामर्थ्य का, उच्छ्रयण के लिए प्रबल शक्ति का कोई वैज्ञानिक समाधान प्राप्त नहीं होता। क्या कलाकार में यह असाधारण सामर्थ्य इस कारण होती है कि वह कलाकार है, या

उच्छ्रयण की यह प्रबल शक्ति ही कलाकार को, वह जो कुछ है, बनाती है ? फ्रायड हमें इनके विषय में कुछ भी नहीं बताता। उसका स्वमताभिमानपूर्ण कथन और उसकी उद्भावना, दोनों मिलकर केवल यही कह पाते हैं कि कलाकार अपने दुर्भाग्य से इसलिए बच पाता है क्योंकि वह कलाकार है। यह एक ऐसा समाधान है जिससे मनोविश्लेषक सन्तुष्ट तो हो जा सकता है, किन्तु जो कोई भी बात स्पष्ट नहीं कर पाता। बहुतेरे लोग, कलाकार हुए बिना, अवश्य एक साथ ही इन कारणों से उपेत रहते हैं। यह 'उच्छ्रयण की सबल शक्ति' या 'अन्तर्द्वन्द्व को निर्धारित करनेवाले प्रतिरोधों का लचीलापन' अपने में रखते हैं, क्योंकि वे भी तो स्नायुतिक नहीं हो जाते। यह तो मात्र संयोग की बात है। यदि आप सौभाग्यशाली हैं तो आप कलाकार या इसी प्रकार सुरक्षित कोई और चीज बन जाते हैं; यदि आप सौभाग्यशाली नहीं हैं तो आप स्नायुतिक बन जाते हैं—जो एक ऐसी वस्तुस्थिति है जो सच तो हो सकती है किन्तु जो हमें सदा की तरह भग्नोद्यम बना देती है।

जब फ्रायड यह स्पष्ट करने का प्रयास करता है कि कलाकार किस प्रकार वास्तविकता की ओर लौट पाने का रास्ता ढूँढ़ लेता है, तो वह सामान्य रूप से असन्तोषजनक सिद्ध होता है। उसने हो समाधान प्रस्तुत किया है, उसका सविस्तर परीक्षण अनावश्यक है। एक सच्चा कलाकार, हमें बताया जाता है, साधारण दिवास्वप्न देखनेवाले से इस बात में भिन्न होता है कि 'वह यह समझता है कि वह अपने दिवास्वप्नों को कैसे इस प्रकार विशद कर सकता है कि उनका वह व्यक्तिगत स्वर लुप्त हो जाए जो दूसरों के कानों को खटकता है।' इसके विपरीत साधारण दिवास्वप्न व्यक्तिगत और निजी बने रहते हैं।

यहाँ यह आवश्यक नहीं कि हम फ्रायड की इस शब्दावली से झगड़ें जो साहित्यालोचन की शब्दावली नहीं है। कलात्मक प्रक्रिया के समाधान के रूप में यह हमें बहुत दूर तक नहीं ले जाती। एक कलाकार अपने दिवास्वप्नों को किस प्रकार विशद बनाता है ? उस प्रवृत्ति का रूप क्या है जो कलाकार को बाध्य करती है कि वह अपने दिवास्वप्नों को विशद करे ? और यह विशदीकरण की प्रक्रिया प्रभावविशेष क्यों उत्पन्न करती है, अर्थात्, उस व्यक्तिगत स्वर का लोप जो दूसरों के कानों को खटकता है ? इन स्पष्टत: महत्त्वपूर्ण बातों के सम्बन्ध में फ्रायड कुछ भी नहीं कहता और शायद कह भी नहीं सकता। कहने का तात्पर्य यह कि कलात्मक प्रक्रिया अव्याख्यात बनी रह जाती है—रहस्य अब भी रहस्य बना रहता है, वैज्ञानिक रूप से निर्णीत तथ्य नहीं। और फ्रायड स्वयं अपना रहस्य-भेद कर देता है। कलाकार, वह हमें बतलाता है : 'ऐसी रहस्यमय सामर्थ्य रखता है कि वह अपने साधन को इस तरह टाल सके कि उसकी मन:कल्पना के अभिप्राय यथातथ रूप में व्यक्त किये जा सकें'—यह 'रहस्यमय' शब्द फ्रायड का रहस्य-भेद कर देता है। स्पष्टत: यहाँ ऐसा कुछ है जिसे स्वयं फ्रायड नहीं समझ पाता, जो उसके लिए 'रहस्यमय' बना

रह जाता है। और इस प्रकार वैज्ञानिक यंत्र ठप पड़ जाता है, वैज्ञानिक शब्दावली अपर्याप्त सिद्ध हो जाती है, और हम अपने को विस्मय की रूढ़िगत स्थिति में पाते हैं—एक ऐसी स्थिति में, जो मनोविश्लेषक की दृष्टि में अत्यन्त अवैज्ञानिक और असन्तोषजनक थी।

(2) एडलर : फ्रायड से एडलर, यह अनिवार्य पद-न्यास है। इसलिए अब हम एडलर की ओर मुड़ें, जिसे रीड अधिक सन्तोषजनक पाता है। 'प्रत्येक स्नायुष', एडलर लिखता है : 'इस रूप में समझा जा सकता है कि वह एक ऐसा प्रयास है जिसमें श्रेष्ठता की भावना की प्राप्ति के निमित्त हीनता की भावना से मुक्ति की कामना रहती है।'[1] हीनता की इस भावना का उद्‌भव पारिवारिक वृत्त में होता है। 'कलाकार प्रारम्भिकतम शैशव में हीनता की अपनी घोर भावना से अपने को छुड़ा लेता है, क्योंकि नाना प्रकार के प्रतिरोधों—धनाभाव, क्षीण नेत्र-ज्योति, बधिरता आदि से वह ग्रस्त रहता है और किसी-न-किसी रूप में अवश्य ही दुर्ललित भी होता है, और इस तरह प्रारम्भिक शैशव में ही उसे आगे बढ़ने के लिए प्रचंड एड़ लगती रहती है। वह प्रबल रूप से महत्त्वाकांक्षी होता है और वह अति संकीर्ण वास्तविकता से जूझता है ताकि वह उसे अपने और दूसरों के लिए विस्तृत बना सके।[2] किन्तु श्रेष्ठता की कामना से केवल कलाकार को ही आगे बढ़ने के लिए एड़ नहीं लगती। 'चाहे कोई व्यक्ति कलाकार बनना चाहता है, या अपने व्यवसाय में शीर्ष-स्थानीय या अपने घर का निरंकुश स्वामी; चाहे वह परमात्मा से सम्बन्ध स्थापित करना चाहता है या दूसरों को नीचा दिखाना; चाहे वह अपने कष्ट को संसार की सबसे महत्त्वपूर्ण वस्तु समझता है जिसके सामने सबको झुकना ही पड़े, चाहे वह अप्राप्य आदर्शों या प्राचीन देवताओं के पीछे दौड़ता हो; सभी मर्यादाओं और नियमों का अतिक्रमण करता हुआ वह जब चलता है तो यात्रा के पद-पद पर श्रेष्ठता की उसकी कामना, अपने देवत्व की भावना, अपनी असाधारण ऐन्द्रजालिक शक्ति में विश्वास उसका पथ-निर्देश करते हैं, उसे आगे बढ़ाने के लिए एड़ लगाते हैं।[3] श्रेष्ठता की यह भावना हममें से अधिकांश में गड़ी हुई है। 'कवि में इसे सभी जानते हैं, किन्तु अधिकतर यह रहस्यपूर्ण अन्धकार में छिपा रहता है और केवल विक्षिप्तता या भावातिरेकपूर्ण स्थिति में ही निश्चित रूप से सामने आती है।'[4] एडलर आगे कहता है : 'जो कोई भी देवत्व के इस लक्ष्य को गम्भीरतापूर्वक या शब्दशः स्वीकार कर लेता है, वह शीघ्र ही यथार्थ जीवन से भागने के लिए बाध्य

1. वैयक्तिक मनोविज्ञान का व्यवहार और सिद्धान्त (The Practice and Theory of Individual Psychology)
2. सामाजिक कल्याण (Social Interest)
3. वैयक्तिक मनोविज्ञान का व्यवहार और सिद्धान्त (The Practice and Theory of Individual Psychology)
4. उपरिवत्

होगा और जीवन के भीतर एक जीवन ढूँढ़कर उसे समझौता करना पड़ेगा—यदि वह भाग्यवान् होगा तो कला में, किन्तु अधिक सामान्य रूप से धार्मिकता, स्नायुष या अपराध में।[1]

एडलर कलाकार के सम्बन्ध में बड़ी ऊँची धारणा रखता है। 'कलाकार और असाधारण प्रतिभाशाली व्यक्ति,' वह लिखता है : 'निस्सन्देह ही मानवता के पथ-प्रदर्शक हैं और वे अपने दुस्साहस का दंड इस रूप में भुगतते हैं कि वे अपनी उन लपटों में जलते रहते हैं जिन्हें शैशव में उन्होंने स्वयं ही सुलगाया था—'मैंने कष्ट सहा, इसलिए मैं कवि हो गया।' हम अपने उन्नत दृष्टिकोण, रंग, आकृति, रेखा के विषय में अपने उत्कृष्टतर ज्ञान के लिए चित्रकारों के ऋणी हैं। हमने अपनी अधिक सूक्ष्म श्रवणशक्ति, और इसके साथ-ही-साथ, अपने उच्चारणांगों का अधिक परिमार्जित विकास संगीतज्ञों से प्राप्त किया है। कवियों ने हमें वाणी, अनुभूति और विचार प्रदान किया है।[2] और पुनः, हम सभी कलाकारों, प्रतिभाशाली व्यक्तियों, विचारकों, अन्वेषकों और आविष्कारकों की अमर उपलब्धियों पर जोंक की तरह जीते हैं। वे ही मानवता के वास्तविक पथ-प्रदर्शक हैं; हम बाँटनेवाले हैं।[3]

एडलर वस्तुतः फ्रायड से अधिक सहायक नहीं है। वे तथ्य जिन्हें फ्रायड ने विशद नहीं किया था, एडलर के द्वारा स्पष्टतर नहीं बनाए जाते। कलाकार कलाकार है, क्योंकि वह स्नायुतिक है और कलाकार स्नायुतिक नहीं है, क्योंकि वह कलाकार है—यही वह विरोधाभासमूलकप्राय उद्घाटन है जिसे फ्रायड और एडलर, दोनों हमारे सामने प्रस्तुत करते हैं। और, एडलर का सिद्धान्त फ्रायड के सिद्धान्त से तत्त्वतः भिन्न नहीं है। उसके सिद्धान्त के अनुसार भी कलाकार प्रवृत्ति से स्नायुतिक होता है। केवल स्नायुष का समाधान दूसरी तरह से किया गया है। इसका समाधान इस प्रकार किया गया है कि 'वह एक ऐसा प्रयास है जिसमें श्रेष्ठ की भावना की प्राप्ति के निमित्त हीनता की भावना से मुक्ति की कामना रहती है।' और 'श्रेष्ठता की यह भावना किसी मनःकल्पना के माध्यम से अभिव्यक्त होती है।' यथार्थता से मुँह मोड़कर कलाकार जीवन के भीतर एक जीवन ढूँढ़ता है जो वैसी मनःकल्पना होती है जिसका निर्माण वह स्वयं करता है। फ्रायड के लिए कला उच्छ्रयण है; एडलर के लिए, यह एक क्षति-पूर्ति का रूप है। कला वह कला, जो महत्त्वयुक्त होती है, न तो उच्छ्रयण है और न क्षति-पूर्ति। जो भी हो, फ्रायड और एडलर में यही मुख्य अन्तर है। यह समझौता, जीवन के भीतर का यह जीवन, अनेक प्रकार से पाया जा सकता है : 'धार्मिकता स्नायुतिक या अपराध में।' यह तो बस सौभाग्य की बात है कि कलाकार को कला में अपनी मुक्ति मिल जाती है। यह सर्वथा

1. वैयक्तिक मनोविज्ञान का व्यवहार और सिद्धान्त
2. सामाजिक कल्याण (Social Interest)
3. उपरिवत्

सम्भव था कि उसे यह चीज अपराध या धार्मिकता में मिलती। फ्रायड की तरह एडलर के सिद्धान्त में भी संयोग का तत्त्व—'यदि भाग्यवान हुआ तो'—स्थान रखता है। यह संयोग की बात है कि कलाकार साधारण स्नायुतिक के दुर्भाग्य से बच जाता है, किन्तु, जैसा हम देख चुके हैं, प्रवृत्ति से वह स्नायुतिक ही होता है। हाँ, जिस मनःकल्पना का वह निर्माण करता है, वह 'उस व्यक्तिगत स्वर से, जो अपरिचित कानों को खटकता है।' मुक्त रहती है; उसे ऐसी कलात्मक रूप-आकृति, ऐसी आदर्शपरिपूर्णता प्रदान की जाती है जो उसे बहुमूल्य बना देती है। स्नायुतिक साकार मनःकल्पना का सृजन नहीं कर सकता, इसलिए वह स्नायुतिक बना रहता है और उसका आभ्यन्तर जीवन बहुत कुछ अस्त-व्यस्त रहता है।

एडलर, जैसा मैंने कहा है, वस्तुतः फ्रायड से अधिक सहायक नहीं है। कम-से-कम इस बात में वह फ्रायड का ही नेतृत्व स्वीकार करता है। कलाकार के सम्बन्ध में उसके निष्कर्ष, मुख्यतः, वे ही हैं जो फ्रायड के हैं। वह एक कलाकार, एक अपराधी, एक अत्याचारी, एक (Megalomaniac) महद्मनीयक, एक संत और एक महत्त्वाकांक्षी वेश्या में कोई अन्तर नहीं दिखाता। एक आदर्शवादी जो नव-युग के स्वप्न देखता और उसके लिए प्रयत्न करता है, और एक प्रथम कोटि का जन-शत्रु, दोनों ही श्रेष्ठता की कामना से, अपने देवत्व की भावना से परिचालित और उत्प्रेरित होते हैं। एक अमर कविता और एक लोकप्रिय स्वाधिकृत (Patent) ओषधि एक ही श्रेणी में रख दी जाती है।

एडलर ने नन्दतिक (Aesthetic) प्रक्रिया की व्याख्या नहीं की है; और न वह एक कलाकृति के उन नन्दतिक गुणों के बारे में ही हमें कुछ बताता है जिनमें उसकी शक्ति का स्रोत निहित रहता है। उसकी पहुँच निस्सन्देह ही एक साधारण मनुष्य जैसी है; उसमें संवेदनशीलता का अभाव है और कभी-कभी तो वह असंगत भी सिद्ध होती है। यह एक ऐसा दोष है जो फ्रायड तथा अन्य मनोविश्लेषकों की तरह एडलर में भी समान रूप से पाया जाता है। उनके लिए एक कलाकृति ऐसी मानसिक प्रक्रियाओं का एक दूसरा दृष्टान्त भर है जिनमें वे अभिरुचि रखते हैं। मूल्यों का प्रश्न, कलात्मक और मानवीय मूल्यों का, उन्हें आकृष्ट नहीं करता। और एक कलाकृति को कलाकृति के रूप में समझने और परिशंसित करने की योग्यता उनमें नहीं है—उनके पास इसके लिए आवश्यक अभ्यास और साधन नहीं है। इसलिए इस दिशा में उनके प्रयत्न असंगत और भ्रान्त होते हैं।

एडलर संवेदनशीलता के इस अभाव की पूर्ति कलाकारों की भरपूर प्रशंसा के द्वारा करता है। उसका कहना है कि वे ही मानवता के पथ-प्रदर्शक हैं। वह जानता है कि उन्हें अपने दुस्साहस के लिए क्या सजा भुगतनी पड़ती है; वह यह भी जानता है कि हम उनके प्रति बहुत अधिक कृतज्ञ हैं। इस सम्बन्ध में वह वाग्मितापूर्वक कहता है : 'हम सभी कलाकारों, प्रतिभाशाली व्यक्तियों, विचारकों, अन्वेषकों और

आविष्कारकों की अमर उपलब्धियों पर जोंक की तरह जीते हैं। विश्व के इतिहास में वे ही प्रेरक शक्तियाँ हैं; हम वितरक हैं।' कलाकार का बड़े से बड़ा उत्साही समर्थक इस स्तुति में कोई दोष नहीं निकाल सकता। यह भी कम नहीं है कि कलाकार को फालतू काम में लगा फालतू व्यक्ति कहकर दोषी नहीं ठहरा दिया गया है। लेकिन इसमें कोई बहुत नई बात नहीं है—ऐसी नई बात, जिसके लिए हमें मनोविश्लेषण या वैयक्तिक मनोविज्ञान की प्रतीक्षा करनी पड़ती। शैली की प्रसिद्ध पंक्तियाँ इस भाव को अधिक वाग्मिता के साथ अभिव्यक्त करती हैं : 'कवि अनधिगम्य प्रेरणा के पुरोधा होते हैं; ऐसी प्रकांड छायाओं के दर्पण जिन्हें वर्तमान पर अनागत प्रलम्बित करता है; ऐसे शब्द जो वह कुछ अभिव्यक्त करते हैं जिसे वे समझते नहीं; ऐसी भेरियाँ जो युद्ध के लिए आह्वान करती हैं, और अनुभव नहीं करतीं कि वे क्या प्रेरणा देती हैं; ऐसा प्रभाव जो चंचल नहीं होता, पर चंचल कर देता है। कवि संसार के अस्वीकृत विधायक होते हैं।'[1]

जब हम मनोविश्लेषकों के नवीन उद्घाटनों को सुनते रहते हैं तो हमें ऐसा कुछ लगता है कि हमने यह सब पहले सुना था। स्वर स्पष्टत: भिन्न होता है—शब्दावली और प्रतिपादन विलक्षण और अपरिचित प्रतीत होते हैं—किन्तु जब हम इन सबकी आलोचनात्मक परीक्षा करते हैं तो विलक्षणता लुप्त हो जाती है। हमें लगता है कि हम एक प्रतिध्वनि सुन रहे हैं जिसने मूल ध्वनि को विचित्र रूप से विकृत कर दिया है और यही विकृति विलक्षणता के प्रथम अनुभव के लिए उत्तरदायी है।

हम सच ही यह समझ नहीं पाते कि मनोविश्लेषक के तथाकथित आविष्कार—नये और पुराने, दोनों के ही आविष्कार—साहित्य के आलोचक के लिए किस प्रकार के लाभदायक हो सकते हैं। फिर भी, कोई निर्णय देने के पहले हम रीड का वह वक्तव्य सुन लें जिसे उसने पक्ष में प्रस्तुत किया है :

'वह सारभूत तथ्य जो ध्यातव्य है, यह है कि मनोविश्लेषण यह प्रतिपादित-सा करता प्रतीत होता है कि कलाकार मूलत: प्रवृत्ति से स्नायुतिक होता है; किन्तु कलाकार होने के सिलसिले में, वह मानो अपनी प्रवृत्ति के अन्तिम परिणाम से बच जाता है और कला के माध्यम से वास्तविकता की ओर लौट जाने में सफल होता है। मैं सोचता हूँ कि अब यह देखा जा सकेगा कि आलोचक के लिए मनोविश्लेषण कहाँ थोड़ा-बहुत सहायक सिद्ध हो सकता है—अर्थात्, किसी निर्दिष्ट स्नायुतिक प्रवृत्ति के उच्छ्रयण की वास्तविकता के सत्यापन (Verification) में। किसी निर्दिष्ट कलात्मक या अंशत: कलात्मक अभिव्यक्ति में वास्तविक और स्नायुतिक को हमारे लिए स्पष्टतापूर्णक विभक्त कर देने में मनोविश्लेषक को समर्थ होना चाहिए। साहित्य में बहुत कुछ है जो वास्तविकता की सीमान्त-रेखा पर अधिष्ठित रहता है।

1. Defence of Poetry

आलोचक के लिए यह लाभदायक होगा कि वह किसी वैज्ञानिक प्रक्रिया की सहायता से इस सीमान्त-रेखा का पथ निरूपित करने में सफल हो सके। किन्तु मैं यहाँ फिर यह सुझाव रखूँगा कि बहुत कुछ सम्भव यह है कि आलोचक इस सीमान्त-रेखा का निरूपण सामान्य आलोचनात्मक सिद्धान्तों के द्वारा कर ले सकता है; किन्तु मनोविश्लेषण निरूपण तक पहुँचने का लघुतर मार्ग सिद्ध हो सकता है और किसी भी हालत में यह एक अत्यन्त सन्तोषजनक प्रकार का आनुषंगिक प्रमाण तो उपस्थित करेगा ही।[1]

यह स्पष्ट है कि रीड मनोविश्लेषण के अन्वेषणों को पूरी तरह से और बिना छानबीन किये स्वीकार कर लेता है और मानता है कि कलाकार 'मूलतः प्रवृत्ति से स्नायुतिक होता है और कि कला एक प्रकार का उच्छ्रयण है। ये अन्वेषण और वह प्रमाण, जिन पर ये अन्वेष अवलम्बित हैं, कहाँ तक प्रामाणिक हैं, इस पर अभी विचार करना मेरा उद्देश्य नहीं है। फिर भी यह निश्चित रूप से कहा जा सकता है कि कलाकार मूलतः प्रवृत्ति से स्नायुतिक नहीं है और कि कला एक प्रकार का उच्छ्रयण नहीं है। रीड जिस पक्ष का समर्थन कर रहा है, उसकी दुर्बलता को शायद समझता है : 'यह प्रतिपादित करता-सा प्रतीत होता है', आत्मविश्वास के अभाव का परिचायक है। यही झिझक समूचे सन्दर्भ में दीख पड़ती है : 'मैं सोचता हूँ', 'समर्थ होना चाहिए', 'लाभजनक होगा', 'लघुतर मार्ग सिद्ध हो सकता है', 'आनुषंगिक प्रमाण।' जो एकमात्र विधेयात्मक सुझाव उपस्थित किया गया है, वह यह है कि 'वास्तविकता की सीमान्त-रेखा की यथातथ्य दिशा निरूपित करने के लिए' आलोचक को मनोविश्लेषक से सहायता मिल सकती है। और तब वह यह जोड़कर अपना पक्ष दुर्बल बना डालता है कि 'बहुत कुछ सम्भव यह है कि आलोचक इस सीमान्त-रेखा का निरूपण सामान्य आलोचनात्मक सिद्धान्तों के द्वारा कर ले सकता है।' कहने का तात्पर्य यह है कि आलोचक को मनोविश्लेषक से किसी प्रकार की सहायता की आवश्यकता नहीं रहती। 'किन्तु मनोविश्लेषक', रीड अपने पक्ष के प्रत्याधान के लिए प्रयास करता हुआ कहता है : 'निरूपण तक पहुँचने के लिए लघुतर मार्ग सिद्ध हो सकता है (क्या वह सचमुच लघुतर होगा?) और किसी भी हालत में यह एक अत्यन्त सन्तोषजनक प्रकार का आनुषंगिक प्रमाण तो उपस्थित करेगा ही।' यह हमें बहुत आगे नहीं बढ़ाता। यह आनुषंगिक प्रमाण तो स्पष्ट ही अनावश्यक है। फिर भी इसे वांछनीय समझा गया है, विशेष रूप से ऐसे लोगों के लिए जो अपने बारे में निश्रित नहीं हैं और जिन्हें इसकी जरूरत रहती है कि कोई स्वतंत्र प्रमाण उनके निर्णय का उपबृहण करे। अवश्य ही, आलोचक को इस बात से रोकनेवाली कोई चीज नहीं है कि वह मनोविश्लेषक के पास अपने अन्वेषणों के समर्थन के लिए जाए। किन्तु जिस आलोचक के पास

1. Collected Essays

आवश्यक योग्यता और साधन हैं, उसके लिए मनोविश्लेषक की सलाह लेने की कोई जरूरत न होगी।

(3) युंग : मनोविश्लेषकों के दल में ही मतभेद वर्तमान है, इस मतभेद के लिए युंग उत्तरदायी है। वह फ्रायड और एडलर से सहमत नहीं होता और कभी-कभी तो सीधे उनका खंडन करता है। व्यक्ति के रूप में कलाकार और कलाकार के रूप में मनुष्य—इन दोनों के बीच वह अतिशय आवश्यक विभेद निर्धारित करता है। फ्रायड और एडलर के अन्वेषण व्यक्ति के रूप में कलाकार के बारे में कदाचित् सत्य हो सकते हैं, कलाकार के रूप में मनुष्य के विषय में वे प्रकाश नहीं डालते। 'प्रत्येक सृजनशाली व्यक्ति,' युंग लिखता है : 'परस्पर विरोधी रुचियों का एक द्वित्य या संश्लेषण है। एक तरफ तो वह व्यक्तिगत जीवन रखनेवाला मनुष्य है और दूसरी ओर वह निर्व्यक्तिगत सृजनात्मक प्रक्रिया है। चूँकि मनुष्य होने के नाते वह सुस्थ या उद्भ्रान्त हो सकता है इसलिए हमें उसकी मानसिक बनावट पर ध्यान देना आवश्यक है जिससे उसके व्यक्तित्व को निर्धारित करनेवाले तत्त्व समझे जा सकें। किन्तु उसकी सृजनात्मक उपलब्धि को देखने से ही कलाकार के रूप में हम उसे समझ सकते हैं।'[1] 'एक मनुष्य के रूप में,' युंग आगे कहता है : 'उसमें विभिन्न मनःस्थितियाँ और इच्छाशक्ति और व्यक्तिगत आकांक्षाएँ हो सकती हैं, किन्तु कलाकार के रूप में वह एक उच्चतर अर्थ में मनुष्य है—वह 'सामूहिक मनुष्य' है—एक ऐसा प्राणी जो मानव मात्र के अचेतन मानसिक जीवन को प्रेरित और रूपायित करता है। इस कठिन कर्तव्य को प्रतिपन्न करने के लिए यह आवश्यक हो जाता है कि वह अपने सुख और उन सभी वस्तुओं का उत्सर्ग कर दे जिनसे साधारण मनुष्यों का जीवन जीने योग्य बनता है।'[2]

युंग कलाकार के असन्तोषजनक जीवन से परिचित है और उसका समाधान इस प्रकार करता है। बात कुछ ऐसी है, जैसे हममें से प्रत्येक व्यक्ति जन्म के समय एक मूल तेज से युक्त रहता है। हमारी बनावट की प्रबलतम शक्ति इस तेज को गृहीत और प्रायः एकाधिकृत कर लेगी, और इतना कम शेष रहने देगी कि उससे महत्त्व की कोई चीज उत्पन्न नहीं हो सकती। इस प्रकार सृजनात्मक शक्ति मानवीय आवेगों को इस सीमा तक निःशेष कर दे सकती है कि जीवन के स्फुलिंग को बनाए रखने और अपने को पूर्णतः रिक्त होने से बचाने के लिए व्यक्तिगत अस्मिता को नाना प्रकार के दुर्गुण विकसित करना आवश्यक हो जाता है—निष्ठुरता, स्वार्थपरता और दर्प (तथाकथित 'स्वरतिस्म'[3])—यहाँ तक कि विविध दुर्व्यसनों का भी सहारा लेना पड़ता है।...वह कलाकार है, इस तथ्य के शोचनीय परिणामों के अतिरिक्त ये

1. आत्मा की खोज में आधुनिक मनुष्य (Modern man in search of a Soul)
2. उपरिवत्
3. Auto-erotism

और कुछ नहीं हैं—अर्थात् वह एक ऐसा मनुष्य है जो अपने जन्म से ही साधारण प्राणी से महत्तर कर्तव्य पूरा करने में लग जाता है। एक विशेष प्रकार की योग्यता का तात्पर्य होता है एक विशेष दिशा में भारी व्यय, और जीवन की किसी दूसरी दिशा से परिणामी परीवाह।

कलाकार का द्वित्व एक ऐसा सिद्धान्त है जिसका सम्भवत: व्यापकतर प्रभाव होगा। यह कलाकार को स्नायुष के लांछन से मुक्त कर देता है—अवश्य ही व्यक्ति के रूप में कलाकार को नहीं, जो स्नायुतिक हो सकता है—और यह कला से उच्छ्रयण के लांछन को भी हटा देता है। कोई मनुष्य कलाकार है तो इसलिए नहीं कि वह स्नायुतिक है; वह स्नायुतिक हो जाता है, क्योंकि वह कलाकार है और फलत: दिशा-विशेष में उसके तेज का भारी व्यय होता है और जीवन की किसी दूसरी दिशा से परिणामी परीवाह। फ्रायड ने निर्देश किया है कि किस तरह बहुधा कलाकार विशेष रूप से स्नायुष के कारण अपनी क्षमताओं के आंशिक दमन का शिकार बन जाता है और 'स्नायुष की इस उपस्थिति में वह अपने इस सिद्धान्त का प्रमाण पाता है कि कलाकार प्रवृत्ति से स्नायुतिक होता है जबकि, युंग के अनुसार, वह उस सर्जनात्मक शक्ति का कारण नहीं बल्कि कार्य है जिसमें 'मानवीय आवेगों का इस सीमा तक परीवाह हो जाता है कि व्यक्तिगत अस्मिता को नाना प्रकार के दुर्गुण विकसित करना आवश्यक हो जाता है' और इन दोनों में युंग का सिद्धान्त अधिक युक्तिसंगत है। और, इसी प्रसंग में यह उल्लेखनीय है, कि साहित्य का आलोचक मनोविश्लेषक की सहायता के बिना ही इसी समाधान को संकेतित कर सकता था।

मनोविश्लेषक अधिकांश में स्नायुतिकों के सम्बन्ध में ही विचार करता है; उसका यह काम है कि वह प्रत्येक स्थिति में स्नायुष के स्रोत का पता लगाए और रोगी के सामने स्रोत को उदघाटित् कर दे। नानाविध स्नायुष के सम्बन्ध में यह पूर्व-नियोग मनोविश्लेषक की दृष्टि को सीमित कर देता है और इसे पक्षपाती बना देता है। उदाहरण के लिए, वे लोग जो विक्षिप्तों के निरन्तर सम्पर्क में रहते हैं, सन्देहोन्मुख प्रकृति विकसित कर लेते हैं और सर्वत्र, सर्वथा निर्दोष कार्य में भी उन्मत्तता ही देखते हैं। जब कोई किसी खास चीज के बहुत नजदीक रहता है तो वह बहुत ही अतिरंजित हो जाती है और जितनी है नहीं, उससे अधिक महत्त्वपूर्ण प्रतीत होने लगती है; यह अपरिहार्य भी मालूम पड़ने लग सकती है। मनोविश्लेषण के अन्वेषण भी सदोष हैं और जितने अपरिहार्य मालूम पड़ते हैं, उतने हैं नहीं।

जो भी हो, जब युंग सामूहिक मनुष्य के बारे में बातें करने लगता है तो उसे समझना या उसके सिद्धान्त को स्वीकार करना कम सरल हो जाता है, मनुष्य के रूप से कलाकार में, वह कहता है : 'विभिन्न मन:स्थितियाँ, और इच्छाशक्ति और व्यक्तिगत आकांक्षाएँ हो सकती हैं, किन्तु कलाकार के रूप में वह एक उच्चतर अर्थ में 'मनुष्य है'—वह 'सामूहिक मनुष्य' है—एक ऐसा प्राणी, जो मानवमात्र के

अचेतन मानसिक जीवन को प्रेरित और रूपायित करता है,[1] यदि इसका तात्पर्य केवल यह है कि कलाकार अपनी कृति से 'उस व्यक्तिगत स्वर को हटा दे सकता है जो अपरिचित कानों को खटकता है और दूसरों के लिए इसे आनन्ददायक बना देता है' तो यह पर्याप्त रूप से युक्तिसंगत है। किन्तु युंग का यह आधान कि कलाकार सामूहिक मनुष्य है, उसके सामूहिक चैतन्यवाले सिद्धान्त से सम्बद्ध है—एक विवादास्पद सिद्धान्त जिसका विवेचन अन्यत्र होगा। युंग की सर्वाधिक महत्त्वपूर्ण देन—वस्तुत: एकमात्र महत्त्वपूर्ण देन—जिसका सम्बन्ध विवेच्य विषय से है, उसका यह आधार है कि कलाकार 'सामूहिक मनुष्य है'—एक मनोरंजक अध्ययन, जो परीक्षण के बाद युक्तिरहित भी सिद्ध हो सकता है।

मनोविश्लेषक को, ऐसा प्रकट है, कलाकार के बारे में हमसे बहुत कम ही कहना है—निश्चय ही वह जो कुछ कहता है, वह उतना अधिक नहीं है, न उतना मूल्यवान और सार्थक जितना मानने को हमें उद्यत बना दिया गया था। कलाकार प्रवृत्ति से स्नायुतिक है और वह कला के माध्यम से किसी प्रकार वास्तविकता की ओर लौट जाने का रास्ता पा लेता है—ये तथ्य, यदि इनका वैज्ञानिक प्रमाण होगा भी, साहित्यलोचन में क्रान्ति नहीं उपस्थित कर देंगे। लाभ, अगर कुछ होगा भी, केवल निषेधात्मक होगा; इसके बाद सुपरिचित रूमानी ढंग से कलाकार के पास तक पहुँचना सम्भव नहीं होगा—आतंकित अभ्यर्थना की मनोदशा में। किन्तु रूमानी मनोदशा का मनोविश्लेषण की सहायता के बिना ही बड़ी आसानी से युक्तिरहित सिद्ध किया जा सकता था। फिर ये 'तथ्य' वैज्ञानिक प्रवृत्ति के मनुष्य को कुछ सन्तोष दे सकते हैं—उसे ऐसा बोध कराकर कि वह कलाकार के बारे में सब कुछ जानता है और इस उदाहरणविशेष का ठीक-ठीक वर्गीकरण, और नामकरण हो गया है, उस पर बिल्ला लग गया है और वह अन्तिम रूप से समाप्त हो चुका है। ये 'तथ्य' औसत मनुष्य को एक दूसरे प्रकार का सन्तोष दे सकते हैं—उसे ऐसा मनुभव कराकर कि वह कलाकार से श्रेष्ठ है जो कि अन्तत: एक दयनीय स्नायुतिक ही तो है, न कि एक श्रेष्ठ व्यक्ति जिसके चारों ओर दिव्यता का आभास रहता है। किन्तु औसत साधारण मनुष्य 'तथ्य' के विषय में वैज्ञानिकों के मतभेद को देखकर और यह पाकर कि युंग ने एक सर्वथा भिन्न समाधान प्रस्तुत किया है, दिग्भ्रम का भी अनुभव कर सकता है।

2
मनोविश्लेषण और साहित्यालोचन

कला, मनोविश्लेषक हमें बताते हैं, एक प्रकार की मन:कल्पना (Phantasy) है। मन:कल्पना, फ्रायड का कहना है : 'सामान्य मानवीय सहमति से अनुमोदित है,

---

1. आत्मा की खोज में आधुनिक मनुष्य (Modern man in search of a Soul)

और प्रत्येक बुभुक्षित आत्मा सुख और सान्त्वना के लिए इसकी ओर देखती है।' वह व्यक्ति के जीवन में इसकी प्रगति और इसके उपयोग की व्याख्या करता है : 'तुम जानते हो कि यथार्थता की परिशंसा और यथार्थता-सिद्धान्त के अनुसरण की बाह्य आवश्यकता के प्रभाव से मनुष्य में अहंभाव क्रमशः निर्धारित होता है और ऐसा करने में उसे, अस्थायी या स्थायी रूप से, अपने आनन्द की कामना के अधिकांश लक्ष्यों और उद्देश्यों—केवल मौन ही नहीं—का परित्याग करना पड़ेगा। किन्तु आनन्द का परित्याग सदैव ही मनुष्य के लिए कठिन सिद्ध होता है; बिना किसी प्रकार की क्षति-पूर्ति के वह ऐसा कर नहीं पाता। यही कारण है कि उसने अपने लिए एक ऐसा मानसिक (Mental) क्रिया-कलाप विकसित कर लिया है जिसमें आनन्द के समस्त परित्यक्त स्त्रोत और सुख-प्राप्ति के सभी उज्झित मार्ग अपने अस्तित्व को बनाए रखने की छूट पाते हैं, इस प्रकार का अस्तित्व जिसमें वे यथार्थता की माँगों से, और जिसे हम 'परीक्षमाण यथार्थता' (Testing reality) कहते हैं, उसके व्यायामों से, मुक्त रहते हैं। प्रत्येक आकांक्षा शीघ्र ही उसकी सम्पूर्ति के भाव में रूपान्तरित हो जाती है; इसमें कोई सन्देह नहीं कि मन:कल्पना में आकांक्षा-सम्पूर्ति का सहारा लेने पर सन्तोष की प्राप्ति होती है, गरचे यह ज्ञान कि वह यथार्थता नहीं है, अनावृत बना रहता है। अत: मन:कल्पना में मनुष्य बाह्य जगत के बन्धन से मुक्त रहने का एक ऐसा आनन्द उठा सकता है जिसका वह वास्तविकता में बहुत पहले परित्याग कर चुका रहता है। वह ऐसी व्यवस्था कर लेता है कि वह बारी-बारी से आनन्दान्वेषी जीव और विवेकशील प्राणी बना रह सके; क्योंकि यथार्थता से वह जो स्वल्प सन्तोष निचोड़ पाता है, उससे वह बुभुक्षित बना रहता है।"[1]

जीवन का अर्थ होता है हमारे अनेक आवेगों का बलिदान। हमारी महत्त्वाकांक्षा की अहंभावपूर्ण भूख, हमारी प्रभुत्व की लालसा, हमारी काम-विषयक इच्छाएँ—(Erotic desires) सब-की-सब तो पूरी नहीं हो सकतीं; हमें बाह्य आवश्यकता के दबाव के फलस्वरूप उनका परित्याग कर देना पड़ता है। जीवन, कहने का तात्पर्य है, ऐसा महोत्सव नहीं है जहाँ हम अपने हृदय की समस्त आकांक्षाओं की पूर्ति पा ले सकें। हमें प्रचुरता के बीच भूख से विकल बने रहना पड़ता है। यह बाध्यतापूर्वक किया गया परित्याग ही सन्तुष्ट नहीं करता; यह हमें बहुत कठोर और न्यायरहित लगता है। हम उस यथार्थता से मुँह मोड़ लेते हैं जो हमारे आवेगों और आकांक्षाओं की सम्पूर्ति नहीं होने देती, और सम्पूर्ति अन्यत्र ढूँढ़ने की चेष्टा करते हैं : 'ऐसे मानसिक क्रिया-कलाप में जिसमें आनन्द के समस्त परित्यक्त स्त्रोत और सुख-प्राप्ति के सभी उचित मार्ग अपने अस्तित्व को बनाए रखने की छूट पाते हैं। यह मानसिक क्रिया-कलाप मन:कल्पना कहलाती है, और यही मानसिक क्रिया-

1. मनोविश्लेषण पर प्रारम्भिक भाषण

कलाप जीवन को हमारे लिए लक्ष्य बनाता है। जीवन हमें जो नहीं पाने देता, वह मन:कल्पना से हमें मिल जाता है। यह मन:कल्पना ही है, यही वह 'मधुर वंचक' (sweat cheat) है, जो ऐसी स्वतंत्रता का भ्रम उत्पन्न करता है जो अब हमारे लिए सुलभ नहीं रह गई है। यह मन:कल्पना ही है—एक 'माया-परी'—जो हमारे आवेगों और कामनाओं के अवरोध के लिए हमें क्षति-पूर्ति प्रदान करती है। यह क्षति-पूर्ति बहुत ठोस नहीं होती; भ्रम कभी वस्तुत: पूर्व नहीं होता। हम इस आत्म-प्रवंचना का सदैव बोध करते रहते हैं—यह ज्ञान कि यह एक यथार्थता नहीं है, कभी आवृत्त नहीं होता। हमें तो सन्तोष मिलता है कि वह अत्यल्प होता है; फिर भी हमारी बुभुक्षित आत्मा इसे लोलुपता के साथ ग्रहण करती है।

इस क्षति-पूर्ति के बिना, हमारे इन दिवास्वप्नों के बिना जीवन बहुत ही कठिन और अप्रिय हो जाएगा। हम अपने दिवास्वप्नों में ऐसे दृश्य, ऐसी घटनाएँ निर्मित कर ले सकते हैं जो हमारी अहंभावपूर्ण आकांक्षाओं और काम-विषयक इच्छाओं को सन्तुष्ट कर सकती हैं। फ्रायड के अनुसार : ये दिवास्वप्न ही काव्यात्मक सर्जन के लिए कच्चे माल हैं, क्योंकि इन्हें ही रूपान्तरित, वेशान्तरित या संक्षेपित कर लेखक अपने दिवास्वप्नों से वे घटनाएँ निर्मित कर लेता है, जिन्हें वह अपनी कहानियों, उपन्यासों और स्वप्नों में रूपायित करता है। किन्तु दिवास्वप्नों का नायक सदैव उनका आलम्बन ही रहता है, या तो प्रत्यक्ष रूप से अंशत: कल्पित या स्पष्टत: किसी दूसरे के साथ प्रत्यभिज्ञात है।'[1] फलत: फ्रायड यह मानता है कि प्रत्येक कलाकृति दिवास्वप्न है—आवश्यकतानुसार रूपान्तरित, वेशान्तरित या संक्षेपित तो जरूर किन्तु फिर भी दिवास्वप्न ही। वह एक साधारण दिवास्वप्न से बिलकुल भिन्न लग सकता है किन्तु भिन्नता ऊपर की होती है, यथार्थ नहीं। दिवास्वप्न को एक ठोस रूप दिया जाता है; उसे नन्दतिक (Aesthetic) गुणों से मंडित किया जाता है और ये नन्दतिक गुण ही उस ऊपरी भिन्नता के लिए कारण बनते हैं। इसे इस प्रकार विशद बना दिया जाता है कि इसका 'अपरिचित कानों को खटकने वाला व्यक्ति स्वर' लुप्त हो जाता है और यह दूसरों के लिए हृद्य बन जाता है। एक कलाकृति में दिवास्वप्न पर्याप्त रूप से परिवर्तित भी होता है और यह परिवर्तन उसके उद्भव और यथार्थ स्वभाव को छिपा देता है। किन्तु जो लोग कलात्मक विशदीकरण और परिवर्तन के पार देख सकते हैं, उनके लिए कलाकृति के उद्भव के वर्जित स्रोत स्पष्ट दृश्यमान रहते हैं।

मन:कल्पना की तरह कला भी 'यथार्थता-परीक्षण' से मुक्त रहती है। इसका उद्देश्य ऐसी आकांक्षाओं की परिपूर्ति, जो वास्तविक जीवन में दुष्प्राप्य होती हैं। 'मनुष्य', फ्रायड लिखता है : 'आनन्द ढूँढ़ते हैं, वे आनन्दित होना (Positive) और बने रहना चाहते हैं। इस प्रयत्न के दो पहलू हैं : एक, विधेयात्मक और दूसरा,

1. मनोविश्लेषण पर प्रारम्भिक भाषण

निषेधात्मक; एक ओर तो यह कष्ट और असुविधा दूर करने की चेष्टा करता है, और दूसरी ओर गम्भीर आनन्दों के अनुभव के लिए।'[1] मनुष्य के इन दोनों उद्देश्यों की प्राप्ति में कला सहायता पहुँचाती है। अस्थायी रूप से ही किन्तु यह हमें कष्ट और असुविधा भूलने में सहायता देती है और यह स्थायी आनन्द का स्रोत भी है। कलाकृतियों के निर्माण रसास्वादन को फ्रायड मन:कल्पना के आनन्दों में सर्वोच्च स्थान देता है। जो कलाकार नहीं हैं, जो स्वयं निर्माण नहीं कर सकते, वे कलाकार की सहायता से ही मन:कल्पना के उन आनन्दों का रसास्वादन कर सकते हैं जो उसे जीवन की कठिनताओं से कुछ देर के लिए शरण देते हैं। जो कला के प्रभाव को समझते हैं, फ्रायड लिखता है : 'वे नहीं जानते कि जीवन में आनन्द और सान्त्वना के स्रोत के रूप में, वे किस तरह इसका मूल्य आँक सकते हैं।[2] औसत आदमी की तरह कलाकार भी जीवन में आनन्द और सान्त्वना ढूँढ़ता है और वह इस आनन्द और सान्त्वना को अपनी कृति में पाता है। और न केवल कलाकार बल्कि वे सभी लोग, जो जानते हैं कि किस प्रकार मानसिक और बौद्धिक कार्यों से आनन्द-प्राप्ति के सामर्थ्य को प्रखर बनाया जा सकता है, इस सुख और सान्त्वना को पा सकते हैं! फ्रायड लिखता है : 'दैव इनके विरुद्ध कुछ खास नहीं कर सकता।...इस प्रकार के सन्तोष में—उदाहरण के लिए, निर्माण में कलाकार के, या समस्याओं के समाधान या सत्यान्वेषण के वैज्ञानिक के उल्लास में—एक ऐसा गुण रहता है जिसे हम दार्शनिक मनोवैज्ञानिक दृष्टि से किसी दिन अवश्य परिभाषित कर पाएँगे। तब तक हम रूपकात्मक शैली में यही कह सकते हैं कि ये हमें 'उच्चतर और सूक्ष्मतर' प्रतीत होते हैं।'[3]

फ्रायड एक सीमा का भी निर्देश करता है। कला सिद्धान्त रूप से सर्वसाधारण के लिए दुर्लभ बनी रह जाती है। इससे प्राप्य इच्छा-पूर्ति (Gratification) कुछ सुसंस्कृत लोगों के लिए ही सुलभ रहती है। फ्रायड का कहना है : 'कला प्राचीनतम सांस्कृतिक उत्सर्ग के लिए प्रतिनिवेशित (Substitutive) इच्छा-पूर्ति सुलभ बनाती है।' वह आगे कहता है : 'अस्तित्व के लिए संघर्ष (Struggle for existence) के दबाव के फलस्वरूप आदिम आवेगों की पूर्ति के परित्यागों द्वारा, सभ्यता का निर्माण हुआ है, और बहुत दूर तक इसकी पुनरावृत्ति होती रहती है, क्योंकि हर नई पीढ़ी का प्रत्येक व्यक्ति, जो समाज में सम्मिलित होता है, सामान्य लाभ के लिए अपने प्रकृतिगत आनन्दों का परित्याग करता है। इस प्रकार व्यवहृत प्रकृतिगत शक्तियों में यौन-शक्तियाँ सर्वप्रमुख हैं। वे इस रीति से समुन्नीत (Sublimated) होती हैं, अर्थात् उनकी क्षमता अपने यौन लक्ष्य से विमुख हो जाती है और ऐसी दूसरी दिशाओं में प्रवर्तित होती है जो यौनेतर है और सामानिक दृष्टि से मूल्यवान है।'[4]

1. सभ्यता और उसके असन्तोष
2-3. उपरिवत
4. मनोविश्लेषण पर प्रारम्भिक भाषण

जनसाधारण 'जो क्लान्त करनेवाले श्रम-कार्य में लगा रहता है और जिसे वैयक्तिक शिक्षा नहीं मिली है'—इस प्रकार की इच्छा-पूर्ति का आनन्द नहीं उठा सकता। जो हो, जो लोग कला से प्राच्य मनःकल्पना के आनन्द का महत्त्व समझ सकते हैं, उन्हें कला उन उत्सर्गों के प्रति प्रसादित (Reconcile) कर सकती है जिन्हें वे कला के लिए कर चुके होते हैं। 'दूसरी तरफ', फ्रायड आगे कहता है : 'कलाकृतियाँ-प्रत्यभिज्ञान (Identification) की उन भावनाओं का संवर्धन करती है, जिनकी सभी सुसंस्कृत वर्गों को अत्यधिक आवश्यकता रहती है। इसके लिए कलाकृतियाँ ऐसा अवसर उपस्थित करतीं जब अतिशय मूल्यवान माने जानेवाले रागात्मक अनुभवों का मिल-जुलकर आनन्द उठाया जा सके। और जब कलाकृतियाँ एक संस्कृति-विशेष की उपलब्धियों का प्रतिनिधित्व करती हैं तब, एक प्रभावोत्पादक रीति से उसे उसके आदर्शों का स्मरण दिलाकर, वे एक स्वरततिक (Narcissistic) इच्छा-पूर्ति का साधन भी बनती है।[1]

कला हमारे यौन और अन्य आदिम आवेगों का उन्नयन (Sublimation) है; वह इन आवेगों के उत्सर्ग के लिए प्रतिनिवेशित इच्छा-पूर्तियों को सुलभ बनाती है, और जब वह एक संस्कृति-विशेष की उपलब्धियों का प्रतिनिधित्व करती है तब इच्छा-पूर्ति स्वरततिक प्रकृति की हो जाती है। यहाँ पर अभी मेरा यह उद्देश्य नहीं कि मैं इन विचारों के सत्यासत्य का विवेचन करूँ। वे स्वीकार्य नहीं हैं क्योंकि, यह स्पष्ट देखा जा सकता है, उनमें असत्य और अर्द्ध-सत्य का अंश है। वहाँ उनकी एक दृष्टि से आलोचना की जा सकती है। फ्रायड उन नंदतिक मूल्यों के सम्बन्ध में कुछ नहीं करता जो साहित्यलोचक के लिए बहुत महत्त्वपूर्ण होते हैं। फिर भी हर्बर्ट रीड इस अभियोग से फ्रायड को बचाना चाहता है। उसके अनुसार फ्रायड ने इस विषय को अछूता नहीं छोड़ा है; 'फ्रायड नंदतिक मूल्यों की निस्सन्देह ही उपेक्षा नहीं करता, और यह तो वह कहता ही नहीं कि मनःकल्पना का प्रत्येक उन्नयन कलाकृति है। कलाकार में ऐसी अतिरिक्त क्षमता रहती है (जिसे फ्रायड रहस्यपूर्ण कहता है) कि वह इस प्रकार से अपनी मनःकल्पनाओं के बाह्याकार (Objective form) को रूपान्तरित कर दे कि उसका परिणाम निश्चित रूप से आनन्द प्रदान कर सके—एक ऐसा आनन्द, जो मनःकल्पना से स्वतंत्र रहता है और जो वस्तुगत अनुपात, गठन, ध्वनि, समंजसता आदि उन बाह्य विशेषताओं से उद्भूत होता है जिन्हें हम एक कलाकृति में देखते हैं। एक कलाकृति में यह बाह्य शक्ति कहाँ से आती है, इसका एकमात्र समाधान उसके पास यही है कि किसी-किसी प्रकार कलाकार का कौशल वह साधन बन जाता है जिससे वैयक्तिक अहंताओं (Individual egos) में अन्वित

1. एक भ्रम का भविष्य (The future of an Illusion)

हो जाती है। उसका सुझाव यह है कि किसी कलाकृति के विशुद्ध रूपात्मक या नंदतिक तत्त्व एक प्रकार का आनन्द-लाभ (Pleasure Premium) या प्रारम्भिक आकर्षणोपाय (Preliminary seduction) सम्भव बनाते हैं, जो एक बार हमारी संवेदनाओं को परिचालित करने लग जाता है तो, एक ऐसे अनुषंगी (Secondary) और श्रेष्ठ आनन्द का मोक्षण (Liberation) कर देता है जो अपेक्षाकृत गम्भीरतर स्तरों से फूटता है।

'मेरा विश्वास है,' वह कहता है : 'सर्जनक्षम कलाकार के हममें जो आनन्द उत्पन्न किया जाता है, उसकी एक प्रारम्भिक प्रकृति होती है, और किसी कलाकृति का यथार्थ आनन्द तो इस कारण सम्भव होता है कि वह कुछ मानसिक तनावों को ढीला कर देती हैं।'[1]

यह सच है कि फ्रायड यह नहीं कहता कि मनःकल्पना का प्रत्येक उन्नयन कलाकृति है और यह भी सच है कि वह कलाकार की किसी ऐसी रहस्यपूर्ण क्षमता की चर्चा करता है जिसके द्वारा वह अपनी मनःकल्पनाओं के बाह्य रूप को इस प्रकार परिवर्तित कर सकता है, इसका परिणाम निश्चित आनन्द प्रदान करनेवाला सिद्ध होता है। किन्तु यह पर्याप्त नहीं है। वह हमें यह नहीं बताता कि एक कलाकृति का मूल्यांकन किस प्रकार किया जाए, विभिन्न कलाकृतियों का सापेक्ष मूल्य कैसे निर्धारित किया जाए। और, वह रहस्यपूर्ण क्षमता जिसको अधिकारी कलाकार बताया जाता है, रहस्य ही बनी रह जाती है। वह किस तरह कार्य करता है, इसका समाधान नहीं किया जाता; और एक कलाकृति की बाह्य शक्ति का समाधान विशेष विश्वासोत्पादक नहीं है। फ्रायड कलाकृति की वस्तुगत शक्ति को स्वीकार करता है; वह यह भी स्वीकार करता है कि कलाकृति से हमें आनन्द और सन्तोष की प्राप्ति होती है। वह अपने इस सिद्धान्त के प्रति भी निष्ठावान है कि एक कलाकृति एक प्रकार का उन्नयन है, फलतः उसे इसका समाधान करना है कि किस प्रकार एक व्यक्तिगत और निजी आवेगों की आकांक्षा का उन्नयन चिरन्तन सुख ('joy for ever') बन सकता है। फ्रायड का कहना है कि समाधान कलाकार की रहस्यपूर्ण क्षमता के हैं; यह समाधान सन्तोषजनक समाधान नहीं है।

सभी कलाएँ, कहा जाता है, मूलतः एक प्रकार का खेल थीं। 'जो एक गीत बनाता और जो एक गीत सुनता है, दोनों ही एक प्रकार के खेल में संलग्न हैं। वे अपने मनोरोगों के साथ खेलते हैं।'[2] हम लोग एक अभिनेता के बारे में कहते हैं कि वह 'नाटक खेल रहा है', और वह एक गायक के बारे में कि वह स्वर-ताल के साथ 'खेल' रहा है। 'खेलना' शब्द के वेग से लगता है, जैसे अभिनेता या

---

1. सिरिल बर्ट : हाउ द माइंड वर्क्स
2. संगृहीत निबंध

गायक किसी खेल में लगे हुए हैं। वे जो कर रहे हैं, वह उपयोगी नहीं है। कलात्मक क्रियाओं की इस ऊपरी व्यर्थता की ओर चिन्तनशील लेखकों का, भिन्न युगों में, ध्यान गया है। प्लेटो का भी यह तर्क था कि अभिनेता को हमारी नैतिकता उन्नत बनना चाहिए, और उन्नीसवीं शताब्दी में कुछ लेखकों का यह तर्क था कि 'बिल्ली-बच्चों का खेल चूहे पकड़ने के लिए उपयोगी था।'[1] एक कलाकृति का महत्त्व इतना स्पष्ट है कि उसे अस्वीकृत नहीं किया जा सकता और यह भी समान रूप से स्पष्ट है कि यह दैनंदिन जीवन की प्राणिशास्त्रीय या कार्य-व्यापार-सम्बन्धी आवश्यकताओं की पूर्ति नहीं कर सकती, कि यह प्राणिशास्त्रीय दृष्टि से अनावश्यक है। इस विरोध का समाधान कैसे हो, यह भी समस्या है जो बहुतेरे लेखकों के लिए सिर-दर्द साबित हुई है।

हमारे मनोरोगों का, हमें बताया जाता है, अपने-आपमें कोई महत्त्व नहीं है, वे हमें निराशा की प्रेरणा के रूप में प्राप्त हैं; वे ऐसे व्यावहारिक परिणामों में फलित होते हैं जो उपयोगी हो भी सकते हैं और नहीं भी हो सकते हैं। जब क्रिया उपयोगी होती है, तो उसे साधारणतः कर्म कहा जाता है किन्तु कभी-कभी वह अनुपयोगी भी प्रतीत होती है और उसे निराशा कहा जाता है। उदाहरण के लिए फुटबॉल की प्रतियोगिता खेल है, किन्तु खेत काटना कर्म है। कोई क्रिया खूब उत्तेजक और आवेगपूर्ण हो सकती है, किन्तु बिना उपयोगी हुए। खेल कोई उपयोगी क्रिया हो सकती है जो एकदम उत्तेजक या आवेगपूर्ण न हो। सान्तायाना का कहना है : 'हम ऐसी सभी चीजों को खेल कह सकते हैं जो अनुपयोगी क्रियाएँ हैं, ऐसे व्यायाम हैं जो शक्ति के निःसृत होने की उस शारीरिक प्रवृत्ति से उत्पन्न होते हैं, जिसकी माँग जीवन की आवश्यकताएँ नहीं करतीं। तब कर्म वैसी समस्त क्रियाएँ हैं जो जीवन के लिए आवश्यक पर उपयोगी हों।'[2] गीत गानेवाला ऐसे किसी कर्म में संलग्न नहीं है जो उसके लिए आवश्यक या उपयोगी हो। वह तो केवल शक्ति का कुछ ऐसा अंश निःसृत करने में लगा हुआ है जिसकी माँग जीवन की आवश्यकताएँ नहीं करतीं। 'अपनी कोठरी में कलाकार और अपनी मेज पर कवि', सिरिल बर्ट कहता है : 'क्रीडागार में रहनेवाले शिशु से भिन्न हैं। दोनों ही अपनी-अपनी कलाकृतियों का निर्माण करते समय ऐसे अतिरिक्त मनोरोग को बाहर ला रहे हैं जो वास्तविक जगत में पूर्ण सन्तुष्टि नहीं पाता।' पाठक, दर्शक और श्रोता अपने लिए, कलाकार की उत्कृष्टतर कुशलता के सहारे, प्रायः यही काम करते हैं।

तो, कलाकार एक अनावश्यक प्राणी है जो अनावश्यक क्रिया में संलग्न रहता है। कलाकृति का निर्माण कर्म नहीं है, खेल, अर्थात् अनुपयोगी प्रयास है। कलाकार को पता नहीं होता कि वह अपनी पूरी शक्ति का क्या उपयोग करे; वह इसके कुछ

---

1. बर्न्स डेलिले : होराइजंस ऑव एक्सपेरियेंस
2. द सेंस ऑव ब्यूटी

अंश का एक निरुद्देश्य और अनुपयोगी क्रिया में अपव्यय कर देता है, जो कला है। यदि वह अपनी शक्ति का उपयोग कर पाए, यदि उसके मन और शरीर का वातावरण के साथ पूर्ण साथ रहे, तो शक्ति का अपव्यय नहीं होगा—दूसरे शब्दों में, कला नहीं होगी। एक शिशु मन और शरीर से वातावरण का सामना करने में असमर्थ होता है; उसे, स्वभावतः इस अतिरिक्त शक्ति का कुछ अंश ऐसी निरुद्देश्य गति में निःसृत करना पड़ता है जो खेल है किन्तु एक वयःप्राप्त मनुष्य अपने समय और शक्ति का अपव्यय निरुद्देश्य और प्राणिशास्त्रीय दृष्टि से अनुपयोगी क्रिया में करे, यह एक दयनीय स्थिति है और यह इसका प्रमाण है कि मानव स्वभाव का ह्रास हो गया है। इस निष्कर्ष से बच सकना सम्भव नहीं है, यह और अग्राह्य भी है। इसलिए इससे निकल भागने की कोशिश की जाती है। ऐसा कहा जाता है कि कलात्मक खेल हमारे लिए अप्रत्यक्ष रूप से लाभजनक हो सकता है : 'यह घुमा-फिराकर अतीत से उद्‌भूत होता है, और भविष्य के लिए संदिग्ध आकांक्षा व्यक्त करता है। उसके लिए क्षति-पूर्ति है जिसकी कामना हमने की है और पाने में हम असमर्थ रहे हैं। असन्तुष्ट मनोरोगों के परीवाह का उपाय प्रस्तुत करता है और साथ-ही-साथ, इन कल्पित परिस्थितियों में उन्हें अभ्यस्त कर, उन्हें शासित और नियंत्रित करने में हमारी सहायता भी करता है।'[1] समाधान का यह प्रयास बहुत प्रभावोत्पादक नहीं है; इसका स्वर और ऊपर-ऊपर का विवेचन पूर्णतः असन्तोषजनक है।

सांतायाना ने कलाओं की सार्थकता सिद्ध करने का अधिक प्रभावोत्पादक और शक्तिशाली प्रयास किया है, जो विस्तृत होने पर भी पूरा-का-पूरा उद्धरणीय है :

'स्वतःस्फूर्त और आनन्ददायक क्रिया-कलापों को इसलिए व्यर्थ करार देना कि वे आत्मरक्षा के लिए अनुयोगी हैं, इस बात का प्रमाण है कि हमने जीवन का, उसके तत्त्वों का ध्यान रखे बिना, अविचारित मूल्यांकन किया है। इस प्रकार की प्रणाली के लिए विश्व की उत्कृष्टतम क्रिया होगी अविच्छिन्न गति की स्थापना। व्यर्थता का अभियोग ऐसे किसी कार्य के लिए घातक होता है जो उसकी परिकल्पित उपयोगिता के लिए किया जाता है, जो कार्य अपने ही लिए किये जाते हैं, वे अपनी सार्थकता स्वयं ही हैं।

साथ-ही-साथ मनुष्य की उदार और कल्पनात्मक क्रियाओं को खेल कहने में भी असंदिग्ध औचित्य है, क्योंकि वे स्वतःस्फूर्त हैं, और बाह्य आवश्यकता या संकट के दबाव से नहीं की जातीं। आत्मरक्षा के लिए उनकी उपयोगिता नितान्त अप्रत्यक्ष या आकस्मिक हो सकती है, किन्तु वे इस कारण मूल्यरहित नहीं हैं। इसके विपरीत, किसी जाति ने कितनी मात्रा में आनन्द और सभ्यता उपलब्ध की है, इसका अनुमान हम उस अनुपात के अनुरूप कर सकते हैं जिसमें उसकी शक्ति का व्यय

1. हाउ द माइंड वर्क्स

मुक्त और उदार कार्यों, जीवन के अलंकरण और कल्पना के विकास में हुआ है। कारण कि अपनी शक्तियों के स्वतःस्फूर्त खेल में ही मनुष्य अपने को और अपने आनन्द को प्राप्त करता है। दासता वह अपकर्षविधायक स्थिति है जिस तक मनुष्य अपने को गिरा देता है, और वह उसी तरह एक प्रभु या संस्था का दास बन जाता है जिस तरह पृथ्वी की कृपणता या दैव-योग का दास बना रहता है। तब वह एक दास ही तो रहता है जब उसकी सारी शक्ति कष्ट और मृत्यु से बचने में ही चुक जाती है, जब उसकी सारी क्रियाएँ बाहर से आरोपित होती हैं, और उसके पास मुक्त सुखोपभोग के लिए समय और शक्ति नहीं रह जाती।

यहाँ कार्य और खेल एक दूसरा ही अर्थ ग्रहण कर लेते हैं, और दासता और स्वतंत्रता के पर्याय बन जाते हैं। यह परिवर्तन उस आत्मनिष्ठ दृष्टिकोण में सन्निहित है जिससे सम्प्रति वह विभिन्नता उद्‌भावित होती है। हम अब यह नहीं मानते कि कार्य का तात्पर्य है वह सब कुछ, जो उपयोगितापूर्वक किया गया है, बल्कि यह समझते हैं कि कार्य वह है, जो अनिच्छापूर्वक और आवश्यकता से बाध्य होकर किया गया है। खेल से हम तब उसे अभिहित नहीं करते जो निरुद्‌देश्य किया जाता है, बल्कि उसे करते हैं जो स्वतः और अपने लिए किया जाता है। उसकी कोई बाह्य उपयोगिता हो या नहीं। खेल, इस अर्थ में, हमारा सबसे सार्थक कार्यकलाप हो सकता है। वातावरण के साथ क्रमिक सामंजस्य इस खेल को लुप्त करने से इतनी दूर रहेगा कि वह कार्य के ही लुप्त करने की और खेल को ही सार्वभौम बनाने की चेष्टा होगा। कारण कि प्रवृत्ति के सभी संघर्षों और भ्रान्तियों के निःसारण के साथ-ही-साथ जाति-विशेष स्वतः वह करेगा जो उसके लिए कल्याणकर हो, और हम लोग बिना बाहरी उत्तेजना और नियंत्रण के सुरक्षित और समृद्ध जीवन व्यतीत कर सकेंगे।"[1]

यह उतना प्रभावशाली समाधान है जितना सम्भव हो सकता है। बहिर्निष्ठ दृष्टि से कार्य और खेल उपयोगी क्रिया के रूप में एक दूसरे से पृथक् किये जाते हैं, और साधारणतः कार्य प्रशंसावाचक और खेल निन्दावाचक माना जाता है। सांतायाना बड़ी कुशलता के साथ दोनों शब्दों के तात्पर्य में परिवर्तन ला देता है। 'कार्य और खेल एक दूसरा ही अर्थ ग्रहण कर लेते हैं, और दासता और स्वाधीनता के समानार्थक बन जाते हैं।' और अब खेल एक प्रशंसात्मक शब्द बन जाता है और कार्य निन्दात्मक। यह है तो बहुत सन्तोषदायक, किन्तु बाजीगरी की तरह लगता है—बहुत चतुरतापूर्ण किन्तु अवास्तविक। और जब सांतायाना यह स्वीकार करता है कि सभी उदार और कल्पनात्मक क्रिया-कलापों का खेल का नाम देने में अनस्वीकार्य औचित्य है तो हमारा असन्तोष बढ़ जाता है। कलात्मक क्रिया-कलाप स्वतःस्फूर्त होता है और वह बाह्य आवश्यकता या खतरे के दबाव से

1. द सेंस ऑव ब्यूटी

सम्पादित नहीं होता और, फलतः, सातांयाना के अनुसार, उसे खेल का नाम दिया जा सकता है। दूसरे भी इस शब्द को उचित मानते हैं। 'यह मानसिक क्रीडाप्रियता और गम्भीरता के एक ऐसे सामंजस्य को संकेतित करता है', ड्यूई ने लिखा है : 'जो कलात्मक आदर्श को परिभाषित करता है। जब कलाकार साधन और वस्तुओं के विषय में अत्यधिक सचेष्ट रहता है तो वह विस्मयजनक शिल्पण को तो उपलब्ध कर सकता है, किन्तु उत्कृष्टतम कलात्मक तत्त्व को नहीं। जब प्रेरक भाव प्रणाली के अधिकार से अधिक होता है तो नंदतिक संवेदना संकेतित हो सकती है, किन्तु उपस्थापन की कला दोषावह होने के कारण संवेदन को पूर्णतः अभिव्यक्त करने में असमर्थ सिद्ध होती है। जब साध्य का विचार इतना पर्याप्त हो जाता है कि वह उसे धारण करनेवाले माध्यम में रूपान्तरण के लिए बाध्य करे, या जब साधनों का ध्यान सेव्यमान साध्य के अभिज्ञान से अनुप्राणित हो, तो हमें कलाकार के अनुरूप मनोवृत्ति प्राप्त होती है, एक ऐसी मनोवृत्ति जो सभी कार्य-कलापों में प्रदर्शित हो सकती है, हालाँकि उन्हें 'कला' के नाम से अभिहित करने की प्रथा नहीं पाई जाती।'[1]

सांतायाना और ड्यूई, दोनों ही, भिन्न कारणों से, 'खेल' या 'क्रीडा' शब्द को अत्यधिक उचित पाते हैं। किन्तु यह तथ्य कि खेल साधारणतः निन्दात्मक अर्थ में प्रयुक्त होता है, इस शब्द को अनुचित बना देता है। सांतायाना की नई व्याख्या भी इसे वस्तुतः प्रशंसावाचक शब्द में परिवर्तित नहीं कर सकती। कला न तो क्रीडात्मक है, न निरर्थक। यह एक अतिपय गम्भीर कार्य-कलाप है और साथ ही शायद सबसे उपयोगी कार्य-कलाप भी। कलाकार सतह पर ही शिशु के समान होता है, और दोनों की तथाकथित समानता न केवल सतही है, प्रत्युत निश्रित रूप से भ्रामक भी है। वस्तु-विशेष के लिए कला की सर्जनात्मक प्रकियाएँ 'शाश्वत शिशुओं में उद्भूत होती हैं, जबकि क्रीडा के परिणाम हैं क्लान्ति और सुष्ठुतर संघटित स्वतःचालित यंत्र-विधान।'[2] कलाकार जिस वस्तु की ओर उन्मुख रहता है, उसकी कल्पना भी शिशु नहीं कर सकता। क्रीडा एक ऐसी क्रिया है जो उसी के लिए होती है, स्वतःपर्याप्त, लक्ष्य-रहित। वह किसी उद्देश्य के लिए प्रयत्न नहीं करती, न पुरस्कार की अपेक्षा रखती है। 'क्रीडा की आवश्यकता उसी का अपना ही आनन्द और सन्तोष है।' कला लक्ष्य-रहित नहीं होती; उसका एक उद्देश्य होता है। और यह उद्देश्य केवल 'जीवन का अलंकरण' नहीं है, जैसा सांतायाना ने कहा है। 'अलंकरण' शब्द में औचित्य नहीं है। क्रीडा की तरह यह भी ऐसे कुछ का संकेत करता है जो निरर्थक और अनुपादेय हो। कला केवल अलंकरण ही नहीं है; यह जीवन का सार-तत्त्व है।

---

1. हाउ वी थिंक
2. उपरिवत्

फिर भी सांतायाना ने एक महत्त्वपूर्ण तथ्य का संकेत किया है, यद्यपि दुर्भाग्य से उसने उस पर उतना ध्यान नहीं दिया है जितना उसे मिलना चाहिए। 'स्वतः-स्फूर्त और आनन्ददायक कार्य-व्यापारों की भर्त्सना करना,' वह कहता है : 'क्योंकि वे आत्मरक्षा के लिए अनुपयोगी हैं, जीवन के ऐसे अविवेचित मूल्यांकन का द्योतक है जिसमें जीवन के तत्त्वों को ध्यान में नहीं रखा जाता।' उपादेयता का प्रश्न जीवन के संरक्षण तथा तत्त्व, दोनों ही के लिए संगत है। और हम जीवन के संरक्षण की समस्या को उसके तत्त्वों से पृथक् नहीं कर सकते। मनुष्य पशुओं से इस बात में भिन्न है कि वह मात्र अस्तित्व से सन्तुष्ट नहीं होता; वह जीवन को जीने योग्य बनाना चाहता है। वह अस्तित्व की समस्या पर जीवन के मूल्य का ध्यान रखे बिना विचार नहीं कर सकता, और जीवन के मूल्य का तब तक निर्णय नहीं कर सकता, जब तक जीवन के उद्‌देश्य और लक्ष्य का ज्ञान न हो। यह स्पष्ट है कि इस बात के लिए दार्शनिक विचारण आवश्यक होगा और मूल्यों का प्रश्न भी उठेगा।

जीवन के संरक्षण से कला का बहुत कम सम्बन्ध हो सकता है—असंगति कदाचित् बाह्य है, वास्तविक कम—किन्तु कोई भी जीवन के तत्त्वों के साथ उसके घनिष्ठ सम्बन्ध को अस्वीकृत नहीं करेगा। कला जीवन को समृद्ध बनाती है और उसके मूल्य में वृद्धि करती है। मनोविज्ञान, जो मानवीय मूल्यों की अवहेलना करता है, कला की उपयोगिता या अनुपादेयता पर विचार करने की योग्यता नहीं रखता। इसके लिए एक अधिक व्यापक दृष्टिकोण आवश्यक है।

अक्सर ही बलपूर्वक कहा गया है कि प्रतिभा और उन्माद घनिष्ठ रूप से सम्बद्ध हैं। यह विचार नया नहीं है, किन्तु अब इसे न्यूनाधिक वैज्ञानिक रूप में प्रस्तुत किया जाता है, तथाकथित परीक्षित साक्ष्य के बाहुल्य के साथ। अरस्तू के जितने प्राचीन समय में ही उन्माद और प्रतिभा में बहुल समानताएँ आविष्कृत हुई थीं—साधारणतः महत्त्वरहित मूढ़ताओं को ही कारण और मूल तत्त्व मान लेने की भूल की गई थी। 'बहुतेरे लोग कवि, मसीहा और डायनें (Sibyl) हो जाते हैं और मार्कस और साइराक्यूजन (Syracusuan) की तरह, तब तक काफी अच्छे कवि भी रहते हैं, जब तक वे मनीयकल (Maniacal) रहते हैं, किन्तु वे स्वस्थ हो जाने पर पद्य नहीं लिख पाते। काव्य, राजनीति और कलाओं में लब्धप्रतिष्ठ मनुष्य, एजेक्स (Ajax) की तरह, बहुधा औदासिक (Melancholic) और उन्मत्त थे, या बेलेरोफन (Bellerophon) की तरह नृघृणिक (Misanthropic)। आधुनिक युग में भी ऐसे चरित्रों को सुकरात, एंपेडोक्लीज (Empedocles) और अन्य बहुतेरे लोगों में, खास कर कवियों में, निर्दिष्ट किया गया है।'[1] एक मात्र अरस्तू ही

1. ह्यूजे (Huset) से उद्‌धृत

इस भ्रान्ति का शिकार नहीं हुआ। डिमोक्रिटस (Democritus), सेनेका (Seneca), सिसेरो (Cicero), प्लुटार्क (Plutarch), पैस्कल (Pascal), लामार्तिन (Lamartine), दिदेरो (Diderot) और दूसरों के एतादृश कथन मिलते हैं। पिछली शताब्दी में, उन्माद और प्रतिभा की यह अनुमित समानता विवेचन का अत्यन्त लोकप्रिय विषय बन गया था। मोरियो (Moreau), हेगेन (Hegen), रेडस्टॉक (Radestock) लोम्ब्रोजो—इस सिद्धान्त को ले उड़े थे। हर्त्श (Hirsch) के भी अनुसार इस पूर्वग्रह का एक विशेष कारण था : 'वस्तुनिष्ठ विश्लेषण के उनके प्रयास उनके अन्वेषणों के रागात्मक पक्षग्रहण को प्राय: तनिक भी छिपाते नहीं। यह केवल मात्र आकस्मिक बात ही नहीं है कि प्रतिभा की विगर्हणा और विक्षिप्तता के साथ उसकी सम्बद्धता का तभी प्रतिपादन होता है जब जनतंत्र न सिर्फ उद्ग्रीव रहता है बल्कि धार्मिक महत्त्व और रागात्मक पवित्र-भावना से रंजित भी होता है; ऐसे समय में असामान्य होने और साधारणता के सुपरिचित परिधान से रहित होने का एक ही निष्कर्ष निकाला जाता है—जो हमारे समान नहीं हैं, वे सभी एक समान हैं; अर्थात् उन्मत्त और निकृष्ट, चाहे कितनी कुशलता से वे अपने स्वभाव को कविताओं, उक्तियों और कलाकृतियों के द्वारा आवृत्त करें।'[1]

जो भी कारण हो, यह एक तथ्य है कि विगत शताब्दी में प्रतिभा बहुधा क्षुद्र सिद्ध की गई। फ्लोरेंस (Flourens) ने 1861 के जितना पहले इसका खंडन किया था : 'मैं उतना ही शीघ्रता से पुण्य और पाप के एकीभाव में विश्वास कर सकूँगा, जितनी प्रतिभा और विक्षिप्तता के। यद्यपि इतने दिनों से संसार में पाप फैलता-फूलता रहा है, फिर भी पुण्य, जैसा फेनेलाँ (Fenelon) ने कहा है, पुण्य ही कहा जाता है और अपने नाम से अधिकार-च्युत नहीं किया जा सकता। ऐसा ही प्रतिभा के साथ होगा। प्रतिभा, संक्षेप में, सदैव प्रतिभा रहेगी।...हमें सदैव सुकरात और पैस्कल के इलहामों (Hallucination) की याद दिलाई जाती है। सुकरात का विश्वास था कि एक दैत्य उसके साथ बना रहता था; पैस्कल का खयाल था कि वह अपने पैरों के नीचे एक खाई को मुँह बाये देखता था। लेकिन ये प्रमाणित क्या करते हैं ? क्या ये प्रमाणित करते हैं कि इलहाम प्रतिभा है, या कि यह प्रतिभा को उत्पन्न करती है ? अपने इलहामों के बिना भी क्या सुकरात के पास उसकी सुबुद्धि नहीं रहती और पैस्कल के पास उसकी उदात्त भावना ? क्या यह एक तथ्य नहीं है कि प्रतिभा और विक्षिप्तता के सम्बन्ध मात्र बाह्य, यादाकदाचित्क और आकस्मिक हैं ?'[2]

इस शताब्दी में मनश्चिकित्सकों और मनोविश्लेषकों ने प्रतिभा और विक्षिप्तता के बीच आभ्यंतर और कार्य-कारण सम्बन्ध नहीं माना है। क्रेत्श्मर कहता है : 'क्या हम इन बातों से लोम्ब्रोजो का ही निष्कर्ष निकालेंगे : प्रतिभा उन्माद है ?

---

1. हर्त्श (Hirsch) : 'Genius and Creative Intelligence'
2. 'De La Raison, du Ginie et de la Folic'

अवश्य ही हम ऐसा नहीं करेंगे। किन्तु, हम कहेंगे : विशुद्ध प्राणिशास्त्रीय दृष्टिकोण से प्रतिभाशाली व्यक्ति मानव-जाति का एक अतिशय विविधतापूर्ण (Variant) रूप है। प्राणिशास्त्र में इस प्रकार के विविधतापूर्ण रूप बार-बार मानव-जाति के सामान्य सदस्य की तुलना में, आकार की घटी हुई स्थितर, तीव्र ह्रासोन्मुखता, प्रजनन की अत्यधिक कठिनताएँ प्रस्तुत करते हैं। फलतः, हमें यह देखकर आश्चर्य नहीं होगा कि प्रतिभाशाली मनुष्य अपनी मनोवैज्ञानिक बनावट में ऐसी अस्वाभाविक अस्थिरता और अतिसंवेदनशीलता का परिचय देते हैं, जिनके साथ मनोशिष (Psychoses), स्नायुशिष (Neruoses) और मन:पथिक (Psychopathic) रोग लगे रहते हैं...।

दार्शनिक मूल्यांकन के दृष्टिकोण से यह फिर भी पूर्णतः सम्भव है कि प्रतिभाशाली व्यक्ति को मानव जाति का आदर्श प्रकार माना जाए। किन्तु, जोर देकर यह कह सकना, जैसाकि अक्सर किया जाता है, कि प्राणिशास्त्रीय अर्थ में प्रतिभा पूर्णता और योग्यता की उच्चतम मात्रा अभिव्यक्त करती है, गुरु वैज्ञानिक साक्ष्य के सर्वथा विपरीत होगा। नैतिक और प्राणिशास्त्रीय मूल्यों का यहाँ की तरह अन्यत्र कहीं इस तरह तीक्ष्णता से पार्थक्य नहीं है।'[1]

अब स्वभावतः प्रश्न उठता है कि क्या इस मन:पथिक तत्त्व के बावजूद या इसके कारण प्रतिभा प्रतिभा है? मनोविश्लेषकों को स्वीकार करना पड़ता है कि केवल इस कारण कि मन:पथों (Psychopaths) में बुद्धिमत्ता और योग्यता ठीक उसी तरह पाई जाती है जिस तरह मनसा स्वस्थ लोगों में, यह सत्य नहीं हो सकता कि इस मन:पथिक प्रवृत्ति तथा योग्यता की उच्च मात्रा में कार्य-कारण सम्बन्ध है। 'मन:पथिक प्रवृत्ति अपने आप में,' क्रेत्श्मर लिखता है : 'अवश्य ही साहित्य-मन्दिर में सीधे पहुँचने के लिए कोई प्रवेश-पत्र नहीं है।'[2] वह यह भी स्वीकार करता है : 'साधारणतः, मन:पथिक तत्त्वों से स्वतंत्र ही मानसिक योग्यता का एक विशेष स्तर विकसित किया जाता है।'[3] किन्तु उसका विचार है : 'प्रतिभा के विकास का अतिशय अनुकूल अवसर उस बिन्दु पर निर्मित होता है जहाँ प्राचीन तथा अत्यधिक सुसंस्कृत परिवारों में ह्रास के लक्षण प्रकट होने लगते हैं।' वह आगे कहता है : 'प्रतिभा के निर्माण के लिए, सीधी-सादी योग्यता के साथ अतिप्राकृतिक का योग आवश्यक है, और ऐसा प्रतीत होता है कि अतिप्राकृतिक, अन्तर की वाणी, मन:पथिक तत्त्व पर ही आधारित है। कारण कि अतिप्राकृतिक तत्त्व, जो प्रतिभा का सारभूत अंश है, जो अव्याख्येय है, जो आध्यात्मिक दृष्टि से निर्माणात्मक और मौलिक है उसे, और साथ-ही-साथ विचित्र वासनाओं और असामान्य विचारों के सम्पूर्ण विस्तार को अपनी परिधि में बाँधे रहता है।[4]

---

1. The Psychology of Men of Genius
2-3-4 उपरिवत्

प्रतिभा के संघटन से मन:पथिक रिक्थ, अतिप्राकृतिक तत्त्व और मानसिक तनाव को हटाने का अर्थ है, प्रतिभा को योग्यता के बिलकुल साधारण स्तर पर उतार देना। अत: क्रेत्श्मर का निर्णय है कि 'मन:पथिक तत्त्व जैवी स्वरूप की मात्र एक चिन्त्य, अनावश्यक आकस्मिकता ही नहीं है, किन्तु शब्द के निश्चित अर्थ में प्रतिभा के प्रत्येक रूप के लिए एक अन्तर्निहित और अपरिहार्य अंग है, कदाचित् एक अनिवार्य परिवर्तिष्ट (Catalyst) है।'[1]

यह निष्कर्ष लोम्ब्रोजो के सिद्धान्त—'प्रतिभा उन्माद'—से नितान्त भिन्न है। किन्तु यह निष्कर्ष भी असमर्थनीय है। प्रतिभा की समस्या का मनोविश्लेषक जिस प्रकार प्रतिपादन करते हैं, वह मूलत: सदोष है। मनोविश्लेषक अपने साथ सदैव परामर्श-वेश्म (Consulting-room) का वातावरण लिये चलते हैं। वे प्रतिभा को उसी रूप में देखते हैं जिस रूप में वे एक रोगी को देखते, और वे हरदम यही ढूँढ़ते हैं कि खराबी क्या है। उनकी निरन्तर पूर्व-चिन्ता, उनके परीक्षण का मूलगत प्रमुख उद्‌देश्य है, किसी रोग के कारण का विशेष अनुसन्धान और उसकी चिकित्सा। खराबी क्या है, इसका निरन्तर अन्वेषण अन्य समस्याओं के सम्बन्ध में भी उनके दृष्टिकोण को पूर्वग्रह-दूषित बना देता है। वे विभिन्न प्रकार की स्नायविक विपर्यस्तता के इतने समीप रहते हैं कि वे सर्वत्र स्नायुशिष (Neurosis) ही देखते हैं; वे सर्वथा विकाररहित और स्वस्थतम रूप के पीछे भी इसकी उपस्थित ढूँढ़ निकालते हैं।

एक छोटा-सा उद्धरण मनोविश्लेषक दृष्टिकोण का उद्‌घाटन कर देगा : 'साधारणत: असामान्य वासनाओं से असामान्य विचारों का उद्‌भव होता है। जब भावनाओं को खुला खेलने के लिए छोड़ दिया जाता है और विचार-सरणियाँ शिथिल कर दी जाती हैं, तब असामान्य उत्थित होता है और परिस्थितियों के अनुसार प्रतिभा, विकृतियाँ या उन्माद को ला उपस्थित करता है।'[2] यह विचित्र समवर्गीकरण—प्रतिभा, विकृतियाँ, उन्माद—मनोविश्लेषकों को विचित्र नहीं प्रतीत होता। अतिस्वाभाविक और उपस्वाभाविक के बीच कोई भेद नहीं किया जाता—शायद, जान-बूझकर इसकी उपेक्षा की जाती है। इस प्रकार का विभेद उदाहरण के लिए, इस सन्दर्भ में किया गया है : 'किसी व्यक्तित्व के क्षणिक अनुभव में या पूर्णत्व में अतिस्वाभाविक स्वाभाविक की अपेक्षा अधिक सहव्यवस्थित रहता है, जबकि उपस्वाभाविक अपेक्षाकृत कम सहव्यवस्थित रहता है। कोई असाधारण व्यक्ति या किसी असाधारण क्षण में कोई व्यक्ति स्वाभाविक से अधिक अस्थिर होता है, किन्तु साधारण की अस्थिरता गति का सन्तुलन है, जबकि उपस्वाभाविक की अस्थिरता मात्र चलचित्तता है। सन्तुलन खोना था सो एक नये सन्तुलन में पहुँच जाना है—जो स्थिति का होने के बदले गति का होना है—या एक अर्द्धवृत्त से झूलते

1. The Psychology of Men of Genius
2. उपरिवत्

हुए पिंडलम्ब (Pendulum) के समान बन जाता है...। स्वाभाविक मनुष्य, जब वह अनस्थिर रहता है, पिडलम्ब के समान होता है, और फिर भी वह आगे बढ़ता है जबकि उपस्वाभाविक पिडलम्ब के सिवा और कुछ नहीं होता। प्रतिभाशाली व्यक्ति, या किसी असाधारण क्षण में कोई भी मनुष्य गति में रहता है : और इसे ही गलती से अस्थिरता मान लिया जाता है, किन्तु वह वस्तुतः है सन्तुलन का ही एक नया रूप।...स्वाभाविक मनुष्य भी कुछ खास क्षणों में असाधरणतः उदासीन हो जाता है और कुछ खास दूसरे क्षणों में उल्लसित। प्रतिभाशाली व्यक्ति इसी प्रकार, किन्तु अधिक अतिशयता के साथ, मन:स्थितियों की एक विस्तीर्ण श्रेणी को आच्छादित करता है। वह गहराइयों में उतरता है और ऊँचाइयों में उठता है : वह जमीन के नीचे के आँसुओं को और आसमान के ऊपर की हँसी को जानता है : और इन्हीं से वह विषाद और आनन्द की सृष्टि करता है। उपस्वाभाविक को, इसके विपरीत, पर्याप्त गति नहीं है, क्योंकि यदि वह नैराश्य में डूबता है तो जो प्रतिभाशाली में एक आकर तुरन्त चली जानेवाली मन:स्थिति है, वह उसमें एक निश्चित मनोवृत्ति बन जाती है।"[1]

अतिस्वाभाविक और उपस्वाभाविक का यह अन्तर अत्यधिक महत्त्वपूर्ण है, और इसका सदैव निर्वाह होना चाहिए। इस अन्तर की उपेक्षा करना इतना ही आपत्तिजनक है जितना, उदाहरण के लिए, अच्छे और बुरे के भेद की उपेक्षा करना। 'प्रतिभाशाली मनुष्य अपनी मनोवैज्ञानिक बनावट में ऐसी अस्वाभाविक अस्थिरता और अतिसंवेदनशीलता का परिचय देते हैं, जिनके साथ (Psychosis), स्नायुशिष (Neurosis) और मन:पथिक (Psychopathic) रोग लगे रहते हैं'[2] किन्तु इन सब बातों से यह नहीं सिद्ध होता कि प्रतिभाशाली मनुष्य पागल हैं, न यही सिद्ध होता है कि वे विक्षिप्तों की श्रेणी में परिगणनीय हैं। प्रतिभाशाली मनुष्य स्वाभाविक व्यक्ति की अपेक्षा अधिक संवेदनशील और अधिक सूक्ष्मता से संघटित होता है; वह एक सूक्ष्म और जटिल यंत्र के समान होता है जो तनिक से विघ्न या असामंजस्य से काम करना बन्द कर देता है। यह तथ्य कि प्रतिभा स्नायुशिष, मनोशिष और मन:पथिक रोगों से ग्रस्त हो सकती है, कुछ भी सिद्ध नहीं करता; यह इसे तो अवश्य ही नहीं प्रमाणित करता कि प्रतिभाशाली व्यक्ति की प्रतिभा उसके व्यक्तित्व के मन:पथिक तत्त्वों से आविर्भूत होती है। युंग का समाधान निश्चित रूप से युक्तियुक्त है : 'सर्जनात्मक शक्ति मानवीय प्रवृत्तियों को इस मात्रा तक निचोड़ सकती है कि व्यक्तिगत अहं नाना प्रकार के दुर्गुणों को अवश्य ही विकसित करेगा—निरंकुशता, स्वार्थपरता और गर्व (तथाकथित स्वरतिकस्म)—और हर तरह के व्यसन को भी, जिससे वह जीवन के स्फुलिंग को बचाए रख

1. Burns Delisle : 'Horizon of Experience'
2. 'The Psychology of Men of Genius'

सके और उसे पूर्णतः निःशेष न होने दे।...एक विशिष्ट योग्यता का अर्थ है : किसी खास दिशा में एक भारी व्यय, जिसका परिणाम होता है—जीवन के किसी दूसरे भाग से निःसरण।"[1]

[मूल अंग्रेजी पुस्तक Psycho-Analysis and Literary Criticims के कुछ अंश का अनुवाद। अनुवादक : नलिन विलोचन शर्मा]

1. Jung : "Modern Man in Search of a Soul."

साक्षात्कार

नलिन विलोचन शर्मा और जयदेव मिश्र द्वारा
जयदेव और विद्यापति पर चर्चा

नलिन : भाई जयदेव जी, आज हमें जयदेव और विद्यापति के सम्बन्ध में बातें करनी हैं। आप तो जयदेव ही ठहरे!

जयदेव : और आप विद्यापति की रचनाओं में अनुराग रखने वाले!

नलिन : मैं प्रारम्भ में ही एक बात पूछूँ? विद्यापति ने 'देसिल बयना' को 'सब जन मिटा' कहकर संस्कृत की मधुरता क्यों अस्वीकृत की है? इस सम्बन्ध में आपके क्या विचार हैं?

जयदेव : आप ऐसा नहीं मानते क्या? विद्यापति ने संस्कृत की तुलना में देश-भाषाओं के विषय में जो कुछ कहा है, वह तो देश-भाषाओं के साहित्य को पढ़ने-सुनने से मानना ही पड़ता है। ब्रजभाषा की 'साँकरी गली में काँकरी' गड़ने वाली उक्ति को सुनकर मंत्र-मुग्ध हो जानेवाले विदेशी की कथा भले हो, किन्तु तथ्य तो झूठ नहीं है। उसी तरह मैथिली में लिखी विद्यापति की कविताएँ चैतन्य-देव जैसे भक्तों को किस प्रकार विह्वल बना देती थीं, यह प्रसिद्ध है। यह मधुरता संस्कृत में क्यों नहीं सम्भव है और देस-भाषाओं में ही क्यों सुलभ, यह कहना तो अनावश्यक ही है।

नलिन : हाँ, सबसे बड़ा कारण तो यही है कि संस्कृत में संयुक्त ध्वनियों की भरमार है। ठीक इसके विपरीत लोकभाषाओं में इससे बचने की प्रवृत्ति है। इसलिए राजशेखर का तो यहाँ तक कहना है कि जहाँ तक सुकुमारता का प्रश्न है, प्राकृत और संस्कृत में वही अन्तर है जो स्त्री और पुरुष में। और गोवर्द्धनाचार्य ने अपनी 'आर्या-सप्तशती' में कहा है : 'वाणी प्राकृत-समुचित-रसा बलेनैव संस्कृतं नीता'। लेकिन मैं पूछना यह चाहूँगा कि क्या जयदेव, जिनका आदर्श अभिनव-जयदेव विद्यापति के सामने अवश्य था, अपनी काव्य-माधुरी से इस मन्तव्य को अप्रमाणित नहीं करते?

ललित-लवंगलता-परिशीलन-कोमल-मलय-समीरे।
मधुकर-निकर-करम्बित-कोकिल-कूजित-कुंज-कुटीरे॥

क्या इसमें मधुरता का अभाव है ? इसी के आधार पर तो जयदेव गर्व के साथ अपनी कविता के सम्बन्ध में कहते हैं :

साध्वी माध्वीक-चिन्ता न भवति भवतः शर्करे कर्कशासि,
द्राक्षे द्रक्षन्ति के त्वाममृत मृतमसि क्षीर नीरं रसस्ते,
माकन्द कन्द कान्ताधर धरणितलं गच्छ यच्छन्ति भावम्,
यावच्छृंगार-सारस्वतमिह जयदेवस्य विश्वग्वचांसि।

कहते हैं कि जब तक जयदेव की शृंगार-युक्त कविता का अस्तित्व है तब तक मधु की कहीं पूछ नहीं है। शर्करा कर्कश प्रतीत होगी, दाख की ओर कोई देखेगा भी नहीं, अमृत मृत है, दूध पानी के समान है, आम को अपने भाग्य पर रोना चाहिए और कान्ता के मधुर अधर का कोई मूल्य नहीं है।

पंडितराज जगन्नाथ ने भी संस्कृत में रचित अपने काव्य के बारे में यह दावा किया है :

आमूलाद्रत्नसानोर्मलयवलयितादा च कूलात्पयोधे-
र्यावन्तः सन्ति काव्य-प्रणयन-पटवस्ते विशंक वदन्तु।
मृद्वीका-मध्य-निर्यन्मसृण-रसझरी-माधुरी-भाग्यभाजां
वाचामाचार्यतायाः पदमनुभवितुं कोऽस्ति धन्यो मदन्यः॥

यानी, सुमेरु पर्वत की तलहटी से लेकर मलय पर्वत से घिरे हुए समुद्र तट तक जितने कुशल कवि हैं, वे ठीक-ठीक कहें कि अंगूर की स्निग्ध रसधारा की मधुरता का सौभाग्य मुझे छोड़कर किसे प्राप्त है ?

कालिदास की कोमल वाणी के सम्बन्ध में तो ठीक ही कहा गया है कि वह साकूत-कोमल-विलासिनी-कंठ-कूजितप्राय है।

जयदेव : तो आप कहना क्या चाहते हैं नलिन जी ? संस्कृत की मधुरता भी अपने ढंग की है और प्रशंसनीय है किन्तु लोकभाषाओं की मधुरता की जिसने भी तारीफ की है, वह आपेक्षिक ही तो है। विद्यापति की इन पंक्तियों को सुनिए :

ए भर बादर माह भादर सून मन्दिर मोर।
झँपि घन गरजँति संतत भुवन भरि वरसँतिआ॥
कंत पाहुन काम दारुन सघन खर सर हँतिआ॥
कुलिस कतऽ सत पात मुदित मयूर नाचत मातिआ।
मत्त दादुर डाके डाहुकि फाटि आओत छातिआ॥
तिमिर दिग भरि घोर जामिनि अथिर विजुरिक पाँतिआ।
विद्यापति भनई कोना गमाएब हरि बिना दिन रातिआ॥

क्या आप समझते हैं कि ये पंक्तियाँ संस्कृत में रूपान्तरित ही कर इतनी मधुर बनी रहेंगी? विद्यापति ने जयदेव की तरह तो गर्वोक्ति नहीं कही है किन्तु वे भी इतना भर तो कहते ही हैं—और क्या यह कहना सर्वथा उचित नहीं है? :

बालचन्द विज्जावइ भासा।
दुहु नहिं लग्गइ दुज्जन हासा॥
ओ परमेसर हरसिर सोहइ।
ई निच्चय नाअर मन मोइह॥

नलिन : विद्यापति का यह कथन पूर्णतः उचित है। लेकिन मधुरता केवल शब्दावली पर आश्रित है, यह मानना भी तो भूल होगी? मेरा विश्वास है कि अपनी सारी शब्द-माधुरी के बावजूद जयदेव काव्य-माधुरी की दृष्टि से कालिदास की तुलना में ओछे ही पड़ते हैं।

जयदेव : तो नलिन जी, अब हम जयदेव और विद्यापति के काव्य पर ही क्यों न विचार करें?

नलिन : हाँ, हम शायद विषयान्तर के दोषी हो चले थे। और फिर भी आलोचक अनिवार्यतः जयेदव और विद्यापति, दोनों की काव्य-माधुरी की प्रशंसा करते अघाते नहीं। मैं यही तो स्पष्ट करना चाहता हूँ कि क्या उनके काव्य की उत्कृष्टता शब्दों के चयन तक ही सीमित है या उनके काव्य का कोई अन्तर्निहित वैशिष्ट्य भी है?

जयदेव : ऐसा नहीं होता तो जयदेव या विद्यापति युग-युग से उतने लोकप्रिय बने नहीं आते जितने वे रहे हैं। जयदेव ने तो संस्कृत जैसी व्यापक भाषा में लिखा था और उन्हें सहज ही सारे देश में प्रसिद्धि और मान्यता मिल गई होगी, किन्तु विद्यापति ने एक प्रादेशिक भाषा, मैथिली, में लिखकर भी समस्त देश को रससिक्त किया। यदि उनके काव्य में काव्य के वास्तविक गुणों का अभाव रहता तो यह असम्भव था।

नलिन : तो वे गुण हैं क्या?

जयदेव : गुण ही क्यों, इनकी सबसे बड़ी विशेषता यह है कि इनकी रचनाओं में काव्य और संगीत का अपूर्व समन्वय हुआ है। जयदेव ने 'गीतगोविन्द' के द्वारा एक अभिनव काव्य-रूप का प्रवर्तन किया था। उसे पूर्णता प्राप्त हुई विद्यापति की भणिताओं में और उसका विकास हुआ परवर्ती हिन्दी, बंगला आदि के भक्त कवियों की रचनाओं में। 'पद्मावती-चरण-चारण-चक्रवर्ती'—जयदेव की पत्नी पद्मावती एक नटी थी—ऐसी जनश्रुति है। जयदेव संगीत-नृत्य के वातावरण में अपनी रचनाएँ करते थे, यह तो

स्पष्ट ही है। इसी प्रकार विद्यापति के गीतों का साध करने के लिए जयन्त नामक कत्थक का वृत्तान्त मिलता है। यह स्वाभाविक ही था कि इन कवियों की रचनाओं में काव्य और संगीत का दुर्लभ संयोग हुआ।

नलिन : आप इस अभिनव काव्य-रूप को नाम क्या देना पसन्द करेंगे? कुछ विद्वान 'गीतगोविन्द' को परिष्कृत यात्रा कहते हैं, कुछ पशु-चारण-काव्य और कुछ गीतिनाटक। पाश्चात्य विद्वान् पिशेल 'गीतगोविन्द' को संगीत-रूपक मानते हैं और अन्य विद्वानों के विचारानुसार वह गीति-काव्य और नाटक का मिश्रण है। इतना तो स्पष्ट ही है कि संस्कृत में ऐसी कोई प्रचलित परम्परा नहीं थी। वर्णन, संवाद, गीत—ये तीनों ही इस कुशलता से 'गीतगोविन्द' में गुंफित किये गए हैं कि उसे, मेरी समझ से, गीति-नाटक कहना ही समीचीन होगा।

जयदेव : 'गीतगोविन्द' को गीति-नाट्य आप कहना चाहें तो कह लें। विद्यापति की रचनाएँ पदावली कही जाकर भी गीति-नाट्य मानी जा सकती हैं। किन्तु, हम यह भी स्मरण रखें कि आज के गीति-नाट्य की तरह इसका अभिनय नहीं होता था। जो भी हो, नलिन जी, इस सम्बन्ध में एक महत्त्वपूर्ण बात हम कहीं भूल न जाएँ और वह यह कि यदि संस्कृत में इस प्रकार के काव्य की कोई परम्परा नहीं थी तो उसका इतना परिष्कृत रूप 'गीतगोविन्द' में सहसा सम्भव कैसे हुआ?

नलिन : भाई, जयदेव जी, यों तो कुछ विद्वान् यह कहकर छुट्टी पा लेना चाहते हैं कि 'गीतगोविन्द' लोकभाषा की रचना का संस्कृत अनुवाद है, पर मुझे यह उत्तर मान्य नहीं। यों तो संस्कृत के नाटकों में भी जब स्त्रियाँ गाती हैं तो प्राकृत में ही किन्तु, दूसरी ओर, संस्कृत में सामवेद की ऋचाएँ भी तो हैं, जिनमें काव्य और संगीत का प्राचीनतम समन्वित रूप हमें देखने को मिलता है। असल में संस्कृत काव्यशास्त्र काव्य के इस रूप को महत्त्वपूर्ण मानता ही नहीं। यह बहुत दूर तक ठीक भी है। काव्य की सांगीतिकता और चीज है और संगीत और चीज। मैं तो मानता हूँ कि संस्कृत काव्य की गरिमा का रहस्य ही यह है कि उसे संगीत के ताल-लय में नहीं बाँधा गया।

जयदेव : क्षमा करें, नलिन जी—मैं शायद बीच में बोल बैठा—लेकिन आप आधुनिक हिन्दी कविता के सम्बन्ध में क्या कहेंगे जिसमें काव्य और संगीत का काफी दूर तक मिश्रण है?

नलिन : यदि आपका तात्पर्य यह है कि हिन्दी गीति-काव्य वस्तुतः गीत-काव्य है...!

जयदेव : हाँ, मेरा यही अभिप्राय है।

नलिन : तो आपका यह कहना बिलकुल ठीक है। गीति-काव्य (Lyric) में सांगीतिकता तो रहती है, पर अपने ताल-लय के साथ संगीत नहीं रहता। हिन्दी गीति-काव्य में जहाँ इसका ध्यान नहीं रखा गया है, वहाँ वह दोष आ ही गया है। इसीलिए हिन्दी के जो कवि अपनी कविताएँ इस दृष्टि से लिखते हैं कि वे गाई जा सकें, वे बहुत ऊँचे दर्जे की चीज नहीं लिख पाते। कविता 'रिसाइट' तो की जा सकती है, उसका पाठ तो हो सकता है, लेकिन कविता का गाना क्या? आपने सुना है कभी कि शेली या कीट्स की कविता गाई जाती है? यों तो अंग्रेजी का शब्द लिरिक व्युत्पत्ति ही क्या, वास्तविकता की दृष्टि से भी वाद्य-विशेष के नाम से सम्बद्ध है किन्तु विकसित गीति-काव्य का वैशिष्ट्य ही यह है कि वह गीति-काव्य से भिन्न काव्य का रूप है। वैसे तो संस्कृत में आज के-से गीति-काव्यों का भी प्रचलन नहीं था किन्तु संस्कृत कविता में सामान्यत: संगीत को ऐसा स्थान नहीं दिया जाता था कि वह प्रधान तत्त्व ही हो जाए। इसीलिए जहाँ मैं यह नहीं मानता कि 'गीतगोविन्द' लोकभाषा की रचना का अनुवाद है, वहाँ इससे इनकार भी नहीं करता कि उस पर लोकभाषा की रचना-प्रणाली का प्रभाव है। काव्य की इस परम्परा के सम्बन्ध में, सच तो यह है कि अभी अनुसन्धान हुआ ही नहीं है। लेकिन, भाई जयदेव जी, इन बातों से अधिक क्या यह विचारणीय नहीं कि जयदेव और विद्यापति में सब कुछ ऐसी समानताएँ हैं जिनका समाधान मिलना ही चाहिए?

जयदेव : यह तो ठीक है। इन कवियों के विषय में एक बात और। इनके बारे में क्या यह प्रश्न कम विकट रहा है कि एक ओर तो दोनों ही, भक्तों को, आध्यात्मिक प्रेरणा देनेवाले भी माने जाते हैं और, दूसरी ओर, उनमें शृंगार—कहीं-कहीं तो उत्तान शृंगार—की प्रधानता भी है। किन्तु इसका उत्तर उतना कठिन नहीं है जितना समझा जाता है। जयदेव का प्रतिपालक सेन-वंश तथा विद्यापति के आश्रयदाता शिवसिंह, दोनों के पीछे कार्णाट संस्कृति का प्रभाव था। दूसरी बात यह है कि गौड या मिथिला की तत्कालीन संस्कृति और सभ्यता की छाप भी अनिवार्यत: इन कवियों की रचनाओं पर है। एक तीसरा कारण भी है और वह अधिक महत्त्वपूर्ण है। राधा-कृष्ण की उपासना में ही भक्ति और शृंगार का ऐसा, ऊपर से विरोधाभासपूर्ण, समन्वय है जिससे इस भक्ति-प्रणाली के सम्बन्ध में ही कुछ लोगों के मन में शंकाएँ उत्पन्न हो जाती हैं। 'श्रीमद्भागवत' में शुकदेव ने परीक्षित की इस प्रकार की शंकाओं का अनेकविध निराकरण किया भी है। यह तो अनिवार्य

है कि राधा-कृष्ण से सम्बद्ध काव्य में भी भक्ति-पद्धति का माधुर्य-भाव वर्तमान रहे। जब इससे भगवद्भजन में निरत सूरदास भी नहीं बच पाए हैं—या अपने को बचाने की जरूरत ही नहीं समझी—तो राज्यसभा में रहकर काव्य करनेवालों की क्या कथा!

नलिन : विद्यापति के विषय में यह विवाद भी तो आलोचकों के लिए सिर-दर्द है कि वे थे तो शैव और रचनाएँ की हैं राधा-कृष्ण पर?

जयदेव : वस्तुतः जयदेव और विद्यापति, दोनों ही पंचदेवोपासक थे। यह विषय और रुचि की अनुरूपता ही थी जिसके कारण उन्होंने राधा-कृष्ण पर ही अधिक लिखा। किन्तु क्या इन समानताओं के साथ इन दोनों महाकवियों का यह अन्तर भी उल्लेखनीय नहीं है कि विषय एक होते हुए भी दोनों ने प्रतिपादन अपने ढंग से किया है?

नलिन : आपने ठीक ही तो कहा, जयदेव जी! जयदेव की प्रगल्भ राधा एक स्थिर (Static) चरित्र है, विद्यापति की राधा विकासशील। विद्यापति की राधा युवावस्था को क्रमशः पार कर प्रगल्भ बनती है। इसी से विद्यापति राधा के स्वभाव-चित्रण में भी अधिक गहराई में उतर सके हैं। जयदेव विरहिणी राधा के बारे में ऊहात्मक शैली में इतना भर कहकर रह जाते हैं :

विलपति, हसति, विषीदति, रोदिति, चञ्चति, मुञ्चति बाष्पम्।

पर विद्यापति की राधा तो, क्या विरह और क्या मिलन, यह कहकर अपने प्राणेश्वर के प्रति अपने भाव व्यक्त करती है :

जनम अवधि हम रूप निहारल, नयन नहिं तिरपित भेल।

['साहित्य' : जुलाई, 1951]

प्रणयांकन में श्लील और अश्लील

[प्रणयांकन में श्लील और अश्लील की सीमा-स्वरूप के सम्बन्ध में 'ज्ञानोदय' के 'प्रणय अंक' में जिन प्रश्नों का समाधान श्री स.ही.वा. 'अज्ञेय' ने प्रस्तुत किया था, उन्हीं प्रश्नों के माध्यम से श्री नलिन विलोचन शर्मा द्वारा एक और स्वतंत्र विचार-विमर्श। **—सं.**]

प्रश्न-1 : साहित्य में श्लील और अश्लील का प्रश्न उठाना कहाँ तक उचित है? श्लील और अश्लील की परिभाषा क्या, मर्यादा क्या?

उत्तर : मैंने 1947 में प्रकाशित अपने निबन्ध-संग्रह 'दृष्टिकोण' में लिखा था : 'कला में ग्राम्यता चिन्तनीय है, कला में अश्लीलता नासमझ आलोचकों का भ्रम

है।...कलाकार ग्राम्यता से बिलकुल बच नहीं सकता। आलोचक का काम है, वह देखे कि कलाकार कहाँ तक अपने को बचाए रख सका है। लेकिन आलोचक ने अपने को नियुक्त कर रखा है कला में अश्लीलता ढूँढ़ निकालने के लिए। और वह जिस चीज को अश्लीलता का नाम देता है, उससे किसी महान कलाकार की कृति मुक्त नहीं पाई जा सकती। कहने का मतलब यह नहीं कि यह चीज ही कला को महान् बना देती है, लेकिन यह चीज रहती जरूर है सभी महान कला के रूप में स्वीकृत कृतियों, रचनाओं में। किसी देश का साहित्य, मूर्तिकला पढ़िए, देखिए, आपको सहमत होना पड़ेगा।

प्रश्न-2 : क्या श्लील और अश्लील की कलागत मर्यादा का विचार करते समय वे ही मानदंड लागू होंगे जो जीवनगत नैतिक मर्यादाओं का विचार करते समय लागू होते हैं ?

उत्तर : इसका उत्तर भी, आप मुझे कृपया अहम्मन्य न समझें, उक्त निबन्ध-संग्रह के उक्त निबन्ध (साहित्य में ग्राम्यता और अश्लीलता) की कुछ पंक्तियाँ हैं : 'मैं अपना आशय उदाहरण से स्पष्ट करूँ। 'उग्र' जी का 'चाकलेट' कलाकृति नहीं, मैं खुद भी मानता हूँ। लेकिन, इसलिए नहीं कि वह अश्लील है, वरन् इसलिए कि वह ग्राम्य है। उग्र की अभिव्यंजना में निर्वैयक्तिकता नहीं। वह स्वयं कहते हैं, उनकी पुस्तक का उद्देश्य है समाज का पर्दाफाश कर उसका सुधार करना। लेकिन इस सदुद्देश्य के लिए उन्हें समाज शास्त्रोचित गम्भीर शैली के निबन्ध लिखना उचित था, सस्ते आकर्षण वाली कहानियाँ नहीं।'

मुझे अपने इस फतवे पर हँसी भी आती है—मैं उस समय मुश्किल से 30 वर्ष का था, निबन्ध तो संग्रह में आने के भी बहुत पहले प्रकाशित हो चुका था। लेकिन कुछ सन्तोष अनुभव भी होता है—इधर 'चाकलेट' के नवीन संस्करण में महात्मा गांधी का पत्र देखकर। गांधी जी ने तो लेखक को अश्लीलता के अभियोग से पूर्णतः मुक्त कर दिया है, मैंने उन्हें दूसरे दोष—ग्राम्यता—का दोषी माना था।

प्रश्न-3 : क्या प्रत्येक कलाकार के लिए आवश्यक है कि वह अपनी कृति की महानता और स्थायित्व की दृष्टि से स्वयं भी आचारगत और विशेष कर प्रणय-सम्बन्धी सामाजिक मान्यताओं से बँधकर चले ? अपवादों के विषय में आप क्या कहेंगे ?

उत्तर : एकदम नहीं, यद्यपि मैं आंद्रेजीद वगैरह की तरह कलाकार का अनैतिक होना अनिवार्य भी नहीं मानता। वह अनैतिक आचरण करता है तो इस कारण प्रशंसनीय, अनुकरणीय नहीं है। उसे समाज उचित-अनुचित, प्रत्यक्ष-अप्रत्यक्ष दंड

देता है तो उसे आत्म-दया का शिकार भी नहीं होना चाहिए, दूसरों की सहानुभूति का भिखारी भी वह न बने। दुर्भाग्य से होता यही है कि वह अपने पर अपनी करुणा का अपव्यय करता है और चाहता है कि दूसरे भी उसके प्रति सदय बनें। आचरण की दृष्टि से यह घृण्य है। यह सब होते हुए भी वह महान कलाकृति का सृजन कर सकता है, ऐसा मेरा विश्वास है। कभी-कभी अनैतिक आचरण इसमें सहायक भी होता है। बहुधा अनैतिकता ऐसी राह पर मनुष्य को ले जाती है, जहाँ वह कुछ करने लायक नहीं रह जाता। Oscar Wilde 'De Profundis' नहीं लिखता, अगर वह तथाकथित अनैतिकता की सजा भुगतने जेल न जाता।

प्रश्न-4 : आपकी जिन विशेष कृतियों और पात्रों के सम्बन्ध में अश्लीलता का आरोप किया गया है, उनके पक्ष-विपक्ष में रचयिता की हैसियत से आपका मन्तव्य क्या है ?

उत्तर : मैं आज के लेखक से 'आज के हिन्दी लेखक' मानकर यही निवेदन कर सकता हूँ कि हिन्दी का कोई भी लेखक अश्लीलता का अभियोग लगाने लायक नहीं। 'घेरे के बाहर' का लेखक बस इसीलिए थोड़ी प्रशंसा का अधिकारी है कि उसने हिन्दी की Mrs. Grundy—हिन्दी का लेखक—को उपहासास्पद सिद्ध किया है। शयनागार के द्वार के छिद्र से झाँककर और मित्रों के प्रेम-पत्रों को पढ़कर अनुभव अर्जित करने और फिर ऐसे अनुभव को भी बिन्दुओं से व्यक्त करनेवाले हिन्दी के भीरु या पाखंडी लेखकों में एक तो ऐसा लेखक है!

यही कारण है कि जब 'अश्क' ने मंटो का संस्मरण किसी पत्र में लिखना शुरू किया तो हिन्दी के लेखक समझे कि मूर्ति विसर्जन हुआ और उर्दू के ही लेखकों ने कहा कि क्या खूब, इसे छापिए, रोकिए नहीं!

प्रश्न-5 : अश्लील का अस्तित्व या उद्भव कहाँ है—प्रणय-व्यापार में, या उसके चित्रण में, या कलाकार के मन में, या कहीं और ?

उत्तर : केवल पाठक के, देखनेवाले के मन में—जैसे 'सुनीता' में अश्लीलता थोड़े ही है, या उसके चित्रकार में अगर है कहीं तो सुनीता को उस रूप में देखना चाहने वाले में है, जो उसे वैसा देखकर संकुचित हो जाता है।

अपनी ओर से इतना ही कि वात्स्यायन को महर्षि, कालिदास को महाकवि और सूरदास को परम भक्त मानने वालों को अश्लीलता की चिन्ता क्या! हाँ, उन्हें ग्राम्यता से बचने-बचाने का आग्रह रखना चाहिए। ग्राम्यता से आधुनिक हिन्दी साहित्य बुरी तरह ग्रस्त है।

['ज्ञानोदय' : नवम्बर, 1958]

प्रबन्धकाव्य पर एक वार्तिकी : 1956

केसरीकुमार : हिन्दी में आज भी बहुतेरे प्रबन्धकाव्य लिखे जा रहे हैं, और वे छप भी जाते हैं। पर क्या माना जा सकता है कि वे पहले की तरह आज भी सार्थकता रखते हैं ?

नलिन विलोचन शर्मा : जो वाक्यांश 'हिन्दी में' उत्थापित समस्या में सन्निविष्ट हैं, उसी से एक हद तक समाधान भी हो-सा जाता है, अर्थात् दूसरी भाषाओं में—अवश्य जो उन्नत और समृद्ध है—'खंड कवियों' और 'महाकवियों' का अभाव है। तो क्या उन भाषाओं के काव्य अविकसित हैं ? क्या उनमें प्रबन्धकाव्यों की सार्थकता अनुभव करनेवाले कवि हैं ही नहीं ? इस सम्बन्ध में मैं स्पष्ट कह दूँ कि प्रबन्धकाव्य से जिन काव्यात्मक रूप-विधानों का संकेत होता है और जिनके दृष्टान्त हिन्दी में मिलते हैं, वे हिन्दी की अपरिपक्वता के प्रमाण हैं। ग्रीक और लेटिन और संस्कृत में उनके प्रकृत प्राचीन रूप की सार्थकता थी, और वे उन भाषाओं के काव्यों की प्रौढ़ता के परिचायक भी थे। किन्तु हिन्दी-काव्य समय की जिस दूरी पर पहुँच चुका है, वहाँ काव्य के इस रूप की, उसकी अनेक अन्य विशेषताओं की तरह, कोई भी सार्थकता नहीं है।

नरेश : विचारणीय समस्या के शब्दों में ऐसा लगता है कि यह मान लिया गया है कि प्रबन्धकाव्य किसी विशेष काल में सार्थक हुआ करता था, और अब, यानी काल के बदल जाने से, उसकी सार्थकता रह गई या नहीं, यह विवेच्य है। अगर ऐसा मानकर चला जाए कि काल विशेष में प्रबन्धकाव्य की सार्थकता थी तो यह मानना पड़ेगा कि काल और काव्य में किसी प्रकार का घनिष्ठ सम्बन्ध भी होता है। अगर ऐसा है तो वह सम्बन्ध किस प्रकार का था, है, या होगा—यह भी विचारणीय है। दूसरी बात यह है कि काव्य, वह प्रबन्ध हो या गीति, किसी उद्देश्य की पूर्ति के लिए लिखा जाना चाहिए, ऐसा है क्या ? मेरे विचार से काल और काव्य में कोई अनिवार्य घनिष्ठ सम्बन्ध नहीं होता। दूसरी बात, काव्य या किसी भी कला का उद्देश्य मूलतः मनोरंजन ही होता है। प्रबन्ध की आवश्यकता इसलिए पड़ी होगी कि काव्य समवेत गान से निकलने या विकसित होने के कारण अपने पूर्व के तत्त्वों को एकदम भुला न सका, और इसकी परम्परा अब तक ढोई जा रही है, जिसकी आवश्यकता अब नहीं दीख पड़ती।

केसरी कुमार : यह मानने में पर्याप्त कठिनाई है कि काल और काव्य में अनिवार्य सम्बन्ध नहीं होता। काव्य के समस्त उपादान काल से शासित होते रहे हैं। इसीलिए

काल की तरह ही वे कभी पुनरावृत्त नहीं हुए हैं। आपका कहना ठीक है कि काव्य या कला का उद्देश्य मूलत: मनोरंजन ही होता है और संसार की अनेक पुस्तकें जो आगे चलकर समादृत हुईं, किसी मित्र से मजाक करने के प्रसंग में, या परिवार के बच्चों के मनोरंजन आदि के सिलसिले में लिखी गई हैं। लेकिन लेखक के मन में भी एक पाठक, श्रोता या दर्शक बैठा होता है, एक आलोचक की तरह। उसे आप कुछ कह लीजिए पर वह होता है काल का प्रतिनिधि ही। उसके समक्ष होनेवाला मनोरंजन भी इसीलिए समाज के लिए महत्त्व रखता है, अन्यथा मूलत: वैयक्तित्व मनोरंजन के लिए लिखे गए ग्रंथ समादृत नहीं होते। इसलिए प्रश्न यह नहीं है कि काल-निरपेक्ष होने के कारण आज भी साहित्य में महार्घ प्रबन्ध लेखक हो सकते हैं या नहीं। प्रश्न यह है कि साहित्य के समक्ष आज जो काव्य के अनेक रूप-विधान हैं, उनमें प्रबन्ध का विधान कहाँ तक उपयुक्त है ?

नलिन विलोचन शर्मा : प्रबन्धकाव्य के अन्तर्गत महाकाव्य भी आता है और एक आधुनिक आलोचक E.M.W. Tillyard ने 'The English Epic and its background' नामक अपनी पुस्तक में ठीक ही कहा है कि महाकाव्य 'सर्वाधिक गौरवपूर्ण साहित्यिक रूप' (The noblest literary form) होता है, किन्तु प्रश्न तो यह है कि क्या प्राचीन महाकाव्यों के पुराने साँचे में ही हम आज के प्रबन्धकाव्य को ढालते चलें? अवांछनीय यही है और इस दृष्टि से 'कामायनी' से लेकर 'कुरुक्षेत्र' तक जो कुछ लिखा गया है, वह निरर्थक सिद्ध हो जाता है। लेकिन इसका तात्पर्य यह नहीं कि आज प्रबन्धकाव्य लिखे ही न जाएँ, या कि उनकी कोई भी सार्थकता नहीं है। छोटे पैमाने पर 'Wasteland' और बड़े पर 'Cantos' और 'Pisancantos' प्रबन्धकाव्य ही है लेकिन उसी तरह जिस तरह 'Vanity Fair' भी उपन्यास है और 'Finnegan's Wake' भी उपन्यास ही है। अंग्रेजी में, आधुनिक युग में, प्रबन्धकाव्य के नवीकृत रूप के अन्य दृष्टान्त भी मिलते हैं यद्यपि इस नये रूप के लेखक और पाठक, दोनों ही सीमित हैं। David Jones का प्रबन्धकाव्य 'In Parenthesis' अत्यल्प ज्ञात काव्य है लेकिन कुछ साहित्य-मर्मज्ञों का ऐसा विचार है कि वह प्रथम विश्वयुद्ध सम्बन्धी सर्वोत्कृष्ट पुस्तक है। David Jones के नवीनतम प्रबन्धकाव्य 'Anathemata' का थोड़ा-सा परिचय देकर इस विषय को उदाहृत करना शायद उपयोगी होगा। Anathemata में कवि उस ध्वंस [The Break] की चेतना व्यंजित करना चाहता है जो 19वीं शताब्दी के अन्त में यंत्र-क्रान्ति के फलस्वरूप यूरोप में, और बाद में अमेरिका में यूरोप निवासियों के पहुँचने पर, घटित हुई थी। यह प्रबन्धकाव्य बहुत ही जटिल है। इसके दो कारण हैं : एक तो है उसमें अनुस्यूत दन्त-कथाएँ, और दूसरा है, इसकी शैली। आज ऐसा एकरूप समाज लुप्त हो चुका है जिसमें सामान्य उपासना-प्रणाली, सामान्य दंतकथाएँ,

सामान्य उल्लेख-शब्द रहते हैं। फलतः काव्य में अनुस्यूत दंतकथाओं के कारण संवेदन में ऐसी बाधाएँ उपस्थित होती हैं जो ऐतिहासिक दृष्टि से नई हैं और जिन पर कवि का अधिकार नहीं है। आज का कवि और उसका प्रत्येक पाठक एक विशेष मनुष्य है। इनमें से कोई साधारणीकृत वर्ग-प्रतिनिधि नहीं है। यह Anathemata जैसे काव्य को हृदयंगम करने में बाधक होनेवाली वस्तुस्थिति है।

रही बात भाषा-शैली की। कवि अपने काव्य में दंतकथाएँ तो अत्यन्त प्राचीनकाल की अनुस्यूत करता है किन्तु जिस भाषा में वह सोचता है, वह हमारे युग की पेचीदी, ऐतिहासिक चेतनापूर्ण और अनौपचारिक भाषा है। इस तरह जोन्स ने एक ऐसा काव्य प्रणीत किया है जो आपाततः महाकाव्य तथा समसामयिक और ईसाई धर्म-विषयक पुस्तक भी है। इसी तरह का St. Jean Perse का प्रबन्धकाव्य 'Vents' है, किन्तु इसमें कठोरता के साथ धर्म विषयक प्रसंगों को नहीं आने दिया गया है।

बहुत संक्षेप में, किसी दिन जब यह कहा गया था कि संसार में ऐसी कोई भी कथा नहीं है जो महाभारत में न हो, तो वह बहुत दूर तक ठीक ही था क्योंकि अपने यहाँ के प्राचीन नाटक, काव्यादि कथानक के लिए महाभारत से ही बहुधा आख्यान चुनते थे। आज हमारी चेतना पुराणों से निर्धारित नहीं है बल्कि विज्ञान और दर्शन से है। इसलिए प्रबन्ध के विस्तार के साथ कवि को कुछ कहना हो तो उसके लिए पुराण का आख्यान नहीं बल्कि जीवन ही आधार बन सकता है। लेकिन यह भी ठीक है कि लम्बे-चौड़े प्रबन्धकाव्य पौराणिक आख्यानों के सहारे आसानी से पद्यबद्ध कर दिये जाते हैं और इस दृष्टि से हिन्दी का मुकाबला शायद ही कोई भाषा कर सके। लेकिन जीवन को ही प्रबन्धकाव्य का आधार बनाया जा सके, यह दुष्कर कार्य अवश्य है। इसके लिए कवि को दार्शनिक-चिन्तन के समस्त उपकरणों से युक्त होना आवश्यक है। वस्तुतः हिन्दी में कोई आधुनिक प्रबन्धकाव्य लिखा ही नहीं गया है, यहाँ तक कि निराला जैसे कवि के 'तुलसीदास' जैसे प्रबन्धकाव्य से भी इस अभाव की पूर्ति नहीं होती, क्योंकि निराला ने भी आख्यान को ही पद्यबद्ध किया है, जीवन का काव्य प्रबन्ध-विस्तार के साथ उपस्थित नहीं किया है। अंग्रेजी में अरविन्द ने 'सावित्री' महाकाव्य की जो रचना की है, उसे एक सीमित परिधि के बाहर विशेष मान्यता नहीं मिली, तो इसका स्पष्ट कारण है कि वह Paradise Lost, Paradise Regained जैसे प्राचीन प्रबन्धकाव्यों की तरह अधिक-से-अधिक एक सांकेतिक प्रतीकात्मक महत्त्व का ही अधिकारी है।

केसरी कुमार : नलिन जी के कहने का तात्पर्य हुआ कि आज का आदमी व्यक्ति है, वर्ग-प्रतिनिधि नहीं और इसलिए ऐतिहासिक वृत्तों को उपस्थित करनेवाले प्रबन्धकाव्य उसका प्रतिनिधित्व नहीं करते। दूसरी बात यह कि विशेष होने के कारण आज का आदमी सूक्ष्म प्रतीकों में ही अपने को प्रकट कर सकता है। तब इसका

निष्कर्ष तो यही हुआ कि आज का कवि यदि प्रबन्ध भी लिखे तो उसकी अभिव्यक्ति गीतात्मक ही होगी। मेरा पक्ष यह है कि गीत ही एकमात्र आज के आदमी का वाहक है। प्रबन्ध के लिए चाहिए एक सुपरिचित विश्वस्त परिवार—वह हाड़-मांस का हो या सूक्ष्म-प्रतीकात्मक भावनाओं का। आज के आदमी के पास वही नहीं है। आज यंत्रों के कारण मनुष्य के सम्बन्ध इतने विस्तृत हो गए हैं, इतना विशाल उसका परिवार हो गया है कि उसे लगता है कि वह अपने हाथ सब तक फैला नहीं सकता। ऐसा करने में वह टूट जाएगा। फिर यह परिवार अपने भावों, विचारों में बड़ा बेमेल है : अनस्थिर मूल्योंवाला, निरन्तर शोधगामी, जैसे उसका कुछ भी निश्चित नहीं है! वादों से वाद टकरा रहे हैं। नये कीटाणु, नई बीमारियाँ, नये राज्य—सब कुछ जैसे संक्रान्ति में हों। प्रबन्ध की निश्चित भूमि कहाँ है? एक दृष्टि-भर है, एक व्याख्या-भर है। बल्कि आज तो मनोविज्ञान का पंडित यह बता देने पर भी अमादा है कि अमुक परिस्थिति में अमुक प्रतिक्रिया होगी। कविता ही आज शायद एकमात्र वह साधन है जिससे आदमी मौलिक रूप में अपनी व्याख्या कर सकता है। निश्चय ही तब यह व्याख्या गीति में होगी। उस गीति में महाकाव्यात्मकता आ जाए, यह और बात है, पर उसका रूप प्रबन्ध का नहीं हो सकता।

नरेश : मैं चूँकि प्रबन्ध अथवा किसी काव्य को इकाई के रूप में नहीं देख पाता, प्रारम्भ में अपने से किये गए प्रश्नों को छोड़ सकने की निर्ममता अन्दर उठती नहीं। अतः मैं प्रबन्ध को उसी रोशनी में देखूँ तो आप सब मुझे क्षमा करें। प्रबन्ध के लिए केसरी जी ने अभी कहा कि आज का व्यक्ति यदि व्यक्ति है, वर्ग-प्रतिनिधि नहीं, तो प्रबन्ध के लिए एक सुपरिचित परिवार का आश्रय लेना पड़ेगा। यह तो पुरानी बात को नये शब्दों में दुहराना है। अब तक के महाकाव्य लक्षणों के ऐसे ही आधार पर अपनी संज्ञा-विशेष को सिद्ध करते रहे हैं।

मेरे विचार में प्रबन्ध अथवा महाकाव्य को पहले काव्य की दृष्टि से देखना ही आवश्यक है। 'प्रबन्ध' अथवा 'महा' तो रूप-विधान मात्र है। वह एक सहारा है जो कवि को काव्य-तत्त्व की उपलब्धि की दिशा में सफल-असफल बनाता है। इसलिए यदि एक प्रबन्धकाव्य अथवा महाकाव्य आज भी अपने पाठकों के अनुभूति-अंग को विकसित करता है, एक नवीन परिवेश में रख सकता है, उसकी समस्याओं के शाश्वत तत्त्व को उभार सकता है तो उसकी सार्थकता है अन्यथा नहीं।

['कविता' : अंक 2, फरवरी, 1956]

नलिन रचनावली

खंड-5

अंग्रेजी रचनाएँ

आचार्य नलिन विलोचन शर्मा
की सम्पूर्ण रचनाएँ

नलिन रचनावली

5

अंग्रेजी रचनाएँ

प्रधान सम्पादक
विनोद तिवारी

सम्पादक
अजय आनन्द

राजकमल प्रकाशन

ISBN : 978-93-90971-03-9

मूल्य : ₹5000
(सेट का मूल्य)

पहला संस्करण : 2021

प्रकाशक : राजकमल प्रकाशन प्रा. लि.
1-बी, नेताजी सुभाष मार्ग, दरियागंज
नई दिल्ली-110 002

शाखाएँ : अशोक राजपथ, साइंस कॉलेज के सामने, पटना-800 006
पहली मंजिल, दरबारी बिल्डिंग, महात्मा गांधी मार्ग, प्रयागराज-211 001
1, अनमोल सोराबजी संतुक लेन, धोबी तलाव, मरीन लाइंस, मुम्बई-400 002
वेबसाइट : www.rajkamalprakashan.com
ई-मेल : info@rajkamalprakashan.com

मुद्रक : राजकमल प्रेस
नई दिल्ली-110 002

NALIN RACHANAWALI-5
Edited by Vinod Tiwari & Ajay Anand

कुमुद शर्मा, राजीव शर्मा, जैनेन्द्र कुमार और नलिन जी

मित्र मंडली के साथ आचार्य नलिन विलोचन शर्मा

पौत्री अनामिका और पोता अनुभव

पौत्री अनामिका, कुमुद शर्मा और अनुभव शर्मा

कुमुद शर्मा

कुमुद शर्मा और पौत्री अनामिका शर्मा

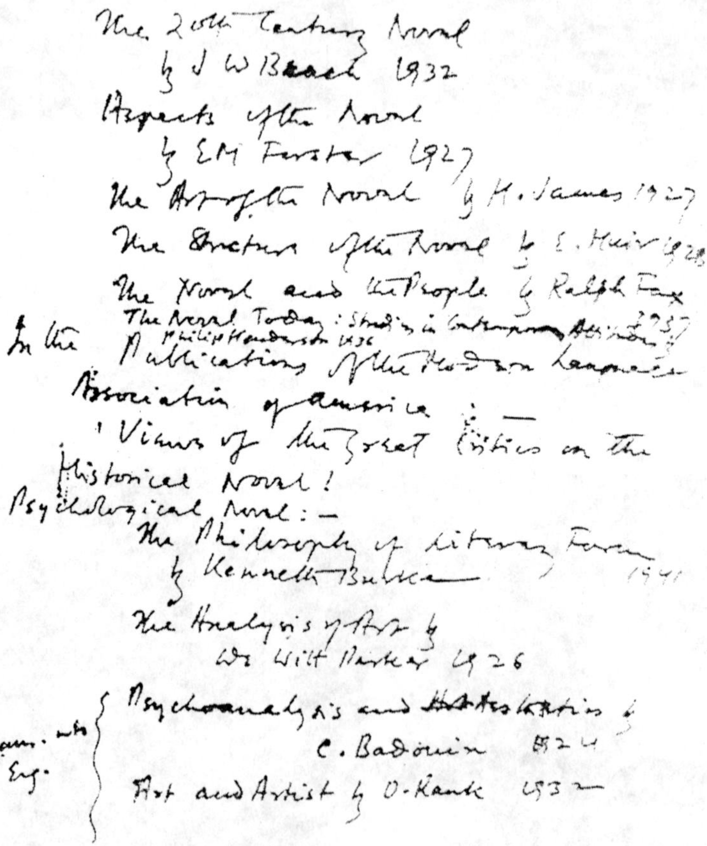
The 20th Century Novel
by J W Beach 1932
Aspects of the Novel
by E M Forster 1927
The Art of the Novel by H. James 1927
The Structure of the Novel by E. Muir 1928
The Novel and the People by Ralph Fox 1937
The Novel Today: Studies in Contemporary Attitudes
Philip Henderson 1936
In the Publications of the Modern Language
Association of America :—
'Views of the Great Critics on the
Historical Novel'
Psychological Novel :—
The Philosophy of Literary Form
by Kenneth Burke 1941
The Analysis of Art by
De Witt Parker 1926
Psychoanalysis and Aesthetics by
C. Badouin 1924
Art and Artist by O. Rank 1932
trans. into Eng.

नलिन जी की हस्तलिपि

अनुक्रम

भूमिका

मौजूदा दौर में भाषायी अस्मिता को लेकर देश में खाई बढ़ी है। भाषा विषमता और वर्चस्व का बड़ा कारण साबित हो रही है। हिन्दी में कुछ ऐसे रचनाकार हुए हैं जिन्होंने भाषा और साहित्य को अलग-अलग करके नहीं देखा है। इस दृष्टि से हम आचार्य नलिन विलोचन शर्मा के अंग्रेजी में लिखे साहित्य को देखते हैं तो पाते हैं, उनमें औपनिवेशिक दौर की भाषायी हीनता या श्रेष्ठता की ग्रंथि नहीं है। उन्होंने टी.एस. इलियट, बर्नार्ड शॉ, आंद्रे ज़ीद, मार्गन, तुर्गनेव और दोस्तोव्स्की के बारे में हिन्दी में लिखा तो भारतीय साहित्य पर बहुत कुछ अंग्रेजी में। वे वैश्विक ज्ञान-विज्ञान और साहित्य के आदान-प्रदान के हामी थे।

नलिन जी की आरम्भिक शिक्षा उनके पिता महामहोपाध्याय पंडित रामावतार शर्मा की देख-रेख में हुई थी। वे दर्शन और संस्कृत के अधिकारी विद्वान थे। अंग्रेजी, लैटिन, फ्रेंच और जर्मन आदि विदेशी भाषाओं के साथ-साथ वे पालि, प्राकृत और बांग्ला आदि भाषाओं के भी जानकार थे। कहते हैं कि उन्होंने नलिन जी को बचपन में ही 'अमरकोश' रटवा दिया था। भाषा और साहित्य सिखाने का उनका अनोखा तरीका था। पहले वे बालक नलिन से संस्कृत साहित्य के किसी टेक्स्ट का हिन्दी अनुवाद करवाते थे, फिर हिन्दी से अंग्रेजी। इसका परिणाम यह हुआ कि उनकी गति तीनों भाषाओं में समान हो गई। पिता से ही उन्हें लैटिन, फ्रेंच और जर्मन का ज्ञान मिला।

अंग्रेजी साहित्य और भाषा के उनके ज्ञान के बारे में एक दिलचस्प संस्मरण उनकी शोकसभा में अंग्रेजी के लब्धप्रतिष्ठ विद्वान प्रोफेसर आर.के. सिन्हा ने रोते हुए सुनाया था। सिन्हा जी ऑक्सफ़ोर्ड यूनिवर्सिटी से पीएच.डी. थे। वाकया यह था :

वे बनारस हिन्दू यूनिवर्सिटी से पीएच.डी. की मौखिकी लेकर लौट रहे थे। ट्रेन में उनकी मुलाकात नलिन जी से हो गई। फिर क्या था, साहित्यिक चर्चा शुरू हो गई! उन्होंने बोरिस पास्तरनाक का उपन्यास 'डॉक्टर जीवागो' नलिन जी को दिया और कहा, 'लाजवाब उपन्यास है। मैं पढ़ चुका हूँ। अब आप पढ़कर देखिए।'

नलिन जी ने किताब पर एक नजर डाली और कहा, 'मैं पढ़ चुका हूँ। छह महीने पहले इस उपन्यास की समीक्षा 'The Statesmen' के लिए लिखी थी।'

छपते ही पढ़ लेने वाले पढ़ाकू प्रो. सिन्हा साहब मुस्कुराए। उनकी मुस्कान में आश्चर्य से अधिक सम्मान का भाव था। पटना लौटते ही प्रोफेसर सिन्हा ने कुलपति को पत्र लिखा : 'आचार्य नलिन विलोचन शर्मा हिन्दी और संस्कृत के ही नहीं, अंग्रेजी साहित्य के भी विद्वान हैं। मैं उन्हें एम.ए. (अंग्रेजी) में फिक्शन पढ़ाने के लिए आमंत्रित करना चाहता हूँ। कृपया सहमति प्रदान करें।'

उनके अनुरोध को मानते हुए कुलपति ने 12 सितम्बर, 1961 को नोटिफिकेशन निकाल दिया। दुर्योग से उसी दिन नलिन जी इस दुनिया को अलविदा कह गए। बहरहाल...।

'रचनावली' के इस अन्तिम खंड में नलिन जी की अंग्रेजी में लिखी रचनाएँ संकलित हैं जिसमें तीन कहानियाँ, दो साहित्य और संस्कृति पर लिखे गए वैचारिक निबन्ध और किसी रचनाकार या शख्सियत पर लिखी एकमात्र प्रबन्ध पुस्तक 'जगजीवन राम' है। यह बाबू जगजीवन राम की जीवनी है जो 'जगजीवन राम अभिनंदन समिति' पटना के लिए 1954 में लिखी गई। 'जीवनी' और इस खंड की अन्य रचनाओं को देखने-पढ़ने के बाद 'क्लासिक' अंग्रेजी का जो एक सहज-प्रवाह मिलता है, कहीं-कहीं 'सबलाइम्स' की जो बानगी मिलती है, उससे नलिन जी की अंग्रेजी का पता चलता है।

बाबू जगजीवन राम एक समय में हिन्दी पट्टी के ही नहीं, भारत के बड़े दलित नेता थे। वे कांग्रेस का प्रतिनिधि दलित चेहरा थे। उन्होंने देश के पहले उप-प्रधानमंत्री तक का सफर तय किया। आज विमर्शों के दौर में उनको कई कसौटियों पर कसा जाता है। यहाँ उन बहसों में जाने का अवकाश नहीं है। नलिन जी द्वारा लिखित इस जीवनी पर गांधीवाद का प्रभाव है। इसलिए बाबू जगजीवन राम को एक 'हरिजन' नेता के रूप में ही इस जीवनी में चित्रित किया गया है। आज कुछ लोग इस किताब को बाबा साहब भीमराव अम्बेडकर के विरोध में भी रेखांकित कर सकते हैं, लेकिन देशकाल में जाकर देखेंगे तो पाएँगे कि यह जीवनी उनके विरोध में नहीं बल्कि उनके मूल्यों और प्रतिमानों के सहयोग में ही है। यह देखना अत्यंत प्रीतिकर होगा कि एक उच्च कुल परिवार में पैदा हुए, संस्कृत और दर्शन की पांडित्य-परम्परा में पलने-बढ़ने वाले 28 वर्ष के एक युवा ने अपने समय के चर्चित और प्रतिष्ठित दलित नेता को किस तरह से नक्स किया है, किस ख़ूबी के साथ शब्द-चित्रों में उतारा है।

—सम्पादक

Jagjivan Ram

(A Biography)

Foreword

These pages unfold the history of a great movement finding expression through Shri Jagjivan Ram. He emerged as the leader of the *Harijans* at a very crucial moment in our history. Indian Nationalism, the alien rulers of India felt, could be greatly weakened if the major constituent of the Nation, the Hindu society, could be disrupted. The skill and the resources of a powerful Government were directed towards that end. The first to sense that danger and avert it by putting his life to risk was Mahatmaji. Shri Jagjivan Ram carried the unfulfilled mission of Bapu many stages further and became the embodiment of *Harijans'* hopes and aspirations. Endowed with a very sensitive soul, he was filled with anguish at the sad plight of the *Harijans.* Nurtured in the Sant tradition, he dreamt of founding a new religion for the salvation of the millions whose very spirits had been enslaved by Hindu orthodoxy.

The dream born out of the anguish of his heart found practical expression in his turning a social reformer while yet a school student. The evolution of the social reformer into a nationalist politician was the outcome of mature reflection and the realisation that in a modern society politics had an all-embrasive character and covered all aspects of life. But politics has not changed Jagjivan Ram. The vision of a casteless and democratic Hindu society guided and inspired him.

He had a flair for thoroughness and details. Superficialities, even though popular, had no attraction for him. He does not share the placid belief that if good care is taken of Indian economy, the caste and *Harijan* problems will take care of themselves. To reduce the complex being of man into the common denomination of money is at best a facile generalisation. Our greatest need, he emphasised, is a revolution in the mode of our thought, a renaissance of our spirit and culture. All else will follow.

He is comparatively young and we, who have neared the end of our tether, look up to him with hope and confidence. His is the inspiring example of greatness won through ceaseless endeavour and pursuit of a high ideal.

Sri Krishna Sinha
(Chief Minister, Bihar)

In The Congress

Jagjivan Ram was born on April 5, 1908, in Chandwa. His father, Shobhi Ram, by profession a farmer, was by caste an *asprisya* or untouchable.

Jagjivan was thus born to centuries old prejudices, social taboos and customs which made his world different from the world familiar to upper caste Hindus. It was a dark and dirty world whose denizens were ordained by the *Shastras* to live in filth and squalor unmurmuringly if they hoped for a better turn in their next lives. They were the born untouchables. Their very touch was polluting. They lived on the fringes of a Hindu village mostly engaged in their traditional occupations. The *Chamars,* the community to which Shobhi Ram, belonged, were ordained to remove dead animals, flay their hides and prepare shoes and other leather goods for the caste Hindus. The *Mehtars, Doms, Bhangis* or *Mahars* were to remove human excreta and do all scavenging work. Similar dirty and dehumanising occupations were prescribed for the other untouchables. They were ordained not to have any property. They were commanded not to aspire for light, cleanliness and a better life. They were denied access to wells, places of worship and highways.

The impact of industrialisation shook this system to its very foundations. The untouchables who moved to urban areas found life different. They started believing that they too were human beings. They aspired for a higher life.

Hindu orthodoxy considered these thoughts dangerous and their expression an unpardonable offence which must be punished if society was to survive. But the hunger for a higher and fuller life persisted. Orthodoxy became more and more heartless. A ferment set in. The depressed classe's movement which the boy Jagjivan was to lead later was born of this ferment.

Let us have a look at the shape and the origin of this unique institution known as untouchability.

Even though the untouchables are not included in the four *Varnas* they form part of the Hindu social order. In the Hindu social hierarchy they were lower than the *Shudras,* who were the lowliest of the lowest. They were the *Avarnas.* They were beyond the pale of Hindu civilisation. And yet, surprisingly enough, these persecuted and derelict human beings continued to worship the Hindu gods and goddesses, prided themselves in belonging to the Hindu fold and regarded themselves, as desired by Hindu *Shastras,* polluted and lowly. They suffered, mutely and sometimes willingly, indignities and persecutions which would normally provoke violence and bloodshed. Thought-conditioning could not have gone further. Terrorisation could not assume a worse form.

None knows who these untouchables are. Many trace back their origin to the original inhabitants of India who were conquered by the Aryans and made slaves. Many hold that their origin dates back to the tribal organisation of Indo-Aryan society and adduce evidence showing that the untouchables are the descendants of the Broken Men, the rump of the vanquished Aryan tribes which had adopted Buddhism and, for protection and for livelihood, attached themselves to tribal villages. They were assigned a place usually outside the village. They were to guard the village from external attacks and work for hire. They, naturally, had no share in the communal land which later became the property of the King or the Temple. Their numerical weakness and their total dependence for their subsistence on the village community gradually lowered them in their own esteem and in the estimation of the village community. Breaking loose from the village spelt annihilation and remaining attached meant the worst form of serfdom. Circumstances forced them to prefer to be serfs. The stigma of pollution was yet to evolve.

The notion of defilement or pollution through contact is as old as primitive society. Defilement was supposed to be caused by the occurrence of certain events, contact with certain things and contact with certain persons. Evil could be transmitted from one person to another. Events, the occurrence of which was held to cause defilement, were : birth, initiation, puberty, marriage, cohabitation, death. Certain places, such as the funeral place, were considered as a source of pollution. Certain objects, such as the milk pail were regarded sacred and a person desiring to touch them had to undergo purificatory rites. Many of the tribal chiefs were sacred and they could be touched only when certain rites had been performed. Contact with strangers or with a person returning from a distant place was also considered a source of contamination.

Alongside the idea of contamination were the purificatory media and ceremonies for dispelling impurity. The pattern of pollution and purification in ancient societies were the same as in primitive societies with slight difference in ceremonies. The primitive idea of transmission of defilement to a cow or another animal which the impure person has touched and the ways to become pure not only persisted in ancient societies but even today.

The *Manusmriti* mentions in detail the sources of pollution and the purificatory ceremonies. The pattern as found in Manu is not much different from the primitive and ancient patterns elsewhere. In Manu, however, the defilement caused by death is very extensive in its range and follows the rule of consanguinity.

But distinct from this defilement, which was also prevalent in primitive society and which was of a temporary duration, the defilement emanating from the untouchables is permanent. The Hindu who touches an *achhut* or *asprisya* becomes impure, polluted. He can again become pure by undergoing purificatory ceremonies. But there are no purificatory ceremonies for the untouchable. There is nothing which can make him pure. He is born impure. He is impure as long as he lives. He dies the death of the impure. The children he gives birth to and leaves behind are impure. The stigma is affixed to them. It is a case of permanent hereditary stain which nothing can cleanse.

Precisely how this came about is not known. Various theories based partly on inferential evidence and partly on guess work have been advanced. Dr. Ambedkar, who has done considerable research in this field, maintains that the *Shudras* were a distinct branch of the Aryans who were particularly repugnant to *Brahmans* as they always challenged their authority and privileges. They were *Kshatriyas.* They were gradually pushed to the wall. The *Upnayan* was denied. They sank lower and lower in social esteem. They became the *Shudras* or the fourth *Varna.* The *Varna Shankars* or persons outside the *Varna* were born of *Anuloma* and *Pratiloma* marriages in which the *Shudras* figured prominently. He does not say what place was assigned to the *Chandals* and others born of such marriages. The *asprisyas* or untouchables, he suggests, were the Broken Men of the defeated tribes who had adopted Buddhism and were, therefore, hateful to triumphant Brahmanism initially and to the people ultimately.

Many of these assertions are but plausible hypotheses. The origins both of the *Shudras* and the untouchables are buried in antiquity. Much research work must precede before any of the prevalent theories may be accepted as historical facts. Indeed, it is doubtful if we shall ever know for certain the origin of the *Shudras* and untouchables.

But, as Dr. Ambedkar remarks, untouchability is an aspect of social psychology. It is a sort of social nausea of one group against another. Being an outgrowth of social psychology which must have taken some time to acquire form and shape, nobody can venture to fix a precise date to a phenomenon which probably began as a cloud no bigger than man's hand and grew till its final all-pervading shape as we know today.

Thus prejudices might have deepened. Thus the *Charmakar,* the *Vapta,* the *Rajak* and the conglomeration of people known as *Chandals,* who do not appear, according to *Vedic* literature, to have been untouchables, might have gone down the social ladder. Thus, the *antya* or *antyaja* or *antyavasin* who, according to the *Smritis,* might have been impure but not untouchables might have formed one lump with the *asprisyas.* Thus the offsprings of *Anuloma* and *Pratiloma* marriages put outside the *Chaturvarna* might have gradually swelled the number of *asprisyas.*

The continuance of beef-eating by the *Shudras, Chandals* and many others after centuries of effort by social and legal force, even after the *Brahmans* and upper caste Hindus had given up the habit, of course, might have further stiffened social attitudes against them. It is to be remembered that beef-eating was so common a practice amongst Aryans that even after they had realised that it was suicidal for an agricultural community, it took centuries to eradicate the habit. One after the other the *Shastras* emphasised the sanctity of the cow and yet beef-eating continued. Ultimately, laws had to be made early in 4th century A.D. or even earlier placing cow-killing on the same footing as *Brahmahatya* and making it a capital offence. The inscriptions of Chandra Gupta II and Skanda Gupta bear ample testimony to this. The law was an economic necessity.

It affected only the *Brahmans* and other *Savarnas.* It is they who took fresh beef, the flesh of the dead cow was for the *antyaja,* or *asprisya* or Broken Men. They had to carry the dead cow and its flesh and hides were the remuneration.

Economically they were not in a position to imitate the *Brahmans* and *non-Brahmans.* As they could not escape carrying the dead cow, they did not mind using the flesh of the cow as food as they were doing before. The laws of the Gupta emperors were directed against the killing of cows, not against eating the flesh of dead cows. But the cow was now well-established as a sacred animal. It was sacred, living or dead. Beef-eating was therefore not merely a crime, it was a sacrilege. Eaters of beef, even of dead cows, were guilty of sacrilege. Thus, once the cow became sacred and the Broken Men, *Chandals* or others continued to eat beef, there was no other fate left for them except to be treated unfit for association.

This theory, however, will not explain the origin of all the untouchables as there were untouchables who did not eat beef.

The *Brahman,* moreover, did not give up beef only, but, generally speaking, he gave up flesh and became a vegetarian. He had to meet the challenge of Buddhism, which by itself had ceased to be a force by that time, but which had come to have a distinct appeal for the masses. He polished his gods. He built temples to attract. He adopted a strict code of life enjoining purity in his daily act. He became the purest. By contrast the beef-eating dwellers of the village fringes became the most impure.

Anyway, these prejudices resulting from the low occupations of the above categories, their serfdom, their unclean habits, their eating of beef accumulated and untouchability became an established institution. Dr. Ambedkar may be right when he says that this happened about 400 A.D.

The triumphant *Brahmanic* reaction of which the *Manusmriti* is the expression had consolidated itself. The untouchables and the *Shudras* had become the lowest limbs in a social hierarchy which was fixed and immutable. They were denied knowledge and enlightenment. They were denied access to the beautiful temples which were said to house the good and benevolent gods. They gradually developed antagonism to the temples which had become caste Hindu institutions representing temporal might and spiritual oligarchy. Antagonism to the temples led to antagonism to the temple gods. Antagonism to the *Vedas* and Hindu scriptures became more insistent. But as they had to have some religion and as they could not cut themselves completely adrift from the Hindu fold, the need expressed itself in the spread of *Tantric* cults and later in the evolution of *Sant Sampradayas.*

The impact of Islam had shattered Hindu equanimity. Islam talked of one God who was the God of all, high or low. It emphasised the equality and fraternity of man. It made prejudice, privilege and ritual-ridden Hinduism look poor by comparison. It provoked a searching of hearts and produced the *Sants* who established new traditions. It then became possible to have all that religion could give without becoming a Muslim and without straying far away from the main Hindu traditions. *Sant Sampradaya* was thus a social necessity.

Chandwa

Chandwa, situated a mile and a half to the west of Arrah on the Arrah-Buxar Road, is a small village. Though a part of Arrah municipality, it never had any urban amenities. It was and is even today as much rural as any other Indian village. Its proximity to a district town did, nevertheless, bring to it certain advantages.

The district of Shahabad, of which Arrah town is the headquarters, is famous for many historical events. Legend has it that Ram and Lakshman had their training at Buxar under Vishwamitra. The Pandvas spent part of their exile in this area. It saw Babar's invasion in 1529 and the unquestioned supremacy of Sher Shah, the great Indo-Pathan king during 1539-45. Sher Shah who successfully challenged the Mughal Sultanate of Delhi was intimately connected with Shahabad and built his mausoleum at Sasaram, a sub-divisional town of the district. The mausoleum is one of the most famous architectural monuments of medieval history. On the Chandanpur hill at Sasaram is still extant an Asokan inscription and Hiuen Tsang appears to have visited the district in the seventh century A.D. In the village of Chainpur in the Bhabua sub-division is the mausoleum of Bakhtiyar Khan, a noble edifice of the Indo-Pathan period. Of the same period is another interesting building, the fort at Chirpur, which is surrounded by a moat and defended by a stone rampart, flanked by bastions. The 'Arrah House' still standing in the Judge's Compound is another historical building. Twelve Britons and some platoons of Sikhs stood for eight days a siege of this house, which was prepared for defence by a British engineer, by two thousand sepoys of the Dinapore Regiment. The most glorious episode in the history of the district was, however the role of Babu Kunwar Singh and Babu Amar Singh, *zamindars* of Jagdishpur which is situated at a distance of 20 miles from Arrah. Their brilliant leadership of the abortive Indian War of Independence and their heroic feats have become proverbial and passed into legends and folk songs. Their great martial tradition is still alive and Shahabad remains the best recruiting ground for the army in the State of Bihar.

Born in Chandwa, Jagjivan was an heir to these traditions also. He relished the folk songs which described the epic bravery of the eighty year old Kunwar Singh. He listened to the true stories of the bravery of the *'Shahabadis'* narrated by those who had participated in the 1857 uprising and he was profoundly influenced.

The village Chandwa lies between the railway line and the Arrah-Buxar Road. Towards the East on the outskirts of the village is the District Headquarters of the Methodist Episcopal Church which is popularly known as the Mission *Hata.* Between the church and the village runs a *nala* which meets the rivulet Gangi near Arrah. The Gangi flanks the northern part of the village. During rains when the Gangi and the *nala* are full, the village looks like a tiny island in the midst of a sea. All around are green mango orchards and when young leaves and paddy plants wave to a passing breeze the spectacle presented is heavenly and brought Wordsworth and Omar Khayyam nearer to Jagjivan Ram in later years.

The village does not lack colour and beauty even in summer. The small *Shiva* temple standing by a beautiful pond to the west of the village is full of votaries in summer early mornings. They start very early, take a dip in the Gangi and while returning offer prayer to God *Shiva.* When spring comes, the land which looked like one unbroken piece of green velvet in winter assumes a golden colour. The corn ripens. People gather in the evenings after their day's work on the fringes of the orchards, collect dry leaves, light a fire and when they have baked green poddlings of gram or peas, they sit to a tasty repast and music flows. It is a scene which is likely to fill anyone with contentment and bliss.

The village consists of about one hundred and twenty-five families of which the majority are *Brahmans.* The *Gwalas* comprising of ten families, *Musahars* comprising of fifteen families, and *Chamars* comprising of twenty-two families constitute the principal communities. *Kanus, Kayasthas, Telis, Hajams* and *Kahars* are the minority population comprising of two to three families each.

Though the pattern of the village is typical, it has a uniqueness born of factors which is difficult to trace. There was never, in living memory, any trace of caste bigotry in this village. The Harijan area, though a distinct area, is a part of the village and is not separate and distinguishable from the main *Savarna* dwellings. For the last sixty years or more, children of all communities have sat together on benches in the same primary school. All wells have been open to Harijans. As a matter of fact, any person of any community could draw water in the common bucket kept at some wells for drinking purposes. Children of the *Harijan* families found and still find a welcome in *Brahman* houses. While admitting that these traits in the social pattern are rather unique, it will be wrong to suppose that Chandwa is the only exception to the general rule of caste bigotry in villages. While *Harijans* in many part of India lived in hovels resembling pigsties, at a distance from the main *Savarna* village and in the dirtiest areas, drank the dirty' and foul-smelling water of ponds being denied access to wells, and bowed and cringed before every passing *Savarna,* there were oases like Chàndwa in considerable numbers. It is this variegatedness of India's social and cultural pattern which has defied and still defies facile categorisation. Yet, even Chandwa did not relish its *achhuts* entering the temple of Lord *Shiva.* The untouchables did not care. They had their own gods.

Sant Shobhi Ram

Shiva Narain, Jagjivan's grandfather, was an agricultural labourer and must have lived in poverty and hardship. Even today the lot of the landless agricultural labourer is unenviable. Some four score years ago when *begar* or forced labour was a very normal practice, an agricultural worker's life can well be imagined.

The ancestral home of Shiva Narain has not been located. He is understood to have migrated from Jhunathi in the district of Gaya to village Morasia in Shahabad where lived his wife's sister.

At Morasia was born Shobhi Ram, Jagjivan's father in the year 1864. His mother died when he was just a child. His father married again. Shobhi Ram was looked after by his grandmother. Shiva Narain died some time later. But so long as he lived, he faced great penury and it was difficult to make both ends meet. For the young Shobhi Ram life must have been very hard and the perspective very bleak. The boy, however, showed great intelligence and promise. But was he not doomed? What could he be except an agricultural worker and plod along, abjectly, docilely and wearily till death liberated him from thraldom?

So, when one of his uncles, a *phupha,* who was serving in the army paid a visit to Morasia, his home, a new vista opened. He was impressed by Shobhi Ram, still a young lad, and when he returned he took him along with himself. He was stationed either at Peshawar or Rawalpindi. To the parents it was a great hope.

Shobhi Ram endeavoured to be helpful. He would wash utensils, cook food and prepare tea and do other odd house keeping jobs for his uncle. The uncle was, however, kind-hearted and he had taken to Shobhi Ram. He would share some of these burdens and

Shobhi Ram utilised his leisure hours in learning the alphabets. Sometimes, Shobhi Ram would wander into the wards of the military hospital of the cantonment. He attracted attention and the British soldiers and officers would send him on errands to buy cigarettes or biscuits. This brought him tips. He deposited the tip money with his uncle. His first month's earning from tips amounted to about twelve rupees, a substantial figure in those days. He sent the entire amount by money order to his father. What a delightful surprise that money order must have been to Shiva Narain! For several years Shobhi Ram worked, as an errand boy and regularly remitted his earnings to his father. Meanwhile, he had learnt Hindi well and knew how to speak "Tommy" English.

Once a British soldier—the hospital would not admit Indians—asked Shobhi Ram to fetch cigarettes of a particular brand. Shobhi Ram hurried to the shop repeating the name of the cigarette and asked for the correct brand. But the shopkeeper did not have packets of that particular brand in stock. So, he gave another thinking rightly that the boy would not be able to find out. But when the packet was delivered to the soldier he was very cross and told Shobhi Ram that the shopkeeper had befooled him.

This set Shobhi Ram thinking. If he had known English he could never have been cheated. Was it possible to learn English? Why not? His mind was made up. The very next day he purchased an English primer and within a short period he had acquired a good working knowledge of English.

After some time, he got an appointment in a British army hospital. He was then twelve years of age. There were the usual postings but he remained mostly in the Punjab. While at Multan he came in contact with followers of the *Shiva Narayani Sant* sect. That was, for him, the beginning of his spiritual career. He became a *Sant.*

On his posting to Dinapore, he was brought very near home. His father, Shiva Narain, and his step mother had died. But his grandmother who had given him a mother's love and affection was still alive. He went to see her and on his first meeting offered her his entire accumulated savings. Tears came to the old lady's eyes and young Shobhi Ram also could not remain unaffected.

It was time for Shobhi Ram to get married. Vasanti, a daughter of Balua Narmada, in the Shahabad district, was the girl chosen. The marriage was solemnised within a year. Vasanti was, then, only twelve years of age. It was not possible for her to accompany Shobhi Ram to the cantonment. Shobhi Ram had no home. But now he had a job and could afford to build a house. That would give, he felt, a sense of security and stability, for jobs were as unstable, he held, as the shade of the palm tree.

Shiva Narain, as already stated, had migrated to Morasia. His brother had similarly migrated to Baligaon, another place in Shahabad and had built a house there. Shobhi Ram also decided to settle at Baligaon. Land was purchased and a house built. Vasanti had now a place of her own. She was still very young and was the only member in Shobhi Ram's family. He, therefore, requested his mother-in-law to come and keep house for them. Shobhi Ram's mother-in-law had no sons and Vasanti being the youngest and most loved of her daughters, she gladly accepted the offer. Vasanti would live alternately at Baligaon and Dinapore. Santlal, their eldest son, was born at Baligaon in 1885. He was frail and weak and therefore used to be sick most of the times. It was not possible to get proper treatment for the child at Baligaon as it was in the interior and the medical facilities available were almost nil. Moreover, Shobhi Ram lived at Dinapore and there was none to take proper care of the sick child.

Shobhi Ram had seen army life. He had passed the most impressionable part of his boyhood waiting for odd jobs in the wards of a British military hospital. He could not be satisfied with the treatment of quacks and naturally wanted his son to be able to receive proper medical aid. He decided, therefore, to shift to a village situated near a town where adequate medical aid could be readily available.

The elder sister of Vasanti lived in Chandwa. She and her husband wanted Shobhi Ram to settle there. Vasanti's parents also favoured the idea. Shobhi Ram was new fed up with Baligaon. He took to the suggestion and without waiting to purchase land and build a house shifted to Chandwa in Vasanti's sister's home. In due course, land was acquired and a house built.

Shobhi Ram was putting his money to proper use. He started purchasing land and after some time acquired the status of a small peasant.

The part of Chandwa in which Shobhi Ram had settled had no well. Water had to be brought from the well of a *Kayastha.* This well was situated at some distance. In rains when the lanes and bye-paths turned muddy and slippery, fetching water from that well became an ordeal and the people of that area were greatly inconvenienced. Shobhi Ram got a well constructed in this area. This created a very good impression.

Shobhi Ram was remarkable personality. Tall, fair and well built, he looked cultured and respectable. He came of very poor parents and was himself anything but rich. Yet, with all his gentleness and civility, he had a fund of pride which sometimes surprised and bewildered people. He had indomitable courage and a pluck to fight against tyranny and oppression. The surprise was all the greater because a Harijan was supposed to be different.

He rebelled against the unreasonable behaviour of an officer and his service was at stake. The officer knew him to be a good and efficient hand but an officer, it was believed, never committed a mistake. Shobhi Ram was told that if he apologised he would be pardoned. But to him it was a matter of principle and self-respect. He decided to retain his self-respect and resigned.

Back to Chandwa, he found that he could not afford to remain unemployed for long. He could not work in his fields. Though the son of an agricultural worker, he was not used to hard manual labour. Luck, favoured him and after a few months he got a job in the Calcutta Medical College Hospital. He took Santlal, his eldest son, to Calcutta with a view to giving him proper schooling and put him in the Howrah Zilla School.

Shobhi Ram had a fairly good income and he did not want his son to waste himself. Santlal was, moreover, the eldest son. The result of this fond indulgence was that Santlal had extravagant habits and aped the manners and behaviours of the sons of the idle rich. He would start with his books for school but would while away the whole day wandering or sight-seeing. Shobhi Ram was blissfully ignorant of this deception. Santlal's departures and arrivals gave no cause for suspicion. But, when after the annual examination the progress report came, Shobhi Ram received a rude shock. He flew into rage and gave a sound beating to Santlal. Santlal quietly left Calcutta that very day. Shobhi Ram thought that Santlal must have gone to Chandwa but when he received Vasanti Devi's telegraphic reply he was greatly perturbed. A frantic search started and messengers were sent to places where, it was considered likely, Santlal had gone.

Meanwhile, Santlal had gone straight to Lucknow. One of his uncles was employed in the Lucknow Military Hospital. Santlal knew this. He told the uncle on reaching Lucknow that he had come for sight-seeing. Fifteen days later when that uncle received Shobhi Ram's letter he came to know of the whole affair and took Santlal personally to Calcutta. That was the end of Santlal's education. Whatever his own desires, Shobhi Ram knew that it was no use trying to make the horse drink. He then got him appointed as an apprentice compounder and in due course Santlal became a compounder in the Medical College Hospital.

Shobhi Ram was keeping indifferent health. He left his job and returned to Chandwa to spend the rest of his days there.

His domestic responsibilities had considerably increased. Of his eight children five were daughters. The eldest son had not shaped as well as he had hoped. The middle one had died in infancy. The youngest, Jagjivan, showed great promise but he had to receive proper schooling. Santlal had taken his newly-married wife to Calcutta and could not be of much assistance to the family. To crown all Shobhi Ram's health was failing.

An idea struck him. As remarked earlier, he belonged to the *Sant* sect. He was himself an important member and occupied the status of a *Vazir* or minister of the sect in his own locality. He was *Guru* or spiritual preceptor to hundreds.

If he could produce hand-written copies of Swami Shiva Narayan's *Granths* it would pay well and would be an occupation which would give him complete satisfaction.

He was a fine caligraphist. He knew it would work. He threw himself heart and soul into it. It fetched him just enough to enable him to make both ends meet.

The cup of his misery was not yet full. In the year 1913, Chandwa was visited by a flood and his house collapsed. At the age of five Jagjivan found the walls of the house being raised again.

Young Jagjivan was far from being quiet and docile. He had always some mischief up his sleeve. His father's writing materials provoked his curiosity. The brushes and the paints with which his father drew pictures on the margins of the hand-written *Granths* particularly interested him. He would play with the brushes and pens. It caused considerable inconvenience to his father. His mother would remonstrate, she would ask him to return the brushes and pens and apologise to father with folded hands. Jagjivan would at once fold his hands and express regrets. His solemn behaviour would make his father laugh. But the same prank would be repeated again and again. The folding of hands and the prayer for apology were to Jagjivan part of an exciting game.

The picture of his sage-like father seated on a *takht,* copying out in his beautiful handwriting one after another of the *Granths* left a deep and indelible impress on the child's heart. Fair complexioned, with white hair and long moustaches and bespectacled eyes, Shobhi Ram would be troubled by occasional cough. Yet, his face had a certain aura and breathed an atmosphere of quiet and devoted application. The father became the sant. The vision became almost a part of his being. It comes to Shri Jagjivan Ram many times a day even now and he bows his head in mute reverence. It is one of his regrets that his father is not alive and he believes that he owes all that he is to his father.

Vasant Panchami is the Day of Enlightenment for the members of the *Shiva Narayani* sect. It is observed with solemn eclat. The *Granth* is worshipped and all the *Sants* gather and offer prayer.

Jagjivan was put to the village primary school on the *Vasant Panchmi* day, in January 1914. Clad in turmeric-coloured *dhoti,* a silk *kurta,* a red velvet cap and *nagauri* shoes, Jagjivan was a colourful spectacle and he felt proud and happy. Before he left for school the usual ceremony was observed and he was made to touch his wooden *patti* with chalk. Sweets were distributed.

The primary school was held in the verandah of Pandit Kapil Muni Tiwari's house which was situated in the middle of the village in the mohalla of *Brahmans.* It has been there for the last eighty years. The *pathshala* and the *guru* are still the same. Most men of the village had their primary education in this *pathshala* and are students of Kapil Muni Tewari.

The *Brahmans* of the village are of *Kanyakubj* sect. Pandit Kapil Muni Tewari is also a *Kanyakubj.* His house is situated in the *Brahman Toli.* But caste bigotry, as stated earlier, has been unknown in this village. Santlal who had joined the *pathshala* in the year 1891 sat on the same bench with the *Savarna* Hindu boys. The street facing the *pathshala* is frequented by *Brahmans* and others. But no *Brahman* or *Rajput* felt the inter-mixing of the *Harijan* boys with the boys of upper caste Hindu in the *pathshala* to be of any consequence. The *pathshala* has continued to have benches for students and chairs and table for the *guru* ever since living memory. It is run by the Arrah Municipality.

It often happened that the parents of *Brahman* students came to the school for a talk with *guruji.* They would remain standing while talking to guruji and it never occurred to them that there was anything uncommon in the *Harijan* boys continuing to be on their seats when they were standing. This was the state of things long long ago when the rural areas had not even heard of the uplift of *Harijans* or untouchables or the anti-untouchability drive of the Congress.

So Jagjivan entered the temple of the goddess of learning. His father introduced him to Pandit Kapil Muni Tewari. Jagjivan bowed and the *guru* blessed him. He then took his seat on one of the benches. His school education began.

Five months later came the end of his father.

Meanwhile, he had proved himself to be a very regular student. He would reach school early and in winter, when he came home in the mid-day recess, he was more anxious to get back than have a quiet meal. His mother did not share his enthusiasm and would remonstrate.

When he came back in the evening his father would make enquiries about his day's work and it gave him great pleasure to reply to his father's queries.

Shobhi Ram was deeply religious and had the *Savarna's* fetish for personal cleanliness. He would never touch his mid-day meal without his bath, *havan* and *puja.* He invariably performed *sandhya* in the evenings. After *sandhya* was over, he would play his *ektara* and sing few *bhajans.* Jagjivan was often asked to join his father in *bhajan* singing. He did it with pleasure. Gradually, young Jagjivan had memorised a good many *bhajans.* The *bhajans* were drawn from Tulsi, Sant Shiva Narayan and Kabir.

This deep and solemn religious impact was silently moulding the young boy's character and who knows he would not have taken entirely to a religious life if this routine had continued for long. Even today religion is a vital interest of his life.

Jagjivan, however, had one regret. He carried to the school only his primer, slate and pencil. Boys in upper class, however, carried many books. He felt tempted and yearned to carry many books and copies like them when he went to school.

There were many books at home in English, Bengali and Hindi. Some belonged to his elder brother and the rest were religious books. One day he confided his longing to his father who gave him the course books of his elder brother. These were the prescribed texts in the Calcutta schools which Santlal had purchased. From the next day Jagjivan went to school with a fat bundle containing the books of his elder brother.

These happy days did not last long. In April 1914, his father fell seriously ill and was confined to bed. Santlal came with his wife from Calcutta and the sisters also arrived. Shobhi Ram had a premonition that he would not live much longer. All his future hopes of the prosperity of his family were centered on young Jagjivan whom he loved dearly and this love grew as his condition worsened. Perhaps the greatest desire of his life was to give his bright and promising son a good education and he dreaded lest his wish remained unfulfilled. There would be a tender concern in his eyes when he made Jagjivan sit on his bed beside him after he returned from school and looked long and intently at the young and curious face. His eyes would become moist. The boy could not make out what it all meant and was puzzled. All the while his mother would sit near the feet of his father, rubbing or massaging or administering medicines.

Knowing that the end had come Shobhi Ram one day asked that arrangements be made for the *puja* of the *Granth.* All the *Sants* of the neighbouring villages gathered. The *Granth* was put on a 'throne' and after *puja* had been performed, the *Sants* recited *bhajans* of Shiva Narayan Swami to the accompaniment of musical instruments. It was a very devout gathering and the imminence of Shobhi Ram's death lent to it an unusual solemnity.

Three days later Shobhi Ram died. It was the month of *Jyestha* (June). He had been enquiring as to when *Jyestha* would start and the sun would become *Uttarayan* or north-easterly.

This scene was also incised on the young Jagjivan's memory. The evening had deepened. He was sitting on a low stool by his father's bed. Vasanti Devi was, as usual, sitting near the feet of Shobhi Ram on the cot. Santlal was standing on the opposite side of the cot. Shobhi Ram was saying something in a feeble voice to Vasanti Devi and all the while he was staring tenderly at Jagjivan. That was, he learnt later, his father's last injunction to give him the best possible education.

Suddenly his mother burst into tears. Santlal gave water to the sinking man. The sisters and other relatives rushed into the room. There was a tumult of crying and weeping. The men who had gathered took his father from the cot and laid him on the ground.

Poor young Jagjivan was tired. He was puzzled. Was it all a dream? Was he waking? His eyes gradually closed and when he awoke he found himself in a bed in another room.

A Religious Interlude

The *Shiva Narayani Sant Sampradaya* to which Shobhi Ram belonged was founded by Shiva Narayan Swami who was born in a *Rajput* family in the Ballia district, about 1710 A.D. It is said that Emperor Mohammed Shah was converted to his faith, and the poets Wall Allah, Abru and Nazi had deep reverence for his spiritual practice. Shiva Narayan Swami was a pure monist and was dead against image worship. He believed God to be without form and attributes. He preached single-minded devotion, purity of life, self-restraint and love for humanity. The sect he established was open to members of all creeds and castes and the union of all forms of faith in one universal religion was his dream. His writings emphasise that the world is full of misery—it is *Kal Desh*—and the only goal of human endeavour should be a continuous progress from *Kal Desh* to *Sant Desh*—or the land of eternal bliss. The language used by him, as the language used by other saints of that era, is highly symbolic. *Kal Desh* may be a symbol for *Dvait* or the separation of the human soul from the universal and *Sant Desh* the state of *Advait* or their unification, which is the state of everlasting bliss. While holding the human body, matter and the material world to be impure and sinful, the sect does not preach renunciation but a purification of the soul by discarding the forty *Vikars* and the inculcation of the forty virtues by scrupulously following the forty instructions laid down in the *Hukum-Nama.* The principal books of Shiva Narayan Swami are *Guru Anyas* or *Jnan Dipak, Sant Vilas, Sant Akhir, Rupsari, Sant Mahima, Lav Parvana, Sant Updesh, Sant Vichar, Shabdawali* and *Hukum-Nama.* Of these, those held most sacred and worshipped are the first two which deal with the yearning of the human soul for unification with the infinite.

Sant Akhir delineates on *Surat Shabd Yoga* or a form of *Sadhana* made famous by Kabir. The sect which in its inception was a movement of revolt against orthodox Hinduism, as all *Sant* sects were, contains unmistakable streaks of ancient and medieval Hindu thought and has its roots deep in the synthetic Hindu culture and tradition. The impact of Islam is also but thinly veiled. There are hundreds of such sects and sub-sects with diverse beliefs, rites and rituals which lead many to trace their origin back to racial factors and yet as each such sect is analysed, its relation with what is known as Hinduism will appear to be evident.

How and why did the evolution of the *Sant* sects and sub-sects become a necessity? Why did all the *Sant* sects emphasise asceticism? Is asceticism or life-negation—a feature also characteristic of Hinduism—unique and peculiar to the *Sant* sects? Are not asceticism and the concept of heaven, a land of eternal bliss, the product of socio-economic factors in those days? How is it that the reform movements in Hinduism never broke away in schisms but gradually disappeared into the general bloodstream of Hinduism? These questions naturally arise as one views the fast-moving kaleidoscope of Hindu religion and finds in the end that it has after a very exciting voyage returned almost to the same spot from where it started.

This peculiarity of the Hindu religion led Nehru to compare it to "a palimpsest or an ancient parchment or canvas which has been written on or painted on again and varnished over and written on or painted on a third, fourth, fifth time. Experts know now how to wash off the newer coats and reveal the old original inscriptions and drawings. In the case of Hinduism the varnish has, so to speak, dissolved and all the words and figures of the several layers are visible at the same time as an intricate jumble." This explains the complexity of Hindu culture.

The spiritual soil of India, says another writer, "is like a delta, made up of layer upon layer of its religious endeavours from time immemorial. Everyday we discover fresh historical materials which demonstrate how varieties of sustained religious striving have contributed to its formation."

These analogies are but different ways of saying that, "Hinduism is not a particular system of thought, but a commonwealth of systems : not a particular faith, but a fellowship of faiths." In its all-comprehensive aspect, it represents a synthetic culture which includes not only *Shaivism, Vaisnavism* and *Tantricism* but various other paths all leading more or less to the same goal. Thus, it could not be the product of the spiritual genius of any single individual. "Under the inspiration of the divine Cosmic Principle immanent in all, countless prophets, saints and seers have helped the eternal stream of spiritual life—Hinduism or *Sanatan Dharma*—flow with its many branches and tributaries towards the Ocean of Existence, Knowledge and Bliss." All the prophets and saints are accepted as different embodiments of the same principle. All souls are potentially divine and hence each person should have the freedom to follow his own path according to his spiritual capacity and tendency. In the words of Sir C.P. Ramaswamy Aiyer, "Hinduism has no uncontradictable and unquestionable documents, no special revelations and its scriptures are not final." Hence, Hinduism is simultaneously monotheistic and idolatrous. The monotheists tolerate idols and the idol-worshippers dance before images but pray to one God. Some Hindus sacrifice animals in temples, some hold it a religious duty not to kill even a worm. Some make a fetish of personal cleanliness, some attach little importance to purificatory ablutions. In a village the same family may worship *Shiva; Vishnu,* as *Lakshmi-Narayan* or *Sita-Ram* or *Radha-Krishna;* and *Devi, Durga* or *Kali, Shiva's* consort symbolising female energy. Then other families may regard God as impersonal and without attributes. Some again may deny the authority of the *Vedas* and scriptures. Some may regard them as containing revealed wisdom and the quintessence of absolute knowledge.

Thus *Shaivism, Vaisnavism, Tantricism, Vedantism* and agnosticism, all mingle and justify with each other in the broad Hindu framework. A particular sect adopts one deity out of the Hindu pantheon for special worship but it does not generally disregard all the rest. And through all the diversity, this medley of faiths and beliefs, runs a streak of unity which distinguishes Hinduism from other religions. Many thinkers hold that the absence of an organised central church was the bane of Hinduism. It prevented purposive social cohesion. It frittered away the urge for a higher life, which in ancient and medieval days always expressed itself in a religious idea, into numerous channels—rivers which ran their courses, sometimes gently, sometimes as a gushing and mighty' torrent, and either got dried up or ended as stinking rivulets or stagnant pools. There are others who consider this 'weakness' to be the strength of Hinduism. It is this rubber-like elasticity of the Hindu religion, this sponge-like absorptiveness, they argue, which has prevented its disintegration and kept its principal thought current, *Brahmanism* or the cult of *Brahma,* eternally flowing.

The birth of Hinduism as of any other religion may be traced to the religions of the primitive man. Primitive religion, as is well known, was born in India, as everywhere else, out of fear of the unknown. The primitive man, in his daily life, felt himself to be a helpless victim of the forces of nature and, therefore, it was not possible for him to think about them rationally and with detachment. Thus was born natural religion—the cult of ascribing the diverse phenomena of nature to a variety of gods. The gods must be propitiated with offerings and sacrifices so that the natural phenomena they respectively control may go on normally for the benefit of man. A priestly class thus emerged as the intermediary between the helpless man and the powerful gods and built up an elaborate system of rituals and ceremonies. Later, when a leisure class gradually comes into being, the grim contours of natural religion change shape and colour. This leisure class is in a position to view nature and natural phenomena with detachment and gifted with a richer imagination than its primitive ancestor, it is filled either with an indefinable feeling of elation and buoyancy or with a weird sense of complete isolation and utter helplessness at the various humours and aspects of nature and the terrible unknown starts taking various shapes. Kind and benevolent gods, cruel and dreaded gods, yet unseen, but with their qualities more sharply defined emerge. Still later, the detection of a mechanical regularity in the diverse phenomena of nature starts undermining the primitive faith in gods. The man of leisure is eager to know the world he lives in. The methods and wherewithals of an objective experimental study of the unity amidst diversity in nature are not yet his. He, therefore, relies on his imagination and tries to explain the world with the assumption of a single First Principle of which the various phenomena of nature symbolized by the gods are different expressions. He conceives of a transcendental being above and behind the physical universe and sets to himself the task of acquiring knowledge of this reality behind the appearances. Thus, Metaphysics and philosophy are born.

There is a feeble current of thought flowing simultaneously which rejects the conception of a Supreme Being as teleology and maintains that the origin of everything that really exists is matter, that there does not exist anything but matter, all other appearances being transformations of matter and these transformations are governed by laws inherent in nature herself which is eternal.

The former current of thought flowered into the various religions the latter shaped into the philosophy of materialism. Occasionally the curves mingled, intertwined, then separated, till finally the two systems of thought stand today apart and separate, one challenging the other.

There are many who hold that asceticism or life-negation or belief in the essential purity of the spirit and the inherent sinfulness of the human body is a characteristic trait of Indian culture and thus while they castigate Western materialism, they extol to the skies the spiritual genius of India. This belief may or may not be justified. But it is true that this spiritual genius of India is not the inherent psychological trait of a distinct ethnic category which made India its home but is the product of history and the socio-economic order.

Sir Valentile Chirol, amazed at the richness of Hindu speculative thought, exclaimed : "The human intellect has indeed seldom soared higher or displayed deeper metaphysical subtlety than in the great systems of Hindu philosophy." There are materialists who hold that in this subtlety of Hindu metaphysics is the seed of India's present degeneration. There are idealists who maintain that India has fallen because she has lost her old moorings and taken to an imitation of the West.

Without entering into an argument regarding the relative merits of each view, it is well to record the socio-economic factors as well as the thought-patterns and traditions which formed the background of Hindu speculative thinking.

The idea of life-negation was perhaps born out of the feeling that self-humiliation would probably propitiate the unseen gods who controlled human destiny. It may have also been born out of a desire to emulate the lives of the sages and founders of religions and sects who were without exception men who considered the spirit eternally pure and matter inherently bad. The concepts of life-negation and of a next world of eternal bliss might also be the product of socio-economic conditions in which it was impossible to satisfy even the minimum human requirements of all. In times of distress men's minds would turn imploringly towards God and longingly towards heaven. For the prosperous the world had its attractions and rewards, for the dispossessed and downtrodden there was only the promise hereafter. Once these ideas gained ground and became embedded in the consciousness of men of successive generations, they became a part of Hindus being and exercised a potent influence *apart from the material conditions of existence.* The more elaborate the philosophical system eulogising life-negation, the greater its stranglehold on men's minds.

The doctrine of *Maya* or the world being an illusion was but the other face of the doctrine of life-negation. Later, Hindu speculative thinkers sought to fortify it with a hypothesis of greater subtlety. With the assumption that the world of perceptual knowledge was an illusion came further assumptions which went to the fashioning of a well-rounded doctrine of *Maya* and *Karma* which held that the human being was a brief sojourner in this land of illusion in the quest for eternal rest and peace, now appearing in human form, now in bestial form, and the reincarnation of the soul in various forms depended on the actions of the previous life. This doctrine so permeated every fibre of Hindu consciousness that it became a part of the Hindu life order. The division of an individual's life into *Brahmacharya, Garhastya, Vanprastha* and *Sanyasa* was a striking illustration of the doctrine being carried to its logical limit. "Life was to begin with mendicancy and end with complete renunciation of the world and equally complete absorption in self with a view to attaining the bliss which worldly life did not and could not vouchsafe." The whole life of a Hindu was thus not to be a preparation for good living and life-affirmation but a preparation for renunciation and escape. On this structure of thought was superimposed the caste system and linked with *Karma.* This rigid system based on a fixed, immutable and eternal social gradation, which strictly defined the spheres and occupations of all classes of the community, also limited ambitions and cramped the native energies and initiative of the entire people. This thought structure was patently, many aver, the expression of a moribund and stagnant society.

Thus it was that whereas Christianity and Islam freed themselves in several ways from the enervating effects of the dogma of life-negation; Hinduism, steeped through and through with this faith which was sustained by a very elaborate system of speculative philosophy and by social practices which came to have the sanction of religion, could not get out of the mental habits and grooves formed by centuries and continued to be the only major religion with an extraordinary high degree of emphasis on the sinfulness of material and corporal pleasures and the virtues of self-negation.

Unless this background is kept in view, it will be difficult to appreciate the evolution of the various Hindu sects, some of which have become different religions.

It would be also well to remember that the rise of the various Hindu sects is associated with, if not determined by, certain sociological and historical factors. Either the current form of religion had lost its power over people and was unable to meet the needs of new social forces and groups evolving with the growing complexity and expansion of the *socio-economic* order, resulting in an era of spiritual disintegration when religious life stagnated and spiritual forces were dissipated; or a national calamity in the shape of an alien invasion or the visit of famines of stupendous proportions or appalling pestilences created and intensified a sense of utter helplessness and : sent men crawling on all fours before God. Further, there was, simultaneously with or even without invasions and conquests, the impact of other powerful religions such as Islam and Christianity and the need either for higher synthesisation or just self-preservation.

The first important scene in this kaleidoscope of Hinduism is the refined natural religion of the *Vedic* ages. It is the natural religion of the primitive man. And yet, it is something more for even the apparent polytheistic conceptions appear to be informed by a deeply ingrained monotheism which was clearly expressed as each god was invoked as Omnipotent, Omniscient and Omnipresent. Thus was recognised the 'Indwelling Spirit' at the back of each and every deified natural phenomenon. Thus, the *Vedas* had the germs of *Vaisnavism, Shaivism* and many other cults which later integrated into a whole as expressions of certain systems of thought. The *Vedas* had also the seed of *Advait Vedanta.*

The next important phase is the appearance of revolutionary thinkers like Gautam, Kanada and others who challenged the concept of the Transcendental Being beyond the universe and sought to explain nature by reference to nature herself. But due to the weakness of the social forces constituting their background, their philosophic boldness did not successfully challenge priestly supremacy and thus failed to wield an abiding influence over Indian thought. This priestly domination continued right up to the rise of Buddhism which represented the first open, and temporarily triumphant, revolt against *Brahmanic* priest craft. But the forces which could sustain a materialistic monism or agnosticism had not yet matured and Buddhism soon fell a victim to *Brahmanic* conquest, both physical and spiritual.

Sometime earlier, Arjun, poised for battle at Kurukshetra and yet hesitant to fight, had symbolised the moral and spiritual crisis of the age and this led Lord Krishna to propound his synthesis known as *Bhagwad-Gita* or the Lord's Song. It was a synthesis of the three prevalent systems : *Jnana-Yoga, Karma-Yoga* and *Bhakti-Yoga.* The *Jnana-Yogi,* removing himself from the bondages of the world, dedicated himself to contemplation of *Brahma* or the Eternal Soul and thus gained knowledge of self. The *Karma-Yogi* lived and worked in the world but each action of his was a *Yajna* or dedication. The

Bhakta or the practitioner of *Bhakti Yoga* immersed himself in the love of the Infinite. Through Lord Krishna's synthesis emerged a popular way of *Dharma,* the way of *Nishkam Karma,* and the question of what was proper and improper became futile. Each act of a human being became a dedication. *Yajna* became a symbolic manifestation of duties prescribed by the *Shastras. Tapa* became a means to purification. Knowledge of the ultimate reality became essential for balance and peace of mind and heart. Dedication of his whole being created in the aspirant a sense of bliss.

The challenge of Buddhism, of which I have spoken earlier, provoked the era of revivalism—the *Puranic* age. Historically, it represented the victory of the Sungas who were *Brahmans* over the Mauryas who were *Shudras.* The chiselling, polishing and perfecting of old forms and symbols started. The gods became more living. They now possessed more tender human attributes. They were housed in beautiful and vast temples. *Yoga-Sadhana* and *Hatha-Yoga* evolved. The rules of conduct which Buddha had emphasized were absorbed in the Hindu code and when the *Smritis* said *'Acharah Parmo Dharmah'* the emphasis on truthful conduct was conclusive. Thus, *neo-Brahmanism* devoured Buddhism but remained essentially the same. Similarly, *Vedantic* monotheism—that of the *Upanishads*—had not replaced the older form of faith. Instead, it had rationalised primitive polytheism because it included not only monistic but also qualified non-dualistic and dualistic systems of thought. This was because the new monotheistic doctrine was not sponsored by a new class with a spiritual outlook free from tradition. It was sponsored by a few persons dissatisfied with the priestly order.

The degenerative forms of *Tantricism* and mysticism which became widely prevalent some centuries after the Buddhistic Revolution provoked new lines of enquiry and thought. The *Brahman* Shankaracharya propounded the theory of *Advaitvad* (monism), prepared learned commentaries on *Bhagwad-Gita, Vedanta Sutras* and *Upanishads,* established *maths* and *mandirs* and sponsored a new sect known as *Smarta.* Shankar was the symbol of triumphant *Brahmanism.*

Sarahpad was the Buddhistic, just as Shankar was the Hindu reaction against the debasing of religion under the cover of mysticism.

He delineated on the form and virtues of *Tantric Sadhana* and explained the *Yoga* concepts such as *Kulish, Bajra, Panchtattva,* etc. which had led to much abuse, differently. *Sahajyan,* the sect sponsored by him, was in its essence a form of *Yoga.* The greatest saint in this tradition was Guru Gorakhnath, a great organiser who left behind numerous disciples and twelve *panths.*

Yoga which means the union of the *Jiva* or the individual soul with the universal is an essential constituent of *Tantra* which has been described as a jungle without a path or as little sense in much nonsense. This little sense was, wrote a critic, "like an oasis in an endless desert of nonsense and lust, mummery and superstition." Many described it as a pathological excrescence on Hinduism which had to be surgically treated. These views, however, assert the *Tantrics,* indicate more ignorance than information, more prejudice than balanced thought. In fact modern Hinduism involves in its present form a double framework of *Vedic* and *Tantric,* not loosely superimposed the one upon the other but constituting an organic whole. Whatever the origin or success of *Tantric* ideas or forms—they range from primitive magic to ideas adopted from Tibet or Mongolia—for ages these have been assimilated into the organism of the *Vedic* culture and all apparent contradictions and conflicts have long resolved themselves into the cohesive components and coefficients of a comprehensive organic synthesis. Thus the general body of Hindu beliefs and ideas or practices will on examination be found to be permeated through and through by the *Tantra* cult so much so that the whole edifice bears a *Tantric* character. One of the basic tenets of *Tantricism* is the maxim that *by that one must rise by which one falls.* Even the carnal act which is regarded as a sin should become through *Sadhana* the opening to the perfect whole of experience. The *Tantras* have thus evolved an erotic symbolism which is highly mystifying and one of their practices known as *Vamachar* or the left path has been, it is stressed, greatly abused and more greatly misunderstood. The *Panchtattva* worship which *Vamachar* involves is in its basic principle and tendency, a legitimate form of *Advaita* worship; it is its ritualism which often creates confusion of thought and understanding. But the principles on which these rituals are based are scientifically correct and philosophically deep. Another ritual of *Tantra* is the *Kundalini Yoga* which' has three stages known as *Suddhi, Uddhara* and *Chaitanya.* The symbolism used in describing the process is again highly mystic. *Kundalini* is, for example, likened to latent power lying dormant in the form of a coiled serpent residing at the end of the spinal chord and rising, when an aspirant has, after attainment of *Suddhi* or purity of soul, started the ritual known as *Uddhara,* through the path known as *Susumna* which is flanked on either side by the two *Nadis, Ida* and *Pingla,* symbolising the breath of the right and left nostrils, upwards and piercing one after the other the six *Chakras* supposed to be located at various points in the spinal chord. Above the six *Chakras,* or obstacles, known as *Muladhar, Swadhisthan, Manipurak, Anahat, Vishudha, Aana,* (all shaped like the lotus) is, at the topmost point in the head, the biggest *Chakra* of all, known as *Sahasrar* which is likened to a lotus with a thousand petals. When at a particular stage of the yogic process the *Kundalini* rises and reaches *Sahasrar,* a state of bliss ensues which has been described by various *Yogis* in different colourful phraseologies. Some see at this stage an effulgence of heavenly light. Some hear the music of the universal soul.

In other words, the *Jiva* or individual soul is a kinetic-static composite which is held prisoner by *Prakriti* which is like a closed curve. In this curve the *Jiva* wanders tracing his own path in accordance with the equation of *Karma.* This *Prakrita Jiva* moves amidst *Asuddha Tattvas* and remains afloat on the outgoing or *Pravritti* current. The turning of the face of *Kundalini* upwards and the uncoiling of the coil and the ascent of *Kundalini* into the higher regions of the *Suddha Tattvas* is really the turning of the vast reservoir of static power inherent in the *Jiva* into kinetic. The critical position of the *Chakras* may be likened to the idea of critical values and positions familiar in physical and biological investigations, or these *Chakras* may symbolise different planes of consciousness. But the basic aspect of Reality being pure and undifferentiated consciousness, the attainment of such consciousness naturally becomes the goal of human endeavour. Really, *Kundalini* is, it is stated, a cosmic principle. It exists everywhere, even in an atom of matter. The creative and evolving power in every matter created and evolved is operative in it partly as kinetic power but an unmeasured residuum of power is left which is 'coiled' at the centre or the base root of that form of being. This is the vast magazine of static power. The operative or kinetic power is but a drop in the ocean of its counterpart—coiled power. The one form plus the other makes the whole. It is to be remembered that physical, vital and mental energy of a person is, in the ultimate analysis, according to idealists, a form of consciousness as power. The former is, however, a restricted, determined and relative form of what is free, unlimited and absolute. Thus in every centre of being and acting that power is solved as well as involved. This makes every such centre a microcosm—a *Kshudra Brahmand.* This concept figures man as a repository of vast and unlimited powers and does not make him look small and pygmaean as many other religious concepts do. Describing this form of *Yoga*, Ramkrishna Paramhans says : "There are seven planes where the mind dwells. When it broods over worldly ways, it dwells in the three lowest centres of the spinal column. In that state, it loses its higher visions. The fourth plane is the heart. When the mind rises to this plane, there comes the first awakening to the soul. The region of the throat is the fifth plane. The sixth is the forehead. When the mind reaches this plane it witnesses divine manifestations day and night. Even then there remains a slight consciousness of 'I'. On attaining the head or seventh plane man attains *Samadhi* and realizes the Absolute. This is the path of spiritual practice in which the mind is made to rise from one centre to another. The highest plane of consciousness is a most difficult one and involves the raising of the focus of the will or the centre of consciousness." At another place he likens the different centres of the spinal chord to "a staircase with different stages connecting with different parts of the building. The centres are like points of contact between ourselves and the planes of thought." This is the way of worshipping the divine by rising to the plane of the divine.

Into this framework of *Yoga* can be readily fitted the *Vaisnava,* the *Sakta* or other methods of sublimation though the symbols of the Absolute may be different and the process may vary slightly in each case. The different planes of consciousness closely connected with moods as also the supreme state of bliss may be variously described but fundamentally the differences are one of nomenclature not of substance. Thus Kabir described this *Yoga* as *Surat Shabd Yoga* in which the purified *Jiva* is enabled to listen to the eternal music of the Universal Soul or *Anhad Nad* as a result of this union of the *Jiva* with the Infinite. Ramkrishna Paramhans picturised it as *Ras Lila* or the dance of the *Gopis* around Lord Krishna. Others called it a state of effulgent luminosity.

This concept of *Yoga* is inseparable from another concept—that of mysticism. Mysticism cannot, however, be easily defined. It is not a particular form of metaphysical thought. Neither can it be defined as pantheism or panentheism nor can it be equated with anyone of the endless 'isms' current in metaphysical thought. It is what it is. It is something which can only be felt or realised but never analysed and expressed adequately in words nor can it be communicated to those who are ever outside its plane. A mystic experience is the message of the Supreme God-head conveyed through a magic touch of the personality of God. It is thus a phase of thought arising from a relationship established between human personality and the personality of God and this concept of personality is so very rich in its content, so infinite in its thought power and thought process that it cannot be gauged in any way– either from the rationalist standpoint or from the point of view of pragmatism. And owing to the immeasurable potentiality of personality, mysticism cannot be adequately defined and yet the entire philosophic thought of the world is flooded with a mystic current. If philosophy is conceived in its wide sense as an attempt to conceive the world as a whole by means of thought , it can reach the Whole or God through two different pathways : beginning its journey either from God as the starting point, or from the world, a manifestation of God. Where, in course of development, the thought of God is intensely present in the philosopher's mind, it is called mysticism; where, again, the thought of world is intensely present, we call it science.

Mysticism has been derided by materialist and Western philosophers as the illusion of immature minds. It has been described as auto-suggestion gone crazy and has been even characterised as hallucination. It implies belief in intuition as against discursive analytic knowledge or reason, the admission of all plurality or division as illusory, the denial of the reality of time, and, the idea that good and evil are mere appearances—an illusion produced by the divisions and oppositions of the analytic intellect—and are not capable of scientific examination. Bertrand Russel therefore maintains that mystical philosophy is unscientific in character.

Whatever maybe the character of mysticism it is undeniable that many of the greatest sages of the world had mystical experiences which added to the richness and fullness of their personalities and countless afflicted souls drew solace and comfort from contact with such enlightened beings.

Mysticism and *Yoga* were both interwoven into the patterns of many of the sects which arose as a result of changing sociological factors even before the Mohammedan invasion of India. As we have seen, the simple physiolatry of the *Vedic* Indians gave way to a complex pantheism with the supremacy sometimes of one, sometimes of another, form of worship of the Supreme Being, and in these as also in the later sects mysticism was an important element. The *Bhakti* cult was spread mostly by the saints from the South and later propagated by the saints from Maharashtra. The southern saints were many. Jnaneshwar, Namdeo, Tukaram and Eknath were the principal saints from Maharashtra. It is said, these saints were influenced considerably by a new *Shaiva Sampradaya* founded by Basugupta of Kashmir. His *Isvaradvaitvad* was different in some respects from Shankar's *Brahmadvaitvad.* He held that pure *Bhakti* indicated a feeling of separation or duality and was the product of ignorance. But *Bhakti* after knowledge of oneness had been attained did not lead to confusion. The devotee was in this case dimly conscious all the while of his oneness with God and the end of his endeavour or *Bhakti* was simply to elevate this dim realisation to a plane of full consciousness. Just as God was all the while play-acting with the assistance of *Maya,* the devotee, even though knowing that lie was not distinct and separate from God realised heavenly pleasure by his *Bhakti* which in the ultimate was play acting.

Successive waves of Mohammedan invasion starting from 636 A.D. had an impact of a very serious nature on Hindu thought pattern.

The destruction of the Som Nath *Shiva Lingam* in 1024 A.D. must have accentuated this impact and given established notions a serious jolt. Ramanuj's emergence in 1150 A.D. as the prophet of a new *Vaisnav* cult, a monotheism hardly distinguishable from pantheism, found the soil very fertile for his views which held sway for about a century till Basav established his vigorous *Lingayat* cult. Still later emerged Madhvacharya, in the South again, a vigorous preacher of Krishna worship in A.D. 1199.

It was the eclectic Ramanand, however, who brought about a synthesis between the philosophy of meditation and knowledge of the North and the absolute surrender (*prapatti*) or the *Bhakti* cult of *Ram-bhakti.* His Ram, however, was not the unconditioned *Brahma* of *Vedanta* but the God of love and mercy, without any imperfections and the beloved, the friend and the lord of one's heart. It is said that he had twelve disciples of whom the more well-known were Ravidas, the cobbler, Kabir, the weaver, Dhanna, the Jat peasant and Sen, the barber. Ramanand faced the disintegration and crisis presented by the challenge of Islam with the message of love, mercy and equality and even though occupying a very high status among the *Vaisnavas* gave up his position in order to be better able to serve his conscience.

The reformers—or should I call them heresiarchs—from Shankaracharya to Ramanand were *Brahmans.* Although they belonged to the privileged class their spirit of enquiry led them to formulate new hypotheses and the call of the age rendered their teachings more democratic. At the same time anthropological leanings were evident in their confining the worship to Shiva, Ram or Krishna; one, the God of the *Brahmans,* and the others popular *Kshatriya* lords.

Kabir, the illiterate weaver and disciple of the *Brahman* Ramanand emerges now on the stage as the central personality in the religious history of medieval India and sets the tradition for a long line of saints who wielded great influence in spite of the fact that many of them were drawn from amongst the lowly. During this period there was not a single movement of religious reform, which, in those days, always connoted a movement of human freedom, spiritual, intellectual and social, which did not bear the stamp of Kabir's influence. Free and untrammeled by tradition and dogma, Kabir struck firmly at the root of caste distinctions, idolatry, pilgrimages, vows, fasts and the external rituals and paraphernalia of religious life. He believed in a simple and natural life and expressed the simple thoughts of a simple but deeply devout heart in the common language of the people. He said : "Be truthful. Be natural. Truth alone is natural. Seek the truth within your own heart, for there is no truth in the external observations of religion neither in sects, nor in religious garb, nor in pilgrimage. Truth resides within the heart and is revealed in love, in strength, in compassion. Be pure and live a simple natural life. The whole creation is within yourself. Behold the Lord of the Creation there. There is no distinction of the outer and inner, for all distinctions have been harmonised in Him who is beyond all distinctions. In this harmony are truth and realisation."

Kabir, like other saints, used a very colourful phraseology which seemed to indicate the material and the trivial but which had a deeper meaning mostly conveying thoughts on cosmology, reality, *Sadhana* and indicating the way human endeavour should take. He delineated on the form of *Samadhi* known as *Kundalini Yoga* or *Surat-Shabd Yoga. Surat* was that pure form of *Jivatma* which reflected the Real or the Truth but as there were clouds all around symbolising the sensual and carnal desires, *Surat* was a prisoner. Occasionally, in moments of spiritual elation, when these clouds lifted momentarily, *Surat* could hear *Anhad Shabd* or the music of the universe emanating from within. *Yoga* aimed at linking *Surat* with *Anhad Nad.* This form of *Yoga,* however, was not indicated for the common man for whom Kabir had prescribed a simpler path.

Ravidas or Raidas was a cobbler by birth but his religious life was as exalted as it was deep. It is said that Jhali, the queen of Chittore received her initiation into religious life from him and Mira Bai also completed her spiritual discipleship under his guidance. There are thirty hymns of Ravidas collected in the *Granth Sahib* of the Sikhs. Kabir also expressed his deep reverence for him. Ravidas was the worshipper of the One Infinite God who is above and beyond all religious sects and without beginning or end. He preached, like Kabir, that the Lord resides within the hearts of his devotees and cannot be known through the performance of rites and ceremonies. Only one, who has known the pain of divine love, will find Him and the highest expression of religion in life is, according to Ravidas, the sendee of man. His eight-fold path or *Ashtang Sadhana* is a simple code of spiritual life for the common man which would enable even *Grihasthas* to attain salvation or the highest bliss. Though even *Brahmans* considered it a virtue to put the dust of his feet on their foreheads, Ravidas never left his ancestral occupation.

Though Mira, Surdas and Tulsidas lived probably in the first half of the 16th century and their devotional poetry has left an indelible mark on Hinduism, they do not really belong among the free spirits and emancipated savants of the medieval era—the Hindu *Sants* or saints. Mira was the nearest approach to saintliness or sainthood and after her came Surdas. But Tulsidas could never outgrow his ingrained *Brahmanic* orthodoxy and never rejected the caste system or other religious and social conventions of the time.

The high poetic vision and wonderfully beautiful devotional poems of these, however, provided and still continue to provide the main spiritual support of a large number of Hindu devotees throughout Northern India.

At about the time Martin Luther had raised his banner of revolt against the papacy and was giving expression to the philosophy of a new social group; three founders of leading Hindu sects, Vallabhacharya, Chaitanya and Nanak were initiating considerable religious activity in the shape of an effulgence of the *Bhakti* cult, the new path of spiritual realisation founded by Ramanand. The same path Kabir and others had enriched with their lives and their sayings. Others were now widening and broadening this current. This was the essence of the medieval Hindu religious renaissance.

Vallabhacharya, a *Brahman* born in Banaras in 1479 A.D., initiated the worship of Krishna as Bal Gopala. Chaitanya, another *Brahman* of Nadia (A.D. 1485-1527), recommended Radha worship and taught that the best form of devotion was that which Radha as Krishna's beloved mistress felt for him. Nanak, a spiritual descendant of Kabir born of a *Kshatriya* family in 1469 A.D., emphasised the honest, useful and devout life of a house-holder. While Vallabhacharya's sect later declined in the succeeding centuries, both

Chaitanya and Nanak left a deep and abiding impression. Their thought patterns appear to be conspicuously determined by the sociological condition of the regions in which they lived.

In Bengal, the socio-political situation was very gloomy. *Vamachar* had degenerated into undisguised licentiousness. The bacchanalian orgies of the *Tantrics* and their worship of a shamefully exposed female held the field. Chaitanya knew intuitively that abstruse philosophy would not attract the deeply emotional Bengali. He felt that the new path had to be made softly alluring if he wished to regain and retain the allegiance of disillusioned people no longer confident in the support of their gods. He also knew fully well how powerfully music—dreamy, sensuous and subtle—could sway the emotions of man and he devised the innovation of *sankirtan* which made his sect very popular. Even today, Brindaban owes much of its affluence to Chaitanya's followers.

The political, economic and social situations of the region in which Nanak lived were different. Here the prime need was a synthesis between Islam and Hinduism. Though Nanak's philosophical ideas differed little from Hindu pantheism, he had assimilated many Islamic tenets and was so completely emancipated from the power of Hindu tradition and practice that he dissuaded his followers from the worship of idols and the observance of Hindu religious ceremonies. All castes, besides even Muslims, were freely admitted into his sect and there was, amongst his followers, a genuine brotherhood and a freedom from inherited caste prejudices.

Though Nanak was mainly inspired by Kabir, he was a better organiser and established a church or an organisation to watch the development of the faith. He insisted on identity of thought, speech and action and defined an ideal *Grihastha* or householder as one who combined in himself the knowledge of the *Brahman,* the valour of the *Kshatriya,* the practical wisdom of the *Vaishya* and the spirit of service of the *Shudra.* For, said Nanak, the paths were not different for different persons. There was the one and same way for all. He composed many hymns of which the more well-known are *Japjee* and *Asa-di Var. Japjee* is to Sikhs what *Gita* is to Hindus. Even though Nanak's concept of God is pantheistic, the monistic strands appear predominant. Says Nanak : "God is the One Supreme Being, the Creator, devoid of fear and enmity, Immortal, Unborn, Self-existent and the Enlightener by His grace. He created the *Avatars* by His will. He Himself is the creation agency, like *Maya,* world and *Brahma.* He Himself is truth, beauty and the eternal yearning of the heart after goodness...In the beginning came air from God, then from air, water, and from water was created the universe, with individualised life inspired by Spirit." Whatever quarrel one may have with Nanak's evolution, his monism is more well-rounded even though it is mystical. To find the way of religion, Nanak said : "Abide pure amid the impurities of the world." The pure are those who enshrine the Lord in their hearts and those who love God love everybody and love always means surrender.

Guru Angad, his immediate successor, and the second *Guru,* continued the work of his predecessor. The third *Guru,* Amardas, started the institution known as *Langar* or common kitchen with a view to abolishing all vestiges of caste feeling and caste prejudice and the fourth, Ramdas, began the construction of the Harmandir at Amritsar. The fifth *Guru* was the martyr Arjun whom Jehangir got captured, imprisoned and subjected to inhuman tortures which the *Guru* bore with unparalleled fortitude and dignity and succumbed in perfect resignation. This marked a turning point in the history of the peaceful sect started by Guru Nanak. Guru Arjun completed the temple and the tank of immortality (amrit) which gave the place the name of Amritsar, collected the writings of earlier *Gurus* and other *Sants,* both Hindu and Muslim, of high and low castes, and compiled the holy *Granth,* the Sikh scripture.

The sixth *Guru,* Hargovind was a symbol of the burning desire of the Sikhs for revenge and he turned them into a well-organised military community imbued with a unique religious fervour. He was taken prisoner twice by the Muslim rulers and the bitterness between Sikhs and Muslims went on increasing. It was he who collected arms and stored them in a wing of the Harmandir and thus came into being the *Takht Akal* where the *Akalis* even today hold their meetings and keep their collection of arms. The seventh and eighth *Gurus,* Har Rai and Har Krishna, had relatively uneventful careers. Then came the ninth *Guru,* Teghbahadur, the martyr. Imprisoned in Delhi he was offered the alternative of conversion or death. He chose the latter and suffered martyrdom to vindicate freedom of conscience. The entire non-Muslim population was stunned by this event. Guru Govind Singh, the tenth *Guru,* trained the Sikhs into crusaders and created them into the pure and invincible *Khalsa* by instituting the baptism of the sword. His two sons were buried alive in walls and two others met death at the hands of Muslim pursuers. He was the real example of a *Karmayogi.* At the time of his death in 1709, which ended the long and remarkable line of spiritual preceptors, he ended hereditary succession to Guruship and enthroned *Granth Sahib* as the last *Guru* or the everlasting guide and preceptor of the *Khalsa.* Later, various subsects like *Udasi, Nirmala, Namdhari, Suthra-Sahi, Seva Panthi, Akali, Bhagat-Panthi, Gulab-Dasi, Nirankari* emerged in due course and considerably weakened the broad appeal of the Sikh *Panth.*

The *Sadh Sampradaya* to which belong most of the Jats was founded by Birbhan, Yogi Das and Uda Das. Lai Das founded the *Lalpanthi Sampradaya* to which adhere the Mewas of Alwar, regarded as Muslims. Another famous saint and the most illustrious follower of Kabir was Dadu (1544 to 1603 A.D.) born in village Narana in Rajputana. The great dream of his life was to unite all the divergent faiths in one bond of love and comradeship and he founded the *Parbrahma Sampradaya* to give effect to this ideal. His sayings possess the greatest depth and liberality. Illiterate and a carder or weaver by caste, Dadu rose to great spiritual heights and was visited by Emperor Akbar. He is stated to have had fifty-two disciples of whom the most well-known are Rajjabji, Sundardas, Haridas, Garibdas, Pragdas, Raghodas and Nishchaldas. Raghodas as the composer of *Bhaktamal,* the first anthology of religion in the world, and Nishchaldas as the writer of *Vichar Sagar* are widely famous. Vivekanand regarded *Vichar Sagar* as the most influential of all the religious books written in any language during the 17th to 19th century. Dadu regarded ultimate reality as whole and all-pervading and indicated a kind of *Sarvatmavad* by maintaining : "This universe is in Thee; Thou art the universe; where is the difference between the universe and Thee." He drew a distinction between intuition and knowledge and considered the former primary and vital. The essence of his teachings is the all-pervading and fundamental unity of *Jivatma, Parmatma* and the Universe. "The real form of the ultimate reality is Nature", says Dadu, "which is endless and loving." Though there is a striking similarity between Kabir, Nanak and Dadu, there is also an essential difference. Kabir emphasised self-knowledge, Nanak self-development and Dadu self-dedication. The *Sadhanas,* accordingly, were meditation-centred, faith-centred and devotion-centred, respectively stressing *Jnana Yoga, Bhakti Yoga* and *Lai Yoga.* Dadu's *panth* also later developed a large number of sub-sects.

There were many other sects and saints. The *Niranjani* sect was founded by twelve saints : Jagannath, Tursidas, Purandas, Kshebdas, Haridas, Syamdas, Kannhardas, Ananddas and others. Then there were the *Bawri Panth* founded by Dayanand, Mayanand and Bawri Sahiba; the *Malook Panth* founded by Malookdas; the *Sita Ramaiya* sect founded by Ramchandra; and the *Babalali* sect founded by the four Babalals, one of whom is said to be a disciple of Chaitanya and had met Dara Shikoh. To Dara Shikoh's query, "What is the difference between *Jivatma* and *Parmatma?",* Babalal replied : "None except that the *Jivatma* had the limitation of the body. This limitation introduces a difference. A drop of wine cannot pollute the Ganges, it does pollute Ganges water kept in a pot." To the next question as to what was the difference between *Prakriti* and *Shrishti* (nature and creation) he is stated to have replied : "None; because from the point of view of *Tattvas* they are the same but *Prakriti* flowering into creation or *Shrishti* presupposes the First Principle."

The *Dhami Sampradaya* of Pran Nath to which belongs the prosperous trading community of the Kachhis and the *Satta Namis,* a variant of the *Sadhs,* were other important sects. The *Satta Namis* are famous in Indian history for their revolt against Aurangzeb. The followers are mostly the lowly and bulk of these are *Chamars.* The *Dharnishwari,* the *Dariadasi* and the *Charandasi* were some of the other medieval sects.

These sects were founded by free human spirits who were protestants in their outlook, who denied the infallibility of the written word of the *Vedas* and the *Shastras,* and who believed in the experience or vision of Truth through the individual's own endeavour aided by a *Guru* who had attained self-realisation. This trend was fundamentally unorthodox and protestant as the self-realisation postulate was an expression of revolt against *Brahmanic* monopoly of religion and spiritualism. The saints also led the revolt against the invidious and iniquitous *Varna* system. The rites of initiation of many of these *Sant* sects were a challenge to *Varna.* In the *Shiva Narayani* sect the initiate had to take prepared betel-leaves which had been bitten into by all present irrespective of caste and had to take food from a common plate. In the *Dhami* sect the initiate had to take meals from the common plate from which even Muslim adherents partook of food. The *Bhakti* cult of the *Sants* was not the propitiation of God or the gods but a process to end *Dvaita.* This also hit at *Brahmanism.*

The upper caste Hindus had entered into a sort of alliance with the Mohammedan conquerors so that the main brunt of the joint exploitation of the country had to be borne by the lower castes and communities who were socially, economically and politically backward and downtrodden. In that state of gloom and a very bleak perspective arose the *Sant* sects and as outer conquests were denied to them, they turned their attention to inner conquests. The holy awe in which the followers of these sects held the principal books of their saints, the mystic practices, the insistence on exclusiveness and secrecy, all these were reflexes of the deep-seated bitterness against the *Brahmanic* social order. Imbedded deep in the consciousness of the socially downtrodden was the yearning : 'You *Brahmans,* you regard me as low and polluted. You deny my approach to the revealed wisdom of the *Vedas.* You close the door of the sacred places of God in my face. You are proud of your religion and God. Well! you are welcome to it all. I will now have a different God, no less good and mighty than yours and as equally mysterious. I shall have my own temples and sacred places. I shall have my own *Granths* and scriptures which will stand comparison with your best. Above all, since as mediator between God and man you refuse to intercede on my behalf and you give all your attention to the high-bred, I shall have nothing to do with such priest craft. I shall tolerate no mediators between God and man.'

This yearning had become after the Mohammedan conquest a social need which was to a large extent fulfilled by the emergence of the *Sant Sampradayas.* Thus had arisen, these sects, in various localities and in different epochs, under the stress of social forces seeking a new way of spiritual expression. Due to variations in locale, the differing socio-economic factors and the variegated gamut of socio-cultural patterns, each *Sampradaya* had a certain distinctiveness of its own and sought to fulfil a special need but the undercurrent in each was the spirit of freedom from *Brahmanic* shackles, both physical and spiritual, and the bigotry, costly ritualism, priestism and inequality which characterised orthodox Hinduism. This spirit of freedom naturally attracted many high-souled *Brahmans* and *Kshatriyas* who carried on the *Sant* tradition and captured the imagination of many others from amongst the so-called higher castes who became the followers of these new cults. But, as in the case of Buddhism, the social forces of which these cults were the expression, continued to be weak and immature with the result that these sects were gradually enveloped and engulfed by orthodox Hinduism. Such of these cults as had a powerful social force behind them, gradually drifted away from the Hindu fold, as for example, Sikhism and retained their original freshness and vigour.

During the period of decay of the Muslim rule and the rise of the British in India the process of sect formation continued as actively as ever. New and more potent factors such as Western education, industrialisation and aggressive proselytising Christianity came into play in the disintegration of immemorial beliefs and practices and the formation of new ones. Under the stimulus of these new conditions emerged certain theistic non-idolatrous modern cults.

It is to be remembered that with the sudden invasion of the modern thought, India is wrongly supposed by many to have shed her mental habits and religious attitudes. They believe that religion has come to be regarded as relatively a less important factor in the development of Indian humanity. The view is, however, erroneous. Just as in the past, religion served as the main channel through which flowed the creative energies of the nation fertilising the banks of history with immortal contributions of mortal men—literature, art, philosophy, reflecting the poetry of social life—in the modern age also the current has flowed uninterrupted and the break of the present with the past is more apparent than real. India, in the past, had all kinds of movements, political, economic and social. But these never touched the depths of her being. The real mass movements in India were always the direct outcome of the promulgation of a new truth incarnated in a new religion and it is no wonder that India could rise to her full political status as the result of a movement initiated by one of the greatest saints in the *Sant* tradition built by Ramanand, Kabir, Nanak and Chaitanya—Mahatma Gandhi.

Rammohan Roy and Keshub Chandra Sen, the first of the modern saints, endeavoured to revitalise the decaying Indian society through the traditional method of a new religion—the *Brahma Dharma,* based on the age-old principle of unity underlying the *Vedantic* monism. Then came the reform movement known *as Arya Samaj* founded on the 10th April, 1875, at Bombay which took its stand on the bedrock of the *Vedas* as interpreted by Swami Dayanand. It was the church militant of aggressive Hinduism. Ramkrishna Paramhans and Vivekanand gave a much-necessary churning to the Hindu religious soul. The last in the line were Aurobindo and, though entirely different, Mahatma Gandhi.

Though the saints did not accept human gradations and often emphasised that there was one path for all, they had to accept the truth of the contention that men differed in inclination, temperament and spiritual growth and all could not advantageously follow the same spiritual path. Different methods of realisation had, therefore, to be prescribed corresponding to the different stages or degrees of the progress of the mind in its evolutionary stages.

In the Hindu scriptures four forms and stages of spiritual realisation are prescribed. In the first stage, man thinks that the Divine is outside of himself and attributes to the Divine, human form, sentiment and attributes. In the second stage, he endeavours to attain self-purification through devotion and sees a vision of the Divine Being he has been worshipping outside of himself in the indwelling soul. In the third stage, he sees in all things and beings the one Deity who pervades the whole universe. In the fourth stage, he realises Him as the transcendental entity beyond speech and thought, invisible, beyond all connotation, unthinkable, undefinable and essentially of the nature of divine consciousness.

The same is described by Swami Ramkrishna Paramhans as follows : "So long as man is conscious of his embodied existence he looks upon God as separate from him and worships Him as Master, Father, Mother, Friend or Beloved. As the result of dreaming truer dreams, which implies purer thoughts and holier activities, he evolves inwardly and comes to have a new attitude towards himself and the Deity, the object of his adoration, whom he comes to feel within himself as an all-pervading divine presence of which his own soul is a part. As he further evolves spiritually, he sees the one Infinite Divine Principle appearing as the many—personalities and souls and universe—and finally during the highest flights of his soul he feels he is one with the Real and the Absolute. He further tries to express the relation between the Infinite, the great saints and the aspirants by comparing them to a shoreless ocean, waves and bubbles. Vivekanand repeats the same thoughts :

Be bold and face the truth.
Be one with it. Let visions cease.
Or, if you cannot, dream then truer dreams
Which are Eternal Love and Service Free.

To anybody who views the present day religious beliefs and practices of the Hindus it would be evident that the majority religion is—which Ramkrishna himself accepts—the religion of the ignorant man' and, compared to what is from the point of view of evolution the religion of the ancient man, Ramkrishna's, Vivekanand's or Aurobindo's is essentially the religion of advanced souls.

Gandhiji called himself a *Sanatanist,* believed in the four *Varnas,* and worshipped *Vishnu* in his various manifestations. The *Bhagwad Gita,* which according to him, preached truth and non-violence, was the bedrock of his faith. "Rationalists are admirable beings," he wrote, "but rationalism is a hideous monster when it claims for itself omnipotence. Attribution of omnipotence to reason is as bad a piece of idolatry as is worship of stick or stone believing it to be God. I do not know a single rationalist who has never done anything in simple faith. But we know millions of human beings living their more or less orderly lives because of their child-like faith in the Maker. That very faith is a prayer. I plead not for the suppression of reason but for due recognition of that in us which sanctions reason itself." And then, as if in postscript, he stated : "Mankind cannot live by reason alone, but also needs poetry."

The Mahatma frequently left the field of sensory perception and rational mental processes for that middle zone of faith, intuition and love but he never wandered away from it into the rarefied realm of mystic messages, miracles, hallucinations, prophecy and other unaccountable manifestations of body and mind. While he did not rule out the authenticity of supra-sensuous phenomena he strongly disapproved of pursuing them. He told Muriel Lester that he did not wish to influence people by mystic radiation and never heard a voice, saw a vision or had some recognised experience of God. No mystic experience was vouchsafed to him. His guide was reason on the wings of faith.

Why should man put blind faith in God, the Big Incomprehensible? Why should he care for Truth if its realisation is such a troublesome process? The reply is that many cannot help it. A man craves for divine protection for being saved from the miseries of life. He seeks divine aid for the full-filment of his desires. His innate rationality provokes him into seeking the unity behind the diversity of natural phenomena, into relating each particular to a whole and into grasping the whole as it is. He also seeks God and Truth to satisfy the yearning of his soul—of his innermost being. Thus, just as a hungry man cannot do without food, man cannot do without God. It is a constitutional necessity. This profound truth is contained in the famous aphorism : "If there were no God, it would be advisable to invent one." Man's necessity is thus God's opportunity.

All this appeals the materialist. To conceive a transcendental Being above and behind the physical universe, as the Whole to which all the parts are to be related, as the Impersonal, Immaterial Principle which gave rise to the material world and as the Intangible which produced the tangible, instead of seeking in nature itself the causes of all natural phenomena and find in it the unity behind its diversity, appears to him pure imagination and fantasy, enough to satisfy the carvings of man in his spiritual babyhood, but unfit for the grown-up man. If the enquiry about the origin of the universe starts not from the *term incognita* of the hypothetical First Principle, but from the tangible and knowable concrete, it reveals the eternalness of nature, having no place for a creator. It will then be found that there does not exist anything but matter (in the sense of the ultimate physical reality), all other appearances being but transformations of matter, and these transformations are governed necessarily by laws inherent in nature itself. In this process one need not accept any hypothesis or axiom unless it can be verified by empirical knowledge of the tangible. The unknown, if it exists, must be a prolongation of the known. It is conceivable only in that sense. Otherwise, it is something qualitatively different from the known and knowable things and it can never be known, nor its existence proved and the chase of a fantasy or a phantom does not increase *knowledge* of the reality. The materialist holds that the unknown and invisible unity of the origin of things is but the abstract generalisation of the known and viable particulars. He holds science and philosophy to be identical and believes that man's eagerness to know the universe in which he lives is a purely biological function. As the highest product of nature, the human organism is equipped with the capacity of acquiring unlimited knowledge of things which surround it, inciting it constantly to activities of diverse kinds—sensual, nervous, cerebral and creative. Man's emergence marks the end of the phase of adaptation to natural environments as the motive force of evolution and as the condition for existence. He is born for the domination of the forces of nature and their knowledge is the condition for his existence and progress.

The ghost of dualism, a materialist philosopher maintains, has haunted religious speculation through the centuries. Even the monism of *Vedant* which means the end of knowledge and is supposed to be the acme of Hindu thought is but qualified. Even the mechanistic conception of nature found in the writings of Kanada, Kapila, Gautam and Brihaspati, who tried to explain the origin, evolution and phenomena of nature independent of an assumed super-natural agency—in *Vaisheshik* and *Sankhya* for example is coloured by *Brahmanic* prejudices. The confusion is found even in the *Bhagwad Gita.* It says at one place : "There is no difference between material and immaterial. The formless, invisible and uncreated immaterial becomes materialised in the same way as water is crystallised into ice." It says at another : "Though false as the gleam of a polished shell, or as a mirage caused by the sun's rays, yet no one at-any time, past, present or future, can rid himself of the delusion of the world." Now if the material comes out of the immaterial, the latter cannot be what it is supposed to be. It must also be material. Thus, if there is only one substance in existence, dualism is only a sophistry, a verbal contrivance to defend a useless hypothesis. Should immateriality be conceded to the origin of things, then the very existence of the things would be denied. For, existence, which means existence in space is not compatible with the conception of immateriality, Water exists materially; therefore it can change itself into ice, another material existence. The material phenomenon of ice would never happen unless water existed as a material substance. Therefore, the material is the only reality and it exists eternally. This concept of an eternal existence dispenses even with the exclusive hypothesis of the First Principle.

It is wonderful, argues the materialist philosopher, that "the hypothetical Supreme Being possessed of flagrantly contradictory attributes which violate his supposed absoluteness is assumed to be the only reality, and the undeniable reality of the material world is declared to be a delusion."

To explain this patent contradiction which reduces *Brahma* to absurdity, religious speculation invents the theory of *Mayavad* or the principle of illusion. This *Maya* is conceived as *Shakti* whose existence is parallel to *Brahma*—"who is without a second and to know/whom is to know all and everything." Duality again. From the *Upanishadic Rishis* down to Shankaracharya no orthodox Hindu speculative philosopher was able to prove how the diversities of nature could arise from a common cause. The sheer impossibility of the task drove speculation to the monumental absurdity of *Mayavad* which, besides making the conception of *Brahma* untenable, made the entire material phenomenon unreal and illusory. The thing was not what it was. It was what man was able to perceive. Man perceived things through *Kal, Desh* and *Nimitta,* or time, space and causation. Water was not water, a tree not a tree, but man's individual perception of these and this perception was the perception of an illusion.

The materialist philosopher is correct when he says that God's conception is such that it precludes all proof. The idealist does not rebut this contention. He simply gives a call for faith. The *Yogi* who regards the highest goal of spiritual life as the ultimate experience of the Impersonal accepts the materialist philosopher's challenge and invites him to a direct experience of God through the *Sadhana* of *Yogic* practices. The materialist regards *Yoga* as bunkum and persists in his heresy. Thus, while the materialist cavils and the agnostic gapes in wonder, the caravan of Hinduism marches on, sometimes purposive and imbued with fervour and zeal, often times listless and mechanical, oblivious of any goal. And as this kaleidoscope moves, new groups and combinations reveal themselves, new ideas appear to hold peoples' imagination and yet the undercurrent of unity is always there.

The man of God diagnoses India's existing maladies to a lack of faith in the Supreme Being and believes that what India needs is a resurgence of spiritualism. The materialist also regards the present crisis as a crisis of the spirit but fit a different sense. He prescribes the discarding of the religious mode of thought and the organisation of the belated Indian Renaissance against the background of the social forces which have now evolved and which have made it now possible for Indian spiritual thought to free itself from *Brahamanic* monopoly. It is now possible to have a revaluation of India's spiritual heritage—as was stated by Jagjivan Ram in a talk which is described elsewhere—separating the broadly humanistic and equalitarian strands in Indian philosophical thinking from the purely "class" formulations and imbue the masses of our people with a fervour they have not known for ages. "Such a revolution will be the climax of the tradition of the freedom of the human spirit initiated by the *Sants*", said Jagjivan Ram.

× × ×

This tradition was *Sant* Shobhi Ram's treasure. Though not learned in the scriptures he had mastered the essential teachings of the saints, and, as is bound to happen, the absorption of these teachings led inevitably to a richness of the spirit. Jagjivan happened to be a kindred soul and he partook of this inner wealth even when he was a boy.

Orphaned

Shobhi Ram was an important *Sant.* He had initiated hundreds into the *Shiva Narayani Sampradaya* and was held in great esteem.

The news of his death brought *Sants* from all the neighbouring villages. On the morrow of the death *'Gaddi'* was arranged. 'The *Sant Vilas* was put on the *Gaddi* and the dead body was bathed, besmeared with *attar* (scent) and *gulab jal* (rose water) and placed near it. The *Sants* assembled there recited couplets from *Sant Vilas.* Sant Shobhi Ram had left *Kal Desh.* He had gone to *Sant Vilas*—the land of Eternal Bliss from which there is no coming back. He would live there happily as the beloved of *Sant Pali* or God. Besides the recitation of *Sant Vilas,* the assembled *Sants* also sang *Bhajans* and *Rekhtas* of Ram Nath and Kabir.

After the *arti* of the *Granth* the *arthi* was readied. The body was wrapped in white clothes and placed on the *arthi.* Then there was a red cover and a red canopy. His face was besmeared with sandal, *abir* and *gulal.* Incense was burnt and all the while the *Sants* chanted to the accompaniment of *dhol, jhanjh* and *khanjri.*

> What miseries I had to bear in *Naihar* (world),
> Now the call has come from the Beloved and my joy knows no bounds.
> I have bedecked and adorned myself with *chandan,* the sixteen *shringars* and the thirty two *abarans.* And now with the *'Surati'* on the right path and the Beloved's name on my lips I am going back to my Beloved.

It was long past mid-day when the *arthi* was taken out. The *Sants* moved ahead. The recitations and *bhajans* continued. Behind the *arthi* were Santlal and Jagjivan, both had small cloth bags tied to their necks. These contained bits of copper and *achhat* or sanctified rice. Both the brothers were throwing copper pieces along with the rice on the path and these were gathered by the only *Dam* of the village, Butelia. The copper pieces were gradually transferring themselves into Butelia's and the young 15-year-old *Dam* was much pleased with himself.

The burial ground of the *Sants* is towards the east of the village. The grave was ready. Incense was again burnt. The body was lowered into the grave. The customary *'panchagni'* or touching of the face with a burning fire-stick five times was to be performed by Jagjivan. He was still a boy of six. The grave was too deep. So, one of the *Sants* who had got down took Jagjivan in his lap and the *panchagni* was given. The *abir* and *chandan*-smeared fair face of the deceased which looked still fresh and serene left an abiding impression in the young boy's mind.

The *Mahanth* then dropped five handfuls of earth and after that gradually the grave was filled.

Young Jagjivan was to perform the rites associated with the dead because Santlal had to be busy with the arrangements in connection with the *Shraddh* and had to leave early for Calcutta.

The performance of the rites is a kind of penance and for a young boy it was an ordeal. He had to take food only once in a day. No salt was given. He was surprised to find that he had lost taste even for sweets which were his favourite food. He took boiled rice, pulse and vegetables, all without salt. He did not objected. All wondered at the boy's stoicism. Vasanti Devi, the mother, said that this was so because Shobhi Ram had loved boiled rice, pulse and vegetables in his life. She was naturally superstitious and shared the common belief that for ten days the *Dahi* or *Shraddh-karta* behaves as desired by the spirit of the dead. His spirit is possessed by the spirit of the dead person. Hence the sudden unexplained aversion of the boy to sweets.

As the *Dahi* is not to move out alone and go out far, Jagjivan was deprived of the pleasures of play for these ten days. Time hung heavy on him and he felt great relief when in the evening he had to go out and light a small earthen lamp with a raw cotton wick dipped in *ghee.*

Gradually, however, the fast swelling number of incoming guests relieved the boy's tedium. Not only the relations but all the disciples of Shobhi Ram were also invited. The disciples numbered hundreds. All could not come. But quite a large number turned up. There was activity, noise and bustle all day. The *Shraddh* was performed on the 10th day.

The Village School

Soon the bustle and the tumult ended. The invitees left one by one. Santlal also left for Calcutta. The family now had Vasanti Devi, Santlal's wife and his young daughter and Jagjivan. For Jagjivan, Vasanti Devi now took Shobhi Ram's place. She had all along been of a religious disposition. She would never touch any food without her bath, *puja* and prayer. Though illiterate, she had learnt by heart a large number of *bhajans* and couplets from the *Ramayan.* After her husband's death she turned more to God. At four in the morning she would start chanting her *prabhatis* and *bhajans,* and each day began in a solemn religious atmosphere. There has been no change in her routine even today when she is eighty-five years of age.

Life rolled on. There was no change in the religious and devotional atmosphere of the house. Jagjivan was always attentive to his studies. In 1919 at the age of eleven he passed the Upper Primary examination. There was nothing spectacular in the six years of his primary school life. But the deep and abiding impress of Shobhi Ram and the imbibing of the religious atmosphere, which pervaded his home, were silently working and the boy's character, unknown to himself, was being gradually moulded. The village school master, Pandit Kapil Muni Tewari, helped in the process.

Pandit Tewari was very conscientious and had great paternal love for his boys. He liked to see each child behave as *Aruni* and he himself endeavoured to live up to the high idea of *Aruni's guru.* He did not, however, create the grim atmosphere of a convent. He was a poet and had mastered Tulsi Das's *Ramayan.* He played upon a drum when *Ramayan* was recited to the accompaniment of musical instruments. With such a lively *guru* the boys had their fill of pranks. The *guru* was a tobacco smoker also. The boys were often asked to prepare the *chilam* which they did with alacrity.

But watering the two mango trees in *summer* was not so pleasant. There was some kind of deep hole at the root of one of the trees. The result was that even if several earthen jars of water were poured at the roots, the water did not stay. It sank and left an impression that the tree had not been properly watered. Two boys would bring the earthen *ghara* filled with water to the trees and one boy would draw water at the well. The two boys carrying the water would sometimes pull the end of the *ghara* each to his side and it would break with a splash of water. The *Pandit* had to replace it two to three times in a month.

Fetching something from the market was what every boy liked if the thing happened to be light such as salt, sugar, oil or tobacco. But if some heavy material had to be fetched they had all kinds of excuses ready. Once Jagjivan and Munna, another school boy, were deputed to fetch lime. Jagjivan took the gunny bag to the market. But as the only shop they were familiar with was closed, lime was not purchased and they returned. Jagjivan insisted on Munna carrying the gunny bag on the return journey as he had carried it to the market. Munna refused. As Jagjivan was walking ahead of Munna he dropped the gunny bag and told Munna to pick it up. Munna refused to pick it up. Jagjivan also would not. The bag was left behind.

On reaching school Jagjivan informed *Panditji* that lime could not be purchased. Questioned about the bag he said that Munna would bring it. When Munna came he told *Panditji* that the bag had been taken away by Jagjivan. Meanwhile, when *Vasanti Devi* learnt that Jagjivan had been sent to purchase lime she was cross and gave a bit of her mind to *Panditji.* None of these two boys was ever again sent to the market.

Panditji was a hard taskmaster and was very free with the use of his cane. In his anger he would sometimes forget himself and gave the boys a hard beating. On such occasions the *Panditji's wife,* if happened to be at home, would play the peacemaker. *Panditji* always kept a *Khajur* stick with him and as Jagjivan was the best and first student of the class and was never beaten, he was always entrusted with the task of replacing the sticks.

One day Jagjivan brought two long and fine sticks. Next day he was to regret this.

He was in Upper class, i.e. class V. Another boy who sat next to him was one Sakaldip Ram. He was several years older and, broad and well-built, looked like a man. One day he had written his name on his slate. Jagjivan quietly rubbed out the last letter and queried as to how Sakaldip had started writing 'Sakaldip Ram'. The dig was at the change in caste status implied in the change of Ram into 'Ra'. Sakaldip belonged to the backward classes. An exchange of hot words ensued and a little later they came to blows. Defeated in the exchange, Sakaldip started crying which brought *Panditji* in the room. Jagjivan was nonplussed. He had taken the whole thing in joke and was not prepared for this turn. The *Panditani* also dropped in.

Assuming Jagjivan to be guilty and without going into his explanations, *Panditji* took one of the long stick and down came the strokes, rapidly one after another. The *Panditani,* however, intervened and cried out that it did not become him to behave like a butcher. The beating stopped.

But Jagjivan kept crying. His pride was hurt. He had not deserved this. He decided while still weeping that he would leave that school.

When he returned home in the recess for his lunch he did not tell anybody of the incident. How could he? Was it not such a shameful affair? He had a slight meal and armed with a lathi went to the adjacent orchard. He had anticipated trouble and was prepared. Above all, the boy had to reinstate his lost prestige in his own eyes.

The expected happened. Hitan Tewari, who was older and much stronger and who was always employed by the *guruji* to bring boys forcibly to school, came with two others. Tewari was reading in class sixth. He was clever and like many students of his class had a soft corner for Jagjivan. He knew that rough handling would not do. Jagjivan would strike without minding the consequences. He, therefore, talked sweet and explained that there was no sense in what Jagjivan was doing. If he did not want to study in the school he should go to the school and tell *Panditji.* Jagjivan came down and accompanied the 'boy catchers' to the *guruji.*

When Jagjivan reached school he found his mother having an argument with *Panditji.* She did not allow Panditji to beat her son. She threatned that she would admit her son to the Arrah U.P. School. The threat worked. Vasanti Devi paid the *guru* more than any other guardian did. What was more important, till now no student of the school had ever won a scholarship. The *Panditji* had fixed his hope on Jagjivan. He was not prepared to lose so heavily. The *Panditani,* a very kind-hearted lady, lent her support to Vasanti Devi.

The *Panditji* relented. He was already repenting his rash actions. When Jagjivan came he found the atmosphere very congenial but affirmed that he would not study in that school. The *guru* knew that it was no use arguing. He relieved the boy.

Next day both the *Panditji* and the *Panditani* went to Jagjivan's mother. It was hard persuading the irate mother and her proud son but they succeeded and the boy came to school. However, after a few days both Sakaldip and Jagjivan forgot the incident.

The *guru's* hopes were, however, not realised nor was the boy's ambition fulfilled. He was a prey to occasional headaches which continued till he was 18 or 19 years of age. Nothing relieved the headaches when they came and subsided in due course. On the day of the examination for scholarship which was held in the Guru Training School, the boy had a fit of his malady and could not do well. This was a great blow to the boy– and a greater one to *Panditji.* His brightest boy had failed him. Chandwa U.P. School was not destined to win a scholarship and it was not given to Jagjivan to break the record.

Jagjivan appears to have been a very regular student. On returning home in the evening he took *bhoonja* (rice or gram fried in heated sand) and *gur* mixed with *ghee. Gur* with *ghee* was to him a delicacy. After this he would devote sometime to reading before he went out for play.

Brij Behari was a classmate. He was Jagjivan's great chum. They would play together. Often, they would do their arithmetic or other tasks in consultation. One day during rains when the *nala* to the east of the village was flooded they decided to bathe in it. Returning from school they went together to their homes and after keeping their books and shirts at a safe place came to the *nala.* They selected a spot where the width was very narrow and got into it. The water was neck-deep. But the current was very swift. None of them knew swimming. Still, crossing the *nala* was so exciting and pleasurable. Suddenly, Jagjivan's foot slipped. He tried hard to regain balance. Nothing availed. He was going down, down, swiftly down the *nala.* Brij Behari was stupefied. Jagjivan was intently fighting for his very life.

Just at this juncture a *Musahar* woman who happened to be grazing her herd of swine happened to catch a glimpse of the boy floating down the stream. He was struggling hard. His hands would frantically try to catch hold of any grass or shrub on the bank but it did not help. The grass would be uprooted and the boy flew swifter and swifter. The old *Musahar* woman threw her stick towards the boy and asked him to catch hold of the stick. He managed to catch the stick. And with much effort was able to stand up and come out of nala.

Great was the rejoicing when the old *Musahar* woman along with Brij Behari took Jagjivan to his home. She was feted and rewarded. That ninety-year old woman is still alive though, she lost her husband, her young son and grandson and the link forged by Jagjivan's drowning and her rescue of him endures.

Jagjivan was betrothed to a girl when he was two years of age.

Negotiators on behalf of the bride had come and seen the boy. Negotiators on behalf of the bridegroom had then returned the visit and seen the bride.

Then followed a formal visit by the father, brother, relations of the bride along with other respectable members of the community. There was much feasting and merrymaking in the bridegroom's house.

The bride's father then performed *tilak* on the forehead of the boy with *achhat,* sandal paste, leaves of green grass and curd. This was the implied contract solemnised by the elders of the community.

This formal visit of the bride's father and relations was returned by another formal visit of the boy's relations. Clothes and money were offered to the girl before the elders of the community. There was again an implied contract.

But this marriage was not to be. At first Shobhi Ram's death disturbed the time-table. Then the bride's family, which was poor and not in a position to soleminise the marriage, went on postponing the matter from year to year till Jagjivan was eight years of age.

It was scandalous. The hall-mark of respectability in the boy's community being early marriage, its postponement exasperated Santlal. Children *of Chamar* families much less well-to-do than his own had been married much earlier. What would the community think? People would whisper about the boy being an orphan. The family prestige was at stake.

Santlal sent to the father of the bride an ultimatum to the effect that if the marriage did not take place that year they would be free to marry elsewhere. The bride's father expressed his inability and freed Santlal from the contract. Within a few days Jagjivan's marriage was settled with the daughter of Mukhlalji of Sonpura, a village five miles to the south-west of Chandwa. The formalities of betrothal were again performed. The marriage was to take place the same year.

Sometime before the date fixed for the marriage the *Haldi-Dhan* ceremony was also completed. His brother, relations and many respectable invitees went to the bride's home. Santlal and Mukhlal sat face to face in the courtyard of the bride's home and spread their towels. The priest then put five handfuls of paddy and five pieces of *haldi* in each towel. In the competition for quickly binding the paddy in the towel Santlal scored. The bridegroom's parents or guardians always score. They are helped to. And so Jagjivan was married when he was eight years of age.

Adolescence

After completing his education in the Upper Primary School of the village the boy was put to the Agrawal Middle School on the 2nd January, 1920.

The boys in the Agrawal School came mostly from the school's own primary section or the primary schools of the town. This time only a few boys had come from the rural primary schools. These were the backward ones. They had not been taught English in their schools and proficiency in that language was then, as now, the hall-mark of distinction. The village boys had, therefore, to start from scratch whereas the town boys had primers and, readers behind them. Jagjivan had a rudimentary knowledge, having been coached at his home by Kapil Muni Tewari who received a monthly tuition fee of rupee one. But this was almost negligible. On the first day he realised his weakness and determined to labour hard.

When the teacher started giving out meanings of English words in English the boy did not know what to do. And then a flash came. He started noting in Hindi all the English words the teacher spoke. These had to be decoded and learnt. It involved great effort but the boy was determined not to figure as a backward. In seven to eight months he knew as much of English as the town boys did and hoped to secure passing marks in the examination. Great was his surprise, therefore, when besides doing very well in other subjects he found that he had secured 72 marks out of 100, only two marks less than the first student, in English. This gave him great prestige.

The *Ramayan* was his great favourite. There was *Ramayan Path* or recitation of the *Ramayan* at his place on Sunday evenings when he would read out to the devout gathering, the meaning of the stanzas.

He had read Lalloo Lal's *Prem Sagar, Sukh Sagar* and *Baital Pachisi,* books which were available at his home. He supplemented these readings with novels and story books taken from the school library. He also managed to secure a copy of the *Chandrakanta* and the *Chandrakanta Santati* and read the entire series.

Another habit he had developed was the reading of newspapers. Pandit Kapil Muni Tewari subscribed to the *Bharat Mitra* and the *Venkateshwar Samachar.* Later in his High School days, Jagjivan himself subscribed to Mahatma Gandhi's *'Young India.'*

The illiterate women of the village had great affection and regard for Jagjivan. He was so willing to read their letters and write out the replies on their behalf. He would often be sent for by upper-caste women, offered sweets, patted and petted. There could be no *pardah* with him. He was to them still a child. Jagjivan was becoming more and more popular.

Those were the *khilafat* days. Gandhiji had entered Indian politics. The Jallianwala Bagh massacre echoed and re-echoed throughout the country. The Indian Muslims had never taken any interest in Pan-Islamism. But when after the Armistice which was signed on November 11, 1918, the British deposed the Sultan of Turkey and imposed very harsh terms on that country, Muslims in India were agitated. The Muslim leaders, Mohammed Ali, Shaukat Ali, Azad, Jinnah, Asaf Ali and others had hoped that the British Government would be soft with Turkey and the Turkish Sultan who, besides being the temporal ruler, was the *Caliph* or the religious head of all Islam. But Britain was vindictive. Turkey was to be shorn of all her imperial possessions. And as stated, when the Sultan was deposed, distaste for the British grew in Muslim hearts also. The powerful *khilafat* movement began and also began the honeymoon of Hindu-Muslim political friendship. Thus when both the powerful communities were seething with discontent Gandhiji found a way out. He indicated a new path and gave a new slogan which was to dominate Indian politics for decades. The new path was Non-Cooperation.

Jagjivan read of these things in the newspapers and inadequately understood their significance. His mind, moreover, was not yet receptive to politics. Yet, in its own way the politics of the age did influence him.

He was not very particular about a headgear. But there were two teachers in the school who insisted on wearing of caps. So, like many boys, he kept a *dupalla* in his pocket which would find place on his head as soon as those two teachers entered the class room. When Gandhi cap became popular as the symbol of the new awakening Jagjivan also took to wearing it. There was no hiding the cap now. He wore it as a matter of course.

One day, while he was going to school and was at the point when he had to leave the main street and take a turn into a lane, a number of people came running in great agitation from the opposite direction. "The police are beating Gandhi-cap wallahs." The police are arresting those who have put on Gandhi caps.

The young boy asked himself : "Should I keep on wearing the cap and invite arrest? Why should the police beat people for wearing caps? But the police are not likely to search the lane." So arguing and full of uncertainties he proceeded along the lane till he reached the school. If the police had reached the spot then and beaten Jagjivan who knows what changes would that incident have wrought. The boy might have in all probability jumped into the fray then and there.

There were frequent meetings and processions. Once when the school was closed for a few days a meeting had taken place there also. The boy was not interested in these meetings. But he found that after meetings had begun a few new shops opened in front of the school. One of these was a *halwa* shop. He was a great lover of sweets and the *halwas* looked tempting. He purchased *halwa* and liked it. When he had almost finished, a classmate took him aside and quietly whispered : "You have eaten *halwa* prepared by a Muslim and now you have become a Muslim yourself." Jagjivan was stupefied. What was to be done? It was no use reporting the matter to others. But there had to be some expiation.

Everyday after his morning bath he recited the *Hanuman Chalisa.* On Saturdays and Tuesdays, the recitations were accompanied by *havan.* He then decided to recite the *Chalisa* both morning and evening accompanied by *havan* for full one month. After that the guilt sense lessened. But sometimes the young boy still wondered : "Is the atonement sufficient?"

Chandwa had not let him feel the curse of being an untouchable. But his contacts with the world had grown. The hideous aspects of untouchability had gradually laid themselves bare. Two of these incidents relate to the Arrah Town High School which he had joined in 1922.

There were no scholarships or freeships reserved for *Harijan* students then. He had paid full fees in the middle school. When he entered high school many advised that if he applied for freeship stating that he was an untouchable he was likely to get one. A saving of three to four rupees a month would have been very welcome and a great assistance. But proud as the boy was, he revolted at the idea of securing a concession on the basis of his being an untouchable. That hurt his self-respect. "Was there no other way?" "Yes, there was. He had to secure any position from first to fourth to get a freeship." That appealed to the boy. It was consistent with his sense of dignity and his self-respect. He gave greater attention to his studies. Mathematics was his favourite subject and in other subjects also he was good. But geography puzzled him and he could never draw well. He obtained the second position in the annual examination and secured freeship.

In one of the rooms of the school in two separate and distinct corners earthen pitchers filled with water were kept for the Hindu and Muslim boys and the glasses were also separate. There used to be a peon whose duty was to serve drinking water. When the peon was not there the boys poured water themselves. When some Hindu boys saw Jagjivan taking water from the Hindu pitchers they put up an objection. The matter was taken to the Headmaster who got another pitcher for the *achhut* boy. He accepted the arrangement but he was not happy. Food touched by a Muslim hand had polluted him. Now, water touched by him was polluted for the Hindus. His whole being protested against the injustice and he hit upon a device to end the invidious distinction. Quietly and secretly he broke the pitcher reserved for him and reported to the Headmaster that the caste Hindu boys had out of malice broken it. The pitcher was replaced. But it was again found broken. The Headmaster believed the story and fed up with what he believed to be the mischief of the *Savarna* boys, ordered that Jagjivan would take water from the Hindu pitchers and those who objected were free to make their own arrangements. The impact of Gandhiji on Hindu conscience had begun.

Jagjivan was not happy. He had won his point. But had he not told lies, deliberate lies? His victory left him cold and contemplating.

At the prize distribution ceremony, which came sometime later, arrangements were made for distribution of sweets to students. Some boys were distributing the sweets. Jagjivan was standing near by and must have been cursing his lot. Banshi Dhar Prasad, a teacher of the school who was greatly feared, loved and respected and who knew almost all the boys by face, happened to pass that way. He could assess the whole situation in one glance. Going near the disconsolate boy, he observed : "Why are you standing? Why don't you distribute the sweets?" Jagjivan hesitated. His touch was polluting...It was polluting both for Hindus and Muslims. But the teacher again ordered: "Distribute the sweets. Leave those who do not accept." The hesitation gone, he started distributing the sweets. None objected. This was a new experience for the boy.

Once he was going to Khopira, a village situated at a distance of several miles from Chandwa, on a bullock cart. It was April. Khopira was the village where Santlal's first marriage had taken place. There Shobhi Ram had purchased four bighas of land on mortgage from a *Brahman.* The mortgage was taken after the death of the first wife of Santlal. His brother-in-law cultivated this land and half of the produce was sent every year to Shobhi Ram's family. Jagjivan was going to fetch this share of the produce. Bullock carts could reach Khopira only in April and May. The cart was driven by Jangal, son of Kirit, a prominent *Gwala* of Chandwa. Kirit was known to be a *Mukhia* of *Gwalas* and he was much *feared.* His relations, however, with Shobhi Ram's family were very cordial.

Though Jangal was enough to fetch the grain, Jagjivan went for fun and for a joy ride of several miles on the cart. When the cart reached the northern end of the village, the brother-in-law of Santlal, who was sitting in his mango orchard, accosted him. After exchange of courtesies he advised Jagjivan to get out of the cart and take out his umbrella. "Why?", asked the indignant boy. "You will have to pass through the village in order to reach our house at the southern end. The *Brahmans* and the *Rajputs* will not appreciate your going in a cart with an umbrella and they might misbehave. Why invite trouble for nothing?"

The boy did not consider the matter so inconsequential. It was not modesty. It was lack of self-respect.

He knew that his father was well-known in the village. A *Brahman* had mortgaged his land to him. Santal's father-in-law was a well-to-do *Kisan.* Daroga, son of the richest *Brahman* of the village, was his classmate in the Middle School. Bishwanath, the son of Dhwajadhari Lal, the *Patwari* of the village, was another class chum. When Dhwajadhari Lal went to school to see his son, he talked to him also. Dhwajadhari was an influential man of the village. Perhaps the apprehensions of his relation were baseless. Perhaps he was being too timid. Yet, who knew? He remembered the incidents of the drinking water and the sweets. But to assert his dignity he must face the consequences. He did not get down nor did he take down his umbrella.

The bullock cart proceeded along the road through the middle of the village. On both sides were *Brahman* or *Rajput* dwellings. What was going to happen? Jagjivan was all excited and had the feeling of passing through an enemy country. The expected shot might come any moment from any direction. But when he met Patwari Dhwajadhari Lal and saluted him, the latter enquired about his welfare and passed on. There appeared to be nothing wrong. No tension!

But the incident created quite an impression on the untouchables. Jagjivan was so confident and bold because he was educated. The *achhuts* must educate their children. It was an object lesson that went home.

Sants and *Udasis* of the *Shiva Narayani* sect frequently visited his home. Shobhi Ram had a great reputation as a *Sant* and these visits were therefore expected. Some of the visitors were unquestionably godly people but the majority were just pariahs.

The *Udasis* are those *Sants* who have absolutely no means of livelihood and are physically incapacitated to earn their bread or had severed all connections with worldly life. But before any *Sant* could become an *Udasi* he had to obtain a *Parwana* or certificate from the *Mahanth* of his area. He would then move to the *Mahanth* of another village or area. This *Mahanth* would entertain him for a few days and arrange to get subscriptions collected which would be handed over to the *Udasi.* If the *Udasi* happened to be blind or lame the *Chharibardar* would make the collection and reach the *Udasi* to the place of the neighbouring *Mahanth.*

Jagjivan had to assist his mother in the task of looking after the *Sants* and *Udasis.* He would draw water, wash their feet, serve their meals and do all kinds of odd jobs to please them. They often held discussions. The boy heard the words *Sant Desh, Brahma Purush, Prakriti, Tattva, Ingla, Pingla, Svar Sadhana,* etc., etc. and was mystified. When he made queries, they enquired if he was a *Sant* and on learning that he was not, they asked him to go out. Those who knew him to be uninitiated, did not discuss religious matters in his presence. Many *Sants* refused to have their feet washed by him. As an uninitiate he was to them *Kal* or *Sakat* one whose touch would pollute. *Vasant Panchami* was a gala day. The gaily decorated *Gaddi,* the *Bhajans* and, above all, the sweets which were distributed as *Prasad* towards the end were greatly pleasing, but even on those occasions, whenever an important religious discussion arose, Jagjivan was sent out.

Then again, the boy was not permitted to touch any of the handwritten *Granths* of the sect which his mother preserved with great care. He had read the other Hindu *granths* but *Sant Granths,* he was told, he could not be allowed to touch unless he became initiated.

All this was galling. He started pestering his mother for getting him initiated. But she told him that it was her desire to secure for him a really good *Guru* and that Santlal was on the look-out. At Jagjivan's insistence, however, a letter was written to Santlal asking him to expedite the search for a *Guru* and have the boy's initiation ceremony performed at an early date.

At last Santlal had the arrangements for initiation ready and sent for Jagjivan in the summer of 1923.

If politics had but little interest for Jagjivan, the reasons were obvious. He felt differently though he had not yet learnt to put his thoughts into words. It may be good to have independence. It may be very noble to fight the British. It may be virtuous, patriotic and fine to challenge the British might and suffer and sacrifice in order to break the shackles of Mother India. But what or where was Mother India?

Here, spread all around Chandwa, were members of his and other *achhut* communities whose lot was miserable beyond expression. They ate dead flesh. They ate pork which was so patently impure. Most of them had no land of their own and worked more or less as serfs. The *Musahars,* having nothing better to do, killed rats, cats, squirrels, and ate their flesh. The *Doms* were regarded as worse than animals. Their social customs were primitive and barbaric. There would be no social function without drinks. They were poor. They were ignorant. They were mostly agricultural workers working for hire. And yet in the poorest *Chamar* family there could be no marriage unless eight to ten swines were slaughtered for both the bridegroom's and bride's parties to feast and wine flowed freely. This had almost become a ritual. When both parties met at the dinner there was a competition at recitation of *Sakhis* or *Rekhtas.* Two elderly persons known as *Vaktas* (speakers) would stand up and have a go at competitive recitation. The wine would be served. The recitation would become more animated and livelier.

Jagjivan had been denied access to the *Sant Granths* but he had imbibed the essential teachings. His family members did not drink. They did not eat dead flesh. They did not flay dead cattle. They were as moral as the most religious *Savarna* Hindus.

That these qualities did impress, he had ample evidence. Hundreds of the disciples of Shobhi Ram touched his feet. They would even touch Jagjivan's feet. What was it they were paying obeisance to?—argued the boy within himself. Surely, they were better men and it was their *Dharma* that was being recognised. He thought and thought and wondered if the life of a religious reformer was not an ideal life. It brought fame. It brought immense good to the people.

Jagjivan acted before he thought. He made it a point to attend as many of these functions as he could. He was, the news had travelled throughout, the brightest gem of the community. He was, moreover, *Guru* Shobhi Ram's son. He therefore received respect and ovation whereever he went. Nithali Bhagat, a wealthy member of tile-community who lived in Arrah and who was also a wrestler, was greatly interested in the social reform activities of bright young Jagjivan and he would invariably accompany the boy on his missions.

Jagjivan participated in the recitations and outshone all others. He would be all the while sipping from a cup, which members of the gathering knew, did not contain the white wine; it contained sweet *gur sharbat.* The example worked. Later followed talks and discussions. Gradually, very gradually, Jagjivan was succeeding in driving home some essential points. The co-operation of Nithali Bhagat, an elderly and rich member of the community, gave weight to the boy's efforts. Jagjivan, without knowing it himself, had become a practical social reformer and had come to believe that social reform must precede political agitation.

Later, he was to realise to his great disappointment and bitterness that many of the Congressmen who had worked merely as political agitators were at heart social reactionaries. Without far-reaching social reform and economic reorganisation as its contents, a political movement was a sham and a snare. He was surprised that none of the agitators considered necessary to work amongst the untouchables.

It was with considerable eagerness and trepidation that the fifteen year old boy set out for Calcutta with his brother's wife and niece. The time of the train by which he was to reach Calcutta had been intimated to Santlal. Still, it was a great adventure for young Jagjivan who had never set foot beyond his district.

When he reached Howrah it was a great comfort to find Mahabir Prasad, a relation, present on the platform to receive them. He was a compounder, quite prosperous, and had built several houses in Howrah. They drove in a phaeton to Medical College Hospital quarters where Santlal lived.

Calcutta was a wonder city. Its wide and shiny asphalt roads, its towering and magnificent buildings, trams, cars, the unceasing hustle and hubbub, exercised on the boy a strange spell of fascination.

Santlal had deputed an elderly person familiar with Calcutta to take his brother around. They visited the zoo, the museum, the Victoria Memorial, Kalighat and the Eden Gardens. But this hardly satisfied the boy. After three-four days of the conducted tours, he started moving out on his own. In a month's time, he had covered the whole of Calcutta and its industrial suburbs. He visited Shibpur, Kamarhatti, Barrackpur, Patal-danga, Cossipur, Ichhapur, Dhapa and other such places. If he could contact an acquaintance, he would have a look inside any of the factories. If no acquaintance could be contacted he would just stood at the gates and watch the stream of workers flow in and out. In the factories he saw men and women moving together elbowing and thrusting each other. This was startling. In his village no man would even think of behaving in this manner with women. Here men and women moved abreast jostling and rushing against one another. The young boy was set at thinking. The visits to the workers' *bustees* attached to the jute mills—where lived some of his village people—were equally revealing. The mud houses of the poorest in Chandwa were incomparably more comfortable and cleaner. The houses here were damp even in summer and there were heaps of garbage and refuse all around.

He visited the bone mills at Beliaghatta and Tengra. Thousands of shapely beauties from Raipur and Bilaspur worked in these factories. He visited the many small tanneries near about. The condition of the workers here was worse than in the jute mills. There appeared to be no distinction between men and women and no touch of fineness in the attitudes of the men towards the fair sex. Most of these men and women, he sadly reflected, were of his own community.

There were two Calcuttas, the boy thought. One was the Calcutta of Chowranghee, of the broad, clean, well-lit streets. This attracted. The other was the Calcutta of the *bustees* and slums, of indescribable filth and shocking morality. This was revolting and repelling. And as this Calcutta was much bigger and vaster than the beautiful Calcutta, the overall impression was of anguish and bewilderment.

Why do village people leave their beautiful homes and come to live in hell-spots like this? The boy put the question to himself. He could not find an answer.

Did this impression take him to Calcutta after his I.Sc. from the Banaras Hindu University?

He was called to Calcutta for his initiation. Jagjivan was eager to become a *Sant.* Sant Ram Dhani Singh, a renowned *Sant* of the *Shiva Narayani* sect, had been invited for the purpose. On an auspicious day the rites of initiation, *gaddi, bandagi* and *karm todna,* were performed.

The sacred *Granth Guru Anyas* or *Jnana Dipak* was placed on a *takht* covered with an *asani.* A red canopy was erected on the *takht.* There were fruits and sweets, scents, *pan* and *gulab* placed all around. On one side of the *Granth* sat the *Mahanth.* None sits to the front.

When the *Sants* assembled the *Granth* was opened. All assembled perform what is technically called *sijda* and *bandagi—a* practice which is an amalgam of the Hindu *yogic* and Muslim systems of obeisance.

The *kal* or the uninitiated is supposed to be a prisoner not only of wrong beliefs but of age-old prejudices and practices based on caste and untouchability. The rite known as *karm todna,* which also includes the taking of *pan* which had been bitten by all present of whatever caste, is, therefore, considered very important as it is an act of breaking the shackles.

The *mantra* which is whispered into the ears of the initiate is known as the big *mantra* or the *gayatri mantra* of the sect and is in Sanskrit.

What is still more symbolic is the fact that the initiation of the *Sant* is welcomed with *sohar,* a kind of song sung when a child is born in Hindu homes. The initiate is newly born.

After the initiation ceremony was over and Jagjivan's summer vacations were almost over, Santlal arranged to send him back to Chandwa. Knowing full well that Vasanti Devi, his mother, was very frugal and did not get even proper clothes prepared for the young boy, he always got them prepared at Calcutta and sent them to the boy. But, he felt, the boy was starved of legitimate pocket money. He should have some money at his disposal. So he gave him five hundred rupees with the injunction that the money was to be spent carefully and only for necessities.

A large number of people came to see the young boy off. He was alone and had five hundred rupees on his person. He kept awake for the whole night.

On reaching home, he was confronted with the problem of keeping the money in a safe place. He kept the notes in a book in his almirah. This was his own handi-work. After digging a square place in the wall he had fixed three wooden planks. There were no doors. To protect his books from dust he hung a cloth. None touched the almirah and the money was absolutely safe. But he had his apprehension. He started changing the notes into rupee coins and when all the notes had been changed he put four hundred and eighty rupees in an earthen pot, sealed its mouth and buried it near the almirah. He had kept twenty rupees with him. The money, he was now convinced, was absolutely safe.

It rained heavily on a Saturday in August 1923. The attendance at the high school was thin. Returning, Jagjivan and his school mates prided themselves on the situation of their village and the fine road which led to it. Little did they know of the catastrophe that was to visit Chandwa in the night.

When Jagjivan got up at four in the morning as was his habit he heard a person living behind his house crying excitedly. On coming out he found water all around. Vasanti Devi also came out. The entire village was awake. One of the greatest floods in living memory had come. The *nala* presented a grim spectacle. It was a raging torrent. Roofs of houses, cattle and occasionally even human beings were seen floating, helpless against the mighty current. A human head became visible. He appeared dead. But suddenly he threw both his hands and feet up and made a heroic effort to catch hold of a tree which was floating just ahead. Chandwa men who were witnessing the scene encouraged him. But unable to catch hold of the tree due to strong current he missed was soon taken far away. Then followed a whole family sitting on a roof of a house which was floating on the water. What would be their fate when they came across the bridge through which the *nala* crossed the Arrah-Buxar Road. It was a tragic thought and the men turned to their own plight which was worsening every moment.

Some houses situated in the middle of the village were safe. Those who had their houses submerged with water were taking out all their belongings to the high spot in the Centre of Chandwa. The cattle also were taken there. Within two hours houses situated in the lower areas started collapsing. Many persons helped in evacuating the belongings of Jagjivan's house. After all the belongings of his house had been removed, Jagjivan, who had forgotten the earthen jar filled with four hundred and eighty rupees, suddenly remembered it and rushed to its rescue. It was an operation full of danger. By that time there was neck deep water inside the house and the mud walls might collapse any moment. But the money must be saved. It was given to him in such trust and affection. He had to salvage it. And he did so.

The water was rising every minute. The imminence of danger often brings out the best in man. The respectable *Brahmans, Kayasthas* and others had joined hands with castes lower down in the social hierarchy in digging earth and erecting a kind of blind. But these puny efforts were not enough. The water went on increasing. At about evening, it looked that nothing could save the village. A huge *machan* had been erected in the centre of the village on the highest spot and the children and women were to climb up. The cattle were freed. There was knee deep water even in the centre of the village. After eight o' clock in the night somebody cried out from the machan that water was still rising. There was a state of panic and alarm. The elders, however, were alert and on their feet. They were watching and moving about and everybody was reciting excerpts from the *Ramayan* or the *Hanuman Chalisa.* Fear brought men to religion.

It was a terrifying spectacle. Jagjivan had worked all day and by eight-thirty he had fallen fast asleep on the *machan.* He dreamed that water was receding and woke up with a start. A minute later Pandit Kapil Muni Tewari who was examining the water mark cried aloud : The water is receding.' 'Bajarang Bali *Ki Jai';* 'Bhagwan Ram Chandra *Ki Jai'.* Hope returned.

The water receded as fast as it had come. But it had left a deep mark which would take months to remove. Santlal read of the floods in the newspapers. He read that the Sone embankment near Sandesh had been breached at various places. Railway lines and telegraph poles had been washed away. Houses had collapsed. Both the *Bhadai* and *Agahani* crops had been completely destroyed. The peasantry faced a disaster of unprecedented magnitude.

He was greatly perturbed. He wanted to start immediately for his home. That was not possible. He wanted to send a telegram. No telegrams were accepted. After six days his telegram enquiring welfare reached Jagjivan. The postman had to wade through waist-deep water. The boy went to Arrah and telegraphed back saying that the house had collapsed but everything else was safe.

After a few days a letter was received from Santlal. He informed that his wife had buried twelve hundred rupees at a particular place in the house. Jagjivan wanted to dig the ground. Vasanti Devi told him that she had taken out the money.

The family lived for several months in a portion of Pandit Kapil Muni Tewari's house. Meanwhile, the house was being re-built. As most of the houses had collapsed and were being rebuilt, there was a great dearth of labourers. Jagjivan took it as a challenge. He would himself arrange to bring bamboos and wood from other villages and the building work continued. When the house was completed he felt a glow of satisfaction. He had almost literally built it himself.

After sometime Santlal retired and came back to Chandwa.

The eighteenth session of the Bihari Students' Conference was held at Banaras in 1925. Jagjivan was in the pre-matric class. He was one of the best students of the school and his general knowledge far surpassed that of others. He was himself not much attracted towards the students' movement but when some of those interested in it approached him and asked him to become a delegate he willingly agreed.

They debated and wrangled in the conference. Jagjivan, a budding debater himself, participated and made his own contribution to the deliberations. But the only abiding impression left of the conference was the personality of Pandit Madan Mohan Malaviya. Jagjivan was impressed by his oratory and his saintliness, and started regarding him as a great man of the age. He had read about Gandhiji's greatness. He was regularly reading the *Young India*. He listened to his village people reverently talking of the Mahatma. But he had no occasion to see or get acquainted with him. The Mahatma was a myth. The Pandit was a reality.

A new world had now opened to him. He had now access to all the *Sant* literature, which was to him, prior to his initiation, a 'forbidden treasure'. He avidly read these hand-written books which were held in such sacred esteem and though he comprehended many things but dimly, he could now discuss matters with the elder *Sants* and solve with their assistance what appeared to him mysteries.

He had opted Sanskrit and additional mathematics in the Matriculation besides the usual compulsory subjects. When a principal Hindi subject was introduced he gave up Sanskrit and took principal Hindi instead. He believed that Hindi would be easier and he would get more time to devote to mathematics, his favourite subject. The Sanskrit teachers were Pandit Harnath Dwivedi and late Pandit Ramanand Pandey. Pandit Harnath Dwivedi taught Hindi equally well. He is still alive.

After appearing at the Matriculation examination in 1926, Jagjivan was planning his future in consultation with Santlal when Malaviyaji happened to pay a visit to Arrah in the month of May.

A great political change had meanwhile taken place. The *khilafat* movement was dead. The brief honeymoon between Hinduism and Islam had ended. Kamal Ataturk had established a secular republic in Turkey, latinised the Arabic script, proscribed *the fez* and other oriental head-dresses and permitted the deposed *Caliph* to flee to the island of Malta. A weak heir clung to the *Caliphate* but in 1924 he also became a refugee. The *khilafat* movement had now no cause. Pan-Islamism and Hindu nationalism could not hold together any longer. The non-cooperation movement had also petered out. A section of Congressmen under the leadership of Motilal Nehru and C.R. Das was advocating *Swaraj* or Dominion Status within the Empire. The non-cooperators or no-changers stuck to Gandhiji's programme of *Khadi,* uplift of untouchables and Hindu-Muslim unity.

There was tension and frustration both amongst the Hindus and the Muslims. This found an outlet in violent internecine conflicts on the flimsiest of issues. Music before the mosque and cow slaughter assumed great importance.

There were sociological and historical reasons for what appeared as a sudden upsurge of hatred and violence. Even during the hey-day of large-scale Hindu-Muslim collaboration, *khilafat* and non-cooperation had moved parallely. The two never met. The bitter historical past which lay submerged in the unconscious gradually started coming to the surface with the prospect of the achievement of Self-Government. The emergence of the Muslim middle class which found the upper caste Hindus, as the socially advanced communities, monopolising all the Government jobs and positions of vantage, sharpened the conflict. The preaching of the *Vedic Dharma* by Maharshi Dayanand, the great Hindu social reformer, filled the Muslims with apprehension. Shraddhanand had started the *Shuddhi* of those new converts to Islam who wanted to return to the Hindu fold. Muslim proselytisation was effectively checked.

Mahatma Gandhi's *Young India* was making fervent appeals to Hindus to change their attitude towards their Muslim brethren. The appeals, however, fell on deaf ears. A better method of communicating what his soul felt with such acute intensity had to be adopted. Gandhiji started his twenty-one days' fast at the residence of Mohammed Ali, younger brother of Shaukat Ali, on September 18, 1924. The fast was an adventure in good-ness. It was calculated to establish a spiritual bond between himself on the one hand and the waning Hindus and Muslims on the other. It was a typical method of the Mahatma and of the East.

The fast ended. The conflict, and tension continued. The emotional effervescence caused by the fast was rather slight and it soon evaporated. But the Mahatma's dominating will did not fail. His endeavours continued. Many of his followers and co-travellers carried his message to every corner of the country.

It was in this connection that Pandit Madan Mohan Malaviya and Mohammed Ali paid a visit to Arrah in May 1926. A huge meeting was held in the *Go-Rakshini* compound. The untouchables gave an address of welcome to Pandit Malaviya. The address was read by young Jagjivan. Malaviyaji was greatly impressed by the bright *achhut* boy and made him sit near to him on the dias in the meeting, Later, he took him to the place where he was putting up. He asked Jagjivan to join the I.Sc. class of the Hindu University. The attention showed by Pandit Malaviya to young Jagjivan greatly enhanced the young boy's reputation. His mother was overjoyed. Every Chandwa villager felt pleased and elated. Malaviyaji was a great leader, people said, and unless Jagjivan had remarkable qualities the former could not have showed so much attention.

Earlier, an American lady of the Methodist Church had paid a visit to Jagjivan's home. The missionaries had heard of the brilliant untouchable. It would be such great virtue bringing the lost one to Christ. So, the visit. The Mission ladies often came and sat with his mother for hours. Many of them were close friends. But this was a special visit.

While Jagjivan was conversing with her in English, his mother interrupted and wanted to know what it was all about. She was informed that the good young Christian lady was extremely solicitous about his welfare and she was assuring him all possible aid in his higher studies. She was offering to send him to the Christian College at Lucknow for higher studies. Vasanti Devi despatched the Christian lady summarily telling her that they did not require her unsolicited assistance.

Jagjivan passed the Matriculation examination in the first division securing cent per cent marks in mathematics. There were long talks between him and Santlal regarding the future. Santlal who had been a compounder and knew the medical profession to be very lucrative wanted him to study medicine. The boy wanted to go in for engineering. That was, however, a later issue. Meanwhile, he had to join the Intermediate Science class. Encouraged by the interest Malaviyaji had taken in him and remembering his kind assurances Jagjivan went to Banaras. Principal Dhruva had gone to his native home in Gujerat. He returned after having written a letter to him at his home address. Promptly a reply came asking him to proceed to Banaras and giving him the hope that he was likely to receive the Birla Scholarship.

Jagjivan thus joined the Banaras Hindu University in July 1926.

The Social Reformer

There had been hurdles in the way of his joining college. Santlal had retired in 1924 and was living at Chandwa. His wife and several others wanted him to take up a job after he had matriculated. The absence of Santlal's income was telling upon the financial condition of the family. Santlal encouraged him to persue his studies but could not take final decision.

But Vasanti Devi was adamant. The last words of Shobhi Ram were still ringing in her ears. She firmly and categorically said that the boy must go on with his studies.

Yes, go on. But how? Vasanti Devi did not know. She had indignantly spurned the offer made by the American lady of the Methodist Church. But she hoped something would turn up.

Eighteen year old Jagjivan was a self-reliant youth. After his father had died he had learnt to face problems and take his own decisions. The respect he received from the disciples of Shobhi Ram and other members of his community gave him confidence and pride. He was not a mere nobody who could be kicked about. Yes, the untouchables were backward; socially, educationally, economically. But, who made them backward? If they reformed themselves, lived cleanly as his father had lived, gave up drinking and eating of flesh of dead animals; how could they be any different from the so-called upper castes? Thus argued the young boy at the threshold of his University career.

Fresh trials awaited him at the University. He could sense the hidden antagonism of the upper caste Hindu boys. Some of them, he felt, considered him an object of commiseration. The atmosphere was gently stifling. Nobody said anything. Nobody avoided him. Yet, there existed unmistakably the yawning gulf of centuries-old prejudices.

Dr. Vasudeva Sharan Agrawal, who was then a student, and many other seniors invited him to the *Arya Samaj* mess and for a time things went smoothly. As soon as, however, the servant came to know that Jagjivan was an untouchable he struck work. Returning from his class one day he found that his plate had not been washed. The servant was dismissed. But no servant was readily available. Perhaps none would agree to wash the plate of a *Chamar.* The situation was a challenge to the *Arya Samajis.* They rose to the occasion and it was decided that the members of the mess would wash their plates by turns. Jagjivan was touched. But it was not a matter of a day. This was also perhaps not the way out. Moreover, he would be putting, he felt, all the boys of the mess to considerable inconvenience. He himself found the task unpleasant as he was not accustomed to washing plates. He decided to make arrangements for his stay outside the hostel.

But a Birla scholar was not permitted to reside outside. He had to live in the University hostel. Jagjivan approached Principal Dhruva for special permission to reside outside. To the Principal the situation presented no problems. There was a Maharashtrian *achhut* boy who lived in the hostel and cooked his meals in a corner. Why could he not live as the Mahrashtra boy did?—queried the Principal. Even the *achhuts,* replied Jagjivan, had self-respect. He could and would cook his own meals when he lived outside. But to live in the hostel under the constant shadow of a stigma was revolting. The Principal appreciated the point. He was visibly affected. "Then come and live with me", the old savant made a gallant offer. The young boy considered. The incident of the *Arya Samaj* mess may be repeated. The servant would be dismissed or would resign. But would the Principal get another servant who would agree to wash the dishes of an *achhut* boy? No, it would not do. The Principal could not be put to this ordeal. He expressed his gratefulness to the Principal but declined the offer. Meanwhile, a professor of the physics department had heard about it. He pursued Jagjivan and succeeded in persuading him to live with himself. If the servant resigned he would do without one. So earnest the professor was that Jagjivan could not refuse and went to live with him. But the expected happened. The servant resigned. It was not possible to replace him. The *Kahars* had decided not to wash the plates of an *achhut* boy.

So, Jagjivan got permission to live outside and he rented a house at Lanka. He did his own cooking. When Vasanti Devi came to know that her son was living all alone in a rented house outside the University she came down to Banaras. Lanka was not a populous area. The day hung heavily on Vasanti Devi. She wanted her son to shift the residence to some other more congenial locality. He took another house on rent at Assi.

The landlord who was a *Koiri* and a disciple of the *Pujari* at Sankat Mochan had meanwhile conferred with his people. He was told that it was improper to have an *achhut* as a tenant. So, when Jagjivan returned to Banaras after the Pujah holidays with his mother to move into the house, the landlord put objections. He would not permit them to occupy the house. He was willing to return the *peshgi* and have done with the contract.

Jagjivan coaxed and cajoled. This had no effect. He then took a firm line and insisted on the implementation of the contract. The landlord rushed to his *Guru,* who appears to have been a *Pandit* of broad views, and under his advice he permitted the young student to stay in the house.

He and his mother were unwelcome tenants. For a time relations with other inmates of the house were strained. Later on, acquaintance and attachment developed. Vasanti Devi won their affection and esteem. She was like a loving mother to them all and when she went home the members of the landlord's family shed tears of sadness.

Whenever the young collegian got time he strolled into their vegetable garden and studied their methods of cultivation. The methods were simple, the results impressive. He learnt a method of 'grafting' brinjals which he employed with satisfactory results in his kitchen garden later.

One day he had another rude shock. His barber refused to shave him. He had been greatly attached to him. But when he learnt that the young boy was an *achhut*, his prejudices asserted themselves and got the better of his 'goodness'.

Jagjivan was not prepared for this surprise. In his own village and in his district, barbers served the *achhuts* as they served any other caste Hindus. The barber's behaviour was a call for action.

He had his training in social reform work and organisation. He started contacting the *achhuts.* He wanted to organise them. He felt that if the *achhuts* became organised, the behaviour of the *Savarna* Hindus would change. If not, it could be made to change. He was engaged in this work when he met Deonandan Singh Dixit who later became a terrorist.

It was a huge job convincing the *achhuts.* They knew that barbers never worked for them. Why worry? Jagjivan was not having any peculiar or novel experience. The thing had continued for centuries. How could it be otherwise? Here was the problem of untouchability in its most surprising and disconcerting aspect. But the young reformer was not going to accept defeat. He persevered.

His personality attracted the untouchables. His arguments impressed. His sincerity evoked a response. Ultimately the *achhuts* decided to boycott the barbers. After six months of boycott the barbers came down. The dispute was amicably settled. The *achhuts* had learnt under his guidance the value of organisation.

Jagjivan felt that destiny perhaps intended him to become a social reformer. The disabilities of the *achhuts* filled his heart with anguish. He yearned for the day when the invidious and humiliating distinctions would be wiped out.

Was it true that untouchability was divinely ordained? Did the *Shastras* justly assign the lowliest place to the *achhuts* and was the age-old social pattern immutable? These questions brought him to the *Shastras* and he undertook an extensive study of them while yet a student of Intermediate Science. He studied the *Vedas, Brahman Granths* and the eighteen *Puranas* in Sanskrit with the help of commentaries. He read and meditated.

He had come across some Hindi translations of Bengali books. These impressed him. He thought that it would be more pleasurable reading the masterpieces in the original. Soon, he had learnt Bengali and read Bankim Chandra, Saratchandra, D.L. Roy, Tagore and others in the original.

He was deeply religious from childhood and had imbibed *Sant* teachings and traditions very early in life. The *Sant* teachings he now learnt were but a part of the broad current of Hindu thought. He bathed in the Ganges, did his *Sandhya* and *Pranayam* and continued his study of the *Vedas* and the *Puranas* and other religious books with seriousness and thoroughness.

He had opted physics, chemistry and mathematics in addition to the compulsory subjects, English and Hindi. His love for mathematics and science subjects had, if anything, grown. But Hindi was equally dear. He had developed a taste for Hindi while an upper primary student. Now, he cultivated to acquaintance of Premchand and Suman. Prasad he only saw occasionally. The Banaras Hindu University had in those days a galaxy of eminent literatures as Hindi teachers : Shyam Sunder Das, Ramchandra Shukla, Lala Bhagwan Din and Hariaudh. Their influence made every Hindi student a lover of Hindi.

He had impressed as a debater in the Arrah Town School. The Mock Parliament of the B.H.U. attracted him. He was a frequent debater in the Parliament and received the grounding which was to stand him in such good stead in his later life.

Used to wrestling in the *akhara* at Chandwa and to playing football in his school days, he had retained his love for physical exercise. But as he had injured one of his legs he could not now take part in any outdoor games. He had, however, his fill of swimming, his favourite sport, and took exercises regularly at his residence. He often swam across the river and back and it did not prove a strain. The college indoor games had their special attraction for him.

The two years at Banaras were thus years of preparation. He always thought of the sad plight of the untouchables and dreamed of becoming a great religious reformer. It would be glorious, he felt, bringing about the biggest yet social revolution and did not aspire for anything higher. If he could raise the status of the untouchables and bring them on par with the upper caste Hindus a great dream would be fulfilled.

He made a point of attending religious discourses and meeting men of religion. He came in close contact with a venerable *Dadupanthi* whom he met at Tulsighat while he had gone there for his *Pranayam.* He wore saffron-coloured robes and was a sincere *Sadhak.* He also came across a *Brahmachari.* Long and exciting would be the discussions he would have with them. Besides discussing philosophy and religion, they sometimes talked about politics. Both the *Dadupanthi Sant* and the *Brahmachari* were great believers in *Pranayam* and they imparted their enthusiasm to young Jagjivan.

Pranayam is a form of *Sadhana* and *Sadhana* implies concentration. So, Jagjivan would endeavour to forget the outer world or *Maya* and concentrate on his inner self. While once thus engaged in *Pranayam* sitting on the lowest rung of a very narrow flight of stairs oblivious of all outer realities, he awoke to the sensation of some movement or hissing sound near him and opened his eyes. A crocodile was very near to his feet and escaped just by inches. Had his sixth sense saved him? Or was there the hand of God? His love for *Pranayam* persisted.

On the auspicious *Ekadashi* day, there used to be *bhajan* and *katha* in the University. Those religiously inclined would gather. Pandit Malaviya was invariably present. On one occasion the music teacher was singing the famous *bhajan* which begins with *Keshav Kahi Na Jaya Ka Kahiye.* He was singing well and all present were affected. Malaviyaji, however, appeared to be in a state of trance and without knowing it he had started singing the *bhajan* himself. Sweeter and sweeter rose the refrain *Samujhi Manahi Man Rahiye* and transported all present to a different world—of bliss. It was only when he ceased singing that those present realised how superb had the song been. This very human aspect of Malaviyaji endeared him to Jagjivan as it had endeared that great savant to others. In later life, as the leader of the untouchables Jagjivan had his differences with Malaviyaji but he never ceased loving him and respect and esteem for him never lessened.

Professor Nixon, the professor of English, also aroused feelings of respect and adoration. He was an Englishman but knew Sanskrit well and had studied the *Dharma Shastras* with great devotion. He was very Hindu in his outlook, wore *dhoti* and *kurta* on the occasion of *Holi* and participated gaily in the festivities. He is now stated to be a *Sanyasi* and lives at Almorah.

The papers brought news of the activities of the great national leaders, Mahatma Gandhi, Motilal Nehru, Lajpat Rai, Bipin Chandra Pal, Sarojini Naidu and others. He followed the broad national current carefully and imbibed a love for *Swadeshi* but his 'India', he felt, was different, though he was quite sympathetic to the India of politicians also.

It was during these days that he had occasion to know Tilak, not the great Tilak whom he could never see or hear, but the peon of the chemical laboratory of the University. Occasionally, one of the highly complicated and delicate scientific apparatuses would go wrong. The big professors who had considerable experience of handling the apparatuses and knew all about its construction were nonplussed and could do nothing about it. Then, Tilak, the peon, came invariably to their rescue. He had no degrees. He had no training as a scientist or as a maker or mender of precision instruments. He was just a peon. He watched the professors and students working at the apparatuses and he was supposed to dust them and keep them clean. He provoked Jagjivan into a train of thinking which covered the Indian social structure, the country's economy and the very glaring lack of equality of opportunity. Given the same opportunity that the professors had Tilak would have far outstripped them and perhaps become a world-renowned scientist. Thus would the young collegian argue within himself.

Meetings of the *Arya Samaj* and the Theosophical Society attracted him more than political gatherings, next to discoursing with *Sants* and men of religion. He listened to Dr. Annie Besant's impressive speeches. He attended learned discourses in these gatherings of the elite but he was not convinced. The *Arya Samajis,* he felt, went but half-way and the *Samaj* was more a safety-valve for Hindu *Dharma* than a vehicle of social revolution. Their emphasis on the *Chaturvarna* and *Ashram* he could never understand or appreciate. The theosophists appeared to him to be men of the leisure classes to whom religion was a matter of intellectual gymnastics. Theosophy was dry intellect.

It did not have that touch of the heart which makes any form of religion living. So, his own probings and his own *Sadhana* continued.

What was the Reality? He asked himself. Not the outer form and manifestations of the different religions. Not the taboos and superstitions such as untouchability. Not the rituals and the rites. Not the social customs and traditions such as the caste or the *Chaturvarna* even if they had the sanction of the *Shastras*. The don'ts and do's also did not constitute the Reality. None of these was therefore final, moral and binding. Reality was something above and beyond these and had its roots deep down behind these outer forms, deep down in the consciousness of man. How to arrive at this Reality? He came to a dead end but he continued to ponder.

Banaras had gradually given shape to his aspirations. Whatever he became or did not become, he would devote himself first and foremost to the sendee of the untouchables. An oath had been taken secretly, almost unknown even to himself, without any of the known formalities. A solemn resolve was made.

Calcutta with its hundreds of thousands of *achhuts* whose plight had etched itself on his heart beckoned him. The results of his social reform activities in Banaras were not commensurate with the efforts. The *achhuts* here had learnt the value of organisation. They had vindicated their right and their self-respect. But Calcutta would be different. Here the number of men of his own community working in the hospitals and the *Chutkals* or jute mills and as cobblers was considerable. Hundreds of these came from Shahabad. If he had to work for the amelioration of the untouchables' lot, Calcutta was the place for him. His mind was made up.

While at Banaras, he heard of Swami Achhutanand of Kanpur. The Swami maintained that the *achhuts* were *Adi Hindus* and were the original inhabitants of India. He was a great organiser and before the Indian National Congress had thought of it he had initiated the system of *muthia* or setting apart by each *achhut* one handful of *atta* every day for the workers of the Adi Hindu Mahasabha. The movement was gathering force in some areas of Uttar Pradesh.

Immediately after joining the Vidyasagar College at Calcutta in the year 1928 he started contacting important members of his community. Ravidas *Sabhas* were formed in various localities. The response he was receiving was encouraging.

After a few months of his arrival at Calcutta, he planned to hold a big meeting of the *achhuts*. The Ravidas *Sabhas* were informed. A notice was also inserted in the press. The meeting was to be held a few days after Vijayadashmi in the Wellington Park. Jagjivan knew that he was popular with members of his community as well as with other *achhuts*. Hundreds of untouchables from Shahabad working in Calcutta were disciples of his father and in spite of his protests insisted on touching his feet.

The Wellington Park meeting was a big surprise even for Jagjivan. At a modest estimate more than fifteen thousand *achhuts* had gathered. The twenty-year-old reformer, himself a college student, was to the audience their idol and saviour. Members of the Dalit Sudhar Sabha, an organisation devoted to the removal of untouchability, run by Congressmen, were present in the meeting. They did not participate. They had not been invited. They just watched the emergence of what they considered to be a new factor in Calcutta politics. Jagjivan became more confident.

Sometime later, Nanak Chand Dhusia met him. He gave out that he was an emissary of Swami Achhutanand of Kanpur and had been sent to organise branches of the Adi Hindu Mahasabha. He was tall, broad-shouldered and very fair. He looked imposing and had very impressive manners. He was, it turned out later, in the army and had managed to make a good deal of money. He lived well, almost like a prince.

He said that money was needed for establishing a college for the *achhuts*. Jagjivan took him to meetings of the Ravidas *Sabhas* and there were on-the-spot collections. One day he surprised Jagjivan by offering him about twenty-five rupees out of the collections. Gaping with wonder the idealistic reformer queried : "Why do you offer this money to me?" "You come to each meeting with half a dozen or a dozen of your volunteers. After all, this costs money," explained Dhusia. "But we take our tram hire from the Ravidas Sabha funds and many of us spend our own. Why touch the money which is being raised for a distinct purpose," Jagjivan remonstrated. "Come,

come," beamed the hard-boiled man of the world turned a social reformer, "this is how the world goes on." Dhusia must have laughed at the simplicity of the boy when the money was forced back into his hands.

Jagjivan lost all respect for this champion of the *Adi Hindus*. Word went round to be cautious of Dhusia. Yet, Dhusia was resourceful and there is no dearth of the credulous. So he continued to flourish. In Fazlul Haq's regime he became an important personality and was made a Rai Saheb. Later, he turned out to be a distant relation of Jagjivan who also learnt about his career in the army.

The standard required for the examination was, compared to the Banaras Hindu University lower and he had not to put in much effort to keep pace with the class. As a matter of fact he had finished the fourth year course while yet in the third year and considered himself free to devote his time to what was his hobby—social work.

The college atmosphere was not very delightful. He was the only Bihari and as he had made it a point to talk in Hindi when talked to, even though he knew Bengali well enough, he was not sought after. None of his Bengali classmates liked talking to him in Hindi. They expected him to talk in Bengali. This attitude was a challenge to indomitable Jagjivan. He never spoke Bengali in the college, while continued to devour Sarat and Tagore and other great Bengali writers at home.

Jagjivan was not only opposed to the *achhuts* taking meat of dead animals with which there was general agreement; he considered the giving up of drinking wine a precondition for the uplift of the untouchables. This was a controversial point.

Once, one of the four *Mahanths* of the four *Guru Gharanas* happened to pay him a visit. The Mahant was to dine at his place. Quite a number of important *Sants* had been invited. But there was no provision for wine. The *Mahanth* refused to touch food unless wine was provided. The young social reformer was in a fix. He had many a time attended religious ceremonies and social functions which had degenerated into drunken revelries. It was revolting and nauseating. Yet, he could not displease all the important members of the community gathered there. He could not ask the *Mahanth* to go back without dinner. He believed in the maxim, "one step backward, two steps forward." There was no sense in the social reformer marching very much ahead of his followers. That is why he kept company of the revellers with *sharbat.* That made the revellers think that even though a saint, he did not look down upon them and that he was one of them.

He said that he would not get wine but that he would pay money for it and the *Mahanth* should get it through his attendant from the market. So saying he placed some money on the table hoping perhaps that very broad hints had been given and the *Mahanth* would not persist. But the latter rose equal to the occasion, delayed the dinner, got his drinks from the market and after he had taken a few pegs grew very genial and had the temerity to offer a little drink from his glass to Jagjivan as a mark of special favour.

Some of these *Mahanths* of the sect had made wine drinking a part of religious ceremonies and rituals. Jagjivan was soon leading a *Sudharak* or reformist school in the *Sant Samaj.* This school objected to and preached against the practice of drinking wine by the community in general and on ceremonial occasions in particular. He always remembered that when his *Guru* initiated him into the sect he had given him an injunction not to touch wine. He was thoroughly conversant with the writings of Sant Shiva Narayan and other *Gurus* and his speeches were replete with quotations from the *Sant* writings. He was also well versed in the *Shastras* and general *Sant* literature and in debates could always quote chapter and verse in support of his view. His speeches, therefore, created considerable impression.

But the anti-prohibitionists had found in the *Mahanth* of Chandrawar an active proponent of their views. Jagjivan got the support of the *Mahanth* of Sasna. The controversy raged fiercely for months. Ultimately, though wine drinking by the community did not absolutely cease, religious sanction for drinking wine on ceremonial occasions was withdrawn.

This was, thought Jagjivan, one step forward. Many more such steps had to be taken. At the Ravidas Sabha meetings he exhorted the audience to take a vow not to drink wine and live cleanly. He quoted extensively from the *Sant*, *Puranic* and other Hindu religious literature and his sincerity as much as his able advocacy did produce an impression. A general belief was gaining ground : it is not given to a good man to drink wine. The battle was thus won. The gains had to be consolidated.

The Congress leaders of various shades of opinion heard about this very young reformer from the Dalit Sudhar Sabha. They also came to know that the young boy wielded considerable influence with members of the *achhut* community. His meetings had started drawing anything between ten to twenty thousand people.

The leaders, therefore, courted him in various ways. Some would take up an elder-brotherly attitude towards what he was doing and pat him on the back. Some were patronisingly kind. Some spoke of ideological affinity with him. All felt that here, in Jagjivan, was a force which must be harnessed to the different causes these leaders represented. Jagjivan soon came to know the Marwari money-lords Jugal Kishore Birla, Sita Ram Seksaria, Basantlal Murarka, Bhagirath Kanodia and Prabhu Dayal Himmatsingha. He also knew J.M. Sen Gupta, Dr. B.C. Roy, P.C. Ghosh and Subhas Chandra Bose. These were eminent all-India leaders. Thus, before Jagjivan had known a single important Congressman of his home state Bihar, he became personally known as leader of the *achhut* communities of Calcutta to many of the top leaders of the Indian national movement.

He had frequent talks with these leaders. He had started realising, dimly yet, that in the special conditions of India, social reform work had to be related to political activity. Subhas Bose, he could see, was pursuing a more radical line than the official Congress line represented by Sen Gupta, B.C. Roy and others. Subhas was deeply interested in the lot of the *Harijans* as socially and economically the most exploited and depressed sections of the Indian people and therefore potentially the most revolutionary. He felt that they should throw their entire weight into the trade union movement which he was organising.

Jagjivan listened to them and pondered and wondered. Would the *achhuts* be an important political entity unless they were socially reformed? Would they not be exploited by the upper caste Hindu leaders and be ineffective politically unless they were better socially? He found no answer. He continued with his Ravidas *Sabhas* and social reform activities. But the purpose and sincerity of some of the Congress leaders was bringing a change in his attitude, slowly but surely.

He could not take his examination in 1930 due to illness. He was living in the precincts of the Medical College. One day while going towards the Presidency College, he found that it was being picketed. The police lathi-charged and though he was just a spectator he also received a blow. His feelings were aroused. His pride was greatly hurt. He decided to join the picketers and court arrest.

But some leaders of the Congress under whose guidance the picketing was held asked him to refrain. There was a more important work for him to do. He was living in government quarters and was not known as a Congress worker. The printing of bulletins and leaflets, their stocking and distribution was an important part of the Congress programme. Some of the leaflets were distributed through Government servants. This work was entrusted to him.

Meanwhile, the country was moving fast towards political independence though the movement was imperceptible. On November 5, 1927, Lord Irwin invited Mahatma Gandhi, Vithalbhai Patel, S. Srinivasa Iyenger and M.A. Ansari to the Government House and handed them a paper announcing the arrival of an official British Commission headed by Sir John Simon to report on Indian conditions and make recommendations for political reforms. The Commission had no Indian member. It was constituted under section 84a of the Government of India Act, 1919, which provided for ten-year surveys. Other leaders were similarly invited and given a handout. There was no discussion, 110 elaboration. India reacted magnificently to this affront. Under Sir Tej Bahadur Sapru's leadership the liberals announced their boycott of the Commission. Pandit Malaviya led the Hindu Mahasabha into the boycott camp. M.A. Jinnah also joined the boycott. The Congress had, of course, decided to oppose the Commission actively.

The Commission arrived in Bombay on February 3, 1928. It was greeted with the slogan 'Go Back Simon' wherever it went. Only a few bitter or ambitious untouchables and a handful of very minor politicians could be induced to tender evidence before the Commission which returned towards the end of the year. It saw the splendid boycott. It felt it. It learnt also of the more-splendid Bardoli *Satyagraha* led by Vallabhbhai Patel and of the success of the *Satyagraha.* It heard of the death of Lala Lajpat Rai as a result of a lathi-charge and of the assassination of Police Superintendent Saunders who was responsible for the same.

When Jagjivan attended the Calcutta session of the Congress in December 1928 the restive mood of the country touched him. Subhas Chandra Bose and Jawaharlal Nehru demanded action. "A thousand Bardolis would spring into action at your word," they assured the Mahatma. But Gandhiji wanted time. He declared that if by December 31, 1929, India did not achieve Dominion Status he would vote for complete Independence.

1929 was for Gandhiji the year of preparation for the impending battle. He moved throughout the country kindling bonfires of foreign clothes and asking people to take a vow to wear *Khadi* and nothing but *Khadi.*

All this gave food for heart-searching and contemplation to Jagjivan. In December 1929 there was to be a session of the All India Depressed Classes Conference at Lahore. The fateful session of the Indian National Congress was also to be held there. Jagjivan attended both the sessions and on return entered into correspondence with Mahatma Gandhi.

Earlier, Lord Irwin had sensed the tense situation prevailing in the country. He visited England, and on return announced, on the last day of October 1929, that soon there would be a Round Table Conference consisting of British Government representatives and delegates from India and native states. He was, however, not prepared to elaborate. He was not prepared to commit the conference to the drafting of a constitution for a Dominion Government.

The Congress, more correctly Mahatma Gandhi, launched the 1930 movement in these circumstances. There was the salt *satyagraha* and the picketing of foreign cloth and liquor shops and occasional picketing of educational institutions. It was one of these picketings Jagjivan came across in 1930.

Jagjivan had pondered long over these momentous happenings. He still felt that his way was the way of social reform. But *Khadi* had an appeal which was irresistible. He took to *Khadi* and became a regular spinner.

In 1931 received B.Sc. degree from the Calcutta University.

Untouchables, that is Harijans

"Untouchability with its denial of opportunities and its element of serfdom," says Jagjivan Ram, "is woven in the socio-economic fabric of Hindu society. Its abolition, therefore, implies a complete reorganisation of the socio-economic order. It spells a revolution, social, economic and political, bigger than any that has so far taken place in India or anywhere in the world. This truth, however, is seldom, if ever, grasped and even when social reformers or politicians blunder into it, they but inadequately appreciate its full significance."

This very complex issue is further complicated, I think, by the kind of religion praised by the Hindus. The philosophy of the *Upanishads* has always remained and remains even today exclusive and esoteric. The masses believe in a form of religion which is an amalgam of primitive magic, the ancients' worship of natural phenomena and all kinds of hoary superstitions. Is it religious to believe oneself surrounded by a host of unseen agents only too ready to do you in if you make any slip in the observance of intricate rules and taboos? Is it spiritual to believe that every action, each domestic occurrence, is to be brought somehow into the right relation with these very touchy and irate powers? There are some whose lives are influenced by the *Gita* or the *Upanishads* and who attain spiritual insight into the morally beautiful or good but for the most part, as stated, religion is morbid fear and primitive taboo.

Then again the particular cult to which the Hindu family adheres is not maintained because of any conviction that it is the best but because it is that into which they are born. The form of the religion is thus only a mark of the community and it is the community which matters. It is the community and the community life which is fundamental, religion is just accidental. Apart from this community life and caste there is nothing distinctive about Hinduism as practised in India's half-a-million villages. For many, it is the old paganism, with the caste superimposed.

This is one view of Hinduism in practice. It is more true than charitable, more concerned with depicting a reality than with anxiety to gloss with a view not to wounding Hindu susceptibilities. But this reality is stated to be only the surface. Deep down in his consciousness, the Hindu retains his love for the good and the beautiful. But outwardly Hinduism in practice is *Brahmanical,* mechanistic *Sadachar* devoid of all elements of *Sadacharan.*

This has made through long centuries the lot of the *achhuts* unenviable. They took one step towards their improvement and they clashed against the economic class interests of their overlord. They took a different step and clashed against the deep-rooted age-old superstitions and taboos. And the taboos and the economic interests had become linked and integrated into one whole.

Islam did not bring to them any relief, nor did Christianity, nor could the British Indian Government do any real good to them. The British were more concerned, as a matter of political strategy, with wooing the nationalist bourgeoisie, at first only Hindus but later Muslims also. The *achhuts* were not a political factor and hence they did not matter. In assessing the role of the British Indian Government vis-a-vis untouchables, it is well to remember that even though popular representatives were admitted into Legislative Councils as early as 1861 not a single *achhut* representative found a place there. When the Minto-Morley Councils were formed to give greater power to popular elements by creating a non-official majority, no room was found for depressed class representatives. Only one *achhut* found a place in the Madras Assembly when these Councils were having their last days. The Lucknow Pact between the Congress and the League completely ignored the *achhuts.* The Montague Chelmsford Reforms showed greater realisation of the problem and made statutory provisions for the *achhuts'* representation. Yet, prejudices still barred the way. In 1927, Rao Bahadur M.C. Raja was given a seat in the Central Legislative Assembly, the first untouchable leader to have been so honoured.

Mahatma Gandhi felt keenly the disabilities of the *achhuts.* When he first formulated his programme for Indian Home Rule in 1909, he thought of the untouchables. He believed that the poison of untouchability was eating into the very vitals of Hinduism and unless it was discarded for good it was sure to kill it. But as "the idea of pollution or untouchability resided in some innermost recess of Hindu consciousness," felt Mahatmaji, "the way out was self-purification." "It will not be eradicated by money, external organisation and even political power for *Harijans,"* said he, "though all the three are necessary. But to be effective they must follow or at least accompany, inward organisation and inward power, in other words, self-purification." So, removal of untouchability along with *Khadi,* Hindu-Muslim unity and village industries formed from the very beginning the main planks of the *Gandhian* programme.

This appreciation of the problem of untouchability was the result of Gandhiji's intuitive reaction. Mohandas, the boy, who worshipped his mother refused to believe in her injunction that playing with his untouchable playmate would pollute him. In Africa, he came across untouchables and the whole fight there was against a form of untouchability. Almost the first thing he did in Champaran *Satyagraha* was to make the late Brajkishore Prasad, Dr. Rajendra Prasad, Dr. A.N. Sinha and others realise that they could not have their separate caste kitchens and fight for *Swaraj.* In one day, the caste kitchens were abolished and an untouchable installed as the common cook.

Till the announcement, however, of the Communal Award, the *achhuts* did not matter politically. Then, suddenly they shot into prominence. The story is worth repeating in some detail.

I have already stated how the first Round Table Conference came to be called. It was attended by Jinnah, the Maharaja of Bikaner, Srinivasa Sastri and others. It opened in London on November 12, 1930. It achieved almost nothing. The Congress did not attend and thus it was like acting Hamlet without the Prince. The Irwin-Gandhi or Delhi Pact followed on March 5, 1931, under which Congress agreed to attend the second Round Table Conference and the Government released the civil disobedience prisoners and permitted free salt manufacture on the coast. So Mahatma Gandhi attended the second Round Table Conference as the sole delegate of the Congress. He knew intuitively that the conglomeration of diverse and conflicting elements would never achieve anything. The princes wanted their separate existence. The Muslims, the *achhuts,* the *zamindars,* all wanted separate electorates. Dr. Bhim Rao Ambedkar, the *achhut* representative, at first fought doggedly for separate electorates but as Gandhiji would not agree, he came down and wanted reservation of seats for the untouchables. Mahatma Gandhi again said 'no'. When he returned early in 1932 the political situation in India had worsened. The hopes aroused had been blasted. The Muslims were bitter. The untouchables were restive. The entire country was sullen. Britain, all felt, wanted to divide and rule.

This was the mood of the country when Premier MacDonald's Communal Award was announced on the 16th August, 1932. The representatives to the Round Table Conference which included Gandhiji having failed to reach any agreed conclusion on the question of communal representation, it had fallen to the lot of the British Prime Minister to give his solution.

The Award, which was MacDonald's solution, created special constituencies for the depressed classes and gave them the right to vote both in general and the special communal constituencies. The special constituencies, except in Madras where they were to cover the whole province, were to be formed only in areas where the depressed classes were most numerous. The general criteria of untouchability were to be as defined in the Franchise Committee Report. In an explanatory note MacDonald said that while the intention of the Government was to secure to the depressed classes, spokesmen of their own choice, they also wanted to avoid electoral arrangements which would perpetuate their segregation.

Gandhiji was in prison. The announcement was a rude shock to him. He could see that once separate electorates for the depressed classes came into being these communities whom he regarded as part and parcel of Hinduism would gradually break apart. Hinduism and with it the homogeneity of a vast mass of the Indian population would shatter into pieces.

He had his apprehensions even before this announcement was made. On the 11th March, 1932, he had addressed a letter to Sir Samuel Hoare, Secretary of State for India, intimating that if the British Government decided in favour of separate electorates for the depressed classes he would fast unto death. The Premier replied that his views would be considered. The Award flung a rude challenge.

Gandhiji informed MacDonald on August 18, 1932, that he would begin a fast unto death on September 20, 1932, unless the decision to create separate electorates was revised. MacDonald sent a gentle and explanatory reply but the position was to remain unchanged. Again Gandhiji wrote to the British Prime Minister telling him that he sensed in separate electorates the injection of a poison calculated to destroy Hinduism. He was against statutory separation of untouchables even in a limited form from the Hindu fold so long as they chose to belong to it.

The Government wanted to release Gandhiji on certain conditions. He spurned conditional release. Then arrangement was made for him to have all facilities while in the Yervada jail. In an appeal addressed to caste Hindus he asked them not to coerce those members of the depressed classes who opposed joint electorates and told them that unless they were prepared to banish untouchability from root and branch, they must sacrifice him. He explained : "An intimate acquaintance with every shade of untouchability has convinced me that their (*achhuts'*) lives are so intimately mixed with those of caste Hindus that it is impossible to separate them. They are part of an individual family. Their revolt against Hindus and their apostasy from Hinduism, I should understand, but this, so far as I can see, they will not do. There is a subtle something quite indefinable in Hinduism which keeps them in it even in spite of themselves."

On the 20th September, 1932, Mahatmaji began his fast.

Even the announcement of the fast had stirred the Hindu community to action. M.C. Raja, the untouchable spokesman in the Central Legislature identified himself with Gandhiji's position. Dr. Rajendra Prasad appealed to Hindus to open their temples, wells, schools and public roads to untouchables. Malaviyaji had convened a conference of leaders on September 19, 1932. Sir Tej Bahadur Sapru appealed to Government to release Mahatmaji unconditionally. Nehru, in jail, thought, 'what a magician this little man sitting in Yervada prison is and how well he knows how to pull the strings that move people's hearts.' Congress and Hindu leaders like Dr. Rajendra Prasad, Sapru, Jayakar, G.D. Birla, Sir Purushottam Das Thakur Das, Sir C.B. Mehta, Rajagopalachari and the depressed class leaders, Dr. Ambedkar and Dr. Solanki, gathered in Bombay and shuttled between Bombay and the Yervada jail. Dr. Ambedkar bargained hard. Mahatma Gandhi had announced that his fast was not directed against statutory reservation of seats. It was directed against separate electorates. His spirit, however, rebelled against any form of reservation. It smacked of separation. But he had realised that something had to be done and persuaded himself that some sort of statutory reservation was inevitable. On the 24th September, 1932, an agreement known as the Poona Pact was arrived at between the Hindu leaders on the one hand and the untouchables' leaders on the other. This is known as the *Magna Carta* of the untouchables. Seats for them were reserved both in the provincial and Central legislatures. Election to these seats was to be by joint electorates subject to the procedure of holding a primary election for the untouchables' seats by the untouchable members of the joint electorates. The system of primary elections was to end after 10 years but the provision for reservation of seats could be ended only by mutual agreement. No disability was to attach to anyone on ground of his being a member of the depressed classes in regard to any election to local bodies or appointment to public sendee and in every province out of the educational grant an adequate sum was to be earmarked for providing educational facilities to members of the depressed classes. But Gandhiji would not break his fast unless the British Government accepted the agreement. On the 26th September, a copy of the Premier's acceptance of the agreement was handed over to him and he ended the fast.

Many had not understood the significance or the need for the fast. Dr. Ambedkar expressed his surprise as to why Mahatma Gandhi did not accept reservation of seats at the Round Table Conference which would have saved him an ordeal which well nigh cost him his life. Young Jagjivan Ram could not understand why Gandhiji had refused to accept statutory reservation of seats in the Round Table Conference and had addressed an angry letter only to be told by the Mahatma's secretary that Gandhiji considered any kind of separation bad for the Hindus and for untouchables.

But none felt the pulse of the Hindus more correctly. Gandhiji knew that a paper agreement arrived by him in London would leave the caste Hindus cold. But the fast stung Hindu consciousness into religious fervour. The Hindus received an emotional churning. The fast did not kill untouchability. It could not. Nor did segregation end. But after the fast untouchability forfeited public approval. It snapped a long chain that stretched back into antiquity and had enslaved tens of millions. Some links of the chain remained. But nobody would forge new links. Nobody would link the links together again. The future promised freedom.

The expression of this emotional upheaval was the inauguration of the Anti-Untouchability League on 30th September in Bombay. The aim of the League was to educate caste Hindus with a view to eradicating all vestiges of untouchability and to work for the upliftment—educational, social and economic—of the untouchables. G.D. Birla was elected as the provisional President of the League. Later, when Gandhiji evolved a new word, *Harijan,* for untouchables while in jail, the League was renamed as Harijan Sevak Sangh. The untouchables were now *Harijans* or children of God and serving them was like serving God himself.

Soon, the movement for removal of untouchability started facing opposition. The Hindus had not undergone a mental revolution. What was mistaken as a big change in social psychology was really emotional effervescence. The Hindus, Gandhiji wrote later, had done in a state of delirium what in their sober moments they regretted. The Hindus became divided. A furious controversy arose. There were loud protests against the Poona Pact. Dr. Subbarayan's Temple Entry Bill passed by the Madras Council in November, 1932, was scuttled by the Centre, the Viceroy refusing his assent. But another bill, Ranga Iyer's Untouchability Abolition Bill was permitted to be moved in the Central Legislature on the 24th March, 1933, and after passing through many vicissitudes the bill had to be withdrawn by the mover in view of strong opposition.

Till then there was no organised *Harijan* movement. There were, of course, the sectional *Sabhas*. There were some other state organisations. But an all-India organisation of the *Harijans* of all sects there was none. Frequently there would be Depressed Classes Conferences on a state and sometimes on an all-India basis but a strong national *Harijan* organisation was yet to emerge.

Meanwhile, Mahatma Gandhi was having his fasts one after the other. His 21 days' fast for self-purification in connection with *Harijan* work commenced on 8th May, 1933, and ended on 29th May. He was released on the first day of the fast. Later, he was arrested and when he again started a fast in August as Government did not gave him the facilities he needed for *Harijan* work, he was again unconditionally released. In November 1933, he began his *Harijan* tour.

By December 1932, not only the Anti-Untouchability League had changed into Harijan Sevak Sangh, even Gandhiji's paper *Young India* changed its name to *Harijan*. The children of God now claimed Gandhiji's major attention.

On return from Calcutta after completing his B.Sc., Jagjivan Ram wanted to devote himself exclusively to social reforms. He could not conceive of a better cause to which one could dedicate one's life. But his brother, his mother and other members of the family insisted on his taking up a job. He applied for the post of an Excise Inspector. His name was sent from his district but when he was called for the final interview he fell seriously ill. The illness lasted for sometime. Meanwhile, the final interview was over and the appointment had taken place.

His illness saved him from the Excise Inspectorship. He explained to his mother, his elder brother and others that he also was not cut out for jobs and that the also Lord willed it otherwise. He decided, his family members concurring with the decision, not to apply for any jobs in future.

The epic Yervada fast which had started on September 20 found Jagjivan Ram, a young man of twenty-four, engaged in his social reform work, study and contemplation. He was not convinced by Gandhiji's logic that he had opposed reservation of seats for *Harijans* at the Round Table Conference because he considered any form of separation bad for the *Harijans* and bad for the Hindus. Yet, the emotional churning which the fast caused could not leave him cold. His reputation as a budding *Harijan* leader had travelled ahead of him and about this time the Congress leaders of the district of Shahabad contacted him. His name was forwarded as one of the nationalist *Harijan* leaders for participation in the Leaders' Conference. But great as his desire was to leave for the Leaders' Conference which was being held in Bombay from September 19, 1932, and, much though the leaders of the Shahabad Congress pressed him to leave for that momentous meeting, the outcome of which was to decide the issue of Gandhiji's life, he could not do so. Santlal was ill. He could not leave his ailing brother. But he had to do something. It was a crucial moment in the history of the *Harijan* movement. He poured his heart in a meeting of *Harijans* and caste Hindus held at Arrah. He could see that the fast had given a fillip to *Harijan* uplift work. But he had his doubts. Will it endure?—was the ever present question mark.

The Anti-Untouchability League was fast developing into an all-India organisation. Bihar, under Congress inspirations, had also formed a provisional branch with the Raja Sahib of Surajpura as the President and Vindeshwari Prasad Verma, affectionately called Vinda Babu, as Secretary. They were preparing to hold a conference and Pandit Braj Behari Chaturvedi had been made the chairman of the Reception Committee.

The Bihar Provincial Anti-Untouchability Conference was held at Patna in the Anjuman Islamia hall under the presidentship of Raja Radhika Raman Singh of Surajpura. Hindu *Sabha, Arya Samaj,* and Congress leaders of the province attended. Jagjivan Ram was one of the invitees. Dr. Rajendra Prasad and other leaders were also present.

Jagjivan Ram listened to the milk-and-water speeches made by many of the leaders. They were repeating the same stale and stinking platitudes, he noted with mounting chagrin. Nothing pricked him more than the sermonising and moralising attitude of the caste

Hindus. They did not give with grace. It were they who had perpetrated unparalleled atrocities on the untouchables who, history proclaimed, were once their equals in culture and attainments. It were they who had reared the myth and the taboo of untouchability and made it a part of the Hindu religions. It were they who had denied all opportunities to those whom they made permanent and everlasting untouchables. For them to mount the pulpit and utter sermons was an affront to the untouchables. It was adding insult to injury.

When Jagjivan Ram spoke, therefore, he was sarcastic and bitter. He said that the "give-up-meat-eating-drinking-wines-and-develop-cleanliness" attitude of the caste Hindus would not have the desired results. The *Harijans* demanded and they must get fair treatment, not platitudinous advice. Action not words was needed.

His outspokenness stunned many present. The *Arya Samajis* criticised him in the meeting. But Dr. Rajendra Prasad was quiet and thoughtful. He had listened very attentively to his speech and he did not make any comments. Later, he told him to give some of his time to the province. Jagjivan Ram returned to Chandwa, impressed with the attitude and behaviour of Dr. Rajendra Prasad.

Sometime later Vindeshwari Prasad Verma met him at Arrah and told him that Rajendra Babu had sent for him. He left for Patna with Vinda Babu immediately. He had a long heart-to-heart talk with Rajendra Babu in the Congress office which was then situated on the Bank Road. The latter pressed him to make Bihar his field of activities instead of Calcutta. Jagjivan Ram consented.

Jagjivan Ram became the Secretary of the Bihar branch of the Anti-Untouchability League, later known as the Harijan Sevak Sangh. Thus began his public career in Bihar.

He soon felt that anti-untouchability work as carried on by the Sangh had lost its original inspiration. It did not symbolise the marriage of repentant Hinduism anxious to do penance for centuries of inhuman oppression of their brethren and fiery iconoclastic untouchability. It was fast becoming a *Harijan* welfare society manned by caste Hindus who professed pity and compassion for the poor untouchables and expected them to be grateful for what they did. His heart ached as the truth that the Mahatma's epic fast of September

1932 had created only emotional effervescence and not a social or psychological revolution was gradually driven home. Nationalism, he was to learn later, was a cult of narrowness and its framework cracked when a movement of human freedom, in its widest sense, was sought to be fitted within its confines. No wonder if under nationalist dispensation the social reformer was but a poor relation of the politician and yielded honour to him all along the line.

While in Calcutta on a brief visit news reached him of the devastating and calamitous Bihar earthquake. He rushed to Patna and joined Rajendra Babu in organising relief work. Soon after came Gandhiji on his Bihar tour and Jagjivan Ram had the opportunity of coming into close contact with the Father of Indian Nationalism for the first time.

Alter his release in August 1933, Gandhiji was painfully struck by the gathering caste Hindu opposition to the Poona Pact. "*Harijan* service is the very breath of life to me," he wrote in the *Harijan*, "more precious than my daily bread and I cannot live without it for one single minute." No stronger arguments could be used to bring the caste Hindus to realise the single importance of *Harijan* uplift work.

Though each province had its caste Hindu bigots, Bengal was developing as the spearhead of Hindu reaction. If the Communal Award was an unmitigated evil, how could the Poona Pact, its corollary, be anything but vicious?—asked the Bengal Mahasabhaites. They questioned the equity of giving the depressed classes 148 seats under the Poona Pact instead of the 71 offered by MacDonald under the Communal Award. They stressed that the depressed classes were divided amongst themselves and these divisions and sub-divisions observed untouchability *inter se* and thus they did not form a compact homogeneous body, an entire social mass, vis-a-vis the caste Hindus. The result would be that the more organised sections of the depressed classes would be monopolising all the seats not only at the expense of the more backward and less organised brethren of their community but also at the expense of the high caste Hindus who were generally inspired by high ideals of social service and were more capable of rising above petty considerations. They were confident of their stand

and popular support but they were apprehensive lest Mahatmaji should visit Bengal and upset their apple cart before they had succeeded in making credulous caste Hindus record their verdict in unmistakable terms. When they got news of Mahatmaji's projected Bengal tour, they got feverishly active. Simultaneously, meetings were being held by those caste Hindus who were in favour of accelerating the pace of *Harijan* reform and of the Poona Pact in Bengal and elsewhere. The depressed classes were also meeting collectively in their sectional organisations and giving expression to their feelings of resentment and their urge for a higher life. The Mahatma's fast may not have heralded social revolution; it certainly touched off a movement for reform and gave such a churning to the Hindu community's consciousness as it had not experienced for centuries past.

So the sea-saw battle for and against the Poona Pact continued. The objective of the opponents was to prevent its incorporation in the Government of India Act, 1935. Gandhiji knew that his tour would not do the trick but it would certainly weaken the gathering opposition and strengthen the supporters of the Pact.

About this time, Gandhiji, in one of his articles in the *Harijan*, referred to the untouchables as 'cows'. Jagjivan Ram sensed in it the caste Hindu attitude of pity and addressed to him a spirited protest. He received a reply which said that the cow was a symbol of gentleness and patient suffering and no ill-will was intended.

Gandhiji started his campaign at Ahmedabad, covered Lahore and Kanpur and moved to Calcutta. At Ahmedabad he said that either untouchability should go or he should perish in the attempt. At Lahore he exhorted the students to regard *Harijan* sendee as their foremost duty. At Kanpur he explained that the aim of the *Harijan* movement was to remove the feeling of superiority and inferiority.

The *Harijan* campaign carried the reformation a step further. Mammoth gatherings cried 'Mahatma Gandhi *Ki Jai*' till they were hoarse. They listened to the Mahatma with great devotion but went home unconvinced. The bigots organised black flag demonstrations. They hired *Pandits* to arouse passions and ruffians to break heads. They hurled shoes and brick-bats on Gandhiji's meetings. The *Harijan* movement was to the Hindus not an expiation or atonement but a political movement governed by the current rules of that game. This state of affairs continued till the Poona Pact was incorporated in May 1935, in the Government of India Act.

While Gandhiji was touring Bengal, the Bihar earthquake occurred. It cut short his Bengal programme. He hurried to Patna in March 1934 and after spending some time there commenced his Bihar tour. He walked from village to village, comforting, teaching and preaching. Jagjivan Ram, along with many others, accompanied him.

The opponents of the Poona Pact had drafted Lal Shastri of Banaras to disturb Gandhiji's meetings in Bihar.

At Buxar there was violent opposition by the bigoted *Sanatans.* Brickbats were hurled when Gandhiji got up to address the gathering. But the meeting concluded uneventfully. Piqued, Lai Shastri prostrated himself before Gandhiji's car determined not to let him move. He got down and continued his journey on foot. Similar opposition was encountered at Arrah and Patna but there were no brickbats. When, however, the party reached Deoghar at 2 a.m., they found the situation tense. Two groups of demonstrators, one for and the other against the Poona Pact, had gathered at the station and they ultimately clashed. There was an exchange of lathi blows and the prospects looked grim. Gandhiji was escorted to a waiting car whose rear window glass had been smashed. When he reached the place where he was to put up he was serenely calm. He refused to take any rest and told Binodanand Jha and Shashi Bhusan Dey that he would go to the meeting place the following morning on foot. Attempts were made to dissuade him. He was adamant. "Why should he put his precious life in danger!", argued many. "None wanted to take his life", explained the Mahatma, "and even if he died what did it matter? He would have died in a noble cause."

The organisers of the meeting could not, however, be complacent. Additional volunteers were immediately recruited. The entire route was cordoned. Gandhiji walked on foot. Thakkar Bapa, Jagjivan Ram and others accompanied him. A mild exchange of lathi blows in the meeting was all that happened. Gandhiji's presence mollified. Even the ruffians waited and listened. Twenty years later Deoghar *Pandas* were again to create history by assaulting Sant Vinoba.

Coming back from Monghyr, while entering Gaya at Kiul Junction they found the third class compartment fully packed. Gandhiji would not agree to that it should be vacated for his party. He, along with his party, boarded the compartment amidst the rush and the suffocation and intimating that he would snatch half an hour's sleep, he actually went asleep. He slept soundly for 35 minutes. At Gaya a mammoth crowd had collected at the platform to have Mahatmaji's *Darshan.* It would have been extremely difficult to reach the waiting cars through the vast crowd. Gandhiji got down on the off side and Jagjivan Ram and others followed his example. The crowd must have returned bewildered.

The tour was to Jagjivan Ram a lesson in mass organisation and political generalship. Nothing ruffled Mahatmaji's serenity. Nothing affected his indomitable will. The tensest situation found him smiling and cracking jokes. No detail, however trivial, escaped his attention. Like a loving father he took care of all the members of his entourage. Balji Desai of the Harijan Sevak Sangh was a dyspeptic and lived only on oranges. Gandhiji would not forget to ensure at each halt that the supply of oranges was adequate. What a wonderful mass leader!

Jagjivan Ram found to his pleasant surprise that Mahatmaji knew how to talk to India's ignorant millions. He told the Bihar public that the earthquake was a chastisement for their sin of untouchability. Tagore, who had explained his mysterious 1932 fast to the West as the self-immolation of one individual to prevent dismemberment of Indian society, was perplexed and angry. "Physical catastrophes, even school-boy knew, had their origin, inevitable and exclusive, in certain combinations of physical facts", argued Tagore. Why was then Gandhiji associating ethical principles with cosmic phenomena? Why was Gandhiji, who had induced, by his wonder-working inspiration, a freedom from fear and feebleness in the minds of the masses, was emphasising in those very minds the elements of unreason? This is how Tagore remonstrated. Gandhiji replied : "There is an indissoluble marriage between matter and spirit. The connection between cosmic and human behaviour is a phenomenon of living faith with me and draws me near to God."

The event did not perplex Jagjivan Ram or his associates. They felt that like Arjun using Krishna as a charioteer Mahatmaji was harnessing God to his propaganda chariot.

The first session of the All India Ravidas Conference was to be held at Calcutta and, as one of its principal organisers, Jagjivan Ram hastened to that place. Even as a student he had organised Ravidas *Sabhas* in various localities and had initiated the practice of celebrating Ravidas *Jayanti.* Of all the depressed classes, the *Chamars* are the most influential and numerically important. Their number, according to the 1931 census, was 11,800,000. The Ravidas Sabha, therefore, rightly guided, could be a source of strength in the social movement of all the depressed communities. It could not have found a more balanced leader.

It was at this first session of the Ravidas Sabha, held at Calcutta that he came across Dr. Dharma Prakash, Ram Prasad Jaiswar and others. Under his inspiration the Sabha did something which was to make history some time later. He mooted the idea of the unity of all the depressed classes on a single platform. Only then could they make their existence felt in the political development of the country. It was decided that a conference of the leaders of all sections of the depressed classes be called. The appeal of the convenors of the Depressed Classes Leaders' Unity Conference, to be held at Kanpur in the following year, was prepared at the conference itself and issued. Simultaneously with the Unity Conference was to be held in the second session of the All India Ravidas Mahasabha. This Unity Conference, thus convened at Jagjivan Ram's instance, gave birth to the All India Depressed Classes League.

The Depressed Classes Leaders' Unity Conference met at Kanpur in May, 1935. Quite a large number of representative *Harijan* leaders participated. Ambedkar, Raja and Srinivasan did not attend. Jagjivan Ram emphasised that the various communities constituting the depressed classes had their separate caste organisations and they, therefore, failed to impress Indian nationalism. Mere social reforms, moreover, would not do. Political status was essential. The depressed classes, so long as they remained split up in numberless tiny sectional organisations, devoted exclusively to social reform work, could never hope to attain a higher political status for themselves. They would be entirely at the mercy of caste Hindus. A well-knit, united, all-India political movement of the depressed classes conducted from a common platform, was a historic necessity. At the same time it was essential not to cut themselves adrift from the main national current. The idea found a great response. The All India Depressed Classes League was formed. Rasiklal Biswas was elected as the president and P.N. Rajbhoj and Jagjivan Ram as the secretaries of the new organisation.

Jagjivan Ram's first wife had died in 1933. He now married Indrani, daughter of Dr. Birbal on the 2nd June, 1935, at Kanpur. Indrani Devi is educated and accomplished and she has proved a tower of strength to him.

In this month the Poona Pact was incorporated in the Government of India Act under which elections were to be held in 1936. In the words of Attlee it would have been a great wrong to segregate the depressed classes. The British Government did not commit this wrong under Gandhiji's pressure and the Poona Pact saved the Hindu society from disruption. Realising that economic reorganisation must proceed side by side with social reforms, Gandhiji organised in October, 1934, the All India Village Industries Association under his presidentship.

Jagjivan Ram, the principal inspirer of the All India Depressed Classes League, threw himself heart and soul into organisational work. By August 1935 he had organised the Bihar branch of the Depressed Classes League and was elected as its president.

The League was fast emerging as the single representative of the depressed classes. Besides the caste organisations of the *Chamars,* the *Pasis,* the *Mahars,* the *Dusadhs,* etc., the few depressed class organisations of a general nature were local and sectional, led by Ambedkar, Srinivasan and M.C. Raja. All the three were loyalists and had kept themselves and their organisations apart and separate from the Indian national movement.

As stated, Jagjivan Ram's approach to the depressed classes' problem was basically different from the orthodox nationalist approach. He believed that an economic and socio-psychological revolution was a precondition for the coming of the depressed classes into their own. But he also believed in first things first and considered national independence as the first step towards that goal. He had seen the working of the Harijan Sevak Sangh from inside and did not feel very enthusiastic about its working. Another difference now arose. Thakkar Bapa, Secretary of the All India Harijan Sevak Sangh, did not like that Jagjivan Ram, a secretary of the Sangh, should be active in the political movement even if it be of the *Harijans*. After an exchange of correspondence Jagjivan Ram resigned from the Sangh. He was now free to devote himself entirely to the activities of the League.

He involved himself in the problem of *Harijans'* franchise. The Franchise Committee had recommended a differential qualification for the *Harijan* electorate so as to enable 10% of the *Harijan* population to vote against 13% caste Hindus. There was the problem of proper delimitation of constituencies and other details which were of vital interest to the *Harijan* community. From Kanpur he went straight to Ranchi and met Mansfield, the Reforms Secretary of the Bihar Government and later appeared before the Hammond Commission to tender his evidence. At Ranchi he put up with Ram Narain, M.L.C. He had mastered matters relating to franchise and its exercise. The way of the ballot box, he knew, was going to prove important for the evolution of Indian Democracy. Every effort, he felt, must be made to quicken the pace of constitutional reforms and accelerate progress towards active participation by the people in elections. The variation in the qualification of *Harijan* electors was good so far as it went, but care had to be exercised to ensure the enlistment of all *Harijans* eligible for voting and the delimitation of double-member constituencies had to be done very carefully.

Ambedkar was feeling more and more frustrated. Gandhiji had stolen the Doctor's thunder. New forces were arising which would, he knew, challenge successfully his claim to speak on behalf of the depressed classes. Something spectacular had, therefore, to be done.

The agitation for and against the Pact, which swept the country for about two years, exacerbated feelings in many places and the *Harijans* came in for caste-Hindu persecution. The Kalaram Temple Satyagraha and the Ram Nath Procession Satyagraha had ended in a stalemate. At Kowitha the *Harijans* were assaulted and persecuted *en masse.* Similar persecutions were reported from other places. Winning adequate franchise and seats in legislatures for the *Harijans* was one thing. Social and psychological conversion of the caste Hindu was something essentially different. That would take time. But Ambedkar was a reformer in a hurry.

On the 13th October, 1935, he announced at the Bombay Presidency Depressed Classes Conference that the time had come for the *Harijans* to consider leaving the Hindu fold and adopting a new faith which would give them equal status, a secure position and rightful treatment. Gandhiji remonstrated. "Religion is the tie that binds one to one's Creator and while the body perishes, as it has to, religion persists even after death. Religion is not like a house or a cloak which can be changed at will"—wrote Gandhiji on October 15. On that very date Ambedkar issued a rejoinder stating that religion was necessary but it was not unavoidably necessary for a man to have his ancestral religion even when he found that religion was repugnant to his notion of the sort of religion he needed as the standard for the regulation of his own conduct and as the source of inspiration for his advancement and well-being. He had "come to the conclusion that inequality was the very basis and the ethics of Hindu religion so there was no use deluding one with the belief that the depressed classes would ever acquire their full manhood while remaining in the Hindu fold." Kowitha was not, asserted Ambedkar, "an isolated incident, but it was the very basis of the Hindu religion." Jagjivan Ram received the announcement with mixed feelings of pleasure and pain. In a press statement he said that it made him sad to reflect that a man of Ambedkar's status would no longer be available to the depressed classes movement but it gave him pleasure to note that the disruption of the Hindu society would be avoided.

But the stunt kept Ambedkar in the full glare of publicity for about a year. He had announced the conversion move on the 13th October, 1935. Till May 1936, when the All India Depressed Classes Conference and the All Religions Conference were held in Lucknow, he occupied the centre of the stage in the *Harijan* arena.

The ghost of conversion, however, was exorcised by Jagjivan Ram, Rasiklal Biswas and others in the above conference and thereafter the decline of Ambedkar's importance and influence was predetermined.

Meanwhile, *Sanatanis, Arya Samajis,* Sikhs, Christians, Muslims, Buddhists and others were paying court to Dr. Ambedkar. His Holiness Shri Shankaracharya of Karwar Math, Dr. Curtkoti, addressed a huge gathering of Hindus at Nasik on October 21, 1935, and offered to perform mass conversion of the *Harijans* and found a new sect with equal status with other sections of Hinduism. On the same day Maulana Mohammed Irfan, a representative of the Caliphate Central Association waited on Ambedkar and emphasised that he would find perfect equality only in Islam. The Indian Association of Ulemas, the Muslim Youth Association of Bombay, the Liberal Islamic Council and others extended similar invitations. A deputation of the Bombay branch of the Hindu Mahasabha waited on the seeker of a new religion and requested him not to hurry. In a section of the *Harijans* anti-Hindu sentiments were rising higher and higher, and early in November 800 youngmen of the depressed classes met at Nasik Road and organised a bonfire of the *Manusmriti* and other *Shastras* which upheld untouchability. Hindu Dharma Tyag Committees were organised in Bombay. But only a section of the depressed classes, particularly the *Mahars,* the community to which Ambedkar belonged, was supporting him. The Ahmedabad *Harijans* had announced earlier that they were Hindus and would die as Hindus in spite of their many disabilities. Rao Bahadur M.C. Raja, M.L.A., now came forward with a statement questioning Ambedkar's destructive counsel and doubting his sincerity. Had the learned Doctor, questioned M.C. Raja, ever set any value on religion as a means of social uplift? Was it not a fact that he opposed Mahatma Gandhi when he placed religious reforms before the economic? He suggested immediate and total withdrawal of the legal and administrative recognition of the superstition of pollution. He referred to the Removal of Social Disabilities Bill which he had moved in the Legislative Assembly. The bill sought to remove civic and secular disabilities and abolish legal recognition of certain social customs and usages which were unjust, anti-social and irreligious. The rest of the work had to be done by the *Harijans* themselves. Other *Harijan* leaders had issued similar statements. Balu, the famous *Harijan* cricketer of Bombay, Rasiklal Biswas, president of the All India Depressed Classes League, Rao Bahadur R. Srinivasan, M.L.C., Rao Saheb V.L. Munnuswami Pillai, M.L.C., Dr. Solonki, M.L.C., N.S. Kajrolkar, Dr. Ram Prasad and many others opposed Ambedkar's move. On the 15th November, the Punjab Depressed Classes Conference under the presidentship of Dewan Chamanlal unanimously rejected Ambedkar's suicidal and unsound advice. On the 22nd December, 1935, B.M. Mandal presiding over the Assam Depressed Classes Conference said that Ambedkar's suggestion was an expression of his own desire to change his creed.

But the confusion persisted. Muslims and Christian missionaries tried to fish in the troubled waters. The twenty-five lakh *Eshavas* and *Thiyyas* in Malabar were bitter and conversion to Christianity appreciably increased as a response to Ambedkar's suggestion. But there were no mass conversions. Ambedkar announced on the 7th December, 1935, that he had decided to renounce Hinduism but he would not form a new sect. There were certain difficulties in the *Harijans* accepting Buddhism. *Arya Samaj* they had decided not to join. But they were to consider the question of joining the Sikh religion.

This was the background when the All India Hindu Mahasabha met at Poona under the presidentship of Pandit Madan Mohan Malaviya on the 29th December, 1935. N.C. Kelkar, chairman of the Reception Committee, said that only the *Mahars* in Bombay and Maharashtra were behind Ambedkar and not all of them were in favour of change of faith. The drastic method proposed for securing social justice had unknown risks. It was, moreover, an expression of a defeatist mentality and a futile thirst for revenge. Malaviyaji, as the President, appealed to the *Harijans* to protect the Hindu religion. "Let the *Harijans* not forsake it and we will apply the dust under their feet to our foreheads." They were, he assured, going to remove the thorns that had been spread in the *Harijans'* way. They were going to remove all their disabilities except inter-dining and inter-marriage which applied to the rest of the Hindus also.

Sometime before the Poona session of the Hindu Mahasabha, Jagjivan Ram happened to be in Calcutta. He, along with R.L. Biswas, Jageshwar Mandal and others, had talks with Padmaraj Jain. They were all requested to proceed to the Hindu Mahasabha session as delegates. Accordingly, he proceeded to Poona from Calcutta via Patna and Kanpur. Ramcharan Kuril accompanied him from Kanpur to Poona. His colleagues, Dr. Dharma Prakash, Ram Prasad Jaiswar, Lalta Prasad and others from U.P. had also proceeded there. From C.P. had gone Khandekar and Gurghate. Rajbhoj was at Poona. They all put up at Rajbhoj's place. His wife, a noble lady, was all attention to the guests.

In a resolution which was supported by Rasiklal Biswas, the Mahasabha reaffirmed its previous resolution for giving equal access to all Hindus, irrespective of their caste or creed, to all public amenities and institutions such as schools, wells, *ghats,* places of water supply, hotels, roads, parks, *dharmashalas,* temples and public places of worship, burning *ghats,* etc. It recommended the abolition of all distinctions in the Hindu society, based on birth or caste, in the spheres of public, social and political life.

But the resolution was not passed without a tussle between Jagjivan Ram and Shankaracharya. The latter moved an amendment to the resolution to the effect that while temples should be opened to the *Harijans* they should not be permitted entry into the *garbha* or innermost chamber of the temples. Jagjivan Ram, with thirty *Harijan* members of the conference following his lead, opposed the amendment and pressed another amendment stressing that no discrimination was to be shown against the *Harijans.* It was a big fight. Shankaracharya commanded a considerable following and the Hindu Mahasabha delegates naturally had great regard for him. Jagjivan Ram, with his group of thirty, threatened to walk out of the conference. Malaviyaji made a stirring speech supporting his stand. Munje and Jayakar also supported Jagjivan Ram. Ultimately, Shankaracharya's amendment had to be shelved and Jagjivan Ram's point of view was incorporated in the resolution.

Malaviyaji had risen equal to the occasion. Other sensible leaders were also sympathetic. But the mass of delegates was far from being socially or psychologically converted. The resolution was passed at 2 a.m. after a heated debate. When Jagjivan Ram and his colleagues came out of the conference they were accosted by a group of Ambedkar's men who thanked them for their bold stand for the cause of the depressed. They said : "If you had behaved otherwise, we had decided to teach you all a good lesson." The event and the impression it created rankled in his chest and he left for Bombay with some of his young colleagues to see Ambedkar and put up in the Sukh Sagar Hindu Hold. When they reached Ambedkar's residence they found his drawing-room full of missionary and religious leaders– Christians, Muslims and Sikhs. They had all come to seek an interview and impress on him the respective merits of their faith.

Jagjivan Ram had never met Ambedkar, but they had corresponded and they knew each other. When he sent his card the Doctor called him immediately and was very affable and polite. Jagjivan Ram told him that conversion was not the way out, because so long as the depressed classes were the untouchables of the Hindu society, the stigma would shadow them whereever they went. Moreover, it was not good strategy to cut the depressed classes apart from the Indian national movement and the Indian nation. Ambedkar was, however, bitter and told Jagjivan Ram and his allies that as their community was socially and economically in a better position they had the patience to wait and hope for betterment. His community, the *Mahars,* were the very dregs of the Hindu society and their patience had been completely exhausted. Returning from Bombay, Rasiklal Biswas and Jagjivan Ram issued a confidential appeal to all the leaders of the Hindu community bringing out Ambedkar's viewpoint and urging its dispassionate consideration. In this appeal they held that if Ambedkar's men renounced the Hindu fold the responsibility would be of the caste Hindus. While in Bombay, Jagjivan Ram met Kajrolkar, Narain Rao Savarkar, Bhulabhai Desai and other leaders. He also went to the *bustees* of the Shahabadi *Chamars* who gave him a hearty welcome.

On the return journey, he had fever while in the train. When he reached Kanpur he was running high temperature. He put up at his father-in-law's place and tossed in his bed for the whole night. At times he was delirious. Indrani Devi, who was in the family way and about to be confined, sat up the whole night near his bed. The next morning, however, he was quite fit and well.

Meanwhile, leaders of various religions continued to burn incense at Ambedkar's feet. The Mahabodhi Society of Calcutta sent a message to Ambedkar deprecating his intended apostasy but, "if he was determined to leave Hinduism, he was invited to embrace Buddhism," which guaranteed perfect equality of status, both social and religious, to all those who professed it and which grew out of the soil of the country, representing its highest achievement in toleration, universality and justice and was best calculated to sustain constructive forces in the social regeneration of India.

Ambedkar's announced preference for the Sikh religion accelerated the process of conversion of the Punjab *Harijans* to Sikhism which had begun much earlier. During 1921-31, the *Harijan* population in the Punjab had fallen from 2,800,000 to 1,300,000 which difference had perhaps all gone to add to the numerical strength of the Sikhs.

There were still many Hindus who did not look with favour at the attempts being made to absorb the *Harijans* into the Hindu fold on a basis of equality and questioned the very fundamentals of the *Harijan* uplift movement. Having made a religion with the name Hinduism, these bigots argued, those who did not know *Sanatan Dharma* objected that the caste Hindus had not given the *Harijans* any equal status. The caste Hindus also, fearing that numberless *Harijans* would go to well the ranks of Mohammendans and Christians, thereby weakening them politically, were in favour of effecting reforms in the Hindu religion. This motive was very earthly. It had nothing spiritual or religion in it. It did not convince the bigots. The *Harijans,* they argued, were Adi-Hindus. They were racially different and had existed as such since time immemorial, following their own religion. As in the habits of modern Hindus foreign influence was having a large sway, the Adi-Hindus, living side by side with caste Hindus and moving closely together with them for centuries, had imbedded some beliefs and tenets of the caste Hindu religion. Nevertheless, they continued to have their peculiar ways of worship and rites of marriage and funeral and other communal customs. Hence for the simple reason that *Harijans* were grouped together with Hindus they did not and could not, argued these bigots, get any right to enter into the caste Hindu temples founded and maintained according to the caste Hindu religious scriptures. The holder of such opinions fortunately were not many.

The attempt of missionaries to rope in the *Harijans* were continuing. The editor of the *Catholic Leader* told the All India Catholic Congress held in December 1935, just when the All India Hindu Mahasabha was holding its Poona session, that the sixty to seventy millions of the downtrodden presented the best hope for the future of the church. That clever missionary knew that it would be impossible even for the powerful church to retrieve the *Harijans* from their economic slavery and observed : "Fortunately, these children of endurance have the necessary disposition for the acceptance of a religion which ensures for them the liberty of the children of God. Denied as they are of the good things of this world and despised by everyone, they easily show their desire to raise their hearts to things spiritual and eternal; their spirit is pliable and may, without difficulty, be drawn away from material and passing things."

Yes, it was easier for a camel to pass through the eye of a needle than for a rich man to enter into the Kingdom of God. This would be reserved for the poor untouchables who would continue to be poor in this world while the rich caste Hindus would, denied the blessings of Christ, be damned to perdition.

How poor the appeal was! How fantastic and absurd! Yet, so cruel had caste Hindu persecution been that in some areas the *Harijans* were willing and eager to adopt any faith for a change, if not for anything else. The powerful Christian church had taken advantage of the situation and, for example, in the Telugu districts alone 880,000 *Harijans* had till then been converted into Christianity.

The experience of the Protestant church was similar. Whenever wholesale conversions of the depressed classes had occurred, converts of the upper castes were also numerous. Was the conversion from the higher castes affected adversely by the larger conversions of the untouchables? Some *Brahmans* and upper caste Hindus who had embraced Christianity in the South retained their caste divisions and prejudices and had their separate churches. But they could later be persuaded. Meanwhile, the *Harijans* could be converted *en masse* and an opportunity had come when a systematic, determined and well-organised movement could be initiated to reap the fruits that were ripe into harvest.

Another *Harijan* leader wanted the introduction into India of the Christian societies known as Cistercians, Carthusians and Benedictines and provision of all assistance to them in turning the *Harijans* into the most skilled agricultural communities. The Cistercian and Carthusian orders consisted of Christians who were given to contemplation more or less like our *Sanyasis* but who lived a community life. They were not allowed to talk even amongst themselves except for one hour during the week and devoted themselves to doing their primary work of praying and cultivating the land. The Benedictines were a similar agricultural society. They developed the forest lands and marshy regions of France into fine agricultural land and built France's greatness. After one small society had developed some pieces of land and the surrounding countryside, it allowed poor people, mostly members of the society, to settle on them as peasant-proprietors. The poor people thus became a self-contained community, socially, economically and politically. They ran agriculture like a well-organised enterprise. They thus developed the art of agriculture and cultivation to a very high pitch of scientific efficiency and transformed France into a fine agricultural state. Though the introduction of the Christian orders presented difficulties, their example could very well be emulated. But none took the proposal seriously.

The Sikhs not to be left out had emphasised the teaching of Guru Nanak. On the 16th of May, 1936, some Thiyyas from Malabar were converted to Sikhism in the Golden Temple of Amritsar. One of the Shankaracharyas actually conveyed his benedictions to the converts. Conversion to Sikhism, many Hindus felt, did not impinge on the doctrinal background of Hinduism. Sikhism, as propounded by Nanak, was a religion of peace and goodwill towards all and its militancy had a parallel in the Puritan uprising in England and of the Covenanters in Scotland. Even though various factors made

Sikhism draw apart from Hinduism and assume the status of an independent religion, it was essentially a Hindu sect. The adoption of Sikhism by the untouchables had, in the opinion of some Hindus, therefore, as little of the dement of proselytism in it as their conversion from *Shaivism* to *Vaishnavism.* But just as *Lingayatism* in its original social features was uncompromisingly hostile to caste but later became a caste itself, Sikhism also had started developing some form of untouchability. None, appeared to notice this. Master Tara Singh, however, very honestly announced that people who embraced any faith out of hatred against Hinduism would not rise by mere conversions. The Sikhs had no allurements to offer and believed, said Master Tara Singh, that such benefits, even if it were possible to bestow on the converts, degraded both the giver and the taker. The Bihar Provincial Hindu Mahasabha Conference held under the presidentship of Kumar Ganganand Singh also emphasised the futility of conversion.

The stage was thus set for the All Religions Conference to be held on the 22nd May, 1936, at Lucknow and the All India Depressed Classes Conference to be held simultaneously at that very place. The All Religions Conference was held to decide what faith should the *Harijans* adopt after forsaking Hinduism. More of this later.

All these months Jagjivan Ram was busy organising the Depressed Classes League. At the Dinapur Sub-divisional Depressed Classes Conference held on February 16, 1936, he stated that it was a sin to bear caste-Hindu oppression. Monghyr and Chapra conferences of the League had been held earlier. He presided over the Bhagalpur Ravidas Sammelan and the District Depressed Classes Conference on February 18 and 24 respectively and gave his message : 'Unite, Organise and Agitate'. The third session of the All India Ravidas Mahasabha was held at Monghyr from February 28th to 30th, wherein a resolution was adopted strongly disapproving of the resolution of Dr. Ambedkar to leave the Hindu fold as the move was unwise and wrong and was not going to solve the depressed classes' problem. Thus, incessantly on the move, carrying his message to the *Harijans,* Jagjivan Ram was adding daily to his stature as a leader of the depressed classes.

Then came the 49th session of the Indian National Congress which was held at Lucknow between the 12th and 14th April, 1936. Nehru's presidential address emphasised that socialism was the only solution of India's and world's problems. His approach to the communal aspect of the *Harijan* problem was largely academic. He stated : "The problem of untouchability and the *Harijans* again can be approached in different ways. For a socialist it presents no difficulties, for under socialism there can be no such differentiation or victimisation. Economically speaking, the *Harijans* have constituted the landless proletariat and an economic solution removes the social barriers that custom and tradition have raised."

This was an over-simplification of the complex land issue which had its roots deep in antiquity. It took the economic factors as the sole criteria of social psychology and ignored the very important psycho-sociological factors, an appreciation of which was necessary not only for the solution of the problem but also for its full comprehension. It ignored the necessity of a psychological revolution, the urgency of cultivating a different mode of thinking and of a different socio-religious pattern. It did not take notice of the fact that in many places in India the *Chamars* and many other well-to-do *Harijan* communities had been persecuted bitterly for putting on coloured clothes, or a headdress, or even for serving food prepared in *ghee,* by caste Hindus organised *en masse* to prevent the pollution of the Hindu society.

Jagjivan Ram had reached Lucknow on the 12th April. On the 13th, the Reception Committee of the All India Depressed Classes League Conference told him that he would have to preside over the session which was to be held on the 14th and 15th and in which Gandhiji also was to be present.

Jagjivan Ram was saddened by the fact that not one trend of thought in the broad national current represented by the Congress had a correct appreciation of the problem. Reformers like Gandhiji started with the fundamental proposition that the Hindu social order or the *Chaturvarna* was essential, if not sacrosanct, and all their solutions were circumscribed within that dominating consideration. The orthodox liked to stow down the pace of even these haphazard and halting reforms. The socialists completely ignored the psycho-sociological factors. The nationalist caste Hindus, moreover, adopted a superior attitude which proclaimed : 'You poor *Harijans*, you have suffered for centuries. Now we are going to give you opportunities and expect you to appreciate what we, out of our own generosity, give to you'. Jagjivan Ram resented all these attitudes. He resented the milk-and-water policy of the Congress relating to *Harijan* uplift. He fervently believed that democracy was inconsistent with caste and, if it had to develop, the entire social structure of Hinduism must undergo a radical transformation. Regarding economic programmes, none could go further than him. He was anti-*zamindar,* anti-imperialist and anti-capitalist to the very core of his being. All the depressed classes were, potentially, economic, social and political revolutionaries. He was not prepared therefore to toe the set nationalist line. He had his own appreciation of the problem and he was not afraid of speaking out his views before the greatest or the mightiest on the land.

His address, therefore, delivered as president of the All India Depressed Classes League Conference in which Gandhiji was present, created considerable confusion. His basic social theme was that the *Harijans* wanted to merge completely in a changed and revolutionised and socially interdependent Hindu community and end forever the separatist tendencies represented by the Poona Pact. His fundamental economic approach was that only major economic reforms, including a complete reorganisation of Indian agriculture, which would end not only *zamindari* but the system of land tillage by hired workers and provide avenues of alternative employment, could solve the economic problem of the *Harijans* and as these would follow and not precede independence, the political independence of India was more vitally urgent for the depressed masses whose problems were the problems of the poor. "In the progress of the country lies our progress; in its salvation, our salvation; and in its emancipation, our emancipation", he declared in unmistakable terms.

Yet, his analysis of the problem was different. His assessment of the role of nationalism vis-a-vis depressed classes was different. His evaluation of Gandhiji's stand on the *Harijan* problem was different.

He bitterly castigated the so-called humanitarianism of the caste Hindus and stated : "They would, of course, feign to work for our amelioration so that their own interests did not suffer." He protested against imposing of the name *Harijan* on the untouchables. Instead of bridging the gulf it widened it and perpetuated and accentuated the separation. It had the same old stench. He praised Ambedkar and stated that the Poona Pact, a result of the Communal Award, was as much Gandhiji's as Ambedkar's handiwork. The caste Hindus patronised the *Harijans* and emphasised their duties. Jagjivan Ram resented the patronisation and emphasised the rights.

Gandhiji later wrote to Rajendra Babu to seek clarification from Jagjivan Ram. Rajendra Babu wrote that his taking objection to the word *Harijan,* his aspersion on caste Hindus, his praise of Ambedkar were all very objectionable and suggested that the speech might have been written in a hurry, thereby making it easy for him to deliver. Jagjivan Ram replied accepting that the address was written in a hurry and that he would have liked to qualify his remarks about caste Hindu reformers as there were honourable exceptions and would have withdrawn it if he had time to consider his address. He would have also withdrawn the observation that if caste Hindus did not work the Poona Pact both in letter and spirit, the depressed classes would go in for separate electorates. But to the rest of his speech he stuck maintaining that it required no explanation. This difference in outlook was fundamental and persists even today. Absorption of this outlook and this attitude would expand nationalism into socio-economic revolution and socialism. It would impart to the national movement symbolised by the Congress a new virility and vigour which it sorely needs and would pave the ground for one of the greatest revolutions in human history. But that day is yet to come.

The All Religions Conference held on the 22nd May, 1936, was a colourful gathering. Yellow-robed Buddhist monks, cassocked *Moulvis,* bearded Sikhs, Jains, *Arya Samajis, Sanatanis* and Christian missionaries, all had come to woo the *Harijans.* Baba Patit Pawan Das of Nagpur, who had undergone a long fast to secure temple-entry rights for the *Harijans* in the Nasik temple, presided. Dr. Ambedkar who had inspired the conference was unable to be present.

For seven hours fourteen speakers offered equal privileges to the *Harijans* if they chose the faith of the respective proponents. Buddhists, Bahis, Ahmediya Muslims, orthodox Muslims, Christians, Kabir-Panthis, Sikhs, Jains, *Arya Samajis* and orthodox Hindus, all sang of the beauties of their own religion. No aspersions were cast on other faiths. After the session was over it was announced that the *Harijans* would consider the situation and make up their minds in due course.

Jagjivan Ram though not invited to the conference had come as a visitor along with a number of colleagues. Rasiklal Biswas, was an invitee. There were others who shared Jagjivan Ram's viewpoint. It was decided that the only way to wean over the 'pro-conversionists' was to get the issue of conversion deferred. Active lobbying was therefore in progress. The result was apparent the next morning when Rasiklal Biswas, president of the All India Depressed Classes League, which had been formed by nationalist *Harijans* and which had emerged as an effective challenge to Ambedkar's leadership, was elected to be the president of the All India Depressed Classes Conference, which was meeting under Ambedkar's inspiration and was distinct from the League Conference.

Many of the nationalist *Harijans* had decided under Jagjivan Ram's guidance that it was better strategy to declare themselves 'pro-conversionists' if they had to carry the Ambedkarites with them. Their tactics succeeded. The nineteen-member committee, with powers to co-opt others, elected by the conference to examine the different aspects of all the religions and, after considering the whole matter in the interest of the depressed classes, to submit a report to the next All India Depressed Classes Conference, had a majority of nationalist *Harijans.* They had posed at the conference as 'pro-conversionists' and had assented to a resolution expressing full confidence in Ambedkar. Jagjivan Ram was the moving spirit behind this strategy. He kept himself sedulously in the background. He neither spoke in the delegates' conference, nor did he personally canvass. But the resolution on the subject was his draft. Like a master-planner he gave the strategy, dictated how the moves had to be made and watched from a back bench how it was all shaping. He must have felt greatly satisfied when the conversion issue was deferred and the committee elected by the conference had members of his view. While the press blazoned Ambedkar's success, Jagjivan Ram knew that the Doctor's fall had begun.

Estimates of the conference varied. All agreed that it was inconclusive. How long were the *Harijans* going to take in making up their minds to renounce Hinduism and adopt another faith? Was it going to be a process extending over many years? Which religion were they going ultimately to choose? Those interested in the conversion were left guessing. Jagjivan Ram and his colleagues, however, knew what was going to happen. The *Harijan* masses were not going to renounce Hinduism which, in spite of all the handicaps, was going to be reformed. But they must be ever on the alert. They must strive ceaselessly.

Rasiklal Biswas had a wonderful reply for those who came to enquire about the conversion of *Harijans.* All the books of all the religions were very nice, he said, but their actual dealing with the converts from the lower classes was not always in keeping with what was laid down in the books. Therefore, the committee would not only study the tenets of various religions but they would also watch how these religions were behaving towards their lowly converts. By their actions they shall be judged. So, Sikhism, Christianity, Buddhism, Islam and other religions were to do a period of probation in *Harijan* sendee before the *Harijans* would pronounce which one had come up best.

The irony of the situation was lost upon the proselytising enthusiasts. Some zealous missionaries felt that if the rate of conversion of untouchables to Christianity, which was about 10,000 per month from 1921 and had risen to 15,000 per month by 1936, could rise to 25,000 per month, Ambedkar would lead his people to Christ. They laid down a four-point programme for Christian missionary workers as also for the lay brethren. A new instructional technique which would make use of the *Mela* and *Jalsa* type of gatherings was emphasised. It was psychologically imperative that the sense of isolation of the new converts be offset by occasionally demonstrating the solidarity and extent of the Christian brotherhood in a manner so as to render the propaganda aspect invisible. But the discerning few were nauseated. Wrote the *Indian Christian Messenger* : "We wish the conference had never been held. It has left an odium behind it. Those anxious to import millions *en masse* into their fold appeared to have enjoyed the round of abuses hurled at Hinduism. The whole spectacle was an unbecoming event. Such methods of evangelism are of the earth, earthly and cheap and unbecoming." Then the paper proceeded to caution the depressed classes not to seek transference into other religious communities prompted only by economic, political and social reasons as they were bound to be disappointed and bring further weakness to the group which they would join.

The conference had really presented the spectacle of a religious auction. Muslims cultivated and dined the delegates. Their volunteers were ready and willing to serve visitors. Forty bearded, turbaned, and sworded Sikhs, the aristocrats of the Punjab, waited courteously on the off-scourings of Hinduism gathered in the hall. They fed them, waved large fans to keep them cool, took them in lorries to their places of worship. The Christians turned over to them the Christian hostels. It was thus a unique event in the religious history of India.

The All Religions Committee had a majority of men, as already stated, of Jagjivan Ram's viewpoint. The resolution which sought the constitution of the committee was his draft. He was the unseen spirit moulding opinions and directing the conference into what he and his colleagues conceived to be proper channels.

He had thus successfully piloted a subtle scheme calculated to strike a new path as an alternative to Dr. Ambedkar's negative tactics which led to a blind alley. He knew that Dr. Ambedkar's manoeuvreing were directed towards the coming election in the winter of 1936-37 under the Government of India Act, 1935. He had a shrewd suspicion that even the conversion move was but a bargaining counter and a method of creating and sustaining mass hysteria and keeping all on tenterhooks. But it had other serious and undesirable repercussions which Ambedkar either knowingly missed or was callous enough to ignore deliberately.

Not that he was opposed to everything the Dr. Ambedkar stood for. He believed, and stated this openly at the risk of inviting doubt about his own attachment to the Congress, that in insisting on reservation of seats, Ambedkar, M.C. Raja and others had done signal sendee to the untouchables. He felt that in insisting on joint electorates without reservation of seats Gandhiji was behaving as a theoretical idealist. He had, therefore, taken pains to cultivate Ambedkar to his viewpoint but the Doctor believed in his infallibility and refused to learn from his younger but more practical compatriot.

Immediately following the Lucknow All India Depressed Classes Conference and the All Religions Conference, Christian missionaries intensified their activities near Patna. Dr. Ambedkar had planned to hold the next session of the All India Depressed Classes Conference at Patna, the citadel of Jagjivan Ram and nationalism and heard the lion in his own den. Baldeo Prasad Jaiswar, organiser of the Lucknow conference and a trusted Ambedkarite, was authorised to take steps for holding the session there. The Depressed Classes League, Bihar, sensed the intensified missionary activity in and around Patna to be the thin end of the Ambedkar wedge and effectively countered Christian propaganda which was directed mainly at the *Chamars.*

The clash came in March and April, 1937. On the 27th March, 1937, Jagjivan Ram issued a statement to the press to the effect that the so-called All India Depressed Classes Conference, announced to be held at Patna in the second week of April to finally reiterate the decision of the depressed classes to break away from the Hindu fold, was a sham. Neither the Bihar Provincial Depressed Classes League, the only organisation of the depressed classes in Bihar, nor any member of that organisation, had anything to do with it. Then exposing the Baldeo Prasad Jaiswar-Christian missionary axis, he hit at the organisers, shrewdly observing that the conference was being convened by 'pro-conversionists', all of them not necessarily members of the depressed classes. They had been imported by interested parties to create division amongst the Bihar depressed classes to give an opportunity to religious zealots of various sects to swallow up as many as possible of the depressed communities. The proposed conference was bound to disintegrate Hindu solidarity and hamper the rising spirit of nationalism among the' *Harijans.* He appealed to all not to have anything to do with the conference and specially directed the depressed classes of Bihar to oppose it.

Baldeo Jaiswar, the faithful Ambedkarite, finding any doting in Bihar difficult, had entered into a pact with the Catholic church missionaries at Patna with whom he had come in contact at the All Religions Conference, Lucknow. The missionaries considered the conference to be a life time's opportunity and no pains were spared to make it a success. Untouchable converts to Christianity had been brought to Patna from Bettiah and other places. Money flowed freely. Once a conference was successfully held at Patna, the centre of nationalist *Harijans,* and a resolution passed advising the *Harijans* to renounce the Hindu faith, the citadel of Jagjivan Ram and Gandhiji would be broken and the 'pro-conversionists' would have won half the battle. So, the elaborate preparations. Missionaries attended all the stations, brought the ignorant visitors, most of whom were Christians, feted them, tutored them and waited impatiently for the conference.

Jagjivan Ram quietly adopted the strategy which had paid such good dividend at Lucknow. Mahabir Das, a staunch supporter of his, was instructed to pose as a 'pro-conversionist'. On Saturday, April 10, 1937, the first day's session met in the Anjuman Islamia Hall. Mahabir Das was the chairman of the Reception Committee. The first day's session ended uneventfully with lectures on *Sangathan* and unity and reconstruction of the depressed classes. The gathering consisted of about 200 people.

The second day's session proved historic. Thakur Prasad was in the chair. After Kamal Das had finished his tirade against Hinduism, Jagjivan Ram's men, Baldeo Prasad, Kishan Prasad and others opposed the conversion move stressing all that Gandhiji had done and was doing for the *Harijans.* Mahabir Das who had in the previous day's session spoken in favour of conversion threw off the mask and warned his depressed classes brethren against the sinister move of the 'pro-conversionists'. He challenged the credentials of Jaiswar, the Ambedkarite, who was the organising secretary of the conference and accused him of being a hireling of the Christian missionaries. The conference had ceased to be an Ambedkar-cum-Christian missionary show. Jagjivan Ram's men were now masters of the situation. They had been smuggled into the conference very cleverly and till the last moment Jaiswar did not know that the ground had slipped away from under his feet.

Challenged in the conference which he had taken such pains to organise, Jaiswar lost all balance and made extremely uncharitable remarks against Mahatma Gandhi. This was the signal for an uproar which it was impossible for the organisers of the conference to control. The president hurriedly left through the back-door. Jaiswar also, who was on the point of being assaulted, escaped. The conference ended in utter fiasco.

The *Searchlight* commenting editorially in its issue dated April 14, 1937, wrote : "The fiasco was complete. The president of the alleged All India Depressed Classes Conference had to beat a hasty retreat through the back-door. The tipsy speaker, whose vulgarity raised the indignation of the audience, had his impertinence cast back in his teeth in a manner which should persuade him to beware of how he place the tool in the hands of Christian missionaries again. And the missionary friends who patrolled the main roads, anxiously waiting for the much-wished-for verdict of the conference, had perforce to chew the bitter cud of discomfiture and to slink into the lairs from which they had emerged to carry the light, among the heathen, but very vulnerable, *Harijans.*" Maintaining that the entire affair was an unmitigated scandal from beginning to end, the *Searchlight* exposed the petty subterfuge and the low allurements of the missionaries. But even the *Searchlight* was not well-informed. Nor were the Christian missionary organs. They had alleged before the conference that great and substantial Hindu support and assistance were pouring in for organising opposition to the conference. The *Searchlight* missed the fact of Dr. Ambedkar's involvement in it and took the conference to be a purely Christian missionary inspired affair. Not knowing then the strategy adopted by Jagjivan Ram, it expressed surprise at the change of attitude of Mahabir Das. The true history of the *Harijan* movement has, however, still to be written. Suffice it to note that no Hindu support had even trickled in and all the help Jagjivan Ram had received was a donation of fifty rupees from Nawal Kishore Sinha, a well-known lawyer and Congress leader. This was the help he had received from the Hindu community for meeting the challenge of a conference for which Ambedkarites and Christian missionaries had spent thousands. The session was the end of attempts to direct the pro-conversion move from an all-India platform and though the Doctor persisted in his negative tactics he knew that he was playing a losing game.

Meanwhile, the elections under the Government of India Act, 1935, had taken place. So far as the *Harijans* were concerned, Gandhiji did not want them to join the Congress or any other party for the elections. He had told M.C. Raja who had asked if the *Harijans* should join any political party for contesting the elections : "You must not identify yourself with any party. My views about the existing system of Government have not changed but with the peculiar disabilities you have suffered for ages I would not expect you to identify yourself with even the most forward party in India." Gandhiji had further said that in the event of the Congress clashing with the Government and boycotting the legislature, the *Harijans* should not join the Congress in the boycott. They were to accept whatever the Government gave consistent with self-respect and the interests of poor India. His advice was conceived entirely in the interest of the *Harijans* without the least thought for the immediate advantage of the Congress as a political party. He was observing the Poona Pact both in letter and spirit. Jagjivan Ram was greatly impressed.

Before the elections, Jagjivan Ram made an extensive tour of the whole of India exhorting the *Harijans* not to drift apart from the main national current and consolidating the All India Depressed Classes League. He was showing that wonderful capacity for silent and unpublicised organisational work which was to mark him out later as the dominant leader not only of the *Harijans* but of the socio-economic movement for revolution in India.

The election manifesto of the Bihar Provincial Depressed Classes League was issued on the 9th August, 1936. This provincial branch was formed by Jagjivan Ram with himself as its president immediately after the 1935 Counpore conference which had laid the foundation of the All India Depressed Classes League.

"The one single fact of the backwardness and wretched condition of the depressed classes", said the manifesto, "is the utter poverty and misery brought about by the existing system of economic relationship, religious prejudices and social discriminatory laws—traditional, conventional and legislative—which have ruined them morally, educationally and economically. Not only within the orbits of the Hindu society but even outside have these obnoxious discriminations poisoned the surrounding atmosphere." Detailing the economic condition of the depressed classes who were mostly agricultural labourers, the manifesto demanded protection and safeguards for the *Harijans* in future constitutions. The demand for reservations and protective guarantees was fully in tune with advanced constitutional thought, Jagjivan Ram maintained, because no political constitution could ignore the realities of the social structure. As a matter of fact the political structure had to be related to the social structure because the operation of social forces was not confined to the social plane but pervaded the political also. Though on the point of safeguards and reservations the manifesto appeared to take a line which was not distinct from Ambedkar's, it emphasised the need for the progress of *Harijans* not in isolation but as an integral part of poor India which had a definite place in the Congress.

In 1936 Jagjivan Ram had been nominated a member of the Bihar Legislative Council. His reputation as the leader of the Depressed Classes League was on the increase. At about this time, Orissa was separated from Bihar and constituted into a separate province. After this separation, there was left no *Harijan* member of the Council in Bihar, the only *Harijan* nominated member of the Bihar and Orissa Council being a man from Orissa. In the vacancy thus caused it was proposed to nominate a caste Hindu. Jagjivan Ram announced his intention of starting province-wide agitation if it were not filled up by a *Harijan* from Bihar. The Government nominated him. Congratulatory messages poured in from all over India. At many places in Bihar thousands of *Harijans* met in meetings to celebrate the event. Thakkar Bapa wrote a congratulatory letter giving much useful advice.

Sir Ganesh Dutta Singh and Nirsu Narain Sinha were, as members of the Government, planning to run their own candidates in the coming election. Sir Ganesh was particularly attentive to the *Harijans* and was making every endeavour to woo and win them over. He was highly respected for his integrity and ability and the old man naturally expected the youngest member of the Council to take his lessons in political behaviour from him. Jagjivan Ram was then just twenty-eight. But Sir Ganesh was soon to learn that the young Councillor had surprising maturity of judgment and independence of outlook and was not to be tutored.

On the very first day of the Council session attended by him, there was a tussle between the non-official and Treasury benches in connection with reduction official rates. As a nominated member he was supposed to vote with the Treasury benches. The unofficial notice of reduction of canal rates was being opposed by the Government. The demand for reduction of rates was justified and the Government attitude appeared to Jagjivan Ram to be entirely unimaginative and bureaucratic. He told Sir Ganesh and Nirsu Narain Sinha that he would be voting with the opposition. They argued and persuaded. He was on the threshold of his parliamentary career and it would be extremely unfortunate if he entered into open conflict with the Government on the very first day of his attending the Council. But the young Councillor had learnt to do his own thinking and once his mind was made up, there was no turning back. He voted with the opposition. This independence of outlook was his principal character trait and he displeased Congressmen sometime later when he went to receive the Governor at the station in the beginning of 1937. Perhaps Congressmen felt that since the Congress was having a constitutional duel with the Government, the representative of that Government had to be boycotted. Jagjivan Ram considered it to be an expression of unjustified sensitiveness. The decencies could be observed, he felt, consistent with the anti-imperialist attitude.

The uncontested election from 14 out of 15 *Harijan* seats in Bihar on the Congress ticket was a feather in Jagjivan Ram's cap. He was judicious in giving Depressed Classes League tickets and when fourteen candidates had been selected by the League, the Congress adopted all of them as its own candidates and such of them as were not Congressmen signed the Congress pledge.

A tangled situation, however, developed relating to the Chapra *Harijan* seat. Ram Basawan Ram was selected as a League candidate from Chapra and the Congress wanted to set up Jaglal Choudhry, a prominent *Harijan* leader from that constituency. Later, the Congress decision was revised. It decided to set up Jaglal Choudhry from Purnea where there was no League nominee. Jaglal Choudhry was a tried and veteran Congress leader and his nomination for a *Harijan* seat was disappointing to Jagjivan Ram. He spoke out his mind. He would have been glad and it could have set a good example, he said, if Jaglal Choudhry had been given a general seat. While the League under Jagjivan Ram's leadership was finalising its electoral arrangements and its pact with the Congress, Sir Ganesh Dutta Singh, Minister for Local Self Government and a powerful anti-Congress leader, was building his own airy castles. He had hoped that he would succeed in striking a pact with the Depressed Classes League and continued to entertain this delusion till one day before the date fixed for filing nominations. Suddenly aroused to reality Sir Ganesh made frantic efforts to fish-in any *Harijans* who could be set up as candidates on behalf of his group but no *Harijan* came forward to oblige him. The League and Congress *Harijan* candidates were thus returned unopposed. Sir Ganesh had committed the same mistake in assessing Jagjivan Ram's loyalty to the Congress as was to be committed by M. Yunus a few months later. They must have thought that Jagjivan Ram, a young and ambitious *Harijan* leader with only four years of association with the Congress, could be won over by high promises and rewards. They were also familiar with Jagjivan Ram's heretical views and this made their assessment very plausible to them. They little appreciated that Jagjivan Ram's heresies, if they could be so characterised, were the product of an anti-imperialism deeper than what had been imbibed by many Congressmen and this basic identity of interests was much too stable to crack by any offer of gain or personal advantage.

The mistake was again made by M. Yunus who formed an interim Ministry after the 1937 elections. The Congress had swept the elections in Bombay, Madras, U.P., Bihar, C.P. and Orissa. It was the largest single party in Assam, Bengal and N.W.F.P. Only in the Punjab and Sind it was a small minority. In March 1937 it decided to accept office in the provinces where it had won a majority only when the

British Governors gave as assurance not to interfere. It thus hoped to use office to organise the country for complete independence. The assurance was long in coming. Confident, the Congress waited. The gap was filled by interim Ministries which could be broken like reeds the day Congress wanted to break them.

M. Yunus was the Premier in the Bihar interim Ministry. He was shrewd, calculating and very tenacious. Anxious and eager to enlarge the nominal support he had, he made a determined bid to win over the *Harijans* through winning over Jagjivan Ram. The temptations offered were many; the prospects tantalisingly held out were very alluring. The poor and backward *Harijans,* Yunus felt convinced, would swallow the bait. Jagjivan Ram did not even nibble at it but at the same time kept Yunus on tenterhooks. All these negotiations took place before April 1, 1937. Rajendra Babu knew these goings-on and reported the matter to Gandhiji who was happy and called Jagjivan Ram a piece of priceless jewel.

Before the constitutional deadlock was ended and Congress Ministries were installed in nine out of eleven British Indian provinces on the 1st August, 1937, an incident happened which threw fresh light on Jagjivan Ram's character revealing him as a 'man of steel'. The incident was the Gopalganj session of the Bihar Provincial Depressed Classes League held on the 12th July, 1937.

The talk of ministry-making by the Congress was in the air. At the Political Conference held at Mashrak on the 10th July, the general consensus of opinion was that Jagjivan Ram was an 'inevitability' in the Bihar Cabinet. When a few days after the Gopalganj session of the Depressed Classes League, which was held almost simultaneously, it was known that he had not been offered a seat in the Cabinet but was to be a Parliamentary Secretary, there was general surprise and many wondered, "has Gopalganj done the trick?"

But Gopalganj was not an isolated phenomenon. He had made no secret of his views at the Lucknow session of the All India Depressed Classes League in the presence of Gandhiji and in innumerable meetings he had spoken in the same strain. A few months earlier at the Champaran Depressed Classes Conference, held on the 24th-25th April, he said that he refused to permit the basic socio-economic problems of the *Harijans,* which had urged him to enter politics, to be submerged under the great joy of Congress successes. With the vehemence characteristic of a born fighter he had declared : "Though the country has voted solidly for the Congress, the support is limited only to political matters. There has been no appreciable change in the social outlook of the country and the Hindu community. The forces of social reaction are still very strong and solidly entrenched. I shall not be surprised if with the growing sense of self-consciousness and self-respect in the depressed classes and its expression by them, the tension between the caste Hindus and the depressed classes mounts." While expressing gratitude to those caste Hindu organisations which were endeavouring to ameliorate the conditions of the Harijans, he fervently appealed to them to remould their attitudes and programmes so as to express more effectively the urges of the depressed classes.

Jagjivan Ram had gone to Gopalganj with Rajendra Babu, Dr. S.K. Sinha and Dr. A.N. Sinha. Rajendra Babu reviewed in his speech the progress made in the direction of removing untouchability and expressed satisfaction at the achievements. The foundations of untouchability, he said, had been shaken. Its complete removal was a matter of some more time. He referred to the happenings in Travancore and other places and cautioned the *Harijans* not to be impatient. Messages from Sardar Patel, Pandit Nehru and Dr. Ambedkar were read out by him. Pandit Nehru had said that he did not like any people to think themselves or call themselves as depressed classes. Congress stood, he had further stated, for the removal of the stigma of untouchability and the creation of a society where everyone would have full opportunity for growth and where there would be no social barriers. Since, however, the real removal of the disabilities the *Harijans* suffered from could come only with political and economic freedom in India, the exploited and the suppressed *Harijans* should take their full share in the movement for freedom.

In his presidential address Jagjivan Ram did not share the hopefulness of Rajendra Babu and while he agreed with the basic formulation of Pandit Nehru, he felt that the contents of the untouchables' social, economic and political freedom were not the same as those of many other classes who were constituents of the Indian National Congress. The Congress as an anti-imperialist united front had necessarily an amorphous programme which could not be the objective of the suppressed millions. Starting with the history of the movements of reform of the Hindu social order and the failure of all the reform movements, he pointed out that the Congress way of achieving the objective of social equality through the Harijan Sevak Sangh was erroneous in conception, faulty in emphasis and halting in execution. After five years of reform activities, the *Harijans* were where they were before. Enumerating the religious, social, economic and educational disabilities of the *Harijans,* he suggested the provision of free primary education in an atmosphere encouraging enough to induce the *Harijans* to take advantage of it, and earmarking fifty lakhs as fifty per cent cost of fifty thousand wells for the depressed classes. Describing the pitiable plight of agricultural labourers, he pointed out that *zamindari* abolition unaccompanied by redistribution of land to the actual tillers of the soil would not solve their problems and urged the landless proletariat to have an organisation of their own. He said : "90 per cent of our people are agricultural labourers—rather agricultural serfs. If you want to see remnants of the institution of slavery, go to a village and see a *Halwaha.* He is forced to mortgage himself to a *Kisan* for a bare pittance and is not free to seek work in another village on a higher wage. Such audacity brings untold punishments. Such exploitations will not cease by mere abolition of *zamindari.* Land must be redistributed among the actual tillers."

He expressed satisfaction at the fact that the depressed classes had no charm for those temples which had their doors closed against them and exhorted them not to depend on the *Brahmans* for the performance of rites and rituals but to have their own men for these purposes. He again emphasised that caste Hindu support to the Congress was only political in nature and that the Hindu masses had not been socially converted. The depressed classes renounced the Hindu fold only when persecution, persistent and inhuman, exhausted their patience and it was always a relief when they embraced some other faith. That was the moral challenge, he emphasised, inherent in the pro-conversion movement which Hinduism could ill afford to neglect. Exhorting the depressed classes to have their organisation separate from the Congress, he observed that the latter was a multi-class national organisation open to the influences of men with social prestige, purse and power.

All this was to Congress orthodoxy a goodly bunch of heresies. Many friends had advised Jagjivan Ram to be more tactful in his utterances if he wanted to win the confidence of the generality of Congressmen and Congress leaders. But nurtured in the *Sant* tradition and fired with the one objective of securing justice to the *Harijan* at all costs, Jagjivan Ram felt that he would be a hypocrite if he suppressed what he felt to be the truth, which could not be sold at any price in the world.

The speech created quite a furore and touched off an acrimonious controversy. Nandkishore Tewari, the Hindi litterateur, bitterly criticised Jagjivan Ram in the monthly *Saraswati.* In a rejoinder in the Hindi *Vishwamitra,* Jagjivan Ram expressed surprise at the novel method of the critic of criticising him instead of disproving his contentions. The *Arya Samajis* fulminated in the hospitable columns of the *Searchlight* and the *Indian Nation*. The bitterness appeared to grow in volume and intensity. Dr. Raghunandan came out with a crushing rejoinder to the *Arya Samajis.*

The 1937 Bihar Congress Ministry was formed under the shadow of this controversy. Yet, Rajendra Babu, who by now knew Jagjivan Ram well, was anxious to have him in the Cabinet. Only one seat could be given to a *Harijan* and Jaglal Choudhry was insistent in pressing his claim. He was a Congressman of the 1921 group. Jagjivan Ram was relatively a new comer. The latter made Rajendra Babu's task easier by refusing to press his claim and leaving the whole matter in his hands. The Cabinet seat went to Jaglal Choudhry and a Parliamentary Secretaryship was offered to Jagjivan Ram. He accepted it without grumbling and his sporting behaviour impressed all. Rajendra Babu was sorry that it had not been possible to accommodate him in the Cabinet.

Before closing this chapter on a crucial phase of the *Harijan* movement and the emergence of Jagjivan Ram as the symbol and embodiment of the hopes, aspirations and urges of the depressed classes, it is well to take note of two important developments. On the 12th November, 1936, which happened to be the *Dipavali* day, the Travancore Maharaja commemorated his twenty-fifth birthday by a proclamation throwing open all temples controlled by the State and the Ruling Family to all classes of Hindus. It was acclaimed as one of the greatest reforms in Hinduism. Gandhiji wrote in the *Harijan* : "Untouchability, though an excrescence, has taken such a hold of the Hindu world that when a Hindu breaks through it and declares against it, he excites admiration of reformers and provokes criticism of the orthodox. This is much more so when such action is taken by the Maharaja of Travancore, an ancient orthodox Hindu state. Henceforth, in the houses of God in Travancore there will be no distinction between man and man. Travancore has a large Christian community. The Christian missions are flirting with the *Harijans,* spending money on them and holding out hopes of real freedom and equality of social status. The working of the proclamation will be narrowly watched and criticised and therefore full effect must be given to the letter and the spirit of the proclamation." Sardar Patel hailed it as "one of the greatest revolutions of our time." Nehru held that "the solution of this psychological question" will help "the solution of the economic question of the landless—the basis of the Harijan problem." All the newspapers acclaimed it. But the orthodox were bitter. Temples, they said, were caste institutions. Travancore had made them casteless. The divine magnetism in the idols of the temple, the *Pandits* stated, was sure to be lost. Quite a sensation was caused sometime later by the declaration of the Maharaja of Cochin that because a *Pujari* who had officiated in a Travancore temple had performed religious ceremonies in the famous Kudalmannikam temple in Cochin, it had become polluted thereby and that proper purificatory rites should be performed. This was an overt support to the unprogressive and obstructionist orthodox section. The controversy has not, in a way, yet ended.

Anyway, a great step was taken and on the whole it received more commendation than criticism.

Another sensation was caused by the publication on August 10, 1936 by M.C. Raja of the secret agreement arrived at between

Dr. Ambedkar and Dr. Munje, president of the Hindu Mahasabha, to the effect that if the former led the *Harijans* into the Sikh fold, the Hindu Mahasabha would not object to the inclusion of scheduled castes as neo-Sikh depressed classes and their enjoyment of political rights guaranteed by the Poona Pact. M.G. Raja disagreed and observed that such conversion would amount not to real conversion or spiritual change but to communal migration for social, economic and political reasons and as such the move was reprehensible. Gandhiji supported M.C. Raja's stand and held that it was a betrayal of the Poona Pact. Rajbhoj, the then secretary of the All India Depressed Classes League observed that the "Poona Pact made no provision for converts from Hinduism and even if the *Harijans* embraced Sikhism or any other religion in a body, it is not within the power of the Poona Pact signatories to retain for them the advantages secured under it for the depressed classes." Sir Tej Bahadur Sapru and many other constitutional *Pandits* expressed the same view. The move, however, was nipped in the bud and fizzled out.

Jagjivan Ram's approach to the *Harijan* problem was basically different. He, therefore, took little interest in these manipulations or 'charities' which, according to him, diverted the attention of the *Harijans* away from the fundamental issues. Neither was temple entry at all a problem for the *Harijans* nor could the problems confronting them, problems which were really the by-product of the Hindu social order, be solved by the manipulations of a single leader. He stood for a socio-psychological revolution. He pleaded for a unity of the depressed classes with a view to forging sanctions for the over-delayed social and economic revolution which only would remove the disabilities of the *Harijans.* He was a revolutionary and kept to the path of social revolution undeterred by passing winds or gales.

In The Congress

Development, Co-operative and Industries were the portfolios allotted to Jagjivan Ram as a Parliamentary Secretary' when the Congress assumed office in Bihar on August 1,1937. Tact and imagination not bureaucratic woodenness, a flair for acquiring mastery of details not a tendency to be satisfied only with broad outlines and, above all a constructive attitude and an unbending zeal were the qualities needed for a successful running of these departments. Jagjivan Ram possessed these in ample measure and, within the sphere of his functioning, his achievements were remarkable. The separation of the co-operative societies of Orissa was effected under his able guidance. N. Bakshi, a very able civilian, happened to be the then Registrar of Co-operative Societies. He developed great regard for Jagjivan Ram who guided the difficult work with consummate tact and marked ability surprising in a person new to the task.

He sponsored the organisation of the Rural Development Department and was responsible for setting up the mechanical and electrical committees in the Industries Section. The foundations of activities in hitherto neglected lines were being thus solidly laid. The fruits would naturally take time to ripen.

During his tenure of office started a cut-throat competition between the Dalmias and the Associated Cement Companies. The Dalmias appeared determined to oust the A.C.C. from the market without minding the loss involved to the nation. Jagjivan Ram got together representatives of both the groups of companies and his solution of zonal rights was accepted by both. Thus ended amicably an unhealthy and extremely harmful competition.

Nehru had stated more than once that the problem of the *Harijans* was a problem of landless agricultural workers. Jagjivan Ram had also emphasised this important aspect of the *Harijan* problem. Now, he initiated the organisation of the Khetihar Mazdoor Sabha. Educationally the most backward, socially the most persecuted and economically the most bankrupt, scattered and unable to present a united front, the landless agricultural worker was the most pitiable species of the Indian proletariat. He had nothing to lose except his chains. But the problem of his organisation was beset with innumerable pitfalls and difficulties. The socialists and the Kisan Sabhaites clamoured against the move. Jai Prakash Narain and Swami Sahjanand Saraswati opposed it tooth and nail. It was the disruption of the united *Kisan* front, they accused. It was a blow, they said, at the radical revolutionary anti-imperialist movement. To forestall Jagjivan Ram, they organised a Khetihar Mazdoor Sangh. They issued statements asserting that the Kisan Sabha was an organisation both of agricultural workers and *Kisans* who worked on their own land, not of Kulaks and *Zamindars.* The Bihar Provincial Khetihar Mazdoor Sabha was, however, organised and started making good progress. Mammoth demonstrations of agricultural workers were held; one before the Assembly. Jagjivan Ram was not an office-bearer but he was the inspirer and the moving spirit behind the organisation.

In 1938 he was elected a delegate for the Haripura session of the Congress and has continued to be elected a delegate ever since. He had become the symbol of the *Harijans'* hopes and aspirations. He was fast becoming an eminent and national Congress personality.

Resigning along with others in the Cabinet on the issue of the return of the Andaman prisoners, Jagjivan Ram proceeded to Haripura where the Congress session was to be held. He had planned to hold a *Khetihar Mazdoor* conference at Haripura at the time of the Congress session and requested Gandhiji to inaugurate it. The latter wanted the Sardar to inaugurate the conference and under his advice Sardar Patel agreed to do so. Jagjivan Ram had sent workers in advance to mobilise the agricultural workers of Gujerat and the response was extremely encouraging. But the *Kisans* of Gujerat were determined not to let the proposed conference succeed. They brought great pressure to bear on the landless agricultural workers.

When this did not look like succeeding, they approached the Sardar himself for help. The *Kisans,* it was said, had been the backbone of the Gujerat Congress. They had suffered and sacrificed for the national cause. The condition of the agricultural workers was pitiable, they agreed, but their separate movement would weaken the *Kisan* organisation and the Congress and disrupt the economy of the villages seriously. The Congress must take first thing first and the first thing was the preservation and the strengthening of the united anti-imperialist front. The Sardar, thus persuaded against the idea, talked to Jagjivan Ram and the organisation of the proposed conference was given up.

This incident drove a lesson home. In Bihar also Jagjivan Ram found his Congress compatriots taking a narrow and partisan view about the issue of a separate organisation for the *Khetihar Mazdoors.* The Kisan Sabha had moved a little, however, to the left, as a result of the pressure of the *Khetihar Mazdoor* movement. But Jagjivan Ram rightly felt that there could not be any effective all-India organisation of the landless agricultural workers, who were also the socially persecuted *achhuts, until* the attainment of freedom and until their serious social and economic disabilities were to some extent removed. The agricultural worker was no better than a serf and could be easily starved into submission. The Depressed Classes League thus remained the only forum through which the millions of the dumb agricultural workers constituting the very dregs of Indian society found a voice. As by far the greater bulk of these workers was of the untouchables, they looked upon the League as the only interpreter of their urges. Jagjivan Ram concluded that as the stage to emphasise and accentuate the class conflict within the peasantry, which was bound to happen with a functioning all-India *Khetihar Mazdoor* organisation, had not come, the next best alternative was to develop and organise the All India Depressed Classes League.

The Haripura session of the Congress held in February 1938 was a marvel of organisation and efficiency. It was held in the home province of the Sardar. The slogan of the Constituent Assembly was first raised there and though the provision of hand-pounded rice, *chakki atta* and cows' milk to the delegates and visitors emphasised the constructive aspects of Gandhiji's programme, people's attention turned naturally to the growing international tension. Subhas Bose, the stormy petrel of the Congress, was the president.

Gandhiji saw the coming war and the prospect of death and devastation filled his heart with anguish. Subhas sensed the nearness of the global conflict and he yearned to turn Britain's distress into India's opportunity for wresting freedom from her unwilling hands. He had a growing and restive following and ridiculed non-violence. "Give me blood and I shall give you freedom"—he announced to a hysteric Calcutta gathering.

Mahatmaji felt that a person whose faith in non-violence was so completely shaken should not be placed at the helm of Congress affairs and he made known his desire to his colleagues. But Subhas Bose, fired with the adventure of winning freedom within a year, paid no heed. He was again elected president of the Tripuri session of the Congress held in 1939.

Gandhiji demurred. Front rank leaders refused to serve on Subhas's working committee. He was soon forced out of the Congress. Jagjivan Ram knew Subhas Bose's sincerity. He knew him to be a patriot of sterling character and worth. He keenly felt that the best thing for Subhas to do under the circumstances was to tender resignation immediately after his election as president of the Tripuri session of the Congress and had said so to him. Had Subhas Bose agreed with his young colleague, he would have won universal esteem and would have added to the strength of the organisation which had to be kept in proper trim.

On September 1, 1939, the Nazi army invaded Poland. On September 3, 1939, England declared war against Germany. The second World War had begun. By a proclamation issued that very day, England took India into the war without consulting her. Next day Gandhiji left for Simla in response to a telegraphic summons from the Viceroy. Talks and negotiations started. The Congress was ready to support war efforts if specified conditions were satisfied. England was in no mood to bargain. Under a directive of the Congress Working Committee, the Congress Ministries resigned and, under section 93 of the Government of India Act, the Governors assumed full power.

Jagjivan Ram, now a respected leader of the Bihar Congress, took to its work with his characteristic zeal and energy. In 1940 he contested and was elected secretary of the Bihar Provincial Congress Committee which post he held till 1946, when he joined the Interim Cabinet at the Centre on the 2nd September, 1946. He was also elected a member of the All India Congress Committee in 1940 and has continued to be so elected since that year.

The Ramgarh session held in April 1940 was a landmark in the history of the Indian National Congress. Subhas Bose openly and dramatically challenged its authority by holding a session of his newly formed organisation, the Forward Bloc, at the same place. Even though a grand effort in its own way, it failed. The Congress anchor held. Emphasis was again laid in the Ramgarh session on constructive activities.

As secretary of the B.P.C.C. and as president of the All India Depressed Classes League of which he had become the most beloved leader, Jagjivan Ram toured extensively throughout the province, organising camps for the training of constructive workers, exhorting the *Harijans* to unite and organise and urging the caste Hindus along the road to social revolution.

Meanwhile, a friendly tussle was going on between the Congress Working Committee and Mahatma Gandhi. The latter stood for complete non-violence. The former thought of immediate advantages. On July 7, 1940, the Working Committee, in spite of Gandhiji's disapproval, adopted Rajaji's resolution which stated that if India were given complete independence and a Central Indian Government, Congress would effectively organise war efforts, Churchill was then the Prime Minister. Under his guidance Linlithgow stated on August 8, 1940, that he would invite a number of Indians to join his Executive Council. Independence could not be given nor could be conceded a Central Government fully responsible to the Central Legislature. His Majesty's Government, moreover, could not contemplate the transfer of their responsibilities to any Indian Government whose authority was directly denied by a large and powerful element of the population.

Britain would not allow Congress to rule India without Muslim consent. The Muslim community could now veto India's independence.

The Working Committee was incensed. It returned to Gandhiji. On September 15, 1940, addressing the All India Congress Committee he said that he wanted to meet the Viceroy once more. The Viceroy did not meet. He said 'No'.

The Mahatma wanted to fast. Mahadev Desai dissuaded him. Should he start a mass movement? That may lead to violence. He chose a new technique, that of offering symbolic civil resistance. Chosen individuals were to defy the official ban against war propaganda and court arrest. That was when Vinoba Bhave, as the first man chosen by Mahatmaji to offer *Satyagraha,* sprung into fame. After Vinoba, Nehru, Patel and other leaders courted imprisonment one after the other. Next came important leaders in the various provinces. On December 10, 1940, Jagjivan Ram offered individual *Satyagraha* in the Shahabad district. He took as circuitous a route as he could possibly take in reaching the announced place, holding and addressing numerous meetings. He was arrested at Piru, brought to Arrah, sentenced to one year's imprisonment and transferred to the Hazaribagh jail. This was his first experience of jail life. His old mother and his elder brother Santlal were always a source of strength to him. When he sought Santlal's permission to offer *Satyagraha* there was not a moment's hesitation. "What is there to ask about?"—he said laughingly. He brought his beddings to Arrah jail after Jagjivan Ram was arrested.

The whole village had performed his *Arati* before he started on, what Gandhiji had made, a pilgrimage to jail.

The enforced confinement came to him as a blessing. He had been a keen student of science and the *Dharma Shastras* and books on religion. He had studied Bengali and Hindi literature as well. But his knowledge of politics, economics and history was rudimentary, snatched from occassional haphazard readings. Once, sometime before his imprisonment, when the devaluation topic was everybody's talk, he happened to question a student of M.A. economics. Not satisfied with the replies, he purchased next day Marshall's classic works and other standard treatises and began a systematic study of economics. That was Jagjivan Ram all through. If he had to learn a subject, he must know it well. Half-way methods never satisfied his craze for mastery of details—theories as well as facts. But his ceaseless and hectic activity left him no time for a planned and systematic study. The enforced confinement in the jail gave him this much wanted opportunity. He resumed the study of economics with vigour and read all the books prescribed for the M.A. course starting with books on elementary theory. Politics and history also were not neglected. Ramdeni Tewari of Chapra, who was arrested at Purnea and transferred to the Hazaribagh jail, was a keen student of Hindi literature and with him he studied some of the masters.

The socialist prisoners organised classes on Marxism which was the raging fashion of the day. It attracted many young Congress workers who absorbed the teachings with avidity.

Jagjivan Ram felt that the socialist teachers started with a bias in favour of Marxism and did not encourage independent thinking. The classes were an effort more at indoctrination than a quest for knowledge. Jagjivan Ram read Marxism independently, he himself started taking separate classes in Marxist theory and practice. He would also lecture on Gandhian doctrines and their far-reaching implications and encouraged his listeners to learn to evaluate critically both Gandhism and Marxism. Ram Subhag Singh, who is now a member of the Parliament, took a very active interest in organising and running these study classes. One of the most distinguished men in the Congress and himself a keen economist, Dr. A.N. Sinha, regularly participated.

They all spun regularly and had recitations from the *Gita* and other religious books.

Once when *Id* was near, Jagjivan Ram felt that it would be a pleasure to feast the non-political Muslim prisoners who did not enjoy the advantages given to the politicals on *Id* day. His colleagues readily agreed. A handsome amount was raised through donations and it was a pleasant surprise to the Muslim convicts to be served with chicken and *pulao* and other delicacies on the festive day. They were so eager to have chickens that they had, when questioned what they would prefer for the *Id* dinner, expressed their great desire for chicken-pulao.

Two "lifers" were attached to Jagjivan Ram as attendants. They would confide their yearnings to him. He prepared a memorandum on their behalf and sent the same to Awadhesh Nandan Sahay, a well-known Patna advocate and colleague, requesting him to move in the matter. They were after some time. All the while they were so full of the expected release that they talked of nothing else and enthusiastically described how they would rush to their homes and what they would do.

Even though buried deep in his studies and taking his *Asans* and *Pranayam* every day, Jagjivan Ram was no recluse. He was full of human kindness and just as injustice turned his heart into steel, suffering and distress made it as soft as butter.

He had, however, one worry. His only son and surviving child Suresh, who was born in 1938, was very delicate and suffered from frequent attacks of illness. Suddenly, he became very ill and Indrani Devi had to take him to her father's place at Kanpur. Even after the best treatment there he could not be cured and Indrani Devi returned to Patna with Suresh for further treatment. Jagjivan Ram was filled with anguish and intense sadness. He had, however, full faith in Indrani Devi's capacity. He believed she would take best possible care and do all that was possible to save the boy. She was such a devoted and charming lady that he had often told her that she was to him what Urmila was to Lakshman. She had never stood in the way of his hectic political life. She urged him on and in times of mental agony he knew he could lean on her. This was a source of great spiritual satisfaction. He remembered how she sacrificed her own pleasures and comforts in order to provide food and comfort for his frequent political guests and she did it all so sweetly and unmurmuringly that it filled all who came to know her with respect and affection for her.

On coming out of jail on September 10, 1941, his first concern was to attend to his son's treatment.

The individual civil disobedience movement had generated little public enthusiasm after the initial phase. It was just a symbolic protest and nothing more.

The prospects for England, however, looked grim. Gandhiji was at Wardha. Rajendra Babu who was also there sent for Jagjivan Ram and he reached Wardha during the *Pujas* after staying for a day at

Banaras and paying his respects to Malaviyaji who was keeping indifferent health.

For the first time Jagjivan Ram came in close touch with Gandhiji in the quiet *Ashram* surroundings. Each day, for the ten days he stayed there, he met Gandhiji. He would go to him in the afternoon, in Jamnalal Bajaj's car with Rajendra Babu, when Mahatmaji would be comparatively free and would be in a light mood. Jamnalalji had in those days taken a vow not to use a car and many a time Rajendra Babu and Jagjivan Ram would meet him in the way footing the distance to Gandhiji's place. They would entreat him to join them in the car but Jamnalalji would not break the vow he had taken.

Sometime Gandhiji would send a chit asking Jagjivan Ram to accompany him in his morning walks. It was to him a new experience—walking fast and talking simultaneously. Rajendra Babu, when he happened to accompany them in these walks, used to be left far behind.

Gandhiji's ordering of his time, felt Jagjivan Ram, was superb. A foreign correspondent sought an interview on a particular day. Pyarelal could not see his way to arrange it. The correspondent insisted and assured that one minute's interview would do. He got the interview but he had to finish it within the stipulated time. Jagjivan Ram happened to be present. Gandhiji said nothing. But just after one minute he glanced towards his watch and smiled so sweetly that the correspondent felt that he had no other alternative but to leave.

Jagjivan Ram found Gandhiji very human and loving. He would write all intimately personal letters by hand and would never get them typed. Typed letters were to him so cold and impersonal. He had a genuine love for Hindi and once if anyone wrote to him in Hindi language he would reprimand him if he ever changed over to English later. Jagjivan Ram's first letter containing his protest against Gandhiji's opposition to reservation of seats at the Round Table Conference was in Hindi. His next letter protesting against the Mahatma's remark in an article in the *Harijan* to the effect that the *Harijans* were cows was in English. Gandhiji remembered both the letters. He had an encyclopaedic memory. Jagjivan Ram's English letter brought him Gandhiji's loving reprimand.

One day an ant was crawling on Mahatmaji's bare body. He felt an irritation and perhaps a pinch but he hesitated and took some time to decide whether to take it off and put it on the floor. When at last he did so, he did it ever so gently.

Jagjivan Ram returned to Patna after ten days' stay at Wardha. It was a rich and unforgettable experience. After a week's stay at Patna he resumed his ceaseless political and Depressed Classes League activities.

The individual civil disobedience movement had petered out. The war was entering a critical and menacing phase. On the 7th December, 1941, Japan struck at Pearl Harbour. Within two days Shanghai, Thailand and British Malaya had fallen to the Japanese. Hong Kong, Java, Sumatra, Singapur and Dutch East Indies surrendered to Japan one after the other. On March 9, 1942, Rangoon, the capital of Burma, was occupied. The war had moved close to India.

Gandhiji again withdrew from active guidance of the Congress. The anti-war slogan held the field. But the war efforts continued their listless course. It was not possible to disrupt war preparations without undertaking a national mass movement. Should the Congress give the call? The Mahatma pondered. Meanwhile came Sir Stafford Cripps on March 22nd, 1942, and put up at 3, Queen Victoria Road, which has been the residence of Jagjivan Ram since 1946. Gandhiji saw Cripps at his residence on March 27 and after one glance at the British proposal rejected it out-right and returned to Sevagram. Cripps persisted. The Muslim League, the Sikhs, the Hindu Mahasabha, the *Harijans* and Liberals, all rejected it. Ultimately, Stafford Cripps returned in April. The Cripps offer envisaged the vivisection of India in many parts. Nobody wanted such an India. In conducting his negotiations with representatives of various communities Cripps had ignored the Depressed Classes League. The loyalist *Harijans* yet held the field. Jagjivan Ram knew this policy of ignoring nationalist *Harijans* was not going to last much longer. Presiding over the 8th All India conference of the Depressed Classes League held at Meerut on February 1-3, 1942, Jagjivan Ram had exhorted the *Harijans* not even to think of drawing away from the anti-war national current and helping the British war effort. The British Government, he said, wanted to divide the depressed classes. It relied, he observed, on the loyalists and yes-men amongst them. "It has released the leaders who offered Satyagraha," he said, "but has not removed the causes which led to *Satyagraha.* The British Indian Government has lost its grip on the country, and so long as the people and their representatives are going to be behind prison bars, there is not to be any peace in the country." But he did not at the same time forget to reiterate the demand of the depressed classes for statutory guarantees regarding seats in the legislatures and services. He did not fail to castigate unbending Hindu orthodoxy which was driving many *Harijans* to renounce the Hindu faith. But he had seen the condition of converts and was not prepared to hold that after they renounced Hinduism they were any better.

By June 1942, India was discussing the possible advent of the Japanese. The masses were so embittered that they were prepared to think of them as deliverers. But Gandhiji was clear in his mind. Congress leaders also had no illusions. "I would rather be shot than submit to the Japanese or any foreign power," wrote Gandhiji on July 26, 1942. The country was simmering. Rage, frustration and discontent were struggling to find an outlet. Indian humanity was one vast bulk of highly inflammable material. The Government foolishly supplied the spark.

The All India Congress Committee met at Bombay on August 7 and adopted a resolution assuring the British that an Indian Government would resist aggression with all the armed as well as non-violent forces at its command and urging immediate declaration of independence. But if the appeal failed, the Congress, the resolution further said, would be compelled to start civil disobedience. After the resolution was adopted Gandhiji addressed the delegates shortly after midnight of August 8. He wanted to have one more interview with the Viceroy. But the British were in no mood for parleys. Gandhiji, Nehru, Mrs. Sarojini Naidu and scores of others were awakened sometime after they had gone to sleep and carried off to prison.

The whole of India was in revolt the next morning. Gandhiji had given only two slogans. He had declared to the British :

'Quit India'. He had told his countrymen : 'Do or die'. The details of the probable movement were chalked out in the vaguest outlines. Each man was to be his own leader if the acknowledged leaders were arrested.

Jagjivan Ram and the late Professor Abdul Bari and some others who were putting up in a hotel were informed, by a friendly source, in the early hours of the morning, of the arrest. Gandhiji had expressed his desire to see both Jagjivan Ram and Abdul Bari on the 9th morning and they hoped to receive first-hand guidance and instructions. Though there were whispers of Gandhiji's possible arrest, responsible Congressmen thought that the Government would not be so foolish and would surely give Gandhiji a chance of meeting the Viceroy. Even though, they knew that it was no use rushing to the Birla House then, they were anxious to get more information and they left their place at dawn. But there was a complete *hartal* in the city and no conveyance was available. The call of the wilderness reverberated through the silence and the tenseness of the atmosphere. It was no use tarrying at Bombay.

Jagjivan Ram left for Patna immediately. As secretary of the Bihar Congress he would have much to do on reaching there. Satya Narain Sinha and others left via metre gauge.

He had sent word to Basudeo Prasad Sinha, a young patriotic friend and neighbour of his who was not a Congressman, to come on a car to Sadisopur, a small station near Dinapur, so that he could proceed to Patna safely, avoiding immediate arrest, and if need be abscond. He wanted to complete organisational work before he was marched off to prison. But in the train he was all the while wondering, "Shall I be permitted to enter Bihar?" Great and very pleasant was his surprise, therefore, when the train reached Mughalsarai and he was told that further east there was no British Raj. At Gahmar there was no station-master or staff. At Buxar 5,000 persons were demonstrating at the railway station. Jagjivan Ram did not get down. He knew that once that mass saw him he was sure to be detained. No arguments would avail with people in that mood. They would desire him to initiate the movement there. At Behea, however, he could not escape the attention of the crowd that had gathered. As expected they insisted on his leading the movement in Behea. He explained to them the necessity of his presence at Patna and then queried humourously : "You say that your writ runs here. How then is this train allowed to move ahead?" They assured him that that was going to be the last train. At Arrah he found the train services completely dislocated. His train, however, was allowed to go ahead. For precaution's sake, he handed over his luggage to students gathered at the Arrah station with instructions to take it to his place. At Behea he had received the report that the police had opened fire on the demonstrators at the Patna Secretariat and several had been killed. So, the Revolution was marching triumphantly, thought he. At Sadisopur, Basudeo Prasad Sinha brought the car as advised. There was an additional driver and ample petrol. Even the possibility of a long and last drive had been anticipated and provided for. Death like quiet prevailed over Patna when he reached the city. There had been a firing and a number of students had been killed. The first flush of the movement was over. People were sullen and burning from within.

Jagjivan Ram felt that organisational work had become important than the agitational. If the Congress was to lead a resistance movement, he argued, it must develop a resistance organisation. Local Congress leaders were, however, not of one opinion. Jagat Narain Lal left for the rural areas and Singheshwar Prasad who was guiding the movement at Patna was arrested.

Jagjivan Ram, left in control of the movement at Patna, gathered a band of trusted workers around him who could be sent to contact the rump of the various district organisations. Patna, in which British and American army units were now concentrated, should be isolated and the seat of the movement must shift to some other place, he explained to the young rebels.

If the Ranchi road could be made impassable, the flow of army units from the Eastern Command stationed at Ranchi would cease. The bridge at Biharsharif was partially exploded but the scheme to bolatc Patna did not succeed.

All important localities in Patna had been barricaded by British soldiers. The barricades could be crossed only on passes issued by the authorities. The passes were naturally not given to the leaders of the rebellion and they would not apply for it. The organisation of a proper resistance movement, Jagjivan Ram felt, was not practicable. Congress volunteers had not the necessary training and the conditions were not propitious. The revolt could not be developed into an insurrection and the insurrection into a machinery for seizure of power. A country-wide well-coordinated resistance movement could not be organised. Was it not proper and the only way out under the circumstances to have widely scattered pockets of resistance, which should be made, as far as practicable, unapproachable for the army units and where the spirit of the August Revolution would survive? He wondered and he regretted that it had not been possible to meet Gandhiji on August 9.

It was said that his last message was : "Let each man be his own leader." This message had spread throughout the country like wildfire and people everywhere were behaving as they liked.

Congressmen came to him and told him that they wanted to cut the electricity lines and the water pipes. Jagjivan Ram happened to be at that time the president of the Electric Workers' and Joint Water Works Unions. He set his foot against disrupting water or electricity supply but permitted the cutting of telephone wires.

He was thus endeavouring to give the movement a new tone of moral responsibility. He was trying to inculcate discipline and a sense of high purpose. He was worrying about how to stabilise the movement and not permit it to run its violent, strong but brief course. He was glad when he found people responding to the call for moral responsibility. When the post office situated near his house in Kadamkuan was burnt not a penny was touched. The illiterate masses who burnt the post office were revolutionaries, not hooligans.

But, what next, was the ever present question mark. He met Annada Prasad Choudhry, a former Bengal revolutionary, in a house in Gardanibagh where he was staying. Chakradhar Sharan had accompanied him. A lively discussion ensued. Jagjivan Ram stood for complete dislocation of the means of communication. That would, he said, completely paralyse the Administration and give the Revolution time to dig its trenches in far-off areas and await developments. Annada Choudhry agreed with him but a prominent socialist leader quoted chapters of the Russian Revolution to prove his contention that disruption of the means of communication should be the last stage of the Revolution. As no decision could be reached, it was agreed to consult Ram Dayalu Sinha, the veteran Congress leader, who was ailing at Sir Ganesh Dutta Singh's place. Movement from one part of the city to another was becoming increasingly difficult. As stated, barricades had been erected at all important points and none could cross them without a pass. The first question the seasoned old veteran put to Jagjivan Ram was, "Have you obtained a pass for moving about in the city." On being informed that it had not been done, he advised that the obtaining of passes must be attended to first of all and that they should not wear *Khadi* for the time being.

Jagjivan Ram was the secretary of the Bihar Congress. He was, he felt, the leader of the Bihar people who had risen in a magnificent uprising and had paralysed British administration. The leader of a people in revolt should not seek passes for moving about in his own town from the representative of the aliens, who had been challenged, that is how he felt. He queried : "Whom to apply for the passes? The British Collector of the district?"

"And why give up *Khadi* for what appears to be a temporary advantage but which is bound to affect the prestige of the Revolution ultimately? For, really", he stressed, "it is Khadi-wearing at this stage which will prove a real morale-booster."

He was right. He had been to Patna City one day in his usual *Khadi* clothes and the Gandhi cap. It rallied the people. It raised them spiritually. On another occasion, an American soldier challenged him. Promptly, he drew out an old invitation card and flashed it in his face. The American was impressed and let him go.

The American soldiers who mostly manned the barricades and with whom he would have an occasional talk were utterly misinformed. A young American conscript, an engineering student, told him that they had supposed that they would have to guard the city against marauders, dacoits and such other criminal elements. There were similar casual remarks by a few others. Jagjivan Ram wrote out a comprehensive pamphlet detailing incidents of the American War of Independence replete with quotations from Washington,

Jefferson, Lincoln and others. A parallel was drawn with the Indian War of Independence waged by the Congress. The pamphlets were published and put in bundles at shops frequented by the American soldiers. It did go a long way in making the Americans understand the implications of the 1942 movement and there was a noticeable change in their attitude. Jamil Mazhari, the famous Urdu nationalist poet, rendered valuable help in this connection.

Ram Dayalu Sinha, however, believed in discretion being the better part of valour and did not agree with the "romantic and idealistic" attitude of Jagjivan Ram. He had undertaken to arrange for passes for both Jagjivan Ram and Chakradhar Sharan. There were friendly officers who would oblige. The passes were subsequently obtained but, before they could be delivered, Jagjivan Ram was arrested in the afternoon of August 20, 1942. When Khan Bahadur Omar, the Additional District Magistrate, went to arrest him, he had on his person several important papers and some money. But no search was made. Omar told him that he could take his own time in getting ready but Jagjivan Ram was in no mood to incur obligation. He handed over the papers and the money to the Congress workers gathered there and gave final instructions to Jamil Mazhari. Thus began Jagjivan Ram's second baptism of jail life.

What a galaxy of eminence met him in the Bankipur jail! Dr. Rajendra Prasad, Dr. S.K. Sinha, Dr. A.N. Sinha, Sarangdhar Singh, Satya Narain Singh, Mahamaya Prasad, Phulan Prasad Verma and many others were already there. They were lodged in the hospital jail in one room. Rajendra Babu was given the operation theatre. After a few days came Deo Sharan Singh who informed that the people were being terribly harrassed and the soldiers were masters of the situation. Yet, occasionally, the people had unpleasant surprises for them. But these evoked further reprisals.

As soon as the rail link to Hazaribagh was restored, all the political prisoners were transferred to the Central Jail there, except Rajendra Babu who was undergoing treatment.

A special train had been arranged and when all the leaders suddenly appeared near the station in *Khadi* and with Gandhi caps on, the tommies rushed at them with pointed bayonets. They must have thought that some kind of ruse was being practised. Archer, the District Magistrate, was with the party and he hastened to explain the situation to the laughter and amusement of all.

On the way to Hazaribagh jail, Jagjivan Ram found the track, culverts and bridges guarded by tommies and he could not help pitying their lot. Many were almost alone in the hills and jungles of the Chota Nagpur plateau and looked so helpless and disconsolate. They could be easy victims of a group of determined people, he reflected, and if the resistance movement had been properly organised and the means of communication destroyed freedom might have come earlier.

In jail, Jagjivan Ram's one preoccupation was to make up for arrears of study. Everybody was in an introspective mood. Great events were happening in which the Congress and Congressmen did not have any share. The August movement was slowly ebbing away. There remained, however, pockets of resistance which continued to defy the might of Britain and held the banner of freedom aloft. But such pockets of revolt and resistance were not many and even in these regions there was lack of proper leadership. Jagjivan Ram's dream of the 1942 revolution visualised thousands of such pockets in each province, resisting with all available means the imposition of the British rule, springing into action simultaneously and making it impossible for the depleted army units to cope with the situation. That dream had not materialised. The country suffered untold hardships. Many Congressmen were broken and demoralised.

After his study hours Jagjivan Ram walked or played badminton and though the shadow of the declining movement hung heavy on him as on others, he managed to have his daily routine of study and exercise undisturbed. Suddenly, the news of Jaya Prakash Narain's escape from the jail reached and they found that numerous restrictions had been put on their movements. The jailors and the educated warders, however, were as courteous as before. Jagjivan Ram was in indifferent health and denial of fresh and open-air exercises soon made him sick. He had temperature and many thought he had got pleurisy. In October 1943, he was released after about fourteen months in jail.

His prime consideration was to regain moral health. Expert medical examination revealed that there was nothing wrong with his heart or lungs. He was in a run-down condition and only needed rest for recoupment. But he could not but be interested in the movement which was being carried on by Congress people who had gone underground and were declared absconders. They would come to him for advice and help. His house was situated near the Kadamkuan police station. Some well-meaning police officers hinted that the visits of the absconders had been reported to them, thereby perhaps desiring him to abstain from entertaining the absconders. But they continued to come. The police officers winked at the seditious activities. Patriotism perhaps proved stronger than duty to an alien government. At about this time Sucheta Kripalani, who was absconding, came to Patna and called on him to discuss many organisational matters. Jagjivan Ram also paid her a visit.

The Depressed Classes League had never ceased to engage his attention. Even in the midst of the most intensive periods of Congress activities he had nurtured the League and kept it growing from strength to strength. He was elected to preside over the Amritsar Conference of the League, the next after Meerut, in December 1942 while he was in jail and a working president carried on the work. The next session of the League was to be held in December 1943 at Kanpur. The U.P. Government banned it. A prolonged correspondence ensued but the Government was adamant and the ban was not lifted. This restriction was rather surprising because such bans were not being imposed even on meetings of Congress volunteers. Formal permission had to be taken but it was mostly granted.

Why had the Government done special honour to the League? Many thought that Dr. Ambedkar had a hand in it. He was a member of the Viceroy's Executive Council. His nomination was in the prevailing imperialist tradition of disintegrating the nation. Bypassing the claims of the nationalist *Harijans,* the British Indian Government always leaned towards the loyalists thinking that the lure of office and power would, for them, always prove more powerful than loyalty to the nation and the national movement. The poor and backward *Harijans* could not, it was assumed, be motivated by higher ideals and would eventually rally round the loyalists. The day was not far when this policy had to be given the go-by.

Dr. Ambedkar ardently hoped that there would be an accession of *Harijans* to his fold and he endeavoured hard to win over new adherents. He had paid a visit to Kanpur, sometime before the Depressed Classes League conference was to be held, and was given a very poor reception. The contrast which the League session might have presented would have been very telling and the Doctor was not prepared to suffer such a dramatic loss of reputation. So, there had been string-pullings and Hallet's ever-obliging Government had taken a very obdurate line. Should they pick up the gauntlet thrown by Dr. Ambedkar and Hallet's Government? The League leaders conferred amongst themselves and thought, at one stage, of breaking the ban but that would then become—it was obvious—a political issue and have wider repercussions. It was, therefore, decided to defer the conference. Jagjivan Ram had been having very indifferent health after release from jail and he spent a few months at Simla with his family. The Bihar C.I.D. very diligently shadowed him wherever he went and kept a close watch.

After return to Patna from Simla in September 1944, he undertook an extensive tour of C.P. and Bombay, both for Congress and League work. At Nagpur, the working committee of the All India Depressed Classes League met under his presidentship and prepared the memorandum which was presented on behalf of the All India Depressed Classes League to the Sapru Committee. Later, finding that effective and useful political work of the Congress could not be carried on, he organised with the assistance of late Professor Abdul Bari a constructive workers' organisation at Patna which continued to do useful work till the end of 1945.

Meanwhile, Gandhiji was, in his own unique way, trying to break the deadlock. But Linlithgow and later Wavell were in no mood to talk. The British Indian Government was run by arch conservatives and the perspective continued to be gloomy. Gandhiji also suffered serious personal bereavements. After Mahadeva Desai's death in the Aga Khan Palace came the death of Kastur Ba. Then Gandhiji fell ill and was released on May 3, 1944. He went to Juhu. Sarojini Naidu and Mrs. Pandit were also there.

A gloom and the tragedy of partition now hung over India. Rajagopalachari had evolved a formula for Congress-League understanding in June 1944. In September 1944, Gandhiji and Jinnah met several times but the talks ultimately broke on the two-nation theory. Jinnah maintained that by all the canons of international law the Muslims were a nation with their own distinctive culture and civilisation, language and literature, arts and architecture, names and nomenclature, sense of values and proportion, customs and calender, legal laws and moral codes and history and traditions. Gandhiji simply said that he found no parallel in history for a body of converts and their progeny claiming to be a nation apart from the parent stock. People did not change their characteristics, he stressed, when they changed their religion. Could not, he argued, the problem be solved on the basis of self-determination?

Thus the stalemate continued till Wavell announced his new proposals, after three months' stay in England, on June 14, 1945. The same day, Azad, Nehru, Prasad and other leaders were released. India's representative politicians were called to Simla on June 25, 1945. Gandhiji, Jinnah, Master Tara Singh, the Sikh leader, Sivaraj, the *Harijans'* leader, and many others were invited. The Wavell plan gave a fully Indian Executive Council with only the Viceroy and the C-in-C. as the British members and the assurance that the veto would not be exercised. The basic defect of the plan was the parity formula according to which there was to be an equal proportion of caste Hindus and Muslims in the Viceroy's Council. Jinnah would not even agree to the nomination of one single Muslim by the Congress. He and the League represented the Muslims, none else. The Congress could not accept this and dropped Azad.

Jagjivan Ram was faced with a delicate situation. He could not, holding the views he did, assert that the untouchables were a separate nation. He could not at the same time leave untouchable interests completely unrepresented in any agreement that took place or in any constitution that was to be framed. The *Harijans* were certainly a part of the Indian nation but, being the most persecuted minority, it was only fair that their interests should be safeguarded. Welcoming Gandhiji's efforts to end the political deadlock, the working committee of the All India Depressed Classes League, meeting under Jagjivan Ram's presidentship, in a resolution passed on August 18, 1944, regretted that neither Gandhiji's nor Rajagopalachari's formula took any notice of the untouchables and stressed that the interests of the depressed classes must be safeguarded in any political arrangement to be arrived at between the Congress and the Muslim League on the one hand and the Government on the other. Ambedkar, then a Member of the Viceroy's Executive Council, was also stressing this aspect with abuse and blame for Gandhiji. He told a Bombay scheduled castes' meeting on July 23, 1944, that the Congress and the League were likely to run away with a National Government but he was going to prevent it. He was prepared, he said, to make room for others when a National Government came into being but he believed, he said, that Gandhiji and Jinnah would never agree.

The Government continued to boost Ambedkar's party. In June 1945 Simla Conference, Jagjivan Ram, president of the All India Depressed Classes League, was not invited. Sivaraj, representing Dr. Ambedkar's Scheduled Castes Federation, was supposed to represent the *Harijans.* Telegrams reached the Viceroy and Gandhiji from the incensed and bitter depressed class local and district organisations insisting on the recognition of the All India Depressed Classes League as the spokesman of the *Harijans.* But there was no response. It was better, Jagjivan Ram felt, to present a sort of a united front of all *Harijan* organisations without at the same time compromising nationalism. Accordingly, in the memorandum presented to Wavell on behalf of the League on June 28, 1945, a demand was made for three seats for the *Harijans* in the Viceroy's Executive Council, the candidates to be selected jointly by the All India Depressed Classes League, the Scheduled Castes Federation which Ambedkar had started in 1943 and the Depressed Classes Association started by M.C. Raja and the Indian National Congress. The Simla Conference convened by Wavell, however, failed and the situation relating to depressed class representation in the Central Council remained unchanged.

While the Simla Conference was in progress, the Second World War ended. On July 26, Labour won a decisive majority and Attlee replaced Churchill as the Prime Minister of Britain. Wavell was summoned to London and returned after sometime. The new proposals of the British Labour Government were announced on September 19, 1945, simultaneously in London and Delhi by Attlee and Wavell.

The new plan envisaged election to the Central and Provincial Legislatures as the first step to the solution of the deadlock. Then guided by the results of the poll, further efforts were to be made by the Viceroy for having a representative Executive Council and popular Governments in the provinces. An assembly to draft the constitution for a united India was also to be convened.

Congress won the overwhelming majority of non-Muslim seats. The All India Depressed Classes League entered into an electoral pact with the Congress under which its candidates were to be adopted by the latter after signing the Congress pledge. The Muslim League won the overwhelming majority of Muslim seats. Vivisection, it was apparent, was inherent in separate electorates. Given joint electorates, there would have been no disruption of the national movement and later no division of India.

Jinnah had announced in a statement issued from Bombay in December 1945 that the Indian constitutional deadlock could be solved in ten minutes if Gandhiji agreed to Pakistan. The Mahatma regarded Pakistan as 'blasphemy'. The deadlock continued.

Then arrived the Cabinet Mission consisting of Lord Pethick-Lawrence, Sir Stafford Cripps and Albert V. Alexander on March 23, 1946, and a serious attempt to break the continuing deadlock started. After weeks of negotiations with individual leaders, the Cabinet Mission invited the Congress and the League to send four delegates each to a conference in Simla. The conference again failed. Gandhiji then requested the Cabinet Mission to suggest its own plan. The Cabinet Mission plan was announced on May 16, 1946. It envisaged a united India representing both British India and the native states with a Federal Government to deal with foreign affairs, defence and communications. Any communal or religious issue coming up before the national legislature was to be decided by a majority vote of the Hindus and the Muslims separately. The national Constituent Assembly was to be elected by the newly elected provincial legislatures. Meanwhile, Wavell was to form an interim national Government. After initial hesitancy the Muslim League accepted the plan. The Mahatma had earlier stated that "it was the best document the British Government could have produced under the circumstances." But Jinnah would not agree to the nomination of a Muslim by the Congress in its own quota in the provisional Government. The Congress would not accept the two-nation theory implied in the League's insistence. The stalemate continued. Wavell announced the failure of the League and the Congress to reach an understanding on June 16, 1946. But the soldier Viceroy was not inclined to accept defeat. He asked the Congress and the League to submit names of their respective candidates but he stressed that no party was to veto the nominee of the other. Jinnah declined the invitation. Nehru was then commissioned to form a provisional Government on August 12, 1946. Nehru tried to make Jinnah agree but, when he failed, he formed a provisional Government consisting of six Congressmen of whom five were caste Hindus and one a *Harijan,* one Christian, one Sikh, one Parsi and two non-League Muslims. Jagjivan Ram entered the Executive Council as India's Labour Minister. The members were sworn in on the 2nd September, 1946. After the 16th August Direct Action day in Calcutta which resulted in 5,000 casualties in the riots and in the intensification of communal hatred throughout India that sometimes broke open in killings, arson and loot, the League was again wooed by Wavell and agreed to join the new Government. But, it would abstain from the national Constituent Assembly. To annoy the Congress and the caste Hindus, Jinnah nominated four Muslims and one *Harijan.* Such a Government was not expected to last; it did not last.

Youngest Cabinet Member

By 1946 Jagjivan Ram had emerged as the undisputed leader of the nationalist scheduled castes. The separatists like Ambedkar and others, whose existence was threatened by the coming into their own of the nationalist *Harijans,* were bitter. Many of them derided Jagjivan Ram as a show-boy of the Congress.

The Congress, on the other hand, had felt extremely uncomfortable at his utterances. He was a staunch and robust nationalist but he was not a conformist. Ha had given ample evidence of his independence and initiative. Even the top leaders of the Congress had occasions to feel "that they were not dealing with a 'yes-man' but with a live wire whom they could not handle as they pleased." There was, moreover, a difference in outlook and approach as regards the problem of untouchability.

Men like Nehru who were under the influence of Marxian ideas considered the problem to be purely economic—a bye-product of the problem of poverty. "Ignorance, segregation, squalor did not distinguish the *Harijans* from the *non-Harijans;* they did not characterise *Harijans,* all *Harijans* and only *Harijans*; they cut across *Harijans* and *non-Harijans.* The appropriate remedies also cut across." Such was the view also of enlightened Hinduism which believed that the unreasonable prejudices and discriminations associated with untouchability would be gradually eliminated as the economic handicaps of the *Harijans* would be removed. This view was buttressed by the faith in the homogeneity of the Hindu mass which was considered to be the main constituent of the Indian nation. This faith was shared by Mahatmaji also.

So, nothing must break the compactness of the Hindu mass. That would imply disintegration of the nation. Any distinction like caste Hindu and scheduled caste in any political arrangement was, therefore, repugnant to this fervent nationalism. Mahatmaji, however, was willing to pay any price for prevention of the growth of separatist and fissiparous tendencies and for keeping the imagined compactness of the Hindu mass as a whole inviolate. There were others who considered the conferment of special privileges on the *Harijans* as unwise. They argued that discrimination in favour of one group implied discrimination against another, and a departure from equality. They felt that "to recognise biological groups like caste, tribe, race and community for cultural privileges was fatal to national solidarity." In a democracy the individual should be treated as a unit and not as a caste, class or community. "Biological continuity was something apart from cultural continuity and there was no correlation between biological and cultural descent and continuity. Way of life or culture was independent of race or biological inheritance. Every individual, irrespective of his biological descent, was heir to the whole of world culture." Thus, even if the untouchables were originally a different race that did not affect the appraisal of the *Harijan* problem as a problem of human backwardness—social, economic and intellectual.

Jagjivan Ram knew and believed that all this was theoretically sound. He also believed that the untouchables must form an unbreakable and solid constituent of the nation and this implied their complete merger in the Hindu fold. Separation would involve not only the drawing away of the untouchables from the main progressive political current of the country, it would also spell a weakening of the Indian nation. He had therefore very clearly and unequivocally stated that while he would fight ceaselessly for the *Harijan* cause, "he would always remember that a limb could never be healthy unless the whole body was in health." But the application of theories to a given situation was one thing, the attempt to fit all facts within the framework of the theories was something quite different. That was what was happening, felt Jagjivan Ram, and with his appraisal of the problem of untouchability as sociological, he was of the definite and considered opinion that it must be tackled simultaneously on all the sectors. Constitutional guarantees and reservations for a period long enough to enable the *Harijans* to catch up with the more advanced sections of the population were both essential and justified. "They only reflected," he held, "the realities of the social structure and climate and the dominant national will. Without the necessary guarantees and reservations, the dominant national or collective will which desired to see the end of untouchability within the life of a generation would be a sham and a mockery and would count for little in the moulding of the nation's behaviour pattern." Moreover, Jagjivan Ram felt that, "the winning of freedom for the *Harijans* meant the widening of the horizons of human freedom, the expansion of the human spirit." The fight of the *Harijans* was, to him, fundamentally a spiritual fight, a fight against the enslavement of the human spirit. Hence, his almost religious zeal bordering on bigotry and fanaticism for the *Harijan* cause. Hence, his courage and his outspokenness. Thus, while India was his daily thought, the *Harijans* were his hourly preoccupation.

This divergence in outlook and approach expressed itself on numerous occasions and to many orthodox Congressmen it appeared to indicate "a conflict in loyalties." The top leaders of the Congress, however knew better by now and there was always an attempt at adjustment. The Lucknow and Gopalganj sessions of the Depressed Classes League in 1936 and 1937 highlighted the divergences. The emphasis on *Harijan* uplift by the Congress was an endeavour at adjustment. The Wavell Plan provided yet another occasion for the yet-unresolved divergence coming to the surface.

The parity formula was vicious. While the Bhulabhai Desai formula of parity between the Congress and the Muslim League proposed a political pact, the Wavell Plan introduced an element of communalism and by equating the Congress with caste Hindus struck a blow at the national character of that organisation. This communal aspect of the Plan was emphasised at the earlier stages by the unwillingness of the Viceroy to invite Maulana Azad, who was the president of the Congress, to the Simla Conference and at later stages by the demand of the emboldened Muslim League to be accepted as the sole spokesman of the Muslims.

The vehemence of the protest made by Gandhiji against Wavell's equating the Congress with a caste Hindu organisation provoked Jagjivan Ram into issuing a statement criticising the Mahatma's stand. In this statement published in many Indian papers on June 18, 1945, Jagjivan Ram said that he found Gandhiji's attitude "self-contradictory and surprising." The Poona Pact to which Gandhiji was a signatory and which was not forced upon rather forced by him on others recognised two sections within the Hindus—the *Harijans* and the *non-Harijan* Hindus. It did not make any difference if *Harijans* were described as scheduled castes and *non-Harijan* Hindus as caste Hindus or upper caste Hindus. Congress nationalism, he had often felt, had to broaden itself by shifts in emphasis not only on the economic programme but on social issues as well. While he did not agree with the parity formula in the Wavell Plan—as a matter of fact he and under his inspiration the Depressed Classes League opposed it vehemently—he thought that by accepting reservation of a fair number of seats for the *Harijans,* the caste Hindus would only be behaving justly and fairly towards them. Opposition to reservation of seats for them created doubt and distrust. "It is no good saying that the *Harijans* have been taken as executives whenever and wherever they have been found fit and able when no criteria for fitness and ability have been laid down. On our part the said experience is just the contrary. Where seats were not reserved for us, we found no representation and our share has invariably been usurped by our loving elder brethren—the *non-Harijan* Hindus!" The statement ended with an appeal to Gandhiji and other 'Hindu leaders' in the name of humanity and the 'Hindu society which was so dear to them' to concede to the *Harijans* their just and proper demand.

In a later statement which was published on June 23, he explained that at least 3 seats in the Viceroy's Executive Council should go to the *Harijans.* "The Wavell offer," he wrote, "which proposes to give a balanced proportion of representation to the main communities in the Viceroy's Executive Council contradicts itself, if it has any tacit intention, as rumours have it, to give only one seat to the scheduled castes out of 13 seats." As the scheduled castes comprised almost 60 millions of the most backward Indian population, he argued, they deserved at least two seats without any weightage on mere population basis. But if, the statement queried, weightage was given to the Muslims who were relatively a majority and more advanced community, there was absolutely no justification for denying weightage to the *Harijans.* "The depressed classes are opposed to the proposed parity of representation between the caste Hindus and the Muslims but they will not stand in the way of the caste Hindus handing over whole or part of their share to one or the other community so long as the depressed classes get their legitimate share together with such weightage as is given to other communities. If the Muslims, who form 26.8 per cent of the population, get 40 per cent weightage which varies inversely to population, the scheduled castes, whose-population is about half of that of the Muslims, should get double the weightage of what the Muslims get, i.e. they should get about 100 per cent and hence at least 3 seats in the Executive Council." "The only argument," the statement proceeded, "that can be advanced against the depressed classes being given any weightage is that they are not a separate and distinct religious minority as the Muslims. We also hold that culturally and religiously we form a part of the Hindu society though politically we form a distinct element." These views were echoed and re-echoed from numerous branches of the All India Depressed Classes League but British imperialism still persisted in its old technique of dividing and weakening Indian nationalism and Wavell accordingly invited not Jagjivan Ram but N. Sivaraj, a representative of the Scheduled Castes Federation to the Simla Conference. Sir Sarvapalli Radhakrishnan's opinion, that the vicious principle of communal structure for the 'Cabinet' had to be accepted as there was no other alternative, was an indication of the terrible frustration felt by all nationalists and, his assertion that there was a good case for doubling scheduled-caste representation in the 'Cabinet', indicated the general sympathy of the enlightened nationalists with *Harijan* aspirations.

This open contradiction of Gandhiji's statement on the Wavell offer by a nationalist *Harijan* leader who also was an eminent Congressman, was something entirely and utterly unexpected. It was not only heresy, it was worse. It was apostacy. Was it not infidelity on the part of one who professed to be an adherent of the Congress?—asked many. Or, was it the courage of conviction, "the extraordinary courage of a person who knows no relenting, no oscillating, no equivocation, when it is the question of a principle?" Jagjivan Ram firmly and unapologetically told remonstrating friends as well as detractors that "the urge of conscience was more powerful than any extraneous consideration." Perhaps, that raised him in the esteem of Mahatmaji and his other great colleagues. Incidentally, it revealed the man.

By the time the Cabinet Mission reached India much water had flowed down the Jamuna and the Thames. Labour had won a thumping majority in Britain and the age-old policy of disrupting and disintegrating Indian nationalism had been given the go-by. In India the general elections had taken place. The Muslim League had won almost all the Muslim seats, the Congress all the Hindu and *Harijan* seats—the last in electoral alliance with the All India Depressed Classes League. Jagjivan Ram could not now be bye-passed. He was the founder and builder of the all-India organisation of the nationalist *Harijans.* He was the organiser of the brilliant electoral victory of the nationalist *Harijans.* He was the integrator of the movement of the most oppressed section of Indian humanity with the broad patriotic current represented by the Congress.

So, on April 5, 1946, he received at his Kadamkuan, Patna, address a telegram from the Cabinet Delegation to the effect that they would be grateful if he met them at the Viceroy's place on April 8 to explain the viewpoint of the nationalist *Harijans.* Meanwhile, the working committee of the All India Depressed Classes League had met on April 2, 1946, and had approved a memorandum for submission to the Cabinet Delegation. The working committee had authorised its president, Jagjivan Ram, to meet the Cabinet Delegation with Radha Nath Das, M.L.A., and Prithvi Singh Azad, M.L.A., vice president and secretary respectively of the League. Welcoming the Cabinet Delegation, and its pronouncements, the League had expressed its surprise at the invitation extended to Dr. Ambedkar and N. Sivaraj to represent the scheduled castes. The invitation was surprising, the memorandum said, because the Delegation was aware through the Viceroy that the Scheduled Castes Federation represented only a microscopic minority of the *Harijans.* The fact was known even before the general elections but after the elections not a trace of doubt was left that the gentlemen invited could not represent the scheduled castes and speak on their behalf. The memorandum embodied the following tell-tale statement :

Province	No. of seats reserved for scheduled castes	No. of candidates run by Federation	No. of seats captured by Federation
Punjab	8	5	Nil
United Provinces	20	8	,,
Bihar	15	5	,,
Bengal	30	Nil	1
Orissa	6	,,	Nil
Assam	7	5	,,
Bombay	15	15	,,
Madras	30	15	,,
Central Province	20	Nil	,,

It was to be further noted, the League memorandum stated, that the Scheduled Castes Federation had met with reverses in most cases even in primary elections in which the voting was confined only to scheduled castes.

Expressing satisfaction over the imitation extended at long last to the All India Depressed Classes League, the memorandum emphasised that the Congress was the only organisation representing all sections of the country and its demand was, therefore, the demand of the nation. The memorandum further stated that the scheduled castes being under a double bondage were all the more impatient for political independence. The shape of the constitution being a matter for the constitution-making body, the memorandum limited itself to suggestions regarding the machinery for constitution-making and the formation of an interim Government. The League expressed itself in favour of a Constituent Assembly elected on the basis of adult franchise and not by the provincial assemblies which were elected by limited franchise and also in favour of a definite provision that in the event of any difference in the Constituent Assembly regarding statutory safeguards for the depressed classes between the majority of depressed classes representatives and the rest, the difference should be referred to an impartial tribunal agreed upon by the contending parties. The memorandum opposed any idea of vivisection of India which was originally the homeland of the scheduled castes and added that partition was no solution to the communal problem or the problem of minorities. "The depressed classes while being a part of the Hindu society, culturally and religiously, form a distinct political entity. The League, therefore, holds that so long as these classes are backward, socially, economically, politically and educationally, they require special provisions for the safeguarding of their rights and interests. These special provisions should last so long as the depressed classes do not come to equal level with the so-called caste Hindus and are totally assimilated in the Hindu society." In the end the League reiterated its opposition to any scheme of parity and weightage and expressed itself in favour of representation in the interim Government entirely on the basis of population. The interim Government was to be responsible to the legislature.

The negotiations between the Cabinet Delegation and the representatives of the various political parties were long and protracted. The Muslim League sought to put a veto on all arrangements. During these days Jagjivan Ram came in close contact with the members of the Delegation who developed very high regard for him. Sir Stafford Cripps became a particular friend. On the 18th April, Jagjivan Ram supplied to the Cabinet Delegation a statement showing in detail the results of elections in the constituencies where seats were reserved for the scheduled castes. This statement, contrasted with the previous chart showing the fate of the Scheduled Castes Federation candidates tore to shreds the Federation's claim to speak on behalf of the depressed classes and established the All India Depressed Classes League as the sole representative of the *Harijans.*

The last hurdle was the claim of the Muslim League to nominate all the Muslims in the interim Cabinet. The issue was left ultimately in the hands of the Cabinet Mission as there could be no agreement on the point between the Congress and the League.

On June 16 Wavell addressed a letter to Jagjivan Ram and others enclosing the text of his statement issued the same day inviting him to become a member of the interim Government. The statement said :

1. "His Excellency the Viceroy, in consultation with the members of the Cabinet Mission, has for some time been exploring the possibilities of forming a coalition Government drawn from the major parties and certain of the minorities. The discussions have revealed the difficulties which exist for the two major parties in arriving at any agreed basis for the formation of such a Government.

2. "The Viceroy and the Cabinet Mission appreciate these difficulties and the efforts which the two parties have made to meet them. They consider, however, that no useful purpose can be served by further prolonging these discussions. It is indeed urgently necessary that a strong and representative interim Government should be set up to conduct the very heavy and important business that has to be carried through.

3. "The Viceroy is, therefore, issuing invitations to the following to serve as members of the interim Government on the basis that the constitution making will proceed in accordance with the statement of May 16th

Sardar Baldev Singh	Dr. John Mathai
Sir N.P. Engineer	Nawab Mohammed Ismail Khan
Mr. Jagjivan Ram	Khwaja Sir Nazimuddin
Pandit Jawaharlal Nehru	Sardar Abdur Rab Nishtar
Mr. M.A. Jinnah	Mr. C. Rajagopalachari
Nawabzada Liaquat Ali Khan	Dr. Rajendra Prasad
Mr. H.K. Mahtab	Sardar Vallabhbhai Patel

"If any of those invited is unable for personal reasons to accept, the Viceroy will, after consultation, invite some other person in his place.

4. "The Viceroy will arrange the distribution of portfolios in consultation with the leaders of the two major parties.

5. "The above composition of the interim Government is in no way to be taken as a precedent for the solution of any other communal question. It is an expedient put forward to solve the present difficulty only to obtain the best available coalition Government.

6. "The Viceroy and the Cabinet Mission believe that Indians of all communities desire to arrive at a speedy settlement of this matter so that the process of constitution-making can go forward and the Government of India may be carried on as efficiently as possible in the meantime.

7. "They, therefore, hope that all parties, especially, the two major parties, will accept this proposal so as to overcome the present obstacles and will co-operate for the successful carrying on of then interim Government. Should this proposal be accepted the Viceroy will aim at inaugurating the new Government about the 26th June.

8. "In the event of the two major parties or either of them proving unwilling to join in the setting up of a coalition Government on the above lines, it is the intention of the Viceroy to proceed with the formation of an interim Government, which will be as representative as possible of those wiling to accept the statement of May 16th.

9. "The Viceroy is also directing the government of the provinces to summon the provincial legislative assemblies forthwith to proceed with the elections so necessary for the setting up of the constitution-making machinery as put forward in the statement of May 16th."

As Maulana Azad, whom the Congress rightly wanted to be in the interim Government, if only to emphasise its secular and national character, as Muslim Leauge circles hinted, had bean deliberately left out in order to placate the Muslim League, Jagjivan Ram sent the following telegram to Wavell on June 26 :

"Lord Wavell,
New Delhi.

As Congressman and as representative scheduled castes I feel non-inclusion nationalist Muslim unreasonable throwing minorities representative at Mr. Jinnah's mercy undemocratic and scheduled castes representation inadequate stop Hence respectfully decline becoming member interim Government under existing condition.

Jagjivanram."

Similar telegrams were sent by the other Congress invitees to the interim Government. Later, when the Cabinet Delegation and Wavell accepted Maulana Azad, the Muslim League kept out and the interim

Government could be formed only after the Calcutta holocaust which followed the Direct Action day.

So inauspiciously began the interim Government, of which Jagjivan Ram, along with Pandit Nehru, Sardar Patel, Dr. Prasad and others, was sworn a member on September 3, 1946. Jagjivan Ram was offered the Labour portfolio. He was then only 38 years of age, "By far the youngest member of the first National Government of India will be Mr. Jagjivan Ram, president of the All India Depressed Classes League. His nomination has given universal satisfaction and has been hailed as heralding a new era of hope for the *Harijan* masses of India." Thus wrote a noted journalist in the *National Herald.*

From September 3, 1946, till the general elections of 1952, Jagjivan Ram held the Labour portfolio. His regime proved historic.

The country had entered a new era of hope. In regard to labour the Congress election manifesto had said : "The State shall safeguard the interests of industrial workers and shall secure for them a minimum wage and a decent standard of living, proper housing, hours of work and conditions of labour in conformity, as economic conditions permit, with international standards, suitable machinery for the settlement of disputes between employers and workmen and protection against the economic consequences of old age, sickness and unemployment." Not many remembered the words of the manifesto. But it was enough to know that Congress was at the helm. It fell to Jagjivan Ram's lot to ensure that measures which would justify and vindicate the faith and the trust of the people in the Congress were taken in hand and the opportunity presented to the Congress turned into the fulfillment of popular aspirations.

The five-year programme for labour drawn up under his inspiring guidance aimed at fulfilling the Congress pledges by implementing the recommendations of the Royal Commission, 1931, and the Labour Investigation Committee, 1946. Besides guaranteeing rights and privileges to labour under various statute laws passed during his regime, Jagjivan Ram made the tripartite consultative machineries yield very valuable results. No aspect of the entire range of the problems of workers escaped attention and endeavours were made to provide a solution for each.

There was statutory prescription of minimum wages in sweated industries and occupations. Standardisation of occupational terms, rationalisation of rates of dearness allowance, promotion of fair-wage agreements including the introduction of time scales wherever possible, organisation of industrial training and apprenticeship schemes with a view to improving the production and earning capacity of workers, were the other steps taken in the sphere of wage regulation. Regulation and improvement of working conditions was achieved by a thorough overhaul of the Factories Act, an amendment of the Mines Act and by separate legislation seeking to regulate working conditions in commercial and other establishments which employed labour but which did not come under the purview of any one of the Acts governing working conditions of labour. The procedure of recruitment and terms of service were sought to be bettered by stricter control of contract labour, extension of employment exchange services, evolution of fair terms of service, revision of the Payment of Wages Act and the widening of the scope of its application. The Employees' State Insurance Act was a comprehensive measure and a good way towards achieving social security under Indian conditions. Welfare work also received attention and there were provisions for organisation of canteens, creches, recreation clubs, etc. Industrial housing received considerable attention and thousands of new era houses have been built for workmen in the colliery areas. The grievance-dealing and industrial relations machineries were expanded and their functions extended under a new trade disputes legislation. Plantation workers also received due attention and steps were taken to secure improvement of the condition of agricultural workers. Some of the more important legislative enactments were : the Industrial Employment (Standing orders) Act, 1946, the Mica Mines Labour Welfare Fund Act, 1947, the Industrial Disputes Act, 1947, the Dock Workers (Regulation of Employment) Act, 1948, the Factories Act, 1948, the Minimum Wages Act, 1948, the Employees' State Insurance Act, 1948, the Coal Mines Provident Fund and Bonus Schemes Act, 1948, the Industrial Disputes (Appellate Tribunal) Act, 1950, the Plantation Labour Act, 1951, the Employees' Provident Fund Act, 1952, the Coal Mines (Conservation and Safety) Act, 1952. In addition to these legislative enactments various amendments to many of the existing Central Acts were also passed.

Though so many Acts were passed and some were vehemently opposed, there never was an attempt to impose legislation without taking into consideration the views of the interests affected. As a matter of fact the Labour Ministry relied more on agreement for implementation of the labour programme than on legislation and administrative orders. "Legislation or administrative action was taken to give legal sanction to what had generally been mutually agreed to. Even on questions on which no agreement could be reached, legislative or administrative measured were taken after exploring all avenues of an amicable settlement. The general attitude was evolutionary, rather than revolutionary. The legislative measures thus bear marks of compromise and adjustment." Such is the appraisal of the labour policy initiated by Jagjivan Ram by experts and academicians.

But even this climate was not very congenial to Indian employers. There were historical reasons for this backwardness of the Indian bourgeoisie.

They had nothing to worry about till the country was under alien rule. With freedom came new ideas—of co-operative commonwealth; co-partnership of industry; equality and socialism. For a time there was great apprehension in the capitalist camp—particularly after the announcement of the Industrial Policy in 1948. It went against their expectations. They had maintained all along that only private enterprise could deliver the goods. Their basic thesis was that for a long time to come private enterprise must have unrestricted scope not only in the spheres in which it was operating but in all other profit-yielding sectors. All who agreed were certified by them as diplomats, all who disagreed, as ignoramuses. Now, the fundamentals of the thesis were in question. So they took to more effective methods. They non-cooperated. They held out threats and allurements. They slowed down production. They bullied and they begged. The Government, unable to withstand their high-pressure strategy, ceded ground. Successive policy statements whittled down the bold stand originally taken. The capitalists got very much what they wanted. The very vague and elusive concept of mixed economy lost all its amorphous progressive content. But the vested interests did not succeed in making Jagjivan Ram share their view of the labour situation and though they succeeded in halting the pace of labour reforms, they failed to scuttle it. That was their grouse against free India's first Labour Minister.

"The vested interests and their protagonists," said Jagjivan Ram, "naturally fail to appreciate the urgency of economic reconstruction in the context of advancing communism. They do see the wide horizons all around tinged crimson, but blinded with self-interest, they fail to grasp its obvious import."

"Democracy in India, it should be obvious to all thinking people," Jagjivan Ram once said to me, "must run a race against time and move further and still further left. Its strategy and its politico-economic pattern must, therefore, be determined by this need for survival. The first step towards winning the race is the appreciation that India is faced with an economic situation wholly new in economic history. The internal market is seriously limited by extremely low productivity and consequently low purchasing power in the largest economic sector, agriculture. Economic construction, therefore, has to be undertaken in a manner which would ensure not only simultaneous development of both agriculture and industry without any foreign aid but which would also help the stabilisation of democracy. The classical remedies of greater and greater dozes of capital and Western free enterprise under a formal democracy or of forced savings and massive shifts of labour from fields to factories under central direction under communism will, therefore, hardly do, if India is to take the road to democratic progress. India must get out, therefore, of the morass of mixed economy and take to cooperative economy with all the emphasis on the word 'cooperative'. The lineaments of such an economy are sufficiently clear," he concluded, "and will gain greater clarity if India moves along the path of peaceful democratic reconstruction of the economy of the country."

This is the background against which Jagjivan Ram's labour policy should have been and should be judged. The worn out plea that the private sectors of industry could not sustain the load "of erroneously conceived, and hastily executed" labour laws has no feet to stand on.

"Labour must be made to feel and react in a responsible and human way if India is to prosper and any industry which had so far prospered on exploitation must adjust and pay the price." The labour policy of Jagjivan Ram was attuned and directed to this end.

Similarly, his emphasis on cottage industry, labour or on agricultural labour was not only justified, it met an urgent necessity. "While I believe," Jagjivan Ram once stated, "that money incentives alone will not bring about that change in motivation and urges in our working people which could guarantee the building up of a cooperative economy, the monetary factor could hardly be ignored." But the decrepit, denationalised and played-out Indian bourgeoisie was not expected to and did not appreciate the great historical significance of Jagjivan Ram's labour policy which was the policy of Nehru's Government, and did all it could to delay and mutilate many of the most beneficial measures. The social security scheme (the Employees' State Insurance Act) was most stoutly and determinedly opposed and the tactics and the strategy of the employers of labour succeeded not only in whittling down the original intention behind the Act but in delaying its passage and execution considerably. So persistent was the opposition, sometimes open but mostly covert, of the vested interests to the Fair Wages Bill that the great Sardar wanted Jagjivan Ram not to introduce it. But he did not want to give way. The Sardar persisted. There was almost a crisis. Telling the Sardar that the Labour Ministry had little charm for him and that he would have to consider his position if he were rendered unable to give concrete shape to those aspirations of the people which had been for ages associated with the Congress, Jagjivan Ram left the Sardar's room in the Parliament, decided to tender resignation.

He was, therefore, pleasantly surprised when the Sardar called on him a few hours later. A long talk followed at the end of which the great Sardar not only agreed to the introduction of the Bill but said that he was convinced of its necessity. It was in this context that Jagjivan Ram told the Sardar : "You all have done so much for the country that even if you do not do anything more, our people will be grateful to you and feel that their trust was not misplaced. The winning of political independence and the integration of the native States with India make you immortal. But unless the newer generation turns to the building up of a new socio-economic order, what else is left for it to do?" The Sardar had replied : "You know, I will not hesitate to kill Indian capitalism at one blow if it were necessary for the good of our people. But I believe that in the present context it is neither necessary nor even justified. Then, why give the snake unnecessary pin-pricks. Kill it at one blow when necessary and when you have the means, but do not play with killing it if killing is not essential." That was the great Sardar, even today says Jagjivan Ram with pride. "There was a fashion," he smilingly confided, "to regard him as the saviour of capitalists. Many socialists went to the extent of accusing him as being reactionary in his outlook. But the Sardar was not wedded to any ideology. His approach was always pramatic." He would oppose many of the legislative proposals introduced by Jagjivan Ram at the first instance and long would be the talks about their essentiality and feasibility but once the Sardar had reached a decision after carefully considering a problem, no difficulties were too great for him, no opposition carried the slightest weight. Jagjivan Ram then found the Sardar a tower of strength in the piloting to success of many of his contentious measures.

The capitalists, not satisfied with all their overt and covert propaganda against the labour policy of the Government in general and certain legislative proposals and enactments in particular, started attacking Jagjivan Ram himself.

It is remarkable that two of the most important pieces of legislation introduced by Jagjivan Ram, the Labour Relations Bill and the Indian Trade Unions Bill, provoked the active opposition not only of the employers of labour but of some trade union leaders also. The Labour Relations Bill sought to remove the disparity in the laws relating to prevention and settlement of industrial disputes in different States and provide a uniform and comprehensive law throughout India governing labour-management relations and replacing all Central and State Acts on the subject. The Trade Unions Bill sought to check the growth of unhealthy unions and to promote their development on healthy lines. The one, *inter alia,* made the punishment for non-fulfillment of awards by labour employers very stringent; the other, *inter alia,* aimed at reducing the influence of outsiders in trade unions.

Jagjivan Ram is no believer in capitalism and he had first-hand knowledge of the exploitation of workers by self-chosen leaders who had developed a vested interest. The eighteen-year old youth, who, on his first visit to Calcutta, spent a month visiting factories and gaining first-hand experience of labour conditions in the metropolis was not a brief soujourner in the labour arena. He knew that any attack at vested interests was bound to be resisted and he was prepared to face opposition. But he little knew that he would have to contend against a campaign of planned vituperation and abuse.

The Labour Relations Bill came very handy to the capitalists once they had decided to oppose Government's labour policy. But they had a unique criterion of criticism. They criticised Jagjivan Ram instead of examining his legislative proposals. The *Madras Mail* wrote : "Least impartial of all the Union Ministers is he who is entrusted with the portfolio of labour, Mr. Jagjivan Ram is incapable of taking an unbiassed view of any subject which falls within the scope of his department. He is suspicious of all industrialists, employers he regards as inherently suspect and those who supply capital for industry, be their investments small or big, are to him fit subjects for denunciation." The *Wednesday Review* characterised him as "an impatient idealist imagining that he could transplant the British and American labour codes into the industrial law system of India." Another organ accused him of doing "his worst to give birth to western notions of internal conflict in industry by his thoughtless and provocative pronouncements." Yet another caustically commented : "The Labour Minister should not disturb the relations between capital and labour by mouthing out unauthorised diatribes against capitalists." The *Indian News Chronicle* sympathised with "the pathetic faith of Jagjivan Ram in legislative enactments." One paper was cross with him for extending the facilities of the grievance settlement machinery to the banking industry and wrote : "Mr. Jagjivan Ram's fancy flights to regions of which he has precious little experience hamper production and have a disturbing effect on the general price structure." Some described him as a man of fixed ideas who had unshakable conviction that he alone was right. Industrialists were to Mr. Jagjivan Ram, ridiculed one, ghosts haunting his confused dreams.

To his advice to capitalists to read the signs of the time and fall in line with the Government's labour policy which was a lever for greater production, a newspaper replied that his "homily to captains of industry was an indication of the fact that he did not know what he was talking about." *The Capital*, protesting against some provisions of the Employees' State Insurance Scheme, wrote : "One would have thought that the fate of the Banking Tribunal award would have induced a mood of greater caution in the Labour Minister. But Mr. Jagjivan Ram's bounty knows no limit, provided it can be exercised at some one else's expense. The workers' insurance scheme is a case in point." To his appeal in a popular meeting for cooperation and greater production, a newspaper columnist caustically commented : "Labour Minister Jagjivan Ram is one of those Government spokesmen whose utterances on anything concerning the country's problem are so monotonous and unoriginal that they look like yesterday morning's coffee." Wrote the *Engineering News of India* : "The very good but not very balanced Hon'ble Labour Minister must be brought down from the Himalayan heights of idealism to the foot-hills of facts; his vision has to scale down from the starry heavens of benevolent fancy to the hard strong road of reality. The tragedy is that the Government has a labour policy unsuited to our means and the country finds no means to change that policy. In this new social set-up (or shall we say social up-set?) the present day political leaders of the original *Harijans* treat the employers as new untouchable *Harijans* with a vengeance and gloat over their difficulties and humiliations as nemesis or divine punishment." The paper very picturesquely characterised the Labour Ministry as "the Heart-Break House." A well-known columnist wrote in the *Commerce* on the eve of the 1952 elections : "What these classes have to fear (the business community and the middle classes) is not the broad policy pursued by the Congress even if it returns in great triumph but the petty-minded diversions of ignorant little men in the party like Mr. Jagjivan Ram who believe that any injury they can do to the business community automatically does some good to the workers, peasants and artisans. There may be some justification for it if it did. But the tragedy of such negative and destructive thinking on the part of narrow-minded party bigots is that such injury is pointless, purposeless and just wanton."

It will be seen that the criticism, mild in the beginning, took the form of a rising crescendo of vilification and abuse just before the general elections. To the capitalists Jagjivan Ram had become an anathema.

But sober and responsible journals could not but pay him his due. A writer characterised the outpourings in the Commerce as "the laboured portrait of a psycho-pathological case, which even the worst enemies of Jagjivan Ram knew that he was most assuredly not." He characterised the Commerce article as "a specimen of blatant and scurrilous lampooning and an index of the culture of the dying bourgeoisie." *The Statesman* praised him for his skill in pouring oil on troubled waters. He was acclaimed as "having proved himself every inch a parliamentarian. "Well posted and well poised, he is never caught napping. He has the parliamentary gift of saying just what is necessary and at the length that will not bore. He can pilot the most contentious and cumbersome legislative measures with ease. But he often allows his political theories to have the better of his discretion in believing that evils can be cured by a spate of legislation."

The reactions of the press representing the class interests of owners of industry are understandable. Even they could not but admit his sincerity and high idealism. On the other hand, unaffected by praise and undeterred by abuse, he kept to his high path with the singleness of purpose that has characterized him all through. The workers were naturally drawn, as never before, towards the Congress. Independent trade unionists like N.M. Joshi and even party leaders like Jaya Prakash Narain and Dange could not but have great respect and appreciation for what Jagjivan Ram did for the cause of the workers. History will have it that it was a brilliant and remarkable regime and achieved much under serious limitations.

All the while Jagjivan Ram was waging a relentless battle for the *Harijan's* rights. At times he differed strongly from his elder colleagues on the issue of legitimate privileges for the *Harijans.*

The Congress party in the Constituent Assembly was considering Article 335 of the Constitution. The original draft was not acceptable to Jagjivan Ram. A lawyer Congressman who is now occupying a gubernatorial *gaddi* was asked to redraft the Article and present it in the next session of the Constituent Assembly on a certain agreed line. The revised draft was wholly partisan and did not meet the *Harijan* viewpoint. Yet, it was going to be considered as the final draft because the learned lawyer had been allotted the task of putting up the revised draft the previous day and it was hoped that his draft would reflect not only the general consensus of opinion but also the views of the depressed class members.

Jagjivan Ram sensed that prompt action was called for. He consulted the *Harijan* members of the Constituent Assembly including Dr. Ambedkar and they agreed with one voice to follow his lead. He then went to Sardar Patel and told him that the *Harijan* members had decided to walk out when consideration of clause 335 was taken up. The Sardar got the session adjourned that day.

Later, in the party meeting the existing clause was agreed to unanimously. "Unanimity," the Sardar had told Jagjivan Ram, "was the keynote of the *Harijan* policy of the Congress."

On October 31, 1952, both Jawaharlal Nehru and Jagjivan Ram addressed the All India Scheduled Castes Legislators and Worker's Convention at Nagpur. Their speeches presented an agreement on fundamentals but indicated a difference in emphasis. Nehru stated : "In the pre-independence phase, political independence naturally was in the forefront. After independence, social and economic issues had come to the surface. The *Harijans,* for example, were making endeavours for their social and economic uplift. But uplift was the common aspiration of all who were oppressed and backward. Such persons constituted 95 per cent of the Indian population. They constituted India. With the uplift of India there was uplift of all who were backward." He then explained : "Whatever the system of distribution of wealth, the wealth to be distributed must be produced before it was distributed. The revolutionary Government of the U.S.S.R. had for three decades made the people work harder and harder and produce more and more wealth and had thus built the future even at the cost of great hardship in the present. The American system which guaranteed a monthly average income of Rs. 800 to

Rs. 900 to each person had the sustained and hard labour of Americans for one whole century behind it." The Indian thought, he stressed, that those who did no manual work were respectable and those who did manual work were low, was greatly responsible for India's backwardness. Turning to the special social disabilities of the *Harijans* he said that all of them could not be removed by legislation as many of them had taken the form of time honoured custom. But legislation, he agreed, did clear the way. Referring to the demand for special reservation of quotas in the services for the *Harijans,* he stated that if India's democracy was to prosper the only criterion for appointment to public posts must be ability and nothing else. He said that whenever India had guaranteed freedom and equality to all, India had attained greatness; whenever India shut herself up in numerous closed rooms her degradation began. It was a fervent and very noble address.

But to the *Harijans* gathered in the conference much of it was out of tune with their sympathies. It was much too high, much too noble to evoke immediate response. The link was provided by Jagjivan Ram.

His address sounded as the rumbling of an earthquake. It was an expression of passionate anger, of blind elemental hatred against injustice, of the growing impatience of the untouchables at the slowness of change. It was thus an expression of the *Harijans'* mood, temper and urges. And with all its elementality and depth of almost blinding emotion, it did not lack his usual clarity, his incisive analysis and, surprisingly enough, his balance. The constitutional provisions safeguarding the rights of the *Harijans* were honoured, he observed, more in their breach because the mass of the caste Hindus had not yet changed mentally. It was not realised that it was dangerous to put off implementation of constitutional guarantees when these affected large masses of men conscious of their rights. He further stated that the growing consciousness and awakening of the *Harijans* in the various States was met with tyranny and oppression but he was glad because such oppression was an index of awakening. He delineated on the very special disabilities of the *Harijans,* made a plea for their representation in the services and ended by the warning that the situation was explosive, as the *Harijans* had been brought to a position that their condition could not be worse. "They have nothing to lose except their chains." He indicated a revolt around the corner if the aspirations of the *Harijans* did not materialise.

There was thus no fundamental difference between the two speeches but it was obvious that there was a difference in emphasis and approach. Nehru appreciated the problem of untouchability intellectually, Jagjivan Ram was also emotionally aware of it.

After the 1952 elections he was given the Communications portfolio in the new Cabinet. It appeared to be a triumph of the vested interests but Jagjivan Ram was supremely unconcerned. He took up the work of the Communications Ministry with his usual zeal with the result that within two years of his assuming office the functions and the scope of the Communications Ministry have enormously increased. There has been an unprecedented expansion of postal services and facilities. The nationalisation of the air transport system is an experiment of great significance and it is already showing signs of success.

On April 5, 1953, on the first day of his 46th year, Delhi honoured Jagjivan Ram by presenting an *Abhinandan Granth.* The 75 *Harijan* M.P's. presented a silver plate bearing their signatures. The Granth was presented by Sir Sarvapalli Radhakrishnan and in the meeting held to present the plate Speaker Mavlankar came from his sick bed to preside. All were united in holding that Jagjivan Ram was destined to shine brighter and brighter.

An Argument

On September 20, 1953, morning papers carried screaming front page headlines announcing the dastardly outrage and assault on Sant Vinoba Bhave and his party by Deoghar *Pandas.*

On the 18th and the 19th September, Vinobaji had camped at Deoghar. When the secretary of the Harijan Sevak Sangh informed him that the *Harijans* were not permitted to enter the famous *Shiva* temple there, Vinobaji was surprised. Why should there be any obstacle to the entry of the *Harijans* when the Constitution had abolished untouchability, he serenely queried, and was lost in thought. At the evening prayer meeting on the 18th, he referred to the incident and expressed the anguish of his heart at the continuance of the practice of untouchability. He appealed to the *Pandas* to open the doors of their hearts so that the temple doors could open for the *Harijans.* Friends wanted him to visit the Vaidyanath *Shiva* temple that very evening but he refused. He would not go unless the *Harijans* were allowed to go.

The following morning the *Sardar Panda* paid a visit to Vinobaji but the latter could not see him, busy as he was in *Bhoodan* engagements. The *Sardar Panda* then sent a letter and a message intimating that they had never denied entry to the *Harijans* in the temple nor did they propose to ban their entry. Some responsible persons went into the temple and reported to Vinobaji that the *Harijans* had free entry into the temple and unobstructed *darshan* of the Lord and the priests accepted gifts from them. There was no distinction between the *Savarns* and the *Harijans* in the temple premises. The news delighted Sant Vinoba who announced his intention to visit the temple. Binodanand Jha, a prominent Congress leader, declared that Deoghar was going to wipe out the dirty stain it had put on its head twenty years ago when Mahatma Gandhi and his party were subjected to humiliation and barely escaped assault.

When Vinobaji started for the temple, the hundred-and-fifty *Bhoodani* workers, amongst whom were three women, and a number of *Harijans* accompanied him. Reciting the *Rudra Stotra* from the *Rig Veda,* Sant Vinoba walked meditating and directed his associates to observe complete silence. As soon as the procession crossed the outer gates and entered the inner precincts of the temple, a thunderous noise, *"Dharma ki Jai",* greeted it. The processionists thought that the people and the *Pandas* had gathered to accord Vinobaji a befitting welcome. Soon, however, it was evident that the *Pandas* were bent upon evil. "Death to Vinoba", "Long live *Dharma";* the slogans left no doubt of the intentions of the murderous bigots. Without warning they fell upon the devout gathering and fists and shoes rained upon them, mercilessly, cold-bloodedly. Sant Vinoba was the principal target but the *Pandas* could not reach him. He was closely protected by the *Bhoodan* workers. He wanted to pacify the rowdies and got up on a higher platform and tried to make himself heard. But he soon knew it was a vain endeavour and beckoned his men to move out and himself turned back. There was a fresh and more vigorous attempt to make Vinobaji the target and again the *Bhoodan* workers struggled with the *Pandas* to save the Sant. And yet they were not wholly successful. A well-aimed blow struck Vinobaji on the right side of the cheek and his ears were bruised. Even though the impact of the blow had been considerably lessened because Vinobaji's head was surrounded on all sides by loving hands, it did hurt.

Kusum Behn of Vinobaji's camp had managed to reach the raised platform from where Vinobaji was endeavouring to pacify the rowdy *Pandas.* But she could not keep pace with him when he turned to go back. The *Pandas,* balked of their desire to assault Vinobaji, caught hold of her hair, dragged her down and started throttling her. Nandkishore Sharma and Chandreshwarji ran to her rescue. They were severely beaten. Chandreshwarji was thrown on the ground and beaten so mercilessly with shoes on his head that he became unconscious and regained consciousness after 47 hours. Later, he was taken to the Patna General Hospital. While the *Pandas* were engaged in beating Nandkishoreji and Chandreshwarji, Bhai Narain Desai ran to rescue Kusum Behn and she was rescued with great difficulty. None who accompanied Vinobaji was spared. Even Binodanand Jha, a respected *Panda* himself, who was inside the temple when the assault was on, was not spared. The C.I.D. man who accompanied Vanobaji also got his share of fists and shoes. Many of the injured had to be moved to the hospital.

Those who committed this assault were not professional *goondas* or ruffians but highly respected priests of one of the most sacred temples in India. Here was the mind and face of Hindu orthodoxy exposed in all its nakedness. Twenty-one *Pandas* were later arrested. Dr. S.K. Sinha, Chief Minister, Bihar, announced his intention to lead a large batch of the *Harijans* into the temple on October 27, 1953. But the *Pandas,* sobered by the countrywide reaction, opened the gates of the temple to the *Harijans* with effect from September 25. Dr. S.K. Sinha's entry into the temple on October 27 was, therefore, uneventful.

Vinobaji did not want the wrong-doers to be punished. Retributive measures would, he felt, do no good but the Constitution of free India had been clearly violated and what was needed was to prevent the occurrence of such incidents in future. Perhaps it would be good, he felt, if Government took over the management of such temples.

The *Pandas* have been intimidated into submission. The doors of the temple of Lord Vaidyanath are now open to all. But does the incident mark any real change of heart? Does it involve a change in mental attitudes and in the psychology of the priests? Many hail it as the last nail in the coffin of untouchability. Many regard it as just one more unforgettable incident in the long and uninterrupted chain of incidents which make untouchability the leprous spot on the body of Hinduism.

There are people, well-intentioned and generous, living mostly in the urban areas, who sincerely believe that the practice of untouchability is at an end. The truth is very different and very far from their fancy and no gloss can cover its ugly and hideous nature. In one of his articles in the *Harijan Seva,* the official organ of the Harijan Sevak Sangh, Viyogi Hari, the editor, expresses his amazement at the colossal ignorance of the urban intelligentsia as also of the political workers in matters relating to the *Harijans* and the *Adivasis.* The politicians are so much engrossed in what they consider to be vital, but which really is only immediately gainful political activity, that they are impatient when they are invited to pause and ponder over the social issues, one of the most important of which is the *Harijan* problem. To them, the official quarterly of the Harijan Sevak Sangh will prove immensely disturbing, if they possess any social conscience and if politics has not completely dehumanised their hearts as well. Even today there are countless places where barbers refuse to shave the *Harijans,* tea-shops refuse to offer tea in glasses or cups to them and their access to public wells is prohibited. Instances have been quoted to show that *Harijan* women, who dared to go to some public ponds for water, had their earthen pitchers broken. In a village in Pepsu in 1952, an entire *bustee* of 101 *Harijan* families, all refugees from the West Punjab, was looted at night, the men were manhandled and the women assaulted. The loot was the climax of a long drawn social and economic boycott which was so intense that it became impossible for the *Harijans* to move out of their houses. The Harijan Sevak Sangh workers felt that the only way out was to settle the *Harijans* at some other place because none of them was willing to make a complaint for fear of reprisals. In the same year, in Samu, a village in Central India, 22 *Chamar* families were so overcome with persisting persecution that they left their ancestral homes and settled in Barsori. Even here they had to bring drinking water from a *nala* which was situated one mile away. In village Dehali in the district of Sheopuni, in Central India, the village *panchayat* decided on August 3, 1952, to boycott the *Harijans* and, 3-4 days after, the *Chamars* were attacked. In most places persecutions started when the *Harijans* refused to provide *begar* (forced labour). In many villages the *Chamars* did not want to remove the dead animals and were severely beaten. Most of the upper castes and even the *Yadavas* etc. are in the habit of taking *begar* from the *Harijans* in many parts of India and this most inhuman system has become almost a tradition. Any indication of awakening on the part of the

Harijans is regarded as a challenge to time-honoured usages and customs. In Pathinetanguddi, two *Harijan* boys were beaten when they wanted tea in cups. In Salawarpatti some *Harijans* drew water from a common well. The caste Hindus threw human excreta into the well. Such instances of defiling and polluting a well by throwing raw bones and human excreta are many. In many places the *Harijans* are not permitted to ride bicycles or horses or wear coloured clothes or serve articles prepared in *ghee* to their guests in marriages and festivities. *Harijan* women are not allowed to wear ornaments. Such disabilities continue. In July 1953, a report was received by the Chief Minister of Rajasthan from Harishankar Siddhantshastri, M.L.A., to the effect that in the districts of Tonk, Sawai Madhavpur and Jaipur, the *Chamars* were being subjected to numerous indignities. They were being ousted from the plots they had been cultivating for ages. They were socially boycotted, not allowed to draw water from any well, and even their cattle were not permitted to drink water from the ponds. There were often organised attacks on their houses. They were compelled to give thumb impressions on blank papers. Their women were not allowed to wear ornaments. A state of terror prevailed. Earlier, on the 17th April, speaking on the Untouchability Removal Bill in the Parliament, one M.P. drew a pathetic picture of the *Harijans* in Rajasthan and even the report of L.M. Shrikant, Scheduled Castes Commission, for 1952 supports many of the allegations. In Bihar all that has happened to the *Musahar* community in recent years should make any Hindu with a conscience hang his head in shame. Unthinkable atrocities were perpetrated in Manpura Musahari village in the Digha police station within sight of the Sadaquat Ashram, the State Congress headquarters, and the Bihar Secretariat.

Thousands of authentic incidents can be quoted from the *Harijan Seva,* which would show that the *Harijans* are being persecuted more severely than ever before. The persecutions, as stated, mostly result from the refusal of the *Harijans* to provide *begar* or forced labour or to do scavenging work or remove dead animals. It is thus true that the intensification of persecutions is the outcome of the assertion of newly discovered rights by the depressed communities and the unwillingness of economic and social orthodoxy to forego time-honoured and traditional privileges. It is also true that the assertion of their rights by the depressed communities is taking place in an atmosphere and under conditions which are better than ever and which assure ultimate success to them. But that does not mitigate the cruelty of the oppression committed by the caste Hindus and the assumption that political independence and the abolition of untouchability in the Constitution mean an end of untouchability is at best ignorance and at worst an index of caste Hindu prejudice. Mere legislation cannot be of great help. As Viyogi Hari says, "The removal of untouchability is an act of religion. Certain social disabilities of the depressed communities may be removed through law and the actions of the State but to remove untouchability from the hearts of the caste Hindus, where it is enshrined, is beyond the power of the State. This revolution can be achieved only through *Dharma*. *Dharma* was never under the protection of the State. On the other hand, the State has always needed the protection of *Dharma*. There were people who said that untouchability had the sanction of *Dharma*. That was a blur on religion. Fundamentally, *Brahmanic* culture based on pure knowledge and *Sant* culture based on pure *Sadhana* are one and the same; there is no material difference between the two." And again : "The special safeguards provided in the Constitution for the *Harijans* are to last for only 10 years. Keeping that in view the caste Hindus should undertake anti-untouchability work in a spirit of atonement for past sins."

The way untouchability has continued to persist through centuries is remarkable and is an index of the basic conservatism of *Brahmanic* Hinduism which, in spite of the protestant cults initiated by the *Sants* of the medieval era, continues to have its firm grip on the popular mind. Even after Gandhiji's 1932 fast, it was not possible for the 5,000 year old superstitions to vanish quickly. The British Indian Government had its own reasons to be extremely wary in interfering with the beliefs and practices of the Hindus.

Lord Willingdon had, therefore, refused assent to Dr. Subbarayan's Temple Entry Bill passed by the Madras Council in 1933 shortly after the Poona Pact. Governmental opposition had made C.S. Ranga Iyer to withdraw his Temple Entry Bill which he had moved in the Central Assembly in 1934. Orthodoxy could not tolerate places of public worship being equated with public roads. So, while public men wavered and the then Government temporised, the Maharaja of a native state had made history, as stated earlier, by opening one of the most sacred temples to the *Harijans.*

Bitter and acrimonious raged the controversy for years but the trail the Maharaja had blazed endured.

Sixteen years later, the Constitution of India abolished untouchability and opened temples to the depressed classes. Article 17 abolishing untouchability made its practice in any form, and the enforcement of any disability arising from untouchability, an offence punishable in accordance with law. Article 15 opened to all, without distinction of religion, race, caste, sex or place of birth, shops, public restaurants, hotels, places of public entertainment, and wells, tanks, bathing *ghats,* roads and places of public resort maintained wholly or partly out of State funds or dedicated to the use of the general public. Temple entry was covered but the word temple was not used. The Government still fought shy of the word.

Guarantees of spiritual privileges without provision for material advancement would hardly be of any assistance to the depressed communities. So, clause 4 of Article 161, which guaranteed equality of opportunity in matters of public employment, gave the Government power to make provision for the reservation of appointments or posts in favour of any backward class of citizens which, in the opinion of the State, was not adequately represented in the services of the State. Articles 330 and 332 provided for reservation of seats in the legislature for the scheduled castes and scheduled tribes. This reservation was to last for ten years. Article 335 assured that the claims of the members of the scheduled castes and scheduled tribes would be taken into consideration, consistently with the maintenance of efficiency of administration, in the making of appointments to services and posts in connection with the affairs of the Union or a State. There were to be special educational facilities and a special officer to watch the working of the safeguards.

The State Governments have since enacted legislations making the practice of untouchability a congnisable offence. A Central Bill seeking to bring uniformity into these State legislations is pending consideration. The Commissioner for Scheduled Castes and Scheduled Tribes stressed the early passage of this Bill into an Act but the Parliament, hard-pressed for time, could not take up consideration of the Bill in the 1953 autumn session.

Meanwhile, the Backward Classes Commission, appointed by the President, under the Constitution of India, under the chairmanship of Kaka Kalelkar, has been investigating into conditions of backward communities with a view to preparing a schedule of backward communities and adding, if necessary, any caste or castes to the list of the scheduled castes.

The progress is, thus, commendable. But how far does representation of a few untouchables in the legislatures or in the Ministries and in the services go to solve the untouchable problem? How far has all this affected untouchability at the village level? The liberal-minded caste Hindu feels that the pace of change is sufficiently fast and its direction and extent leave nothing to be desired. In his heart of hearts he sometimes feels that the depressed classes are being bribed and pampered, though he does not express such sentiments publicly for obvious reasons. He, therefore, resents and revolts against the faintest of suggestion from the depressed classes questioning his intentions and expressing dissatisfaction at the slowness of the pace of social change. Were not these persons pariahs for 1,500 years, feels the liberal-minded Hindu, and could not utter a word? Is he not mixing freely with them now, sometimes dining with them, and making a heroic effort to banish any tinge of lingering prejudice even though he is their superior in so many ways?

Jagjivan Ram occasionally gives this complacent psychology a rough jolt. He challenges and deprecates. The caste Hindus need not pat themselves on their back, he ridicules, at the pace of social change. Even the liberal caste Hindu, he asserts, is always conscious of his imagined superiority when dealing with a *Harijan* and his much-vaunted effort at complete eradication of untouchability is like making the best of a bad bargain. Aping the manners of a democrat, he is conscious of this leprous part of his body and instead of removing the disease, tries to cover it up with pretty rags. Jagjivan Ram tells the caste Hindu bluntly that the *Harijans* detest his superior pity and have little regard for those temples of his that shut their doors against them. The so-called liberality manifested with such ill-grace by most of the liberal-minded caste Hindus, he emphasises, can never accept the *Harijan* as an equal. He is superior. He is condescending. He is the herrenvolk courtesying, out of his colossal magnanimity, to the mean pariah. Jagjivan Ram, therefore, gives him a slap while he expects either a nodding acknowledgement of his kindness or a pat on the back. The caste Hindu is incensed as the blow is entirely unexpected. He gives way to what is ingrained in the innermost recess of his consciousness—hatred of the untouchable, the social pariah. The argument, unknown to him, shifts from the liberal plane to the *Savarna*-and-*Achhut* plane. There come acrimonious controversies. Jagjivan Ram learns and hears all this and he is mightily amused at the practice of mass hypocrisy. At the same time his heart is filled with indescribable sadness and anguish.

I again repeat the question : "How far have all these changes affected the life of the *Harijan* at the village level?" Even the most optimistically inclined will not paint a rosy picture and the question has only to be posed to bring into prominence the vastness and the immensity of the *Harijan* issue.

"Don't you see," I proceeded with my argument, "that this raises the question of the thought-structure of Hinduism. It will naturally take quite a lot of time to change. The spread of industrialism and the reorganisation of our agricultural economy will sound the death-knell of the system of thought which upholds *Varna* and, therefore, instead of provoking the sleeping dog of Hindu orthodoxy into action, will it not be better to let him slumber and concentrate on the economic aspects of the problem as Jawaharlalji suggests?"

"I am quite conscious of the importance of economic factors and have always done my best to promote the cause of economic, reorganisation of our economy but no solution of the problem will be effective if notice is taken only of the material factors and the deep hold the age-old Hindu thought-structure has on men's minds is not taken into consideration. It is my regret that Panditji is more Marxian than the Marxists in his endeavour to analyse this problem and solve it. After all, man does not live by bread alone."

"Yes," I persevered, "but without bread he will not live. Anyway, I appreciate that psychological factors are also important."

"That is," he cut in, "but a halting attitude. You cannot separate the material factors from the psychological and the spiritual. Both have to be considered together—simultaneously. You may have noted that while Hinduism is anything and everything, there are three distinct and major strands of thought which continue to have a grip on men's minds. There is the *Advait Vedant,* the quintessence of Hindu thought, the end of knowledge, there is the theory of transmigration of soul and there is the *Varna* theory. The last is not a part of the first two which are essential for the survival of Hinduism. A mental revolution that would resurrect and unify the humanistic strands in Hindu thought and integrate it with *Vedant* is, what I feel, a historical necessity."

I was surprised. I had my own views. How, I wondered, could a man of such commanding talents put faith in the speculative hypothesis of the transmigration of soul which was devised to forge sanctions for the iniquitous caste structure and which has perpetuated one of the worst forms of slaveries for centuries. "Don't you think," I urged, "that the entire thought-structure relating to the world being *Maya* and the transmigration of soul has to be demolished along with that relating to the *Varna* system? When you retain transmigration of soul, you retain the caste system."

"That will be erroneous thinking," he explained. "The doctrines of transmigration and *Maya* are part of Hindu spiritual thought, the doctrine of *Varna* is just an excrescence devised to perpetuate, as you say, a social iniquity. The mixing up of the two causes confusion and a defilement of the pristine purity of Hindu spiritualism." He smiled. He had unconsciously become a defender of the purity of Hinduism.

"Yes," he proceeded, "when the *Varna* goes and along with it the caste, transmigration will stand on its own. And so long as we do not develop a science of the spirit and the soul, the speculative hypotheses stand. Transmigration is inherent in the belief in the individual soul or *Jeevatma.* Once you believe in the *Jeevatma* and further believe that its unification with the *Parmatma* does not take place as a matter of course but is dependent on *Sadhana,* the doctrine stands on a surer footing. Mixing it up with the *Varna* defiled it."

"Buddha," I had switched off the talk to economics, "prescribed *Nirvana* because it was impossible in those days to guarantee to all a happy material existence. Do you think that economic conditions in India will continue to be extremely unsatisfactory for decades to come and, therefore, the doctrine of transmigration is the necessary dose of opiate?"

"I see where you are hinting," he laughed. "Neither the American, nor the British, nor the Soviet pattern of economy indicates for us a way out. These economies were historically determined. Similarly, the manner in which political independence came to us predetermined the native of the State and the pattern of the economy. But as we are not tied to any set ideology, we are proceeding on the assumption that it will be possible to evolve a stable pattern in which private enterprise will have for sometime to come an important role to play. But personally I have been feeling that this is a large assumption and, let me tell you, when it becomes inevitable in the interest of the people to abolish the system of private enterprise, Panditji will do it without a moment's hesitation."

"Are you then satisfied with the state of our economic progress under the Five Year Plan?" I felt it to be a challenge flung at him.

"Satisfaction will mean death. No, we are not satisfied. Neither we, nor the people. But before we build an entirely new pattern, we must have the materials, a background of national efficiency and honesty, adequate technical skill and a passion in the masses for savings and investment in productive occupations. So I come back to from where we started—the moral, or, the religious crisis that confronts India. That is my conviction. Unless there is a moral regeneration of our people, unless we know how to touch those invisible chords which move men's minds and hearts, no spectacular results can be achieved."

Epilogue

The young boy who had dreamt of becoming a religious reformer and the founder of a new religion under the impact of his father's personality, has turned out to be one of India's front-rank national leaders. But the storm and stress of politics have not dried up the original inspiration which is the very fountain-head of his being. Early in life, he had imbibed the spirit of the *Sant* tradition and this had had its maturing in his personality.

His quiet and infectious confidence, the principal trait of his character, has moorings which are deep and firm. It is the product of his detachment and mental emancipation but it is not intuitional. He takes his decisions only after considering all the aspects and weighing all the pros and cons of a problem and alter viewing it as a whole, but once his mind is made up, as Dr. Rajendra Prasad once said, there is no deterring him. His capability to take decisions or definite and decisive attitudes—even amidst waverings and doubts and his tenacity to see his decisions through mark him out as a strong and capable administrator. This was the dominant trait of the great Sardar's character and it was perhaps this affinity which drew Jagjivan Ram—a kindred soul—to him. But he also had spiritual affinity with the Mahatma and has ideological affinity with Nehru. He has also imbibed much from Dr. Rajendra Prasad for whom he has very great respect and love. Yet, whenever the call of conscience came he differed from all his dear colleagues and even from Mahatmaji. Such a person is bound to give every crisis a definite turn and the waverers a rallying point. But these very qualities may engender within an organisation a clash of views, attitudes and personalities. No democratic organisation can be immune from such clashes and the Congress has been no exception. Whenever it has sought to synthesise conflicting but rational and honest views, it has lived intensely and has been full of verve and vigour. Whenever a dominating personality has steam-rollered all honest differences as deviations from the faith, the organisation has suffered in vitality and life. Mahatmaji was fully alive to this truth and, except in moments of crisis when the Congress had to function as an army and he himself as its generalissimo, he allowed full freedom for honest differences.

Unfortunately for the Congress today, it appears to have exhausted all its original inspiration and blind conformism, if not servility, is considered to be the acme of patriotism. The slightest non-conformism, the slightest independence of judgment and outlook, is frowned upon and makes tongues wag. There are whisperings and the many little adherents of the big personalities in the great national organisation find in such differences, which are magnified a thousand fold, a vicarious satisfaction. Fortunately for India, Nehru possesses a keen and analytical intellect. He is capable not only of mercilessly analysing and dissecting others but his own personality as well.

Jagjivan Ram has been for a time a controversial personality in the Congress. The vested interests characterised him as a stormy petrel, as a fire-eater and a half-baked left-winger who would bring chaos and ruin if left to himself. Even inside the Congress he was uncharitably, if not maliciously, criticised. There were whispers—quite a few—of his being a protagonist of "Harijanistan." The slanderers little realised that that was but another way of saying that there was no fundamental difference between Ambedkar's and his basic views. Either the insinuators knew that the jibe was preposterous and the slander a deliberate expression of caste Hindu prejudice or their ignorance was colossal and pitiable. If such critics could, in assessing Jagjivan Ram's personality, forget the fact of his being a *Harijan,* and judged him as a human being and an Indian, they would do more justice to him and to themselves. Is it not possible for a non-*Harijan,* even a *Brahman,* to be a passionate advocate of the *Harijan* cause?

By this I do not mean that his being a *Harijan* has not affected his personality and outlook. It has. It is an experience which will inevitably leave behind an indelible impress. And if the individual concerned has undoubted intrinsic worth, the experience may permeate every fibre of his being.

Jagjivan Ram has, like Ambedkar and many other *Harijan* leaders, passed through this purgatory. He had his impressionable and sensitive soul branded with the red-hot iron of Hindu orthodoxy. But he had imbibed the rich heritage of the *Sant* tradition and the milk of human kindness flows so richly in him that hatred and bitterness never evoked in his heart a like response. He absorbed the hatred. He went through the fires of hell and in the words of Gandhiji emerged "as the purest gold out of fire."

Those not blinded by caste prejudice realise today that his heart is not the heart of a great *Harijan* intent on securing all kinds of privileges for his community and determined to get even with his erstwhile persecutors—the so-called upper caste Hindus—but it is the heart of a great humanist and savant who hates untouchability and the *Varna* system, which sanctions it, as one would hate leprosy. He never hates the leper—the harbourer of the prejudice.

This hatred of untouchability and a passion to remove it root and branch within the life-time of a generation make him prickly and impatient and perhaps, in a certain way, intolerant. He intensely feels that the *Harijans* must behave as human beings if they desire to be treated as such. "Let them have dignity and self-respect and let them prefer hell to favours which would dwarf and stunt their personalities." He would also like the so-called upper castes not to feel taller and bigger simply because in their relations with their less fortunate brethren, the untouchables, they have started behaving as human beings and as adults.

His fire and his impatience, therefore, are creative in intent and he does not harbour the least ill-will towards the upper castes as such. But he has naturally no patience with those who take up a smug and complacent attitude in the matter of removing the disabilities associated with untouchability. He detests the self-assumed superior pity of the upper castes. He regards those who defend *Varna* and yet believe in the end of untouchability either ignoramuses or deeply prejudiced. He fervently believes that the development of Indian democracy will be determined to a considerable extent by the development at the social level of a genuine democratic outlook, which implies the complete absence of caste feelings, virtually the end of the caste.

Jagjivan Ram has risen from the humblest ranks. He has his roots in the most deeply oppressed and exploited and draws sustenance and vigour from them. His instinctive reactions are even today the reactions of the unclaimed and the disinherited. But intellect and a very wide sympathy mellow these dark and dismal reactions and thus is imparted to his views and attitudes, not only an intellectual appreciation and emotional awareness of the problems of the underdog, but a steely resolve, the character of a healthy and sturdy plant which grows naturally. No wonder he is emerging as the embodiment of the social revolution which is in the offing and a true interpreter of the urges of those who are more pitied than respected, more exploited than pitied and more derided than helped.

He is rugged—like an unhewn rock. But the rock is granite. There is no shine, no polish, no outer flashiness about him, just the cleanliness and purity of a chip of granite. He lacks the chiselled ways and expressions of the aristocracy—landed or bourgeois—and calls them the needless adoration of superficialities.

He believes in what Gandhiji characterised as open diplomacy. There is no prevarication with him, no unnecessary prefacing and beating about the bush. He knows what he wants and what precisely he has to say and he goes about his task with a straightness and an utter lack of flourish and rhetoric that are at times greatly disconcerting. Calling a spade a spade appears a simple enough proposition. But few possess the guts and the daring to do it.

This blunt incisiveness—by the way a *Bhojpuri* characteristic—render to what he says a pointed sharpness and the impression of the unhewn, solid, and dependable granite deepens. His pronouncements may, therefore, lack brilliance and sparkle, but they have always a force and a definiteness. In his forty-sixth year Jagjivan Ram is one of our front-rank national leaders. His part, on the highest testimony, in shaping the larger policies of the country has been ample and yet he has a long future before him. In days to come greater and greater responsibilities are sure to be thrust upon him making a heavy demand on his intellectual ability, his acute judgment and clarity of understanding and his great decision of character. That he will come out with flying colours, none need doubt.

[जगजीवन राम अभिनंदन समिति, पटना, 1954]

Commentaries, Essays and Short-stories

Patna Patter

Whatever may be said against the city of Patna, it is surely safe from the misfortune of being bracketed by future historians with the twelve benighted cities of Rome for what they did not and, later did, for Homer.

The mayor and the city father in general, and the sponsors, whoever they may be, in particular have earned the gratitude and heartfelt thanks of litterateurs and intellectuals for their decision to honour Acharya Shiva Pujan Sahay, refused scholar and a great man, on the occasion of his 67th birthday on August 9, 1961. Frankly speaking, it seemed too much to expect of the corporation to have the time or vision to think of doing some such thing.

It is all the more gratifying, wholly unexpected as it is, because the corporation is going to have something to its credit which the university or even, the Sahitya Sammelan can not claim for themselves, stand endeemed for having failed in what was nothing less than their privilege and duty. The corporation may have its cities, but not even the most ziolistic among them would have any ground to say that its members are not enlightened enough to recognise greatness, rare as it is becoming in Indians, especially when there is no big office or fanfare of publicity to compensate its absence.

I confess, I am not one of the numerous readers—I am told they have begun multiplying of late—of your esteemed paper. I feel I should like to read the *Searchlight* if the leaders and the 'Patna Patter' and the 'Days Laugh'—but hardly the 'Merry Meuagerie'—are in other issues, anything like what they were in in copy, of today's issue (4-8-61) brought to me by a friend for its 'Patna Patter' in particular.

The city's drains have been preoccupation of our city-fathers and journalists for a sufficiently long period now, but the dwellers of the city and the readers of the dailies, have surely many other interests than reading of exposures of drain-pipes, whether they are municipality or political nature.

Art Culture

Foreign Influence On Contemporary Hindi And Bengali Poetry

A few years ago Bhuvneshwar, a gifted young playwright and journalist, published, in a monthly literary journal, an informal interview he had with Nirala. During the interview, one of his questions was—"What do you think of Burns?" Nirala was said to have replied. "You mean the Iconand Steel firm of Calcutta. I do not think much of the same."

The insinuation made in the reported interview was obvious and, undoubtedly, baseless. It did not go unchallenged. Nirala wrote vitriolic rejoinder and Bhuvneshwar came out the worst in the controversy.

Nirala had made the reply facetiously and it was certainly wrong to interpret it as a proof of his ignorance of English poetry. In a broad sense, however it is not untrue to say that Nirala is only superficially, if at all, acquainted with English poetry. During the past decades or so, Nirala has studied English literature, as also Urdu and Persian, extensively and profitably. Ramvilas Sharma, one of the foremost critics of Hindi and a Doctor in English literature, is a great admirer of Nirala and he is said to have helped the poet in his study of English literature with enthusiasm.

The fact that western literature had no formative influence on Nirala in the sense it had on Michael Madhusudan Dutta or Tagore, is of great significance. The chemical ingredients of the poetry of Madhusudan Dutta, who wrote as early as the middle of the last century, were surprisingly enough, the 'Odyssey', the 'Aenid', the 'Divine Comedy' and 'Paradise Lost', with 'Ramayan' and 'Mahabharata' thrown in and a sprinkling of Kalidasa, but has hardly anything of his Bengali predecessors. Tagore did go back to the Vaishnava singers of Bengal but he had their passion and poignancy. Nothing of the sort can be said of Nirala who combines in himself many of the qualities of Madhusudan Dutta and Tagore and who also occupies like these two Bengali poets, a very eminent position in the literature of his own language. It is indeed a surprising achievement for Nirala to have, introduced verse libra in Hindi only about fifty or sixty years after Walt Witman and (French poets) independently of any influence exercised them.

Another of the great romantic poets of Hindi Jaya Shanker Prasad, also was not sufficiently versed in western literature to be influenced by it. The bold innovations he introduced in Hindi poetry, along with Nirala, lead one to expect extraneous influences working on his mind and art. It is a pleasant surprise to find that the remarkable achievements of Prasad owe little or nothing to any other literature than Indian.

It is Pant alone, one of the Romantic trio of Hindi poetry, who was directly influenced by the English romantic poets, especially. Shelley and Keats. The publications of 'Pallava', collection of his early but mature poems, and a definite landmark in Hindi poetry, received a mixed welcome, while the younger generation of Hindi poets, critics and readers hailed it as a break from the classicism of the age of M.P. Dwivedi, it was bitterly criticised by the old-guard of Hindi literature led by no less a person than Mahabir Prasad Dwivedi himself. What is more surprising is that Nirala, a contemporary and personal friend of Pant, who had himself much to gain, if Pant received literary recognition, in an extensive review of 'Pallava' charged its writer as being under the direct influence of Shelley and Keats and on occasions, to have borrowed from them without any acknowledge-ment whatever.

That romantic English poetry had a definite formative influence on Pant is obvious in the poems collected in *Granthi*, *Veena* and *Pallava*. It is not surprising when we remember that unlike Nirala or Prasad he alone has received College education. Although Pant never completed his college studies his temperament and taste, his mode of living and his circle of friends and admirers all prove beyond doubt his love for Western culture and thought and, not unnaturally, literature also. Consequently similarities between Prasad and Nirala and the English romantic poets must be regarded as accidental while it is necessary to be acquainted with Shelley, Keats and Wordsworth to understand and appreciate the poetry of Pant.

Strictly speaking, to talk not only of Madhusudan Dutta and Tagore but also of Nirala, Prasad and Pant is to talk of poets who have ceased to be contemporaries and have become classic. Nirala and Pant are fortunately still alive but they are contemporary only in point of time. To discuss however, the western influences in these poets was necessary because it supplies the necessary background without which the younger and really contemporary Hindi and Bengali poets cannot be studied from this view point with sufficient clarity and cogency.

There are zoilistic critics who should like to discuss contemporary Bengali poetry by saying that when it is not a cross between Tagore and English poetry of the twenties and thirties, it is bad versification of half-digested Marxist principles. Such a statement would of course be a hasty and unfair generalisation, for the recent poetry of Bengal is not quite as dead or charcterless as all that. It is true, on the other hand, and I should think quite rightly too, that Tagore has been the focal point of all the poets who come after him. Unkind critics hold similar opinions about contemporary Hindi poetry leaving out the factor of Tagore's influence.

It is, nontheless, undeniable that many of the younger poets of Bengali and Hindi have learned much from Hopkins and Eliot, and Lawrence, from Andre, Spender and Day Lewis. But this is only a half-truth, because inspite of their having been influenced by modern English poetry, there is a conscious attempt in the best of Bengali and Hindi poetry to find its bearings in the tradition of their own soil.

It is curious to note that although one source of inspiration for this attempt to traditionalise was naturally the heightned sense of nationalism coming from the independence movements in the country, the other source was Eliot, the critic, rather than the poet, Eliot. Eliot's emphasis on the importance of tradition in literature has made a number of modernised poets of Bengali and Hindi conscious that they have to find a place in the continuous tradition their own poetry, that they have to write with their whole past literature in their bones.

This Eliotesque coordination of 'tradition and individual talent' has not been so far very easy or quite successful for our younger poets, although, comparatively speaking, these writing in Hindi have found this easier than those writings in Bengali. For one thing, and this is true of both, all through their school and college years English literature far more than Bengali literature has conditioned them and fashioned their taste and outlook. Budhadev Bose, Sudhindra Dutta, Amiya Chakraverty, and Bishnu Dey in Bengali and Ayagaya, Prabhaker Machve, Ramvilas Sharma, Nemichandra, Bharat Bhusan and others in Hindi—all suffer from this handicap more or less.

Another reason, and this is more true of the first set of poets than the second is that before the middle of the nineteenth century, that is to say, before the impact of English poetry in Bengali poetry took place, there had not been a poet with a personality and sense of history deep enough to bring together its loose currents its Mangal Kanya based upon the talk legends of Bengal, which had been refined and ornamented by Bharat Chandra until it was stifled by the wright of its own jewellery, and its fast-decaying Vaishnava literature which had become traditional in the apt sense of the term. In the middle of the last century came Madhusudan Dutta with colossal abilities and a large canvas but, as already pointed out in another context, instead of looking back at the part of Bengal, his eyes were turned far away towards the tradition of English poetry and its heritage. The result was admissible, and more than admirable, considering the total unfitness for such a task of the Bengali metre and diction that Madhusudan Dutta inherited, but one can hardly fail to see the synthetic nature of the product. This meant that when Rabindra Nath came he could not take up where Madhusudan Dutta had left off because of former, great as he is, is a purely lyrical poet—inevitably perhaps, for the genius of the Bengali language remains lyrical in spite of Madhusudan Dutta's efforts to give it epic mould.

The story is slightly different in Hindi. Before the impact of western thought and literature Hindi poetry had come to a sorry end. But in the latter part of the nineteenth century Bharatendu Harishchandra performed the impossible talk of picking up all the loose but important strands of old Hindi poetry, wearing it into a new pattern and handling it over to his successes as an inspiring model. Maithili Sharan Gupt took up from where Bharatendu had left off and even rebels like Prasad, Pant and Nirala led only a 'bloodless revolution by Constitutional methods', not, although certainly not without the usual protests and outcry on the part of senile critics and their—rate poets.

With this difference in the literary heritage the Bengali and Hindi poets, mentioned earlier, have received the chief problem of our contemporary poets, in Hindi as well as Bengali, was how to get out of the narrow conclave into which they found themselves in the poet Tagore and poet Chayavad (Romantic), periods respectively. The wishy washy, willowy verse of their preceding periods was something to be got rid of and they did get rid of it before proceeding further.

Candwell has given an admirable analysis in orthodox Marxist terms of economic and social forces which bring about this sorry sets of affairs, culminating in the transformation of art into 'Craft-Fatishism'. It may not quite fit in with the situation in an almost pre-industrial and semi-medieval country like India but the thought of India is indissolubly linked up with the thought of England, and therefore of Europe, as never before, and art and literature today are as global as peace and war. And so Candwell's objective analysis of the literary situation in England could be applied to our literature with slight modifications. Leaving this to others—better versed in Marxism and the economic forces of contemporary India, I want to look at the question from the other side, the subjective side. What are our poets trying to achieve at the moment and how, in their attempts to achieve it, are making the Chinese wall between them and their readers thicker and higher.

The degree of educated intelligence demanded by Varely, Pound or Eliot from their readers is little short of what Einstein or Dirae want from their students and this is true of contemporary Hindi and Bengali poets also. Agyaya, in a footnote added to his poem was 'As you like it', narrates how when the poem was first published in journal of Delhi a journalist offered a reward to any body who could deal the simple meaning of the poem. Agyaya goes on to say how he himself wrote to the editor of the magazine under a disguised name—"The poem of this poet are so difficult that it is impossible to explain them in prose. I am, therefore, sending the explanation in varified form for favour of publication."

It is the same with the readers of Bengali poetry. Accustomed as they are to the ellucidity of Bengali poetry from Chandidas to Rabindranath Tagore they are left bewilderd by Sudhindra Dutt. Amiya Chakraverty, Bishnu Dey and their followers.

That there is obviously in modern Hindi and Bengali poetry cannot be denied. As a matter of fact the poets mentioned already even cultivate obscurity, like the French symbolists, because they prefer the emotive suggestion, the evocative hint to direct statement.

As Eliot has pointed out, "Racina or Dorina looked into a good deal more than the heart. One must look into the cerebral cortex, the nervous system and the digestive tracts." This is what modern poets of the two major languages of India are doing under the influence of modern English poets a reference to whom has been made in the preceding lines. The de-emotionalisation of poetry was a new thing for even English poetry although surprisingly enough the seventeenth century metaphysicals had (done) a lot in this direction. But, if it is a shock to the readers of Bengali or Hindi poetry it is not at all to be wondered at.

Quite apart from this over-sophistication of our intellectualist poetry there is another and more obvious reason why such poetry should find difficulties of communication which purely emotional poetry need not. There is a far greater community of emotion between man and man than there is of thought. Finer shades of difference will be there of course, but broadly speaking my looks and hopes and fears will be much like yours, whereas there is no limit to the possible eccentricity of any thoughts. For all these reasons our modern poets who are not content with expressing an emotion but want to convey an entire experience in all its depth, extensity and complexity have become difficult, and some of them incomprehensible.

Buddhadeva Bose and Agyaya have both been impelled by the cynicism of Aldous Huxley and the iconoclasm of Dr. Lawrence. Both show awareness of the lack of sensuous element in the poetry of the preceding periods. Tagore's love poems are magnificent, but with a beauty that is more angelic than human. Prasad and Mahadevi Varma wrote the same type of love poems. Buddhadeva Bose and Agyaya both rejected this ideal. In the preface to his experimental poems Agyaya agrees with psychologists that most of the similies and metaphors are sex-symbols and one feels shocked when these symbols are revealed in their nakedness. He compares this state to that of the lover in the poem of Dr. Lawerence who abruptly leares love made it too plain. He cites as an appropriate example his own poem, 'The Cloud'.

Agyaya and Bose both have this too in common that they are fine writers of prose, a phenomenon rare among Hindi and Bengali poets. Both of these poets have developed steadily unaffected by the 'movements' about them and now they write with a delightful ease and an unperturbed grace that must be the envy of their compeets.

Suddhindra Dutta and Probhakar Machve may have studied together as they have much in common. The charge of unintelligibility against these two poets seems to me almost wholly misplaced. Their turnedness for archaisms and now coinages is probably its sole basis. So far as that is a mannerism, it is to be condemned, I do not think it is mainly a question of mannerism with them. It arises out of a genuine need, rhythmic need sometimes, but more often coming from the pressure of new and elusive ways of thought and feeling which refuse to be covered by the existing vocabulary—a need which modern English poets felt and tried to overcome in novel ways, imitated, to a great extent, by Dutta and Machave in Bengali and Hindi respectively. Personally I have nothing but admiration for the amount of intelligibility which these two poets can impart in spite of the complexity of ideals and subtlety of attitude they are made to carry. The balance between passion and logic that they have achieved is unequalled in Hindi or Bengali poetry.

Girija Kumar Mathur and Amiya Chakraverty have adopted novel constructions of work and clause reminiscent of Hopkins. Like Cunnings telescoped clauses and sentences are not rare in their poems, all this is of course to attain a degree of concentration and depth in expression not always obtainable with normal linguistic usage. Finally both are impressionists among poets. Much as the impressionist painters tried to produce the affect of brilliant pulsating hues of nature by juxtaposing clause and diverse jare figments, Mathur and Chakraverty some times use a juxtaposition of clause and single words which can merge effectively only if the mind of the reader is quick enough to take them as a whole. It still remains to be seen how far the compresence of impressions, that is possible in a picture can be realised in a poem.

Besides these poets who regarded, to generalise a statement of Agyaya about the Hindi poets mentioned above, "Poetry as subject for experimentation, without claiming that they had discovered the truth of poetry", there are at least a few poets in both languages who are inspired by Marxist ideology and yet often write poetry which deserves mention. Some of them, who are really deeply read in Marxist and especially Russian literature, show distinct influences of Mayakovosky and other Russian poets. What they write about can easily be imagined but what is more important is their stand about the form of poetry. Like the cub-futurists of Russia Bishnu Das, Subhas Mukherji, Samar Sen, Ramvilas Sharma, Muktibodh, Nemichandra and other leftist poets of Bengali and Hindi sure to hold that all established artistic forms are to be tossed off the steamship of uptodateness. The proclaimed manifests of the Russian cub-futurists, a tongue-twister for us and unpronounceable in the original Russian, was—"step in the face of public taste." The Bengali and Hindi Marxist poet does not proclaim his manifests but in practice he earns to hold, like his Russian compeet, that he has an inalienable right to creat his own language that disregards grammar, and to adopt a style, omitting verbs, adjectives, propositions at will.

The question arises—can a contemporary poet with all the sophistication and scepticism that is not only in his brain but has gone deep into the blood, adopt a detailed and all embracing system its thought like Marxism, and make great poetry our of it? It may be petit-bourgeois perversity, but it appears to me that complete conformism today, when not by critical and unintelligent, can only be a tour de force.

Drama as Biography

The universal interest in intimate biography, as distinct 'Life and Times' order of narrative, is of comparatively recent growth. It began more notably in the closing year of the Great war with the publication of Lytton Strachey's 'Great Victorians' and the stage production of John Drinkwaters' 'Abraham Lincoln'. Since that time the supply of this material has hardly ever been able to satisfy the demand.

Broadly speaking the biography springs from their prevailing causes : an increasing interest in psychology; an increasing belief that in biographical treatment the observer may draw much nearer to the essence of human experience than in any other form; the process of general education which has imparted to large members of people a certain pre-knowledge of the more famous literary and artistic figures of the last 200 years. Thus, the several paths of the Brontes, the Brownings and the Nightingales have been recognised and made plain. Admittedly, this knowledge may not have been exhaustive, but it is a groundwork without which the biographical play as we know it would hardly have been possible.

The difficulties that invest the pathway of the purely literary biographer are equally obstructive for the dramatic student. Biography may be many things. It may be as Harold-Nicolson points out in his excellent Development of English-Biography of (a) a 'Pure' or impure' variety; (b) it may spring from a desire merely to 'Celebrate' the dead or; (c) from an urge to compose the life of an individual in order to develope some preconceived thesis. (d) There are biographies of sheer hatred (I.P. O'Connor's 'Life of Beaconsfield); (e) of pure sympathy, a task into which the writer throws himself with enjoyment (Trevelyans, 'Life of Macaulay). (f) There are biographies in which the personality of the writer becomes the overwhelming factor (Frank Harris's, 'Life of Shaw'). (g) There are biographies as objective as such works can be (Borwell's 'Life of Samuel Jhonson').

But there are pitfalls other than those of attitude. In his search for truth the biographer must consider the sympathies and prejudices current in society at the time of writing. He must do nothing that would shock the susceptibilities of the survival relations. He must not too radically attack the morals of his age. His revelation must not be too scandalous or painful. He should display an adequate reserve and caution with every step that he takes, but at the same time see to it that the subject he is recreating displays the necessary life and vitality.

When John Drinkwater in the introduction to his play on Lincoln, asserts, "my purpose is that of the dramatists, not that of political philosopher" he does not describe his work rightly what to speak of being right about biographical plays in general. Anyone would imagine, after reading the foregoing statement that the dramatist is in the habit of creating a vaccum. But it was the nobility of Lincoln's mind, not the dramatic sequence of Lincoln's political life that first attracted Drinkwater to his subject. Great drama is not built upon an ignoble thing, nor public affection sustained by it. When Drinkwater stretched out the frame work of Abraham Lincoln's, life, he was as much moved by the philosophical content as by the dramatic possibility. Both drama and philosophy were interfused and indivisible. If Drinkwater's purpose has remained the thing that he so forthrightly declares it to be that of a mere technician arranging appropriate dramatic material without any real consideration of the philosophical issues involved, then why not a play about anybody? Compare 'Abrahim Lincoln' with that of a piece of drama from at hand, and dealing with the same period—Robert and Lee.' No one will deny that Lee the Commander was a very great gentleman, but everyone will deny the proposition that the play is in any sense comparable with that of Abraham Lincon.

Time and Man

When the servant brought to Dhiren an urgent telegram on a salver, the prelude to the mehfil was at its fag end. The accompanists had left the room after 12 o'clock. Dhiren and his three friends were now trying to get up and go the their rooms with a prostitute each. Saying that this was the last peg, they would raise their glasses and draining them off, would extend them again to be refilled. The world reeled but to them the essence of the world seemed to be in the wine.

At this hour, no one of Dhiren's pepole had the courage to go there, howsoever urgent the work might be but on receiving the telegram *Munshiji* had some what realized its importance. He had encouraged the servant to go to the garden house. He had said, if Dhiren was told that there was a telegram from Shrinagar he would not be angry, he would rather if he didn't get the telegram immediately, he would shout at everybody then.

There may be two opinions regarding Munshiji's honesty but that he was farsighted was unanimously accepted by Dhiren's pepole and everybody was convined of his far-sightedness. The hymn that it was an urgent telegram from Shrinagar immediately exorcised Dhiren's annoyance but it had not effect on his friends. They now didn't care that Dhiren's servant was standing but to Dhiren's idle conscious it was like a whip. The telegram read "Leela's condition has suddenly deteriorated if you can manage to come by the first available train, her last wish may perhaps be fulfilled. I would be highly obliged. If you can excuse me for the past incidents and do this much for Leela Bankim."

On reading the telegram Dhiren's dulled consciousnes was quickened and he pulled himself up. For once darkness gathered before his eyes, but he made an effort, that, sort which one makes perhaps only once or twice in a lifetime. He got up. He refues to take prop of the servant. Patiently he walked out with unsteady steps and sat in the car.

Two hours after, he started for Rawalpindi. From there he would go to Shrinagar. Air passage was not easily available then, as it is today, otherwise Dhiren would have spent quite a lot. It struck him, ofcourse, that had he gone by air, he would have been by Leela's bed-side in a few hours. Then this apprehension that he would reach there after a long time wouldn't have left him to feel choked in a deep hopelessness. These thoughts lulled him to sleep. The rhythmic rocking of the fast running mail which seemed stay-put due to its very speed, the cool morning breeze and defeated attempts to keep off the tightness of drink, gave him good sleep for whatever time he slept.

When he woke up, the sun had arisen. He had a bursting headache. He was feeling as if the planks of the compartment hit against his head. When the train pulled up at a station, he made an unfailing attempt to cure his headache with a peg of brandy from the Restaurent car. Sleep he couldn't now. The forgotten-scattered memories of life, like creditors, were on the lookout of an opportunity. He didn't want to remember anything. But he didn't either seek aid of the boy of the Restaurent Car. He knew one had to face so many hazards in going to Kashmir in that weather, and had also to compete with time, every second was so precious. He had just got round from a protracted illness. He had burnt his candle not only at both ends but also at the middle. He didn't want to waste even an iota of energy. If only memories made him nervous how would he cross the winding road of the hills? But he would cross them. He kept thinking. Bankim Babu might have been nervous for no reason. Perhaps by the time he reached, Leela would be completely alright. Even so, Bankim Babu would ask him to see Leela. What does Dhiren want? What else does any one want? Would he have felt any compassion in committing the gravest sin on this earth for going to Leela? And it is there where he is going? Leela was forbidden to see him. Leela also had seen with her own eyes that he was really not such a man for whom she should disobey a prudent father. And Bankim Babu has sent for him on Leela's words. Is Leela really not going to live? He had surely heard that it was due to Leela's falling health that Bankim Babu had gone to Kashmir for a change. But this he had learnt only this morning from his *Munshiji* and Dhiren remembered that night in the distant past when far from Shrinagar that very night he had called a doctor. He failed to believe that he could do so much for any one, how could he? He wonders more that some one could expect this from him, and could take the courage to ask him to do such a thing. He had unexpectedly nursed Leela's mother days and nights. He has no brother or sister. He never felt so for any body but as if in those ten to fifteen days, one reason for this unsocial existence was rubbed out. He had some how felt in those days, what could motherhood be. He cannot forget that, even though he doesn't feel the confidence to believe in that. Yes the acquaintance of those days had gone on ripening even after returning back to the city for about three months, this intimancy had grown, and in the family of Bankim babu, it was unquestiongly accepted that this intimancy would be climaxed into a life-long relationsship. Dhiren even now wonders at his reformed self during those days. And suddenly some change began to show in Bankim Babu's behaviour toward him with extreme politeness, but explicitly, he had shown that he didn't like that Leela and he should mix.

He had been bold to say that he wanted to marry Leela, to which Bankim Babu had said this much that he had come to know certain things about his character for which reason he couldn't accept his offer. Ofcourse if Dhiren could prove what pepople said was false, he was ever ready to reconsider the proposal. But Dhiren had told him that there was no danger of exaggerated report regarding his past life, but Bankim Babu had cut in and said that he could never repay Dhiren's obligation, but he had also to see to Leela's future and Dhiren too, if he really had the slightest love for them, should do the same.

But it was Leela who had refused to obey her father. She had frankly said that she had nothing to do with Dhiren's past, and she was confident about the future. But Dhiren had not known this. Leela was not impatient to express her revolt, but Dhiren had never had lessons in patience. He did one great thing that he could do, he cut himself entirely out of Leela's life. He was convinced that he was like that mineral in the contact of which even gold became iron. And then one day, when he was trying hard to court oblivion in this that very accursed garden house, Bankim Babu and Leela had entered the hall without giving him previous information. He was lying almost senseless with some girl of his, one or two friends of his were also lying in the same condition, on seeing Leela, he had stirred and got up. But he kept only sitting like a stone. He had heard Bankim Babu say, you see now, don't you? With your own eyes?... Let us go, let us go. He had then realised the constancy of Leela's feeling towards himself when he had realized in the beginning how Leela felt about him, he had not lost anything, but at that moment he had loss all. It has always been so happening to him in his life. He didn't get a chance, he couldn't realise there was a chance.

And like it he would also be cause of Leela's end.

Thus half asleep half awake, he reached Rawalpindi the next morning.

It was not the seson for visitors buses and taxis therefore didn't throng like 'Pandas' in pilgrimages. Even so, the regular traffic of motors, up to Shrinagar had not stopped and he could easily get a taxi but he knew in his soul that if he couldn't reach Shrinagar that very day, his going would be futile. The pepole of the taxi company would say for merely saying that they would tell the driver to try and he would reach Shrinagar by the evening, but he knew that evening would fall on the way and at some car stand in some dak-bungalow he would have to spend not only the night but even the whole life. He had visited this part many a time and he knows all this. Then he himself tried to make the drivers agree. He was ready to pay and tip for the mere asking. The drivers felt strongly tempted. Every one was ready to try. But there seemed no one to accept the terms.

Time was running out. Should he give up all hopes of reaching in time? Just then his despondent eyes caught a *pathan* driver who was reclining against the front mud guard of his car at the end of the row. He felt there was endless invisible energy in this broad and taller than him, but not corpulent (fat) man, like in a very costly and high powered motor car on his flowing up to the ground *tahmat* was a half-shirt, coming down up to his knees, on which were dirty spots of grease and mobile oil on his arm and chest muscles stood out as if snakes stuck there. It looked as if he had rouged his whole face, a symbol of naked energy. Dhiren felt, if he didn't get assurance from even this man, then there was no hope.

On approaching him, he didn't talk of money and tips rather straightway said there was a woman in Shrinagar who was very ill. He wanted to see her, if he reached Shrinagar by the evening, perhaps he would, will he...? Dhiren had always been naughty, whatever he had desired till that day, he had been able to get. But, he wondered before this man whose services he is going to purchase. Before this motor driver, how is this voice so weak and helpless. But his wonder turned into impatince when he felt that something eehoed in that unknown man of the machines.

The reticent *pathan* said after a few moment : in such weather never he had covered the way to Shrinagar in one day. But he realised and he would stake his life.

Dhiren couldn't get the opportunity of saying anything about money if Akram Khan could know a man, he could know his purse as well. He went for gas, water, air etc. for his taxi and sent Dhiren to bring the necessary paper from the company's office.

Much as they tried, it was past nine o'clock before they could leave the stand. But once they drove off from there, Dhiren had no doubt in the skill of Akram Khan. While passing at illegal speed through the roads of the busy city Dhiren sitting beside Akram Khan saw that his feet plays with the clutch, brake and accelarator as deftly as the finger of an adept on the keys of harmonium. While pulling the car into gears with a touch, he could confidently steer with one hand immediately outside the city, the speed needle steadily stood at sixty miles an hour. But gradually, the uphill drive came and in the second gear the car's speed did slow down. There were dangerous turns but when the road was level, the car all twisted due to turns taken at great speed, would shriek in resentment, then steady and Akram's upper teeth would dig into his lowerlip. The rear portion of the car seemed to be running off, but the controls over the forewheels were in the car seemed to be dragged on with the tail pinion. Ofcourse when the car had to do uphill, the turns had to be taken cautiously because of the slowed speed due to the second gear drive. Dhiren then felt annoyance while Akram drove steadily and without any emotion. He knew, the road would be all the more difficult after murry. The car was not stopped for more than four to five minutes at a stretch and that too when the water began to boil in the radiator. Only on such breaks would Dhiren take some water or brandy and so did Akram.

But after murry, the troubles began to add. Now they had to face snow. In spite of the caution and efforts of the road-men at places snow had to be faced and the man's courage and skill become futile. But the road lying in between such places would be free for long distance and the most fortunate thing was that there was little apprehension of cars coming from the opposite end whenever he would press his feet upon the accelerator lever. At places blocks of stone had rolled off the road-edge into the gullies. The serrated edges of the road looked fearful but Akram drove undisturbed, steering clear of them by an inch or two, giving the slip to the chasm among the spring hundreds of feet below.

That day Akram had many a time challenged death and given the slip. When they had reached the last poll gate, Akram's watch was showing that they wouldn't get permission to go any further. Akram glanced the clock of the gate keepers, there was still half an hour left and they easily got permission to drive off. It was yet not seven o'clock when they reached the bungalow of Bankim Babu in Shrinagar.

Dhiren gave two notes of hundred rupees each to Akram and also put Abram's address down in his note book. Yet Akram stood. Dhiren thought he wanted more. He said, he will send him some more money when he went back home.

Akram said with lowered eyes—saheb, I require about rupees thirty, that you give me just now. You will require money for the treatment of the memsaheb. You spend the rest on that, I didn't drive today for money. You may take it as the sympathy of a mere nobody.

Dhiren put his hand on the broad shoulder of Akram even in presence of Bankim Babu's servants. Then he opened his purse thick with notes and showed them to Akram. He showed them to Akram. He asked him to come again the next day, and went inside.

On the morrow when Dhiren was going to the burning ghat he saw Akram standing in a corner of the portico, small and stunned. He was wiping his eyes with the hem of his pink turban which came from behind his round neck.

And Dhiren was afraid that his dry-as-sand eyes were perhaps going to be wet at last.

[The Spark, 20th Sept. 1953]

Robot*

We took him to be a machine—a machine that worked like a man—a Robot indeed, a Robot which sobbed.

You perhaps do not know Ramdhan Babu : and why should you? Ramdhan is neither famous nor great. He never earned a name for himself, good or bad. How could you know him then?

And then you may pertinently ask, "Why tell us about him then?" And you would be asking the right thing for truth to tell, what ever I write about Ramdhan is nothing short of showing Sun to a candle. Had he been a political leader, this story would have been justified, of if he were an epic writer to tell something about him would have been justified. He is not a darling of Lakshmi that this would have been flattering appreciation for remote ends. As a matter of fact, he is nothing, a nobody, a nonentity. Then what is he, You ask, baffled at this eulogy. And let me tell you, he is a nonentity, and notheless for that, an important one, for he is a clerk in a small business concern!

Ramdhan is a man whom you could read as you could your palm. His personality, it at all he has any, is as plan as a *tabula rasa*. Nothing complex about it. He has a throbbing heart which throbs incessently, without ever missing a beat, nonchalantly, indifferently. Truly, his personality has neither angles, nor depth. There is nothing secret, nothing mysterious in his life. His life has been as straight as a lance, and that too, take it from me, is maring its end. It is said the life of a clerk has a total of four stages. Ramdhan has passed through three, and the fourth, you know, is destined to be one for all—be he a clerk or a King. Like hundred and thousands of other clerks, Ramdhan had, long ago, received a piece of paper from his Alma Mater certitying

* Translated from the original Hindi, by R.N. Tewary

him to have graduated and been fit for clerkdom as well as clerkship. After that he had joined the service and attained the age of pension only yesterday.

I am afraid, you are thinking. I am mocking at the hard lot of clerks. But believe me. I haven't the cheek, to do so. I am myself a clerk with the only difference that I am fresh to this job and that the desire to get out of this morass and to set my toot on a harder and more stable earth has not yet been smothered. It is because of this that I often talk of clerks and their lives with a sense of detachment. To fling satire at them is to satirize myself, and such boldness is to be seldom expected from a clerk—no matter howsoever detached he may be.

Well, I was telling about Ramdhan. He was the Head Clerk in our office. We looked down upon him with utter contempt, a fact which you must have felt by now, for I don't even care to speak of him as Ramdhan Babu. But in his presence, however, we were obliged to address him as Ramdhan Babu, but behind his back, even the peons in our office called him simply Ramdhan. For this fact alone you can easily gather how harsh and dry Ramdhan was.

But to be true, Ramdhan was never dishonest. Right from the Sahib down to a peon, all know this fact. By virtue of this lonely quality in him, Ramdhan rose to the position of a Burra Babu, but he could not get further in life. His honesty had borne him well in the eyes of his authorities, but that was all. He was not popular even there. He was one of those who sacrifice their lives for the sake of a single word in rules and regulations. There are many people who hold words more important than the spirit of a rule. But not many possess like Ramdhan obstinate boldness to bid good-bye to their jobs for honoring words. Whenever the authorities tried to interpret words for partial ends Ramdhan would stand in their way as adamantly as a rock, with the result that he was made a Burra Babu and then was forgotten.

Whereas the higher authorities chose to follow the maxim of 'eat and let eat', the less said of the subordinates the better. But the assistance in the office could not accept even one undesirable pice for fear of Ramdhan. Even a peon could not accept tips. Even the most trifling thing in the office could not escape the sharp eyes of Ramdhan.

And, therefore, all feared and hated him. Whoever, whether he was an assistant or a peon reached late, even by five minutes, was called upon to explain in writing for his default, and Ramdhan used to maintain a file for such explanations with such care and caution that even after a lapse of five years or so, if the question of promotion of such defaulters arise, he would hardly forget to oppose that by placing the file before the authorrities. There was not a greater sin in the eyes of Ramdhan than praying for leave. His only son was lying in death bed. The Sahib himself advised him to take leave, but he had thankfully refused, for the business in the office he said, could not wait for the troubles at his home. When other assistants would approach him for leave, he would curtly say, "Go to your work babu, don't waste time." And the poor clerks had to return to their respective seats with sullen faces. It can easily be imagined how difficult it was to get leave from him even for a day or two. A few of the new assistants, like myself had even tendered their resignation in utter disgust. Whether true or not I couldn't say, but in the office the story goes that once a peon being refused leave by him even after persistent requestes had given him a slap on his way back home. But it had hardly any effect on Ramdhan and he remained till the last day of his office a machine made of blood and bones.

As far as I noticed, there was no body for Ramdhan and also was for nobody, not even for himself. I know little about his family, but I can tell you about the office that there nobody ever went to his heart. He never called on any of his colleagues, nor did he appreciate others obliging him by callling on him. A few of us where noted for their flattery. We had gone to the extent of even netting in the Barra Sahib. But our magic failed, and miserably failed, in casting spells on Ramdhan. The wordly wisdom teaches that even where the unfailing remedies of appeasment and suppression, divide and rule, fall, flatterery succeed in making its way. A great poet has even asserted that the greatest weakness of the greatest men has been their craving to hear praise. No one of us would be prepared to acclaim Ramdhan as great in any way. But we could hardly appreciate why an unfailing arrow like flattery fell flat upon him, if he were only an ordinary man. We had a sort of regular debate upon this point only to reach the conclusion that to consider Ramdhan a man—how soever ordinary or low—would be nothing short of staggering the word. But one couldn't call him a beast even. Beast easily come under the control of men and become pets and domesticated. We, therefore, took him to be a machine—a machine that worked like man—a Robot indeed.

Near about the time that I am speaking of, I had gone through a detailed description of Robot—the latest word to surprising inventions. Intending to air my knowledge in presence of my colleagues I compared Ramdhan to Robot, though of course, in that comparision, there was more an explanation of a Robot than of Ramdhan. Even after this confession I would assert that Ramdhan was nothing if not a Robot.

Robot a great achievement of modern science, but it speaks as well of the limitations of science. The scientist can make a man out of iron pieces and electric wires. And not only that, he may even imbue his automation with intellect. As a matter of fact what Robots can do can hardly be accomplished by the greatest of intellectuals. But science has so far failed to forge a heart out of iron. Thanks to unknown stars that humanity has at least been left with a little of its own characteistics.

And this quality was almost absolutely lacking in Ramdhan. We feel proud of the Robots—it symbolizes the triumph of man over Nature. But even the memory of Ramdhan is so nauseating, for, he was a miserlr abortion of Nature. I never heared that he ever lapsed any where in his registers. He was never late in coming to office even by the fraction of a minute, if he ever laughed out of courtesy, he showed more of his teeth rather than any humour; so much so, that even when he expressed his sence of anger, it was meant to show more his sense of observance of discipline rather than any emotion.

I always saw him in the same set of clothes, simple neat and clean. He never changed the cut of his clothes occasionally. Newly tailored ones were after the same fashion which was in vogue some twenty to twenty-five years back.

The place of his table and chair and files would always be the same. They stood at the same place where once long ago they had been set by him. If any body dared make some change in the agrrangement of his things, he simply invited disaster. He wouldn't even allow his old inkpot to be changed. Not to speak of Ramdhan, even others in the office could pick up things from his table blind fold. The place of the pin cushion, stamps, and paper-weight were known to all like a crammed lesson.

People respect good men though they can love even bad ones and develop intimacy even with beasts. But Ramdhan was an animated automaton. And how can one love or develop intimacy, respect or attraction for an automation. And that too when the automation happens to be one like Ramdhan, who has got to be accepted as a human being in the ordinary sense of the word and who grows dangerous only on this score.

And so when we heard of the expiry of his term of office we breathed a sigh of relief. I can hardly express even today the intensity of the joy that we felt. No matter whether we bore any contempt for him, he had developed into one unbearable burden of the days, the very probability of his retiring was enough to give us relief.

Ramdhan it appeared was however quite unaware of this. He worked and made us work till the last but one day of his retirement in the same old mechanical style. The majority of us was in favour of not arranging anything on the occassion of this farewell. But Ramdhan had in the past maintained the tradition and on each occasion had contributed one rupee on his own behalf. Partly one to this and partly due to reading the Burra Sahebs mind we did arrange after a lot of discussion, a farewell for Ramdhan.

In the evening after working to the last minute of four thirty Ramdhan handed over the bunch of keys to the Saheb. He had already handed over charge. The farewell was arranged for just after the office hours. There was tea and some light refreshment. When we refused to say even a word in his fare well the Saheb rose to observe the custom in a few selected words. As usual Ramdhan sat like rack. The Saheb, out of formality, requested him to speak.

Ramdhan rose. When he began to speak, it appeared he was quite nervous. I had seen a teacher in my school in the same way while making his maiden speech in the class. The familiar clear cut voice of his harsh tone had altogether disappeared. He was coughing all the time. He wiped his eyes with his kerchiet and then sat down and buried his face in the folds of his kerchief. He was trembling, his whole frame was shaking—shaking in the same way as one shakes in one's attempt to smother a sob.

Ramdhan sat in this pose for some time and then wiping his eyes with his kerchief he spoke sitting in the chair—"I am indebited to you. I feel somewhat indisposed at present. I hope you excuse me."

Ramdhan Babu rose. Before him was his own table from the office, for that alone was considered fit for a tea-party. For once he patted it gently with warm affection and then slowly walked away.

We wersae stunned. An automaton too can weep.

[The Spark, 14th Jan. 1951]

The Fangs

The new streamlined black limousine of Mr. Sen, standing in the porch, is shining specklessly bright. It looks like a cuckoo perched on the edge of her nest with the wings poised ready to take off. Mr. Sen is proud of his new possession. It is the latest model in automobile world which has cost him well over a dozen of thousands. The black colour shines so bright that you could see your face in the glaze of it. Even a speck of dust on it would mean some tough time to the chauffeur and cleaner. Mr. Sen has strictly forbidden the Khokha and Khokhis to go near the car.

The five Khokhis of Mr. Sen are gentle and submissive. Even though they are five in number, they are a model for other girls. They are culured and ettiquette incarnate. The Sens might not have trained them in the 'Dos' of life, but they have undoubtedly, given them, the best of lessons in the 'Donts'. They are a team of well-behaved girls, charming as dolls and it's little wonder that the Sens are proud of them. Their every step is graceful and gentle. They will never handle a thing clumsily. They won't break anything. The hours are fixed for their routine in which only in the evening they have to play, for they have been told by the parents that this practice is essntial for keeping them fit. The key note to their octave is gentleness and grace. Not that they won't smile but that they won't giggle. As a matter of fact, the bow lips would often part in such sweet and scintillating smile that they may well be envied by the society madonnas. The jealous visitors to the Sen family, versed with their own naugty children many a time remark there are the girls of the Sens, how sweet and gentle while you are bunch of louts O silly, are the flower vases meant to be broken? Nothing will remain in the house due to you.

The shining and bright beauty of the car, therefore, has no enemy in the Sen girls. Yet there is Khokha, who is the only son and the youngest of the Sen children. He is, therefore, the very iris of the old eyes of the parents who once had given up hopes of having a son. It cannot be said, however, that Mrs. Sen would ever agree that there was anything the matter herself and old age. And not to speak of Mr. Sen who is a living challenge to car. The truth of the matter, however is that Khokha appeared like a bright promise when the Sens had lost all hopes of getting a bonny baby an exception to the rules and routines that of the house-hold itself, the bright and black car had, therefore, had some danger from Khokha's side.

While for Shima, Rajani, Ala, Shephali and Arti—didn't I say that they are five—there was a seperate code of behaviour and training for Khokha there was none. He had his own. But the Sens used to tell others that Khokha was after all their son, and was, therefore, destined to take after his father. Oh yes, Khokha will surely be an engineer. Didn't he show sign of being one from even now when he is just a kid. He is therefore being given training to develop his engineering talents; they used to say. But the truth remains that Khokha's checkiness compelled them to change their principles of life. It very often happend that the friends of the Sens who come and sit in the gorgeous drawing room—begin discussing, for want of any other topic, the one and the only fertile subject, the future career of their respective sons. Mr. Sen would then speak out his dreams about the career of his Khokha, leaving not even the smallest detail untouched how he would train his son is his own way, and how the Khokha will turn out to be an engineer. Why, for that matter he has already started giving him training after his own method. Mr. Sen would then, swith on to the present system of education and would condemn this system and say that he would see his Khokha a business man, an engineer like himself. "Look here", Mr. Sen would then finally say, "Khokha is about five. People advise me to send him to a kindergarten. But I have made another arrangement. I have ordered the carpenter from the workshop to come over here and work for an hour or so with Khokha. This would make Khokha familiar with the tools from even now. The Hindusthanis, however, refuse to appreciate this simple truth of modest standing. One day some friends of the Sens gathered in the drawing room. One of them was a journalist of modest standing. He was a distant relative of the Sens. His son was also there with him. He was younger in age than Khokha but appeared more intelligent and sensible than him. Somebody praised eloquently the manners of the boy and said that he believed that the boy must have begun attending a school. Before th journalist could say anything Mr. Sen began saying that he was determined to make Khokha an engineer. And he ended with his pet remarks in repeating which he never tire.

The journalist kept only smilling. When he was again asked as to what were his opinion about his son's career, he said—"I wish he should at least become a gentlemen. After that he is free to choose as he likes." Mr. Sen smarted within himself at suave and subtle sarcasm.

In the meanwhile, there arose some unusual noise outside and when Mr. Sen rose to go and find out what was that about. The others also wanted to see what the matter was. They came out of the drawing room and saw Mr. Sen's chauffeur quarelling with a woman. Besides her was a lad of five or six whom the woman gripped, for the lad was all the time trying to flee as the chauffeur came forward and obediently said, "Look here Sir, Madan was touching the car, when I forbade him to do so he refused to obey. Then I pulled him away from near the car. Only for this much he became furious and came to hit me. Now, her mother too is querrelling with me for no fault of mine." Madan's mother wanted to say something but seeing the tight set lips of Mr. Sen, she kept mum. Mr. Sen said in cold harsh but restrained tone, "Take Madan away and see that he dosen't repeat this." Madan's mother went away wiping the blood-oozing out of the bruised left knee. It was evident the chauffeur had pulled him a little too strongly. But how does it matter if the son of an ordinary clerk received some bruises at the hands of the chauffeur of Mr. Sen. Mr. Sen rushed there along with the chauffeur. His friends also went towards their own cars. They saw Mr. Sen chiding his Khokha. He held Khokha in his arms, with a loving smile on the lips and the red glass of the rear light lay shattered. Sen said adressing his friends. "Didn't you see how naughty has he grown. He is always meddling with the car. I simply can not say what enormous interest he takes in mechanism from even now. He probably wanted to know what was there inside the lamp which gave light."

He then put Khokha down from his lap and walked with his friends towards their car. He didn't mark their facial expression which bore their reactions. And even if he would have marked it is doubtful if he would have understood their feelings. Mr. Sinha, with his hand on knob of the door of the car, was about to sit in it bidding good bye to Mr. Sen when he stopped. His eyes incidently fell upon one of the front wheels. He went nearer, looked at the wheel scruinzingly and then stood erect in a helpless mood. The wheel stand deflated. Perhaps it was a puncture. Mr. Sen came forward and said with slight reddening of the face—"May be it is Khokha's at mischief. Here chauffeur look if the other wheels are alright and inflate them. Meanwhile bring out a few chairs in the lawn. Come on Mr. Sinha, let's be comfortable while the wheel is looked after."

The chauffeur went round the car, came back, and informed that the rear wheel was also deflared. He said Khokha Babu was playing near it and it seems to be his work.

Mr. Mukherji's car was alright. He went away with his family together. Mr. Sen and Mr. Sinha sat in the lawn. The talk somehow veered back to Khokha. Mr. Sen said that Khaokha, he didn't know how, had he learnt to deflate a wheel and whenever an opportunity presented, he made it a point to play the prank. He believed, said Mr. Sen, that his childish pranks revealed his interest in engineering, that he was showing even from now. Their deflated the tyres were once again inflated and Mr. Sinha left.

Mr. Sen went in and ordered the bearer to convey his 'Salam' to Madan's father, Giridhari Lal, who was the unfortunate clerk of Mr. Sen's factory. Giridhari Lal lived in one of the out houses in Mr. Sen's compound. Giridhari Lal came and stood before Mr. Sen, his head hanging, eyes down cast as if a culprit charged with murder was standing before a judge to hear the final verdict. Mr. Sen began in cold and piercing voice—"Look here Giridhar, your Madan must mend his ways. If you don't take care now, I am afraid it would be too late to mend him. I wish well of both of you. Do you know what he did today? He made the car dirty, and not only that, he ran to hit the chauffeur when he forbade him. And then, do you know what was happening, he was not even afraid of me, of me, I tell you, rather he obsingately tried to pull himself free from his mother who was holding him, to hit the chauffeur. Do you know, if left to themselves, such boy later in life turn out to be Vagabonds and goondas, theives and robbers." Giridhari Lal was putting in between this speech, a feeble "yes Sir" and was nodding his head in agreement. Mr. Sen continued. "And Giridhar, you know too well the fates of such enemies of the Society to be told. Try to check him. If ever such a thing is repeated, I assure you, it would bring no good to you. Thank you."

That night, the spacious and comfortable bed rooms of the Sens echoed to the shriek and whines of Madan which came from the quarters of Giridhari Lal. As if disturbed the comfortable sleep of Mr. Sen, he felt a little annoyed, but some-how the echoing groans and howls gave him a peculiar satisfaction and he felt drunk with this feeling, and in a sleepy voice he said to Mrs. Sen, "Giridhar, after all, is quite a sensible man himself. It is his wife who is responsible for the waywardness of the child. Madan is an imp and he deserves the treatment which Giridhar is giving him just now. Do you know, when I heard that the rascal was touching the car, I felt like skinning him alive. If Giridhar continues to look after the devil in this manner, he may be corrected."

Mrs. Sen, whose sleep had broken by now, felt more annoyed with her husband's brutal talk than with the groans and shrieks of Madan. And because, at the root it was Madan, her annoyance found vent at him—"The devil! How is crying like an ugly crow. The damned beggar! And he tries to equal Khokha."

By now Madan's wailing cries had stopped. It was a relief however, that his hushed sobs didn't reach the snug bed-rooms of the Sens.

But the following, something very awkward happened. While playing in evening, Khokha ran into the lane beside the compound of the bungalow Madan was plying tops in the company of the street-boys of the neighbourhood. Khokha felt tempted to join them. It was like a swan growing zealous to join a company of crows. With his usual superior air, Khokha ordered Madan, "Here Madan, give me the top.

I will also play." Other boys had no objection to Khokha joining them in their game, for, they vaguely appreciated the gains of asking Khokha in their company. But how could this have been acceptable to Madan, the insulted and humiliated leader of this group. He at once said carelessly—"Damned devil get away. The wretch come to play top. Have you a top of your own! Go and sit in your Papa's car."

Khokha was irritated. Even at this age he would slap his servants and sisters and no body dared protest. Madan also could'nt, he thought. So he cared little to think that what would happen and gave a good blow to Madan. Madan, the would be theif and robber was not prepared to take it calmly. He jumped at Khokha at once. Others watched the duel with interest. But this was a duel between bone and flesh, between the tommy, of a bunglow and a street-dog. Had the duel taken place inside the compound, Khokha would have felt like a lion. But as it was in the lane, Khokha, left with tears and sob, the very next moment. It so happens that in the fight between the palace dwellers and the cottage dwellers, the palace dweller usually wins, but only when other cottage dwellers help them going against their own cause. The poor boys were too innocent to appreciate the gravity of the incident. They neither helped their indefatigable leader nor the darling of their parents' master. They, however, dispersed at once after the quarrel with a sense of vague terror.

Madan didn't return home. But where could he go? He strayed in the lanes till eight or nine in the night. But when he felt hungry, he went back to his house and entered stealthily through the lane which ran close behind the house. To get good thrashing was no importance to Madan. He was afraid only of one thing that the thrashing of tonight would be uncomparable to any other days. But there was no help. He first went to kitchen, the mother was not there. Faint voices were coming from the side room in which his parants slept. He ate his bellyful in a damncare spirit, thereafter going near the door of side-room, he tried to eavesdrop. He was astonished to find that his father was not roaring in anger as he had expected him to do. His mother asked something to which his father replied in annoyance—"God! didn't I tell you that the Saheb said only this that he didn't require my services any more, I should vacate the house at once and draw my last salary from the office"... the talk didn't concern Madan. He would have tried to eavesdrop had they been discussing plans for his chastisement.

While he stealthily took steps towards the verandah where a toy lay his leg knocked a 'Lota' which was lying there. Giridhar came out of the room, nearing the clanging metallic sound of the pot. Madan's mother was behind him. Madan looked back and stood his arms across his chest, prepared to receive the thrashings he was expecting. Madan was very often beaten by his father. After good thrashings he would even weep but he took the whole routine with a devil may-care defiance.

Giridhar stepped forward with helpless cruelty—Madan stood with clenched jaws. Giridhar came very close to where Madan stood but he stopped all of a sudden. The cloud of anger which had gathered on his face, suddenly cleared. He jumped forward to take Madan in his arms. Madan was perplexed to see his father behaving in this manner. He little remembered if his father had ever caressed and loved him with such warmth and emotion. Giridhar shouted with such careless rapture and pride that could come only to a person discharged from his services—"Bravo! my son, fie on thy father; thou my darling, breaketh full two teeth of Khokha...Hi-hi--hi."

[The Spark, April, 1951]